U1069794

新型智慧城市发展报告

2015—2016

上卷

新型智慧城市建设部际协调工作组 编著

主 编：林念修 庄荣文
副 主 编：綦成元 秦 海 杜 平
执行副主编：单志广 伍 浩 刘 勇

中国计划出版社

图书在版编目（CIP）数据

新型智慧城市发展报告. 2015-2016 : 全2卷 / 新型智慧城市建设部际协调工作组编著. -- 北京 : 中国计划出版社, 2016.9
ISBN 978-7-5182-0500-4

Ⅰ. ①新… Ⅱ. ①新… Ⅲ. ①现代化城市－城市建设－研究报告－中国－2015-2016 Ⅳ. ①F299.2

中国版本图书馆CIP数据核字(2016)第222018号

新型智慧城市发展报告（2015—2016）
（上、下卷）
主　　　编：林念修　庄荣文
副　主　编：綦成元　秦　海　杜　平
执行副主编：单志广　伍　浩　刘　勇

中国计划出版社出版
网址：www.jhpress.com
地址：北京市西城区木樨地北里甲11号国宏大厦C座3层
邮政编码：100038　电话：(010) 63906433（发行部）
新华书店北京发行所发行
北京汇瑞嘉合文化发展有限公司印刷

889mm×1194mm　1/16　62.75印张　1136千字
2016年9月第1版　2016年9月第1次印刷

ISBN 978-7-5182-0500-4
定价：328.00元
（上、下卷）

版权所有　侵权必究
侵权举报电话：（010）63906404
如有印装质量问题，请寄本社出版部调换

编写人员名单

主　　编：林念修　庄荣文

副 主 编：綦成元　秦　海　杜　平

执行副主编：单志广　伍　浩　刘　勇

顾问委员会：（排名不分先后）

杜占元　阴和俊　怀进鹏　王　俭　顾朝曦　信长星　王世元
李干杰　陈宜明　王昌顺　周学文　屈冬玉　王炳南　金小桃
田世宏　孙咸泽　吴文学　张亚平　陈左宁　赵争平　刘　琦
李维森

编　委：（排名不分先后）

雷朝滋　杨咸武　安筱鹏　谭晓准　郭启全　刘　勇　吴礼舵
周建春　徐必久　杨　榕　洪晓枫　倪伟新　王小兵　聂林海
张　锋　丁吉柱　颜　敏　彭德成　陈文开　李仁涵　陆文山
何勇健　陈　军　戴　红　王　娜　姜　伟　张铠麟　温锐松
马述杰　邹卫明　唐斯斯

编写组：（排名不分先后）

舒　华　问　斌　王建伟　赵　源　范春玲　曹洪峰　陈　悦
薛　萍　詹志明　王建清　付光琼　林灿尧　邓　飞　于洪淼
沈剑峰　吴　倩　严　志　贺　明　付广义　范桂梅　韩　卓
刘建平　于德全　孙　维　张　雷　王　光　王志良　李　明
王长君　袁建华　李成名　高吉喜　张　慧　李道亮　李鸣涛
张子平　胡素峰　王会方　张元榕　储昭武　金樟民　张　博
王　林　苗　韧　曾　嵘　韩晓平　祝智庭　吴战杰　余敏华
张加会　李云鹏　贺　明　杨　陈　张理佳　刘棠丽　荣文戈
隗玉凯　李坚平　黄星华　张　峰　喻　瑜　罗　峰　张国瑞
袁登明　李　华　蔡　铂　黄莉茹　徐海涛　支　龙　张　波
李　东　谭立忠　马　萍　周　静　李　杨　张文韬　喻兵兵
王　芸　孙　雯　谢　波　李重照　郑文亨　潘博文　张庆彪
李　锐　侯连秀　王　辉　杨林生　段国军　宋　杰　裴俊巍
朱德东　张　健　郑志峰　郑明媚　吴晓敏　赵蕃蕃　戴　璐
马潮江　王　威　吴洁倩　刘绿茵　张延强　房毓菲　武　锋
谭　文　仇申鹏　张美丽　贺振华　曹　洋　曾德华　马益荣
李建平　江　波　刘梦恺　李　刚　朱　平　信传龙

专家委员会：（排名不分先后）

高新民　祝智庭　吕卫锋　王志良　陈朝武　范春玲　王长君
张　雷　张加会　张子平　高吉喜　杨柳忠　王笑京　陆化普
李道亮　冷　浩　胡素峰　黄　艳　李云鹏　张理佳　杨　陈
李鸣涛　何　为　沈剑峰　夏　琦　苗　韧　曾　嵘　韩晓平
李成名　刘棠丽　荣文戈　隗玉凯

代序一

以人为本 创新驱动 智慧引领 合力推进新型智慧城市建设

国家发展改革委副主任 林念修

推进新型智慧城市建设，是党中央、国务院立足于我国信息化和新型城镇化发展实际，为提升城市管理服务水平，促进城市科学发展而做出的重大决策。我们要认真贯彻落实党中央、国务院有关文件和中央领导同志指示批示精神，按照《关于促进智慧城市健康发展的指导意见》要求进一步统一共识，积极主动作为，合力推进新型智慧城市建设。

一、新型智慧城市建设要把握好“三个新”

新型智慧城市的生命力在于“创新驱动，智慧引领”。习近平总书记指出，要让创新成为城市发展的主动力，发展民生服务智慧应用，释放城市发展新动能，实现“科技让生活更美好”的目标。李克强总理多次强调要充分运用“互联网 +”和大数据，让政府服务变得更“聪明”。新形势下，我们要准确把握新型智慧城市建设的三个“新”。

首先，理念上要新，也就是要更加注重以人为本。一方面，民生乃善治之本。解决城市发展问题，根本上是要解决民生问题。要坚持以人民为中心，践行共享发展理念，运用互联网、大数据手段让更多民众共享发展成果，让智慧城市建设更好地满足公众需求，提高公众生活品质，提升公众满意度和现实获得感。另一方面，要善于运用互联网思维推进智慧城市建设。互联网思维的精髓就是用户至上，注重社会参与和服务体验，千方百计满足用户的差异化、个性化需求，促进社会共建、共治、共享，这正是开展新型智慧城市建设最需要的理念。

其次，机制上要新，也就是要更加注重统筹协调。一是在管理机制上，要加大统筹力度。在全国层面加强顶层设计和整体布局，强化部门协同，形成政策合力。二是在建设机制上，要坚持市场主导。要充分发挥市场配置资源的决定性作用，积极引入 PPP 等创新模式，鼓励和支持各类市场主体投入智慧城市建设。政府部门则应把主要精力放在提供基础性、公益性服务上，放在营造有利于智慧城市可持续发展的政策环境上。三是在运行机制上，要倡导服务外包。通过服务外包，让企业的优秀人才、专业技术、先进理念为政府所用，降低政府运行成本，提高运行效率。

最后，监管上要新，也就是要更加注重安全可控。一是注重系统安全。在重要信息系统设计上，要同步设计安全防护方案，对金融、能源、交通、电信、公共安全、公用事业等重要信息系统要确保安全可控。二是注重设施安全。在智慧城市建设中，要加强关键信息基础设施安全防护，做好智慧城市产品和服务的可靠性及安全性评测和风险评估，选用安全可靠的产品，提升基础设施关键设备安全可靠水平。三是注重数据安全。建立数据安全管理制度，强化数据资源在采集、存储、应用和开放等环节的安全管理，加强个人信息保护。

二、新型智慧城市建设要注重“四个结合”

城市发展是推动国家经济社会发展的重要动力。新型智慧城市建设是落实新型工业化、信息化、城镇化、农业现代化、绿色化同步发展的最佳实践。在当前我国经济发展进入新常态，支撑经济增长的传统动能减弱、新动能正在形成的大背景下，我们要紧密围绕国家战略需求，积极探索符合我国国情和城市实际的新型智慧城市发展路径。当前，要重点做好“四个结合”。

一是与新型城镇化发展相结合。推进城镇化和信息化是实现现代化的必由之路。现代化发展中，城镇化是平台载体，信息化是动力引擎，两者互促共进、同步发展，将加速促进现代化进程。新型智慧城市建设是推动城镇化和信息化融合发展的最佳契合点。要通过新型智慧城市建设，有效发挥信息化对城镇化的引领推动作用，推进城市基础设施智能化、公共服务普惠化、产业发展现代化、社会治理精细化，增强城市人口吸纳力、产业承载力和人才吸引力，促进“以人为中心”的新型城镇化发展。

二是与区域协调发展相结合。一要助力城市群一体化发展。加强智慧城市群的总体设计，强化城市群的数据汇聚应用，通过数据流带动人才流、资金流和物质流，促进城市群的“同城化”。二要提升中心城市辐射带动作用。发挥中心城市在人才、技术、产业、资金等方面的优势，统筹部署数据中心、云平台、信息系统，强化对周边中小城市的服务，缩小数字鸿沟，带动区域发展。三要打造中小城市新优势。立足中小城市在城市群中的定位，发挥自身优势，强特色、补短板，积极发展先进制造、电子商务与现代物流，强化中小城市融入现代产业分工体系的能力，促进产业合理扩散和下移，充分发挥中小城市在城市群中的节点、支撑和补位作用。

三是与稳增长调结构相结合。要将新型智慧城市建设与“双创”“互联网+”“中国制造2025”等工作融合起来，集众智、汇众力推进智慧城市建设，激活民间投资，引导社会资本投向新技术、新产品、新业态和新商业模式，不断创造新的投资空间，打造融合创新的产业经济，有效释放新型工业化、信息化、城镇化、农业现代化、绿色化孕育的海量需求。

四是与已有试点工作相结合。新型智慧城市建设涉及体制创新、制度创新、科技创新多个方面，有关工作需要不断探索、试点推进。近几年，各部门在信息惠民、信息消费、智慧城市等方面均开展了一些试点探索。工作组办公室要牵头把各地的好做法总结梳理好，形成一批可复制、可推广的经验，尽快在各地应用。与此同时，为贯彻落实好“十三五”规划纲要提出的建设一批新型示范性智慧城市任务，各部门要及早谋划，面向不同类型、不同规模、不同层级的城市，打造一批代表国家水平的、有创新引领作用的新型智慧城市样板。

三、新型智慧城市建设要突出“五大重点”

一是构建多元普惠的民生服务。将提升公众满意度作为新型智慧城市建设的出发点，加快推进“互联网+”政务服务，推动部门间信息共享和业务协同，打破信息孤岛，畅通公共服务渠道，简化群众办事环节，优化政府服务效能，实现群众办事“一号”申请，公共服务事项“一窗”受理，多渠道服务“一网”通办。

二是打造智慧高效的城市管理。要将大数据、物联网等新一代信息技术引入城市管理，运用新技术新理念，汇聚城市人口、建筑、街道、管网、环境、交通等数据信息，建立“用数据说话、用数据决策、用数据管理、用数据创新”的城市管理新方式，实现基于数据的科学决策，促进城市精准化、精细化管理，助力城市智慧高效运行，提升社会治理水平。

三是发展融合创新的产业经济。积极推动互联网、低碳、节能、环保等新技术应用，降低能源消耗率和污染排放率，着力培育发展现代物流、电子商务等新型服务业，推进互联网与实体经济融合发展，提高城市的产业支撑和吸纳就业能力，促进互联网产业从“消费服务型”向“生产服务型”延伸，加快经济结构调整和产业转型升级。

四是建设集约统筹的基础设施。加大信息基础设施的统筹力度，严格控制新建平台，依托现有平台资源集中构建统一的数据共享交换平台和综合服务系统。加快建设完善人口基础信息库、法人单位信息资源库、自然资源和空间地理基础信息库等基础信息资源。加大力度对现有数据中心进行整合利用，避免盲目建设和重复投资。

五是建立安全可控的防护体系。新型智慧城市建设高度依赖于信息网络，必须高度重视网络安全防护。在推进各类智慧应用的过程中，必须同步做好网络安全风险研判和评估。在重要信息系统设计阶段，要合理确定安全保护等级，同步设计安全防护方案。在部署过程中同步考虑安全问题，加强网络安全管理，强化个人信息保护，切实提升安全保障水平。

推进新型智慧城市建设是我们破解城市发展难题，创造更美好生活的战略选择。我们要以体制机制改革和政策制度创新为动力，以解决智慧城市发展中的瓶颈制约和突出问题为抓手，以人为本，开拓进取，扎实工作，共同推进新型智慧城市建设不断取得新成效！

（本文为林念修同志2016年4月11日在“新型智慧城市建设部际协调工作组第一次会议”上的讲话，有删改）

代序二

在新型智慧城市建设部际协调工作组第一次会议上的讲话

国家互联网信息办公室副主任　庄荣文

(2016 年 4 月 11 日)

刚才，各部门领导同志介绍了各自领域推进智慧城市工作情况和取得的成绩，提出了很多有针对性和建设性的意见。我听了很有收获，也很受启发。会后，我们将与国家发展改革委一道，加强智慧城市建设统筹协调，与部际协调成员单位一起，共同做好智慧城市工作。下面，我谈几点体会，与大家交流。

一、深入学习贯彻中央关于智慧城市建设的重要指示精神

党中央、国务院高度重视智慧城市建设工作。习近平总书记指出，“要以信息化推进国家治理体系和治理能力现代化”，“提升管理水平，着力打造智慧城市”，强调“分级分类推进新型智慧城市建设，打通信息壁垒”。李克强总理在今年政府工作报告中指出，要“打造智慧城市，改善人居环境，使人民群众生活得更安心、更省心、更舒心”。

为贯彻落实中央领导同志关于智慧城市建设的重要指示精神，2014 年下半年开始，中央网信办会同国家发展改革委及相关部门组织开展全国智慧城市建设专题调研，坚持问题导向，深入分析智慧城市建设存在的问题，广泛听取各地、各部门和院士专家的意见，提出工作措施和政策建议。从调研情况来看，党的十八大以来，各地各部门积极稳妥推进智慧城市建设，取得显著成效。但当前一些地方智慧城市建设依然存在贪大求全、效率低下、有名无实及网络安全意识淡薄等问题，与党中央、国务院的要求有较大距离，迫切需要研究探索建设智慧城市的新路径。

在前期深入调研的基础上，中央网信办会同国家发展改革委总结各地区各部门

智慧城市建设经验，广泛听取各方面意见和建议，逐步形成了分级分类推进新型智慧城市的基本思路和工作共识。

第一，什么是新型智慧城市？大家认为，新型智慧城市至少应该包括无处不在的惠民服务、透明高效的在线政府、精细精准的城市治理、融合创新的信息经济、安全可控的运行体系等五大要素。

第二，建设新型智慧城市的目标、方法和路径是什么？新型智慧城市的目标是提升城市治理和服务水平，核心是为人民服务，途径是推动新一代信息技术与城市治理和公共服务的深度融合，方法是分级分类、标杆引领、标准统筹、改革创新、安全护航，着力解决智慧城市建设缺统筹谋划、缺分类指导、缺标准规范、缺共享机制、缺安全保障的问题，关键是整合资源，打破信息孤岛和数据分割。

下一步，我们还要进一步领会党中央、国务院关于智慧城市建设的重要指示精神和决策部署，直面问题，研究问题，解决问题，真抓实干，力争用 3 到 5 年时间，在智慧城市建设上取得实质性进展。

二、扎实推进新型智慧城市建设

党的十八大以来，习近平总书记高度重视网络安全和信息化工作，提出了“没有信息化就没有现代化”等一系列重大论断，拓宽了信息化发展的时代方位，指明了前进方向，提供了根本遵循。各地各部门求真务实、开拓创新，信息技术产业得到大发展，网络舆论环境有了大变化，国际网络治理有了大进步。智慧城市是信息化工作重要组成部分，要站在贯彻落实“五位一体”总体布局和“四个全面”战略布局的高度，统一认识，统一规划，统一部署，统一实施。

一要树立新发展理念。“十三五”时期是全面建成小康社会的决胜阶段，是信息通信技术变革取得重大突破的关键阶段，也是数字红利充分释放的扩展阶段。智慧城市是信息化在区域的缩影，智慧城市建设存在的问题，投射出的是全国信息化整体发展中存在的问题，需要从国家层面统筹研究解决。统筹推进新型智慧城市建设，要落实国家新型城镇化规划，坚持创新发展、协调发展、绿色发展、开放发展、共享发展，真正成为各地区践行新发展理念、破解发展难题、增强发展动力、厚植发展优势的新举措、新动力、新途径。

二要促进新经济发展。从全球范围来看，互联网发展很快，信息经济成为最具活力的经济形态。当前，我国不少城市经济发展面临要素规模动力减弱、人口红利消失、资源环境约束增强等诸多挑战。国家“十三五”规划纲要提出，要实施网络强国战略、大数据战略、“互联网 +”行动计划，就是要适应经济发展新常态，着力深化供给侧结构性改革，发挥信息化驱动创新发展的先导作用，重塑持续转型升级的产业生态。要大力发展信息经济，拓展经济发展的新空间，以信息流带动技术流、资金流、人才流、物资流，促进资源配置优化，提高全要素生产率。新型智慧城市要作为国家层面信息化发展战略、规划及政策综合落地的重要载体，解放和发展信息生产力，促进战略性新兴产业发展，不断催生新业态，孕育新产业，促进新增长。

三要探索城市治理和服务新模式。当前，制约城市创新发展的体制机制障碍亟待破除，信息资源开放共享与开发利用水平不高，“简”与“减”相适应的政务服务创新尚不能满足信息时代政府治理的新需求。习近平总书记强调：“要加快推进电子政务，鼓励各级政府部门打破信息壁垒、提升服务效率，让百姓少跑腿、信息多跑路，解决办事难、办事慢、办事繁的问题。”新型智慧城市建设要以为民服务为核心目标，紧紧围绕老百姓实际需求，构建全程全时式的在线服务，让信息化造福百姓。要以标准促规范，坚决打通信息壁垒，尽快建立跨地区、跨部门、跨层级的全国信息资源共享体系，逐步实现信息资源“纵向到底、横向到边”共建、共享、共用的格局，消除“信息孤岛”，减少“治理孤地”，提升城市治理和服务水平。

四要助力构建新生态。当前，城市空气污染、用水污染，“城市病”问题突出。新型智慧城市就是要加快信息化与生态文明建设深度融合，让信息化的巨大创新潜能转化为生态文明建设的新动力，推动生态文明建设向技术手段智能化、管理方式动态化、服务模式多样化的方向发展。利用物联网、云计算、大数据等新一代信息技术，促进生产过程清洁化、资源利用高效化、能源消耗低碳化、废物回收循环化，发展绿色生产模式，促进一二三产业朝高端、智能、绿色、服务方向发展。加快普及远程办公、在线教育、远程医疗、智慧交通、数字家庭等网络化生活新方式，倡导绿色生活方式，促进人与自然和谐共生，满足人民生活新期待。

五要探索新发展模式。智慧城市建设不是从零开始，各地各部门多年的信息化建设已经形成一些信息基础设施、数据资源、信息系统，不能推倒重来，要在已有基础上持续优化和提升。同时，也不能千城一面，要根据城市功能和地理区位、经济水平和生活水平，因地制宜，分级分类推进，实现特色化、差异化发展。要着眼城乡统筹，发挥城市辐射带动作用，缩小数字鸿沟，促进均衡发展。要坚持技术、机制双轮驱动新型智慧城市建设，一手抓新一代信息技术应用，一手抓体制机制创新。发挥“互

联网 +”的动力引擎作用，破除行业利益藩篱，探索形成可持续创新发展的智慧城市建设机制和模式。

最后，要坚守安全底线。要把网络安全的要求贯穿新型智慧城市建设的全过程，做到网络安全和智慧城市建设同步规划、同步建设、同步实施。要依法加强网络安全审查，开展智慧城市网络安全检查，加快构建关键信息基础设施安全保障体系，切实保障城市的金融、能源、电力、通信、交通等领域关键信息基础设施安全，切实维护国家网络安全。

三、中央网信办将积极做好新型智慧城市建设的协调服务工作

新型智慧城市建设是复杂的系统工程，综合性强、技术性高、协调面广，牵一发而动全身，因为它已渗透到各领域、各行业。国家发展改革委、中央网信办牵头，各相关部门参加，成立新型智慧城市建设部际协调工作组，有利于加强智慧城市工作的统筹、指导和协调，有利于加强部门间的工作通报、会商和协同，有利于建立起统筹协调、分工协调、紧密配合的工作格局。

“协调促进智慧城市建设”是中央网信办的一项重要职责。我们将加强协调，与国家发展改革委和其他部门一起齐心协力，共同做好智慧城市建设的各项工作。

目录

（上卷）

（下 卷）

第一篇

总体进展篇

强化统筹协调和协作配合
促进中国特色新型智慧城市发展

智慧城市是推进以人为核心的新型城镇化、促进城市持续健康发展的新理念和新模式。智慧城市是现代信息社会条件下，针对城市经济、社会发展的现实需求，以提升人民群众的幸福感和满意度为核心，推进城市发展模式智慧化的改革创新系统工程。推进智慧城市建设是党中央、国务院立足我国城市发展实际，顺应信息化和城镇化发展趋势，落实网络强国战略和大数据发展战略，主动适应和引领新常态、打造经济发展新动能而做出的重大战略决策部署。

一、建立新型智慧城市建设部际协调工作组的有关背景

为促进我国智慧城市健康有序发展，2014 年 8 月 27 日，经国务院同意，国家发展改革委、工业和信息化部、科技部、公安部、财政部、国土资源部、住房城乡建设部、交通运输部八部委联合印发了《关于促进智慧城市健康发展的指导意见》（发改高技〔2014〕1770 号）（以下简称《指导意见》），是全面指导我国智慧城市健康发展的第一份系统性政策文件。

为深入贯彻落实《指导意见》，加强统筹协调和部门间协作配合，经商中央网络安全和信息化领导小组办公室，国家发展改革委会同教育部、科技部、工业和信息化部、公安部、民政部、财政部、人力资源社会保障部、国土资源部、环境保护部、住房城乡建设部、交通运输部、水利部、农业部、商务部、卫生计生委、质检总局、食品药品监管总局、旅游局、中国科学院、中国工程院、证监会、能源局、测绘地理信息局、国家标准委 24 个部门联合成立了“促进智慧城市健康发展部际协调工作组”（以下简称“工作组”），并于 2014 年 10 月 24 日召开了工作组成立大会暨第一次工作会议。工作组办公室设在国家发展改革委高技术产业司，綦成元司长担任工作组组长。国家信息中心受工作组办公室委托，协助承担办公室日常工作。

自工作组成立以来，形成了国家层面跨部门统筹协调的工作模式，建立了联络员会议制度、信息报送制度等部际协调工作机制，加强了智慧城市推进过程中的统筹协调和跨部门沟通配合，为加强我国智慧城市顶层设计、促进健康有序发展提供了有效的制度保障。

为进一步加强跨部门工作协调力度，形成政策合力，切实推进新型智慧城市建设，2015 年 12 月，国家发展改革委会同科技部、农业部、工信部、旅游局、交通部和商务部六个部门研究起草并向国务院报送了《关于创新思路方式和机制推进智慧城市建设的报告》（发改高技〔2015〕2829 号），并提出了将原有的各部门司局级层面的协调工作组升级为由部级领导同志担任工作组成员的协调工作机制、组织开展 100 个新型智慧城市建设等相关建议。李克强、张高丽、马凯、汪洋、刘延东等国务院领导同志圈阅同意。

根据国务院领导的批示，工作组办公室会同有关成员单位研究后决定将工作组更名为“新型智慧城市建设部际协调工作组”，由国家发展改革委和中央网信办共同担任组长单位，教育部、科技部、工业和信息化部、公安部、民政部、人力资源社会保障部、国土资源部、环境保护部、住房城乡建设部、交通运输部、水利部、农业部、商务部、卫生计生委、质检总局、食品药品监管总局、旅游局、中国科学院、中国工程院、证监会、能源局、测绘地理信息局、国家标准委 23 个相关部门为成员单位。

新型智慧城市建设部际协调工作组的主要职责是：

（1）研究新型智慧城市建设过程中跨部门、跨行业的重大问题，协调各部门研究新型智慧城市建设的配套政策。

（2）加强对各地区新型智慧城市建设的指导和监督。

（3）建立监督考核机制，组织各部门制定统一的智慧城市评价指标体系，协调发布智慧城市年度发展情况。

（4）协调组织开展对外交流合作。

新型智慧城市建设部际协调工作组组长由国家发展改革委副主任林念修和中央网信办副主任庄荣文共同担任。工作组办公室设在国家发展改革委高技术产业司，承担工作组的日常工作，各成员单位司局级同志担任联络员，处级同志担任联络人。国家信息中心受工作组办公室委托继续承办秘书处协助承担办公室日常工作。

二、新型智慧城市建设部际协调工作组开展的主要工作

（一）加强顶层设计，明确发展方向和重点

2016 年 4 月 11 日，国家发展改革委林念修副主任、中央网信办庄荣文副主任共同主持召开新型智慧城市建设部际协调工作组（以下简称“部际协调工作组”）第一次会议，教育部、科技部、工业和信息化部、公安部、民政部、人力资源社会保障部、国土资源部、环境保护部、住房城乡建设部、交通运输部、水利部、农业部、商务部、卫生计生委、质检总局、食品药品监管总局、旅游局、中国科学院、中国工程院、证监会、国家能源局、国家测绘地理信息局、国家标准委等 25 个部门相关负责同志参加了会议。

会议集体学习了中央领导同志关于智慧城市建设的重要批示指示精神，听取了部际协调工作组办公室关于部际协调工作组 2016—2018 年工作分工的汇报，以及国家标准委关于新型智慧城市评价指标体系制定情况的汇报。部际协调工作组各成员单位就推进新型智慧城市建设工作作了发言。

会议指出，推进新型智慧城市建设，是党中央、国务院立足于我国信息化和新型城镇化发展实际，为提升城市管理服务水平，促进城市科学发展而做出的重大决策，是落实新型工业化、信息化、城镇化、农业现代化、绿色化同步发展的积极实践。当前，要深入贯彻落实党的十八大和十八届三中、四中、五中全会精神，以“创新、协调、绿色、开放、共享”五大发展理念为指引，认真学习领会习近平总书记、李克强总理关于推进智慧城市建设的重要指示精神，立足于我国信息化和新型城镇化发展实际，用新思路、新方式、新手段推动我国智慧城市新的发展。

会议提出，新型智慧城市建设应包括无处不在的惠民服务、透明高效的在线政府、精细精准的城市治理、融合创新的信息经济、自主可控的安全体系等五大要素。新型智慧城市建设要以提升城市治理和服务水平为目标，以为人民服务为核心，以推动新一代信息技术与城市治理和公共服务深度融合为途径，分级分类、标杆引领、标准统筹、改革创新、安全护航，注重城乡一体，打破信息藩篱。

会议强调，当前我国经济发展进入新常态，支撑经济增长的旧有动能减弱、新动能正在形成，要紧密围绕国家战略需求，扎实推进新型智慧城市建设。一是要把握好“三个新”，即理念上要新，更加注重以人为本；机制上要新，更加注重统筹协调；监管上要新，更加注重安全可控。二是要注重“四个结合”，即与新型城镇化发展、区域协调发展、稳增长调结构、已有试点工作等相结合。三是

2016 年要重点抓好五方面工作，即构建多元普惠的民生服务、打造智慧高效的城市管理、发展融合创新的产业经济、建设集约统筹的基础设施、建立安全可控的防护体系。

（二）建立部际协调工作制度，形成部门政策合力

自 2014 年 10 月“促进智慧城市健康发展部际协调工作组”成立以来，建立了部际协调工作制度，形成了重大事项、重点工作的部际协商机制。2014 年 11 月 3 日，国家发展改革委办公厅发布了《关于印发〈促进智慧城市健康发展部际协调工作制度及 2014—2015 年工作方案〉的通知》（发改办高技〔2014〕2652 号），明确要求“各部门拟开展的智慧城市相关工作，应提交工作组讨论审议，以确保形成合力，统筹协同促进我国智慧城市健康发展”。部际协调工作机制明晰了各成员单位的主要任务，加强了各部门拟发布政策和开展重大工作事项前的沟通与协调，进一步汇聚了部门政策合力，很大程度上避免了各自为政和政出多门。

工作组成立后，经部际协商沟通出台了多项指导智慧城市建设的政策文件，包括：2015 年 5 月 8 日国家测绘地理信息局发布的《关于推进数字城市地理空间框架向智慧城市时空信息云平台转型升级有关工作的通知》（国测国发〔2015〕11 号）。2015 年 8 月 26 日中央网信办、公安部、国家发展改革委、工信部联合发布的《关于加强智慧城市网络安全管理工作的若干意见》（中网办发文〔2015〕9 号）。2015 年 11 月 4 日发布的《国家标准委、中央网信办、国家发展改革委关于开展智慧城市标准体系和评价指标体系建设及应用实施的指导意见》（国标委工二联〔2015〕64 号）等。

（三）建立部门会议协商机制，推动工作联合开展

2014 年 10 月智慧城市部际协调工作组成立以后，工作组办公室组织召开了多次联络员会议，对工作组年度工作任务的落实进行了多次沟通协调和细化部署。

升级为新型智慧城市建设部际协调工作组后，2015 年 11 月 26 日，工作组组织召开了第四次联络员会议，商议了智慧城市发展年度有关情况和优秀案例的宣传工作。会后工作组办公室给成员单位发送了《关于请提供智慧城市相关材料的函》，请成员单位梳理总结推进智慧城市建设的相关工作，并围绕所属领域，推荐智慧城市优秀实践案例和发展报告撰稿专家。

2015 年 12 月 18 日，工作组办公室召开了智慧城市发展报告第一次专家组工作会议，就发展报告的工作方式方针进行了讨论，为保障发展报告的权威性和影响力，专家提出了完善意见。

（四）建立中央地方联动机制，推动地方顶层设计

根据《促进智慧城市健康发展2014—2015年工作方案》，各省向工作组办公室提交了智慧城市建设方案，初步建立了中央、省和市三级协同联动、互促共进的工作机制，提升了智慧城市工作的整体性、系统性和协调性。工作组通过组织调研、方案论证、专家指导等形式，加强了对各地智慧城市建设指导，提高了地方省市对智慧城市建设的认识、对总体规划和顶层设计的重视。

工作组协调推动各中央部门、地方城市政府和研究机构共同开展了《"一带一路"与智慧城市发展研究》《长江经济带与智慧城市发展研究》等重点课题研究。通过联合研究促进了理论创新和跨界跨域的协作模式创新，实现了更好地支撑服务智慧城市建设，为跨部门、跨区域制定智慧城市综合实施政策奠定了扎实的基础。

（五）加强标准评价体系建设，推进落实"以评促建"

按照"以评促建、以评促管、以评促改"的工作思路，结合全国智慧城市标准化实践需求，国家发展改革委和国家标准委研究编制了《智慧城市评价指标体系总体框架（试行）》《智慧城市评价指标体系分项制定总体要求（试行）》。科技部、商务部、工信部、公安部、国土资源部、住建部、交通部、农业部等各有关部门分别制定各领域智慧应用评价指标体系。

在前期联合研究和密切协作的基础上，2015年11月，国家标准委、中央网信办、国家发展改革委联合印发了《关于开展智慧城市标准体系和评价指标体系建设及应用实施的指导意见》，为深化开展智慧城市标准和评价体系应用提供了重要的指导。

（六）成员单位工作有序开展，推进多领域智慧应用

国家发展改革委会同民政部等共12个部门组织实施信息惠民工程，在全国80个城市开展了国家信息惠民试点，以解决当前体制机制和民生服务的突出难题为核心，在社保、医疗、教育、养老、就业、社区服务等领域，大力推进政务信息共享和业务协同，强化多方协作、资源共享、制度对接，探索构建方便快捷、公平普惠、优质高效的公共服务新模式，大幅增强了民生领域信息服务能力和公共服务水平。

（七）促进国内外交流合作，带动自主产业发展

着眼国内、国际两个市场，国家发展改革委积极推进智慧城市领域的国内外交流与合作。一方面，组织智慧城市发展联盟、中城智慧城市建设研究会、中国智慧城市产业技术创新战略联盟、中国智慧城市产业联盟等行业组织加强协作，通过各种方式推动自主企业与各地智慧城市建设对接。先后组织了2015年、2016年中国智慧城市创新大会、2015中国智慧城市国际博览会等活动，促进政企交流，指

导智慧城市建设。另一方面，利用中美、中日、中韩、中阿、中印等各类双边和多边合作契机，积极推进智慧城市国际合作，支持我国相关产业拓展海外市场。目前已在中欧城镇化合作机制中开展了中欧智慧城市经验交流，推动深圳市和印度古吉拉特邦金融科技城达成了智慧城市合作意向，并写入了《中华人民共和国和印度共和国联合声明》。

三、下一步推动新型智慧城市建设的工作思路

工作组下一步将按照《国民经济和社会发展第十三个五年规划纲要》和《国家信息化发展战略纲要》对智慧城市的发展部署以及中央城市工作会议上中央领导对智慧城市建设的重要指示精神，以党的十八届五中全会提出的创新、协调、绿色、开放、共享五大发展理念为指引，贯彻以人民为中心的发展思想，进一步深入研究“大众创业、万众创新”和“互联网+”、大数据等给城市发展和管理带来的重大变革，以新型智慧城市评价指标体系为抓手，以改革创新和务求实效为核心，开展新型智慧城市建设，大力推进各领域智慧应用，助力产业转型升级，优化公共服务供给，让信息化更好地造福人民群众。为此，将重点开展以下工作：

一是加强统筹协调。政策层面上，将新型智慧城市建设纳入《“十三五”国家信息化规划》，进一步加强顶层设计，加强各部门智慧城市相关政策的统筹，形成重大事项、重点工作的部际协商机制，汇聚政策合力，坚决避免政出多门和各自为政。技术层面上，工作组要指导地方加强顶层设计，统筹推进物联网、云计算、大数据、宽带中国、“互联网+”等与智慧城市建设的衔接和融合。工作层面上，要充分发挥新型智慧城市建设部际协调机制作用，抓好《新型智慧城市建设部际协调工作组2016—2018年工作分工》的实施工作，抓好督促落实。

二是加强理论和政策研究。围绕“一带一路”、京津冀协同发展、长江经济带区域发展三大战略，加强与各地区合作开展新型智慧城市重大问题研究，做好智慧城市群和城市分级分类开展新型智慧城市建设的统筹规划和协同布局。同时，部际协调工作组办公室将会同工作组各成员单位，研究出台组织推进新型智慧城市建设工作的政策文件。

三是加快标准和规范制定。加快建立和完善新型智慧城市标准体系和评价体系，按照“以评促建、以评促管、以评促改”的工作思路，以评价指标体系为抓手，

适时组织对新型智慧城市开展建设效果评价评估工作，并加强分级分类建设引导，促进新型智慧城市健康发展。

四是开展试点示范和经验推广。国家发展改革委、中央网信办将会同相关部门组织100个城市大力推进新型智慧城市建设。加强体制机制创新和城市资源整合，探索可以复制推广的创新发展经验和建设运营模式，以点带面，促进城镇化发展质量和水平全面提升。通过试点工作，选取一批有代表性的智慧城市优秀案例，研究发布年度《中国智慧城市发展报告》，加强成果宣传，引导各行业各地区务实推进新型智慧城市建设。

五是拓展国际合作。依托已有的双边和多边机制，务实推进智慧城市国际合作，2016年举办第二届智慧城市国际博览会，择机举办中国智慧城市全球联展。支持我国互联网产业、信息产业、能源环保产业、智能建筑产业发挥自身优势，与其他国家智慧城市建设的理念和经验加强交流与合作，形成国际产能合作的新领域，为我国经济增长提供新动能。

第二篇

部门工作篇

教 育 部
智慧城市相关工作情况

2015年，教育部深入贯彻落实党的十八大和十八届三中、四中、五中全会精神，围绕解决教育改革发展重大问题，以促进教育公平、提高教育质量为重点，扎实推进教育信息化，狠抓“三通两平台”重点工作落实，使教育信息化在推进教育领域综合改革，推进智慧城市建设中发挥更大作用。

一、智慧城市政策文件发布情况

2014年，为贯彻落实《中共中央关于全面深化改革若干重大问题的决定》提出的“构建利用信息化手段扩大优质教育资源覆盖面的有效机制，逐步缩小区域、城乡、校际差距”的战略部署，教育部会同财政部、国家发展改革委、工信部和中国人民银行等五部委编制并印发了落实十八届三中全会224项任务的《构建利用信息化手段扩大优质教育资源覆盖面有效机制的实施方案》，强调教育信息化对促进教育公平，提升教育质量的重大意义；明确了以机制创新为引领，引导资源共建共享、促进应用模式创新、鼓励社会广泛参与，注重处理好政府与市场的关系，注重发挥好师生的主体地位的总体思路；提出了到2020年的总体目标和三个分阶段目标，部署了“三通两平台”的五项重点任务，提出了五个方面的保障措施。

二、智慧城市重大工作开展情况

2012年，第一次全国教育信息化工作会议召开，确定了以“三通两平台”为核心目标和重点任务。三年来，各项工作进展顺利，总体上超过了预期目标，一些方面取得突破，应用效果逐渐显现。

一是“宽带网络校校通”取得重大进展。全国中小学互联网接入率由 2011 年的不足 25% 上升到 85%，已有 77% 的中小学拥有多媒体教室，40% 的学校实现多媒体教室全覆盖，北京、上海、江苏、浙江和新疆生产建设兵团已率先实现 100% 的学校接入互联网并拥有多媒体教室。学校的网络教学环境得到大幅度改善，信息化应用基础条件进一步夯实。

二是“优质资源班班通”取得显著成效。“教学点数字教育资源全覆盖”项目的实施，使全国 6.4 万个教学点实现了设备配备、资源配送和教学应用“三到位”，以安徽省异地在线“专递课堂”等为代表的信息化教学模式竞相涌现，国家规定课程，特别是音乐、美术、英语的开课率大幅度提升，有效地破解了教学点缺师少教难题，满足了全国 400 多万名偏远地区的孩子就近接受良好教育的愿望，补上了教育的短板，实现了促进教育公平的重要突破。启动实施“一师一优课、一课一名师”活动，全国 500 多万名教师参与，晒课 300 多万堂，初步形成“课堂用、经常用、普遍用”的信息化教学新常态，优质教育资源匮乏的局面已明显好转。

三是“网络学习空间人人通”实现跨越式发展。全国已有超过 30% 的学校开通了网络学习空间，师生空间开通数量从 2012 年的 60 万个增长到 2015 年的 4200 万个，应用范围已从职业教育扩展到基础教育、高等教育和继续教育。600 多万名教师应用空间开展教学或教研活动，有力推动了教学资源共建共享和教学方式的转变，以信息技术为支撑的教育教学模式探索正逐步深入。

四是教育资源平台初具规模。国家教育资源公共服务平台于 2012 年底上线运行，已与 26 个省、市县级平台实现互联互通并共享资源。2014 年国家平台访问人次 5400 多万，页面访问近 10 亿次，下载资源 3000 多万次。约 2/3 的省建成了省级资源平台，国家教育资源云服务体系初步形成。

五是教育管理公共服务平台全面应用。“两级建设、五级应用”的教育管理信息化格局初步形成，全国学生、教职工、教育机构等管理信息系统和国家级数据中心基本建成，全国学校“一校一码”、学生“一人一号”逐步实现。2014 年“全国中小学生学籍信息管理系统”应用，1.9 亿名学生信息入库，运行仅一年完成省内外转学近 600 万人、跨省转学 9 小时内即办理完成，大大提高了效率、降低了成本，减轻了学生家庭负担。

六是广大教师信息技术应用能力全面提高。2013 年启动实施了“全国中小学教师信息技术应用能力提升工程”，已培训 600 万名中小学教师、5 万名中小学校长、20 余万名职业院校教师，全面提升了教师信息技术应用能力。利用两年时间，完成了全国县区以上教育厅局长全员信息化培训，各级教育行政部门对教育信息化重要性和紧迫性的认识显著提升，对核心理念、基本方针和整体部署有了更深刻的理解。

七是教育信息化推进机制不断创新。积极发挥市场在资源配置中的决定性作用，着力吸引企业等社会各方广泛参与，形成了“政府政策支持、企业参与建设、学校持续使用”的新机制。教育部先后与中国移动、中国电信、中国联通签订战略合作协议，三大运营商两年投入近60亿元为10万多所学校免费接入宽带。黑龙江、安徽采取租赁服务等方式，利用企业现有网络和硬件基础设施，推进公共服务平台建设；湖南华容县采取企业投资建设运维、学校持续使用的模式，在短时间内完成了全部学校“校校通”，既提高了效率又节省了投资；云南楚雄和玉溪采用融资建设的模式，由企业垫资统一建设，政府通过教育信息化专项经费、生均公用经费等资金分期偿还本息，已实现所有班级网络多媒体教室全覆盖。

总体来看，我们在世界最大规模的教育体系里已构建了广覆盖、多层次的教育信息化系统。“十二五”期间特别是“三通两平台”[1]的快速推进，无论是条件建设、资源开发、应用水平还是政策突破、机制创新、支持保障都有了长足进步，有效提升了教学质量和教育管理水平，增强了学生的综合素质和教师的职业能力。这些成绩的取得证明了我国教育信息化的理念、思路、方针、政策、措施是符合国情和教情的，为下一步发展打下了良好基础。“十三五”期间，教育部将深入贯彻十八届五中全会精神，落实第二次全国教育信息化工作会议要求，坚持创新、协调、绿色、开放、共享的发展理念，服务国家战略需求，聚焦重大问题和短板，出台《“十三五”教育信息化规划》，坚持以应用为核心，进一步完善“三通两平台”，努力做到“四个提升”[2]和“四个拓展”[3]，确保实现“三个基本”[4]的目标。

---

(1) 即宽带网络校校通、优质资源班班通、网络学习空间人人通，建设教育资源公共服务平台、教育管理公共服务平台。

(2) ①深入推进“三通工程”，全面提升教育信息化基础支撑能力。②积极推动管理平台与资源平台的深入应用与协同发展，大幅提升教育信息化服务教育教学与管理的水平。③不断扩大优质教育资源覆盖面，优先提升教育信息化兜底线、保基本、促公平的能力。④加快探索数字教育资源服务供给模式，有效提升数字教育资源服务水平。

(3) ①创新网络学习空间人人通建设与应用模式，拓展信息时代教育教学、管理与服务方式。②深化信息技术与教育教学的融合互动，拓展教育信息化对教育现代化的带动作用。③大力提升教师信息技术应用能力与学生信息素养，拓展师生适应信息时代需求的教学能力和创新能力。④加强网络安全，拓展教育改革和发展网络环境保障能力。

(4) 即基本建成“人人皆学、处处能学、时时可学”与国家教育现代化发展目标相适应的教育信息化体系；基本实现教育信息化对学生全面发展的促进作用、对深化教育领域综合改革的支撑作用和对教育创新发展、均衡发展、优质发展的提升作用；基本形成具有国际先进水平、信息技术与教育融合创新发展的中国特色教育信息化发展路子。

三、智慧城市领域评价标准工作进展情况

2015 年底，教育部启动《智慧城市教育信息化指标体系研究》项目。目前，该项目已完成立项阶段工作，计划 2016 年底完成，提出智慧城市的教育信息化指标体系。

四、智慧城市国际交流合作情况

2015 年 5 月，教育部和联合国教科文组织合作在中国青岛举办了首届国际教育信息化大会，主题是“信息技术与未来教育变革”。国家主席习近平发来贺信，强调应用信息技术的发展推动教育变革和创新，构建网络化、数字化、个性化、终身化的教育体系，建设“人人皆学、处处能学、时时可学”的学习型社会，培养大批创新人才，是人类共同面临的重大课题。国务院副总理刘延东、联合国教科文组织总干事博科娃出席会议并致辞。会议通过了《青岛宣言》，来自 90 多个国家和有关国际组织、企业的代表出席活动。《青岛宣言》提出实现 2030 年教育目标必须利用信息技术，阐述了在优质学习、终身学习、在线学习、在线学习质量保障和认可、监督和评估五方面如何发挥信息技术的作用，指出为学习而充分利用信息技术的能力不再是一种特殊的技能，是现代社会成功的基础；提出将信息技术成功融入教学和学习中，需要重新思考教师的角色，并对教师培养和专业发展进行改革；进一步利用在线学习带来的新机遇，研究大数据的潜力，提高学习效果；建立在线学习质量保证措施，支持可靠、有效和可信的评估；构建全面的国家监测和评价体系，提供合理的论据，支持政策框架的构建，涵盖教育信息化的整合、应用与影响；开展国家、地区和全球范围的数据收集、分析与报告方面的能力发展，呼吁各国加强沟通和对话，释放信息技术的全部潜能。

科技部
智慧城市相关工作情况

一、863计划智慧城市（二期）2015年度工作

项目已经突破了一系列核心关键技术、构建了相关的软硬件平台，开发了多个支撑服务平台和原型系统；同时，积累了丰富的城市数据，在北京、温州、延安、太原及克拉玛依等地积极开展应用示范和城市试点工作。

（一）建立完成以城市数据处理为核心的智慧城市技术体系

项目面向城市数据及其利用，开展技术研究，涵盖了城市数据模型、数据联网、数据高性能分析、数据动态呈现、从数据到知识的转化、基于数据与知识的决策支持等方面，建立了以城市数据处理为核心的智慧城市的技术体系。

（1）提出了城市多模式数据及跨系统互联与协同的模型、框架与规范标准，定义了70余种城市主要元素及其相关的35种数据间的关联关系，并提出用张量模型来表示和分析高维城市数据，解决了城市数联网、跨系统高速协同的核心技术问题，从而完善了城市数据活化的技术体系。

（2）面向城市复杂数据融合理解，突破目标快速识别、融合精确定位、多模数据高性能处理、大规模数据智能检索等核心技术，研制了室内外多模精确定位终端、典型目标行为识别终端等关键设备，研制成功数据快速处理与识别终端和室内外融合精确定位终端，实现城市运行管理数据的高性能分析。

（3）实现了10亿像素城市图像的呈现与交互技术。完成了基于两级成像的亿像素视频采集装置，突破了大规模城市场景数据采集和快速建模关键技术，并开发完成了一套360度三维实景信息平台及多源数据实时可视化引擎，中小城市静态数据实时呈现初始化不超过1分钟，绘制效率30fps以上；支持两种以上动态运行数据实时更新和可视化，更新速度小于3秒。

（4）突破了城市时空信息智能服务核心关键技术。得出了城市核心概念模型和领域知识模型，完成了城市多层次智能分析与决策模型管理、数据与模型双向耦合和面向任务的主动聚焦决策服务。同时，面向城市突发事件响应决策，提供了城市突发事件元模型，实现城市突发事件建模、信息共享和智能决策。

（二）研制智慧城市公共支撑服务系统，并积极加强城市示范

项目构建了城市物联网支撑服务系统、城市大数据运行管理支撑服务系统和以人为中心的共生型生态服务系统等公共支撑服务系统，并在多个典型城市开展示范应用，效果良好。

（1）构建了城市物联网支撑服务系统。该支撑服务系统利用视频监控、射频识别、传感器和定位设备等信息采集设备和新一代物联网技术对城市管理进行全面和深入感知，实现城市资源和要素信息的自动感知、高效传递、智能运用和互联共享，为智慧城市的建设解决后顾之忧，为建设统一、协同、融合的智慧城市体系提供保障。平台在延安进行了集中示范，促进了智能城管、智慧红色旅游、智能科技信息服务等示范应用。

（2）城市大数据运行管理支撑服务系统。面向多模式城市数据系统互联管理需求，基于城市数据模型、数据活化、数据联网的理论成果，构建了城市大数据运行管理支撑服务系统和数据活化实验床——凌云平台，基于该平台开发了城市跨系统互联与融合支撑服务环境。该系统实现多平台数据的互联与共享，为用户提供城市数据资源的统一视图，为综合挖掘城市数据资源中有效知识提供支持。该支撑服务系统在北京、温州、深圳等地同时示范，分别与当地政府部门合作，形成跨系统跨城市的超级数据联网。在政务、民情、医疗、交通等领域的示范应用给市民的生活带来智能和便利。

（3）以人为中心的共生型生态服务系统。面向以人为中心的城市应用，构建了以人为中心的智慧城市公共服务系统与支撑平台，建立了由服务对象、基础研究、基础建设、集成与系统服务、应用软件开发与推广、内容与个人服务六大要素构成的智慧城市共生型生态服务系统，并基于知识模型构建、信息资源聚集、应用共性支撑、平台开放增长四项关键技术研发了16个软件工具。该系统已经在福州、佛山、张家港、本溪等城市建立示范应用，接入服务总数1699个，汇聚个人外廓数据44万个及用户行为数据1800万条，已实现经济效益约1.2亿元。

（4）城市智能分析与决策支持原型系统。系统包括城市决策需求建模、决策模型建模、数据接入与耦合、城市决策信息聚焦服务、城市决策信息可视化与仿真等

功能，并在太原高新区的14.88平方千米区域进行了示范。在示范区内，系统接入了4大类12小类传感器设备，能接入7大类23小类数据。这些传感器和数据结合模型库内的18种模型和面向政府、企业、公众的城市决策聚焦服务，在城市事件的日常监测、事件告警、应急响应和评估恢复这四个阶段，能相应地为政府、企业、市民提供各自所需要的信息，使决策更科学、更高效。

（5）构建了Open API服务框架平台系统，该平台系统强化智慧城市面向多层次、细粒度用户的信息智能分析与辅助决策支持服务能力。在克拉玛依数字城市相关在用系统基础上，完成城市综合管理决策支持、城市运行监控管理决策支持、城市应急指挥决策支持和城市规划管理决策支持示范应用系统的开发，在克拉玛依、乌鲁木齐、石河子三个城市开展示范应用工作，为城市智慧系统一体化大规模建设发挥示范作用。

（三）积极推动技术体系的辐射和标准体系的融合

积极完善技术体系，广泛开展智慧城市技术成果征集，分别汇集了来自30余家单位的150余项技术成果。积极推动技术体系辐射，联合70多家智慧城市产业联盟成员单位和20家试点城市，举办智慧城市试点示范工作对接会、研讨会、技术转移大会等重大活动30多次，推动技术交流与技术体系的辐射。

在智慧城市技术成果征集的基础上，完成了智慧城市技术与标准工作汇编，形成统一的智慧城市标准体系框架，推动智慧城市国家标准制定，并参与国际标准制定相关工作。在项目领域知识模型、数据融合与互联、跨系统互联等方面的成果都将纳入国家智慧城市标准草案中。

项目在进行技术研究、平台建设和应用示范的过程中，积极加强标准的制定。先后提交相关国家标准与技术规范草案12项；提交国际标准草案6项，其中，三个智慧城市评估关键绩效指标（KPI）标准建议书已经进入国际电信联盟的最终审批程序，阿联酋迪拜和新加坡已先后与国际电联签订协议，成为全球最早使用上述三个标准建议书进行智慧城市建设达标测试的试点。

二、国家智慧城市标准化2015年工作

2015年，国家智慧城市标准化总体组根据国家智慧城市健康发展的指导意见中关于加快研究智慧城市建设的标准体系、评价体系总要求，从总体组建设、标准

体系、评价指标、宣传培训以及国际化合作几个方面来努力推动工作。在总体组建设中，本着开放合作、互利共赢的精神，总体组积极推动新成员单位的吸收工作，截至 2015 年 12 月，共有 108 家单位成为总体组成员，其中 1 家为观察员单位。这些成员单位覆盖科研院所、企业、行业联盟、城市以及各标准化组织，代表了中国智慧城市标准工作的中坚力量。在标准体系和评价体系的工作方面，总体组根据国标委、中央网信办和国家发展改革委发布的《关于开展智慧城市标准体系和评价体系建设及应用实施的指导意见》主动谋划，积极部署。2015 年 7 月，在公共服务便捷化、城市管理精细化、生活环境宜居化、基础设施智能化和网络安全长效化的指导思想下，发布了智慧城市标准体系 4.0 版本，从总体、支撑技术与平台、基础设施、建设与宜居、管理与服务、产业与经济和安全与保障七个角度梳理了我国智慧城市标准体系架构，同时向国标委提交了 37 项智慧城市标准立项建议，截至 2015 年 10 月 15 日，29 项标准已完成立项工作。同时，在 2015 年 7 月，发布了智慧城市评价指标体系总体框架，以人本性、科学性、系统性、可操作性以及可扩展性的原则制定了评价指标体系的设计思路并提交部际协调工作组征求意见，在反馈意见的基础上不断地进行修订和整理。此外，为了更好地宣传标准体系框架和评价指标体系，总体组于 2015 年 7 月在北京承办了 2015 年国家智慧城市标准化工作大会，面向成员单位和社会各界提供标准工作的交流渠道，共同推动标准体系框架和评估体系框架建设的顺利进行。在国际化合作方面，总体组各成员单位继续在 ISO、IEC、ITU-T 以及 ISO/IEC/JTC 1 等国际化组织中积极开展工作，担任 ISO 技术管理局 / 智慧城市顾问组（TMB/AG on Smart Cities）社区可持续发展技术委员会 / 智能社区基础设施分技术委员会（ISO/TC 268/SC 1）的副主席，同时，支撑国标委在 IEC 智慧城市评估组中担任联合召集人，在 ITU-T 可持续发展智慧城市焦点组担任副主席，推动 ISO/IEC/JTC 1 批准成立 WG11 工作组。2015 年 11 月，总体组代表还参加了在北京组织的 2015 年 ISO/IEC JTC 1 全会，在智慧城市标准国际化合作方面发挥了积极的推动作用。

三、物联网与智慧城市技术和系统国家重点研发计划“十三五”论证 2015 年工作

根据《科技部关于开展“十三五”国家重点研发计划优先启动重点研发任务

建议征集工作的通知》，围绕物联网与智慧城市技术与系统主题，积极组织各相关单位凝练项目。

在此期间，先后与科技部、住建部、国家发展改革委、工信部、国家标准委等部委进行了沟通，并组织专题研讨会，邀请公共安全、交通运输、医疗养老、公用事业、社区娱乐、工业节能、农业水利等领域的专家围绕物联网与智慧城市进行反复论证，同时，在吸收和综合了近百项各推荐渠道报送任务建议的基础上，形成"物联网与智慧城市技术和系统国家重点研发计划任务建议"。

针对万物互联的全球化社会基础设施发展趋势和以城镇化作为我国经济增长新引擎和拉动内需主战场的发展战略，围绕《国家新型城镇化规划（2014—2020年）》的关键任务，以"自主可控技术引领、标准评价体系保障、规划建设战略前瞻、集中示范突出实效"为原则，在智能感知服务终端、低功耗广域传输、工业互联网、超密度城市立体感知、城市影像认知、城市智能决策和安全管控等方面突破一批关键技术，建立完善的物联网与智慧城市技术体系，并在公共安全、交通运输、医疗养老、公用事业、社区娱乐、工业节能、农业水利等重点领域重点推广，在京津冀、长江经济带、"一带一路"等区域的典型城镇群和智慧城市相关试点城市开展大规模应用示范，形成完善的产业生态链，培育若干物联网和智慧城市的标杆企业，培养一大批创新型科技人才，构建技术创新体系和创新支撑环境，为使我国物联网与智慧城市技术和应用走向国际先进水平奠定坚实基础。

公 安 部
智慧城市相关工作情况

一、科技信息化局相关工作情况

（一）制定、发布有关智慧城市政策文件

1. 公安部文件

（1）2015 年 1 月 23 日，为统筹推进公安机关视频图像信息资源整合、安全共

享和综合应用，公安部向全国公安机关印发了《关于进一步加强公安机关视频图像信息应用工作的意见》（公通字〔2015〕4号），提出了进一步做好公安机关视频图像信息应用工作、健全视频图像信息应用工作机制、提升视频图像工作效能的明确要求。

（2）2015年10月14日，面向全国公安机关发布《公安物联网技术发展报告》，这是公安机关首次以公开出版的形式发布技术发展报告，充分发挥公安科技创新工作的基础性、前瞻性作用，意义重大。

2. 公安部与其他部委联发文件

（1）2015年2月13日，公安部与国家发展改革委、财政部、工信部等12部委联合起草并印发了《关于开展信息惠民国家试点城市评价工作的意见》（发改高技〔2015〕312号），针对创建信息惠民国家示范省市、养老服务和社区服务信息惠民工程试点工作、实施“城市公共视频共享服务试点专项”等公共安全信息惠民行动计划等11项重点任务，开展了80个信息惠民国家试点城市评价工作。

（2）2015年5月6日，为推进平安中国建设，进一步发挥视频监控系统在打击犯罪、治安防范、社会管理等方面的效能，国家发展改革委、中央综治办、公安部等九部委联合下发《关于加强公共安全视频监控建设联网应用工作的若干意见》（发改高技〔2015〕996号，以下简称《若干意见》），提出2020年实现“全域覆盖、全网共享、全时应用、全程可控”的总体目标及工作措施，并配套印发《加强公共安全视频监控建设联网应用工作方案（2015—2020年）》（发改办高技〔2015〕2056号），进一步细化具体任务、部门分工和进度要求。

3. 其他部门印发相关文件

2015年12月17日，中央综治办和国家发展改革委共同印发了《公共安全视频监控建设联网应用部际协调工作制度》（中综秘〔2015〕3号附件2），成立了由35个中央部门组成的公共安全视频监控建设联网应用部际协调工作组办公室（办公室下设综合组和专家组），建立了中央层面的跨部门工作机制，定期研究解决重大问题，监督指导工作落实。

（二）智慧城市重大工作开展情况

1. 推进公共安全视频监控建设联网应用工作

（1）2015年10月16日，公安部科技信息化局协助中央综治办、国家发展改革委有关部门召开了公共安全视频监控建设联网应用部际协调工作组第一次会议暨全国电视电话动员会。会议介绍了中央加强公共安全视频监控工作的背景，强调了工作开展的重要意义，对各部门、各地区的工作任务提出了明确要求和完成时限。

（2）2015 年 11 月 6 日，中央综治办在北京召开专题视频座谈会，研究开展公共安全视频监控建设联网应用需求调查工作相关事宜，公共安全视频监控建设联网应用部际协调工作组相关成员到会并讲话。会议要求各地要充分认识加强公共安全视频监控建设联网应用工作对创新完善立体化社会治安防控体系的重要意义，要切实摸清和梳理本地区公共安全视频监控建设联网的现状和各部门的需求，组织做好本地工作实施方案编制工作。

（3）公共安全视频监控建设联网应用部际协调工作组办公室综合组组织筹备各地区公共安全视频监控建设联网应用实施方案的评审工作，拟定了《各地区公共安全视频监控建设联网应用工作实施方案审查工作方案》和《各地区公共安全视频监控建设联网应用工作实施方案专家评审表》。

2. 完善全国公安视频监控图像信息联网与应用标准体系

为加大公共安全视频监控建设联网应用工作的标准支撑力度，推进《公安视频监控图像信息联网与应用标准体系表》（GA/Z 1164—2014）中相关标准的制定、修订工作，全国安全防范报警系统标准化技术委员会（TC100）按照公安部科技信息化局要求，组织相关单位先后召开五次标准制定、修订工作会。该体系由 21 项标准组成，包含了通用技术标准、专业技术标准、管理服务标准、合格评定标准四大类，涵盖了视频信息采集、数据传输、平台管理、与第三方平台接口、系统维护、工程检测等内容。其中，《视频监控联网系统信息传输、交换、控制技术要求》（GB/T 28181）和《安全防范监控数字视音频编解码技术要求》（GB/T 25724）两项标准已正式发布；《公安视频图像信息应用系统　第一部分：通用技术要求》等六项标准进入了专家审查阶段。

3. 推进公共安全领域国家物联网应用示范工程项目

2015 年，北京市公共安全领域物联网应用示范工程，主要围绕首都“政治中心区”智能防控和全市机动车辆整体掌控两大业务领域开展建设和应用工作，强化对重点人群和车辆进出该区域的实时监控能力，提升该地区安全保卫和反恐处理突发事件能力。该示范工程在包括两会、九三阅兵等重大活动的安保中已经发挥了重要作用。深圳市公共安全领域物联网应用示范工程对流动人口的管理和视频的综合应用也在全市范围产生了很好的规模效应。

4. 推进国家警用装备管理物联网应用示范工程项目

国家警用装备管理物联网应用示范工程计划通过 3 年时间，建立一个覆盖全国试点地区的、布局合理、运行高效的双层嵌套警用装备管理物联网，进而提升我国警用装备管理的智能化、自动化和信息化水平，提高各级公安机关处理突发事件、维护公共安全、保障社会稳定的效率和能力。目前，警用装备智能管理库试点单位有近一半开展了库存警用装备智能管理系统的建设工作。

（三）智慧城市相关研究工作

（1）公安视频传输网络关键技术研究。为大幅度提升公安视频传输网络的安全性、可靠性、业务效率、服务质量、管理效率，公安部设立了部级重点研究项目《公安视频传输网络关键技术研究》。该课题结合大数据、云计算等先进技术，制定视频传输网络安全策略、网络架构等内容，为公安视音频传输网络提供安全高效的运行环境。

（2）公共安全视频监控建设联网应用关键技术与保障体系研究。为落实《若干意见》有关要求，更好地支撑公共安全视频监控建设联网应用工作，中央综治办设立了专项课题《公共安全视频监控建设联网应用关键技术与保障体系研究》，并由公安部科技信息化局具体组织相关单位开展研究。研究内容以视频监控基础网络环境、系统安全防护、联网技术标准体系、支撑法规及考核工作等方面为主。

（四）智慧城市领域评价标准工作进展情况

（1）成立视频监控评价指标工作组。按照国家发展改革委、公安部等八部委《关于印发促进智慧城市健康发展的指导意见的通知》（发改高技〔2014〕1770 号）和《若干意见》的要求，经过前期调研、论证，公安部科技信息化局委托中国安全防范产品行业协会具体承担公共安全视频监控评价指标体系制定工作。2015 年 4 月，中国安全防范产品行业协会成立了公共安全视频监控建设联网应用评价指标体系研究工作组（以下简称视频监控评价指标工作组）。工作组成员单位由中国安全技术防范认证中心、安全防范技术与风险评估公安部重点实验室等 17 家单位组成，涉及视频监控管理、研发、标准、检测认证、设计施工、应用等多个方面。同时还聘请行业内的若干知名专家组成了专家组。

2015 年 6 月，视频监控评价指标工作组在北京召开了第一次会议，确定了指标体系起草主笔单位和小组成员，同时确定工作组日常工作由设在中国安全技术防范认证中心的秘书处负责。

（2）完成《公共安全视频监控建设联网应用评价指标体系（征求意见稿）》编制工作。参照《智慧城市评价指标体系总体框架（试行稿）》以及《智慧城市评价指标体系分项制定的总体要求（试行稿）》，结合我国公共安全视频监控建设联网应用情况，视频监控评价指标工作组经大量调研、讨论研究，先后组织召开五次工作组会议，形成了《公共安全视频监控建设联网应用评价指标体系（征求意见稿）》。

（3）近期工作安排。一是在公安机关内部和相关单位间就《公共安全视频监控建设联网应用评价指标体系（征求意见稿）》征求意见；二是召开专家评审会，审定《公共安全视频监控建设联网应用评价指标体系（征求意见稿）》；三是着手推进视频监控评价指标试点工作。

二、十一局智慧城市网络安全工作情况

（一）政策体系

为贯彻落实《中共中央国务院关于印发〈国家新型城镇化规划（2014—2020年）〉的通知》（中发〔2014〕4号），2014年8月，经国务院同意，由国家发展改革委牵头，会同公安部、工信部等八个部委联合印发了《关于印发促进智慧城市健康发展的指导意见》（发改高技〔2014〕1770号，以下简称《指导意见》），提出了智慧城市健康发展六大方面19条具体意见。其中在“网络信息安全管理和能力建设”方面，提出了“城市人民政府在推进智慧城市建设中要同步加强网络安全保障工作，在信息系统建设和管理过程中落实信息安全等级保护制度，加大对党政军、金融、能源、交通、电信、公共安全、公用事业等重要信息系统安全防护，确保安全可控”。2014年10月，国家发展改革委会同公安部等25个部门成立了部际协调工作组，并确定了15项主要任务及责任部门，公安部承担指导各地区加强网络安全管理和能力建设，研究制定城市网络安全评价指标体系，组织相关机构开展年度评价工作。

按照《指导意见》精神，2015年9月，公安部会同中央网信办、国家发展改革委、工信部联合印发了《关于加强智慧城市网络安全管理工作的若干意见》（中网办发文〔2015〕9号），明确了智慧城市建设中网络安全建设和管理工作的指导思想和基本原则；明确了智慧城市网络安全建设和管理工作的六项重点任务和保障措施；明确了人民政府、政府有关部门、公安机关、行业主管部门、网络和信息系统运营使用单位、建设方、运维方、产品提供商等主体网络安全责任；明确了相关职能部门监督检查指导智慧城市网络安全管理工作的职责任务。主要内容有：

（1）落实安全责任，加强智慧城市网络安全工作的统筹协调和顶层设计。在推

进智慧城市建设过程中，各地区要高度重视网络安全工作，依托各地智慧城市建设组织协调机制，建立智慧城市网络安全工作机制，整合各方资源，加强网络安全工作的统筹协调、总体规划和顶层设计，及时研究解决重大网络安全问题，促进智慧城市安全、健康、有序发展。城市人民政府及其有关部门，以及智慧城市的建设者、使用者、运维者，要落实网络安全责任制，明确责任人和工作要求，建立并落实重大网络安全事件（事故）责任追究制度。行业主管部门在统筹规划、推进智慧城市建设工作中，应当同步规划、实施网络安全建设，落实国家网络安全政策和标准要求。

（2）全面落实信息安全等级保护制度，严格全流程网络安全管理。在智慧城市重要信息系统规划设计、建设实施、运行管理的全流程中，重要信息系统的建设者、运维者和使用者，应当按照国家信息安全等级保护制度的政策和标准要求，同步规划、同步设计、同步实施网络安全防护措施。在规划设计阶段，应根据相关标准规范，合理确定信息系统安全保护等级，并制定信息系统安全防护方案。在建设实施阶段，应同步建设安全防护手段，确保使用的信息技术产品和服务安全可控。在验收阶段，应选择符合条件的测评机构开展等级保护测评和风险评估，测评和评估通过的，方可申请验收。在运维阶段，应加强安全管理，定期开展自查、安全检测、等级保护测评和风险评估，排查风险隐患并及时整改，确保网络基础设施、重要信息系统的安全稳定运行和关键数据资源安全。

（3）突出重点，加强智慧城市重要信息系统和关键数据资源的安全保障。党政部门、金融、交通、能源、电信、公共安全、公用事业等重点领域的网络基础设施、重要信息系统和关键数据资源的安全是网络安全保障的重中之重。各地区要统筹谋划，针对网络安全威胁、隐患和薄弱环节，加强对网络安全重点保护对象的安全防护和保障，明确和落实其运营单位的网络安全责任。针对智慧城市建设中新技术新应用带来的风险和隐患，统筹建设智慧城市网络信任体系、容灾备份体系、监控审计体系、监测与防护体系、应急指挥体系等，建立重要数据信息使用和安全评价机制，着力解决云计算虚拟化与集约化、物联网感知与传输、智能位置服务、海量数据存储应用、移动互联网应用、安防视频监控等方面的突出安全问题，为网络基础设施、重要信息系统、关键数据资源的安全提供可靠保障。

（4）加强网络安全监测、通报预警和信息共享，全力提高网络安全风险抵御能力和应急能力。各地区要将网络安全应急纳入城市应急管理体系。在党委网信办的指导下，公安机关、通信主管部门和重要行业主管部门要加强安全监测、通报预警和应急工作，建立信息共享机制和通报预警机制，提高防范控制能力。网络安全重点保护对象运营单位要建立健全突发网络安全事件应急机制，制定应急预案并定期开展应急演练，提高应急处置能力。网络安全重点保护对象发生网络安全事件，须按照本地区、本行业网络安全事件应急预案的要求及时报告，并做好应急处置工作。

（5）加强安全监管，全面提升智慧城市网络安全综合防控能力。加强对党政部门、重点行业网络安全保障工作的指导、检查和推动，定期组织同级有关部门开展检查和风险评估，统筹同级有关部门和社会资源，建立网络安全态势感知体系，对重要信息系统进行监测，及时发现风险和安全隐患。公安机关、通信主管部门、工业和信息化主管部门要充分发挥职能作用，认真开展智慧城市网络安全监管工作，严厉打击各种网络违法犯罪活动，有效维护网络安全和网络秩序。

公安部高度重视此项工作，会同相关部门积极推进智慧城市网络安全的政策性法律法规、评价体系和相关技术标准的制定，规范智慧城市网络安全建设，统一智慧城市网络安全建设标准，使智慧城市建设有法可依、有章可循，为我国智慧城市快速发展保驾护航。先后组织地方公安网安部门、相关行业部门和业内专家多次召开了专题研讨会，广泛听取了各方对智慧城市网络安全建设和管理工作的意见建议，并专门下发了《关于贯彻落实〈关于加强智慧城市网络安全管理工作的若干意见〉的通知》(公信安〔2015〕2510号)，要求全国各地公安机关高度重视智慧城市网络安全管理工作，按照《关于加强智慧城市网络安全管理工作的若干意见》精神，充分履行公安机关网络安全监管职能，加强与本地网信、发改、经信、通信等部门联系、沟通，在党委、政府领导下，建立健全多部门参加的协作配合机制，认真组织开展城市网络安全规划、安全检查、通报预警、应急处置、侦查打击等工作，全力保障智慧城市网络基础设施、重要信息系统、网络数据安全。同时，加大力度监督检查指导各地区在开展智慧城市建设的同时深入贯彻实施国家信息安全等级保护制度，按照信息安全等级保护管理规范和技术标准，落实各项安全管理制度和安全防护技术措施，全面提高智慧城市网络安全综合防控能力。

（二）标准体系

智慧城市的发展离不开云计算、大数据、物联网、空间地理集成等技术领域，但由于网络安全威胁时刻存在，智慧城市网络安全在标准、技术、管理、投入、人才等方面面临着多重困难。为强化智慧城市网络安全保障工作，保障智慧城市健康有序发展，公安部网络安全保卫局组织相关企业、科研院所开展了信息安全技术、信息系统安全等级保护基本要求、安全设计技术要求和测评要求系列标准的编制工作，主要有对采用云计算技术的信息系统的扩展安全要求、安全设计技术要求、测评要求；对采用移动互联技术的信息系统的扩展安全要求、安全设计技术要求、测评要求；对物联网系统的扩展安全要求、安全设计技术要求、测评要求以及对工业控制系统的扩展安全要求、安全设计技术要求、测评要求。目前上述标准均已在全国信息安全标准化委员会完成立项，各个标准牵头单位分析云计算、移动互联、物联网、工业控制等信息系统安全威胁及安全需求，完成了各领域标准草案初稿。计划征求意见，修改完善后上报给信息安全标准化技术委员会组织审查，并适时发布。同时，公安部网络安全保卫局已组织启动了大数据安全相关的研究工作。云计算、移动互联、物联网以及工业控制领域基本要求、安全设计技术要求、测评要求标准的出台，将有效指导和规范信息系统运行使用单位、信息系统安全建设单位采用新技术新应用的信息系统的安全设计、建设、防护及安全状况评估工作，适应国家主管部门新思路及政策的需要，适应新技术应用带来的系统形态及等级保护对象认知方法的变化，与时俱进地推动等级保护工作持续发展，提升这些领域中信息系统的安全保护能力，保障我国重要信息系统和关键信息基础设施安全，从而提高智慧城市网络安全保障总体水平。

（1）信息安全等级保护基本要求——云计算安全扩展要求。该标准针对不同等级的云计算信息系统，包括云计算平台和云租户的应用系统，在 GB/T 22239—2008《信息系统安全等级保护基本要求》的基础上提出了扩展安全要求。从系统构成要素看，增加了对虚拟机、虚拟化网络资源、云计算服务接口、镜像和快照以及云服务商等方面的安全要求；从要求内容看，增加了资源隔离、数据流量隔离以及数据存储位置等方面的要求。

（2）信息安全等级保护基本要求——移动互联安全扩展要求。该标准针对采用移动互联技术的信息系统，在 GB/T 22239—2008《信息系统安全等级保护基本要求》的基础上提出了扩展安全要求。从系统构成要素看，增加了移动终端、移动应用和无线网络方面的安全要求；从要求内容看，增加了无线接入控制、应用管控和移动终端管控等与无线安全相关的要求。

（3）信息安全等级保护基本要求——物联网安全扩展要求。该标准针对基于传感器构成的物联网信息系统和基于 RFID 构成的物联网信息系统，在 GB/T 22239—2008《信息系统安全等级保护基本要求》的基础上提出了扩展安全要求。从系统构成要素看，增加了针对传感器节点（含 RFID）和网关节点（含 RFID 读写器）方面的安全要求；从要求内容看，增加了数据源认证、信号防干扰、伪造／非法节点数据过滤以及感知设备环境管理等与物联网安全相关的要求。

(4) 信息安全等级保护基本要求——工业控制系统安全扩展要求。该标准针对工业控制系统，包括数据采集与监控系统（SCADA）、分布式控制系统（DCS），在 GB/T 22239—2008《信息系统安全等级保护基本要求》的基础上，从企业资源层、过程监控层、现场控制层和现场设备层四个层面提出了扩展安全要求。

（三）智慧城市网络安全评价

为进一步落实《关于印发促进智慧城市健康发展的指导意见》，按照《促进智慧城市健康发展部际协调工作制度及 2014—2015 年工作方案》（发改办高技〔2014〕2652 号）的工作安排，为规范和指导智慧城市网络安全建设工作，加强对智慧城市网络安全管理工作的监督考核和评价工作，公安部网络安全保卫局组织相关单位组成《智慧城市网络安全评价指标体系》编制工作组，依据《关于加强智慧城市网络安全管理工作的若干意见》总体要求，以及国家标准化管理委员会发布的《智慧城市评价指标体系总体框架（征求意见稿）》和《智慧城市评价指标体系分项制定的总体要求（征求意见稿）》的具体要求，在充分调研智慧城市网络安全需求、广泛征求多方意见建议的基础上，研究编制了《智慧城市网络安全评价指标体系（试行）》。智慧城市网络安全评价体系整体框架的一级指标为“网络安全”，二级指标（评价要素）包括“等级保护制度体系建设”“网络安全责任”“网络安全管理”“系统与数据安全”“监测、预警与应急”“安全监管与防控”“网络安全技术保护措施”等方面，规范了城市网络安全保障能力的评价要素和使用说明，用于指导和规范各地区和行业开展智慧城市网络安全水平评价工作，推动智慧城市健康有序发展。

下一步，公安部网络安全保卫局将不断建立健全评价激励机制，加强智慧城市网络安全评价考核工作。根据智慧城市网络安全工作需要，细化智慧城市网络安全评价考核标准，建立评价工作机制，对智慧城市网络安全保障能力进行全面评估。结合政府部门绩效考核，落实各级政府部门的信息安全保障责任。同时建立智慧城市网络安全激励机制，及时总结智慧城市网络安全建设先进经验和做法，树立典型，采取多种形式加强宣传和经验推广，全面推进智慧城市网络安全保障工作。

民 政 部 社区信息化建设工作情况

近年来，民政部以加快推进社区公共服务综合信息平台建设为抓手，注重统筹规划，突出政策创制，健全制度标准，推动重点落实，努力提升社区信息化水平，取得了明显成效。

一、突出政策创制，构建推进体系

“十二五”时期，按照中央办公厅、国务院办公厅《2006—2020年国家信息化发展战略》、国务院办公厅《社区服务体系建设规划（2011—2015）》要求，民政部积极推进社区信息化工作，出台了系列政策文件。2013年10月，民政部联合工业和信息化部、国家发展改革委、公安部、财政部印发《关于推进社区公共服务综合信息平台建设的指导意见》（民发〔2013〕170号）；2014年7月，民政部颁布《社区公共服务综合信息平台基本规范》（MZ/T 053—2014）；2014年10月，民政部、国家发展改革委、工业和信息化部、财政部、公安部、国家卫生计生委印发《关于开展养老服务和社区服务信息惠民工程试点工作的通知》（民函〔2014〕325号）；民政部办公厅下发《关于对社区公共服务综合信息平台建设情况进行督察的通知》（民电〔2014〕156号）；2015年8月，民政部办公厅下发《关于确定首批养老服务和社区服务信息惠民工程试点单位和地区的通知》（民办函〔2015〕315号）。

二、建立工作机制，强化示范引领

一是建立联合推进工作机制。自2015年以来，积极主动地与中央网信办、国家发展改革委等部门沟通协商，建立了社区公共服务综合信息平台联合推进工作机制，定期就推进社区信息化工作的重大问题开展会商、联合调研，加强顶层设计和制度建设，推动将社区信息化建设列为国家电子政务基础工程，纳入国家信息战略整体部署。二是联合开展督察落实。2014年底，民政部会同中央网信办、国家发展改革委、公安部、财政部等部门组成六个督察组，对各地社区公共服务综合信息平台建设情况进行了实地督察，其中对北京市东城区等35个全国社区治理和服务创新实验区进行重点督察。通过开展督察，初步摸清了各地综合信息平台建设工作情况，发现了存在的问题，研究提出了下一步推进工作的总体思路和具体措施。三是做好示范带动工作。把社区公共服务综合信息平台建设作为推进和谐社区创建的重要内容，列为社会治理和服务创新实验区建设重点实验主题，要求各和谐社区示范城市城区、全国社区治理和服务创新实验区按照五部委《指导意见》率先开展综合信息平台建设工作，列为党委政府“一把手”工程，普遍成立综合信息平台建设推进领导小组，形成了一级抓一级、层层抓落实的工作机制。

三、实施信息惠民，完善标准体系

根据《关于加快实施信息惠民工程有关工作的通知》（发改高技〔2014〕46号）部署，民政部联合相关部门印发《关于开展养老服务和社区服务信息惠民工程试点工作的通知》（民函〔2014〕325号），深入组织开展社区信息惠民试点工作，在各地积极组织申报的基础上，组织专家组对申报方案进行了认真评估，确定了首批96个社区公共服务综合信息平台建设试点单位，44个智慧社区建设试点单位。根据国家发展改革委《关于实施新兴产业重大工程包的通知》（发改高技〔2015〕1303号），积极推动把社区信息服务试点应用列入2015年重点工程，结合2014年社区公共服务综合信息平台督察工作情况和社区信息惠民试点单位申报情况，择优推荐六个开展社区信息服务试点应用示范省份。会同国家发展改革委等部门联合开展信息惠民国家试点城市评价工作的意见，将社区信息化工作要求列入了信息惠民国家试点城市评价指标体系。

四、建设智慧社区，助力智慧城市

积极参与智慧城市建设工作，参与《智慧城市评价指标体系总体框架》《各应用领域制定评价指标体系的总体要求》编制工作，2015 年以来共参加四次促进智慧城市健康发展部际协调工作组会议。深入指导各地区推进智慧社区建设，大力发展社区电子商务，推动社区养老、社区医疗、社区物业设备设施的智能化改造升级，广泛吸纳社区社会组织、社区服务企业信息资源，逐步实现社区公共服务、志愿服务、便民利民服务等社区服务信息资源集成，发展线上线下结合的社区经济服务新模式，努力构建设施智能、服务便捷、管理精细、环境宜居的“智慧社区”。

五、开展示范培训，加强队伍建设

将举办示范培训作为加强队伍建设、提高社区信息化水平的重要举措。2015 年以来举办的历次社区治理和服务能力建设示范培训班，均将社区公共服务综合信息平台建设作为重要内容。2015 年 3 月 16—21 日，专门在广东省佛山市禅城区举办了社区治理和服务能力暨社区公共服务综合信息平台建设专题示范培训班，紧扣以信息化助推社区治理能力现代化的主题，邀请中央网信办、国家信息化专家咨询委员会、全国城乡社区建设专家委员会等专家授课。广东省佛山市禅城区、四川省攀枝花市等地分别介绍社区公共服务综合信息平台建设经验做法，民政部顾朝曦副部长出席经验交流会并作重要讲话。部分社区公共服务综合信息平台建设试点城市和城区党政领导、民政局负责同志，各省（自治区、直辖市）和新疆生产建设兵团民政厅（局）基层政权和社区建设处处长，共计 200 多人参加了培训。通过经验交流和系统培训，各地对社区公共服务信息化建设应用情况有了直观感受，对以信息化促进社区治理体制机制创新的方法有了深入了解，城市基层干部推进社区信息化工作的能力进一步提高。

人力资源社会保障部
智慧城市相关工作情况

为了推动新技术在社保经办管理服务领域的应用，加快实现经办服务全程信息化，提供便民快捷的经办服务，人社部于2012年在深圳召开的网上经办现场会上提出建设电子社保的目标，并确定了以城市示范带动工作全局的思路。2013年，在天津、上海、深圳、厦门、南京、杭州、大连、武汉、中山、舟山、苏州、潍坊、乌鲁木齐、淄博、合肥15个城市开展“电子社保示范城市”建设。2014年下半年，人社部结合八部委印发的《关于促进智慧城市健康发展的指导意见》，对各地提出了促进智慧社保应用，支撑大数据在社保相关政策制定和执行效果跟踪评价方面应用的新要求，于2015年10月启动第二批18个示范城市建设。近年来，各地充分发挥典型引路作用，推动电子社保、智慧社保建设取得一定成效。

一、全方位、一体化社会保险公共服务体系日臻完善

各地围绕“十二五”规划的实施，从满足参保对象需求出发，把就近、便利、共享作为基本要求，按照“统一建设，应用为先，保障安全”的原则，坚持科学管理理念和先进技术手段相结合，创新技术应用、有效整合资源，初步构建起包括大厅服务、网上服务、自助终端服务、电视电话服务等在内的全方位、一体化的社会保险公共服务体系。

（1）业务经办大厅服务进一步实现标准化、一站式和专业化。天津、重庆等地推进大厅标识和信息化设施配备标准化，确保了服务能力的规范和均等化；广东、吉林等省以及湖北仙桃等市积极探索综合柜员制模式，让服务对象可以在任何一个柜员窗口办理不同险种的登记、申报、增减、缴费、转移等业务，真正实现“一个窗口接待、一站式服务、一次性办结”；90%以上的第二批申报城市完善大厅业

务办理的排队叫号、功能分区和满意度评价，使大厅从无序变有序，从烦琐变简单，专业化水平有效提升。

（2）网上经办服务逐步实现一体化、移动化。各地以增强业务功能、突出应用实效为重点，推动劳动就业和社会保险的一体化网上申报，积极探索“五险合一”的参保登记、信息变更、工资申报、网上缴费、缴费单打印、网上年检等业务功能；东莞、徐州、济宁等市积极推广基于移动互联的网上服务，先后开通微信平台和手机客户端APP，通过扫描二维码访问社保网站，提供新闻发布、个人业务在线办理、社保卡服务等功能。

（3）自助终端服务逐步普及。无锡、南宁等市利用国家科技支撑计划等项目，基本实现市、区、街道（乡镇）和社区（行政村）自助服务一体机的全覆盖，无锡市配备一体机700多台，社保业务功能点击量达630多万人次，改善了市民的服务体验，减轻了柜台经办压力；湖南省和深圳、乌鲁木齐等市推进社银一体化，利用金融机构的自助机等设备系统，开展信息查询、缴纳社保费和支付待遇，成为提升经办服务能力的重要举措。

（4）查询咨询服务逐步实现多样化。大部分省市提供社会保险个人权益记录网上查询服务；超过80%的地级以上城市开通12333公益服务电话，2014年全国共提供近7000万人次的咨询服务，每天的总话务量近20万人次；淄博、邯郸、乐山等市开通“掌上社保”查询；苏州、沈阳等地还按社保法要求邮寄个人权益记录单，满足不同群体的差别化需求。

（5）社会保障卡服务逐步实现广覆盖、通用性。截至2015年9月底，全国社会保障卡发卡数量达到8.09亿张，初步实现服务对象广覆盖；广西、吉林等省区强化省级经办机构的顶层设计和统筹协调职能，在异地就医结算等跨地区业务中普遍使用社保卡，基本实现地域上的“一卡通用”；威海、衢州等地大力推进社保卡的综合应用，持卡人可以凭卡办理养老保险申报缴费和领取待遇、医疗保险就医购药和个人账户即时结算、工伤保险申请劳动能力鉴定和申领享受待遇，实现了功能上的“一卡通用”。东莞市还推广诊疗一卡通，实现诊疗过程的全自助，患者挂号、候诊、缴费、取药等候时间平均缩短50%以上，来回往返次数减少60%，改变了传统的医疗服务模式，缓解了医院挂号、候诊、取药时间长，问诊时间短的“三长一短”难题。

发展物联网和云计算等为支撑的智慧城市技术，打造全方位、一体化社保公共服务体系，打破了经办服务的时空限制，较好地回应了群众的诉求，减少了“跑腿”“排队”等现象，有利于经办机构树立服务型社保的品牌形象。

二、数据资源的整合应用迈出新步伐

“数据向上集中，服务向下延伸”使社会保险数据初步具备了大数据的存量大、增速快、多样化和高价值等特征，社会保险大数据时代已经到来。

（1）数据质量和安全管理进一步加强。人社部创新数据质量管理方法，在继续做好联网数据通报的基础上，在全系统启动社会保险数据统计核查工作。辽宁等省认真开展数据清理活动，上海医保中心等单位实现统计报表数据与生产库数据完全一致；信阳、荆门等市重点加强互联网自助服务数据库安全管理，确保新型信息化服务平台的安全运行。

（2）数据共享和业务协同取得新突破。人社部与公安部签署了执法快速查询协议，并在金保工程二期立项过程中与民政、卫生计生等部门就数据共享的项目和机制达成了一致；浙江、重庆、宁夏等省以及南京等示范城市利用全民登记等专项工作，积极推动与公安、民政、工商等部门的信息共享。

（3）社保大数据挖掘工作正在破题。人社部尝试在经办系统引进全球领先的数据挖掘专业工具——SAS 统计分析软件；开展了全国性的数据挖掘分析培训，组织上海、江西、广东、河南、重庆、南京、信阳等省市社保（养老保险）经办机构以及河北、山西、吉林、上海、湖北、四川、云南、青海等省医保经办机构共 15 个单位进行大数据挖掘试点，上海医保中心等单位的数据挖掘工作卓有成效。

发展智慧社保公共服务数据共享平台，打造优质安全的数据管理体系，强化数据共享、业务协同和数据挖掘应用，有效提升经办管理的精细化水平，有利于经办机构树立精确型社保的品牌形象。

综上所述，智慧社保建设取得了一定的成效，下一步将深入贯彻落实党的十八大“建立更加便民快捷的服务体系”、十八届三中全会“实现国家治理体系和治理能力现代化”和“加快健全社会保障管理体制和经办服务体系”要求，举全系统之力，进一步扎实推进智慧社保建设。

国土资源部
智慧城市相关工作情况

一、政策文件发布情况

（1）国土资源部2015年4月印发《“国土资源云”建设总体框架》（国土资发〔2015〕16号），要求运用云计算等新一代信息技术和理念，集成和整合基础设施、数据、应用等信息化资源，形成可动态扩展、安全可靠的资源共用平台和管理、运维体系，通过网络向各级国土资源部门和不动产登记机构提供计算、存储、安全和应用服务。

（2）2015年9月国土资源部联合国家发展改革委、科技部、工信部、住房和城乡建设部、商务部等部门印发《关于支持新产业新业态发展促进大众创业万众创新用地政策的意见》（国土资规〔2015〕5号，以下简称《意见》），提出系列用地措施，为智慧城市发展营造了良好政策环境。一是在满足产业用地需求、加快产业转型升级方面，有助于为创业者搭建低成本、便利化、全要素、开放式的创业服务平台，助推“双创”融入智慧城市的建设。二是支持在符合城乡规划的前提下，单一功能的开发区、产业集聚区适当安排建设用地用于商品零售、住宿餐饮、商务金融、城镇住宅等建设，加强了统筹规划和协调布局，有利于营造良好的生产、生活空间环境，为开展新型智慧城市建设打好基础。

二、重大工作开展情况

（1）应用卫星、物联网、无人机、地面巡查多种监测手段和方法，对国土资源开发利用、空间保护等进行全方位、多层次、多手段的实时监测，基本建成以“一张图”为本底的核心数据库体系，基本形成“一张图”与国土资源调查评价等相关专项联动的数据动态更新机制。

（2）应用综合监管平台在全国四级国土资源部门和用地、用矿单位部署 30 个网格化信息监测系统和综合统计网上直报系统，每年实时汇总约200万条动态信息，用户超过 8 万个，全国 30 个省级国土资源部门建成综合监管平台。

（3）政务办公平台支撑部机关各司局日常业务运转，与各直属单位、各土地监察局实现一体化办公，基本实现与省、市级国土资源部门行政审批事项网上运行，并持续向县、乡级延伸。全国所有省级国土资源部门均已实现本级行政审批事项的网上运行，半数省（区、市）实现省以下三级联网审批。

（4）建立以门户网站为主体的公共服务平台，形成了政务信息第一时间在门户网站权威发布的长效机制，全国所有省级、市级和 92% 的县级国土资源部门通过网站公开政务信息并提供信息服务。建立全国统一的土地市场网和矿业权市场网。通过地质资料信息集群化共享服务平台等系统为全社会提供重要国土资源信息服务。

三、相关研究工作进展

（1）配合科技部，编写了国家重点科技专项《“智慧城市与城市功能提升”建议书》和《“物联网与智慧城市”实施方案》，已将城镇化用地红线控制与节约集约用地、三维城市地质及智慧国土内容列入其中。

（2）结合加快构建基于大数据、“国土云”和贯穿管理主体业务的国土资源管理服务系统，全面深入应用对地观测技术、物联网和云计算等现代信息技术的新理念、新方法，开展城镇用地云监管、大数据技术，城镇用地数字表达、在线协调、电子政务、智慧控制技术等研究。

（3）结合城镇低效用地再开发、工矿废弃地复垦利用、灾后恢复重建、污染地整治等工作，开展城镇低效用地、废弃地、灾毁地和污染场地再开发技术、基础设施节约集约用地等技术研究。

（4）结合永久基本农田、城市开发边界及生态红线划定工作，开展城市群生态保护红线、城镇开发边界控制、城乡节地状况评价、土地利用规划编制评估技术等研究，抓紧推进重点行业土地使用标准制定工作。

（5）结合京津冀区域资源环境承载力评价等工作，启动开展城镇化与地质环境相互作用理论，城市地质探测和三维地质建模等技术研究，并开展了建立城镇发展地质适应性评价和地下空间开发地质安全评价体系研究等。

环境保护部
智慧城市相关工作情况

在国家环境信息统计与能力建设项目等一批重大工程项目的带动下，我部在智慧城市建设方面配合开展的主要工作有：

建立“全国城市空气质量实时发布平台”。全国338个地级及以上城市共1436个监测点位，全部按空气质量新标准发布6项污染物指标实时监测数据和空气质量指数（AQI）信息。

开展空气质量预测预报工作。在京津冀、长三角、珠三角区域、全国31个省（区、市）、32个重点城市（包括27个省会城市和5个计划单列市），已全面完成区域、省（区、市）级、市级空气质量预测预报系统建设。

开展地表水环境质量监测工作。在全国423条主要河流和62座重点湖库上，共布设国控断面972个，涵盖长江、黄河、珠江、松花江、淮河、海河和辽河七大流域以及浙闽片、西北和西南诸河。

全面开展饮用水水源水质监测工作。对338个地级以上城市、2862个县级城镇的所有在用集中式生活饮用水水源水质进行监测。地级以上城市地表水、地下水型水源均每月监测一次，县级城镇地表水型水源每季度监测一次，地下水型水源每半年监测一次。

开展城市遥感监测工作。对6个典型“城市群”（京津冀、长江三角洲、珠江三角洲、长株潭城市群、成渝城市群、武汉城市群）和17个“重点城市”（北京、天津、唐山、上海、苏州—无锡—常州、杭州、南京、广州—佛山—东莞、深圳、长沙、重庆、成都和武汉）的城镇扩张、生态调节、外来物种进行动态监测与综合评估。

开通“12369环保举报”微信公众号，受理群众环保举报。目前，全国除西藏外的31个省、自治区、直辖市和新疆生产建设兵团环保部门都开通了微信举报，涵盖全部地级市和一千余个区县，关注人数达9.5万人。开通以来，受理举报2.5万件，办结2.3万件（其余0.2万件还处于办理时限内，正在办理），查处了一批环境违法行为。

运用“环境应急综合管理系统”“环境应急指挥平台”服务环境应急管理。环境应急综合管理系统，包括全国环境风险企业、突发环境事件、应急预案以及危险化学品等数据，供各级环保部门查询、使用。环境应急指挥平台，通过卫星网络和4G通信，实现前方现场和后方指挥中心的互联互通。

住房城乡建设部
智慧城市相关工作情况

一、深入推进智慧城市试点工作

住房和城乡建设部联合科技部开展了2014年度智慧城市试点和专项试点申报，通过评审确定了北京门头沟区等84个城市（区、县、镇）为2014年度新增试点和以企业为建设主体的城市公共信息平台、网格化管理、智慧社区、地下管线和智慧水务等方向41个专项试点。联合科技部、中央党校等单位对各省推荐的典型城市进行调研，遴选典型案例，整理编辑案例集。举办智慧城市规划建设管理培训班。研究起草试点验收办法和考核标准。

二、研究起草了《关于深化拓展网格化管理　扎实推进智慧城市试点建设的指导意见》

提出了深化拓展网格化管理应用领域，建设城市管理、社会治理和公共服务的统一网格化平台，推动智慧城市建设和运行。组织专家多次研究讨论形成了征求意见稿，修改完善后拟联合有关部门发布。

三、开展智慧城市有关评价指标体系研究和标准制定

组织开展了城市规划管理信息化、城市网格化管理、城市市政公用设施智能化等领域的应用评价指标研究，提出评价指标项和考核要点。

四、开展科技攻关和合作

组织实施了国家科技支撑计划“智慧城市管理公共信息平台关键技术研究与应用示范”和“智慧城镇综合管理技术集成与应用示范”项目。与欧盟联合举办了2015中欧智慧城市峰会，并与新加坡国家发展局合作推进中新天津生态城的生态智慧城市规划和建设。

交通运输部
智慧城市相关工作情况

2015年智慧交通发展工作与“十二五”发展规划目标任务及年度工作目标有机衔接，在交通运输部网络安全和信息化领导小组指导下，着力抓好重大工程、重大项目、重大政策的督促实施，在支撑国家战略、政策标准制定、信息资源整合、管理系统建设、信息服务能力提升、技术创新应用、信息安全保障、电子政务发展八个重点方面，较好地完成了各项目标任务。具体工作情况如下。

一、服务国家“三大战略”，充分发挥信息化支撑引领作用

（1）服务“京津冀一体化”发展战略，推动京津冀交通信息资源交换共享。一是编制了京津冀交通信息共享机制建设工作实施方案，按照“统筹推进、急用先行”

的总体原则，研究提出了京津冀跨区域信息交换共享方式，设立了未来三年的工作目标，并结合“十三五”信息化规划编制工作，组织编制了《京津冀交通信息化发展规划》，为京津冀三地实现交通运输协同管理、一体化服务方面奠定了基础，并为推进全国交通信息共享机制建设做出示范。二是启动实施政企合作模式的京津冀综合交通出行服务信息共享应用示范工程，推动形成京津冀交通出行服务信息的数据开放与数据应用环境，为提升京津冀区域综合交通出行信息服务、提升行业社会治理能力方面提供支撑。三是实现北京大部分区域、天津中心主城区和主要示范城市高速公路交通广播信号覆盖，为全面提升京津冀地区公路网络的信息服务水平和效率，提高应对公路突发事件和应急处置能力提供了支撑。四是在北京、河北等 26 个省市实施了省域道路客运联网售票系统建设工程，发布了建设指南，实现京津冀主要客运站联网售票，实现公众出行更加便利，企业运营成本有效降低。

（2）支撑长江经济带发展，统筹推进长江航运信息化建设。一是开展长江航运信息化顶层设计，编制长航信息资源规划和长江航运信息化规划实施方案，为推进长江航运资源整合和应用协同，促进长江航运电子政务、公众服务、电子商务发展，引导和服务好长江航运提供指引。二是长江危险化学品运输动态监管信息平台纳入国家政务信息化工程《安全生产监管信息化工程（一期）》，工程可行性研究报告获国家发展改革委批复，为后续开展初步设计及开发建设工作开好了头。三是启动长江干线下游段（南京以下）治安防控视频监控系统建设，为长江经济带发展提供了安全监管基础。

（3）支撑“一带一路”战略实施，充分发挥信息化支撑作用。组织编制了“一带一路”空间信息走廊需求分析报告，围绕提供“多元化、立体化”应急空间信息服务，推动各方应急、救助、通航等数据高效共享，实现海上险情有效快速救助等提出需求，积极争取国家资源支持。推进交通运输物流公共信息平台互联共享标准在东盟和东北亚地区应用，实现中、日、韩 19 个港口的集装箱船舶动态信息和 13 个港口的集装箱状态信息共享和查询，并与亚洲开发银行、联合国亚太经社委员会和国际标准化组织建立联系，促进跨地区物流信息互联互通和共享应用。

二、聚焦规划、政策、标准研究，着力加强智慧交通发展统筹规划

（1）开展《公路水路信息化“十三五”规划》编制工作。该《规划》全面总结了“十二五”时期规划的实施情况，梳理了“十三五”时期公路水路交通运输信息化发展需求，提出了发展目标、主要任务和建设重点，将有效指导“十三五”公路水路交通运输信息化发展。

（2）参与编制了《关于积极推进“互联网+”行动的指导意见》《关于运用大数据加强对市场主体服务和监管的若干意见》《促进大数据发展行动纲要》等国务院文件，开展了交通运输“互联网+”行动方案的专题研究，明确了行业相关发展目标和主要任务，有效指导行业应用新一代信息技术，推进政府职能转变和依法行政，提升政府治理能力。

（3）组织开展《交通运输行业网络和信息安全总体规划》编制工作，立足行业网络安全和信息化发展现状，通过深入分析和把握网络安全形势，提出了行业网络安全工作的指导思想、发展目标、主要任务和保障措施，将对指导“十三五”交通运输行业网络安全发展具有重要意义。

（4）组织开展智慧交通发展框架研究，已形成中间成果，提出了智慧交通的内涵与外延、发展宗旨等，并征询了行业专家意见。组织开展 2015 年交通运输重大研究（政策储备）——互联网及大数据对交通运输影响和应用研究，深入研究了以移动互联网、大数据、物联网、云计算为代表的新一代信息技术的技术特征以及与交通运输行业的关系，分析了信息技术给交通运输行业带来的机遇和挑战，并提出相关对策建议，为行业应用新一代信息技术发展提供了决策参考。

（5）加强标准编制和修订工作。一是推进信息化工程技术要求编制和应用。组织编制并发布安全应急重大工程第一批技术要求、城市公交智能化应用示范工程 11 项技术要求，完成市场信用重大工程第一批技术要求征求意见。其中，8 项在工程中应用效果较好的技术要求，已列入国家标准或行业标准计划。二是物流信息互联共享标准进一步丰富。编制发布了《物流园区互联应用技术指南》《交通运输物流信息互联共享标准（2015 年版）》，目前 60 家园区、千余家企业使用此标准实现了与平台的互联互通。三是组织集装箱海铁联运标准编制。4 项集装箱海铁联运数据交换规则和 30 项数据交换服务报文标准完成标准草案，在示范工程中开展实验性应用。四是探索标准应用推广新渠道。参与国际标准化组织智能运输系统技术

委员会（ISO/TC 204）春季会议，3 项城市公交智能化标准通过中国智能交通产业联盟作为团体标准发布。

三、注重综合效益，建立健全信息数据整合应用体系

（1）加强行业信息资源体系建设。一是组织开展交通运输行业重要信息系统数据资源共享与整合应用需求调研，掌握了行业信息资源交换共享现状与需求，分析了行业信息资源交换共享存在的主要问题及产生的原因，提出了提升行业信息资源交换共享水平的对策建议。二是直面难题，认真研究解决行业信息资源整合问题，编制印发了交通运输行业信息数据资源整合问题治理工作方案，编制了“十三五”治理方案，提出了“建体系、立规制、推示范、强考评”的总体思路，为着力突破深层次制度和技术障碍、加快推进行业信息资源共享开放体系建设指明了方向。三是研究了建立部综合交通运输数据管理中心的必要性、机构定位、主要职责以及组建方案。

（2）推动信息资源整合应用。一是着力推进海事业务数据整合应用，成立了海事船舶动态监控中心，开展了海事业务数据的统一汇聚、统一管理和统一服务，实现了与公安部出入境管理局、最高人民法院执行局等行业外单位的信息交换和共享；落实海事信息系统顶层设计，全面推广海事协同管理平台及综合服务平台，逐步实现海事应用系统“统一门户、一次认证、全网通行”。二是完成部级道路运政管理信息系统建设，并编制完成《数据资源采集接口规范》《数据资源目录服务接口规范》《跨省数据交换接口规范》，初步实现了道路运政基础数据的整合和部分省份跨省业务协同。三是开展物流信息互联互通应用，组织相关管理部门和企业与国家物流信息平台进行技术方案和互联应用对接，为实现跨地区贸易畅通与物流高效协作奠定基础。

四、提升履职能力，推进行业管理信息系统建设

一是组织推进行业信息化重大工程和重点领域试点示范工程前期工作，办理 10 项资金安排意见，检查 2014 年前补助投资的行业信息化项目建设情况，组织验

收一批信息化试点工程。二是推动交通运输运行监测与应急指挥系统建设，完成工程主体建设和主要设备的到货验收。三是完成全国高速公路信息通信系统联网工程全网试运行工作和山东、安徽等六省市行业视频会议系统的迁移工作。四是完成行政执法综合管理信息系统开发、交通公安综合业务应用系统建设和数字证书系统升级改造工作。五是基本完成年度国省干线公路网监测采集和水路运输建设综合管理信息系统建设，积极推进安全生产监管、国家公路网综合养护管理、部属单位财务审计、海事系统船舶监管、救助飞行运行管理等系统的前期工作。

五、聚焦服务民生，完善便民出行信息服务体系

一是ETC基本实现全国联网，纵贯南北、互通东西的联网格局已基本形成，将有效减少因停车收费造成的延误及拥挤，为提高高速公路收费效率和车辆运行效率发挥重要作用。二是加快推进国家交通运输物流公共信息平台建设，研究编制了《国家物流信息平台“十三五”建设方案》，确立了总体思路、建设目标和主要任务、重点工程，将为“十三五”时期推进物流业转型升级、服务大众创业万众创新提供支撑和保障。三是推进“互联网+便捷交通”实施，大力推动政企合作模式的综合交通出行信息服务科技示范，编制发布《政企合作模式的综合交通出行服务信息共享应用科技示范工程实施指南》，搭建开放式交通出行信息云服务基础平台，研究建立出行服务政企合作长效机制，加强跨地区交通行业数据整合与共享应用，研究汽车电子健康档案系统建设的顶层设计，启动试点工程，将有效推进跨地区出行服务能力的提高，提升交通行业公众服务水平和社会满意度。

六、突出创新驱动，推进新一代信息技术应用

一是组织开展城市智能交通、船联网、国家远洋运输管理和集装箱铁水联运等国家物联网应用示范工程实施工作，形成了大量技术水平高、应用前景好的科研成果，有效地支撑了示范工程的建设实施，取得了良好的示范效应；二是推进高分辨率对地观测卫星在交通运输行业的应用工作，在路网规划、道路勘察设计、路网监控与应急等交通运输行业的重点应用领域，结合工程建设项目，开展了示范应用，

效果良好；三是有序推进基于北斗的中国海上搜救信息系统示范工程建设，印发相关管理办法，编制了总体工作方案、资金使用方案和工作计划，并完成终端研制，为推动示范工程建设奠定了基础。

七、提高防护能力，保障行业网络与信息安全

在行业网络与信息安全方面。一是根据国家相关部门的总体部署，精心谋划，严密组织，以“零事件”的成绩，顺利完成抗战胜利 70 周年纪念活动网络安全保障专项工作；二是启动了信息安全等级保护测评机构筹建工作，强化行业网络安全技术支撑；三是组织开展全覆盖、多维度的行业网络安全检查工作，实现了以查促改、以查促建、以查促管；四是组织开展行业网络安全管理与技术专题培训班，提升了行业网络安全人员的意识与水平；五是开展了部机关、直属海事等单位专网及信息系统等级保护测评等工作。

八、推进电子政务发展，创建新常态下服务型政府

一是做好国家电子政务内网建设工作，提出交通运输部国家电子政务内网工作方案，梳理了相关业务需求，并编制《交通运输部国家电子政务内网建设集中立项初步设计》等文件。二是积极落实部巡视整改要求，完成行政许可审批事项“一个窗口”网上办理平台第一阶段优化工作，实现了交通运输部现行政许可事项网上申请登记、受理状态查询、办理结果公示三个关键环节统一在平台办理，并上线运行。三是加强交通运输部政府网站建设。按照国家政府信息公开工作要求，全面加强政府网站内容建设和信息公开，组织完成政府网站普查整改和第七次改版工作，部政府网站在 2015 年部委网站绩效评估中取得第 4 名的好成绩。

水利部
智慧城市相关工作情况

2016年4月，水利部编制完成《全国水利信息化发展“十三五”规划》，明确提出要强化信息技术与水利业务深度融合，推动“数字水利”向“智慧水利”转变，推进水治理体系和水治理能力现代化。

2015年9月23日，水利信息化工作会议召开，会议正式发布了“水利一张图”。水利一张图是利用第一次全国水利普查成果，结合水利业务工作实际，经过多年不懈努力而形成的，具有系统性、权威性、现势性和合法性，内容主要包括国家基础地理数据、水利基础空间数据、水利业务专题数据和水利遥感数据等，是开展水利信息资源整合共享的关键环节，是提高水利业务和政务应用水平和能力的重要支撑，是开展水利业务应用协同的关键措施，对水利信息化和水利现代化的发展具有重大而深远的意义。

各地“智慧水利”取得进展。北京建成了防汛综合指挥平台、水资源管理系统、城区供水管理系统、排水管理系统、节水管理信息系统，可实现各类信息查看及处理。上海逐步打造“智慧水网”，提出了“智能供水调度”“智能防汛指挥”“智能水务网格化管理”等系统构架；广东打造“广东省智慧水利无线应用平台”，通过3G无线网络在“云化”基础上将重点业务应用部署在智能手机终端，实现随时随地决策、调度处理等。宁夏建成了基于即时通信软件开发的覆盖宁夏水利系统各单位的信息化公共应用平台“水慧通”（PC端和手机端）。浙江将台风路径实时发布系统搬上“阿里云平台”，系统以互联地图为基础，实时采集发布台风路径、实时水雨情、卫星云图等汛情信息，并面向社会公众提供服务的通用应用系统。

农 业 部
智慧城市相关工作情况

一、政策文件发布情况

一是积极参与《国务院关于大力发展电子商务加快培育经济新动力的意见》《国务院关于积极推进“互联网 +”行动的指导意见》《国务院关于印发促进大数据发展行动纲要的通知》《国务院办公厅关于促进农村电子商务加快发展的指导意见》的起草出台。二是印发了《关于开展农民手机应用技能培训提升信息化能力的通知》，加速推动信息化和农业现代化的深度融合，提高农民利用现代信息技术，特别是运用手机上网发展生产、便利生活和增收致富的能力。三是印发了《关于认定 2015 年度全国农业农村信息化示范基地的通知》，认定 66 家单位为 2015 年度全国农业农村信息化示范基地。四是会同国家发展改革委、商务部共同印发了《推进农业电子商务发展行动计划》，与商务部等 19 部门联合印发了《关于加快发展农村电子商务的意见》，明确农业部门促进电子商务发展的指导思想、基本原则、总体目标和重点任务。五是印发了《关于组织开展农业电子商务平台对接专项行动的通知》，组织开展农业合作社、农业企业与电商平台对接专项，并结合新疆库尔勒产销对接活动和中国国际农产品交易会，组织了电商企业与各地农业企业对接。六是印发了《2015 年信息进村入户试点工作安排》，提出了加快推进信息进村入户试点工作的思路、总体目标和进度安排，明确了 2015 年试点工作主要任务、试点申报的要求和程序。七是印发了《关于公布第二批全国信息进村入户试点县名单的通知》，新增试点县（市、区）94 个，作为第二批开展信息进村入户工作的试点县。八是编制并印发了《“互联网 +”现代农业三年行动实施方案》。

二、重大工作开展情况

智慧城市是运用移动互联网、云计算、大数据、物联网、空间地理信息集成等新一代信息技术，构建城市智能化管理和服务体系，促进城市可持续发展的新理念和新模式。近年来，我国智慧城市建设取得了积极进展，对促进新型工业化、信息化、城镇化、农业现代化融合，提升城市可持续发展能力发挥了重要作用。智慧城市是城市信息化的高级阶段，农业信息化是现代农业的制高点，农业部高度重视农业农村信息化工作，认真谋划、扎实推进信息化与农业现代化全面深度融合，驱动农业“跨越发展”、助力农民“弯道超车”、缩小城乡“数字鸿沟”。农业部把推进都市现代农业作为智慧城市建设的重要抓手，先后开展了金农工程、农业物联网区域试验工程、信息进村入户试点和农业信息资源共建共享等工作，遴选评定了农业农村信息化示范基地。农业部着力推进以物联网技术为核心的现代信息技术在都市现代农业建设中的应用，先后在天津、上海和安徽以设施农业智能化全产业链、奶牛与近海水产养殖、农产品质量安全全程监控、大田粮食作物生产监测和农业电子商务为重点领域开展区域试验示范，初步构建了都市现代农业理论体系、技术体系、标准体系和政策体系，并在全国范围内分区分阶段推广应用。

都市农业有助于促进城乡一体化发展，通过把农业纳入城市社会、经济、文化、生态的整体发展规划当中，力争到2020年，都市现代农业率先实现三个目标：一是率先实现农业现代化。成为“菜篮子”产品重要供给区、农业先进生产要素聚集区、农业多功能开发先行区、农业标准化样板区、农产品物流核心区和生态农业示范区。二是率先实现“三农”协调发展。使农业综合生产能力明显增强，农民收入持续较快增长，农村公共服务水平大幅提升，真正实现农业强、农村美、农民富。三是率先实现“四化”同步发展。农业现代化对工业化、城镇化的基础支撑作用进一步增强，工业化、城镇化、信息化对农业现代化的带动作用进一步加大，城乡资源要素实现双向合理流动和平等交换，城乡二元结构明显改变。

为实现上述目标，重点抓好以下几个方面的工作：一是建立智慧农业生产技术体系，促进城郊现代农业发展。重点推进移动互联网、云计算、大数据、物联网、3S等现代信息技术和农业智能装备在城市郊区农业生产经营领域应用，引导规模生产经营主体在设施园艺、畜禽水产养殖、农产品产销衔接、农机作业服务等方面，探索信息技术应用模式及推进路径，加快推动农业产业升级。二是发展农产品冷链物流与电子商务，促进城乡一体化发展。加快冷链物流信息化建设，保障市民第一时间吃到优质生鲜农产品；开展农产品质量安全追溯信息化建设，实现从田间到餐桌各环节的责任可追究，确保人民群众“舌尖上的安全”；大力发展设施蔬菜，开展生鲜O2O电商，用现代信息技术建好农民的“菜园子”，保障好市民的“菜篮子”。三是以信息化推动休闲旅游农业发展，促进城乡文化融合。面向城市人群的休闲、旅游和度假需求，对休闲农业进行数字化、智能化和网络化的改造，对休闲农业的产品开发和推广环节广泛实现信息化管理与服务，让公众及时了解当地休闲农业资源情况、休闲特色项目和休闲农业的决策规划，使休闲农业的产品或服务得到更广泛、更快捷的传播。四是建立都市农业生态环境监测预警系统，为城市发展提供生态保障。建立实用、高效、统一、安全的城市农业生态环境信息监测预警系统，实现对灌溉水、土壤、大气及对应农产品的重金属等主要污染物的定位监测，充分发挥农业的“自净”作用，切实保障都市生态环境质量。

三、相关研究及评价工作

为贯彻落实十八大和十八届三中、四中、五中全会和2015年中央1号文件、《国务院关于积极推进“互联网+”行动的指导意见》有关要求，全面把握全国农业信息化发展水平，农业部在北京、黑龙江、上海、江苏等八省市开展农业信息化评价试点工作，通过试点工作，客观科学地研究和分析农业信息化发展状况，有序推动农业信息化更好更快发展，建立一套科学有效的评价工作机制，形成一套农业信息化评价工作报告，为科学推进全国农业信息化工作提供支撑。

商 务 部
智慧城市相关工作情况

2015年，商业部在电子商务领域主要做了以下工作：代拟并推动出台了《国务院办公厅促进跨境电子商务健康快速发展的指导意见》（国办发〔2015〕46号）和《国务院办公厅关于推进线上线下互动加快商贸流通创新发展转型升级的意见》

（国办发〔2015〕72 号）；贯彻落实国务院“互联网 +”总体部署，制定下发《“互联网 + 流通”行动计划》并组织落实；组织评审确定第二批国家电子商务示范基地和 2015—2016 年度电子商务示范企业；发布《中国电子商务报告（2014）》；会同相关部门共同推进中国（杭州）跨境电子商务综合实验区建设工作。

国家卫生计生委
智慧城市相关工作情况

按照国家发展改革委关于智慧城市建设要求，2015 年初国家卫生计生委医疗管理服务指导中心承担《国家智慧医疗专项研究项目》的研究工作。根据国家发展改革委《关于促进智慧城市健康发展的指导意见》（发改高技〔2014〕1770 号）的文件精神要求，按照国家标准化管理委员会制定的《智慧城市评价指标体系总体框架》《智慧城市评价指标体系分项制定的总体要求》的具体规定，国家卫生计生委医疗管理服务指导中心专门成立智慧医疗项目组，智慧医疗项目组调研了智慧医疗的发展现状，展望未来 3—5 年医院智慧应用的发展趋势。

经过项目组和专家多次会议讨论，分别在北京、杭州、无锡、温州、武汉等地召开了 30 余次专家研讨会，参与会议的专家近 200 人次，来自华东、华北、华南、华中、东北、西北等国内各地，使指标体系有更好的适应性和代表性。评价指标体系采用德尔菲法确定指标权重，前后一共进行了两轮研讨。通过近一年的专项研究，项目组制定了《智慧医疗评价指标体系总体框架》《智慧医院评价指标》，主要从能力建设、应用管理和成效评价三个方面来评估医院的智慧建设和应用水平。构建了一套智慧医疗评价指标体系总体框架和智慧医院评价指标，应用客观指标实现对医院智慧应用与管理的综合评价，探索研究促进医疗机构智慧应用的规范化、标准化，指导全国各级医疗机构开展智慧医疗应用，加强医院信息化建设和管理。最后提出了以能力、应用、成效为主要模块的评价指标体系总体框架和智慧医院评价指标的评价方案，包括 3 个一级指标、16 个二级指标、144 个三级指标以及 439 个评分项。评价指标体系在今后需要随着智慧医院建设和技术发展水平的变化而不断修改完善。

智慧医院综合评价指标选择首批参与测评的医院共 12 家，分别为中日友好医院、北京大学第三医院、浙江大学附属第一医院、华中科技大学同济医学院附属同济医院、复旦大学附属中山医院、浙江省人民医院、温州医科大学附属第一医院、河北医科大学第二医院、内蒙古自治区人民医院、江西省儿童医院、哈尔滨市第一医院、深圳南山区人民医院。

经过医院自评和专家复核，根据测评结果，推荐中日友好医院、北京大学第三医院、浙江大学附属第一医院、华中科技大学同济医学院附属同济医院、温州医科大学附属第一医院为智慧医院建设优秀实践推荐案例。

国家质检总局
智慧城市相关工作情况

推动智慧城市建设是党中央、国务院在新时期下提出的关于推动国家经济和社会发展的重要举措，也是信息化和工业化的深度融合，对提升执政能力、社会综合治理、改善民生服务和优化资源利用的综合应用发挥重大作用。在国家大力推进智慧城市建设的时代背景下，质检总局立足当下、着眼未来，结合质检规律和发展规划，在智慧城市建设的基础上深化了构建智慧质检战略部署，并为此展开了较为深入的应用研究。2011 年，质检总局发布《质检信息化发展“十二五”专项规划》即明确提出，“到‘十二五’期末，国家基本构建起以‘数字化、网络化、智能化’为特征，以信息网络互联互通、信息资源高度整合、信息系统综合集成、信息安全稳定可靠为内涵的‘智慧质检’体系”。

“十二五”期间，质检系统紧跟党中央的决策部署，增强忧患意识和责任意识，深刻领会经济发展新常态，注重质量和效益的结合，依托国家智慧城市建设的总体要求，着力构建智慧质检的新格局，潜心布局，稳步规划，按照《促进智慧城市健康发展部际协调工作制度及 2014—2015 年工作方案》的有关要求组织实施，攻坚克难，为稳定社会、推动经济和服务民生做出了重要的贡献。

一、悉心布局，稳步规划

2014 年，国家发展改革委发布了《国家发展改革委办公厅关于印发〈促进智慧城市健康发展部际协调工作制度及 2014—2015 年工作方案〉的通知》（发改办高技〔2014〕2652 号），质检总局积极响应、迅速组织、专项部署、专题研究，提出构建智慧质检的战略构思，第一时间形成了由部际协调组成员、联络员和专家组成的工作机构，实现智慧质检与智慧城市建设总体部署和社会综合治理的信息对接和互动，为智慧质检的规划和建设夯实了基础，鼓励和指导地方质检两局开展与质检管理工作相关的智慧质检的建设工作，着力构建以“纵向业务指导、横向优化服务”为基本面的立体式布局，并逐步推进质量技术监督和检验检疫的业务和文化大融合，形成以标准应用为入口，以认证认可为出口，以业务关联为纽带闭环管理的智慧质检建设。在为期两年的实践中，智慧质检在标准化、计量基础、检验检疫和特种设备安全管理等方面都发挥了重要的作用。同时，国家质检总局还会同科技部在西安、大连等 20 个城市开展试点示范工作，在青岛、深圳等城市开展了“标准国际化创新型城市”创建活动。在国际合作方面，中国是 ISO/IEC 智慧城市研究组的召集人和秘书国，是 IEC 智慧城市系统评估组发起国，并在中德标准化合作委员会平台上设立了智慧城市专题，建立了中法、中英智慧城市标准联合工作组。这都为质检系统在下一步三年工作分工中加快推进智慧质检建设，实现大跨步的发展提供了可靠的保障。

二、强化理论，夯实基础

国家质检总局担负重要的质量管理职能，贯穿着国家、社会和人民群众日常生活的方方面面。早在“十二五”之初，国家质检总局就提出了在新时期充分运用新技术手段加快推动质检工作的创新发展重大构想，并组织开展了“数字质检”“智慧质检”的战略研究。除此之外，在推动国家智慧城市建设的过程中，除了参与顶层设计之外，国家质检总局还直接展开智慧城市标准体系编制工作，专门设立了由国家标准化管理委员会牵头，相关单位共同执笔的国家智慧城市标准体系研究，并于 2015 年发布了《智慧城市评价模型及基础评价指标体系　第 1 部分：总体框架》，涉及智慧城市技术参考模型、评价模型与基础评价指标体系、跨系统信息交互、数据融合、城市运营中心等 31 项基础共性国家标准，为国家智慧城市建设的顶层设计和智慧质检的理论研究奠定了坚实的基础。

截至目前，国家质检总局先后发布了《质检信息化发展“十二五”专项规划》《智慧城市评价模型及基础评价指标体系　第 1 部分：总体框架》及其 31 项相关标准，还发布了《质检总局办公厅关于加快推进电梯应急处置服务平台建设的通知》《质检总局关于促进电子商务健康发展的指导意见》《关于开展智慧城市标准体系和评价指标体系建设及应用实施的指导意见》等管理性文件，并即将发布《检验检疫大通关信息化总体规划方案》。

三、业务梳理，信息互通

（一）推动总局内部横向业务梳理

国家质检总局内设司局 18 个，横向业务独立性较强，专业差异较大，在推动智慧质检的建设过程中，业务梳理极为重要。国家质检总局建立了以科技司为牵头单位，相关业务司局为业务协同的工作机制，按照质检业务工作特点梳理出符合智慧质检的业务内容，组织专家对这些业务内容进行归类、整理、研究和论证，形成了以机构组织代码、产品质量信用、人员身份信息、行政执法案例为特征的基础信用信息流，实现了业务司局内部的信息互动，丰富了传统业务的信息量，弥补了业务工作中可能产生的风险和盲点。

（二）加强系统内部纵向业务指导

目前，国家质检总局、地方质检和相关的事业单位、行业组织都在不同程度地开展智慧质检的建设工作，尤其在近年信息化技术的加强和业务工作日渐复杂的形势下，一些地方政府也对当地质检两局的工作提出了更高的要求。为此，一些单位也陆续开展了基于质检业务工作的物联网、大数据、电子政务的质检业务信息化应用，并且随着这些应用的不断改进和完善，现在已基本形成了以业务关联、数据关联和应用关联的智慧质检项目基础网络结构，并已经在检验检疫、通关、计量、特种设备安全和能源综合管理方面展开了应用试点。在一些条件较好的地区，地方质检两局按照质检总局的部署和地方智慧城市建设工作情况，也组织开展了一些基于城市综合管理的智慧应用，比如浙江温州地区就组织开展“安全、能耗、排放、应急、经济”五位一体的特种设备智慧监管平台和新型城镇化模式下特种设备与循环经济发展的智能评估体系建设，并为推进城市能源综合管理和污染排放综合治理提供了研究方向和参照范例。

四、优化资源，提升效果

智慧质检建设过程中遇到了数据量大、信息单一、应用庞大、关联复杂等多种问题，如何构建完善的数据结构和合理的数据资源是决定智慧质检工作成败的关键。质检总局领导高度重视，加快建设国家质检信息化云平台，进一步夯实智慧质检建设的数据存储和运算平台。同时，逐步整合系统内的软硬件资源，为数据的综合利用提供了统一的服务平台，加强总局系统内数据灾备中心的建设和完善。加强对信息安全的管理，为数据的安全应用提供了坚实的保障。

（一）组织开展对在用系统的优化

目前，质检各级单位都已经建立了业务系统和办公平台。这些平台的建设和应用为智慧质检提供了强大的数据支撑，也造成了数据垃圾和安全隐患，对支撑智慧质检的数据利用产生了影响。目前，国家质检总局在已经开展智慧质检的项目中，尝试将质检系统的数据整合至质检云平台，依托相关的计算模型和优化方法提高数据的利用效果，研究对数据的叠加利用，形成对智慧质检的模型支撑和优化评估。同时，还利用智慧质检的建设契机，在构建大机制、搭建大平台、整合大数据、促进大融合、保障大安全五个方面下功夫，不断提升质检业务和智能应用的融合水平。

（二）构建面向城市管理的智慧应用

强化了“互联网 +”“智慧型监管”“大数据决策”“协同化办公”“云信息服务”五项基础建设，协调处理新老系统的应用对接、主干与支干、总局与地方质检两局及相关直属单位的信息关联，评估设计质量，避免重复建设，达到“平台共建、系统共用、数据共享、安全可控”的目的。加强“通关一体化”建设，紧密围绕“监管更有效、通关更便利”这一目标，对现有业务系统和设备设施实施了整合创新、改造完善和优化升级，着力构建现代化的检验检疫口岸信息化框架体系，实现业务全覆盖、信息全联通、过程全监管，推动管理创新，为“维护国门安全、促进外贸发展”提供保障和支撑。开展了基于物联网、大数据、云计算等技术的特种设备智慧监管应用，建设电梯和气瓶的智慧监管平台，并在全国 100 个城市开展了电梯应急救援处置中心的试点建设，力争建成基于城市综合管理的，集地理信息系统、特种设备管理、应急调度处置、数据分析挖掘于一体的智能应急处置平台。全国大多数地方也在积极探索特种设备物联网智慧监管的应用研究，通过采用物联网技术实现对特种设备实时监测，为保障安全、提升幸福指数、提高管理水平、减少资源消耗提供了可靠的保障，也为城市综合管理提供了技术支撑和分析平台。

五、培养人才，强化队伍

（一）高度重视科研团队建设

发挥科研活动的集群效应，明确提出人才资源的开发利用要进一步转变思路，不局限于本部门、本机构，不受限于体制、身份的制约和束缚，加强引智和力量整合，不求所有，但求所用，用足用好人才资源，充分发挥人才管理的创新优势。同时，通过对现有的质检业务人才开展以数据科学与工程、商务分析、大数据与国家治理、社会数据、物联网技术等专业培养，通过理论学习、实践教学、大数据专题研究相结合的方式，培养具备宽广的专业知识和扎实的智慧质检复合型人才。引进和接受具有智慧项目建设经验、熟悉大数据物联网等专业的技术人才，通过加强对质检业务的学习和理解，增强人才的业务能力，形成智慧质检建设的中坚力量。

（二）培养领军人才

在团队建设的同时，国家质检总局从业务实际出发，发现和培养一批具有“牧羊犬”特质的骨干与领军人才，努力造就一支具有创新活力和创新能力的人才队伍，塑造与保护单位内部创新精神与团队文化，保障与激励创新型人才最大限度地 发挥创新潜力，加大对创新成果的法律保护和成果转化力度，这对当前和今后推进落实“抓质量、保安全、促发展、强质检”方针和质检事业的长远发展，具有极为重要的战略意义。

六、推广经验，创新发展

从智慧质检的工作开展情况来看，国家质检总局已经陆续在出入境商品检验、产品质量监督、特种设备监管等方面开展多项优秀应用案例，并通过优秀案例试点推进智慧质检的总体建设，形成可借鉴、可复制、可推广、可提升的具有较强生命力的智慧质检应用。

在出入境检验检疫方面，地方检验检疫局通过高新信息技术与传统业务的融合创新，全面探索“互联网＋”在口岸出入境检验检疫“大车流、大货流、大人流”中的应用，逐步打造“智慧口岸”，构建新型智能监管模式，努力实现既在“非传统安全”威胁中确保国门安全、维护好场域安全，又在“经济新常态”形势下提升通关便利、促进外贸发展，已经取得良好应用成效。

在质量技术监督方面，着力构建食品质量安全追溯保障体系，推动完成重点领域内基于物联网技术的应用示范，提高企业产品的质量管控能力，增强企业质量安全自律意识。同时大力开展以电梯和气瓶为主的特种设备物联网监管系统，提高我国特种设备动态监管能力、风险防范能力和应急处理能力，保障人民群众生命财产安全。

目前，智慧质检工作已经在国家智慧城市建设的总体框架下稳步展开。我们坚信，随着智慧质检工作的逐步展开和深度应用，智慧质检工作必将取得更大成效。

国家食品药品监管总局
智慧城市相关工作情况

一、加强组织领导

国家食品药品监督总局领导高度重视促进智慧城市发展相关工作，成立了工作机构，明确了分管领导、司局级负责人和处级联络员，由总局科技和标准司负责牵头推进，梳理分解了工作任务，建立了与相关业务司局的联络机制。

二、加快指标体系研究

国家食品药品监督总局拟定了食品药品监管评价指标，并结合地方食品安全综合评价等工作以及地方的反馈意见，对评价指标进行了完善。在部委协作方面，积极参与促进智慧城市健康发展部际协调工作组工作，按要求参加联络员工作会，认真参与各项工作，配合国家标准委、公安部、国家测绘地理信息局研究建立总体评价指标体系框架、完善城市网络安全评价指标体系、城市统一地理空间框架和应用评价指标体系等。

三、抓好各项工作

重视与地方食品药品监管部门的沟通交流工作，通过地方食品药品监管部门了解当地智慧城市发展工作情况，加强上下交流，先后与上海、广东、山东、黑龙江、贵州、安徽等省级局交流研讨“智慧食药监”框架，做好“智慧食药监”规划，推动建立“智慧食药监”各项管理制度，结合国家食品安全信息平台建设项目，指导各省级局在“智慧食药监”项目建设中做好统一标准和接口规范等基础工作，为下一步各地方衔接和联通打好基础。

下一步， 将加快完善食品药品安全评价指标体系，加强“智慧食药监管” 规划工作，积极在地方建设中开展探索与实践，进一步提升指标体系的合理性、科学性和可操作性。

国家旅游局
智慧城市相关工作情况

国家旅游局高度重视智慧城市建设中的智慧旅游工作，开展了大量智慧旅游的相关工作，助力旅游产业转型升级。

一、智慧旅游政策文件发布情况

2015年1月，国家旅游局发布《国家旅游局关于促进智慧旅游发展的指导意见》（旅发〔2015〕10号），提出夯实智慧旅游发展信息化基础，建立完善旅游信息基础数据平台，建立游客信息服务体系，建立智慧旅游管理体系，推动智慧旅游产业发展、加强示范标准建设、加快创新融合发展，推进数据开放共享等一系列指导智慧旅游发展的意见。

2015年9月，发布《国家旅游局关于实施“旅游+互联网”行动计划的通知》（旅发〔2015〕210号），要求各地旅游部门按照市场导向、开放共享、引领变革、安全有序的基本思路，到2018年实现我国旅游业各个领域与互联网深度融合发展，并使互联网成为旅游产品创新和业态创新的重要动力和公共服务平台的目标，到2020年实现网络化、智能化、协同化国家智慧旅游公共服务平台基本形成的目标。

二、智慧旅游重大工作开展情况

（一）举办首届中国“旅游+互联网”大会

2015中国“旅游+互联网”大会于9月19日至20日在常州召开。国家旅游局局长李金早、江苏省副省长许津荣、中国互联网发展基金会理事长马利、国家信息中心常务副主任杜平等出席大会。中国电信、中国移动、中国联通等有关负责人参加会议。

2015中国“旅游+互联网”大会的主要任务是深刻认识“旅游+互联网”的时代背景和战略意义，共同谋划未来旅游业与互联网融合发展的方向趋势和工作重点，共同迎接旅游与互联网融合发展的新潮流。李金早讲话中指出，旅游业和互联网是当今世界推动经济社会发展的两支最显著的力量。未来五年，中国“旅游+互联网”将在三大方面实现深度融合和创新发展，有望创造“3个1万亿红利”，成为新常态下扩大内需、推动经济发展的新动能。其一，“旅游+互联网”是全球两个最大消费群体领域的融合，我国旅游业互联网软硬件设施建设未来五年将创造1万亿元的需求红利；其二，“旅游+互联网”是全球两大最具成长性消费市场的叠加，我国在线旅游交易未来五年将创造1万亿元的市场红利；其三，“旅游+互联网”是全球两大最具开放性和包容性经济形态的融汇，未来五年所催生的一大批新技术、新产品、新业态和新模式，将创造1万亿元的增值红利。

许津荣在致辞中说，江苏将以此次会议为契机，适应信息化、数字化、智能化加快发展趋势，把“旅游+互联网”理念全面融入建设“畅游江苏”体系，积极发展智慧旅游，不断提升旅游信息化水平，带动旅游业向现代化发展，为全国旅游业发展做出新的更大的贡献。

国家旅游局与中国电信、中国移动、中国联通三大电信运营商和阿里巴巴、腾讯、百度三大互联网企业分别签订了战略合作协议，发布了《“旅游+互联网”行动计划》。

中国互联网发展基金会理事长马利、阿里巴巴集团副总裁李少华、腾讯控股集团副总裁马斌、百度集团副总裁梁志祥、国家信息中心常务副主任杜平、中青旅控股股份有限公司总裁张立军、华天实业控股集团董事长陈纪明、途牛旅游网CEO于敦德等围绕“旅游+互联网”进行了交流。

（二）建设国家智慧旅游公共服务平台

国家旅游局于2015年初正式启动国家智慧旅游公共服务平台项目建设。在项目建设过程中，以“互联网+”作为转变传统行业能力低下的生产力驱动方式，以PPP模式作为政府主导、社会资本主体的项目建设方式，以大众创业、万众创新作为平台的可持续发展方式。

一是把旅游公共服务作为互联网节点，广泛连接旅游部门、企业和游客。国家智慧旅游公共服务平台以12301旅游公共服务号为主要载体，形成包括语音咨询与投诉热线，12301.cn旅游评价分享社区，以及12301微信公众号、服务号和企业号等移动端应用一体化的旅游公共服务平台。以旅游公共服务为节点连接政府、企业和游客，破除发展过程中自然形成的信息壁垒和信息孤岛。在这个平台上，政府、企业和游客可以实现实时的全媒体互动，包括文字、语音、图片以及视频皆可成为连接政府与市场的数据交互，在数据交互的过程中沉淀出旅游行业的大数据。

二是通过PPP模式以市场换服务，保证旅游公共服务可持续发展。国家智慧旅游公共服务平台在筹划过程中遇到可持续性以及资金投入等问题，经过到各地调研谋划，形成了不用财政资金，授权部分旅游公共服务职能，通过公开招标的方式推动建设的模式。国家旅游局在授权过程中对旅游公共服务功能的满足有明确和严格的考核方式，不满足公共服务功能随时收回授权，而被授权方的经营活动只要在政策和法律限定范围，国家旅游局就不加干涉，并鼓励其良性运营以保证公共服务的可持续性。

通过 PPP 模式，旅游公共服务不再通过政府部门单方面提供，而是通过游客对旅游公共服务需求形成用户流量入口，在社会资本进行投入做好公共服务取得用户信任的基础上，进一步提供有附加值的商业服务，经营活动同时保障公共服务的可持续运营和社会资本投入的回报。

三是打造重度垂直旅游行业云，开放行业数据，助力大众创业、万众创新。国家智慧旅游公共服务平台的建设起步于投诉，发展于资讯和评价，成熟于交易。目前项目中标企业视觉中国公司按照互联网规律、通过市场手段全力完成旅游公共服务的要求。建成的 12301 全媒体呼叫中心已经在 2015 年“十一”黄金周承担了半数以上全国旅游投诉的受理，对于游客投诉处理进展定期回访，正以优质的企业服务取得用户的信任。刚刚完成上线的 12301.cn 应用智能认知计算技术，可进行旅游咨询和社区问答。通过投诉、咨询和社区，以及全网数据抓取建立对旅游目的地城市、景区的多维度评价体系。在建立客观评价体系，形成一定的公信力的基础上，将以完全开放的旅游行业云布局大众创业、万众创新的旅游创新项目孵化平台，推进交通、住宿、导游、景区、餐饮，甚至旅程规划设计等“小而美”的旅游创新经营形态。

（三）成立了中国“互联网 + 旅游目的地”联盟

为促进旅游业与互联网深层次、多维度融合，国家旅游局组织成立了中国“互联网 + 旅游目的地”联盟。

联盟融合旅游目的地管理机构、互联网运营商和在线旅游企业等，发挥政府智库、行业纽带、游客帮手作用，提升中国旅游 + 互联网产业融合水平。联盟成立会议还通过了《中国互联网 + 旅游目的地联盟章程》。今后联盟将助推政府主导、企业主体战略，组织跨区域旅游目的地合作，促进旅游业与互联网深层次、多维度的融合，将旅游产业转型升级落到实处。

联盟成员将共同致力于构建更加开放有序的互联网旅游发展新格局；共同推动互联网旅游线上与线下融合发展；共同推进互联网与旅游目的地合作发展；共同呵护中国互联网旅游新生态。

三、智慧旅游相关研究工作

主要做了《北斗导航系统在旅游业应用推广模式研究》。该课题研究的主要任务是北斗兼容 GPS 的智能位置服务在旅游业可以发挥作用的主要领域和方向及应用推广模式，以便更好地服务于游客、旅游管理部门、景区及旅游企业。研究内容主要包括：北斗在旅游团队管理中的应用推广模式研究；北斗在探险旅游中的应用推广模式研究；北斗在旅游景点自助讲解中的应用推广模式研究；北斗在景区地质灾害监测中的应用推广模式研究；北斗在外宾入藏游安全管理中的应用推广模式研究等。

四、智慧旅游评价标准工作进展情况

通过标准规范引领智慧旅游的顶层设计，勾画出比较清晰的路线图。目前智慧旅游的标准体系还不完善，正在组织制定智慧旅游景区标准，“互联网 + 旅游目的地”标准和旅游景区电子门票管理导则等。通过标准化建设，形成数据基础，打通信息壁垒，破除信息孤岛。

为实现景区流量的有效监测，打通各种 OTA、景区门禁系统生产厂商和景区票务管理系统之间的数据链接，国家旅游局组织研制了《旅游景区电子门票管理导则》，目前标准制定已基本完成，下一步将组织专家进行评审。旅游景区电子门票管理导则包括景区门票信息数据规范、游客信息数据规范、门票销售与核销技术规范、结算信息数据规范、数据传输加解密技术标准及相关数据接口规范等。建立全国统一标准可以有效提升景区管理水平，破解目前在线代理景区门票和“黄牛”倒票等乱象，最大限度地为游客带来实惠与便捷。

智慧景区标准正在研制之中，将主要从加强景区网络基础设施覆盖，提升智慧化管理和智慧化服务水平的角度引领行业发展。

“互联网 + 旅游目的地”标准正在筹划之中，主要是通过标准引领，建立旅游城市、旅游景区等主体的数据基础，避免重复投资、重复建设，打通信息壁垒，实现旅游景区和目的地的信息化、数据化、在线化以及相应的服务能力。

中国科学院
智慧城市相关工作情况

中共中央、国务院于2014年3月发布的《国家新型城镇化规划（2014—2020年）》，明确提出“推进智慧城市建设”；在2015年全国“两会”上，国务院总理李克强所做的《政府工作报告》第一次提出“发展智慧城市”。这标志着智慧城市建设已正式上升为国家战略。中国科学院集合全院相关领域的研究力量，面向智慧城市建设战略需求，在2015年期间，在基础理论研究、典型示范应用、关键技术突破、合作交流等方面取得了一定进展，下面分别从重大工作开展、相关研究工作与国际交流合作三方面进行阐述。

一、智慧城市重大工作开展情况

（一）公共安全方面

在公共安全方面，中国科学院以科技服务网络计划（STS计划）为抓手，通过部署“公共安全突发事件预警与态势决策平台建设及示范应用”等相关课题研究和应用示范，推动我国智慧平安城市建设。

公共安全突发事件预警与态势决策平台建设及示范应用，以建设涵盖重要场所的突发事件预警与态势决策平台为目标，瞄准易引发突发群体性事件、易造成社会严重危害的密集人群、热点区域、大客流区域；利用多维度空间客流采集、异常声信号监测、声音/图像协同定位等技术，对人流量进行准确估计、定位异常事件情况，实时获取突发事件现场信息；研制WiFi探针检测设备、声学环境监测设备、双目视觉等公共安全监测设备；建立多源感知数据协同融合、历史客流信息数据挖掘等分析模型，预测客流变化和态势发展；利用应急撤离虚拟现实仿真技术对人员撤离预案进行评估和优化；研制安全态势融合分析与决策支持可视化工具、公共安全事件推演与仿真平台、突发事件预警与态势决策平台软件原型；为公共安全管理部门监测、预警、处置突发事件提供核心技术支撑。

项目主要研究内容包括多源客流检测和预警技术、突发性公共安全事件多手段立体感知技术、人员撤离推演与仿真技术、公共安全事件预警与态势决策技术及系统示范应用研究五部分。项目成果可应用在公共场馆、重点监管区域以及地铁站、火车站、机场、港口等人群聚集区域，通过智能化、精细化的技术手段，提升公共安全管理部分突发事件的处置能力和应对能力，实现对重要场所的“全方位、全天候、全过程”的在线监测，将公共安全隐患消灭在萌芽状态，保护人民群众生命财产安全，为“十三五”期间构建和谐社会提供重要保障。

（二）智慧养老方面

中国科学院下属单位中科院上海微系统所联合张家港澳洋集团旗下的优居壹佰高端养老机构，利用物联网、云平台、大数据等先进技术，共同构建依托于养老机构的智能照护系统。该系统不同于传统养老主要关注硬件投入，而是关注基于数据分析的健康服务和安全保障，从而打造可复制的智慧养老一体化平台。

智能照护系统从养老机构实际管理和服务需求出发，以最大限度地保障老年人安全为重点，通过辅助设备（老人手环、护工胸牌、随意贴、专用医疗设备等）主动监测老年人相关的活动和生命体征数据，对老年人日常活动轨迹、活动规律以及生命体征变化的分析，给出运动、作息、营养、饮食、就医、用药方面的合理化建议。系统涵盖了养老机构基础数据管理、老人信息管理、护理人员信息管理、预警信息管理、统计分析等一系列功能模块。通过数据挖掘、数据分析等手段，对监测到的老年人数据进行深度分析，形成相关的分类统计数据，为相关运营部门、职能部门、管理部门提供决策支持。从老人、护理人员到机构的管理人员，系统为广泛应用提供了强有力的支持。通过建立科学合理的联动机制，全方位为老人服务，从真正意义上实现养老院管理智能化。

智慧养老课题团队针对室内定位中各类技术的优缺点，综合考虑实际系统方案的安装难度、整体成本、设备使用周期等因素，采用混合技术定位的方案，结合现场情况，合理优化定位基础锚定设备的安装位置及硬件方案，同时对混合定位中涉及的关键技术点开展研究和工程优化；实际部署的照护系统可对目标区域的整个房间和区域进行监控，具备老人手环、护工胸牌的区域定位能力。从而保证能实时获取老人、护工的实时位置，在无人值守的情况下主动发现处于危险状况的老人，并及时提供相应的护理服务，为老人安度晚年提供舒适、安全的环境。

机构养老解决方案主要适用于老年公寓、托老所、养老院、老年康复医院、敬老院等。机构养老解决方案可以帮助养老机构提高业务处理效率，降低管理成本；增加养老机构对老人个性化需求的支持，丰富服务内容并实现精细化管理，大幅度提高服务质量与老人满意度；平台提供的养老、护理、体检等管理系统功能，实现对老人信息和日常运营数据的存储和管理，再通过数据统计分析，可以为养老机构明确经营策略，提供决策支持。

二、智慧城市相关研究工作

（一）在基础理论研究方面的工作

智慧城市应用中存在着环境条件复杂、感知对象时空稀疏分布、事件非均匀突发、变量高动态变化、信息冗余或缺损等特点，进而表现为数据构成和结构的动态性和复杂性、目标特性的非平稳性和模糊性、事件和环境的表达的突变性和不完备性，以及感知数据表象的相对独立性和非关联性等特性，存在由信息和数据过载衍生出来的诸多难点，最终导致无法广泛可靠地获取海量智慧城市信息，并难以形成快速准确的判断和决策以满足物联网服务要求。

基于现有理论的信息获取与感知方法无法支撑未来海量多模态异构数据的广泛接入和可靠感知，因此泛在接入和智慧感知理论与方法是智慧城市物联网应用大规模推广的基础和迫切需求。中国科学院通过部署相关的基础理论研究预研课题，针对泛在接入和智慧感知开展前期研究：物联网服务环境中的泛在接入与智能感知理论与方法以可靠接入、全面感知、智能认知为目标，重点研究多模态感知、多时空分布、动静态混杂这三大应用场景特性，沿着“接入→表征→认知→处理→应用”技术路线，以面向海量异构海量数据源泛在接入，多模态、多时空统一表征方法与协同感知体系，复杂动态感知信息时空关联的协同认知理论与方法，基于认知的物理感知模型机理及功能感知器件研究四个科学问题为中心；瞄准智慧感知和认知的趋势（动态感知、协同认知），兼顾智能传感网感知和认知所面临的基础支撑（数据统一表征）、关联纽带（低功耗、可信安全的传输接入），形成一套开放的网络接入服务标准。

（二）在重大共性关键技术研究方面的工作

智慧城市众多典型应用具有共性的关键技术需求，中国科学院下属各相关单位在理论研究工作的基础上，进行重大共性关键技术——如异构多源大数据感知、处理和传输——攻关，为实现普惠大众的智慧城市服务提供技术保障。相关研究工作如下：

根据接入网络和城市各领域数据的类型及规模不同，研究动态适应能力的适配能力，实现对多源异构的基础数据进行统一的接入管理。通过对不同网络的协议转换及对海量数据智能决策引擎的适配，在多源数据服务实现对接入数据统一封装，实现不同网络协议的统一数据和信令。从而使得智慧城市多源数据服务具有广泛数据接入能力，并融合异构性网络，实现与网络资源和测试验证平台的互通。

根据智慧城市和未来网络发展实际应用环境因素、目标种类等不确定性，从不同角度、不同物理属性上采集数据来保证信息的可靠性，扩大不同模态间的感知范围，增大行业数据量。所采集的大数据量、大尺度范围且在时域上不断累积的多维、多参传感数据，承载不同行业应用复杂数据。根据各行业实际应用裁剪或修改所接入的数据类型，同时实现所接入的任意网络数据之间表征、互通，从而实现所接入的异构网络的数据服务。

研制具备一定管理能力和协议转换能力的硬件平台，平台应满足多维、多参数据接入设备的处理要求，减少多源数据服务的基础计算需求。在传输协议方面，由于大容量数据传输、感知信息预处理对网关资源消耗较多，时序控制要求高，任务间的中断、调度频繁，处理单元负荷较重，因此在接口设计上，采用分层的设计模式，保证通信协议各层的相对独立，设置业务配置模板，通过模板定义协议标识、协议类型、消息完整性标识、消息特征码描述等；管理模块可对硬件接口等进行抽象，提供标准化的硬件访问接口供协议栈各层软件使用；在应用层，以类似系统中间件的形式添加任务处理与服务管理的功能；在网络层，添加面向全网的能量高效拓扑管理及能量感知路由协议，并提供与任务处理结合的任务驱动拓扑管理与路由管理，在 MAC 层及物理层主要考虑信道接入等问题。

三、智慧城市国际交流合作情况

2015 年 3 月 26—28 日，由中国科学院主办的“2015 中日智慧城市论坛”在中国科学院上海微系统所嘉定园区召开。论坛的主题是针对智慧城市建设的现状，对比分析中、日智慧城市的发展策略和推进路线，研讨智慧城市建设中的政策、技术、标准、安全和环境保护等系列难题与挑战，探寻城市绿色、低碳、可持续的智慧发展之路。中国科学院创新发展研究中心主任穆荣平、日本电信电话株式会社数据集团社长岩本敏男分别作了《中国智慧城市发展——政策与实践》和《面向SMARTer通过ICT带来信息革命的可能性》的主题报告。在两天的大会报告中，来自上海市出入境检验检疫局、上海市交通信息中心、日立中国研发公司、中国科学院计算机网络中心、中国科学院广州能源所、海尔电子、上海微技术工业研究院、上海科技大学等院校、公司的专家学者围绕智慧城市行业应用、智慧城市关键技术、标准化及相关支撑技术三个板块，以能源、交通、环保、安全、家居、养老、医疗、软件、芯片、通信为主题，做了17个精彩纷呈的报告。

国家能源局
智慧城市相关工作情况

一、重大工作开展情况

（一）推进“新城镇、新能源、新生活”行动

为贯彻落实《国家新型城镇化规划（2014—2020年）》，积极推进能源生产和消费革命，国家能源局抓住城市及工业园区是能源终端消费集中区域这一特点，提出建设100个新能源示范城市，通过示范城市建设引领城镇能源利用向可再生能源转变。2014年1月，国家能源局下发了《关于公布创建新能源示范城市（产业园区）名单（第一批）的通知》，批复了北京昌平区等81个城市和天津中新生态城等八个产业园区作为第一批新能源示范城市（产业园区）创建名单。目前，各示范城市正在按照通知要求，以分布式可再生能源和可再生能源供热为重点，开展了各具特色的创建工作。初步统计，这些城市和产业园区到2015年可再生能源年利用总量有望达到5800万吨标准煤。

同时，为进一步贯彻落实《国家新型城镇化规划（2014—2020年）》，大力提高城镇新能源和可再生能源利用水平，国家能源局在前期试点示范基础上，研究

起草了《新城镇、新能源、新生活行动计划（征求意见稿）》，拟按照“新城镇、新能源、新生活”的理念，把生态文明理念全面融入新型城镇化进程，全面推动城镇能源生产和消费方式转变。目前正在修改完善。

（二）推进智能电网和配电网建设

推进智能电网和配电网建设，实现各电压等级协调发展，以满足新能源电力、分布式发电系统并网需求，优化需求侧管理，逐步实现电力系统与用户双向互动。以提高电力系统利用率、安全可靠水平和电能质量为目标，推动城市智能配电网关键技术研究与试点示范。研究提出智能电网和配电网发展战略，明确发展重点，联合发布了《关于促进智能电网发展的指导意见》(发改能源〔2015〕1518号)，研究出台鼓励配电网建设改造的扶持政策，编制完成并印发《国家发展改革委关于加快配电网建设改造的指导意见》（发改能源〔2015〕1899号）和《国家能源局关于印发配电网建设改造行动计划（2015—2020年）的通知》（国能电力〔2015〕290号）等文件。召开全国配电网建设改造动员大会，努尔·白克力局长专门部署有关工作，组织动员与实施配电网建设改造行动。

（三）加快电动汽车充电基础设施建设

编制的《关于加快电动汽车充电基础设施建设的指导意见》经第106次国务院常务会议研究通过，以国办发〔2015〕73号发布实施。同时，作为落实《指导意见》的配套文件，编制完成《电动汽车充电基础设施发展指南(2015—2020年)》，以国家发展改革委、国家能源局、工信部、住建部四部门名义联合印发。组织召开全国新能源汽车充电基础设施建设现场会，成立充电基础设施促进联盟，推动全国充电基础设施加快建设。

二、试点示范情况

（一）支持智能电网技术试点应用

积极响应新型城镇化发展战略，组织电网公司与地方政府部门主动对接，联合开展电力设施布局研究。试点应用智能电网技术，促进智能电网与城市和谐发展；加大支持力度，服务分布式电源发展，满足多元化用户接入。2015年共安排中央预算内投资3000万元补助智能电网试点项目，包括北京延庆智能电网创新示范区等智能电网相关工程，实现与智慧城市建设的有机融合。

(二)开展可再生能源微电网项目示范

为探索可再生能源创新利用方式及发展模式，提高可再生能源利用规模及技术水平，满足二连浩特国家级重点开发开放实验区的用电需求，国家能源局于2015年10月9日印发《关于二连浩特可再生能源微电网示范有关事项的复函》(国能新能〔2015〕357号)，支持二连浩特开展可再生能源微电网示范项目建设，以解决当地农牧民生产、生活用电需求，促进地区经济社会发展。

二连浩特可再生能源微电网示范项目覆盖二连浩特市、苏尼特右旗、苏尼特左旗、镶黄旗、正镶白旗、阿巴嘎旗“一市五旗”，共建设七个微电网集群，互相联接，协调运行。总装机规模253.5万千瓦，其中风电182万千瓦、光伏56.5万千瓦、光热15万千瓦，配套储能16万千瓦，按照“总体规划、分期建设”的原则实施。微电网与蒙西主网联网，按照“供需基本平衡、多余电力上网、主网补充调节”的模式运行，在电力不平衡或出现故障时，可与主网实现快速、平滑切换，满足用户对电力供应和电能质量的要求。

三、评价指标体系建设工作进展

2015年3月，国家标准委就《智慧城市评价指标体系总体框架》和《智慧城市评价指标体系分项制定的总体要求》征求国家能源局意见。国家能源局对《智慧城市评价指标体系总体框架》中“信息资源共享”二级指标提出了具体修改意见。同时，为推进智能电网工作，提升智能电能表的安全防护、放窃电、抗强磁干扰等技术水平，2015年7月，国家能源局发布了包括《智能电能表功能规范》等八项智能电能表系列的能源行业标准，将为智能电网建设提供重要的技术支撑。

国家测绘地理信息局
智慧城市相关工作情况

一、政策文件发布

2015 年 5 月，印发《关于推进数字城市向智慧城市转型升级有关工作的通知》。围绕测绘地理信息部门如何在智慧城市中发挥基础性、先行性作用，如何推动智慧城市健康发展等问题，提出夯实数字城市地理空间框架成果，构建智慧城市时空信息基础设施，加快向智慧城市时空信息云平台的转型升级等举措。

通知指出，城市是国民经济和社会发展的主体，是现代经济发展的中坚力量。当前城市的快速扩张发展，对资源环境支撑、社会管理与公共服务以及城乡统筹协调等提出更高要求。以时空信息为基础的智慧城市建设，借助新一代信息技术和智能化手段，能够有效整合城市各类信息资源，实现城市管理和服务精细化、实时化、可视化、智能化，促进城市的可持续协调发展。具有时空特征的时空信息基础设施是智慧城市建设不可或缺的基础，对推动智慧城市发展有重要意义。

通知要求，各省级测绘地理信息主管部门要紧密围绕国家发展改革委等八部门联合印发的《关于印发促进智慧城市健康发展的指导意见的通知》的有关精神和《促进智慧城市建设健康发展部际协调工作方案》要求，牢牢抓住地理空间框架这一核心，稳步推进智慧城市时空信息云平台建设试点，加强顶层设计，强化标准规范研发，开展典型应用示范，建立完善符合智慧城市时空信息云平台长期运行并不断发展的政策机制。

二、智慧城市时空信息云平台建设开展情况

（一）建设基础

城市是社会经济、政治、文化的中心，是国民经济建设和社会发展最活跃的

区域。城市的发展方式、管理能力、信息化程度和服务水平在很大程度上依赖测绘地理信息的支撑。当前城市在发展过程中，存在着地理信息资源分布不平衡，资源匮乏，数出多门、自建自用、难以共享、信息孤岛等问题，既造成严重的低水平重复建设，又导致极大的浪费，制约着城市经济社会的发展，建立城市权威、统一的地理空间框架迫在眉睫。

2006 年，国家测绘地理信息局正式启动数字城市地理空间框架建设，将推动数字城市地理空间框架（以下简称数字城市）建设与应用、促进向智慧城市时空信息平台（以下简称智慧城市）转型升级，作为国家测绘地理信息局的一项重点工作。

截至 2015 年底，全国 333 个地级以上城市和 470 余个县级市开展数字城市建设，其中 260 余个地级市、160 余个县级市完成并投入使用，应用系统数达 5600 余个，真正使各市域地理信息数据由政府主导、专业部门建设、各部门共享、广泛应用，实现国家、省、市纵向贯通和城市间的横向互联，为智慧城市时空信息云平台的建设奠定了坚实的基础。

（二）试点开展

为落实国家关于促进智慧城市健康发展的工作部署，国家测绘地理信息局在数字城市地理空间框架建设的基础上，于 2012 年正式启动智慧城市时空信息云平台建设试点工作，全面开展了关于智慧城市建设的研究、探索与试验。

截至 2015 年底，已有重庆、广州、武汉、太原、长沙、宁波、徐州、郑州、临沂等近 30 个城市列入试点计划。

（三）建设原则、目标及内容

智慧城市时空信息云平台建设试点工作本着“城市主导，统筹规划；科技支撑，循序渐进；需求牵引，资源共享；多元投入，共建共享”原则开展。主要目标是：通过时空数据建设、时空信息云平台开发、支撑环境完善和典型应用示范等工作，探索智慧城市时空信息云平台的建设模式、共享模式和服务模式，凝练工艺流程和标准规范，为全国数字城市地理空间框架升级转型，以及后续大规模的智慧城市时空信息云平台建设提供依据，为智慧城市、智慧区域和智慧中国建设奠定基础。

试点建设包括四部分内容：一是时空数据建设，采集并集成各时期的地理信息、现势地理信息、实时位置信息、多维度可视化地理信息和实时信息等。二是时空信息云平台开发，建设开发包括面向应用的地图类功能及宿主环境、二次开发接口、按需自动或智能组装资源的知识引擎、运维监控和入口门户等。三是支撑环境完善，根据本地实际，构建能够满足智慧城市时空信息云平台运行服务的软硬件环境。四是典型应用示范建设，选择实时性、移动性、自主性和智能化程度高的领域和需求，开展五个以上典型应用，可在原应用系统基础上改造升级，同时要有一个为面向公众服务的应用系统。

（四）组织方式及建设流程

试点建设由国家测绘地理信息局、省级测绘地理信息行政主管部门和城市人民政府三方共建共享。其中，国家测绘地理信息局负责试点工作立项、设计审批、实施监督、项目验收等，在城市影像获取、软件开发、技术、资金等方面予以支持，中国测绘科学研究院等相关院所作为总体技术支持单位，协助国家局制定相关技术标准、完成关键技术攻关、开展典型示范、进行软件和标准的技术培训，指导试点城市的技术设计、时空信息集成、云服务系统开发以及典型应用示范建设等工作。省级测绘地理信息行政主管部门负责试点城市的推荐、立项申请工作，提供一定的资金配套，并具体指导试点建设等工作。城市人民政府负责落实试点所需的主要经费、牵头单位和建设成果管理单位，并从政策上确保所建时空信息云平台为政府及部门共用，避免重复建设。

在申报条件方面，要求城市人民政府对国家测绘地理信息局开展试点工作有充分认识，并积极申请参加试点工作；申请试点的城市必须已完成数字城市地理空间框架建设并投入运行，地理信息公共平台在全市得到较为广泛的应用，应用系统已达 15 个以上；城市具备云计算、物联网等开展试点工作所必需的基础设施，具备可扩展的服务器组群、海量吞吐存储设备及带宽网络设备，具备一定自动化、虚拟化、智能化等技术的研发与使用能力；城市具备获取并处理街景影像数据、视频监控信息、RFID 读写信息、专业监测信息等实时感知信息的能力，能够确保试点工作中信息的鲜活性；城市能够安排足够的专项资金投入，支撑试点工作的顺利开展；城市得到所在省级测绘地理信息行政主管部门推荐。

试点建设流程分为项目立项和项目实施两个阶段。其中，项目立项工作包括立项申请和立项审批。首先，城市人民政府向所在省级测绘地理信息行政主管部门提出试点申请，并附项目建议书（建议书主要内容包括城市简介、具备条件、主要建设内容、初步预算等）和城市专项资金投入意见。省级测绘地理信息行政主管部门审核后，综合本地区情况，经遴选，向国家测绘地理信息局推荐。其次，国家测绘地理信息局对推荐文件进行审查，必要时将约请有关城市及省级测绘地理信息行政主管部门了解情况，符合条件的，批准立项。项目实施工作包括项目设计和项目实施。经批准试点的城市，在技术支持单位的帮助下，由城市人民政府确定的项目牵头单位编写项目设计书，对时空数据建设、时空信息云平台开发、支撑环境完善、典型应用示范等内容进行技术设计，报国家测绘地理信息局审批。项目设计书通过审批后，由国家测绘地理信息局、省级测绘地理信息行政主管部门、城市人民政府三方联合签订协议书，明确各自在项目建设、经费投入、成果共享等方面的权利和义务，正式启动试点工作。

（五）配套政策及采取措施

一是加强基础资料和资金支持。为了鼓励有条件的城市积极开展智慧城市时空信息云平台试点建设，国家测绘地理信息局通过配备高分辨率影像、提供技术支持、配发专业软件以及资金支持等方式保障各个试点城市建设工作。

二是强化组织领导和政策支持。国家测绘地理信息局采取了一系列措施，出台相关政策文件，为试点建设保驾护航。2014 年召开“数字城市向智慧城市转型升级工作会”，全面部署智慧城市时空信息云平台试点建设工作。

三是成立专家委员会把握技术方向。2015 年组织成立了由 8 位院士、13 位专家组成的智慧城市建设专家委员会。主要职责包括：为智慧城市时空信息云平台总体技术设计提供技术支撑与指导，研讨建设与应用中的重大技术问题并提供咨询意见，审查总体技术大纲及关键标准、技术设计等；参与项目建设成果验收。召开专家委员会会议，研究审议了智慧城市时空信息云平台建设技术大纲，为建设工作的顺利开展奠定基础。

四是注重技术保障和人才培训。组织开展技术体研究，制定了整体标准框架，进行了平台软件升级研发公关。2013—2015 年，先后五次组织召开“智慧城市时空信息云平台技术培训会”，已培养智慧城市时空信息云平台建设试点技术人才千余人。

五是增强宣传和经验交流。自 2010 年起，由中组部主办，国家测绘地理信息局承办“数字城市 / 智慧城市建设市长专题研究班”，至今已连续举办 6 期，参与培训的各地市领导近 200 名。通过业内院士、专家专题授课的形式，进一步深入了解认识测绘地理信息在城市信息化发展中的作用，研究加快推进数字城市、智慧城市建设的有效措施，总结城市建设和应用方面的经验，不断提高测绘工作服务地方科学发展的能力。

（六）取得的成效

数字城市、智慧城市建设得到了社会普遍认可，取得了良好成效。一是丰富了城市地理信息资源；二是促进了信息资源共享与信息化进程；三是统一了全国市域测绘基准、数据和标准；四是拓展了测绘保障服务的深度与广度；五是推动了地理信息产业的发展；六是建立了国、省、市三级共建共享的建设模式；七是实现了国家、省、市地理信息公共平台的互联互通；八是确立了政府主导、机制保障的建设与运行管理模式；九是有效带动了城市测绘地理信息管理机构建设；十是培养造就了一批专业人才队伍。

（七）下一步工作

数字城市地理空间框架建设与智慧城市时空信息云平台试点工作取得了显著成绩，在政府决策、公共管理、民生工程、产业发展等方面发挥了重要作用，加快了城市信息化进程，成为城市经济社会发展重要的基础支撑。下一阶段将重点做好以下工作：

一是进一步研编出台推进智慧城市时空信息云平台建设的各项政策机制，采取加大指导、督促检查、年底考核等措施，加快试点的建设。

二是做好智慧城市技术支持工作，着力开展标准、技术路线以及平台软件的研发，强化对试点城市的技术指导。

三是继续加强与国家发展改革委等有关部门的沟通协调，积极组织参加国家智慧城市建设试点工作，切实发挥地理空间框架和时空信息平台在智慧城市建设和信息化推进工作中的基础性作用。

四是加强数字城市地理空间框架的深化应用，继续扩大数字城市成果应用的深度和广度，做活、做新、做出影响，不断完善应用系统，使其在服务政府决策、部门管理和百姓生活等方面发挥更大更好的作用。

五是逐步提高数字城市和智慧城市建设水平。鼓励推动各数字城市、智慧城市建设单位开展思维创新，采用物联网、移动应用、沉浸式三维等新技术、新方法，不断提升本地数字城市、智慧城市建设的高度和水平。

三、智慧城市相关研究工作

（一）政策机制

为了加快推动智慧城市时空信息云平台建设试点工作，国家测绘地理信息局基于数字城市地理空间框架建设积累的经验，经多次意见征求，于 2012 年启动了云平台试点工作，发布《关于开展智慧城市时空信息云平台建设试点工作的通知》

(国测国发〔2012〕122 号)。通知从试点工作的重要意义、开展试点工作的原则、试点工作的主要目标、建设内容和主要成果，以及试点工作的基本条件和工作程序等四个方面，全方位解读了智慧城市时空信息云平台试点建设要求，为各城市的试点申请工作提供了依据。

2015 年，国家测绘地理信息局与“促进智慧城市健康发展部际协调工作组”成员单位多次协商，印发《关于推进数字城市向智慧城市转型升级有关工作的通知》(国测国发〔2015〕11 号)，对测绘地理信息部门在智慧城市建设中的地位，如何在智慧城市中发挥基础性、先行性作用，如何推动智慧城市健康发展等亟须明确的问题进行了解答。

(二)标准大纲

试点建设，标准先行。智慧城市时空信息云平台建设是城市信息化面临的新考验，面临众多的新技术、新需求，因此迫切需要研编智慧城市时空信息云平台系列的大纲标准。

为此，国家测绘地理信息局组织开展《智慧城市时空信息云平台建设试点技术指南》的编写工作，于 2013 年正式印发，为前期智慧城市时空信息云平台试点单位编写项目设计、组织实施提供了技术上的依据和参考。

随着试点建设的不断推进，国家出台了一系列智慧城市建设的政策文件，同时信息技术也在持续发展，以前发布的技术指南，已经难以满足各试点单位需求。为此，2014 年底开始了指南的修订研编工作。通过多次修改，并经智慧城市建设专家委员会的评审后，将技术指南升级为技术大纲，于 2015 年 10 月正式印发。

同时，按照国家“促进智慧城市健康发展部际协调工作组”的工作分工安排，2014 年启动“智慧城市时空信息云平台建设评价指标体系”编制工作，于 2015 年 10 月印发。技术大纲和评价指标体系的制定，规范了智慧城市时空信息云平台试点的各项建设内容和指标要求，为试点建设保质保量完成提供了重要的依据。

国家测绘地理信息局还积极向国家标准化委员会、地理信息标准化委员申请，设立了“智慧城市时空信息云平台系列标准”项目，该项目目前正在执行过程中，形成的系列标准成果将进一步促进试点的各项建设工作。

(三)技术软件

以物联网、大数据、云计算和移动互联等新技术为支撑的智慧城市，对平台和框架的体验性、实时性、移动性、可控性和自主性等提出了新的要求，要更加突出时间特性、云特性和泛在特性。而原有的数字城市时空信息云平台难以达到。譬如，监控目标、无线射频等物联网节点，尽管实现了空间定位，开辟窗口实时接入，但还需提取信息，与地理信息有机整合，全面支撑空间分析决策；弱GIS应用部门囿于环境建设、人才不足、更新等诸多困难，期望采用宿主方式，实现数据、软件和计算的按需应用；目前已建成的权威的、唯一的、通用的地理信息公共平台尽管反映了各部门的共性需求，但缺乏个性化平台，针对性不强。这些问题要求测绘地理信息部门必须突破物联网节点定位、按需服务、目标识别等核心技术，研制智慧城市时空信息云平台软件。

中国测绘科学研究院在测绘地理信息公益性科研专项“时空信息云平台关键技术及应用示范”、国家测绘地理信息局基础测绘项目“数字城市地理空间框架技术支撑”等支撑下，从智慧城市时空信息云平台需求入手，对物联网节点地址数据分类编码、基于符号表达的三维数据组织、跨媒介地图表达技术、基于知识的个性化平台组装技术、时空信息云服务支撑技术等关键技术开展了系统性研究。

在此基础上，分析时空信息服务终端之间、传输网络之间及操作系统之间的共性和个性，设计时空信息云平台体系架构。研制多语言的客户端二次开发包，方便泛在网络环境下的应用开发，支持各类终端设备如标准浏览器、桌面客户端和移动终端等。设计并开发相应的功能模块，实现对直观表达的全覆盖精细地理信息和时相地理信息的无缝集成，并面向泛在应用环境按需提供地理信息、物联网节点定位、功能软件和开发接口的服务，将数字城市地理空间框架阶段的国产自主软件New Map3.6，升级为支撑时空信息云平台建设的New Map 5.0，为试点城市建设提供了强有力的支撑技术和软件平台。

（四）智能应用

智慧城市时空信息云平台坚持需求导向、问题导向，特别注重解决民生问题，实现信息共享和业务融合。建成后的智慧专题应用系统要确实能够解决原有系统在未接入实时信息时所存在的问题和不足，着重突出智能化、高效化、实时化、泛在化和便捷化。

在建设方式上，除直接调用通用平台外，其他基于时空信息云平台形成的个性化或智能化平台，应用便捷，针对性强，服务泛在，与本领域专题信息能够实现无缝衔接，与其他相关领域实时协同。以此为支撑建立的专题应用系统至少应新增以下内容：

（1）在功能上，应开发云与端的专业功能。根据应用示范的需求，采用云平台提供的二次开发 API 接口，研制相应的专业功能。能公开的通过宿主环境部署在云，向端服务，不宜公开的部署在本地。

（2）在知识库中，应丰富应用需求知识库和资源特征库。深入开展本部门各项应用需求的分析，构建应用需求与云平台中的数据服务、开发接口和地图功能之间相互关系，进一步细化丰富完善本部门应用需求知识库。同时，凝练宿主在云的专业功能特征，并扩充至资源特征库。

（3）在性能上，应实现透彻感知、广泛互联、按需服务。整合物联感知的流式数据及其多层次摘要信息作为服务，连同历史与现势地理信息服务，运行在泛在环境，根据用户的需求，如关键字提示、核心词汇表述等，萃析并自动处理，或智能组装应用平台，真正实现按需服务。

四、智慧城市领域评价标准工作进展情况

（一）已开展的工作情况

促进智慧城市健康发展部际协调工作组 2014—2015 年工作方案明确规定了国家测绘地理信息局在协调工作组中的工作分工，是指导各地区推进城市时空信息云平台建设与应用，研究制定城市统一的地理空间框架建设和应用评价指标体系，组织相关机构开展年度评价工作，发布年度评价情况。

国家测绘地理信息局积极落实工作部署，于 2015 年 2 月成立了《智慧城市时空信息云平台建设评价指标体系》（以下简称云平台评价指标体系）协调组和编写组，全面开展《智慧城市时空信息云平台建设评价指标体系》的编写工作。经过多次征求意见并进行内容修改后，正式印发《智慧城市时空信息云平台建设评价指标体系（2015 年版）》，用于指导各智慧城市时空信息云平台试点的建设评价工作。

2015 年 12 月，国家测绘地理信息局国土司印发《关于开展智慧城市时空信息云平台建设情况自评价的通知》（测国土函〔2015〕75 号），要求各有关智慧城市试点建设单位做好自评价工作。

（二）指标体系划定

为了确保云平台评价指标体系编写工作顺利开展，在编写组研讨会上，与会专家提出了该体系编写的三个出发点：一是要与国家发展改革委等八部委要求以及国家标准化管理委员会发布的《智慧城市评价指标体系总体框架》保持一致；二是

要与国家测绘地理信息局组织编写的《智慧城市时空信息云平台建设技术大纲》保持一致；三是要在充分听取各方面意见的基础上制定。

在上述三个出发点的基础上，编写组根据《智慧城市评价指标体系总体框架》要求，充分考虑智慧城市时空信息云平台的特点，确定了云平台评价指标体系的总体框架，包括7个一级指标和57个二级指标。

其中，7个一级指标包括信息资源、管理服务、云环境、应用效果、信息安全、机制保障和创新特色。在国家标准化管理委员会发布的《智慧城市评价指标体系总体框架》中，设立了9个一级指标，分别为信息资源、网络安全、创新能力、机制保障、基础设施、公共服务、社会管理、生态宜居和产业体系。

根据智慧城市时空信息云平台建设的特征，在国家标准委发布的9个一级指标中，公共服务、社会管理、生态宜居和产业体系是几大应用领域，而测绘地理信息开展的智慧城市时空信息云平台建设属于间接发挥作用，故在云平台评价指标体系中，将这4个一级指标删除。剩余的5个一级指标中，除保留信息资源、机制保障以外，为突出测绘地理信息数据所具有的安全性特点，将网络安全调整为信息安全，为强调智慧城市时空信息云平台建设开展城市的地方特色，将创新能力调整为创新特色；为提高时空信息云平台建设的针对性，将基础设施直接确定为云环境，同时将机制保障的内容直接定位到时空信息云平台，以避免与其他部门制定的分领域评价指标体系出现较大雷同。

除了采纳并修正了国家标准委发布的5个一级指标，考虑到测绘地理信息部门开展的平台建设具有基础性特点，在云平台评价指标体系的制定中，特别拓展了云平台本身的管理服务，以及其他部门对云平台的应用效果2个一级指标。至此，云平台评价指标体系总体框架中的7个一级指标全部确定。

根据7个一级指标各自所具有的含义，云平台评价指标体系细化了57个二级指标，规定了每个二级指标的指标释义、指标属性、数据来源和指标权重。其中，指标属性分为核心指标和扩展指标，核心指标主要强调智慧城市时空信息云平台建设过程中的智能和自主特性，扩展指标则更多强调平台建设的基础性，或者是后续开展的探索性工作。在进行指标权重划分时，一方面倾向于突出智能感知、自动解译、引擎等体现智慧特点的指标，另一方面更加关注自主国产化产品的采用。因此，在进行实际评价时，分值越高说明智能化程度和技术国产化水平越高，分值低也并不说明原来的数据基础、信息化基础、应用情况相比分值高的城市差，主要是由于每个指标所强调的重点不同。

（三）下一步工作

智慧城市时空信息云平台建设评价指标体系的发布，是为了帮助各建设城市更加合理、客观地评估建设的现实水平与未来方向，引导智慧城市建设不断深化。国家测绘地理信息局已下发通知，将首先针对开展智慧城市时空信息云平台建设的试点城市，参照发布的云平台评价指标体系，开展自评价工作。下一步，将对试点建设自评价情况进行跟踪、统计及分析，并根据自评价工作过程中反馈出的问题，进行指标内容的调整或修改，使云平台评价指标体系更加符合实际建设需要。

国家标准委
智慧城市相关工作情况

一、智慧城市政策文件发布情况

根据《促进智慧城市健康发展部际协调工作制度及2014—2015年工作方案》(发改办高技〔2014〕2652号）要求，结合全国智慧城市标准化实践需求，2014年以来国家标准委组织国内有关机构重点推动了智慧城市标准体系、评价指标体系、关键标准研制，建立了国家智慧城市标准化工作体系，并同步推进智慧城市国际标准化工作，形成了一批标准化工作成果，在智慧城市标准方面取得了重要进展。国家标准委还适时出台了相关政策，推进相关工作。

一是《国家标准委办公室关于成立国家智慧城市标准化协调推进组、总体组和专家咨询组的通知》（标委办公二〔2014〕33号）（2014年2月12日印发，以下简称《通知》）。协调推进组成员包括国家标准化管理委员会、国家发展和改革委员会、科技部、工业和信息化部、公安部、国土资源部、住房和城乡建设部、农业部办公厅；总体组成员单位包括技术委员会、研究院校、企业、联盟与地方四类成员共57家；专家咨询组包括国内智慧城市标准化各技术领域14名专家。组织机构图见图2-1。

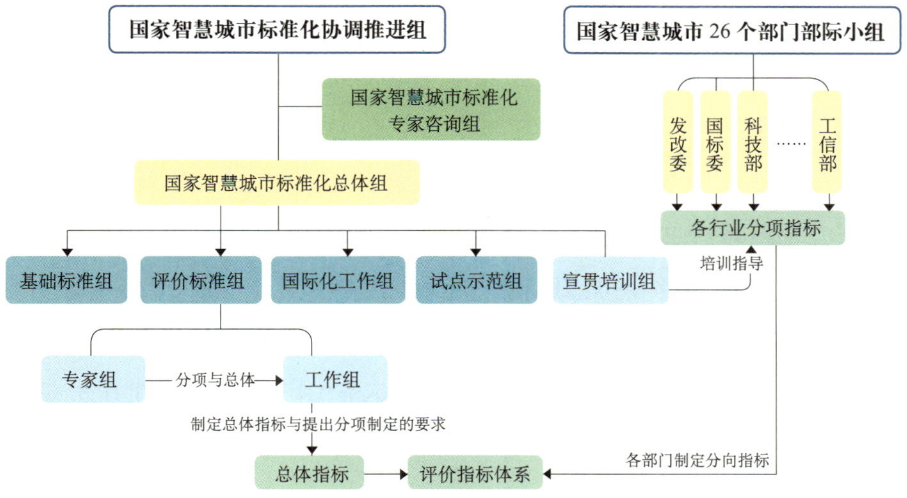

图 2-1　国家智慧城市标准化组织机构图

国家智慧城市标准化协调推进组：依托协调推进组国家标准委、国家发展改革委、科技部、工信部、住建部等相关部委领导专家，统筹规划和协调指导智慧城市领域国际国内标准化工作，研究制定我国智慧城市标准化战略及政策措施，协助处理标准制定、修订和应用实施过程中的重大问题，督促检查智慧城市标准化工作的落实。

国家智慧城市标准化总体组：在协调推进组指导下，负责拟定我国智慧城市标准化战略和推进措施，制定我国智慧城市标准体系框架，协调我国智慧城市相关标准的技术内容和技术归口，指导总体组下设各项目组开展智慧城市国家标准制定、国际标准化和标准应用实施等工作。

国家智慧城市标准化专家咨询组：配合协调推进组，提供智慧城市标准化工作技术方面的咨询，对智慧城市试点工作进行指导，提出智慧城市标准化工作的重大问题建议。

智慧城市国家标准化工作体系最大范围地团结有关力量，与相关部门统筹协调，共同实践、整体推动基础性、共性标准研制与应用，为国家智慧城市科学、有序、可持续发展提供标准化专业支撑和服务。

二是国家标准委、中央网信办、国家发展改革委联合发布《关于开展智慧城市标准体系和评价指标体系建设及应用实施的指导意见》（国标委工二联〔2015〕64 号）（2015 年 10 月 22 日印发，以下简称《意见》）。《意见》提出以统筹规划、分步实施、示范推动、持续改进为基本原则，充分发挥国家智慧城市标准化工作协调机制的作用，集中研究机构、企业和专家的力量，推动智慧城市标准体系和评价指标体系的建设和实施，特别优先支持核心关键急需标准、基础通用标准、重点领域国际标准的研制。同时，鼓励地方积极参与智慧城市国家标准的应用实施、试点、示范工作，并在实施过程中发现问题、解决问题、积累经验，不断改进。《意见》明确到2017年将完成智慧城市总体、支撑技术与平台、基础设施、建设与宜居、管理与服务、产业与经济、安全与保障7个大类20项急需标准的制定工作，到2020年累计完成50项左右的标准。同时，从2015年起至2016年同步开展整体指标及成熟领域分项指标试评价工作，到2018年初步建立我国智慧城市整体评价指标体系，到2020年实现智慧城市评价指标体系的全面实施和应用。《意见》同时提出强化工作机制、加强宣贯培训、加大资金投入、重视人才培养、推进国际交流等措施保障工作任务有效落实。

二、重大工作开展情况

（一）开展智慧城市标准体系建设工作

自国家智慧城市标准化工作组织体系建立以来，我国智慧城市标准化工作在全国范围内稳步推进。国家标准委积极组织北京航工航天大学、工信部电子工业标准化研究院、工信部电信研究院、中国城市科学研究院等标准化总体组成员单位，梳理研究形成了国家智慧城市标准体系，明确了我国智慧城市标准化工作的蓝图和顶层设计。同时，智慧城市标准化总体组协调组织相关专业标准化技术委员会，推进重点基础性、共性等国家标准的立项等任务，以实效为目标，数据及数据安全为我国的重要战略资源，重点研制智慧城市评价、数据融合、数据共享及数据安全标准。

积极与科技部、住建部以及智慧城市联盟等部门和单位沟通、交流，在智慧城市试点地区推动已有国家标准的应用和正在指定的国家标准的试点验证等工作，力争做好智慧城市建设实践中对于互联互通等瓶颈问题的技术支撑和服务。

同时充分利用智慧城市部际协调组的工作机制，结合实际需求，以灵活多样的方式介绍、交流我国智慧城市标准化工作思路与成果，为相关技术领域、产业提供指导和服务，组织研究编写发布《中国智慧城市标准化研究报告（2014）》。

（二）开展智慧城市评价指标体系建设工作

2014年10月，国家发展改革委协调20余个部委组建“促进智慧城市健康发展部际协调工作组”。负责统一协调智慧城市建设过程中跨部门、跨行业的重大问题，加强对各地区智慧城市建设的指导和监督，组织各部门制定统一的智慧城市评价指标体系，协调发布智慧城市年度发展情况，并协调组织开展对外交流合作。

按照部际协调工作组确定的2014—2015年工作方案及国家发展改革委确定的由国家标准委牵头开展智慧城市评价指标体系相关工作。国家标准委组织相关专家和团队，研究提出《智慧城市评价指标体系建设方案》，并于2014年9月在部际协调工作组会议上征求有关各方的意见和建议。按照各部门的意见和建议，国家标准委研究提出了《智慧城市评价指标体系总体框架》及《智慧城市评价指标体系分项制定的总体要求》，并已形成国家标准草案，在较大范围内征求有关部门的意见，目前两份文件已经作为《意见》的附件下发。

《智慧城市评价指标体系总体框架》提出了能力类、成效类等9个一级分类、37个二级分类的指标体系，研究明确了指标体系框架确定的原则方法。《智慧城市评价指标体系分项制定的总体要求》明确了智慧城市分领域评价指标体系确定的原则、指标构成、选取原则与计算方法、编写格式等内容。

（三）开展智慧城市标准研制工作

2014年国家标准委重点推动了“智慧城市技术参考模型”“智慧城市SOA应用指南”“智慧城市评价指标体系”等国家标准的研制，同时推动了20余项国家标准的立项需求调研与技术协调。

按照《促进智慧城市健康发展部际协调工作制度及2014—2015年工作方案》（发改办高技〔2014〕2652号）要求，国家标准委组织研究制定智慧城市评价指标体系，包括评价指标体系总体框架和各领域评价指标体系。2014年10月召开智慧城市评价指标体系总体组会议，开始智慧城市评价体系的研制工作；10月底形成《总体框架（征求意见稿）》和《分项要求（征求意见稿）》；2015年1月8日，召开智慧城市评价指标体系部际协调专家组意见征求会，征求15部委意见共44条；经过修改与讨论，2015年3月形成《总体框架（送审稿）》和《分项要求（送审稿）》；2015年10月22日《总体框架（试行）》和《分项要求（试行）》作为《关于开展智慧城市标准体系和评价指标体系建设及应用实施的指导意见》（国标委工二联〔2015〕64号）由国家标准委、国家发展改革委、中央网信办联合发布。

三、智慧城市相关研究工作

（一）智慧城市标准化研究报告

国家标准委结合智慧城市标准化实际需求组织研究编写发布《中国智慧城市标准化研究报告（2014）》。研究报告综合目前学术界和产业界的主流观点，梳理总结出智慧城市的内涵和外延，特别是智慧城市具备四个特点：一是拥有全面感知和高度互联的互联网、物联网基础设施；二是突破城市中各核心信息系统之间的壁垒，形成全面一致的城市核心数据和知识；三是建立丰富的智慧城市应用，提升效率、激励创新，使市民生活更加幸福；四是促进城市各关键系统和参与者高效协作、和谐发展。研究报告关注国内外智慧城市的概念和发展现状，研究智慧城市建设的技术体系，分析智慧城市标准化工作现状，同时结合智慧城市建设实际需求，提出智慧城市标准体系框架和亟须研制的重点标准建议，为推动我国智慧城市国家标准体系、重点标准制定等工作提供基础，提出工作建议。

研究报告对我国智慧城市标准工作进行总体性、统一性、体系性的规划，为后续开展国家标准项目申报、研制及制定提供参考依据；为统一用户与企业对智慧城市的理解、规范智慧城市产品研发、保障智慧城市工程规划实施和产品选型、增强智慧城市系统间互操作能力、建立我国智慧城市测试验证环境等方面提供重要支撑；将对规划、制定我国智慧城市国家标准、行业标准，参与国际标准等工作提供参考。

（二）质检公益项目《智慧城市基础通用 29 项国家标准研制》

根据我国智慧城市建设快速推进、对标准需求迫切的现状，国家标准委下达科研专项任务《智慧城市基础通用 29 项国家标准研制》。本项目将开展智慧城市标准体系研究及基础标准、通用关键支撑技术、管理和应用标准的研制，重点包括智慧城市评价、信息与服务公共支撑平台、数据融合、安全保障、规划设计、建设管理、市政设施、智慧医疗、社区服务等方面标准，研发智慧城市标准验证、测试及评估等基础配套工具集，促进我国智慧城市标准体系的建设和实施。主要内容包括：

分析智慧城市建设各领域中涉及的总体、技术、管理与服务、产业经济、安全保障、建设宜居、基础设施等领域已有国家、行业标准基础，结合智慧城市建设实践，建立并动态健全国家智慧城市标准体系，明确近期国家智慧城市标准工作部署与具体计划。完成技术参考模型、智慧城市术语、SOA 标准应用指南、评价指标（信息基础设施、信息化应用和服务、建设管理）六项基础国家标准。

开展大数据、云计算安全、信息与服务公共支撑平台等智慧城市关键支撑技术标准研究制定。重点开展数据采集、处理、分析、挖掘、数据质量、数据安全、数据运行等大数据技术和应用的标准需求研究，提出大数据关键标准族，并研制数据质量、数据处理、数据产品和平台、领域知识模型等关键标准；研制云计算安全和智慧城市安全保障标准研制，重点开展数据隔离与管理、身份管理等数据保护方面的关键技术研究，制定云计算安全参考架构、云计算服务安全指南、云计算服务安全能力要求等关键技术标准。开展智慧城市信息与服务公共支撑平台、公共运营中心标准研制，指导和规范各地智慧城市信息与服务公共支撑平台的建设。开展智慧城市市政设施、医疗、社区管理等应用类标准的研制，指导各地智慧城市规划和相关应用的实施。围绕市政设施数据集成平台，重点研究市政设施数据表示和标识规范性问题，促进数据标准化、数据集成、数据共享，以保证平台建设的规范性，促进平台与其他城市管理信息系统的业务协同。开展智慧城市医疗总体框架、移动健康等标准研制，促进智慧医疗的建设，提升医疗管理和服务。研制智慧城市顶层设计指南、多规融合、软件服务预算管理等标准的研制，为智慧城市建设管理提供支撑。

四、智慧城市国际交流合作情况

在国际标准化领域，国家标准委统筹我国智慧城市标准化专家团队积极参与相关国际标准化组织在智慧城市领域的标准化工作，两年来取得了丰硕成果。

IEC/SEG 1 智慧城市系统评估组是 2013 年 2 月由日本、中国和德国联合发起的系统评估组，旨在以系统的角度研究电子电工领域智慧城市标准化的需求，评估建立系统委员会的必要性，其下设三个任务组、五个工作组，分别开展智慧城市术语、参考模型、评价、用例收集和智慧家庭、智慧教育、服务可持续、城市方针等领域的标准化研究工作。我国作为发起国之一，积极主导推动 IEC/SEG 1 的国际标准化工作，承担了该组织联合召集人、五个工作组组长等重要工作。我国重点参与并推进了在最终报告中建议设立“系统委员会”，立足于以系统集成和系统有效性的方式，促进智慧城市电子电工领域的标准化活动，包括标准制定、差距分析、需求分析、与其他标准制定组织合作、统一智慧城市模型等。

ISO/IEC JTC 1/SG 1（智慧城市研究组，以下简称 SG 1）是我国发起并于 2013 年 JTC 1 全会上批准成立的负责智慧城市国际标准化的研究组。鉴于我国专家在智慧城市标准化领域的积极贡献，JTC 1 全会一致同意由中国电子技术标准化研究院专家担任研究组召集人及秘书。SG 1 自成立以来，吸引了来自中国、美国、英国、法国等 11 国专家的积极参与。在国家标准委的积极推动和领导下，SG 1 工作得到了 JTC 1 全体成员国的认可并成功转型为 JTC 1 工作组，并由中国继续担任召集人和秘书。同时国家标准委还基于国内现有智慧城市标准化工作成果，牵头组织专家向 JTC 1 提交两项新国际标准立项建议《智慧城市技术参考模型》和《智慧城市 ICT 评价指标》。目前上述两项新国际标准立项建议已经处于投票阶段。下一步，国家标准委将积极推动以上两项新国际标准立项建议获得投票通过，并积极组织国内专家参与标准的编写工作，向世界更多地贡献我国的工作成果，进一步巩固我国在智慧城市标准化领域的领导地位。

ISO/TMB/AG SmC 智慧城市咨询组，是 ISO 成立的关于智慧城市国际标准化战略、规划、协调、研究的工作组。国家标准委积极组织国内专家参与 ISO/TMB 活动，牵头国内专家研究并参与智慧城市咨询组面向 ISO 成员国发起的智慧城市调查问卷的设计与回答，与相关国家共同探讨不同组织间智慧城市标准化活动的协调一致，研究智慧城市标准推进协调机制，我国将号召国际三大标准化组织联合制定智慧城市基础通用类的标准。

ISO/TC 268 SC 1 智慧城市基础设施分技术委员会，成立于 2012 年，我国为副主席国。参与 SC 1 的中国专家组向 TC 268 SC 1 提出的《中国可持续发展的城镇化与智慧城市》理论提案和《国家智慧城市示范工程（2012—2015 中国）》项目提案将被列入到 ISOTR37510 技术报告中。以中国提案中提及智慧城市是通过信息化等现代科技手段促进城镇化可持续、健康发展，为下一步在 ISO 层面研究与制定相关标准中，加大发展中国家在智慧城市建设中城市建设与智慧系统建设相互结合的基本理念的话语权。

ITU-T/FGSSC 智慧可持续城市焦点组的工作，我国专家承担副主席职务，该组织完成智慧城市可持续系列技术报告，重点针对智慧水管理、信息通信技术所发挥作用、关键性能指标定义、标准化路线图、初始阶段利益相关者参与智慧可持续城市建设的方式等，为后续研究提供基础。

在主导并推动三大国际标准化组织在智慧城市领域的相关工作的同时，国家标准委还积极推动了中欧、中法、中德、中英等在智慧城市领域的国际标准化交流、沟通与合作。

经过前期的努力工作，我国已基本完成了在国际标准化工作中的重要占位和布局工作。今后，国家标准委将继续坚持统筹协调，集中优势团队和专家资源，保持并巩固我国在智慧城市国际标准化工作中的领导地位。

第三篇

重点领域篇

智慧教育的现状、问题及对策研究

智慧教育是智慧城市公共服务领域的重要组成部分。近年来，智慧教育的理念逐步得到认可，在各级各类教育中均有智慧教育环境建设与应用的实践。然而，如何在智慧城市架构下发展我国的智慧教育，需要整体规划，重点试验，点面结合，稳步推进。

2015 年 5 月 24 日习近平总书记在致国际教育信息化大会的贺信中提出“构建网络化、数字化、个性化、终身化的教育体系，建设‘人人皆学、处处能学、时时可学’的学习型社会”的宏愿，为我国智慧教育发展指明了方向。

一、智慧教育概念及目标

（一）基本概念及内涵

1. 基本概念

智慧教育的概念源于智慧城市。IBM 公司认为，智慧城市的核心内涵是可持续发展、以人为本和价值创造，其中人才的聚集是至关重要的。而智慧教育作为智慧城市最重要的部分之一，其目的就是培养人才。

智慧教育是通过构建技术融合的学习环境，让教师能够施展高成效的教学方法，让学习者能够获得适当的个性化学习服务和发展体验，使其由不能变为可能，由小能变为大能，从而培养具有端正的价值取向、较强的行动能力、较好的思维品质和较高的创造潜能的人才。

2. 智慧教育的内涵与特征

智慧教育是教育信息化发展到融合创新阶段的新形式，具有智能化、公益性的需求。智慧教育不仅是推进教育整体改革的重要发展途径，也是服务型社会发展、“大众创业，万众创新”等诉求下的教育发展新形态。在网络化与地理空间数字化技术应用的基础上，智慧教育进一步应用各种技术，将教育管理信息化、校园数字化、资源数字化等各方面有机地整合为一体。通过物联网和云计算中心，集成教育管理及教育公共服务资源，通过物联化、互联化和智能化方式，让教育的各项功能彼此协调运作，以更透彻的感知、更全面的互联互通、更深入的智能化，实现智慧学习技术高度集成、智慧教育产业高端发展、智慧学习科学高效、教育管理与决策科学的新型教育形态。同时，智慧教育也能促进政府管理创新，提升现代化教育管理水平。随着物联网、云计算、大数据和泛在网络等新信息技术的不断革新以及在教育领域的应用推广，智慧教育被赋予了新的内涵和特征。智慧教育包含了智能学习支持、科学教育管理与决策等方面的内容。《IBM 破译知识教育的密码》一文提出了智慧教育发展的五大路标：一是学生的技术沉浸；二是个性化、多元化的学习路径；三是服务型经济的知识技能；四是系统、文化、资源的全球整合；五是为 21 世纪经济发展起关键作用。

智慧教育环境构建的总体目标是让智慧城市下的每位市民能够拥有个性化和无缝的学习体验。随着智慧城市的建设和发展，市民能够获取开放的学习机会，支持开展个性化学习、按需获取服务，通过技术实现不同学习情境的对接，包括正式学习和非正式学习、个性化学习和社会化学习、物理环境和数字环境，实现数字学习与文化教育的融合，促进无缝学习、终身学习、全方位学习的开展。智慧教育系统与智慧城市其他子系统的信息对接，学习者的知识技能也能和人力资源系统信息中心等相连，促进知识经济型智慧城市的发展。所以，基于智慧城市的智慧教育应包括以下四大特征：情境感知、精准决策；面向人人、个性服务；广泛联通、智慧萌发；丰富体验、无缝学习。

3. 智慧学习环境

智慧学习环境建设是智慧教育实施的基础。智慧学习环境是物理环境与虚拟环境的融合，以教育公共云服务平台和教育物联体系为基础，以大数据采集与分析为核心，实现对教育、学习过程的全程性支持与服务。智慧学习环境具有系统、功能与技术上的各项基本需求。智慧学习环境具备以下基本特征（见图 3-1）。

①位置感知：感知学习者的物理位置；②情境感知：探测学习者的不同场景以及他与谁在什么时间、地点做什么的知识；③社会感知：感知社会关系；④互操作性：不同学习资源、服务和平台的标准之间 ；⑤无缝连接：在任何设备以任何连接，提供持续的服务会话；⑥适应性：根据某时的学习访问、偏好和需求推送学习资源；⑦泛在性：提供直观和透明的方式访问学习材料和服务，在学习者明确表

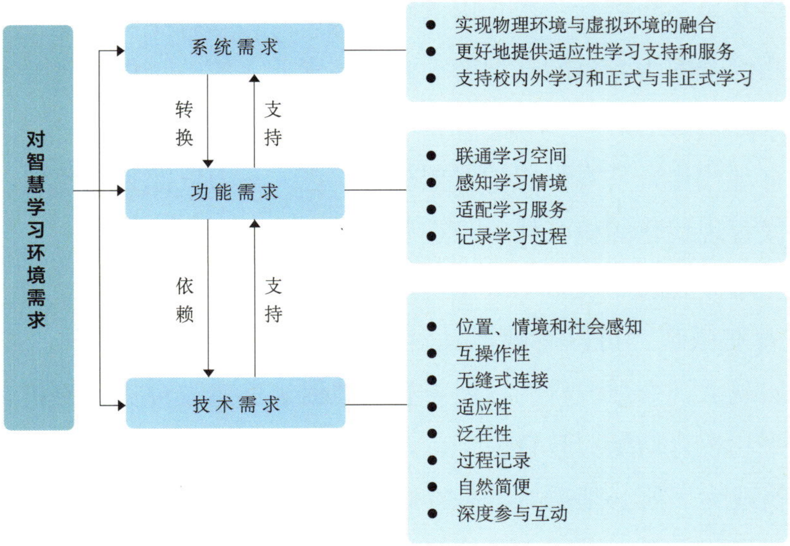

图 3-1 智慧教育环境的需求与特征

达需要之前做出预测；⑧全程记录：记录学习历史数据，便于数据挖掘和深入分析，做出科学合理的评价、建议以及推送相应的服务；⑨自然交互：如自然识别姿势、表情；⑩深度参与：沉浸于技术丰富环境中开展多向互动。

4. 智慧教育与智慧城市的关系

“智慧城市”的概念，最早起源于 IBM 公司提出的“智慧星球”（Smart Planet）概念。智慧城市是移动物联网、云计算、大数据等信息技术催生下的现代城市发展理念。城市中的交通、水、能源、建筑、行政、医疗和教育等方面都被纳入了互联互通的整体系统中，城市的管理变得更加智慧、高效与可持续。城市智能化发展包括城市建设、城市信息基础设施、城市产业发展、城市管理与服务、城市人力资源等方面。智能教育属于智能服务的重要组成部分，智慧城市的基础性工作是智慧教育发展的前提，智慧教育与智慧城市的各个部分，尤其是培训体系、社区教育、就业服务、公共文化等，都有紧密的联系。

（二）发展目标

智慧教育是智慧城市重要的组成部分，也是素质教育在信息时代、知识时代和数字时代的深化与提升，是培养面向 21 世纪创新型人才、智慧型人才、实践型人才的内在需求。智慧教育的发展不仅需要以教育的整体推进为根本价值导向，同时需要产业发展的大力支撑。

1. 全面推进教育现代化

智慧教育在我国的基本诉求就是实现教育现代化。教育现代化，是教育内容、方法与手段以及校舍与设备，逐步提高到现代世界的先进水平，培养出适应参与国际经济竞争和综合国力竞争的新型劳动者和高素质人才的过程。《国家中长期教育改革和发展规划纲要（2010—2020年）》明确指出教育的战略目标是：到2020年，基本实现教育现代化，基本形成学习型社会，进入人力资源强国行列。智慧教育的发展是实现教育现代化的核心任务与重要抓手。

2. 实现学习个性化，促进更深层次的教育公平与教育均衡

智慧教育在微观上可以有效地针对每个学生的特性展开教学，实现学习过程的个性化。宏观上，智慧教育的发展将有效地促进优质教育资源的共享，促进高层次的教育公平和教育均衡。教育公平，是社会主义制度下教育公益性、普惠性的必然要求，是执政为民所必须秉持的基本政策内涵。国家主席习近平在青岛举办的首届国际教育信息化大会上就提出了“坚持不懈推进教育信息化，努力以信息化为手段扩大优质教育资源覆盖面”“通过教育信息化，逐步缩小区域、城乡数字差距，大力促进教育公平，让亿万孩子同在蓝天下共享优质教育、通过知识改变命运”。我国目前存在严重的城乡、区域教育发展不平衡。通过智慧教育的发展扩大优质教育资源覆盖面的有效机制，充分利用信息化教育的手段逐步缩小区域、城乡、校际差距。进一步缩小两种数字鸿沟，满足全省进一步提升教育公平的需求。

3. 推进教育事业的科学治理与决策

智慧教育的根本诉求是教育事业的科学治理与决策。通过教育数据全面采集与综合应用推进教育治理体系和治理能力现代化，根据教育发展的自身规律和教育现代化的基本要求，以构建政府、学校、社会新型关系为核心，以推进管办评分离为基本要求，以转变政府职能为突破口，建立系统完备、科学规范、运行有效的制度体系，形成政府宏观管理、学校自主办学、社会广泛参与的格局。由此形成现代教育治理体系，不断提升现代教育治理能力。

二、智慧教育发展现状

（一）国际发展现状

1. 智慧教育发展成为各国智慧城市发展的核心问题——国家级项目引领整体发展

随着技术的发展，智慧教育已经成为智慧城市的基础。目前，已有不少国家推出了智慧教育相关计划，如美国、西班牙、澳大利亚、韩国、新加坡、印度、马

来西亚和中国等。

（1）美国。IBM 最早在 2008 年提出了智慧城市和智慧教育的概念，并开展了一系列工作。2011 年，IBM 推出了 P-TECH（Pathways in Technology Early College High School）模型，已经被超过 40 所学校采用。这个六年的项目涵盖了普通的四年高中文凭和两年大专文凭。同时，IBM 和纽约市教育部门合作开展项目，为学生在科学、技术和工程等领域开展职业准备方面的培训。项目通过带薪实习来训练学生的职业技能，并配备行业内的导师进行指导，帮助学生获得实际经验。美国波特兰州立大学创新挑战项目，将学生引入科学世界中定位、分析和解决问题。项目对所有波特兰高中生开放，并且为他们从大学分配导师，来帮助识别、分析和解决实际问题。参与项目的学生到实际现场收集数据和信息，并用它们分析得到结果，然后在评判小组前进行展示。通过为现实问题制定实际的解决方案，学生知道如何在科学分析中开展学习。

（2）西班牙。西班牙巴塞罗那是领先的智慧城市，已经成立了智慧城市商业研究所(Smart City Business Institute, SCBI)。智慧教育作为智慧城市的重要组成部分，研究所计划与市政府 IT 部门一起在小学到高中通过“智慧教育”项目来介绍智慧城市的概念。目前通过“Onda”项目，智慧城市的概念已经率先介绍给了小学生。

（3）澳大利亚。澳大利亚推出的智慧教育计划，由 IBM 公司牵头规划，主要包括利用互动课程与学习资源、项目来吸引学生对科学和在线学习的兴趣；允许教师和管理者运用更智慧的系统管理、内容分享、开发工具和教育共同体；通过创造新的多学科条件，并通过实践经验改善问题解决和文化感知来发展高价值技能。

（4）新加坡。新加坡于 2006 年 6 月推出了“教育优势项目”（EdVantage），其目标是建设一个延伸至课堂以外的、以学习者为中心的、交互式的学习环境。该项目为所有学生提供接入课本、课程和学习项目的个性化资讯通信设备，并促成网络化学习应用工具和内容的开发，以实现“没有墙壁的课堂”的梦想。

（5）韩国。韩国教育科学技术部和国家信息化战略委员会在 2011 年 6 月颁布了“智慧教育推荐战略”的国家教育政策，计划在 2015 年在国内全面实施。其中推进战略包括：开发并采用数字课本；推进在线课堂与评估；加强教师能力建设；教育云基架与平台开发。

（6）印度。印度“技能印度”（Skill India）项目计划到 2020 年为 5 亿印度年轻人提供培训和技能发展。印度政府设计了新的教育政策为社会各阶层最大限度地提供易获取的更好的教育。预计印度的在线教育市场将在 2017 年达到 400 亿美金。

K-12 在线教育学习的需求和技术的进步都将支持智慧教育。

2. 以学习科学为代表的研究重塑教育—学习基本理念

教育的理论体系与实践都在发生改变。目前以学习科学为代表的研究正在重塑教育—学习的基本理论体系。学习科学（Learning Science）主要研究如何支持和促进人在整个生命历程中的学习活动，通过教学的、技术的和社会政策方面的创新来促进教育的改善。

学习科学是在反思认知科学等学科关于学习方法的研究方法和观点的基础上新近兴起的一门科学。“学习科学”一词 20 世纪 80 年代由西方学者提出，是站在认知科学的肩膀上发展起来的新兴学科，是认知科学的一部分。学习科学在 20 世纪 90 年代后开始走向成熟，开始作为一个独立的学科领域脱颖而出，至 21 世纪，这一新兴学科已经开始影响课堂教学、校外教育、学习产品设计、学习组织设计、教师教育、职业培训等一系列诸多方面的变革与创新。

3. 智慧教育评测逐渐成为教育的核心问题

自适应学习技术是智慧教育评测的关键技术之一。在 2015 年地平线报告 K-12 版和高校版中均有指出，自适应学习技术是软件和在线平台，能够调节学生的学习需求。它包括两个层次：第一层次是平台处理个体用户数据并据此调整教学材料；第二层次是利用聚合大样本的用户数据来调整课程的设计和适应性。 具体见图 3-2。

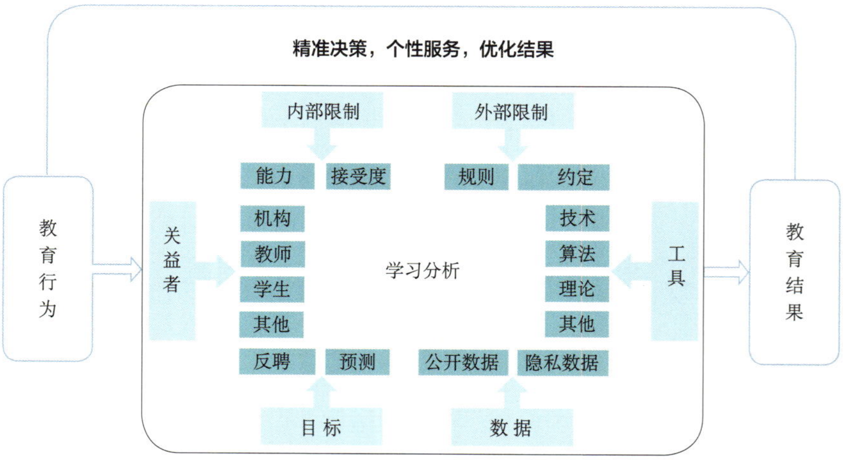

图 3-2　学习分析框架

其中，ALEKS 就是典型的在线辅导和评测软件之一。不同于一般的教育软件，ALEKS 基于知识空间理论通过人工智能引擎来单独和持续地评价每个学生。

其中，人工智能引擎能够映射每个学生的知识细节。不同于通过成绩来测试学生，ALEKS知道在每个时刻的每个主题，学生是否已经掌握；如果没有掌握，系统也能知道学生在那个时刻是否愿意去学。通过持续地为学生提供选择当时准备学习的主题，使用这个知识让学习更有效率。这样也能帮助构建学生的信心和学习动力。ALEKS避免了多项选择题，而是提供了模拟纸笔的使用灵活的答案输入工具。当学生登陆ALEKS接受测试（约45分钟），系统通过20—30个问题就能够测试出学生当前的课程知识。并且通过自适应智能引擎，所有问题都是基于之前问题的答案来选择的，问题都不可预测或被要求。因此，每个学生的测试问题都是独一无二的。

4. 物联网、大数据和学习分析、云计算、灵境技术等为智慧教育提供技术支持

智慧教育的基础是各类技术的有效支持。从智慧教育的诉求来看，可以把相关的技术分成以下类型（见图3-3）。

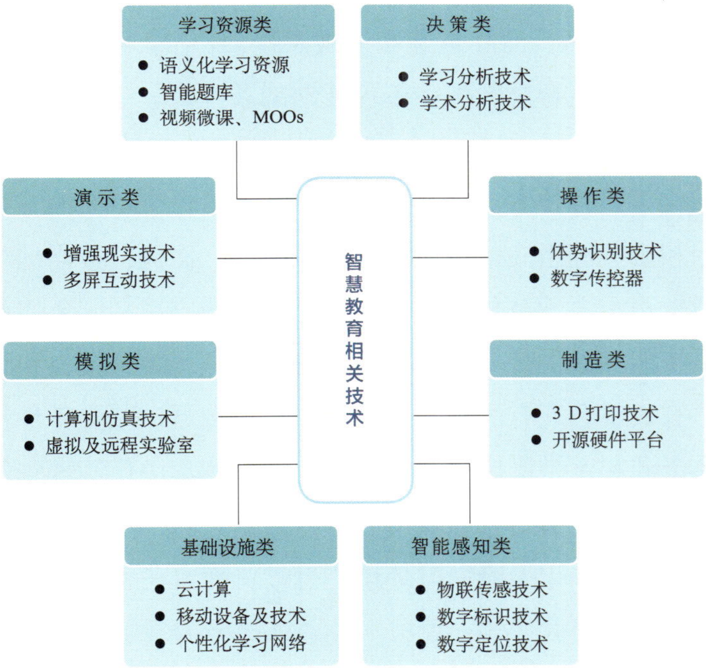

图3-3 智慧教育的技术分类

（1）物联网。基于智慧城市的智慧教育，不仅要实现教育系统内的数据联通，也要实现教育系统与智慧城市其他子系统之间的互联互通，才能真正实现无缝学习环境的构建。而物联网技术已经改变我们的生活和学习。通过物联网技术，学生能够接触到课外的资源，学习变得更加真实、具有情境性。学生能够在课堂上使用智

能设备作为学习工具来更快获取信息加速学习。在户外，通过传感器技术，学生也能够使用智能设备开展情境学习。并且移动设备的普及也能让教育机构收集数据来分析学习者的行为和活动。通过学习分析等技术，这些数据将针对个人需求、学习风格和愿望等方面实现个性化学习。

（2）大数据与学习分析。智慧教育系统数据库不仅包含了教育数据，也包含了与智慧城市其他子系统交互产生的数据，当这些教育数据量规模巨大到无法通过常规获取、管理、处理和整理时，就形成了教育大数据。目前，应用在教育大数据领域中比较多的是学习分析（Learning Analytics）技术。学习分析使用智能数据、学习者数据以及分析模型来发现信息和社会性联系，并以此为依据进行学习预测和提供建议。在智慧教育中使用学习分析技术，围绕教育大数据，运用数据收集和分析工具，对学习者的学习参与、表现和过程等相关数据进行研究分析，通过面向学生个人的学习分析“仪表盘”等数据可视化的形式将分析结果实时呈现反馈给学校和教师等，使他们能够根据不同学习者的能力水平和实际需求，提供合适的、个性化的教育服务，实现按需分配资源、创建和提供课程、评估学习和教学支持学生。所以，基于大数据的学习分析是智慧教育中不可或缺的条件。

（3）云计算与软件定义一切。云计算是面向服务的架构（SOA）、分布式计算、网格计算和虚拟化等多种技术混合演进的结果。它是一个巨大的虚拟化资源池，由硬件、开发平台和服务等组成，用户能够随时随地、便捷、按需地从资源池中获取所需资源。智慧教育需要规范化、统一化和标准化的应用和服务体系，而基于云计算的智慧教育系统能够提供统一门户、统一身份认证、统一接口和统一数据中心等基础支持服务，有效整合现有的软硬件资源和信息数据，减少各种资源的限制，如计算资源、存储资源和宽带资源等，实现教育业务的集中化管理和信息资源的按需分配。这些资源和数据能够与智慧城市云上的数据联通，支持为市民提供全面多元的个性化服务，创造智能化无缝学习环境。目前，教育云主要有公有云、私有云、社区云和混合云等部署模式。

随着智能终端移动化和多样化的出现，学习者已经不只持有一台移动终端，如电子书包、电脑、手机等，智慧教育鼓励学习者自己携带设备进行学习。但是面对终端的多样化，如何实现对硬件终端的统一化和自动化的管理，也是智慧教育需要解决的问题。软件定义一切（Software Defined Anything，SDx）的本质是通过软件管理硬件，实现开放化、标准化和自动化，而这些特性将帮助解决硬件终端分布式管理的问题，通过软件管理学习终端，实现其虚拟化和自动化管理，满足学习者不同需求的个性化定制功能。

（4）灵境技术与游戏化。智慧教育的核心是构建无缝的学习环境，实现物理环境与虚拟环境的对接，需要借助虚拟现实、增强现实、游戏化等技术来支撑和增强用户体验。虚拟现实技术利用电脑模拟产生三维空间的虚拟世界，能够为学习者提供视觉、听觉、触觉等感官的模拟和虚拟体验，克服时间、空间上的限制和障碍。增强现实技术是在虚拟现实的基础上，利用计算机生成的虚拟物体、场景等信息叠加到真实场景中，增强使用者对现实世界的感知。无论是虚拟现实还是增强现实技术，其目的都是将真实物理世界与虚拟世界“无缝”整合，结合游戏化技术，能够在很大程度上改变学习方式，增强学习者的沉浸感和趣味感，提高并激发他们创造、拓展和合作的能力，从而为用户提供丰富的学习体验。随着虚拟现实可穿戴技术的应用和发展，智慧教育不仅能够支持学习者开展入境学习和群智学习，同时在与其他人的互动过程中，结合大数据技术，将更加智能地按需为学习者提供个性化服务。

5. 智慧教育产业蓬勃发展

近年来，智慧教育产业得到了蓬勃发展，主要包括以内容为核心的 MOOCs、以平台为核心的学习管理系统、以评估为核心的创新学习支持系统等。

2008 年，MOOC（Massive Open Online Course）这一概念首次出现；2012 年，Coursera、Udacity 和 edX 三大在线教育平台出现；迅速在全世界范围内刮起了 MOOC 风潮，给传统高等教育带来了巨大的震撼。MOOC 的主要特点是大规模、在线和开放，意味着不仅全球范围内优质学习资源能够共享，不同国家的不同人群也都有机会在网络接受等同高等教育学历的教学。

2013 年 5 月，清华大学、北京大学相继宣布加盟 edX。清华大学于同年 10 月上线在线教育平台——“学堂在线”；北京大学同时与 edX 和 Coursera 签订了合作协议。同年 10 月，海峡两岸五所交通大学共同推出“育网开放教育平台”(ewant)；2015 年 4 月上海交通大学上线中文慕课平台“好大学在线”。越来越多的高校或高校联盟加入了在线教育的阵营。

6. 构建面向未来的智慧学习生态系统

2015 年 12 月 10 日，美国教育部公布了名为《为未来而准备的学习——重塑技术在教育中的作用》的 2016 年国家教育技术计划（NETP）。2016 年美国教育技术计划在学习、教学、领导力、评价和基础设施五个领域，提出 21 条建议指导教育技术应用，以确保所有年龄段的学生都能拥有个性化成长和成功的机会，进而保持美国在全球经济中的竞争力。它描述了如何“利用公平、积极的技术应用，以及协作的领导力来实现随时随地的学习”。

从整体上来看，目前全球正在形成以学习为中心的整体支持框架，通过政策、资源投入、基础设施的建设构建一个完整的生态链。

（二）国内发展现状

近年来，我国有不少城市推出了“智慧教育”发展战略，如北京、上海、广州和宁波等。其中，北京在2012年3月推出了《智慧北京行动纲要》，计划到2015年实现从“数字北京”向“智慧北京”的全面跃升。2012年至今，北京市已有海淀、朝阳、大兴等多个城区提出了“智慧教育”建设规划，如《海淀区智慧教育中长期发展规划（2014—2020年）》等。上海在2011年也发布了《上海市推进智慧城市建设2011—2013行动计划》，其中提到数字教育工程，里面提出了推动上海数字教育工程建设的具体实施要求；在2013年发布的《上海推进大数据研究与发展三年行动计划（2013—2015年）》指出：“在终身教育领域，将针对全民学习、终身教育的需求，建设教育大数据服务平台。”广州和宁波等地也分别于2013年和2011年提出了智慧教育发展战略。其中，国家智慧教育产业技术创新战略联盟在宁波正式成立，这是在国家科技部相关部门直接指导和具体培育下，在浙江省成立的首个国家级产业联盟。

1. 网络及硬件基础环境基本形成，夯实智慧教育基础

近几年来，我国教育体系内部通过“三通两平台”等项目建设，教育网络及硬件基础环境基本形成。2012年9月5日时任国务委员刘延东在全国教育信息化工作电视电话会议上提出，“十二五”期间，要以建设好“三通两平台”为抓手，也就是“宽带网络校校通、优质资源班班通、网络学习空间人人通”，建设教育资源公共服务平台和教育管理公共服务平台。截至2015年9月底，全国中小学（除教学点外）中，85%的学校实现网络接入，三年时间的接入量超过了过去多年累计接入量的2倍，城市学校基本实现互联网全覆盖，81%的农村学校实现互联网接入；全国师生网络学习空间开通数量从2012年的60万个到2013年的600万个，再到2014年的3600万个；2012年底上线运行的国家教育资源公共服务平台，实现与18个省级、8个市县级平台互联互通和资源共享，2014年总页面访问数近10亿次、访问用户5400多万人次、总资源下载数3000多万次，国家教育资源云服务体系初步形成；全国中小学生学籍信息管理系统在教育管理信息化大规模应用中率先取得重大突破，实现1.77亿学生信息入库。通过几年来的发展，全国教育系统基本建立了网络及硬件基础环境，为智慧教育的发展奠定了良好基础。

2．学校教育应用走向融合，数据体系开始形成

“十二五”期间，各省（区市）先后建成了基础教育资源公共服务平台、省级数据中心，这些重点建设的教育信息化应用系统已部署应用，并初显成效。基础教育资源公共服务平台为一线教师和学生了提供“人人通空间”、教学工具、优质资源共享、教师学苑等服务，提供了优质资源“人人通”和教师研修的基本平台。省级数据中心的建立，不仅能够实现管理系统为教育教学服务，管理公共服务平台数据为资源公共服务平台的应用服务。很多省市建立了统一的教育管理数据平台。通过统一的教育管理数据监测平台，实现了对所有业务系统数据进行监测，并在统一的门户进行展示。动态提取各种数据，生成教育行政部门所需的各种统计报表。最后，系统通过学生、教师和学校三个维度，以可视化、直观的形式展示统计信息。另外在教学、管理等方面，各种教育软件系统得到充分应用，都有力地促进了教育教学与信息化的整合，有效提升了教学质量和教育管理效率，为教育信息化的建设和应用注入了新的发展动力。数据体系的逐步形成为后续的智能化发展提供了基本的数据保障。

3. 基于信息化的教育管理从零星应用走向整合，现代化教育治理水平提升

通过几年的发展，特别是教育管理公共服务平台的建设，教育管理从零星应用走向全面整理。“教育管理公共服务平台”的首要目标是为教育管理公共服务提供准确的数据。平台建设的基本构思是“两级建设，五级应用”，通过应用系统收集和汇总数据。2013、2014 年两年的主要任务，是实现学生、教师、学校办学条件三个系列的数据通过应用系统完整地建立国家数据库。“两级建设”，就是建设中央和省两级教育管理数据中心。“五级应用”就是由教育部统一组织开发中央、省、地（市）、县、学校五级应用系统，部署在中央和省两级数据中心，各省通过省级数据中心为所属地（市）、县、学校提供应用服务。通过统一开发的应用系统形成动态、准确的数据，为国家教育决策提供支持服务，为地方应用提供服务。

4. 智慧教育投入增加，智慧教育产业初步发展

智慧教育将推动整个产业价值提升，2020 年将超万亿产值。教育信息化可观的投资收益使智慧教育产业呈井喷式增长，随着教育投入的逐步增加，教育信息化的发展更是得到了国家巨大的财力支持。目前在资源建设、平台服务、特色教育应用等方面，各个公司都完成了产品部署。产业体系基本形成。据统计，2012 年我国财政教育支出 2.2 万亿，占 GDP 首次超过 4%，教育信息化经费列支教育经费的 10%。产业发展得到有力的支撑。智慧教育产业得到资本市场的支持。弘成教育集

团、学而思、全通教育等企业完成上市。K12 教育领域的各大在线教育网站，如新东方、猿题库、梯子网、365 好老师等网站；有致力于消除家长与学校沟通壁垒的各类 APP，如蜻蜓校信、天天上、校内外、翼校通等；有致力于为智慧教育提供从硬件设施到软件配套的解决方案的网站，如中国硅谷在线；有致力于将教育行业电商化的电商网站，如淘宝的淘宝大学、腾讯的微讲堂等。

三、主要问题

（一）整体规划与发展路径不清晰

智慧教育建设现状：一是以硬件建设为信息化起点；二是以各项应用为教育解决实践问题；三是缺乏总体规划与工程设计；四是重复建设“信息孤岛”。另外，智慧教育是一种具有区域特征的实践。但是从目前来看，各区域对自身的特色把握不清晰，智慧教育的发展路径没有很好的抓手与突破点。多数政府学校存在盲目跟风和模仿的现象。

（二）城市及区域性智慧教育整体框架缺失

通过几年的发展，虽然各个城市及地区都在构建整体的智慧教育体系，但从实践角度来看，整体性的技术框架和应用逻辑还存在很大的不确定性。对基本的硬件设施、数据规范、应用场景等各方面的考虑还没有完整的逻辑框架。

多年来，中小学信息化建设基本上是各自为战，物理网络相互独立，应用层面互不相通，存在大量低水平重复建设现象。学校信息技术管理人员的水平也难以适应信息化发展要求。通过研究需要提炼出一批最具公共性的教育信息服务功能，从国家和省市层面建设公共服务平台；利用企业力量发展教育网专业化运营，逐步形成服务标准；制定有利于公共服务体系发展的优惠政策。

（三）基础体系尚不完善，资金投入结构有待改善

从目前教育信息化发展来看，基础设施建设还有待提升，物联网络、教育资源云、大数据应用平台、决策支持系统等更处在建设初期。

教育信息化的投资总量和投资结构，是制约经费使用效率的两个关键因素。在总体资金有限的情况下，不合理的投资成本结构将使教育信息化效率低下，不利于信息化整体效益的发挥，更不利于教育信息化的可持续发展。智慧教育目前的投入主要还是硬件建设，占比超过 70%。对软件、应用、后续服务的资金投入严重不足。

（四）关键技术与关键应用有待重点研发

智慧教育是基于技术的应用体系，存在大量的技术问题需要解决。这些技术包括：智慧教育数据建模、基于数据的学习者过程性评价、基于多种交互手段的教学模式、智慧教育的物联网建设及其数据采集、智慧教育的学习支持平台研发、基于证据的教育决策支持系统研发等各个方面。信息化企业还停留在较低水平的重复建设方面，存在“追热点、低创新”的问题。解决领域核心问题的关键技术研究投入不足，整体技术水平有待提高。

（五）技术规范及标准欠缺

智慧教育涉及硬件、软件等各类体系，各系统的有效数据交换和整合是成功的必要基础。但从目前来看，智慧教育还没有形成完整的技术规范与标准体系。主要表现在基本框架、信息模型、硬件基础设施标准规范、基础数据规范、智慧教育数据交换规范等方面。

四、智慧教育发展建议

（一）构建智慧教育发展宏观框架与发展路径

智慧教育是一项系统工程，整体的规划必须进行顶层设计，才能够得到有效、可持续的发展。通过认真的调研分析教育信息化基础、建设智慧教育所具备的条件、存在的主要问题，综合考虑自身发展地位、地区优势制定发展战略、长期规划，研究制定各项政策措施，增强系统部署智慧教育建设。建立综合协调各方业务内容并实现资源共享的智慧教育建设领导机制。建立推进智慧教育建设领导小组，协调推进各项重点工作。职责分工，负责相关领域任务的细化和落实。建立科学的强有力的组织领导机制、咨询决策机制。

（二）明确职责、实现制度创新

建立政策扶持机制，制定规范的职责分配、资金注入体系，明确各部门职能、保障各项资金顺利运转，为智慧城市建设保驾护航。编制实施《智慧城市建设专项资金管理办法》，统筹智慧城市建设资金，加大政府投资力度，在财政资金安排上重点在物联网规划、平台建设、应用示范、产业发展、人才培养等方面加大投入，落实重点项目建设和运维资金保障。创新政府扶持资金的有效动态支持机制，建立在投融资、税收、产业发展、本地化服务、知识产权保护等领域的保障扶持政策。

加大对前瞻性、公共性、示范性、协同型、创新型项目的支持力度，选择近期城市发展热点地区进行智慧城市应用示范，形成引领带。进一步优化市场资源配置，创新政府扶持资金支持方式。完善企业主体的多元投融资机制，拓宽企业融资渠道。

（三）全面推进教育大数据规划与治理

大数据是实施智慧教育的核心工作。建立数据采集体系，建立数据应用模型，推广数据使用。

建立完整的数据采集体系。梳理来源：一是在教学活动过程中直接产生的数据如课堂教学、考试测评、网络互动等；二是在管理活动中采集到的数据如学生的家庭信息、学生的健康体检信息、教职工基础信息、学校基本信息、财物信息、设备资产信息等；三是在科学研究与学习活动中采集到的数据；四是在校园生活中产生的数据如餐饮消费、上机上网、复印资料、健身洗浴等记录信息；五是教学活动中产生的各类数据。

构建数据应用模型：根据不同的需要建立数据加工与处理体系。

推广数据使用：在学习者学习、学校管理、科学决策等各个方面全面推进数据的使用。

（四）加强关键技术研发，重点解决核心问题

加强研发，解决学习分析、质量评价、资源共享、学习模式等核心问题。要建设具有情境感知、无缝连接、可视化、智能交互、按需推送、智能管控等核心特征的环境。如建设不同功能的智慧教室、未来教室等；建设基于 RFID、NFC 等无线射频技术或传感技术的智慧型教育装备，构建开放、创新、协作、智能的综合信息服务平台和智能无线网络互联环境，使其能实现各类物体的互联、识别，以及智能化的数据传递服务。形成师生能随时随地全面感知不同的教学资源，获得互动、共享、协作的环境支持，实现教育信息资源的有效采集、分析、应用和服务。要利用计算机技术、网络技术、通信技术等先进的信息化手段和工具，实现从环境（包括设备、教室等）、资源（如图书、讲义、课件等）到活动（包括教、学、管理、服务、办公等）的全部数字化。通过各种信息的数字化，实现信息的共享、数据的汇聚，推进技术与教育服务的融合、人和技术的融合、实体空间和虚拟空间的融合，更好地将人、技术、实践与价值融合在教育活动中，形成一个基于数据的智能服务新形态。将基于网络的信息服务融入学校的各个业务领域，实现各种信息系统贯通融合、互联和协作，信息在不同业务系统中无缝流转。在传统校园的基础上构建一个互联

和信息无缝流通的数字空间，拓展现实校园的时间和空间维度，促进人与人之间关系的变化。

（五）扶持重点企业发展，形成智慧教育产业群

建立政策扶持机制，制定规范的职责分配、资金注入体系，明确各部门职能，保障各项资金顺利运转。编制实施智慧教育建设专项资金管理办法，统筹智慧城市建设资金，加大政府投资力度，在财政资金安排上重点在物联网规划、平台建设、应用示范、产业发展、人才培养等方面加大投入，落实重点项目建设和运维资金保障。创新政府扶持资金的有效动态支持机制，建立在投融资、税收、产业发展、本地化服务、知识产权保护等领域的保障扶持政策。加大对前瞻性、公共性、示范性、协同型、创新型项目的支持力度，进行智慧教育应用示范，形成引领带。进一步优化市场资源配置，创新政府扶持资金支持方式，完善企业主体的多元投融资机制。

（六）建立智慧教育标准及评估体系

智慧城市中的智慧教育应该做到广泛互联互通， 为此必须加强顶层设计，从数字化教育宏系统的视角建立系统架构、确定关键技术、建立相关校准体系。在教育部教育信息化技术标准委员已组织专家开始设计智慧教育标准体系框架，见图3-4。

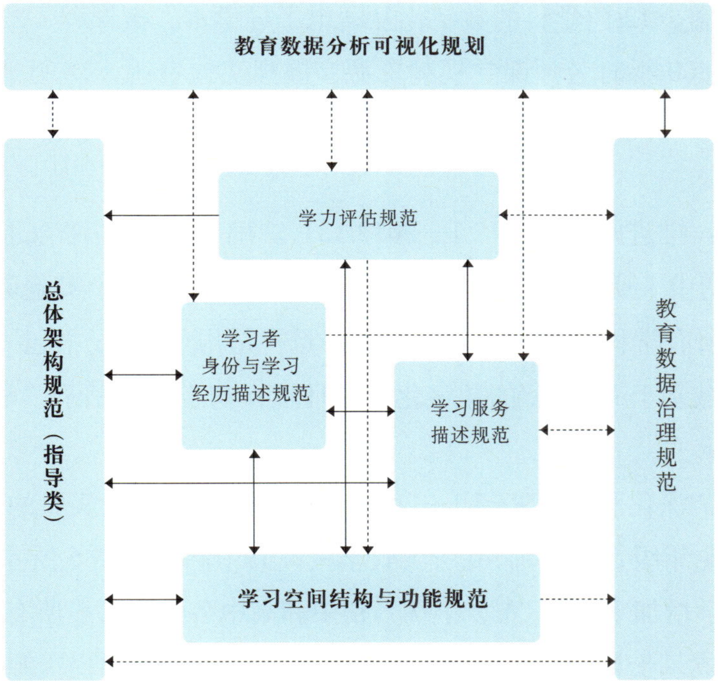

图 3-4　智慧教育标准体系框架

要建立效益评估长效机制。智慧教育涉及多方利益，需要经历多个发展阶段。

为此，可应用多视角的、多阶段的教育信息化评估体系框架，从用户视角、财经视角、运营视角及变革视角对智慧教育的发展阶段进行评估，以此促进智慧教育的持续、稳定发展。

五、典型案例

通过几年的发展，智慧教育取得了令人瞩目的成绩。在区域推进和特色应用方面都有优秀的案例。

（一）闵行区“电子书包”项目

闵行区自2012年3月起启动并实施“电子书包”项目，由原有的40所“电子书包”实验学校增至现有的65所，覆盖小学三四年级、初中六七年级、高中一二年级；实验教师数626人（不包括罗阳小学、梅陇中学、田园外小、江川路小学、龙柏中学等已全覆盖的学校教师数），实验学生数为7630人（实际已经超过8000名）；实验学科从最初的语数英为主要学科已经拓展至所有基础性学科，课程已涵盖所有试点年段试点年级拓展型课程、探究型课程。10126台上网本和平板、230个无线WiFi班级覆盖，12门学科的数字化互动电子导学本、微课程，22万条试题的自适应测评资源800小时名师课堂视频资源、虚拟实验资源，18万册数字图书资源。开展37次区级研讨活动，130次校际共同体活动。其中，闵行区电子书包项目分三期完成。

第一期：推进阶段（2012.1—2012.12）。确定40所左右实验学校，其中高中3所左右，初中7所左右，小学30所左右。每校选择两个实验班进行实验。小学和初中覆盖所有学科，高中覆盖部分学科。选择适用于“电子书包”项目的终端设备，初步构建区域基于Moodle的数字化学习环境，初步构建基于“电子书包”的数字化智慧教学模式。

第二期：深化阶段（2013.1—2013.12）。开展第一期实验的40所学校，将实验面扩展到全年级；再增加40所实验学校，其中高中新增5所左右，初中增加10所左右，小学增加25所左右。小学、初中和高中各学段覆盖所有学科。

基本形成基于Moodle的区域数字化学习环境，各类课程资源基本实现系列化，第一批实验学校的实验班级搬上共享网络平台，形成网络虚拟教室。基本形成基于“电子书包”的多元化的数字化智慧教学模式，“电子书包”实验班的学生学习品质有所提升。

第三期：推广阶段（2014.1—2014.12）。第一期 40 所实验校将实验面基本上扩展到全校，第二期 40 所实验校将实验面扩展为全年级，未参加实验的学校全部开始参与实验。

（二）浙江诸暨教育云项目

教育信息化是教育面向未来的核心竞争力。自 2012 年以来，诸暨市积极探索和打造区域教育云，着力提升教育信息化发展水平，目前已经在 140 多所学校部署了教育云计算，有 9700 多个终端。下面是项目建设的一些大概情况：

建设过程：

1. 测试数据：2012 年 4 月，选择了 8 所学校，并邀请中外 8 位客商进行实地测试、模拟，每周上报测试数据，提供了不少有益的启示和经验。

2. 改造网络：从原先的租用电信共享组网变为完全采用独立裸光缆组网，具备持续、稳定、自主、廉价的升级能力。教育网内网带宽达 80G，出外网带宽达 3.5G。

3. 优化机房：完善电力扩容、空调、防火、服务器、存储、机柜等基础设备配套。

4. 做强计算中心：建构了 4500 多颗 CPU 核组成的计算池，组成高性能的存储池 410TB。

5. 用好虚拟技术：采用“红帽”企业虚拟化（RHEV 3.1）技术，并通过系统管理平台对这些虚拟资源进行管理和分配。

6. 强化运维管理：对虚拟化资源进行统一监控，集中维护管理。设置呼叫服务热线，由值班技术人员解决问题。

7. 实施终端配送：在 145 所学校完成近 9700 台桌面虚拟化终端的配送。

8. 抓实人员培训：专门编发培训操作手册，以确保师生用机的正常使用。

9. 推进实际应用：一是开放计算机教室；二是开通“诸暨教育通”即时通信软件；三是开通诸暨教育云视频；四是推广网络教学联盟。

积极探索和打造区域教育云，成为国际权威的《地平线报告》唯一入选案例，在教育发展中凸显出重要的作用。从目前看，主要已取得以下几方面成效：

1. 节能环保更省钱。按已投用的近万个桌面虚拟化终端运行一年测算：节省电费 400 多万元，节省管理维护人员 10 多人。

2. 网络安全更可控。管理员可限制操作员运行的软件，营造了绿色的网络环境，最大限度地保证了计算机信息安全。

3. 资源推送更精准。利用虚拟化和云计算技术更加有效地进行合理分配、使用和收回资源。

4. 教学应用更深入。通过推进网络环境下的教研活动，强化团队合作，同侪互助。

5. 协作沟通更有效。利用公共云服务为教师和学生提供统一的协作和沟通平台，促进了学校教和学新方式的应用实践。

（三）海淀区智慧教育应用

海淀区教委作为全国首批教育信息化试点单位之一，以“技术推动教育变革”为核心理念，以促进教育公平和优质资源共享为价值追求，以促进区域教育均衡发展为着眼点，进一步深化科教融合，全面推进教育信息化向智慧教育跃进，并通过体制机制创新，逐步形成了具有海淀特色的智慧教育建设推进机制。

2014 年 3 月，海淀区发布《海淀区智慧教育中长期发展规划（2014—2020 年）》（海政发〔2014〕8 号），提出并阐明了海淀区智慧教育“三四五六”的建设框架与建设内容，即建设三类智慧环境、提升为四类人群的智慧服务、建立五个保障体系、实施六大板块工程。

建设三类智慧环境，就是全面建设由教育行政部门管理的智慧云（教研）中心、支持学校教育的智慧校园以及支持终身教育的智慧型学习社区；提升为四类人群的智慧服务，就是全面提升面向学生、教师、家长与管理者四类对象的服务，持续推进智慧学习、智慧管理、智慧教研和智慧服务四大应用；建立五个保障体系，就是全面建立海淀区智慧教育建设的理念保障、组织保障、资金保障、制度保障、标准保障五大保障，为海淀区智慧教育建设保驾护航；实施六大板块工程，就是全面实施包括智慧教育云中心建设、智慧校园建设、智慧型学习社区建设以及智慧教研素质提升、智慧学习应用推进、一体化智能运维等在内的六大板块工程，全面推进海淀区智慧教育建设。

分类、分层审核及优先级排序是海淀区智慧办智慧教育建设项目基本方式，并采取“积极推进一批、规划储备一批、审核审定一批”的策略，稳步推进智慧教育项目建设。2014—2015 年，海淀区智慧办全力推出三大区级统建项目。其中，海淀智慧教育视讯平台开始试点建设并实现幼儿园组、小学组和中学组共计 31 个集会点与 4 个主会场之间点对点会议、组对组会议、划片集中会议、视频电话会议和区域广播等应用；万兆光纤信息高速公路项目，已启动的一期将完成万兆核心环和 4 个汇聚接入环的铺建工作，实现 81 所学校先期接入；无线网络班班通达标工程，一期建设将完成 57 所学校 68 个校区 3122 间教室的无线网络全覆盖。同时，智慧办分学段、分区域部署落实了 12 所智慧校园基础试点建设工作。在智慧教育可持续发展建设工作上，区智慧办在智慧教育科学研究、智慧校园成熟度模型、智慧教育与互联网教育产业融合发展、素养提升、标准建设等方面，不断加大力度。仅 2015 年，区智慧办共开展智慧教育相关培训 120 场次、培训区中小学教师 1850 人次，并成功举办了“海淀区第一届智慧教育工作优秀论文评选活动”，参赛单位 68 家、征集论文 275 篇。

海淀区“智慧教育云中心”和“教育系统公共服务平台”建设工作正扎实有序地向前推进，一个面积覆盖 430 平方千米，拥有 311 所学校、25 万中小学生的海淀智慧教育已初具规模。

（执笔人：祝智庭　吴战杰　余敏华　华东师范大学）

我国智慧网络安全的问题和对策

一、智慧城市网络安全现状

智慧城市是运用物联网、云计算、大数据、空间地理信息集成等新一代信息技术，促进城市在规划、建设、管理和服务过程中发展为智慧型城市。这些新技术、新应用在推动智慧城市发展的同时，也带来了新的网络安全隐患和风险。

（一）智慧城市关键信息基础设施概述

智慧城市运行需要大量的信息基础设施，支撑智慧城市运行的主要有：云计算平台、网络运行平台、大数据平台、智慧类应用平台、数据感知平台及其他物联网平台等。这些关键信息基础设施在运行过程中面临着木马攻击、拒绝式服务攻击、网络劫持、数据泄漏、数据篡改等恶意攻击行为，对智慧城市运行造成重大威胁。因此，智慧城市关键信息基础设施仍然面临多重风险，对相关风险的防护将是未来智慧城市建设过程中的重点工作之一。

(二)智慧城市网络安全面临的主要威胁和挑战

随着智慧城市建设的不断推进，信息网络、重要信息系统和大数据以及公共服务平台等智慧城市关键信息基础设施，面临的安全威胁和自身存在的脆弱性成为智慧城市建设和发展中的突出问题，在当前严峻的网络安全形势下，智慧城市关键信息基础设施安全正面临着前所未有的威胁和挑战。当前，我国网络安全基础不牢，核心技术与产品受制于人，关键信息基础设施法律、政策、机构、人才、队伍等基础保障还有待加强，制约着智慧城市关键信息基础设施安全保护能力。针对智慧城市关键信息基础设施和大数据实施网络攻击、窃密、盗窃等违法犯罪活动日益猖獗，严重威胁智慧城市网络安全，信息网络、重要信息系统和大数据以及公共服务平台等智慧城市关键信息基础设施一旦遭到攻击破坏，将给国家安全、公共安全、社会秩序以及公民、法人和其他组织的合法权益带来严重危害。

同时，在智慧城市建设、管理、运营环节均面临不同程度的威胁和挑战，保障智慧城市网络安全需要强有力的支撑体系、防护体系、管理体系、运营体系，以达到全面防范的目标。建设方面，智慧城市需要不同厂商、不同领域专业技术人员共同参与，架构安全、代码安全、接口安全等都将面临信息泄漏等漏洞。运营方面，智慧城市最大工作量就是在运行维护，时间周期最长，涉及人员较多，在账号权限控制、数据安全、运维安全等环节将面临越权访问、数据泄漏、病毒入侵等系列威胁。管理方面，智慧城市主要面临管理失控、职责不明、权限不细、奖惩措施无效等相关威胁。

(三)智慧城市网络安全建设主要成效

由于智慧城市建设已经上升到国家战略，越来越多的信息安全厂商着手智慧城市网络安全领域的研究和发展，目前，在智慧城市的感知层、终端层、应用层、数据层、系统层、平台层、网络层、物理层均有相关安全产品和服务进行全面覆盖，特别是信息安全先知、感知、可视化安全等领域的出现，使得智慧城市网络安全摆脱了“只能被动防御”的尴尬局面，成为智慧城市建设进程中的闪光点，智慧城市网络安全建设主要有以下几点：

1. 公安机关是智慧城市网络安全保障工作的主力军

按照习近平总书记提出的建设网络强国的战略目标、任务，公安机关坚持“积极防御、主动进攻、严厉打击、依法监管”的总方针，深入开展信息安全等级保护、网络安全风险监测、通报预警、应急处置、安全防范、侦查调查工作，严厉打击网络攻击活动，认真组织“智慧城市”网络安全评价考核和全国综治考核，督促落实各级政府的网络安全责任，坚决维护智慧城市网络安全。

2. 持续完善智慧城市法律法规

智慧城市法律法规是智慧城市建设的先决条件，由住房和城乡建设部起草的《智慧城市信息安全标准》目前已形成草案稿，分别从物理层、网络层、平台层、数据层指导智慧城市安全建设标准，为我国智慧城市网络安全建设指引方向，推进智慧城市建设的标准化、规范化，满足我国未来智慧城市建设要求。

3. 开发针对智慧城市安全产品

智慧城市网络安全对安全技术要求更高、对安全产品要求更专业、对安全防护要求更智能，受智慧城市市场潜力的推动，国内外网络安全产品逐步加大对智慧城市领域的投入，已经涌现出较为优秀的网络安全产品，在智慧城市运行过程中能够从事前先知和预警、事中防护、事后追踪和审计及网络安全全程可视化领域有所突破，并已经在部分省份智慧城市建设过程中投入使用，为智慧城市全面发展保驾护航。

二、智慧城市网络安全管理工作的主要举措

智慧城市网络安全管理工作的主要举措主要体现在政策法规、评价指标体系和标准规范三个方面。

（一）政策法规

为贯彻落实《国家新型城镇化规划（2014—2010）》，按照《国务院关于大力推进信息化发展和切实保障信息安全的若干意见》（国发〔2012〕23 号）、《关于促进智慧城市健康发展的指导意见》（发改高技〔2014〕1770 号）的要求，中央网络安全和信息化领导小组办公室、公安部、国家发展和改革委员会及工业和信息化部四部委联合签发的《关于加强智慧城市网络安全管理工作的若干意见》（中网办发文〔2015〕9 号）（简称“中网办 9 号文”），提出了智慧城市网络安全管理的总体要求、重点工作和保障措施。

其中，重点工作主要包括：①落实安全责任制，加强智慧城市网络安全工作的统筹协调和顶层设计；②全面落实信息安全等级保护制度，严格全流程网络安全管理；③突出重点，加强智慧城市重要信息系统和关键数据资源的安全保障；④加强网络安全监测、通报预警和信息共享，全力提高网络安全风险抵御能力和应急能

力；⑤加强安全监管，全面提升智慧城市网络安全综合防控能力。

（二）评价指标体系

为进一步落实《促进智慧城市健康发展部际协调工作制度及2014—2015年工作方案》（发改办高技〔2014〕2652号）的工作安排，规范和指导智慧城市网络安全建设工作，公安部网络安全保卫局组织相关单位组成编制工作组。着手编制《智慧城市网络安全评价指标体系》。

编制组依据“中网办9号文”的总体要求，以及国家标准化管理委员会发布的《智慧城市评价指标体系总体框架（征求意见稿）》和《智慧城市评价指标体系分项制订的总体要求（征求意见稿）》的具体要求，在充分调研智慧城市网络安全需求的基础上起草了《智慧城市网络安全评价指标体系》，并根据部际协调工作组及专家组评审意见进行了多次修订，目前已经形成工作组草案。

评价指标主要涉及网络安全责任、网络安全管理、系统与数据安全、监测、预警与应急和安全监管与防控五个方面。

（三）标准规范

为强化智慧城市网络安全保障工作，保障智慧城市健康有序发展，公安部网络安全保卫局组织公安部信息安全等级保护评估中心等近40家专业技术机构／单位，针对云计算、移动互联网、物联网、工业控制四个领域的网络安全技术开展研究工作，目前已经形成相关领域的等级保护基本要求草案（国家推荐标准），设计要求和测评要求等配套标准也基本成型；同时，启动了大数据安全相关的研究工作。

1. 信息安全等级保护基本要求——云计算安全扩展要求。该标准针对不同等级的云计算信息系统，包括云计算平台和云租户的应用系统，在《信息系统安全等级保护基本要求》GB/T 22239—2008的基础上提出了扩展安全要求。从系统构成要素看，增加了对虚拟机、虚拟化网络资源、云计算服务接口、镜像和快照以及云服务商等方面的安全要求；从要求内容看，增加了资源隔离、数据流量隔离以及数据存储位置等方面的要求。

2. 信息安全等级保护基本要求——移动互联安全扩展要求。该标准对采用移动互联技术的信息系统，在《信息系统安全等级保护基本要求》GB/T 22239—2008的基础上提出了扩展安全要求。从系统构成要素看，增加了移动终端、移动应用和无线网络方面的安全要求；从要求内容看，增加了无线接入控制、应用管控和移动终端管控等与无线安全相关的要求。

3. 信息安全等级保护基本要求——物联网安全扩展要求。该标准对基于传感器构成的物联网信息系统和基于 RFID 构成的物联网信息系统，在《信息系统安全等级保护基本要求》GB/T 22239—2008 的基础上提出了扩展安全要求。从系统构成要素看，增加了针对传感器节点（含 RFID）和网关节点（含 RFID 读写器）方面的安全要求；从要求内容看，增加了数据源认证、信号防干扰、伪造／非法节点数据过滤以及感知设备环境管理等与物联网安全相关的要求。

4. 信息安全等级保护基本要求——工业控制系统安全扩展要求。该标准对工业控制系统，包括数据采集与监控系统（SCADA）、分布式控制系统（DCS），在《信息系统安全等级保护基本要求》GB/T 22239—2008 的基础上，从企业资源层、过程监控层、现场控制层和现场设备层四个层面提出了扩展安全要求。

三、智慧城市网络安全领域存在的主要问题

（一）重要防护措施缺失，智慧城市面临更多新型威胁和风险

由于互联网、云计算、移动互联网、物联网、大数据等新一代信息与通信技术在智慧城市中的广泛应用，使智慧城市信息系统从孤立向全面的互联互通、数据共享以及物联网方面发展，这些特性决定了智慧城市信息安全的重点将不再仅仅是对数据中心的保护，而是涉及多层次多范围的系统性工程。同时感知技术的应用引入了新的风险点，移动互联网的接入打破了传统的安全边界，大数据的应用增加了风险控制的难度，目前，虽然在智慧城市信息安全防护方面，采用了诸多信息安全的新技术、新架构，但仍面临非常严峻的形势，尤其针对 0day 攻击等相关风险的防护能力略显不足，还不具备抵抗大面积新型风险的能力，而智慧城市信息系统的重要性和极高的信息资产价值却吸引着越来越多的攻击者，如何在智慧城市信息安全的攻防对抗中找到平衡点，是目前我国智慧城市信息安全建设的当务之急。

（二）规划不到位，安全要素未纳入智慧城市顶层设计

“十二五”期间，我国智慧城市的建设虽然取得了突破性进展，但是仍缺乏持续有效的网络安全总体规划和顶层设计。网络安全建设过程中偏重于基础设施建设、技术框架搭建、通信网络布局等方面的前期规划，出现安全问题也是采取“不断救火”的处理方式，没有将网络安全问题纳入信息系统设计的各个环节，缺失网络安全架构底层的安全保障，缺少对网络安全未来发展的整体性、长期性、全局性问题的思考和行动计划。随着我国智慧城市建设的推进，信息服务产品的内容和形

式将更加多元化，网络信息环境将会越来越复杂，网络安全压力也将不断增加，甚至构成对国家安全的直接影响。

（三）协作配合机制有待完善，监管力量不足，管理职责权限不够明确

我国智慧城市组织机构尚不健全，缺乏强有力的组织管理体制，导致我国智慧城市项目缺乏统一规划、统一标准，导致各部门之间各自为政，信息化条块分割现象依然存在，无法满足跨部门、跨行业、跨地区的政务信息共享和业务协同需求，也阻碍了智慧城市为民众服务、惠及民生的根本目的。同时各地在智慧城市项目建设中，没有明确网络安全责任划分，多头组织实施、多重领导，影响了智慧城市信息建设的统一运维和快速应急响应。一些部门没有正确处理智慧城市发展与信息安全保障的关系，仍然抱着“先发展，后治理；先建设，后应急”的思想，智慧城市层次多，信息系统复杂，负责部门跨度大，监管力量严重不足，导致一些地方存在监管职责虚置、安全角色和职责不清等现象。

（四）安全投入不足，各项保障仍滞后于智慧城市安全需求

部分城市部门为响应国家网络安全发展大环境，盲目地推进信息安全项目的建设，缺乏对实际安全需求的调研和后期运营和管理的长效机制的建立，虽然智慧城市整体建设企业投资比超过 80%，但是信息安全建设却过分依赖政府投资，安全产业带动效果不明显，无法从根本上解决安全建设的资金问题，从而导致政府财政压力加大，甚至出现安全项目资金投入链断裂的现象。部分地方经济基础并不雄厚，要建设智慧城市安全保障体系需要投入巨大的人力与财力，没有合适的资金投入机制最终将导致智慧城市安全建设难以为继，不可持续。

（五）宣传指导力度不够，智慧产业分散和政府政策引导缺失

公安机关多年来一直积极推进深化重要信息系统等级保护、信息系统安全测评与检查、监测预警与应急处置等信息安全保障工作，开展了国家云计算服务安全标准应用试点，为智慧城市的深入推进提供了良好的安全保障。由于引导强度、宣传广度、指导深度不够、培训层次单一，无法满足智慧城市网络安全建设需求，导致了智慧城市网络安全工作聚焦不够，防护力度不足，影响智慧城市网络安全工作的持续推进。

（六）人才不足，缺乏信息安全人才培养和挖掘体制

我国智慧城市建设正处于快速膨胀期，却面临着人才紧缺，特别是高层次顶级人才匮乏的瓶颈。我国在信息安全科研人员数量、研究生培养规模、学科建设等方面还稍显薄弱，信息安全人才成为制约我国信息化发展的瓶颈，一是我国缺乏专

业的信息安全人才培养机制，开设信息安全专业的高校数量有限且缺乏专业的信息安全培训讲师。二是缺乏具备信息安全技术创新能力的顶级人才，难以聚集国内优秀的安全人才。三是推动人才就业的产业不完善，安全人才无法在信息化建设中充分发挥作用，人才战略难以在当地实践落地。

（七）认识不到位，全国信息安全意识教育普及度不足

2014 年，中国有 46.3% 的网民遭遇过网络安全问题，但只有不到一半的网民意识到网络安全问题和自己密切相关。《公共网络安全意识调查报告（2015）》更是显示，遇到网络诈骗等案件及时向当地公安机关报案的仅为 12.35%，而我国网民对网络安全相关法律法规“了解一点”与“不了解”的占 90.95%。我国智慧城市面临着信息系统发展迅速与民众信息安全意识薄弱的矛盾，我国信息安全意识全民普及教育力度不足，公众虽有一定的网络安全知识，但是普遍缺乏专业的认知，没能将其有效转化为安全防范意识，落实在网络行为上则更少，极有可能在无意识的情况下成为攻击者的工具，给社会、国家造成损失。

四、智慧城市网络安全对策与建议

（一）深入实施国家信息安全等级保护制度，构建新型安全保障体系，保障智慧城市多维度安全

智慧城市要进一步深入贯彻实施国家信息安全等级保护制度，构建新型网络安全保障体系，从传统的以防御为主的安全建设模式，逐步向以安全服务为主的主动防御手段转型，将等级保护制度要求贯穿到信息安全建设的设计、开发、测试、实施、运行等各个阶段，建立网络安全的常态化机制，以等级保护工作为抓手，不断健全完善智慧城市网络安全政策体系。建立智慧城市大型安全运营平台，推进政府与政府、政府与企业以及企业与企业间的数据共享机制，通过平台自身的安全预警机制、大数据态势感知以及与国内（如 CNCERT）的威胁情报共享，汇集僵尸网络地址、0day 漏洞信息、恶意 URL 地址等威胁情报，实现对智慧城市信息系统安全事件提前感知、分级预警、分时响应、快速恢复。

（二）完善安全标准规范建设，增加顶层设计和统筹规划

网络安全标准是我国智慧城市信息安全保障体系的重要组成部分，我国应进一步顺应标准制定的大环境，加强信息安全标准化战略与基础理论研究，跟踪信息

安全技术和标准化发展动态，推动信息安全技术、产品和服务国家标准和行业规范的制定，重点围绕我国智慧城市实际安全需求，推动信息安全标准的自主研制、验证和推广实施机制，全面提升信息安全标准的质量和实施成效。鼓励信息安全企业积极参与国家甚至国际层面的智慧城市信息安全标准制定工作，逐步提升我国安全产业在国内和国际标准化组织中的影响力。

（三）提高智慧城市网络安全管理水平，落实各部门工作协调机制

建立和完善我国网络安全管理机制，加强组织协调，监督协调智慧城市项目的统筹规划、协调管理、宏观调控、分析决策和绩效考核。各城市在网络安全建设中，一方面要依托公安机关牵头的信息安全等级保护协调领导工作机制，完善各省市智慧城市建设网络安全管理流程和内容，负责本地智慧城市网络安全的监督检查指导工作，加强整个智慧城市数据信息中的安全保密工作。另一方面要切实落实安全管理责任。明确各级、各部门行政一把手（或主管领导同志）作为信息安全保障工作的第一责任人；技术部门主管或项目负责人作为信息安全保障工作直接责任人，强化对网络管理人员和操作人员的管理。要培养一批具有信息安全管理经验的复合人才，充实到关键岗位，各司其职，为智慧城市建设信息化把好安全关。

（四）细化网络安全评价考核，明确各方安全职责意识

国家建立安全规划实施的动态评估、滚动调整和监督考核机制，加强对本地区智慧城市安全规划实施的动态评估和监督检查工作。定期组织对各地智慧城市网络安全工作情况进行监督检查和评价考核，建立奖罚机制。建立全面的智慧城市安全保障考核体制，参考《信息系统安全等级保护基本要求》《信息安全风险评估指南》等有关国家标准，并依据智慧城市信息系统的特点和实际管理情况，精准化考核权重，精细化考核指标，加强评价考核，确保我国智慧城市安全建设全生命周期各项任务落到实处。

（五）鼓励社会各方积极参与，创新安全项目投入模式，推进安全建设的可持续性

针对智慧城市信息安全项目建设周期长、资金需求多、盈利难等困难，要积极探索可持续化的信息安全运营模式，明确政府、企业、用户及其他机构之间的权、责、利的关系，充分调动各方积极性，充分发挥信息安全企业、安全测评机构和专家的支持作用，积极引导社会资本共同参与建设和运营，开创新的合理的盈利模式，将优质资源、人才、资金引导到网络安全领域，为智慧城市网络安全顶层设计、安全规划和建设等提供技术支持，加强在安全保护策略、技术、产品等方面的改革创

新，提高智慧城市网络安全技术保护能力和水平。

（六）重视安全人才培养引进，打造多层次人才战略格局

完善创新人才的培养、引进和激励体制，重视安全人才培养和引进计划，满足我国智慧城市安全建设人才需求和储备。

1. 人才培养体制

进一步加强高校信息安全学科建设、人员素质教育和高端人才培养，鼓励各类教育、培训机构采用多种形式培养高素质多层次的信息安全专业人才，并结合智慧城市安全项目建设企业和政府部门的实际需求，依托高校合作培养智慧人才，开发智慧城市人才相关职业化技能与领导力技能专业培训课程。加强对信息安全培训机构和人员认证活动的规范管理，逐步提升人才培养层次和水平。

2. 人才引进体制

完善移民、签证等制度，吸引海外相关专业人才、加强对国（境）外应用和实用人才的引进；形成智慧城市建设“含金量”较高，具有一定规模的“海归经济”“外脑经济”。建立与信息安全相关的两院院士、长江学者、特级专家、学科专业带头人等领军和拔尖人才的联系，采取寻求项目合作，为重大工程、重点科研项目提供专家咨询论证，邀请他们定期开办智慧城市安全防护等内容学术讲座以及多种形式和途径的活动，为智慧城市建设服务。

3. 人才激励体制

落实智慧城市建设人才的各项政策，各级人才工作专项经费要向智慧城市领军建设和拔尖人才引进培养重点倾斜。对具有重大贡献的智慧城市建设科技创新项目和个人，要给予重奖。建立健全自主知识产权核心技术保护机制。以培育智慧城市建设专利试点、示范企业和创新型企业为抓手，引导和鼓励相关的高新技术企业加强知识产权管理。要充分发挥企业在人才开发中的主力军作用，切实增强企业技术创新的动力和活力，使企业真正成为研究开发投入的主体、技术创新活动的主体、创新成果转化应用的主体。

（七）加大普及安全宣传教育，提高城市居民安全认知度

加强网络安全宣传教育，提升网络安全意识和基本技能，构筑网络安全的第一道防线是国家网络安全保障体系建设的重要方面。加强网络安全宣传，有助于公众更好地了解、感知身边的网络安全风险，增强网络安全意识，提高网络安全防护技能，有助于维护和保障广大互联网用户的合法权益。在普及教育下，加大舆论宣传力度，提高公众对网络安全威胁的敏感性，增强公众对建设我国智慧城市信息安

全的认知度和参与度，提高公众的信息安全意识。

（执笔人：范春玲　李明　公安部第十一局）

加强智慧社区建设提升社区治理与服务能力
——中国智慧社区发展综述（2015）

智慧社区是在智慧城市框架内，通过综合运用现代信息技术，整合区域中的人、地、物、情、事、组织等各方面信息，统筹社区治理、公共服务等资源载体，以智能化的社区公共服务综合信息平台为支撑，依托相配套的基础设施形成的智慧化公共服务和便民服务社区治理空间。智慧社区有别于传统社区存在方式，因此它的出现也给社区建设提出了新要求。

党的“十八大”报告明确指出：“必须从维护最广大人民利益的高度，加快健全基本公共服务体系，加强和创新社会管理，开创社会和谐人人有责、和谐社会人人共享的生动局面。”习近平总书记多次就社区治理创新做出重要指示：“社区虽小，但连着千家万户，做好社区工作十分重要”，“社会治理的重心必须落到城乡社区，社区服务和管理能力强了，社会治理的基础就实了”。因此，必须运用现代科技手段，加快创新工作平台和方式方法，切实提升社区治理和创新水平。

一、智慧社区发展的总体思路与主要特点

2013年10月，民政部联合工业和信息化部、国家发展改革委、公安部、财政部印发《关于推进社区公共服务综合信息平台建设的指导意见》(民发〔2013〕170号)成为推进智慧社区建设的重要指导文件。文件中确定“社区公共服务综合信息平台

是依托信息化手段和标准化建设，整合公共服务信息资源，采取窗口服务、电话服务和网络服务等形式，面向社区居民提供基本公共服务的平台”。该文件为我国智慧社区建设提供了重要的政策指引。

智慧社区建设发展思路：以加快推进社区公共服务综合信息平台建设为依托，大力发展社区电子政务、电子商务，推动社区养老、社区医疗、社区物业等各类设备设施的智能化改造升级。同时，以改革治理模式、提升社区工作效能为目标，广泛吸纳社区社会组织、社区服务企业、社区服务志愿者信息资源，逐步实现社区公共服务、志愿服务、便民利民服务等社区服务信息资源集成，进而最终形成线上线下结合的社区经济服务新模式，构建设施智能、服务便捷、管理精细、环境宜居的“智慧社区”。

2015 年我国智慧社区建设情况，呈现出以下三个方面的特点：

（一）需求导向、服务优先、理念创新

智慧社区建设要求实现社区管理精细化、服务人文化、运行社会化、手段信息化、工作规范化等诸多目标，以统筹各类社区服务资源为切入点，以满足社区居民、企事业单位、社会组织的需求为落脚点，以智慧化、信息化技术手段为支撑，努力构建涵盖社会管理、社会服务、社区建设、社会动员、社会组织、社会领域党建等于一体的综合化服务管理系统。一方面创新管理手段，促进社区工作的规范化、精细化、科学化；另一方面创新服务理念，为辖区居民、单位、社会组织提供人文化、多元化、社会化的公共服务，使其感受到智能生活的新体验，享受到一种“全响应”智慧状态，真正实现寓管理于服务之中，在服务中体现管理。智慧社区建设的目标之一是全力打造生活服务更便捷、生活环境更优美、生活状态更和谐、幸福指数更高的智能、人文、宜居的现代新型社区。

（二）政府主导、建设过程深度介入

智慧社区建设在我国处于刚刚起步的阶段，其自身特点决定了从中央政府到各地方政府自然而然地承担起建设的主导性角色。

首先，政府是智慧社区建设中相关政策的出台者，对社区工作具有指导性和导向性作用。其次，政府是智慧社区建设相关法律法规的制定者。法制建设是智慧社区建设和管理规范化、有序化的前提，智慧社区建设须在法律规定的范围内进行。再次，政府是智慧社区建设中主要的资金拨付者。智慧社区建设需要大量资金，财政拨款是资金的主要来源，这就需要基层政府拥有充足的财力，给予财政保障。最后，政府是智慧社区建设中部分公共产品与公共服务的提供者。提供公共物品是政

府基本职责之一，应通过一定手段合理配置资源，为社区提供公共产品与公共服务，满足社区居民对社区环境、医疗、交通、治安等各方面的要求。政府还是智慧社区建设中社区文化的引导者。智慧社区，不仅是物质的，也是精神的，它凝聚着时代的科技、人文、社会与文化等要素。政府是智慧社区文化的培育者、引导者，引导社区居民塑造共有的价值观，推动开展丰富多彩的社区文化活动，以实现社区多主体之间的良性互动。

（三）制度先行、科学规划规范建设

体制机制创新，科学的发展规划是我国智慧社区建设的制度保障，也是2015年度各地区智慧社区建设的重要内容之一。2014年7月，民政部颁布《社区公共服务综合信息平台基本规范》（MZ/T 053—2014）。各地根据智慧社区建设的实际需求，出台各类《智慧社区建设标准》《智慧社区建设指南》《智慧社区建设行动方案》等文件，在顶层设计上做足功夫，科学规划。同时，在相关的法律法规、政策、人才队伍建设、物质保障机制等方面也制定诸多方案。推动智慧社区建设，离不开稳定的制度保障，给予参与主体以稳定的行动预期关系到建设效能甚至成败。在我国智慧社区建设与发展的起步阶段，重视制度建设是不可或缺的要求。

二、智慧社区发展现状与成效

2015年，在党中央、国务院的高度重视下，我国各地智慧社区建设步入快车道，涌现出一批规划科学、发展迅速、特色鲜明的典型智慧社区。

（一）以智慧社区建设为导向，打造社区公共服务综合信息平台

社区公共服务综合信息平台建设是智慧社区建设的首要任务，它是实现社区智慧化治理与服务的基础性载体。

上海市大力推进社区公共服务综合信息平台建设，截至2015年底，全市已建立了211个受理中心，在地域较广的乡镇设置了11个受理分中心，在郊区设立了1300余个村级社区事务代理室；政府10余个部门、193项公共服务事项被整合到一起，由受理中心统一办理，建立了功能完善、分布合理、方便可及的受理服务设施及网络，形成了以社区事务受理中心为依托；以“一门式”政务服务信息系统为支撑；遵循社区公共服务标准和规范的服务模式。上海市社区公共服务综合信息平

台建设全覆盖，有效促进了社区服务质量、人员素质和窗口形象的提升，取得了市民办事便捷、政府管理方便、过程公开透明、行政成本降低、民生信息鲜活和社区和谐稳定的良好社会效益。

四川省攀枝花市综合信息平台建设在组织体制、技术设计和建设模式等方面都具有开创意义，具体表现：一是将平台部署“提升”到市级层面，突破了以区县为单位部署建设的社区信息化建设传统格局，提高了数据统筹层次，节约了建设运维成本；二是将平台应用“下沉”到社区范围，将综合信息平台服务终端直接延伸到社区，有效缩短了服务半径，最大限度地方便居民办事；三是将平台运行“拓展”到专线网络，依托政府部门信息专网部署综合信息平台设备网络，减少了综合信息平台与部门业务系统互联互通的中间环节，探索出综合信息平台建设与社区信息化建设有效衔接的可行模式。

广东省佛山市禅城区 “一门式”政务信息服务秉承“把简单带给群众、把复杂留给政府”的核心理念，以群众需求为导向，通过办事大厅由多个向一个集中、服务事项由多窗受理向一窗办理和受理集中，实行一窗办、马上办、限时办、网上办、全区通办和天天办。以信息技术再造审批流程，优化前台界面，倒逼后台革命，破除条线分割，打通“信息孤岛”，将信息技术高效、便民和人文的优势嵌入政府，办理事项翻番。街道行政服务中心办理事项分别由原来的 70 项增加到 282 项，村（居）行政服务中心办理事项增加到 77 项，一个窗口可办事项大幅度增加，把社区居民办事过程中留下的资料信息沉淀为动态、实时、真实的数据库，为政府找到公共服务“公约数”和提供有针对性的公共服务提供科学依据。

（二）以智慧社区建设为牵引，推动社区治理体制机制改革创新

推进多元参与互动、实现社区治理创新也是我国智慧社区建设的一项重要内容。江苏省南京市秦淮区作为首批全国社区治理和服务创新实验区，在反复调研的基础上，着眼回归社区自治主体功能，按照行政职能上移、服务重心下沉的整体创新思路，率先开展社区去行政化的综合体制改革试点工作。秦淮区出台了《秦淮区街道市民服务中心综合事务受理信息系统建设实施方案》，进一步明确街道市民服务中心信息平台的功能设置、推进方法、时间节点和具体步骤。通过整合各业务受理信息平台，优化网络布局，建立全区统一的受理系统，实现多网合一、“一口受理”“全区通办”多渠道服务查询、统计分析辅助决策等功能。目前信息平台覆盖全区 12 个街道的 14 个街道市民服务中心。在此基础上，强化部门协同，形成工作合力。建立部门协同机制，落实工作职责。各部门主动对接，密切配合，形成合力，整体

推进。在社区公共服务综合信息平台建设基础上，提升各部门之间信息资源共享及有效协作，共同解决社区居民的实际问题，极大提升了社区治理与服务的信息化、协同化、智慧化水平。

（三）以智慧社区建设为依托，提升社区居民参与和自治水平

社区公共服务综合信息平台建设和社区治理体制机制创新，最终都以实现便民、惠民进而实现社区居民自治质量与参与水平的提升为目标。智慧社区建设的根本理念即如何更好地实现这一诉求。

黑龙江省哈尔滨市南岗区以智慧社区建设深化社区治理创新，依托智能化手段，提供智慧“套餐”让社区居民真正体验到信息化、智能化所带来的便捷高效。“南岗区无忧服务网”服务平台建设，设计了“摇一摇、报平安”平安猫，研制具有 GPS 全球定位功能的跟踪器和为服务对象提供服务时间和质量监控服务的两张 ID 卡，为社区居民提供最人性、最贴心、最有效的服务。整合了 500 余家爱心加盟企业，深入推进“网络养老院”建设，全区 2 万名老年人办理了“爱心助老一卡通”。“南岗区无忧服务网”开通以来，已为 160 多名居家养老服务对象提供平安服务 6.1 万人次、上门服务近万小时。社区居民切实感受到社区工作的改观，有效激发了社区自我管理、自我服务的潜力和活力。除了地域空间局限，智慧社区建设还有效推动社区回归居民自治共同体的本源。在时间维度上能够实现全天候运作，自助行政审批、自助健康体检、自助金融服务、自助缴费、自助应急救援、自助物流配送等都可以在 24 小时内的任意时间办理或预约。智慧社区建设将社区从社会管理的末梢变为为民服务的前沿。不断焕发出新的生机和活力，“办事到社区、有需靠社区、闲时转社区”成为了社区居民新的生活方式。

2015 年是我国智慧社区建设和发展异常迅速的一年，根本上得益于中央大力推动智慧城市建设。智慧城市建设为建设智慧社区搭建了总体框架，在统一的智慧城市平台上，将其智能化作用渗透到社区居民生活中的各个领域，使得智慧社区建设已然成为智慧城市建设的基础单元，成为不可或缺的一环。

智慧城市建设中绝大多数与人民群众福祉密切相关的工作内容都由智慧社区所承载。因此，社区居民对智慧社区建设的满意度直接关涉智慧城市建设的成效。纵观一年的建设历程，以提升社区治理与服务品质为主线的智慧社区建设是各地方政府的重要职责和努力方向，并取得了令人瞩目的建设成效。

三、智慧社区建设中存在的问题

回顾2015年我国智慧社区建设历程,虽然发展迅速,但也存在尚待解决的问题。总结起来，大致如下：

（一）智慧社区建设重视程度不够

我国智慧社区建设处于起步阶段，虽然出现了一批品质较高的典型社区，但从全国范围来看，在推进智慧社区建设工作上还有很大的提升空间。地方政府对本地区智慧社区建设的重视程度直接影响着建设效果。出于各种因素的影响，某些地区并没有真正将这项工作重视起来，亦步亦趋，甚至持观望态度。转变观念、勇于创新，突出智慧社区建设的重要意义是当下亟待破解的问题。

（二）智慧社区建设主体单一

政府主动介入和投入智慧社区建设是十分必要的，有助于整体把握智慧社区建设方向，提供有力的物质保障。但是，智慧社区的建设涉及居民吃、住、行、游、购、娱、健等多种智能化服务，单一的政府主体运行模式无法充分满足居民的各项需求，它也无法全面保障社区服务机制顺畅运行，必须发挥市场在资源配置中的基础性作用，才能保证智慧社区建设持续健康发展。

（三）智慧社区建设手段滞后

目前我国社区网络建设空白点较多，社区内信息化基础设施和应用水平低，未形成完善的智能化服务体系。由于部门之间信息缺乏统筹规划和统一标准，社区居民信息管理系统各有不同，加之部门的管理和业务壁垒，居民信息无法进行共享和协调应用，进一步降低了智慧社区运行效率。普遍适用性的社区居民信息管理机制和业务协调机制尚未建成，造成了大量的资源浪费。

（四）智慧社区建设人才匮乏

智慧社区的建设改变了传统社区建设的模式，采取了物联网、互联网、云计算相结合的方式打造一个便民、利民的智能化社区。因此，技术是智慧社区的建设必不可少的重要手段。智慧社区的建设则是需要大量的计算机、软件、信息等技术型人才。当前我国社区工作者学历多为大学本科以下，计算机和软件管理知识相对匮乏。

（五）智慧社区建设投入不足

当前智慧社区的建设总体上是以政府投资为主导。在有限的资金投入下，大规模的应用和推广智慧社区建设捉襟见肘。部分地方政府的资金通常只能满足智慧社区基础设施的建设，对于进一步完善和提高社区服务效能、便捷居民日常生活，还需要多渠道筹措资金，使智慧社区建设具有可持续性。改变智慧社区建设单一的投资方式，已经成为刻不容缓需解决的问题。

四、智慧社区建设过程中问题的解决方案

（一）充分认识智慧社区建设的重要性和迫切性

首先，智慧社区是改进基本公共服务供给的重要方式，智慧社区无疑有利于优化社区公共服务资源配置，解决联系服务群众“最后一公里”的问题。其次，智慧社区建设是深化行政审批制度改革、促进基层政府职能转变的内在要求。最后，智慧社区还是汇聚民生基础大数据、助推基层治理能力现代化的重要平台。因此，各地方政府必须树立起服务群众、上下联动、典型引路、科学统筹的工作意识，主动作为。推进智慧社区建设，意义重大，影响深远。

（二）构建政府主导下的多元主体建设新格局

智慧社区建设应该遵循十八大报告中“党委领导、政府负责、社会协同、公众参与、法治保障”的社会管理体制要求，构建政府主导下的多元主体建设结构。政府作为统筹规划部门，要转变其建设、运营全包者的角色，注重市场的基础作用。广泛吸纳社区社会组织、社区服务企业信息资源，促进社区公共服务、便民利民服务、志愿互助服务信息资源共享共用，并对智慧社区建设中的其他主体的服务水平与服务效果进行监督和评价、对信息化服务设施提供资金保障。社区服务企业、社区社会组织等智慧社区建设的其他主体应发挥积极参与、协同治理作用，不断满足居民日益增长的物质和精神需求，最终建成设施智能、服务便捷、管理精细、环境宜居的智慧社区。

（三）优化智慧社区建设手段

智慧社区建设需要根据行业标准整合多种居民数据资源，确保居民登记信息的真实性，避免重复登记，构建高效便捷的社区公共服务综合信息平台系统，解决旧标准信息滞后、版本适用性低等问题，充分实现信息共享，深入挖掘居民信息数据的价值，使社区居民享受优质的社区生活。同时，加强智慧社区硬件建设，即政府部门采取切实措施，协调企业、社会组织多方资源，优化社区工作的电子信息设备，及时更新计算机硬件设施和软件系统，提高社区服务手段的智能化程度，从而

夯实智慧社区建设的根基。

（四）强化智慧社区人才队伍建设

社区信息化建设人才匮乏已经严重影响智慧社区的进一步发展，必须强化智慧社区人才队伍建设。智慧社区的发展建设，需要技术型和管理型相结合的复合型人才。一方面，应该规范优秀人才的引进制度。政府部门在招聘社区工作者时，要注重计算机基本技能的测试，将达到一定水准的人才招聘进来。另一方面，要加强已有社区工作者技术素养和管理能力的培训与教育工作。可以依托教育科研资源和产业发展基地，促进产学研结合，培养理论与实践相结合的智慧社区复合型人才。通过定期培训、信息技术专项培训、管理知识专项培训等多种形式，促进社区工作者掌握智慧社区建设本领。

（五）加强智慧社区建设资金保障

在智慧社区的建设中，一方面要加大政府部门的财政投入，另一方面要招商引资，加强企业和社会力量的资金支持。政府部门作为社区建设的主体，应该不断加大投入，确保基础设施的建设。另外，要切实保障智慧社区建设所涉及的维修、硬件升级维护、基础网络维护及安全建设、受理系统使用操作的运营维护以及人员、培训、办公等经费支出。通过提供政策优惠和保障，倡导资金雄厚的大企业投入到智慧社区的建设中来。改变单一的投资方式不仅可以减轻政府资金紧张的压力，更可以为智慧社区的建设提供更好的管理模式与内生动力。智慧社区建设的政府企业合作模式可以极大地促进各种智慧社区建设资源的优势互补与有机结合，保障智慧社区健康、可持续运营。

五、智慧社区发展的未来展望

进一步打造政务高效、服务便捷、管理睿智、生活智能、环境宜居的社区生活新业态，实现“智慧家园、幸福生活”，使“任何人、在任何时候、任何地点、通过任何方式、能得到任何服务”是智慧社区的重要发展方向。

（一）进一步推动社区公共服务综合信息平台建设的优化升级

在社区公共服务综合信息平台建设中，采用新的物联网、云存储、云计算等信息技术，通过感知化、互联化、智能化的方式，可以将社区中的各种基础设施连接起来，成为新一代的智慧化基础设施，使城市中各个领域、各子系统之间搭建起智能关联，使之成为方便服务、实时反应、协调运作的综合性系统平台。智慧社区建设中，应当继续注重打破行业间、时空间的“信息孤岛”现象，各地方政府按照本地区实际情况建设统一标准、可对接的信息系统，“智慧云平台”技术为此提供了很好的解决方案。随着社区居民生活信息化水平的迅速提高，尤其是移动互联网和物联网技术的大规模应用，云计算技术能够将海量信息与社区智慧平台连接在一起，及时处理各类信息资源。

（二）努力实现智慧社区建设的大数据集成与资源共享

智慧社区在普通信息互通的基础上更加注重大数据的集成与共享功能。在智慧社区框架内，对感知层获取的数据进行大数据处理，从而保障智慧社区顺利运作。由简单的社区信息化升级为智能化，关键的一步是对已知信息的整合处理能力。智慧社区能够挖掘的大数据包括所辖社区的人口基础数据、社区地理空间数据、社区内通信信息数据等海量数据，这些数据都具备极高的开发利用价值。科学使用大数据为我们提供的信息，能够更有效地为社区居民提供个性化、差异化、优质化的服务，同时提升社区治理品质，不断满足社区居民各类碎片化而又不可或缺的现实需求。

智慧社区建设的重中之重在于各类社区功能的开拓与融合，通过软硬件平台搭建，构建智慧化社区功能。智慧社区治理、智慧商贸服务、智慧医疗与养老、智慧居家服务、智慧安防等各类社区事务都是智慧社区建设中的重点开拓领域。

（执笔人：张雷　王光　东北大学城乡社区建设研究院）

智慧养老　大有可为

智慧养老是以新一代信息技术为依托，促进以医养结合、健康管理、心理慰藉、生活照料为主要内容的养老服务信息消费，加速催生“互联网+”老龄产业新兴业态。智慧养老是积极应对人口老龄化的基本技术途径和主要手段。主要面向四个方面：养老服务、养老用品、养老金融、养老地产。智慧养老的技术支撑是：新一代信息技术（物联网、移动互联网、云计算、大数据、可穿戴设备）、中医保健技术、健康管理、心理慰藉。

大力发展智慧养老，可以节约人力、减少居家养老、社区养老和机构养老的压力。

一、智慧养老建设现状和成就

我国政府对智慧养老技术的研究与应用非常重视，实施了一系列重大示范项目。

2015 年，民政部组织专家，评审确定了“养老服务信息惠民行动计划”首批名单。国家发展改革委发布《关于加快实施信息惠民工程有关工作的通知》，明确了该计划由民政部牵头会同国家卫生计生委、人力资源社会保障部、工业和信息化部等部门组织实施。以满足养老服务需求、释放养老消费潜力、促进养老服务业发展为目标，建立养老服务机构、医疗护理机构等网络互联、信息共享的服务机制，重点推进养老服务机构信息化建设，推广远程健康监测，拓展养老机构专业化服务的惠及面，推进养老、保健、医疗服务一体化发展。先期在 200 个养老服务机构开展试点，大幅提升养老信息服务水平。同时还有“健康医疗信息惠民行动计划”，由国家卫生计生委牵头会同人力资源社会保障部等部门组织实施。围绕解决看病就医难题，以便利医疗服务、惠及城乡居民、壮大健康产业为目标，以医疗服务信息标准化、检查检验结果全国互认为基础，推广远程医疗，建立和完善重大公共卫生、传染病等健康信息监测预警体系，促进优质资源共享和卫生服务普惠，建立完善电子病历、电子健康档案，逐步实现全国范围跨机构、跨区域、跨卫生业务的健康信息、就诊信息共享和一卡通用，积极推进应用居民健康卡与社会保障卡、金融 IC 卡、市民服务卡等公共服务卡的应用集成。先期在 15 个省份、45 所大型医院开展示范，逐步建立居民健康医疗信息跨机构、跨区域共享机制，实现就医一卡通。

国家积极推进双向转诊来缓解就医问题。由于社区卫生服务机构在设备和技术条件方面的限制，对一些无法确诊及危重的病人转移到上一级医疗机构进行治疗。上一级医院对诊断明确、经过治疗病情稳定转入恢复期的病人，确认适宜者，将重新让患者返回所在辖区社区卫生机构进行继续治疗和康复。其目标是为建立“小病在社区、大病进医院、康复回社区”的就医新格局。

2015 年，科技部组织实施“十二五”国家科技支撑计划“国家社会养老综合信息服务平台建设研究及应用示范工程”，主要针对在当前社会老龄化程度不断加剧的情况下，如何以现代科技手段来支撑以居家养老为基础、社区服务为依托、机构养老为支撑相结合的社会养老服务体系建设，是科技手段与民生工程的重要结合。项目设计与《国家中长期科学和技术发展纲要（2006—2020 年）》的要求及《社会养老服务体系建设“十二五”规划》的工作部署相契合。项目的研究和推广为国家社会养老服务体系的建设提供可持续专业技术支撑，为政府宏观决策和行业监管提供全面的数据和咨询支持，为老年人提供优质、稳定、个性化的服务，同时，对推动高新技术在养老服务领域的应用、拉动养老服务市场也具有重要的意义。

国家科技支撑计划 2015 年度项目“医养结合的养老云服务平台研发及应用示范”，该项目主要研究开发基于家庭和社区的养老云服务平台和相应的智能终端，为老年人提供慢病管理、个人健康数据管理、健康咨询及紧急救助及其他生活服务。集成第三方老年健康医疗服务资源，探索医养结合的家庭和社区老年健康服务新模式和新业态，打通养老服务产业链。在若干有条件的地区，面向社区和家庭开展老年人健康服务规模化应用示范，服务用户 100 万人以上。

2015 年 7 月 1 日，国务院印发《关于积极推进“互联网 +”行动的指导意见》，明确提出了“促进智慧健康养老产业发展”的目标任务，支持智能健康产品创新和应用，推广全面量化健康生活新方式。鼓励健康服务机构利用云计算、大数据等技术搭建公共信息平台，提供长期跟踪、预测预警的个性化健康管理服务。发展第三方在线健康市场调查、咨询评价、预防管理等应用服务，提升规范化和专业化运营水平。依托现有互联网资源和社会力量，以社区为基础，搭建养老信息服务网络平台，提供护理看护、健康管理、康复照料等居家养老服务。鼓励养老服务机构应用基于移动互联网的便携式体检、紧急呼叫监控等设备，提高养老服务水平。

2015 年 11 月 18 日，国务院办公厅转发卫生计生委、民政部等九部委《关于推进医疗卫生与养老服务相结合的指导意见》（以下简称《意见》），提出“鼓励各地探索基于互联网的医养结合服务新模式，提高服务的便捷性和针对性”。《意见》明确了五方面重点任务。一是建立健全医疗卫生机构与养老机构合作机制。鼓励养老机构与周边的医疗卫生机构开展多种形式的协议合作，通过建设医疗养老联合体等多种方式，为老年人提供一体化的健康和养老服务。二是支持养老机构开展医疗服务。养老机构可根据服务需求和自身能力，按相关规定申请开办医疗机构，提高养老机构提供基本医疗服务的能力。三是推动医疗卫生服务延伸至社区、家庭。推进基层医疗卫生机构和医务人员与社区、居家养老相结合，与老年人家庭建立签约服务关系，为老年人提供连续性的健康管理服务和医疗服务。四是鼓励社会力量兴办医养结合机构。在制定医疗卫生和养老相关规划时，要给社会力量举办医养结合机构留出空间，鼓励有条件的地方提供一站式便捷服务。五是鼓励医疗卫生机构与养老服务融合发展。统筹医疗卫生与养老服务资源布局，提高综合医院为老年患者服务的能力，提高基层医疗卫生机构康复、护理床位占比，全面落实老年医疗服务优待政策。

2015 年 10 月 26—28 日，第四届全国智能化养老战略研讨会暨智能养老产业展览会在福州召开。大会主论坛，国家部委领导、两院院士、专家学者围绕智能养老进行深入交流研讨；大会分论坛从医疗、金融、科技角度出发，召开中医药与智能养老融合发展论坛、智能健康生活圈推介及金融支持体系和华龄健康 365 工程发展论坛。

2015 年，国家“智能养老物联网应用示范工程”继续取得进展，北京市第一社会福利院、北京市大兴区新秋老年公寓、河北省优抚医院、江苏省无锡市失能老人托养中心、河南省社区老年服务中心中州颐养家园、安徽省合肥庐阳乐年长者之家、四川省资阳市社会福利院七家养老机构开展国家智能养老物联网应用示范工程试点工作。其中四川省资阳市社会福利院建设尤为突出，项目建成后取得阶段性成果：①数据中心机房子系统建设：包括机柜、精密空调、新风系统、消防、门禁等子系统，数据中心机房为信息化建设与管理的核心，此次建设不仅为大量数据信息存储及管理提供了运维管理基础，更为物联网应用示范工程后期及其他信息化建设提供了关键设备运行所需要的环境；②物联网指挥中心子系统建设：包括大屏显示、控制矩阵等设备，可接入全院视频监控图像，及后期物联网设备实现了全院物联网子系统的统一联动指挥调度及管理；③弱电布线子系统：建设各建筑物间及建筑物内分支线路敷设已完成，使物联网信息化基础建设更加完善；④信息采集和传输端子系统：传输端子系统（此项为物联网核心设备，在一期工程内作为微量投入）于 2015 年 4 月 8 日召集国内物联网产品制造厂商进行产品功能现场测试，主要包括老人定位求助子系统、老人跌倒自动监测、痴呆老人防走失、老人卧床监测、老人行为智能分析、自助体检、运动计量评估、视频智能联动、临床点餐系统（已推广运用）等功能；⑤数据存储及应用支撑平台和应用子系统建设，让逐步增加的信息化及物联网信息数据得到了稳定、可造、有效的管理及应用；⑥网络子系统建设，建设了全院各建筑物、建筑物内的网络系统，为物联网示范工程进一步应用打好坚实基础；⑦高清视频连线子系统建设（采用高清球型摄像机、半球型摄像机和枪式摄像机，合理布局，使院中视频安防无死角），红外报警系统与监控系统联动，在提高安全防范效果的同时，可实现物联网项目中人员视频定位联动功能，更好地为物联网项目建设提供有效的基础数据；⑧院区公共广播子系统建设（IP 网络广播系统，便捷操作及增减设备，比传统模拟广播更节省线路及施工成本，控制及使用更便捷），可以实现物联网项目各子系统与公共广播子系统的联动，在发生意外情况时实现紧急通知、应急联动。

乌镇智慧养老综合服务平台是国家民政部首批养老和社区服务信息惠民试点工程，也是浙江省科技惠民项目。椿熙堂与中国科学院物联网研究发展中心建立战略合作，将乌镇作为“物联网 + 养老”的试验基地，进一步深入研究与实践物联网、互联网以及大数据在养老服务中的应用。乌镇智慧养老综合服务平台对老年人的个人状况以及服务实施情况进行持续跟踪，利用数据分析进一步完善服务手段与内容，通过信息平台、互联网应用、物联网设备实现社区集中照料与居家入户服务的信息一体化管理。2015 年 12 月 16 日，中共中央总书记、国家主席习近平在乌镇“第二届世界互联网大会 • 互联网之光博览会”参观期间，通过智慧养老综合服务平台给乌镇智慧养老服务中心的老人们送上祝福：“祝你们健康长寿。”这表明国家对智慧养老事业的高度重视，智慧养老也能利用信息技术切实解决养老问题，为老人提供更加便捷的生活。

北京市寸草春晖养老院建设了智能化居家养老服务平台系统。寸草春晖养老院作为社区养老院在服务院内 100 多位老人的基础上，为了帮助解决所在和平街道居家养老问题，建立了一套以养老院为中心，社区志愿服务守望者与老人子女为链接，基层政府与社区组织参与的居家养老社区服务体系，为众多居家老人提供了紧急呼叫、健康监测、餐食配送、线上超市、护理服务等一整套的居家养老服务。此外，该平台还在线下服务的基础上开发出了新型的“互联网 + 养老”线上试点系统工程。线上系统共分为六大板块，分别为居家平板终端、子女 APP、守望者监护 APP、养老机构管理平台、政府监控平台以及后台维护系统。

上海市基于“长者照护之家”打造社区智慧型养老服务新模式。基于智能化养老，先以少数社区为试点，对新型社区养老模式的探索，先行先试，边试边改，不断完善。根据目前上海社区养老实际情况，以社区嵌入型微机构长者照护之家为“基站”，以互联网技术与智能化系统为依托，开辟社区全方位、综合性、“微机构—

快捷站—居家”三方结合的社区智慧型养老服务模式，为有需求的老人提供机构内长期照护服务、居家康复护理、日间照料和短期寄养服务，并提供针对家属的专业家庭照护能力培训。

绍兴市深入开展智慧居家养老服务建设工作，全面提升城市居家养老服务水平。2015 年 5 月，绍兴智慧居家养老服务标准化建设被列入全国第二批社会管理和公共服务综合标准化试点，系全国首个智慧居家养老服务标准化项目。成立绍兴市智慧居家养老服务标准化试点工作领导小组，组织建立标准起草小组；深化完善《绍兴市人民政府关于加快发展养老服务业的意见》和《绍兴市人民政府办公室关于鼓励和引导民间资本进入养老服务业的实施意见》，加强政策和资金保障。构建绍兴市智慧居家养老服务标准化体系，编制出台《居家养老服务照料中心基本设施规范》《居家养老服务照料中心服务规范》《居家养老服务人员管理规范》《居家养老入户服务规范》《智慧居家养老服务企业（组织）基本规范》《智慧居家养老服务信息平台建设与管理规范》和《老年人信息管理规范》七个核心标准，预计于年底正式发文公布。以标准为引领，推进智慧化居家养老服务建设工作。目前全市共计建设居家养老服务照料中心 1672 家，按标准要求重点打造一批居家养老服务中心示范项目，如将日托、老年膳食、老年教育等服务功能集于一体的龙洲花园社区居家养老服务照料中心，以养医结合、健康护理为特色的白马社区居家养老服务照料中心，以邻里互助、台门养老为特色的书圣故里居家养老服务照料中心等。加快智慧终端和信息系统应用，2014—2015 年为绍兴越城区 70 周岁以上城市老年人免费安装“一键通”智慧呼叫终端 1.7 万只，发放居家养老服务券 3.71 万张（每人每年 100 元），升级“96345”便民服务信息平台为居家养老服务信息平台，开发养老远程监测信息平台，引进一批有实力和经验的居家养老服务企业组建绍兴市居家养老服务名录库，分包承接政府购买养老服务。通过信息平台和智慧终端，完成“96345”与政府、企业、家庭的连接。形成智能化呼叫、实体化入户服务、信息化平台操作、远程化智能监管的智慧居家养老服务体系。

北京市大兴区颐乐养老院成立于 2004 年 8 月，养老院接收生活自理、半自理、完全不能自理的老人，同时根据老人自身服务需求，提供相应按需服务计划书。机构内设置医保定点医院（医务室），聘请从医多年、经验丰富的医师和专业护理员 24 小时值班，为老人日常就医提供了方便。自建院以来，颐乐养老院被评为北京市文明养老院、大兴区养老示范机构，成为北京市养老协会会员，在北京市残联民办非企业评估中被评为 4A 级，同年获托老机构一等奖。2015 年通过了北京市服务标准体系建设认证。依托新成立的大兴区金锐社区服务中心，以政府主导、企业运作、技术支撑、社会参与的方式推出了智慧居家养老“一键通”服务管理系统，“一键通”服务平台利用“老年人健康档案信息数据库”“服务商诚信经营服务信息库”“志愿者信息管理系统”和“业务信息管理评价系统”四大系统确保四大服务的正常运行，还加入了手机 APP 功能，整合了物联网、云计算、大数据资源，推进了“互联网 +”居家养老工作。并为 16610 户老年人家庭安装了“一键通”服务终端，致力于实现智慧居家养老，为辖区有需求的居民开展居家养老服务。

综上所述，2015 年，中国的智慧养老产业基于新一代信息技术的探索取得了积极进展。

二、存在的问题和不足

虽然已经有很多成熟的技术应用到了养老产业中，并逐渐起到重要的作用，但是目前老龄科技的发展还处于初级阶段，应用还不是很广泛，也缺乏统一的标准，各种信息平台之间数据进行共享，是阻碍老龄科技发展的一大重要因素，老龄科技领域的主要问题如下：①还没有完整的老龄科技的国家级顶层设计和规划，各地在具体工作中缺乏指导规则，已经实施的项目效益发挥不尽如人意；②技术标准化工作刚刚开始，这是科技工作中的基本问题，也是一个长期的科技任务；③数据共享，信息互通是未来“互联网 + 养老”的重要基础，老龄科技方面的研究还很欠缺；④国家层面的老龄科技信息服务平台和数据库等基础设施还很薄弱；⑤缺乏真正适合老年人使用的科技类产品，老龄科技产业（产学研）一体化发展的生态环境尚未形成。

三、智慧养老发展特点、发展趋势及政策建议

2015 年智慧养老发展特点：一是已形成各方积极参与，多层次、多模式探索智慧养老的发展道路。二是积极探索云 + 端的智慧养老服务模式，即养老云 + 面向老人的智能设备。三是研究医养结合的智慧养老新方式，集医疗、康复、养生、养老等于一体来为老人提供更全面便捷的服务。

发展趋势：未来五年，养老服务市场需求将突破万亿元，各方参与养老服务

的积极性将更加高涨，依托物联网、移动互联网、云计算、大数据和人工智能等新一代新技术，以医养结合为主要特色的养老服务会逐步落到实处，并将涌现出一批养老服务的大企业，养老产业将逐渐壮大做强，成为新常态下的服务经济新领域。

国家在 2016 年乃至“十三五”期间，应继续支持信息惠民、物联网、大数据工程中智慧养老服务的示范工程建设，加强顶层设计，引领支持探索多方参与的养老服务行业和产业的协调发展模式，重点加强智慧养老的信息基础设施建设，以全国智慧养老服务与管理为主要发展目标，以 PPP 为实施模式（国家主导，社会参与，市场运作，协同发展），以“互联网 +”为主要技术支撑，依托云计算、物联网、大数据等新一代信息技术，建设全国智慧养老网络服务平台（简称“一台”）和全国智慧养老服务数据库（简称“一库”，以下统称为“一台一库”）。“一台一库”互相支撑，作为主要“互联网 +”的基础设施，为发展智慧养老事业提供坚实的科技支撑。建立人才基地，带动产业发展，形成一个国家级的养老服务信息大平台、一个国家级的养老服务数据库、一种将服务模式、商业模式、产品模式、技术模式融合的和谐共生的养老服务模式；一种智慧养老的互联互通技术规范，一种全国性养老服务产业发展的生态系统，一种以科技支撑的养老服务业态；将养老服务提高到一个新的水平。

（执笔人：王志良　国家（民政部）养老服务专家委员会）

智慧人社的成效及未来应用趋势

《促进智慧城市健康发展的指导意见》（发改高技〔2014〕1770 号）将“建立公共就业信息服务平台，加快推进就业信息全国联网。加快社会保障经办信息化体系建设，推进医保费用跨市即时结算”，推进社会保障卡等公共服务卡的应用集成和跨市一卡通用，作为“构建普惠化公共服务体系”的重要内容，纳入国家智慧城市建设的总体部署。各级人力资源社会保障部门按照文件要求，大力推进“智慧人社”建设，取得了较为显著的成效。

一、总体进展情况

（一）强化“以人为本”的顶层设计

人力资源社会保障工作包括就业、社会保障、人才队伍建设、人事制度改革、工资收入分配、劳动关系六大“板块”，涉及部、省、市、区（县）、街道（乡镇）、社区等各个层级，推进信息化建设，必须统筹谋划，整体布局。人力资源社会保障部将统一规划，统一建设贯穿信息化工作始终，提出了“完整、正确、统一、及时、安全”的总要求，出台了一系列规划、规范和文件，将各地及人社各业务领域的信息化建设纳入全国统一的规划当中，顶层设计，协同推动。一是突出“以人为本”的设计理念。以人的全生命周期为视角，以人员状态变化为抓手，进行信息管理和流程梳理，实现对广大群众的记录一生、服务一生、保障一生。二是明确“一卡通”的建设目标。适应人员流动日益频繁的业务发展趋势，推进跨业务、跨地区、跨层级、跨部门信息共享和协作协同，兑现“人民群众走到哪里，服务就跟到哪里”的承诺。三是秉承“数据集中，服务延伸”的建设思路。在数据向市级集中的基础上，向省级和部级集中，形成统筹管理各类基础信息和业务信息、统筹支持各项业务办理的局面。通过信息网络将服务延伸到区县、街道乡镇、社区，为广大服务对象提供更加便捷、有效的服务。四是坚持标准统一、安全可靠的建设原则。推动信息系统的标准一致、软件统一、网络互联和高效运转。实现信息资源在人社部门内部的有效整合，及与相关部门的交换共享。全力保障人社系统数据安全性和重要信息系统业务服务的连续性（见图 3-5）。

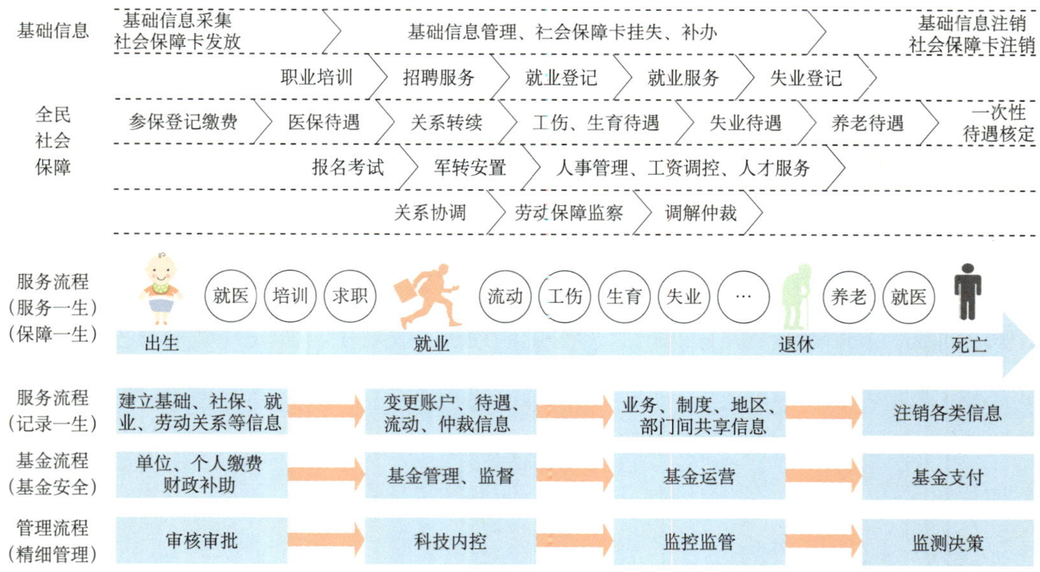

图 3-5 以人的全生命周期为视角的顶层设计思路

（二）构筑“省集中”的系统建设格局

人力资源和社会保障部于2013年下发文件，全面部署省级集中建设的工作任务，明确2020年前所有省份实现各核心系统省集中，形成省集中系统统一支持各地市经办服务的格局。经过两年多的建设，取得了较为显著的进展，对规范业务流程、提高人社工作效率、管理能力和服务水平，起到了重要的促进作用。

截至2015年3月，在社会保险方面，城镇职工社会保险已在内蒙古、宁夏等8个省份（含自治区、直辖市，下同）实现了全险种、全地市的省级集中，江西、海南等6个省份实现了全险种、部分地市的省级集中。城乡居民养老保险全地市省级集中的省份达25个，部分地市省级集中的5个。在就业方面，就业管理和就业服务已在安徽、贵州等11个省份实现了全业务、全地市的省级集中，福建、湖北等7个省份实现了部分地市的省级集中。职业培训和技能鉴定在内蒙古、贵州等6个省份实现了全部地市的省级集中。在劳动关系方面，黑龙江、贵州等8个省份实现了全业务、全地市的省级集中，甘肃实现了全业务、部分地市的省级集中。在人事人才方面，省集中的趋势也正显露出来。

（三）大力发行和应用社会保障卡

截至2015年12月底，全国除西藏外的30个省份及新疆生产建设兵团已发行社保卡。实际发卡地市（含省本级、兵团各师）共369个，地市覆盖率达95.8%。26个省份实现了所辖地市全部发卡。社保卡持卡人数达到8.84亿人，社保卡普及率64.6%，超额完成国家“十二五”规划确定的目标（8亿持卡人员及60%的覆盖率）。在全国持卡人群中，城镇职工2.86亿，城镇居民2.34亿，农村居民3.63亿，分别占32.4%、26.5%和41.1%（见图3-6）。

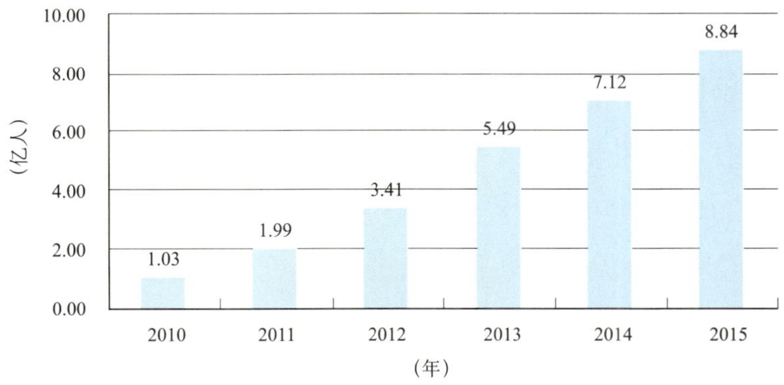

图3-6 分年度全国社会保障卡持卡人数

2011年，人社部与中国人民银行战略合作，联合印发《关于社会保障卡加载金融功能的通知》(人社部发〔2011〕83 号),决定在社会保障卡上加载金融功能。截至 2015 年 12 月底,共发行加载金融功能社保卡 7.35 亿张,占全国社保卡发行总量的 83.2%。其中,发行的社保卡全部加载金融功能的省份达到 15 个。全国已激活银行账户的社保卡 3.77 亿张,激活率达到 51.3%。

为推进社会保障卡应用,人力资源社会保障部于 2014 年印发了《关于加快推进社会保障卡应用的意见》,确定了 102 项用卡目录,并在 47 个地区开展综合应用试点。从全国来看,102 项应用目录平均开通率达 52%。总体上看,基本形成养老保险和医疗保险普遍用卡的格局,绝大部分地市实现了就医一卡通和持卡领取养老金。即使在一些农村地区,居民也可享有不出村缴费或领取待遇。同时,在养老、工伤、失业险等待遇领域也得到越发广泛的应用,就业与人才服务等领域的应用也日益普及。一些地区人社部门还与其他政府部门合作将社保卡用于民政、卫生、残疾人服务、城市公共服务等众多领域,极大地方便了广大群众。

(四)形成互联互通、跨地区协作的技术保障环境

构建了支撑全国人社业务系统运行的网络业务专网,覆盖部、省、市、县(区)、街道(乡镇)、社区(行政村)六级人社管理服务机构。截至 2015 年 12 月底,全国除西藏日喀则和青海玉树外,均已实现了部、省、市三级网络贯通。网络覆盖 330 个(99.39%)地市节点。城域网覆盖 92.43% 的各类人社管理服务机构,93.43% 的街道、社区、乡镇,定点医疗机构网络联通率达 96.7%。按照“省集中”要求增强了省级数据中心性能,提高了对全省实时业务的处理能力。构建全国统一的网络安全信任体系,提升网络和系统的安全性。金保工程二期建成后,连接各级人力资源社会保障部门的主干网络,将迁移至国家电子政务外网。

借助覆盖全国的业务专网,人社部建立了跨地区业务支撑平台。其中,中国公共招聘网已覆盖 29 个省 156 个地区(含省本级),纳入 196 家公共就业人才服务机构,累计发布招聘岗位信息 1064.83 万条。城镇企业职工养老保险关系转移接续系统,全国除甘肃、西藏外的 29 个省份和新疆生产建设兵团均已入网,覆盖全国 333 个地市,2015 年全年累计办理业务 82.5 万笔。与解放军原总后勤部合作,实现了与军人退役养老保险关系转移系统的对接,为军人退役时保险关系的转移提供支持。全部省份通过部级待遇领取资格协助认证系统参与全国协助认证。建立了养老保险待遇状态比对查询服务系统,2015 年全年累计响应查询请求 3150 万人次。

(五)有效开发利用人社信息资源

建立了分业务的联网监测制度,形成了常态化的个体性信息采集渠道。截至

2015 年 11 月，各项业务监测上报数据量分别为：养老保险 7.88 亿人，失业登记和失业保险 1.69 亿人，医疗保险 5.70 亿人，工伤保险 1.68 亿人，生育保险 1.43 亿人，就业 3.17 亿人，劳动保障监察 63.88 万条（涉及 20.46 万件案件）。基于这些数以亿计，细化到人、单位、基金记账情况的数据，汇聚成人社大数据，成为优质资产宝藏，为全国人社信息共享奠定了良好基础。通过对数据的分析、挖掘和利用，为政策制定和宏观决策提供了有效支持。基于监测数据，建立了社保基金监管系统，已在全部省份部署实施，开创了基于信息化手段的非现场监督模式。人社部与公安部、人民银行、中央编办、民政部、卫生计生委等部门签订了数据共享协议，与财政、审计等部门开展了专项数据交换共享工作。基于这些数据，重庆、南京等多个地方人社部门开展全民参保登记、待遇核实等数据筛查工作。

（六）推进信息系统整合和业务协同

目前多数地区社会保险“五险合一”，一些省份还实现了社保与就业等系统的联动。通过开展部省两级社会保障卡持卡人员信息库建设，实现了人员基础信息的统一和全国、全省集中管理，为跨地区协作和跨业务协同构建了统一的基础数据平台，也对跨地区用卡起到重要的支撑作用。截至 2015 年底，山西、内蒙古、辽宁、吉林、安徽、山东、河南、湖北、湖南、广东 10 省持卡库已上线接入，部级持卡库的个人基础信息入库 7.1 亿条，社保卡基础信息 5.5 亿条，累计业务处理量达 7.5 亿笔。人社部印发了《关于加强就业失业登记、社会保险登记、劳动用工备案信息共享和业务协同工作的通知》（人社厅发〔2015〕66 号），指导各地建立各业务的共享协同机制。

（七）打造人社信息化公共服务品牌

全力打造一体化的人社信息化公共服务体系。截至 2015 年底，全国已有 349 个地市级以上人社部门（含省本级）开通了“12333”电话咨询服务，开通率达到 95.4%，省本级已实现全覆盖。其中，276 个单位建设并使用了电话咨询服务系统，约占全部开通地区 80%。全国从事“12333”电话咨询服务的咨询员超过 3700 人（2014 年底数），电话咨询中心座席总数近 3900 个（2014 年底数），成为群众熟知、百姓放心的社会服务品牌，也成为人社部门了解民情的渠道、服务群众的窗口、宣传政策的媒介、检验政策的平台，在政策咨询、业务办理、纾解矛盾等方面发挥了重要作用。各级人社部门普遍建立门户网站，一些地区还打造以电话、短信、网站、移动应用、自助一体机等多渠道为一体的信息服务体系，为人民群众提供更加贴近、贴心、便捷的服务。

二、主要应用成效

（一）形成了以信息化模式为主体的工作方式

1. 实现了两个“全覆盖”。一是对业务工作的全覆盖。基本实现信息系统对各项主体业务的全面支持。就业服务、社会保险已基本实现全程信息化管理；劳动关系管理、人事人才、公务员管理等，也借助信息化手段极大提升了管理水平。二是服务人群的全覆盖。顺应城乡统筹发展趋势，配合实施新农保和城居保实施，同步部署信息系统建设，快速实现了信息系统从城镇向农村、管理服务对象从职工向全体城乡居民的扩展。纳入信息系统管理的人数已从金保工程启动之初的不足 1 亿猛增到 10 亿以上。

2. 全力保障了各项人社惠民政策落实。近年来，人社信息化工作紧紧围绕党中央、国务院相继出台的新医改、新农保、城居保、机关保、社保关系转移接续等一系列重要惠民政策，信息化建设及时跟进，全力支持，同步完成了系统的开发和软件功能的调整，为政策落实提供了强有力的保障。比如在新农保自政策制定之初，即同步部署信息化建设，并采取省集中的一步到位模式。试点开展到哪里，系统就跟进到哪里，为新农保试点的顺利实施提供了坚强保障；配合机关保的实施，同步开发统一软件，为下一步政策落实奠定了良好的基础。

3. 极大地提升了人社业务工作效率。信息化的发展从根本上改变了人社系统的传统作业方式，特别是在一线窗口单位，服务的速度和质量显著提高。比如，人力资源市场普遍实现了就业需求和供给信息联网，供求双方用人在单位、在社区平台，甚至在家里就可以通过网络获得相关信息，完成匹配，大大提高了资源配置效率；养老保险调待，以前每次都需要数十天，而纳入信息系统管理后，在几个小时内即可完成数以千万计的退休人员调待政策的对号入座。

（二）引领了人社领域管理服务创新

1. 经办模式创新。借助统一软件，实现了社保“五险合一”“一单征收”“一站式服务”“柜员制”等经办模式，使经办工作从分散走向集中，从粗放走向精确。许多地区按照信息化管理的要求，将原来按险种设置的业务流程重构为按环节和过程设置，一些地区还据此优化了组织架构，设立了统一的征缴中心、基金管理中心、待遇支付中心、信息中心等。

2. 服务模式创新。网上申报、网上审批、网上信访、网上人才中介等互动式服务模式应用越来越普遍，使广大群众“不进人社部门的门，能办人社部门的事”。

通过自助服务一体机，免除了服务对象的排队之苦，方便了群众，也提升人社部门的服务效能。在日常人社业务经办工作中，现金结算已基本消失，手工填表等原始的服务方式越来越少，这些都是信息技术支撑和引领的结果。

3. 监督监管创新。搭建了社会保险基金监督电子化应用平台，探索了现场监督与非现场监督有机结合的新模式。借助劳动保障监察“两网化”建设，以信息化手段开展了对用人单位劳动用工情况的动态监管。通过信息联网，对医疗服务行为进行实时监控，有效地遏制医保基金流失。信息化本身的规范性、标准性特征，促进了“阳光政务”，有利于对人社业务过程的全面监督。

4. 监测决策创新。通过在全国范围实施联网监测，开辟了全新的数据采集渠道，各项社会保险业务、就业、劳动保障监察等业务都陆续纳入到信息监测之中。目前已能将数亿人员的数据按月集中到人社部，为科学研判形势和宏观决策提供了支持。

5. 异地协作创新。通过跨地区业务系统的应用，开启了跨地区协作的电子化办理模式，实现了业务的异地协同办理，既有效降低了人力资源市场的“交易成本”，也极大地方便了广大群众，而且有力地提升了人社部门自身的管理水平。比如借助基本养老保险待遇状态跨地区比对查询系统，仅 2015 年二季度就比对出疑似重复待遇人员 22 万人次，有效防止了基金不合理支出。

三、几个典型应用

各地在统一建设基础上，因地制宜，探索了许多卓有成效的应用模式。这里列举五种典型的应用。

（一）典型应用一——借助网络，业务下沉

按简政放权的要求，借助信息网络将业务下沉到街道、社区和农村乡镇，建设基层人社综合服务中心，按照综合柜员制的服务模式，整合各类业务，打造“一窗式受理、一站式告知、一条龙服务”，实现“平台在社区，经办在家门，服务在基层”。这一模式，打破了传统的市、县、镇街、社区分级经办结构，建立了统一的协同工作平台，所有经办人员在同一平台协同办理业务，用人单位和个人在同一平台享受服务，群众可在全市范围内的任何一个服务窗口，不分区域、险种、人群、层级，就近提交业务事项，享受“一站式、一窗式”的“同城、同质、同效”服务，

既堵塞了监督管理漏洞，又有效解决了服务标准不一致、质量参差不齐以及窗口办事排长队、异地办事人员来回跑等现实问题，受到了广大群众的普遍欢迎。

（二）典型应用二——O2O 智慧服务

在实现业务下沉（典型应用一）的基础上，采用线上线下相结合的服务模式，建设集综合柜员（线下）及网上服务大厅、手持移动终端、“12333”电话、手机客户端、短信 / 邮件服务、自助服务终端、微信 / 微博平台等（线上）“多位一体”的公共服务平台，广开便民服务新渠道，满足职工群众的个性化、便捷化服务需求。如威海市在医院、银行网点及街道（镇）、城市社区等公共场所部署了 1250 台全天候智能终端机，月点击量高达 18 万人次，极大减轻了单位和个人多次往返办事窗口的事务性负担，将来还计划将住房公积金、民政待遇、便民信息等纳入系统，实现部门信息的共享共用。又如内蒙古全自治区统一开通“网上 12333”服务网站和“掌上 12333”手机客户端（APP），让广大群众获得随时随地的、个性化的服务。

（三）典型应用三——社保卡一卡多用

按照“一卡多用，全国通用”的目标推进社会保障卡应用。在人社领域内部，将各项人社业务集成到一张社保卡上，让广大群众“一卡在手，保障无忧”。持卡人可持卡查询各类人社信息，自助打印参保缴费凭证等资料，办理求职登记、就失业登记，获得职业培训、技能鉴定等各项人社服务。各地普遍实现了医保就医持卡即时结算，部分地区还拓展打破民政低保大病救助、商保大病当中。一些地区将社保卡用于就医全过程，实现了就医一卡通（见典型应用四）。多数地区实现了持卡缴纳社保费和发放各项社保补贴。一些地区还实现了职业培训补贴、就业专项补贴、灵活就业社保补贴等人社领域面向个人的补助性资金进卡发放。部分地区将社保卡应用扩展到其他公共服务领域，与其他部门合作，将各类政府补贴纳入社保卡，如各种惠农补贴、困难人员救助补贴、大学生租房补贴、政府机关人员和企事业单位人员工资、公积金、采暖费补贴、民政相关补贴、残联相关补贴、青年入伍补贴等。部分地区还将社保卡用于体育健身、图书借阅等服务领域，方便了广大群众。

（四）典型应用四——就医“一卡通”

人社部门与卫生部门、商业银行合作，对医院就诊流程进行整合改造，将社保卡、医院就诊卡、银行卡三卡合一，实现就医“一卡通”。具体说有三个特点。一是覆盖挂号、就诊、检验、查询打印、结算、取药等就诊全流程，各环节全部可持社保卡办理。一些地区（福建等）还实现了持社保卡查询电子病历和健康档案。

部分地区（芜湖等）将系统延伸到社区，实现在社区自助终端预约挂号和查询。二是先诊疗后付费，变多次排队结算为一次性自助结清。部分地区（深圳等）还实现了诊间结算。三是一次插卡，社保账户和银行账户一并结算。通过上述手段，极大地减少了患者排队次数和等候时间，也改善了医疗机构的就医环境，实现了多方共赢。这种就医模式，在一些地区已广泛普及，如东莞已覆盖到全市定点医院和社区卫生服务中心、社区卫生服务站。

（五）典型应用五——医疗服务监控

利用信息化手段，加强对医疗服务行为的监管，堵塞医保基金跑冒滴漏的漏洞，防范基金风险。具体做法：一是事前提醒。在确定监控规则和阈值的基础上，将监控问题防范前置，通过加强事前提醒，增加了监控管理的透明度。二是事中控制。就医结算数据实时上传，由监控系统依据医保规则和医学规则进行智能审核，及时控制违规行为。三是事后稽核。充分运用大数据分析技术手段，深入挖掘海量就医数据，发现违规疑点线索，为医保稽核人员提供精准的现场稽核依据。医疗服务监控系统为医保基金安上“电子保护眼”。不仅通过监控直接挽回医保基金损失（如宁夏三年内通过监控系统共查处并追回违规医保基金 1900 万元，挽回医保基金损失 9000 余万元），而且规范了医疗机构的诊疗行为，不合理诊疗和不合理用药明显减少，次均结算费用明显下降，为医保基金的长期可持续和广大群众获得更好的医保服务奠定了基础。

四、存在问题及下一步打算

人社领域深化改革，呈现出统筹城乡、覆盖全民、跨业务衔接、跨地域协作的特征，对信息化工作提出了与时俱进的新要求。与这一要求相比，当前人社信息化建设还存在着一些亟待解决的问题。一是信息资源开发利用不足，尚未形成基于大数据的应用服务能力。二是发展水平不均衡，个别地区进展缓慢，制约了全国互联互通和共享协作的步伐。三是安全保障能力有待提升，尚未形成覆盖全网的安全监控体系。

针对上述问题，要紧紧围绕人社领域全面深化改革的中心任务，以“信息化人社”建设为目标，推进传统 IT 向 DT 的转变，实施“互联网 + 人社”行动，形成基于大数据的人社治理能力和服务能力，推动人社管理服务水平在融合创新中实现新的飞跃。

（一）构建人社大数据应用体系，增强人社领域民生服务能力

在梳理人社数据资源现状的基础上，探索大数据在人社领域的应用场景，逐步构建人社大数据应用体系；开展人社大数据试点应用，利用大数据创新服务模式和经办管理手段，增强监管决策能力，为社会公众提供更为个性化、更具针对性的就业、社保、人事人才等服务。

（二）研究建立人力资源社会保障信息资源共享机制，充分发挥数据价值

进一步加快信息系统“省集中”和部省两级持卡人员基础信息库建设，继续推动人社部门内部、部门之间的数据归集和共享。推进行业信用信息共享交换平台建设。积极参与国家人口基础信息库、国家法人单位信息资源库、国家信用信息平台建设，推动“国家基础库”在人社领域的应用，实现部门内外的业务协同和信息共享。

（三）推进跨部门的社会保障卡集成应用，打造民生服务新平台

继续加快社保卡发放进度，推进人社领域广泛应用。在此基础上，对外输出社会保障卡的服务能力，支持政府其他公共服务领域用卡，实现社会保障卡跨部门集成应用。完善并提升社保卡金融功能及活跃度，为政府各类公共服务领域用卡提供更好的兼容支撑。探索互联网用卡，探索社保卡与生物特征识别结合，为公共服务领域用卡提供更丰富的身份认证体系与支付手段。

（四）建设公共服务信息平台，为广大群众提供更为个性化、更具针对性的服务

建立一体化公共服务信息平台。一是实现网站、移动终端、电话、自助一体机、短信、微信等多种服务渠道的接入管理，实现集约化建设，避免服务碎片化；二是实现内部各项业务系统的统一接入和管理，确保服务安全可控；三是实现各渠道注册用户的统一管理，一次注册、多点登录，为群众提供便利；四是实现各类服务数据、用户行为数据的收集与记录，利用大数据洞察民生需求，提升服务的智能化水平，为决策支持科学化、社会治理精准化、公共服务普惠化提供支撑。

（执笔人：张加会　人力资源社会保障部信息中心）

我国智慧国土的现状及发展趋势

智慧国土是自主、持续创新和主动应用国土资源信息化手段的必然阶段，是国土资源管理改革和创新的重要支撑。十八大以来，围绕简政放权、城乡一体化、生态文明建设等重点课题，我国政府进行了一系列的行政体制改革，国土资源管理工作也随之步入了新时期、新常态；同时，大数据、云计算、物联网、移动互联等新技术新理念的持续涌现冲击着传统的管理模式和管理理念，信息化技术已经成为国土资源管理改革和创新的驱动力。

智慧国土经过多年的建设，依托四级网络互联互通的国土资源遥感监测“一张图”、电子政务平台、综合监管平台和共享服务平台，基本构建了覆盖全国的集数字化、网络化、智能化为一体的“智慧国土”，实现了网上办公、网上审批、网上监管、网上交易和网上服务，促进了管理方式的根本转变，增强了全程监管能力，提高了管理决策的科学化水平，推动了服务型政府建设。“十三五”期间，智慧国土建设总体思路是按照创新、协调、绿色、开放、共享“五大发展理念”，充分运用互联网、大数据、物联网和云计算等新一代信息技术，以整合资源和深化应用为抓手，以推进国土资源综合监管、数据开放共享和信息公共服务为重点，强化业务协同和互联互通，促进信息技术与国土资源工作的深度融合，持续推进简政放权、放管结合、转变职能和优化服务，创新国土资源监管与服务模式，加快实现国土资源治理能力现代化，为推动经济转型升级和建设美丽中国提供有力支撑。

一、智慧国土建设现状

（一）概述

美国 1998 年提出了数字地球概念，同年中科院地学部组织起草了国家数字地球发展战略建议。国土资源部当时积极响应，开展了数字国土工程建设，计划用

12 年的时间，从 1999 年到 2010 年基本建成一个覆盖全国陆地的数字国土框架，即在遥感的基础上把土地、地质、矿产资源数据进行集成。经过 15 年的建设，各级国土资源主管部门按照“以信息技术促进国土资源管理的规范和创新，以需求为导向、以应用促发展，加强统筹、整合资源”的要求，通过实施金土工程、数字国土和第二次全国土地调查等一系列重大专项工作，大力开展国土资源信息系统建设与应用，取得了显著成效。建立了覆盖各级国土资源部门的网络体系和数据中心运行环境，信息安全保障能力稳步提升。通过数字国土工程和金土工程一期建设，基本上实现对整个国土数据的整合集成，基本形成国土资源“一张图”，建立国土资源政务办公平台、综合监管平台和公共服务平台三大平台，积累了大量的数据并建立了网络体系，形成了一系列信息服务系统（见图 3-7）。全国国土资源“一张图”平台，集成了土地、矿产、基础地质、地质环境和地质灾害等各类数据，可以达到 1:10000 比例尺空间精度的数据管理系统。核心数据库已经在国土资源部信息中心建成，将向有关部委和科研机构提供共享服务。国土资源开发利用监管是政府管理非常重要的一项职能，建设综合监管平台实现对全国国土资源开发利用的全程动态监测，可以实时监控全国每一宗土地的审批、供应、利用状况，可以实时掌握全国土地和矿产资源总量及其变化。而公共服务平台的建立实现了整个政府服务公开信息，包括土地审批和矿业权审批以及地质资料等数据都在公共服务平台上发布，实现了国家、省、市县国土资源主管部门“网上办公、网上审批、网上监管、网上公开、网上服务”。

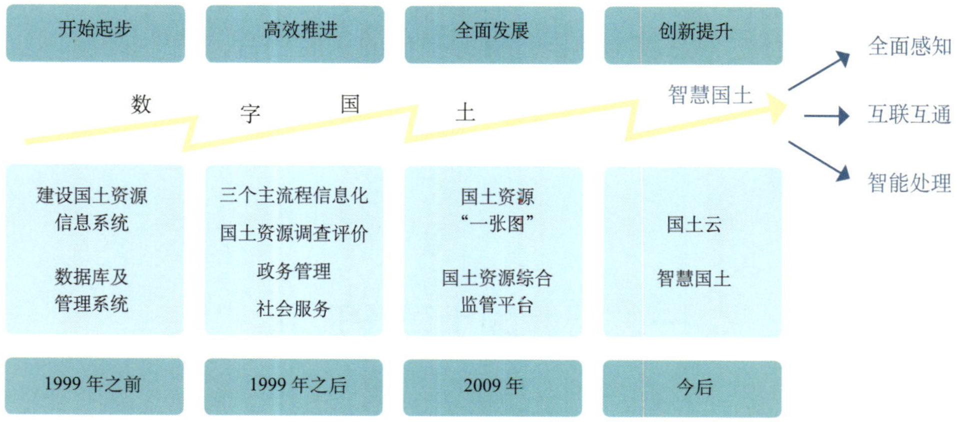

图 3-7 我国国土资源信息化发展阶段

从“十二五”规划开始，国土资源部顺应国际信息技术发展的潮流，把建设智慧国土作为“十二五”的主要目标。国土资源信息化要求实现全方位、立体化的实时监测，要求智能化、科学化的管理决策，还要有高精度、多元化的社会服务，必须借助物联网、云计算，大数据等新技术。

（二）主要进展与成效

“十二五”期间，全国各级国土资源主管部门围绕以信息化规范和创新国土资源管理，依托四级网络互联，基本建成国土资源“一张图”和综合监管、政务办公、公共服务三大平台，统筹推进全国四级国土资源信息化建设，全面实现“网上办公、网上审批、网上监管、网上公开、网上服务”，为“尽职尽责保护国土资源、节约集约利用国土资源、尽心尽力维护群众权益”和全面深化国土资源领域改革提供了坚实的技术支撑和服务保障。

1. 形成数据实时采集和动态更新的国土资源数据资源体系，基本实现了以信息技术为支撑的常态化调查监测

遥感数据规模化、业务化处理能力显著提升，土地空间数据生产的技术水平整体提高，全覆盖的国土资源遥感监测“一张图”实现年度更新，为国土资源管理提供了现势、翔实、准确的基础数据支撑。地质调查、评价、监测的信息化和智能化水平大幅提升，基本实现了数据采集、建库、处理、成果表达等地质调查全过程的数字化、集成化、标准化，信息技术的规模化应用提高了地质调查工作的质量和效率。通过综合监管平台建立了网络化动态信息采集渠道，信息监测网络覆盖各级国土资源主管部门和用地、用矿单位，每年汇集 200 多万条信息，准确掌握全国国土资源管理和开发利用状况，为国土资源形势分析和研判提供了重要支撑，促进了管理决策的科学化和精细化。

2. 基本形成部省市县四级联动的网上管理运行体系，全业务、全流程信息化推动了国土资源管理方式转变

国土资源部和大多数省、市、县级国土资源主管部门的行政审批等主要业务实现网上运行和网络化电子数据交换，并持续向乡镇国土所延伸，形成了贯穿四级、协调联动的网上办公、网上审批新模式，构建了政务大厅统一受理、电子报件、接办分离、联网审查、集体会审、限时办结、结果公开的格式化、程序化、标准化、透明化审批模式，不断简化手续、优化程序，实现审批提速和简政放权，使权力变为程序，审批成为服务，促进管理理念、管理职能、管理方式的重大转变。

3. 初步构建覆盖全国的网上监管运行体系，促进了国土资源管理和开发利用

监管效率、水平的提升

国土资源部和绝大多数省级、部分市级国土资源主管部门建成综合监管平台，土地、矿产卫片执法检查实现年度全国覆盖，将通过遥感监测、“12336”国土资源违法举报电话等途径获取的违法线索信息，与土地和矿产资源管理信息整合集成、图上比对、关联印证，形成了贯穿四级的土地督察机构，内业与外业互动，事前、事中、事后全程常态化国土资源执法和土地督察新模式，监管触角延伸到土地转用、征收、出让、开发利用、抵押融资等各个环节和全国四级矿业权审批发证、勘查与开发，实现了全程监管和动态跟踪。多级地质灾害监测信息传输网络覆盖全部地质灾害频发区和重点区域，应急处置能力显著增强。

4. 初步建成网上服务运行体系，促进了国土资源社会服务质量和水平的显著提升

政务信息网上公开基本实现县级以上国土资源主管部门全覆盖。依托国土资源公共服务平台，建立了以国土资源门户网站为载体的社会化服务体系，政务公开、在线服务和信息共享不断深化，积极为社会公众监督政府、接受服务、表达诉求创造条件。通过在线或离线方式面向相关部门、单位及社会公众提供遥感影像、土地登记、地质资料等数据共享服务，充分发挥了国土资源信息在国民经济和社会发展中的基础性、公益性作用。

5. 开展信息资源深度挖掘，促进国土资源科学化决策

建立面向土地资源开发利用形势分析、空间规划辅助决策、矿产资源开发利用形式分析等专题的一批国土资源核心指标和数据综合分析模型，基本建立智能化决策支持体系，实现常态化、制度化的数据综合分析和异常报告。建立了国土资源智库，基于数据挖掘的知识与国土资源管理决策、监管、预警和应急处置有机融合，提高了国土资源形势分析研判的及时性、科学性和绩效评估的定量化水平，对国土资源精细化管理、合理配置、供需双向调节和节约集约与综合利用起到了良好的促进作用。

6. 进一步完善基础保障体系，信息化可持续发展能力显著增强

国土资源业务网和视频会议系统实现四级全覆盖。建成支撑应急信息传输的连接国土资源部、中国地质调查局、地质灾害多发区和野外工作现场的多级、多方式网络体系。初步建立国土资源信息网络安全保障和防护体系。建成国家、省、市三级国土资源数据中心和重庆异地备份中心。建成较为完善的信息化标准体系。建成四级国土资源信息化建设队伍，形成了完善、顺畅的信息化建设相关制度和工作推进机制。

（三）智慧国土主要决策支持系统进展介绍

随着智慧国土建设的不断推进，我国已经在支持管理方面提供了一系列的分析服务系统（见图 3-8）。一是国土资源形势分析系统。它主要是用来在宏观把握整个经济社会形势的变化，发挥宏观调控资源的作用。在海量数据基础之上构建了国土资源关键指标，进行宏观动态的分析，提出土地管理中的基本情况作为决策的依据。目前已经在全国范围和省级范围开始进行研发部署。二是规划编制和辅助支持国土土地承载规划目标的系统。它能够动态科学地选择多方案的规划，对整个资源管理、城市管理及整体运营状况进行动态评估，汇集与管理有关的指标信息，评估管理的科学性、效率性以及存在的问题。其他系统包括地质灾害、预警报告及应急指挥系统，能够快速响应地质灾害发生后的应急处置情况，管理政策咨询系统及智库，以信息化手段提升智库水平。

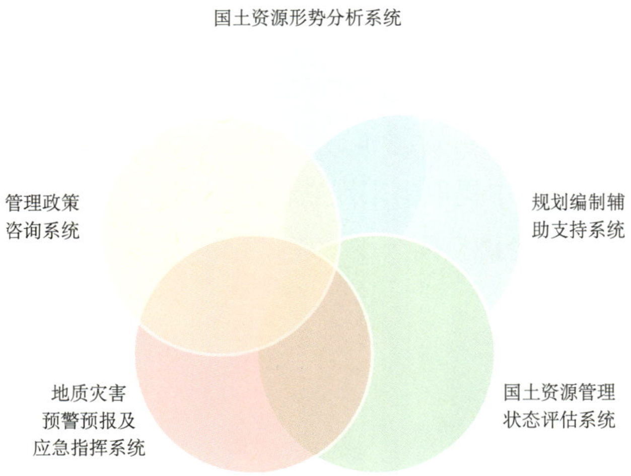

图 3-8　智慧国土的服务系统

1. 国土资源形势分析系统

通过这个系统建立资源行政分析的关键指标，反映国土资源的现行状况和发展趋势，提高调控能力。系统建设的目标是动态直观地把握宏观经济形势变化对国土资源管理的影响，发挥运用国土资源参与宏观调控（如房地产市场调控）的重要作用。主要内容是在国土资源海量数据的基础上，构建国土资源形势分析关键指标，宏观、动态地分析土地利用和土地管理中的基本情况、发展趋势和存在问题。形势分析系统中的指标共分成三大类：基础类指标、复合关系类指标和综合指数类指标，基础类指标可以直接从数据库系统提取出来，复合关系类指标需要经过一定的计算，指数类指标难度更大，能够反映整个国土资源最关键的形势变化。目前已经形成了国土资源形势分析报告、国土资源季度形势分析报告、国土资源利用和供需的核心指标研究三大系列成果，在实际应用方面，面向研究分析人员，系统提供了通用指标数据查询和综合指标查询，通过即席报表技术方便分析人员根据业务需求自定义组合形成专业数据分析和报表，同时针对特定专题数据分析，提供基于模板的专题数据分析功能，目前提供了国土建设用地供应情况模板、全国铁矿石开发利用情况模板。创新构建了可进行月度、季度、年度跟踪监测的国土资源形势分析核心指标框架，进一步发展了国土资源形势分析的原理与方法。

2. 多功能国土利用综合评价与规划预测信息系统

现在已经开发完成，配合国土规划的编制，是综合了各类经济社会以及资源环境数据的大型系统。系统建设的目标是动态直观地把握宏观经济形势变化对国土资源管理的影响，发挥运用国土资源参与宏观调控（如房地产市场调控）的重要作用。主要内容是在国土资源海量数据的基础上，构建国土资源形势分析关键指标，宏观、动态地分析土地利用和土地管理中的基本情况、发展趋势和存在问题。目前该指标体系考虑了经济、社会、资源和生态四大方面的功能，形成了一系列的指标（见图 3-9），可以从数据中提取出来建立模型，在整个数据系统基础上对国土各项规划进行评价，如国土经济空间公平效率城市 3D、国土开发、经济空间和主要要素之间的关系等。

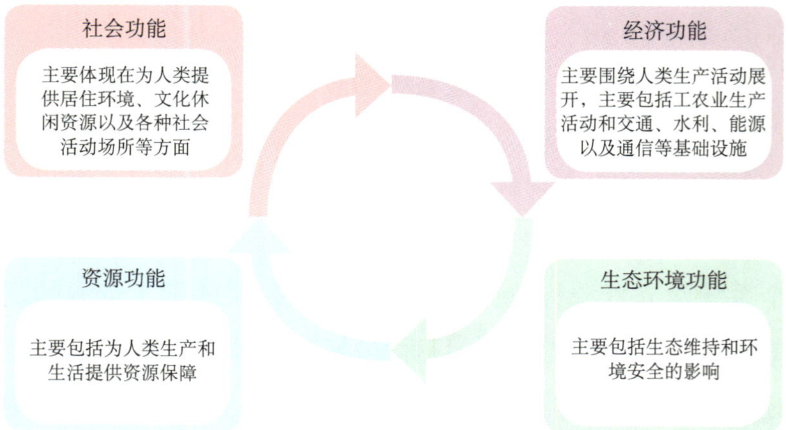

图 3-9 国土多功能评价指标体系

3. 国土资源管理状态评估系统

以支撑和保障国土资源领域内各项改革工作为目标，跟踪反映国土资源制度改革的热点、难点问题，掌握政策执行和调控效果，评估部分重点政策措施的落实情况。主要内容是通过建立不同层面土地资源宏观形势与政策实施的观测点，选择核心指标，构建制度改革监测评估体系，开展实地调研，为在重点领域关键环节实施改革提供实证监测评估依据。

4. 地质灾害预警预报及应急指挥系统

目标是加强对重点地质灾害易发区的监测预警，实时掌握地质灾害发生、发展和变化过程，为地质灾害预防和应急决策提供信息支持。主要内容是面对省、市、县国土资源部门，集地质灾害管理、地质灾害预警、应急管理、危险评估、地质灾害点监测、地质灾害信息发布等于一体的地质灾害防治领域的综合性系统。

5. 国土资源管理政策咨询系统

目标是面向国土资源宏观管理决策需求、地方需求以及社会需求，实现国土资源相关政策内容的自动化管理与服务，实现决策咨询资源共享以及协同工作。主要内容包括在全面整合各级国土资源政策的基础上，构建基于网络的政策和文件仓库，以国土资源管理流程为节点，拆分政策要素，建设国土资源政策的智能化搜索、查询、发布和咨询系统。

（四）存在的主要问题

总的来说，智慧国土现在还处于初期建设和应用阶段，是一个渐进的过程，信息化发展到目前阶段，数据积累已经到了相当高的程度，能够通过各种云计算、大数据的技术，提供高度智能化的管理和社会服务系统。但与国家对网络安全和信息化工作的要求、国土资源事业发展的新需求以及先进信息技术应用水平相比，还存在较大差距。一是基础数据的现势性和准确性不够，对国土资源开发利用的监测能力还不能很好地满足管理的要求。二是信息系统的协同性和整体性不高，对国土资源监管的深度广度还不够，监管平台应用潜力尚未得到充分发挥。三是已有信息系统的惠民利民服务水平有待深化与提高。四是信息资源共享利用刚起步，数据开放不够，信息决策支持能力有待提升。五是信息安全保障能力有待进一步提高。

二、智慧国土发展特点

智慧国土不是对以往国土资源一张图和三大平台框架的颠覆，而是从程序化、规范化、合理化，逐步渐进式升级到科学化、精细化的过程。智能感知技术，就是加强对各类数据采集监测，灵活机动地智能化获取数据，与各级管理系统互联。在没有物联网概念之前，国土资源领域已有一些感知技术应用，但是没有与管理系统特别是决策支持系统相关联。今后要把这些感知技术应用跟现有的管理系统实现互联。如装有数据服务器的野外巡查车、野外调查掌上机、固定式移动探头、基本农田探头监视、地质灾害监测防治领域野外观测台站等，这些数据是按照物联网概念形成的数据，通过宽带进入国土资源数据中心。在不断补充数据的基础上，充分应用现代新技术，挖掘有意义的管理决策信息，构建面向不同专题的智能决策体系，实现智能化决策。

智慧国土主要有三个发展方向（见图3-10）：一是能够实现全方位立体化的实时监测，核心技术是近年来物联网技术的发展，特别是各种传感器技术的数字化，形成实时海量的数据；二是国土资源在此基础上实现智能化、科学化的管理决策；三是同时为社会提供高精度、多元化的服务。

图3-10 智慧国土总体构成

目前智慧国土框架已经初步建立（见图3-11），以国土资源为基础，通过各种网络设施对数据进行实时监测，在这个基础上形成一系列机制，支持管理和决策数据的挖掘。国土资源数据分析是城市数据的基础设施，可以提供绿色科学的宜居城市规划，并在产业工业选址、为市民提供技术服务和灾害防治等方面发挥智能化服务作用。

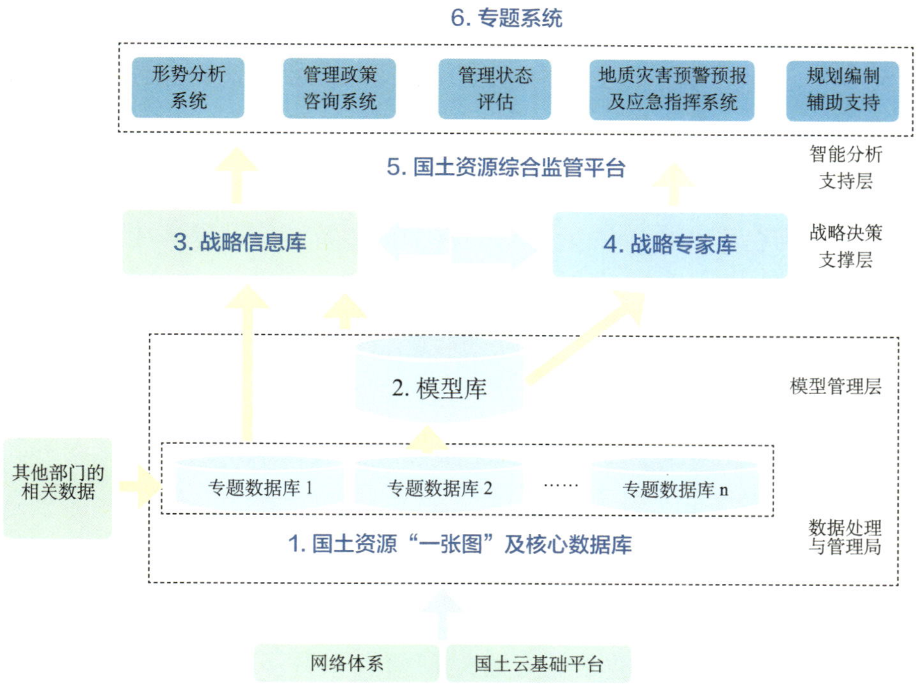

图 3-11 智慧国土总体框架图

三、智慧国土发展思路与趋势

（一）主要目标

“十三五”期间，国土资源信息化将紧密围绕国土资源管理工作发展的需求，充分利用云计算、“互联网 +”、大数据、移动通信等先进理念和技术方法，以“国土资源云”为统领，大力增强国土资源信息快速获取能力和支撑保障能力，全面提升国土资源综合监管能力、数据开放共享能力、决策支持能力和公共服务能力，打造科学决策、精准治理、多方协同的国土资源管理新模式，促进管理方式的根本转变，建设高效廉洁、人民满意的服务型政府，全面提升国土资源治理能力。

1. 构建多手段、立体化的自然资源全天候网络监测体系，快速获取土地利用、矿产资源开发、地质环境保护的实时信息，增强各类自然资源信息高效采集、有效整合、及时汇集的能力，形成完整的、科学的国土资源大数据体系，使国土资源“一张图”信息更加准确、完整，全面提升国土资源数据支撑能力。

2. 创新和深化应用国土资源综合监管平台，打造精准治理、多方协作、科学决策的国土资源监管新模式，形成覆盖国土资源管理全域、全业务、全流程的纵向四级联动，横向跨部门互联互通的国土资源监管运行体系，助力简政放权，支持从事前审批向事中、事后监管转变，促进政府监管和社会监管的有机结合，提高国土资源治理的精准性和有效性。

3. 形成以大数据为支撑的国土资源智慧决策体系，实现国土资源调查评价、规划管理、保护与合理利用等决策分析的科学化和智能化，提高决策的针对性、科学性、预见性和时效性，为实施国家资源安全战略提供支持。

4. 全面实行国土资源网上服务，形成线上线下结合、高效便捷、协同互动、公众参与的“互联网 + 国土资源服务”的新模式，实现国土资源信息在政府各部门和社会的广泛深入利用，全面提升国土资源网上服务水平。

（二）主要建设方向

1. 建立全天候、全方位的资源监测技术体系，全面实时掌握国土资源开发利用和保护状况

充分利用现代对地观测技术、多维地理信息系统、智慧地图等技术和手段，结合互联网大数据分析，对自然资源开发利用状况开展全天候、全方位的监测，构建立体化的国土资源全天候监测体系。进一步推广低成本、高精度、高可靠、智能化物联网技术、视频监测技术和智能定位技术在国土资源监测中实时、快速获取信息的应用。进一步缩短阶段性、调查性工作获取国土资源数据的周期，并建立数据快速汇集的动态更新机制。加强互联网数据资源实时获取和与业务数据资源的关联分析和融合利用，形成完善的国土资源大数据体系。

2. 完善以国土资源“一张图”为核心的大数据体系，切实保证国土资源数据的完整性

在国土资源“一张图”数据库的基础上，充分运用云计算、大数据等先进技术和方法，进行数据资源体系的统一规划，推动对国土资源数据采集、汇交、共享和利用全流程的精细管理与高效开发，逐步建立并形成包括土地、不动产、矿产资源、基础地质和地质环境等自然资源的全要素的大数据体系。创新数据管理与服务模式，提升数据资源使用价值。

3. 持续拓展和深化应用国土资源综合监管平台，进一步提高资源空间利用效能和资源保护能力

围绕耕地保护、矿产资源开发、地质环境保护等监管目标，进一步扩大国土资源综合监管平台的覆盖面，强化对国土资源管理行为的监管、对国土资源各类开发利用信息全面监管、对国土资源市场以及相对人的监管、对国土资源管理各类事

务的监管，提高社会公众参与国土资源综合监管的积极性和主动性，形成覆盖国土资源管理全域、全业务、全流程的纵向四级联动，横向跨部门互联互通的高效、规范、便民、互动的国土资源监管运行体系，及时发现、预警、处置违法违规现象，实现事前、事中及事后全面监管。

4. 建设基于大数据的国土资源决策支持系统，全面提高决策信息服务能力

采用大数据等理念和技术，面向领导、专家、管理人员等不同的需要，构建面向不同专题的智能决策系统，开展统计分析、预测预警、评估研判和辅助决策，及时发现和研究事关全局的苗头性、倾向性问题，为前瞻性战略建议提供数据和技术支持，促进国土资源综合评价和科学决策能力全面提升。

5. 建立统一的国土资源数据开放与共享平台，推进信息资源共享共用和数据开放利用

积极参与国家大数据战略，研究编制国土资源数据开放共享目录清单，充分依托国家电子政务内、外网，构建国土资源数据共享平台，实现国土资源部门与其他部门之间的数据共享与交换。建设统一的国土资源数据开放平台，推动国土资源数据集中向社会开放。设计和开发符合社会需求的国土资源专题信息产品，推动跨领域、跨行业的融合和协同创新。

6. 创新“互联网＋国土资源管理服务”新模式，全面提升服务型政府和政民互动能力

打造基于互联网的国土资源办事服务平台，实现各类行政许可、非行政许可和公共服务事项的网上申报、网上预审、网上受理、网上查询。推进国土资源移动互联应用，开发移动办公、移动执法、移动调查和网站 WAP 版。完善政务信息公开平台，强化网上互动，畅通国土资源管理部门与社会公众交流渠道，实现各业务一站式办理，形成线上线下结合、高效便捷、协同互动、公众参与的“互联网＋国土资源服务”的新模式。

（执笔人：张子平　国土资源部信息中心）

智慧生态城市建设发展构想

一、智慧生态城市建设现状

（一）智慧城市建设现状

智慧城市的概念是IBM在2009年提出智慧地球概念的基础上提出的，近年来，国内外许多城市都提出了自己的智慧发展之路，如美国圣地亚哥打造的“未来之城”、加拿大渥太华开展的“智慧首都”、新加坡提出的“智慧岛”以及英国的南安普顿、澳大利亚的布里斯班、印度的班加罗尔等多个城市和地区加入智慧城市建设的行列中。我国的智慧城市建设也如火如荼，截至2013年底，我国已有400多个城市宣布要建设“智慧城市”。我国智慧城市建设主要包含“智慧交通”“智慧环保”“智慧医疗”“智慧建筑”“智慧电网”等几个方面。

（二）生态城市建设现状

生态城市的概念最早是在20世纪70年代联合国教科文组织发起的“人与生物圈计划（MAB）”研究中被提出，随后世界多地开始了生态城市的建设。我国自1995年实施生态示范区建设以来，已有16个省、1000多个县（市、区）开展生态创建活动，125个地区正在开展生态文明示范区建设，基本形成了顶层设计和基层创新良性互促的格局。生态文明建设试点示范区建设指标体系也由单一部门主导变为跨地区、跨部门、跨行业，由多个部门、多个行政层级，以及政府、企业与公众协同推进的系统工程。

（三）智慧生态城市建设与发展现状

1. 国外智慧生态城市建设与发展概况

随着物联网、移动互联网、云计算、大数据、遥感遥测、空间地理信息技术等新一代信息技术的迅猛发展和在城市经济社会发展各领域的广泛应用，“智慧”和“生态”的理念和模式也逐渐为世界各个国家和地区接受和认同。近年来，一些国家纷纷将“生态城市”建设理念与“智慧城市”结合起来，开始建设“智慧生态城市”。国外的“智慧生态城市”没有统一的模式，只要能够改善城市生态环境与促进市民生活质量提升的工作即可视为建设“智慧生态城市”。

韩国的仁川自由经济区着重从产业、生活环境、制度、规划和实施等方面应对韩国的城市问题并进行创新。产业发展方面着重于培养新兴产业，构建循环产业链，同时在此基础上提供包括教育、展示和观光业在内的产业配套服务。生活环境方面提供舒适和完备的居住及服务设施，引入无污染的绿色交通系统、高效的水处理系统、完备的数字城市管理系统。制度方面仁川给予企业优惠的税率，设立了吸引企业的促进资金、战略决策机构，并简化和改进机构和制度以提高效率。在城市规划和开发中规划者将多种 ubiquitous 技术 (BcN、USN、RFID 等) 引入城市空间的各个领域中。同一套通信网连接了整个自由经济区，并在此基础上构筑了专业化服务（行政、交通、防范、防灾、环境、地下埋设物等）间的相互连接来提供充分服务和满足城市使用要求。在实施层面推广了绿色交通、水资源利用、生态城市空间、建筑节能及新能源利用等一系列系统措施。仁川自由经济区设计了梯级绿地系统，由城市自然公园、城市公园和设施绿地组成，其平均绿化率达到了 27.5%。在废弃物收集系统设计上，垃圾不再通过汽车收取，而是通过地下输送管道将垃圾直接输送到垃圾场的自动垃圾清理系统，以减少运输费用并改善环境品质。通过开展绿色之家项目，在建筑中借助多种手段优化建筑物的能源利用率，电力和采暖等能源将被光电、风力和天然气等可再生和洁净能源所代替，实现能源自给。

德国的“智慧生态城市”建设项目一般多集中在节能、环保、交通等领域，代表性城市如柏林、法兰克福等。在电动交通方面，2011 年 3 月，柏林提出“2020 年电动汽车行动计划 (Action Plan for Electromobility Berlin 2020)”，其中一个重要的项目是奔驰 smart 的 car2go 项目。在该项目中，注册用户可以在大约 250 平方千米的区域内租用到配备了智能熄火 / 启动系统、空调和导航系统的 smart for two 车辆，并根据自己的意愿长时间驾驶这些汽车，然后在运营区域内的任何公共停车场归还汽车。此外，car2go 还面向手机用户推出了一款 car2goAPP 应用。用户可以通过该应用查询附近可用的 car2go 车辆等信息。法兰克福采取了大量措施减少二氧化碳排放，如低排放公交车、改装天然气汽车、设置低排放区域、鼓励自行车出行和电动交通等。在节能住宅方面，柏林和法兰克福提倡“被动式节能住宅”，该节能建筑利用可再生能源在室外温度为零下 20℃ 的情况下，室内可以不必开空调或暖气就保持正常生活所需的温度，每年单位面积供热能耗仅为 15 度电，远远低于目前德国的标准 75 度电。在城市生态建设方面，法兰克福由花园、公园、树林、水泽和沙丘等组成环城绿带（Green Belt），该计划持续了 20 多年，全市绿化覆盖率高达 52%，人均占有公园绿地达到 40 平方米。在节能减排方面，法兰克福正在越来越多地利用生物技术降解垃圾，将之转化为电能和热能。在水资源管理方面，政府提供一部分补贴，鼓励和帮助居民购买雨水收集设备；在含水层周围按不同的距离划分了三级水源保护地带保障水源安全。

2. 国内智慧生态城市建设与发展概况

（1）“智慧环保”引领“智慧生态城市”建设

我国的初期“智慧生态城市”主要体现在“智慧环保”“智慧产业”等方面（见图 3-12）。

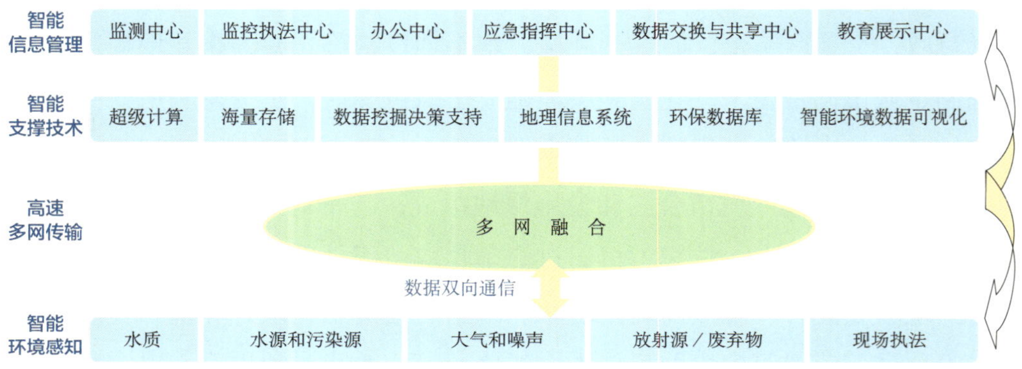

图 3-12 “智慧环保”城市总体架构

在“智慧环保”方面：上海、南京、天津、重庆等多个城市建立了“智慧环保”服务平台，基于现有的“数字环保”平台、在线监测监控网络、环境应急指挥系统，充分运用信息技术、物联网技术、数据挖掘、空间信息技术和通信技术等对环境保护的各类信息进行深入挖掘与分析，进行全面立体感知，资源优化整合，建立集为一体的环保服务平台。

在“智慧产业”方面：山东青岛的中德生态园打造中国首座“智慧生态园区”，该项目中，利用泛能网技术将能源、资源和信息耦合在一起，实现区域内的节能减排和可持续发展。建成后清洁能源利用率将达到 80%，可再生能源利用率达到 20%，碳减排 60% 以上。天津开发区引入英国国家产业共生管理模式，通过物联网和互联网技术，整合园区企业内部、企业之间、园区各有关职能部门，大力发掘能量物料信息、积极搭建生态链网，构建区域产业共生网络，深化园区循环化、生态化、绿色化程度，通过建成产业共生信息服务平台，建立了政府与企业互动的信息交流平台，促进了区内工业企业间副产品交换、资源对接、商业合作及循环经济产业链形成，减少了区域废物填埋量及二氧化碳排放，促进资源高效利用。在四年的项目实施期间，吸引了900多家企业参与产业共生项目，实现99组废物资源对接；减少了98.1万吨垃圾填埋量、16.8万吨二氧化碳排放量。

（2）“生态文明”建设推进“智慧生态城市”发展

随着“生态文明”建设的不断推进，“智慧生态城市”涉及的领域越来越广泛。不同城市、不同学者从不同角度提出了“智慧生态城市”建设架构，但是可以看出，近几年的“智慧生态城市”建设包括了五位融合发展、五化协同推进的思想，涵盖了政府、企业、社会、社区和家庭多个层次，涉及人们的生产、生活和生态。比较有代表性的是北京的“智慧生态门头沟”、深圳的“智慧生态坪山新区”和“天津新梅江智慧生态城市”建设。目前的“智慧生态城市”呈现以下特征，如图3-13所示。

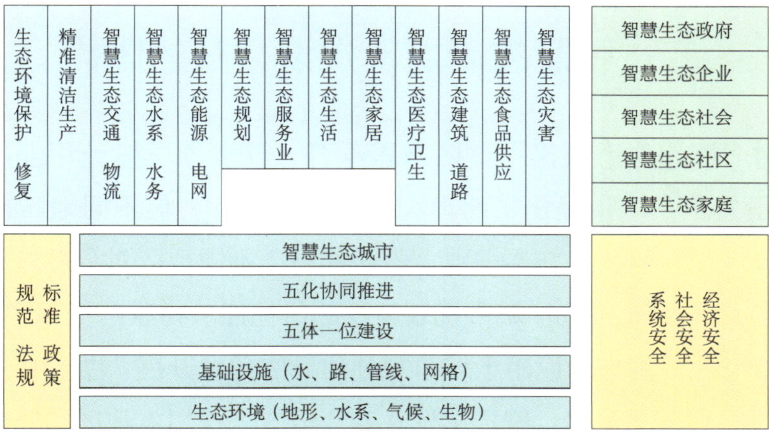

图3-13 “智慧生态城市”总体规划

一是重视城市生产、生活、生态协调平衡。北京的“智慧生态门头沟”优化调整了基本生态控制线，清退基本生态控制线内违法建设，优化旅游开发。以公园绿地、水库、农林等为生态斑块，构建良好的生态格局，保护了良好的自然生态系统和河湖水系网络；沿城市主干道、水系河道、生态廊道及山谷预留城市通风廊道，通过建筑、绿化、公共空间的合理布局，营造良好的气候环境，缓解了城市热岛效应；构建高效公共交通体系，实现了智能交通人性化；大力推广节能建筑，实现建筑低碳减碳化。通过构建社区公共服务网络，实现了教育、医疗、社会福利、文化体育等设施服务功能全面提升和均衡优质发展。

二是谋求产业智慧发展，实施“智慧生态工程”。北京的“智慧生态门头沟”着力发展智慧生态农业、智慧生态工业、智慧生态建筑、智慧生态交通、智慧生态规划、智慧生态养生、智慧生态基础设施、抓好智慧服务、智慧城管等智慧应用，谋求产业智慧发展，服务全面发展。通过实施一系列“智慧生态工程”，修复城市生态系统，改善城市环境质量。

三是加强智慧监管、实现智慧决策。通过在线监测监控网络、物联网技术、数据挖掘、空间信息技术和通信技术等技术建立集经济发展环境监测与分析系统、经济发展绩效监测和决策支撑系统等为一体的服务平台。密切跟踪各类指标变化，通过各类信息的采集与加工分析，支持重要决策，实现智慧决策支撑功能。实行信息公开，通过互联网实现政府组织结构和工作流程的优化组合，向社会提供优质服务。

二、智慧生态城市建设存在的障碍

（一）对“智慧生态城市”理解参差不齐，缺少顶层设计和部门协同

目前，虽然不少城市提出了建设智慧城市的目标，但不同地区、不同部门对于“智慧生态城市”的认识并不一致，不同部门、不同地区对智慧城市建设所包含内容的看法也不尽相同。例如，城市规划建设部门往往从物联网、云计算、三网融合、无线宽带等新一代信息技术应用于城市规划建设的角度开展“智慧生态城市”建设，信息化主管部门则从工业化、信息化相互融合角度去规划本地区的智慧城市建设，缺少顶层设计和部门协同。

（二）偏重技术产品和应用，缺乏全民参与意识

城市的主体是生活在城市的居民，“智慧生态城市”必须以人为本。“智慧生态城市”不仅意味着硬件的建立和完善，更要求居民科技素质、环保意识、城市创新能力、人才吸引力等“软件”的提升。“智慧生态城市”的应用需要居民、企业、城市管理人员的积极参与才能真正发挥作用。

（三）“智慧生态城市”建设中生态保护机制不健全

“智慧生态城市”是创新环境管理、推进城市生态文明建设重要抓手，当前城市环保部门权力有限、生态环保资金投入不足以及因政府部门条块分割而造成的各部门缺乏协调性的落后，导致环保部门较少参与“智慧生态城市”创建，“智慧生

态城市”建设中，缺乏资源消耗、环境损害和生态效益等方面的干部政绩考核指标，造成“智慧生态城市”建设中生态保护机制不健全。

三、智慧生态城市建设建议与展望

（一）加强智慧生态城市的顶层设计研究

城市是社会—经济—自然复合的生态系统，“智慧生态城市”不是智慧城市和生态城市的简单相加，而是把生态文明建设融入经济、政治、文化、社会建设各方面和全过程，协同推进新型工业化、城镇化、信息化、农业现代化。“智慧生态城市”也不是简单把物联网、云计算、大数据、移动互联网等新信息技术都加载到城市之上，应该与城市的战略定位、城市特色、资源条件、人口构成、支柱产业等相结合。因此，需要加强建设综合研究的团队共同做好智慧生态城市的顶层设计。

（二）将智慧城市融入生态文明建设中

智慧生态城市应该把智慧城市融入生态文明建设中，树立尊重自然、顺应自然、保护自然的生态文明理念，并把生态文明建设放在突出地位，融入经济建设、政治建设、文化建设、社会建设各方面和全过程。具体实施过程中，应该按照生态学原理，结合大气科学、水文科学、城市规划学等科学，尊重城市发展规律，合理布局城市的“三生”空间；以大气、水、土壤容量与质量要求构建城市的环境质量控制体系；以低碳、绿色、循环的理念构建城市产业链；以传统文化与现代文明相结合为基础构建生态文化体系；以绿色考评和问责机制为约束构建生态制度体系。把新一代信息技术（物联网、云计算、通信技术、社交网络等）运用在城市的生态环境管理中，通过参与式治理，让决策者更智慧地管理城市、保护环境，注重经济增长与资源开发利用的平衡，促进城市可持续发展，更合理地利用和分配人力资本、社会资本和自然资源，促进城市经济增长，维持城市可持续发展，提供更完善的公共服务，不断提升居民生活质量，促进社会各阶层平等。以实现人与自然和谐，实现可持续发展。

（三）重视城市合理布局，引导城镇集约发展

智慧生态型城市必须尊重城市的自然环境、尊重城市的发展规律，城镇化发展要走土地集约的紧缩化发展道路，避免人、地不匹配的盲目扩展。

建设“智慧生态城市”，应该对城市生态环境本底的科学认识上划定生态红线，构建生态安全格局（大气安全格局、水安全格局——海绵城市、生物多样性安全格局）。“智慧生态城市”使城市的森林、公园绿地、河湖、农林等自然生态系统得到更好的保护，城市的生态廊道、通风系统不受阻隔，城市成为海绵城市，更有“弹性”。在对城市生态系统承载能力的预测和环境容量的科学计算上布局生产与生活空间。因此，“智慧生态城市”将使城市的“生态、生产和生活”空间更加合理。

（四）发展智慧生态产业，推动产业绿色转型

发展智慧生态农业、智慧生态工业、智慧生态服务业。通过物联网和互联网技术，发掘能量物料信息、积极搭建生态链网，构建复合型循环产业链，构建区域产业共生网络，建成产业共生、政府与企业互动的信息服务与交流平台，推进产品生产、加工、营销、服务相配套，减少区域废物排放，促进资源高效利用。

（五）加强智慧管理，改善城市生态环境质量

通过卫星遥感、在线监测监控网络、环境应急指挥系统，充分运用信息技术、物联网技术、数据挖掘、空间信息技术和通信技术等对污染物排放进行全面立体感知、智慧监管。对环境保护的各类信息进行深入挖掘与分析，对污染物的传输过程进行综合预判，对生态环境破坏事件做出智慧应急反应，有效控制和减少污染物的排放，改善城市生态环境质量。

利用遥感、GIS 技术、分析城市绿地系统的服务可达性、城市交通的可达性，找出城市的生态服务空缺和交通空缺，同时利用物联网、云计算等技术设计城市的绿地生态系统和城市交通网络。建设“智慧生态建筑”“智慧生态社区”“智慧生态乡村”，构建清洁优美、循环节约、高效便利、舒适宜人、自然和谐的人居环境体系。

（六）创新公众参与机制，推动公众参与“智慧生态城市”创建

“智慧生态城市”建设以人为本，将城市信息系统与经济发展、城市管理和公共服务紧密结合，优化城市管理决策、创新技术、扩展产业空间、全民提高城市生活品质。通过新一代信息技术、社交媒体来加强用户的参与，汇聚公众智慧，不断推动用户创新、开放创新、大众创新、协同创新，通过公众的广泛参与和自上而下的信息反馈机制推动城市建设与社会高度融合，经济社会发展更智慧化，更能实现经济、社会、环境发展的可持续性。

（七）研究制度配套，为“智慧生态城市”实施保驾护航

将资源消耗、环境损害和生态效益等指标将纳入“智慧生态城市”的评价体

系中，形成绿色 GDP 核算和考核体系，实行问题追溯和责任终身追究。通过遥感技术、信息技术、社交媒体等加强信息公开制度、违法行为有奖举报制度、政府重大决策听证制度等，使政府的相关生态环境决策、行动、规划及企业的环保信息更加公开化和透明化，为“智慧生态城市”建设保驾护航。

（执笔人：高吉喜　张慧　环保部南京环境科学研究所）

我国智慧交通的现状及未来发展趋势

智慧交通是在交通领域中运用物联网、空间感知、云计算、人工智能、自动控制、移动互联网等技术，以全面感知、深度融合、主动服务、科学决策为目标，对交通规划、设计、建设、运行、管理和服务全过程进行技术支撑，使交通系统具备泛在感知、互联、分析、预测、控制等能力，以充分发挥交通基础设施效能、提升交通系统运行效率和管理水平，保障交通安全和畅通有序。智慧交通既是智能交通的升级版，也是智慧城市建设不可或缺的重要组成部分。

2015 年，在国务院《关于促进智慧城市健康发展的指导意见》《关于推进“互联网 +”行动的指导意见》《促进大数据发展行动纲要》等大政方针指引下，在全国各地政、产、学、研、用共同推动下，我国智慧交通行业总体技术和产业水平得到明显提升。智慧公安交通管理、绿色交通、自动驾驶、车路协同、车联网、移动互联网、大城市区域交通协同联动控制、大数据分析研判、“互联网 +”交通信息服务等关键技术取得了重大创新和突破，形成了具有自主知识产权的成套技术和装备，部分成果已实现产业化和规模化应用，智慧交通工程建设方兴未艾。各级各地政府对智慧交通的建设日益重视，公安部、交通运输部以及北京、上海、天津、重庆、广州、中山、深圳、济南、青岛、杭州、南京、无锡等城市的交通运输与管理智能化和科学化程度已达到较高水平，智能交通控制、公交智能调度、停车智能诱导、车辆安全驾驶、路况信息主动推送等城市交通智慧管控与服务功能已全面实现。

一、智慧交通总体发展现状

随着城镇化和机动化的持续快速发展，2015 年我国机动车驾驶人已经超过 3.2 亿，居世界第一，机动车保有量 2.74 亿，每年的机动车增长速度也是全世界第一，我国城市仍将长期处于交通大发展、货物大流通、人员大流动的发展阶段，交通流量的大增长造成了城市交通拥堵加剧、雾霾天气增多、交通事故频发等诸多“城市病”。据环保部对九个大气污染防治重点城市的污染源解析认定，北京、杭州、广州、深圳的首要污染来源是机动车。加快智慧交通建设，已经成为促进城市经济社会发展活力、改善国民生计的重要战略举措。

（一）智慧公安交通管理

目前全国共有 461 个城市建成集接处警、信息采集、交通控制等功能于一体的交通指挥控制中心，404 个城市实现了交通信号区域控制或主干道“绿波”控制。全国公安交通管理部门积极构建交通管理综合应用平台、集成指挥平台、互联网综合服务管理平台和大数据分析研判四大工程，充分利用大数据和云计算技术，推进交通管理服务模式的转型升级，已形成以执法办案、管控指挥、综合服务、信息研判为核心的智能化、信息化架构体系。

1. 全国公安交通综合服务平台

全国公安交通管理部门通过整合机动车登记、驾驶证管理、交通违法处理、交通事故处理、剧毒品运输管理、警务基础工作六大独立的管理系统形成了“六合一”综合平台，实现了交通管理数据整合集中、交管业务一网办理，目前已在 31 个省（区、市），480 多个地市、4500 多个县区、2800 多个车辆管理形成了规模化应用。平台还与各地机动车检验站、驾驶人考试场进行实时数据对接，实现业务全程监控和违规预警。依托平台先后推出了网上预约检验、互联网选号、交通管理自助服务等 100 多项便民利民举措，创新应用了智能交通终端二维码系统、身份证自动读取、电子档案等新技术，优化业务流程，简化办理手续。

2. 全国公安交通集成指挥平台

全国公安交通管理部门建设部、省、市三级公安交通集成指挥平台，搭建部、省两级交通管控云计算平台，率先建成全国机动车缉查布控系统。目前集成指挥平台已在吉林、山西、贵州、安徽四个省完成试点部署，预计 2017 年完成在全国所有省、地市推广应用，实现城市和公路交通监控全覆盖。目前缉查布控系统已改造整合集成公安治安卡口系统 2 万个，实现全国跨省市、跨路网对机动车行驶轨迹的确定和核查。2015 年，系统查处违法车辆 181 万辆次。

3. 全国“12123”互联网交通安全综合服务平台

互联网交通安全综合服务平台是实现网上业务预约和受理、法定交通安全信息告知、公告、提示和警示教育的综合平台，提供 10 大类、130 多项网上办事服务，提供网页、手机 APP、短信、电话等多种发布方式，启用全国统一的专用互联网域名“12123”和手机 APP，已经在 18 个省、60 多个城市上线应用，累计注册用户 138 万人，提供业务预约、办理等服务 237 万人次，发送业务告知手机短信 186 万条。

4. 交通管理大数据分析研判平台

公安部设立了全国公安交通管理数据中心、云计算和大数据应用联合实验室，研发建设了交通管理大数据分析研判平台。通过深度融合挖掘大数据，服务科学研判决策、服务实战勤务指挥、服务事故预防源头综合治理，实现交通管理业务信息的研判分析、交通警情预警、交通安全态势研判预测、重点车辆关联分析。目前已在部级和江苏、浙江、山东、江西、山西、广东、贵州、辽宁等近 20 个省部署应用。

（二）公交都市与绿色交通

2012 年，交通运输部启动了公交都市建设示范创建工程，至 2015 年已有 37 个城市创建公交都市，共有公共汽电车运营车辆 35 万标台，占全国总量的 55%；开通城市轨道交通线路 92 条、运营里程 2793 千米，分别占全国总量的 97% 和 96%；公交专用道长度达到 3540 千米，占全国总量的 51%；快速公交（BRT）运营里程达到 1500 千米，占全国总量的 54%；公交车平均进场率 74%，比全国平均水平高约 11 个百分点。目前，全国范围内已建成、在建或待建快速公交的城市有 40 多个。我国快速公交系统日均承担 400 万人次的出行任务，北京、常州、郑州、厦门和乌鲁木齐五个城市日均客运量在 20 万人次以上；快速公交日均客运量占全市日均客运量一成的城市达 10 个。快速公交通过专用路权、信息化等方式大大提高了运行效率和准点率，平均运行时速达到 23 千米左右，相较于普通公交时速提高 43.75%。快速公交系统通过车辆技术升级、减少怠速时间、提高周转效率、减少人均上车时间等途径，减少了大量的能源消耗。

通过三年公交都市创建示范工程，河北、天津、江西、内蒙古、宁夏等十多个省份在提高公共交通系统的吸引力、调控城市交通需求总量和出行结构、提高城市交通运行效率等方面进行了积极探索并取得了一定成效。济南、广州、南京、常州等城市陆续制定实施了一系列推动公交优先的政策措施，建成了公交枢纽运营管理、电子站牌信息服务系统、公交运营组织与调度系统、BRT 智能管理系统等智慧公交系统。定制公交、商务快巴、旅游专线、社区巴士等特色公共交通服务在全国各城市遍地开花，创新服务、树立品牌已经成为整个公共交通行业的共识。北京通过“定制公交”每天减少 3150 辆私家车上路，每天可减少私家车行驶 4.8 万千米，减少燃油消耗 3900 升，减少二氧化碳排放 8800 千克。武汉、长沙、杭州、株洲、无锡等城市大力发展公共自行车的租赁服务，实现网络化服务，切实解决公交换乘“最后一公里”的便捷交通。珠海提出绿色低碳交通作为城市发展愿景，并与西门子展开合作，通过全方位、多渠道的数据采集、筛选、分析，不仅能为珠海城市管理者提供有效的数据支持，还能为市民提供多样化的交通信息服务，实现智能化出行。此外交通一卡通互联互通让城市公交更高效。截至 2015 年 11 月，长春、吉林、通化、保定等 20 个城市率先完成重点公交线路交通一卡通系统的升级改造和实地测试，初步实现了部分公交线路交通一卡通的互联互通。“一卡在手，走遍各地”的现代化生活渐行渐近。

（三）不停车收费与电子标识

高速公路不停车收费（ETC）已在全国应用，实现全国 29 个省市联网。随着内蒙古、黑龙江、广西、新疆并入高速公路电子不停车联网区域，纵贯南北、互通东西的全国 ETC 联网格局就此形成，2100 余万用户实现了一卡畅行全国。全国累计建成 ETC 专用车道 1.2 万余条、5 万余条人工刷卡（MTC）车道，ETC 用户约 2171.5 万，超额完成了“2015 年底实现用户数量 2000 万”的目标；建成自营服务网点 1100 多个，合作代理网点约 1.6 万个，各类服务终端约 2.7 万个。全国 ETC 联网后，中国已成为全球最大的 ETC 收费“一张网”。ETC 全国联网催生出庞大产业链，将给相关厂商带来百亿元商机。实验证明，ETC 使车辆减少了因排队而频繁启动、刹车的次数，平均每辆车通过 ETC 车道比通过人工收费车道的油耗节省量为 0.0314 升 / 车次，CH 化合物排放量降低约 0.7 克 / 车次，CO 化合物排放量降低 4.7 克 / 车次，NO 化合物排放量降低 0.3 克 / 车次。据此估算，我国 ETC 耗油节省量约为 6500 万升，平均每年能源节约效益约为 4.3 亿元；平均每辆车通过 ETC 车道比通过人工收费车道按照 2015 年治理污染性气体需投资 1.3 万元 / 吨，以目前交易量预估每年治理环境污染的投资建设费用可节约 1.5 亿元。此外，采用 ETC 还可有效减少因停车收费造成的延误及拥挤，提高高速公路收费效率、车辆运行效率。据统计，普通轿车通过人工收费站的平均时间为 14 秒，采用 ETC 缴费通过收费站的平均时间仅为 3 秒，即每车次可节约 11 秒的时间。

2015 年，公安部、工信部、国家标准委等部委联合推动的汽车电子标识项目已经完成顶层设计和电子标签、读写设备等系列国家标准编制。组织中电华大、中兴通讯、深圳金溢等无线射频电子识读设备（RFID）企业设计和开发汽车电子标识国产化安全芯片和识读设备，完成安全控制模块设计开发（涉及数据加密算法），搭建公共测试环境开展测试 RFID 的识读性能、抗干扰、环境适应性、基材选型及防拆等性能。确定了北京、深圳和无锡为第一批试点城市，在重点车辆监管、公交优先、公路卡口、停车场、门禁管理和拥堵收费等方面示范应用。1 月，无锡试点工作启动，宣布首批发放 10 万张；4 月，深圳市公安局交通警察局宣布，深圳将试点安装汽车电子标识，首批 20 万张将陆续安装，预计 2016 年上半年，深圳将完成第一批 20 万张电子车牌的免费发放工作。京津冀协同发展领导小组将"汽车电子标识先行先试"列入京津冀三省市交通一体化项目，明确由公安部牵头，工信部、交通运输部和环境保护部参与，北京、天津和河北人民政府参加。2015—2017 年，用三年时间完成京津冀地区所有在册汽车和进京车辆的汽车电子标识安装工作，完成在所有主干道和重要监控场所的识读基站安装（改造）工作，建设京津冀地区全天候工作的机动车安全运行监控平台和机动车污染排放监测平台，构建京津冀地区汽车电子围栏，为进出京车辆的通行和核查提供便利。

（四）车联网与自动驾驶

据银河证券预估，2015 年中国车联网用户达到 1000 万户，占汽车用户总数的将近 10%。五年内用户数将达到 4000 万户，渗透率有望突破 20%。"中国智能车未来挑战赛"已经连续三届在常熟举办，8 月我国首个智能车研发测试中心——"中国智能车综合技术研发与测试中心"又落户常熟。该中心经过 3—5 年的努力，将建设成为具有国际影响力的"专业、独立、公正"第三方智能车辆与智能交通的测评机构，以及智能交通、智能车相关产品研发、测试与生产基地和中国智能车产业的科技创新平台、公共技术服务平台与技术交易平台。据速途研究院分析，2015 年中国的车联网开始进入快速发展阶段，从技术上看，车联网设备应运而生，汽车厂商对于车载智能化设备的应用开始普及，在 2015 年主流的民用汽车当中，33.5% 的汽车具备基础的 GPS 导航系统，同时 10.7% 的汽车升级到了定位互动服务系统，两者共占整体比例的 44.2%，接近半数，大量具备车载智能化设备的车型已经产出。从国产品牌上看，哈飞、长安、大众三个品牌的智能化汽车数量占比最高，分别占比 6.0%、5.5% 和 5.3%，其后依次是比亚迪、吉利、众泰等品牌。从汽车的级别分类上看，紧凑型车的车联网覆盖程度较高，其后依次为紧凑型 SUV、中型车和中型 SUV，分别占比 26.3%、20.3%、14.7% 和 11.8%。在汽车智能化发展进程中安全和智能辅助驾驶成为用户最期待的功能，信息通信、减少损耗和娱乐方面的智能化发展也备受期待。

2015 年在乌镇举办的第二届世界互联网大会上，百度推出了无人驾驶汽车。根据百度公布的路测路线显示，这辆车从位于北京中关村软件园的百度大厦附近出发，驶入 G7 京新高速公路，经五环抵达奥林匹克森林公园，随后原路返回，全程都是自动驾驶，其中实现了多次跟车、减速、变道、超车，上下匝道，调头等驾驶工作，完成了进入高速、汇入车流到驶出高速，也就是离开车流的不同道路场景的切换，最高时速达到 100 千米 / 小时。会上吉利宣布正在研究自动驾驶汽车。吉利的自动驾驶技术既保留了驾驶人驾驶的体验，又具备了自动驾驶的功能。12 月，中国科学院合肥物质科学研究院先进制造技术研究所与广州汽车集团股份有限公司汽车工程研究院签订“新能源汽车项目自动驾驶技术开发”合同，该项目将自动驾驶技术与新能源汽车相结合，通过车载传感器感知外部环境，进行自主智能决策，实现新能源汽车的自动驾驶。国家智能交通系统工程技术研究中心和宝马（中国）服务有限公司共同建设“智能驾驶联合实验室”，在引领国内智能驾驶技术发展的道路上迈出了坚实的步伐。

（五）互联网 + 交通

2015 年 7 月，国务院总理李克强批准印发《关于积极推进“互联网 +”行动的指导意见》，指导意见共提出了 11 项具体行动内容，其中第 9 项“互联网 + 便捷交通”，明确了未来几年，将由国家发展改革委和交通运输部牵头，将互联网 + 交通运输行业深度融合，提升交通基础设施、运输工具、运行信息的互联网化水平，推进交通运输资源在线集成，增强交通运输科学治理能力，创新便捷化和一体化的交通运输服务体系。城市智慧交通是交通运输行业最重要的组成部分，已成为交通领域深化政府体制改革、加快建设服务型政府、全面提升政府有效治理能力、主动顺应新兴信息技术和互联网发展新趋势的重要手段。随着 “互联网 +”上升为国家战略，互联网的技术、思维模式等将逐步渗透到交通行业的各大领域。互联网企业积极参与智慧交通建设，用户也将成为智慧交通的重要参与主体，智慧交通建设的主体呈现多元化的特征，包括政府、互联网企业、运营商、公众等，基于手机 APP 的移动互联网发布方式以及动态导航正在蓬勃发展，并越来越受到大众认可，成为未来的市场主流。

2015年，百度、阿里巴巴和腾讯在地图、导航及交通领域动作频频：阿里投资易图通、全资收购高德，通过支付宝NFC切入公共交通领域；百度收购长地万方，通过与交通管理部门联动盘活大数据，推出CarNet车载设备；腾讯收购科菱航睿，与四维图新合作，推出车联网硬件产品路宝。BAT通过打车、专车软件抢夺移动支付入口，腾讯投资快的打车，阿里巴巴投资滴滴打车，百度投资美国叫车App Uber，互联网企业拥有雄厚的技术、数据沉淀以及成熟的互联网思维，将在智慧交通行业发展中起到关键作用，也将对交通行业商业模式创新产生重大影响。2015年，继O2O打车之后，云停车成为又一创造神话和奇迹的行业。“互联网+”让一向沉寂的停车市场急骤升温，云停车市场动辄上千万美元的投资，让人们仿佛看到2014年滴滴、快的等打车巨头快速吸金、极速膨胀的身影。随着“互联网+”的渗透，O2O交通的最后一块领地——货运市场也在2015年迎来了爆发期。货车帮、货拉拉、车旺、货车百事通、一号货车、沙师弟、快召货车、货源甲、货车在线、快找货车、运满满、易配货、好多车、物流小秘、罗计物流、同城货运、多多货车、物流派等200余个各种类型的车货匹配APP如雨后春笋般诞生，其中有很大一部分来自有着深厚市场根基的卫星导航企业，如车旺、货车百事通、沙师弟、货源甲等。

2015年三大电信运营商通过和政府合作，依靠政府权威数据后台，具备了互联网企业所不具备的数据资源优势，推出智慧交通APP应用。北京市交通委把抽象的交通大数据变成了用颜色标注的交通热点图，呈现出来的是出租汽车热点图、轨道客流分布图等。小到调整公交路线，大到城市规划，这些图片都能为管理者提供决策支持。基于“智慧广州”背景，广州市政府主导，与三大运营商联手推出了“沃·行讯通”系列APP，利用交通在手、易行网、全景大交通等多种途径向市民提供综合交通信息服务。这种以“运营商—政府”为主导的特色应用，很好地共享了各自的优势资源。运营商能够提供快速流畅的无线网络支持用户群体，政府则提供了强大的交通信息数据。南京市城市智能云交通诱导服务系统通过综合分析人、车、路等交通影响因素，利用各类信息发布手段，为道路使用者提供最优路径引导信息和各类实时交通帮助信息服务，为众多出行者优化路径。宁波交通委推出的“宁波通”手机APP信息服务平台，不仅发布方式新颖，而且跨界资源整合多，共提供3大类18项便民服务，包括公交/定制公交、自行车、停车诱导、购票、路况上报、违法处理、移车求助等，市民可以随意选择关注点。数据方面融合了交警、公交、客运、城管、气象等多个部门，几十个业务系统信息，为出行者提供全面、实时的信息。厦门市智能交通指挥控制中心则通过检测设备、视频巡逻、电话、微信、微博等多元化渠道采集道路交通信息，通过室外诱导屏、网站、手机等方式及时发布信息。烟台市在城市交通领域开创了一种新的公共交通出行模式，政府购置了一大批低排放的环保汽车，将其投放在城市各个角落。市民可以通过手机随时预订车辆，凭借办理的会员卡，刷卡即可开启车门，使用车辆。用车结束后停放到任意共享租车专用停车位，系统自动计算费用，计算透明，网上支付，操作简单。实践证明，这种方式，有效减少了汽车上路数量、极大降低了车辆空驶率，甚至降低30%以上，缓解了道路交通拥堵，降低了碳排放。2015年6月，天津市交通运输委与阿里云计算公司签署合作协议，进行“互联网+城市智能交通”的大数据研判，此项目主要由天津市交通委主导，阿里云提供技术支持和解决方案，以“互联网+交通”的思路及方式，实现全市公交、地铁、出租、长途、铁路、航空等各种运输方式和综合交通信息的统一管理。9月，上海市交通委与腾讯计算机系统有限公司签订《“互联网+交通”战略合作框架协议》，在移动互联网领域深化合作，提高交通服务的个性化、便利化。上海市交委向腾讯开放出租汽车、公共交通、轨道交通和交通拥堵等业务领域相关数据，腾讯借助移动社交和通信服务渠道，将交通服务移动化、便利化。

（六）大城市区域交通协同联动控制

自“十二五”以来，交通运输部实施了多个“交通物联网示范工程”。全国重点营运车辆联网联控系统在2015年上半年实现车辆入网率和上线率均达到100%，78万辆“两客一危”车辆全部入网上线。在“长三角航道网及京杭运河水系智能航运信息服务应用示范项目”中，实现了船岸一体、船港一体、船货一体、数字航道、数字港口、船舶应急、水运物流等一体化应用。广州开展的“基于物联网的城市智能交通应用示范工程”全面整合城市交通、铁路、民航、水运等交通资源，构建了包括广州市交通信息共用主平台、物流信息平台、路面交通状况监视与监测、静态交通管理系统等智能交通系统的主框架，实现了羊城通系统、线网规划系统、出租车综合管理平台、联网售票系统、“96900”呼叫中心等多个子系统的连接，打造“交通在手、遍行广州”的一站式服务平台。在重庆示范应用的“基于物联网的公路网运行状态监测与效率提升技术”，建立了集网站、广播、路侧通信、移动终端和可变信息标志牌等多方式于一体的，面向路网使用者和管理者提供实时路网运行状态信息服务的示范应用。北京建成交通运行协调指挥中心和路网运行、运输监管、公交安保三个分中心，形成一体化、智能化综合交通指挥支撑体系，成为数据共享交换中枢、综合运输协调运转中枢、信息发布中心，紧急情况下则为交通安全应急指挥中心。北京还建成了包含全市 10 家省际长途客运站的联网售票系统，5 家出租汽车安防监控中心，8 家化学危险品运输企业建立了化学危险品运输车辆 GPS 监控系统。

2015 年，交通运输部、国家发展改革委联合印发了《关于开展多式联运示范工程的通知》，共同开展多式联运示范工程。以双方共建的标准为基础、以国家交通物流平台的交换为载体，实现公路、铁路物流信息系统的互联互通，实现物流全过程可视化，为用户提供更为高效的一体化物流服务，共同促进我国物流行业的健康发展。12 月在“互联网之光”博览会上，国家交通运输物流公共信息平台举行产品发布会，与合作伙伴共建“物流命运共同体”，国家交通物流公共信息平台携多家合作伙伴共同对外发布八款“平台 +”应用产品：四方物流、要发货、园区通、易代收、快货运、跨境电子商务、宁波航交所“海上丝路指数”、亿海蓝。湖北省加快交通运输物流公共信息平台建设，支持武汉物流交易所建设，争取建成集“交易撮合、资源总合、运输组织、电子商务、物流金融、运行监控和服务保障”等服务功能为一体的物流信息平台。加快宜昌、襄阳等大中城市区域性交通物流信息平台建设。推进物流公共信息平台与重点物流园区（企业）的互联互通，并完善相关机制。此外，省域、跨省域客运联网售票系统建设加快，首批 27 个省份的省域道路客运联网售票系统主体工程建设和部级系统主体工程建设有望在 2016 年底完成。2016 年交通运输部还重点推动了综合交通出行服务信息共享应用的政企合作模式示范，让出行服务更接地气。目前，示范工程的实施指南已基本编制完成，江苏、辽宁、吉林、黑龙江、广东、福建、四川、重庆等省市都在积极推进。

2015 年 12 月，国家发展改革委和交通运输部联合发布《京津冀协同发展交通一体化规划（2014—2020）》。《规划》提出，扎实推进京津冀地区交通的网络化布局、智能化管理和一体化服务，到 2020 年基本形成多节点、网格状的区域交通网络。《京津冀协同发展交通一体化规划》将绘制京津冀智能交通“一张蓝图”，打造交通运输信息共享交换“一个平台”，推动城市常规公交、轨道、出租汽车等交通“一卡通”，实现交通运输监管应急“一张网”。

（七）智慧交通产业

全国建立了多个与智慧交通领域相关的协同创新中心，产学研用紧密结合的创新模式正在推动创新体系的完善。OpenITS、智能交通技术、智能交通管理技术、车路协同技术、自动驾驶技术、云停车等产业联盟、创新联盟、产业园等发展活跃，在技术标准制定、基础数据开发、公共研发平台共建共享和可持续协作研发机制建立等方面进行了探索。智能交通领域相关的国家工程技术研究中心、重点实验室、联合研发机构等在智慧交通技术创新中的引领和支撑作用已日益显现。

据中国智能交通协会预计，2015 年智慧交通产业整体稳定发展，市场规模超过 700 亿元，随着各地智慧城市建设，BT、BOT 、PPP 等投资建设模式得到发展应用。目前，国内从事智能交通行业的企业有 2000 多家，上市公司有 50 多家，智能交通市场主要应用产品的国产化比例明显提高。2015 年 6 月，《中国公共安全·智能交通》杂志发布国内首份“2015 中国智能交通亿元阵营名单”，银江股份、海信网络科技、易华录等 83 家企业跻身“亿元阵营”。从名单可以看出，“亿元阵营”中上市公司有 33 家，已经形成初具规模的智能交通“上市部落”；完成股份制改选，计划上市或即将上市的企业有 20 家。两项合计达 53 家，占 63.9%。经过多年的发展，我国智能交通市场已经形成“京津圈”“珠三角圈”“长三角圈”三大商圈，并形成广东军团、北京军团、江苏军团、浙江军团、上海军团、安徽军团“六大军团”和城市综合智能交通阵营、高速公路信息化阵营、车联网与卫星导航阵营、电子警察与道路监控阵营、智能停车阵营“五大阵营”。这表明，我国智能交通产业已经开始走上品牌化、规模化发展道路。

二、存在的不足

（一）智慧交通缺乏顶层设计

目前，我国与智慧交通技术密切相关的有物联网、车联网、车路协同、自动驾驶等技术，互相有交集但又不能完全涵盖，在国家层面虽有智慧城市发展等政策指引，但在技术上还缺少顶层设计，迫切需要建立一个系统全面的智慧交通框架体系，自上而下、由近及远指导全国城市智慧交通系统的设计、建设和运行管理。

（二）智慧交通数据和通信安全考虑不够

智慧交通依赖于数据采集、传送、处理和发布，涉及各种终端设备、控制系统、中心平台和通信链路，在目前追求开放共享条件下，每一个应用环节都存在数据安全性、通信安全性、互联安全性等问题，迫切需要加强技术和管理防范，保护众多交通出行者身份和财产隐私，防止黑客攻击造成不安全自动行驶等行为。

（三）智慧交通资源和信息开放共享不足

智慧交通项目建设往往是政府处于主导地位，对系统内角色需求重视不够，资源分散于各个交通规划、建设、运输、管理等部门，共享程度低，较难得到融合应用。同时国内智慧交通系统项目的建设往往先于行业统一标准的推出， 许多城市的智慧交通系统自成体系，标准互不统一。即便在城市内部，各种设备、系统、平台缺乏统一的接口协议和数据规范。

（四）智慧交通产业创新能力有待加强

不停车电子收费 、车路协同、导航和信息娱乐类服务等智慧交通产业链封闭孤立，关键技术处于与国外跟跑状态，创新业务的盈利模式难以建立，核心竞争力不足。智慧交通高端产品主要是国外品牌，关键核心技术依赖进口，国产 OEM 大部分采用国外芯片。

三、智慧交通领域发展特点与趋势

（一）车路协同和自动驾驶将成为智慧交通的重点

车路协同通过车与车、车与路信息交互和共享，首先实现车辆运行的安全保障，其次实现绿色驾驶和交通信息服务，它是安全辅助驾驶、路径优化、低碳高效等多个目标统一的新服务，盲区监测、夜视辅助、超速提醒、车道偏离报警、碰撞报警等安全辅助驾驶技术已经成为众多品牌汽车的新车前装部件，将进入大范围应用。自动驾驶汽车在高速公路和城市道路上的测试已经在发达国家普遍开展，我国也在局部城市、数个路段开展实车上路演示，同时低速无人驾驶汽车在发达国家的开发和试验也接近于实用，在特殊区域 、开放道路、居民社区，新的合作式智慧交通出行模式已经出现。

（二）泛在信息获取和跨界融合将成为智慧交通发展的基础

随着新一代信息技术的深度应用，对城市交通基础设施、交通流及环境等状态感知将更加动态和实时，这是支撑智慧交通发展的基础。未来的智慧将在泛在的交通信息感知、泛在的交通交互协作基础上，实现泛在的交通服务。深度融合城市道路交通实时拥堵状况、公交、铁路、民航等多方面的信息，建设城市一体化智慧交通系统平台，实现跨界交通信息交互，通过大交通信息共享和业务协同，智慧交通将推动跨区域交通运输通道、枢纽、运输方式等资源的优化配置，促进多种运输方式之间的无缝衔接和零换乘。

(三)“互联网+”将是智慧交通面向出行服务的一个方向

以需求为核心，催生应用服务，针对复杂随机需求动态生成服务、动态匹配服务、动态衍生新服务，实现交通信息精确供给，互联网将同交通行业深度渗透融合，对相关环节进行深刻变革，并将成为建设智慧交通技术提升的重要手段和重要思路。立足于大数据思维，将城市交通数据有条件地开放，基于开放的数据进行数据融合、深度挖掘，为交通出行者和管理者提供更为智能和便利的交通信息服务。立足于用户思维，运用互联网交互体验，开展公众需求调查，了解公众最迫切希望解决的问题，在任何时间、任何地点随时随地提供个性化、多样化的信息服务。

(四)绿色交通成为智慧交通发展新底色

加快推进绿色循环低碳交通发展，是加快转变城市交通发展方式、推进交通运输现代化的一项艰巨而紧迫的战略任务。随着科学技术的不断创新、国家政策的强力支持，绿色交通将成为交通运输发展的新底色，节能减排将成为智慧交通发展的关键词。提升车辆智能化水平，加强车辆的智能化管理，积极采用电动车、混合动力汽车等节能环保型营运车辆；构建绿色“慢行交通”系统，提高公共交通和非机动化出行的吸引力；构建绿色交通技术体系，促进客货运输市场的电子化、网络化，提高运输效率，降低能源消耗，实现节能减排。

(执笔人：王长君　袁建华　公安部交通管理科学研究所)

发展都市智慧农业，促进城乡一体发展

信息化具有强大的带动性、渗透性和扩散性，“互联网+”正以前所未有的速度、力度和广度向农业、工业、城市、乡村等经济社会领域全面渗透，深刻变革着人类的生产生活方式。由于以物联网、移动互联网、云计算、大数据为代表的现代信息技术向传统农业和城市快速渗透，“智慧农业”与“智慧城市”应运而生，方兴未艾。

一、智慧农业的内涵

智慧农业是物联网、移动互联网、云计算、大数据等现代信息技术发展到一定阶段的产物，是现代信息技术与农业生产、经营、管理和服务全产业链的“生态融合”和“基因重组”。在传统模式无法解决农业面临的种种问题时，互联网凭借其强大的流程再造能力让农业获得了新的机会。通过互联网技术和思维的应用，可以从生产、营销、销售等环节彻底升级传统农业产业链，提高效率，改变产业结构，最终发展成为克服传统农业种种弊端的新型“智慧农业”。

（一）智慧生产

主要通过全面感知、可靠传输、先进处理和智能控制等物联网技术的运用，来解决“谁来种地”问题，提高土地产出率、资源利用率和劳动生产率。能够实现对农业生产的全程控制，解决种植业和养殖业各方面的问题。基于互联网技术的大田种植向精确、集约、可持续转变；基于互联网技术的设施农业向优质、自动、高效生产转变；基于互联网技术的畜禽水产养殖向科学化管理、智能化控制转变，最终可达到合理使用农业资源、提高农业投入品利用率、改善生态环境、提高农产品产量和品质的目的。

（二）智慧经营

主要是利用电子商务提高农业经营的网络化水平，为从事涉农领域的生产经营主体提供在互联网上完成产品或服务的销售、购买和电子支付等业务，来解决“农产品买难卖难”问题，通过现代信息技术实现农产品流通扁平化、交易公平化、信息透明化，建立最快速度、最短距离、最少环节、最低费用的农产品流通网络。

（三）智慧管理

主要是通过云计算、大数据等现代信息技术，推动种植业、畜牧业、农机农垦等各行业领域的生产调度，推进农产品质量安全信用体系建设，加强农业应急指挥，推进农业管理现代化，提高农业主管部门在生产决策、优化资源配置、指挥调度、上下协同、信息反馈等方面的水平和行政效能，来解决“农业管理高效和透明”问题。

（四）智慧服务

互联网是为广大农户提供实时互动的“扁平化”信息服务的主要载体，互联网的介入使得传统的农业服务模式由公益服务为主向市场化、多元化服务转变。互联网时代的新农民不仅可以利用互联网获取先进的技术信息，也可以通过大数据掌握最新的农产品地理分布、价格走势，从而结合自己资源情况自主决策农业生产重点。来解决“农村信息服务最后一公里”问题，让农民便捷灵活地享受到需要的各种生产生活信息服务。

二、智慧农业在智慧城市建设中的地位和作用

都市农业是指依托于大都市，服务于大都市，遵从大都市发展战略，以与城市统筹和谐发展为目标，以城市需求为导向，以现代技术为特征，具有生产、生态、生活等多功能性和知识、技术、资本密集特点的现代集约持续农业。都市农业是适应现代化都市生存与发展的需要而形成的，位于大都市经济圈内的地缘优势是其先天条件。都市农业在20世纪60年代出现于欧、美、日等发达国家和地区，而后迅速向其他国家传播、普及。目前，我国北京、上海、深圳等城市都先后做出了发展都市农业的决策。

都市农业是融生产性、生态性和生活性于一体的现代农业，不仅可以实现农业最基本的功能，为都市粮食和食物安全供给提供基本保障，其特殊的地理位置和充分利用大都市提供的科技成果及现代化设备进行生产的特性，决定了都市农业的生产功能与传统农业有所不同，大宗农产品的生产开始淡化，转向了“名、特、优、新、稀”的动植物产品、生鲜农产品和安全绿色食品的生产。都市农业也可以起到“都市之肺”的生态涵养作用，防止、减轻都市外来不利因素对生态环境的破坏与危害，并利用农业的自净能力，以调节气候的方式减轻城市的热岛效应。另外，相对于钢筋水泥的城市景观，拥有和谐优美自然景观的乡村为都市居民提供了与农村交流、与农业接触的场所和机会，满足了都市居民休闲、度假、观光、体验、采摘、游乐、教育的需求，促进其身心健康，这使得都市农业既具有历史人文与自然交融的美学价值，又具有旅游度假开发的经济意义。

都市农业有助于促进城乡一体化发展，通过把农业纳入城市社会、经济、文化、生态的整体发展规划当中，形成农业、农村和城市的有机协调发展与相互兼容，不再就农业论农业，而是与城市的发展建设同步，既保证了城市本身的可持续发展，又加强了城乡的融合。都市农业有助于城乡之间的信息、人员、资源流动，利用大城市优势，吸引技术人才、科技资源向农业方向集中，以增强科技创新和应用力度，加快物联网等现代信息技术的集成应用，促进智慧农业发展，通过标准化、专业化、规模化的生产，提高农业的综合效益，推进农业现代化进程，从而促进农业向社会

化、专业化、现代化的转变。

都市农业有助于增加农民收入，相比于传统农业，都市农业有更长的产业链，可以带来更多的就业机会和更大的发展空间，有助于解决乡村劳动力过剩的问题，优势特色农业的发展，农产品营销促销手段的增加，餐饮服务、休闲观光等新型业态的兴起，更可以拓宽农民增收渠道，促进农民收入较快增长。

基于都市农业的上述作用，全国各地的智慧城市建设都把智慧农业纳入其中，并作为重要建设板块，没有智慧农业的智慧城市是无法满足城市居民衣食住行和现代生活需要的。

三、智慧农业面临的机遇与挑战

（一）智慧农业面临的机遇

发展智慧农业是中央有关政策的要求，是转变农业发展方式的现实需求，也是现代信息技术发展到一定阶段的产物。

一是高位拉动。党的十八大做出了“促进工业化、信息化、城镇化、农业现代化同步发展”的战略部署，在这“四化”中，农业现代化是短腿，而农业信息化是农业现代化的关键，对农业信息化和智慧农业提出了新的更高的要求，全国各地构建智慧城市都把智慧农业作为重要建设内容和板块。李克强总理于 2015 年 3 月 5 日在政府工作报告中提及要制订“互联网 +”行动计划，智慧农业是“互联网 + 农业”的重要抓手，“互联网 +”必将推动智慧农业快速发展。

二是现实驱动。当前，我国农业发展面临着资源、市场和生态多种瓶颈，迫切需要利用信息技术对农业生产的各种资源要素和生产过程进行精细化、智能化控制，对农业发展进行专业化、科学化管理，以减少对资源环境的依赖，突破资源、市场和生态环境对农业产业发展的多重约束，从而推动农业产业结构升级和生产方式转变。

三是技术推动。近年来，我国信息技术创新和研发取得了长足进步，物联网、移动互联网、云计算、大数据等现代信息技术日渐成熟，使得农业信息化从单项技术应用转向综合技术集成、组装和配套应用成为可能。信息技术的不断进步为智慧农业的快速发展提供了坚实的技术条件，也带来了难得的发展机遇。

（二）智慧农业面临的挑战

尽管我国智慧农业发展面临着前所未有的机遇，但也面临着一系列挑战。以农业物联网为例，我国农业物联网处于起步阶段，在技术、应用、产业和机制方面还面临着一系列发展难题。

一是关键技术和装备匮乏。目前农业物联网应用多在环境信息感知和数据传输环节，终端的信息处理和智能控制应用环节较少，尚未形成农业物联网“感知—传输—处理—控制”的应用“闭环”。特别是低成本、高可靠的环境信息传感器，生命信息感知技术产品，适合农村不同地理环境的高通量、低资费的信息通信技术，支持闭环控制应用的终端技术亟待解决。

二是应用效果和效益不佳。农业物联网具有明显的“人—机—物”一体化特征，应用目标是智能化的按需控制和智慧化的精细管理，这需要农业知识模型特别是各种农业动植物环境阈值模型的支撑。目前农业物联网数据资源的细分和数据挖掘尚未有效开展，大田、设施、畜禽、水产等领域的环境与生命体之间的知识模型和实用控制阈值库没有建立，计算机分析控制缺乏参照，控制的可靠性低，农业物联网的优越性没有得到发挥，应用效益和效果大打折扣。

三是产业发展滞后。由于农业物联网应用模式多样且规模都较小，大型 IT 公司参与积极性不高，尤其是缺乏大型的传感器制造商和运营商。目前，我国农业物联网推广应用多是高校和科研单位承担，农业物联网专用传感、控制设备量产能力不强、价格高、稳定性差、运行维护不及时等问题较突出，已经成为农业物联网发展的主要障碍。

四是可持续运行机制尚未建立。我国农业物联网处于起步阶段，应用技术不成体系，推广应用没有规模化，运行机制不可持续，在很多地方农业物联网应用还在一定程度上存在摆样子、走过场的情况，真正进入生产经营主体管理决策环节的应用还不多。迫切需要政府加大扶持力度和科学引导，建立并完善农业物联网快速发展的政策环境，鼓励消费吸引民营资本进入，形成可持续发展机制。

四、建设都市智慧农业的主要任务

（一）建立与智慧城市相匹配的智慧农业生产技术体系，促进城郊现代农业发展

城郊农业具有高度集约化、装备化、设施化的特点，是现代农业起步和发展最快的区域，要用现代信息技术武装农业，尤其是提高城郊设施农业智能化水平。

如推广基于环境感知、实时监测、自动控制的设施农业环境智能监测控制系统，提高设施园艺环境控制的数字化、精准化和自动化水平；开展农情监测、精准施肥、智能灌溉、病虫草害监测与防治等方面的信息化示范，实现种植业生产全程信息化监管与应用，提升农业生产信息化、标准化水平，提高农作物单位面积产量和农产品质量；积极推动全球卫星定位系统、地理信息系统、遥感系统、自动控制系统、射频识别系统等现代信息技术在现代农业生产的应用，提高现代农业生产设施装备的数字化、智能化水平，发展精准农业。

提高规模化果园生产智能化水平。综合利用 GIS 技术、3G 技术、互联网技术和物联网技术等，开发城郊智慧果园管理系统，将果园种植、生产管理、产品加工、仓储物流、市场营销、质量安全与溯源等有机结合在一起，提高规模化果园的生产管理水平，用灵活、便捷的智慧化管理方式，实现生产过程中对果树、土壤、环境等的实时监测，使果园管理不再受到时空局限，从而合理使用农业资源、降低生产成本、改善生态环境、提高农产品产量和质量。

提高城郊畜禽与水产养殖智能化水平。以推动城郊畜禽规模化养殖场、池塘标准化改造和建设为重点，加快环境实时监控、饲料精准投放、智能作业处理和废弃物自动回收等专业信息化设备的推广与普及，构建精准化运行、科学化管理、智能化控制的养殖环境。在国家畜禽水产示范场，开展基于个体生长特征监测的饲料自动配置、精准饲喂，基于个体生理信息实时监测的疾病诊断和面向群体养殖的疫情预测预报。

（二）发展农产品冷链物流与电子商务，促进城乡人财物流动

应用物联网创新技术，加快冷链物流信息化建设。运用专业的物流管理信息系统建立农产品全生命周期信息档案，科学地整合生产、分销、仓储运输、配送等供应链上下游的信息。充分利用现有技术，加快建设一批冷链物流示范工程，实现冷链农产品全生命周期和全过程实时监管，促进冷链运输管理的透明化、科技化、一体化。

推进国家农产品质量安全追溯管理信息平台建设，开发农产品质量安全追溯管理信息系统。探索依托信息化手段建立农产品产地准出、包装标识、索证索票等监管机制。加快建设农产品质量安全监测、监管、预警信息系统，实行分区监控、上下联动，切实保障城乡食品安全。

积极开展电子商务试点，探索都市农产品电子商务运行模式，逐步建立健全农产品电子商务标准规范体系，培育一批农业电子商务平台。鼓励和引导大型电商

企业开展农产品电子商务业务，支持涉农企业、农民专业合作社发展在线交易，积极协调有关部门完善都市农产品物流、金融、仓储体系，充分利用信息技术逐步创建最快速度、最短距离、最少环节的新型农产品流通方式，促进城乡一体化发展。

（三）以信息化推动休闲旅游农业发展，促进城乡文化融合

面向城市人群的休闲、旅游和度假需求，通过完善农村信息基础设施，利用现代信息技术、移动互联网技术，对休闲农业进行数字化、智能化和网络化的改造，对休闲农业的产品开发和推广环节广泛实现信息化管理与服务，以满足供求双方对信息的实时与精准化需求。打造面向都市人群的休闲农业资源信息服务平台，开发“休闲农业”APP 应用，让公众及时了解当地休闲农业资源情况、休闲特色项目和休闲农业的决策规划，使休闲农业的产品或服务得到更广泛、更快捷的传播。

（四）建立都市生态环境监测预警系统，为城市发展提供生态保障

利用现代信息技术，建立实用、高效、统一、安全的都市生态环境信息监测预警系统。建立集统一的生态环境数据中心、整合的环境监控信息、实用的地理信息系统、便捷的移动信息平台等为一体的“都市生态环境监测预警”系统，使生态环境监测实现信息化、智能化、可视化，切实保障都市生态环境质量。

五、加快发展都市智慧农业的对策建议

当前，我国智慧农业的发展正处在起步阶段，未来一个时期，随着现代信息技术将快速向农业领域渗透，国家“互联网 +”行动计划的出台以及智慧城市建设的深入和拓展，都市智慧农业的发展将进入加速期，都市智慧农业将成为现代农业发展的制高点，也将成为智慧城市的一道亮丽风景线。展望未来，发展智慧农业要注意以下几个方面：

（一）抢抓“互联网 +”战略机遇

智慧农业概念的提出与我国现代农业发展的迫切内在需求相吻合，既是历史机遇的巧合，也是农业发展的必然。我国农业发展目前正处于由传统农业向现代农业转变的拐点上，农业生产智能化、农业经营网络化、农业管理数字化、农业服务精准化是必然发展趋势。因此，一定要牢牢抓住“互联网 +”战略机遇，深入推动互联网和农业生产、经营、管理和服务的融合。

（二）科学谋划，分步推进

英国演化经济学家卡萝塔·佩蕾丝认为，每一次大的技术革命都形成了与其相适应的技术—经济范式。这个过程会经历两个阶段：第一阶段是新兴产业的兴起和新基础设施的广泛安装；第二阶段是各行各业应用的蓬勃发展和收获，每一个阶段大概需要 20—30 年的时间。当前互联网进入中国已经有 21 个年头，进入农业不过 10 年左右，物联网、云计算和智能终端作为新基础设施的广泛安装才刚刚开始，因此，从现在开始到 2025 年期间都是智慧农业的培育阶段，智慧农业的成熟进步和蓬勃发展大概还需要 20—25 年的时间，到 2050 年前后，智慧农业将完全进入成熟期。因此，推进智慧农业是一项长期性的工程，要科学谋划，分步推进，切忌好高骛远。

（三）当前推进都市智慧农业需要政府引导

智慧农业是高新技术在农业中的具体应用，具有基础薄弱、一次性投入大、受益面广和公益性强的特点，在当前投入产出效益不高、农民收入水平较低、农业信息化市场化运作还不完善的情况下，需要公益性行业专项支持，建议根据我国现代农业发展需求，按照“发展急需、技术成熟、示范效益好”的原则，实施一批有重大影响的智慧都市农业应用示范工程，建设一批国家级智慧城市 \ 智慧农业示范基地，推动都市智慧农业跨越式发展。

（四）完善政策法规，优化都市智慧农业发展环境

研究制定都市智慧农业建设相关标准。加强都市智慧农业的法规建设，使智慧农业建设法制化，在信息发布、共享、保密、可靠性以及信息市场规则上做到有法可依。建立健全相关工作制度，建立都市智慧农业建设考核评价指标体系，量化考核标准和办法，推动都市智慧农业建设的规范化和制度化。同时，在加快推进智慧农业建设进程中，应统筹规划、研究制定基于物联网技术的智能化监测和自动化控制系统的应用示范，加大对重大项目建设、关键技术研发等方面的政策扶持，以提高软实力。

（五）强化顶层设计，制定都市智慧农业发展战略规划

都市智慧农业建设是一个动态的、渐进的、长期的过程，不可能一蹴而就，需要顶层设计、分阶段推进，只有在政府的规划引导下，智慧农业发展才能沿着正确的方向持续发展。因此，必须从全国层面加强顶层设计，制定都市智慧农业发展战略规划，从基础设施、专项应用和服务体系等方面入手，对智慧农业的建设任务进行合理布局和优化配置，形成全国统筹布局、部门协同推进、省市分类指导的智

慧型都市农业发展格局。

（六）设立专项资金，推进都市智慧农业技术应用

在全国层面设立都市智慧农业发展专项资金，将都市智慧农业建设和发展经费纳入财政资金预算，明确资金使用时各区县等财政配套比例，发挥专项资金的引导和放大效应；各省市应从实际出发，争取资金支持，并按比例配套投入，进行基础设施建设、系统部署、系统改造、技术开发、信息服务等，以保持智慧农业建设进度与全国协调一致。

（七）完善体制机制，推进都市智慧农业建设市场化

府部门应强化对都市智慧农业发展的宏观指导，以政策杠杆撬动效益农业。建立政府引导、科技支撑、企业运营的参与机制，将国家公益性补贴和市场化运作有效结合，完善多元投融资渠道机制。可通过鼓励金融机构开辟农业市场、降低涉农金融信贷门槛、设立科技投资风险基金、试行农业数据与服务资源有偿交易等方式，弥补政府供给主体的功能缺陷，实现智慧农业可持续发展。

（八）加强培训和宣传，提高全社会对智慧农业的认识

加强针对性宣传，提高政府管理人员对智慧农业的认识。政府作为智慧农业建设的组织管理者，其管理人员对智慧农业的认识和应用能力对推进智慧农业建设起着决定性的作用。要通过多种形式的宣传、教育，提高农业部门领导和工作人员的信息化意识，强化管理者对智慧农业的重要性、风险性、时效性的认识，切实加强服务能力建设。

利用各种宣传手段，提高公众对智慧农业的认识。利用广播、电视、科技大集等形式面向公众进行宣传，推广利用智慧农业的典型案例，使公众了解智慧农业的优势，认识到智慧农业的重要性，将潜在用户转变为现实用户。组织建设一支高水平的人才队伍，利用高素质信息专业人才在智慧农业生产、消费的第一线引导和帮助公众，提高社会大众利用信息技术服务日常生活的意识。

（执笔人：李道亮　中国农业大学）

电子商务引领智慧商务新发展

近年来，我国电子商务保持快速发展势头，电子商务交易额、网络零售额、跨境电子商务交易额等主要指标不断增长，模式创新、应用创新、技术创新成为电子商务发展常态，电子商务对于拉动新增消费、提高贸易流转效率、带动就业等方面的作用日益明显。随着国家电子商务示范城市创建等工作的深入推进，电子商务的快速发展也为建设城市现代流通体系提供了新的契机，加大对电子商务的支持力度，完善物流快递等新商业基础设施，积极促进和引导智慧商务的发展已经成为各级商务主管部门的工作重点之一。

一、2015 年电子商务发展主要数据

（一）网民规模及普及率不断提高

据中国互联网信息中心统计数据显示，截至 2015 年 12 月，我国网民规模达 6.9 亿人，普及率达 50.3%，超过全球平均水平约 4 个百分点。其中，手机网民规模达 6.2 亿人，在网民中使用手机上网人群占比由 2014 年的 85.8% 提升至 2015 年的 90.1%；农村网民规模达 1.95 亿人，在网民中占比为 28.4%。

（二）电子商务继续保持高速增长

2015 年，电子商务交易规模仍保持两位数的增速，各咨询机构测算数据表明，电子商务交易额同比增速 20% 以上（见表 3-1）。

表 3-1 各机构测算的电子商务交易额及增速

咨询机构	电子商务交易额（万亿元）	同比增长（%）
艾瑞咨询	16.2	21.2
易观咨询	15.4	26.2
中国互联网信息中心	16.1	23.8

注：该数据为初步测算数据，正式数据以各机构公布为准。

2015 年，网络零售行业发展日益成熟，据国家统计局公布数据显示，网络零售市场交易规模约达 3.9 万亿元，同比增长为 33.3%，仍保持较高的增长水平（见图 3-14）。

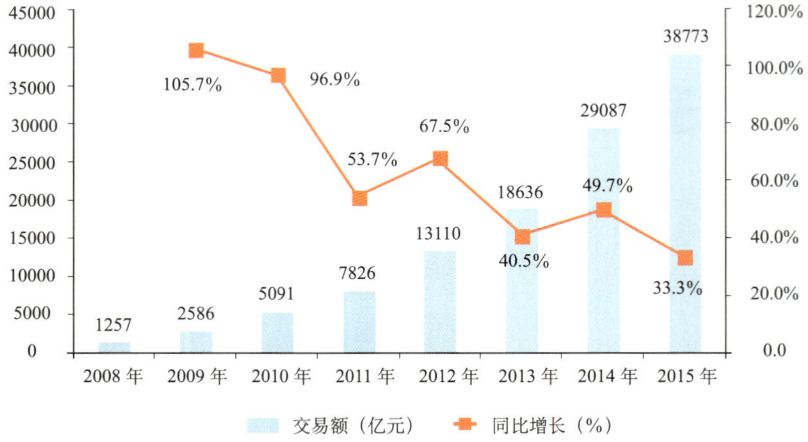

图 3-14　2008—2015 年网络零售交易额及增长率

在网络零售交易额中，2015 年实物商品网上零售额为 32424 亿元，同比增长 31.6%，高于同期社会消费品零售总额增速 20.9 个百分点，占社会消费品零售总额的 10.8%；非实物商品网上零售额为 6349 亿元，同比增长 42.4%。

（三）跨境电子商务继续保持快速增长

跨境电商发展火热，交易额约 7361 亿美元。据中国海关总署公布的数据显示，2015 年，全国进出口总值为 3.96 万亿美元，同比下降 8%。其中，出口 2.28 万亿美元，下降 2.8%；进口 1.68 万亿美元，下降 14.1%。据易观测算，2015 年跨境电子商务交易额约 7361 亿美元，同比增长 22.7%，其中出口约 6437 亿美元，同比增长 22.9%；进口约 924 亿美元，同比增长 21.3%（见图 3-15）。

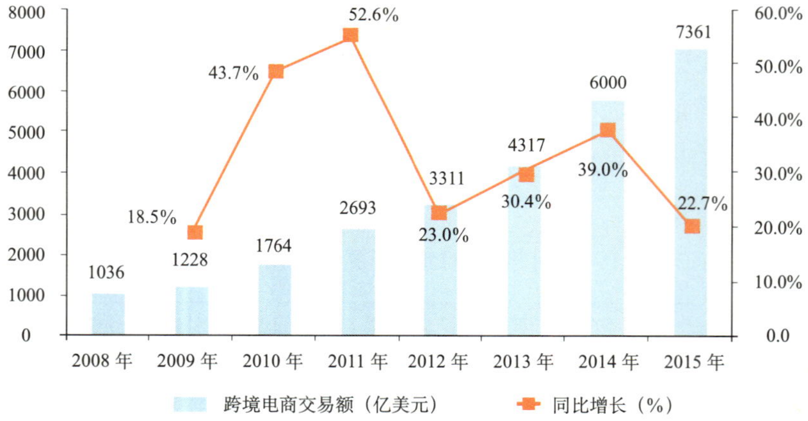

图 3-15　2008—2015 年跨境电商交易额及增长率

注：以上数据均为初步测算数据，正式数据以各机构公布为准。

二、2015 年我国电子商务发展的主要特点

（一）电商市场并购不断，市场集中进一步加强

2015 年电商市场并购频现，美团与大众点评合并，携程与去哪儿合并，滴滴与快的合并、58 同城与赶集合并；BAT 三大巨头也频频出手，阿里入股苏宁、银泰，百度投资糯米，阿里扶持口碑网，京东入股永辉等。频频并购背后是资本力量的推动和电商巨头市场布局的结果，同时也带来了市场集中度的进一步增强，对于市场环境和创新动力的影响值得深入研究与思考。

（二）年度市场规模 B2C 首次超过 C2C

据艾瑞咨询的数据显示，2015 年网购市场 B2C 市场规模约为 2 万亿元，在中国整体网购市场的占比达到 52.2%，较 2014 年的 45.2% 提升 7 个百分点，首次超过 C2C，同时 B2C 网购同比增长 58.3% 远远超过 C2C 市场 12.6% 的同比增速。这一变化标志着中国网购市场成熟度的进一步提升，消费者的消费取向正在由单纯的低价取向向更加注重网购产品品质和服务体验等方面转变，B2C 在这两方面均比 C2C 具备更强的优势。

（三）电商交易移动端占比首次超过 PC 端

2015 年“双十一”天猫交易额为 912 亿，在全部 912 亿元人民币的交易额中，移动客户端贡献了大约 68%。据艾瑞发布的数据显示，2015 中国移动购物市场交易规模达到 2.1 万亿元。按照这一数据，移动购物市场规模占整体网购市场的比例将首次超过 50%，移动端超过 PC 端已经成为网络购物的第一大终端，各大电商企业对于移动端流量的争夺也将更加激烈。

（四）O2O 电商冰火两重天

O2O 生活服务电商 2015 年经历了冰与火的考验，从上半年 O2O 火爆发展到下半年的资本寒冬和各种倒闭，较低的进入门槛与依靠资本补贴扩展市场的模式使得 O2O 生活服务电商走入了误区。但另一方面，BAT 三大巨头对于线下的资源争夺却在加紧布局，电商与线下实体零售融合的趋势进一步显现，阿里投资苏宁、银泰，京东投资永辉、推出京东到家等。

（五）农村电商爆发式增长

阿里巴巴“千县万村”计划已经覆盖全国 8000 多个村；京东在全国 600 多个县设立了县级服务中心和京东帮服务店，在 10 万个行政村招募了超过 10 万名乡村推广员；苏宁计划建成 1500 家农村苏宁易购服务站；供销社上线了供销 e 家电商

服务平台，得到汪洋副总理的高度关注；中国邮政在农村地区布局农村电商综合服务网点。商务部、财政部在全国分两批建设了256个电子商务进农村综合示范县；国务院扶贫办积极推动电商扶贫。电商企业的渠道下沉和政府对于农村电商基础设施的投入，极大改善了农村地区的网络消费环境条件，也带动更多的年轻人回村创业，农村电商市场的规模将继续保持高速增长，但农村地区电商发展仍然面临较为严重的人才短缺、物流成本高昂和农产品上行不畅等突出问题。

（六）跨境电商争议中前行

经过上海、杭州、重庆、宁波、郑州、广州、深圳、天津八个跨境电商试点城市和杭州跨境电子商务综合实验区的探索实践，国家对于跨境电商政策的逐步落地，跨境电子商务也在2015年迎来爆发式增长，预计全年跨境电商交易规模将超过4万亿元（含跨境B2B和跨境B2C）。天猫国际、淘宝全球购、京东全球购、网易考拉海购、洋码头、小红书、聚美优品、蜜芽宝贝、亚马逊等纷纷聚焦跨境电商进口，满足国内消费者高品质商品消费需求；同时，亚马逊、eBay、阿里速卖通等国际平台也开始为中国出口商提供整体解决方案，促进中国商品跨境电商出口。在快速发展的同时，跨境进口电商的行邮税及对原有渠道冲击问题、跨境电商出口的退税结汇问题以及商品知识产权问题等也引起了很大的关注。2016年国家将对跨境进口电商行邮税政策进行调整，同时进一步扩大跨境综合试验区的范围，我国跨境电子商务的发展环境将进一步改善。

（七）"互联网+"和供给侧改革为企业电商提供巨大发展空间

2015年政府工作报告中提出了"制订'互联网+'行动计划"，引导实体经济利用好互联网、云计算、大数据等新一代信息技术提质增效、转型升级。在中国传统企业电商应用比例还比较低的情况下，"互联网+"的引入和政府对于供给侧改革的资源投入必将为企业电子商务应用打造一个巨大的市场空间。

（八）电子商务政策环境趋于规范

2015年国家继续加大对电子商务及互联网经济的支持力度，先后出台《国务院关于大力发展电子商务加快培育经济新动力的意见》《关于促进跨境电子商务健康快速发展的意见》《关于加快发展农村电子商务的意见》《国务院办公厅关于推进线上线下互动加快商贸流通创新发展转型升级的意见》等多项政策文件支持电子商务的快速健康发展。同时，对于电子商务的市场环境的规范措施也不断完善，如新《广告法》颁布、《侵害消费者权益行为处罚办法》出台以及相关政策与舆论对电商假货、刷单的关注，对电商（微商）传销的打击等。

三、电子商务在城市商贸流通领域应用不断深入

（一）在传统零售业中的应用

我国传统零售业经过多年发展，如今面临着市场萎缩、成本上涨等诸多情况，越来越多的传统零售企业开始意识到在内部运营、市场推广、产品销售等方面与互联网深度融合，近期一些零售巨头纷纷开通微信支付、支付宝支付等快捷支付，开启线上为线下服务的全渠道转型思路，建立线上线下互动融合的新生态。2015 年是中国实体零售行业转型升级的关键年，传统企业利用互联网不断开展线上商业服务，并借第三方平台拓展其业务范围，促进企业发展。在传统百货方面，王府井百货开启全渠道营销，上线天猫旗舰店、天猫 APP、淘宝 APP 移动版店铺，全面接入京东消费金融和京东支付的线下信用支付产品，推出“随便刷”个人贷款和分期付款。在传统商超方面，华润万家上线电商“e 万家”，主打生鲜和跨境，同时推出配备“电商中转站”和“货品自提柜”的“乐购 express”新业态便利超市。家乐福以微信支付切入，培养顾客消费习惯，为转型 O2O 预热。沃尔玛推出大卖场 O2O 服务平台“速购”，顾客可线上通过沃尔玛 APP 挑选商品，线下门店提货或送货上门。在电器零售方面，海尔采用微信、微博等新兴网络预售模式进行产品推广。在跨境商超方面，重庆商社集团凭借其作为国内跨境电商试点城市，上线跨境电商网站——世纪购。云猴全球购通过整合其线下实体店资源参与跨境电商，与郑州、广州等城市保税区合作，并在宁波、长沙等设线下跨境电商体验旗舰店。

（二）在本地生活服务类行业中的应用

当前，我国亿元以上的专业市场共有 3707 个，占市场总数量的 73.04%，随着互联网技术和仓储物流的快速发展，我国商品批发市场面临着同质化竞争、电子商务冲击、现代流通方式挤压等一系列问题，传统批发行业业态亟待转型升级。未来批发贸易市场将以机制创新和商业模式创新为手段，利用互联网做强交易撮合、商品集散、信息交互等功能，开启融合线上与线下交易的全渠道商业模式。在产业转型方面，东莞虎门大莹服装电商城拥有 2000 多家商户，通过与阿里巴巴合作，以传统服装批发为基础，线上线下相结合的方式创新 O2O 服装批发新模式。以皮草出名的海宁皮城正式上线手机 APP，通过在微信、微博、百度等渠道与消费者开展线上联动，实现线上体验线下服务的购物模式。在产业疏解方面，北京动物园服装批发市场作为有效疏解城市功能的代表，通过打造动批网，依托互联网大数据，

实现“线下实体店体验批发＋线上电子商务批发交易”的O2O全新商业模式，不断发力平台品牌的打造，推动了线上线下资源整合平台的战略布局。

（三）在城市生活服务业中的应用

当前本地生活服务O2O市场仍处于发展初期阶段，在餐饮外卖、家政洗涤、美容美发、休闲娱乐等领域为消费者提供便捷。当前O2O本地生活服务市场空间巨大，但存在市场竞争激烈、同质化、用户体验不佳等问题，致使一些O2O创业企业死亡。2015年，中国餐饮O2O的市场规模接近1422.5亿元，年复合增长率为27.6%，未来市场仍将保持较高的增长速度（见图3-16）。在线订餐外卖行业兴起，以饿了么为例，目前已覆盖300个城市，用户超4000万，加盟餐厅近50万家。大厨上门、私厨等餐饮O2O新模式也受到用户青睐。随着微信支付、支付宝支付等持续发力，饿了么、美团、大众点评、滴滴打车等崛起，对本地商家来说，O2O模式促进了商家对消费者的购买分析能力，进而针对性提供营销服务；对服务提供商来说，O2O模式带来了大规模高黏度的消费者，争取到更多的商家资源；对消费者来说，O2O模式不仅拓宽了其对于服务选择的范围，还可以通过线上及时了解商家折扣信息，快速筛选出优质的商品或服务，消费者对O2O的接受度也越来越高。4月，58同城和赶集网合并，二者合并后重新整合将极大改变整个O2O市场的行业格局。“寻蜜鸟”正在打造中国首家本地生活社交化平台电商，以移动支付为中小商户提供跨界互联增值服务，全方位构筑“吃喝玩乐购”消费生态圈。

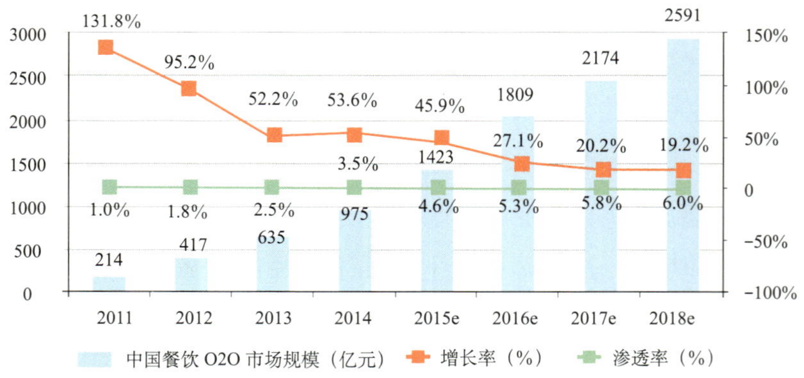

图3-16 中国餐饮O2O市场规模及渗透率

注：数据来源于综合企业财报及专家访谈，根据艾瑞统计模型核算。

四、各级政府加大对电子商务的支持力度

2015年，在《国务院关于大力发展电子商务加快培育经济新动力的意见》等文件推动下，各地政府继续加大对电子商务的重视程度和支持力度，相继出台了促进电子商务健康发展相关的具体措施，推进电子商务发展工作有序开展，落实电子商务作为促进经济转型升级的重大举措。

2015年2月，四川省人民政府发布《2015年全省电子商务产业发展工作安排的通知》。该《通知》2015年确定为四川省的“电子商务发展环境打造年”。该年度四川省将着力打造本土企业，促进省电子商务与一、二、三产业融合发展。根据安排，四川将加强移动电子商务基础建设，提高4G和WiFi在地铁、商场、社区等覆盖率。到2015年底，全省二级以上城市商业中心区域WiFi覆盖率达到60%以上。同时，四川将打造本土电子商务平台和大宗商品交易平台作为近年工作的重点，围绕优势特色行业，重点在川酒、烟草、鞋类、家具、旅游、农产品等领域打造一批全国领先的行业电子商务本土平台。

2015年6月，福建省人民政府出台《关于加快电子商务发展九条措施》，为促进福建省电子商务加快发展，提出以下九条具体措施：一是打造闽货自营电子商务平台，支持省行业商协会、龙头企业、专业市场和第三方服务机构发展覆盖产业链上下游的行业垂直自营电子商务平台；二是推动闽货网上专业市场建设，支持福建省行业商协会、龙头企业、专业市场和第三方服务机构在阿里巴巴、京东等知名第三方电子商务平台建设闽货网上专业市场，增强福建优质产品在全国的市场占有率和影响力；三是加快商贸服务业线上线下深度融合，发展线上线下协同联动、网店一体的电子商务营销模式；四是促进农村电子商务发展，支持开展国家级电子商务进农村综合示范工作；五是支持跨境电子商务快速发展，对在海关特殊监管区或具备海关与检验检疫监管条件的区域设立跨境电子商务集散配送中心和展示交易中心；六是助力自贸试验区建设，积极吸引省外电子商务龙头企业落户省自贸试验区，拓展国际市场渠道，推介省名优产品；七是推进电子商务育才工程，支持企业引进高端电子商务人才；八是支持企业做大做强，从市级以上的电子商务重点项目中甄选项目，充实省电子商务重点项目库，并实行动态跟踪、管理；九是进一步加强融资支持，将电子商务企业纳入助保贷企业资金池，为企业申请融资贷款提供增信服务和风险补偿。

2015年7月，《上海市人民政府关于促进本市跨境电子商务发展的若干意见》

发布。该《意见》提出要紧紧围绕国家创新驱动发展战略、上海“四个中心”和科技创新中心建设目标，承接国家“一带一路”和长江经济带发展战略，充分发挥上海自由贸易试验区的创新改革优势和上海口岸优势，按照“先行先试、突出重点、逐步完善”的原则，引导上海跨境电商产业向规模化、标准化、集群化、规范化方向发展。同时需要打造跨境电商完整产业链，形成第三方平台和自营平台同步推进，境内外电商共同参与，进出口并重、多种模式并存、线上线下有序结合的跨境电商发展格局。此外，上海市政府将积极推进跨境电商政策体系和监管体系创新，构建高效、便捷、安全的跨境电商管理模式。加快完善跨境电商业务支撑体系，有效引导社会资源，形成有利于跨境电商发展的生态环境。上海市在全国较早实施全口径的电子商务统计，拥有4个国家级电子商务示范基地，12个国家电子商务示范企业，积极依托电子商务示范工程推动电子商务与区域经济联动，技术、物流、支付、认证、数据等电子商务支撑服务业发达，电子商务产业链体系逐渐形成。积极开展“互联网+”商务的创新实践，加快互联网与商务工作的深度融合，大力促进商贸业创新、融合发展，加快推动实体商业转型升级，深入推进智慧商圈建设工作，开展了示范试点建设，实体商业信息基础建设和智能应用水平不断提升；积极推动“一门式”的社区生活电子商务综合服务试点、网络社区微菜场、网订店取等模式发展，不断提升生活服务保障水平；在全市电子商务领域全面试行电子发票，积极推动电子合同的广泛应用。跨境贸易电子商务跨部门监管和服务体系不断完善，基本建成跨境电商公共服务平台，完成了通关监管等相关平台的对接，传统电商平台和新兴的跨境电商服务商得到了良好的发展空间。

2015年7月，山东省人民政府发布了《山东省跨境电子商务发展行动计划》，该《计划》强调以“互联网+外贸”为载体，以商业模式创新为重点，以示范、培训和政策支持为抓手，全面推广跨境电子商务出口业务，鼓励有条件的市和企业开展跨境电子商务进口业务试点。同时，要求大力发展跨境电子商务平台、企业、服务商、产业园区和境外物流服务体系，创新优化报关、检验检疫、结汇、出口退税等外贸供应链各环节管理方式，健全跨境电子商务服务体系和管理机制，推进外贸营销手段创新，完善跨境电子商务产业链和生态链，促进山东省跨境电子商务实现跨越式发展，打造推动山东省外贸发展的新引擎，促进开放型经济发展提质增效。该《计划》重点强调各市、各有关部门要积极适应“互联网+”发展的新趋势，切实转变观念，提高服务水平，推动体制机制创新，切实履行指导、督察和监管责任，推动山东省跨境电子商务健康快速发展。

2015年8月，贵州省人民政府出台了《关于大力发展电子商务的实施意见》，该意见要求坚持依靠改革推动电子商务科学发展，深化应用普及，促进模式创新，健全支撑体系，培育龙头骨干，壮大产业规模，着力解决制约电子商务发展的重大问题，推进电子商务深度融入实体经济，促进网络经济与实体经济共同发展、电子商务产业与传统产业全面融合，奋力后发赶超，走出一条有别于东部、不同于西部其他省份的电子商务发展新路。该《意见》提出要努力构建电子商务发展的政策和市场环境，打造具有贵州特色的电子商务产业和创新模式，促进电子商务发展与福建省五大新兴产业深度融合，基本形成贵州电子商务生态圈。

2015年9月，江西省人民政府发布《贯彻落实国务院关于大力发展电子商务加快培育经济新动力意见若干措施》，该《措施》为进一步优化江西省电子商务发展环境加大政策支持力度，推动全省电子商务实现跨越发展的总体目标，提出了以下具体措施：一是支持电子商务企业融资；二是支持电子商务公共服务平台建设；三是加快完善电子商务物流配送体系；四是推广普及电子商务应用；五是培育电子商务品牌和特色平台；六是发展农村电子商务；七是推动跨境电子商务发展；八是推进示范体系建设；九是促进电子商务创业和人才培育；十是引进电子商务龙头企业；十一是优化政策环境。

2015年10月，安徽省人民政府办公厅发布《关于大力发展电子商务加快培育经济新动力的实施意见》。该《实施意见》从大力推进政策创新、管理创新和服务创新，加快建立开放、规范、诚信、安全的电子商务发展环境，进一步激发电子商务创新动力、创造潜力、创业活力，加速推动经济结构战略性调整的总体思路出发，围绕优化发展环境、完善支撑体系、推动转型升级、加大支持力度、引导规范发展的五个方面，对促进电子商务发展提出了完善电子商务基础设施、构建现代物流快递配送体系、构建互联网金融服务体系、支持电子商务领域科技创新、促进电子商务与制造业和服务业融合发展、加快发展跨境电子商务等21条具体措施。

2015年11月，河北省人民政府出台《关于促进跨境电子商务健康快速发展的实施意见》。该《意见》强调要大力培育跨境电子商务市场主体和完整产业链，加快构建高效、便捷、安全的跨境电子商务公共服务平台，充分发挥商贸物流体系的支撑作用，形成第三方平台和自营平台同步推进、境内外电商共同参与、出口与进口并重、多种模式并存、线上线下有序结合的跨境电子商务发展格局。实施跨境电子商务“2212工程”，到2017年，力争培育200家跨境电子商务示范企业，搭建20个跨境电子商务平台，建设10个跨境电子商务园区，建成20个跨境电子商务公共海外仓，跨境电子商务年交易额占河北省外贸进出口总值的比重超过10%。该意见还提出要把跨境电子商务园区、跨境电子商务公共海外仓、检验检疫监管政策措施、电子商务跨境支付结算及在线供应链金融业、税收政策、物流体系、诚信体系这些作为推动电子商务发展的主要任务。

2015年12月，江苏省人民政府发布《关于大力发展电子商务加快培育经济新动力的实施意见》。该《实施意见》要求不断优化发展环境、大力促进创业就业、积极推动转型升级、完善物流基础设施、提升对外开放水平、构筑安全保障防线、健全支撑服务体系、扎实做好基础工作，提出了加强金融服务、推进商贸流通领域电子商务应用、积极发展农村电子商务、深化制造业与电子商务融合、规范网络化金融服务新产品、推动物流（快递）配送终端建设、支持物流（快递）信息平台建设、加强电子商务国际合作、推动跨境电子商务发展、加快电子商务“走出去”、保障电子商务网络安全、确保电子商务交易安全、预防和打击电子商务领域违法犯罪、建立电子商务发展评价机制、加强电子商务统计工作、完善相关法规标准体系等32项具体措施，并根据措施内容进行细化，明确了相关领域负责部门。

2016年1月，浙江省政府办公厅正式印发了《关于大力发展电子商务加快培育经济新动力的实施意见》。该《意见》围绕构建完善的电子商务产业体系、全面提升电子商务应用范围和水平、构建通畅高效的电子商务物流体系、加强电子商务创业创新和人才培养、提升电子商务领域对内对外开放水平、营造良好的发展和安全环境、加强电子商务行业管理与服务七个方面，详细提出了33条实施意见，力争到2020年，在浙江基本建成完整的电子商务产业体系，实现电子商务交易额超过4万亿元，网络零售额突破1.6万亿元，农产品网络销售额1000亿元，跨境网络零售额1000亿美元；实现电子商务与农业、工业、服务业深度融合，成为促进创业、稳定就业、改善民生服务的重要平台，形成统一开放、竞争有序、诚信守法、安全可靠的电子商务大市场，努力把浙江省建成国际电子商务中心，确保浙江电子商务“走在前列”，发挥先行和示范作用。

2015年12月，海南省人民政府办公厅发布《关于推进跨境电子商务发展的意见》。该《意见》提出的目标是：坚持服务体系建设全面推进，区域建设重点突破，尽快完善海口市申报跨境电子商务试点城市材料方案，争取试点城市获批；探索建立海南省跨境电子商务综合服务体系，促进海南省跨境贸易物品从运输、报送、仓储、查验、配送等环节信息畅通；鼓励有实力的企业做大做强，促进海南省跨境电子商务健康发展。为实现上述目标规划了具体措施，并成立海南省推进跨境电子商务发展工作小组，从组织上保障电子商务的健康发展。意见附有《海南省推进跨境电子商务发展工作任务分解表》，将具体内容的责任部门、配合单位以及落实的时间节点做了详细规划。

2015 年 12 月，湖南省人民政府发布《关于大力发展电子商务加快培育经济新动力的实施意见》，坚持积极推动、逐步规范、加强引导、示范带动的基本原则，围绕营造宽松发展环境、促进就业创业、推动转型升级、完善物流基础设施、提升对外开放水平、构筑安全保障防线、健全支撑体系七个方面，提出了 25 条具体措施。《意见》强调，湖南省各级各部门要提高对加快发展电子商务的认识，转变观念、创新举措、加强配合，认真落实各项工作任务，并指出：省商务厅等部门要建立电子商务跨部门协调工作机制，及时协调解决重大问题，加强指导服务，共同推动湖南电子商务健康快速发展。

2015 年 12 月，辽宁省人民政府发布《关于大力发展电子商务加快培育经济新动力的实施意见》。《意见》坚持“四个结合”原则，坚持市场主导与政府推动相结合、坚持重点推进与协调发展相结合、坚持网络经济与实体经济相结合、坚持加快发展与规范管理相结合，为实现电子商务与其他产业深度融合发展，成为促进创业、稳定就业、改善民生服务的重要平台，对促进全省工业化、信息化、城镇化和农业现代化同步发展起到关键性作用，努力把辽宁打造成全国电子商务强省。《意见》围绕营造宽松发展环境、促进就业创业、推动转型升级、完善物流基础设施、提升对外开放水平、构筑安全保障防线、健全支撑体系、强化措施保障八个方面，提出了 29 项具体措施，努力建设开放、规范、诚信、安全的电子商务发展环境，为推动辽宁老工业基地新一轮全面振兴增添新动力。

（执笔人：李鸣涛　中国国际电子商务中心研究院）

智慧质检发展中的创新与尝试

智慧城市建设是党中央国务院在新时期加快经济发展，提升社会治理能力的重要举措，是国家全面推进新型城镇化建设和社会信用体系建设的重要内容，在改善公共服务水平、提高社会治理能力、促进土地集约利用、保护生态环境资源、促进产城融合发展和优化综合资源配置中发挥了重要的作用，对提升执政水平、强化综合国力、改善民生产生了深远的影响。“十二五”期间，质检系统按照中央决策部署，增强忧患意识和责任意识，主动适应新常态，强化质量和效益相结合，坚持工业化和信息化相融合，深刻领会智慧城市建设的时代意义和深远影响，深入研究新理念、新思路、新技术、新举措与质检理论基础和事业发展的一般规律，把握历史机遇、立足质检现状、着眼发展大局，以智慧质检的理念引领智慧城市建设，在规划布局、理论研究、业务梳理、资源共享、指标评价、人才培养和总结推广等七个方面形成联动，进一步夯实和完善了质检事业的工作内涵。

国家质量监督检验检疫总局（以下简称“质检总局”）积极响应国家智慧城市建设部署要求，全面构建质检业务与智慧城市融合互动、联动发展的工作机制，着力刻画“大质检　大智慧”建设蓝图。2014 年，质检总局按照《国家发展改革委办公厅关于印发〈促进智慧城市健康发展部际协调工作制度及 2014—2015 年工作方案〉的通知》的要求，迅速组织、专项部署、专题研究，提出建设代表质检文化内涵的智慧城市愿景目标：以“纵向业务指导、横向服务优化”为导向，以“大质检”文化内涵为支撑，运用系统思想和战略思维，强化标准应用，夯实计量基准，发力认证认可，着力中国质量，推动质检系统开展以全业务、全流程、全系统、全行业为纽带的智慧城市建设。可以说，为期 2 年的建设实践中，质检系统在标准化管理、计量基础建设、检验检疫监管和特种设备安全等诸多方面都取得了进展，形成了可复制、可推广的典型案例，为质检事业的跨越式发展赢得了机遇。

一、悉心规划，潜心布局智慧质检

众所周知，智慧城市是以信息化技术为手段的城市治理水平提升和社会资源再利用，是管理方式的创新和思想行动的变革。质检总局高度关注智慧城市建设对社会进步和质检事业发展的深远影响，《关于印发〈质检信息化发展“十二五”专项规划〉的通知》中就提出了以深入贯彻落实科学发展观为指导，紧紧围绕“抓质量、保安全、促发展、强质检”12字方针，以质检事业服务转变经济发展方式为主线，以服务社会民生和维护国家权益为出发点，以提升质检政务水平和解决业务需求为切入点，以推进信息技术在质检事业各领域的深化应用为着力点，加强推广地方成功经验和典型案例，提升人才素质，重点改造升级在用信息化系统，加快新一代信息技术的应用更新，实现质检信息化水平的全面提升，精准构建数字质检、智慧质检。

经过多年的实践与摸索，智慧质检已成为推动质检事业创新发展的重要手段，成为关系质检事业深化体制机制改革，加快实施创新驱动发展战略的关键。当前，质检系统正以习近平总书记提出的“推动中国制造向中国创造转变、中国速度向中国质量转变、中国产品向中国品牌转变”为指导思想，凝心聚力抓落实，蹄疾步稳往前走，全面完善质检事业的理论体系和技术支撑体系，形成以质量和效益为中心，以信息化技术为手段，内外检统一的质检工作新格局。

在质检传统业务中，质量、计量、特种设备安全、出入境商品检验、出入境卫生检疫、出入境动植物检疫、进出口食品安全和认证认可、标准化以及行政执法等工作在保卫国门安全、产品质量安全和特种设备安全中发挥了重要作用。在智慧城市建设工作中，质检总局陆续开展了基于上述业务的智慧质检的研究和实践，在维护国家权益、服务社会和保障民生中发挥了重要作用，极大丰富了智慧城市的内涵。

一是开展计量基础领域的“智能电表计量评价体系及实时监控平台”建设。计量是质量强国的基础，是国家核心竞争力的重要标志，关系国计民生。2013年初，北京市计量检测科学研究院在北京市质量技术监督局的指导和支持下组织开展智能电表计量评价及实时监控平台的研究。2013年10月，平台建设完成并投入试用，实时监控北京市智能电表的首检工作，定期将误差统计结果报送北京市质量技术监督局和北京市电力公司。平台无间断运行至今，大幅提升了北京市能源计量工作的信息化水平，提高了电能表企业、电力公司质量控制和精细化管理水平，实现了计量风险的提前预警和防范。此外，国家质检总局已批准筹建26家国家城市能源计量中心，其中25家已通过验收。初步形成了城市能源计量数据等公共平台，为政府精确感知城市能源态势和实施节能管理提供了准确的能源计量数据和技术支撑。

二是开展进出口商品检验领域的“跨国进出境货物质量管理和溯源服务平台”建设。中国是全球最大的货物贸易国，进出境领域不可避免地会有一些有毒、有害或不合格货物非法流入流出，不仅妨碍正常经贸活动的有序推进，也对公共安全与生态环境构成了极大的威胁。2007年初，上海出入境检验检疫局按照质检总局“大通关”的部署要求，开始探索运用新技术手段解决进出境问题货物责任追溯的问题，形成了较为完善的基于物联网技术的检验检疫业务应用实施方案，解决了进出境货物全程监管的应用难题，构建了系统科学规范的检验检疫物流监控体系，填补了进出境集装箱物流监管领域的空白，切实维护了国家权益。目前，该系统获得发明专利2项，实用新型专利3项，外观专利2项，已受理发明专利1项，获得软件著作权6项，制定并发布行业标准3项，另有2项行业标准已报批。

三是开展口岸卫生检疫领域的“口岸公共卫生风险监测预警决策系统”建设。口岸卫生监测预警决策是为了预防人类传染病在国际间的传播和扩散，增强口岸风险防控的核心能力建设，对于保护口岸卫生安全和公众生命健康具有重要意义。质检总局按照“集中统一、互联互通”工作思路，组织推进智慧口岸卫生检疫的建设，依托先进适用的科学技术，创新检疫模式机制，按照由“传统被动查验控制”向“主动监测预警防控”转变的思路，着力发展公共卫生风险“智慧”识别监测、评估预警和决策控制的口岸核心能力，为推进建设中国特色口岸公共卫生体系，打造平安开放国门做出了成功探索，引领创新发展。通过构筑口岸公共卫生风险防控的“桥头堡”，实现了对出入境人员、交通工具、集装箱等携带传染病、媒介生物、核生化有害因子等公共卫生风险的全面监测。该系统由“智慧”监测全球疫情、自动科学预警、全球公共卫生风险GIS展示、智能化指挥决策指导、智慧旅客卫生检疫、智慧健康申报、核与辐射有害因子实时视频定位跟踪监测、疫情全程智慧跟踪八个模块构成。经过深圳口岸试运行后，口岸通关效率实现了3倍以上的提升，口岸传染病、核辐射、生物、化学等非传统安全的防控能力也大幅提升。目前，质检总局正在组织对该系统的升级改造，计划今后在全国其他口岸推广使用。

四是开展“特种设备安全监管物联网应用示范工程”建设。截至2014年底，全国特种设备总量达1036.46万台，其中电梯359.85万台，另有气瓶14250万只，一旦发生事故，对生产生活和社会稳定都将产生较大影响。在国家发展改革委的支持下，质检总局于2013年组织开展了以电梯和气瓶为对象的特种设备物联网应用示范工程建设，以北京、福州、南京、无锡、杭州、淄博6个城市为试点开展对14万部电梯、62万个压力气瓶的物联网建设，探索质监部门、检验机构、生产企业、使用单位、社会公众等共同参与、共同监督的监管模式，推动特种设备智慧监管。目前，示范工程已完成项目进度的35%以上，超过11万部电梯物联网设备已安装部署，31万只气瓶纳入物联网监管。按照“工程推进，标准先行”的工作思路，项目还完成了20项标准草案的编制，《特种设备物联网系统数据交换技术规范》纳入国家标准建设。同年，质检总局会同国家工信部开展电梯物联网专项建设，以“市场主导、需求牵引、创新驱动、重点跨越”为原则，结合国民经济和社会发展的重大需求，在北京、上海、南京、杭州、新疆自治区5个地区开展以企业牵头的电梯物联网试点建设。2015年，质检总局举全系统之力，开展了全国电梯安全监管大会战，推动电梯应急处置服务平台建设，全面构建特种设备智慧监管。

二、完善理论，夯实质检事业基础

智慧城市在社会发展和技术进步的时代背景下应运而生，是城市规划、资源管理、社会治理、公共安全、民生服务、思想文化等一系列社会基础指标普遍加强的情况下，人民群众对改善生活品质，对城市精细化管理的普遍追求。智慧城市作为信息化技术的融合体正逐渐成为城市管理者破局的钥匙。质检总局肩负国家使命，职能既涉及国家战略基础的计量和标准化，还涉及社会管理的特种设备安全、产品质量监督、执法督察、认证认可、通关、卫生、动植物检疫、检验监管和进出口食品安全等。可以说，质检业务贯穿着社会发展和日常生活的方方面面。“十二五”初期，质检总局提出了运用新技术手段加快推动质检工作的构想，组织开展了“数字质检，智慧质检”的研究，在北京、上海、广东、江苏、浙江、湖南等大部分省市开展了与智慧质检相关的试点研究。但是，面对新时期下的机遇和挑战，确保智慧质检建设工作有条不紊的开展，艰巨而复杂。就此而言，理论研究尤为重要。

理论研究是一项系统工程，既要切合质检业务实际，破解当前工作中的困局，还要满足国家智慧城市建设的总体部署，契合事业未来的发展追求；同时，智慧质检极具创新性，既没有参考模型，也没有比对应用。为此，质检总局结合业务实际、发展规律和国家智慧城市建设部署，组织开展了代表质检文化内涵的理论研究。截至目前，质检总局陆续发布了《质检信息化发展“十二五”专项规划》《质检总局办公厅关于加快推进电梯应急处置服务平台建设的通知》《质检总局特种设备局关于召开电梯应急处置服务平台工作会的通知》《质检总局特种设备局关于印发〈电梯应急处置平台数据归集规则（试行）〉的通知》《国家特种设备安全监管物联网应用示范工程实施管理办法》《国家特种设备安全监管物联网应用示范工程实施指导意见》《质检总局关于促进电子商务健康发展的指导意见》《关于开展智慧城市标准体系和评价指标体系建设及应用实施的指导意见》《质检总局关于印发落实“三互”检验检疫大通关信息化总体规划的通知》等管理性文件。

在加强理论研究的同时，质检总局特别重视业务实际的结合，强化对项目可行性的研究和论证。为此，质检总局从系统内选取了有实践经验的专家，围绕智慧质检理论基础和实践探索对智慧质检建设的必要性、环境因素、建设要求、成本投入、任务目标、效果评价和推广价值展开科学论证和评估。并根据业务特点，与参加智慧城市建设的相关部门和城市、电商、互联网企业开展业务互动，逐步夯实智慧质检的理论基础，为全面推动智慧城市建设铺路架桥。

三、梳理业务，实现资源共享互动

为了进一步推进智慧质检的建设实施，质检总局按照信息互通、资源互享、业务互动的原则，加强了相关司局对智慧质检建设的项目需求、可行性研究、业务资源和建设目标等要素的梳理，对中央和地方两级质检两局的关联性业务也展开了梳理，强化了业务互动，并选择一些有条件的地区开展智慧质检的试点建设。

（一）推动总局内部横向业务梳理

质检总局内设司局 18 个，横向业务独立性强，专业差异性大，要确保智慧质检工作有序推进，业务梳理极为重要。在智慧质检建设部署初期，质检总局就建立了以科技司牵头，相关务司局业务协同的工作机制，按照业务特点梳理智慧质检的建设内容，以标签化形式归类、整理和研究，形成了以机构组织代码、产品质量信用、人员身份信息、行政执法案例为特征的信用信息流，实现了业务信息的互联互通互动，减少了工作中可能产生的风险和盲点。

自此，以信用信息流为基础的智慧质检框架体系初具雏形，建设思路逐步清晰。同时，在科技司的指导下，相关司局展开了内部业务的深度梳理，形成以基础研究、技术评估、风险防控、数据关联、综合效益五位一体的智慧质检业务体系模型，并形成以质检业务为纽带，以企业、产品、人员、质量、信用为要素，以数据模型为支撑、信息技术为驱动和社会综合满意程度为评估指标的智慧质检业务形态。

（二）加强系统内部纵向业务指导

目前，质检总局、地方质检两局和质检系统的事业单位、行业组织都不同程度地开展智慧质检建设的相关工作，在地方建设、保障安全和促进发展等多方面都发挥了重要作用。同时，地方政府也对质检两局的工作提出了更高要求。因此，一些单位陆续开展了基于质检业务的物联网、大数据、电子政务的信息化建设和研究，现已基本形成以业务关联、数据关联和应用关联为要素的建设方案。在一些条件较好的地区，地方质检两局也结合城市综合治理的要求开展了智慧城市的建设。

例如，浙江温州地区就组织开展了“安全、能耗、排放、应急、经济”五位一体的特种设备智慧监管平台和新型城镇化模式下特种设备与循环经济发展的智能评估体系建设。我国富煤少油缺气的能源特点决定了以煤炭为主的能源消耗模式，其间产生了大量的含硫（硝）污染物、烟尘颗粒物的排放，特别是10吨/小时（含）以下燃煤锅炉排放对大气的污染更为严重，几乎成为我国东北部地区雾霾的主要污染源。近年，温州市质量技术监督局和温州市特种设备检测研究院依托智慧城市建设和大气污染防治，结合锅炉能效、排放、安全等指标，切入温州地区能源消费、能源输送、能源利用率、污染物排放、污染物输送，对燃煤锅炉烟气污染物排放指标、能效指标、生产指标、经济效益指标、企业规模发展指标、区域能源中心节点、区域发展规划指标、区域环境规划指标以及大气污染改进实施计划等要素展开研究，探讨安全生产、环境改善和经济可持续发展的关系，计算要素变动带来的总体协调性变动以及预盈利水平、发展变动方向的改变，进一步建立起能源消费、经济发展、环保排放、劳动力就业等指标叠加的一体化模型，及时为地方政府决策提供分析平台和数据支撑。该体系切入质检传统业务，从城市发展和综合治理出发，着力相关部门业务结合，创新了智慧城市的建设实践，为推进城市安全生产、能源管理和治污减排提供了可参照、可复制的依据。

同时，为了进一步鼓励和支持地方质检两局开展项目建设，降低风险，质检总局自项目建设之初就组织行业专家对项目的规划和实施展开指导、评估，协调地方政府和社会资源共同参与、共同推进项目建设，并明确提出智慧质检的建设必须契合当地经济发展规律、符合产业结构特点、符合部门实际需求、符合综合效益产出、符合产业发展规律五项要求，指出地方项目建设要形成立体化网格结构，结合质检工作一条线，社会服务一个面，建设中央和地方、政府和社会、行业与个人的互动渠道，为智慧质检工作的推进和改进创造条件。同时，质检总局还开展了对在建项目的跟踪和指导，确保项目建设符合“大质检”的规划思路和国家智慧城市的总体部署，全面提升智慧质检的建设质量和应用效果。

四、优化数据，提升系统应用水平

俗话说，“上面千条线，下面一根针”，智慧质检面临数据量大、信息单一、应用庞大、关联复杂等诸多问题，构建完善的数据结构和合理的数据资源是智慧质检成败与否的关键。为此，质检总局领导高度重视，确定了以加快建设国家质检信息化云平台为基础的智慧质检数据存储和运算平台，整合系统内部软硬件资源，为数据的综合利用提供统一服务平台。同时，质检总局加强了数据灾备中心的建设和改进，进一步提升数据管理的安全；同时还强化了信息安全的管理，完善了对总局在用软硬件的安全防护手段，组织等级安全评价，加强了信息化人员的安全知识再教育，确保从思想上强化、从技术上强化、从业务上强化信息安全意识，从管理、技术、设备和思想上建立“防火墙”。

（一）组织开展在用系统的优化

目前，质检系统已建立了业务系统和办公平台，质检总局建设的“金质工程”也已运行多年，为智慧质检提供了强大的数据支撑和坚实数据平台。但是，海量数据产生的数据垃圾和安全隐患，降低了数据利用率，不利于智慧质检的建设和推广。为此，质检总局领导给予了高度关注，在建项目中，质检总局尝试将质检系统的数据整合至“质检云”，利用计算模型和优化方法加强对数据叠加的研究，在构建大机制、搭建大平台、整合大数据、促进大融合、保障大安全五个方面下足功夫，推动质检业务和智能应用的融合，充分发挥智慧质检在稳定发展、促进改革和推动建设质量强国中的支撑和保障作用。

（二）构建面向城市管理的智慧应用

根据智慧城市建设的总体部署和城市发展规划，质检总局立足当前、着眼长远，科学谋划、稳步推进，加快了面向城市发展和质检业务相结合的智慧质检建设，以横向业务关联和纵向业务协调为导向，构建了立体化的网格式智慧应用，提出了从质检系统层面做好全系统信息化建设基础规划、标准评价指标体系和综合业务功能需求，切实做好项目整体规划，强化互联网 +、智慧型监管、大数据决策、协同化办公、云信息服务五项基础建设，协调处理新老系统的衔接、主干与支干、总局与地方质检两局及相关直属单位的信息关联，评估设计质量，避免重复建设，达到“平台共建、系统共用、数据共享、安全共防”的目的。

在智慧质检的应用建设中，检验检疫通关一体化最为重要。充分利用科技手段，打破传统的口岸内地辖区界线，调整优化口岸内地职能分工，整合和共享检验检疫资源，设立多种通关业务一体化工作模式，实施检验检疫通关业务一体化，在全国检验检疫机构间实行“通报、通检、通放”，实现“地点可选择、时间可预期、模式可定制”，提升检验检疫服务效能。质检总局和直属检验检疫局在充分了解检验检疫口岸信息化建设现状、需求和重点的基础上，紧密围绕“监管更有效、通关更便利”这一目标，以中国电子检验检疫（e-CIQ）主干系统为主线，完善口岸信息化基础设施，提高口岸、查验场地、旅检通道的视频、图像、图片、音频等信息传输能力，整合检验检疫业务的口岸电子监管功能，构建覆盖全国口岸的新一代综合业务管理系统，建成口岸智能化、集约化支撑体系。同时，作为智慧质检建设的重要组成的特种设备安全监管，质检总局特种设备局积极响应智慧质检的建设工作，积极部署，开展了基于物联网、大数据、云计算等技术的特种设备智慧监管应用，在北京、上海、南京、无锡、杭州、福州、淄博、长沙、乌鲁木齐等城市建立了电梯和气瓶的智慧监管平台，并在全国 100 个城市开展了电梯应急救援处置中心的试点建设，逐步建成基于城市综合管理的，集地理信息系统、特种设备管理、应急调度处置、数据分析挖掘为一体的智能应急处置平台。在此基础上，全国大多数地区也在积极探索特种设备物联网智慧监管的应用研究，通过采用物联网技术实现对特种设备实时监测，为保障安全、提升幸福指数、提高管理水平、减少资源消耗提供了可靠的支撑，为智慧城市建设添翼，为安全发展护航。

五、提升质量，构筑评价指标体系

智慧质检的评价指标体系是以提升项目建设质量为目标、以标准为基础、以应用为抓手，实现对整体工程项目的综合评价。根据《智慧城市评价模型及基础评价指标体系　第 1 部分：总体框架》，质检总局按照智慧质检的推进情况，开展智慧质检评价指标体系的规划建设，加快完善标准体系建设，加强关键技术的标准研制，推进标准的应用实施，持续改进和完善智慧质检相关评价指标体系建设思路。同时，质检总局将依托智慧城市评价指标体系，科学评价质检系统智慧质检的发展水平，加快实现监管方式和管理手段创新，全面提升质量监管成效，引导质检事业科学、协调和可持续发展。

智慧质检评价体系应包括评价参与者、评价约束条件、评价指标体系、评价数据采集方法、评价模型、评价方法和评价基准等多方面内容。

（一）明确评价目标

评价首先应有明确目的，最终目标是决策。对于智慧质检而言，评价的目的就是满足社会发展需要、辅助领导决策，评价智慧质检的建设水平，引领智慧质检的建设方向，与智慧城市形成互动衔接。

（二）定性和定量指标相结合

为进一步细化和量化评价指标，质检总局设计评价指标体系更加注重定性和定量指标的结合，对指标项给予了明确的权重，并设结果项和评分项，并设立档次和分值，确保这些具体量化指标验证可信，满足评价考核过程中实现对每一项考核指标量化评分的要求。

（三）以全过程为评价范围

目前，大多数评价活动的驱动力都是传统的系统开发生命周期，区分为事前、事中和事后三个阶段。而智慧质检的评价设计则涵盖了对项目全生命周期的持续性评估，不是一次性快照，而是多阶段持续性活动，并贯穿项目开发、运行和退出的所有环节。因此，这套评价体系能够在有规划目标和期望结果的环境中发挥重要作用，并实现绩效管理工作的动态改进。

（四）注重动态评价与管理

传统的评价通常在稳定环境下，一次性静态考察项目及应用的适应性。而智慧质检的评价则是动态、复杂和长期的过程。评价的环境、内容和过程之间的交互也是多方面的，具有很强的不确定性。因此，评价更关注高效地使用资源并达到预期设计，而不是广泛的组织变更，并关注项目运行过程的适应性、生命周期和综合价值，考虑环境变化和差异性，根据实际情况优化和调整，引导评价指标体系的进一步完善。

六、人才培养，强化队伍素质建设

人才是确保有效推进智慧质检项目建设和运行的关键。因此，质检总局在开展内部人才培养和业务指导过程中，强化队伍的素质建设，强调以智慧手段提升质检业务工作效能。质检总局历来坚持服务发展、人才优先，以用为本、机制创新、高端引领、整体布局的原则，加快培育素质优良的质检人才队伍，这也在智慧质检的建设中得到了印证。项目建设过程中，质检总局积极挖掘既能较为全面地掌握前沿信息技术又具备熟练业务能力，同时还具备城市综合治理经验和前瞻性规划的复合型人才，并将完善专家决策咨询机制作为建设智慧质检建设的头等大事。

（一）统一思想，提高认识，强化人才强检战略

人才强检是质检人才战略的主题和重心，是支撑质检事业创新发展的动力，在行业管理、服务社会、保障安全等方面发挥了重要的作用。当前，质检系统人才队伍逐渐壮大，但是高层次的复合型人才仍较匮乏，尤其在思路创新、系统思想和战略思维方面仍有较大的提升空间。因此，质检总局围绕智慧质检制定了人才发展中长期规划，依托切实可行的激励措施和积极工作机制，将人才强检战略引向深入。

（二）优化组合，提升队伍，加快复合人才培养

智慧质检需要高层次的复合型人才，一方面熟练运用物联网、云计算、大数据等关键技术，另一方面还需要熟悉掌握质检业务，具备国家、部门和城市发展的前瞻视角，能够精确把握质量、计量、出入境商品检验、出入境卫生检疫、出入境动植物检疫、进出口食品安全和认证认可、标准化等业务的智慧质检建设需求和实现途径。

因此，质检系统在人才培养上高度重视科研队伍建设，发挥科研活动的集群效应，明确提出人才资源的开发利用要进一步开放思路，应当加强引智和力量整合，用足用好人才资源，充分发挥人才管理的创新优势。另外，质检系统通过开展以数据科学与工程、商务分析、大数据与国家治理、社会数据、物联网技术等专业培养，通过理论学习、实践教学、大数据专题研究相结合的方式，培养符合智慧质检建设的复合型人才，从中挖掘和培养一批具有“牧羊犬”特质的骨干与领军人才，造就具有创新活力的人才队伍，塑造与保护单位内部创新精神与团队文化，保障与激励创新型人才最大限度发挥潜力，加大对成果的法律保护和转化力度。

（三）因势利导，营造氛围，激发人才成长动力

质检系统始终关注创新型人才的培养，在科研投入、国际交流、评估评价等方面营造良好的氛围。一方面加强科技研究的投入，拓宽经费渠道加强资金投入，主动为人才创新分担风险；另一方面扩大质检人才工作的国际交流空间，增进质检系统以及国外政府机构、科研院所，以及同业之间的沟通交流。例如，与美国

NIST、NIH 等部门展开人才交流、技术合作和学术互访，学习借鉴、取长补短，促进了质检创新型人才机制科学发展，形成了较为健全的人才管理体系，激发了人才的创造热情和工作激情。

七、总结经验，推广案例应用模式

目前，质检总局已陆续在出入境商品检验、产品质量监督、特种设备监管等方面开展了广泛的实践，形成了一批可借鉴、可复制、可推广的典型案例。

在出入境检验检疫方面，地方检验检疫局依托大数据、物联网、云计算、移动互联等新兴信息技术，通过高新信息技术与传统业务的融合创新，全面探索“互联网 +”在“大车流、大货流、大人流”中的应用，打造智慧口岸，构建智能监管新模式，努力实现既在“非传统安全”威胁中确保国门安全、维护好场域安全，又在经济新常态形势下提升通关便利、促进外贸发展。

在质量技术监督方面，质检总局和地方质监部门已经开展“食品安全追溯系统”建设，着力构建食品质量安全追溯保障体系，推动完成重点领域内基于物联网技术的应用示范，提高企业对产品质量的管控能力，增强企业质量安全的自律意识。同时，整合质检系统内部信息资源和各省级平台产品质量信息，建立企业自律、政府监管、全社会监督的质量安全追溯体系，加快探索食品质量监管新模式。

在特种设备安全监管方面，质检总局和地方质监部门建立了以电梯和气瓶为主的特种设备物联网监管系统。通过系统实施，提高我国特种设备动态监管能力、风险防范能力和应急处置能力，保障人民群众生命财产安全，推进特种设备安全监管工作机制改革，也加强了国家、省市、企业等特种设备信息共享、数据互联互通，建立起政府监管、企业自律、社会监督的特种设备管理新模式。

通过对这些具有较强生命力的案例的推广，质检系统已经初步形成智慧质检系统的通用关键技术研究和行业规模应用，根本上提高质检系统智能化、信息化的总体水平。

（一）加快智能化设施和仪器设备建设

智慧质检的应用离不开互联网、物联网、云平台等信息化技术的支撑，也有赖于智能化终端的普及。这些工作需要庞大的持续性资金投入，需要政府和企业共同投入、共同建设，研究新经济模式下的商业运营和传统投资的差异，运用新型商业思维探索一条适合智慧质检建设、运营、复制和发展的商业模式。

（二）统一开放质检业务数据

在科学监管的前提下，质检总局将有层次、有选择性地开放数据应用，鼓励和引导开展挖掘数据价值，探索大数据管理和应用模式的创新，保障市场的良性竞争，实现优胜劣汰，推动大数据应用的健康发展，锻造出真正被市场接受的、优质的大数据应用模式。

（三）鼓励差异化，避免同质化

目前，参与智慧质检建设的城市在项目规划和建设上各有侧重，质检总局引导地方质检两局按照领域和时间的维度，指导项目建设与城市总体规划更加契合，实现被动监管向主动监管的角色转换，让社会资源的配置趋于合理和科学。同时，质检总局鼓励建设单位在学习国外先进技术与其他先进经验的过程中，加强关注项目建设与地方需求的结合，以有效监管推进质量环境改善，加强技术与管理融合，形成具有当地特色的智慧质检新格局。

（四）发挥标准的领先引导作用

智慧质检以质检业务的有效监管为出发点和落脚点，以实现关键成果指标为途径提升质检工作成效。因此，标准的领先引导作用是确保智慧质检成功推广的主动力。只有以标准化的数据共享、商业分析工具及数据门户为支撑，才能确保智慧质检的顺利实施。因此，无论是技术标准、管理标准还是评价标准，都需要在智慧质检统一部署下实施，实现统一规范业务流程、规范数据信息、规范共享资源，确保智慧质检实现标准化、科学化。

（五）发挥计量的技术支撑作用

加强社会公用计量标准建设，提升计量服务能力，进一步加强相关传感器的研究和应用，提高在线监测、远程校准等智能计量测试能力，加快完善配套的计量技术规范体系，利用国家城市能源计量中心、国家计量产业测试中心等平台，在大气监测、节能减排、控制温室气体排放、循环经济、新能源应用、公用事业发展等方面有效发挥计量对建设智慧城市的技术支撑作用，使民生计量朝着更加便捷化、精准化、智能化方向发展，为智慧城市建设提供计量服务。

蓝图已绘就，正是质检总局党组以前瞻性的战略视角，质检系统潜心布局、稳步规划，按照《促进智慧城市健康发展部际协调工作制度及 2014—2015 年工作方案》的要求，科学规划、积极组织、稳步实施，攻坚克难，确保了智慧质检的建设工作有序开展。也正是质检总局党组的坚强支持和全系统干部职工的共同努力，智慧质检建设得以稳步推进，在稳定社会、推动经济和服务民生等方面都做出了重要贡献，成为智慧城市建设的重要内容，推动了质检改革事业，充分发挥了质检工作作为经济社会发展助推器的坚实作用。

虽然智慧质检还将面临更多更加艰巨和复杂的困难，但是在党中央国务院的坚强领导下，质检系统更加深刻领会习近平总书记提出的“三个转变”的重要内涵，上下齐心、戮力攻坚，运用系统思想和战略思维，集质检人的智慧和努力，必将助力事业发展，发力中国质量，实现质检事业的破茧化蝶，开启质检事业的新征程！

（执笔人：胡素峰　国家质检总局
王会方　南京市特种设备安全监督检验研究院
张元榕　福建省特种设备检验研究院
储昭武　上海市质量技术监督局
金樟民　温州市特种设备检测中心
张　博　大连理工大学
王　林　辽宁省安全科学研究院
吴　倩　国家质检总局
孙　维　国家标准委）

我国智慧旅游城市发展的问题和对策

智慧旅游城市指的是为游客提供泛在化旅游信息服务的城市公共信息服务体系。智慧旅游城市应该是与游客关系友好的、信息高度集成和快速共享的体系。游客是暂住于城市的消费者群体，他们更加需要高效率和精准的信息服务，这不仅是旅游相关部门和企业的事情，更应是整个城市管理者和服务机构的责任。如何更好地服务这类特殊的“流动人口”群体，是智慧旅游城市建设的核心问题。

智慧旅游城市针对散客市场占据主体地位的现实环境和发展需求，逐步实现面向游客的公共旅游服务体系健全化、智能化，实现从旅游宣传营销体系到旅游接待服务体系，从旅游目的地网站集群、旅游呼叫中心、旅游集散中心、旅游咨询服务中心到遍布城市交通枢纽、旅游企业等地的旅游信息触摸屏的网络化建设，实现从旅游信息服务内容到服务方式的智能化、多样化，实现从体系建设、运营到维护的协同，形成智慧旅游城市建设的长效机制。

一、我国智慧旅游城市建设的现状

我国智慧旅游城市建设起步较早，经过近七年的探索和实践，通过试点示范带动了智慧旅游城市建设，通过顶层设计构建国家智慧旅游公共服务平台，在智慧旅游城市建设的内容和运营方式上，已经探索出独具特色的发展道路。

（一）智慧旅游城市试点引领智慧旅游城市建设全面铺开

2012 年 5 月到 12 月，国家旅游局正式批准了 33 个智慧旅游试点城市（名单见表 3-2）。

表 3-2 智慧旅游试点城市名单

批次（时间）	城　市
第一批 2012 年 5 月	北京市、武汉市、成都市、南京市、福州市、大连市、厦门市、苏州市、黄山市、温州市、烟台市、洛阳市、无锡市、常州市、南通市、扬州市、镇江市、武夷山市（共 18 个城市）
第二批 2012 年 12 月	天津市、广州市、杭州市、青岛市、长春市、郑州市、太原市、昆明市、贵阳市、宁波市、秦皇岛市、湘潭市、牡丹江市、铜仁市、龙岩市（共 15 个城市）

目前，这些试点城市已经完成智慧旅游城市试点的基本建设要求，并在基本建设标准基础上形成各具特色的建设模式，比如，天津推出了“天津城市旅游地理信息系统”；北京完成编制《北京智慧旅游行动计划纲要（2012—2015 年）》和“智慧景区”“智慧饭店”“智慧旅行社”“智慧旅游乡村”四个业态建设规范以及“景区自助导游系统”“城市自助导览系统”“旅游信息终端”“虚拟旅游系统”四个专业建设规范；上海手机导游 iTravels 上线，旅行社试点电子旅游合同；南京智慧旅游推出“自游南京——目的地旅游行程规划系统”“自游南京——第二代智慧景区管理与导游系统”“智慧旅游电子商务平台”“《漫游南京》交互式漫画”“‘南京旅游游客助手’手机客户端 2.0 版”等。智慧旅游城市试点工作直接带动了全国旅游城市的智慧化建设，带动了一批智慧旅游景区、智慧旅游企业快速成长。

2015 年 1 月发布《国家旅游局关于促进智慧旅游发展的指导意见》(旅发〔2015〕10 号),提出夯实智慧旅游发展信息化基础,建立完善旅游信息基础数据平台,建立游客信息服务体系,建立智慧旅游管理体系,推动智慧旅游产业发展、加强示范标准建设、加快创新融合发展,推进数据开放共享等一系列指导智慧旅游发展的意见,进一步对智慧旅游城市建设指明了方向。

(二)国家智慧旅游公共服务平台建设促进智慧旅游城市建设驶入快车道

国家旅游局于 2015 年初正式启动国家智慧旅游公共服务平台项目建设。在项目建设过程中,以“互联网 +”作为转变传统行业能力低下的生产力驱动方式,以 PPP 模式政府主导、社会资本为主体作为项目建设方式,以大众创业、万众创新作为平台的可持续发展方式。

国家智慧旅游公共服务平台以“12301”旅游公共服务号为主要载体,形成包括语音咨询与投诉热线,“12301.cn”旅游评价分享社区,以及“12301”微信公众号、服务号和企业号等移动端应用一体化的旅游公共服务平台。以旅游公共服务为节点连接政府、企业和游客,破除发展过程中自然形成的信息壁垒和信息孤岛。

国家智慧旅游公共服务平台的建设起步于投诉,发展于资讯和评价,成熟于交易。目前,项目中标企业视觉中国公司按照互联网规律、通过市场手段全力完成旅游公共服务的要求。建成的“12301”全媒体呼叫中心已经在 2015 年的十一黄金周承担了半数以上全国旅游投诉的受理,对于游客投诉处理进展定期回访,正以优质的企业服务取得用户的信任。刚刚完成上线的“12301.cn”应用智能认知计算技术,进行旅游咨询和社区问答。通过投诉、咨询和社区问答,以及全网数据抓取建立对旅游目的地城市、景区的多维度评价体系。在建立客观评价体系,形成一定的公信力的基础上,将以完全开放的旅游行业云布局旅游创新项目孵化平台,推进交通、住宿、导游、景区、餐饮,甚至旅程规划设计等“小而美”的旅游创新经营形态。

(三)“互联网 +”战略进一步加快智慧旅游城市建设步伐

2015 年 9 月发布《国家旅游局关于实施“旅游 + 互联网”行动计划的通知》(旅发〔2015〕210 号),要求各地旅游部门按照市场导向、开放共享、引领变革、安全有序的基本思路,到 2018 年实现我国旅游业各个领域与互联网深度融合发展,并使互联网成为旅游产品创新和业态创新的重要动力和公共服务平台的目标,到 2020 年实现网络化、智能化、协同化国家智慧旅游公共服务平台基本形成的目标。充分发挥“互联网 +”的创新融合作用,促进旅游产业和信息产业的高度融合,引领旅游产业步入智慧发展时代,全面提升旅游信息化建设和旅游公共信息服务水平，形成以智慧旅游城市建设为核心的现代旅游服务产业集聚化发展局面。依托大数据产业项目孵化，建立集行业管理、企业营销、游客服务于一体的智慧产业协同创新机制，实现由景点旅游向全域旅游的转变。

在“互联网 +”战略指导下，江苏省常州市成为国内首个也是目前唯一一个中国“旅游 + 互联网”创新示范城市，在宏观上由政府负责顶层设计，在中观上旅游主管部门互联互通，在微观上旅游企业创新服务模式。黑龙江省大庆市抢抓“互联网 + 旅游”发展战略机遇，将城市特色的湿地资源、温泉资源进行互联网化改造，通过虚拟现实可穿戴设备为游客带来更加生动的旅游体验。

（四）智慧旅游城市建设形成一整套规格和规范

在建设智慧旅游城市的过程中，很多城市在旅游集散地、机场、车站、景区、宾馆饭店、乡村旅游点等旅游区域及重点旅游线路建设了无线上网环境，建设了面向游客大众的旅游电子商务系统平台，构建了集网站、微信、微博、手机客户端等旅游营销应用体系为一体的智慧旅游城市营销体系，推动了旅游各产业要素的智慧化，促进了智慧旅游酒店、智慧旅游景区、智慧旅行社、智慧乡村旅游等方面，形成了智慧旅游服务的有效供给。旅游产业运行监测平台、云数据中心等成为部分城市建设智慧旅游的一个重要组成部分，而景区视频监控平台、城市旅游营销和服务APP、微信公共账户、旅游信息触摸屏、自助导览等成为智慧旅游城市建设的“要件”。智慧旅游城市建设增进了游客对于城市生活、游览服务设施的熟悉和了解，带动了游客在城市多元化的消费和对城市公共服务系体系的利用。

二、我国智慧旅游城市发展的成效

我国智慧旅游城市建设基本取得了预期的成效，满足了游客基本信息服务的需求，满足了城市旅游产业转型升级的需求，满足了城市管理服务部门提升工作效率和效果的需求。

（一）在全国范围内形成了智慧旅游城市建设热潮

国家旅游局通过一系列政策和标准引导，形成了全面建设城市智慧旅游的热潮，不仅一些发达地区城市积极推进智慧旅游建设，很多欠发达地区、偏远地区的城市如贵州省毕节市、新疆吐鲁番市等也都在谋求智慧旅游建设。智慧旅游建设已经从城市旅游局长关注的问题变成市长关心的问题，起步较晚的旅游城市能够充分调研和借鉴其他城市智慧旅游建设的经验，并能结合城市自身的特点进行因地制宜的创新。

（二）城市旅游公共服务明显改善

智慧旅游城市建设形成了为游客提供基本信息服务的城市旅游APP和微信公共账户，很多城市如山东青岛、广西桂林和北海等城市都在酒店大堂、旅游咨询服务中心放置了大触摸屏为游客提供本地化旅游信息查询服务，很多城市如北京建设了城市景区智能导览和自助语音讲解移动平台，很多城市如大连建设了景区门票预订和电子门票平台，一些城市如苏州市、洛阳市建设了智慧旅游公共服务平台，成为城市智慧旅游综合管理服务平台。这些公共服务平台建设大大提高了城市旅游服务的智慧化水平，在很大程度上提升了游客的便利程度。

（三）智慧旅游新业态层出不穷

智慧旅游城市建设热潮之下，涌现了大量承接智慧旅游项目的创新企业，例如，巅峰美景、中海纪元、大地云游等智慧旅游策划规划公司企业；深大智能、卓锐信息、鼎游科技、数位港湾等智慧旅游解决方案提供商；伟景行、全景客、大国慧谷等城市和景区虚拟导览企业；融信汇智、奕行科技等旅游大数据微创企业；启动优势、芝麻游等专注于旅游咨询服务中心和集散中心智慧化平台建设企业；i慧游、票工厂等智慧旅游电子商务平台企业。这些智慧旅游新业态的发展，进一步促进了智慧旅游城市建设水平的提升。

（四）智慧旅游衍生和促进了旅游与其他产业的融合发展

智慧旅游发展进入了“旅游+互联网”阶段，智能感知、移动互联网、虚拟现实、增强现实、人工智能等新信息技术为城市旅游与其他产业的整合发展提供了新的工具和方法。医疗旅游、体育旅游、研学旅游等新兴旅游业态借着智慧旅游的东风逐渐走进公众视野，智慧旅游城市建设已经从单纯管理、服务、营销扩展到更多服务领域，带动了城市更多产业的协同发展。

三、我国智慧旅游城市建设存在的主要问题

（一）运营模式和机制上存在一定的“瓶颈”

智慧旅游城市总体上仍然处于发展初级阶段，面向游客的便利的旅游信息服务体系尚未完全建立，特别是在运营模式和机制上，很多城市投入巨资的触摸屏无

人问津甚至废弃不用，旅游咨询服务中心由于缺少实时动态数据和特色服务而门庭冷落。旅游大数据中心和旅游产业监控平台利用率还比较低，还不能直接服务于游客。总之，智慧旅游城市的建设仍滞后于旅游业的快速发展，难以满足旅游管理精细化、旅游营销精准化、旅游服务智能化和个性化的需求，需要智慧旅游城市继续探索符合市场要求的运营模式和运营机制。

（二）与智慧城市发展的协调性不强

智慧旅游城市建设以旅游公共管理和服务部门为主要推动力量，虽然通过大数据平台、旅游产业运行监控平台整合了部分城市服务功能，如交通数据、摄像头数据、住宿数据，但从机制上只是旅游部门与几个相关部门的有限协同，尚未实现从智慧城市发展总体布局角度考虑智慧旅游的各项具体应用和数据对接问题，造成了信息化应用系统各自为政，跨部门数据共享和交换困难，不能提供及时、科学、完整的基础数据，难以实现海量数据分析和数据挖掘，不能为行业管理和科学决策提供全面数据支撑。

（三）城市智慧旅游公共服务体系尚未成为闭环体系

国内尚未建立统一的旅游信息数据采集规范与标准，无法实现旅游信息资源的自动入库、动态更新和智能应用。旅游云数据中心建设滞后，无法实现旅游信息资源的统一管理和交换共享。旅游公共服务不同层级之间未形成有效的链接，往往造成信息脱节而影响游客的使用。在信息资源的配置上，各个政府部门对信息资源的分割和垄断，使巨大的公众信息资源共享需求与实际共享情况形成鲜明反差，制约了政府的社会服务效率、协同管理水平和应急响应能力，制约了为游客提供智慧服务能力的得升。城市智慧旅游公共信息服务体系不仅通过物联网、无线技术、定位和监控技术，实现信息传递和实时交换，而且通过科学的信息组织和多样化形式为游客提供全面、立体化的旅游信息，从而提高游客出行的便捷度、自主性和旅游质量。

四、我国智慧旅游城市建设的特点

（一）智慧旅游建设成为各地智慧城市建设的重要组成部分

智慧旅游是智慧城市各领域中起步较早也较为成熟的领域，很多城市在智慧城市建设过程中，将智慧旅游作为首批启动项目，不仅海南三亚、秦皇岛等知名旅游城市，连保定、呼伦贝尔等非传统旅游城市都将智慧旅游建设作为首批启动的重点项目，以促进和带动当地智慧城市建设。

（二）从智慧旅游管理、智慧旅游营销、智慧旅游服务三个维度建设智慧旅游城市

智慧旅游管理体系主要包括旅游电子合同管理系统、旅游行程计划管理系统、游客投诉管理系统、旅游电子政务监管系统、旅游产业运行监控系统、旅游大数据监测平台。智慧旅游营销体系主要包括城市旅游网站门户、基于移动终端的微网站、微信公共账号和微博、虚拟实景体验系统。智慧旅游服务体系包括自助导游导览、旅游信息服务触摸屏、“12301”多媒体呼叫中心、目的地（城市）旅游电子商务平台等。智慧旅游城市建设的三大体系已经成为各个城市发展智慧旅游的统一标准，这也为未来城市之间旅游信息的互联互通奠定了良好的基础。

（三）旅游城市政府投入大、寻求新亮点和新技术应用

在智慧旅游城市发展的不同阶段，政府都在努力借鉴其他城市好的做法的同时寻求亮点和创新应用，如北京旅游产业监测运行平台、成都基于北斗的旅游救援系统、贵阳旅游大数据交易所、洛阳市智慧旅游公共服务平台、大连旅游电子商务平台都是典型的案例。这些都是当地政府管理部门发展智慧旅游城市的突出亮点，引起了社会广泛关注并成为其他城市仿效和学习的榜样。

（四）科技企业广泛参与推进智慧旅游快速发展

百度、阿里、腾讯等互联网巨头为智慧旅游城市提供了大数据分析平台、形象展示平台和用户交互平台；华为、中兴等硬件设备提供商为智慧旅游城市提供了旅游云平台；移动、联通、电信积极探索利用移动大数据解决智慧旅游城市游客疏导和精准服务问题；IBM、神州数码、浪潮、太极、软通动力等软件企业积极参与智慧旅游城市各种应用系统搭建和运营。这些科技企业的积极参与加快了智慧旅游城市建设的进程，也带动了一批创业创新企业与其形成紧密合作，甚至与当地管理部门和旅游企业联合成立合资公司，如云神科技公司就是由镇江市人民政府、镇江市新区政府、中国电信股份有限公司共同出资成立的一家智慧旅游服务提供商，酷旅网是浪潮集团与山东省旅游局合资成立的智慧旅游创意策划营销公司。

五、我国智慧旅游城市发展的趋势

（一）智慧旅游公共服务体系将成为智慧旅游城市建设新方向

智慧旅游公共服务体系从旅游者的需求出发，将旅游供应商、旅游监管部门

等旅游市场参与主体的活动串联在旅游者以旅游信息需求为主体的旅游交通公共服务需求、旅游安全公共服务需求、旅游环境公共服务需求、旅游教育培训公共服务需求、旅游救助公共服务需求、旅游志愿者公共服务需求等旅游公共服务体系的各个部分中。

在旅游信息服务的内容上，城市的旅游公共服务体系需要进一步完善基础旅游信息，保证旅游信息准确并及时更新；对海量旅游信息进行筛选和二次加工，强化旅游计划、行程设计等功能，并按照游客思维逻辑和操作习惯进行展现；建立旅游信息间的关联，并按照游客需要进行整合，为游客提供整体信息而非零散数据；形成旅游信息和游客的互动，让游客不仅是信息的获取者，也成为信息内容的贡献者和信息的传播者。

在旅游信息服务的渠道上，城市的旅游公共信息服务系统需要广泛应用新技术。例如，在旅游门户网站、旅游咨询服务热线、旅游集散中心、旅游咨询服务中心等基础上，广泛应用微博、微信公共账号、旅游APP等主流创新信息服务渠道，利用机器人等人工智能技术创新旅游信息服务方式。

（二）提升游客满意度成为智慧旅游城市建设的重要任务

智慧旅游城市建设的最终结果是提升对游客信息服务效率，围绕游客信息服务效率提升而展开智慧旅游公共服务体系重构、智慧旅游城市共享平台建设和运营、旅游企业智慧化服务等。满意度是衡量一个城市智慧旅游建设成效的最终指标，而从目前大部分游客感受度来看，对智慧旅游城市建设并没有产生深刻印象，归根结底是在建设时并没有充分考虑游客的现实需求。

（三）平台共享、数据互通、业务互联将成为智慧旅游城市建设的核心内容

构建以游客为核心的智慧旅游城市评价系统平台，与智慧城市建设实现从平台对接到数据共享，城市管理者将智慧旅游城市建设纳入智慧城市建设体系进行综合考虑，例如，在旅游部门和公共服务部门形成的信息资源共享与区域协作机制的基础上，建立智慧旅游管理平台，可以有效解决传统管理方式中信息障碍导致的措施滞后问题；在及时了解游客流量分布的情况下，通过协作型的电子政务系统，快速进行旅游交通协调；在城市大数据的支撑下，实时了解城市游客的需求变化，调整旅游目的地的形象宣传、开发相应旅游项目；在城市应急指挥中心的统一监管下，为旅游活动和旅游救援的安全保障措施做出及时反应。因而，在未来的建设中，应进一步强化智慧旅游城市建设协调机制的构建，达成城市管理各部门及各应用系统

之间的功能互补。

六、我国智慧旅游城市发展的对策建议

（一）以开放平台构建智慧旅游城市协作共赢生态圈

建议城市管理部门进一步加大对国家智慧旅游公共服务平台建设的支持力度，通过该平台支持智慧旅游城市之间的数据共享，促进游客无障碍地享受跨城市旅行的便利，构建一个可以高度共享的数据开放平台，为城市间的旅游业务协作提供一个有效平台，进而形成一个良好的生态圈。

城市旅游数据中心纵向实现与省、区县的旅游主管部门政务信息，旅游企业基础信息、日常经营信息及行业应用信息的整合；横向实现与应急办、交通、公安、环保、气象、国土资源、文化、卫生等各涉旅部门的数据整合，实现与各行业、各应用系统之间的数据共享与交换，构建高效、稳定的城市旅游综合信息交换平台。

（二）打通智慧旅游城市与智慧城市的顶层设计以协调同步

综合我国各地智慧旅游城市的建设进程，可清晰地看到智慧旅游城市总体规划的组织设计，有利于引导和规划旅游产业要素合理配置与融合、推动多层次旅游业智慧服务圈的形成，进而实现旅游产业的科学发展模式。智慧旅游城市总体规划从顶层设计的高度，对智慧旅游城市的各项建设任务给予系统的部署，通过制定智慧旅游城市总体发展规划，有助于实现“智慧的旅游公共服务、智慧的旅游行业监管和智慧的旅游业态运营”的均衡发展，有助于进一步强化建设协调工作，实现功能互补。

（三）分类推进智慧旅游城市建设

由于不同类型城市的城市规模、主客比例、资源特色不尽相同，智慧旅游城市建设也应该有所侧重。

对于超大城市、特大城市，通过城市智慧旅游服务体系，促进城市居民周边游，避免出现交通和住宿等基础服务设施负载不均情况；对于大城市、中等城市重点开发主题游；对于小城市、城镇重点开发特色游。

对于资源型城市的智慧旅游建设，重点在于通过开发工业旅游将城市工业遗产以虚实结合的博物馆、体验馆方式呈现给游客，实现城市产业转型，如四川省攀枝花市在智慧旅游城市建设过程中努力实现从观光型为主向康养旅游、度假休闲、

商务会展等综合型产业转变。

对于智慧旅游城市的建设，重点是实现旅游城市的升级，通过构建一体化的智慧旅游公共服务体系，进一步提升游客满意度水平，开发更多层次的旅游产品，形成更完善的城市智能行程规划平台。

（四）以 MTA（旅游管理专业硕士）教育为切入点培养创业和创新型人才

智慧旅游城市建设领域已经涌现出一大批新业态和创业企业，随着智慧旅游城市建设的不断深入，必定会产生大量人才缺口，这将成为智慧旅游城市建设的主要瓶颈。借助 MTA 教育体系，将智慧旅游城市建设领域涉及的智慧旅游、旅游电子商务、旅游信息化、旅游大数据、旅游营销、旅游舆情分析等纳入课程模块，培养创业创新型人才，建立一支持续的后备人才梯队，是解决智慧旅游城市人才问题的一个有效途径。

（执笔人：李云鹏　首都经济贸易大学
贺　明　国家旅游局规划财务司
杨　陈　电子科技大学
张理佳　江苏省常州市旅游局）

智慧能源系统与智慧城市协同发展

智慧能源依托信息化手段对能源系统进行智慧化管理，实现能源系统的共享、清洁、高效、安全、可持续，是智慧城市的重要组成和关键基础性平台。智慧能源将在功能上支持智慧城市中物联网、智能交通、智慧建筑、工业 4.0 等多个关键组成。

智慧能源的主要功能包括：支持清洁能源、分布式能源、可再生能源的大规模接入；提升终端能效；减少环境污染和温室气体排放；支撑灵活高效安全的能源传输网络；提升能源用户的参与性和体验感；支持系统内多主体、多维度、多能源品种和多种需求有效互动；支持灵活的能源市场运行；支持政府能源监管。智慧能源系统主要包括信息获取、广泛互通、需求参与、优化决策、动态匹配和综合管理六大组成单元。

目前，智慧能源尚处于产业发展初期，近年来国家在工业信息化、环保改造、节能等领域推行了一系列涉及智慧能源的产业政策，其中较为重要的包括：工业化与信息化融合、万家企业节能低碳行动、节能减排财政政策综合示范、发展分布式能源、能源需求侧管理、中国制造 2025、“互联网 +”智慧能源等。同时，一批项目的落地也为智慧能源产业的发展提供了典型的案例和宝贵的经验。

在能源生产与消费革命的大背景下，结合智慧城市这一具体应用场景，智慧能源取得了巨大的发展空间和舞台。通过对能源系统本身的改造和工业、建筑、交通、服务等领域的强互动，智慧能源深刻改变城市能源系统的运行机制、协调模式、组织逻辑。随着能源用户参与意识的日益提升、需求的稳步扩大、技术的不断成熟以及成本的持续下降，预计智慧能源产业将在未来 5—10 年迎来产业发展机遇期，并在经过 20 年左右的发展后逐步走向成熟。

一、什么是城市智慧能源系统

智慧城市通过感知、量测、整合、分析城市核心系统的关键信息，实现针对城市系统内包括民生、环保、公共安全、交通、建筑、工业、商业活动等多个方面管理的信息化和智能化。智慧能源将是智慧城市的动力来源、重要组成和关键基础性平台，在智慧城市中扮演关键角色：一方面，能源系统是城市最重要的基础设施之一，直接关系到城市公共安全和环境保护，能源系统的智慧化对城市管理的智慧化具有重要意义；另一方面，智慧城市中交通、工业、建筑等多个领域都要消耗大量能源，智慧能源通过搭建基础性、智慧化的能源网络，支持上述领域的智慧化，间接促进智慧城市的构建。

随着经济社会的发展、城市能耗的增加、资源环境的约束、居民对环境保护要求的提高和参与意识的提升必将使城市能源管理面临新的挑战，智慧能源将直面并解决这些问题，具体包括六个方面：

一是为能源生产和使用的安全稳定保驾护航；

二是减少污染物和温室气体排放；

三是通过节能提效降低能源使用成本；

四是提升能源生产和使用便捷性；

五是满足能源用户的参与性和体验感；

六是支持能源、交通、信息共享。

为了应对上述挑战，智慧城市背景下的智慧能源应具备高效配置、灵活传输、智能利用和参与互动的特点，实现智慧城市内能源的清洁、节约、共享、可持续。从组成上看，智慧能源系统包括：大量清洁能源和可再生能源的接入，多种能源深入耦合形成的综合能源网络，信息化管理条件下灵活安全的能源传输通道，可参与的多系统互动和智能管理的智慧化终端用能设备，智慧的分布式能源以及廉价高效的能源存储单元。从运行机制上看，能源信息数据的实时量测与校核、用户之间的信息有效对接、不同系统主体的分布决策、能源市场化背景下的市场推动和基于信息数据化手段的政府监管将是系统运行的主要模式。

智慧能源正是智慧城市中能源系统的大脑。智慧能源系统重点在于运用信息化手段对能源系统进行智慧化管理，催生能源系统在组织结构、管理模式、运行逻辑、应用模式上发生深刻变化。智慧能源由能源数据化、数据量测、数据管理、信息交互、大数据挖掘、数据应用等核心组成，涉及分布式能源和可再生能源并网调度、广域能量管理、区域能效优化、能源数据挖掘等。能源互联网丰富和发展了智慧能源的内涵和意义，运用互联网的思维和架构从需求侧重塑能源系统，在能源系统内信息数据网络的基础上，重点突出系统内各供需主体之间高效互动的物理基础、运行机制、投资与商业模式。能源互联网系统在技术层面与能源系统中的分布式能源、储能设备、需求侧管理和节能低碳技术等协同性技术对接；在运营模式上，借鉴互联网的运营管理和创新商业模式思路，推进能源系统的安全、高效、共享和低碳运行。可以说，能源互联网 = 智慧能源 + 能源共享（见图 3-17）。

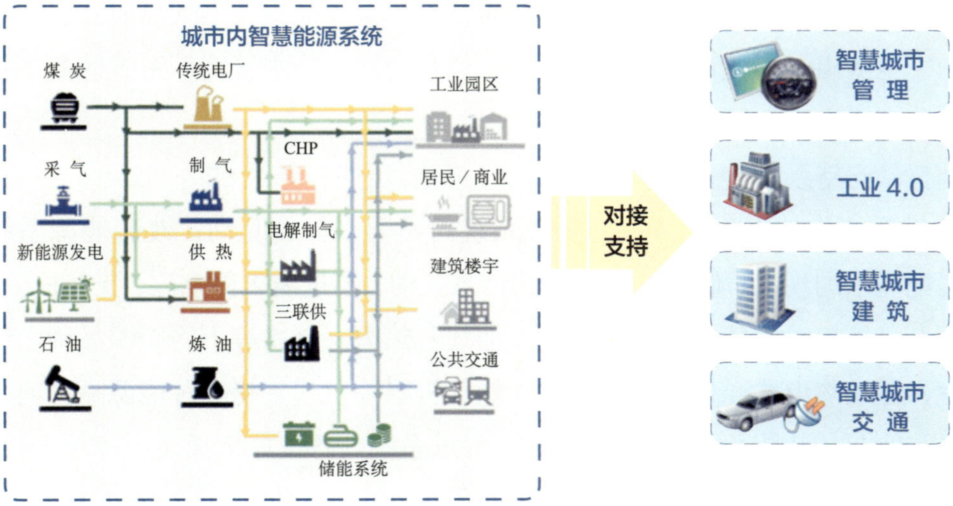

图 3-17　智慧城市的组成

二、智慧能源具体功能和技术体系

智慧能源是一个系统性的概念，但系统概念的实现必须依赖多项具体的功能。智慧能源系统的核心功能总结如下：

(一)支持清洁能源、分布式能源和可再生能源的大规模接入

依托信息技术，解决大规模普及分布式能源的接入，可再生能源并网消纳难，能效电厂和需求侧响应等问题：通过大数据分析对可再生能源出力进行精确预测，确定调度计划；对分布式能源和需求侧响应进行及时安排；解决天然气、电、工业蒸汽、生活热水、制冷等多种能源的互动平衡；支持储能设备、新能源汽车等可变负荷的管理，提升系统稳定消纳可再生能源的能力；加速分布式能源微网的构建，促进微网管理水平的提升，兑现能源微网在消纳可再生能源方面的优势。同时，近期一系列电改文件明确提出了可再生能源、分布式能源优先并网，智慧能源通过技术手段支持相关市场机制的落地，间接促进可再生能源和能源清洁化发展。

(二)提升终端能源使用效率

支持能源用户参与互动，提供“万众创新”新平台，实现能源共享新经济。

以终端用户为管理单元，促进终端能耗效率提升：对终端能源使用情况进行精确量测和建模，并依托数据挖掘等技术手段，寻找能耗可改进环节，支持终端用户推进节能技改；对接企业内部管理系统，对生产单位进行能效考核，提升企业能源管理水平；自动检测设备运行状态，保证其运行在高能效状态。

(三)支撑灵活高效安全的能源传输网络运行

全面提升城市内能源传输网络的灵活性、运行效率和安全性：支持城市直流微电网，实现更加灵活的电力调度；提升配电网自动化管理水平，确保电能质量、电网稳定；对城市内天然气管网进行实时监控，重点关注天然气品质及管道腐蚀等引起的安全隐患。对城市工业蒸汽管网、热水管网、冷水管网等系统的数字化和数据互动分享，实现协同优化配置。

(四)支持系统内多主体、多维度、多能源的有效互动

通过智能化技术手段，促进能源系统内不同主体的互动：改变能源系统供给被动匹配需求的现状，促进供需两端的信息互动，推进需求侧响应、支持能效服务、负荷量交易等模式的落地；支持电力、油气、热力、制冷等不同能源品种之间的深度融合，通过热电联产机组、分布式天然气机组等模式支持多种能源品种耦合。同时，智慧能源为能源市场提供基础信息，促进系统内各主体依托能源市场进行互动。

（五）支持灵活的能源市场运行

依托信息技术，支撑能源市场的运行，并促进系统内能源流、资金流和信息流的高效互动：依靠精准的实时量测，支持峰谷价、阶梯价等能源计价方案，支持碳市场构建、电力市场改革、天然气市场改革和城市公共基础设施的配套市场化改革等举措；通过支持供需信息高效互动，推进信息透明化，实现能源市场实时出清和计价；通过挖掘能源交易数据，对接能源衍生品市场，通过能源期货、期权等市场探寻套利保值机会。促进城市公共基础设施融资创新，为“众筹”等参与共享投融资模式创造有力的信息支持环境。

（六）支持政府能源监管

支持政府部门依托精准的量测手段以及系统的能源数据校验，及时准确地获取终端用能及污染物排放的实时数据，并对违规单位进行惩处；支持政府对区域内能源数据进行挖掘，推进节能技改项目对接，支持节能服务和能效环境托管，并提升政府区域能源综合管理的水平；支撑政府获取更加精确的能源信息，对接区域能源规划、能源政策制定等。能源信息实现政府各部门共享，能源、环保、交通、城建、税收、征信等部门共同分享数据，并将各自数据整合互动，提高信息的透明度，提高政府行政能力，推进智慧政府的建设（见图 3-18）。

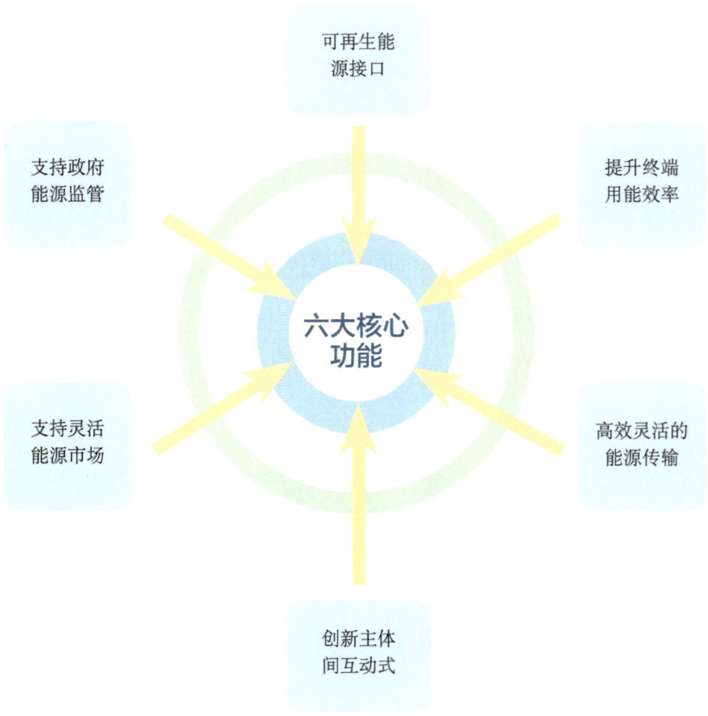

图 3-18 智慧能源六大核心功能

要实现上述核心功能，需要系统化的明确智慧能源系统的组成单元与架构设计，这对于未来产业发展中的分工、协作具有重要意义。从组织单元上划分，智慧能源系统主要包括信息获取、广泛互通、优化决策、动态匹配和综合管理五大单元。其具体内涵如下：信息获取精确捕捉智慧能源系统中最基本的要素——数据，具体可分为物理量测、交易信息、标准信息和辅助信息（气候、环境、交通、城建、国安、公安、医疗等）；广泛互通实现智慧能源体系内不同主体的互联、互动、互助、互补，实现信息的多维度、多层次、多边化流动；优化决策对接智慧系统中的各个关键应用，能够实现自组织、自平衡、自适应进行各能源系统及设备管理，并通过大数据预测对中长期能源策略选择提供决策支持；动态匹配功能重点关注能源系统内供需、时间、空间和不同品种之间能源的匹配问题，并催生出分布式能源、节能服务、需求侧响应、储能调频、容量市场等多个市场模式或服务类型；综合管理对接终端企业用能管理，基于智慧能源的海量数据，用能企业对于自身能耗成本、能源使用、污染物和温室气体排放情况、外部能源环境等进行深入分析，通过推行考核机制、促进能效排放对标、推动节能减排改造等创造价值。上述这些组成部分并不是割裂的，而是依托智慧能源的一系列具体功能相互支撑、相互耦合的。

三、智慧能源政策进展和关键实践

智慧能源的发展需要在一系列机制引导、模式探索和技术创新的互动中逐渐形成。虽然目前“智慧能源”和“能源互联网”尚处于起步阶段，但智慧能源所涉及的诸多概念已经被业界所认可，一系列尝试也已取得不少振奋人心的成果。其中，各级政府和有关企业分别从政策、产业和项目等多个层面开展了大量实践探索。

自 2005 年以来，我国中央和地方政府对于节能减排、清洁能源利用、发展分布式能源、污染物治理等出台了一系列政策。特别是“十二五”以来，“中国制造 2025”“互联网 +”智慧能源等概念的提出，更是突出了智慧能源的重要意义。梳理近几年政府针对智慧能源方面的政策以及针对智慧能源细分领域的促进政策，如表 3-3 所示。

表 3-3 近年来智慧能源相关政策及基本情况

主要政策	开始时间	基本情况
工业化与信息化融合（简称“两化融合”）	2007 年	明确了我国工业化发展方向，间接地明确了能源系统发展方向和推进路径
万家企业节能低碳行动	2011 年	重点关注终端用能环节。涉及全国各地企业共 17000 家，总能源消费占全国总量的 60%。实施中在企业内推进能源管理体系，在企业间推进节能量交易，在企业与政府间促进能源审计和在线监测
节能减排财政政策综合示范城市	2011 年	重点以城市为单位促进智慧能源系统建设：依托设备—企业—政府多级能源信息系统，通过能耗监测、能耗统计、能源审计和能效公示，推进节能减排工作
工业企业电力需求侧管理	2011 年	在五个城市内推进需求侧管理这一智慧能源典型应用：在经济上构建完善的经济激励措施，在技术上以信息化带动工业节电
物联网发展专项行动	2013 年	主要针对能源、建筑领域的重点企业，开展节能减排、电网智能控制、油气供应管理、公共建筑物联网、传感网络等方面的应用示范
中国制造 2025	2015 年	是我国建设成为制造强国的首个十年行动纲领，从国家战略层面上明确了智慧能源产业的重要性。其中能与新能源汽车、电子装备等均与智慧能源密切相关
互联网＋	2015 年	明确提出“互联网＋智慧能源”作为我国重点发展的产业之一。此外，互联网＋协同制造、普惠金融、绿色生态等也都与智慧能源有着相辅相成的关系
智能电网	2006 年	终端关注项目实施与技术开发。通过智能化技术建立安全可靠、经济高效、环境友好的电力网格
分布式能源	2004 年	管理发展以清洁能源和可再生能源为基础的分布式能源，鼓励需求侧参与能源供给，提高能源利用效率，减少环境污染，推进生态文明

从以上一系列项目的核心目标、主体任务上不难发现，节能环保工作的重要方向就是在能源系统内应用物联网、互联网等技术，通过能源系统的信息化改造改变能源的生产、传输、消费模式，以实现整个能源系统的优化运行。“互联网＋

智慧能源”将在其中发挥重要作用。

目前，针对智慧能源的试点示范工作正在如火如荼地推进，针对能源系统中的生产、传输、消费、存储、投资等多个环节，已经有若干典型案例。

（一）张北风光储联合发电项目

风光储联合发电通过信息化手段，对风力发电、光伏发电功率进行精确预测，对联合发电系统进行精细化管理，并对系统运行和出力进行精准控制，实现风力发电、光伏发电、储能系统、外送网络之间的互动，平抑可再生能源出力的波动性，提升电网消纳可再生能源的能力。

其中，财政部、科技部、能源局和国家电网公司联合推出的张北国家风光储输示范工程项目是典型代表。目前，张北风光储输示范项目已经完成一期工程，装机 100MW 的风电和 40MW 的太阳能，并配置了 20MW 储能装机。项目二期计划增加风电、光伏、储能容量约 4 倍。

（二）上海虹桥天然气分布式冷热电三联供项目

天然气分布式冷热电三联供系统根据负荷的实时变化，实时调节发电机组的运行出力情况，实现电力、制热和制冷系统的联合控制和深度耦合，大大提高整个系统的综合能源使用效率。同时，系统还具有清洁、环保、灵活、可靠、易调节等特性，并可以参与电网削峰填谷。上海虹桥商务区天然气分布式冷热电三联供项目，是我国目前最大的区域供能项目，通过能源梯级利用等技术，实现能源综合利用率能达到 80% 以上。目前，已经建成的一期项目能够满足商务区核心区域 1.4 平方千米建筑的空调冷热负荷和生活热水负荷，并部分满足电力需求；项目完全建成后，将覆盖约 7 平方千米，将为约 1000 万平方米的建筑群集中供应冷热电。

（三）海淀北区能源互联微网项目

能源互联微网在一个较小的地理范围内，包含完整的能源生产、传输、消费、存储单元，通常以微电网为核心。能源互联微网需要智慧能源技术实时监测管理：能源互联微网包含多能源品种，需要协调调度；电力网络需要发电和用电实时平衡，控制负载提升微网稳定；电力传输网络以柔性直流输电为主，电力电子设备需要数字化控制；等等。海淀北区项目整合了太阳能光伏发电、冷热电三联供、柔性直流输电、电动汽车充电控制、相变储能、可调控负荷等。项目计划安装冷热电三联供机组约 250MW，储能装置约 400MW，光伏组件覆盖 1.61 平方千米的屋顶资源，建设 10 座供给 1400MVA 的数字化变电站，并应用柔性直流输电技术提升系统的稳定性、可靠性。项目预计投资 85 亿元，年盈利 5 亿余元。

（四）华菱湘钢企业信息化节能技术改造项目

依托终端能源信息化改造技术，实现了对电、燃气、氧气、氮气、氩气、蒸汽和各种水等能源的实时监控、系统故障报警和分析、远程操作控制。同时，通过深入分析各用能环节的效率、对接投资分析平台，可以查找企业生产流程中存在节能改进的空间。华菱湘钢应用信息化节能技术改造项目，吨钢能耗水平降低了38千克标准煤，约占吨钢能耗的5%；项目投资回收期约为3年。项目具有良好的可操作性和推广性。

（五）既有建筑节能改造项目

2005—2011年，住建部与德国政府合作，从外墙屋面、采暖系统、供热管网、综合节能四方面进行既有居住建筑的节能改造，先后在唐山、北京、乌鲁木齐和太原等城市对28栋约10万平方米既有居住建筑进行了综合节能改造示范。项目中，热力调度、综合节能等领域涉及智慧能源，特别是依托信息化手段，实时监测建筑内部使用情况以及温度等信息，调节制冷、供热系统的出力，可以大大提升节能效果。以山西某两个小区的对比为例：小区A只进行了采暖分户计量改造，未实施节能改造，小区B进行了全套节能改造。2011年11—12月，对两个小区的能耗情况进行对比分析，其中小区A单位能耗为63.6万/平方米，小区B为16.4万/平方米，改造后的小区B单位能耗是小区A的26%，体现了节能改造的效果。除了节约大量燃煤外，项目还提升了小区B的室内温度，大大提升了居住舒适度。

四、从无到有地建设智慧能源体系

未来的智慧能源体系将是一个复杂、精准、协调、互动、共享的系统，需要大量的投资实现技术研发、设备安装、软件开发、应用推广、运营管理，要建设这样的系统不可能一蹴而就，需要分步进行、逐渐展开。其中，要从无到有地建设智慧能源体系，产业发展初期系统建设先应满足政府的引导性需求。政府能源管理的功能相对简单，同时政府平台的构建涉及社会用能的各个环节，因而构建政府平台将是未来建设全面的智慧能源体系的基础。从宏观层面，智慧能源应对接政府能源战略制定、能源安全保障、温室气体排放控制；从中观层面，应对接政府能源监管、能源市场运行。同时，政府还要在宏观层面上对标准、机制、模式和法规等方面进行顶层设计。在产业发展到一定程度后，用户的参与将促进智慧能源效益被充分兑现。此时的原则应为成熟一个，介入一个，哪里有经济效益哪里就进入智慧能源体系。能源消费者直接参与能源的投资、生产、使用和响应，直接决定智慧能源产业的效益能否兑现。只有切实为能源消费者创造价值，智慧能源才能够在用能终端得以推广，否则产业永远是空中楼阁。智慧能源产业可以为终端用户创造的价值包括：节约能源使用成本，控制污染物排放，提升能源管理水平，灵活便捷可靠用能，参与市场互动赚取利润，培育基于互联网的商业盈利模式等（见图 3-19）。

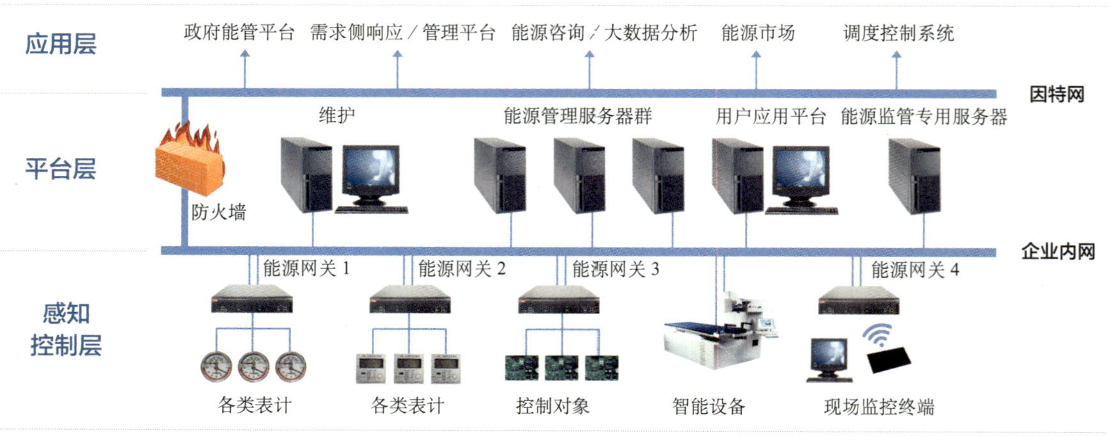

图 3-19　智慧能源体系架构

为了保证主体能够有效对接、功能得以充分实现，在系统建设之初就有必要对智慧能源的结构进行顶层设计。通过顶层设计，对智慧能源自底向上整个系统的功能划分和技术标准进行明确。从结构上来看，智慧能源系统包括感知控制层、平台层和应用层。感知控制层类似于人体神经系统的末梢（包括感受器和效应器），是信息系统与实际物理系统的耦合面，通常由传感器、控制机构、网关设备和一些集成的运行设备组成；平台层的基本功能包括信息交互、传输、运算和存储等，为能源信息的高效流动、有效对接提供基础通道；应用层则是各类定制化的能源管理应用，包括各类评价分析、最优计划、动态控制、交易决策、辅助服务等高级应用，应用层由大量建立在给定操作系统和平台上的软件组成，是实现智慧能源系统主要功能的直接抓手。

针对不同的层次组成，智慧能源体系需要对现有的能源系统进行改造和变革，具体包括：感知控制层，需要推行能源系统运行的自动化和量测设备的标准化；在平台层，要推进信息共享原则的规范化；在应用层，要推进能源决策的科学化、能源交易的市场化和能源服务的体系化。

五、智慧能源与智慧城市协同发展的一些思路

智慧能源是智慧城市的重要组成部分，同时还与城市中交通、建筑、工业等多个核心组成部分深度耦合。智慧城市和智慧能源的发展不是割裂的、独立的，而是相互促进、相互协调又相互制约的。这种互动关系是智慧城市与智慧能源协同发展的基本特点。一方面，智慧能源系统从三个方面支撑智慧城市：为城市提供充足、可靠、清洁的能源；提升能效、减少污染物和二氧化碳排放，促进城市环境改善；提升安全性，降低停电、停热、停气及燃气安全事故发生概率。另一方面，智慧城市给智慧能源提供了广阔的发展平台和良好的产业机遇，特别是在政府主导的项目中，智慧能源备受重视。

智慧能源要发展，必须与智慧城市中各个组成部分加强互动。能源系统在城市中具有重要的基础性作用，智慧能源系统发挥作用要依赖其他城市组成部分。这种互动关系丰富了智慧能源的内涵，也满足了智慧交通、智慧建筑、智慧城市管理等相关领域的功能需求。在这些领域中，有的本身就有较强的信息化和智慧化需求，这些领域自身的发展与智慧能源的发展是深度耦合的，两者的协同发展将互相促进；有的领域则更多地需要智慧能源系统提供能源数据或能源供应，这种需求则将间接地促进智慧能源的发展。具体分析见图 3-20。

图 3-20 智慧能源与城市其他领域的互动

工业方面，在工业 4.0 的大背景下，工业生产的信息化和数字化将给智慧能源提供土壤和抓手，两者的发展相互促进。智慧能源将同时满足企业能源管理和政府能源监管的需求。对于企业而言，随着技术的发展、生产工艺的提高以及人力成本不断攀升，企业终端生产设备的自动化和数字化将是重要的发展方向。同时，考虑到能源市场化改革等带来的变革，企业将有更大的动力在自身能源管理中应用信息技术以控制能源成本。两者将共同促进智慧能源在工业领域的应用。对于政府而言，精确、及时地获取企业能耗信息对于区域能源管理和违规企业监管具有重要意义，

智慧能源将在其中发挥重要作用。

建筑方面，系统节能和清洁能源利用将是重点，智能建筑与智慧能源也将呈现互相促进的关系。随着经济社会的发展，建筑的智能化将是新的动向。能源成本是建筑运行成本的主要组成部分，通过对供暖、制冷、照明系统的智慧化改造，可大大降低建筑的能源成本，目前已有的成功项目可降低30%的建筑运行维护费用。同时，建筑本身是热力网、电力网、燃气网重要的交会点，在建筑领域开展太阳能、天然气冷热电三联供、智能微能源网等清洁能源新的利用手段具有坚实的基础和广阔的前景。

交通方面，智慧能源将是交通智慧化的重要支撑，其中电气化是重点。能源是交通系统运行的重要基础，交通领域的智能化需要能源系统提供可靠、灵活的能源供应。其中，交通系统的电气化是重要的发展方向。电动汽车具有清洁、高效、动力性好的特点，但也存在充电难、配套设施薄弱等问题。通过信息化的手段实现交通用能和电网、油气网的互动，将为交通智慧化保驾护航。

城市管理方面，城市公共安全管理和环境保护工作需要智慧能源。城市公共安全是城市管理的重要组成，特别是近年来燃气爆炸事故等安全事故频发，更凸显了智慧能源依托信息手段对城市能源管网及压力容器的实时监测的重要意义。同时，智慧能源通过对排放数据的精细量测、对设备运行状态的远程实时监控，支持政府对城市内能源消费者污染物排放进行监管。

在能源生产与消费革命的大背景下，智慧城市对智慧能源需求的不断增加以及智慧能源技术的不断成熟将促使智慧能源在城市中落地生根。预计，智慧能源将在未来5—10年迎来产业发展机遇期，并经过20年左右的发展逐步走向成熟，最终支持智慧城市中能源系统的高效、清洁、可持续运行。

（执笔人：苗　韧　国家发改委能源研究所
曾　嵘　清华大学电机系
韩晓平　中国能源研究会）

我国时空信息云平台发展历程及趋势

一、发展背景

早在2012年，测绘地理信息部门就紧跟国家发展趋势和国内测绘地理信息建设需求，启动了本部门“智慧城市时空信息云平台建设试点”工作。而在此之前，测绘地理信息部门通过自2006年起开展的数字城市地理空间框架建设，初步建立起纵贯国家、省、市三级，横联城市部门的建设体系。这些工作都为我国智慧城市建设在智慧时空领域的顺利开展奠定了坚实的基础。

二、建设基础

城市是社会经济、政治、文化的中心，是国民经济建设和社会发展最活跃的区域。城市的发展方式、管理能力、信息化程度和服务水平在很大程度上依赖测绘地理信息的支撑。2006年以前，城市地理信息资源分布不平衡，资源匮乏比较严重，存在数出多门、自建自用、难以共享、信息孤岛等问题，既造成严重的低水平重复建设，又导致极大的浪费，制约着城市经济社会的发展，建立城市权威、统一的地理空间框架迫在眉睫。

2006年，数字城市地理空间框架建设项目正式启动，截至2014年底，全国已有333个地级以上城市和380个县级市开展数字城市地理空间框架建设，其中220余个地级市、100余个县级市完成并投入使用，真正使各市域地理信息数据由政府主导、专业部门建设、各部门共享，广泛应用，实现国家、省、市纵向贯通和城市间的横向互联，为智慧城市时空信息云平台的建设奠定了坚实的基础。

三、建设现状

（一）试点启动

随着数字城市建设的深入与发展，构建智慧城市逐渐受到社会各界广泛关注。科技部、建设部、工信部、环保总局、中国工程院等纷纷组织开展了相关试点，许多城市自主开展了建设工作。2014 年，经国务院同意，国家发展和改革委员会等八部门联合出台了《关于促进智慧城市健康发展的指导意见》（发改高技〔2014〕1770 号）（以下简称《指导意见》），以统筹顶层设计，加强相互协调，促进健康发展。《指导意见》从几个方面对智慧城市建设做出了要求。其中，明确要求测绘地理信息部门应统筹城市地理空间及建（构）筑物数据库等资源，加快智慧城市公共信息平台和应用体系建设。

在数字城市建设阶段，测绘地理信息部门主要负责数字城市地理空间框架建设。框架既是城市信息化不可或缺的、基础性的信息资源，又是整合城市人口、法人、经济、社会、文化等专题信息内容的基础平台，为各部门、各行业信息共享和交换提供支撑。以物联网、大数据、云计算和移动互联等新技术为支撑的智慧城市，对地理空间框架的体验性、实时性、移动性、可控性和自主性等提出了新的要求，推动地理空间框架更加突出时间特性、云特性和泛在特性，空间基准上升为时空基准，地理空间框架提升为时空信息基础设施。

时空信息基础设施是带有时间标识的地理信息数据及其感知、处理、共享、集成、挖掘分析、泛在服务所涉及的政策、法规、标准、技术、设施、机制和人力资源的总称。其核心建设内容可以归结为：时空基准、时空信息大数据、时空信息云平台和支撑环境。其中，时空信息云平台建设是智慧城市建设中测绘地理信息部门建设的核心和主要内容。

为落实好党中央和国务院的战略规划与工作部署，根据指导意见中的任务分工，测绘地理信息部门在前期全国数字城市地理空间框架建设的基础上，2012 年 12 月发布了《关于开展智慧城市时空信息云平台建设试点工作的通知》（国测国发〔2012〕122 号），正式启动智慧城市时空信息云平台建设试点工作，组织开展了关于智慧城市建设的研究、探索与试验。

截至目前，已有重庆、广州、武汉、太原、长沙、宁波、徐州、郑州、临沂、无锡、淄博、新余等 27 个城市列入试点计划。

（二）测绘部门的任务

1. 建设目的及测绘的任务

智慧城市建设目的是为集约、智能、绿色、低碳的新型城镇化发展提供支持，并充分发挥市场在资源配置中的决定性作用，加强和完善政府引导，统筹物质、信息和智力资源，推动新一代信息技术创新应用，加强城市管理和服务体系智能化，积极发展民生服务智慧应用，强化网络安全保障，有效提高城市综合承载能力和居民幸福感受，促进城镇化发展质量和水平全面提升。

支撑数字城市建设的地理空间框架和智慧城市建设的时空信息基础设施，是国务院“三定方案”赋予测绘地理信息部门重要职责之一。《指导意见》明确要求“统筹地理空间信息及建（构）筑物数据库等资源，以城市统一的地理空间框架为基础，叠加各部门、各行业相关业务信息”，即时空信息基础设施，主要包括：一是统筹时空信息资源建设，集成静态专题信息和智能感知实时信息，形成时空信息大数据；二是建立服务资源及服务总线，以及地名地址匹配和业务流引擎，形成时空信息云平台，按需服务业务应用。

2. 智慧城市建设的通用结构及测绘的位置

综合国内外对智慧城市的认识和建设实践，尽管运作方式、建设内容和遇到的问题等存在差异、各具特色，但其体系框架具有共性，通用结构如图 3-21 所示，包括感知层、网络层、公共设施、公共数据库、公共信息平台、智慧应用和用户层，以及制度安全保障体系和政策标准保障体系。

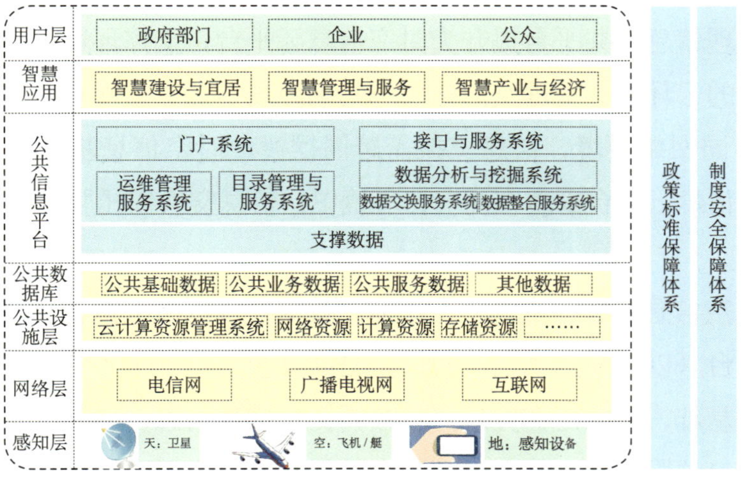

图 3-21 智慧城市通用结构

对应图 3-21 所示通用结构的各层次，时空信息基础设施核心内容在通用结构中的位置分别是：时空信息大数据蕴含在公共数据库层，是其他信息空间化的基础；时空信息云平台是公共信息平台层的重要组成，是基础性平台；支撑环境中的云环境依托于公共设施层，支撑环境中的安全保障和标准规范等包含在制度安全保障体系和政策标准保障体系中，如图 3-22 所示。

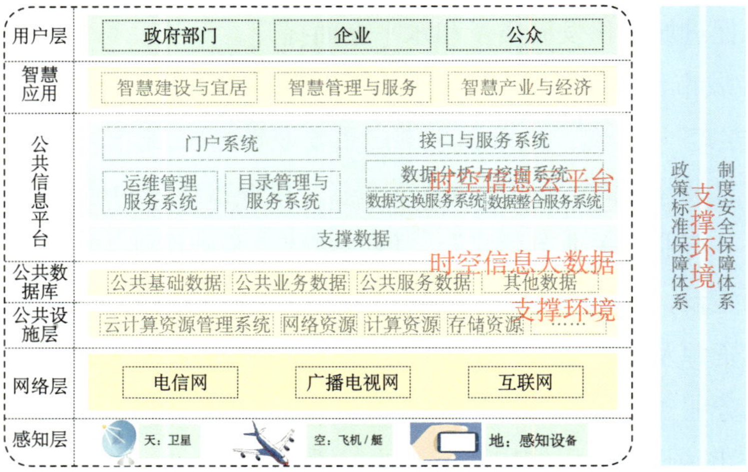

图 3-22　时空信息基础设施核心内容在通用结构中的位置

3. 与地理空间框架的历史联系

在数字城市建设阶段，地理空间框架主要内容为空间基准、基础地理信息数据库和地理信息公共平台。随着地理空间框架转型升级为时空信息基础设施，相应要实现四个提升，即空间基准提升为时空基准，基础地理信息数据库提升为时空信息大数据，地理信息公共平台提升为时空信息云平台，支撑环境由分散的服务器集群提升为集约的云环境。地理空间框架中基础地理信息数据库和地理信息公共平台分别部署在不同网络环境，信息交换需跨网摆渡；时空信息基础设施中时空信息大数据和时空信息云平台部署在同一云环境中，信息交换依托服务总线。如图 3-23 所示。

其中，时空信息大数据由数据汇聚区、数据整理区和数据管理区三部分构成；时空信息云平台（以下简称“云平台”）是以直观表达的全覆盖精细地理信息和时相地理信息为基础，面向泛在应用环境按需提供地理信息、感知定位及解译、功能软件和开发接口的服务，由静态地理信息数据服务、实时数据服务、云服务系统、地名地址匹配引擎和业务流引擎五部分构成。

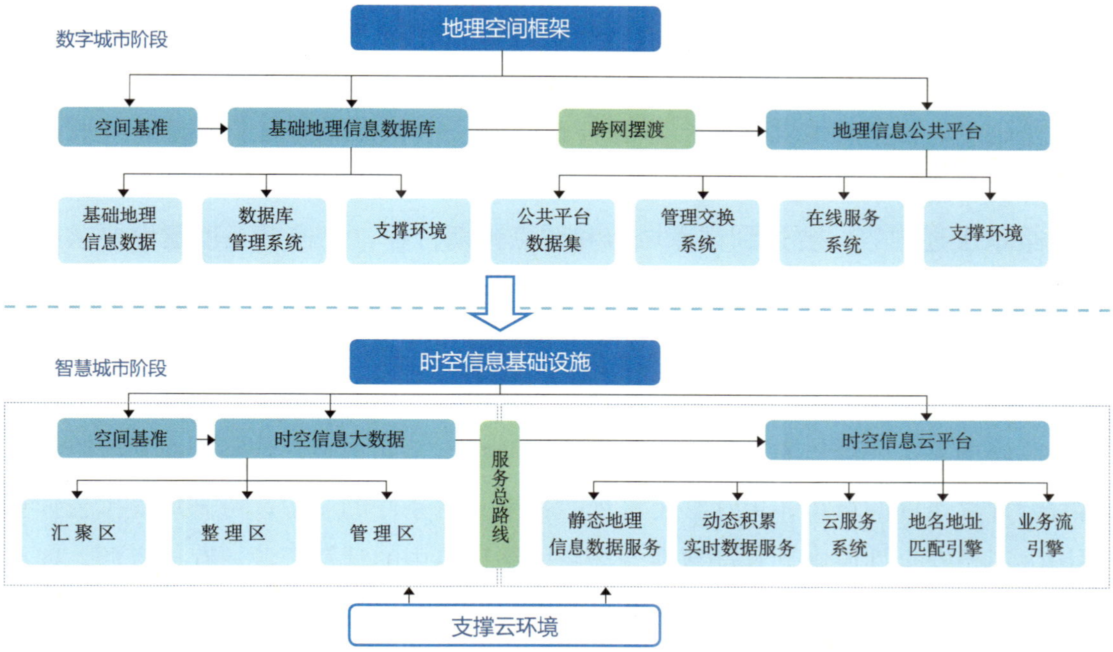

图 3-23　时空信息基础设施与地理空间框架的构成与历史联系

（三）建设目标、内容及要求

智慧城市时空信息云平台建设试点工作本着“城市主导，统筹规划；科技支撑，循序渐进；需求牵引，资源共享；多元投入，共建共享”原则开展。主要目标是：在现有数字城市地理空间框架的基础上，依托城市统一的云支撑环境实现向智慧城市时空基准、时空信息大数据和时空信息云平台的提升，建成试点城市的智慧城市时空信息基础设施，并开发 5 个以上专项智慧专题系统，为试点智慧城市的全面应用积累经验。在此基础上，总结各试点城市时空信息基础设施建设经验，形成智慧城市时空信息基础设施建设管理模式、技术体制、运行机制、应用服务模式和标准规范及政策法规，编制全国智慧城市时空信息基础设施建设方案，为智慧省区和智慧中国时空信息基础设施建设奠定基础。

智慧城市时空信息基础设施建设，应以既有数字城市地理空间框架为基础，并实现“四个提升”，避免重复建设。试点建设包括四部分内容：一是时空数据建设，采集并集成各时期的地理信息、现势地理信息、实时位置信息、多维度可视化地理信息和实时信息等。二是时空信息云平台开发，建设开发包括面向应用的地图类功能及宿主环境、二次开发接口、按需自动或智能组装资源的知识引擎、运维监控和入口门户等。三是支撑环境完善，根据本地实际，构建能够满足智慧城市时空信息云平台运行服务的软硬件环境。四是典型应用示范建设，以城市政府为主导，以示范应用部门为依托，测绘地理信息部门做好技术支撑，在原有示范部门信息化成果基础上，强调“地理信息 +”的新内容，采用多元化的投融资模式，开展真正能体现智慧内涵的应用。

秉承上述内容，要达到试点城市和试点预期目标，应遵循五项建设要求：一是开放性原则。云平台的体系架构应是开放的，一方面，用户可以分享计算资源、存储资源、网络资源、开发接口和关于地理信息功能软件的服务；另一方面，也能够把用户的上述服务能力部署至云平台。二是继承性原则。数字城市地理空间框架建设已经融入了云计算服务的理念和思想。从数字走向智慧，特别是在初级阶段，具有云计算条件的城市，可迁移至该环境；未具备条件的城市，可采用虚拟云计算环境。三是安全性原则。凡部署在非涉密网络环境中的计算资源、存储资源，以及数据资源应不涉及与国家安全保密有关的内容和事项，否则需经国家指定部门进行统一的保密处理。四是智能化原则。云平台通过建立丰富的资源特征库和需求知识库，实现知识服务，提升数据服务、功能服务、接口服务、基础设施服务的按需个性化定制能力，具备自学习和自适应能力。五是重点性原则。测绘地理信息部门应把建设重点放在时空信息大数据和时空信息云平台，示范应用宜求精不求多，要能体现跨部门协同和智慧的特点。

（四）配套政策及采取措施

为了鼓励有条件的城市积极开展智慧城市时空信息云平台试点建设，国家测绘地理信息局对每个试点城市给予 300 万元资金的支持，其中城市高分辨率影像获取 200 万元，国家基础测绘成果提供、技术支持、软件配发 50 万元，系统集成、平台构建以及技术创新等资金支持 50 万元。

此外，为了保证试点工作顺利开展，国家测绘地理信息局采取了一系列措施，出台相关政策文件，为试点建设保驾护航。2014 年 12 月，召开“数字城市向智慧城市转型升级工作会”，并印发《关于推进数字城市向智慧城市转型升级有关工作的通知》（国测国发〔2015〕11 号），围绕测绘地理信息部门如何在智慧城市中发挥基础性、先行性作用，如何推动智慧城市健康发展等问题，提出夯实数字城市地理空间框架成果，构建智慧城市时空信息基础设施，加快向智慧城市时空信息云平台的转型升级等举措，对相关工作提出了明确要求。2015 年 5 月，组织成立了由 8 位院士、13 位专家组成的智慧城市建设专家委员会，指导测绘地理信息部门智慧城市建设工作。自 2012 年起，组织技术牵头单位中国测绘科学研究院以及行业内相关单位开展了技术体系的研究，制定了整体标准框架，进行了平台软件升级研发攻关。2013 年，出台了《智慧城市时空信息云平台建设技术指南》。2015 年，经多次修订，将指南升级为技术大纲，正式印发《智慧城市时空信息云平台建设技术大纲》，大纲对智慧城市时空信息云平台建设的目标思路、功能定位、结构框架、支撑环境和平台应用等做了具体要求，对物联网、云计算、大数据等高新技术在智慧城市时空信息云平台中的融入和应用进行了详细的指导说明，对于规范智慧城市时空建设，实现时空信息云平台建设效应的最大化起着基础性作用。

与此同时，为了保证智慧城市时空信息云平台建设相关城市及部门能够切实理解、落实相关文件的精神，使出台的相关文件真正落地，2013—2015 年，围绕建设技术、大纲标准、经验交流，测绘地理信息部门分别在昆明市、宁波市、济南市和北京市组织召开了全国性的“智慧城市时空信息云平台技术指南培训会”，截至目前，已培养智慧城市时空信息云平台建设技术人才千余人。

四、取得成效

测绘地理信息部门开展的数字城市、智慧城市建设得到了社会普遍认可，取得了良好的成效，可以概括总结为以下十个方面：

一是丰富了城市地理信息资源。通过数字城市、智慧城市时空信息框架的建设，城市获取了全市范围高质量、高分辨率的航空、航天影像，处理了多尺度、多类型、多时相的海量基础地理信息数据，建立起规范、完善的基础地理信息数据库，从根本上解决了这些城市地理信息资源匮乏的局面，夯实并极大地丰富了城市地理信息基础。

二是促进了信息资源共享与信息化进程。建设中各城市搭建起面向政府、面向公众的时空信息云平台，能够实现地理信息与城市其他经济社会、自然资源和人文信息的互联互通与整合集成应用，促进信息资源共享与开发利用，促进城市的信息化进程，同时避免各部门各自为政的重复建设，解决了城市建设中的重复投入等问题，节约了大量资金。

三是统一了全国市域测绘基准、数据和标准。通过建设的开展，全面梳理城市地方坐标系统，并统一到国家坐标体系，建立了标准一致、内容丰富的数据库，完善了数据体系，为实现系统的互联互通、数据的分建共享打下了基础。形成了以

NewMap、MapGIS、SuperMap 等为代表的一批具有我国自主知识产权的软件产品，部分功能和性能指标优于国外同类产品，多项创新成果获得国家奖励。

四是拓展了测绘保障服务的广度，深化服务。测绘地理信息部门开展的数字城市、智慧城市建设成果，在各领域得到广泛应用，专题系统涉及国土、规划、交通、房产、公安、消防、环保、卫生以及公众服务等几十个领域，有力提升了政府决策管理的科学化水平、精细化程度，提高了工作效率，方便了百姓生活，在城市的经济社会发展进程中发挥了重要作用。

五是推动了地理信息产业的发展。开展的建设与应用极大地促进了地理信息产业发展，带动影像获取、基础地理信息数据生产、应用系统开发、系统集成、软硬件设备生产制造等领域的众多企业积极参与，带动地理信息产业为各行各业服务产值达 300 多亿元，极大地提高了地理信息产业市场规模，推动了地理信息产业加快发展，同时有力地促进了人才就业。

六是建立了国、省、市三级共建共享的建设模式。建立了国家测绘地理信息局、省级测绘地理信息行政主管部门、城市人民政府合作共建、市政府主导的工作模式，充分发挥了城市人民政府在数字城市建设中的主导性、关键性作用，调动各方的积极性，发挥各方的技术优势、资源优势和管理优势，促进了地理信息资源的统筹管理，推动了整个城市信息资源的共建共享。

七是实现了国家、省、市地理信息公共平台的互联互通。按照标准统一，分建共享的建设理念，建设核心成果智慧城市时空信息云平台，能够实现与国家级地理信息公共服务平台主节点和省级节点的互联互通，成果实现实时共享，打破了地理信息在时间空间上的分割，大大提升测绘地理信息整体保障服务能力。

八是确立了政府主导、机制保障的建设与运行管理模式。建设工作中，城市内部由政府主导，专业部门承建，各部门配合，成果共享，同时建立健全了更新维护与应用的长效机制，各城市以地方法规或政府文件的形式出台了地理空间框架或平台建设、使用管理规定办法等，确立平台的权威性、统一性的地位，有力地保证了数据及时更新和系统长期有效运行。

九是有效带动了城市测绘地理信息管理机构建设。测绘地理信息部门开展的数字城市、智慧城市建设，转变了测绘地理信息服务城市运行管理的方式，由原来的提供数据间接支撑到当前的直接服务城市发展，凸显了测绘地理信息的作用与意义，测绘地理信息部门也在建设中得到加强。

十是培养造就了一批专业人才队伍。由中组部主办，国家测绘地理信息局承办的“数字城市/智慧城市建设市长专题研究班”已连续举办6届，累计培训近200名城市领导，使城市领导对数字城市建设有了更加深刻的了解和认识；在政策、标准、技术、软件等方面累计开展了有针对性的短期技术培训50余次，目前在全国范围内（包括各省、城市）已形成了以青年骨干为主的上万人的数字城市建设、管理以及运行维护的技术队伍。

五、存在的问题及下一步工作

测绘地理信息部门开展的数字城市与智慧城市建设工作取得了显著成绩，在政府决策、公共管理、民生工程、产业发展等方面发挥了重要作用，加快了城市信息化进程，成为城市经济社会发展重要的基础支撑。但是，随着建设应用工作的不断深入，也有不少问题凸显出来，主要有：各地应用发展不平衡，存在数据更新不及时、平台运行管理不到位、应用水平不高范围不广等问题；智慧城市试点推进缓慢，没有取得实质性的进展，部分城市立项后未及时开展建设工作等。下阶段将重点做好以下工作：

一是进一步落实建设与应用各项政策机制，采取加大指导、典型应用示范宣传、督促检查、年底考核等措施，促使城市做好数字城市建设成果的更新维护，不断深化、扩展应用，切实发挥建设的效用。

二是指导中国测绘科学研究院等有关单位做好智慧城市技术支持工作，着力开展标准制定、技术路线设计以及平台软件的研发，强化对试点城市的技术指导，加快试点工作进程。

三是继续加强与国家发改委等有关部门的沟通协调，积极组织有关单位参加国家智慧城市建设试点工作，切实发挥地理空间框架和时空信息平台在智慧城市建设和信息化推进工作中的基础性作用。

总之，下阶段测绘地理信息部门将进一步夯实已有基础，推动智慧城市建设，为城市经济建设、社会发展提供智能化的时空信息服务，更好地服务大局、服务社会、服务民生，推动“四化”协调发展，助力小康社会建设，为实现中华民族伟大复兴的“中国梦”贡献力量。

（执笔人：李成名　中国测绘科学研究院）

第四篇

评价标准篇

自2010年，围绕智慧城市建设，国家及有关部委陆续组织开展了智慧城市相关试点示范工作。包括：

国家发展改革委联合财政部、国家标准委等12个部委共同下发《关于同意深圳市等80个城市建设信息惠民国家试点城市的通知》（发改高技〔2014〕1274号），确定了深圳等80个城市开展信息惠民试点建设。

科学技术部办公厅和国家标准委办公室联合下发《关于开展智慧城市试点示范工作的通知》（国科办高〔2013〕52号），开展智慧城市技术和标准试点（简称智慧城市双试点），公布了20个试点城市。

住房和城乡建设部于2012年、2013年、2015年下发《关于开展国家智慧城市试点工作的通知》（建办科〔2012〕42号）《关于公布2013年度国家智慧城市试点名单的通知》（建办科〔2013〕22号）《关于公布国家智慧城市2014年度试点名单的通知》（建办科〔2015〕15号），共公布了299个智慧城市试点名单。

工业和信息化部办公厅和国家发展改革委办公厅下发了《工业和信息化部办公厅 发展改革委办公厅关于开展创建“宽带中国”示范城市（城市群）工作的通知》（工信厅联通〔2014〕5号），确定了39个城市为2015年度“宽带中国”示范城市，另外还下发了2批104个国家信息消费试点城市。

为了促进智慧城市健康发展，指导各部门开展智慧城市建设工作，自2014年以来，国家及有关部委相继出台了关于智慧城市建设工作的政策文件，包括：

2014年3月，中共中央、国务院印发了《国家新型城镇化规划（2014—2020年）》，推进智慧城市建设；

2014年8月，国家发展改革委、工信部、科技部、公安部、财政部、国土资源部、住房和城乡建设部、交通运输部八部委印发《关于促进智慧城市健康发展的指导意见》；

2015年10月，国家标准委、中央网信办、国国家发展改革委联合发布《关于开展智慧城市标准体系和评价指标体系建设及应用实施的指导意见》；

2015年10月，中共中央十八届五中全会审议通过《中共中央关于制定国民经济和社会发展第十三个五年规划的建议》，明确提出“支持绿色城市、智慧城市、森林城市建设和城际基础设施互联互通”。

这些文件的出台辅以配套的协调工作，有力推动了各部门试点工作协调开展和有效整合。我国智慧城市相关试点工作从最初各部门独立开展、缺乏统筹规划和相互协调配合的局面逐步向统一目标、统一标准和统一评价的方向发展，对引导和帮助地方科学合理地开展智慧城市建设，了解城市自身发展路径和水平，了解城市之间的发展差距，起到了极为重要的作用；同时，也帮助国家总揽智慧城市建设全局，为把握发展进程和方向提供了政策保障。

同期，由中央网信办指导，国家发展改革委牵头组织25个部门建立了促进智慧城市健康发展部际协调机制，共同开展智慧城市建设工作，并以评价为抓手，认真落实智慧城市评价指标体系的建立及城市评价工作。国家标准委高度重视智慧城市标准化工作的推进，2014年1月，国家标准委早于25个部门的部际小组成立之前，已会同发展改革委、科学技术部、工业和信息化部、住房和城乡建设部等部委，成立了国家智慧城市标准化协调组、国家智慧城市标准化总体组及国家智慧城市标准化专家咨询组，共同开展我国智慧城市标准化工作的统筹规划和协调发展，为支撑国家层面开展智慧城市评价指标体系及指标的研究工作提供了组织保障。在协调推进组的各部门大力支持和专家组的咨询指导下，经过总体组全体成员2年的团结协作和努力开拓，在智慧城市标准化机制创新、标准体系建设，重点标准制定实施和国际标准化方面开展了一系列工作。

按照智慧城市部际协调会议的部署，总体组组织专家和团队研究制定智慧城市评价指标体系，充分征求各有关方的意见和建议，已形成由4个能力类和5个成效类一级分类、37个二级分类的指标体系，明确了指标体系总体框架。在进行整体指标体系完善的同时，积极准备成熟领域的评价工作，会同住建、公安、交通、测绘等部门完善各领域分项评价指标，进一步明确了分项评价指标体系的计算方法与编写格式等内容，充分发挥标准和评价对智慧城市健康发展的引导支撑作用，大力推进与智慧城市相关领域的试点示范工作。

目前，家标准委负责组织有关部门及科研院所共同开展智慧城市评价指标体系的研究工作，取得积极进展，以三部委联合发文的形式，提出了智慧城市标准体系及评价指标体系的试行稿，各个部门积极按照国家统一的部署和要求推动各领域分项指标的制定工作，家标准委提出了现阶段智慧城市整体评价指标初稿，中央网信办、工业和信息化部、住房和城乡建设部、公安部、交通运输部等部门率先提出智慧城市分领域评价指标，对快速推动下一步的城市整体评价工作及分项评价工作奠定了坚实的基础，满足国家帮助城市“以评促建、以评促改”的需求，为智慧城市评价工作提供统一的评价基准，并力争评价结果客观、全面、合理，可量化、可比较，能够经受时间的考验，极具权威性和公正性。

“十三五”开局之初，党中央、国务院围绕“一带一路”、长江经济带、京津冀协同发展等国家战略和新型城镇化等重要部署，对智慧城市建设与发展提出了“开展绿色城市、智慧城市、森林城市建设和城际基础设施互联互通”的明确要求。智慧城市标准化工作要紧贴城市发展需求，不断完善智慧城市标准体系，强化标准应用实施，不断完善智慧城市评价指标体系，发挥评价工作引导规范作用，提升城市智慧化水平，巩固和持续推进智慧城市国际标准化工作取得新突破，着力开展智慧城市评价指标体系建设和试评价工作。综合考虑国家发展改革委、科学技术部、工业和信息化部等部门已开展的信息惠民试点建设、新型智慧城市、智慧城市双试点、信息消费试点城市等试点示范工作，按照不同规模、不同特色的城市特征、发展阶段以及未来需求，并进一步分析城市管理者、居民、企业、评价机构的利益诉求，通过与各部门和城市深度合作，制定兼顾城市建设水平和应用服务能力的，科学、有效、全面的评价指标和评价方案，按照“以评促建，以评促改”的思路，分阶段开展整体指标及成熟领域分项指标试评价，通过标杆示范引导智慧城市健康有序发展。

一、国内外智慧城市标准化工作现状及需求

（一）国际标准化工作现状及需求

中国积极推动 ISO、IEC、ITU 三大国际标准化组织联合制定智慧城市基础通用类标准。主导推动 IEC/SEG1 的国际标准化工作，承担了该组织联合召集人、5个工作组组长的重要工作；承担 ISO/IEC JTC 1/WG11（智慧城市工作组）召集人、秘书职务；组织国内专家参与 ISO/TMB/SAG SmC 智慧城市咨询组活动；基于国内现有智慧城市标准化工作成果，牵头组织专家向 JTC 1 提交两项新国际标准立项建议《智慧城市技术参考模型》和《智慧城市 ICT 评价指标》，并获得立项。与欧盟、英国、法国等国家在智慧城市模型标准、数据概念模型等方面积极开展沟通合作，探索共同推动相关国际标准立项等工作。

积极参与国际标准化工作，不断深化与欧盟国家合作，探索开展国际城市间标准化合作。

IEC/SEG1 智慧城市系统评估组，目前已升级为 IEC/SyC 智慧城市电子电工领域系统委员会，我国积极主导推动 IEC/SEG1 的国际标准化工作，中国电子技术标准化研究院为国内归口承担单位，我国专家担任该组织联合召集人，我国同时承担了 5 个工作组组长工作，包括电子电工领域相关智慧城市管理、评价、城市系统仿

真、城市规划、智能家居、智能教育等领域推动的重要工作。我国重点参与并推进了在最终报告中建议设立“系统委员会”，立足于以系统集成和系统有效性的方式，促进智慧城市电子电工领域的标准化活动，包括标准制定、差距分析、需求分析，与其他标准制定组织合作、统一智慧城市模型等。IEC/SyC 智慧城市电子电工领域系统委员会首次会议将于 7 月在新加坡举行，我国将积极承担该组织的副主席及工作组组长等重要职位。

ISO/IEC JTC1/SG1 智慧城市研究组，中国电子技术标准化研究院作为研究组的召集人和秘书工作承担单位，向 JTC1 提交研究报告，建议 JTC1 开展智慧城市信息技术领域的标准化工作，今年，我国提交了《智慧城市 ICT 评价指标》《智慧城市 ICT 参考框架》2 项新工作项目建议，并成功立项。第 30 次 JTC 全会在北京召开，会议通过了智慧城市工作组成立的建议，目前 WG11 已正式成立，首次会议于 2016 年 5 月 30 日—6 月 3 日在新加坡举行。

ISO/TMB/SAG SmC 智慧城市战略咨询组，我院专家承担核心成员工作，与相关国家共同探讨不同组织间智慧城市标准化活动地协调一致，研究智慧城市标准推进协调机制，我国将号召国际三大标准化组织联合制定智慧城市基础通用类的标准。该组织将可能借鉴 IEC 系统委员会的模式向跨领域更综合的协调模式方向转型，我国将密切跟踪该组织动向，2016 年将积极承担转型后的重要角色。目前该组织已升级为 ISO/TMB/TF SmC 智慧城市任务组，我国将积极参与工作。

ITU-T 智慧城市工作国际电信联盟电信标准发展局（ITU-T）于 2013 年 2 月成立了“智慧可持续发展城市焦点组”（FG-SSC），烽火科技桑梓勤担任副主席兼第三组协调员。

FG-SSC 于 2015 年 5 月结束了两年的标准化预研工作，完成了 21 项技术报告和技术规范，其中烽火科技、华为、中国电信以及武汉大学牵头完成的有 12 项。值得一提的是：以中国提案为基础，焦点组给出“智慧可持续发展城市”的定义，此定义在联合国各机构得到了广泛认可；有关智慧可持续发展城市关键性能指标的 3 个技术规范于 2015 年 10 月获批，成为 ITU-T 标准建议书草案 L.1600、L.1601 和 L.1602，并进入最后的报批程序。目前，阿联酋城市迪拜和新加坡已与国际电信联盟签约，成为使用 L.1600 系列标准建议书进行智慧城市评估的试点城市。国际电信联盟下一步将开发全球智慧可持续发展城市指数。

ITU-T 于 2015 年 6 月成立了新的研究组 SG20（物联网及应用包括智慧城市和社区），进行物联网和智慧城市的标准化工作，烽火科技承担 SG20 副主席兼第二工作组“智慧城市和社区”联席主席，另有来自华为、中国联通、烽火科技的四位专家担任了四个课题组的副报告人。

SG20 于 2015 年 10 月 19—23 日在日内瓦举办了第一次全会，中国代表团 23 人参会。本次会议共有 22 项新标准建议书立项，其中 19 项为我国主导，基本奠定了我国在 SG20 研究组标准制定中的优势地位。

ISO/TC 268 SC1（智慧城市基础设施分技术委员会）成立于 2012 年，秘书处设在日本。日本为主席国，中国为副主席国。

SC1 形成了 ISO TR37150 技术报告，报告对当前智慧城市基础设施的相关计量工作进行了回顾，并提出了未来标准的方向，对城市基础设施产品和服务的技术性能计量进行了讨论，该报告是第一个智慧城市基础设施领域的国际标准文件。

《ISO 37151:2015 智慧城市基础设施——绩效评价原则和要求》已于 2015 年 7 月出版，它是 TR37150 任务的延续，全面展开智慧城市的相关国际标准建设。TS 37151 专注于技术可实现的解决方案，对智慧城市基础设计的性能表现进行评价，并阐述了基础设施指标的期望特征。

《ISO 37120:2014 从城市服务和生活品质》于 2014 年 6 月正式出版，该报告从城市服务和生活品质两个方面出发，从经济、教育、能源、环境、财政、火灾与应急响应、治理、健康、休闲、安全、庇护所、固体垃圾、通信与创新、交通、城市规划、废水、水与卫生 17 个方面，提出了 100 项指标（其中包括 46 项核心指标和 54 项辅助指标）衡量城市可持续发展状态。

目前，TR 37121：Sustainable Development in Communities - Inventory of existing guidelines and approaches on sustainable development and resilience in cities 已完成，是37120城市指标的延续工作，是关于城市可持续发展的导则，正在修改阶段。

2015 年 10 月 4—9 日，在法国巴黎 Afnor（法国标准化委员会），召开了 ISO TC268（社区可持续发展技术委员会）全体工作组会议。本次会议中启动了新的国际标准的动议 PWI 37153（Smart Community Infrastructure - Maturity model for performance and integration）“性能与集成的成熟度模型”。有关智慧城市（智慧社区）的评估与评价一直是多方关注的要点。PWI 37153 提出“多段成熟度模型”，有助于从建设进程与发展阶段等角度，理解智慧城市的建设效果，对我国智慧城市评价工作具有参考价值，我国标准专家团队也将积极参与该项标准的制定。

此外，我国还开展了中欧、中美、中法、中英、中德等智慧城市双边交流工作。

中法：2015 年 7 月 7—8 日，工作组吕卫锋教授、钱恒院长等专家向中法双方代表介绍了我国智慧城市标准化工作的重要进展，智慧城市标准体系、评价指标体系、智慧城市参考模型、智慧城市建设管理的标准化工作成果，同时也介绍了中法双方在国际标准化组织的合作进展。

2015 年中法标准化合作委员会研讨会与双边机制会议于 11 月 25—26 日在北京召开，此次会议是中法标准化合作机制成立以来的首次会议。本次会议旨在落实中国国家主席习近平与法国总统奥朗德见证下签署的关于在中法经贸混委会框架下设立标准化合作委员会的谅解备忘录与中法标准互认协议。中国国家标准化管理委员会田世宏主任亲切接见了法国国家标准化机构的部分成员。中国国家标准化管理委员会郭辉副主任、法国国家标准化机构标准部主任阿兰·考斯特先生、法国驻华大使馆公使衔参赞孟森先生出席了会议并做了主旨讲话，来自扬州市人民政府、法国铁路标准化管理协会、法国国家标准化机构以及两国相关行业协会、科研机构、高校和企业的 120 余名代表参加了此次会议。

其间，双方总结了协议签署以来中法铁路、农业食品、电子医疗 / 老年经济、城市可持续发展 / 智慧城市四个工作组的工作情况，围绕中国标准化改革、法国标准化发展近况、中法标准化合作机制建设、中外城市间标准化合作、各专业领域相关议题进行了深入交流，通过坦诚、友好、务实的交流和磋商，双方一致认为要不断完善和创新中法标准化合作机制，扩展合作内容。一是进一步加强对口工作组的工作机制；二是中法双方对互认标准达成了充分共识，同意尽快制定双方均认可的互认标准操作指南；三是双方加强在国际标准化活动中的合作，共同推进新的合作项目；四是中法同意进一步拓展合作领域，中法标准化工作组由原来的四个工作组增加到五个工作组。此外，双方探讨了在二维码、核能、金融等领域的合作。

会后，双方代表团主席共同签订了《2015 年中法标准化合作委员会会议决议》，并共同见证了《中法铁路标准化合作路线图》的签字仪式。此次会议充分发挥了中法标准化合作委员会的桥梁和纽带作用，为两国政府、行业协会和企业提供了有效的交流平台，进一步深化了两国在标准化领域的交流与合作。

中法双方在 ISO/IEC JTC 1 中共同推动了智慧城市研究组的研究工作，帮助该组织完成了智慧城市 ICT 标准化需求研究报告（智慧城市研究组第二阶段报告），并将在未来 JTC 1 智慧城市工作组中继续合作研究智慧城市 ICT 标准；在 ISO/TMB/ 智慧城市战略咨询组中，共同推动该组织的研究工作，2015 年帮助该组织完成智慧城市术语、智慧城市在发展中国家的调查问卷工作；在 ISO/TC 268 中，在智慧社区基础设施评价指标方面积极贡献，2015 年帮助该组织完成国际标准及技术报告。

中美：2015 年 9 月 23 日，中美国际标准化工作交流会上，以智慧城市 JTC 1 我国提交的智慧城市 ICT 技术参考框架和智慧城市 ICT 评价指标新工作项作为案例，交流了我国在智慧城市标准化领域的成功经验，也积极推动后续中美在智慧城市国际标准化工作的深入合作。

中德、中英、中欧均在 IEC/SEG 1（智慧城市系统评估组）、JTC 1/SG 1（智慧城市研究组）深入开展具体的标准化工作。中英共同推动了英国国家标准《BSI PAS182 智慧城市 数据概念模型》提交 JTC 1 转化为国际标准的提案，并将作为 JTC 1/WG 11 的新工作项开展实施。

中英：于 2016 年 4 月 28 日中英标准化委员会会议中确定成立智慧城市中英标准化工作组的重要事项，并于 6 月正式成立该组织，推动中英在国际智慧城市标准研制、双方智慧城市标准互认及评价、数据融合等重点标准的应用方面积极开展合作。

中德：共同推动了 IEC/SyC on SmC（智慧城市系统委员会）未来在 IEC 电子电工领域智慧城市参考模型的开拓工作。

中欧：2015 年 7 月 10—12 日在北京展览馆举办“2015 中国智慧城市国际博览会”，本次论坛的主题为“互联网 + 智慧城市”。国家智慧城市标准化总体组也在期间在北展会议厅举办了国家智慧城市标准化工作大会。

在此基础上，将继续保持并扩大我国在智慧城市领域国际标准化方面的影响力。以现有三大国际标准组织工作基础为依托，发挥我国在“发起国、召集人、秘书、专家”各层面的优势，推动更多智慧城市标准提案获得立项，推动我国现有智慧城市标准提案获得发布。积极推动中欧、中法、中德、中英等在智慧城市领域的国际标准化交流、沟通与合作，立足国际，不断开拓，积极贡献，通过标准走出去，带动技术和产品走出去。

（二）国内标准化工作现状及需求

目前，在国家标准化管理委员会统筹指导下，智慧城市标准体系规划、关键国家标准制定及国际标准化工作正在快速推进。

智慧城市标准体系是由智慧城市范围内相互关联的标准按照一定的结构进行逻辑组合，构成有机整体，标准体系内部的各项标准应按照合理的分类进行梳理。因此建立科学合理的智慧城市标准体系，有助于开展智慧城市标准化的顶层设计和总体布局，有利于判断和明确智慧城市的标准化方向和重点，对于科学合理地制定智慧城市相关标准和促进智慧城市发展具有非常重要的意义。

首先需要进行标准体系的梳理，包括调研并形成统一的术语及概念模型，提炼总结统一的参考模型，并在此基础上进行标准体系中不同标准的梳理，考虑不同标准制定和应用的特点，梳理标准制定的优先级，并启动相应标准调研和制定工作。

根据《关于促进智慧城市健康发展的指导意见》提出的主要目标和重点任务，在梳理现有相关标准和研究标准需求的基础上，初步提出智慧城市标准体系框架，包括总体、支撑技术与平台、基础设施、建设与宜居、管理与服务、产业与经济、安全与保障七个大类。标准体系框架（见图 4-1）。

智慧城市标准体系的建设工作提出了我国智慧城市总体性、统一性、体系性的规划，为后续智慧城市国家标准项目申报及制定提供重要依据，促进智慧城市健康、持续和规模化发展。另一方面，建设智慧城市是一项复杂的系统工程，涉及物联网、云计算、宽带无线移动通信等众多技术和城市管理、公共服务、市民生活等诸多领域，信息化系统内外部接口多，信息和系统开放共享和协同互动的要求高，此外，智慧城市的安全保障问题也是智慧城市建设的核心和关键技术难题，这些智慧城市的特点使得智慧城市标准体系建设的意义和作用更加凸显。

1. 总体标准

智慧城市的总体性、框架性、基础性标准和规范，包括智慧城市术语和定义、智慧城市参考模型、智慧城市评价模型及指标和标准总体应用指南四个子类标准。其他六类智慧城市标准规范应遵循智慧城市总体标准。

2. 支撑技术与平台标准

智慧城市建设中所需的关键技术、共性平台及软件的标准规范总称，包括物联感知、网络通信、计算与存储、领域知识模型、数据融合、服务融合、业务流程协调、公共应用支撑平台、公共运营中心九个子类标准。

其中，数据融合类标准包括智慧城市项目建设中结构化与非结构化的虚拟数据模型、数据汇聚及存储、数据融合与处理、智能挖掘分析四个方面的标准，以支撑实现智慧城市的信息汇聚、共享、交换和有效利用。

服务融合类标准包括 SOA 技术、开发服务、服务管理等，与业务流程协同标准共同支撑解决智慧城市建设所需的大量跨部门、跨系统的资源整合和业务协同。

3. 基础设施标准

支撑和确保智慧城市项目建设和运营的基础设施的相关标准和规范，包括智慧城市的 ICT 基础设施、水基础设施、能源基础设施、交通基础设施四个子类标准。

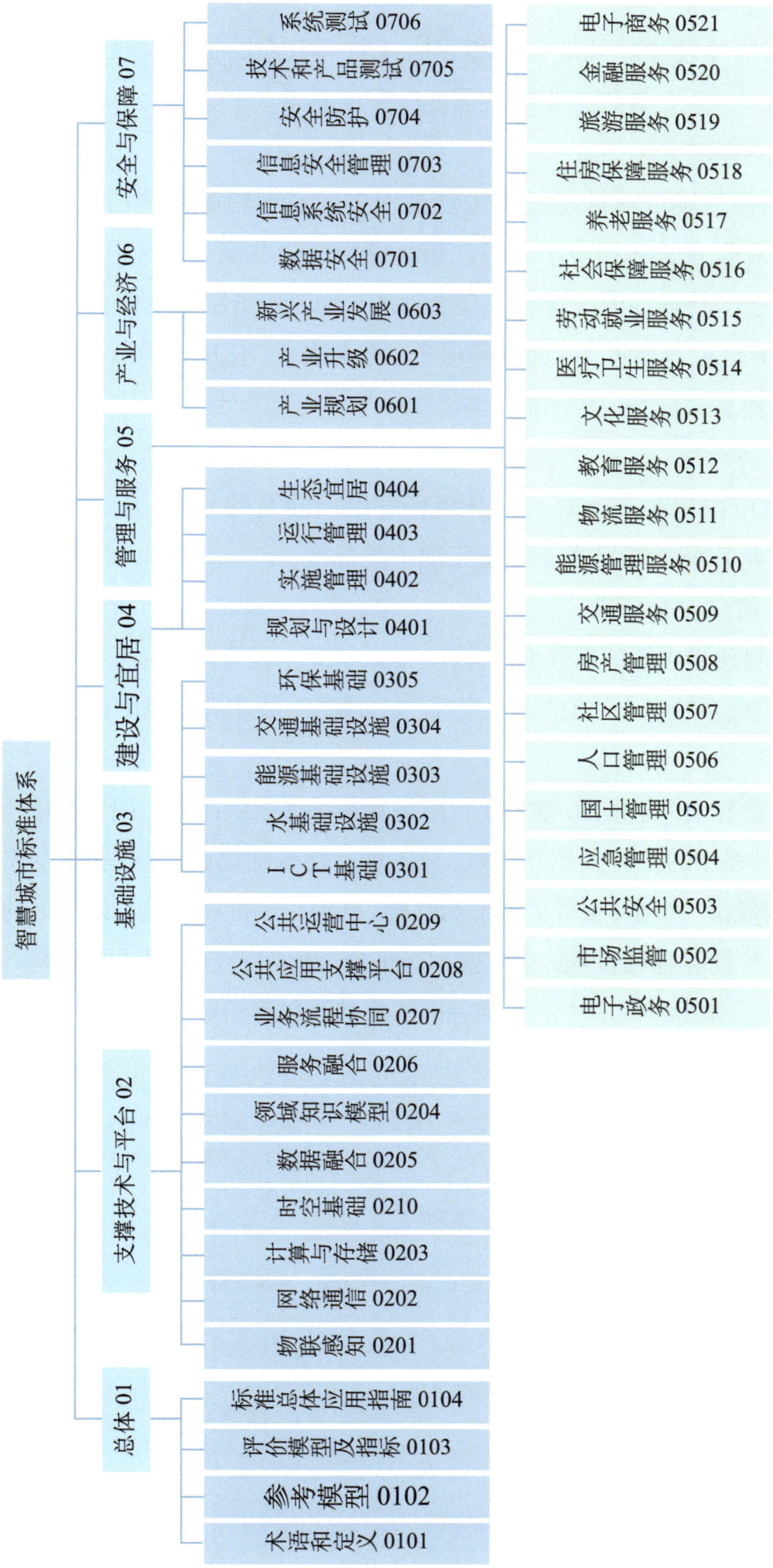

图 4-1 智慧城市标准体系框架（试行稿）

4. 建设与宜居标准

智慧城市相关建设中的规划设计和宜居体验等方面的标准及规范，包括规划与设计、实施管理、运行管理、生态宜居四个子类标准。

5. 管理与服务标准

支撑和确保智慧城市项目建设和运营过程中的监理验收、评估方法以及相关运行保障的标准和规范，包括电子政务、市场监管、公共安全、应急管理、国土管理、人口管理、社区管理、房产管理、交通管理、物流服务、教育服务、文化服务、医疗卫生服务、劳动就业服务、社会保障服务、养老服务、住房保障服务、旅游服务、金融服务和电子商务 20 个子类标准。

6. 产业与经济标准

针对智慧城市中相关产业规范、升级和发展所涉及的相关的标准和规范。包括产业规划、产业升级、新兴产业发展三项子类标准。

7. 智慧城市信息安全标准

智慧城市项目建设中的信息数据安全、关键系统安全及管理等方面的标准及规范，包括数据安全、信息系统安全、信息安全管理、安全防护、技术和产品测试、系统测试六个子类标准。

对应智慧城市标准体系框图，建立了智慧城市标准体系层次结构图（见图 4-2），确定了各类标准在体系中的位置及相互关系。总体标准是基础设施、支撑技术与平台、建设与宜居、产业与经济、管理与服务类标准的基础，各类标准都将符合总体标准的要求；安全与保障类标准贯穿基础设施、支撑技术与平台、建设与宜居、产业与经济、管理与服务类标准，安全保障标准对其中的各类标准都将涉及和起指导作用。

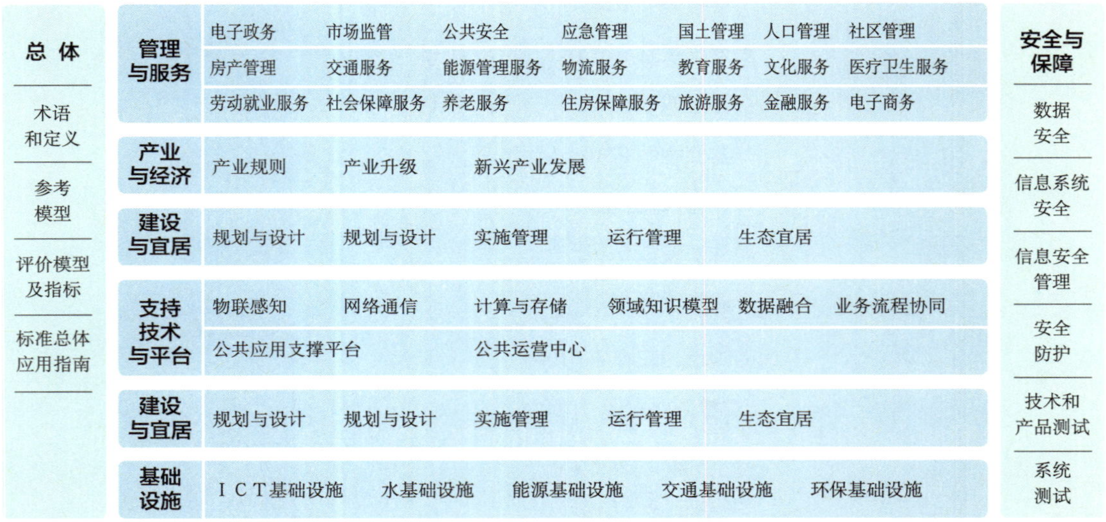

图 4-2 智慧城市标准体系层次结构图

（三）标准差距分析

智慧城市的标准化工作不是从零开始，而是在很多信息技术标准、城市建设标准、信息化应用标准等基础上开展推动的城市信息化建设的更高级阶段。

为此，对于智慧城市的标准化工作，要从多个角度去考虑和分析。当前，对于智慧城市标准化工作主要分为三大类：第一类为需要遵循的现有标准；第二类为针对智慧城市建设所需要重点研制的新标准；第三类为根据智慧城市不同场景需求、需要制定的标准实施指南。

首先对已有智慧城市所有相关标准做好扎实的分析和梳理是找出智慧城市标准化工作差距的坚实基础。智慧城市标准体系已梳理相关标准 3000 余项，标准明细表梳理情况如图 4-3 所示。

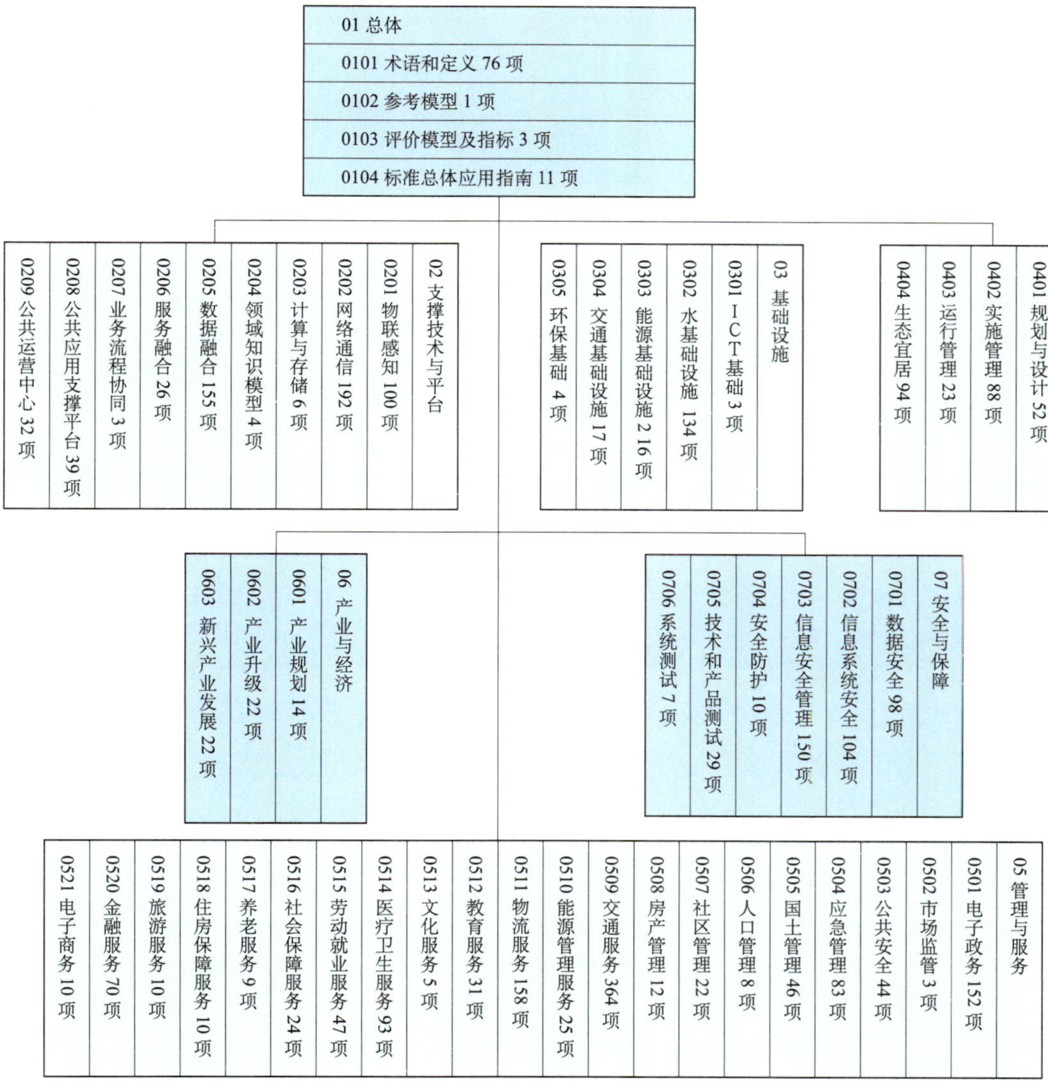

图 4-3 智慧城市标准体系标准明细梳理示意图

在充分研究已有标准和智慧城市建设所需标准化工作的需求之间的差距的基础上，提出了一批需要制定的智慧城市标准立项建议并分步开展标准化工作，目前智慧城市在研标准及拟立项标准清单见表 4-1。

表 4-1　智慧城市标准制定及拟立项清单

编号	标准名称	标准组成部分名称	归口单位	所属类别	标准状态	国标类别
1	智慧城市术语		信标委第一归口 通标委第二归口	总体—术语和定义	2015 年第二批 20151999-T-469	GB/T
2	智慧城市技术参考模型		信标委	总体—参考模	2013 年已立项（20130395-T-469），已形成草案，待征求意见	GB/T
3	智慧城市评价模型及基础评价指标体系	第一部分：总体框架	信标委	总体—评价模型及指标	2015 年新型城镇化专项	GB/T
4		第二部分：分项评价指标制定总体要求	信标委		2015 年新型城镇化专项	GB/T
5		第三部分：信息基础设施	通标委		2013 年已立项（20130121-T-339），调整标准项目名称为《第 3 部分：信息基础设施》	GB/T
6		第四部分：信息资源	信标委		2013 年已立项（20130390-T-469），调整标准项目名称为《第 4 部分：信息资源》	GB/T
7		第五部分：建设管理	智标委		2013 年已立项（20131090-T-333），调整标准项目名称为《第 5 部分：规划建设管理》	GB/T
8		第六部分：网络安全	公安部推荐归口		2015—2016 年立项	GB/T
9		第七部分：智慧家庭	工业和信息化部推荐归口		2015—2016 年立项	GB/T
10		第八部分：技术创新	科学技术部推荐归口		2015—2016 年立项	GB/T
11		第九部分：平安城市	公安部推荐归口		2015—2016 年立项	GB/T

续表 4-1

编号	标准名称	标准组成部分名称	归口单位	所属类别	标准状态	国标类别
12		第十部分：智慧交通	交通运输部推荐归口		2015—2016 年立项	GB/T
13		第十一部分：智慧医疗	卫计委推荐归口		2015—2016 年立	GB/T
14		第十二部分：智慧旅游	旅游局推荐归口		2015—2016 年立项	GB/T
15		第十三部分：地理空间建设	国家测绘地理信息局		2015 年新型城镇化专项	GB/T
16	智慧城市数据融合	第一部分：数据概念模型及描述规范	信 标 委	支撑技术与平台—数据融合	2015 年第二批 20151995-T-469	GB/T
17		第二部分：数据获取规范	通标委第一归口信标委第二归口 城科会牵头起草		2015 年新型城镇化专项	GB/T
18		第三部分：数据编码规范	信 标 委		2015 年第二批 20151994-T-469 GB/T	GB/T
19		第四部分：开放共享要求	通标委第一归口 信标委第二归口		2015 年新型城镇化专项	GB/Z
20		第五部分：市政设施基础数据元	信 标 委		2015 年第三批	GB/T
21	智慧城市领域知识模型	第一部分：核心概念模型	信 标 委	支撑技术与平台—领域知识模型	2015 年第二批 20151993-T-469 GB/T	GB/T
22	智慧城市 SOA 标准应用指南		信 标 委	支撑技术与平台—服务融合	2013 年已立项（20130389-T-469），已形成草案，待征求意见	GB/T
23	智慧城市跨系统交互	第一部分：总体框架	通标委第一归口 信标委第二归口	支撑技术与平台—业务协同	2015 年新型城镇化专项	GB/T
24		第二部分：技术要求及测试规范	标委第一归口 信标委第二归口		2015 年新型城镇化专项	GB/T
25		第三部分：接口协议要求及测试规范	通标委第一归口信标委第二归口		2015 年新型城镇化专项	GB/T
26	智慧城市信息与服务公共支撑平台	第一部分：总体框架及建设要求	信标委第一归口 通标委第二归口 支撑技术与平台—公共应用支撑平台		2015 年第二批 20152004-T-469	GB/T

续表 4-1

编号	标准名称	标准组成部分名称	归口单位	所属类别	标准状态	国标类别
27		第二部分：目录管理与服务要求	信标委第一归口 通标委第二归口 城科会牵头起草		2015 年第二批，20151996-T-469 GB/T	GB/T
28		第三部分：测试要求	信标委第一归口 通标委第二归口		2015 年第三批	GB/T
29		第四部分：安全要求	信安标委		计划 2016 年立项	GB/T
30	智慧城市城市运营中心	第一部分：指挥中心建设框架及要求	通标委 城科会牵头起草 支撑技术与平台—公共运营中心		2015 年新型城镇化专项	GB/T
31	智慧城市多规融合设计方法		智标委 城科会牵头起草 建设与宜居—规划与设计		2015 年待立项	GB/T
32	智慧城市顶层设计指南		信标委第一归口 通标委第二归口 建设与宜居—规划与设计		2015 年第二批	
33	智慧城市软件服务预算管理规范		信标委 建设与宜居—实施管理		2015 年第二批 20151997-T-469	GB/T
34	智慧城市信息系统运维指南		信标委建设与宜居—运行管理		2015 年第二批 20151997-T-469	GB/T
35	智慧城市智慧医疗	第一部分：框架及总体要求信标委联合卫计委归口	信标委联合 卫计委归口	管理与服务—医疗卫生	计划 2016 年立项	GB/T
36		第二部分：移动健康	通标委 管理与服务—医疗卫生		2015 年新型城镇化	GB/T
37	智慧城市建筑及居住区	第一部分：智慧社区建设规范	智标委 管理与服务—社区服		2015 年待立项	GB/T

续表 4-1

编号	标准名称	标准组成部分名称	归口单位	所属类别	标准状态	国标类别
38		第二部分：综合服务平台通用技术要求	智标委 管理与服务—社区服务		2015 年第二批 20152044-T-333	GB/T
39	智慧城市重要信息保护	第一部分：定义及分类	信安标委	安全保障—数据安全	计划 2016 年立项	GB
40		第二部分：分级指南	信安标委		计划 2016 年立项	GB
41	智慧城市建设信息安全保障指南		信安标委	安全保障—信息安全管理	2014 年已立项 (20141405-Z-469)	GB
42	智慧城市时空信息基础设施：基本规定		国家测绘地理信息局	支持技术与平台—时空基础	2015 年新型城镇化	GB

智慧城市标准体系和评价指标体系是引导我国各地智慧城市健康发展的重要手段，是促进信息资源汇聚、共享和开发利用的基础支撑，是推进我国云计算、物联网、大数据等智能技术规模化应用的必要条件，也是我国新型城镇化建设的重要内容和保障。为贯彻中央网络安全和信息化领导小组第一次会议和深化标准化工作改革方案精神，落实《关于促进智慧城市健康发展的指导意见》（发改办高技〔2014〕1770 号），加快形成智慧城市建设的标准体系和评价指标体系，加强重点标准的研制和应用，开展智慧城市评价工作，充分发挥标准和评价对智慧城市健康发展的引导支撑作用，提出了智慧城市评价指标体系总体框架（试行稿）。

智慧城市评价指标体系由能力类指标和成效类指标组成一级指标。每个一级指标下包含若干二级指标评价要素。2015 年到 2020 年通过试评价工作逐步完善智慧城市评价指标体系。智慧城市评价指标体系的总体框架试行稿（见图 4-4），2020 年正式发布智慧城市评价指标体系。

目前我国积极推进智慧城市评价指标的各项国家标准的研制和立项工作，按

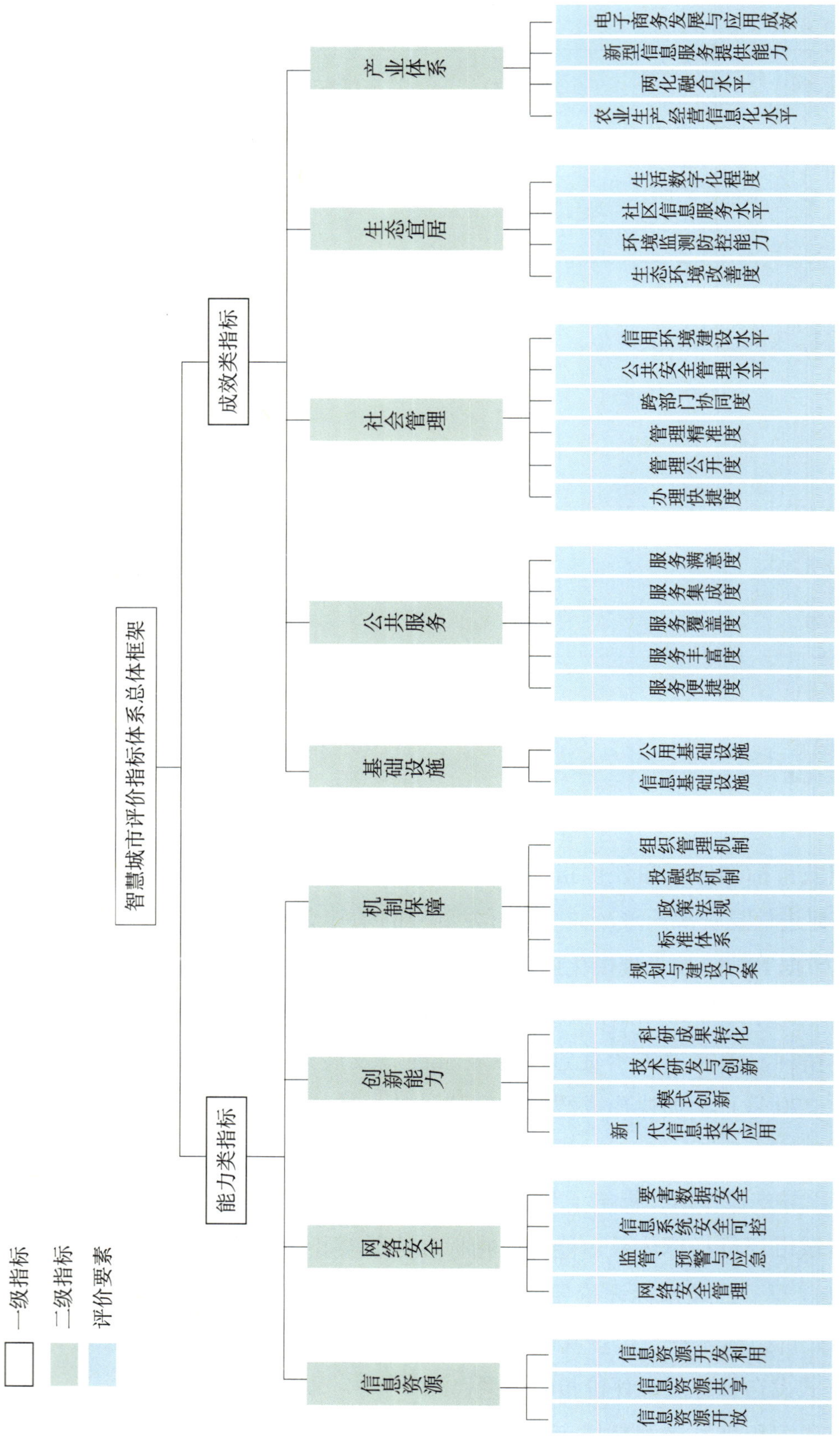

图4-4 智慧城市评价指标体系总体框架（试行稿）

照《智慧城市评价指标体系总体框架》及《智慧城市评价指标体系分项评价指标制定的总体要求》，逐年扩展各领域分项评价指标的研制工作，加快形成我国整体智慧城市评价指标体系。目前《智慧城市评价指标智慧城市评价模型及基础评价指标体系》系列标准的在研或立项情况如下。

第一部分：总体框架（即将进入征求意见阶段）；

第二部分：分项评价指标制定总体要求（即将进入征求意见阶段）；

第三部分：信息基础设施（即将进入征求意见阶段）；

第四部分：信息资源（即将进入征求意见阶段）；

第五部分：建设管理（即将进入征求意见阶段）。

此外，公安、交通、测绘、住建等各个部门的分项指标也即将提出具体指标的研究成果，并进入标准立项流程。

后续将建立并完善智慧城市标准体系，加快制定核心和急需标准，确保智慧城市涉及的总体、支撑技术与平台、基础设施、建设与宜居、管理与服务、产业与经济、安全与保障标准基本健全，到 2017 年完成 20 项急需的智慧城市标准制订工作，到 2020 年累计共完成 50 项左右的智慧城市领域标准制订工作，同步推进现有智慧城市相关技术和应用标准的制修订工作。大力开展智慧城市标准化宣传、培训工作，推动智慧城市标准应用及试点示范。

建立并完善智慧城市评价指标体系，综合考虑不同规模、不同特色的城市发展需求，制定科学有效的智慧城市评价指标。通过以评促建，以评促改，完成城市智慧化水平的提升。从 2015 年起至 2016 年同步开展整体指标及成熟领域分项指标试评价， 2018 年初步建立我国智慧城市整体评价指标体系，到 2020 年实现智慧城市评价指标体系的全面实施和应用。

目前，国家智慧城市标准化总体组正在团结有关力量共同实施智慧城市标准体系及评价指标体系的应用推广工作，通过对评价指标的试用、验证，结合城市试评价等，以智慧城市评价为基础，支撑国家智慧城市部际协调工作组的相关工作。通过“以评促建、以评促改”，提升我国智慧城市建设发展水平。

二、智慧城市评价标准的重要作用

2016 年 4 月 11 日在国家发展改革委召开了 26 个部门新型智慧城市建设部际

协调工作组首次会议，24 个部委的领导和代表到会参加，发展改革委林念修副主任及中央网信办庄荣文副主任共同主持了会议并发表重要讲话。国家标准标委工业二部戴红主任介绍评价指标体系的工作情况，并请各部门将指标带回研提意见。评价指标将根据各部门提出的书面意见进行修改完善，国家标准委同步开展指标验证工作，于上半年形成指标试行稿，印发实施。评价指标的研制、验证工作的快速推进，将有力支撑智慧城市评价和优秀案例的遴选，使智慧城市建设成效看得见、测得出，服务感受得到。

（一）智慧城市评价标准的建立符合国家政策要求

当前我国智慧城市建设正在稳步推进，各地政府意图通过智慧城市建设，提升城市管理和服务水平，推动智慧城市相关产业发展，智慧化的新模式、新应用和新业态不断涌现，在推动智慧城市快速发展的过程中，政府在引导和管理方面扮演重要角色。2012 年 7 月《国务院关于大力推进信息化发展和切实保障信息安全的若干意见》（国发〔2012〕23 号）文件，首次在政策层面提出了要引导智慧城市建设健康发展。2014 年国家发展改革委、工业和信息化部、科学技术部、公安部、财政部、国土资源部、住房和城乡建设部、交通运输部八部委印发的《关于促进智慧城市健康发展的指导意见》是规范智慧城市发展的纲领性文件。在落实国家相关政策要求的过程中，评价标准的建立提供有效支撑。评价标准的内容是对国家政策文件要求的具体化表述，为智慧城市相关方有的放矢执行政策要求提供抓手，也为政策文件执行落实情况的准确评判提供了科学依据。因此，智慧城市评价标准的建立符合国家对于智慧城市建设的政策要求，是落实各相关政策文件的重要保障。

（二）智慧城市评价标准是智慧城市标准体系重要组成部分

标准作为智慧城市建设的重要支撑不可或缺。2014 年初，国家标准委会同八部委成立国家智慧城市标准化协调推进组、总体组和专家咨询组，开展我国智慧城市标准体系建设。国家智慧城市标准体系是涵盖智慧城市规划、建设、管理各环节标准的有机整体，是满足智慧城市各相关方实际需求的技术资源，建立较为完善的智慧城市标准体系，在开展基础通用标准、关键技术标准研制的同时，更加注重评价类标准的建设，既要发挥评价标准在规划、建设中导向作用，又要发挥评价在建设成果、建设成效科学评判的重要作用。因此，评价标准的建立有助于推动我国智慧城市建设规范化进行，是我国智慧城市标准体系建设重要组成部分。

（三）评价标准为引导智慧城市建设健康发展提供支撑

智慧城市概念最初由国外提出，逐步得到世界各国的广泛认可，在城市化进程中，各个地区城市建设和发展水平具有明显的不平衡，智慧城市的概念和内涵放在不同国家地区背景下，是有不同理解和解读的。什么是智慧城市，如何建设智慧城市，这些问题尚在激烈的研讨中。如何结合我国新型城镇化、信息化的发展背景，提出我国智慧城市建设目标，是科学引导智慧城市发展的基础。目前在城市可持续发展等领域，国际开展评价指标等标准的研究工作，初步形成部分成果，这些成果为我国开展智慧城市评价标准提供了很好的参考，但是符合我国国情和实际的评价标准亟待建立，在借鉴国际先进经验同时，形成我国智慧城市评价标准，是对我国不同地域、不同经济规模城市开展智慧城市建设的科学引导，只有建立评价标准，才能使我国智慧城市建设有的放矢，更加有效、合理地将有限资源投入到高效建设中，将智慧城市的建设落到实处。

（四）智慧城市评价标准是智慧城市管理的有效手段

智慧城市建设成效是否明显，作为城市管理者，需要一把科学准确的“尺子”，去衡量智慧城市建设效果。我国启动智慧城市建设也已有3—5年时间了，各地投入资金建设也取得了一定成果，对这些成果的评价成为管理者面临的首要问题，因此评价标准的制定显得尤为重要，一方面管理者需要依据评价标准，在不同时期对城市建设与发展水平进行评价，为宏观政策制定提供有效参考；另一方面对同等规模，同等发展水平城市，需要用相对一致的评价标准去做横向比较分析，更好地发现智慧城市建设中的优势与短板，为决策提供科学依据。

三、智慧城市标准化工作进展

（一）智慧城市标准体系及评价指标体系建设情况

1. 总体思路

以提升智慧城市建设水平为核心，坚持以实效为导向、标准为基础、创新为动力、评价为抓手，着力完善智慧城市标准体系，加快关键技术标准研制工作，强化标准应用实施，形成并不断完善智慧城市评价指标体系，充分发挥智慧城市评价工作的引导与规范作用，指导各地智慧城市建设，确保智慧城市建设质量，提升城市智慧化水平。

2. 总体目标

建立并完善智慧城市标准体系，加快制定核心和急需标准，确保智慧城市涉及的总体、支撑技术与平台、基础设施、建设与宜居、管理与服务、产业与经济、安全与保障标准基本健全，完成一批智慧城市领域急需的标准制订工作，同步推进现有智慧城市相关技术和应用标准的制、修订工作。大力开展智慧城市标准化宣传、培训工作，推动智慧城市标准应用及试点示范。

建立并完善智慧城市评价指标体系，综合考虑不同规模、不同特色的城市发展需求，制定科学有效的智慧城市评价指标。通过以评促建，以评促改，完成城市智慧化水平的提升。不断编制完善各分领域评价指标体系，同步推进智慧城市整体评价及分项评价的指标制定工作。同时通过试点试用，不断完善并形成科学合理的评价指标体系。并组织开展试评价和发布年度评价结果，逐步完善分项指标，并遴选一批示范城市，突出标杆引领作用。

3. 机制保障

（1）强化工作机制。加强智慧城市标准化综合协调，形成从标准研制、宣贯、评价、认证的长期长效机制。并鼓励地方政府出台相关政策及管理手段配合完成标准应用实施的推进工作。

（2）加大资金投入。各有关部门及地方在各类专项中给予智慧城市标准的配套资金支持，促进形成多渠道资金投入、多主体参与的格局。

（3）重视人才培养。地方积极配合智慧城市标准体系及智慧城市评价指标体系的应用实施宣贯培训工作，选拔一批地方标准化工作人才参与智慧城市国家标准与国际标准研制工作。

（4）推进国际交流。支持有关单位参与和主导智慧城市国际标准的研究和制定工作，广泛开展国际交流合作。

4. 组织保障

充分发挥国家“促进智慧城市健康发展部际协调小组”“国家智慧城市标准化协调推进组”“国家智慧城市标准化总体组”及“国家智慧城市标准化专家咨询组”的作用，建立适于智慧城市建设特点的国家智慧城市标准化工作推进组织保障机制，完善适于标准工作特点的协调、联络、沟通机制，发挥各有关利益方的积极性，在公开、公平、公正的环境下，统筹我国智慧城市标准体系建设和国际标准化工作，促进智慧城市标准化工作与行业应用、技术创新、产业发展的协调推进。

5. 政策文件

2015 年 10 月，国家标准委、中央网信办、国家发展改革委联合发布《关于开展智慧城市标准体系和评价指标体系建设及应用实施的指导意见》（国标委工二联〔2015〕64 号）。提出以统筹规划、分步实施、示范推动、持续改进为基本原则，充分发挥国家智慧城市标准化工作协调机制的作用，集中研究机构、企业和专家的力量，推动智慧城市标准体系和评价指标体系的建设和实施，特别优先支持核心关键急需标准，基础通用标准，重点领域国际标准的研制。同时，鼓励地方积极参与智慧城市国家标准的应用实施、试点、示范工作，并在实施过程中发现问题、解决问题、积累经验，不断改进。

6. 组织工作

为积极推动国家智慧城市标准化总体组在标准体系和评价指标制定及完善领域内的工作，国家智慧城市标准化总体组成立了包括标准体系组、评价指标组、试点工作组、国际合作组等在内的多个工作组。各工作组接受总体组的协调和监督，在各领域协调内针对各自任务重点协调推动各自的工作任务。

同时，国家智慧城市标准化总体组也全力打造我国智慧城市标准研究领域的专业技术团队，积极开展技术交流培训和学习，有力促进了队伍的建设和发展。总体组先后在北京、济南等地多次举办智慧城市标准学术研讨会，促进不同领域的专家和学者进行交流和沟通。

（二）智慧城市评价标准研究工作进展

1. 国内评价标准工作进展

2015 年 10 月，国家标准委、中央网信办、国家发展改革委联合发文《关于开展智慧城市标准体系和评价指标体系建设及应用实施的指导意见》（含《智慧城市评价指标体系总体框架》《智慧城市评价指标体系分项制定的总体要求》）（国标委工二联〔2015〕64 号），发布了智慧城市评价指标体系的总体框架试行稿，其中包括智慧城市评价指标体系框架模型以及智慧城市评价指标体系总体框架。

智慧城市评价指标体系总体框架包括能力类及成效类两大类一级指标，每个一级指标下包含若干二级指标评价要素，每个二级指标评价要素代表对一级指标某一个侧重面的考量依据。各分项制定中可根据领域特性和需求、参考二级指标评价要素确定相应的二级指标项。

2. 国际评价标准工作进展

在国际智慧城市评价工作上，我国大力推进在国际标准化组织内的评价工作。

在IEC/SEG1智慧城市系统评估组中，我国专家担任该组织联合召集人，同时还承担了五个工作组组长，包括电子电工领域相关智慧城市管理、评价、城市系统仿真、城市规划、智能家居、智能教育等领域推动的重要工作。我国重点参与并推进了在最终报告中建议设立“系统委员会”，立足于以系统集成和系统有效性的方式，促进智慧城市电子电工领域的标准化活动，包括标准制定、差距分析、需求分析、与其他标准制定组织合作、统一智慧城市模型等。

我国也积极参与ISO/IEC JTC1/SG1智慧城市研究组的工作，向JTC1提交研究报告，建议JTC1开展智慧城市信息技术领域的标准化工作，同时还提交了《智慧城市ICT评价指标》《智慧城市ICT参考框架》两项新工作项目建议，并获得立项。

在我国单位副主席国的ISO/TC 268 SC1（智慧城市基础设施分技术委员会）中，《ISO 37151:2015智慧城市基础设施——绩效评价原则和要求》已于2015年7月出版，它是TR37150任务的延续，全面展开智慧城市的相关国际标准建设。TS 37151专注于技术可实现的解决方案，对智慧城市基础设计的性能表现进行评价，并阐述了基础设施指标的期望特征。

除了在国际组织内积极参与智慧城市评价工作以外，我国还通过双边合作的形式积极推动这方面工作的进展。

2015年10月4—9日，在法国巴黎Afnor（法国标准化委员会），召开了ISO TC268（社区可持续发展技术委员会）全体工作组会议。本次会议中启动了新的国际标准的动议PWI 37153（Smart Community Infrastructure—Maturity model for performance and integration）“性能与集成的成熟度模型”。有关智慧城市（智慧社区）的评估与评价一直是多方关注的要点。PWI 37153提出“多段成熟度模型”，有助于从建设进程与发展阶段等角度，理解智慧城市的建设效果，对我国智慧城市评价工作具有参考价值，我国标准专家团队也积极参与该项标准的制定。此外，2015年中法标准化合作委员会研讨会与双边机制会议于11月25—26日在北京召开，此次会议是中法标准化合作机制成立以来的首次会议。中法双方在ISO/IEC JTC 1中共同推动了智慧城市研究组的研究工作，帮助该组织完成了智慧城市ICT标准化需求研究报告（智慧城市研究组第二阶段报告），并将在未来JTC1智慧城市工作组中继续合作研究智慧城市ICT标准；在ISO/TMB/智慧城市战略咨询组中，共同推动该组织的研究工作，2015年帮助该组织完成智慧城市术语、智慧城市在发展中国家的调查问卷工作；在ISO/TC 268中，在智慧社区基础设施评价指标方面积极贡献，2015年帮助该组织完成国际标准及技术报告。

2015 年 9 月 23 日，在中美国际标准化工作交流会上，以智慧城市 JTC 1 我国提交的智慧城市 ICT 技术参考框架和智慧城市 ICT 评价指标新工作项作为案例，交流了我国在智慧城市标准化领域的成功经验，也积极推动后续中美在智慧城市国际标准化工作的深入合作。

四、智慧城市评价标准技术性重点工作

（一）智慧城市评价指标的需求和重点任务

我国智慧城市建设具有明显特征，政府部门和行业主管单位在智慧城市建设中发挥重要引导作用，智慧城市建设围绕智慧产业发展和智慧化行业应用，逐渐融合深入。因此，在智慧城市整体建设推进过程中，必然在部分关键行业领域内率先产生智慧化管理和服务模式，这些领域内智慧化建设成效需要有针对性地建立评价标准，以此来引导行业领域建设。2015 年国家标准委牵头，初步形成了我国智慧城市评价指标体系总体框架和分项指标体系制定要求，在此指导下，部分成熟行业领域针对性地开展分项指标体系构建，通过从分项指标体系到整体指标体系的建设过程，形成我国智慧城市评价指标体系，并在试点应用中逐步完善。

（二）智慧城市重点技术标准——整体评价指标

为指导和推进我国智慧城市评价指标体系构建及具体评价工作的开展，提出智慧城市评价指标体系框架模型及智慧城市评价指标体系总体框架。

1. 智慧城市评价指标体系框架模型

智慧城市评价指标体系框架模型，如图 4-5 所示。该模型说明：智慧城市评价指标体系由能力类指标和成效类指标组成；智慧城市评价指标既包括来自不同分领域的、带有领域特色的指标项，也包括适用于城市整体评价、不属于特定领域的通用指标项。

其中，能力类指标往往是客观性的指标，体现建设、管理与应用水平，主要包括信息资源、发展机制、网络安全、创新能力共四个方面的保障水平；成效类指标反映智慧城市建设的主要目标和方向，体现给市民、企业、政府等用户带来的实际影响和用户的主观感受，主要包括基础设施智能化、公共服务便捷化、社会管理精细化、生活环境宜居化及产业体系现代化共五个方面的城市建设成效。

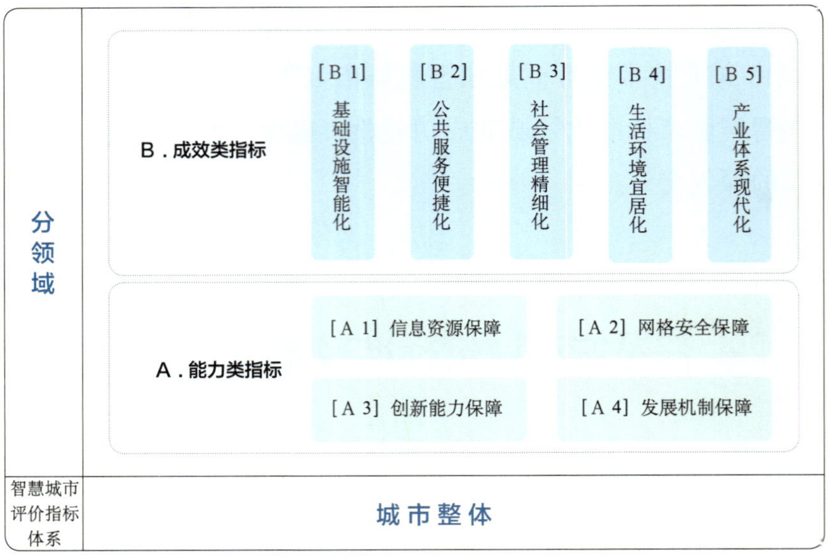

图 4-5　智慧城市评价指标体系框架模型

2. 智慧城市评价指标体系总体框架

根据图 4-5 中的智慧城市评价指标体系框架模型，提出如下智慧城市评价指标体系框架。

在智慧城市评价指标体系总体框架中，能力类及成效类指标所涉及的各个方面均作为一级指标，每个一级指标下包含若干二级指标评价要素，每个二级指标评价要素代表对一级指标某一个侧重面的考量依据。各分项制定中可根据领域特性和需求，参考二级指标评价要素确定相应的二级指标项。总体而言，总体框架共包含 9 个一级指标、37 个二级指标评价要素。

在智慧城市评价指标体系总体框架中，能力类四个一级指标是指用于评价城市运用物联网、云计算、大数据、空间地理信息集成等新一代信息技术，进行城市规划、建设和提升城市管理、服务水平的一系列定性或定量的要素项，包括信息资源开放共享和开发利用水平、网络安全保障能力、技术创新能力及发展机制完善程度。

成效类五个一级指标是指用于评价城市居民、企业及政府管理者本身所感受到的通过智慧城市建设带来的便捷性、宜居性、舒适性、安全感、幸福感等相关的一系列定性或定量的要素项，包括基础设施智能化程度、公共服务便捷化程度、社会管理精细化程度、生态环境宜居化程度、产业体系现代化程度。

37 个二级指标评价要素及其说明见表 4-2。

表 4-2 智慧城市评价指标体系总体框架二级指标评价要素说明

一级指标（分类）	二级指标评价要素	二级指标评价要素说明
信息资源	信息资源开放	城市公共、基础数据和相关信息资源向社会开放的范围和水平
	信息资源共享	城市跨部门信息共享机制健全程度和应用成效，以及城市公共信息平台和应用体系建设水平
	信息资源开发利用	社会力量应用政府开放的信息资源提供新型信息服务水平
网络安全	网络安全管理	网络安全管理机制健全性以及重要信息系统设计、实施、运行全过程的网络安全保障水平
	监测、预警与应急	网络管理、态势监测和预警、应急处理和信任服务的能力
	信息系统安全可控	重要信息系统和涉密信息系统的安全防护水平
	要害数据安全	重要信息使用管理和安全评价机制健全性以及个人信息保护水平
创新能力	城市生态环境的宜居水平和改善成效	物联网、云计算、大数据等新一代信息技术在城市各行业、领域的应用水平
	模式创新	城市运营、管理、投融资与服务等模式的创新与实践效果
	技术研发与创新	城市新技术研发能力与技术创新体系水平
	科研成果转化	国家相关科研技术攻关成果在城市智慧城市建设中的转化应用程度
发展机制	规划与建设方案	城市智慧城市规划与建设方案的完善性及与其他规划衔接性水平
	标准体系	城市实施国家智慧城市标准体系的程度以及制定、推广地方智慧城市关键标准水平

续表 4-2

一级指标（分类）	二级指标评价要素	二级指标评价要素说明
发展机制	政策法规	城市所制定的促进智慧城市建设的配套政策和法规健全性
	投融资机制	城市所建立的智慧城市建设市场化投融资机制完善性及应用水平
	组织管理机制	城市所制定的智慧城市建设配套组织管理机制和管理办法健全性
基础设施	信息基础设施	构建城乡一体的宽带网络，推进下一代互联网和广播电视网建设，全面推广三网融合水平
	公共基础设施	城市水、能源（包括水电气）、交通等基础设施通过采用信息技术手段达到的智能管理水平
公共服务	服务便捷度	城市居民、企业能够通过多渠道、多方式快速获得和使用城市各类公共服务的程度
	服务丰富度	城市居民、企业能够获得的城市各类公共服务的类别、形态和内容的多样化程度
	服务覆盖度	城市各类公共服务所能被城市居民、企业访问和使用的范围
	服务集成度	城市居民、企业所需的城市重要公共服务或城市各类应用的整合程度
	服务满意度	城市居民、企业对城市公共服务能满足其个性化、定制化需求以及价格合理性、使用便捷性的程度
社会管理	办理快捷度	城市居民、企业以及城市管理者感受到的城市社会管理各项事务办理周期缩短、办理手段方便的程度
	管理公开度	城市居民、企业以及城市管理者感受到的城市政府管理机制、流程、状态的开放、透明程度

续表 4-2

一级指标（分类）	二级指标评价要素	二级指标评价要素说明
社会管理	管理精准度	城市居民、企业以及城市管理者感受到的城市管理内容和管理手段的精细化程度以及解决问题的科学性和针对性水平
	跨部门协同度	城市居民、企业以及城市管理者感受到的城市通过采用信息化手段，提升城市政府部门间跨部门协作的能力和水平
	公共安全管理水平	城市社会治安防控体系、城乡公共安全保障体系以及城市应急保障体系建设水平及应用效果
	信用环境建设水平	城市信贷、纳税、履约、产品质量、参保缴费和违法违纪等信用记录管理水平
生态宜居	生态环境改善度	城市生态环境的宜居水平和改善成效
	环境监测防控能力	城市环境信息智能分析系统、预警应急系统和环境质量管理公共服务系统建设水平和应用成效
	社区信息服务水平	城市社区居民获取家政、养老、社区照料和病患陪护等综合信息服务水平
	生活数字化程度	城市家庭获取医疗、教育、安防、政务等社会公共服务设施和服务资源的便捷性和水平
产业体系	农业生产经营信息化水平	城市物流配送体系和城市消费需求与农产品供给紧密衔接的新型农业生产经营体系建设水平
	两化融合水平	大型工业企业深化信息技术的综合集成应用水平、中小企业公共信息服务平台建设水平以及工业互联网新兴业态应用水平
	新型信息服务提供能力	基于云计算、大数据、位置服务、移动互联网等新一代信息技术为城市居民、企业和政府管理者提供方便、实用的生活服务和知识加工型服务的信息服务企业发展水平
	电子商务发展与应用成效	城市利用电子商务促进各领域应用和发展的水平

备注：新型智慧城市评价指标还在完善过程中，具体以最新发布文件为准。

（三）智慧城市重点技术标准——智慧城市信息基础设施分项评价指标

智慧城市信息基础设施分项评价指标是对智慧城市实现感知交互、宽带传输、公共支撑、云计算及信息安全保障等基础环境与基本能力的信息设备及城市信息基础设施连通、共享、互联能力的评价。评价对象涉及智慧城市感知交互基础设施、网络基础设施、应用服务支撑基础设施、信息基础设施安全保障。

信息基础设施评价指标体系采用二级指标结构，共由感知交互基础设施、网络基础设施、应用服务支撑基础设施、信息安全基础设施四部分评价指标构成。具体指标如表 4-3 所示。

表 4-3　信息基础设施评价指标体系（草案）

一级指标	二级指标	三级指标
感知交互基础设施	感知设备	感知设备覆盖率
		感知设备共享率
		智能感知设备占有率
		感知设备活跃率
		支持远程维护升级的感知设备占有率
	交互设备	便民交互设备覆盖率
		交互设备共享率
网络基础设施	宽带网络能力	光纤到户覆盖率
		固定宽带接入能力
		公共热点区域 WLAN 覆盖率
	宽带普及水平	固定宽带家庭普及率
		4G 移动电话人口普及率
		20Mbps 及以上宽带用户渗透率
应用服务支撑基础设施	公共支撑平台	平均请求响应时间
		互联平台数量
	数据中心	云计算普及率
		数据中心能源使用效率
		数据中心可靠性等级
信息基础设施安全保障	基础网络及信息系统	信息系统等级保护制度落实率 产品安全测评认证率 信息系统安全自查比率
	应急灾备	基础数据库异地灾备率 应急联动平台共享率

（四）智慧城市重点技术标准——智慧城市信息资源分项评价指标

信息资源评价指标体系现对应总体框架中的一级指标 1 个；设立二级指标 10 个，其中核心指标 4 个，扩展指标 6 个（如表 4-4 所示）。

表 4-4　信息资源分项评价指标（草案）

一级指标	二级指标名称	指标释义	指标属性（核心/扩展）	数据来源	指标权重
信息资源	信息资源公开范围	信息资源公开范围指城市级开展信息公开覆盖的资源种类 信息资源公开范围可直观体现城市信息资源公开的效果，在法律法规允许框架下，公开为原则，城市信息资源公开覆盖的范围越大、种类越多说明城市信息资源公开程度越高	扩 展	调查问卷	0.05
	公开信息资源访问量	公开信息资源访问量指对于已经公开的信息资源的访问数量 可按月、季度等维度，统计对于政府公开的信息资源的访问数量，来衡量信息资源公开的效果。访问量越高，说明公开效果、质量越好	核 心	统计数据	0.15
	基础数据资源获取率	基础数据资源获取率指城市业务和应用系统通过空间地理、人口、法人、宏观经济、企业信用等基础数据资源库获取资源信息的比率 空间地理、人口、法人、宏观经济、企业信用等基础数据资源库作为智慧城市信息共享的基础和必备条件应确保其合理准确建立。基础数据资源获取率越高，说明基础信息资源库建设程度越好	扩 展	统计数据	0.06
	信息资源共享交换平台利用率	信息资源共享交换平台利用率指利用该平台进行共享交换的信息资源种类占全部信息资源种类的百分比 信息资源共享交换平台作为智慧城市信息资源共享交换的手段之一，能够有效提高共享交换效率，为智慧城市信息资源共享提供便利。该平台按照相关国家标准的建立，能够体现城市信息资源共享开展的规范性、技术先进性等效果	核 心	统计数据	0.15

续表 4-4

一级指标	二级指标名称	指标释义	指标属性（核心/扩展）	数据来源	指标权重
信息资源	信息资源共享交换平台业务覆盖率	信息资源共享交换平台能够覆盖的城市业务占城市业务总数的比率	扩展	调查问卷	0.07
	信息资源开放机制	是否建立服务审核和服务发布机制 智慧城市应提供服务审核和服务发布机制，建立智慧城市线上所运行的服务相关管理机制，形成明确的条例、文件或者规范	扩展	实地考察	0.06
	信息资源服务水平	可被利用的信息资源占已汇聚信息资源的比例	扩展	调查问卷	0.08
	政府信息资源的社会开发利用率	被行业继续开发的信息资源占城市公开共享的信息资源的百分比 政府信息资源的社会开发利用率能够直观体现城市信息资源开发利用程度，政府信息资源的社会开发利用率越高说明城市信息资源开发一次采集，多次使用效率越高	核心	统计数据	0.15
	信息资源利用成效	信息资源利用产生的经济效益和建设成本的比率	扩展	统计数据	0.08
	信息资源隐私与安全保护机制	是否建立信息资源隐私与安全保护机制 城市信息资源隐私与安全保护机制的建立能够有效保护隐私与敏感信息资源安全，该机制的建立能够有力推动和保障城市信息资源开发利用的程度	核心	实地考察	0.15

（五）智慧城市重点技术标准——智慧城市建设管理分项评价指标

规划建设管理评价指标体系现对应总体框架中的一级指标 3 个，设立二级指标 10 个，其中核心指标 5 个，扩展指标 5 个（如表 4-5 所示）。

表 4-5　规划建设管理分项评价指标（草案）

一级指标	二级指标名称	指标释义	指标属性（核心/扩展））	数据来源	指标权重
机制保障	多规融合信息化平台业务集成度	对城镇规划、土地利用规划、产业发展布局规划等一系列规划业务的服务集成度	核心	统计数据	0.15
	规划数据中心业务支撑度	已用规划数据中心进行规划的业务数占城市所有需用该数据中心进行规划的业务总数的比例	扩展	统计数据	0.05
社会管理	智慧城市审计监督管理办法执行频率	根据智慧城市审计监督管理办法，在规定时间内（如每 6 个月或 12 个月）执行审计监督的次数	扩展	统计数据	0.05
	城市市政综合监管信息系统网格化覆盖率	城市市政综合监管信息系统中实现网格化监管的城市面积占城市总面积的比例	核心	统计数据	0.15
基础设施	绿色智能建筑占新建建筑比重	绿色智能建筑的总面积占城市新建建筑总面积的比例	扩展	统计数据	0.05
	建筑运行能耗率	建筑正常运行的情况下，运行能耗总量占所有能耗的比例	核心	统计数据、委托第三方采集	0.15
	建筑智慧化设计利用率	利用智慧化技术进行建筑设计在所有建筑设计中占的比例	核心	统计数据	0.15
	智慧工程管理普及率	利用数字化手段和智慧化技术实施工程管理在城市建设工程管理中所占的比例	核心	统计数据	0.15
	可再生能源消耗比重	风能、太阳能、潮汐能、地热能等可再生能源的消费占总能源消费的比例	扩展	统计数据	0.05
	环境质量智慧化监控覆盖率	通过信息、通信、物联网和互联网等技术手段对城市环境实现智慧化实时监控的面积（体积），占全部需要监控的城市面积（体积）的比例	扩展	统计数据	0.05

（六）智慧城市重点技术标准——各行业评价指标体系建设

在国家智慧城市评价指标体系总体框架和分项指标制定要求指导下，部分行业领域与国家智慧城市评价指标进行了有效对接。包括教育、科技、公安、民政、住建、农业、质检、食药、旅游、能源和国土测绘等行业积极开展满足行业建设和应用需求的评价指标体系构建，初步形成了一定的评价指标成果。2015 年国家标准委、中央网信办、国家发展改革委 3 部委联合印发《关于开展智慧城市标准体系和评价指标体系建设及应用实施的指导意见》（国标委工二联〔2015〕64 号），文件提出逐步完善我国评价指标体系主要目标和重点任务，为后续进一步完善我国评价指标体系，同时面向成熟行业和地方开展指标体系应用奠定了基础。

1. 公安部开展分领域评价指标建设工作

按照国家发展改革委、公安部等八部委《关于印发促进智慧城市健康发展的指导意见的通知》（发改高技〔2014〕1770 号）和《若干意见》的要求，经过前期调研、论证，公安部科技信息化局委托中国安全防范产品行业协会具体承担公共安全视频监控评价指标体系制定工作。2015 年 4 月，中国安全防范产品行业协会成立了公共安全视频监控建设联网应用评价指标体系研究工作组（以下简称“视频监控评价指标工作组”）。工作组成员来自中国安全技术防范认证中心、安全防范技术与风险评估公安部重点实验室等 17 家单位，涉及视频监控管理、研发、标准、检测认证、设计施工、应用等多个方面。同时还聘请行业内的若干知名专家组成了专家组。6 月份，视频监控评价指标工作组在北京召开了第一次会议，确定了指标体系起草主笔单位和小组成员，同时确定工作组日常工作由设在中国安全技术防范认证中心的秘书处负责。参照《智慧城市评价指标体系总体框架（试行稿）》以及《智慧城市评价指标体系分项制定的总体要求（试行稿）》，结合我国公共安全视频监控建设联网应用情况，视频监控评价指标工作组经大量调研、讨论研究，先后组织召开五次工作组会议，形成了《公共安全视频监控建设联网应用评价指标体系（征求意见稿）》。

2. 农业部相关研究及评价工作

为贯彻落实十八大和十八届三中、四中、五中全会和 2015 年中央一号文件、《国务院关于积极推进“互联网 +”行动的指导意见》有关要求，全面把握全国农业信息化发展水平，农业部在北京、黑龙江、上海、江苏等八省市开展农业信息化评价试点工作，通过试点工作，科学客观地研究和分析农业信息化发展状况，有序推动农业信息化更好更快发展，建立一套科学有效的评价工作机制，形成一套农业信息化评价工作报告，为科学推进全国农业信息化工作提供支撑。

3. 国家食品药品监管总局加快指标体系研究

国家食品药品监管总局科技标准司会同相关司局和单位拟定了食品药品监管评价指标，并结合地方食品安全综合评价等工作以及地方的反馈意见进行了完善。在部委协作方面，积极参与促进智慧城市健康发展部际协调工作组工作，按要求参加联络员工作会，认真参与各项工作，配合国家标准委、公安部、国家测绘地理信息局研究建立总体评价指标体系框架，完善城市网络安全评价指标体系、城市统一地理空间框架和应用评价指标体系等。

4. 国家测绘地理信息局时空云平台评价指标建设

国家测绘地理信息局积极落实工作部署，于2015年2月成立了《智慧城市时空信息云平台建设评价指标体系》（以下简称“云平台评价指标体系”）协调组和编写组，全面开展《智慧城市时空信息云平台建设评价指标体系》的编写工作。经过多次征求意见和内容修改后，《智慧城市时空信息云平台建设评价指标体系（2015版）》正式印发，用于指导各智慧城市时空信息云平台试点的建设评价工作。

2015年12月，国家测绘地理信息局国土司印发《关于开展智慧城市时空信息云平台建设情况自评价的通知》（测国土函〔2015〕75号），要求各有关智慧城市试点建设单位做好自评价工作。

五、智慧城市评价标准化工作建议

（一）智慧城市评价标准研制工作建议

1. 组织保障、机制、流程的建议

为全面支撑国家智慧城市评价工作，2015年总体组成立了智慧城市评价组，由中国电子技术标准化研究院担任评价组组长单位，由山东省标准化研究院钱恒院长担任评价组专家组组长，目前评价组成员22家。2016—2018年，总体组将依托评价组具体开展和实施智慧城市评价的相关工作，目前已形成整体评价指标草案及工作方案，该工作方案将进一步征求有关部门和专家的意见，力争在2016年完成整体评价指标的验证、实施和一批城市的试评价，满足国家智慧城市相关试点评价、评估的需求，为社会提供权威、客观的评价结果。

智慧城市评价工作主要由国家标准化管理委员会、国家智慧城市标准化总体组和评价工作组共同负责，主要职责分别如下：

——国家标准化管理委员会：领导和监督评价工作的整体推进进度、质量。协调相关部委、城市、总体组、评价工作组等事宜。

——国家智慧城市标准化总体组：负责牵头推进智慧城市评价的具体工作，下设评价工作组。总体组负责确定评价工作组组长、副组长单位、核心专家，试点城市，具体协调对接等工作。总体组为评价工作组协调专家，对评价工作组制定的智慧城市评价指标等相关支撑文件进行审核确定。

——评价工作组：负责制定并完善智慧城市评价指标等支撑文件，掌握智慧城市评价指标及评价方法，对各城市进行具体评价工作，形成智慧城市评价报告等。向各城市、总体组提出调研或技术支持等需求，定期向国家标准委和总体组汇报各城市评价工作情况和整体评价工作推进进度、提供交付物等。

2. 重点标准建议

目前，已立项评价指标的国家标准及拟立项的各分项指标的推动工作正在抓紧推进，各项标准在统一的规划和指导下有序开展，力争按照下列阶段完成评价指标标准的研制和应用实施。

第一阶段（2016 年 5 月之前完成）：形成基本可行的评价指标体系。并在公安、交通、住建、工信、测绘等部门领域积极开展各分领域分项评价指标的研制工作，形成协同性好、操作性强的分项指标。

第二阶段（2016 年 5—12 月）：形成基本完善的评价指标体系。通过城市试点评价工作，形成更趋完善的各分项指标。同时逐步扩展分领域的范围，积极推动其他各分领域的评价指标编制工作，形成其他领域的分项指标草案。

第三阶段（2017—2018 年）：形成基本成熟的评价指标体系。同步推进智慧城市评价指标体系及分项评价的指标制定工作，并支持全国范围内持续开展的评价、评估工作，并组织开展试评价和发布年度评价结果。

3. 标准应用实施建议

建立智慧城市评价指标体系，制定整体评价指标和各领域分项指标。选择不同规模、不同特色的城市，分阶段开展智慧城市评价工作，根据评价情况完善智慧城市评价指标体系，并逐步将评价工作推广至全国。以智慧城市评价为基础，支撑国家智慧城市部际协调工作组的相关工作。通过“以评促建、以评促改”，提升我国智慧城市建设发展水平。

第一阶段（2016 年 5 月之前）：初步建立智慧城市评价指标体系，选择 4—8

个城市开展试评价，对评价指标体系进行验证。

第二阶段（2016年底前）：根据试评价情况，逐步完善智慧城市评价指标体系。根据国家智慧城市部际协调工作组成员单位对评价工作的需求，结合已有试点示范情况，完成40个左右城市的评价。

第三阶段（2017—2018年）：在全国范围内推广，形成持续机制，完成百个智慧城市的评价工作。全面支撑国家智慧城市部际协调工作组的相关工作。

（二）国际标准化工作建议

总体组在国家标准委和有关部门的共同领导下，积极推动ISO、IEC、ITU三大国际标准化组织联合制定智慧城市基础通用类标准。担任ISO TC268 SC1智慧城市基础设施计量分技术委员会副主席，中国专家在SC1全会上新国际标准提案《智慧城市基础设施数据交换与共享指南》获得通过；主导推动IEC/SEG1（智慧城市系统评估组）的国际标准化工作，承担了该组织联合召集人、5个工作组组长的重要工作，2015年推动该组织成功升级为智慧城市系统评估委员会；承担ISO/IEC JTC 1/WG 11（智慧城市工作组）召集人、秘书职务；组织国内专家参与ISO/TMB/AG SmC智慧城市咨询组活动；基于国内现有智慧城市标准化工作成果，牵头组织专家向JTC 1提交两项新国际标准立项建议《智慧城市ICT技术参考框架》和《智慧城市ICT评价指标》，得到了JTC1主席和各国家成员体的高度认可。与欧盟、英国、法国等组织和国家在智慧城市参考模型标准、数据概念模型等方面积极开展沟通合作，探索共同推动相关国际标准立项等工作。

继续积极参与国际标准化工作，保持并扩大我国在智慧城市领域国际标准化的影响力。以现有三大国际标准组织工作基础为依托，发挥我国在“发起国、召集人、秘书、专家”各层面的优势，推动更多智慧城市标准提案获得立项，推动我国现有智慧城市标准提案获得发布。积极推动中欧、中法、中德、中英等在智慧城市领域的国际标准化交流、沟通与合作，立足国际，不断开拓，积极贡献，通过标准走出去，带动技术和产品走出去。

六、其他材料

（一）国家智慧城市标准化总体组组织机构

2014年1月，国家标准委正式组织成立了国家智慧城市标准协调推进组、总体组和专家咨询组。国家智慧城市标准化负责协调推进组统筹规划和协调指导智慧城市领域国际国内标准化工作，研究制定我国智慧城市标准化战略及政策措施，协调处理标准修订和应用实施过程中的重大问题，督促检查智慧城市标准化工作的落实；国家智慧城市标准化专家咨询组负责配合协调推进组，提供智慧城市标准化工作技术方面的咨询，对智慧城市标准化试点工作进行指导，提出智慧城市标准化工作重大问题建议；国家智慧城市标准化总体组则在协调推进组的指导下，负责拟定我国智慧城市标准化战略和推进措施，制定我国智慧城市标准体系框架，协调我国智慧城市相关标准的技术内容和技术归口，指导总体组下设各项目组开展智慧城市国家标准制定、国际标准化和标准应用实施等工作。

国家智慧城市标准化总体组希望通过成员单位的紧密合作，有目的、有计划、有步骤地建立联系紧密、相互支持、层次分明、构成合理、满足应用需求的标准体系，建立并完善以标准为基础依据的评估考核机制，以指导、支撑各地城市信息化用户、各行业智慧应用信息系统的总体规划和工程建设，规范、引导我国各地智慧城市产业、经济和社会可持续发展。

（二）中国智慧城市标准化白皮书（2014）简介

为促进我国智慧城市标准体系规划、关键标准制定以及标准应用实施，在工业和信息化部、住房与城乡建设部和国家标准化管理委员会等主管部门的指导下，国家智慧城市标准化总体组总结了自成立以来的系列工作，在回顾和梳理了我国智慧城市标准化工作的路线图、标准化体系框架和重点编制的标准、标准化体系的基础性参考模型以及一批基础性和急需标准的基础上，发布了《中国智慧城市标准化白皮书（2014）》。该报告的发表旨在分享总体组取得的智慧城市标准化阶段性成果，提出今后标准化工作的建议。标准化工作是基础性工程，希望研究报告的发表能够得到各界的关注，从而有效促进我国智慧城市建设及标准化工作的健康、有序、可持续发展。

（三）智慧城市标准重要论坛、会议情况

国家智慧城市标准化总体组积极参与智慧城市标准的宣传活动，2014 年 11 月 7 日，总体组承办了由国家发展改革委等 25 部门指导的“2014 中国智慧城市创新大会”中的“技术创新与标准体系建设”分论坛，发布了《中国智慧城市标准化研究报告（2014）》和《2014 智慧城市技术成果和解决方案集》，为我国智慧城市的高速健康发展提供了有力的标准和技术支持。

2015 年 7 月，总体组在北京展览馆承办了“2015 年国家智慧城市标准化工作

大会”，通过汇报过去智慧城市标准化工作的主要进展以及部署未来的工作重点，推动标准体系框架和评估体系框架的顺利进行，并且为其他部委、企业及地方开展智慧城市建设工作，提供了一个智慧城市标准化工作交流的平台。同时，该博览会旨在通过展览展示等形式搭建政府和企业之间的务实性平台，以市场化路径推动智慧城市的健康有序发展。

2016 年 1 月 26 日，为全面发挥智慧城市标准体系及评价指标体系在智慧城市建设和发展中的积极作用，总体组主办的“2016 年智慧城市标准与评价工作研讨会”在北京举行。39 家总体组成员单位代表、8 个城市（区）有关单位代表、互联网企业及 IT 企业代表共 120 余人参加了会议。国家标准化管理委员会工业二部、国家发展改革委高技术司、中央网信办信息化发展局的领导和有关同志及国家智慧城市标准化专家咨询组专家出席会议。国家标准化管理委员会工业二部戴红主任为大会致辞并发言，会议由总体组组长吕卫锋主持。智慧城市标准有关专家参会指导并提供建议，并邀请相关城市共同探讨评价工作的推进情况，有效支撑智慧城市健康有序发展。

（执笔人：国家智慧城市标准化总体组）

第五篇

专题研究篇

上海市
关于长江经济带与智慧城市发展研究

一、长江经济带发展对智慧城市建设的新需求

（一）提升长江经济带信息基础设施一体化建设与整体支撑能级

信息化基础设施已是当前经济社会发展的战略性公共基础设施，在“互联网+”时代，信息基础设施之间的互联互通已成为发展趋势，长江经济带的发展势必需要加快区域信息基础设施一体化进程与高速互联，支撑跨区域协同应用。

（二）提升长江经济带跨区域协同监管与惠民服务能力

长江经济带要构建沿海与中西部地区良性互动新格局，要求打破行政区划界线，创新区域协调发展体制机制。长江经济带智慧城市的建设需更关注跨区域政府协同监管与惠民服务能力。

（三）提升长江经济带基于信息资源共享的创新能力

长江经济带将是我国经济新的增长点，但目前长江经济带整体产业尚处于以要素和传统投资驱动为主的阶段。新常态下，长江经济带发展需要发挥信息资源创新要素价值，加快提升基于信息资源共享和开发的经济社会创新能力。

二、长江经济带智慧城市建设现状及面临的主要问题

（一）信息化基础设施建设水平总体较好，但区域内部发展不均衡

从城（省）域出口带宽、宽带速率、互联网普及率等基础性指标来看，上海、浙江和江苏等下游城市信息化基础设施水平占全国前列，而全国后十位省市中，长江经济带九省二市也约占一半。

表 5-1 长江经济带九省二市信息基础设施情况

省份	城（省）域网出口带宽指数	城（省）域网出口带宽指数在全国排名	忙闲时加权平均宽带速率（Mbit/s）	宽带速率在全国排名	互联网普及率（%）	互联网普及率在全国排名
上海	113.11	4	5.3	1	71.10	2
江苏	140.8	3	4.83	4	53.80	8
浙江	141.91	2	4.53	7	62.95	5
安徽	76.01	10	4.19	10	36.90	27
湖北	95.16	5	3.68	27	45.30	18
湖南	71.56	14	4.03	13	38.60	24
江西	58.37	15	3.97	15	34.10	31
四川	94.32	6	4.85	3	37.30	25
重庆	22.42	27	3.87	19	45.70	17
云南	50.45	20	3.83	22	35.10	29
贵州	29.29	26	3.8	23	34.90	30
全国均值	63.42	—	4.25	—	47.90	—

数据来源：《2014 年中国信息化发展水平评估报告》《2014 年中国信息化与工业化融合发展水平评估报告》《2014 年第四季度宽带速率状况报告》《第 35 次中国互联网络发展状况统计报告》。

（二）区域内部信息资源共享开始探索开展，但尚处于初级阶段

近两年来，长江经济带以城市群为单位，已在探索信息资源共享与合作机制，如长三角信用信息共建共享、长江中游城市群一体化综合信息服务平台、成渝城市群联手建设区域基础性大型数据库等。但总体来看，长江经济带信息资源共享还处于初级阶段，共享领域、共享层次还不够深，共享机制还不健全。

（三）重点领域信息化应用与公共平台建设加快，但仍存在较大的拓展空间

目前长江经济带在区域通关、航运物流、交通、科技、医疗、食品药品监管等领域，依托信息化应用和公共服务平台，一体化发展取得了积极成效。但随着长江经济带区域一体化进程的加快推进，重点领域信息化应用还有很大的拓展空间。

（四）内部协调机制逐步形成，但整体区域合作机制仍需进一步完善

早在 20 世纪 80 年代，沿江省市上、中、下游之间就开始探索，形成了一系列内部协调机制。如长三角联席会议、长江三角洲城市经济协调会、长江重庆段水

运发展“2+5”合作机制、长江中游四省交通运输区域合作机制等，但现有协调机制还比较松散，统筹整个长江经济带合作与发展的机制尚未建立。

三、智慧城市建设促进长江经济带发展的总体思路

按照党中央、国务院推动长江经济带发展的战略部署要求，立足国家战略，站在全局高度，发挥上海、武汉、重庆等城市在下游、中游和上游的引领作用，加强长三角洲城市群、长江中游城市群、成渝城市群资源要素协同配置能力。坚持“需求导向、服务为本，集约建设、资源共享，深化改革、先行先试，优势互补、协调发展，政府引导、市场主导”的原则，以建设智慧城市，推动政府跨区域协同治理和一体化服务能力为主线，以强化信息安全为保障，加快建设“高速、智能、泛在”的区域信息化基础设施，促进区域信息资源共享和开发利用，深化跨区域信息化协同应用，打造共享开放的区域智慧门户，完善区域信息化合作机制，营造更有创新活力的区域合作环境，着力把长江经济带打造成为我国经济社会发展的新动力源。

四、智慧城市建设促进长江经济带发展的战略举措

（一）加快区域互联，建设具有国际水平的下一代网络基础设施

长江经济带基础设施建设，应注重区域整体能级提升，向通信资源要素重组和重塑区域通信互联格局方向推进。

任务 1. 打造区域互联互通、高速泛在的网络基础设施

一是大力提升国际网络互联能力。加快上海、北京、广州国际出口带宽扩容，增加骨干网核心节点链路带宽，提升长江经济带国际互联和流量转接能力。二是提高长江经济带区域网络整体水平与互通能力。加快信息化基础设施相对薄弱省市的宽带网络建设，尤其是提高沿江一带 4G、WiFi 网络覆盖率，优化互联网骨干网络结构，大幅增加省市网间互联带宽。

任务 2. 推进区域重要信息基础设施共建共享

一是加强区域性通信基础设施的规划衔接，力争在建设上联合受益、减少通信盲区。推进移动通信资费区域一体化，建立统一、有序、公平、开放的通信和数

字内容服务环境。二是基于长江经济带一体化的要求，合理规划布局云计算数据中心，优化云计算中心的区域辐射力和服务能级，推动区域云数据中心、超算中心、灾备中心的共建共享。

任务 3. 建立区域城市基础要素立体感知网络

依托长江经济带城市群协调，协同开展自然资源、能源、供排水设施、交通设施、环保设施、防灾设施等城市基础要素资源的智能感应网络体系建设，加强资源、能源和环境的实时监测，提升城市安全监控、防灾减灾的信息化支撑能力。

（二）加快信息资源共建共享，推进大数据创新应用

长江经济带一体化发展，需要逐步拓展和探索信息资源的共享和开发利用，实现数据资源分享价值。

任务 4. 积极推进长江经济带重要数据资源共享

一是推进人口、法人、空间地理等基础数据库，以及统计数据在长江经济带的共享。二是加快长江经济带公共信用信息数据库的对接和应用。三是围绕长江经济带重点协同领域，逐步打造若干经济社会共享数据库。四是推进长江经济带安全可控、集约化的区域信息资源共享交换体系建设。

任务 5. 探索长江经济带公共数据社会化开放利用

构建长江经济带数据共享开放平台，借鉴上海“负面清单”模式，创新公共数据社会化开发利用模式，探索建立公共数据公开、公众反馈、价值评估、绩效考核良性循环机制，广泛聚集数据提供方、开发者、使用者和投资者，推进基于数据的经济社会创新。

任务 6. 建设长江经济带宏观经济数据分析平台

积极推进长江经济带区域宏观经济信息分析平台建设，探索在资源环境、产业布局、城市空间、投资绩效、人口分布等多个领域数据可视化分析应用，积极开展大数据经济预测分析，并基于多部门数据进行对比分析，提升政府事中、事后监管能力。

（三）深化重点领域智慧应用，打造信息惠民示范区域

任务 7. 推进区域智能交通体系建设，提升综合交通枢纽能级

一是探索建立跨区域交通综合信息服务平台，实现多种运输方式信息互通，推动区域内联合监管、预示预警、应急救助等信息的共享与联合发布。二是完善智能交通支付体系，推广城市交通“一卡通”区域内普及应用。三是推进船舶 RFID 电子标签跨区域通读通认，有效提高船舶监管效率。四是建设长江干线数字航道、

智能船闸、智能港口、船舶导航及监控系统，以及长江航运云数据中心、长江电子航道图及应用系统。

任务 8. 加强环境动态监测与联防联控，构建沿江绿色生态廊道

一是建立区域性大型防减灾信息数据库和生态预警信息系统，全面提高跨区域防减灾能力和生态治理能力。二是健全跨区域水环境信息共享体系，实现跨区域水质、水量、水文、水生态，以及取水、供水、用水和退水等水事活动信息的实时共享，建立长江流域水环境共同防治体系。三是探索建立区域大气污染联防联治体系，统一重污染情况分析口径，加强各省市大气污染数据的互通共享，协调推进区域大气污染治理和协作重点工作。四是建立九省二市的环境应急救援物资信息库，进一步提高区域环境应急物资救援保障能力。

任务 9. 加快建设跨区域食品追溯体系，推动食品安全共治

一是探索建立区域食品安全追溯信息平台，推进食品安全追溯体系的分阶段、分步骤实施，建立沿江重点食品流通全程透明化监控。二是加强食品安全信息互联互通，加强食用农产品产地准出和市场准入信息对接互通，实现食用农产品互认、互通、互监。三是建立跨省（市）食品安全联动协作系统，预防和控制跨省（市）食品安全事件发生，共享食品安全案件处置和通报信息，协同开展食品安全突出问题联合整治。

任务 10. 推动社保、医保一体化应用，打造惠民示范

一是探索建立区域社会保障信息共享交换平台，推动区域社会保障重大应用系统的标准兼容与信息共享。二是研究建立异地就医医疗费用联网结算平台，推进诊疗库、药品库、参保人员基础信息、就诊信息录入读取的统一和规范，搭建参保人员异地就医管理服务平台，加快省际异地就医结算工作。三是联手共建长江经济带疾病防控平台、紧急医疗救援平台和卫生监督互联平台。四是建立健全异地养老资格认证。

任务 11. 提升长江经济带通关信息化水平，推进区域物流信息一体化发展

一是构建"大通关"信息网络体系，实现跨关区的申报、审单、验放，全面推进"一次申报、一次查验、一次放行"模式，实现长江经济带海关区域通关一体化和检验检疫一体化。二是推进沿江电子口岸平台跨区域对接，研究建立关税、费用跨区结算后台体系，推动九省二市口岸信息互换、监管互认、执法互助，复制推广上海"单一窗口"模式，简化申报流程。三是加快港口信息一体化发展进程，适时扩大启运港退税的启运地、承运企业和运输工具范围。

（四）推动公共服务平台建设，提升区域一体化服务能力

顺应“互联网 +”发展趋势，基于新技术、新媒体创新政府公共服务模式，推动长江经济带公共服务平台建设，提升区域一体化服务能力。

任务 12. 打造市民公共服务云平台，开拓服务新渠道

充分应用政务微博、微信，打造一个跨区域政府信息发布、政府服务推送、政民互动交流的新渠道和新平台，拓展基于云平台的跨区域公共服务应用。主动对接企业和公众的迫切需求，开放政府数据，探索建立市场化运作机制，依托社会力量，形成若干项受社会欢迎的应用服务，提升政府服务社会效应。

任务 13. 完善长江经济带信息发布平台，打造智慧服务门户

建立完善长江经济带信息发布平台，集窗口展示、信息公开、政府服务、互动沟通等功能于一体，运用大数据分析，优化栏目布局和智能引导，加强招商引资、项目合作信息发布，关注水资源管理、航运物流、公共服务一体化等重点合作领域，加强与微博、微信、APP 等新媒体的协同发展，形成与国际接轨的长江经济带智慧门户。

五、智慧城市建设促进长江经济带发展的保障措施

（一）加强组织领导，建立跨区域协调机制

依托长江经济带发展领导小组，设立智慧城市建设专题组，对区域信息化工作进行统筹规划和组织协调。建立联席会议制度，积极推进重点领域建立跨区域、跨部门的统筹协调机制，定期协调重大问题，统筹重大政策的实施，研究重大项目的对接。

（二）强化资金支持，共同推进重大信息化项目

研究设立长江经济带智慧城市群共同发展基金，重点支持长江经济带合作与发展过程中跨区域、有共性的重大课题、重要规划、重点方案的研究，以及跨区域合作重大信息化项目。共同出资设立长江经济带区域风险投资引导资金，支持跨省市开展创业风险投资活动，完善风险补偿机制，逐步建立区域信息化合作发展的多元投融资模式。

（三）加快标准建设，形成区域信息化标准规范体系

探索建立以国家标准为主体，层次分明、分类明确、相互衔接、满足需求的

区域信息化标准规范体系。围绕物联网、云计算、下一代网络、三网融合等新技术、新应用、新业态，鼓励扶持企业规范发展，加快区域行业标准规范的建立。

（四）健全合作制度，优化跨区域资源配置

建立健全长三角城市群、长江中游城市群和成渝城市群的信息化合作机制，充分发挥各省市资源要素优势，加快人才、信息、资金等生产要素的流动，提高跨区域资源要素的配置效率。依托长三角科技创新资源的带动与辐射作用，推动自贸区制度创新区外复制，通过对口帮扶机制，努力促进与长江中游地区及西南地区智慧城市建设的有效对接。

（五）采用多种手段，保障区域网络信息安全

加强信息安全技术教育和培训，注重智慧城市建设过程中网络安全和个人隐私保护，在电子政务、电子商务、公共服务等领域探索推广使用电子签名，建立大数据、云计算、物联网等新技术、新产品在政府及其他重点领域应用的风险评估和管理体系，着力提升安全保障能力。

（执笔人：上海市发展和改革委员会）

重庆市
关于长江经济带与智慧城市发展研究

一、国内外智慧城市发展概况

（一）全球城市化发展概况

城市发展经历了以农业化、工业化、智慧化为主的发展阶段。城市化是伴随工业化发展，是国家现代化的重要标志。

1. 国外城市化

世界各国、各地区城市化发展历程有较大的差异。进入 21 世纪，全球城市化

步伐加快，人类全面进入城市社会。

（1）城市在经济社会发展中发挥越来越重要的作用。

（2）世界城市化水平的地区差异不断缩小。

（3）经济全球化促使产业链分工在全球范围内重新分布，给未来城市发展带来深刻影响。

（4）信息化催生智慧城市逐步成为城市发展的新理念和新模式。

随着城市的发展，受资源和条件的约束，交通、环境、城市贫困、公共服务等一系列“城市病”接踵而至。发达国家开始重新审视城市发展的目标、城市功能的完善、城市结构的调整、城市可持续发展等关键问题。

2. 我国城镇化

我国“城镇化”与国际 “城市化”同义。我国真正意义的城镇化发展始于新中国成立之后，特别是改革开放以来，随着我国工业化进程的推进，我国城镇化经历了一个起点低、速度快的发展过程，取得了举世瞩目的成就。

（1）截止到 2013 年，我国城市数量 658 个，城镇常住人口 7.3 亿人，城镇化率 53.7%。

（2）已形成京津冀、长江三角洲、珠江三角洲三大城市群，并成为带动我国经济快速增长和参与国际经济合作与竞争的主要平台。

（3）城市水、电、路、气、信息网络等基础设施显著改善，教育、医疗、文化体育、社会保障等公共服务水平明显提高。

（4）吸纳了大量农村劳动力转移就业，带来了社会结构深刻变革，推动了国民经济持续快速发展。

在城镇化发展过程中，我国还存在农业转移人口难以融入城市社会，市民化进程滞后，城镇建设用地粗放低效，城镇空间分布和规模结构不合理，与资源环境承载能力不匹配、城市管理服务水平不高、“城市病”日益突出等矛盾和问题。

（二）全球智慧城市发展概况

进入 21 世纪，世界城市以史无前例的速度和规模扩张。受各种资源和条件的约束，城市发展中资源约束、利益冲突、运营环境艰难等一系列问题和挑战日益凸显，已成为现代城市发展需要认真思考和严肃对待的关键性问题。

随着信息通信技术的发展和信息化应用的普及，知识和信息作为城市新的资源和要素，逐步成为城市发展新的重要驱动力，智慧城市成为城市新的发展理念和新的发展模式，促进城市从传统制造中心向研发中心、服务中心、信息中心、资本中心演进。

1. 国外智慧城市发展

目前，智慧城市尚未形成共识性定义。从技术看，智慧城市是利用物联网、互联网、云计算、大数据等新一代信息技术，通过物联化、互联化、智能化的方式，整合城市信息资源，促进城市发展新形态；从社会看，智慧城市是利用信息通信技术，不断提升城市运营管理水平和公共服务能力，支撑城市可持续发展的城市发展新形态；从系统看，智慧城市是覆盖了基础设施、市政管理、经济产业、社会民生、资源环境五大城市功能，以智能技术高度集成、智慧产业高度发展、智慧服务高效便捷为主要特征的城市发展新形态。

全球主要国家、地区和城市高度重视智慧城市建设，分别从自身的特点和优势出发，制定了建设“智慧国家”、“智慧城市”的发展战略，提出了智慧城市的发展道路。新加坡提出了“智慧国 2015”计划，日本提出了“i-Japan”战略，韩国提出了“u-Korea”战略，欧盟提出了“i2010”战略。

国外智慧城市实践的主要经验：政府主导，企业参与，组织保障；立足国情，因地制宜，有所侧重；战略引领，加强规划，重点突破；技术驱动，市场牵引，产业推动。

2. 我国智慧城市发展

2010 年以来，我国智慧城市规划和建设如火如荼，截至 2013 年 5 月， 250 多个城市提出了智慧城市发展规划。

2012 年 11 月，住建部颁布了《国家智慧城市试点暂行管理办法》及《国家智慧城市（区、镇）试点指标体系（试行）》，将我国智慧城市建设划分为保障体系与基础设施、智慧建设与宜居、智慧管理与服务、智慧产业与经济四个方面，并批准了 193 个国家智慧城市试点。

2014 年 8 月，国家发展改革委会同八部委联合颁布了《关于促进智慧城市健康发展的指导意见》，提出“建设智慧城市，对加快工业化、信息化、城镇化、农业现代化融合，提升城市可持续发展能力具有重要意义”。

我国智慧城市实践现状如下：

（1）关注领域：智慧医疗、智慧政务、智慧教育、智慧园区、智慧交通、智慧旅游、智慧物流等；

（2）实施领域：智慧政务、智慧交通、智慧公共服务；

（3）推进要素：政府、部门协同、技术与标准、资金、人才；

（4）建设重点：信息资源整合和共享、智能化应用、网络基础设施、数据采集与获取。

目前，我国智慧城市建设还处于起步和探索阶段，存在缺少统筹管理和顶层设计；重硬件建设，轻制度安排，政策法规滞后；缺乏统一的技术、建设和评估标准；缺乏合理的建设投资模式；缺乏良性的运营模式和商业模式；缺乏智慧产业集聚发展的支撑等问题。

二、长江经济带经济社会发展概况

（一）长江经济带战略规划

1. 基本概况

长江是横贯我国东西方向的大通道，流域面积 205 万平方千米，流经地区城市集中、经济发达、资源丰富、人口众多。长江经济带是我国“承东启西、贯穿南北”的重要脉络，在全国“两横三纵”空间格局中占据重要地位。

长江经济带覆盖上海、江苏、浙江、安徽、江西、湖北、湖南、重庆、四川、云南、贵州 11 省市，按照空间相邻、经济发展水平相似的原则，可划分为上游、中游和下游三个区域，上游区域包括四川、贵州、云南、重庆，中游区域包括湖北、湖南、江西，下游区域包括江苏、浙江、安徽、上海。

2. 战略意图

2014 年 9 月，国务院颁布的《国务院关于依托黄金水道推动长江经济带发展的指导意见》（国发〔2014〕39 号）指出，将长江经济带建设成为我国经济新支撑带，是我国重大的战略决策。

长江经济带作为国家战略的战略意图：实现长江经济带经济发展的一体化，使沿江城市生产要素流动起来，基础设施连接起来，市场统一起来，从而更加充分发挥市场功能，提高资源配置的效率，推进我国新型城镇化发展战略。

长江经济带建设重点是：构建现代化的综合交通运输体系，创新驱动促进产业转型升级，建设现代化新型城镇体系，建设改革开放的新高地，建设生态文明的示范区。

（二）长江经济带发展概况

1. 经济发展概况

长江经济带汇聚了钢铁、汽车、电子、石化等现代工业，航天航空、新材料、生物工程等重要产业，人口和生产总值均超全国的 40%，在我国整体经济发展中具有举足轻重的地位。

长江经济带各省市处于不同的经济发展阶段，区域经济发展极不平衡。

（1）经济总量。各省市经济总量差距较大，呈现出东高西低的态势，并表现出发展延续性，无缩小的趋势。

（2）产业结构。各省市一、二、三产业比例差距较大。长三角地区正逐步摆脱低端制造业，向新兴产业和第三产业发展，中上游仍以劳动密集型、资源高耗型产业为主。

（3）经济增长。各省市经济增长明显呈现出西高东低的态势。

2. 城镇化发展概况

长江流域已形成以上海为中心的长三角城市群、以武汉为中心的长江中游城市群、以成都重庆为代表的长江上游成渝城市群，以及以上海、南京、武汉、重庆、成都为核心，以杭州、苏州、无锡、宁波、合肥、芜湖、南昌、九江、宜昌、襄阳、长沙、岳阳、泸州、宜宾、贵阳、遵义、昆明等为重点的“五极多核”发展格局。

（1）城镇化水平。各省市的城镇化水平呈东高西低的梯度分布。上海 89% 的城镇化率高于世界主要发达国家的平均水平，江苏 63.4% 和浙江 63.2% 的城镇化率高于全国城镇化率 52.6% 的平均水平；江西 47.5%、安徽 46.5%、湖北 53.5%、湖南 46.6% 的城镇化率基本处于全国平均水平；除重庆 57% 的城镇化率外，四川 43.5%、贵州 34.4%、云南 39.3% 的城镇化率明显低于全国平均水平。

（2）城镇化发展。各省市发展阶段有所差异，决定了中、下游城镇化主要由服务业为主导，而中游和上游主要靠工业增长拉动。下游是人口净流入省市，城镇化的重点是“农业转移人口市民化”，中上游作为人口净流出地区，城镇化的重点是“近郊或远郊农业转移人口的市民化”。

目前，长江经济带各省市之间没有建立起有效的协调合作机制，经济发展往往由地方政府主导，“诸侯经济”的特征十分明显，客观上阻碍了长江经济带一体化进程。

三、长江经济带与智慧城市发展研究

（一）智慧城市与区域经济发展

1. 信息化与智慧城市

信息化是充分利用信息技术，开发利用信息资源，促进信息交流和知识共享，提高经济增长质量，推动经济社会发展转型的历史进程。信息化发展有两部分内容：一是信息化应用与信息产业发展问题，即信息化纵向系统和行业范围；二是区域信息化发展的问题，即信息化与信息产业横向系统和空间分布（见图 5-1）。

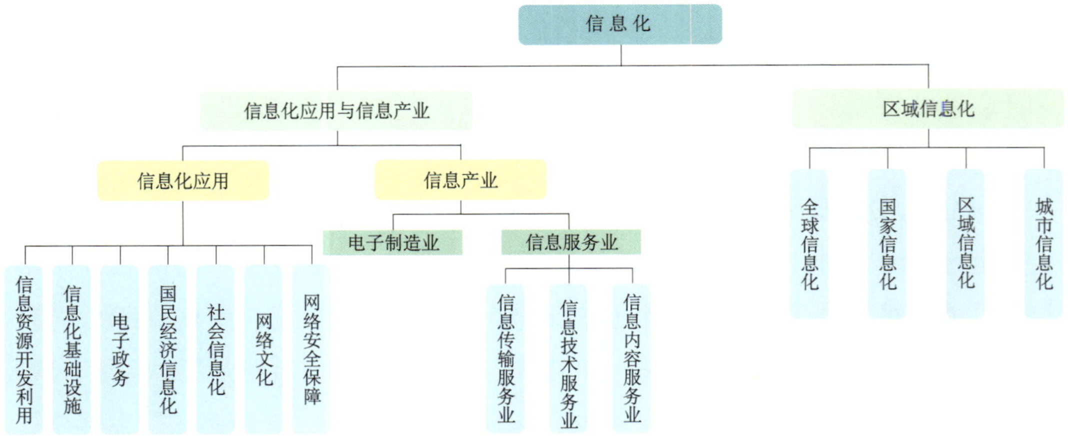

图 5-1　信息化体系架构

事实上，城市化信息化与智慧城市、区域信息化与智慧城市群的内涵是基本一致的，均包含信息基础设施建设、信息化应用推广、信息安全保障、信息产业发展等建设内容，均是以提高城市运营效率、保障和改善民生服务、提升城市可持续发展能力为目标。也就是说，智慧城市是城市信息化发展的新理念和新模式，是区域信息化建设的重要组成部分；智慧城市群则是区域信息化发展的新理念和新模式，是支撑区域信息化的一体化发展的重要基础。

2. 智慧城市与区域经济发展

由于智慧城市和智慧城市群是城市信息化和区域信息化发展的新理念和新模式，城市信息化与城市经济、区域信息化与区域经济有着密切的关系，加快智慧城市和智慧城市群的建设，可以有效促进城市和区域经济的发展。

（1）信息成为国民经济的重要资源和投入要素，可以有效提升区域经济其他要素的配置水平和运营效率，优化经济决策，降低经济运营风险。

（2）信息产业可以有效促进区域经济发展，并带动传统产业的升级改造，促进区域经济的发展。

（3）信息化可以促进管理和服务水平的提高，促进区域内知识积累，为区域经济可持续发展注入新的动力。

3. 智慧城市发展模式

智慧城市发展模式是对智慧城市发展过程的一个逻辑性概括。基于推动主体、驱动因素、发展路径和资源投入来源的不同，智慧城市有不同的发展模式。

（1）分阶段采取不同的推动主体发展模式。初期可以选取政府主导型发展模式，中后期可以采取政府与市场协同发展的混合推动型发展模式。

（2）着眼于长远推进智慧城市建设。不同城市应结合本地发展的需求和实际，结合城市发展的整体战略，制定差异化的发展模式，量力而行，有序发展。

（3）率先推进信息基础设施建设。把信息基础设施建设作为优先切入点和重要建设内容，为智慧应用普及奠定基础，为智慧产业发展奠定基础。

（4）采取多方参与的开放型模式。采取跨部门、跨区域的多方参与的发展模式，构建开放型的市场环境。政府投入资金主要用于重点领域的基础设施建设，吸引企业、科技机构积极参与到智慧城市的建设和运营中。

不同国家、地区和城市，应根据自身特点和优势，选择不同的智慧城市发展模式。

（二）长江经济带与智慧城市发展研究

1. 总体思路

（1）遵照长江经济带的整体发展战略部署，走集约、智能、绿色、低碳的新型城镇化道路，将长江经济带智慧城市群建设作为促进长江经济带一体化发展的重要支撑手段，全面促进长江经济带基础设施智能化、城市管理信息化、公共服务便捷化、产业发展现代化、信息网络安全化建设。

（2）充分发挥流域中心城市辐射带动与周边城市反补联动作用。围绕以上海为中心的长三角城市群，以武汉为中心武汉城市群，以长沙为中心的长株潭城市群，以南昌、九江为中心的昌九城市群，以成都重庆为中心的成渝城市群，推进长江经济带智慧城市群的打造，加强各智慧城市群之间的互联互通和协调发展。

（3）长江经济带沿江各省市应结合自身经济社会发展的实际情况，选择不同的智慧城市的建设内容和发展模式。以上海为中心的长三角城市群可选择市场主导、偏重治理和民生、智慧应用启动的开放式发展模式；以武汉为中心和以成都、重庆为中心的中上游城市群可选择混合主导、均衡发展、综合推动的开放型的发展模式；贵阳、昆明等可选择政府主导、增长偏向、基础设施启动、开放型与内源型相结合的发展模式。

（4）创新建设运营模式。加快城市基础设施建设与智慧城市基础设施建设的深度融合。建设城市大数据交易中心，采取市场化资源配置手段，完善信息资源市场配置和运行体系，推动创新应用，鼓励创新模式，构建适应智慧城市发展的市场环境。

（5）拓宽投融资渠道。促进智慧城市投资建设向投资主体多元化、投资方式多样化方向转变，通过特许经营、购买服务等多种形式，引导社会资金参与智慧城市基础设施、公共服务平台、信息网络应用平台等建设。

2. 建设内容

（1）推进信息基础设施的一体化发展。加快提升电力、燃气、交通、水务等城市公共基础设施的智能化水平，加快推进宽带、融合、安全、泛在的下一代信息基础设施建设，不断增强区域内各省市之间、不同城市之间宽带网络互联互通能力。

（2）推进公共服务平台的一体化发展。加快电子政务信息资源共享平台、电子口岸服务一体化平台、地理空间信息服务平台、食品药品安全监管一体化平台、检验检疫一体化平台、生态环境和水资源监控一体化平台、物流服务一体化平台、智能交通服务一体化平台、大数据交易一体化平台的建设，促进流域内跨行业、跨部门、跨区域信息交流和资源共享。

（3）推进信息网络应用的一体化发展。积极推进网上办事服务一体化应用，社会信用体系和市场监管体系一体化应用，人力资源和社会保障信息服务一体化应用，就业帮扶信息服务一体化应用，交通出行和旅游便民信息服务一体化应用，文化教育和医疗卫生信息服务一体化应用，电子商务和移动电子商务等信息网络应用一体化建设。

（4）推进信息产业的一体化发展。积极引导信息产业合理布局和有序转移，做好产业分工和协作，不断增强流域内信息产业的综合竞争力。

3. 政策建议

（1）建立工作合作机制。建立长江经济带智慧城市群发展联席会议制度，协商解决区域内智慧城市建设的重大问题，积极推进跨部门、跨行业、跨地区的合作，推进流域内城市群内部和城市群之间智慧城市一体化发展。

（2）建立政策保障体系。研究出台长江经济带智慧城市群建设相关标准及政策法规，制定包括财政扶持、政府采购、人才培养等方面的扶持政策。

（3）确保网络信息安全。强化安全责任和安全意识，加强网络信息安全管理，确保信息网络和信息资源安全。

（三）重庆智慧城市建设

1. 建设目标

重庆市智慧城市建设目标：到2020年，信息基础设施更加完善，3G/4G/WLAN网络覆盖能力进一步加强，智慧城市公共信息平台更加完善，城市传感基础设施更加完备，产业升级、政务应用、公共服务等近30个应用示范工程全面建成并面向全市提供智慧化的信息服务。基本建成新型工业化、信息化、城镇化和农业现代化融合同步发展，智慧化水平和网络信息安全保障能力国内领先的国家中心城市。

2. 建设内容

重庆智慧城市建设，将充分发挥政府规划引导和规制标准的调控导向作用，充分调动市场主体积极性并发挥其主力军作用，以社会公共信息资源整合与应用、电子政务体系改革任务为核心，以“平台先行、行业示范、分建共享、集中服务”为路径，实施信息基础设施建设、社会管理、公共服务、新兴产业发展和网络信息安全“五大行动计划”，加快推进重庆市国家智慧城市、信息惠民、信息消费等试点工作，促进数据开放和规范应用，深入推进重庆智慧城市建设。

（1）全面推进网络信息基础设施、信息共享基础设施建设，打造国内一流的光网城市、高速无线城市及具有国际影响力的大数据枢纽，完善社会公共信息资源基础数据库，搭建智慧城市公共信息平台，建成水土政务资源数据中心，改造升级城市智能感知设施，加快构建宽带、融合、泛在及信息共享的智慧化基础设施，基本实现城市中人、物相互感知和互联互通，全面提升全市信息基础设施承载能力及服务水平。

（2）智慧城市社会管理。推进政务共享服务、政府决策支持、政府数据开放、信用体系建设、社会综合治理、城市治安管理、应急管理、电子口岸管理、食品药品安全监管、生产安全监管、生态环境监控、城乡规划管理、城乡建设管理、税务管理、市政管理、国土管理、水资源管理等系统建设，推动政府职能转变，创新政务服务和社会管理，提高透明度及业务办理效率，实现服务手段智慧化、管理过程精细化、管理方式多样化，确保城市可持续发展。

（3）智慧城市公共服务。采用云计算、大数据、移动互联网等新一代信息技术，促进医疗健康、优质教育、社会保障、养老关怀、就业帮扶、交通出行、文化传播、旅游便民、气象预报、智慧社区、智慧商圈、室内导航等以人为核心的智慧化体系建设，加快便民利民信息资源汇集，着力打造信息惠民公共服务平台，推动城市管理创新和公共服务方式转变，提升全市城乡居民幸福感。

(4) 智慧城市新兴产业发展。顺应“互联网+”和“中国制造2025”的发展趋势，全面推进信息化与工业化深度融合，加快发展工业互联网、现代农业装备制造、智能物流、大数据、物联网、北斗导航等新兴产业，突出市场主体、政产学研用相结合，着力突破一批关键核心技术、研发一批高端智能产品、培育一批知名自主品牌、打造一批领军龙头企业，不断提升产业核心竞争力，推动新兴产业集群发展。

（5）智慧城市网络信息安全。强化网络和信息安全管理，完善网络信息安全保障体系。建立重要信息使用管理和安全评价机制，强化重要信息系统、重点工业控制系统的安全防护和网络空间治理，提升智慧重庆整体安全防护能力和自主可控水平，确保网络信息安全。

3. 保障措施

（1）建立工作推进机制。依托全市社会公共信息资源整合与应用联席会议，建立智慧城市协调工作机制。

（2）拓宽融资服务渠道。建立沟通协调机制，促进金融机构加大对智慧城市建设重点工程项目的信贷支持力度。

（3）加大创新支持力度。切实加强智慧城市高新技术研发、专利申报、标准制定等工作，大力支持有条件的单位设立市级智慧城市工程（技术）研究中心、工程实验室等创新平台。

（4）强化人才队伍培养。加强重庆市智慧城市建设专业人才队伍建设，完善人才使用和激励机制，积极引进海内外高层次人才。

（5）建立政策保障机制。研究出台重庆市智慧城市建设相关标准及政策法规，制定包括财政扶持、政府采购、人才培养等方面的扶持政策。

（6）建立督促检查机制。制定统一的智慧城市评价指标体系，探索智慧城市重大项目监督听证制度和问责制度，研究将智慧城市建设成效纳入政府绩效考核体系。

（执笔人：李坚平　黄星华　张　峰　重庆市发展和改革委员会
喻　瑜　罗　峰　张国瑞　袁登明　重庆盛略邦成信息产业咨询服务有限公司
李　华　广东电信规划设计院有限公司）

宜昌市
关于长江经济带与智慧城市发展研究

依托“黄金水道”推动长江经济带发展，打造中国经济新支撑带，是党中央、国务院审时度势，谋划中国经济新棋局做出的既利当前又惠长远的重大战略决策。

城市是长江经济带的重要组成部分，也是经济社会发展的重要载体。智慧城市是新一代信息技术在城市建设、管理、运行的高度融合，其核心特征是全面感知、泛在互联、智能应用，最终实现一体化、协同化、互动化、最优化的本质特征。如何利用智慧城市典型特征，突破单个城市空间界限，促进城市之间的基础设施互通互联、公共服务一体化、信息网络应用一体化、智慧产业协同化，推进智慧城市群协同发展，从而实现长江经济带“具有全球影响力的内河经济带、东中西互动合作的协调发展带、沿海沿江沿边全面推进的对内对外开放带、生态文明建设的先行示范带”的战略定位，是新时期智慧城市建设必须面对的战略问题。

一、长江经济带智慧城市发展现状

近年来，随着云计算、物联网、大数据等新技术在城市领域的广泛应用，我国城市信息化迎来以“智慧化”为特征的新阶段。围绕城市信息化发展，国家相关部委陆续开展了一系列试点工作，包括智慧城市、信息消费、信息惠民、电子商务、“宽带中国”、下一代互联网等多种形式。据统计，全国智慧城市相关试点城市已达到 596 个。其中，长江经济带 11 个省市占据了 244 个，占比达到 40%。

总体来看，目前我国智慧城市建设均以单个城市的智慧城市建设为特征，尚未以区域协同的视角研究智慧城市发展问题。在信息基础设施、公共服务等方面尚未打破城市空间界限而形成区域一体化，在智慧产业方面尚未形成上、中、下游产业结构优化布局与有序转移机制，长江经济带整体高效协同、一体化发展格局尚未形成。

二、智慧城市支撑长江经济带发展的总体思路

以党中央、国务院关于依托黄金水道推动长江经济带发展的决策部署为指导，以长江经济带与智慧城市群有效衔接为主线，以信息基础设施、公共服务平台、信息网络应用“三个一体化”及智慧城市群、智慧产业“两个协同”为抓手，通过健全长江经济带省际联席会议制度、完善长江经济带政策对接、创新长江经济带应急联动机制、强化长江经济带智慧城市建设资金保障等机制建设，打造长三角、皖江、长江中游、三峡、成渝、滇中、黔中等智慧城市群合理布局、协同发展、整体联动的发展格局。

三、依托智慧城市和智慧城市群建设，推进长江经济带战略实施

（一）立足共建共享，推进长江经济带信息基础设施一体化

一是联合实施长江经济带光网工程。重点打造上海、南京、武汉、重庆、成都等骨干节点，积极推进“三网融合”，充分发挥国家下一代互联网示范城市、“宽带中国”示范城市等示范带动作用，共建网络基础设施，实现长江经济带网络基础设施全覆盖。

二是实施基于城市群中心城市的信息基础设施分布式布局工程。完善和提升宜昌、无锡、扬州、上海、武汉、南京、重庆、成都、贵阳、南昌、长沙、株洲、湘潭等地云计算中心的分布式建设，共享信息基础资源，构建长江经济带协同开放的信息资源体系。

三是实施长江经济带网络安全应用示范工程，完善网络安全监测评估、监督管理、标准认证体系，共保信息网络安全，推动信息安全保障体系和网络信任体系一体化建设，提升长江经济带整体信息安全能力。

（二）立足互联互通，推进长江经济带公共服务平台一体化

一是实施长江经济带公共数据工程。完善城市公共基础数据库建设，基于空

间地理信息技术，推进各城市建设人口、法人、城市部件、房屋、空间地理信息、自然资源、信用、宏观经济等公共基础数据库，并实现跨区域互通互联、全面覆盖、实时更新、动态管理。

二是实施长江经济带“一卡通”工程。充分发挥杭州、宜昌等城市“一卡通”建设经验与示范作用，协同推进涵盖各类公共事业、小额金融支付等多种功能、可在长江经济带城市跨地区应用的“一卡通”。

（三）立足深化应用，推进长江经济带信息网络应用一体化

一是实施长江经济带公共安全管理协同化工程。构建长江经济带视频图像信息资源跨部门整合与共享的立体化公共综合防控及社会安全服务体系；建立长江经济带公共安全应急联动机制。

二是实施长江经济带食品药品监督管理一体化工程。依托国家统一建设的药品电子监管信息平台，推进药品流向全过程监管；探索和推进与医院医疗卫生系统联网对接，实现药品从生产、流通到患者的全流程监管；建设互通互联的食品生产经营信息系统，建立健全长江经济带食品安全应急联动机制。

三是实施长江经济带社保跨区域结算工程。采取阶段式推进方式，协同制定跨地区医保联网结算标准规范，建立跨地区联网对接与互联互通的医保费用结算平台，探索跨地区医保即时结算模式。

四是实施长江经济带医疗资源均等化工程。建设智慧医院，大力推动电子病历、电子健康档案的广泛普及；建立居民健康医疗信息跨机构、跨区域共享机制，实现长江经济带范围内跨机构、跨区域、跨卫生业务的健康信息、就诊信息共享、检查检验结果互认；推广远程医疗，推进上海、长沙、武汉、成都等地的医疗专家、骨干医师、医疗科研机构等优质医疗资源向其他地区辐射与共享。

五是实施长江经济带优质教育资源均等化工程。协同建设优质教育资源跨区域共享服务平台，促进在线课堂、“微课程”等精品课程开放共享，推进上海、南京、武汉等地的优质教育资源向其他地区辐射与共享。

（四）立足信息技术与产业融合，推进长江经济带智慧产业协同发展

一是联合实施长江经济带新兴产业培育工程。深入推动云计算、移动互联网、大数据等新一代信息技术在经济社会各领域的创新应用，促进智慧应用技术研发、智能装备制造、光通信、移动通信、集成电路、新型显示、应用电子、云计算等新兴产业和业态。

二是联合实施长江经济带“两化融合”工程。推动云计算、互联网等新信息技术、

新理念在制造业、服务业、农业、旅游等领域的广泛应用，帮助实体经济提质增效，促进传统产业升级改造。

三是联合实施长江经济带产业转移推进工程。运用大数据、云计算等技术手段，加强产业转移决策支撑，围绕前端产业转移需求分析、中间产业转移选择、后端承接产业转移园区 / 基地部署，为长江经济带要素配置提供决策支持与政策参考。

（五）建立区域协同合作新机制，推进长江经济带智慧城市群错位协同发展

一是健全由国家发展改革牵头、联合各省市发展改革委的长江经济带省际联席会议制度，统筹协调解决重大问题。

二是加强政策对接。加强长江经济带智慧城市群协同发展的工作推进和利益协调，逐步统一土地、环保等政策；充分发挥行业协会、商会的桥梁和纽带作用，推进各种形式的跨区域合作；放宽市场准入限制，破除行业壁垒，推动各行业、各领域在技术、标准、监管等方面充分对接，最大限度减少事前准入限制，加强事中、事后监管；加快深化长江经济带商事制度一体化改革，推进投资贸易便利化。

三是加强应急联动。围绕旅游预警、农业虫病灾害、重大疾病监测与预警、气象预报、交通事故、生态环境事故、突发公共安全事件、自然灾害等各类应急事件的全流程协调联动，健全统一指挥调度系统、现场救援体系、支援保障体系，建立长江上、中、下游全程预警、联动处置的一体化工作机制；围绕涉及面广、影响因素多的复杂重大突发事件，建立多部门沟通与协调机制，实现长江经济带区域内公安、消防、海防、武警、军队等各方力量的统一协同联动。

四是建立政府引导、市场主导的投融资机制。鼓励各城市设立智慧城市专项，在技术研发、创新应用等方面加大支持；积极发挥财政资金的杠杆作用，按照市场化原则探索设立长江经济带智慧城市建设基金，引导带动社会资本参与智慧城市建设。

五是坚持错位发展。基于城市资源禀赋、地理位置、战略地位等要素，实施创新体系驱动型、管理服务提升型、智慧产业发展型、资源环境友好型等智慧城市发展模式。对于科技资源禀赋好、创新能力突出的城市，如上海、武汉、重庆等，采取创新体系驱动型的智慧城市建设模式；对于政府管理手段特色、服务方式多元的城市，如宜昌、南京等，采取管理服务提升型的智慧城市建设模式；对于信息产业发展基础较好、两化融合前景广阔的城市，如无锡、扬州等，采取智慧产业发展型的智慧城市建设模式；对于自然资源禀赋好、生态文明建设突出的城市，如鄂州、巢湖等，采取资源环境友好型的智慧城市建设模式。

四、依托宜昌打造“三峡城市群”，助力长江经济带战略实施

（一）依托宜昌打造“三峡城市群”，可实现长江中上游经济带的无缝对接

长江经济带拥有长江三角洲、长江中游、成渝、滇中、黔中五个大城市群。目前，在长三角城市群和长江中游城市群之间，国家已经布局了皖江城市带，而在长江中游城市群和成渝城市群之间，还缺少一个次一级的城市群，形成了1000多千米的狭长“真空地带”。三峡区域位于长江经济带中、上游接合部，担负着关键链接和支撑作用。以宜昌智慧城市建设为核心，打造长江经济带三峡区域的“三峡城市群”发展模式，并将其纳入长江经济带进行统筹规划建设，对于推进三峡地区次区域合作，打造三峡经济协作区，破解三峡区域发展瓶颈，推动长江经济带东、中、西整体开发、互动发展，加快形成中国经济新支撑带，具有十分重要的战略意义。

（二）宜昌智慧城市建设极具特色，成效显著，具有引领“三峡城市群”智慧城市建设的基础

宜昌坚持以提升政府管理与服务效能、提升民众生活幸福感受为智慧城市发展定位，以“以人为本、信息惠民，信息优政、信息兴业”为宗旨，以“以人为本、网格化管理、信息化支撑、全程化服务”创新社会治理为基础，以城市要素全过程管理与服务为主线，通过深化数据大融合、服务渠道大融合“两个融合”，坚持理念创新、技术创新、机制创新、路径创新“四轮驱动”，推进基础设施智能化、民生服务普惠化、社会治理精细化、产业发展现代化、智慧环境友好化“五路同行”等重要举措，智慧城市建设极具特色，成功入选住建部智慧城市试点之列，成为国家电子商务、国家信息惠民、国家智慧城市的先行区、示范市，具有引领“三峡城市群”智慧城市建设的基础。

（三）以网格化、一体化、协同化为特征，引领“三峡城市群”智慧城市建设

一是基于独具特色的“一本三化”创新社会治理“宜昌模式”，深入开展基于网格化管理的社会治理创新示范，逐步实现公共服务事项和社会信息服务的全人群覆盖、全天候受理和一站式办理，树立全国网格化社会治理的典范。

二是以宜昌为中心，围绕宜荆城市圈、三峡城市群等周边城市云计算服务需求，以政府购买服务等方式，创新城市间跨区域合作机制与服务模式，深入开展三峡云

计算中心服务应用示范，实现应用辐射三峡区域，为推进长江经济带云平台及云计算服务的一体化发展提供经验借鉴。

三是依托电子政务共享云平台，以促进创业创新为重点，支持公众、第三方机构、各类企业深度开发利用政务信息与社会信息资源，深入开展政务信息与社会信息资源开发利用机制创新示范，着力打造三峡区域信息资源开放共享典范。

四是以国家区域战略性新兴产业集聚发展试点、国家电子商务示范城市、鄂西生态文化旅游圈核心城市等为引领，转方式、调结构，加速工业化与信息化深度融合，加快建设长江智慧旅游产业带，积极培育发展工业互联网、电子商务、互联网金融等新兴业态，推进智慧产业集聚发展，努力成为长江经济带智慧产业的重点节点。

五是以城市级高清视频监控云平台建设为抓手，统筹建设全市统一的视频信息资源数据库，基于电子政务信息共享平台，深入开展公共安全信息资源共享机制创新示范，有步骤地推进视频图像信息在公安、交通、城管、建委、教育、环保、旅游、安监等部门共享，打造三峡区域公共安全管理典范。

六是以食品药品安全网格化管理为依托，以创建全国最佳食品安全放心城市为抓手，深入开展食品药品安全网格化管理创新示范，着力打造三峡区域食品药品安全管理典范。

七是发挥“全国社会化养老服务示范区”的经验优势，以“12349”居家养老服务信息平台为依托，打通养老服务机构与医疗机构之间的信息壁垒，搭建养老与医疗互动的服务模式，深入推进智能化社会养老服务示范应用，着力打造三峡区域社会化养老服务典范。

八是以教育城域网和数字化校园、“宜教通”移动客户端APP、教育资源社会共享服务平台建设为手段，深入推进优质教育资源均等化示范，推动各级各类优质教育资源在学校与学校之间、学校与社会之间、农村与城市之间的共享利用，着力实现应用辐射三峡区域。

（执笔人：蔡　铂　黄莉茹　湖北省发展改革委
徐海涛　支　龙　张　波　李　东　谭立忠　宜昌市发展改革委
马　萍　周　静　李　杨　中国航天科工集团二院二〇八所）

云南省
关于长江经济带与智慧城市发展研究

一、云南智慧产业及智慧城市的现状及问题

（一）现状

智慧产业是知识型经济中的代表产业，以物联网、云计算、移动互联网、大数据等新一代信息技术为基础，涉及智能制造、智慧制造和知识经济等多个层面。多年来，云南省以加大信息技术在产业领域的应用和加大信息基础设施的建设为着力点，积极推进智慧产业的发展。在农业方面，2013 年以来，云南省多地市试点高原特色“智慧农业”示范区，将移动互联网、云计算、物联网等信息技术贯穿于农业生产、存储、加工、运输、销售等环节，同时在烟草种植、养殖业等领域逐步推广物联网等技术的应用。在工业方面，烟草、冶金、食品等传统优势行业，企业信息化的利用水平不断提高，电子商务覆盖面不断扩大，并通过加大物联网、大数据等新一代信息技术的应用，增强企业的精细化管理和竞争力。以旅游信息服务能力、旅游电子商务、旅游景区的安全智慧管理等为代表的“智慧旅游”产业初具规模。3D 打印创新园落户昆明高新区，呈贡信息产业园、跨境电子商务产业园建设稳步推进，华为玉溪教育云服务正式上线，面向社区及家庭服务医疗健康服务物联网应用示范等重大项目积极推进。

着力实施了移动宽带网络覆盖工程、互联网改造提升工程，高速宽带接入工程等一批重要工程。互联网基础设施保障能力持续提升，互联网网络结构基本形成。陆续建成成昆、南贵昆、南昆、广昆成、昆明至拉萨五条一级干线光缆和成都—昆明—贵阳高速环网。昆明区域国际通信出入口局初步建成，连接缅甸、老挝等国的国际光纤网已经形成。互联网数据中心（IDC）和云计算中心起步发展，基础数据、

金融信息等公共平台建设取得成效。由于所处的发展阶段相似，产业结构趋同，相对于彼此间的协同合作而言，在资本、项目、人力资源等方面的竞争更为显著，特别是长江经济带发展成熟的大城市对要素资源形成虹吸效应。

昆明市五华区、蒙自市、弥勒市、玉溪市、大理市分批列入国家智慧城市试点，玉溪市、保山市、文山州列入国家信息惠民城市试点，结合各个城市的发展特点，正在按照既定的方案推进相关工作。

（二）问题

一是云南产业竞争力弱。云南产业总体水平还处于中低端，缺乏产业自身高端化的技术、资金、人才积累。尤其是除烟草之外的冶金、化工、能源等传统优势产业科技创新能力弱、产业竞争力差，新兴产业总量仍较小。二是对智慧产业发展缺乏明确思路。在顶层设计和统一规划以及相关的制度、措施方面的针对性还不够，产业布局仍以历史形成为主，新的产业布局优化程度不够。三是智慧产业集聚效应尚未产生。受宏观经济形势影响，云南省矿产、能源等传统产业冲击较大，企业处于生存边缘，无力进行智慧化升级改造；受地理和发展条件制约，云南缺乏创新创业氛围，市场对新兴产业敏感度较低，缺乏龙头企业，引领智慧产业的合理化错位发展，智慧产业未形成集群效应。四是智慧城市建设层次较低。云南省由于资源的整合和共享不足，信息孤岛、烟囱现象、资源浪费和重复建设等问题突出，智慧城市建设起步较晚，造成城市发展水平较低。

二、智慧产业发展的必要性和趋势分析

（一）产业转移是长江经济带资源优化配置的过程

产业转移是优化资源配置的过程，是经济发展的必然趋势，区域资源和生产要素的差异与分工协作是产业转移的基础。从长江经济带产业梯度来看，经过多年发展，长江经济带下游及沿海地区的以加工贸易为特征的制造业优势逐渐丧失，为了保持其产业竞争优势，其产业结构必须进行高端化调整，不具竞争力的产业必将要向更适宜的地区转移。与此同时，长江中上游地区的土地、劳动力优势相对明显，加之迫切需要外来产业提升产业结构，做大产业增量，加快产业对地方经济社会发展的贡献力，因此，产业发展的自然转移趋势与地方经济发展的不同需求相结合，产生了长江经济带的产业梯次转移，也促进了资源的优化配置。

（二）智慧产业发展是长江经济带转型升级的动力和基础

智慧产业发展提供网络化、职能化平台，拉长产业链条，提升产业层次，支撑推动转型升级，为经济发展提供创新动力，优化产业布局和均衡发展，有效促进资源合理分配共享，为经济发展提供了新动力。发展智慧产业，已成为推动两化深度融合的重要内容，是促进产业转型升级的重要举措、长江经济带战略重要的产业发展方向，提升城市创新能力和综合竞争力的重要途径。当前，国内主要城市已陆续出台相关战略举措推进智慧产业发展。

（三）产业协同发展是开拓市场空间的必然要求

进入新世纪，长江下游地区以技术密集型和资金密集型产业的快速发展，高新技术产业成为经济增长的新亮点，服务业占比进一步提高，在市场要素流动的选择下，劳动密集型、资源型等低端产业向长江中上游转移的趋势明显，加剧了长江中下游区域之间的产业结构等级的分化以及区域之间的发展差距。在十八届五中全会提出的绿色、创新、开放、共享、协调的发展理念下，长江上、中、下游地区要以创新的手段、协同的理念，在更大的经济和产业空间中加大合作，打破固化的产业结构，促进产业间与产业内的分工协作，共同面对和开拓市场，才会促使整个长江经济带打造成中国经济新的增长极。

三、云南智慧产业协同发展的思路与原则

（一）发展思路

着眼全球经济发展新格局，适应中国经济发展新常态，全面融入长江经济带建设战略，依托云南资源、区位、开放优势，以实现合作共赢和互惠互利为目标，以打破市场分割和行政垄断为重点，以创新合作机制为手段，着力推进基础设施互联互通和产业分工协作，坚定不移走开放型、创新型和高端化、信息化、绿色化、“两型三化”的产业发展新路子，加快转变经济发展方式，加快推动产业结构由中低端向中高端迈进，最终达到自身产业间协同、与长江经济带产业协同、与智慧产业协同的可持续发展。

（二）基本原则

1. 优势互补原则。结合自身优势与长江中下游地区协同发展智慧产业，并通过产业政策、规划指导、制度安排和相关设施的建设等方式，促进智慧产业发展，

提高云南省特色智慧产业的效率，促进内生优势的形成，从而加速产业结构升级和经济发展。

2. 改革创新原则。坚持制度创新、科技创新，推动智慧产业先行先试。健全技术创新市场导向机制，坚持发挥市场对资源配置的决定作用，以满足多层次、多领域需求为关注点，增强市场主体创新能力，促进创新资源综合集成，建设统一开放、竞争有序的现代市场体系。

3. 承接提升原则。承接长江经济带发达地区的产业转移与云南省发展实际相结合，坚持产业承接与产业结构、区域布局优化相结合，利用后发优势，着眼产业发展新趋势；引进智慧产业与新技术、新设备、新工艺，加大新兴产业培育的同时，加快对现有产业改造提升，实现产业升级和产业结构的高级化。

4. 双向开放原则。以互联互通综合交通运输通道为支撑，以中心城市、产业园（聚集）区为重点，建设外向型特色优势产业基地，加强与长江经济带的衔接互动，强化向东连接，扩大向西开放，更好地利用国际国内资源和市场，构建双向开放的重要节点，支撑长江经济带“两头开放”。

四、实现路径

（一）加强基础设施建设

利用云南邻近南亚、东南亚的区位特点，结合国家“一带一路”和长江经济带建设，将云南置于国家连接南亚、东南亚区域的节点地位，加快完善基础设施，联动境内、境外产业。依托云南加快“路网、航空网、能源保障网、水网、互联网”五大基础设施网络建设，促进基础设施的互联互通、功能完备、高效安全、保障有力。一是建设各种运输方式有效衔接的网络化、智能化综合立体交通走廊，构筑云南省连接长三角、珠三角的南北大通道，与海上丝绸之路相连，建设中国—中南半岛经济走廊综合交通运输通道，联通南亚、东南亚国家。二是以东南亚水电开发回送为契机，构建电力协调和交易中心，提高周边地区智慧产业和智慧城市发展的能源保障。三是构建以昆明为中心，以中心城市、滇中城市群和边境城市为节点，连接国内外，辐射南亚、东南亚的光纤骨干网；统筹建设数据中心、灾备中心；建成以移动宽带通信网络为核心的移动互联网，实现城市乡村、交通、水电基地、园区等重要设施和区域、人口的深度和广度覆盖；合理布局有线、无线、传感网，形成完备的信息接入网；建设面向南亚、东南亚的区域性国际信息交汇中心。

（二）完善智慧产业体系

一是创建产业开放平台。推进边境经济合作区建设，建立省内国有大型企业、国家级开发区与边境经济合作区的对口援建合作机制，着力发展特色产业，形成特色鲜明、功能配套、发展协调、布局合理的产业体系，申请设立海关特殊监管区域，加快形成面向南亚、东南亚的进出口产品生产基地。二是构筑智慧产业创新驱动平台。鼓励现有各类创新平台提升原始创新、集成创新、引进消化吸收再创新和协同创新能力，在信息、生物、新材料、数字装备等领域突破一批关键核心技术。鼓励企业组建研究院，联合国内外研发机构解决产业发展的关键技术难题。通过科技市场、技术入股和科技要素参与分配等方式和机制，加快推动重大科技成果转化。三是打造区域分工协作的产业链。注重枢纽性，即将云南智慧产业发展建立在吸纳长江下游产业，对接南亚、东南亚产业的基础上，把云南置于国内、国外的开放市场中考量。在新兴产业培育方面，加速发展基于信息技术的互联网、云计算、大数据、“互联网 +”等产业。充分利用生物资源，高起点发展生物医药产业。依托有色金属资源优势，强化有色金属的精深加工，智慧化发展新材料产业。以“智慧”为关注点，以满足个性化需求为重点，高起点谋划发展大健康、健康养老以及高端旅游业。

（三）加快重点载体建设

打破行政区划界限和壁垒，加强规划统筹和衔接，形成市场体系统一开放、基础设施共建共享、生态环境联防联治、流域管理统筹协调的区域协调发展新机制，加快滇中智慧城市群建设促进产业协同发展。加强已有园区在产业选择、园区管理、公共平台建设、体制机制创新等方面交流协作，提升园区整体服务水平，避免园区产业发展同质化、招商引资恶性竞争以及功能低水平重复等问题。利用国家级产业园区的品牌效应和产业资源，加大整合省内外专业园区，以连锁式设立分园、托管园区、共建园区等形式，继续开拓园区发展的飞地空间，借此推动产业协作。选择3—5 个县率先进行产业合作试点——设立省际交界产业合作区，由合作各方共同组建开发和运营主体，借鉴国内外先进园区合作共建模式，由企业负责园区开发建设和后续管理。同时，借助产业合作区的平台作用，把省际交界地区的互补优势转化为经济优势，消除地方分割，增进协作共赢。在前期试点的基础上，及时将成功模式或经验对外推广、复制，创新合作模式，逐步淡化行政边界分割，扩大彼此利益交汇点。另外，根据已有产业基础，在省际交界地带提前规划产业合作走廊共同建设。借长江黄金水道开发开放之力，大力推进界江产业合作，共同打造产业合作载体。

五、促进机制

（一）利益分享机制

推动利益共享，应按照权责对等的原则，对涉及市县收益的具体事项由相关地区协商解决，或者在上级政府的统筹安排下出台一个规范性的制度框架，凝聚各方的利益交汇点，确定分成的比例和共享的时限。同时大力创新合作共建机制，实现优势互补、资源整合和联动发展。

（二）要素流动机制

推动区域要素市场一体化具体思路如下：一是在区域内实现物流的一体化，即实现交通运输的无障碍连接，跨区域的旅游线路和运输企业工商注册及运营不受区域限制。二是在区域内实现要素准入制度的一体化，即实现检疫检验、工商登记、海关通关、技术标准、管理制度、区域政策的统一和规范。三是在区域内实现资本市场建设的一体化，即覆盖经济区的产权市场、股权市场和多样化金融市场统一建立。

（三）产业援助机制

利用优越的生态环境和农林业资源，引导有实力的农副产品加工、旅游开发等行业企业投资兴业，借助政府特殊的支持政策，建立智慧产业发展对口帮扶机制，探索产业扶贫模式，逐步解决发展问题。在协商一致的基础上，设立产业援助基金，共同分担当地产业园区的基础设施、原材料基地建设以及相应的支撑服务设施建设的费用。

六、对策建议

（一）加强区域创新体系建设

建设一批服务于区域重点产业的跨省域共性技术研发平台、检验检测平台，创业服务中心、生产力促进中心、科技孵化器、民营科技园、大学科技园等研发、孵化与产业化创新载体。相互开放各自的国家级和升级重点实验室、工程技术研究中心、中试基地、大型公共仪器设备、技术标准检测评价机构。设立跨区域的重大科技专项，进行联合攻关。鼓励大型企业、高校和科研机构跨区域交流，互设研发中心、设计中心、工程技术中心等创新机构。对经政府主管部门认定的高新技术企业、高新技术成果、高新技术产品、科技型中小企业、外商研发机构、科技中介机构等相互认可，直接享受本地企业的同等优惠政策。在重点产业组建跨区域的技术联盟和产业联盟，定期召开重点产业领域的国际学术会议，促进区域内科技人员的交流与扩大对外科技联系。根据区域内重点智慧产业和产业发展方向以及要解决的重大共性技术问题设立研究院（所），推动智慧产业化技术突破、加快技术转移扩散、带动产业发展、培育研发技术人才、孵化创新创业企业。组建企业家沙龙，组织企业家的经验分享、成果交流、项目考察、洽谈合作。联合开展知识产权执法，严厉打击侵犯知识产权行为，创造良好的创新环境。

（二）建立跨区域协调机构

智慧产业发展涉及环境、交通、人口等多个方面的协调与衔接，由于在经济发展等方面存在利益冲突，省级政府之间的沟通、协调会存在很大的困难和障碍，因此建议在国务院设立长江经济带城市群智慧产业协同发展领导小组，由国务院分管领导牵头，相关省市行政领导和相关部委参加，对智慧产业协同发展中的重大跨区域问题进行指导，并协调与长三角、珠三角等周边地区在环境治理、污染防护、一体化通关、产业转移等方面的合作。成立由国内外知名专家、企业家组成的“长江经济带城市群智慧产业发展专家委员会”，负责对长江经济带城市群的智慧产业发展提供战略和政策咨询。建立省、市长联席会议制度，形成常态化、定期化协调与磋商机制。

（三）建议国家从政策方面加大支持力度

按照十八届三中全会全面深化改革的精神，赋予城市群在智慧产业发展方面先行先试的更大空间，鼓励在跨区域行政管理、产城融合发展、城乡土地、投融资、小微企业扶持等方面进行探索。建议国家支持长江经济带在设立国家级新区、“新三板”交易所、政策性金融机构（如长江开发银行）等方面进行改革。加大对限制开发区、禁止开发区生态补偿的转移支付力度，对长江经济带上游地区的交通基础设施、生态保护、淘汰落后产能、发展战略性新兴产业等领域给予更大支持，同时建议国家投资的重大工程向长江上游城市群倾斜。

（执笔人：张文韬　云南省宏观经济研究院
喻兵兵　王　芸　孙　雯　云南省发改委高技处
谢　波　昆明理工大学
李重照　云南财经大学）

广西壮族自治区
关于“一带一路”与智慧城市发展研究

一、“一带一路”与智慧城市

（一）“一带一路”信息基础设施互联互通

“一带一路”是依靠中国与有关国家既有的双多边机制，借助既有的、行之有效的区域合作平台，旨在借用古代“丝绸之路”的历史符号，高举和平发展的旗帜，主动地发展与沿线国家的经济合作伙伴关系，共同打造政治互信、经济融合、文化包容的利益共同体、命运共同体和责任共同体。着眼于中国与世界的互联互通，促进合作和交流。互联互通应该是基础设施、“制度规章”、人员交流三位一体，其中，基础设施是基础，也是目前制约“一带一路”沿线国家深化合作的薄弱环节，应作为“一带一路”战略的优先发展领域。一方面应把交通基础设施互联互通作为突破口，另一方面是能源基础设施应谋求输油输气管道等运输通道排阻，推进跨境输电通道、跨境光缆的建设。

在基础设施互联互通方面，应重点发展交通、能源和信息三大领域。能源基础设施互联互通是推进“一带一路”互联互通建设的一个重点，各相关国家应共同谋求输油输气管道等运输通道的排阻，推进跨境输电通道的建设，积极开展区域电网的升级改造合作。此外，信息化时代还应当高度重视信息网络的互联互通，共同推进跨境光缆等通信干线网络的建设，提高国际通信互联互通的水平，打造信息丝绸之路。

（二）信息网络的协同应用

1. 信息成为支持城市运营的重要资源

信息资源是支撑智慧城市运行的关键，公共信息服务平台把整个城市的信息、数据、应用、服务等整合起来再分配，达到节约成本、拓展应用的效果。互联网的发展丰富了人与人之间的联系，物联网的诞生革新了物与物和人与物的联系。

2. 信息网络确保数据的安全为最大挑战

确保从城市环境中感知的数据安全可靠，是一项主要的挑战。数据采集、集中存储、处理是智慧城市建设的必要措施，但同时带来极大的数据泄密风险，因而要求最严格的安全。具体来说，比如城市密布各类传感器，智能水表和电表、移动电话、GPS 设备、交通流量传感器、停车计时器、建筑传感器等，甚至人本身也能成为传感器，在城市运行中，用人群感知力智能收集也是一个出现的研究领域。在感知城市和居民这一环节，最主要的技术挑战在于质量与代价的折中、确保隐私和信息安全。建议一方面从隐式、安全和访问控制上着手，管理者必须设计隐私政策，组织未经授权的数据访问；另一方面应标准化与互操作。

（三）公共服务平台资源共享

智慧城市公共服务平台是智慧城市建设中至关重要的综合应用与信息服务的系统。公共信息服务平台目标是实现城市不同部门异构系统间的资源共享和业务协同，有效避免城市多头投资、重复建设、资源浪费等问题，有效支撑城市正常、健康的运行和管理。

公共信息服务平台是城市公共数据的进出通道，实现城市公共信息的交换、清洗、整合和加工；公共信息服务平台实现城市公共数据的组织、编目、管理以及应用绩效评估；公共信息服务平台实现城市公共数据的共享服务，为城市政府专网和公共网络上的各类智慧应用提供基于城市公共数据库的数据服务、时空信息承载服务、基于数据挖掘的决策知识服务等。

二、广西在“一带一路”规划中的战略地位

在国家“一带一路”战略规划中，对广西参与“一带一路”战略赋予了重要使命，即发挥广西与东盟国家陆海相邻的独特优势，加快珠江—西江经济带建设，构建面向东盟的国际大通道，打造中南、西南地区开放发展新的战略支点，形成“海上丝绸之路”与“丝绸之路经济带”有机衔接的重要门户。

广西在基础设施建设方面，应发挥与东盟海陆相连的优势，以中国—东盟信息港为重要抓手，面向东盟，统筹谋划参与“一带一路”建设，在港口、航运、物流、海洋经济等方面加大发展力度，发挥“一带一路”有机衔接重要门户的作用。

在陆路通道方面，广西与东南亚的陆路通道优势需要进一步充分挖掘，陆路以布局产业、园区、陆路物流等为主，而海路以港口航运、海上物流、海洋产业等为主，使得陆路与海路优势相互促进、相得益彰、相互扩充。

三、广西智慧城市的发展

（一）广西智慧城市发展历程

广西共有南宁市、柳州市、桂林市、贵港市、钦州市、玉林市，柳州市鱼峰区、柳州市鹿寨县等“六市一区一县”列入国家智慧城市建设试点。

1. 南宁市

南宁市充分结合地域特色、中国东盟博览会永久举办地和北部湾经济区建设的区域优势，依托已有的信息化基础及软硬件条件，将建设绿色、平安、宜居和东盟交流中心作为南宁智慧城市的创建特色，同时做好顶层设计及重点项目建设。具体表现在：①建成南宁东盟国际信息中心的一期和二期项目，可提供双边贸易、投资、文化、教育和旅游信息服务；②数字南宁建设成效显著，建成了数字绩效南宁展示中心；③应急联动中心运行效果良好，实现报警系统的有效联动，为平安南宁建设打下良好基础；④智慧交通建设初见成效，以建成南宁市公安局交通管理指挥中心，城市主要道路动态交通管控平台已基本建成，加快建设轨道交通，大力推进市民卡一卡通工作进展；⑤民生领域智慧城市建设初见成效：建成肉类蔬菜流通追溯系统；达到食品安全信息平台；完成智慧燃气 SCADA 系统一期项目建设；⑥智慧城市管理建设取得进展：构建智慧建管平台，缩短项目审批时间；加强环保智慧化建设，建设绿城南宁；建设无线南宁，助力城市管理智能化等。

2. 柳州市

柳州市以政府购买服务的方式，委托中国电信广西分公司承建了城市公共信息云平台；启动了基于云服务的大数据管理平台系统的建设工作；建设地理时空信息云平台；着手建设柳州市城市综合管网信息管理系统以及房产 GIS 信息平台；已完成 10 万张市民卡的发放工作；智慧政务项目完成网上市民中心、网上办事大厅开通运行等。

3. 桂林市

桂林市确定了“智慧桂林”建设的七大体系，即基础支撑体系、业务应用体系、建设实施体系、产业资本体系、政策标准体系、运行保障体系及评价指标体系，围绕这七大体系，重点开展六大专项和二十一项重点工程建设。并以“智慧旅游”为突破口，实施城镇市政、交通、平安、社区等旅游服务配套建设，以点带面、梯次推进，取得了很好的成效。具体表现在：①初步建成桂林市云计算公共服务平台；②初步建成桂林市视频资源共享平台；③建成桂林市地理信息共享服务平台；④建成桂林市数字化城市管理平台（一期）；⑤建设桂林市舆情监控共享平台；⑥阶段性完成了地下管线数字化；⑦开展了云计算租用典型应用。

4. 贵港市

贵港市将智慧城市的创建项目纳入2014年度财政预算和“三年办”重点项目，明确了责任分工、运营模式，细化创建目标、量化考核指标、落实保障措施。具体表现在：①完成平安城市“天网”二期建设，并计划实施与智慧贵港云平台的互联互通；②实施智慧管网一期工程建设，包括建立GDInfo综合管线信息管理系统数据标准、对现状地下管线普查数据成果进行建库、建立桌面子系统和发布子系统，实现综合管线信息管理，目前已完成现场探测、数据电子化、采购配套软硬件以及机房建设；③编制了《贵港市应急平台项目建设任务书》并立项。

（二）智慧城市公共服务平台建设

1. 自治区统筹基础信息资源

从自治区层面将建设广西政府公共信息资源开放平台，加快建设人口、法人单位、地理空间等基础信息资源库及建（构）物数据库，为智慧城市奠定数据化管理基础。

（1）公共信息资源开放平台。充分利用广西电子政务外网云计算中心资源，建设广西政府公共信息资源开放平台。整合已建和统筹新建政务信息系统，汇集各部门、各行业相关业务信息，规范信息更新管理，提供统一的跨地区跨部门数据共享与交换服务。建设广西新闻云，整合现有网站丰富的信息资源和基础数据，为城市用户提供便捷入口和信息服务。

（2）人口信息资源库。加快推进人口信息资源库建设，在区域资源承载能力、实有人口统筹管理、人口全生命周期管理、社会治安状况、人力资源能力素质、社会就业形势、市场消费能力和公益事业发展水平、城镇化水平等方面，为城市管理提供监测分析和评价决策的数据支撑。

（3）法人单位信息资源库。加快推进法人单位信息资源库建设，在企业技术创新、产品质量保障、中小企业发展、劳动就业需求、行政资源配置、产业经济安全、社会事业发展、市场开放竞争、社会信用体系等方面，为城市管理提供监测分析和评价决策的数据支撑。

（4）空间地理信息资源库。加快推进空间地理信息资源库建设，整合城市地理空间信息等资源，实现国土资源信息互联互通和共享应用。

（5）城市建（构）筑物地理数据库。建立建筑物数据维护更新的规范和机制，采集城市建筑物的位置信息、楼层属性、重点区域三维模型等数据，构建城市“大房产”业务系统，探索和建立“以图管房”的房产管理新模式。

2. 城市公共信息服务平台

（1）南宁市。南宁市公共信息服务平台是一个依托云计算、移动互联、大数据，汇总、整合政府各单位及社会机构为民服务事项，以当前最受欢迎、广大市民喜闻乐见的移动互联网 APP 为主要载体，体现多渠道融合服务的互联网信息服务平台，是南宁市政府为老百姓和外来人员提供各种政府网上服务及社会便民服务统一的入口和出口。为民公共信息以及生活、经济、旅游、商务等行业信息，根据市民服务的需求，进行服务产品定制和“信息融合再造”，通过网页、智能手机、市民卡、服务热线、自助终端、有线电视、社区服务站等线上线下多种渠道，搭建市民融合服务体系，实现服务个性化推送、移动终端应用。

（2）数字柳州地理空间框架。“数字柳州地理空间框架建设项目”完成了覆盖柳州全市域 1∶25 万到 1∶500 比例尺的矢量数据，建立了一个全市统一的、权威的、唯一的地理信息公共服务平台，依托平台开发了地理信息公众服务系统、三维土地供应系统、数字城管系统，并扩展了国土资源综合监管、教育资源管理、人口统计分析、网格化社会管理、地震应急等多个行业的专业应用。

柳州市数字化城市管理信息系统调用公共服务平台提供的地图服务，给每样公物都配上一个“身份证”，实现了精确定位，把井盖、路灯、邮筒、果皮箱、停车场、电话亭等城市元素纳入城市信息化管理的范畴。目前该系统已经从传统的数字城管建设，扩展到地下管线、人口房屋、民政、消防、应急、专项普查、移动执法等应用。

3. 创新性项目

（1）桂林市智慧人社项目。桂林智慧人社是建设涵盖社会保险“五险合一”系统、社保基金监督、就业管理、劳动关系、人事管理、人才管理等子系统的建设和发放符合国家标准的社会保障卡，以及完善与财政、民政、卫生、金融等部门的业务接口系统，建设全市统一的“同人同城同库”的市级人社数据中心平台，在“智慧人社”信息平台上经办各项社保业务。2015 年 3 月“智慧人社”系统一期（社会保险核心平台）正式上线运行启用，首先开放整合业务的经办业务，逐步实现社保卡的逐步发放业务。

（2）南宁东盟国际信息服务展示中心。为了进一步落实《南宁市智慧城市创建任务书》和《南宁市区域性信息交流中心建设规划》的有关内容要求，提升南宁市为国内和东盟国家乃至国际提供各领域的信息服务能力，扩大南宁市知名度、吸引力和影响力。南宁市提出建设南宁东盟国际信息服务展示中心，构建中国—东盟间综合性一站式信息服务与展示平台，为东盟客商提供权威的、规范的双边贸易、投资、文化、教育和旅游等信息服务，并通过集中展示服务东盟的信息化成果，进一步促进南宁市和东盟各国家间的交流与合作。项目建成后，可以通过网站、呼叫中心、微博微信等互联网新媒体手段，为国内和东盟国家提供了权威的双边贸易、投资、文化、教育和旅游等信息服务。

四 、广西智慧城市与“一带一路”

（一）智慧城市建设是推进“一带一路”战略的抓手

为深入贯彻落实国家“一带一路”战略部署，按照创新驱动、转型发展的总体要求，在国家新型城镇化规划框架指导下，广西壮族自治区坚持需求导向，强化顶层设计，充分发挥市场作用，以中国—东盟信息港建设为抓手，以公共信息资源开放共享为突破口，以提升信息网络支撑能力和各领域智能化水平为主线，着力推进城市信息基础设施、公共服务平台、信息网络应用一体化发展，加快形成以面向东盟为特色的新一代信息技术产业体系，有效提高城市综合承载能力和开放服务水平，促进城市集约、智能、绿色、低碳发展。

广西作为面向东盟的国际大通道，中南、西南地区开放发展新的战略支点，是“一带一路”有机衔接的重要门户。广西通过“智慧城市”建设，将形成智慧城镇群，使整个经济区在交通能源、生态环境、公共服务、产业发展等全方位智慧化联通，实现区域经济一体化。同时，通过组建中国—东盟智慧城市合作联盟，加强智慧城市国际合作，深化与东盟国家智慧城市技术交流，积极推动城市管理、公共服务和民生领域等技术、服务和产品走出去。

因此，广西的智慧城市发展，将成为重要的战略抓手，推进‘一带一路”战略，实现经济健康、可持续发展。

(二)智慧城市是“一带一路”战略实施的重要支撑

国家推进“一带一路”建设需要各地区发挥比较优势，实现更加积极主动的开放战略。广西通过智慧城市建设，特别是信息基础设施建设，组建中国—东盟智慧城市合作联盟，整合中国—东盟港口货物流和信息流，加强港口、航运、陆运等物流信息的开发共享和社会化应用，加强智慧城市国际合作，深化与东盟国家智慧城市技术交流，建立网上丝绸之路，推动广西与东盟各国早日实现互联互通，并借助智慧物流、智慧贸易打通合作通道。

1. 通过智慧城市建设，以现代信息技术推动广西的新型城镇化进程，是“一带一路”推进内涵型城镇化建设的重要举措。

2. 广西作为“一带一路”的重要战略支点及面向东盟的国际大通道，通过基础设施、资源环境、社会民生、经济产业、市政管理的智慧化，建设智慧城市，必然会吸引高端资源和高端产业，形成新的经济增长点，产生智慧红利。

3. 广西通过智慧城市建设，加大信息基础设施建设和智慧产业建设，提高政府治理能力和水平，推动人流、物流、信息流、资金流的高效协调运行，有效承接产业转移，最终实现区域协调发展。

五、广西智慧城市与“一带一路”未来发展方向

广西壮族自治区深入贯彻落实国家“一带一路”战略部署，以中国—东盟信息港建设为抓手，以公共信息资源开放共享为突破口，以提升信息网络支撑能力和各领域智能化水平为主线，着力推进城市信息基础设施、公共服务平台、信息网络应用一体化发展，加快形成以面向东盟为特色的新一代信息技术产业体系。中国—东盟信息港，一方面向中国—东盟各国提供技术合作交流、投资经济往来、信息共享、人文交流等全方位服务，为“一带一路”建设发展提供有力支撑；另一方面为智慧城市提供优良的数据资源。在以下两个方面提出未来相关项目的建设计划：

(一)基础设施平台

首先，建设区域通信，互联网，北斗天/地基导航增强系统等重要信息基础建设，构建中国—东盟区域“信息高速公路”，加强通信基础设施的互联互通。构建起连接中国—东盟各国的跨境网络陆海通道，提升广西的国际出入口通信能力。协

助推动东盟国家通信基础设施建设，推动北斗参站网、TD-LTE 等技术在东盟整个区域内的部署和覆盖，推动云计算、大数据、高精度卫星导航等信息服务在区域范围内的发展和应用。在信息通信基础设施互联互通项目上，建设扩容一批中国—东盟跨境海陆缆，形成以广西为基地，联通云南和广东，面向东盟的国际通信网络体系和网络枢纽。其次，在基于北斗的位置综合信息服务项目上，建立中国—东盟卫星导航国际合作联盟，在广西选择重点行业领域开展应用示范工程建设，改造建设广西北斗卫星导航地基增强系统示范网。

（二）信息共享平台

建设中国—东盟信息港产业园，搭建信息共享和经验交流平台，汇集中国—东盟投资、贸易、应急、公共管理等方面的信息，开展商贸服务，应急联动等方面的信息共享和合作交流。健全应急联动信息机制，共同应对疫情、突发事件和自然灾害等挑战，建立网络安全事件共同响应机制，加强网络安全协作。在中国—东盟信息港基地项目上，组建中国—东盟信息港股份有限公司，建设中国—东盟信息港产业园，面向东盟开展园区服务，包括数据中心、交流合作和 IT 外包服务。在网络安全应急协作项目方面，开展中国—东盟网络安全高层对话，建立中国—东盟的网络安全应急响应联系机制，并及时安排好东盟网络安全应急演练。

（三）政府和市场关系的调整

建设智慧城市必须打造可持续发展的平台，打造可持续发展平台需要可持续的资金。为了解决智慧城市投融资的问题，借鉴相关城市做法，建议以“政府资本 + 社会资本”的资本形式成立，其中，政府的出资比例应在 20%—30% 之间，这个比例含政策性、公益性、购买服务性投资。政府出资的关键目的是为树立智慧城市发展信心，保障社会资本投资收益。

智慧城市建设模式可以以“基金公司 + 运营公司”的商业模式成立，这种模式也将成为我国智慧城市发展的主流模式。可以参考北京冀春投资管理有限公司、华夏幸福基业股份有限公司、赛伯乐智源投资有限公司等实力企业成立的智城联盟投资基金管理有限公司。未来在智慧城市建设中，通过与政府、社会资本成立基金公司，进而组建“智慧城市运营公司”，以政府授权经营、政府购买服务等模式，统筹示范区域内智慧城市项目的规划、投资、建设和运营。

（执笔人：郑文亨　潘博文　桂林电子科技大学
张庆彪　李　锐　广西壮族自治区发展和改革委员会
侯连秀　广西壮族自治区住房和城乡建设厅）

PPP 模式在智慧城市建设中的应用

一、PPP 特征、优点及分类

（一）PPP 概念

PPP（Public-Private-Partnerships，即“公共部门—私人企业—合作”的模式）是指在基础设施及公共服务领域，政府和社会资本之间基于双方签订合同 / 协议建立长期合作关系，共同完成基础设施 / 公共事业项目的投资、建设和运营，为使用者提供最优公共产品或服务的项目。PPP 是一种优化的项目融资与实施模式，以各参与方的“双赢”或“多赢”作为合作的基本理念。

（二）PPP 特征

广义的 PPP 具有三大主要特征：

第一个特征是伙伴关系。通常模式是由社会资本承担设计、建设、运营、维护基础设施的大部分工作，并通过“使用者付费”及必要的“政府付费”获得合理投资回报；政府部门负责基础设施及公共服务价格和质量监管，双方合以保证以最少的资源实现最多最好的产品或服务的供给。

第二个特征是利益共享。PPP 模式项目能够在不提高政府债务水平的情况下为公共基础设施建设带来投资，同时，私营部门能够以专业化的项目运营水平和效率，带来更高的工程质量和更少的开销。

第三个特征是风险共担。PPP 在项目初期就实现风险分配，政府承担部分风险，减少了私人部门承担的风险，降低了项目融资难度，有助于项目融资成功。当项目发生亏损时，政府与私人部门共同承担损失。风险共担是私人企业与政府公共部门合作的基础。

自 2014 年《关于推广运用政府和社会资本合作模式有关问题的通知》出台，

首次明确提出 PPP 模式适用于城市基础设施及公共服务领域，如城市供水、供暖、供气、污水和垃圾处理、保障性安居工程、地下综合管廊、轨道交通、医疗和养老服务设施等，经过两年的发展，PPP 市场进一步拓展到了教育、文化、体育、社会保障等社会类经济基础设施和政府类基础设施，其适用范围基本涵盖了经济社会发展各个领域。

（三）PPP 的核心属性

PPP 的核心属性主要包括：①形成政府部门与私营机构的长期合同（一般情况在 10—30 年），基于签署的 PPP 合作合同，由私营机构负责提供某项公共服务；②私营机构能够通过合同提供服务来获取收入，收入来源可能是通过以政府主导定价的使用者付费、挖掘市场获得的经营收益以及政府财政预算补贴或政府财政预算购买公共服务，也可能是三种收入来源的组合。同时根据合同，有关服务获得和需求方面的风险，从政府部门转移至私营部门；③几方社会资本通过投资建立相关公司以进行项目的投资、建设、运营、移交；④站在社会资本投资人的角度，通过财务分析如内部收益率比对，确保项目的吸引力；⑤根据不同项目情况，除了财政预算补贴或财政预算购买公共服务，政府部门还可能需要提供必要的资本投入，包括土地、现存资产、债务或资本融资，并有可能以股权投入劣后、担保协助融资等多种形式，实现与私营机构有效的风险共担；⑥合同结束时，相关资产应按照合同约定转移其所有权至政府部门一方。以上核心属性基本被各国认可，各国开展 PPP 项目基本都需要在 PPP 核心属性的基础上决定项目的识别、法律基础、业务框架和监管框架等一系列重要的顶层设计。

（四）PPP 模式的优点

1. 优化政府和市场资源配置

通过引入市场竞争机制，不仅可以吸收社会资本先进的管理经验，而且能有效提高项目经营水平，降低运营成本，提高服务水平和质量。政府可以从繁重的事务中脱身出来，从过去的基础设施和公共服务的提供者变成一个监管的角色，负责基础设施及公共服务价格和质量的监管，私营部门则承担设计、建设、运营、维护基础设施的大部分工作。

2. 提高公共财政资源效率

一方面，成功的 PPP 项目能够动员私营部门资源，减轻公共部门预算压力，提高公共工程的建设和管理水平，降低项目建设、运营等全周期的成本，提高项目投资效率，提高公共部门管理水平；另一方面，应用 PPP 项目也有利于减少公共债务，有利于提高公共财政的可持续性。

3. 增加公共产品服务供给和质量

通过政府与社会资本的合作，政府可以以有限的财政资金，利用市场机制撬动社会资本，让老百姓更好地享受多样化的公共服务。

（五）PPP 分类

在中国，国家开发银行支持的 BOT、BOO、TOT、ROT、BBO、LOT、区域特许经营等运作模式及其组合都属于 PPP 范畴（见表 5-2）。

表 5-2 PPP 模式类别

运作模式	基本含义
BOT	建设—运营—移交，指由社会资本或项目公司承担新建项目设计、融资、建造、运营、维护和用户服务职责，合同期满后资产及其所有权等移交给政府的项目运作方式。合同期限一般为 20—30 年
BOO	建设—拥有—运营，由 BOT 方式演化而来，两者区别主要是 BOO 方式下社会资本或项目公司拥有项目所有权，但必须在合同中注明保证公益性的约束条款，一般不涉及项目期满移交
TOT	转让—运营—移交，指政府将存量资产所有权有偿转让给社会资本或项目公司，由其负责运营、维护和用户服务，合同期满后资产及其所有权等移交给政府的项目运作方式。合同期限一般为 20—30 年
ROT	改建—运营—移交，政府在 TOT 模式基础上，增加改扩建内容的项目运作方式。合同期限一般为 20—30 年
BBO	购买—建设—运营。由 BOO 方式演化而来，两者区别主要是 BBO 方式下社会资本或项目公司从政府购入存量资产并进行改扩建，而非新建项目
LOT	租赁—运营—移交，指政府将公共资产的运营、维护和用户服务职责转移给社会资本或项目公司的运作方式。政府承担公共资产投资，保留资产所有权租赁给社会资本
区域特许经营	区域特许经营是指政府将特定区域内的特定公共产品和服务的供给职责，排他性转移给社会资本的运作方式。社会资本负责规划、设计、融资、建造、运营、维护、用户服务和追加投资等，满足区域内公共产品和服务需求

（六）PPP 项目运作的基本程序

PPP 项目的运作程序主要包含项目识别、项目准备、项目采购、项目执行和项目移交等环节，分为项目前期准备阶段、确定投资人、开发运营及移交终止四个阶段（见表 5-3）。

表 5-3 PPP 项目运作程序

阶段	流程	政府公共部门职责	私人投资部门职责
项目前期准备阶段	项目选择、可行性分析、实施方案、物有所值、财政承受能力验证	1. 项目确定； 2. 对项目的 PPP 具体模式进行模拟实施分析	
确定社会投资人	招标、确定投资人、具体合作方案、谈判、磋商、签约、成立 SPV	1. 确定和发布招标文件； 2. 对投标书进行评估； 3. 初选社会投资人； 4. 与投资人谈判并签订 PPP 合作协议	1. 进行项目可行性分析； 2. 投标并与政府谈判； 3. 与潜在融资主体提前进行沟通； 4. 筹备成立 SPV
开发运营	项目开发建设、项目运营	监督支持	1. 与融资机构及相关合作单位签订合同； 2. 组织项目开发建设； 3. 组织项目运营
移交终止	项目移交、SPV 清算	1. 接管 PPP 项目； 2. 自己运营或另找运营商	1. 向政府移交项目； 2. 清算 SPV

（七）PPP 主要风险

1. 政策风险

政策风险是指由于政府的决策程序不规范、官僚作风、缺乏 PPP 的运作经验和能力、前期准备不足和信息不对称等造成项目决策失误或过程冗长带来的风险。

2. 法律法规变更风险

法律法规变更风险主要是指由于采纳、颁布、修订、重新诠释法律或规定而导致项目的合法性、市场需求、产品 / 服务收费、合同协议的有效性等元素发生变化，从而对项目的正常建设和运营带来损害，甚至直接导致项目的中止和失败风险。PPP 项目涉及的法律法规比较多，加之我国 PPP 项目还处在起步阶段，相应的法律法规不够健全、层次低、效力差，很容易出现这方面的风险。

3. 营运风险

营运风险主要指在实际运营过程中由于基础设施项目的经营状况或服务提供过程中受各种因素的影响，如审批延误、配套设施提供不足等因素，导致项目盈利能力达不到私营机构合作方预期水平的风险。

4. 财务风险

财务风险包括：因 PPP 项目投入大、建设周期长、由货币贬值或汇率变化引起的收入减少，货币贬值减少收入的价值，降低项目的投资回报，存在汇率风险；私人部门在项目建设过程中因为融资渠道不畅，资金不到位导致项目失败；项目建成后的各种风险，例如公众利益得不到保护或受损，从而引起政治上的反对，政府不诚信等导致项目现金收入不足以支付债务和利息，使债权人求诸法律手段，逼迫项目公司破产，等等。

5. 政府信用风险

政府信用风险是指政府不履行或拒绝履行合同约定的责任和义务而给项目带来直接或间接的危害。例如，一些地方政府为了“招商引资”，向企业承诺了过高的收益率，在高利润的诱惑下，有的企业没有进行充分论证就贸然进入，项目运营之后，政府负担不了支出压力，项目收益也就难以保证，导致政府信用风险的出现。

二、PPP 模式应用在智慧城市建设中的必要性

智慧城市建设是一项复杂的系统工程，所需资金巨大，建设周期长，涉及政府、企事业单位和市民家庭等多元主体，涵盖投融资、建设、运营、监管等过程。传统的政府自建自营模式已经远不能满足投资需求，更多的资金需要由企业和融资机构筹措，将市场机制引入智慧城市建设势在必行。针对我国智慧城市建设发展的必要性和现状，政府出台了系列政策引导、鼓励社会资本与政府项目结合。2014 年 9 月财政部发布《关于推广运用政府和社会资本合作模式有关问题的通知》（财金〔2014〕76 号），要求各地尽快形成有利于促进政府和社会资本合作的模式（PPP）；2014 年 11 月国务院印发《关于创新重点领域投融资机制鼓励社会投资的指导意见》（国发〔2014〕60 号）针对生态环保、农业水利、市政设施、交通、能源设施、信息和民用空间设施、社会事业等 7 个重点领域，提出了吸引社会投资的政策措施；2015 年 3 月国家发展改革委、国家开发银行联合印发《关于推进开发性金融支持政府和社会资本合作有关工作的通知》（发改投资〔2015〕445 号），要求各省（区、市）发展改革部门高度重视推进 PPP 工作，认真做好 PPP 项目的统筹规划、综合协调及跟踪指导；要进一步完善配套政策、破除行业垄断，积极营造良好合作环境；要加强 PPP 项目库建设，坚持按月调度分析，加快项目实施进度；2015 年 9 月，国务院办公厅转发财政部、国家发展改革委和人民银行《关于在公共服务领域推广政府和社会资本合作模式指导意见的通知》（国办发〔2015〕42 号文），并在文中指出，中国将围绕增加公共产品和公共服务供给，在能源、交通运输、水利、环境

保护、农业、林业、科技、保障性安居工程、医疗、卫生、养老、教育、文化等公共服务领域，广泛采用 PPP 模式和其他模式来建设运营。

三、PPP 在智慧城市建设中的应用模式

（一）国外 PPP 模式在智慧城市建设中的应用案例

PPP 模式由于其在基础设施建设、社会服务提供方面有明显优势，已被越来越多的国家引入。据世界银行统计，世界银行相关的基础设施 PPP 项目（PPI）在过去 20 年间得到了快速发展，超过 134 个发展中国家采用 PPP 方式提供基础设施和社会服务，约占相关国家基础设施总投资额的 15%—20%。

1. 德国：多元化的 PPP 范式

在德国智慧城市建设项目中，根据提出某项目标主体的不同，主要有两种不同的项目模式：一种是政府先提出某方面的长远宏观目标，并通过财政补贴的方式引导企业进行相关研究，最终从若干参与者中选出合适的合作者。另一种是像德国电信、西门子、宝马等大型企业为了推销本公司的某种产品或服务，自发选择一个或几个城市进行试点，感兴趣的城市会积极参加这些企业开展的试点竞赛。在德国的 PPP 模式智慧城市建设中，围绕不同的目标主体，项目可以有不同的资金来源，如欧盟、联邦政府、州政府、市政府以及相关企业。例如德国政府提出的“电动汽车国家发展计划”，在该计划中，联邦政府投入了 8000 万欧元，柏林州政府投入了 6000 万欧元，参与企业投入了 6000 万欧元。PPP 模式的提出，使得德国的智慧城市建设得到了迅速的推进，积累了大量可供借鉴的经验。

2. 加拿大 DBFM 模式

加拿大是国际公认的 PPP 运用最好的国家之一。PPP 模式在加拿大得到了各级政府的大力支持，发展良好。目前，加拿大 PPP 市场成熟规范，项目推进有力，各级采购部门经验丰富，服务效率和交易成本优势显著。1991—2013 年，加拿大启动 PPP 项目 206 个，项目总价值超过 630 亿美元，涵盖全国 10 个省，涉及交通、医疗、司法、教育、文化、住房、环境和国防等行业。目前，加拿大的主流 PPP 模型为设计—建造—融资—维护（DBFM），在这一模型下：独立实体（项目公司）首先与政府订立委托协议，继而在市场中选择合适的社会资本方签订项目合同；社会资本完成项目的设计、建造、融资以及维护部分（在某些案例中也会参与运营

环节）；预设项目管理经营权回收条款，在此基础上赋予项目公司长期特许经营权（25—35年）；以项目的绩效情况（服务水平）作为政府合同履约的重要条款：项目建设完成后政府开始拨付合同款项；后续款项视项目的实际绩效水平拨付，未达预期则政府部分拨付或停止继续履约。

3. 西班牙巴塞罗那市：携手企业开发设计智慧城市标准体系

巴塞罗那市与企业共同开发和设计了统一的智慧城市标准体系，包括基础设施的接口标准、数据采集标准、设备采购标准、技术标准等。这套智慧城市标准体系由巴塞罗那与企业共同拥有所有权，如果其他城市要采用这套标准体系，需要向巴塞罗那和企业支付专利费用。巴塞罗那利用专利费用的收入，来维持智慧城市日常运转和维护。

4. 法国伊希莱·莫里诺市：出租不涉密的公共数据

伊希莱·莫里诺市把智慧城市运行中积累的不涉及隐私的数据租用给企业，政府获得智慧城市建设资金，企业进一步对数据的潜在价值进行挖掘，发掘其面向市场的商业价值，从而形成新的商机，达成与政府的双赢合作。世界上越来越多的城市正在将他们的数据库租用给企业，以鼓励企业重新利用存储在数据库中的数据，使企业为自身商业利益，也为公众从数据中创造出价值。

5. 奥地利维也纳市民太阳能发电厂PPP项目

为促进PPP在智慧城市建设中的应用，维也纳建立了一个公共私营组织，称为“TINA维也纳”，其任务是政府与民间共同发展智慧城市策略和城市解决方案。正在实施的100多个智慧城市计划中有一个工程称为“市民太阳能发电厂”（Citizen Solar Power Plant），以到2030年有50%的能源从可再生物中获得为目标，维也纳政府与当地能源供应商维恩能源（Wien Energy）合作，采用民间筹款模式，即个体公民可以借此购买半个或者一个金属板，且保证每年可回收3.1%的投资方式进行开发建设。

（二）国内PPP模式在智慧城市建设中的应用案例

1. 香港港铁PPP发展模式

香港地铁公司是世界上运营效率最高、盈利情况最为理想的地铁公司之一。其核心的盈利模式可总结为“地铁+物业”的组合。香港政府将拟建地铁项目的建设权、运营权与地铁周边的土地使用权同时授予铁路公司，由铁路公司将铁路与物业同步规划，同步建设。通过车站与车辆段上盖物业及地下空间的收益，成功解决轨道交通发展的资金问题，并充分将正外部性内部化，提高了城市公共基础建设的效益，实现了“1+1>2”的协同效应。

2. 银川智慧城市建设模式

在智慧城市建设中，银川市采用了政府购买服务、社会资本投入、专业公司运营等方式，一举解决了建设资金、后期运营等智慧城市建设的多项难题。具体做法为银川市政府与中兴通讯整合优势资源，联合成立中兴（银川）智慧产业有限公司，计划投资 30 亿元，分三期建设“智慧城市”。项目完成后，将以“一云一网一图”（“一云”就是云计算、云上的大数据以及云的开发应用系统；“一网”是遍布全城的城市光网络，包括物联网络；“一图”是一张空间地理图以及图上分布的各种传感器，物理上的图通过传感器具备空间性）为骨架，实现智慧交通、平安城市、智慧社区、智慧环保、市民一卡通、智慧旅游、企业云及智慧政务等八大应用，为政府、企业和个人等三类用户提供服务，最终实现惠民惠企、科学管理和带动银川市信息产业转型和升级。

3. 上海 BIM 技术 (建筑信息模型) 模式——融资租赁模式

上海以龙头企业为引领，以 PPP 模式撬动社会资本，以市场化、专业化机制推动智慧城市从“云端”落地，有效助推“创客”“互联网＋”等创新转型。

上海瑞金医院肿瘤 (质子) 中心是首个使用国产质子治疗装置的肿瘤医疗机构，也是上海市政府投资公共建筑 BIM 技术 (建筑信息模型) 应用试点项目。本建筑工程的特点是规模大、造型复杂、工期短且修改频繁，由于实施主体不一致，工程需要反复修改返工，导致巨大的浪费。借助云平台和大数据，设计方案全部数据化、可视化、透明化，所有的工程参与方都在同一个信息平台工作，可以使项目有望节约成本 5%—10%，真正实现智慧城市从“云端”到应用。

实现 BIM 设计除了需要大量昂贵的设计软件，对电脑硬件和带宽的要求也非常高，如果企业自己投资至少需要几千万元。通过租用斐讯通信的“设计云”平台，工程师使用普通的笔记本电脑、PAD 和手机就能在云端高速处理设计模型，不同的项目参与方之间可以随时沟通，而任何方案的修改都会由系统自动发送邮件给相关参与方。施工方在工地现场发现问题，工人用手机拍照就可即时上传给设计方做出修改，政府建筑项目只需按需、分时租用在斐讯云平台，可以节省大量人力、物力、财力。

4. 长沙市地下综合管廊 PPP 项目——“TOT+BOT”模式结合

长沙市地下综合管廊 PPP 项目所在区域为高铁新城以及老城区，建设里程约为 42.69 公里，建设总投资估算为 39.95 亿元，建设内容为管廊工程及附属设施、地上地下管线迁改，含土石方工程、主体工程、综合管廊控制中心、供电系统、照明系统、消防系统、通风系统、排水系统、标识系统、监控报警系统及其他附属配套设施。

项目总体上采用“TOT+BOT”的模式进行运作。长沙市住建委作为项目的发起方及市政府授权的项目实施机构，通过公开招标方式招选社会资本方。社会资本方与政府方指定出资机构共同出资组建 PPP 项目公司。市住建委与项目公司签署 PPP 项目合同，授权其在项目合作期内负责地下综合管廊投融资、施工图设计、建设运营及移交。PPP 项目公司负责对项目整体合作范围内管廊的运营维护。

项目本身具有一定的“使用者付费”基础，对于经营收费不足，通过政府补贴机制，可以为社会投资者获得合理回报创造条件。本项目 PPP 模式将地下综合管廊的公益性和盈利性很好地结合在一起，既满足地下综合管廊的社会属性，又可以实现民间资本投资回报的要求。

5. 北京地铁 16 号线“股权融资 + 特许经营”复合 PPP 模式

北京地铁 16 号线项目是国务院首批推出的 80 个鼓励社会资本参与建设营运的示范项目之一。16 号线项目总投资约 474 亿元，全长约 50 公里，于 2013 年 3 月开工建设，计划于 2017 年 12 月底全线建成通车。项目合作方为北京市政府与北京京港地铁有限公司及其三方股东。通过此项目，北京市政府有望仅仅使用少量资本金撬动各类社会资本 270 亿元，债务融资约 200 亿元，极大缓解政府资金压力。

16 号线采用复合型 PPP 模式，在传统 PPP 模式的基础上，首次在轨道交通项目中引入保险股权投资，采用“股权融资 + 特许经营”的融资模式引入社会资本，合计引资 270 亿元，其中：股权融资规模 120 亿元，特许经营融资规模 150 亿元。

(1) 股权融资部分主要内容：16 号线 A 部分投资由 16 号线公司 (线路公司，京投公司下属全资子公司) 负责，投资金额约为 324 亿元，其中项目资本金约为 130 亿元，由股权投资人通过保险股权投资计划或其他可行方式募集资金，参与 16 号线公司股权投资 120 亿元，其余资本金由京投公司投入。

股权投资人将所持有的股权全部委托京投公司管理，股权投资人不参与 16 号线公司经营管理，同时股权投资人不得向第三方转让其所持有的 16 号线公司股权。股权投资期不超过 20 年，期末京投公司按原值回购股权投资人所持 16 号线公司股权；股权投资期间，股权投资人以股权权益让渡对价款或其他名义获取股权投资收益。

(2) 特许经营部分主要内容：社会投资者京港地铁公司在建设期内负责 16 号线 B 部分工程的投资建设任务，并在 30 年的特许经营期内负责 16 号线的运营、管理以及全部设施（包括A和B两部分）的维护和除洞体外的资产更新改造和追加投资，在特许经营期结束后，京港地铁公司将项目设施完好、无偿地移交给16号线公司或市政府指定部门。京港地铁公司通过特许经营期间的客运票款收入、授权范围内的非票务业务经营收入、政府补贴等三种方式实现投资回收并获得合理投资收益。对于16号线公司负责投资建设的A部分项目，在其竣工验收后，由京港地铁公司与16号线公司签订资产租赁协议，取得其资产使用权。

四、PPP模式对智慧城市建设的意义

一是减轻政府当期的资金压力，为破除智慧城市融资困境提供新渠道。据不完全统计，截至2014年底，全国在建的智慧城市投资规模已突破8000亿元。很多地方政府债务日益繁重，在建项目资金链断裂风险加剧，未建项目可投资金有限。通过PPP模式，撬动社会资本参与智慧城市公共项目，获取合理回报，可有效减轻政府公共财政的举债压力，利用未来20年左右的政府财政收入逐年买单，而不是把智慧城市建设的财务负担压在3—5年。

二是利用社会资本投入公共服务形成新动力，提高智慧城市基础设施建设、运营的效率，以满足社会公众利益最大化的目的。以往我国公共服务的供给主体较为单一，相关项目的设计和实施一般由政府以及政府的城投公司掌控，社会资本在整个项目中只是扮演一个施工队的角色。智慧城市建设公共项目一般都由政府信息办或信息化主管部门负责推进，投资、建设、运营、监督管理没有形成一体化。通过PPP模式，社会资本深度参与到智慧城市公共项目领域，不仅可破除公共服务的垄断格局，而且可激发市场主体的活力和创造力，形成投建运一体化，好处显而易见。

三是社会资本参与智慧城市基础设施建设的过程更加公平公正公开。项目实施方案、社会资本选择、PPP合作协议及其变更或终止、项目建设运营、所提供服务的标准、监测分析和绩效评价、财务报表等有关信息都按规定向社会公开。

四是明确了政府与社会资本在项目运营、提供社会公共服务过程中的责、权、利，为规避智慧城市基础设施建设风险提供新机制，代表政府的实施机构在未来项目的运行中，将以社会公众意见作为监测分析和绩效评价的重要内容。在原来的政企合作中，往往因为双方权利不明确，而将社会出资方演变为政府的一部分。在

PPP 模式中，以合同形式约定参与方的责、权、利，对各方的权利和义务明确界定，可以有效规避参与方的腐败风险。此外，在以往政府采购企业建设的模式中，双方都力图尽量降低自己所承担的风险，也就很难形成公私合作伙伴关系，合力作用不明显，在 PPP 模式中，风险都是由最善于应对的一方承担，让整个项目在未来的运营期间风险最小，以达到社会公众利益最大化。

五、PPP 在我国智慧城市建设中应用存在的主要问题

政府提倡 PPP 模式全面参与智慧城市建设，但 PPP 在智慧城市建设实际应用中还是“雷声大雨点小”，甚至成为相关企业不愿接手的“烫手山芋”，原因主要有以下几个方面：

一是法律保障不健全。PPP 项目实际是在一系列政策法规文件和合约的约束下运行的，现阶段我国尚没有完善的 PPP 法律法规。法律保障的不健全，可能会导致原有项目合法性、有效性存在问题，给 PPP 项目的建设和运营带来不利影响，甚至直接导致项目失败和终止。

二是缺乏专门的管理协调机构。参考国外 PPP 项目的成功经验，多数国家都设有 PPP 管理机构，负责指导 PPP 项目确定，清晰划分公私部门在 PPP 项目中的角色和责任，制定规范文本和合同指南，对项目实行监管，并进行绩效评估。而在我国所开展的 PPP 项目多由各项目的管理部门自行负责，缺乏一个综合性部门对 PPP 项目实施规范管理，在实际工作中，多头管理、互相推诿、专业人员较少、资金运作不规范、项目操作不合规等问题时有发生，同时，智慧城市建设往往缺少明确的收益时间和收益标准及验收标准，企业的收益存在不明确性，风险较大。

三是审批、决策周期长。政府决策程序不规范及官僚作风等因素，造成 PPP 项目审批程序过于复杂，决策周期长，成本高。项目批准后难以根据市场的变化对项目的性质和规模进行调整。

四是政府信用风险高。地方政府为加快当地基础设施建设，有时会与合作方签订一些脱离实际的合同，以吸引民间资本投资。项目建成后，政府难以履行合同义务，直接危害合作方的利益。另外，PPP 项目投资金额大、回报周期长，政府履约责任和能力至关重要。目前在体制机制上还无法保障民营资本合理投资回报不受政府换届、换人的影响。

五是 PPP 模式在智慧城市基础设施建设中存在一定的局限性。例如：对于一些保密性要求较高的基础设施引入社会资本会造成安全隐患；信息系统、软件应用等项目所提供的服务难以精确测量，使得项目特许期和价格的确定与调整、权责划分和监管等都存在困难；智慧城市基础设施往往折旧快、经营期内设备可能需要更新再投资、项目到期移交时残值低，等等。随着我国智慧城市试点的迅速展开，这些问题愈发突出，亟须给予定论。

六是 PPP 模式解决了融资问题，却无法解决我国智慧城市建设缺乏技术条件的问题，未来随着我国智慧城市的逐渐推进，必然要进展到技术资源整合这一高度。

七是私营部门融资存在障碍。相对于其他投资主体而言，私营投资者在融资上表现出渠道窄、成本高、规模小等制度性缺陷，使其在参与基础设施建设中处于不利地位，私人部门的融资困难，严重影响社会资本投资基础设施和公共事业的积极性。

六、促进 PPP 模式发展的意见建议

PPP 模式作为我国政府项目融资的主要方式之一已是大势所趋。目前中央和地方大部分省份已出台了一系列 PPP 相关政策以及指导性意见，积极推动 PPP 参与智慧城市项目建设来解决其资金问题。财政部已经公布首批 30 个、第二批 206 个政府和社会资本合作示范项目，总投资规模约为 8400 亿元。为进一步做好 PPP 与智慧城市建设的融合，提出以下几点建议：

1. 加快推进 PPP 立法工作

建章立制是推广 PPP 的基本前提，智慧城市 PPP 模式的有效运作，需要合理、完整、清晰的政策法规作为依据，使双方的合作有法可依、有章可循。因此，为保障 PPP 在智慧城市建设中的应用，一要加快修正完善 PPP 法律体系，对利益相关方不合规行为进行合理约束，提高智慧城市 PPP 模式的法律效力和可操作性，增强经营环境的可预测性，确保项目风险可控。二要加快完善 PPP 框架体系，明确界定中央和地方政府以及不同部门的职责和定位，为有序推进智慧城市 PPP 模式扫清障碍。

2. 设立专门 PPP 管理协调机构

政府需尽快设立专门的 PPP 管理机构，负责指导 PPP 项目确定，清晰划分公

私部门在PPP项目中的角色和责任，制定规范文本和合同指南，制定相关标准，对项目开展实行监管，并进行绩效评估。

3. 加快PPP专业人才培养

我国PPP模式在教育、医疗、养老、文化、体育、社会保障等社会类经济基础设施领域的推广仍处于起步探索阶段，因其涉及行业多、领域广，需要比较复杂的法律、金融和财务等方面的知识。一方面各地将PPP模式作为加快基础设施建设，实现稳增长、调结构、惠民生的重要抓手，另一方面PPP专业化机构、专业人才不足，两者存在不可调和的矛盾。为更好应用PPP模式服务智慧城市建设，需要尽快提高政府部门运用PPP的能力，加强PPP专业人才的培养。

4. 提升政府对PPP的认知和实施能力

政府对PPP的认知是推进智慧城市PPP模式的关键，因此加强政府宣传和培训十分必要。通过开展智慧城市PPP模式专题培训，让更多的政府管理者准确理解PPP的内涵和作用，熟悉其操作流程，客观判断不同模式优势与局限性，合理确定适用范围，才能推进PPP在智慧城市建设中的应用。

5. 社会投资人的项目投资收益应该在合理的收益范围内

过去在智慧城市基础设施建设中，作为以施工为主要目的主体，追求的是垫资、施工，获得的是短平快的收益。在PPP模式下，由于有大量政府的补贴或购买服务，有政府为提升社会资本参与积极性而牺牲自身投资收益而采取的股权劣后方式，资金的来源是政府的财政收入或公众资金。作为社会资本应该放弃发大财的理念，收益保证在合理区间即可，理性接受运营过程中财务等信息的公开，接受实施机构以及公众的监督检查。

PPP对政府来说是一种创新的公共产品服务供给管理方式，对于社会资本来说是一种商业行为、一个新的公共产品服务市场。在借鉴国内外成熟PPP应用模式的同时，社会各界应积极探索、不断创新，尽早形成一批可复制、可推广的实施范例，助推更多PPP项目落地，为智慧城市建设做出贡献。

（执笔人：宋　杰　北京经济技术投资开发总公司
裴俊巍　清华大学）

PPP 模式
——智慧城市建设的最有效支撑

一、智慧城市建设的内涵与现状

（一）智慧城市的内涵解读

智慧城市就是利用先进的信息技术，实现城市智慧式管理和运行，为城市中的人创造更加美好的生活，促进城市的和谐、可持续发展。

中共中央、国务院在《关于印发〈国家新型城镇化规划（2014—2020年）〉的通知》中也对智慧城市进行了全面的界定，并提出要大力“推动物联网、云计算、大数据等新一代信息技术创新应用，促进城市规划管理信息化、基础设施智能化、公共服务便捷化、产业发展现代化、社会治理精细化的智慧城市建设”。迄今，我国许多城市先后制定了“智慧城市发展规划”，并且广泛推进了智慧城市的建设工作。2013年1月29日，住房和城乡建设部公布了首批90个国家智慧城市试点名单，其中地级市37个、区（县）50个、乡（镇）3个。根据《2015—2020年中国智慧城市建设行业发展趋势与投资决策支持报告前瞻》调查数据表明，我国已有311个地级市开展数字城市建设，其中158个数字城市已经建成并在60多个领域得到广泛应用，同时最新启动了100多个数字县域建设和3个智慧城市建设试点。2013年，国家测绘地理信息局在全国范围内组织开展智慧城市时空信息云平台建设试点工作，每年将选择10个左右城市进行试点，每个试点项目建设周期为2—3年，经费总投入不少于3600万元。而PPP模式则已成为智慧城市建设的最有效支撑。

（二）建设进程中的突出问题

目前，我国的智慧城市的建设工作整体推进还不够理想，许多项目仍处于概念阶段，各个城市和企业虽然签署了各类的框架协议，但是距离落地实施还遥遥无期。因此，只有破解智慧城市的建设中的各种制约因素，才能确保我国智慧城市建设进入务实发展的良性轨道。主要表现为三大制约瓶颈：

其一，建设资金瓶颈。只有通过建立多赢的投资运营模式，才能充分吸引社会力量的参与；只有科学、稳妥地处理好政府与企业、企业与公众，以及安全与开放、盈利与公益等各方面的利益关系，才能确保我国智慧城市的可持续发展。目前，智慧城市建设中的主要问题是有项目无资金、有需求无模式，许多智慧城市建设项目缺乏合理的商业模式和盈利路径，或无法有效吸引各类资金投入，或无法规避投资风险，尤其是 PPP 模式尚未得到广泛的认同和运用。

其二，建设质量瓶颈。智慧城市建设项目大多事关国计民生，必须立足百年大计。从目前的各地在建项目的运行情况看，问题主要体现在项目的规划和建设过程中脱离实际使用需求产生的贪大求全、重复建设、烂尾工程等；以及因技术使用风险（寿命短、不稳定、技术不成熟）而产生的豆腐渣工程。这里既有城市发展理念、领导政绩观的问题，也有多边合作模式缺乏规范、多元投资主体责任不够清晰的问题，又有缺乏有效的全方位强力的项目质量监管的问题。

其三，合作互信瓶颈。智慧城市建设是一个巨大的系统工程，涉及面广、投资额度大，只有建立高度责任互信机制才能推进智慧城市建设健康发展，只有实现多元多边合作才能使 PPP 模式有序运行。尤其是西部地区、贫困地区，那里自然条件差、经济基础薄弱、建设资金缺口大，尤其是投资合作方对地方政府的公信度缺乏了解，坦诚合作的决心难下、项目投资的额度受限，后顾之忧多多。

二、智慧城市建设的模式与构建

智慧城市虽然是由政府大力引导推动的，但就其建设行为的本质来看仍然采用的是市场机制，因此解决建设质量和建设资金的问题，需要政府在规划、财税等政策方面要予以积极的引导，要遵循市场规律、运用市场机制，即建立以市场为主体、多元化的智慧城市建设运营模式。要强化政府和企业的公信力建设，充分发挥政府、企业、市民的积极性，促进智慧城市健康可持续发展。实践证明，构建智慧城市发展的市场机制其核心就是有效地运用市场化的商业模式和盈利模式。

（一）构建商业运营模式

商业模式主要有两种：一种是没有运营管理环节的项目，这类项目资金投入额度往往不大，主要采用产品销售的方式。另一种是以经营或运营维护为核心的PPP模式，它不仅能解决智慧城市的建设资金不足问题，同时也能解决建设质量问题。PPP模式是指在基础设施及公共服务领域，政府为增强公共产品和服务供给能力、提高供给效率，以及降低财政支出，通过特许经营、购买服务、股权合作等方式进行项目的建设与管理。政府部门负责项目规划、评估、价格监管、质量监管，从公共产品的直接“提供者、经营者”转变为社会资本的“合作者”以及PPP项目的“监管者”；社会资本承担设计、建设、运营、维护基础设施的大部分工作，并通过“使用者付费”及必要的“政府付费”获得合理投资回报。

推进PPP模式重点要抓好三个环节的工作：

1. 引入PPP运营管理，拉动融资模式创新。智慧城市建设中最突出的难题就是融资难，一方面是因为投资项目本身服务需求的市场价值和社会价值不高，政府和企业都无法投入；另一方面项目的内涵质量标准不清晰，这里所说项目质量不仅指项目的建设质量，更重要的是指项目的商业质量。项目质量是融资的基础，脱离项目质量谈融资就是无源之水、无本之木。例如：技术使用风险大，投资人无法有效识别技术风险，或者无法确认清盈利模式等。因此，融资的核心在于，一要明晰项目质量标准，二要确认项目质量层级。只有这样，一个品质优良、收益稳定、运营规范的项目自然能吸引到众多的社会资本参与投资。

2. 建立责任共同体，确保工程百年大计。一要明晰政府、企业等合作方的主体责任。在PPP模式中，社会资本投资方承担着设计、融资、建设、运营、维护等大部分工作，项目收益主要来自经营收入和必要的政府购买服务，企业承担了项目的运营风险，这就需要投资方要从传统的只重工程投资的模式转向以长效监管为主的运营模式。二要构建严谨的质量监管机制。企业在投入时不仅要对项目的盈利点可行性进行充分论证，而且投资人要承担建设质量风险、技术使用风险，承担项目的维护管理工作，进而降低项目的运营维护成本，从而避免贪大求全、重复建设、烂尾工程等建设质量问题。

3. 坚守诚信合作原则，携手相向互惠共赢。智慧城市的建设最终要通过一个个具体的项目实施来完成，要通过富有责任感和诚信力的多方合作来保障。这里最核心的要素就是：只要我们把国家的利益和人民的福祉作为最高原则，那么，分歧就能化解，互信就能建立，多元合作就能达成，多方利益就能平衡，运营管理就能优质高效。

（二）优化项目盈利模式

在 PPP 项目中，政府主要通过特许经营、购买服务、股权合作等方式与社会资本展开合作。经营类的项目由于具有良好的收费基础，政府主要是通过政策支持来促进项目的建设（如授于特许经营权），由社会资本承担项目的建设风险、运营风险，政府承担政策风险。非经营类和准经营类的项目由于收益不足以弥补投资成本并获得收益回报，那么就需要构建项目的盈利结构。

1. 扩大配补与收益来源，优化盈利结构。一是将盈亏状况不同的公共产品进行捆绑，提高目标利润的丰厚度和可持续性。准经营和非经营性项目对社会资本一般都缺乏吸引力，采用 PPP 模式后政府需要进行适当的财政补贴或者付费，从而给政府带来一定的财政压力。针对这类项目，可以对同类公共产品中盈亏状况不同的项目进行捆绑，实现项目整体的盈利性。二是合理设定需求保底量，提高目标利润的稳定性。由于 PPP 合同的长期性，成本与需求的不确定性成为其显著特征，为了保证社会资本目标利润的稳定性，公私双方可设定最少需求保证或最少收益保证，即我国 PPP 实践中所谓的保底量，这将是一种公私双方风险共担策略或社会资本的风险缓解机制。

2. 降低投资和运营成本、优化成本构成。成本是社会资本进行投资建设、特许运营所必需耗费资源的货币表现，因此，成本结构优化既可以减轻社会资本的一次性建设投入，又可以通过规模经济降低单位产品成本，也可以通过技术和管理创新减少日常运营成本。

一要集成融资模式，分摊建设投资，促使部分环节市场化。对于建设周期长、投资规模较大、运营期收费不足的公共项目，可将其进行适当分割，只对其中部分工程（与运营成本及效率密切相关的部分）采取 PPP 模式，或对不同部分进行 PPP 模式细分，从而减轻社会资本对该项目的一次性建设投入，提高其可盈利性；其他部分可采用政府配套建设、产品销售、融资租赁等方式解决。

二要打包运作形成规模效应，降低单位产品成本。在 PPP 项目中，社会资本需要进行一定规模的建设投资，或者购买项目一定期限的产权或经营权的项目，如果公共产品或服务的需求量过小，项目单位成本会很高，导致项目的盈利性差或者需要政府对差额部分进行财政补贴。因此，确保 PPP 项目适当规模的需求，从而降低单位产品的成本是 PPP 项目盈利的一种方式。

三、PPP 运营模式的示范案例

我们以某城市智慧城市建设 PPP 项目为示范案例：

市政府首先制定了智慧城市的发展规划和建设目标，并按此要求规划设计一批智慧城市 PPP 模式建设项目，其中包含智慧照明、智慧医疗和智慧交通三个子项目。在此，我们重点介绍智慧照明项目的 PPP 模式。

（一）项目基本情况

1. 建设规模：计划改造路灯 3000 盏、新建 2000 盏。

2. 可行论证：（1）政府方有效把握识别项目技术，规避技术使用风险；政府方确认财政可支出投资额度；（2）重新评估已完成节能化改造项目的整体收益；（3）化解社会资本方担心收益风险不愿长期运营的顾虑；（4）制定政府、社会投资分担比例；（5）共同进行详细调研及投资效益精准测算。

3. 项目策划：（1）设计采用智能化太阳能路灯，总数量 5000 盏；（2）由主要投资人负责项目的设计、建设、运营维护，在投资运营期内通过使用者付费和政府付费的形式收回成本并获得投资收益；（3）配套产品实行政府采购的方式，以便降低成本，并由政府方承担技术使用风险。

经政府和潜在投资方协商论证后，优化项目实施的技术路线，通过太阳能技术方案改变传统供电技术方案，降低成本约 80%，提高了项目的投资效率，使项目的实施具备了可行性。

（二）基本运营方式

1. 责任主体：由政府安排下属企业与社会资本共同成立项目公司，负责项目的设计、融资、建设、运营、维护等工作。其中项目的施工和日常维护工作由项目所在地的市政管理部门负责。

2. 风险分配：按照风险、收益对等原则，确立风险上限原则。以财政部规定的 PPP 模式政策要求，项目的核心风险分配框架如下：

（1）设计、建设、财务、运营、维护等商业风险主要由项目公司承担；

（2）政策、法律和最低需求风险等主要由政府承担；

（3）政治、宏观经济、不可抗力风险等由政府和项目公司合力共担。

3. 融资设计：项目总投额约 8000 万元。其中项目资本金分别由政府方出资 20%、社会资本方出资 80%，缺口资金以项目公司为主体进行债务融资，包括银行贷款、融资租赁和对设备供应商的部分设备分期付款等方式。

4. 收益结构：（1）节能改造收益。经节能改造后，照明设备节省下的费用归项目公司，节能收益约占总收益来源的 80%；（2）通过配补收益来源，优化收益结构实现盈利。与本项目有关的道路广告设施由项目公司负责经营；（3）打包运作形成规模效应，降低单位产品成本。项目原计划实施数量为 5000 盏，因此，为确保 PPP 项目适当规模的需求，降低单位产品的成本，经双方协商、论证后，实施数量改为 40000 盏。

5. 政策收益：根据节能行业政策，在税务方面，自项目取得第一笔生产经营收入所属纳税年度起，第一年至第三年免征企业所得税，第四年至第六年按照 25% 的法定税率减半征收企业所得税，同时免征增值税。另外，根据节能量交易、碳交易政策和市场现状，可将节能改造后省的电核算成标准煤等节能指标，在环境交易所进行交易出售。

在此项目中，政府方通过采用 PPP 方式降低了财政支出压力，同时由社会资本承担技术风险，提高了项目的服务质量和运营效率，实现项目的物有所值。社会资本方也通过采用 PPP 方式扩大了项目规模和公司业绩，同时获得项目融资，使项目得以实施，并根据风险分配原则，降低了政策风险。

（执笔人：朱德东　张　健　经济·中国智慧城市经济合作组织
郑志峰　特约专家）

智慧城市云服务发展现状及思考

一、智慧城市中的云服务特点及其发展现状

（一）云服务的种类与模式

云服务指基于网络的在线获取计算、存储、网络、安全以及虚拟化能力的使用、交付模式。

从资产模式上来分，云计算分为公有云、私有云以及混合云。公有云通常指第三方提供商为用户提供的能够使用的云，公有云一般可通过 Internet 使用，成本相对较低，提供服务所需的资产属于云服务提供商；私有云是为一个客户单独使用而构建的，因而提供对数据、安全性和服务质量的最有效控制，提供服务所需的硬件、软件资产属于用户；混合云融合了公有云和私有云，是近年来云计算的主要模式和发展方向，这种模式下，相对敏感数据存放在私有云中，同时又可以获得公有云的可扩充的弹性计算资源。

从服务的层次上来分，云服务分为基础设施即服务 (IaaS)，平台即服务 (PaaS)，应用即服务（SaaS）。IaaS 包括的服务有计算、存储、网络、安全、管理与部署等能力；PaaS 更多的是将软件研发平台作为一种服务；SaaS 能够面向最终用户，最终用户通过在线的方式租用软件使用资源，而无须自行购买。IaaS、PaaS 以及 SaaS，均是以服务的方式面向用户。

（二）云服务的优点与适用范围

使用公有云服务模式进行智慧城市建设有如下好处：综合成本更低、安全性更好、部署效率更高、扩展更轻松、资源共享、便于数据集中及大数据业务展开。具体来讲：

（1）按需服务、方便快捷、资金投资效率更高。传统模式信息化建设往往需要

一次性投入大笔资金，前期投资压力很大，往往要超前建设，当前期业务较少时，资源利用率非常低，造成极大浪费。采用云服务，按需使用，以租代买，按需付费，极大降低前期投入门槛，提高资源利用率，提升投资效率；而且通过网络访问使用，无地域限制。

（2）安全性高。云服务运营商采用 T3+ 及以上标准进行机房建设。相较于传统信息化，云服务提供专业安全保障体系，通过分布式存储和异地灾备为数据和业务保驾护航。

（3）使用效率更高。传统信息化建设需要经过招标、采购、选型等烦琐流程，花费大量时间，上线一套系统往往需要 3—5 个月时间。云服务资源随时使用，通过网站简单操作即可快速开通所需资源。

（4）免维护。专业事情交给专业人士去打理，云服务有专业人员维护，免去维护后顾之忧。

（5）资源共享。基于云计算统一建设，实现资源最大程度共享，同时有利于数据集中，进行大数据分析。

（6）轻松扩展，各种城市应用面临着业务浪涌和快速扩展等问题，云服务拥有海量资源池，与地点无关且覆盖区域面积大，支持业务快速部署、弹性扩展、自动伸缩。

（三）当前我国智慧城市建设领域云服务发展现状

近年来的智慧城市建设多采用云计算的方式进行建设，云服务模式使计算、存储、网络、安全等 IT 基础资源成为像水、电、气一样无所不在的基础设施，让政府、企业像用水、用电、用气一样享用信息化的服务，用购买服务的方式满足对资源的需求。

《国务院关于促进云计算创新发展培育信息产业新业态的意见》明确指出：云计算是信息化发展的重大变革和必然趋势，发展云计算，对稳增长、调结构、惠民生和建设创新型国家具有重要意义；大力发展公共云计算服务，实施云计算工程；政府部门要加大采购云计算服务的力度，积极开展试点示范，探索基于云计算的政务信息化建设运行新机制，推动政务信息资源共享和业务协同，为云计算创造更大市场空间，带动云计算产业快速发展。

《工信部云计算综合标准化体系建设指南》提出，要加快健全政府购买服务的标准化体系。在国家政策的引导下，越来越多的省市、厅局采用购买云服务的方式建设政府信息化，全国省级城市、省会城市、计划单列市采购云服务已有 23 个。云服务模式为智慧城市建设提供了新的思路和方法，变买为租，降低一次性投入及总体成本，便于数据的集中共享和挖掘分析利用；让专业的人去做专业的事，有效释放信息化工作人员的潜能，从而更多聚焦于自己的核心业务。云服务作为一种基础设施，既是智慧城市建设的基本要素，也是助推智慧城市发展的核心生产力。

二、智慧城市云服务发展面临的主要问题

（一）云服务发展存在的主要问题

经过近十年的发展，云服务的概念和模式已经逐渐进入人们的视野，成为支撑新兴产业发展的技术手段之一，但是无论从市场机制还是模式理念，云服务的发展仍处于初级阶段，并面临着相应的问题。

（1）从资产模式的角度来看，私有云、公有云和混合云均存在各自的问题。私有云作为最先进入市场的服务模型占有最高的市场比例，但受限于其重资产投入、服务能力和资源扩张能力，越来越多的中小企业客户开始尝试公有云的服务。公有云虽然可以降低客户的初始投资，提高服务能力和资源扩展能力，但是其安全性和可用性始终受到客户的质疑，因此在安全性要求高的政府和金融行业，公有云很难得到青睐。混合云作为结合私有云和公有云优势的产物，一度受到市场的追捧，但由于技术标准的对接和交付难度偏大也致使其鲜有成功案例。

（2）从服务层次的角度来看，IaaS 层、PaaS 层和 SaaS 层也存在相应问题。IaaS 层作为云服务的基础，在缺乏统筹的政绩观驱使下，全国各地政府存在盲目建设云计算数据中心的问题，市场尚未挖掘出的需求和过剩的数据中心能力形成鲜明对比。PaaS 层是云服务中最具发展潜力的一层，平台的支撑对于云服务的发展起着至关重要的作用，但开发者掌握 PaaS 技术存在难度，用户使用 PaaS 也担心数据盗用风险，因此作为连接 IaaS 和 SaaS 的工具，PaaS 层的数据安全性和技术难度制约其进一步发展。SaaS 层的最大问题在于服务模式推广难，客户始终摆脱不掉一次性购买软件的理念，同时，SaaS 层的价格体系和服务质量也是客户心存疑虑的关键点。

（二）智慧城市云服务发展存在的问题

结合云服务发展中面临的问题，智慧城市的发展也存在以下问题：

（1）云服务生态链处于逐步完善中，不能完全满足智慧城市服务需求。智慧城市建设需要大量的各类智慧化应用，云服务架构是满足建设需求的全新理念架构，

各类应用厂商虽都积极探索云服务化，但整体还需要进一步引导来形成完整云服务生态链，智慧城市云服务市场需求和云服务供给能力之间存在显著性差异。单一云服务类型不能帮助完成智慧城市的整体建设，分层、多样的云服务才是未来。

（2）云数据中心作为智慧城市基础设施，缺乏规模化的运营能力。云服务作为智慧城市基础设施，核心表现形式是云数据中心。就云数据中心本身而言，以高标准、高规格构建并不是难事，难点在于如何构建一个可持续运营的商业模式。综观中国目前云服务建设情况，各地政府如火如荼建设云数据中心，运营考虑严重不足，导致数据中心能力过剩。智慧城市的建设成果和带来的效应远远没有形成规模，智慧城市建设的巨大需求与云数据中心的大量闲置形成了巨大反差。其产生的关键原因是市场上相对缺乏拥有云服务运营能力的公司，运营服务能力薄弱是中国云产业生态链的突出问题。

（3）云服务市场缺乏全局统筹，发展乱象频出。云服务作为一种新型的产业和技术却处于蓝海市场，越来越多的云服务提供商如雨后春笋般涌现，共同特征是选择能充分发挥自己优势的服务切入。有以硬件起家的 IaaS 服务商，有以创新理念开创的 PaaS 服务商，还有传统软件厂商转型的 SaaS 服务商，但由于云服务市场缺乏全局统筹，导致乱象频出。各类不同层级的云服务没有制定统一的服务标准，市场处于“诸侯割据，群雄混战”局面，加之以云服务为主体的智慧城市解决方案尚不成熟，导致智慧城市云服务存在较多问题。

三、云服务发展趋势分析

（一）建设模式发展趋势：云服务是信息技术发展的必然趋势

随着信息化发展，IT 已经成为企业核心生产资料，深入到企业生产活动各个环节；大数据时代，信息化正在向“数字资产化”方向发展，数据成为更加重要的核心资产，政府企业更多关注的是数据资产而不是 IT 设备自身。云计算是大数据的基础，大数据需要云计算这样的新型 IT 架构，需要云计算提供计算、存储、网络、安全资源支撑，提供更加弹性、海量、安全、可靠、7×24 小时实时在线的基础资源池。随着大数据战略实施，方方面面的大数据应用将推动云计算快速发展；大数据价值和规律将推动云计算和行业应用结合，发挥更大的作用。

随着对云计算认识不断加深，公有云服务模式越来越能被人接受，需求逐渐具体化、多样化；行业差异化趋势越来越明显，应根据行业特点、应用特点提出差异化要求；云市场进入“以用户需求为导向、由用户来定制规则”的时代，在安全领域，政府用户根据需求，要求云厂商构建差异化云安全方案，许多新加密技术、安全协议未来会越来越多地呈现出来，用来构建云端数据安全；公有云和私有云构建混合云，其高效对接和无缝切换，可充分发挥已有 IT 资源（或自建数据中心）和公有云资源各自优势，既保证业务核心应用安全稳定，又发挥公有云快速响应、高并发和高扩展性优势，充分利用公有云规模进一步降低 IT 整体采购和管理开支。

（二）市场发展趋势：云服务保持高速增长态势

云服务颠覆现有 IT 产业生态环境，催生千亿级的新市场，同时将彻底改变信息生产消费模式，为第一、第二、第三产业带来巨大发展机遇。

根据 Gartner 统计，2015 年全球公共云服务市场规模为 1750 亿美元，2016 年全球公共云服务市场规模有望达到 2040 亿美元，到 2019 年有望突破 3000 亿美元大关，达到 3120 亿美元（见图 5-2）。

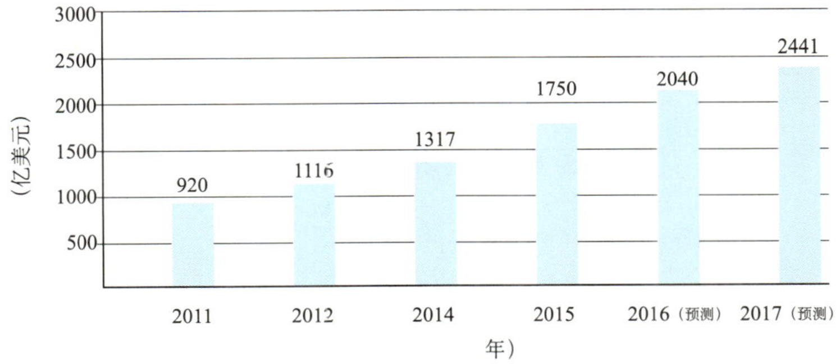

图 5-2　近年全球公共年云服务市场规模

数据来源：CCW Research,2016/2

2015 年中国云计算市场整体建设规模已达 847.2 亿元人民币，同比增长 30.7%，云计算进入产业蓬勃发展、应用迅速普及阶段，云计算将继续呈现技术创新和应用推广发展良好态势，云计算市场创新活力将得到充分释放，云计算产业发展将面临更大机遇，规模进一步扩大（见图 5-3）。

2015 年中国云服务市场规模突破 100 亿元人民币，相对全球占比约 3%，云服务国内市场存在巨大成长空间；云服务采购比例正逐年增长，保持高速增长态势（见图 5-4）。

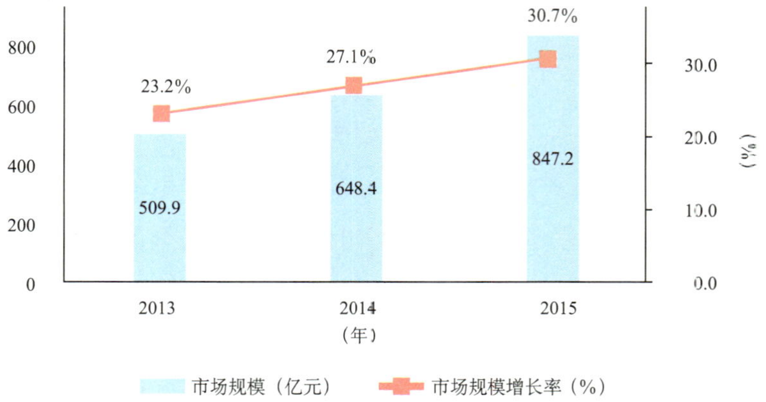

图 5-3　近年中国云计算市场整体建设规模

数据来源：CCW Research,2016/2

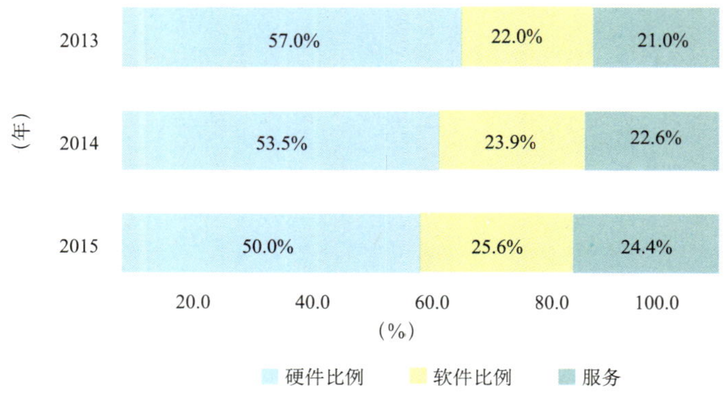

图 5-4　云服务采购比例示意图

数据来源：CCW Research,2016/2

（三）产业发展趋势：云服务在善政、惠民、产业发展方面得到越来越广泛应用

政府、各部委信息基础资源越来越集中，越来越能接受采用云服务模式。

（1）政务善政简政方面。传统模式下政府部门各自为政，系统分散建设、分散管理、分散运维，暴露出诸如重复建设、信息孤岛、高投入低效益等问题。基于云计算技术的政务模式，通过统一采购云服务，对政府信息系统进行统一管理、统一运维，不但可减少政府财政投入，而且便于信息资源整合，有效提升政务管理水平。结合云计算技术特点，对政府管理和服务职能进行精简、优化、整合，并通过信息化手段，各种政府业务流程和政府内部职能在云端实现办理。

（2）民生公共服务方面。基于云计算、大数据打造智能交通、智慧医疗、智慧教育、智慧环保、安全食品、平安城市等系列公共服务云平台，更好地服务于民生建设，提升政府公共服务水平。通过云计算平台，政府、事业单位等公共机构数据资源实现统一汇聚和集中，把地理、教育、卫生、文化等数据向社会开放。开发各类惠民应用，譬如实时交通查询、气象查询、网上政务大厅、远程医疗等，提升公共服务水平，提高为民办事效率，方便老百姓生活、办事。同时，应用云计算、大数据分析可以加强市场监管、风险防范、宏观调控决策支持等，提升社会治理水平。

(3) 产业发展、转型升级方面。云数据中心是城市大数据、智能制造、公共服务、中小企业服务、创客服务等系列平台载体，承接信息接收、交换、处理、分析及服务，是城市重要基础设施之一，能够提升城市综合竞争力。云计算本身就是一个新产业形态，同时，作为一个现代化信息基础设施平台，云计算能推动电子商务、生物制药、新能源、新材料、动漫渲染、GIS 导航等高新技术产业发展。这些新兴行业都需要大量计算存储资源作为支撑，而云计算可以降低成本，降低前期运营门槛，支撑快速市场推广。随着企业信息化向“数字资产化”方向发展，云计算作为先进生产力代表和未来经济发展的新业态，有利于推动企业“智慧化”发展，加速产业结构调整。

四、结合云服务，选择不同发展路径进行智慧城市建设探索

智慧城市整体建设思路基本一致，通过建设慧政、惠民、汇业的智慧城市云平台来建设智慧城市。智慧城市建设初期，根据城市发展情况及城市定位，选择不同方向、路径、模式进行发展。根据城市经济基础和建设现状不同，进行不同的智慧城市重点建设工作，主要体现在不同时期建设发展侧重点不同。

下面以克拉玛依、玉溪、襄阳市为例，具体介绍针对城市信息化建设不同阶段，选择不同发展路径进行智慧城市建设。

（一）统筹现有，云上升级

传统政府信息化建设一般由很多主体分开建设，往往重复建设、业务分散，而且信息化程度越充分，独立建设主体越多，问题越明显，具体存在以下三大类问题：

(1) 缺乏统一主导部门，无法实现城市信息化统筹规划、集中建设。

(2) 信息资源过度分散，数据不能共享，人为壁垒严重。

(3)传统采购模式建设智慧城市往往减缓建设步伐。

采用购买服务方式，由专业城市云提供厂商参与到智慧城市的建设中，能够有效解决传统模式下存在的问题，提供统一服务，更快速、更高效地部署智慧城市应用。

可率先建设如公安云、交通云、医疗云、教育云、城管云等“慧政”云平台，通过对云平台统一管理、数据集中共享，解决各委办局独自建设带来的问题，实现业务统一集中、云上升级（参见专栏1）。

专栏1

克拉玛依智慧城市“慧政”九朵云

克拉玛依是新疆西北石油城市，经济实力雄厚，政府建设信息化投入充足，2013年之前，各个委办局，如教育、卫生、公安、交通等，都进行了较多信息化建设工作，但数据各自独立、网络不互通等传统建设的问题越来越明显。

2013年开始，克拉玛依基于华为企业云服务，针对城市现状进行了统筹设计，规划了九朵云：

公安视频云：提升群众对警务服务满意度，打造了一个高可靠性、动态弹性的基础设施环境。

智能交通云：智能交通、智能感知、数据全连接，方便执法人员执法，提升群众对交通服务满意度。

智慧医疗云：建立“统一标准，统一平台，资源共享，互联互通”，实现区域各卫生信息系统互联互通、与卫计委部级卫生信息平台无缝对接。

智慧教育云：快速实现6大平台，20个系统上云，整合135个数据库，信息共享、促进协同。

数字城管云：业务云端部署，实现关键区域重点监控，群众问题快速处理，提高城市管理服务能力。

行政审批云：集成政务公开、网上申报、社区代办、窗口办理、业务资源共享，精简审批流程，实现企业法人和人口信息资源共享。

智慧社区云：桌面互联与移动互联结合，实现数据“一点录入，日常数据自动入库”。

诚信体系云：企业、个人、社会组织和政府部门信用记录纳入数字化管理，为文明城市、文明市民和高品质城市建设奠定良好基础。

电子政务云：高效办公、统一协作，已实现8000多名公务员在统一的云平台上办公，实现了数据在部门之间流转。

（二）起步较晚，云上跨越

中国大部分城市信息化建设较为落后，特别是中西部地区，智慧城市建设属于起步阶段，在进行智慧城市统一规划时，没有历史建设包袱，往往可通过最先进架构进行统筹，结合城市自身特点，实现云上跨越。

通过智慧城市统一顶层设计，从原来由不同部门分开管理、分开服务的模式向智慧化、大数据的模式转变，通过统一智慧城市平台建设，一次录入、记录一生、管理一生、服务一生。

通过一站式服务平台，为广大市民提供社保、求职、招聘、业务咨询等全方位、一体化公共服务；通过电教馆的智慧教育云平台建设，搭建服务全市的教育教学云平台，完成包括在线教务、仿真实验、数字题库、电子图书等应用子系统建设（参见专栏2）。

专栏2

玉溪统一规划智慧城市，统一建设智慧应用

玉溪处于云南中部，地处偏远地区，各部门信息化建设起步较晚，缺少优秀信息化人才，信息化建设相对落后，但也没有历史建设包袱。在此背景下，玉溪市政府统一规划，通过新建统一智慧城市云，充分利用后发优势实现云上跨越。

智慧城市建设涉及面广、应用复杂、扩展需求高，在设计过程中，选用成熟稳定的云技术和产品，才能确保建成的云计算和大数据平台适应各方需求。

玉溪市智慧城市建设初见成效：

(1) 教育云满足百万师生教育服务需求

玉溪市基于华为企业云服务搭建服务全市的教育教学云平台，全年完成包括在线教务、仿真实验、数字题库、教育评价、电子图书等36个应用子系统建设，平台已入驻学校达到610所，入驻率达到91%，服务于全市100万师生。

玉溪教育云建设集教、学、管、评、研五位一体的教育资源管理服务平台；建设33万条资源总量、70万道试题、PB级海量存储；提供超过39个出版社的教材版本，得到教师、学生、家长的高度认可。

(2) 健康信息云提升全民卫生服务水平

玉溪市借助华为企业云服务建设全市健康信息云平台，建设充分辐射周边地区的区域医疗卫生数据中心，整合区域内医疗卫生信息资源，形成区域资源共享、快速响应、合作发展的有效机制，响应省政府号召，分三步战略打造“互联网+医疗健康”平台。

以互联网为手段，改善、优化居民健康管理流程，创新医疗或健康管理服务模式，整合全社会医疗或健康管理服务资源，使居民享受到可定制、个性化、高品质的健康管理服务，实现全民医疗、智慧医疗。

(三)产业发展，云上汇业

城市云为传统产业升级转型、新兴产业孕育发展提供基础的支撑平台，汇聚发展完整产业链。一方面，产业发展离不开“互联网+”、大数据分析等；另一方面，大数据分析需要海量云计算资源作为支撑。这些都要求建设统一的智慧城市汇业平台，满足产业发展的需要。

智慧城市云不仅本身包含丰富产业，而且为产业发展提供基本的土壤，推动电子商务、生物制药、新能源、新材料、动漫渲染、GIS导航等高新技术产业发展（参见专栏3）。

专栏3

襄阳建设各类产业云，智慧城市“汇业”应用

襄阳位于湖北省西北部，是省辖地级市，交通便利，城市建设完善，拥有二汽、襄阳轴承等一大批工业企业，通过智慧城市的建设，带动产业发展，聚合产业链,以云计算为核心的襄阳智慧城市建设制定了四个产业发展目标。

(1) 构建汽车云，打造现代汽车服务中心

依托襄阳良好的汽车产业基础，整合襄阳汽车产业相关资源，采用云计算方式将襄阳打造成享誉全球的现代汽车服务中心。汽车产业实现智能制造，

成为全国重要的智能交通支撑中心，汽车信息化和相关汽车电子产业全球领先。东风汽车先行上云，构筑襄阳汽车云典范。

(2) 构建制造云，打造智能创造中心

基于云计算为襄阳及中部区域制造业提供服务支撑，推进襄阳制造业由智能制造中心向智能创造中心转型。目前襄阳已经引进美国 PTC 公司，助力当地制造业转型升级，吸引更多制造业入驻襄阳。

(3) 构建电商服务云，发展本地电商和电商服务业

发挥襄阳区位优势，大力发展电子商务和电商服务业，依托云计算的领先资源，打造中部地区的电子商务服务中心。目前已经带动多家电商公司落户襄阳，电商产业聚集成绩斐然。

(4) 构建大数据云，打造新兴产业大数据处理中心

发挥综合成本优势，基于云计算平台提供海量高性能计算、存储资源，打造面向中部及华南区域的数据备份、生科、渲染、电子商务、汽车等大数据处理平台。通过大数据处理平台吸引大数据上、下游企业积极落户襄阳，拉动大数据产业良性发展。

根据不同城市的特点，在城市云建设初期，重点建设不同的智慧城市应用，重点发展不同的政务应用、不同的民生服务、不同的产业建设。

五、智慧城市云服务发展规划建议——建设城市云

城市云定义：为城市构建一个统一高效、弹性共享、安全可控的城市 IT 基础设施平台，为该城市的智慧城市信息化建设项目和产业经济发展平台提供云计算基础资源。

未来城市信息化的建设朝着城市云方向发展，不仅仅是解决民生和社会治理问题，更重要的是支撑经济的发展。各应用系统间能够实现基于云的统一建设，各委办局数据充分集中、互通，并进行挖掘、分析、利用，打造高效、集约的民生工程和高效、精准、智能的城市治理能力，一些非涉密数据面向社会进行交易；同时，根据当地城市的产业发展基础和重点方向，建设特色的公共服务平台，如工业云、智能制造云和创客云等，加快推动当地的传统产业升级和新兴产业的跨越式发展。在城市云阶段，政府信息会和经济产业紧密结合，智慧城市不仅是信息化项目，而

且成为城市经济转型发展的新动能。具体体现为，通过云计算、大数据、“互联网+”等技术结合城市云服务，推动当地传统产业转型以及新兴产业跨越发展。

总结不同城市建设智慧城市的经验，智慧城市云服务发展建议分步骤、分阶段实现，统一为一池、一平台、N类应用。

（一）构建城市级别云服务资源池，为城市治理提供基础，为新经济业态的发展培育土壤

智慧城市发展的最终目的是建成百花齐放的产业平台和行业应用，实现智慧城市的慧政、惠民、汇业效应。就像培育一棵参天大树，各行业应用将在大树上开花结果。培育这样的大树，最基础也最重要的是准备肥沃的土壤，确保大树生长过程中不断地汲取营养。而构建云计算基础资源池，就像在准备肥沃的土壤，智慧城市的各行业应用，都需要优质云计算的基础资源池作支撑，才能发挥最大效用。

因此，智慧城市建设的最初阶段应构建云计算服务资源池，打造国际高标准机房，并装填使用国内领先的计算、存储、网络、安全等云平台设备，并实现云计算的弹性扩展、灵活使用，海量资源、无限伸缩，安全可靠、业务保障。基础资源池建设好后，各种新型产业如动漫、生科、游戏、新能源新材料等在土壤之上茁壮成长、开花结果，最终达到新兴产业聚集的效应。

在构建资源池的过程中，最需关注的是基础平台的统一与安全。统一的基础平台才能确保资源池的高效、稳定、互联互通，为各行业应用建设打通底层平台。唯有安全的基础平台，才能确保行业应用安全运行，确保数据核心资产的安全可控。

（二）构建大数据平台，打造大数据产业服务汇聚中心

在建设基础资源平台的同时还必须建设大数据产业平台，充分发挥云计算资源池的能力。

基础资源平台好比产业的土壤，大数据产业平台就像培育产业大树的工具，使用工具不断松土、施肥，才能帮助大树茁壮成长。

因此，需要构建城市级别大数据公共服务平台，通过数据分析挖掘更好地服务于政府办公、城市管理、经济运行和民生建设。构建统一的数据管理交换平台，实现数据的自动提取、清洗、转换以及整合，为不同数据库、不同数据格式之间进行数据交换，实现各类数据库信息的互联互通、数据共享，解决信息孤岛问题。

（三）为城市经济产业发展构建N个应用平台

在第三阶段，基础资源平台构建成熟后，需要基于城市本地的区位优势、产业环境、优势产业，打造最适合本地发展的N类产业应用平台，实现产业经济的

跨越发展。

目前各行业应用中包括两大平台：

第一类平台，协助本地传统优势产业转型升级。例如智能制造平台、现代物流服务云平台等，将原有的优势产业与云服务产业的资源链、产业链相结合，实现优势产业更优质。

第二类平台，协助新兴产业创新发展。云服务产业本身作为新兴业态，能够为战略新兴产业提供底层基础设施支撑，提升战略新兴产业信息化程度，降低信息化综合成本，依此打造生物医药产业平台，新能源、新材料产业服务聚集中心，加快实现战略新兴产业更快地成为支柱产业。

（执笔人：王　辉　克拉玛依信息化管理局
杨林生　玉溪工信委
段国军　襄阳经信委）

第六篇

交流合作篇

中国智慧城市国际合作进展
——智慧城市发展联盟国际合作工作

一、智慧城市国际合作的重要意义

在新型城镇化和“互联网+”双引擎驱动下，全国范围内的智慧城市建设热潮兴起。智慧城市既是承载大数据、“互联网+”落地实践的载体，也是促进大众创业万众创新的肥沃土壤。2015年底习近平总书记在中央城市工作会议上发表重要讲话，明确指出要加强城市管理数字化平台建设和功能整合，建设综合性城市管理数据库，发展民生服务智慧应用，提升管理水平，着力打造智慧城市。党的十八届五中全会也提出“创新、协调、绿色、开放、共享”的五大发展理念，为“十三五”时期推进新型智慧城市建设进一步指明了方向，提出了新的目标和新的要求。创新是引领发展的第一动力，如何创新性地使用新一代信息技术，知识和智能技术手段，特别是通过智慧传感和城市智能决策平台，成为智慧城市发展的迫切命题。通过国际合作经验启示，内外联动对提高城市质量，推动城市治理政策和技术应用的创新有重要的意义。

在国际合作方面，习近平总书记提出的“一带一路”国家战略是推动开放合作、促进和平发展的“中国方案”，为我国打开了通向世界的窗口。“一带一路”战略构想的重要内涵之一就是互联互通，打造全方位立体化、网络化的大联通；是基础设施、制度规章、人员交流三位一体，更是“政策交流、设施畅通、贸易畅通、资金融通、民心相通”五大领域的齐头并进。沿线各国资源禀赋各异，经济互补性较强，互联互通可以拉近沿线国家在地理空间、物理空间和制度空间上的距离，将亚欧大陆两端，即发达的欧洲经济圈和活跃的东亚经济圈紧密联系起来，并带动欧亚大陆广大腹地区域发展，进而辐射至亚洲、欧洲、非洲，促进形成统一的欧亚市场，从根本上提升世界贸易体系的自由活力。

城市作为人类文明的载体，是现代经济发展最活跃的区域；“一带一路”战略的具体实施需要在沿线城市间落实完成。通过城市间的基础设施的完善、打造高效的陆海空通道网络，实现各点之间的互联互通；提升投资贸易便利化水平、形成高标准自由贸易网络；从而使经济联系更加紧密，政治互信和人文交流更加深入；促进不同文明之间的互鉴互荣、相知相交、和平共处。

二、智慧城市发展联盟介绍

智慧城市发展联盟在国家发展改革委的指导和支持下，于 2014 年 4 月 19 日对外宣布成立。联盟旨在按照《国家新型城镇化》和八部委《关于智慧城市健康发展的指导意见》的要求，向社会传递智慧城市发展导向信息，推动城市治理、城市管理及公共服务创新。重点推动智慧城市样板建设，引领中国城市向智慧、绿色、低碳、方便的目标发展。联盟目标为：推动国际智慧城市计划；建立中国智慧城市发展政策咨询的重要智库；建立市场化机制推动智慧城市样板；促进企业跨界经营，推动智慧城市融合发展；推动国际智慧城市交流、合作；实现智慧、绿色、低碳、方便的可持续城市目标。智慧城市发展联盟作为部际协调工作组指导下唯一的指定机构，负责推动国家层面的智慧城市国际合作。

三、国际合作工作开展情况及成果

智慧城市发展联盟自 2014 年 4 月在上海成立以来，致力于推动国内外智慧城市建设，积极开展了多项有影响力的国际合作交流活动，具体内容及成果如下：

（一）中欧合作

成功举办中欧城镇化伙伴关系论坛。2015 年 6 月 29 日下午，中欧城镇化伙伴关系论坛在比利时首都布鲁塞尔召开。李克强总理和欧盟委员会主席容克出席论坛并致辞。这届论坛由中国国家发展改革委与欧盟委员会能源总司共同举办。论坛聚焦城镇化“合作、创新、实践”这一主题，邀请了中欧双方政府部门、城市、企业、研究机构 300 余名代表出席。智慧城市是本届中欧论坛的重要议题，不仅在主论坛上设置了智慧城市专题板块，还举办了智慧城市分论坛。来自中欧城市、企业的精英共同分享智慧城市发展经验，希望未来深化中欧城市间、企业间合作关系，扎实有效地开展一系列智慧城市合作项目。同时，在中欧城镇化合作伙伴关系高层论坛期间，组织联盟成员单位赴欧洲考察智慧城市，增进联盟成员交流的同时，了解了欧洲智慧城市的技术与理念。

成功举办 2015 中欧城市可持续发展论坛。为了更好地落实中欧双方领导人 2012 年签署的《中欧城镇化伙伴关系共同宣言》，推进中欧城镇化伙伴关系务实合作，由国家发展改革委城市和小城镇改革发展中心发起的“智慧城市发展联盟”于 2015 年 12 月 18—19 日在广东省佛山市举办“2015 中欧城市可持续发展论坛”，论坛主题为合作与示范。本次论坛深入研讨了中欧合作模式与机制、城市示范与务实推进；次区域一体化、科技创新与智慧城市、投融资机制创新与公私合作、绿色发展与低碳城市等议题，其间还组织了与会嘉宾考察了佛山市在绿色、智慧和可持续发展等方面的创新案例，获得多方好评。

（二）中英合作

中英作为中欧合作的重点板块，继 2014 年国家发展改革委与英国社区及地方政府事务部签署了《关于加强绿色、低碳城镇化合作的谅解备忘录》后，小城镇中心与英国驻华大使馆就深入推进中英城镇化交流加强了合作，包括在英国繁荣基金支持下开展了中英城镇化平台项目、中英智慧城市交流项目、建立新型城镇化下的可持续公共交通高效出行模式项目等，组织了英国智慧城市调研活动，举办了中英智慧城市合作研讨会、中英城镇化论坛等，主要内容有：

举办中英智慧城市合作研讨会。2015 年 4 月 17 日，研讨会在上海城镇化高层国际论坛期间同期举行。英方参会代表包括来自伦敦、布里斯托等城市有关部门以及阿特金斯、奥雅纳、空间句法等企业，中方代表包括来自武汉、上海浦东等城市有关机构以及“智慧城市发展联盟”成员单位神州数码、新奥能源等企业。双方交流了中英智慧城市发展情况和未来合作愿景。

2015 年 10 月习总书记访英期间，组织开展英国智慧城市调研活动。受英国外交与联邦事务部“中国繁荣战略项目基金”的邀请，联盟理事长李铁率队赴英国进行智慧城市调研。调研组实地走访了 FCC、Nesta、ODI、英国皇家测量师协会等机构，对伦敦、布里斯托、米尔顿·凯恩斯三座城市进行调研，促进了中英双方在智慧城市方面的商业合作及研究，提高中方城市管理者、企业家及相关工作人员在智慧城市建设方面的能力。同时，着力推动与 FCC 开展多层次、深领域的合作。

（三）中美合作

举办中美省州与地方城市智慧伙伴关系交流会。“第 26 届中美商贸联委会”于 2015 年 11 月 21—23 日在广州举行，对话主题是“智慧城市和创新”。汪洋副总理和美国商务部普利兹克部长、美国贸易谈判代表费罗曼大使作为本届中美商贸联委会主席出席本次活动。受商务部邀请，小城镇中心主任李铁应邀作为三位中国专家之一向中美商贸联委会主席作报告，并与美方专家讨论城镇化和智慧城市的有关问题。会议期间，小城镇中心举办了“中美省州与地方城市智慧伙伴关系交流会”，并与美国智慧城市理事会共同签署《中美省州与地方城市智慧伙伴合作框架协议》，双方希望未来在推进中美省州与地方城市结对子、搭建中美合作平台、建设中美智慧城市创新孵化中心及探索建立智慧城市发展基金等方面开展合作。

（四）中国 — 东盟合作

联盟通过与广西发展改革委、中国—东盟技术中心、东盟各国使馆及商会的沟通，与东盟各方已建立了联系，并在高技术司的指导下开展了以下活动：

召开中国—东盟智慧城市国际合作交流会。交流会于 2015 年 4 月 18 日晚举行。国家发展改革委高技术司相关领导、东盟国家代表、广西壮族自治区部分城市及政府部门领导、重要企业代表共同参与了本次会议。会议达成了几项共识：一是广西是中国—东盟合作的重点区域；二是应从城市需求寻找合作内容；三是企业参与建设要与当地公司合作运营，同时加强“产学研”同政府间的合作；四是通过制度创新、金融机制创新、模式创新，引入新的互联网机制解决智慧城市建设的资金难题；五是政府应该承担机制、体制或者说是规则方面的工作，提供良好的政策环境；六是充分发挥相关机构职能，加强机构间合作。

举办中国—东盟智慧城市国际合作投融资研讨会。研讨会于 2015 年 7 月 11 日举行，东盟五国代表、广西壮族自治区发展改革委有关领导、地方城市代表、企业代表等出席了会议。会议达成了几项共识：一是做好顶层设计，配套投融资规划。在分阶段、分板块的逐步实施中，强调投资的整体性、一步到位的重要性，做到建设即可使用运营；在投融资规划阶段让企业充分参与，实现具体执行者参与从规划设计到后期建设运营的全过程；让利益相关者承担相应的建设责任，树立“谁受益谁负责”的理念；智慧城市系统建设是一个开放的结构，让政府和企业各有承担，使数据使用效率得到最大发挥。二是建立以实际需求为导向的商业模式。挖掘需求是国际合作首先要考虑的问题，分清项目收益模式，关键在于从城市管理者和城市参与者实际需求出发，将城市的特点、建设的难点和管理的痛点三点结合起来。三是需要从国家层面上开展顶层设计，找准切入点建立信息资源开发、信息交换、务实协同的完整生态系统。四是建立组织机构保障，成立中国—东盟智慧城市合作的专门机构。五是抓住东盟经济共同体的机遇，组建中国—东盟智慧城市联盟。

（五）中印合作

联盟与印孚瑟斯（Infosys）等印度IT业巨头合作，加强中国与印度的协调互动，并由联盟理事长李铁带队于2015年12月21—25日赴印度新德里、班加罗尔等城市进行考察与调研。通过调研总结，印度智慧城市建设的主要特点：一是印度政府高度重视智慧城市建设。印度莫迪政府执政伊始便提出打造“百大智慧城市”的口号。二是印度在高端智慧园区建设上已经走在前列，以印孚瑟斯公司为例的少数园区确实达到了当今全球发达国家的前沿水平。三是行业组织在推进智慧城市发展上努力发挥着协调推动作用。四是大企业在推动智慧城市建设方面发挥了龙头带动作用，通过人才培训、参与制定规划、提供投资基金、研发创新等多方面的工作，积极推动印度智慧城市建设。五是融资、技术、标准是印度智慧城市发展的三大挑战。

通过实地调研和多次交流，联盟和印方达成了以下共识：一是将智慧城市确定为中印合作的战略重点。有利于一批中方基础设施企业、软件企业输出优质产能。同时，作为两个人口大国，中国城镇化经验对于印度未来发展具有重要启示作用，在印度开展智慧城市合作，有利于中方在国际上树立良好大国形象。二是选择有条件的城市与园区进行试点，稳步推进。三是重视发挥印方行业协会与龙头企业的作用。四是推动中方企业成为中印智慧城市合作的主体。

（六）中韩合作

联盟与韩国国土交通部、韩国国土研究院、韩国土地住宅公社、韩国智慧城市协会、韩国风险企业协会等机构达成了未来中韩城镇化领域的合作共识。同时，有关领导受韩方邀请参加了“ICLEI世界大会”“第六届亚洲未来论坛”以及联合国人居署与韩国国土交通部共同举办的“未来国家城市政策会议”等活动，并与韩国国土研究院、韩国智慧城市协会等达成城镇化及智慧城市合作协议。举行了“中韩城镇化合作会议”，并计划每年固定举办“中韩城镇化合作会议”。

开展实地调研。在韩方的协调安排之下，组织联盟相关人员及成员单位赴韩国仁川市松岛区、安阳市、大田市、世宗市、盆汤市、板桥市等地调研智慧城市建设及运营情况。调研期间走访了韩国土地住宅公社、韩国智慧城市协会、韩国国土研究院等相关机构，并分次与相关机构主要负责人进行了深入的交流和探讨。通过调研进一步加强了中韩在智慧城市领域的沟通与互动，增强了彼此间的了解，并进一步推进了中韩智慧城市领域的合作。

通过长期稳定的交流，联盟同韩方形成了未来中韩智慧城市领域合作计划：一是共享政策信息，通过定期举办中韩城镇化合作会议，强化政府机构之间的合作，共享智慧城市领域政策信息。拟计划在首尔举办的第二届中韩城镇化合作会议中与韩国国土研究院和韩国智慧城市协会签署谅解备忘录。二是共同参与活动，共同交流讨论有关智慧城市及城市相关内容，并促进两国政府、相关机构及企业间的合作。三是人才交流，通过相关人才互换访问等方式的交流及学习，进一步促进两国相关机构之间合作能够实质性的落实。四是共同研究。共同构建合作团体，推进智慧城市相关领域的共同研究。并通过论坛、博览会等方式加强宣传，共同承接研究课题，将研究成果输出至第三国印度、东南亚等。五是合作建立中韩智慧城市样板城市。

（七）中日合作

联盟在与日本多年的合作基础上，进一步深化合作，于 2015 年初在日本举办了智慧城市研讨现场会；2015 年 7 月，邀请日方三井不动产、日建设计、松下、日立等大型企业参加了首届中国智慧城市国际博览会，推介了日本智慧城市的理念、做法、技术和管理体系，获得了国内外观展人员及媒体的高度关注；组织有关人员赴日参与专题项目交流，在日本地产投资交易会期间促成了建业集团与日建设计签署全面合作协议，在第九届中日节能环保综合论坛期间与日方进行合作洽谈。同时，联盟也邀请日方合作伙伴来华，分别赴郑州、北京、深圳市实地调研，进一步推进双方城市间、企业间合作、共同进行样板城市建设以及示范项目开发。

关于中日智慧城市交流会。联盟联合日中经济协会、UR 都市机构于 2015 年 1 月 29—30 日，以“智慧城市发展中的中日合作”为主题，在日本千叶县柏市举办交流会探讨如何实现低碳、节能的绿色城市发展目标。智慧城市发展联盟主要成员单位、中城智慧城市建设研究会、延边智慧城市投资公司、东方道迩等机构主要负责人约百人参加了此次活动。中央电视台、人民日报、人民网、凤凰网、新华社、新浪网驻东京记者站出席并报道了此次活动。

（八）联盟重大国际交流活动

（1）2015 年 7 月 10—12 日，联盟以“互联网 + 智慧城市”为主题在北京展览馆成功举办“2015 中国智慧城市国际博览会”。本次博览会实际参展单位总数 95 家，展出面积达 15000 平方米，来自英国、日本、新加坡和台湾的国家及地区参展机构 6 家，是我国目前唯一跨行业、跨部门、跨区域的智慧城市建设主题展会，累计参观人数近 10 万。日中经济协会组团 60 余人、东盟五国代表团及台湾地区代表等均参观了智博会或参加相关论坛及边会活动。

（2）2015 年 4 月 17—19 日，“2015 中国城镇化高层国际论坛”在上海举行。论坛由小城镇中心、世界经济论坛、世界银行、经济合作与发展组织、联合国开发计划署共同举办，主题为“创新与实践”。论坛期间，分设了中欧、中英、中拉、东亚的国际合作板块，与众多国际嘉宾就城镇化、智慧城市主题进行了深入交流。

四、未来智慧城市国际合作工作思路

未来智慧城市的发展方向必须与十八届三中全会所提出的五大理念相结合，与新型城镇化发展战略相结合，与现在的信息通信技术和经济社会发展的深度融合相结合，与人的全面发展相结合。

（1）探索成立全球智慧城市联盟。探索成立全球智慧城市联盟，以多种形式的平台推广国外智慧城市领域先进技术、理念、设备和产品。相关行业的利益相关方聚集在一起，使智慧城市市场推广和项目商洽的空间有保障。

（2）加强培育影响力，形成两大品牌活动。智慧城市创新大会将升格为国际创新大会；智慧城市国际博览会将形成流动式博览会，并举行全球智慧城市联展，同时设立开放、公立、权威的新型智慧城市奖和新型城镇化奖。

（3）完善国际合作长效机制。利用寻求开展全球智慧城市联盟的号召力和凝聚力，加快促进行业间的交流，探索中外对话机制框架下围绕智慧城市形成新的机制和模式。加强与国际智慧城市领域互动，帮助业界企业实现资源共享、优势互补。未来两岸三地智慧城市联盟应该加强合作，实现有效共享，将合作的程度推向一个新的高度，推动全产业链的标准向国际靠拢，共同打造新型的、更国际化的智慧城市。

（4）构建“联合实验室”创新平台。以推动与智慧城市发展相关的科技成果转化，促进城市政府、企业、科研机构合作共同开发商业化的综合系统解决方案，满足城市发展需求为目标，鼓励各方成立政府指导、企业支持、科研机构攻关的三方联合机构，使前沿信息与知识在人群中快速分享和传播，加快技术成果的转化进程。依托全球智慧城市联盟，建立全球范围内的创新平台协同机制，加强各方创新平台的互动，有效扩大资金、技术、项目需求等资源信息交流，形成优势互补。

（5）全球智慧联盟基金。目前，“一带一路”建设的愿景与行动文件已经制定，亚洲基础设施投资银行和丝路基金顺利启动。一批基础设施互联互通项目正在稳步推进。智慧城市是“互联互通”的切入点，小城镇中心将争取获得丝路基金的支持，成立智慧城市专项基金，启动全球智慧城市联展，推动和国内外企业合作。

（6）城市结对子，推行试点示范。为契合“一带一路”共商共建共享原则，完善双边和多边合作机制，以企业为主体，实现市场化运作的方案，小城镇中心将加强国际合作，建立“一带一路”沿线城市与国内城市之间在智慧城市发展方面的友好合作关系，推动类似城市、园区结为合作伙伴，推行试点示范，共建境外智慧园区。境外智慧园区就是把国内智慧园区打造模式推广到沿线国家，帮助我国企业“集体出海”“抱团取暖”，在公共卫生、医疗教育、旅游休闲和全民健身等公共服务性部门和行业，智慧出行、智慧旅游、智慧金融和智慧体育等领域开展探索。

（7）宣传推广。做好对外合作日常成果共享及重大项目合作信息发布工作。加强重大活动的新闻报道，在各种大型活动前后，通过新闻发布会、通气会、说明会等形式进行宣传。邀请重要新闻媒体及时报道与发布各类相关信息，扩大对外合作影响力。建设专门网站及微博微信公众号，及时发布智慧城市对外合作成果及国内外智慧城市发展的重大新闻等。

（8）提升考察交流及能力建设。借助领导人互访、举办重大活动的契机，鼓励开展政府、研究机构、企业、民间调研学习活动积极开拓国际合作渠道，充分发挥企业的积极性，由企业自行解决费用组织调研活动，以需求为导向深入了解当地智慧城市领域中需要解决的问题，为企业寻找真实的市场，同时为企业提供学习新理念、新模式、新技术的交流机会。另外，通过组织研讨、培训等形式，对中方政府管理人员及企业管理与技术人员进行能力建设，吸收学习国际经验，提升中方智慧城市管理与技术水平。

（执笔人：郑明媚　赵蕃蕃　戴　璐　中国城市和小城镇改革发展中心
吴晓敏　智慧城市发展联盟）

浅析社会组织对智慧城市发展的促进作用

自“智慧地球”概念提出后，智慧城市已经成为全世界城市规划的重点之一，并在全球范围内开展了大量实践，其中不乏新加坡、巴塞罗那、纽约、首尔等已经取得良好实践效果的成功案例。我国在 2012 年 1 月出台《国务院关于印发工业转型升级规划（2011—2015 年）的通知》(国发〔2011〕47 号)，首次在国家层面提出智慧城市建设。智慧城市作为数字城市、平安城市的升级，近年来在国家部委和社会各界力量的促进下，已经取得了不小的进展，我国智慧城市整体也已经从规划设计阶段进入实施阶段，我国智慧城市建设速度将快速提升，据估计，我国智慧城市未来十年的相关投资将超过 2 万亿元。

一、国内外智慧城市社会组织现状

城市的智慧服务，不论从政府职能转变、城市智慧经济发展和城市人居智慧化等方面，都要求有系统性、交互性、可靠性、便捷性等较高的集成解决方案，而针对智慧城市的巨系统，基本上很难有单一的企业能够全面满足智慧城市需求，因此，智慧城市社会组织是实现以上需要的关键性路径。智慧城市社会组织可推动智慧城市企业合作，快速培育智慧城市管理和技术创新联盟，支撑智慧城市试点应用。

（一）国外智慧城市社会组织现状

国外智慧城市协同体系的雏形最早是 20 世纪 80 年代在美国成立的智慧城市网络（Smart City Networks），美国和日本在 2010 年前后，在政府和企业界全面掀起智慧城市联盟的布局，并带动了美洲和亚洲其他国家建立智慧城市联盟。欧洲主要国家（德国、法国、丹麦、西班牙、英国等）也于同期（2012 年起）成立智慧城市联盟（网络）。

1. 欧洲

（1）公共部门联合：

2013 年 2 月，由丹麦住房和城乡建设事务部与 Aarhus 大学联合成立丹麦智慧城市网络，该网络组成包括地方和区域性地方城市政府、相关部委、大学、企业和社会组织等。网络通过定期开会探讨和交流在智慧城市规划、管理和建设中的经验。

2013 年 4 月，苏格兰城市联盟（Scottish Cities Alliance）批准智慧城市合作计划，并将该计划纳入联盟的战略规划之中。城市联盟的参与单位随后编制了系统的战略方案、工作方案和计划，为促进苏格兰发展智慧城市创造培育和投资支持，得到了英国技术战略框架未来城市示范项目两千四百万英镑的支持，经费重点支持 6 个城市的公共服务和建筑领域的智慧实践。联盟与爱丁堡碳创新中心合作，共同识别、确认和推进苏格兰智慧城市项目，并为国际机构参与搭建平台。在英国，城市级的智慧城市联盟也在部分城市建立，如伯明翰智慧城市联盟。

2013 年 8 月，德国海德堡市（Heidelberg）和美国加州帕罗奥多市（Palo Alto）建立智慧城市联盟，并升级为智慧城市伙伴关系（Smart City Alliance to Partnership），两个城市在姐妹城市的基础上，进一步发展智慧城市联盟，并升级为城市伙伴关系。

2014 年 6 月，西班牙智慧城市网络 (RECI，Spanish Network of Intelligent Cities) 由 Murcia 大学发起，Murcia 大学与 Fundetec 共同推广该网络，第一批有 4 个城市参与行动计划。Odin Solutions 依托网络开发了建筑能效管理平台，并进一步通过网络集成智慧城市相关技术，目前已经在公共 / 民用建筑、公共自行车、环境监测、绿化控制和安全系统等领域实现了智慧节能服务。

（2）私营部门联合：

2012 年 4 月，智慧城市委员会（Smart cities council）由 Alstom Grid、Bechtel 等公司联合发起，是基于行业整合，加快智慧和可持续城市需要而成立的区域性委员会，组成机构包括世界顶级智慧技术公司，顾问委员会包括世界范围内四十余家顶尖大学、研究院、国家实验室、开发银行、投资商和标准化机构。通过机构之间的合作，面向城市搭建宜居、宜业和可持续的智慧城市，提供高质量生活品质和高质量工作机会。

2. 美洲

（1）公共部门联合：

2014 年 1 月，美国国家标准学会智慧和可持续城市网络（ANSI Network on

Smart and Sustainable Cities，ANSSC)。该网络致力于为城市管理者和其他知识界提供有关城市基础设施规划和可持续发展全面的综合解决方案展示平台，并分步实现智慧城市标准化。

（2）公私部门联合：

2010 年 3 月，IBM 与秘鲁市政府（Peruvian Los Olivos）合作搭建智慧城市联盟，IBM 为秘鲁提供多元化的云平台技术解决方案，包括光缆、网络、路由服务器、存贮和应用等。IBM 智利认为秘鲁项目未来五年将带动整个拉丁美洲的智慧城市产业的兴起。

2014 年 4 月，由加拿大阿尔伯特省发起，IMB 加拿大、Cisco 加拿大、Alberta 大学和北阿尔伯特理工学院 (Northern Alberta Institute of Technology，NAIT) 作为成员单位，成立该省智慧城市联盟。联盟致力于城市研究与创新，包括最佳实践和技术以支持智慧城市应用，为 St. Albert 市和其他城市提供更优的智慧城市解决方案。

2014 年 5 月，美国堪萨斯市和思科合作构建智慧城市网络，将堪萨斯市作为动态现货的城市实验室，为市民提供职业机会、智慧街道照明、视频监控、数字交互和移动。

（3）私营部门联合：

美国智慧城市网路（Smart City Networks）成立于 20 世纪 80 年代，是美国提供会议有线、无线互联网技术服务、电话通信和不同空间尺度数字信号解决方案的最大提供商。每年服务展会场次超过 3000 个。

Cisco 和 AGT International 于 2014 年 2 月成立智慧城市全球战略联盟。联盟平台将智能网络化、可视化计算和视频管理软件（CISCO）与智慧城市软件平台、传感门户和分析工具（AGT）相结合，开发成本——效益均衡有效的服务产品，提高城市居民和城市服务的质量。

IBM 和 AT&T 于 2014 年 2 月，成立全球智慧城市联盟，合作开发基于物联网、大数据的“智慧城市”解决方案。

2014 年 9 月，由全球频谱（GLOBAL SPECTRUM）发起智慧城市网络，旨在更新和管理技术和电讯服务。

3. 亚洲

（1）公私部门联合：

2014 年 4 月，阿尔斯通（Alstom）和香港大学组建智慧城市战略联盟，双方合作开发应用于智慧城市的下一代先进开放系统，聚焦能源和交通领域潜在的商业化应用。阿尔斯通在香港大学设立智慧城市项目孵化器，促成不同市场参与方依托该联盟形成伙伴或联盟关系。

（2）私营部门联合：

2009 年 12 月，SAP（日本）等跨国公司组成日本智慧城市联盟参与智慧城市项目，该项目在 Kashiwanoha 学校启动，联盟合作致力于将项目打造为下一代环境友好型城市。SAP AG（思普爱公司），SHARP（夏普）公司，Nikken Sekkei（日建集团）公司，Hewlett-Packard Japan（惠普）公司，Mitsui Fudosan（三井不动产）公司，e-solutions 公司和 Future Design Center（未来设计中心）联合会联合承担智慧城市项目，并致力通过打造技术模式创新，从日本推广到世界。

（二）国内智慧城市社会组织现状

自 2011 年开始，我国就陆续出现与智慧城市相关的联盟，截至 2015 年 3 月，全国、区域和城市层面的联盟数量总数约为 30 个，以全国性和区域性（两岸、广东、广西、四川、陕西等）的联盟为主，城市（区）层级的联盟有北京市海淀区、大连市、合肥市等，四川和上海有联盟直接聚焦社区层面。

联盟建设模式与国外类似，有公共合营、公私合营和私营合营等。支持单位包括工信部、住建部、发改委、教育部和行业协会等，超过一半的联盟为市场自发运作，无直接的支持单位。在联盟形式方面，有城市联盟和协同创新中心等，目前我国主要智慧城市联盟组织如表 6-1 所示。

表 6-1　目前我国主要智慧城市联盟组织

名　称	中国智慧城市规划建设推进联盟		
成立时间	2011 年 5 月	成立地点	北　京
发起单位	中国通信工业协会、中国通信工业协会物联网行业分会		
参与单位	百余家在我国境内注册成立的从事智慧城市规划建设的企（事）业单位、大专院校、科研院所、行业协会、标准化组织、检测机构等		
业务范围	执行国家有关智慧城市产业政策，建立并完善产业链发展协调机制，为智慧城市规划建设企业提供服务并架起与政府的桥梁，推进智慧城市规划建设产业核心技术发展、产品的自主创新和产学研用；推动智慧城市规划建设产业公共服务体系建设；推进技术标准研究、制定与宣传贯彻工作；推进检测技术的研究开发和标准符合性检测工作的开展；面向企业提供知识产权服务；组织智慧城市规划与建设行业的相关培训并开展咨询服务；组织行业技术交流、展览展示；承担政府转移职能等		

续表 6-1

名　称	中国智慧城市产业技术创新战略联盟		
成立时间	2012 年 10 月	成立地点	北　京
发起单位	神州数码、北京航空航天大学、公安部第三研究所、武汉大学等 18 家单位		
参与单位	工信部电信研究院、航天科技控股集团、中国电信集团、赛伯乐投资集团、方正国际、太极计算机股份、清华大学、深圳贝尔、中科院研究所等 26 家单位		
业务范围	对智慧城市产业的产、学、研、用核心技术进行研究，形成具有自主知识产权的产业标准、专利技术、专有技术等。带动重大应用示范，通过协同合作，降低风险和成本，整合智慧城市建设、运营所涉及的各项主体和领域，形成上下游产业链，打造智慧城市产业链与生态圈		
名　称	中国智慧城市发展促进工作联盟		
成立时间	2013 年 1 月	成立地点	北　京
发起单位	中国软件评测中心		
参与单位	北京、上海、广州、深圳、厦门等 17 个地方城市、中国联通、中国电信等十余家 ICT（信息通信技术）企业		
业务范围	组织开展智慧城市评估指标体系研究、智慧城市重点领域建设指南编制、智慧城市培训和体验中心搭建、智慧城市产业政策和标准体系研讨等		
名　称	中国智慧城市产业联盟		
成立时间	2013 年 10 月	成立地点	北　京
发起单位	中国电子商会		
参与单位	泰华智慧产业集团股份有限公司、中国电子科技集团、中国航天科工集团，太极股份、同方股份、中兴通讯、大唐电信等		
业务范围	推动制定统一的符合中国国情的智慧城市产品技术、服务标准及评价体系；每年度定期举行全国（包括国际）智慧城市高峰论坛和研讨会；利用联盟自身在产业、技术和专家团队方面的优势，为政府和行业提供智慧建设服务和咨询，建立服务全国智慧城市公共服务综合管理平台；建立校企合作，广泛开展智慧城市信息化专业人才培养认证以及开展服务型政府管理者和行业应用人才高端智慧培训		

续表 6-1

名 称	智慧城市发展联盟		
成立时间	2014 年 4 月	成立地点	北 京
发起单位	国家发展改革委城市和小城镇改革发展中心		
参与单位	神州数码、财讯传媒、上置集团、IBM、民生银行、亚信联创、建业集团、亿阳集团、乐视网公司等		
业务范围	形成企业和城市间合作格局，IBM 发挥技术优势，与联盟成员建设智慧城市发展模式，采取市场化机制运行，推动智慧城市在决策管理、城市社会治理、公共服务、信息惠民等方面的应用。构建互补而非竞争的合作机制，搭建联盟成员和城市与小城镇之间的交流平台。发挥联盟在引领中国智慧城市发展政策咨询、研究和市场推广的平台作用；推动公共服务资源从孤立、分散的信息化建设模式向多部门协同的方向发展。通过市场参与实现公共服务事项和社会信息服务的全人群覆盖、全天候受理和“一站式”办理；借助媒体平台推动信息化手段成效高、社会效益好、示范意义大、带动效应强的智慧城市应用平台；在《关于加快实施信息惠民工程有关工作的通知》等相关政策框架下，参与执行信息惠民的 11 项重点任务，推进社会保障、健康医疗、优质教育、养老服务、就业服务、食品药品安全、公共安全、社区服务、家庭服务 9 项行动计划。组织智慧城市发展和建设的跟踪调研、评估，总结推广相关经验。开展专家授课，培训政府管理人员和专业技术人员。选择示范项目、推动国际合作		
名 称	国家智慧城市产业技术创新战略联盟投融资管理联盟		
成立时间	2014 年 6 月	成立地点	北 京
发起单位	中国城市科学研究会		
参与单位	国内商业银行、其他金融机构、企事业等会员单位		
业务范围	承接国家、省、市智慧城市重点建设项目；引导社会资本共同参与、打造智慧城市万亿级产业基金，服务于智慧城市基础设施、城镇化建设、智慧交通、智慧医疗、智慧养老、智慧教育、智慧旅游等行业		

二、社会组织在智慧城市建设中的作用

NGO(非政府组织)是我国社会主义市场经济体系中不可缺少的重要组成部分，是加强和改善行业管理与市场治理的重要支撑，是联系政府、企业、市场之间的桥

梁和纽带。自我国智慧城市概念提出以来，我国智慧城市领域 NGO 发展迅速，实力不断增强，尤其是以业内企业为主组成的智慧城市联盟组织，在国家智慧城市建设中作用和影响更加显著。

智慧城市联盟组织，立足于服务产业、服务政府、服务市场、服务社会，在我国智慧城市建设各个阶段，充分发挥了 NGO 在行业研究、行业推广、资源配置、行业标准制定等方面的优势，为加速我国智慧城市建设做出了突出的贡献，已成为一股推动智慧城市发展不可忽视的重要力量。

（一）智慧城市的推广、示范

从我国智慧城市建设的角度来说，各地经历了三个不同的阶段。从最开始的各地独立探索，寻找智慧城市的发展方法与路径，到包括住房和城乡建设部、工业和信息化部、科学技术部等国家部委确立试点城市的第二阶段，再到目前的在“促进智慧城市健康发展部际协调工作组”的统一调度下的统筹阶段。

在智慧城市建设推进的这三个过程中，智慧城市联盟组织通过其在行业内的影响力和号召力、在各部委下发文件，确定试点的工作中，充分发挥了“传送带”作用，更好地衔接了地方城市与部委的沟通，分担了部分部委工作，使智慧城市试点工作能够快速有效地布置实施。同时，还举办了大量的大型展览会、博览会、论坛以及招商会等活动，打造了“智慧城市创新大会”“智慧城市发展大会”“智慧城市行”等系列活动。通过活动的举行，不仅可以推动智慧城市概念的普及，使民众更直观地了解智慧城市，还为智慧产业发展、优秀智慧城市实践经验推广提供了广阔的平台。

（二）促进行业整合、国际交流

智慧城市作为城市发展的新阶段，涵盖了最新的概念和产业领域，需要将不同职能进行有机整合，从整体层面进行统筹规划，打破数据孤岛，整合城市规划、城市治理、信息技术、便民服务等全领域，形成系统、高效、便捷、可靠、高度整合的解决方案。智慧城市这样跨行业、跨领域、长时效的综合城市建设项目，不可能依靠单个部门或企业完成整体智慧城市的建设，不仅需要政府各个部门通力配合，不同行业领域做到互联互通，也需要各智慧城市产业相关单位进行有机结合，充分发挥行业联盟的协同作用，支撑智慧产业的发展。

智慧城市相关联盟组织具有专业、信息、人才、机制等市场资源配置方面的优势，能做企业想做但靠单个企业做不到的事；能做市场需要做却无人牵头去做的事；能做政府想做却无精力去做的事。而且在从事智慧产业的领军企业中，绝大部分都是各个联盟组织的会员或成员单位，这就赋予了智慧城市联盟组织动员和整合资源的独特优势，这个优势是地方城市和单个企业所不具备的。联盟组织可以不受部门与地区的限制，在全国乃至全球范围内整合智慧产业链上下游企业，通过横向、纵向的协调，充分调动行业资源，形成高度的集成体，共同促动智慧城市建设。同时，通过不断对行业资源的整合，带动整个智慧产业的结构调整、技术创新与商业模式创新，使之更加顺应我国智慧城市发展的总体要求。

智慧城市概念最早由国外企业提出，现已被国内企业接受，并通过各种途径积极开展国际交流与合作。国务院总理李克强同志在2015中欧城镇化伙伴关系论坛上指出要深化中欧智慧城市合作，通过国际相互交流与合作可以引进先进技术，吸取国外先进的智慧城市建设经验，制定符合我国国情的智慧城市建设规划。同样，国内联盟组织与国际及港澳台智慧城市相关组织的交流合作，也在积极进行，现已与欧洲、美洲、亚洲等多个国家及地区的智慧城市组织建立了合作关系。通过与国际组织的合作，国内联盟组织，为国内企业开展经验交流、技术合作开拓了更广阔的空间。

（三）模式创新

目前我国的智慧城市试点城市已经超过三百个，但仍旧是以政府财政投入为主，尚未形成良好的、可持续发展的智慧城市建设模式。我国正处在新型城镇化的发展阶段，要全面实现智慧城市建设，不仅要在技术范畴进行创新，还需要对机制体制、建设和运营模式进行创新。智慧城市建设的建设运营模式创新不等同于一般的企业商业模式，而是由政府主导、社会各界力量积极参与的创新，应注重激发市场活力，建立可持续发展机制，鼓励社会资本参与建设投资和运营，同时杜绝政府大包大揽和不必要的行政干预。

在这样的前提下，智慧城市联盟组织自身强大的资源调动能力和整合能力得以充分发挥，不仅可以依托联盟主体开展智慧城市创新的调研、研究工作，也可以通过其第三方组织的身份充分整合各类资源。智慧城市建设具有系统性、协同性、便捷性和开放性的特点，针对智慧城市建设运营模式的创新，同样需要满足这些要求。联盟组织的创立得到了政府相关部门、行业协会、高校、企业等的多方支持，比其他行业组织具有更高的行业协同性和市场参与属性，可以牵头联合政府部门、高校和研究机构、通信服务公司、信息化公司、投融资机构等频繁参与智慧城市研究和建设工作，促进智慧城市投资和运营模式的创新。现在国内已经成立了多个专门从事智慧城市投资和运营模式创新工作研究和试行的联盟组织，尤其是在吸引社会资本参与智慧城市投资建设和运营方面已取得了不菲的成就，成立了多支针对智慧城市发展的基金。

（四）标准制订

2014 年 1 月，国家标准委早于 25 个部门的部际小组成立之前，会同国家发展改革委、科学技术部、工业和信息化部、住房和城乡建设部等部委成立了国家智慧城市标准化协调组、国家智慧城市标准化总体组及国家智慧城市标准化专家咨询组，共同开展我国智慧城市标准化工作的统筹规划和协调发展。为支撑国家层面开展智慧城市评价指标体系及指标的研究工作提供了组织保障。在协调推进组的各部门大力支持和专家组的咨询指导下，经过总体组全体成员 2 年的努力开拓，团结协作，已形成由 4 个能力类和 5 个成效类一级分类、37 个二级分类的指标体系。

在国家智慧城市标准制定的过程中，联盟组织同样发挥了不可或缺的作用，在国家智慧城市标准化总体组中就有多家联盟组织，其中有两个联盟组织直接参与了标准编制工作，有一家更是作为牵头单位，已立项 5 个大项、拟立项 42 个小项，已立项 29 项智慧城市标准，为整个智慧城市行业的协调有序发展奠定了基础。同时，联盟组织还承接了相当数量的标准化工作会议的组织和筹办工作，并组织相关单位参与欧洲、美洲等若干标准化会议。另外，为丰富我国智慧城市标准体系，发挥社会组织的行业自律性，各联盟组织也在推进具有地方和行业特色的团体标准，开始了相关标准的先行先试工作，并已经在个别城市落地实施。

三、智慧城市社会组织的发展建议

在加快转变政府职能，深化行政体制改革的形势下，随着我国智慧城市建设进程进入新的阶段，包括联合会、行业协会、联盟、研究院等在内的社会组织，在智慧城市机构体系建设、融资渠道创新、创建行业标准、促进产业联动、服务地方建设、承接政府转移职能等多方面做了大量的工作，并通过自身力量，发挥社会组织咨询服务能力，间接或直接参与了我国智慧城市建设。有一些有实力的联盟组织更是直接参与了地方智慧城市建设项目的投资运营。在规模上，虽然社会组织不能与政府机构和大型企业比肩，但在智慧城市领域，社会组织必将发挥更加重要的作用，促进我国智慧城市建设健康、可持续发展。

智慧城市社会组织要能分担政府责任，将潜在的能量和优势变为现实，还需要做大量的基础性工作，因此对其建议如下：

第一，要形成高素质的专业队伍，提升专职管理人员的综合素质，确定自己的专业定位。专职管理人员的优秀专业素质和丰富的经验有利于提高服务的效率和质量，否则将会降低社会组织的公信度。

第二，智慧城市社会组织必须高效运作，追求最低成本和最优结果，实现效率组织。

第三，智慧城市社会组织要建立严格的财务审核和准确的信息披露制度，必须实现廉洁自律。

第四，行业引导，模式提升。逐步总结出有利于推动我国不同地区、不同空间特点、不同智慧应用需要的社会组织模式，用智慧城市的模块化思路和先进技术首先建立联盟内部高效的信息化建设与基础数据平台，定期（不定期）发布通讯、举办信息交流会、学术研讨会、专题报告会、需求恳谈会、招投标活动以及各种培训班等，为提升联盟资源总量和进一步提炼信息提供基础。

（执笔人：李建平　江波　中国智慧城市产业联盟）

附录

政策文件

关于开展智慧城市标准体系和评价指标体系建设及应用实施的指导意见

各省、自治区、直辖市质量技术监督局、发展改革委、网信主管部门，各有关行业协会、集团公司、各有关标准化技术归口单位：

智慧城市标准体系和评价指标体系是引导我国各地智慧城市健康发展的重要手段，是促进信息资源汇聚、共享和开发利用的基础支撑，是推进我国云计算、物联网、大数据等智能技术规模化应用的必要条件，也是我国新型城镇化建设的重要内容和保障。为贯彻中央网络安全和信息化领导小组第一次会议和深化标准化工作改革方案精神，落实《关于促进智慧城市健康发展的指导意见》（发改办高技〔2014〕1770号），加快形成智慧城市建设的标准体系和评价指标体系，加强重点标准的研制和应用，开展智慧城市评价工作，充分发挥标准和评价对智慧城市健康发展的引导支撑作用，现提出以下意见。

一、指导思想

以提升智慧城市建设水平为核心，坚持以实效为导向、标准为基础、创新为动力、评价为抓手，着力完善智慧城市标准体系，加快关键技术标准研制工作，强化标准应用实施，形成并不断完善智慧城市评价指标体系，充分发挥智慧城市评价工作的引导与规范作用，指导各地智慧城市建设，确保智慧城市建设质量，提升城市智慧化水平。

二、基本原则

统筹规划，科学有序。突出国家智慧城市顶层设计整体规划的科学性，协调各方资源，统筹管理，充分发挥国家智慧城市标准化工作协调机制的作用，集中研究机构、企业和专家的力量，推动智慧城市标准体系和评价指标体系的建设和应用实施。

合理安排，分步实施。建立健全开放发展、动态更新的智慧城市标准体系，支持核心关键急需标准、基础通用标准、重点领域国际标准的研制。鼓励成熟的部门及地方率先开展智慧城市评价指标体系的应用验证及试评价工作，总结经验，为在全国范围推广应用智慧城市评价标准形成样板。

示范推动，标杆引领。鼓励地方积极参与智慧城市国家标准的应用实施工作，支持标准应用实施的试点、示范。充分结合地方特色，集中优势资源，科学准确评价试点城市智慧城市建设成果，形成标杆，以点带面，促进智慧城市健康发展。

总结经验，持续改进。在智慧城市标准体系和评价指标体系的建设和应用实施过程中，发现问题、解决问题、积累经验，不断改进智慧城市标准体系和评价指标体系，提升应用水平。

三、主要目标

建立并完善智慧城市标准体系，加快制定核心和急需标准，确保智慧城市涉及的总体、支撑技术与平台、基础设施、建设与宜居、管理与服务、产业与经济、安全与保障标准基本健全，到 2017 年完成 20 项急需的智慧城市标准制订工作，到 2020 年累计共完成 50 项左右的智慧城市领域标准制订工作，同步推进现有智慧城市相关技术和应用标准的制修订工作。大力开展智慧城市标准化宣传、培训工作，推动智慧城市标准应用及试点示范。

建立并完善智慧城市评价指标体系，综合考虑不同规模、不同特色的城市发展需求，制定科学有效的智慧城市评价指标。通过以评促建，以评促改，完成城市智慧化水平的提升。2015—2016 年同步开展整体指标及成熟领域分项指标试评价，2018 年初步建立我国智慧城市整体评价指标体系，到 2020 年实现智慧城市评价指标体系的全面实施和应用。

四、标准体系和评价指标体系框架

（一）标准体系框架

根据《关于促进智慧城市健康发展的指导意见》提出的主要目标和重点任务，在梳理现有相关标准和研究标准需求的基础上，初步提出智慧城市标准体系框架，包括总体、支撑技术与平台、基础设施、建设与宜居、管理与服务、产业与经济、安全与保障等七个大类。标准体系框架详见图 1。

（二）评价指标体系框架

智慧城市评价指标体系由能力类指标和成效类指标组成一级指标。每个一级指标下包含若干二级指标评价要素。2015—2020 年通过试评价工作逐步完善智慧城市评价指标体系。智慧城市评价指标体系的总体框架试行稿见图 2，2020 年正式发布智慧城市评价指标体系。

五、重点任务

（一）建立并完善标准体系

基于智慧城市标准体系框架，加快推进智慧城市国家标准制修订工作，重点制定智慧城市术语、参考模型、评价指标、顶层设计、数据融合、城市公共信息与服务支撑平台、网络安全等基础性、关键性标准。进一步征集地方、产业的智慧城市标准化需求，深入分析智慧城市相关现有技术标准和应用标准，优先支持急需的智慧城市基础性、共性标准立项和研制。同时，收集标准示范应用过程中出现的问题、难题和新需求，促进标准制定与实际应用结合，不断完善智慧城市标准体系框架，尽快建立健全我国智慧城市标准体系。

（二）建立并完善评价指标体系

按照《智慧城市评价指标体系总体框架》及《智慧城市评价指标体系分项评价指标制定的总体要求》，开展各领域分项评价指标的研制工作，鼓励智慧城市建设过程中评价指标较为成熟的部门于 2015 年底发布第一批 3—5 个领域的分项评价指标，并逐年扩展其他领域的分项评价指标研制工作，加快形成我国整体智慧城市评价指标体系。

图 1　智慧城市标准体系框架（试行稿）

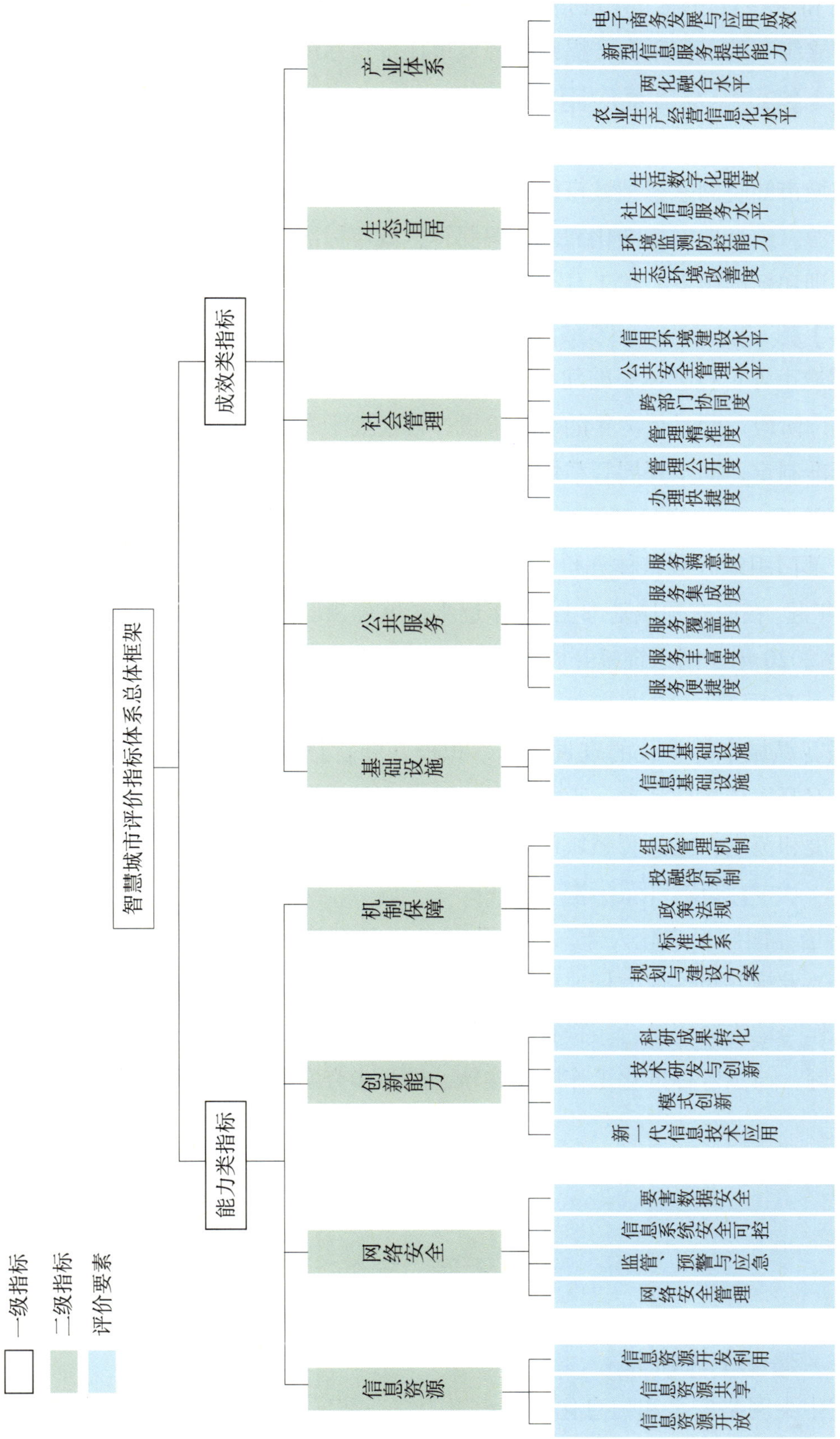

图 2 智慧城市评价指标体系总体框架（试行稿）

创新和完善智慧城市评价指标体系制定工作机制和手段，鼓励利用信息化技术手段建立统一的工作平台，提升智慧城市评价指标体系建设的工作成效。

（三）推动标准体系应用实施

宣传贯彻智慧城市标准化总体工作思路，开展重点及核心标准应用示范，促进地方和城市知晓国家智慧城市标准化工作的进展和方向，了解智慧城市目前可用的标准资源。结合地方标准化需求，编制智慧城市标准应用指南，开发智慧城市标准咨询培训和标准服务支撑工具，支撑地方实施智慧城市国家标准。

（四）推动评价指标体系应用实施

智慧城市评价指标体系的建设工作是一个逐步完善的过程，分为启动、发展、成熟、推广阶段，经过近两年的启动阶段，目前处于发展阶段。结合分项评价指标和相关标准制定，同步开展智慧城市评价工作，落实评价指标的应用实施，鼓励地方依据智慧城市评价指标开展自评价工作，促进地方智慧化水平的提升。2015 年起由相关部门组织开展整体评价指标及 3—5 个分领域评价工作，发布年度评价结果，2016 年起，在原有领域基础上，每年逐步扩展分领域，编制分领域评价指标体系，2019 年至 2020 年，国家统筹开展智慧城市综合评价工作。

（五）开展宣贯培训工作

加强智慧城市标准化的宣贯工作，积极开展智慧城市标准的培训活动，通过定期组织召开宣传培训活动、高峰论坛、研讨会等，加大智慧城市标准及评价指标的宣传力度和范围，提高智慧城市标准化工作的影响力。

（六）大力推进国际标准化工作

继续培养国际标准化人才，结合我国已取得的国际标准化地位、国际标准研究等成果，发现并吸纳地方标准化领域的人才，向国际输送我国专家力量，使国家标准化工作与地方紧密结合。将我国智慧城市取得实效的标准化工作经验和优秀案例推向国际，与国际标准化工作顺利接轨，进一步夯实我国在国际标准化工作中的主导地位。

六、保障措施

（一）强化工作机制

按照中央网络安全和信息化领导小组的统一部署，在国家“促进智慧城市健康发展部际协调小组”的统筹协调下，充分发挥“国家智慧城市标准化协调推进组”、“国家智慧城市标准化总体组”及“国家智慧城市标准化专家咨询组”的作用，加强智慧城市标准化综合协调，形成从标准研制、宣贯、评价、认证的长效机制。并鼓励地方政府出台相关政策及管理手段配合完成标准应用实施的推进工作。

（二）加大资金投入

各有关部门及地方在各类专项中给予智慧城市标准的配套资金支持，促进形成多渠道资金投入、多主体参与的格局。

（三）重视人才培养

地方积极配合智慧城市标准体系及智慧城市评价指标体系的应用实施和宣贯培训工作，选拔一批地方标准化工作人才参与智慧城市国家标准与国际标准研制工作。

（四）推进国际交流

支持有关单位参与和主导智慧城市国际标准的研究和制定工作，推进国际城市间标准化合作机制的建立，广泛开展标准化工作的国际交流合作。

附件：1. 智慧城市评价指标体系总体框架（略）

2. 智慧城市评价指标体系分项制定的总体要求（略）

国家标准委

中央网信办

国家发展改革委

2015 年 10 月 22 日

智慧城市：时空信息云平台评价指标体系

（2015 版）

一、应用领域

国家测绘地理信息局自 2006 年，特别是 2009 年加快推进数字城市地理空间框架建设以来，全国 333 个地级市、380 多个县级市开展了建设工作，其中 220 多个地级市、100 多个县级市地理空间框架建成并投入使用，已经成为领导科学决策的重要工具、城市信息化建设的基础平台和提高人民生活质量的便利帮手，在强决策、精管理、惠民生和促产业等方面发挥了十分突出的作用。

随着科技不断进步和应用需求快速变化，特别"智慧地球"概念提出以后，欧盟、日本、韩国、新加坡等发达国家陆续启动了智慧城市相关科技计划，为发展智慧城市提供了契机。巴西里约热内卢以及我国的沈阳、昆山等城市先后开展了智慧城市的探索与实践，力求实现"更透彻的感知、更广泛的互联互通、更全面的智能化"，加快了数字城市迈向智慧城市的步伐，对地理空间框架提出了体验性要好、实时性要强、移动性要大、可控性要高和自主性要多的新要求，进一步升级为具有时间标识的时空信息基础设施，与工信部门负责推进的云环境、网络等信息基础设施集成后，为住建、国土、环保、公安、交通、水利、农业、旅游等部门的智能专题应用提供数据服务、基础设施服务、平台服务和功能服务。

时空信息基础设施是带有时间标识的地理信息数据及其感知、处理、共享、集成、挖掘分析、泛在服务所涉及的政策、法规、标准、技术、设施、机制和人力资源的总称，其核心建设内容可以归结为：时空基准、时空信息大数据、时空信云平台和支撑环境。

根据“关于促进智慧城市健康发展的指导意见”（发改高技〔2014〕1770 号）的文件精神，以及促进智慧城市健康发展部际协调工作组的任务分工，国家测绘地理信息部门组织制定了智慧城市时空信息云平台评价指标体系，旨在加强与相关部门的衔接，推动智慧城市健康发展。

二、评价指标体系框架

按照《智慧城市评价指标体系总体框架》和《智慧城市评价指标体系分项制订的总体要求》，充分考虑智慧城市时空信息云平台的特点，评价指标体系确定为 7 个一级指标，分别为信息资源、管理服务、云环境、应用效果、信息安全、机制保障和创新特色；57 个二级指标，整体框架见图 1。

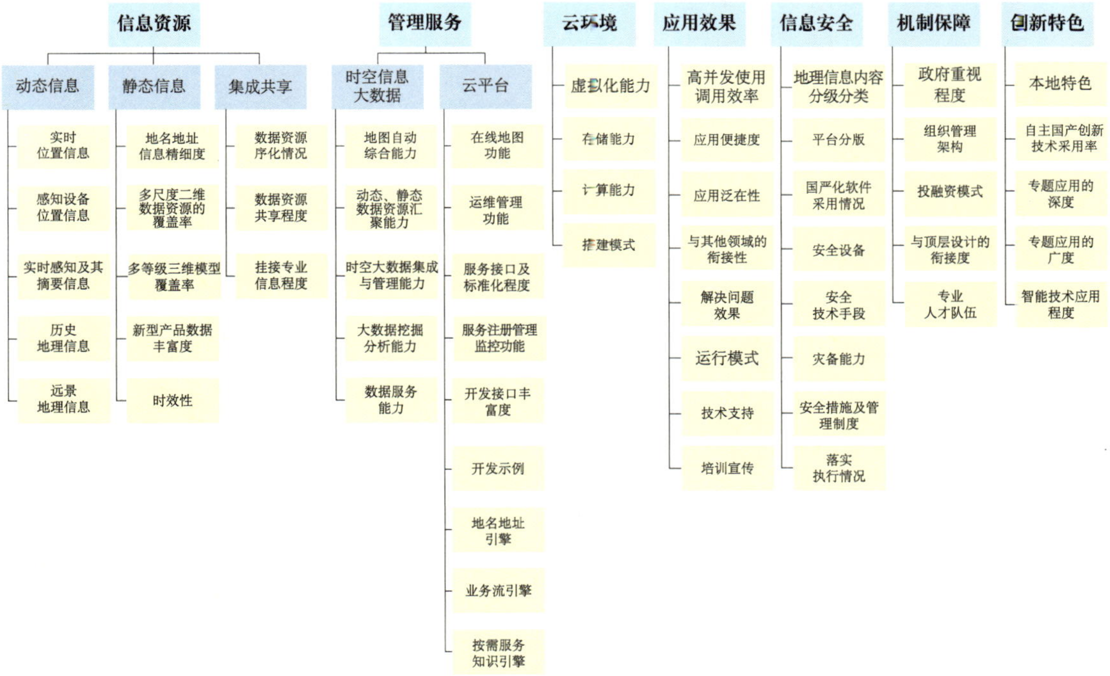

图 1　智慧城市时空信息云平台评价指标体系整体框架

三、评价指标说明

一级指标	二级指标评价要素		指标释义	指标属性	数据来源
信息资源	动态信息	实时位置信息	是基于北斗、GPS、通信基站、RFID、WIFI 等空间位置确定技术，实时获取得到的目标时间、平面和高程坐标	核心	通过实地考察和调查问卷两种方式获取该类信息的情况： 1. 有无情况 2. 应用范围 3. 解决问题
		感知设备位置信息	是感知设备如 IP 地址、地址标签、停车场 RFID、监控摄像头等的平面坐标和高程坐标，规范的分级分类信息，地理编码	扩展	通过实地考察、调查问卷两种方式获取该类信息的情况： 1. 有无情况 2. 感知设备地址库的内容丰富情况 3. 编码规范程度
		实时感知及其摘要信息	是上述感知设备获取的流式数据和解译结果，及其多层次摘要	核心	通过实地考察、调查问卷两种方式获取该类信息的情况： 1. 接入情况 2. 提取能力 3. 解译能力
		历史地理信息	是被最新采集获取的地理信息数据更新后的静态地理信息数据和动态地理信息数据。包括以前多年代的影像数据、矢量数据等，以及该时点以前的监控视频、移动目标轨迹、大气指数等	核心	通过调查问卷、第三方采集两种方式获取该类信息的情况： 1. 种类数量 2. 时空管理能力 3. 应用情况（范围和深度）
		远景地理信息	是城市发改、国土、规划等不同行业部门制定的发展蓝图，如城乡总体规划、土地利用规划、生态环境规划等	扩展	通过实地考察、第三方采集两种方式获取该类信息的情况： 1. 种类范围 2. 集成情况 3. 应用情况（范围和深度）

续表

一级指标	二级指标评价要素		指标释义	指标属性	数据来源
信息资源	静态信息	地名地址信息精细度（含室内、室外）	是在地名的基础上，面向未来不动产登记、信用体系建立等新要求，扩充室外门牌号、房屋号，以及室内分层分户码	核心	通过第三方采集方式获取该类信息的情况： 1. 门牌号、房屋号全面覆盖 2. 分户码的覆盖率
		感多尺度二维数据资源的覆盖率	是在城市大比例尺或高分辨率二维矢量和影像数据基础上，更新、拓展、纵向共享后，形成的多尺度现状数据覆盖范围	扩展	通过实地考察、第三方采集两种方式获取该类信息的情况： 1. 数据种类及覆盖 2. 纵向共享情况
		多等级三维模型覆盖率	是按照国家测绘行业标准生产的Ⅰ级、Ⅱ级、Ⅲ级、Ⅳ级三维模型的覆盖范围	核心	通过实地考察、第三方采集两种方式获取该类信息的情况： 1. 模型等级 2. 覆盖范围
		新型产品数据丰富度	是采用倾斜摄影、激光雷达、移动测量设备等现代测绘技术获取制作的视角三维、360度全景、立面街景、激光点云、倾斜影像等测绘产品	扩展	通过第三方采集方式获取该类信息的情况： 1. 产品覆盖范围 2. 数据融合情况 3. 应用情况
		时效性	是指上述各类现状静态地理信息数据的现势情况，及其更新频度	扩展	通过实地考察方式获取该类信息的情况： 1. 现状数据的采集时间 2. 更新频度 3. 更新机制
	集成共享	数据资源序化情况	是指多尺度、多时相、多类型的矢量数据、影像数据、三维模型之间的时间一致性、空间一致性、属性一致性	扩展	通过实地考察方式获取该类信息的情况： 1. 不同尺度矢量数据空间一致性 2. 不同类型数据之间衔接性 3. 属性数据一致性
		数据资源共享程度	是指地理信息数据按照国家有关保密政策进行分级分类和保密技术处理后，可在政务网上内部使用的种类与数量，可在公开网络上使用的种类与数量	扩展	通过实地考察、第三方采集两种方式获取该类信息的情况： 1. 保密处理技术 2. 政务网上可使用的种类与数量 3. 公网上可使用的种类与数量

续表

一级指标	二级指标评价要素		指标释义	指标属性	数据来源
信息资源	集成共享	挂接专业信息程度	是指集成在地理信息数据之上的专题信息的种类、范围与数量	扩展	通过调查问卷和第三方采集两种方式获取 该类信息的情况： 1. 挂接的专题信息种类 2. 范围与数量 3. 整合程度
管理服务	时空信息大数据	地图自动综合能力	是针对时空信息大数据中存放的多尺度矢量数据和多分辨率的影像数据，在大尺度的地理数据更新后，应快速及时进行地图综合，联动更新中小尺度该范围的数据，以确保多尺度和多分辨率基础地理信息的时空一致性，让各种专题信息能够叠加集成在“一源图”上	核心	通过第三方采集方式获取该类信息的情况： 1. 功能有无 2. 自动化程度 3. 综合结果与国家规范的符合度 4. 综合的效率
		动态、静态数据资源汇聚能力	是对时空信息大数据开展的动态、静态数据汇聚和时空标识。其中汇聚的方式对于静态数据，定期离线拷贝；对于动态数据，历史地理信息随静态数据更新而自动生成，远景地理信息离线拷贝，智能感知设备位置数据及其流式数据，前者从测绘地理信息部门定期拷贝，后者通过有线或无线网络接入，采取多层次部署、多层次摘要、多层次服务的方式动态追加到大数据。实时感知源数据通常部署在具体专业部门，解译并形成的摘要以推送或调取两种模式分布式实时追加，确有必要时才调用源数据。时空标识将结构化的静态数据、非结构化的流式数据及其多层次摘要，注入时间、空间和属性“三域”标识。时间标识注记了该数据的时效性，空间标识注记了空间特性，属性标识注记了隶属的领域、行业、主题等内容，以便捷后续的时空大数据的整理和序化	扩展	通过第三方采集方式获取该类信息的情况： 1. 功能有无 2. 汇聚方式针对性与有效性 3. 汇聚的便捷度 4. 标识方式准确性和高效性 5. 标识便捷度

续表

一级指标	二级指标评价要素		指标释义	指标属性	数据来源
管理服务	时空信息大数据	时空信息大数据集成与管理能力	是指针对在数据中心存放的各类结构化和非结构化数据，进行的统一整理和管理。其中整理包括统一格式、统一时空基准和空间化；管理包括动态数据获取、数据管理和分析	核心	通过第三方采集方式获取该类信息的情况： 1. 功能有无 2. 格式统一能力 3. 时空基准统一能力 4. 空间匹配能力 5. 数据获取与管理能力 6. 数据分析能力
		大数据挖掘分析能力	是针对时空信息大数据的挖掘分析能力，通常包括挖掘工具集、主题挖掘能力和支撑模式。其中主题挖掘面向 3—5 个主题，以挖掘工具为原子，形成定制流程化的大数据挖掘功能；支撑模式应包含自选、定制和推送三种，将管理区的信息内容提供服务	扩展	通过第三方采集方式获取该类信息的情况： 1. 功能有无 2. 挖掘工具集丰富度 3. 主题挖掘的智能化程度 4. 支撑模式能力
		数据服务能力	是将时空信息大数据的静态、动态数据实现服务化。通常包括矢量数据服务、影像数据服务、三维数据服务、地名地址数据服务、新产品数据服务以及动态积累的实时数据服务	扩展	通过第三方采集方式获取该类信息的情况： 1. 数据到服务转化效率 2. 数据服务类型的丰富度 3. 数据服务提供方式的丰富度 4. 数据服务效率
	云平台	在线地图功能	是上述数据服务的地理信息系统软件级服务（SAAS），以满足普通用户的一般空间定位需求。通常包括用户登录、地理信息数据的加载、专题信息加载、查询分析、统计分析、空间分析、可视输出等直接应用服务功能，以及地图窗口、栏目入口、功能面板、数据切换、工具条、鱼骨条、鹰眼和比例尺等的界面布局内容	扩展	通过第三方采集方式获取该类信息的情况： 1. 功能有无 2. 功能丰富度 3. 开放性，如用户自定义更改能力等

续表

一级指标	二级指标评价要素		指标释义	指标属性	数据来源
管理服务	云平台	运维管理功能	是上述数据服务的运行管理系统软件级服务（SAAS），以满足云平台的日常运维监控需求。通常包括平台设置、用户管理、业务审核、平台监控、资源宿主、资源发布等功能	扩展	通过第三方采集方式获取该类信息的情况： 1. 功能有无 2. 功能丰富度 3. 自我体检能力
		服务接口及其标准化程度	是指上述数据服务的调用接口，以满足用户对于功能调用的需求。其中，服务通常分为必选模块、可选模块和专业模块	扩展	通过第三方采集方式获取该类信息的情况： 1. 服务接口是否分类 2. 服务覆盖度 3. 服务调用效率 4. 服务标准化程度
		服务注册管理监控功能	是指各种服务发布、服务注册及服务监管的功能。其中，服务发布通常包括服务上传、服务选择、服务描述信息编辑、服务发布检查等操作；服务注册通常提供手动注册和自动注册两种模式，实现对服务的注册及授权使用；服务监管对服务的使用时间、使用流量、使用者、使用习惯等进行监控	扩展	通过第三方采集方式获取该类信息的情况： 1. 功能有无 2. 服务发布功能完善度 3. 服务注册功能完善度 4. 服务注册自动化程度 5. 服务监控能力
		开发接口丰富度	是指二次开发接口（API）的平台即服务（PAAS）。通常至少包括 11 类 API：基本 API、地图类 API、事件类 API、控件类 API、数据解析类 API、二维类 API、专业 API、物联网 API、历史分析 API、比对分析 API、模拟推演 API	核心	通过第三方采集方式获取该类信息的情况： 1. 功能有无 2. 接口类型丰富度，包括移动 API、PC 端 API 等 3. 接口覆盖度 4. 接口调用便捷度

续表

一级指标	二级指标评价要素		指标释义	指标属性	数据来源
管理服务	云平台	开发示例	是指为方便用户调用数据服务、功能服务和开发接口服务构建专题应用系统，而提供的开发应用示例，通常至少包括代码示例、控件示例	扩展	通过第三方采集方式获取该类信息的情况： 1. 功能有无 2. 开发示例对服务和接口的覆盖度 3. 开发示例类型丰富度 4. 开发示例可复用度
		地名地址引擎	是指通过地名地址将专题信息集成至地理信息的功能件。通常包括精确匹配不完整地址和不规范地址、精确匹配地址别名、精确匹配地址要素别名、容错匹配功能、非法或超界地址识别功能、可定制功能的开放服务接口、批量匹配和逆向匹配功能	核心	通过实地考察、第三方采集两种方式获取该类信息的情况： 1. 功能有无 2. 功能丰富度 3. 匹配准确度 4. 匹配效率
		业务流引擎	是指通过可视化的流程定制帮助用户在数据服务、功能服务和接口服务的基础上，开发业务系统的功能件。通常包括预定义业务流、业务流程样例管理、业务规则库管理、业务流样例调用、编辑及输出、业务流运行服务管理、运行监控管理等功能	核心	通过实地考察、第三方采集两种方式获取该类信息的情况： 1. 功能有无 2. 业务流定制便捷度 3. 业务流编辑便捷度
		按需服务知识引擎	是指帮助用户进行服务资源的自动发现和自动装配，实现按需服务的功能件。通常包括资源特征库建立、需求知识库建立、智能组装功能、人机协同的调整环境等功能，可以帮助用户进行服务资源的自动发现和自动装配	核心	通过实地考察、第三方采集两种方式获取该类信息的情况： 1. 功能有无 2. 资源特征库丰富度 3. 需求知识库丰富度 4. 智能组装便捷度 5. 智能组装准确度 6. 调整环境便捷度

续表

一级指标	二级指标评价要素	指标释义	指标属性	数据来源
云环境	虚拟化能力	是指时空信息大数据和时空信息云平台依托的云环境，提供的基础设施如 CPU、内存、I/O、存储、网络等物理资源虚拟化、智能管理、弹性分配的能力	核心	通过实地考察、第三方采集两种方式获取该类信息的情况： 1. 设备资源虚拟化能力 2. 跨平台虚拟化能力 3. 虚拟化资源分配、管理和利用的实际效果
	存储能力	是依托的云环境对端弹性分配的可用存储空间	核心	通过实地考察、第三方采集两种方式获取该类信息的情况： 1. 存储容量 2. 存储性能，主要是 IOPS 和吞吐率两个指标。 3. 实际效果
	计算能力	是依托的云环境对端弹性分配的可用计算资源	核心	通过实地考察、第三方采集两种方式获取该类信息的情况： 1. 计算资源 2. 计算效率 3. 实际效果
	搭建模式	是指平台搭建在政府云在还是部门云上。通常包括已经建立过数字城市的，是否在原来的基础之上升级到云环境；将大数据中心和平台直接部属在政府云上，采取集约的方式构建云环境	扩展	通过实地考察、第三方采集两种方式获取该类信息的情况： 1. 政府云有无 2. 分布式建设模式 3. 集约式建设模式

续表

一级指标	二级指标评价要素	指标释义	指标属性	数据来源
应用效果	高并发使用 / 调用效率	是指在大量用户高并发访问的情况下，平台响应的准确性、平均效率和完备性	核心	通过实地考察、第三方采集两种方式获取该类信息的情况： 1. 完备性 2. 准确性 3. 平均响应效率
	应用便捷度	是该用户调用平台的方便程度	核心	通过实地考察方式获取该类信息的情况： 1. 入口多样化 2. 界面的友好度 3. 功能的大众化
	应用泛在性	是指平台对不同网络环境（传统有线网络、无线网络及移动互联网）及不同操作系统（PC 端系统及移动端系统）、不同硬件设备的业务支撑能力	核心	通过实地考察方式获取该类信息的情况： 1. 网络支持能力 2. 操作系统支持能力 3. 硬件设备支持能力
	与其他领域的衔接性	是指平台对专业部门系统构建的支撑能力	扩展	通过实地考察方式获取该类信息的情况： 1. 数据支撑能力 2. 开发支撑能力
	解决问题效果	是指应用平台以后，用户破解过去所不能解决的问题，及其效果	扩展	通过实地考察方式获取该类信息的情况： 1. 地理数据问题 2. 开发问题 3. 业务问题

续表

一级指标	二级指标评价要素	指标释义	指标属性	数据来源
应用效果	运行模式	是指平台建成后运行服务的长效模式，数据怎么更新，开发怎么支持，谁来维护，人员如何落实，资金有无保障	扩展	通过实地考察方式获取该类信息的情况： 1. 数据集中多少 2. 维护的集中情况 3. 更新的机制 4. 人员落实情况 5. 资金有无保障
	技术支持	是指平台建成并投入使用后，运营或维护团队对于用户服务需求的响应速度及响应能力	扩展	通过问卷调查方式获取该类信息的情况： 1. 团队规模 2. 技术水平 3. 响应速度 4. 实际效果
	培训宣传	是指本地对平台的权威性、唯一性、通用性多种形式的宣传报道，以及对平台用户的培训力度	扩展	通过问卷调查方式获取该类信息的情况： 1. 政府文件 2. 宣传报道 3. 技术培训
信息安全	地理信息内容分级分类	是指对地理信息数据按照国家相应安全保密政策和保密技术处理手段，针对公开使用、内部使用和有限制使用三种情况，将地理信息进行科学划分	核心	通过实地考察方式获取该类信息的情况： 1. 是否分级分类 2. 划分依据是否合乎国家要求 3. 是否使用保密处理技术
	平台分版	是指根据平台装载数据的共享情况，分为在公开运行的公众版、内部运行的政务版和涉密网运行的基础版。基础版数据直接从基础地理信息数据库中提取，只能运行在涉密网上；政务版数据经过保密处理及审查后，方可在政务网上运行；公众版在获得审图号后，可在国际互联网上运行	核心	通过实地考察方式获取该类信息的情况： 1. 是否分版部署； 2. 各版内容与环境是否严格遵守国家有关规定

续表

一级指标	二级指标评价要素	指标释义	指标属性	数据来源
信息安全	国产化软件采用情况	是指在时空信息大数据和时空信息云平台建设过程中，采用国产化技术的情况	核心	通过问卷调查方式获取该类信息的情况： 1. 同类型国内外软件对比 2. 是否采用国产化软件 3. 是否在关键环节采用国产化软件 4. 采用的国产化软件占比
	安全设备	是指在时空信息大数据和时空信息云平台建设过程中，安装使用的软硬件、网络等方面的安全设备	扩展	通过问卷调查方式获取该类信息的情况： 1. 软件设备是否符合要求 2. 硬件设备是否符合要求 3. 网络设备是否符合要求
	安全技术手段	是指为安全采取的各种技术手段，如机房应具备防火、防水、防雷、防窃、防静电、防辐射以及烟雾探测报警等安全设施。建立可靠的系统运行环境，具备漏洞扫描、入侵检测、数据包过滤、防病毒、身份认证、数据加密和主机监控等安全措施。涉密网内应采用硬件防火墙技术、身份认证技术和加密数据传输技术。与公共网络连接应采用符合保密规定的隔离技术。针对物联感知的大规模及实时应用特点，需加强安全防护，如物联网的加密机制、节点认证机制、访问控制技术等	扩展	通过第三方采集方式获取该类信息的情况： 1. 是否符合我国信息系统等级保护的基本要求 2. 是否采用了合适的技术手段 3. 采用的技术手段是否经过认证
	灾备能力	是指应对人为和自然灾难，采取的多种灾备方式。包括定期备份，一般情况下，备份模块包括备份服务器、备份介质管理模块、备份客户端和虚拟磁带库等，采用无人职守的自动备份功能，实现全备份、增量备份和差量备份。应提供异地数据备份功能，利用通信网络将关键数据定时批量传送至备用场地	扩展	通过第三方采集方式获取该类信息的情况： 1. 是否建立灾备机制 2. 灾备硬件是否符合要求 3. 灾备功能是否全面（定期灾备和异地灾备）

续表

一级指标	二级指标评价要素	指标释义	指标属性	数据来源
信息安全	安全措施及管理制度	是指为安全建立的管理制度、岗位职责、安全机制等管理措施	扩展	通过实地考察、第三方采集方式获取该类信息的情况： 1. 是否有相应制度 2. 制度是否全面，如场地、流程、人员、惩处、应急等 3. 是否具备操作性
	落实执行情况	是指上述安全措施及管理制度执行落实情况	扩展	通过实地考察方式获取该类信息的情况： 1. 是否有日常执行记录 2. 是否发生问题？是否解决 3. 是否有应急处置案例，效果如何
机制保障	政府重视程度	是指在智慧城市建设中当地政府对时空信息云平台的地位认识水平、重视程度，在政府文件中有无明确强调	核心	通过实地考察方式获取该类信息的情况： 1. 文件依据 2. 智慧城市顶层设计中有无明确提出
	组织管理架构	是指为推动时空信息云平台的设计、建设、运行服务各环节，而专门组建的领导小组、实施小组和推进办公室等。	核心	通过实地考察方式获取该类信息的情况： 1. 文件依据 2. 政府层次 3. 部门覆盖面
	投融资模式	是指在时空信息云平台的建设以及运行服务过程中，资金投入和回收方式	扩展	通过实地考察方式获取该类信息的情况： 1. 采用的模式（BT/BOT/PPP） 2. 各种模式的占比 3. 实际效果
	与顶层设计的衔接度	是指时空信息云平台与智慧城市顶层设计衔接程度，与各智能专题的衔接程度	核心	通过实地考察、第三方采集两种方式获取该类信息的情况： 1. 顶层设计有无明确 2. 有无重复建设 3. 衔接程度

续表

一级指标	二级指标评价要素	指标释义	指标属性	数据来源
机制保障	专业人才队伍	是指为时空信息云平台建设与应用专门构建的管理、开发、服务等多方面的技术团队	扩展	通过实地考察方式获取该类信息的情况： 1. 团队有无 2. 团队规模 3. 内部结构
创新特色	本地特色	是指时空信息云平台建设是否突出了本地特点，包括投融资模式、应用示范、数据内容、运营服务模式等	核心	通过问卷调查方式获取该类信息的情况： 1. 投融资模式特色 2. 技术特色 3. 应用特色 4. 管理特色
	自主国产创新技术采用率	是指平台建设及运行维护中，国产软件、硬件及数据采集设备等的占比	核心	通过第三方采集、实地考察两种方式获取该类信息的情况： 1. 硬件占比 2. 软件占比 3. 其他技术占比
	专题应用的深度	是指行业专题应用对平台的依赖程度	核心	通过权威的统计数据、问卷调查两种方式获取该类信息的情况： 1. 与业务结合情况 2. 新解决的问题
	专题应用的广度	是指平台支撑专题应用的行业数量	核心	通过权威的统计数据、问卷调查两种方式获取该类信息的情况： 1. 行业数量 2. 专题系统数量
	智能技术应用程度	是指平台建设及运行维护中，对于新一代时空信息采集、智能化处理和应用服务全过程中智能化技术应用的广度及深度	扩展	通过权威的统计数据、问卷调查两种方式获取该类信息的情况： 1. 智能感知技术 2. 测绘采集新技术 3. 大数据技术 4. 云计算技术 5. 移动互联技术

四、评价指标的使用说明

智慧城市时空信息基础设施是智慧城市基础设施的重要组成，时空信息云平台是城市地理信息公共平台的升级版，是各智慧城市不可或缺的有机组成。因此，在制定时空信息云平台评价指标时，一方面考虑了与智慧城市评价指标体系的总体框架的继承与衔接，另一方面充分结合了本领域最新的发展情况。

（一）指标体系与权重的确定

在智慧城市评价指标体系的总体框架中，设立了 9 个一级指标，分别为信息资源、网络安全、创新能力、机制保障、基础设施、公共服务、社会管理、生态宜居和产业体系。根据本领域特征，公共服务、社会管理、生态宜居和产业体系是几大应用领域，本领域是间接发挥作用，故不含这些指标。除保留信息资源、机制保障以外，为突出数据的安全，将网络安全调整为信息安全；为强调地方特色，将创新能力调整为创新特色；为提高本领域的针对性，将基础设施直接确定为云环境，将机制保障的内容直接定位到时空信息云平台，以避免与其他部门评价指标体系出现较大雷同。考虑到本领域基础性的特点，拓展了本身的管理服务，以及其他部门的应用效果两项一级指标。

核心指标强调了智能和自主；扩展指标是基础性或探索性工作。

（二）指标体系的适用范围与对象

本指标适用于智慧城市的规划、设计、建设、管理、运行和服务。适用对象包括：国家测绘地理信息局开展的智慧城市时空信息基础设施建设试点，发改委、工信部、科技部、公安部、财政部、国土资源部、住建部和交通运输部分头开展和综合开展的智慧城市试点，其他形式开展的智慧城市。

（三）使用建议

二级指标是在一级指标基础上的细化。在细化时，一方面，权重倾向于突出智能感知、自动解译、引擎等体现智慧特点的指标；另一方面，为了安全，更加关注自主国产化产品的采用。因此，当根据本分领域指标评价时，分值越高说明智能化程度和技术国产化水平越好，分值低也并不说明原来的数据基础、信息化基础、应用情况相比分值高的城市差，这是由于强调的重点不同。

附：

（一）缩略语

序　号	缩略语	解　释
1	IaaS	基础设施即服务（Infrastructure as a Service）
2	PaaS	平台即服务（Platform as a Service）
3	SaaS	软件即服务（Software as a Service）
4	RFID	是一种无线通信技术，可以通过无线电信号识别特定目标并读写相关数据，而无须识别系统与特定目标之间建立机械或者光学接触。
5	BT	Building-Transfer，即“建设—移交”。是政府利用非政府资金来进行基础非经营性设施建设项目的一种融资模式。项目工程由投资人负责进行投融资，具体落实项目投资、建设、管理。工程项目建成后，经政府组织竣工验收合格后，资产交付政府；政府根据回购协议向投资人分期支付资金或者以土地抵资，投资人确保在质保期内的工程质量。
6	BLT	Build-Lease-Transfer，即“建设—租赁—转让”。由私人投资者投入项目建设所需的全部资金，在建设完成后租赁给政府经营与管理，政府每年付给私人投资者相当于租金的回报，租赁期结束后，整个项目完全归政府所有。
7	BOT	Build-Operate-Transfer，即“建设—经营—转让”。是基础设施投资、建设和经营的一种方式，以政府和私人机构之间达成协议为前提，由政府向私人机构颁布特许，允许其在一定时期内筹集资金建设某一基础设施并管理和经营该设施及其相应的产品与服务。
8	PPP	Public-Private-Partnership，即“公私合营”。是指政府与私人组织之间，为了合作建设城市基础设施项目，或是为了提供某种公共物品和服务，以特许权协议为基础，彼此之间形成一种伙伴式的合作关系，并通过签署合同来明确双方的权利和义务，以确保合作的顺利完成，最终使合作各方达到比预期单独行动更为有利的结果。
9	API	Application Programming Interface，应用程序接口。

（二）参考资料

——《关于促进智慧城市健康发展的指导意见》（发改高技〔2014〕1770号），发改委、工信部、科技部、公安部、财政部、国土资源部、住建部和交通运输部等八部委联合文件

——《智慧城市评价指标体系总体框架》（征求意见稿），国家标准化委员会，2015年1月27日

——《智慧城市评价指标体系分项制订的总体要求》（征求意见稿），国家标准化委员会，2015年1月26日

——《智慧城市时空信息云平台建设技术大纲》（报审稿），国家测绘地理信息局，2015年9月

国家测绘地理信息局

关于加强公共安全视频监控建设联网应用工作的若干意见

发改高技〔2015〕996号

国务院有关部门、直属机构，各省、自治区、直辖市发展改革委、综治办、公安厅（局）、科技厅（委）、经济和信息化委员会（工业和信息化委员会、工业和信息化厅、经委、经贸委）、通信管理局、财政厅（局）、人力资源社会保障厅（局）、住房和城乡建设厅（委）、交通运输厅（局、委）：

公共安全视频监控建设联网应用，是新形势下维护国家安全和社会稳定、预防和打击暴力恐怖犯罪的重要手段，对于提升城乡管理水平、创新社会治理体制具有重要意义。近年来，各地大力推进视频监控系统建设，在打击犯罪、治安防范、社会管理、服务民生等方面发挥了积极作用。但随着视频监控建设应用不断深入，现有法律法规不完善、统筹规划不到位、联网共享不规范、管理机制不健全等问题日益突出，严重制约了立体化社会治安防控体系建设发展。为贯彻党中央、国务院关于加强社会治安防控工作的有关要求，落实中央关于深化社会体制改革的部署，推进平安中国建设，现就加强公共安全视频监控建设联网应用工作提出以下意见：

一、指导思想、基本原则和主要目标

（一）指导思想

以邓小平理论、“三个代表”重要思想、科学发展观为指导，认真贯彻党的十八大和十八届三中、四中全会精神，围绕建设平安中国、法治中国的总目标，坚持机制创新、管理创新和技术创新，结合智慧城市和网格化服务管理系统建设，推动公共安全视频监控建设集约化、联网规范化、应用智能化，为进一步推进立体化社会治安防控体系建设，提升社会治理能力现代化水平，保障人民安居乐业，维护国家安全和社会安定有序提供有力支撑。

（二）基本原则

坚持依规建设、按需联网、整合资源、规范应用、分级保障、安全可控。各地区、各部门要依据国家相关法律、法规、政策和技术标准，应用安全可控的技术和产品，统筹公共安全视频监控系统建设，避免重复投资；按照维护国家安全、社会公共安全的实际需要，推动公共安全视频监控系统联网，整合各类视频图像资源；规范管理、确保安全，推进和保障各地区、各部门对视频图像资源的共享应用；权责一致、分级分类投入、社会参与，加强公共安全视频监控建设联网应用工作的保障。

（三）主要目标

到 2020 年，基本实现“全域覆盖、全网共享、全时可用、全程可控”的公共安全视频监控建设联网应用，在加强治安防控、优化交通出行、服务城市管理、创新社会治理等方面取得显著成效。

——全域覆盖。重点公共区域视频监控覆盖率达到 100%，新建、改建高清摄像机比例达到 100%；重点行业、领域的重要部位视频监控覆盖率达到 100%，逐步增加高清摄像机的新建、改建数量。

——全网共享。重点公共区域视频监控联网率达到 100%；重点行业、领域涉及公共区域的视频图像资源联网率达到 100%。

——全时可用。重点公共区域安装的视频监控摄像机完好率达到 98%，重点行业、领域安装的涉及公共区域的视频监控摄像机完好率达到 95%，实现视频图像信息的全天候应用。

——全程可控。公共安全视频监控系统联网应用的分层安全体系基本建成，实现重要视频图像信息不失控，敏感视频图像信息不泄露。

二、加强顶层设计，推动重点领域建设

（四）注重统筹规划

各地应将公共安全视频监控建设联网应用工作纳入本地区经济社会发展和城乡规划统筹考虑，结合经济社会发展实际，制定公共安全视频监控建设联网应用工

作实施方案，服务纵向贯通、横向集成、分级应用的社会治安综合治理信息系统建设。2015 年 9 月底前，各省（自治区、直辖市）、兵团、计划单列市应编制完成公共安全视频监控建设联网应用工作实施方案。

（五）推进重点建设

各部门应按照职能分工，根据公共安全领域的有关标准规范，划分不同区域、部位的社会治安风险等级，明确安全防护级别和视频图像信息属性类别，指导推进本行业、领域内重要部位视频监控系统建设。各地区按照城镇道路交叉口无死角，主要道路关键节点无盲区，人员密集区域无遗漏，以及要害部位、重要涉外场所、案件高发区域、治安复杂场所主要出入口全覆盖的要求，有重点、有步骤地推进公共安全视频监控建设联网应用工作，提高重点公共区域视频监控系统覆盖密度和建设质量，实现重点公共区域全覆盖。

（六）指导分类建设

公安机关要加强对治安保卫重点单位公共安全视频监控系统建设的指导与监督，完善视频监控建设联网应用标准体系，加快关键标准制修订，有效规范视频监控建设联网应用；要积极指导一般企事业单位、商户根据自身安全防范需求开展视频监控建设，加大城乡接合部、农村公共区域、重点林区、风景名胜区、自然遗产保护区以及省、县级行政区域重点界线界桩、界线重点地段等的视频监控系统建设力度，组织开展试点建设，逐步实现城乡视频监控一体化。公安部、民政部、住房城乡建设部、中央综治办、国家发展改革委、工业和信息化部会同有关部门制定政策，推进城乡社区、住宅小区、地下管廊在新建、改建、扩建过程中开展视频监控系统建设，完善已建成的视频监控系统，进一步织密视频监控网络。

三、加强资源整合，推动联网共享应用

（七）强化系统联网

依托现有的视频图像传输网络等基础网络设施，以公安机关视频图像共享平台为核心，以既有的政府信息管理系统为基础，以城乡网格化建设为抓手，分级有效整合各类视频图像资源，促进点位互补、网络互联、平台互通，逐步对接基层综合服务管理平台，最大限度实现公共区域视频图像资源的联网共享。各部门要指导推动本行业、领域涉及公共区域的视频监控系统的升级改造，实现与公安机关视频

图像共享平台联网对接。

（八）健全共享机制

按照统筹需求、分级管理原则，建立健全跨地区、跨部门视频图像信息共享应用机制、安全使用审核制度和技术标准体系，加强部门协作和业务协同。各级政府职能部门应当依照法律规定使用处理有关视频图像资源，根据业务需求，可以采取无偿实时调取、离线采集等多种方式。

（九）拓宽应用领域

按照依法授权使用、分级分类监管的原则，探索公共安全视频图像信息新的应用领域，研究视频图像信息资源的社会化开发管理模式，鼓励有条件的地方依托公安机关视频图像共享平台，在严格依法、严格审批、安全可控的前提下，逐步开展视频图像信息在城乡社会治理、智能交通、服务民生、生态建设与保护等领域的应用，为社会和群众提供更多更好的服务。

四、加强机制创新，促进长效规范发展

（十）完善法律法规及政策

加快推进视频图像信息安全、数据保护、个人隐私保护等方面的立法工作。抓紧制定出台行政法规《安全技术防范管理条例》，完善政策措施，规范重点公共区域和重点行业、领域公共安全视频监控系统的建设、联网和信息使用。加强地方配套立法和政策支持，加快研究制定视频图像信息在安全使用、保护隐私等方面的具体办法和措施。

（十一）创新管理方式

建立重点公共区域和重点行业、领域视频监控系统的备案监管制度和日常管理机制，完善公共安全视频监控系统项目的方案论证、安全评价、检测验收、效能评估等机制，发挥监理、检测、认证等第三方专业机构的作用，创新专业运维服务机制。各地要把重点公共区域视频监控系统纳入城市公共基础设施进行管理，建立健全日常监督检查机制。各部门要严格落实重点行业、领域视频监控系统的属地管理职责，支持公共安全视频监控联网共享，谁建设、谁管理、谁维护。

（十二）加强人才队伍建设管理

建立职业化的公共安全视频监控系统管理和监看队伍，推进职业培训和评价

工作，着重培养具有视频图像信息专业化分析处理研判技能的应用人才，制定监督管理工作规范，提高业务素质和职业道德素质。建立健全人才引进、培养、激励机制，完善科学合理的绩效管理制度。

五、加强科技创新，提升技术支撑能力

（十三）推动集成应用

运用数据挖掘、人像比对、车牌识别、智能预警、无线射频、地理信息、北斗导航等现代技术，在充分考虑技术成熟度的基础上，加大在公共安全视频监控系统中的集成应用力度，提高视频图像信息的综合应用水平。逐步建立国家级和省级公共安全视频图像数据处理分析中心，深化视频图像信息预测预警、实时监控、轨迹追踪、快速检索等应用。推动视频监控系统与综治视联网系统对接。

（十四）突破技术瓶颈

加强视频图像领域的关键技术攻关，实现核心芯片、关键算法等技术瓶颈的突破，为公共安全视频监控联网应用提供技术支撑。在视频图像领域建立和完善视频图像大数据分析挖掘应用等若干创新平台，以国家科技发展战略为指导，以全面发展视频图像综合应用技术为目标，解决重大关键技术及应用难题，深化科技储备、集成创新和产业化能力，提升公共安全领域的技术支撑能力。

（十五）严密安全措施

按照国家相关规定，加强网络安全传输、系统安全保障、重要信息安全管理等技术手段建设，提升公共安全视频监控系统安全防护能力。严格公共视频图像信息的使用管理，完善安全技术措施，确保安全共享、规范使用。在涉及国家安全、国家秘密的特殊领域开展公共安全视频监控建设应用工作，要严格安全准入机制，选用安全可控的产品设备和符合要求的专业服务队伍。

六、加强组织领导，完善综合保障体系

（十六）建立协调机制

中央综治办、国家发展改革委、中央综治办会同教育部、科技部、工业和信

息化部、公安部、国家安全部、民政部、司法部、财政部、人力资源和社会保障部、环境保护部、住房城乡建设部、交通运输部、水利部、文化部、国家卫生计生委、中国人民银行、国务院国资委、质检总局、新闻出版广电总局、安全监管总局、食品药品监管总局、国家林业局、国家旅游局、国家宗教局、国务院法制办、中国银监会、中国证监会、中国保监会、国家能源局、国家国防科工局、国家铁路局、中国民用航空局、国家文物局等部门，建立跨部门工作机制，研究解决重大问题，加强对各地区的指导和监督，协调各有关部门出台推动公共安全视频监控建设联网应用的配套措施。

（十七）明确职责任务

各级地方党委和人民政府应加强对公共安全视频监控建设联网应用工作的总体协调，建立党政领导、综治牵头、公安负责、部门配合、社会参与的工作格局，制定具体实施方案，扎实推进各项工作任务的落实，按期完成本地区的公共安全视频监控建设联网应用工作。各地应将重点公共区域的视频监控系统建设、联网和维护经费列入本级政府财政预算，建立与经济社会发展相适应的经费保障机制，根据实际工作需要，确保对系统建设、运行维护予以支持；相关部门应指导本行业、领域依法依规履行安全责任，确保资金投入；要充分发挥市场作用、引导社会力量参与，拓宽多元化投资途径，鼓励和支持有条件的企事业单位履行社会职责，承担本单位周边公共区域的视频监控系统建设任务。

（十八）严格考核奖惩

各级地方党委和人民政府应把公共安全视频监控建设联网应用工作纳入综治工作（平安建设）考评体系，对开展工作情况进行经常性检查和定期考核，使各项措施落到实处，严格实行公共安全视频监控建设联网应用工作领导责任制。省级人民政府可以按照国家有关规定对先进单位和个人进行表彰奖励。

国家发展改革委
中央综治办
科技部
工业和信息化部
公安部
财政部
人力资源社会保障部
住房城乡建设部
交通运输部
2015年5月6日

新型智慧城市发展报告

2015—2016

下卷

新型智慧城市建设部际协调工作组　编著

主　　编：林念修　庄荣文

副 主 编：綦成元　秦　海　杜　平

执行副主编：单志广　伍　浩　刘　勇

中国计划出版社

目录

（上卷）

（下 卷）

下卷

优秀实践篇

案例 1

云 起 时
——黑龙江省鸡西市推进智慧教育实践

鸡西市位于黑龙江省东南部，与俄罗斯接壤，总面积 2.25 万平方公里，辖三县（市）六区，人口近 200 万。全市现有各级各类学校 178 所，教职工 1.3 万人，在校生 12.2 万人。2012 年，教育部开展教育信息化试点工作，鸡西市委市政府高度重视，力求用信息化手段破解区域教育均衡发展难题。经过积极争取，鸡西市政府成为“网络学习空间普及与应用模式探索——网络学习空间人人通”全国教育信息化区域综合试点单位，鸡西市教育局被认定为“国家教育资源公共服务平台规模化应用”国家教育信息化区域综合试点单位。

一、基础坚实，教育信息化成果显著

（一）教育整体工作位于全省前列

鸡西市虽然是不发达的东北边疆小城，但市委市政府高度重视教育发展，无论是危房改造、农远工程，是义务教育均衡发展、改善薄弱学校办学条件，还是创新德育模式、推进艺体教育，鸡西都走在了黑龙江省前列，一些工作在全国也有位次。“十二五”期间，鸡西市先后荣获全国先进基层党组织、全国法制宣传教育先进单位、全国尝试教育示范实验区、全国优秀地市教育门户网站等 8 项国家级荣誉，6 项工作在全国会议上介绍交流了经验；省政府和省教育厅在鸡西先后召开了 6 次现场会，11 项工作被省委省政府和省教育厅授予先进单位称号，8 项工作在省政府、省教育厅召开的会议上介绍了经验，《人民教育》《光明日报》《中国教育报》、新华网、人民网等国家权威媒体 20 多次报道鸡西市教育改革经验成果。

（二）教育信息技术全省独占鳌头

“十二五”以来，鸡西市以推动区域教育均衡、协调、快速发展为目标，全面推进教育信息技术建设，加强信息技术与课堂教学整合工作，以教育信息化带动教育现代化，在农村中小学远程教育、信息技术资源应用、教育信息化公共服务设施建设等方面取得了显著成绩，推动了鸡西教育信息化进程。2011 年，鸡西市教育局代表黑龙江省参加“全国大中城市教育信息化发展战略交流研讨会”并交流经验；鸡西教育网被教育部评为全国地市级优秀网站。2012 年，鸡西市代表黑龙江省在首届“全国中小学信息技术教学应用展演”中进行了“在线课堂”展示；代表黑龙江省在全国电化教育馆馆长会议上介绍经验；《光明日报》以《远程教育“在线课堂”让边境孩子共享优质教育》为题，报道了信息技术教育经验。2015 年，鸡西市参加了青岛国际教育信息化大会（见图 1-1），并进行了现场展示；在国家教育资源公共服务平台试点工作会议上进行了现场展示。

图 1-1　鸡西市教育局与伟东集团在国际教育信息化大会上签约

二、统筹推进，加快教育信息化步伐

“十二五”以来，鸡西市委市政府大力实施“科教兴市”和“人才强市”战略，把推动信息技术教育作为全市教育发展的战略决策，明确提出了“教育要发展，教育信息化要先行”，用教育的信息化带动教育现代化，最终实现全市教育的新跨越。在全市上下形成了“中小学加快普及信息技术教育，以信息化带动教育现代化，努力实现基础教育的跨越式发展”的教育发展思路，确立了“四结合”的工作原则，即信息技术建设与新课程改革相结合，与资源整合相结合，与教师专业化发展相结合，与提升教育管理水平相结合，共同引领鸡西教育事业健康快速发展。

（一）加强组织领导，明确发展目标

鸡西市政府成立了以主管副市长为组长 教育、财政、发改、人社等部门主要领导为成员的信息技术推进工作领导小组，建立了部门联席会议和专项资金投入制度，制定了《鸡西市教育信息技术普及和发展工程实施方案》《鸡西市“十二五”信息技术发展规划》，确定实施信息技术普及和发展的“1237”工程，即创建一个中心（信息技术中心）、打造两个平台（鸡西教育网和鸡西教育研修网）、推进三项建设（教育城域网、农村远程教育、信息技术应用）、实现七个突破（信息技术与学科整合、网络研发、资源集约、教师学历教育、农村远程教育、教育办公自动化、网络研修），全面推进鸡西教育信息化发展。

（二）建立职能机构，搭建应用平台

鸡西市成立了集教育网络管理、教育政务管理、教育资源中心、教师网络培训和远程教育为一体的鸡西市信息技术教育中心，具体负责全市信息技术建设与应用、推进信息技术硬件设施建设、开展信息技术与课程整合、提供数字化教育教学资源、搭建电子政务平台、发布教育服务信息、进行农村远程教育培训等工作。创建鸡西教育网站，先后建成了鸡西教育网和鸡西教育研修网，依托鸡西教育网和鸡西教育研修网，全市教育系统实现了电子政务管理、电子学籍管理、网上招生考试、网上公文流转、视频会议、网络教研，教育网支撑平台初步建成，为全市中小学提供良好的支持与服务。鸡西信息技术教育中心已经建设成为促进教学改革、提升教师素质、促进区域交流、提高管理水平的重要平台，多次在省级以上会议介绍经验。

建立教育专网，整合数字资源。依托鸡西教育网，建成了覆盖全市城乡教育系统的城域高速互联内网——鸡西教育专网，实现了城域间网内实时视频直播、互动点播和召开视频会议等功能。依托教育专网，开通了同步视频教学系统（在线课堂），保证每天每校有 4 节视频课通过“在线课堂”系统向全市各校即时传输（见图 1-2）。在线教研、教师论坛、专家讲座、教师培训等活动，也都通过“在线课堂”进行网络直播，为全市学校提供了学习交流互动的教学资源平台，促进了中小学课堂教学及教学研究活动的开展（见图 1-3）。同时，通过开发、引进优质教学资源，建立了具有本地特色的教育数字资源库，教育数字资源累计已超过 2000G，“鸡西教育网数字图书馆”资源总量 1000G，所有资源对全市中小学师生和家长免费开放，实现了校际资源的共建共享。

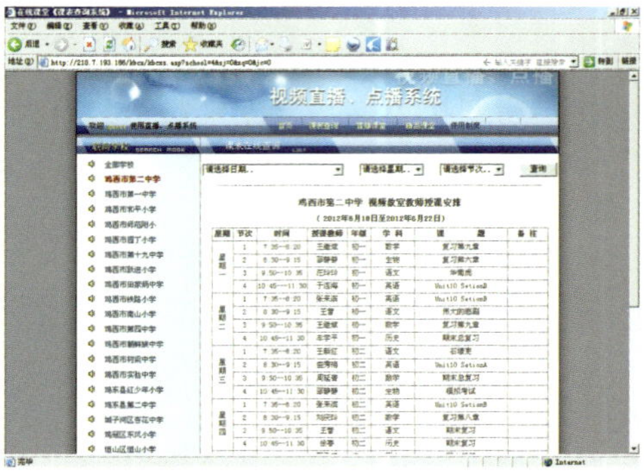

图 1-2　在线课堂上传的课表

图 1-3　利用在线课堂进行的网络研修活动

（三）加快试点建设，全面实现三通

2012 年，鸡西市政府和市教育局在承担“网络学习空间普及与应用模式探索——网络学习空间人人通”和“国家教育资源公共服务平台规模化应用”国家教育信息化区域综合试点任务后，市委、市政府更加重视教育信息化工作，先后投入 2 亿多元，全力推进“三通两平台”建设。2015 年，鸡西市教育局与北京伟东云教育集团在青岛国际教育信息化大会上签署了战略合作协议，北京伟东云教育集团为鸡西市提供智慧互动课堂、数据中心等 11 个服务项目，并参与鸡西市“三通两平台”建设。

1.“宽带网络校校通”。鸡西市教育局采取与移动、联通公司合作的方式为全市学校接入网络，六区、市直学校由市信息中心提供数据接口，所有学校实现了 100 兆网络接入。虎林市于 2015 年 8 月底将 24 个教学点升级到 100 兆光纤；密山市 2015 年全部实现基础带宽 50 兆以上光纤接入，其中 84.7% 的学校已经实现百兆以上光纤接入；鸡东县基础带宽达到 20 兆以上，个别学校达到了 50 兆。

2.“优质资源班班通”。2015 年鸡西市教育局为中小学校新增电子白板、短焦投影仪、教学计算机、实物展台等班班通设备 877 套，标准“高清录播教室”35 间，微课教室 50 间、微课制作设备 1000 套，智慧课堂教学系统 850 间，新增学生用电脑 4187 台、学生用平板电脑 2250 台、教师用电脑 6894 台，教师拥有计算机比例达到 1∶1，学生拥有计算机比例达到 6∶1（见图 1-4）。

3.“网络学习空间人人通”。依托国家教育资源公共服务平台，现已开通学校（教育行政和研修部门）空间、教师（教育行政干部和教科研人员）空间、学生空间和家长空间 18 万多个，全市 3—7 年级班级在网络学习空间建立了班级博客，学生利用学习空间随时交流、学习，满足师生个性化学习需要（见图 1-5）。

4. 教育资源公共服务平台、教育管理公共服务平台常态化应用。在国家教育资源公共服务平台的基础上，建立了鸡西云教育中心，建成了鸡西教育网数字校园平台，开通了“微课掌上通”家校沟通平台、在线教研平台、办公管理平台、智慧课堂互动教学平台（见图 1-6）、教务成绩管理平台、学生学籍管理平台、教职工信息管理平台、校产管理平台等教育资源及管理公共服务平台。全面完成了“数字教育资源全覆盖”项目建设任务（见图 1-7），建立了具有本地特色的教育数字资源库（见图 1-8），涵盖中小学所有学年的所有学科，基本实现了区域优质教育资源的共享。目前，各地通过鸡西教育云资源、国家教育云资源等项目配套各年级教材版本数字教育资源，并有效整合市、县（市）区、校教学资源，初步形成了鸡西云教育资源服务支持学科教学的机制。

图 1-4　目前鸡西教师达到人手一机，生机比达到 6:1

图 1-5　“智慧课堂”即时准确反馈学生的学习状况

图 1-6　课堂上可以与其他学校的班级实时互动

图 1-7 正在使用 PAD 进行教学的课堂

图 1-8 普通教学班的多媒体设备

三、强化引领，形成智慧教育共识

(一)加强教育信息化领导力培训

通过加强理论学习和组织通识培训，引领广大教育行政干部和学校中层以上领导不断提高对于教育信息化和智慧教育的认识。两年来，先后培训教育管理干部350人次，教科研人员430人次，校长和教导主任520人次，98%的培训人员通过了全市教育信息化应用能力考试。教育行政干部和学校中层以上领导做到了“三个表率”：

1. 学习的表率。9月份开始的“智慧互动课堂”教学应用培训，教育局领导班子与全体机关干部一起参加实际操作的学习，带动了大家的学习热情，使培训效果大幅超出预期。中国教育信息化网、中国日报网、中国教育装备网等多家媒体对我市此次培训及其他相关工作进行了报道。中国教育信息化网、国家教育资源公共服务平台、新浪网报道了我市中小学教师微课程专题培训工作。

2. 应用的表率。全市教研、科研部门，历届名师名校长、骨干教师和信息技术专业人员率先应用。各级教研人员每周利用“在线课堂系统”进行一次网络公开课，再由教研、科研人员以及部分骨干教师进行网络评课，教育行政部门人员包括市教育局领导班子都要利用网络听课评课，且每周不低于4节，学校教学校长、教研组长、教导主任按课表安排进行网络常态课展示。

3. 发展的表率。市委市政府将教育信息化工作列入全市“十二五”“十三五”规划和鸡西教育长期发展规划，教育信息化“三通两平台”项目被鸡西市委市政府列入全市民生实事。市政府召开常务会议研究部署教育信息化工程推进工作，所辖县（市）区全部召开了相应的工作推进会议。制定了全市“互联网+教育”三年行动规划，教育信息化在鸡西得以优先发展。2015年8月，黑龙江电视台对鸡西年度十大民生实事进行专访时，教育信息化“三通两平台”项目接受全省直播采访。

（二）实施教师信息技术应用工程

从2013年开始，通过专题报告、在线研修、校本教研等形式，集中对全市教师开展网络空间应用、公共服务平台建设等信息技术应用能力全员培训。目前，已经完成名师培训610人次，学科教师12600多人次，完成了全市教师第一轮全员培训。

1. 开展在线网络研修。全市建立30个网络研修共同体，38个学科互动交流共同体，组织开展区域性“网络学习空间主题式教研”“学科会诊指导”“网上示范课”“网上协作研讨”“网络专题讨论”活动，教师发表优秀教育教研博文1万余篇，鸡西教育网年访问人数达100万人次。

2. 建立名师和教研员工作室。全市建立60个名师工作室，120个教研员工作室，涵盖中小学全部学科。工作室定期发布教研信息、组织学科网络教研、构建教师网络学习共同体，促进了教师的专业发展。2015年2月，在国家教育资源公共服务平台试点工作会议上，中央电教馆技术部展示了我市网络学习空间教研应用案例。

3. “校际联动”城乡帮带。全市选取10所优秀学校作为教育资源公共服务平台教研基地学校，每一所基地学校带动5所农村薄弱学校，组成教研共同体。把基地校的常规教研活动迁移到网络平台上进行，开展校际间教、学、研互动活动，打破教师参加教研活动的时空限制，有效提高了农村教师的教学、教研能力。

4. 建立网络学习空间交流群。利用国家教育资源公共服务平台，全市教师建立空间学习交流群15个，发布教学案例、教学反思、教育论文和图片、影音等教学资源信息5800多件，推出58名优秀教师的空间，培养了一批专业特色强、信息素养好的优秀教师。

四、强化应用，开展智慧教育实践

（一）加快信息技术制度建设

随着“三通两平台”建设任务的完成，鸡西市教育信息化工作进入了新的阶段，需要通过完善的制度，保障教育信息化健康发展。从统筹管理的角度，根据工作需要，健全和完善全市教育信息化管理和保障机制。鸡西市教育局和信息技术教育中心建立了教育信息化联席会议、定期汇报、加大投入等保障机制并成立了鸡西市信息化推进办公室；完善了信息技术网络安全、数据安全、设备安全等网络中心安全管理制度；完善了日常维护、资源管理、信息审核等网络中心岗位管理制度；健全了网络安全应急预案，全面提高教育信息化管理能力和突发事件的应对能力。各县（市）区教育局和学校也针对怎样管好、用好教师电脑、学生电脑等信息技术设备这样的问题，建立和完善了教育信息化管理和应用制度，明确设备维护和网络管理人员岗位责任，加强硬件使用、软件应用、网络安全的管理。尤其重视教师和家长通过校园网、掌上通、学校贴吧等发布的言论，杜绝出现损害国家和教育形象的言论。

（二）推进优质教育资源共享

1. 在行政管理方面，教育行政部门和研修部门依托“教育管理公共服务平台”，利用“OA”办公系统和教育管理数据中心，通过对相关信息的收集、处理、传送、分析等来实现对学校的管理。在执行好《保密法》的前提下，各部门努力打破信息壁垒，拓展信息功能，实现信息共享，减少重复劳动，减轻学校负担。

2. 在教育教学方面，教师利用信息技术手段，在鸡西教育网资源库、名家博客、名师网络空间共享所需要的教育教学资源；教师自己的微课程、课堂实录、教学案例、教学设计、课后反思、教育叙事等资源，也通过鸡西教育网实现共享。强化教研员和教师网络空间建设，充分利网络开展培训、科研、集体备课、联片教研等活动，构建网络环境下自主学习、互助学习的教育新模式，促进教师专业成长。

3. 在家校合作方面，依托学校空间、班级空间和微课掌上通，整合 QQ 群、微信群等资源，实现学生与学生、家长与家长、家庭与学校的多元互动，推进优质教育资源家校共享，共同做好学生的教育和管理工作。同时，充分利用教育信息化手段，向家长、社会有效推介党和政府的办学思想、政策、法规；推介科学的育人理念、方法；推介学校的办学特色；推介指导家长怎样履行好育人的第一责任者责任、家校应怎样共同教育孩子的好方法、好文章，实现家长和学校共同育人。

4. 在学校网站和空间建设方面，学校网站、空间就是学校的名片，教师空间也是教师的名片。市、县（市）区教育局和学校全面加强学校网站、空间和教师空间建设，突出学校标识、开设特色板块，及时更新内容。2015 年举办全市中小学网络学习空间应用密山现场会，集中推广了密山市连珠山镇中心学校和兴凯湖中学的学校与教师空间应用经验。

（三）加快信息技术深度融合

教育信息化的核心价值就是通过信息技术与教育教学的融合，创新和变革学习方式、教学方式、管理方式和教育研究方式。

1.“互联网 + 课程”。依托鸡西教育专网开通的在线课堂，已成为全市师生在线学习、听课、交流互动的平台。不仅仅形成网络课程，更使得中小学各学科课程内容实现全面拓展与更新，让适合中小学生的诸多前沿知识能够及时地进入课堂。校本课程的开发与应用也变得天宽地广，越来越多的学校能够开设出门类多样的校本课程。

2.“互联网 + 教学”。连续四年开展鸡西市中小学信息技术与学科整合大赛。应用微课备课系统，利用该系统体积小、功能强大、使用方便的特点，提高教师制作、上传课件质量；应用智慧课堂，师生的互动、数据的生成、科学的评价，促课堂效率大幅提高；应用微课掌上通，真正发挥电子作业、师生互动、生生互动、家校联系等方面的功能；应用高清录播及课后网系统，发挥同步教学的优势，有效解决师资力量不足、专业能力不均衡问题，实现校际、区域间优质资源共享，形成了网络教学平台、网络教学系统、网络教学软件、网络教学视频等，不但为教师提供了丰富的资源，也帮助教师树立了先进的教学理念。

3.“互联网 + 评价”。市教育局通过智慧课堂、微课堂上通、问卷系统分别实现了即时、家校互动、社会参与的外部评价。通过网络平台，学生和家长评价教师、学校、教育行政部门，教师评价学校、教育行政部门；教育行政部门也通过网络大数据对学校、教师的教育教学活动及时进行相应的评价与监控，确保每个学校、每名教师都能获得良性发展，实现了教育领域里的每个人都是评价的主体也是评价的对象，而社会各阶层也将更容易通过网络参与对教育的评价。

（四）发挥信息技术智能优势

1. 构建以学生为中心的教学模式。在全市建立 10 个网络环境下课堂教学模式创新试验学校，实施师生角色转换、课堂互动的“翻转课堂”，形成了“学生课下学习、课上解决问题、当堂测试评估”的信息化教学环境下的新型教学模式，使学习行为自主化、学习过程公开化、学习结果可视化。

2. 搭建鸡西教育信息化学习平台。依托鸡西教育云平台，创办“鸡西信息化学习平台”，全面展示中小学教师优秀微课作品、名师课堂实录等优质教育资源。目前，展示中小学教师微课作品 3690 个，“一师一优课、一课一名师”作品 6039 件，优秀学生学科专题网站 31 个，满足师生多元化和个性化的学习需求。在“一师一优课、一课一名师”全国晒课活动中积极组织教师参加，全市共有 92 节获得省级优课。

3. 开展“互动课堂”资源推送。通过高清多媒体录播教室，利用同步在线视频系统，开展优质教育资源推送活动，实现了本地优秀课堂教学、名师课堂、网络在线教研、学科培训的直播与点播，农村学校利用推送的优质资源，开齐学科，开满课程。依托鸡西教育专网，开通“在线同步教学视频系统”，每天都有 200 节优质课通过“同步在线课堂”实时传送到全市偏远城乡中小学校。

4. 搭建移动学习环境。为全市校型比较大的中学配置了平板电脑、市区内各小学配备移动终端学习机，开展移动终端教学实践。学生利用移动终端主动学习，自主查阅资料、小组合作探究、网上互动交流，促进了学生自主学习能力的提高。教育部网站、中国教育报、中央电化教育馆网站、中国教育信息化网、国家教育资源公共服务平台先后对我市信息技术创新应用工作给予充分的关注和报道。

我们在利用教育信息化推进边疆智慧教育实践过程中做了一些工作，但距离国家和省对智慧教育、智慧城市建设的要求，还有很大的差距。未来，将按照国家“互联网 +”行动计划和智慧城市建设的总体部署，力求“四个创新”：创新思维，充分发挥政府和教育行政部门的职能，立足国际视野，运用复杂思维，将互联网的创新成果深度融合于教育的各领域之中，提升教育的创新力和质量，形成教育发展和智慧教育的新形态。创新行动，以教育信息化促进教育现代化，创办优质教育为引领，大力推进教育创新，在体制机制、管理方式、办学行为、教育教学环境、队伍应用能力提升等方面，进行广泛的探索和实践，推进信息技术与教育教学深度融合。创新评价，综合运用教育信息化手段，积极探索基于互联网的学生学习、教师教学、学校管理等方面的评价改革，建立基于大数据、全过程、全方位的综合素质评价系统。创新学习，不断发挥教育信息化“三通两平台”建设的支撑作用，改变师生与学校资源、环境的交互方式，基本形成人人可享有优质教育资源的互联网学习环境，让城乡的孩子都能够共享优质智慧教育资源。

（案例推荐部门：教育部）

案例2

漫步“云+端” 智慧“教与学”
——浙江省东阳市智慧教育工作探索与实践

一、背景与需求

（一）背景

智慧教育是国家智慧城市建设的重要组成部分，是教育实现跨越式发展的必然选择，对于转变教育思想和观念，深化教育改革，提高教育质量和效益，培养创新人才具有深远意义。

什么是智慧教育？我们的理解是，在教育领域全面深入地运用新一代信息技术，促进教育走向人的智能与机器智能相结合的新的发展模式。智慧教育的基础是教育信息化，其技术特点是泛在化、智能化和大数据，基本特征是开放、共享、协作。2012年9月，刘延东副总理（时任国务委员）在全国教育信息化工作电视电话会议中提出：“十二五”期间，要以建设好“三通两平台”（即宽带网络校校通、优质资源班班通、网络学习空间人人通，教育资源公共服务平台和教育管理公共服务平台）为抓手，这也是当前和今后一个时期，教育信息化建设的核心目标与标志工程。2012年11月，东阳按照教育部有关要求积极创造条件，成为首批国家教育资源公共服务平台规模化应用试点县市之一。以此为契机，东阳加快了以教育信息化带动教育现代化的实践，开启了智慧教育新时代。

（二）需求

东阳位于浙江腹地，属长三角经济区，自古崇文重教，素有“教育之乡”的美誉。近些年来，人民群众对东阳基础教育质量普遍满意的同时，也提出许多意见与建议，其中最为突出的问题：一是教育发展依然不够均衡，二是学生个性化发展的需求亟待进一步满足。同时，东阳外来务工人口众多，如何让外来务工人员子女享受同等的优质教育，使他们更加安心地服务于东阳建设，一直也是东阳教育亟待解决的问题。

东阳的教育均衡只有基于学生特点，开展适合学生个性发展的选择性教育，才能做到教育本源意义上的真正公平，也才能提供人民群众满意的有质量的教育。东阳积极利用国家教育资源公共服务平台（简称“国家教育云”），搭建起一个优质教育资源共建共享的平台，打破时空界限，使优质教育资源覆盖面、辐射范围最大化，让广大师生、薄弱学校平等地享受优质教育资源，切实促进教育均衡发展，更好地培养学生自主学习和探究学习的能力，满足多样化和个性化学习需求。

二、创新实践

作为“国家教育云”试点地区，东阳把新一代信息技术有效应用作为出发点和终极目标，认真学习国内外教育信息化先进经验，对全市中小学开展深入调研，先后召开20余次专题论证会，大胆尝试、锐意创新，从共建共享优质教育资源、全面提升师生信息素养、创新政策体制机制入手，制定了符合东阳实际的智慧教育推进方案，实现了统筹规划、分步实施。

（一）政企合作，构建智慧教育新环境

东阳与电信运营商合作，新建了东阳教育云，升级改造了东阳教育城域网，丰富学习终端建设，初步创建“云 + 端”智慧教育新环境。

1. 创新建维模式，搭建东阳教育云。东阳采用政企合作的模式新建了东阳教育云，东阳教育云由服务器资源池、存储资源池、安全设备和虚拟化软件等组成，服务器与存储资源实现虚拟化，方便计算与存储资源的统一管理，为学校免费提供计算与存储服务，学校不需要再单独购买服务器等教育信息化的硬件与软件，大大降低了投入成本和管理成本，有效避免了重复建设和现有设备资源的浪费。同时，升级改造了主干万兆、千兆到校的适应于教育云环境的东阳教育城域网，优化了“宽带网络校校通”；实施了班级和功能教室的“最后100米的网络接入工程”，实现了“优质资源班班通”；遵循国家教育云平台技术规范，搭建国家教育资源公共服务平台东阳中心，实现了“网络学习空间人人通”（见图2-1）。

2. 优化硬件建设，丰富信息化终端。东阳在“电脑教室标准建，教师电脑人人有、多媒体设备班班配”的基础上，进一步启动了基于移动学习终端的数字化学习试点，全市共设8个试点学校，配备了多种形式的移动学习终端设备；启动了桌面云试点

项目，让桌面云学习终端走进普通教室，走进学校公共场所；启动了学校绿色网吧建设项目，对全校学生免费开放；目前，全市中小学基本形成随处都在、随处可用的学校信息化终端环境。

图 2-1　利用移动学习终端开展教学

3. 实现三项整合，构建“云 + 端”环境。首先是平台的整合，国家教育资源公共服务平台东阳中心与国家、省平台实现了无缝对接，互联互通、高度共享优质教育资源，成为全市智慧教育学习中心，发挥了就近服务应用的独特作用。东阳中心根据学校实际需求和特点，确定了接入平台的各应用系统，实现了系统整合，即以网络学习空间为中心入口，单点登录、跨系统应用。平台还实现了与软硬件设备的整合，全市课堂自动录播教室、校园电视台、电子白板、数字化学习终端等应用接入平台，使平台功能更趋丰富完善，更有利于学校特色应用开展（见图 2-2）。

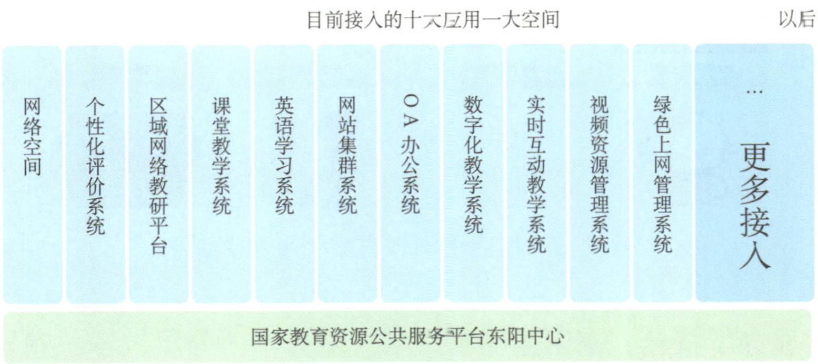

图 2-2　平台中各应用系统的整合

通过三项整合，国家教育资源公共服务平台东阳中心形成了以网络学习空间为基础的教育资源中心、信息汇聚中心、教学应用中心和师生家长交互中心，初步构建了“人人皆学、处处能学、时时可学”的“云＋端”智慧教育信息化环境。

（二）全面布局，拓展智慧教育新舞台

东阳采用点线面网结合、多元延伸融合的方式，师生家校全面布局，大力拓宽智慧教育的渠道，有效拓展智慧教育的舞台。

1.“云”领课程改革。东阳以信息技术支撑为基础，从“一切为了每一位学生的发展”的新课程改革核心理念出发，利用智慧教育环境加快课程改革，创新教学内容、课程形态、教学方法、教学手段和教学评价等，组织开展新技术在学科教学中有效运用模式与方法的研究，为每一位学生提供适合的课程和教育，帮助学生全面而有个性地发展，促进选择性教育的实现。如东阳市横店小学教育集团4869名学生通过智慧教育平台自主选择了社团活动，孩子们纷纷抢报自己感兴趣的社团，真正在教育集团6所学校内实现了“生生平等、个性发展”的目标（见图2-3）。由于网上选课具有操作简单、课程无冲突、报名无重复等优点，深受学生和家长的欢迎。特别是在浙江先行高考改革的背景下，让孩子们对课程进行提前选择，教育界和社会各方普遍认为具有重要意义。

图2-3 横店小学教育集团平台选课

2.“端”显办学特色。东阳遵循高中“规范办学、分层教学、差异发展”，初中“规范办学、轻负高效、一校一品”和小学“智慧课堂、快乐校园、特色学校”

的宗旨，将全市中小学传统办学特色与信息技术相结合。学校充分发挥智慧教育平台的优势，或与传统的笛子教学、围棋教学等巧妙融合，或开展全息阅读、游戏+动漫教学等创新应用，加快了智慧校园进程。如东阳市南马实验小学积极倡导教育云环境下的书法课堂，通过图片、音频、视频等，多角度呈现书法的动态美，让传统文化与现代手段完美结合，教师们录制的书法微课，不仅有从横竖撇捺开始的书法起步教学课程，还有书写过程演示和作品演示等内容，学生不拘于时间、地点，通过平台观看微课，大大促进了书法素养的提升。

3. 网铸科研活动。积极开展智慧教育环境下教、科研活动，充分利用平台促进科研资源交流、汇集与共享，变革科研组织与活动模式，打造新一轮的“教研共同体”“科研协作体”，不断拓展应用广度与深度。与“一师一优课　一课一名师”、各类评比展示、观摩研讨等活动结合，将活动在平台可视化，使比赛更为公平、公正，扩大活动的积极影响。如东阳通过平台开展全市“校长课程讲座视频大赛”（见图2-4），各初中、小学校长以《我校课程建设的顶层设计与实施策略》为题，面对本校全体教师，运用多媒体开展课改专题讲座，讲座视频统一上传至平台供全市校长和教师观摩交流，网络评选与专家评选同步开展，广泛引发对课程建设的深入探索。

图2-4　全市校长课程讲座视频大赛

4. 渠通家校互动。构建学校、家庭和社会教育三位一体的综合教育模式，积极探究信息技术环境下的德育教育，创建了“红领巾东阳云”，在平台中开设少先队活动资源、少先队活动研究等系列栏目，动态记录全市中小学少先队活动，充分利用省编德育地方教材录制并播放“小公民”等微课，定向推送“健康保健”“习惯培养”等优质家庭教育资源，定期通过智慧教育平台召开家长会，尤其是加强与外来务工人员及其子女的交流沟通。如东阳市南上湖小学从2013年5月开始，各班班主任每学期都会通过平台与每位家长进行一次至少15分钟的视频家长会，让家长们更全面地了解孩子的学习情况，进一步巩固教育成果。

(三)创新机制，保障智慧教育新发展

智慧教育是一项长期的系统的工程，要充分发挥信息技术对教育改革和发展的作用，必须强化机制建设，提供有力的制度保障。

1. 加强组织领导。成立了东阳市智慧教育工作领导小组，由分管副市长任组长。领导小组下设办公室，设立技术支撑中心、网络课程辅导中心、云应用指导中心和资源调配中心等，具体负责推进工作。成立东阳市智慧教育工作专家组，聘请中央电教馆、浙江省教育技术中心、高等学校、科研院所等单位的专家，进行相关理论和技术的指导。成立学校智慧教育工作小组，校长任组长，各中小学校成立教育技术处，纳入学校中层管理，配备专职人员，自上而下认真抓好智慧教育工作。

2. 建立经费保障机制。东阳市财政在2012年、2013年分别投入4500万元、3100万元的教育信息化专项经费，从2014年开始，东阳市财政每年安排1800万元，完善教育信息化投入的保障政策，确保国家教育云规模化应用试点工作长期有效发挥作用、智慧教育稳步持续发展。积极探索企业参与，灵活采取租赁等方式，在经费投入、设备管理、技术维护等方面获得大力支持，逐步形成政府政策支持、企业参与建设、学校持续使用的教育信息化基础设施推进机制。

3. 强化人员培训。将信息技术应用能力列入新教师岗前培训和考核中，将教育技术能力(中级)纳入教师职务晋升的必要条件，分步分层推进“51329”培训工程，三年内完成500名校长信息化领导力培训、1000名骨干教师信息技术与教学融合能力培训、300名技术人员专用技术培训、200名教科研骨干的云环境下教科研实践培训、9000名教师的教育技术中级培训，造就一支业务精湛、结构合理的智慧型教师队伍。

4. 完善资源建设。制订《发挥名师优势促进教育公平的若干意见》《东阳市智慧课堂教育资源建设若干规定》，成立教育资源建设领导小组和学科小组，让东阳名师、一线教师分批承担智慧课堂的建设任务，有序建成丰富动态的优质资源。抓实各类评比活动，注重精品资源收集，重视教师积累习惯养成，关注常态资源汇集，逐步形成使用数字教育资源授课的优秀应用案例体系，营造“人人用资源、课课有案例”的氛围。

5. 健全应用评价机制。进一步构建评价目标多元化和评价方法多样化的评价模式，健全教育信息化应用的考核和奖励机制。坚持“试点先行、典型引路、全面铺开”的策略，“轮流做庄”举办应用推进会议的方法，及时宣传推广典型应用案例，

总结应用过程中出现的新方法、新思路、好经验、好模式，建好一批教育信息化应用示范的试点学校、基地学校（注：东阳根据区域划分为五大教研基地，每个教研基地起引领作用的学校为基地学校），采用“领衔校＋参与校”的共同推进模式，引领带动全市中小学全面深入推进应用。

三、特色亮点

随着智慧教育逐步推进，东阳的学校、教师、学生、家长已不满足于智慧教育平台的基础应用，他们不断提出改进措施，并通过多种方式探索特色应用，应用模式从单一向混合转变、从展示型走向常态化，亮点纷呈、典型突出，构建起教师之间、校校之间、区域之间、家校之间的教育新生态，充分展示了智慧教与学的优势。

（一）网络空间

“我的空间我做主”，东阳市横店小学教育集团横店校区六年级（1）班的何梦谊同学非常喜欢上传空间日志、进行网上旅行、开展小组讨论，她利用空间与同学们开展了一次又一次探究性学习（见图 2–5）。2015 年 3 月，他们举行了“行走在消逝中——东阳土布探究”的实践活动，土布的纺织视频、土布的染色实验、土布创意设计、土布工艺品引来空间里众多师生围观。教师可利用空间进行备课教研、资源交流、布置作业、个别辅导，班主任则更方便，通过空间对班级进行智能管理、发布公告、召开网络班会、讨论热点话题等。目前，东阳推进空间应用推动资源应用、教师空间带动学生空间、学校空间联动家长空间的应用模式成为常态。

图 2–5　学生利用教室云终端上传个人作品

(二)智慧备课

东阳市吴宁第二小学校长楼美刚认为，通过平台开展备课凝结集体智慧，为教师深入研究教材节省时间、提供方便，提高了备课质量，构建了高效课堂，也有效解决了教学进度监管等问题。她带头在学校开展智慧备课、分享实践经验、探讨疑难困惑。2013 年 12 月，该校两位教师在全市云环境下教学应用观摩活动中，娴熟地运用平台开展备课进行有效教学，学生参与热情高，课堂气氛十分活跃。通过智慧教育平台开展网络备课，深受东阳广大教师喜爱，现已初步形成了“校内齐备、校间协备、专家领备”的智慧备课模式。

(三)智慧教研

2012 年 12 月 19 日，东阳市首次通过平台开展初中语文教研活动。一石激起千层浪，教研活动迅速通过平台大面积铺开。2014 年 3 月，仅横店镇就开展主题研讨型智慧教研活动 69 次、视频点播型 38 次、课堂展示型 75 次。小学语文教研员吕君兰曾兴奋地介绍经验：“东阳全市有一千多位小学语文老师，常规教研活动根本无法让每位老师都参加，尤其是一些偏远的小学校，更由于工学矛盾，有些老师一年连一次教研活动都无法参加，但是通过智慧教育平台就可让老师们足不出户均等地参与教研，促进了老师们专业化水平的同步提高，非常好，一定要全面推广。”东阳在市级网络教研的成功带动下，基地、乡镇、学校等网络教研进一步开展，并形成了课堂展示型、主题研讨型、视频点播型三种智慧教研模式（见图 2-6）。

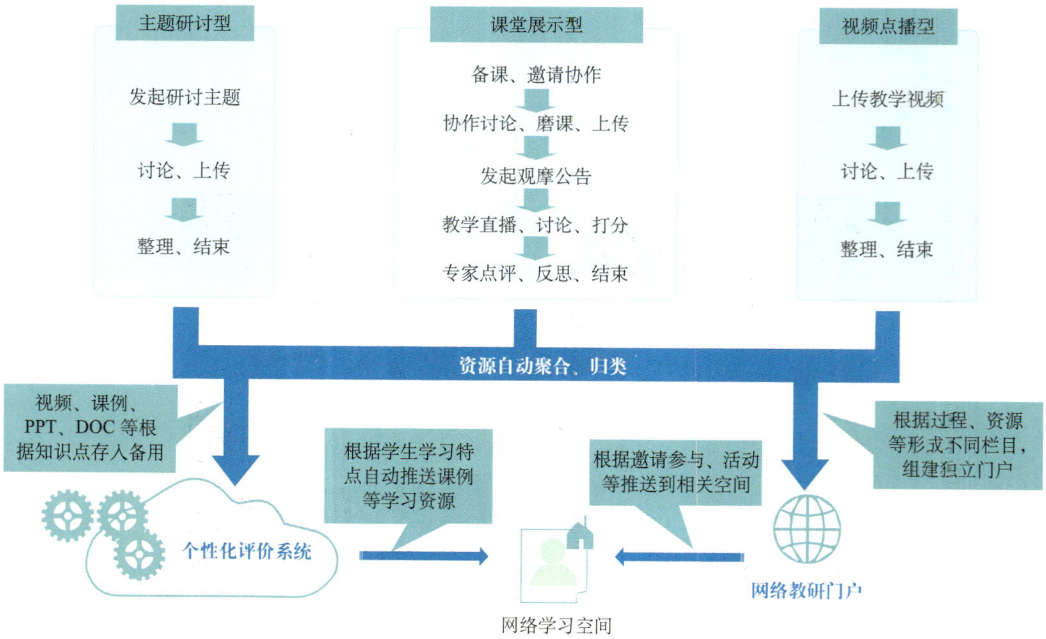

图 2-6　智慧教研平台三种类型教研活动

（四）智慧课堂

东阳学校间的联系与协作通过智慧课堂空前紧密。东阳市横店小学教育集团横店校区利用平台与东阳市爱心学校开展三年级起步作文的同步课堂，东阳市外国语小学的美术老师吴佳燕每周为山区的三单小学远端授课，公办学校与民工子弟学校合作，城区学校与山区学校结对，共享优质教育资源，初步缓解相应学校师资短缺问题。名师讲堂、公益课堂供全市中小学生免费使用，有效地扩大了优质资源覆盖面，缓解了有偿家教等社会问题。一对一数字化学习试点学校每月举行教学研讨活动，引导学生开展个性化的自主学习和探究性的合作学习，极大激发了学生的学习兴趣、培养了学生的创新能力。东阳逐渐形成了“移动学习、分层教学”的一对一数字化课堂，“双向互动”（见图 2-7）“单方接收”“远端授课”的同步课堂等多种智慧课堂模式。

图 2-7　“双向互动”式小学美术同步课堂

（五）智慧评价

东阳的校长们越来越喜欢利用智慧教育平台开展精准教学评价。在一次期末检测中，东阳市横店一中校长杜俊杰通过平台中数据的精准统计和分析（见图 2-8），发现本校初三年级英语平均成绩与兄弟学校存在一定差距，他立即与学科教师商量并调整教学策略，完善平台中的个性化题库，进行针对性指导，最终该校在 2015 年中考时收获可喜的成绩。现在，东阳以基地学校为单位，全市初中利用平台开展智慧评价，及时掌握知识点落实情况，了解学生学、教师教及班级间、学校间的强弱项，形成了以大数据为基础、服务教学的应用模式。

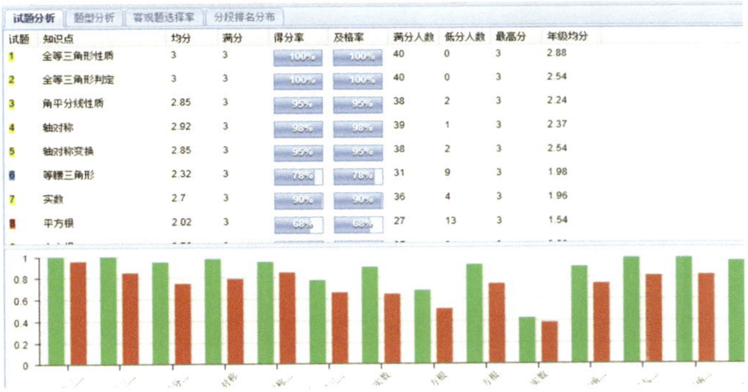

图 2-8　学生练习情况相关数据分析表

四、应用成效

教育既是智慧的产物，又是智慧的载体与推进器。信息技术理念的提升、技能的增强，信息技术与教育教学的深度融合，使东阳智慧教育呈现出强劲的发展态势。

（一）促进资源均衡，提高教育质量

在2015年12月东阳市学校教育质量综合评价中，师生空间日志总数为964933篇，空间有效小组数4163个，网盘资源总数122323条。开展课堂展示型网络教研活动352次，参与活动教师8990人次。通过平台开设名师讲堂650余节，公益课堂980余节，同步课堂620余节，建设各种微课3500余节，开展一对一数字化教学公开课72人次，另外建有优质少先队“自主队课”256节，开展“辅导员工作常规”“少先队课程评价”等31项活动，城区所有学校、各中心小学均通过平台与山区学校或民工子弟学校结对发展。

东阳越来越多的校长对数字化校园建设目标更为明确，现有省级以上数字校园示范建设校5所。2012年，东阳市吴宁五小蒋静老师作品《魔法空间设计师》获全国VCT作品评比一等奖，并代表中国参加在捷克共和国举行的全球VCT应用大赛。从2013年至2015年，全市共有248名师生在各类信息技术应用评比中获得省级以上的个人荣誉，87件学校作品获得省级以上集体荣誉，2014年东阳有4名教师荣获浙江省特级教师，2015年有16位教师获省市教坛新秀。在2014年10月省教育厅教育质量检测中，东阳市义务教育质量27项指标整体居全省前列，特别是东阳市初二学生“学业成绩标准达成指数”为96.1（全省平均指数为92.8）、初二学生“学业均衡指数”为90.4（全省平均指数为45.8）。

（二）形成“东阳模式”，初具示范效应

东阳先后应邀参加全国中小学教学信息化应用展览活动、全国教育信息化创新应用成果展览会、第十届上海教育博览会、浙江省第一批教育部教育信息化试点单位应用案例展等，多次在全国、省、市教育信息化应用交流会议中作典型发言。中国教育电视台、《浙江日报》《浙江教育报》等多家媒体宣传报道东阳教育信息化阶段性应用成果，教育部《教育信息化工作简报》以专刊的形式介绍了东阳的做法，东阳教育信息化工作案例《漫步云端畅享资源　融合创新跨越发展》被选入《中国教育信息化发展报告（2014）》、案例《广大师生动起来　网络学习空间活起来》被选入由教育部指导编写的《公平　质量　创新　发展——中小学信息技术教学应

用优秀案例集》。省内外近30个地市、县教育局先后来东阳参观考察智慧教育工作情况，纷纷表示要进一步加强与东阳的沟通与交流。教育部和浙江省教育厅对东阳市所取得的成果给予充分肯定，并希望东阳为全国范围内推进“三通工程”继续提供新鲜经验。

五、结　　语

在近三年的实践过程中，东阳积极探索，智慧教育推进工作从星星点灯走向群星璀璨，智慧教育平台现已成为东阳广大师生开展教育教学活动必不可缺的部分。东阳当初所面对的政府、社会、家庭对教育均衡、优质教育的普遍要求，学生多样化、个性化发展的强烈渴望，正在得到满足。

虽然东阳智慧教育取得一定成效，但还是处于初级阶段，继续探索智慧化的规划、建设、管理和服务模式任务十分艰巨，需要继续深化应用，进一步推进部门协调，建设好一支适应智慧教育需求的管理和服务人才队伍，高度重视和有效防范安全风险。

展望未来，东阳将以只争朝夕的精神，继续迎难而上，进一步探索发挥信息化对教育发展的积极引领作用，保持教育在信息化时代下继续领先发展的优势，为东阳孩子们的幸福人生奠定基础。

（案例推荐部门：教育部）

案例 3

融合，创新 用智慧打开郑州未来教育之门
——郑州市智慧教育发展实践与总结

一、背 景

根据教育部《教育信息化十年发展规划（2011—2020 年）》《郑州市智慧城市建设总体规划（2013—2020）》及《郑州市人民政府关于加快建设智慧城市的实施意见》等文件精神，郑州市教育局坚持以教育理念创新为先导，以优质教育资源和信息化学习环境建设为基础，以学习方式和教育模式创新为核心，以体制机制和队伍建设为保障，融合创新，强力推进智慧教育建设。

郑州市“智慧教育”工程的实施，是促进郑州教育信息化水平不断提高的重要载体；是实现建设学习型社会、构建终身教育体系、提高全体国民素质的有效途径；是培养创新型人才、智慧型人才、实践型人才的内在需求。智慧教育的创新发展已经成为郑州未来教育建设的重要引领和动力。

二、开放平台，集约化推进全网融通

在智慧教育工程建设中，ICT 基础设施是基石，也是建设焦点。为了在信息化的背景下，重新打造郑州教育新生态，构建“信息高度共享，宽带无处不在”的一体化教育信息化云端架构（见图 3-1），成为郑州市智慧教育工程的首要任务。“十二五”期间，郑州市提出“集约化建设，市县校协同建构”的工作思路，强化市级统筹，深入推进区域智慧教育生态化发展。郑州市中小学“班班通”提升工程纳入市政府“惠民实事”，先后投入数亿元资金，以“两全四统一”的整体规划思路，在全国率先完成了“三通两平台”的建设工作。“两全四统一”即“全员覆盖，全面服务；统一规划，统一标准，统一门户，统一认证”。“两全四统一”的整体规

划思路，使全市 ICT 基础设施建设将市、县、乡、校融合为一个整体，一体化综合平台，一站式认证服务，让教师、学生、社会公众、教育管理者达到了无界沟通。全网融通，为智慧教育的大数据分析和信息化建设铺设了一条康庄大道。

图 3-1　郑州市区域教育管理及服务拓扑

（一）顶层设计，四个“强化”

1. 强化战略地位。加快推进智慧教育建设纳入《2014 年政府工作报告》和《郑州市智慧城市建设规划》，在政府层面予以部署和推动；将教育信息化工作纳入《郑州市教育工作发展规划（2015—2020 年）》，坚持集约化推进，保障智慧教育工作的健康持久发展。

2. 强化政府督导。强化政府督导是教育综合改革的保障和突破口。郑州市坚持把教育信息化工作列入政府督导项目，构建强有力的督导评估机制，对教育信息化各层级的工作开展情况进行督导评估，加大深入推进的力度。

3. 强化转变观念。建立郑州市教育信息化 CIO 管理和培训机制，加强管理人员及一线教师的管理和培训，统一“促进信息技术与教育教学的深度融合”的发展理念，充分认识运用信息技术解决教育领域综合改革的具体问题、关键问题和难点问题。

4. 强化区域整体推进。新时期区域教育现代化，必须走一体化整体推进道路。因此，郑州市坚持将智慧教育工作从“先进性目标”调整为“普及性目标”，从“试点先行”发展为“全面推进”，把“区域整体推进，形成本地特色”作为工作重点。

（二）网络通达，“无线”延伸

全市高标准搭建 7 个县（市）级中心机房平台和 635 套校级平台，所有学校实现教育城域网和教学专网并行，市属学校千兆互联，其他学校全部百兆光纤宽带入校；郑州广电、中国联通、中国移动等运营商均为郑州教育开通了千兆骨干光纤和互联网出口，分别联通了全市 1300 余所中小学、2 万多个班级，总出口带宽达到 8.7G。2015 年 11 月，郑州教育城域网互联网访问出口带宽扩充至 2G，所辖六县（市）及金水区、惠济区互联网独立出口带宽已达到 1G 以上；其他各区将于 2016 年底实现 1G 以上互联网独立出口带宽。在“十三五”期间，县（市）、区教育局中心机房将扩展为万兆互联，部分县区学校将逐步升级为千兆校园网。同时，积极拓展网络服务延伸，65 所市教育局直属学校和 54 所区属学校安装建设了无线校园网，实现了校内无线网络信号的全覆盖，广大师生拥有了一个良好的基于网络环境下的现代化教学环境。

（三）项目带动，搭建平台

根据教育部“三通两平台”要求，郑州市政府先后投资 4 亿多元推进郑州市中小学“班班通”提升工程项目。项目覆盖郑州市所有公办中小学及职业学校，共 1364 所学校、22419 个班级，率先在全国建立了市级班班通运行维护服务中心。同时，郑州市教育局大力推进智能录播教室建设，先后累计投资 2.85 亿元，建设完成了 7 套县区视频课程直播系统，176 套标清录播教室和 242 套高清智能录播教室；完成了郑州教育云资源公共服务平台、郑州教育云计算数据中心、郑州教育无线城域网、直属学校高清视频监控改造等重大项目的建设。项目的建设完成，为搭建校园信息化共享平台，构建课改网络课堂，共享优质教学资源，促进教育均衡发展提供了强大动力。

三、协同建构，促进优质资源共建共享

2013年，郑州智慧教育建设正式起步，建成三个资源应用平台——人人通学习平台、教育云资源公共服务平台、数字化阅读平台，通过开发、征集、引进、整合等手段，按照“规范、开放、协作、共建、共享”的要求和“平台+资源+服务”的模式，动态建设市级教学资源中心，制定完善的数字化教学资源建设标准和质量评价办法，探索“政府评估准入、企业竞争提供、学校自主选择”的教育资源准入机制，盘活数字教育资源，加快开放教育资源的汇聚速度，为郑州市智慧教育建设打造一个优质共享的动态资源池。

目前，郑州市教育局构建了县级和校级教学资源库群，搭建了优质高效的郑州教育云资源服务平台，总容量8.6T，为全市幼儿教育、小学、初中、高中、职业教育提供了优质的教学资源达81万余条，在线习题资源达400万道、试卷10万套，覆盖了人教版、北师大版、西师大版等144个版本，此类资源每周都以8000条左右的数量在进行实时动态更新。目前，该平台已注册教师8万余人，2015年资源使用量达2900万次，人均使用353次。表3-1为2015年1—10月份每月部分资源增加情况。

表3-1　2015年1—10月份每月部分资源增加情况

月份	教材资源	网上题库	考试专题	总更新量
1月	24558	11525	650	36733
2月	22136	10505	255	32896
3月	15546	15264	2347	33157
4月	21250	29016	4143	54409
5月	31336	40508	16372	88216
6月	16016	30856	1093	47965
7月	21004	34021	798	55823
8月	33473	29312	631	63416
9月	28490	9622	3139	41251
10月	19272	231	0	19503

2015年，云资源平台新增物理化学仿真实验、微课等资源内容，主要包含两类不同的资源体系：一是以演示实验现象、实验流程、实验结果、概念定理为主的演示实验资源体系，共4000余条；二是以交互式自主实验操作为主的分组实验、探究实验资源体系仿真实验室，共计351个。

为推动深度学习方式在教学活动中经常性、普遍性使用，不断扩大优质教育

资源覆盖面，2016 年，郑州市教育局将投入优质资源建设经费 1200 万元，用于开发优质数字教育资源；划拨 500 万元作为“一师一优课、一课一名师”专项经费，用于加强版权保护、鼓励优质教育资源共建共享；印发了《关于录播教室管理和应用制度的通知》，充分利用已建成的 176 套标清智能录播教室和 242 套高清智能录播教室，引导全市各学校通过“一校带多点、一校带多校”“名师课堂”“名校网络课堂”等多种形式，提高优质教育资源覆盖面，促进义务教育的均衡发展。2011 年起，郑州市教育局与河南省电教馆、新疆哈密地区教育局等部门紧密结合，利用“空中课堂”智能录播教学系统，通过“班班通”网络直播，与哈密地区的中小学校进行了空中课堂互动教研，填补了“新疆远程教育网”跨省直播的空白。

四、机制创新，化“教育管理”为“云端服务”

技术环境的协同构建、数据体系的建设生成、服务环境的建构与持久化，使郑州市智慧教育云公共服务平台性能得到进一步的提升，为全市智慧教育建设提供了性能良好、服务便捷的资源服务和信息服务基础平台及网络运行环境；使学生、教师和学校等各级各类教育数据开放采集和共享得到了进一步的规范管理。依托市级教育数据中心，逐步形成了基于大数据的教育决策咨询机制。校园安全监控平台、“绿城通”学生卡管平台、学生综合素质评价系统等云端平台的搭建，让全市安全应急联动、跨区域视频会议、校内校外消费服务、教育教学评价管理和服务功能得到了深度应用。

（一）建平台，实现校园智慧化管理服务

2015 年，郑州市成为全国智慧教育实验区之一。为推进云计算、大数据、物联网等信息技术在智慧校园中的创新应用，郑州市教育局开展了智慧校园建设试点工作。郑州七中、郑州九中、郑州三十四中、二七区汝河路小学等学校充分利用覆盖学校的高速有线、无线教育网络及智能信息终端，在统一平台基础上，以应用服务系统为载体，构建教学、科研、管理和校园生活为一体的新型智慧化的工作、学习和生活环境。

智慧化管理平台将学校的教研、教学、管理、交流与校园资源和应用系统进行整合，通过电脑和手机等终端，紧密结合班主任、教师、管理人员的工作实际，为校长、老师、行政办公人员、学生和家长提供便捷的一站式信息服务；通过网络

视频教研平台、智慧课堂、智能互动录播，从教学和教研等方面，对校园教学过程的主体活动进行智能化的管理和控制；通过校园一卡通、数字图书馆、校园信息发布、校园环境监测等应用系统的建设，从日常生活中的出、行、住、娱等方面提高师生校园生活的幸福指数，从而推进智慧化教学、智慧化教研、智慧化管理、智慧化生活及智慧化服务的进程（见图 3-2）。

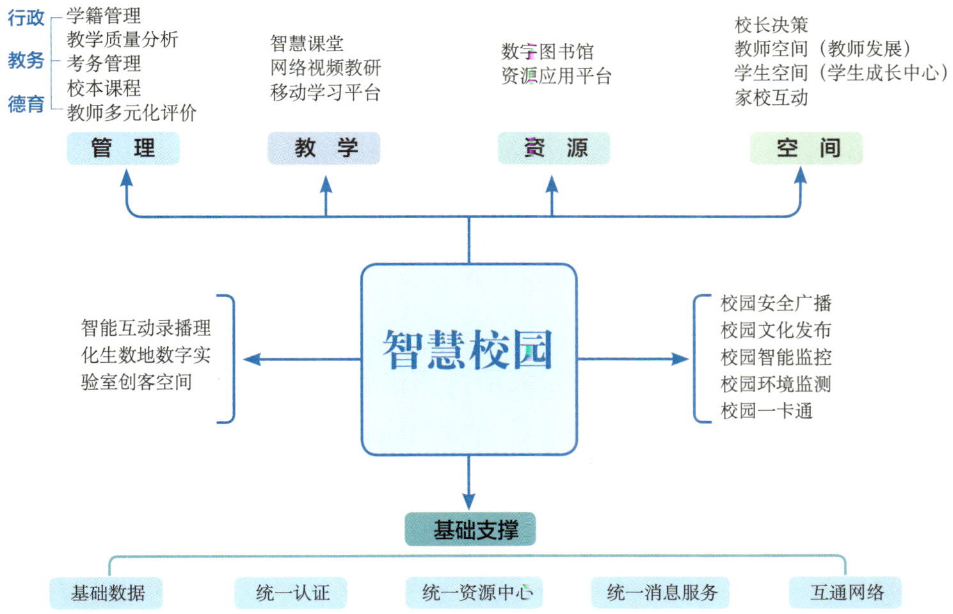

图 3-2 郑州市智慧校园基础架构

（二）大数据，引领绿色评价智慧化建设

2011 年，郑州市与教育部课程与教材发展中心合作，连续 2 年实施了“中小学学业质量分析反馈指导项目”，初步构建了全面反映教育质量的绿色指标体系；2013 年，郑州市教育局与北京师范大学就教育质量综合评价与中国基础教育质量监测协同创新中心进行专业合作，开展“区域教育质量健康体检与改进提升”项目研究，对教育质量进行综合评价；2014 年，郑州市人民政府在政府工作报告中将“推进教育质量综合评价改革”列为政府重点工作。

郑州市“区域教育质量健康体检与改进提升”项目的收集数据对象是小学三年级和初中二年级学生，参加调查的对象，涉及郑州城区小学 249 所，小学生 47633 名；初中 104 所，初中生 41759 名；小学校长 477 名，小学教师 1344 名；初中校长 214 名，初中教师 2129 名。经过大量的数据采集、分析与挖掘，形成了《郑州市区域教育质量健康体检系列报告》。报告内容以关注学生健康成长为核心价值追求，集中反映了学生的学业水平、品德行为、健康状况、兴趣爱好以及学业负担等多方面发展情况；反映学生个体、学校、家庭和社会环境中影响学生发展的过程性因素，为教育部门科学地管理教学、引导学校和教师遵循教育规律、引导家长和社会形成积极舆论环境带来了有力的数据支撑。同时，报告客观呈现了学生在各学科各内容领域和能力维度上的表现，描述了各学科教学与学习的状况，借助数据挖掘技术进一步发掘学生学习和教师教育教学中的典型经验以及存在的问题，从而可以有效地帮助教师改进教学工作、提高教学质量。

2015 年，郑州市教育局印发了《郑州市小学生综合素质评价工作电子化管理平台推进应用实施方案》，利用中小学生综合素质评价工作电子化管理平台，在市内九区开展小学生综合素质评价工作。借助平台的数据分析，实时监督和管理市内九区及各学校综合素质教育实施情况，分析各区及学校综合素质教育存在的问题与原因。

（三）“绿城通”，打造学生公共应用服务智慧平台

为推进智慧郑州建设，实现资源的有效整合，在郑州市政府的统一部署下，2014 年 6 月份，郑州市教育局和郑州城市一卡通有限责任公司联合制作郑州市中小学学生证“绿城通”，为市区 55 万中小学生免费发行。

“绿城通”整合了学生从小学一年级至高三毕业个人基本信息和教育信息，是学生在校期间的有效身份证明，具有电子识别功能；可用于教育管理、考试管理、各类比赛、竞赛及校园一卡通等应用；同时具有公共交通、地铁和电子钱包、小额支付等消费功能，真正实现了一卡多用的目的，为学生的学习、生活和出行提供便利。

1. 学生证“绿城通”应用之“中招体育测试”

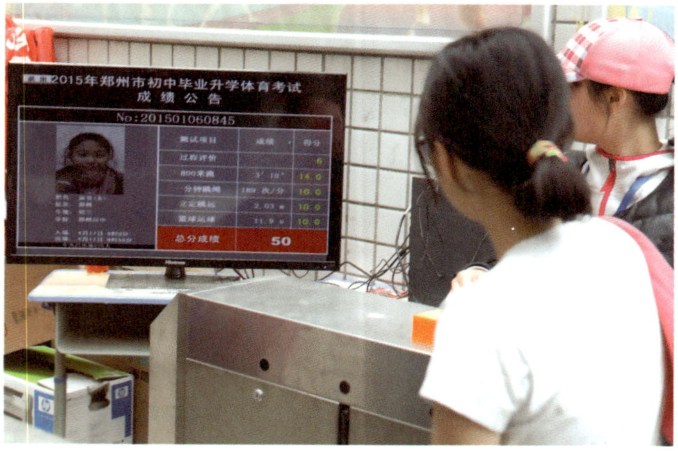

图 3-3　考试结束（出口）

2015 年，郑州市区 125 所初中学校的 46235 名应届毕业生持学生证刷卡参加体育测试。刷卡检录、入场等待、考前身份确认、考后记录成绩等各个环节因为一张卡片而变得有序快捷。测试项目全部完成后，在考场出口处刷卡直接显示本人的全部成绩（见图 3-3）。

2. 学生证“绿城通”应用之“足球训练”

结合郑州市“校足办”的训练需求，中小学生利用学生卡在市内八所学校进行足球训练，训练前后分别刷卡，系统将自动记录考勤情况并进行积分。2015 年 9—11 月份参加训练的学生数据统计情况：参与人数累计 2019 人次，共 5492.52 小时。

3. 学生证“绿城通”应用之“学校管理”

门禁管理、考勤管理、图书借阅等一系列校园一卡通的应用在郑州七中、郑州九中等试点学校开展（见表 3-2）。以郑州九中为例，2015 年 10—12 月份，全校约 3500 名学生在校利用学生卡实现了门禁考勤管理、图书借阅、食堂就餐和宿舍管理，为学校的日常教学和生活管理提供了极大便利。

表 3-2　郑州九中 2015 年 10—12 月份学生证“学校管理”应用统计

单位	门禁管理	图书借阅	食堂就餐	宿舍管理
郑州九中	18.8 万次	0.15 万次	60 万次	11.8 万次

4. 学生证“绿城通”应用之“社会应用”

2015 年度约有 51 万名学生使用学生卡刷卡乘坐公共交通工具出行（见表 3-3）。学生全年累计刷卡乘坐公交车约 238 万次，平均每月使用 20 多万频次；刷卡乘坐地铁约 130 万次，平均每月使用 11 万频次。

表 3-3　郑州市学生证“绿城通”“社会应用”统计

交通工具	第一季度	第二季度	第三季度	第四季度	全 年
公 交	55 万次	63 万次	56 万次	64 万次	238 万次
地 铁	32 万次	35 万次	30 万次	33 万次	130 万次

五、智慧应用，引领融合创新与发展变革

（一）拓展以智慧学习空间“人人通”为支撑的泛在学习

2015 年，郑州市智慧学习空间“人人通”平台为 100 余万教师、家长、学生开通了网络学习空间，同时开通了“郑州学习在线”网站，打造全民终身学习公共服务平台，开发社区教育课程 4122 节，目前参加网络学习人数已达 10 万余人。

郑州教育局于 2015 年 12 月下发了《关于进一步加强“网络学习空间人人通”

应用的通知》，通过各种渠道，鼓励学生应用网络学习空间进行预习、作业、自测、拓展阅读、网络选修课等学习活动，养成自主管理、自主学习、自主服务的良好习惯；鼓励教师应用网络学习空间开展备课授课、家校互动、网络研修、指导学生学习等活动。如二七区汝河路小学以校本课程体系为依托，建立校本课程资源库，开发了“生命科学园”实践基地，组建了“探索者”科学社团，学校基于“班班通”平台开通 “科学实验站”网络学习平台，学生将自己所看、所思发布在平台上并开展讨论。在科学实验站里，学生已经完成了“太空种子我来种植”“萝卜种子的奥秘”“果皮制作清洁剂”“树皮制作叶脉画”四个项目的探究。目前，该校正在积极组织师生利用网络学习空间，进行创客及教学共同体“体本课程”的研究。

（二）深化信息技术与教育教学的融合创新

智慧校园建设，从最初的通网络、通资源，到各类教育管理应用，再到学校信息资源的整合及应用集成，随着技术与教育的深度融合，近几年来融合技术的新型教学模式不断涌现。翻转课堂、移动学习、慕课、微课、“一对一”数字化学习等模式逐渐深入人心并在各级各类学校得到广泛应用，积极引领郑州教育的创新和变革。

郑州二中、郑州三十四中、航空港区中心学校、二七区建新街小学等学校，通过推进学校“信息化、国际化、自主化”的进程为学生提供更多自我学习、自我探索、自我成长、自我管理、自我发展的环境和平台，让每个学生“自主发展、快乐成长”；通过开办信息化创新班、成立网络创新实验室等措施，专门对在网络背景下运用移动终端进行教与学的实践，开展移动自主课堂的创新实验，让学生运用思维导图软件、海量的学习资源，自主地完成学习过程，构建数字化学习环境下的移动自主学堂。基于学生每人一台平板电脑、无线网络环境，开展一对一数字化课堂教学，实现教与学方式的转变，为创新人才的早期培养奠定基础。

（三）深入推进“创客郑州”建设工作

随着“互联网 +”时代的到来，在“创新驱动发展”“大众创业、万众创新”成为国家战略的背景下，为深入实施素质教育，构建以融合、开放、创新为特点的教育生态，提升中小学生科学素养，培养中小学生勇于探索的创新精神和善于解决问题的实践能力，郑州市出台了《关于开展创客教育的实施意见》，成立创客教育工作领导小组，组建创客教育骨干教师队伍，建设创客教育实践基地，建立郑州市创客教育联盟，成立青少年创客教育研究中心，将创客文化引入学校，铺就创新型人才成长新路径。

（四）发挥网络平台作用，推进信息化与教育教学的融合

郑州教育信息网、教育政务网、教育博客、教育微博的统一认证、互联互通，实现了教师、学生、家长、专家的多边无界沟通和交流。郑州教育博客区域内教师注册率、原创日志发帖量、点击量等各项数据在全国同类教育博客中均处于领先地位，并在全国率先建立以区域内教师原创文章为主的教育博客微信公众平台，汇集教师优秀博文的《做幸福的老师》《做有灵魂的教育》等系列丛书先后正式出版发行。郑州教育政务微博和郑州教育博客双双荣获中国电子政务理事会颁发的“2015政府网站建设精品栏目”奖牌。

（五）构建名师网络课堂，扩大优质教育资源覆盖面

郑州回中、郑州九中、郑州四十七中等学校创建“e校园”文化，实现了教师、学生、家长、专家的多边沟通和交流；教研室、学校、教师、学生以郑州教育云资源公共服务平台、郑州教育博客、智能录播课堂等形式为载体，以教研员、名师及骨干教师为引领，在网上进行教学教研的互动交流，提高了教师运用信息技术的能力和水平，营造了良好的信息技术与课程整合的环境，构建了信息技术环境下的课堂教学新模式。

基于高清录直播技术的校际之间名师网络课堂，整合高清智能录播教室、无线校园网、多媒体数据终端设备等资源，实现稳定、安全、可靠的数据流，传输流畅、画面清晰的视频直播画面，并实现交互和数据共享，高质量地完成校内、学校之间和教研共同体内名师直播课堂的教学工作和大型活动的视频直播、视频文件的海量点播、学生和教师优质教育资源的共享和个性化学习等内容。

六、以科学规划应对智慧教育面临的挑战

当前，中央正在协调推进“四个全面”战略布局，这对教育改革创新提出了新要求。郑州教育信息化的建设与应用正迎来前所未有的战略机遇。在下一阶段的工作中，郑州市将从“五个坚持”——坚持探索新兴技术、坚持服务全局、坚持融合创新、坚持深化应用、坚持完善机制，积极推动信息技术与教育融合创新发展，构建网络化、数字化、个性化、终身化的教育体系，建设“人人皆学、处处能学、时时可学”的学习型社会，努力培养大批创新人才，融合创新，用智慧打开郑州未来教育之门。

一是坚持探索新兴技术。要充分运用云计算、大数据、物联网、移动计算、3D打印等新技术，改变教育管理服务的模式，提升教育管理和科学决策水平。二是坚持服务全局。要通过服务全局构建教育信息化新的发展格局。以信息技术为纽带，进一步加强教学和管理、行政部门和教育机构、教师、学生和教育系统之间的联结和互动，使教学更加个性化、教育更加均衡化、管理更加精细化、决策更加科学化。三是坚持融合创新。要通过融合创新提升教育信息化的效能。通过深化信息技术与各级各类教育教学、管理的融合，以应用促融合、以融合促创新、以创新促发展，有效促进教育服务供给方式、教学和管理模式的变革，形成具有本地特色的教育信息化发展路径。四是坚持深化应用。要通过深化应用，深度释放信息技术对教育教学改革和发展的作用，将应用作为教育信息化建设、科研、培训、评价等各项工作的核心驱动力。五是坚持完善机制。要通过深化改革和创新体制机制，解决推进教育信息化进程中遇到的各种问题。要协调好教育行政部门、学校和有关企事业机构的关系，形成统筹推进教育信息化的合力，探索建立市场作用和政府作用有机统一、相互补充、相互协调、相互促进的教育信息化工作新格局。

（案例推荐部门：教育部）

案例 4

“互联网 + 教育”助力智慧城市
——株洲市区域推进教育信息化绽放绚烂光彩

株洲，古称建宁，位于湖南省东部，湘江中游，辖 4 县 4 区 1 市 1 个示范区。总面积 11262 平方公里，总人口 395.8 万人。综合竞争力在中部地区非省会城市继续保持第一，稳居全省第二。株洲市现有各级各类学校 1529 所，全市在校基础教育学校学生 53.74 万人，中等职业学校学生 43.54 万人，高等教育学生 8.79 万人。全市基础教育教职工 4.17 万人，基础教育专任教师 3.17 万人。

随着株洲经济的飞速发展，随着信息化时代的到来，随着党中央、国务院“到 2020 年实现教育现代化”战略目标的提出，对教育提出了更新更高的要求。具有现代信息素养人才的培养需要教育信息化，当前的教育与教育现代化的要求仍然存在一定差距，教育本身存在的观念落后、管理落后、教育模式陈旧、教育资源不均衡、教学效果不佳等与现代素质教育不相符的问题，更需要信息化手段来推动教育变革，以教育信息化推动教育现代化。

鉴于此，株洲市委、市政府坚持把科教先导作为全市发展的首要战略，稳步推动教育强市建设，将教育信息化纳入“智慧株洲”建设，认真落实国家《教育信息化十年发展规划（2011—2020 年）》和《株洲市“智慧城市”试点五年目标实施纲要》，大力推进教育信息化“三通两平台”建设，着力推进“智慧教育”建设，有效促进了株洲市教育信息化发展。

“十二五”以来，特别是实施《株洲市推进教育信息化实施方案（2013—2015 年）》以来，株洲市教育信息化工作坚持以“三通”建设为基础，以项目促进建设，以应用促发展，取得显著成效。全市教育信息化经费总投入 2.28 亿元，“三通工程”任务全面完成，县市区建成教育城域网 8 个，宽带接入率达到 100%，“优质资源班班通”达到 88%，100% 的教师和 73.2% 以上的初中学生开通实名制网络学习空间。自主研发 43065 条教育资源。教师利用空间和资源进行教学教研达到 80%。建设 69 个“数字校园”和“教育信息化”国家和省市示范项目。并且形成了具有株洲特色的“政府主导、规划先行、以用定建、试点探究、示范引领、区域推进”的模式。

一、主要做法

“十二五”期间，特别是近3年来，为切实提高株洲教育信息化水平，市委市政府坚持政府主导，以“三通工程”建设为核心，以建设“智慧株洲教育”为目标，以“科学规划、区域推进、以用定建、创新机制、试点示范、促进均衡”为总体思路，全面推进全市教育信息化工作。

（一）科学谋划，做好顶层设计

教育信息化的建设核心问题在于如何针对株洲市教育信息化现状和教育改革发展实际，结合教育部及湖南省对教育信息化建设的要求做好顶层设计。因此我们组织核心团队，认真研究，精心谋划，出台了“十二五”期间《株洲市推进教育信息化实施方案（2013—2015年）》，该《方案》明确各项管理、应用、推动机制，分年、分类、分层进行任务分解，要求各地各校成立“信息化领导小组”和“信息化办”，进行归口管理。并将任务指标纳入县市区教育督导考评体系中，不仅对教育行政部门考核，还对政府进行考核，做到目标任务明确，部门管理评价落实到位。

（二）以用定建，夯实基础工程

教育信息化的建设本身就是一个系统工程，软硬件支撑环境是信息化应用的根本，而建设不能盲目，需要我们分析教育教学本身的需求，从解决问题出发，因此我们确定“以用定建”的建设模式，即“缺什么、补什么，用什么、建什么”的原则，为此我们采取以下三项措施：

1. 摸家底，解决均衡的问题。对照教育部及省市合校学校建设标准，按照“缺什么、补什么”原则，农村学校全部配备“电脑＋实物展台＋展示型教室终端”，城区学校全部配备“交互式教师终端”，校校通网络，解决从无到有的问题。

2. 重研究，解决共性问题。2012年9月，教育部提出教育信息建设的核心任务是“三通工程”建设。如“三通工程”基础首先是网络要通，这是一个共性问题，因此我们将教育城域网建设作重点研究和建设工程。2012年，我们制定《株洲市教育城域网建设实施方案》，提出“统一出口，主干光纤1000M，市区两级中心、市区校三级架构、学校多点应用”的直通教育城域建设模式。2015年，株洲市10个县市区全面建设完成，为实现教育管理部门、学校、教育机构的教育数据、资源的全面共享夯实了基础，有效地解决了学校数字化应用的网络瓶颈问题，有力地促进了城乡之间、学校之间教育资源的均衡发展。

3. 强需求，以应用定建设。信息技术的设备设施升级，更新换代快，盲目跟风，脱离实际的配备势必造成财力的浪费，为此我们明确“用什么、建什么”，按照“好用、适用”的原则，要求各级教育行政部门和各校认真分析教育教学中的需求，对应用需求进行研究和论证，项目立项与应用需求挂钩。各县市推出“应用项目设备保障工程”，对有需求的学校进行高标准配备。

（三）创新机制，着力区域推进

1. 引进企业参与，优势互补，加快区域推进。为加快区域推进的进度，各县市区结自身实际，创新经费投入机制，如：株洲市石峰区、醴陵市、攸县按照信息化建设内容及目标要求，采用以企业投入为主体，县市区政府、教育局各学校购买服务的方式引入社会资金 7900 多万元。县市区教育局根据统筹规划需求，负责整个项目的规划、引导、协调，在各类教育资源配备与投入等方面起主导作用。企业主要负责项目实施、建设、运维，引进合作商，将自身资源通过各种宣传渠道和途径服务于 “三通两平台”，并进行整合。

2. 借力各级部门的推进措施，提升区域应用水平。湖南省“现代教育技术实验县区”“区域三通奖补资金”和“数字校园”的建设与应用标准，对县域及学校在信息技术与学科深度融合、教育教学应用与管理、网络研修、教师的成长等方面有明确的细则，株洲市以省“现代教育技术实验县区”、省“区域三通奖补资金”申报和省市“数字校园”建设为抓手，强有力推进“区域”与“整校”建设与应用。截止到 2015 年，株洲市成功创建“湖南省现代教育技术实验区”6 个，省“区域三通奖补资金县（市）区”5 个，省市级数字校园 60 个。

（四）突出应用，深化教学融合

1. 抓应用培训，提升教师的融合能力。在培训过程中，不仅仅进行技术培训，而是将中小学教师信息技术应用能力培训与各类活动进行有效整合，并依托学校信息技术教师和已熟练掌握信息技术的骨干教师组建“信息技术能力培训团队”，按照“重心下移、以校为本”的原则做实校本培训，增强培训的针对性和实效性。利用信息技术开展区域内、跨区域网络协作教研，交流、学习先进教育理念、教学方法、教学模式和教学经验，特别是要将信息技术应用能力提升与学科教学培训紧密结合，通过网络有针对性地对教师进行业务培训、信息化素养和技能培训、信息技术与教学融合培训等，着力提升教师适应信息时代需求的教学能力。截止到 2015 年，信息技术能力提升培训教师占比达到 80%，开展资源网进校园培训占比达到 100%。

2. 利用数字教育资源开展信息化课堂教学与常态化应用。积极探索教学过程中数字教育资源的应用模式，教师常态化应用信息技术组织教学活动的模式，教师基于互联网开展课堂教学评价、网络答疑、教学讨论和作业布置与网络考试等新模式。注重构建互联网和移动互联网环境下的新型教学模式，积极拓展移动学习终端、仿真实验室等新技术、新媒体的教学应用。组织自主学习、合作学习、探究学习等学习模式的探索，促进学习方式的创新与变革。截止到 2015 年，各级各类学校 80% 的教师能熟练利用数字教育资源开展教学活动。

（五）试点探究，推动示范引领

开展教育信息化试点和教育信息创新应用示范“四五”工程。教育信息化的应用落脚点是教与学，信息技术与教学融合不是一蹴而就的，株洲以问题为导向，确定“试点—归纳—再试点—推广—示范引领”的教育信息化应用推进模式，制定《株洲市数字校园试点和教育信息化应用项目试点实施方案》和《株洲市教育信息化创新应用示范“四五”工程实施方案》，明确试点示范内容，组织申报、评审、验收，实施以奖代补，以点带面，层层推进。截止到 2015 年，株洲市已有 3 个部级试点，16 个省级试点，50 个市级数字校园试点和教育信息化试点，共 69 个，在信息技术与学科的深度融合，促进教育均衡，促进学生自主、个性化学习，促进教师在专业成长等方面探索应用模式，涌现了很多典型案例，为株洲市进一步加快推进教育信息化建设提供有力的借鉴。

（六）倾斜薄弱，促进教育均衡

近年来，株洲市为解决城乡教育资源配置不均、农村学校优质资源短缺、部分学校特别是教学点开不齐课程等问题，出台《构建利用信息化手段扩大优质教育资源覆盖面实施方案》和《农村网络联校建设与应用试点实施方案》，并借助“农村义务教育薄弱学校改造计划”和国家“教学点资源全覆盖”项目实施，所有村小教学点在全省率先实现了“宽带网络校校通”“优质资源班班通”，并成功探索出了 3 个中心校带动村小的“网络联校”新模式，解决了教学点学科（特别是音体美）师资不齐、教学资源不足的现状，促进了教育均衡。

二、主要成效

（一）小投入撬动大资金

近 3 年来，市本级仅投入 900 万元，通过推动县市区政府投入、引进企业参与投入，争取上级资金、试点示范以奖代补等方式，撬动全市经费总投入 2.28 亿元（2013 年 8719 万元，2014 年 6271.232 万元，2015 年 7844.928 万元）（见图 4-1）。如“数字校园”和“教育信息化试点”全市奖补资金 510 万元，撬动各试点校经费投入 3771 万元，充分发挥了资金效益。

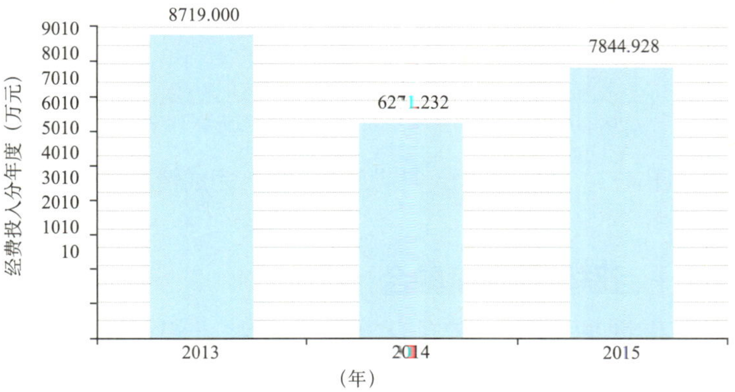

图 4-1 经费分年度投入情况

（二）“三通工程”覆盖全市城乡

1. 宽带网络校校通。2015 年，株洲市基础教育阶段宽带接入学校 796 所，占全市中小学数的 100%；校园网学校数 526 所，达到 66.08%，专任教师终端数 20416 台，人机比 1.304∶1。“宽带网络校校通”建设达到 100%，全部完成建设任务，为“十三五”的教育信息化的应用打下坚实的基础（见图 4-2）。

2. 优质资源班班通。2015 年，基本完成“优质资源班班通”，多媒体终端教室数 8510 间，达到 88%（100% 的教学点每校一套多媒体终端）。株洲市教师在“湖南省基础教育资源网”用户注册率达 100%、上传资源并通过审核条目数 43065 条，人均上传 1.61 条，下载使用资源条目数达 912465 条，人均下载 34.23 条，学科覆盖面为 100%；同时，完成 153 个市级名师课堂，132 个市级名校网络课堂、38 个省市级名师网络工作室空间建设，优质教育资源覆盖到 90% 以上的中小学，教师利用数字教育资源开展教学活动的比例达到 100%（见图 4-2）。

3. 网络学习空间人人通。2015 年，完成对湖南省基础教育资源及空间的平台下移工作，搭建“株洲市教育资源及网络学习空间平台”，新增“学校空间”“班级空间”“评审平台”“微课平台”，并组织全员培训，至此，全市 100% 的教师和 73.2% 以上的初中学生开通实名制网络学习空间，59.748% 的学校开通了学校空间、30% 的学校开通了班级空间（见图 4-2）。

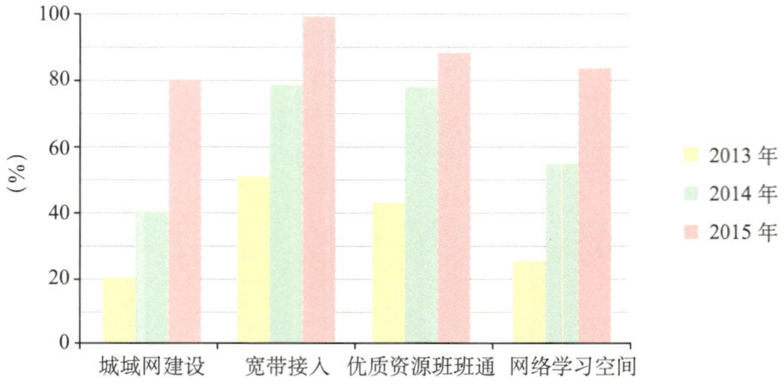

图 4-2　2013—2015 年“三通工程”完成情况对照表

（三）“教育 + 互联网”深度融合

面对教育信息化推进过程中客观存在的“老技术没学会新技术又来了”“懂技术不一定懂教育”“懂教育不一定懂技术”或以工作忙为由而“不想学，不想用”的问题，我们着重试点探究和推广天元区“教育 + 互联网”应用融合模式，明确教育的目标与内容是本体，技术则是优化教育内容的量和质、更好更快实现教育目标的手段，并把流行的“互联网 + 教育”提法改为“教育 + 互联网”（我们称其为“换姿势”），消除不钻研教育教学、一味痴迷信息技术手段的“唯技术论”。调动老师们的积极性与创造性，致力于用信息技术助力“活力课堂”、提升教学水平的探索与实践，创造“自主学习 + 互联网”“探究学习 + 互联网”“合作学习 + 互联网”“前置作业 + 互联网”等信息化条件下的课改成果。

（四）优质资源共建共享

1.“微课程”，让课堂活起来。微课程是基于 PPT 技术，运用音乐、图片、动画、文字等组成的一种在线教学视频，它短小精悍、教学信息清晰明了，通过直观形象的微课程资源，实现知识信息的快速传递，重构了学习过程。截止到 2015 年，株洲市共开发了像这样分学科、分类、成系列的微课程资源 5000 多个，分三个类型：一类为由学校管理者、班主任等开发的“教育管理微课程”，主要用于入学教育、安全教育、家长会等；二类为由教研员、教育管理者等制作的“教学研究微课程”，主要用于教师培训和教育反思、教学案例分析等；三类为由一线教师制作的“探究学习微课程”，主要用课前课后自主学习、个性化学习、创设情境、突破难点、知识拓展与应用等。2014 年参加由中国教育学会组织的“全国第二届微课程大赛”，株洲市获得优秀组织奖，120 多个特色微课程分获全国一、二、三等奖。

2.“一师一优课、一课一名师”，让资源应用动起来。积极组织开展教育部的

“一师一优课、一课一名师”活动。仅 2015 年，教师注册达 20316 人，晒课节数达 20196 节，达 99%，共收到优课节数 844 节，并组织评选出 305 节市级优课参加省级优课评选，共有 153 节被评为省级优课参加教育部评选。因工作突出，株洲市被省厅评为“优秀组织单位”，天元区教育局、芦淞区教育局、炎陵县教育局也被评为“优秀组织单位”。目前，株洲把这项活动作为促进教师信息化教学普遍应用水平的一个抓手，每年开展一次评比。

（五）普惠村小促进教育均衡

充分利用导航、推送等体系和手段，扩大共享面，实现“精准扶贫”，实施“村小资源普惠工程”，制定和实施《村小资源普惠工程实施方案》，重点制作、遴选和购买覆盖农村小学学情的各年级各学科的系统资源，形成定位准确、针对性强、重难点突出、制作优良的资源。截止到 2015 年， 50% 的农村小学（含教学点）、80% 的教师和 80% 的学生享受优质教育资源，有效缩小区域、城乡、校际差距，提高村小学生的学习兴趣和学习效率，促进教育均衡发展。

（六）创新应用亮点纷呈

三年来，我们坚持开展教育信息化创新应用“四五”工程，据评审统计，共探索出教育信息化在教育、教学、管理、教育、培训等方面成功新模式 36 个。其中，还涌现了不少在全省乃至全国很有推广价值的典型模式。

1. 知识点跟踪，以学定教（此模式全国推广）。株洲市四中通过建设“三库”（知识点库—微课资源库—习题检测库）（见图 4-3），利用学生的学习空间，以“考试—网上问卷—知识点跟踪—主动推送—学习反馈（见图 4-4）”为学生自主学习的流程，开放机房成为学生自主学习的场所，随着应用的推进，对提高高中学生的学业水平、提升教育教学质量、减负增效起到革命性影响。

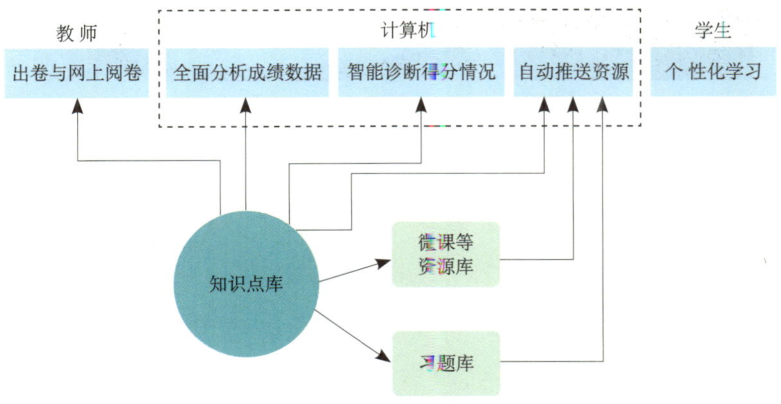

图 4-3　知识点跟踪系统流程图

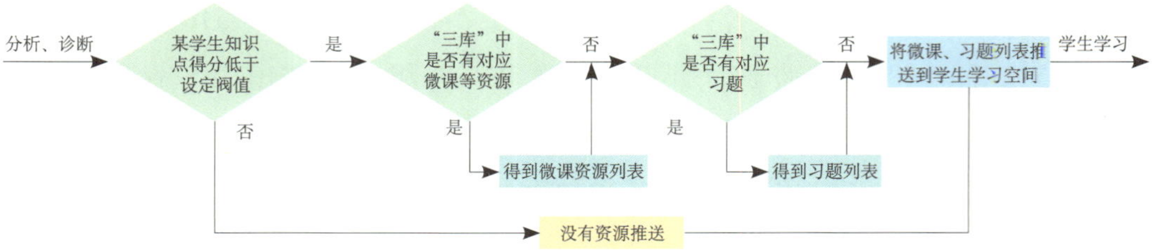

图 4-4 推送流程图

2. 二维码应用，提升教育教学管理水平（此模式全国推广）（见图 4-5）。天元区以"二维码"为支撑点，创造了信息化建设的一些亮点。如校园文化方面，利用二维码的功能，把校园文化建设与学校网站空间进行有机整合，把有关的隐性文化和动态影像上传到学校网站空间，生成相应网址的二维码图标，轻松"扫一扫"就能让隐性文化显出来；在学校资产管理方面，将学校的办公设备、文体设施、图书档案和制度标牌等建立"二维码"系统，即时扫描即可知设备设施的相关信息；在教学应用方面，科任教师学期初为相关教材找好资源网站，生成二维码，将资源网址的二维码张贴于课本目录空白处，学生、家长可直接通过老师推送的资源进行自主学习等。

图 4-5 二维码在课堂教学中广泛应用

3. 枫叶中学构建"大数据 + 大教学"智慧课堂，打造学生学情准确分析与学业高效成长平台（此模式全省推广）（见图 4-6）。

4. 茶陵县网络联校，促教育均衡（此模式全省推广）。以农村中心小学为中心建立网络联校与应用，通过"专递课堂"和优质资源包等形式把优质资源推送到教学点，以中心校带动各教学点，扩大优质资源覆盖面。探索出"三千元打造出专

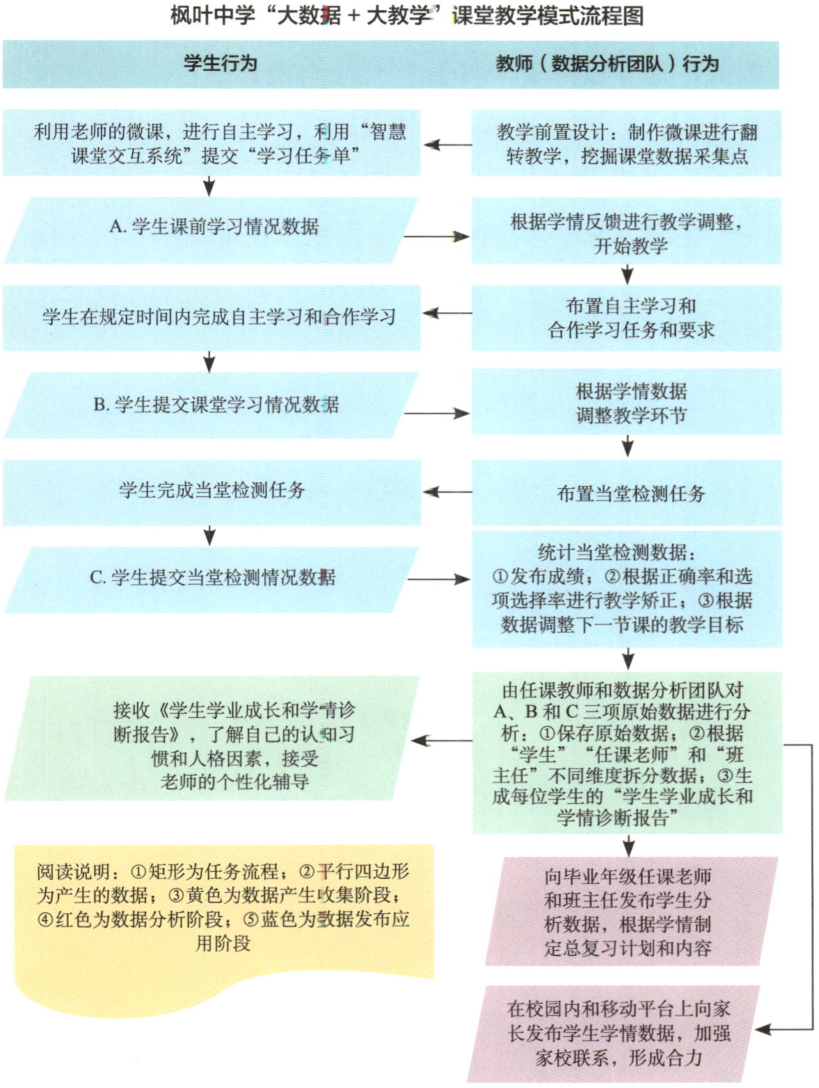

图 4-6 枫叶中学“大数据－大教学”课堂教学流程图

递课堂”建设模式，“三享五有一策”（“三享”是指专递课堂授课前的三个共享：学情、教情、班情共享；教案、学案共享；教具、课件共享。“五有”指专递课堂教学中遵循的“五个有原则”：教学有整体性；教学过程有秩序性；教学成果有实效性；教师有主导性；教学双边活动有互动性。“一策”指教师授完专递课堂后对自己进行一次小结反思。）和“二心三平四化五能”（“二心”指的是二个中心：以学生全面发展为中心、以实现教育均衡发展为中心；“三平”指的是三个平台：基础教育资源网平台、教研组 QQ 群平台、华师教育云平台；“四化”指的是四项举措：网络教研制度化、网络教研全面化、网络教研常态化、网络教研个性化；“五能”指的是五大功能：促进教师专业成长，解决薄弱学科难题，均衡优质教育资源，推行网络德育模式，提升教育教学质量。）应用模式。

5. 个性化作业，分层培养（此模式全省推广）。贺家土小学基于网络学习平台“多元分层个性化作业”模式已基本形成（见图 4-7），通过难易程度阶梯化的个性化作业开发，利用学生与家长学习空间，将个性化作业主动推送给不同层级的学生，实现师生互动，生生互动，家校互动，达到分层培养的目的，促进学生学业水平的提升。

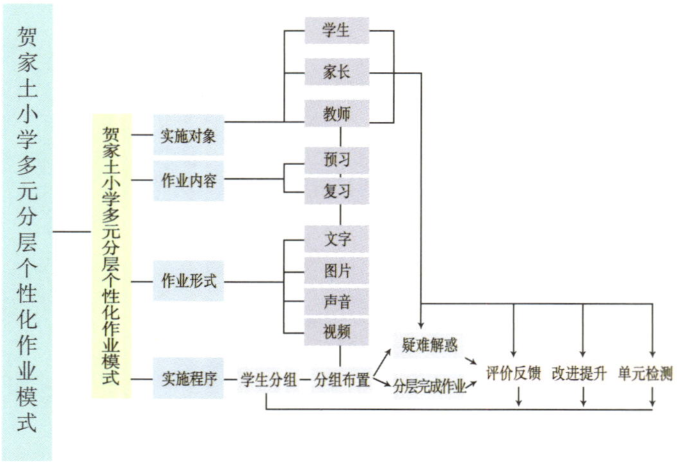

图 4-7　多元分层个性化作业模式图

6. 鱼骨式备课，重构课堂（此模式全省推广）。天元区为了让教师运用新课程理念，重构课堂，“活”用教材，改革了教师的备课形式，通过网络在线备课系统推进“鱼骨式”备课方式（见图 4-8），有效避免了传统备课质量低下的弊病，

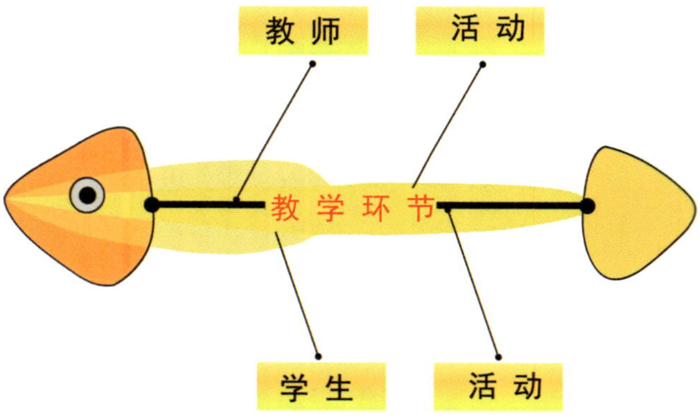

图 4-8　鱼骨式备课示意图

加强了教师对教材的创造性运用。目前，借助“鱼骨式导学单”+“草根微课程”+“微信公众平台”的组合形式，开始了基于“微课程”的“翻转课堂”研究，并取得了很好成效。

7. 个性化课程，减负增效（此模式全市推广）。株洲市七中探索开发个性化课程（见图 4-9），在学校原有“三五三”课堂的基础上，利用信息技术进“知识点库－导学任务库－学习检测库－微课视频库”四库个性化课程开发，利用网络学习空间，让学生获取个性化学习课程并进行有效的自主学习，达到因材施教、减负增效的目的。

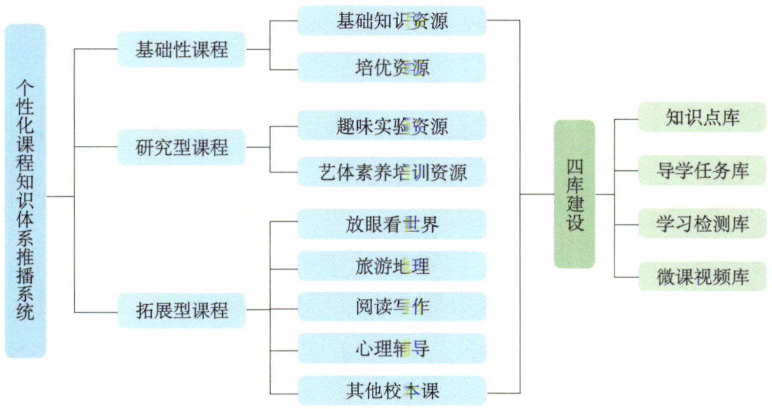

图 4-9　个性化课程知识体系推播结构图

（案例推荐部门：教育部）

案例5

丽水智慧政务信息安全保障建设

一、背　　景

为贯彻落实住房和城乡建设部《关于开展国家智慧城市试点工作的通知》以及《浙江省人民政府办公厅关于开展智慧城市建设试点工作的通知》等文件精神，丽水市政府承担了“智慧政务”建设的试点项目。丽水“智慧政务”试点项目建设是浙江省智慧城市建设体系的重要组成部分，是贯彻落实国家信息化发展战略，提高政府公共服务能力，助推服务型、智慧型政府建设的重要举措。

在项目的规划过程中，丽水市政府认识到，信息安全保障建设是此次“智慧政务”项目建设的重头兵和排头兵，正如习近平总书记指出的“网络安全与信息化是一体之双翼”，丽水“智慧政务”项目能走多远，取决于信息安全能走多远，信息安全保障建设是这一项目立足和发展的关键。

二、信息安全建设面临的困难和问题

（一）传统安全建设模式不适用于丽水智慧政务建设

为了打破传统电子政务条块分割，资源共享难的局面，实现政务信息资源的整合利用，丽水市政府依据工信部发布的《基于云计算的电子政务公共平台顶层设计指南》，编制了《丽水市“智慧政务”顶层设计方案》，通过建设覆盖全市区县及乡镇，集“智慧公共服务、智慧办公、政务信息公开”三大功能的“政务云”综合服务平台，促进跨地区、跨部门、跨层级的信息共享和业务协同。根据《丽水市“智慧政务”顶层设计方案》，丽水市政府打破了传统的政府信息化项目建设方式，采取了统一购买云服务商资源（包括云服务器、云存储和云数据库）服务的模式。这种从传统的“系统自建”到“资源租用”的创新方式，依托云计算虚拟化、服务化等特点，有效推进了信息化软硬件基础设施建设的集约化，但是却给安全建设带来了挑战。

首先丽水市政府作为云资源的租用方，不再对软硬件设施拥有所有权，无法随意对软硬件设施进行改动和调整，同时云计算平台内部环境对政府用户的不透明，给以购买信息安全技术产品来对网络、主机系统、应用和数据进行安全防护的传统方式带来了很大的局限性，必须采用新的技术和管理措施来应对。其次云服务提供商对云资源的绝对掌控，使得政府用户对云服务提供商缺乏必要的监管措施，尤其提供一揽子安全防护，容易造成云用户对云服务提供商的怀疑和不信任，影响政府业务上云的进度，导致智慧政务建设的停滞。

如何面对使用云计算带来的安全风险，建立行之有效的安全防护体系，成为丽水“智慧政务”信息安全建设遇到的第一个难题。

（二）传统安全运营方式不适用于智慧政务云平台

丽水智慧政务建设高度集成了云计算、大数据、移动互联网等众多新兴的信息技术，其开放性、移动化、集中化、协同化和高渗透性特征使其遭受信息安全方面的挑战将更加常态化，这对智慧政务的运营安全提出了更高的要求。智慧政务运行过程中一旦安全防护得不到有效保证，可能会造成城市管理职能混乱、隐私信息泄露、应急决策失误、各类事故频发乃至局部社会动荡的局面。

目前我国在智慧城市建设过程中的网络信息安全保障能力仍然不足，缺乏顶层的安全规划设计和标准指导，潜在的信息安全威胁使得整个城市运行管理的网络安全风险不断加大。由于现行体制下部门分割没有完全被打破，丽水智慧政务管理部门无法统一掌握各部门当前运行系统的安全状态，难以对智慧政务信息系统进行有效的安全评估，对受攻击情况进行实时监测，缺乏对安全风险的有效预警，尤其针对 0day 攻击等相关风险的防护能力明显不足，还不具备抵抗大面积新型风险的能力，安全事件的通报和应急响应机制也不健全，这些都严重影响了丽水智慧政务的可持续健康发展。

如何建立完善的安全运营机制，确保智慧政务信息系统始终以安全和受保护的方式运行，成为丽水“智慧政务”信息安全建设遇到的第二个难题。

三、对策与措施

针对丽水智慧政务信息安全建设中遇到的难题，杭州安恒技术有限公司（以下简称“安恒信息”）提出了 MSSP（信息安全托管服务提供商）的创新安全防护方式，承担丽水智慧政务的安全防护和安全运营工作，结合自身优秀的安全产品线和优质的服务，帮助丽水市政府部门构建智慧政务安全防护体系。以下为丽水智慧政务安全保障建设方案的三个主要措施。

（一）多方协同组建云安全保障体系

丽水市政府针对政务云平台的安全防护，通过引入独立专业的第三方安全服务提供商，负责牵头政务云平台的信息安全工作，一方面，协助云服务提供商对政务云平台各个层面进行有效防护；另一方面，作为安全服务的监督机构，负责监督云服务提供商提供合理的资源配置，进行合法的数据处理。通过合理的资源利用、交叉式的监督管理、专业性的服务保障，共同筑建政务云平台安全防护体系。

按照丽水政务云平台的实际需求，与丽水政务云平台提供商（阿里云计算有限公司，以下简称“阿里云”）一起构建安全管理体系（安全规划、安全制度建设、安全监控、安全评估、安全加固、安全审计、应急响应、安全培训）、安全技术与维护管理体系（监测与识别、安全防护、审计与恢复），结合云平台的分层架构，整体安全架构如图 5-1 所示。

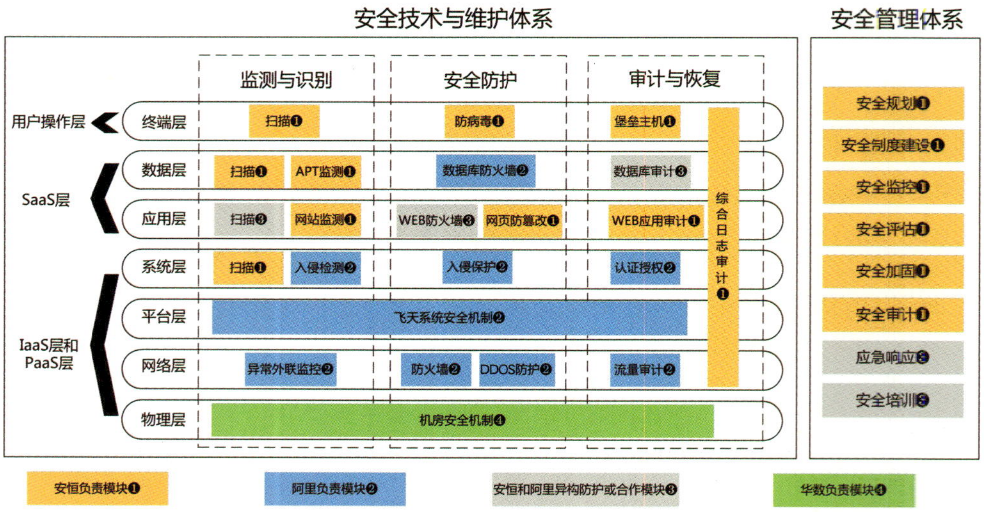

图 5-1　智慧政务云平台安全体系架构图

具体的安全职责分工如下：

1. 安全技术与维护体系。

（1）物理层安全。政务云平台底层硬件设施由浙江华数集团旗下浙江华通云数据科技有限公司提供，物理机房及硬件设施安全由华通公司负责。

（2）网络层安全。阿里云负责，主要包括异常外联监控、物理和虚拟防火墙、DDOS 防护和流量审计。

（3）平台层安全。由阿里云提供，基于阿里的飞天系统，提供包括开发安全、数据安全、应用框架安全、统一运维平台在内的安全机制。

（4）系统层安全。由阿里云和安恒信息协同提供，阿里云提供主机入侵检测与防护，安恒信息提供针对主机系统的安全扫描。

（5）应用层安全。由阿里云和安恒信息协同提供，其中阿里云和安恒信息联合提供网站安全漏洞扫描和 Web 应用防火墙服务，安恒信息提供网站监测、网页防篡改及 Web 应用审计服务。

（6）数据层安全。由阿里云和安恒信息协同提供，其中阿里云提供数据库防火墙服务，安恒信息和阿里云联合提供针对数据库的审计服务，记录所有人员对数据库的访问和操作。

（7）终端层安全。由安恒信息提供，包括政务云终端的安全扫描、病毒的防护及部署云堡垒主机实现对远程运维人员的授权和审计。

2. 安全管理体系。安全管理体系主要根据用户的需求，提供与智慧政务相关的安全管理服务内容，具有包括由安恒信息提供的安全规划、安全制度建设、安全监控、安全评估、安全加固、安全审计服务，以及安恒信息与阿里云联合提供的应急响应和安全培训服务。管理服务内容以有价“服务”的形式交付给用户，具体服务内容详见第三章节。

（二）组建可视化安全运营管理平台

大数据带来了大风险，但是也给信息安全和城市管理提供了新的机遇。安恒信息凭借其风暴中心（基于安全大数据的态势感知中心）与丽水市政府一起组建了“智慧政务安全运营平台”，以态势感知信息作为预警数据源，结合安恒信息风暴中心建立的情报、侦察调查数据库进行检查，做到网络安全态势和威胁提前感知，网络威胁和漏洞第一时间发布预警，网络安全事件第一时间通报处置，安全事件全程还原追溯，实现网络安全保障工作信息化和数据化，构建网络安全态势感知、预警、通报、处置的闭环。通过全程可视化技术，向丽水智慧政务管理部门的智能化运营管理工作提供技术实现手段。

“智慧政务安全运营平台”主要由态势感知、安全监测、通报预警、应急处置和追踪溯源等功能模块组成，具体功能如图 5-2 所示。

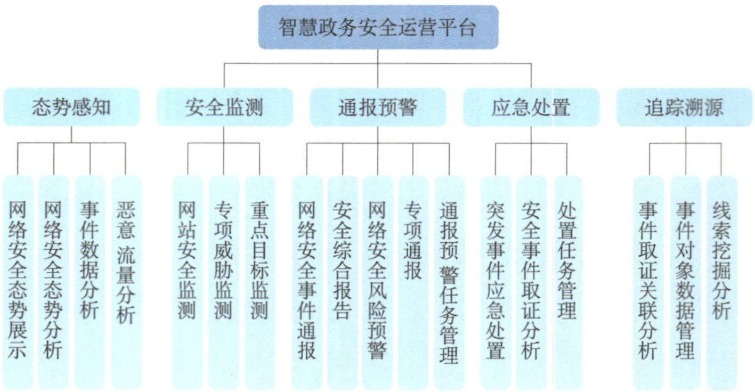

图 5-2　智慧政务安全运营平台功能图

1. 态势感知。网络安全态势感知基于爬虫技术、扫描监测技术、漏洞挖掘分析技术、大数据存储分析技术等网络技术实现（见图 5-3）。通过汇聚“智慧政务”信息系统基础数据信息、可用性监测数据、漏洞信息、网络安全设备及服务器的安全日志信息、网络流量信息等，形成智慧政务大数据平台，通过分类、聚类、融合等大数据分析技术，对系统基础数据、各类日志、漏洞、流量等信息进行综合分析，提取有价值的安全态势要素信息，通过可视化技术动态展现当前的网络安全态势，并通过与安恒信息风暴中心的威胁情报进行关联分析，可提前感知丽水市智慧政务可能面临的威胁和风险。

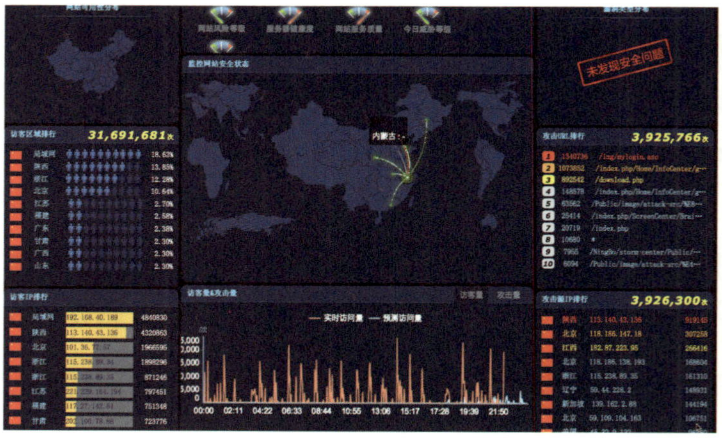

图 5-3　网络安全态势感知效果图

2. 安全监测 。对“智慧政务”重要网站和在线应用进行 7×24 小时实时安全监测（见图 5-4）。通过不间断监测服务，实行网站漏洞监测、网页木马监测、篡改监测、敏感信息监测和系统可用性监测。可向管理人员实时提供详尽的数据与分析报告，从而全面掌握重要网站和在线应用的安全态势，提升网站和在线应用的安全防护能力和服务质量。通过事件管理的跟踪功能建立起一种长效的安全保障机制，令动态且变化不定的安全态势尽在把控。

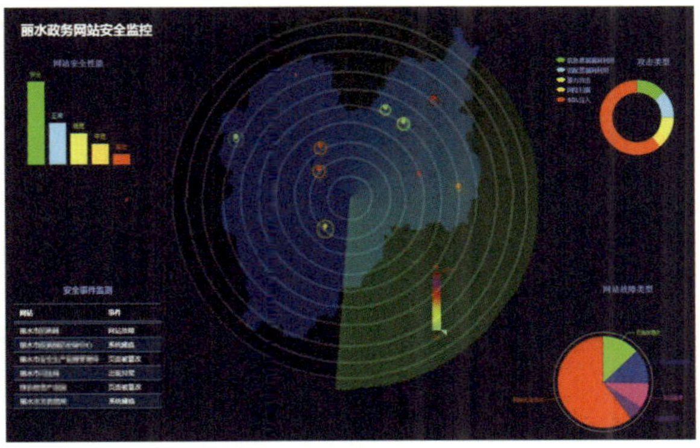

图 5-4　网站实时监测效果图

3. 通报预警。基于网络安全态势感知和监测服务能力，对“智慧政务”信息系统存在的威胁进行跟踪、判别、记录和报告，及时将安全风险及安全事件向相关单位和使用部门进行告警和通报，督促相关单位及时进行系统加固和安全事件处置，通过通报预警任务管理功能，实现告警和通报工作的流程化和标准化。

4. 应急处置。对发生的网络安全事件进行应急处置工作，支持配备应急处置技术工具，分析总结网络安全事件成因，消除管理或技术隐患；对形成的安全事件高效率下发、处置，并对安全事件处置全过程、结果进行记录和管理。

5. 追踪溯源。完整记录安全事件发生全过程的数据信息，通过关联分析、信息挖掘等手段，对安全事件进行追踪和溯源，对相关责任人进行处置，同时分析安全事件发生的根本原因，完善相关技术和管理措施。

（三）以“服务”的方式交付信息安全

在丽水“智慧政务”项目中，安恒信息作为信息安全托管服务提供商（MSSP），负责政务云平台和智慧政务安全运营平台相关信息安全技术产品的部署和后期升级维护工作，以收取“安全服务”费的方式来提供相应的安全服务保障内容，政务云用户仅需支付一笔购买相应“服务”的费用，即可享受由安恒信息专业人员提供的专业安全服务，避免了设备采购的各种困扰，设备只是安全服务的工具，免去了设备升级、维保以及使用带来的人员技能和人力投入上的困难，大大降低了安全建设的成本。在“智慧政务”项目中，安恒信息提供以下涉及技术、管理和运维的安全服务内容：

1. 安全规划。结合政务云用户实际现状和国家智慧城市相关安全标准，制定针对客户的中长期信息安全规划，规划包括安全管理体系、安全技术体系、安全运行与维护体系、评价与考量体系等，清晰地勾勒出未来一段时间内的信息安全建设和投入目标。

2. 安全制度建设。根据客户组织结构、运维流程、职责权限等进行评估，编制全面的信息安全管理制度，建立并协助建立安全管理流程、应急预案、操作指南和表单等相关规范，通过安全制度建设，完善信息安全管理组织，确定信息安全相关职责，理清相关流程，确定信息安全操作规范，确定信息安全管理目标等。

3. 安全评估。对客户在建和已建的信息系统进行风险评估，找出安全隐患，通过专业的漏洞工具扫描和手工渗透测试相结合的方式，发现相关系统存在的漏洞，通过安全评估，及时发现应用系统自身存在的安全漏洞，评估相关威胁大小，提高应用系统的机密性、完整性和可用性。

4. 安全加固。根据对客户系统和应用的安全评估结果，编写相应的加固方案，指导应用系统建设方和维护方进行信息安全加固，根据安全加固方案由相关单位完成加固，对相关漏洞进行二次验证，确保加固的有效性，并输出安全加固报告。

5. 安全防护。根据用户需求，提供针对业务网站和应用的高级防护，依托安恒信息云 WAF、云堡垒、网页防篡改等技术工具，降低用户业务网站和应用被攻击破坏的风险。

6. 安全审计。提供针对用户操作系统、业务应用和数据库的专业审计工具，定期并持续优化客户的信息安全审计规则，对相关应用系统和数据库操作进行记录和审计，通过综合日志审计系统集中汇聚审计日志，进行关联分析，发现相关威胁，评估风险大小，及时发现违规行为。定期提供用户精细化的审计报告。

7. 安全培训。评估客户对于信息安全培训的相关需求，对客户进行政策法规、安全意识的培训，对相关领导进行信息安全管理的培训，对相关技术岗位及合作厂商人员进行信息安全技能方面的培训。

8. 应急响应。当客户信息系统发生安全事件后，根据相关需求，应急团队及时有效地对相关事件做出回应，通过技术手段及时抵制相关事件的恶化，快速修补漏洞并协助事件追溯，根据漏洞类型对相关系统进行总结，降低该事件造成的损失和影响，协助完成一年一次的应急演练。

9. 安全监测。对客户网站和在线应用系统进行 7×24 小时安全监测，包括外网和内网 Web 应用系统的可用性监控和安全性监控，可用性检测包括设备性能、网络流量、网站访问效率等；安全性监控主要包括木马监控、安全漏洞的安全监控，一旦发现网站和应用遭入侵或篡改，安全服务工程师将在第一时间通过智慧政务安全运营平台进行通报预警。

10. 等保符合性评估。对客户云平台和应用系统进行等保测评之后的持续维护，对后上线的应用系统进行等级保护合规性咨询和测评，利用公安部认可的等级保护相关测评工具定期对用户云平台及相关应用进行等级保护符合性评估、出具等级保护自测评和整改报告。

11. 网络安全态势分析。基于对智慧政务网络环境态势信息的提取分析，结合安恒信息风暴中心的威胁情报，提前发现丽水“智慧政务”网络安全威胁，及时通过智慧政务安全运营平台进行定向预警，从而实现诸如 0day 漏洞定向预警、反共黑客入侵定向预警等，将安全风险遏制在萌芽阶段。同时定期向智慧政务安全管理部门提供网络安全态势分析报告。

政务云用户可根据自身的业务安全需求，自助地选择上述安全服务内容，安恒信息在丽水市政府的监督下，提供上述专业的安全服务内容，承担智慧政务云平台的安全运营工作。

四、创新特色

（一）多方共赢的创新模式

丽水市政府通过将整个丽水市智慧政务安全保障工作以市场化“服务托管”的方式交给了专业的信息安全服务机构，倡导“让专业的人做专业的事”，不仅有效提高了安全保障的服务质量，还分担了丽水政府信息化工作者的负担，使丽水市政府有更多的精力管理智慧政务的其他事项，使双方在互利的基础上实现了长久共赢。这种通过企业投资建设，政府租用其资源和服务的合作模式，是政府从“事必躬亲”的管理型政府向服务型政府转变的典型案例，更为社会企业营造了公平竞争的环境，充分体现了“大众创业，万众创新”的创新理念，激活了政府与社会企业的产业链对接，提升了社会企业参与智慧政务建设的热情，实现了政府和社会企业的多方共赢。

（二）云环境下的创新安全保障

针对云环境下的信息安全保障，丽水市政府创新性地引入第三方独立信息安全服务机构，明确云服务提供商和信息安全服务机构的工作职责，使其相互配合、相互监督，协同组建政务云平台的安全防护体系。同时引入全新的信息安全运营理念，打破了以往信息安全只能被动防御的瓶颈，实现丽水市智慧政务信息安全“先知”“感知”的智能跨越，做到“信息安全可视化”展示，“安全事件”流程化管理，使丽水政务管理人员能更加直观地了解智慧政务当前的总体状况，将相关威胁和风险在萌芽阶段进行有效控制，保障智慧政务信息系统安全可靠地持续运行。经过实践验证，此为最佳的智慧政务信息安全解决方案，为其他省市智慧政务信息安全建设提供了良好的实践经验。

五、应用成效

（一）经济效益

丽水市智慧政务建设打破了传统的政府信息化项目建设模式，通过“政府买服务、企业做运营”的投资运营方式，将政务云平台的基础设施及安全建设和后期的运营维护工作，交由专业的云计算和信息安全厂商共同组建和运营，政府通过购买其服务的方式，统一购买云资源服务和安全服务，节约了丽水市政府信息化建设约 52% 的资金，并实现云安全统一保障，最大限度地减少了政府信息化建设的重复投入，可以把有限的财政资金用于高效益的智慧城市应用服务建设中。

（二）社会效益

丽水市政府遵循“政府引导，市场运作”原则，创新了智慧政务投入、建设、运营和服务模式。通过搭建政务云平台，引入了多家社会企业参与整个智慧政务建设，促进了智慧政务产业链上下游企业之间以及相关产业部门与政企之间的对接。打通了智慧政务平台建设、集成应用、安全保障、维护运营等行业的企业节点，加强了不同行业之间的协同创新机制，形成以智慧政务项目建设、运营为中心的智慧政务产业链，培育并壮大了智慧政务建设的综合运营主体，打造了良好的智慧城市生态圈，实现政府主导实施、社会广泛参与，产业带动提升的协调发展，推动了产业升级和结构调整，促进了社会经济的可持续发展。

（三）成果效益

安恒信息作为丽水智慧政务的安全运营单位，在为丽水智慧政务保驾护航的安全实践过程中，通过风暴中心大数据平台，积累了大量有价值的安全数据和情报，总结出了众多适用于智慧政务业务活动的风险管理、安全事件管理、流程管理和技术防护措施等重要的经验，形成了针对性极强的智慧政务安全知识库，用户通过安全知识库，能快速地定位各种安全事件发生的缘由，找到切实可行的决策方案和建议，提高安全管理的效率和智能化水平，给其他城市智慧政务的运营提供宝贵的经验借鉴和决策依据。

（案例推荐部门：公安部）

案例 6

运用大数据　做优大服务
——上海市长宁区智慧社区优秀案例

一、背景与需求

（一）背景

上海市长宁区所辖九街一镇，共设立 10 个街镇社区事务受理服务中心，截至 2015 年 10 月底，共计业务受理量近 60 万件，服务群众约 70 万人次。各社区事务受理服务中心通过“智慧社区”创新实践活动，积极构建大数据平台，做优大服务功能，全面推动长宁区社区事务综合信息平台优化工作上新台阶。为贯彻国家信息化发展战略，推进智慧城市和智慧社区建设，上海市于 2014 年推进社区事务综合信息平台优化升级，提升社区事务受理服务中心（以下简称“受理中心”）服务能级，全方位打造信息惠民、政务便民的智慧社区。其中长宁区结合区域实际，积极探索实践，全力推进社区事务受理服务中心综合受理服务系统优化试点工作，运用信息技术创新社区管理，提升社区公共服务的群众满意度。

（二）需求

为进一步提高工作效率、更便捷地服务群众，在市民政局的大力支持指导下，长宁区自 2014 年 2 月开展了社区事务受理服务中心综合受理服务系统试点工作。截至目前，全区 10 个街镇受理中心已全部上线试运行，全区共开设 32 个新系统窗口。

以周家桥街道为例，该街道自 2011 年就开始了智慧社区创新实践，研发了“周家桥街道社区事务受理服务中心综合受理系统建设”，实现了对街道和社区事务中心针对居民服务的综合信息管理。2015 年 7 月，根据市、区民政局工作要求，街道在原有探索基础上，先行先试，开展了综合受理服务系统优化试点工作。

二、主要做法

（一）构建大数据平台

对接辖区实有人口库。所有人口库采集过的社区居民基本信息，都可以查询得到，实现了人口数据全覆盖。

数据一次采集、多方共享。每一位居民前来办理过一项事务，系统登录界面系统即可自动记录并保存于后台数据库，同时，业务受理信息和专网信息实时共享，有效解决了数据重复录入的问题。

办理事项信息留存。系统将居民的基本信息和历史办理信息一并显示，居民可以查询到自己所办的事项以及结果情况，同时，街道、居民区也可以及时掌握所在地居民享受一些特殊政策的情况，如低保、残疾人、低收入家庭等救助情况，并能主动为居民提供更多“关联”服务。

专网专线并轨。系统实现全部9个委、办、局10个条线系统184项事项的对接，劳动、医保、民政、计生、公安、粮食、工会、档案、住房9大条线专网的所有受理信息，均在“区级平台”落地留存，通过“一表式”信息管理模式，克服了专网专线的弊端，消除了“信息孤岛”，实现了居民全部受理信息的“综合”查询显示。

（二）做优大服务功能

提供综合查询。该功能可以对数据库中的社区居民、企业法人、事务事项等信息进行查询，除了按照姓名、年龄范围、身份证、家庭地址、事务受理编号等基本信息进行查询外，还能按照各类标识进行查询，如：副食品补贴发放对象，支内支疆补贴对象等。

开展主动提醒。依托大数据库内的信息，对居民所应享受的可办业务、续办业务以及漏办业务通过短信等形式进行友情提醒，化被动服务为主动服务，保障居民权益。目前，主动提醒的业务有副食品补贴领取、工会互助医保缴费、卡类领取等。今后还将延伸到低保、廉租房复审提醒等方面。截至2015年10月底已有9734人次享受到我们此项服务。

提供政策推送。在系统数据不断完善的基础上，通过短信形式向符合各类民生政策享受条件或有咨询需求的居民，推送相应的办事指南，为居民提供更人性化的便捷服务。

（三）实现大智慧应用

设备集成。系统整合了硬件和软件的兼容性，改变了以往受理服务窗口需要配置多台终端、多个外接设备（如身份证阅读器、社保卡读卡器、医保读卡器等多个读卡设备）、多种应用文件格式的现象，经系统整合和软件优化，并配置了“六合一”读卡器等设备，大大减少了资源的投入，使硬件配套更为合理、软件处理速度更为快捷。

资料留存。系统开发了证照留存模块，以前，居民办理多项业务时，每次办事需要携带各类证照，少带一件就有可能被退回。依托证照留存资料库，即使漏带部分证件也可提取之前留有的证照。

智能匹配。通过大数据分析，系统可以将求职者的信息与企业的招聘信息进行精准匹配，既提高了工作效率又提高了推荐成功率。而且，每一次提供的服务都将记录在居民信息中，今后，岗位的拓展开发、职业推荐、就业援助服务会围绕这个系统来进行，使社区就业服务更为专业和全面。

三、特色亮点

（一）上海市社区事务受理信息系统区级运行平台

长宁区作为全市社区事务受理信息系统（以下简称“新系统”）优化工作 4 个试点区之一，自 2015 年 7 月起在我区周家桥街道社区事务受理服务中心率先开展试点工作，截至目前，共开发 9 个条线 184 项业务。试点期间，我区 10 个街镇受理中心平均整理收集每日工作报表 226 份，每周工作报表 33 份，反馈软件设计问题 47 项，硬件使用问题 3 项，业务流程调整 27 项。截至 2015 年 10 月底，全区各街镇新系统受理量已近 6000 件，具体数据详见图 6-1。

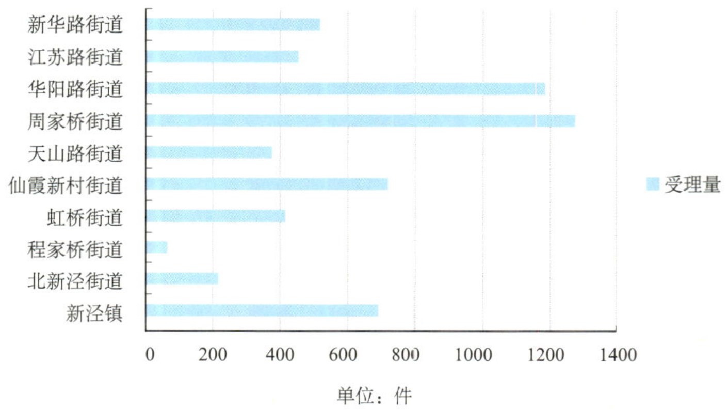

图 6-1　长宁区各街道（镇）新系统案件受理量统计数据

通过一段时间的试点，中心业务受理量大大提升，案件受理的速度明显提高，成效突出。

1.“化分为总”。新系统的部署环境和运营维护发生了改变。原“一门式”系统在每个中心需要配备使用两台服务器，并且需自配专业人员每日更新备份。新系统改为在区中心架设服务器，并由系统自行更新备份数据，大大地减少了街道设备和人员的投入。

2.“化零为整”。新系统的条线受理专网整合力度发生了改变。新系统在原有5大条线的基础上，新增粮食、工会、档案、住房等5大条线入网，实现了9个委办局10个条线184项业务纳入新系统运行的局面。并且数据信息可在区层面落地，各部门信息闭塞的问题得到有效解决，并为资源的整合、统筹和使用铺平了道路，消除了信息孤岛。

3.“化繁为简”。有效解决了数据二次录入的问题。原系统登记界面的基本信息与专线信息数据无法交换，导致出现信息重复输入的现象，大大地降低了办事效率。新系统实现了登记信息字段与受理界面字段以及专网办理界面字段的实时共享，缩短录入时间，提升工作效率。

4.“化多为少”。新系统整合了硬件的数量并提高了软件的兼容性。原受理中心存在一个窗口需要配置多台终端、多个外接设备、多种应用文件格式的现象，经系统整合和软件优化后，得到了极大的改善：一是开发了六合一读卡器，解决了外接读卡设备繁多的问题；二是定制了统一的打印格式，减少了证件打印的损耗率。这些改造减少了资源的投入，使硬件配套更为合理、处理速度更为快捷。

5.“化散为统”。新系统提升了安全防护手段，从信息的安全防护措施和管理机制两个方面实现统一规划。主要体现：一是社区居民办理事务的唯一入口是以身份证读取的形式实现；二是只有授权的办理人员使用唯一的KEY才能动用和修改信息。此举有效地防止信息的非法、非授权的传播。

（二）主动提醒业务

综合服务系统于2011年10月启动，并且使用至今。综合服务系统的出现，对居民而言，解决了业务漏办、忘办的状况；对社区工作者而言，改变了日常工作繁复，效率低下的情况；对街道领导而言，改善了各工作平台存在的不智能、功能封闭、整合度低、信息更新不及时、不准确等问题。通过该平台的应用达到深化服务、优化流程、提高效能、加强管理等目的。

由于办理社区事务的居民基数较大，宣传工作难免会存在盲点，这项功能较好地弥补了这个问题。同时，这也便于我们在受理集中大批量业务时对办事居民进行分流，避免居民长时间等候。因而通过综合服务系统平台周桥事务中心每年定期发送提醒信息和提醒短信，以缓解该现状。截止到 2015 年 10 月底，主动提醒业务具体数据统计如图 6-2：

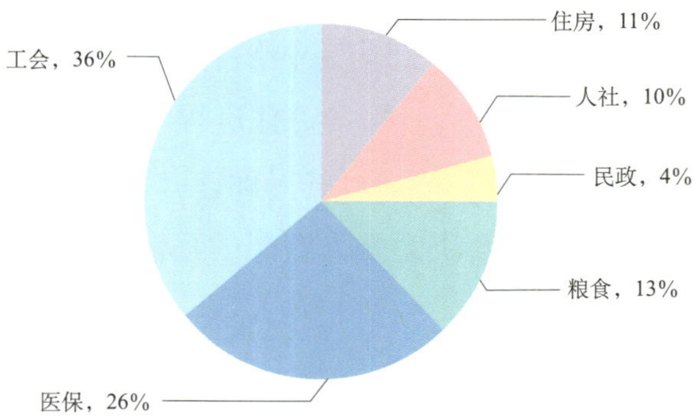

图 6-2　主动提醒业务统计数据

四、应用成效

综合服务系统的运用，对社区居民而言，解决了事项漏办、忘办的状况，充分感受到政府利民、便民和惠民的工作变革；对各街镇受理中心而言，改变了日常工作繁复，效率低下的情况，遵循智慧社区建设工作理念，利用新系统技术手段，实现了日常工作由被动向主动的转变，大大提升了工作效率和服务效能；对职能部门而言，改善了各工作平台存在的不智能、功能封闭、整合度低、信息更新不及时或不准确等问题，实现了深化服务、优化流程、提高效能、加强管理的目的。

下一步，上海市将在长宁区智慧城市社区建设基础上，在全市推广社区事务受理信息系统部署，建成全市统一的社区事务受理平台，充分发挥信息平台事务受理、量化分析、数据沉淀等功能，更好利用大数据分析和运用，促使社区服务管理更科学，为社区居民更好地提供高效、便捷的服务，提升群众的获得感和满意度。

（案例推荐部门：民政部）

案例 7

智慧社区　打造幸福攀枝花
——攀枝花市社区公共服务综合信息平台建设

一、背　景

攀枝花市地处四川西南边陲，是一座因三线建设而崛起的新兴资源型工业城市。整个城市依山傍水、沿江而建，是一座典型的山地城市，南北跨度长，号称“百里钢城”。由于特殊的地理条件以及“先生产、后生活”的历史原因，造成社区面积大，政府公共服务辐射能力弱等先天不足和后天瓶颈。

一是公共服务供给不畅。由于攀枝花市是山地城市和“带状城市”，居民居住较为分散，群众出行办事坡陡路远，极不方便。以“申领会计证”为例，由于办证服务没有下沉到基层社区，申请人需携带会计从业资格证书申请表等资料到县（区）财政部门办理。面积 7440 平方公里的山地城市，全市三区两县仅有 5 个办证点，居住偏远的居民即使各个环节都很顺利也需要 1 天的时间才能完成。“申领会计证”仅仅涉及一个部门，而有的公共服务事项涉及多个部门，甚至涉及社区、街道、县（区）、市级多个层级的多个部门，居民办理公共服务事项少则一个星期，多则一两个月才能办结。

二是公共服务质量不高。在传统服务模式下，居民办理公共服务事项需要向受理部门提供各种申请表、证明材料。由于实行纸质材料审批，流转速度慢，周期长，有的服务事项要由居民自己带着材料在部门间奔走，难免进门多、跑路多。同时，也容易滋生吃拿卡要、生冷硬推、与民争利、欺压百姓等“四风”问题。

三是部门信息隔离不通。多年来，各个部门各自为政建设各种业务信息平台，各部门业务系统相互独立，数据信息互不共享，不能为政府决策分析提供及时有效、科学全面的原始数据。因信息不能共享，单个部门难以得到综合分析结果。为掌握相关情况每个部门都要单独进行信息采集，造成工作重复和资源浪费。同时，因为信息不共享，社区居民办事需要携带大量证明材料，而这些证明内容大多可以通过信息共享来解决。

四是社区承接公共服务能力不足。近年来，随着政府职能转变，管理重心下移，乡镇（街道）和社区成为政府实施公共管理和服务的重要平台和基础环节，越来越多的政府公共服务需要乡镇（街道）和村居的相关服务机构来协助完成或直接办理。然而，日益繁重的服务和管理任务，基层单纯依靠传统服务管理手段越来越力不从心。

为了解决服务居民群众“最后一公里”的问题，提高政府公共服务质量和效率。攀枝花市委、市政府把改革公共服务纳入民生工程，列入了市委、市政府急难险重任务的重要范畴。以创建全国和谐社区建设示范城市为契机，结合全面深化改革、全面依法治国、全面从严治党，以社区公共服务综合信息平台建设为突破口，大力推进公共服务和基层治理改革，实现社会治理创新。

二、科学规划，建设符合市情的社区信息平台

攀枝花市社区公共服务综合信息平台建设，变“居民跑腿”为“信息跑路”，积极打造 “以居民为中心” “零距离” “信息化”公共服务。

（一）着力建设便民利民平台

一是将服务终端延伸到基层。作为一座山地城市，最直接的便民方式，就是坚持以居民为中心，将公共服务终端前移，把公共服务事项下沉，缩短服务距离，解决居民跑路多、进门多的问题。攀枝花市着力打造“一刻钟便民服务圈”，在全国率先将社区公共服务综合信息的服务终端延伸到全市所有街道和城市社区，把公共服务送到居民身边。为方便农村居民办理公共服务，将服务终端延伸到农村乡镇，提供城市一样便利优质的公共服务。全市社区公共服务综合信息平台实现了市、县（区）、所有街道（乡镇）、所有城市社区和部分农村社区的四级服务全覆盖。图 7-1 和图 7-2 是社区公共服务综合信息平台建设前后，该事项受理终端对比图。

二是实行“全市通办”模式。随着经济社会发展，城市流动人口越来越多，为方便人户分离的居民就近办事，攀枝花市通过社区公共服务综合信息平台建设，逐步推广“全市通办”服务模式。即：全市居民不再受户籍限制，在全市范围内任何一个社区服务受理中心均能办理所有公共服务事项。真正实现不分户籍、不论居住地均可方便办事。

三是真正实现“三个一”服务。实行“一门式服务”。凡是与社区居民基本

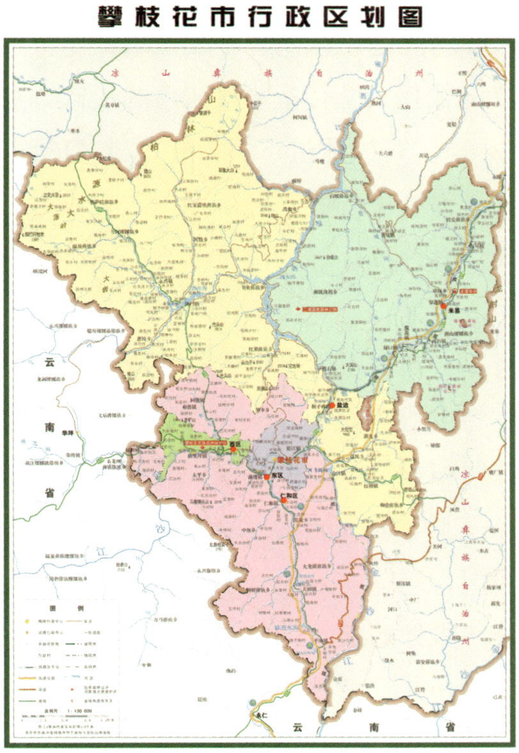

图 7-1　建设前受理终端分布

图 7-2　建设后受理终端分布

生活和保障密切相关的政务咨询、受理等服务，均实行社区公共服务中心“一门式”集中受理。落实“一头管理”。社区服务受理中心工作人员实行统一考核、调配、培训和管理，彻底改变条线部门既管业务又管人的“多头”管理现象。实施“一口受理”。社区受理中心工作人员不分条线不分职能，接受群众的各类办事需求，实现一人能办多件事，一个窗口可办所有事。

（二）着力建设智能服务平台

社区公共服务综合信息平台建成的“居民基础电子证照库”，在办理居民公共服务事项时，对受理材料进行扫描并存储，该居民以后办理其他任何公共服务事项，系统将比对“电子证照库”中已有的证照和资料自动获取，无须重复提供和扫描。

建成一体化自动表单系统，实现居民办事表格填写自动化。以往居民在办理公共服务事项时，往往需要手工填写相关业务部门提供的申请表、审批表。建设社区公共服务综合信息平台后，个人相关信息由系统自动生成，居民只需在打印出的申请表上签名或按手印即可。

开发手机 APP，实现办事指南、办理情况实时查询，业务咨询即时服务。为

图 7-3　政务通 APP 主界面

解决群众办事难咨询，申请以后难查询，工作办事难兼顾的问题，以街道、社区公共服务中心受理点为依托，线上线下相结合的形式开展公共服务。居民可以通过下载安装手机客户端，提前查询所需办理公共服务事项的申报条件、申报材料、办理程序等内容，不必再到社区公共服务中心咨询，避免因提供资料不齐全周折往返的情况。图 7-3 为手机 APP 的界面图。

建立公共服务知识库，为操作人员提供即时操作说明和业务咨询。社区公共服务综合信息平台经过不断地为居民办事，能够积累丰富的业务知识，这些业务知识是宝贵的财富。通过建立公共服务知识库，将这些知识进行积累、整理、规范和共享利用，能够为工作人员日常工作提供知识支撑和经验积累。

建立台账报表模块，实行台账自动生成，减轻工作人员统计报表工作。将基层工作人员需要形成的工作台账和报表，预设在社区公共服务综合信息平台，自动生成相关数据信息，大大简化了工作程序。

（三）着力建设大数据应用平台

社区公共服务综合信息平台在为居民群众办理各种公共服务的同时，采集居民群众个人基本信息、事务信息、证照材料等，形成民生大数据信息资源。为有效使用信息资源，攀枝花市社区公共服务综合信息平台建立了民生决策分析系统。一方面，建立全市统一的数据库。攀枝花市坚持全市“一盘棋”思想，是全国唯一由全市统一建设社区公共服务综合信息平台的城市。项目启动伊始，在充分调研掌握攀枝花市公共服务现状和问题的基础上，积极寻求国内专家学者智力支持，对可行性研究报告和建设方案先后进行多次专家评审，确定了“统一标准、统一规格，试点先行、整体推进”的指导思想，以及社区综合信息平台机房统建建设在市级层面、全市所有用户终端统一访问市级机房、进行数据交换和存储的“全市统建，数据集中”的建设思路。另一方面，在统一数据基础上，建立可视化决策分析子系统。该系统能够根据政府和企业需要，建立民生服务大数据模型，得出客观、精准的数据分析结果，提出科学的决策建议，形成各类汇总统计结果。

综上，社区公共服务综合信息平台是通过信息化手段和标准化建设实行“前台一口受理，后台分工协同”的运行模式，居民办事不用再往返各级政务中心和政府部门，只需就近到社区提交申请和资料，由社区对资料进行电子化处理，通过网络直接传输到各级政务中心和政府部门进行审批，为居民群众提供方便、快捷、优质服务（见图 7-4）。

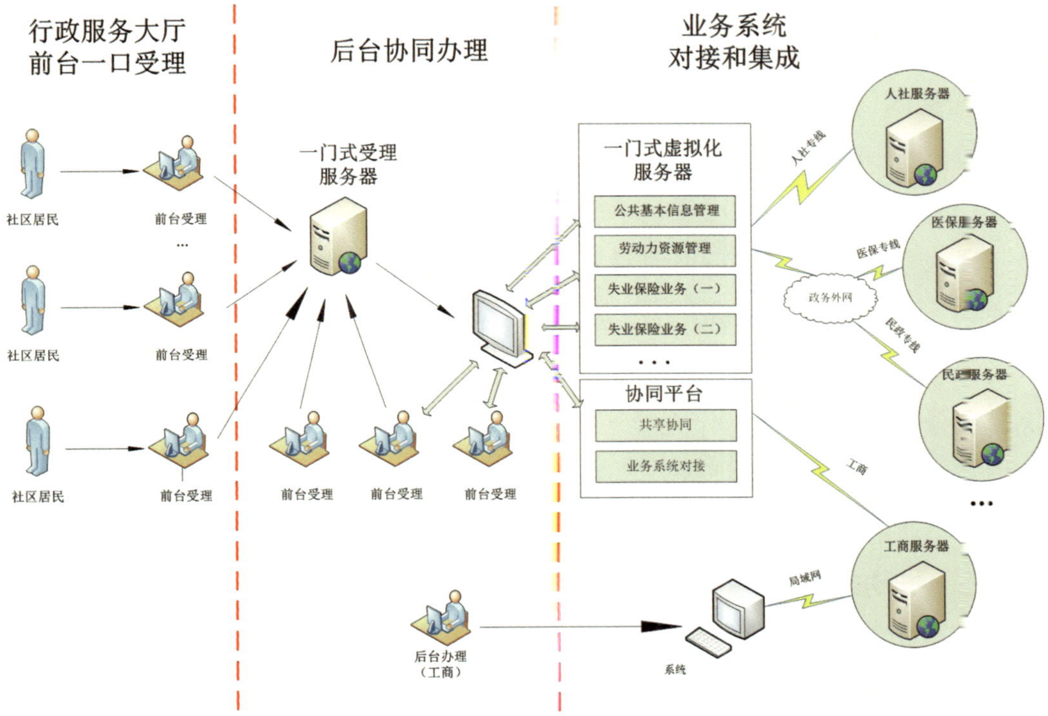

图 7-4　社区信息平台协同运行简图

三、改革创新，全力建好社区信息平台

社区公共服务综合信息平台是“互联网 +”战略在公共服务领域的具体实践。攀枝花市结合全面深化改革、实行依法行政、创新审批制度等工作，强力推进社区信息平台建设。

（一）优化公共服务办理流程

以“依法、统一、便捷、高效”为原则，以服务事项标准化、办事流程标准化为重点，对拟纳入社区信息平台的公共服务事项进行梳理，做到“三个必须”：原在社区受理的公共服务事项必须纳入平台受理，各级政务服务中心受理自然人的公共服务事项必须纳入平台受理，各有关部门直接针对自然人受理的公共服务事项（法律法规规定的除外）必须纳入平台受理。公共服务事项梳理，按照面向自然人事项，进行事项名称、事项类型、法定依据、申报条件、所需材料、办理程序、收费标准、受理时限等内容梳理，要求原则上没有明确法规、文件禁止针对自然人的公共服务事项均应纳入社区信息平台受理。目前，全市社区公共服务综合信息平台已纳入服务事项 194 项，还有 115 项公共服务事项即将进入信息平台统一办理。

（二）创新社区公共服务机制

依托社区信息平台，按照“两统一、三规范”的要求，推进公共服务中心标准化建设。统一街道（乡镇）、社区公共服务中心名称；统一全市公共服务中心视觉形象识别系统，包括 LOGO、门头标牌、导视牌、服务大厅、岗位工作证（台卡）以及工作人员着装等。规范窗口设置，按照辖区居民 5000 人设置一个综合服务窗口的原则，参考日常工作量大小，原则上，在社区设置综合窗口不超过 3 个；在街道（乡镇）设置综合窗口不超过 5 个。规范人员配置，社区公共服务中心人员按照“综合服务窗口数 +1 名工作人员（N+1）”的方式设置。规范工作管理，通过考、聘等方式公开向社会招聘社区公共服务中心工作人员，且工作人员统一归口街道办事处（乡镇政府）管理，各县（区）政务服务中心负责业务指导。

（三）推动条块网络“互联互通”

为实现市级、区（县）、街道（乡镇）、社区“互联互通、四级协同”，攀枝花市制作社区电子印章，推行社区信息平台电子件互认，努力实现公共服务信息化。在不改变原有条线信息系统情况下，通过系统跳转、对接等技术，实现原有条线信息系统与社区信息平台的有效对接和业务协同，解决部门网络隔离、信息孤岛问题。目前，攀枝花市社区公共服务综合信息平台已接入国家、省、市等 11 个条线信息系统。

（四）整合资源降低成本

作为西部地区，为解决建设经费不足、基础硬件发展滞后的问题，确定了“以技术突破降低硬件要求，以整合资源减少基础投入”的思路。在基础网络建设上，充分利用现有基础设施，避免重复建设。由于各种原因，攀枝花市除互联网外，目前还没有一张覆盖市级、县（区）、乡镇（街道）、社区的应用专网。在现有网络中，人社“金保网”覆盖了全市所有社区、街道以及市、县（区）人社部门，但是该网未覆盖市级、县（区）除人社部门以外的其他部门。“电子政务外网”接通了市、县（区）所有政府部门以及街道办事处和乡镇政府，但是没有延伸到社区。如果单独使用某一张网，在不增加投资的情况下，都无法解决社区公共服务综合信息平台“互联互通、四级协同”的需求。为此，攀枝花市开创性地打通了人社“金保网”与“电子政务外网”的连接，变“两张网”为“一张网”，在不增加大投入的情况下，解决了基础网络建设问题。同时，创新使用了最新的“云计算、云存储及开源软件技术”，极大地节约项目建设资金，提高系统可靠性、数据安全性及平台的整体运行性能，降低了运营维护成本，为今后业务开展和分析应用留下充足的发展空间。

四、加强保障，统筹推进社区信息平台建设

（一）建立机制抓落实

社区公共服务综合信息平台是一项综合性强、涉及面广的工程，是政府在公共服务领域的深层次改革。攀枝花市委高度重视社区信息平台建设，市委书记专题调研项目建设。市政府成立工作领导小组，市长亲自担任组长，召开市政府常务会议研究项目推进方案，落实项目建设资金，关注顶层设计。建立周例会制，每周五下午由市政府分管的副市长或秘书长召开部门联席会议。听取相关部门工作进展情况，及时解决问题和困难。各相关部门各司其职，认真履职，通力配合。有力保障了项目建设的紧张有序推进。

（二）组织有序抓建设

采取先试点后推广方式推进建设，把基础条件较好、人员素质较高、经济保障较强的中心城区——东区，作为攀枝花市的试点单位，先行先试，率先建设了市级以及覆盖中心城区的社区公共服务综合信息平台。在总结试点做法和经验基础上，在其他区（县）推广建设。为确保社区公共服务综合信息平台的正常运行维护，在攀枝花市专门成立民办非企业组织，招聘攀枝花本土高校毕业生，专门负责社区公共服务综合信息平台的日常维护、事项变更、业务培训等工作。

（三）强化培训抓运用

社区公共服务综合信息平台建设出发点是为民服务，落脚点是抓好运用。只有充分发挥社区公共服务综合信息平台作用，才能降成本、增效益、造福广大居民群众。攀枝花市着力抓好“三个培训”促进社区公共服务综合信息平台普遍运用。

一是抓好“一把手”培训。重点转变各区（县）政府、市级相关部门、街道（乡镇）主要负责人观念，让各级、各部门“一把手”充分认识了解社区公共服务综合信息平台，主动推进平台建设。二是抓好软件操作培训。重点对街道（乡镇）、社区公共服务中心工作人员，以及市级、县（区）相关部门进行社区公共服务中心信息平台的软件操作培训，让各级业务人员熟练使用软件，提高服务水平。三是抓好条线业务培训。社区公共服务综合信息平台一改传统公共服务办理方式，对纳入平台的公共服务事项进行了流程再造。市级各业务部门通过对区（县）对口部门及各级公共服务中心工作人员进行业务培训，使得新的服务方式、办理流程和工作要求能够迅速实施推广。

五、成效显现，社区信息平台惠及居民

攀枝花市社区公共服务综合信息平台建设，通过进一步强化为民服务理念，加大简政放权力度，实现公共服务事项的全人群覆盖、全口径集成和全区域通办，得到居民群众充分肯定。

（一）实现公共服务高效便民

为民服务、方便居民是社区信息平台建设的根本目的。通过公共服务信息化和标准化，变过去“纸质文件流转”为现在“电子信息传输”，大大降低行政成本，大大缩短办事周期，过去需要一周甚至一个月才能办结的事项，现在仅需 1 天，甚至当场即时办结。通过受理终端向街道（乡镇）、社区延伸，变过去“居民办事跑路”为现在“社区指尖服务”，居民不再奔走在各级、各部门以及政务中心之间，大大节省了办事成本。实行“全年无休”制度，随时为居民办理公共服务事项，真正把方便留给居民群众。

（二）实现民生数据开放共享

通过办理各类公共服务事项，不断积累沉淀民生数据，推进条块网络“互联互通”，一改过去部门网络隔离、信息孤岛弊端，形成了综合性、全方位民生信息资源，为政府公共行政决策提供科学数据支撑，提高公共服务资源规划的科学性。建立以公共服务数据为基础的良性信息消费生态链，通过整合数据应用分析，面向社会提供政府基础公共服务数据分析结果，为企业的经营发展提供科学的发展方向和经营规模。经过近 1 年时间的试运行，全市社区公共服务综合信息平台已办理公

共服务 23 万多件，累计居民信息 110 多万条。

（三）实现社区治理提能增效

通过社区公共服务信息平台建设，实现社区公共服务与自治的剥离，解决社区行政化趋向的问题，实现了社区减负增效。一方面，通过科学设置社区综合服务窗口，一改过去办事窗口多、机构臃肿、“忙闲”不均的现象，社区工作人员变“专科医生”为“全科医生”，变“多口受理”为“一口受理”，极大地节省窗口人员，通过系统统计分析功能，掌握每月、每周、每天居民办事规律，根据办事高峰和低谷，合理调整工作人员的排班和日常业务管理，“解放”出来的社区工作人员回归本职，全身心投入社区治理，开展居民自治。另一方面，通过全面梳理公共服务事项，优化办理流程，社区不应出具的证明坚决取消，不该承担的工作坚决拒绝，承担的相关工作实行“费随事转、权随责走”，进一步提升了社会公共服务和居民自治能力。

（四）实现政府部门依法行政

纳入社区公共服务综合信息平台的事项，必须按照依法行政、简政放权的要求，以事项名称、事项类型、法定依据、申报条件、所需材料、办理程序、收费标准、受理时限等要素进行认真梳理，每项事务做到有法可依。规范各级各岗位工作职责、工作时限、工作要求，建立工作记录、痕迹追查机制，建立考勤、用户评价和领导考评等多个角度的绩效评估系统，促进各级依法行政。通过政策咨询、交流互动、流程及办事结果查询，促进政府公共服务更便捷、更透明、更亲和，为社区居民，特别是为重点服务对象提供多渠道办事服务。把公共服务事项受理终端向街道（乡镇）、社区延伸，居民只需就近前往社区或街道（乡镇）公共服务中心，就能完成所需事项办理。居民不再奔走于各级各部门以及政务中心之间，减少政府审批人员与服务对象的直接接触，有效避免了吃拿卡要、生冷硬推、与民争利、欺压百姓等“四风”问题，既方便了群众，又杜绝了腐败。

（案例推荐部门：民政部）

案例 8

智能化居家养老服务平台提供质优价廉的养老服务

北京寸草春晖养老机构作为社区养老服务平台，立足社区，服务社区。以居家为基础、社区依托、机构为纽带，借助互联网等科技手段，在养老服务体系上实现“线上线下”运营和管理，为社区居家的老人提供专业化服务。

寸草春晖养老院作为社区养老院，在服务院内100多位失能老人的基础上，提供居家养老智能化服务。包括紧急呼叫、健康监测、餐食配送、线上超市、护理服务等一整套的居家养老服务。该平台是在线下服务的基础上开发出的新型“互联网+养老”的智能化系统。线上系统共分为六大板块，分别为居家平板终端、子女APP、守望者监护APP、养老机构管理平台、政府监控平台以及后台维护系统。

目前，寸草春晖居家服务系统已经覆盖了和平街街道居家养老人群，运营一年多时间，为居家老人解决了上万次的服务请求，并通过互联网的方式，利用居家智能设备，做到了对居家老人生命健康的实时监测，对老人各项服务请求全方位、全时间的响应。总体来说，寸草春晖服务平台是目前解决居家养老有效的方案之一，它整合了政府、社会、企业、家庭的各方资源，并对“互联网+养老”进行了积极探索。

一、北京市居家养老面临的问题和挑战

(一)居家养老是北京市未来老年人群的主要选择

根据2015年11月北京市民政局、市规划委发布《北京市养老服务设施专项规划》(以下简称《专项》)，北京市自1990年进入老龄化社会以来，人口老龄化问题逐步凸显，主要表现是老龄化速度快、老年人口绝对数量大。至2014年底，全市60岁以上常住老年人口已达321.6万人，占全市常住人口的14.9%，并以每年15万的速度增长，预计到2020年常住老年人口将达到400万人左右。在老年人

口绝对数量增长的同时，老年人群空巢化与高龄化并行的比例也在逐步增多。截至2014年底，北京市户籍人口中纯老年人家庭人口约48.6万人，占老年人口总数的16.4%。按照人均寿命80岁计算，空巢期将会在20年以上。80岁及以上户籍高龄老人达到51.6万，占老年人口的17.4%；2020年高龄老人将逼近60万人，2050年突破100万人。仅从养老床位供应和需求来看，有统计数据显示：截至2013年，我国每千名老人拥有养老床位不到25张。2014年我国60岁以上的老人有2.12亿人，2014年机构养老床位数近500万张，2015年每千位老人拥有床位数不足30张，97%的老人居住在家里，只有3%的老人选择养老机构。由于现有养老机构及其增长速度远远不及老年人口增长，加上观念问题，未来绝大多数的老年人群都选择居家养老这种方式，安度晚年。

（二）居家养老的特点是整合各方资源，利用信息的互联互通，提高服务效能

随着老年人群日益庞大，老年人群的各类生活健康需求也日益增长，如何将医疗、康复、健康管理与居家老人需求相互匹配，是未来居家养老领域需要重点突破的问题。居家养老要想实现较低成本运营、提升服务效率，必须要整合社区养老机构，社区周边服务提供商，基层政府，以及老人、子女等各方面资源，在以服务为基础的前提下，实现信息互联互通，及时高效地解决居家老年人的各项服务需求，而这就需要一个基础服务平台，一方面连接千家万户的老人，一方面连接提供各类居家养老服务的提供商，最大程度地为选择居家养老的老年人群提供高效能、低成本、安全可控的养老服务，使得居家老年人群更好地享受美好的晚年时光。

二、居家养老服务平台构成与功能简介

居家养老服务平台系统是以社区养老机构作为服务中心，通过整合线上信息与线下资源，为社区居家老人提供紧急呼叫、健康监测、餐食配送、线上超市、居家服务等一整套居家养老服务的平台。该平台的主要参与角色包括居家老人、老人子女（亲属）、守望者（机构聘用的对居家老人的看护人员）、养老机构、基层政府、社区商家。六个角色通过养老机构实现互联互通，为老人提供各项居家服务。在这六个角色当中，养老机构处于中心位置，需要服务的居家老人将各项服务请求信息传到服务平台，由平台安排或对接各种服务商满足老人的需求；居家老人享受平

台的服务，是平台的服务对象；老人子女（亲属）认可并支持老人享受平台服务；守望者是平台派出的工作人员，负责反馈居家老人的需求信息，保障独居老人的安全；基层政府对平台提供政策和资源上的支持和保障；社区商家通过平台信息链接，传递老人对商品和服务的需求（见图 8-1）。

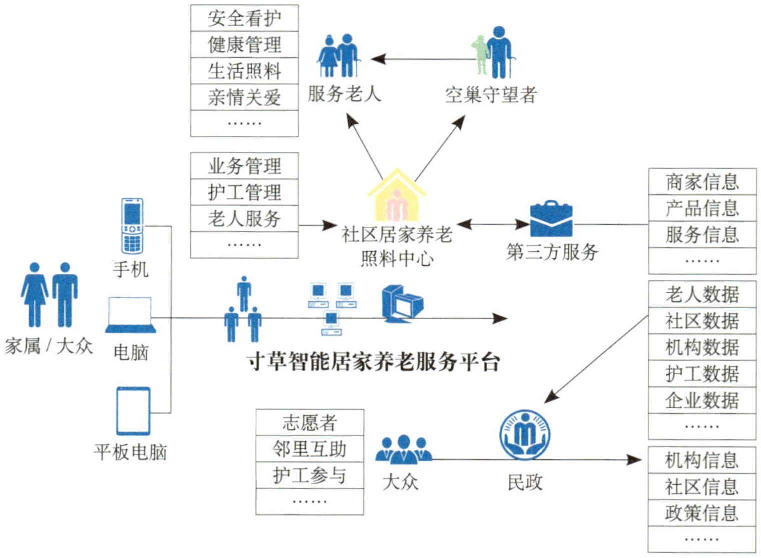

图 8-1　寸草智能居家养老服务平台

目前，养老服务平台可以接入血压计、血糖仪、煤气、安防等居家监控设备，为居家老人提供多元化的服务需求，让他们足不出户就能享受到全方位的专业服务。

（一）居家健康监测及急救保障体系服务

监测老年人的生活和健康状况是养老服务平台可以提供的主要功能之一。具体来说，就是借助各类仪器设备加强对老年人在日常生活中健康状况的监测体系，并结合监测安排工作人员加强对健康状况存在隐患的老年人加强监护（见图 8-2）。工作人员一旦发现老人出现突发情况，立即联系医疗机构以及老人子女，或者协助完成送医等工作，以保证空巢老人的居家健康。

结合老年人自身特点，监测系统的操作终端都尽量进行简化设计，让居家老人能够通过简单按键轻松操作。比如某位老人高血压，在选择了居家健康监测服务后，只要按以往的习惯测量血压即可，不用改变以前的行为习惯，但测量后的数值会自动传到平台，如果超过设定的安全范围，系统会自动生成报警，同时通知养老机构后台、守望者及老人的亲人，问题得到解决后，报警才可以取消。

如果居家老人能每天坚持使用健康监测设备，系统后台就会根据老人的健康状况，生成一套个性化的健康指导方案。比如饮食、起居、运动等各个方面的专业建议。通过健康数据检测发现老人身体状况异常时，平台系统甚至会通知医生提供上门服务，为老人做更加细致全面的检查，以便及时救治。

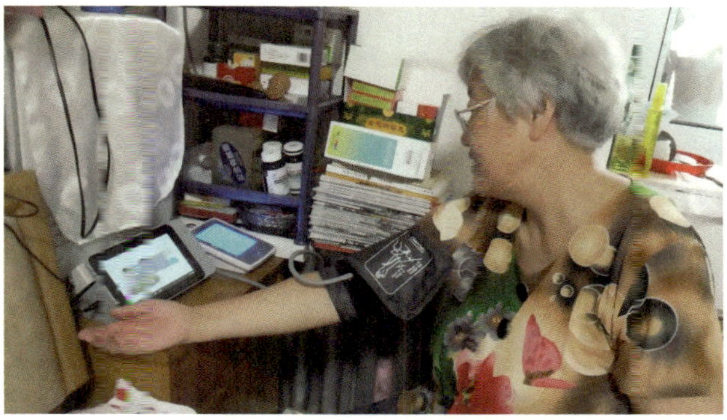

图 8-2 居家养老智能监控

另外，居家养老平台最基本功能的还是急救保障功能。该功能可以使得老人在紧急情况，使用一键呼，快速向服务平台呼叫。平台工作人员会第一时间通过电话或者派守望者上门的方式，确认老人的健康状况或其他紧急问题。这个功能相对于传统的拨打 999 急救电话的方式更加方便快捷，无须拨号。守望者可以在最快时间到达老人家中，解决突发紧急事件。

（二）全方位居家服务支持

除健康监测外，居家养老服务平台还可以为居家老人提供全方位的居家服务支持（见图 8-3）。

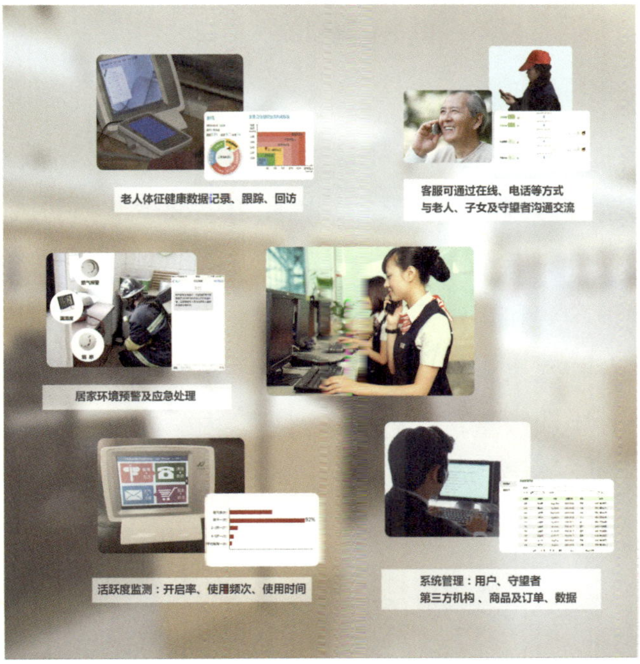

图 8-3 居家养老客服中心

1. 用药提醒。用药提醒服务的主要功能是提醒老人在选定的时间服用药物。老人一般患慢性病的比例较高，典型的如高血压、心脏病、糖尿病等，这些慢性病要求老人常年服用某些药物，并且药物种类多，服用剂量和时间不一样。而大多数老人因大脑开始退化，如果没有外人提醒，很容易造成不按时甚至忘记服药。有了用药提醒功能，能够较好地帮助老人按时准确地服药。

2. 线上老年超市。与一般的电商平台不同，居家养老服务平台接到老人通过电话或者到养老机构现场下的订单后，老人通过养老院配置的智能显示终端的触摸屏点击查看商品信息，选择所需要的商品（见图 8-4），然后通过触摸屏的点击将订单发送到商家，由商家给老人配送上门，同时收取资金款项，从而较好地解决了老人不能够也不习惯使用在线支付手段购买商品的问题。

图 8-4　线上老人商品

此外，为平台提供商品的商家都是社区周边的商家，一般经营年限较长，这些商家的名字大多为社区内的老人熟知，因此可以减少欺诈的风险和纠纷。该项功能的商品品类也专门针对老年人需求设计，能够帮助老年人在恶劣天气或者腿脚不便的情况下，方便地购买和运送需要的商品。一些平台通过与社区内的菜农摊位合作，还可以提供蔬菜和水果产品，老人订购后，平台工作人员会通知菜农准备好老人订购的蔬菜水果种类和数量，然后配送到社区内的老人家中。

3. 餐食配送。餐食配送是最能体现社区养老的特色服务，也非常受社区居家老人群欢迎。养老服务平台通过联合社区养老机构的食堂以及社区周边的餐饮商家，形成餐饮服务联盟，形成覆盖辖区居家老人的餐食配送服务。当老人通过电话或者网络完成餐食订购后，客服工作人员核实完毕后将订单信息传送到食堂或者是社区合作商家，在规定的时间内，将餐食配送到老人家中（见图 8-5、图 8-6）。

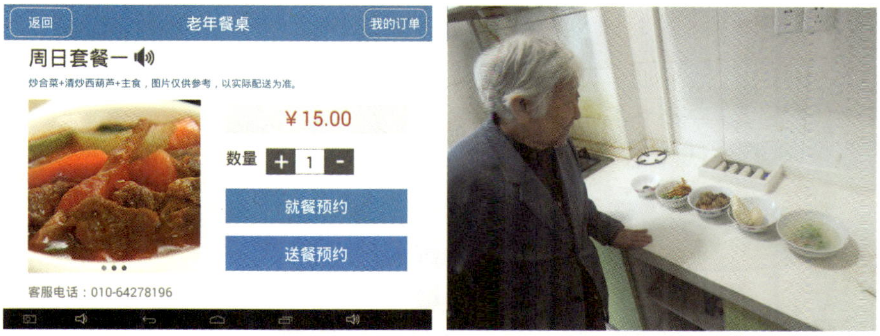

图 8-5　居家配餐系统

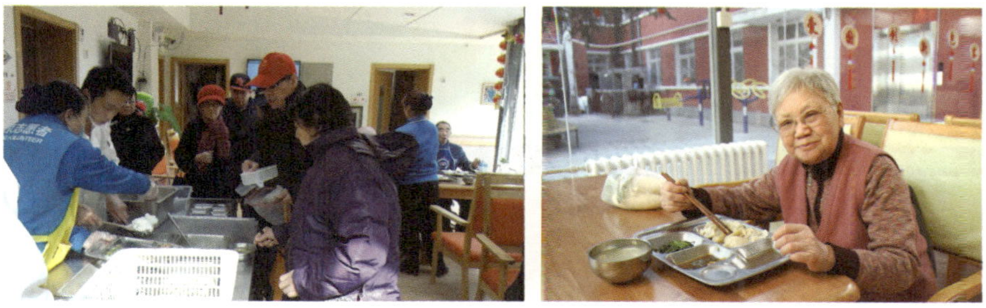

图 8-6　居家老人营养餐

4. 居家照护和家政服务。居家照护服务针对部分需要定期做身体护理的居家老人，这部分服务的提供者就是养老机构派出的专业护理人员。如果居家老人需要服务，通过电话、网络呼叫等方式预约，后台工作人员确认后，护理人员就可以上门提供服务。

家政服务主要是经过筛选的服务商提供，服务平台将供应商信息展示在服务平台上，老人可以看到每个家政服务商的具体服务信息。老人选定服务商以及确定好需要上门的时间后，服务平台会将信息传递到家政公司，并根据老人需要的上门时间及时协调。

5. 物业服务。物业服务主要为老人提供与住房及室内设施相关的维修、改造、替换服务。例如：老人家中的马桶坏了，需要疏通管道（见图8-7）；门锁坏了，需要更换门锁；等等。这些日常生活中与住房及室内设施相关的维修改造工作，老人无法独立完成，需要小区物业公司，或者第三方

图 8-7　智能马桶和适老化改造

的服务商协助解决。服务平台系统一方面为老人提供服务商信息，另一方面协助老人与服务商之间的信息沟通，以及服务完成后的效果评测。

6. 生活娱乐服务。一些平台还为老人提供了生活娱乐服务。通过特定的居家平板终端，可以收听下载一些歌曲、戏剧等娱乐节目。老年人的娱乐需求与年轻人差别比较大，现在互联网上流行的很多内容，并不符合老年人的兴趣，平台精选了一些符合老年人兴趣爱好的娱乐内容，放到了居家平板终端里，老人可以随时选择观看（见图 8-8）。

图 8-8　老人文化娱乐服务系统

（三）守望居家监护体系

1. 守望者服务体系。为了更加有效地服务居家老人，同时充分利用社区内部闲置劳动力和志愿者资源，一些居家养老服务平台系统创新性地建设了一支守望者服务团队。守望者队伍的宗旨是提倡社区老人互帮互助，低龄扶助高龄，通过聘用和志愿的方式，调动起低龄老人和下岗职工，服务社区和居家高龄老人，从而实现整个商业模式线上和线下无缝对接。

守望者的具体任务是，在平台的统一指挥下，根据社区内居家老人的具体情况定制任务列表，并定期或者不定期地通过平台在线、电话、短信甚至上门的方式联系居家老人，了解他们的情况和需求，协助寸草服务平台解决居家老人遇到的问题。

2. 子女监护 APP。子女端 APP 是居家老人子女或者法定监护人使用的手机端应用程序。子女端 APP 的主要功能是子女实时监测老人的健康状况、生活环境状况、老人在线消费各种商品与服务的订单及状态、老人居家用药提醒设置、家庭成员信息修改设置，以及在线与老人通过语音或者文字的方式进行互动沟通；老人在家中使用血压计等测量的健康数据在上传到居家平板终端后，会自动上传到服务平台的后台数据库，同时平台系统会同步更新数据到子女端界面，保证子女第一时间了解老人的健康状况；老人在特价超市中订购任何商品，订购餐食配送服务，预约家政服务、物业服务等，子女都可以在手机客户端实时看到订单状态；子女也可以选择线上购买，并直接配送到老人家中，方便子女与老人分开居住的时候实现孝顺父母长辈的心愿。

（四）政府监控平台

政府监控平台是一些居家养老服务平台专门为基层政府定制的用于监控辖区内老年人群健康状况及生活状况的服务平台。具体来说，政府可以通过一个网站登录查看辖区内老人享受各项服务的情况，包括统计数据，以及一些根据政府需要定制的情况汇报页面；通过监控平台，政府能够了解到每一位居家老人的详细档案及老人的具体状态；平台还可以根据政府的各种需要，定制开发出不同的功能，进一步完善和提升管理监督效能。

三、平台系统推广运营过程中的探索和经验

（一）发挥好“一个机构”——社区养老院的优势

社区养老机构的特点是就近养老，养老离家不离街，由于地处小区内，辖区内的居家老人可以直接和间接受益于这些机构（见图 8-9）。社区养老是兼顾居家养老和集中照护的理想养老模式，符合我国传统文化和养老实际。社区养老院离家较近，使老人能够在机构养老的同时享受到家庭给予老年人带来的安全感和归属感，同时社区老人也能够享受到社区养老院的服务，活力老人还可以承担社会角色，使他们老有所为，老有所乐。

图 8-9　居家养老活动大厅

由于养老机构本身是融入社区的，使得这些养老机构在提供各种居家服务的时候，能够快速地得到老人们的信任和认可，同时，养老机构的工作也得到了社区百姓的认可和支持。

（二）平台六大板块的协同效应

居家养老服务平台是在线下服务的基础上开发出的新型“互联网＋养老”的智能化系统。线上系统的六大板块——居家平板终端、子女APP、守望者监护APP、养老机构管理平台、政府监控平台以及后台维护系统——在平台上同时启动，发挥协同作用，为社区老人和家庭子女搭建了一个信息沟通交流的平台，为社区老人养老带来了更多的便利和服务。该平台以养老院为中心，服务周边居家老人，是解决居家养老有效的方案之一，它整合了政府、社会、企业、家庭的各方资源，并对“互联网＋养老”进行了积极探索。

（三）平台“六大”角色的信息共享

平台的六大角色：居家老人，老人子女（亲属），守望者（机构聘用的专业看护人员），养老机构，基层政府，社区商家。这六个角色在平台上通过养老机构实现互联互通，为老人提供各项居家服务。在平台系统运营中，利用平台信息的共享，有助于各个角色更便利地沟通和协调，更好地服务社区居家老人，满足老年人更多的居家照料、康复、护理及子女联动的各种服务需求。

（四）基层政府的支持保障

居家养老服务平台的推广和运营离不开基层政府的大力支持。在社区推广的最初阶段，平台往往只能吸引少量的居家老人。通过社区居委会宣传动员，可以有效增进居家老人对居家养老服务平台的了解和使用。很多老人积极主动申请成为平台用户，有的老人甚至号召身边的朋友、邻居加入，为系统的顺利运行创造有利的条件。可以说，基层政府的积极支持是居家养老服务平台得以成功推广的有效手段。

（五）守望者服务体系的构建

守望者服务体系的构建是居家服务平台的一大创新。这一体系的建立，挖掘了社区服务的潜在资源，并在内部形成良性循环体系。用守望者服务和智慧网络的结合完成居家服务系统的闭环。在起步阶段没有经验，多以社区养老机构的员工作为守望者，对居家老人提供监护及其他服务，随着服务体系的不断完善和宣传力度的加大，可以逐渐招募到一些的社区居家守望者，建立起专职和志愿结合的居家守望者团队（见图8-10）。

图 8-10　居家养老守望者

（六）“互联网 + 养老”模式的创新

首先，未来的养老，利用互联网及信息化产品为工具是必然选择。由于老人因为担心操作困难对新的电子产品一般比较畏惧，因此养老服务平台在操作设计上充分考虑到了这一点，保证居家老年人操作简单便利，一键直达。

其次，由于很多居家老人支付能力有限，往往越是需要居家养老服务及健康、安全监测的老年人群，越缺乏消费能力，这时就需要政府支持购买，而家庭较为富裕的老人群体则可以走市场化的渠道购买。

最后，居家养老服务系统需要老人家里装有无线网络环境，这是“互联网＋养老”的基础要求。在实践中，老年人特别是空巢老人家中，网络基础设施的覆盖率非常低。以北京市寸草春晖养老院所在的和平家园社区来看，几乎 80% 的老年群体家中并没有安装互联网服务，服务机构必须再额外安装无线路由器，这就给服务平台增加了成本。与此同时，绝大多数老人家中都有固定电话或者是有线电视，如果能够得到地方政府的协调与支持，促成服务平台与电信运营商或者有线电视运营商之间合作，为老人家里布设基础网络服务，就可以更大规模地布设类似的服务平台，服务更多的居家老人。每位老人单独申请网络的成本是比较高的，而整个社区，甚至整个城市，在政府统一指导下来推进这项工作，那么网络服务的成本会大幅降低，居家养老服务平台就会走进千家万户，让所有的居家老人都能够享受到“互联网+养老”带来的全新服务与体验，更好地安度晚年。

（案例推荐部门：民政部）

案例 9

上海市基于长者照护之家的社区智慧型养老服务模式

一、背　　景

据《中国老龄事业发展报告 2013》数据显示，中国老龄化发展规模大，速度快，结构复杂，且面临着前所未有的挑战。2013 年中国老年人口将突破 2 亿，中国也是世界上唯一一个 60 岁以上老年人口数接近 2 亿大关的国家，老龄化水平比例达 14.8%，城镇空巢老人近 1 亿，城乡失能老人约 3600 万，慢性病老人突破 1 亿，而每 1000 名老人拥有的养老床位数只有 20.6 张。2013 年底上海市 60 周岁及以上户籍老年人口为 387 万，占户籍人口的 27.1%；预测 2020 年户籍老年人口将达到 542 万，其中 80 周岁及以上的老人将达到 77 万。"十一五"以来，上海市围绕构建"9073"养老服务格局的目标，逐步形成了以家庭自我照顾为基础、社区居家养老为依托、机构养老和医疗服务等为支撑的社会养老服务格局。但依据上海养老机构设施与服务要求，2015 年上海市养老机构护理人员缺口仍然高达 1.3 万，居家养老服务从业人员缺口为 2.4 万；预计到 2020 年，这一数据将分别增加到 2.1 万和 3.2 万。可以说目前的养老服务资源远远无法满足巨大的老人照护服务需求缺口。

养老服务工作作为社会保障系统的重要组成部分，社会意义显著，在政府工作中有着非常重要的地位。但不难发现无论是上海还是整个中国老龄化目前存在的问题是：老年人普遍收入低，生活困难；城乡为老服务公共基础设施覆盖率和参与利用率低，养老服务业发展滞后和养老照料护理服务人员紧缺；社区医疗卫生服务水平和质量有待提高。

要解决上述问题，构建更和谐的社区养老关系，引入智能化、信息化技术，建立新型社区养老模式，推动智慧城市建设势在必行。2013 年 9 月，国务院下发《关于加快发展养老服务业的若干意见》明确"发展居家网络信息服务""运用互联网、物联网等技术手段，提供适合老年人的服务项目”。后国家发展改革委、民政部《养老服务体系“十二五”规划》和十部委联合颁布《关于全面推进居家养老服务工作的意见》指出“以信息服务网络整合建设为依托，推进社区服务信息化”。《上海市国民经济和社会发展第十二个五年规划纲要》明确提出：“促进家政服务、养老服务、社区服务等家庭服务业发展。加强科技在服务业中的推广应用，鼓励各类新兴服务业态发展。”

虽然上海市智慧社区建设走在全国前列，但智能化养老仍然处在起步阶段，目前上海大部分社区都存在养老服务资源部署“散点碎片化”现象，缺乏有效统筹，社区为老服务体系尚未形成。现有服务点“孤岛”现象严重，护理人员、子女和管理者之间“信息不对称”，街道政府管理部门压力大，急需解决信息无障碍同步和分享，包括对移动状态下社区护理人员远程管理等，实现人力和物力的合理安排和“无级”调度。上海大多数社区也没有专门的养老信息系统，很多养老数据需要查阅纸质文档，效率较低，养老业务办理自动化程度也不高，难以进行智能分析、科学决策。这些都导致政府在实际操作中出现工作责任重、工作量大，迫切需要智能化手段来提高工作效率，实现核心数据的自动采集、智能挖掘和分析、养老服务趋势预测和可视化管理，使决策更加科学。本案的成功实施与推广将有力解决上述问题，为整合养老产业链条，促进上海养老事业发展做出积极贡献。

二、本案的实施路径与特色亮点

本案就是在这种背景下基于智能化养老，先以少数社区为试点，对新型社区养老模式的探索先行先试，边试边改，不断完善。根据目前上海社区养老实际情况，本案以长者照护之家为“基站”，以智能化系统为依托，开辟社区全方位、综合性、“微机构－快捷站－居家”三方相结合的新型智能化养老服务模式，为有需求的老人提供机构内长期照护服务、居家康复护理、日间照料和短期寄养服务，并提供针对家属的专业家庭照护能力培训。目前，本案已在上海浦东新区的潍坊、东明，普陀区的真如、石泉，徐汇区的田林、枫林，长宁区的华阳，闵行区的古美、梅陇、莘庄工业区，虹口区的欧阳等街道开展实践。最终将全面链接养老服务所有业务环节，从养老服务基础设施建设开始，建立统一的老年人基础信息数据库，涵盖全部居家、日照和机构养老服务业务，对包括老年人照护需求评估、申请政府补贴对象资格评审、政府补贴管理等业务进行全过程智能化管理。

本案从智能化系统与服务模式两方面着手，前者以后者为目的，后者以前者为手段。首先在智能化系统方面，本案所应用的是自主研发的爱照护™商业智能系统，这也是养老服务领域首个基于软硬件协同工作的第三方 O2O 平台。该系统将由前端感知单元群、后台管理软件，以及护理员和子女使用的智能终端 APP 组成。感知单元群主要采集老年人日常生活活动能力（ADL）损伤和意外情况发生数据等。后台管理软件系统包括评估、计划和执行等老年人照护管理所需的功能模块。智能终端 APP 帮助服务人员可在“任何地方、任何时间”管理工单、报警响应和获取照护信息，也可让子女在“任何地方、任何时间”获知家中父母所接受服务的状态、安全报警、提前发现严重意外发生潜在因素等。在爱照护™商业智能系统的基础上，本案还自主开发了家庭 e 养院、爱照护数据平台等多种辅助性平台，从以下方面实现了智能化管理，为建设智慧型养老社区提供了路径与方法：

（一）照护服务全流程可视化管理，建设完善的信息化为老服务平台

爱照护™商业智能系统包含居家服务管理、长者照护之家照护管理、高龄独居老人远程监护和关爱、子女服务信息同步和质量评价 APP 等子系统，所有功能都可进行模块化、系统化和授权管理，为老年人智慧养老提供技术支持。居家服务管理子系统主要记录和管理居家养老服务组织为独居老人提供居家养老服务的各类活动，其中包括服务派单、接单、服务确认等自动化和可视化监管流程。居家服务护理员通过专属的 NFC 移动终端和应用 APP，可完成接收工单、上门服务、服务确认、系统结算等完整服务流程。老年人在享受服务时，只要将“居家养老服务作业点电子标签”与上门服务人员所持的移动服务终端接触，就可以确认身份信息，并能够在服务结束后，对服务进行评价，系统自动对护理员服务过程进行全程可视化监控，在确认服务后，记录服务结果并可自动结算费用（需定制开发）。本子系统具体包括照护服务、照护报告、绩效汇总和位置服务四个功能。以位置服务功能为例，独居老人服务地图快捷定位界面，可快速查询和管理每位独居老人的服务项目计划、实施情况等。

长者照护之家则实现从入院评估、照护计划制定到服务实施和报告的全流程管理，并包括机构日常管理。该子系统主要由照护管理、人事管理、财务管理、后勤管理等 4 个模块组成，内容包括老人档案、护理员档案、每日护理计划和内容、照护服务状态、机构内老人和护理员定位、老年人生命体征采集和健康档案建立、安全状态（是否摔倒，大小便失禁等），也包括老人对护理员服务的评价。所有异

常信息将自动推送到管理看板和护理员智能终端，护理员可随时响应老人服务请求。老人满意度可由子女或者监护人在线或者通过亲情 APP 评价，并实现结果与平台同步（见图 9-1）。

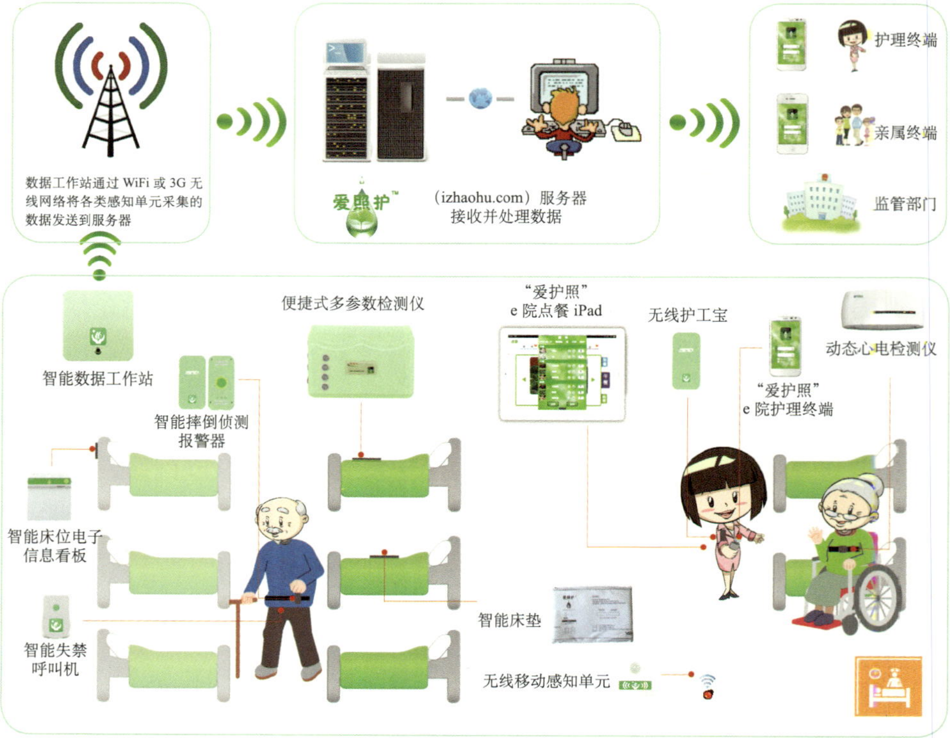

图 9-1　爱照护智能系统工作原理

（二）家庭 e 养院将养老院"搬"到老人家中

在我国居家养老仍然是主流，如何将优质专业的机构照护服务投送到老人家中，是本项目重点解决的内容。本案以智能护理床为切入点，整合多种传感设备和护理功能，真正把专业养老服务"搬"到老人家中（见图 9-2）。老人家中部署的硬件和传感设备则通过其侦测到的老人日常生活活动能力（ADL）损伤、安全状态，生命体征和服务状态等数据，将实时传回系统的后端软件，并进行数据挖掘、分析、处理，所有相关结果将在系统管理界面中呈现，驻扎于长者照护之家"基站"的人员将以此为基础，为老人提供有针对性的服务，满足居家老人照护服务全生命周期管理需求；老人也可根据自身需要主动寻求服务。例如，一旦发生摔倒后，老人家中的智能摔倒侦测报警器会立即通知医护人员或亲属，使老年人能及时得到救助服务。避免了"叫天天不应，叫地地不灵"带来的痛苦和伤害。系统监测到的数据将直接传送到老人电子健康档案，一旦出现数据异常，智能系统会自动提醒老人及时体检。而且系统获得的老人生命体征数据，会自动反馈到相关机构进行数据分析，给老人提供健康指导。中医讲“防患于未然，治病于初发”，本案智能化技术的应用能大大降低某些疾病的发生，显得尤为可贵。

图 9-2　爱照护家庭 e 养院居家场景图

另外养老服务不能忽视对老人心灵的呵护，老人的物质需求很少，更多的是心灵需求，人性的关怀才是最终目的。在老人最无助的时候援手相助，是社会的职责。本案所运用的智能化设施恰好可以在老人最无助的时候充当其伴侣。根据调查，90% 以上的居家老人都有不同程度的疾病，其中以高血压、糖尿病、冠心病、脑中风等最为普遍。许多老人虽然与儿女们生活在一起，但是儿女们不能整天陪伴在老人身边，儿女们心有余而力不足，空巢老人就更让儿女发愁，智能养老则可以破解这一难题。

通过手机 APP，子女能随时掌握老人在家的状况。老人的子女们就算身在外地，通过系统查看历次体检数据、曲线图，也能及时了解老人的健康情况、饮食情况，增进父母与子女之间的亲情，也能无形中缓解老人内心的空虚。

家庭 e 养院可以说将养老院搬到了老人家中，为护理人员上门提供个性化照护服务创造了条件。

（三）数据深度挖掘和驱动业务，实现自动派单及机构的科学选址

本案的爱照护数据平台将对所有采集到的数据进行深度挖掘、分析、处理，不仅能直观了解服务的相关信息，还能实现对护理人员的自动派单以及微机构、快

捷站的科学选址(见图 9-3)。

图 9-3　爱照护数据平台（iDP）首页界面

由于护理人员不足，居家服务必须优化护理人员服务路径，以减少路上耗费的时间，为更多的居家老人提供服务，同时增加服务人员的收入。本案的数据平台会综合居家老人地理位置、服务补贴费用等因素，采用最优的排班算法，最佳的路线定制，并通过手持移动客户端自动推送工单，尽量减少护理员在路上的非工作有效时间，提高他们的收入，真正实现工作效率的最大优化(见图 9-4)。这也能减少管理上的中间环节，用科学数据驱动日常管理，避免依靠人的主观判断管理所带来的种种问题，这也是智慧养老、智慧社区应有之义。

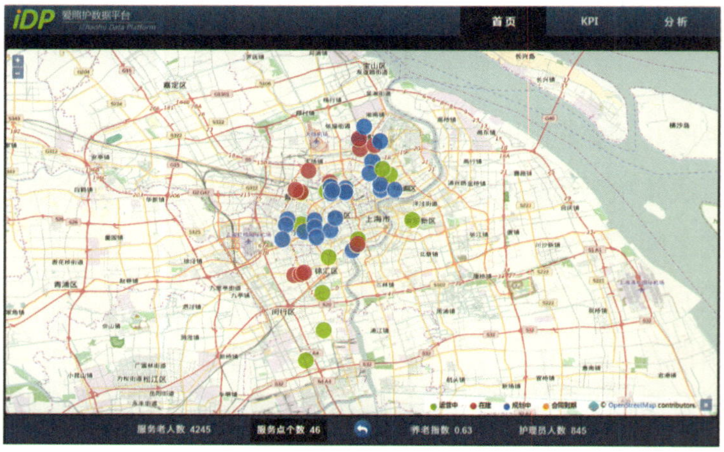

图 9-4　爱照护数据平台（ DP）服务分配界面

另外微机构、快捷站要想发挥最大服务效益，必须选择在合理的位置建设。爱照护数据平台还能对采集到的居家老人数据进行分析，自动划分服务对象聚类，为微机构、快捷站的选址提供重要参考依据。

三、主要做法——以真如社区为例

本案的推广应用主要以社区为单位，目前在上海浦东新区的潍坊、东明，普陀区的真如、石泉，徐汇区的田林、枫林，长宁区的华阳，闵行区的古美、梅陇、莘庄工业区，虹口区的欧阳等街道都在开展。以本案在真如社区的实践为例，真如社区60岁及以上老年人3.9万人，占户籍人口的32.89%，是个典型的老龄化社区。面对养老服务需求日益增多和服务供给能力之间的不平衡局面，街道政府希望坚持以“老人为中心”的理念，以智慧养老为抓手，持续创新服务模式，优化服务资源和管理流程，最终实现重新架构辖区养老服务体系目标。

结合真如社区的实际情况，本案将原本街道闲置的一处居民楼底层的房间以一种全新的社区养老模式打造成真如社区长者照护之家。智能化系统的运用为其提供线上线下一体化服务创造了可能，极大地拓展了服务能力。该长者照护之家面积仅300平方米，虽然只设10张床位，但依托先进的智能化技术，全程监控服务流程和质量，将服务延伸到居家，而且能确保服务的精准投送和服务质量的一致性，使老人足不出户也能享受高质量专业照护。真如社区长者照护之家完全按专业养老机构功能配置建设，包括了含短期寄养在内的各种老年照护服务，可以说将养老院开到了老人家中，打破了养老机构与家的“围墙”，实现了二者互联互通。

真如社区长者照护之家管理采取“总部 + 点”的连锁经营和自我管理模式。总部提供管理、财务、培训等支持，点上不设专职院长和运营长。服务提供采取信息化调配“驻点 + 上门”结合的方式，即以机构为圆点，按十分钟骑车路程（约一公里）为服务半径，辐射面积达到3.14平方公里，显著提高护理员有效劳动时间和周转效率，提高成本有效性，降低边际成本。按照全护理老人每天服务2小时计，每天每位护理员除了服务2～3名全护理老人外，还通过智能系统派单投送给周边若干名居家安养老人，减少传统“闲置”时间实现全时段运转，增加工作量的同时减少人员配备。这种服务依托智能管理系统电子派单，类似于“滴滴打车”等叫车软件，护理员上门服务时通过智能手机APP完成电子签到、签出和满意度评价，并由智能化照护管理系统统一根据这些信息完成护理员绩效考核管理。

长者照护之家为社区重度、中度失能失智老人提供长期托养服务，以较低成本获得机构养老服务，包括专业介护、康复理疗等，与传统养老机构基本相同。对机构周边基本自理老人、轻中度失能老人则提供上门居家养老服务，打通“机构—居家—社区”屏障实现溢出效应。专业护理员每天早中晚各一次到签约老人家中提供基本康复、安全管理等专业照护服务，家庭 e 养院平台对老人实施“7×24”安全监控。轻度或中度失能失智老人，每周还可在快捷站进行 1 ～ 2 次的专业康复服务。另外为大病出院需要康复护理或家属子女短期无暇照护的老人提供 1 ～ 12 周的短期寄养和喘息式服务，体现灵活性和多功能，成为社区养老的重要支撑。这样可以发挥长者照护之家对居家的专业支撑，实现老人全生命周期照护。服务对象覆盖周边，内容从家政服务转向专业照护，由此实现机构向居家的辐射和居家养老服务质量的提升，老人在家基本可以得到与机构类似的服务和照护。

此外长者照护之家在对老人进行服务前都会进行专业评估，制定照护计划，除了基本的标准服务，老人可根据评估结果选择叠加服务项目，使每个老人都能享受个性化、有针对性的专业服务。所有的照护服务都靠数据驱动，不仅服务更加高效，而且能将长者照护之家的服务资源充分利用起来，使更大范围的老人接受服务。真如社区长者照护之家虽然只有 300 平方米，却可以支撑 420 张居家床位的上门服务，这是真正意义上的依托“互联网＋”技术，建设“无围墙”养老院，实现原居安养。

作为本案中的一个项目，真如社区初步构建了基于长者照护之家的社区智慧型养老服务管理新体系。项目实施后，社区养老服务资源将得到明显优化，能基本满足政府“托底”对象从生活照料到专业康复护理等各项养老服务实施和管理需求，特别是辖区内居家和日托的服务效率、覆盖面得到明显改善。其次，智能养老的应用已逐步将传统的“老人主动请求，服务被动响应”的模式转变为“请求自动触发，服务主动响应”，从而大大降低了老人特别是独居老人等特殊人群潜在安全意外的发生。最后，智能化技术的应用将有效地提高真如社区对公办和社会办养老服务组织的监督、引导和管理能力，服务组织、人员和服务满意度考核也全部纳入系统统一管理。实现服务状态实时监控，资源及时调配，服务质量智能统计。同时，系统导入也吸引了众多有实力、有规模、专业化的服务机构向真如社区聚集，从而进一步提高了社区整体养老服务专业化能力和社会效益，并从根本上促进了街道养老事业和产业的健康培育和未来可持续发展。

四、养老生态的改变及产业的带动

智能化技术为创新养老模式提供了可能，而新的养老模式又为智能化养老提供了方向和内容。在此背景下，兼容社区、机构养老和居家养老特点，基于长者照护之家的社区智慧型养老服务模式应运而生，通过引入先进养老服务理念，创新服务模式，应用先进物联网、云计算和大数据技术，整合社会化资源，打造智慧养老体系，最终能让老人在日常生活中不受时间和地理环境的束缚，在社区和家里过上高质量晚年生活。可以使老人不远离社区，实现原居安老，保留老年人原有的生活习惯，既解决了在养老院养老亲情淡泊的问题，又解决了传统养老服务不足的难题。整体设想如图 9-5 所示。

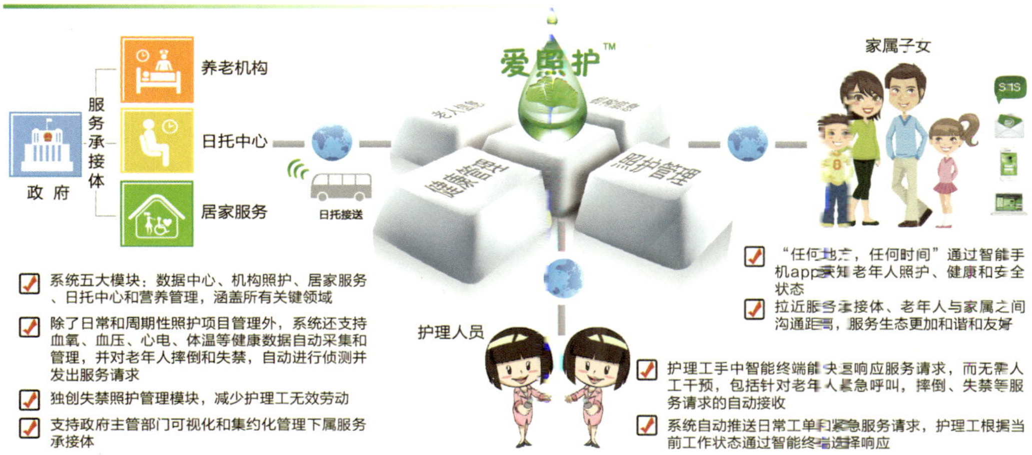

图 9-5　智慧型社区养老服务平台生态环境架构

可以说，基于长者照护之家的社区智慧型养老服务模式是对养老行业的全方位创新，将改变养老行业的生态面貌：

一方面，通过建立完善的为老服务信息平台和社区嵌入式小型养老机构长者照护之家，为建设老年宜居社区，打造“没有围墙的养老院”奠定基础——解决在哪里获得养老服务的问题。原居安老最能体现养老服务社会价值的形式；而通常社区养老服务由于和医疗以及康复资源方面结合的局限性，难以满足社区老人的照护要求。本项目基于老年人长期照护需求设计，全面满足老人生命周期需求。同时，依托互联网和智能化技术，将机构、社区和居家三种国家战略规划的养老方式通过创新的方式整合在一起，在社区内实现全方位无间隙的服务，这是全国范围内率先基于该模式的实践。本案不但秉承了社区居家养老服务成本较低、服务方式灵活的优点，而且通过居家养老与机构养老互通互融、有效整合资源，走专业化、规范化、市场化道路，使居家老人能够享受到养老机构多样化、专业化的照料和服务，也使在机构养老老人感受到家庭般的温暖和关爱。该模式将根据失能失智老人在不同阶段的服务需求，实现社区照护服务随时响应，如同齿轮环环相扣，按需投送。总之，在该模式中各服务形式间若能打破壁垒，实现服务资源的流动和服务的均质化，当居家、机构能提供相同的服务，老人在哪里接受服务就变得不是那么重要，重要的是能否方便地获得服务。

另一方面，本案将对中国传统养老服务供给和管理模式产生颠覆性变革，有利于培育专业的护理团队，能让更多需要服务的失能失智老人享受到专业康复和护理服务，通过服务团队规模化和服务质量一致性能大大降低现有养老服务机构边际成本，解决由谁来提供养老服务的问题。基于长者照护之家的社区智慧型养老服务模式将打破原先传统养老院和居家分置管理的格局，并使之合二为一，同时引进日照管理，成为老人在养老院和居家之间的过渡阶段，使服务供应全面响应老年人照护服务需求生命周期。因此养老服务资源将有效被整合。同时，由于服务机构的服务向日照和居家延伸，导致对养老服务护理员人员数量产生巨大需求，能有效扩大社会就业，特别是促使原先以生活照料为主的家政人员向专业化康复服务护理演进，实现护理员通过自身专业能力提高收入水平，因此可产生极大的社会效益。本项目对充分利用社区养老资源，降低社区养老成本，促进相关产业整合具有积极作用。

本案的价值不仅是养老服务机构的创建，更是一种为老服务创新理念的实践和验证，并启发人们认识到失智失能和自然衰老是每个人一生中必然要面对的问题。同时，本案中老人的服务、健康、安全信息将通过智能手机 APP 推送给老人的子女，让子女更多地参与父母的晚年生活，拉近亲情，让老人和家属更满意，在全社会范围内宣扬孝亲敬老的精神与文化。除了真如社区，本案还在浦东的潍坊、东明，徐汇区的田林、枫林，长宁区的华阳，闵行区的古美、梅陇、莘庄工业区，虹口区的欧阳等典型社区推广应用，本案的成功推广将为这些社区建设智慧型社区奠定坚实基础，也将为其他地区提供可借鉴的推广经验，具有极大的经济社会效益。

五、智慧养老与智慧城市

综上所述，可以这样概括本案与智慧社区、智慧城市的关系：借助先进的物联网和云计算技术，为社区老人搭建紧急救助、独居关爱、社区事务、健康医疗等信息服务平台，不仅社区服务中心能够通过健康监测系统了解到老人实时数据，而且重要数据还会发送到老人子女的手机上，让离家在外的子女随时了解父母的身体情况。有了这些技术支持，社区中的微机构、快捷站就能够准确高效地为老人提供居家养老助餐、助浴、助洁、助聊等服务，让老人老有所养、老有所依。当然伴随着智慧城市其他方面的发展，智能养老必然将不断创新和完善，在可预见的未来，智能养老将会与其他智能技术一起推动智慧城市的建设。

古希腊哲学家亚里士多德说："人们来到城市，是为了生活；人们居住在城市，是为了生活得更好。"虽然目前智慧社区建设过程中存在产品与技术方案不成熟、缺乏建设标准与规划等问题，但有理由相信，相关技术的进步以及智慧养老和智慧社区建设的加快，势必使城市生活发生全方位的巨变，极大地提升城市的生活品质。

（案例推荐部门：民政部）

案例 10

统筹规划 创新发展，“智慧人社”惠民生

一、背 景

近年来，青岛市人社局在“智慧青岛”建设领导小组的指导下，按照“智慧青岛”总体规划和要求，紧紧把握时代发展机遇和人社业务发展方向，以移动互联网、云计算、大数据等新一代信息技术为创新驱动，超前谋划，科学布局，高起点、高标准地打造集智慧经办、智慧服务、智慧监管和智慧决策为一体的“智慧人社”新业态，全面提升人社工作效能和服务效率。2015 年 4 月，青岛“智慧人社”项目荣获国家工信部颁发的“全国智慧城市创新奖”。

随着社会经济和新一代信息技术的发展，城市建设进入了城市化和信息化深度融合的智慧城市发展阶段。“智慧城市”已成为一个城市的整体发展战略，成为城市形象提升、城市公共管理水平提高、城市综合竞争力增强的新引擎。为抢抓新一轮科技创新机遇，着力推进宜居幸福的现代化国际城市建设，率先科学发展，实现蓝色跨越，青岛市委、市政府按照“完善推进机制、深入研究破题、创新发展模式”的要求，全面启动了“智慧青岛”建设。青岛市人社局作为“智慧青岛”重点建设单位之一，在“智慧青岛”的总体框架下，积极开展了“智慧人社”建设。经过几年发展，“智慧人社”在体制机制创新、信息化建设模式优化、信息资源整合等方面取得实效，有效推动了跨层级、跨部门的信息共享和业务协同，打造了“内在统一，外在多元”的一体化信息服务平台，构建了“一网一库一卡一号一平台”的信息化基础服务格局，形成了优厚的本土优势。在解决政府服务效率、破解城乡均等化服务、化解社保基金监控和缓解社会关注焦点热点等方面难题中发挥了积极的作用。

（一）加强业务协同，重点解决政府服务效率难题

由于人社机构改革、各地政策差异和信息化发展不对称等历史原因，造成了人社内部各业务系统不能衔接，数据不能共享，各业务环节连接不通畅的问题，众

多的“信息孤岛”仍然存在，老百姓“跑腿多、填表多”的现象屡见不鲜。“智慧人社”以云信息服务平台为依托，力图通过资源整合，进一步强化人社部门内部、人社部门与其他政府部门在业务之间、层级之间的信息共享与业务协同，明显提高行政服务效率。

（二）加强城乡统筹，突出破解均等化服务难题

随着社会保障事业的不断发展，社会公众对人社服务的需求出现“井喷”，服务对象也由最初的城镇职工拓展到了全体城乡居民。长期以来，受制于机构编制等因素，人社部门服务窗口主要分布在城市地区，农村地区“跑路多、办事难”等问题较为突出。人社行业因其广覆盖的特点，政务服务质量的提升一直受到“人少事多”的服务矛盾的制约。“智慧人社”以一体化信息系统为依托，深入挖掘技术潜力，力图打造多种便民利民的信息化手段，提高人社政务服务的覆盖面和办事效率，尤其是解决城乡服务差异化问题，努力实现公共服务均等化。

（三）加强科技创新，努力化解社保基金监管难题

近十年来，社会保险基金的快速增长，给社保基金的运营管理和风险控制提出了更高的要求。社保基金能否安全运行，既考验各级政府的施政能力，又关乎群众切身利益，因而受到广泛关注。当前社保基金管理中存在少缴漏缴、多领冒领、挤占挪用和违规投资等多方面问题，直接或间接影响到社保基金的安全。社会保障基金监管是一项复杂的系统工程，涉及基金发放、日常管理等多个环节，传统的法律约束、督查审计等手段，越来越难以适应社保基金监管难题。“智慧人社”力图发挥信息优势，运用大数据、云计算等多种手段，打造“科技防腐”新体系，着力破解基金监管难题，努力推进“廉洁人社”建设进程。

（四）加强数据挖掘，有效缓解社会焦点热点问题

人社部门业务职能多、服务对象广、民生责任重，人社政策调整、惠民举措实施和服务事项变革等受到社会广泛关注。在政策制定过程中，容易出现政策目标制定不清晰、决策支持信息收集不足、政策制定缺乏公民参与、缺乏透明度等问题，从而影响了政策的执行力与政府的公信力。“智慧人社”力图以大数据发展为契机，通过搭建信息数据共享平台、促进政府部门间业务协同和深化决策分析平台等措施，为政策制定提供信息收集、模拟演练、运行预警等，提高政策制定的精准度，化解社会矛盾，提高人社服务水平。

二、统筹规划、整合资源，“智慧人社”建设基础实现新提升

（一）健全体制机制，完善“智慧人社”建设保障体系

青岛市“智慧青岛”建设伊始，青岛市人社局即以深化人力资源社会保障一体化信息系统为抓手，以健全信息化建设机制体制为措施，逐步完善了“六个统一”的建设保障体系，保障着“智慧人社”建设的顺利开展。

1. 统一规划。在“智慧青岛”的规划下，广泛征集全市各区市人社局、业务处室及其他政府部门意见，经多次论证，形成全市统一的“智慧人社”建设总体规划和五年行动计划。

2. 统一组织。成立以市局为第一级，市级经办机构为第二级，区市级经办机构为第三级，街道（乡镇）、社区为第四级的信息化组织机构，形成全市“智慧人社”建设合力。

3. 统一建设。出台《青岛市人力资源和社会保障信息化系统项目建设管理办法》，实行信息化项目审批制度，对信息化项目预算和规划实行统一论证，统一建设，避免分散建设，重复投资。

4. 统一标准。在部社保核心平台三版和劳动九三版的基础上，结合“金保工程”实施，根据实际情况进行了本地化修订，形成青岛市一体化信息系统指标与代码集，搭建了全市统一的一体化应用平台。

5. 统一业务。通过数据集中管理，实现了在人力资源和社会保障一体化信息系统的基础上对公共就业、社会保险、劳动关系、人事人才等业务流程和规范的统一。

6. 统一宣传。规范了全局统一的政务信息和新闻发布审批流程，畅通了宣传渠道，实行了统一的政务信息、新闻宣传考核制度。

（二）优化基础环境，强化“智慧人社”建设支撑能力

为进一步适应城市经营规模的扩大，提升信息化服务能力。早在2011年，青岛市人社局就借助“青岛市社会保障卡（市民卡）建设”，大力优化和整合信息化建设基础环境，为“智慧人社”持续建设提供了坚实的基础支撑。

1. 构建“两地三中心”安全框架。青岛市人社局借鉴金融行业建设经验，建成同城应用、异地灾备3个数据中心，以“双活”模式互为应用级容灾，构建形成“两地三中心”系统安全运行格局，并利用青岛市政府电子政务云平台，实现了计算、存储和网络等资源的动态管理与灵活配置，确保了信息系统“服务零中断，数据零

丢失”。

2. 统一用户管理体系。实现了个人和单位基础信息的“同人同城同库”管理，用户使用任何一种服务渠道（如网站、手机、电话、自助服务一体机）办理业务时，均进行统一认证，使用同一基础信息，同一业务流程。统一的用户管理体系大大地提高了信息系统安全性和信息的一致性，保证业务的规范和统一。

3. 加快信息数据共享平台建设。建立健全与部、省、市三级数据交换通道，实现了三级业务数据的纵向联动。同时，利用“同人同城同库”的信息数据管理优势，与市公安、检察、民政、卫生、公积金、工商、质监、残联等20余个政府部门，17家金融机构和青岛新闻网、广电传媒、青岛日报等多家企业单位实现了信息的横向共享，多方位实现了信息数据的交互共享（见图10-1）。

图10-1 安全完备的系统支撑及运维平台

（三）发挥平台优势，构建“智慧人社”服务发展格局

2013年，青岛市人社局以“智慧人社”为发展方向，在全市统一的人力资源和社会保障一体化信息平台基础上，构建“一网一库一卡一号一平台”（见图10-2）信息化发展格局。经过多年努力，信息化服务群体不断扩大，服务效能持续提高。

“一网”即全市人社一张业务网，在确保信息安全的前提下，实现了市金宏网、国家金保专网、互联网、市金融网、市业务专网、移动互联网六大网络体系的融会贯通，向上连接国家人社部、省人社厅，向下覆盖全市131个区（市）经办机构、

70多个街道（乡镇）、6000余个社区（村）、全市600多家定点医疗机构和3000多家药店。

“一库”即全市人社一个业务信息库，通过对就业、社保、劳动关系、人事人才等业务的梳理整合，形成全市统一的业务信息库，单位超过15万家，人员超过1000万名。

“一卡”即全体市民人手一张社会保障卡，在2014年以医疗保险城乡统筹制度实施为契机，彻底解决了各区市原“新农合卡”标准不统一、全市不通用问题，全市发行标准统一、加载金融功能的社会保障卡，持卡人数快速扩大到500多万人，涵盖职工、城乡居民、学生等各类人群。目前，发卡总量已超过1000万张。

“一号”即全市一个电话特服号“12333”，“12333”热线开通了电话线路180条，提供自助语音、人工服务和语音留言等3种咨询方式，服务对象覆盖全市城乡居民，全年提供300余万人次的咨询服务，日均话务总量超过1万人次。2014年又开通了“家庭服务业”热线专区，为家庭服务业单位和个人提供个性化咨询服务。

“一平台”即全市一个业务信息平台，通过对人社业务的优化整合，建立了全市统一的一体化信息平台，统一规范了业务操作权限和信息数据流向，在业务层面打破了“业务领域”束缚，在地域层面消除了“区域格局”界线，全市各级经办窗口都能实现“一点登录，全业务办理”。

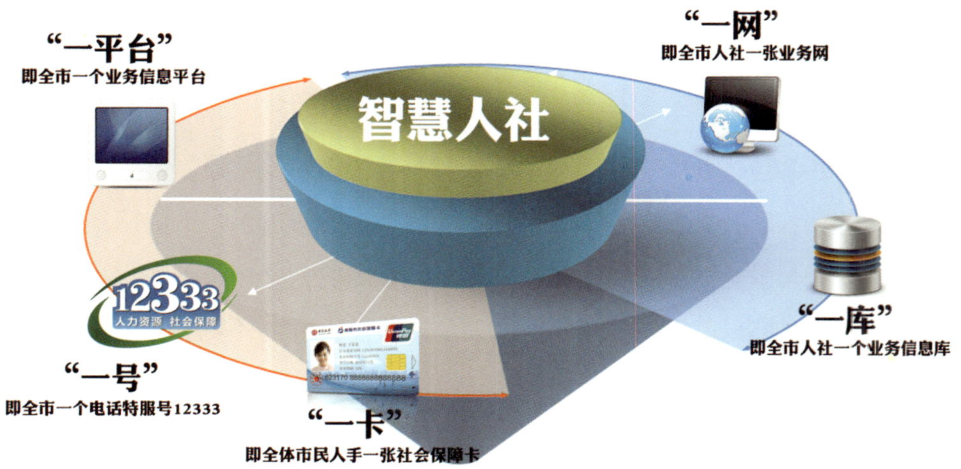

图10-2 智慧人社“五个一”发展格局

三、科学布局，创新服务，“智慧人社”信息惠民焕发新活力

（一）推广互联网应用，“网上办事”自助高效新体验

为改变“赶大集”式的窗口业务模式，青岛市人社局大力拓展网上服务项目，丰富网上服务内容，提高网上服务能力，深化网上服务内涵，打破了内外网业务办理界限，网上办事与一体化平台相互依托、相互补充。实现了人社业务工作重心由“实体服务大厅”向“虚拟服务大厅（见图 10-3）”的转移，200 多项人社业务实现网上直办，为单位和个人提供 24 小时不间断服务，足不出户就能办妥相关人社业务。目前，全市已开通企业网上用户 7 万多家、个人用户 300 多万个，日均登录 2 万多人次，网办业务量暂列全市第一。在此基础上，还创新性地发展了网上缴费申报、电子邮局票据邮寄、网上银行缴费、财税库银实时到账“四位一体”的社会保险征缴新模式。

图 10-3　“网上办事”虚拟服务大厅

（二）创新线上线下模式，“智慧人社”触手可及新趋势

为提高服务对象参与度和信息化服务普及度，青岛市人社局面向青岛市民开发了“智慧人社”手机 APP（见图 10-4），前后制订了 12 个相关技术方案、接口规范、办法协议等，组织银联、支付宝、医保城连锁药店、青医附院、眼科医院、交通银

图 10-4　“智慧人社”手机 APP

行及其他相关机构共计 17 家单位参与系统建设，目前就业、社保、培训、缴费、就医、购药、医保、移动支付、便民服务、实名认证、消息推送等功能全部完成，进入公测阶段。通过“预约挂号、处方推送、诊间付费”等手段，缓解医院“三长一短”问题。“比价购药、送货上门”，不但方便百姓购药，还提高医保账户使用率，以及“社保缴费、个人查询”等，随时随地提供便民惠民服务。

（三）顺应移动互联趋势，“基层移动”服务上门新举措

为提高人社工作质量和效率，市人社局统一设计开发了基于 4G 网络的移动办公应用支撑平台，针对不同业务人员开发了相对应的移动办公应用。一是面向全市街道、社区工作人员统一开发了“基层通手机移动业务”APP（见图 10-5），在全市劳动力资源调查、企业用工需求调查，上门为群众送政策、送岗位、送培训等方面发挥了积极作用；二是面向劳动执法部门开发了掌上“监察通”APP，各级监察员依托智能化移动终端，直接到企业一线执法，在 2015 年底农民工工资清欠方面发挥了积极作用，有效提高工作效率；三是面向基层社区医疗长期护理工作人员，开发了“移动医疗护理”APP，实现了老年人长期医疗护理的精准化服务和科学化考核。基层移动办公手机客户端作为人社基层工作人员使用的服务工具，促使工作人员由在窗口等市民来办事，变成工作人员主动上门送服务，提高了人社部门的服务效率，提升了群众的满意率。

图 10-5 基层移动应用手机 APP

（四）提升用户体验感知，“民生 e 站”弱势群体新渠道

“民生 e 站”是国家人社部信息中心和青岛市人社局合作研发的新一代自助服务一体机项目，是惠及青岛市老年群体、外来务工人员等弱势群体的另外一项工程。基于青岛人社云平台和大数据中心建设，目前已经在全市业务经办大厅、街道、社区部署了 100 余台，平均每台机器日使用量超过 30 人次。市民通过身份证、社保卡、指纹等验证手段登录后，即可自助办理退休金查询、失业金领取资格指纹认证、就业岗位智能匹配、社会保障卡自助办理、社会保险权益打印等 110 余项便民服务事

项。“民生 e 站”（见图 10-6）除支持人社业务办理外，还通过与青岛市电政办、青岛新闻网、青岛银联、公积金等部门的信息共享与合作，将一体机业务功能扩展到了公用事业缴费、银联支付、交通服务、医疗保健、公积金查询等 10 余个领域的 30 多项便民服务事项，受到办事群众的普遍好评。

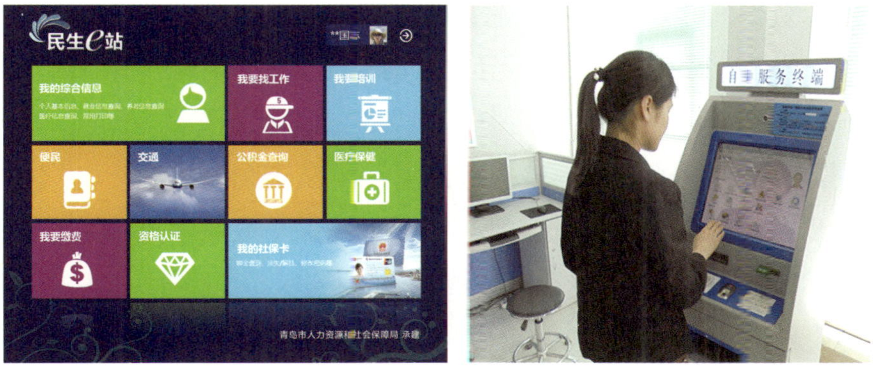

图 10-6 “民生 e 站”自助服务一体机

（五）加强服务重心下沉，“基层平台”简政放权新手段

为推进城乡一体化建设，加快政府职能转变与简政放权，青岛市人社局积极推进“窗口、自助、大屏、移动”四位一体的基层信息平台建设，充分发挥街道、社区基层触角功能，动态掌握劳动者就业需求、技能培训需求、创业需求、企业用工需求四种需求信息，开展“就业援助和需求匹配”两大配置服务，建立了“4+2”基层人社服务机制，69 项市管业务下沉到街道、社区办理，基本实现了“小业务不出村、大业务不出镇”的服务目标，人社城区“一刻钟”服务圈、农村“半小时”服务圈初具雏形，基层便民服务效率大幅提高。

（六）强化信息数据比对，“网上备案”劳动关系新模式

针对中小企业劳动合同签订率不高、工资分配管理缺乏有效措施、工资指导价位代表性不强等问题，突出抓了以企业劳动工资网上备案为重点的信息网络平台建设。

1. 针对一些企业劳动合同签订率不高、工资分配管理缺乏有效监管问题，充分利用企业所得税征收政策，会同税务部门联合下发了《关于加强企业劳动合同及工资管理有关问题的通知》，要求企业在运行劳动合同网上备案基础上，每月将职工发放的工资导（录）入劳动工资网上备案系统，从源头上加强企业劳动合同及工资管理。

2. 针对工资指导价位代表性、指导性不强问题，通过网上审核职工工资税前扣除情况，掌握缴纳所得税企业用工及工资信息，为提高工资价位指导性打下坚实基础。通过劳动关系网络系统，由抽样调查改为网上全面调查，按同工种不同行业、不同规模、不同学历、不同年龄等多种情况分类，逐步实现各工种基本情况全覆盖，尽可能适应企业和职工的需要。

3. 针对劳资纠纷多发、频发问题，通过劳动关系网络系统掌握企业用工、合同管理和工资信息，实现职工及工资异常变动动态掌握，全面分析原因，及时预警，提出解决预案，为超前化解劳动关系不稳定因素提供技术支撑。

（七）推行业务电子监控，“基金监管”科技防腐新机制

为进一步提高社保基金的安全管理，减少社保基金监管风险，对社保基金管理的各个环节和流程实行信息化管理，全网推行应用“电子哨兵”，建立起智能化的科技反腐体系。

1. 筑造基金监管平台，把好基金“源头”关。根据“全程监管，刚性运行”的原则，凡是涉及百姓的“养老钱”和“活命钱”的事项，无论大小，均要在系统中进行办理，接受监督，层层审核，关关把控，约束办事人员和审批人员的行为，有效把好基金“源头”关。

2. 规范基金监管权限，把好基金“流程”关。对所有操作人员的岗位职责和管理范围、操作权限进行了严格规范。同时，系统设计了统一的业务操作日志、统一的回退机制和通用的审批流程，使得业务人员办理的每一笔业务都有据可查、有迹可循，全力把好“流程”关。

3. 发挥金融监管优势，把好基金“出口”关。为保障社保基金的安全，青岛的一体化社保信息系统实行社保基金银行联网结算，通过人民银行财税库银结算平台，实现多方联动，全面监管。

（八）规范医疗服务行为，“医疗服务监控”构建新机制

近几年，青岛市人社局以设立全国首批医疗服务监管系统试点为契机，完成了基于大数据分析的医疗服务监控系统一期建设。这是依托大数据分析技术进行的医保监管理念转变和监管体制创新，是对医疗服务行为全程、实时、智能、精确的监管新模式，能有效规范医疗服务行为，控制医保费用。实现“诊疗行为提醒、结算报销控制、疑点审核稽查”等全过程医保监控，医保监管进入“智慧监管”时代。自系统上线以来，共发现类似可疑事件 3442058 件，查实 10326 件，挽回医保资金损失 487.28 万元。

（九）推进政府业务协同，“民政救助”业务联动新效能

利用大数据信息交换平台，青岛实现政府部门不同业务领域间的信息共享、业务协同和流程的有效衔接，是青岛市人社局“智慧人社”多元化信息惠民手段的重要体现之一。特别是“医保民政一站式”联网结算系统，是由人社局、民政局、卫计委等多部门联合，依托青岛市人社局一体化系统医保实时联网结算平台，使全市 20 万城乡困难居民在医院出院时一次性享受到人社医保和民政救助双重待遇，大大精简了百姓报销手续，提高了青岛困难居民的医疗救助水平。2015 年为 2.95 万低保或低保边缘人群以及优抚对象即时提供救助资金 7186 万元。2016 年起，进一步将中低收入、因病支出型贫困家庭、外来务工人员、就读大学生等群体的救助结算类型从原来的住院和慢性病扩展到社区普通门诊，同时将医保允许救助的全部自费药品纳入民政救助范围，让百姓切实享受到“政务协同”一体化便捷高效服务。

（十）拓宽社会合作渠道，“数据增值”开辟服务新领域

为深入挖掘人社大数据在便民惠民服务领域的应用价值，青岛市人社局搭建起了全市统一规范、统一认证、统一流程、统一应用的人社云平台。为不同的用户提供了统一的安全策略和多种的安全接入标准，同时向社会第三方有限开放了部分数据接口，吸引社会力量参与人社公众服务建设，便民渠道进一步拓宽。目前，人社局已同青岛广播电视台、青岛新闻网、青岛报业集团等多家媒体开展深度合作，其利用人社局提供的数据接口，开发出的“爱青岛”“智慧青岛”“掌上青岛”等多款 APP 可实现社保查询、医保缴费等多项便民功能，人社服务受众面进一步扩大，受到社会公众的普遍好评。此举充分发挥出了政府和社会在公共服务领域中数据利用的互补优势，多层次实现了“智慧人社”与“智慧青岛”的高度融合。

四、创新引领、持续深化，“智慧人社”科学发展开创新形态

随着移动互联网和大数据技术的飞速发展，人民群众对政府服务提出了更高、更新的要求，民之所需，心之所系，下一步，青岛市人社局将继续在“金保二期”和“智慧青岛”的指引下，努力持续深化“智慧人社”建设工作（见图 10-7）。

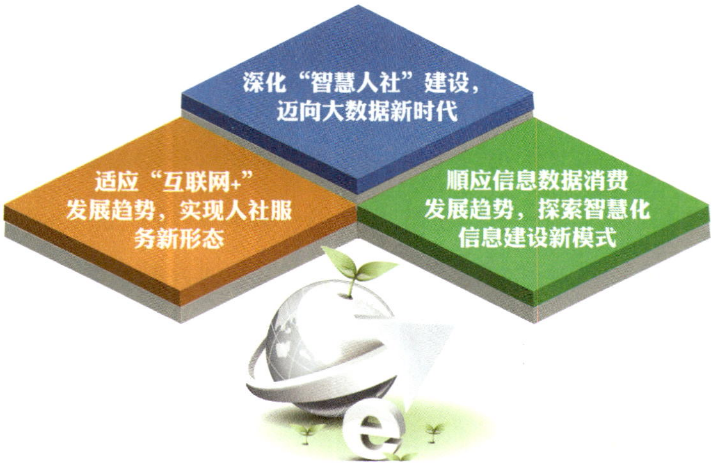

图 10-7 “智慧人社”未来三大任务

（一）深化“智慧人社”建设，迈向大数据新时代

继续整合各类数据资源，特别是政府其他部门数据和互联网数据，形成人社领域内“总体”数据，利用大数据分析和挖掘技术，更深层次地获取在社会保险、就业、劳动关系、人事人才等领域的业务洞察力，力争在人社信用体系建设、智能技术推广应用和未来政策推演等领域实现新突破。

（二）适应“互联网 +”发展趋势，实现人社服务新形态

充分利用移动智能手机已普及全社会的优势，紧跟移动支付潮流，继续搭建起集认证、交易、拨付、评估和考核为一体的人社业务手机支付平台，面向社会公众实现社保缴费、考试缴费、社保账号就医买药等移动支付服务。针对企业用户开发人社服务“企业专属客服平台”，实现单位社保、用工备案、人才引进、政策查询等信息推送和个性化的移动应用专属定制服务。

（三）顺应信息数据消费发展趋势，探索智慧化信息建设新模式

在确保信息安全的前提下，深化人社云平台建设，把人社行业海量信息数据按照业务类型、信息属性、群体应用等特征向社会开放，引入社会上第三方参与、共同开发的共建机制，努力破解政府信息化建设难题，积极推进服务渠道向多元化、服务手段向纵深化、建设模式向灵活化发展，实现全社会“集约化”建设。

（案例推荐部门：人力资源社会保障部）

案例 11

昆明市医保“村村通”信息化建设案例

一、医保“村村通”建设背景

昆明市作为西南地区特大型城市，集现代、传统、民族、边疆等诸多特点为一体。昆明市行政区域面积 2.1 万平方公里，山区面积占 86%，大部分地区海拔在 1500 ~ 2800 米之间；拥有常住人口 662.6 万，城镇人口占 69.05%，全市辖区内除了现代化城区，同时还存在大片的偏远山区。地貌差异、经济差异、交通差异导致城乡公共服务差距较大，特别是高海拔山区和偏远农村地区受到的影响则更大。

2013 年 1 月 1 日，昆明市将城镇居民医疗保险制度和新型农村合作医疗保险制度进行整合，实施全市统筹的城乡居民医疗保险制度，使全市近四百万城乡居民在医疗保障上实现了“同城同保、同城同待”，改变了原来因城镇居民医保与新农合并行导致的保障水平参差、报销管理差异的状态。与此同时，实施了城乡居民门诊统筹制度，参保人普通门诊的待遇有了明显提高，城乡居民在社区卫生服务中心（站）、乡镇卫生院和村卫生室等基层医疗卫生机构就医的门诊医疗费用由统筹基金支付 50%，一个自然年度内最高可享受 400 元的门诊医疗费报销，保障了城乡居民门诊医疗需求，真正实现了城乡医保均等化。

然而，在交通不便、基础设施薄弱的山区，政策的落实受自然条件制约却出现了“爬不了山、进不了村”的难题。山区乡村基础设施薄弱，基层医疗卫生机构信息化建设滞后，传统医疗保险经办专网只能连接到乡镇卫生院，大部分山区村落分布零散，偏远的行政村、村小组距乡镇路远、当日难以往返，信息网络线路架设成本昂贵，村卫生医护人员使用传统手工方式为参保居民结算医疗费用，门诊医疗费事后核算经常超过限额标准，一定程度上影响了医疗保障制度在基层的正常运行。

政策实现均等化之后，医疗保障如何均等化的难题摆在人社系统经办人员面前。为了打通这“最后一公里”，昆明市人力资源和社会保障局调集相关部门骨干，深入调研，反复论证，决定打破传统模式、变“有线”为“无线”，利用智能手机上传参保居民普通门诊消费数据。经多次与移动公司、医保系统开发商沟通协调，最终确定了解决方案，并命名为昆明市医保“村村通”项目。

二、医保“村村通”建设实施步骤

（一）认真分析找准问题，对症下药拿出措施

城乡居民普通门诊待遇是老百姓身边的医保，但在落实城乡居民医保普通门诊政策时，相关部门通过对基层乡镇卫生院、村卫生室、老百姓的走访和调研，发现要落实城乡居民普通门诊政策有相当的困难，主要体现在以下几个方面：

一是村卫生室信息化建设滞后，医疗保险专网没有连接到村卫生室，即使将医疗保险专网连接到村卫生室，村卫生室也难以承担计算机、刷卡器、软件、专网线路租用费等费用，也没有技术力量对计算机、刷卡器、软件等进行维护。二是村卫生室医护人员采用传统手工结算方式，效率低，时间长，因医疗保险专网尚未连接到村卫生室，村卫生室无法及时知晓参保居民 400 元门诊统筹费的使用余额，往往是当村医到乡镇卫生院统一录入费用时，才发现已超支支付，对后续医疗工作又将带来新的问题，在给医疗保险基金带来了安全隐患的同时，也造成村医的经济损失，挫伤积极性。三是传统经办采用有线网络连接，使用专用线路和设备，需要培训经办人员，还需配备保障维护人员。但受地理条件的限制，难以覆盖全市的所有村落，且因为财政压力和行政资源的限制，向基层普及的速度十分缓慢。

针对上述情况，市人社局明确了医保“村村通”项目建设的工作原则：一要实施质量、性能优先战略，严把质量关，为群众提供最优质最高效的信息化服务；二要坚持开展项目建设跟踪，有效收集和反馈群众意见，及时解决群众在项目推广使用过程中的问题需求；三要充分发动各方优势，尤其要积极调动基层服务机构，广泛开展政策宣传，使信息化建设成果直接让群众受益。

（二）确立“大团队”协作，保障项目快速推进

通过沟通协调，昆明市人力资源和社会保障局与中国移动昆明市分公司构建了新型业务合作模式，联合昆明市卫计委（原昆明市卫生局），签订了“昆明市移动医疗保险、卫生村村通合作协议书”，委托医保系统开发商开展建设昆明市医保“村村通”运用系统。该信息系统由人社局信息系统部门牵头，从研发、建设、部署、实施到实际运用，只用了半年时间。同时进一步明确市人社局医保部门负责完善村

医医疗保险门诊费用审核、支付，政策宣传和协调各县区医保分中心采集村医基础数据；移动公司负责移动网络的部署和实施，移动终端硬件的售后服务和维修工作，确保医保“村村通”网络的安全性和稳定性，编辑使用手册。

（三）确定试点地区，分步骤推进工作

经过相关单位研究论证，“村村通”项目的试点工作首先放在昆明市所辖安宁市的乡镇卫生院进行。试点选址，主要出于以下考虑：一是该地区人员相对较多，可对系统在大面积使用中的稳定性及出现的问题进行较全面的验证；二是该地区无线网络基站数量不多，有较强的运用需求；三是距昆明市相对较近，测试反映的问题反馈到市级数据中心速度较快，便于第一时间改进解决。

首次系统操作应用培训组织了三个乡镇共 17 个村卫生室的人员。此后，又组织力量三次到乡镇卫生院、村卫生室收集医保“村村通”系统应用过程中存在的问题，并逐一记录，及时反馈。通过讲解演示，引导转变村医的思路，让村医从陌生、了解，到掌握医保“村村通”的使用。试点试行当月，三个乡镇卫生院下设的 14 名村医开始使用医保“村村通”上传费用，共计 226 笔 6400 元，“村村通”试点工作初战告捷。

通过首次培训及村医使用过程中的情况反馈，市人社局不断总结经验、完成了两个统一：一是统一了培训标准，即统一培训组织、统一培训教材、统一培训内容；二是统一了乡镇卫生院与村卫生室之间的费用结算流程，确保村医按时获得医保支付的费用，消除了村医的疑虑。

在试点培训结束后，又接着开展了全市医保经办机构骨干及乡镇卫生院培训，目的是为在全市全面推广医保“村村通”做好准备工作，保证全市共计一百多家乡镇卫生院、三千多名村医、基层医保经办机构熟练掌握业务，只有这样才能确保全市医保“村村通”的正常运营。

（四）总结经验，助推“村村通”提档升级

在前期开发、应用不断完善的基础上，2015 年昆明市人社局开始在全市范围内对医保“村村通”项目提档升级。提档升级主要体现在以下几个方面：

1. 改善网络环境。实现医保“村村通”移动终端 4G 通信网络接入，医保“村村通”实时结算速度大幅提升，全面提升系统运行效率，提高系统的快捷性。

2. 采用 MAS 短信认证方式，增加“村村通”运用审查，提高监管水平，降低医保基金风险。

3. 加大对村医的补贴力度。昆明市人力资源和社会保障信息中心、昆明市医保中心根据前期系统使用情况与网络运营商多次沟通协调，在保持每月保底消费金额不变的基础上，增加每月赠送金额，同时积极向市级财政争取资金对“村村通”使用村医进行话费补贴，最大程度降低村医的使用成本。

4. 完善后续服务。昆明市人力资源和社会保障信息中心、昆明市医疗保险中心、中国移动昆明分公司、医保系统开发商建立长期合作关系，整合资源，制定出规范的后续服务流程，明确服务内容和标准，确保昆明市每一个县区都有“村村通”驻点服务人员，为医保“村村通”正常运行提供长效保障。

三、医保“村村通”的“昆明特色”

（一）立足山区实际，突出“接地气”

该项目设计、试点、推广、运行等环节始终围绕“打通基层医疗保险经办屏障，实现城乡服务均等化”这一核心展开。项目立足点确立在村寨，运行的区域在山区，受益的人群是村民，借助移动网络覆盖面广的优势，跳出了原有医保专网必架物理网络的固有套路，通过无线网络覆盖了昆明市所有区域。同时结合村医年龄偏大、文化程度参差不齐的特点，按照方便、易用的策略开发，还结合使用实情单独开发了乡镇卫生院与村卫生室之间的结算功能模块，使系统更好用、更接地气。从项目运行的情况反映来看，越偏远、信息化水平越低的地区，“村村通”使用率越高，基层医疗人员及居民对“村村通”的依赖性越强，真正实现了把医保政策和服务送到村民身边的目的。通过“村村通”的推广，全市居民对医疗保险认可度大幅提升，2015 年底全市医疗保险参保 580 万人，已超过昆明市户籍人口总数 33.21 万人。

（二）资源高度整合，推进大统筹

项目推进过程中，考虑到行政成本和财政压力的制约，采用选择高效率、低投入的方式开展工作。业务方面，实行基层医疗人员与医保经办人员“二合一”，通过对村医的培训、补贴，使之成为基层医疗门诊的经办员，并且通过运用软件开发，让村医不但可以随时随地结算，还可实时掌握参保居民门诊报销额度，有效打通了山高路远的经办屏障，还解决过去因超支报销打击村医积极性的问题。设备方面，放弃重新开发新型无线终端设备和山区使用率低的刷卡器的最初想法，着眼于普及率、使用率较高的“手机”及手机无线上网功能，让村医随身使用的手机实现一机多用，实现行政资源的高效利用。以架设物理网络连接为例，如果采用传统模式，布设一套终端需配备 7000 多元的设备，而使用“村村通”手机为 640 元，投入比为 11∶1。传统经办网络使用费及纸张等耗材费每月约 150 元，而使用“村村通”手机，每月通讯费补助 15 元，支出比为 10∶1。

（三）过程精密设计，保障信息安全

医保信息“无线化”需要解决的一个重要问题是信息安全。“村村通”手机终端利用 VPN 技术与互联网保密技术，实现与人社业务专网融合，有效保障信息安全。

四、医保“村村通”应用成效

经过一年多的试点及推广，昆明市 1941 名村医使用上了医保“村村通”（见图 11-1）手机应用软件，覆盖了全市 1194 个社区、行政村。医疗保险普通门诊信息服务已实现了全市 1623 个社区、行政村全覆盖。全市居民，尤其是交通不便的山区居民均能享受足不出村的医保服务，昆明在医疗保险层面实现了城乡服务均等化。2015 年，通过“村村通”为城乡居民提供门诊服务 93.24 万次，报销医疗费用 2040.63 万元，实现了随地结算、5 分钟内完成一笔结算目标。至此，昆明市城乡居民医疗保险真正实现了“同城同保、同城同待、同城同服务”的城乡均等化公共服务。

项目在偏远落后地区实施具备的六大优势：

一是移动网络覆盖面广，基本可以覆盖昆明市所有行政区域，解决了网络传输的问题。二是安全性高，医保“村村通”专业隔离技术，保障信息安全。三是使用成本低，通过与移动公司的商务谈判，移动公司确定提供的智能手机型号，购机款为 599 元，使用协议为 24 个月，每月返回额度为 15 元，每月保底消费为 38 元，大大降低了使用成本。四是使用和维护简单，村医只需通过输入简单的信息即可完成收费工作，不需要对手机及医保“村村通”软件进行维护，手机问题纳入移动公司的售后维护流程。五是保障了基金安全和村医利益，通过医保“村村通”，村医在收费时可实时掌握参保居民门诊统筹最高 400 元的余额情况，不会出现使用超支支付限额的现象。六是便于携带，需要村医到参保居民家中看病时，可随时随地提供医保服务，大大方便了村医和参保居民。

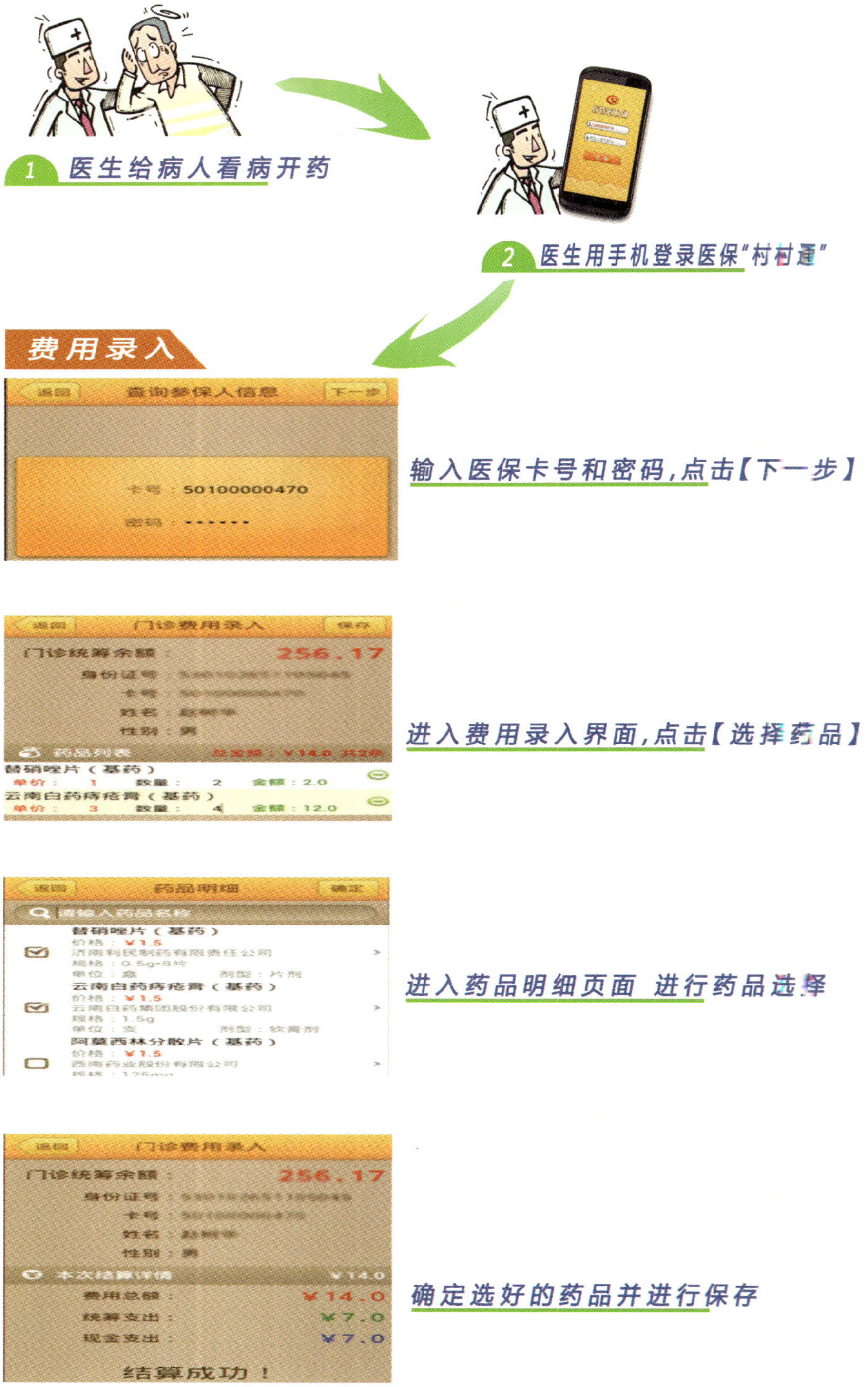

图 11-1 城乡医保支付“村村通”流程图

实现三大功能：一是满足村级卫生所联网办理门诊统筹医保结算需求；二是实现乡村医务人员在地域分散的自然村开展出诊、巡诊等送医上门时医保业务实时办理的需求；三是大幅度降低村级医疗卫生机构信息化建设、使用费用成本，有效解决全市300多万城乡居民就近就医问题。

下一步，医保推行签约医师制度和家庭病床制度的医疗费结算，存在医疗费实时结算报销的矛盾，通过医保“村村通”，将有效解决签约医师制度和家庭病床制度医疗费实时上传和结算的问题。

回顾医保“村村通”项目的实施过程，以当前的技术手段开发出这个结算系统并不难，难的是打破固有思维模式的创新思维和实践勇气；难的是把分属不同行业、不同层级、不同群体的资源整合起来，协调激发效果；难的是花小钱办大事，真正把为民办事落在实处；难的是创新成果获得群众的认可拥护，得到推广运用。

随着昆明市全面建成小康社会步伐不断迈进，广大人民群众，尤其是农村居民对于均等化公共服务的需求将越发迫切和具体，人力资源和社会保障部门作为民生工作的职能部门，面临的挑战和困难将更加艰巨，怎样促进城乡居民共享改革红利，怎样整合调动新常态下的社会资源，怎样改善和创新公共服务手段，还需要更多更有效的探索和实践。

（案例推荐部门：人力资源社会保障部）

案例12

智慧国土：北京的探索与实践

一、背　　景

国土资源信息化是国家信息化战略的重要组成部分，也是实现国土资源管理现代化和促进国土资源事业蓬勃发展的关键。积极推进北京“智慧国土”建设是深化国土资源改革、规范和创新管理、构建保障和促进科学发展新机制的迫切需要，是国土资源部“智慧国土”以及市委、市政府“智慧北京”战略实施的重要组成部分，对于提升首都智慧城市建设水平具有至关重要的意义。

近年来，北京市国土资源局紧抓科技前沿技术，积极将云计算、大数据、物联网、移动互联网等新技术应用到国土资源管理中，围绕首都经济发展大局，按照“智慧北京”总体战略框架，遵循“五统一”原则，举全局之力发展信息化，打造形成了一个“覆盖市、区、所三级的全面感知、动态监管和智能服务”的智慧国土框架，走出了一条“大创新环境、大统筹格局、大数据基础、大平台架构、大决策服务”为主要特征的“智慧国土”发展之路。

二、主要做法

（一）建立“大创新环境”，强力支撑国土业务改革和首都创新发展

北京国土人通过十年的努力，在“数字国土”向“智慧国土”跃升的过程中，打造形成“四个一”的“大创新环境”，有效地支撑了北京市多项改革发展重大任务，如不动产统一登记、“六高四新”、百万亩造林工程等工作，极大地保障首都科学用地供应，解决关系群众切身利益问题，促进城市创新协调发展。“四个一”大创新环境，即：一个信息化与业务深度融合的创新组织环境；一支具有开创能力、深度挖掘需求和高度重视推广应用的信息化队伍；一种定期开展调查研究、重点和前

沿课题探讨的创新产生机制；一项具备承接重大和突发改革任务的基础支撑能力。

（二）打造“大统筹格局”，有效保障信息化建设应用“一盘棋”局面

北京市国土资源局2015年提出“信息化改变了工作方式，让这种变革进行到底”，在全局系统打造形成了信息化建设和应用的大统筹格局。市局和分局分别成立了网络安全和信息化工作领导小组及办公室；编制发布了《北京市国土资源信息化“十二五”规划（2011—2015年）》《北京市“智慧国土”顶层设计》等文件；坚持“统一组织领导、统一规划设计、统一平台开发、统一数据管理和统一网络环境”的“五统一”原则，建成覆盖市、区、所三级的北京市国土资源综合监管平台和“一张图”综合数据库；建成了云计算机房和“监、管、控”一本化运维系统；实现业务外网四级网络互联，综合监管平台通过等级保护三级测评，有效促进智慧国土建设进度。“大统筹格局”，即：坚持按照“五统一”原则，北京市、区、所三级国土系统信息化“组织领导、规划设计、平台开发、数据管理、网络环境”全部由市局网络安全和信息化工作领导小组、局网信领导小组办公室和局信息中心组织开展；北京“智慧国土”形成一个领导班子、一套规划体系、一个大平台、一个大数据基础以及统一的网络基础设施。

（三）形成“大数据基础”，加快促进智慧国土转型升级和创新发展

通过数据统筹管理机制构建形成“大数据基础”。一是综合监管平台生产数据全部实时归库到“一张图”综合数据库，如报送国土资源部等部门的统计数据直接从审批环节提取；二是发布《北京市国土资源数据管理办法》等，明确各单位产生的数据按照数据管理办法，全部汇交至局信息中心。不断汇聚形成覆盖北京市全市域，以及土地、矿产和地质环境全业务的海量多元异构空间数据，形成10个专题、1530个在线共享服务图层，累计数据量达200多TB，日均浏览量80万次；建设“一张图”综合数据管理系统，对海量多元异构空间数据的大集中、大融合，开展数据管理和清洗，推进数据治理完善，提供面向不同使用者的应用服务。“大数据基础”，即：海量、多元、异构、关联的“一张图”数据；科学规范的数据资源治理体系。

（四）建成“大平台架构”，大力提升国土资源业务信息化融合水平

按照“纵向全垂直、横向全覆盖、内部全流程”建设理念，全局系统印发《北京市国土资源综合监管平台总体架构》，从机制、技术全方位保障，建立形成北京市国土资源综合监管平台。平台与业务深度融合，全面支撑行政审批、行政监管和综合事务三大类业务，市局和16个区分局、59个国土所2300余工作人员通过CA

数字证书安全登录、网上办公，任何一个北京国土人的工作成果都能实时沉淀在平台上，平台形成移动政务本、计算机、指挥监测大厅为一体的三屏融合工作环境，已实现了5个100%，即100%业务覆盖、100%网上审批、100%带图作业、100%综合统计、100%网上公开；基于平台开发的移动政务本，成为北京市委办局中第一个接入北京市移动电子政务专网并投入实际应用的单位。“大平台架构”，即：建立全局唯一的法定信息系统——北京市国土资源和综合监管平台，市、区、所三级各类业务系统都是综合监管平台子系统，系统设计、开发实施、数据利用、安全设计等都是基于平台统筹开展。

（五）推进“大决策服务”，不断增强国土资源配置和宏观调控能力

围绕首都城市发展战略，面向国土资源数据开发利用和重大决策服务需求，利用大数据理念和技术，通过垂直集成、深度关联和智能挖掘，构建形成强大的数据决策支撑体系。实时提取生产环节各项业务数据，自动生成各类月度、季度、年度报表450张；全面数据关联，通过空间叠加、属性关联、时序串联，建立全市14万多宗土地的全息档案，对外衔接发改、规委、工商等委办局共享数据，提高了辅助日常审批和专项调查工作的能力；建立20多个通用模型，10多个业务模型库，将国土数据同宏观经济数据相结合，建立100项运行监测与辅助决策评价指标框架，支撑土地供应结构优化，为市领导优化产业用地布局提供参考；建成综合分析及展示辅助决策系统和局长桌面，建设了监测指挥中心，将土地收益、地质灾害预警等信息产品通过多渠道推送给各级领导。“大决策服务”，即：精准数据推送和提取，数据关联智能分析，专题模型构建分析，多渠道信息产品推送。

三、特色亮点

（一）“大创新环境”支撑不动产统一登记改革等重点工作顺利开展

完成不动产登记频道建设，在北京市国土资源局门户网站上线运行，频道设置了不动产政策法规、一次性告知单、登记公告和结果等13个子栏目，提供不动产登记的系统登录入口，整合了市住建委网站原房屋登记的8个栏目，移植历史数据22828条。开展北京市不动产登记系统建设，包括落宗登簿系统、土地登记系统和房屋登记系统，实现房产登记信息交换共享和全市统一发证，完成地籍管理系统流程改造及功能升级，定制开发不动产单元信息登簿、不动产发证、不动产信息

查询接口等功能，以满足信息交换共享和统一发证的要求。2015 年 11 月 9 日，16 个区全面发放不动产权证，北京成为全国首个全域范围内向社会提供不动产统一登记服务的省级行政区。截至 2015 年 12 月 31 日，累计受理不动产登记各项业务 70634 件，权证 37850 个，证明 17011 个，日均业务受理量 4400 件。

基于建设的“一张图”综合数据库和各专题系统数据，构建强大数据决策支撑体系，数据成果有效支撑了市政府“六高四新”功能区用地情况分析专项工作。建成了保障房用地管理系统，对保障性住房项目的勘测定界坐标和图数一体化动态管理，全力支撑保障房供地，最大程度满足市民日益迫切的住房需求。积极落实全市新增林地的空间落地工作，推进平原百万亩造林工程，为濒临窒息的现代化城镇增氧、造肺，缓解频发的雾霾天气。建立了全市土地储备开发监测分析系统、基准地价管理系统等，动态监管全市土地储备及一级开发情况，优化土地供应结构，保障了北京新机场、南水北调工程、地铁轨道交通等重大国计民生项目的快速落地。

（二）市局和分局分别成立网络安全和信息化工作领导小组及办公室，统筹信息化工作

按照中央和北京市委网络安全和信息化领导小组相关文件精神，经 2015 年第 11 次局党组（扩大）会议研究决定，成立局网络安全和信息化工作领导小组，组长由党组书记兼局长担任，领导小组成员由机关各处室、直属各单位的主要负责人和所有区分局党组书记组成。领导小组统一组织领导全局系统网络安全和信息化工作，下设办公室，办公室设在局信息中心，负责贯彻执行局网络安全和信息化工作领导小组的决定，承办局网络安全和信息化工作领导小组的日常工作。各分局也全部建立了网络安全和信息化工作领导小组及其办公室，全部由党组书记担任组长，对网络安全和信息化统筹工作更加重视。

（三）制定发布了《北京市国土资源信息化“十二五”规划（2011—2015 年）》《北京市“智慧国土”顶层设计》等规划

《北京市国土资源信息化“十二五”规划（2011—2015 年）》（见图 12-1）以改革创新为动力，以科学发展为主题，以进一步运用现代科技信息技术手段规范和创新管理为主线，大力推进“321”战略，即动态掌控土地、矿产资源和地质环境三类资源状况，完善资源监管和智能服务两大技术支撑体系，构建一个国土资源管理决策大平台。“十二五”时期，北京市国土资源信息化按照规划工作要求，加快纵深发展，全面增强了核心业务处理、资源动态监管、服务社会和参与宏观调控的能力。

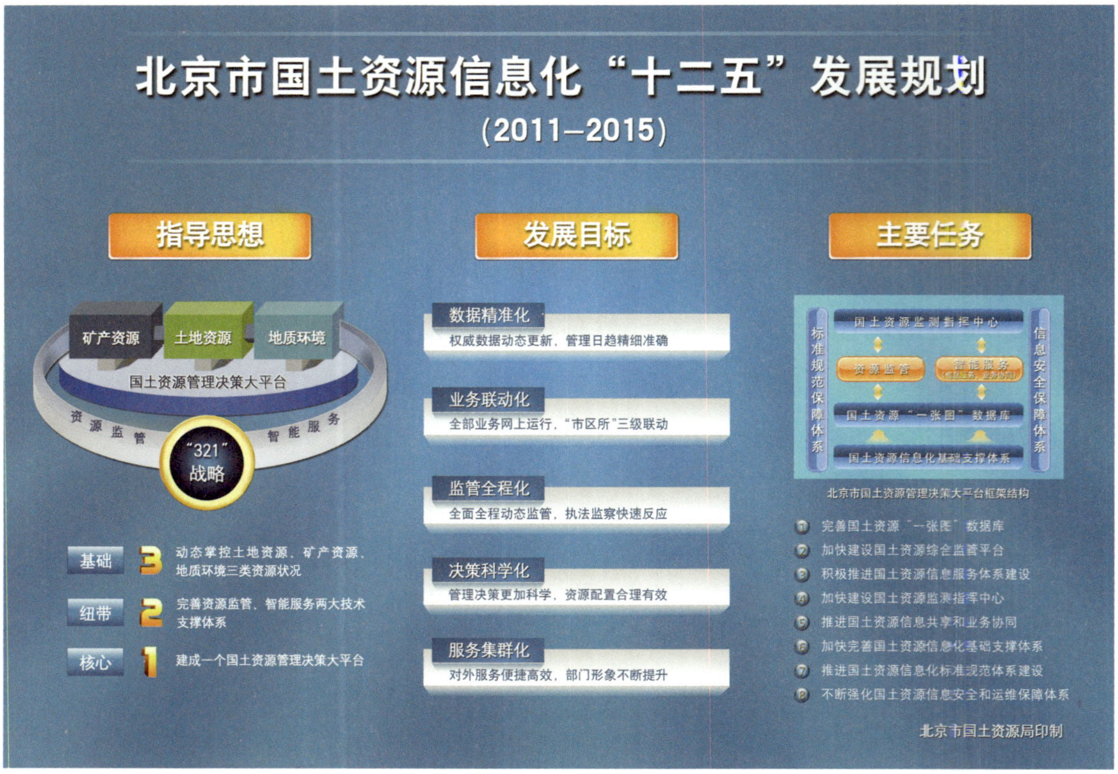

图 12-1　北京市国土资源信息化“十二五”发展规划

《北京市“智慧国土”顶层设计》从业务架构、应用架构、数据架构、基础设施架构等方面形成了以数据为中心的决策、服务、监管的“智慧国土”总体架构，提出了全面落实“321”发展战略，以决策指挥和集群服务为引领，加快推进国土资源“一张图”和综合监管平台建设与应用，实现从数据优势到决策优势的提升，全面实现管理信息化的建设发展思路。顶层设计为北京市国土资源信息化工作提供了明确的发展方向和实现路径，促进了国土资源信息化工作以“一盘棋”的局面开展。

(四)建成覆盖市、区、所三级的北京市国土资源综合监管平台和“一张图”综合数据库

建成了全市统一的国土资源“一张图”综合数据库(详见图 12-2)，覆盖全市域、全流程的土地、矿产和地质环境等主要业务数据，实现了对海量多元异构空间数据的大集中、大融合，为行政审批、监测监管、辅助决策、综合事务等各类业务提供全面、精准的数据支撑。通过对海量数据分类梳理、共享利用，形成了遥感影像、基础地形、地理环境、行政审批、国土资源规划等 10 个专题、1530 个图层的数据，

累计数据量达 200 多 TB，日均浏览量 80 万次，全面支撑综合监管平台各项应用。

按照“统一组织领导、统一规划设计、统一平台开发、统一数据管理和统一网络环境”的“五统一”原则，按照“纵向全垂直、横向全覆盖、内部全流程”的管理思路，打造覆盖市、区、所三级的北京市国土资源综合监管平台，贯穿土地、矿产、地质环境管理业务，实现全市 16410 平方公里上每一块土地“天上看得清、地上查得实、网上管得住”。平台全面支撑行政审批、行政监管、综合事务三大类业务，是全局系统唯一的法定信息系统，所有的业务系统和办公系统都是该平台的子系统。

平台总体架构包括数据层、支撑层、应用层和服务层。数据层包括基础数据、生产数据、成果数据、共享数据四大类数据资源，为综合监管平台提供强大的数据支撑；支撑层由统一用户管理、统一交换管理、统一流程管理、统一地理信息服务、统一通信服务构成；行政审批系统、行政监管系统、综合事务管理系统三大板块组成应用层，全方位支撑国土资源各项管理；服务层通过汇总、提取应用层中各类业务管理系统中的数据，进行加工分析，对决策支撑、部门协同和社会服务提供信息综合服务（见图 12-2）。

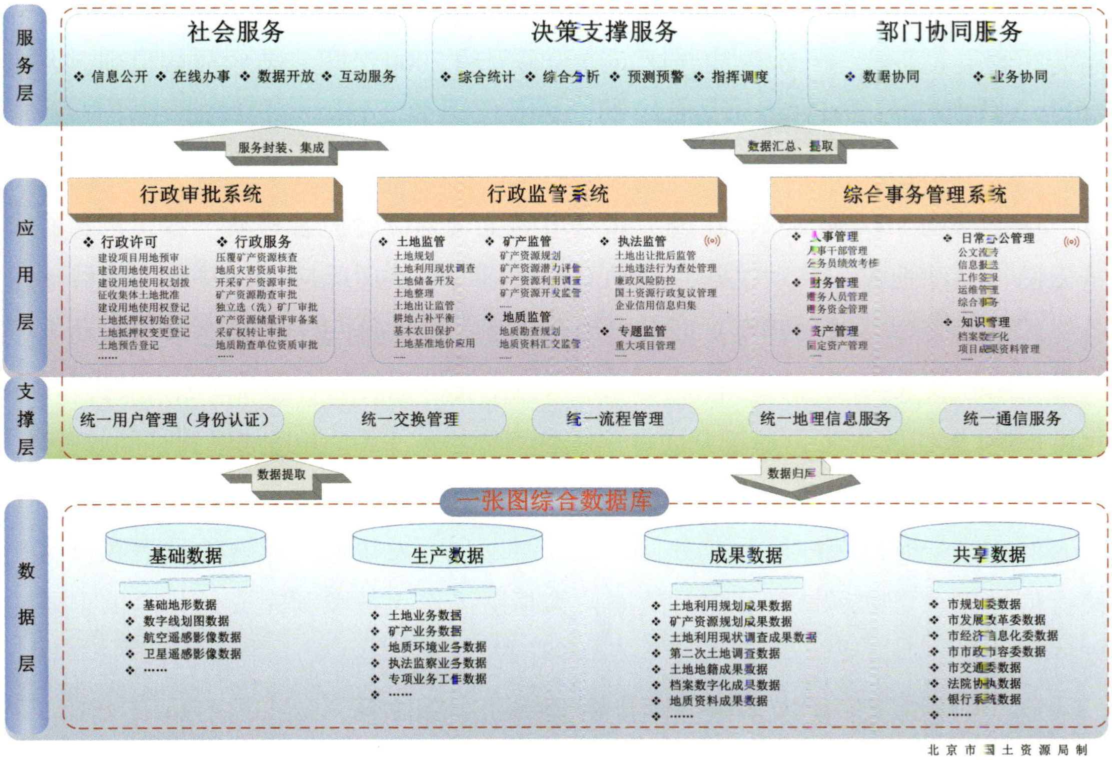

图 12-2　北京市国土资源综合监管平台总体架构

行政审批规范透明快速。按照市局新修订的《行政许可事项和行政服务事项办理规则》，2011 年、2013 年两次开展“七一专项行动”，要求“全局系统所有涉及行政审批的业务都要通过市局综合监管平台办理，否则不予办结和对外发布；相关业务数据统计汇总同时基于市局综合监管平台完成，否则不予上报”。2014 年，按照中央简政放权要求，及时下放审批事项、再造审批流程、缩短审批时限，实现了市、区两级所有 28 项行政审批事项的在线办理。

行政监管三级立体动态。通过航片、卫片、北斗导航等开展国土资源调查、批后监管、土地执法和地质灾害监测，利用北京市 400 余个移动基站构建视频监控网，及时发现违法占用耕地和私挖盗采现象，实现了“天上看得清”；依托北京市无线政务网，开发了移动政务本，支撑外业巡查人员实时开展移动执法、移动地灾监测，保障了“地上查得实”；大力推进网上监察、重大项目管理、财务内控体系、法院协执、地质资料汇交、企业信用归集等信息化，确保了“网上管得住”。

综合事务便捷高效绿色。平台全方位覆盖日常公文管理、公务员考核、会议管理、车辆管理、资产管理、知识管理等综合事务。利用信息综合发布模块，实现信息“一次录入、智能发布”；通过“国土一点通”，实时弹出业务办理提醒，实现了“人找信息”到“信息找人”的转变。此外，率先在全市建成市、区、所三级高清视频会议系统，一次视频会议可节约车程约 2000 公里，节约成效得到《北京日报》等媒体的宣传报道。

（五）打造北京市国土“移动政务本”，为基层配上“千里眼”“顺风耳”

应用移动互联新技术，建设了北京市国土资源综合监管移动平台，包含移动一张图、移动地灾、移动执法、移动 OA 和移动一点通等应用，并印发《移动政务终端试用管理办法（暂行）》，成为全市委办局中第一个接入北京市移动电子政务专网并投入实际应用的单位。“北京市国土资源综合监管移动平台”荣获“2014 年度 ESRI 最佳应用奖”。通过全面推广综合监管移动平台，将其部署到移动政务本，突破了空间、时间限制，为基层人员打造了“千里眼”“顺风耳”，保证基层工作人员在第一时间获取所需业务信息，及时发现突发事件，迅速处理潜在风险，使得信息流动更顺畅，管理更具效率，为基层工作人员顺利完成任务提供重要的支持。

（六）建成了多层次多维度国土资源辅助决策体系

面向内部管理和外部服务需求，综合监管平台通过垂直集成、深度关联和智能挖掘，构建形成强大的辅助决策体系。平台实时提取生产环节各项业务数据，自动生成各类月度、季度、年度报表450张，并加入二维码防伪认证，实现无纸化同级汇交、逐级上报，去除人为干扰，确保了统计数据及时性、准确性和真实性，提升了决策工作的时效性。

在已有的大数据的基础上，实现了以宗地统一代码为索引，将宗地的规划、历史、现状进行串联，将宗地的前世今生左邻右舍进行关联展示。综合监管平台通过空间叠加、属性关联、时序串联，建立全市14万多宗土地的全息档案。工作人员调取任一宗档案，从时间维度，可以查看土地历年遥感影像、土地规划、利用状况、权属变更等动态信息；从空间维度，可以分析地上的道路、房屋、古树，地下的矿藏、管线，周边断裂带等地质环境和交通配套设施。还可以对内关联土地整治、开发等专题数据，对外衔接发改、规委、工商等委办局共享数据，提高了辅助日常审批和专项调查工作的能力，提升了决策的系统性。

平台运用空间挖掘、商业智能、预测模型等各类先进技术，整合灰色预测、曲线拟合等20多个通用模型，建立涵盖10多个业务模型的模型库。分析人员通过智能分析工具和预测模型，在线钻取、关联聚合，进行城乡建设用地供应潜力分析、城镇土地产业增加值分析、重点工程用地选址等多类专题分析工作，实现了从传统数据汇总分析到在线智能研判分析的跨越。加强业务带图审批，完成了建设用地审批、国有建设用地供应、违法案件查处等业务的用地面积、用途、供地面积、用地类型、土地收益、案件数量、收缴罚款等约800个指标的发展趋势监测，为局领导决策提供支撑。

平台将国土数据同宏观经济数据相结合，建立覆盖土地、矿产、地质灾害、行政效能等四大类100项的运行监测与辅助决策评价指标框架。各级领导不但可以实时掌握国土资源土地预审、征收、供应和利用等各个环节总体情况，还可以在全国、全球背景下，通过单位国民生产总值建设用地面积、单位土地税收贡献率等管理运行指标，评价同国内、国际重点地区的差距和潜力，实现了“跳出国土看国土”。

整合全息档案信息、智能分析结果和指标评价成果，形成涵盖行政审批、土地收益、土地供应等19类专题成果信息产品，通过图文结合的方式，推送到各级领导桌面，推动了可视化决策。建设了监测指挥中心，面积420平方米，使用了4K高清大屏，展现信息成果，同时接入了市应急办视频会议系统、突发地质灾害气象风险预警会商系统，具备实时监控、值班值守、决策会商、应急指挥、信息展示服务和信息集聚等功能，实现以信息化带动管理现代化。

（七）打造了云计算机房，建设了“监、管、控”一体化的运维管理系统，综合监管平台通过等级保护三级测评

建成业务外网，实现四级网络互联，上联国土资源部，下联北京市国土资源局、区分局、国土所，市局与16个区分局、59个国土所实现100%联网。建成业务内网，依托北京市政务内网交换平台搭建的可信网，作为可信网首家试点单位，构建了国土资源业务内网，用于市局和区分局安全可靠的连接。

完成了云计算机房建设，利用虚拟化技术，打造了云计算机房，构建北京市国土资源云计算设备即服务（IaaS）环境，实现对各类信息化基础设施、数据资源统一管理，构建形成服务全局四级体系的北京市国土资源云服务中心。建设了“监、管、控”一体化的运维管理系统，对异常和突发情况可实现24小时自动报警。综合监管平台通过等级保护三级测评，按照“等级保护、动态防控、安全可信”的信息安全工作思路，局网信办推进各项信息安全保护工作，以信息安全等级保护为抓手开展安全管理，综合监管平台通过信息安全保护等级三级测评。

四、应用成效

围绕新时期首都城市战略定位，按照国土资源部和市委、市政府的战略部署，在局党组和局网络安全和信息化领导小组的指导和支持下，经过多年的建设和发展，北京市智慧国土建设在解决关系群众切身利益问题、保障首都科学用地供应、促进全市改革任务、加强土地资源保护等方面都取得了一定的成绩，具体如下。

（一）系统全面支撑，解决关系群众切身利益问题

综合监管平台各子系统支撑了保障首都民生项目用地需求，近五年，提供保障性住房用地5498公顷，计划总量、公开配租配售房型供地任务均超额完成；建成地质灾害防治预警管理系统，确定各类地质灾害隐患点4496处，实现地灾防治等级预警管理，连续五年实现安全度汛。

（二）领导辅助决策，全面保障首都科学用地供应

打造土地集约利用评价系统、行政审批系统等，对全市和“六高四新”工业区办理预审、征地、供地的建设项目情况进行梳理，为市领导研究产业用地布局优化和产业转移提供决策参考；建立了土地市场监测预测预报系统等，实现土地供应动态监测，有效保障首都城市战略定位用地需求，近五年，辅助了环境整治、轨道

交通等重点工程用地加快供应，实际供应建设用地总量达17662公顷；建立全市土地储备开发监测分析系统、基准地价管理系统、土地储备资金监管系统等，动态监管全市土地储备及一级开发情况，近五年，全市新增土地储备开发面积约12431公顷，土地储备开发实现投资5489亿元。

（三）信息汇聚处理，稳步推进创新改革重点任务

推进不动产登记系统建设，支撑全市不动产统一登记及集体建设用地使用权登记颁证，实现全市宗地集体建设用地完成发证8871宗；完善行政审批系统，响应国家行政审批改革要求，实现了市、区两级所有28项行政审批事项100%在线办理，支撑形成了预先主动研判、审批过程刚性规则自动监控、批后动态监管的业务模式。

（四）智能设备部署，全面提升保护土地资源水平

落实习近平总书记“像保护大熊猫一样保护耕地”指示要求，利用北京市400余个移动基站构建视频监控网，及时发现违法占用耕地和私挖盗采现象；汇集遥感监测、12336、信访、网上举报等违法线索，通过局门户网站加大公开曝光和挂牌督办典型案件，推进外业巡查人员应用移动政务本实时开展移动执法，初步实现新增违法建设零增长，有效保护国土生态资源。

（案例推荐部门：国土资源部）

案例 13

建设徐州智慧国土，提升监管决策能力

一、建设背景与需求

（一）建设背景

十八大以来，围绕简政放权、城乡一体化、生态文明建设等重点课题，我国政府进行了一系列的行政体制改革，国土资源管理工作也随之步入了新时期、新常态；同时，大数据、云计算、物联网、移动互联等新技术新理念的持续涌现，冲击着传统的管理模式和管理理念，信息化技术已经成为国土资源管理改革和创新的驱动力。1999 年，国土资源部《新一轮国土资源大调查纲要》提出“数字国土”概念，主要内容是从数字地球的战略高度，系统整合集成有关地球表层国土资源的空间基础信息，建立国土资源各类数据库，实现国土资源调查资料的信息化和网络化。数字国土建设 2009 年进入收工阶段，同时，在此基础上完成了“金土工程”一期建设。随后启动了以“一中心三平台”（以“一张图”为基础的数据中心和电子政务平台、综合监管平台、共享服务平台）为核心的“金土工程”二期建设。2012 年 12 月，国家测绘地理信息局批复徐州市为首批三个“智慧城市时空信息云平台”项目试点之一，并将“智慧国土”等列为项目建设的示范应用工程。

作为智慧城市框架核心应用的“智慧国土”工程，是国土资源信息化工作逐步深入、创新应用的结果。从实践来看，物联网和云计算已成为“智慧国土”建设的两大支撑技术，徐州市国土资源局从国土资源管理业务实际需求出发，以“视频等传感器数据接入”“时空数据接入管理”“监管模型构建与可视化”等为重点对“智慧国土”建设进行了实践。

（二）已有基础

按照国土资源部、江苏省国土资源厅的统一部署，徐州市围绕国土资源管理改革发展的总体要求，以信息化规范和创新国土资源管理为主线、以“六个一体化”建设为核心，理清思路，整体布局，积累了海量数据，搭建了一系列信息化系统，为徐州市智慧国土建设提供了重要的支撑。

1. 硬件基础

徐州市于2003年建成了含有1个中心机房、6个分局局域网、7个县级局域网以及覆盖120个基层所的国土资源网络体系，实现了徐州市国土资源局与江苏省国土资源厅间的主干网连接。2015年10月，按照国土资源部《“国土资源云”建设总体框架》，新建了国土资源云中心，使原有基础设施资源性能大幅提升，为智慧国土的实施提供了重要保障。2015年11月，徐州市不动产登记信息平台成功实现了与国家不动产登记信息管理基础平台的对接及数据实时上报。

2. 数据基础

2006年起，徐州市就着手建设城乡一体、全域覆盖的“一张图”。在数字国土、金土工程、全国第二次土地调查、矿业权核查等工程建设中，积累了大量的数据资源，2012年底，建设完成覆盖徐州市全域、含有20大类185个图层的“一张图”核心数据库；2013年10月，全面启动城市地质调查项目，积累了丰富的城市地质调查数据资源；2014年，开展了第一次地理国情普查工作，在完成国家、省普查任务的同时，对重点流域、开发区工业企业等进行了扩展调查，形成了丰富的地理国情普查成果，为智慧国土建设提供了翔实的数据支撑。

3. 软件基础

坚持科技创新与管理创新并重，推进“城乡一体化、矿地一体化、地地一体化、要素一体化、房地一体化、社会服务一体化”六个“一体化”建设，为智慧国土建设提供了有力的技术支撑。

（1）推进城乡一体化，优化全域地籍管理。徐州市国土资源局以城乡一体化地籍服务于城乡土地一体化管理为导向，2001年在全国最早建成城乡一体化地籍信息系统，被评为全国优秀地理信息系统应用“金奖工程”。通过科技攻关，其关键技术获国土资源部科技进步二等奖，促进了全国宗地统一编码工作的开展。相继建立了国土资源部土地利用重点实验室淮海经济区科研基地、中国土地勘测规划院土地管理政策与技术示范基地等科研基地，以此为平台，进一步拓展了城乡一体化地籍业务应用。

（2）探索矿地一体化，促进矿籍地籍管理。徐州是全国老工业基地和江苏省唯一的煤炭基地，形成了大量的采煤塌陷地和工矿废弃地。为促进矿地协调发展和矿区新型城镇化建设，在全国率先开展“矿区土地资源与矿产资源一体化管理”理论和技术研究，研发了“矿地一体化管理信息系统”，以此为基础，徐州市政府联合中国矿业大学先后成立江苏省老工业基地资源利用与生态修复协同创新中心、徐州市生态文明建设研究院，在资源利用、国土生态等方面开展重点研究。

（3）牵头房地一体化，推进不动产统一登记。从2007年起，为方便群众办理两证，部门主动交换数据取代老百姓在两个部门跑，借助“数字徐州地理信息公共服务平台”，实现了基础测绘数据、地籍数据和房产数据共建共享，统一了坐标基准、宗地编码和地名地址。2014年，国土资源部地籍司将徐州市列为全国不动产统一登记基础技术研究试点；2015年3月1日，全国第一本不动产权证书在徐州市顺利颁发。

（4）开展“地地”一体化，推进城市地质调查。徐州城市规划区内岩溶区约占60%，采空区约占5%，丘陵区废弃宕口众多，严重制约城市发展。2013年10月，徐州市政府与江苏省国土资源厅采取厅市合作模式共同开展徐州城市地质调查工作。“徐州城市地质调查项目设计”被评为优秀等级，建立的城市三维地质结构模型和地质信息管理与服务系统，将为全市国土空间规划等工作提供重要数据支撑。

（5）完善要素一体化，提升精细化管理水平。从2006年起就着手构建国土资源“一张图”，率先建立“国土资源一张图”信息平台，统筹城乡国土资源管理。构建了“天上看、地上查、地下控、网上管”的动态执法监管模式，2013年被国土资源部授予国土资源执法监察信息化示范基地。在现代信息技术的支撑下，徐州市国土资源局原土地登记管理处2013年被授予国家级“青年文明号”，2014年被评为全国“示范青年文明号集体”。

（6）推进社会服务一体化，树立国土数据权威。作为江苏省首个数字城市地理空间框架建设试点单位，为促进全市部门间数据互通、共建共享提供了平台，徐州市获“全国数字城市建设示范市”称号。2012年12月，国家测绘地理信息局批复徐州市为首批三个“智慧城市时空信息云平台”项目试点之一。目前，“智慧徐州时空信息云平台”已成为“智慧徐州”建设的地理空间框架，支撑了智慧旅游、智慧交通、智慧税收、智慧统计等应用。

4. 科技基础

徐州市国土资源局高度重视信息化人才培养，硕士以上学历80余人，其中国土资源部科技领军人才1人、杰出青年科技人才1人，江苏省“333高层次人才培养工程”中青年科技领军人才1人、中青年科学技术带头人2人。先后完成国家科技支撑计划项目5项，国土资源公益性行业科研专项经费项目2项。近年来，获中国地理信息系统协会“金奖工程”2项，省（部）级科技进步一等奖1项、二等奖2项。同时，徐州市国土资源局不断加大对科技创新方面的投入，组建10个创新团队开展重点课题研究，共同推动科技创新，解决技术难题，形成了良好的科研氛围，先后派遣4人赴德进修、2批次赴德业务培训，为智慧国土工程的实施提供了良好的人员保障。

（三）建设需求

当前，我国经济建设和城市建设正处于转型升级、爬坡越坎的关键期，结合国土资源管理工作重心的转移，国土资源信息化工作应充分利用前期成果，抓住行业重点，汲取先进的技术手段，构建“智慧国土”总体框架和应用体系，引领和推进国土资源管理模式的变革，服务经济和社会转型。结合当前行政审批制度改革，江苏省国土资源厅开展了全省国土资源“一张图”工程，建设“四全”服务模式，推广“慧眼守土”综合动态智能监管系统建设等一系列以信息化为支撑的国土资源监管方式创新尝试，徐州市需要结合本地实际，采用新的信息化手段和方法，依托智慧徐州时空信息云平台，以“六个一体化”为基础，启动智慧国土平台建设，建立更有效的监管监督手段，服务国土资源节约集约利用，进一步提高国土资源管理的辅助决策水平。

二、智慧国土平台建设

（一）智慧国土内涵及特征

依据国土资源部《国土资源信息化“十二五”规划》，智慧国土建设将以电子政务平台、综合监管平台和共享服务平台为基础，构建覆盖全国的集数字化、网络化、智能化为一体的信息化体系，全面实现网上办公、网上审批、网上监管、网上交易和网上服务，增强全程监管能力。

按照当前行政审批制度改革的趋势，国土资源管理部门需要建立决策、执行、监管相制约、相协调的管理体系，实行管理、办理和监督分离的工作制度。从应用角度来看，国土资源信息工程应从侧重于服务业务执行的基础运作层面逐步向监测监管、辅助决策方向转变；从建设角度来看，应从条线的业务信息系统到集约统筹的以“国土资源云”为统领的“大集中”信息化体系架构转变；从技术的角度来看，应从单一的GIS技术向云计算、物联网、移动互联网等新技术与GIS技术深度融合的方向转变。

与传统国土资源信息化工作相比，智慧国土具有以下特性：

一是资源整合，智慧国土需要统筹信息化布局，以“国土资源云”为引领，创新业务信息化建设模式，为国土资源业务的发展与改革服务；二是信息交互，智慧国土将实现跨服务对象、跨管理机构和跨行业部门的互联互通；三是智能感控，智慧国土建设需要充分利用互联网、物联网等新途径获取更多、更准确、更及时的国土资源信息，更好地辅助国土资源监管工作；四是辅助决策，智慧国土要充分利用以前积累的信息资源，从国土空间规划、矿地统筹发展、农村土地综合整治等方面，构建专业决策分析模型，开展多要素信息的融合与应用。

（二）智慧国土平台顶层设计

徐州市智慧国土建设结合“智慧徐州时空信息云平台”、不动产统一登记、城市地质调查等项目的实施，在现有信息化基础上，结合“智慧徐州”建设思路以及国土资源管理行业发展趋势，按照顶层框架设计先行的思路，编制了《智慧徐州——智慧国土总体建设方案》。

徐州市智慧国土平台的总体架构参照开放组体系结构框架（TOGAF）进行构建，主要涵盖数据接入、智慧国土大数据中心、智慧国土支撑平台、智慧国土应用体系等（详见图 13-1）。

图 13-1　总体框架图

外部系统主要为智慧国土建设提供信息来源，包括徐州市国土资源局使用的电子政务系统、各业务直报系统等，还包括智慧徐州提供的各类数据接口，如产业数据接口、气象信息接口等。

大数据中心是整个智慧国土建设的核心和基础，包括实体数据的组织，数据的存储，数据的转换、发布和传输以及知识管理，数据仓库，数据集市，数据挖掘等与数据相关的应用系统。

智慧国土支撑平台为上层智慧国土应用体系提供计算支撑、服务管理和信息可视化支持。

智慧国土应用体系面向顶层应用，将分别构建成果管理系统、综合监管系统、辅助决策系统，以及共享交换相关的服务接口等，并通过 PC 端和移动端进行展现。

（三）应用及服务系统建设

徐州市智慧国土平台由数据中心管理系统、国土资源电子政务系统、综合动态智能监管系统、公共服务系统组成。平台基于 ESB（企业服务总线）进行架构，为各类智慧国土应用提供开放的平台框架和便捷的界面搭建、模型搭建、服务集成以及运维管理支持。

1. 数据中心管理系统

数据中心管理系统（见图 13-2）基于国土资源“一张图”成果，按照国土资源数据生产、更新、汇交、管理的基本思路，实现对国土资源数据库、视频等物联网数据的管理和维护。

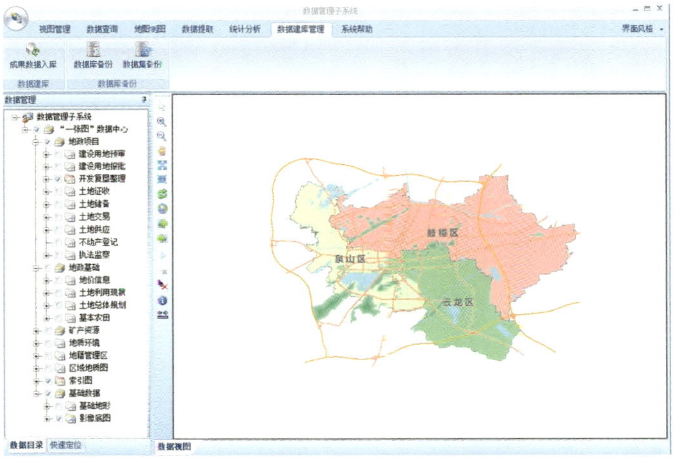

图 13-2　数据中心管理系统

智慧国土大数据中心是智慧国土建设的核心和基础，为智慧国土建设提供数据存储、数据管理、数据分析和数据发布。整个数据中心总体框架如图 13-3 所示：

国土资源大数据中心涵盖了数据的物理存储结构划分、数据逻辑组织结构、数据管理机制、数据分析挖掘和数据服务发布等内容，实现从数据的生产、质检、入库更新、管理，到数据清洗、抽取和分析、服务发布的全流程管理和控制。

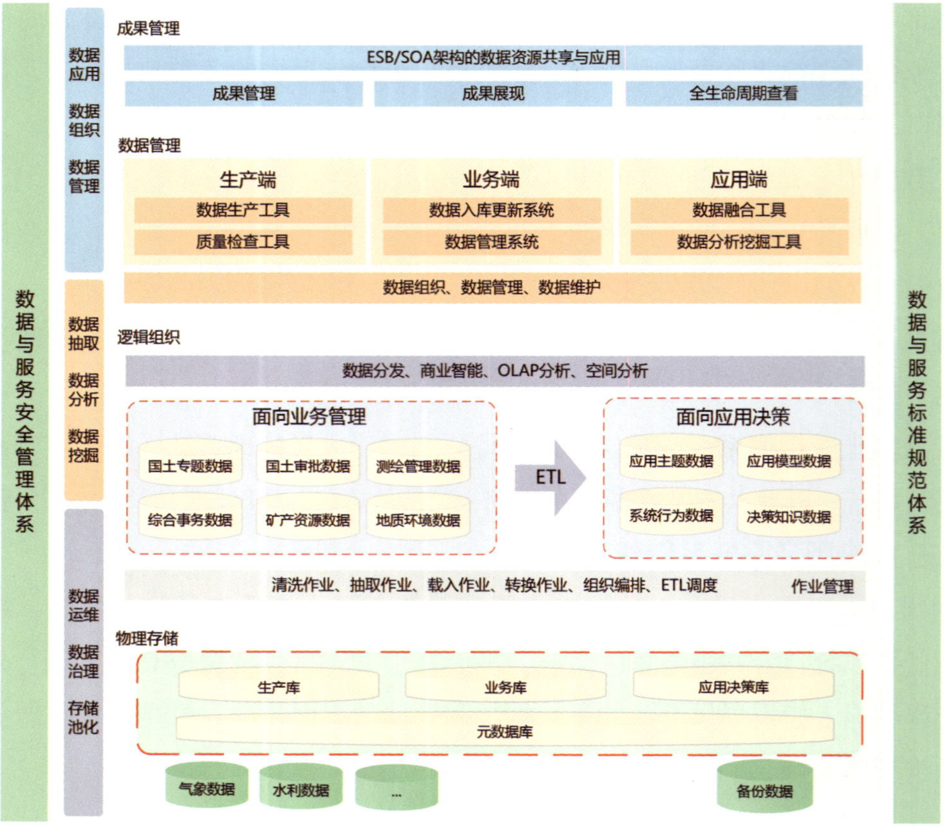

图 13-3 数据中心总体框架图

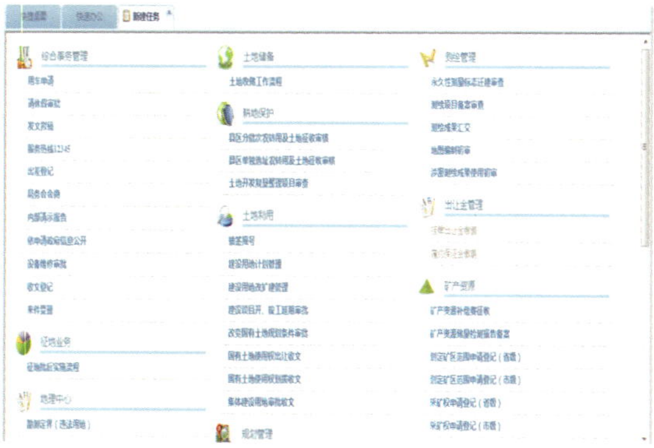

图 13-4 国土资源电子政务系统业务流程发起界面

2. 国土资源电子政务系统

国土资源电子政务系统按业务逻辑规则实现空间数据的共享和信息集成，并关联业务流程中的审批数据，将“批、供、用、补、查、登”等业务环节的信息集成起来，实现国土资源管理业务的全过程跟踪管理（详见图 13-4）。

国土资源电子政务系统加强了与“一张图”数据的联动，梳理了 53 项业务流程，理清了各业务处室业务流程带图审批涉及的空间分析指标、空间地块和各业务流程之间的关联关系，并固化了业务流程和功能，通过电子政务系统流程流转信息直接沉淀到一张图数据库中实时更新了一张图数据库，实现了流程驱动的数据更新机制。

3. 综合动态智能监管系统

综合动态智能监管系统是在智慧国土支撑平台的基础之上，通过对大数据中心提供的各类数据服务、监管服务的分析，以“一张图”数据为基础，融合视频监控采集、动态数据分析、执法监察车载系统、无线射频技术，实现实时实景监控，实现对各类国土资源业务的监管与监控、建设项目全程（批前、批中、批后）的监管。

（1）综合监管指标构建及展示。综合动态智能监管系统立足于国土资源形势分析和监测预警的实际需求，提取全面反映国土资源现状、开发利用状况和国土资源绩效管控情况的定量化指标，主要通过实时抽取电子政务平台的审批数据，对指标、计划和执行情况的总体监管实现监测和预警（参见图 13-5）。系统汇集了 47 个监管指标项，涵盖了国土资源管理中地政、矿政、地质环境、测绘管理业务，并利用可视化技术，采用从整体到细节、从横向对比到纵向分析、从数据统计到空间分布的模式，直观、动态地综合展示国土资源现状、规划、保护和开发利用水平，实现对国土资源的动态监测和监管。

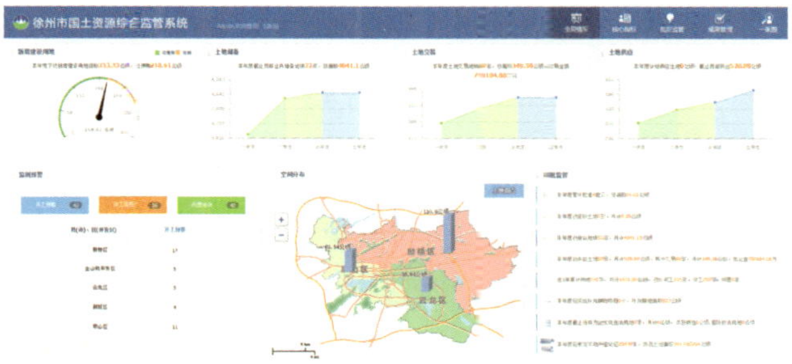

图 13-5　综合监管平台全局监管指标展示图

从整体到细节。根据构建的监管指标树模型，按照全局监管指标、处室监管指标、单个业务监管指标的分级方式，从整体到细节，逐级细化监管内容，直至最小的数据分级单元。

从横向对比到纵向分析。首先针对每一个监管指标项，根据行政区划、管理区域进行横向对比（参见图 13-6）。其次对该指标从时间维度进行分析，根据不同的指标内容按照年份分析、季度分析或月份分析，获取各个时间段内指标环比、同比变化情况，同时对该指标的变化趋势进行分析预测，进一步辅助业务决策。

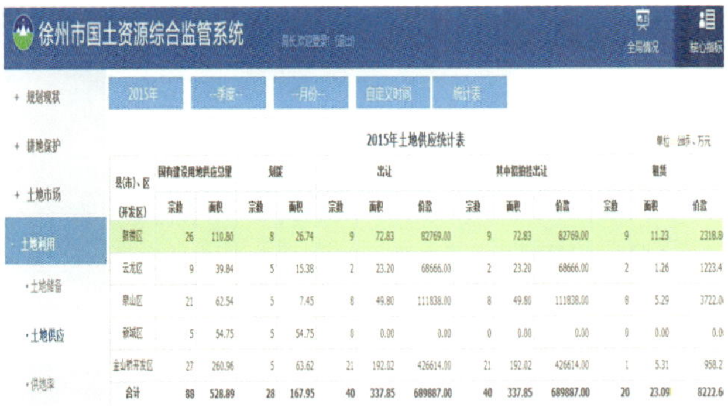

图 13-6　综合监管平台土地供应按区统计信息展示图

从数据统计到空间分布。一方面采用统计表、统计图的方式，包括各类统计报表、柱状图、饼状图、折线趋势图等，将指标中的各个项进行展示（参见图13-7）。

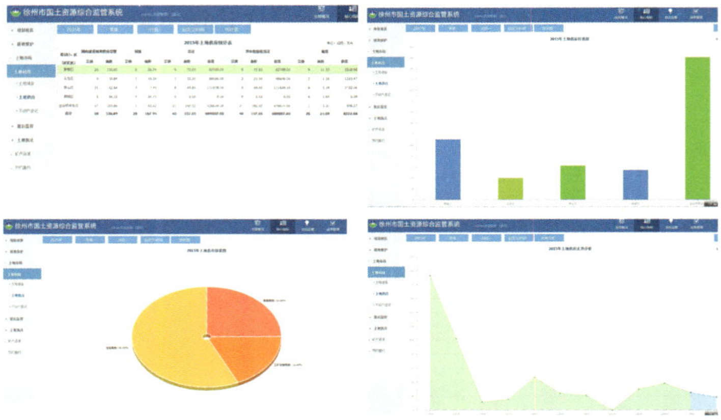

图 13-7　土地供应指标各类展示形式

另一方面采用空间分布图的方式进行指标总体情况的展示，包括各类专题统计图、热力分布图、聚类图等。

（2）国土业务全生命周期展示。国土业务全生命周期展示是根据“批、供、用、补、查”全生命周期的业务模型，以项目或地块为单位，将各个关联事项以时序图的方式直观地展现给用户，并提供相对应的各个事项的详细表单、附件材料以及对应图形的浏览功能。

在国土业务全生命周期的业务模型中，针对每一个地块采用溯源和追踪的方式进行关联显示：首先向上溯源所有与该地块相关联的业务事项及其地块，找到该地块的所有业务来源；其次向下追踪该地块的所有去向，获取该地块业务之后办理的相关业务，最终获取该地块的整个生命周期（参见图13-8）。

图 13-8　地块全生命周期展示图

按照国土业务全生命周期管理模型，梳理优化土地规划、土地调查、用地预审、土地征收、土地储备、市场交易、土地供应、土地登记、土地利用、执法监察等业务成果，通过土地形态变化把其业务属性信息串联起来，形成土地生命周期业务监管链，实现地块在不同时期、不同业务演绎过程的回溯查询，减少各个业务部门的数据冗余，保证数据的一致性。

4. 公共服务系统

依托智慧徐州时空信息云平台，公共服务系统政务版为徐州市 36 家委办局、企事业单位按需提供地图服务。城管部门基于公共服务系统建立了数字化城市管理系统，实现实时巡查采集上报城市管理部件和事件信息；水务部门基于公共服务系统建立了城市供排水管理地理信息系统，对排水、供水、污水处理实时监控；园林部门通过加载各类绿地、树木空间信息和属性信息，实现了基于空间位置专题数据的科学管理和应用；公安系统利用徐州市局提供的地理空间数据库，扩充了警用地理信息专题数据库；地税部门利用徐州市局提供的基础地理和地籍数据服务，建成了全国首个基于 GIS 的地税管理系统；驻徐第十二集团军基于公共服务系统通过二维条码、无线射频、地理信息交互等技术建立了数字营房管理系统。

此外，徐州市建成了公共服务系统公众版——“天地图 · 徐州”。群众通过登录该网站，可以详细查询徐州的风土人情、餐饮食宿、购物娱乐、旅游景点、医疗教育、公交交通等信息。

三、特色亮点

徐州市分析了智慧国土的内涵与特征，构建了智慧国土平台的总体架构，并在组织管理、基础设施、人力资源、标准规范、信息安全等方面实施保障机制，完成智慧国土建设。徐州市智慧国土建设主要具备以下三个方面的特色和亮点。

（一）基础环境

徐州市国土资源信息化工作经过十多年的稳步推进，在硬件网络基础、数据资源、软件系统应用、信息化人才队伍等方面都取得了长足的发展，良好的基础环境有效保障了智慧国土的建设。

（二）建设运营模式

徐州市智慧国土建设，借鉴信息化项目管理经验，项目管理方与供应商共同成立项目组，对智慧国土建设项目进行设计、实施和管理，并聘请中国矿业大学相关专家，成立专家咨询团队。徐州市智慧国土建设采用的产、学、研相结合的建设运营模式，使国土资源管理部门、信息化支撑部门、供应商、高校科研单位，各施所长，共同推进智慧国土建设。

（三）重点应用

基于“智慧徐州时空信息云平台”项目建设的地理信息时空框架数据库、国土资源电子政务系统实时运转形成的“一张图”核心数据库，利用已有的物联网和传感器，构建了包括各类视频数据的智慧国土平台的时空信息接入体系；利用数据分析技术，以国土资源“一张图”数据库为基础，对信息资源进行数据重组，进行国土资源绩效管控定量化指标定义，构建了国土资源管理指标监管模型。从整体到细节，从横向对比到纵向分析，从数据统计到空间分布，对各类监管指标进行可视化展示。

四、应用成效

徐州市智慧国土平台的建设，是自主、持续创新和主动应用国土资源信息化手段的成果，是国土资源管理改革和创新的重要支撑，是建设创新型服务型政府的有效手段。

通过徐州市智慧国土平台数据中心管理系统，实现从数据的生产、质检、入库更新、管理，到数据清洗、抽取和分析、服务发布的全流程管理和控制，实现对时空信息数据的科学规范管理，为智慧城市各类时空信息的集中有效管理提供有效的借鉴；集综合事务、行政审批于一体的国土资源电子政务系统的运行，实现了国土资源业务管理 100% 网上运行，提高了国土资源业务处室办公效率，更好、更高效为百姓提供服务，保障了全国第一本不动产权证书的顺利发放，结合行政审批制度改革，土地利用规划符合性审查、矿产资源规划符合性审查、测绘成果备案审查等审批事项实现窗口 10 分钟立等办结，缩短了办事时限，国土资源日常管理工作更加便捷、高效；综合动态智能监管系统构建了国土资源监管指标，对国土资源管理和开发利用全程信息进行监管，直观可视化展现，增强了国土资源管理部门资源监管、宏观调控、辅助决策能力；基于公共服务系统，政府、企事业单位共享利用全市“一张图”数据资源，完善了相关业务信息系统，拓宽了社会服务领域，实现了多领域推广应用，其中地税部门建成全国首个基于 GIS 的地税管理系统，综合运用地籍信息与已收税款比对发现税源、电子地图可视化管理、重点税源动态监控、房地产项目即时管理等手段，税收征管效率大幅提升，5 年内增加土地相关税收 10.82 亿元，气象部门建成气象预报、地质灾害信息和灾害预报预警服务的一体化平台，提高了地质灾害突发性问题的及时预警预报能力，城管部门建设的数字城管系统在城市管理中发挥了巨大的作用。

（案例推荐部门：国土资源部）

案例14

胶州市环保物联网总量控制排污权交易云计算系统建设项目

一、建设背景

十八届三中全会《中共中央关于全面深化改革若干重大问题的决定》明确提出“推行节能量、碳排放权、排污权、水权交易制度”“完善污染物排放许可制，实行企事业单位污染物排放总量控制制度”。党的十八大以来，党中央、国务院领导同志对生态文明建设和环境保护工作作了多次重要讲话和批示。为打好大气污染防治、水污染防治、土壤污染防治三大战役，必须尽快改革生态环境保护管理体制。环境保护部已将尽快完善污染物排放许可制、实行企事业单位污染物排放总量控制制度作为改革生态环境保护管理体制的主要任务之一。

当前，胶州正处于跨越发展的重要机遇期，为深入践行“大项目观、环保观、民生观”，实现科学和谐发展，把美丽胶州作为建设“现代化幸福宜居新区”的创新实践，打造天蓝地绿水净的生态宜居环境，推动生态文明建设新提升，推动胶州科学发展、永续发展，胶州市积极响应国家政策，学习和借鉴国际上发展迅速的“碳金融”和刚刚兴起的“水金融”体系，利用金融工具的调节机制和资源优化配置的功效，充分发挥资本市场的经济补偿和转移分担功能，研究和建立了主要污染物排污权有偿使用和交易工作制度。

在建立主要污染物排污权有偿使用和交易政策体系的基础上，胶州市启动建设了“胶州市环保物联网总量控制排污权交易云计算系统”工程，充分运用了目前先进的物联网和云计算技术，通过实现基于智能化的环境信息资源交换和共享，强化社会公众和企业的环境意识，提高胶州市环境管理部门的科学管理与决策水平，并使其成为“智慧胶州”“数字胶州”的重要组成部分。通过该项目的运行，可以完善污染物排放许可制，实行企事业单位污染物排放总量控制制度，规范污染物排放许可行为，防止无证排污和超标准、超总量排污。

二、项目需求及意义

以往在长期实践中，一直制约着节能减排的主要问题可以归纳为“四大矛盾”：一是污染源“众”与执法力量“寡”的矛盾。从目前胶州环保任务看，需要环保监管的污染源近万家，其中国控污染源3家，省控污染源7家，青岛市控污染源200家，而胶州市环保监督执法人员仅30名。这种执法现状使得只能对重点污染源进行监管，其他面广量大的中小企业无力监管。二是污染源超排在“先”与执法处罚在“后”的矛盾。由于执法力量不足，环保执法人员无法超前掌握企业排放情况，结果导致企业违法超排在前，环保部门只能被动事后处罚。这种后置管理模式无法对超排污染源实时监控，更谈不上提前预警和处置，以致形成超排—处罚—再超排—再处罚的执法怪圈。三是节能减排政府“热”与排污单位“冷”的矛盾。对生态环保和节能减排，政府认识度高、积极性强，但排污单位出于投入成本和短期效益的考量，被动应付多，甚至和政府“躲猫猫”，白天运行环保设施、晚上关停的“黑白厂”和执法人员检查前启运环保治理设施、检查后关停的“开关厂”难以根治。四是污染事故突发性“强”与应急处置“难”的矛盾。随着大工业经济的持续发展，环境污染事件频发，危害性大增，应急处置要求越来越高、难度越来越大，传统的应急指挥模式难以适应这一环保新形势的变化。

为破解以上矛盾，胶州市打造了“胶州市环保物联网总量控制排污权交易云计算系统”项目，该项目以总量控制为前提，以倒逼企业变被动减排为主动减排为目的，打造了环保物联网监控平台和排污权交易平台，在全国率先实现了在线监控、排污权交易和总量控制的闭环联动，填补了山东省排污权交易工作的空白。

项目将在线监控、总量控制和排污权交易三大功能有机结合，其中在线监控提供实时、准确的监测基础数据；上述基础数据为排污权核定提供依据，经过排污权初始分配和交易确定了排污单位的总量；在线监控又加强了日常的排放监管，确保排污单位排污不超总量。这样就形成了以环保物联网提供的实时、准确的数据为基础，以总量控制系统为手段，面向排污单位，开展可监控、可报告、可验证的环境管理业务闭环联动机制。

“胶州市环保物联网总量控制排污权交易云计算系统”项目建成后，在环保工作中发挥了积极的作用：一是全面掌握胶州市环境质量状况，获取地表水、环境空气的动态监测数据；二是动态监管胶州市的污染源排放数据，为宏观决策提供污染排放数据；三是搭建胶州市环境监控的完整信息化平台；四是提高环境监管的信息化手段和应急处置能力；五是以排污权交易为抓手促进各项环境管理制度融合；六是以交易平台为管理工具，全面提升环保工作；七是实现经济发展与环境保护双赢，推动胶州市的产业结构调整；八是通过该项目的实施打造总量控制排污权交易标杆工程。

三、主要建设内容及做法

为推动执法能力升级、实现对污染源的全覆盖监测，破解事后执法怪圈、实现对排污单位的事前监控，破解行政处罚减排困境、激发作为节能减排主体的企业的内生动力，有效应对大工业时代的环保突发事件、确保环境安全，胶州市环保物联网项目利用物联网、在线监控和云计算等先进技术，打造了一套“测得准、看得清、查得到、控得住”的环保监测监控系统，实现了对各类环境要素及管理对象全面感知和监控。

主要建设内容如下：

（一）环保物联网平台架构

环保物联网平台总体架构由五个部分组成，如图 14-1 所示，包括：

1. 智能感知层

智能感知层是整个环保物联网的基础，主要由各种功能的仪器和智能设备组成。它为环保物联网提供各种所需的数据，包括各种污染源（废水、废气、噪声）数据、地表水监测数据、空气质量监测数据、环境噪声监测数据、卫星遥感监测数据、工况监控数据等。

2. 智能传输层

智能传输层是整个环保物联网的载体，能够将下端仪器和智能设备采集的数据通过 xDSL/SDH/3G/ 光纤链路等方式传输到任何需要数据的地方。

3. 智能支撑层

智能支撑层是环保物联网平台的核心，基于应用支撑平台集成环保服务组件、服务总线（ESB）、数据中心、数据交换中心、通用服务组件、资源层、基础架构、服务注册等。

4. 智能管理层

智能管理层是环保物联网业务应用的具体体现，是环保物联网面向政府、面

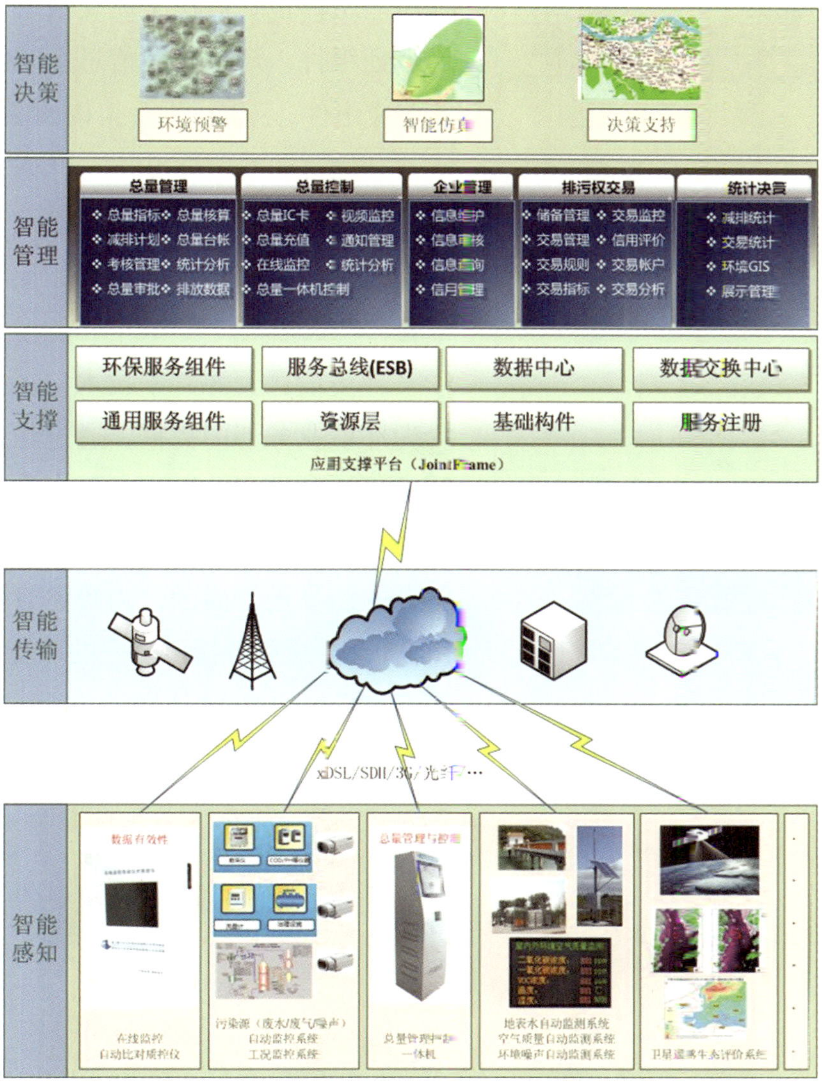

图 14-1　环保物联网平台架构

向环保局、面向企业、面向公众的展示和互动窗口。胶州市环保物联网应用的具体业务表现包括总量管理、总量控制、企业管理、排污权交易、统计决策等。

5. 智能决策层

智能决策层是基于环保物联网平台提供的数据，通过先进的智能仿真技术对数据进行加工处理和分析，得出对于区域环境具有指导作用的预警，为领导决策提供智能支持和保障。

（二）基于云计算技术的应用支撑

云计算技术支撑包括消息队列、统一认证、数据复制、流程引擎等。应用支

图 14-2 云支撑平台架构图

撑功能组件包括数据集成交换组件、用户身份认证组件、环境地理信息系统组件和工作流集成组件。云支撑平台架构如图 14-2 所示。

环境移动管理技术包括 PDA 端的现场监察业务管理、在线监控数据查询、应急业务管理等。配置移动管理终端，环境监察中队配备移动执法箱。

环境信息资源共享技术：主要用于集中管理环境业务部门数据，通过建立统一、规范的环境科学元数据库，从多维度对数据进行表现和分析挖掘，并集合 GIS 和环境模型分析的结果进行展示，为政务管理、业务应用、社会公众服务提供统一的环境信息服务。其工作界面如图 14-3 所示：

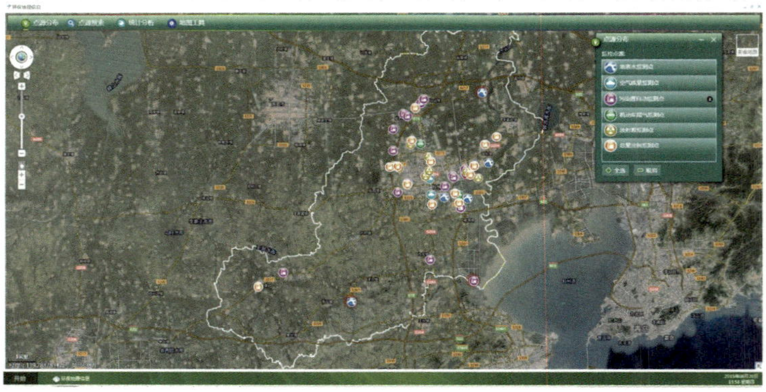

图 14-3 环境 GIS 地理信息

(三)环保物联网建设内容

环保物联网实时采集各类污染源信息和环境信息，建立统一的智能海量数据资源中心，进行数据挖掘、模型建立，为环境监管提供总量控制、生态保护、环境执法等服务。项目利用云计算技术，在环境总量控制、合理分配、有效监督的前提下进行排污权分配，实现排污权交易。

该项目建设紧紧围绕环境管理需求，利用先进的物联网技术、自动控制技术、通信技术、数据库 BI 技术、GIS 技术、系统集成等技术，打造了环保物联网监控平台和排污权交易平台两大平台，包含 6 个子系统，共 62 个监控点源，实现了环境监管可视化、业务管理一体化、环境决策科学化。

1. 污染源在线监控系统。系统包括了废水、废气、工艺废气等企业污染源监控子站（见图 14-4）40 家，放射源涉源单位 10 家。监测内容包括流量、pH、COD、NH_3-N、排污口视频以及涉源单位的视频监控图像（见图 14-5）和地理信息数据。主要用于实现全天候在线监控重点污染源企业污染物排放情况及污染治理设施运行情况，包括污染源自动监控及污染源报警，实现污染源远程监测、现场数据采集、自动判断是否超标、超标报警等功能；在线监控使用数据传输、视频传输，同时又与移动执法终端相结合，提升了执法的信息化与智能化水平，提高了执法效率。为排污权交易和总量控制提供了数据支撑。

图 14-4 污染源监控子站

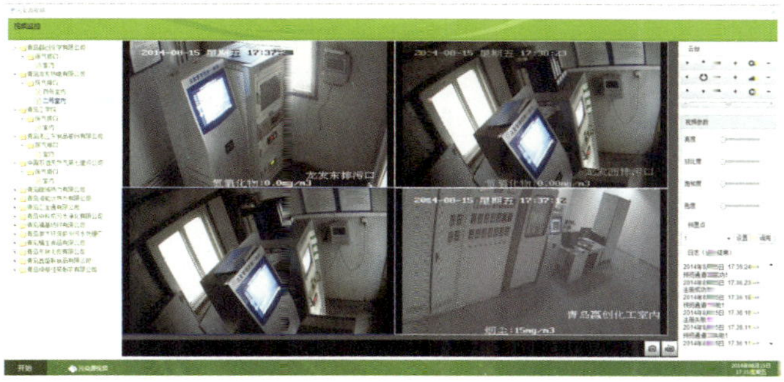

图 14-5 污染源视频监控

2. 环境质量在线监控系统。系统包括 2 家空气质量监测子站、6 套地表水监测子站、2 套区域高空视频。主要监测内容包括 NO_2、SO_2、O_3 等 8 项指标、饮用水水质包括 pH、COD、NH_3-N 等 9 个参数。对全市整个水环境、大气环境等环境要素进行全天候实时数据和图像监控，准确、及时地反映环境质量变化情况。实施地表水水质的自动监测，可以实现水质的实时连续监测和远程监控，及时掌握重点水域的水质状况，预警预报重大水质污染事故，解决跨行政区域的水污染事故纠纷，监督总量控制制度落实情况。

3. 机动车排气检测监控系统。将胶州市行政区划内的机动车排气检测站的实时视频和实时采集检测数据纳入监控平台。主要实现对机动车排气检测过程和黄绿标发放的有效监管。

4. 黄标车拆解监控系统。对承担黄标车拆解业务企业的拆解全过程实施不间断监控。对拆解过程进行视频监控，确保每辆报废车真正得到完全拆解，拆解零部件不回流市场。

5. 总量控制与排污权交易系统。排污权交易是运用市场机制促进污染减排和环境保护、提高环境容量资源配置效率的有效手段，是推进环境保护体制机制创新的重要突破口。其系统架构如图 14-6 所示。

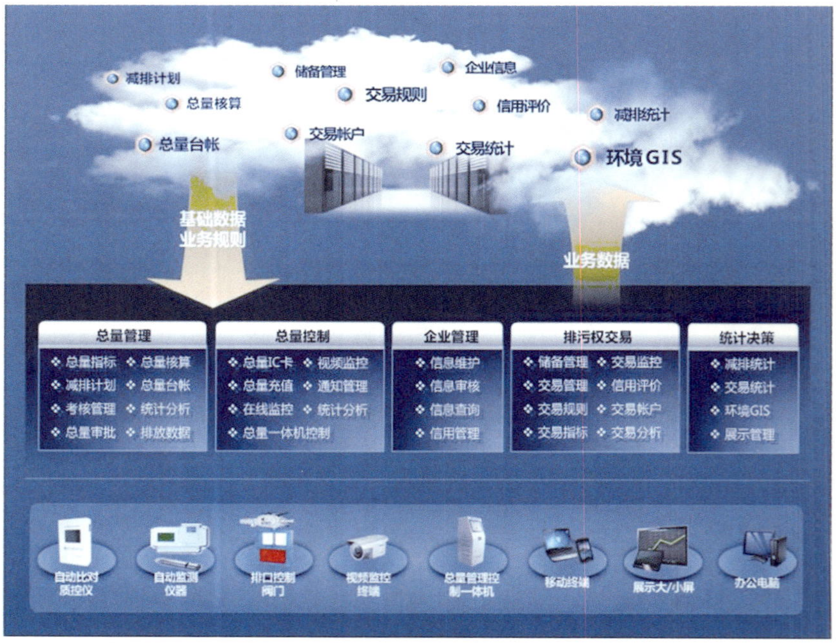

图 14-6　总量控制排污权交易系统架构

总量控制排污权交易系统由总量控制管理和排污权交易管理两部分组成。

总量管理控制系统（刷卡排污监控系统）：将企业年度的排污总量分解成定期的（如一个月）的排污总量控制，实现“凭卡排污、超值报警、充值申请、环保批准”的模式，同时也为其他环保管理手段，如排污费收取、信访处理提供了控制手段，应急情况下环保管理部门可通过环境监控系统集成远程应急关闭企业排污口，实现真正意义上的总量控制。其控制原理如图 14-7 所示。

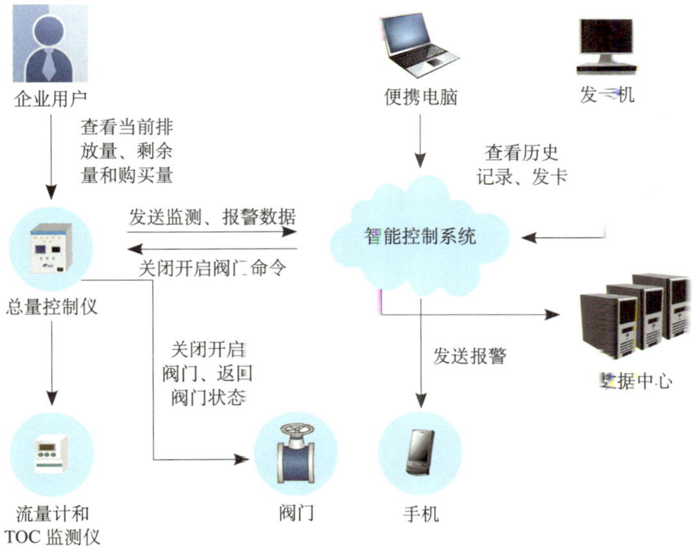

图 14-7　总量管理控制原理图

排污权交易管理：排污权交易审批包括两个审批事项：排污权初始分配审批、排污权交易审批。其交易流程如图 14-8 所示。

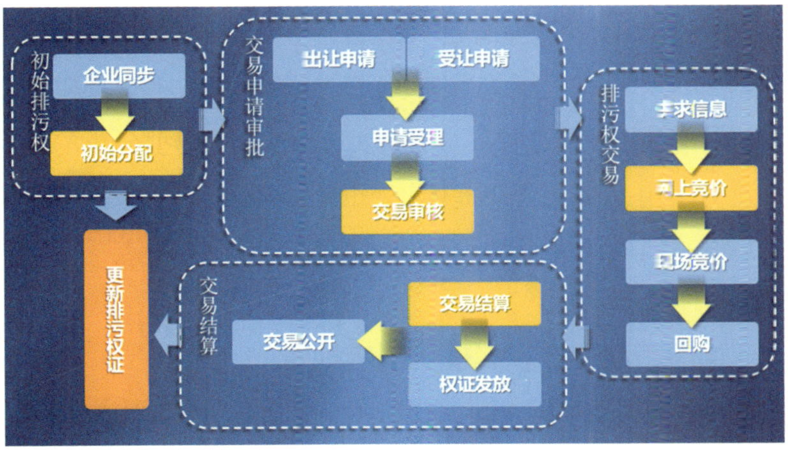

图 14-8　排污权交易流程图

排污权交易管理系统：通过系统能够实现排污权交易所有审批事项流程的收件、审批、查询、监控过程。

储备管理系统：维护管理全市排污权交易指标储备信息，通过手动维护及交易结束后自动更新来完成对排污权指标储备的管理工作，在审批过程中也可查看储备信息支持审批决策。可设置各指标的储备预警限值，当达到预警限值时进行报警提醒。

6. 环境应急指挥系统。系统包括 50 部手持移动执法终端、8 个移动执法箱、远程调度指挥中心、专家辅助决策系统，采用现代化的无线通信、数据库及计算机网络安全等技术，以局域办公网、业务专网为依托，构成了实时高效的环境应急指挥系统。主要实现对于突发环境应急事件远程调度、专家辅助决策、应急指挥等功能。

四、特色亮点及技术创新

该项目将在线监控、总量控制和排污权交易三大功能有机结合，其中在线监控提供实时、准确的监测基础数据；上述基础数据为排污权核定提供依据，经过排污权初始分配和交易确定了排污单位的总量；在线监控又加强了日常的排放监管，确保排污单位排污不超总量。这样就形成了以环保物联网提供的实时、准确的数据为基础，以总量控制系统为手段，面向排污单位，开展可监控、可报告、可验证的环境管理业务闭环联动机制。主要创新性表现如下：

（一）项目实现了点计算和点约束的技术创新

该项目用于集中环境管理业务部门数据，在业务上通过建立统一、规范的环境科学元素数据库，对现有运行的系统数据建立规范的数据交换机制；在技术上从多维度对数据进行表现和分析挖掘，并集合 GIS 和环境模型分析的结果进行展示，为环境管理、业务应用、社会公众提供统一的环境信息服务。基于物联网的环境监测和总量控制系统，具有可监测、可计量、可视、可控的特点，实现了点计算和点约束的技术创新。

（二）项目加强顶层设计，实现了制度创新

该项目紧密围绕总量控制和排污权交易的管理，通过深入调研，加强顶层设计，出台了符合本地实际的《胶州市排污权有偿使用和交易试点管理办法》《胶

州市排污权有偿使用和交易试点实施细则》《胶州市初始排污权核定和分配技术方案》《胶州市排污许可证管理办法》《胶州市排污权交易电子身份证管理办法》《胶州市排污权交易资金收支管理办法》《胶州市排污权交易网上竞价规则》《胶州市排污权抵押贷款暂行规定》等 8 个排污权交易规范性技术文件，实现了制度创新。

（三）全国首次实现了环境管理联动机制创新

项目将在线监控、总量控制和排污权交易三大功能有机结合，其中在线监控提供实时、准确的监测基础数据；上述基础数据为排污权核定提供依据，经过排污权初始分配和交易确定了排污单位的总量；在线监控又加强了日常的排放监管，确保排污单位排污不超总量。这样就形成了以环保物联网提供的实时、准确的数据为基础，以总量控制系统为手段，面向排污单位，开展可监控、可报告、可验证的环境管理业务闭环联动机制。项目以总量控制为手段，以排污权交易为经济杠杆，形成一套合理的行政、经济相互促进的良好生态闭循环，在全国首次实现了环境管理联动机制创新。

五、项目取得成效

本项目的研究和实施对胶州社会经济发展和科技进步带来了积极贡献。

（一）构建了全天候监控监测体系

全天候监控监测体系实现对环境质量和污染源的监控全覆盖；依托六大子系统中的污染源在线监控系统、环境质量监控、机动车尾气监测监控和黄标车拆解监控等四个系统，建立起对污染源的 24 小时监控网络。对空气质量、地表水和大气污染情况实时监测，同时每天定时向外界及时发布胶州市空气质量指数。依托这一新的数字化集成控制系统和环保监管运行模式，通过实时监测、过程监控、数据分析、决策支持流程，实现对所有污染源监控的全覆盖，节约了管理成本，缓解了执法力量不足问题，极大地提高了执法效率。

自项目建成以来胶州市空气质量优良率及主要指标浓度位于青岛 10 区市前列，“APEC 蓝” 在胶州已成为常态。近年来，胶州先后获评全国文明城市提名城市、全省生态文明乡村建设工作先进市，2015 年空气质量在青岛 10 区市中考核成绩优秀，获青岛市空气质量“气质”大奖资金 344.5 万元。

（二）建立超排预警机制

超排预警机制实现对超排偷排污染源的事前监管；依托污染源在线监控、总量控制与排污权交易系统，对污染物排放实时记录、预警和关停，实现了环保事前监管。通过总量控制一体机动态在线监控排污单位的废气、废水排放情况，发现超标排污，第一时间发送短信通知环境监管人员，第一时间进行查处，杜绝超标排污和偷排偷放等违法行为。排污单位的污染物排放要符合环保部门核定的排污权，否则系统将对企业排污阀门自动关闭。这一机制彻底改变了环保部门与排污单位之间的拉锯式博弈，使环保部门牢牢掌握了工作主动权，“黑白厂”和“开关厂”问题得到根治。

2015 年，通过环保物联网发现并立案处罚的环境违法案件共 38 起，总计罚款 256 万元；对 3 起超标违法企业实施按日计罚；对 1 起构成环境犯罪的违法行为移交司法机关追究刑事责任。

（三）总量控制管理

通过总量控制管理，推动了排污权有偿使用制度落实，激发排污单位节能减排的内生动力。排污权交易制度的建立，使环保投入足、减排效果好的单位可以将富余排污权拿到平台出售，环保投入不足，超排单位则必须停产、限产，真正触动排污单位的“奶酪”，唤起排污单位节能减排的内生动力，从根本上扭转了依靠行政命令促减排的困境。

截止到 2015 年底，超额完成了“十二五”主要污染物减排指标。2015 年与上一年度相比，化学需氧量削减 180 吨、二氧化硫削减 132 吨、氮氧化物削减 108 吨，均超额完成了削减指标。

（四）为环境管理提供技术支持

胶州市的排污权交易系统，实时采集各类污染源信息和环境信息，建立了智能的数据中心，为开展企业排污申报、环境统计、环境质量报告书编制、环境应急、环境执法、环境信息系统建设等多项业务提供数据支撑。实施排污权交易可充分调动企业排污治理的积极性，使企业享受到治理排污的成果，实现工程减排。同时通过对多种数据的综合分析，为结构减排提供了数据保障。

胶州市《2015 年度环境质量报告书》获得青岛市级评比一等奖；2015 年利用在线数据核定排污收费 370 万元，占全年收费总额的 30% 以上。

（五）构建了环境应急指挥体系

环境应急指挥体系实现对环境应急事件的高效应对。依托环境应急指挥系统，建成了一个环境监控中心和4个应急分中心，与12369环境投诉中心对接，配备若干移动数据查询终端和应急车辆、人员，形成数字化的现代应急指挥体系。环境监控中心作为应急指挥中心，对于发生突发环境应急事件具有远程调度功能，现场环保执法人员的手持移动数据查询终端便于携带和操作，具备无线通信、音频图像数据采集、数据传输功能，可以及时将事故现场情况实时传输至应急指挥中心，便于总指挥科学地协调、决策、调度、指挥。

截至目前，通过该平台成功处理了3起环境应急事件，实现了部门联动，提高了工作效率。

（六）积极推进了排污权有偿使用和交易

项目将在线监控、总量控制和排污权有机结合，实现了对排污权的可监控、可报告、可验证，打破了排污权核定工作难开展的局面，为排污权交易工作的开展提供了可靠保障。

自2014年5月开始，胶州市选择了9家排污单位（3家废气污染源企业，6家废水污染源企业）利用我市环保物联网排污权交易系统进行了模拟交易，通过模拟交易对交易程序和软件系统进行了验证和完善。

目前参与模拟交易的企业已达30多家，主要采取网上交易的方式，全程验证了网上申请、受理、审核、竞价、变更、交割等环节。

截止到2015年底，胶州市第一批134家企业初始排污权核定工作已基本完成，其中涉及二氧化硫836吨、氮氧化物563吨，化学需氧量865吨，氨氮96吨。同时积极配合青岛市环保局起草制定排污权有偿使用和交易的相关政策文件，待时机成熟后，在全市开展初始排污权分配和排污权交易相关工作。

2014年11月1日，由环保部组织的区域性排污权有偿使用和交易管理专题研讨会在胶州召开，与会的环保部领导和专家对排污权交易工作的发展历程和趋势做了深入的阐述，对胶州市已开展的排污权有偿使用和交易工作给予充分肯定和高度评价。

2015年12月22日，中国环境科学学会在西安市召开了“胶州市环保物联网总量控制排污权交易云计算系统”成果鉴定会。由西安交通大学汪应洛院士、中国环境科学学会陆新元副理事长等7位专家组成了鉴定委员会，听取了项目组的研究工作报告和技术报告，审阅了相关资料，认为该项目对实现区域排污交易管理具有重要意义，实现了制度创新、技术创新和机制创新，鉴定委员会一致认定该成果总体上达到国内领先水平。

下一步，继续做好环保物联网系统运行维护，确保系统正常运行，充分发挥其作用，全面掌握监测数据和环境信息，为环境监管和排污权交易提供强有力的技术支持；充分发挥市场调节、政府主导的作用，积极引导排污单位开展排污权交易，为青岛市乃至山东省全面开展排污权交易工作进行有益的探索和实践。

（案例推荐部门：环境保护部）

案例 15

深圳市基于云环境的城市综合交通信息集成与服务应用实践案例

一、背景与需求

（一）建设背景

深圳机动车保有量持续快速增长，2015 年底已突破 340 万辆，近 5 年年均增长率达 16%，每公里道路车辆超过 480 辆，居全国之首。交通拥堵、停车难、环境污染等问题日益凸显，严重影响着深圳社会经济的可持续发展。

2009 年，深圳实行了大交通管理体制改革，确立了城市交通规划、建设、管理、运行和维护一体化管理体制，实行了“海、陆、空、铁、口岸”一体化管理。面对新体制带来的新挑战，迫切需要通过信息化手段提高交通管理水平。

2011 年，时任交通运输部部长李盛霖在深圳调研交通运输工作时指出：深圳要大力推进交通运输信息化、智能化建设，努力提升管理服务水平，争取在全国率先实现交通运输现代化。同时，深圳市委市政府提出了建设现代化国际化先进城市的战略目标和深圳质量的新标杆，对全面建设“智慧深圳”做出了部署。

为适应新的管理体制和发展战略要求，有效整合全市综合交通资源要素，提高综合交通协同运行效率，深圳市交通运输委员会提出了“以信息化、智能化引领交通运输现代化、国际化和一体化”的发展思路，构建基于云环境的城市综合交通信息集成、服务及应用的体系，建设了“一个中心、两个平台、六大体系”，为提高交通管理水平、交通运行效率和信息服务水平，提供了坚实的技术支撑。

（二）需求与建设内容

本项目构建了基于云环境的城市综合交通信息集成、服务及应用的体系，总体规划为建设“一个中心、两个平台、六大体系”，共包含 18 个支撑课题，总投资额 18667.16 万元，历时 5 年建成。项目按照统一规划、分步实施的模式建设，总体构架如图 15-1 所示。

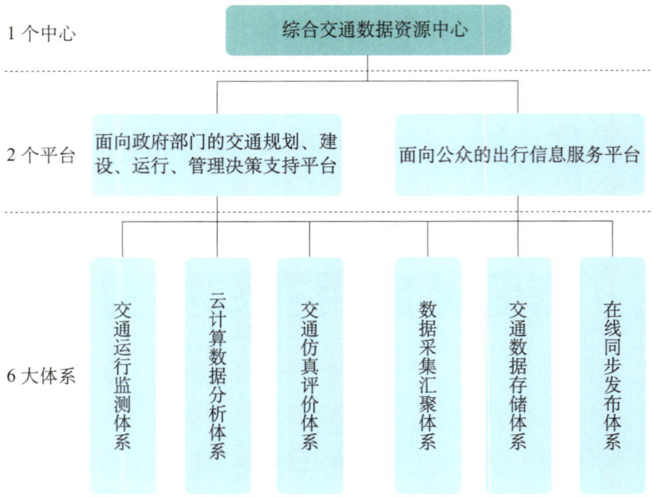

图 15-1　项目总体结构图

交通数据信息资源中心实现全局数据的统一，提高信息资源利用水平，为各项工作提供综合的查询、分析和信息发布服务。综合交通数据资源中心以交通数据的采集和存储为基础，信息采集模块采集的信息有 17 大类 75 项，覆盖海、陆、空、铁、口岸等出行方式，每日采集记录数 2.3 亿条；信息存储模块采用中国科学院深圳先进技术研究院交通数据云存储平台。在海量交通数据采集与存储的基础上，项目重点研究数据库群处理技术，并依托深圳超算中心的巨型计算机资源，建成交通大数据处理平台和数据服务平台，实现了海量综合交通数据的高效分析与处理，完成了城市建模关键技术研究与示范应用等课题。

面向政府部门的交通规划、建设、管理决策支持平台为交管部门提供决策支持，提出交通拥堵指数等评价指标，实现城市交通的综合指挥，为大众出行提供服务。平台的建设依托于交通数据信息资源中心，在海量数据存储和分析的基础上，建成了各应用子系统：GPS 综合监管系统、出租车行业管理系统、公交行业监管系统等，基于这些系统建设全市统一的运行指挥中心。依托海量数据，项目进一步建立了深圳宏观、中观、微观模型和基于此的仿真系统，对深圳市的城市交通环境、道路交通状况、各项交通需求等进行数据分析和仿真建模，为科学、合理地优化交通规划与政府决策、城市管理和社会服务提供科学支撑，更好地满足企业和市民日益增长的交通和交通信息需求。

面向公众的出行信息服务平台依托交通数据信息资源中心与交通运行指挥中心，利用互联网技术、无线通信技术、智能手机移动互联技术和移动电视直播技术，开发多渠道实时综合交通信息服务平台，构建深圳市公众出行信息服务体系，满足社会公众日益增长的实时、便捷、高效获取综合交通信息服务的需求。平台建立了“易行网”信息发布门户、“交通在手”APP、全景大交通直播节目，将城市交通信息通过手机、网站、电视等渠道以多种方式发布信息。

二、主要做法

项目采用多源信息综合交通信息集成系统，包括海、陆、空、铁、口岸五位一体的综合交通信息。面对海量综合交通数据，对交通数据进行处理分析，并有效保证数据资源的共享，从而建成综合交通数据资源中心，面向政府部门的交通规划、建设、管理决策支持平台和面向公众的出行信息服务平台，数据采集汇聚体系、交通数据存储体系、交通运行监测体系、云计算数据分析挖掘体系、交通建模仿真评价体系、在线同步发布体系。

（一）综合交通数据资源中心

数据资源中心采集基础路网信息、服务设施信息、公交信息、天气信息等基础交通数据，进行综合整理、处理、存储及分析应用。

项目采集的信息分类包括铁路、航空、公交、地铁等 17 大类，涉及包括交委、铁路、航空、地铁、气象、公交等多个相关单位，信息交换的形式包括数据库记录、文件、报文等，信息交换的频率包括实时数据交换和定时交换，涉及单位多、信息来源广、环境复杂、数据量大、通信方式多样。基于这些特点，项目开发出一个强大的数据采集系统，实现了以上信息采集功能。系统包括信息采集系统、交通地理信息管理平台、汇聚交换数据平台、交通大数据处理服务平台等。

1. 综合交通信息采集系统

综合交通信息采集系统从多个数据源采集信息，存储到基础信息数据库；并提供基于数据库接口为主的共享方式，为公众出行服务和态势分析提供数据；对需实时提供的数据，采用存储过程、Socket、Http（见图 15-2）等方式进行访问。

2. 交通地理信息管理平台

平台基于软件设计模式中的“单一职责模式”及软件系统模块化的架构思路，提供集中的空间数据存储和细粒度的标准服务。用户使用信息管理平台时造成的数据变更（包括添加、删除和修改）将存储在共享平台中，业务属性数据将存储在各

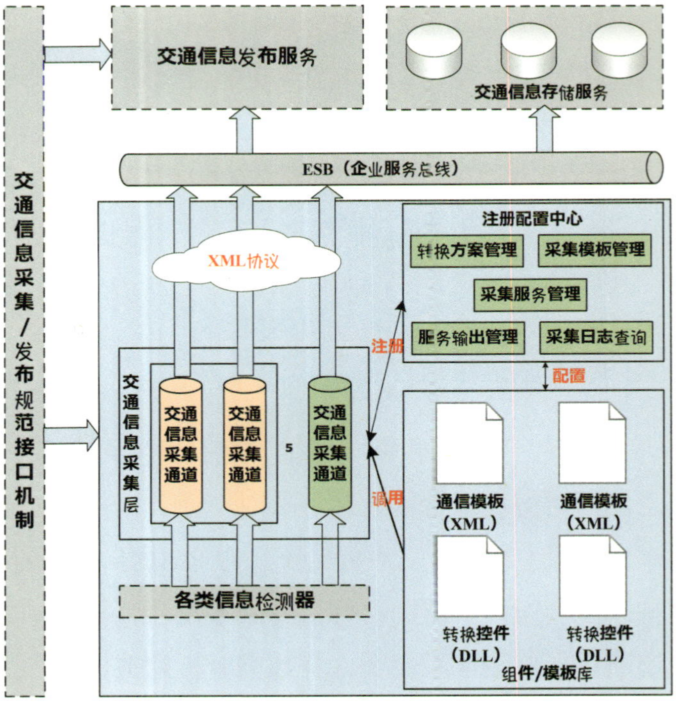

图 15-2　基于 XML 通信机制的交通信息采集功能结构图

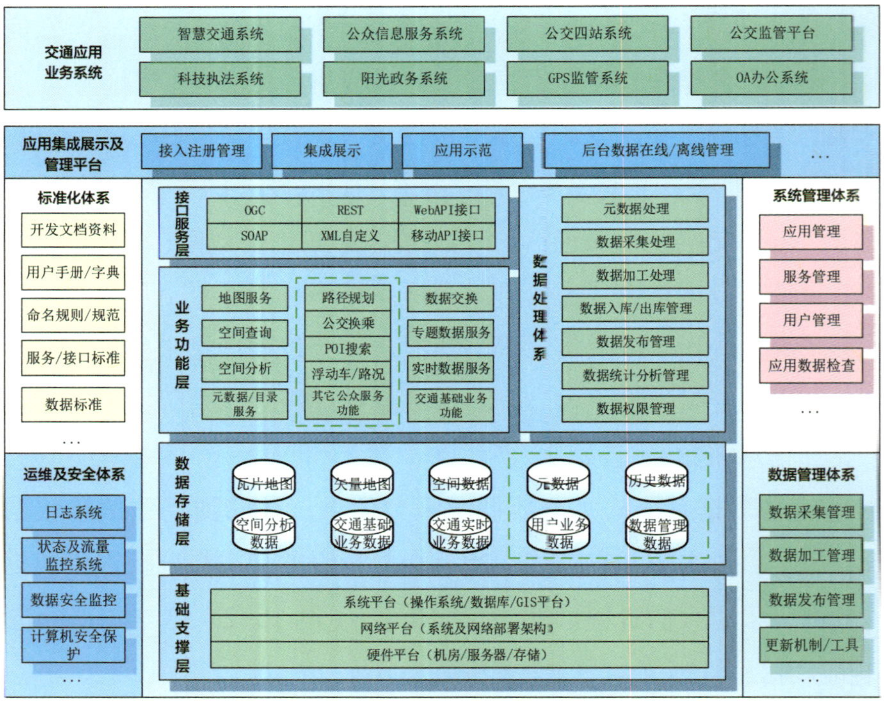

图 15-3　信息管理平台架构图

自的系统，这样可以确保系统之间的低耦合，同时使得 GIS-T 中始终保存着最新的空间信息（见图 15-3）。

3. 数据汇聚交换平台

交通信息汇聚交换平台支持数据的集成，并且使用 SOA 的系统架构。数据中心的接口遵行 SOA 的设计理念，内部通信采用高效的 TCP 连接，而外部通信采用标准的 Web Service 和其他业界标准以提高复用和效率（见图 15-4）。

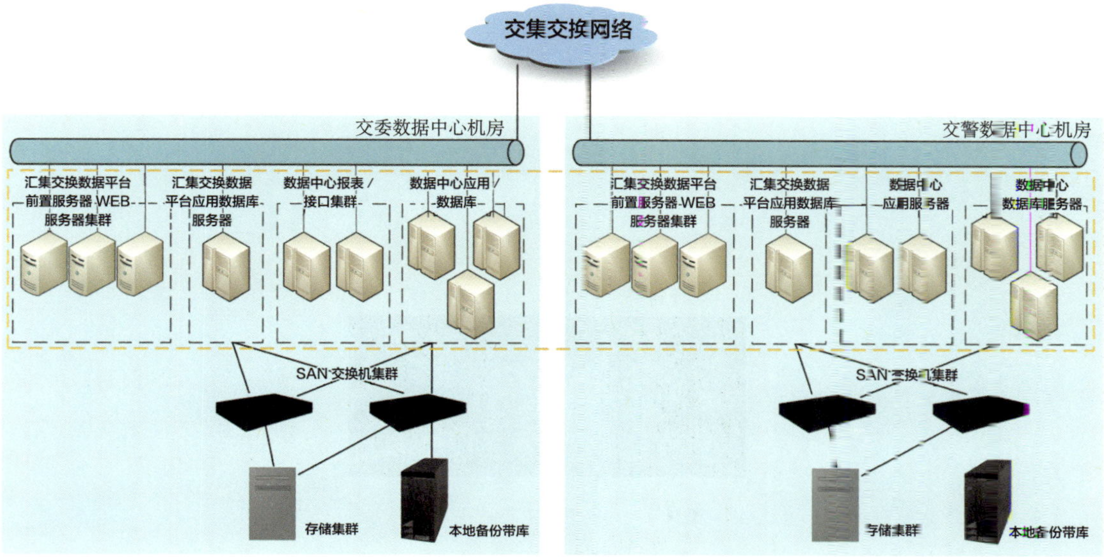

图 15-4　交通信息汇聚交换平台网络拓扑结构

4．交通大数据处理服务平台

交通大数据处理服务平台的整体架构基于大数据的 4V（即 Volume、Velocity、Variety、Veracity）特点，架构如图 15-5 所示。

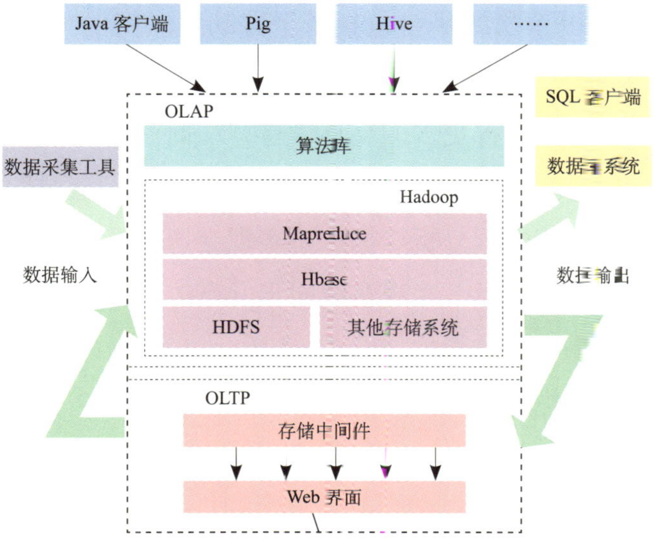

图 15-5　大数据处理服务平台架构

（二）面向政府部门交通规划、建设、管理决策支持平台

面向政府部门的交通规划、建设、管理决策的支持平台（见图 15-6），具有路网运行监控功能，能为城市交通管理提供支持，并且实现城市交通系统的仿真。平台由数据采集汇聚体系与交通数据存储体系提供数据支撑与数据分析，由交通运行监测体系实现平台功能，由交通建模仿真评价体系实现对全市交通状况的仿真，同时将管理决策结果提供给在线同步发布体系。

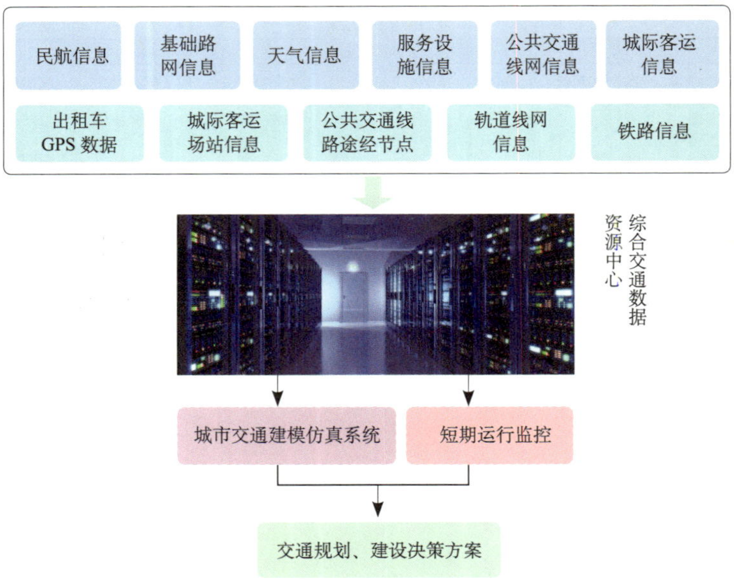

图 15-6　面向政府平台构架图

（三）面向社会公众出行信息服务平台

本项目中建立的公众出行平台包括基于移动互联网的“交通在手”及基于电视媒体的“全景交通”节目、基于互联网的“易行网”，公众通过这几个系统，可以在交通出行前、出行中获得更多的交通信息，从而使深圳市交通更加智能化。

面向公众的出行信息服务平台由数据采集汇聚体系、交通数据存储体系提供基础交通数据，由云计算数据分析挖掘体系实现交通数据的分析，并接收交通运行监测体系提供的交通状况信息，实现在线同步发布体系中各个系统的运行，发布实时的交通状况信息。平台总体架构如图 15-7 所示。

（四）综合交通数据采集汇聚体系

数据采集汇聚体系依托于GIS-T系统进行建设，交通基础信息共享平台（GIS-T）以全市基础 GIS 数据和社会经济数据为支撑，利用 RS 遥感、无线通信、GPS 定位等技术叠加综合交通基础及业务应用所需要的GIS 数据，包括交通网络、交通设施、

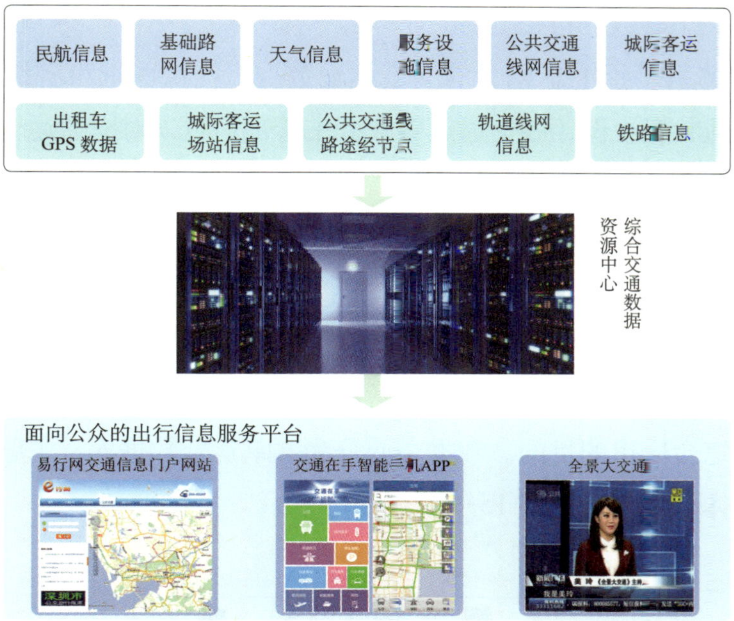

图 15-7　公众出行信息服务平台架构图

交通相关属性、运行在交通网络上的人和物的空间移动／空间调度／运输网络管理等，可实现满足于综合交通管理与应用所需的电子地图浏览、信息查询、接口应用、数据管理、数据共享、业务支撑、决策支持、建模仿真支撑等应用功能。系统从下至上包括数据存储层、服务层和服务接口层三层结构，如图 15-8 所示。

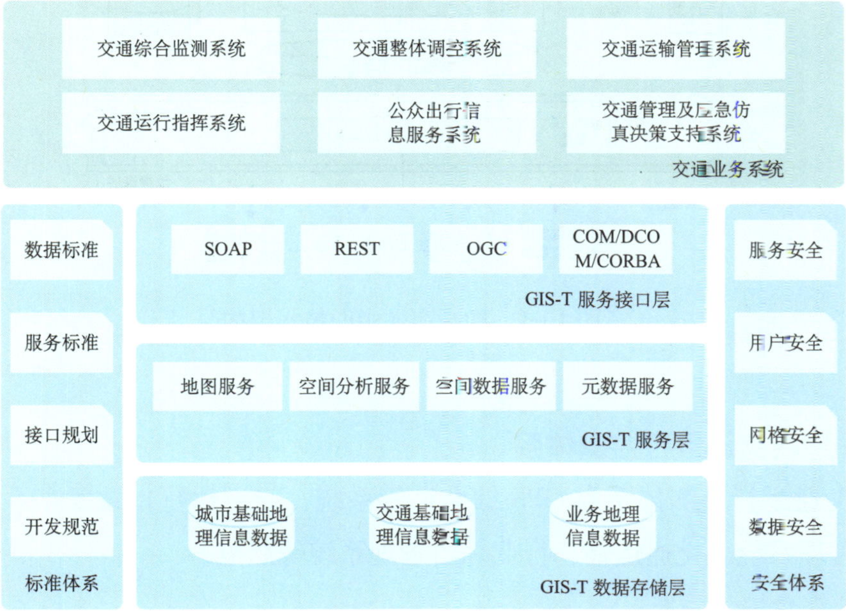

图 15-8　数据采集汇聚系统技术架构图

（五）综合交通数据存储体系

数据存储体系基于汇总整合的交通运输数据，提供深圳市各级交通管理部门统一的总体交通状况视图，各交通运输业务主管部门可以对交通运输业务进行及时的监管，提供给企业与公众必要的交通信息服务，以及透过交通运输数据来发掘交通事件问题点，采取适当的交通改善措施。同时，部分业务可通过利用国家超级计算机中心的超算能力，更深层次挖掘和分析数据，满足不同用户层的数据应用，挖掘交通数据中心的最大价值，以达到了解交通情况、缓解交通压力、规划交通未来的目的。数据存储体系通过实现统一的数据定义与命名规范，集中的数据环境，达到数据共享与综合应用的目的。数据中心分为共享运营数据库、主题分析数据库和主数据库，总体技术架构如图 15-9 所示。

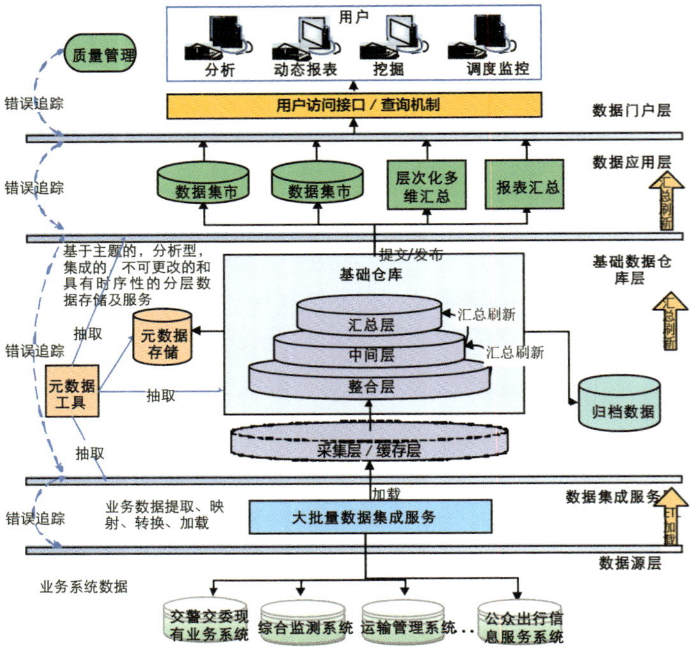

图 15-9　数据存储中心技术架构图

（六）综合交通运行监测体系

综合交通运行监测体系由 GPS 综合监管系统、交通运行指数发布系统、交通移动执法管理系统、交通运输、行业综合管理系统等组成。

1.GPS 综合监管系统

对全市 14700 多台出租车、4800 多辆长途客车和 2400 多辆危险化学品运输车和 2900 多辆重型自卸车等共计 80000 多台营运车辆进行监测，实现对车辆超速、GPS 掉线等违规行为的实时掌握。实现对接入车辆的实时监控和信息交互、道路实时路况分析、数据管理和报表分析等功能。

2. 交通运行指数发布系统

本系统定义了一种基于出行时间比（指出行实际所用时间与理想状态下所用时间的比值。比值越大，说明交通越拥堵。本项目理想状态下出行所用时间，取夜间凌晨时段路面交通顺畅时出行所用时间）的交通运行指数（Traffic Performance Index，TPI），取值范围为 0—5，分为畅通（0—1）、基本畅通（1—2）、缓行（2—3）、轻度拥堵（3—4）和拥堵（4—5）等五个等级。系统利用深圳市 15000 多台出租车浮动车数据，构建了基于出行时间的道路交通运行指数，并依据深圳市城市空间特点，从不同的空间层面上构建评估指标体系，整体反映路网、交通热点片区、路段和节点的交通运行水平，作为指挥中心发布道路交通运行情况的依据。

3. 交通移动执法管理系统

简称“交运通”，是一种主要面向城市交通执法人员和基层管理人员应用的手持智能终端系统，可以通过无线通信网络直接连接后台管理系统，具有信息查询、信息采集、上报等功能。交运通系统主要应用于运政移动业务管理、道路设施养护抢修、信访投诉移动办理、移动执法事件登记和人员管理、交通相关法律查询和执法查询、疑似非法车辆管理等领域，很好地解决了基层执法管理人员的日常业务管理信息化问题，极大地提高了基层业务管理部门的工作效率和工作协同性。

4. 交通运输行业综合管理系统

主要功能是实现对全市的公共交通进行科学规范的管理，主要包括出租车行业管理系统、公交行业监管系统。

出租车行业管理系统通过接入出租车机载终端设备，可实现车辆监控调度、异动监控预警、投诉处理、应急运力调度等；实现车载管理终端与监控指挥中心的双向数据通信；依托车载终端上传的卫星定位数据，为浮动车系统提供数据支撑等。

公交行业监管系统通过对接三大公交的运营调度平台和阳光政务平台公交管理数据库，公交政府监管平台可以提供公交车辆 GIS 实时监控、公交车辆在线数实时监管、车辆历史运行轨迹回放、线路车辆运行图、车辆违规报警查询等功能；通过对公交车辆运营里程、发车频率、到离站数据、运行比例等指标的统计分析，掌握全市公交整体运营态势。

(七)云计算数据分析挖掘体系

云计算数据分析挖掘体系的功能是实现交通数据的分析，并快速、有效、深入地分析海量交通信息。本项目利用深圳超算中心强大的计算资源和大数据分析技术，实现了交通客流分析，并通过分析海量交通信息，完成了城市交通建模。数据挖掘技术支撑了交通流预测与交通信息发布。大数据分析与挖掘技术由数据基础平台支撑，实现数据的采集和存储。在数据平台的基础上，通过客流建模、交通建模、数据挖掘、城市建模对交通状况进行分析，最终实现交通信息的发布。

(八)交通建模仿真评价体系

城市交通建模仿真系统依托公交、地铁、出租车及公众手机信号等数据，利用云计算、人工智能、数据挖掘和机器学习等技术，对深圳市的城市交通环境、道路交通状况、各项交通需求等进行数据分析和仿真建模，构建数字化交通平台，科学、合理地优化交通规划，为政府决策、城市管理和社会服务提供科学支撑，也作为数字城市的一部分，更好地满足企业和市民日益增长的交通和交通信息需求。城市交通建模仿真系统从宏观、中观、微观三个层面实现交通的建模。

(九)交通信息在线同步发布体系

在线同步发布体系主要包括易行网交通信息门户系统（简称“易行网”）、移动智能终端系统（简称“交通在手”）与基于交通频道电视多媒体系统（简称“全景大交通”）。

1.“易行网”交通信息门户系统。“易行网”基于城市交通基础信息环境，以互联网、大屏幕、移动电视、车载导航等终端为载体，通过城市道路网、公交线路网、轨道客流网、信号控制网、出租电召网、停车诱导网、枢纽时间网、场站设施位置网的“八网合一”体系结构，对交通信息进行采集、分析、挖掘、发布，形成集海、陆、空、铁、口岸五位一体的城市交通信息源服务中心，提供交通出行前与出行途中的全程信息服务。

2. 移动智能终端系统（交通在手）。移动智能终端系统（交通在手）目前已建成功能包括 17 个模块 38 项子功能，涵盖城市路况、高速路况、公交出行、地铁出行、出租电召、深港交通、机场大巴、长途客运、航空出行、铁路出行、轮船出行、路况随拍、交通设施、交通资讯、天气播报、交委微博、系统设置等。

3. 基于交通频道电视多媒体系统（全景大交通）。全景大交通系统通过电视频道发布实时交通路况信息，内容包括全市路况宏观指数、发布全市路网路况图、发布具体路况监控信号、现场连线直击（春运特别报道）、市内公共交通状况发布（公交、地铁、出租车）、交通新闻资讯等。

该频道为全天 14 小时直播节目（早上 7 点开始至晚上 9 点结束），以早晚两个高峰（3 小时）为重点交通直播板块，整点穿插路况信息播报，不间断播出公交、高速公路、国省道、铁路、航空等各方面交通信息，同时播放关于交通信息访谈类节目。

三、特色亮点

本项目被评为 2014 年度中国智能交通协会科学技术一等奖（见图 15-10）。

中国智能交通协会科学技术奖

证 书

为表彰2014年度中国智能交通协会科学技术奖获得者，特颁发此证书。

项目名称：基于云环境的城市综合交通信息集成与服务关键技术及应用

奖励等级：一等奖

获奖单位：深圳市交通运输委员会、深圳市易行网交通科技有限公司、中国科学院深圳先进技术研究院、清华大学深圳研究生院、深圳市凯立德科技股份有限公司

主要完成人：黄敏、温文华、张昕、祁伟、李志恒、文维、关志超、韩立青、陈滨力、张帆、张良、熊文青、胡斌、刘清祥、曾鹏

证书号：ZZJX-J2014K001

2014年11月1日

图 15-10 获奖证书

1. 首次实现了大交通管理体制下特大城市综合交通信息集成。集成了海、陆、空、铁、口岸等多源综合交通信息，并实现了跨行业、跨部门、跨体制的数据资源共享，形成了一个中心、两大平台、六大体系的城市综合交通信息集成、服务及应用体系。

2. 首次建立了特大城市综合交通信息云存储、云计算与云发布体系。国内首次建立了物理分布、逻辑统一的城市综合交通数据云存储、云计算、云发布体系。系统为 1400 万人口提供服务，系统存储容量达到 PB 规模，日均数据存储量达约 180T。基于 45000 条以上各种等级复杂道路路链，系统具备 50 万辆浮动车数据 / 分钟的处理能力，数据计算能力可达 100 万亿次 / 秒，具有支持 100 万用户并发能力，信息发布响应时间达到毫秒级，每日处理事务条数达 50 亿条。

3. 建立了多层次的城市综合交通模型、一整套以交通为轴心的智慧城市模型——深圳模型。在此之上发展出涉及民生的多个方面的专项模型，包括道路交通运行指数模型，公共交通服务指数模型、交通安全生产指数模型、交通设施运行指数模型、道路管养模型等，为综合监测评估深圳交通运行安全与服务水平，提供了科学依据和手段。

4. 首创了基于位置的、实时动态、多渠道协同的在线综合交通信息发布体系。项目以位置感知技术为基础，依托云平台的大数据采集处理能力，以易行网网站、

交通在手智能手机 APP、移动电视交通直播节目等多种渠道，向社会公众协同在线发布实时动态综合交通信息。

5. 首创了面向全行业共享的交通基础地理信息共享平台——GIS-T。GIS-T 平台在全市基础 GIS 数据和社会经济数据的基础上，集成了交通网络、交通设施、交通相关属性、交通运行和调度管理等交通专题地理信息，实现满足于综合交通管理与应用所需的电子地图浏览、信息查询、接口应用、数据管理、数据共享、业务支撑、决策支持、建模仿真支撑等应用功能。

四、应用效果

本项目成果已应用于深圳市交通运输委员会各级交通管理部门的交通运行监测、安全监管、应急指挥、业务管理、决策支持和公众信息服务等方面。

（一）系统使用情况

1. 运行监测方面。交通运输行业 GPS 综合监管系统已接入出租车、长途客运车辆、旅游包车、危险品运输车、重型货车、驾培车辆等共计 80000 多台营运车辆 GPS 数据，对监控司乘人员规范运营，提高交通运输安全起到了很好的保障作用。交通运输行业视频联网监控系统已接入全市三级以上长途客运站、全部高速公路收费广场、5 条地铁线路、东西部港口码头、全市 31 个充电站、重点出租车场站以及各重要交通路口 2000 多路监控视频。

2. 交通信息服务方面。本项目成果已成为深圳市民获取各种综合交通信息和实时交通路况信息，以及做出出行决策支持的重要渠道。本项目开发的公众出行门户网站“易行网”，目前总访问量已超过 2500 万人次。基于移动互联的“交通在手”智能手机 APP 程序已在安卓、苹果等手机应用市场发布，总下载量突破 200 万人次，日均使用访问量超过 70 万人次。开通的“全景大交通”移动电视直播频道，每天为超过 600 万人次的公交、地铁出行人群提供实时综合交通信息播报服务。

3. 交通运行保障方面。本项目建设成果成功应用于第 26 届深圳世界大学生运动会等重要赛事和多场特大重要活动的交通保障智能化调度管理，确保了交通安全、准点、可靠、便捷，世界大体联主席加利安盛赞大运会交通保障团队为“梦之队”。大运会期间，共投入各类交通服务人员 9538 人，累计发车 66803 辆次，载客 386478 人次，车辆运行总里程 2931365 公里，赛事期间，公共交通系统运送比赛观众 149.79 万人次，开行 9494 班次公交地铁，各场比赛观众实际平均 25 分钟疏散完毕，未发生一宗安全责任事故，未发生一起注册群体乘车延误事件，未发生一起注册群体有效投诉事件。

4. 数据挖掘分析方面。在数据挖掘方面，对于多尺度交通大数据，充分挖掘了客流移动规律和特征，使用了 100 多种数据分析和挖掘算法，每日产生报表平均 300 多张，提高了交通信息精细化管理水平。系统还分析了深圳市 1400 多万人每日的用户出行特征，并针对城市的交通实际需求，结合手机信令数据、GPS 车辆数据、深圳通刷卡数据等多源数据的融合获取用户客流分布规律及出行特征，通过建立综合交通数据集成应用平台，对各类交通数据按主题进行深度挖掘应用，以数据说话，为交通规划管理政策的制定提供科学依据。

（二）社会效益方面

在系统全面使用的基础上，本项目成果取得了很好的社会经济效益。

1. 提升交通运输承载能力，避免负面政策影响。项目的应用大大提升了深圳交通运输承载能力，改善了公众出行体验。截止到 2015 年底，全市及中心城区工作日早晚高峰交通指数分别为 2.55 和 2.81（2—3 为缓行状态），平均车速分别为 27 公里 / 小时和 26 公里 / 小时，同比分别下降 1.2% 和 2%。平均车速降幅显著低于机动车保有量的增长幅度，车速仍高于其他同类城市。

2. 提升公众出行满意度，提高公交出行吸引力。公交出行者平均候车时间由 9 分钟减少为 5 分钟，私家车出行者拥堵避行和错峰出行意识显著增强，月均市民出行服务投诉次数下降 52%，公交出行客流量增长明显，日均出行达到 1006.2 万人次，出行分担率达到 54.4%。

3. 提高交通行业管理水平，提升交通整体运行效率。以基层交通管理为例，全市交通设施案件日均巡查里程 4321.6 公里，各类案件周办结率由之前的不足 60% 提升至 95.3% 以上，提高了交通基础设施的完好率和整体运行效率。

4. 强化综合交通协同，提升综合交通规划管理、组织指挥、应急保障能力。如大运会期间，在良好的智能化运行监测环境和信息发布环境支撑下，圆满实现了“安全、准点、可靠、便利”的目标要求，得到了大运会来宾的高度评价。世界大体联主席加利安盛赞大运会交通保障团队为“梦之队”。

5. 推进产学研用一体化，实现行业管理领先地位。深圳市交通运输委与 17 家企事业单位、大专院校形成战略合作关系，智慧交通产业促进会成立不足半年时间，参会会员单位已达 106 家。加速了交通科技成果转化推广应用，优化升级了交通产业结构，促进了交通产业规模发展，如 2014 年全市智慧交通产业规模超过 85 亿元。

（三）经验

本项目吸引了多个国家和地区以及国内不同省、市、自治区的政府官员和交通专家前来参观考察。从 2011 年 9 月 20 日至 2014 年底，共接待 314 批次，约 12000 人参观考察。时任交通部部长李盛霖，中纪委副书记黄树贤，交通部副部长冯正霖、翁孟勇、高宏峰、王昌顺等人都曾来参观考察（参见图 15-11）。

图 15-11　专家领导参观指导深圳智能交通

（案例推荐部门：交通运输部）

案例 16

上海农业物联网节本增效案例

在农业部的支持和指导下，本市围绕都市现代农业发展需求，支撑国家现代农业示范区建设，以企业为主体，以产业发展需求为导向，推进物联网技术在都市现代农业中的综合应用与示范推广，探索农业物联网可看、可用、可持续的应用模式，促进新型农业经营主体利用农业物联网技术节本增效，形成了一批节本增效突出、众创众筹众享、易学易懂宜用等农业物联网解决方案。谋划“互联网+”时代下的农业物联网理论、技术、应用和机制创新。

案例一：基于物联网技术的能繁母猪保险信息化管理平台

（一）背景与需求

1. 项目建设背景

能繁母猪保险作为政策性保险在保险覆盖面迅速扩大的同时，也存在着能繁母猪保险经营持续亏损的突出问题，严重制约了该业务的长久经营和可持续发展。

以 2009 年为例，全国能繁母猪保费收入 23.10 亿元，赔付 25.65 亿元，简单赔付率达 111%，能繁母猪简单出险率高达 9%。部分地区简单赔付率已超过 150%，个别省份简单赔付率超过 200%。同时传统的保险方式工作烦琐，中间环节容易出现纰漏，无法精准到保险标的物的个体信息，“承保标的”与“理赔标的”无法做到一一对应。由此会引发病死猪容易流向制售病死猪肉产业链，对食品安全造成极大的隐患。

2012 年 3 月开始，在上海市农委畜牧兽医办支持下，上海生物电子标识有限公司与安信农业保险股份公司合作，运用物联网技术在本市建立由市农委畜牧兽医办、市动物疫病预防控制中心、市动物卫生监督所、市动物无害化处理中心、安信农业保险股份有限公司、养殖场共同使用的数据共享交换平台，实现了能繁母猪保险“全过程”信息化管理。

2. 项目建设需求

基于物联网技术的能繁母猪保险信息化管理是在动物防疫监督管理部门、动物无害化处理中心和保险公司的通力合作、高效互动和信息共享下，应用 RFID 无线射频识别技术和畜牧业物联网技术，将能繁母猪保险的承保、合同变更、理赔、风险提示和档案管理上传至云端数据中心，通过互联网信息化技术来管理数据中心所有数据。能繁母猪保险信息化管理是完善食品安全体系、有效杜绝病死猪流向制售病死猪肉产业链、提高精准化风险管理水平、提升农业保险信息化管理能力的重要手段。

（二）主要做法

智能电子标识（二维码电子标识）不受环境潮湿、光线强弱、耳标表面脏污及方向性等问题的影响，它是全自动化信息采集溯源管理的核心载体。

1. 建立能繁母猪电子身份证

由经过培训的兽医师为每头能繁母猪植入低频 134.2KHZ 的智能电子标识（二维码电子标识），植入位置在母猪的右耳皮下（参见图 16-1）。植入式智能电子标识既符合国际动物编码（ICAR）组织的编码规则，又符合我国国家动物追溯二维码的要求，采用专用智能阅读器在 1s 内即可显示农业部牲畜二维码图案和二维码号。

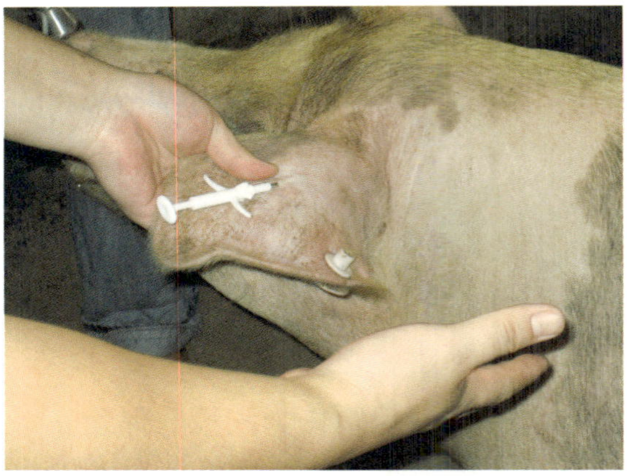

图 16-1 医师为能繁母猪植入智能电子标识

养殖场工作人员利用智能阅读器采集每头能繁母猪的胎次、加保、退保、续保等信息，并上传至云端数据中心。这样每头能繁母猪都拥有了独立的电子身份信息，真正实现了“承保标的”和“理赔标的”一一对应。

2. 建立基于物联网技术的能繁母猪保险电子信息化管理服务平台

养猪场通过该平台上传能繁母猪个体电子标识号、畜龄、胎次、免疫及养殖场名称、养殖地点、机构代码、畜主姓名、身份证号码、联系电话等进行信息资源登记。通过猪场专用用户名登录平台完成在线采集数据导入和在线投保。整个流程养猪场负责人只需在能上网的电脑上安装平台客户端，无论在猪场或家里都能完成采集数据的导入和上传，无须人工输入信息（技术架构图参见图 16–2）。

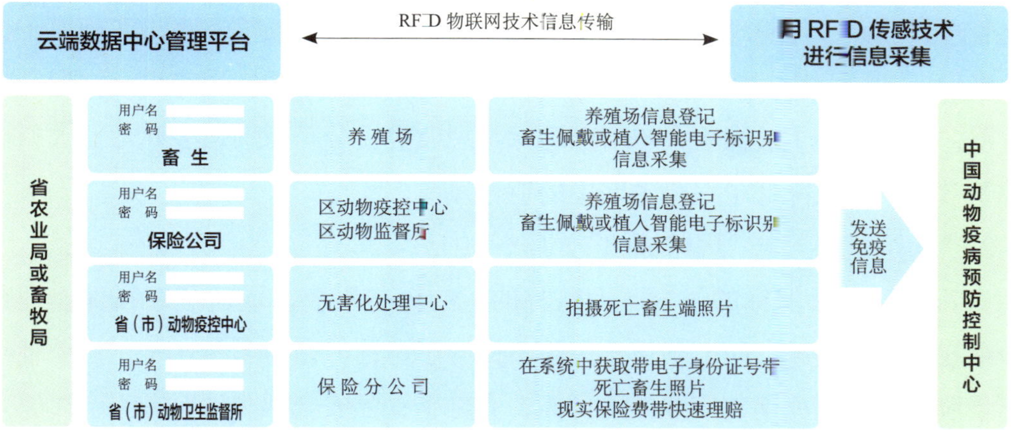

图 16–2　技术架构图

市农委、市畜牧兽医办、市区县动物疫病预防控制中心和动物卫生监督所、市动物无害化处理中心，通过互联网可实时查询到统计数据，精准掌握本市母猪每日养殖数量及其变化、死亡母猪的疫病和疾病信息、死亡母猪无害化处理信息，为政府及管理部门预警动物疫情，预测价格走势提供决策依据。

3. 病死能繁母猪管理的闭环流程

能繁母猪从投保到理赔流程涉及四个中心节点（投保、收集、烧制、理赔）、三个部门（动物卫生监督部门、动物无害化处理部门、保险机构），智能电子标识（二维码电子标识）的植入使得每一头投保母猪和无害化理赔母猪建立一一对应关系，杜绝了中间环节流出的可能。

当能繁母猪发生死亡，由区县动物疾病预防控制中心的工作人员采集母猪死亡原因，区县卫生监督所在收取死亡母猪时，现场打印一张包含死亡母猪电子身份证号（二维码）的纸质凭证给予养殖户。

母猪运送到市动物无害化处理中心后，在处理之前图像叠加设备会自动采集一张包含死亡母猪电子身份证号的照片，并自动上传至云端数据中心。保险公司根据由市动物无害化处理中心上传的照片进行自动理赔，理赔金额通过平台直接转入被保险人的银行账户，同时该系统平台有利于落实政府发放母猪无害化处理费用补贴，补贴金额通过该平台可直接转入被保险人的银行账户，减少了由于统计困难而造成失误的可能性，提高了政府发放补贴的真实性和透明度。

（三）特色亮点

1. 保险“全过程”信息化管理

在投保、核保、报案、理赔、核销、统计等业务环节实现保险“全过程”信息化管理，提升了保险理赔效率。传统的保险方式工作烦琐成本高，实施电子标识技术以后，理赔更快，成本大大降低，不仅节约了保险公司实地查勘、交通、审核等费用，同时消除了被保险人申请办理保险理赔提交资料时的诸多麻烦，大幅提高了理赔效率，有效降低了保险理赔中的道德风险。

2.“承保标的”与“理赔标的”的一一对应

真正做到“承保标的”与“理赔标的”的一一对应，规避了在投保、理赔过程中存在的传统问题，防范了道德风险，提升了母猪养殖科学化水平，有效杜绝了病死猪流向制售病死猪肉产业链的可能，完善了食品安全保障体系。

3. 保险、防疫、无害化处理工作相结合

推进能繁母猪保险、防疫、无害化处理工作相结合，找到防范和管控经营风险的有力抓手，确保能繁母猪保险业务持续健康发展。

（四）应用成效

1. 完成全市母猪的投保工作

截至 2015 年底，累计已对全市 31.6 万头能繁母猪植入了二维码电子标识并进行投保，其中 137 家规模养猪场饲养的能繁母猪共 25.5 万头，散养户饲养的能繁母猪共 6.1 万头，植入率达到 99%。

2. 经济和社会效益

项目的实施实现了能繁母猪保险信息化管理，大大提高了能繁母猪保险理赔的工作效率，节约了保险公司的查勘、交通、审核等费用，消除了被保险人申请办理保险理赔提交理赔资料时的诸多麻烦。项目的建设提高了被保险能繁母猪的风险控制能力，有效控制能繁母猪保险的道德风险，保险赔付率在原来的基础上下降了 15% 以上。

案例二：智慧农业物联网管控中心系统

（一）背景与需求

目前全国在推进农业设施建设，主要是在将原有露天靠天吃饭的农业设施环境，通过现代工业化手段，变成温室化经营，大力提高设施农业对资源的利用率，降低设施农业生产成本，实现一年四季都能种植蔬菜类农产品。上海作为先进农业发展的源头不断将先进的农业设施设备及技术推广到全国。

多利智慧农业管理中心系统（参见图 16-3）是在利用现代科技手段实现初步设施农业的基础上，进一步将农业设施从“工业化”向“智能化”推进，实现以往粗放式农业种植向精确化农业种植转变，能够更加有效地利用农业资源，减少对资源的消耗，减少农药、化肥对环境的污染。从目前国内发展来看，采用移动通信技术、物联网技术来装备设施农业（参见图 16-4），提升农业生产信息化、数字化和智能化能力，仍属初步发展阶段。

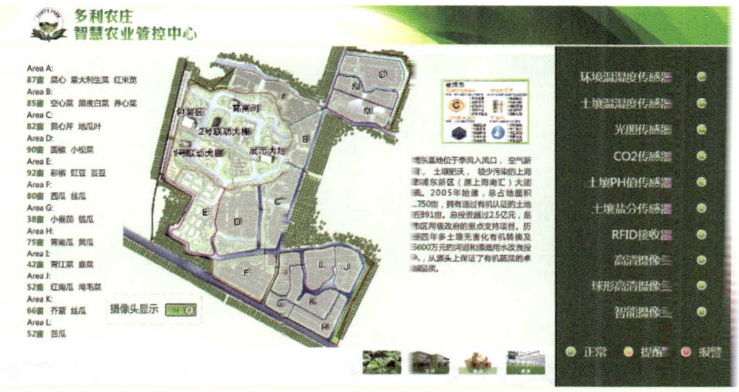

图 16-3　多利智慧农业管控中心系统网页界面

图 16-4　物联网系统整体介绍图

（二）主要做法

1. 第一年建设内容

围绕实现物联网应用示范园区的项目目标，第一年推进以下项目的建设：

（1）完善园区基础网络覆盖；

（2）搭建园区物联网各项应用的平台；

（3）实现园区物联网应用需求；

（4）实现农业生产环境自动化控制及二维码溯源系统；

（5）农业生产可视化管理系统。

2. 第二年建设内容

（1）物联网管控中心；

（2）冷库监控系统；

（3）有机蔬菜冷链物流管理系统。

截止到 2015 年 8 月，已实现大团基地和崇明基地上千个单体大棚和连栋大棚、育苗等玻璃温室的生产环境监控及土壤质量检测；布设了覆盖全园区的空气温湿度传感器组件，土壤温湿度传感器组件，土壤盐分传感器组件，土壤 pH 值传感器组件，大气 CO_2 传感器组件和光照传感器组件，RFID 无线读写器及天线。实现 722 平方米冷库的科学管理和监控及对多利公司冷链车的管理与定位。

物联网项目建设过程中应用的硬件设施如图 16-5—图 16-7。

图 16-5　大棚 RFID 接收器

图 16-6　大棚 RFID 读写器

图 16-7　大棚传感器布设

（三）特色亮点

多利智慧农业管控中心系统包括五大模块：生产、仓储、物流、溯源和远程可视化管理系统。

1. 农业生产环境自动化控制

在本项目中，前端的无线传感器网络负责信息的采集与汇聚，整个农业园区的采集信息在单点或者少数几个中心基站汇聚，然后再接入局域网或 GPRS 完成远程信息传输，大大降低了使用成本。

2. 有机蔬菜仓储管理系统

建立二维码标签生成软硬件系统，完成产品信息的标定。主要功能包括产品出入库管理、包装二维码打印、产品库存管理、产品损耗管理、订单计划查询等功能（详见图 16-8）。

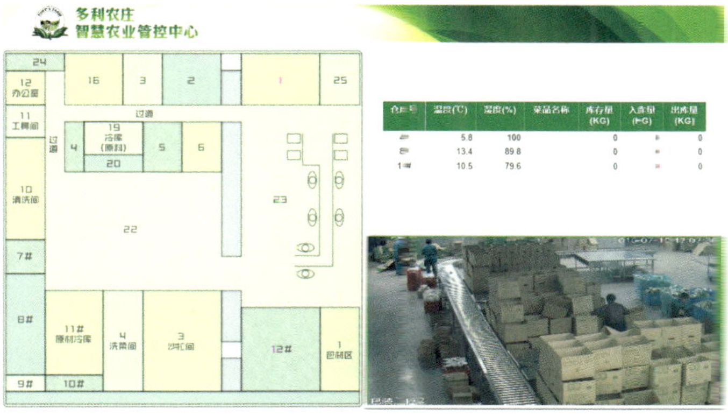

图 16-8　大团基地智慧管控中心仓储展示界面

3. 多利有机蔬菜冷链物流管理系统

本系统是基于移动的车辆定位系统来搭建一套用户自有的车辆监控管理平台，在此平台上实现以物联网为主的各种信息化应用。主要功能为：

（1）车辆定位：显示车辆基本信息（位置信息、用户标准、路径优化、历史轨迹）。

（2）地图操作：能够对电子地图进行自动漫游、显示全图、缩放地图等。

（3）车辆监控：灵活设置超速报警、区域报警等。

（4）车内信息采集：可以实时获取车内的温度、湿度等，并将数据传递到中心平台。

4. 有机蔬菜质量溯源系统

本项目拟建立农产品质量可追溯体系，对农产品从原料采购到播种、生产过程、生长环境、收割包装、运输和销售等环节实现监测与安全管理，实现“农田到餐桌”的全过程产品质量控制及可追溯，保障食品安全。消费者通过用手机、移动手持终端等设备，扫描有机蔬菜包装上的次世代彩码，获取追溯码，通过追溯码获取有机码，得到有机蔬菜的认证信息。追溯信息同时包含有机蔬菜的生产批次、采摘时间、种子信息、田间农作信息、质检信息及生长环境信息等（详见图 16-9）。

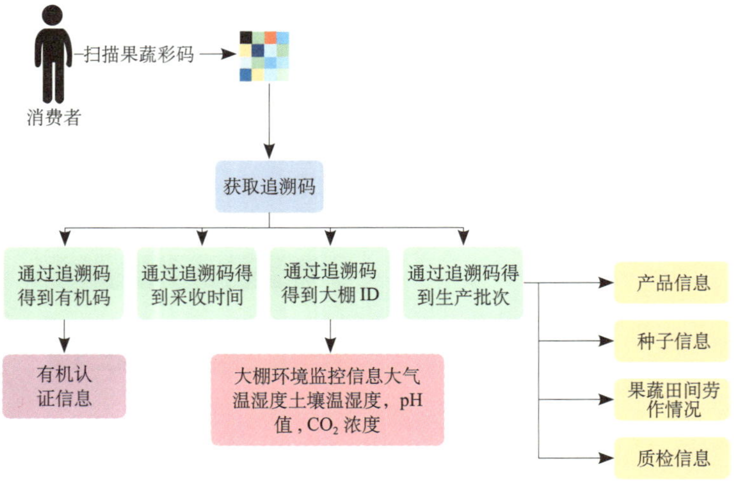

图 16-9　多利有机蔬菜彩码追溯查询

5. 农业生产可视化管理系统

多利农庄农业生产可视化管理系统可通过视频监控系统平台来实现（参见图 16-10）。视频回传方式为有线和无线两种。系统特点为监控点分布广、支持远程监控、事前防范及事后取证。系统功能为报警联动，考虑到方便业务开展，在平台侧不但提供了强大的报警联动功能，还提供了联动预案功能。

图 16-10　部分园区监控页面展示

（四）应用成效

通过在田间布设传感器感知蔬菜生长环境，实时掌握土壤温湿度、盐分、pH 值、空气温湿度、CO_2 浓度、光照各个参数，从而根据不同蔬菜生长所需环境条件进行田间劳作，减少不必要的灌溉、施肥。从而使得示范园区灌溉、施肥用量显著减少。

在病虫害防治方面，项目实施后可实现早期预警，通过配套的防控技术与系统支持，实现事前防治，对病虫害的防治由被动治疗转为主动预防，大量减少农药的使用次数与使用量，用药效果显著。与常规防治相比，在防治效果差异不显著的情况下，平均每年可以节省用药 2 次以上，示范园平均可以减少农药使用量约 20%。在生产环节，农业物联网综合应用示范园蔬菜产量平均月提高 10%，示范园每年增收 1000 万元以上，节约投入人力成本约 20%。

案例三：上海农机物联网应用

（一）模式应用情况

1. 基本建设情况

上海农机物联网以上海市嘉定区外冈镇为示范基地，对 300 台农机具件设备进行了物联网技术改造。

2. 物联网技术及产品使用情况

上农信农机综合传感器，集成了定位、油耗测量、信息传送、电压监控等功能（见图 16-11）。

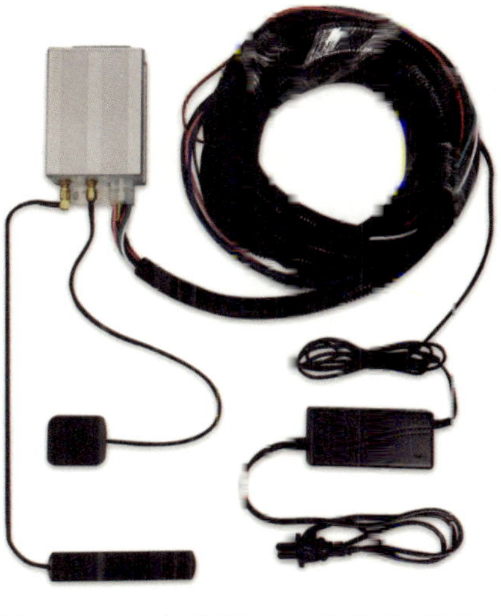

图 16-11　上农信农机综合传感器

3. 物联网技术应用解决方案

该方案运用了北斗卫星定位技术和农机信息化管理技术，实现农机作业量与作业油耗的精确记载和测算，建立了农机社会化服务体系信息支撑平台。上海农业信息有限公司通过自主研发的农机定位数据、运行参数的硬件设备，实现了农机的位置数据、油耗的数据指标的实时采集，实现了农机位置数据的实时采集、传送以及信息接收、油耗测量、电压监控、发送逻辑智能处理等功能。

农机社会化服务体系信息支撑平台建立了农业机械作业服务系统，如图 16-12 所示通过电子地图、动态跟踪、机具调度、农机管理、油料管理，实现对主要农机的集中管理，为所有种植户提供标准统一的服务；建立了农业机械社会化服务管理系统，合作社用户可以通过该系统搜索农机服务需求，签订作业服务合同等，管理

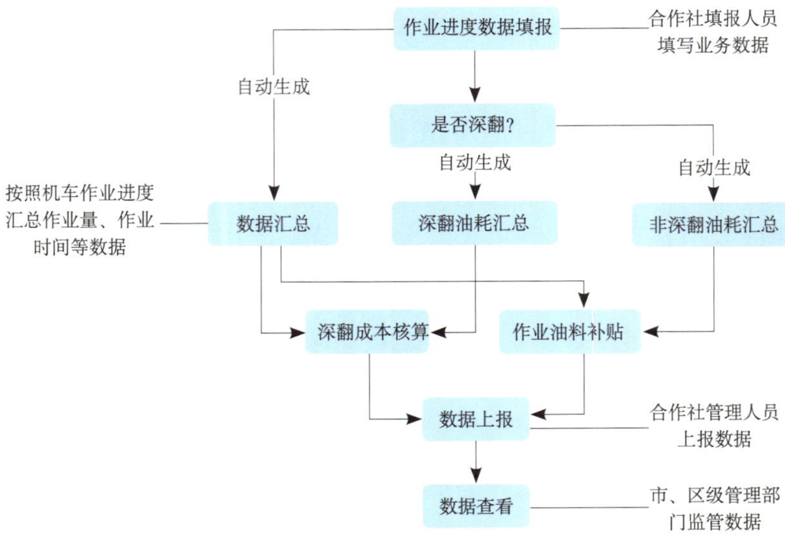

图 16-12　农机作业技术路线

部门用户可以通过该系统，及时掌握农机的基本信息、农机作业信息和服务质量情况；建立了农机信息发布系统，利用物联网收集汇总全市农机管理人员、农机手以及农机社会化服务管理人员通信方式，通过农机服务电话和发送手机短信等方式将作业需求、价格行情、天气资讯、油料供应、维修服务等重要即时信息发给用户，提高农机化信息服务水平；完善了农机补贴资金管理系统，健全农机惠农支农资金的申请、审批、发放和公示管理，提高农机补贴资金利用率，提升资金发放透明度；建立农机 4S 服务系统，由政府提供价格可接受的农机保养、维修服务，延长农机的使用寿命。

（二）实施亮点

图 16-13　农机实施图

通过卫星定位和信息化管理手段的运用，实现农机作业量的准确测算，为按实、按劳发放油料补贴提供有力支撑，有利于油料补贴政策的制定出台和具体操作。今后，可通过生产企业批量化安装北斗模块降低投入成本，在全国具有普及推广的价值。

通过安装北斗模块，可将农机定位误差控制在 1 米范围内，从而真正实现精准无误的播种、收割，实现北斗位置信息与农机作业现场高清图像的实时回传，提高农业生产管理的精细化水平（见图 16-13）。

建立农机社会化服务体系信息支撑平台，提高农机现代化、专业化管理水平。农机管理部门通过农机社会化服务体系信息支撑平台，对农机社会化服务进行监督管理，降低行政管理成本，提高服务效能，提高管理服务的现代化水平。

（三）经济效益

上海对农机的补贴应从购机补贴逐渐转移到保有补贴、使用补贴、过程补贴。油耗的精准化测量可以提高补贴的精准性。通过本方案的实施可以有效地提高农机作业效率，以在兴农天力农机合作社的试验结果分析，三夏期间作业单机作业每车每日增加三次有效出车率，比去年同时期增加 30% 有效产能。平均生产效率比往年同时期增加 25%。通过合理调度，平均节省油耗 15%，使农机作业有效实现管理科学化，高效增加生产能力。

案例四：温室大棚物联网技术应用
——上海星辉蔬菜基地鸡毛菜智能化种植管理

（一）项目需求

应用科技手段转变农业生产方式，提高土地有效使用率，提高农民经济收入，建立友好可持续发展的生态环境，为市民提供安全可靠、品质优良的食品，是一个城市文明的标志，是智慧城市的必经之路。

随着耕地减少、人们生活水平的提高、农业发展方向的转变，温室大棚能够突破气候、土地、地理位置、产品品种、植物生长环境、生产设施设备的限制，满足瓜果蔬菜和较高经济价值作物的生产和市场需求，使得智能温室大棚种植成为现代智慧农业的一个重要标志和发展趋势（见图 16-14）。

图 16-14 项目现场图

物联网智能温室大棚监控管理系统，将全面满足温室大棚生产需求要素，为人们生活带来丰富、安全、优质的产品。

（二）项目背景

上海星辉蔬菜有限公司拥有耕地 1508.9 公顷，拥有日光温室 2 公顷。公司下属蔬菜科研开发中心、有机蔬菜园艺场、果蔬有限公司、蔬菜加工厂、冷库、五个外延生产基地。可完成从田间生产到加工成品的一系列机械化作业，完全达到发达国家的从采收到成品的冷链化保鲜工艺。

上海星辉蔬菜基地温室物联网系统，是 2015 年启动的农业信息化种植项目，2015 年 5 月开始项目的规划，7 月开始项目建设。

第一期工程 3 座温室和 2 座荫棚，种植优质鸡毛菜。应用农业物联网智能监控管理系统，除了满足集约、高产、高效、生态、安全的智能化生产管理需求外，还要能够和光明集团农超对接，让用户通过视频，直观了解农作物生产现场，了解鸡毛菜生产全过程和生产环境监测数据，让用户看得明白，吃得放心。

（三）主要做法

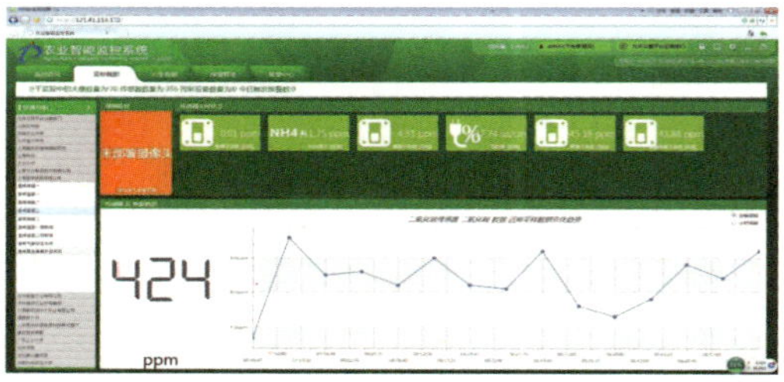

图 16-15　中央控制管理系统实时数据界面

鸡毛菜物联网智能监控管理系统。（见图 16-15）该系统基于绿色、环保、安全、节能降耗、增产增收的目标，基于智慧农业云平台建设，其包含中央监控系统、生产环境监测系统、智能控制系统、智能水肥灌溉系统、农业气象站与视频监控系统六大子系统。

1. 蔬菜瓜果生长的土壤、灌溉用肥用水及气候光照对于作物生长的品质和产量收益至关重要。鸡毛菜物联网智能监控管理系统利用智能数字传感器对土壤温湿度、土壤 pH 值、光照度、空气温湿度等常规指标进行实时在线监测外，还通过智能离子传感器对土壤重金属进行实时在线监测，保障鸡毛菜生长环境的无污染。

该系统具有智能组网和无线传输，大规模数据处理、远程智能化控制等功能，只要生产区域覆盖移动通信 3G/4G/网络或者有线网络，系统就能够根据温室环境监测的数据和预先设定的阈值，自动控制内遮阳、外遮阳、卷帘、湿帘

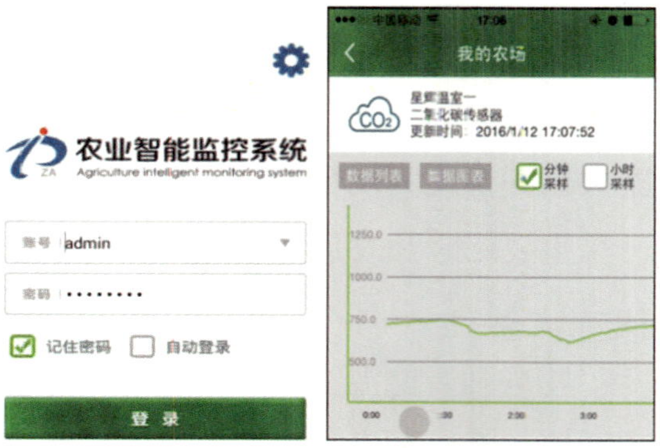

图 16-16　手机 APP 界面

等温室环境设备和水肥灌溉系统，使温室环境达到最佳生产状态，达到集约精准智能化生产。基地生产管理人员可以通过电脑端和手机 APP（见图 16-16）进行远程生产管理，监测数据可以支持科研，为上下游企业提供数据和技术支持。

2. 系统配置的农业气象站（见图 16-17），对生产基地的小环境气候进行准确监测，能够有效指导农业生产，并为农业大数据积累沉淀提供真实依据。高清网络视频监控系统，能够实时掌握种植环境信息，及时获取异常报警信息及环境预警信息，保障安全生产和安全管理。

图 16-17　农业气象站

（四）特点亮点

图 16-18　生产环境控制系统

1. 左岸智慧云平台智能监控管理系统（见图 16-18）设备全部采用自主研发的产品，而非普遍的集成方式，因此大大增加了系统运行的稳定性，由此可以减少后期维护等管理成本，也增加了系统的可靠性。

2. 物联网、互联网、无线通信、云计算技术的结合，能够让用户不受地域空间限制，通过电脑、手机随时随地对温室生产进行管理；同时，左岸智慧云平台应用扁平化，政府、科研机构及上下游生产者可以共享平台技术和资源。

3. 左岸智慧的手自一体智能控制器，解决了传统农业电气设备手动与自动无法兼容的问题，支持旧有设备的改造兼容，减少政府投入、节约成本、减少农民负担，真正实现了农业的高度自动化。

4. 系统模块化设计和使用傻瓜化设计，使得农业物联网技术应用非常接地气。系统可以根据不同的生产品种、不同的环境、不同的项目需求进行增减配置，使得不同文化程度的生产者均可以利用现代化手段进行一线生产管理，完全符合中国农业产业国情和人文特点，具有复制性、兼容性、扩展性。

(五)应用成效

食品安全已成为严重的社会问题，政府把食品安全监管列入了重要的民生工程。而过去的食品安全监管只是从冷链物流开始，关注仓储和加工环节，往往忽略了食品生产的源头：土壤、水源、种子、化肥、农药、生产模式和生产管理手段。运用农业物联网技术对温室大棚的蔬菜生产进行全方位智能化监控管理，保障了食品生产源头的安全，而且生产过程、生产数据、生产手段，让市民看得见看得清，明白消费，放心食用。作物生长过程中实时监测数据（见图 16-19），还能够为农业专家提供优化种植方案，通过大数据建立生产模型。

图 16-19 视频安防监控系统

过去传统的耕种方式，生产环境、生产资料、人工成本无法控制；现在采用先进的物联网技术，通过温室大棚智能监控管理系统的使用，可以节约用水用肥用药 30%—40%，节约人工 10%—15%，增产 15%—20%，不仅节能降耗，增加了单位面积的收益，而且由于精准生产，保障了蔬菜安全生产，提高了产品品质。

案例五：草莓自动化肥水灌溉系统

(一)案例背景

上海国兴农现代农业发展股份有限公司是一家现代农业种植业全产业链的农业现代化公司，草莓种植面积 200 亩。

基地位于上海市崇明东滩园区（总面积 78 平方公里），隶属于上海上实现代农业开发有限公司，地处世界级生态岛崇明岛最东端——崇明东滩，素有“天蓝、地绿、水洁、土净”之称，是上海市市级十二个现代化农业园区中面积最大的园区。

（二）案例建设模式

1. 物联网技术集成

（1）系统概述。基于物联网技术的草莓自动化肥水灌溉系统是集“物联网”“移动互联网”“自动控制”等高、精、尖技术为一体的先进农业生产设施系统。系统依托土壤湿度传感器和无线通信网络实现土壤湿度的智能感知、智能预警、智能分析、智能控制，通过控制电磁阀、水泵等灌溉设备对作物土壤湿度自动调节（见图16-20），极大降低了对人工的依赖性，经济节能，实现灌溉作业的无人值守自动化运行。

图 16-20　温室控制器

（2）本项目及应用模式的特点

①设施的先进性。以色列NETAFIM公司是滴灌技术的首创者，经过五十年的不断研发和改进，其产品在出水精确度、抗堵性能、出水均匀度、肥料元素精确配比、设备寿命等方面远超同类产品。

②高度的自动化、智能化。致力于采用自动化控制技术减少传统手工控制带来的人力消耗，降低成本。

③与种植技术和专家系统的深度融合。国兴农拥有草莓种植技术的国家发明专利，将草莓的种植培育方法与农资配方方案共同固化成标准化种植手册，技物结合，充分发挥物联网系统的功能和效益。例如，在草莓生长过程中，适量补充Ca元素能够明显增加草莓的硬度、提高光泽、改良口感、延长货架期，通过自动化肥水灌溉系统能够轻松、精确地将所需营养元素提供给作物，从而大大提升产品品质。

2. 大数据技术应用

（1）系统概述。依托部署在农业生产现场的各种传感节点（环境温湿度、土壤水分、二氧化碳、光照强度等）和无线通信网络，通过数据传输节点上传给服务器，实现农业生产环境的智能感知。当客户通过浏览器访问服务器时，软件系统以图形化的界面显示当前指标，系统每隔一段时间刷新一次，用户可设置刷新时间，当间隔时间足够短时，即实现了农业大数据的实时监测。

月户可以自行定义各种指标的存储时间间隔，例如每隔一个小时存储一次数据，则过去一天的历史数据将由 24 个点组成。当客户需要查询历史数据时，在系统输入查询条件，即可看到该范围内的指标变化曲线。

（2）本项目及应用模式的特点。国兴农股份以运营和建设并重，依托强大的服务和运营团队，凭借农业云平台的技术支撑，建立长期运转机制，搭建农业大数据平台，使农业物联网系统互联互通，采集和积累农业第一手资料。

通过使用农业大数据，帮助制定统一的作物标准种植方案，即农资配方＋培育方法套餐方案。方案可通过互联网进行远程传播，促进农民文化素质的提高和科技意识的增强，从而有助于先进生产技术落实到实际生产过程中，提高农民种植技术水平，减少肥料、农药的不合理使用，保证农产品品质，提升农业生产力和农村经济，促进农业可持续发展。

3. 水肥一体化技术推广应用

基于农业物联网技术的自动化灌溉和水肥一体化控制系统采用土壤湿度传感器对各地块环境进行实时感知，通过远程控制水泵和电磁阀的开关实现自动化灌溉，与此同时，采用水溶性肥料直接通过灌溉水输送到作物根系，不仅节省了施肥作业的劳动量，同时减少了肥料的流失，水肥一体化技术的推广应用将显著降低农业面源污染，保护生态环境。

（三）特色亮点

1. 通过科学用药保障农作物安全

通过对农产品生产环境数据进行即时监测、有效反馈，从而实现科学用药、以防代治，减少农药使用量，提高农药使用效率，限制高毒、高残留的农药使用，有效保障了农作物的食用安全。

2. 通过测土配方提升农产品品质

根据生产过程中积累的各项数据制定农资套餐方案。采用测土配方，以数据作为支撑，测出土壤养分和肥力，配以科学的中微量元素补充配方，显著提升农产品品质。

3. 通过自动控制节省人力劳动成本

通过采用自动化控制技术取代传统的人工控制，通过手机 APP 即可实现远程灌溉和自动灌溉，有效节省人工消耗。

4. 通过水肥一体化实现精准施肥

采用水肥一体化技术精确定量、精准施肥，通过作物自动化灌溉，实现肥料的使用量至少减少 20%，有效降低农业环境污染，极大地促进了传统农业向现代农业的转型发展，是农业提质增效的重要途径。

（四）应用成效

1. 经济效益

自动化肥水灌溉系统应用模式与普通模式经济效益对比，详见表 16-1。

表 16-1　普通模式和本模式经济效益对比一览表

指　标		普通模式	本应用模式
劳动强度		人工灌溉，劳动强度大，10 亩 / 人	自动灌溉，200 亩土地 2 个人管理
产量		1800 斤 / 亩	2000 斤 / 亩 蔬果至 1500 斤 / 亩
每亩成本		2 万元	2.5 万元
每亩产值		2.5 万元	4 万元
每亩利润		0.5 万元	1.5 万元
产品质量	硬度	不够，不耐运输	硬度较高，耐储运，支持长途运输
	口感	软，泡，空心，不甜	软硬适中、实心、糖度高
	货架期	冬季 3—4 天， 春季 1—2 天	冬季 7—10 天， 春季 3—4 天
销售价格		10—15 元 / 斤	30 元 / 斤

2. 社会效益

通过自动化控制手段节约人工，能够极大地减少对劳动力的依赖。据统计，目前上实农业用工全部为外地户籍，无崇明本地劳力，劳动者老龄化形势严峻（平均年龄 54—55 岁）。

提升农业科技水平，促进产业结构调整。从追求产量和依赖资源消耗的粗放经营转到数量质量效益并重、注重提高竞争力、注重农业科技创新、注重可持续的集约发展上来。

3. 生态效益

通过肥料（浓度、使用量）的精确控制，使肥料被作物充分吸收，能够将利用率提高到 90% 以上，减少农业面源污染。

（案例推荐部门：农业部）

案例 17

江苏宜兴物联网里养螃蟹

一、背　景

宜兴农业物联网开端于 2010 年，紧紧围绕“建设现代农业强市，在全国率先基本实现农业现代化”的目标，面向现代水产养殖集约、高产、生态、高效、安全的需求，由江苏中农物联网科技有限公司联合中国农业大学等高校、科研院所，基于智能传感、智能处理及智能控制等物联网技术，研发攻关而成新型水产养殖智能监控系统。通过在螃蟹养殖池塘中安装溶解氧传感器，对池塘中的溶解氧等关键参数进行实时监测，及时发布预警。利用 GPRS 无线网络，实现现场设备的自动控制和远程控制，达到科学合理地增氧、避免高温季节螃蟹缺氧的目的。同时，该系统平台集成了饲料投喂决策、疾病远程诊断、全程质量追溯等子系统，有效地为养殖户解决了巡塘难题、减轻了劳动强度、降低了水产养殖风险、节约了生产成本、提高了经济效益。

（一）基础环境

我国是水产养殖大国，河蟹作为重要水产养殖品种之一，占水产养殖总产值的 10%，且具有产业化基础好、经济效益高等特点。宜兴市地处沪、宁、杭三角中心，东濒太湖，北依滆湖，境内河流纵横、鱼池蟹塘广布。螃蟹养殖是宜兴市农业生产的优势产业，积极推进水产养殖智能控制技术应用则是战略性调整宜兴农业结构、培育新的经济增长点、巩固产业优势的重要措施。与此同时，随着社会生态环境保护意识和消费者食品质量安全意识日益增强，螃蟹养殖从过去片面追求产量，转向产量、质量、生态三者并重。

（二）机制体制

2015 年初，由农业部全国水产技术推广总站与中国农业大学牵头，江苏中农物联网科技有限公司联合上海海洋大学、中国科学院微电子研究所、中国水产流通与加工协会市场分会等单位，在江苏省宜兴市实施了河蟹养殖产业化智慧体系建设，真正实现了对养殖环境、生产管理、病害防治与产品质量等方面的智能监控和追溯、信息采集与数据整合和分析，为拓展市场、品牌推广提供了强有力的科技支撑。

二、工作方法

（一）设备介绍

水产养殖实时监控与智能管理系统是面向水产养殖集约、高产、高效、生态、安全的发展需求，基于智能传感技术、智能处理技术及智能控制技术等物联网技术开发的，集数据、图像实时采集、无线传输、智能处理和预测预警、信息发布与辅助决策等功能于一体的现代化水产养殖支撑系统，是中国农业大学主持国家 863 计划“集约化水产养殖数字化集成系统”的研究成果。该系统通过对水质参数的准确探测，数据的可靠传输、信息的智能处理以及控制机构的智能控制，实现水产的科学养殖与管理，最终实现节能降耗、绿色环保、增产增收的目标。

该系统由水环境监测点、感知控制网关、现场及远程监控中心与中央云处理平台等子系统组成，并配备气象站一座（见图 17-1）。

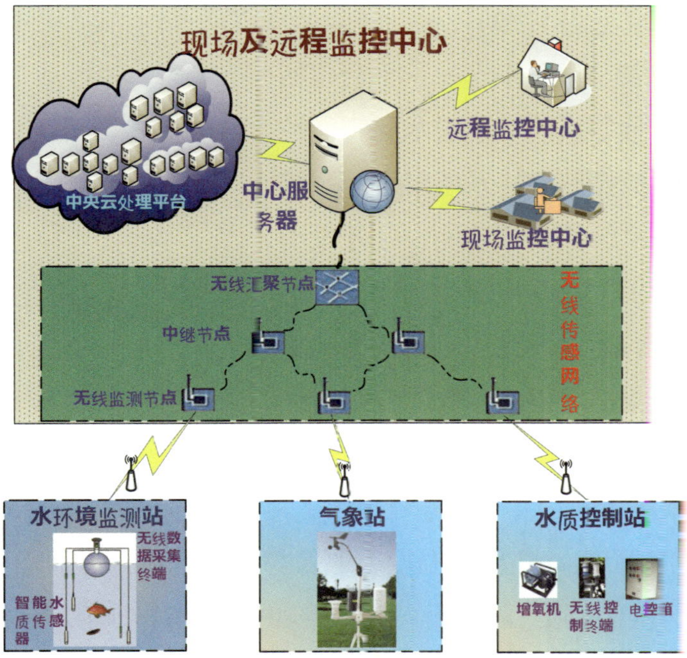

图 17-1　水产养殖物联网物理拓扑结构

图 17-2　感知控制网关

水环境监测点——监测点包括无线数据采集终端与智能水质传感器，主要完成对溶解氧、pH、温度、氨氮等各种水质参数的实时采集、在线处理与无线传输。

感知控制网关——依托集成了无线传感网络和具有 GPRS 通信功能的微处理器（网关）（见图 17-2），具有现场显示、控制功能和远程控制功能。感知控制网关汇聚水环境监测点采集的数据，并接收来自手机短信、电脑网络的控制指令，通过电控箱控制各种水质调控设备动作。

气象站——主要完成对风速、风向、空气温湿度、太阳辐射以及雨量等气象数据的实时采集、在线处理与无线传输，依据该气象数据可分析水质参数与天气变化的关系，以便更好地预测水质参数的变化趋势，提前采取调控动作，保证水质良好（见图 17-3）。

图 17-3　气象站

农业物联网运营与服务平台——平台包括水质监控、预测、预警系统，通过水质智能控制算法，实现现场数据获取、系统组态、系统报警、系统预警、系统控制等功能；并开发了基于感知监控系统上的疾病诊断、饲喂决策、质量追溯三大系统，通过建立各自的模型和算法，通过对实时采集的数据、图像的分析、计算、比对，为用户管理提供科学决策。

（二）创新和特色

1. 所采用的溶解氧、pH 值、温度、氨氮等智能水质传感器均为中国农业大学的发明专利，具有自识别、自校正、自补偿功能和自净功能，有良好的互换性，便于设备更新维护，且价格是国外产品价格的 1/6 甚至 1/10。

2. 无线网络设备均为 3.0V 电池供电，具有低电压、低功耗的特点，并由太阳能补充供电，免除布线，适用于野外安装监控。

3. 该系统集智能传感、智能处理和智能控制于一体，系统自动化水平高、监测精确、控制及时。农户养殖池塘溶解氧、水温、pH 值等水质参数在现场设备屏幕上可实时显示，农户可以通过对现场设备的简单操作设置，进行定时、自动、手动控制。

4. 该系统提供手机短信查询、遥控以及互联网平台监控功能，并提供 3G／4G 手机视频监控接口，在任一有手机、互联网络的地方都可实现远程监控。该系统提供云计算服务，特别适合大范围水产养殖的水体疫情、疫病、应急决策服务和养殖信息的咨询。

5. 该系统实现了物联网技术与设施渔业技术、生态修复、健康养殖技术进行有机融合，对水质进行综合监控与修复，可以改善水产养殖环境，使水产品在适宜的环境下生长，增强水产品的抗病能力，减少和避免大规模病害的发生，从而有效提高了水产品的产量和质量。

6. 该系统开发了后台智能管理平台。平台集成了运营维护系统、水质预测预警系统和故障自动诊断系统，确保了平台的平稳运行和预报预测的科学精准。

三、重点应用和实施路径

（一）成立专业合作社

河蟹是江苏省宜兴市水产养殖的第一大产业，养殖面积达 15 万亩，产量 1 万吨，主要集中在滆湖的高塍、和桥、官林等 6 个镇。随着养殖规模的扩大、养殖密度的增加，养殖户普遍反映由于技术力量、劳力不足等因素，蟹苗的存活率和河蟹养殖的质量受到影响。针对现状，江苏中农物联网科技有限公司组织全市 269 家养殖户，成立了宜兴市中农物联网养殖技术服务专业合作社。合作社本着增产、高效、优质、安全、生态的宗旨，为养殖户提供智慧养殖技术的培训、建厂、示范等技术指导。同时提供采购蟹苗、饲料、养殖设备等服务。推广应用上海海洋大学全程投喂配合饲料的生态养殖技术，大幅度降低了劳动强度，不仅有利于促进全社养殖户增收，稳定农村经济；而且有利于保护水环境，保障河蟹等水产品的质量安全。

在不到两年时间内，合作社就迅速成长为宜兴市最大的河蟹养殖新技术应用和推广的骨干企业。同时，合作社与江苏中农物联网科技有限公司主持、参与了国家和省市级多个科技项目，加快了成果推广，被授予农业部物联网示范基地、国家物联网应用示范工程、江苏省水产养殖物联网示范基地、宜兴市水产精细化养殖及物联网技术示范基地等称号。

（二）开通公众微信

农业看起来离互联网很远，但"互联网＋农业"的潜力却是巨大的。微信作为目前大众社交最主要的平台，人们的生活已离不开它。江苏中农物联网科技有限公司开通了公众微信"中农物联网"，采用图文、视频等方式，不断向合作社养殖户推送农业政策、市场行情、养殖技术等信息，打造了一个水产养殖微信版报道平台。在获取资讯的同时，还建立了养殖户微信群，与养殖户们收发消息、在线互动，针对养殖户提出的问题积极回应，提供决策建议与解决方案。同时，养殖户也可发送所用设备的编号，获取实时的监测数据，或将设备的使用情况进行反馈，确保设备运行完好，提升公司产品的知名度。

公司在提供服务中，促进了产品推广，公众微信的粉丝量成倍增长，形成了粉丝团。养殖户们反馈的信息，指导公司设备的研发与改进，真正实现了互联网以用户体验为动力的研发生产与营销，助推了企业与市场的对接。

（三）进行技术培训

河蟹属名贵淡水产品，味道鲜美、经济价值高，近年来养殖规模迅速扩大，为养殖户带来良好的收益。然而，河蟹养殖的从业者相对其他行业总体文化素质较低，获得信息渠道狭窄，养殖水平高低不一。在养殖的各个环节，如池塘条件、水草种植、螺蛳放养、饲料投喂、增氧技术、放养模式、水质调控、病害防治等，缺乏科学系统的养殖技术与操作规范。由于技术和管理不到位，部分养殖户处于亏本状态。为提高养殖户的整体水平，进一步提升河蟹养殖产量与质量，公司每年组织多批次技术培训。

在宜兴市高塍镇成人学校组织举办的水产养殖物联网知识培训班，师资力量由来自渔业科技入户重点示范镇的指导员、示范户和县级专家组成员共同组成。合作社还聘请苏州大学生物科学院水生生物与生态学系宋学宏教授上课培训。采用多种形式开展了水产养殖物联网知识、河蟹疾病远程诊断系统、质量追溯数据电子录入系统、河蟹营销网站知识等一系列培训活动。在培训中，养殖户们学习气氛浓烈，就养殖过程中遇到的重点难点问题向专家讨教。同时也为养殖户之间交流养殖技术和销售信息提供了平台。

（四）拓展市场营销

近年来，随着河蟹主推品种和养殖技术的推广，产量和效益逐年提高。为从源头上真正解决河蟹的质量安全问题，实现科学有效的监管，确保河蟹从生产到消费全过程的安全，公司引入了质量追溯体系，为宜兴河蟹穿上了时髦的“二维码”。合作社严格监督养殖户按照《水产养殖质量安全管理规定》，科学养殖河蟹，将养殖过程中的用药情况填写在管理记录本上。2015 年 8 月下旬，配合水产站进行抽检，通过了 100% 无公害认证，产品全部合格。公司将养殖户的养殖过程数据电子录入，生成产品二维码、编码及相关查询信息，粘贴于河蟹的外包装上，只要用手机等“读卡器”一照，河蟹的产地、价格、养殖者、喂养饲料、用药情况等信息都一目了然。标签左下方还有一条与二维码相对应的数字“条形码”，消费者可通过手机拨打 12580、发送短信或登录宜兴农林网等进行查询，同样可获得河蟹的相关信息。

在宜兴市农林部门和水产协会的大力支持下，“宜兴大闸蟹”的地理标志商标已注册成功。合作社的养殖户可按照相关规定和要求，使用“宜兴大闸蟹”商标。2015 年合作社一期的 369 家养殖户、20000 亩养殖面积约 500 万斤的河蟹收获，公司果断出击，与周边省市水产协会、水产批发市场建立合作关系，帮助养殖户推销河蟹。如与上海水产行业协会、上海海洋大学等合作，打开宜兴河蟹在沪销售的局面。同时，积极参加 2015 年 11 月举行的“王宝和杯”全国河蟹大赛获得“优质蟹奖”，进一步助推“宜兴大闸蟹”品牌的知名度与美誉度。

四、应用成效

为满足河蟹养殖集约、增产、高效、生态、安全的发展需求，江苏中农物联网科技有限公司和中国农业大学等共同研制的“水产养殖智能监控装备”，经过三次提档升级后，实现了溶解氧、电导率、pH 值等传感器的科学集成，并通过了江苏省农业机械局的推广鉴定，被纳入省农机补贴。公司不断研发创新，建设了水产养殖环境智能监控系统与大数据平台，完善了水质环境参数在线采集、智能组网、无线传输、智能处理、决策支持、预警信息发布、远程与智能控制等功能，最终实现了科学养殖、节能降耗、绿色环保、增产增收的目标。该系统获得“2014 年度江苏省科学技术奖”二等奖。在此基础上，公司还研发生产了便携式数据采集设备，在操作时简便、准确、及时。

水产养殖与互联网的紧密结合、深入应用和广泛推广，确保对河蟹从育苗、养殖到销售各个环节的全程监测，实现了河蟹养殖全过程的信息化控制，提升了河蟹的产量和质量，提高了养殖管理的安全指标，有效地监管了养殖水环境，减少了污染，河蟹的成活率和产量大幅提高。

（一）生态效应

通过运用水产养殖智能监控技术，及时监控、调节水产养殖的水质，提高螃蟹的成活率和产量，增强抗病能力，加快生长速度，确保水域水质。同时，还具有节能降耗的作用。生态环境得到了进一步的改善和优化，水产养殖智能控制技术得到了全面的应用。

养殖农户的用药量呈明显下降趋势。2013 年的用药量比 2011 年的用药量降低了 12%，提高了水质，改善了池塘生态环境，为发展封闭式水产养殖开辟了一条新途径，是一项符合我国国情的节水、节能、环保生态、高效的水产养殖模式，对保护生态环境和太湖水污染综合治理具有重要的现实意义。

（二）经济效应

全市水产养殖智能控制养殖面积已从 2011 年的 5000 亩单点试验，发展到 2013 年的 2 万亩示范应用，实现了高塍、新建、杨巷、官林、徐舍、和桥 6 个水产养殖大镇的全覆盖。水产养殖智能监控技术集智能传感、智能处理和智能控制于一体，自动化水平高、检测精确、控制及时，有效地解决了养殖户的巡塘难题，避免了高温季节缺氧现象，节约了生产成本，提高了生产效率。螃蟹年产量翻了一倍、年产值提高了 12.8%、每亩增加收入 1000—1200 元、示范区增效 1000 多万元、养殖农户人均收入增长 11.6%，实现了农业增效、农民增收，经济效益十分显著。

（三）社会效应

结合本地区独特的地理环境优势，围绕整体推进现代农业框架建设，积极发展观光农业旅游，带动周边 400 户农民开展健康生态养殖，对促进全市水产养殖全面发展，建设现代农业新农村具有积极的现实意义。

水产养殖智能监控系统，通过实时监测养殖池塘中的关键水质参数，以无线方式上传到监控中心，相关数据经监控中心处理，对当前水质进行评价，及时发出预警信息和自动开启水质调控设备。在保证螃蟹适宜的环境中生长，促进水产养殖业的可持续发展的同时，最大限度地减少水产养殖对周边水体环境的污染，具有明显的社会效益。

（四）质量效应

严格按《中华绒螯蟹池塘养殖智能监控技术规程》和《中华绒螯蟹池塘底层微孔曝气增氧养殖技术》进行养殖的螃蟹，规格得到了提高。2012年的大闸蟹规格比上年提高了8个百分点，每年的大闸蟹质量抽检中，产品质量全部合格。

自2011年起与中国农业大学合作建设了“水产品质量追溯系统”，以二维码技术为基础，整合GIS地理信息系统，消费者可以查询追溯到所购大闸蟹的养殖户基本情况和生产记录，基本可精确到养殖池塘的地理位置，从源头上保证了农产品质量安全。这一系统的成功试用，受到养殖户和消费者的欢迎。

五、带动效应

水产养殖运用物联网技术，为本市改善水产养殖水质，发展高档水产养殖项目，树立了示范样板。通过运用水产养殖智能控制技术，坚持标准化生产，减少水产养殖自身的污染来源，降低外河水源富营养化，并有效解决大闸蟹养殖户的巡塘难题，避免高温季节缺氧现象，有效提高生产效率，实现了我市水产养殖标准化、产品优质化、养殖规模化、流通市场化，对全省螃蟹的生产健康有序发展起到了积极的示范作用。同时，积极探索农业物联网技术的其他应用领域，如在诚翔养殖有限公司等畜禽养殖企业，建设了畜禽舍环境物联网系统、畜禽个体生长质量追溯系统，还建成了对养殖企业排污情况的在线监测生态安全系统；在高塍、芳桥镇建设了水稻生长感知和智慧管理示范区2000亩；在阳羡茶博园建成了8000平方米的智能大棚；在茗鼎茶业有限公司建成了500亩茶叶自动防霜系统和喷滴灌系统。物联网加农业的紧密结合应用，大大提高了农业生产效率，强化了质量安全监管，减少了农药、饲料和劳动力等生产成本，确保了产品质量和产量。为深度发展水产养殖业，充分发挥大闸蟹等知名水产品的产业优势，市政府加快示范园区的基础设施建设，建成沿太湖休闲观光渔业带，培养水产养殖、休闲游览、农家乐等经济模式，带动了农业旅游、餐饮等产业的发展，为地方经济社会营造了良好的致富环境。

（案例推荐部门：农业部）

案例 18

基于物联网的城市电梯应急处置与安全监控综合应用示范

一、背景与需求

（一）项目背景

1. 江苏省物联网产业“十二五”发展规划

《江苏省物联网产业“十二五”发展规划》指出，在重点应用示范方面，“建设公共管理领域物联网应用示范工程。以提高公共管理水平为目的，围绕市政基础设施建设管理、重大突发事件响应、重点区域环境监测等领域，重点建设城市智能交通、智能公共安全、智能环保、智能灾害防控、智能矿山等应用示范工程”。

2. 江苏省“十二五”培育和发展战略性新兴产业规划

《江苏省“十二五”培育和发展战略性新兴产业规划》中提到在物联网应用领域，将组织实施智能农业、智能矿山、智能医护、智能交通物流、智能节能环保、智能家居安防等重点领域应用示范工程，重点发展信息传感、组网与协同处理、物联网系统集成、应用抽象与标准化、共性支撑等核心技术研发和产业化，推动物联网产品、软件、系统集成、运营服务等核心领域的发展。

3. 南京市“十二五”智慧城市发展规划

《南京市“十二五”智慧城市发展规划》指出在“十二五”期间，南京市将通过产业化组织，形成布局合理、分工明确产业发展体系是智慧产业基地建设的重要目标。采取引进、合作、培育等方式，快速集聚一批国家、省、市物联网领域高层次科研力量和研发机构，重点引进物联网检测机构、认证机构、重点实验室等科研力量，加快建设国家级物联网研发和工程中心，形成一批有自主知识产权的技术成果。

4.《南京市电梯安全条例》

《南京市电梯安全条例》明确规定了“学校、医院、公园、机场、车站、轨道交通站点、公共停车场、商场、宾馆、餐饮娱乐场所、体育馆、展览馆等公共场所新安装的乘客电梯，使用单位应当配置具有运行参数采集功能的电梯安全运行监控系统，并与日常维护保养单位联网”。

（二）项目需求

1. 应对电梯快速增长和困人故障频发现状的需要

目前电梯困人故障时有发生，究其原因在于：使用单位主体责任不落实；电梯困人应急报警无人值守或紧急报警装置无效；部分电梯电气元器件老化，未及时更换，仍带病工作；维保质量不规范，救援不及时。部分公共使用场合，电梯数量配置不合理，使用频率过高，超负荷使用导致设备性能退化；个别乘客安全意识不强；电梯故障随着电梯数量不断增长而同步递增，随着老旧电梯数量的不断增长，电梯存在安全隐患的概率增大。

2. 满足市民对电梯乘用安全新期待的需要

目前乘客安全乘梯受到影响，主要原因是单一维保单位救援力量不足，在点不充分，影响救援及时性。使用单位无人值守或值守电话不通，无法及时救援；维保救援人员联系不通畅，救援电话存在层层转接现象；困人信息无法及时有效传递。因此媒体关注较高，恶性电梯事故对公众的影响面较广，影响较大恶劣。同时，民众对电梯安全的期待较高，电梯安全隐患占八大类特种设备安全隐患约 20%，投诉量却高达 80% 以上。

3. 提高监管部门电梯安全监察科学化水平的迫切需要

目前电梯数量急剧增加，监管人员、检验人员严重不足，不能满足电梯快速增长的需要，通过信息化手段，提高电梯监管的水平，通过智慧电梯项目建设可以有利于准确掌握电梯安全形势，为监察部门提供具体可靠的信息来源。有利于采取有效监管应对措施，形成了监察、检验、应急、稽查四位一体的监管模式，实现被动监管转为主动监管、事后应急转为事先预防、模糊管理转为精细化管理。

二、主要做法

电梯物联网主要分为两大部分，一是应急处置；二是安全监控。

（一）电梯安全运行应急处置平台

1. 建立统一的电梯应急处置中心

电梯安全运行应急处置中心平台的基本功能包括呼叫中心、实时监控、应急调度、视频监控、语音安抚、决策分析等工作。系统功能如图 18-1 所示。

图 18-1 电梯应急处置系统功能图

2. 建立电梯救援专用号码安抚网络 96333

电梯应急救援指挥中心设立电梯救援专用呼叫热线 96333，同时安装语音视频监控装置，辅助完成被困乘客的心理安抚。

当电梯发生故障时，轿厢内乘客手机拨打全市统一的电梯故障救援电话 96333 或按轿厢内的报警键，由物业拨打 96333 报障，同时电梯监控终端检测到故障并上报到平台，平台会弹出报警，呼叫中心座席话务员（调度值班员）接警后在平台上调度三级响应主体的救援人员前去救援，在等待救援期间，座席话务员回拨轿厢内乘客手机点击远程视频监控查看轿厢内情况并请求物业通过轿厢对讲进行语音安抚，并将轿厢内的情况随时通报给救援人员。系统如图 18-2 所示。

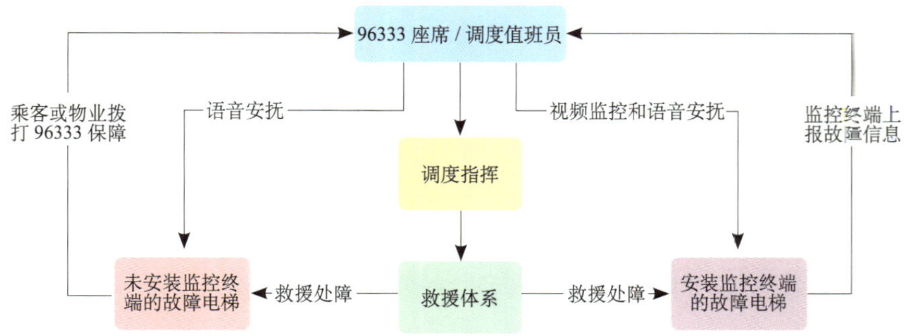

图 18-2 96333 调度系统图

3. 构建科学的电梯网格化救援响应体系

在电梯发生事故甚至困人故障时，为了能够迅速做出反应，实施有效救援，需要建立科学合理的响应体系和机制。

为了提高救援响应的及时性，在全市共划分为 55 个网格救援网格，包括郊区的区县。由南京市 23 家资质较高、信誉较好、能力较强的维保单位承担 作为义务救援[5]。当乘客无法联系到物业或救援单位时，由全市统一的处置中心 96333 来完成救援调度。在网格维保点救援体系中设立 AB 角救援机制，即设立困人电梯的就近网格和次近网格，当就近网格不响应时，启动次近网格。每个网格的救援工作组也按照 AB 组的工作机制进行，如图 18-3 所示。

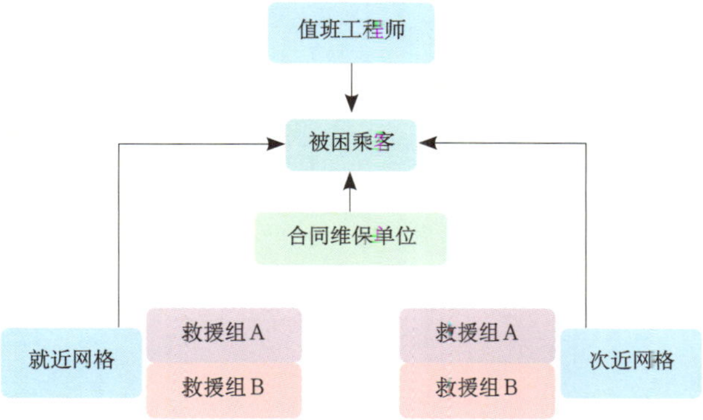

图 18-3　网格救援体系图

4. 优化电梯应急救援流程

针对已经张贴 96333 标识的电梯，采用如图 18-4 所示的救援流程，主要包括定位、通话、安抚、救援通知、救援计时、救援行动、救援报告等过程。

具体流程如下：

贴牌：首先在电梯内张贴 96333 电梯标识牌，将标识电梯的编号（6 位）标识于醒目位置。当电梯发生故障时，轿厢内乘客手机拨打全市统一的电梯故障救援电话 96333。

接警及调度：平台接警后，呼叫中心座席话务员（调度值班员）通过电梯 6 位数识别码迅速定位故障电梯位置，调度救援主体（签约维保单位）的救援人员前去救援。

救援响应：维保单位救援作为基础救援响应单位，在接到 96333 平台调度指

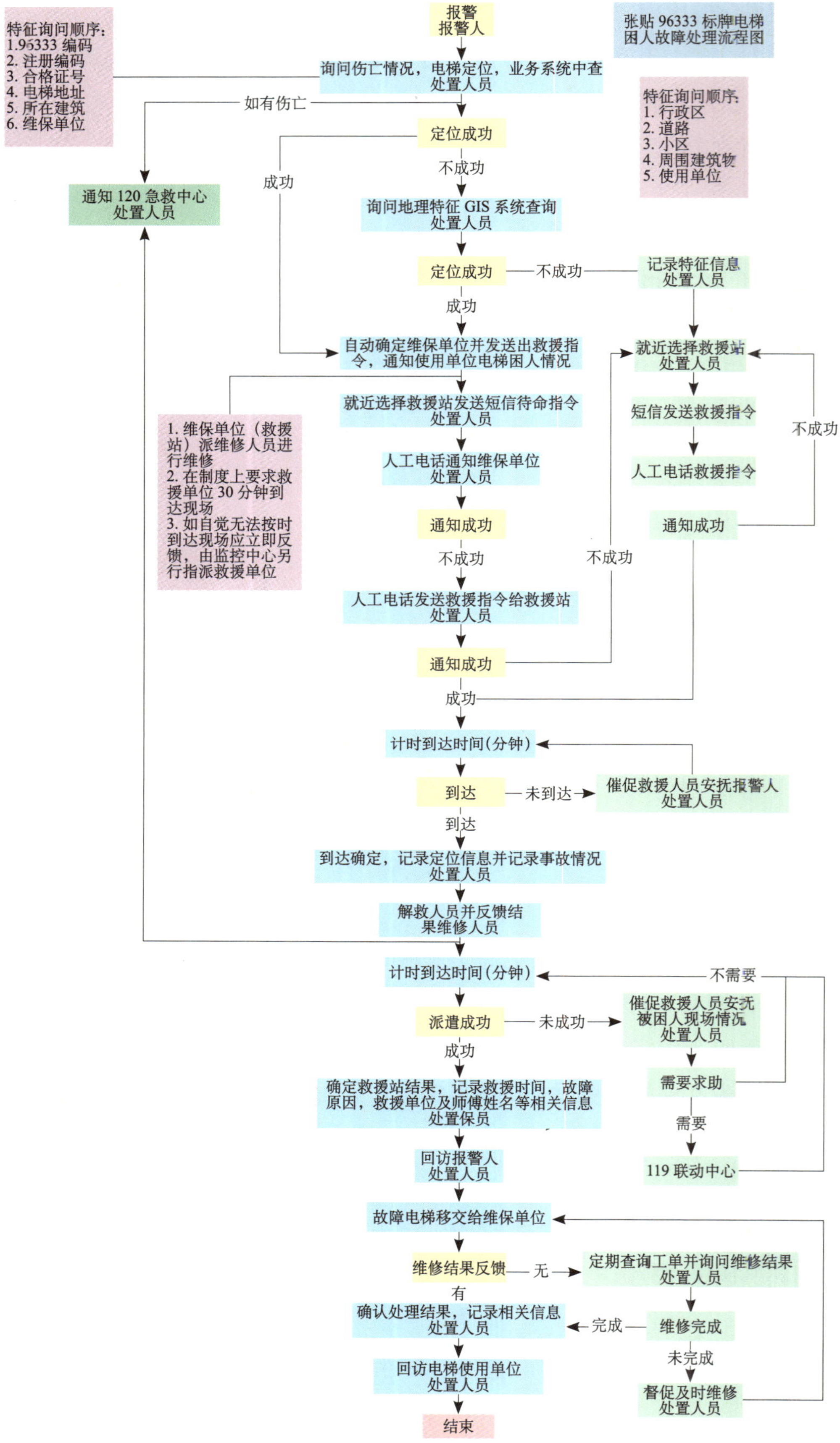

图 18-4　96333 系统电梯应急救援流程图

令后，迅速做出反应，实施有效救援。到达现场后即刻致电 96333 平台，报告已到达现场情况。

网格补充：在网格维保点救援体系中，设立 AB 角的体系，除了困人电梯的就近网格外，另设次近网格，当就近网格不响应时，启动次近网格。每个网格的救援工作组也按照 AB 角的工作机制进行。

跟踪回访：完成救援任务后，救援人员及时将救援结果反馈 96333 平台。96333 应急处置中心根据故障处置情况，每月对各种情况进行分类统计分析，以便指导基层监察。

其中，救援体系如图 18-5 所示。

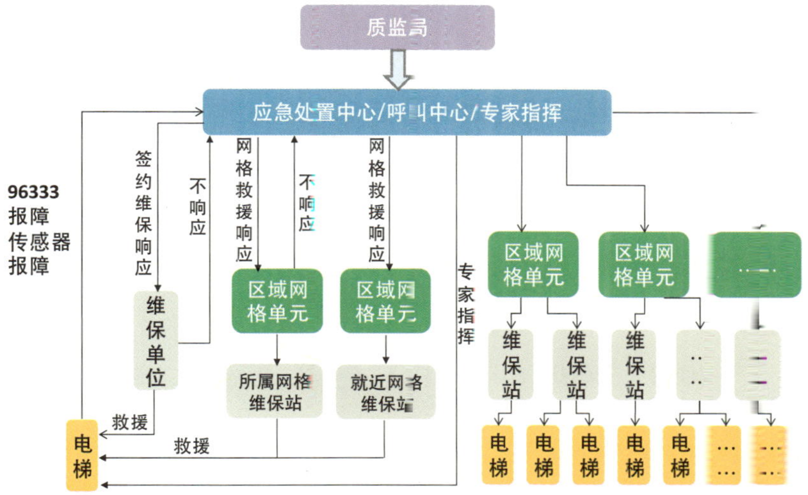

图 18-5　应急救援流程图

5. 完善管理制度，规范救援指挥

规范管理电梯应急处置中心的各个环节，加强对座席人员、救援人员、管理人员、救援专家等角色的培训和教育，通过完善制度，规范救援指挥过程。主要包括监控系统安装管理规范、电梯 GPS 信息采集规范、座席人员管理规范、座席人员规范用语、处置中心工作制度、处置中心员工管理规定、处置中心日常管理规定、网格救援单位管理制度、值班工程师制度等。

（二）电梯安全监控系统工作

1. 建立基于物联网技术的电梯安全监控系统，快速救援，确保安全

基于物联网技术建立电梯传感网络、构建电梯立体监测和快速指挥体系，建

立“电梯公共安全智能服务平台”，通过对电梯实施远程监控，切实解决电梯应急呼救、故障报警、运行状态实时监测等问题，有效消除电梯事故隐患，及时开展应急处理和解救被困人员。电梯传感网络利用现代科学技术对电梯故障运行实时监测和记录并根据故障类型采取不同措施，实现故障分级管理，电梯使用单位的安全管理人员、电梯维护单位的工作人员和电梯所在地区、县级市质监部门安全监察人员可以通过手机短信实时接收故障短信。

2. 技术支撑体系

项目在引入物联网技术的基础上，构建基于物联网的电梯智能公共安全监控平台，全面掌控全市电梯运行状态，保障安全乘梯。电梯智能公共安全监控平台包括终端感知层（现场状态感知及监控装置）、数据传输层（数据支撑网络）、应用层（电梯公共安全监控中心），以传感器技术、音频、视频技术为数据采集手段，以3G网络为数据传输通道，服务于全市电梯设备的应急调度、实时监控、决策分析、呼叫中心和视频监控等职能。通过完成处置中心平台的硬件建设和软件开发，全面实现对电梯设备的精确化应急管理、集中化数据汇总、对客户的智能化服务管理、对职能部门的网络化业务处理、对政府的科学化辅助决策。技术结构如图18-6所示。

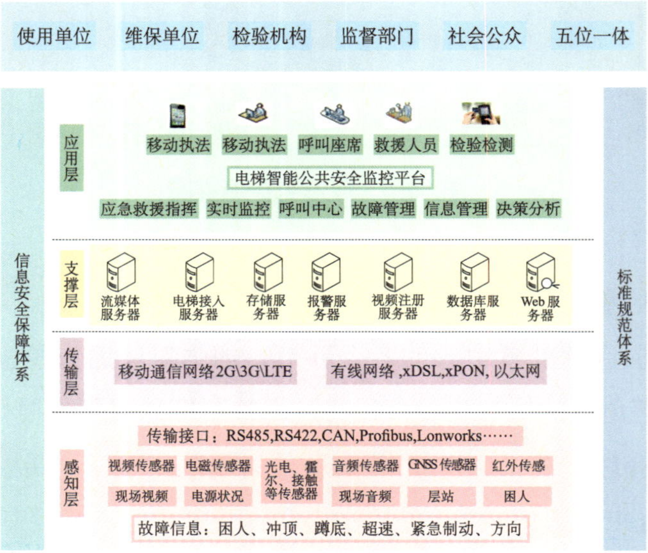

图 18-6　电梯监控物联网技术结构图

监控终端是基于ARM芯片设计的电梯状态采集装置，主要用于获取电梯运行状态的信息数据，提供电梯受困人员和监控平台的语音报警、语音安抚的链路。通过专家系统的判断，得到电梯的困人、安全回路断路、轿厢冲顶、轿厢蹲底、轿厢开门走梯、运行超时、反复开关门、长时间开门、轿厢在非平层区域停止、轿厢报警按钮动作等故障。图 18-7 为电梯安全监控系统终端控制系统。

图 18-7　电梯监控装置实物图

系统平台采用 B/S 架构、SQLServer 数据库、Web 服务器构建电梯智能公共安全监控平台，实现电梯运行状态监控、双向语音视频传输、故障预警与诊断、应急救援保障及全生命周期状态监控与维护管理，保障电梯安全可靠运行。平台软件如图 18-8 所示。

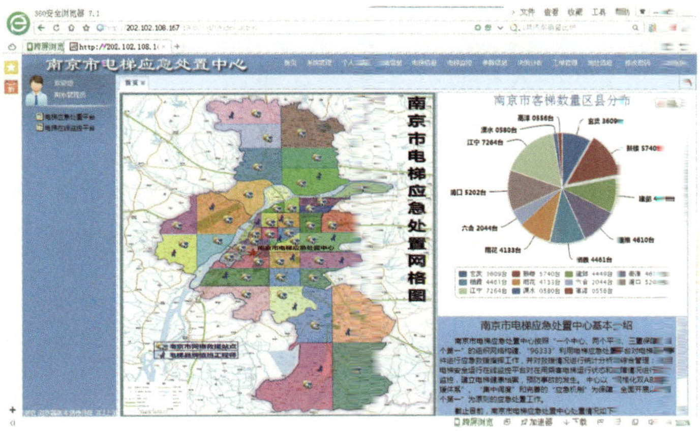

图 18-8　平台软件图

三、特色亮点

（一）搭建“统一平台、两个中心、多级响应、四重保障”智慧体系

电梯安全运行应急处置中心平台建设的内容可以概括为“统一平台、两个中心、

多级响应、四重保障”。

“统一平台”即建设一个统一的技术支撑平台。

“两个中心”即电梯安全运行应急处置中心（以下简称处置中心）和电梯安全运行监控中心（以下简称“监控中心”）两个中心。处置中心为质监局下设单位，主要包括应急调度系统、决策分析系统、呼叫中心系统和视频监控系统。监控中心为维保单位和使用单位应用界面，主要实现电梯故障的实时监测、自动报障、自动派单、电梯日常维护管理等功能。

“多级响应”是在物业救助的基础上，充分调动维保单位救援的及时性，同时将主城行政区划分为55个地理网格，设立网格救援单位，当维保单位不响应的时候，启动网格救援。

“四重保障”即一重保障为实时监控，及时发现困人故障；二重保障为应急调度，通过呼叫中心的有效调度，实现及时救援；三重保障为多级响应，从制度上确保救援体系的完备；四重保障为决策分析，通过对故障数据、救援数据的分析，为设备准入、故障预防等提供决策支持，防范困人故障的发生。

（二）形成智慧电梯“应急、监察、检验、稽查”四位一体综合监管模式

通过该平台，建立“应急、监察、检验、稽查”四位一体综合监管模式，应急处置，统一应急处置、动态管理、分析研判、跟踪查处；安全监察，加强闭环管理，开展综合评价，整治薄弱环节；检验检测及时报告隐患，开展预诊预警，加强检验分析，完善系统建设；稽查查处纳入稽查办案统一管理。

建立信息共享机制，按照“四位一体”监督管理模式，整合电梯应急、监察、检验、稽查的全面情况，对电梯应急处置及投诉举报进行分析；落实电梯生产、使用单位主体责任，结合使用单位信用评价系统，实现信息共享。建立中间数据库，不断推进数据自动交换。

（三）引入多种运行管理模式，促进产业发展

1. 运维机制

项目涉及较多的子项目和系统，根据项目的性质，将采取不同的运维模式。

（1）应急救援系统：该系统为南京市公益性项目，已经由市质监局建设运行，该项目直接采用“建设—移交”模式，提出需求后，由南京市特检院开发系统，验收合格后直接移交质监局，由市局统一负责运维，运维经费为财政支出。

（2）市级监管平台：该系统作为平台类项目，由南京特检院负责开发，并负责

运行维护。运维经费由南京特检院承担。

（3）电梯监控系统：该系统作为项目的重点部分，由参与各方共同完成，其中企业负责监控终端及通信系统的建设，南京特检院负责平台建设。平台运维经费由南京特检院承担，监控终端设备有企业承担，企业通过各种盈利模式，实现项目的收益和支付，使得项目具有可持续性发展。

2. 盈利模式

系统建设经费主要靠电梯监控系统来实现盈利，以促进项目的可持续性发展。

具体模式如下：

（1）使用单位购买模式。使用单位购买终端采集设备——电梯安全运行监控装置，使用单位建设自己的平台，监管单位——省、市、区质监局或者特检院建设统一指挥中心和平台。

此模式只要建设和使用单位一次性购买终端采集设备——电梯安全运行监控装置，生产厂家可以免费为使用单位提供平台，并能够按照省、市监管平台要求主动和指挥中心和平台对接。此模式能够明确建设和使用单位为主体责任单位，减少因费用问题得不到落实而导致电梯安全无法监管的局面。

（2）商业运作模式。一是使用单位一次性购买带有视频播放功能的终端采集器，今后视屏除了播放与电梯安全有关的公益性内容外，再采取商业运作，所获得的收益归使用单位所有。此模式使用单位一次性投入大，但是后期的收益也很大。此模式平台的建设和维护可以由生产电梯安全运行监控装置的厂家承担。二是使用单位愿意和生产带有视频播放功能的终端采集器厂家签订后期视屏商业运作的合同，后期商业运作的收益归厂家或者和使用单位共同所有，使用单位只要在安装此设备的时候支付给厂家成本或者维护费用即可。此模式平台的建设和维护可以由视屏商业运作获益方承担。

（3）厂家配套模式。由电梯生产厂家在电梯出产时就自带具有运行参数采集功能的安全监控装置。此模式只要电梯生产厂家开放接口协议，就能减少电梯安全监控装置所配置传感器，大大降低成本，此模式因为费用低，可能有利于推广。但是这个模式的推广需要主管部门的支持，同时需要厂家开放接口协议，如果生产厂家不愿意开放接口协议，此模式就很难推行。此模式平台的建设和维护可以由生产电梯安全运行监控装置的厂家承担。

四、应用成效

（一）应用成效

1. 建立了“南京市96333电梯应急处置中心”，开通全市统一的救援电话96333，实现了全市5.6万台客梯的全覆盖。

平台于2011年7月上线试运行。在完成全市电梯的GPS定位和唯一标识后，中心于2013年4月正式对外发布。截至2015年12月31日，共接电话94775通，处置困人19180起，解救被困人员27593人次，救援到场平均时间11.28分，平均每天处理困人事故18起[5]。

2. 开展电梯安全监控技术研究，开展了5项科技项目研究，取得了3项专利，2项软件著作权，起草了5项省地方标准，建立安全监控系统平台，对全市公共场所电梯实施监控。

3. 开展特种设备安全监控产品检验检测技术研究，成立特种设备安全监控物联网产品质量监督检验中心，为产品质量提供保障。

（二）管理成效

物联网监管系统的建立和有效运行，有利于有效地掌握电梯安全状况信息，应强化对电梯安全状况的统计分析，开展针对性安全监察工作，实现闭环管理，由事后处置转变为事前预防，提升电梯安全水平。

1. 指导基层安全监察。搭建系统平台后，根据电梯困人故障应急处置情况，对困人故障的区域、多发地点、时段、场所，困人故障率高的维保单位和制造品牌、维保单位和网格救援情况进行统计，分析故障原因，形成电梯安全状况分析，指导基层安全监察机构了解、掌握辖区电梯安全总体状况、监管重点区域、单位及环节，同时平台接处过程中发现的电梯违法违规案例，直接转交基层安全监察机构查处，实现精确打击。

2. 形成维保单位监督考核的有力抓手。平台运行后，监察机构主动掌握维保单位电梯发生故障的数量、频次、救援时效等信息，为行政监察部门开展电梯维保单位监督考核提供具体抓手。统计维保单位故障率、救援响应情况，结合重点监督检查情况，作为维保单位考核的具体内容，同时网格维保单位尽到了较多的社会责任，对于网格维保单位救援得力的情况，可以在星级评定中予以加分，根据签约维保单位救援情况，可以给予奖惩，形成维保单位科学、公平的考核体系。也为物业公司选择维保单位提供了参考。

3. 拓展了安全隐患的排查渠道。监管实际表明，目前面临庞大的电梯数量和相对较少的安全监察人员之间人机不匹配的矛盾。通过应急处置平台，发现电梯困人故障高发地点及电梯生产单位、品牌，受理故障投诉，主动预警区域安全隐患，让公众参与电梯的安全隐患的举报和关注中来，进一步拓宽了安全隐患的排查渠道，提高电梯安全运行的水平。

4. 强化了企业主体责任落实。平台运行后的电梯故障统计分析和结果的公布，逐步形成公平、公正、公开的激励机制，对于维保单位而言，有利于解决无序竞争、维保质量得不到保证、故障困人得不到及时有效解决的问题，对于主管部门解决了不能及时掌握信息，工作被动、事倍功半的问题，机制上解决了信息不对称、情况不掌握的状况，从根本上解决了企业监管的有效性、考核的科学性。利用市场的无形之手，加大了企业压力，真正落实了主体责任。

5. 引导媒体正确宣传。通过应急处置平台掌握的故障准确情况及月报等统计，主动宣讲电梯安全状况，引导媒体客观公正报道，既报道事件本身，更报道事件产生的原因及吸取的经验教训。通过引导媒体宣传，促进社会、政府对电梯问题及深层次的理解。

6. 促进电梯综合管理机制的形成。平台建立后促进了电梯安全综合管理机制的形成。比如南京 96333 平台，通过南京电梯联席会议机制加强与应急、安监部门应急管理配合，加强与招标、住建部门信息通报，对故障率较高的品牌、维保单位，通报招标、住建部门，扶优汰劣，通过综合监管机制，以市场的手段，促进电梯安全形势的不断好转。

五、经验与教训

（一）取得经验

1. 电梯物联网系统应在物联网、大数据等技术基础上开展工作，结合电梯监管需要，建立集合先进技术和科学管理的综合模式，一方面可以提高电梯的智能化水平，另一方面对搭建政府监管、社会监督、企业自律、公众参与的大监管格局有积极的推动作用。

2. 电梯物联网系统与电梯制造企业合作，由厂商直接提供监控系统，可以大幅度降低系统成本，减少系统存在的质量风险，提高项目推广的力度和深度。

3. 加强电梯维保质量管理，提高电梯的安全运行性能。维保质量对电梯安全运行极其重要，强化维保质量管理，能够在最大程度上提高电梯的安全运行水平。

(二)存在问题

1. 全国统一电梯物联网标准问题。目前，南京市电梯物联网工作已经颁布了相关标准，进入市场的企业也开始执行该标准，但由于标准不是全国统一的，给企业带来很大负担，限制了企业的发展。此问题在特设局和标委会的共同配合下能够得到解决，希望国家标准能够兼容地方标准。

2. 电梯物联网系统安全接入及维保、检验管理问题。电梯物联网设备安装后，对电梯没有任何影响，是设备安全运行的关键，系统安全接入需要严格的功能和性能测试，才能保障设备的安全运行，这方面需要主管部门予以明确规定。

电梯物联网设备和电梯部件一样，存在维保和检验问题，维保方式、维保责任、检验项目、检验标准等需要在建设过程中予以考虑。目前南京按照“谁生产谁负责”的原则开展工作。

3. 电梯物联网系统的运营问题。由于第三方加装的电梯物联网系统成本较高，全面推广过程中运营经费无法保障，无法调动使用单位、设备制造单位、维保单位的积极性，很难在大范围内推广。其商业化的运营模式中，资金来源主要有维修基金出资、广告置换等多种模式，而电梯生产制造企业建立电梯物联网系统则成本较低，推广运用的效果较好。

(案例推荐部门：国家质检总局)

案例 19

构建智慧燃气综合管理体系服务安全智慧城市建设

——淄博智慧燃气建设实践

一、背景与需求

（一）背景

1. 智慧燃气建设的政策背景

根据《关于促进智慧城市健康发展的指导意见》，智慧城市是运用物联网、云计算、大数据、空间地理信息集成等新一代信息技术，促进城市规划、建设、管理和服务智慧化的新理念和新模式。

燃气行业与生产生活、公共安全、民生服务等领域密切相关，是智慧城市建设的重要组成部分。关于该领域的智慧城市建设内容，国家、省、市等各级均有政策支持。

（1）《关于促进智慧城市健康发展的指导意见》指出："加快物联网在城市管理、交通运输、节能减排、食品药品安全、社会保障、医疗卫生、民生服务、公共安全、产品质量等领域的推广应用，提高城市管理精细化水平，逐步形成全面感知、广泛互联的城市智能管理和服务体系。"

（2）《山东省人民政府办公厅关于开展"智慧山东"试点工作的意见》指出："重点围绕交通、能源、物流、工农业生产、金融、智能建筑、医疗、环保、市政管理、城市安全等重点行业的应用热点和难点找出突破口，加强信息资源共享，以保障和改善民生为重点。"

（3）《淄博市人民政府关于推进智慧城市建设的意见》提出了"形成城市管理高效化、民生服务便捷化、产业发展智能化、基础设施先进化的应用格局"的智慧城市建设目标。

智慧燃气建设作为支撑淄博市民生、公共安全等智慧城市建设的重要方面，对于实现城市智慧式管理和运行，进而为城市中的人创造更美好的生活，促进城市的和谐、可持续成长具有重要现实意义。

2. 淄博市智慧燃气建设的现实背景

淄博市位于山东省中部，工业发展历史已逾百年，是山东省及国内重要的工业城市，主导产业以石油化工、精细化工、机电装备、医药、纺织、建材、轻工、冶金、信息以及新材料最具代表性。

燃气行业作为石油化工行业的关联产业，近年来迅猛发展，根据山东燃气安全委员会的统计，淄博市燃气热力行业已建成天然气管网5700多公里，除偏远山区外，实现了管道燃气“镇镇通”；建成并投入运营天然气汽车加气站66座；开发居民管道燃气用户约80万户、商业用户1720余户、工业用户840余户，管道燃气普及率达70%。全市供热面积约6600万平方米，集中供热普及率达75%。

与燃气行业发展相适应，根据工业、交通、服务业等行业发展需要，作为燃气能源载体的燃气气瓶的数量也日益增加，按所承载气体类型划分，主要包括CNG、LNG、LPG、氧气等类型的气瓶；按照所适用的领域划分，主要包括工业气瓶、车用气瓶、民用气瓶等。据淄博市质监局统计数据，淄博市现有各类气瓶近百万只，与气瓶相关的充装、配送、检验、使用等单位数万家。特别是，淄博市现有CNG、LNG、LPG等新能源车辆15万余量，包括近万辆出租车和公交车均为新能源汽车，这些新能源汽车带有气体储罐，储罐的压力高达20 Mpa，其智能化管理关系到城市的公共安全。

由此可见，燃气安全事关淄博工业、交通、民生等相关产业，已成为智慧城市建设的重要组成部分。随着燃气使用规模的扩大和燃气应用普及率的提升，使用科学、规范、有序的燃气安全管理方式是十分迫切的。

（二）需求

淄博智慧燃气建设旨在利用物联网等先进技术，重点解决燃充装、运输/配送、全生命周期管理等安全管理难题，打造安全、便捷、高效的燃气安全管理生态体系，服务淄博智慧城市建设。

1. 解决民生安全与城市管理问题的需要

燃气安全事关民生安全、公共安全，燃气安全的主要方面在于：燃气充装生产安全、燃气质量安全、燃气气瓶使用安全等。

（1）燃气充装生产安全。根据国家气瓶充装管理规定，气瓶充装单位只能充装自有产权气瓶，不允许充装技术档案不在本充装单位的气瓶。此外，燃气气瓶具有一定的检验周期，但由于燃气气瓶数量大，且具有分散性、流动性等特点，仍有一些超期未检气瓶在市场上流通。

（2）燃气质量安全。当前，燃气充装掺混现象在液化石油气领域尤为突出，特别是在液化石油气中掺加二甲醚的现象时有发生，影响了燃气质量，也给液化石油气瓶的安全使用埋下了隐患，这是因为：二甲醚爆炸极限范围比液化石油气更大，且二甲醚对密封橡胶垫具有溶胀作用，随着掺混二甲醚含量的加大，燃气气瓶阀橡胶密封圈的尺寸会逐渐收缩，气瓶密封性能降低，容易漏气，产生安全隐患。

（3）燃气气瓶使用安全。燃气气瓶是重要的能源载体与燃气流通形式，由于气瓶流动性强、数量大等原因，且缺少有效的追踪手段，目前超过使用年限的燃气气瓶仍有流通。

围绕上述燃气安全管理主要问题与需求，淄博智慧燃气建设将利用物联网等先进技术，实现对燃气安全管理的重要环节实现智慧化管理，形成完善的生产、使用、检验等基础档案数据，为燃气安全管理提供重要支撑，服务民生安全、公共安全管理。

2. 服务物联网等战略性新兴产业发展的需要

建设“智慧城市”的最终目标是促进信息化与工业化、城镇化、农业现代化融合发展，推进转方式调结构，发展战略性新兴产业。

淄博市近年来重视高新技术产业发展，根据《淄博市2016年淄博市政府工作报告》，淄博市高新技术产值占比达到31.7%。物联网等新兴产业作为高新技术的重要组成部分，已成为山东省、淄博市产业发展的重点支持方向。

《山东省人民政府办公厅关于开展“智慧山东”试点工作的意见》提出：突出重点，培育智慧产业。依托济南、青岛、潍坊、威海、济宁、淄博、日照7个省级物联网产业基地。

《淄博市人民政府关于推进智慧城市建设的意见》提出：以物联网、软件和信息服务业为重点的智慧产业蓬勃发展，形成一批高端产业集群和新兴服务产业；以高新区省级物联网产业基地为核心，加快推动仪器仪表产业园、MEMS产业园、高新区软件园、文昌湖软件园4个智慧园区的建设。

因而，淄博智慧燃气建设对于实践以用兴业、带动物联网等战略性新兴产业发展具有重要的作用，符合山东省、淄博市关于智慧城市建设的有关要求，符合淄博市自身产业发展规划。

二、主要做法

本案例以国家、省、市智慧城市建设的总体要求为导向，从解决淄博市燃气安全管理现实需求出发，以服务民生、提升公共安全管理水平为目标，开展智慧燃气建设，主要做法阐述如下。

（一）形成具有现实适用性的整体解决方案

淄博智慧燃气应用通过综合集成利用物联网、移动通信、云计算、大数据等先进技术，形成了集信息化、智能化管理功能为一体的燃气安全管理物联网应用体系，建设了智慧燃气安全管理公共信息平台，研发了燃气安全管理物联网管理系统，实现了对燃气充装、运输、检验、使用等各环节的安全管理，实现了基于 RFID 唯一标识的信息可追溯、动态可监管、流程可跟踪，实现了多部门协同管理与信息共享机制，提升了在燃气安全动态监管、风险防范和应急处理等方面的能力，探索形成了政府监管、企业自律、社会监督的燃气安全管理的多元共治模式。

淄博智慧燃气应用整体架构如图 19-1 所示，从感知、基础设备支撑、数据、网络、应用支撑、应用系统、智慧化服务获取等方面予以总体布局。

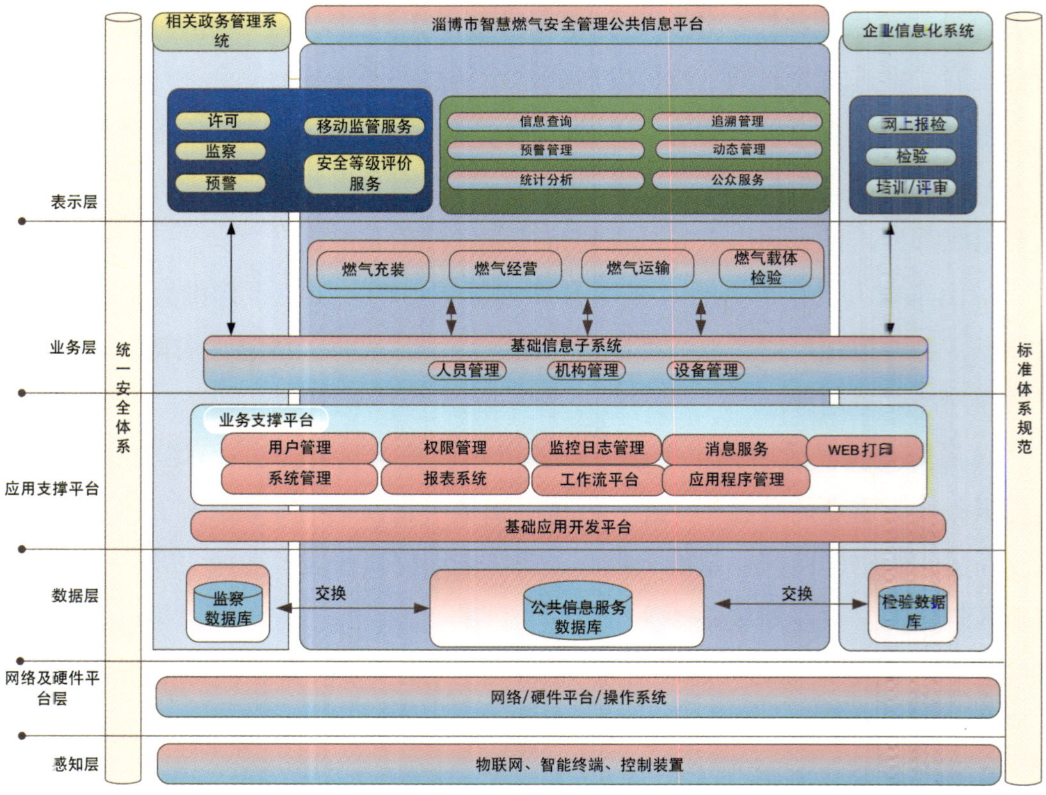

图 19-1 智慧燃气安全管理建设架构

感知层综合利用 RFID、嵌入式技术等物联网技术，实现对燃气充装、经营、运输、检验等各环节关键要素，如燃气充装人员、燃气载体（气瓶、槽罐车）等的唯一标识、状态感知、关键数据采集。

网络及硬件平台层是实现信息的上传下达的基础硬件设施设备，包括 Internet、无线网络、移动通信网及其他网络形式。在具体的网络基础设施的选择上，如在燃气充装现场、控制设备采集的数据通过无线网络实现与后端信息管理系统之间的数据传输，后端信息管理系统利用 Internet、无线网络、移动网络等，向上级服务管理平台报送相关数据，接受上级服务管理平台优化管理。

数据层汇集、存储、处理相关基础数据、业务数据，并根据各方信息交互需要形成共享数据、交换数据资源等，是实现各种业务应用的重要数据来源。

应用支撑平台主要面向业务系统、表示层平台等提供基础的用户管理、权限管理、日志管理、系统管理、软件报表等基础功能组件，以减少底层基础组件的应用效率。

业务层是基于 B/S 等架构形式的管理系统软件，面向燃气充装、经营、运输、检验等环节用户提供信息化管理支撑。

表示层基于物联网技术的智慧燃气安全管理公共信息平台，面向用户提供信息服务。该平台可与质监、公共事业管理、运输等政务管理系统以及企业信息化系统实现数据接口与数据交换，主要面向燃气充装、配送、检验、使用等重点环节企业以及公众，提供基础档案管理、动态监管、追溯服务、预警服务、统计分析、公共服务等功能。

（二）开展关键环节的智慧燃气物联网应用

淄博智慧燃气建设通过兼容性良好的燃气安全管理物联网系统与产品应用，重点开展了在工业燃气、车用燃气、液化石油燃气等领域的充装、运输、检验、使用等领域的应用，实现了快速的可复制型推广。

1. 燃气充装应用领域

燃气充装环节主要利用 RFID 技术、嵌入式控制装置、软件系统实现燃气气瓶充装的安全管控，应用方案如图 19-2 所示。

具体应用如下：

首先，为燃气气瓶分配唯一的 RFID 电子标识，该标识固定于气瓶上易于读写的位置，标识中存储有与燃气气瓶的关键信息，如设备编号、注册登记信息、检验信息等。

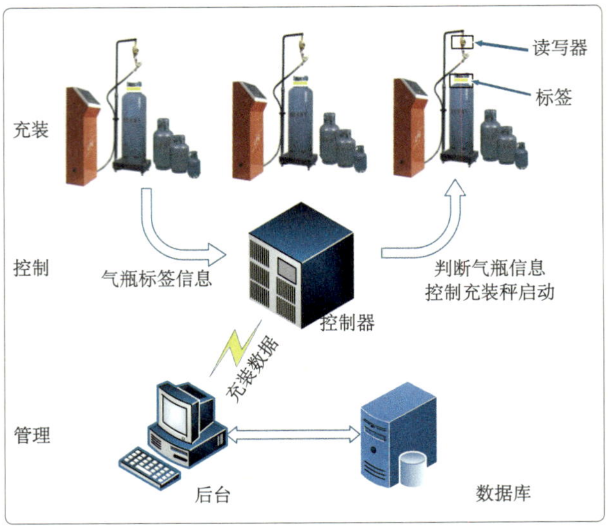

图 19-2 燃气充装应用

其次，根据充装企业管理要求，为充装人员也分配了唯一身份标识的 RFID 员工卡，利用 RFID 员工卡，实现员工的出勤情况、充装工作量统计、是否有违规充装行为等企业内部管理信息化。

充装时，充装企业员工利用读写器扫描气瓶电子标签，通过无线通信手段将判定情况传输给自充装控制装置，判定是否符合充气条件，从而控制充装装置。若气瓶超期未检、超期使用等，则为不合格气瓶，控制装置则不会启动充装操作，从而实现了安全充装。同时，实时采集充装记录（充装人员、充装量等），并上传至管理平台，作为后续应用的数据基础。

通过物联网技术对燃气充装环节管理，对于充装安全管理有效控制的同时，可以实现对于充装环节实时监控，可以查询每一次充装的情况，包括充装人员、充装时间、充装量等信息（见图 19-3）。

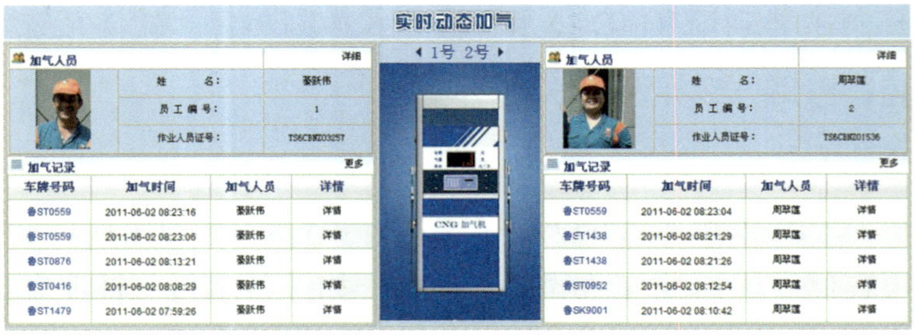

图 19-3 燃气充装动态实时信息

2. 燃气运输应用领域

燃气运输时，以罐车的形式或整车气瓶的形式运送至目标用户。在运输的过程中，为确保安全运输，利用 RFID 电子封条、GPS 等技术，实现燃气运输过程的动态管理。电子封条可实时感知、传输液化石油气罐车在运输过程中是否被打开等情况，同时与 GPS 技术融合使用实时传输位置信息，防止中途掺混劣质燃气，保证燃气质量安全。燃气运输安全应用流程如图 19-4 所示。

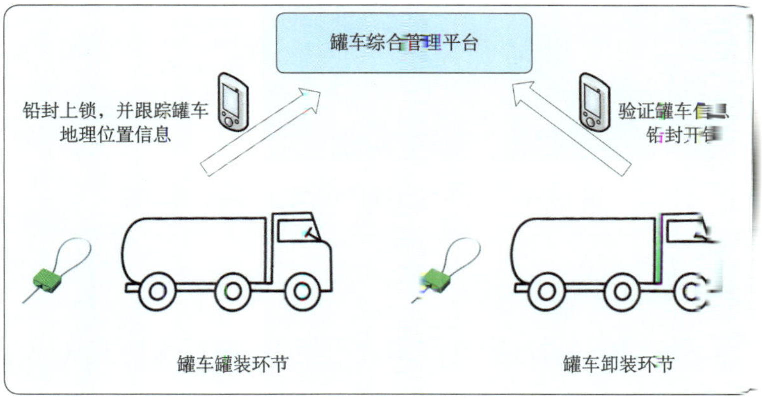

图 19-4　燃气运输安全应用流程

3. 燃气气瓶检验应用领域

燃气气瓶检验应用流程如图 19-5 所示，主要利用电子标签等物联网技术实现检验信息的动态采集。

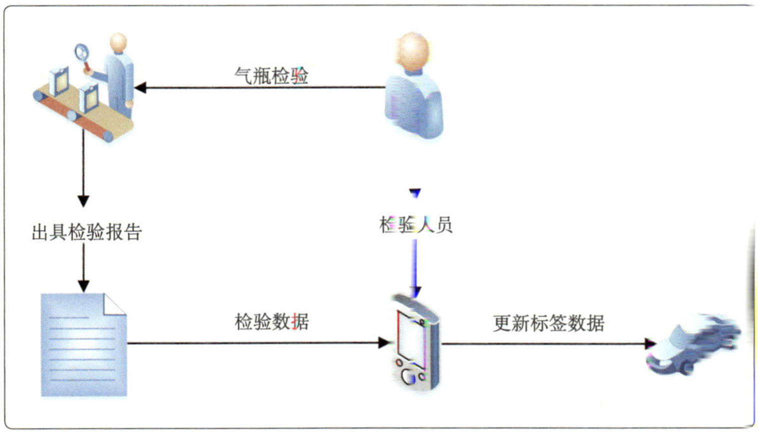

图 19-5　气瓶检验管理应用流程

燃气气瓶到期检验时，检验人员通过验证电子标签，读取气瓶档案，对气瓶的合法性进行判断。检验之后更新标签内的检验信息，包括检验单位、检验人员检验结论、检验日期、下次检验日期等，气瓶充装环节超期未检气瓶的充装（见图19-6）。

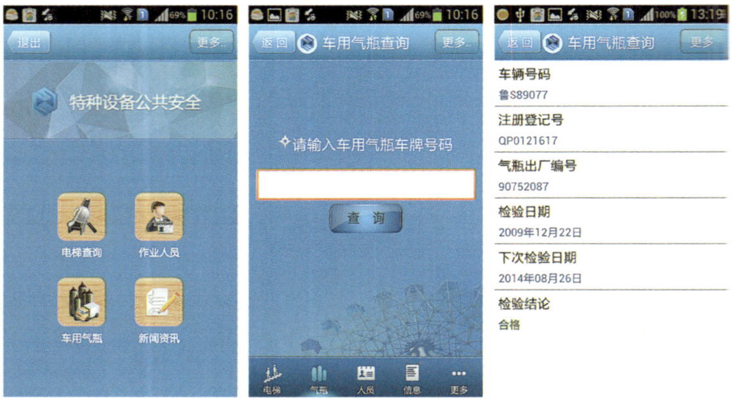

图 19-6　燃气使用环节智能终端应用功能

4. 燃气使用环节应用领域

燃气使用时，使用者可通过智能终端应用程序，随时随地查询燃气气瓶的制造、检验、充装、使用等信息，一旦发现不合格气瓶流通，应拒绝使用并予以举报，杜绝出现安全隐患。

5. 燃气过程管理应用领域

通过 RFID 等技术的应用，串联起燃气充装、运输、检验、使用等关键环节，形成清晰的燃气过程全图谱，从而实现燃气气瓶流向跟踪、追溯、召回等管理。

（三）以标准成果推动技术成果的共享应用

标准是技术应用的驱动器、助推剂。

本案例在推进过程中，以标准化手段为依托，先后制定了多项山东省地方标准，包括“气瓶用电子标签标识规范”“汽车用压缩天然气自动充装控制技术要求”“液化石油气瓶电子标签安全管理规范”，在推动淄博市以及山东省智慧燃气安全管理建设方面发挥了积极作用。

三、特色亮点

（一）智慧燃气建设的政策环境支撑

针对智慧燃气建设，山东省、淄博市以条例、文件等形式，为淄博智慧燃气的建设营造了良好的基础政策环境。

1.《山东省特种设备安全条例》第二十四条规定：移动式压力容器、气瓶充装单位进行充装时，充装的介质品种、容量应当与移动式压力容器、气瓶产品设计相符，并采用信息化手段，实现充装安全追溯管理。

2.《淄博市燃气管理条例》对燃气规划与工程建设、燃气经营与服务、燃气使用、燃气燃烧器具管理、燃气设施保护、燃气安全管理以及相关的管理活动进行了规定。

3.《淄博市人民政府办公厅关于进一步加强液化石油气安全管理工作的意见》《淄博市车用燃气设备安全监督管理办法（试行）》《关于实施〈淄博市车用燃气设施安全监督管理办法（试行）〉有关问题的通知》等文件，针对具体的应用领域，支持利用信息技术，加强燃气充装、经营等环节的安全管理。

（二）分级联动协同的燃气管理机制

淄博市政府牵头，根据燃气管理所涉及相关政府部门，包括质监、安监、公共事业、交通运输、公安等部门，形成了协同管理的机制，各部门按照各自职责，做好燃气管理的相关工作。特别是规定由区县燃气管理部门按照本级人民政府确定的职责，负责本行政区域内的燃气管理工作，确保了基层燃气安全管理。

通过市、县（区）分级联动、各部门的协同管理，实现了高效的智慧燃气建设。

（三）落实各方主体责任的工作方法

落实企业安全主体责任。企业是燃气安全生产的责任主体，对燃气充装企业，要做好气瓶充装前的检查，按照安全操作规程进行液化气充装并健全完善充装记录。不充装非自有产权气瓶，报废、超期未检及检验不合格的气瓶，对气瓶的流向进行跟踪管理；不以次充好，掺混二甲醚等其他成分等。利用物联网技术，为企业提供技术支撑，规避或杜绝上述安全隐患。

落实部门监管责任。燃气安全监管涉及储存、充装、运输、经营、使用等多个环节，以车用燃气为例：安全生产综合监督管理部门负责监督、协调有关部门落实车用燃气设施安全管理的有关规定；公安交通管理部门负责燃气汽车的登记，并对有关安全技术检验进行监督；质监部门负责车用气瓶的安全监督管理工作；交通主管部门负责对燃气营运客车、公共汽车、客运出租汽车实施行业监督，负责对燃气汽车维修企业的行业监督；公用事业管理部门负责对燃气汽车加气站实施行业安全监督管理。利用物联网技术，为有关监管部门提供基础数据与决策支持，实现分类、重点监管。

（四）试点应用与重大项目示范带动的实施路径

本案例实践试点应用与重大项目示范带动的实施路径，通过示范带动作用，推动整体应用。

试点应用方面，采用成熟一个领域推广一个领域的做法，利用成功应用的辐射带动作用，实现从车用燃气到工业燃气、液化石油燃气，从试点示范到大规模应用，从典型企业的小规模试点到区、县、市、省全面应用。

重大项目方面，以国家信息化试点工程“山东省基于 RFID 的特种设备动态管理”项目、国家物联网应用示范工程“国家特种设备安全监管物联网应用示范工程”等重大项目为抓手，通过物联网技术应用加快燃气安全管理关键信息在各管理级别、各应用层面的共享，探索形成多元共治的燃气气瓶安全管理新模式。

（五）安全控制关键点的重点物联网应用

重点针对燃气安全管理的关键控制点，包括燃气充装、运输、使用等环节，利用物联网技术实现智能化管控，减少或杜绝燃气安全隐患，提升安全管理水平。如针对充装环节，利用物联网技术实现自动充装控制，实现充装环节源头管理，严防报废、超期未检或检验不合格气瓶从充装环节流入市场。

（六）多源合作的市场推广手段

燃气安全管理涉及充装、检验、使用、经营等多个环节，针对不同环节的不同需求，提供相应的技术支撑方案，通过与行业龙头企业、行业协会等合作，推动相关技术应用。

（七）关联地区和产业的带动效应

一是通过淄博智慧燃气的应用，带动了相关技术在山东省内以及河南、山西、内蒙古、湖北等国内多个地区的应用，通过可复制性的技术方案，为国内燃气安全管理提供了有效支撑。

二是通过淄博智慧燃气的应用，带动了淄博市及我国嵌入式技术、电子标签技术、软件技术等物联网关键技术与关联产业的发展，发挥了新一代信息技术在促进经济和社会发展中的重要作用。

（八）第三方建设运营的模式

淄博智慧燃气的建设运营模式为第三方企业建设运营，利用该模式充分发挥行业企业的优势，可形成易于推广的技术方案，提供面向企业、政府联动、公众信息服务的多方互动信息增值模式，满足政府、行业等层面的安全管理需求，助力于整个社会管理效率的提高、智慧城市的可持续发展。

四、应用成效

本案例在服务公共安全管理、服务智慧城市建设方面发挥了积极的支撑作用，主要表现在：

（一）燃气安全管理水平提升，服务智慧城市公共安全管理

本项目主要面向燃气充装、经营、配送、检验等多个环节的用户，通过RFID、物联网等先进技术手段的应用，提升燃气安全管理效率，落实企业安全主体责任，助力城市管理者、企业、公众等各方优化资源配置。

以淄博市智慧车用燃气领域应用为例，通过物联网技术的应用，使车用燃气各环节安全信息无缝对接，有效解决了车用燃气气瓶流动性强、监管难度大的行业难题，杜绝无证充装，超期不检，报废气瓶非法充装等隐患，有效遏制了潜在的“城市流动炸弹”的产生，保障了广大人民群众的生命安全。据统计，车用燃气气瓶注册登记率达到100%，定期检验率从平均64%提高到90%，每年由于安全保障手段得力而减少的气瓶充装安全事故损失约1000万元。

（二）促进燃气行业发展，服务智慧城市建设中节能降耗

CNG、LNG、LPG等燃气是清洁能源，通过提升燃气安全管理水平，推动了清洁能源行业的快速发展，这对于节能降耗、空气质量改善等均具有积极影响。

以车用燃气领域应用为例。由于物联网技术的应用，规范了安装、充装、使用等环节，提升了燃气使用安全性，越来越多的公交车、出租车、私家车采用燃气作为驱动能量，节省了燃油用量，带动了车用燃气这一清洁能源汽车市场规模扩大。按每年每辆车2万公里的里程可节省燃油500升，淄博市现有车用气瓶约12万只，每年至少节省燃油6000万升，仅此一项，每年即可节省燃油费用约4亿元。同时，燃气汽车比传统汽油燃料汽车的一氧化碳排放量降低80%，碳氢化合物降低60%，氮氧化合物降低70%，有利于社会整体节能减排。

（三）带动物联网产业发展

项目建设过程中，应用了大量的电子标签、读写器、自动识别控制装置、软件系统等，促进了应用技术研发，培育了淄博市物联网创新企业，提升了淄博市物联网行业竞争力，带动了涉及芯片、天线、印刷、制造、材料、软件等物联网产业链条的同步发展，带动了信息化产品服务、自动化装备、硬件设备提供等信息化产业，为相关产品及服务供应商带来收入超过1.5亿元，推动了物联网行业的发展。

（案例推荐部门：国家质检总局）

案例 20

上海智检　助力上海“智慧城市”

一、背景与需求

（一）背景

为解决在频繁的进出口贸易活动中存在的诸多妨碍正常经贸活动有序推进的隐患，同时配合上海自贸区的建立和中央有关进一步推进“贸易便利化”的指导思想，促进国家外贸发展，上海检验检疫局运用信息化手段，创新性地建立起一个基于物联网的跨国进出境货物质量管理和溯源服务平台。

该平台主要依托出入境检验检疫业务，按照国家质检总局、中国检验认证集团、上海检验检疫局的工作指导，立足于以上海等国内主要口岸、配合上海自贸区、依托中国检验认证集团的全球网络，以口岸进出口货物原始信息管理为核心、围绕自贸区特殊需求、通过现有资源整合和信息共享，立足风险管理，通过法定检验、监督抽查、风险监测、追溯调查等立体式监管方式，获取商品检验检测、召回通报、消费者投诉、伤害事故等多方位商品质量安全信息，强化大数据的分析研判，建立了一套完整的进出口商品质量安全风险预警及快速反应体系。

2007 年起，上海出入境检验检疫局（以下简称“上海检验检疫局”）就前瞻性地将物联网、移动互联等现代化技术与检验检疫监管工作融合，着力解决全过程监管和监管信息共享的两大难题，创新性地提出了“建立一套体系，实现两个转变，聚焦三方热点”的建设方案，同时配合上海自贸区的建立和中央有关进一步推进“贸易便利化”的指导思想，建立起了基于物联网的跨国进出境货物质量管理和溯源服务平台，助力上海“智慧城市”建设，为“互联网＋智慧检验检疫”进行了有益探索。

（二）需求

上海检验检疫局，是国家质检总局在上海设立的直属机构，承担着对出入境人员、货物、交通工具等检验、检疫、监管的执法职责。进口货物，如生活中熟悉的进口服装、玩具、食品接触材料、母婴用品、小家电等商品的质量安全都是上海检验检疫局监管的对象。

随着外贸发展、经济水平的提升，生产、生活中对进口物资、消费品的需求越来越大，集装箱、货物吞吐量逐年增长。由于在跨境物流中缺少全程监管的有效手段，口岸执法部门的抽查检验数量不断提高，但仍难彻底拦截、根除隐患。如2014 年，上海检验检疫局在上海口岸检出进口不合格货物 3.04 万批。

同时，由于存在信息孤岛，国内各执法监管部门也存在重复查验、抽检的可能，不但增加了行政执法成本，还延长了进出境贸易活动的物流周期；广大消费者也可能对口岸执法部门的查验情况不甚了解，遇到商品质量安全问题时常会出现投诉无门的情况。

因此，上海检验检疫局在保障国门安全的便捷外贸的同时，注重利用物联网、移动互联等现代化技术与检验检疫监管工作的融合，着力解决全过程监管和监管信息共享的两大难题，建立了“一套体系，实现两个转变，聚焦三大热点”的建设方案，助力上海“智慧城市”建设，促进贸易便利化，为“互联网 + 智慧检验检疫”进行了有益探索。

一套体系，即一套完整的进出口商品质量安全风险预警及快速反应体系。本项目实现了两个转变，即：以“口岸管控 + 事后追溯”为主要内容，覆盖事前、事中、事后全过程的进口商品全链条监管新模式的监管模式转变；以互联网、移动通信、新兴媒体、货物电子标签等多渠道构建的进出口质量安全溯源管理平台，实现监管手段的转变；同时聚焦“国门安全”“贸易便利”和“民生保障”三大领域。

二、主要做法

为解决货物进出境存在的信息孤岛、重复抽检、贸易周期延缓的问题，上海检验检疫局抓住政策机遇，采用物联网技术，着手技术创新，合理进行顶层设计，努力建成上海智慧检验检疫，确保国门安全、贸易便利、民生保障。

（一）着力打造“互联网 + 智慧检验检疫”

2012 年，上海市政府明确把完成智慧检验检疫等四个物联网应用示范工程方案列入“大力推进‘智慧城市’建设”。

2014 年 7 月，《上海自贸区条例》第二十条规定：“检验检疫部门在自贸区试验区运用信息化手段，建立出入境质量安全和疫情疫病风险预警机制，实现无纸化申报、签证、放行，实现风险信息的收集、分析、通报和运用，提供出入境货物检验检疫信息查询服务。”

2014 年 11 月，首届互联网大会提出了“互联互通、共享共治”主题。

2015 年 5 月，国务院《关于推进简政放权方管结合转变政府职能工作方案》中提到，深入推进监管方式创新，着力优化政府服务，积极运用大数据、云计算、物联网等信息化手段，探索实行“互联网 + 监管”新模式。

在这些有利的政策支持下，上海检验检疫局在前期信息系统基础上，以进出境货物的检验检疫电子监管和物流溯源监控为业务应用立足点，采用物联网框架，结合云计算、智能传感、无线通信等多种技术，建设面向全国的基于物联网的进出境（集装箱）货物检验检疫物流溯源监管服务平台（以下简称“智慧质检云平台”），实现对进出境货物检验检疫的全程电子监管和物流溯源。

（二）合理的顶层设计

智慧质检云平台主要由进出境货物检验检疫物联网应用支撑平台、检验检疫业务信息移动应用平台和检验检疫监控信息服务平台三大子平台构成，包括电子封识签发系统、对象名解析服务系统、物联网应用中间件、信息交互系统、CCIC 海外装运前检验系统、检验检疫“即检即放”系统、产品原产地信息溯源认证系统、CCIC 海外综合业务管理系统、检验检疫全程溯源监管服务系统和进出境货物物流监控系统十大系统，其业务范围涵盖进出境货物检验检疫全过程监管、货物物流的全程溯源和货物原产地的信息认证等方面。其平台总体框架如图 20-1 所示：

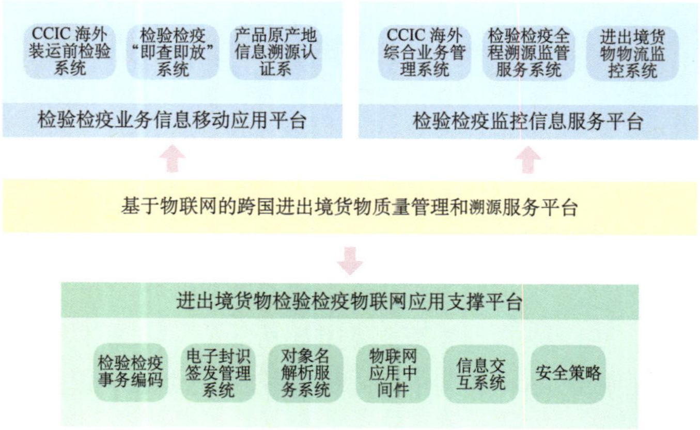

图 20-1　平台总体框架

结合进出境货物业务合理设计（见图 20-2）：

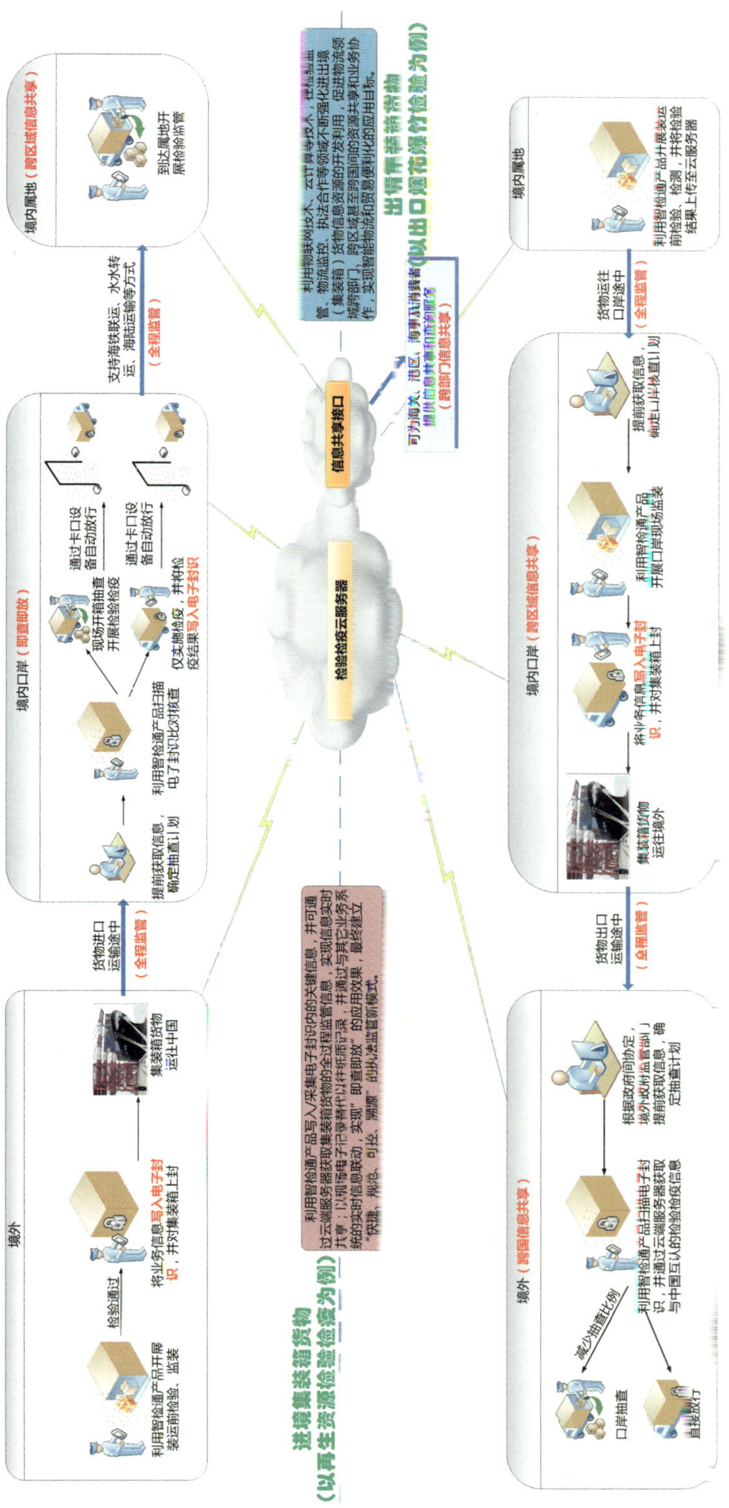

图 20-2 进出境业务示意图

以海外集装箱货物进境为例：

在海外：海外检验公司在再生资源等进行装运前检验时，完成信息采集工作，并将关键信息写入电子封识中并施封，对于照片、视频、检验检疫等详细信息，通过“时间戳技术”防止信息伪造，并传送至检验检疫云端服务器，实现与电子封识内信息的一致性绑定，并完成与国内检验检疫机构的信息共享。

境内口岸：口岸检验检疫机构实施到货检验时，通过“智检通”比对封识信息，并可通过云端服务器获取更详细的业务信息，检验检疫人员可对封识信息完好且风险较低的商品，在一定的政策支持下减少口岸查验比例，利用“智检通”设备直接发出通关放行的指令，并写入电子封识内，该集装箱货物在离开港区，通过口岸道口时，由部署在道口的智能通关设备自动捕获电子封识的相关信息并进行比对，对于符合放行的，实现无人值守的自动放行，达到了“即检即放”的应用目的，切实加快通关速度。同时以电子封识作为信息载体，通过云端服务器提供的数据接口还可实现“海铁联运”“水水转运”和“水陆联运”等便捷的物流方式，实现物流的智能化管理。

境内属地：采用电子封识技术后，属地检验检疫机构可根据事先获取的口岸机构检疫信息合理分配行政执法资源，提前做好检验监管的准备工作。如货物逾期未到，系统会自动报警，防止逃漏检的发生；对于重点敏感商品，可加施具有GPS/GPRS功能的电子标签，及时获知货物的实时流向。当货物到达属地后，属地工作人员可通过“智检通”核对集装箱电子封识内的关键信息，并通过云端服务器，可实现原产地（海外）和口岸检验检疫信息的实时共享，为检验监管操作提供真实、可靠的数据支撑，达到了海外、口岸和属地检验检疫的监管联动。

（三）多领域推广应用

1. 应用于移动执法

在口岸检验检疫查验领域，利用移动手持终端完成口岸查验监管闭环的“即检即放”项目。作为第一批自贸区改革创新制度，自2013年起在上海自贸区得到成功应用，目前已在消费品检验、口岸验证、放射性监管和木包装检疫等数十项业务中，实现了查验登记全程无纸化、查验现场即时性放行、查验数据多系统同步、查验步骤规范等多项功能。2015年作为上海检验检疫局“十检十放”便利化措施之一，逐步向浦东新区乃至全上海检验检疫查验领域复制推广。

2. 应用于全程监管

在跨境物流监管领域，对进口重点敏感商品已应用于来源于日本、韩国等进口再生资源的海外装运前检验监装、口岸到货检验，实现货物检验监管的闭环控制，在风险可控的情况下，对装运前检验环节加施了电子封识的进口再生资源，在口岸检验检疫环节降低开、掏箱抽检量，可进一步加快口岸检验速度，进而缩短货物物流时间，降低外贸企业的物流成本。

3. 应用于溯源管理

在进口商品监管领域，以“口岸管控 + 售后追溯”为监管模式，在一般贸易、特殊贸易（如跨境电商、保税展示交易）的进口服装、玩具等商品上加施 NFC 等电子标签，实现全流程信息追溯，强化监管链条的前伸后移。消费者通过移动设备扫描进口商品上的电子信息标签，可直接查询产品的基本信息、检验检疫部门的监管信息和检验检测信息，并可便捷地反馈质量问题。此举将有效帮助消费者迅速甄别进出口商品的真伪和原产地，与政府质量安全管理部门搭建互动桥梁，全面保障消费者的权益；并在全社会营造出打击假冒伪劣、支持名优产品的良好消费环境和氛围。目前已率先与保税区森兰商都和部分玩具、电商企业开展合作试点。

上海检验检疫局的物联网应用还将扩展至进口旧机电、汽车等重要敏感商品以及出口烟花爆竹等危险货物的检验检疫监管环节，建立商品全生命周期的质量安全溯源管理，实现从产地到口岸启运的跨地域全程实时监测和溯源监控，完善责任追溯体系；与海关、海事、安监等多部门间搭建执法互助体系，乃至与境外执法部门形成执法合作，打击出口假冒伪劣，确保进出境货物的安全性和合法性；解决信息孤岛问题，搭建面向政府、企业、消费者的质量安全溯源平台，实现商品物流、信息流、监管流的有效融合。最终，通过信息的“互联互通”和执法的“监管互助”，形成“快捷、规范、可控、溯源”的“互联网 + 智慧检验检疫”的智慧检验检疫监管新模式。

（四）大力推行技术创新和成果应用

1. 技术创新

（1）在国内率先建立符合检验检疫行业应用特点的基于物联网感知、传输、应用处理的系统平台，并具有良好的复制性，为在我国检验检疫物流溯源领域全面推广奠定基础。

（2）形成基于物联网的货物检验检疫物流溯源系统完整的系统解决方案，为项目工程建设提供可靠的技术保证。

（3）实现应用研发和产业化紧密结合，同时解决境内到货检验和境外预检之间，乃至国与国之间检验检疫的共享难题，进一步实现我国检验检疫在全球范围内的信息共享和认证。

（4）具有自主知识产权的核心关键技术和产品，将为我国检验检疫行业业务应用标准的制定创造条件。

（5）具有可复制性的三项应用模式创新：一是在境外装运前检验环节实现全程监管。以集装箱电子封识为信息载体，通过可实时查询和追溯的集装箱物流监控系统，做到全程监控物流环节中各个检验监管结果。已应用于再生资源的海外装运前检验监装、口岸到货检验，实现货物检验监管闭环控制。二是在口岸到货的检验检疫环节实现即检即放。通过搭建与上海市政府口岸的数据交换平台，建设国际贸易“单一窗口”，构建合纵连横的信息交互、共享网络；通过推广“即检即放”现场查验放行模式，以规范化、便捷化为原则，通过智能移动执法设备，完成所有现场查询、接单、查验、登记、取证、放行等一系列执法监管活动。三是在多部门监管环节实现执法合作。通过制定 RFID 电子封识等行业标准和申请专利，推动跨境贸易商品信息的“互联互通”和执法监管的“共享共治”，避免企业被重复查验、重复抽检。

2. 成果应用

2007 年 8 月，“上海入境集装箱查验电子管理系统”项目正式启动。2009 年承接上海市科委重大科技攻关专项“基于 RFID 的进出口货物检验检疫信息交互系统平台”。系统通过 RFID、GPRS、WLAN 等无线技术手段，做到对货物流向实时监控以及无人值守。

2010 年，项目组前瞻性地提出了“基于物联网的进出境集装箱检验检疫电子监管系统”，是系统内实现跨省间进出境货物全程监管的重大技术突破，被列入国家质检总局 2012 年科研项目。

2012 年 6 月，《基于物联网的进出境（集装箱）货物智能监管平台用电子封识系统》行业标准的立项申请被国家质检总局正式批准通过，并正式发布，于 2015 年 9 月正式实施。

2012 年 10 月，《基于物联网的进出境（集装箱）货物检验检疫物流溯源系统》作为工信部 2012 年物联网发展专项资金支持项目正式立项。

2013 年申请的行业标准《进出境货物电子标识应用技术规范》再度立项，并已报批。

口岸试点：2012 年起已将物联网项目的最新研究成果在全国集装箱吞吐量最大的外高桥、洋山口岸进行试点，对进境（集装箱）货物采用“即检即放”现场查验放行模式。

自贸区示范：2013 年 9 月召开“即检即放”查验模式推广应用会，2014 年 8 月，在上海自贸区辖区内开展示范应用。

浦东新区复制推广：2014 年 9 月，作为可复制可推广制度在浦东新区、外高桥口岸的集中查验场站开展示范应用的复制推广，作为浦东新区综合配套改革在辖区内逐步覆盖。

跨境监管中的应用：上海检验检疫局在进口再生资源、旧机电等装运前检验检疫工作领域积极尝试与韩国和日本的中检集团公司实现跨国的监管信息共享。截至 2015 年 11 月底，上海口岸已完成源自日本、韩国已加施电子封识的进口再生资源口岸到货检验共计 286 批、1244 个标箱。

2013 年 3 月起，与欧洲中检集团协作开展以再生资源装运前检验业务为核心的信息交互系统，创收外汇近 9 万美元。2013 年 12 月，开始着手调研新西兰初级农产品进口监装的业务需求，业务覆盖了货物的生产、加工、物流、检验、监装、进口和经销等全过程应用。通过互联网、手机 APP 查询，获得奶粉溯源信息，真正做到进口奶粉源信息、贸易信息可追溯。

截至 2015 年底，上海检验检疫局以“即检即放”模式已在进口消费品检验、进口商品口岸验证以及入境集装箱检疫检验等 14 类业务领域得到应用，范围覆盖上海地区 39 家检验检疫查验场站，完成现场查验放行 13.13 万批次，涉及集装箱装载的货物达 22.03 万多标箱。

三、案例亮点

2015 年 5 月，国务院在《关于推进简政放权放管结合转变政府职能工作方案》中提到：“深入推进监管方式创新，着力优化政府服务，积极运用大数据、云计算、物联网等信息化手段，探索实行‘互联网 + 监管’新模式。”

早在 2012 年，上海市政府就将“智慧检验检疫”纳入上海市政府创建“智慧城市”的重点工作。多年来，上海检验检疫局注重将物联网、移动互联网等现代化技术与检验检疫监管工作融合，致力于“建立一套体系，实现两个转变，关注三方领域”。

近几年随着国际贸易的进一步便利和购物渠道的多样化，人们在市场上能够越来越方便地买到更多的进口服装、箱包、小家电、食品以及玩具、尿不湿等母婴用品洋品牌。作为消费者需要知道自己购买的商品是否为正品，在使用过程中遇到产品质量问题时，需要通过渠道反馈，维护自身权益。

在上海自贸区森兰商都购物中心，上海检验检疫局向社会公众展示了一种全新的“智慧检验检疫”消费体验方式：进口服装在进入销售环节前加施印有“上海出入境检验检疫局”Logo的防伪电子标签，在购物现场消费者可以使用智能手机，通过扫描二维码或NFC获取该商品的经销商、原产地等基本信息及上海检验检疫局官方确认的口岸查验、实验室检测和各类证书报告等检验监管信息；通过链接，还可以直接就该商品的产品质量与检验检疫部门进行“无阻隔、无时差”的交流互通，让消费者对进口商品买得更放心、用得更安心。

上海检验检疫局还在和乐高、美泰两大玩具生产商进行部分玩具产品的合作试点，通过产品加贴信息化标签手段，将企业自身质量控制系统与监管部门信息化平台对接，从而降低企业贸易物流成本，提高企业贸易便利化。

除了消费品以外，2016年1月首台带着“上海国检”字样电子标签的植入式心脏起搏器完成报检并送至检测机构实施安全与性能项目检测，这标志着上海检验检疫局正式将进出口商品质量安全溯源管理系统应用于进口医疗器械产品，这也是国内首次将电子标签应用于该类商品的质量安全溯源行为。

通过该系统，销售商及产品使用者可以使用带有NFC（近距离无线通信技术）或者具有二维码识别功能的手机扫描产品电子标签，即时读取产品基本信息和检验监管信息，并可在线提交产品质量安全反馈，从而实现进口植入式心脏起搏器质量安全的全程监管和追溯。波科国际医疗贸易（上海）有限公司的84台心脏起搏器成为首批应用该电子标签的医疗器械。

在危险化学品领域，上海检验检疫局和湖南检验检疫局合作开展的出口烟花爆竹质量安全追溯电子监管平台（“沪湘通”系统）也已试运行。首批运用物联网电子标签技术的出口烟花爆竹已于2016年春节前夕在产地浏阳完成了监装查验发往上海口岸出运，上海检验检疫局从云端数据库实时获得产品信息、监装情况等动态数据和视频信息，并随机布控实施口岸抽查工作。该平台的建立标志着覆盖全国80%以上的出口烟花爆竹全流程、可追溯电子监管体系初见成效，是“互联网+监管”思维在探索出入境危险货物安全监管方面的有效尝试。

电子标签应用于进口商品的意义：一是对检验检疫部门而言，通过电子标签的管理沟通了生产企业，通过对售后产品质量信息的采集联系了产品的使用者，通过对大数据的分析明确了检验监管的重点应向何处倾斜，有助于对进口企业及进口商品实现覆盖事前、事中、事后的全流程监管。二是对消费者而言，通过扫描电子标签可迅速了解商品的基本信息及进口监管信息；如果发现商品有质量问题，还可通过电子标签的信息反馈界面向检验检疫部门及商家进行反馈，有助于后续问题的快速处理解决。三是对于生产企业而言，由于NFC电子标签具有不可复制、防伪性好的特点，加贴了NFC电子标签的商品相当于拥有了一份证明产品正规性、真实性、可靠性的保证书，能够向消费者有效地证明商品来源真实、质量可靠，有助于提高消费者对商品的信任度。

通过这种模式可以逐渐将信息化标签应用于食品、化妆品、旧机电、汽车等重要敏感商品以及其他危险化学品的检验检疫监管环节，这将有效帮助消费者迅速甄别进出口商品的真伪和原产地，与政府质量安全管理部门搭建互动桥梁，全面保障消费者的权益，并在全社会营造出打击假冒伪劣、支持名优产品的良好消费环境和氛围。

四、经济效益和社会效益

项目从2012年1月1日至2015年底，应用该项目成果实现境内外相关系统研发建设及电子封识产品销售，新增主营业务收入超过1.8亿元，创收外汇近9万美元，项目推广应用至日本、韩国、荷兰等国家。

（一）“即检即放”项目应用促进贸易便利化

信息化的管理改变现有纸质报检，手工记录检验检疫现场查验数据，及人工放行的检验检疫监管模式，实现进出境集装箱货物的电子申报、电子查验、电子放行、电子核销等全过程电子化管理，大大提升检验检疫工作效率，确保监管有效性。以对进口货物木包装检疫采用无纸化申报为例，每单可为报检企业节省50元；通过项目实施已在上海各口岸包括自贸区完成现场查验放行13.13万批，涉及集装箱装载的货物达20.03万多标箱，可为客户节省物流时间约9.41万小时，增长盈利空间约4780.70万元。

（二）跨境检验领域应用降低物流成本

利用电子封识对需监管货物实施全过程监管，可有效减少开箱、掏箱的比例，在提高检验检疫工作效率的同时，降低终端企业用户的检验检疫成本。以对进口再生资源装运前检验项目应用为例，通过共享国外装运前检验信息，降低再生资源查验比例，按降低30%计算，平均每单可为进口企业节省通关费用近2150元。

（三）全过程监管有利于规范外贸企业行为

通过该系统的研究，可实现采用智能监管系统对进出境货物检验检疫进行管理，对不法商贩通过溯源追踪管理能有效抑制其违法犯罪行为，明确恶性事件的责任人并追究其法律责任。

（四）项目示范应用的落地有助于带动产业链的发展

该系统的建设推广，提升物联网产业发展，带动上下游相关产业链（芯片设计制造、天线设计、中间件、传感器、无线通信技术和多功能采集设备等）的发展，使企业自发地实现工艺的改进和技术的创新，从而进一步降低实施应用成本，并为今后物联网相关技术的广泛应用打下良好基础。

（案例推荐部门：国家质检总局）

案例 21

创新在路上：常州智慧旅游城市建设的现实思考

常州地处江南腹地，历史悠久，人文荟萃，经济发达，改革开放初期更以工业明星城市而著称。若从旅游资源禀赋的角度来看，常州属于典型的资源贫乏型城市，与同在苏南板块的苏州、无锡相比，其在旅游领域内的知名度相差甚远。但进入新世纪尤其是"十一五"以来，常州市坚持"旅游即经济、旅游即文化、旅游即环境、旅游即城市、旅游即生活"的发展理念，实施政府主导、部门协作、产业联动、社会参与的大旅游发展战略，旅游业取得了突飞猛进的发展。接待游客总人数、旅游总收入已经连续多年稳居江苏省第四位。常州是江苏省首个被国家列为"智慧城市"试点的城市，是国家首批智慧旅游试点城市，其后一直在智慧城市、智慧旅游城市以及旅游信息化建设的道路上摸索、创新与前行。在国家和江苏省智慧旅游建设指导意见下，常州抓住机遇利用现有条件和资源推动旅游业快速健康发展。

2015 年 12301 国家智慧旅游公共服务平台落户常州，同年中国"旅游+互联网"大会在常州召开，常州市被授予首个中国"旅游+互联网"创新示范城市。这一个个看似偶然选择的背后是国家旅游局对常州智慧旅游城市建设的充分肯定和鼓励，常州作为智慧旅游城市建设的典型示范再次引起业界关注。常州智慧旅游城市作为智慧城市建设的一部分，是常州建设休闲度假目的地城市的前提，是常州"旅游+互联网"城市建设的基础，是国家旅游惠民工程的重要举措，是加快旅游产业转型升级的必经之路。

一、实践与特色

（一）宏观：政府负责构建顶层设计

智慧旅游建设是一个涉及智慧服务、管理、营销的系统性工程。常州智慧旅游建设由政府主导，围绕一个中心（以服务为中心），两种模式（自上而下和自下而上模式），开启智慧旅游顶层设计之旅。

1. 一个中心：以服务为中心

（1）顶层设计体现新意。一是理念新。常州智慧旅游建设始终以服务游客为中心，秉承“统筹规划，政府主导；统一标准，联合建设；互联互通，资源共享”的设计理念，确保顶层设计的前瞻性、科学性和系统性。二是思路清。常州基于为游客服务的宗旨，加强与行业主管部门、企业和旅游者需求对接，围绕系统建设、维护、应用与管理等一系列问题，强化顶层设计。

（2）规范方案科学全面。2012 年常州在被确定为全国首批智慧旅游试点城市后，便以服务游客为核心开启智慧旅游建设。常州于 2013 年编制完成常州智慧旅游公共服务体系建设总体方案，2014 年编制完成《常州智慧旅游建设三年行动计划（2015—2017）》，2015 年编制完成《常州市互联网＋旅游专项行动计划》，以上规范方案为智慧旅游建设指明了方向。

（3）政府主导市场参与。常州智慧旅游建设借鉴国内外先进经验，采取政府主导与市场运作相结合的模式，积极引入社会资本，分工协作，充分发挥各方积极性，既避免政府单独参与导致的机制僵化、高成本、与市场脱节等问题，又避免完全市场化可能导致的各自为政、无序发展的问题，构建多方建设、多元化服务、可持续发展的市场运作模式。

（4）围绕需求逐步推进。常州根据智慧旅游建设的实际问题，考虑到技术的成熟性和系统的实用性，努力降低建设成本，避免一味强调新技术所带来的系统稳定性降低和维护成本问题，并结合信息共享与系统集成，发挥传感网、云计算与大数据分析的优势，使行业需求和信息技术充分融合，突出智慧旅游服务、管理与营销的实际成效。

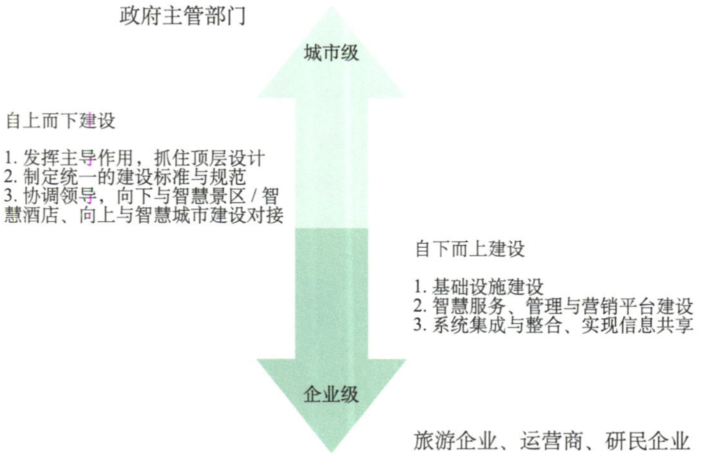

图 21-1　两种模式的结合

2. 两种模式：自上而下和自下而上（见图 21-1）

常州智慧旅游建设是一个政府主导、多方参与、市场运作、逐步实施的复杂系统工程，常州创设有“自上而下”与“自下而上”两种基本建设模式。鉴于两种模式各自的优缺点，常州采用两种模式结合，即常州在智慧旅游建设初期充分调研，反复摸清需求，认真梳理城市与企业旅游服务的特点与业务关系，把握最新信息技术发展和国内外旅游信息化建设经验，做好顶层设计与全局规划，明确建设的基本规范与标准，再用于指导企业智慧旅游基础性建设。

（二）中观：旅游相关部门互联互通

常州智慧旅游建设涉及相关部门有常州市公安局、交通局、商务局等同级单位建设系统，与本系统之间具有资源、信息共享要求。如道路交通信息、公安视频监控信息等可以为智慧旅游提供直接的数据支持，避免重复建设，还需要常州市政府从兼顾智慧城市建设和信息共享、信息安全的全局出发，统一部署、协同安排、互通互联。

常州加强与江苏省内南京、扬州、苏州等智慧旅游试点城市旅游主管部门的联络，向四川、北京等智慧旅游建设标杆省、市旅游主管部门借鉴优秀实践成果，不断探索学习其他城市智慧旅游建设中成功的经验做法，并保持部门间的信息畅通，相互取长补短。

（三）微观：旅游企业创新服务模式

智慧旅游企业建设是常州智慧旅游城市建设的根基，是常州智慧旅游城市建设的重要内容，常州不断尝试从服务理念和运用模式上创新旅游企业服务。

1. 创新服务理念，引导智慧旅游企业健康发展

常州智慧旅游建设旨在为旅游者提供全方位、全过程的智慧化服务。随着旅游者由过去的求量型旅游方式向求质型旅游方式的转变，常州旅游服务向信息化、智慧化以常州旅游网为核心，建设了包括线上线下公共服务平台、官方自有平台、移动 APP、微信、微博等新媒体在内的常州智慧旅游公共服务体系。常州智慧旅游健康发展，以旅游企业为服务单位，搭建以游客为中心的智慧旅游循环服务框架，以改善游客体验为方向，以加强信息与服务的集成、线上与线下的整合为手段，通过提高旅游服务的信息化水平达到提升服务质量的目的。

2. 创新运营模式，保障智慧旅游建设稳步推进

日新月异的信息化技术为智慧旅游建设提供了技术保障，但搭建平台容易，维护、运营好平台、保障平台健康发展和成长难。为保证智慧旅游建设能不间断推进和顺利发展，常州尝试聘请专业团队来维护智慧旅游公共服务平台的运营，政府购买服务，同时给予充分的市场运营空间，双方联合保障平台健康发展，并合力促进平台做大、做优、做强，为游客提供更为完善、智能、便捷的服务，同时成为常

州旅游宣传促销的有影响力的自媒体平台。

二、应用与成效

在国家和江苏省关于智慧旅游发展指导意见带动下，常州市政府及区域内各级旅游主管部门高度重视智慧旅游城市建设。通过5年的探索实践，常州智慧旅游城市建设初见成效，并给常州的社会、经济和环境带来变化。

（一）社会：推动旅游健康理性地持续发展

1. 规范标准引领建设

常州市从抓标准、制规范入手，通过规范行业行为引领智慧旅游建设。早在2008年常州市就参与编制了江苏省《旅游企业信息化服务规范》，成为全国第一个以地方标准形式出现的旅游企业信息化标准；2012年又先后出台常州市智慧饭店、景区和旅行社建设标准，进一步明确了智慧旅游企业的建设要求；2013年与江苏省旅游局共同起草的《旅游企业信息化服务指南》作为我国旅游行业标准对外发布。常州智慧旅游建设示范企业的评选，主动适应了旅游新业态的发展需求，快速提升了城市旅游的智慧化程度和智慧化水平。

2. 服务平台支撑建设

常州智慧旅游公共服务平台建设有序推进，旗下的资讯营销服务系统、产业管理服务系统、常州旅游服务中心建设完成，旅游服务、旅游营销和旅游管理成功实现网络化进阶（见图21-2）。常州智慧旅游公共服务平台的建设，为市民、游客提供了丰富的旅游资讯，为旅游企业构建了宣传推广渠道，建立了乡村旅游营销平台；健全了平台电子商务功能，使游客来常州旅游更加便捷化和智慧化。

图21-2　常州旅游服务中心

3. 服务渠道配合建设

为迎合“旅游＋互联网”的发展的趋势，常州研发了七大旅游综合资讯渠道，全方位多方式提供游客与供应商最贴心的服务（如表 21-1 所示）。这些旅游资讯渠道建设以来功用显著，能实时查询“吃、住、行、游、购、娱”方面的实时信息，能实时定制个性化旅程，购买常州本地景区、乡村旅游点的门票，预订酒店客房，购买组合线路产品，团购特色旅游商品和休闲娱乐产品，给游客带来实时、精准的信息服务（见图 21-3）。

表 21-1　常州七大旅游资讯渠道

序号	渠道名称	项目名称	功　能
1	乐游常州	旅游资讯网	实现查询、预订、支付、点评、分享一站式服务
2	@ 常州旅游	官方微博	常州旅游信息全面的实时推广
3	常州旅游推广中心	微信订阅号	常州旅游信息全面的实时推广
4	游常州	微信服务号	提供旅游资讯、产品购买、地图导航、游客互动等服务
5	乐游常州	手机客户端	实现手机在线查询、预订、支付、点评、分享一站式服务
6	常州旅游服务中心	实体店	实现线上线下旅游产品的互动交流，提供游客、市民面对面的旅游服务
7	常州旅游攻略	合作 OTA、网媒	供来常州旅游的游客参考

图 21-3　智能公共服务平台

4. 营销推广创新建设

常州智慧旅游营销呈现方法多、模式新、成本低、收效好等特点。一是创新自媒体运营。推广活动覆盖 15 个微信公众账号、17 个朋友圈、8 个微信社群；结合节庆活动开展常州旅游形象宣传和微博、微信同步推广活动；组织体验师活动，通过活动宣传、体验师自媒体传播，极大地提升了常州旅游品牌知名度。2015 年新浪官方微博拥有粉丝超过 47 万人，微信订阅号粉丝 103955 人，服务号粉丝 31425 人。二是创新营销活动。常州智慧旅游网络营销媒体选择多样化，合作形式丰富化，先后与新浪微博、蚂蜂窝、今日头条、天涯社区、搜狐等新媒体采取多种方式合作，成效显著，如与蚂蜂窝合作一年即实现常州旅游目的地攻略下载总量 87 万册。

5. 管理平台保障建设

2014 年常州市启动建设智慧旅游二期工程——“常州市智慧旅游产业运行管理平台”（见图 21-4），即游客信息采集与分析系统、假日旅游信息管理系统，提高了信息技术在旅游业应用的广度和深度，提高了旅游公共服务水平和旅游行业管理效能，推动了基于新技术的旅游产业管理创新。

图 21-4　常州市智慧旅游产业运行管理平台

（二）经济：促进向旅游目的地城市的转型

常州旅游产业规模的不断扩大，使用信息化手段来服务、管理和营销常州旅游，不仅延长了游客逗留时间，提高了旅游收入，而且提升了管理全要素效能，并促使常州向旅游目的地城市转型。

1. 旅游收入增长明显

如果常州智慧旅游建设成效要用数据说话，那最直接体现在旅游接待人数和旅游收入增长两方面，这两项正是决定常州向旅游目的地转型的主要因素。据统计，2015 年常州接待国内外旅游者达到 5455 万人次，是 2010 年的 1.9 倍；实现旅游总收入达到 731 亿元，是 2010 年的 2.09 倍；旅游业增加值占全市服务业增加值的比重由 2010 年的 12.3% 提高到 13.5%，占 GDP 的比重由 2010 年的 5.1% 提高到 6.5%。常州在智慧旅游城市建设的风潮下，近五年（2010—2014 年）旅游接待人数、旅游总收入呈现持续攀高态势（见图 21-5）。

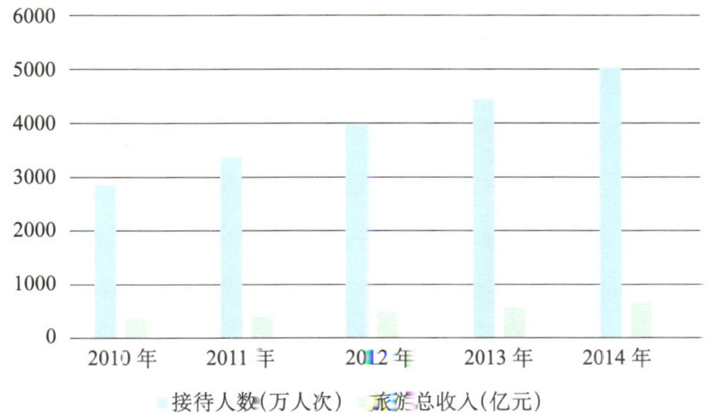

图 21-5　近五年常州旅游接待人数和旅游总收入趋势图

数据来源：常州市统计局提供数据。

2. 游客逗留时间延长

常州智慧旅游建设给旅游者旅游前的查询、预订，旅游中的导览、导购、导航、导游，以及旅游后的分享，提供了全方位、全过程的线上线下旅游服务，大幅度提高了旅游者旅游的舒适度和满意度，进而让游客愿意在常州驻足停留休闲度假，尤其是每年节假日和寒暑假的亲子游市场异常火爆。常州借助七大资讯渠道适时不间断推出常州二日、三日精品旅游设计路线，吸引大批游客来常州感受四时不同的美景，品尝各具特色的应季美食，让游客流连忘返，延长了景区游客逗留时长，促使常州向休闲度假旅游目的地城市发展。

3. 管理效能全要素提升

常州在搭建智慧旅游公共服务平台的同时，充分运用物联网、云计算、智能数据挖掘、新一代通信网络等技术，综合手机客户信息采集系统、旅游团队信息采集系统、基于 WiFi 热点的游客信息采集系统、游客信息分析系统等大数据分析，提取多方数据综合分析游客客源地、年龄、性别、消费能力、景区热度、行为偏好、在常州逗留时长等，并以这些数据为基础，对游客行为进行分析预测，从而提供高效的调查、咨询、决策参考、投诉处理等服务。如针对某一时段产生的来常州游客的客源地数据分析（见图 21-6），可见来常游客的空间分布广泛，主要分布在长三角、华北及华中三个区域，因而可针对该区域游客特征开展有针对性的营销和服务管理。

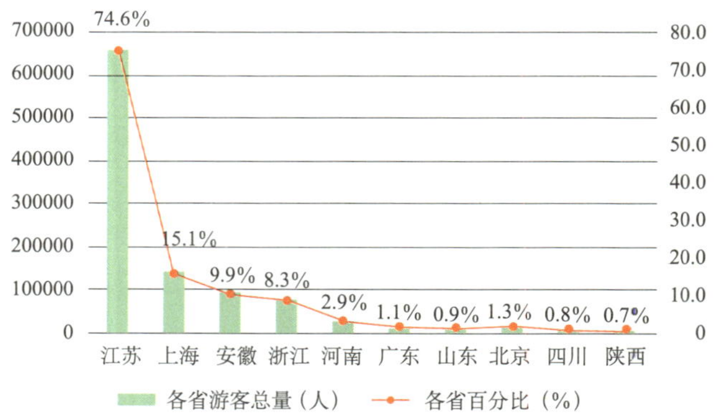

图 21-6　全国各省来常游客总量及各省百分比

数据来源：常州市旅游局游客信息采集与分析系统。

（三）环境：营造以游客为中心的服务环境

在常州，以游客为中心的智慧旅游不仅体现在管理部门的主导建设上，更集结了景点、酒店和旅行社等旅游企业信息化建设的相关配套，根据“常州市智慧旅游企业建设标准”，常州市先后评定了两批共 16 家常州智慧旅游建设示范企业，为智慧旅游建设夯实基础。在以服务游客为中心的环境营造上，成绩突出的旅游企业有常州中华恐龙园、常州天目湖旅游度假区、常州淹城春秋乐园、环球动漫嬉戏谷、江苏景尚旅业集团、常州光大国旅、常州华怡明都酒店管理公司等。

常州中华恐龙园以景区大数据为基础，构建内部管控、综合服务、职能分析三大平台，完善了景区无线覆盖，扩建了电子商务功能，以及手机端购票、入园、导览、寻游、导购体系，增强游客体验的同时强化自营平台的宣传及推广，逐步形成了一体化的电子商务运营模式，为游客带来全新的旅游体验。仅自有电商平台部分，2015 年 1—10 月总销售 1600 万元，同比上涨近 100%。

江苏景尚旅业集团（春秋国旅）打造了智慧旅游体验中心，成为江苏最大的智慧旅游示范门店。市民可在大型触摸屏上了解最新的旅游信息、旅行线路和行程安排等内容，游客可根据自己的需求自选产品，组合线路，也可以提供需求在网站一对一定制路线。春秋国旅在常州旅游行业中起到了良好的示范带头作用，促进了常州各旅行社之间的良性竞争与共同发展。

常州华怡明都酒店管理公司建设酒店自有互联网电商直销平台，一举打破OTA平台垄断，全方位整合公司客户资源，为成员店提供电商咨询、运营支撑及培训服务，发挥连锁优势，引入会员管理系统；为成员酒店将更多与线下难以发掘的客源引流至线上，以酒店快捷高效的服务来提升用户体验，为酒店行业突破OTA平台的封锁做出了极具建设性的尝试。运行仅四个月，电商直销平台已发展3万多粉丝，实现在线销售150万元的优良业绩。预计2016年，华怡明都电商直销平台将发展超过7万个微信粉丝，2.3万个酒店“君悦会”会员，实现在线销售500万元的经营业绩。

三、面临的挑战

（一）过去：智慧旅游的公众认知

“智慧旅游”作为一个新名词，在国内的发展时间不长，政府、社会、公众对之的理解、认知不一，层次深浅不同，直接影响到智慧旅游城市建设的发展与推广。在常州智慧旅游的建设过程中，也存在同样的问题和困境。在对游客和市民的随机访谈中发现，公众有初步的智慧旅游应用体验，但对其理论认知不足，甚至存在误解；许多游客对智慧旅游建设成果的使用意识不强，依然停留在传统的旅游模式上。因此，公众对智慧旅游认知表现出片面化、简单化、绝对化、表面化、未知化等特征。

（二）现在：“建与需”的现实矛盾

各地智慧旅游建设如火如荼，是否“建有所需”，有待进一步调查研究。常州采用游客在线点评的文本分析和现场景区实地走访两种方式，调查常州智慧旅游“建与需”现实矛盾。研究发现，多处触摸屏闲置在景区一角，很少见有游客对其充分使用，偶有少数游客驻足停留查阅；景区APP下载量不大，因无线WiFi不畅使用者有限；网上虚拟旅游点击量不足；景区网页上投诉咨询电话非常重要，游客有困难依然不知向何处反映，更谈不上及时解决；景区在线导览图和语音讲解导览还未完全建成等问题。从游客对景区智慧旅游建设应用反馈意见发现，应用频率和效果最为突出的是电子商务平台预订门票业务，给游客买票带来便利，免去了节假日排队之苦。由此可见，智慧旅游建设存在“所建非所需”和“建而不用”的客观现实。

（三）未来：智慧旅游将走向何方

智慧旅游建设主要包括智慧旅游服务、智慧旅游管理和智慧旅游营销三方面。智慧旅游建设未来将何去何从，是旅游主管部门和公众比较迷茫的问题。智慧旅游、旅游信息化与“互联网＋”三者之间的关系如何发展？它们是朝着某一共同方向发展，还是三者各自寻出路？智慧旅游建设是模仿国外发展模式，还是国内自创模式？智慧旅游企业建设是统一模式，还是各具特色、百花齐放？

智慧旅游建设最终会形成怎样的趋势，呈现出怎样的成效，游客和旅游企业将如何受益等问题，一直阻碍着智慧旅游建设的进程，因此，国家、省市级智慧旅游建设的长期规划和近期规划，景区、旅行社和饭店的智慧旅游建设标准的出台极为重要，将指导智慧旅游建设实践朝着健康理性的方向发展。

四、解决的思路

智慧旅游建设是一项长期系统工程，其建设推进迫切需要加强与通信运营商、电子商务机构、专业服务商、高校和科研机构的合作。当前，常州智慧旅游合作方主要以三大运营商和信息技术企业为主，在与更多相关部门和企业的技术、资金、人才资源等方面的融合发展略显不足，这使得前期旅游信息化建设内容仍显单薄、缺乏深度，城市游、乡村游的信息化发展水平不均衡，覆盖范围依然有限，海量数据成果缺乏系统、专业的分析与应用，难以满足常州智慧旅游的全面发展，直接影响到常州智慧旅游价值链的健康发展。因此，常州为了实现“长三角地区休闲旅游中心城市和旅游目的地城市”及“现代化旅游强市”的总体目标，需从理念、政策、资金、人才、管理等方面推动常州智慧旅游全面升级。

（一）理念：提升智慧旅游的认知度

公众对智慧旅游的认知，需要国家从上到下一致普及并贯彻执行。智慧旅游宣传可借助微博、微信等公众平台，可通过社区文化宣传栏、学校教育等方式向外推广，也可通过旅游企业开展各类娱乐活动等方式让旅游者积极参与，充分实现智慧旅游认知的寓教于乐。旅游企业可积极参与以实现与旅游者的互动、合作与共赢。

如将智慧旅游知识普及印在门票背面，二维码链接在线答题，设计有奖问答，既可以帮助企业做形象推广，又可以让旅游者提高对智慧旅游的认知。

（二）政策：推进旅游与信息化融合

常州将“智慧旅游城市”建设纳入到“智慧常州”建设的大框架下，将智慧旅游建设作为重要的民生工程，需要积极争取国家和江苏省市经济发展政策的支持。常州急需开展智慧旅游建设试点示范工程、示范项目建设，制定和出台奖励、补贴、扶持等政策，引导和推动旅游景区、旅行社、旅游饭店及旅游第三方服务公司开展智慧旅游服务体系的建设，促进信息化在旅游行业的深度应用。常州需要不断规范和促进“旅游 + 互联网”建设，推出有效举措加强部门合作、资源整合和信息共享，避免重复建设和信息孤岛，同时降低建设成本、提高建设效率。

（三）资金：创新互联网 + 金融模式

在旅游业和信息技术的发展与融合的背景下，在 OTA、O2O 等“旅游 + 互联网”的业态基础上，常州需对产生的旅游新业态给予政策和资金上的扶持引导和鼓励。常州可专门研究并推行“旅游 + 互联网 + 金融”创新模式，鼓励社会资本进入“旅游 + 互联网”基础设施建设，鼓励旅游企业、个人依托互联网众筹平台、通过阿里小微金融信贷平台等“旅游 + 互联网 + 金融”平台，参与开发特色旅游产品。

（四）人才：加强政校企合作联盟

常州应努力加强智慧旅游人才队伍的建设，出台有关人才政策，鼓励高校院所与平台企业建立各类产学研合作联盟。第一，加强员工培训。制订系统的旅游信息化人才培养计划，对常州旅游信息化相关人员进行系统培训。第二，重视人才引进。当前智慧旅游建设处在探索创新阶段，须有针对性地引进一批专在旅游信息化相关技术发展前沿、国际领先水平的高端专业人才和团队为常州智慧旅游建设做好人才储备。第三，完善人才政策。制定人员录用、培训、奖惩、绩效薪酬等一套规章制度，制定相应政策和优惠措施，同时推进制定和完善相关旅游信息行业规章制度。

（五）管理：变革服务管理的意识

智慧旅游建设旨在为旅游者提供全方位、全过程的智慧化服务。诚然，智慧旅游服务质量的提高离不开管理意识的变革。智慧旅游建设重在管理，管理的对象包括设施设备、游客以及运行系统等。伴随常州智慧旅游建设项目的运行，应当配备相应的智慧旅游建设管理系统、人才和相关方案，以便为旅游者提供更智慧、更贴心、更舒适的服务。智慧旅游建设项目的设施设备需要定期适时的维修，智慧旅游服务项目需要配备跟踪式地毯管理，智慧旅游建设系统需要专员及时维护，这些均是智慧旅游建设对管理变革提出的新要求。因此，常州智慧旅游建设主管部门，应转变管理观念，变革管理思路，树立全新的管理意识。

（案例推荐部门：国家旅游局）

案例 22

基于云平台的智慧养老服务

一、背景与需求

江苏省张家港市是长江下游南岸一座现代化港口城市，户籍人口 92.3 万，老龄人口 23.18 万，先后荣获全国文明城市、全国双拥模范城、联合国人居奖等 170 多项国家级荣誉。在全国率先实现城乡养老保险并轨，养老事业及其服务业发展水平在江苏、全国领先；两次荣获“全国老龄工作先进市”；2012 年成为“全国养老服务示范单位”。

（一）背景

1. 人口老龄化加速发展

张家港市老龄化现象呈现四个特点：一是基数大，至 2015 年底，60 岁以上老年人口达 23.18 万，占户籍总人口的 25.13%，已经是中度老龄化。二是增速快，每年以近 1 个百分点的速度在增长。三是高龄化，70 周岁以上老年人口首次突破 10 万大关。四是空巢化现象严重。老龄化进程加快，社会抚养比失衡，无疑将放大老龄化对全市经济社会发展带来的挑战和压力。

2. 信息技术变革提供契机

近年来，市委、市政府连续将智慧养老、虚拟养老院等养老服务项目列为政府实事工程持续推进，为养老服务业改革发展和信息化建设创设了良好基础和有利条件。同时，智慧港城建设项目作为“810”工程“十大基础设施”中的重要内容，自 2013 年以来，重点实施了市民网页综合服务系统、“智慧社区”综合服务信息平台、新一代移动通信基础设施（4G）工程、公共信用信息服务平台、“智慧教育”综合管理信息系统、便民服务大数据智能处理和舆情分析平台项目等一批有关公共安全、公共服务重点信息化项目，有力提升了智慧城市建设水平。

3. 养老服务体系建设基础扎实

完善的养老服务网络、健全的养老服务功能、不断加快的社会化进程、养老服务惠及面宽是张家港市开展智慧养老服务的基石。全市养老服务产业发展遵循城乡一体思路，坚持养老服务土地、人才、资金等资源城乡均衡分布。在城镇化进程中，全市有7万余名老年人被纳入城市养老保障体系，年人均可支配保障金达15000元。在推动农民集中居住小区时充分考虑养老服务设施的配置，社区养老服务用房均超过100平方米，居家养老服务中心（站）实现全覆盖。“十二五”期间，全市共发放尊老金11545.5万元；为全市60周岁以上老年人购买人身意外伤害保险。目前，全市镇镇建有综合性老年活动中心，其中一半以上的乡镇面积超过2000平方米。

（二）需求

1. 养老服务产业发展快。截止到2015年底，全市共有养老机构47家、养老床位9600张、千名老人拥有床位数41.4张；社会力量兴办的养老机构数和床位数分别占总数的74%、75%；已建居家养老服务中心（站）140家、日间照料中心57家、老年人助餐点86家，养老援助对象覆盖全市84周岁以上老年人；成立市亲情（虚拟）养老院，吸引54家社会化养老服务加盟商，提供覆盖全市各镇区的上门居家养老服务。迅猛发展的养老服务产业对信息化提出了更高的要求。

2. 社会养老服务需求大。张家港市老龄化进程中呈现出农村老龄化程度高于城区以及高龄化、空巢化等特征。2015年底全市各镇区60周岁以上老年人口占比的数据显示，老龄化最低的是市区所在镇杨舍镇，为20.33%；最高为现代农业示范园区，老年人口占比达到31.12%。由于“四二一”家庭越来越多，传统的家庭养老模式负担变得越来越大，社会养老服务需求也随之井喷。因此，如何面对庞大的养老服务需求市场和城乡纵横的服务半径，以及解决老年人个性化的养老服务需求是当前养老工作的重点。

3. 养老服务市场监管难。在老龄化加剧的背景下，大力发展养老服务业迫在眉睫，与欧美、日本等发达国家相比，我国养老服务业起步晚，水平低，硬件和软件方面都存在着一定差距。为了使其规范、迅速发展，实行养老服务标准化，是养老事业持续健康发展的唯一途径。2014年初，质检总局、民政部、国家标准委、商务部、全国老龄办等联合印发《关于加强养老服务标准化工作的指导意见》，要求积极推进养老服务领域管理标准化。2015年，张家港市与长沙民政学院合作，研究制定《张家港市居家养老服务标准》《张家港市居家服务供应商准入标准》等行业标准。然而实际操作中，服务过程控制是最大难题，信息化时代智慧养老方式有效解决了该问题。

二、主要做法

立足养老服务发展现状，利用云计算、大数据等新一代信息技术进行融合创新，尝试为老年人、为养老服务机构和组织以及行政管理者提供通畅的双向、多向信息沟通机制和便捷的服务。

（一）建设智慧养老云平台

将个性化需求、养老服务流程、智能化设施、养老平台功能有机结合起来。利用物联网、传感器、互联网+、云存储等先进技术和理念，共同构建养老机构智能照护系统。

1. 通过软、硬件辅助设备主动监测老年人相关的活动和生命体征数据，对老年人日常活动轨迹、活动规律，以及生命体征变化的分析，给出运动、作息、营养、饮食、就医、用药方面的合理化建议。

2. 通过 O2O 服务，将平台终端延伸到民政部门、社区、医院、便民服务机构、社会公益组织等，通过建立科学合理的联动机制，全方位为老人服务。

3. 通过数据挖掘、数据分析等手段，对监测到的老年人数据进行深度分析，形成相关的分类统计数据，为相关运营部门、职能部门、管理部门提供决策支持。

（二）优化设备完善系统功能

系统设备包括：智能可穿戴手环和移动式紧急呼叫按钮等终端设备、护理人员显示胸牌等报警显示设备；定位路由器、网关节点、辅助定位器等室内定位设备以及尿湿感应装置、离床监测装置等辅助监控设备。其主要功能为：

1. 人员定位。老人定位：通过老人佩戴可穿戴手环的定位功能，护理人员随时可以掌握老人们的活动信息，及时避免各种安全隐患。手环的定位精度为房间级，从而提高护理人员的工作效率，保证了老人们的安全，另外精确定位护理人员位置、离位报警。

2. 紧急呼叫。老人需要帮助时，只要按下可穿戴手环上的紧急呼叫按钮，护理人员根据系统提供的准确定位和个人健康信息，快速响应，及时找到老人，提供专业的救助服务。

3. 健康监测。可穿戴设备上集成心率传感器和加速度传感器，另通过蓝牙接口接入血压计，提供对老人心率、血压、睡眠监测等功能。

4. 摔倒监测。当老人发生意外跌倒时，根据老人可穿戴手环上的重力加速度感应装置报警，以提醒就近的护理人员采取及时有效的措施。

5. 尿湿监测。在信号全覆盖的区域，当老人尿片发生尿湿的情况，提醒周围的护理人员，及时更换尿布。

6. 消费门禁。老人佩戴的可穿戴手环集成消费卡和门禁卡功能，实现一卡多用，让老人享受一体化的服务。

7. 视频监控联动。当出现突发情况的时候，老人启动 SOS 报警功能，系统可以激活视频监控系统，弹出事发现场监控画面，为管理人员提供准确可视的现场信息。

8. 统计分析功能。老人活动轨迹查询、老人活动规律分析、护理人员工作情况分析。

9. 模型展示功能。以二维、三维平面图的方式对老人信息进行图形化表示，以图形显示接收到的老人、护理人员的位置信息，并能对其历史轨迹信息进行回放显示。

（三）建立养老工作管理系统

依托智慧民政综合业务信息平台，充分利用信息技术，建成覆盖全市、统筹城乡、高效互动的养老信息化管理平台。一是实现养老基础数据集中化、业务处理网络化、统计决策科学化、流程监管智能化。二是实现尊老金发放信息化管理。通过二代读卡器整合方式来实现尊老金业务受理、审核、审批流程及发放管理。三是实现智能系统办理老年证，通过二代身份证读卡器整合方式来实现优待证业务受理、审核、审批流程及发放管理。

（四）健全居家（虚拟）养老服务网络

张家港市亲情虚拟养老院于 2013 年 1 月试运行以来，注重运用市场化、信息化、社会化手段，积极整合社会服务资源，着力为老年人提供统一规范、实时便捷的居家养老上门服务（详见图 22-1）。截至 2015 年底，虚拟养老院共有加盟服务商 54 家、养老护理员 233 人、入院总人数共 1.7 万余人，总服务超过 51 万人次，综合满意度 99 % 以上，服务已覆盖全市各区镇。

（五）搭建重点老年人群应急关爱系统

在江苏省率先推行老年人应急呼叫系统“一键通”，依托 12345 服务热线平台，以一个呼叫平台、一个网络平台以及与平台相配套的“一键通”通信手段为服务架构，采用电话、短信、网站等多种渠道，为老年人提供高效、便捷的服务。目前，养老服务信息管理系统、老年人居家呼叫服务系统和应急救援服务网络实现城乡覆盖。在此基础上，从 2016 年实施市政府智慧养老实事项目，为全市失智失能及空

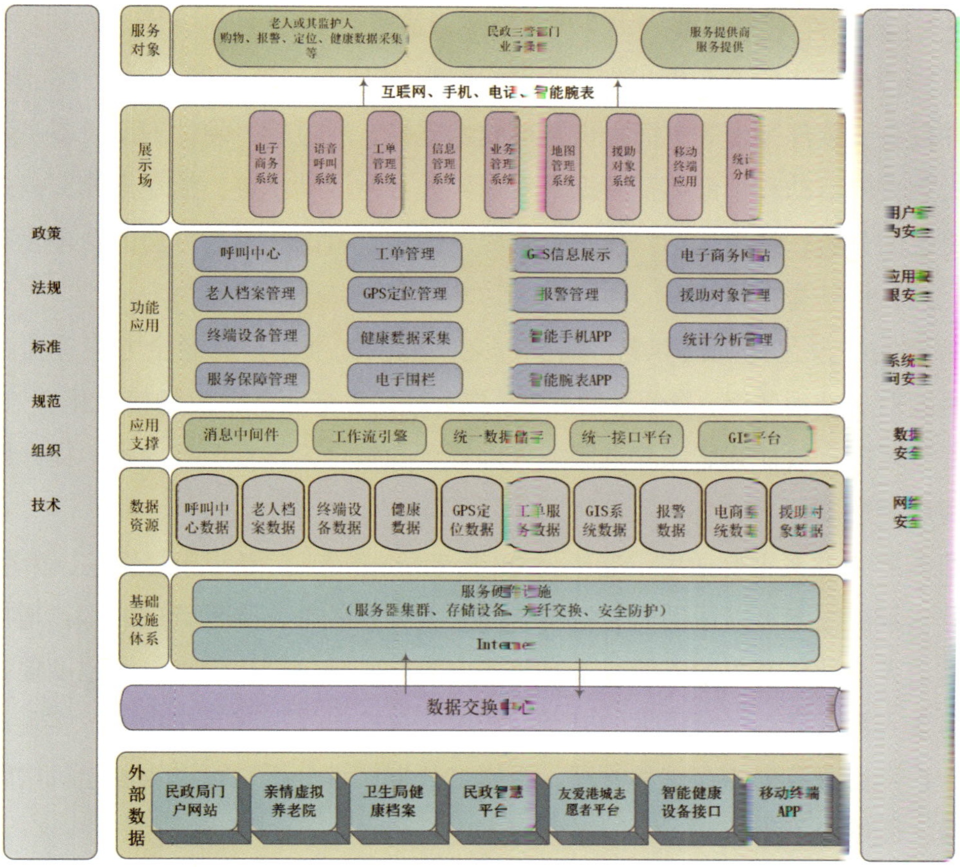

图 22-1　居家养老解决方案

巢老人配备智能设备。

（六）探索老年人健康生活指导管理模式

以健康生活指导管理为核心，引用国际先进理念、方法、设备和技术，建立老伙伴健康生活指导管理服务体系，通过健康生活馆、健康生活嘉年华、健康生活云系统等开展线上与线下、实体与虚拟相结合的健康生活评估、指导、体验宣教和管理，整合植入现有的养老福利院、社会日间照料中心、老年活动室、居家上门服务、老年大学等为老服务机构，依托智能化服务系统与专业化服务团队提供老年人心理、营养、运动、保健、环境、娱乐、资讯等健康生活指导管理服务。

三、特色亮点

（一）软硬件无缝对接

从保障老年人安全角度出发，利用物联网、传感器、“互联网+”、云存储等技术，在硬件设备、软件平台等方面提供基础技术支撑。通过软、硬件辅助设备主动监测老年人相关的活动和生命体征数据，对老年人日常活动轨迹、活动规律，以及生命体征变化的分析，给出运动、作息、营养、饮食、就医、用药方面的合理化建议。

（二）业务全方位覆盖

智慧云平台包括机构养老、居家养老、社区（个体）养老全方案覆盖，提高养老机构业务处理效率，降低管理成本，提升社区养老服务节点的信息化有效覆盖，通过平台可以有效加强居家养老服务外部资源的整合，丰富服务内容，提升服务质量和用户满意度。

机构养老方案主要适用于老年公寓、托老所、养老院、老年康复医院、敬老院等。机构养老解决方案可以帮助养老机构提高业务处理效率，降低管理成本；增加养老机构对老人个性化需求的支持，丰富服务内容并实现精细化管理，大幅度提高服务质量与老人满意度；平台提供的养老、护理、体检等管理等系统功能，实现对老人信息和日常运营数据的存储和管理，再通过数据统计分析，可以为养老机构明确经营策略，提供决策支持。

居家养老方案对于政府部门，可以实现对辖区内老年人的广泛覆盖及养老、为老服务的精准监管，实现养老服务的智能化、高效化、人性化升级，引导、促进养老服务行业的健康、快速发展。对于养老服务机构、社区服务机构、家政公司等以老年群体为主要服务对象的企事业单位，通过平台可以有效加强内部管理、整合外部资源，大大提升业务能力、丰富服务内容，提升服务质量和用户满意度。

社区养老方案在居家养老解决方案的基础上，增加社区养老服务站、托老所、老人照料中心的业务管理，实现了社区养老服务节点的信息化管理以及社区养老服务节点的服务能力对社区内居家养老的老人的有效覆盖。

（三）决策数据化支持

通过O2O服务，将业务全面化融合，通过平台终端延伸到民政部门、社区、医院、便民服务机构、社会公益组织等，利用科学合理的联动机制，全方位为老人服务。借助数据挖掘、数据分析等手段，对监测到的老年人数据进行深度分析，形成相关的分类统计数据，为相关运营部门、职能部门、管理部门提供决策支持。

四、应用案例

【案例一：澳洋优居壹佰养老公寓】

张家港市“澳洋优居壹佰养老公寓”集养老、养生、医疗护理、慢性病管理、娱乐、休闲等功能于一体，将居家养老、社区养老、机构养老融合，分区设置生活自理单元、生活协助单元、特殊护理单元，可同时服务800名老人（参见图22-2、图22-3）。

图 22-2　养老院效果图

图 22-3　养老院内部实景图

当前投入使用的优居壹佰智慧养老系统已经覆盖养老院内所有区域，可为老人提供位置、健康、安全照护服务，并可对老年人日常活动轨迹、运动规律以及生命体征变化进行分析（参见图22-4、图22-5），给出运动、作息、营养、饮食、就医、用药方面的合理化建议。

图 22-4　老人可穿戴腕带

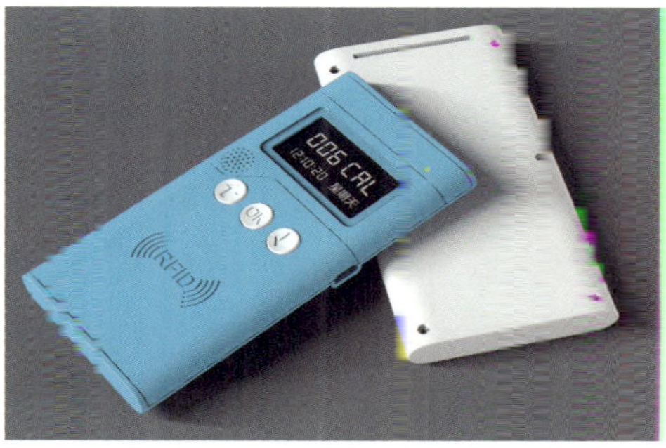

图 22-5　护工胸牌

【案例二：虚拟养老院系统】

1. 系统概况

在市政府的主导和扶持下，张家港市成立了亲情虚拟养老院，运用市场化手段，整合社会服务资源，依托市便民服务中心 24 小时的服务优势，为全市老年人提供统一、规范的居家养老上门服务。

虚拟养老院依托虚拟养老院网络管理平台运行居家养老服务工作，实现服务对象申报、人员管理、服务监督、工单审核、费用结算等全信息化网络操作。同时有序整合服务商资源，形成以大型服务公司为主体，村（社区）居家养老服务站为支撑，其他服务商为补充的服务团队。利用智能手持终端监管服务全过程，通过服务人员的手机现场刷卡确认，对服务人员上门开始服务时间、结束服务时间、服务时长、服务项目等进行实时监督和管理。

2. 运营模式

（1）研判市场需求，精准服务项目。一是制定个性化服务菜单。虚拟养老院根据老人不同需求，量身定制各类套餐式服务项目，具体按照“需求三分、服务四定”方法进行细分确定。“需求三分”指分健康、分年龄、分习惯，“服务四定”为定日期、定时间、定项目、定人员。目前，项目类别扩展到 4 大类 74 小项，涵盖生活照料、家政服务、康复护理、医疗保健、精神慰藉等各方面。二是优化医养融合综合服务。虚拟养老院首次上门服务为老人进行信息采集和健康检测时，除基本信息外，还对其血压、血糖、脉搏、病史等进行建档，并与卫生部门的健康档案实现数据共享共用。针对特殊需要的老人，能够提供音乐疗法、吸氧、针灸、按摩和康复理疗等养生医疗服务。三是突出特色塑造服务品牌。各服务单位积极整合各镇（区）地域、文化、志愿者等资源，链接社会组织公益项目，充分利用本地公园、湿地、步道、社区等场所，定期举办观光、运动、文娱等活动，有效满足入院者的精神慰藉需求，增强虚拟养老院的凝聚功能。如凤凰镇“十吧一廊一坊一中心”居家养老服务站、锦丰镇循环养老志愿者联盟等，都成为虚拟养老院的延伸载体。

（2）引入竞争机制，优化资源供给。一是鼓励市场竞争。虚拟养老院在运作过程中，有效整合服务商资源，形成以大型服务公司（常州枝秀、上海老伙伴）为主体，村（社区）居家养老服务站为支撑，其他服务商为补充的服务框架。在养老院统一管理平台上，建立实施满意度通报、服务商季度例会等制度，讲评服务效果，比拼服务质量，推动有序竞争，鼓励优质服务商做强做优。二是严格招标引入。在社会化团队引进过程中，鉴于养老援助服务的特殊性，无法按照政府采购商品形式进行招投标。为切实规范引入，由市民政局指导，各镇民政办牵头，纪检、财政所、招标办、各街道等相关负责人组成招标小组，采取集体表决形式决定中标单位。经过对服务公司实地验资、案例发生地调研、方案汇报及问题答辩等程序，最后由招标小组成员投票，票数最高的服务公司为中标单位。三是推进行业自律。鼓励服务单位加入江苏省老龄产业协会和张家港家庭服务业协会，借助协会作用，促进服务商自治自律，优化服务内容，提高服务质量。市虚拟养老院要求各主要服务商牵头，定期举办市内交流例会，并积极组织参加省内相关论坛、峰会等，学习借鉴同行业先进服务理念和机构运营经验。

（3）健全监管机制，提升运营绩效。一是实现服务质量全程监管。虚拟养老平台统筹协调 10 家镇工作站、278 家村居家养老服务站资源，严格落实虚拟养老院服务与质量监管办法，按照统一的服务标准实施服务项目。信息平台记录服务流程、服务时间，做到服务进程有跟踪、服务质量有监督、意见反馈有处理。对于不合格的服务人次，平台系统自动推送到公告栏中督促整改、及时做出补救措施。二是实现无纸化流程办公。为克服漏单错单、人工结算效率低、周期长等问题，虚拟养老院监管平台利用信息技术实行网络填单和结算，实现服务对象申报、人员管理、服务监督、工单审核、费用结算、报表统计分析等无纸化办公。三是实现人员实时定位监管。虚拟养老院开发利用智能手机收件定位监管服务过程，通过服务人员的手机现场刷卡确认（NFC 技术），对服务人员上门开始服务时间、结束服务时间、服务时长、服务项目等进行实时监督和管理，有效保障了项目服务质量（参见图 22-6）。

另外，通过定位功能，可随时了解到服务人员动态情况（空、闲），以便于服务公司及时调配服务人员。如送餐、洗涤等，一个村（社区）的居家服务站可以辐射到周边几个村（社区），锦丰中央厨房等站点服务能力可以覆盖全市。此外，还为服务对象提供定位服务，设定电子围栏等预警功能（如图 22-7 所示）。

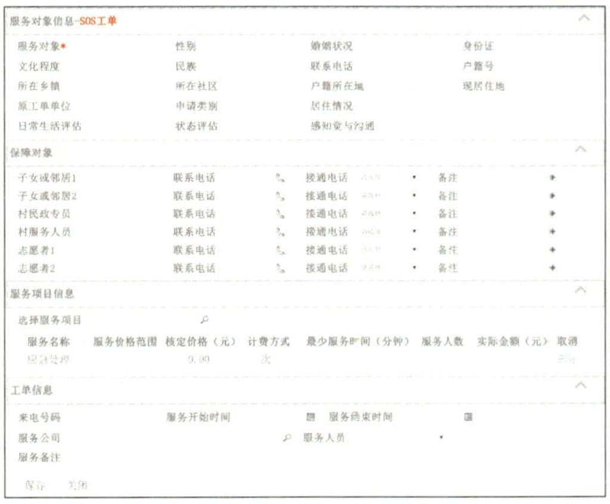

图 22-6　服务工单

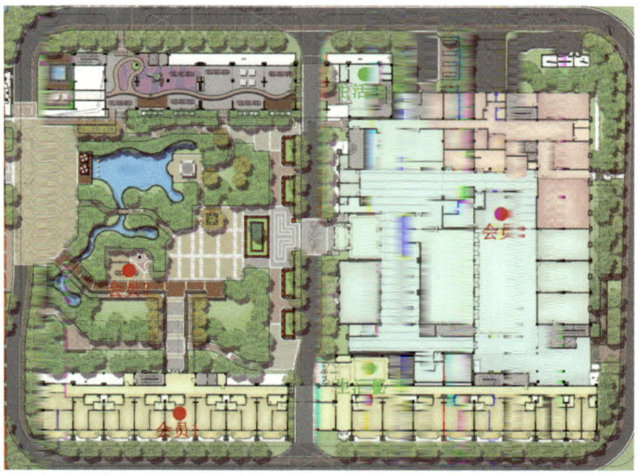

图 22-7　位置信息

3. 案例建设成效

目前，虚拟养老院入院共有加盟服务商 54 家、养老护理员 233 人、入院总人数共 1.7 万余人，总服务超过 51 万人次，综合满意度 99 % 以上，服务已覆盖全市各区镇。按照老人需求，服务项目也由原来的 3 大类 54 项拓展到现在的 4 大类 74 小项。

【案例三：老年人健康生活指导管理模式】

张家港市“老年人健康生活指导管理模式”，是由全国老龄办事业发展部、卫计委中国健康教育中心、上海南鑫恺尔养老事业发展中心联合推广的模式研究实验基地，倡导老年人“我健康、我快乐”为宗旨，以健康生活指导管理为核心，引用国际先进理念、方法、设备和技术，建立老伙伴健康生活指导管理服务体系。通过健康生活馆、健康生活嘉年华、健康生活云系统等开展线上与线下、实体与虚拟相结合的健康生活评估、指导、体验宣教和管理，整合植入现有的养老福利院、社会日间照料中心、老年活动室、居家上门服务、老年大学等为老服务机构，依托智能化服务系统与专业化服务团队提供老年人心理、营养、运动、保健、环境、娱乐、资讯等健康生活指导管理服务，模式将养老从传统基础生活照料形式转变为健康生活指导管理模式为主、把养老服务业和健康服务业有机结合起来的新模式。转被动应对老龄问题为主动掌控老龄问题，有效延缓老年人体能、智能衰退速度，改善老年人心理状态、提升我国老年人生活和生命质量，从而降低老龄化对家庭、政府带来的压力。

经常来健康生活馆进行养生保健的悦来村朱秀金阿姨，今年 80 岁，身体健康，精神、食欲睡眠均良好。健康生活馆的工作人员每日对前来的老人进行健康检测并录入云系统建立线上健康档案，方便随时调出健康数据作比对。朱阿姨第一次检测血糖值为 10.5mmol/L，血糖值偏高，朱阿姨否认有糖尿病史，经询问朱阿姨吃过早餐约 1 小时，并喝了甜牛奶，血糖偏高具有偶然性，工作人员指导朱阿姨第二天早餐空腹再来测量，并嘱咐少吃甜食，第二天朱阿姨空腹血糖值为 8.5 mmol/L，仍偏高于空腹血糖值，工作人员又监测了朱阿姨餐后 2 小时血糖为 10.7 mmol/L，因此建议朱阿姨去医院就诊，确诊为Ⅱ型糖尿病，为此朱阿姨非常感谢健康生活体验馆，健康生活管理模式对老年人的健康起到非常重要的监督管理作用。

陈柄坤，男，68 岁，家住张家港塘桥镇。陈叔叔身体状况一般，体型肥胖，90kg，身高 168cm，合并高血压（165/90mmHg，药物管理后的数据）、高血糖（7.8 mmol/L，药物管理后的数据）。第一次来健康体验馆采集健康数据，根据他的身

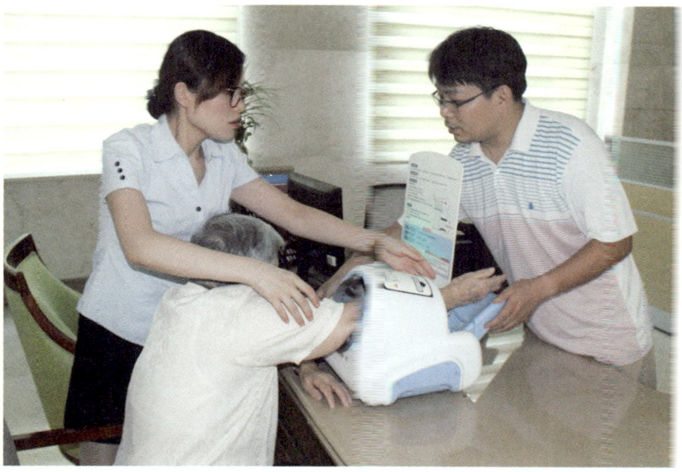

图 22-8　工作人员为老人量血压

体情况，工作人员采取科学营养膳食及健康运动相结合的健康管理模式对其进行干预，每半月监测健康数据一次，起初效果不明显，直至 3 个月以后监测的数据开始有了变化，体重有所减轻，如今陈叔叔来健康体验馆已经 1 年多了。最新数据显示体重 75kg，血压 140/80 mmHg，血糖 7.2 mmol/L，陈叔叔说他现在全身轻松了，精神也充沛了，最重要的是和年轻的工作人员在一起心态也变年轻了（见图 20-8）。

此外，“健康生活馆”还承接居家上门健康生活服务项目，月均上门服务 2000 多名老人；每月有工作人员上门为老人测量健康数据，提醒老人服药，帮助检查家庭备用药品的有效期、开展康复辅助等健康管理和服务内容，极大方便了老年人家庭。

（案例推荐部门：中国科学院）

案例 23

宿迁光电研究中心智慧能源示范工程

一、背景与需求

宿迁经济技术开发区经过多年艰辛努力，形成了光电、新材料、食品饮料、纺织服装、机械电子五大特色产业，荣获“中国最佳投资环境开发区”称号。为了满足宿迁经济技术开发区发展需求，充分体现产城融合的规划建设理念，充分展示以光电产业为龙头的新技术产业发展的结晶，响应国家号召，逐步打造智慧能源、智慧宿迁，宿迁市经济开发总公司在宿迁经济技术开发区园区中心新建一座研究中心（见图 23-1 和图 23-2），该研究中心设计定位是：

（1）一座集能源综合利用展示、培训、交流、体验、文献档案存放于一体的智慧能源研究中心。

（2）国内首座采用光热光伏发电及热电冷联供的城市建筑，通过智慧能源管理系统调配新能源和市电供能关系，打造新能源和传统能源综合利用示范平台，推广城市智慧能源。

（3）成为“低碳环保 + 智能智慧” 的绿色智能建新标杆。

图 23-1　宿迁光电研究中心实景图

图 23-2　宿迁光电研究中心进展图

二、主要做法

研究中心主要是考虑提高能源利用效率、改进能源生产系统和开发可再生能源等能源综合利用系统。全球首个智慧能源管理、市电、光热光伏发电、储能调峰、热电冷联供一体化项目（详见表23-1）。通过智慧能源管理系统，预测能量生产和消费的用量，管理调配包括市电、光热、光伏等多种能源的生产，利用储能系统，实现能源的多类型和多级利用，平衡能源的生产和消费，打造一个新能源和传统能源综合生产、消费的示范平台。

表23-1　项目方案

序号	名称	规模	单位	备　注
1	定日镜	58	台	每台67m²
2	集热塔	1	座	高度131m，平均输出热功率[illegible]MW
3	发电蓄能系统	1	套	储能介质：熔盐（多元硝酸盐），介质热端温度4[illegible]℃，介质冷端温度≤[illegible]50℃，按上述温差系统总蓄能量：8.8MW·h，折电力热
4	储能系统	1	套	储能介质：熔盐（多元硝酸盐），介质热端温度4[illegible]℃，介质冷端温度≤[illegible]50℃，按上述温差系统总蓄能量：13MW·h，折电力热
5	空调系统	1	台	1台蒸汽溴化锂吸收式冷温水机组，制冷量580kW，制热量450kW
6	汽轮发电机组	1	套	额定功率200kW，进汽参数[illegible]MPa/[illegible]℃，凝汽式
7	光伏发电装置	1	套	额定功率400kW，包括单晶硅、多晶硅、非晶硅、柔性薄膜
8	智慧能源管理系统	1	套	

规划用地位于宿迁经济技术开发区的国中心领域，占地面积约8[illegible]亩。研究中心配套光热光伏发电及热电冷联供规模为光热发电200kW；光伏发电400kW；制冷580kW；制热450kW；智慧能源管理系统。

研究中心是一座集高新科技展示、培训、交流、科普体验、档案留存于一体的文化集聚区。作为宿迁科技园的中心场馆，光电研究中心将成为新能源领域重要的培训交流和展示活动的场所。设施包括大型展馆和展厅，可容纳[illegible]00人的多功能培训厅，500m² 的档案室，一系列培训教室和配套服务空间，总建筑面积[illegible]m²。利用光伏发电、光热发电、熔盐储能系统提供大楼的用电、用热、用冷等需求，并与市电相接，用于补充能源的供给不足或消纳多余的能量。该研究中心为实现整个研究中心能源的有效分配，保证能源最大化利用，实现低碳、零碳的设计目标，自主研发了智慧能源管理系统。这一系统是该中心的核心，集能源供应、能源输送、能源使用、能耗统计分析、节能管理、辅助决策等功能于一身。通过预测、监控、调配，管理能源的智慧生产和消费，最终实现大楼的低碳、零碳排放理念。

智慧能源管理系统通过大楼的使用计划、历史数据分析预测大楼未来几天的用能情况，通过气象检测系统预测太阳能光伏、光热的供能情况，通过平衡计算规划能源的最佳调配方式。如未来几天太阳能供能不足，可提前利用储能系统储存夜间谷电或者废弃电力，供白天使用，减少用能成本；如未来几天太阳能供能有富余，可将多余电能或热能销售给电网或周围居民，通过控制系统来调控大楼的用电、用热、用冷情况，最终实现大楼的能源最优化利用。

研究中心汇集各种如智慧能源管理、光热发电、光伏发电、LED、智能玻璃等创新科技和节能环保技术，项目建成后将会实现低碳，甚至是零碳，整座大楼实现能源自给自足，成为首个光电科技的综合应用展示平台和体验、科普基地，引领和促进绿色科技产业提高和发展。

一方面，由于新能源发电面临着发电间歇性、不连续，随机性大，储电成本高，对电网稳定性冲击大等问题，能源输出方式单一，因此，造成各地大面积的弃风弃光现象严重。另一方面，在能源规划上，由于能源管理不合理，供给方和需求方不匹配，产生大面积的能源浪费或供不应求等现象。宿迁光电研究中心项目的建成，将会是智慧能源、新能源综合利用的典型示范。该示范项目通过光伏、光热及储能等不同类型可再生能源的联合发电，并利用智慧能源技术平稳输出，移峰填谷，能够为新能源产业健康发展，为新能源替代基础电力，为探索新能源发展方向提供良好的示范，从而推动全社会电力能源产业结构的转型升级。

该项目在各个领域都具有很强的推广性和复制性：

（1）对未来大型新能源电站的联合发电、平稳上网提供建设经验，利用智慧能源管理系统和储能系统，解决新能源电力智慧生产和消费不平衡问题，减少弃风弃电现象，逐步替代传统能源。

（2）该项目可移植到城镇、小区等地方，通过智能控制系统，预测、监控地区用能情况，规划新能源和传统能源装机分配，最大限度地利用新能源，减少传统能源消耗。

（3）分布式能源利用方面，智慧能源控制系统可形成局部地区的新能源微电网，通过控制系统调配某一地区内的用能和供能情况，避免分布式能源的浪费。

三、特色亮点

该项目最大的亮点是在一个项目中，将能量的生产、储存、使用和调度结合在一起，通过可视化的智慧能源管理平台展示，直观反映出能源的利用效率，提高用户能源数据的可追溯能力。同时，通过“大数据”的采集和分析，这个具有自学习能力的系统将逐步优化，最终实现“零碳”与最大利用效率的平衡。

该项目的能源环为国内最先实施。该项目的成功，将对国内智慧能源、光热发电、光伏发电、余热利用等领域起到示范作用，并产生深远影响。智慧能源管理系统把能源生产、转化、消耗、重点耗能设备、各功能区域、不同配电支路和峰谷电消耗等数据进行实时采集，建立能源环（Energy Circle，以下简称“EC”）结构模型，计算和分析能源生产及能源消耗水准，监控各个运营环节的使用情况，并通过远程发布传达给相关管理和运营人员，分享能源信息化带来的效果。

（一）系统介绍

1. 工艺流程

光热发电工艺流程：太阳光线→定日镜→集热器→光热发电储能系统—供热熔盐循环泵→三级换热器→过热蒸汽→凝汽式汽轮发电机组—供电。

光伏发电工艺流程：太阳光→太阳能电池组件→光伏阵列防雷汇流箱→光伏并网逆变器→电网。

冷热联供工艺流程：①调峰储能系统→供热熔盐循环泵→三级换热器→饱和蒸汽→蒸汽溴化锂吸收式冷温水机组→冷水（热水）。②市电→加热熔盐→供热。

2. 智慧能源管理机制

（1）控制系统。根据工程运行和管理的特点，采用智慧能源管理集成控制系统（REM）（见图 23-3）。系统包括：智慧能源数据采集、智慧能源分项计量、智慧能源区域管理、智慧能源设备管理、智慧能源数据分析评估、系统优化策略、智慧能源信息发布和用户定制的其他应用模块系统实现以下功能：

对整个能源环进行全面、细致、高效管理（详见图 23-4）：

①建立能源目标管理制度，实行严格、科学的能源使用过程监控，有效控制能源支出；

② 对数据以分项计量的原则进行统计分析，发现能源浪费严重的区域；

③发现用电的过度消耗点。

为保持建筑最优智慧能源状态提供技术保障：

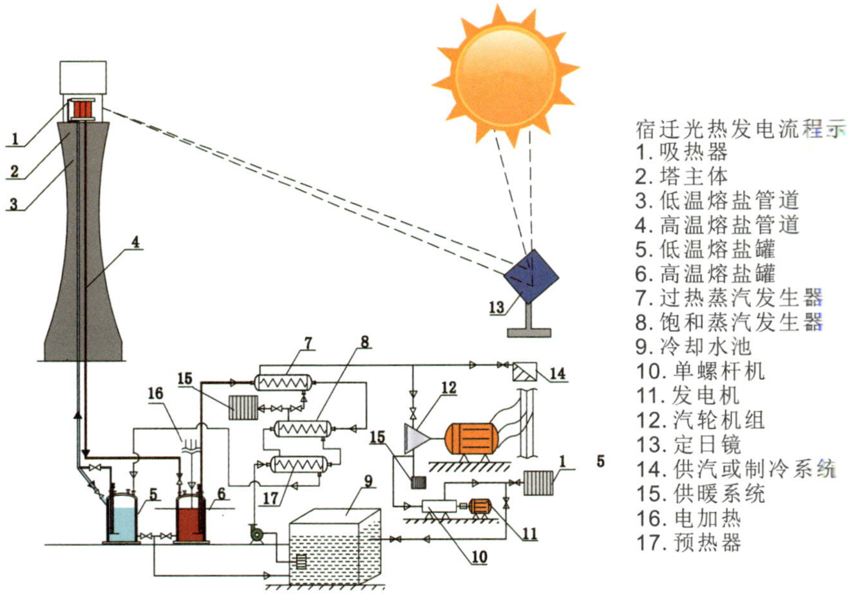

图 23-3 系统总流程图

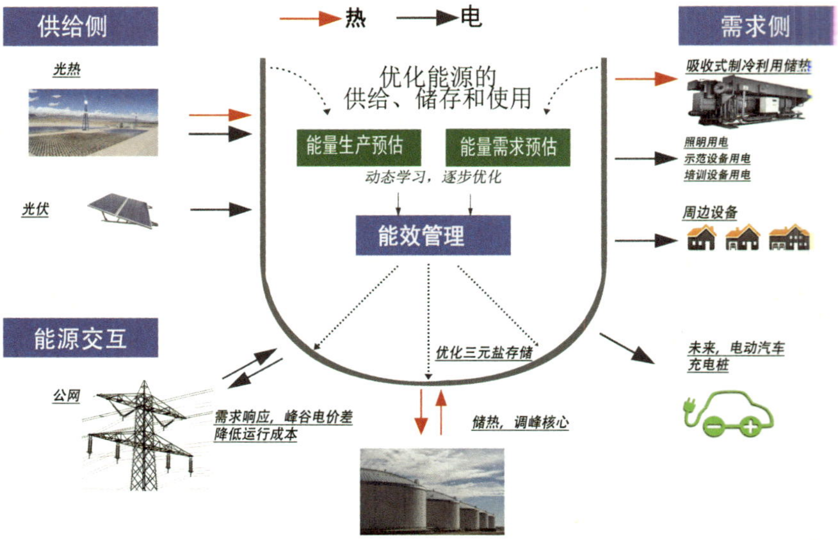

图 23-4 能量平衡环

①对建筑能源负荷的平衡计算和用能目标管理，提供有效的运行策略。

②为节能改造工作提供改造方向和基础数据，同时检验节能改造的效果，保持建筑全生命周期内的节能。

③通过历史数据的统计、分析，可以发现能源浪费严重的区域或设备，并且得出造成能源浪费的原因，为节能改造工作提供了明确的方向。

能源输入管理：对能源（光热、光伏、市电）输入进行管理，保证输入能源满足需要，准确掌握输入能源的数量和质量，为合理使用能源和核算总消耗量提供依据。

能源转换管理：能源需经转换（用电、用热或用冷）时，对转换设备的运行调度、维护监测、定期检修实施管理，以提高转换效率。

能源分配和传输管理：对能源输配线路、供汽、供热、供电实施管理，保障能源安全连续供给，降低损耗。

能源使用管理：通过优化工艺和实施定额管理，合理有效地利用能源。

能源消耗状况分析：对能耗状况进行分析，掌握各种影响能耗的因素及其变化规律，挖掘节能潜力。

检查与评价：对能源管理系统进行检查和评价，促使能源管理持续改进。

（2）系统结构。采用集中管理、分散控制管理模式，整个系统为模块化结构，方便系统扩容。系统构架支持远程访问及控制，在大多数情况下实现“遥感遥控，无人值守”（参见图 23-5）。

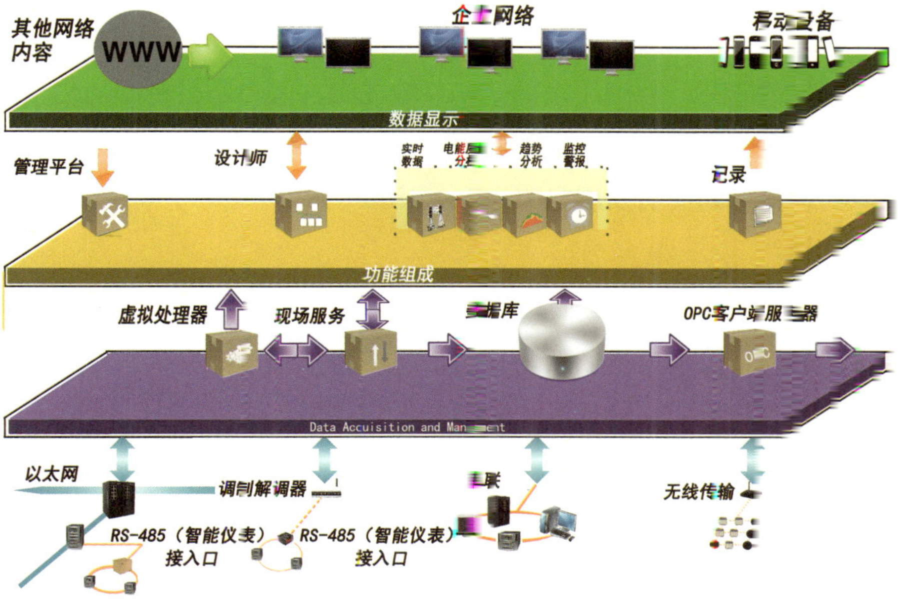

图 23-5 能源管理控制图

（二）项目的促进作用

1. 宿迁发展规划

根据国内外形势的不断变化和区域发展的客观需要，宿迁市确立“产业强市、城乡统筹、外向带动、创业富民、科教优先、生态立市”六大发展战略。

（1）产业强市战略：坚持创新发展方式、加速产业集聚，进一步发挥工业主导带动作用，加快实施农业现代化，促进服务业快速发展，加快构建现代产业体系，积极打造产业集聚新高地，不断增强产业核心竞争力和区域综合竞争力。

（2）城乡统筹战略：坚持以工带农、以城带乡、城乡互动，建立健全城乡一体发展长效机制，推动城乡要素资源科学配置、合理利用，逐步缩小区域差距、城乡差距，形成城乡发展一体化新格局。

（3）外向带动战略：坚持更高水平“引进来”和更大步伐“走出去”相结合，更加广泛地拓展开放领域、介入区域竞争，更大范围地集聚要素资源、参与区域分工，积极培育经济增长新动力，推动经济国际化进程。

（4）创业富民战略：坚持发展成果由人民共享，进一步推进创业实践，提升社会保障水平，促进城乡居民收入普遍较快增长，使低收入者收入明显增加，中等收入群体持续扩大，切实增强群众幸福感和满意度。

（5）科教优先战略：坚持科技教育和人才优先发展，突出教育第一基础、人才第一资源、科技第一生产力作用，加快推进教育现代化，着力提升自主创新能力，强化人才队伍建设，构筑宿迁发展实现更大突破的战略支撑。

（6）生态立市战略：坚持环保优先、节约优先，大力弘扬生态文化，强化节能减排，加快发展循环经济、绿色经济、低碳经济，切实改善人居环境，走生产发展、生活富裕、生态良好的文明发展之路。

2. 基础环境

通过本项目的建设，以本项目为试点，引进智能城市技术应用，推动全市智能化建设，促进信息技术自主创新水平、信息网络基础设施完善水平、信息资源开发利用水平显著提升，初步建成以智慧基础设施体系。

推动智慧城市建设内容：

（1）智慧交通。智慧交通可以提高交通系统的运行效率、减少交通事故、降低环境污染，促进交通管理及出行服务系统建设的信息化、智能化、社会化、人性化水平。有助于最大限度地发挥交通基础设施的效能，提高交通运输系统的运行效率和服务水平，为公众提供高效、安全、便捷、舒适的出行服务。

（2）智慧电网。宿迁光电研究中心是智慧电网的很好示范，通过该项目的智慧能源管理系统，面向全市推广智慧电网建设，促进电网的升级。

宿迁“智慧电网”的建设内容包括建设电网断面实时监测与预警，实现对全市常规电能输入的总体情况实施实时监测。建立新能源及网状态监测系统，实现对多能源供应、多能源互补以及能源最大化的利用。建设区域一体化电能信息综合监视平台，实现对输电、新能源、储能、用电的分布式优化节能调度和可视化展示。

通过向企业提供能效服务，优化供用电模式，建立虚拟能效电厂，通过节能实现项目成本回收，并为城镇发展带来可持续和绿色能源，具有长久的经济和社会意义。

3. 资源环境

宿迁光电研究中心是新能源综合利用、智慧能源管理很好的名片，以此向市民推广能源环保意识，树立绿色、低碳发展理念，积极应对全球气候变化。深入实施“环境立市”战略，加快建设以绿色、低碳、和谐、可持续发展为主要特征的生态型城镇。

4. 产业化带动

宿迁光电研究中心是一个高新技术的集成产品，包括新能源（光伏、光热）利用、新材料、软件、智能控制、节能环保等高新技术。以光电研究中心为宣传和实验平台，引进国内外相关先进技术，打造光热发电、智慧城镇人才培训基地。

新能源：主要发展光热发电系统集成装备、光伏发电系统集成装备、风力发电装备、储能材料、清洁能源热电冷联供系统装备、智能控制系统、智能电网、LED 外延片和芯片等，形成规模较大、水平较高、配套齐全、核心竞争能力强的新能源产业集聚区。

新材料：主要发展高效复合储能材料、新型光伏薄膜材料、纳米材料、新型金属材料和新型建材等生产，建成具有较强创新能力、较高技术水平、较大产业优势的新材料技术中心与生产基地。

节能环保：主要发展环保装备及材料制造、资源综合利用、环境服务等。

物联网：主要发展智能电网、智慧能源、智能农业、智能交通、智能公共安全等领域。

四、应用成效

附表是智慧能源管理系统预测的光电研究中心一年的能量生产和消费情况，

从表中可以看出，通过智慧能源系统、光伏、光热、市电相结合，储能系统的移峰填谷作用，基本实现了光电研究中心一年内的能量平衡，保证能源的高效利用，自给自足。

宿迁光电研究中心的建成，对宿迁市的知名度带来一次很大的提升，并且对于向全市、全社会推广宣传智慧能源、智慧城镇是一次很好的机会，对于未来该类智慧能源、智慧城镇项目的建设起到很好的推动和借鉴作用。

宿迁光电研究中心的建设为全国高校、企业、科研机构在新能源综合利用、智慧城镇、新材料应用等方面的合作交流搭建了一个很好的平台。

目前该项目的技术方案、路线已成功复制到深圳市中科蓝天包头达茂旗600MW风光热储智能互补综合示范项目，该项目包括200MW的光热发电、300MW风力发电、100MW光伏发电、熔盐储能系统、智能互补上网系统，通过智能互补系统实现新能源发电的连续平稳上网，该项目于2015年已被国家能源局列入2016年国家重点示范工程。

据国际能源署预测，到2020年全球CSP装机总容量将超过25GW，至2020年，我国太阳能光热发电装机总量将达到10GW。根据《太阳能发电发展“十二五”规划》预期：到2020年，中国太阳能光伏发电装机总量将达到50GW。据全球风能理事会分析，预计中国的风电装机容量将在2015年达到1.3GW，2020年达到2.5GW。但是2015年，我国的平均弃风率达到了15%，弃光率达到了10%，弃电现象十分严重，通过该项目的智慧能源利用，可为未来新能源综合利用上网提供一条有效的解决方案。有关机构预测，未来建设智慧城市全球市场规模约有40万亿美元，中国市场也将超过4万亿人民币，智慧能源作为智慧城市建设中最核心的部分之一，未来的市场也将无可限量。

（案例推荐部门：国家能源局）

附表 能量平衡表

输入数据	日均全辐射	光热月发电量	光伏发电量	储罐蓄热总热量	空调平均供热耗能	空调平均供冷耗能	照明用电	系统内能量平衡	发电示范	谷电储能
月份	mj/m²·d	度／d	MWh/月	MWh/月	MWh/月	MWh/月	MWh/月	MWh/月	MWh/月	MWh/月
1	7.8	14400.2	12.5	89.8	−281.5	0.0	−22.7	−210.9	0.0	210.9
2	9.8	16258.3	15.2	98.5	−281.5	0.0	−22.7	−200.4	0.0	200.4
3	12.6	23261.9	18.0	289.3	−140.8	0.0	−22.7	114.9	11.5	0.0
4	15.3	27335.4	21.6	340.0	0.0	0.0	−22.7	304.9	30.5	0.0
5	17.0	31292.8	22.0	389.2	0.0	0.0	−22.7	349.6	35.0	0.0
6	17.7	31623.3	22.0	393.3	0.0	−196.0	−22.7	157.3	15.7	0.0
7	17.3	31846.7	18.8	396.1	0.0	−391.9	−22.7	−39.3	0.0	39.3
8	15.9	29354.3	17.8	365.1	0.0	−391.9	−22.7	−68.2	0.0	68.2
9	13.5	24387.5	16.9	303.3	0.0	−196.0	−22.7	71.2	7.1	0.0
10	10.6	19661.9	13.8	244.6	0.0	0.0	−22.7	211.2	21.1	0.0
11	8.2	14739.7	12.5	183.3	−140.8	0.0	−22.7	14.0	1.4	0.0
12	7.2	13292.5	11.2	165.3	−281.5	0.0	−22.7	−144.2	0.0	144.2
年总量	4655.8	277454.7	202.3	3,258.0	−1126.1	−1175.8	−272.4	560.3	122.3	663.0

案例24

智慧重庆探索与实践

一、背　景

数字重庆建设自1999年启动以来取得了一系列成就。一是完成重庆市现代测绘基准建设；二是实现测绘地理信息基础数据全覆盖；三是建成并开通了全国第一个省级地理信息公共服务平台，面向各委办局和企事业单位提供了多种应用服务模式，目前有交通、规划、农业、环保、公安、应急、税务、工商、气象等26个市级部门基于平台搭建了行业应用系统，应用效果显著；四是开展了全国第一次地理国情普查，进一步夯实了全市信息数据资源基础。

“十二五”期间，重庆着力建设“宽带城市”“智能城市”，重点打造了3G/4G网络升级、三网融合、西部数据园、两江云计算中心、大数据中心、物联网产业园等系列信息基础设施重点工程，并在智能电网、智能交通、智能医疗、智能家居、智能物流、智能环保等领域开展探索与实践。

智慧重庆建设将努力实现城市从管理到服务、从治理到运营、从零碎分割到协同一体的革命性转变，对全面促进新型工业化、信息化、城镇化、农业现代化融合同步发展，提升城市核心竞争力和可持续发展能力具有重要意义。

二、主要做法

（一）出台政策办法，引导智慧城市建设

重庆市政府高度重视智慧城市建设，先后出台了《重庆市地理信息公共服务管理办法》《重庆大数据行动计划》《重庆市社会公共信息资源整合与应用实施方案》《重庆市深入推进智慧城市建设总体方案（2015—2020）》等政策文件，引导全市各行业开展智慧城市建设，对智慧城市建设起到了统领全局的积极作用。

（二）做大做强计算机产业、创新云计算发展模式

目前重庆已经形成了30万台服务器建设量的数据中心，预计2020年建成100万台服务器，形成直接产值170亿元/年，带动新增就业近10万人。“云计划”已形成5000亿元左右人民币的产值，重庆市国家物联网产业基地示范区产业规模已过100亿元，计划到2020年，实现示范区新增入驻企业数量超过150家、产业规模超过500亿元。

（三）大力推进全市信息资源整合与共享

通过建设重庆市地理信息公共服务平台、重庆市综合市情系统、重庆市三库四平台等信息化基础设施，大力推进全市社会公共信息资源的整合与共享，实现公共信息数据在政府部门之间的共享交换，充分发挥数据价值。

（四）依托数字城市建设成果向智慧城市转型升级

自1999年启动数字重庆建设以来，到2012年以数字重庆地理信息公共服务平台的全面建成为节点，标志着数字重庆建设的阶段性胜利，也是智慧重庆建设的起点。以此为基础，重庆市率先响应国家住建部、国家测绘地理信息局等部委的号召，积极开展智慧城市建设，启动智慧重庆时空信息云平台试点项目，旨在全面提升数字重庆地理信息公共服务平台在数据、软件、应用等方面的服务能力。同时，积极组织开展住建部智慧城市试点项目，组织两江新区、南岸区、江北区、永川区、渝中区等区县开展智慧城市试点，积累了大量的建设经验。

三、特色亮点

（一）基础环境建设

重庆市在云计算、物联网、大数据等智慧城市相关的基础环境方面具有优越的条件，两江国际云计算中心、国家新型工业化物联网产业示范基地、重庆仙桃大数据谷、社会公共信息资源整合与应用工程、智慧重庆公共信息平台等为全市开展智慧城市建设提供了坚实的基础。

1. 两江国际云计算中心

两江国际云计算中心位于重庆市水土高新园南端，于2011年4月6日正式挂牌成立，占地11.4平方千米，是重庆“云端战略”的重要组成部分。

目前云计算中心已有新加坡太平洋电信、中国联通、中国电信、中国移动、腾讯、

浪潮、斐讯、融行、九次方等云计算企业入驻，将建设成为西部地区最大的数据中心聚集地，最终将形成近百万台服务器的运营规模。

2. 国家新型工业化物联网产业示范基地

2010年12月，国家工信部授予重庆市“国家新型工业化物联网产业示范基地”。重庆市充分整合各类资源，加快推动物联网应用示范与智慧城市建设的深度融合，紧紧依托中移物联网、中交车联网、美的智能家电（家居）等龙头企业，大力实施物联网的市场推广和产业培育，建成了集信息技术、科普教育、体验展示、时尚发布为一体的开放式智慧城市体验区和全国最具代表性的物联网产业示范基地展示区。

截至目前，重庆市有220家物联网及相关企业，智能交通、智慧小区、智慧城管、智慧医疗、智慧商圈、智慧南滨等物联网应用示范项目取得较为明显成效。以物联网、移动通信为重点的电子信息产业规模年内将突破500亿元。

3. 重庆仙桃大数据谷

重庆仙桃数据谷总占地面积1.77平方千米，总建设规模约120万平方米，规划常住人口2万人，引进龙头企业50家、核心企业300家，一般企业10万家。

数据谷致力于发展“大数据、小传感、海存储、云应用”四大核心产业，引进美国、欧洲、新加坡等地跨国公司及国内龙头企业，布局传感产业园、存储产业园、数据挖掘分析产业园，打造金融大数据、健康大数据、跨境电商、设计大数据、城市管理大数据、教育大数据应用产业园。

4. 时空信息云平台基础设施

智慧重庆时空信息云平台是一个面向全市产业发展、政务管理、公共服务的基础性平台，为智慧重庆建设提供信息基础设施服务。平台实现了从通用平台到个性平台、从线下交换到协同共享、从数据服务到知识服务的提升。

（1）以数字重庆、地理国情普查成果为基础，进一步扩展空间规划、社会经济等行业专题时空信息和交通、环境、水电气消耗等城市运行动态信息，按照分布式架构构建全市大数据资源体系，支撑智慧重庆时空信息云平台建设。

（2）大力推动跨部门的信息共享机制建设。建立与国土、环保、水利、交通等行业部门的共享交换机制，打通系统之间互联互通的通道，为时空信息云平台的动态更新提供信息来源。

（3）按“时间、空间、属性”构建三位一体的时空数据模型。在传统静态地理空间数据的基础上，扩展时间、空间、属性维度的特性，构建时间上覆盖过去、现在、未来，空间上覆盖地下、地表和地上，属性上覆盖自然、人文、经济等各个领域的三位一体的时空数据模型，将数据对象与客观世界的地理实体进行一一对应，全面反映客观世界。

（4）“地理信息 +”时代，基于原有地理信息公共平台实现创新和发展是大势所趋。根据重庆特点，建设地址编码引擎、智慧知识引擎，开发大数据交互工具，提升平台对信息数据综合处理、分析和挖掘的能力，打造智能化、个性化的智慧城市时空信息云平台。

（二）体制机制建设

重庆市大胆探索、勇于创新，在智慧城市建设方面先后出台了一系列管理办法、行动计划，先后建立了全市社会公共信息资源整合与应用联席会议制度，建立了智慧城市协调工作机制，为智慧重庆建设提供了良好的制度保障。

1.2011 年 1 月，重庆市人民政府第 248 号令颁布了《重庆市地理信息公共服务管理办法》，对全市地理信息资源的共享与应用、地理信息公共服务的规划建设、运维管理、共享服务都进行了统一规定，为数字重庆、智慧重庆建设奠定了重要基础。

2. 两江国际云计算中心在重庆开建，标志重庆发展云计算产业的“云端计划”正式启动。“端”就是各种电子信息终端产品，“云”就是通信的核心数据中心。重庆将在 3 年内基本建成中国最大的离岸和在岸数据处理中心。

3. 重庆市大数据行动计划提出紧密围绕“云端计划”的实施，以体制创新和技术创新为动力，以市场需求为导向，以重要民生应用为示范，推动企事业单位数据共享开放，加快大数据产业布局，攻克大数据关键技术，促进大数据技术及解决方案在公共服务、城市管理及产业发展等方面的广泛应用，将大数据产业培育成全市重要的战略性新兴产业。

4. 为推进全市社会公共信息资源整合与应用，2014 年 9 月重庆市人民政府出台了《重庆市社会公共信息资源整合与应用实施方案》，提出建设自然人、法人、地理空间三大信息数据库和政务共享、信息惠民、信用建设、社会治理四大应用平台，着力打破部门壁垒、打通信息孤岛，促进全市公共信息资源整合与应用。目前，重庆市已建立以市政府主要领导主持、常务副市长召集、各有关副市长参与的联席会议制度和牵头部门责任制度，全市社会公共信息资源整合取得较大进展。

5. 重庆市积极响应国家《关于促进智慧城市健康发展的指导意见》，出台了《重庆市深入推进智慧城市建设总体方案（2015—2020）》（简称《方案》）。《方案》

提出以“平台先行、行业示范、分建共享、集中服务”为路径，实施信息基础设施建设、社会管理、公共服务、新兴产业发展和网络信息安全“五大行动计划”，依托全市社会公共信息资源整合与应用联席会议，建立智慧城市协调工作机制。由市政府分管领导同志召集，市发展改革委牵头，有关行业主管部门各司其职，加强沟通，密切配合，及时研究解决智慧城市建设过程中跨部门、跨行业、跨领域的重大问题，打破各种壁垒，强化资源共享，共同推进智慧城市建设工作顺利开展。

（三）实施路径

重庆市以社会公共信息资源整合与应用、电子政务体系改革任务为核心，以“平台先行、行业示范、分建共享、集中服务”为路径推进智慧城市建设。平台先行，即先行建设智慧城市公共信息平台，在政府信息公开、政府运行管理、城市公共服务等方面发挥引领作用；行业示范，即选择基础较好、需求强烈的行业开展示范工程建设，形成可复制、可推广的共性问题解决方案；分建共享，即市级部门各司其职，按职能分工开展本行业智慧专项建设，建设成果需在全市共享；集中服务，即建设成果逐步实现集中化管理，在确保信息安全的前提下，实现向政府和社会公众的有序开放与服务。

（四）重点应用

智慧重庆的建设成果，围绕市场信用监管、海绵城市建设、地理设计、遥感分析等领域开展了卓有成效的应用，有效促进全市各行业的智慧化应用。

1. 重庆市综合市情系统

重庆市综合市情系统基于智慧重庆公共信息平台搭建，是以云计算、大数据、移动互联网、空间信息技术等现代信息技术为支撑，以空间信息为载体，以基础测绘成果和地理国情普查成果为基础，集成全市基础地理信息、地表自然和人文信息、经济社会发展信息、各类规划信息以及城市运行信息，通过手机、平板、桌面电脑等多种终端，实现面向政府决策、行业管理、公众服务的分层级、分类别、空间化、信息化的市情信息服务。

（1）制定市情系统标准规范体系。一是制定开放的、可扩充的市情数据分类目录及编码标准，明确数据内容、来源部门、更新周期，确保市情数据共享、应用、更新工作有据可查、有规可依；二是制定市情系统应用体系标准，包括市情系统数据接口、功能接口标准等应用标准，确保市情系统与其他相关数据库和应用系统的技术标准统一、互通共享；三是制定市情系统运行、服务、管理规定，明确市情系统运行过程中相关部门和单位的职能职责。

（2）建设综合市情数据库。在智慧重庆公共信息平台的基础上，以“空间化”为手段整合构建综合市情数据库，包括基础地理数据、地表数据、各类规划数据、经济社会数据、城市运行数据五大部分内容。

（3）搭建综合市情系统。一是开发综合市情服务系统，实现空间整合后的数据发布、管理及更新推送，提供数据访问接口和功能开发接口，供各部门及企事业单位深度开发使用；二是开发综合市情应用系统，通过手机、平板、桌面电脑等多种终端，实现对综合市情信息的任意组合、查询、统计、分析，提供面向多种需求、多种网络条件的应用服务。

（4）建立市情系统长效运行机制。一是建立综合市情信息共享机制，围绕市情系统建设所需数据，相关市级部门、单位共同签订多边共享协议，明确各部门、单位数据共享内容、共享原则和共享方式；二是建立综合市情信息更新机制，明确各类数据更新周期和更新方式，确保数据动态更新；三是建立市情系统应用机制，面向党政机关免费提供使用，探索符合保密要求前提下的社会公众应用。

2. 重庆市应急平台

针对应急管理和应急处置所需的数据资源散落在各部门中，呈现出多源、异构的现状，项目基于重庆市地理信息公共服务平台电子地图整合分布式、异构应急数据，建立应急空间数据库，构建全市“应急一张图”，如图 24-1 所示。同时，利用公共服务平台信息共享服务架构，构建重庆市应急信息服务总线，实现重庆市各级应急平台互联互通、资源共享。该系统接入卫生、水利、地震、国土等部门应急资源，能对全市应急管理工作进行全面掌控，在突发事件处置过程中，具备全面协调各业务系统的能力，是应急背景信息和应急现场动态信息的汇聚中心，具有全面的应急决策能力。

图 24-1 重庆市应急平台

3. 重庆市综合交通信息平台

重庆市综合交通信息平台采用多种技术手段，整合各类动态与静态交通信息，实现各部门信息共享，为管理部门科学决策和公众交通信息服务提供支撑，提升全市交通管理和服务水平。

平台首先在重庆市地理信息公共服务平台数据资源体系基础上，收集、整合建立了重庆市主城区交通基础设施数据库，涵盖道路交通、公共交通、对外交通、慢性交通四大类规划和现状两方面数据信息。平台通过开发综合交通数据接入系统接入了浮动车（出租车、公交车）GPS、轨道客流、汽车站客流、机场航班、港口、实时停车等多源动态交通信息，建立了重庆市主城区动态交通数据库。平台还自主研发了基于手机信令的实时交通状态反演系统，能动态反映道路车速和流量信息，同时平台研发了基于视频的交通流量和车速识别系统。平台基于重庆市地理信息公共服务平台电子地图建立了静态交通数据库和动态交通数据库，并对各类数据源进行融合处理，开发重庆市交通监控系统，全面监控整体交通网络和具体到每条路的实时交通状态，为交通综合管理、交通应急指挥、公众出行提供信息服务。

4. 智慧市场信用监管平台

为积极适应商事制度改革新形势，加强市场监管部门的有机联动，确保先照后证、三证合一、随机抽查等国务院部署的一系列改革措施落到实处，重庆市市场监管平台运用大数据技术，依托工商、质监、食药监已建或在建信息系统，以法人数据库、地理空间数据库为基础，创新“网格化 + 分类监管”市场监管模式，构建按照统一的技术模式，针对不同监管内容和工作体系在工商、质监、食药监三局分别建立支撑信息集成管理、部门数据共享、服务监管业务工作的可视化监管平台，推动市场监管信息化提档升级，提升市场监管效率和科学化水平（见图 24-2）。

图 24-2　智慧市场信用监管平台投诉举报指挥调度系统

通过平台建设，一是准确掌握主体位置，解决过去监管对象位置模糊的问题；二是直观展示了主体类别，解决了过去对监管主体普遍关注的问题；三是贯通下达监管任务，解决了过去对监管工作多头管理的问题；四是全面汇集监管信息，解决了过去对监管数据分散掌握的问题；五是重点强化预警功能，解决了过去对风险行业事后处置的问题。

重庆市市场监管平台已在两江新区市场和质量监督管理局160多名监管干部中全面使用，正在向重庆市主城区推广，下一步将在全市各区县工商局、质监局、食药局全面使用。平台建设和运用取得了良好的绩效。

5. 海绵城市数字排水系统（Uwater-Drainage）

Uwater-Drainage 是一款面向城市雨水系统设计、模拟、评估、管理、运营的专业模型系统（见图 24-3），具备排水设施数据编辑、查询、展示、转换接口功能，图形形象化的管网参数编辑，集成各地暴雨强度公式的暴雨生成器，根据下垫面、地形特征利用 GIS 方法快速赋值模型参数功能，支持管网一维动态模拟，二维地表淹没漫流模拟，构建了低影响开发设施知识库，内含 8 大类型 24 种 LID 设施，开发了低影响开发方案设计与效能评估功能，模拟情景方案，低影响开发方案对比与优选功能，建立了从现状评估、规划设计、方案评价、后期运营的全生命周期的海绵城市模拟系统。

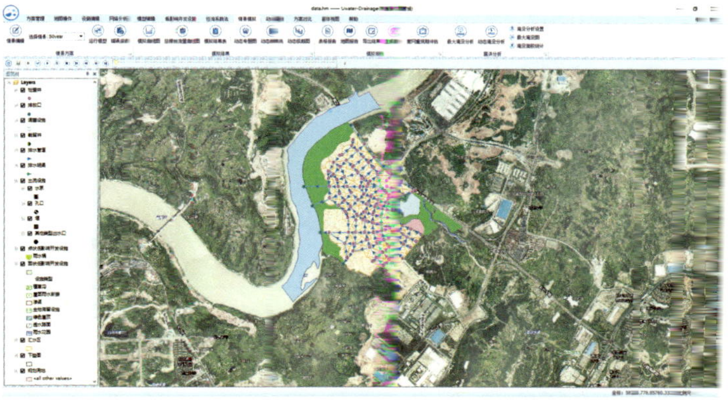

图 24-3　海绵城市数字排水系统

6. 服务城乡规划的“智慧・地理设计”

“智慧・地理设计”是以地理科学系统理论为指导，挖掘地理信息背后的地理知识，为特定地理单元的合理利用提供调查、分析、评估和设计服务。

（1）构建了涵盖“市域—区县—镇街乡—村”四级空间单元的综合地理信息常

规调查机制，形成了智慧地调系统与专业调查队伍相结合的地理信息快速更新机制，保障地理设计的全过程运用。

（2）依托地理分析模型研发服务规划全过程分析模型。研发了公共服务设施评估与优化模型、生态环境功能分区模型、健康水系统分析模型、建筑格局微气候评估模型等数十个地理分析模型，在重庆市总规深化、大都市区总规研究、控规现状分析等规划设计中进行了应用，有效提升了规划工作效率（见图 24-4）。

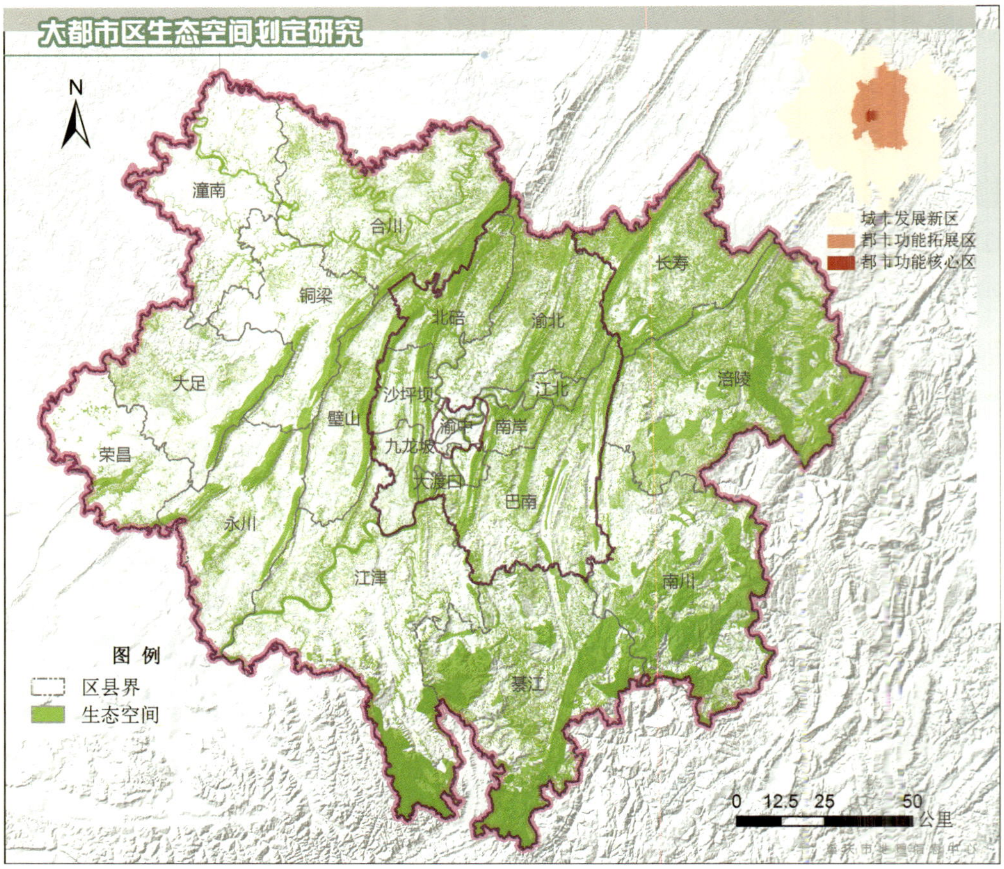

图 24-4 重庆市大都市区生态空间划定研究

（3）基于量化评估工具服务规划全过程评估。结合总规实施评估导则等技术规范的制定和三维地理信息应用平台建设，重点开展了区县总规实施评估、中心镇规划实施评估、控规方案经济社会可行性评估、建设工程方案评估等应用。

（4）基于调查、分析与评估全过程应用的地理设计应用。以提升规划设计科学化为目标，在大都市区生态功能划分、五指山市旅游规划、生态农业产业园设计、市域避暑纳凉产业规划等工作中系统实践了地理设计理念与方法（见图 24-5）。

图 24-5　重庆市巴南区一品街道桥口坝村域规划

四、应用成效

（一）社会成效

云计算、物联网、大数据等智慧城市基础设施建设，极大地带动了重庆乃至全国新一代信息技术的战略性新兴产业发展。全市社会公共信息资源整合，促进跨部门信息共享、跨系统应用集成，避免重复建设和信息化孤岛，极大地促进了政府及各专业部门信息化建设发展，为政府科学化决策提供充分的、集成的信息储备，大大提升了政府社会管理水平和公共服务能力。

智慧规划、智慧交通、智慧环保、智慧教育等智慧行业应用，促进了各行业精细化管理，实现对城市资源的集约化利用，对我市扩大内需、调整结构、转变经济发展方式具有巨大的促进作用。

（二）经济成效

智慧城市建设极大地带动了重庆乃至全国新一代信息技术的战略性新兴产业发展。

目前重庆已经形成了 30 万台服务器建设量的数据中心，预计 2020 年建成 100 万台服务器，形成直接产值 170 亿元 / 年，按 1 ： 5 比例带动相关信息服务外包产业计算，整个云计算产业链产值可超过 1000 亿元 / 年，带动新增就业近 10 万人。

“端计划”已形成 5000 亿元左右人民币的产值，预计将来会进一步发展到 8000 亿元人民币。

重庆市国家物联网产业基地示范区物联网产业规模已超过 100 亿元，物联网企业达 186 家，在全市 220 多家物联网企业中的占比超过八成。计划到 2020 年，实现示范区新增入驻企业数量超过 150 家、产业规模超过 500 亿元的目标。

通过全市公共信息资源的整合与应用，实现了政府公共信息数据的统一采集、统一加工、共同使用和统一更新运维，从而大大降低了全市各部门信息资源重复采集、重复加工、重复更新维护带来的成本。

（案例推荐部门：国家测绘地理信息局）

案例 25

智慧武汉时空信息云平台建设与应用

一、背景与需求

（一）项目建设背景

地理空间信息是智慧城市建设的基础和核心支撑，随着城市化进程的加快，人们对空间认知和利用不断增强，使得地理空间信息在数字城市和智慧城市建设中的作用不断凸显。武汉市高度重视地理空间信息基础设施的建设与应用。2011 年，武汉市建成数字武汉地理空间框架，建立了全市权威、唯一、通用的地理信息公共平台，成为国内首个建成数字城市地理空间框架的副省级城市。同年，武汉市启动智慧武汉总体规划与设计，在《武汉智慧城市总体规划与设计》中，地理空间信息基础设施与网络、感知、云计算一起，被列为智慧武汉建设的四大基础设施。

2012 年 12 月，国家测绘地理信息局印发《关于开展智慧城市时空信息云平台建设试点工作的通知》（国测国发〔2012〕122 号），旨在通过智慧城市时空信息云平台建设推动智慧城市、智慧区域和智慧中国的建设。按照《通知》要求，武汉市国土资源和规划局积极开展了项目申报，2013 年 3 月 12 日，智慧武汉时空信息云平台建设试点项目获得国家测绘地理信息局批复立项，武汉市成为全国首批十个试点城市之一。项目建设目标为：完善武汉市地理空间框架，建立武汉市时空信息云平台，进一步满足武汉市城市运行、管理、服务对地理信息的智能化需求，为智慧武汉建设提供及时有效的地理信息服务。主要建设内容包括：时空数据库建设、时空信息云平台建设、支撑环境优化、典型示范系统建设及标准规范研究五个方面。

（二）需求分析

当前，我市城市建设加速，尤其是智慧城市的建设对地理信息服务提出了更高的要求：一是地理信息数据采集还需要进一步加强；二是地理信息共享和服务还需要进一步提升；三是时空地理空间数据分析与应用功能还要进一步增强；四是地理信息服务领域还有待进一步拓展。具体需求为：

1. 标准建设需求。为更好地支撑政务、企业和民生应用，需要建立和完善从数据生产到应用各个环节的标准，包括数据标准、服务标准、安全标准、数据交换、运维管理等。

2. 数据服务需求。数据的共享整合与综合利用是智慧城市建设的基础，需要在逻辑一体化数据管理的基础上，建立各类地理信息的元数据及其资源目录体系，面向不同部门提供地理信息个性化服务。

3. 功能服务需求。要面向政府各部门的业务流程，在提供基本数据服务的同时提供应用开发支持，应用部门可通过平台快速、经济地构建业务系统，节省建设成本，提高信息化服务水平。

4. 服务模式需求。针对强、中、弱需求的行业用户，分别提供在线地图网站访问、应用定制、标准接口服务、数据同步、数据分发及内容更新等应用模式。通过数据同步、数据分发及内容更新等服务模式，对各类地理信息应用提供兼容性支持。

5. 资源管理需求。平台涉及的资源种类多、数量大，涉及数据资源、服务资源、计算资源、存储资源、平台资源、基础 GIS 软件资源、应用资源等，所有的资源需要在平台中进行统一注册、管理和监控。

6. 运维管理需求。要确保各类资源连续、稳定、安全运行，通过设立完善的监控处理机制，当出现异常情况时能够及时恢复，为运维管理提供支撑。

7. 安全保障需求。要做好地理信息的安全防护，对信息的处理、传输、使用等各个环节进行保障，防止数据的丢失及非法复制，使用严格的认证制度，保证信息的安全访问。

二、建设成果

（一）构建了时空信息大数据中心

按照云计算的构架，实施支撑环境升级改造，建立了统一的资源池和数据库集群。数据类型不断丰富，创新发展了覆盖全市的政务电子地图和静态三维地图，数据范围不断拓展，实现 1:2000 地形图全市覆盖，对 2000 年以来历年遥感影像、主城区及新城区城关镇 800 平方千米三维模型、全市 200 万条地名地址、350 万栋房屋、196 万部件，以及全市道路、水系、山体等进行了集成建库。目前，全市地理信息云数据中心资源已积聚至 10 大类 127 中类 1193 小类 1725 层信息。在此基础上，积极开展以地理信息为载体的多源数据融合，融合了全市 1000 多万人口、80 万工商企业以及民政、卫生、教育、金融等专题信息。同时，构建了影像、人口、房屋等时空数据库，集成视频、位置、气象等多种传感器信息，在此构建了全市时空地理大数据中心。

（二）搭建了时空信息云平台

采用云计算技术构架，对基础软硬件支撑环境进行了全面升级，建立了统一的资源池和数据库集群，提升了大用户高并发条件下平台的弹性伸缩和服务能力。按照建设智慧城市空间信息基础设施的要求，对软件平台进行了重构和优化，研发了时空信息云平台。

平台以标准的 Web 服务的方式提供各类地理信息服务，包括数据服务、功能服务、地址匹配服务、位置服务、二次开发接口等，能够接入通用的、标准的传感信息。同时，具有寄存用户数据和开发的功能，并可部署在云上自助服务。此外，平台的运维监控子系统将实时监控系统运行情况，对硬件资源、软件资源、数据资源的使用情况进行监控和统计分析，为平台的优化完善提供参考，实现了泛在网络环境下高效稳定的地理信息服务。

在面向政府服务方面，建立政务地理信息服务门户（见图 25-1），各政府部门和委办局可通过政务专网在线访问各类数据资源，也可以将自己的资源上传到门户，共享给其他部门，为政府部门行政审批、决策和全市性的大数据分析提供统一的空间基础。

图 25-1 政务地理信息服务门户

在面向公众服务方面，进一步完善了“天地图·武汉”，以服务社会大众为导向，构建开放式的地理空间信息在线服务系统，为市民提供权威、实用、便捷的地图浏

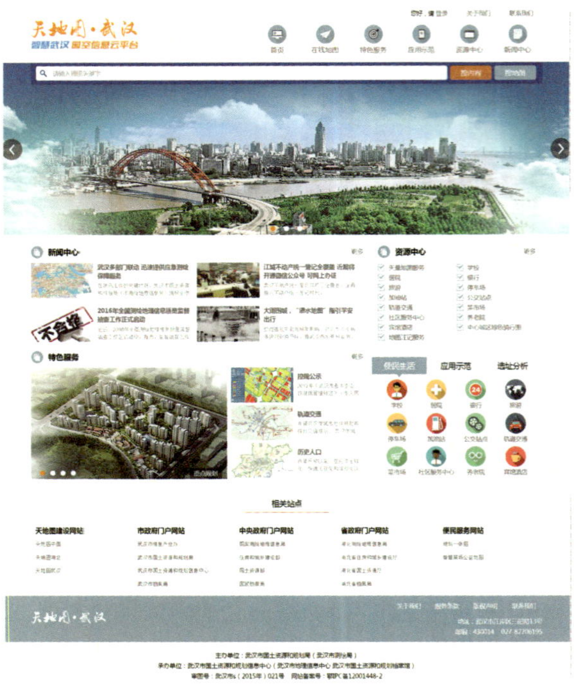

图 25-2 “天地图·武汉”首页

览、信息查询、专题分析等地理信息服务，以及政府公开数据的空间基础。

（三）开展了规模化、跨部门的应用

以服务武汉经济社会发展和国家创新型城市建设为目标，开展了一批以通用性、个性化和智能化为特点的智慧城市专题应用示范系统建设。

在国土规划领域，在资源中心建设、国土资源综合监管平台建设、国有土地上房屋征收与补偿管理信息系统建设、国土规划定量分析等方面开展深入应用，有力地支撑了总规修编和“三规融合”等重点工作，为国土规划智能管理和智慧决策提供了强大的数据和技术支持。建设成果获得国家地理信息科技进步一等奖。在智慧社会管理领域，汇聚和融合了公安、民政、房管等 20 多个部门信息资源，全面接入视频监控、气象监测、通信基站、移动终端等海量物联网感知设备，并通过“两级平台、五级联动”的网格化工作机制，快速、准确、智能地响应群众需求、解决民生问题、化解社会矛盾。在智慧税务管理领域，整合了全市从土地征用到土地保有全过程的涉税土地信息约 90 万条，实现了对土地全过程多税种的征收和监管，大幅提高了工作效率。在公众应用方面，在“天地图·武汉”（如图 25-2 所示）提供的权威的地理空间信息基础之上，建立了武汉市菜场公益地图、武汉市规划一张图（公众版）以及“武汉地理”微信公众号，受到社会公众的广泛关注。

在全市“互联网 +”产业创新工程“11711”行动计划当中，以时空信息云平台为基础开展了智慧城管、智慧水务、智慧教育、智慧电梯、智慧工地等一系列的智慧城市典型应用，全市各政府部门基于云平台进行地理信息应用系统建设已成为常态，实现了全市地理信息资源的节约集约利用，产生了巨大的经济和社会效益。

（四）形成了技术标准规范体系

编制了《城市三维建模技术规范》《政务电子地图数据规范》《城市地理编码技术规范》等十余项行业和地方标准，在 2013 年编制完成湖北省地方标准《政

务电子地图数据规范》（DB42/T 909—2013）的基础上，承担了国家测绘行业标准《城市政务电子地图技术标准》的编制工作，地方标准上升为行业标准。目前已完成征求意见稿的编制。2014 年，承担了《武汉市空间管理基础网格编码规范》的编制工作，目前完成报批稿的编制。同时，国家标准委将“武汉市地理信息公共服务综合标准化试点”列为首批试点。

三、主要做法

智慧武汉时空信息云平台和“天地图 · 武汉”建设体现了高起点、重应用、科技推动的特色，总结项目工作，有以下几点体会：

（一）领导重视，分工明确，精心组织

武汉市历任领导一直高度重视数字城市、智慧城市建设工作。早在 1999 年，就成立了以分管市领导为组长的领导小组。2009 年，为了进一步统筹全市地理空间信息的资源整合、信息共享和集约利用，成立了以分管市长为组长的项目建设领导小组。在时空信息云平台和“天地图 · 武汉”建设中，武汉市成立了由分管市长牵头的领导小组和工作专班，武汉市国土资源和规划局作为项目建设主承担单位，也将该项工作列为市级绩效管理重点目标任务，大力推进。

（二）把握趋势，强化顶层设计

2011 年，当智慧城市概念刚刚兴起之时，武汉市就瞄准世界顶尖水平，面向全球公开征集智慧城市顶层设计，并将“建设智慧城市”写入全市规划蓝图，将时空地理信息列为智慧武汉建设的四大基础设施之一，作为武汉市智慧城市建设的基础工程加以推进。2014 年，将时空大数据中心建设列为我市规划建设的 8 个大数据中心之一；2015 年，又将该项工作列为“互联网 +”产业创新工程的信息基础设施。

（三）需求牵引，示范推进

智慧城市的生命力在于应用。在项目建设中，武汉市始终坚持“边建设、边应用、边完善”的策略，以应用促建设，以创新促发展。选取了需求迫切、代表性强的领域，包括国土规划、城市网格化管理、人口普查、交通规划和管理、社会综合管理与服务、土地税源管理，通过典型应用示范系统建设，提升了对时空信息云平台和天地图的认识，扩大了影响。

（四）完善机制，做实资源共享

2011 年 11 月，数字武汉地理空间框架建成后，武汉市就发布了《关于推广应用数字武汉地理信息公共平台的通知》，明确了公共平台的权威性、唯一性和通用性，要求各部门“在进行政务信息系统和公众服务信息系统建设时，涉及地理信息数据和应用服务的，应在数字武汉地理空间框架的基础上，依托地理信息公共平台进行开发”。2015 年，武汉市印发《武汉市政务数据资源共享管理暂行办法》，2016 年，针对地理信息服务的需要，又印发了《政务地理空间信息资源共享管理实施细则》。

四、特色亮点

（一）实现了时空大数据的融合与分析

充分发挥地理信息的时空承载引擎作用，基于统一的时空基准，实现多源、多时态、异构信息的接入与融合，建立了融合物联网数据的多源数据集成中间件、框架体系和工作流程；通过地址匹配引擎，为各部门专题信息的空间化提供自动化手段。进而开展了基于人口、用地、建筑、交通、设施的专题分析和综合分析，通过开展基于空间的大数据定量分析，直观地展现城市要素和现象的空间分布，反映其随空间和时间的变化和趋势，为城市规划、管理、运营提供了量化支撑，为科学决策提供了有效支持。

（二）规模化、跨部门的应用

形成了一套覆盖全市多行业多领域的应用体系，建设一批面向政务服务、专题应用和社会公众服务的应用系统，在国土规划、社会管理、城建、城管、公安、民政、卫生、水务、税务、工商、统计、质监、食药监、消防等领域得到深入应用，应用部门达 100 多个，建立的“国土规划综合一张图系统”“社会综合管理信息系统”“土地税源地理信息系统”等应用在行业产生了广泛的影响。目前，全市各部门涉及地理信息应用的，在时空信息云平台上搭建已成为常态。

（三）创新了地理信息服务建设模式

提供基础设施服务、数据服务、地理信息平台服务和软件服务，各部门可在云平台的基础上自助申请各类服务、寄存数据、开发专题应用系统，避免了基础平台的重复建设，实现了资源的节约集约利用。为简化专题系统的定制开发，开发了面向各种应用的开发库和应用模板，通过调用平台提供的服务，提供对桌面端、移动端等泛在终端和政务网、互联网、移动互联网等泛在网络环境的统一支持。

五、重点应用及成效

（一）国土规划管理应用

智慧国土规划是智慧武汉建设的重要内容，其建设以智慧武汉时空信息云平台为基础，以拓展智慧应用为导向，构建了集数字化、网络化、智能化于一体的“智慧国土”和“智慧规划”。项目成果在武汉市国土规划资源中心建设、国土资源综合监管平台建设、国有土地上房屋征收与补偿管理信息系统建设、国土规划定量分析中得到了深入应用。

整合了基础地理、调查评价、规划编制、规划管理、土地管理、地质矿产、执法监察等10大类、101中类、962小类、1600多层业务信息资源，深化完善了全市国土规划综合一张图（如图25-3所示）、行政审批系统、综合监管平台、不动产登记管理信息平台等，通过全市统一的国土规划网络向市局、分局、新城区局提供应用，满足了国土资源和城乡规划管理、决策、共享、服务、监管的需要。开展了新一轮国土规划信息资源整合工程，完成统一规划管理用图、1∶2000地形图、土地利用总体规划、综合区片地价与统一年产值标准、规划管理“一书两证一核实”信息、土地管理“批、征、供”信息、土地登记信息、土地利用现状、土地定级与基准地价、航空和卫星影像、三维模型12类核心信息的对接和共享。根据“核心信息集中管理、全局信息共享共用”的原则，建立了一套统一的信息共享标准化体系，提供便捷的“图形化百度”的搜索，实现各类信息的注册、查询、共享及集中化管理的功能。

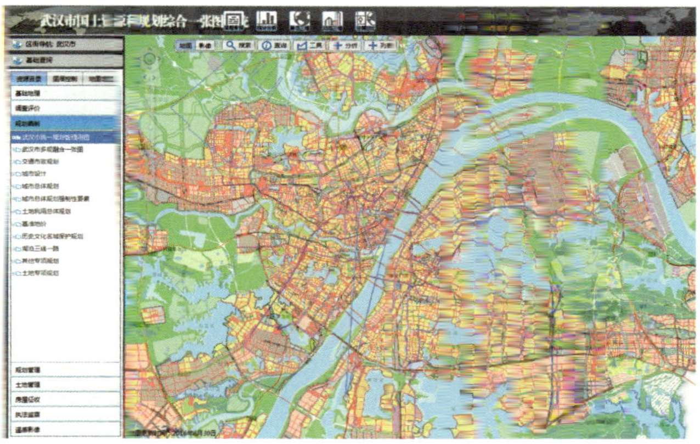

图25-3 武汉市国土资源和规划综合一张图系统

（二）武汉市社会管理与服务应用

武汉市社会综合管理与服务信息系统是为加强和创新社会管理而开展的一项重要工作，该项任务被列为《武汉智慧城市总体规划与设计》15 个重点应用领域之首。按照“社情民意在网格中掌握、惠民服务在网格中开展、矛盾纠纷在网格中化解、治安防控在网格中加强、平安建设在网格中深化”的高效服务管理目标，依托全市统一的智慧武汉时空信息云平台，完成了全市 17000 多个“人房网”网格的划分、编码和建库，融合了以城市管理为主的“城管网”和以法人组织管理为主的“综合网”，实现了“三网”融合；通过将人、房、网格、地址落实到空间，实现了“人—房—网格—地址”的动态关联；同时，集成全市人口、部件信息，整合公安、房管、计生、民政、工商、城管等 20 多个部门的相关信息，建立了市、区两级社会管理指挥平台，形成了“市、区、街、社区、网格”五级联动的运行模式。通过系统建设，共享了 873 万人户籍信息，约 354 万户房屋信息，80 万工商企业信息，约 200 万个城市管理部件信息，在全市 17 个区、190 个街道、1300 个社区、1900 多个行政村全面部署运行，涉及 1.7 万个网格员、20 多个协同联动部门，实现了多部门的信息联通和共享关联，提供信息采集、矛盾化解、空间分析、五级监管、绩效考核以及气象、校园安全等多个专题服务，为全市社会综合治理提供了大数据信息支撑，成为平安武汉建设的重要内容和抓手，也成为各部门信息共享的桥梁和纽带。

（三）武汉市土地税源管理应用

近年来，随着社会发展和经济活动竞争的日益激烈，土地自有及衍生税源快速增长，税基不准、漏征漏管等问题一直成为困扰地方税务部门的难题。在这样的背景下武汉市国土规划局、地税局、财政局（市财源办）以智慧武汉时空信息云平台为基础，按照“一张图、一套库、一个平台、一套动态更新维护机制”的“四个一”架构设计，建立武汉市土地税源管理地理信息系统（见图 25-4），实现了对土地征用、土地出让、土地转让、土地开发和土地保有全过程、全税种的一体化管理，准确掌握全市土地税

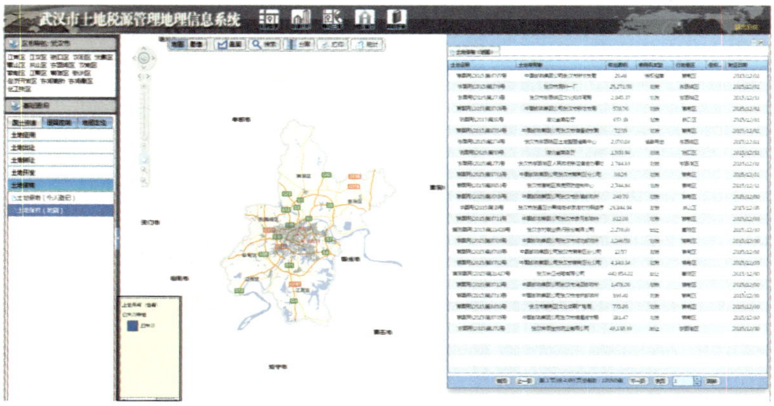

图 25-4 武汉市土地税源管理地理信息系统

源总量、分布和土地流转现状以及纳税情况，实现“静态土地”与“动态税收”的双向监控，实现了“以地控税，以税节地”的税地合作新模式。

（四）大数据分析与应用

在支撑专题应用系统建设的同时，我们还开展了基于地理空间的大数据分析，包括：基于人口和就业岗位的职住平衡研究，中小学容量与适龄儿童数量分析，基于六普数据的武汉市公共服务设施、居住用地规划对策研究，住宅建筑及人口空间分布研究，城市用地增长趋势研究等。

大数据的分析与应用有效地支撑了国土规划管理和“三规”修编，为总规及专项规划的指标控制提供定量化支撑，并服务了社会管理创新，同时运用“互联网+”思想推进公众大数据应用。

总之，大数据已成为“大众创新、万众创业”的热点，在新常态下，需进一步加强大数据技术和应用研究，深入推进地理信息大数据中心建设及成果应用，为智慧城市建设提供技术支撑。

六、应用成效

（一）社会效益

通过广泛应用，智慧武汉时空信息云平台产生了显著的社会效益。在城市规划与管理方面，通过开展基于人口、用地、建筑、交通、设施的专题分析、综合分析以及基于空间的大数据定量分析，直观地展现了城市要素和现象在空间分布特色，反映了城市随空间和时间变更发生的变化特征和趋势，为城市的规划、布局、管理提供了量化支撑，为科学决策提供了有效支持。

在社会管理创新工作中，通过综合运用各种传感设备，为弱势群体提供即时帮扶，对各类人群不同时序数据进行空间分布特征和时间特征分析，形成流动人口迁移轨迹和社会矛盾事件风险分析等反映公共安全形势发展变化规律的信息，为社会管理力量的调度、城市公共服务设施规划提供了量化指标，推动了社会管理从单一行政手段向综合社会管理的转变。

作为智慧武汉时空信息云平台的公众门户，“天地图·武汉”提供地图浏览、信息查询、地址匹配、专题咨询与分析等地理信息功能服务，支持社会公众多元化海量地理信息应用要求，并创新性提供了“控规公示”“轨道交通”“在建项目”“批前公示”“拆迁查询”等与老百姓生活紧密相关的热点专题，受到社会广泛关注。以“天地图·武汉”为基础，搭建了菜场公益地图，实现了菜市场电子地图的实时发布和动态更新，为市民生活提供了便利；搭建了武汉市规划一张图（公众版），市民可在线查看最新的控制性详细规划等法定规划成果，推动了阳光规划，创新了服务手段。

（二）经济效益

项目建设实现了地理信息资源的节约集约利用，通过采用云计算技术，平台能够提供 IaaS、PaaS、SaaS 及 DaaS 等多种服务，做到了信息的高度集成融合，避免了因独立建设而造成的重复投资浪费，节省了大量的基础投入和后期运维费用，降低总体建设成本。

通过广泛应用，产生了显著的经济效益。通过将土地使用与经济产出、税收贡献等社会发展指标紧密联系，准确掌握全市土地税源总量、分布和土地流转现状以及纳税情况，创新了“以地控税，以税节地”的税地合作新模式。2014 年土地税源管理系统上线后，新增税源金额达 7626 万元，同时，利用建设工程规划信息，补缴入库城市建设配套费对应的契税近 3 亿元，为地方经济方式的转变做出了突出贡献。

与公安、房管、计生、民政、工商、城管等 20 多个部门的相关数据信息进行了跨部门融合。在低保信息审核工作中，每年节省低保专项资金 800 多万元；通过扶贫人员数据与车辆数据比对，发现拥有车辆的扶贫人员全市有 4000 多人，为武汉市节省了大量扶贫资金。

（案例推荐部门：国家测绘地理信息局）

案例 26

智慧医院建设优秀实践案例

智慧城市是在新一代信息技术和知识经济加速发展的背景下，以互联网、物联网、电信网、广电网、无线宽带网等网络组合为基础，以信息技术高度集成、信息资源综合应用为主要特征，以智慧技术、智慧产业、智慧服务、智慧管理、智慧生活等为重要内容，致力于解决城市社会的经济、文化、人、政府、移动性、环境等关键问题的城市发展新模式。医疗行业关乎民生，在智慧城市建设中，智慧医疗建设成为不可或缺的重要组成部分。由于业务具有复杂性和专业性，医疗卫生领域对于信息化建设而言历来是一个复杂而困难的领域，智慧医院的建设必然要经历一个漫长的过程。智慧医院通过建立以“物联网”“云计算”为核心的信息技术体系，形成一种全新的医疗服务模式，充分发挥现有医疗资源的作用，提高健康服务水平，降低医疗成本，为医疗改革的成功提供强有力的保障。

与发达国家相比，虽然我国医疗信息化的研究和实践起步较晚，但相关工作也已经开展了三十余年，经过这些年的发展，尤其是新医改以来，医院信息化的发展形势令人鼓舞。举国上下，无论是政府职能机关、医疗机构还是行业协会、软件公司都投入了大量的人力、物力与财力致力于发展医疗信息化，县级以上医院（二级医院）基本上都建设了自己的医院管理信息系统。信息系统建设给医院带来了效率、效益与管理水平的提高，使医院管理者对医院信息化的重要性和必要性都有了更深层次的了解和认同。同时，随着医院信息化发展的进一步深入，已经具备了实现公共卫生机构与医疗机构之间信息互通的基础。

案例一：浙江大学医学院附属第一医院
医疗物联网技术在智慧医院的应用

医疗信息化经过近十年的发展，目前各医疗机构多已构建了医院基础业务信息系统，如 EMR、HIS、LIS、PACS 等，这些信息系统在医院业务流程的经办、财务结算等方面发挥了重要作用。但是，随着社会的发展和进步，原有的医院信息化程度已经不能满足“互联网 +”时代的需求，“以病人为中心”“个性化客户服务”“医疗服务电子化”“精细化管理”和“精准医疗”等先进理念席卷医疗行业，“如何应用信息化技术提高病人安全、医疗质量和临床效率”已经成为医疗信息化亟待解决的核心问题。而医疗对象的智能化感知、医疗流程的标准化执行和医院运营的全局化监管是解决上述问题的基石。浙江大学医学院附属第一医院通过应用医疗物联网技术，以 PDCA 闭环管理理念为驱动，适应卫生改革的需要，实现了医疗信息化创新，改进了传统医疗模式，持续优化并改善业务和管理流程，降低了医疗差错发生率，减少了医疗纠纷、保障了病患的安全，从而全面提升医疗服务品质。

(一)医疗物联网的概述

物联网(Internet of Things)的建设在全世界范围内不断被提升到国家战略层面。美国IBM提出的“智慧的地球”包括了智慧的电力、智慧的医疗、智慧的城市等规划，这些都是以物联网技术为基础，而医疗物联网是未来智慧医疗的核心。医疗物联网的实质，是将各种信息传感设备，如 RFID 装置、红外感应器、全球定位系统、激光扫描器、医学传感器等种种装置与互联网结合起来而形成的一个巨大网络，进而实现资源的智能化、信息共享与互联。

医疗物联网技术的框架体系如图 26-1 所示，主要包括应用层、传输层和感知层。应用层是由数据挖掘、云计算、特定应用服务等组成；传输层由 2G/3G 移动网络、互联网、广电网络、专网等组成；感知层，由 RFID、二维码、摄像头、传感器技术、传感器网络技术、蓝牙技术、ZigBee 等组成。

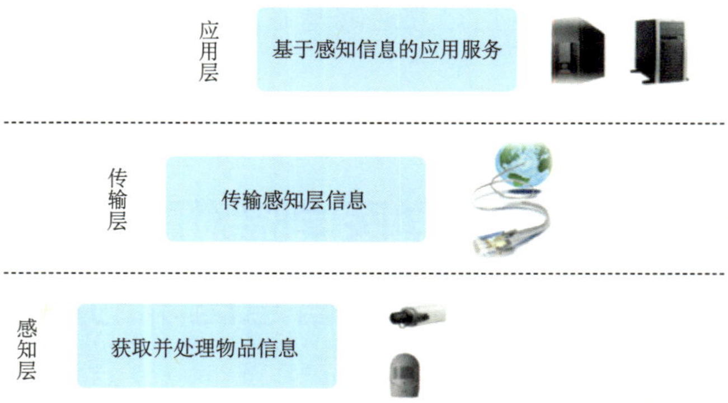

图 26-1 医疗物联网技术的框架体系

（二）医疗物联网技术的应用

浙江大学医学院附属第一医院在智慧医院建设工程中，基于医疗物联网技术研发了一套医院移动智能信息系统，系统框架如图 26-2 所示。

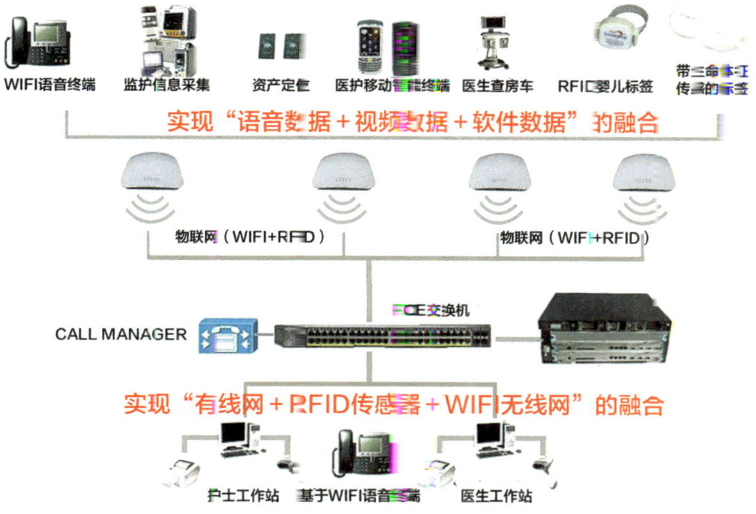

图 26-2　面向物联网的医院移动智能系统框架

基于医疗物联网的医院移动智能信息系统是全院统一的医疗物联网平台，具有五个主要功能：医生、护士移动查房和床前诊治；病人、药物、器械、生化标本的智能识别；人员、设备实时定位；病人呼叫无线转移；医疗垃圾运输轨迹管理等功能。

1. 医生、护士移动查房和床前诊治

系统以掌上电脑 PDA（Personal Digital Assistant）为终端平台，以无线局域网 802.11 为传输手段，充分利用业务信息系统 HIS 的数据资源，实现了 HIS 向病房的扩展和延伸。通过 PDA，医护人员可在病人床旁直接查询病人基本信息、病历资料、医嘱信息、检查检验结果；下达医嘱、申请预约检查检验；录入病史信息等。

将医疗物联网技术应用于各种医疗设备终端，拓展了医疗对象信息采集的范围，包括监护信息、体征信息、位置信息、环境信息和医疗相关行为信息等，实现了精准化医疗管理，具体如图 26-3 所示。

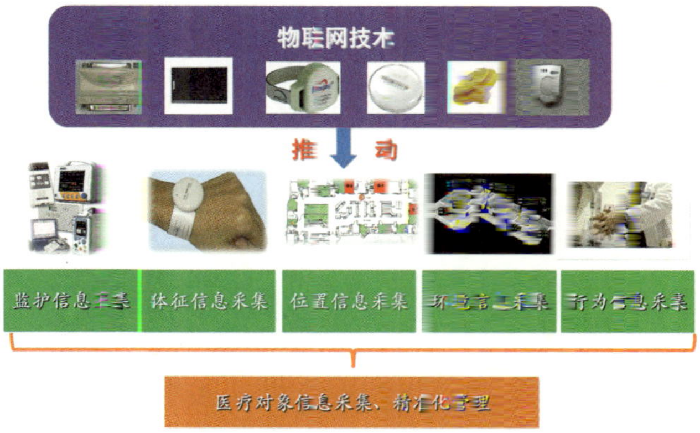

图 26-3　医疗对象信息采集、精准化管理

2. 病人、药物、器械、生化标本的智能识别

系统通过PDA内置的RFID标签识别器，能快速、准确实现病人、药物、器械、生化标本的智能识别，在给药核对、标本采集、移动护理、医生查房和电子医嘱等医护流程中，实现信息化、标准化管理，规范医护流程节点执行，保证信息采集的完整性、真实性和准确性，如图26-4所示。在给药、输液等环节，可通过PDA扫描药物和病人腕带上的RFID标签，进行药物和病人之间的双向智能核对；在标本采集环节，通过扫描标本容器和病人标识，可以在标本采集现场，实现标本信息和病人信息的即时关联；在器械设备管理环节，通过PDA，可实现资产的移动盘点，为精准化管理提供信息化抓手。

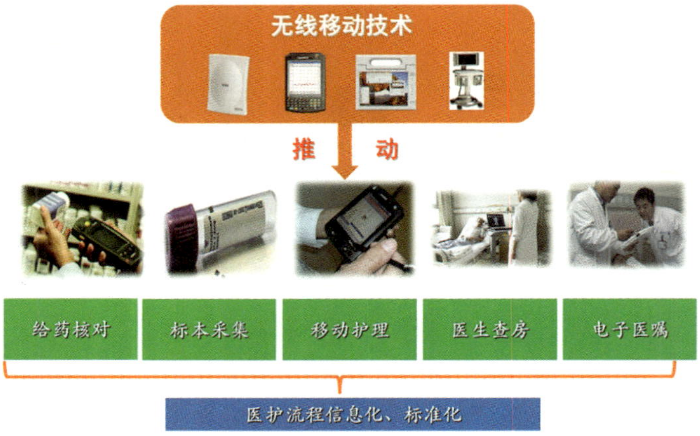

图 26-4 医护流程的信息化、标准化

医院消毒供应室物品的登记管理追溯通过采用无线网络和RFID电子标签识别相结合的技术代替手工管理登记操作，优化了管理流程，提高了供应室物品使用的安全性。

一般来说，电子信号的接触和记录要比人工操作的失误率低很多。通过智能识别技术，一方面可有效防范医护人员的人工操作失误，另一方面也可大大提高某些操作环节的工作效率。

3. 人员、设备实时定位

系统通过RFID传感器及无线网络系统，建立医院三维地理信息系统（HGIS），通过应用RFID标签，实现医院人员、药品、器械、物资、设备和标本方面全面应用准确标识和全过程跟踪管理，实现医院“无线网、RFID传感网和有线网”的三网融合，系统架构如图26-5所示。

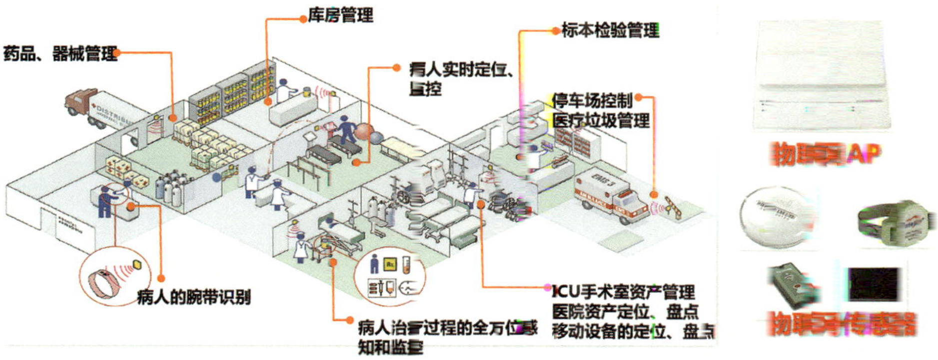

图 26-5　人员、设备实时定位功能系统架构

系统采用医疗物联网技术，结合设备（人员）定位跟踪系统和资产管理系统，从而构建了医院物资、设备的全生命周期管理，如图 26-6 所示。通过佩戴 RFID 标签，记录医护人员实时位置，实现迅速调度医护人员执行应急抢救等相关任务，形成医护人员查房、巡视轨迹，规范医院管理。给医院贵重设备、移动设备配备 RFID 标签，可实现设备的快速定位，同时如果设备超出规定场地范围，系统具有报警功能。

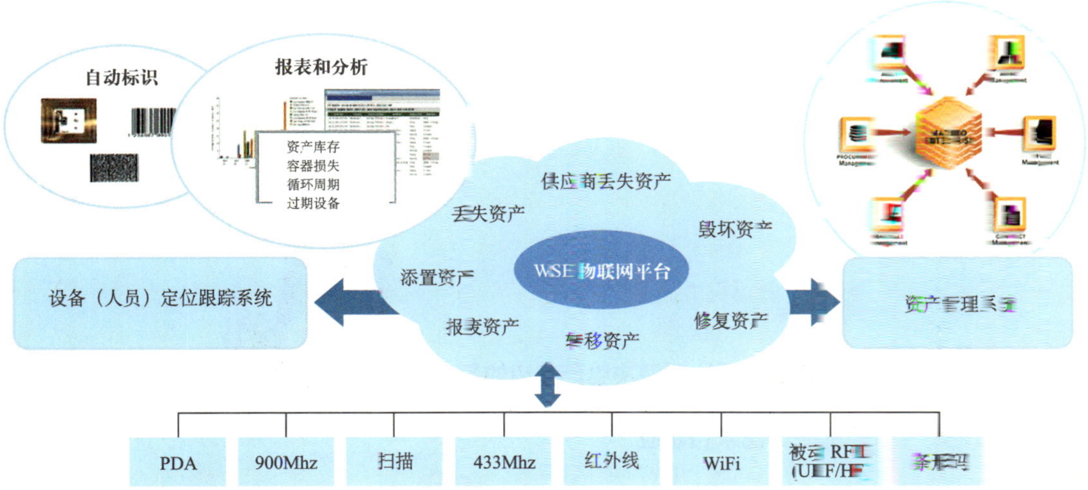

图 26-6　医院物资、设备的全生命周期管理

为新生儿佩戴 RFID 标识，可有效防止新生儿在医院内被有意或无意地调换、被盗，能减少刑事犯罪，规避医院管理风险。婴儿防盗系统、人员定位系统的应用场景如图 26-7 所示。

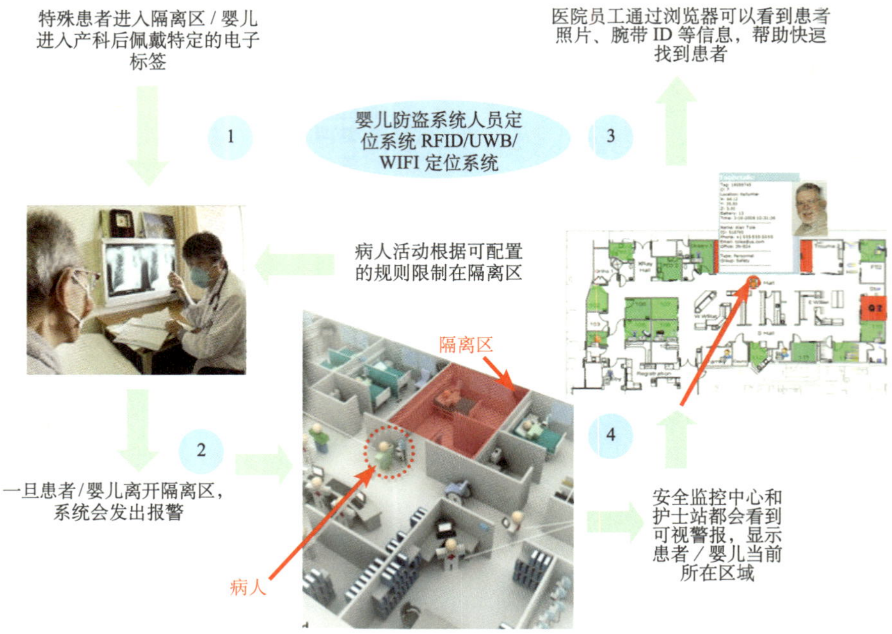

图 26-7　婴儿防盗、人员定位系统的应用场景

4. 病人呼叫无线转移及输液智能监护

通常，在病人床旁或在门诊输液座位旁，会设置呼叫按钮，以便病人在需要时呼叫医护人员。医院移动智能信息系统可实现无线呼叫，并把无线呼叫信号通过呼叫网关，转换成 TCP/IP 传输信号，把呼叫信息转至医护人员的 PDA 上，并在 PDA 上发出振动、声音提示，以便医护人员在移动办公的情况下，能及时处理病人呼叫，如图 26-8 所示。

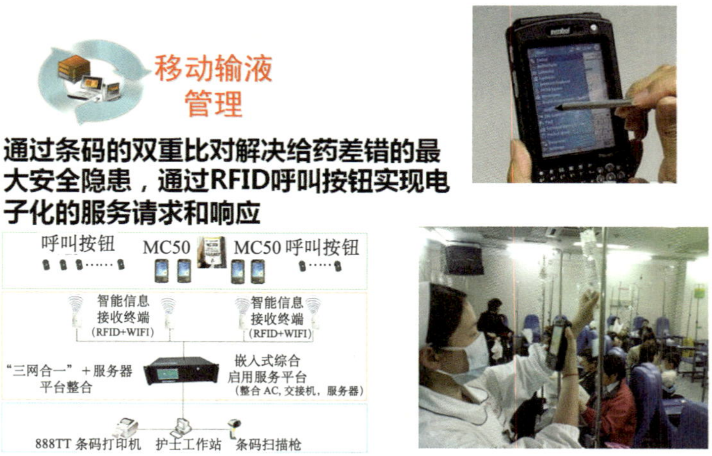

图 26-8　病人呼叫无线转移及输液智能监护

静脉输液是临床最常见的手段。目前静脉输液的监护都由病人、家属或护士人工凭肉眼监护，一旦疏忽，就容易出现输液监护纰漏，输液安全得不到保证。采用重力感应和RFID射频传输相结合的物联网技术，实现对输液过程的实时监控，当输液量低于一定阈值时，系统自动报警，有效减少了医疗护理差错纠纷的发生，提高了患者满意度，提升了医院的社会效益。

（三）医疗物联网的展望

目前国际物联网标准工作组已发布RFID标准来要求RFID厂商严格遵守。针对医疗应用，许多植根于RFID芯片领域多年的厂商专门推出了超低功耗RFID医疗解决方案，用于医疗设备和药品的管理，获得了用户的青睐与认可，应用前景广阔。在安全方面，已经有技术提供业务处理所需要的特有的密码算法支持，同时采用地址干扰等安全技术，以保证片内密钥等敏感信息的安全存储；在防御物理解剖攻击、旁路攻击（SPA/DPA）、电流、电压等常见物理攻击方面，也有很多技术支撑。移动医疗是物联网在医疗卫生领域应用的主要方向，如基于物联网的HIS、LIS、EMR等临床信息系统管理，基于物联网的人流、物流、财流管理等。社区医疗健康管理是物联网在医疗卫生领域最重要的应用场景，通过构建基于居民电子健康档案的区域卫生信息化建设物联网，提高社区基层医疗服务水平。另外，远程医疗也是物联网的重要应用场景。

利用物联网技术构建电子医疗体系，可以给医疗服务领域带来更多的便利。通过物联网技术可以大幅度降低成本，使医疗监护设备无线化，其目的是使患者能够得到更加方便快捷的低成本高质量的服务，最终的目标是使有限的卫生资源得到充分的利用，使医疗资源使用效率最大化，使大家能够共享优质医疗资源。

案例二：北京大学第三医院临床路径管理与信息系统应用案例

临床路径是国家医疗卫生改革的重要内容，北京大学第三医院（以下简称“北医三院”）作为第一批试点医院，在临床路径管理和信息技术应用创新方面积累了宝贵经验，临床路径实施效果显著。为提升医疗质量、保障患者安全、提高工作效率起到重要作用，在行业内得到认可和推广。同时北医三院作为DRGs付费（按疾病诊断相关组付费）改革的试点单位，将临床路径与 DRGs 管理结合，为寻找符合成本—效益的最佳医疗模式，提供了重要支持，提高了社会效益和经济效益。

（一）基础环境

临床路径是国家医疗卫生改革的重要内容之一，2010 年卫生部启动临床路径试点工作，北医三院成为第一批临床路径试点医院。2013 年国家卫生计生委发布《关于切实做好临床路径管理工作的通知》，促进“十二五”期间推进临床路径管理工作目标顺利完成，进一步提高认识，推进临床路径管理工作，继续扩大临床路径管理覆盖面，细化完善各病种临床路径及分路径，不断提高临床路径管理病例入组率和完成率，动态监测变异率，建立完善绩效考核机制，加强临床路径质量管理与控制，提高医疗质量，保障医疗安全。同时，临床路径工作也是开展 DRGs 医疗保险支付制度的创新尝试，是寻找符合成本—效益的最佳医疗模式的重要支持。

（二）体制机制

北医三院以临床路径管理相关组织为核心，进行统筹规划。试点初期医院就成立了由院长任组长的“临床路径管理领导小组”“临床路径管理评价小组”“临床路径工作小组”。在医务处设立“临床路径管理办公室”，负责制定路径管理实施方案和相关制度，指导路径研发和科室协调，牵头优化工作的统筹规划和顶层设计。以信息管理中心作为“临床路径信息化工作”的牵头部门，负责临床路径信息系统的设计和实施。有效组织保障体系的搭建，为临床路径试点工作的开展奠定了良好基础，也为后续持续优化工作的推进提供了院方政策支持。

（三）工作方法

临床路径的设计、执行、管理、评价、优化等一系列工作，涉及临床、医务及信息管理等多个部门，部门间的有效沟通和深入探讨是工作的前提。由医务处指派管理专员、临床科室和相关职能处室抽调责任专员、信息管理中心指派技术专员共同组成“临床路径工作项目组”，完成方案研讨、科室路径建立、推广以及实施效果评价分析等重点工作，共同推进临床路径信息系统建设及优化工作的实施，做好临床医生的路径管理理念、医疗执行方法和信息系统使用培训工作，贯彻落实临床路径在一线的具体实施。工作组定期召开项目会议、及时解决问题，分享经验成果。

（四）重点应用

以信息技术为支撑，实现临床路径有效管理。北医三院经历了纸质版路径到信息系统管理的转换过程。随着临床路径的深入推广，仅依靠传统人工管理、纸媒传播的方式已不能满足需要，如何在工作中充分发挥信息技术优势，让临床路径系统既能够满足管理部门质量监控的严格要求，又能够符合临床科室实际操作可行、高效的要求，是临床路径工作的重点。工作中合作探索临床路径信息系统与管理要求结合的方法，医务处、信息管理中心、病案科、医疗保险办公室、医院感染管理科、药剂科等相关职能科室，商议制定临床路径管理规则，并探讨信息系统实现方案，完善路径流程和系统优化的细节设计。

（五）管理和技术创新

将临床路径管理与信息系统应用紧密结合，实现管理与技术创新。一是为各科室负责组织、汇总、完善临床路径方案的临床路径专员提供路径工作平台，支持其利用信息系统快速规范地制作、修订、启用临床路径。二是为临床医生在医生工作站系统提供路径执行功能，能够引导医生根据路径提示和临床情况进行入径、执行完成路径内容或变异、退出路径，随时查看执行表单以了解情况。三是为医务处提供临床路径管理模块，支持其审阅路径、维护管理规则和标准化信息字典，进行统计分析和路径质量监控的工作。

临床路径业务涉及环节多，将各相关系统充分集成。基于电子病历平台创建临床路径系统，并与医嘱、检查、检验、手术麻醉等系统集成，让临床全面掌握和处理入径患者的各类信息。

通过节点逻辑实现诊疗流程，考虑到患者病情差异和临床治疗的复杂性，信息系统不限定在某自然日或指定时间必须完成指定内容，而是在制作路径时划分诊疗阶段，医生在执行路径时根据提示结合临床实际情况自行决定进入下一逻辑日节点的时机。同一疾病的治疗过程可能有多套治疗方案或多种诊疗过程，通过分支路径功能实现方案选择。

绑定病历文书模板，引导医生根据模板提示的信息核对自己是否已规范完成了全部的诊疗工作，也能提高病历书写质量、减少差错。

建立临床路径的医嘱和检验检查申请模板，规范用药及检查治疗，重要项目可维护必选属性，减少错漏、规范医疗行为。

实现临床路径执行单电子化，系统根据定义的项目采集执行状态，实时反映患者诊疗进程和按路径规范执行的情况。根据 ICD 诊断判断提示进入路径，若不纳入路径须填选不纳入原因，治疗过程发生变异退出情况时，须填写记录退出的原因。

通过系统实时生成工作量指标，如临床路径覆盖率、实际入径率、入径完成率和变异退出率等，支持按科室、路径查询；结果质量指标，包括效率指标如平均住院日、术前平均住院日；效果指标如死亡率、治愈率、好转率、医院感染发生率、手术部位感染率等；抗菌药物使用指标；卫生经济学指标如单病种费用、抗菌药物费用比例等；执行情况指标，如执行完成率、变异项目比例、变异原因统计等。与DRGs付费试点工作结合，建立DRGs付费结算与临床路径情况综合指标。

（六）实施路径

北医三院从2010年4月起正式启动临床路径管理试点工作，认真落实上级部门的工作部署，实施过程中先组织部分科室试点，根据试点情况及时调整，随后由外科系统科室、内科系统科室分阶段组织实施开展。之后经过3年试点工作顺利结束，临床路径转为常规诊疗操作，日益发挥着保障医疗安全、提高医疗效率的作用。从2012年7月至2014年10月，北医三院根据试点开设以来总结的问题和经验，提出进一步改进临床路径的应用，推进“临床路径系统优化”项目，全线完成临床路径系统改造，由此临床路径管理实现了由单纯提示到实质性引导和全程质量监控工作的质的飞越。“临床路径系统优化”工作取得的成果，得到医生认可，实现了方便操作提高效率的第一目标；同时将临床路径管理与DRGs试点工作紧密结合，严格按路径执行，实现了加强环节质控、规范诊疗保障安全的第二目标。

（七）应用效果

截止到2015年11月底，北医三院实施临床路径共计468个，其中卫生部下发病种208个，自创路径260个。自北医三院实施临床路径以来，总计应入临床路径病例数219233例，实施临床路径病例数188516例，入径率85.99%；其中完成162485例，入组完成率86.19%；发生变异26656例，变异退出26031例，变异退出率13.81%。自2011年10月8日起，北医三院DRGs付费试点工作正式进入实质性操作阶段，截止到2015年11月30日，院本部完成DRGs付费结算的病例共38645例，涉及27个科室及病房。完成DRGs付费的38645例中，有27008例纳入临床路径，入径率69.89%。

（八）整体成效

2011年12月北医三院出色完成卫生部下发“全国医疗卫生系统‘三好一满意’活动2011年工作任务分解量化指标”中的相应指标，并在北京市卫生局组织的中期评估工作中取得第二名的好成绩。近年来，北医三院临床路径的管理获得了业界的关注和认可，全国各地多家医院同行来院沟通交流管理经验，让“源于临床、回归临床”的路径管理理念得到认可和推广。2015 年北医三院以《信息化临床路径，切合临床工作》的项目荣获北京医院协会 2014—2015 年度优秀医院管理创新成果奖。临床路径高质量实施是后续 DRGs 工作的重要基础，是在控制医疗费用支出的情况下保证医疗质量的重要前提。目前已经成为一种有效的医院质量管理工具和疾病诊疗及评估标准。临床路径管理与信息系统的实施将诊疗、护理标准化，有效提高服务质量和患者满意度，缩短患者住院天数，降低医疗成本和住院费用。

案例三：中日友好医院“如虎添翼”的远程医疗示范应用案例

中日友好医院是国家卫生计生委直属医院，是国家卫生计生委远程医疗管理培训中心所在医院，国家卫生计生委和国家发展改革委远程医疗省院政策试点医院、国家卫生计生委首批高端远程会诊项目承担单位、中日 3D 远程医疗示范项目建设单位、远程医疗建设技术指南编制单位、中国卫生信息学会远程医疗系统建设示范单位。习近平总书记、李克强总理分别通过远程医疗视频系统连线了中日友好医院远程医疗工作给予指导和高度评价。

2013 年 8 月 29 日，习近平总书记通过视频与中日友好医院远程医疗中心连线，听说中日友好医院与 1000 多家医疗机构互联，开展远程医疗服务，总书记指示：“这叫如虎添翼，把这个信息化产业化的系统运用好，我们的医疗卫生服务工作可以提高到一个新的水平”，“下一步也要进一步利用好这套系统，发挥它的作用，更好地为群众服务”。

按照建设、应用、运营、管理总体推进，利用好这套系统的目标，中日友好医院在系统建设上居国内前沿、在应用效果上成效显著，运营管理步入良性可持续发展轨道。

（一）加强远程医疗中心基础设施建设

中日友好医院远程医学中心于 1998 年成立，主要开展远程会诊、远程教学、远程查房等多方面业务。近年来，逐步扩大联通范围，完善工作机制，促进优质医疗卫生资源下沉，加强医疗联合体内上下联动，提高了基层医院的医疗服务水平，有效促进了分级诊疗体系的建立。

中日友好医院远程医学中心面积约 300 平方米，拥有 3 间专家会诊室和 1 间能容纳50人的远程教学室。同时，还在医院有关临床、医技科室部署了10间会诊室和15间远程教学室。2016年根据业务发展需要，拟新扩建300平方米远程医疗中心会诊室，并在医院北区、西区建立远程会诊室。

2012年10月22日，原卫生部在中日友好医院成立远程医疗管理培训中心，承担收集分析国内外有关远程医疗信息，研究提出我国远程医疗体系建设发展的意见和建议，协助组建全国远程医疗质控网络和指导开展质控工作，组织起草远程医疗管理相关规范标准，开展远程医疗相关人员培训等工作。中日友好医院安排5名专职人员，进行各项远程医疗业务开展、信息收集、制定规范等工作。

经过多年的发展，远程医疗中心已经实现了窄带与宽带网络、地面网络与卫星通信共存的综合应用远程医疗平台。远程医疗平台实现超声影像的实时传输和放射数据的互联操作等，实现了系统及临床诊疗信息之间的互联互通和共享，满足不同条件下的远程会诊及远程教学需求。

中日友好医院远程医疗中心建立了全信息化远程管理平台，通过医院集成平台总线与院内业务系统和部分远程会诊医院实现电子病历信息共享。在信息技术建设上按照国家卫生计生委发布的远程医疗技术指南进行建设，医院作为国家卫生计生委远程医疗管理培训中心还建立了统一的远程医疗运维监控平台，监控平台整合国内主流的远程医疗服务系统，实现平台统一管理，统一流程，统一监控。

（二）扎扎实实促进远程医疗应用

远程医疗的本质是一项借助于现代信息化技术的新的医疗服务形态。中日友好医院发挥远程医疗的作用是使资源下沉，带动基层医疗服务能力提升。

中日友好医院远程医疗中心与新疆、云南、内蒙古、甘肃、陕西、山西等省份2000余家医院联通了远程医疗系统，开展了远程会诊（远程临床会诊、远程影像会诊、远程病理会诊）、远程教学、3D显微外科手术和2D手术示教交流等多项业务。

作为国家级的远程医疗中心，先后邀请北京协和医院、北京朝阳医院和北京积水潭医院等部分专家加入远程医学专家库，开展有特色的专科会诊活动。中心还尝试开展疑难疾病远程门诊和重症疑难病多学科远程会诊，先后与新疆克拉玛依第二人民医院、神木县人民医院和海拉尔区人民医院开通了疑难疾病远程专家门诊服务，为新疆、内蒙古等偏远地区的重症疑难患者开展了多学科联合会诊，由不同临床领域和学科的专家共同会诊、讨论，为患者诊断并制定综合治疗方案。

目前中心拥有全国各学科领域知名专家400余名，远程会诊平均响应时间不超过 8 小时。自 2010 年以来，中心会诊业务量稳步增长，截至 2015 年 12 月，累计会诊 10519 例次，2015 年日均会诊量达到 20 例，其中 73% 的病例为疑难病会诊，6% 的病例为多学科会诊，2010—2015 年每年中心会诊量如图 26-9 所示。

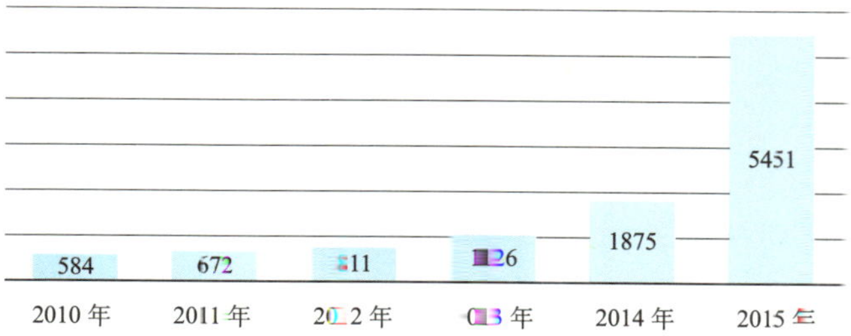

图 26-9　中日友好医院远程医学中心
会诊总量（2010—2015 年）

远程教育培训方面，远程医疗中心依托远程医学在线教育培训平台，每天面向全国医疗机构开展远程继续教育培训。截止到 2015 年底，中心运行内科、外科、中医以及医技等各个临床专业学科培训讲座共 450 期，累计培训 4 万余人次。

利用远程医学系统和远程医疗业务，远程医疗中心有效整合医疗专家、医生、医疗信息（医学知识、患者病历和医学影像等就医资料），增加了医疗服务在时间和空间上的覆盖面，拓宽了医疗服务范围，使边远地区的患者也能够共享发达地区的医疗资源，促进了优质医疗资源的纵向流动，提高优质医疗服务的可及性。

与此同时，中日友好医院发挥国际交流的优势，于 2015 年 1 月 7 日，与美国华人医师网络医院联合开展的中美华人医师远程医疗合作项目在北京启动。该项目旨在整合在美执业的华人医师与中国的执业医师资源，使用汉语语言为中美华人提供远程医疗帮助，建立国际化远程医疗和远程培训平台。该合作项目的启动，标志着远程医疗的国际化进程进入新阶段。

（三）建立可持续的远程医疗的运营模式

为确保远程医疗长效、可持续发展，中日友好医院远程医学中心积极探索多种运营模式，已经形成了符合现阶段发展状况的远程医疗运行的良性模式。目前，中心探索了远程医疗的三种主要运营模式

1. 与基层医院直接合作运行的模式。目前中心与对口支援单位、新疆克拉玛依第二人民医院、内蒙古赤峰市元宝山人民医院等近 30 家医院建立了远程医疗合作关系。合作方式是与基层医院直接签订《远程医疗服务协议》，根据基层医院需

求开展远程医疗业务。基层医院医生直接向中日友好医院远程医疗中心发起远程会诊及远程教育培训请求，远程医疗中心进行专家选择并安排时间进行会诊或培训。基层医院按照业务量每年向中日友好医院支付远程医疗协作费，用作参加会诊、培训的专家费。

2. 与第三方运营商合作运行的模式。中心与 10 家远程医疗服务第三方运营机构开展了远程医疗业务。合作方式是由第三方运营机构收集基层医院远程医疗业务的需求，并提交到远程医疗中心，远程医疗中心进行专家选择并安排时间进行会诊或培训。第三方运营商按月支付远程会诊协作费。

3. 与省级远程会诊中心合作运营的模式。中心与山东省远程会诊中心、甘肃省远程会诊中心等建立了远程医学合作关系。合作方式是基层病历通过逐级审核、筛选，由省级远程会诊中心向中日友好医院远程医疗中心发起远程医疗业务请求，并按照业务量按年支付远程医疗协作费。

从运行效果上看，以医院为主导的运营模式会诊数量和质量都比较高，在这种模式下双方可以根据基层医院的不同情况以及病患的疑难复杂程度，商定开展基层急需、更加有利于提高基层医疗水平的远程医疗业务，同时由于双方均有专门的远程医疗管理人员，因此业务开展质量得到了很好的保证。由于基层医疗机构水平参差不齐，通过第三方运营商发起的远程会诊存在部分常见病也提交申请远程会诊的现状，对优质医疗资源的利用存在一定程度的浪费。

2015 年，中日友好医院远程医疗运营收入已经突破 100 万元，实现了社会效益和经济效益的双丰收，一年中多学科远程会诊产妇大出血、危急重症抢救指导、指导子痫孕妇在基层医院平安顺产，通过远程会诊和培训指导，克拉玛依第二医院、云南德宏州人民医院、内蒙古海拉尔区人民医院建立了中医康复科，并通过远程结合短期进修培养了 5 名专科医师，通过远程医疗系统，带教赤峰市宝山医院心梗病人护理，显著提升了基层医院的护理能力和水平。

（四）远程医疗政策试点和管理取得成效

远程医疗是集技术管理、运营管理、业务管理于一体化的模式，中日友好医院作为国家卫计委远程医疗管理培训中心。

1. 统筹规划，整合资源，建设平台。针对远程医疗信息系统建设厂商多、实现形式多样、各系统之间互不兼容的状况，中心按照国家卫生计生委出台的《远程医疗系统建设技术指南》，正在对现有的多套远程医疗系统进行完善和整合，搭建远程医疗服务平台，对远程医疗业务统一管理，同时参与制定远程医疗标准符合性测评，从技术标准制定和管理层面探索规范的技术管理模式。

2. 加强业务管理，完善制度，开展质控。中心将以省院合作远程医疗政策试点工作为抓手，完善远程医疗各项制度、规范的制定和执行工作。探索远程医疗质控模式，制定远程医疗质控流程和规范，组建远程医疗质控专家团队，开展远程医疗质控活动。梳理工作规范，探索绩效管理，确保持续发展。不断完善自身可持续运营机制，制定有效的绩效考核办法，充分调动远程参与人员的积极性。远程中心制定会诊病历质控办法，会诊医生安排住院总调度机制、非工作日总值班协调会诊机制、会诊点评机制等试点办法，通过这项规范管理，探索远程医疗质量管理的持续改进方法。

3. 积极拓展业务，加强公众宣传，协作开展政策试点，扩大优质医疗资源辐射范围。积极推进远程医疗各项业务，提高疑难疾病远程诊疗能力，促进远程分级诊疗模式的实施，利用远程教育网络开展面向公众的远程健康宣教，提升远程医疗的公众认知度。同时重点推进远程医疗政策试点工作，与国家发展改革委和国家卫生计生委一同落实远程医疗省院政策试点方案，进行远程医疗成本核算、定价机制研究、医保保险方案设计、商业保险机制设计，目前已经推进新疆克拉玛依实现远程医疗列入物价收费，并纳入医保报销，正在积极推动广西、内蒙古等地远程医疗保险覆盖政策。

中日友好医院远程医疗已经通过实际应用和可持续的机制，实现了远程医疗系统的价值，更扎实地落实党和国家领导对卫生事业发展的期望。中日友好医院将在未来工作中，不断进取，拓展应用，使远程医疗“如虎添翼”，更好地发挥它的作用。

案例四：武汉市同济医院预约—自助就医一体化流程再造案例

2010 年 5 月 13 日，卫生部在人民医院召开“先诊疗后结算”试点工作进展会，宣布在全国建立试点医院。武汉同济医院自 2011 年开始在全院范围内实施自助服务体系的建设，历时半年时间于 2012 年上半年正式上线，患者可通过互联网预约医院专家号，患者到院后，在门诊自助机办理一张预付费就诊卡，预交部分金额，在自助机上完成建卡、充值、挂号、取号，然后进入排队流程。患者可通过手机APP实时查看排队情况，患者就诊后，可直接凭申请单在检查科室、检验科室、药房等窗口刷卡结算执行，最后可以通过窗口或者自助机打印发票离开医院，有效减少了患者排队交费的次数，节省时间。据统计，实施门诊自助流程后，患者就诊时间可以有效节约25%—30%，排队次数由平均4次减少到1次，只在医生就诊的时候需要排队候诊，其他流程基本可以不用排队。这种无缝衔接能够优化门诊服务流程，减少病患在检查科室与收费窗口的往返奔波、排队耗时，为患者创造一个便利的就诊医疗环境和及时、有效的就医体验。

同济医院门诊自助服务流程包括两个部分：院外预约服务和院内自助服务。院外预约服务主要利用移动通信、互联网手段，为患者提供专家医疗资源预约服务、分时就诊及候诊服务、检查结果查阅服务，有效缓解患者就医难的问题。院内自助服务主要提供患者到院后全流程自助服务，有效减少患者在院内的就诊时间；院内和院外的有效结合，对患者就医全流程的优化、为患者提供便利的就医环境、有效缓解医患关系具有非常重要的作用。门诊自助服务流程重点应用有以下几点：

（一）预约服务

国家卫计委于2009年8月发布《关于在公立医院施行预约诊疗服务工作的意见》（征求意见稿）强调：提高对预约诊疗服务工作的认识——预约诊疗服务工作是公立医院以病人为中心开展医疗服务的重要改革措施，对于方便群众就医、提高医疗服务水平具有重大意义。在公立医院率先施行预约诊疗服务工作，有利于患者进行就医咨询，提前安排就医计划，减少候诊时间，也有利于医院提升管理水平，提高工作效率和医疗质量，降低医疗安全风险。积极推进预约诊疗服务工作是贯彻落实科学发展观，深化医药卫生体制改革，加强医院科学管理的重要举措，是坚持以病人为中心，构建和谐医患关系的内在要求。各级卫生行政部门和各级各类公立医院要进一步提高对做好预约诊疗服务工作的认识，把这项工作精心组织实施好。从2009年11月起，我国所有三级医院都要开展“免费”预约诊疗服务，二级医院也要逐步开展这项工作。同时各大医院都应用了排队叫号系统，但患者挂号报到后仍需在病区等待，造成了拥挤，也增加了二次传染的危险。

1. 院外预约。专家号是一种公共资源，也是一种稀缺资源，医院可以通过在门诊大厅设置专用设施、设立专门服务台和服务窗口等形式，向来院患者提供预约服务，也可通过医院专线电话（包括手机）、公益电话、互联网等形式提供预约机会。由于三甲医院专家号资源的稀缺、建立预约平台需要较大投入，如果完全靠社会公共资源免费提供服务或者依靠医院自身建立这种预约挂号平台成本较高。因此，整合社会资源实现多方共赢，通过中国移动12580、中国电信114、中国联通116114公益服务、预约网站、手机APP、微信等为前端，为其广大患者提供专业的就医后向服务，建立政府、医院、患者三方满意的预约服务平台势在必行。图26-10所示是同济医院建立的预约服务平台示意图：

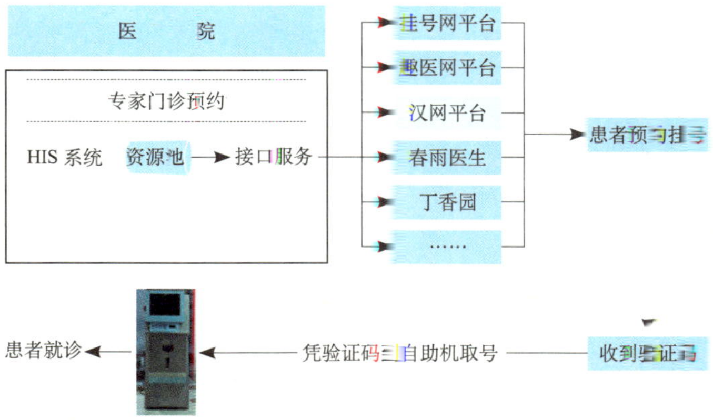

图 26-10　预约服务平台示意图

2. 排队就诊。通过院外候诊服务，患者可以在院外实时查看希望就诊科室的拥堵情况，类似交通拥堵情况一样，可以自行判断是否更换医院就诊；当患者挂号并报到后，患者可以使用手机实时订阅自己的排队信息，平台可以告诉患者当前他排到第几号、前面还有几个人，候诊区的情况一目了然。

3. 分时就诊。通过统计专家每次问诊的大致时间，患者预约专家后，到医院取号时，医院可根据患者取号的排序，计算出患者就诊的时间，然后在号票上直接提醒患者就诊时间，这样患者就无须到候诊厅候诊，等到预约时间直接就诊。通过将预约时间精确到分钟，能很好地解决候诊室拥挤的情况，也为患者有效地节约了时间。

以上三个重点应用针对患者预约服务及候诊排队拥挤等问题，通过院外候诊和分时就诊，完全改变了传统取号后直接候诊的就医流程。通过预约挂号、院外候诊及分时就诊等贴心的服务，有效解决患者挂号难、候诊拥挤、二次感染等问题。

（二）自助服务

门诊预约服务和门诊自助服务进行无缝对接，可实现患者报到后在自助机上实现取号就诊，随后进入门诊自助服务流程。同济医院建设的门诊自助服务流程如图 26-11 所示：

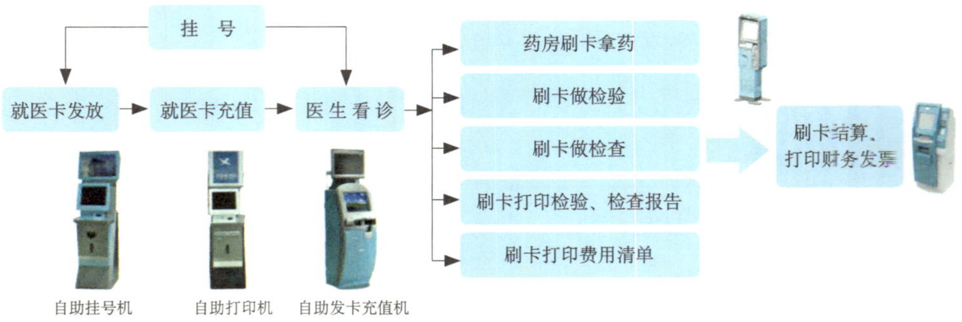

图 26-11 门诊自助服务流程图

自助服务流程主要应用在以下几点：

1. 自助办卡。就诊卡记录了患者的门诊就诊 ID。使用此卡可与医院 HIS 系统挂接，与患者姓名、缴费情况、治疗情况等就诊信息直接关联，可在医院在自助发卡机具和人工柜台发放，在整个就诊过程中使用。自助终端安放在医院挂号区和相关科室，患者可将第二代身份证放置在终端的身份证感应区，点击办卡按钮，自助系统将读取患者信息并发送给 HIS 建立档案，自助终端得到建档成功信息后显示建档结果，吐出就医卡，打印回单，完成建卡操作。

2. 自助充值缴费。患者可持就医卡到自助设备上使用现金或者银联卡充值。患者在自助设备插卡后进入充值界面。患者在医生诊室就诊时，医生根据患者病情开立电子检查单、处方单。患者可持就医卡在自助设备上进行缴费。自助系统将患者 ID 发送给 HIS，获取检查项目及费用情况，并将其显示在屏幕上供患者确定是否缴费。

3. 自助挂号。自助终端安放在医院挂号区及门诊区，患者可持就医卡在自助终端上进行操作。自助系统显示可挂科室、日期等信息供患者选择。患者选号后，从就诊卡扣除挂号费，自助设备显示挂号成功并打印挂号凭证单，患者持凭证到科室就诊。

4. 自助报告打印。患者做完检查后，医护人员将检查结果输入计算机系统。患者在自助打印工作站上插入就医卡后，自助系统连接 LIS 获取检查结果，并将可以打印的化验单列表显示在屏幕上，由患者确定是否打印检查报告。

5. 自助结算和发票打印。患者就诊完成后，可以在自助设备上进行最终结算，也可以按照传统流程到人工窗口进行结算，以现金方式退款。患者插入就医卡可先查询余额信息，然后进入功能界面选择退款，输入需要退款的金额，退款完成后可以在自助机上打印发票。

目前全院共有各类自助机 360 台，项目的实施积极响应了卫生部门要求以及“以病人为中心”的中心思想，达到了有效提高工作效率、降低门诊拥挤程度、提高服务质量的目的。

（三）社会效应

同济医院自实施门诊自助服务流程后，在院内极大地优化了患者门诊流程，全院 60% 的专家号是通过预约服务挂出的，极大地缓解了患者就医难、挂号难的问题；患者门诊就医从原来的 4 次排队减少到 1 次排队，患者就医时间极大缩短；同时项目实施后，每年吸引了全国各地近 100 家医院到医院参观学习这种模式，各地医院效仿我院自助服务模式，有效带动了全国各地医院的自助服务的发展。作为智慧城市的一部分，智慧医院将在智慧城市的建设中体现出越来越重要的作用，对于健康城市建设，市民就医服务和体验具有非常重要的意义。

案例五：温州医科大学附属第一医院门诊流程再造案例

针对国内现有门诊流程存在“三长一短”的主要问题，着力改善患者就医体验，通过模式创新，取消了患者排队挂号环节，通过自助机和医生工作站完成缴费的患者。患者自主选择预约就诊时段，大大减少了候诊时间。检查项目也可以通过医生工作站实现“一站式预约”，各个预约环节嵌入就医指南和手机短信提醒，既能保障医生的工作效率，也能保障患者不会遗漏相关的信息，免去了患者再到窗口排队预约的环节。

根据门诊流程改造方案的需求，设计开发多功能自助机信息系统，引入自助机。“健康卡”预存、预约签到功能，通过自助机预存、签到的方式，缓解收费窗口排长队的压力，完善财务收费系统、预约分诊系统、医生工作站系统、手检系统等，将门诊收费处的功能延伸到服务站、医生工作站、治疗室、检查科室等；院内各楼层病区设置自助机，每个诊室内配备热敏打印机，供打印就医指南、收据等。

重新设计后的门诊流程旨在将非增值环节整合、简化，甚至清除，流程再造后患者几乎没有了排队现象。患者的整个就诊过程只需要排 1 次队，比原来的 4 ~ 6 次排队已大大减少。有效提高工作效率，节约医院成本，提升医疗服务质量与满意度等，为医院带来巨大的效益。

（一）优化诊区设施布局，营造温馨就诊环境

1. 优化诊室布局。根据门急诊患者病种排序及其常规诊查流程，合理分布各专业诊室和医技检查室，分楼层设置挂号、缴费窗口，有效引导和分流患者。

2. 保持环境整洁。做好就诊区域环境卫生整治，加强卫生间等基础环境管理，保持干净、整洁、安全、舒适。严格落实公共场所禁烟要求。

3. 设置醒目标识。就诊区域设置建筑平面图、科室分布图，指示标识清晰、明了；为危险、易燃、易爆、有毒有害物品和放射源等设置醒目的安全警示。

4. 提供便民设施。完善自助预约、挂号、查询等服务，为患者提供饮水、应急电话、轮椅、纸、笔等便民设施；完善无障碍设施，放射检查时为患者提供更衣条件和符合规范的放射防护。

（二）推进预约诊疗服务，有效分流就诊患者

1. 扩大预约比例。三级医院逐步增加用于预约的门诊号源，预计至 2017 年底，三级医院预约诊疗率 ≥ 50%，复诊预约率 ≥ 80%，口腔、产前检查复诊预约率 ≥ 90%。

2. 推进双向转诊。推进分级诊疗，支持双向转诊，二级以上医院为基层医疗机构预留足够的号源用于转诊。通过网络、电话、窗口、诊间、社区等多种方式、多种途径，提供预约诊疗服务，方便患者预约。实行“预约优先”，对预约患者和预约转诊患者优先安排就诊。

3. 实现分时预约。全面推行分时段预约，合理安排患者就诊、检查时间，尽量缩短在医院候诊时间。预计至 2017 年底，住院患者分时段预约检查比例达到 100%，门诊患者分时段预约就诊率不低于预约就诊患者的 50%。

（三）合理调配诊疗资源，畅通急诊绿色通道

1. 合理调配资源。根据门急诊就诊患者病种排序，科学安排各专业出诊医师数量，保证医师有足够的诊查时间。合理安排检验检查设备和人力资源，逐步缩短检查等候时间和出具检查报告时间，力争做到预约诊疗患者及时检查。中医医疗机构要根据中医诊疗特点优化服务流程，缩短患者取药等候时间。

2. 推行日间手术。医院在具备微创外科和麻醉支持的条件下，选择既往需要

住院治疗的诊断明确单一、临床路径清晰、风险可控的中小型择期手术，逐步推行日间手术，提高床位周转率，缩短住院患者等候时间。

3. 实施急慢分治。三级医院逐步转诊高血压、糖尿病、心脑血管疾病、呼吸系统疾病、肿瘤、慢性肾病等诊断明确、病情稳定的慢性病患者，由基层医疗机构实施治疗、康复、护理、复查、随访，缓解三级医院就诊压力。合理确定基层医疗卫生机构配备使用药品数量和种类，加强二级以上医院与基层医疗卫生机构用药目录的衔接，满足患者需求。

4. 加强急诊力量。加强急诊与院前急救的医疗信息共享与医疗服务衔接，不推诿、拒诊急诊患者。根据急诊需求变化规律，合理调配急诊力量，在急诊量大的夏季和冬季，配备急诊加强班。落实应急救助制度，对于需要紧急救治但无法查明身份或身份明确无力缴费的患者，要及时救治，不得以任何理由拒绝、推诿或拖延救治，防止发生突破道德底线情况。

5. 及时救治重患。实行急诊患者按病情轻重分级分类处置，对急性心脑血管疾病、严重创伤、急危重孕产妇、急危重老年患者、急危重儿科患者，开通绿色通道，先救治、后缴费。加强急诊与临床科室间的衔接，需住院患者及时收入院治疗。

（四）发挥信息技术优势，改善患者就医体验

1. 加强信息引导。通过新媒体、微平台等途径告知医院门诊时段分布信息，引导患者错峰就诊。对门诊等候、预约诊疗、特殊检查、特殊治疗和手术前后的患者，通过新媒体、微平台、告知单等多种形式提供提示服务。通过诊间记账、诊间结算、手机等移动设备支付，减少患者排队次数，缩短挂号、缴费、取药排队时间。

2. 加强信息管理。加强医院信息化建设，通过信息化手段改善医疗服务。推行电子病历，建立互联互通的大数据信息库，提供诊疗信息、费用结算、信息查询等服务，有条件的药房推行自动化设备降低用药错误风险。

3. 提供信息查询。在保障患者隐私的前提下，提供自助打印、手机信息、电话告知、网络查询等多种形式的检查检验结果查询服务。

（五）改善住院服务流程，实现住院全程服务

1. 完善入、出、转院服务流程。做好入、出院患者指引，入、出院事项实行门诊告知或者床边告知。做好入、出院手续办理及结算时间预约安排，减少患者等候。加强转院（科）患者的交接，及时传递患者相关信息，提供连续医疗服务，逐步实现转院（科）医疗服务无缝衔接。

2. 改善住院条件。加强病区规范化建设与管理，严格执行探视和陪护制度，

为住院患者创造安静、整洁、安全的住院环境。设立住院服务中心，为行动不便的住院患者提供陪检等服务。改善患者膳食质量，提供临床营养服务（见图26-12）。

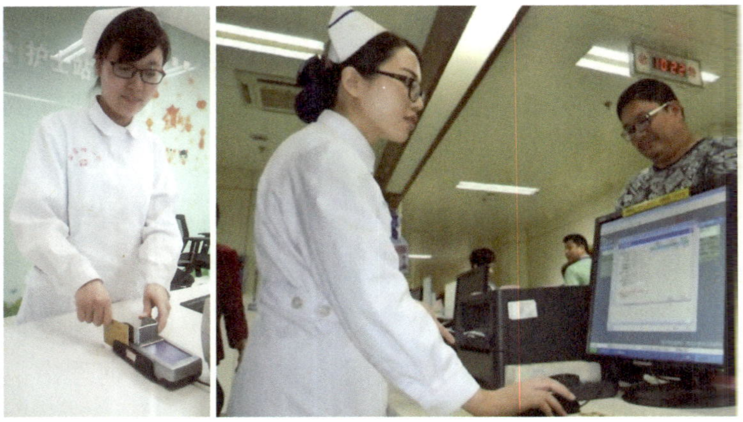

图 26-12　床旁结算系统改善病人住院服务流程

3. 开展患者随访。加强出院患者健康教育和重要患者随访，利用电话、电子邮件、信函和必要的面谈等多种形式开展随访。根据患者随访结果，及时改进住院服务。借鉴银行满意度测评的做法和经验，在门诊窗口或者办理出院手续时开展即时满意度评价。

（六）持续改进护理服务，落实优质护理要求

1. 加强护理力量。按照责任制整体护理的要求配备护士，临床护理岗位护士占全院护士比例不低于 95%。普通病房实际护床比不低于 0.4∶1，重症监护病房护患比为 2.5—3∶1，新生儿监护病房护患比为 1.5—1.8∶1。门（急）诊、手术室等部门根据门（急）诊量、治疗量、手术量等综合因素合理配置护士。

2. 落实优质护理。继续扩大优质护理服务覆盖面，截至 2015 年底，三级医院所有病房开展优质护理服务，二级医院中，至少 80% 的地市级医院和至少 40% 的县级医院有 60% 的病房开展优质护理服务。优质护理服务结合科室实际，充分体现专科特色，有条件的医院在门（急）诊、手术室、血液透析室等部门开展优质护理服务。有条件的医院为患者提供延续性护理服务。责任护士全面履行护理职责，根据所负责患者的疾病特点和生理、心理、社会需求，对患者实施身心整体护理。

（七）规范诊疗行为，保障医疗安全

1. 落实患者安全措施。提高患者识别准确性，有效改进医务人员之间沟通。术前标记手术部位，执行术前核查程序，确保手术部位正确、操作正确、患者正确。

加强手卫生，减少医疗相关感染风险。建立跌倒评估制度，设置防滑、防跌倒设施，降低患者跌倒风险。

2. 推广临床路径。大力推行临床路径。预计至2017年底，所有三级医院和80%的二级医院实行临床路径管理，三级医院50%的出院患者和二级医院70%的出院患者按照临床路径管理，提高诊疗行为透明度，实现患者明明白白就诊。

3. 加强合理用药。运用处方负面清单管理、处方点评等形式控制抗菌药物不合理应用（见图26-13）。预计至2017年末前综合医院住院患者抗菌药物使用率不超过60%，抗菌药物使用强度控制在每百人/天40DDDs以下，其他类别医院达到抗菌药物临床应用专项整治指标。规范激素类药物、抗肿瘤药物、辅助用药临床应用，加强临床使用干预，推行个体化用药，降低患者用药损害。

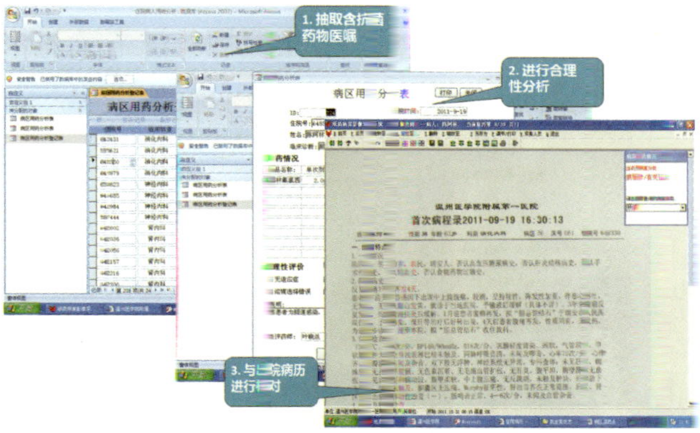

图26-13 抗菌药物合理用药实时点评

4. 检查结果互认。在加强医疗质量控制的基础上，大力推进医联体内医疗机构检查、检验结果互认和同城同级医疗机构检查、检验结果互认工作。鼓励设置独立的检验、病理诊断、影像检查机构，利用远程医疗手段为基层医疗机构和就诊患者提供检查检验服务。

5. 诚信诊疗收费。在门诊大厅、住院部大厅等醒目位置公示医疗项目、药品及价格，缴费单据的收费项目和收取金额详细、清晰，利用手机等移动设备或者其他信息化手段，为患者提供就诊项目、药品、单价、总费用等查询服务，实现明白、合理收费。逐步扩大实施单病种付费范围，降低患者费用负担。

（八）注重医学人文关怀，促进社工志愿服务

1. 体现良好风貌。医院工作人员（包括实习、进修人员）着装整洁、规范，佩戴胸卡，易于患者识别。医务人员语言通俗易懂，态度和蔼热情，尊重患者，体

现良好医德医风。

2. 注重心理疏导。加强医务人员人文教育和培训，提高沟通能力和服务意识。各项诊疗服务有爱心、耐心、责任心，及时了解患者心理需求和变化，做好宣教、解释和沟通。对手术或重症患者提供心理疏导，有效缓解患者不安情绪。实施有创诊疗操作时采取措施舒缓患者情绪。

3. 保护患者隐私。执行“一室一医一患”诊查制度，在门诊诊室、治疗室、多人病房设置私密性保护设施，不在住院患者床头卡写入院诊断。

4. 加强社工和志愿者服务。（见图 26-14）加强医院社工和志愿者队伍专业化建设，逐步完善社工和志愿者服务。三级医院应积极开展社工和志愿者服务，优先为老幼残孕患者提供引路导诊、维持秩序、心理疏导、健康指导、康复陪伴等服务。儿童医院、艾滋病定点医院等专科医院可以与儿童、艾滋病患者关爱组织等合作，提供体现专科特色的志愿者服务。充分发挥社工在医患沟通中的桥梁和纽带作用。

图 26-14 志愿者服务

（九）妥善化解医疗纠纷，构建和谐医患关系

1. 推进三调解一保险机制建设。公开医疗纠纷的解决途径和流程，积极引导患者依法维权，通过调解、诉讼等途径妥善解决纠纷。大力推进医疗纠纷人民调解工作，建立以医疗纠纷人民调解为主体，医疗纠纷院内调解、人民调解、司法调解与医疗责任风险分担机制相衔接的医疗纠纷处理体系。完善医疗纠纷人民调解组织保障机制，提高人民调解成功率。预计至 2017 年底，医疗纠纷人民调解工作覆盖 90% 以上的县。完善医疗责任保险有关制度，提高医疗责任保险覆盖面。积极建立以医疗责任保险为主、医疗风险互助金、医疗意外险等为补充的医疗责任风险分担形式，至 2017 年底，全国二级以上医院医疗责任保险和医疗风险互助金参保率达到 90% 以上。

2. 规范院内投诉管理。提供有效途径方便患者投诉，有统一的专门部门和专门人员负责患者投诉处理和反馈，对于患者反映强烈的问题及时处理并反馈，对于患者集中反映的问题有督促整改、持续改进。

本着以人为本的理念，依托先进的信息化工具，创建了独具特色的多渠道预约、实名制就医、自主及服务和多渠道预存结算模式，这一模式一举达到方便患者就医、方便医护工作、方便管理决策三个重要目标，系统改善了患者就医流程与就医体验。这些沉甸甸的荣誉和责任，既是对流程再造近年来创新服务模式的鼓励和肯定，也对其今后发展提出更高的要求（见图 26-15、图 26-16）。同时也期待"以患者为中心、信息化为手段、优化服务流程、改善就医体验"的模式可以为公立医院门诊流程再造提供可复制、可推广的范本，为进一步解决中国看病难提供有益思路。

图 26-15　荣获 2015 年度亚洲医院管理金奖

图 26-16　荣获 2014 年中国健康产业壹璞奖

随着国家医疗体制改革的不断深化，医疗市场已由卖方市场转向买方市场，医患关系从传统的主动被动型向引导合作型与共同参与型转变，医疗模式也由"以医疗为中心"向"以患者为中心"转变。同时，医疗服务所具有的服务业的共性及其特殊性，要求医院在激烈的市场竞争中，必须以患者为中心，采取有效手段和措施，在保证医疗效果的基础上，为患者提供最满意的医疗服务。通过智慧医院的建设，结合"大数据""云计算""物联网"等信息技术，可以给医疗服务领域带来更多的便利，使有限的卫生资源得到充分的利用，使医疗资源最大化，实现优质医疗资源共享。

（案例推荐部门　国家卫生计生委）

案例 27

北京市海淀区公共机构节能系统管理平台

一、背景与需求

（一）背景

近年来，各级单位认真贯彻落实《中华人民共和国节约能源法》和国务院《公共机构节能条例》，全面推动关于建设节约型社会的要求。北京市海淀区率先采用信息化、网络化、互联网化技术手段，实现全区公共机构能耗审计、能耗考核等工作，切实降低机关运行成本。

之前，海淀区公共机构节能工作考评办法采用百分制，包含组织领导、宣传培训、能耗统计、节能量、推进系统内工作等基本项，以及节能改造、能耗降低、推广新产品技术等加分项。其中，基于电、水、气、油能耗数据的考评占到45分（2013年新版考核办法），是整个考核工作的重点，也是相对而言更为真实、公平、透明、可操作的考核内容。

然而，这种粗放式的考核方式存在一定的不合理性。各建筑的构造、具体功能、服务对象、运行管理等情况的不同，导致其实际用能水平有着明显的差异，或高或低，若对所有建筑采用统一的同比下降5%的节能指标，则有失公平，对既有的高能耗建筑而言较易实现，而对既有的低能耗建筑而言较难实现。这样，使得已经表现很好的低能耗建筑在实际操作中难以实现5%的节能目标，承担巨大的节能压力；而对于表现较差的高能耗建筑而言，实现5%的节能目标较为容易，缺少进一步深度节能的激励。因而，现有的能耗考核办法不利于全区公共机构整体能耗的有效、持续降低。

因此，海淀区政府机关事务管理处委托清华大学建筑节能研究中心对现有的节能考核办法进行修订，制定更为合理的能耗指标，以符合各建筑用能水平的实际情况，并实现全区范围公共机构的可持续节能。

（二）需求

海淀区公共机构节能管理平台，运用先进的物联网与云计算等技术，以各用能单位能耗数据的采集、传输、汇总、统计、图表生成及显示、数据分析等功能为核心，通过网络系统对各公共机构能源信息进行高度集成，通过对能耗数据的处理、分析及在线监测与管理，实现了能源信息的网络化，并纳入了办公区的一体化管理，通过统一能源管理模式与标准，运用综合的整体解决方案，来实现公共机构节能减排的最终目的。

二、主要做法

（一）参照标准

1.《国家机关办公建筑和大型公共建筑能耗监测系统分项能耗数据采集技术导则》

2.《国家机关办公建筑和大型公共建筑能耗监测系统分项能耗数据传输技术导则》

3.《国家机关办公建筑和大型公共建筑能耗监测系统楼宇分项计量设计安装技术导则》

4.《国家机关办公建筑和大型公共建筑能耗监测系统数据中心建设与维护技术导则》

（5）DL/T 698 《电能信息采集与管理系统》

（6）GB/T 2887—2011 《计算站场地技术条件》

（7）GB/T 25329—2010 《企业节能规划编制通则》

（8）GB/T 13234—2009 《企业节能量计算方法》

（9）GB/T 15587—2008 《工业企业能源管理导则》

（10）GB/T 6422—2009 《用能设备能量测试导则》

（11）GB/T 2588—2000 《设备热效率计算通则》

（12）GB/T 2589—2008 《综合能耗计算通则》

（13）GB 19761—2009 《通风机能效限定值及能效等级》

（14）GB/T 15316—2009 《节能监测技术通则》

（15）GB/T 23331—2009 《能源管理体系要求》

（16）GB/T 13471—2008《节电技术经济效益计算与评价方法》

（17）DGJ 8—2068—2012《公共建筑用能监测系统工程技术规范》

（18）住建部2008〔114号〕文《国家机关办公建筑及大型公共建筑分项能耗数据采集技术导则》

（二）平台设计

1. 总体架构

公共建筑节能减排管控平台，运用先进的物联网与云计算等技术，以各用能单位能耗数据的采集、传输、汇总、统计、图表生成及显示、数据分析等功能为核心，通过网络系统对各重点用能单位能源信息进行高度集成，通过对能耗数据的处理、分析及在线监测与管理，从而实现了能源信息的网络化，并纳入了办公区的一体化管理，通过统一能源管理模式与标准，运用综合的整体解决方案，来实现重点用能单位节能减排的最终目的。

北京市海淀区公共机构节能系统管理平台统一规范标准，形成为北京市海淀区公共机构节能监管平台，覆盖多种能源品种、多个用能领域、服务多级管理，实现用水、电、气、热等主要能源品种信息采集，通过统计分析、数据挖掘等方法，对能耗数据进行全方位的综合展现与分析，同时提供预测预警辅助功能，为“节能减排”提供全面信息支撑，对加强节能减排监管、指导提升能源使用效率提供重要管理手段。

2. 网络结构

系统根据具体的工程情况来设计组网方式，采用分层分布式设计（见图27-1）。

3. 系统架构

系统物理构架主要分为三层：末端的能耗数据信息采集层，中间的数据传输层和终端的数据处理、展示及互动层。通过数据中心处理后的在线监测和动态分析信息可通过网页浏览访问读取，也支持通过多媒体展示终端和移动终端查询、显示，同时将能耗数据上传到总节能监管系统（见图27-2）。

（1）终端数据采集层。终端数据采集层通过能耗终端对电、水、气、热能耗数据进行实时计量，将数据传输至数据采集模块，并对数据进行整理和重新封装。数据采集可以进行自动定期采集和手工即时采样；自动采集的采样周期可以灵活设置；可以支持现场设置和远程设置。数据采集设备本身具备时钟功能，并可以与上位机软件进行时钟同步校准。数据采集设备具备故障检测功能，可以运行故障自检和自动恢复。

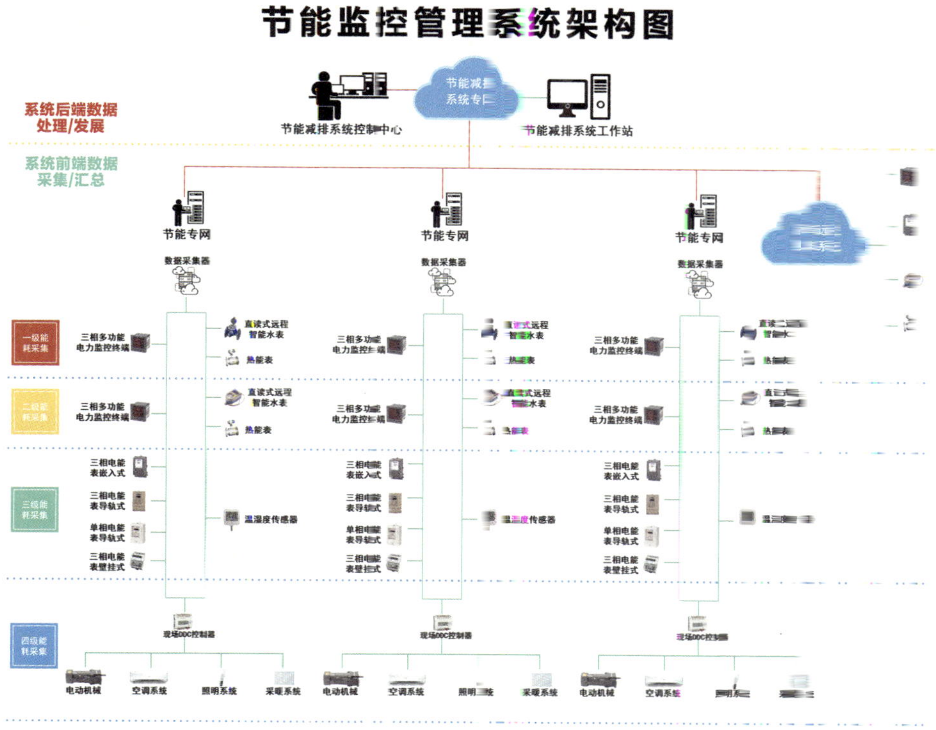

图 27-1　网络结构图

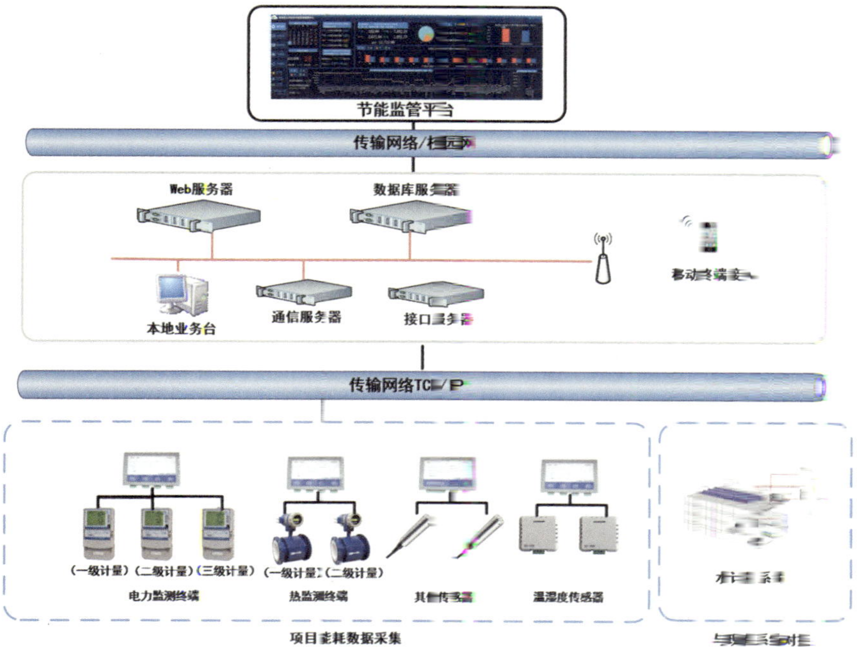

图 27-2　系统架构图

（2）数据传输层。末端计量仪表采集到的数据信息汇集到数据采集器，经过校验、错误及异常处理、数据打包解包、数据加密解密等处理，形成可以在 IP 网上传递的分组，并传输至服务器或远端的数据中心。数据传输建立实时链接，达到秒级响应。

数据采集设备具有存储单元，可以存储长达三个月以上的数据，可以确保数据完整记录，并保留备查。

数据采集器中设计有时钟芯片，将对仪表采集到的数据进行现场解析，并加入时间戳，进行数据传输或者本地保存。

系统有错误诊断功能，可以通过链路诊断、指令诊断、数据包诊断等方式有针对性地对各种故障情况进行诊断，帮助维护人员尽快定位故障位置，区分是网络传输故障、数据采集器故障、仪表单体故障和仪表传输总线故障等。

（3）数据处理、展示及互动层。数据处理及分析在数据中心完成，接收并存储数据传输层传输的数据后，对其进行处理、分析、展示和上报。

上位机通过网络与数据中心建立链接，由数据中心的服务器进行指令转发，因此上位机可以在任何能连接互联网的地方，发起远程设置参数指令。

上位机系统软件在接收到数据后，会进行数据的有效性、正确性审核。

4. 功能架构

北京市海淀区公共机构节能系统管理平台软件采用 B/S 和 C/S 混合模式，由实时监测、能耗数据查询、能耗统计分析、能耗公示和排序、能耗定额管理、能耗报表、能源审计、用能设备管理、报警管理、节能控制、能耗数据定时上报功能等构成（见图 27-3）。

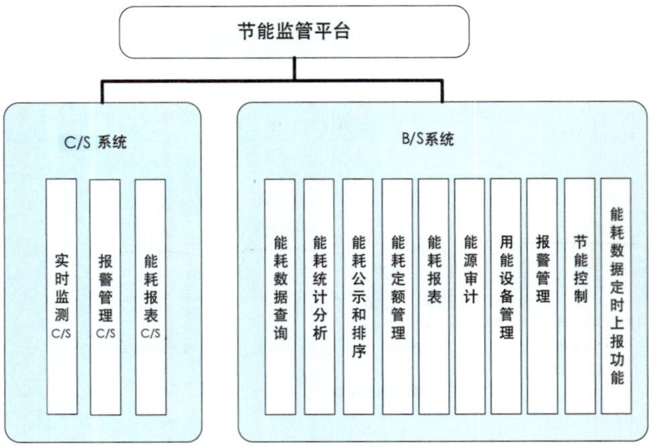

图 27-3 分平台软件功能架构

5. 平台技术

系统整体架构设计上采用标准的三层架构，展现层采用浏览器方式，业务逻辑在中间层实现，增强了系统灵活性，消除了数据库访问瓶颈，系统整体性能得到提高，安全性、可靠性、可扩展性得到保证。

标准三层架构的客户端负责展现和用户的交互；业务逻辑全部集中在中间业务层，包括负责处理客户端请求的页面逻辑，以及业务处理、安全审计、工作流程等核心业务逻辑。系统采用面向服务的体系架构（SOA）进行应用开发、系统集成，力求摆脱面向技术的解决方案的束缚，集中精力于构建建筑节能领域的业务模型，从而提高软件重用、加快应用软件的实施。

（1）NET 网站技术：是一种利用“net framework”平台来解决企业解决方案的开发、部署和管理相关的复杂问题的体系结构。作为一种先进的技术架构，经过多年发展巩固了“net framework”平台的许多优点，同时还提供了对 WCF、Entity Framework、jQuery 以及 JSON/XML 技术的全面支持。NET 网站技术已经逐步发展成为一个开发快捷、部署灵活、运行稳定和支持平台广泛的高可用性应用程序架构。

（2）NET 的多层应用模型：“net framework”平台提供了一个企业级的计算模型和运行环境，用于开发和部署多层体系结构的应用。提供了多层的分布式的应用模型、组件再用、一致化的安全模型以及灵活的事务控制。用户不仅可以用比以前更快的速度向市场推出创造性的客户解决方案，而且，平台独立的、基于组件的解决方案不会被束缚在任何一个厂商的产品和 API 上。

（3）组件化：面向服务的体系结构（Service-Oriented Architecture，SOA）是一个组件模型，它将不同的软件功能发布成单台服务，通过这些服务之间定义良好的接口和契约联系起来。接口是采用中立的方式进行定义的，它独立于实现服务的硬件平台、操作系统和编程语言。这使得构建在各种这样的系统中的服务可以以一种统一和通用的方式进行交互。

这种具有中立的接口定义（没有强制绑定到特定的实现上）的特征称为服务之间的松耦合。松耦合系统的好处有两点：一点是它的灵活性；另一点是，当组成整个应用程序的每个服务的内部结构和实现逐渐地发生改变时，它能够继续存在。而另一方面，紧耦合意味着应用程序的不同组件之间的接口与其功能和结构是紧密相连的，因而当需要对部分或整个应用程序进行某种形式的更改时，它们就显得非常脆弱。

SOA 本身是一套关于如何将软件组织在一起的抽象概念。它依赖于用 XML 和

Web 服务实现。此外，它还需要安全性、策略管理、可靠消息传递以及会计系统的支持，从而有效地工作。既为了建立所有信息的适当控制，又为了应用安全性、策略、可靠性以及审计方面的要求，在 SOA 体系结构的框架中加入了一个新的软件对象。这个对象就是企业服务总线（Enterprise Service Bus，ESB），它使用许多可能的消息传递协议来负责适当的控制流甚至还可能是服务之间所有消息的传输。虽然 ESB 并不是绝对必需的，但它却是在 SOA 中正确管理业务流程至关重要的组件。在概念上，它是从早期如消息队列和分布式事务计算这些计算机科学概念所建立的存储转发机制发展而来的。

（三）主要功能介绍

1. 监控中心大屏

监控中心大屏（见图 27-4）用于展示主要功能项的实时数据情况，包括当前设备故障正常情况、建筑能耗对比、用能数据、折合能耗等关键信息。

展示当前建筑用能实时走势及设备运行状态，并能够查看历史用能数据信息。

对用能设备进行分析排名，能够用于监测设备耗能状态并提供节能改造建议。

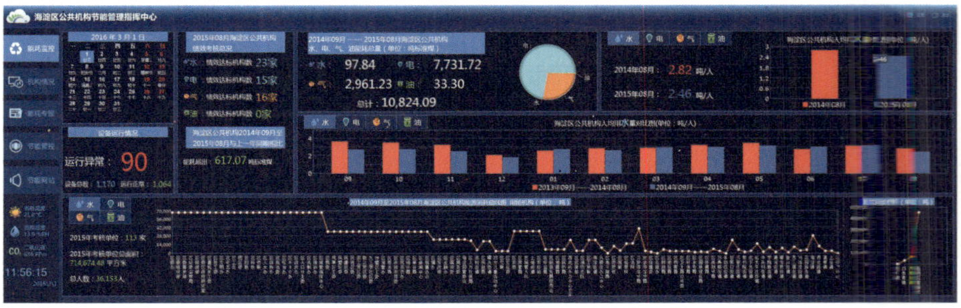

图 27-4 监控中心大屏界面

2. 能耗实时监测

监测海淀区公共机构的总能耗，各功能建筑的能耗、各分系统能耗，监测各主要用能设备运行参数等信息。

针对辖区内各单体建筑，系统会显示单体建筑基本信息，包括建筑年代、建筑层数、建筑功能、总建筑面积、各功能区面积、空调面积、采暖面积、空调系统形式、采暖形式、建筑结构（墙、窗）形式、经济指标（能源价格）、能耗监管系统竣工日期等。

任何一个获得授权的用户在任意某台联网计算机上使用浏览器登录本系统，

都可以进行实时数据监测和显示。系统提供的实时数据查询和显示由以下功能组成：

（1）以表格的形式显示所有授权查看的监测点所有监测因子的当前数据，该数据即时刷新显示。

（2）通过筛选依据，任意组合要显示的监测点范围和监测因子范围。

（3）查看某个监测点某个监测因子的24小时数据趋势图，该图支持打印和保存。

（4）查看某个监测点某个监测因子的24小时的统计信息，如最大值、最小值、均值等。

（5）支持打印显示的表格，支持将显示的表格导出为Excel文件。

能耗监测模块包括CS端实时监测、辖区内概况以及设备监测。

① CS端实时监测：CS端实时数据监测当前所有监测点对于每个实时监测因子的最新实时实样数据，也包括在线仪表设备的最新运行状态或设备的主要工作状态。

实时监视设备的运行状态，当有设备出现故障、连接中断等问题时，界面相应的位置用闪烁的图标做出预警（见图27-5）。

②辖区内概况：主要展示水、电、气、热、油及其他用能项的总量、强度、占比以及各单位用能走势图。

日期最大值可选择到当前月报的最大发布日期，默认显示当前月报的最大发布日期。

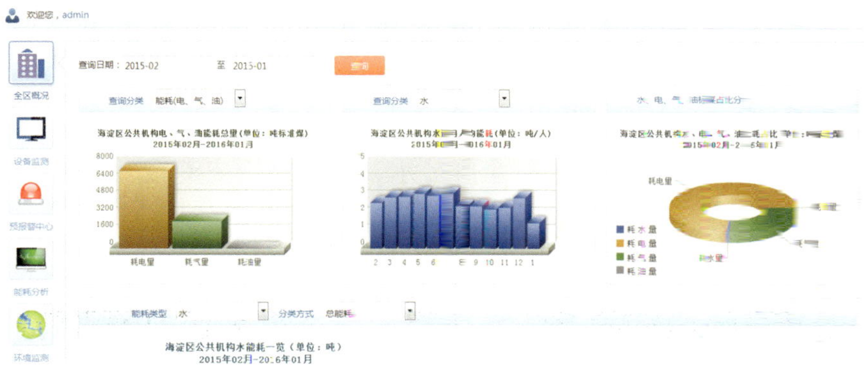

图 27-5 辖区内概况

③设备监测：显示不同设备的状态、安装位置、监测日期、基本信息。可选设备类型或电表编号进行查询（见图27-6）。

图 27-6 设备监测

3. 能耗定额管理

软件与国家或地方等标准能耗进行对标，可自动通过环比同比，相关参数分析，效率与能耗指标对标分析、能耗比例分析等能耗与能效指标分析，对项目用能情况给予评价。

（1）绩效情况：以柱状图的形式显示逐月能耗达标情况，点击相应的图形弹出该月的月能耗专报。具备选择、清空、查询、导出等功能。当勾选建筑时上方图形应随之变化（见图 27-7）。

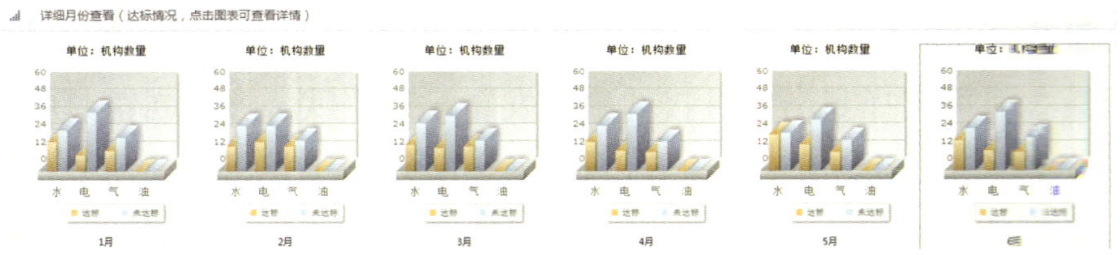

图 27-7 逐月能耗达标情况

（2）年度专报：展示不同建筑及分户年终绩效考核达标情况（水、电、气、热、油及其他），以及能耗使用情况。可全屏显示，可查询历史专报（见图 27-8）。

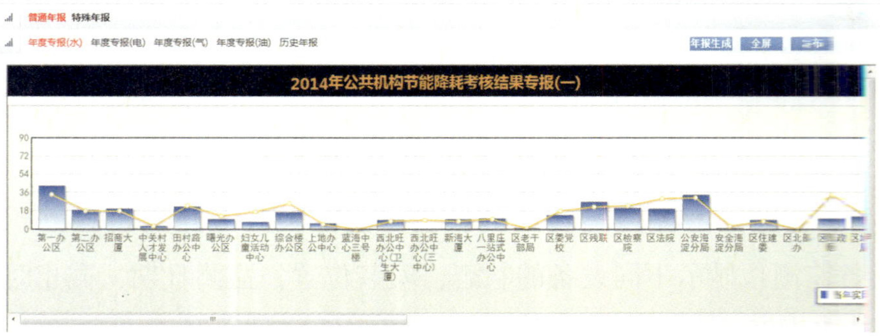

图 27-8 年度专报

普通建筑年终绩效考核实现筛选功能，可选任意项或多个用能分项。能耗走势图随筛选条件变动。

（3）绩效展示：

①展示所有建筑及分户的最终成绩，包括节能管理、能耗考核、加分项以及成绩汇总等。

②实现对于所有建筑及分户总成绩等次的查询并有列表及柱状图的展示。

③实现对于各分项成绩等次的查询。

④实现对各办公区所有单位的查询。

⑤实现对于扣分项目扣分原因的查询，当鼠标划过该分数项时显示扣分项查询界面。

⑥绩效展示（见图 27-9）中可按日期进行单一或多建筑、单一或多考核项、不同分数区间的任意组合筛选查询。当考核项选择为单个时，排序会根据该考核项的分值来进行排序，如果为多考核项时将按照百分制得分进行排序，未被选中的考核项的分值将为空，只有被选择的考核项有分值。

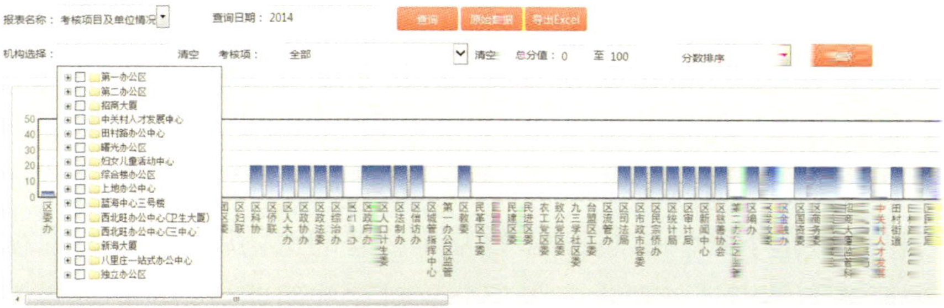

图 27-9　绩效展示

4. 节能控制

（1）节能控制概述。针对不同的室内外环境和设备使用情况，控制策略基于舒适性和节能的双重考虑，依据机电设备内在的联系，实现对整个系统的适宜控制。另外，系统可通过通信接口从计量系统取得设备的能耗统计数据并进行各种分析与处理，进而优化控制参数、制订维护计划，最大限度地节省能源，降低运行和维护成本。节能平台建筑设备监控系统可无缝连接上层能源管控系统，形成“监测、分析、控制、反馈”的能源闭环控制。

（2）建筑节能方向分析。通过目前有关资料并结合建筑设备监控系统领域多年的行业经验，对建筑主要能耗单位进行了一个整体的预测分析：空调：占总耗能的60% 左右（或更高），至少为 50%；照明：占总耗能的 23%—55%；水泵：占总耗能的 13%—15%；电梯：占总耗能的 8% 左右。

（3）原设备升级改造。实现节能控管系统首先要对原有设备自控做一些基本功能升级，主要关注的末端设备对象。

新风机组在改造中要安装送风温度传感器，控制送风温度。滤网需压差开关用于报警，防过滤网阻塞。水阀安装执行器，根据送风温度控制节能。

（4）常规的节能方法分析。

①提高室内温湿度控制精度法。室内温湿度的变化与建筑节能有着紧密的相关性。据资料表明，如在夏季将设定值下调 1℃，将增 9% 能耗，如在冬季将温度上调 1℃，将增加 12% 的能耗。因此将室内温湿度控制在设定值精度范围内是空调节能的有效措施。

②新风量控制法。根据卫生要求，建筑内每人都必须保证有一定的新风量。但新风量取得过多，将增加新风耗能量。在设计工况下，处理一公斤室外新风量需冷量 6.5kW·h，热量 12.7kW·h，故在满足室内卫生要求的前提下，减少新风量，有显著的节能效果。

③机电设备最佳启停控制法。对于夜间不需空调的区域，为保证环境舒适，需提前进行预冷或预热。室内温度是惯性很大的被控对象，提前关闭空调也可以保证室内温度在一定的时间内变化不大，系统通过对空调设备的最佳启停时间的计算和控制，可以在保证环境舒适前提下，缩短不必要的空调启停时间，达到节能目的。

建筑中照明的能源消耗要占很大部分，对这些照明设备实行定时开关控制可降低能源消耗。

充分利用峰谷电价的政策在用电高峰时，选择关闭建筑内不重要的机电设备减少高峰负荷，实现避峰运行，降低费用。

④空调水系统平衡与变流量管理法。空调系统的节能控制算法是智能建筑节能的核心，通过科学合理的节能控制算法，不但可以达到温度环境的自动控制，同时可以得到相当可观的节能效果。

⑤春季过渡模式、秋季过渡模式的划分法。春季过渡模式的判断标准是两条：其一是本地区的历史室外温度记录；其二是室外日平均气温是否达到 10℃。满足两个条件时系统进入春季过渡季节模式，此时系统将自动调节新风量大小，以保证室内的舒适度。

三、特色亮点

在设计时，首先要保证满足海淀区公共机构节能管理的实时监控、在线申报、审批等基础需求，同时还要结合整体国家、市里节能发展规划要求。系统的基本建设思路是：

（一）统筹考虑、长远规划

以科学发展观统领系统建设总体职能，从实际出发，理顺关系，统筹发展规划，规范管理，促进物联网技术应用的协调发展。新建应用系统一律纳入整体规划方案，建立在一致的管理平台上，防止重复建设和资源浪费。根据海淀区公共机构信息化的基础设施条件，系统在建设时，优先依靠政务内网进行传输，在无法使用内网的区域使用移动网的政府专网来实现传输。同时，系统设计满足政务物联数据专网完全覆盖后进行转网迁移、无缝连接、平滑过渡的要求。

（二）资源共享、管控集中

按照数据大集中的思路进行部署；继续推进"数据集中和资源整合"这一信息化建设主旋律，实现多角度、多层次、全方位的资源整合；按照统一平台、统一标准、统一建设、统一管理的原则加强对各类信息的可管理性。

（三）充分利旧、统一整合

在系统建设过程，将充分考虑现有的应用系统基础，充分利用现有资源，消除信息孤岛，统一整合为设计思路，最大限度保地留已有投资，节约成本。

（四）技术先进，自主创新

系统的建设要与当前的先进技术相结合，优先采用我国拥有自主知识产权的、成熟可靠的国产技术和产品。重视平台建设的实用和实效，要遵循先进、可靠、实用的原则建设具有可扩展、易于管理和维护的平台。

（五）先进实效，安全可靠

实效性是目的，先进性是手段，二者是辩证统一的。没有先进的技术作保证，实效性很难实现；而盲目追求高、精、尖，不考虑实施成本和可行性风险，则又会造成不必要的资源浪费，甚至导致系统实施的失败。所以，需要选择那些既成熟又先进，既适合工程方便实用、快速有效的实施需要，又不会在未来相当时间内落伍的技术方案，将实效性和先进性相结合。系统关系到海淀区各个办公区域的能源合理和安全利用，要求极高的安全稳定性，所以必须在系统设计时充分考虑监测设备的可靠性、稳定性，数据传输的稳定性和冗余性，特别是在数据采集、数据存储、备份和恢复，网络防病毒等方面严格把关。在工程实施的各个阶段，通过严格规范化的管理，保证工程质量，保证交付的系统能长期稳定运行。

（六）创新管理，持续发展

在海淀区公共机构节能管理平台建设上，采取了渐进性原则，稳步推进，使节能管理工作成为常态。

四、经济和社会效益

（一）经济效益

系统平台在区公共建筑示范应用成功后，将在区进行全面推广。在已有技术体系下，通过进一步降低传感器、采集端成本，研究推广机制，产业规模可达亿元。同时，区各级单位节省的能源，经济效益全年至少达数千万元。

公共建筑节能管理平台能实现信息的互联互通，使各级决策者能够立足能耗信息资源，及时、准确地获取数据，多角度、全方位地看问题和进行决策，从而制定更科学、更有效的方针政策，有效降低人力成本，提高信息利用率和时效性，产生间接的经济效益（见图 27-10）。

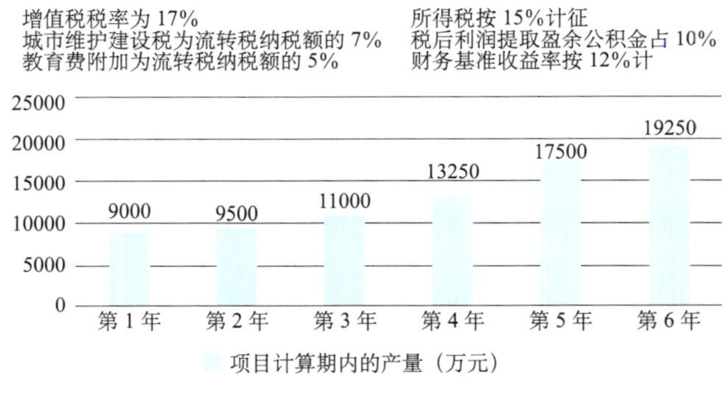

图 27-10　经济效益展示

（二）社会效益

目前，节能减排技术正处于高速发展阶段，近两年，市、区政府、百姓都对节约能源给予了高度关注。系统平台通过物联网技术建立节能减排管控平台，可以广泛应用于政府、事业单位、研究院所，对于提高节能管控水平具有重要的意义。

系统平台通过完善能源监测平台技术系统和传输网络，建立政府、公共建筑、人员共同参与的应用管理模式，为应用推广提供经验。同时，该项目参与的公共建筑数量多、应用范围广，对物联网的示范应用、建设智慧北京都形成了一定的规模效益，提供了很好的解决方案和思路。

系统平台实施后，将实现公共建筑节能减排的监管服务，先期服务京津冀地区，对推动大气污染防治、联防联控，以及京津冀协同发展具有重要意义。

系统平台响应国家和北京市促进鼓励发展建筑节能产品的产业政策和大力发展节能环保产业的政策，项目建设对于我国完成节能减排目标，振兴节能环保产业，促进其技术改造和进步具有重要意义。项目企业实现预期规模化生产后，将大大提升相关企业的核心竞争力，壮大行业整体实力，对促进地方经济发展和促进当地就业具有积极的推动作用，系统平台的应用具有较好的社会效益。

（案例组织单位：中国智慧城市产业联盟）

案例 28

浦东新区陆家嘴智慧社区建设案例

一、背景与需求

（一）背景

社区是城市的基本单元，开展城市社区建设，满足基础群众的社会需要，成为近些年来社会结构转型与发展的主要方向。

社区是一个大家庭，它发展的原则是坚持以人为本，丰富人的生活，满足人的需求，着力提高社区生活的舒适度、亲和力和归属感，是百姓的共同心声，也是政府工作的方向。

陆家嘴区域面积 6.89 平方公里，实有人口 13.8 万人，居民户数 4.89 万，辖 31 个居民区（设 31 家居委会），1.24 万家企事业单位，97 幢商务楼宇，2257 家商铺，近 14 万间房屋，含 1 个 CBD 地区，工作人口 25 万左右，年旅游人数上千万，陆家嘴街道于 2011 年起，提出“一切为了幸福生活，一切为了人的发展”智慧社区建设目标，经调研、方案论证，于 2012 年启动建设“陆家嘴智慧社区”。力求通过信息技术与先进的城市运行服务理念有效融合，努力建设管理有序、服务完善、环境优美、治安良好、生活便利、人际关系和谐的新型现代化社区。

（二）需求

随着城市飞速发展，社区管理与服务已经滞后于群众的需求，从居住环境到基础设施、从生活服务到文化娱乐、从治安秩序到人际关系等，群众都提出了越来越多的要求。尤其是社区市民参与社区的发展和社区自治等问题，以及居民对社区的归属感和认同感的不足，不容忽视。

陆家嘴社区信息化建设自 2004 年起，经历从政府办公自动化、社区门户网站、社区事务“一门式、一口式”受理、电子政务升级改造，到智慧社区建设过程。面对社区建设与发展的要求，陆家嘴社区希望通过网络化、互动化的社会协同运维，调动社区内所有人的创新、参与、共治的积极性，探索构建科学、智能、人本、协调的社区建设内生系统。通过智慧社区建设，在智慧政务、社区数据管理、社区安全管理、社会保障、社区养老、社区居民健康管理、小区停车等环境管理、人们生活空间的拓展等领域提供解决方案。

二、主要做法

（一）建设总体思路

智慧社区建设目标是优化人的生活方式，去除人们生活的后顾之忧，激发人们的创新意识和能力（见图 28-1）。

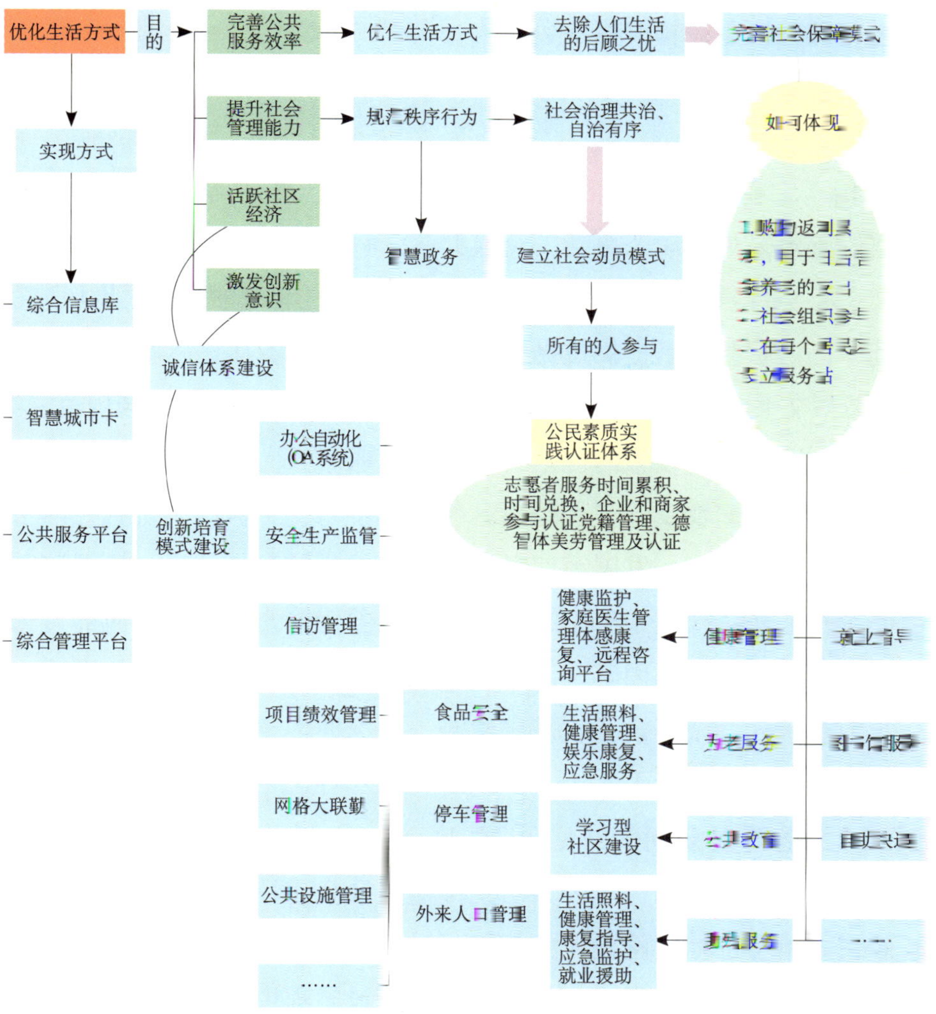

图 28-1 陆家嘴智慧社区建设逻辑图

建设原则是以人为本，立足于社区实际，充分发挥模式创新在增强和提升社区服务与管理效能中的关键作用，围绕基础设施智能化、社区治理现代化、小区管理自主化、公共便民服务多元化等目标，促进社区健康可持续发展。

1. 在公共服务领域，贴近民生，以开放体系推动政府公共服务资源和社会资源整合，建立多元化社区公共服务模式。

2. 在社区治理领域，实现精细化管理，搭建综合信息管理平台，整合社区治理、小区管理等专项应用，促进社区管理向集约化方向发展。

3. 在社区建设领域，提升社区活力和各方积极参与率，促进社区自治和服务能力提升。

4. 在基础设施布局和建设领域，不断改善和优化社区宽带、无线、广播电视网等信息基础设施。

5. 通过智慧社区建设提升区域创造力。

（二）智慧社区建设的主要内容

1. 社区综合信息库

内容包括：掌握区域内人、物、房、事、单位、楼宇等静态和动态信息，实现社区数据的有效采集、动态更新、交换共享。针对数据收集问题，各政府部门通过数据交换中心整合各种数据，其目的是打破社区内的信息孤岛，逐步形成社区“大数据”基础库，为智慧应用提供数据基础。同时信息库与居民区社工台账管理系统相连，社工书写文案、统计报表将自动在数据库后台备份，另外根据规范文案名称，数据库后台将按照系统所设置的规范自动整理台账。

数据产生有两个来源：一是围绕人，生活、学习、工作、游玩在社区中的人，他们的状况、需求、变化、发展等信息汇集，这部分信息往往通过社工和其他部门在工作中收集、汇聚；二是来源于物体上的传感器传输，如车位感应器传来的车位信息、探头实时传输的视频内容，以及由智能软件设置自动报送的信息等。对于后一种情况，则要求我们做好设备软硬件检测，以保证传感器传输信息的准确性、及时性。

社区综合信息库是双向的（见图 28-2），一方面是社区内的信息通过各种渠道汇集，另一方面是整理和提炼公共信息推送至社会。社区内人、团体、组织、企业等在政府主导下参与社区建设，他们都可以通过社区数据门户获取必要信息，以帮助其有效参与社区建设，同时，他们在参与建设过程中又将产生的新数据导入信息库中，不断丰富数据。

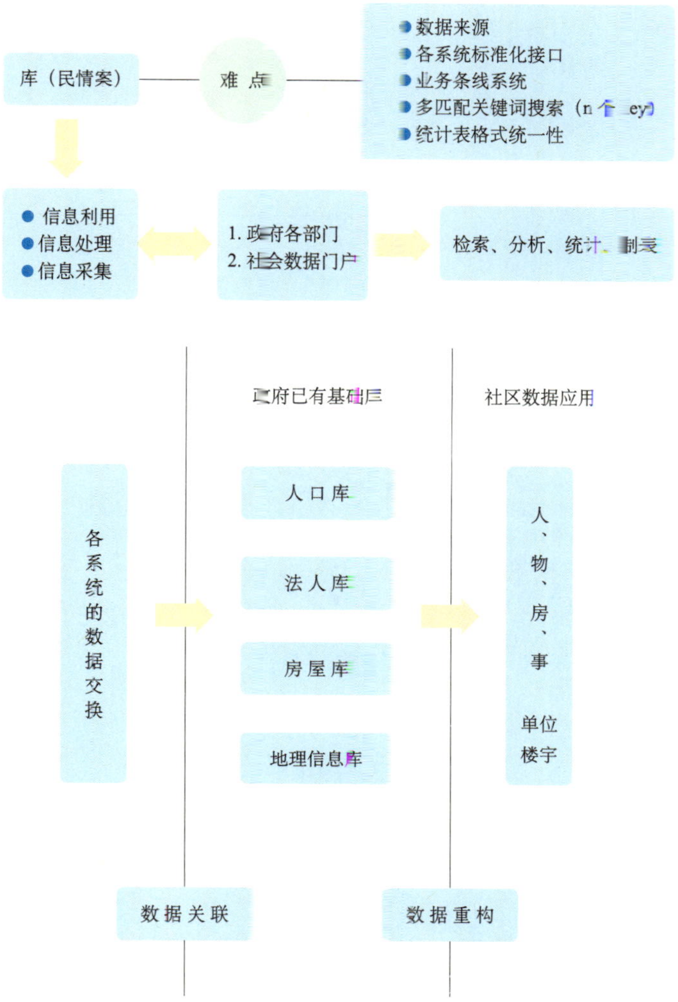

图 28-2 社区综合信息库逻辑图

2. 智慧城市卡

社区服务应用需要载体，“卡”是最常用的载体。

智慧城市卡（见图 28-3）是基于智能芯片的新一代身份识别卡。其核心，一是实名制的身份识别；二是参与社区自治、社会活动及表现的记录；三是打开社区各类生活应用的钥匙。同时，居民在使用卡的过程中产生的数据，也是充实信息库的一个渠道。

该卡采用实名制，居民根据不同的身份可获取不同的社区服务；同时该卡也是个人参与社会活动及表现记录的认证载体和社区生活应用载体，为社区居民提供便捷的身份认证、诚信兑换、认证支付等新金融服务，是建设社会保障新模式的基础。

其功能主要体现在积分管理和使用便利：

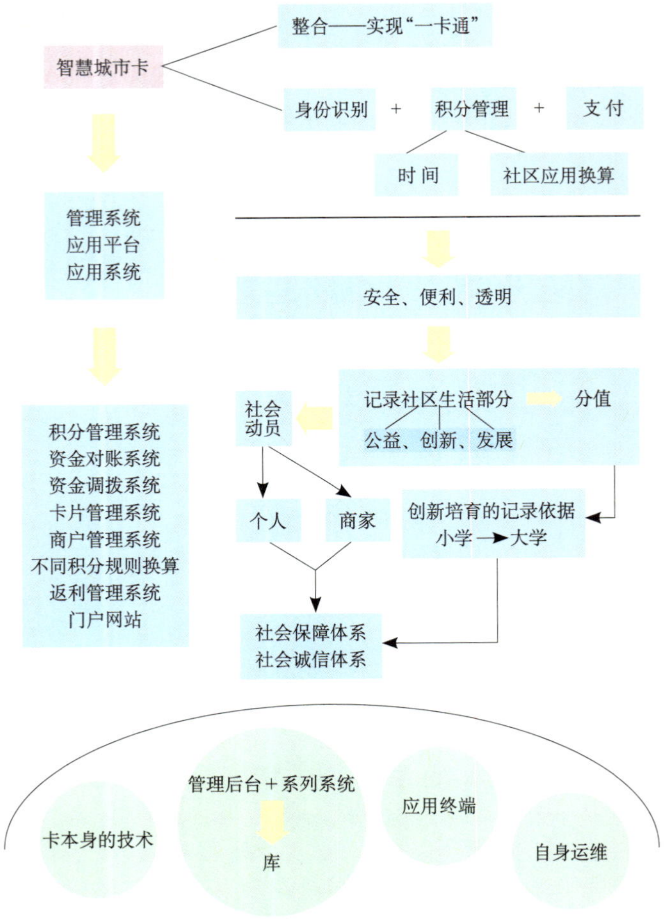

图 28-3　智慧城市卡逻辑图

（1）社区居民身份实名制，通过居民在社区生活圈内不同的社区身份识别，获取不同的社区服务，如低保户享受指定商店折扣、社区居民享受本社区提供公共服务、志愿者根据社会服务获得的相应社会反馈、为老年人提供免费居家养护服务等，后期可与其他卡功能相连，如“身份证”“银行卡”“交通卡”“社保卡”等，进一步扩展其功能；

（2）个人参与社会活动的认证，并通过贡献、积极向上表现的单位累积，获得社会反馈，如“志愿者认证”“学籍学习认证”“创新积分认证”等

（3）社区生活应用，如“门禁卡”“考勤卡”“健康小屋”“图书租赁”“自行车租赁”“快递箱”“政务服务”等功能应用。

智慧城市卡应用于社区生活，打通社区中各类服务应用，是对市民参与“服务、奉献、诚信、创新”记录的新载体，其记录的是除金融单位以外的新型劳动价值单位，通过与各种支付方式的灵活结合，实现全面、灵活、便捷的支付，同时搭建起新型

的社会参与保障式模式。

3. 社区公共服务平台

公共服务平台（见图28-4）建设源于社区服务热线电话，随着互联网的发展和手机移动端的充分应用，单路径的热线电话式服务已经不能满足居民及社会的需求。

居民希望能够在任何时间、任何地点，通过各种终端获取服务信息，服务提供商（者）也希望能够将自身服务内容及时上传给服务平台供居民选择。鉴于社区服务平台（如网站、电视、手机、热线电话等）多样化但技术不统一，需要建设一个可以将服务信息同步发送给各个终端的统一服务平台。

所以，该平台是整合社会服务的载体，平台上的内容是社区居民最关心的服

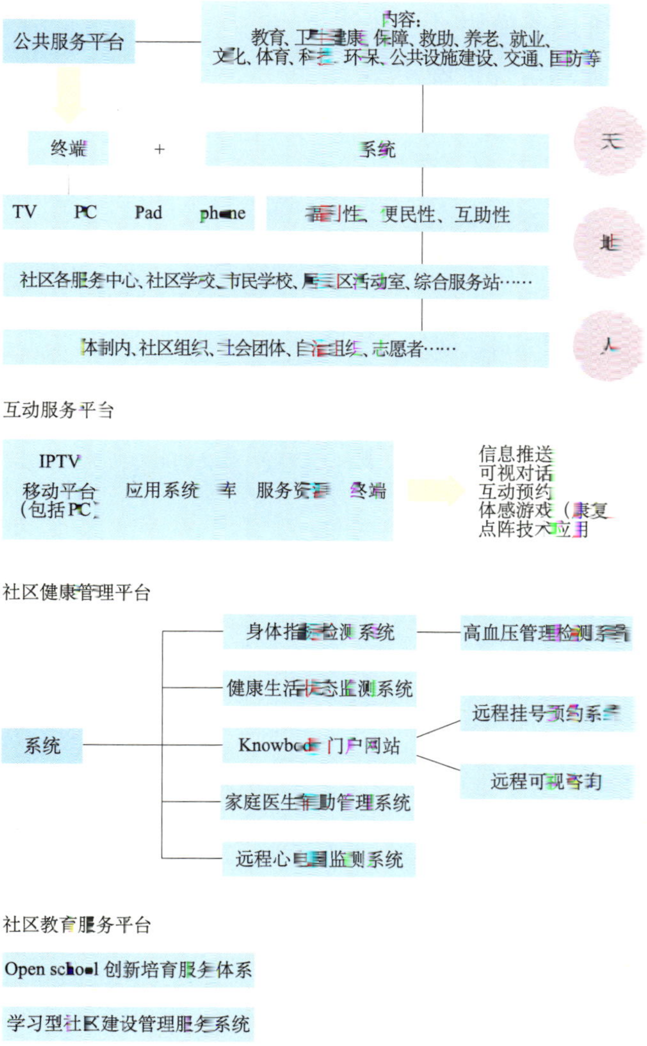

图28-4　社区公共服务平台逻辑图

务内容，包括健康、养老、教育、政府办事、信息公开、文化宣传等，社区居民通过不同的应用终端，如电脑、手机、电视、户外屏等，获取服务信息，参与互动活动。各类服务提供者，如政府、社会组织、企业、服务商等共同参与公共平台建设，结合线下的社区事务受理中心和社区生活服务中心的工作开展，从而形成面向居民的全生命周期的O2O民生综合服务体系，让社区服务深入居民生活的方方面面。

公共服务平台中的子项目包括（但不限于）：

（1）社区居家养老服务体系，包含信息管理、服务预约、体感康复、服务支付等模块；

（2）社区健康管理服务体系，包含健康科普知识库、健康生活状态监测、身体素质检测、远程预约挂号、家庭医生管理系统等模块；

（3）学习型社区终身教育系统，包含教学管理、课程资源管理、家校互动、学生学籍管理、评课管理等模块。

4. 社区公共管理平台（见图28-5）

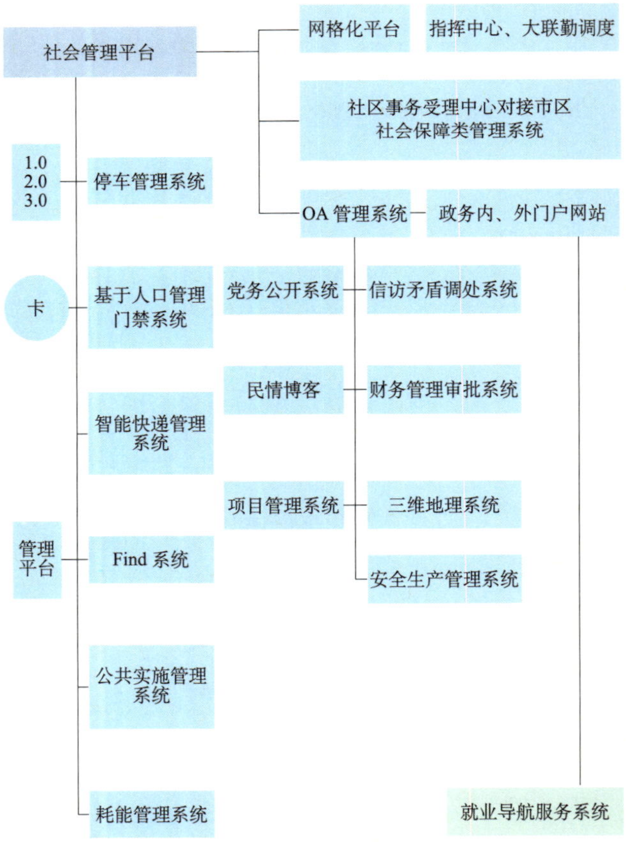

图 28-5 社区公共管理平台逻辑图

一是区域网格化管理，结合物联网应用，对社区运行情况进行实时监测和响应，提升社区管理的精细化和实效化程度。其内容包括地理信息系统、地下管道系统、公共设施管理系统、停车管理系统、门禁管理系统、重大突发事件应急系统、安全生产管理系统等。

二是一体化智慧办公平台，包括政务内网、政务外网建设，对接市内已有OA（办公室自动化）政务工作系统；单点登录，统一授权系统；短信平台系统；办公室日常耗材管理系统；固定资产管理系统；信访矛盾调处系统、项目绩效管理系统等。其中门户网站是政府信息公开平台和公众、企业、组织与政府互动平台等。

5. 建设系统列表

建设系统列表见表 28-1。

表 28-1 建设系统列表

类 别	内 容	重点专项
完善智慧政务建设	提高数据采集和应用率，完成街道各职能科室工作数据的融会贯通，完成居民区工作平台建设应用，实现电子台账管理	智慧的行政管理体系
		社区综合信息库及管理系统
		居民区电子台账系统（智慧社工系统）
提升区域精细化管理	实现“公安、城管、网格办、‘12345热线、地下空间’”五大板块的统筹管理将管理平台的数据与社区信息库联通实现社会管理的预判及精细化管理	网格大联勤（安全生产、热线电话）
		智慧物业综合管理系统（包括停车管理、人口实名制管理、公共设施监管等）
		社会动员参与平台（包括城管通系统及其延伸应用）
提升区域公共服务能力	建设并运行社会公共服务的共享平台。包括社区生活服务、社区健康管理、社区居家养老服务、学习型社区管理服务等	社区公共服务平台（文化服务、生活服务、社区商家服务平台）
		社区健康管理服务体系
		社区居家养老服务体系
		学习型社区管理服务体系
		就业服务推广系统
		特色型服务（如智慧旅游服务系统）
推进创新培育平台建设	促进区域创新创业培育，其中有居民区自治项目培育和创新创业项目的培育	创新培育体系
		自治服务体系
推进社会诚信体系建设	通过智慧城市卡的建设运用，实施公民素质实践社会认证计划，其核心包括志愿者社会认证、学生综合素质认证等	智慧城市卡建设
		公民素质实践社会认证体系
		学生综合素质认证
		商家诚信认证

（三）智慧社区建设的运维

1. 社区综合信息库的运维

街道作为一级政府行政单位，其内设有人事管理、宣传教育、民政服务、市政建设、司法服务、群团管理等各职能部门；有社区事务受理中心、社区文化教育中心、社区生活服务中心、社区卫生服务中心等服务机构；还有工商、税务、公安、食药监等双管单位等。每个部门的信息收集渠道大都来自于居民区的社工，每位社工还兼做块长，分管200至300户的区域，每天都要到居民区所在块区巡视，看看有无安全隐患问题，有无物业管理缺位的事情，检查一下小区环境，解决些邻里纠纷，协调些新生矛盾，走访一下独居老人，登记一下新搬来的居民信息等。所以，居民区社工是信息采集源。

政府主导性运维就在日常工作中，这是工作中自然的实际运维机制。

居民区各条线的社工，在日常巡视中，把原先记在小本子上的信息，按格式直接在智能终端上记录，在有网络的环境中，信息就可以直接入库。这些带有一定格式的信息，在信息库的系统中将会自动归类。当我们通过信息平台查阅相关索引时，将会获取已经整理好的信息。

社工在工作中第一次所做的台账信息可自动经系统整合，不需要二次输入，所有静态、动态信息入库自动完成各部门工作数据的全部统一管理，通过系统智能分析，实现数据挖掘，以便各方应用。

这些数据经过提炼，可以向社会开放（不包括隐私部分），一是实现政务公开的新形式，二是可以吸引更多的数据融合，方便数据的二次开发应用。

此外，还有通过各个应用系统建设后系统工作中自然产生的信息。比如，信访系统应用中，各类事件处理过程流转的信息，这里面至少包含着这几类的信息，如上访人的信息，通过信息库可以了解其他关联的信息，对其做出全面的判断。

2. 智慧城市卡的运维

智慧城市卡的应用从志愿者社会认证入手，首期运维体现在志愿者管理与服务中。

通过卡实现志愿者服务时间的记录和累积。志愿者实名拥有智慧城市卡，在参加志愿服务时，通过服务地的信息终端系统刷卡，系统将自动记录其服务时间，并累计在卡内，定期统计“志愿者实践”结果，服务满一定时间后，除了可以获得政府文明办颁发的证书（精神奖励）外，根据不同的服务时间还能获得社会各服务组织、商家的一定商品和服务的折扣反馈。从而建立志愿服务时间登记、社会反馈统一有序的认证管理体系。同时，通过网络平台，实施服务小时社会公开监督制、审核制、储备制、馈赠制、社会"反哺"制。

除了志愿服务社会认证外，智慧城市卡还将应用在社会保障补充体系中。所有困难群众的实际情况将和卡绑定，在其购买生活必需品时，商家根据其身份识别，可提供相应的折扣，以降低其生活支出。

智慧城市卡还可以应用于学籍管理、诚信记录管理等，不同的应用将根据其实际场景进行维护。卡的应用技术将由开发公司进行维护。

3. 社区公共服务平台的运维

服务平台的运维就在社区服务日常生活中。

社区公共服务应用平台作为居民获取各类资源的窗口，其目标定位是社区居民可通过平台查询实时迅捷的资讯和优质的公共服务，实现资源共享。通过平台，分享政府、企业事业单位等所提供的服务，同时可及时反馈真实存在的问题，促进公共服务质量的不断提高。

服务商可以将服务内容上传到系统平台的后台上，系统统一审核整理后，居民将在应用终端的前台看到服务信息，居民根据自己的需求点击预约服务。服务商将会在自己的系统中获知服务需求，再根据约定形式开展服务。远程视频服务可以通过终端直接远程视频通话，获取相应的咨询服务。

所有的服务信息将通过数据交换系统自动入库，信息库将整理各类信息，以供决策者使用。

此外，在完善社区生活服务中心工作的基础上，还可建设社会服务站。服务站可以设在居民区活动室内，也可以与商铺结合，主要提供线下服务，服务队伍可以是政府购买社会组织，也可以是社区自治类服务团队。

4. 社区公共管理平台的运维

网格办有严谨的运维机制。这里重点描述的是社会化管理的运维，社会性治理运维就在人人参与的自治活动中。

社区是大家共同的家园，需要依靠大家参与共同治理，而非政府一元化的管理，所以，在社区内大力培育自治组织，设定社区建设的公共服务与治理的项目，以项目化实施、社会化运作的方法，鼓励更多的人参与其中。然后，通过信息化和科技产品的应用，实现服务的社区协同化。

当然，信息化系统可以"武装"所有的自治团队，由此，我们可以同时了解小区各类服务需求、各公共设施基本状况、群众舆情等信息。居民区自治团队不仅是加强基层治理的一股力量，也成为整个智慧社区建设信息运维主体之一。

三、特色亮点

（一）项目建设机制

成立陆家嘴智慧社区项目建设领导小组，由主要领导挂帅，下设推进办公室，由分管领导负责。由街道党政办、信息办、民政科、综治科等相关科室工作人员与各项目建设方工作人员，共同组建项目实施工作组开展具体工作。由街道纪检监察科、财务科、项目办的相关工作人员组建督导工作组，全面监督项目实施。

（二）智慧社区建设的两个路径

1. 信息技术与政府治理和公共服务过程的整合，突出信息资源管理

2. 社群建设与群体创新素质的提升与智慧释放，突出信息运维。

（三）智慧社区建设公式

智慧社区建设 = 公共服务通达 + 社会管理有序 + 社区经济活跃 + 市民智慧参与

（四）智慧社区建设基因

社群、保障、创造、信息化

（五）陆家嘴智慧社区建设模式创新

智慧社区建设中的模式创新，旨在用“最短的时间、最少的资源，让最多的人，得到最大的利益”；通过模式创新，实现“塑造一个人、培养一批人、带动一群人、影响一代人”的愿景（见图 28-6）。

1. 社会保障模式

通过智慧城市卡的建设应用，建立“社会认证体系”。

社会保障模式是面向社区特殊人群、弱势群体的叠加于社会基本保障之上的全生命周期保障体系。

社区居民应用智慧城市卡身份识别功能，实现消费返利，积累的返利用于保障该居民在生活和养老方面的后顾之忧。

例如，低保等生活困难群众在加盟服务商处消费时，直接获得折扣，降低其生活必需的支出；志愿者根据其服务时间的累积数量，可获得加盟服务商的优惠或其他激励；普通市民使用智慧城市卡在加盟服务商处消费时，根据协议可以获得现金返利，现金返利的累积可以用于选择社会组织或商家提供的居家养老服务。

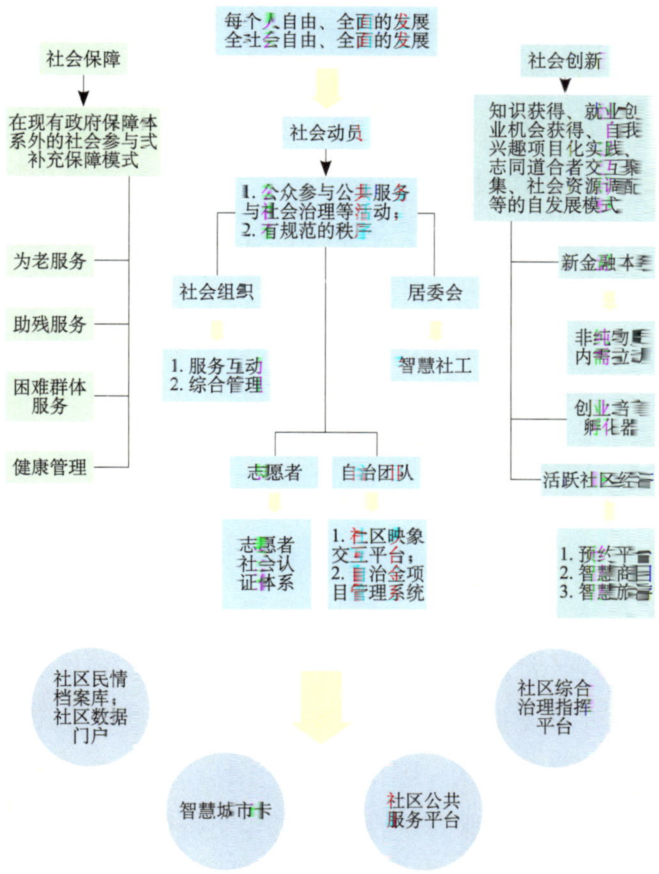

图 28-6　陆家嘴智慧社区建设脉络图

2. 社会动员模式

在社区设立“自治金”，专门用来培育社区自治团队及项目。同时，建立自治项目管理系统，志愿者社会认证系统。

（1）关于自治培育。居民可向社区居委会提出申请，自主组团设立服务与自治管理项目。街道成立自治金工作管理领导小组，制定自治金实施办法。“自治金”通过项目化实施，发动居民参与社区事务、增强居民自治意识、激活社区自治管理活力、创新工作载体、形成自治机制。

（2）关于志愿服务社会认证。建立信息化的志愿者管理体系，有效地对志愿者的信息和志愿者活动进行管理。对于每位参加过志愿者服务的居民，通过在服务地的信息终端系统刷卡，将被系统自动进行记录，并根据奉献时间数给予不同形式的反馈。同时，当社区内需要招募志愿者时，可直接将信息发布到志愿者网站上，这样保证每户居民都能看到信息，降低了志愿者招募的难度。

3. 社会创新模式

社会创新模式面向有创业、创新意愿的所有人群。

整体考虑在智慧社区建设中，把整个区域建设为创新孵化场，充分利用各公共场所的空闲资源，如社区学校、老年学校、社区生活服务中心、文化中心等机构的教室、会场，采取线上、线下运作模式（线上学习 Open School+ 线下实训 + 线下孵化实践），孵化“项目”工作团队，整合高校、企业、创新创业基金会等各种创新培育资源，打造可持续的智慧社区建设创新场。

建设三大平台，承接创新能力的培育：

（1）建设创业培训平台。通过各种培训活动营造创新氛围。组建创业培训联盟，吸引政府、企业联合高校每年开展以创新、创业为主题的系列活动；以社会化运作的形式，通过专题网站，搭建创业、创新的讨论平台。

（2）建设创业实践平台。以项目为中心成立工作组，项目的来源可以是自创或由企业设立，项目经评审委员会审定后开始实施，平台提供启动资金。工作组的产品通过孵化平台进行市场化运作。孵化平台对工作组进行绩效评估。

（3）建设新创企业的管理服务平台。当工作组孵化成企业后，其可以独立进入市场发展，也可以在新创企业的管理平台继续得到平台的服务支持，这些新企业缴纳一定的年费反哺平台去扶持其他工作组，同时，孵化平台将为它们提供资金及诚信上的担保，提供法律及其他信息咨询服务，在它们遇到困难时，根据实际情况提供危机管理服务等。

四、应用成效

陆家嘴智慧社区服务与管理平台建设以居民的幸福感为出发点，关注产业联动，以实际生活为本，以需求为导向。随着项目的全面推进，在健康卫生、交通、安全、教育、文化等社会发展领域，逐步实现成熟的公共服务体系，加强社会各方合作，营造良好的社会环境。

目前，陆家嘴街道已完成所有居民区光纤部署，完成街道信息云平台建设，将民情档案库、数据交换中心、智慧社工等系统部署其中；建设全区统一的居民区电子台账系统，并正常运行。

智慧城市卡应用于 2012 年 12 月试点实施志愿服务认证管理，从 100 名加盟志愿者发展到今天2000余名志愿者，实现社区志愿服务认证全覆盖。累计服务时间超过1000小时达28人，累积服务时间超过200小时超过400人，为陆家嘴社区建设增添活力。同时，与小区门禁卡结合，居民可自愿申领。

街道网格化信息管理平台于2014年完成升级，成为市级应急指挥平台示范点。完成小陆家嘴综合管理、楼宇安全、现场执法管理等系统建设，为统筹全区域信息管理，延伸政务信息应用服务打下基础；完成陆家嘴智导停车系统，对区域内136个停车库的信息时时发布，建设居民区停车管理信息化系统，同步在小区门口安装自动牌照识别门禁系统。

完成社区公共服务平台建设，内容包括热线电话、IPTV、君云区微信平台等，实现居民区全覆盖；建设社区健康管理服务体系，架构“社区健康管理中心—居民区健康管理站（角）—居民区健康管理小组”三级网络。

2015年探索建立创业实训孵化基地，营造创业氛围。创新平台已经吸引入驻创业创新项目工作组16家。

陆家嘴智慧社区建设整合了现有的公共资源，能够在很大程度上节约社会运营管理成本，项目实施应用将努力实现公共管理与社会服务模式的创新。

（案例组织单位：上海陆家嘴智慧社区信息发展中心）

案例 29

厦门市统一实名认证服务平台案例

一、背景与需求

（一）案例需求

随着厦门市智慧城市建设不断深入，在线惠民服务应用不断推出，政府各部门的服务网站分散、认证方式不同、用户体验不佳等问题逐渐暴露，如就业服务网、交警服务网、社保服务网、市民健康网，这些在线公共服务网都需要使用者注册，各系统拥有独立的认证机制，这也就造成同一个市民在各个不同的系统中具有不同的账号和密码的情况。这种现状导致的问题总结如下：

1. 用户体验不佳。一个用户需要注册并记住不同系统的账号和密码，使用起来很不方便。例如：市民在图书馆网站输入其社保卡号和密码登录之后，来到交警网办理交通业务时，还需要再次输入其在交警网中的账号和密码，使用起来很不方便。

2. 安全性存在隐患。由于各个系统的密码管理策略不一致，导致用户在一些系统中长时间使用安全等级很低的弱密码，这使得用户的账号长期处于低级别的安全状态。

3. 数据信息存在泄漏风险。用户的信息分散在各个系统中，由于各个系统的安全管理水平不一，容易造成用户的信息泄漏。而各个网站中的市民用户信息都是敏感的身份信息，如社保卡号、身份证号、姓名、手机号、住址等，这些信息一旦被非法分子利用，后果会很严重。

4. 用户信息散乱分布。由于用户信息无法统一提供集中管理，新建设的系统无法充分利用现有的用户信息，阻碍了惠民服务应用的进一步普及推广，也导致了一些不必要的重复建设。此外，由于用户信息分散在各处，新建设的系统无法根据用户已经验证过的信息提供智能化服务，使得用户体验无法有效提升。

在这种现状下，构建统一实名认证服务平台显得必要而且迫切。

（二）建设基础

近年来，厦门市大力推动政府大数据中心和政务共享协同平台的建设，搭建了跨部门、跨层级的信息共享、数据同步、业务协同信息通道，率先实现部门间数据互信，并推出多项便民惠民应用。同时，厦门市还出台了《厦门市政务信息资源共享管理暂行办法》，制定了《厦门市政务信息共享协同平台接入规范》，加强政务信息的安全管理，破除信息孤岛。目前厦门已建成市民、法人、空间、信用、视频五大基础数据库，入库数据超过2亿条，每月更新数据近90万条，各业务单位共享交换数据260万条。政务共享协同平台已接入39个单位，2015年累计服务调用超过1.2亿次。从信息化基础和信息惠民应用成熟度方面来说，统一实名认证服务平台的建设已经具备了良好的基础。

二、主要做法

（一）建设思路

厦门市统一身份实名认证平台的建设既要吸取其他地市实名认证平台的经验教训，又要借鉴国外先进理念和先进经验，总体建设思路如下：

1. 统筹规划。统筹制定统一实名认证服务平台的建设方案，统一厦门市民和企业的数据标准，为各个业务提供一致和规范的身份信息。通过规范并统一用户信息，确保统一实名认证服务平台提供服务的一致性，有助于降低各个业务系统的接入成本。

2. 集中管理。统一实名认证服务平台将集中管理所有用户信息，对于有用户信息需求的业务系统，按照具体的需求，向其分发特定的用户数据。这种方式既能简化用户信息管理，也能充分保护用户信息的隐私性和安全性。同时，对于全市信息管理用分级式委托管理的方式，针对不同的应用、不同的用户信息字段，指定不同的管理员进行管理，确保在准确性的同时，有效降低管理成本。

3. 全市通行。通过各业务系统与统一实名认证服务平台进行整合，市民只需要通过一次认证，即可实现无障碍的访问和使用各个接入的系统，真正为市民提供“一个ID，一次登录，全市通行”的无障碍、跨部门的高效便民服务。

4. 分步实施。统一实名认证服务平台应结合各个职能部门业务系统的实际情况，在尽量不影响各部门已有业务系统运行的前提下逐步接入，实现无缝对接。

（二）平台定位

统一实名认证平台定位为电子政务服务的基础支撑平台，把为市民提供“一个 ID，一次登录，全市通行”的无障碍、跨部门的高效便民服务作为建设的核心目标，采取全程在线自动化认证方式，实现在线公共服务的统一认证和单点登录，为市民提供便捷的在线办事服务，切实提升用户体验，推进实名认证体系的集约化建设和集中式管理，让百姓办事“多走网路、少走马路”。

根据上述定位，厦门市创新性引入银联、银行的大金融系统，以用户在各家银行预留的庞大银行卡信息数据为基础，以厦门市市民、法人等基础数据库为支撑，进行实名认证体系构建。平台建立了一套权威的市民、企业实名用户中心以及基于电子签名的统一身份认证体系。

（三）平台架构

统一实名身份认证平台通过以下三大体系构建：一是建立一套权威的市民、企业实名用户中心；二是建立基于电子签名的统一身份认证体系；三是建立全市认证共享、互通互信的认证机制。平台架构如图 29-1。

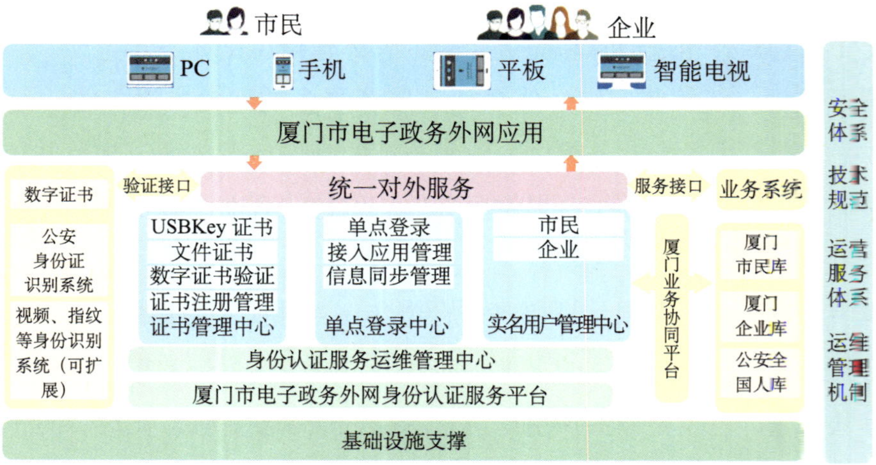

图 29-1　厦门市统一实名认证服务平台架构

平台建设统一用户中心和认证体系，包括用户基本信息、密码、认证信息、CA 证书等，实现全市各区、各应用系统认证机制的用户统一与账号互信。市民只需通过统一实名认证服务平台的实名认证，即可无障碍访问市民主页及各区、各单位对外开放的应用系统，并进行查询、办事、缴费等服务。通过优化用户信息采集、使用和认证流程，增强用户信息的安全性，降低各个系统重复建设用户注册、实名认证等流程的成本，强化用户信息管理，优化用户体验。

平台设置三级实名体系，可以基本涵盖厦门政务系统各类认证需求。三级实名认证采取平滑过渡机制，用户在办理需要更高级别认证的业务时才进行高阶认证提示：

初级认证：核验用户姓名、身份证号是否与公安公民身份库信息一致。此类应用场景包括个性化服务收藏、网上信访等，为弱实名认证需求。

中级认证：在上述认证基础上，增加个人实名银行卡号信息是否一致核验。此类应用场景包括查询个人、家庭水电气电话费账单、定向办理社区业务、查询个人社保公积金等，为强实名认证需求。

高级认证：在中级认证基础上，增加给用户账户打随机小额款环节，确保网上发起申请的用户就是本人。此类应用场景包括办理政府有关业务如生育险的在线申领、积分入学申报、网上缴费、在线支付等，为最强实名认证需求。

（四）平台实施

2014 年，厦门市开始启动全市统一实名身份认证系统的建设（见图 29-2），主要建设内容包括：

图 29-2 厦门市统一实名认证服务平台

1. 建设统一实名认证开放平台

通过建设统一的实名认证开放平台，实现市民和企业信息的统一管理，优化用户信息采集、使用和认证流程，增强用户信息的安全性，降低各个系统重复建设用户注册、实名认证等流程的成本。

2. 实施统一身份管理

统一身份管理就是对不同的应用系统进行统一的用户认证，通过统一的用户认证平台提供一个单一的用户登录入口。用户经过统一身份管理平台认证后，就具备了使用不同系统应用的权利。统一身份管理平台还提供对长时间无操作的超时重复认证功能，确保认证安全。

统一身份管理为用户使用多种登录手段提供基础，包括传统的口令登录以及安全性能更高的 SSL 软证书、USB Key 加证书等，使用户在使用统一身份管理平台上有更灵活的选择。

3. 统一身份认证

统一身份认证指将所有用户的安全验证集中到统一实名认证服务平台当中。统一身份认证的作用是鉴别用户合法性，为后续用户权限鉴定、单点登录的实现奠定基础。统一实名认证服务平台建立后，在正常情况下，用户的认证将集中在统一实名认证服务平台进行，包括用户名 / 密码、证书或者通过手机短信进行动态口令校验。符合校验规则后，完成用户登录流程，用户登录过程需通过 SSL 加密通道进行。为了保证市民的使用，需要建立一套完备的身份认证机制，确保用户的身份真实可信。同时，实名身份的认证过程需要兼顾便捷性和可靠性，能够在便于为广大市民进行认证的同时，确保认证的真实有效性。我们设计了以下几种安全等级的用户类型，这几类用户的安全性和可信任度依次提高：

匿名用户：只能浏览有限的信息。

注册用户：仅仅在网站上注册的用户。这类用户无任何权限，一旦登录，系统将自动跳转到实名认证页面。

实名制用户：经过可靠的认证流程完成实名认证的用户。对这类用户可以提供全面的服务。

数字证书用户：申请了数字证书的用户。这类用户安全性最高，仅能从安装了数字证书的设备上登录，并且在业务办理过程中可以使用证书进行加密和签名，能够办理需要具有法律效力的业务。

统一实名认证服务平台将用户的安全等级提供给各个系统，各系统可以根据用户的安全等级提供不同的服务。

4. 统一应用管理

统一实名认证服务平台对所有的接入应用进行统一注册，所有的接入应用都可以获得一个应用标识和密钥，并凭这个标识和密钥获取相应服务。同时，平台还提供与多个第三方应用系统的集成，实现不同应用系统间与平台的单点登录、单点退出、身份同步。

5. 统一权限管理

统一权限管理指对用户的权限进行管理。权限包括对应用系统的访问权限和对系统的管理权限。统一实名认证服务平台针对不同级别的管理人员和不同的用户群体设计了不同的操作权限，建立完善的管理机制，确保用户的信息安全。

6. 建立服务体系

为做好百姓的实名认证服务工作，方便各类用户快速认证，厦门市在统一实名认证服务平台上线后建立了呼叫中心，面向百姓提供电话服务。同时，在厦门市主要行政区还设置了线下服务网点，提供面对面的技术服务与支持，做好面向信息化应用水平不足人群的服务工作。

三、特色亮点

（一）机制创新

统一实名认证服务涉及政府多个职能部门，改造和协调难度大，是一项庞大而复杂的工程。厦门市高度重视这项工作，建立了“统一实名认证服务平台”联席会议制度，由市分管信息化的主要领导牵头，负责“统一实名认证服务平台”各项规划、年度工作计划、重大建设项目、政策措施的统筹审定，及时解决各市规划、项目建设、应用推广中的重大问题，从机制上保障了“统一实名认证服务平台”的建设和顺利上线。

（二）平台特色

1. 全流程自动化认证

整个认证过程操作简便，用户可以全程通过在线方式完成整个实名认证过程，免去了线下人工审核环节，减少了人工干预，整个注册过程只需要几分钟，用户体验非常好。

2. 一个账号全市通行

市民只需要通过一次认证，即可无障碍访问各个政务和公共服务部门的业务系统，真正享受到“一个ID，一次登录，全市通行”的无障碍、跨部门高效便民服务。

3. 认证机制安全可靠

由于平台依托公安人口数据库以及银行的金融系统构建，以用户在银行预留的银行卡信息数据进行校验，确保了认证数据的准确、权威、可靠；平台同时还支持授权认证，允许用户授权第三方网站访问他们存储在另外的服务提供者外的信息，而不需要将用户名和密码提供给第三方网站或分享他们数据的所有内容，确保了平台的安全性。

4. 认证通过成功率高

该平台支持所有全国性银行和大部分区域性银行的账户验证，是实名认证电子化手段中稳定性和成功率最高的一种解决方案，极大地方便了非本市户籍人员的实名注册。

5. 平台可扩展性较强

平台建成后，厦门市制定了《全市统一实名认证服务平台应用系统接入指南》，提供标准的接口规范，方便平台与外部应用的对接。

（三）重点应用

1. “i 厦门”一站式惠民平台

在统一实名认证平台的支撑下，厦门建成了全市统一的一站式在线办事服务平台——“i 厦门”一站式惠民服务平台（见图 29-3）。平台从市民最关注的角度提供包括政务、生活、健康、社保、文化、教育、交通、诚信、金融等领域的办事服务。现已汇聚了医院预约挂号、社保生育险在线领取、公安网上办事服务、生育服务证办理、社区便民服务、民生食品及农产品价格查询、养老金支取、个人出入境签注、机动车违章处理、图书借阅、积分入学、社保卡交易密码、学生成绩查询等 200 多项惠民服务，实现“惠民一门户”。平台上线以来获得“最佳政务平台实

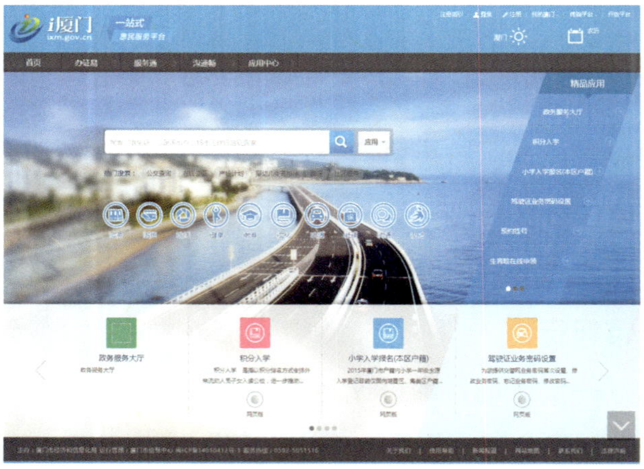

图 29-3 “i 厦门”一站式惠民服务平台

践典范”及“全国智慧治理优秀案例”等多项殊荣，表明该平台在整合服务资源、统一惠民服务入口、智能感知服务等方面处于领先地位。

2. 积分入学在线申报服务系统

厦门实行外来务工人员随迁子女“积分入学”政策，积分与随迁子女家长的暂住、社保、务工、房产、计生等要素“挂钩”，确保公平性。2015年，厦门市在全国率先利用统一实名认证平台推出“积分入学在线申请系统”，缓解外来务工人员子女入学难情况。

往年外来务工人员办理积分入学时，需要到社区、社保、公安等多个窗口开具各类证明，提交的材料经人工审核、计算积分后根据积分排名办理子女入学，办理过程中手续烦琐、来回奔波、扎堆打点，教育部门审核、算分工作量大、难度大（真假难辨）。通过建设“积分在线申请服务系统”，家长在线提交有关电子材料即可完成预约登记报名，系统通过与公安、人社、工商等部门的信息共享，实现申请资格、入学积分自动预审和计算，积分审核的无纸化、网络化，简化了办理手续，提高了办理效率。截至2015年4月底，全市积分入学在线预约登记工作基本结束，已完成全市24281人的在线登记报名，系统累计访问量超过1[illegible]5万次，大大减轻了部门工作量，初步估计为政府和市民节约超过2500万元的社会综合成本。

3. 鼓浪屿船票在线购票

鼓浪屿游客长期以来一直居高不下，引发了管理上的许多问题。为了合理控制上岛人数，创建优质游玩环境，提高游客的满意度，厦门市对游客上岛人数做了限制，游客只有通过提前网上购票才能上岛游玩，导致上岛船票越来越紧张，“黄牛”也随之出现，抢占票源成为他们倒票的主要手段。为了有效解决这一问题，厦门市借助全市统一实名认证系统完善网上实名购票，有效遏制黄牛倒票，提高了管理和服务水平，塑造了健康的旅游环境（见图29-4）。

图29-4 鼓浪屿船票在线购票系统

4. 网上处理违法驾驶扣分

驾驶证买卖分一直是普遍存在的社会问题，这在一定程度上助长了机动车驾驶员无视交通法规，导致交通混乱的现象。为了规范驾驶证扣分行为，防范、杜绝买卖分现象，厦门市通过驾驶证持有者实名认证后设置业务驾驶证业务密码来防范买卖分的行为。机动车驾驶员只有在设置驾驶证业务密码后，才可以通过厦门交警网在线处理需要扣分的违法行为，在防范、杜绝买卖分的同时，也有效地保障了机动车驾驶证合法权益，打击了“买分卖分”“冒用他人驾驶证”等违法行为。

四、应用成效

（一）降低惠民服务的综合社会成本

通过统一实名认证服务平台的建设，厦门市构建了支持市民和企业的实名认证基础支撑平台，整合了全市的在线业务系统的实名认证体系，统一了实名认证的入口，为市民和企业提供全流程在线自动化的实名认证服务，认证全过程无须人工参与和干预，验证速度快、成本低，有效减少了市民来回奔波和职能部门窗口工作量，也避免了各部门认证平台的重复建设。

截至 2016 年 2 月 29 日，平台总用户数已达到 488294 名，其中实名认证用户 344012 名；为“2015 年积分入学”提供 2.4 万个实名认证数据服务；为轮渡公司网上购票提供了 14 万个实名认证数据服务；为厦门交警网网上处理违法扣分提供 25 万个业务密码数据和实名认证数据服务；另外平台还为包括预约挂号平台、数字图书馆、社保网、公积金、信访系统在内的 50 多个业务系统提供数据支撑。据初步测算，自平台上线以来，为政府和市民节约超过 5000 万元的重复建设费用和综合社会成本。

（二）加强用户信息安全管控

实名认证平台成功地解决了传统认证方式存在的问题，第三方无须保留用户的个人信息，既提升了用户体验，又消除了信息泄露隐患，保证了用户个人隐私的安全性。同时，用户认证信息的集中管理优化了资源配置，减少了信息存储、管理接触的节点，降低了信息泄露风险。

（三）推动了惠民公共服务平台的建设

厦门市依托统一实名认证平台陆续推出了多项办事服务，如“i 厦门”一站式惠民服务平台、积分入学在线申报系统、鼓浪屿船票在线购票系统等。随着惠民公共服务的不断完善，厦门市民已经逐渐形成了在线办事的习惯。看病首先预约好就诊时间，交通违章网上处理，网上办理积分入学事项，网上查询信用信息、查社保，网上办理出入境证件等，甚至连生育险都可以是交本人银行卡信息直接通过网上领取，真正推动了市民办事“多走网路、少走马路”。

（四）带动金融产业发展

通过与厦门市进行实名认证平台的首创合作，相关金融机构把实名认证模式推广到了全国各地，除政府服务平台合作外，还与银行、第三方支付公司、P2P网络金融建立服务关系，挂接包括民生银行、浦发银行等在内的商户近30家。自2015年正式开始业务推广以来，经过不断开发与完善，相关金融部门仅用时半年多就完成了交易量从0到千万笔级别的突破，2015年交易量突破3000万笔，日均交易量8.3万笔。

（案例组织单位：智慧城市发展联盟）

案例 30

着力数据共享应用
提升城市精准管理服务能力
——宜昌市创建智慧城市探索实践

一、背景与需求

（一）城市基本情况

宜昌，位于鄂西南、长江中上游结合部，是举世闻名的长江三峡工程所在地，是湖北省域副中心城市、长江中上游区域性中心城市、世界水电旅游名城。全市国土面积 2.1 万平方千米，常住人口 410 万，辖 5 县 3 市 5 区和 1 个国家级高新区。2015 年，全市 GDP 3384.8 亿元，经济总量居湖北第 2 位、长江沿线 19 座地级城市第 4 位、中部 77 座地级城市第 2 位，进入全国百强城市行列。先后获得了全国文明城市、国家卫生城市、国家环境保护模范城市等荣誉称号，荣获社会综合治理“长安杯”奖项，被誉为宜人之城、昌盛之地。

（二）问题与需求

宜昌在智慧城市建设之初主要面临四个问题需要解决：

1. 智慧城市建设首先需要解决的重点

随着我国市场经济体制的建立和信息化时代的到来，现代城市社会的开放性、流动性不断增强，政府对城市的管理和对市民提供公共服务产生了一定难度，政府对自己所需要管理和服务的人、物、事等基本情况特别是变动情况底数不清、情况不明，很盲目，管理服务的手段落后、机制不活、工作滞后，往往只能是“亡羊补牢”，得了严重的“盲滞症”。下雨“看海”、出行塞车、入托难、上学难、看病难等问题在宜昌也明显存在。因此，通过智慧城市建设，利用现代信息技术推进传统管理体制机制改革，适应现代开放性、流动性社会新形势，解决政府对城市管理服务对象的底数不清、情况不明的问题，成为第一重点。

2. 智慧城市建设必须要解决的最大难题

我国信息化建设是从部门、行业起步的，部门和行业的纵向管理信息化水平相对比较高，而在城市政府的横断面管理信息化水平相对落后。特别是在基层社区形成了由多个部门建设的互不兼容的多张网、多台电脑、多个应用系统，影响了社区信息化不是减轻负担提高效率，而是增加负担降低效率的负面影响。在政府部门内部大都存在自行开发或由上级下发了多个互不兼容的信息应用系统，部门之间也存在层层信息壁垒，形成了“纵强横弱”“条块分割”和“信息孤岛”局面。存在着信息采集难、信息更新难、信息准确难、信息共享难、信息应用难等问题，成为智慧城市建设必须要解决的关键性的难题。

3. 如何做好智慧城市的顶层设计和选择何种建设模式

智慧城市建设是一个全新的概念，当时难以找到既比较完整又比较成熟的顶层设计方案，也没有一个专家或者专业公司能够拿出一个完整的智慧城市顶层设计方案来，因为它涉及面太宽太复杂，各地的差异性太大，在国内同等城市中信息化建设虽不乏好的案例，但大都各有侧重，可以借鉴但难以直接在宜昌套用。因此，需要根据宜昌实际，在顶层设计理念指导下摸着石头过河，在实践中逐步丰富完善顶层设计的框架和内容，以确保不断向前推进而又不会走弯路。

4. 如何统一对智慧城市建设的认识和加大推进工作力度问题

干部队伍中对智慧城市建设的重要意义和紧迫性普遍认识不足，部分同志尤其是领导干部，对信息化及其对社会多领域的深刻改变存在着思想准备不足、意义认识不足、适应能力不足等问题。对智慧城市、互联网思维、云计算、大数据等新概念、新技术，有的同志虽然挂在嘴边，但缺乏深刻理解，往往用传统思维、传统方式来推动信息化；有的同志干脆采取置之度外的态度，认为那是发达国家和先进地区的事，是专家们讨论的事，是后人们的事，在智慧城市建设上执行不力。因此，需要建立强有力的推进机制才能确保智慧城市建设取得实效。

（三）试点总体情况

宜昌是第二批全国智慧城市建设试点城市，市委、市政府把智慧城市建设作为宜昌发展的重大战略措施，借鉴国内外先进经验，坚持在顶层设计理念指导下结合实际“摸着石头过河”的思路，以问题为导向，积极探索，勇于创新，大胆实践，在智慧城市规划设计、信息基础设施建设、城市智能化管理、信息惠民服务以及体制机制建设等方面做了大量改革创新，通过建立公共信息平台和网格化管理体系，建立起了人、物、事、组织等城市基础数据的实时采集、动态更新、关联比对的数据生产机制，建立起了部门间数据资源的实时交换、有序共享、业务协同的数据应用机制。通过着力推进数据的共享应用，在城市精准化管理和优质化服务方面取得了明显成效，正努力探索以数据共享应用为轴线的一体化智慧城市建设之路。

二、主要做法

(一)建立强有力的统筹协调机制，着力解决智慧城市推进难度大的问题

2014年初，宜昌市委、市政府公布了《关于建设“智慧宜昌”的决定》(宜发〔2014〕7号)，对智慧宜昌建设进行了总体部署，明确了建设“智慧宜昌”的总体思路：要坚持“政府主导、市场主体，科学统筹、创新驱动，开放合作、整合共享”的总体原则，明确了“智慧宜昌”建设的总体目标任务。经过近两年的实践探索，2015年市政府又制定了《加快“智慧宜昌”建设三年行动计划(2016—2018年)》。力争通过3至5年的努力，把宜昌建设成为全国智慧城市建设试点示范城市和长江中上游区域性的智慧之都。为此，构建了强有力的统筹协调机制。

1. 建立“一把手”负责的领导机制

成立了以省委常委、市委书记为组长，市长为第一副组长，有关市领导为副组长，市直相关部门一把手为成员的市“智慧宜昌”建设工作领导小组，并建立了年度例会和专题调研制度，书记、市长坚持每年亲自做一次以上智慧城市专题调研，亲自主持召开领导小组年度工作会议讨论解决建设工作中的重大问题，亲自主持召开县市区党政一把手参加的智慧城市推进工作大会，安排部署年度工作任务。

2. 建立专门机构负责的管理体制

在市政府办公室设立相对独立的“智慧城市建设办公室(加挂电子政务办公室)”市政府设专职副秘书长兼任主任，定编5个内设科室18个编制。主要职责：贯彻落实国家、省、市关于智慧城市(信息化)的法律法规、方针政策和工作部署；统筹推进智慧城市、信息惠民、社会信用体系和电子政务建设工作；负责全市智慧城市(电子政务)建设的规划制定、组织实施、推广应用、督办考评；承担市级政府投资的智慧城市(电子政务)项目建设和管理；负责全市公共信息资源的建设管理，指导协调大数据的开发利用；协调配合有关部门推进智慧产业的发展。

3. 建立“643”统筹协调机制

为避免低水平的分散建设、重复建设形成新的信息孤岛，市政府出台了《宜昌市信息化建设项目管理办法》，由智慧城市建设办公室统筹负责智慧城市、信息惠民、信用体系、电子政务等信息化项目建设，构建了“643”的统筹协调机制。“6”即全部使用财政性资金投资的信息化项目（涉及特殊行业除外），实行统一规划、统一建设、统一采购、统一监理、统一验收、统一资金拨付的“六统一”机制。“4”即部分使用财政性资金（包括其他政府性资金）投资的信息化项目，建立审核规划标准、基础设施、安全管理、资源共享的“四审核”机制。“3”即非财政性资金投资的信息化基础性、涉众性重大项目（包括由企业投资的基础网络、大型云计算中心和数据中心等基础性项目，由企业投资营运的涉众性的惠民项目及综合性交通、旅游、物流等信息化项目），在主管部门报备时数据同步共享到市智慧办，市智慧办就建设规划的一致性、实施方案的科学性、公共资源的共享性等方面主动开展“三服务”。

4. 建立专家咨询制度

组建了高层次专家咨询委员会。在全国范围聘请了17位有丰富理论经验和实际工作经验的专家，组建了“智慧宜昌”专家咨询委员会，帮助和指导宜昌市智慧城市、信息惠民、信用体系和电子政务等方面的建设工作。两年来已经开展了5次专家咨询活动。

5. 建立外包服务机制

对智慧城市的基础性设施和重要应用系统等建设运行维护，采取外包给专业公司、政府购买服务的方式，先后对三峡云计算（大数据）中心、12345呼叫中心、市民卡服务中心、政府网站群服务中心、数字证书服务中心、网络安全管理等外包给专业公司建设和运维。

6. 建立目标考核机制

将智慧宜昌建设工作纳入各级党政综合目标考核内容，由市智慧办将每年工作任务细化分解到各地各部门，年底考核结果交市委目标办计入综合目标考核，实行绩效挂钩。

（二）建立公共信息平台，着力解决跨部门数据交换共享难的问题

1. 搭建统一的云计算中心，为公共信息平台提供强有力的基础支撑

采取PPP模式建设和运维三峡云计算中心，作为智慧宜昌建设的运营中心。截至目前，采用中科曙光自主可控一体化的云计算平台建设宜昌城市云计算平台，

已具有计算能力40万亿次、存储能力4P，目前电子政务云集中部署了34个市直部门的110个应用系统，9个县市的52个应用系统。还建有中小企业云、城市视频监控云、健康医疗云、医院云、教育云、社保云等。

2. 抓住重点率先突破，搭建部门实时共享的公共信息平台

宜昌市在开展以人口、法人、空间地理信息为重点的公共信息平台的试点工作中，人口信息选择了市公安局为试点单位，法人信息选择了市工商局为试点单位，空间地理信息选择了市规划局为试点单位。通过重点突破，其他部门工作才好做，才能起到带动作用形成示范效应。

3. 共建共享以用促建，逐步扩大部门数据交换共享覆盖面

按照参与部门共建共享的思路逐步扩大交换共享覆盖面，建立了基于公共信息平台的一对多的交换共享模式，解决传统的点对点数据交换模式存在的多头交换、重复交换、交换接口开发多、交换维护工作量大的问题。公共信息平台建设成功关键在应用，应用价值的关键在公共信息的动态性、鲜活性，实时交换共享机制保障了公共信息的动态、鲜活。部门与部门之间不再开展点对点的数据交换，一个部门只要与公共信息平台对接交换其公共数据，就可以同步获得本部门所需要的多个部门的数据应用于业务工作，大大提高了部门开展数据交换共享的积极性。到2015年底，宜昌市公共信息平台中户籍人口、常住人口、流动人口、法人信息等基础信息完整程度达到较高水平，覆盖了90%以上城区人口和法人信息。

（三）建立网格化管理体系，解决人、房、物、事等基础信息采集难、更新难、准确难的问题

1. 建立网格员队伍，明确其基础数据采集为核心职责

宜昌市在开展全国社会管理创新试点中，探索了以人为本，网格化管理，信息化支撑，全程化服务的“一本三化”网格化社会服务管理新模式。按照“街巷定界、规模适度、无缝覆盖、动态调整”的原则，把城区划分为1421个网格。在整合综治、公安、民政、人社等多个部门现有基层力量的基础上，面向社会公开招录网格员，一格一员，将1421名网格员作为基层社会工作者，统一培训，统一管理。明确网格员的基本职责是统一负责公安、综治、人社、民政、计生、城管、食品安全等信息综合采集和社区服务。

2. 建立数据采集制度，形成基础数据实时采集动态更新的机制

统一为每名网格员配备“社区e通”，建立网格员“一日两巡”工作制度，通过“社区e通”，将社区人、房、事、物等综合信息动态采集，及时上传到社区综合信息

数据库，实现了基础工作信息化、信息工作基础化。

目前，“社区e通”已具备了23个功能。网格员通过“社区e通”将各类基础信息和事件信息实时上传，建立“综合采集、多方共享，动态更新、实时处理”的信息采集机制，为政府部门提供第一手的动态的基础信息，第一时间发现并处理问题，成为政府部门的“眼睛和耳朵”。

3. 开展数据关联比对核查，建立统一、准确可用的公共信息数据库

将网格员采集的人口、法人的基础数据和变动信息，以及空间位置信息，与公安、人社、卫计委、房管、工商、质监等部门交换的数据开展数据关联比对，比对不一致的下发网格员“社区e通”进一步核查，只有关联比对后的基础数据才能入库（见图30-1）。通过周而复始的网格采集、部门交换、关联比对、核查修正，才能在此基础上建立动态、完整、准确的人口、法人等公共信息数据库，最终为各级、各部门提供动态、真实、可靠的基础信息，从而真正解决公共信息准确性的问题。从而实现了对政府需要管理和服务的人、房、物、事底数清楚情况及时掌握，为各部门和基层利用这些公共信息开展社会管理和惠民服务打下了良好基础。

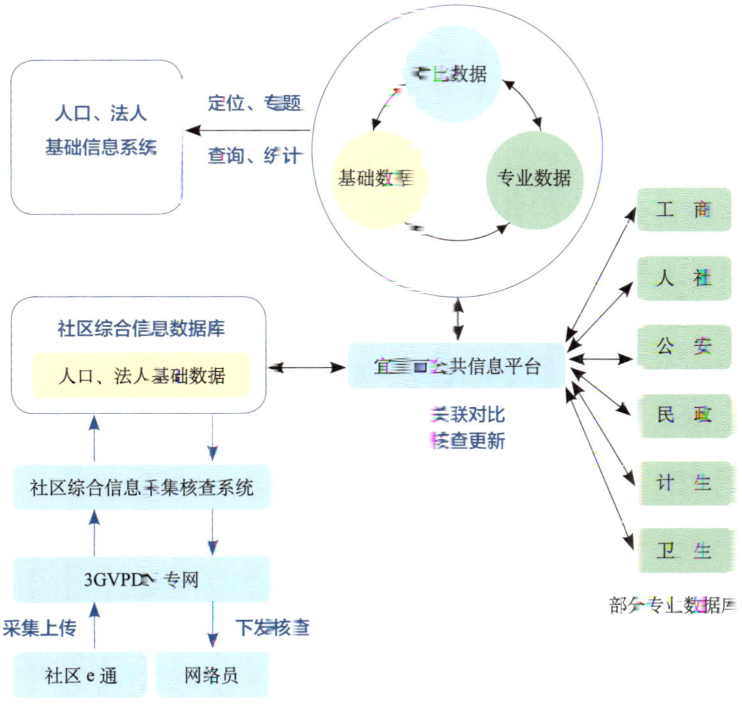

图30-1 基础数据关联比对流程图

宜昌市通过实施社区网格化管理，网格员利用“社区e通”移动终端，实现了社区综合信息统一采集核查，各部门不再在基层社区多头采集，由网格员综合采

集后，通过公共信息平台提供部门共享，实现了“网格一次采集，部门多方共享”，解决了基层动态采集、多头采集、重复采集的问题，同时解决了部门采集数据不一致的问题。有效解决了公共信息的采集难、动态难、准确难、共享难等问题。

（四）建立部门对接跟进机制，解决数据共享应用于服务管理的实效性问题

为了提高公共信息数据在社会管理与公共服务上的应用水平，宜昌建立了“一对接两跟进”工作机制，即部门业务系统对接统一的人口、法人、房屋、城市部件等基础信息系统和 GIS 平台，根据不断变化的人、房、物、事的动态信息，结合部门的职能，改革创新部门业务工作流程和运行机制，跟进管理，跟进服务，并将部门的专业化服务与网格员的贴身服务紧密结合起来，从而形成了以整合资源为重点、以公共信息平台为支撑、以动态数据为轴线、以服务群众为根本的全方位的网格化社会管理与惠民服务工作机制。到 2015 年底，已经有 19 个部门和 14 个县市区通过与统一的公共信息平台对接开展数据应用。

1. 部门业务系统与基础数据库对接，实现真正意义上的跨部门互联互通业务协同

凡是部门原有业务系统或上级落地应用系统，通过前置交换机，直接从基础数据库提取基础数据，从公共信息平台共享其他部门的公共数据；凡是新建部门应用系统一律按统一的数据标准设计，直接使用数据库基础数据和共享数据，用于城市管理和公共服务。比如，民政部门在进行低保审批过程中与相关部门的数据共享应用，当街办在收到低保申请后，直接从公共信息平台调阅核对申请人的户籍、房产、社保、就业、车辆、公积金、工商登记等信息，进行初审后返回社区公示，免除了申请人提供众多证件和多次往返跑路的烦恼，节省了审核人员带着申请资料到各相关部门调查核对的时间，大大提高了工作效率，提高了审批的准确率，提高了低保对象的满意率。

2. 通过数据推送，部门主动跟进开展精准化服务管理

部门通过数据主动推送，有效地提高了管理和服务的精准化、智能化水平。宜昌充分利用公共信息平台的支撑作用，把服务事项办理窗口下沉到社区，变被动管理为深入基层主动服务，把管理寓于服务之中，实行部门服务事项进社区、网格员代理代办服务进家门。目前生育服务证、流动人口婚育证明办理，老年人优待证、居住证、城镇低保、农村低保、农村五保、社会救助、生育保险、公共租赁住房申请、社保证明等 30 项服务事项已经延伸到社区。网格员开展了代上户口、代办居住证、代办老年优待证、代上医保等服务。通过公共信息平台，建立了以实有人口变动为

轴心、以网格化为基础、以信息化为支撑、以资源整合为手段，对人提供整个生命周期的全程管理和服务。

比如在老年优待证、高龄津贴等办理服务时，数据中心会调用人口基础数据库，自动计算年满60周岁和80周岁的老年人信息，通过公共信息平台下发至老年人所在的网格员手机上，网格员收到办证提示后，主动上门询问老年人是否愿意办理老年优待证和高龄津贴，对愿意办证的老年人，网格员在系统中采集老年人的照片信息并对办证信息进行确认，确认的信息交换到市民政局办证业务系统直接制证或高龄津贴审批，老年优待证制证完成后由网格员送证上门。整个办理过程老年人不需提交资料和照片、不缴费，办证周期由原来的3个月压缩为15个工作日，不需要往返社区申请和领证，老年人足不出户就能领到老年优待证和享受高龄津贴。截至2015年底，中心城区已上门发放老年优待证35646张，已给15976人发放高龄补贴。

三、初步成效

（一）数据共享应用有效提高了政务工作效率和市场监管能力

通过建立公共信息平台，政府各部门在业务工作中可以放心直接应用统一的公共信息平台提供的数据开展工作，降低了行政成本和人力成本，提高了工作效率和水平，提高了对市场的监管能力。比如，利用人口基础数据开展代表选举和社保登记，城区选民登记现在两天时间内就可完成过去成立专班、需要一个多月才能完成的任务。在开展农村社保登记中，为300多万市民减少了照登记照片、提供相关证件等麻烦和费用，也大大提高了工作效率。照片采集一个县原要半年时间缩短到半个月左右就完成了任务，同时还为市民节省了2400多万元的费用。

（二）数据共享应用有效提高了公共服务能力

宜昌市充分发挥公共数据资源集中度较高的优势和网格员主任贴近市民的有利条件，协调多个部门，整合多种渠道，创新多种方式开展信息惠民服务，已经初步形成了以“全人群覆盖、全周期贯穿、全方位服务，网格化零距离”为特色的全生命周期网格化信息惠民新体系。2015年在国家发改委批准的全国80个信息惠民国家试点城市中脱颖而出，成功晋升至18个信息惠民国家示范试点行列。比如，利用公共信息平台基于移动互联网的应用开发建设了宜昌“市民e家”，市民通过实名制注册，可随时查看便民公告、空气质量、企业查询、宜昌格格、政府资讯、信息公开、办事指南，查询水费、电费、燃气费、社保账户明细、医保定点医疗机构、公积金账户明细、个人所得税、车辆违章及个人车辆信息等，还能根据市民需求定制专属的账单推送服务。到2015年底，宜昌“市民e家”注册用户数达44.1万人，中心城区成年人覆盖率达到50%以上。

为了满足各种人群的信息消费需求，根据不同人群的消费特征和习惯，按照“互联网+民生”的思路，在统一公共服务平台的支撑下，创建了网上一页通、手机一点通、电视一屏通、社区一站通、电话一号通、市民一卡通（在建）“六个一通”服务渠道，实现市民查询、办事、互动、专题服务的一体化，全人群覆盖，让所有市民都可以通过自己能够掌握的方式和渠道享受信息服务。做到“惠民六个一通，信息人人可用”。目前已经实现网上查询服务93项，网上预审批183项，网上全流程办理33项，社区一站式网上办理69项，村民办事67项不出村，城区网格员代办服务34项。

（三）数据共享应用有效提高了社会公共安全水平

宜昌市公安部门通过共享统一的人口基础数据和网格员每天实地两巡实时采集的数据，共享统一城市视频监控平台数据，开展业务工作，使社会治安状况明显改善。2013年宜昌市获得全国社会管理综合治理“长安杯”奖，2014年9月全国深化平安城市建设现场会在湖北召开，宜昌市以“大数据，大平台，大应用”为题在会上作典型发言，中央政法委在全国推广宜昌的经验。近几年来，公安部门根据公共信息平台采集的流动人员信息，发现流入违法犯罪前科人员1870人，抓获在逃人员985人，获取各类违法犯罪线索2108条，查破各类刑事案件1425起。2013年5月12日，重庆奉节抢劫犯罪嫌疑人邓世友潜逃至宜昌后，利暂住在李家湖路8号48栋一单元3楼105室，网格员入户采集信息交换到警综平台，系统比对后发现该人为逃犯，伍家刑警大队迅速将其抓获归案。近几年，宜昌市群众安全感、治安满意度和执法公正满意度连续位居湖北省市州第一。消防部门应急救援通过公共信息平台的人、房空间定位信息和城市部件、道路信息，由原来的模糊救援方案变成了可以迅速制定精准的救援方案，全市灭火救援到场时间平均缩短了近20%。2015年同比去年，火灾起数下降了23.37%，伤亡人数下降了75%，直接财产损失下降了63.71%。

（四）数据共享应用有效提高了城市精准化服务管理水平

近两年来，宜昌市政府通过公共信息平台提供的人口空间分布准确信息，合理进行公共资源分配，开展了中心城区幼儿园、小学、中学的布局规划调整、集贸市场布点规划调整，医疗卫生设施规划调整等，做到市民步行10分钟可以享受教育、医疗、超市等基础的公共资源服务。城市公用设施、环境卫生、[illegible]三“门前三包”、公共交通等城市管理通过共享人口、法人和城市部件、视频监控等数据和网格员采集的数据，可在做到城管事件、交通事故、垃圾死角等及时发现，快速反应，精准处置。宜昌市直各部门以统一的公共信息平台为依托，充分利用移动互联网、云计算、大数据的理念，积极转变工作职能和改进工作作风。开展精准化、智能化社会管理和公共服务，先后有综治、公安、消防、工商、住建、民政、司法、卫计、工会、民宗、妇联、城管、食药监、教育、农业等10多个部门工作处于全国全省领先地位。

（案例组织单位：湖北省宜昌市人民政府）

案例 31

深圳市福田区利用大数据创新社会治理和公共服务

大数据、云计算、物联网等新技术的发展及普及，为政府治理实现“智能化”提供了技术支撑，将从根本上改革政府组织模式和政府形态，进而改变政府治理模式，影响整个政府存在的形态。从长远来看，大数据将对政府治理范式、政府职能和政府自身管理等多个方面产生影响。深圳市福田区充分认识基础数据的重要性，在保证数据动态、精准、数据开发利用等方面进行了卓有成效的创新和探索。

一、背景与需求

（一）背景

现阶段，我国正处于社会转型加速期，随着社会的快速发展和急剧变迁，包括人、财、物、事等在内的社会治理数据和信息变得越来越庞大和复杂，而这与当前大数据技术的发展正好不期而遇。针对目前社会治理领域普遍存在的服务理念滞后、决策机制不够科学、部门协作亟须加强、工作效率亟待提升等问题，大数据技术从认识、理论、方法、实践和效果评估等方面都能给人们全新的视野，为社会转型期的社会治理创新带来了机遇。

（二）需求

1. 不同部门、不同时期的系统和数据融合的需求

福田区各职能部门经过多年的信息化建设，拥有众多的信息化、电子政务业务系统。原有应用系统基于各部门分散的业务需求建设，系统存在较大的差异性，数据结构和信息安全的要求也各异，这些都造成数据和信息融合困难，并影响了数据的应用。消除数据孤岛，促进数据融合和应用，成了亟须解决的问题。因此，一方面要从系统着手，充分考虑大数据的特点和需求，逐步统一规范政府各个系统的数据标准格式、数据结构和系统结构；另一方面需要从制度上打破部门保护主义，消除数据跨部门流动和应用的无形阻力。

2. 社会治理体制从碎片化到网络化转变的需求

当前，社会治理碎片化是我国社会治理体制存在的主要问题，主要表现为承担社会治理职能的各政府部门各自为政，协同性不足，同时不同部门的职能之间存在交叉和重叠，“信息孤岛”和“信息打架”现象并存。在这种背景下，实现社会治理大数据的完全共享，不断提升其使用效能、效率和效益，将有助于推动各社会治理主体之间的协同与合作，进而促进社会治理体制从碎片化向网络化转变。

3. 社会治理方法从简单粗放到科学决策转变的需求

长期以来，基于少数人的社会治理需求推断、预判多数人乃至整个社会现时的或者未来的社会治理需求，基于部分地区的社会治理经验推断整个地区乃至整个国家的社会治理政策和措施，是一种在我国占主导地位的社会治理思维。各社会治理主体须对原有的社会治理方法进行根本性的变革，着力培养大数据意识，促进相关数据的完全共享，更多地依赖具体数据进行决策，实现从以有限个案为基础向“用数据说话”转变。

如何从海量的社会治理微观数据中找出有价值的信息，形成一套完整的数据分析应用体系，并为最终决策提供参考，是大数据时代实现社会治理方式创新的关键环节。通过对社会大数据进行历时性和实时性分析，加强社会风险控制，提高政府预测预警能力和应急响应能力。

4. 创新基础数据采集的需求

在社会建设中，人口管理作为源头性、根本性、基础性工作，是实施各项行政职能、提供各项公共服务的前提。作为深圳市的中心城区，福田区常住人口130多万，其中外来人口占据了半壁江山，如何有效管理流动人口就显得尤为突出。过去单纯依靠综管员上门采集登记人口信息的管理方式已不适应当前福田区流动人口和出租屋管理的客观形势，必须适时进行创新。针对这一问题，福田区经过对基层情况深入调研，充分听取各方面意见，提出以城中村出租屋业主和住宅小区物业管理机构为主体，全面建立和实行流动人口信息自主申报制度。

二、主要做法

（一）按照“集约建设、共建共享”的要求，统一建设数据中心管理服务平台

通过建设统一的数据中心管理服务平台（见图 31-1），对各部门数据进行统

一集中管理，同时对外提供服务查询接口，以满足跨部门的业务查询需求；通过数据挖掘、数据比对、数据服务发布等，为业务应用系统提供数据核查服务、数据推送服务，为领导决策提供支持；以深化服务与应用为重点，建立可持续发展的信息共享和交换机制，进行跨部门的数据交换和综合应用。同时建立完善的安全管理体系，对数据中心查询、使用全过程进行监管，保证数据共享交换过程中的安全可靠。

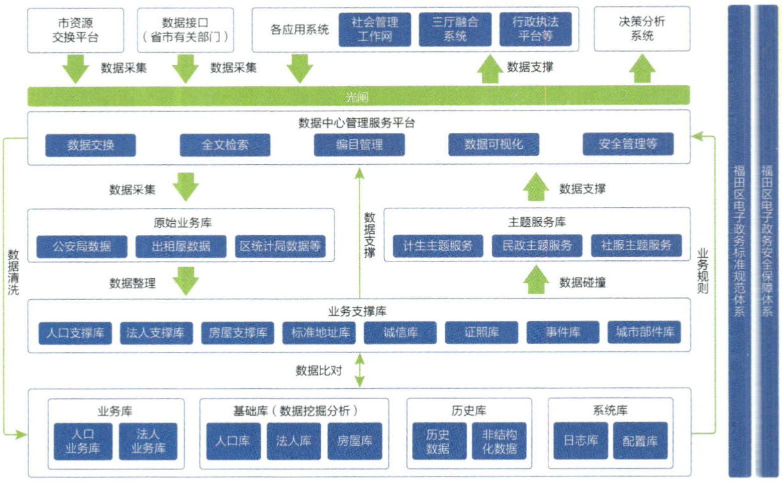

图 31-1 福田区数据管理服务平台总体架构

1. 数据采集入库

数据中心按照“统一标准、一数一源、多元采集、共享校核、动态更新、安全可控”的原则进行建库和管理。按照“谁提供、谁更新、谁负责”的原则，对数据中心的基础信息和扩展信息进行实时更新和质量监控。通过共享深圳市公共基础信息资源库福田区镜像库基础信息与市（区）相关部门的业务信息清洗、比对、关联的方式构建，其中市直 19 个部门相关数据通过市信息资源交换平台进行订阅采集，区内 12 个部门相关数据通过服务接口方式进行采集。

构建的数据库包括六大基础库、主题服务库、历史库及个人、法人全生命周期的数据库（关联证照、诚信等）。

2. 数据清洗与加工

为了使各渠道采集的数据更加准确、鲜活，提升福田区公共基础信息资源库数据质量，福田区通过建设大数据平台构建了数据清洗规则管理、数据质量管理等相关功能模块。

（1）数据清洗融合。数据的清洗融合是公共信息资源库建设的关键，决定了数据的准确性和可用性，是支撑数据运营、决策分析、数据开放的基础。由于数据中心的数据来源比较复杂，作为数据源的各个业务系统之间的数据并没有统一规划，需要对所有来源数据进行数据清洗与加工。

（2）数据质量管理。数据质量管理系统基于数据中心数据规范与文件要求，建立各个维度的数据监测模型与规则，对所有数据进行质量监测，快速发现和找出问题数据，并建立起问题数据的快速修复机制和保证数据质量逐步提升的数据质量大循环机制。

3. 数据智能化管理

提供包括元数据管理、全文检索、关联分析、数据可视化等功能，实现数据管理操作可视化、数据可视化，实现用户与数据的智能沟通。

4. 数据服务支撑

提供数据挖掘、数据比对、数据服务发布等功能，为业务应用系统提供数据核查服务、数据推送服务，为领导决策提供支持。数据中心目前已可提供高龄老人津贴、敬老优待、家庭服务、失业等 6 类 1[illegible] 项数据服务。通过数据计算、数据比对等，数据中心可为福田区社会管理工作网、鹊桥网等提供数据核查服务、数据推送服务。

5. 数据安全管控体系

提供共享和应用等方面的安全管理，建立对数据中心查询、使用全过程的监管机制，重要敏感信息屏蔽机制。提供数据扰乱、数据加密、数据日志、访问控制等。

6. 统一数据标准

统一数据标准是各业务部门间互联互通、信息共享、业务协同的基础，福田区数据中心通过建立对应的数据标准体系，使数据在整合、应用等过程中实现统一标准的管理，达到提升整体数据质量，实现信息共享、信息交换、信息关联的目的。

（二）以“一库一队伍，两网两系统”为基本框架，构建“织网工程”信息系统，探索社会治理新模式

福田区委、区政府以深圳织网工程和智慧福田建设为契机，依托大数据系统网络，着力构建以民生为导向的完善的社会建设电子政府应用体系，并在此基础上积极开展业务流程再造，有效提高了福田区的行政效能和社会管理能力，建设“一库一队伍，两网两系统”（见图 31-2）。

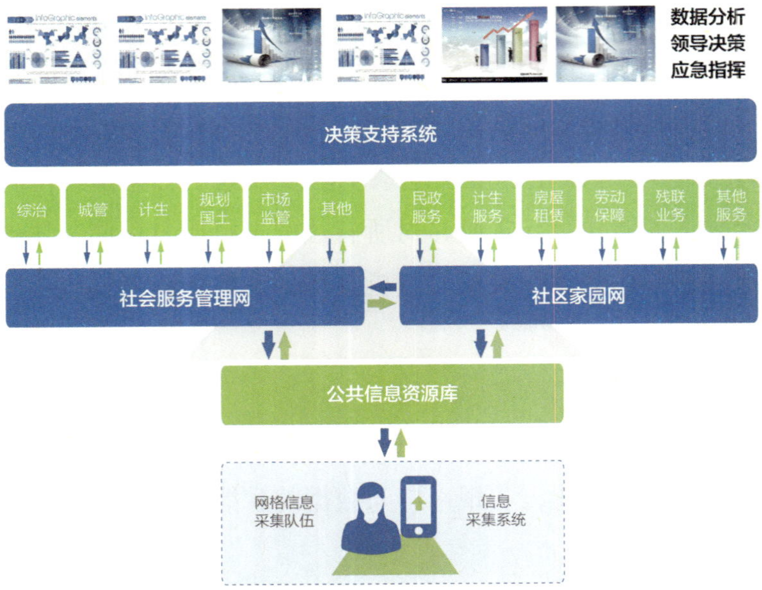

图 31-2 “织网工程”信息系统总体架构

一库，即公共信息资源库（数据中心）。通过建立统一的数据标准，汇总各职能部门的人口、法人、房屋等存量数据并进行清洗比对，形成公共信息资源库。

一队伍，即网格信息员队伍。通过统一科学的划分基础社区网格，整合原流动人口和出租屋管理员及现有各部门基层信息采集员队伍，形成统一管理统一考核的网格信息员队伍，并组建统一的网格管理机构，制定“一格一员、定格定责、采办分离、无缝对接、全面覆盖”的网格化工作和服务管理模式。实现了数据一次采集多方共享和服务管理的标准化、规范化。

两网，即社会管理工作网和社区家园网。社会管理工作网主要通过归纳分析各职能部门业务事项及责任单位，制定事件分级分类标准，划分部门权责清单，实现业务事项的多级自动分拨和协同处置。同时，通过评价体系、质量体系、运作体系、责任体系的建设，充分发挥社会管理工作网作为矛盾纠纷和问题隐患事件受理、分流、调处、整治、指挥、监督、考核的业务系统作用，完善了社会管理综合治理的及时响应机制。社区家园网建设主要通过整合政府各类公共服务信息资源，为每个社区开发建设内容丰富、特点鲜明、贴近居民生活的社区家园网子网站，社区居民可以通过社区家园网参与社区事务、办理个人事项、享受公共服务，形成一站式的信息惠民公共服务平台（见图 31-3）。

两系统，即社区综合信息采集系统和决策分析支持系统。社区综合信息采集系统按照“统一采集、集中分发”的原则，通过标准化采集内容、规范化采集流程、统一化采集路径、多样化采集手段，确保采集数据的真实性、完整性、及时性。决策分析支持系统基于基础信息资源库的数据，为各部门提供基于电子地图的人口、法人（机构）、房屋、城市部件、公共基础设施、事件、网格等基础信息关联及分布情况的查询、统计、分析服务。为政府的科学决策提供准确、科学的数据支撑。

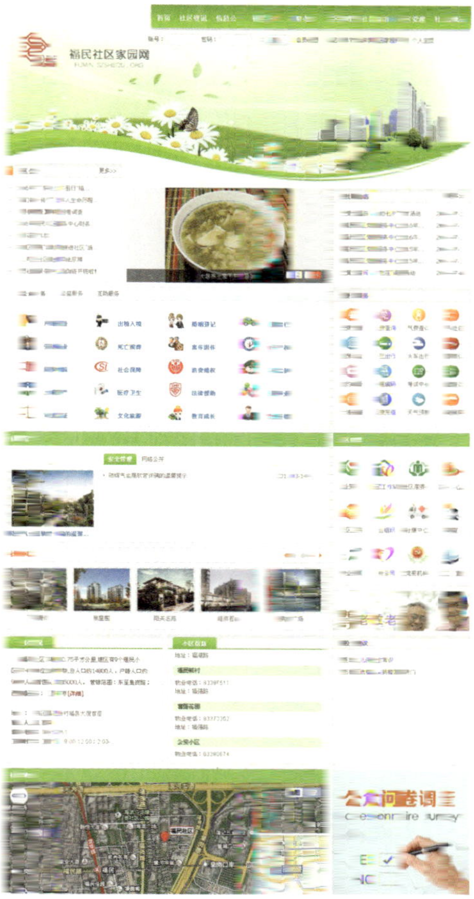

图 31-3 社区家园网示意图

（三）构建“三厅融合”的行政审批服务系统，提升办事效率

“三厅融合”即全面改革全区办证大厅运作模式，将区、街道行政服务大厅和网上办事大厅三厅融合，打造“综合受理、后台审批、统一发证、监督查管”的工作模式，实现所有审批事项“一网办、一窗办、一站办”。其特点：一是梳理审批权责清单。老百姓面对的只是办事事由，只是综合受理窗口和发证窗口，不再面对具体办证部门。二是实行并联审批。涉及多部门审批事项，按照“一门受理、抄告相关、同步审核、限时办结”的原则，由政府内部进行“联审联办”，并联审批。三是实现即来即办。凡是提交材料齐全、不需上会或专家评审、现场勘查的申请，一律即来即办。四是实现全区通办。辖区居民可不受时间地域限制，进行网上申报，并可在全区范围内任何受理点就近办理事务。五是实现无纸化办证。建设证照证件数据库，智能比对，不再要求居民提供相关纸质证明和重复提供复印件，只需要提供身份证或法人机构代码证就可以办理，着力解决申报材料多、重复提交多等问题。

（四）搭建流动人口自主申报服务平台，实现居民自我管理

福田区通过搭建信息自主申报服务平台，借助全市“人、楼、房”数据库和

智慧福田数据库，强化房屋分类分级管理、申报信息审核管理、派单跟踪绩效管理等三项管理，推送法律宣传服务、短信提醒服务、上门办证服务、数据共享服务四种服务，实现了便捷申报、重点管控、减员增效、居民自治、数据安全的目标。同时，通过强化宣传推动和执法核查，实现居民遵守法律、自我管理和尊重诚信的社会氛围，运用网格化、信息化和大数据理念，进一步提高社会管理精细化、数字化和动态化管理水平。

（五）深化民生微实事改革

在探索社区治理创新，激活社区居民自治方面，福田区通过开展“民主微实事”改革，以高效、快速解决百姓迫切需要、普遍关注的小事、急事、难事为切入点，创新性地走出一条社区居民“自我管理、自我服务、自我教育、自我监督”的社区自治推进路径。

三、特色亮点

（一）建设数据中心管理服务平台，实现数据共享与科学决策

1. 数据集中管理，确保数据的全面与实时

深圳市已有 23 家主要的市直单位数据接入公共信息资源库，除法律法规有明确规定外，各单位均无条件为公共信息资源库提供存量数据，并按照“谁提供、谁负责”的原则及时更新数据，形成全市唯一的动态更新的完整的公共信息资源库。同时全市有 33 家市直单位和 10 个区统一通过市交换平台进行信息共享交换，不再另行建设部门之间点对点的数据交换。福田区通过镜像库实现本区信息资源的共享，并在此基础上建立区公共信息资源库，不仅让基层首次共享到市级职能部门的业务数据，而且确保了福田区与市基础数据的同步性与唯一性。

2. 发挥大数据优势，提高政府科学管理水平

基于福田区数据中心，利用大数据技术对数据进行挖掘分析，实现政府服务从滞后到敏捷，管理从初级量化到准确量化，决策从经验化到智能化，提升政府科学管理水平。

（1）数据分析。以福田区公共信息资源库内的人口、法人、房屋、城市部件等信息为基础，对存量及新增数据进行分析，并以此为依据制定公共政策，改变了以往仅凭经验的做法。如通过历史人口库，对历年的人口数量、年龄、性别、行业等

变化情况进行分析，以获知不同区域的人口增长潜力、压力等信息，用于分析历史和预测未来。

（2）数据共享。打通各业务部门之间的信息壁垒，通过数据交换平台，实现信息融合共享，既有利于提高数据的精确度与关联度，又能方便老百姓办事。如通过互相关联的人口库，挖掘人与人之间的关系，分析各类群体之间的纽带关系，对科学维稳、应急防疫等工作具有重要意义。

（二）通过“织网工程”建设，实现“四统一”

以“织网工程”建设为契机，建立统一的综合信息平台，实现“统一采集、统一受理、统一分拨、统一考核”。

1. 统一信息采集

信息的全面、真实、准确、鲜活是数据共享交换与应用的基础。为此，建立社区综合信息采集系统，形成了基础信息与各类事件信息多元采集的渠道，大力推行“1+N”的信息采集方式，并将多种方式采集的信息，通过交换平台统一汇集到公共信息资源库。

（1）业务部门采集。市民到业务部门办理事项时，提交的申报信息和证明材料真实性和可靠性最高，是企业和个人信息的重要来源。通过建立公共信息资源库核心字段表，进一步明确了各业务部门需要认领和维护的业务字段，并通过交换平台统一实时上传至市公共信息资源库。

（2）网格信息员上门采集。通过整合出租屋、计生、城管等现有信息采集系统，建立统一的社区综合信息采集系统。网格信息员通过移动智能手持终端动态采集网格内的实有人口、法人（机构）、房屋、事件等信息。

（3）自主申报。根据自我管理、自我服务的理念，结合深圳市外来人口严重倒挂的主要特点，构建自主申报系统。通过让自主申报的企业和个人获得更多的办事便利和个性化服务，鼓励企业和个人自主申报信息。

另外，还可以通过社区家园网论坛、“12345”热线电话以及微信随手拍等渠道收集社区居民反映的问题，并作为信息采集的重要补充。

2. 统一事件分拨

在区级层面，统筹规划综治、城管、信访、安监等部门的事件分拨指挥系统，统一对综治、城管、信访、安监等事件进行分级分类，并建立责任体系和考核标准，搭建统一的事件分拨平台。通过统一平台将基层采集的事件信息分拨至相关部门处理，形成跨部门、跨层级的业务协同处理机制（见图31-4）。

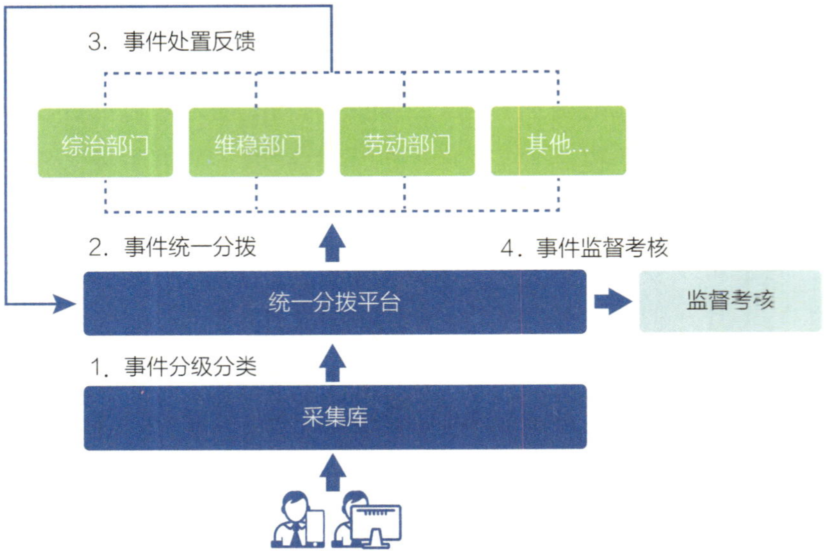

图 31-4 统一分拨平台业务流程图

（1）事件分级分类。根据政府相关指导文件，结合管理类事件的业务性质和具体情形，对综治、城管、信访、安监等业务部门信息系统涉及的事件重新进行分级分类，每一类事件明确唯一的牵头处理部门，有效避免了事件重复分拨、交叉分拨，解决了部门之间互相推诿的问题。

（2）事件统一分拨。按照事件分级分类标准和处理责任主体，事件信息上报后，首先由统一平台进行自动分拨；如处理部门有异议，则由分拨中心协调后进行人工分拨。对于无法明确责任单位或涉及跨部门协调处理的事件则通过召开高规格联席会议明确处理责任主体后再行分拨。

（3）事件处置反馈。各责任单位通过统一分拨平台，及时反馈事件的处理过程和处理结果，并对已办结的事件信息进行自动汇总、分类和归档，用于日后电子绩效考核。

3. 统一服务事项受理

基于统一的公共服务信息平台，建设面向社区居民的一站式窗口服务、移动APP 服务和网上办事服务等形式的公共服务应用，实现服务事项的统一受理，为居民提供“全天候、一站式、智能化、自助式”的公共服务模式。

（1）一站式窗口受理。一站式窗口受理主要是在区、街道和社区等基层政务服务实体大厅（窗口）实现居民办事服务的统一登记受理、上报处理、绩效考核评估等功能。同时整合劳动就业、社区医疗、居家养老、文体教育、计划生育等服务资源，建立事项办理"前台一窗受理、后台分工协同"的运行模式。

（2） 网上办事服务。以全省统一建设网上办事大厅为契机，梳理区、街道、社区办事业务，整合政府在线、社区家园网的网上办事功能，以及区、街道、社区的行政服务大厅业务系统，建立统一的服务事项受理平台，打造集信息公开、网上办理、便民服务、效能监察、政民互动于一体的网上办事大厅。

（3）移动 APP 应用。移动 APP 应用是基于移动终端和移动互联网等开发应用，是将一站式窗口受理、网上办事等公共服务应用转移到手持终端，借助移动互联网的资源，居民只要下载移动 APP 应用，即可提交服务申请，查询受理过程和结果。

4. 统一绩效考核

将各单位社会建设工作统一纳入"织网工程"综合信息系统，实现业务电子化、流程规范化、处理过程透明化，并制定统一的绩效考核体系，实现上级主管部门对下级业务部门、岗位工作人员考核的信息化并进一步量化考核指标，改变以往人工考核、多头考核、重复考核等问题。

（三）组建网格信息员队伍，确保采集机制的长效性

按照"一格一员、定格定责、工作量均衡"的原则，以现有流动人口和出租屋综管队伍为基础，整合计生、城管等其他从事基础信息采集工作的相关队伍力量，在基层组建统一的网格信息员队伍，负责动态采集网格内实有人口、法人（机构）、房屋、城市部件等基础信息以及市（区）相关单位的业务信息、矛盾纠纷和问题隐患等事件信息，并及时核实居民、法人（机构）主动申报的信息，保证"织网工程"公共信息资源库数据的动态、鲜活。同时，在做好信息采集和核实工作之外，网格信息员将为社区居民提供力所能及的便民服务，通过主动服务和贴心服务搭建政府和社区居民之间的沟通桥梁，营造融洽的社区环境。

四、应用成效

（一）优化政府工作流程，简化群众办事程序

整合全区现有各方数据资源、社会服务管理资源，梳理各项业务工作的办事流程、业务关联、信息关联，通过简化程序、再造流程，提升服务效能，方便群众办事。福田区利用信息化技术建立了电子证照库，凡是办事群众、企业提供过的有关证照，都通过高拍仪进行电子化归档，并共享使用，只要证照库内存有相关证照，

群众来办事时就不再需要重复提供或录入。目前福保街道采集入库的证照数据信息达 3 万多条，实现了 12 项业务凭身份证“一证办理”。

针对存在的政府职权不清、自由裁量权大、行政效率不高等问题，福田区制定“权责清单”，从全面“清权”、大力“削权”到开门“审权”、公开“晒权”，进一步理顺政府和市场关系。整个过程中，共清理规范行政职权事项 2448 项，提速率达到 55.61%，减少申请材料 724 项，减少审批环节 252 个，将实现行政职权事项压减 20% 以上、审批时限提速 50% 以上、群众来回办事路程缩短 50% 以上。

（二）基层问题快速上报，事件处理全程跟踪

深圳市实施信息惠民示范工程之前，政府在线、“12345”热线以及社区家园网等渠道相互分散，居民通过上述渠道反馈的问题和建议分散在多个系统，需要相关工作人员根据经验进行分拨处理，但是因缺少统一管理无法及时提供处理进度和处理结果。

同时，网格信息员手持移动智能采集终端（PDA）全时段、全地域动态采集信息，成为社会管理的“千里眼”和“流动哨”，第一时间采集社区居民需求，并迅速转交网格业务处置力量处理。

（三）提高服务精准度，变被动服务为主动推送

在居民服务方面，运用大数据技术，智能找寻服务对象，从原来被动等待群众申请办事转变为主动推送任务事项，提示工作人员及时开展服务和管理。通过数据碰撞、比对，福保街道发现有 53 名符合条件的老年人未领取高龄津贴，经过电话通知、上门告知等，目前已有 35 名老人享受了这一政策福利。

（四）使政府资源的配置更趋合理，实现了由社会管理向社会治理方式的转变

政府从入户全员采集信息到大部分信息主动申报的模式转变，政府把有限的资源用于对少数重点人群的管理，使政府资源的配置更趋合理，实现了由社会管理向社会治理方式的转变。另外，自主申报不再是人海战术的入户采集，只需对自主申报的信息开展有针对性的上户核查和上门服务，各街道把释放出来的人力、财力用于民生服务和稳定队伍、优化结构，调动了基层一线工作人员的积极性。实施自主申报后，全区综管员配备减少 11%，减员增效初步显现。通过主体自身申报相关信息，提升整体数据的采集效率，降低政府的数据采集成本。

（案例组织单位：电子政务云计算应用技术国家工程实验室，中国智慧城市产业技术创新战略联盟，中国信息界杂志社）

案例 32

汇数、绘图、慧治、惠民、荟萃
——深圳市龙岗区打造沿海发达区域智慧城市样板

一、背景与需求

（一）背景

龙岗区地处深圳市东北部，位于珠江口东岸深莞惠城市圈的几何中心，是深圳“东进战略”部署中辐射粤东和海西经济区的桥头堡，是深圳市重要的高新技术产业和先进制造业基地、传统优势产业集聚基地、物流产业基地以及金融产业基地，承担着建设深圳市“东部中心”的使命。

当前，龙岗区正处于特区一体化和经济转型发展关键期，面临着社会治理、城市管理、生态优化、产业发展等多方面压力，迫切需要通过智慧城市建设激活后发优势，构建智能化城市基础设施，提供更加便捷、高效、低成本的社会服务，实现更为科学、智能、精细化的城市管理，建设宜居生活环境，引导智慧产业发展。

（二）需求

1. 建设智慧城市已成为龙岗提高社会治理能力的重要抓手。龙岗区流动人口比例大、年轻人多、区域范围广，具备了城镇化、经济发展分散密集的特征。社会公众对人口膨胀、交通拥挤、教育资源不均衡等“城市病”的关注日益增强。建设智慧龙岗能够智慧地规划和管理城市，智慧化配置城市资源，益于城市文化的传承和创新，最终增强市民的幸福感和城市的可持续发展：一方面，能够实现城市管理由“粗放式”向“精细化”转变、由“防范、控制型管理”向“人性化、服务型管理”转变；通过运用现代科技手段，开展重大危险源监控及事故预警预防、应急救援、事故分析等工作，保障城市安全。另一方面，使信息有效利用与融合，有利于城市管理者采集基层数据、了解社区群体的意见与想法，同时对维护社会秩序、制定城市管理适配政策、促进社会和谐、改善社会服务有着很大裨益。

2. 建设智慧城市已成为龙岗提高社会发展水平的重要途径。龙岗区建设智慧城市能够加速新兴信息技术在社会事业领域的深度应用，有助于解决新型城市化进程中带来的公共服务供应不足、社会治理精细化程度不够等问题。通过新兴信息技术与其他产业技术的深度融合，也培育和促进了创新社会管理模式，推进城区基本公共服务均等化，在城市管理、社会保障、医疗卫生、文化教育等公众最关心的领域，提供广覆盖、多层次、差异化、高质量的公共服务，最大限度地满足城市居民的物质和精神文化生活需要。

3. 建设智慧城市已成为龙岗推进经济健康发展的持续动力。龙岗区建设智慧城市能够加速物联网、大数据、云计算和移动互联网等新兴信息技术在经济发展各领域的深度应用，大幅促进信息资源的网络化汇聚、协作化开发和高效化利用，有利于增强城市聚集经济、人口的能力和辐射带动能力，优化产业布局，拓展产业发展的新领域和新业态。

二、主要做法

智慧龙岗建设的整体推进思路为“5+”架构、“6化”愿景和11项“重点工程”。“5 +”架构即“端 + 网 + 库 + 图 + 云”；“6化”愿景即基础设施智能化、政务高效协同化、公共服务普惠化、社会管理精准化、城市生活宜居化、产业发展高端化；11项“重点工程”即智慧中心、智慧政务、智慧医疗、智慧产业、智慧园区、智慧社区、平安龙岗、智慧治理、智慧交通、智慧环保、智慧教育。针对“5+6+11”重点工作内容，龙岗区与华为公司全面合作，通过“汇数、绘图”夯实基础，围绕“慧治、惠民”深化应用，努力建设国内领先、国际一流、独具特色的智慧城区。

（一）“汇数”——汇聚数据资源，构建龙岗区统一的基础数据库

1. 切实发挥横向统筹和纵向协调作用，对接深圳市、龙岗区政务部门存量数据资源，建立人口、法人、房屋、宏观经济、地理信息等基础数据库，推动实现公共信息资源的共建共享。

2. 深度开展数据清洗、比对和关联，通过横向的数据资源整合，打破部门之间纵向林立的“数据烟囱”，将垂直部门之间传统的“川”字形数据结构变为“井”字形，并逐步编织成为“数据神经网络”。通过数据整合重构还原出趋近真实的“人物画像”和“企业画像”，通过“数据神经网络”实现人、物、事件等城市元素的数据彼此关联、互为校验，不断提升数据质量，并充分激发出数据资源的潜在价

值。可以动态地关联分析人口户籍、年龄、学历，楼栋（房屋）数量和面积，法人类型及分布密度等。

3. 推动建设集数据中心、运行中心、展示中心于一体的智慧中心（见图32-1），充分运用大数据分析手段，完整、深入呈现龙岗区经济和社会运行状态，为城市管理治理的科学决策和精准调度搭建综合指挥平台，打造龙岗区“智慧城市之脑”。

图 32-1　龙岗区智慧中心效果图

（二）“绘图”——搭建二维、三维及实景一体化时空信息共享平台

构建融合二维、三维和实景信息的时空信息共享平台，通过统一的服务接口向各部门提供地图服务，开放图层订阅，并收纳、积累各部门的专题数据，在此基础上开发了建筑物、企业法人、创新产业用房、安全隐患和重大危险源、多规合一、安监、水务等多领域的专题应用。各单位在使用电子地图的同时，也在不断充实和丰富时空信息共享平台的数据内容。

（三）“慧治”——开展“7+1 示范应用”，运用大数据等智慧化手段，倒逼城市管理治理流程优化和效能提升

“7+1 示范应用”是指在龙岗区委（府）办、区委政法委、区城管局、应急办、安监局、龙岗公安分局、区消安委办 7 个部门、南湾等试点街道开展智慧化示范应用。

1. 智慧政务。一是建设“一窗式”综合业务系统（见图 32-2），打破部门数据壁垒，整合部门业务系统和信息资源，方便市民和企业“一窗式”办事。二是建设“多规合一”业务协同系统，包括规划共享、项目生成、辅助决策等功能模块，推动实现城市规划的高效协同和土地资源的优化利用。三是搭建全区统一的协同办公系统，推动各职能部门、各街道之间的公文电子化流转，实现协同高效的办公模式。同步开发移动办公系统，在公文处理等基础功能之外，增设了日程管理、督查督办等模

块，随身办公，并集成了综治维稳、城管、应急、安监、警务等信息专报，以便随时查阅、及时决策。

图 32-2 龙岗区“一窗式”政务服务平台

2. 智慧综治维稳。一是利用大数据手段，建立智慧综治维稳系统，对信访事件、矛盾纠纷、问题隐患等指标进行分类统计和分析；二是基于网格化管理，实现矛盾纠纷和问题隐患采集、上报、处置、反馈等全流程的监督考核；三是搭建信息采集终端管理与指挥系统，对非应急类事件处置进行联动指挥，实现矛盾纠纷和问题隐患事件的“早发现、早预警、早处置”，提升社会综合治理的精准化水平。

3. 智慧城管。通过信息资源整合实现城市管理要素、城市管理过程、城市管理决策等全方位的智慧化。实现全区公厕、公园、绿道、自行车点等信息查询及所属管养公司情况查询，以及智能垃圾分类试点，并将区城管局、街道、管养公司三个层级的业务串联，实现即时的上传下达，为及时发现和处理问题提供智能化的管理手段。同时利用公安部门共享的视频资源，完善城管执法系统，监控公共场所乱摆卖、超线经营、余泥渣土、泥头车不规范运输等问题，为执法取证和数据分析应用提供基础。

4. 智慧应急。应对城市安全管理，逐步整合并完善龙岗区各业务系统现有应急资源和预防预警系统，建设以龙岗区综合应急指挥系统为中心，各专项应急指挥平台为节点的综合应急管理体系，智能化地实现各级、各区域、各部门间的突发事件统一指挥、反应灵敏、综合调度、联合处置、协调有序、运转高效的应急管理机制，全面提升政府综合应急管理水平。一是建立新型突发事件信息报送系统，实现图片、语音及视频的及时传送、群组成员互动、智能辅助决策等功能，可对突发事件快速响应，领导指挥指令迅速下达；二是建设小型移动应急系统，为全区街道办、数十个专项指挥部等配备移动单兵终端及智能设备，遇到突发事件时可深入现场与指挥中心建立快速通信连接，统筹指挥调度；三是建立应急资源管理系统，整合公安、消防、三防、安监等数据资源，对应急物资、队伍、专家、警力、避难场所等进行"一张图"管理，方便掌握应急事件处置全方位态势。

5. 智慧安监。应对城市安全隐患，构建起一个集安全生产综合监管、重大危险源远程监测预警和应急救援指挥信息支持于一体的三层预防体系。一是按企业分类、风险分级标准，对生产经营单位进行分类分级，对不同类别的生产经营单位安全生产工作实行归口监管和差异化监督；二是建设安全生产移动执法系统，集成现场信息采集、多媒体信息上报、信息查询、隐患排查、巡查检查、GPS定位等功能，现场执法人员通过移动执法终端与"智慧安监"信息化系统互动，实现实时动态监控。

6. 智慧警务。整合公安信息资源和业务应用系统，推动警务信息"强度整合、高度共享、深度应用"，实现"汗水警务"向"智慧警务"的转变。针对城市管理治理中的公共安全问题，全面开展平安龙岗的建设工作，从"高清化""智能化""网络化"等需求入手，从"点"的"高清与智能"，再通过"网络化"把"点"织成"线"，经过把线融合成"面"，在"面"上展开全网智能的公安业务应用，真正有效地完成城市治安网络构建。一是建设电子围栏设备、高清监控设备、人象识别、车载4G图传、无线车牌识别等前端信息采集设备，对社会面"人、屋、车、路、网、场、组织"七大数据进行多方位采集；二是建设智慧警务云计算数据中心机房、智真高清会议系统及警务云终端等系统，实现实时视频会商，及时共享重大应急事件时现场音视频、人员等信息；三是搭建个人中心综合应用系统，民警可通过该系统动态发布存储在公安内部和外部的各种信息，也可快捷获取自己所需的信息。

7. 智慧消防。应对城市安全隐患，打造智慧消防系统。主要包括"一系统（消防管理信息系统）、四模块（信息沟通、培训、检查执法和智能监控模块）"，信息沟通模块将人防和技防有效结合；培训模块组织开展培训活动；检查执法模块建立标准化检查流程；智能监控模块24小时不间断探测企业消防安全设备和重大危险源，实时探测故障、预警、报警。消防信息数据共享和互联互通、消防平台以及标准化执法。

8. 智慧南湾。包括"一窗式"行政审批系统、智慧管理、历史遗留违法建筑集中区域综合整治等7个子项，其中"一窗式"已梳理完成街道、社区事项一百多项，并与网上办事大厅实时对接，初步实现了"综合窗口"咨询、收件、办理、出件等基本功能。

（四）“惠民”——落实信息惠民工作部署，充分发挥政府数据资源价值，不断提升公众服务水平

1. 大力落实信息惠民工程。智慧教育（见图 32-3）逐步将惠及全区 93 校、1300 班、40 万学生；智慧医疗基础设施逐步完善，实现了在线预约候诊、病历电子化和档案信息化，全面推进远程医疗和居民移动健康服务；无线城市（免费 WiFi）已覆盖 456 个公共场所、建设 APP 超过 1700 个，2015 年用户超过 67 万人；智慧社区试点在龙城尚景社区、横岗怡景社区等取得初步成效，逐步搭建全区统一的智慧社区平台。

图 32-3　龙岗区智慧教育

2. 整合网上办事大厅、行政服务大厅网站、“龙岗政府在线”、社区家园网等公众服务门户，为市民提供社保、医疗、教育、交通、水电、燃气等可定制信息，让市民便捷办事，为企业提供市场监管、税务、经贸等在线服务。其中，网上办事大厅已入驻区属部门 25 个，可办理事项 323 项，并将网上办事服务延伸至基层 8 个街道办、111 个社区；“龙岗政府在线”已整合了 70 个部门网站，建设了 77 个专栏，网站信息更新总量达到 55 万多条（见图 32-4）。

图 32-4　网上办事

3. 开发便民APP，整合全区政务及社会服务资源，构建一账号、跨部门、跨平台、全流程便民APP服务平台，为市民提供手机端的“贴身”服务，足不出户办理业务，突出场景式服务和互动体验。

（五）“荟萃”——集合各领域的合作伙伴，聚合谋划、众筹智慧，保证智慧城市建设的提质增速

智慧龙岗建设是一个“巨系统”，涉及多个不同行业、领域，必须带动各方力量参与，实现“众筹智慧、共建共享”。

1. 龙岗区与华为公司全面展开战略合作，由华为任“总设计师”，与之建立“智慧龙岗”战略合作框架，采用华为的ICT基础设施解决方案资源和业界最完整产品线优势打造智慧龙岗全球领先、开放融合的基础支撑平台，并提供坚实的信息安全的基础。

2. 由华为公司聚合各个不同领域最优秀的合作伙伴资源，在华为设计的“总框架”内，由全市乃至全球在智慧城市建设中的优质供应商任“工程师”，提供高效的综合平台和面向多个行业的丰富智慧应用，寻求产业链合作发展模式，力推龙岗成为智慧城市建设的最佳实践。

3. 龙岗区成立智慧城区工作领导小组　由区委区政府主要领导担任组长，全区55个部门（单位）和8个街道办全部纳入成员单位，并从统筹决策、沟通衔接、全面保障、资源共享、应用推广、监督奖惩6个方面构建了智慧龙岗建设长效工作机制；同时还组织区内三大电信运营商、区属国有企业等企业深度介入，与深圳大数据研究院、深圳城市交通规划设计研究中心、深圳航天科技创新研究院等科研院所、智库机构全面合作，汇聚了各行业、各部门、各条块的力量，全面推进智慧龙岗建设，稳步向打造沿海发达区域智慧城市样板的愿景迈进。

三、特色亮点

（一）“一窗式”政务服务

龙岗区作为全国第一个公开政府权责清单的区域，已经实现由“挂号式审批”向“集中式审批”的转变，但在行政审批中仍然存在多部门审批流程断头、老百姓办事渠道单一、信息和数据无法共享的问题。龙岗区提出了“审批围绕项目转”等理念，结合“谁审批，谁服务，谁负责”等要求，建设“一窗式政务服务”系统，

推动“一窗式”政务服务改革和政府投资项目改革，促进审批提速提效，全国领先。

1. 前台一窗受理，后台分工协办

通过梳理权责清单明确事项办理流程、充分复用共享数据，省去“来回跑路、重复申报”的麻烦。

（1）一窗受理：采用“综合窗口”实现“一窗式”受理。打破以条块为主的部门专项窗口办理业务传统模式，实现“前台一口受理，后台分工协办”。

（2）受理与审批分离：“一窗式”服务将各窗口的受理、初审、分流、送达等工作集中处理，审批窗口只需审核、出证，其余办理过程均由“一窗式”受理工作人员负责内部流转，防止了审批事项场外受理、体外循环、审批时限作假等弊端，杜绝了“两头受理”“超时办结”等现象。

（3）通用信息共享：通过市、区两级系统对接，申请人办理时可直接调用基本信息、电子证照等政务信息资源，减少材料核验时间，加快办理速度。

2. 多渠道互动

提供网上办事大厅、移动 APP、微信等多渠道办事通道，创造如影随形的政务服务体系。

（1）多渠道办事通道：推进网上政务大厅建设，集成“龙岗政务”移动 APP、公众号，拓宽新兴服务渠道，实现“简单事项无须去现场”“复杂事项现场只去一次”的线上办理模式。

（2）智慧化行政大厅：引入“一窗式”服务一体化的排队叫号、智慧引导、自助服务、视频监控等智能化终端设备，为办事群众提供智能化的服务体验。

3. 向主动服务转型

（1）职能部门主动服务。改变“只管部门审批、不管项目进度”模式，职能部门主动了解研究项目情况和问题，确保审批事项一次性通过。

（2）绩效考核，业务监督。及时发现业务办理存在问题，系统自动提醒相关审批部门，同时推送到业务监督员界面进行人工核对和跟进监督。

（二）“多规合一”协同规划

由于城市经济社会发展规划、城乡规划、土地利用规划、生态环境保护规划等众多规划，在规划主体、技术标准和编制办法、规划目标、监督机制等方面各有不同，各规划中涉及空间资源利用时，经常出现规划“打架”的现象，导致项目落地困难、审批效率低下等问题。

因此，龙岗区首创了“多规合一”下政府投资项目审批改革，目标就是发挥规划的龙头引领作用，推动多种规划的深度融合；打造数据协同平台，构建协调有序、运转高效的规划项目化落地机制；深化、优化审批服务事项标准化建设，完善监管服务体系。实现龙岗区城市规划健康、科学发展。

1. 一张蓝图

（1）多规融合：以理顺、融合多种规划空间管理职能为宗旨，统一规划用地边界，编制《龙岗区综合发展规划》、重点区域发展规划及社区发展规划，全面统筹经济与产业、社会与人口、土地与空间、设施与配套、资源与环境，实现“一本规划、一张蓝图”，保障空间资源的有效配置，土地资源的集约利用。

（2）规划共享：整合各类规划信息，构建基于 GIS 的“多规合一”建设项目协同生成平台，推行“一张底图”管理，设置项目发起、项目出入库、项目预审等功能板块，推动线上协同办公，公开项目生成信息。

2. 一表申报

针对政府投资项目审批事项实行“一窗通办”，推行“一表式”申报，各审批阶段按照“一张申请表单，一套申报材料，完成多项审批”的运作模式。

3. 信任在先

建立“信任在先”的快速审批机制，提供分阶段联合审批服务，推行并联审批、容缺受理、先函后证，减少审批事项的前后置条件，建立更便捷高效的审批通道。

（三）“企业风险”实时预警

智慧龙岗实现以企业风险隐患排查为基础、以企业风险监测预警分析研判为核心、以政府快速引导企业化解风险隐患为保障的重点企业风险预警系统，在全区范围内有效辅助重点企业风险监测、帮扶处置工作的开展。

1. 实时监测。智慧龙岗梳理重点风险企业名单，并通过企业风险信息平台上报到区数据中心；同时，区各部门、各街道办通过企业风险数据采集平台直接上传企业风险原始相关数据到区数据中心，通过大量数据的采集和上云，实时获取企业风险动态数据。

2. 预警帮扶。重点企业风险预警平台以区数据中心为基础数据库，在数据监测预警分析模型的基础上，经过分析研判产生预警信息、统计结果、综合报告及全面的企业信息，形成区重点企业风险信息。具体可随时查看重点企业风险预警信息和应对措施，便于政府分层、分类提前应对，及时协调有关问题，化解风险。目前此项业务已涉及全区 4 万多家企业。

四、应用成效

龙岗区秉持“需求导向、急用先行”原则，在城市综合治理、政务高效协同、公共服务普惠等方面实现主要应用成效如下：

（一）一库汇万数

智慧龙岗以一套基础数据库（包括人口 、法人、宏观经济、地理信息库这四大基础库以及各种主题库和业务库）逐步实现全区数据汇总与共享。龙岗区已初步清洗全龙岗区人口数据 400 多万条、楼栋数据 16 万条、法人数据 37 万条，共梳理出信息系统 215 个，清理出资源目录 1319 项，实现数据全部对接的部门有 32 个，汇集市、区各部门的数据记录超过 1.6 亿条。龙岗区政务大数据规模效益初步显现，为打破部门之间的信息壁垒、实现跨部门业务协同的提供统一数据支撑。

（二）一屏视全城

智慧龙岗实现统一的时空信息共享平台（主要包括二维、三维、街景、影像等各种电子地图及叠加的图），实现 48 类专题、共计 421 个数据图层，包括建筑物、人口、企业、三小场所、视频监控点、安全隐患和重大危险源、创新产业用房等。为全区智慧化应用提供实时更新的地图服务，全覆盖、高精度，部分重点片区二维地图精度达到 1:500，同时还有基于全区航拍摄影的三维影像地图，包括 387 平方千米三维模型精细（8cm）制作，其中 22.5 平方千米三维模型采用高精细（2cm）制作，精度在全国处于领先水平。

同时，为支撑龙岗区的安全治理专项工作，基于时空信息共享平台开发了安全隐患管理相关的专题应用，在具体应用中，将龙岗区的安全隐患数据上图（见图 32-5），收集了城管、住建、安监、消防、国土、环水、市监、文体、公安 9 个部门的安全隐患数据共 2000 多条，全部上图；并开放端口给各街道、各部门更新数据。其中，与安监局系统对接获取近 2 万家企业数据，匹配房屋编码全部上图；与消安委办对接获取 7 万多家“三小”场所数据，已匹配落图 2 万多家。

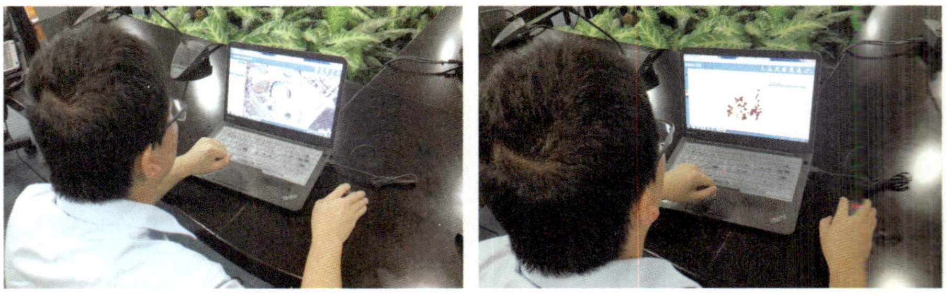

图 32-5　智慧龙岗安全隐患“上图”

（三）一云汇应用

智慧龙岗依托先进的华为云平台，承载面向全区各重点行业的典型应用：

1. 智慧政务目前已实现一窗式政务服务系统、多规合一协同工作平台、移动政务系统等业务应用。

2. 智慧警务已建成警务数据中心、高危风险监测感知网、平安龙岗视频监控等系统，实现公安网、视频专网、互联网数据资源信息的安全共享。同时全区正在推广建设“科技围合”系统，采用业界最为领先的技术，实现高效可靠的应用，包含车牌识别、人像识别等多个系统，其中车牌识别已在全区每一家加油站建设车牌识别系统，新建车辆特征识别卡口一百多个；人像识别系统在全区建立人像识别点位一百多个，识别准确率高、应用效果好；同时龙岗区还成立了全市第一支无人机中队；等等。智慧警务工作的深化和推广，直接带来实战应用水平的显著提高。

3. 智慧教育全面推广云课堂、应用和配套资源体系建设、共建共享等工作，实现了优质教育资源共建共享，有效缩小了教育资源差距，推进教育均衡化发展，同时基于移动电子书包的互动教学，实现了教学模式从填鸭式到互动式的创新突破，从整体上提升了区域教育的公平性和教学质量。具体应用已经覆盖全区 40 万学生，近百万家长和 3 万老师，拥有智慧教学终端的互动数字教学环境增加至 54 所学校，覆盖 35800 名学生。

4. 社区网格化系统整合出租屋、公安、城管、计生等部门各门类网格，率先在全市完成了全区 8 个街道 111 个社区 3823 个基础网格的划定工作，实现了网格管理“全覆盖”和“无交叉、无死角”，为全区网格管理“多网合一”打下了坚实的网格基础。

（四）一窗惠民生

龙岗“一窗式”政务服务（见图 32-6）实现多个部门业务整合、流程优化，一个窗口受理各类业务，变“空间场所的物理集中”为“审批服务结构的重组”，以“一窗”解决“多头跑”问题，便民、利民、惠民。

图 32-6　龙岗区“一窗式”政务服务

1. 服务窗口提效：目前试点街道行政服务大厅设置综合窗口，可为辖区居民群众无差别办理 65 个事项；三个试点社区也设置了多个综合窗口，可为居民办理 56 个事项。

2. 协同审批提速。职能部门主动服务，提前介入审批。通过精简审批事项、分阶段并联审批等措施，使得一次性审批通过率达 50% 以上，极大缩短流程时限。如某道路改造项目，立项后 5 个月已办结改革前 10 个月才能完成的 14 项审批事项和 19 项非审批事项。

（五）一图合多规

智慧龙岗的“多规合一”规划协同系统已实现发改、国土、城管等 7 个部门的规划协同机制，融合了城市规划、土地利用总体规划、生态环境保护规划等 12 大项规划、基础数据、规划数据、审批数据等近百项数据，同时打造“多规合一”下的政府投资项目审批的改革模式，应对前期项目落地难、周期长问题，实现协同审批，大幅提高工作效率。

围绕项目落地的智慧支撑，构建“一库两平台”：即时共享的协同生成平台、高效优化的协同审批平台、投资项目数据资源库。

围绕需求导向，再造项目策划流程，快速推进项目立项。街道及区行业主管部门上下双向发起项目，通过“多规合一”协同生成平台，纳入政府投资项目需求库；需求库项目进行评价，并行协商项目生成，纳入政府投资项目储备库，立即开展前期工作；实行紧急项目特别入库，对涉及重大区域、产业、民生等项目须配套的建设项目，直接纳入区政府投资项目储备库，采取特殊方式加快推进。

围绕项目服务提质，应对项目落地难、周期长问题，推进审批流程再造，减少审批事项的前后置条件，建立便捷高效的审批通道；创新审批服务责任机制，建立以项目进度为核心的审批服务和责任机制。推动部门协同配合，提高项目相关设计、方案、申报材料的质量，针对政府投资项目审批事项实行“一窗通办”。

（案例组织单位：深圳市龙岗区人民政府）

案例 33

本溪市城市运行管理扁平化决策系统应用案例

一、背景与需求

（一）案例背景

本溪市地处辽宁省东南部，下辖两县四区和一个国家级高新区，全境总面积8414平方千米，总人口约170万，拥有75%的城镇化率和76%的森林覆盖率。1949—1954年，本溪市曾为我国十大直辖市之一，是一座典型的传统资源型城市。

2013年3月，本溪市委、市政府结合本市实际需要，提出开展智慧城市建设的核心规划思路；同年11月，经市政府第18次常务会议研究决定，本溪市与神州数码控股有限公司签署《本溪市智慧城市建设战略合作协议》，并共同组建辽宁智慧山水城科技发展有限公司，推进本溪市智慧城市建设工作。

本溪市在智慧城市建设初期，面临人才紧缺、资金有限、民生服务需求多样等问题，市委、市政府坚决突破层层障碍，创新管理模式及经营方法，敢想敢做，采取“顶层设计、借脑而行、借源融资”等多项办法，积极解决问题、走出困境。

经过不断的研究与探索，本溪市智慧城市建设已走出了一条具有本地特色、系统化与科学化相结合的可行道路。其中，在系统建设架构及规划管理方面，本溪市结合本地实际及中央有关文件规定，提出了“1-3-7-N”智慧城市建设架构以及“5-6-2-1”规划管理思路。各项目在核心规划思想指导下有序推进，均获得阶段性建设成果。在项目的支撑下，本溪市成功获批信息惠民、宽带中国、信息消费、时空云平台和养老机构信息服务五个国家级试点项目。2015年3月，在国家发展改革委等12部委联合组织的信息惠民国家试点城市中期检查工作中，本溪市凭借智慧城市建设优秀经验及成果取得了位列第三的优异成绩。两年来，本溪市因智慧城市建设核心思想和成果，在多项盛会中崭露头角并斩获多个奖项，其中包含腾讯·中国智慧城市奖、中欧智慧城市创新奖和微信城市服务最佳实践奖等重量级奖项。

本溪市城市运行管理扁平化决策系统是本溪市智慧城市核心项目。2014 年该项目正式启动，以云数据为支撑，通过强化政务信息化建设和应用，加速实现政务信息的联动共享，目前项目一期工程已基本完成。城市运行管理扁平化系统的投入运行，使得城市管理各项工作由粗放向精细，由人工向智能化、信息化转变，城市管理工作效率得到提升。

（二）需求分析

现代城市作为区域政治、经济、文化、教育、科技和信息中心，劳动力、资本，各类经济、生活基础设施高度聚集，人流、资金流、物资流、能量流和信息流高度交汇，现代城市的复杂性决定了城市运行的复杂性。如何加强城市运行综合管理、综合协调，如何处理好城市运行管理中分权与集权、专业运行部门与系统整体运行的关系成为城市管理者案头难题；如何发挥城市运行的整体优势、聚集效应，使整个城市系统高效和有序的协调运行，成为现代城市管理者思考的问题。

用信息技术作为黏合剂，将割裂的业务连接起来，建立一个能够跨部门、跨系统的信息平台，能够弥补城市运行融合管理方面的短板。

城市运行管理扁平化决策系统是通过对城市应急、规划、交通、公安、水务、环保、疾控、安监、城管、气象等专业部门的业务和信息的整合，建立起统一的城市运行体征综合监控体系和城市运行业务协同管理体系。该系统首先是实现了城市管理者基于同一个视图上的城市运行体征综合监控和分专业服务；其次是打通了各部门的工作边界，建立了统一的事件协调体系，全面提升城市综合管理水平和应急处置效率；再次是通过城市整体运行数据的积累和方法模型，结合仪表盘等展示技术，为城市最高管理者提供了综合决策支持。

二、建设思路及原则

（一）建设思路

（1）业务融会贯通：城市是一个非常复杂的有机整体，随着城市管理难度增加，城市面临的挑战增大，专业的分工将造成城市运行管理过程中脱节的问题，这都要求城市管理者重新审视城市运行整体业务。“大城管”“大应急”“大安全”“大环保”等概念由此应运而生，只有跨部门业务整合才能有效解决城市管理的困难，促进城市又好又快发展。城市运行管理扁平化决策系统中心平台就是打破原来各部门的工作边界，按照城市运行发展的关键领域重新组织城市管理体系，使城市运行更加高效。

（2）管理职能融合：业务整合离不开管理职能的转变，否则无法形成持续有效的机制，国家近几年推动的大部制改革就是在向这个方向发展，比如针对目前比较严峻的食品安全、环境保护、海上维权等问题进行了组织机构调整，通过整合原来多个部门业务，形成了更有力的管理机构。城市运行管理扁平化决策系统平台在业务融会贯通的同时，也强调组织管理创新，不是简单的物理整合、场地上的整合，而是通过智慧化手段真正发挥整合的优势。

（二）建设原则和策略

1. 充分利旧、重在优化：城市运行管理扁平化决策系统是建立在各个部门已有信息化基础之上，通过信息技术优化、业务融合、管理创新，建立城市高效运行的长效机制，提升城市运行效率和应对突发事件的能力。

2. 整体规划、分步实施：城市运行管理扁平化决策系统作为城市运行管理的核心平台，可根据城市特点进行整体规划设计，并根据城市不同领域信息化程度分步骤实施，有效确保整体效益和部门应用效益之间的平衡关系。

3. 注重实效、持续提升：城市运行管理扁平化决策系统作为一项行政管理创新应用，必然和政府改革紧密联系在一起，任何改革和创新都不是一蹴而就的，需要发挥管理者智慧、审时度势，才能推进改革进程。城市运行管理扁平化决策系统平台建设正是在目前框架下，根据本溪市政府职能的转变、业务转型要求进行逐步推进、完善，不断在发展过程中提升应用效益。

三、工作机制与创新

面对本溪市政务信息化方面存在的条块化分散建设严重、管理欠规范、财政资金有限等问题，本溪市委、市政府通过多次调研走访，提出“一创两看一规范”的创新工作机制，为城市运行管理扁平化决策系统的建设铺路。

（一）建立创新的领导机制

本溪市成立了智慧城市建设工作领导小组，领导小组由市长挂帅担任组长，副组长由分管信息化副市长担任，有效避免了九龙治水的局面；领导小组下设专职办公室，分管副市长兼任办公室主任，另设一名同志为专职副主任，在信息化资金管理上，分管副市长统一归口协调，实现了全市信息化建设资金的统一管理。一年来，在全市涉及智慧城市的文件中，市长累计批示38次，分管副市长批示85次。全市召开市政府直接协调会议58次。智慧城市建设工作得到了各部门的高度重视，极大地提高了智慧城市建设成效。组织机制的创新使本溪市在推进城市运行管理扁平化决策系统建设过程中，提升了组织协调高度，并对引导数据共享起到了重要作用。

（二）借脑前行，加速项目建设

2013年本溪市政府机关计算机相关专业硕士及以上学历的工作人员只有3名；2013年6月5日，市政府决定在全省招聘8名具有硕士以上学历的政府公务员，但到9月30日都未招到合适人选，这说明本溪信息化基础薄弱，缺乏对相关人才的吸引力。

为此，2013年11月28日，市政府采用PPP模式和神州数码共司出资成立了辽宁智慧山水城科技发展有限公司，引导社会资金和人才流入。两年来，神州数码投入60余名专业人才长期驻扎在本溪，完成了全市35个委办局的数据对接和接口开发，有效确保项目的可持续和可落地性。

通过借脑前行加速项目建设，这正是本溪市智慧城市建设工作进展迅速、城市运行管理扁平化决策系统快速上线运行的重要原因。

（三）借源生资，引导社会资本参与建设

本溪的经济主要靠本钢，当前钢铁行业正处于困难时期，财政资金有限，而信息化建设又需要巨大的资金投入。面对这种局面，本溪市通过结合近年来中央出台的关于鼓励社会资本进入项目建设的相关政策，利用有限的资源换取最大的资本。

本溪从2014年就根据国家的指导要求，设立了信息化专项财政资金，用于重点项目的启动，也加大了创新融资模式探索，积极引导社会资本的投入。截至2015年10月，本溪市共撬动市商业银行、电信公司、联通公司等企业投资1.1亿元，为本溪智慧城市建设的快速推进和可持续发展奠定了资金基础。

（四）统一管理，规范共享机制

管理体制与资金支持是先导，制度规范是项目建设的保障。在项目建设过程中，本溪市始终坚持标准化管理、标准化建设和标准化执行。本溪以自身为原点，积极谋划市一级标准：通过与国家质检总局标准委、国家工信部、中国电子技术标准研究院等对接，由市质监局标准处制定的《本溪市智慧城市建设地方标准》通过辽宁省地方标准评审会有关专家的一致认可，并最终形成辽宁省智慧城市建设标准。该

项标准的制定确立了信息共享的对象、范围、原则等内容，为本溪市信息化建设的可持续性提供了可靠的依据。

在信息共享管理方面，本溪市制定了《信息共享管理办法》，在项目工程建设前期，本溪市同共建方联合签署了《信息共享协议》，明确信息资源使用范围、申请流程等相关事项。此外，在项目验收时，全市把信息共享列入验收指标中，并以此作为对共建方的重点考核内容。项目建设完成后，如遇使用者变更，必须获得市政府授权，才可变更使用，确保信息资源安全有效。

四、建设内容

城市运行管理扁平化决策系统采用物联网、互联网、云计算、海量数据分析等先进技术手段，以云数据中心为基础，将公安、交通、城管、气象、安监等各个委办局的数据融合到平台中，消除部门的信息孤岛和壁垒，并构建市级数据库，搭建统一的城市级运行管理平台。

通过城市运行管理扁平化决策系统中心和专业部门两级管理配合，真正实现横向整合、上下联动的城市运行体系。通过民声舆情采集，掌握城市运行过程中市民关注的重点、难点、痛点，积极提升公共服务水平，引导公众积极参与并配合城市管理工作。

（一）系统建设成果

本溪市城市运行管理扁平化决策系统包括实时态势、体征指标、应急辅助、事件预警、决策分析、移动应用以及基础管理七个子系统。目前项目一期已完成实时态势、应急辅助、体征指标以及移动应用四个子系统的建设。

1. 实时态势子系统

实时态势子系统横向打破各委办局数据壁垒，实现多领域数据交叉分析，为政府各职能部门提供决策支持。

实时态势子系统包含基础设施、交通出行、公共安全、环境污染、旅游专题及舆情民生六大领域，可对城市基础运行领域进行实时状态监控，并通过地理信息平台进行可视化展现。

如图所示，图 33–1、图 33–2 展现的是实时态势子系统的数据统计功能；图 33–3 展现的是该系统的数据分析功能；图 33–4 展现的是系统的多领域数据交叉分析功能。

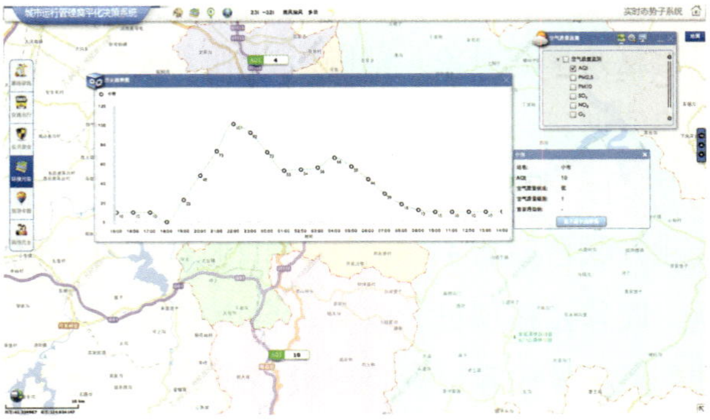

图 33-1　AQI 实时监测数据

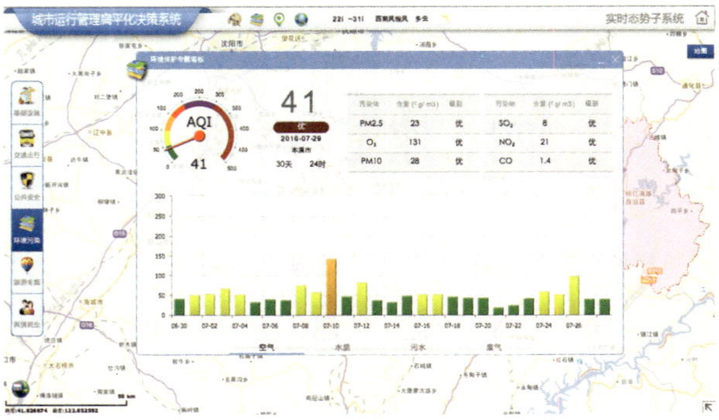

图 33-2　AQI 统计数据

图 33-3　道路积存垃圾渣土事件事发
地 0.8 平方公里内几乎没有垃圾桶分布

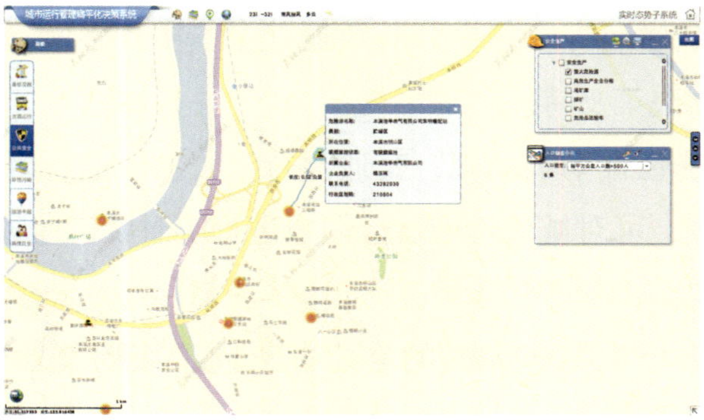

图 33-4　本溪港华燃气公司危险
源与人口动态分布叠加情况分析

2. 应急辅助子系统

应急辅助子系统提供突发事件前期研判、中期资源辅助调度、事后恢复跟踪的突发事件全过程辅助功能。

系统根据本溪市特点定制安监应急、旅游应急两个专项应用，专项应用将满足各类突发事件的应急处置流程。在发生突发事件时，指挥中心可以查看事件周边的基础设施、危险设施等信息，为管理者快速提供事件影响程度研判，同时可以配合联动各个部门，防止次生灾害的发生，将灾害的影响控制在最小范围内。应急辅助子系统的安监应急特有功能见图 33-5；旅游应急特有功能见图 33-6。

图 33-5　安监应急危化品泄漏模拟

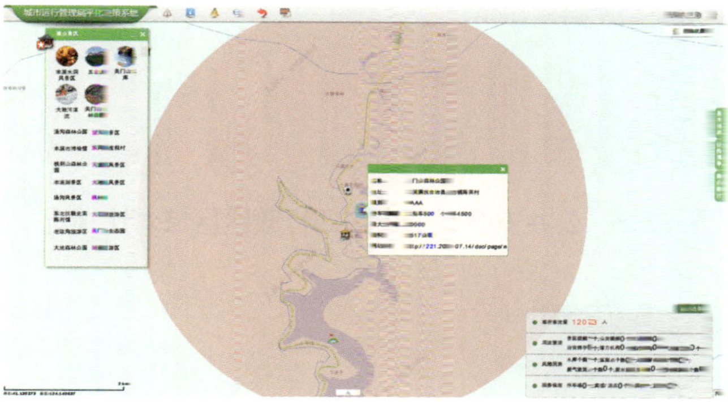

图 33-6　旅游应急关门山景区风险监测

3. 体征指标子系统

体征指标子系统是根据本溪实际情况，将各个部门的业务数据和实时采集数据进行梳理，建立一套符合本溪城市管理需求和特点的城市指标体系，系统同时可结合指标计算规则和算法，自动生成体现城市运行情况的体征指标表现系统。

我们将体征指标体系划分为 1 个一级综合指数、5 个二级领域指数和 20 个三级行业指数，并以“城市综合指标”“区域对比”和“指标关联分析”三种形式展现。城市管理者可随时随地查看城市运行情况。图 33-7 展现的是城市的综合指标；图 33-8 展现的是区域对比功能；图 33-9 展现的是指标关联分析功能。

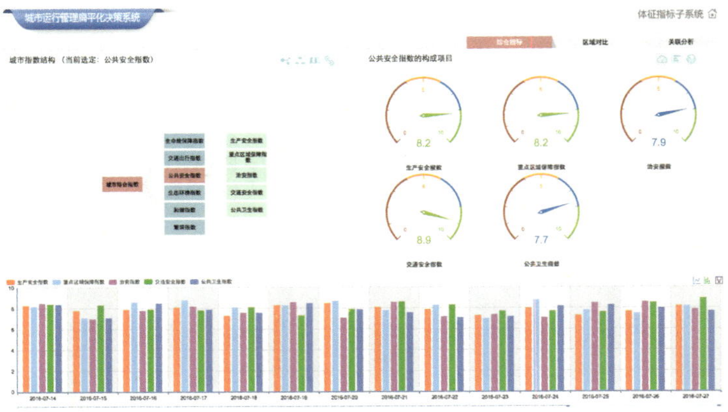

图 33-7　体征指标指数等级模型图：当前公共安全领域各指数得分情况

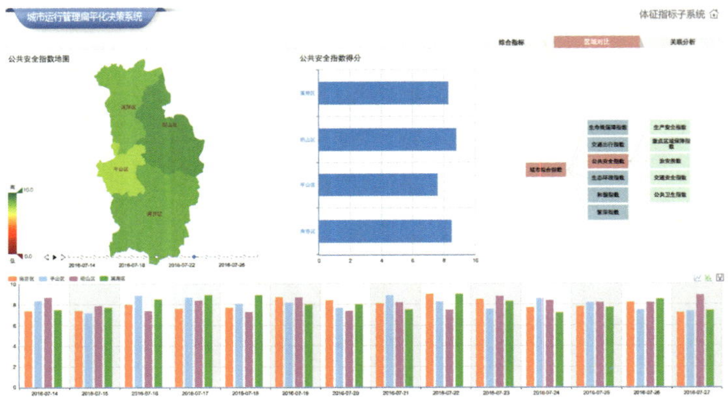

图 33-8　公共安全领域市内四行政区区域对比情况

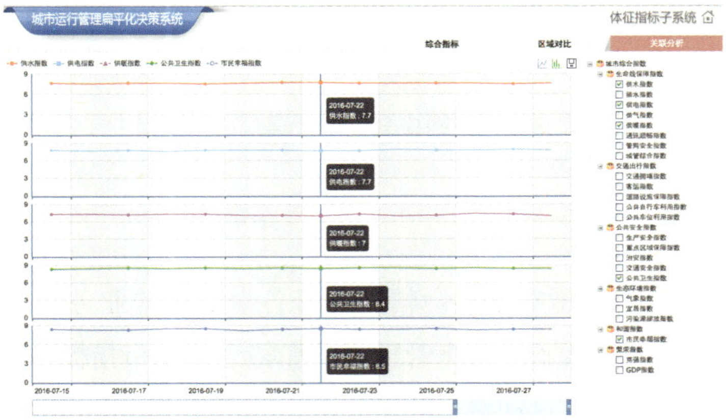

图 33-9　供水、供电、供暖、公共卫生指数与市民幸福指数关联分析

4. 移动应用子系统

移动应用子系统将实时态势、应急辅助、体征指标等系统核心功能和各级领导主要关注点的变化情况实时传输到终端设备，使用者可随时随地查看城市动态及各领域运行体征。

目前系统已经完成移动决策 PAD 终端设计与开发以及移动终端 APP 的需求设计；PAD 端已上线运行。

（二）数据采集成果

城市运行管理扁平化决策系统的数据采集范围覆盖本溪市 39 个委办局。有系统条件的部门可通过系统接口实现数据对接，不具备条件的单位可实现数据上报。

经过第一轮全面调研，系统现已成功对接委办局 35 个，处、科、室、监测站等二级业务部门 107 个，已入库数据共计 121 类，数据量超过 34 万条。其中，空间图层 93 个，空间数据 50131 条。

基于本溪市信息化建设水平，系统实现实时对接系统共 15 个，已完成系统对接 11 个，正在系统对接 4 个。

以本溪市公共安全监控系统为例，其具有 1450 个高清视频监控点位，300 个标清视频监控点位，视频监控探头共计 2850 个，高清监控探头占总数的 65%，均已同扁平化决策系统对接。同时，为支持扁平化决策系统建设，根据公安业务要求，由市政府支持完成的公共安全共享信息平台将为市政府及各部门提供相关数据接入和授权数据的共享使用等服务。截至目前，全市各县局通过视频监控破获各类案件 1283 起，其中刑事案件 591 起，治安事件 632 起；处置群体性事件 23 起，服务民生 23 次，抓获犯罪嫌疑人 583 人，查处违法人员 407 起，交通违法行为查处达到 1000 次以上。

五、工作路径

（一）先易后难、由点到面

智慧城市建设需要一个循序渐进的过程，需从公众最基本、最普遍的需求出发，逐步建立起完善的公共服务体系，从而切实做好服务民生工作。城市运行扁平化决策系统作为一个政府跨部门综合管理平台，在建设过程中，最核心问题是解决部门间的信息共享及数据协调。

本溪市通过制定《本溪市政务数据资源共享管理办法》，明确规定各部门应以本溪市城市运行管理扁平化决策系统为基础，系统将为行政机关之间数据共享提供支撑的信息技术平台（包括数据资源运行平台、共享目录体系和交换体系等），并通过市电子政务外网，实现同省、区（县、市）的互联互通。同时，通过对全市55个委办局的信息化建设情况的调研，结合各部门现有的信息化系统，优先对接了系统相对成熟的部门，如公安、建委、交通、教育等部门；对于一些信息化基础较差的部门，先期采用数据报表形式，后期将根据市政府智慧城市建设的整体规划，完善相应部门的信息化系统，并最终实现数据系统的对接共享。

（二）先实现城市运行体征展示，再推进大数据应用

本溪市根据城市运行管理扁平化决策系统的建设目的和意义，认为该系统基础是各委办局业务系统的共享数据，根据共享数据首先展现城市运行的实时态势，再针对城市运行的实时态势，进行短、中、长期的数据分析，最终得出相对科学的结论，为城市领导提供决策依据。

本溪作为东北的老工业城市，信息化基础相对薄弱，在全市智慧城市建设启动一年以来，全市优先实现了城市运行实时态势的展示功能；通过对城市运行的实施态势进行汇总，现已形成《智慧山水城参考消息》，此外根据对接数据的梳理和分析，系统将定期发布《智慧山水城大数据参考消息》，逐步实现了大数据应用。

同时，根据数据的保密性，系统通过对数据脱密、脱敏后，再将数据交由大数据运营公司进行商业化运营。

（三）先行开发 PC 端平台，后续开发移动端平台

政务数据均带有不同保密要求，由于城市运行管理扁平化决策系统对接的是各委办局的原态数据，本溪市结合数据的保密性和项目建设进度，决定先建设 PC 端平台，由政务外网专线接入，呈现给市政府领导；待各部门系统数据对接完成后，再根据数据的保密级别，为移动端平台设置不同权限。系统将通过 VPN 专用网络线路提供给政府领导和各委办局领导，确保数据的安全性和可靠性。

六、项目建设特色与取得成效

历时一年建设，本溪市城市运行管理扁平化决策系统已初具规模。系统特色与成效凸显，获得来自多方的赞许及认可。

（一）系统特色

本溪市城市运行管理扁平化决策系统在有效利用、优化融合各部门已有信息化成果基础上，建设统一的城市级运行管理指挥平台，同时兼顾日常管理与突发事件处理需求，实现城市管理的多维、多层、多元的智慧化管理、分析、联动指挥。为城市管理者提供统一监控视图、统一协调平台、统一舆情监控平台、统一决策支持平台。

1. 整合资源，推进数据共享

本溪市智慧城市建设前，全市共有 21 个信息中心，14 个全额拨款事业单位，7 个自收自支事业单位，总计 189 名工作人员。2011—2013 年期间，全市信息化建设总投资约为 4 亿元。通过建设市级云数据中心，全市所有部门信息化建设经费实行统筹管理，所有部门信息化项目原则上不得再建部门数据机房，并且强制部门实行非涉密数据共享，从而切实解决全市信息化建设重复投资、条块化严重、信息孤岛大量存在的问题。

2. 为大数据运营管理打下良好基础

在城市运行管理扁平化决策系统建设过程中，本溪市成立了大数据管理局，统筹数据开放共享体制机制，对原态数据进行严格保密；此外，在有效管理的基础上，原态数据通过脱敏、脱密，可实现公共数据资源合理适度向社会开放，最大程度地发挥数据的社会服务或商业价值。

3. 服务延伸，建设市民融合服务平台

为进一步延伸服务，扩大政务服务的覆盖面，确保获取民生数据的客观性，本溪市基于城市运行管理扁平化决策系统，建设了市民网平台。市民网目前已有 65000 多名活跃用户，可提供 551 项政府服务，实现了集政务服务、民意诉求、企业展示、便民商业及个人空间等功能的一站式服务，快捷融合、便民利民、走进社区、服务基层，有效解决了政府服务百姓的最后一公里，实现了政府“365×7×24”全时服务百姓、听取百姓诉求的目标，在东北地级市实现了首创。目前，城市运行管理扁平化决策系统与市民网数据已实现数据共享、互联互通。市民网平台在向市民提供更多的政务服务的同时，通过对民生关注的热点问题进行汇总分析，可为政府领导提供更加客观的决策参考。

（二）城市运行管理扁平化取得的成效

1. 提升城市综合竞争力

城市运行管理扁平化决策系统打通了业务部门之间边界，让城市运行更加高效，为本溪市民生活工作、企业经营发展提供有力支持；同时，通过系统应用还可以提升城市的事件预测预警能力，防患于未然。在事件处置过程中，有效提升城市突发事件处置效率，降低突发事件造成的经济损失。

通过城市运行管理扁平化决策系统平台建设，城市运行管理水平和市民幸福感将不断提升，有效提升了城市综合竞争力和产业竞争力。以此为辐射，将不断增加城市在高端产业聚集的优势，有效促进本溪市产业升级。

2. 营造良好的生活环境

通过本系统的建设，城市实时运行管理水平有效提升，城市交通运行、城市治安案件发案、城市安全事故、环境保护、经济秩序等各方面得到有效监管。本溪将成为一个更加舒适、更加便捷、更加安全的智慧城市，市民的满意度将不断提升。

3. 提升城市管理工作效率

通过城市运行管理扁平化决策系统平台建设，可以大大提高管理者宏观管理水平，驾驭城市发展方向，及时调整城市运行的弱项和不足，为城市整体转型、社会发展提供重要支撑。通过全面信息管理体系，可以使城市管理各项工作由粗放向精细，由人工向智能化、信息化转变，提升整体的城市管理工作效率；系统建设还将有效推进本溪市各部门信息化建设和应用的深化，进而推进本溪市整体智慧化的全面提升。

此外，城市运行管理扁平化决策系统中心和专业部门两级管理融合，真正实现了横向整合、上下联动的城市运行体系。系统通过民声舆情采集，掌控城市运行过程中市民关注的重点、难点、痛点，提升公共服务水平，引导公众积极参与并配合城市管理工作，确保政府决策的科学性、高效性和精准性。

（案例组织单位：智慧城市发展联盟，
中国智慧城市产业技术创新战略联盟，
中国信息界杂志社）

案例 34

韶关市智慧内涝预警系统

一、背　景

近年来，韶关市的城市建设取得了迅猛发展，城市面貌发生了巨大变化，城市基础设施及配套设施得到了进一步完善，城市功能日趋完善，城市品位不断攀升，投资环境更为优化。高速化城市发展进程引发了一系列城市治理问题。为了适应韶关市城市化发展和管理的要求，韶关市成立了城市管理局，贯彻执行国家和省、市有关城市管理的方针、政策和法律、法规。结合实际，研究和拟定本市城市管理、市政设施、城市供水、园林绿化、路灯灯饰、市容市貌、环境卫生及管道燃气的地方性政策、规章和实施办法或细则，并监督执行。城市管理水平有了较大提高，城市管理效果有了明显体现。但是，在城市管理领域仍存在着诸多与城市管理要求不相适应的问题，严重阻碍着城市管理工作的健康有序发展。

为贯彻落实《中共中央国务院关于印发〈国家新型城镇化规划（2014—2020年）〉的通知》（中发〔2014〕4号）和《国务院关于促进信息消费扩大内需的若干意见》（国发〔2013〕32号）及《国务院办公厅关于做好城市排水防涝设施建设工作的通知》（国办发〔2013〕23号）、《住房城乡建设部关于印发城市排水防涝设施普查数据采集与管理技术导则（试行）的通知》（建城〔2013〕88号）和《住房城乡建设部关于印发城市排水（雨水）防涝综合规划编制大纲的通知》（建城〔2013〕98号）要求，切实推进信息化进程，减少城市内涝的影响。韶关市城市管理信息中心在建设智慧市政的总体目标下，坚持“科学、稳妥、完善、有效”的原则基础，建立了联合三防办，水务局、水文局、气象局、城管局、规划局、公安局、国土局、交通局等多个部门，以及联动易涝点范围内的街道、居委、社区内的涝灾害预警系统，区别于其他同类产品的最大特色在于融合多部门信息数据，打破信息孤岛，建立较为精确的内涝预警模型，而且已经形成了多部门联动的良性治理格局。各个参与部门不是简单地提供一次或几次数据，而是要长期地参与到系统的各项工作中。这就要求各个部门间数据共享、业务互通，建立健全各部门之间的联动机制，建立多部门协同的应急平台。通过对内涝的预警、跟踪、通报督办、反馈等，使预防为主的应急机制融入有关部门的日常工作之中。

在经济高速发展时期，人类活动对城市内涝灾害的影响日趋显著。首先城市化改变了城市的地形地貌，进而影响降水的汇流条件。随着市区的扩张，房屋建筑更加密集，混凝土不透水面积不断增加，而地表植被和坑塘日益减少，致使地表的持水、滞水及渗透能力减弱。暴雨时产汇流时间缩短，地表及河道径流量猛增，内涝灾害加剧。同时，城市空间立体开发。如地下室、地下停车场、地铁、道路的下挖式立交通道等工程的大量修建，一旦进水积涝，将造成巨大经济损失。近年来由于雨季降水，特别是气候异常引起的城市道路积水内涝，引起的河水倒灌、道路水淹、交通堵塞、桥梁建筑损毁都给政府部门带来巨大压力，给国家和人民带来巨大的经济甚至生命损失。

广东省韶关市是典型的山区城市，市区地形起伏不平，排水系统配置滞后。一旦突降暴雨或大暴雨，市区内许多主要街道马上变成市区内河，严重影响市民的生活、工作以及财产安全。随着市区建设加快，市区内涝问题越来越严重。

2004 年，韶关市三防指挥部统计了十年来韶关市区内涝情况，表明：市区有三处区域平均每年至少受内涝淹浸 1 次，每三年受淹一次的区域竟达 14 处之多，最大淹浸水深 1.0 米以上的区域达 11 次，平均每次受影响人数在 10 万人以上。对于一个常住人口才 50 多万人的中小城市，影响是非常大的。所以每次暴雨降临，市领导都要分片指挥防内涝工作。

自 2015 年以来，市区内涝频发，严重影响了市民生活环境和出行安全，部分路段因内涝严重中断交通，多处路段相继发生严重内涝，水位最深达到 60 厘米。其中 5 月 11 日韶南大道录得最大降雨量 158.6 毫米（16 小时），直接造成北向三车道无法正常通车，工业西路交通中断近 16 小时。

造成城市内涝的成因主要有以下几点：

（1）城市人口大幅增加，且用水结构发生巨大变化，排水量增大。特别是许多城市的排水系统仍为污水、雨水合流制，且旧的排水设施破损严重，不再满足现实需求。

（2）城市扩大使城中村纳入城市范围。城中村排水设施不完善，不能与城市排水管网很好地衔接。另外城市不同区域、不同时期的建设设计、设施不衔接，改造困难，造成整个城市排水系统总体上的设计缺陷。

（3）“热岛效应”的存在加之城市大气污染严重，为水汽凝结提供大量尘埃，出现“雨岛效应”。这会使城市降雨的次数比城市化前增加 10%—20%，城市范围内发生降雨的概率较周边地区大5%—10%，强度也大5%—10%。

（4）城市路面的硬化和建筑面积不断增加，土壤封闭和压实现象严重，地表对降水及调蓄功能不断下降。使暴雨产生的地面汇流时间缩短，径流量增大，加重了排水压力。

（5）韶关市区有芙蓉山、莲花山、皇岗山三座大山，连续降雨后山体含水达到饱和后，再发生降雨，雨水容易形成径流产生内涝。

根据调查，2005年广东水文部门试点在佛山市重点区域安装内涝自动监测系统，一旦出现水浸的现象系统自动采集数据并反馈到三防部门，三防部门会立即启动相关预案进行处理，避免经济损失与人员伤亡。表34-1中的数据表明，内涝自动监测系统起到了重要的作用。

表34-1　佛山内涝经济损失对比表

年份	内涝经济损失	内涝监测系统
1994	20亿元	无
2005	2.8亿元	有
2008	1亿元	有

鉴于佛山试点的成绩，广东省水利主管部门在广东省三防工作会议上表示，将在全省范围内投入3.4亿多元开展城市内涝工程措施建设。

韶关市为能有效治理内涝灾害，在市区内涝易发点工业西路建设了泵站。该泵站远期规划流量为20m³/s，现流量为10m³/s，能实现工业西路一年一遇暴雨不成灾。如出现超过泵站设计抽排水能力的雨量就会导致工业西路低洼处路面积水，积水深度达到一定的程度会造成交通中断，影响市民出行。工业西路泵站虽能减少内涝灾害的发生，但其仍具有局限性。面对近年日益增多的极端天气，为进一步发挥各内涝工程的最大效益，形成全市各相关单位有效协作对抗内涝，减少损失，建立多部门协同的内涝灾害预警系统。

二、主要做法

（一）设立预警点

韶关市城市内涝灾害预警系统将由三防办为主导，联合水务局、水文局、气象局、城管局、规划局、公安局、国土局、交通局等多个部门，以及联动易涝点范围内的街道、居委、社区。

根据近年来内涝点的发生频率，韶关市城市内涝灾害预警系统在内涝频率高的工业西路和鹅坑桥两个易涝点设立预警点。系统建成后，可逐步在韶南大道、站南路等其他内涝点设立预警点。

（二）建立多部门联动机制

内涝灾害预警系统根据历年来的降雨量与内涝的关系，设立一系列阈值，通过气象局的雨量预报以及水文局、水务局的河面水文数据和阈值对比，进行预判是否会发生内涝。触发各个处理预案。系统自动将信息转发至各个部门的负责人，同时收集各部门返回的信息（见图 34-1）。

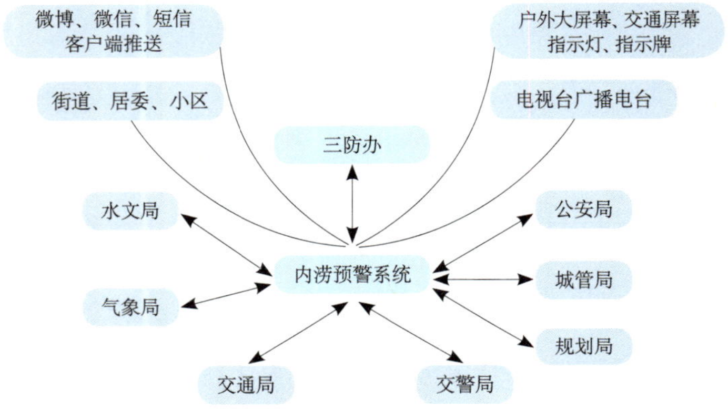

图 34-1　部门联系图

各部门涉及的领域各不相同，为使系统效率最大化，各部门专业化分工。内涝灾害预警系统是一个长期工作、不断更新的系统。各个参与部门不是简单地提供一次或几次数据，而是要长期地参与到系统的各项工作中。因此，各个部门间应实现数据共享、业务互通，建立健全各部门之间的联动机制，建立多部门协同的应急平台。通过对内涝的预警、跟踪、通报督办、反馈等，使预防为主的应急机制融入有关部门的日常工作之中。各部门职责如下：

1. 三防办：预警系统发出内涝预警后，三防办负责通知除城管局以外的各部门负责人，确保所有部门在第一时间收到预警通知。

2. 气象局：①实时监测强降水的落区、强度、雨量。②提供 3 天 24 小时、3 小时、1 小时的降水预报。③根据降水实况、路面积水实况及降水预报，预测可能出现内涝的区域、等级。④利用“12121”应急气象电话系统向易涝点责任人、责任部门发布语音预警信息，必要时通过电视天气预报栏目、气象微博、微信、网站向公众发布内涝预警信息。

3. 水文局：①提供历年来韶关市河流（北江河、武江河、浈江河）水位、流速等水文资料。②提供河面监控数据接口。③根据上游实时水文数据，预测河面涨水信息。

4. 城管局：①根据系统预报的内涝地点以及内涝等级，启动各单位相应的应急预案。②各单位将内涝区域的下水道状况、自来水管状况、燃气管道状况等信息反馈系统。③负责系统硬件维护。

5. 水务局：①提供历史水文资料，发布水位信息。②发布河面涨水预警。

6. 规划局：①提供韶关市区地形数据、管线数据等基础数据。②根据内涝数据分析，及时调整规划。

7. 公安局：①提供易涝点的视频监控接口。②交警指挥交通、设立告示牌。

8. 交通局：①发布内涝点的交通信息。②调整公交车行进线路。③及时通知出租车内涝信息。

9. 电视台、电台：①内涝发生前，发布内涝预警信息。②内涝发生后，及时发布内涝区域的实时消息。

10. 街道、居委、社区：①及时通知小区内住户内涝预警消息。②提前做好小区相关防范工作。

（三）建立数据共享平台

系统涉及多个部门，部门间的数据共享是系统重要的核心及前提，是建设智慧城市的基础和框架。数据共享是为系统提供多领域数据，提高数据的使用效率，使得部门、单位能够使用现有数据，提高现有数据的利用率及投资效益，最大程度地发挥各单位数据的经济及社会价值。各业务部门在确保各自部门数据安全和利益的前提下实现数据的共享，使得各业务部门能够使用非自己拥有的数据资料，充分有效地利用已有数据从而减少重复劳动与数据采集费用。各业务部门的数据采用统一的框架标准，保持数据的一致性，使数据的使用与管理更加容易，降低数据的管理与维护费用。

部门内部的数据共享机制其本质就是要建立资源数据共享平台。资源数据共享平台中的中心数据库包括元数据库、基础地理数据库及数据交换模型库等。业务数据库、工作流数据库等其他数据库紧紧围绕在中心数据库的周围，从而共同形成资源数据共享平台，实时从中为预警系统提供所需数据，为各部门提供元数据、基础地理数据及数据交换模型，而且还同时是各部门数据交换和数据共享的基础和中转站。中心数据库就一台“交换机”，它具有各种数据的接口，专门负责数据的采集与交换工作。中心数据库像纽带连接着其他的数据库，在逻辑上形成了数据交换的“星型结构”。其中一个应用系统只需要和这个“交换机”建立起数据通道，便可以和其他应用系统进行数据交换。管理部门许多应用不必再在两个需要数据交换的部门之间建立单独的数据通道，只需通过数据中心数据库便可得到自己所需的数据。如此一来便极大地减少了数据交换通道的数量，节省了数据交换的费用。中心数据库实现了真正意义上的数据共享，无论数据在物理上存放于何处，数据的访问总是透明的，而且利用这种数据共享机制还可方便地统一管理和监视各部门的数据交换。

管理部门有时需要同其他部门进行数据交换，通过数据共享平台，可以与其他数据共享平台进行数据共享。部门与部门之间进行数据交换是以平台的形式来进行的，部门之间的数据共享必须通过平台来进行，而不能在系统与系统之间进行。资源数据共享平台的重要性也由此充分体现出来。通过接口的方式与外界数据进行交换会极大地节约交换开支并能高效地管理数据交换，从而形成一种井然有序的良好局面。平台之间的数据交换是通过平台之间的接口来进行的，所以资源数据共享平台是建设好数据标准和各种数据的接口。资源数据共享平台不断地更新自己的接口库，用来适应不同的平台、不同的数据格式之间的数据交换。

1. 平台的框架

系统分为五个基础层级，通过有效的层级结构的划分可以全面展现系统的架构（见图 34-2）。

（1）基础层。基础层建设是系统搭建的基础保障，具体内容包括了网络系统的建设、机房建设、多媒体设备建设以及安全设备建设等，通过全面的基础设置的搭建，为整体应用系统的全面建设奠定良好的基础。

（2）应用数据层。应用数据层是整体系统的数据资源的保障，系统建设要求实现全面的资源共享平台的搭建，所以对于应用数据层的有效设计规划对于系统有着非常重要的作用。通过对资源库的有效分类，建立完善的数据管理规范，从而更加合理有效地实现资源共享机制。

（3）应用支撑层。应用支撑层是系统建设的基础保障，根据系统的要求，通过统一的总线服务实现相关模块包括数据收集、数据分析、数据交换等进行有效的整合和管理。应用支撑层是系统的核心部分，其关系到系统的顺利搭建。

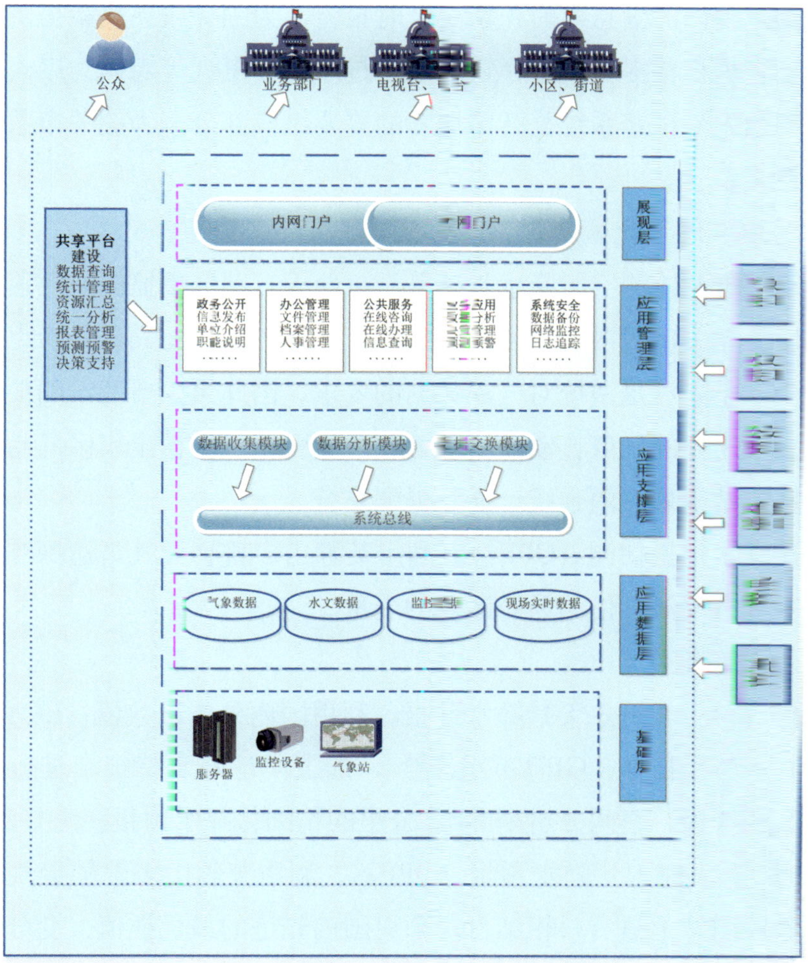

图 34-2　系统框架图

（4）应用管理层。应用管理层是实际系统的建设层，通过应用支撑层相关整合机制的建立，将实现应用管理层相关应用的有效整合，通过统一化的管理体系，全面提升系统的管理效率。

（5）展现层。系统将通过户外大屏、电视、电台广播、短信、微信等方式进行展现。

三、特色亮点

韶关智慧内涝预警系统由多部门联动响应，采用传感网络、无线通信网络、数据共享、大数据分析、GIS 等技术建设而成，可实现精细化天气预报和主动实时监测，对监测范围内的信息实时识别并及时报警，为领导应急决策提供支持，也为市政排水调度管理机构提供支持，还可以通过广播、电视等媒体为广大老百姓提供出行指南。智慧内涝预警系统是智慧城管的重要组成部分，为韶关市数据中心和智慧城市的建设奠定了基础。

1. 降水监测实时量化

（1）自动气象站监测实时降水。在易涝点建设自动气象监测站，监测实时降雨量和降雨强度。韶关市区内现有的自动气象监测站较少，尤其是易涝点附近自动气象监测站较少，不能满足系统对气象数据的要求，因此至少要建设四要素（气温、降水、风向、风速）的气象自动监测站，争取做到尽量覆盖全市区易涝点。同时开发自动气象监测站雨量、雨强统计显示提醒系统。

（2）雷达降水定量估测（QPE）。利用芙蓉山多普勒天气雷达探测资料对市区范围内的降水进行反演，估测易涝区内的雨量。

2. 天气预报精细化

（1）短期（24 小时—3 天）降水预报。利用国内外先进数值（ECMWF 欧洲、T639 北京和 JAPAN 日本、GIFT 广东等），加上本地降水特征，进行订正预报，做出市区 1 天到 3 天，空间分辨率 5×5 公里的精细化降水预报。

（2）短时（3 小时内）降水预报（QPF）。利用芙蓉山多普勒天气雷达探测资料和自动气象监测站雨量资料相结合，采用国内先进的最优插值、变分等方法计算 QPE，通过 Z-I 关系的反算，计算市区任一内涝点 1 ～ 3 小时的雷达定量降水预报。

3. 水位监测实时网络化

路面水位监测系统由城市道路积水测报现场监测设备、远程数据通信以及上位机监测软件组成三大部分组成。

现场监测设备采用激光式水位计，把水位检测、数据采集处理、现地无线射频通信、GPRS 远程通信、锂电池 / 太阳能供电及防水外壳集成在一起。使得系统维护简单，并可在高可靠、免维护的条件下自动运行。

远程数据通信采用无线通信网络作为网络平台，测报终现地设备自带的 GPRS 通信模块与上位监测计算机保持数据通信。通过城管光纤网络回传实时监测，数据分析，并生成演进模型（见图 34-3）。

上位机监测软件路面水位监测预警与自动排水系统。监测软件生成的演进模型用于对整个被监测区域内全部现地设备参数采集。监测软件结合天气预报和雨情测报系统及对应时间，可用于分析根据降雨强度和降雨分布与各道路水位及可能造成的危险之间的关系，根据历史记录，结合气象预报对可能发生的内涝灾害做出预案。

4. 内涝预测量化和预警自动化

将市区易涝点的历史内涝个例与附近自动气象站监测的同期雨量资料对照，统计分析，确定各内涝点发生内涝的降雨量和降雨强度阈值，可根据情况变化修改。

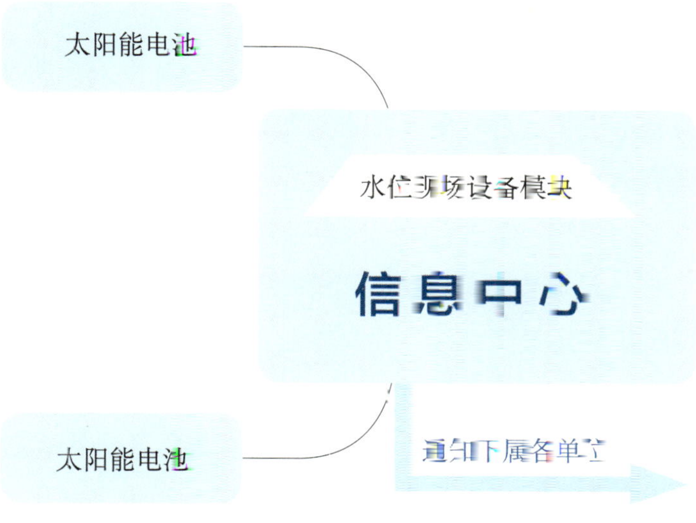

图 34-3 光纤对接示意图

在现有的天气预报水平上，开发逐日24小时市区雨量精细化预测（5×5公里），提前预报韶关市区可能出现内涝的区域及城市内涝发生的趋势。在韶关市气象局芙蓉山天气雷达监测数据基础上，采用国内先进的最优插值、变分等方法计算0～3小时韶关市区内任一内涝点逐小时和逐3小时雨量和雨强的雷达定量降水预测，再结合自动气象监测站逐5分钟雨量实况和1小时、3小时雨量统计数据和各内涝点的雨量阈值，对未来1～3小时内韶关市区可能出现的城市内涝点发出预警提醒。

5. 内涝预警发布自动化

依托“12121”应急气象电话系统，开发内涝灾害预警信息自动语音呼叫系统。根据内涝预报系统设定的阈值，当自动气象站雨量、路面积水深度或雷达降水预测达到内涝点预警阈值后，自动触发内涝预警流程启动，通过“12121”应急气象电话自动拨打各内涝点责任人、责任单位值班电话，确保预警信息通过电话通知到相关责任人，同时保存发布记录以供反查。

四、应用成效

该系统已经成功申报了科技项目，和科技局签订了科技项目合同，并获得了科技局的专项资金支持。

本系统的应用为及时排涝提供更合理科学的决策依据，合理调度可用资源，做到重要设施重点保护，在暴雨发生时尽力保障居民的正常生产生活，努力把损失降到最低。另外系统积累的数据可以为城市的长期发展提供非常有价值的参考，帮助城市进行合理规划，推进市政设施的改造和完善。对改造过程中的优化设计、合理选择、控制成本等方面起到指导作用，做到既能解决问题也不会造成浪费。

（一）社会效益

一是城市管理实现三个转变：由被动管理型向主动服务型转变、由粗放定性型向集约定量型转变、由单一封闭向多元开放互动管理转变。

二是建立多部门联动机制，形成综合性应急管理平台，为领导提供准确及时的决策支持。整合城市管理资源，提高管理效率，提升公共服务质量和水平，为市民提供直观的出行指南，促进生活环境建设宜居化。

三是利用该系统自动高效、快速的内涝预警和预测模型，可未雨绸缪，防患于未然，极大地减轻了内涝对市民衣食住行造成的影响。

（二）经济效益

一是城市内涝最直接影响的就是交通，交通瘫痪给商业活动以及市民的日常生活带来了直接的经济损失，损失不易统计，数额却不容小觑。内涝预警系统的建立，可防患于未然，提前预警，做好应对，出现报警后也可以快速应对，极大地减少甚至避免了经济损失。

二是城市内涝预警系统，智能监测，节约了大量的人工成本，减少了运营维护成本，间接地增加了政府收入。

（三）应用展望

一是助推智慧城管建设。智慧内涝打通了信息互通的渠道，推动构建普惠化公共服务体系，实现各类基础数据的普惠化，支撑建立精细化社会管理体系。为建设智慧城管的基础设施做好了铺垫。智慧内涝的建立，使得数据更加丰富，城市管理处理能力更强。智慧内涝作为智慧城管的组成部分，将大大促进智慧城管的建立。

二是助推智慧城市建设。智慧内涝是智慧城市建设的重要组成部分，是建立以人为本、和谐社会的推动剂。智慧城市的建设和城市数据中心的建立息息相关，智慧内涝打通了各部门间的信息孤岛，为大数据中心的建设奠定了基础，为后期数据中心的建设提供了指导。智慧内涝结合地下管网的逐步完善，将彻底解决城市内涝问题，使整个城市的环境本质改变。

（案例组织单位：韶关市城市综合管理局）

案例 35

以体制机制改革为驱动，创新城市服务管理新模式
——“智慧泉城”探索与实践

一、背景与需求

济南市作为山东省省会，是山东政治、文化、教育中心，因境内泉水众多，被称为“泉城”，素有“四面荷花三面柳，一城山色半城湖”的美誉，是国家历史文化名城，首批中国优秀旅游城市之一，史前文化龙山文化的发祥地之一。济南北连首都经济圈，南接长三角经济圈，东西连通山东半岛与华中地区，是环渤海经济区和京沪经济轴上的重要交汇点、环渤海地区和黄河中下游地区中心城市、山东半岛城市群和济南都市圈的核心城市。济南高新技术、信息产业发达，并被国家批准成为“中国软件名城”。“国家信息通信国际创新园”（CIIIC）、“国家软件出口（创新）基地”“国家服务外包基地城市”示范区、“国家超级计算济南中心”“济南量子技术研究院”等电子信息研发机构也都先后落户济南。2014年济南市全年实现生产总值5770.60亿元，同比增长8.8%，其中，第一产业增加值299.11亿元，同比增长4.2%；第二产业增加值2215.16亿元，同比增长8.8%；第三产业增加值3256.33亿元，同比增长9.1%。全市经济社会发展保持了总体平稳、稳中有进的良好态势。

伴随着城市化不断推进，城市人口迅速增长，济南市在经济发展的同时也面临着其他城市发展中遇到的诸多问题：城市规模急剧扩张，基础设施缺乏现代化管理手段；产业结构不完善，需要尽快调整、转型升级；政府部门信息化建设“纵强横弱”，信息资源互联互通共享机制落后；社会公众信息化服务跟不上经济社会发展脚步。这些问题都制约着济南市今后经济、社会的正常发展。

针对上述问题，济南市立足服务于全面建成小康社会，坚持以人为本、服务

民生、提升效率、发展产业的指导方针，希望通过开展一系列智慧城市建设领域的建设与创新，运用大数据、物联网、移动互联网等新技术，发挥“互联网+”作用，实现信息共享，促进业务协同，建立资源数据管理平台；挖掘大数据附加值，释放大数据红利，力促产业结构进一步优化升级；构建统一的政府公共服务平台，完善公共服务、社会管理、政务开放和信息消费四大体系，增强民生领域信息服务能力，建设美好宜居的“智慧泉城”。

二、主要做法

通过顶层规划设计，济南市充分认识到智慧城市建设要从基础设施智慧化抓起。促进城乡一体化发展，推进新型城镇化建设，健全基础设施体系，搭建智能化系统平台是“智慧泉城”重要基础。截至2015年底，全市已建成统一涵盖地下综合管网、综合管廊、排水、防汛、城市照明的数字市政综合管理服务平台，实现了地上、地下各类公用设施的精准管理，服务范围覆盖人口300万以上，健全完善了管理长效机制，提高了城市管理的精细化、规范化、制度化水平。

济南市实施聚焦发展战略，大力发展信息经济，构建产业新体系，通过促进大数据发展应用，建设产业规划一张图，打造服务经济发展高地，增强发展动力，提升政府科学决策水平和产业布局规划的管理效能，从而实现消费和投资良性互动，消费升级和产业升级协同推进。

在信息惠民方面，济南市统一思想，凝聚力量，从未来经济社会发展战略选择的高度，进一步创新工作思路，大力实施“1141”工程：“构建统一的政府公共服务平台，建成一个济南政务云计算中心，完善公共服务、社会管理、政务开放和信息消费四大体系，形成一个信息惠民大格局体系”，不断提升政府服务效能，拓展信息惠民的深度和广度，确保完成国家信息惠民试点城市建设的任务和目标。

(一)强化物联网应用，加强城市基础设施智慧化管理与监控服务

近年来，城市公用设施建设发展迅速，但由于缺乏完整、准确的城市基础设施信息资料和有效的监测预警机制，许多事故和险情不能被及时感知和提前预警，城市运行安全存在诸多隐患。

济南市根据当前城市市政公用基础设施管理的需求，通过加快市政公用设施智慧化改造升级，重点构建城市虚拟仿真系统，强化城镇重点应用工程建设中信息

化手段的投入。围绕“安全、服务、管理”，打造了国内领先的数字市政系统，实施“118”工程，建设一个数字化指挥调度中心，一个资源管理平台以及八大业务应用系统，实现了“四个一”的建设目标：

1. 建设了一张完整的运行监控预警处置网络，实时采集市政各行业关键设施的运行参数，实现全过程监控监测预警和应急处置。

2. 建设了一张健全的服务质量监测监管网络，利用物联网技术实时采集居民小区或用户家中服务参数和指标，对服务质量进行动态跟踪和有效监控。

3. 建设了一个完善的客户服务体系，建立服务信息共享机制，强化各行业服务系统效能，推动高效主动服务，创新社会管理。

4. 建设了一个创新的行业管理体系，在完善各企业生产经营和管理的基础上，强化政府监管职能和行业协调能力，形成全局上下联动的立体化行业管理体系。

在实现城市基础设施综合监管的同时，大力发展智慧服务。构建覆盖供水全过程、保障供水质量安全的智能供排水和污水处理系统；强化智慧管网建设，实现城市地下空间、地下综合管廊、地下管网管理信息化和运行智能化；打造智能照明系统，实现对城市照明的“点、线、面”实时测控和节能管理，开辟出一条照明“管理节能”的新道路；建设防汛预警管控系统，及时获取汛情、灾情信息，实现防汛信息资源共享，保障民生，提高全市防汛工作管理水平。

智慧的管理离不开数据。作为一个大型的复杂系统工程，为保证工程的顺利和规范实施，必须建立一套完善的数据标准化体系。目前济南市已完成了数据普查、三维建模、数据服务等多项标准。依据这些标准，完成了主城区二环内市政公用设施数据普查，共普查各类管网 8132 千米、桥梁 489 座、路灯 80000 盏。在对地下和地上设施进行全面普查的基础上，通过入库、整理和建模等手段，形成设施数据

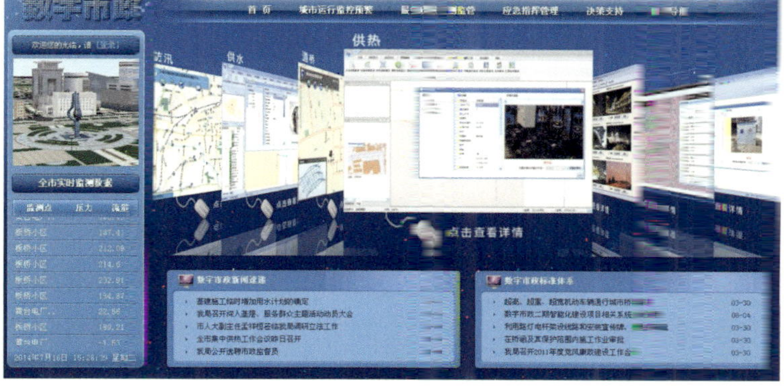

图 35-1　基础设施综合监管平台

库，构建了资源管理平台，并形成包括综合应用和共享交换在内的管理体系（见图35-1）。该平台既是一个资源管理体系，为设计、施工和资源资产管理服务，又可以为应急指挥和行业监管、各行业生产运营和服务体系提供数据支撑的基础。平台具有的基础数据共享交换、管网及设施管理、三维展示等功能，为城市基础设施的规划、设计、建设和养护等工作提供了有力支持。

作为全市运行管理调度中心而建设的数字化指挥调度中心，主要负责市政公用行业突发事件应急指挥和服务质量监测，同时承担着济南市城市供水水质监测预警和城市防汛指挥调度任务。中心下设八个行业指挥调度分中心，形成“1+8”的应急联动体系。中心通过对各行业运行运营相关的近500项数据的实时抽取，实现全市设施运行、监控预警、服务质量监测监管、应急指挥及决策分析功能，宏观把握城市运行动向（见图35-2）。

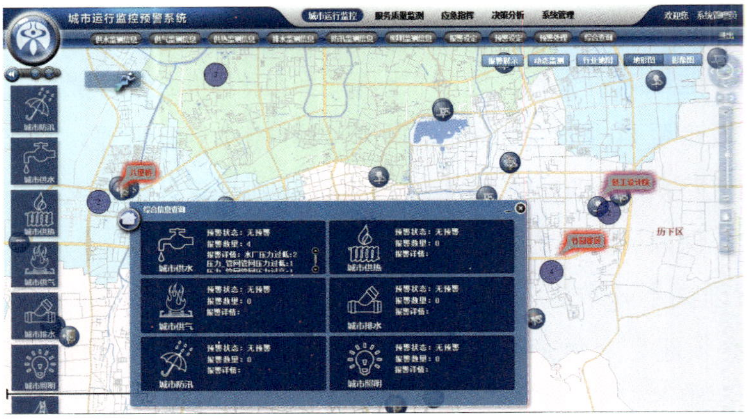

图35-2　城市运行预警监控系统

自上而下建设的覆盖城市基础设施管理的八大业务应用系统群建设也取得显著成果，八大应用系统群分别以各分中心为核心，形成各自行业有机、完整的运行运营、客户服务、综合管理三大体系，其中防汛、排水、路灯子系统的建设已取得突破性进展，迈入了国内领先行业。以单灯控制为代表的物联网应用显现成效，向规模化应用迈进。

数字供水系统，以供水服务标准化、调度智能化、管理精细化为建设目标，形成了产业运营、营销服务、综合管理三大业务体系；数字供气系统，通过部署147个地上监测点和800多个地下泄漏监测点，建立起燃气运行监测监控网络，实时掌握燃气设施运行状况，实现了安全供气；数字供热系统，通过实施供热运行参数监测、分户计量，监测各管网末端用户温度，打造供热生产运营及服务体系，增强供热管理能力，保证热网安全稳定运行，提升供热质量和客户服务水平；水质监测系统，建成多层次网络化在线预警监控平台，涵盖水源水、出厂水和管网水水质预警监测，建成57个在线监测点，实现城市供水水质从源头到龙头的全流程监控监测，提升了政府监管部门对突发性水质污染事件的预警和应急处理能力；数字排水系统，通过建设八个中水站在线监测系统，部署了30多个管网监测点，对排水管网的液位、流速、流量进行实时监测，保障了城市排水安全运行，提高了管理服务水平。防汛指挥调度系统，采用超声、位移传感和无线通信技术，在全市范围内实现全方位实时收集气象、雨量、水位、水文视频监控信息及超警界报警，在万次防汛应急事件中，都发挥了重要作用，提高济南市城市防汛工作的快速反应能力。

济南市的智慧照明系统作为全国最大的单灯控制节能工程，对全市500余箱变、8万盏路灯进行了单灯控制，根据不同道路、不同时段、不同场合制定运行方案，并根据需要动态调整，每年可节省电费近2000万元，节约20%—30%的日常维护费用。系统以绿色节能和提供按需照明服务为目标，建立起一个覆盖整个城市路灯照明设备网络通信平台、设施管理平台与监测控制平台，通过电力载波通信组网，利用原有照明供电线路，不再需要单独布线即可实现远程照明智能监控和单灯节能控制，实现了对路灯的全方位智能管理，能为市民提供优质的按需照明服务。经国际知名的“瑞士通标标准技术服务有限公司”（SGS）节能量审核，系统平均节电率达34.3%。2014年经“国家建筑节能质量监督检验中心”再次进行节能检验，系统平均节电率达33.1%（见图35-3）。

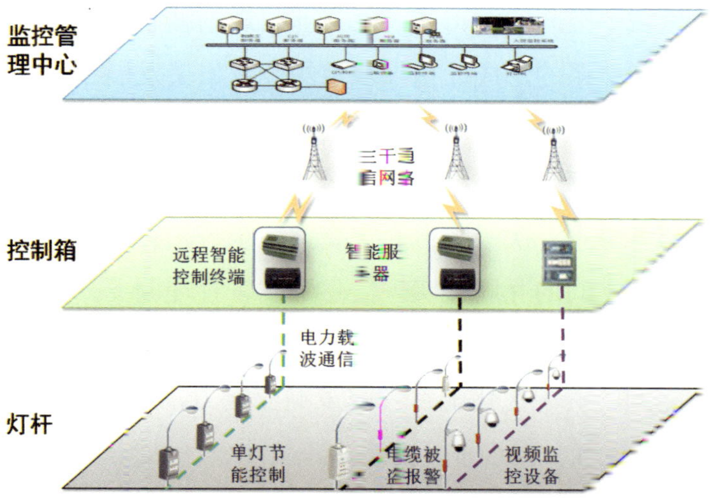

图 35-3 智慧照明应用架构

（二）挖掘大数据附加值，释放大数据红利，推动产业转型升级

济南市目前产业空间布局已初步形成中心城区规划，大力建设中央商务区，集聚发展服务业，县域重点发展工业，工业园区和服务业集聚区发展载体功能的发展战略。产业规划布局的调整需要对相关各类海量数据的分析研判，济南市的解决方案就是充分发挥大数据分析和 GIS 地理空间数据展示的优势，把传统的、纷杂的海量数据变成直观、立体的可视数据。济南市现已建成包括市级产业规划一张图和区级产业规划模型在内的多个示范项目，逐步整合了各区县产业集群的集聚优势与辐射效应（见图 35-4）。

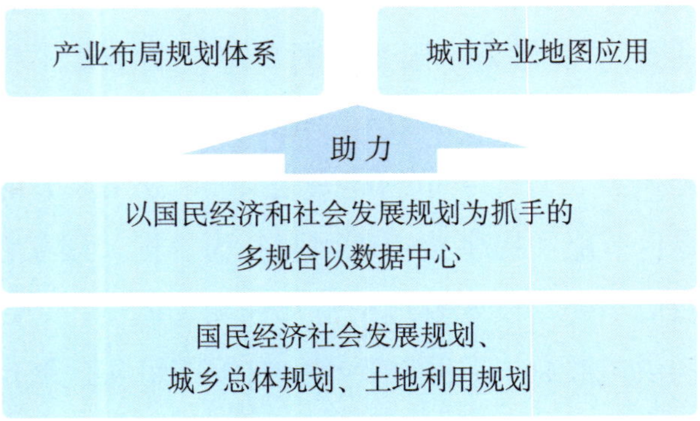

图 35-4　产业规划项目思路

济南市产业规划一张图（见图 35-5）主要以国民经济和社会发展规划为依据，重点加强了城乡规划和土地利用总体规划的衔接。通过系统建设，有效统筹城乡空间资源配置，优化城市空间功能布局，建立部门规划编制和实施联动机制，进而促进城市空间布局规划体系的形成，指导城市的产业集聚发展和空间结构调整。系统建设采用中心平台与次级平台两级模式。其中，中心平台负责全市相关产业规划一张图工作的整体资源整理；次级平台分为区县与相关业务单位两类分中心，负责各自辖区内的产业信息管理，次级平台通过交换系统将相关数据上报给中心平台，中心平台可以通过平台之间的互联，实现信息下发，管理调度。目前系统中共规划布局了 19 个重点产业，整合了济南各区县产业集群的集聚优势与辐射效应，加强了产业内部与产业之间的资源优化配置与政策响应能力，加速了济南获得发展机遇和建立地区竞争优势的进程，促进了济南产业转型升级（见图 35-6、图 35-7）。

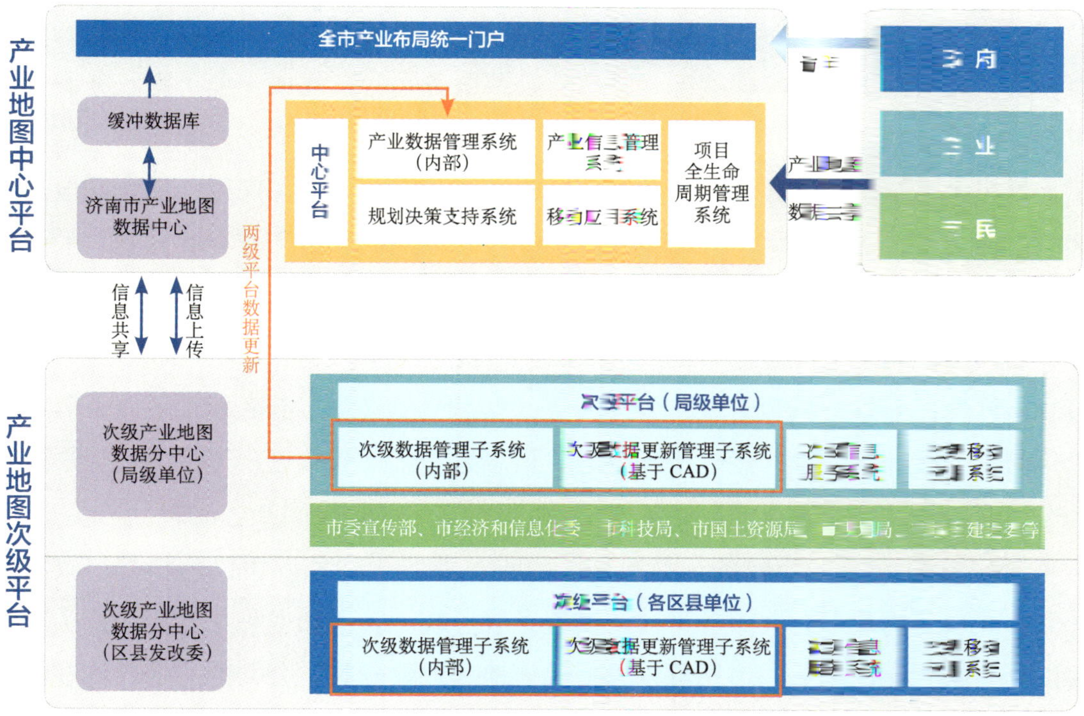

图 35-5　济南市产业规划一张图公共服务平台两级模式结构图

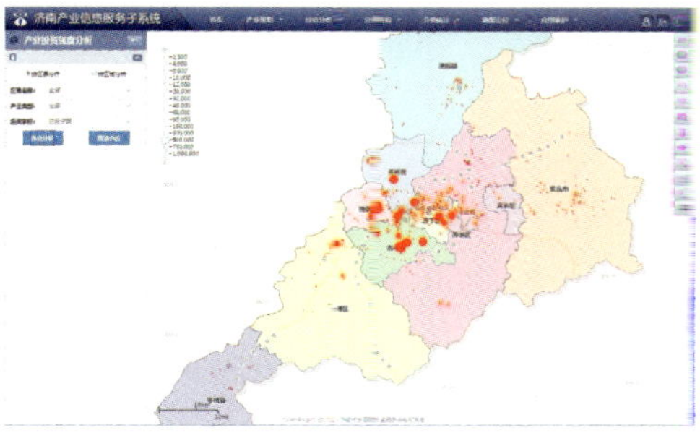

图 35-6　产业投资强度分析

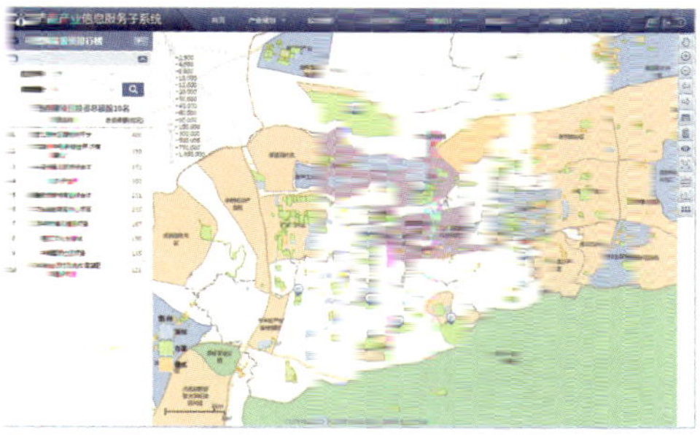

图 35-7　在建项目投资排行榜

（三）以"互联网+"为依托，增强信息惠民成效

作为"智慧泉城"的重要组成部分，济南市委、市政府一直高度重视信息便民、惠民、利民等相关工作。作为信息惠民国家试点城市，由市政府主要领导亲自挂帅，

成立了工作领导小组及相关机构，理顺关系，疏通渠道，各部门上下同心协力，以“互联网 +”为依托，在顶层设计、机制创新、制度创新等方面取得新进展，大力实施“1141”工程：“构建统一的政府公共服务平台，建成一个济南政务云计算中心，完善公共服务、社会管理、政务开放和信息消费四大体系，形成一个信息惠民大格局体系”，提升政府服务效能，拓展信息惠民的深度和广度，最大程度惠及济南市民。在具体工作中，着眼于构建以市民为核心、政府和社会共同参与的政府公共服务平台，实现了服务统一管理和多种形式接入，为市民提供一站式的便民服务。充分利用新一代信息技术手段，依托“互联网 +”的创新模式，重点推动交通、市政、社保、医疗、城市管理、公共安全、食品药品安全、养老和社区服务等惠民工作与信息化深度融合，经过不懈努力，信息惠民工作成效逐步显现，已经形成了具有济南特色的“智慧泉城”，打造了“12345”热线等全国知名品牌。

2014 年启动的济南政务云计算中心建设，着眼于构建以市民为核心、政府和社会共同参与的政府公共服务平台，实现了服务统一管理和多种形式接入，为市民提供一站式的便民服务，市民可以方便快捷地获取政务的、公共的、社会的在线服务。目前，政务云中心已入驻部门 53 个，整合政务、医疗、教育、社保、气象、交通、养老、供水、供电、燃气、供热、通信、娱乐、社区、家庭服务等信息资源，运行业务应用系统 300 多项，跨部门信息化工程 20 多项，共 1600 多台硬件设备在云中心运行。市直部门和机构中 70% 依托平台运行，90% 统一接入互联网，市级 70% 的新建项目依托政务云中心建设运行，集约化建设的成效正逐步显现，年均节省建设、运维费用 20% 以上。

作为全国知名品牌，“12345”热线已经成为济南市新的信息惠民平台，自开通以来，共受理市民诉求 1065.6 万件，其中接听电话 1041.7 万个、接收市长信箱 8.4 万件、短信 11.1 万条、微博微信 4.4 万条。现场直接处理市民诉求 771.5 万件，占 72.4%；转交各县（市）区政府、市直各部门办理 294.1 万件，占 27.6%。此外，外拨、回访电话 629 万个，发送公益短信 57.7 万条，市民诉求办结率 97%，群众满意率 98%。热线微博、微信发布信息 1.8 万余条，6 万余人关注。热线系统知识库录入有关法律法规、政策文件、部门职责、审批事项以及居民生活、交通出行、水文气象等各类惠民信息 1.8 万余条、850 万余字。

此外，在与民生息息相关的应急、交通、市政、社保、医疗、城市管理、公共安全、食品药品安全、养老和社区服务、政务公开等领域也涌现出一批信息惠民项目，让民众方便享受“智慧生活”。

三、特色亮点

当前社会发展正处于经济结构战略性调整关键期和城乡建设提质期，济南市抢抓机遇，通过“智慧泉城”的建设和应用实效，充分释放体制机制改革带来的红利，不仅抓住了济南现阶段社会发展的主脉，还揭示了新时期新型城镇化建设的新特点、新规律，对济南今后经济社会的发展具有重大意义，同时，也为今后智慧城市建设积累了宝贵的经验。

（一）加强体制机制创新，坚持“一把手”负责制

济南市在“智慧泉城”建设中充分发挥智慧城市建设领导小组的领导作用，建立健全跨部门协调决策共同管理的推进机制，协调解决业务流程优化、管理模式创新、体制机制和部门利益调整等问题，强化政府在统筹协调、优化环境、政策扶持、应用示范等方面的主导作用。市长亲自担任信息惠民建设工作领导小组组长，各级政府也都建立相应组织协调机制，统筹开展本区域、本部门信息惠民工程建设工作。充分挖掘省会城市智力资源集聚优势，广纳贤士，成立了济南市信息惠民工程专家组，充分发挥专家组“智囊库”作用。专家组及时总结试点建设工程“济南模式”，强化“智慧泉城”特色，研究解决建设过程中出现的核心技术难题。围绕市政公用地下管网和地上设施的数字化、智能化管理需要，统一由济南市市政公用事业局负责规划、建设、管理和行业监管，承担对城市基础设施的安全运行和服务质量 24 小时监测监控以及防洪防汛等重大事件的应急指挥工作，大大降低管理与协调成本，真正做到从管理中出效益。

（二）创新工作思路，推进信息互联共享

基础信息资源方面按照一数一源、多元采集、多方共享校核、实时更新、权威发布的原则，济南市经信委、市发改委、市规划局、工商局、公安局等部门采取共建共享方式建立了高质量的基础信息资源数据库，为各部门提供了全面的基础信息共享服务。基础信息资源主要包含基础地理信息资源、人口信息、法人信息、经济信息四大基础数据库，其中基础地理信息已为 20 多个部门提供基础数据共享，法人单位数据库实现了多个部门的数据对比，公安部门已与人社、民政、房管等部门开展了数据共享，有力促进了社保和救助工作。业务信息资源方面，济南市依托政务云中心开展了地理信息、财税增收、政府资金网上结算、联网审计、科技防腐等信息共享和跨部门信息化工程，取得了良好的社会和经济效益。全市 70% 以上市直部门建有业务信息库，50% 以上部门提供和使用了共享信息。基础地理信息

服务平台提供地理信息共享服务，避免了重复投资，提高了数据质量。财税增收工程整合了工商、国税、地税、质监、卫生等部门涉税信息资源，实现了对涉税信息的无缝监管。政府资金网上结算信息化工程有 240 多家单位实现网上报账、查询，效率提高 50%以上。全市所有的行政处罚事项纳入统一管理、统一监督。济南市还通过政府与企业对城市管理行业数据共建共享，合理开放数据资源，实现政府企业数据资源互通共享，优化协作方式，提升工作效率。

（三）突出重点，创新引领，以点带面

济南市通过顶层设计，巩固当前“智慧泉城”建设成果，充分发挥重点工程建设的引领作用，特别总结好典型智慧城市建设项目在建设中的实践经验，将之辐射到全市其他行业，全面带动社保、教育、旅游、养老、社区、家庭服务等领域工程建设。

在积极探索物联网应用过程中，济南市建立了物联网应用试验区，申报了排水管网在线监测、燃气泄漏监测、供热分户计量等多项实验课题，并特邀国内外专家进行评审论证，目前已取得良好的实验效果，准备全面应用在后续工作中。

围绕重点建设工作任务，在加大财政资金投入力度的同时，探索智慧城市建设商业模式，成功引入了智能照明 EMC 模式等多样化的项目投资模式，引导社会资金投入到智慧城市建设中来。

四、应用成效

“智慧泉城”的建设是应用“互联网 +”思维模式在城市建设创新方面的典型应用，开创了以体制机制改革为驱动，创新城市管理服务新模式，同时也是在“打造四个中心，建设现代泉城”过程中，对国家提出的“五大发展理念”的具体响应，既符合时代的发展要求，又对现代发展内涵进行全面深化、对现代发展外延予以全方位拓展，为最终实现把济南建设成为“可感知、可享受、可念可及”的全面小康城市奠定了坚实基础。

济南数字市政项目被住建部列为信息化示范项目向全国推广。在建设过程中，将物联网技术大规模应用于城市基础设施的数字化和智能化建设。特别是在路灯监控、水质监测、城市防汛等行业应用领域已显现出物联网技术带来的良好成效。全行业基础数据和运行运营数据的集成、交换和共享，为行业管理提供决策支持。通

过探索和创新，逐步实现市政公用管理的四个转变：事后处理到事前预警的转变、被动受理到主动服务的转变、粗放管理到精确感知的转变、经验判断到科学决策的转变。

济南产业规划一张图的建设突破了区域发展中产业集群和行政区划固有形界限，满足了公众生活、学习、工作及个人投资创业的信息需求，为企业发展提供产业数据分析支持。同时，为城市管理者把握产业布局现状，提高产业管理效率提供了强大支持，推动了产业转型升级，提高了招商引资服务效率，实现了空间资源的合理配置。

“智慧泉城”惠民是根本。济南市通过集约化、多渠道及延伸化服务，在社保、医疗、公共安全、养老、食品药品安全、教育、交通、市政、城管、旅游等领域，依托“互联网 +”，总体规划，分步实施，建立健全了各类信息资源管理服务平台，从民生出发，采取各种利民便民措施，服务于公众，使得公众服务便捷度增强，生活安全感提升，理顺了市民情绪，取得了丰硕成果，同时在化解矛盾、促进社会稳定方面发挥了重要作用。

济南智慧泉城的建设正在健康发展，日臻完善。济南智慧泉城的建设是贯彻党中央、国务院关于创新驱动发展、推动四化融合、全面建成小康社会的重要举措，是城市摆脱危机、实现转型升级和可持续发展的重要出路，也是提升城市管理和服务水平，提高综合承载力、竞争力的必然选择。

（案例组织单位：济南市发展和改革委员会）

案例 36

大胆创新勇于开拓，用智慧化夯实城镇发展基础
——昌乐智慧城市建设实践案例

昌乐县全面贯彻党的十八大和十八届三中、四中、五中全会精神，以科学发展观为指导，结合本地实际情况，紧紧围绕建设“富强昌乐、生态昌乐、幸福昌乐”的战略部署，针对昌乐县城镇化发展中出现的问题和瓶颈，以“生态、民生、安全、管理和产业”为切入点，展开平安城市、市政、水务、“网格 +”、社区、产业等领域的智慧化项目建设。在建设理念和思路方面敢于创新，通过基础设施和智慧应用项目的统筹建设，以智慧手段推动体制机制变革，在城市立体化管理、民生精细化服务、生态链条化保护、产业转型发展等方面深入探索，形成了突出特色，为昌乐县社会经济发展、城市竞争力提高、人民幸福生活指数提升打下了坚实的基础，发挥出重要作用。

一、背景与需求

（一）昌乐县基本情况

昌乐县位于山东半岛中部（见图 36-1），是潍坊市的近郊县，人口 62.3 万，辖 4 个镇、4 个街道、1 处省级经济开发区、1 处省级旅游度假区和 1 处水库管理区，共有 99 个新型社区，面积 1101 平方千米。北临渤海湾，东距青岛 150 千米，西距济南 160 千米。公路、铁路、空运、邮运四通八达，是进出山东半岛的交通枢纽。青银高速公路、309 国道、胶济铁路、济青客运专线横贯东西。兼具山东半岛蓝色经济区和胶东半岛高端产业聚集区，“两区”叠加优势，是国务院批准的沿海经济开放县。

昌乐自然资源丰富，境内有大小古火山 84 座，已探明和开发的矿产资源有蓝

图 36-1 昌乐地理位置

宝石、油页岩、木鱼石、地热等近 30 种，古火山群分别被住房和城乡建设部、国土资源部确定为国家自然遗产、国家地质公园。昌乐是“中国西瓜之乡”，年产西瓜 6 亿公斤，昌乐西瓜以皮薄、沙瓤、脆甜誉满九州，享有“天上甘露美，昌乐西瓜甜”的美誉。昌乐是中国珠宝产业基地和电声乐器生产基地、电动车生产基地，年加工珠宝首饰 4000 万克拉、黄金 150 吨，加工交易额 600 亿元，年生产吉他 300 万把、电动车 285 万辆。先后被评为全国文明县城、全国科技进步先进县等。

（二）主要面临的问题

改革开放以来，尤其是近几年，昌乐县经济快速发展，城镇化步伐不断加快，但在城镇化过程中面临几个突出问题：

1. 民生服务保障水平与群众预期还有一定差距

随着昌乐县城镇化进程的加快，昌乐形成了以行政村和自然村为主的城镇化模式，公共服务及基础设施虽已建设日益完备，但是社区服务功能不够完善，教育、计生、民政、公安等办事难、流程不清的问题依然存在；市政水、电、气、热等保障基础设施虽已配套全覆盖，但面临着物业和居民收缴费矛盾、市政服务质量无法完全让居民满意、自然村供水质量无法保证等问题。民生问题的解决，将会直接关系到社会的稳定、公正与和谐，深刻影响社会发展的活力和动力。

2. 城市公共安全面临空前的挑战

随着昌乐经济的发展及人口的扩张，大量流动人口涌入昌乐，带来流动人口子女教育、服务与管理、安全及防范、生活及保障等一系列社会问题，对城市安全工作造成极大压力；机动车、电动车保有量大增，但交通管理水平落后，导致交通秩序混乱、事故易发；两新组织、网络安全问题影响社会稳定，新形势下的反恐和社会治理对城市公共安全也提出了更高的要求。

3. 生态环境问题日益制约经济社会发展

昌乐有多家化工企业，经过多年治理污染情况基本得到控制，但是私排、偷排现象仍然存在；作为国际知名的蓝宝石之都，昌乐蓝宝石矿藏储量丰富，然而私挖滥采屡禁不绝；农村基础设施建设不完善使得乱倒污水、乱扔垃圾现象存在；昌乐每年雾霾达五十余天，空气污染治理仍需加强。生态环境问题严重削弱了昌乐的可持续发展动力。

4. 政府管理能力和服务效能需进一步提高

“政府职能转变”、打造“服务型政府”既是新形势下国家总体要求，也是昌乐县当前发展经济、推进城镇化的首要任务，而长期以来形成的被动管理、被动服务现象是最大的障碍，政府管理能力和服务效能亟待进一步提高，需要从转变思想意识、创新体制机制、加强主动管理服务措施等方面着手，解决机构设置不合理、办事流程烦琐、部门沟通协同困难、管理服务缺失等主要问题。

5. 经济转型、产业升级对城市发展提出实质考验

近十年来，昌乐经济社会发展取得了很大的成绩，但是昌乐县经济总量依然偏小，统筹城乡一体发展任务艰巨；产业结构不合理，传统化工产业比重较高，转型升级任重道远；作为特色产业，昌乐西瓜产业种植盲目性大、上市时间集中、品牌性不强等问题制约了进一步发展；古火山生态地址环境特殊，旅游资源开发不足。这些都迫切需要新的理念、新的思路和新的方法来引导传统产业转型与升级。

（三）试点建设总体情况

昌乐县深刻认识到智慧城市建设是再一次的城市基础设施建设，是积极应对昌乐县在城镇化发展过程中面临的实质问题、推动昌乐经济社会高速发展的重要抓手。自智慧城市试点建设工作开展以来，昌乐县委、县政府主要领导亲自挂帅，成立智慧城市建设领导小组和办公室，统筹智慧昌乐推进工作。通过对昌乐 56 个委办局的业务调研和梳理，以“打破行业壁垒、打破部门界限、重新梳理流程、机制体制再造”为总体思路，对智慧昌乐进行顶层设计，确定了建设总体方向，制定推进策略，出台《关于加快建设智慧城市的实施意见》等一系列文件，指导和保障智慧昌乐建设工作进行。通过《智慧昌乐设计方案》，对 17 个重点建设专项进行详细设计，分步实施。通过公开招标确定项目管理单位、监理单位，对项目建设进行全过程管理和建设监理。目前，智慧昌乐大部分项目已建设完成，在昌乐的城市各个领域正发挥重要作用。

二、主要做法

（一）领导高度重视 各部门积极参与共同推动

智慧城市建设必然要面临打破行业壁垒、打破部门界限的问题，没有强有力的领导推动是无法实现的。在规划和建设过程中着重强化三点做法：

一是领导高度关注。智慧昌乐从一开始就定为“一把手”工程。县委、县政府主要领导高度重视，对项目调研、顶层设计、方案设计和实施组织等各个环节密切关注，定期召开会议统筹协调智慧城市建设中碰到的各类问题。

二是加强组织协调。是以各委办局主要领导为成员的智慧城市建设领导办公室，与设计单位一起共同制定严密发展规划和行动计划，形成工作流程清晰、组织严密、指挥高效的智慧城市建设管理体系。

三是齐心协力。智慧昌乐建设项目所涉及的委办局派出精干技术和业务力量，在调研、方案设计和评审中大力配合，积极提供建设性意见，反复讨论修改方案，通力合作，为项目成功提供了最基础、最重要的保障。

（二）注重顶层规划，重点解决焦点问题

按照以顶层规划工作确定智慧昌乐建设导向的战略方针，昌乐县在智慧城市建设领导小组和办公室的领导下，组织抽调各单位精干力量，配合规划设计团队一起，进行系统化设计。在顶层设计过程中，重点突出几点：

一是以“实用、能用、管用、好用”为主要原则。顶层设计针对昌乐县发展主要面临的问题，通过深入昌乐县政府各委办局和事业单位、主要企业、社区和民众调研，站在整个城市的高度，对城市面临问题的原因和各关联单位进行系统化分析，紧紧围绕“生态、民生、安全、管理和产业”核心主题进行设计，避免盲目建设。

二是以政群互动、提高城市综合治理能力为主线。在具体做法上采用以“互联网＋”为技术依托的智慧昌乐APP和微信公众号应用设计，紧跟时代步伐，建立便捷通畅的政民沟通渠道，及时了解百姓诉求。在问题的处理上和管理业务的施行上，提出以网格化管理服务为主要手段，推动政府职能向主动管理服务转变，化解政群矛盾，提高群众满意度。

三是以跨部门关联业务并联设计和建设为技术思路。在智慧昌乐建设项目设计上，尤其是在平安城市、智慧交通、智慧市政、智慧水务等项目建设上打破部门界限，通过城市资源的共享和业务的联动提高部门间协作水平，提高信息基础设施

利用率。

四是以统筹建设、共建共用为手段解决重复建设投资问题。依托运管管理中心以云计算技术整合原有系统，以公共信息平台和公共数据库为核心建设数据共享和视频、定位、物联网数据采集等基础技术平台和设施，共建共用，消除信息孤岛，减少重复投资，并逐步改变政府投资建设模式。

（三）抓住核心需求，统筹建设和发展

智慧城市是一种新的信息化建设形态，打破行业壁垒、打破部门界限、重新梳理流程、机制体制再造是破解城市发展难题的必然过程，用系统性、综合性的办法和措施解决问题，不搞单一项目建设，在智慧昌乐的设计和建设过程中体现得较为明显。

1. 平安城市、应急指挥和交通管理一体化建设，提升城市综合治理能力

通过改进昌乐综合治理的管理方式和体制，综合公安局、应急办和交警大队的业务特色和共性需求，将平安城市、智慧应急和智慧交通一体化规划建设，提高昌乐综合治理监控、调度指挥管理的现代化水平，推动昌乐综合治理信息化管理、综合治理现代化管理和“和谐社会”建设（见图 36-2）。主要做法：

一是公安指挥和政府应急一体化。在场地建设上综合考虑政府和以公安为首的各部门在城市应急体系中的职责和优势，将公安应急指挥中心和政府应急指挥中心进行一体化建设。在应用软件平台开发上突出政府应急指挥中心的组织和决策特点，建立各类重大灾害（难）性事件的联动指挥、预案管理、辅助决策、资源接入和信息发布等机制，实现跨部门的现场协同作战。充分发挥各专业部门的应急反应

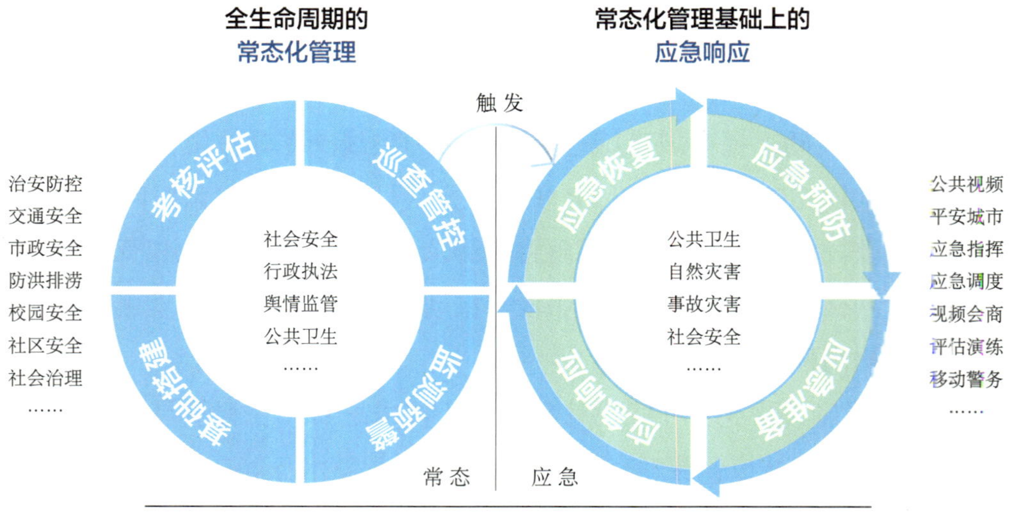

图 36-2　智慧昌乐城市安全体系

与救援能力，实现政府协调指挥各相关部门处理社会特殊、突发、紧急事件，覆盖全县辖区面积的应急处置联合行动体系，做到领导一元化、指挥智能化、决策科学化、保障统筹化、防范系统化，实现跨地区、跨部门、跨警区统一指挥协调，快速反应、联合行动，进一步增强减灾综合管理能力和抗风险能力。

二是警情实时处理智能化。针对公安接处警各系统信息环节多、各环节警情重复录入、工作效率低等问题，开发移动警情实时处理系统，打破原有三台合一、警务跟踪、指挥调度等系统的信息障碍，实现实时派警移动接警、现场快速反馈、处警过程全程自动记录监督，有效提升了接处警的智能化、扁平化、可视化水平，优化了指挥调度流程，进一步提升了公安机关驾驭治安局势的能力和水平。

三是公安指挥和交通管理一体化。在城市治安监控和交通监控设施的建设上，平安昌乐和智慧交通并联建设，形成了城区全覆盖、全县全封闭的治安防控视频监控网络，实现治安、交通的现代化指挥管理，增强事故的预警防范能力，提高了城市综合治理决策水平，促进了城市综合治理基础设施的建设，并与“网格化”一起，形成了集防范、控制与打击于一体的完整链条。

2. 智慧市政、智慧水务跨部门融合，提高生态保护和市政安全管理服务水平

昌乐县为构建良好的生态环境，切实保障城市运行安全，提高市政行业服务质量，以涉水业务为主线，将智慧市政和智慧水务项目的终端监测设备进行共建共享，将水利局和建设局关联业务进行融合，构建起完善的公用事业民生服务保障体系。

智慧水务建设，以水资源、水环境、水安全为业务目标，将城市水源、供水、排水、污水处理、中水回用、雨水收集与利用有机结合，对水资源的开发、利用和保护实现统一管理，从而有效地进行城市水循环管理（见图36-3）。主要建设内容有三点：

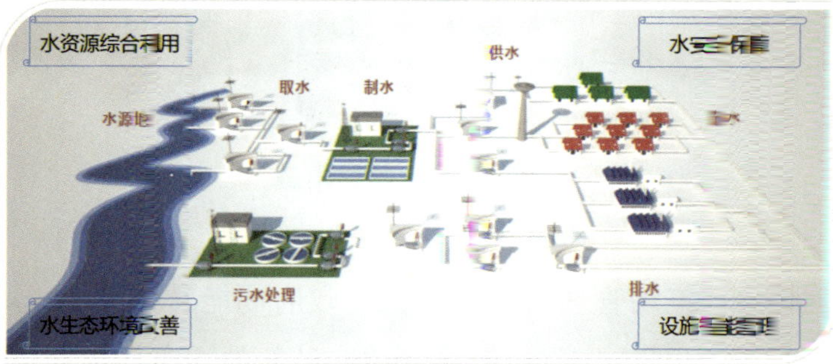

图 36-3 智慧水务

（1）饮用水安全保障。通过对 3 个大型水库、4 个水厂的水质监测和城乡供水

949 千米管网水质监测和分析，构建城乡居民饮用水安全和水环境安全监测预警体系，切实保障居民饮用水安全。

（2）防汛一体化。通过对 3 个大型水库和 22 个小型水库的水位数据、降雨量数据采集和视频监控，结合主城区 5 座下穿桥水位监测和 4 座排水泵站的工作状况监控，构建起贯穿水利局和建设局的一体化防洪排涝应急体系，切实提高防灾减灾能力和安全保障水平。

（3）污水处理和排放全程监管。通过与智慧市政项目的整合，接入 3 家污水处理厂厂内处理运行监测数据和视频信号，对污水处理过程的严格监管；并对污泥运输车辆全部安装 GPS 设备，对运输过程进行全程监控。对 2 处中水泵房的中水排放量进行实时监测，从源头上避免和减少对原有水生态环境的破坏。

智慧市政建设，从燃气、供热、排水、桥梁等行业运行和服务监管着手，全方位实现对市政各行业安全监测，全局掌控市政企业及部门安全生产的运行状况（见图 36-4）。通过对原有系统对接和新建监测设备的方式实现对全县约 3420 千米地下管线数据的综合管理，2 家热力公司的 4 条供热管线和覆盖的 110 余个小区供热质量监管，5 家燃气公司和 8 处加气站的安全监管及 5 座桥梁运行状态监测，全面提高市政行业运营标准和管理水平，消除安全隐患。

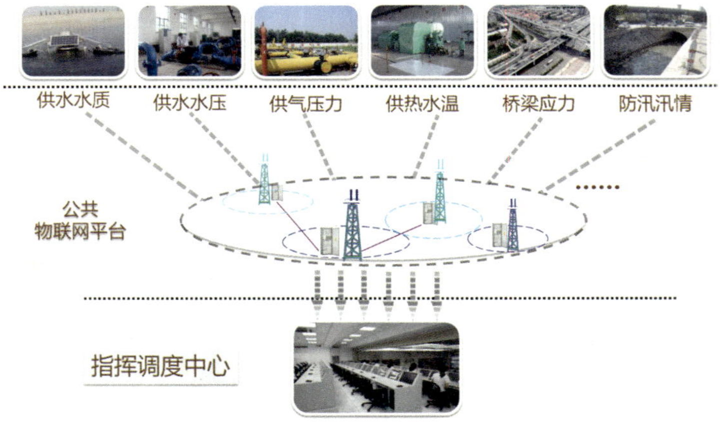

图 36-4 智慧市政

3. 创新“网格 +”主动管理与服务，推动政府职能转变

“网格 +”是基于“互联网 +”模式提出的一种新的城市网格化管理服务新模式，核心思路是采用“网格 +N（各个领域管理服务）”。“网格 +”的核心内容，是在同一套网格平台的基础上，将网格化管理的内涵由单纯解决发现的城市管理问题

向网格化、精细化的城市管理和服务延伸，以主动管理服务为核心理念，以发现的“城市病”为基础列出城市的“问题清单”，各职能部门根据自身流程理出“管理清单、服务清单”，主动制定措施以管理服务手段避免问题再次发生，并积极拓展政民沟通渠道，引导群众主动参与城市问题的发现和管理服务监督。从而建立起“网格+群众诉求”“网格+主动管理”“网格+主动服务”“网格+监督考核”四大城市网格化管理服务体系，形成“网格+N”的城市智慧化管理服务新格局。抓住城市管理和服务这个重点，不断完善城市管理和服务，彻底改变粗放型管理方式，让人民群众在城市的生活更方便、更舒心、更美好（见图36-5、图36-6）。

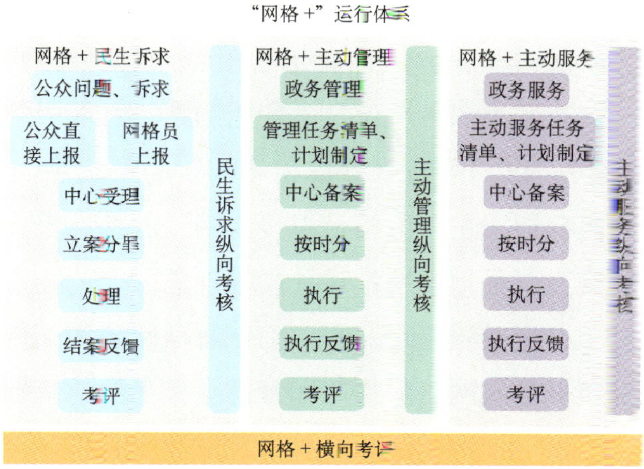

图 36-5 “网格+”平台运行体系

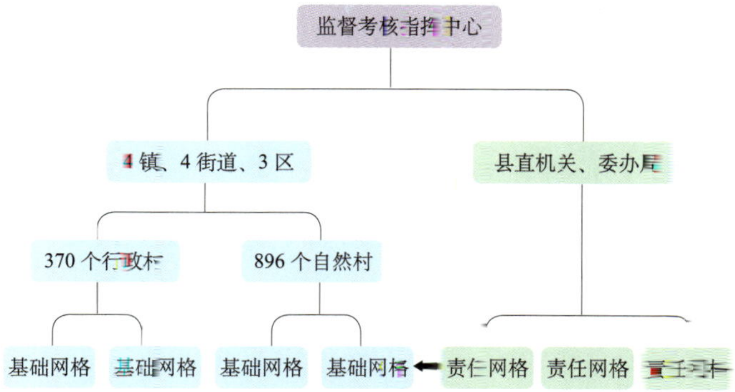

图 36-6 “网格+”管理体系

昌乐县目前已在城市管理、社区服务、综治维稳、公安情报、党建等多个领域展开“网格+”业务试点和推进，具体办法为：

（1）统一公共“网格+”数据库和服务平台，避免重复建设。

城市按统一的网格划分标准建立统一的网格平台，实现一建多用、数据共享。

采用“云计算”的服务架构，各单位只需要进行权限申请和分配，进行业务基本信息配置，就可以建立起专属的网格化管理系统，如“网格＋城管”“网格－社管”“网格＋社区”“网格＋党建”等应用，从而形成多层多级的覆盖全市的“网格＋N”管理体系。各单位以“网格＋单位”明确网格内各项“管理清单、服务清单”职责，以“网格＋人”明确责任人，由网格员发现的城市问题直接以“问题清单”的模式分派到责任单位网格责任人来处理执行。特殊行业如公安、交通等行业可以划分专业网格，以坐标对问题、事件进行对应定位。

（2）统一信息入口，汇集共享所有数据，提高政府公信力。以实体监督中心的模式，整合网格员、城市热线、短信、网站、微信公众号等信息收集渠道，形成统一的信息入口，将原来散落在各单位的城市问题统一收集分析研判，厘清“问题清单”，并根据热点、焦点问题和各单位日常职能制定“管理服务清单”，进行分派处理。强化互联网手段，以“网格＋微信和 APP”的模式全面实现与百姓互动，逐步形成以“群众信息反馈为主、网格员上报为辅”的信息采集渠道，有效改善投诉渠道多、部门职能交叉、处理问题推诿扯皮等现象。

（3）统一分派流程，全过程记录监督，确保每项问题和工作落实解决。以实体指挥中心的模式，在统一公共网格数据库和管理服务平台的基础上，制定统一流程标准，对“三张清单”都按照任务制定（问题确认）、任务派遣、执行反馈、结果核查、回访监督、结案考核的流程进行闭环处理，及时处理群众反馈投诉问题，主动按照清单实施管理和服务措施。

（4）统一考核评价，落实问题处理结果和管理服务效果。将“三张清单”的执行工作纳入政府工作考核体系，由监督中心对各单位的执行情况实施管理服务全过程跟踪和回访，实施全方位评比考核。

（5）统一网格员队伍，统一政民交互界面，避免过多人力投入和资源浪费。对传统网格信息采集员的职责范围进行扩展和调整，对群众各类问题进行多行业多分类采集，凡是和群众生活有关的问题都可以采集上报，统一政民服务主体，支撑“网格＋N”体系运行，从而形成“网格员”发现问题，“网格责任人”解决问题的两条城市管理服务主线，推动城市智慧管理服务和社会综合治理。

4. 信息引导与创新驱动，引领产业转型升级

依托智慧城市建设，搭建县域经济“一张图”（见图 36-7），加强昌乐县政府对产业布局规划的整体掌控。用精确的产业数据与衍生指标为昌乐县政府提供经济要素统计、管理、查询、规划平台，并在此基础上通过对企业信息的海量收集以

及对产业链的完整阐述，对不同产业的空间数据信息进行集成，形成智能化的数据搜索及报表生成系统，为及时、准确把握产业现状、趋势及存在问题等提供支持，助力政府快速厘清城市产业布局现状、规划用地分布状况及在建项目建设情况，并通过产业数据的展示与分析引导城市产业规划，推进优势产业集聚。

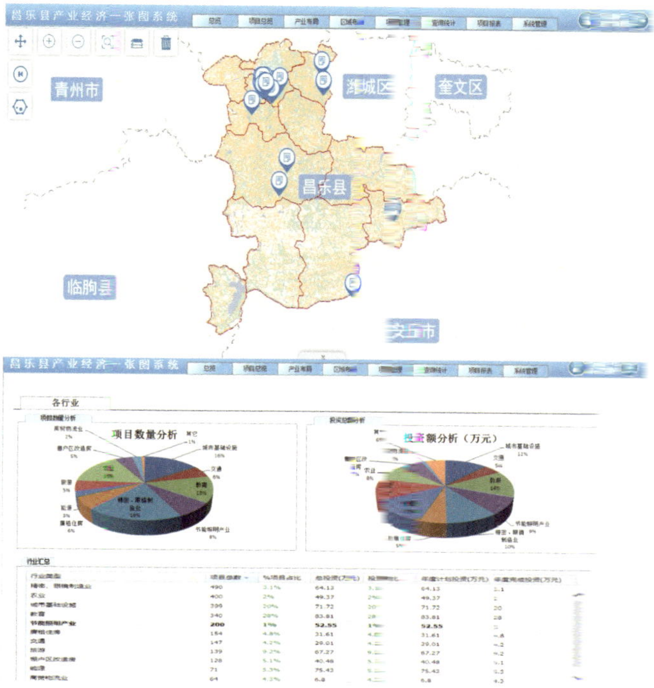

图 36-7　县域经济“一张图”

以昌乐西瓜为重点建设项目，加快发展现代农业，推动农业转型升级。大力发展西瓜产业，扶持示范园区建设，完成地理标志证明商标注册，积极筹备西瓜博览会，提高“昌乐西瓜”的品牌知名度。积极推动服务业繁荣壮大，加快推进省级地质公园、方山九龙湖片区和寿阳山旅游度假区开发建设；举办中国宝石博览会，推动珠宝产业集群快速发展。依托优势资源，打造新能源汽车300亿级产业园，吸引名牌电动汽车及相关配套企业入驻，逐步形成以整车制造为龙头，涵盖电池、电机、控制系统等核心关键技术的完整产业链条。

（四）注重理念创新，引导体制机制改革

智慧城市建设目前可以借鉴的经验不多。因此在智慧昌乐建设过程中，特别注重理念创新，敢于打破陈旧经验，跳出单个部门限制，站在整个城市的角度考虑问题，同时以创新来引导体制机制改革，以保障智慧城市的可持续发展。在项目建设过程中，目前共整理完成的创新项已有43项，在统筹建设、数据共享、业务流

程优化和梳理等方面已出台几十份文件，对具体实施过程和办法进行规范，有效保证了智慧昌乐的顺利建设和运行。

（五）加强人才引进和科技合作创新，为智慧城市持续发展提供技术保障

昌乐县将人才队伍建设作为推动智慧城市发展的有力支撑，成立了专门人才专家库，大力引入科技人才。2015 年 11 月，在县政府促进下，昌乐县公安局、泰华智慧产业集团和公安部第三研究所推进建立视频侦查联合实验室，三方将合作开展视频图像信息智能化应用方面的研究，解决视频图像智能分析技术应用的问题，打造公安科技“视频侦查”应用示范基地。

（六）积极参加智慧城市活动学习成功经验

昌乐县委主要领导于 2013—2015 年先后参加建设部、国家信息中心等多个部门组织的智慧城市有关会议和论坛，与各方专家充分交流，同时先后派遣相关人员到南京、江阴、宁波、福州、济南、莒县、天津中新生态等实地考察网格化城市管理、城建档案管理、地下管线、智慧市政、智能灯杆、综合管廊等典型项目。通过参加智慧城市会议并实地考察，昌乐学习到先进的理念、国家相关政策，扩宽了融资渠道，开拓了视野，借鉴了国内智慧城市试点的先进经验，对今后的建设和发展起到指导作用。

三、初步成效

（一）民生保障与公共服务持续提升

截止到 2015 年，全县 76 个新型社区实现“一厅两室”与“智慧社区”平台全覆盖并规范运行，可为群众办理或代办综合代办类、民政服务类、计划生育类、社会保障类 4 类 28 项业务，群众无须自己到镇上奔波，在社区即可完成一般业务办理。2015 年红河社区、郡部社区入选省“农村新型示范社区”，乔官下庄社区荣获“潍坊市智慧社区示范单位”称号。

（二）城市公共安全保障不断增强

昌乐县治安监控数量已超过 2.3 万个，接入县公安局监控平台 3000 个；安装“高空球”50 个，形成了城区全覆盖、全县全封闭的治安防控视频监控网络。2015 年，在全市科学发展综合考核中，昌乐治安满意度位居前列。在全省群众安全感满意度测评中，昌乐群众满意度高达 97.84%。交通事故起数和死亡人数两项指标分别下

降54.5%和20%，事故起数和死亡人数两项指标连续实现“双下降”（见图36-8）。

图36-8 昌乐县应急管理指挥中心

（三）生态与人居环境明显改善

昌乐县丹河湿地、景观水系绵延绕城，“河畅、水清、岸绿、景美”的格局跃然眼前，以高崖水库库区乡村旅游、营丘镇农业观光与民俗文化旅游、鄌郚镇民俗文化与乡村旅游等为代表的一系列特色文化旅游景区、景点蓬勃发展。乔官、营丘、鄌郚、红河镇等获得“省级生态镇”称号，4个行政村获得“省级生态村”称号，307个行政村获得“市级生态村”称号，1所学校获得“省级绿色学校”命名，13所学校获得“市级绿色学校”命名，3个社区获得“市级绿色社区”命名，生态文明建设取得了突出成绩。

（四）政务业务深度融合进一步加强

目前昌乐县已初步形成“全县区域一张网，接收处理两条线，单位、人、事三项明确，县、镇、街道、社区四级横纵联动，城市管理、社会治理、基层服务、社会协同、公众参与五位一体”的“网格+N”的智慧化管理服务新格局，以主动履行政府职责、迅速解决各类群众问题为核心要务，全面提升全县政府工作的整体效能。

昌乐县“网格+”管理运行体系在全县9个镇街区、113个社区和77个综治委成员单位全部建成VPN通道，1.7万名党员干部参与网格化联系服务体系，共发放群众联系卡10万多张，手持终端应用正在乔官、红河等镇街试运行，预计到2016年普及率可达85%以上，全县各级网格已经通过PC端和手持终端流转处理群众诉求111[illegible]多件，对群众要求的每一项服务，昌乐县都坚持分流交办、限时办结、回访反馈、跟踪问效，确保件件有着落、事事有回音，办结率达98.5%，群众满意度达到97%以上（见图36-9）。

图 36-9 网格员

（五）产业培育和传统产业升级不断加快

2015 年，昌乐县 34 个项目列入省技术创新项目，新增市级以上企业技术中心和研究中心 9 家，新获专利授权 290 件，高新技术产业产值占比达到 23%；实现工业增加值 110.6 亿元，增长 9.5%；主营业务收入过 50 亿元的企业 3 家，新增纳税过百万元企业 20 家，9 处蓝色经济特色产业园新落户项目 84 个；昌乐滨海飞地工业园新开工项目 2 个，总投资 36.5 亿元。推动西瓜产业向“育繁推”一体化发展，建成西瓜科技示范园和 3 处种苗基地，育苗能力达到 3000 万株，西瓜产业产值达到 15 亿元，建设标准化园区 52 处，建成全国首个职业农民教育培训基地，被确定为全省新型职业农民培育示范县（见图 36-10）。

图 36-10 昌乐新能源产业和西瓜产业

通过举办电商培训班、强化宣传等措施，引导宝石城经营业户将门店搬到网上。在宝石城注册的 1600 多家实体店中，同时在网上开店的已超过 1400 家。引导企业以互联网为媒介“借船出海”，把销售、设计、研发及部分生产交给不同的合作伙伴。全县 80% 以上规模企业通过自营或第三方平台开展了电子商务，佳诚数码、开元电子等 5 家企业被列入省电子商务企业名单。庵上湖村开设“优厨房”网上生鲜购物平台，当天将生鲜蔬菜送到客户家中。朱刘街道都昌村，通过淘宝、天猫等平台批发销售金刚菩提等文玩产品，销量占到淘宝、天猫同类产品市场份额的一半以上，去年销售额达到 7000 余万元，打造没有厂房的产业集群。

（案例组织单位：昌乐县智慧城市建设办公室）

案例 37

立足城市规划、创新打造智慧城市银川样本

——银川市创建智慧城市实践

一、背景与需求

（一）建设背景

银川市是宁夏回族自治区的首府，常住人口200余万，是一座历史悠久的塞上古城和西部中心城市，有“塞上江南”的美誉。以银川为核心的宁夏沿黄经济区以占全区43%的国土面积集中了全区60%的人口、80%的城镇、90%的GDP和财政收入，而仅银川就贡献了全区50%以上的GDP和财政收入。随着“四个宁夏”战略的深入实施，作为发展内陆开放型经济的试点城市，银川重点推进滨河新区、综合保税区、阅海湾中央商务区、银川科技园等核心试验区建设，为促进贸易投资的自由化和便利化做出重要贡献。作为“一带一路”的重要节点城市，银川具有独特的区位、人文、资源、环境和民族团结等优势，全面推进城镇化的进程，为“互联互通”大战略提供强有力的支持。作为全国第二批智慧城市试点，银川市提出“反梯度”发展战略，将新一代信息技术产业作为主导产业之一，按照高端化、规模化、集群化的发展方向，构建标准化、智能化、集约化的新型IT产业环境，全面推进信息化产业发展。

（二）建设需求

需求为先，惠民为本。银川在发展的进程中也面临着其他城市发展中遇到的诸多问题，城市资源、生态环境、产业结构、人才引进、文化教育等，无不考验着城市的管理体系、基础设施配套以及综合调度能力。智慧银川坚持以需求为导向，着眼转变经济发展方式和提升社会治理能力，立足市民生活、政府管理和服务、企业生产和运营的实际需求，发挥信息化对科学高效配置资源的支撑引擎功能，切实增强智慧城市建设带来的便捷、高效、创新的感受度，让智慧城市建设成果惠及

全体市民，真正实现“利民”“善政”“兴业”的总体目标。

二、主要做法

智慧银川以城市为单位加强智慧城市顶层设计，紧密围绕四个核心目标，同步进行三大创新，通过创新的“一图一网一云”技术架构，建立起一个可感知的智慧城市。

（一）四大目标

为实现全面透彻感知、宽带泛在互联、智能融合应用，更好地“智”于管理，更广地“惠”及民生，智慧银川明确了四个核心目标，即惠及民生、科学管理、产业衍生、投资回收。一是利用信息化技术，惠民、利民、便民；二是利用大数据采集、整合、挖掘，提高城市管理水平；三是利用智慧城市，衍生产业和促进消费；四是利用资本市场，创新智慧城市建设和运营模式。

（二）三大创新

为同步实现四大核心目标，解决以往智慧城市建设的投资难、共享难、运营难的问题，智慧银川同步进行三大创新，即商业模式创新、管理模式创新和技术架构创新。

1.“PPP+ 资本市场”的商业模式创新

银川市与中兴通讯合资共建，成立中兴（银川）智慧产业有限公司，通过政府购买服务、社会资本投入、专业公司运营，解决了财政一次性投入过大的问题，以及政府人员技术知识体系更新换代的问题。同时通过智慧城市运营，实现了收益和投资回收，进而通过资产证券化等手段嫁接资本市场，既可完成前期投资的回收，还可获得股票增值收益，为智慧城市建设提供持续的资本支持。

2.“顶层设计 + 闭环正反馈”的管理模式创新

打破过去“单一目标、垂直行业”的建设方式，实施以城市为单位的顶层设计，成立书记、市长为组长，各委办局“一把手”为组员的领导小组，充分利用和整合已有的各种城市信息资源，大力推进互联互通、数据融合、信息共享、业务协同和智能服务。在创新和落地推进方面，利用“研 + 产 + 标准组织”的形式，由研究院进行可落地的创新研究，研究成果建成后交付产业公司。产业公司在运营时，将最佳实践经验传递至国际 / 国内标准组织。由标准组织输出相关标准和规范，应用到智慧城市中，智慧城市新增需求再反馈至研究院，形成“闭环正反馈”的生态系统。

3.“一图一网一云”的技术架构创新

“一图”通过部署的各类物联网感知终端，结合全景真三维地图，对城市各要素进行空间节点定位，支持多行业应用基于一张图直观呈现，解决城市可视化、动态化管理问题；“一网”建设一张多部门共享的传输和传感网络，通过高速宽带网络实现“地面”和“云端”的直接对话；“一云”将城市可利用的信息资源统一集中到云端，实现城市基础数据融合、多业务海量数据汇聚互通，并对城市大数据进行存储、挖掘、应用。

（三）典型应用

基于“一图一网一云”的技术架构，智慧银川部署了智慧政务、智慧交通、智慧社区和企业云等十大系统13个子模块，全方位为市民、企业和政府提供各类优质服务。

1. 智慧政务致力于宽进精管

银川市政府依据行政审批体制改革审管分离、放管结合、看住监管的“三步走”战略，科学规划了智慧政务建设的三个举措：一站式审批、网上审批、备案制。一站式审批通过多窗口和不同审批业务之间的数据共享，统一受件、同步分发给各个审批人员，实现串联改并联审批模式，实行全新的流程再造，最大限度地简化审批环节，优化审批流程，降低了市民、企业法人和社会组织的办事成本，大幅度提高审批效率。网上审批通过打通信息孤岛，运用生物识别、互联网和大数据等信息化手段，让市民在家中足不出户即可享受到“申、审、颁”一条龙服务。在“三证合一、一照一码”的基础上推出云证通平台，破解证件多、管理难的问题，构建了“办证不出证，数据来验证”的电子化验证体系，破解了纸质证件的诸多难题，进一步降低了监管成本，提高了监管效率。备案制通过一站式审批和网上审批沉淀下来的大数据科学分析，确定备案制审批事项，通过审管互动平台，解决备案制存在的风险，通过大数据筛选，对违规高发群体进行高频次抽查、精准监管，同时为调整产业结构、产业布局提供科学依据。

2. 智慧交通打造畅通银川

通过发行交通环保卡，借助每条道路安装的天线和接收器采集车流量数据，结合全景真三维地理信息系统，感知汇集全域交通状态；通过大数据挖掘，实现动态出行诱导、红绿灯即时调控、停车智能引导、全程指导、智能管理等功能，解决当前的交通拥堵问题；结合交通历史大数据，通过实时交通仿真模拟系统，为交通管理部门合理配置运力、科学规划路网提供决策支持，最终实现交通资源整体优化；通过公交免费WiFi、人流量计数器以及电子公交站牌等信息化手段，改善乘客体验，引导市民公共出行，缓解交通压力。

3. 智慧社区架起亲民桥梁

为解决社区管理服务“最后一公里”问题，切实拉近党群干群的距离，架起一座亲民桥梁，智慧社区主要提供4类服务：公共服务、商业服务、健康养老服务、全能网格服务。第一是优化公共服务资源，部署人脸识别门禁、智能快递柜、直饮水改造、政务自助办理终端、远程抄表和智能垃圾箱等智能设备，打造惠民服务新社区。第二是汇聚商业服务资源，打造“微商圈＋冷链生鲜配送柜”模式（见图37-1），打通大型商超、批发市场，汇聚社区周边商业资源。第三是打造新型医养模式，通过天天体检屋、网络医院及远程诊断等健康惠民设施和技术，为社区居民提供便利的医疗、养老、保健等服务。第四是创新全能网格队伍，打造包含安全员、私人医生和服务专员在内的全能化基层网格服务队伍，落实网格化管理，利用信息化手段采集居民数据、反馈舆情、落实政策，将市、区、街道、社区的层级管理模式扁平化，为社区居民提供面对面亲民服务。

图37-1 智慧社区“微商圈＋冷链生鲜配送柜”

4. 企业云实现企业互联

为解决企业面临的资金、管理、经营等问题，第一是提供服务平台，集约化经营融资、IT、法律和人事等云化服务，通过线上云平台和线下专业服务结合，降低企业运营成本。第二是采集分析数据，通过静态、动态手段并用，碎片化、结构化方式结合，充分采集企业经营数据，经过大数据分析后，比对验证，提高企业数据的真实度和准确度，输出政府管理需要的指标数据、决策依据等。第三是促进产业聚集，以企业所属行业为标签，分类聚集，突破传统产业集群的地理限制，利用企业云平台汇聚产业链上下游资源，提升企业间合作的快捷性和有效性，打造虚拟产业集群。

三、特色亮点

智慧银川以信息基础建设为先导，创新城市信息技术框架；以行政审批改革为契机，支撑“审批改备案”改革；以城市大年立加强智慧城市顶层设计，创新管理机制保证强力推进；引入发展改革委、财政部等部委主推的PPP模式，创新智慧城市投资建设模式；以运营平台品牌、技术及服务优势为核心，以大数据为抓手，带动新兴产业的衍生与发展。

（一）完善基础环境

建设全景真三维地理信息系统，实现空间节点定位与分析，包括数据采集和数据服务两个方面。数据采集即对人、车、建筑等空间要素进行定位，一方面是静态的数据，例如地下管线、道路、电子门牌、下水井盖等基础设施数据的收集；另一方面，对动态的位置数据进行收集，如电子车牌、摄像头视频等实时动态数据。数据服务即通过二三维一体化、地上地下一体化、室内室外一体化，把采集到的数据进行地图展示和分析。

基于专网专用、内外分离、互联接入的原则，建设800G城市光网和基于TD-LTE的无线专网，以及覆盖全城的市民免费WiFi网络，高速连接全市各节点，实现“地面”与“云端”互联，并且随着网络规模的增长能够实现网络平滑升级、扩容。通过安全网闸与外界互联网进行“隔离式互通”，采用国内具有自主知识产权专利技术的设备，保障网络的安全。这张网还支持多样化的互联接入，如4G、无源光网络、WiFi、L^{2}EF等。

根据城市大数据存储最容易、采集最困难、挖掘最有价值的特征，智慧银川规划建设具有以下亮点的大数据中心云平台：一是与银川市各委办局进行数据对接，打破信息孤岛，数据统一收集、统一存储、统一发布，避免重复建设和数据“打架”，增强政府公信力。二是通过大数据挖掘分析，为政府管理城市提供研判、预判，转变城市治理方式，由被动救火式转变为主动预防式，提高政府管理的效率。如交通仿真决策、经济数据预测、全路导航及道路规划、政务改革非管产高等，释放大数据红利。三是顺应潮流，引导支持大数据产业发展，以企业为主体、以市场为导向，深化大数据在各行业创新应用，与传统行业相结合，帮助传统行业转型升级，进而催生新业态、新模式，使开放的大数据成为促进创业创新的新动力。四是强化信息安全保障，联合国内/国际标准组织，制定大数据采集、共享、安全相关的标准和规范，有力保障智慧城市生态系统发展更健康（见图 37-2）。

图 37-2　智慧银川大数据中心

（二）支撑体制改革

为落实中央提出关于“简政放权、放管结合、优化服务”的总体要求，针对现行行政审批制度中存在的“重审批，轻监管”、纵向审批层次多、横向审批部门多以及部门内部节点多的问题，银川市规划实施了行政体制改革“三步走”战略：第一步实行审管分离，提高政府审批效率；第二步推行放管结合，全面激发市场活力；第三步实现精准监管，提升政府管理水平。

体制改革和信息化支撑相辅相成，随着改革逐步深入，信息化支撑的作用进一步显现。在“一号一窗一网”思路的指导下，智慧银川紧密配合银川市的三步走战略，以大数据为抓手，借助人工智能、深度自学等技术手段，快速推进智慧政务一站式审批、网上审批和备案制三个阶段的实施，进一步助推行政审批体制改革。

（三）统筹规划建设

智慧银川打破过去以垂直行业为主的城市信息化建设，实施以城市为单位的智慧城市顶层设计，科学规划，统筹实施。为避免多头、分散建设和重复建设，形成新的信息孤岛，成立了以书记、市长为组长的智慧城市领导小组，整合人力、财政和数据等资源，保证强力推进，解决建设工作中的重大问题。领导小组涵盖全银川市各委办局，保证数据共享对接的可行性，并对全部新增信息化需求进行统一管控，保证全市未来信息化建设统筹规划，统一管理。

（四）创新合作方式

本着政府主导、企业参与、市场化运作的原则，银川市政府与中兴通讯整合优势资源，合资成立中兴（银川）智慧产业有限公司，分期实施智慧城市项目。这种全新的商业合作模式和城市信息化运营管理思路，以政府购买服务、社会资本投入、专业公司运营的方式，创造出一种智慧城市产业投资运营的商业模式，利用PPP和资本市场既解决了建设期巨额投资一步到位难的问题，也解决了运营期政府在技术升级换代上难以跟进的问题，在政府企业合作方面探索出一条切实可行的解决方案。

（五）衍生新兴产业

新常态下，银川市实施“反梯度”战略，即一步接轨产业前沿、零度对接高端产业，在新产业、新业态、新模式上率先发展。智慧银川协调了智慧城市的整体建设和城市产业的规划，极大地激发“互联网+”效应，进而衍生出新产业、新业态。一是坚持用创新解决大数据发展难题。结合银川市、TMF、中兴三方共同成立联合创新中心的优势，从大数据的采集、安全、开放等方面入手制定完善的法规，搭建双创平台，让中小企业和创客享受到新一轮信息革命带来的大数据红利。二是作为WCA赛事的永久举办地，依托智慧银川大数据中心，借助设立国内首家侵犯知识产权犯罪侦查支队的优势，为电子竞技产业发展提供强大的存储及大数据平台支撑，以电竞赛事为抓手，将游戏产业打造成银川的常青树。

四、应用成效

自2014年开工建设以来，智慧银川已接待包括李克强总理、刘云山常委、工信部苗圩部长、国家信息中心专家委员会宁家骏主任等高层领导，江西、西安、重庆、深圳等省市考察团，新加坡STT、TMF等海外专家共计超过500批高端考察团，吸引了新华社、CCTV、人民日报、经济日报、德国媒体团等众多主流媒体重点报道，荣获“2014年度中国领军智慧城市”“TMF智慧城市总裁特别大奖”“中国领军智慧城市”和“亚太区领军智慧城市顶层设计奖”等殊荣。智慧银川之所以能够获得社会各界的广泛赞誉与好评，与其“惠民—创造美好生活、善政—提升管理水平、兴业—带动产业发展的建设成效”密不可分（见图37-3）。

图 37-3　李克强总理考察智慧政务建设

（一）创造美好生活

智慧银川充分体现了以人为本，突出“为民、利民、便民、惠民”的建设理念，通过信息化的手段服务老百姓衣食住行的日常生活，极大提升了银川市民的幸福指数。

通过覆盖全城的无线 WiFi 网络（见图 37-4），市民享受免费上网。结合 GPS 和人员计数，可将公交车的到站距离和乘客人数发布到电子公交站牌和手机 APP 上，方便乘客选择适合自己的路线和车次。

在社区中还能享受良好的医养服务。在社区的“天天体检屋”（见图 37-5）中，社区居民可享受血压、血糖、血脂、心肺功能、骨密度等 18 项免费体检服务，社区全科医生根据体检结果给予初步诊断和健康指导，体检数据还会通过网络医院上传至本地三甲医院，由医院里的专科医生进一步诊断。一卡通让市民只需一张卡就可以满足身份识别、健康就诊、公交出行、公共服务及商业支付等多方面的生活类需求。

图 37-4　智慧银川惠民 WiFi

图 37-5　智慧社区“天天体检屋”

（二）提升管理水平

智慧银川充分利用城市大数据分析挖掘，为政府管理城市提供研判、预判，转变城市治理方式，由被动救火式转变为主动预防式，提高城市管理效率。

通过智慧政务“一站式”审批，从“先照后码、四证一章”到“三证合一、一照一码”，153 大类 505 项审批业务办理时限由法定的 4080 个工作日减少到 880 个工作日，减幅达 79%。银川市成为全国第一家行政审批权相对集中的省会城市。网上审批让市民利用家中的互联网，足不出户就可以完成 209 件事项的审批。与此同时，银川还在全国率先启动了“审批改备案”制度改革，这是银川市推出的一项行政管理体制改革的新举措。此次备案制改革在 500 多个审批项中放开了审批频次比较高、改革效果比较明显的三大类 78 个审批项，主要涉及个体工商户登记、食品经营、文艺表演团体设立、医师护士注册等市场准入、日常经营、职业资质的相关事项，未来还将分批次地把更多审批事项改为备案管理。银川市审管一局已实践了一年多，据行政审批服务局统计，2015 年企业注册达到了 11331 家，同比增长 46%，并新增了电子商务、电子游戏、智慧城市等新业态，极大地激发了大众创业、万众创新的热情（见图 37-6）。

图 37-6　废弃公章的封存和展示

通过发行交通环保卡（相当于车辆电子车牌），感知汇集全城交通状态，实现动态行车、停车诱导，有效缓解了目前的交通拥堵问题；通过交通模拟仿真，助力政府达到科学规划路网，优化交通资源的目标。

利用市民一卡通获得市民消费数据，通过对消费数据的挖掘分析，相应调整供给，维护物价稳定，为政府经济决策提供了数据支持。

图 37-7　社区门禁人脸识别系统

利用人脸识别系统（见图 37-7），方便社区居民“刷脸”开门，通过采集市民人脸信息并逐步形成人脸数据库，完善社会治安信息系统。

通过应急预案的电子化和可视化，突发事件自动触发应急预案并执行，并联发送至各部门领导及一线人员工作终端上，实现跨部门协作联动、统一指挥，有效提升了对应急事件的响应速度和处置效率。利用相应数据采集，可以发现一些重大事件发生苗头并及时预防；提升政府预测、预判能力，将城市管理方式由原来的被动救火式改变为主动预防式，进一步完善了社会治安信息系统，提升了城市公共安全治理水平。

(三)带动产业发展

在智慧银川建设和运营的过程中，以运营平台品牌、技术及服务优势为核心，通过引入本地及全国优质智慧产业服务商，以龙头带动企业聚集形成产业集群。一是在建设过程中，注重与银川本地企业的合作，带动企业调整结构，扩大信息化生产规模及引进高新人才。二是在培育新产业上，促进物联网、大数据、云计算等领域的新兴产业发展，衍生出新的产业链，带动游戏动漫、智能家居、穿戴设备等相关产业发展，助力医疗模式创新和社区养老产业的升级。三是在服务企业上，以中兴云为平台，建设完善中小企业公共信息服务平台，为中小企业提供融资贷款、法律咨询、人力资源、对外宣传等全方位服务，助力企业转型升级。四是在打造产业集群上，契合银川市“反梯度”战略，占领新兴产业发展制高点，着力壮大延伸产业链条，打造大数据产业集群、旅游产业集群及虚拟产业集群等。

作为智慧银川带动产业衍生的落地成果，2015 年 11 月 3 日，银川市政府与中兴共同发布“中兴云”，为各类企业提供办公云、金融云、法律云及人事云等 10 大类服务，“立足银川，辐射西北，覆盖全国”，已在全国覆盖超过500家企业（见图37-8）。

图 37-8 “中兴云”发布会

五、合作与展望

作为“一带一路”重要节点的银川，正处在大开发、大开放、大发展关键时期，将加快建设以中阿博览会为引领，TMF全球智慧城市主题峰会等系列国际盛会相呼应的开放载体，进一步提升区域影响力和竞争力。

在“2015TMF全球智慧城市主题峰会”上，银川市政府、国际电信论坛TM Forum、中兴通讯联手组建智慧城市联合创新中心，将深度结合以及银川市政府的智慧城市创新模式，TMF在电信IT领域的标准规范，中兴通讯在智慧城市领域的丰富项目经验，助力全球智慧城市领域在产业链合作、标准规范制定、技术创新等方面的发展。同时，联合银川智慧城市研究院，吸引大数据挖掘、数据运营、网络安全、顶层设计等领域的高端人才驻留银川，配合相关人才引进政策，支撑银川市新兴人才战略储备的提前规划。

随着“一带一路”战略的推进，银川依托内陆开放型实验区、综合保税区等优势，加快建设陆上、网上、空中丝绸之路，在加强顶层设计、搭建中阿合作平台、重点产业引领等诸多方面发力，已成为构建中阿合作的桥头堡。智慧银川将凭借以城市为单元进行顶层设计、高速安全的8000G全光网络以及城市级数据运营中心等优势，助力银川打造网上丝绸之路的核心枢纽，为古老的丝绸之路注入新的时代内涵。

（案例组织单位：智慧城市发展联盟）

案例 38

智慧秦皇岛
——助力提升城市综合竞争力

一、背景与需求

（一）建设背景

秦皇岛市临近京津，位于最具发展潜力的环渤海经济圈的中心地带，是中国首批沿海开放城市和首批优秀旅游城市，素有“中国夏都”“长城海滨公园”“京津后花园”的美誉。

秦皇岛市于2012年底启动国家住建部智慧城市试点申报工作，2013年1月29日，住建部正式批准包括秦皇岛市在内的90个城市（区）列入试点，试点时间为2013—2015年。按照试点创建工作的有关要求，秦皇岛市确定将智慧城市公共信息服务平台、平安城市、智慧交通、智慧旅游、智慧医疗作为一期建设项目。通过“智慧秦皇岛”建设，全面践行科学发展观，争当“推动科学发展、促进社会和谐”的排头兵，对于探索新型城市化道路、推动智慧城市锐意创新、以文化建设引领城市发展、推动中华民族共有精神家园建设都具有重要的战略意义和示范作用。

（二）需求

秦皇岛市作为我国第一批改革开放城市，在经历了高速发展的阶段后，城市经济社会发展遇到了一些问题。主要体现在：

一是城市公共服务能力与人民群众和谐幸福生活的要求还存在差距。人民群众最关心、最直接面对的、最现实的医疗、教育、居住、交通、治安等政府公共服务还存在一些问题。例如：在医疗方面，医疗资源与信息的获取渠道依然狭窄，就诊活动费时费力；在安保方面，现代化的技术防控手段还不普及，监控网点覆盖率偏低，监控分散、品牌繁杂、管理无序影响了公安机关安保工作；在交通管理方面，城市主干道路容载不够、路口路段渠化分流不合理，车流潮汐性堵塞严重；城市商业区和办公区停车困难，各类停车场无导向、乱停乱放常有发生。同时作为暑期旅游城市，在炎热的夏季，城市道路的拥堵现象尤其明显。

二是旅游和服务业的升级发展遇到了瓶颈。秦皇岛辖区内北戴河、山海关是著名的风景旅游度假区，每年吸引着2400万人次的中外游客。但旅游旺季短暂、旅游产品匮乏、旅游收入不高、旅游产业发展后劲不足等问题困扰着整个旅游和服务业，阻碍其升级发展，旅游业存在“散、小、弱、差”的局面。近几年，随着竞争的加剧以及人们思维的更新，旅游和服务业转型升级、创新发展的要求越来越迫切。

三是网络信息技术的发展对民生服务方式提出了更高的要求。随着信息网络的不断普及，市民在政民互动、证照办理、教育就业、道路交通、经营纳税和商务旅游等方面已经不满足于传统的行政服务模式，希望通过网络、手机、广播电视等便捷手段获得需要的城市公共服务。

二、主要做法

“秦皇岛智慧城市”总体规划从公共服务、社会管理、环境支持、产业发展四个方面来打造智慧城市，共创宜居、宜业、宜游的世界第三代旅游典范。

（一）公共信息服务平台

秦皇岛公共信息服务平台以市民对政务与公共事业等信息消费需求为核心，采用云服务模式聚合政府、公用事业、便民服务等领域的为民服务资源，为每个市民量身打造专属的网络空间，通过PC、智能手机、平板电脑、自助终端、有线电视、服务热线和社区服务站等多渠道，向市民提供个性化的信息消费产品和内容，逐步构建全方位、个性化、互动型、一站式市民公共信息服务平台。

建设任务主要包括两部分。一是搭建平台和系统，包括1个基础服务平台、6个业务支撑平台、1个技术支撑平台、5类主数据库和七大主服务渠道建设；二是系统接口开发、数据对接和服务装载工作，主要是按照调研和设计的主题服务，通过各种对接方式连接各部门服务资源，进行流程梳理、业务对接和数据共享工作，并装载形成各频道主题服务，供市民按照自身习惯任意选取渠道和终端享受服务；同时将市民的服务请求和投诉等信息反馈给各共建部门和单位，实现服务协同，推进服务优化。

（二）智慧医疗

建立以居民健康档案为核心的区域卫生信息平台，制定居民健康档案管理规范及数据标准，搭建居民健康档案数据中心。采集试点单位符合数据标准的卫生服务记录，居民健康档案的内容包括个人基本信息、主要健康摘要和疾病问题、卫生服务记录三个方面，并与试点单位的医疗卫生服务对象范围一致，在此基础上建立相应的区域协同医疗示范应用系统，如市民健康卡系统统筹试点范围内医疗机构就诊卡的使用、基于既定规范和管理制度实现双向转诊管理信息化、检查检验结果共享等。

主要建设内容包括：建立覆盖全市 14 家直属医院，具备全市总计 31 家医院的接入管理能力的医疗信息交换共享平台，实现全市 85 家社区卫生中心的全面信息化。新建居民健康档案系统、双向转诊系统、诊疗预约系统、居民健康服务门户，整合现有的新农合系统。

（三）平安城市

深化平安城市建设，完善立体化社会治安防控体系，构建起与全市经济社会发展和社会管理需要相适应的社会治安科技防范体系，切实提高和维护全市安全、打击预防震慑违法犯罪，提升社会管理的能力和水平，实现技防设施“城区全覆盖，农村重点无遗漏”。

主要建设内容包括：建立市、县、乡镇三级视频监控网络，建立和完善市、县（区）局，乡镇（街道）派出所视频监控平台和市、县（区）两级技防自动报警监控平台。2013 年开展一期项目，扩容 1 个市级平台，7 个县级平台，新建 55 个派出所平台，改造 15 个派出所平台，新建 1000 个前端点位、改造 200 个前端点位，监控覆盖率提高到 47%。

（四）智慧交通

提升交通管理和服务能力，强化科技装备和信息化技术在道路交通执法中的应用；整合管理力量和交通技术监控设备，建立部门、区域联勤联动机制，实现资源共享。以优秀的交通管理，来改善有限的道路环境。

主要建设内容包括：建设覆盖全市 150 个交通信号控制路口，新建 20 套交通诱导屏，120 处交通流视频采集及交通事件监测点位，45 处交通事件视频监测（路段），完成 75% 以上前端点位的建设和改造。新建市级公安交警指挥中心、综合指挥集成平台、交通信息综合服务平台、智能交通信号控制系统、交通流量、交通事件数据采集系统、交通诱导发布系统、高清视频指挥调度系统、违法行为监测系统、智能卡口查缉布控系统、交通监控系统、移动警务系统、GPS 定位系统。

（五）智慧旅游

建设国内先进的旅游资源库和行业管理应用，整合秦皇岛市旅游信息，初步形成旅游资源一体化管理。建成国内先进水平、多语种、开放性的生态文明旅游目的地营销门户，更好地宣传秦皇岛生态文明旅游品牌和形象，推进旅游宣传促销，打造秦皇岛智慧旅游品牌。建成国内先进的旅游资源的基础应用支撑系统，针对游客推出有特色的旅游产品和服务项目，减少游客的旅行成本，提供良好的旅游体验。

主要建设内容包括：智慧旅游云平台、秦皇岛旅游门户网、多媒体信息查询系统、电子商务 B2C 系统、景区无线 WiFi 覆盖、旅游咨询服务监控体系、游客应急医疗救助系统。项目建成后，来秦皇岛游客手机客户端推送实现 90% 以上，手机 APP 使用人次超过 100 万人次，旅游电子商务实现营业收入超过 1 亿元，服务人群超过 100 万人次。

三、特色亮点

（一）基础环境

秦皇岛市委、市政府在充分分析各种因素的基础上，明确了城市发展方向，要通过智慧城市建设和促进信息消费推动政府公共服务提质增效，推动产业转型升级，推动区域经济社会跨越式发展。

智慧城市是新一轮信息技术变革和知识经济进一步发展的产物，是工业化、城市化与信息化深度融合并向更高阶段迈进的表现。全面建设智慧城市意义重大，是中国特色社会主义建设前进道路上的必然选择。

（二）体制机制及工作方法

1. 建立组织保障体系

2013 年 2 月，市政府召开有关市领导和部门参加的市长办公会，专题研究智慧城市建设工作。会议决定成立秦皇岛市智慧城市建设领导小组（简称智建办），办公室设在市工信局。会议要求市智建办牵头协调，各部门各司其职，全力以赴支持和推进智慧城市建设工作。同时，为确保智慧城市建设工作科学高效，成立了由中国科学院院士童庆禧任主任委员，26 名省内外专家学者组成的“秦皇岛智慧城市建设专家委员会”，负责项目论证、意见咨询和方案审查。

2. 制定政策制度及规章制度

为确保智慧城市建设有序推进，在充分调研和学习借鉴先进地区经验基础上，制定了《秦皇岛市智慧城市建设规划纲要》《智慧城市建设管理办法》《网络信息安全服务单位资质管理办法》《秦皇岛市智慧城市建设规划纲要》《秦皇岛智慧城市建设一期工程施工、监理管理办法》《网络信息安全服务单位资质管理办法》等一系列政策措施及管理制度。在智慧城市建设管理体制、基础设施规范、信息资源整合与共享、安全体系建设、监督考核与法律责任等方面做出明确规定，从体制机制上保障了智慧城市建设进度。

3. 智慧城市建设工作方法

智慧城市项目建设由时任市长任智建办组长，其他副市长任副组长，相关部门主要负责人为成员，并明确两位副市长牵头负责，组建有承建企业人员参加的联合办公室。秦皇岛市委、市政府把智慧城市创建工作摆上重要议事日程，多次召开专题会议研究解决相关问题。时任市委书记亲自调度，多次听取情况汇报，安排部署相关工作。按照市领导指示和全市智慧城市建设的统一部署，市智建办承担智慧城市建设牵头协调工作。市公安局、市卫生局、市旅游局、市工信局等项目承担单位分别负责平安城市（技防支队）、智慧交通（交警支队）、智慧医疗、智慧旅游、公共信息服务平台项目的需求提出方案确认、施工协调、功能确认、初步验收等工作。项目承担单位初步验收后，由市智建办组织各有关部门成立验收工作组，按照《秦皇岛市智慧城市一期项目验收方案》组织竣工验收。

公开招标聘请了专业监理公司，对工程质量控制、进度控制、设计变更、安全管理等方面提出明确要求，建立明晰可控的管理流程，使每一个施工动作都有据可查。同时建立了智慧城市建设联席会议制度，每周一召开由施工方、业主方、监理方三方参加的例会，认真做好项目管理工作，实行挂图作业，严格把控施工质量和进度，确保智慧城市一期项目稳妥有序推进。

（三）智慧城市项目建设重点应用领域

1. 社会管理应用

智能交通，根据统计检测车流量，智能调节信号灯的变换，避免单一方向的车辆堵塞；在重要交通干道、路口安置交通诱导大屏，发布实时路况，引导最佳路线，分流拥堵车辆；违章抓拍的检测得到了大幅度的升级和严格的管理，最大范围地搜索定位违章车辆；流量采集及事件检测系统通过对交通流量、车道占有率等主要交通数据的分析，实时动态掌握了道路拥挤程度状况，两个系统的自动协调，配置了多时段、多相位的放行模式，优化了秦皇岛市整体路网运行能力，实现了交通管理城区全覆盖和交通事件智能检测报警。

目前，已完成了路口交通信号控制设备建设和线路改造，并建设安装了路段车流量采集设备、监控抓拍设备、交通诱导屏及高点监控设备。

智能交通通过人、车、路的密切配合，缓解交通压力，减少交通事故，降低能源消耗，减轻环境污染，实现信息化的交通管理团队和警力合理化分配。建立一个智能化、安全、便捷、高速、环保、舒适的综合交通运输系统，并为各项安保工作提供强大的数据服务支撑，有效改善交通环境，保障交通安全和交通畅通。

2. 智慧秦皇岛建设普惠民众

智慧城市的建设也让秦皇岛市民体验到智慧科技带来的便利，特别是智慧医疗，老百姓的体验更是实实在在。“智慧医疗一卡通”是以秦皇岛市人力资源和社会保障局发行的社会保障卡为主介质，秦皇岛市卫生局监制的居民健康卡（自费）为辅介质，结合医保结算、银行结算、现金结算为一体的全新的就诊模式。“一卡通”卫生服务跨系统、跨机构、跨地域的互联互通，信息资源共享，大大简化了就诊流程，全市医疗机构通用，避免多次排队，缩短挂号、缴费、结算时间。目前“智慧医疗一卡通”在秦皇岛市15家医院上线运行，提供预约挂号、门诊住院等服务项目，形成从咨询、检查到住院的一个完整的就医流程，居民可持社保卡或健康卡直接在医院进行挂号和就诊。截至目前已正常投入使用的医保卡和健康卡达到40余万张。

（四）实施路径

第一阶段（2013—2014）：夯实基础。初步完成城市信息基础设施领域的智慧化建设，建设智慧城市核心体系；以社会管理和民生服务为主题重点建设智慧城市公共信息服务平台、平安城市、智能交通、智慧医疗、智慧旅游，从加强城市管理和服务民生的角度实现资源整合和智能管理；初步完成经济产业智慧化，基本形成对经济发展和产业发展的监测和支撑。

第二阶段（2015—2016）：推进建设“智慧秦皇岛”。城市基础设施领域完全实现智慧化，全面实现资源环境领域智慧化，并实现绿色可持续发展，以民生发展为主题，重点建设智慧社区、智慧政务、智慧安监、政务网络建设等项目，实现惠民、利民、便民的智慧城市发展目标；基本构建完成现代产业体系，绿色低碳成为主要发展模式。通过全面推进建设“智慧秦皇岛”，使数字化、感知化、互联化、智能化成为市民生活工作的主要方式。

第三阶段（2017—2018）：持续优化，该阶段主要是在智慧城市框架基本完成后进行进一步发展完善，基于大数据分析的应用创新不断涌现。到未来，建立一个由新技术支持的涵盖市民、企业和政府的新城市生态系统，秦皇岛将成为社会管理智慧、现代产业发达、环境优美和谐、人民生活幸福的智慧城市，成为特色鲜明的中国智慧城市建设典范。

（五）市场合作

1. 推动秦皇岛市网络设施建设，引入社会资金

积极引导社会资金投入智慧城市项目，市政府与中国联通河北省公司签署“智慧城市”网络建设合作协议，中国联通将利用三年时间，投资 12.9 亿元在秦皇岛建设覆盖全市的光纤网和无线宽带网，目前已完成投资 2.6 亿元，对 3.2 万城区老客户实施光纤化改造，实现了商务楼宇百兆光纤到桌面，居民住宅百兆光纤到楼口，满足了智慧城市建设和三网融合需求。中国移动投资 3 亿元，建设 4G 新一代移动通信网项目已投入使用。这些社会资金的投入，为智慧城市建设奠定了良好的基础。

2. 引领相关企业参与，促进秦皇岛市经济发展

在秦皇岛智慧城市的建设过程中，中兴网信秦皇岛科技有限公司优选秦皇岛本地企业，优先从产品采购、施工安装、系统集成、售后维护等各个方面与秦皇岛本地优秀企业开展合作，累计与本地企业签订各类合同额超过 8000 万元，增加了本地企业的销售额和秦皇岛市的税收。经过一年多的智慧城市建设，参与到秦皇岛智慧城市建设中的企业纷纷积极表示，与中兴网信合作不仅可以销售产品，为家乡做贡献，而且可以在技术上得到很大提高。

（六）建立智慧城市产业联合会，打造国家级样板工程

为拓展智慧城市服务领域，带动智慧城市相关产业集聚发展，市工信局牵头，由中兴网信秦皇岛科技有限公司发起，成立了秦皇岛智慧城市产业联合会。联合会成立以来，积极发挥行业协会作用，先后组织秦皇岛市 40 多家企业赴中兴、华为、腾讯、阿里巴巴、海康等企业考察学习，开展以商招商活动。2015 年 4 月 13 日，张瑞书市长在深圳中兴通讯公司主持召开了秦皇岛市智慧城市产业发展恳谈会，深圳粤创、博康等 28 家中兴通讯联盟企业以及秦皇岛市康泰、东软等企业参加了恳谈会。会上深圳粤创、博康、武汉东信同邦等 10 家企业签署了入驻中兴秦皇岛“智慧城市北方基地”协议。

搞好智慧城市产业联合会，打造智慧城市产业联盟，通过产业链协同、统一方案营销，推进智慧城市产业集群化发展，将秦皇岛市智慧城市打造成国家级样板工程，在全球范围进行推广。

依托中兴通讯商务平台，通过集群化发展、产业链协同、统一大客户营销，形成掌握自主知识产权、拥有核心技术的完整智慧城市产业链，打造有特色、有竞争力的智慧城市产业集群。

（七）率先引入“企业投资建设，政府购买服务”的运营模式

智慧城市建设需要雄厚的技术和资金支撑，秦皇岛市在智慧城市建设投资、管理和运行维护上，大胆创新，率先引入“企业投资建设、政府购买服务”的新模式，充分利用IT企业、电信运营商及社会力量，引进高端企业开展合作，规避项目风险，实现合作共赢。为实现这个目标，秦皇岛市引进了“智慧城市北方基地”建设项目。该项目的引进，将秦皇岛智慧城市建设过程中的资金、技术、规划、建设、管理和运维的各种问题集中在一个平台上解决，有效地推进了智慧城市试点创建各项工作的开展。市政府与中兴网信签署了《秦皇岛市智慧城市项目建设与服务合同》，合同金额3.5亿元，主要建设智慧城市公共信息服务平台、平安城市、智慧交通、智慧旅游、智慧医疗5个一期项目。项目建成并通过验收后，由市政府支付服务租金，取得项目的使用权。市财政设立智慧城市建设专户，统筹各部门信息化资金，集中用于智慧城市租金支付。

以“企业投资建设，政府购买服务”的模式开展智慧城市建设的关键是建立各部门分工负责、协调联动的工作机制。各部门对财政批资金，自己管建设的信息化建设模式很熟悉，但是对政府购买信息化服务模式没有经验。为解决如何保证购买的服务能够满足各部门使用需要、如何将各部门需求控制在项目投资许可范围之内、如何保证项目建设的进度和质量等问题，我们在工作中采用项目承担单位提需求、主管部门搞评审、实施企业出方案、承担单位最后确认的项目建设流程，明确各部门的责权，形成既相互制约又有机配合的智慧城市建设管理体制。从需求描述、方案评审、合同谈判、实施控制等环节入手，逐步摸索、建立机制，以创新思路建立各部门协同配合、监理客观监督、政府问责指导的智慧城市建设新模式。

四、应用成效

智慧秦皇岛项目自2014年8月上线运行以来，为城市安全保障、交通流量管控、医疗卫生服务、旅游服务质量等方面的工作提供了有效的技术保障。

（一）社会效益

平安城市系统运行一年来，圆满完成暑期警卫视频保障任务1161次，参与侦办刑事案件1137起，提供案件线索4215条，现在监控摄像头已经成为保护市民权益、震慑犯罪分子的有力武器，2014年全市刑事和治安发案同比下降21%、25%，收到了良好的社会效果；智慧医疗打通全市29家医院的信息系统，实现了医院间诊疗信息的互通共享，全市医院电子病历和电子健康档案可以全面共享，在全省率先实现社保卡、健康卡二合一，可统一就医、支付、报销；智慧旅游整合13个涉旅信息系统，免费WiFi覆盖全市大部分景区，大大提高了游客自助游能力；智慧交通搭建交警综合指挥平台，为暑期北戴河城区车辆控制提供数据支撑，保障了全市道路基本畅通。已累计纠正交通违法行为5万余起，落地核查156台次，提高了秦皇岛市交通管控能力。

（二）经济效益

在提高政府管理效能、方便群众生产生活的同时，注重引导相关产业落地，促进了秦皇岛市产业发展，带动信息产业发展。2014年，全市信息产业实现主营业务收入72.0亿元（其中软件业实现主营业务收入32.3亿元，位列全省第三位），同比增长24.3%，实现利税12.8亿元，同比增长15.3%；出口创汇5.5亿美元，同比增长42.6%。例如，中兴网信公司在秦皇岛智慧城市建设中投资近5亿元，已经迅速成长为年营收超亿元的软件和系统集成服务公司。信息产业已经超过玻璃行业，成为第四大工业门类，加快了秦皇岛市由“玻璃城”转变为“科技城”的步伐。

（案例组织单位：中国智慧城市产业联盟）

案例 39

微信助力构建广州市智慧城市生态系统

一、背景与需求

随着城市化进程的加快，互联网在城市发展中发挥着越来越重要的作用。在全面建设智慧城市的同时，城市也面临着人口密度高、资源不足、效率低下等问题。在此背景下，“智慧城市”成为解决城市问题的一条可行道路。微信作为一个重要的平台在建设智慧城市的过程中发挥着重要作用，2015 年第三季度，微信和 WeChat 的总月活跃数达到 6.5 亿。微信通过海量的用户基础，助力智慧城市相关应用落地，打造了开放创新的“互联网 + 智慧城市”新平台。

（一）城市背景

近年来，广州全面开始实施“智慧广州”战略，提出了“低碳经济、智慧城市、幸福生活”三位一体的城市发展理念，出台了推进新型城市化发展的“1+15”政策文件体系，其中《关于建设智慧广州的实施意见》为配套文件之一，智慧城市各项重点工程稳步推进并取得了阶段性成效。2012 年，广州市被评为全国智慧城市领军城市，智慧城市发展水平位列全国第二，“智慧广州战略与实践”获得 2012 年巴塞罗那世界智慧城市奖。

广州将启动智慧民生服务、智慧政务、智慧产业等一批智慧城市应用示范项目建设，以互联网推进城市移动化和智能化。广州市网上办事大厅在遵循全省统一规范的基础上，融入广州地方人文特色，设计全新服务界面，围绕市民和企业为核心服务对象，设置了政务公开、投资审批、网上办事、政民互动、效能监察五大核心栏目，提供 1400 多项业务网上办事服务，其中有 571 项实现全程网上办理，涉及市民生活的有婚姻、生育、入学、医疗、就业、住房、交通等领域，涉及企业经营的注册、年审、投资、基建、认证、缴税、环保等领域，此外还整合了水、电、煤气等公用事业服务，自 2010 年以来已累计办理业务 4126 万次，极大地方便了市民。广州的智慧城市建设已经开始从信息化向互联网化过渡。

在政务民生领域，“政务微信”已成为政府与民生之间的“连接器”，助力建设开放、透明、服务型政府，改善了政府与公众的关系，使政府更加贴近百姓生活，实现政府治理方式现代化。目前，已上线的广州城市服务为市民提供了包括预约挂号、违章缴罚等在内的 38 项服务，仅 2016 年 1 月，服务人次已经达到 268.7 万。

（二）存在问题与需求

以广州为例，在智慧城市建设中主要面临四个问题：

1. 城市运行效率低

目前在人口过千万的广州，针对当下城市交通拥堵、看病难、安全系数低、突发灾难多等“病症”，以互联网、物联网和云计算等为支撑的智慧城市技术将是解决问题的出路。智能城市建设不可能一蹴而就，可从当前城市建设当中最紧迫的、关切到老百姓安全的一些问题着手。

2. 缺乏强有力的智慧城市建设推进机制

如何统一对智慧城市建设的认识和加大推进工作力度成为多个相关部门的重要课题。对智慧城市、互联网思维、云计算、大数据等新概念、新技术缺乏深刻实践和发展，在智慧产业、智慧公共服务等领域的发展中缺乏一个标准来衡量发展状况，在智慧城市建设上难以发力。因此，需要建立适应广州城市发展的体制机制还需要一套完整的推进机制确保相关政策与服务落地。

3. 信息孤岛

虽然我国政府各部门已经建成了几十个数据平台，但是往往一个部门只掌握一个部门的数据，需要查询和提取资料的时候，因为各个平台互不连通都是信息的“孤岛”，常常需要来回奔波于各个政府部门，耽误时间，增加了交通流量还使得办事效率低下。应用系统之间缺乏统一的技术和数据标准，数据不能自动传递，缺乏有效的关联和共享，从而形成一个个彼此隔离的信息孤岛。正如马化腾在《人民日报》署名文章中写道的：把信息孤岛连成一片陆地，连接的是数据，方便的是民生。

二、主要做法

（一）政府牵头建设

随着国家“互联网 + 公共服务”战略的加快推进，以各级政府部门为主导、第三方开发者广泛参与的政务微信生态，赋予政务工作更多的个性化服务和创新。政府牵头建设保证了智慧城市重点领域的安全性。

广州是全国首个实现“智慧城市”落地的城市，这得益于广州市各个政府部门对民生服务的重视和广州市多年建设“智慧城市”在信息化投入上的积累。而微信是用户使用频率最高的社交软件，各个政务机构都把微信作为连接市民的纽带。

（二）市场与政府优势资源互补

智慧城市强调通过政府、市场等各方力量的参与和协同实现城市公共价值塑造和独特价值创造建设智慧城市，也是转变城市发展方式、提升城市发展质量的客观要求。通过全面感知和利用互联网的信息能力，能够提高政府管理和服务的能力和效率。

广州智慧城市建设领域发展迅速，建设智慧城市需要政府与平台协同发展。整体来看，微信平台帮助政府拓宽了已有服务的触达渠道，创新了诸多紧贴民生需求的便民服务。位置服务、移动支付、一键接入整合数据、随时随地与外界连接等特性给政府的管理和服务模式带来了诸多革新。实体政务大厅“入驻”微信平台，公众更大程度地参与并加强了政务互动，带动了教育、医疗、出行等公共服务深层次的创新。

微信“城市服务”还促进了政府主管部门之间的创新协作。一方面推动了政务民生服务的革新，比如机动车快撤理赔推动了交管部门和保险公司创新，优化了交通意外保险取证的整个流程；另一方面则使得政府各部门之间更加融合协作，推动了政务民生架构的改革，比如智慧医疗就让人社局和卫计委等部门合作更加紧密（见表 39-1）。

表 39-1　全国 334 个地级区政务民生微信总量和活跃用户的前十名情况

地级行政区	账号总量	总量排名	活跃用户规模排名	排名差	服务号占比（%）
杭州	1462	1	[illegible]	-23	[illegible]
成都	1135	2	[illegible]	-128	[illegible]
广州	1014	3	[illegible]	-20	[illegible]
深圳	989	4	[illegible]	-16	[illegible]
温州	895	5		4	[illegible]
郑州	842	6	[illegible]	-33	[illegible]
青岛	825	7	[illegible]	-75	[illegible]
西安	770	8	[illegible]	-57	[illegible]
宁波	710	9	[illegible]	-1	[illegible]
武汉	699	10	[illegible]	-22	[illegible]

（三）建立开放式平台，发挥平台产品能力

借助大数据、云计算、物联网、地理信息、移动互联网等新一代信息技术的强大驱动力，以人为本，科学化管理，利用微信提升城市的行政服务效能和管理模式，为广州建设智慧城市提供了创新模式。

1. 聚合碎片化的各类公共服务，建立开放平台

微信城市服务，是公众平台面向政府、事业单位及相关行业提供的整套政务民生服务解决方案，是“互联网 +”政务民生服务落地的重要组成部分。（见图 39-1）市民可以在这里便捷地办理医疗、交通、交管、社保、公积金、出入境、公安户政、教育等业务。微信城市服务集纳了多种民生服务办事功能，让市民充分享受城市生活的便捷。

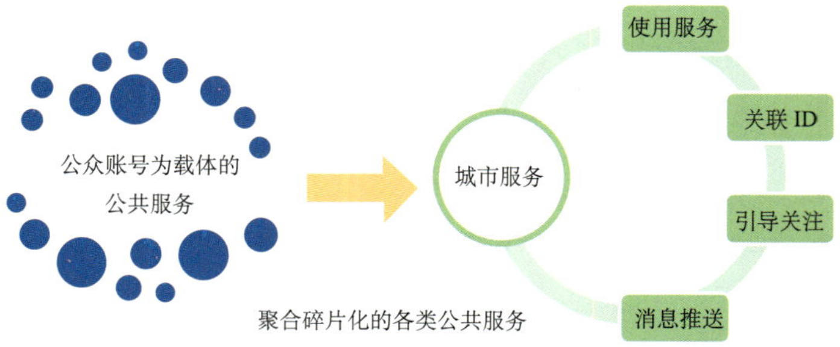

图 39-1　微信城市服务聚合各类公关服务

广州是全国第一个接入微信城市服务的城市，将交通、医疗 17 项民生服务汇集到统一平台，相当于掌上政府办事大厅。仅仅从 2014 年 11 月起上线 3 个月就已经服务近百万广州市民。在“互联网 +”行动计划落地方面，面对不断涌现的城市公共服务需求，广州政府部门通过微信的 “城市服务”开放平台，提高公共服务的连接效率。通过微信的自助接入方式，帮助加快实现城市公共服务智能化、人性化的变革。

如今，广州的实体政务大厅通过微信向网上办事大厅延伸，已经为过千万的群众提供 38 项服务，变“群众奔波”为“信息跑腿”，变“群众来回跑”为“部门协同办”，从源头上避免各类“奇葩证明”“循环证明”等现象，为群众提供更加人性化的服务。市民通过该平台，可直达政府各委办局的服务项目，实现“一个入口，多种服务”。

在 2015 年 7 月，微信城市服务开放平台也正式上线，政府单位、事业单位及具备服务资质的单位在此平台上提交服务，通过相关流程后，即可上线到对应的微

信城市服务板块。这是行业首个政务民生服务自助接入平台，也是微信公众平台首个针对垂直行业推出的解决方案平台。政务民生服务开发者及公众号主体单位，可以在平台上获得实名认证、办事记录等垂直行业接口能力，后续平台将提供包括行业模板等更多开放权限，帮助开发者快速接入服务。广州后续接入的粤通卡充值办理、广州微警、加油卡充值、香港直通巴士、公证服务等都是通过开放平台自助接入的。

城市服务的基础，是政府部门和公用事业单位在微信上提供的政务民生服务。城市服务将政府部门线下的、桌面端的办事流程升级到移动端，通过位置服务、预约预检、业务办理、线上支付、进度查询、评价投诉等功能，实现全流程、闭环式的移动端办事服务，使公众足不出户、随时随地就能获得政府提供的服务，为公众的生活工作带来切实的便利。

2. 输出“互联网＋公共服务”标准，助力提高公共服务质量及效率

除了利用微信提供种类丰富的城市公共服务，持续深入地推动城市公共服务流程优化、标准化和模板化，作为推进“互联网＋公共服务”的连接器，微信还在2016年推出了“城市服务服务质量星级标准”，输出“互联网＋公共服务”的行业标准，所有服务运用可量化的手段帮助政府创新公共服务形态、提升公共服务质量，提高服务办事效率，缩减办事流程。

3. 基础信息建设直接触达用户

政府、事业单位通过互联网拉进了与市民之间的距离。微信拥有庞大的用户群，借助移动终端、天然的社交和位置定位等优势，每个信息都可以点对点精确触达市民，继而帮助城市建设信息直达市民。微信的点对点产品形态注定了其能够通过互动的形式将普通关系发展成强关系，从而产生更大的价值。通过互动的形式与市民建立联系，发布信息，收集反馈。根据调查，微信城市服务有22%用户使用了医疗服务，21%使用了交管业务，12%使用了生活缴费，9%使用了公安业务。交管业务的前三名是违章办理、电子监控调取、驾照违法记分申报。公安业务前三名是身份证业务预约、港澳通行证办理、因私护照办理。

（四）产品化解决方案

对于建设智慧产业方面，基础设施和公共服务以及高效的运营、智慧的产业生态也会快速地形成。微信还有各个领域的解决方案，包括智慧景区、智慧校园、智慧商圈、智慧医院等方案都通过对服务、流程、资源的互联网化，高效对接供需双方，全面提升了服务水平，优化了人们的体验，从而进一步拉动区域经济、带动就业以及提升城市竞争力。

三、特色亮点

（一）线上一站式办理入口，解决最后一公里的问题

实行一站式的线上办事入口，将政府部门线下的、桌面端的办事流程升级到移动端，通过位置服务、预约预检、业务办理、线上支付、进度查询、评价投诉等功能，实现全流程、闭环式的移动端办事服务，使公众足不出户、随时随地就能获得政府提供的服务，为公众的生活工作带来切实的便利。

（二）更加便捷地触达公众、采集数据和提供服务

以微信作为联通公民与政府的媒介。借助微信，政府可以大大提升信息收信和处理的全面性、时效性和可靠性，拉近与民众距离，信息可以做到有效触达，用户随时随地接受微信消息，消息到达率为100%，可以有效提高政府办事效率，为方便市民的生活做出巨大贡献。例如，广州公安等开通微信公众账号，在账号内向关注市民推送最新公告信息，微信城市服务入口也设置“用户反馈”入口，积极收取市民反馈和建议，第一时间传达至服务提供部门手中，在高效解决的同时也在不断促进公安服务的效率提升和质量完善。

（三）协同推进线上服务质量提提升

在推动城市公共服务的流程优化、标准化和模板化的过程中，政府部门积极努力推动公共服务的线上流程，不仅如此，作为推进“互联网＋公共服务”的连接器，微信还推出了“城市服务服务质量星级标准”，输出“互联网＋公共服务”的行业标准，运用可量化的手段帮助政府创新公共服务形态、提升公共服务质量。自政府借助微信城市服务推出“城市服务服务质量星级标准”以来，鼓励公共服务提供者不断提升服务质量，包括模板消息与办事结果页的接入，广州作为最早接入城市服务的城市，各项公共服务也根据标准不断提升服务质量。

（四）建立行业解决方案，特色推广建设运营模式

由于每个城市都其特殊性，在实施智慧城市的过程中应基于城市的特色和发展水平，发挥好比较优势。微信还有各个领域的解决方案，包括智慧医院、智慧景区、智慧校园、智慧商圈等方案都通过对服务、流程、资源的互联网化，高效对接供需双方，全面提升了服务水平，优化了人们的体验，从而进一步拉动区域经济、带动就业以及提升城市竞争力。

四、应用成效——优秀案例

（一）微信智慧医疗

2015 年，医疗微信加速发展，全国总量突破 2.7 万。其中，一、二、三级医院开设的公众号近 4000 个，各地社区卫生服务中心（站）、乡镇卫生院等基层医疗卫生机构开设的公众号近 2000 个。从账号类型看，等级医院的服务功能不断丰富。在等级医院开设的账户号中，服务号占比 45.4%，高于其他医疗卫生机构。且等级越高，服务属性越强，三甲医院服务号占比高达 47.5%。这说明等级越高的医院，越注重发挥微信作为服务平台的价值，越愿意借助移动互联网来提升患者的就医满意度和工作效率。这也是很多三甲医院迭代更新、不断创新就医服务的主要原因（见图 39-2）。

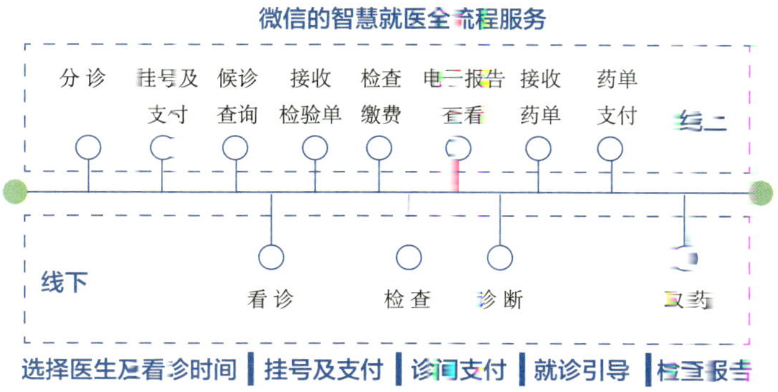

图 39-2　微信智慧医院解决方案

从区域分布看，广东省凭借 1966 个的总量再次位居 31 个省级行政区的榜首。同时，广东也是医疗账号活跃用户数最多的省份，粤北人民医院、佛山市中医院、中山大学附属第一医院、广东省中医院、广东省疾病预防控制中心等 15 家医疗机构的活跃用户数均过万。

以医疗资源为例，智慧城市更有效地连接了服务和用户。例如，以前卫生局有几千个号源，用网站、电话、APP 形式让用户挂号，烦琐复杂，资源浪费。而当“城市服务”加入了微信挂号平台以后，仅三天时间广东省就有将近 20 万人通过微信查看、挂号，将有限号源优化利用了起来。

在广州，60 家医院开通微信，“广州健康通”公众号正式启用。服务包括预约挂号、健康档案查询、微信支付等全流程服务。“广州健康通”公众号的启用是微信智慧医疗的又一次创新和推进，更是医院实现医疗服务智能化的智慧通道。市民不仅可以了解广州市各大医院预约挂号信息，而且还可以通过微信预约挂号，实现“随时随地触手可及”的预约挂号服务，这也解决了看病“三长一短”（挂号排队时间长、看病等待时间长、结算排队时间长、医生看病时间短）的问题。并且通过企业号实现了对医护人员的管理，以及医护人员线上对病患的诊疗咨询、服务。

在广州的医院里，还有一些有特色医院借助微信实现了全流程的医疗服务。例如，全国门诊量最大的三甲中医院开设“广东省中医院服务号”，不仅为患者提供集办卡、挂号、候诊、缴费、查询等功能于一体的智慧医疗全流程服务，还上线了中药代煎、配送上门的一站式贴心服务。

以广东省妇幼保健院为例，平均单个患者节约看病时间甚至达到 3 小时，单日有超过 1 万用户在使用微信就医，公众号消息触达率为 100%，而微信支付占总支付比例达到了 40%。

（二）微信智慧交通

截至 2015 年 8 月底，全国开设的公安微信总量已过万，认证比例高达八成，是职能最丰富、覆盖最完全的细分领域。全国 31 个省级行政区有 29 个都开设了不同数量的省级公安微信，334 个地级区则有 99.1% 开设了地级公安微信，县乡级账号则占到总量的 65.4%，真正实现了从国家到省、地级市、县（乡）、街道社区的垂直覆盖。从警种类型看，消防、交警、出入境是开通数量最多的三个独立警种，合计占总量的 51.9%。户政、边防、治安、公共安全、禁毒、巡警、经侦、刑警等警种也开设了数量不等的公众号。其中，交警账号在 2015 年又叠加创新了很多便民服务。

就广州而言，“广州微警”通过实名认证，首创公安业务微信端“一口受理、一键办结”，30 秒即可完成交通违法缴罚的全流程（见图 39-3）。上线一个月以来，关注用户数量增长近 10 倍，超过 30000 的微信实名注册用户。实名验证，直入非税，实时解档，广州“微警实名验证 + 线上缴罚”实现了三个“首个”。首个使用微信实名身份校验接口，实现了微信、手机号、银行卡持卡人、车主、驾驶人“五合一”身份信息的有效性、同一性验证。首个实现移动支付和非税系统实时对接。资金对账、清算等工作全部由系统自动实时流转，办理过程智能化无人工参与，整个过程只需要 30 秒。首个研发政务服务专有硬件——微警 0 号，连接金盾网和银行专网，实现车管部门与非税平台实时对接。

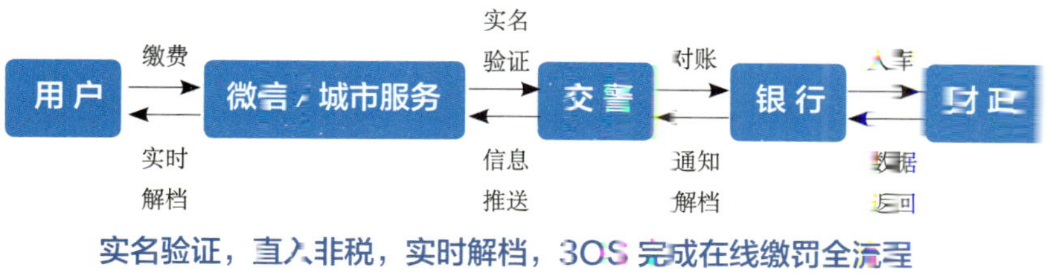

图 39-3　广州微警解决方案

交通方面，粤通卡作为广东省政府唯一指定的全省高速公路联网收费专用缴费卡，持卡用户无须缴纳现金，可以实现“一卡在手，（免停车）全省通行”。但是，粤通卡充值网点较少，车主每次充值都需要驾车四处寻找，无形中增添不少生活烦恼。使用微信“城市服务”粤通卡服务的车主，只需在线购买充值易设备，携带身份证、驾驶证、卡片和电子标签到营业网点进行安装，并通过微信服务粤通卡绑定卡和设备，即可随时随地享受到账单查询、余额查询和空中充值等便利服务。

（三）出入境服务：微信“扫一扫”办理港澳续签

利用微信多元化的入口和图像识别等多样化的高科技能力，可以降低民生服务的使用门槛。

就广州而言，微信和广东邮政 EMS 合作，只需“扫一扫”通行证封面，即可实现港澳通行证自助续签服务。

（四）社保与公积金

微信实现内、外体系联通，实现业务闭环，提升服务效率和用户满意度，创造更大的公共服务效益。需绑定社保卡后，才可选择医保支付，目前广州已有广东省妇幼保健院和广州红十字会医院采用此模式。

（五）微信智慧旅游

微信针对旅游散客化、休闲化、大众化趋势，开发了智慧旅游解决方案（见图 39-4），国内的各地方政府纷纷开通微信智慧旅游系统。据统计，83.9% 的省级旅游主管部门、50.1% 的地级旅游主管部门开通了公众号，来进行对外宣传和服务。不仅如此，越来越多的外国旅游主管部门也都通过开通相关旅游公众号，作为本地旅游的宣传手段和连接中国游客的服务窗口。已有加拿大、美国和澳大利亚等 41 个国家的旅游主管部门、景区开设了账号，是 54 个类别中开通国家最多的细分领域。

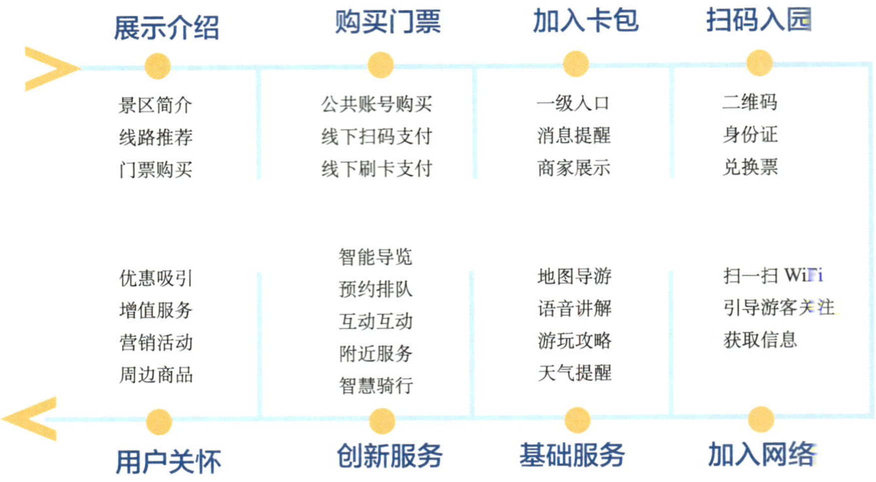

图 39-4 微信智慧旅游解决方案

以广州著名的旅游景点——长隆为例，不断发展创新模式，始终走在行业最前列，融合贯通多项微信开放接口，如二维码、支付、卡包、“扫一扫”“摇周边”、企业号等用于实践之中，让用户体验从园区走向无限。另一方面，运用微信的连接能力，搭建用户信息库，进一步深化会员体系，让景区与用户之间的连接更高效直接。

自上线微信城市服务以来，长隆“订阅号＋服务号”粉丝总数超过了 200 万，并仍以日均 4000 的速度稳步增长。门票销售占自有电商渠道的 40% 左右。

（六）环保

2015 年 6 月 5 日世界环境日期间全国范围内开通了“12369”环保微信举报服务。目前全国 31 个省、自治区、直辖市、兵团环保部门（除西藏外）均开通了环保微信举报，345 个地市、1199 个区县环保部门开通并使用微信举报管理平台受理和办理群众举报。目前已有近万人关注“12369 环保举报”微信公众号，收到各类举报事项超过 1 万件。

通过广州的微信“城市服务”平台，选取“环保举报”功能，点击“我要举报”，用户可以利用智能手机的无线通信、GPS 定位、拍照、录像等功能，方便快捷地完成环境污染问题的取证及举报，受理的举报事项将根据“属地管理、分级负责，谁主管、谁负责”原则由相应环境保护主管部门处理，举报信息将第一时间到达当地的环境保护主管部门。使污染情况尽可能快速地得到验证并且解决完毕。举报办理情况可在“举报查询”中查看。

（七）生活缴费

以微信“生活缴费”为例，该服务推动了传统公共服务缴费方式的革新。目前已覆盖 27 个省 183 个城市的约 5 亿居民。在广州可以实现在微信上缴纳电费与水费功能，与传统到营业厅的缴费方式相比，可以为用户人均节省时间 5～60 分钟。

（八）“微信 + 税务”

2015 年，微信与国家税务总局、地方税务局及第三方平台开始共同推进利用移动互联网改进税务流程，包括微信电子发票、微信红包支付、发票中奖等优秀模式（见图 39-5）。

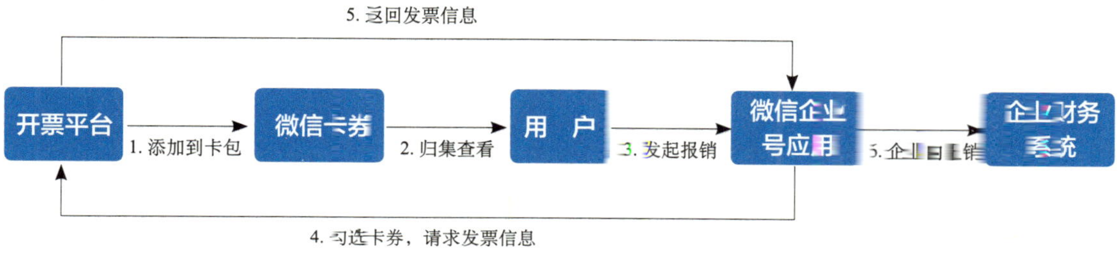

图 39-5 微信电子发票解决方案

微信电子发票解决方案在线上和线下两个场景都做了一些尝试。在线上，可以通过二维码的入口扫码领取电子发票，如在京东购物之后，原有方式是用户可以通过勾选让京东邮寄发票，但这种方式成本很高，海量的订单要一台台用打印机打印发票并且邮寄，而且发票又十分重要，特别是保修、退换等操作都要用到。现在微信电子发票改变了整个流程，用户扫完了二维码，身份同步传递给商家，商家就会发一张电子发票在微信里面。在线下，如加完油需要下车去取发票。但是现在支付的同时，用户的 ID 到达商家，电子发票就发到微信里面来，供以后使用。在后端，电子发票普及以后也会推动企业财务端进行变革。

（九）智慧校园

广州教育局目前已经开通微信企业号，并建立教育信息发布平台。广州将市和区教育局、学校、老师及家长联系在一起，在微信企业号平台上发布教育权威信息，引导教育舆论导向，回答社会关注的热点教育问题，取得良好的社会效果。

五、构建模式的规划

智慧城市项目的运作，应充分发挥政府主导投资建设，同时可以考虑引进有优势的微信支付、企业号服务商协助建设智慧城市的项目，采用“政府引导管理、服务商支持建设、政府和公共共同受益”的思路，运用市场经济手段，推动智慧城市的发展。

（一）从政府角度考虑

政府对智慧城市的管理，前期需投资建设一个核心的服务管理平台，作为智慧城市建设各项服务所产生的数据统计工具，政府可以将产生的数据作为工作开展的指导性依据。而后采用出台一些政策性的鼓励和引导措施，吸引众多的投资者投资建设智慧城市，并同政府管理的智慧城市服务管理平台相连来不断扩充智慧城市的服务项目，服务大众。

（二）从投资角度考虑

建设“智慧城市”的投资主要是集中在服务管理平台的建设、城市基础设施的建设，城市基础设施的建设这笔初期投资费用较为庞大，如果由政府部门来完成，难免会给当地财政造成很大的负担，从而会使绝大多数政府望而却步。但我们可以采用由政府引导和管理的兴建、运营和移转的模式，先期通过市场化方式引入企业资金投资城市基础设施建设，并许诺投资方在建成后的一段时期内拥有此项服务的经营权，政府采用租用的方式保障投资方的投资回报，到期后等建设服务已普及再由当地政府回收管理，并采用市场手段转移到商业的运营当中。

（三）从民生的角度考虑

建设“智慧城市”是一个“万众瞩目”“便民利民”的工程。在信息时代，网络经济和信息化无疑是城市发展的热点和各方关注的焦点。现在一些国际化大都市的经济化、信息化基础设施建设均已趋于完善，智慧的生活也达到了较高的水平，再加上相关的各类智慧服务也已逐渐普及，就开展智慧城市的建设而言，可谓万事俱备，只欠东风。事实上，当智慧城市真的能够在整个城市覆盖的时候，人们就会发现，智慧的生活如此简便。这些改变，除了能够给城市增添良好的形象以外，更会产生巨大的社会效益和经济效益。

六、社会和经济效益的展望

智慧城市的规划和建设，在提升信息化高度的同时必将给城市带来巨大的经济效益和社会效益。

（一）经济效益分析

1. 通过智慧城市的建设，优化城市的基础投资环境，提升城市的国际地位，使城市具备国际先进的信息基础设施，可以更好地带动国际投资，促进城市的经济发展。

2. 通过智慧城市的建设，可以开发出更多的服务项目用于商业运营，并且会有更多先进的增值应用项目产生，必将增加就业机会，推动城市经济增长。

3. 通过智慧城市的建设，可以带动相关产业的发展，如旅游、医疗、制造业、商超、餐饮等，有力地推动国家经济增长。

（二）社会效益分析

1. 智慧城市的建设，为公众提供了更方便、更快捷、更先进的获得资讯的方法，提高了人们的生活水平，推动城市现代化进程。

2. 通过智慧城市的建设，可以提高行政管理机构和公共服务机构的工作效率，创造出更先进的电子政务服务手段，进一步提高公众对政府和公共服务工作的满意度。

3. 通过智慧城市的建设，可以带动相关产业的发展，从而创造更多的就业机会，有力地保障社会的稳定和经济的平稳发展。

4. 通过智慧城市的建设，进一步倡导"多用服务，少用马路"的思想，减少城市道路交通的负荷和压力，开展丰富多样的远程教学、远程医疗、远程交费等用户足不出户就能享受的智慧生活服务项目。

七、项目成功的保障措施

（一）发挥政府引导职能

政府作为智慧城市建设的倡导部门和管理机构，应充分发挥其宏观调控的职能，在制定政策、统计、税收、宣传推广等方面，积极推动智慧城市项目，朝着平稳、健康、快速的方向发展。

（二）纳入城市发展规划

城市发展规划当中，智慧城市的基础建设和城市信息化水平的提高是很重要的，并且对建设现代化城市的目标实现将提供很大的帮助，因此智慧城市建设应该被列入城市的发展规划当中。

（三）吸引多方投资

智慧城市的建设是一项投资大、周期长、回报率高的项目，应该广泛吸引运营商、企业等民间的投资，共同努力才能把智慧城市的项目建设好。

（案例组织单位：腾讯公司）

案例40

基础融合　面向未来
——北京未来科技城智慧城市建设

一、背景情况及智慧城市建设需求

北京未来科技城是中央为实施“千人计划”、建设创新型国家而决定建设的一个重大科技工程项目，首批入驻兵器装备、中国海油、国家电网、华能集团、中国国电、神华集团、中国电信、中国电子、鞍钢集团、武钢集团、中国铝业、中粮集团、国家核电、中国商飞、中国建材共15家中央企业的研发机构，研发领域涉及节能环保、新一代信息技术、生物、高端装备制造、新能源、新材料和新能源汽车等国家重点发展的战略性新兴产业，将建设成为具有世界一流水准、引领我国应用技术发展方向、代表我国相关产业应用研究技术最高水平的人才创新创业基地，着力打造一流科研人才的聚集高地、引领科技创新的研发平台、全新运行机制的人才特区。

北京未来科技城选址在昌平区小汤山镇和北七家镇的交界地区，东距首都机场仅10千米，位置优越，交通便利；北京的母亲河温榆河穿城而过，整体绿化面积超过50%，生态良好，环境优美。项目规划占地面积约10平方千米，以温榆河和定泗路为界分为南北两区，北区占地面积为2.19平方千米，入驻6家央企；南区占地面积为4.46平方千米，入驻9家央企，两区之间生态绿地面积为3.54平方千米。项目规划总建筑面积约800万平方米，总投资约1000亿元，建成后入驻科研人才约4万人，总体人口规模控制在10万人以内。

2009年7月28日，北京未来科技城奠基开工，经过六年的开发建设，目前已初具规模：道路桥梁、水电气热等市政基础设施基本建成，中小学正式开学，商业、商务、居住等公共服务配套设施正在加快建设，神华集团、中国商飞、中国国电、国家电网、武钢集团、华能集团、中粮集团、国家核电、中国铝业、兵器装备、中国电信、中国电子12家央企项目入驻运行。此外，入驻央企共引进175名入选“千人计划”海外高层次人才，已经聚集7000余名科研人员，园区的创新氛围初步形成。

北京未来科技城信息化建设尚处于起始阶段，目前园区主通信管道已经建成，但缺少支撑园区正常运行和为央企提供可靠信息化服务的相关基础设施和应用系统。随着未来科技城的逐步建设，园区内人口流动加速、各类公共设施系统庞杂、设备专业化程度高、公共安全隐患增多、信息安全威胁加大等一系列问题，对园区运行管理将提出更高的要求；而原有城市运行管理模式存在着较多问题，特别是在决策过程中缺乏足够、及时和准确的城市运行数据。因此，需要将未来科技城打造为智慧城市，采用包括下一代互联网、物联网和云计算等新一代信息技术，改变传统的城市管理模式，提高城市运行管理及服务水平。同时在未来科技城的五大理念中，创新是未来科技城最具有特色的，也是未来科技城建设的宗旨。“创新”应该成为未来科技城进行科技研发和产业落地的主要手段，因此需要对园区的创新活动进行管理和服务，通过搭建园区企业与创新服务平台促进企业间的研发创新协同和科技成果转化。此外，人才是创新的一个重要组成部分，需要为园区高端人才提供全方位（包含教育、医疗、生活商业等配套设施）的民生服务平台，以利于园区更好地为人才服务，吸引更多的人才到科技城工作和创业。

二、未来科技城智慧城市建设特点

从未来科技城建设之初，园区各项基础设施的建设就充分融入信息化、智慧化的建设理念，这也为 2013 年北京未来科技城申报成为首批国家智慧城市试点奠定了良好的基础。从 2013 年至今，未来科技城智慧城市试点创建工作已开展两年多，北京未来科技城智慧城市项目团队紧紧围绕国家智慧城市试点建设要求，以《国家智慧城市创建任务书》中的创建目标为依据，按计划扎实推进各项工作，根据北京未来科技城自身特点创新开展智慧城市建设，总体特色及亮点主要有：

（一）坚持对城市信息基础资源的全面统筹

信息基础资源作为智慧城市建设的基石，对智慧城市的建设顺利开展和推进具有重要的作用。从北京未来科技城智慧城市建设之初，我们就统一梳理了城市信息基础资源，对信息资源进行统一规划，将涉及多部门共用共享的信息化基础资源进行统一建设，并达到集约利用各项信息化基础资源的目标，减少信息化系统在信息化基础资源的重复建设和投入。

（二）强调基础数据资源的战略储备和融合共享

信息技术与经济社会的交汇融合引发了数据迅猛增长，数据已成为国家基础性战略资源，在智慧城市的建设过程中尤其要重视对城市基础数据资源的战略储备及部署，为将来城市大数据应用和融合共享提供良好的数据基础。按照国务院《促进大数据发展行动纲要》（国发〔2015〕50号）的要求，北京未来科技城在智慧城市创建中统筹规划城市数据基础设施建设，统一部署城市建设和管理过程中的基础数据资源信息化，为将来创建政府治理精准化、企业服务便捷化、民生服务普惠化的格局奠定良好的大数据基础。

（三）突出与绿色生态建设的结合

为落实国家生态文明要求，遵照北京关于生态城市建设的精神，北京未来科技城作为北京市首批绿色生态示范区，将建设以“低碳城市”为重要主线，通过展现以“创新、开放、人本、低碳、共生”为理念的城市新型资源利用方式，创造了一个整体性城市模型。北京未来科技城智慧城市的建设突出与绿色生态城市建设的结合，将绿色生态指标体系落实与城市绿色生态运营数据信息化、智慧化的建设紧密融合，通过创新生态信息化应用平台的建设促进城市绿色生态的持续发展。

三、智慧城市创建主要做法及相关应用成效

根据北京未来科技城信息化总体规划和智慧城市试点建设任务要求，园区将建设“一心一网三平台”业务服务架构，实现对城市运行的精细化管理、对企业创新的多样性支撑、对人员生活的便捷化服务，最终建成国际领先、国内一流的智慧城市。

“一心”是指北京未来科技城智慧城市运行服务中心（以下简称“IOC”），位于未来科技城北区，其中主要设有城域网机房、运营商机房、管委会机房、云服务机房、数据存储与交换中心、监控指挥中心、园区运维服务中心及配套用房等。IOC是北京未来科技城信息资源汇聚的枢纽与智能化运行的中枢，整个园区的网络服务在中心汇聚并实现安全管理，数据服务在中心集中分析处理并生成各种应用，城市状态（含事件、部件与各种资源）在中心实时感知并进行协同管理，应急与安全服务在中心快速响应并处置。

“一网”有三层含义：第一层是在基础设施层将园区地下通信管网进行整合，

形成全区域互通的一张网；第二层是在物理层让有线光缆环网提供的固网接入与地上无线通信网络实现互补，形成全区域覆盖的一张网；第三层是在网络层将政务服务专网、公众服务网络和视频传输专网进行建设统筹，有规划、有计划地建设网络设施，既有效利用社会化资金，又增强了网络安全性和可管理性。

“三平台”是指企业与创新服务平台、政务与城市运行服务平台、市民与社会服务平台。企业与创新服务平台定位于向入驻企业提供能够促进科研创新、交流交往、知识产权服务、成果转化、人才服务等领域的服务系统；政务与城市运行服务平台定位于面向政府管理部门提供流程审批、能源管理、生态保护、交通组织、安全与应急管理等领域的服务系统；市民与社会服务平台则是面向个人（含普通市民、入驻企业人员、周边生活人员）提供教育、医疗、就业、生活等各维度综合便利的信息服务。三个平台将依托“一心”的存储与计算资源、借助四通八达的“一网”，逐步建设面向上述三方面应用服务的云平台，将人、事件、资源、服务与整个城市实时连接在一起，形成无处不在的便利服务。

北京未来科技城智慧城市建设根据城市整体建设的进度及城市管理模式的搭建情况同步进行了统筹规划和安排，并在这一个过程中完成《北京未来科技城智慧城市创建任务书》的制定，指导智慧城市建设有序平稳推进。智慧城市建设的各项工作推进情况、建设特点及相关应用成效包括以下几方面：

（一）高标准顶层设计，提升智慧城市建设起点

依据统筹规划、顶层设计、统一标准、分建共享、使用高效、安全稳定的原则，完成智慧城市总体规划及项目建议书编制，智慧城市分两阶段共 46 项子项进行建设，形成未来科技城智慧城市建设体系，指导各信息项目工作开展。

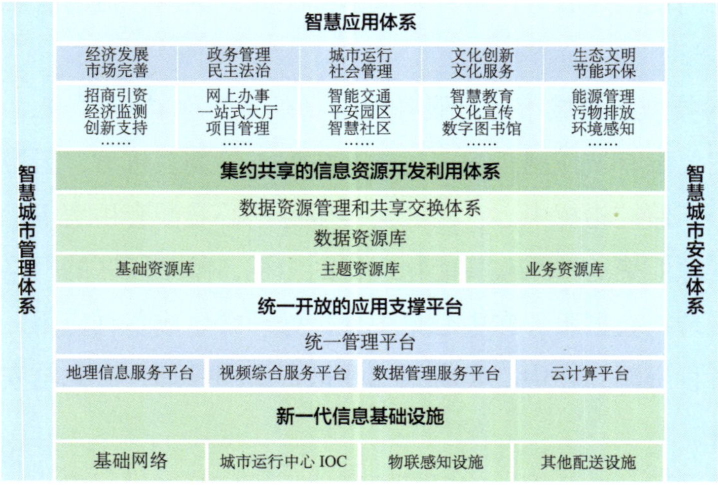

图 40-1 未来科技城智慧城市顶层设计

1. 未来科技城智慧城市顶层设计发布，为各项工作指引方向（见图 40-1）

围绕将北京未来科技城打造成为创新科技之城、开放共享之城、低碳节能之城、美好活力之城、和谐生态之城的建设理念，按照将北京未来科技城打造成为世界级的人才发展、

科技创新中心的总体目标。依据统筹规划、顶层设计、统一标准、分建共享、使用高效、安全稳定的原则，完成编写智慧城市总体规划、项目建设计，形成未来科技城智慧城市建设体系。

2. 开展规划编制工作，形成园区公共标准

北京未来科技城信息化项目暂行管理办法（见图 40-2）、绿色建筑规划、通信网络、智能交通、能源、绿色生态指标体系、低碳发展等 16 项专项规划已编制完成，形成智慧城市可持续发展体系，有效指导园区各项信息化基础设施的建设；并在此基础上，于 2014 年 9 月与法国巴黎韦利齐—维拉库布莱市达成共创世界首个国际城市可持续发展标准化合作示范基地的项目，共同建立标准试验平台，进行标准监测与评估，最终形成国际、国家标准（见图 40-3）。

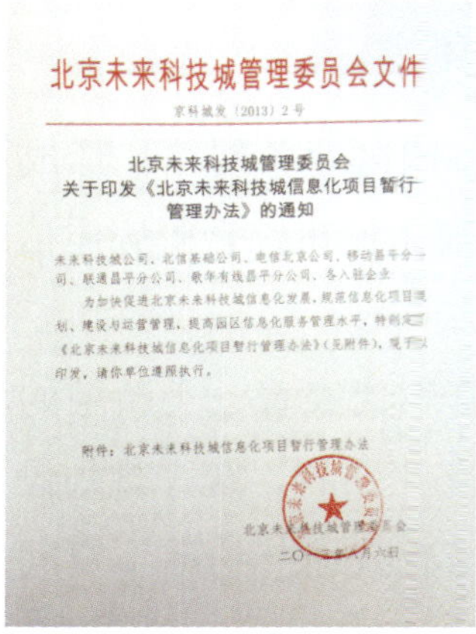

北京未来科技城管理委员会文件

京科城发〔2013〕2 号

北京未来科技城管理委员会
关于印发《北京未来科技城信息化项目暂行管理办法》的通知

未来科技城公司、北信基础公司、电信北京公司、移动昌平分公司、联通昌平分公司、歌华有线昌平分公司、各入驻企业：

为加快促进北京未来科技城信息化发展，规范信息化项目规划、建设与运营管理，提高园区信息化服务管理水平，特制定《北京未来科技城信息化项目暂行管理办法》（见附件），现予以印发，请你单位遵照执行。

附件：北京未来科技城信息化项目暂行管理办法

北京未来科技城管理委员会

二〇一三年六月六日

图 40-2　未来科技城信息化项目暂行管理办法

图 40-3　中法城市可持续发展标准化合作示范基地合作签约

（二）先进智慧基础设施，信息基础保障能力显著提高

1. 推进智慧城市运行服务中心 IOC 立项工作，形成“一心”格局

作为北京未来科技城智慧城市的“大脑”，北京未来科技城智慧城市运行服务中心建成后将是智慧城市应急指挥中心、信息资源汇聚共享枢纽、城市智能化运行中枢及云服务中心，该项目的建设进度对智慧城市整体建设影响较大（见图 40-4）。IOC 的项目方案设计和可研报告已完成，立项批复已取得，计划 2016 年开工建设。从物理基础上看，未来科技城区域内的中国移动、中国联通、中国电信和歌华有线的机房实现集约建设，政府各职能部门的政务机房也集中部署，减少机房分

散建设造成的资源和管理人力的浪费；从功能上看，城域网中心实现了区域网络服务的“三网融合”和统一安全管理，云服务中心（政务云、企业云）实现了政务资源共享互通和企业资源按需服务，将大大提高政务管理效率和企业入驻便捷程度。

图 40-4 IOC 概念设计效果图

2. 夯实基础网络设施建设，形成未来科技城“一网”

通过整合园区地下通信管网、跨接有线无线、统筹园区业务网络，形成全区域互联互通的一张网。北京未来科技城地下通信管网主要由城市综合管廊电信舱、随路通信管网和分布式管网组成。

作为未来科技城市政基础设施的一处亮点，综合管廊代表着一类新型的城市地下市政公用管线建设和管理模式，实现多种市政管线集中布置，统一规划设计，为今后管线增容、管理维护提供了良好条件，同时可以有效地节约地下空间，保持路面的完整性，增强管线的耐久性。目前，综合管廊一期已建成运营，220kV、10kV 电缆已进入电力舱，给水、再生水、热力管线已投入使用，通信管线也随着运营商业务开展不断入廊，管廊监控中心系统通过各专业系统互联互通进行信息交换、汇总、显示、统计，为管理人员提供综合信息及决策信息，提供人机接口、手动控制等功能，以确保管廊的安全运行。管廊的运维体系已初步探索建立，为管廊长期持续运营奠定了良好基础（见图 40-5）。

图 40-5 综合管廊管舱图

园区通过路灯沿线铺设分布式管网，为各种信息终端提供网络和电力接入条件，并实现与随路管网和 IOC 中心的互联互通。作为创新集约化建设新模式，北京未来科技城分布式管网的建设（已完工）可以为每个路灯提供 IP 接入（可为城市微蜂窝、物联网、电子站牌、视频监控、信息发布、公共自行车租赁等系统建设提供电力和信息路由），并可有效避免各种传统信息化业务系统建设所造成的马路“开拉链”问题。目前，分布式管网已为园区智能电子站牌方案设计实施提供良好的信息和电力路由基础条件（见图 40-6）。

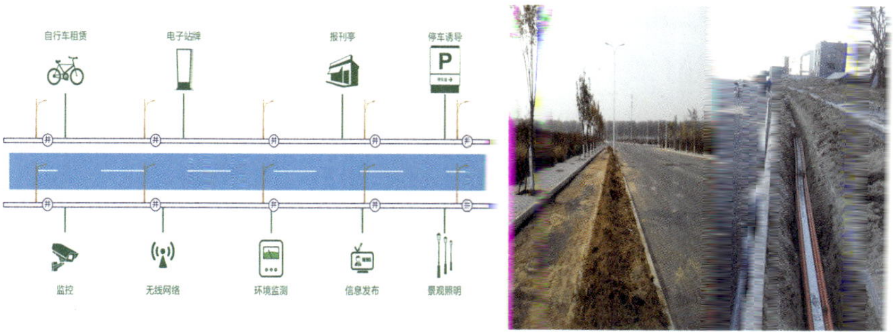

图 40-6　分布式管网功能示意图及已完工现场图

园区编制统一无线基站建设及无线 WiFi 覆盖规划，协调铁塔公司落实规划，实现三家运营商的共建共享，在保障园区信号覆盖的同时实现功能与美观并存。目前，一期规划 10 个站点已初步落实，在地块建筑建设之前就为后期通信保障机房建设提供了良好的预留条件。

通过建设整个园区“一张网”，可有效避免传统模式下园区网络管孔资源的浪费及网络安全难以统筹管理等现象，并实现对园区网络资源的精细化管理，使园区网络的多种业务在一张高品质的网络上获得可靠承载，不仅可节省大量网络资源，还让网络管理变得更集中、更安全。新的“一张网”模式下，园区提供给运营商的将不再是管道，而是集约化的光纤链路，甚至是统筹管理的城域网资源，不仅可实现区域内通信资源统一规划、统筹管理，统一网络安全体系，而且可做到三网融合与资源整合共享。

3. 站在电网技术前沿，搭建园区的智能电网

园区规划建设 7 个智能变电站（3 座新型智能变电站已投入生产运行），以形成区域智能坚强配电网络，并创新应用五级电网一体化调度、超导电缆、微网、主动配电网等技术，打造国际化智能电网示范区。未来科技城智能电网的建设突出整体

架构，从低压到高压，从用户侧到发电侧的电力流、信息流整体规划，各子项目密切关联，以服务需求为驱动，建成高度融合、安全可靠、反应迅速、清洁环保的智能电网。国家电网“主动配电网自动化（863 项目）”在园区试点推进顺利，将形成区域级调度中心，为未来科技城优化电源结构，提高能源利用效率，减少能源消耗的绿色化发展提供了有利条件。目前，园区智能电网已初步形成双环智能电网，在主动配电网方面已在多家央企内部配电网络建设实施，为园区央企科研创新提供可靠稳定的电力环境。

（三）绿色低碳生活方式，打造生态宜居智慧园区

1. 引入先进垃圾气力收送系统，提升园区生活环境品质

为落实住建部等部门《关于进一步加强城市生活垃圾处理工作意见的通知》，提高城市生活垃圾处理水平，园区引入密闭、环保、高效的垃圾收运系统（见图 40-7），通过先进、现代化的垃圾收运系统，利用负压抽吸技术，全自动密闭收运生活、办公垃圾，有效解决垃圾收集、中转和运输过程的二次污染问题，切实控制城市生活垃圾产生，完善收运网络，创造优美环境，提升园区环境品质；同时从源头进行垃圾分类，减少垃圾填埋比例，提高资源回收利用率。目前，已在 10 条园区道路上预埋垃圾管线，同时在各个地块单体建筑设计方案中也预留垃圾回收支管和垃圾气力投放口。

图 40-7 垃圾气力输送系统概念图

2. 融合应用多种绿色生态技术，创建生态宜居的和谐城市

为实现园区绿色建筑 100% 且其中 40% 达到三星级绿建标准的目标，充分调动央企及其他入园企业的积极性，通过签订约定书或设置土地上市条件等多种形式，有效推动绿色标准实施，创建生态宜居的和谐城市。目前，园区已完工建筑面

积283万平方米，全部按绿建标准实施建设，并按照国家节能相关政策及要求推进园区能源监测平台建设，为将来城市绿色建筑运营提供数据支持。

落实“以人为本、人为核心”的理念，采用雨水涵养系统、通过修建沿路生态沟及采用生活用水循环系统的技术，将防洪排涝、河道治理与城市水环境改造、生态建设、雨洪利用、节水建设、再生水利用进行有机结合，建设节水型城市（见图40-8）。统一规划部署园区电动汽车充电桩，连续整体的慢行系统贯穿核心区，绿色出行比例超过80%。目前，园区已在多条道路建设生态沟31千米，中水管线系统完成园区全覆盖，一期充电桩将整体建设城市快充桩24个，小型快充及慢充桩将随地块建设逐步开展实施，为城市营造绿色节能生活方式提供了良好的基础设施条件。

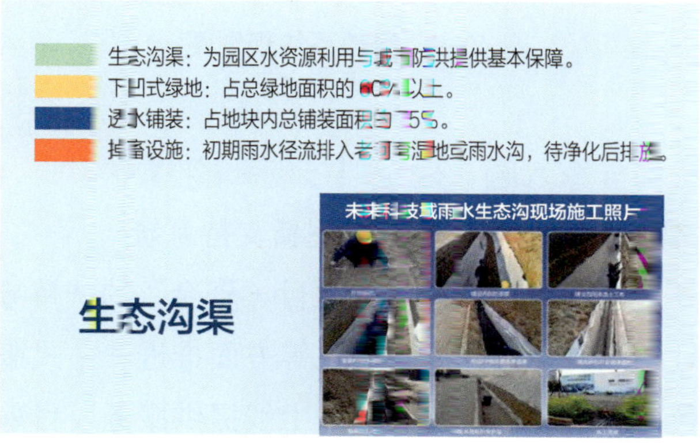

图40-8 绿色生态技术应用图

3. 开展绿色生态新课题新技术应用，建立园区绿色生态评估体系

以未来科技城滨水公园建设为依托，深入开展北京市科委“未来科技城滨水公园一期低碳与生态构建示范工程”课题，在老河湾区域集中示范应用了一批低碳、环保的生态技术。目前已完成公园入口区域四种雨水利用设施初步建设（雨水收集池、雨水收集辐射井、雨水花园、行道树渗渠自灌系统）、高承载透水铺装和主湖北侧广场的废弃石料铺装工程初步建设。

结合国家水专项“城市地表径流减控与面源污染削减技术研究”课题研究工作，将未来科技城作为课题研究综合示范区，开展城市地表径流污染控制综合观测和内涝防治技术的综合示范研究，目前已完成不同类型透水铺装地面渗水效果对比研究试验区建设、下凹式绿地滞蓄雨水效果研究试验区建设、多级湿地系统净化水质效果研究试验区建设。现已完成建设下凹式绿地面积10万平方米，并试点应用雨量数据采集终端实时监测环境数据，为园区生态环境监测系统建设奠定了良好基础（见图 40-9）。

图 40-9　绿地系统规划图

（四）全球战略科学家入园，确保科技创新能力

1. 积极响应首都创新定位，建设园区创新支持系统

结合央企的科研需求，突出“人才＋项目＋资金”的扶持导向，从人才引进、团队建设、科研管理、研发支持、成果转化等方面推进一站式服务平台建立。已完成未来科技城专利信息管理子平台建设，并上线提供服务，目前园区企业累计申请专利超过 2000 件。初步形成人才库信息统计机制，目前已完成对 176 名“千人计划”专家及 5839 名科研人员的信息收集，平台为园区创新研发基地的建设提供科研相关的信息服务，有效提高研发效率及成果转化率。

2. 整合园区实验室资源，搭建昌平区科技条件平台

为加快推进昌平区科研设施与仪器整合共享，科技人才为昌平服务，科技成果在北京市和昌平区转化，进一步提高科技资源利用效率，未来科技城与中关村昌平园将协同整合昌平区优质实验室资源，建设昌平区仪器资源共享平台，平台将为园区入驻企业提供良好的研发实验室共享条件和环境。目前平台已试运行并提供相关服务，已登录实验仪器 1173 台套，实验服务数量共 12803 项，初步营造科技创新基础环境。

（五）创新应用系统建设，提高园区城市管理及服务水平

1. 城市生命线可视化，管线公共服务再上新台阶

北京未来科技城智能管网定泗路示范工程系统充分参考各种国家技术规范和

行业标准，依据北京未来科技城的设计定位与发展规划，充分整合与利用现有资源，通过整合管线标识、管线传感、三维可视化显示等多种先进的技术手段，构建精确精细、敏捷高效、全方位、全时段覆盖的管网管理新模式，打破地下管线信息共享的壁垒，有效防止“挖爆管”等危及市民生命财产安全的恶性事件和“马路拉链”等不良现象的重复发生，保障了城市公共安全和人身财产安全，避免了社会及政府资产的损失。实现地下管线的精确定位与安全监管，并可为应急处置提供支撑。实现了地下管线的管网静态属性信息管理和动态运行状态监测，为建设、施工及管线运维管理单位提供更准确、更可靠的数据来源，提升了管线规划管理部门提供新管线规划预审核可操作性。目前已实现定泗路地下 9 种管线共约 30 千米的管网静态属性信息管理和动态运行状态监测，初步实现地下管线三维可视化，初步探索地下空间运维管理的新模式。

2. 视频资源融合建设新模式，打造平安园区

本着信息整合、统筹管理、协同安全的原则，建设可面向园区管理、治安管理、城市管理、交通管理等不同需求的综合视频监控系统，形成全区域、全视角、全业务的视频资源池。视频监控系统还将与综合态势显示、视频勤务控制、目标轨迹分析等系统、地理信息管理平台、统一数据管理平台、综合检测与应急指挥平台、云服务平台等进行对接，通过园区多平台的对接实现对园区的统一管理，最终形成未来科技城统一管理平台，既有效保障了政府各委办局、社会各层级对视频资源的不同需求，又减少了财政资金及社会资本重复投入造成不必要的社会资源浪费。

3. 新媒体快速部署，融合传统方式提高社会服务水平

通过已上线运行的一卡通和 APP 整合园区及周边各种民生服务和便民渠道推送给入驻人员和居民，提供班车、餐饮、健身等 6 项服务；同时逐渐形成园区统一资讯发布，多种终端多种方式展示园区政策和建设风貌；同时结合“一卡通和 APP 数据”的大数据应用分析、整合和挖掘，提高社会服务的便捷性和有效性，更好地满足城市运营过程中政府管理和便民服务的统一和谐要求。

（案例组织单位：中国智慧城市产业联盟）

案例 41

苏州工业园区智慧城市建设实践

一、苏州工业园区智慧城市建设总体情况

2500 年的沧海桑田，孕育出太湖之滨的天堂苏州；20 载的光阴流转，铸就了金鸡湖畔的非凡城市——苏州工业园区。园区从 1994 年至今的 20 多年里，始终秉持“借鉴、创新、圆融、共赢”的发展理念，连续多年名列中国城市最具竞争力开发区榜首，综合发展指数位居国家级开发区第二位，国家级高新区排名居江苏省第一位。在园区从一纸蓝图到崛起新城的蜕变过程中，信息化和智慧城市建设发挥了重要的作用，有效带动了园区工业化和城市化发展，推动了经济社会转型升级。

（一）苏州工业园区“智慧城市”建设的基础

园区一直重视信息化建设，注意发挥“中新合作”优势。在国内率先采用电子化方式管理地理信息数据，逐步形成了以地理信息数据为核心的工作模式，搭建了成熟、稳定的 GIS 基础软件平台，为高起点实施信息化战略奠定了基础。坚持顶层设计，规划先行，在全国率先把信息化和智慧城市建设列入区域总体发展战略，先后编制了《园区信息化（2009—2011 年）三年行动计划》《“十二五”信息化规划》和《苏州工业园区智慧城市发展规划纲要》，成立信息化领导小组，设立信息化专项资金，创新性地采用信息化代建制度，为信息化的发展提供了有力保障。大力扶持区域电子产品制造业、软件产业以及信息服务业的发展，积极促进两化融合和三网融合，为信息化发展营造了良好的社会氛围。

伴随着园区信息产业的持续发展和信息技术应用的不断普及，园区信息化建设正在从数字化、系统化、整合化向智慧化迈进，为智慧城市的发展创造了坚实的基础和良好的条件。

（二）苏州工业园区“智慧城市”建设的发展

2013 年初，园区成为住建部首批国家智慧城市试点，围绕“十二五”信息化规划和创建国家智慧城市试点实施纲要的部署，提出了智慧城市的运营体系为“基

础设施畅达易用、城市管理协同高效、公众服务整合创新、智慧产业快速发展”，发展模式为“以信息化推进新型工业化、以信息化推进城市化、以信息化推进现代化”，应用架构为“四维、三库、三通、九枢纽”（见图 41-1）。

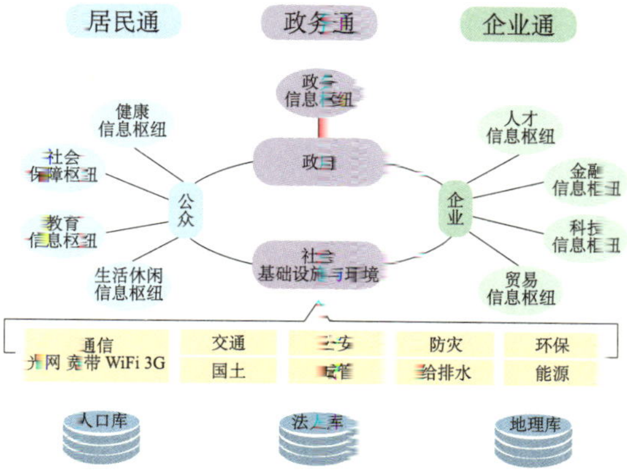

图 41-1　园区智慧城市应用架构示意图

多年来，园区以“智融服务、慧聚创新”为工作主线，坚持顶层设计、整体推进、全民参与的思路。一是积极推动中新智慧城市战略合作，逐渐形成园区智慧城市建设国际合作和推广机制；二是响应国家“宽带中国”战略，全面启动“光网园区”建设；三是建成完善人口、法人、地理三大信息基础数据库，并以城市公共服务平台为基础，打破条块分割，推动智慧城市基础设施与应用系统的集约建设；四是创新信息化应用体系和政府服务方式，不断优化项目管理机制；五是重视满足公众和企业需求，建成完善交通、教育、健康、社保、食品安全等多个公共服务领域的信息化系统，不断增强实施应用效果；六是积极响应国家“互联网+”等战略规划，引领大众创业，支持万众创新，鼓励社会力量参与智慧城市建设。

（三）苏州工业园区“智慧城市”建设的成果

目前，“宽带园区”“协同园区”“宜居园区”“亲民园区”和“云彩新城”的“四区一城”智慧城市框架体系不断完善，重点项目建设有序推进，成果显著。一是信息基础设施水平持续提升，信息通道更为畅通。基本实现光纤网络、4G网络、高清数字电视网络全覆盖，互联网出口带宽达到 840G，固定宽带用户 40.2 万户，其中 78.5% 以上接入带宽超过 8M，近 30% 接入带宽超过 20M。园区已成为苏州乃至全国通信网络覆盖密度、宽带速度均位居前列的区域之一。二是高度智能的立体化城市建设和管理体系得到加强，推动社会治理迈向精准化、高效化。建立了以城市公共服务平台为核心的城市建设智能化管理体系，实现了对国土房产、建筑市场、园林绿化、绿色节能等城市事务全方位、全生命周期管理。三是政务服务能力不断创新，服务效能更加协同便捷。建成了覆盖全区的电子政务专网和全国首个电子政务专有云，建成了近百个业务系统，不断完善地理、人口和法人等信息库，并与各系统实现互通共享。四是智慧城市建设成果惠及民生，和谐宜居氛围更加浓厚。在智慧交通、智能公交、智慧环保、数字城管、智慧医疗、智慧教育、智慧社保、智慧社区等方面取得了巨大成绩，承担了服务公众、服务企业的重要功能。五是“云彩计划”推动“云彩新城”建设，产城融合更加深入。以金鸡湖创业长廊为辐射点，为区域“互联网+”转型不断输送驱动力，目前已有8家国家级科技企业孵化器，创新创业氛围浓厚，初步形成了“北有中关村创业大街，南有金鸡湖创业长廊”的格局。

园区先后获得全国首个“数字城市建设示范区”、江苏省首个“两化融合示范区”，以及“科技服务体系全国示范区”“全国生态文明示范区”“中新社会管理合作试点单位”等荣誉，成为全国首个获批开展开放创新综合试验的区域。

（四）新时期“智慧园区”建设的需求

当前，信息化正在进入加速发展的新阶段，园区智慧城市建设也面临着新机遇和新挑战。除了要进一步引进高层次人才，营造创新氛围，优化智慧城市建设投融资模式，园区还要通过采集海量的时空信息数据，运用物联网、云计算、数据采集处理、数据挖掘等技术，来提高城市规划、建设、管理、服务的智能化水平。园区智慧城市建设水平进一步提升的需求主要有三方面。

1. 加强城市基础信息精细化管理与融合共享

随着园区智慧城市的建设与发展，对城市基础信息在覆盖面、现势性[1]、精细化以及业务协同应用等方面提出了高要求。因此要建设并完善包含园区基础地理信息、城市空间信息、城市规划信息、城市建设信息等在内的精细化地理信息资源库，并深化与人口、法人、就业、交通管控、公共交通等园区政府事务、公众服务、经济运行各方面信息的融合与共享，辅助园区政府基于事实做管理和基于分析做决策。

2. 实现跨部门互联互通和协同应用

围绕“三库、三通、九枢纽”的顶层设计，园区进入了应用系统高度整合和跨部门协同建设阶段，因此需要建设以地理信息为核心的城市公共服务平台，并深

[1] 现势性：指地图所提供的地理空间信息要尽可能地反映当前最新的情况。地形图更新周期越短，现势性越强（来源：百度百科）。园区采用常态化的城市数据实时更新机制保证了所采集的数据实时反映了园区城市最新情况。

化平台与应用系统的融合共享，实现跨部门、跨业务和跨流程的城市空间公共信息的综合应用，提升政府服务效能。

3. 提升智慧城市运营管理和公共服务水平

园区将智慧城市建设重心聚焦于满足公众和企业需求以及解决城市发展重要问题，不断优化民生服务和营商环境。为实现信息技术对城市建管相关业务的完整支持，提升公共服务能力，要进一步通过强化地理信息综合利用，促进城市资源的优化配置和高效利用，实现公共服务的智能高效。

二、运用地理信息实现智慧园区的主要做法

（一）以地理信息为核心，构建城市公共服务平台

1. 重视基础建设，建立地理信息资源库

智慧城市不是空中楼阁，必须建立在海量的、精确的、动态的地理信息数据基础上。园区从 1994 年的第一轮规划建设开始，就搭建了统一地理坐标体系，并运用 CAD 技术管理园区地理数据；2002 年通过标准体系、空间基准的建设，建立了现代测绘基准，为现代测绘、现代地理空间框架的三维、动态城市空间数据基准奠定基础，并被授权作为全市行政辖区范围内唯一的现代测绘基准；2008 年建成了基础地理信息资源库；从 2010 年开始，建设覆盖全区的三维地理信息资源库，并以此为基础，融合人口库、法人库数据，打造统一、权威的城市公共基础数据库。

目前，园区已建成了覆盖全区的厘米级定位精准度、米级区分度的二三维融合的城市空间数据，并不断从二维地理信息数据向三维地理信息数据、从地上空间的地理信息数据向地下空间的地理信息数据、从基础地理信息数据向业务专题地理信息数据、从静态地理信息数据向动态地理信息数据升级（见表 41-2）。

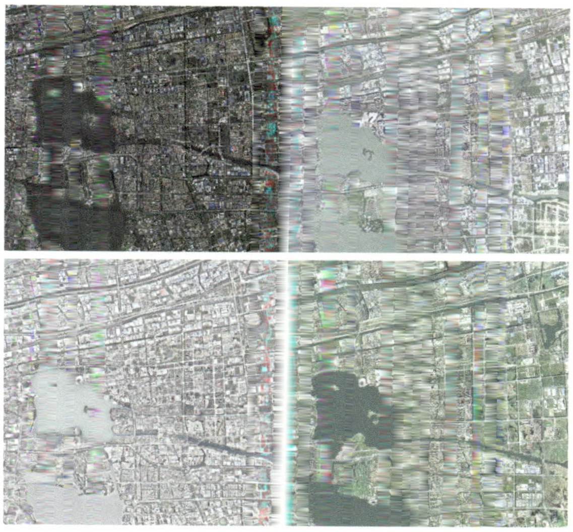

图 41-2　多年正射影像对比图

2. 强化融合共享，搭建城市公共服务平台

以地理信息资源库为支撑，园区开展城市公共服务平台建设。平台以城市空间位置为索引，服务于人口库、法人库等基础数据以及规划、国土、交通等专题数据融合工作；基于城市时空信息视角，对人、事、物的分布进行分析、挖掘，为园区城市规划建设和社会经济发展决策服务。平台通过管理制度、功能系统、城市公共信息资源库等方面的建设，为资源使用者、资源所有者、平台运维者和平台管理者提供数据资源管理、资源编目、运维管理等服务，为园区各应用系统提供基于空间位置的城市时空公共信息服务，并通过整合各应用系统中的城市公共基础数据，为政府、企业、社会和公众四维度用户提供整个园区的公共信息服务，保障了园区各部门、各单位申请的公共信息资源的权威性，实现了以地理位置为核心的数据与各项业务有效的信息融合。

（二）建立并坚持执行数据实时更新机制

为了保证数据的现势性、及时性和权威性，园区在数字化地形图建设之初就建立起了一套完备的数据采集、日常更新、定期维护的数据更新机制。对于基础数据，采取定期更新方式和专题更新方式；对于规划、建设、国土、房产、城市部件、交通设施等业务数据，在业务流程开展中，以地理位置为索引、以地理要素为对象抽取融合相关空间数据，做到在业务办理中实时整理、融合业务中的专题空间数据并实时更新数据。城市公共服务平台通过对城市部件的实时更新，实现了从建设到管理的无缝对接，施工竣工即部件数据入库，建设结束便是管理开始。城市部件实时更新相较于定期采集更新的优势不胜枚举，实时更新机制得到的是第一手的信息，信息精度与完整度大大提升，填补了原来可能存在的“空窗期”（见图41-3）。

图 41-3　全周期覆盖数据更新示意图

20多年来，在坚持常态化的数据实时更新机制下，园区以地理信息库为核心的城市公共信息资源库数据不断丰富、形式日益多样、粒度更加细化、

现势性显著增强，实现了“四个一体化”的无缝整合，即二三维一体化，城市地上地下空间信息一体化，城市规划、审批、现状信息一体化，以及各部门业务流程信息一体化，保障了园区地理信息在城市规划、建设、管理与运营各领域的持续深入应用，有效促进了政府便捷的行政管理和便民的社会公共服务，支撑智慧城市的科学规划布局和高效精细管理。

（三）推进城市公共服务平台应用，提升智慧城市建设水平

基于平台的各领域应用是平台建设的最终价值体现，也能检验平台的可用性、健壮性，更能不断促进和提升平台服务能力。园区始终一步一个脚印地探索着城市管理的“智慧模式”，不断强化城市公共信息平台对智慧城市的支撑作用。一是通过逐步开展城市公共服务平台与园区业务系统的整合和对接，为规划、建设、国土、房产、环保、城管、交通等 20 个部门的 60 多个业务系统提供 150 多项空间可视化、数据查询和数据分析服务；二是通过建立以平台为纽带的信息共享和业务协同长效机制，实现了权威数据来自权威部门、权威部门授权使用、权威部门更新权威数据、使用部门敢用可用的良性循环，彻底打破了信息壁垒；三是通过平台对智慧城市创建相关应用的支撑，实现城市公共服务的统一发布、统一管理和统一运维，以及企业、人口信息的空间化管理，深化了城市公共信息的综合应用和分析，提高了城市规划建设、管理服务、应急指挥、生态保护、节能减排、公共服务等领域的智能化水平，进一步提升了智慧园区开发建设水平。

三、运用地理信息实现智慧园区的主要成效

在以地理信息库为核心的全面、完整、权威、统一的园区城市公共基础数据库基础上，通过更透彻感知、更广泛互联、更智能决策、更灵性服务和更安全可靠的城市公共服务平台建设，为园区城市规划建设、管理运维与公共服务等重要环节提供了支撑，有效保障了智慧城市的科学规划布局和高效精细管理，促进了政府行政管理的高效便捷和公共服务的便民利民，营造了绿色的生态环境、和谐的社会环境，保证了园区创新转型持续发展。

（一）城市规划和建设更加严格精准

通过城市公共服务平台提供的丰富信息基础和强大空间服务功能，园区实现了从规划蓝图到智慧城市建设的精准落地。

1. 城市规划更加科学

一是通过整合园区现有遥感影像库、现状基础地理信息库、地名地址数据库、建设项目审批库以及园区用地、路网等地理空间信息资源，实现了对园区所有地块预划红线和正式红线的管理；二是通过规划一张图管理，以图进行规划审批、规划选址、规划核实，同时将总体规划、专项规划、地块红线等数据共享给国土、环保、房产等部门使用，并与规划数据进行融合、挖掘和分析后，有效辅助了300多项规划的定量化编制和修编；三是规划审批工作完成后，经过校对、入库和检查等过程，规划审批成果进入地理信息资源库，共享给相关单位无偿使用（见图41-4）。

图41-4 园区总体规划图

2. 城市建设更加精准

一是园区通过将所有项目空间化到规划红线，以规划红线为载体将项目规划阶段与建设阶段关联，并在项目验收前通过竣工测绘采集项目地理信息数据，开展规划核实工作，使项目建设满足规划控制指标要求；二是得益于平台提供的精确到厘米级的空间位置信息，园区的城市规划建设、国土房产部门的地块宗地边界也实现了厘米级的精度，没有土地裂缝，杜绝了为避免冲突而额外预留所造成的土地浪费，为园区每年增加上亿元的财政收入。

（二）城市管理和运营水平不断提升

借助城市公共服务平台，园区建立起了智慧城市管理和运营的信息化服务体系，实现了对房产、环保、水务、税务、综合交通等的科学化、精细化管理，城市管理运维综合决策水平显著提升。

1. 城市管理更加精细化

一是采集园区所有类型建筑物的二三维几何数据及 100 多项属性数据，并以平台为枢纽，通过规划地块—建筑单体—标准层—户室的城市空间数据模型，推动国土、房产与规划、建设等信息在空间和业务上实现无缝衔接和及时共享，将园区的土地和房屋通过空间位置关系有效地融合在一起，实现了从“以数管地”“以数管房”到“以图管地”“以图管房”的转变。同时，通过将 512 个居住小区的 2.5 万幢住宅及 38 万产权单元数据与法人和人口信息进行融合共享，第一时间掌握园区土地经济情况、房产经济情况和楼宇经济情况。二是通过平台支撑数字城管完成全园区城市部件数据的普查工作，并通过首创的城市部件从工程建设到城市管理的一体化日常更新机制和基础平台的数据共享与信息交换，帮助 38 个城管委单位实现了对全区 162 类城市管理部件和 75 类城市管理事件的协同管理，避免了推互推诿的情况，城市管理事部件处置率提升至 98%，按时处置率提升至 8[illegible]%；支撑园区智慧环保对金鸡湖景区、娄江等水域环境进行实时监测，对 300 多家排污企业、300 余个排污口等进行精细化管理，对 PM2.5 区域监测数据进行实时分析；支撑智慧水务建立起了以审批管线、竣工管线为基础的从源头到龙头在水压、水质等全过程实时监控管理体系。三是通过平台支撑税务管理将纳税人基础信息、纳税人纳税信用信息及其他税源管理信息与建筑物、地块等地理信息整合，构建了以宗地为单位、全覆盖式的电子地籍图，并通过纳税人宗地地籍信息和税源登记信息比对机制，为 1000 多家重点纳税税源、重点纳税单位提供定制化税务服务，并对其进行纳税风险管控，实现了“以地控税”的目的（见图 41-5）。

图 41-5　地理信息支撑税务风险分析

2. 城市运营更加智慧化

基于平台开展了从交通规划、智能公交、智能交管到交通设施管养等应用建设。一是将城市空间的地理信息数据向专题方向深入，精确到道路的路段、路口、车道等信息，为基于空间位置的交通管控和交通分析奠定了基础，使得园区停车次数、路口延误、行程时间较原先分别下降 19.2%、22.4% 和 16.7%（见图 41-6）；二是以平台提供的 156 个道路路口交通流量数据为基础，利用交通仿真手段对路口渠化改造、道路整体改造、行人二次过街改造等提供科学的决策依据。三是通过平台将智能交通动态信息与交管、公交等条线实时共享，进行 175 个路段交通诱导、公交流量等信息的发布，并持续完善园区公众版公共服务地图，支撑园区公交，全面实现园区 47 条公交线路、984 辆车的运营、管理和服务的信息化，有效吸引公众通过公交绿色出行，实现公交管理精细化（见图 41-7），顺利完成第四届中国—中东欧领导人峰会和 2015 年世乒赛的交通保障工作（见图 41-8）。

图 41-6　地理信息支撑交通信号配时方案

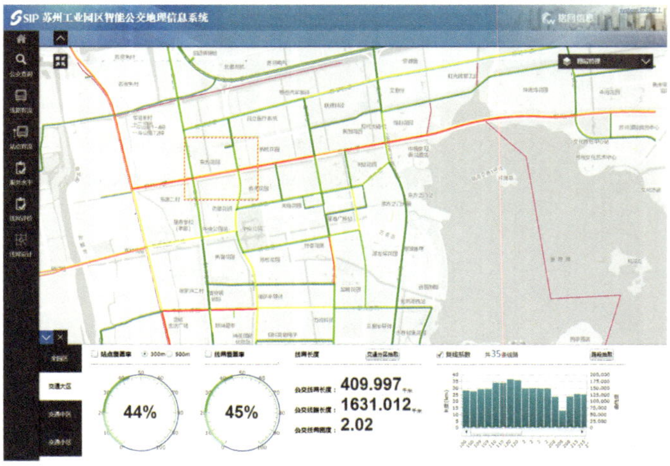

图 41-7　地理信息支撑智能公交区域分析

图 41-8 2015 年世乒赛官方服务图

（三）民生服务能力进一步增强

“民生为重”是园区智慧城市建设的重要理念，通过深化平台与民生服务领域应用系统的深入融合、信息整合和信息共享，使园区公众体验到了信息化带来的前所未有的“高速”生活，便民惠民氛围更加浓厚。一是通过平台将居住小区范围、建筑、户室产权单位等地理信息与学区、人口等信息进行融合，以空间单元为基础，量化分析 512 个居住小区的适龄儿童年龄段分布、适龄儿童数量、各阶段学龄人员分布等，支撑园区智慧教育合理划分了 44 个学区，并实现对学区用地的科学规划（见图 41-9）。二是通过平台提供的社区人口统计、社区公共设施覆盖分析等空间分析服务，支撑智慧社区实现对 120 个社区人口和社区公共服务的网格化管理（见图 41-10），有效提高了社区服务能力。

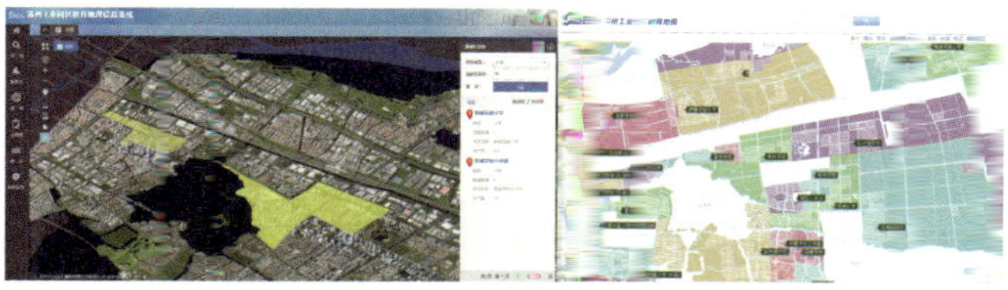

图 41-9 地理信息支撑学区划分分析

图 41-10 地理信息支撑社区人口分析示意图

四、园区智慧城市建设特色亮点

（一）从零开始建设“智慧新城”

园区是一座“被设计出来的城市”，一切可从“一块干净的石板”上开始建设，避免了在智慧城市的发展过程之中不得不面对的诸多琐碎的历史遗留问题，以及为解决这些历史遗留问题需要付出的巨大成本。作为“干净石板”上建起的“智慧新城”，园区以地理信息为起点，基于统一时间和空间进行数据采集、组织、融合和应用，推动城市建设不断向智能化、智慧化发展。一是标准先行，制定平台接入和运维管理办法，并持续更新完善和严格执行；二是建立数据实时更新机制和平台使用规范，并动态维护公共信息服务目录；三是坚持信息化项目共用资源的统筹建设，打破各部门之间的壁垒，保持园区城市公共服务的生命力；四是培养本地化技术梯队，支撑园区信息化建设和发展，从而有效地解决了“数据共享难、数据使用难、信息服务弱、数据生命力差”的问题。

（二）坚持顶层规划和城市滚动建设

“先规划后建设，先地下后地上”是园区城市开发建设的原则，“规划先行”“规划即法”是园区取得成功的关键因素，也是园区发展的核心理念。园区成立之初，就编制完成了富有前瞻性和科学性的总体规划，并在此基础上深化了300多项专业规划，以此为依据，开展城市建设，在执行过程中，严格遵守规划各项指标和要求。

（三）学习与借鉴新加坡模式

园区学习新加坡经验，不是完全照抄照搬，而是结合自身实际，自主、全面、长期、灵活地借鉴。通过学习新加坡在智慧城市、社会管理创新、重点项目组织推进等方面先进经验和做法，建立起了具有园区特色的智慧城市长效推进机制。一是成立园区信息化领导小组，建成决策集中、多方参与的智慧城市建设管理架构；二是通过联席会议制度，统筹评审项目建设方案，严控项目审批流程，有效推动跨部门、跨领域项目之间的资源整合和信息共享；三是形成预算量化评估、费用事后审计的智慧城市建设资金保障和管理机制。

（四）探索智慧城市建设和管理模式，首创信息化代建制度

信息化项目代建制是园区从信息化建设实际出发，采用的一项创新举措。在项目建设中，代建公司接受政府全权委托，统一扎口，委托招标公司公开招标，承担项目的开发实施管理及运维，管控项目中的问题和风险；园区信息化领导小组负责全区信息化项目的统筹、规划、审核、监督和管理；园区信息化领导小组办公室

（简称“信息化办”）负责组织信息化项目的初审，参与项目的监督、验收和考核工作；园区信息化项目建设单位进行项目申报、实施和项目资金使用，并对项目绩效负责。通过不断优化，园区代建制在保障智慧城市建设速度和质量等方面发挥了重要作用。一是为建设单位解决了信息化项目建设没有专职人员的难题；二是帮助建设单位加强了对需求的梳理和把关，使智慧城市建设更加符合园区实际；三是保障了智慧城市建设的项目设计和建设内容符合园区整体规划和框架的要求；四是通过设立专项资金，并由信息化办统一扎口管理，保障了建设资金的稳定投入。

（案例组织单位：苏州工业园区科技发展局）

案例 42

北京市丽泽金融商务区智慧城市案例

一、背景与需求

（一）背景

北京丽泽金融商务区，地处北京西二环、西三环路之间，距天安门西南 8 千米，距金融街西南 5 千米，占地 8.09 平方千米，建筑规模约 1000 万平方米，是我国住建部 2013 年批复的首个园区整体性开发智慧城市项目。

本项目定位为“立体交通网、生态商务区、信息高速路、金融不夜城”，力将商务区打造为“以新兴金融业态为主体、高端商务服务为配套、绿色生态环境为依托，具有较强国际影响力、辐射力和创新力的新兴金融机构聚集区”。

智慧丽泽作为我国首批首个智慧城市试点项目，项目本身承载了北京市金融发展新空间和整体产业升级等功能，项目在建设规划阶段，就明确将丽泽金融商务区建成一个低碳和智慧型城区，借此解决城市管理和城市病等核心问题。整个项目采用高标准建设，旨在建成我国标杆性智慧城市，并形成具有可复制性的建设和商业模式全国推广，因此本项目具有非常重要的社会经济价值和意义。

（二）需求

1. 创建目标

丽泽金融商务区智慧城市创建目标如下：

（1）通过高层次定位、高起点规划、高标准建设，以最佳、高效的模式建设“智慧丽泽”的基础信息化设施和网络，支撑国际金融商务高端业务需求、支撑商务区绿色环保的技术体系要求、支撑商务区政务和民生的发展需求。

（2）将商务区的政务系统、城市管理、智慧社区、智能交通、产业服务、低碳生态等各项业务应用规范协同、信息共享、数据交换，实现信息化对于丽泽区域的智慧管理与服务。

（3）全面构建以园区需求为中心、高效运行的政府服务体系，形成信息化与城市经济社会各方面深度融合的发展态势。

（4）打造具有较强影响力、辐射力和创新力的新兴金融机构聚集区、环境优良的高端产业功能区，为首都金融产业发展提供新的战略性承载空间。

2. 创建需求

丽泽金融商务区智慧城市建设专项需求如表 42-1 所示。

表 42-1　丽泽智慧城市专项需求

序 号	专项应用
1	创建城市公共信息平台
2	创建城市公共基础数据库
3	建设网络基础设施
4	智慧丽泽规范体系建设
5	创建城市运营管理中心
6	创建绿色生态精细化管理平台
7	创建数字化城市管理系统
8	创建综合安保平台
9	建设智能交通系统
10	创建园区金融产品综合交易平台
11	地下环廊及地下城市综合体
12	创建智慧支付平台
13	建设智慧物业
14	建设智能电网
15	建设集中供冷

二、丽泽金融商务区智慧城市实施方案

（一）实施方案依据和原则

智慧丽泽最终目标是要打造一个生活更加舒适、行为更加文明、生产更加绿色、运行更加智能的城区环境。智慧丽泽是一项非常宏大的工作，实施过程中必须进行拆解，在智能化、数据化的条件下，通过 BIM 技术和 BIM 大数据云平台，联合行业内知名企业共同实现智慧丽泽建设远景，以此保证智慧丽泽真正落到实处。

本方案秉持以结果为导向的哲学原理，通过大数据统合全局技术资源，构建了一个完善的运行体系，旨在为丽泽城市管理提供技术支撑，实现政府善治，使丽泽城区的城市管理更高效、更透明、更具回应性，探索城区政府善治之道，迈向善治政府。

1. 方案依据

依据如下：

(1)《国家智慧城市（区、镇）试点指标体系（试行）》；

(2)《住建部智慧城市管理办法及指标》；

(3)《国家新型城镇化规划》；

(4)《信息化发展规划》；

(5)《北京市物联网发展思路》；

(6)《智慧丰台建设规范与标准体系》；

(7)《智慧城市总体框架和技术要求》；

(8)《智慧丰台评价指标体系》；

(9)《建谊集团 BIM 大数据技术规范》；

(10)《建谊集团智慧城市商业指导文件》。

2. 实施方案原则

智慧丽泽实施方案编制的总体原则，是以《丽泽智慧城市建设任务书》为指导，加快推进信息化、网络化、自动化、智能化技术的应用，科学编制丽泽金融商务区智慧城市实施方案，建立健全丽泽金融商务区智慧城市建设与发展的相关规范和标准，以高水平的顶层规划、专项规划、工程设计指导和规范，指导丽泽金融商务区智慧城市的建设和可持续发展。

此外，在建设过程中，遵循“统一标准、统一规划、统一开发、统一信息互联与数据共享”要求，以统一标准（选定 IFC 标准）为核心，以丽泽金融商务区智慧城市统一平台标准为指导、规范、约束丽泽金融商务区智慧城市基础设施建设全生命周期的规划、设计、建设、验收、运营的各个阶段，并以信息技术为支撑，以智慧城市管理平台、BIM 大数据、网络化为基础，以智慧城市现代化科学的综合管理和公共服务为指导方针，大力促进丽泽金融商务区智慧城市基础设施监控与管理信息化、城市地下管线监控与管理信息化、社会民生综合服务信息化、城市基础设施可视化应用信息化。

3. 实施方案要点

(1) 项目宗旨： 通过智慧城市的实施，提高政府善治的能力，降低城市病的危害，使城市运行和社会发展更加良好；

(2) 手段和目的：利用通信网、物联网和互联网，实现维护社会发展的稳定、促进经济产业的增长、保护人民生活安定的目的；

（3）三大关键：通过对智慧所涉及的技术进行有效的整合，促各系统信息互联互通，发挥信息化价值实现智慧城市的可持续发展；

（4）核心内容：智慧城市的技术体系、智慧城市的产业规划和智慧城市的商业模式。

（二）实施方案技术体系

北京丽泽金融商务区智慧城市创建周期为 2013 年至 2018 年，为新建项目，所有工作按时间阶段可划分为：智慧城市规划阶段、智慧城市设计阶段、智慧城市建设阶段和智慧城市运营阶段。

本项目最大特点在于项目的全生命周期均使用了建筑行业最先进的信息化技术（BIM 技术），通过 BIM 技术形成大数据和智慧城市管理平台，为项目的规划、设计、施工和运维提供了强有力的信息支撑。

丽泽智慧城市项目实施的全过程技术架构如图 42-1 所示。

北京丽泽金融商务区智慧城市是一个全新建设的项目，在技术方案设计过程中，必须对项目全过程进行统筹考虑，本项目按时间划分为四个阶段：规划阶段、设计阶段、建设阶段和运营阶段，每阶段所实践的技术体系和工作内容各不相同，具体如下：

1. 规划阶段实施的技术体系

规划阶段技术路径的核心要点包括：

（1）确定组织架构：建立健全的组织架构体系是智慧城市实施的重要环节，丽泽智慧城市最高主管部门是住建部节能科技司，直接实施单位为金科技。

（2）确定标准体系：选择住建部颁布的《智慧城市标准体系》为基础工作，结合丽泽智慧城市实际情况，编制《北京市丽泽金融商务区智慧城市建设的标准体系》。

（3）选定核心技术：本项目为新建智慧城市项目，从建设到运营，涉及大量工程项目的开发和建设，在结合建谊集团技术积淀的基础上，选定建设领域最先进的 BIM 信息化技术为核心技术之一，同时结合 GIS 平台、其他信息化平台，为丽泽智慧城市建设全过程提供先进全面的技术支撑。

（4）确定专项应用：根据《国家智慧城市创建任务书》规定，丽泽智慧城市专项应用共计 15 项。

2. 设计阶段实施的技术体系

设计阶段技术路径包括两大部类：一是对丽泽智慧城市技术体系的设计；二是对园区建筑物 / 构筑物、地下管廊等土木工程的设计。

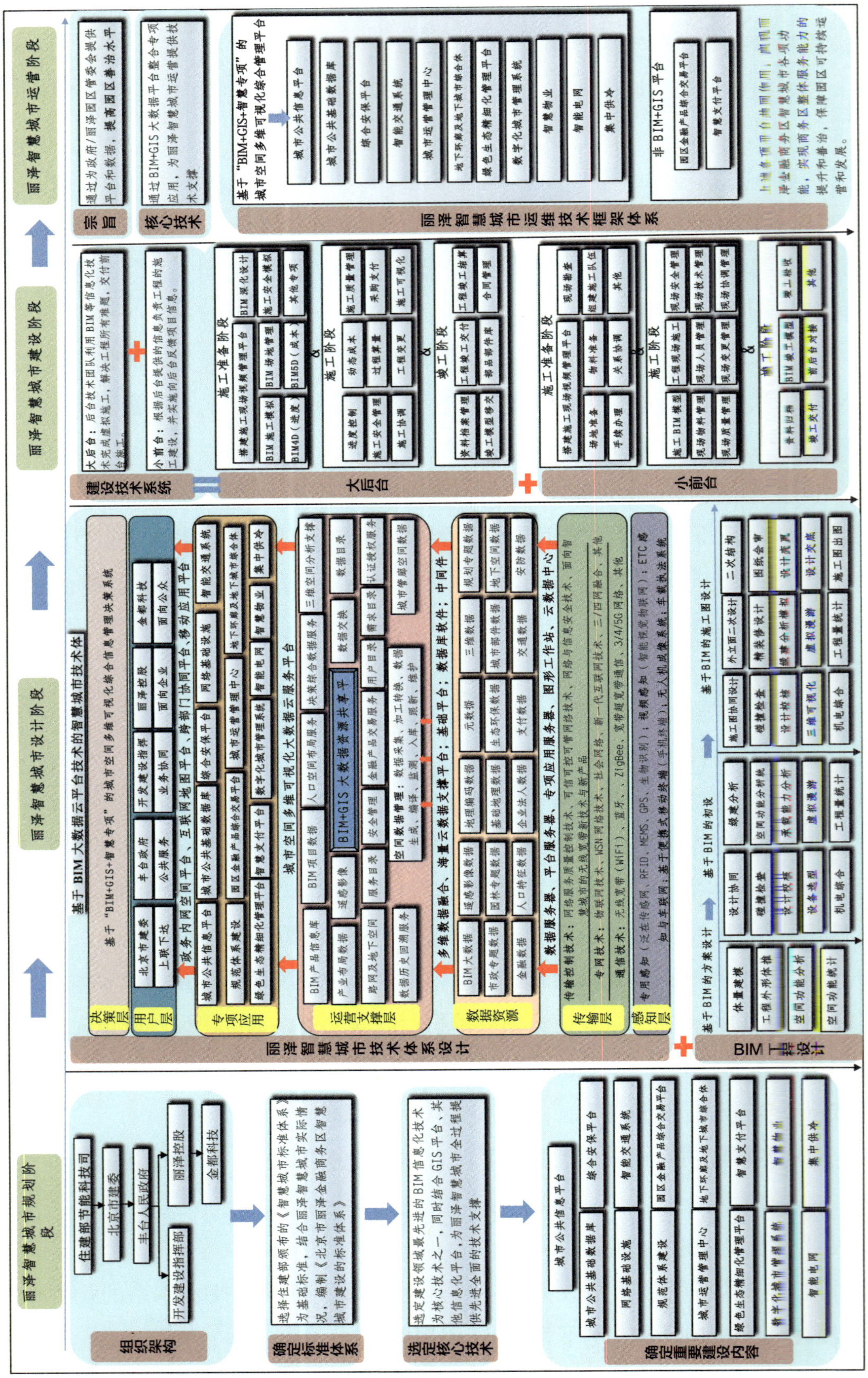

图 42-1 丽泽金融商务区智慧城市全过程建设技术体系

（1）丽泽智慧城市技术体系设计：丽泽智慧城市通过构建"基于BIM大数据云平台技术的智慧城市技术体系"实施，整个技术体系由感知层、传输层、数据资源层、运营支撑层、专项应用层、用户层和决策层七大层次构成。通过BIM+GIS+专项应用大数据资源共享平台，涵盖了丽泽智慧城市的各个方面，最终提高丽泽智慧城市善治水平和整体运行能力。

（2）基于BIM技术的工程项目设计：丽泽智慧城市含有大量新建土木工程，土木工程设计分为方案涉及、初步设计和施工图设计，本项目基于目前建设领域最先进的BIM技术作为工程设计的核心技术，通过BIM信息化技术极大提高工程设计质量，降低图纸错误，从源头上保证工程顺利施工。

3. 建设阶段实施的技术体系

建设阶段技术路径的核心要点包括：

有关公司为丽泽智慧城市提供平台和技术支撑，在整个园区建设施工过程中，构建新型的、工作前置的"大后台—小前台"管理体系，通过在"大后台"利用BIM技术对项目进行虚拟建造，对项目所有信息进行全面掌握，再通过视频监控系统，将施工现场信息实时传输回后台技术中心，这种信息的双向流转，实现了对丽泽智慧城市建设过程的整体控制能力。

基于BIM技术的"大后台—小前台"技术体系，能极大提高建设单位对工程信息的获取能力和控制能力，通过众多项目的汇集，形成丽泽智慧城市BIM大数据，结合GIS系统，可为智慧城市综合管理沉淀非常有价值的信息，利于后期管理。

4. 运营阶段实施的技术体系

运营阶段通过BIM+GIS大数据平台整合15项重要建设内容，为丽泽智慧城市运营提供大数据、平台和管理技术支撑，实现丽泽金融商务区智慧城市各项功能，实现商务区整体服务能力的提升和园区善治，保障园区的可持续运营和发展。

（三）专项应用技术方案概要（部分）

北京丽泽商务区智慧城市建设任务书中规定，本项目有15项专项应用，每项均有完整的专项技术解决方案，限于文件篇幅的要求，本文重点介绍其中7项。

1. 城市公共信息平台技术架构

（1）城市公共信息平台建设内容

包括分布式互动展示中心、信息交换与调度指挥中心、社会服务与综合管理平台；

构建基于"智慧丰台"和基于数据交换与共享的管理机制，通过建立公共信息平台促进各部门之间资源的共享与协同作业，并在此基础上建立“一站式”服务平台。

（2）城市公共信息平台建设内容

①建成符合住建部标准的城市公共信息平台；

②智慧应用系统接入率达到 90% 以上；

③数据共享率达到 80% 以上。

（3）城市公共信息平台技术架构

城市公共信息平台技术架构如图 42-2 所示。

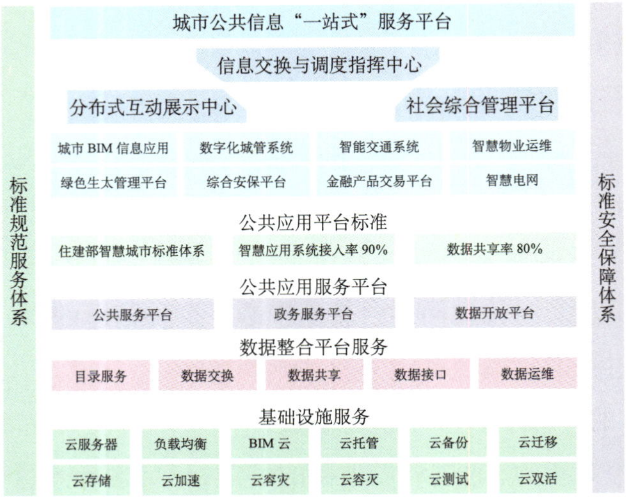

图 42-2 城市公共信息平台技术架构

2. 网络基础设施

（1）网络基础设施建设内容

以最佳、高效的模式建设“智慧丽泽”的基础信息化设施和网络，并建立一套完善的通信基础设施的共建共享机制；

商务区建设全面采用最新及成熟通信网络建设，以 3G、4G 作为主要的承载技术，建设无线宽带 WiFi 商务区全覆盖，推进“无线丽泽”公共应用；

建设下一代广播电视网（NGB），实现高清电视、数字音视频节目、移动多媒体、高速数据接入和话音等业务的集成功能，全面推进电视、通信、互联网业务端融合，带动数字家庭产业发展。

（2）网络基础设施建设标准

①商务区光纤入楼率达到 90% 以上；

②入户带宽达到 20M；

③普及 3G、4G 网络建设，实现商务区重点区域 100% 覆盖；

④全商务区实现 WiFi 热点全覆盖；

⑤完成全商务区有线电视用户下一代广播电视网（NGB）建设，提供高清电视、高速数据接入和语音三网融合业务。

（3）网络基础设施建设技术架构

网络基础设施建设技术架构如图 42-3 所示。

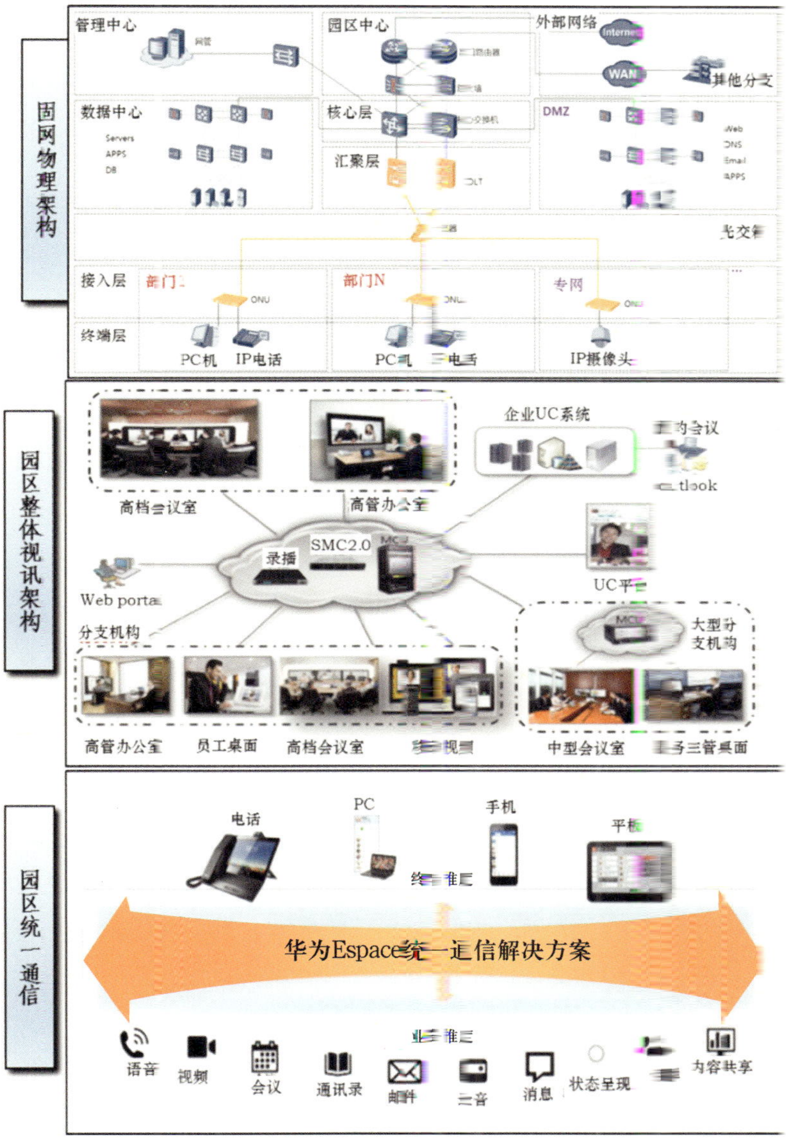

图 42-3　网络基础设施建设技术架构

3. 智慧丽泽规范体系建设

（1）智慧丽泽规范体系建设内容：从满足需求、管理先进的原则进行规范体系建设，主要包括总体规范、应用规范、数据规范、基础架构规范、信息安全规范、管理与服务规范六部分。

（2）智慧丽泽规范体系标准：编制完成总体规范、应用规范、数据规范、基础架构规范、信息安全规范、管理与服务规范。

（3）体系框架：智慧丽泽规范体系建设内容与框架如图 42-4 所示。

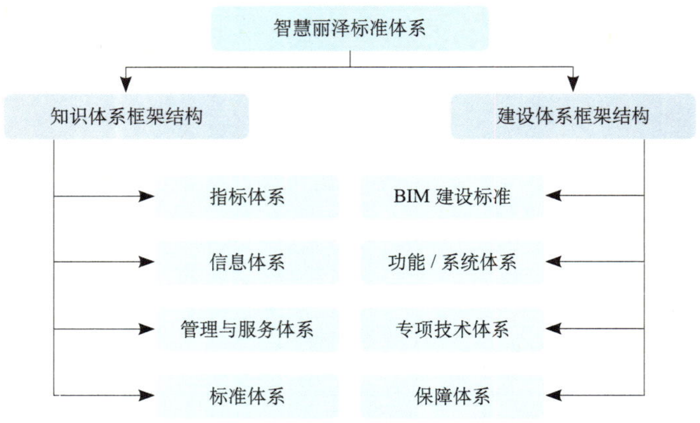

图 42-4　智慧丽泽规范体系建设与框架

4. 绿色生态精细化管理平台

（1）建设内容：建立丽泽金融商务区绿色生态精细化管理平台，包含绿色建筑管理与评价、建筑节能管理与评价、建筑资源与能源消耗统计与分析、绿色运营策略制定、智能运维、能源审计等综合管理系统。全面建立商务区能耗采集及管控平台，实现对商务区能源站、公共空间和单体建筑的电、水、燃气、供冷、供热使用进行全面监管。

（2）建设标准：园区内新建建筑覆盖率达到 90% 以上。通过建立能源与资源管理系统，实现能源信息化率达到 80%；实现同等规模面积基础的碳排放量降低 40% 以上。

（3）技术框架：绿色生态精细化管理平台主要采用 BIM 技术，通过 BIM 形成建筑模型，通过设备远传功能，将能耗数据实时与模型挂接，通过模型实时显示丽泽智慧城市各自能耗运行数据，技术框架如图 42-5 所示。

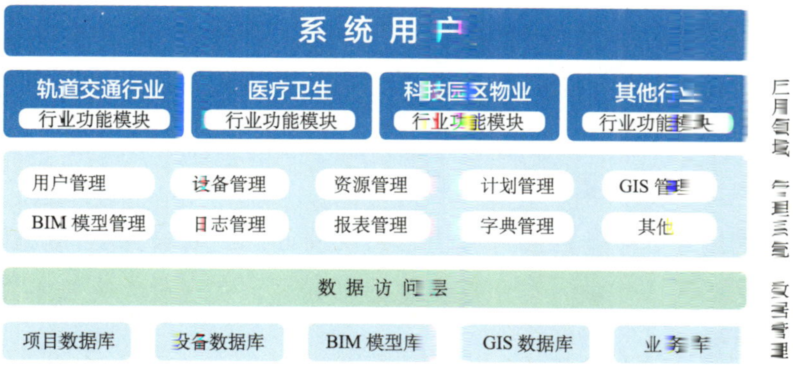

图 42-5　绿色生态精细化管理平台技术体系

5. 数字化城市管理系统

（1）建设内容：建设基于网格化、GIS 和 BIM 技术的基础城市部件管理、网格化管理的数字城市管理系统，通过建立以 BIM 为基础的协同管理平台，实现园区管理综合水平提升。

（2）建设标准：通过建立建筑市场管理系统，利用信息化手段促进政府监督和管理能力的提升，建立基于 BIM 技术的三维可视化地下空间和地下管线综合管理系统，使地下管线智慧化管理率达到 90%，地下、地上公共空间可视化率达到 80% 以上。

（3）技术体系：数字化城市管理系统技术体系如图 42-6 所示。

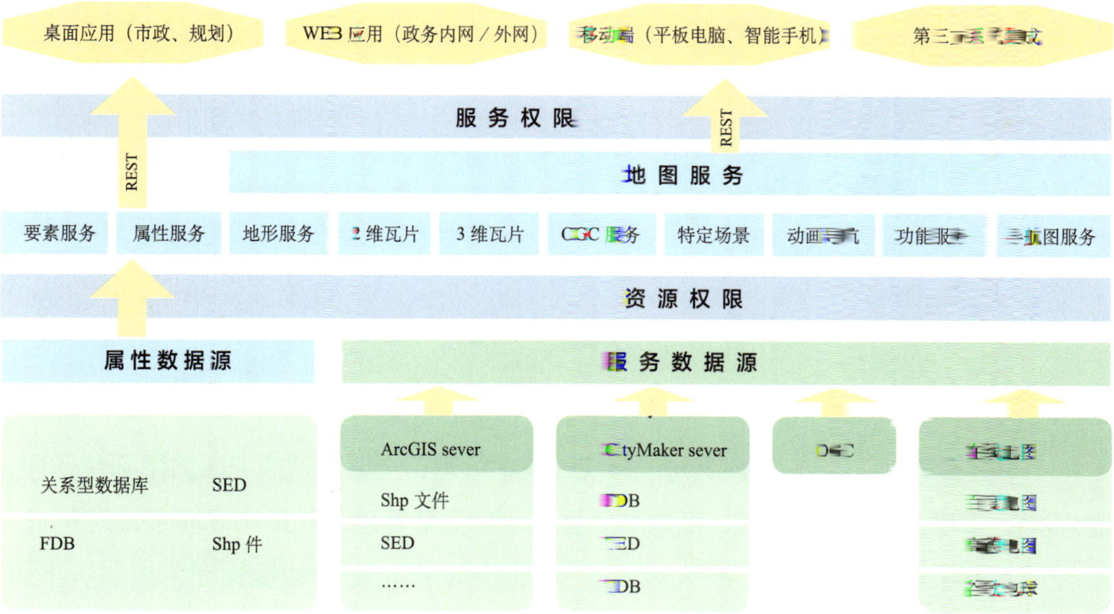

图 42-6　数字化城市管理系统技术体系

6. 综合安保平台

（1）建设内容：通过信息化手段实现对园区施工安全及应急指挥综合管理；

以网络通信为基础，以视频监控和智能分析为手段，实现对建筑工地的物料摆放、人员安全、施工进度的可视化有序管理；

融合物联网应用、GIS 地图等应用，实现商务区应对突发事件的统一指挥，推动区域内市政、环保、气象、防汛等应急信息共享，实现重大突发事件统一指挥、监测预警和信息发布。

（2）建设标准：①实现对园区内在建工地的可视化管理达到 90% 以上。②建设完成应对区域各类突发事件的统一指挥平台，通过公共信息平台实现关联部门信息协同共享。

（3）技术架构：技术架构如图 42-7 所示。

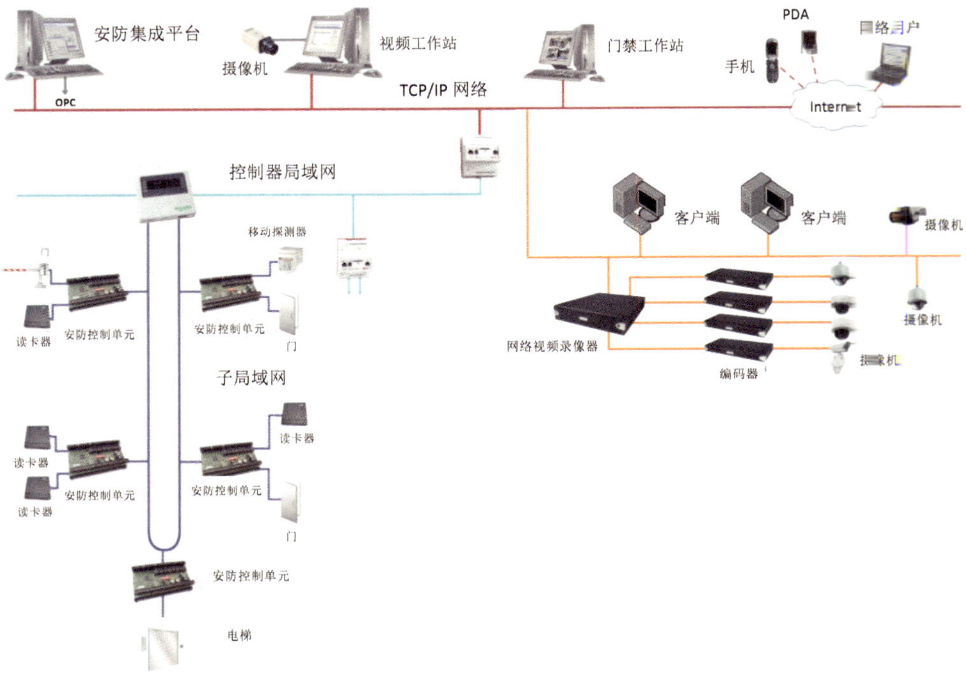

图 42-7 综合安保平台系统技术体系

7. 智慧物业

（1）建设内容：对各区域单元进行统一集中管理，主要包括商务区共用部位管理、仓库物资管理、设施设备管理、商务区环境管理、安全管理、与其他智能子系统集成。

（2）建设标准：解决下属单位独立日常业务操作，更能远程管理、控制各下属单位管理标准，监督执行情况，对各下属物业单位业务数据进行对比、分析，集中统一处理。使物业管理在业务上不再受时空限制，彻底实现远程监管、辅助决策、优化管理，实现高效物业。

(3) 技术体系：运用 BIM 技术对城区物业进行智慧运维管理（见图 42-3）。

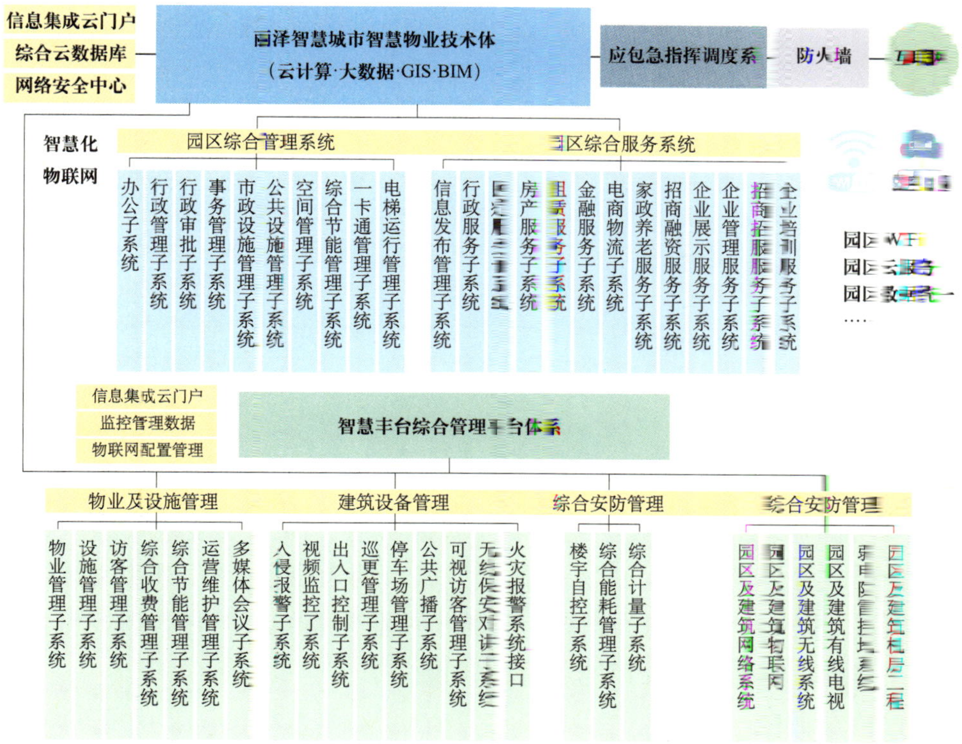

图 42-3 基于 BIM 技术的智慧丽泽物业运维技术体系

（四）丽泽金融商务区智慧城市产业 / 商业规划

1. 丽泽智慧城市产业发展定位

丽泽智慧城市产业定位为：以金融产业为核心、以科技创意为补充，形成以金融业为核心，其他产业为补充，一主一副，有主有次的产业格局，主要：

(1) 金融产业为核心。包括：以金融创新为龙头，发展总部产业，发展高端现代商务服务业（如律师事务所、会计师事务所、顾问机构等），为金融业提供支撑。

(2) 科技创意为补充。包括：文化创意产业（媒体、出版、动漫、网络等特色行业）；高科技产业（IT、通信、能源、材料等）；其他产业（航空、基础设施、国际贸易等行业）。

2. 丽泽智慧城市产业结构规划

根据丽泽智慧城市所具备的条件和优势，其产业结构如表 42-2 所示。

表 42-2　智慧丽泽产业结构

产业类型	具体构成	产业细分
商务平台	优质写字楼	总部写字楼
		甲级写字楼
	高精酒店	五星级商务酒店
		精品酒店
	配套居住	服务式公寓 / 高端住宅
休闲消费	活力商业	购物中心
		时尚街区
		企业家会所 / 集聚区
公共服务	配套设施	体育文化公园
		国际学校（国际 MBA、EMBA 等
		医院诊所
旅游产业	旅游观光	标志性建筑景观
		主题人文景观
	文化体验	文化艺术中心
		主题娱乐中心
		大型节庆广场

3. 商业定位

智慧城市商业模式与产业规划、城市资源优势、城市发展政策高度关联，智慧城市商业模式强调落地性，即：依托智慧城市的大概念，以 BIM 大数据云平台为基础，以“互联网 +”思想为指导，将城市商业体系纳入平台，形成可合并、可拆分的良性体系，保证智慧城市的可持续发展。

4. 丽泽智慧商圈

智慧丽泽根据商业拓展情况，按商业辐射区域划分为三个智慧商圈，具体如图 42-9 所示。

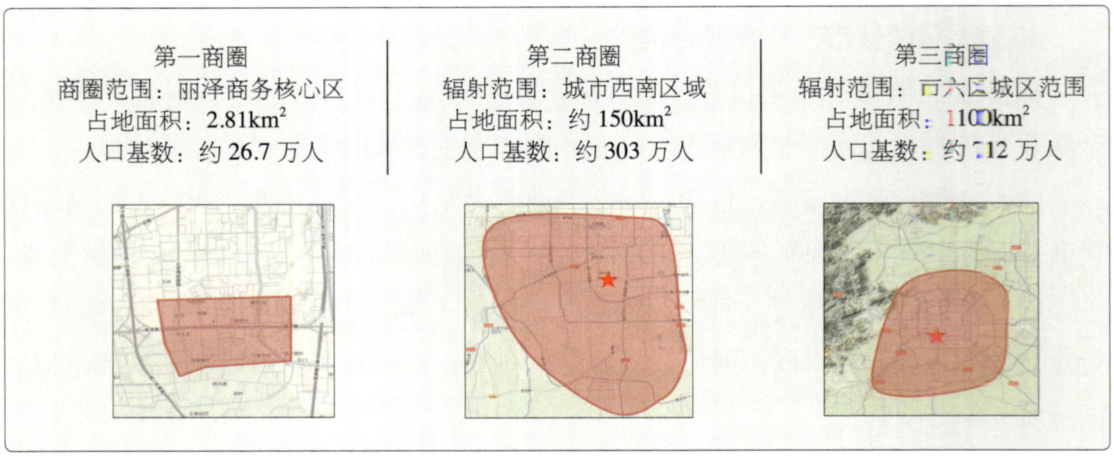

图 42-9　丽泽智慧城市商圈

三、丽泽金融商务区智慧城市创新

（一）基础环境营造与创新

丰台区政府在打造丽泽商务区智慧城市基础环境方面，有比较强力的措施和手段，为丽泽智慧城市建设提供了良好的基础环境，基础环境创新包括

（1）人均 ICT（信息通信技术）投入较大。丰台区政府和丽泽控股对 ICT 投入较大，为丽泽提供了一个良好的信息通信环境，投入占比高于北京市其他区域；

（2）自建统一的信息中心。政府出资建设统一的数据信息中心，为丽泽智慧城市金融和其他产业提供良好的基础设施；

（3）提出丽泽创新战略。结合丽泽发展状况、资源状况、文化状况、区域产业和需求等实际情况，统筹制定丽泽商务区创新战略；

（4）重视教育、研发。对教育、研发的重视和高投入，也会为本地提供创新所需的知识基础和源源不断的创新动力。

（二）体制机制创新

丽泽智慧城市建设过程中，引入了 PPP 模式（Public-Private-Partnership，公私合营），通过引入建谊集团共建，形成一种伙伴式的合作关系。

目前，丽泽智慧城市 PPP 模式实施过程中，已经集中力量对“制度设计、运营补贴、合作伙伴、绩效考评”做了细致规定和落实，通过全流程做好制度设计和安排，制定包括控制预算管理、政府采购、政府性债务管理以及财政支出绩效评价等方面的一系列合理制度。后续将根据建设进度落实上述制度。

（三）重点应用方面的创新

1. BIM 技术创新性应用

（1）构建真实全面的 BIM 产品信息库。族库数量和质量是决定企业能否顺利实施 BIM 的核心环节之一，足够数量的高质量族是 BIM 推广过程中实现标准化的必备条件，通过智慧丽泽项目 BIM 的应用，构建了一个 BS 系统的 BIM 产品信息库系统，所有族文件存储于云平台。该系统功能包括：

①为 BIM 模型构建提供族库信息，并与厂家信息挂接，使设计师能在真实产品情境下设计；②为项目运维提供真实的产品部件信息；③有效提高 BIM 软件使用效率。

（2）基于 BIM 的设计、施工、运维一体化服务。本项目建设过程中全过程采用 BIM 技术，通过 BIM 技术实现建设项目设计、施工、运维一体化各个阶段，

通过 BIM 技术的分析功能对园区建筑进行绿色分析，通过绿色建筑体系极大提高园区建筑品质。通过建立完整的数据标准体系，实现 BIM 数据在工程不同阶段之间的流转、继承和使用，具体如图 42-10 所示。

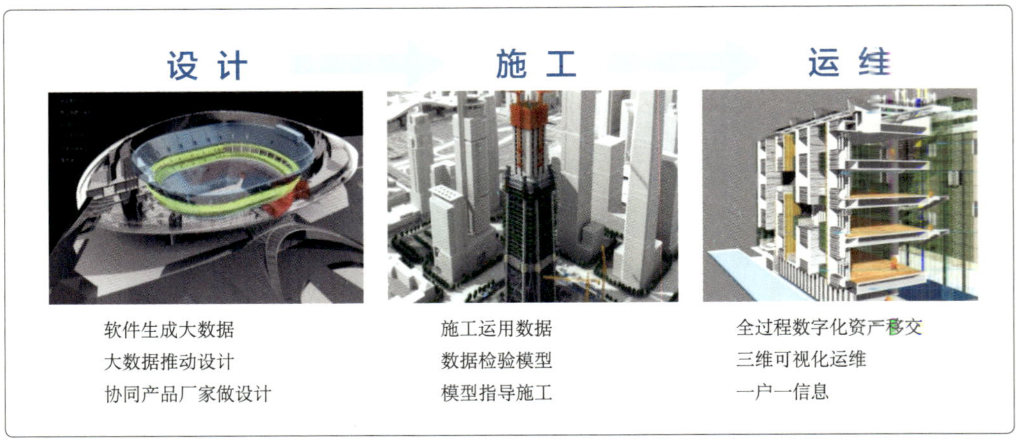

图 42-10 基于 BIM 技术的设计、施工、运维一体化

2. BIM+GIS 平台实现多规合一

通过多规合一平台，实现了如下创新：

（1）为规划管理提供科学决策依据，实现智慧城市精细化规划，提高项目审批效率，缩短项目建设周期；

（2）智慧城市地上地下建筑物 / 构筑物信息通盘体现，为智慧城市运维、精细化网格化管理提供大数据支撑；

（3）实现工程建设项目全生命期各阶段、全参与主体间的信息交换；

（4）能充分挖掘和利用数据价值；

（5）减少数据间的矛盾冲突。

3. 城市管廊

丽泽地下城市管廊利用 BIM 技术设计、施工和运维，突破传统管线的敷设方式，集约利用地下空间，确保道路交通功能充分发挥、确保生命线的稳定安全、增强城市的防灾抗灾能力。

4. 一户一信息

通过 BIM+GIS 技术，依据社会化网站平台（ChinaBIM 网）为丽泽智慧城市提供如下优质服务：

（1）UBER 式家庭装修服务；

（2）基于 BIM 模型的虚拟装饰；

（3）家庭文化娱乐信息推送；

（4）旅游教育信息推送；

（5）衣食住行信息推送；

（6）社会生活信息推送；

（7）安保指导；

（8）提供 show 平台（如猫狗选秀等，通过宠物等媒介拉近人与人之间的距离）。

5. 建筑工业 4.0 技术体系

通过“互联网 +BIM 大数据 + 工业化生产”实现建筑工业 4.0，通过钢结构住宅的 BIM 大数据设计、工厂数据化生产、装配式组装，实现新型的、经济的、储材式住宅体系，实践我国提倡的建筑工业 4.0 技术体系。

（四）市场合作方面的创新

智慧城市由于其内涵和外延广大，不可能由一家公司完成，因此在市场合作方面，需要采用合作性新思维，联合最具有影响力的合作企业形成合力，共同完成智慧城市建设。

丽泽智慧城市目前已经形成了初具规模的高质量企业合作联盟团队，并由有经验的单位作为技术抓总单位，集合其他联盟单位技术特长，在符合国家法律法规前提下，共同合作完成丽泽智慧城市的各项建设任务。

四、丽泽金融商务区智慧城市经济社会应用成效

（一）经济成效

丽泽金融商务区智慧城市的建设，经济成效巨大，具体如下：

1. 有利于推动北京市世界城市的建设 北京市提出建设“世界城市”，是成功举办奥运会后，为谋求更高层次发展而提出的新的奋斗目标。大力发展金融业，带动相关高端服务业，提升金融业比重，有力推动北京的世界城市建设。

2. 促进金融产业大发展 北京的金融产业及现代商务服务业的发展潜力巨大，丽泽商务区的庞大规模，可为金融产业的聚集提供良好的发展空间。

3. 承载北京市城市拓展需求 西南部是北京城市核心功能拓展的重要承接区，将面临良好的产业发展机遇。

4. 项目体量巨大、经济拉动效益明显 本项目为新建项目，新建建筑面积 1 亿平方米，极大拉动了城区经济的建设和发展。

5. 经济发展效果显著 截至目前，入驻园区企业数量达 391 家，注册资本金逾 2400 亿元，作为北京三环内最后一块待开发区域，通过与金融街、北京 CBD 的差异化发展和经营，目前新兴金融产业和其他产业已形成规模化发展。

（二）社会成效

丽泽金融商务区智慧城市的建设，社会成效同样显著，具体包括如下几点：

1. 通过引入高新技术建设智慧丽泽，重点向绿色城市和智慧城市发展，在重点解决常见城市病（如交通拥堵、能耗巨大等）基础上，完善了城市功能，提升了区域形象。

2. 通过科学的产业规划和商业规划，根据实际情况布局城区经济发展，引领城区消费潮流，提升城市发展活力。

3. 根据当地历史情况，因地制宜弘扬区域艺术、人文、历史特色，使过往历史的精彩文化底蕴成为经济发展的强大动力。

4. 科学的产业发展规划，实现了区域产业组合优化，为区域高端商务人群提供多样化配套。

5. 智慧丽泽是北京三环内最后一块待开发区域，项目的建设将极大地推动丰台及城市南部进一步繁荣。

（案例组织单位：中国智慧城市产业联盟）

案例 43

晋江智慧城市中的视频感知系统建设

一、背景与需求

（一）背景

晋江是经济大县，也是人口大县，县域经济基本竞争力名列全国第五、福建首位，常住人口达 220 余万，辖 6 个街道、13 个镇，共 394 个行政村、社区。从 2001 年起，晋江就开始了对新型城镇化的探索，总结提炼“晋江经验”，开创平安晋江、智慧晋江新局面。2015 年，晋江入围国家新型城镇化综合试点城市，对产业、基础设施、城市管理、社会治理、医疗卫生等各领域进行智能化改造，在城市建设、市民待遇、公共交通、人文传承、生态环境等多个方面都做出了一系列卓越有效的工作，取得了良好的效果。但在视频体系建设方面，却长期缺乏一场自上而下的全局性变革，导致全市的视频建设工作始终处在一个杂乱无序的状态。

晋江在视频建设方面起步较早，早在 2006 年就与电信运营商合作建设全市的全球眼视频监控系统。历经近十年的发展，全市视频监控系统多样繁杂，不单有公安部门牵头建设的城市安全视频信息系统，各单位部门、村社区、企业乃至居民都建有自己的视频监控系统，初步统计全市有各类社会视频探头 11 万个以上。但随着视频监控系统的多头建设，问题也逐渐凸显出来。

1. 横向缺乏共享网络

经过初步摸排，晋江市直机关单位（除公安局外）共有自建视频 9[illegible]57 个，其中教育局、农业局、市政园林局、国土资源局、水利局等部门所建视频是从其业务需求出发，计 8576 个，为行业性视频监控，其他则为内部安保监控。但这部分视频因为缺乏全市统一的视频共享网络，所以无法联网共享，导致我市视频整合利用率低，同时还存在部分点位重复建设的情况。

2. 纵向缺乏城乡统筹

城乡统筹、城乡一体是新型城镇化的基本特征。但在晋江的视频建设过程中，较大的视频建设项目一般由公安局根据治安防控要求进行建设，如全球眼、城市安全视频监控系统等，主要在治安重点、交通要道等区域进行布点，分布不均。而各村镇的自建视频更是受自身财务情况、村民意愿、治安情况等多因素影响，多数村（社区）均未自建，有自建的村居其数量、质量也是良莠不齐。距离全市统筹、合理的视频密度覆盖还有较大差距（见表 43-1）。

表 43-1　晋江市镇（街道）现有视频分布

序号	镇（街道）	村（社区）数	全球眼	泉州城安视频系统	村居自建视频数	探头总数
1	青阳街道	13	123	292	400	815
2	梅岭街道	13	85	172	40	297
3	西园街道	11	130	82	0	212
4	罗山街道	15	234	175	0	409
5	灵源街道	12	184	102	0	286
6	新塘街道	11	91	112	0	203
7	陈埭镇	25	299	332	698	1329
8	池店镇	24	169	156	64	389
9	磁灶镇	25	212	145	0	357
10	安海镇	43	203	298	44	545
11	内坑镇	28	238	136	74	448
12	东石镇	34	232	187	156	575
13	永和镇	24	215	131	25	371
14	金井镇	21	279	148	44	471
15	英林镇	20	291	147	0	438
16	龙湖镇	42	246	167	0	413
17	深沪镇	19	168	116	20	304
18	紫帽镇	8	36	46	30	112
19	西滨镇	3	29	70	0	99
	汇总	391	3464	3014	1595	8073

3. 缺乏长远规划

多数单位的视频建设均作为一时项目进行，并未考虑到长期的管理、维护工作，导致视频系统建好后缺乏维护，故障率高。这点在村居自建视频上尤为突出。而即使是公安局这样的视频建设大户，同样缺乏长远规划。从 2006 年的全球眼，到 2008 年的自建高清监控，再到 2013 年以来的城安视频系统，每次都是一个独立工程，难以利用现有监控视频，只能重复布点、重复建网，造成了人力物力的极大浪费。

（二）需求

随着城市现代化建设发展速度的加快，城市规模膨胀，人口流动性也增大，晋江流动人口常年保持在 110 万以上，如何将传统的粗放式城市管理模式转化为新型的精细化管理，提高政府管理水平和公共服务能力；如何实现城市资源整合共享，是建设智慧城市的迫切需求。

针对原有视频体系存在的种种问题，晋江市委、市政府立足于推进新型城镇化建设进程，完善全市立体化治安防控体系，提升政府应急和综合管理能力，提高公共安全精细化、智能化管理水平，于2014年底提出了晋江市社会治理视频监控系统建设项目。该项目计划利用2015—2016年两年时间，建设5万个高清监控，将视频圈拓展到农村（社区），构筑起人防、物防、技防一体化，全天候、全方位的社会治理视频监控防控体系，为维稳处突和服务民生奠定更加坚实的基础并提供技术支撑。社会治理视频监控系统建设项目，是当前晋江市公安机关处置各类社会突发事件、打击各种恐怖暴力犯罪、预防可防性案件的发生、维护社会稳定、保护人民生命和财产安全的迫切要求，是完善现有城市治安防控，加强城市管理、交通管理等的客观需要，视频监控项目有助于维护社会稳定，创新社会管理，切实地提升晋江市社会治安防控体系建设水平和城市管理水平。

二、经验做法

按照“党政领导、综治协调、公安主导、社会参与”的原则，以维护公共安全为着力点，以创新社会管理和服务民生为目标，稳步推进晋江社会治理视频监控系统项目建设，取得了阶段性成效，在这个过程中，也探索了一些晋江经验。

（一）党政领导高度重视

在新型城镇化进程中，为顺利推动在智慧城市框架下推进智能安防系统建设，晋江市委、市政府成立了以市委常委、市政府副市长为组长的社会治理视频监控系统建设领导小组，在公安局下设监控建设办公室。市委、市政府高度重视、大力支持，将社会治理视频监控系统建设列入2015年、2016年为民办实事项目和智慧城市重点项目，并纳入市综治工作考核重点项目中，这充分体现了党委政府的重视程度。市领导多次视察和督促监控建设进度，组织召开协调会，协调各部门支持助力视频建设。

（二）组织保障切实落实

1. 落实资金，强化经费保障

社会治理视频监控系统建设经费纳入政府财政预算，采用市镇补助、村居自筹、群众参与的方式进行，即纳入全市村（社区）建设计划的每个监控点建设费用市、镇、村三级财政按 6∶2∶2 的比例分担；由各村（社区）到各镇（街道）再到市级的三级联网网络线路以及平台建设费用由市财政统一预算支付，极大地减轻基层财政压力，确保资金到位。争取市财政支持，推动视频监控管理、维护、升级改造等工作经费纳入市财政预算，加强视频监控经费保障。

2. 充实人员，强化人才保障

在视频领导小组的组织支持下，通过遴选、招聘等方式吸收专业人才，组建一支专业的视频队伍，专职负责视频建设、管理和运维，分区划片统筹视频监控工作的管理、指导和监督。同时，通过开展科技讲座、参加技能培训等方式加强队伍科技素养，培养了一批懂管理分工、懂业务应用、懂专业技术的复合型应用人才，不断适应新的形势和任务发展的需要。

（三）相关部门积极推动

建立部门间日常联系和会商机制，从政府层面强力推动，督促政府相关职能部门落实责任，使政府相关部门明确各自职能定位、任务分工，制定具体落实方案，积极配合，形成强大的工作合力，全面推动视频监控系统建设。市视频办负责组织全市社会治理视频监控系统建设工作，及时协调解决工作中遇到的困难和问题；市综治办将社会治理视频监控系统建设纳入全市平安建设整体规划和全市综治考评，加强协调督导，牵头组织进行专项督察；市直相关部门中，市财政局落实市级财政视频监控系统建设经费的拨付，市政园林局、行政执法局、交通运输局、电力、电信、广电网络等单位积极给予配合和帮助，协调解决线路、抱杆、取电等建设问题；各镇（街道）协调推进镇（街）内村（社区）监控建设，落实资金上缴、点位规划等工作；各村（社区）主动配合、督促施工和维护，落实自筹资金上缴。

（四）顶层设计科学规划

1. 建立建设标准

为确保全市视频的标准化建设及可持续管理，严格参照国家相关标准，采用前瞻性的技术架构，为平滑演进到下一代智慧安防提供可行的技术标准，制定了晋江市社会治理视频监控建设的质量标准和合格评定体系。按照《安全防范视频监控联网系统信息传输、交换、控制技术要求》（GB/T 28181 标准）的指导，在充分调研和论证的基础上，以“高清化、数字化、网络化、智能化”为目标，制定《晋江市社会治理视频监控系统建设实施方案》。

2. 综合部门需求

根据晋江市的地理环境特点，科学优化监控布局，加强系统顶层设计，充分结合已建监控点位，统筹兼顾晋江市各单位、各部门、各警种需求，合理规划监控点位，形成晋江市的视频监控智慧防控体系，全面提升晋江市的社会治安防控能力和服务民生水平。建设规划主要在集中三个方面：一是全市以村（社区）为网格单位划分成394个视频防区网格，按照面积大小、治安复杂程度不同，安排建设数量不等的监控摄像头，每个视频防区建设一个视频监控室，并组建监控值守和实时巡逻队伍；二是建设全IP化的市、镇、村三级联网的晋江市视频千兆专网（IP视频专网为基础支撑，逐步接入各区域、各部门现有视频资源，打造一张全市智慧感知大网络；三是采用云计算、大数据挖掘等后端智能分析技术，建设晋江市视频联网共享应用平台。

（五）管理机制规范建立

1. 建立管理机制，实现规范制度化

健全完善视频监控应用工作流程和保障机制，进一步规范视频监控建设、应用、管理工作，科学制定安全认证、权限管理、日志备案等制度。加强视频监控室的管理和运用，做到“有室、有人、有制度”，严格界定监控人员工作职责。建立图像查阅审批制度，严格图像查看、调阅工作。对相关人员进行统一培训，增强保密安全意识，做到不拍不录不上传，坚决防止侵犯公民隐私和失泄密事件的发生。

2. 建立运维机制，确保监控可用性

建立日常巡检制度，及时通报维护，加强对视频监控设备的在线巡查、故障诊断、维护升级等全程动态管理，确保视频监控系统正常稳定运行。实现“网络不断、图像稳定、及时响应”的目标。定期巡检，通过微信、运维系统、电话等多种方式，建立双向沟通渠道，使运维快速响应、处理，确保每个已建监控都能投入使用。

3. 建立培训机制，保障应用常态化

组建市、镇、村三级视频巡逻员，健全视频巡逻机制，由人力巡防向人机交互巡防转变，实现事件从“事后处置”向“事前预防”的转变。深化视频应用，定期举行视频应用知识和技能培训，培养市、镇、村三级视频能手。特别是加强对村级巡逻队员的培训，充分利用其对管辖区域地理环境的熟悉度，将路面巡逻“地网”与网上巡控“天网”相结合，相互策应，做到提前发现、事先处置，强化“人技联动”，严密社会面管控。

4. 建立考核机制，激发工作积极性

加强视频建设和实战应用专项考核，将建设进度与破案数纳入考核指标，鼓励视频线索采集和应用，采用“同功同奖”制度，对提供信息协助破获案件、抓获犯罪嫌疑人的，给予相应的奖励措施，调动建设与应用的积极性。市综治办组织专门力量，以明察暗访的方式对建设进展情况进行督导检查，及时发现存在问题，督导落实整改措施。

三、特色亮点

2015 年 5 月 6 日，国家发展改革委、中央综治办、公安部等九部委下发《关于加强公共安全视频监控建设联网应用工作的若干意见》（以下简称《意见》），指出“结合智慧城市和网格化服务管理系统建设，推动公共安全视频监控建设集约化、联网规范化、应用智能化”，明确到 2020 年，基本实现“全域覆盖、全网共享、全时可用、全程可控”的公共安全视频监控建设联网应用，在加强治安防控、优化交通出行、服务城市管理、创新社会治理等方面取得显著成效。对晋江来说，《意见》与晋江市社会治理视频监控系统建设“三个统一”原则不谋而合。

（一）统一规划，高密度，实现效益最大

为实现视频的城乡统筹分布，延伸视频圈至农村（社区）、城乡接合部、外来人口聚居区、乡村道路、留守人口居住区等场所，建立新型农村（社区）视频体系，项目确定了统一的视频密布目标：市区每平方公里联网接入探头数不少于 150 个，镇区不少于 100 个，农村居住区不少于 60 个，基本实现全市视频无缝覆盖。项目实现最高性价比：一是节约建设成本，采用全高清数字监控设备，每路监控成本大约为 2000 元，相比其他地区同性能高清视频建设（每路 1 万—2 万元），资金减少 80%—90%；二是节约运营成本，充分利用前期城市安全信息系统建设的通信网络，减少网络运营资金投入，每年节省网络通信费用 500 余万元。

（二）统一平台，高智能，实现综合应用

坚持以业务需求为导向，以实战应用为核心，以“先进性、开放性、接入共享、智能实用、易用性、可管理性、安全性、可维护性、经济性”为基本原则。晋江建立了统一的视频管理平台。以统一平台为主体，对提取的视频数据进行大数据分析，找准智慧城市的价值核心，逐步建成集公共安全、应急指挥、智能交通、教育管理、

城镇管理、民生服务、智慧小区等领域的视频智能综合应用的云平台，可全市各部门和公安机关提供视频图像智能应用服务，实现城市精细化管理和社会治理创新的工作要求。

（三）统一标准，高共享，实现资源整合

社会治理视频监控系统项目不仅加大了全市视频监控的覆盖面，还强化了视频监控资源的整合力度，积极整合部门和社会视频资源，实现“上下对接，左右贯通”。加强部门协作与业务协同，各部门根据业务需要规范使用视频监控，发挥视频在交通、环保、住建、应急处突等社会管理工作中的作用，实现社会治理从粗放向精细转变、从低质分散运行向高效整合运行转变。

四、应用成效

社会治理视频监控系统实现信息导侦情景可视、指挥调度全程可见、治安管控全景可视，不但在治安打防控方面深化视频应用，还将视频应用拓展到城市管理、民生服务方面，从而进一步实现城市精细化管理，加强社会管治理创新，推进我市新型城镇化建设。

（一）经济效益

晋江市社会治理视频监控系统项目建设通过公开技防信息，把预防工作做在前面，一方面使群众增强安全感，另一方面对违法犯罪分子具有强大威慑作用，预防和减少违法犯罪活动，减少因治安问题带来的直接及间接经济损失，保护人民群众的财产和生命安全，为晋江经济营造宽松、和谐、稳定的发展和招商引资环境，促进晋江经济的持续、快速发展。同时公安机关充分利用该系统，可以对公安机关调查取证，协助破案和处理纠纷提供一手证据，提高了公安机关精确打击犯罪的能力，有效地节约了人力、物力和财力，大量节约警用经费和警力资源的投入，从而节约相关经费，具有良好的经济效益。

（二）社会效益

1. 深化治安打防应用，推进城市平安建设

（1）打击破案能力得到提升。建立视频线索采集上传、视频警务、导侦、导巡、应用等制度，形成完整的可视化支撑体系，深度挖掘应用视频资源服务实战，实时打击违法犯罪。2015 年，晋江共破刑事案件 7727 起，其中，侵八类案件 608

起，破案率高达 97.4%，高出全省 15 个百分点；破现行命案 21 起，保持 2012 年来 100% 侦破纪录且没有留下一个命案逃犯；破“两抢”案件 191 起，破案率高达 93.2%，高出全省 46 个百分点；八类案件、命案、“两抢”案件破案率均创下历史新高；破盗窃案件 4229 起、诈骗案件 625 起；挽回经济损失 1.61 亿元；抓获网上逃犯 1518 名。全市采集视频线索上传至可视化专用视频图像库的侵财案件数有 3151 起，同比增长 24.5%。

（2）治安防控能力得到提升。2015 年，全市共立刑事案件 2027 起，同比下降 22.4%，其中“两抢”、盗窃案件分别同比下降 48.1%、32.5%，今年来，已建监控村（社区）立案数明显下降，如安海镇可慕村立案 47 起，同比下降 64.7%；青阳街道阳光社区立案 540 起，同比下降 36.3%；内坑镇东村立案 33 起，同比下降 32.65%，该村在第四季度实现零发案。

（3）群众满意度得到提升。视频监控是“会说话的眼睛”，为找寻走失人员、寻回失物、调解矛盾纠纷、解决民众难题等提供了直接的技术支持，今年来，全市帮助群众 1000 余起。各已建监控村（社区）均反映，自从有了监控，治安形势明显变好，特别是盗窃案件大幅度减少，丢失物品能迅速找回，群众安全感显著提升。

2. 拓展智慧管理服务，实现城市精细治理

深化视频在数字执法、数字城管、数字环境、智能交通等多个方面的服务，为各城市管理职能部门提供便利的视频应用渠道。

（1）对接重点场所，维护城市公共安全。为进一步加强公共场所安全秩序，提高城市应急事件处置能力，2015 年来，晋江市利用视频监控网络，完成在全市 642 所学校一键报警系统建设。该报警系统与 110 对接，公安指挥中心可以通过视频对讲直观了解报警现场情况，并借由周边高清监控全方位了解事件动态，实现突发事件的快速反应、精准应对、合理处置；同时，报警中心可以对报警前端进行视频巡查监控，发现异常情况可以随时喊话，震慑各种不法行为。

（2）辅助部门执法，实现运转高效有序。视频共享行政执法局等政府相关部门，实时视频监控巡检，减少人力资源投入，提升城市管理各部门管理水平和工作效率。行政执法局、环保局等部门定期视频巡查市容市貌，利用监控掌握城市各角落，及时发现、定位和处置如垃圾堆积、乱贴广告、占道摆摊、井盖破损、城市设施故障、违章停车、河道污染等问题，还能通过录像比对查找违规人员，给予相应处置措施，确保城市运行维护精准高效。

（3）助力安全保卫，优化指挥调度模式。晋江市社会治理应急指挥中心整合对

接了视频监控系统、PGIS系统、无线通信系统，将实战指挥体系和视频巡防机制紧密衔接，实时掌握现场及其周边等有关部位的客观情况，确保反应迅速、指挥得当、处置有力，实现可视化指挥、扁平化调度。建立健全大型活动、赛事安保和应急突发事件处置视频监控调用工作机制，提高应急处突和现场控制能力，2015年通过视频调度安全保卫100余次。第二届晋江自行车公开赛和首届“康能杯”马拉松比赛中，结合移动4G数字图传系统、无人机航拍系统与视频监控系统的有效配合，实现赛事全程无缝监控。通过对现场视频的调用，使应急指挥中心能够掌握赛事实时情况，及时、合理地调配安保力量资源，从而确保比赛正常进行。

（4）掌握灾害动态，保障应对高效及时。视频监控使政府能够第一时间内全面掌握火灾、暴雨、台风等灾害动态，了解现场损失、路面积水、公共设施损坏等情况，及时做出正确决策应对，提高应对灾害的主动性和处置的高效性。例如，2015年9月受台风“杜鹃”和天文大潮影响，晋江市普降大雨，市应急指挥中心利用监控掌握降雨情况，通过微信平台、新闻媒体发布预警信息，通知及时清除道路障碍，疏导交通，消除存在的安全隐患，迅速组织救助滞留、受淹的车辆、人员。市公安局与农业局森林防火预警监控系统整合对接，实现监控基本全覆盖晋江市各主要山脉。视频系统发挥了重要作用。在2015年清明节天气干燥炎热，因群众进山祭扫引起的山林火灾频频高发，应急指挥中心梳理山林周边监控，多角度全方位了解着火点及周边情况，为调度指派灭火队伍提供信息支持，及时有效地将损失降到最低。

五、后续规划

一是开拓视频在社会管理的智能应用。即在城市广场、公园、繁华地段等人流量大的重点区域布设，进行密集度检测、徘徊检测、遗弃物检测等智能监测报警，及时管控突发事件；在车辆密集路段布设，监测交通状况，及时发布交通信息，引导车辆流，实现智能交通管理。

二是开拓视频在城市管理的智能应用。即在城市管理重点地段安装，对污水排放、流动摊贩、违章停车、违法倾倒垃圾等城市管理事件自动检测报警，提升问题发现的及时性，辅助城市管理决策，减少人力资源投入。

三是开拓视频在重点区域的智能应用。即在出租屋、火车站等重点场所增设人脸识别系统，实时掌控重点人员；在消防重点区域进行烟雾监测，实时掌握消防警情；在旅游景区增加监控，增加对重点文物、重点景区的监管保护。同时开发风景监控，依托互联网实时浏览晋江各处景致，提升晋江旅游品牌。

四是开拓视频在移动终端的智能应用。如发展智能小区、智能家居 APP，随时随地查看居住环境；将晋江各主干道的视频资源通过 APP 与群众共享，满足移动终端、智能手机的应用需求，实时监控道路交通情况，有利于全市道路车流量的自动平衡。

视频监控体系是城市的眼睛，是重要的基础设施，在城镇协调发展的过程中起着重要的支持作用。晋江积极推进视频监控系统规范化、网络化和智能化建设，实现部门间视频资源共享，以此推动全市城市管理水平和社会治安打防管控能力，努力将晋江打造成平安幸福之城，力争“智慧晋江”建设跻身全省一流、全国先进行列。

（案例组织单位：智慧城市发展联盟）

案例 44

北京智慧化精细供水管网管理实践案例

一、背景与需求

（一）背景

智慧城市构建中需要信息化的水务支撑，而城市供水管网安全性、资产长期的智慧化运行管理能力和基于高效水资源利用的按需供水异步调控能力都是智慧城市在水务行业的核心目标。

智慧城市是通过以移动技术为代表的物联网、云计算等新一代信息技术应用实现全面感知、泛在互联、普适计算与融合应用，宏观上实现协同和相互衔接城市中的基础设施和组织（人）、业务 / 政务、交通、通信、水和能源等环境六个核心系统，实现城市可持续发展的需要，建设智慧城市对我国综合竞争力的全面提高具有重要的战略意义。

水务行业的信息化作为智慧城市中最重要的组成部分甚至是必选项，主要以实现通过信息化的水质、水量等基本颗粒度确保城市供水安全、实现城市管网的资产存量与增量的高效管理与优化利用、实现城市尺度范围内按需供水异步调控以及对城市全体水资源消费者的高效服务实现高效利用水资源同时普惠于民。水务行业的信息化的构建同时促进创新的智慧化供水管网漏损控制指标和方法的研究。

水务行业的信息化肩负着支撑智慧城市运转的基本水务数据资源的基础，也必须充分结合“互联网 +”，利用物联网、云计算、移动互联、大数据等技术手段与管网运用技术融合，用数据技术（DT）实现城镇公共供水管网的平台管理系统。

（二）支持与满足智慧城市基础需求

1. 输配水管网是城市重要的基础设施，而供水管网漏失是全球及我国城市面临的共同难题，精细化的管网控制是非常有效的节水措施，也是智慧城市重要基础

输配水管网是城市重要的基础设施，而供水管网漏失是全球城市面临的共同难题。我国城市供水管网漏失和管网爆管现象极为严重，造成了大量的优质的、经

过处理的宝贵淡水水资源浪费，严重影响供水安全和居民生活。提高管网漏失监测控制水平和爆管预防能力对于保障我国城市饮用水安全、解决城市水资源供需矛盾具有重大意义。

（1）供水管网漏失控制与爆管预防对于维护社会正常生产生活秩序具有重要意义。

（2）控制供水管网漏失是保障用户端水质安全、降低水质安全风险的重要途径。

（3）控制供水管网漏失是节约城市水资源、建设节水社会与资源节约型社会的需要，控制供水管网漏损是最为有效的节约用水措施之一。

2. 通过国内外供水管网漏损控制的现状对比，只有符合中国城镇供水特点的管网控制解决方案才能最有效地保护水资源的合理利用和管网安全平稳高效的运行

主动漏损控制是现阶段IWA（国际水协）给出的指导漏失控制的一个重要方向，其核心是在获取全面的漏损相关参数数据的基础上，通过监测、评估等技术手段，量化漏失水平，迅速缩小甚至精确定位漏失范围或漏失点，实现对漏失的主动控制。

英国是漏损控制技术的发源地，目前仅英国西北地区的水务公司就建立了约3000个DMA（District Metering Area，分区计量）分区，如今英国整体的漏失率被有效控制在5%以下。

马来西亚槟城是东南亚范围内在漏损控制方面取得显著成效的典型示范。该城市共建立了约250个DMA分区，DMA覆盖率达到60%以上，城市整体的漏失率从建设前的35%降至建设后的20%。这250个DMA分区中约200个实施了基于DMA分区的区域压力控制，在取得显著节水效果的同时有效降低了城市供水管网的运行压力，保障了管网运行的安全并且降低了供水的能源损耗。

我国的供水特征与国外存在巨大差异，因此在行业内，国外技术在我国供水管网上的可行性、可应用性一直以来都是讨论和实践探索的焦点。近两年，国内部分供水公司实践证明直接套用国外的技术、评价指标以及管理方式是行不通的，需要在学习引用国外先进技术的同时，根据我国供水的实际情况因地制宜，做出适应性改进，试验并总结出符合在我国推广开展的供水管网漏失管理的应用指导及长期运行模式。

3. 供水管网的漏损控制是多技术的一体化集成应用，可以科学有效地降低供水管网运行的能耗，明显降低碳排放量

基于DMA技术，通过先进的物联网通信方式，科学、合理、经济地部署相

关的管网运行评价指标监测位置，集成压力、流量和漏损噪声记录仪（Leak Noise logger）为一体的监控系统，分析夜间最低流量，解析压力流量之间的相互关系，持续记录辨析噪声数据，绘制等压曲线，利用地势和高位清水池的供水水头，协同供水调度的 SCADA 系统，优化调度运行，最终提出管网运行的精细化管理模式，并建立一套有管网拓扑结构的、可视化的多技术集成应用管理平台，在保障供水服务压力的同时，结合管网运行实际状况降低管网运行压力。

4. 实施智慧化精细供水管网漏损控制解决方案，实践安全供水和节水降耗，是国家相关政策标准实施的有力示范，提升我国管网漏失管理与运行维护方面的制度保障

《城镇供水管网漏水探测技术规程》（CJJ—159—2011）作为中华人民共和国住房和城乡建设部颁发的行业强制标准，已于 2011 年 1 月 7 日发布，自 2011 年 10 月 1 日实施；

《城市供水管网漏损控制及评定标准》（CJJ—92—2002）早在 2002 年 11 月 1 日就已经实施；

《城镇供水管网运行、维护及安全技术规程》也在 2011—2012 年先后实施；

2014 年 6 月国务院下发《国务院办公厅关于加强城市地下管线建设管理的指导意见》（国办发〔2014〕27 号），明确指出城市范围内供水、排水等管线及其附属设施，是保障城市运行的重要基础设施和“生命线”。特别是加大年限超过 50 年老旧管线的改造力度，尤其是材质落后和漏损严重的供排水管网。城市供水管网综合漏损控制解决方案正是维护和监测地下管网安全和正常运行的有效方案和手段。

2014 年 8 月国家发展和改革委员会下发《关于印发促进智慧城市健康发展的指导意见》（发改高技〔2014〕1770 号），表明了智慧城市是运用物联网、云计算、大数据、空间地理信息集成等新一代信息技术，促进城市规划、建设、管理和服务智慧化的新理念和新模式。建设智慧城市，对加快工业化、信息化、城镇化、农业现代化融合，提升城市可持续发展能力具有重要意义。智慧化精细供水管网管理解决方案正是用水务行业最专业的能力与技术成熟结合上当前先进的 ICT 通信技术、物联网、云计算、大数据、空间地理信息集成等新一代信息技术，促进城市水务行业的规划、建设、管理和服务智慧化的新理念和新模式。

2014 年 12 月，住房和城乡建设部、工业和信息化部、新闻出版广电总局、安全监管总局和国家能源局联合印发《关于开展城市地下管线普查工作的通知》，正

式启动全国城市地下管线普查工作。在普查的基础上，我国将建立地下管线综合管理信息系统和专业管线信息系统，这意味着经过全面“体检”的城市地下管线，将迈入大数据时代。

2015 年 4 月中国国务院常委会通过并发布《水污染防治行动计划》即“水十条”，明确规定 2017 年将供水管网漏损控制在 12% 以内，2020 年将控制在 10%。

二、案例理论基础与技术应用

智慧化精细供水管网管理解决方案是基于自身研究的水联网®——互联网＋智慧化精细水管理体系理论和供水管网的 DMA 精细化压力控制方案，结合应用物联网技术、先进 ICT 技术、云技术、大数据技术等增强其适应性，实现规模推广。在此基础上总结归纳了 DMA 分区计量、漏损噪声在线监测、精细化压力调控三大漏损控制技术。依托自主研发的 Leak View® 供水管网漏损控制管理系统平台，可直观、有效地将三大漏损控制技术手段进行融合，同时整合智慧化供水管网的简化微观模型实现精细化按需供水异步调控、全生命周期的资产保值增量管理实现优化、修复、改造和资产新增投入的整体管理。通过这些技术和理论基础在案例实施和长期运行维护管理阶段的运用，证明北京智慧化精细供水管网管理解决方案十分适合在国内城镇智慧化供水管理方面加以大力推广应用。

1.DMA 分区计量技术原理及工艺

DMA 分区计量最早是外国供水企业为便于资产管理和漏损控制而提出的独立计量区域的概念。通过调查供水区域，关闭多余的边界阀门、区域入口加装流量计和压力计，监测和收集该区内的流量和压力数据。分析区域的夜间最小流量和压力的趋势分析，发现用水特征曲线，评估该区的整体漏损情况。在掌握独立分区的漏损情况之后，在进行针对性的漏点巡查工作。变被动巡查为主动控制漏损，从而提高管理水平，降低漏管网漏失。

2. 漏损噪声在线监测技术原理及工艺

漏损噪声在线监测是在噪声记录仪巡检模式的基础上，通过加装远传设备，将管道上的噪声数据收集并回传至控制室。管理人员可查看每个监测点的数据情况，从而判断探头附近有无新增漏水点的产生。漏损噪声在线监测，既可独立运行，也可在 DMA 计量分区的基础上与多种技术手段协同工作。

3. 精细化智能压力调控技术原理及工艺

压力管理是在DMA区域入口处安装自供电的水力减压阀和控制器、执行装置，按照不同的调控需求，实施精细的调节入水口的供水压力，满足不利点供水压力的同时，降低管网冗余压力，从而有效降低区域漏损。

通过前期DMA计量分区的建立，评估分区的压力和流量情况。找出适合区域，通过降低管网冗余压力可起到明显的节水效果。目前国内常用的压力调控方式有两种，分为两点式压力调控和连续式压力调控。

4. Leak View® 管网漏损控制管理平台

自主研发的Leak View® 管网漏损控制管理平台是为应对日益复杂的供水管网漏损控制以及管线资产、水量平衡管理等系统化、信息化的应用措施，开发的一整套综合性管理云平台系统。通过整合精细化DMA分区的流量压力数据、漏损噪声数据进行综合分析。Leak View® 可有效避免夜间最小流量扰动、漏损噪声的误报造成的误报警。利用平台的模型计算功能，还能计算压力调控项目的节水量、新增漏损漏量、漏点修复状况等功能（见图44-1）。

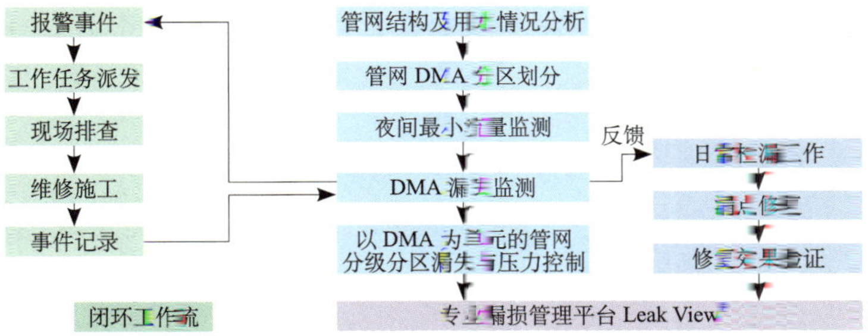

图44-1 Leak View® 管网漏损控制管理平台基于事件驱动的业务流

5. 国家商用密码技术的应用

公司成为国家商用密码产品生产定点单位的同时，继续秉承自身水务行业信息化的领先自主研发能力和对行业战略发展趋势的深刻认知，不断构建真正属于和适合水务及泛环保领域的信息化系统与产品。包括：

真正实现水业信息化的数据保真。已实现水资源的信息化管理，即将水资源中的各项水质参数以及流量压力等自然属性转变为数据化、信息化属性，结合物联网技术、国家商用密码技术等的应用，实现数据可追溯、可监控的数据保真能力，真正确保水行业信息采集的数据真实可靠。

实现水行业在线监测信息化的数据保密。国家商用密码技术的引入和在系统内数据采集、数据传输、数据处理等方面的安全应用，确保了行业数据操作的安全与规范作业，真正实现水务行业数据信息的高度保密和水务行业的整体信息化安全。

6. 智慧管网的基于大数据的微观简化模型

智慧供水管网管理是利用大数据微观模型，实现科学化、精细化、合理化地指导日常供水运营管理。该系统结合智慧化精细供水管网管理解决方案中各类型资源，综合实现对供水管网实施DMA管理，改善管网的压力、流量和水质，水表校核，降低产销差，降低漏失率，提高供水安全可靠性；实现对供水管网在不同工况下运行分析，实时掌握全管网流量、压力、水质、供水范围、水流方向、供水路径等情况，当管网突发应急事故时，可以即时制定解决方案，缩小受影响的范围并减少用户数量；实现精细化供水调度，利用DMA流量、压力和水质监测数据，基于水力模型制定水源调度、水源切换方案。同时，企业采用两级调度的方法，实施节能降耗；实现供水管网改扩建规划，利用模型制订近期和远期的管网改扩建计划，达到经济效益。

7. 资产管理功能模块

与供水领域相结合的精细化资产管理功能模块与智慧化精细供水管网管理解决方案相结合，形成良好的资产管理信息化系统，可以帮助企业制定管网更新工程、资本投资策略、融资战略和制度。从管网管理角度分析，良好的资产管理以最符合成本效益的方式控制漏失，实现持久且经济的漏失管理。利用水力模型评估管网资产状况，提出合理的管网修复、更换和更新的优先次序方案及管网规划方案。利用水力模型制定定期冲洗管道方案、避免突发事故方案和压力控制策略方案，以延长资产使用寿命。通过良好的资产系统制定阀门定期调整方案。

三、案例特色应用及显著效果

（一）北京亦庄经济开发区供水管网信息化管控与经营管理数据分析案例应用及成效

北京经济技术开发区，也称亦庄开发区，位于北京大兴区东北部地区，由科学规划的产业区、高配置的商务区及高品质的生活区构成，属于大型工业与生活混合型区域，目前日供水量为10万余立方米。

方案结合亦庄经济开发区具体的水量管控和数据营销管理的需求，选取开发区内部分地区进行了一期项目实施，由实施取得的案例和明显的高效成果加以总结后，将对整个亦庄地区进行全面的实施，以实现整个亦庄经济开发区供水管理的全面智慧化和供水资产的高效保值增值（见图 44-2）。

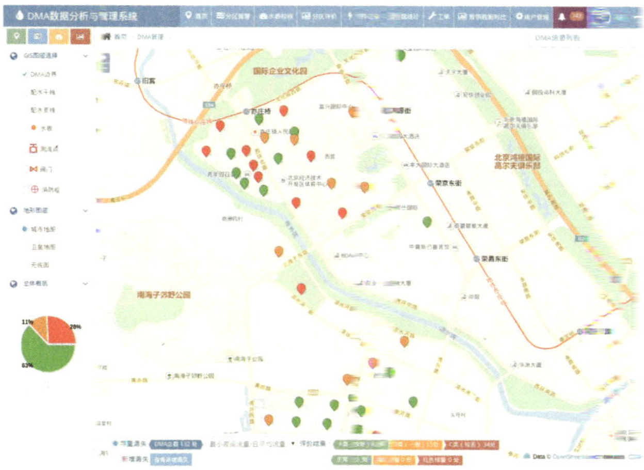

图 44-2　解决方案视觉呈现 GIS 与城市地图叠加

方案在亦庄一期实施地区建立近 60 个 DMA 分区，监测与远程监控各片区域的输水干管，将全部数据输送到云端的 DMA 数据分析与管理系统中，通过 Web 前端视觉呈现系统与城市地图结合，形象地展示了亦庄实施地区的供水动态情况。

亦庄智慧化精细供水管网管理解决方案在满足使用方的数据统一管理、综合统计、实时展现等基本需求后，灵活运用大数据的丰富价值和管理能力，实现对实施区域内从输水一级水表到用户楼宇水表的多层级数据校对校验，以及将实时数据与供水抄表的营销数据进行对照，提高整个供水部门的内部运营管理效率，降低人为失误造成的损失（见图 44-3）。

图 44-3　实时采集数据与抄表数据对比的营销管理功能

在不断地应用和功能提升过程中，智慧化精细供水管网管理解决方案也在不断地满足自来水集团实际工作中的具体需求，目前已经通过对于实时数据统一汇总、整理、分析进而形成实时的预警报警通知、运维工单等日常水司业务动作指令，通过大数据的应用形成预制定期的维护作业排班表等业务执行管理功能，真正让智慧化的水行业应用落实到水务业务的最基层工作线上，为整个水司高效顺畅工作奠定了信息化的基础。

（二）石景山老旧小区供水管网智慧化控制漏损案例及显著成果

北京市石景山区老旧居民小区共有居民用户近 5000 户，另有一个大型医院。由于历史遗留问题，该区域的管线资产较差、漏失情况严重，所处位置地势低于水厂造成供水压力偏高，多年来频发爆管或影响范围较大的供水安全事故，传统的漏损控制手段（听漏、维修）已经无法对该区域起到有效的控制作用。因此决定实践应用主动漏损控制技术，通过更先进的技术手段和管理手段对该区域进行高效管理，有效减少漏失水量和降低爆管风险。下面介绍案例实施步骤与过程。

1. 建立 DMA 分区

将石景山区老旧居民小区建立为一个 DMA 分区，通过对居民小区流量和压力参数的采集、分析、监测，评估该居民小区现有的漏失水平，并对区域进行长期的监测，及时发现水量异常，对新增的漏失事件进行及时的预警。

2. 评估现有漏失水平

评估结论：居民小区漏失情况严重，MNF（夜间最小流量）高达 13L/s 且“MNF/日均流量”也高达 40%。居民小区全天压力 37—39m（偏高），综合管线资产较差且维修效果不好的现状，居民小区可通过减压取得显著的节水效果。

3. 及时预警新增漏失

居民小区内一处 DN150 供水管道发生泄漏，最后发展到爆管。通过对流量的监测和对比分析，及时发现了水量及 MNF 异常。

4. 部署漏损噪声在线监测设备

分布式漏损噪声监测作为一项独立的漏损控制技术帮助我们快速识别新增漏损并锁定重点区域。同时结合 DMA 分区的流量变化监测，相互印证降低误报率。上述的居民小区内发生的一处 DN150 供水管道泄漏，通过漏损噪声监测设备的报警迅速锁定了重点区域，并在该报警设备周边 150m 范围内的管道上找到了泄漏点。

5. 实施智能精细化区域压力管理

利用 DMA 分区对流量和压力数据的评估分析，制定适合于居民小区的减压策略，通过实施智能精细化的区域减压，带来可观的节水效果，并显著降低爆管风险。

6. 实施智慧化精细供水管网管理解决方案的投入产出，以及由此产生的经济效益、社会效益和取得的相关奖励

投入产出：

DMA 设备投入（RMB）：100000

在线噪声监测设备投入（RMB）：270000

智能压力管理设备投入（RMB）：150000

年节水量（m^3）：约 220000

年节水产出（RMB）：约 320000

投资回收期：18 个月

解决方案的研发和推广，对社会创造的价值：

截至目前，老旧小区的 DMA 分区运行稳定，根据评估报告，原有小区的漏损率偏高已经通过检漏、查漏方式使漏损得到了有效控制。管线错综复杂难以检查维修且压力偏高的地区，通过压力调控，漏损情况得到迅速有效的改善，节水效果显著。

智慧化精细供水管网管理解决方案的实施不仅仅保护了居民小区的供水管网安全运行，确保小区内不再发生严重的爆管事件，同时确保了小区饮用水水质的安全和正常供应，也为供水业主方实现了大量的节水量和节能降耗的空间。

（三）北京回龙观区域供水管网智慧化精细减压解决方案及成果

回龙观地区位于北京市区北部，是全国首级规模文化居住区。全区域面积约为 17.70 平方千米，其中供水服务面积约 8.50 平方千米，供水服务人口约 30 万，用水户约 11.1 万，管线总长 173.80 千米，以球墨铸铁管为主。回龙观地区辖 46 个社区、8 个行政村，京包铁路、地铁 13 号线、地铁昌平线、八达岭高速公路、北清路过境整个区域人口密度大，居民用水高峰节奏十分明显。可以充分利用大量居民日常用水习惯进行供水减压调峰节水，既能节能降耗又能确保管网的安全运行降低管线高风险使用的机会。

回龙观地区属于北京第九水厂供水范围，隶属自来水集团北郊维修所维修范围，有 DN600 进水口 3 个，分别位于回龙观西大街西口南侧、北侧及育新东路。DN400 进水口 1 个，位于回龙观西大街北侧。据统计，2014 年该区日用水量约为 2.3 万立方米，用水高峰集中在晚高峰（20:00 ~ 23:00），以居民用水为主，用水习惯导致的峰谷相当明显。

水联网技术服务中心（北京）有限公司根据前期收集到的供水管网资料和历时多月的现场实际连续供水测量与工程踏勘，最终于 2015 年初与北京自来水集团相关单位共同合作在回龙观西大街（北郊农场桥东南角绿地内）和育知东路南口两个区域输水主干管进行区域减压方案实施工程。

水联网技术服务中心（北京）有限公司灵活运用智慧化精细供水管网管理解决方案对回龙观地区的供水主干管实施智慧化精细减压方案，将前期汇总与踏勘的相关数据信息进行汇总、整理、估算以及系统模拟，最终确定整个回龙观地区供水管网智慧化精细减压的具体方案和调控方式，并且通过管网水量模型与 DMA 分区减压控制模型的校验得到充分的实验论证。

经过实施，整个供水主干管减压方案的效果相当显著，根据实际测量回龙观地区输水主干管的阀前平均压力为 38.2 m，实施智慧化精细减压方案后，回龙观西大街阀后平均压力 29 m，育知东路阀后平均压力为 31 m（两地存约 2 m 高程差），最不利点平均压力 31 m，由此，回龙观区域整体供水压力从 38.2 m 减小到 31 m，降幅约 19 %。

同时，由于输水主干管的供水压力波动造成的管网风险也大幅度降低，方案实施之前供水干管的阀前压力波动幅度接近 32%，当减压方案实施之后，回龙观育知东路、西大街阀后及最不利点压力波动幅度均小于 5%，使整个回龙观区域内日压力波动幅度从 32% 减小到 5%，极大地提升了区域供水管网的安全可靠性。通过回龙观区域整体控压，有效降压 19%，压力波动幅度从 32% 减小到 5%，减小了因压力波动过大对管网的冲击，保障了管网运行安全，极大地降低了供水管网爆管风险，按压前后压力对比见图 44-4。

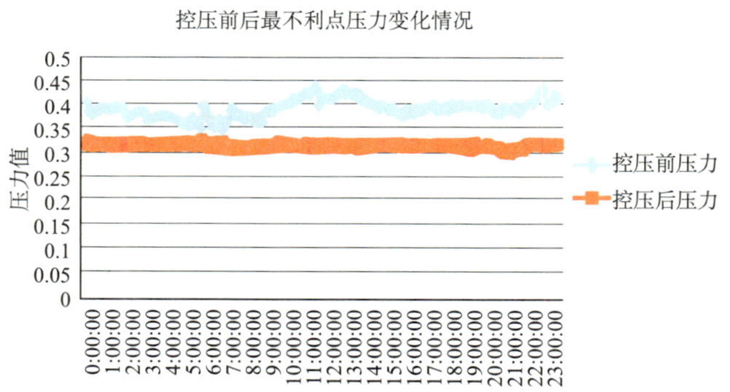

图 44-4　回龙观供水最不利点在智能减压实施前后的压力监测对比

回龙观地区实施整个供水主干管智慧化精细减压方案后，整个区域的水量变化也十分明显，节水效果相当显著。方案实施前，北京市区的日均用水量为273.12万立方米，回龙观西大街日均用水量为1.41万立方米，育知东路日均用水量为1.42万立方米，整个回龙观地区的日均用水量为两个主干管之和，约2.83万立方米，约占北京市总用水量的1%。方案实施后，北京市区的日均用水量为274.51万立方米，回龙观西大街日均用水量为2.34万立方米，育知东路日均用水量为0.22万立方米，整个回龙观地区的日均用水量为两个主干管之和，约2.56万立方米，约占北京市总用水量的0.9%。

回龙观地区实施整个供水主干管智慧化精细减压方案后日用水量比控压前降低了0.27万立方米，变化率9%，年节水量98.55万立方米，相比201[illegible]年（年节水20余万立方米）采用蝶阀控制时年节水多70余万立方米。

最终，总历时两个多月的回龙观地区供水主干管精细化管网减压方案实施成功，并且顺利通过自来水集团及其管理分公司压力调试工作验收，确定本次智慧化管网方案实施圆满完成任务。

（四）智慧化精细供水管网管理解决方案的综合成效和创造的经济价值与社会价值

智慧化精细供水管网管理解决方案经过多年的实施目前已经取得了相当显著的经济效益和社会价值。

首先，节水节能方面贡献惊人，以其中石景山老旧小区的供水管网智慧化控制漏损案例来统计，目前仅此一个近5000户的生活小区就已经实现每日节约用水量近600立方米，年节水量约为22万立方米。回龙观地区实施整个供水主干管智慧化精细减压方案后日用水量比控压前降低了0.27万立方米，变化率9%，年节水量98.55万立方米。而压力的降低为供水集团的输水泵站等工作方面提供了相当幅度的冗余安全量，同时降低了供水泵站的电力负荷，真正体现了节能降耗的绿色环保践行意义。

此外，智慧化精细供水管网管理解决方案引入国家商用密码技术，将在水务行业信息化刚刚开始起步的阶段就能进一步规范整个行业的信息化安全层级，真正让水务行业的数据实现保真、保密而加以利用和整合，让信息化安全可靠地为水务行业及相关泛环保领域服务。

该解决方案诞生并实施和推广至今，已经先后被全社会和国家专业机构认知、认可，相应的奖励、奖项都是对该解决方案的推动和支持：

1. 2013 年分别获得第二届中国移动杯“智慧北京”大赛“优秀解决方案奖”及 2013 中国产学研合作创新评选“中国产学研合作创新成果奖”。

2. 2015 年成为中国国际经济交流和美国保尔森基金会组织的“2015 年可持续发展规划奖”的唯一获得者，并由北京市副市长林克庆接受曾培炎和保尔森的联合颁奖。

四、方案成效展望与行业前景分析

智慧城市应用与水务行业的智慧化精细供水管网管理解决方案的实施、推广联系得十分紧密，不仅应对当前全球城镇供水所面临的普遍性问题，同时也是近期我国政府主管部门最重视的基础设施安全问题的有效解决方案。

水务行业的智慧化精细供水管网管理解决方案促进供水管网漏损监控与安全运行管理技术水平的提高，形成供水管网漏损监控、预警和应急的综合技术体系，其推广使用，为提升政府监管能力提供技术支撑，提高供水企业管网安全管理水平，监测技术向统一化、标准化发展，实现全区域供水管网的综合评价，为供水管网管理提供科学系统的决策依据。供水管网的智慧化控制是多技术的一体化集成应用，可以科学有效地降低供水管网运行的能耗，明显降低碳排放量。

随着智慧城市构建的不断深入，各地的水务主管部门已经开始关注城市供水管网综合控制解决方案在重点城镇的示范项目，通过各示范地供水管网智慧化管理领域的应用和技术实施，已经逐渐彰显出重点地区显著的标杆示范效应，引起水务行业内部众多地区的热情关注和主动垂询，相信未来通过示范作用在全国范围内实施推广和普及，必将带来更多具有广泛应用意义的技术性需求和巨大的方案市场空间，具有显著而广泛的推广应用前景和产业普及化可行性。

（案例组织单位：中国智慧城市产业联盟）

案例 45

新余“城市智慧能源”云平台解决方案

一、背景与需求

（一）背景

新余位于江西省中部偏西，地处南昌、长沙两座省会城市之间。是一个“因钢设市”的典型重化工业城市，钢铁、电力、化工、建材等传统产业占工业经济总量的 80% 左右。近年来，随着城市化的快速发展和经济快速增长，新余的城市发展面临着能源枯竭、环境污染、经济增长乏力、民生改善等方面日趋严峻的挑战。

新余市节能减排任务十分艰巨：2010 年，新余市全社会共消耗能源 980.17 万吨标煤，“十一五”期间年均增长 10.67%。工业能耗占全社会能耗的 82.27%，万元 GDP 能耗是全国平均水平的 3.5 倍。

2012 年 10 月，新余市政府发布了《关于加快推进智慧新余建设的意见》，要求建设“数字能源”和“数字环保”。所以，新余建立了城市智慧能源云平台，旨在提高新余市能源利用效率、减少主要污染物排放、改进环境质量，全面提升节能减排保障能力，实现新余智慧、生态、文明发展新貌。

（二）项目需求分析

1. 提高节能减排科学管理水平的需求

（1）基于数据进行统计、分析与诊断，为分解落实城市节能指标、监督节能减排项目绩效、推广节能环保技术、淘汰高耗能行业、建立预警报警机制提供数据依据与决策支持；

（2）通过监测数据直击企业能源与环境问题之所在，通过优化管理运行策略，实现精细化管理，能够实现管理节能 5%—10%；采取必要的技术措施进行改造，能够实现技术节能 20%—30%。

2. 结合市场机制推动节能减排的需求

所获得的能源消费产生的碳排放量，能够应用于碳排放交易平台；通过对重点单位能耗与排放状况的计量监测，能够确定其基准数据、量化其节能减排目标、提供节能减排绩效测量和验证方案，成为政府和社会推广EMC、PPP模式应用的基础。

3. 建立完善相关标准和示范作用的需求

通过智慧能源云平台的深入应用和不断优化，能够帮助新余市建立和完善工业、交通、建筑、城市路灯照明能源管理、主要污染物排放及环境质量管理、新能源与可再生能源推广应用的相关标准。还有益于为其他城市建立能源与环境监测管理体系，提供丰富的经验、模式和标准，示范作用重大。

二、项目方案介绍

（一）方案综述

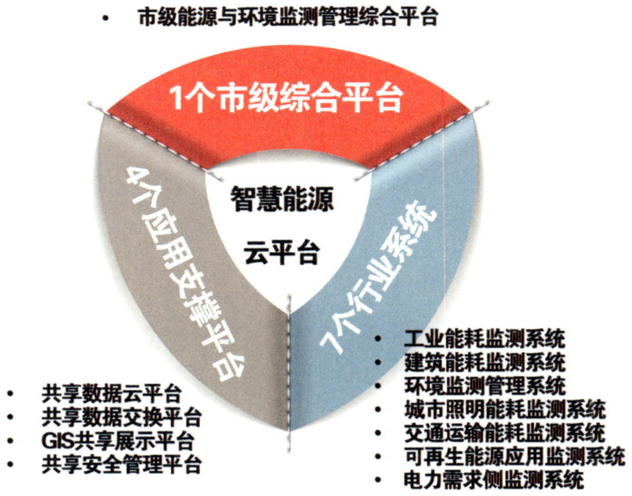

图 45-1 智慧能源云平台建设内容

智慧能源云平台包括1个市级综合平台、4个应用支撑平台及7个行业系统（见图45-1），实现了对工业企业能耗、机关办公与大型公共建筑能耗、城市照明能耗、交通运输车辆油耗、新能源与可再生能源应用、电力需求侧应用、主要污染物排放和环境状况进行实时动态监控。通过云平台进行全局数据分析、诊断、操作运营、能效管理与“四权”交易管理。为各行业、企业提供实时在线能源系统平衡信息和调整决策方案，为政府制定淘汰高耗能行业、调整产业结构提供基础数据支撑；为全市节能指标分解落实、建立预测预警机制、节能考核和监督提供依据。

智慧能源云平台，以建立城市能源、环境和经济3E模型，实现城市可持续发展为目标，以提高能源资源利用效率为核心，采用现代自动控制、云计算、物联网、大数据、移动互联网、3D、GIS、组态等技术手段，对工业企业能耗、机关办公与大型公共建筑能耗、城市照明能耗、交通运输车辆油耗、新能源与可再生能源应用、主要污染物排放和环境状况进行实时动态监控。为各行业、企业提供实时在线能源系统平衡信息和调整决策方案，提高城市整体能源利用水平与效率，实现重点主导产业的绿色、可持续性发展。

在行业、企业层面监控的基础上，通过云平台进行全局数据分析、诊断、操作运营、能效管理与使用权（碳排放权、用水权、用能权、排污权）交易管理；实现横向集成、纵向集成与多样化能源端口集成，为政府制定淘汰高耗能行业、调整产业结构提供基础数据支撑；为全市节能指标分解落实、建立预测预警机制、节能考核和监督提供依据（见图45-2）。

图 45-2　智慧能源云平台整体功能介绍

（二）项目技术架构

智慧能源云平台采用分层、模块化思想对系统进行解耦，采用面向服务的体系结构（SOA）进行设计，采用公共服务组件，如Portal、LDAP、CA、GIS、通用报表等组件式开发，增强系统的一致性、扩展性和兼容性，方便后续的升级维护工作。采用J2EE主流语言和技术，基于分布式计算技术进行系统架构设计和系统开发，使系统具有纵向和横向的平滑扩张能力。

建立统一的相关数据模型，能够精确描述新余市监测企业的基本信息、现场仪表、实时监测数据、统计分析数据及报警数据信息等。

数据库设计充分考虑监测数据的海量快速增长，确保数据量增大时，系统的数据处理性能不受明显影响。

采用数据仓库技术、OLAP 技术、DM 技术数据进行分析。对数据进行提取、转换和加载（ETL），采用 OLAP 技术、数据挖掘（DM）技术对数据进行分析。

采用开放高效的物联网通信协议，支撑未来的无限扩容；同时保证系统的实时性、异构性、安全性、多用户访问的特征。

为了提高系统的可扩展性，系统将采用元数据对所要处理的数据进行描述，所有数据处理的组件采用元数据驱动的方式进行开发。对于功能的扩展，通过定制元数据驱动的功能扩展插件的形式实现，使系统具有较强的可扩展性。

系统总体逻辑架构如图 45-3 所示。

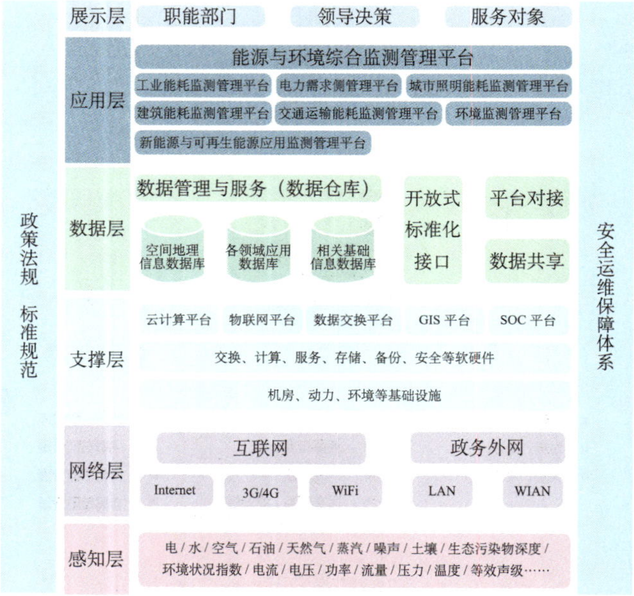

图 45-3 智慧能源云平台整体逻辑架构图

为保证智慧能源项目的稳定、快速上线，项目建设单位基于自有的技术开发平台进行系统研发。技术开发平台提供业务功能模块组件化的开发和部署模式，以组件包的方式进行分发、部署、升级，降低了业务应用系统的开发、管理、运维的成本。基于技术开发平台提供的基础服务，可形成统一的数据访问、统一的事务处理、统一的缓存管理、统一的任务调度、统一的权限控制管理、统一的日志、异常处理机制，有助于提高软件的稳定性以及扩展能力，能够有效解决业务应用系统规模大，软件模块多以及复杂的相互依赖关系给软件开发、部署、升级带来的诸多问题。

技术开发平台架构如图 45-4 所示。

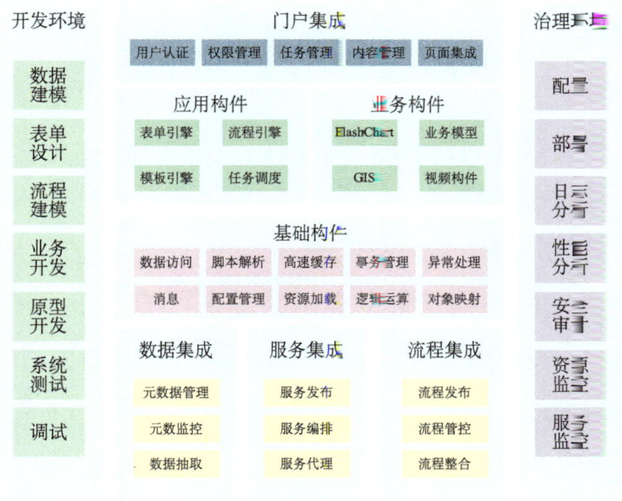

图 45-4　技术开发平台架构图

（三）项目实施内容

1. 智慧能源云服务平台

智慧能源云平台是基于云计算的全市统一的能源与环境监测数据中心和交换中心，管理各类能源监测数据、环境监测数据、基础数据库和共享目录，提供数据检索、定位和共享服务；建立和完善管理认证、授权、密钥发放等基础功能；管理各类数据异常变动，提供实时预警等服务；形成完整的领导决策与分析展示系统，可按需为各单位提供数据。

（1）共享数据云平台。智慧能源的共享数据云平台建设为 IaaS 层建设，共享数据云平台主要通过云操作系统高效的虚拟化技术，将计算、存储、网络等硬件资源进行整合，从而形成虚拟的计算资源池、存储资源池、网络资源池，实现资源的统一管理、智能调度、按需取用、弹性扩展，为综合管理平台、行业系统、基础共享平台等提供系统环境支撑。

（2）共享数据交换平台。管理各类能源与环境监测数据、基础数据库和共享目录，提供数据检索、定位和共享服务；建立和完善管理认证、授权、密钥发放等基础功能；管理各类数据异常变动，提供实时预警等服务。

（3）GIS 共享展示平台。在城市基础地理空间框架上，利用已有基础地理与区划综合、自然资源综合、生态环境与可持续发展综合、区域规划与主体功能区规划综合、重大基础设施及生态工程监测综合等信息库，为综合管理平台和各行业平台提供空间地理数据的基础框架。再根据能源与环境监测的需要，各行业平台完善高能耗区域、重点环保区域和采集点分布等信息，实现基于 GIS 的、城市节能减排的可视化监测与管理。

（4）共享安全保障平台。综合管理平台和各行业平台的各类数据是城市节能减排的原始数据，必须建设较高等级的安全防护与身份认证，确保设备运行稳定和数据安全，建设全面监控各类服务器、存储、网络设备和安全设备运行状态的安管平台。

2. 市级能源与环境监测管理综合平台

市级能源与环境监测管理是整个智慧能源项目的核心应用枢纽。通过能耗、环境实时数据的展示和专家管理系统的应用，及时获取能耗、排放信息，主动进行相应的预警、调控和管理，为制定能耗及排放的限额指标或标准、控制城市能耗总量、降低城市排放总量、提高政府节能减排工作的管理能力和决策水平提供科学依据（见图 45-5）。

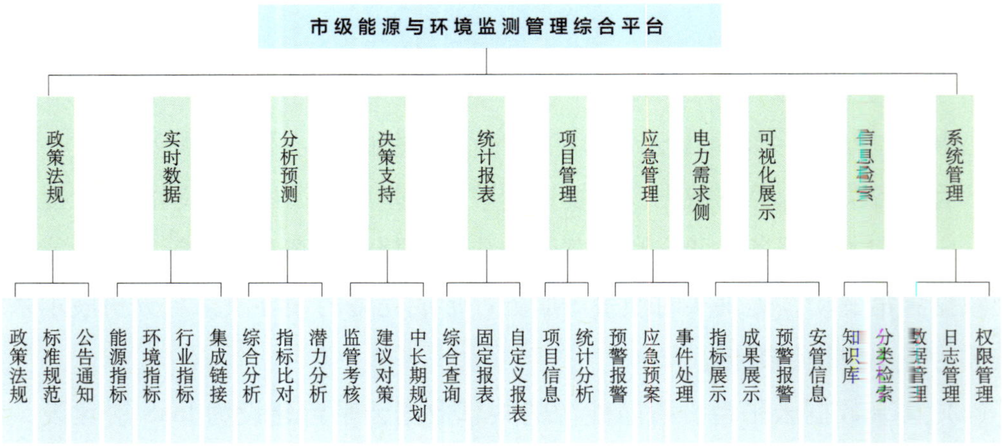

图 45-5 市级能源与环境监测管理综合平台功能架构图

3. 建筑能耗监测管理系统介绍

通过能耗统计、能源审计及能耗动态监测等手段，实现公共建筑能耗的可计量、可监测。确定各类型公共建筑的能耗基线，建立全市不同类型建筑的能耗数据库，为建筑能耗定额的制定奠定基础。识别重点用能建筑和高能耗建筑，发现问题，挖掘建筑节能改造的潜力空间，推进高能耗公共建筑的节能改造。同时，建立、完善全市公共机构节能组织管理体系、政策法规体系、监督考核体系、宣传培训体系、技术支撑体系和市场服务体系（见图45-6）。

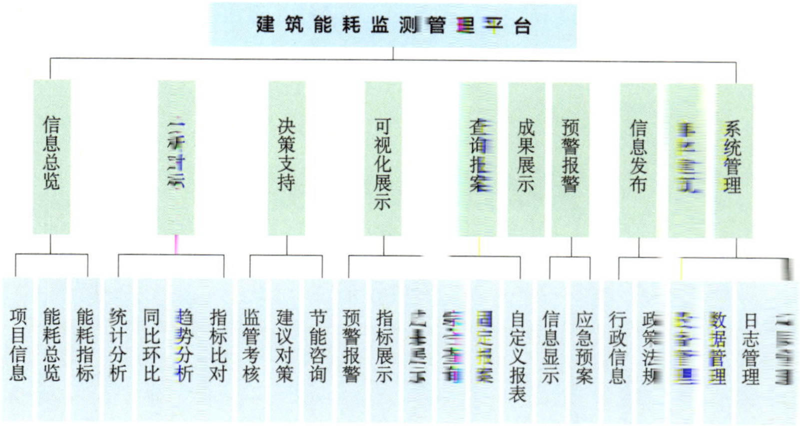

图45-6 建筑能耗监测管理平台系统功能架构图

4. 城市照明监测管理系统介绍

实现城市路灯照明系统按需照明、高效节能、精细化管理的目标，全面提高城市照明综合控制管理的效率（见图45-7）。

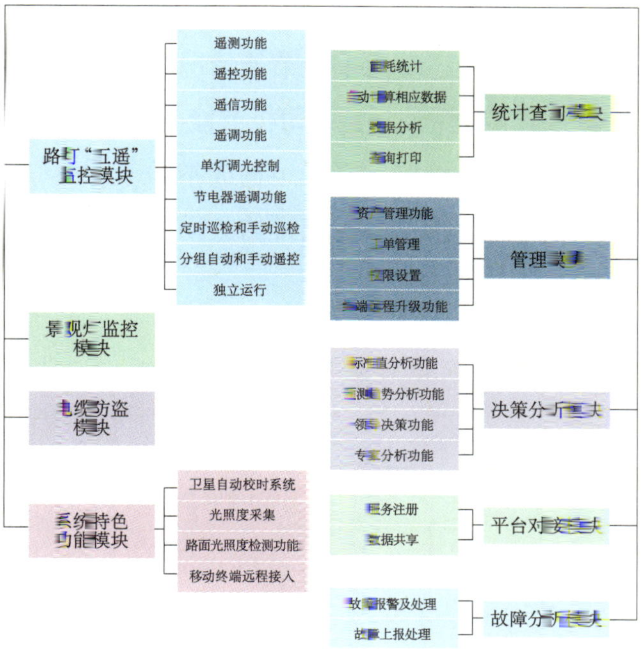

图45-7 城市照明监测管理系统功能架构图

5. 工业能耗监测管理系统介绍

实现全市重点用能企业能耗数据的报表上报；通过对全市工业企业能耗数据采集、上报、汇总、分析，实现工业能耗动态管理和数据综合利用，根据节能法规及节能监测标准实施科学咨询决策，帮助企业科学用能，提高能源利用效率，助力打造节能减排示范城市（见图 45-8）。

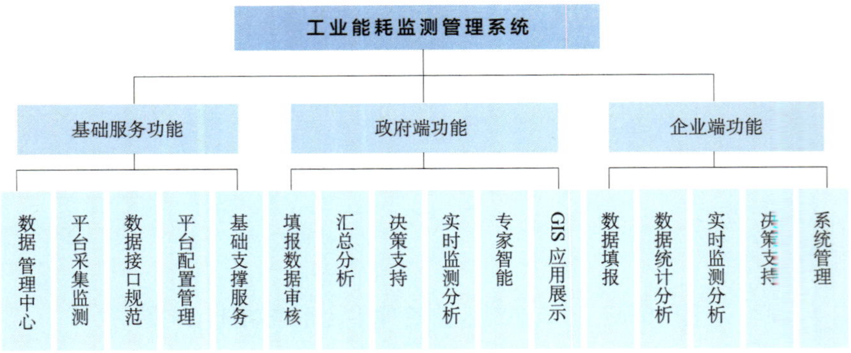

图 45-8　工业能耗监测管理系统功能架构图

6. 交通运输能耗监测管理系统介绍

采集营运车辆的油耗数据，实现对全市营运车辆能耗总量、各单车油耗的在线监测和监控（见图 45-9）。

（1）为政府制定补贴政策、奖惩企业节能情况提供依据；

（2）为运输企业制定节约用油规定、司机节能奖惩措施，并有效遏止偷油情况、科学合理的分配车辆—货物—线路，降低运输成本；

（3）培养司机节油习惯，形成节能减排的主动意识。

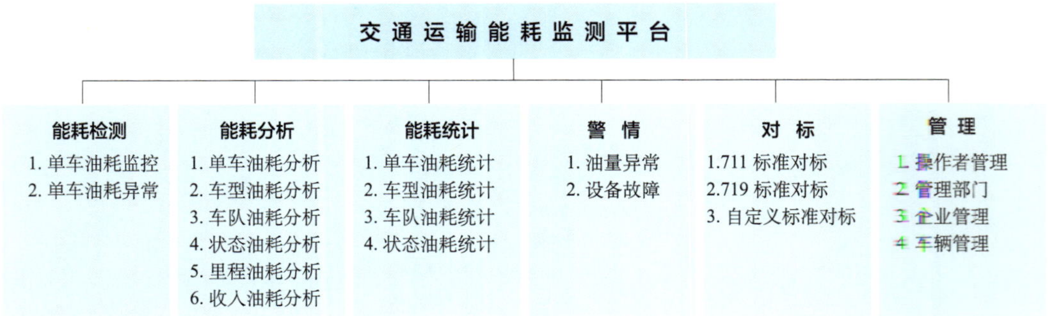

图 45-9　交通运输能耗监测平台系统功能架构图

7. 环境监测管理系统介绍

利用物联网技术、云计算技术、3S（GIS、RS、GPS）技术、自动控制技术、通信技术、数据库技术、系统集成等技术，统筹规划，逐步建成全区重点区域、重点区域无死角、全覆盖的信息数据实时采集与视频监控相结合的综合在线环境自动监控系统，同时推进全市水、大气、噪声和重点污染源的自动化监测站点建设，建设市环境保护综合管理系统，实现环境质量综合监测、污染源排放监测、应急管理、环境资源分析决策等功能。实现对城市环境的统一监控、调度和管理，为节能减排建设提供环境保护、排放管理等一体化的城市智能环保管理平台，建设更宜居、更低碳、可持续发展的城市生活环境（见图45-10）。

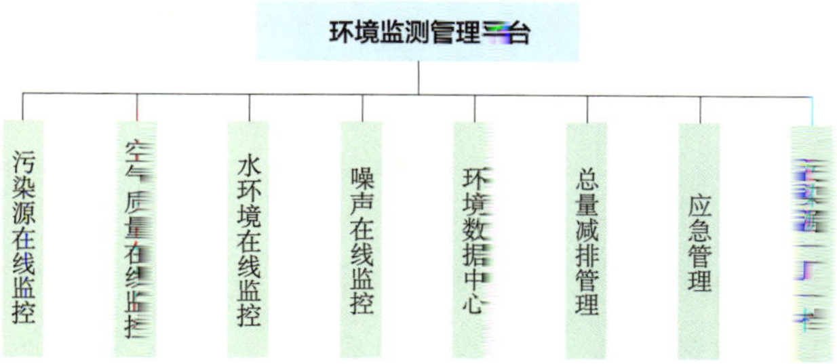

图45-10 环境监测管理平台功能结构图

8. 电力需求侧监测管理平台介绍

电力需求侧管理，全面提高城市电力资源利用效率，实现科学用电、节约用电、有序用电，促进城市电力资源优化配置、用电结构有效调整，用电效能不断提高，增强机动调峰能力，提升城市电力供需平衡水平和应急保障能力。

（1）宏观数据分析：收集宏观经济数据与供用电信息，实现城市、区域、产业、行业、监测企业、居民的供/用电量及负荷变化的统计、分析。

（2）有序用电管理：提供对有序用电相关信息的发布、执行结果的全面掌控和评价服务。包括有序用电信息发布管理、实施过程监测、目标统计分析等。

（3）目标责任考核：对电网企业和用电企业的节约电力电量指标考核。

9. 新能源与可再生能源应用监测管理系统介绍

直观衡量光伏应用、光热应用、水源热泵等项目的运行效果，并通过数据积累、整理、分析为新能源与可再生能源应用项目的建设、运行和管理提供科学依据，有效推进非石化能源应用（见图45-11）。

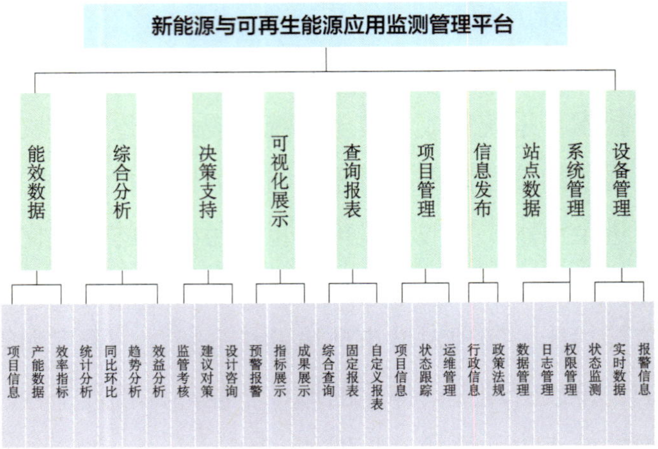

图 45-11　新能源与可再生能源应用监测管理平台功能架构图

三、主要做法

（一）政府统一规划和指导

新余市委、市政府一贯注重节能减排项目建设和应用，对项目政府进行统一规划和指导。全市总共实施了七大典型项目和 47 个现有政策类项目，累计完成投资 202.98 亿元，地方配套 66.25 亿元。智慧能源项目作为节能减排项目的重中之重，受到政府的高度关注。项目建设过程中，市委书记、市长、各相关部门负责人多次到现场考察调研、关心项目的建设情况。为了支持项目建设，优化投资硬、软条件，新余市先后出台了《新余市加快经济发展优惠办法》《新余市优化政务环境办法》等政策措施，极大地促进了投资环境的制度化、规范化和市场化，营造了更加优良的产业环境、更加和谐的社会环境和更加公平的政务环境，为外来投资提供优越的投资环境。

（二）城市部门间的协同协作

项目整体覆盖的业务面广，横跨了新余市委、市政府（智慧新余整体项目管理）、新余市信息中心（云平台、综合管理平台）、新余市能源局（工业平台）、新余市机关事务管理处（建筑平台）、新余市环保局（环保平台）、新余市住建委（建筑平台、新能源平台）、新余市城市管理局（城市照明）、新余市交通委（交通平台）、新余市统计局（电力需求侧）、新余市工信委（相关数据提供）等部门的职责范畴，跨部门交叉管理。

从项目调研、立项、研发、实施到运维、升级，整个项目的顺利进行，离不开城市各部门间的协同协作。

成立由市长为组长的智慧新余建设工作领导小组，负责确定智慧新余建设发展战略、规划和政策，统筹协调发展中的重大问题，形成统一、高效、畅通的协调推进机制。领导小组下设办公室（设在市信息化服务中心），具体承办日常工作。智慧能源项目作为智慧新余建设中重要的一部分，同样遵循智慧新余建设统一协调推进机制。智慧能源项目的领导小组办公室也同样设在新余市信息化服务中心。各县（区）和有关责任单位成立相应的工作推进小组，明确分工，落实责任。

智慧能源所有软件平台，都要由智慧新余建设工作领导小组办公室统筹推进。制订智慧能源建设年度工作计划，制定智慧能源项目的顶层设计方案，对软件平台进行统筹规划，避免信息孤岛，避免应用与现实脱钩，确保软件系统能真正服务于新余市的智慧城市建设。领导小组办公室会同各软件平台对口责任单位制定详细建设方案，经智慧新余建设领导小组研究决定后，组织实施，既保证软件平台的实用性、先进性，也保证了整体项目推进的合理性、有序性。

智慧新余建设工作领导小组办公室制定了政府信息资源共享管理办法，各职能部门的数据通过软件系统实现数据共建共享，通过大数据技术，真正发挥数据价值，避免以往尴尬的“政出多门、数据打架”现象，实现“用数据说话、用数据管理、用数据决策”。

在新余市各部门的通力合作下，智慧能源项目才得以顺利实施。智慧能源项目已经取得了显著的效果，新余市的节能减排成效显著，相关工作也获得了国家部委的高度认可。

（三）项目创新做法

全国第一个面向城市级的城市能源与环境管理平台，从“产业低碳化、交通清洁化、建筑绿色化、服务业集约化、主要污染物减量化、新能源及可再生能源利用规模化”六大领域入手，打通能源局、环保局、交通委、住建委等职能部门之间的信息屏障，消除信息孤岛，通过物联网技术，采集第一手真实数据，增强了数据的真实性和有效性，从而保证节能减排工作精准高效，落到实处，具体工作体现在“精、实、特、新、严”五个方面。

1. 精：周密安排部署，精准发力

基于智慧能源云平台提供的监测数据与分析建议，出击节能减排“重灾区”，进行工作的周密安排与精准发力。

2. 实：开展专项行动，讲求实效

智慧能源云平台为各项节能减排专项行动，提供节能环保技术方案，并对实施了节能环保项目的试点区域进行数据监测，以验证实施效果。例如，2013年在重点企业节能减排专项行动中，新钢公司利用余热发电14.1亿度，占总耗电量40%。

3. 特：力促产业升级，独具特色

提升传统产业，发展现代服务业，培育特色产业。例如，根据监测数据，关停“五小”企业 48 家，淘汰落后设备超过 500 台，淘汰落后产能水泥 8.8 万吨、小火电 10 万千瓦、300 立方高炉 2 座、焦炭 20 万吨。

4. 新：建立长效机制，敢于创新

在全国率先建立地市级碳交易平台，实行合同环境服务试点。

在全省率先推行建筑绿色化，建立公共机构节能管理机制，实行项目“预审制”。

5. 严：保障资金安全，从严要求

(1) 严格管理制度：制定了《项目管理办法》及实施细则，规范项目和资金管理；

(2) 第三方审计制：委托第三方中介机构对每个项目进行审核，确保资金安全；

(3) 项目退出制：对存在问题的项目，实行严格的退出机制。

(四) 项目运营模式（见图 45-12）

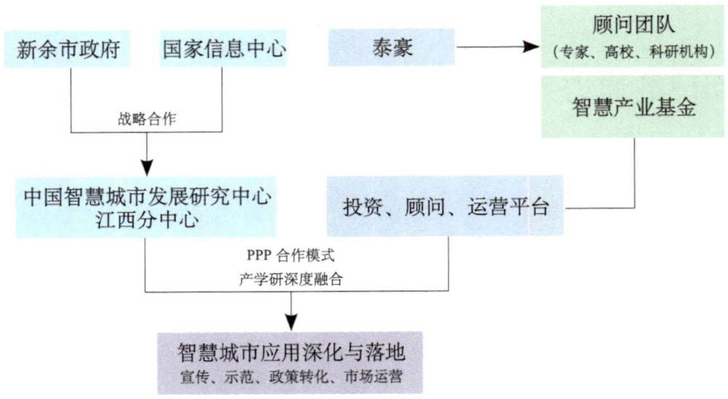

图 45-12 项目商业模式

智慧能源云平台项目由政府投资建设，项目建成后将由“中国智慧城市发展研究中心江西分中心”进行项目运营与应用深化。

通过“江西分中心”的落地，实现国家智囊与政府管理的碰撞，实现企业资金参与社会公共事务的管理，形成 PPP 合作模式，完成各类资源整合，发挥产学研最大效益。

(五) 项目盈利模式

智慧能源云平台项目作为首个在“江西分中心”上线运营的智慧城市项目，将起到一个中心辐射三个产业的作用：以能源信息为线索，打通智慧能源的服务全产业链。

以智慧能源运营中心辐射节能项目实施产业、节能技术咨询产业、节能产品生产产业（见图 45-13），通过云平台的数据资源连接起节能服务产业与需要节能服务的企业。

图 45-13　一个中心辐射三个产业

节能服务可包括为各重要行业提供能源规划、节能规划、能源审计、节能改造工程实施、节能设备维护等服务。

节能服务产业通过服务于企业，获得收益；企业通过节能，提高能源利用率，大幅降低生产成本，减少污染物排放，实现绿色可持续发展。云平台可从中收取一定额度的服务费，以维持云平台的正常运转。

（六）管理措施与风险控制

1. 加强组织领导

成立由市长为组长的智慧新余建设工作领导小组，负责确定智慧新余建设发展战略、规划和政策，统筹协调发展中的重大问题，形成统一、高效、畅通的协调推进机制。领导小组下设办公室（设在市信息化服务中心），具体承办日常工作。各县（区）和有关责任单位要成立相应的工作推进小组，明确分工，确定责任。

2. 强化项目管理

智慧新余所有建设项目，都要由智慧新余建设工作领导小组办公室统筹推进。要制订智慧新余建设年度工作计划，合理安排建设项目。

3. 形成共享机制

制定政府信息资源共享管理办法。整合现有网络资源，逐步整合到统一的数据中心。各应用之间实现互联互通。

4. 完善政策标准

以智慧新余建设需求为基础，研究制定智慧新余建设的标准与应用解决方案，推动智慧新余的标准化、制度化建设。制定《智慧新余建设项目管理办法》和《智慧新余建设考核管理办法》。

5. 统筹建设资金

建立智慧新余建设财政预算投入机制，从本市相关专项资金中切出部分资金，支持公益性、示范性、基础性项目建设，落实重点项目运维资金保障。

6. 保障信息安全

完善网络与信息安全基础设施，提高风险隐患预见、监测预警和突发事件处置能力。

四、应用成效

通过智慧能源物联网平台实时采集第一手能源与环境数据，分别汇聚至相应的行业平台进行专业领域的能耗与环境主题数据分析，为用户提供专业领域的节能减排数据统计与分析建议；经过数据交换平台将行业平台数据汇聚至智慧能源综合管理平台进行全市多行业的横向数据分析，为政府掌握、调整、制定城市全局能源与环境管理策略提供数据分析与决策支持。

（一）解决城市能源统计存在的问题

通过我们的调研，发现现阶段城市能源统计工作主要存在以下问题，并通过智慧能源云平台解决了存在的问题。

1. 问题一：能源统计调查面不全

解决方法：通过软件平台实时动态监测工业企业能耗、机关办公与大型公共建筑能耗、城市照明能耗、交通运输车辆油耗、新能源与可再生能源应用、主要污染物排放和环境状况的数据。

2. 问题二：能源统计力量不足

解决方法：收集整理国家统计部门、各地区统计部门成熟先进的统计方法，并通过软件平台实现方法的功能化，从而达到推广先进方法、解决统计力量不足的目标。

3. 问题三：统计报表时效性差

解决方法：

（1）采用物联网技术、人工录入等多种方式实现数据采集的实时性、及时性；

（2）通过软件平台实现多部门的数据整合与共享，打破数据孤岛、统计口径不一的困难局面；

（3）软件平台收集整理国家统计部门、各地区统计部门之最先进的统计方法，并通过软件平台实现方法的功能化，只要是上线了软件平台的地区即可采用先进统计方法完成统计工作。

（二）节能减排机制建设取得突破

新余市政府出台《关于开展碳排放权交易的系列机制和管理办法》，出台《关于推进合同环境服务工作的系列机制和管理办法》。

（三）实现智慧能源物联网布局

1. 在指定监测点完成物联网智能监测设备部署，这些设备包括：

（1）用煤、用电、用油、用汽、用气量智能监测设备；

（2）烟气、废水排放在线连续监测设备；

（3）IC 卡排污总量监控（工况）控制系统；

（4）异构数据采集器。

2. 监测的指标包括：

（1）能源类：用煤、用电、用油、用汽、用气量、发电量等；

（2）排污类：废水排放总量、COD 排放总量、氨氮排放总量、废气排放总量、SO_2 排放总量、SO_2 排放浓度、NOX 排放总量、NOX 排放浓度、pH 值等；

（3）环境质量类：细颗粒物（PM2.5）、可吸入颗粒物（PM10）、二氧化硫（SO_2）、二氧化氮（NO_2）、臭氧（O_3）一氧化碳（CO）、AQI、水质、噪声等。

通过智能监测设备获得实时、真实的能源类、环境类数据，构成整个平台的数据基础。

3. 目前已完成设备安装的监测点数量和类型为：

（1）完成 20 家企业监测站点设备的安装调试及数据采集：一级计量 10 家；二级计量 8 家；三级计量 2 家。

（2）完成 18 栋建筑监测点安装：总量计量监测 15 栋，分项计量监测 3 栋。

（3）完成 20 个新能源监测点安装：8 个光热监测站点、10 个光伏监测站点、2 个水源热泵监测站点。

（4）完成 1000 辆出租车辆油耗监测。

（5）完成 43 个环境监测点安装：国控已建污染源监测 30 个、新建污染源监测 6 个、水质监测 5 个、空气质量监测 3 个、噪声监测 3 个（非国控）。

（6）完成 196 路城市主城区照明监测设备安装。

（四）建成城市级智慧能源数据库

形成了新余市的智慧能源数据资源库，包括能耗库、环境库、项目库、模型库、企业库、知识库、法规库、事件库等新余市的城市级能源与环境的数据库。同时，新余在全国率先建立地市级碳交易平台，实行合同环境服务试点制。

（五）城市节能减排成效显著

项目建设过程中及项目建设后，将项目中间成果数据和最终成果数据进行分析，分析结果利用到政府管理决策中，极大地促进了节能减排工作的有效落实和对节能减排效果的监督检查。新余市的节能减排取得了明显成效。

与 2010 年比，2014 年新余市万元 GDP 能耗为累计下降 25.02%，超额完成示范目标的 9.8%；四项主要污染物化学需氧量、氨氮、二氧化硫和氮氧化物分别累计下降 13.36%、11.1%、13.0% 和 2.2%，其中，化学需氧量降幅超额完成 28.5%。

（六）环境质量大为改善

2010 年与 2014 年相比：

（1）空气质量优良天数由 260 天上升至 295 天；

（2）酸雨频率由 68% 下降至 52%；

（3）饮用水源地水质由Ⅲ类提升至Ⅱ类。

（七）产业转型成效显著

2010 年与 2013 年相比：

（1）产业结构更为合理：第二产业占比降低 3.7%，第三产业占比由 32.2% 提升至 35.9%；

（2）工业结构明显优化：战略性新兴产业占比提升 7%。

（八）推动碳排放市场交易

结合市场机制推动碳排放市场交易。

云平台所获得的能源消费产生的碳排放量，能够应用于碳排放交易平台；通过对重点单位能耗与排放状况的计量监测，能够确定其基准数据、量化其节能减排目标、提供节能减排绩效测量和验证方案，成为政府和社会推广 EMC、PPP 模式应用的基础。

（九）节能减排工作获国家部委高度认可

2011年6月，新余市成为全国第一批节能减排综合示范试点城市。三年来，新余市抓住节能减排财政政策综合示范城市建设的历史机遇，以高标准、严要求制定实施方案，力争在综合示范中做出特色、做出亮点，实现新余节能减排工作跨越式发展，得到了财政部、国家发展改革委的高度肯定，先后有北京、深圳、杭州等近70个兄弟城市前来考察交流。

2015年4月财政部和国家发展改革委组织考核组对新余三年节能减排财政政策综合示范工作进行总考核，围绕绩效考核指标，先后对新余市节能减排典型示范项目的工作量、投资额、节能减排效果、长效机制建设等完成情况进行了详细核查，并对重点项目单位进行实地调研。通过现场考核，考核组对新余节能减排财政政策综合示范工作给予高度评价。7月，经过专家组现场考核和财政部、国家发展改革委最终审核，新余市在“2012—2014年度全国节能减排财政政策综合示范工作”考评中获得全国优秀单位称号。

（案例推荐单位：新余市人民政府）

案例46

江西“智慧建设”大数据平台解决方案

一、背景与需求

江西省是江南鱼米之乡，是国家“一带一路”战略规划所含省份，全境入选生态文明先行示范区，省会南昌是国家规划的中部中心城市。江西省辖11个地级市，截至2014年，总面积16.69万平方千米，人口约4542万人，生产总值15708.6亿元。

江西省政府于2015年政府工作报告中提出，深入实施创新驱动发展战略，依靠创新加快调整优化产业结构，引领带动产业转型升级，提高产业整体竞争力。制定“互联网+”行动计划，促进云计算、大数据、物联网等与传统行业融合发展。

作为国家重要经济支柱的建筑业，在当前新型城镇化推进的历程中，如何规范行业健康发展，促进产业增质提效，发挥建筑业更大的作用成为关注的重点。而建设工程的安全与质量更是因为关乎产业经济的发展与人民的生命财产安全，被视为关注的焦点。因此，江西省建设工程安全质量监督管理局与企业开展合作，共同打造“智慧建设大数据平台”，为江西省建设行业的规范健康发展提供有力的保障。

近十几年来，我国建设行业得到了快速发展，已成为拉动我国经济快速增长的支柱型产业。但是，由于建筑业的庞大覆盖面以及与方方面面的关联众多，其所存在的问题也逐渐凸显。基于国家政策的指导与规划、相关法律法规的要求，立足于建筑业改革大方向的指引，对建筑业目前的政府管理和企业新技术推广的“痛点”需求分析如下：

一是行业防腐缺乏有效信息技术手段。不断加强执法监督和现场监督，但由于手段落后、机制乏力，文明执法和廉政建设的空间仍然较大。以“互联网+信息技术”应用，达到“不见面申报、不见面审批、不见面办结”的“三不”办事流程，最大限度地杜绝腐败的渠道，解决“权力寻租”问题，提高办事效率。建设建筑行业大数据平台可以增加政府官员考量维度，办事留痕，对挖掘腐败关系网络提供技术支撑。

二是追薪讨偿存在监管环节互不联通问题。建筑行业根据各自需求已建立起部分信息化应用系统，但数据的有效真实、互联互通、相互共享依然存在障碍，存在众多信息孤岛，无法有效发现像“追薪讨偿”问题的根源和症结，发挥行业大数据平台的监管辅助作用，依据数据发掘体制弊端，有效提供政府解决“追薪讨偿”问题的手段和决策线索。

三是建筑行业务工乱象的破解。建筑业市场低迷，大量建筑劳工面临就业困难，往往需要跨区域务工，造成留守家庭问题；为寻找工作受到黑中介、传销等不法组织的欺骗，造成人身安全问题及经济损失。大量劳工未经过职业培训便走上工作岗位，容易造成安全和质量隐患；而施工方也为寻找具备职业技能的合格劳工而苦恼。互联网技术应用不足，导致住户了解不到建筑相关信息等。

四是建筑行业政务治理和绩效考核。整治庸政懒政，科学的管理制度和系统带来的先进机制无疑具有决定性的作用。政府相关部门要尽快掌握新技术系统，建立健全人人负责、层层负责、环环相扣的工作流程责任制，以责任传导压力，以相互制约从技术上防止庸懒散漫；要完善技术指标考核评价机制，严格责任追究，做到不尽责就问责、不作为就失位，以严明的纪律和有力的举措，确保政令畅通、令行禁止，从技术上保护干部的干劲和纯洁性。

二、建设内容

（一）方案综述

智慧建设大数据平台以建立建设行业大数据分析模型，实现行业规范、健康、可持续发展为目标，以建设工程安全与质量为起点，以建设大数据服务行业监管与发展为核心，采用云计算、物联网、大数据、移动互联网、BIM、GIS、生态等技术手段，对行业进行实时动态监管。为政府、企业、人员及市场提供实时在线信息服务和调整决策方案（见图46-1）。

智慧建设大数据平台将涉及行业监管、从业人员管理、大型设备管理、市场管理、民众消费等应用系统及数据对接（见图46-2），通过统一的大平台对各类应用的数据与分析结果进行综合管理与分析，将各块纵向的应用系统相互关联，横向联通，实现全行业数据的综合分析应用。从而为企业、为政府、为社会提供政策分析与行业指导。

图 46-1　智慧建设大数据平台整体功能介绍

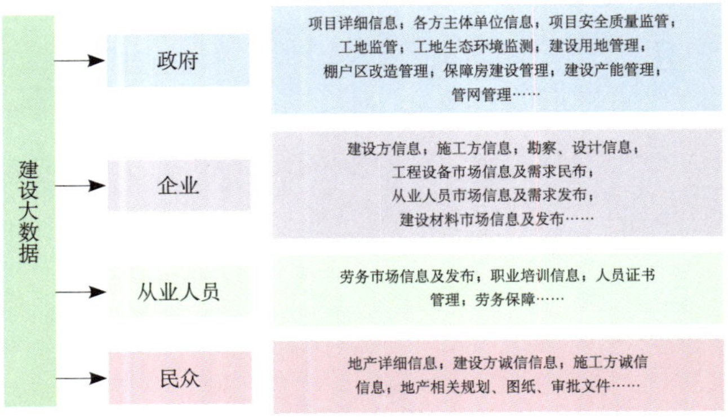

图 46-2　智慧建设大数据平台服务对象及内容介绍

建筑业大数据系统整合各大子系统数据信息，针对不同服务对象，筛选出特定数据，并且根据多种模式融合这些数据，直观地为服务对象展示出他们最关注的数据信息。

（二）项目总体技术架构

为保证智慧建设项目的稳定、快速上线，系统建设单位基于自有的技术开发平台进行系统研发。技术开发平台提供业务功能模块组件化的开发和部署模式，以组件包的方式进行分发、部署、升级，降低了业务应用系统的开发、管理、运维的成本。基于技术开发平台提供的基础服务，可形成统一的数据访问、统一的事务处理、统一的缓存管理、统一的任务调度、统一的权限控制管理、统一的日志、异常处理机制，有助于提高软件的稳定性以及扩展能力，能够有效解决业务应用系统规模大、软件模块多以及互相复杂的依赖关系等软件开发、部署、升级等带来的诸多问题（见图 46-3）。

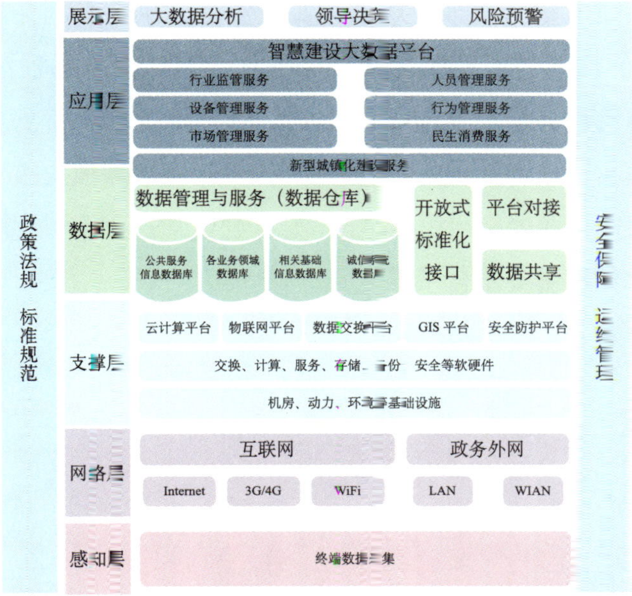

图 46-3 智慧建设大数据平台整体逻辑架构图

（三）项目实施内容

整体系统采用“1+N”的平台建设模式。即以 1 个“智慧建设大数据平台”为建设核心，下辖政府管理、人员管理、设备管理、行为管理、企业应用、商业应用等 N 个行业管理及业务应用系统，共同构建实现建筑业与“互联网+”、大数据的全面融合与增质提效。

1.“互联网 +”智慧建设大数据指挥中心

基于“互联网 +”、大数据、物联网等新一代信息技术，以企业库、人员库、诚信库、设备库等各类基础数据库为支撑，整合、完善建筑行业管理、业务、执法等各项应用，构建一个完整、统一、高效的“智慧建设”大数据平台。通过可视化、可操作的展示平台为管理者提供精准的数据分析、风险预警与决策支持。

2.“互联网 +”智慧建设大数据服务平台

充分利用物联传感优势，固化标识建筑桩基、人员、物料、设备等建设数据，让物联传感实现实时监测、检测，实时关注安全及防止人为干预检测，让造假无处产生。各类型物联传感器的云端化，加速信息流转，让大数据对传感数据分析、关联成为可能。

基于云政务一体化平台，为监管部门提供信息化的办公服务，方便监管部门的实时监管，及时了解行业动态，实现“阳光政务”。企业通过大数据平台及时了解相关政策动态，及时做出适宜的规划，实现资源共享、互利共赢。

从建筑政务一体化、执法追踪、工地环境治理、工地远程监控，不断扩展治理范围到塔基身份治理、塔吊危险预测、无人值守建筑材料监测、从业人员素质提升，并由建筑业大数据平台覆盖关联应急物资储备、应急路线决策支持、人员征信、企业征信、从业人员培训、跨界应用等多维度，为精细化管理、国计民生做好数据基石。

3. 智慧建设大数据服务平台子系统

系统总体框架如下（见图 46-4）：

图 46-4 智慧建设大数据服务平台子系统图示

（1）建设工程安全质量服务平台。系统用户纵向涵括了省市县三级监督机构主管部门及监督人员，横向包括了建设、施工、监理、设计、勘察、检测各方参建企业，项目经理、施工五大员、项目监理、特种作业人员等从业人员，实现各级主管部门联动、多方企业管理互动的互联互控效果（见图 46-5）。

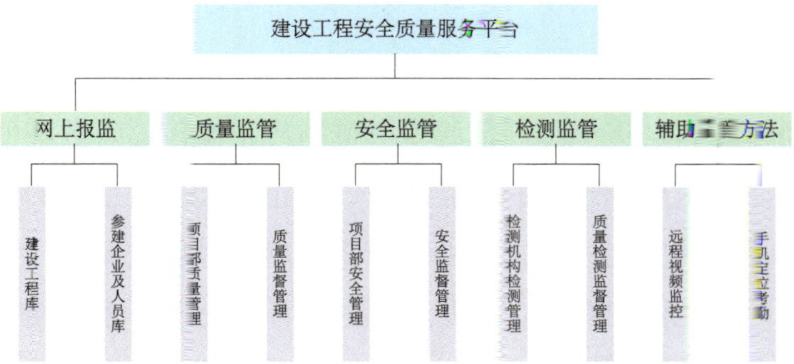

图 45-5 安全质量监督服务平台功能结构图示

(2) 建设工程诚信信息管理系统。通过诚信体系的建立及公布，让失信企业（人员）逐渐被市场淘汰，加强了企业对自身诚信度的重视和完善。通过大数据分析为工程发包方推送所需信息，并为监管部门提供决策支持。

(3) 建设工程检测管理系统。桩基地基检测作为建设工程质量保证的重要一环，加强对桩基检测的规范和过程监管显得尤为重要。通过信息化技术手段，使得方案编制规范化、数据采集自动化、检测报告自动生成、监督管理社会化，各级监督机构与行业专家及社会大众共同参与化，实现桩基工程的检测管理从对检测报告的监管向检测过程监管前移。

(4) 城市发展、规划服务系统。系统由土地规划发展、保障性住房管理、棚户区改造、市政管网监测等子应用组织。通过前端设备智能数据采集、结合大数据分析与情景展现为政府主管部门提供指导城市规划发展的决策依据。

(5) 从业人员管理系统。建筑行业从业人员管理系统主要用于三类人员、特种作业人员、监督机构人员申报考核管理系统，系统结合电子签章技术，实现了异地网上申报、不见面审批办结的在线办事服务，高效便捷、公正公平。通过身份证识别、图像采集、严格考试纪律，实现考试考核公平有序开展。

(6) 从业人员劳务服务系统。基于诚信体系建设，构建专业服务于建筑业从业人员应用系统，为企业与从业人员建立起权威、高效的绿色交流互动服务平台，包括政策动态、建筑企业用工信息、劳务公司招聘信息、个人劳务求职信息、劳动合同管理、劳务外包管理、建筑工人技能培训、建筑工人流动管理、项目现场考勤管理、工资发放查询、动态预警、金融保险、法律援助等功能。

(7) 起重设备安全监控管理系统。一是起重机械设备备案管理。通过信息化手段，实现了对机械设备全生命周期的闭环管理，全面掌握全省起重机械状况，避免老旧设备、带伤设备、无证设备等带来的安全事故隐患；省市县三级自下互查、信息共享机制，便于对已备案设备及备案资料档案进行随时调阅与管理，让监管不留空隙。二是起重机械设备安全监控。通过信息化手段实时监控，实现随时调阅管理备案人员、设备及资料，进一步规范起重机械的使用操作，有效降低了设备使用的安全风险，提高了建筑施工现场的监管能力，防止重大安全事故的发生，保障了建筑工地人员生命及财产安全，有力推动着施工现场健康的发展。

（8）生态文明工地监控系统。一是工地生态环境监测。系统结合现场大气、噪声监测装置，实现对建筑工地扬尘、噪声等施工现场环境的实时传感监测，超标数据实时报警提醒；所有监测信息同步上传集中监控中心，辅助监管部门及时掌握监控工地作业环境，确保生态文明施工，保护绿色生态环境。通过系统智能预警，对未按规定进行扬尘、噪声控制的工地及时发现、及时取证、及时预警。通过系统智能数据分析，对建设工程生态环境情况进行综合分析与对比，为建设工程环境治理提供依据和解决方案。二是作业车辆生态文明监管通过视频监控联动实时监测作业车辆驶出工地时是否按要求做到车辆冲洗、遮挡、渣土覆盖等，是否按规划线路行驶，通过与系统实时监督，对未按要求操作的车辆实时取证并发出预警，杜绝作业车辆将扬尘、渣土等环境污染物带入城市和人民群众的生活中，保障城市环境和民众健康生活。

（9）三维虚拟安全预警应急演练系统。安全应急救援现场演练不但事故现场布置困难，而且演练本身也带有一定危险隐患，还有成本较高和影响施工等局限性。本系统使用先进的三维虚拟技术，集成动画、声音、视频和文字于一体，实现了对工程应急救援演练现场的全真模拟，使用生动形象的方式指导和培训相关人员。

通过平台虚拟演练，相关人员可通过桌面演示就能够参与培训而无须赶赴现场，培训场景角色明确，定位清晰，解决了传统演练周期长、演练成本高，受气候影响大、教育覆盖面小的问题。

三、主要做法

（一）政府统一规划和指导

江西省政府、江西省建设厅、江西省建设工程安全质量监督管理局一贯注重信息化建设和应用，在项目建设的全过程，政府进行统一规划和指导。围绕行业监管、行业治理、行业减负，行业规范健康发展，推出了一系列政策及法规要求。

项目建设及运维期间，政府主管领导及相关部门负责人一直与项目组保持充分沟通，给予了充分重视与指导，使得项目建设按时按质按量完成，并不断得到优化与升级。

（二）各委办局协同工作

项目整体覆盖的业务面广，既包含了建设行业主管部门，也包括了建设行业建设、施工、勘察、设计、监测、监理等企业与机构，涉及全省建设工程、工程设备及所有从业人员。

从项目调研、立项、研发、实施到运维、升级，整个项目的顺利进行，离不开政府各部门、行业企业、行业从业人员的通力协同协作。

由江西省建设工程安全质量监督管理局牵头，负责确定智慧建设发展战略、规划和政策，统筹协调发展中的重大问题，形成统一、高效、畅通的协调推进机制。各业务部门，各市、县（区）和有关责任单位协同配合，明确分工，确定责任，共同推进。

在顶层设计的基础上，对软件平台进行统筹规划，避免信息孤岛，避免应用与现实脱钩，确保软件系统能真正服务于行业管理与规范建设，保证软件平台的实用性、先进性，也保证了整体项目推进的合理性、有序性。

各职能业务部门的数据通过软件系统实现数据共建共享，通过大数据技术，真正发挥数据价值，实现“用数据说话、用数据管理、用数据决策”。

在各部门的通力合作下，智慧建设项目得以顺利实施完成并取得了显著的效果，江西省建设行业管理与发展成效显著，相关工作也获得了国家部委、行业企业与从业人员的高度认可。

（三）严格依据政策法规开展工作

智慧建设项目具备强大的政策与技术支撑，依据国家相关政策文件、政策法规、技术标准、技术规范建设。

2014 年，住房和城乡建设部《关于推进建筑业发展和改革的若干意见》《全国建筑市场监管与诚信信息系统基础数据库数据标准（试行）》《全国建筑市场监管与诚信信息系统基础数据库管理办法（试行）》和《工程质量治理两年行动方案》。要求全面实现全国建筑市场“数据一个库、监管一张网、管理一条线”的信息化监管目标。

2015 年 7 月 1 号，国务院印发《关于积极推进“互联网 +”行动的指导意见》，促进“互联网 +”与传统行业（如建筑业）的深度融合发展。

2015 年 8 月，国务院印发《促进大数据发展行动纲要》，推动“用数据说话、用数据决策、用数据管理、用数据创新”，将大数据作为提升政府治理能力的重要手段。促进传统产业转型升级和新兴产业发展，培育新的经济增长点。

2015 年，江西省政府印发《关于加快推进“互联网 +”行动实施方案的通知》，提出加快发展大数据产业，培育线上线下相融合的各类新业态。要求各地各部门主动作为，完善服务，加强引导，大胆探索，促进“互联网 +”新业态、新经济发展。

（四）规范标准全程指导

在贯穿建筑工程施工质量（安全）全过程中所涉及“人、机、料、法、环”五大元素中，“法”是可预先设置的，是控制的依据和根本。搭建省、市、县三级互通互融的建筑工程施工质量（安全）管理服务平台，运用网络信息平台用“法”指导规范参建各方施工活动中的质量（安全）行为程序和工作程序，实现建筑工程施工质量（安全）标准化。

（五）监督管理流程化

信息化监管记录，避免了以往纸质形式的消耗资源、存档空间，且不易保存、查找困难等问题；网络化的监督服务，使监督记录可以通过网络信息技术随时随地进行数据填写录入和调取查询，免去了传统监督形式固定场所的限制；程序化的监管内容和流程，为监督人员提供统一表格和填写指导，提高监督人员队伍业务整体水平。

（六）多级监管、各方互动

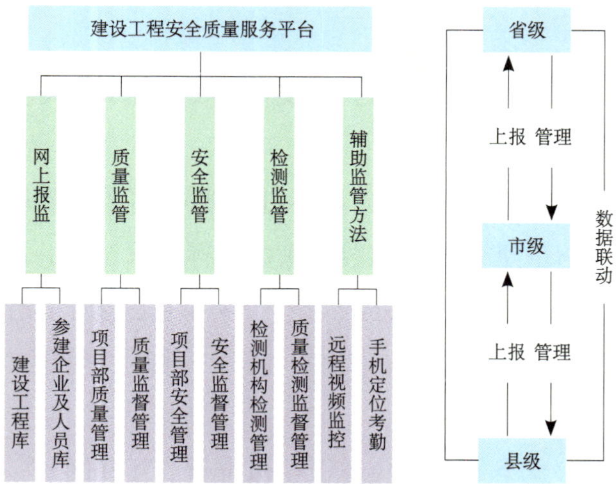

图 46-6 省市县三级监管体系图示

在“省、市、县”三级监管信息互通互联基础上，融入三方责任主体及影响工程质量安全关键过程控制的互动活动，将其质量责任落实情况纳入监管系统，自动保存留痕，便于查询和追溯，使责任追究成为可能（见图 46-6）。

突出参建方自查自验的质量自控管理和互检互验的相互制约关系，实现了参建方质量自检、验收和平行检测等质量行为信息的互通互联，督促参建方落实责任。

（七）建设模式

基于国家政策导向，企业以投资形式与各省、市进行 PPP 模式合作，共同建立属地化“数据服务公司”，根据各地实际情况，以“智慧建设大数据平台”为建设核心，分步骤、分批次推进相关建设工作，并最终实现各系统的汇聚、融合，完成统一的平台化与大数据综合分析应用（见图 46-7）。

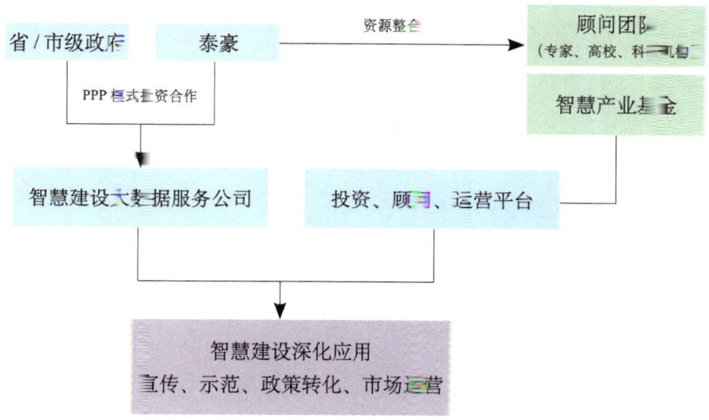

图 46-7 智慧建设商业模式图示

“数据服务公司”主要进行政策解读、大数据平台开发研究、智慧建设物联网设备生产制造、技术整合平台、科技申报平台、系统集成平台等工作；并通过与国家相关机构、清华大学、相关研究机构的交流合作，进行智慧建设理论与实践应用转换，并逐步实现高级别、高水平科研团队落地；开展符合政策法规、符合行业需求的市场化运营，实现平台运维的自我保障，实现经济效益的持续增长，促进产业市场的活力。

1．四大核心战略

（1）一个合资企业落地

政府、企业 PPP 合作，属地管理，长期定制化运营服务，大数据增值商业应用。

（2）一个产业基金配合

整合拉动社会资源及资本汇聚，减少财政压力，规避财政风险，解决长期建设资金；整合、培育、升级优质产业聚合，促进产业发展。

（3）一个资源体系平台

整合国家、专家、高校等资源，产学研用合作，促进深化应用，建立示范效应，申报国家课题，实现政策转化。

（4）一个行业监管支点。建立行业监管中心，辅助管理决策，促进政务阳光高效，服务行业健康发展。

2．五大重点研发方向

（1）行业平台及应用系统研发。

（2）物联网云计算技术研发。

（3）大数据技术研发。

（4）行业监管物联网技术研发。

（5）行业监测技术及设备研发。

3. 四大支撑平台

（1）形成与国家相关机构合作课题研究、申报与转化平台。

（2）形成与清华大学产学研用合作平台。

（3）形成互联网技术与行业结合应用平台。

（4）形成大数据分析及商业化服务平台。

（八）运营模式

智慧建设项目依据国家相关政策文件、政策法规、技术标准、技术规范建设。分析方法经过专家组认证，科学合理，依据充分。项目投入运营多年，已通过市场化运营实现运维与服务成效。

基于已建立的平台与服务，将进一步实现数据积累与分析，在服务行业健康发展的原则上，不断实现更大程度的市场化运营。主要方向如下：

（1）根据政府管理需求，提供定制化服务，政府每年购买服务；

（2）为企业提供信息化建设服务；

（3）为企业发展与转型、市场信息分析与决策提供咨询、为施工规范管理、安全及质量管理等提供治理办法；

（4）提供行业劳务市场服务、设备租赁及销售市场服务、检测市场服务、人员培训市场服务；

（5）与金融系统合作，为行业企业提供金融创新服务；

（6）与保险及医疗系统合作，为行业从业人员提供保障服务；

（7）与研究机构、厂商合作，为行业提供新技术、新材料、新产品。

四、应用成效

（一）破除行业信息孤岛

通过基础数据库与统一管理服务平台的建设，将省、市、县各级行业管理部门的业务与数据实现了共享互通与数据统一，并与住建部相关系统实现了统一对接。

（二）建设工程安全质量监管与服务成效

建设工程安全质量监管与服务成效统计见表 46-1。

表 46-1　建设工程安全质量监管历年工作量统计表

统计项目	年度	2013	2014	2015
受监工程（标段）	个数	583	3743	[illegible]
	总面积（平方米）	8878431	29910977	[illegible]
2015 全省实体质量监督检查情况	检查总数	符合标准数	不符合标准数	下发整改停工
	1291	639	469	[illegible]
从业单位	施工	监理	设计	监管机构
	4175	262	421	[illegible]

（三）实现全省三类人员管理与服务

系统办结事项人数总数（2013—2015 年三年每年总数）统计见表 46-2。

表 46-2　系统办结事项人数历年统计表

年度	2013	2014	2015
总数（人）	29035	54586	[illegible]

（四）实现全省特种人员管理与服务

系统办结事项人数总数（2013—2015 年三年每年总数）统计见表 46-3。

表 46-3　系统办结事项人数历年统计表

年度	2013	2014	2015
总数（人）	8637	6496	[illegible]

（五）实现全省起重机械备案管理与服务

2013—2015 年每年备案数量情况见表 46-4。

表 46-4　2013—2015 年备案数量统计表

年度	2013	2014	2015
总数（台）	7368	7166	3572

（六）实现全省重大危险源备案管理

2013—2015 年重大危险源登记数量情况见表 46-5。

表 46-5　2013—2015 年重大危险源登记统计表

年度	2013	2014	2015
总数	285	248	152

（七）推动全省地基基础检测管理与服务

2015 年全省地基检测情况见表 46-6。

表 46-6　2015 年地基检测情况统计表

年度	检测机构数	检测设备	检测人员	检测工程	检测方案	检测报告
2015	142	9431	2285	2568	1975	1535

（八）实现全省保障性住房管理

2013—2015 年全省保障性住房管理统计情况见表 46-7。

表 46-7　2013—2015 年保障性住房管理统计表

年度	执法抽查项	符合要求	符合率
2013	8028	6691	83.3%
2014	4438	3860	86.9%
2015	3194	2656	83.2%

（九）推动全省优质工程建设

2012—2015 年省优工程见表 46-8。

表 46-8 全省分区域 2012—2015 年优质工程统计汇总表

省直	南昌	景德镇	九江	新余	赣州	吉安	宜春	抚州	其他
95	191	29	40	21	46	61	127	31	21

（十）实现市场化运营

1. 一级企业升特级企业信息化服务：发达控股集团有限公司、江西中恒建设集团有限公司、江西中煤建设集团有限公司、中阳建设集团有限公司。

2. 监理信息化管理服务：江西恒实建设监理咨询有限公司。

3. 地基基础检测管理信息化服务：江西恒信工程检测集团有限公司等 140 余家检测单位，江西省建设工程安全质量监督管理局等 11 地市质量监督机构及 100 余家县区监督机构。

4. 建设工程安全质量监督管理信息化服务：江西省建设工程安全质量监督管理局等 11 地市质量监督机构及 100 余家县区监督机构。

5. 三类人员、特种作业在线考试、考核服务：涉及全省 4000 余家施工企业，10 万多从业人员。

6. 特种作业实操培训、考核服务：江西中天建工技术服务有限公司、江西顺盛建工技术服务有限公司。

7. 电子签章、签名 CA 认证服务：涉及全省 4000 余家施工企业，140 余家检测机构，100 余家各地市监督机构。

（十一）效益分析

1. 政策效益

（1）符合国家及地方关于“互联网 +”、大数据应用与行业的结合政策，推动大数据产业的建立与发展。

（2）实现全行业数据资源的整合与共享，破除行业数据孤岛，避免资源浪费；便于部门间业务流转协同，便于行业系统横向、纵向互通与管理，提升整体管理水平，提升效率。

2．社会效益

（1）实现全过程、全透明管理。加强行业实时监管，及时监督、预防工作不到位、不规范，将权力关进数据铁笼，打造阳光政务。

（2）通过平台建设，完善行业监测体系，优化监测布局，加强数据实时上报监管，加强事中事后监管，避免监管缺失。

（3）实现行业综合数据资源开发与应用，开展大数据关联分析，为行业决策、管理和执法提供数据支持。提升行业各类风险监测评估与预警能力。提高行业风险防控和突发事件应急能力。

（4）促进行业规范、有序、健康发展。

3．经济效益

（1）通过数据积累、挖掘与分析，为企业发展规划、设备与材料市场、劳务从业服务、执业培训服务、行业金融服务、行业保险服务等商业体系提供咨询与各项运营服务，实现经济价值。

（2）通过新技术、新材料、新产品的合作与推动，促进新型产业的发展，促进行业技术改革，降低成本，提高效率，绿色发展。

（案例组织单位：江西省建设工程安全质量监督管理局）

案例 47

智慧产业带动的城市转型发展
——辽源市创建智慧城市探索实践

辽源市地处吉林省东南部，是东北地区典型的资源枯竭型城市，城市发展因煤而兴，又因煤而衰。进入新世纪后，辽源城市转型升级需求日益迫切，自2005年市委、市政府开始谋划经济转型、城市转型和产业转型。到“十二五”期末，三大产业产业结构由2010年的10.4∶56.2∶33.4调整为2015年的7.6∶58.4∶34，以物联网、大数据、云计算等智慧产业为代表的新型工业和服务业迅速兴起。辽源以新兴信息产业促进智慧城市建设的发展模式，具有鲜明的代表性，对全国中小城市转型、产业结构调整、智慧城市建设等有很好的示范作用和推广价值。

一、背景与需求

2013年，党中央十八届三中全会《决定》提出今后全面深化改革的总目标是推进国家治理体系和治理能力现代化，强调要在新型城镇化建设中融入智慧城市的概念。辽源市作为资源枯竭型城市，区位、交通优势不突出，城市规模小、底子薄，以传统产业结构为主，经济社会和民生发展都面临着巨大压力。因此，辽源市在国家政策的指导和要求下，在煤炭资源枯竭和传统支柱产业衰退乏力等困境的内生驱动下，2011年在吉林省内率先启动了智慧城市建设，立足智慧理念和智慧技术谋划转型出路。

二、已开展的工作

2013年被确定为住建部智慧城市试点后，辽源市委、市政府积极探索新路子，总结新经验，通过一段时间的工作，辽源智慧城市建设的路数越来越清晰，目标愈加明确。

(一)高屋建瓴，树立多方兼顾的发展理念

从理念定位而论，辽源坚持“市长视野、企业视角、百姓感受”的理念十分先进，具有普适性，目前四平、万宁等地已引入这一理念。“市长视野”就是以市长的视野去分析辽源城市发展的主要矛盾和亟待解决的问题，组织多部门合作联动，合理制定辽源“智慧城市”建设的主体方向；“企业视角”就是市场化的城市经营方式，政府与企业的换位思考。政府引导企业的经营方向，确立了“小政府，大社会”“政府花钱买服务”“养事不养人”的服务型政府理念，直接或间接转变了一大批传统企业“卖产品不卖服务”的经营思路，通过智慧城市长效稳定的商业项目和混合项目给企业带来源源不断的收入；“百姓感受”就是建立全民参与的自觉和利益共享的民生广角。

(二)统筹规划，构建协调有序的建设体系

从运营方式而论，辽源市坚持了统筹、合作、共赢的发展方向和平台建设。

在政府运筹上，辽源市成立了专门的智慧城市办公室，专职负责“智慧城市”项目的建设工作。该办公室是经吉林省编委批准的、与辽源政府各部门平行的单位，体现了辽源市政府对“智慧城市”建设的高度重视。智慧办的主要职责，就是为进入辽源智慧城市建设领域的信息产业链高新企业创造发展环境。

在载体规划上，辽源首先将项目分为三大类，即公益项目、混合项目及商业项目，由此确定融资及建设运营模式，采取资源置换、政策优惠等形式广泛吸引社会力量参与智慧辽源建设。同时积极推广探索 BOT、BT、BOO、PPP 等模式，建立多元投入机制，在合作共赢的基础上，确保相关服务项目尽快建成。

概括说来，智慧辽源建设的总体脉络就是通过“两个建设”“两个整合”“五项应用”和“六个重点”来推动智慧城市建设稳步实施。“两个建设”即抓好基础网络建设和城市基础信息数据库建设；“两个整合”即整合行政公共资源和社会公众资源；“五项应用”即滚动实施产业发展、城市管理、社会建设、民生服务、农业农村五个领域的应用项目；“六个重点”即制定一个智慧城市建设总体规划，成立一个智慧城市建设管理办公室，完善一个云计算中心，搭建一个综合信息服务平台，实施一批应用项目，组建一个智慧城市产业发展集团。

(三)齐头并进，推动重点项目落地实施

在基础设施建设上，早在 2012 年 7 月，IBM 东北卓越云计算中心就在辽源正式启动运行。该中心是目前吉林省唯一具备三层云架构（IaaS 基础即服务，PaaS 平台即服务，SaaS 应用即服务）的云计算中心。在信息安全上，与中国移动合作，

采用国家电信级安全策略，确保信息安全。已为国家、省级一些电子政务系统提供了云服务，辽源智慧城市已启动实施的所有项目均布放在云中心上。并配套建设智慧城市产业云，为各类企事业单位提供软件应用服务，现有包括云主机、移动OA、外勤通、薪酬通、各行业ERP等近100个应用。随着运营业务的不断普及推广，云计算中心将立足辽源，同时承载东三省及内蒙古的智慧城市和跨行业云计算服务，致力于成为区域云计算领域核心城市，为后续吸引更多软件开发和系统集成企业落户辽源、拓展智慧城市项目和打造软件产业园区奠定了坚实基础。

在资源整合上，辽源以“一园一企”为统领，分别落实企业的落户及项目研发、集成及推广。“一园”即辽源龙山科技智慧产业园（见图47-1），该产业园是促进当地产业优化升级的重要平台，是辽源发展智慧城市的重要载体。围绕智慧城市建设，大力发展软件、电子信息、电子商务等高新技术、高附加值的高新科技型企业。针对科技型企业发展初期面临的研发周期长、资金投入大、市场风险高等普遍问题，园区主动采取积极有效的应对措施帮助企业渡过难关。园区目前共吸引包括世界500强企业、央企和上市公司在内的共37家企业落户，业务范围覆盖社会管理、民生保障、城市规划、信息服务等多个领域。“一企”即吉林中云智慧城市产业发展有限公司，该公司是辽源市政府为推动城市信息化，建设智慧城市，推广辽源智慧城市模式而成立的。

图 47-1 龙山科技智慧产业园

在目标引领上，重点实施的是智慧城市“通行证”和“金钥匙”工程——市民“一卡通”。“一卡通”是集城市公共交通、公共事业缴费、金融缴费、小额消费、社会保障、医疗信息等功能于一体，结合了身份识别和电子钱包功能于一身的生活型的市民卡，旨在通过以IC卡为存储和身份识别介质的智能卡在社会公共服务和金融服务领域的广泛应用，有效整合政府和社会资源，完善政府为民服务的职能与功能，实现市民和公共资源的互联、互惠、互通，引领两型社会建设的时尚和潮流。

三、成　效

近年来，辽源紧紧抓住国家支持资源枯竭型城市经济转型试点的政策机遇，特别是抓住创建“智慧城市试点”的契机，加快转变经济发展方式，统筹推进新型工业化、城镇化、信息化和农业现代化，较好地摆脱了资源枯竭、发展乏力的困境，新的产业体系加快形成，新的动力机制开始发力，新的竞争优势逐步显现。2015年在经济压力下行较大的情况下，辽源新增在建重大项目199个，城市固定资产投资同比增长13%，地区生产总值增长7%，地方级财政收入增长6%，增速位列全省第一名。

（一）辽源智慧城市的先期建设

1. 立足城市转型，破解管理难题

辽源运用信息和通信技术手段感测、分析、整合城市运行核心系统的各项关键信息，对包括民生、环保、公共安全、城市服务、工商业活动在内的各种需求进行智能响应设计。充分借助GPS、监控端、移动端等感知设备，通过信息化实现城市智慧管理和运行，促进城市的和谐、可持续成长，创造城乡居民便利、安全、舒适、休闲、幸福的生活。

2. 立足产业转型，破解创业难题

为经济、社会融合发展创造重新定位的契机。辽源智慧城市建设是在数字城市建设的基础上融入国家新型城镇化建设理念，并以国家创建智慧城市指标体系作为方向，将智能信息技术与现代管理技术相融合，重点围绕“产业发展”“社会建设”“城市管理”“民生服务”“农业农村”五大领域开展项目建设，共谋划项目219项，计划总投资183.34亿元。其中95%以上为企业和社会投资。预计到2020年将建成完整的智慧辽源运行系统。

3. 立足工作转型，破解发展难题

辽源作为一个中小型城市，财政收入有限，2014年辽源全市全口径财政收入仅为 39.53 亿元，而智慧城市建设动辄需要上百亿的建设资金，财政资金无异于杯水车薪。这不仅是辽源会遇到的，也是全国各中小型城市建设智慧城市已遇到或即将遇到的一大难题。

辽源市以“政府主导、企业主体、社会参与、政策保障”为智慧城市投融资原则，将智慧城市项目分为公益型、商业型以及混合型，在建设运营上提倡“小政府，大社会”“政府花钱买服务”的服务型政府理念，通过智慧平台转化，动员政府推广探索 BOT、BT、BOO、PPP 以及资源互换等模式。在项目建设中积极探索开发、建设及运营模式，目前正在实施的项目 70 个，已完成项目 25 个，完成投资 24 亿元，在已完成的投资中，由企业和社会资本投入达 98% 以上。

4. 智慧城市目标——经济、社会和环境的可持续发展

辽源通过城市公共信息平台及信息资源中心的构建，借助物联网、云计算、大数据等新一代信息技术为支撑，进一步促进物与人之间、人与数据之间的互动提升，使资源得到优化配置、经济实现又好又快发展，自然环境得到有效保护和利用，人民的物质与精神需求得到充分满足。智慧辽源规划将于 2020 年全面建成，成为名副其实的智慧之城。

（二）智慧城市核心产业培育

在产业培育方面，辽源把软件和信息服务产业作为现代服务业发展的主攻方向，围绕智慧城市五大领域建设共谋划了 219 个项目，吸引国内外知名软件企业集中落户，并在辽源设立全资子公司，进一步提升了辽源在信息产业领域的核心区位优势。其中已启用运行的“IBM 东北中心”为智慧辽源建设信息化应用的深度研发提供了硬件支持，为政府决策、公共服务、企业发展提供了一个统一高效的数据应用平台，为后续吸引更多软件开发和系统集成企业落户辽源，拓展智慧城市项目和打造软件产业园区奠定了坚实基础。阿里巴巴辽源产业带入驻林业、农业企业 300 余户，2015 年电子商务销售额突破 10 亿元。全国商品诚信溯源认证平台已经获得国家计算机软件著作权证书并进入应用阶段，与之相应的指码开门电子商务平台依据“互联网 +”模式，构建的电子、物流、诚信溯源为一体的综合服务平台，将汇集全国各地餐饮、珠宝、汽配等多行业优质资源，以唯一认证的方式，大幅度提升辽源智慧产业链的效率和效益。

（三）优政惠民建设

城市管理方面，采用多元化投融资模式重点建设了智慧安监、智慧消防、智慧城管、应急指挥等系统。目前，应急监控指挥中心（见图 47-2）已投入使用，

已接入平安城市、地理信息（包括地下管网、城市部件、三维建模）智慧城管、智慧气象、智慧安防、智慧交通综合监管平台、智慧教育、道路交通卡口等近22项系统。应急指挥中心平时作为城市的运营管理中枢，遇到突发事件或紧急情况时用于应急指挥。指挥中心的建设，提高了政府保障公共安全和处置突发公共事件的能力，实现公共安全从被动应付型向主动保障型、从传统经验型向现代高科技型的战略转变。智慧安防系统与110报警系统联动，建成了完备的保安服务人防体系，实现了商铺24小时无人值守。智慧交通综合监管平台完成市区1201辆出租车、35辆长途客运车、2000台普通货车和部分危险品运输车辆的远程监控。地理信息系统涵盖了辽源城区46平方千米的地表及地上建筑数字模型、高清影像数据、全长1013千米的地下管网数据及七大类85小类106679个城市部件数据，划分出1544个单元网格，在城市整体规划中起到了城市“B超”和“核磁”的透视扫描作用，在城市管廊建设中将发挥更加不可替代的作用。

图47-2　应急监控指挥中心

市场监管方面，行政审批服务网全面开通，电子监察系统启动运行，行政审批提速提效、行政服务提质提标；智慧工商项目已百分之百覆盖到全市所有食品批发业户；平安城市管理系统在吉林省率先完成交通管理、应急处置和公共安全服务系统整合。食药安全方面，实现了食品药品生产环节的安全控制与可追溯、流通环节的全程监察与服务。

公共服务方面，辽源市积极探索行业信息与公共信息的共享与应用，将原有封闭的政府行政信息用于民生领域，广泛地服务于群众。率先启动了市民卡项目，旨在打造集约化的惠民载体。将市民卡作为重要信息的载体，在惠民应用和群众之间发挥媒介作用。将与市民密切相关的公共事业缴费、金融服务、个人身份识别都能够通过城市通卡这个纽带有效地串联起来，给老百姓实实在在的好处，真正做到便民、利民、惠民。市民“一卡通”已免费制、发实名认证市民卡30万张，并在龙山区、西安区、白泉镇建立营业网点6处，服务人员40名。建立50处市民卡便民服务网点，使居民足不出社区即能以市民卡缴纳各种费用以及充值、挂失、解挂等服务。截至目前，“一卡通”还以每月新增8000余人次使用的速度普及，月均充值额达240万元，公交刷卡达每月85万人次，商户刷卡量达每月6万余人次，水电煤气刷卡量达每月近3万人次，预计每月替市民节省生活成本近100万元，运行状况较为理想。

辽源热力集团采用城市集中供热智能客服管理系统为全市20万供暖用户服务。不仅缩短了供热企业和客户之间的距离，也实现了客服中心和维修部门的有效协同作业，提升了供热企业的整体工作效率和服务质量。

智慧民生方面，实现了智慧教育、智慧医疗、智慧养老公共信息互联互通。智慧教育领域已建成多个信息化项目，促进了教育师资管理规范化，丰富了教学资源与手段，对于促进教育资源均等化起到了重要作用。实现了“宽带网络校校通、优质教育资源班班通和网络空间人人通”，全市中心校以上学校100%接入互联网，建成数字校园50所。智慧医疗已在市级三所医院展开，实现了远程专家会诊、医疗信息资源共享、家庭健康档案管理，广大农民患者居家就能享受到省级专家服务。以社区为依托的居家养智能平台已与800家养老服务机构合作，通过社区呼叫平台为居家养老提供服务。

农业农村方面，正在构建农业地理信息系统，必然会对整个辽源智慧农业和生态农业发展产生深远的影响，同时为解决辽源的三农问题提供了一个强有力的数据支撑。智慧气象服务平台（见图47-3）已接入吉林省预警信息发布管理平台，构筑成24小时实时发布的应急发布系统，极大地提高了防灾、减灾和救灾能力。已经完成全市30个乡镇和431个行政村农村视频监控系统建设任务，共建成视频监控系统探头数2873个，其中农村视频监控探头616个，实现了所有公共场所点位视频资源的网络化管理，使辽源成为吉林省首个电子监控系统全覆盖的地级城市。

（四）辽源“模式”

“智慧辽源”建设过程中坚持遵循并落实“政府主导、市场运作，突出顶层、抓好总体，统一规划、强化标准，应用主导、分步实施，建设运营、持续发展”的实现策略。扎实的工作、务实的态度、真实的成绩使辽源于 2013 年 1 月被住建部确定列为首批智慧城市试点城市，按照智慧城市试点指标体系，辽源市在 37 个参与创建的地级市中被评为一类最好；2014 年 6 月又被确定为国家“信息惠民试点城市”，在信息惠民试点综合评分中辽源市以 88 分的总成绩，在 80 个试点城市中位列第 13 名，在吉林省排名第一。此外，辽源还先后获得了“智慧城市标准创新奖”“智慧城市推进杰出成就奖”“市民卡工程示范奖”“2015 中国‘智慧城市’最具投资价值潜力奖”，入选“中国城市信息化典型案例”“2014 年度中国最佳管理实践智慧城市十佳榜单”“智慧城市发展 5 周年贡献单位”等多项荣誉。先后有近 70 个城市到辽源参观考察智慧辽源建设。

图 47-3　辽源智慧气象平台

四、经验与启示

（一）“智慧辽源”的几点经验

1. 把握城市发展脉搏，率先开展“数字城市”建设工作

辽源市作为典型的资源枯竭型城市，为走出城市发展的困境，2011 年初，辽源市委、市政府明确把建设数字辽源提上重大议事日程，成立了由市长任组长，常务副市长任副组长，市政府办、工信局、公用事业局、公安局、住建局、卫生局等相关部门负责人任成员的数字辽源建设领导小组，领导小组办公室设在工信局，负责数字辽源建设日常工作。在“数字城市”建设基础上，2013 年辽源市被确定为

住建部智慧城市试点后，经吉林省编委批准成立了专门的智慧城市建设办公室，打破政府部门条块分割的现状，综合协调、管理和推进“智慧城市”项目的建设工作。该部门与辽源政府各部门平行，体现了辽源市政府对“智慧城市”建设的高度重视与负责。

2. 搭建优良发展环境，吸引企业先手布局智慧产业

辽源市委、市政府领导对智慧城市建设极其重视，将其视为城市未来发展的重要契机，在工作及政策上给予了大力支持，尤其是智慧城市建设办公室的成立，相较同期的试点城市，率先为智慧城市产业发展营造了良好的政策及管理保障体系。先试先行和积极稳定的发展环境极大地增强了对智慧城市建设相关企业的吸引力。

同时，辽源市在相关专家与机构的帮助下，结合本地城市发展实际，构建了科学合理的顶层设计及规划建设体系，总体项目逾200项，涵盖基础建设、产业发展、社会建设、城市管理、民生服务、农业农村各大社会领域。各参与企业均能从中找到可发挥自身优势的项目和稳定的赢利点，并对智慧辽源的产业链布局及未来发展有了更加清晰的概念和思路，并据此制定长期发展规划，使企业获得战略立体发展空间。相继带动了30多个相关企业陆续入驻辽源，先锋企业的“再吸引”作用和产业聚集引发的链式效应，极大地推动了辽源智慧城市建设。

3. 探索新型商业模式，政府引导共同参与城市建设

智慧城市建设作为综合性的大型系统工程，需要资金规模较为庞大。在无法保证能够获得合理的投资回报、明显拉动地方经济增长、风险及收益预期不够明朗的形势下，政府很难下定决心进行大力建设，并且仅仅依靠地方政府投资是不可行的。为此，辽源市委、市政府积极采用市场手段，通过BOT、BT、BOO、PPP以及资源互换等模式，将企业作为智慧城市建设的重要力量，充分发挥企业的主动作用，以最少的政府投入带动最大的投资规模。并陆续建设了智慧教育、智慧养老、市民“一卡通”等项目，取得了良好的社会和经济效益。实现以3亿元的引导资金，撬动逾20亿资金注入辽源智慧城市建设的发展成果。

4. 打通管理横向通道，市民“一卡通”惠及本地百姓

市民“一卡通”作为衔接社会公共服务领域需求的纽带，在解决信息资源重复建设、资源浪费等问题方面发挥了重要作用，在推行新型城镇化建设方面具有重要意义。市民卡在有效地为本地百姓提供便利服务的同时，还面向外地来辽源工作的人群。在起到整合社会资源，完善为民服务职能和功能的同时，从某种程度上实

现了外来务工人员和流动人口与本地居民的“待遇均等化”。在市民卡基础功能上，将陆续建立合理的农民工市民化支付机制，集居住、就业、社保、租房、教育、计生等多种服务管理功能于一体，助力实现农民工在子女就学、社会保障、技能培训、公共卫生、养老等方面的公共资源享受，在现有户籍与福利合一的社会管理制度上进行先行先试，为智慧城市在居民服务、城乡服务均等化方面做出有益尝试。

5. 统一信息监管平台，社会管理能力稳步提升

辽源市智慧城市建设特别注重信息互联互通、数据资源整合方面的建设。2012 年应急监控指挥中心投入使用后，为使城市信息化管理能力得到进一步提升，不断将各部门实用化的信息管理平台接入指挥中心，逐渐构成了覆盖面广、数据翔实、反应迅速的立体化城市监管网络。现已接入平安城市、智慧城管、智慧安防等近 22 项系统，提高了政府保障公共安全和处置突发公共事件的能力，实现公共安全从被动应付型向主动保障型、从传统经验型向现代高科技型的战略转变。

（二）“智慧城市”的几点思考

从目前全国的智慧城市建设普遍存在的问题来看，大多数城市认同智慧城市理念及广阔发展前景，但在具体的操作上，把目光单一聚焦在智慧系统和智慧技术的应用上，而忽视了用智慧产业引领智慧理念、智慧管理、智慧技术的提升；把基础设施的建设定位在本地行政控制区域，而忽视了区域间的资源共享；把投入作为智慧城市建设的主攻手段，而忽视了智慧产业本身在连接优势产业链上的整合跟进。辽源恰恰从以上困扰方面做了积极探索，找到了智慧转型、智慧提升、智慧创业、智慧引领、智慧跟进、智慧兴业、智慧服务、智慧共赢的新出路，对推进我国新型智慧城市发展具有参考作用。

辽源智慧城市建设虽然才仅仅迈出了一小步，但政府、企业、百姓已取得了共识，随着智慧城市建设逐步深入，三者的互动将成为智慧城市发展的最大推动力。下一步，辽源还将要继续启动剩余项目建设，围绕产业链节点规划、整合、吸纳智慧企业资源和资本，建设自己的“智慧硅谷”。路漫漫其修远兮，探索在继续，实践在继续，创新也在继续。

（案例组织单位：《经济》杂志社，中国智慧城市经济技术合作组织）

编后记

《新型智慧城市发展报告（2015—2016）》（以下简称《发展报告》）是“新型智慧城市建设部际协调工作组”（以下简称“部际协调工作组”）组织编制的第一本年度发展报告。根据《新型智慧城市建设部际协调工作组2016—2018年工作分工》要求，由部际协调工作组办公室暨国家发展改革委高技术产业司牵头组织编写《发展报告》，以期强化部际协调工作机制、加强宣传交流、促进先进经验做法推广，推动构建全社会范围的新型智慧城市建设的开放协作格局。部际协调工作组秘书处（设在国家信息中心）组织报告编写组，具体承担编写任务。

《发展报告》编写工作自2015年11月正式启动，到2016年7月完成全部编写内容，整个过程得到了各成员单位、行业机构、领域专家、企业等社会各界的大力支持和热忱参与。作为部际协调工作组的牵头单位领导，国家发展改革委副主任林念修、国家互联网信息办副主任庄荣文共同担任主编，并分别以2016年4月11日在新型智慧城市建设部际协调工作组第一次工作会议上的讲话代序，高屋建瓴、正本清源地阐释了新型智慧城市理念思路、建设重点和工作部署。部际协调工作组成员单位提供了各部门智慧城市最新的工作进展，推荐了60个地方优秀案例，组织领域专家撰写了14篇研究文章；智慧城市相关联盟、行业协会等组织并提供了54个优秀案例；专家团队对推荐案例进行网络评审和现场复审，评选出47个优秀实践案例。相关部门、机构和专家提供了智慧城市评价标准、交流合作、专题研究的工作进展和最新成果。经过半年多来的通力合作和辛勤工作，最终形成了上下两卷，包括七个篇章、一个附录，总计超过110万字的年度性综合报告，较为全面地展示了新型智慧城市的发展理念、部际协调工作组成员单位最新工作进展、最新研究成果，以及我国当前各地方和行业优秀案例。

《发展报告》凝聚了新型智慧城市领域大量政府机构、行业组织、企事业单位、领域专家及社会公众的智慧和汗水。在此要特别感谢部际协调工作组成员单位在报告编写过程中的精心指导和大力支持，感谢各领域专家在撰写稿件和案例评审中的重要贡献，感谢相关地市积极总结经验并提供案例材料，感谢中国智慧城市产业联盟等在征集案例和编写材料中的无私付出，感谢中国计划出版社的大力支持！特别感谢国家信息中心中国智慧城市发展研究中心成员在整个编写过程中的辛勤付出，感谢泰华智慧产业集团股份有限公司、北京泰豪智能工程有限公司在出版方面给予的支持！感谢所有一直关注、支持和鼓励我们工作的业界同仁！

本《发展报告》是年度报告的第一本，由于时间和水平有限，不足之处敬请读者朋友们批评指正！

编写组

2016 年 10 月

陕西省城市地下
综合管廊工程消耗量定额

（2025）

第一册　建筑和装饰工程

批准部门：陕西省住房和城乡建设厅
主编单位：陕西省建设工程造价服务中心
参编单位：中国建筑第八工程局有限公司西北分公司
软件支持：广联达西安科技有限公司
实施日期：2025年7月1日

中国计划出版社
北京

版权所有　侵权必究
本书封面贴有中国计划出版社专用防伪标，否则为盗版书。
请读者注意鉴别、监督！
侵权举报电话：（010）68020336
如有印装质量问题，请寄本社出版部调换（010）63906420

图书在版编目（CIP）数据

陕西省城市地下综合管廊工程消耗量定额. 2025 : 全 2 册 / 陕西省建设工程造价服务中心主编. -- 北京 : 中国计划出版社, 2025. 6. -- ISBN 978-7-5182-1852-3

Ⅰ. TU723. 34

中国国家版本馆 CIP 数据核字第 2025CX2901 号

陕西省城市地下综合管廊工程消耗量定额（2025）

SHAANXI SHENG CHENGSHI DIXIA ZONGHE GUANLANG GONGCHENG XIAOHAOLIANG DING'E（2025）

陕西省建设工程造价服务中心　主编

责任编辑：高　明　　封面设计：韩可斌

中国计划出版社出版发行
网址：www.jhpress.com
地址：北京市西城区木樨地北里甲 11 号国宏大厦 C 座 4 层
邮政编码：100038　电话：（010）63906433（发行部）
北京厚诚则铭印刷科技有限公司印刷

880mm × 1230mm　1/16　42 印张　1350 千字
2025 年 6 月第 1 版　2025 年 6 月第 1 次印刷

定价：168.00 元

本书编委会

总　　　编：李卫军

副　总　编：张　兵　陈永兵　崔建明　原　波　杜产日

本册编写人员名单

主　　　编：曹　方　贺渤伦

副　主　编：胡永青　庄智斌　赵玉兰

编 写 人 员：张大道　王小东　肖　华　陈启祥　王　云

软 件 操 作：郭继庆　路燚桓

陕西省住房和城乡建设厅关于印发2025陕西省建设工程费用规则等计价依据的通知

陕建管发〔2025〕10号

各设区市住房和城乡建设局，杨凌示范区住房和城乡建设局，各相关企业：

为贯彻落实《住房和城乡建设部办公厅关于印发工程造价改革工作方案的通知》（建办标〔2020〕38号）及《陕西省住房和城乡建设厅关于印发〈陕西省建设工程造价改革工作实施方案〉的通知》（陕建发〔2020〕1109号）精神，依据《陕西省建设工程造价管理办法》，我厅组织修编了《陕西省建设工程费用规则》及6个专业区季基价表、《陕西省房屋建筑与装饰工程消耗量定额》等6个专业消耗量定额、施工机械台班费用定额、仪器仪表台班费用定额（详见附件），现予以印发，自2025年7月1日起实施，并提出以下意见，请一并贯彻执行：

一、2025年7月1日起新开工的建设工程执行新的计价依据；2025年7月1日前的在建工程（包括已招投标或已签订合同的工程）仍按原约定的计价依据执行。

二、原2004《陕西省建筑装饰工程消耗量定额》《陕西省安装工程消耗量定额》《陕西省市政工程消耗量定额》《陕西省园林绿化工程消耗量定额》、2009《陕西省建设工程工程量清单计价规则》、2009《陕西省建设工程工程量清单计价费率》、《陕西省建设工程消耗量定额（2004）补充定额》、2009《陕西省建筑装饰市政园林绿化工程价目表》《陕西省安装工程价目表》于2025年7月1日起停止使用。

三、上述计价依据的日常管理及技术内容解释由陕西省建设工程造价服务中心具体负责。

附件：2025陕西省建设工程计价依据汇总表

陕西省住房和城乡建设厅

2025年3月17日

附　件

2025陕西省建设工程计价依据汇总表

序　号	名　称
1	陕西省建设工程费用规则（2025）
2	陕西省房屋建筑与装饰工程基价表（2025）
3	陕西省通用安装工程基价表（2025）
4	陕西省市政工程基价表（2025）
5	陕西省园林绿化工程基价表（2025）
6	陕西省城市地下综合管廊工程基价表（2025）
7	陕西省绿色建筑工程基价表（2025）
8	陕西省房屋建筑与装饰工程消耗量定额（2025）
9	陕西省通用安装工程消耗量定额（2025）
10	陕西省市政工程消耗量定额（2025）
11	陕西省园林绿化工程消耗量定额（2025）
12	陕西省城市地下综合管廊工程消耗量定额（2025）
13	陕西省绿色建筑工程消耗量定额（2025）
14	陕西省建设工程施工机械台班费用定额（2025）
15	陕西省建设工程施工仪器仪表台班费用定额（2025）

前　言

随着科技的不断进步与创新，陕西省建筑业正逐步迈入工业化、绿色化、智能化的新时代。这一转变不仅带来了施工技术和工艺的革新，极大提升了工程建设的效率与质量，同时也对工程造价的确定与控制提出了新的要求与挑战。

消耗量定额作为衡量工程建设所需人工、材料、施工机械消耗量的重要标准，其准确性和合理性对于确保工程造价的公正性和科学性至关重要。为此，陕西省住房和城乡建设厅对2004版陕西省建设工程消耗量定额进行了全面而深入的修编，以适应新时代建筑业的发展需求。

经过深入的市场调研、专家咨询与广泛的社会意见征集，我们成功构建了一套全新的陕西省建设工程消耗量定额体系。新修订的消耗量定额体系共涵盖《陕西省房屋建筑与装饰工程消耗量定额（2025）》《陕西省安装工程消耗量定额（2025）》《陕西省市政工程消耗量定额（2025）》《陕西省城市地下综合管廊工程消耗量定额（2025）》《陕西省园林绿化工程消耗量定额（2025）》以及《陕西省绿色建筑工程消耗量定额（2025）》等六大专业领域，总计二十八册。这一体系体现了科学、先进、实用的原则，更紧密结合了我省建设工程发展的实际情况，充分吸纳了新的施工工艺和技术标准，对各专业消耗量定额交叉水平进行了统一，为工程造价管理、提高投资效益提供强有力的支持。

作为陕西省建设工程编制最高投标限价（标底）、工程结算、施工图预算、工程造价纠纷处理等工作的重要依据，本消耗量定额也是投标报价、投资估算、设计概算、企业定额等方面的重要参考。在新的定额体系中，我们特别关注了人工、材料、施工机械消耗量的科学确定，其中人工工日按8小时工作制计算，且以主要工种的综合工日表示，材料消耗量包含净用量与损耗量，机械消耗量则依据工程实际情况综合确定。

为保持定额体系的时效性与准确性，我们将采取动态管理的方式，根据市场变化和技术进步的情况对定额数据进行必要的更新与调整。同时，我们还将建立定额体系的反馈机制，积极收集来自业界、专家学者及实践工作者的意见和建议，以不断完善定额体系，提高其准确性和效率。

陕西省住房和城乡建设厅

2025 年 3 月

总 说 明

一、《陕西省城市地下综合管廊工程消耗量定额（2025）》（以下简称本定额）共分二册，包括：

第一册　建筑和装饰工程

第二册　安装工程

二、本定额适用于陕西省城镇范围内的城市地下综合管廊本体（含标准段、吊装口、通风口、管线分支口、端部井等）的新建、扩建和改建工程。

三、本定额是完成规定计量单位分部分项工程、措施项目所需的人工、材料、施工机械台班的消耗量标准；是编制最高投标限价（标底）、工程结算、施工图预算、工程造价纠纷处理的依据；是投标报价、投资估算、设计概算、企业定额的参考。

四、本定额以国家和有关部门发布的国家现行设计规范、施工验收规范、技术操作规程、质量评定标准、产品标准和安全操作规程，现行工程量清单计价标准、计算标准和有关指标为依据编制。

五、本定额按正常施工工期和施工条件，考虑企业常规的施工工艺，合理的施工组织设计进行编制。

1. 设备、材料、成品、半成品、构配件完整无损，符合质量标准和设计要求，附有合格证书和试验记录。

2. 正常的气候、地理条件和施工环境。

3. 安装工程和土建工程之间的交叉作业正常。

4. 安装地点、建筑物、设备基础、预留孔洞等均符合安装要求。

六、本定额未包括的项目，可按其他专业相应消耗量定额执行。

七、关于人工：

1. 本定额中的人工以综合工日表示。

2. 本定额中的人工包括基本用工、超运距用工、辅助用工和人工幅度差。

3. 本定额中的人工每工日按 8 小时工作制计算（如另有规定按相应册的规定执行）。

4. 机械土、石方、桩基础、构件运输及安装等工程，人工随机械产量计算的，人工幅度差按机械幅度差计算。

八、关于材料：

1. 本定额中的材料（包括构配件、零件、半成品、成品）均为符合国家质量标准和相应设计要求的合格产品。

2. 本定额中的材料包括施工中消耗的主要材料、辅助材料、周转材料和其他材料。

3. 本定额中的材料消耗量包括净用量和损耗量。损耗量包括：从工地仓库、现场集中堆放地点（或现场加工地点）至操作（或安装）地点的施工场内运输损耗、施工操作损耗、施工现场堆放损耗等，规范（设计文件）规定的预留量、搭接量不在损耗率中考虑。

4. 本定额中的混凝土、沥青混凝土、砌筑砂浆、抹灰砂浆及各种胶泥等均按半成品消耗量以体积（m^3）表示，混凝土按运至施工现场的预拌混凝土编制，砂浆按预拌砂浆编制，混凝土均按自然养护考虑。若混凝土及砂浆强度等级与设计强度等级不同时，可按设计强度等级进行换算。

5. 本定额中所使用的混凝土均按预拌混凝土编制，若实际采用现场搅拌混凝土浇捣时，人工、材料、机械具体调整如下：

（1）综合工日增加 4.125 工日/$10m^3$。

（2）水增加 $0.38m^3/10m^3$。

（3）双锥反转出料混凝土搅拌机（500L）增加 0.3 台班/$10m^3$。

6. 本定额中所使用砂浆项目是按干混预拌砂浆计算，若实际使用现拌砂浆或湿拌预拌砂浆时，按以下方法调整：

（1）使用现拌砂浆的，除将定额中的干混预拌砂浆调换为现拌砂浆外，按每立方米砂浆增加：综合用工 0.342 工日、将原定额中干混砂浆罐式搅拌机调换为 200L 灰浆搅拌机，台班含量不变。

（2）使用湿拌预拌砂浆的，除将定额中的干混预拌砂浆调换为湿拌预拌砂浆外，另按相应定额中每立方米砂浆扣除综合用工 0.20 工日，并扣除干混砂浆罐式搅拌机台班数量。

7. 本定额中的周转性材料按不同施工方法，不同类别、材质，计算出一次摊销量进入消耗量定额。

8. 本定额中的用量少、低值易耗的零星材料，列为其他材料。

9. 凡定额中以“(×××)”表示的材料为主要材料，均未计价，不作为记取其他材料费的基数。

九、关于机械：

1. 本定额中的机械按常用机械、合理机械配备和施工企业的机械化装备程度，并结合工程实际综合确定。

2. 本定额的机械台班消耗量是按正常机械施工工效并考虑机械幅度差综合取定的。

3. 凡单位价值 2000 元以内、使用年限在一年以内的不构成固定资产的施工机械，不列入机械台班消耗量，作为工具用具在建筑安装工程费中的企业管理费考虑，其消耗的燃料动力等已列入材料内。

十、关于仪器仪表：

1. 本定额的仪器仪表台班消耗量是按正常施工工效综合取定。

2. 凡单位价值 2000 元以内、使用年限在一年以内的不构成固定资产的仪器仪表，不列入仪器仪表台班消耗量。

十一、本定额中未包括排除地下水，如发生施工降水，按措施费用有关定额及规定计算。工作面排水已包括在相应定额项目内。

十二、本定额施工用水、电是按现场有水、电考虑的。如现场无水、电时，其用水、用电费用按实结算，并扣除定额项目内的水电费用。

十三、预制构件制作、运输吊装的损耗，在编制预算或标底时，按施工图的构件工程量分别按下表规定损耗率列入工程量内。

预制构件损耗表

构件名称	制作废品率（%）	运输及堆放损耗率（%）	安装损耗率（%）
各类预制构件	0.2	0.8	0.5

注：双曲拱桥拱波的制作、运输、安装的损耗率为 5%。

计算方法：

预算制作工程量 = 图纸设计工程量 ×(1 + 制作废品率 + 运输及堆放损耗率 + 安装损耗率)

预算运输工程量 = 图纸计算工程量 ×(1 + 运输及堆放损耗率 + 安装损耗率)

十四、本定额中的工作内容已说明了主要的施工工序，次要工序虽未说明，但已包括在内。

十五、施工与生产同时进行增加的费用，按相应施工项目人工费的 6% 计算。在有害身体健康的环境中施工降效增加的费用，按相应项目人工费的 6% 计算。

十六、本定额适用于海拔 2000m 以下地区。

十七、本定额中注有“××以内”或“××以下”及“小于××”者，均包括××本身；注有“××以外”或“××以上”及“大于××”者，则不包括××本身。

十八、凡本说明未尽事宜，详见各册、各章说明和附录。

十九、工程计量时每一项目汇总的有效位数应遵守下列规定：

1. 以“t”为单位，应保留小数点后三位数字，第四位小数四舍五入。

2. 以“m”“m^2”“m^3”“kg”为单位，应保留小数点后两位数字，第三位小数四舍五入。

3. 以“个”“件”“根”“组”“系统”为单位，应取整数。

二十、本定额的解释和日常管理，由陕西省建设工程造价服务中心负责。

目　录

第十章　措施项目

册　说　明

一、《建筑和装饰工程》（以下简称本册）共分十章，包括：

第一章　土石方工程

第二章　地基处理及基坑支护工程

第三章　桩基础工程

第四章　砌筑工程

第五章　混凝土及钢筋混凝土工程

第六章　门窗工程

第七章　防水工程

第八章　装饰工程

第九章　排管工程

第十章　措施项目

二、本册适用于陕西省城镇范围内的城市地下综合管廊本体（含标准段、吊装口、通风口、管线分支口、端部井等）的新建、扩建和改建中的建筑和装饰工程。

三、本册编制依据：

1.《市政工程工程量计算标准》GB/T 50857—2024；

2.《市政工程消耗量定额》ZYA 1-31—2021；

3.《房屋建筑与装饰工程消耗量》TY 01-31—2021；

4.《城市地下综合管廊工程消耗量定额》ZYA 1-31(12)—2017；

5.《城市综合管廊工程技术标准》GB/T 50838—2015；

6. 现行法律、法规、标准、规范及规程；

7. 有代表性的工程设计施工数据。

四、本说明未尽事宜，详见各章说明。本定额不足项目参照《陕西省市政工程消耗量定额（2025）》《陕西省房屋建筑与装饰工程消耗量定额（2025）》相应项目执行。

第一章

土石方工程

说　　明

一、本章包括土方工程、石方工程、回填及其他等项目。

二、沟槽、基坑、平整场地和一般土石方的划分：底宽7m以内，底长大于底宽3倍以上按沟槽计算；底长小于底宽3倍以内且基坑底面积在150m²以内按基坑计算；厚度在30cm以内就地挖、填土按平整场地计算；超过上述范围的土、石方按一般土方和一般石方计算。

三、土石方运距应以挖方重心至填方重心或弃方重心最近距离计算，挖方重心、填方重心、弃方重心按施工组织设计确定。如遇下列情况应增加运距：

1. 人力及人力车运土、石方上坡坡度在15%以上，推土机重车上坡坡度大于5%，斜道运距按斜道长度乘以下表系数。

系数表

项目	推土机			人力及人力车
坡度（%）	5～10	15以内	25以内	10以上
系数	1.75	2.00	2.50	5.00

2. 采用人力垂直运输土、石方、淤泥、流砂，垂直深度1.5m以上每米折合水平运距7m计算；垂直深度1.5m以下不折合。

3. 拖式铲运机3m³加27m转向距离，其余型号铲运机加45m转向距离。

四、坑、槽底加宽应按设计文件的数据或图纸尺寸计算，设计文件未明确的按施工组织设计的数据或图纸尺寸计算，设计文件未明确也无施工组织设计的可按下表计算。

坑、槽底部每侧工作面宽度表（cm）

管道结构宽度	混凝土管道		金属管道	构筑物	
	基础＝90°	基础＞90°		无防潮层	有防潮层
50以内	40	40	30	40	60
100以内	50	50	40		
250以内	60	50	40		
250以上	70	60	50		

管道结构宽度：无管座按管道外径计算，有管座按管道基础外缘计算，构筑物按基础外缘计算，如设挡土板则每侧增加15cm。

五、管道接口作业坑和沿线各种井室所需增加开挖的土石方工程量按有关规定如实计算。管沟回填土应扣除管道、基础、垫层和各种构筑物所占的体积。

六、土壤分类详见下表。

土壤分类表

土壤分类	土壤名称	开挖方法
一、二类土	粉土、砂土（粉砂、细砂、中砂、粗砂、砾砂）、粉质黏土、弱中盐渍土、软土（淤泥质土、泥炭质土）、软塑红黏土、冲填土	用锹、少许用镐、条锄开挖。机械能全部直接铲挖满载者
三类土	黏土、碎石土（圆砾、角砾）、混合土、可塑红黏土、硬塑红黏土、强盐渍土、素填土、压实填土	主要用镐、条锄，少许用锹开挖。机械需部分刨松方能铲挖满载者或可直接铲挖但不能满载者
四类土	碎石土（卵石、碎石、漂石、块石）、坚硬红黏土、超盐渍土、杂填土	全部用镐、条锄挖掘，少许用撬棍挖掘。机械需普遍刨松方能铲挖满载者

注：本表土的名称及其含义按国家标准《岩土工程勘察规范》GB 50021—2001（2009年版）定义。

七、岩石分类详见下表。

岩石分类表

岩石分类		代表性岩石	开挖方法	单轴饱和抗压强度（MPa）
极软岩		1. 全风化的各种岩石； 2. 各种半成岩	部分用手凿工具、部分用爆破法开挖	＜5
软质岩	软石	1. 强风化的坚硬岩或较硬岩； 2. 中等风化—强风化的较软岩； 3. 未风化—微风化的页岩、泥岩、泥质砂岩等	用风镐和爆破法开挖	5～15
	较软岩	1. 中等风化—强风化的坚硬岩或较硬岩； 2. 未风化—微风化的凝灰岩、千枚岩、泥灰岩、砂质泥岩等	用爆破法开挖	15～30
硬质岩	较硬岩	1. 微风化的坚硬岩； 2. 未风化—微风化的大理岩、板岩、石灰岩、白云岩、钙质砂岩等		30～60
	坚硬岩	未风化—微风化的花岗岩、闪长岩、辉绿岩、玄武岩、安山岩、片麻岩、石英岩、石英砂岩、硅质砾岩、硅质石灰岩等		＞60

注：本表依据国家标准《工程岩体分级标准》CB/T 50218—2014 和《岩土工程勘察规范》GB 50021—2001（2009年版）整理。

八、干土、湿土、淤泥的划分：首先以地质勘察资料为准，含水率≥25%、不超过液限的为湿土；或以地下常水位为准，常水位以上为干土，以下为湿土：含水率超过液限的为淤泥。除大型支撑基坑土方开挖项目外，挖湿土时，人工和机械挖土项目乘以系数 1.18，干、湿土工程量分别计算。采用井点降水的土方应按干土计算。

九、挖土机在垫板上作业，人工和机械乘以系数 1.25，搭拆垫板的费用另行计算。

十、推土机推土或铲运机铲土的平均土层厚度小于 30cm 时推土机台班乘以系数 1.25，铲运机台班乘以系数 1.17。

十一、除大型支撑基坑土方开挖项目外，在支撑下挖土，按实挖体积，人工挖土项目乘以系数 1.43、机械挖土项目乘以系数 1.20。先开挖后支撑的不属于支撑下挖土。

十二、挖密实的钢碴，按挖四类土，人工项目乘以系数 2.50、机械项目乘以系数 1.50。

十三、人工挖土中遇碎、砾石含量在 31%～50%的密实黏土或黄土时按四类土乘以系数 1.43，碎、砾石含量超过 50%时另行处理。

十四、三、四类土壤的土方二次翻挖按降低一级类别套用相应项目。淤泥翻挖，执行相应挖淤泥项目。

十五、大型支撑基坑土方开挖项目适用于地下连续墙、混凝土板桩、钢板桩等围护的跨度大于 8m 的深基坑开挖。项目中已包括湿土排水，若需采用井点降水，其费用另行计算。

十六、大型支撑基坑土方开挖由于场地狭小只能单面施工时，挖土机械按下表调整。

挖土机械调整表

宽度	两边停机施工（t）	单边停机施工（t）
基坑宽 15m 以内	15	25
基坑宽 15m 以外	25	40

十七、平整场地，系指建(构）筑物所在现场厚度小于或等于 30cm 的就地挖、填及平整。挖填土方厚度大于 30cm 时，全部厚度按一般土方相应规定另行计算，但仍计算平整场地。

十八、本章中的大型机械是按建设工程施工机械台班费用规则中机械的种类、型号、功率等分别考虑的，在执行中应根据企业的机械既有情况及施工组织设计方案的配备情况执行相应定额。

十九、本章项目表中的施工机械是按合理的机械进行配备，在执行中不得因机械型号不同而调整。

二十、本章项目中未包括现场障碍物清理及建筑垃圾运输，障碍物清理费用另行计算；建筑垃圾运输执行土方运输项目并乘以相应系数，沥青混凝土路面及水泥混凝土路面 1.42、含骨料多合土 1.21、石砌构筑物 1.60、淤泥 1.70、砖砌构筑物 1.20、其他废料运输时不调整；弃土、石方的场地占用的费用按工程项目所在地有关规定处理。

工程量计算规则

一、土方的挖、推、铲、装、运等体积均以天然密实体积计算。不同状态的土方体积，按下表相关系数换算。

土方体积换算表

虚方体积	天然密实体积	压实后体积	松填体积
1.00	0.77	0.67	0.83
1.30	1.00	0.87	1.08
1.50	1.15	1.00	1.25
1.20	0.92	0.80	1.00

二、土方工程量按图纸尺寸计算。修建机械上下坡便道的土方量以及为保证路基边缘的压实度而设计的加宽填筑土方量并入土方工程量内。

三、人工挖土堤台阶工程量，按挖前的堤坡斜面积计算，运土应另行计算。

四、挖土放坡应按设计文件的数据或图纸尺寸计算，设计文件未明确的按施工组织设计的数据或图纸尺寸计算，设计文件未明确也无施工组织设计的可按下表相关系数计算。

放坡系数表

土壤类别	放坡起点深度（m）	人工开挖	机械开挖		
			沟槽、坑内作业	沟槽、坑边作业	顺沟槽方向坑上作业
一、二类土	1.20	1：0.50	1：0.33	1：0.75	1：0.50
三类土	1.50	1：0.33	1：0.25	1：0.67	1：0.33
四类土	2.00	1：0.25	1：0.10	1：0.33	1：0.25

五、挖土交叉处产生的重复工程量不扣除。基础土方放坡，自基础（含垫层）底标高算起；如在同一断面内遇有数类土壤，其放坡系数可按各类土占全部深度的百分比加权计算。

六、除大型支撑基坑土方开挖项目外，机械挖土方中如需人工辅助开挖（包括切边、修整底边和修整沟槽底坡度），机械挖沟槽土按实挖土方量的 90%计算，人工挖沟槽土按实挖土方量的 10%计算；机械其他挖土按实挖土方量的 95%计算、人工其他挖土按实挖土方量的 5%计算；人工挖土执行底层土质相对应项目乘以系数 1.50。

七、大型支撑基坑土方开挖工程量按设计图示尺寸以体积计算。

八、石方的凿、挖、推、装、运、破碎等体积均以天然密实体积计算。不同状态的石方体积按下表相关系数换算。

石方体积换算表

名称	天然密实体积	虚方体积	松填体积	夯实后体积
石方	1.00	1.54	1.31	
块石	1.00	1.75	1.43	（码方）1.67
砂夹石	1.00	1.07	0.94	

九、石方工程量按图纸尺寸加允许超挖量计算，开挖坡面每侧允许超挖量：极软岩、软岩 20cm，较软岩、硬质岩 15cm。

十、填方按设计的回填体积计算。不同状态的土方体积，按土方体积换算表相关系数换算。

十一、夯实土堤按设计面积计算。清理土堤基础按设计规定以水平投影面积计算。

十二、平整场地工程量按施工组织设计尺寸以面积计算。

一、土方工程

工作内容：挖土、装土或抛土、修整底边、边坡等。

计量单位：100m³

编号				1-1-1	1-1-2	1-1-3
项目				人工挖一般土方		
				一、二类土深度（m 以内）		
				2	4	6
名称			单位	消耗量		
人工	000105000	综合一类工	工日	17.540	30.79[illegible]	44.113

工作内容：挖土、装土或抛土、修整底边、边坡等。

计量单位：100m³

编号				1-1-4	1-1-5	1-1-6	1-1-7	1-1-8	1-1-9
项目				人工挖一般土方					
				三类土深度（m 以内）			四类土深度（m 以内）		
				2	4	6	2	4	6
名称			单位	消耗量					
人工	000105000	综合一类工	工日	31.000	51.[illegible]90	57.834	4[illegible]80	64.[illegible]30	74.466

工作内容：挖土、抛土或装土运输、将土堆放于沟、槽边 1m 以外，5m 以内，修整底边、边坡。

计量单位：100m³

编号				1-1-10	1-1-11	1-1-12
项目				人工挖沟、槽土方		
				一、二类土深度（m 以内）		
				2	4	6
名称			单位	消耗量		
人工	000105000	综合一类工	工日	19.110	33.24[illegible]	50.[illegible]05

工作内容：挖土、抛土或装土运输、将土堆放于沟、槽边 1m 以外，5m 以内，修整底边、边坡。

计量单位：100m³

编号				1-1-13	1-1-14	1-1-15	1-1-16	1-1-17	1-1-18
项目				人工挖沟、槽土方					
				三类土深度（m 以内）			四类土深度（m 以内）		
				2	4	6	2	4	6
名称			单位	消耗量					
人工	000105000	综合一类工	工日	47.360	62.200	72.860	[illegible].510	8[illegible].[illegible]80	100.241

工作内容： 挖土、抛土或装土运输、将土堆放于坑边 1m 以外，5m 以内，修整底边、边坡。

计量单位： 100m³

编号				1-1-19	1-1-20	1-1-21
项目				人工挖基坑土方		
				一、二类土深度（m 以内）		
				2	4	6
名称			单位	消耗量		
人工	000105000	综合一类工	工日	22.890	35.020	52.030

工作内容： 挖土、抛土或装土运输、将土堆放于坑边 1m 以外，5m 以内，修整底边、边坡。

计量单位： 100m³

编号				1-1-22	1-1-23	1-1-24	1-1-25	1-1-26	1-1-27
项目				人工挖基坑土方					
				三类土深度（m 以内）			四类土深度（m 以内）		
				2	4	6	2	4	6
名称			单位	消耗量					
人工	000105000	综合一类工	工日	51.440	70.060	76.606	76.310	94.400	106.171

工作内容： 装土、运土、卸土、空回、清理道路、铺、折走道板。

计量单位： 100m³

编号				1-1-28	1-1-29	1-1-30	1-1-31
项目				人工运土		双（单）轮车运土	
				运距 20m 内	100m 内每增加 20m	运距 50m 内	500m 内每增加 50m
名称			单位	消耗量			
人工	000105000	综合一类工	工日	12.760	2.440	11.480	2.440

工作内容： 装土、运土、卸土、空回、清理道路、铺、折走道板。

计量单位： 100m³

编号				1-1-32	1-1-33	1-1-34
项目				机动翻斗车运土		人工装汽车土方
				运距 200m 内	3000m 以内每增加 200m	
名称			单位	消耗量		
人工	000105000	综合一类工	工日	13.090	—	12.140
机械	990406010	机动翻斗车 1t	台班	6.085	0.899	—

注：如采用手扶拖拉机运土也按翻斗车项目执行。

工作内容： 挖淤泥流砂、抛或装淤泥流砂 1m 以外、5m 以内，清理底边、边坡。

计量单位： 100m³

编号				1-1-35	1-1-36	1-1-37
项目				人工挖淤泥、流砂（深度 m 以内）		
				2	4	6
名称			单位	消耗量		
人工	000105000	综合一类工	工日	71.424	84.943	104.612

注：挖深超过 6m，每加深 1m，增加 4.69 工日/100m³。

工作内容：挖、抛或装运、堆放于沟、槽、坑边 1m 以外、5m 以内。　　　　**计量单位：**100m³

编　　号				1-1-38	1-1-39	1-1-40	1-1-41	1-1-42	1-1-43
项　　目				人工挖沟槽淤泥、流砂（深度 m 以内）			人工挖基坑淤泥、流砂（深度 m 以内）		
				2	4	6	2	4	6
名　　称			单位	消　耗　量					
人工	000105000	综合一类工	工日	92.852	110.427	135.996	9[illegible].9[illegible]4	118.921	146.457

注：挖深超过 6m，每加深 1m，挖沟槽增加 6.097 工日/100m³，挖基坑增加 6.566 工日/100m³；其他相应的安全措施费另计。

工作内容：装、运、卸淤泥流砂，清理道路、铺、拆走道板。　　　　**计量单位：**100m³

编　　号				1-1-44	1-1-45	1-1-46	1-1-47
项　　目				人工运淤泥、流砂		双（单）轮车运淤泥、流砂	
				运距 20m 以内	200m 以内每增加 20m	运距 50m 以内	500m 以内每增加 50m
名　　称			单位	消　耗　量			
人工	000105000	综合一类工	工日	24.240	4.630	1[illegible].070	[illegible].620

工作内容：挖冻土、弃土于 5m 以内或装土、修整边底；人工打眼、装药、爆破、挖冻土、弃土于 5m 以内或装土、修整边底。　　　　**计量单位：**10m³

编　　号				1-1-48	1-1-49
项　　目				人工挖冻土基深 ≤ 2m	
				人工开挖	爆破后人工开挖
名　　称			单位	消　耗　量	
人工	000105000	综合一类工	工日	10.365	5.23[illegible]
材料	340309001	电雷管	个	—	5.39[illegible]
	031519016	合金钢钻头	个	—	0.10
	011505001	六角空心钢（综合）	kg	—	0.20[illegible]
	340305002	乳化炸药	kg	—	2.63[illegible]
	280301003	铜芯塑料绝缘电线 BV-1.5mm²	m	—	4.93[illegible]
	280301004	铜芯塑料绝缘电线 BV-2.5mm²	m	—	2.40[illegible]

工作内容：推土、弃土、平整、空回、修理边坡、工作面内人工排水等辅助性工作。　　　　**计量单位**　1000m³

编　　号				1-1-50	1-1-51	1-1-52	1-1-53	1-1-54	1-1-55
项　　目				推土机推土					
				90kW 内推土机推距 20m 以内			90kW 内推土机推距 40m 以内		
				一、二类土	三类土	四类土	一、二类土	三类土	四类土
名　　称			单位	消　耗　量					
人工	000105000	综合一类工	工日	2.000	2.000	2.000	2.000	2.000	2.000
机械	990101020	履带式推土机 90kW	台班	2.079	2.473	2.921	[illegible]	3.772	4.453

工作内容：推土、弃土、平整、空回、修理边坡、工作面内人工排水等辅助性工作。 **计量单位：**$1000m^3$

编号				1-1-56	1-1-57	1-1-58	1-1-59	1-1-60	1-1-61
项目				推土机推土					
				90kW 内推土机推距 60m 以内			90kW 内推土机推距 80m 以内		
				一、二类土	三类土	四类土	一、二类土	三类土	四类土
名称			单位	消耗量					
人工	000105000	综合一类工	工日	2.000	2.000	2.000	2.000	2.000	2.000
机械	990101020	履带式推土机 90kW	台班	4.588	5.466	6.451	6.597	7.616	8.987

工作内容：推土、弃土、平整、空回、修理边坡、工作面内人工排水等辅助性工作。 **计量单位：**$1000m^3$

编号				1-1-62	1-1-63	1-1-64	1-1-65	1-1-66	1-1-67
项目				推土机推土					
				105kW 内推土机推距 20m 以内			105kW 内推土机推距 40m 以内		
				一、二类土	三类土	四类土	一、二类土	三类土	四类土
名称			单位	消耗量					
人工	000105000	综合一类工	工日	2.000	2.000	2.000	2.000	2.000	2.000
机械	990101025	履带式推土机 105kW	台班	1.684	2.007	2.365	2.545	3.028	3.575

工作内容：推土、弃土、平整、空回、修理边坡、工作面内人工排水等辅助性工作。 **计量单位：**$1000m^3$

编号				1-1-68	1-1-69	1-1-70	1-1-71	1-1-72	1-1-73
项目				推土机推土					
				105kW 内推土机推距 60m 以内			105kW 内推土机推距 80m 以内		
				一、二类土	三类土	四类土	一、二类土	三类土	四类土
名称			单位	消耗量					
人工	000105000	综合一类工	工日	2.000	2.000	2.000	2.000	2.000	2.000
机械	990101025	履带式推土机 105kW	台班	3.468	4.131	4.874	4.543	5.412	6.388

工作内容：挖土、将土堆放在一边或装车、清理机下余土、清理边坡、工作面内人工排水等辅助性工作。 **计量单位：**$1000m^3$

编号				1-1-74	1-1-75	1-1-76	1-1-77	1-1-78	1-1-79
项目				反铲挖掘机挖土（斗容量 $1.0m^3$）不装车			反铲挖掘机挖土（斗容量 $1.0m^3$）装车		
				一、二类土	三类土	四类土	一、二类土	三类土	四类土
名称			单位	消耗量					
人工	000105000	综合一类工	工日	2.000	2.000	2.000	2.000	2.000	2.000
机械	990106030	履带式单斗液压挖掘机 $1m^3$	台班	1.882	2.240	2.554	2.177	2.589	2.948
	990101015	履带式推土机 75kW	台班	0.188	0.224	0.255	0.653	0.777	0.884

工作内容： 挖土、将土堆放在一边或装车、清理机下余土、清理边坡、工作面内人工排水等辅助性工作。　　　　**计量单位**　1000m³

编　　号				1-1-80	1-1-81	1-1-82	1-1-83	1-1-84	1-1-85
项　　目				反铲挖掘机挖土（斗容量1.2~1.5m³）不装车			反铲挖掘机挖土（斗容量1.2~1.5m³）装车		
				一、二类土	三类土	四类土	一、二类土	三类土	四类土
名　　称			单位	消　耗　量					
人工	000105000	综合一类工	工日	2.000	2.000	2.000	2.000	2.000	2.000
机械	990107020	履带式单斗机械挖掘机 1.5m³	台班	1.667	1.980	2.258	1.308	2.27[illegible]	2.598
	990101015	履带式推土机　75kW	台班	0.167	0.198	0.226	0.572	0.68[illegible]	0.779

工作内容： 挖土、将土堆放在一边、清理边坡、工作面内人工排水等辅助性工作。　　　　**计量单位**　1000m³

编　　号				1-1-86	1-1-87	1-1-88	1-1-89
项　　目				长臂挖掘机挖土（不装车，一、二类土）			
				臂长（m）			
				13	16	18	25
名　　称			单位	消　耗　量			
人工	000105000	综合一类工	工日	2.000	2.000	2.000	2.000
机械	990152010	长臂挖掘机 270 型	台班	2.000	2.333	—	—
	990152020	长臂挖掘机 360 型	台班	—	—	2.800	4.667

工作内容： 挖土、将土堆放在一边、清理边坡、工作面内人工排水等辅助性工作。　　　　**计量单位**　1000m³

编　　号				1-1-90	1-1-91	1-1-92	1-1-93
项　　目				长臂挖掘机挖土（不装车，三类土）			
				臂长（m）			
				13	16	18	25
名　　称			单位	消　耗　量			
人工	000105000	综合一类工	工日	2.000	2.000	2.000	2.000
机械	990152010	长臂挖掘机 270 型	台班	2.380	2.777	—	—
	990152020	长臂挖掘机 360 型	台班	—	—	3.332	5.553

工作内容： 挖淤泥或流砂、堆放一边或装车、移动位置、清理工作面。　　　　**计量单位**　1000m³

编　　号				1-1-94	1-1-95	1-1-96	1-1-97
项　　目				反铲挖掘机挖淤泥、流砂			
				斗容量 0.6m³		斗容量 1.0m³	
				不装车	装车	不装车	装车
名　　称			单位	消　耗　量			
人工	000105000	综合一类工	工日	4.386	5.000	3.070	3.500
机械	990106010	履带式单斗液压挖掘机 0.6m³	台班	5.632	6.420	—	—
	990101015	履带式推土机　75kW	台班	1.825	2.080	1.277	1.456
	990106030	履带式单斗液压挖掘机　1m³	台班	—	—	3.942	4.494

注：1. 如需排水时，排水费另计。

2. 本定额不包括挖掘机的场内支垫费用，如发生按实际计算。

工作内容：铲土、运土、卸土、人力清理机下余土。 **计量单位：**1000m³

编号				1-1-98	1-1-99	1-1-100	1-1-101	1-1-102
项目				装载机装运土方（斗容量 1m³ 以内）运距（m 以内）				
				20	60	80	100	150
名称			单位	消耗量				
人工	000105000	综合一类工	工日	2.000	2.000	2.000	2.000	2.000
机械	990110020	轮胎式装载机 1m³	台班	3.566	6.397	7.329	8.055	10.179

工作内容：铲土、运土、卸土、人力清理机下余土。 **计量单位：**1000m³

编号				1-1-103	1-1-104	1-1-105	1-1-106	1-1-107
项目				装载机装运土方（斗容量 1.5m³ 以内）运距（m 以内）				
				20	60	80	100	150
名称			单位	消耗量				
人工	000105000	综合一类工	工日	2.000	2.000	2.000	2.000	2.000
机械	990110030	轮胎式装载机 1.5m³	台班	2.822	4.704	5.331	5.806	7.267

工作内容：运土、卸土、空回、场内道路洒水。 **计量单位：**1000m³

编号				1-1-108	1-1-109	1-1-110	1-1-111	1-1-112	1-1-113
项目				自卸汽车运土（载重 6t 以内）运距（km）		自卸汽车运土（载重 8t 以内）运距（km）		自卸汽车运土（载重 10t 以内）运距（km）	
				1	每增运 1	1	每增运 1	1	每增运 1
名称			单位	消耗量					
材料	341101001	水	m³	12.000	—	12.000	—	12.000	—
机械	990409020	洒水车 4000L	台班	0.484	—	0.484	—	0.484	—
	990402020	自卸汽车 6t	台班	10.951	3.120	—	—	—	—
	990402025	自卸汽车 8t	台班	—	—	9.797	2.[illegible]55	—	—
	990402030	自卸汽车 10t	台班	—	—	—	—	8.177	2.053

工作内容：运土、卸土、空回、场内道路洒水。 **计量单位：**1000m³

编号				1-1-114	1-1-115	1-1-116	1-1-117
项目				自卸汽车运土（载重 12t 以内）运距（km）		自卸汽车运土（载重 15t 以内）运距（km）	
				1	每增运 1	1	每增运 1
名称			单位	消耗量			
材料	341101001	水	m³	12.000	—	12.000	—
机械	990409020	洒水车 4000L	台班	c0.484	—	0.484	—
	990402040	自卸汽车 15t	台班	—	—	7.007	1.359
	990402035	自卸汽车 12t	台班	7.814	1.684	—	—

工作内容：操作机械引斗挖土、装车、人工推铲、扣挖支撑下土体、挖引水沟、机械排水、人工整修底面。

计量单位：100m³

编号				1-1-118	1-1-119	1-1-120	1-1-121
项目				大型支撑基坑土方宽 15m 以内			
				深 3.5m 以内	深 7m 以内	深 11m 以内	深 15m 以内
名称			单位	消耗量			
人工	000105000	综合一类工	工日	5.372	6.401	8.415	11.824
材料	850103005	其他材料费	元	14.870	14.200	13.330	12.920
机械	990106010	履带式单斗液压挖掘机 0.6m³	台班	1.371	0.762	0.636	0.654
	990101025	履带式推土机 105kW	台班	0.260	0.323	0.403	0.233
	990805020	污水泵 100mm	台班	1.075	1.434	1.792	2.267
	990302015	履带式起重机 15t	台班	—	0.968	1.469	1.756

工作内容：操作机械引斗挖土、装车、人工推铲、扣挖支撑下土体、挖引水沟、机械排水、人工整修底面。

计量单位：100m³

编号				1-1-122	1-1-123	1-1-124
项目				大型支撑基坑土方宽 15m 以外		
				深 7m 以内	深 11m 以内	深 15m 以内
名称			单位	消耗量		
人工	000105000	综合一类工	工日	6.232	8.330	11.807
材料	850103005	其他材料费	元	13.330	12.950	12.350
机械	990106010	履带式单斗液压挖掘机 0.6m³	台班	0.732	0.635	0.654
	990302025	履带式起重机 25t	台班	0.933	1.469	1.756
	990101025	履带式推土机 105kW	台班	0.333	0.405	0.233
	990805020	污水泵 100mm	台班	1.434	1.792	2.267

工作内容：装泥砂、运泥砂、弃泥砂、清理机下余泥、维护行驶道路。

计量单位：10m³

编号				1-1-125	1-1-126
项目				泥浆罐车运淤泥流砂	
				运距 ≤ 1km	每增运 1km
名称			单位	消耗量	
人工	000105000	综合一类工	工日	3.434	—
机械	990806020	泥浆泵 100mm	台班	0.340	—
	990411010	泥浆罐车 5000L	台班	1.010	0.1[illegible]0

二、石方工程

工作内容：凿岩、清碴、攒堆待运、修边整体等。

计量单位：100m³

编号				1-1-127	1-1-128	1-1-129
项目				人工凿平基（一般石方）		
				极软岩	软岩	较软岩
名称			单位	消耗量		
人工	000105000	综合一类工	工日	58.800	74.277	95.849

工作内容： 打单、双面槽子、碎石，槽壁打直，底检平，将石方运出槽边 1m 以外、5m 以内。

计量单位： 100m³

编号				1-1-130	1-1-131	1-1-132	1-1-133
项目				人工凿沟槽			
				极软岩（深度 m 以内）		软岩（深度 m 以内）	
				2	4	2	4
名称			单位	消耗量			
人工	000105000	综合一类工	工日	64.117	79.076	85.516	101.240

工作内容： 打单、双面槽子、碎石，槽壁打直，底检平，将石方运出槽边 1m 以外、5m 以内。

计量单位： 100m³

编号				1-1-134	1-1-135
项目				人工凿沟槽	
				较软岩（深度 m 以内）	
				2	4
名称			单位	消耗量	
人工	000105000	综合一类工	工日	117.886	136.930

工作内容： 打单、双面槽子、碎石，坑壁打直，底检平，将石方运出坑边 1m 以外、5m 以内。

计量单位： 100m³

编号				1-1-136	1-1-137	1-1-138	1-1-139	1-1-140	1-1-141
项目				人工凿基坑					
				极软岩（深度 m 以内）		软岩（深度 m 以内）		较软岩（深度 m 以内）	
				2	4	2	4	2	4
名称			单位	消耗量					
人工	000105000	综合一类工	工日	76.940	94.891	102.619	121.487	142.466	162.874

工作内容： 清理道路，挖、装、运、卸。

计量单位： 100m³

编号				1-1-142	1-1-143	1-1-144	1-1-145
项目				明挖石碴运输			
				人工运		双（单）轮车运	
				20m 以内	每增 20m	50m 以内	每增 50m
名称			单位	消耗量			
人工	000105000	综合一类工	工日	31.098	5.208	19.403	3.850

工作内容： 清理道路，挖、装、运、卸。

计量单位： 100m³

编号				1-1-146	1-1-147
项目				明挖石碴运输	
				人力装、机动翻斗车运	
				1000m 以内	3000m 内每增 200m
名称			单位	消耗量	
人工	000105000	综合一类工	工日	21.578	—
机械	990406010	机动翻斗车 1t	台班	20.042	1.739

工作内容：凿石，清碴攒堆或装车，清底修边。 计量单位：100m²

编号				1-1-148	1-1-149	1-1-150	1-1-151	1-1-152
项目				人工清理爆破基底				
				一般石方				
				极软岩	软岩	较软岩	较硬岩	坚硬岩
名称			单位	消耗量				
人工	000105000	综合一类工	工日	8.648	10.750	13.374	30.296	52.051

工作内容：凿石，清碴攒堆或装车，清底修边。 计量单位：100m²

编号				1-1-153	1-1-154	1-1-155	1-1-156	1-1-157
项目				人工清理爆破基底				
				槽坑石方				
				极软岩	软岩	较软岩	较硬岩	坚硬岩
名称			单位	消耗量				
人工	000105000	综合一类工	工日	9.540	14.271	26.234	59.183	118.343

工作内容：凿石，清碴攒堆或装车，清底修边。 计量单位：100m²

编号				1-1-158	1-1-159	1-1-160	1-1-161	1-1-162
项目				人工修整爆破边坡				
				极软岩	软岩	较软岩	较硬岩	坚硬岩
名称			单位	消耗量				
人工	000105000	综合一类工	工日	7.186	9.298	14.801	33.483	54.360

工作内容：挖碴，弃碴于5m以内或装碴。 计量单位：10m³

编号				1-1-163	1-1-164
项目				人工清石碴	
				一般石方	槽坑
名称			单位	消耗量	
人工	000105000	综合一类工	工日	1.900	2.794

工作内容：切割机锯缝，开凿石方，打碎，修边检底。 计量单位：100m³

编号				1-1-165	1-1-166	1-1-167
项目				切割机切割平基（一般）石方		
				软质岩	较硬岩	坚硬岩
名称			单位	消耗量		
人工	000105000	综合一类工	工日	66.856	145.702	233.405
材料	031527002	刀片 $D1000$	片	0.153	0.191	0.225
	341101001	水	m^3	6.000	7.000	8.500
机械	990772010	岩石切割机 3kW	台班	2.032	2.527	2.999

工作内容：切割机锯缝、开凿石方、打碎、修边检底、将石方运出槽（坑）边 1m 以外、5m 以内。

计量单位：100m³

编号				1-1-168	1-1-169	1-1-170
项目				切割机切割坑（槽）石方		
				软质岩	较硬岩	坚硬岩
名称			单位	消耗量		
人工	000105000	综合一类工	工日	102.203	212.300	352.323
材料	031527002	刀片 *D*1000	片	0.222	0.277	0.361
	341101001	水	m³	6.000	7.000	8.000
机械	990772010	岩石切割机 3kW	台班	2.953	3.691	4.798

工作内容：装拆合金钎头、破碎岩石、机械移动。

计量单位：1000m³

编号				1-1-171	1-1-172	1-1-173	1-1-174
项目				液压岩石破碎机破碎岩石（HB20G）			
				极软岩	软质岩	较硬岩	坚硬岩
名称			单位	消耗量			
人工	000105000	综合一类工	工日	1.909	1.909	1.909	1.909
材料	031526001	合金钎头 ϕ135	个	0.140	0.231	0.578	1.155
机械	990149010	履带式液压岩石破碎机 HB20G	台班	11.655	17.500	29.155	36.855

注：破碎坑、槽岩石按相应定额项目乘以系数 1.3。

工作内容：装拆合金钎头、破碎岩石、机械移动。

计量单位：1000m³

编号				1-1-175	1-1-176	1-1-177	1-1-178
项目				液压岩石破碎机破碎岩石（HB30G）			
				极软岩	软质岩	较硬岩	坚硬岩
名称			单位	消耗量			
人工	000105000	综合一类工	工日	1.909	1.909	1.909	1.909
材料	031526002	合金钎头 ϕ150	个	0.140	0.231	0.578	1.155
机械	990149020	履带式液压岩石破碎机 HB30G	台班	10.010	15.925	23.345	29.155

注：破碎坑、槽岩石按相应定额项目乘以系数 1.3。

工作内容：装拆合金钎头、破碎岩石、机械移动。

计量单位：1000m³

编号				1-1-179	1-1-180	1-1-181	1-1-182
项目				液压岩石破碎机破碎岩石（HB40G）			
				极软岩	软质岩	较硬岩	坚硬岩
名称			单位	消耗量			
人工	000105000	综合一类工	工日	1.909	1.909	1.909	1.909
材料	031526003	合金钎头 ϕ160	个	0.140	0.231	0.578	1.155
机械	990149030	履带式液压岩石破碎机 HB40G	台班	7.770	9.205	14.000	19.460

注：破碎坑、槽岩石按相应定额项目乘以系数 1.3。

工作内容：装、拆液压锤、破碎岩石、机械移动。　　　　**计量单位：**10m³

编号				1-1-183	1-1-184	1-1-185	1-1-186	1-1-187
项目				液压锤破碎石方				
				极软岩	软岩	较软岩	较硬岩	坚硬岩
名称			单位	消耗量				
人工	000105000	综合一类工	工日	0.158	0.203	0.308	0.437	0.622
机械	990106030	履带式单斗液压挖掘机 1m³	台班	0.186	0.238	0.362	0.514	0.732
	991239010	液压锤 HM960	台班	0.186	0.238	0.362	0.514	0.732

工作内容：集碴、弃碴、平整。　　　　**计量单位：**1000m³

编号				1-1-188	1-1-189	1-1-190	1-1-191
项目				推土机推石碴			
				90kW 推土机推碴运距			
				10m 以内	20m 以内	30m 以内	40m 以内
名称			单位	消耗量			
人工	000105000	综合一类工	工日	3.818	3.818	3.818	3.818
机械	990101020	履带式推土机 90kW	台班	4.188	5.998	8.020	9.751

工作内容：集碴、弃碴、平整。　　　　**计量单位：**1000m³

编号				1-1-192	1-1-193	1-1-194	1-1-195
项目				推土机推石碴			
				105kW 推土机推碴运距			
				10m 以内	20m 以内	30m 以内	40m 以内
名称			单位	消耗量			
人工	000105000	综合一类工	工日	3.818	3.818	3.818	3.818
机械	990101025	履带式推土机 105kW	台班	3.992	5.536	7.284	8.943

工作内容：集碴、挖碴、弃碴或装车，平整，场内道路维护，工作面内人工排水等辅助性工作。　　　　**计量单位：**1000m³

编号				1-1-196	1-1-197	1-1-198	1-1-199
项目				履带式反铲液压挖掘机挖石碴			
				不装车		装车	
				斗容 0.6m³	斗容 1.0m³	斗容 0.6m³	斗容 1.0m³
名称			单位	消耗量			
人工	000105000	综合一类工	工日	3.818	3.818	3.818	3.818
机械	990106010	履带式单斗液压挖掘机 0.6m³	台班	5.873	—	6.477	—
	990106030	履带式单斗液压挖掘机 1m³	台班	—	3.859	—	4.188
	990101020	履带式推土机 90kW	台班	0.588	0.386	1.943	1.256

工作内容：运碴、卸碴、空回、场内行驶道路洒水养护。　　　　　　**计量单位：**1000m³

编号				1-1-200	1-1-201	1-1-202	1-1-203	1-1-204	1-1-205
项目				10t 自卸汽车运石碴 运距（km）		12t 自卸汽车运石碴 运距（km）		15t 自卸汽车运石碴 运距（km）	
				1	每增运 1	1	每增运 1	1	每增运 1
名称			单位	消耗量					
材料	341101001	水	m³	12.000	—	12.000	—	12.000	—
机械	990409020	洒水车 4000L	台班	0.479	—	0.479	—	0.479	—
	990402030	自卸汽车 10t	台班	14.852	3.050	—	—	—	—
	990402040	自卸汽车 15t	台班	—	—	—	—	11.399	2.018
	990402035	自卸汽车 12t	台班	—	—	12.720	2.493	—	—

工作内容：风镐破碎岩石。　　　　　　**计量单位：**10m³

编号				1-1-206
项目				风镐破碎石方
				孤石
名称			单位	消耗量
人工	000105000	综合一类工	工日	27.956
材料	224515002	高压风管 ϕ25-6P-20m	m	0.050
	031519026	合金钢钻头 一字型	个	0.248
	011505001	六角空心钢（综合）	kg	0.397
机械	991003060	电动空气压缩机 9m³/min	台班	2.880
	990129010	手持式风动凿岩机	台班	18.481

三、回填及其他

工作内容：人工平整场地：厚度在±30cm 内就地挖填、找平。
机械平整场地：厚度在±30cm 内就地挖填、找平、
工作面内人工排水等辅助性工作。　　　　　　**计量单位：**见表

编号				1-1-207	1-1-208	1-1-209
项目				人工平整场地	机械平整场地	
					推土机 75kW	拖式铲运机 7m³
单位				100m²	1000m²	
名称			单位	消耗量		
人工	000105000	综合一类工	工日	2.939	0.955	0.955
机械	990101015	履带式推土机 75kW	台班	—	0.564	—
	990112020	拖式铲运机 7m³	台班	—	—	0.403

工作内容：平土、夯土（碾压）。　　　　计量单位：100m²

编号				1-1-210	1-1-211	1-1-212	1-1-213
项目				人工原土夯实		机械原土夯实	
				平地	槽、坑	平地	槽、坑
名称			单位	消耗量			
人工	000105000	综合一类工	工日	1.239	1.502	0.941	[illegible].025
机械	990123010	电动夯实机 250N · m	台班	—	—	0.502	1.547

工作内容：平土、夯土（碾压）。　　　　计量单位：1000m²

编号				1-1-214	1-1-215
项目				机械原土碾压	
				拖式双筒羊足碾	内燃压路机 15t 以内
名称			单位	消耗量	
人工	000105000	综合一类工	工日	0.955	0.955
机械	990114030	履带式拖拉机 75kW	台班	0.054	—
	990118010	拖式双筒羊角碾 6t	台班	0.054	—
	990120040	钢轮内燃压路机 15t	台班	—	0.125

工作内容：人工填松填土：5m 内就地取土，铺平。人工填土夯实：填土、夯土、运水、洒水。　　　　计量单位：100m³

编号				1-1-216	1-1-217	1-1-218	1-1-219
项目				人工填土		人工填土夯实	
				松填土		平地	槽、坑
				槽、坑	平地		
名称			单位	消耗量			
人工	000105000	综合一类工	工日	5.757	4.920	13.571	22.358
材料	341101001	水	m³	—	—	1.550	1.550

工作内容：5m 内取土、摊铺、碎土、平土、夯土。　　　　计量单位：100m³

编号				1-1-220	1-1-221
项目				机械填土夯实	
				平地	槽、坑
名称			单位	消耗量	
人工	000105000	综合一类工	工日	11.867	13.413
机械	990123010	电动夯实机 250N · m	台班	5.501	7.150

工作内容： 回填、推平、工作面内洒水、碾压、工作面内人排水等辅助性工作。　　**计量单位：** 1000m³

编号				1-1-222	1-1-223	1-1-224
项目				机械填土碾压		
				拖式双筒羊足碾 75kW	内燃压路机 6t 以内	内燃压路机 15t 以内
名称			单位	消耗量		
人工	000105000	综合一类工	工日	2.000	2.000	2.000
材料	341101001	水	m³	15.000	15.000	15.000
机械	990101015	履带式推土机 75kW	台班	0.278	0.663	0.735
	990114030	履带式拖拉机 75kW	台班	2.742	—	—
	990409020	洒水车 4000L	台班	0.672	0.672	0.672
	990118010	拖式双筒羊角碾 6t	台班	2.742	—	—
	990120010	钢轮内燃压路机 6t	台班	—	6.586	—
	990120040	钢轮内燃压路机 15t	台班	—	—	7.320

工作内容： 回填、推平、工作面内洒水、碾压、工作面内人排水等辅助性工作。　　**计量单位：** 1000m³

编号				1-1-225	1-1-226
项目				机械填土碾压	
				振动压路机 10t 内	振动压路机 15t 内
名称			单位	消耗量	
人工	000105000	综合一类工	工日	2.000	2.000
材料	341101001	水	m³	15.000	15.000
机械	990122050	钢轮振动压路机 15t	台班	—	3.933
	990101015	履带式推土机 75kW	台班	0.439	0.394
	990409020	洒水车 4000L	台班	0.672	0.672
	990122030	钢轮振动压路机 10t	台班	4.355	—

工作内容： 钎孔布置，打钎，拔钎，灌砂堵眼；碎土，5m 内就地取土，筛土。　　**计量单位：** 见表

编号				1-1-227	1-1-228
项目				基底钎探	筛土
单位				100m²	10m³
名称			单位	消耗量	
人工	000105000	综合一类工	工日	3.570	3.143
材料	351125001	钢钎 ϕ22～25	kg	8.173	—
	040303001	中粗砂	m³	0.251	—
	041313002	烧结煤矸石普通砖 240×115×53	千块	0.029	—
	341101001	水	m³	0.050	—
机械	991298010	轻便钎探器	台班	0.800	—

第二章

地基处理及基坑支护工程

第二章

[illegible]

说　明

一、本章包括地基处理和基坑及边坡支护等项目。

二、填料加固：

1. 填料加固项目适用于软弱地基挖土后的换填材料加固工程。

2. 填料加固夯填灰土就地取土时，应扣除灰土配比中的黄土。

三、填料桩：

1. 振冲碎石桩定额中不包括泥浆排放处理的费用，需要时另行计算。

2. 碎石桩与砂石桩的充盈系数为 1.30，损耗率为 2.00%。实测砂石配合比及充盈系数不同时可以调整。其中灌注砂石桩除上述充盈系数和损耗率外，还包括级配密实系数 1.33。

3. 水泥粉煤灰碎石桩（CFG）土方场外运输执行本定额第一章“土石方工程”相应项目。

四、搅拌桩：

1. 水泥搅拌桩分为深层搅拌法（简称湿法）和粉体喷搅法（简称干法），空搅部分按相应项目的人工及搅拌机械乘以系数 0.50。

2. 水泥搅拌桩中深层搅拌法的单（双）头搅拌桩、三轴水泥搅拌桩项目按二搅二喷施工工艺考虑，设计不同时，每增（减）一搅一喷按相应项目的人工、机械乘以系数 0.40 进行增（减）。

3. 单、双头深层搅拌桩和三轴搅拌桩水泥掺量分别按加固土重（1800kg/m^3）的 13%和 15%考虑，当设计与项目取定不同时，执行相应项目。

4. 三轴水泥搅拌桩土方置换外运量执行《陕西省市政工程消耗量定额（2025）》相应说明及项目。

五、石灰桩按桩径 500mm 编制，当设计桩径不同时，桩径 500mm 以内人工、机械保持不变，桩径 500mm 以外设计桩径每增加 50mm，人工、机械乘以系数 1.05。石灰用量不同时，可以调整。

六、注浆桩：

高压旋喷桩项目已综合接头处的复喷工料；高压喷射注浆桩的水泥设计用量与项目不同时，应予以调整。

七、注浆地基所用的浆体材料用量应按照设计含量调整。

八、注浆项目中注浆管消耗量为摊销量，若为一次性使用，可进行调整。废浆处理及外运执行本定额第一章“土石方工程”相应项目。

九、基坑及边坡支护等项目适用于黏土、砂土及冲填土等软土层土质情况。

十、打拔工具桩均按陆上打拔编制，遇水上打拔时，套用《陕西省市政工程消耗量定额（2025）》相关项目。

十一、打拔工具桩均以直桩为准，如遇打斜桩（斜度≤1∶6，包括俯打、仰打），按相应项目人工、机械乘以系数 1.35。定额内未包括型钢桩、钢板桩的制作、除锈、刷油。

十二、桩间补桩或在地槽（坑）中及强夯后的地基上打桩时，相应项目的人工、机械乘以系数 1.15。

十三、砂浆土钉项目钢筋按ϕ10mm 以外编制，材料品种、规格不同时允许换算。

工程量计算规则

一、填料加固按设计图示尺寸以体积计算。

二、振冲碎石桩按设计图示尺寸以体积计算。

三、振动砂石桩按设计桩截面乘以桩长（包括桩尖）以体积计算。

四、水泥粉煤灰碎石桩按设计桩长（包括桩尖）乘以设计桩外径截面面积，以体积计算。取土外运按成孔体积计算。

五、钻孔压浆碎石桩、灰土桩按设计桩长（包括桩尖）乘以设计桩外径截面面积，以体积计算。

六、水泥搅拌桩（含深层水泥搅拌法和粉体喷搅法）工程量按桩长乘以桩径截面面积以体积计算，桩长按设计桩顶标高至桩底长度另增加 500mm；若设计桩顶标高已达打桩前的自然地坪标高小于 0.5m 或已达打桩前的自然地坪标高时，另增加长度应按实际长度计算或不计。

七、石灰桩按设计桩长（包括桩尖）以长度计算。

八、高压旋喷桩工程量，钻孔按原地面至设计桩底的距离以长度计算，喷浆按设计加固桩截面面积乘以设计桩长以体积计算。

九、压密注浆钻孔数量按设计图示以钻孔深度计算。注浆数量按下列规定计算：

1. 设计图纸明确加固土体体积的，按设计图纸注明的体积计算。

2. 设计图纸以布点形式图示土体加固范围的，则按两孔间距的一半作为扩散半径，以布点边线各加扩散半径，形成计算平面，计算注浆体积。

3. 如果设计图纸注浆点在钻孔灌注桩之间，按两注浆孔的一半作为每孔的扩散半径，依此圆柱体积计算注浆体积。

十、分层注浆钻孔数量按设计图示以钻孔深度计算。注浆数量按设计图纸注明加固土体的体积计算。

十一、凿桩头按凿桩长度乘以桩断面以体积计算。

十二、咬合灌注桩按设计图示单桩尺寸以“m^3”为单位计算。

十三、水泥土搅拌墙按设计截面面积乘以设计长度以“m^3”为单位计算。搅拌桩成孔中重复套钻工程量已在项目考虑，不另行计算。

十四、打拔钢板桩（大型基坑支撑安装、拆除）按设计图纸数量或施工组织设计数量以质量计算。钢板桩（大型基坑支撑）使用费另计，钢板桩使用费按租赁费计算。打拉森钢板桩打拔项目，按钢板桩项目，其人工、机械乘以系数 1.10。

十五、锚杆和锚索的钻孔、压浆按设计图示长度以“m”为单位计算，制作、安装按照设计图示主材（钢筋或钢绞线）重量以“t”为单位计算，不包括附件重量。

十六、砂浆土钉、钢管护坡土钉按照设计图示长度以“m”为单位计算。

十七、喷射混凝土按设计图示尺寸以“m^2”为单位计算，挂网按设计用钢量计算。

一、地 基 处 理

工作内容：摊铺、(灌浆)、夯实。

计量单位：10m³

编号				1-2-1	1-2-[illegible]	[illegible]-2-3
项目				填料加固		
				毛石灌浆	碎石灌浆	碎石干铺
名称			单位	消耗量		
人工	000205000	综合二类工	工日	9.414	7.64[illegible]	[illegible]57
材料	041103002	毛石（综合）	m³	12.240	—	—
	341101001	水	m³	1.605	1.6[illegible]	—
	800613002	预拌混合砂浆 M5.0	m³	2.690	2.8[illegible]	—
	040501021	碎石 40	m³	—	11.1[illegible]	1[illegible].260
	850103006	其他材料费（占材料费）	%	2.000	2.0[illegible]	[illegible].000
机械	990123010	电动夯实机 250N·m	台班	0.439	0.2[illegible]	[illegible]20
	990611010	干混砂浆罐式搅拌机	台班	0.093	0.1[illegible]	—

工作内容：清底、浇筑、捣固（夯实）抹平、材料场内运输。

计量单位：10m³

编号				1-2-4	1-2-5	1-2-[illegible]	1-2-7	1-2-8
项目				填料加固				
				混凝土	炉渣	砂砾石	砂	砾石
名称			单位	消耗量				
人工	000205000	综合二类工	工日	3.500	5.065	6.5[illegible]	4.930	6.728
材料	341103001	电	kW·h	7.642	—	—	—	—
	341101001	水	m³	3.119	—	—	—	—
	802101012	预拌混凝土 C20	m³	10.100	—	—	—	—
	040711001	焦渣	m³	—	16.320	—	—	—
	040505007	砾石 40mm	m³	—	—	10.2[illegible]	—	13.260
	040301001	中砂	m³	—	—	4.2[illegible]	12.640	—
	850103006	其他材料费（占材料费）	%	1.500	1.500	2.00[illegible]	2.000	1.500
机械	990123010	电动夯实机 250N·m	台班	—	0.717	0.9[illegible]	0.717	0.996

工作内容：清底、浇筑、捣固（夯实）抹平、材料场内运输。

计量单位：10m³

编号				1-2-9	1-2-[illegible]0
项目				填料加固	
				夯填灰土	
				2∶8	3∶7
名称			单位	消耗量	
人工	000205000	综合二类工	工日	15.145	15.9[illegible]0
材料	040901002	黄土	m³	12.361	10.8[illegible]8
	040905001	生石灰	t	1.683	2.5[illegible]0
	341101001	水	m³	2.100	2.1[illegible]0
	850103006	其他材料费（占材料费）	%	1.500	1.5[illegible]0
机械	990123010	电动夯实机 250N·m	台班	2.455	2.5[illegible]7

工作内容：振冲碎石桩：安、拆振冲器，振冲、填碎石，疏导泥浆。 **计量单位**：10m³

编号				1-2-11
项目				填料桩
				振冲碎石桩
名称			单位	消耗量
人工	000205000	综合二类工	工日	4.340
材料	040501015	碎石 50～80	m³	19.715
	850103006	其他材料费（占材料费）	%	1.500
机械	990233010	振冲器 55kW	台班	0.603
	990801030	电动单级离心清水泵 150mm	台班	0.474
	990302015	履带式起重机 15t	台班	0.474

工作内容：振动砂石桩：准备打桩工具、安装拆卸桩架、移动打桩机及轨道、用钢管打桩孔、灌注砂石混合料、拔钢管、夯实，整平隆起土壤、按施工图放线定位，埋桩尖。 **计量单位**：10m³

编号				1-2-12	1-2-13
项目				填料桩	
				振动砂石桩	
				桩径（mm以内）	
				ϕ500	ϕ600
名称			单位	消耗量	
人工	000205000	综合二类工	工日	11.518	13.820
材料	170100004	钢管（综合）	kg	23.407	35.077
	040303001	中粗砂	m³	2.330	2.330
	040501012	碎石 25～40	m³	12.910	12.910
	850103006	其他材料费（占材料费）	%	1.500	1.500
机械	990406010	机动翻斗车 1t	台班	0.734	0.742
	990205010	振动沉拔桩机 300kN	台班	0.726	—
	990205020	振动沉拔桩机 400kN	台班	—	0.734

注：振动砂石桩：

1. 砂、石桩充盈系数为 1.3，损耗率为 2%；设计砂石配合比及充盈系数不同时可以调整。
2. 设计要求夯扩桩夯出桩端扩大头时，费用另计。

工作内容：钻孔就位、钻孔取土、土方现场转运、安装、拆除输送管，混合料配、拌、运输、灌注等。

计量单位：10m

编　号				1-2-14	1-2-15	1-2-16	1-2-17
项　目				填料桩			
				水泥粉煤灰碎石桩（CFG）			
				桩径（mm 以内）			
				ϕ300	ϕ400	ϕ450	ϕ500
名　称			单位	消　耗　量			
人工	000205000	综合二类工	工日	1.200	2.103	2.622	3.189
材料	173131001	输送管	kg	0.269	0.478	0.604	0.746
	803501006	水泥粉煤灰碎石	m^3	0.861	1.531	1.937	2.391
	031509001	铁件（综合）	kg	0.308	0.308	0.308	0.308
	850103006	其他材料费（占材料费）	%	1.500	1.500	1.500	1.500
机械	990406010	机动翻斗车 1t	台班	0.088	0.155	0.196	0.243
	990302005	履带式起重机 5t	台班	0.064	0.113	0.143	0.177
	990210010	螺旋钻机 400mm	台班	0.176	0.298	—	—
	990210020	螺旋钻机 600mm	台班	—	—	0.301	0.354

工作内容：钻孔就位、钻孔取土、土方现场转运、安装、拆除输送管，混合料配、拌、运输、灌注等。

计量单位：10m

编　号				1-2-18	1-2-19	1-2-20
项　目				填料桩		
				水泥粉煤灰碎石桩（CFG）		
				桩径（mm 以内）		
				ϕ600	ϕ700	ϕ800
名　称			单位	消　耗　量		
人工	000205000	综合二类工	工日	4.565	5.973	[illegible].561
材料	173131001	输送管	kg	1.074	1.462	1.910
	803501006	水泥粉煤灰碎石	m^3	3.443	4.687	6.123
	031509001	铁件（综合）	kg	0.308	0.308	0.308
	850103006	其他材料费（占材料费）	%	1.500	1.500	1.500
机械	990406010	机动翻斗车 1t	台班	0.349	0.475	0.622
	990302005	履带式起重机 5t	台班	0.255	0.347	0.454
	990210020	螺旋钻机 600mm	台班	0.485	—	—
	990210030	螺旋钻机 800mm	台班	—	0.457	0.543

工作内容： 钻孔压浆碎石桩：

1. 准备机具，移动桩机，成孔灌注碎石，振实。
2. 准备机具，移动桩机，成孔灌注碎石，振实，压浆。

灰土挤密桩：准备机具，移动桩机，打钢管成孔，灰土过筛拌和、灌注灰土，振实，拔钢管。

计量单位： $10m^3$

编号				1-2-21	1-2-22	1-2-23
项目				填料桩		
				钻孔压浆碎石桩	灰土挤密桩	
					桩长 ≤ 6m	桩长 > 6m
名称			单位	消耗量		
人工	000205000	综合二类工	工日	11.047	9.541	6.258
材料	016305002	金属材料（摊销）	kg	6.355	4.131	4.131
	341101001	水	m^3	27.400	2.200	2.200
	040100005	水泥 42.5	t	4.908	—	—
	020901001	塑料薄膜	m^2	18.500	—	—
	172500003	塑料管（综合）	kg	12.720	—	—
	040501011	碎石 20～40	m^3	13.260	—	—
	052501001	垫木	m^3	—	0.074	0.074
	803103001	灰土 3∶7	m^3	—	11.220	11.220
机械	990203020	步履式电动打桩机 60kW	台班	0.413	—	—
	990610010	灰浆搅拌机 200L	台班	0.826	—	—
	990110020	轮胎式装载机 $1m^3$	台班	0.413	—	—
	990624020	注浆机 BW320	台班	0.826	—	—
	990201010	履带式柴油打桩机 2.5t	台班	—	0.894	0.666

工作内容： 机具就位、预搅下沉、拌制水泥浆或筛水泥粉、喷水泥浆（粉）并搅拌提升，重复上、下搅拌，移位。

计量单位： $10m^3$

编号				1-2-24	1-2-25	1-2-26	1-2-27	1-2-28
项目				水泥搅拌桩				
				深层搅拌法			粉体喷搅法	水泥掺量（每增减1%）
				单头	双头	三轴	单头	
名称			单位	消耗量				
人工	000205000	综合二类工	工日	4.486	2.386	2.358	4.486	—
材料	143123001	硅酸钠（水玻璃）	kg	47.300	47.300	—	47.300	3.640
	803703005	木质素磺酸钙	kg	4.730	4.730	—	4.730	0.360
	040905007	石膏粉	kg	47.300	47.300	—	47.300	3.640
	341101001	水	m^3	3.048	3.048	3.524	3.048	0.762
	040100005	水泥 42.5	t	2.387	2.387	2.754	2.387	0.184

续前

编号				1-2-24	1-2-25	1-2-26	1-2-27	1-2-28
项目				水泥搅拌桩				
				深层搅拌法			粉体喷搅法	水泥掺量（每增减1%）
				单头	双头	三轴	单头	
名称			单位	消耗量				
材料	010100007	钢筋 ϕ10 以内	kg	—	—	4.117	—	—
	850103006	其他材料费（占材料费）	%	1.500	1.500	1.500	—	1.500
机械	990610010	灰浆搅拌机 200L	台班	0.417	0.444	0.18[illegible]	—	—
	990612010	挤压式灰浆输送泵 3m³/h	台班	0.168	0.221	0.18[illegible]	—	—
	990226010	喷浆钻机	台班	0.417	—	—	—	—
	990802010	内燃单级离心清水泵 50mm	台班	—	0.221	—	—	—
	990229010	双头搅拌桩机	台班	—	0.222	—	—	—
	991003070	电动空气压缩机 10m³/min	台班	—	—	0.18[illegible]	—	—
	990215020	三轴搅拌桩机 850mm	台班	—	—	0.18[illegible]	—	—
	991003040	电动空气压缩机 3m³/min	台班	—	—	—	0.421	—
	990213010	粉喷桩机	台班	—	—	—	0.417	—
	990615010	偏心式振动筛 16m³/h	台班	—	—	—	0.115	—

工作内容：清理场地、钻机安装、拆除、钻进搅拌、提钻并喷粉搅拌、移位、机具清洗及操作范围内机具搬运。

计量单位：10m

编号				1-2-29	1-2-30
项目				石灰桩	
				粉体喷射石灰搅拌桩（mm）	
				ϕ500	
				桩长（m 以内）	
				10	20
名称			单位	消耗量	
人工	000205000	综合二类工	工日	1.100	1.200
材料	040905001	生石灰	t	1.238	1.238
	850103006	其他材料费（占材料费）	%	1.500	1.500
机械	990622020	深层喷射搅拌机 15m 以内	台班	0.125	—
	991003040	电动空气压缩机 3m³/min	台班	0.125	0.135
	991226010	粉体输送设备	台班	0.125	0.135
	990622030	深层喷射搅拌机 25m 以内	台班	—	0.135

工作内容： 清现场地、钻机就位、钻孔、移位；调制水泥浆、插入旋喷管、分层旋喷水泥浆、移位、机具清洗及操作范围内机具搬运。

计量单位： 见表

编号				1-2-31	1-2-32	1-2-33	1-2-34
项目				高压水泥旋喷桩			
				钻孔	喷浆		
					单重管法	双重管法	三重管法
单位				10m	$10m^3$		
名称			单位	消耗量			
人工	000205000	综合二类工	工日	1.145	7.923	8.495	9.164
材料	341101001	水	m^3	1.133	14.100	62.857	63.810
	040901004	黏土	m^3	0.200	—	—	—
	143123001	硅酸钠（水玻璃）	kg	—	94.000	87.100	77.500
	143147001	氯化钙	kg	—	94.000	87.100	77.500
	143333001	三乙醇胺	kg	—	1.420	1.310	1.160
	040100005	水泥 42.5	t	—	4.748	4.398	3.914
	850103006	其他材料费（占材料费）	%	1.500	1.500	1.500	1.500
机械	991116010	工程地质液压钻机	台班	0.266	—	—	—
	990619010	泥浆拌合机 100～150L	台班	0.133	—	—	—
	990806020	泥浆泵 100mm	台班	0.266	—	—	0.708
	991134010	单重管旋喷机	台班	—	0.435	—	—
	990801020	电动单级离心清水泵 100mm	台班	—	0.434	0.549	—
	991003050	电动空气压缩机 $6m^3/min$	台班	—	0.439	0.556	0.717
	990824010	高压注浆泵	台班	—	0.434	0.549	—
	990610010	灰浆搅拌机 200L	台班	—	0.435	0.550	—
	990806010	泥浆泵 50mm	台班	—	0.434	0.549	—
	991246010	双重管旋喷机	台班	—	—	0.550	—
	990801030	电动单级离心清水泵 150mm	台班	—	—	—	0.708
	990610020	灰浆搅拌机 400L	台班	—	—	—	0.710
	990901020	交流弧焊机 32kV·A	台班	—	—	—	0.630
	991246020	三重管旋喷机	台班	—	—	—	0.710
	990805020	污水泵 100mm	台班	—	—	—	0.708

工作内容： 压密注浆：

1. 定位、钻孔。
2. 注护壁泥浆，配置浆液、插入注浆管，压密注浆，检测注浆效果。

分层注浆：

1. 定位、钻孔、注护壁泥浆、配置浆液、插入注浆芯管。
2. 分层劈裂注浆，检测注浆效果。

计量单位： 见表

编号				1-2-35	1-2-36	1-2-37	1-2-38
项目				压密注浆		分层注浆	
				钻孔	注浆	钻孔	注浆
单位				100m	$10m^3$	100m	$10m^3$
名称			单位	消耗量			
人工	000205000	综合二类工	工日	21.389	2.411	8.085	2.573
材料	173131002	注浆管	kg	80.000	—	—	—
	040907001	粉煤灰	t	—	0.700	—	0.803
	143123001	硅酸钠（水玻璃）	kg	—	8.000	—	56.700
	040100002	水泥 32.5	t	—	0.796	—	—
	040901006	膨润土	kg	—	—	1123.200	—
	341101001	水	m^3	—	—	12.000	—
	172500033	塑料注浆阀管	m	—	—	100.000	—
	143501001	促进剂 KA	kg	—	—	—	103.000
	040100005	水泥 42.5	t	—	—	—	1.091
机械	990219010	电动灌浆机	台班	—	0.360	—	0.400
	990610010	灰浆搅拌机 200L	台班	—	0.360	—	—
	991116010	工程地质液压钻机	台班	—	—	2.400	—
	990806010	泥浆泵 50mm	台班	—	—	2.400	—

工作内容： 凿除桩头混凝土。 **计量单位：** $10m^3$

编号				1-2-39
项目				凿桩头
名称			单位	消耗量
人工	000205000	综合二类工	工日	9.357
机械	991003030	电动空气压缩机 $1m^3/min$	台班	2.180
	990129010	手持式风动凿岩机	台班	2.180

二、基坑及边坡支护

工作内容：桩机移位、成孔、固壁、混凝土灌注、养护、套管压拔等。 **计量单位：**$10m^3$

编号				1-2-40	1-2-41
项目				咬合灌注桩	
				成孔	灌注混凝土
名称			单位	消耗量	
人工	000205000	综合二类工	工日	7.123	4.615
材料	031509001	铁件（综合）	kg	10.500	—
	050109001	枕木（综合）	m^3	0.040	—
	173109001	导管	kg	—	3.800
	030105046	六角螺栓（综合）	kg	—	0.410
	802105001	预拌水下混凝土 C20	m^3	—	10.747
	850103006	其他材料费（占材料费）	%	—	1.000
机械	990803020	电动多级离心清水泵 100mm 120m 以下	台班	0.984	—
	990232010	钻孔咬合桩机	台班	1.070	0.511
	990302015	履带式起重机 15t	台班	—	0.511

工作内容：钻机移位、钻进、浆液制作、运输、压浆、搅拌、成桩、型钢插拔等。 **计量单位：**见表

编号				1-2-42	1-2-43	1-2-44	1-2-45
项目				型钢水泥土搅拌墙			
				三轴水泥土搅拌墙	五轴水泥土搅拌墙	水泥掺量每增减 1%	插拔型钢
				水泥掺量 20%			
单位				$10m^3$			t
名称			单位	消耗量			
人工	000205000	综合二类工	工日	1.842	2.150	—	1.190
材料	341101001	水	m^3	10.000	10.000	0.830	—
	040100005	水泥 42.5	t	3.672	3.672	0.183	—
	050109001	枕木（综合）	m^3	0.005	0.005	—	0.002
	031301005	低合金钢焊条 E43（综合）	kg	—	—	—	5.165
	012300003	型钢（综合）	t	—	—	—	0.250
	142909001	氧气	m^3	—	—	—	2.582
	142907001	乙炔气	m^3	—	—	—	1.937
机械	991003070	电动空气压缩机 $10m^3/min$	台班	0.129	—	—	—
	990610010	灰浆搅拌机 200L	台班	0.129	—	—	—
	990612010	挤压式灰浆输送泵 $3m^3/h$	台班	0.129	—	—	—
	990215020	三轴搅拌桩机 850mm	台班	0.129	—	—	—
	991135020	全自动灰浆搅拌系统	台班	—	0.101	—	—
	990229020	五轴搅拌桩机	台班	—	0.101	—	—
	990919010	电焊条烘干箱 $45\times35\times45cm^3$	台班	—	—	—	0.007
	990901020	交流弧焊机 32kV·A	台班	—	—	—	0.068
	990316020	立式油压千斤顶 200t	台班	—	—	—	0.113
	990302035	履带式起重机 40t	台班	—	—	—	0.106
	990763050	液压机 2000kN	台班	—	—	—	0.057

工作内容：打桩、桩架调面、移动、打拔缆风桩、拔桩、灌砂、埋拆地垄、清场、整堆。　　**计量单位：**10t

编号				1-2-46	1-2-47	1-2-48	1-2-49
项目				简易桩架打拔槽型钢板桩			
				打 8m 以内		打 12m 以内	
				一、二类土	三类土	一、二类土	三类土
名称			单位	消耗量			
人工	000205000	综合二类工	工日	16.200	20.610	14.544	18.351
材料	330109003	钢板桩	t	（10.000）	（10.000）	（10.000）	（10.000）
	050401003	板枋材	m^3	0.051	0.051	0.031	0.031
	330109004	钢板桩	kg	100.000	100.000	100.000	100.000
	850103006	其他材料费（占材料费）	%	1.440	1.430	1.430	1.430
机械	990235010	简易打桩架	台班	1.384	1.925	1.189	1.659

工作内容：打桩、桩架调面、移动、打拔缆风桩、拔桩、灌砂、埋拆地垄、清场、整堆。　　**计量单位：**10t

编号				1-2-50	1-2-51	1-2-52	1-2-53
项目				简易桩架打拔槽型钢板桩			
				拔 8m 以内		拔 12m 以内	
				一、二类土	三类土	一、二类土	三类土
名称			单位	消耗量			
人工	000205000	综合二类工	工日	17.451	22.527	15.147	19.341
材料	050401003	板枋材	m^3	0.052	0.052	0.031	0.031
	040301003	中砂	t	2.708	2.708	2.708	2.708
	850103006	其他材料费（占材料费）	%	0.800	0.800	0.770	0.770
机械	990234010	简易拔桩架	台班	1.020	1.455	0.825	1.189

工作内容：打桩、桩架调面、移动、打拔缆风桩、埋拆地垄、清场、整堆。　　**计量单位：**10t

编号				1-2-54	1-2-55	1-2-56	1-2-57
项目				柴油打桩机打槽型钢板桩			
				打 8m 以内		打 12m 以内	
				一、二类土	三类土	一、二类土	三类土
名称			单位	消耗量			
人工	000205000	综合二类工	工日	17.379	19.053	14.139	18.468
材料	330109003	钢板桩	t	（10.000）	（10.000）	（10.000）	（10.000）
	050401003	板枋材	m^3	0.004	0.004	0.002	0.002
	330109004	钢板桩	kg	100.000	100.000	100.000	100.000
	850103006	其他材料费（占材料费）	%	3.010	2.010	2.020	2.020
机械	990202020	轨道式柴油打桩机 0.8t	台班	0.878	1.233	0.807	1.136

工作内容： 安装：

1. 吊车配合、围檩、支撑驳运卸车；
2. 定位放样；
3. 槽壁面凿出预埋件；
4. 钢牛腿焊接；
5. 支撑拼接、焊接安全栏杆、安装定位；
6. 活络接头固定。

拆除：

1. 切割、吊出支撑分段；
2. 装车及堆放。

计量单位： t

编号				1-2-58	1-2-59	1-2-60	1-2-61
项目				大型支撑安装	大型支撑拆除	大型支撑安装	大型支撑拆除
				宽 15m 以内		宽 15m 以外	
名称			单位	消耗量			
人工	000205000	综合二类工	工日	1.785	2.440	1.691	2.057
材料	330127003	钢支撑	t	（1.000）	—	（1.000）	—
	031301005	低合金钢焊条 E43（综合）	kg	1.090	—	0.660	—
	330199008	钢围檩	kg	5.250	—	3.180	—
	330127004	钢支撑	kg	10.000	—	10.000	—
	030105091	六角螺栓带螺母 M12×200	kg	2.550	—	2.140	—
	031509022	预埋铁件	kg	11.620	—	7.000	—
	050109001	枕木（综合）	m^3	0.030	—	0.020	—
	012903002	中厚钢板（综合）	kg	7.890	—	4.750	—
	850103006	其他材料费（占材料费）	%	2.550	—	2.140	—
机械	991003070	电动空气压缩机 $10m^3/min$	台班	0.030	0.030	0.170	0.020
	990901020	交流弧焊机 32kV·A	台班	0.172	0.064	0.100	0.036
	990316010	立式油压千斤顶 100t	台班	0.138	0.129	0.138	0.129
	990302025	履带式起重机 25t	台班	0.186	0.177	—	—
	990401015	载重汽车 4t	台班	0.045	0.045	0.045	0.045
	990302035	履带式起重机 40t	台班	—	—	0.210	0.200

工作内容：搭拆操作平台、坡面清理、定位、锚杆（索）钻孔压浆；锚杆（索）制作、安装、锚索张拉锚固；锚墩、承压板制作、安装、防锈处理等。　　　　**计量单位：**见表

编　号				1-2-62	1-2-63	1-2-64	1-2-65	1-2-66
项　目				锚杆		锚索		
				钻孔、压浆	制作、安装	钻孔、压浆	制作、安装	锚墩、承压板制作、安装
单位				10m	t	10m	t	10 个
	名　称		单位	消　耗　量				
人工	000205000	综合二类工	工日	3.667	24.159	4.15[illegible]	36.091	14.018
材料	031527006	合金刀片	kg	0.500	—	—	—	—
	031519029	扩孔钻头	个	0.020	—	0.02[illegible]	—	—
	341101001	水	m^3	0.352	—	—	—	—
	143549001	速凝剂	kg	1.000	—	2.00[illegible]	—	—
	800605001	干混砌筑砂浆	m^3	0.130	—	0.22[illegible]	—	—
	333103001	圆木桩	m^3	0.010	—	0.01[illegible]	—	—
	031301005	低合金钢焊条 E43（综合）	kg	—	2.930	—	8.710	—
	030113001	垫圈（综合）	kg	—	33.460	—	—	—
	012900002	钢板（综合）	kg	—	38.570	—	—	98.280
	010100010	钢筋 ϕ10 以外	kg	—	1091.000	—	—	—
	802101015	预拌混凝土 C30	m^3	—	0.179	—	—	0.428
	172101001	波纹管	kg	—	—	—	36.900	—
	030907007	钢绞线群锚	套	—	—	—	8.601	—
	010700001	钢绞线（综合）	t	—	—	—	1.030	—
	010100007	钢筋 ϕ10 以内	kg	—	—	—	51.500	—
	172709016	聚氯乙烯软管 $D20\times2.5$	m	—	—	—	233.900	—
	031509001	铁件（综合）	kg	—	—	—	19.330	12.700
	050401003	板枋材	m^3	—	—	—	—	0.050
	130505001	防锈漆	kg	—	—	—	—	1.000
	133101003	石油沥青 10#	kg	—	—	—	—	19.000
	850103006	其他材料费（占材料费）	%	2.500	0.500	3.00[illegible]	3.000	1.000
机械	991003070	电动空气压缩机 $10m^3/min$	台班	0.181	—	0.267	—	—
	990768010	电动修钎机	台班	0.164	—	0.25[illegible]	—	—
	990611010	干混砂浆罐式搅拌机	台班	0.005	—	0.00[illegible]	—	—
	991116010	工程地质液压钻机	台班	0.784	—	1.18[illegible]	—	—
	990218010	气动灌浆机	台班	0.146	—	0.25[illegible]	—	—
	990503010	电动单筒慢速卷扬机 10kN	台班	—	0.138	—	1.454	—
	990919010	电焊条烘干箱 $45\times35\times45cm^3$	台班	—	0.032	—	0.063	—
	990702010	钢筋切断机 40mm	台班	—	0.132	—	—	—
	990703010	钢筋弯曲机 40mm	台班	—	0.179	—	—	—
	990901020	交流弧焊机 32kV·A	台班	—	0.318	—	0.626	—
	990304004	汽车式起重机 8t	台班	—	0.037	—	—	—
	990744010	半自动切割机 100mm	台班	—	—	—	0.154	—
	990811020	高压油泵 80MPa	台班	—	—	—	3.358	—
	990705010	预应力钢筋拉伸机 650kN	台班	—	—	—	3.446	—

工作内容：搭拆操作平台、选眼位、打眼、洗眼、土钉制作安装、调制砂浆、灌浆、封口等。

计量单位：10m

编号				1-2-67	1-2-68
项目				砂浆土钉	钢管护坡土钉
名称			单位	消耗量	
人工	000205000	综合二类工	工日	1.329	1.929
材料	050401003	板枋材	m^3	0.010	—
	012900002	钢板（综合）	kg	5.890	—
	010100010	钢筋 ϕ10 以外	kg	31.290	—
	031519016	合金钢钻头	个	0.300	—
	040303001	中粗砂	m^3	0.040	—
	341101001	水	m^3	0.381	—
	040100006	水泥 42.5	kg	30.590	98.000
	170301014	镀锌钢管 *DN*65	m	—	10.200
	850103006	其他材料费（占材料费）	%	0.500	1.500
机械	991003070	电动空气压缩机 10m^3/min	台班	0.060	—
	990768010	电动修钎机	台班	0.043	—
	990610010	灰浆搅拌机 200L	台班	0.009	0.189
	990218010	气动灌浆机	台班	0.026	0.172
	990128010	气腿式风动凿岩机	台班	0.312	—

工作内容：钢筋网制作、挂网、绑扎点焊；基层清理、喷射混凝土、收回弹料、找平面层等。

计量单位：见表

编号				1-2-69	1-2-70	1-2-71	1-2-72	1-2-73
项目				喷射混凝土挂网	喷射混凝土支护无筋（斜面）		喷射混凝土支护有筋（斜面）	
				制作、安装	初喷 5cm	每增 1cm	初喷 5cm	每增 1cm
单位				t	100m^2			
名称			单位	消耗量				
人工	000205000	综合二类工	工日	11.210	15.865	1.710	19.831	2.132
材料	031301005	低合金钢焊条 E43（综合）	kg	10.200	—	—	—	—
	031507010	镀锌铁丝 ϕ0.7～1.2	kg	0.800	—	—	—	—
	010100006	钢筋 ϕ10 以内	t	1.020	—	—	—	—
	224515003	高压胶皮风管 ϕ25-6P-20m	m	—	1.500	0.200	5.750	0.200
	802113002	喷射混凝土 1：2.5：2	m^3	—	5.750	1.100	5.750	1.100
	850103006	其他材料费（占材料费）	%	1.000	2.000	1.500	2.000	1.500
机械	990919010	电焊条烘干箱 45×35×45cm^3	台班	0.268	—	—	—	—
	990701010	钢筋调直机 14mm	台班	0.165	—	—	—	—
	990702010	钢筋切断机 40mm	台班	0.157	—	—	—	—
	990901020	交流弧焊机 32kV·A	台班	2.681	—	—	—	—
	991003070	电动空气压缩机 10m^3/min	台班	—	0.689	0.138	0.861	0.172
	990609010	混凝土湿喷机 5m^3/h	台班	—	0.755	0.151	0.944	0.189

三、补 充 项 目

1. 静压植桩机打拔钢板桩

工作内容： 准备压桩机具、移动植桩机；钢板桩进桩；钢板桩起吊、定位、喂桩、压桩、自走；拔桩、自走、清理钢板桩、运桩、堆放。

计量单位： t

编号				1-2-74	1-2-75
项目				静压植桩机打钢板桩	静压植桩机拔钢板桩
				15m 以内	
名称			单位	消耗量	
人工	000205000	综合二类工	工日	0.421	0.385
机械	990304020	汽车式起重机 20t	台班	0.085	0.076
	990236010	静压植桩机 1000kN	台班	0.089	0.079
	990401030	载重汽车 8t	台班	—	0.123

第三章

桩基础工程

说 明

一、本章包括打桩和灌注桩等项目。

二、本章适用于陆地上桩基工程，所列打桩机的规格、型号是按常规施工工艺和方法综合取定。

三、桩基施工前场地平整、压实地表、地下障碍处理等均未考虑，发生时另行计算。

四、探桩位已综合考虑在各类桩基项目内，不另行计算。

五、打桩土质类别综合取定。本章为打直桩，打斜桩（包括俯打、仰打）斜率在 1∶6 以内时，人工乘以系数 1.33，机械乘以系数 1.43。

六、打桩项目未包括运桩。

七、送桩项目按送 4m 为界，如实际超过 4m 时，按相应项目乘以下列调整系数：

1. 送桩 5m 以内乘以系数 1.20；

2. 送桩 6m 以内乘以系数 1.50；

3. 送桩 7m 以内乘以系数 2.00；

4. 送桩 7m 以上，以调整后 7m 为基础，每超过 1m 递增系数 0.75。

八、打钢管桩项目不包括接桩费用，如发生接桩，按实际接头数量套用钢管桩接桩项目；打钢管桩送桩，按相应打桩项目调整计算：不计钢管桩主材，人工、机械数量乘以系数 1.90。

九、打预制钢筋混凝土方桩、预应力钢筋混凝土管桩，项目按购入成品构件考虑，已包含桩位半径在 15m 范围内的移动、起吊、就位。

十、打桩机械场外运输费可另行计算。

十一、本章项目钻孔的土质分类按国家标准《岩土勘察规范》GB 50021—2001（2009 年版）和《工程岩体分级标准》GB/T 50218—2014 划分。

十二、成孔项目按孔径、深度和土质划分项目，若超过定额使用范围时，应另行计算。

十三、灌注桩混凝土均按水下混凝土导管倾注考虑，采用非水下混凝土时混凝土材料可抽换。项目已包括设备（如导管等）摊销，混凝土用量中均已包括了充盈系数和材料损耗（见下表）。混凝土灌注桩、砂石灌注桩、震动水冲桩、中心压灌式 CFG 桩的填料用量是按表中的充盈因素和操作损耗综合取定的，工程结算时按现场签证资料，调整项目中的填料量，其他不得换算。

灌注桩充盈系数和材料损耗率表

项目名称	充盈系数	损耗率（%）
回旋（旋挖）、螺旋钻孔	1.20	1.00
冲击钻孔	1.25	1.00
冲抓钻孔	1.30	1.00
沉管成孔	1.15	1.00

十四、旋挖桩、螺旋桩、人工挖孔桩等干作业成孔桩的土石方场内、场外运输，均执行本定额第一章“土石方工程”相应的项目。

十五、本章内未包括桩钢筋笼、铁件制作及安装项目，实际发生时按本定额第五章“混凝土和钢筋混凝土工程”中的相应项目执行。

十六、本章内未包括沉管灌注桩的预制桩尖制作、安装项目，实际发生时按本定额第五章“混凝土和钢筋混凝土工程”中的相应项目执行。

十七、泥浆制作定额按普通泥浆考虑，如设计另有明确采用膨润土泥浆，则扣除项目材料中的黏土，并按照每 1m^3 水增加膨润土 47kg，氢氧化钠 2.5kg；如采用干作业成孔工艺时，则扣除项目材料中的黏土、水和机械中的泥浆泵，增加人工 0.38 工日/100m^3，轮胎式装载机（1.5m^3）0.85 台班/100m^3。

十八、注浆管埋设项目按桩底注浆考虑，如设计采用侧向注浆，则人工、机械乘以系数 1.20。

十九、本章项目未包括：钻机场外运输、泥浆池制作、泥浆处理及外运，其费用可另行计算。

工程量计算规则

一、打钢筋混凝土方柱按桩长度（包括桩尖长度）乘以桩截面面积计算。

二、打钢筋混凝土管柱按桩长度（包括桩尖长度）乘以桩截面面积，空心部分体积不计。

三、预应力钢筋混凝土管桩，如设计要求加注填充材料，填充部分另按本章管桩填芯相应项目执行。

四、钢管桩按成品桩考虑，以“t”计算。

五、焊接桩型钢用量可按实调整。

六、送桩：以原地面平均标高增加 1m 为界线，界线以下至设计桩顶标高之间的打桩实体积为送桩工程量。

七、预制混凝土桩凿柱头按设计图示桩截面面积乘以凿桩头长度，以体积计算。

八、桩头钢筋整理，按所整理的桩的数量计算。

九、回旋钻机钻孔、冲击式钻机钻孔、卷扬机带冲抓锥冲孔的成孔工程量按设计入土深度计算。项目的孔深指原地面至设计桩底的深度。成孔项目同一孔内的不同土质，不论其所在的深度如何，均执行总孔深项目。

十、旋挖钻机钻孔按设计入土深度乘以桩截面面积计算。遇较软岩、较硬岩、坚硬岩时应计算入岩增加费，入岩增加费按实际入岩体积计算。

十一、沉管成孔工程量按打桩前自然地坪标高至设计桩底标高（不包括预制桩尖）的成孔长度乘以钢管外径截面面积，以体积计算。沉管桩灌注混凝土工程量按钢管外径截面面积乘以设计桩长（不包括预制桩尖）另加加灌长度，以体积计算。加灌长度设计有规定者，按设计要求计算，无规定者，按 0.5m 计算。

十二、泥浆制作按成孔工程量的 3 倍按 m^3 计算。

十三、灌注桩水下混凝土工程量按设计桩长增加 1m 乘以设计桩径截面面积计算。

十四、人工挖孔工程量按护壁外缘包围的面积乘以深度计算，现浇混凝土护壁和灌注桩混凝土按设计图示尺寸以“m^3”计算。

十五、钻孔压浆桩工程量按设计桩长，以长度计算。

十六、灌注桩后注浆工程量计算按设计注浆量计算，注浆管管材费用另计，但利用声测管注浆时不得重复计算。

十七、声测管埋设工程量按打桩前的自然地坪标高至设计桩底标高另加 0.5m，以长度计算。

一、打　　桩

工作内容：安装、拆除桩帽、捆桩、吊桩、就位、打桩、校正、移动桩架、安置或更换衬垫、测量、记录等。

计量单位：10m³

编号				1-3-1	1-3-2	1-3-3	1-3-4	1-3-5	1-3-6
项目				打钢筋混凝土方桩					
				$L \leqslant 8m$	$L \leqslant 16m$	$L \leqslant 24m$	$L \leqslant 28m$	$L \leqslant 32m$	$L \leqslant 40m$
名称			单位	消耗量					
人工	000205000	综合二类工	工日	11.744	5.500	6.868	4.437	3.537	3.434
材料	022901006	白棕绳 $\phi40$	kg	0.900	0.900	0.900	0.900	0.900	0.900
	311925001	草纸	kg	2.500	2.500	2.500	2.500	2.500	2.500
	042709003	钢筋混凝土方桩	m³	10.100	10.100	10.100	10.100	10.100	10.100
	052501005	硬垫木	m³	0.010	0.010	0.020	0.030	0.030	0.030
	330129007	桩帽	kg	4.710	7.070	9.420	11.780	16.480	21.200
机械	990201040	履带式柴油打桩机 7t	台班	—	—	—	—	—	0.266
	990201010	履带式柴油打桩机 2.5t	台班	0.906	0.424	0.526	—	—	—
	990302015	履带式起重机 15t	台班	0.486	0.227	0.451	0.290	0.233	0.228
	990201030	履带式柴油打桩机 5t	台班	—	—	—	0.339	0.271	—

工作内容：1. 浆锚接桩：对接、校正；安装夹箍及拆除；熬制及灌注硫黄胶泥等。
2. 焊接桩：对接、校正；垫铁片；安角铁；焊接等。
3. 法兰接桩：上下对接、校正；垫铁片、上螺栓、绞紧、焊接等。

计量单位：个

编号				1-3-7	1-3-8	1-3-9
项目				方桩接桩		
				浆锚接桩	焊接桩	法兰接桩
名称			单位	消耗量		
人工	000205000	综合二类工	工日	0.468	1.010	0.837
材料	050401003	板枋材	m³	0.002	—	—
	801511002	硫黄胶泥	kg	12.850	—	—
	341111001	木柴	kg	0.500	—	—
	031301005	低合金钢焊条 E43（综合）	kg	—	6.760	1.040
	012300001	型钢（综合）	kg	—	48.000	—
	142909001	氧气	m³	—	0.086	—
	142907001	乙炔气	m³	—	0.029	—
	030105046	六角螺栓（综合）	kg	—	—	3.740
	133101005	石油沥青 30#	kg	—	—	14.000
	850103006	其他材料费（占材料费）	%	4.310	—	—
机械	990202070	轨道式柴油打桩机 4t	台班	0.053	0.044	—
	990302015	履带式起重机 15t	台班	0.047	0.038	—
	990919010	电焊条烘干箱 45×35×45cm³	台班	—	0.010	0.007
	990901020	交流弧焊机 32kV·A	台班	—	0.100	0.073
	990202050	轨道式柴油打桩机 2.5t	台班	—	—	0.071

工作内容：安装、拆除送桩帽、送桩杆、打送桩、安置或更换衬垫、移动桩架、测量、记录等。

计量单位：$10m^3$

编　号				1-3-10	1-3-11	1-3-12	1-3-13	1-3-14	1-3-15
项　目				方桩送桩					
				$L\leqslant8m$	$L\leqslant16m$	$L\leqslant24m$	$L\leqslant28m$	$L\leqslant32m$	$L\leqslant40m$
名　称			单位	消　耗　量					
人工	000205000	综合二类工	工日	18.717	16.950	20.638	20.630	20.920	27.081
材料	311925001	草纸	kg	5.000	5.000	5.000	5.000	5.000	5.000
	330129006	送桩帽	kg	12.510	18.760	25.020	26.500	37.100	47.700
	052501005	硬垫木	m^3	0.010	0.010	0.020	0.030	0.030	0.030
	330129007	桩帽	kg	5.420	8.130	10.830	11.780	16.490	21.200
机械	990201040	履带式柴油打桩机　7t	台班	—	—	—	—	—	3.265
	990201010	履带式柴油打桩机　2.5t	台班	2.398	2.162	2.653	—	—	—
	990302015	履带式起重机　15t	台班	1.236	1.114	2.188	2.188	2.218	2.865
	990201030	履带式柴油打桩机　5t	台班	—	—	—	2.653	2.529	—

工作内容：安装、拆除桩帽、捆桩、吊桩、就位、打桩、校正、移动桩架、安置或更换衬垫、测量、记录等。

计量单位：$10m^3$实体

编　号				1-3-16	1-3-17	1-3-18	1-3-19
项　目				打钢筋混凝土管桩			
				$\phi400$ $L\leqslant24m$	$\phi550$ $L\leqslant24m$	$\phi600$ $L\leqslant25m$	$\phi600$ $L\leqslant50m$
名　称			单位	消　耗　量			
人工	000205000	综合二类工	工日	6.630	5.100	5.227	6.263
材料	022901006	白棕绳　$\phi40$	kg	0.900	0.900	0.900	0.900
	311925001	草纸	kg	2.500	2.500	2.500	2.500
	042709005	钢筋混凝土管桩	m^3	10.100	10.100	—	—
	052501005	硬垫木	m^3	0.020	0.020	0.020	0.020
	330129007	桩帽	kg	18.840	23.560	28.270	28.270
	042709001	钢筋混凝土 PHC 桩	m^3	—	—	10.100	10.100
机械	990201010	履带式柴油打桩机　2.5t	台班	0.850	—	—	—
	990302015	履带式起重机　15t	台班	0.700	0.537	0.553	0.662
	990201030	履带式柴油打桩机　5t	台班	—	0.651	0.630	—
	990201040	履带式柴油打桩机　7t	台班	—	—	—	0.754

工作内容： 安装、拆除桩帽、捆桩、吊桩、就位、打桩、校正、移动桩架、安置或更换衬垫、测量、记录等。

计量单位： 10m³ 实体

编号				1-3-20	1-3-21	1-3-22	1-3-23
项目				打钢筋混凝土管桩			
				$\phi800$ $L \leqslant 25m$	$\phi800$ $L \leqslant 50m$	$\phi1000$ $L \leqslant 25m$	$\phi1000$ $L \leqslant 50m$
名称			单位	消耗量			
人工	000205000	综合二类工	工日	4.224	5.474	3.537	4.607
材料	022901006	白棕绳 $\phi40$	kg	0.900	0.900	0.900	0.900
	311925001	草纸	kg	2.500	2.500	2.500	2.500
	042709001	钢筋混凝土 PHC 桩	m³	10.100	10.100	10.100	10.100
	052501005	硬垫木	m³	0.020	0.020	0.020	0.020
	330129007	桩帽	kg	37.690	37.690	47.110	47.110
机械	990201030	履带式柴油打桩机 5t	台班	0.506	—	—	—
	990302015	履带式起重机 15t	台班	0.443	0.584	0.373	0.491
	990201040	履带式柴油打桩机 7t	台班	—	0.665	0.426	—
	990201050	履带式柴油打桩机 8t	台班	—	—	—	0.559

工作内容： 上、下节桩对接，磨焊接头等。

计量单位： 个

编号				1-3-24	1-3-25	1-3-26	1-3-27	1-3-28
项目				钢筋混凝土管桩电焊接桩				
				$\phi400$	$\phi550$	$\phi600$	$\phi800$	$\phi1000$
名称			单位	消耗量				
人工	000205000	综合二类工	工日	0.177	0.242	0.263	0.351	0.440
材料	031301005	低合金钢焊条 E43（综合）	kg	1.840	2.530	2.740	3.660	4.580
机械	990201040	履带式柴油打桩机 7t	台班	—	—	—	—	0.142
	990919010	电焊条烘干箱 45 × 35 × 45cm³	台班	0.012	0.015	0.018	0.023	0.029
	990202050	轨道式柴油打桩机 2.5t	台班	0.053	—	—	—	—
	990901020	交流弧焊机 32kV · A	台班	0.118	0.154	0.182	0.227	0.290
	990302015	履带式起重机 15t	台班	0.029	0.044	0.089	0.101	0.124
	990202070	轨道式柴油打桩机 4t	台班	—	0.080	—	—	—
	990201030	履带式柴油打桩机 5t	台班	—	—	0.089	0.115	—

工作内容： 安装、拆除送桩帽、送桩杆、打送桩、安置或更换衬垫、移动桩架、测量、记录等。

计量单位： 10m³ 实体

编号				1-3-29	1-3-30	1-3-31	1-3-32
项目				钢筋混凝土管桩送桩			
				$\phi400$ $L \leqslant 24m$	$\phi550$ $L \leqslant 24m$	$\phi600$ $L \leqslant 25m$	$\phi600$ $L \leqslant 50m$
名称			单位	消耗量			
人工	000205000	综合二类工	工日	24.633	27.567	25.908	25.908
材料	311925001	草纸	kg	5.000	5.000	5.000	5.000
	330129006	送桩帽	kg	48.450	60.570	72.680	72.680
	052501005	硬垫木	m³	0.020	0.020	0.040	0.040
	330129007	桩帽	kg	18.850	23.550	28.270	28.270
机械	990201010	履带式柴油打桩机 2.5t	台班	3.162	—	—	—
	990302015	履带式起重机 15t	台班	1.630	1.825	2.748	2.748
	990201030	履带式柴油打桩机 5t	台班	—	3.540	3.132	—
	990201040	履带式柴油打桩机 7t	台班	—	—	—	3.132

工作内容： 安装、拆除送桩帽、送桩杆、打送桩、安置或更换衬垫、移动桩架、测量、记录等。

计量单位：$10m^3$实体

编　号				1-3-33	1-3-34	1-3-35	1-3-36
项　目				钢筋混凝土管桩送桩			
				$\phi800$ $L \leqslant 25m$	$\phi800$ $L \leqslant 50m$	$\phi1000$ $L \leqslant 25m$	$\phi1000$ $L \leqslant 50m$
名　称			单位	消　耗　量			
人工	000205000	综合二类工	工日	25.023	25.023	21.999	21.999
材料	311925001	草纸	kg	5.000	5.000	5.000	5.000
	330129006	送桩帽	kg	96.920	96.920	21.150	121.150
	052501005	硬垫木	m^3	0.050	0.050	0.050	0.050
	330129007	桩帽	kg	37.690	37.690	47.110	47.110
机械	990201030	履带式柴油打桩机 5t	台班	3.017	—	—	—
	990302015	履带式起重机 15t	台班	2.646	2.646	2.336	2.336
	990201040	履带式柴油打桩机 7t	台班	—	3.017	2.662	—
	990201050	履带式柴油打桩机 8t	台班	—	—	—	2.662

工作内容： 安装、拆除桩帽、捆桩、吊桩、就位、打桩、校正、移动桩架、安置或更换衬垫、测量、记录等。

计量单位：10t

编　号				1-3-37	1-3-38	1-3-39	1-3-40
项　目				打钢管桩$\phi406.40$			打钢管桩 $\phi609.60$
				$L \leqslant 30m$	$L \leqslant 50m$	$L \leqslant 70m$	$L \leqslant 30m$
名　称			单位	消　耗　量			
人工	000205000	综合二类工	工日	16.021	11.180	10.642	11.225
材料	022901006	白棕绳 $\phi40$	kg	0.900	0.900	0.900	0.900
	311925001	草纸	kg	2.500	2.500	2.500	2.500
	330107001	钢管桩	t	10.100	10.100	10.100	10.100
	052501005	硬垫木	m^3	0.020	0.020	0.020	0.046
	330129007	桩帽	kg	5.560	12.960	22.340	9.730
机械	990790010	风割机	台班	1.539	1.093	1.043	1.113
	990201010	履带式柴油打桩机 2.5t	台班	1.539	—	—	—
	990302015	履带式起重机 15t	台班	1.539	1.093	1.043	1.113
	990201030	履带式柴油打桩机 5t	台班	—	1.093	—	1.113
	990201040	履带式柴油打桩机 7t	台班	—	—	1.043	—

工作内容： 安装、拆除桩帽、捆桩、吊桩、就位、打桩、校正、移动桩架、安置或更换衬垫、测量、记录等。

计量单位： 10t

编号				1-3-41	1-3-42	1-3-43	1-3-44	1-3-45
项目				打钢管桩ϕ609.60		打钢管桩ϕ914.40		
				$L\leqslant50$m	$L\leqslant70$m	$L\leqslant30$m	$L\leqslant50$m	$L\leqslant70$m
名称			单位	消耗量				
人工	000205000	综合二类工	工日	8.001	7.643	7.964	5.746	5.499
材料	022901006	白棕绳 ϕ40	kg	0.900	0.900	0.900	0.900	0.900
	311925001	草纸	kg	2.500	2.500	2.500	2.500	2.500
	330107001	钢管桩	t	10.100	10.100	10.100	10.100	10.100
	052501005	硬垫木	m^3	0.046	0.046	0.104	0.104	0.104
	330129007	桩帽	kg	12.960	22.340	12.960	22.340	33.840
机械	990790010	风割机	台班	0.787	0.751	0.796	0.585	0.562
	990201040	履带式柴油打桩机 7t	台班	0.787	—	—	0.585	—
	990302015	履带式起重机 15t	台班	0.787	0.751	0.796	0.585	0.562
	990201050	履带式柴油打桩机 8t	台班	—	0.751	—	—	0.562
	990201030	履带式柴油打桩机 5t	台班	—	—	0.796	—	—

工作内容： 上、下节桩对接，磨焊接头等。

计量单位： 个

编号				1-3-46	1-3-47	1-3-48
项目				钢管桩电焊接桩		
				ϕ406.40	ϕ609.60	ϕ914.40
名称			单位	消耗量		
人工	000205000	综合二类工	工日	0.656	0.707	0.760
材料	554313001	导电杆	只	0.004	0.007	0.010
	340117001	导电嘴	套	0.365	0.371	0.946
	031303013	焊丝 ϕ3.2	kg	1.720	2.590	3.860
	031101001	砂轮片（综合）	片	0.500	0.750	1.000
	142909001	氧气	m^3	0.455	0.520	0.585
	142907001	乙炔气	m^3	0.162	0.186	0.209
机械	990790010	风割机	台班	0.060	0.060	0.078
	990201010	履带式柴油打桩机 2.5t	台班	0.062	—	—
	990915010	自动埋弧焊机 500A	台班	0.064	0.064	0.163
	990201030	履带式柴油打桩机 5t	台班	—	0.062	—
	990201050	履带式柴油打桩机 8t	台班	—	—	0.080

工作内容： 1. 内切割：准备机具，测定标高，内切割钢管，截除钢管、就地安放等。
2. 精割盖帽：准备机具，测定标高划线、整圈，精割，清泥，除锈，安放及焊接盖帽等。

计量单位： 根

编号				1-3-49	1-3-50	1-3-51	1-3-52	1-3-53	1-3-54
项目				钢管桩内切割			钢管桩精割盖帽		
				ϕ406.40	ϕ609.60	ϕ914.40	ϕ406.40	ϕ609.60	ϕ914.40
名称			单位	消耗量					
人工	000205000	综合二类工	工日	1.036	1.121	1.207	1.597	1.910	2.422
材料	330129002	钢帽 ϕ600	个	—	—	—	—	1.000	—
	330129003	钢帽 ϕ900	个	—	—	—	—	—	1.000
	142909001	氧气	m^3	3.180	3.250	3.900	—	—	—
	142907001	乙炔气	m^3	1.060	1.080	1.300	—	—	—
	330129001	钢帽 ϕ400	个	—	—	—	1.000	—	—
	031303013	焊丝 ϕ3.2	kg	—	—	—	1.720	2.590	3.860
	850103006	其他材料费（占材料费）	%	—	—	—	12.940	7.410	6.070
机械	990302035	履带式起重机 40t	台班	0.080	0.088	0.097	—	—	—
	990783010	内切割机	台班	0.078	0.086	0.095	—	—	—
	990790010	风割机	台班	—	—	—	0.095	0.103	0.112
	990302015	履带式起重机 15t	台班	—	—	—	0.063	0.086	0.124
	990915010	自动埋弧焊机 500A	台班	—	—	—	0.073	0.100	0.145

工作内容： 1. 钻孔取土：准备钻孔机具，钻机就位，钻孔取土，土方现场运输等。
2. 填芯：冲洗管桩内芯，排水，混凝土填芯等。

计量单位： $10m^3$

编号				1-3-55	1-3-56	1-3-57	1-3-58
项目				钢管桩管内钻孔取土	管桩填芯		
					混凝土	黄砂	碎石
名称			单位	消耗量			
人工	000205000	综合二类工	工日	10.684	7.233	1.051	1.744
材料	341103001	电	kW·h	—	1.410	—	—
	341101001	水	m^3	—	2.857	4.000	4.000
	802101015	预拌混凝土 C30	m^3	—	10.100	—	—
	040315002	黄砂 毛砂	t	—	—	16.970	—
	040501001	碎石（综合）	t	—	—	—	16.650
机械	990201010	履带式柴油打桩机 2.5t	台班	0.710	—	—	—
	990210020	螺旋钻机 600mm	台班	0.755	—	—	—
	990402010	自卸汽车 4t	台班	0.755	—	—	—
	990809020	潜水泵 100mm	台班	—	0.062	0.070	0.070

工作内容：凿除钢筋混凝土：截桩头、凿平，弯曲钢筋；桩头、余渣场内运输等。

桩头钢筋整理：

1. 桩头混凝土凿除，钢筋截断。

2. 桩头钢筋梳理整形。

计量单位：见表

编号				1-3-59	1-3-60
项目				凿除桩顶钢筋混凝土 打入桩	桩头钢筋整理
单位				$10m^3$	10 根
名称			单位	消耗量	
人工	000205000	综合二类工	工日	30.209	0.467
材料	351131001	风镐凿子	根	6.000	—
机械	991003060	电动空气压缩机 $9m^3/min$	台班	4.876	—

二、灌 注 桩

工作内容：挖土，吊装、就位、埋设、接护筒，还土、夯实，材料运输，拆除，清洗堆放等。

计量单位：10m

编号				1-3-61	1-3-62	1-3-63	1-3-64	1-3-65
项目				埋设钢护筒				
				$\phi \leqslant 800$	$\phi \leqslant 1000$	$\phi \leqslant 1200$	$\phi \leqslant 1500$	$\phi \leqslant 2000$
名称			单位	消耗量				
人工	000205000	综合二类工	工日	16.909	21.136	25.994	33.832	45.109
材料	031501001	扒钉	kg	0.310	0.310	0.310	0.310	0.310
	050401003	板枋材	m^3	0.003	0.003	0.003	0.003	0.003
	330199005	钢护筒	t	0.022	0.026	0.040	0.049	0.078
	050100001	原木（综合）	m^3	0.003	0.003	0.003	0.003	0.003
	031501007	圆钉	kg	0.010	0.010	0.010	0.010	0.010
	850103006	其他材料费（占材料费）	%	5.000	5.000	5.000	5.000	5.000
机械	990501020	电动单筒快速卷扬机 10kN	台班	0.920	1.150	1.371	1.725	2.291
	990504020	电动双筒慢速卷扬机 50kN	台班	0.920	1.150	1.371	1.725	2.291
	990302015	履带式起重机 15t	台班	0.754	0.934	1.182	1.572	1.893

工作内容：测量定位、准备钻机机具、钻孔出渣、清理桩孔、更换钻头及清理等。 **计量单位：**$10m^3$

编号				1-3-66	1-3-67	1-3-68	1-3-69
项目				旋挖钻机钻孔			
				$\phi \leqslant 1000$	$\phi \leqslant 1200$	$\phi \leqslant 1600$	$\phi \leqslant 2000$
				砂土、黏土、砂砾、砾石、卵石			
名称			单位	消耗量			
人工	000205000	综合二类工	工日	3.360	3.330	2.480	1.630
材料	031301005	低合金钢焊条 E43（综合）	kg	1.040	1.040	1.040	1.040
	341101001	水	m^3	5.000	5.000	5.000	5.000
机械	990919010	电焊条烘干箱 $45 \times 35 \times 45cm^3$	台班	0.018	0.018	0.010	0.006
	990901020	交流弧焊机 32kV·A	台班	0.180	0.180	0.100	0.060
	990106040	履带式单斗液压挖掘机 $1.25m^3$	台班	0.480	0.470	0.340	0.230
	990212060	履带式旋挖钻机 2000mm	台班	0.680	0.670	0.500	0.330

工作内容：测量定位、准备钻机机具、钻孔出渣、清理桩孔、更换钻头及清理等。 **计量单位：**$10m^3$

编号				1-3-70	1-3-71	1-3-72	1-3-73
项目				旋挖钻机钻孔			
				$\phi \leqslant 1000$	$\phi \leqslant 1200$	$\phi \leqslant 1600$	$\phi \leqslant 2000$
				入岩增加费			
名称			单位	消耗量			
人工	000205000	综合二类工	工日	6.700	6.600	4.940	3.261
材料	031301005	低合金钢焊条 E43（综合）	kg	1.920	1.920	0.960	0.720
	341101001	水	m^3	5.000	5.000	5.000	5.000
机械	990919010	电焊条烘干箱 $45 \times 35 \times 45cm^3$	台班	0.026	0.026	0.015	0.015
	990901020	交流弧焊机 32kV·A	台班	0.260	0.260	0.150	0.150
	990106040	履带式单斗液压挖掘机 $1.25m^3$	台班	0.710	0.700	0.520	0.340
	990212060	履带式旋挖钻机 2000mm	台班	1.360	1.330	0.990	0.660

工作内容：装拆钻架、就位、移动，钻进、提钻、出碴、清孔，测量孔径、孔深等。 **计量单位：**10m

编号				1-3-74	1-3-75	1-3-76	1-3-77
项目				回旋钻机钻孔			
				$\phi \leqslant 1000$；$H \leqslant 40m$			
				砂土、黏土	砂砾	砾石	卵石
名称			单位	消耗量			
人工	000205000	综合二类工	工日	6.718	10.641	16.001	18.563
材料	031301005	低合金钢焊条 E43（综合）	kg	0.150	0.300	0.500	0.900
	031509001	铁件（综合）	kg	0.100	0.100	0.100	0.100
	050109001	枕木（综合）	m^3	0.007	0.007	0.007	0.007
	031519001	钻头	kg	0.725	0.810	0.883	0.883
机械	990919010	电焊条烘干箱 $45 \times 35 \times 45cm^3$	台班	0.002	0.004	0.005	0.009
	990209030	回旋钻机 1000mm	台班	1.781	3.067	4.934	5.859
	990901020	交流弧焊机 32kV·A	台班	0.020	0.030	0.050	0.100

工作内容：装拆钻架、就位、移动，钻进、提钻、出碴、清孔，测量孔径、孔深等。 **计量单位：**10m

编号				1-3-78	1-3-79	1-3-80	1-3-81
项目				回旋钻机钻孔			
				$\phi \leqslant 1000$；$H \leqslant 40m$		$\phi \leqslant 1000$；$H \leqslant 60m$	
				软岩	较硬岩	砂土、黏土	砂砾
名称			单位	消耗量			
人工	000205000	综合二类工	工日	28.738	40.466	6.973	11.428
材料	031301005	低合金钢焊条 E43（综合）	kg	1.000	1.200	0.156	0.322
	031509001	铁件（综合）	kg	0.100	0.100	0.104	0.108
	050109001	枕木（综合）	m^3	0.007	0.007	0.007	0.008
	031519001	钻头	kg	1.788	2.181	0.753	0.870
机械	990919010	电焊条烘干箱 45×35×45cm³	台班	0.011	0.013	0.002	0.003
	990209030	回旋钻机 1000mm	台班	9.458	13.562	1.849	3.293
	990901020	交流弧焊机 32kV·A	台班	0.110	0.130	0.021	0.032

工作内容：装拆钻架、就位、移动，钻进、提钻、出碴、清孔，测量孔径、孔深等。 **计量单位：**10m

编号				1-3-82	1-3-83	1-3-84	1-3-85
项目				回旋钻机钻孔			
				$\phi \leqslant 1000$；$H \leqslant 60m$			
				砾石	卵石	软岩	较硬岩
名称			单位	消耗量			
人工	000205000	综合二类工	工日	17.744	21.700	36.209	50.623
材料	031301005	低合金钢焊条 E43（综合）	kg	0.554	1.052	1.260	1.501
	031509001	铁件（综合）	kg	0.111	0.117	0.126	0.125
	050109001	枕木（综合）	m^3	0.008	0.008	0.009	0.009
	031519001	钻头	kg	0.979	1.032	2.253	2.729
机械	990919010	电焊条烘干箱 45×35×45cm³	台班	0.005	0.012	0.014	0.017
	990209030	回旋钻机 1000mm	台班	5.470	6.836	11.916	16.966
	990901020	交流弧焊机 32kV·A	台班	0.055	0.117	0.138	0.163

工作内容：装拆钻架、就位、移动，钻进、提钻、出碴、清孔，测量孔径、孔深等。 **计量单位：**10m

编号				1-3-86	1-3-87	1-3-88	1-3-89
项目				回旋钻机钻孔			
				$\phi \leqslant 1200$；$H \leqslant 40m$			
				砂土、黏土	砂砾	砾石	卵石
名称			单位	消耗量			
人工	000205000	综合二类工	工日	7.068	11.496	17.087	20.194
材料	031301005	低合金钢焊条 E43（综合）	kg	0.150	0.300	0.500	1.000
	031509001	铁件（综合）	kg	0.100	0.100	0.100	0.100
	050109001	枕木（综合）	m^3	0.010	0.010	0.010	0.011
	031519001	钻头	kg	0.870	0.972	1.060	1.060
机械	990919010	电焊条烘干箱 45×35×45cm³	台班	0.002	0.004	0.006	0.011
	990209040	回旋钻机 1500mm	台班	1.752	3.191	5.161	6.248
	990901020	交流弧焊机 32kV·A	台班	0.020	0.040	0.060	0.110

工作内容：装拆钻架、就位、移动，钻进、提钻、出碴、清孔，测量孔径、孔深等。　　**计量单位**：10m

编号				1-3-90	1-3-91	1-3-92	1-3-93
项目				回旋钻机钻孔			
				$\phi \leqslant 1200$；$H \leqslant 40m$		$\phi \leqslant 1200$；$H \leqslant 60m$	
				软岩	较硬岩	砂土、黏土	砂砾
名称			单位	消耗量			
人工	000205000	综合二类工	工日	29.825	42.719	7.340	12.349
材料	031301005	低合金钢焊条 E43（综合）	kg	1.100	1.300	0.200	0.500
	031509001	铁件（综合）	kg	0.100	0.100	0.100	0.100
	050109001	枕木（综合）	m^3	0.010	0.010	0.007	0.007
	031519001	钻头	kg	2.145	2.617	0.870	0.972
机械	990919010	电焊条烘干箱 $45\times35\times45cm^3$	台班	0.012	0.014	0.003	0.004
	990209040	回旋钻机 1500mm	台班	9.667	14.200	2.024	3.619
	990901020	交流弧焊机 32kV·A	台班	0.120	0.140	0.020	0.040

工作内容：装拆钻架、就位、移动，钻进、提钻、出碴、清孔，测量孔径、孔深等。　　**计量单位**：10m

编号				1-3-94	1-3-95	1-3-96	1-3-97
项目				回旋钻机钻孔			
				$\phi \leqslant 1200$；$H \leqslant 60m$			
				砾石	卵石	软岩	较硬岩
名称			单位	消耗量			
人工	000205000	综合二类工	工日	18.952	23.611	37.593	53.437
材料	031301005	低合金钢焊条 E43（综合）	kg	0.500	1.100	1.200	1.400
	031509001	铁件（综合）	kg	0.100	0.100	0.100	0.100
	050109001	枕木（综合）	m^3	0.007	0.007	0.007	0.007
	031519001	钻头	kg	1.060	1.060	2.145	2.617
机械	990919010	电焊条烘干箱 $45\times35\times45cm^3$	台班	0.006	0.022	0.013	0.017
	990209040	回旋钻机 1500mm	台班	5.942	18.144	12.553	18.095
	990901020	交流弧焊机 32kV·A	台班	0.060	0.220	0.130	0.160

工作内容：装拆钻架、就位、移动，钻进、提钻、出碴、清孔，测量孔径、孔深等。　　**计量单位**：10m

编号				1-3-98	1-3-99	1-3-100	1-3-101
项目				回旋钻机钻孔			
				$\phi \leqslant 1500$；$H \leqslant 40m$			
				砂土、黏土	砂砾	砾石	卵石
名称			单位	消耗量			
人工	000205000	综合二类工	工日	8.311	12.893	18.874	22.447
材料	031301005	低合金钢焊条 E43（综合）	kg	0.250	0.400	0.600	1.200
	031509001	铁件（综合）	kg	0.200	0.200	0.200	0.200
	050109001	枕木（综合）	m^3	0.010	0.010	0.010	0.010
	031519001	钻头	kg	1.087	1.215	1.325	1.325
机械	990919010	电焊条烘干箱 $45\times35\times45cm^3$	台班	0.002	0.004	0.006	0.012
	990209040	回旋钻机 1500mm	台班	1.972	3.390	5.467	6.724
	990901020	交流弧焊机 32kV·A	台班	0.025	0.040	0.060	0.120

工作内容：装拆钻架、就位、移动，钻进、提钻、出碴、清孔，测量孔径、孔深等。 计量单位：10m

编号				1-3-102	1-3-103	1-3-104	1-3-105
项目				回旋钻机钻孔			
				$\phi \leqslant 1500$；$H \leqslant 40m$		$\phi \leqslant 1500$；$H \leqslant 60m$	
				软岩	较硬岩	砂土、黏土	砂砾
名称			单位	消耗量			
人工	000205000	综合二类工	工日	32.389	45.980	8.466	14.214
材料	031301005	低合金钢焊条 E43（综合）	kg	1.300	1.600	0.250	0.400
	031509001	铁件（综合）	kg	0.200	0.200	0.200	0.200
	050109001	枕木（综合）	m^3	0.010	0.010	0.010	0.010
	031519001	钻头	kg	2.682	3.271	1.087	1.215
机械	990919010	电焊条烘干箱 45×35×45cm³	台班	0.014	0.017	0.002	0.005
	990209040	回旋钻机 1500mm	台班	10.296	15.066	2.200	3.991
	990901020	交流弧焊机 32kV·A	台班	0.140	0.160	0.025	0.050

工作内容：装拆钻架、就位、移动，钻进、提钻、出碴、清孔，测量孔径、孔深等。 计量单位：10m

编号				1-3-106	1-3-107	1-3-108	1-3-109
项目				回旋钻机钻孔			
				$\phi \leqslant 1500$；$H \leqslant 60m$			
				砾石	卵石	软岩	较硬岩
名称			单位	消耗量			
人工	000205000	综合二类工	工日	21.437	26.097	41.088	58.330
材料	031301005	低合金钢焊条 E43（综合）	kg	0.600	1.200	1.300	1.600
	031509001	铁件（综合）	kg	0.200	0.200	0.200	0.200
	050109001	枕木（综合）	m^3	0.010	0.010	0.010	0.011
	031519001	钻头	kg	1.325	1.325	2.682	3.271
机械	990919010	电焊条烘干箱 45×35×45cm³	台班	0.007	0.014	0.015	0.018
	990209040	回旋钻机 1500mm	台班	6.515	8.153	13.486	19.553
	990901020	交流弧焊机 32kV·A	台班	0.070	0.140	0.150	0.181

工作内容：装拆钻架、就位、移动，钻进、提钻、出碴、清孔，测量孔径、孔深等。 计量单位：10m

编号				1-3-110	1-3-111	1-3-112	1-3-113
项目				回旋钻机钻孔			
				$\phi \leqslant 2000$；$H \leqslant 40m$			
				砂土、黏土	砂砾	砾石	卵石
名称			单位	消耗量			
人工	000205000	综合二类工	工日	10.097	15.767	22.369	26.097
材料	031301005	低合金钢焊条 E43（综合）	kg	0.250	0.400	0.700	1.300
	031509001	铁件（综合）	kg	0.300	0.300	0.300	0.300
	050109001	枕木（综合）	m^3	0.020	0.020	0.020	0.020
	031519001	钻头	kg	1.450	1.620	1.766	1.766
机械	990919010	电焊条烘干箱 45×35×45cm³	台班	0.004	0.005	0.007	0.015
	990209050	回旋钻机 2000mm	台班	2.061	3.666	5.981	7.276
	990901020	交流弧焊机 32kV·A	台班	0.030	0.050	0.070	0.150

工作内容：装拆钻架、就位、移动，钻进、提钻、出碴、清孔，测量孔径、孔深等。　　**计量单位：**10m

编　号				1-3-114	1-3-115	1-3-116	1-3-117
项　目				回旋钻机钻孔			
				$\phi \leqslant 2000$；$H \leqslant 40$m		$\phi \leqslant 2000$；$H \leqslant 60$m	
				软岩	较硬岩	砂土、黏土	砂砾
	名　称		单位	消　耗　量			
人工	000205000	综合二类工	工日	37.203	50.407	10.291	16.932
材料	031301005	低合金钢焊条 E43（综合）	kg	1.400	1.700	0.300	0.500
	031509001	铁件（综合）	kg	0.300	0.300	0.200	0.200
	050109001	枕木（综合）	m^3	0.020	0.021	0.013	0.013
	031519001	钻头	kg	3.576	4.362	1.450	1.620
机械	990919010	电焊条烘干箱 45×35×45cm³	台班	0.017	0.019	0.004	0.006
	990209050	回旋钻机 2000mm	台班	11.314	15.962	2.314	4.239
	990901020	交流弧焊机 32kV · A	台班	0.160	0.190	0.030	0.060

工作内容：装拆钻架、就位、移动，钻进、提钻、出碴、清孔，测量孔径、孔深等。　　**计量单位：**10m

编　号				1-3-118	1-3-119	1-3-120	1-3-121
项　目				回旋钻机钻孔			
				$\phi \leqslant 2000$；$H \leqslant 60$m			
				砾石	卵石	软岩	较硬岩
	名　称		单位	消　耗　量			
人工	000205000	综合二类工	工日	24.855	29.282	42.719	58.874
材料	031301005	低合金钢焊条 E43（综合）	kg	0.700	1.400	1.600	1.900
	031509001	铁件（综合）	kg	0.200	0.200	0.200	0.200
	050109001	枕木（综合）	m^3	0.013	0.014	0.013	0.014
	031519001	钻头	kg	1.766	1.766	3.576	4.362
机械	990919010	电焊条烘干箱 45×35×45cm³	台班	0.009	0.031	0.019	0.022
	990209050	回旋钻机 2000mm	台班	7.009	21.595	13.438	19.095
	990901020	交流弧焊机 32kV · A	台班	0.090	0.311	0.190	0.230

工作内容：装拆钻架、就位、移动，钻进、提钻、出碴、清孔，测量孔径、孔深等。　　**计量单位：**10m

编　号				1-3-122	1-3-123	1-3-124	1-3-125
项　目				冲击式钻机钻孔			
				$\phi \leqslant 1000$；$H \leqslant 20$m			
				砂土	黏土	砂砾	砾石
	名　称		单位	消　耗　量			
人工	000205000	综合二类工	工日	11.843	13.787	25.728	36.213
材料	031301005	低合金钢焊条 E43（综合）	kg	0.300	0.600	0.700	1.100
	031509001	铁件（综合）	kg	0.200	0.200	0.200	0.200
	050109001	枕木（综合）	m^3	0.016	0.016	0.016	0.016
	031519001	钻头	kg	2.065	2.174	2.369	2.583
机械	990211020	冲击成孔机 1000mm	台班	1.686	2.543	6.857	10.914
	990919010	电焊条烘干箱 45×35×45cm³	台班	0.004	0.006	0.008	0.012
	990901020	交流弧焊机 32kV · A	台班	0.030	0.060	0.080	0.120

工作内容：装拆钻架、就位、移动，钻进、提钻、出碴、清孔，测量孔径、孔深等。 **计量单位：**10m

编号				1-3-126	1-3-127	1-3-128	1-3-129
项目				冲击式钻机钻孔			
				$\phi \leqslant 1000$；$H \leqslant 20m$			
				卵石	软岩	较硬岩	坚硬岩
名称			单位	消耗量			
人工	000205000	综合二类工	工日	42.331	63.301	87.378	147.477
材料	031301005	低合金钢焊条 E43（综合）	kg	2.200	2.400	2.900	3.300
	031509001	铁件（综合）	kg	0.200	0.200	0.200	0.200
	050109001	枕木（综合）	m^3	0.016	0.016	0.016	0.016
	031519001	钻头	kg	2.583	2.885	3.227	3.433
机械	990211020	冲击成孔机 1000mm	台班	13.267	21.457	30.752	54.010
	990919010	电焊条烘干箱 45×35×45cm³	台班	0.025	0.027	0.032	0.037
	990901020	交流弧焊机 32kV · A	台班	0.250	0.270	0.320	0.371

工作内容：装拆钻架、就位、移动，钻进、提钻、出碴、清孔，测量孔径、孔深等。 **计量单位：**10m

编号				1-3-130	1-3-131	1-3-132	1-3-133
项目				冲击式钻机钻孔			
				$\phi \leqslant 1000$；$H \leqslant 40m$			
				砂土	黏土	砂砾	砾石
名称			单位	消耗量			
人工	000205000	综合二类工	工日	10.583	13.203	30.486	44.271
材料	031301005	低合金钢焊条 E43（综合）	kg	0.300	0.600	0.700	1.100
	031509001	铁件（综合）	kg	0.100	0.100	0.100	0.100
	050109001	枕木（综合）	m^3	0.008	0.008	0.008	0.008
	031519001	钻头	kg	2.065	2.174	2.369	2.583
机械	990211020	冲击成孔机 1000mm	台班	2.447	3.666	9.933	15.239
	990919010	电焊条烘干箱 45×35×45cm³	台班	0.004	0.006	0.008	0.012
	990901020	交流弧焊机 32kV · A	台班	0.030	0.060	0.080	0.120

工作内容：装拆钻架、就位、移动，钻进、提钻、出碴、清孔，测量孔径、孔深等。 **计量单位：**10m

编号				1-3-134	1-3-135	1-3-136	1-3-137
项目				冲击式钻机钻孔			
				$\phi \leqslant 1000$；$H \leqslant 40m$			
				卵石	软岩	较硬岩	坚硬岩
名称			单位	消耗量			
人工	000205000	综合二类工	工日	53.107	89.902	127.573	207.962
材料	031301005	低合金钢焊条 E43（综合）	kg	2.200	2.400	2.900	3.300
	031509001	铁件（综合）	kg	0.100	0.100	0.100	0.100
	050109001	枕木（综合）	m^3	0.008	0.008	0.008	0.008
	031519001	钻头	kg	2.583	2.885	3.227	3.433
机械	990211020	冲击成孔机 1000mm	台班	18.685	43.438	47.543	78.590
	990919010	电焊条烘干箱 45×35×45cm³	台班	0.025	0.050	0.032	0.037
	990901020	交流弧焊机 32kV · A	台班	0.250	0.499	0.320	0.371

工作内容： 装拆钻架、就位、移动，钻进、提钻、出碴、清孔，测量孔径、孔深等。　　**计量单位：** 10m

编号				1-3-138	1-3-139	1-3-140	1-3-141
项目				冲击式钻机钻孔			
				$\phi \leqslant 1000$；$H \leqslant 60$m			
				砂土	黏土	砂砾	砾石
名称			单位	消耗量			
人工	000205000	综合二类工	工日	9.450	12.649	36.126	54.146
材料	031301005	低合金钢焊条 E43（综合）	kg	0.268	0.575	0.829	1.345
	031509001	铁件（综合）	kg	0.089	0.095	0.119	0.122
	050109001	枕木（综合）	m³	0.007	0.008	0.009	0.010
	031519001	钻头	kg	1.844	2.083	2.807	3.159
机械	990211020	冲击成孔机 1000mm	台班	2.185	3.513	15.239	27.823
	990919010	电焊条烘干箱 45×35×45cm³	台班	0.002	0.006	0.012	0.021
	990901020	交流弧焊机 32kV·A	台班	0.027	0.058	0.120	0.209

工作内容： 装拆钻架、就位、移动，钻进、提钻、出碴、清孔，测量孔径、孔深等。　　**计量单位：** 10m

编号				1-3-142	1-3-143	1-3-144	1-3-145
项目				冲击式钻机钻孔			
				$\phi \leqslant 1000$；$H \leqslant 60$m			
				卵石	软岩	较硬岩	坚硬岩
名称			单位	消耗量			
人工	000205000	综合二类工	工日	66.649	127.662	146.199	237.283
材料	031301005	低合金钢焊条 E43（综合）	kg	2.761	3.408	3.324	3.766
	031509001	铁件（综合）	kg	0.126	0.142	0.115	0.114
	050109001	枕木（综合）	m³	0.010	0.011	0.009	0.009
	031519001	钻头	kg	3.241	4.097	3.698	3.917
机械	990211020	冲击成孔机 1000mm	台班	32.981	43.293	54.484	89.672
	990919010	电焊条烘干箱 45×35×45cm³	台班	0.027	0.038	0.037	0.422
	990901020	交流弧焊机 32kV·A	台班	0.270	0.384	0.367	0.422

工作内容： 装拆钻架、就位、移动，钻进、提钻、出碴、清孔，测量孔径、孔深等。　　**计量单位：** 10m

编号				1-3-146	1-3-147	1-3-148	1-3-149
项目				冲击式钻机钻孔			
				$\phi \leqslant 1500$；$H \leqslant 20$m			
				砂土	黏土	砂砾	砾石
名称			单位	消耗量			
人工	000205000	综合二类工	工日	10.583	13.203	30.486	44.271
材料	031301005	低合金钢焊条 E43（综合）	kg	0.300	0.600	0.700	1.100
	031509001	铁件（综合）	kg	0.100	0.100	0.100	0.100
	050109001	枕木（综合）	m³	0.008	0.008	0.008	0.008
	031519001	钻头	kg	3.098	3.261	3.554	3.875
机械	990211030	冲击成孔机 1500mm	台班	2.447	3.666	9.933	14.337
	990919010	电焊条烘干箱 45×35×45cm³	台班	0.004	0.006	0.008	0.023
	990901020	交流弧焊机 32kV·A	台班	0.030	0.060	0.080	0.227

工作内容：装拆钻架、就位、移动，钻进、提钻、出碴、清孔，测量孔径、孔深等。　　计量单位：10m

编号				1-3-150	1-3-151	1-3-152	1-3-153
项目				冲击式钻机钻孔			
				$\phi \leqslant 1500$；$H \leqslant 20m$			
				卵石	软岩	较硬岩	坚硬岩
名称			单位	消耗量			
人工	000205000	综合二类工	工日	51.300	89.902	127.573	207.962
材料	031301005	低合金钢焊条 E43（综合）	kg	3.600	2.400	2.900	3.300
	031519001	钻头	kg	15.630	4.328	4.841	5.150
	031509001	铁件（综合）	kg	—	0.100	0.100	0.100
	050109001	枕木（综合）	m^3	—	0.008	0.008	0.008
机械	990211030	冲击成孔机 1500mm	台班	18.312	32.508	47.543	78.590
	990919010	电焊条烘干箱 45×35×45cm^3	台班	0.050	0.050	0.032	0.037
	990901020	交流弧焊机 32kV·A	台班	0.499	0.499	0.320	0.371

工作内容：装拆钻架、就位、移动，钻进、提钻、出碴、清孔，测量孔径、孔深等。　　计量单位：10m

编号				1-3-154	1-3-155	1-3-156	1-3-157
项目				冲击式钻机钻孔			
				$\phi \leqslant 1500$；$H \leqslant 40m$			
				砂土	黏土	砂砾	砾石
名称			单位	消耗量			
人工	000205000	综合二类工	工日	13.883	16.310	38.836	55.922
材料	031301005	低合金钢焊条 E43（综合）	kg	0.300	0.600	0.800	1.200
	031509001	铁件（综合）	kg	0.200	0.200	0.200	0.200
	050109001	枕木（综合）	m^3	0.011	0.011	0.011	0.011
	031519001	钻头	kg	3.098	3.261	3.554	3.875
机械	990211030	冲击成孔机 1500mm	台班	2.962	4.362	12.123	18.743
	990919010	电焊条烘干箱 45×35×45cm^3	台班	0.004	0.007	0.009	0.014
	990901020	交流弧焊机 32kV·A	台班	0.030	0.070	0.090	0.140

工作内容：装拆钻架、就位、移动，钻进、提钻、出碴、清孔，测量孔径、孔深等。　　计量单位：10m

编号				1-3-158	1-3-159	1-3-160	1-3-161
项目				冲击式钻机钻孔			
				$\phi \leqslant 1500$；$H \leqslant 40m$			
				卵石	软岩	较硬岩	坚硬岩
名称			单位	消耗量			
人工	000205000	综合二类工	工日	66.311	111.846	158.058	254.467
材料	031301005	低合金钢焊条 E43（综合）	kg	2.500	2.700	3.200	3.700
	031509001	铁件（综合）	kg	0.200	0.200	0.200	0.200
	050109001	枕木（综合）	m^3	0.011	0.011	0.011	0.011
	031519001	钻头	kg	3.875	4.328	4.841	5.150
机械	990211030	冲击成孔机 1500mm	台班	22.743	40.572	58.438	95.677
	990919010	电焊条烘干箱 45×35×45cm^3	台班	0.028	0.031	0.037	0.042
	990901020	交流弧焊机 32kV·A	台班	0.280	0.310	0.360	0.420

工作内容：装拆钻架、就位、移动，钻进、提钻、出碴、清孔，测量孔径、孔深等。　　**计量单位：**10m

编号				1-3-162	1-3-163	1-3-164	1-3-165
项目				冲击式钻机钻孔			
				$\phi \leqslant 1500$；$H \leqslant 60\text{m}$			
				砂土	黏土	砂砾	砾石
名称			单位	消耗量			
人工	000205000	综合二类工	工日	18.216	20.143	49.477	70.630
材料	031301005	低合金钢焊条 E43（综合）	kg	0.393	0.741	1.020	1.515
	031509001	铁件（综合）	kg	0.263	0.247	0.255	0.253
	050109001	枕木（综合）	m^3	0.014	0.014	0.014	0.014
	031519001	钻头	kg	4.065	4.036	4.528	4.894
机械	990211030	冲击成孔机 1500mm	台班	3.886	15.446	23.001	23.672
	990919010	电焊条烘干箱 $45 \times 35 \times 45\text{cm}^3$	台班	0.004	0.012	0.014	0.018
	990901020	交流弧焊机 32kV·A	台班	0.039	0.114	0.136	0.177

工作内容：装拆钻架、就位、移动，钻进、提钻、出碴、清孔，测量孔径、孔深等。　　**计量单位：**10m

编号				1-3-166	1-3-167	1-3-168	1-3-169
项目				冲击式钻机钻孔			
				$\phi \leqslant 1500$；$H \leqslant 60\text{m}$			
				卵石	软岩	较硬岩	坚硬岩
名称			单位	消耗量			
人工	000205000	综合二类工	工日	82.822	139.133	195.833	211.467
材料	031301005	低合金钢焊条 E43（综合）	kg	3.123	3.359	3.944	4.529
	031509001	铁件（综合）	kg	0.250	0.249	0.248	0.245
	050109001	枕木（综合）	m^3	0.014	0.014	0.014	0.013
	031519001	钻头	kg	4.840	5.384	5.998	6.303
机械	990211030	冲击成孔机 1500mm	台班	28.406	50.471	124.069	117.108
	990919010	电焊条烘干箱 $45 \times 35 \times 45\text{cm}^3$	台班	0.035	0.039	0.050	0.052
	990901020	交流弧焊机 32kV·A	台班	0.349	0.386	0.446	0.514

工作内容：装、拆、移钻架，安卷扬机，串钢丝绳，准备抓具、冲抓、提钻、出碴、清孔等。　　**计量单位：**10m

编号				1-3-170	1-3-171	1-3-172	1-3-173	1-3-174
项目				卷扬机带冲抓锥冲孔				
				$H \leqslant 20\text{m}$				
				砂土	黏土	砂砾	砾石	卵石
名称			单位	消耗量				
人工	000205000	综合二类工	工日	17.400	20.300	40.300	59.500	78.000
材料	031301005	低合金钢焊条 E43（综合）	kg	0.300	0.400	1.400	2.400	3.600
	031509001	铁件（综合）	kg	3.600	3.600	3.600	3.600	3.600
	031519001	钻头	kg	15.000	16.000	21.000	21.000	25.000
机械	990502030	电动双筒快速卷扬机 50kN	台班	1.813	2.875	8.652	16.277	21.797
	990919010	电焊条烘干箱 $45 \times 35 \times 45\text{cm}^3$	台班	0.004	0.006	0.020	0.024	0.050
	990901020	交流弧焊机 32kV·A	台班	0.045	0.064	0.200	0.245	0.499

工作内容： 装、拆、移钻架，安卷扬机，串钢丝绳，准备抓具、冲抓、提钻、出碴、清孔等。

计量单位： 10m

编号				1-3-175	1-3-176	1-3-177	1-3-178	1-3-179
项目				卷扬机带冲抓锥冲孔				
				$H\leqslant30m$				
				砂土	黏土	砂砾	砾石	卵石
名称			单位	消耗量				
人工	000205000	综合二类工	工日	18.200	21.100	48.600	75.000	97.100
材料	031301005	低合金钢焊条 E43（综合）	kg	0.300	0.600	1.400	2.400	3.600
	031509001	铁件（综合）	kg	3.600	3.600	3.600	3.600	3.600
	031519001	钻头	kg	15.000	15.000	21.000	21.000	26.540
机械	990502030	电动双筒快速卷扬机 50kN	台班	3.282	3.945	11.482	22.363	28.591
	990919010	电焊条烘干箱 $45\times35\times45cm^3$	台班	0.004	0.007	0.020	0.025	0.050
	990901020	交流弧焊机 32kV·A	台班	0.045	0.073	0.200	0.245	0.499

工作内容： 装、拆、移钻架，安卷扬机，串钢丝绳，准备抓具、冲抓、提钻、出碴、清孔等。

计量单位： 10m

编号				1-3-180	1-3-181	1-3-182	1-3-183	1-3-184
项目				卷扬机带冲抓锥冲孔				
				$H\leqslant40m$				
				砂土	黏土	砂砾	砾石	卵石
名称			单位	消耗量				
人工	000205000	综合二类工	工日	20.000	25.600	60.000	95.500	124.700
材料	031301005	低合金钢焊条 E43（综合）	kg	0.300	0.600	1.400	2.400	3.600
	031509001	铁件（综合）	kg	3.600	3.600	3.600	3.600	3.600
	031519001	钻头	kg	15.000	15.000	21.000	21.000	26.250
机械	990502030	电动双筒快速卷扬机 50kN	台班	4.175	6.272	17.975	30.289	45.434
	990919010	电焊条烘干箱 $45\times35\times45cm^3$	台班	0.004	0.007	0.020	0.034	0.050
	990901020	交流弧焊机 32kV·A	台班	0.045	0.073	0.200	0.336	0.499

工作内容： 装、拆、移钻架，安卷扬机，串钢丝绳，准备抓具、冲抓、提钻、出碴、清孔等。

计量单位： 10m

编号				1-3-185	1-3-186	1-3-187	1-3-188	1-3-189
项目				卷扬机带冲抓锥冲孔				
				$H\leqslant50m$				
				砂土	黏土	砂砾	砾石	卵石
名称			单位	消耗量				
人工	000205000	综合二类工	工日	19.150	29.501	64.691	109.750	165.276
材料	031301005	低合金钢焊条 E43（综合）	kg	0.300	0.600	1.400	2.400	3.600
	031509001	铁件（综合）	kg	3.600	3.600	3.600	3.600	3.600
	031519001	钻头	kg	15.000	15.000	21.000	21.000	26.250
机械	990502030	电动双筒快速卷扬机 50kN	台班	6.422	9.651	27.600	46.566	69.920
	990919010	电焊条烘干箱 $45\times35\times45cm^3$	台班	0.004	0.007	0.020	0.034	0.050
	990901020	交流弧焊机 32kV·A	台班	0.045	0.073	0.200	0.336	0.499

工作内容：准备挤扩机具、制作泥浆、加泥浆、吊装、就位、挤扩、回钻、清桩孔泥浆。　**计量单位：**10m³

编　号				1-3-190	1-3-191
项　目				挤扩支盘钻孔	
				桩径 ≤ 800mm	桩径 > 800mm
名　称			单位	消　耗　量	
人工	000205000	综合二类工	工日	2.080	1.706
材料	341101001	水	m³	4.473	2.723
	040901004	黏土	m³	0.135	0.135
机械	990794020	挤扩机 Z[illegible]600-Ⅱ	台班	0.956	0.783
	990806020	泥浆泵 100mm	台班	0.956	0.783
	990304016	汽车式起重机 16t	台班	0.956	0.783

工作内容：准备打桩机具、移动打桩机、桩位校测、打钢管成孔、拔钢管。　**计量单位：**10m³

编　号				1-3-192	1-3-193	1-3-194
项　目				沉管桩成孔		
				振动式		
				桩长 ≤ 12m	桩长 ≤ 25m	桩长 > 25m
名　称			单位	消　耗　量		
人工	000205000	综合二类工	工日	5.623	4.373	3.919
材料	052501001	垫木	m³	0.030	0.030	0.030
	350999003	金属周转材料	kg	6.600	7.000	7.500
机械	990205020	振动沉拔桩机 400kN	台班	0.830	0.640	0.580

工作内容：准备打桩机具、移动打桩机、桩位校测、打钢管成孔、拔钢管。　**计量单位：**10m³

编　号				1-3-195	1-3-196
项　目				沉管桩成孔	
				锤击式	夯扩式
名　称			单位	消　耗　量	
人工	000205000	综合二类工	工日	5.169	9.542
材料	052501001	垫木	m³	0.030	0.030
	350999003	金属周转材料	kg	7.500	7.500
机械	990201010	履带式柴油打桩机 2.5t	台班	0.760	1.400

工作内容：准备打桩机具、移动打桩机、钻孔、测量、校正、清理钻孔泥土、就地弃土 5m 以内。　**计量单位：**10m³

编　号				1-3-197	1-3-198
项　目				螺旋钻机钻桩孔	
				桩长 ≤ 12m	桩长 > 12m
名　称			单位	消　耗　量	
人工	000205000	综合二类工	工日	10.402	9.165
材料	031301005	低合金钢焊条 E43（综合）	kg	1.152	1.008
	350999003	金属周转材料	kg	3.537	3.537
机械	990901020	交流弧焊机 32kV · A	台班	0.192	0.168
	990210020	螺旋钻机 600mm	台班	1.850	1.630

工作内容： 准备机具、移动桩机、定位、钻孔、校测、浆液配制、压浆、投放石子骨料。 **计量单位：** 100m

编号				1-3-199	1-3-200	1-3-201
项目				钻孔压浆桩		
				主杆直径 ≤ 300mm	主杆直径 ≤ 400mm	主杆直径 ≤ 600mm
名称			单位	消耗量		
人工	000205000	综合二类工	工日	161.866	179.474	192.650
材料	031301007	低碳钢焊条（综合）	kg	75.500	100.000	125.800
	040500001	石子	m^3	7.100	13.000	20.300
	341101001	水	m^3	20.000	25.000	30.000
	040100005	水泥 42.5	t	15.130	20.240	25.360
	803703004	外加剂 SN-2	kg	500.000	600.000	700.000
	173131002	注浆管	kg	317.100	420.000	528.400
	040901004	黏土	m^3	5.000	5.500	6.000
机械	990803020	电动多级离心清水泵 100mm 120m 以下	台班	8.000	9.000	10.000
	990610010	灰浆搅拌机 200L	台班	6.500	7.500	8.500
	990901020	交流弧焊机 32kV · A	台班	5.000	6.000	7.000
	990806020	泥浆泵 100mm	台班	8.000	9.000	10.000
	990207020	汽车式钻机 1000mm	台班	6.500	7.500	8.500
	990825020	双液压注浆泵 PH2X5	台班	8.000	9.000	10.000

工作内容： 搭拆溜槽和工作平台、拌和泥浆、倒运护壁泥浆等。 **计量单位：** $10m^3$

编号				1-3-202
项目				泥浆制作
名称			单位	消耗量
人工	000205000	综合二类工	工日	1.539
材料	341101001	水	m^3	8.571
	040901004	黏土	m^3	1.770
机械	990610010	灰浆搅拌机 200L	台班	0.169
	990806020	泥浆泵 100mm	台班	1.000
	990809020	潜水泵 100mm	台班	1.000

工作内容： 安装、拆除导管、漏斗，灌注混凝土等。 **计量单位：** $10m^3$

编号				1-3-203	1-3-204	1-3-205	1-3-206	1-3-207
项目				灌注桩混凝土				
				回旋（旋挖）钻孔	冲击钻孔	冲抓钻孔	沉管成孔	螺旋钻孔
名称			单位	消耗量				
人工	000205000	综合二类工	工日	4.567	4.759	4.944	2.159	2.029
材料	802101015	预拌混凝土 C30	m^3	—	—	—	—	12.120
	173109001	导管	kg	3.800	3.800	3.800	—	—
	030105046	六角螺栓（综合）	kg	0.410	0.410	0.410	—	—
	341101001	水	m^3	3.000	3.000	3.000	—	—
	802105001	预拌水下混凝土 C20	m^3	12.120	12.625	13.130	—	—
	350999003	金属周转材料	kg	—	—	—	3.800	3.800
	802105003	预拌水下混凝土 C30	m^3	—	—	—	11.615	—
机械	990302015	履带式起重机 15t	台班	0.256	0.267	0.278	—	—

工作内容： 人工挖土石，打孔、胀孔，装土石、吊运土石出孔，清理、少量排水，修整孔壁、验平基底、临时支撑及警戒防护等。　　**计量单位：** 10m³

编　号				1-3-208	1-3-209	1-3-210
项　目				人工挖孔桩		
				挖孔		
				砂（黏）土、砂砾	砾（卵）石	软石
名　称			单位	消　耗　量		
人工	000205000	综合二类工	工日	9.000	11.000	20.100
材料	050401003	板枋材	m^3	0.001	0.001	0.001
	224515003	高压胶皮风管 ϕ25-6P-20m	m	—	—	0.273
	172713001	高压胶皮水管 ϕ19-6P-20m	m	—	—	0.273
	031519016	合金钢钻头	个	—	—	1.350
	011505001	六角空心钢（综合）	kg	—	—	1.942
	040115001	膨胀水泥	kg	—	—	307.200
	341101001	水	m^3	—	—	3.246
	850103006	其他材料费（占材料费）	%	—	—	1.500
机械	990503030	电动单筒慢速卷扬机 50kN	台班	2.880	3.510	4.270
	990768010	电动修钎机	台班	—	—	0.050
	990766010	风动锻钎机	台班	—	—	0.195
	991004050	内燃空气压缩机 17m³/min	台班	—	—	0.914
	990129010	手持式风动凿岩机	台班	—	—	1.827

工作内容： 1. 现浇护壁：模板制作、安装、拆除，混凝土浇捣、养护等。
2. 灌注桩混凝土：安装、拆除导管及漏斗，灌注混凝土、养护等。　　**计量单位：** 10m³

编　号				1-3-211	1-3-212
项　目				人工挖孔桩	
				现浇混凝土护壁	灌注桩混凝土
名　称			单位	消　耗　量	
人工	000205000	综合二类工	工日	9.180	3.843
材料	031509001	铁件（综合）	kg	32.100	—
	012300003	型钢（综合）	t	0.032	—
	802101012	预拌混凝土 C20	m^3	10.100	10.100
	050109001	枕木（综合）	m^3	0.059	—
	350111007	组合钢模板	kg	4.901	—
	173109001	导管	kg	—	3.800
	030105046	六角螺栓（综合）	kg	—	0.410
机械	990503030	电动单筒慢速卷扬机 50kN	台班	1.279	0.584

工作内容：运料、浆液制作、注浆、检查、堵孔等。 计量单位：m^3

编号				1-3-213	1-3-214	1-3-215
项目				灌注桩预留孔注浆		
				水泥浆	水泥水玻璃双液浆	水泥砂浆
名称			单位	消耗量		
人工	000205000	综合二类工	工日	1.177	1.426	1.177
材料	341101001	水	m^3	0.905	0.695	0.905
	040100005	水泥 42.5	t	0.765	0.441	—
	050109001	枕木（综合）	m^3	0.008	0.011	0.011
	143123001	硅酸钠（水玻璃）	kg	—	390.000	—
	143131001	磷酸氢二钠	kg	—	6.600	—
	800605001	干混砌筑砂浆	m^3	—	—	1.020
机械	990219010	电动灌浆机	台班	0.121	0.138	0.121
	990610010	灰浆搅拌机 200L	台班	0.100	0.100	—
	990611010	干混砂浆罐式搅拌机	台班	—	—	0.041

工作内容：截桩头、凿平、弯曲钢筋，桩头、余渣场内运输等。 计量单位：$10m^3$

编号				1-3-216
项目				凿除桩顶钢筋混凝土
				钻孔灌注桩
名称			单位	消耗量
人工	000205000	综合二类工	工日	12.859
材料	351131001	风镐凿子	根	3.000
机械	991003060	电动空气压缩机 $9m^3/min$	台班	1.945
	990302015	履带式起重机 15t	台班	0.973

工作内容：1. 声测管制作，焊接，埋设安装，清洗管道等全部过程。
2. 注浆管制作，焊接，埋设安装，清洗管道等全部过程。
3. 准备机具，浆液配置，压注浆等全部过程。 计量单位：100m

编号				1-3-217	1-3-218	1-3-219
项目				声测管埋设		
				钢管	钢质波纹管	塑料管
名称			单位	消耗量		
人工	000205000	综合二类工	工日	0.993	0.993	0.845
材料	183119001	底盖	个	1.000	1.000	1.000
	031507014	镀锌铁丝 $\phi1.6\sim1.2$	kg	3.920	3.920	3.920
	183119002	防尘盖	个	3.000	3.000	3.000
	170100013	钢管 $D60\times3.5$	m	106.000	—	—
	182519031	接头管箍	个	17.000	—	—
	340205001	密封圈	个	15.000	15.000	15.000
	172101003	钢质波纹管 $\phi60$	m	—	106.000	—
	290634010	套接管 $DN60$	个	—	12.000	12.000
	172500001	塑料管（综合）	m	—	—	106.000

第四章

砌 筑 工 程

说　明

一、本章包括砖砌体、砌块砌体、石砌体和垫层等项目。

二、本章中砖、砌块和石料按标准或常用规格编制，设计规格与项目不同时，砌体材料和砌筑（粘结）材料用量应作调整换算，砌筑砂浆按干混预拌砌筑砂浆编制。项目所列砌筑砂浆种类和强度等级、砌块专用砌筑粘结剂品种，如设计与项目不同时，应作调整换算。

三、本章中各类砖、砌块及石砌体的砌筑均按直形砌筑编制，如为圆弧形砌筑者，按相应项目人工用量乘以系数 1.10，砖、砌块及石砌块及砂浆（粘结剂）用量乘以系数 1.03 计算。

四、石（砖）基础、石（砖）墙的划分：基础与墙身脚应以设计室内地面为界。

五、砖基础不分砌筑宽度及有否放脚，均执行对应品种及规格砖的同一项目。地下混凝土构件所用砖模及砖砌挡土墙套用砖基础项目。

六、砖砌体和砌块砌体不分内、外墙，均执行对应品种的砖和砌块项目，其中：

1. 项目中均已包括了立门窗框的调直以及腰线、窗台线、挑檐等一般出线用工。

2. 清水砖砌体均包括了原浆勾缝用工，设计需加浆勾缝时，应另行计算。

3. 轻集料混凝土小型空心砌块墙的门窗洞口等镶砌的同类实心砖部分已包含在项目内，不单独另行计算。

七、加气混凝土类砌块墙项目已包括砌块零星切割改锯的损耗及费用。

八、零星砌体系指台阶、台阶挡墙、地垄墙、$\leqslant 0.3m^2$ 的孔洞填塞等。

九、多孔砖、空心砖及砌块砌筑有防水、防潮要求的墙体时，若以普通（实心）砖作为导墙砌筑的，导墙与上部墙身主体需分别计算，导墙部分套用零星砌体项目。

十、石砌体项目中粗、细料石（砌体）墙按 400mm × 220mm × 200mm 规格编制。

十一、毛料石护坡高度超过 4m 时，项目人工乘以系数 1.15。

十二、砖砌体钢筋加固。砌体内加筋、灌注混凝土，墙体拉结筋的制作、安装，以及墙基、墙身的防潮、防水、抹灰等，按本定额其他相关章节的项目及规定执行。

十三、人工级配砂石垫层是按中（粗）砂 15%（不含填充石子空隙）、砾石 85%（含填充砂）的级配比例编制的。

工程量计算规则

一、砖砌体、砌块砌体：

1. 砖基础工程量按设计图示尺寸以体积计算。砖基础长度：外墙墙基按外墙中心线长度计算；内墙墙基按内墙净长计算。

2. 砖墙、砌块墙按设计图示尺寸以体积计算。

（1）扣除过门窗、洞口、嵌入墙内的钢筋混凝土柱、梁、圈梁、挑梁、过梁及凹进墙内的管槽、消火栓箱所占体积，不扣除梁头、板头、梁垫、木砖、门窗走头、砖墙内的加固钢筋、木筋、铁件、钢管及单个孔洞面积≤0.3m^{2}所占的体积。凸出墙面的窗台虎头砖、压顶线、山墙泛水、门窗套、三匹砖以内的腰线和挑檐等体积亦不增加，凸出墙面的砖垛并入墙体体积计算。

（2）墙长度：外墙按外墙中心线计算，内墙按净长计算。

（3）墙面勾缝按设计图示以面积计算。

3. 零星砌体、地沟按设计图示尺寸以体积计算。

4. 砖地坪按设计图示尺寸以面积计算。

5. 砌体砌筑设置导墙时，砌筑导墙需单独计算，厚度与长度按墙身主体，高度以实际砌筑高度计算，墙身主体的高度相应扣除。

6. 轻质砌块 L 形专用连接件的工程量按设计数量计算。

二、石砌体：

石基础、石墙的工程量计算规则参照砖砌体相应规定。

石挡土墙、石护坡、石台阶按设计图示尺寸以体积计算，石坡道按设计图示尺寸以水平投影面积计算，墙面勾缝按设计图示以面积计算。

三、垫层工程量按设计图示尺寸以体积计算。

一、砖　砌　体

工作内容： 清理基槽坑，调、运、铺砂浆，运、砌砖；调、运、铺砂浆，运、砌砖，安放木砖、垫块。

计量单位： $10m^3$

编　号				1-4-1	1-4-2	1-4-3	1-4-4	1-4-5
项　目				砖基础	清水砖墙	混水砖墙	多孔砖墙	空心砖墙
名　称			单位	消　耗　量				
人工	000205000	综合二类工	工日	9.834	14.200	14.385	9.608	8.425
材料	041313002	烧结煤矸石普通砖 240×115×53	千块	5.262	5.361	5.463	—	—
	041303001	烧结多孔砖 240×115×90	千块	—	—	—	3.416	—
	800605004	干混砌筑砂浆 DM M10	m^3	2.399	2.295	2.155	1.844	1.279
	041313001	烧结煤矸石空心砖 240×240×115	千块	—	—	—	—	1.379
	341101001	水	m^3	1.050	1.072	1.101	1.173	1.043
	850103006	其他材料费（占材料费）	%	—	0.180	0.180	0.120	0.190
机械	990611010	干混砂浆罐式搅拌机	台班	0.240	0.230	0.216	0.184	0.128

工作内容： 调、运、铺砂浆，运、砌砖；刷缝、调运砂浆、勾缝等。

计量单位： 见表

编　号				1-4-6	1-4-7	1-4-8	1-4-9	1-4-10
项　目				零星砌体		砖地坪	砖地沟	砖墙勾缝
				普通砖	多孔砖	平铺		
单位				$10m^3$		$100m^2$	$10m^3$	$100m^2$
名　称			单位	消　耗　量				
人工	000205000	综合二类工	工日	19.008	20.877	6.117	9.351	1.170
材料	800605004	干混砌筑砂浆 DM M10	m^3	2.142	1.630	0.700	2.510	—
	041313002	烧结煤矸石普通砖 240×115×53	千块	5.514	—	3.710	5.700	—
	041303001	烧结多孔砖 240×115×90	千块	—	3.470	—	—	—
	800607001	干混抹灰砂浆 DP M10	m^3	—	—	—	—	0.210
	341101001	水	m^3	1.100	1.100	—	1.000	0.303
	850103006	其他材料费（占材料费）	%	—	—	1.470	—	—
机械	990611010	干混砂浆罐式搅拌机	台班	0.214	0.163	0.070	0.251	0.087

二、砌 块 砌 体

工作内容：放样，安、拆样架，样桩，选修预制块，配拌砂浆砌筑。 **计量单位：**10m³

编号				1-4-11
项目				浆砌混凝土预制块
				挡墙、侧墙
名称			单位	消耗量
人工	000205000	综合二类工	工日	9.747
材料	800605004	干混砌筑砂浆 DM M10	m³	0.920
	041501004	混凝土预制块	m³	0.919
	341101001	水	m³	2.000
	850103006	其他材料费（占材料费）	%	1.000
机械	990610010	灰浆搅拌机 200L	台班	0.110
	990302005	履带式起重机 5t	台班	0.660

工作内容：调、运、铺砂浆，运、安装砌块及运、镶砌砖，安放木砖、垫块。 **计量单位：**10m³

编号				1-4-12	1-4-13	1-4-14
项目				轻集料混凝土小型空心砌块墙		
				墙厚 240mm	墙厚 190mm	墙厚 120mm
名称			单位	消耗量		
人工	000205000	综合二类工	工日	8.876	9.513	9.633
材料	800605004	干混砌筑砂浆 DM M10	m³	1.080	1.100	1.020
	341101001	水	m³	0.100	0.100	0.100
	041325002	陶粒混凝土实心砖 240×115×53	千块	0.830	—	0.870
	041509003	陶粒混凝土小型砌块 390×240×190	m³	7.990	—	—
	041325001	陶粒混凝土实心砖 190×90×53	千块	—	1.310	—
	041509002	陶粒混凝土小型砌块 390×190×190	m³	—	7.990	—
	041509001	陶粒混凝土小型砌块 390×120×190	m³	—	—	7.990
	850103006	其他材料费（占材料费）	%	0.171	0.171	0.171
机械	990611010	干混砂浆罐式搅拌机	台班	0.108	0.110	0.102

工作内容： 调、运、铺砂浆，运、安装砌块，洞口侧边竖砌砌块，砂浆灌芯，安放木砖、垫块。

计量单位： 10m³

编号				1-4-15	1-4-16	1-4-17
项目				烧结空心砌块墙		
				墙厚 240mm（卧砌）	墙厚 190mm（卧砌）	墙厚 115mm（卧砌）
名称			单位	消耗量		
人工	000205000	综合二类工	工日	8.957	9.581	9.823
材料	800605004	干混砌筑砂浆 DM M10	m³	0.890	0.890	0.890
	041513003	烧结页岩空心砌块 290×240×190	m³	9.250	—	—
	341101001	水	m³	1.100	1.100	1.100
	041513002	烧结页岩空心砌块 290×190×190	m³	—	9.250	—
	041513001	烧结页岩空心砌块 290×115×190	m³	—	—	9.250
	850103006	其他材料费（占材料费）	%	0.156	0.156	0.156
机械	990611010	干混砂浆罐式搅拌机	台班	0.089	0.089	0.089

工作内容： 调、运、铺砂浆或运、搅拌、铺粘结剂，运、部分切割、安装砌块，安放木砖、垫块，木楔卡固、刚性材料嵌缝。

计量单位： 10m³

编号				1-4-18	1-4-19	1-4-20	1-4-21	1-4-22	1-4-23
项目				蒸压加气混凝土砌块墙					
				墙厚					
				≤150mm		≤200mm		≤300mm	
				砂浆	粘结剂	砂浆	粘结剂	砂浆	粘结剂
名称			单位	消耗量					
人工	000205000	综合二类工	工日	9.857	10.088	9.857	10.088	8.419	8.649
材料	041507001	蒸压粉煤灰加气混凝土砌块 600×120×240	m³	9.770	10.150	—	—	—	—
	041507002	蒸压粉煤灰加气混凝土砌块 600×190×240	m³	—	—	9.770	10.150	—	—
	800605004	干混砌筑砂浆 DM M10	m³	0.710	—	0.710	—	0.710	—
	341101001	水	m³	0.400	0.200	0.400	0.200	0.400	0.200
	041507003	蒸压粉煤灰加气混凝土砌块 600×240×240	m³	—	—	—	—	9.770	10.150
	144111005	砌块砌筑粘结剂	kg	—	297.400	—	297.400	—	297.400
	800101003	砌筑水泥砂浆 M7.5	m³	—	0.080	—	0.080	—	0.080
	800100006	水泥砂浆 1：3	m³	—	0.100	—	0.100	—	0.100
	850103006	其他材料费（占材料费）	%	0.570	0.524	0.361	0.332	0.288	0.265
机械	990611010	干混砂浆罐式搅拌机	台班	0.071	—	0.071	—	0.071	—
	990610010	灰浆搅拌机 200L	台班	—	0.030	—	0.030	—	0.030

工作内容： 运、安放连接件，射钉弹及水泥钉固定。 **计量单位：** 10 个

编号				1-4-24
项目				加气混凝土砌块 L 形专用连接件
名称			单位	消耗量
人工	000205000	综合二类工	工日	0.324
材料	031509003	L 形铁件 (12 + 12) × 6 × 0.15	个	10.200
	031599027	射钉弹	套	30.600
	031501003	水泥钉	kg	0.075

三、石　砌　体

工作内容： 运石，调、运、铺砂浆，砌筑。 **计量单位：** 见表

编号				1-4-25	1-4-26	1-4-27	1-4-28
项目				石基础		石台阶	石坡道
				毛料石	粗料石		
单位				10m³			100m³
名称			单位	消耗量			
人工	000205000	综合二类工	工日	8.690	8.554	36.618	30.002
材料	800605004	干混砌筑砂浆 DM M10	m³	3.987	1.407	1.680	7.000
	041103002	毛石（综合）	m³	11.220	—	—	—
	341101001	水	m³	0.790	0.800	0.600	—
	041107004	料石	m³	—	10.000	—	—
	041105001	方整石	m³	—	—	10.400	—
	041105003	方整天然石板	m²	—	—	—	103.000
	850103006	其他材料费（占材料费）	%	—	—	—	1.479
机械	990611010	干混砂浆罐式搅拌机	台班	0.399	0.141	0.168	0.700

工作内容： 运石，调、运、铺砂浆，砌筑、平整，墙角及门窗洞口处的石料加工等。 **计量单位：** 10m³

编号				1-4-29	1-4-30	1-4-31	1-4-32	1-4-33	1-4-34
项目				墙身			挡土墙		
				毛料石	粗料石	细料石	毛料石	粗料石	细料石
名称			单位	消耗量					
人工	000205000	综合二类工	工日	15.281	32.450	19.892	9.908	12.246	12.437
材料	041103002	毛石（综合）	m³	11.220	—	—	11.220	—	—
	800605004	干混砌筑砂浆 DM M10	m³	3.987	1.210	0.707	3.987	1.210	0.707
	041107004	料石	m³	—	10.000	—	—	10.000	—
	341101001	水	m³	0.790	0.700	1.300	0.790	0.700	1.300
	041107007	细料石	m³	—	—	10.000	—	—	10.000
机械	990611010	干混砂浆罐式搅拌机	台班	0.399	0.121	0.071	0.399	0.121	0.071

工作内容：调、运砂浆，砌石，铺砂，勾缝，预留泄水口，放置排水管（不含排水管材料）。**计量单位：**10m³

编号				1-4-35	1-4-36
项目				护坡	
				浆砌毛料石	干砌毛料石
名称			单位	消耗量	
人工	000205000	综合二类工	工日	10.750	8.045
材料	800605004	干混砌筑砂浆 DM M10	m³	4.377	—
	041103002	毛石（综合）	m³	11.730	11.730
	341101001	水	m³	0.790	—
	040306001	细砂	m³	—	3.682
机械	990611010	干混砂浆罐式搅拌机	台班	0.438	—

工作内容：剔缝、洗刷、调运砂浆、勾缝等。 **计量单位：**100m²

编号				1-4-37	1-4-38	1-4-39	1-4-40
项目				毛石墙勾缝	料石墙勾缝		
				凸缝	平缝	凹缝	凸缝
名称			单位	消耗量			
人工	000205000	综合二类工	工日	12.208	4.306	7.708	8.245
材料	800607001	干混抹灰砂浆 DP M10	m³	0.870	0.250	0.250	0.530
	341101001	水	m³	5.800	5.800	5.800	5.800
机械	990611010	干混砂浆罐式搅拌机	台班	0.087	0.025	0.025	0.053

四、垫 层

工作内容：拌和、铺设垫层，找平压（夯）实。 **计量单位：**10m²

编号				1-4-41	1-4-42	1-4-43	1-4-44	1-4-45	1-4-46
项目				灰土	三合土	砂	炉（矿）渣		
							干铺	水泥石灰拌和	石灰拌和
名称			单位	消耗量					
人工	000205000	综合二类工	工日	5.279	8.643	3.122	2.566	8.864	8.864
材料	803103001	灰土 3∶7	m³	10.200	—	—	—	—	—
	803301001	三合土碎石 1∶4∶8	m³	—	10.200	—	—	—	—
	040300003	砂子	m³	—	—	11.526	—	—	—
	040707001	炉（矿）渣（综合）	m³	—	—	—	12.240	—	—
	341101001	水	m³	—	—	3.000	2.000	2.000	2.000
	040707005	水泥石灰炉渣 1∶1∶10	m³	—	—	—	—	10.200	—
	040707003	石灰炉（矿）渣 1∶4	m³	—	—	—	—	—	10.200
机械	990123010	电动夯实机 250N·m	台班	0.440	0.630	0.160	—	—	—

工作内容：拌和、铺设垫层，找平压（夯）实；调制砂浆、灌缝。 **计量单位：**10m³

编号				1-4-47	1-4-48	1-4-49	1-4-50	1-4-51	1-4-52
项目				砂石		毛石		碎石	
				人工级配	天然级配	干铺	灌浆	干铺	灌浆
名称			单位	消耗量					
人工	000205000	综合二类工	工日	5.380	4.489	5.729	7.626	4.502	4.359
材料	040305002	粗砂	m³	—	—	—	—	2.872	—
	040501002	碎石（综合）	m³	—	—	—	—	11.016	11.016
	040505005	砾石 10mm	m³	9.017	—	—	—	—	—
	040303001	中粗砂	m³	4.835	—	2.720	—	—	—
	341101001	水	m³	3.000	2.500	—	1.000	—	1.000
	803501005	天然级配砂砾	m³	—	12.240	—	—	—	—
	041103002	毛石（综合）	m³	—	—	12.240	12.240	—	—
	800605004	干混砌筑砂浆 DM M10	m³	—	—	—	2.734	—	2.886
机械	990123010	电动夯实机 250N · m	台班	0.240	0.240	0.290	0.490	0.260	0.260
	990611010	干混砂浆罐式搅拌机	台班	—	—	—	0.274	—	0.289

第五章

混凝土及钢筋混凝土工程

说 明

一、本章包括现浇混凝土、预制混凝土和钢筋工程等项目。

二、本章适用于管廊工程中现浇和预制各种混凝土构筑物。

三、混凝土：

1. 本章中混凝土均采用预拌混凝土，项目中未考虑混凝土输送费用。项目混凝土按常用强度等级列出，如设计要求不同时可以换算。

2. 本章中混凝土浇捣未含脚手架。

3. 小型构件是指单体体积 $0.1m^3$ 以内且本章未列项目的小型构件。

4. 混凝土内墙套用管廊侧壁项目。

5. 预制管廊安装项目仅包含预制构件吊装就位，相应的接口、管廊段间连接，另套用本章相应项目。

四、模板：

侧壁模板已综合考虑了支模方式，实际与定额不同时，不予换算。模板定额中未考虑需要二次堵眼堵洞的内容，发生时执行相应的定额。

五、钢筋：

1. 钢筋工程分不同品种、不同规格，按普通钢筋、预应力钢筋等分别设列项目。

2. 钢筋的工作内容包括制作、绑扎、安装以及浇灌混凝土时维护钢筋用工。

3. 钢筋未包括冷拉、冷拔，如设计要求冷拉、冷拔时，费用另行计算。

4. 现场钢筋水平运距包括在项目工作内容中，加工的钢筋由附属工厂至工地水平运输或现场钢筋水平运距超过 150m 的应另列项，按钢筋水平运输项目执行。

5. 钢筋场外运输适用于施工企业因施工场地限制，租用施工场地加工钢筋情况。

6. 绑扎铁丝、成型点焊和接头焊接用的电焊条，已综合在相应项目内。

7. 钢筋挤压套筒项目按成品编制。如实际为现场加工时，挤压套筒按加工铁件予以换算，套筒重量可参考下表计算。

套筒重量参考表

规格	$\phi 22$	$\phi 25$	$\phi 28$	$\phi 32$
重量（kg/个）	0.62	0.78	1	1.21

注：表内套筒内径按钢筋规格加 2mm、壁厚 8mm、长 300mm 计算重量。如不同时，重量予以调整。

8. 植筋增加费工作内容包括钻孔和装胶。项目中的钢筋埋深按以下规定计算：

（1）钢筋直径规格为 20mm 以下的，按钢筋直径的 15 倍计算，并 ≥ 100mm；

（2）钢筋直径规格为 20mm 以上的，按钢筋直径的 20 倍计算。

当设计埋深长度与项目取定不同时，项目中的人工和材料可以调整。植筋用的钢筋的制作、安装，按钢筋质量执行普通钢筋相应项目。

9. 预应力钢筋未包括时效处理，设计要求时效处理，费用另行计算。

10. 预应力钢绞线张拉项目的锚具按单孔锚具计算，每根钢绞线有两端计 2 个锚具。如果采用多孔锚具，可按锚具预算价格除以有效锚孔数量折算单价，调整价差。

工程量计算规则

一、混凝土工程量按设计图示尺寸以实体积计算，不扣除混凝土构件内钢筋、预埋铁件及墙、板中单个面积 0.3m^2 内的孔洞所占体积。

二、模板：

混凝土模板工程量，按构件混凝土与模板的接触面积以面积计算。不扣除单孔面积 0.3m^2 以内预留孔洞的面积，洞侧壁模板亦不另行增加。

三、预制管廊安装：

1. 预制管廊安装按管廊对应的截面面积和长度计算。

2. 嵌泡沫板适用于预制混凝土管廊承插式接口，工程量按设计图纸中管廊横断面中心线周长计算，如有中间隔墙，中间隔墙长度应予以计算。

3. 双组分密封胶嵌缝适用于预制混凝土管廊承插式接口，工程量按设计图纸中管廊横断面中心线周长计算，如有中间隔墙，中间隔墙长度应予以计算。倒虹段及拐角段材料用量系数乘以 3.00。

4. 外贴式橡胶止水带工程量按图示尺寸以面积计算，当使用材料非 25cm 宽时，根据设计材料规格调整价格。定额已包含搭接及材料损耗用量。

四、混凝土输送及泵管安装、拆除使用：

1. 混凝土输送按混凝土相应项目的混凝土消耗量以“m^3”为单位计算。

2. 泵管安装、拆除按实际需要的长度以“m”为单位计算。

3. 泵管使用以延长米“m · d”为单位计算。

五、钢筋：

1. 钢筋工程量应区别不同钢筋种类和规格，分别按设计长度乘以单位理论质量计算。

2. 钢筋的搭接（接头）数量应按设计图示及规范要求计算；设计图示及规范要求未标明的，ϕ10mm 以上的长钢筋按每 9m 计算一个搭接（接头）。

3. 电渣压力焊、套筒挤压、直螺纹接头，按设计图示个数计算。

4. 铁件、拉杆按设计图示尺寸以质量计算。

5. 植筋增加费按个数计算。

6. 预应力钢筋应区别不同钢筋种类和规格，分别按规定长度乘以单位理论质量计算。

7. 后张法钢筋按设计图示的预应力钢筋孔道长度，并区别不同锚具类型，分别按下列规定计算：低合金钢筋两端采用螺杆锚具时，预应力钢筋按孔道长度减 0.35m，螺杆按加工铁件另列项计算。

低合金钢筋一端采用镦头插片，另一端采用螺杆锚具时，预应力钢筋长度按预留孔道长度计算，螺杆按加工铁件另列项计算。

低合金钢筋一端采用镦头插片，另一端采用帮条锚具时，预应力钢筋按孔道长度增加 0.15m；两端均采用帮条锚具时，预应力钢筋共增加 0.3m 计算。

低合金钢筋采用后张法混凝土自锚时，预应力钢筋长度增加 0.35m 计算。

8. 钢绞线采用 JM、XM、OVM、QM 型锚具，孔道长度在 20m 以内时，预应力钢绞线增加 1m 计算；孔道长度在 20m 以上时，预应力钢绞线增加 1.8m。

9. 后张法预应力钢绞线张拉应区分单根设计长度，按图示根数计算。

10. 无粘结预应力钢绞线端头封闭，按图示张拉端头个数计算。

11. 钢筋水平及垂直运输均按设计图示用量以质量计算。

12. 现浇灌注混凝土桩钢筋笼安放，均按设计图示用量以质量计算。

一、现浇混凝土

工作内容： 安放流槽、碎石装运、找平；混凝土浇筑、捣固、抹平、养生；模板制作、安装、涂脱模剂、模板拆除、修理、整堆等。

计量单位： 见表

编号				1-5-1	1-5-2	1-5-3	1-5-4	1-5-5
项目				碎石垫层	混凝土垫层		底板	
					混凝土	模板	混凝土	模板
单位				$10m^3$		$10m^2$	$10m^3$	$10m^2$
名称			单位	消耗量				
人工	000205000	综合二类工	工日	5.878	3.920	0.995	3.542	2.142
材料	040501013	碎石 30～50	m^3	2.516	—	—	—	—
	040501015	碎石 50～80	m^3	10.200	—	—	—	—
	802101010	预拌混凝土 C15	m^3	—	10.100	—	—	—
	802101015	预拌混凝土 C30	m^3	—	—	—	10.100	—
	050401003	板枋材	m^3	—	—	—	—	0.016
	350209001	钢模板连接件	kg	—	—	—	—	2.350
	330127004	钢支撑	kg	—	—	—	—	2.090
	133517001	模板嵌缝料	kg	—	—	—	—	0.500
	350111007	组合钢模板	kg	—	—	—	—	5.900
	341103001	电	kW·h	—	3.080	—	4.229	—
	341101001	水	m^3	—	5.690	—	1.134	—
	023101003	无纺土工布	m^2	—	10.179	—	1.333	—
	031507020	镀锌铁丝 ϕ0.7	kg	—	—	0.018	—	—
	800607003	干混抹灰砂浆 DP M20	m^3	—	—	0.001	—	—
	350101001	木模板	m^3	—	—	0.098	—	—
	143557001	脱模剂	kg	—	—	1.000	—	1.000
	031501007	圆钉	kg	—	—	1.973	—	0.260
	850103006	其他材料费（占材料费）	%	—	1.000	—	—	—
机械	990706010	木工圆锯机 500mm	台班	—	—	0.014	—	—
	990401020	载重汽车 5t	台班	—	—	0.010	—	—

工作内容：混凝土浇筑、捣固、抹平、养生；模板制作、安装、涂脱模剂、模板拆除、修理、整堆等。

计量单位：见表

编号				1-5-6	1-5-7	1-5-8	1-5-9
项目				侧墙		顶板	
				混凝土	模板	混凝土	模板
单位				$10m^3$	$10m^2$	$10m^3$	$10m^2$
名称			单位	消耗量			
人工	000205000	综合二类工	工日	4.098	2.296	3.729	2.520
材料	802101015	预拌混凝土 C30	m^3	10.100	—	10.100	—
	341103001	电	kW · h	3.657	—	4.686	—
	341101001	水	m^3	3.392	—	3.051	—
	023101003	无纺土工布	m^2	0.579	—	1.573	—
	050401003	板枋材	m^3	—	0.016	—	0.016
	350209001	钢模板连接件	kg	—	2.350	—	2.350
	330127004	钢支撑	kg	—	5.260	—	5.250
	133517001	模板嵌缝料	kg	—	0.500	—	0.500
	031509001	铁件（综合）	kg	—	2.120	—	—
	143557001	脱模剂	kg	—	1.000	—	1.000
	031501007	圆钉	kg	—	0.330	—	0.330
	350111007	组合钢模板	kg	—	5.900	—	5.900
机械	990302015	履带式起重机 15t	台班	—	0.099	—	0.064

工作内容：混凝土浇筑、捣固、抹平、养生；模板制作、安装、涂脱模剂、模板拆除、修理、整堆等。

计量单位：见表

编号				1-5-10	1-5-11	1-5-12	1-5-13
项目				矩形柱		矩形梁	
				混凝土	模板	混凝土	模板
单位				$10m^3$	$10m^2$	$10m^3$	$10m^2$
名称			单位	消耗量			
人工	000205000	综合二类工	工日	8.210	2.697	7.142	3.359
材料	802101012	预拌混凝土 C20	m^3	10.100	—	10.100	—
	350123002	复合模板	m^2	—	2.100	—	2.100
	341103001	电	kW · h	8.160	—	8.160	—
	341101001	水	m^3	8.640	—	10.630	—
	340503001	草板纸 80#	张	—	3.000	—	3.000
	350219002	零星卡具	kg	—	6.050	—	3.655
	350101001	木模板	m^3	—	0.006	—	0.002
	350323001	木支撑	m^3	—	0.052	—	0.091
	031509001	铁件（综合）	kg	—	1.142	—	0.415
	143557001	脱模剂	kg	—	1.000	—	1.000
	031501007	圆钉	kg	—	0.402	—	3.624
	350111007	组合钢模板	kg	—	1.034	—	0.723
	023101003	无纺土工布	m^2	—	—	10.131	—
	031507020	镀锌铁丝 ϕ0.7	kg	—	—	—	0.018
	800607003	干混抹灰砂浆 DP M20	m^3	—	—	—	0.001
	021925003	尼龙帽 ϕ1.5	个	—	—	—	3.700
机械	990706010	木工圆锯机 500mm	台班	—	0.005	—	0.033
	990304004	汽车式起重机 8t	台班	—	0.010	—	0.009
	990401020	载重汽车 5t	台班	—	0.025	—	0.034

工作内容：混凝土浇筑、捣固、抹平、养生；模板制作、安装、涂脱模剂、模板拆除、修理、整堆等。

计量单位：见表

编号				1-5-14	1-5-15	1-5-16	1-5-17
项目				楼梯		小型构件	
				混凝土	模板	混凝土	模板
单位				$10m^3$	$10m^2$	$10m^3$	$10m^2$
名称			单位	消耗量			
人工	000205000	综合二类工	工日	2.628	10.020	18.275	3.257
材料	802101015	预拌混凝土 C30	m^3	10.100	—	—	—
	341103001	电	kW·h	4.800	—	—	—
	341101001	水	m^3	7.256	—	16.756	—
	023101003	无纺土工布	m^2	1.004	—	95.670	—
	050401003	板枋材	m^3	—	0.051	—	0.045
	350209001	钢模板连接件	kg	—	1.097	—	—
	330127005	钢模支撑	kg	—	1.788	—	—
	031501007	圆钉	kg	—	0.260	—	0.115
	350111007	组合钢模板	kg	—	2.968	—	—
	802101012	预拌混凝土 C20	m^3	—	—	10.100	—
	350123002	复合模板	m^2	—	—	—	3.063
	350323001	木支撑	m^3	—	—	—	0.050
	144303020	塑料粘胶带 20mm×50m	卷	—	—	—	0.400
	031509001	铁件（综合）	kg	—	—	—	0.797
	143557001	脱模剂	kg	—	—	—	1.000
机械	990302015	履带式起重机 15t	台班	—	0.127	—	—
	990709020	木工平刨床 500mm	台班	—	0.236	—	—
	990706010	木工圆锯机 500mm	台班	—	0.264	—	0.090

工作内容：泵管安装、拆除、清洗、整理、堆放等。

计量单位：见表

编号				1-5-18	1-5-19	1-5-20	1-5-21
项目				垂直泵管		水平泵管	
				安装、拆除	使用	安装、拆除	使用
单位				m	m·d	m	m·d
名称			单位	消耗量			
人工	000205000	综合二类工	工日	0.209	—	0.060	—
材料	173103001	泵管	m	0.010	—	0.010	—
	203500001	垫片	个	0.788	—	0.765	—
	182518003	方卡	只	0.387	—	0.383	—
	130505001	防锈漆	kg	0.007	—	0.004	—
	350203005	钢管脚手架扣件	个	0.383	—	0.015	—
	350303001	脚手架钢管	kg	0.097	—	0.050	—
	173103002	泵管使用	m·d	—	1.000	—	1.000
机械	990401015	载重汽车 4t	台班	0.001	—	0.001	—

工作内容：机械就位、混凝土输送、清理等。　　　　**计量单位：**m^3

编　　号				1-5-22	1-5-23	1-5-24
项　　目				混凝土输送		
				泵车	固定泵	起重机配料斗
名　　称			单位	消　耗　量		
人工	000205000	综合二类工	工日	—	—	0.066
材料	341101001	水	m^3	0.095	0.095	—
机械	990607020	混凝土输送泵车　75m^3/h	台班	0.014	—	—
	990607010	混凝土输送泵车　45m^3/h	台班	—	0.017	—
	990304012	汽车式起重机　12t	台班	—	—	0.031

二、预制混凝土

工作内容：混凝土浇筑、捣固、抹平、养生；模板制作、安装、涂脱模剂、模板拆除、修理、整堆；安装就位、调直、找平等。　　　　**计量单位：**见表

编　　号				1-5-25	1-5-26	1-5-27	1-5-28
项　　目				预制管廊制作		预制管廊安装	
				混凝土	模板	10m^2 以内	30m^2 以内
单位				10m^3	10m^2	10m	
名　　称			单位	消　耗　量			
人工	000205000	综合二类工	工日	4.098	3.256	4.500	9.333
材料	802103002	预拌混凝土　C30 P6	m^3	10.100	—	—	—
	043121015	装配式钢筋混凝土管廊 10m^2 以内	m	—	—	（10.000）	—
	043121016	装配式钢筋混凝土管廊 30m^2 以内	m	—	—	—	（10.000）
	341103001	电	kW · h	3.657	—	—	—
	341101001	水	m^3	3.392	—	—	—
	023101003	无纺土工布	m^2	0.579	—	—	—
	133517001	模板嵌缝料	kg	—	0.500	—	—
	143557001	脱模剂	kg	—	1.000	—	—
	350111006	预制管廊钢模板（精加工）	kg	—	8.750	—	—
机械	991003050	电动空气压缩机　6m^3/min	台班	—	0.031	—	—
	990309060	门式起重机　50t	台班	—	0.031	—	—
	990305070	叉式起重机　40t	台班	—	—	0.500	—
	990304076	汽车式起重机　125t	台班	—	—	0.500	—
	990305080	叉式起重机　80t	台班	—	—	—	0.667
	990304100	汽车式起重机　300t	台班	—	—	—	0.667

工作内容： 清洗管口、安装胶圈；配制密封胶、填塞、嵌缝、灌缝；安装止水带等。 **计量单位：** 10m

编号				1-5-29	1-5-30	1-5-31	1-5-32
项目				承插式管廊接口			
				弹性胶圈	遇水膨胀胶圈	密封胶嵌缝	外贴式橡胶止水带
名称			单位	消耗量			
人工	000205000	综合二类工	工日	1.100	1.100	0.760	1.000
材料	140700001	润滑剂	kg	0.601	—	—	—
	020507002	楔形弹性橡胶圈（三元乙丙密封胶条）	10m	10.300	—	—	—
	144101005	万能胶（环氧树脂）	kg	—	0.069	—	—
	340205027	遇水膨胀橡胶密封圈	m	—	10.500	—	—
	151301009	聚苯乙烯泡沫塑料板	m^3	—	—	0.600	—
	133503023	双组份聚硫密封胶	kg	—	—	14.127	—
	133705008	自粘型橡胶止水带 宽25cm	m	—	—	—	10.500

工作内容： 装车、固定构件、运输、卸车及空回等。 **计量单位：** $10m^3$

编号				1-5-33
项目				预制构件场内运输
名称			单位	消耗量
人工	000205000	综合二类工	工日	0.143
材料	050401003	板枋材	m^3	0.018
	031509001	铁件（综合）	kg	0.100
机械	990303050	轮胎式起重机 40t	台班	0.110
	990403040	平板拖车组 60t	台班	0.142

三、钢筋工程

工作内容： 制作、绑扎、安装等。 **计量单位：** t

编号				1-5-34	1-5-35	1-5-36	1-5-37	1-5-38	1-5-39
项目				圆钢直径（mm）			带肋钢筋直径（mm）		
				≤10	≤18	>18	≤14	≤25	>25
名称			单位	消耗量					
人工	000205000	综合二类工	工日	10.766	7.183	5.349	7.690	5.234	4.293
材料	010101009	热轧光圆钢筋 HPB300 ϕ8	kg	1020.000	—	—	—	—	—
	010101012	热轧光圆钢筋 HPB300 ϕ14	kg	—	1025.000	—	—	—	—
	010101013	热轧光圆钢筋 HPB300 ϕ20	kg	—	—	1025.000	—	—	—
	010103020	热轧带肋钢筋 HRB400 ϕ12	kg	—	—	—	1025.000	—	—
	010103022	热轧带肋钢筋 HRB400 ϕ20	kg	—	—	—	—	1025.000	—
	010103023	热轧带肋钢筋 HRB400 ϕ28	kg	—	—	—	—	—	1025.000
	031507020	镀锌铁丝 ϕ0.7	kg	12.250	7.000	4.900	8.170	4.900	3.500
	031301007	低碳钢焊条（综合）	kg	—	2.780	2.780	2.780	2.780	—

续前

编号				1-5-34	1-5-35	1-5-36	1-5-37	1-5-38	1-5-39
项目				圆钢直径（mm）			带肋钢筋直径（mm）		
				≤ 10	≤ 18	> 18	≤ 14	≤ 25	> 25
名称			单位	消耗量					
机械	990701010	钢筋调直机 14mm	台班	0.566	—	—	—	—	—
	990702010	钢筋切断机 40mm	台班	0.203	0.126	0.113	0.126	0.110	0.104
	990703010	钢筋弯曲机 40mm	台班	0.491	0.399	0.295	0.399	0.259	0.185
	990919010	电焊条烘干箱 45 × 35 × 45cm^3	台班	—	0.041	0.041	0.041	0.041	—
	990904040	直流弧焊机 32kV · A	台班	—	0.413	0.413	0.413	0.413	—

工作内容：制作、绑扎、安装等。 **计量单位：**t

编号				1-5-40	1-5-41	1-5-42	1-5-43
项目				冷轧扭钢筋直径（mm）		箍筋直径（mm）	
				≤ 10	> 10	≤ 8	> 8
名称			单位	消耗量			
人工	000205000	综合二类工	工日	9.410	7.883	22.658	13.346
材料	010107001	冷轧扭钢筋 ϕ8	kg	1020.000	—	—	—
	010107003	冷轧扭钢筋 ϕ12	kg	—	1025.000	—	—
	010101009	热轧光圆钢筋 HPB300 ϕ8	kg	—	—	1020.000	—
	010101010	热轧光圆钢筋 HPB300 ϕ10	kg	—	—	—	1020.000
	031507020	镀锌铁丝 ϕ0.7	kg	12.250	8.170	8.800	5.640
机械	990501010	电动单筒快速卷扬机 5kN	台班	—	—	0.434	0.375
	990702010	钢筋切断机 40mm	台班	0.166	0.141	0.261	0.150
	990703010	钢筋弯曲机 40mm	台班	0.491	0.418	0.923	1.063
	990701010	钢筋调直机 14mm	台班	0.546	—	—	—

工作内容：除锈、制作、运输、安装、焊接（绑扎）等。 **计量单位：**t

编号				1-5-44	1-5-45	1-5-46	1-5-47
项目				混凝土灌注桩钢筋笼		钢筋网片	砌体内加固钢筋
				圆钢	带肋钢筋		
名称			单位	消耗量			
人工	000205000	综合二类工	工日	5.706	5.531	10.969	22.580
材料	010900001	圆钢（综合）	t	1.020	—	—	1.020
	010100004	钢筋（综合）	kg	—	1025.000	—	—
	031505013	钢筋网片	t	—	—	1.030	—
	031507020	镀锌铁丝 ϕ0.7	kg	9.597	3.373	—	—
	031301005	低合金钢焊条 E43（综合）	kg	—	6.720	—	—
	850103006	其他材料费（占材料费）	%	1.300	1.300	1.300	—
机械	990701010	钢筋调直机 14mm	台班	0.363	—	0.288	—
	990702010	钢筋切断机 40mm	台班	0.163	0.125	0.150	0.690
	990703010	钢筋弯曲机 40mm	台班	0.525	0.175	—	—
	990303020	轮胎式起重机 16t	台班	0.225	0.225	—	—
	990919010	电焊条烘干箱 45 × 35 × 45cm^3	台班	—	0.070	—	—
	990910030	对焊机 75kV · A	台班	—	0.138	—	—
	990904040	直流弧焊机 32kV · A	台班	—	0.700	—	—
	990908020	点焊机 75kV · A	台班	—	—	1.338	—
	990701040	钢筋调直机 40mm	台班	—	—	—	0.690

工作内容：对接、熔焊、清渣。　　　　**计量单位：**10 个接头

编　号				1-5-48	1-5-49
项　目				电渣压力焊直径（mm）	
				14～18	20～32
名　称			单位	消　耗　量	
人工	000205000	综合二类工	工日	0.181	0.215
材料	031305001	焊剂	kg	0.200	0.300
	150113001	石棉垫	kg	0.100	0.100
机械	990916010	电渣焊机 1000A	台班	0.075	0.088

工作内容：钢筋连接套筒一端在加工棚挤压，钢筋连接套筒另一端在施工作业点连接。　**计量单位：**100 个

编　号				1-5-50	1-5-51	1-5-52	1-5-53
项　目				钢筋挤压套筒连接直径（mm）			
				22	25	28	32
名　称			单位	消　耗　量			
人工	000205000	综合二类工	工日	3.204	3.204	3.429	3.429
材料	030905001	挤压套筒 $\phi22$	个	101.000	—	—	—
	030905002	挤压套筒 $\phi25$	个	—	101.000	—	—
	030905003	挤压套筒 $\phi28$	个	—	—	101.000	—
	030905004	挤压套筒 $\phi32$	个	—	—	—	101.000
机械	990811020	高压油泵 80MPa	台班	2.088	2.088	2.088	2.088

工作内容：钢筋墩头、套丝加工、加工后拧紧一端连接套，另一端戴保护帽，
现场取出保护帽将待连接钢筋紧固连接。　　　　**计量单位：**100 个

编　号				1-5-54	1-5-55	1-5-56	1-5-57
项　目				直螺纹套筒接头直径（mm）			
				22	25	28	32
名　称			单位	消　耗　量			
人工	000205000	综合二类工	工日	4.253	4.253	4.539	4.539
材料	030901002	直螺纹连接套筒 $\phi22$	个	101.000	—	—	—
	030901003	直螺纹连接套筒 $\phi25$	个	—	101.000	—	—
	030901004	直螺纹连接套筒 $\phi28$	个	—	—	101.000	—
	030901005	直螺纹连接套筒 $\phi32$	个	—	—	—	101.000
	130115001	调和漆	kg	1.000	1.000	1.000	1.000
	021925003	尼龙帽 $\phi1.5$	个	200.000	200.000	200.000	200.000
机械	990704020	钢筋镦粗机 4kW	台班	0.625	0.625	0.625	0.625
	990731010	螺栓套丝机 39mm	台班	2.250	2.625	3.000	3.375

工作内容：铁件埋设、焊接固定。 **计量单位：**t

编号				1-5-58	1-5-59
项目				铁件制作、安装	
				预埋铁件	止水螺杆
名称			单位	消耗量	
人工	000205000	综合二类工	工日	17.733	20.065
材料	010101002	热轧光圆钢筋 HPB300 ϕ10 以内	kg	243.000	—
	010101004	热轧光圆钢筋 HPB300 ϕ20 以内	kg	—	1040.000
	031301007	低碳钢焊条（综合）	kg	29.130	11.580
	012300001	型钢（综合）	kg	139.000	—
	142909001	氧气	m^3	10.600	—
	142907002	乙炔气	kg	3.530	—
	012903004	热轧中厚钢板 δ15 以内	kg	673.000	—
	140301001	汽油 89#	kg	—	3.090
机械	990919010	电焊条烘干箱 45×35×45cm^3	台班	0.514	0.204
	990702010	钢筋切断机 40mm	台班	0.075	0.100
	990904040	直流弧焊机 32kV·A	台班	5.138	2.043

工作内容：钻孔、清空、装胶等。 **计量单位：**100 个

编号				1-5-60	1-5-61	1-5-62	1-5-63	1-5-64
项目				钢筋植筋增加费直径（mm）				
				≤10	≤14	≤18	≤25	≤32
名称			单位	消耗量				
人工	000205000	综合二类工	工日	2.255	4.336	8.904	22.005	49.600
材料	341103001	电	kW·h	18.386	34.299	79.426	244.898	311.855
	144135019	强力植筋胶	L	1.179	3.233	6.873	24.530	37.944

工作内容：制作、穿筋、张拉、孔道灌浆、锚固、放张、切断等。 **计量单位：**t

编号				1-5-65	1-5-66	1-5-67	1-5-68
项目				后张法预应力钢筋直径（mm）			
				$\phi \leqslant 20$	$\phi \leqslant 25$	$\phi \leqslant 32$	$\phi \leqslant 40$
名称			单位	消耗量			
人工	000205000	综合二类工	工日	11.908	9.529	7.683	6.326
材料	010111001	预应力螺纹钢筋 ϕ20	kg	1060.000	—	—	—
	010111002	预应力螺纹钢筋 ϕ25	kg	—	1060.000	—	—
	010111003	预应力螺纹钢筋 ϕ32	kg	—	—	1060.000	—
	010111004	预应力螺纹钢筋 ϕ40	kg	—	—	—	1060.000

续前

编号				1-5-65	1-5-66	1-5-67	1-5-68
项目				后张法预应力钢筋直径（mm）			
				$\phi\leqslant20$	$\phi\leqslant25$	$\phi\leqslant32$	$\phi\leqslant40$
名称			单位	消耗量			
材料	173121002	孔道成型钢管	kg	51.350	33.010	22.800	12.840
	354107002	冷拉设备摊销	kg	88.200	37.800	19.910	22.050
	341101001	水	m^3	0.520	0.430	0.560	0.630
	801103004	素水泥浆	m^3	1.053	0.680	0.410	0.260
	030907017	张拉锚具及其他材料	kg	58.800	56.700	34.200	14.700
	850103006	其他材料费（占材料费）	%	1.000	1.000	1.000	1.000
机械	990503030	电动单筒慢速卷扬机 50kN	台班	0.750	0.688	0.613	0.531
	990910030	对焊机 75kV·A	台班	0.400	0.350	0.456	0.463
	990702010	钢筋切断机 40mm	台班	0.100	0.100	0.100	0.106
	990610010	灰浆搅拌机 200L	台班	1.425	1.000	0.638	0.375
	990612010	挤压式灰浆输送泵 $3m^3/h$	台班	1.425	1.000	0.638	0.375
	990705010	预应力钢筋拉伸机 650kN	台班	1.263	0.980	0.619	0.338

工作内容： 波纹管、三通制作、安装、固定，胶管充水、安放定位、抽拔清洗；
钢绞线切断、穿管、安装，无粘结预应力钢绞线（包括涂包）下料、安放绑扎；
砂浆配制、拌和、运输、管道压浆等。　　　　**计量单位：** 见表

编号				1-5-69	1-5-70	1-5-71	1-5-72	1-5-73
项目				钢绞线				有粘结钢绞线
				孔道成型		制作、安装		孔道注浆
				波纹管	胶管	有粘结	无粘结	
单位				100m		t		100m
名称			单位	消耗量				
人工	000205000	综合二类工	工日	7.363	3.938	18.139	16.005	1.708
材料	172101002	波纹管 $\phi50$	m	108.140	—	—	—	—
	172701003	胶管 $D50$	m	—	2.040	—	—	—
	010700002	钢绞线（综合）	kg	—	—	1060.000	1060.000	—
	341101001	水	m^3	—	—	—	—	1.000
	801103004	素水泥浆	m^3	—	—	—	—	0.206
	350101001	木模板	m^3	—	—	0.113	0.113	—
	031509019	其他铁件	kg	—	—	48.790	11.190	—
	031101001	砂轮片（综合）	片	—	—	10.300	10.300	—
	010700004	钢绞线涂包费	kg	—	—	—	1060.000	—
	801503011	建筑脂（无粘结预应力）	kg	—	—	—	2.100	—
	144303003	胶带纸	卷	—	—	—	10.260	—
机械	990610010	灰浆搅拌机 200L	台班	—	—	—	—	0.188
	990612010	挤压式灰浆输送泵 $3m^3/h$	台班	—	—	—	—	0.188

工作内容：锚具安放、钢绞线张拉；无粘结预应力钢绞线端头封闭。　　**计量单位：**见表

编号				1-5-74	1-5-75	1-5-76
项目				后张法预应力有粘结和无粘结钢绞线张拉		无粘结预应力钢绞线
				单端张拉	双端张拉	端头封闭
单位				100 根		100 个
名称			单位	消耗量		
人工	000205000	综合二类工	工日	19.206	24.008	8.536
材料	030907008	工具锚	套	0.200	0.200	—
	030907001	锚具（综合）	套	204.000	204.000	—
	350121001	穴模 后张法用	套	204.000	204.000	—
	130905001	白铝粉	kg	—	—	4.900
	800905002	环氧砂浆 1：0.07：2：4	m^3	—	—	0.003
	050401006	板枋材 杉木	m^3	—	—	0.044
	802101003	混凝土 C20	m^3	—	—	0.200
机械	990811010	高压油泵 50MPa	台班	5.000	6.250	—
	990705010	预应力钢筋拉伸机 650kN	台班	5.000	6.250	—

工作内容：钢筋装车、运输、卸车；垂直运输。　　**计量单位：**10t

编号				1-5-77	1-5-78	1-5-79	1-5-80
项目				加工钢筋运输			
				水平运输			垂直运输
				场外运距		场内运距	
				1km	每增 1km	500m 内 每增 50m	
名称			单位	消耗量			
人工	000205000	综合二类工	工日	1.904	—	0.214	2.135
机械	990401025	载重汽车 6t	台班	0.490	0.063	—	—
	990304012	汽车式起重机 12t	台班	—	—	—	0.688

工作内容：吊运入槽、校正对接、就位固定。　　**计量单位：**10t

编号				1-5-81
项目				现浇灌注桩钢筋笼安放
名称			单位	消耗量
人工	000205000	综合二类工	工日	4.825
机械	990304012	汽车式起重机 12t	台班	1.333

四、补 充 项 目

1. 现浇混凝土快拆体系模板

工作内容：箱型模板制作、安装、涂脱模剂、运输、模板拆除、修理、整堆等。　　**计量单位：**10m^2

编　号				1-5-82	1-5-83	1-5-84
项　目				快拆底板	快拆侧墙	快拆顶板
				现浇混凝土		
				模板		
名　称			单位	消　耗　量		
人工	000205000	综合二类工	工日	1.384	1.483	2.100
材料	350209001	钢模板连接件	kg	0.800	1.200	1.900
	330127004	钢支撑	kg	—	7.100	2.100
	350219002	零星卡具	kg	1.000	1.100	1.200
	031509002	铁件	kg	0.700	1.600	1.000
	143557001	脱模剂	kg	1.000	1.000	1.000
	170901001	方钢管 25×25×2.5	m	11.988	21.872	17.430
	012900017	钢板 δ4.5～7	kg	3.250	6.490	6.490
	050401003	板枋材	m^3	0.033	0.040	0.209
机械	990301020	履带式电动起重机 5t	台班	0.079	0.099	0.100
	990109010	挖掘装载机 0.3m^3	台班	—	0.040	—
	990512020	平台作业升降车 16m	台班	—	0.060	0.080
	990305040	叉式起重机 10t	台班	0.100	0.050	0.070
	990304028	汽车式起重机 30t	台班	0.110	0.100	0.120
	990799030	激光切割机 6000W	台班	0.020	0.020	0.020
	990403025	平板拖车组 30t	台班	0.100	0.120	0.150

第六章

门 窗 工 程

第六篇

[illegible]

说　明

一、本章包括铝合金门、塑钢门、彩钢板门、钢质防火、防盗门、特种门、其他门、铝合金窗、塑钢窗、彩钢板窗、防盗窗和配件等项目。

二、门、窗：

1. 金属门连窗，门、窗应分别执行相应项目。

2. 彩板钢窗附框安装执行彩板钢门附框安装项目。

3. 射线防护门安装项目包括筒子板制作安装。

4. 全玻璃门扇安装项目按地弹门考虑，其中地弹簧消耗量可按实际调整。

5. 全玻璃门门框、横梁、立柱钢架的制作安装，按本章门钢架相应项目执行。

6. 全玻璃门有框亮子安装按全玻璃有框门扇安装项目执行，人工乘以系数 0.75，地弹簧换为膨胀螺栓，消耗量调整为 277.55 个/100m^2；无框亮子安装按固定玻璃安装项目执行。

7. 卷帘（闸）项目是按卷帘侧装（即安装在洞口内侧或外侧）考虑的，当设计为中装（即安装在洞口中）时，按相应项目执行，其中人工乘以系数 1.10。

8. 卷帘（闸）项目是按不带活动小门考虑的，当设计为带活动小门时，按相应项目执行，其中人工乘以系数 1.07，材料调整为带活动小门金属卷帘（闸）。

9. 防火卷帘（闸）（无机布基防火卷帘除外）按镀锌钢板卷帘（闸）项目执行，并将材料中的镀锌钢板卷帘换为相应的防火卷帘。

10. 电子感应自动门传感装置、金属卷帘（闸）电动装置安装已包括调试用工。

三、五金配件：

1. 成品金属门窗、特种门、其他门安装项目包括普通五金配件安装人工，普通五金材料费包括在成品门窗价格中。

2. 成品全玻璃门扇安装项目中仅包括地弹簧安装的人工和材料费，设计要求的其他五金按配件相应项目另计。

工程量计算规则

一、铝合金门窗、塑钢门窗均按设计图示门、窗洞口面积计算。

二、门连窗按设计图示洞口面积分别计算门、窗面积，其中窗的宽度算至门框的外边线。

三、封闭窗安装按设计图示框型材外边线尺寸以展开面积计算。

四、钢质防火门、防盗门按设计图示门洞口面积计算。

五、防盗窗按设计图示窗框外围面积计算。

六、彩板钢门窗按设计图示门、窗洞口面积计算。彩板钢门窗附框按框中心线长度计算。

七、特种门按设计图示门洞口面积计算。

八、全玻有框门扇按设计图示扇边框外边线尺寸以扇面积计算。

九、全玻无框（条夹）门扇按设计图示扇面积计算，高度算至条夹外边线、宽度算至玻璃外边线。

十、全玻无框（点夹）门扇按设计图示玻璃外边线尺寸以扇面积计算。

十一、门钢架按设计图示尺寸以质量计算。

十二、无框亮子按设计图示门框与横梁或立柱内边缘尺寸玻璃面积计算。传感装置按设计图示套数计算。

十三、金属卷帘（闸）按设计图示卷帘门宽度乘以卷帘门高度（包括卷帘箱高度）以面积计算。

十四、电动装置安装按设计图示套数计算。

一、铝 合 金 门

工作内容：开箱、解捆、定位、划线、吊正、找平、安装、框周边塞缝等。　　　　**计量单位：**$100m^2$

编号				1-6-1	1-6-2
项目				隔热断桥铝合金门安装	
				推拉	平开
名称			单位	消耗量	
人工	000205000	综合二类工	工日	29.535	33.120
材料	110903009	铝合金推拉门	m^2	96.980	—
	110903008	铝合金平开门	m^2	—	96.040
	341103001	电	kW · h	7.000	7.000
	133503007	硅酮耐候密封胶	kg	66.706	86.029
	133503011	聚氨酯发泡密封胶 750mL 支	支	99.840	123.084
	030355007	铝合金门窗配件 固定连接铁件（地脚） 3 × 30 × 300（mm）	个	445.913	575.453
	030107056	塑料膨胀螺栓	套	445.913	575.453
	850103006	其他材料费（占材料费）	%	0.200	0.200

二、塑钢、彩钢板门

工作内容：开箱、解捆、定位、划线、吊正、找平、安装、框周边塞缝；校正框扇、安装玻璃、装配五金、焊接、框周边塞缝等。

计量单位：见表

编号				1-6-3	1-6-4	1-6-5	1-6-6
项目				塑钢成品门安装		彩板钢门安装	
				推拉	平开	附框	门
单位				$100m^2$		100m	$100m^2$
名称			单位	消耗量			
人工	000205000	综合二类工	工日	20.543	24.844	3.548	25.913
材料	111101009	塑钢推拉门	m^2	96.980	—	—	—
	111101008	塑钢平开门	m^2	—	96.040	—	—
	110501001	彩钢板门	m^2	—	—	—	94.560
	341103001	电	kW · h	7.000	7.000	—	—
	133503007	硅酮耐候密封胶	kg	66.706	86.029	—	—
	133503011	聚氨酯发泡密封胶 750ml/支	支	116.262	143.322	—	—
	030355007	铝合金门窗配件 固定连接铁件（地脚） 3 × 30 × 300（mm）	个	445.913	575.453	203.000	—
	030107056	塑料膨胀螺栓	套	445.913	575.453	—	—
	031301008	低碳钢焊条 J422（综合）	kg	—	—	1.850	—
	030103047	镀锌自攻螺钉 ST5 × 16	个	—	—	4.100	510.000
	030355006	附框	m	—	—	103.000	—
	133501008	密封油膏	kg	—	—	8.900	44.900
	021905001	塑料盖	个	—	—	—	510.000
	340201001	橡胶密封条	m	—	—	—	655.600
	850103006	其他材料费（占材料费）	%	0.200	0.200	—	—
机械	990901030	交流弧焊机 40kV · A	台班	—	—	0.080	—

三、钢质防火、防盗门

工作内容：门洞修整、防火门安装、框周边塞缝；打眼剔洞，框扇、防盗门安装校正、焊接，框周边塞缝。

计量单位：100m²

编　号				1-6-7	1-6-8
项　目				钢质防火门安装	钢质防盗门安装
名　称			单位	消　耗　量	
人工	000205000	综合二类工	工日	31.500	31.500
材料	110203001	钢质防火门	m^2	98.250	—
	112327003	钢制防盗门	m^2	—	97.810
	341103001	电	kW · h	11.450	11.450
	800100006	水泥砂浆　1：3	m^3	1.351	0.260
	031301008	低碳钢焊条 J422（综合）	kg	—	9.690
	031509001	铁件（综合）	kg	—	95.779
	850103006	其他材料费（占材料费）	%	0.100	0.100
机械	990901010	交流弧焊机 21kV · A	台班	—	0.410

四、特种门

工作内容：门安装、五金安装等。　　　　**计量单位：**100m²

编号				1-6-9	1-6-10	1-6-11	1-6-12	1-6-13
项目				保温门安装	变电室门安装	射线防护门安装	人防门安装	
							钢筋混凝土防护密闭门	钢结构防护密闭门
名称			单位	消耗量				
人工	000205000	综合二类工	工日	71.250	85.280	32.475	35.723	37.346
材料	112301001	保温门	m^2	100.000	—	—	—	—
	112303001	变电室门	m^2	—	100.000	—	—	—
	112331001	防射线门	m^2	—	—	100.000	—	—
	112333003	钢筋混凝土防护密闭门	m^2	—	—	—	100.000	—
	112333002	钢结构防护密闭门	m^2	—	—	—	—	100.000
	031301008	低碳钢焊条 J422（综合）	kg	25.500	85.600	31.100	31.100	31.100
	031509001	铁件（综合）	kg	105.000	124.700	98.800	98.800	98.800
	031509022	预埋铁件	kg	—	—	124.700	124.700	124.700
	850103006	其他材料费（占材料费）	%	1.500	1.500	1.500	1.500	1.500
机械	990901010	交流弧焊机 21kV·A	台班	1.070	3.610	1.310	1.310	1.310

五、其　他　门

工作内容：定位，安装地弹簧、门扇（玻璃），校正等。　　**计量单位：**100m²

编　号				1-6-14	1-6-15	1-6-16	1-6-17
项　目				全玻璃门扇安装			固定玻璃安装
				有框门扇	无框（条夹）门扇	无框（点夹）门扇	
名　称			单位	消　耗　量			
人工	000205000	综合二类工	工日	41.560	41.560	43.750	18.450
材料	113501004	全玻有框门扇	m^2	100.000	—	—	—
	113501003	全玻无框　（条夹）门扇	m^2	—	100.000	—	—
	113501002	全玻无框　（点夹）门扇	m^2	—	—	100.000	—
	060500002	钢化玻璃 δ12	m^2	—	—	—	123.900
	030312001	地弹簧	套	45.804	45.804	45.804	—
	800100003	水泥砂浆　1：2	m^3	0.340	0.340	0.340	—
	850103006	其他材料费（占材料费）	%	—	—	—	0.100

工作内容：放样、划线、截料、平直、钻孔、拼装、焊接、补刷防锈漆；定位，弹线，安装（轨道、门、电动装置），调试，清理等。　　**计量单位：**见表

编　号				1-6-18	1-6-19
项　目				钢架制作、安装	电子感应自动门传感装置
单位				t	套
名　称			单位	消　耗　量	
人工	000205000	综合二类工	工日	15.540	1.875
材料	031301008	低碳钢焊条 J422（综合）	kg	27.485	0.500
	031507014	镀锌铁丝 ϕ1.6～1.2	kg	0.011	—
	130505010	红丹防锈漆	kg	6.780	—
	012101006	角钢 50	t	1.080	0.004
	050301002	木材（成材）	m^3	0.013	—
	142909001	氧气	m^3	1.500	—
	142907001	乙炔气	m^3	0.870	—
	140509006	油漆溶剂油	kg	0.700	—
	030355001	不锈钢玻璃门传感装置	套	—	1.000
	030107054	金属膨胀螺栓 M8	套	—	6.120
机械	990901010	交流弧焊机 21kV·A	台班	1.160	0.020

工作内容：支架、导槽、附件安装，卷帘、门锁（电动装置）安装、试开关等。　　　　**计量单位：**见表

编号				1-6-20	1-6-21	1-6-22	1-6-23	1-6-24
项目				卷帘（闸）				卷帘（闸）电动装置
				镀锌钢板	铝合金	彩钢板	不锈钢	
单位				100m²				套
名称			单位	消耗量				
人工	000205000	综合二类工	工日	44.925	49.500	49.500	49.950	2.250
材料	112501001	镀锌钢板卷帘	m²	100.000	—	—	—	—
	112505001	铝合金卷帘	m²	—	100.000	—	—	—
	112507001	彩钢卷帘	m²	—	—	100.000	—	—
	112503001	不锈钢卷帘	m²	—	—	—	100.000	—
	030327001	电动装置	套	—	—	—	—	1.000
	031301008	低碳钢焊条 J422（综合）	kg	5.100	9.500	9.500	—	3.200
	030107042	膨胀螺栓 M12×100	套	530.002	530.002	530.002	530.002	—
	031509001	铁件（综合）	kg	28.799	28.799	28.799	28.799	—
	031301001	不锈钢焊条（综合）	kg	—	—	—	5.712	—
机械	990901010	交流弧焊机 21kV·A	台班	0.210	0.400	0.400	0.240	0.130

六、铝合金窗

工作内容：开箱、解捆、定位、划线、吊正、找平、安装、框周边塞缝等。 **计量单位：**100m²

编号				1-6-25	1-6-26	1-6-27	1-6-28
项目				隔热断桥铝合金			
				普通窗安装			封闭窗安装
				推拉	平开	内平开下悬	
名称			单位	消耗量			
人工	000205000	综合二类工	工日	18.036	22.482	28.019	28.277
材料	110903007	铝合金推拉窗	m^2	95.430	—	—	—
	110903005	铝合金平开窗	m^2	—	94.590	—	—
	110903006	铝合金内平开下悬窗	m^2	—	—	94.590	—
	110903004	铝合金封闭窗	m^2	—	—	—	100.000
	341103001	电	kW · h	7.000	7.000	7.000	7.000
	133503007	硅酮耐候密封胶	kg	98.717	102.242	102.242	65.863
	133503011	聚氨酯发泡密封胶 750ml/支	支	142.719	151.372	151.372	98.894
	030355007	铝合金门窗配件 固定连接铁件（地脚） 3 × 30 × 300（mm）	个	552.642	714.555	714.555	452.662
	030107056	塑料膨胀螺栓	套	558.113	721.630	721.630	457.144
	850103006	其他材料费（占材料费）	%	0.200	0.200	0.200	0.200

工作内容：开箱、解捆、定位、划线、吊正、找平、安装、框周边塞缝等。　　**计量单位：**100m²

编号				1-6-29	1-6-30
项目				铝合金	
				固定窗安装	百叶窗安装
名称			单位	消耗量	
人工	000205000	综合二类工	工日	16.801	16.801
材料	110901002	铝合金固定窗	m²	92.540	—
	110901001	铝合金百叶窗	m²	—	92.540
	341103001	电	kW·h	7.000	7.000
	133503007	硅酮耐候密封胶	kg	150.896	150.896
	133503011	聚氨酯发泡密封胶 750ml/支	支	222.976	222.976
	030355007	铝合金门窗配件 固定连接铁件（地脚） 3×30×300（mm）	个	552.642	552.642
	030107056	塑料膨胀螺栓	套	558.113	558.113
	850103006	其他材料费（占材料费）	%	0.200	0.200

七、塑 钢 窗

工作内容：开箱、解捆、定位、划线、吊正、找平、安装、框周边塞缝等。　　**计量单位：**100m²

编号				1-6-31	1-6-32	1-6-33
项目				塑钢成品窗安装		
				推拉	平开	内平开下悬
名称			单位	消耗量		
人工	000205000	综合二类工	工日	14.872	18.450	22.871
材料	111101006	塑钢推拉窗（含 5mm 玻璃）	m²	94.530	—	—
	111101005	塑钢平开窗（含 5mm 玻璃）	m²	—	94.590	—
	111101003	塑钢内平开下悬窗（含 5mm 玻璃）	m²	—	—	94.590
	133503007	硅酮耐候密封胶	kg	98.717	102.242	102.242
	133503011	聚氨酯发泡密封胶 750ml/支	支	142.719	151.372	151.372
	030355007	铝合金门窗配件 固定连接铁件（地脚） 3×30×300（mm）	个	580.124	714.555	714.555
	030107056	塑料膨胀螺栓	套	585.868	721.630	721.630
	341103001	电	kW·h	7.000	7.000	7.000
	850103006	其他材料费（占材料费）	%	0.200	0.200	0.200

八、彩钢板窗、防盗窗

工作内容： 打眼剔洞，防盗窗框扇安装校正，焊接，框周边塞缝；校正彩板钢窗框扇，安装玻璃，装配五金，焊接，框周边塞缝等。

计量单位： $100m^2$

编　号				1-6-34	1-6-35	1-6-36
项　目				圆钢防盗格栅窗安装	不锈钢防盗格栅窗安装	彩板钢窗安装
名　称			单位	消　耗　量		
人工	000205000	综合二类工	工日	18.750	17.325	26.190
材料	112327002	圆钢防盗格栅窗	m^2	100.000	—	—
	112327001	不锈钢防盗格栅窗	m^2	—	100.000	—
	110511001	彩钢板窗	m^2	—	—	94.800
	030107030	膨胀螺栓 M6×75	套	315.068	811.920	662.000
	031301008	低碳钢焊条 J422（综合）	kg	9.690	—	—
	031509001	铁件（综合）	kg	68.020	—	—
	341103001	电	kW·h	—	7.000	—
	133501008	密封油膏	kg	—	—	43.970
	050301002	木材（成材）	m^3	—	—	0.026
	021905001	塑料盖	个	—	—	662.000
	340201001	橡胶密封条	m	—	—	680.000
	850103006	其他材料费（占材料费）	%	0.100	0.100	0.100
机械	990901010	交流弧焊机 21kV·A	台班	0.410	—	—

九、配　　件

工作内容：定位、安装、调校、清扫等。　　计量单位：10个

编　号				1-6-37	1-6-38	1-6-39	1-6-40
项　目				执手锁	弹子锁	管子拉手	推手板
名　称			单位	消耗量			
人工	000205000	综合二类工	工日	1.804	0.710	0.500	0.500
材料	030305007	执手锁	把	10.100	—	—	—
	030301001	弹子锁	把	—	10.100	—	—
	030305003	管子拉手	把	—	—	10.100	—
	030355014	推手板	把	—	—	—	10.100

工作内容：定位、安装、调校、清扫等。　　计量单位：10个

编　号				1-6-41	1-6-42	1-6-43	1-6-44	1-6-45
项　目				自由门		铁搭扣	底板拉手	门吸
				弹簧合页	地弹簧			
名　称			单位	消耗量				
人工	000205000	综合二类工	工日	1.140	5.980	0.150	0.620	1.000
材料	030309007	弹簧合页	副	10.100	—	—	—	—
	030312001	地弹簧	套	—	10.100	—	—	—
	350203007	铁塔扣	个	—	—	10.100	—	—
	030305002	底板拉手	个	—	—	—	10.100	—
	030319001	门磁吸	只	—	—	—	—	10.100

工作内容：定位、安装、调校、清扫等。　　计量单位：见表

编　号				1-6-46	1-6-47	1-6-48	1-6-49	1-6-50
项　目				吊装滑动门轨	地锁	门扎头	防盗门扣	门眼猫眼
单位				m	10个			
名　称			单位	消耗量				
人工	000205000	综合二类工	工日	0.043	1.350	0.250	0.415	0.415
材料	030313005	吊装滑动门轨	m	1.010	—	—	—	—
	031515001	地锁	把	—	10.100	—	—	—
	030339001	门轧头	只	—	—	10.100	—	—
	030333001	防盗门扣	副	—	—	—	10.100	—
	030329001	门猫眼	套	—	—	—	—	10.100

工作内容：定位、安装、调校、清扫等。　　　　**计量单位：**10 个

编号				1-6-51	1-6-52	1-6-53	1-6-54	1-6-55
项目				高档门拉手	电子锁（磁下锁）	闭门器		顺位器
						明装	暗装	
名称			单位	消耗量				
人工	000205000	综合二类工	工日	1.250	3.672	1.458	3.672	1.458
材料	030305004	高档门拉手	副	10.100	—	—	—	—
	030302001	电子锁	把	—	10.100	—	—	—
	030311001	闭门器	套	—	—	10.100	10.100	—
	030337001	顺位器	套	—	—	—	—	10.100

第七章

防水工程

说 明

一、本章包括卷材防水、涂料防水、板材防水、刚性防水和变形缝与止水带等项目。

二、细石混凝土防水层，使用钢筋网片时，执行本册第五章“混凝土及钢筋混凝土工程”相应项目。

三、防水卷材、防水涂料及防水砂浆，项目以平面和立面列项，实际施工桩头、地沟、零星部位时，人工乘以系数 1.43。

四、卷材防水附加层套用卷材防水相应项目，人工乘以系数 1.43。

五、立面是以直形为依据编制的。

六、冷粘法以满铺为依据编制的，点、条铺粘者按相应项目的人工乘以系数 0.91，粘合剂乘以系数 0.70。

七、变形缝与止水带：

1. 变形缝嵌填缝项目中，建筑油膏、聚氯乙烯胶泥设计断面取定为 30mm × 20mm；油浸木丝板取定为 150mm × 25mm；其他填料取定为 150mm × 30mm。

2. 变形缝盖板，木板盖板断面取定为 200mm × 25mm；铝合金盖板厚度取定为 1mm；不锈钢板厚度取定为 1mm。

3. 钢板（紫铜板）止水带展开宽度为 400mm，氯丁胶宽度为 300mm，涂刷式氯丁胶贴玻璃纤维止水宽度为 350mm。

工程量计算规则

一、墙的立面防水、防潮层按设计图示尺寸以面积计算。

二、基础底板的防水、防潮层按设计图示尺寸以面积计算，不扣除桩头所占面积。桩头处外包防水按桩头投影外扩 300mm 以面积计算，地沟处防水按展开面积计算，均计入平面工程量，执行相应规定。

三、墙面、基础底板等，其防水搭接、拼缝、压边、留槎用量已综合考虑，不另行计算，卷材防水附加层按设计铺贴尺寸以面积计算。

四、变形缝（嵌填缝与盖板）与止水带按设计图示尺寸，以长度计算。

一、卷材防水

工作内容： 清理基层，刷基底处理剂，收头钉压条等。　　**计量单位：** 100m²

编号				1-7-1	1-7-2	1-7-3	1-7-4
项目				改性沥青卷材			
				热熔法一层		热熔法每增一层	
				平面	立面	平面	立面
名称			单位	消耗量			
人工	000205000	综合二类工	工日	2.445	4.244	2.097	3.644
材料	133303001	SBS 改性沥青防水卷材	m²	115.635	115.635	115.635	115.635
	133503001	SBS 弹性沥青防水胶	kg	28.920	28.920	—	—
	133517003	改性沥青嵌缝油膏	kg	5.977	5.977	5.165	5.165
	143183002	液化石油气	kg	26.992	26.992	30.128	30.128

工作内容： 清理基层，刷基底处理剂，收头钉压条等。　　**计量单位：** 100m²

编号				1-7-5	1-7-6	1-7-7	1-7-8
项目				改性沥青卷材			
				冷粘法一层		冷粘法每增一层	
				平面	立面	平面	立面
名称			单位	消耗量			
人工	000205000	综合二类工	工日	2.232	4.152	1.917	3.321
材料	133303001	SBS 改性沥青防水卷材	m²	115.635	115.635	115.635	115.635
	133503001	SBS 弹性沥青防水胶	kg	28.920	28.920	—	—
	133517003	改性沥青嵌缝油膏	kg	5.977	5.977	5.165	5.165
	144105003	聚丁胶粘合剂	kg	53.743	53.743	59.987	59.987

工作内容：清理基层，刷基底处理剂，收头钉压条等。 **计量单位：**100m²

编号				1-7-9	1-7-10	1-7-11	1-7-12	1-7-13
项目				高聚物改性沥青自粘卷材				耐根穿刺复合铜胎基改性沥青卷材
				自粘法一层		自粘法每增一层		
				平面	立面	平面	立面	
名称			单位	消耗量				
人工	000205000	综合二类工	工日	2.032	3.537	1.741	3.033	2.770
材料	133303003	高聚物改性沥青自粘卷材	m²	115.635	115.635	115.635	115.635	—
	133303002	复合铜胎基 SBS 改性沥青卷材	m²	—	—	—	—	115.635
	133503001	SBS 弹性沥青防水胶	kg	—	—	—	—	28.920
	133517003	改性沥青嵌缝油膏	kg	—	—	—	—	5.977
	143183002	液化石油气	kg	—	—	—	—	26.992
	140507002	冷底子油 30：70	kg	48.480	48.480	—	—	—

工作内容：清理基层，刷基底处理剂，收头钉压条等。 **计量单位：**100m²

编号				1-7-14	1-7-15	1-7-16	1-7-17
项目				聚氯乙烯卷材			
				冷粘法一层		冷粘法每增一层	
				平面	立面	平面	立面
名称			单位	消耗量			
人工	000205000	综合二类工	工日	3.099	5.133	2.485	4.112
材料	133311003	聚氯乙烯防水卷材	m²	115.635	115.635	115.635	115.635
	144135005	FL-15 胶粘剂	kg	117.100	117.100	117.100	117.100

工作内容：清理基层，刷基底处理剂，收头钉压条等。　　**计量单位：**100m²

编号				1-7-18	1-7-19	1-7-20	1-7-21
项目				聚氯乙烯卷材			
				热风焊接法一层		热风焊接法每增一层	
				平面	立面	平面	立面
名称			单位	消耗量			
人工	000205000	综合二类工	工日	3.422	5.686	2.739	4.551
材料	133311003	聚氯乙烯防水卷材	m²	115.635	115.635	115.635	115.635
	341103001	电	kW·h	20.000	20.000	20.000	20.000
	133503002	防水密封胶	支	15.000	15.000	15.000	15.000
	031305001	焊剂	kg	1.500	1.500	1.500	1.500
	031303013	焊丝 ϕ3.2	kg	8.500	8.500	8.500	8.500
	020901003	聚氯乙烯薄膜	m²	12.500	12.500	12.500	12.500
	031501003	水泥钉	kg	0.060	0.060	0.060	0.060
	144135022	粘合剂	kg	20.650	20.650	20.650	20.650

工作内容：清理基层，刷基底处理剂，收头钉压条等。　　**计量单位：**100m²

编号				1-7-22	1-7-23	1-7-24	1-7-25
项目				高分子自粘胶膜卷材			
				自粘法一层		自粘法每增一层	
				平面	立面	平面	立面
名称			单位	消耗量			
人工	000205000	综合二类工	工日	2.811	4.659	2.244	3.722
材料	133309001	高分子自粘胶膜卷材	m²	115.635	115.635	115.635	115.635
	140507002	冷底子油 30：70	kg	48.480	48.480	—	—

二、涂料防水

工作内容：清理基层，调配及涂刷涂料。 **计量单位：**100m²

编号				1-7-26	1-7-27	1-7-28	1-7-29
项目				聚合物复合改性沥青防水涂料			
				2mm 厚		每增减 0.5mm 厚	
				平面	立面	平面	立面
名称			单位	消耗量			
人工	000205000	综合二类工	工日	2.576	4.124	0.643	1.033
材料	133307001	聚合物复合改性沥青防水涂料	kg	231.000	249.480	52.500	56.700

工作内容：清理基层，调配涂料，粘贴纤维布，刷涂料（最后两遍掺水泥作保护层）。 **计量单位：**100m²

编号				1-7-30	1-7-31	1-7-32	1-7-33
项目				水乳型普通乳化沥青涂料			
				二布三涂		每增减一布一涂	
				平面	立面	平面	立面
名称			单位	消耗量			
人工	000205000	综合二类工	工日	5.693	8.867	1.658	2.438
材料	133103002	乳化沥青	kg	260.000	280.800	104.000	112.320
	092705008	聚酯布 100g/m²	m²	228.300	228.300	114.150	114.150
	040100006	水泥 42.5	kg	13.770	13.770	—	—

工作内容：清理基层，调配涂料，粘贴纤维布，刷涂料（最后两遍掺水泥作保护层）。 **计量单位：**100m²

编号				1-7-34	1-7-35	1-7-36	1-7-37
项目				溶剂型再生胶沥青涂料			
				二布三涂		每增减一布一涂	
				平面	立面	平面	立面
名称			单位	消耗量			
人工	000205000	综合二类工	工日	5.766	8.941	1.680	2.459
材料	133103003	再生胶沥青（溶剂型）	kg	312.000	336.960	156.000	168.480
	092705008	聚酯布 100g/m²	m²	228.300	228.300	114.150	114.150
	040100006	水泥 42.5	kg	20.400	20.400	—	—

工作内容：清理基层，调配及涂刷涂料。　　　　**计量单位**：100m²

编　　号				1-7-38	1-7-39	1-7-40	1-7-41
项　　目				聚氨酯防水涂膜			
				2mm 厚		每增减 0.5mm 厚	
				平面	立面	平面	立面
名　　称			单位	消　耗　量			
人工	000205000	综合二类工	工日	3.039	4.610	0.762	1.155
材料	143321001	二甲苯	kg	12.600	12.600	4.850	4.850
	130502008	聚氨酯甲乙料	kg	270.680	298.130	71.080	76.770

工作内容：清理基层，调配及涂刷涂料。　　　　**计量单位**：100m²

编　　号				1-7-42	1-7-43	1-7-44	1-7-45
项　　目				聚合物水泥防水涂料			
				1.0mm 厚		每增减 0.5mm 厚	
				平面	立面	平面	立面
名　　称			单位	消　耗　量			
人工	000205000	综合二类工	工日	2.100	2.730	0.840	1.050
材料	130502002	防水涂料 JS	kg	220.500	237.384	94.500	102.060
	341101001	水	m³	0.047	0.047	0.005	0.005

工作内容：清理基层，调配及涂刷涂料。　　　　**计量单位**：100m²

编　　号				1-7-46	1-7-47	1-7-48	1-7-49
项　　目				水泥基渗透结晶型防水涂料			
				1.0mm 厚		每增减 0.5mm 厚	
				平面	立面	平面	立面
名　　称			单位	消　耗　量			
人工	000205000	综合二类工	工日	2.205	2.730	0.840	1.050
材料	130502010	水泥基渗透结晶防水涂料	kg	137.000	147.960	42.000	45.360
	341101001	水	m³	0.038	0.038	0.013	0.013

三、板材防水

工作内容：基层清理，铺设防水层，收口，压条等。 **计量单位：**100m²

编　号				1-7-50
项　目				塑料防水板
名　称			单位	消　耗　量
人工	000205000	综合二类工	工日	0.945
材料	144305001	不干胶纸	m^2	5.000
	144135018	强力胶	kg	12.000
	021107002	塑料防水板	m^2	107.000
	023101003	无纺土工布	m^2	106.000

四、刚性防水

工作内容：清理基层、调制砂浆、铺混凝土或砂浆，压实、抹光。 **计量单位：**100m²

编　号				1-7-51	1-7-52	1-7-53	1-7-54
项　目				细石混凝土		水泥砂浆二次抹压	
				厚 40mm	每增减 10mm	厚 20mm	每增减 10mm
名　称			单位	消　耗　量			
人工	000205000	综合二类工	工日	9.922	1.557	9.072	1.557
材料	802101019	预拌细石混凝土 C20	m^3	4.040	1.010	—	—
	800609001	干混地面砂浆 DS M15	m^3	—	—	2.050	1.025
	350101001	木模板	m^3	0.069	0.010	0.040	0.010
	341101001	水	m^3	9.640	0.200	1.127	0.300
机械	990610010	灰浆搅拌机 200L	台班	—	—	0.320	0.130

工作内容：清理基层，调配砂浆，抹水泥砂浆。 **计量单位**：$100m^2$

编号				1-7-55	1-7-56	1-7-57	1-7-58
项目				防水砂浆			
				掺防水粉		掺防水剂	
				20mm 厚	每增减 10mm	20mm 厚	每增减 10mm
名称			单位	消耗量			
人工	000205000	综合二类工	工日	8.568	1.557	8.574	1.557
材料	800609001	干混地面砂浆 DS M15	m^3	2.050	1.025	2.050	1.025
	133507001	防水粉	kg	66.300	33.150	—	—
	801103004	素水泥浆	m^3	0.100	—	0.100	—
	133505001	防水剂	kg	—	—	132.600	66.300
机械	990610010	灰浆搅拌机 200L	台班	0.350	0.130	0.350	0.130

工作内容：清理基层，调配砂浆，抹水泥砂浆。 **计量单位**：$100m^2$

编号				1-7-59	1-7-60	1-7-61	1-7-62
项目				聚合物水泥防水砂浆		防水砂浆五层做法	
				10mm 厚	每增减 5mm	平面	立面
名称			单位	消耗量			
人工	000205000	综合二类工	工日	5.145	2.058	13.317	17.727
材料	800609001	干混地面砂浆 DS M15	m^3	1.025	0.513	1.025	1.025
	130502009	聚合物胶乳	kg	80.800	40.400	—	—
	341101001	水	m^3	—	—	3.800	3.800
	801103004	素水泥浆	m^3	—	—	0.615	0.615
机械	990610010	灰浆搅拌机 200L	台班	0.130	0.070	0.270	0.270

工作内容：清理基层，细石混凝土面做分格缝，灌缝膏。 **计量单位**：100m

编号				1-7-63	1-7-64	1-7-65
项目				分隔缝		
				细石混凝土面 40mm 厚	水泥砂浆面层 20mm 厚	厚度每增减 10mm
名称			单位	消耗量		
人工	000205000	综合二类工	工日	5.355	4.515	1.071
材料	133501006	建筑油膏	kg	67.320	33.660	15.300

五、变形缝与止水带

工作内容：熬沥青，调制沥青麻丝，填塞，嵌缝；调制石油沥青玛琋脂（建筑油膏），填塞，嵌缝。

计量单位：100m

编号				1-7-66	1-7-67	1-7-68	1-7-69	1-7-70
项目				油浸麻丝		沥青玛琋脂嵌缝	建筑油膏	
				平面	立面		平面	立面
名称			单位	消耗量				
人工	000205000	综合二类工	工日	7.052	10.549	6.269	3.721	5.296
材料	133101003	石油沥青 10#	kg	214.200	214.200	—	—	—
	142119002	石油沥青玛琋脂	m^3	—	—	0.473	—	—
	133501006	建筑油膏	kg	—	—	—	86.940	86.940
	022907001	麻丝	kg	55.080	55.080	—	—	—
机械	991273010	沥青熔化炉 XLL-0.5t	台班	0.052	0.052	0.105	0.014	0.014

工作内容：调制沥青砂浆，填塞，嵌缝；熬沥青，油浸木丝板（泡沫塑料）填塞，嵌缝。 **计量单位：**100m

编号				1-7-71	1-7-72	1-7-73	1-7-74	1-7-75
项目				沥青砂浆		油浸木丝板	泡沫塑料填塞	
				平面	立面		平面	立面
名称			单位	消耗量				
人工	000205000	综合二类工	工日	5.279	6.203	5.264	3.302	5.265
材料	800903002	石油沥青砂浆 1：2：7	m^3	0.473	0.473	—	—	—
	051703002	木丝板 δ25	m^2	—	—	15.525	—	—
	133101003	石油沥青 10#	kg	—	—	161.700	—	—
	133101005	石油沥青 30#	kg	—	—	—	19.000	19.000
	151301003	聚苯乙烯泡沫板（综合）	m^3	—	—	—	0.600	0.600
机械	991273010	沥青熔化炉 XLL-0.5t	台班	0.105	0.105	0.033	0.004	0.004

工作内容：制作盖板，埋木砖，铺设，钉盖板。　　　　**计量单位**：100m

编　号				1-7-76	1-7-77	1-7-78	1-7-79
项　目				木板盖板		镀锌铁皮盖板	
				平面	立面	平面	立面
名　称			单位	消　耗　量			
人工	000205000	综合二类工	工日	5.081	11.280	12.972	12.898
材料	144135003	XY-508 胶	kg	1.515	—	—	—
	050401003	板枋材	m^3	0.617	1.097	0.252	0.303
	130507001	防腐油	kg	5.949	10.565	11.171	5.313
	031501007	圆钉	kg	—	1.809	2.097	0.703
	012907004	镀锌薄钢板（综合）	m^2	—	—	60.180	51.000
	031305002	焊锡	kg	—	—	4.064	3.444
	143101001	盐酸	kg	—	—	0.861	0.735
机械	991273010	沥青熔化炉 XLL-0.5t	台班	—	—	0.010	0.080

工作内容：制作盖板，埋木砖，铺设，钉盖板。　　　　**计量单位**：100m

编　号				1-7-80	1-7-81	1-7-82	1-7-83
项　目				铝合金盖板		不锈钢盖板	
				平面	立面	平面	立面
名　称			单位	消　耗　量			
人工	000205000	综合二类工	工日	14.557	14.442	14.557	14.442
材料	050401003	板枋材	m^3	0.252	0.303	0.252	0.303
	130507001	防腐油	kg	11.171	5.313	11.171	5.313
	031305002	焊锡	kg	4.064	3.444	4.064	3.444
	090503002	铝合金方板 δ0.8	m^2	61.950	52.500	—	—
	143101001	盐酸	kg	0.861	0.735	0.861	0.735
	031501007	圆钉	kg	2.097	0.703	2.097	0.703
	012913011	不锈钢板 δ1	m^2	—	—	61.950	52.500
机械	991273010	沥青熔化炉 XLL-0.5t	台班	0.010	0.080	0.010	0.080

工作内容：清理基层，刷底胶，粘贴止水带；裁剪止水带，焊接铺设。 计量单位：100m

编号				1-7-84	1-7-85	1-7-86
项目				橡胶止水带	钢板止水带	紫铜板止水带
名称			单位	消耗量		
人工	000205000	综合二类工	工日	10.315	12.407	12.393
材料	133705005	橡胶止水带	m	105.000	—	—
	012935001	止水钢板（成品）3×400mm	m	—	105.000	—
	013503005	紫铜板 450×2	m	—	—	105.000
	143315001	丙酮	kg	3.040	—	—
	144101004	环氧树脂胶合剂	kg	3.040	—	—
	143327001	甲苯	kg	2.400	—	—
	143179001	乙二胺	kg	0.240	—	—
	031301005	低合金钢焊条 E43（综合）	kg	—	20.720	—
	031301024	铜焊条（综合）	kg	—	—	14.300
机械	990901020	交流弧焊机 32kV·A	台班	—	0.700	0.700

工作内容：清理基层，刷底胶，粘贴；止水片表面涂胶并粘粒砂。 计量单位：100m

编号				1-7-87	1-7-88	1-7-89
项目				氯丁胶粘玻璃纤维布止水（一布二涂）		氯丁橡胶片止水带
				湿基层	干基层	
名称			单位	消耗量		
人工	000205000	综合二类工	工日	4.246	4.246	3.434
材料	150702001	玻璃布（综合）	m^2	95.200	95.200	—
	142107003	环氧树脂 618#	kg	14.420	—	—
	142113001	聚酰胺 300#	kg	2.880	—	—
	144117001	氯丁胶沥青胶液	kg	116.940	135.980	60.580
	143335001	三异氰酸酯	kg	17.540	20.400	9.090
	040300002	砂粒	m^3	0.180	0.180	0.160
	040100006	水泥 42.5	kg	7.000	3.000	9.090
	143177001	乙酸乙酯	kg	15.310	15.310	23.000
	133705002	氯丁橡胶片止水带	m	—	—	105.000
	340505001	牛皮纸	m^2	—	—	5.912

六、补 充 项 目

1. 保护层及止水框

工作内容：清理基层、粘贴、铺设板材。 **计量单位：**100m²

编 号				1-7-90
项 目				聚苯乙烯-50mm 厚
名 称			单位	消 耗 量
人工	000205000	综合二类工	工日	12.000
材料	151301011	挤塑聚苯乙烯泡沫板	m^2	102.500
	040100003	水泥 32.5	kg	248.000
	144100002	胶粘剂	kg	248.000
	850103006	其他材料费（占材料费）	%	1.050

注：板厚不同时可置换，但人工、材料、机械数量不变。

工作内容：清理基层，粘钉（粘贴）保温板，粘玻纤布加强，粉保护层，刮抹腻子。 **计量单位：**100m²

编 号				1-7-91
项 目				聚苯板保护层-50mm 厚
名 称			单位	消 耗 量
人工	000205000	综合二类工	工日	10.000
材料	151301011	挤塑聚苯乙烯泡沫板	m^2	101.000
	801502001	粘结用石膏胶泥	m^3	0.200
	801105004	石膏砂浆 1：2	m^3	1.020
	130101001	耐水腻子	m^3	0.310
	092701001	玻璃纤维布（综合）	m^2	268.290
	030103074	工程塑料膨胀钉加自攻螺丝	套	448.800
	151306001	聚乙烯泡沫条	m	43.620
	133501007	密封膏	kg	5.370
	050301009	松厚板	m^3	0.005
	341101001	水	m^3	0.620
机械	990610010	灰浆搅拌机 200L	台班	0.250

注：板厚不同可换算，人、材、机数量不变。

工作内容：成品止水框架制作、安装、运输、涂脱模剂、模板折除、修理、整堆等。 **计量单位：**100m

编号				1-7-92
项目				成品伸缩缝止水框
名称			单位	消耗量
人工	000205000	综合二类工	工日	36.932
材料	133705009	钢边止水带 CB350 × 8-30	m	101.200
	133705010	外贴式止水带 350mm	m	110.000
	010100017	钢筋 ϕ14	kg	1507.800
	012907003	镀锌钢板 400 × 1	m	212.300
	152317001	大模内置专用挤塑聚苯板	m^3	0.660
	031301011	电焊条（综合）	kg	17.760
机械	990702010	钢筋切断机 40mm	台班	1.158
	990901020	交流弧焊机 32kV · A	台班	1.637
	990305040	叉式起重机 10t	台班	1.670
	990304028	汽车式起重机 30t	台班	2.110
	990403025	平板拖车组 30t	台班	2.020

第八章

装饰工程

说　明

一、本章包括廊内地面工程、墙柱面装饰工程和顶棚工程等项目。

二、厚度 $\leqslant$ 60mm 的细石混凝土按找平层项目执行，厚度 $>$ 60mm 的按本册第五章“混凝土及钢筋混凝土工程”垫层项目执行。

三、抹灰面层：

1. 抹灰项目中砂浆配合比与设计不同者，按设计要求调整；如设计厚度与项目取定厚度不同者，按相应增减厚度项目调整。

2. 砖墙中的钢筋混凝土梁、柱侧面抹灰 $>0.5m^2$ 的并入相应墙面项目执行，$\leqslant 0.5m^2$ 的按“零星抹灰”项目执行。

3. 抹灰工程的“零星项目”适用于 $\leqslant 0.5m^2$ 的其他各种零星抹灰。

工程量计算规则

一、廊内地面找平层及整体面层按设计图示尺寸以面积计算。扣除凸出地面构筑物、设备基础、廊内铁道、地沟等所占面积，不扣除隔墙及单个面积 $\leqslant 0.3m^2$ 柱、垛及孔洞所占面积。门洞、空圈的开口部分不增加面积。

二、抹灰：

1. 内墙面、墙裙抹灰面积应扣除门窗洞口和单个面积 $> 0.3m^2$ 以上的空圈所占的面积，不扣除踢脚线、挂镜线及单个面积 $\leqslant 0.3m^2$ 的孔洞和墙与构件交接处的面积。且门窗洞口、空圈、孔洞的侧壁面积亦不增加，附墙柱的侧面抹灰应并入墙面、墙裙抹灰工程量内计算。

2. 内墙面、墙裙的长度以主墙间的图示净长计算，墙面高度按廊内地面至天棚底面净高计算，墙面抹灰面积应扣除墙裙抹灰面积，如墙面和墙裙抹灰种类相同者，工程量合并计算。

3. 外墙抹灰面积按垂直投影面积计算，应扣除门窗洞口、外墙裙（墙面和墙裙抹灰种类相同者应合并计算）和单个面积 $> 0.3m^2$ 的孔洞所占面积，不扣除单个面积 $\leqslant 0.3m^2$ 的孔洞所占面积，门窗洞门及孔洞侧壁面积亦不增加。附墙柱侧面抹灰面积应并入外墙面抹灰工程量内。

4. 柱抹灰按结构断面周长乘以抹灰高度计算。

5. 抹灰“零星项目”按设计图示尺寸以展开面积计算。

三、天棚抹灰：

按设计结构尺寸以展开面积计算天棚抹灰。不扣除间壁墙、垛、柱、检查口和管道所占的面积，带梁天棚的梁两侧抹灰面积并入顶板面积内，板式楼梯底面抹灰面积（包括踏步、休息平台以及 $\leqslant$ 500mm 宽的楼梯井）按水平投影面积乘以系数 1.15 计算，锯齿形楼梯底板抹灰面积（包括踏步、休息平台以及 $\leqslant$ 500mm 宽的楼梯井）按水平投影面积乘以系数 1.37 计算。

一、地面工程

工作内容：细石混凝土搅拌捣平、压实。　　　　**计量单位：**$100m^2$

编　号				1-8-1	1-8-2
项　目				细石混凝土地面找平层	
				30mm	每增减 1mm
名　称			单位	消　耗　量	
人工	000305000	综合三类工	工日	10.076	0.160
材料	802101019	预拌细石混凝土 C20	m^3	3.030	0.101
	341101001	水	m^3	0.400	—
机械	990602010	双锥反转出料混凝土搅拌机 200L	台班	0.510	0.017

工作内容：清理基层、调运砂浆、抹面层。　　　　**计量单位：**$100m^2$

编　号				1-8-3	1-8-4	1-8-5
项　目				水泥砂浆地面		
				混凝土或硬基层上	填充材料上	每增减 1mm
				20mm		
名　称			单位	消　耗　量		
人工	000305000	综合三类工	工日	9.507	11.446	0.235
材料	800609002	干混地面砂浆 DS M20	m^3	2.040	2.550	0.102
	341101001	水	m^3	3.600	3.600	—
机械	990611010	干混砂浆罐式搅拌机	台班	0.340	0.425	0.017

工作内容：清理基层、刷界面剂、调自流平砂浆，铺砂浆，滚压地面。　　　　**计量单位：**$100m^2$

编　号				1-8-6	1-8-7
项　目				水泥基自流平砂浆	
				面层 4mm 厚	每增减 1mm
名　称			单位	消　耗　量	
人工	000305000	综合三类工	工日	10.300	1.600
材料	800907001	水泥基自流平砂浆	m^3	0.408	0.102
	143541001	界面剂	kg	20.400	—
	341101001	水	m^3	0.136	0.034
机械	990611010	干混砂浆罐式搅拌机	台班	0.068	0.002

二、墙、柱面装饰工程

工作内容：清理基层、修补堵眼、湿润基层、调运砂浆、清扫落地灰、分层抹灰找平、面层压光（包括门窗洞口侧壁抹灰）。

计量单位：100m²

编号				1-8-8	1-8-9	1-8-10	1-8-11
项目				墙面一般抹灰			
				内墙		外墙	
				（14＋6）mm	每增减 1mm	（14＋6）mm	每增减 1mm
名称			单位	消耗量			
人工	000305000	综合三类工	工日	11.372	0.315	18.509	0.348
材料	800607001	干混抹灰砂浆 DP M10	m^3	2.320	0.116	2.320	0.116
	341101001	水	m^3	1.057	0.020	1.057	0.020
机械	990611010	干混砂浆罐式搅拌机	台班	0.386	0.019	0.386	0.019

工作内容：清理基层、修补堵眼、湿润基层、调运砂浆、清扫落地灰、分层抹灰找平、面层压光。

计量单位：100m²

编号				1-8-12	1-8-13	1-8-14	1-8-15
项目				柱（梁）面一般抹灰		打底找平	零星抹灰
				多边形、圆形柱（梁）	矩形柱（梁）	15mm 厚	一般抹灰
名称			单位	消耗量			
人工	000305000	综合三类工	工日	20.460	15.376	10.498	41.865
材料	800607001	干混抹灰砂浆 DP M10	m^3	2.260	2.260	1.680	2.260
	341101001	水	m^3	1.003	1.003	0.887	1.072
机械	990611010	干混砂浆罐式搅拌机	台班	0.347	0.347	0.277	0.377

工作内容：清扫、满刮腻子二遍、打磨、刷底漆一遍、乳胶漆二遍等。 **计量单位：**100m²

编 号				1-8-16
项 目				内墙乳胶漆
				二遍
名 称			单位	消 耗 量
人工	000305000	综合三类工	工日	8.208
材料	130111031	苯丙乳胶底漆（综合）	kg	11.620
	130303004	苯丙乳胶漆 内墙用	kg	27.810
	130101009	腻子粉（成品）	kg	204.120
	031102001	砂纸	张	10.100
	341101001	水	m^3	0.100
	140509006	油漆溶剂油	kg	1.291
	850103006	其他材料费（占材料费）	%	0.900

三、顶 棚 工 程

工作内容：清理修补基层表面、堵眼、调运砂浆、清扫落地灰、抹灰找平、罩面及压光。 **计量单位：**100m²

编 号				1-8-17	1-8-18	1-8-19
项 目				混凝土天棚		
				一次抹灰（10mm）	砂浆每增减 1mm	拉毛
名 称			单位	消 耗 量		
人工	000305000	综合三类工	工日	10.150	1.011	15.206
材料	800607001	干混抹灰砂浆 DP M10	m^3	1.130	0.113	1.695
	341101001	水	m^3	0.712	0.066	1.028
机械	990611010	干混砂浆罐式搅拌机	台班	0.188	0.017	0.283

工作内容：清扫、满刮腻子二遍、打磨、刷底漆一遍、乳胶漆二遍；增刷乳胶漆一遍等。**计量单位：**$100m^2$

编号				1-8-20	1-8-21
项目				天棚面乳胶漆	
				二遍	每增一遍
名称			单位	消耗量	
人工	000305000	综合三类工	工日	10.260	1.944
材料	130111031	苯丙乳胶底漆（综合）	kg	11.620	—
	130303004	苯丙乳胶漆 内墙用	kg	27.810	12.360
	130101009	腻子粉（成品）	kg	204.120	—
	031102001	砂纸	张	10.100	4.000
	341101001	水	m^3	0.100	0.002
	140509006	油漆溶剂油	kg	1.291	—
	850103006	其他材料费（占材料费）	%	0.900	0.900

第九章

排管工程

说 明

一、本章适用于城市地下综合管廊本体引出管的保护工程。

二、本章包括碳钢管铺设、碳素钢板卷管安装、塑料管安装、混凝土管和满包混凝土加固等项目。

三、管道沟槽的土石方执行本册第一章“土石方工程”相应项目；打拔工具桩、支撑工程、井点降水执行相应项目。

四、本节中的管道铺设工作内容除另有说明外，均包括沿沟排管、清沟底、外观检查及清扫管材。

五、本章中的管道的管节长度为综合取定。

六、本章中的管道安装不包括管件（三通、弯头、异径管）、阀门的安装。

工程量计算规则

各种管道安装工程量按设计管道中心线以长度计算，不扣除阀门及各种管件所占长度。

一、碳钢管铺设

工作内容： 切管、坡口、对口、调直、焊接、找坡、找正、安装等。　　　　**计量单位：** 10m

编　号				1-9-1	1-9-2	1-9-3	1-9-4
项　目				碳钢管铺设			
				电弧焊			
				管外径 × 壁厚（mm × mm 以内）			
				57 × 3.5	75 × 4	89 × 4	114 × 4
名　称			单位	消　耗　量			
人工	000205000	综合二类工	工日	0.554	0.710	0.843	0.926
材料	170100001	钢管（综合）	m	10.150	10.140	10.130	10.120
	031301007	低碳钢焊条（综合）	kg	0.097	0.173	0.205	0.264
	031507018	镀锌铁丝 ϕ2.8～4.0	kg	0.077	0.077	0.077	0.077
	022701002	棉纱线	kg	0.011	0.014	0.018	0.021
	031101009	尼龙砂轮片 ϕ100	片	0.014	0.021	0.025	0.034
	142909001	氧气	m^3	0.170	0.250	0.283	0.340
	142907002	乙炔气	kg	0.059	0.083	0.094	0.113
	850103006	其他材料费（占材料费）	%	1.500	1.500	1.500	1.500
机械	990919030	电焊条烘干箱 60 × 50 × 75cm^3	台班	0.006	0.010	0.011	0.014
	990785030	砂轮切割机 ϕ400	台班	0.003	0.003	0.004	0.007
	990904030	直流弧焊机 20kV · A	台班	0.060	0.097	0.113	0.144

工作内容：切管、坡口、对口、调直、焊接、找坡、找正、安装等。 计量单位：10m

编号				1-9-5	1-9-6	1-9-7	1-9-8
项目				碳钢管铺设			
				电弧焊			
				管外径×壁厚（mm×mm 以内）			
				133×4.5	159×5	219×5	219×6
名称			单位	消耗量			
人工	000205000	综合二类工	工日	1.058	1.240	1.348	1.612
材料	170100001	钢管（综合）	m	10.110	10.100	10.090	10.090
	031301007	低碳钢焊条（综合）	kg	0.423	0.538	0.776	0.919
	031507018	镀锌铁丝 ϕ2.8～4.0	kg	0.077	0.077	0.077	0.077
	022701002	棉纱线	kg	0.025	0.031	0.041	0.041
	031101009	尼龙砂轮片 ϕ100	片	0.043	0.056	0.076	0.091
	142909001	氧气	m^3	0.429	0.545	0.670	0.805
	142907002	乙炔气	kg	0.143	0.182	0.223	0.268
	012100002	角钢（综合）	kg	—	—	0.127	0.127
	850103006	其他材料费（占材料费）	%	1.500	1.500	1.500	1.500
机械	990919030	电焊条烘干箱 60×50×75cm³	台班	0.019	0.023	0.027	0.033
	990785030	砂轮切割机 ϕ400	台班	0.007	—	—	—
	990904030	直流弧焊机 20kV·A	台班	0.187	0.233	0.274	0.330
	990744010	半自动切割机 100mm	台班	—	0.050	0.071	0.071

工作内容：切管、坡口、对口、调直、焊接、找坡、找正、安装等。　　　　**计量单位：**10m

编　号				1-9-9	1-9-10	1-9-11	1-9-12
项　目				碳钢管铺设			
				电弧焊			
				管外径 × 壁厚（mm × mm 以内）			
				219 × 7	273 × 6	273 × 7	273 × 8
名　称			单位	消　耗　量			
人工	000205000	综合二类工	工日	1.744	1.834	1.884	2.000
材料	170100001	钢管（综合）	m	10.090	10.080	10.080	10.080
	031301007	低碳钢焊条（综合）	kg	1.070	1.355	1.580	1.806
	031507018	镀锌铁丝 ϕ2.8～4.0	kg	0.077	0.077	0.077	0.077
	012100002	角钢（综合）	kg	0.127	0.127	0.127	0.127
	022701002	棉纱线	kg	0.041	0.050	0.050	0.050
	031101009	尼龙砂轮片 ϕ100	片	0.106	0.116	0.120	0.136
	142909001	氧气	m^3	0.990	1.085	1.114	1.202
	142907002	乙炔气	kg	0.330	0.362	0.371	0.401
	850103006	其他材料费（占材料费）	%	1.500	1.500	1.500	1.500
机械	990744010	半自动切割机 100mm	台班	0.071	0.100	0.100	0.100
	990919030	电焊条烘干箱 60 × 50 × 75cm^3	台班	0.038	0.040	0.041	0.047
	990904030	直流弧焊机 20kV · A	台班	0.380	0.398	0.407	0.466

工作内容：切管、坡口、对口、调直、焊接、找坡、找正、安装等。 **计量单位：**10m

编号				1-9-13	1-9-14	1-9-15	1-9-16
项目				碳钢管铺设			
				电弧焊			
				管外径 × 壁厚（mm × mm 以内）			
				325 × 7	325 × 8	325 × 9	377 × 8
名称			单位	消耗量			
人工	000205000	综合二类工	工日	2.050	2.290	2.313	2.356
材料	170100001	钢管（综合）	m	10.070	10.070	10.070	10.060
	031301007	低碳钢焊条（综合）	kg	1.886	2.155	2.176	2.214
	031507018	镀锌铁丝 ϕ2.8～4.0	kg	0.077	0.077	0.077	0.077
	012100002	角钢（综合）	kg	0.167	0.167	0.167	0.167
	022701002	棉纱线	kg	0.058	0.058	0.058	0.079
	031101009	尼龙砂轮片 ϕ100	片	0.143	0.163	0.168	0.171
	142909001	氧气	m^3	1.344	1.361	1.374	1.398
	142907002	乙炔气	kg	0.448	0.454	0.458	0.466
	850103006	其他材料费（占材料费）	%	1.500	1.500	1.500	1.500
机械	990744010	半自动切割机 100mm	台班	0.104	0.104	0.104	0.108
	990919030	电焊条烘干箱 60 × 50 × 75cm^3	台班	0.049	0.056	0.063	0.064
	990304004	汽车式起重机 8t	台班	0.047	0.053	0.053	0.053
	990401030	载重汽车 8t	台班	0.027	0.027	0.027	0.027
	990904030	直流弧焊机 20kV · A	台班	0.489	0.558	0.628	0.637

工作内容：切管、坡口、对口、调直、焊接、找坡、找正、安装等。　　**计量单位：**10m

编号				1-9-17	1-9-18	1-9-19	1-9-20
项目				碳钢管铺设			
				电弧焊			
				管外径 × 壁厚（mm × mm 以内）			
				377 × 9	377 × 10	426 × 8	426 × 9
名称			单位	消耗量			
人工	000205000	综合二类工	工日	2.430	2.693	2.693	2.836
材料	170100001	钢管（综合）	m	10.060	10.060	10.050	10.050
	031301007	低碳钢焊条（综合）	kg	3.349	3.711	3.420	3.490
	031507018	镀锌铁丝 ϕ2.8～4.0	kg	0.077	0.077	0.077	0.077
	012100002	角钢（综合）	kg	0.167	0.167	0.167	0.167
	022701002	棉纱线	kg	0.079	0.079	0.079	0.079
	031101009	尼龙砂轮片 ϕ100	片	0.184	0.204	0.192	0.250
	142909001	氧气	m^3	1.506	1.566	1.530	1.780
	142907002	乙炔气	kg	0.502	0.522	0.510	0.590
	850103006	其他材料费（占材料费）	%	1.500	1.500	1.500	1.500
机械	990744010	半自动切割机 100mm	台班	0.108	0.108	0.117	0.117
	990919030	电焊条烘干箱 60 × 50 × 75cm^3	台班	0.065	0.066	0.066	0.070
	990304004	汽车式起重机 8t	台班	0.053	0.053	0.062	0.062
	990401030	载重汽车 8t	台班	0.027	0.027	0.036	0.036
	990904030	直流弧焊机 20kV · A	台班	0.646	0.663	0.655	0.699

工作内容：切管、坡口、对口、调直、焊接、找坡、找正、安装等。 计量单位：10m

编号				1-9-21	1-9-22	1-9-23	1-9-24
项目				碳钢管铺设			
				电弧焊			
				管外径 × 壁厚（mm × mm 以内）			
				426 × 10	478 × 8	478 × 9	478 × 10
名称			单位	消耗量			
人工	000205000	综合二类工	工日	3.140	3.182	3.397	3.487
材料	170100001	钢管（综合）	m	10.050	10.040	10.040	10.040
	031301007	低碳钢焊条（综合）	kg	3.864	3.511	3.950	4.375
	031507018	镀锌铁丝 ϕ2.8～4.0	kg	0.077	0.077	0.077	0.077
	012100002	角钢（综合）	kg	0.167	0.167	0.167	0.167
	022701002	棉纱线	kg	0.079	0.088	0.088	0.088
	031101009	尼龙砂轮片 ϕ100	片	0.276	0.240	0.282	0.299
	142909001	氧气	m^3	1.972	1.860	2.380	2.460
	142907002	乙炔气	kg	0.657	0.620	0.790	0.820
	850103006	其他材料费（占材料费）	%	1.500	1.500	1.500	1.500
机械	990744010	半自动切割机 100mm	台班	0.117	0.134	0.134	0.134
	990919030	电焊条烘干箱 60 × 50 × 75cm^3	台班	0.077	0.075	0.079	0.087
	990304004	汽车式起重机 8t	台班	0.062	0.071	0.071	0.071
	990401030	载重汽车 8t	台班	0.036	0.036	0.036	0.036
	990904030	直流弧焊机 20kV · A	台班	0.771	0.752	0.787	0.870

工作内容：切管、坡口、对口、调直、焊接、找坡、找正、安装等。 **计量单位：**10m

编号				1-9-25	1-9-26	1-9-27	1-9-28
项目				碳钢管铺设			
				电弧焊			氩电联焊
				管外径×壁厚（mm×mm 以内）			
				529×9	529×10	529×12	57×3.5
名称			单位	消耗量			
人工	000205000	综合二类工	工日	3.793	3.818	4.594	0.637
材料	170100001	钢管（综合）	m	10.030	10.030	10.030	10.150
	031301007	低碳钢焊条（综合）	kg	4.260	5.250	6.321	0.070
	031507018	镀锌铁丝 ϕ2.8～4.0	kg	0.077	0.077	0.077	0.077
	012100002	角钢（综合）	kg	0.167	0.167	0.167	—
	022701002	棉纱线	kg	0.097	0.097	0.097	0.011
	031101009	尼龙砂轮片 ϕ100	片	0.293	0.320	0.353	0.014
	142909001	氧气	m^3	2.420	2.510	2.665	0.170
	142907002	乙炔气	kg	0.806	0.840	0.888	0.059
	031303008	碳钢氩弧焊丝	kg	—	—	—	0.035
	142911001	氩气	m^3	—	—	—	0.098
	340101003	铈钨棒	g	—	—	—	0.198
	850103006	其他材料费（占材料费）	%	1.500	1.500	1.500	1.500
机械	990744010	半自动切割机 100mm	台班	0.152	0.152	0.152	—
	990919030	电焊条烘干箱 60×50×75cm^3	台班	0.084	0.097	0.100	0.004
	990304004	汽车式起重机 8t	台班	0.088	0.088	0.088	—
	990401030	载重汽车 8t	台班	0.045	0.045	0.045	—
	990904030	直流弧焊机 20kV·A	台班	0.840	0.973	1.001	0.041
	990785030	砂轮切割机 ϕ400	台班	—	—	—	0.003
	990912010	氩弧焊机 500A	台班	—	—	—	0.047

工作内容：切管、坡口、对口、调直、焊接、找坡、找正、安装等。 **计量单位：**10m

编号				1-9-29	1-9-30	1-9-31	1-9-32
项目				碳钢管铺设			
				氩电联焊			
				管外径×壁厚（mm×mm 以内）			
				75×4	89×4	114×4	133×4.5
名称			单位	消耗量			
人工	000205000	综合二类工	工日	0.827	0.976	1.150	1.216
材料	170100001	钢管（综合）	m	10.140	10.130	10.120	10.110
	031301007	低碳钢焊条（综合）	kg	0.088	0.107	0.151	0.325
	031507018	镀锌铁丝 ϕ2.8～4.0	kg	0.077	0.077	0.077	0.077
	022701002	棉纱线	kg	0.014	0.018	0.021	0.025
	031101009	尼龙砂轮片 ϕ100	片	0.021	0.025	0.034	0.043
	031303008	碳钢氩弧焊丝	kg	0.037	0.043	0.057	0.067
	142909001	氧气	m^3	0.250	0.283	0.340	0.429
	142907002	乙炔气	kg	0.083	0.094	0.113	0.143
	142911001	氩气	m^3	0.103	0.123	0.157	0.187
	340101003	铈钨棒	g	0.208	0.247	0.313	0.373
	850103006	其他材料费（占材料费）	%	1.500	1.500	1.500	1.500
机械	990919030	电焊条烘干箱 60×50×75cm^3	台班	0.005	0.006	0.009	0.012
	990785030	砂轮切割机 ϕ400	台班	0.003	0.004	0.007	0.007
	990904030	直流弧焊机 20kV·A	台班	0.051	0.058	0.093	0.118
	990912010	氩弧焊机 500A	台班	0.049	0.058	0.073	0.087

工作内容：切管、坡口、对口、调直、焊接、找坡、找正、安装等。　　　　**计量单位：**10m

编　号				1-9-33	1-9-34	1-9-35	1-9-36
项　目				碳钢管铺设			
				氩电联焊			
				管外径 × 壁厚（mm × mm 以内）			
				159 × 5	219 × 5	219 × 6	219 × 7
名　称			单位	消　耗　量			
人工	000205000	综合二类工	工日	1.273	1.356	1.629	1.760
材料	170100001	钢管（综合）	m	10.100	10.090	10.090	10.090
	031301007	低碳钢焊条（综合）	kg	0.383	0.554	0.697	0.848
	031507018	镀锌铁丝 ϕ2.8～4.0	kg	0.077	0.077	0.077	0.077
	022701002	棉纱线	kg	0.031	0.041	0.041	0.041
	031101009	尼龙砂轮片 ϕ100	片	0.056	0.076	0.091	0.106
	031303008	碳钢氩弧焊丝	kg	0.080	0.110	0.110	0.110
	142909001	氧气	m^3	0.545	0.670	0.805	0.990
	142907002	乙炔气	kg	0.182	0.223	0.268	0.330
	142911001	氩气	m^3	0.233	0.308	0.308	0.308
	340101003	铈钨棒	g	0.447	0.617	0.617	0.617
	012100002	角钢（综合）	kg	—	0.127	0.127	0.127
	850103006	其他材料费（占材料费）	%	1.500	1.500	1.500	1.500
机械	990744010	半自动切割机 100mm	台班	0.050	0.071	0.071	0.071
	990919030	电焊条烘干箱 60 × 50 × 75cm^3	台班	0.016	0.019	0.025	0.030
	990904030	直流弧焊机 20kV · A	台班	0.160	0.190	0.246	0.296
	990912010	氩弧焊机 500A	台班	0.104	0.143	0.143	0.143

工作内容：切管、坡口、对口、调直、焊接、找坡、找正、安装等。 **计量单位：**10m

编号				1-9-37	1-9-38	1-9-39	1-9-40
项目				碳钢管铺设			
				氩电联焊			
				管外径×壁厚（mm×mm 以内）			
				273×6	273×7	273×8	325×7
名称			单位	消耗量			
人工	000205000	综合二类工	工日	1.818	1.868	1.992	2.058
材料	170100001	钢管（综合）	m	10.080	10.080	10.080	10.070
	031301007	低碳钢焊条（综合）	kg	1.067	1.292	1.518	1.578
	031507018	镀锌铁丝 ϕ2.8～4.0	kg	0.077	0.077	0.077	0.077
	012100002	角钢（综合）	kg	0.127	0.127	0.127	0.167
	022701002	棉纱线	kg	0.050	0.050	0.050	0.058
	031101009	尼龙砂轮片 ϕ100	片	0.116	0.120	0.136	0.143
	031303008	碳钢氩弧焊丝	kg	0.137	0.137	0.137	0.140
	142909001	氧气	m^3	1.085	1.114	1.202	1.344
	142907002	乙炔气	kg	0.362	0.371	0.401	0.448
	142911001	氩气	m^3	0.382	0.382	0.382	0.393
	340101003	铈钨棒	g	0.763	0.763	0.763	0.787
	850103006	其他材料费（占材料费）	%	1.500	1.500	1.500	1.500
机械	990744010	半自动切割机 100mm	台班	0.100	0.100	0.100	0.104
	990919030	电焊条烘干箱 60×50×75cm^3	台班	0.032	0.033	0.038	0.041
	990904030	直流弧焊机 20kV·A	台班	0.316	0.325	0.384	0.411
	990912010	氩弧焊机 500A	台班	0.177	0.177	0.177	0.183
	990304004	汽车式起重机 8t	台班	—	—	—	0.047
	990401030	载重汽车 8t	台班	—	—	—	0.027

工作内容：切管、坡口、对口、调直、焊接、找坡、找正、安装等。 计量单位：10m

编号				1-9-41	1-9-42	1-9-43	1-9-44
项目				碳钢管铺设			
				氩电联焊			
				管外径 × 壁厚（mm × mm 以内）			
				325 × 8	325 × 9	377 × 8	377 × 9
名称			单位	消耗量			
人工	000205000	综合二类工	工日	2.307	2.323	2.603	2.687
材料	170100001	钢管（综合）	m	10.070	10.070	10.060	10.060
	031301007	低碳钢焊条（综合）	kg	1.847	1.868	1.886	3.021
	031507018	镀锌铁丝 ϕ2.8～4.0	kg	0.077	0.077	0.077	0.077
	012100002	角钢（综合）	kg	0.167	0.167	0.167	0.167
	022701002	棉纱线	kg	0.058	0.058	0.079	0.079
	031101009	尼龙砂轮片 ϕ100	片	0.163	0.168	0.171	0.184
	031303008	碳钢氩弧焊丝	kg	0.140	0.140	0.143	0.143
	142909001	氧气	m^3	1.361	1.374	1.398	1.506
	142907002	乙炔气	kg	0.454	0.458	0.466	0.502
	142911001	氩气	m^3	0.393	0.393	0.403	0.403
	340101003	铈钨棒	g	0.787	0.787	0.808	0.808
	850103006	其他材料费（占材料费）	%	1.500	1.500	1.500	1.500
机械	990744010	半自动切割机 100mm	台班	0.104	0.104	0.108	0.108
	990919030	电焊条烘干箱 60 × 50 × 75cm^3	台班	0.048	0.055	0.056	0.057
	990304004	汽车式起重机 8t	台班	0.053	0.053	0.053	0.053
	990401030	载重汽车 8t	台班	0.027	0.027	0.027	0.027
	990904030	直流弧焊机 20kV · A	台班	0.480	0.550	0.562	0.571
	990912010	氩弧焊机 500A	台班	0.183	0.183	0.188	0.188

工作内容：切管、坡口、对口、调直、焊接、找坡、找正、安装等。 计量单位：10m

编号				1-9-45	1-9-46	1-9-47	1-9-48
项目				碳钢管铺设			
				氩电联焊			
				管外径 × 壁厚（mm × mm 以内）			
				377 × 10	426 × 8	426 × 9	426 × 10
名称			单位	消耗量			
人工	000205000	综合二类工	工日	2.950	2.720	2.860	3.173
材料	170100001	钢管（综合）	m	10.060	10.050	10.050	10.050
	031301007	低碳钢焊条（综合）	kg	3.383	3.048	3.118	3.492
	031507018	镀锌铁丝 ϕ2.8～4.0	kg	0.077	0.077	0.077	0.077
	012100002	角钢（综合）	kg	0.167	0.167	0.167	0.167
	022701002	棉纱线	kg	0.079	0.079	0.079	0.079
	031101009	尼龙砂轮片 ϕ100	片	0.204	0.192	0.250	0.276
	031303008	碳钢氩弧焊丝	kg	0.143	0.163	0.163	0.163
	142909001	氧气	m^3	1.566	1.530	1.780	1.972
	142907002	乙炔气	kg	0.522	0.510	0.590	0.657
	142911001	氩气	m^3	0.403	0.458	0.458	0.458
	340101003	铈钨棒	g	0.808	0.919	0.919	0.919
	850103006	其他材料费（占材料费）	%	1.500	1.500	1.500	1.500
机械	990744010	半自动切割机 100mm	台班	0.108	0.117	0.117	0.117
	990919030	电焊条烘干箱 60 × 50 × 75cm^3	台班	0.059	0.057	0.061	0.069
	990304004	汽车式起重机 8t	台班	0.053	0.062	0.062	0.062
	990401030	载重汽车 8t	台班	0.027	0.036	0.036	0.036
	990904030	直流弧焊机 20kV · A	台班	0.588	0.569	0.613	0.685
	990912010	氩弧焊机 500A	台班	0.188	0.214	0.214	0.214

工作内容：切管、坡口、对口、调直、焊接、找坡、找正、安装等。 **计量单位：**10m

编号				1-9-49	1-9-50	1-9-51	1-9-52
项目				碳钢管铺设			
				氩电联焊			
				管外径 × 壁厚（mm × mm 以内）			
				478 × 8	478 × 9	478 × 10	529 × 9
名称			单位	消耗量			
人工	000205000	综合二类工	工日	3.216	3.438	3.530	3.843
材料	170100001	钢管（综合）	m	10.040	10.040	10.040	10.030
	031301007	低碳钢焊条（综合）	kg	3.058	3.497	3.922	3.760
	031507018	镀锌铁丝 ϕ2.8～4.0	kg	0.077	0.077	0.077	0.077
	012100002	角钢（综合）	kg	0.167	0.167	0.167	0.167
	022701002	棉纱线	kg	0.088	0.088	0.088	0.097
	031101009	尼龙砂轮片 ϕ100	片	0.240	0.282	0.299	0.293
	031303008	碳钢氩弧焊丝	kg	0.183	0.183	0.183	0.203
	142909001	氧气	m^3	1.860	2.380	2.460	2.420
	142907002	乙炔气	kg	0.620	0.790	0.820	0.806
	142911001	氩气	m^3	0.517	0.517	0.517	0.572
	340101003	铈钨棒	g	1.032	1.032	1.032	1.144
	850103006	其他材料费（占材料费）	%	1.500	1.500	1.500	1.500
机械	990744010	半自动切割机 100mm	台班	0.134	0.134	0.134	0.152
	990919030	电焊条烘干箱 60 × 50 × 75cm^3	台班	0.067	0.071	0.079	0.075
	990304004	汽车式起重机 8t	台班	0.071	0.071	0.071	0.088
	990401030	载重汽车 8t	台班	0.036	0.036	0.036	0.045
	990904030	直流弧焊机 20kV · A	台班	0.670	0.705	0.788	0.749
	990912010	氩弧焊机 500A	台班	0.241	0.241	0.241	0.265

工作内容：切管、坡口、对口、调直、焊接、找坡、找正、安装等。　　计量单位：10m

编号				1-9-53	1-9-54
项目				碳钢管铺设	
				氩电联焊	
				管外径 × 壁厚（mm × mm 以内）	
				529 × 10	529 × 12
名称			单位	消耗量	
人工	000205000	综合二类工	工日	3.942	4.653
材料	170100001	钢管（综合）	m	10.030	10.030
	031301007	低碳钢焊条（综合）	kg	4.750	5.821
	031507018	镀锌铁丝 ϕ2.8～4.0	kg	0.077	0.077
	012100002	角钢（综合）	kg	0.167	0.167
	022701002	棉纱线	kg	0.097	0.097
	031101009	尼龙砂轮片 ϕ100	片	0.320	0.353
	031303008	碳钢氩弧焊丝	kg	0.203	0.203
	142909001	氧气	m^3	2.510	2.665
	142907002	乙炔气	kg	0.840	0.888
	142911001	氩气	m^3	0.572	0.572
	340101003	铈钨棒	g	1.144	1.144
	850103006	其他材料费（占材料费）	%	1.500	1.500
机械	990744010	半自动切割机 100mm	台班	0.152	0.152
	990919030	电焊条烘干箱 60 × 50 × 75cm^3	台班	0.088	0.091
	990304004	汽车式起重机 8t	台班	0.088	0.088
	990401030	载重汽车 8t	台班	0.045	0.045
	990904030	直流弧焊机 20kV · A	台班	0.882	0.910
	990912010	氩弧焊机 500A	台班	0.265	0.265

二、碳素钢板卷管安装

工作内容：切管、坡口、对口、调直、焊接、找坡、找正、直管安装等。 **计量单位：**10m

编 号				1-9-55	1-9-56	1-9-57	1-9-58
项 目				碳素钢板卷管安装			
				管外径×壁厚（mm×mm 以内）			
				219×5	219×6	219×7	273×6
名 称			单位	消 耗 量			
人工	000205000	综合二类工	工日	1.240	1.257	1.290	1.463
材料	173115001	钢板卷管	m	10.390	10.390	10.390	10.385
	031301007	低碳钢焊条（综合）	kg	0.696	0.861	1.129	1.223
	012100002	角钢（综合）	kg	0.156	0.156	0.156	0.156
	022701002	棉纱线	kg	0.044	0.044	0.044	0.054
	031101009	尼龙砂轮片 ϕ100	片	0.076	0.080	0.085	0.100
	142909001	氧气	m^3	0.823	0.943	1.055	1.075
	142907002	乙炔气	kg	0.274	0.314	0.351	0.359
	850103006	其他材料费（占材料费）	%	1.500	1.500	1.500	1.500
机械	990919030	电焊条烘干箱 60×50×75cm^3	台班	0.018	0.018	0.020	0.023
	990904030	直流弧焊机 20kV·A	台班	0.179	0.182	0.203	0.226

工作内容： 切管、坡口、对口、调直、焊接、找坡、找正、直管安装等。 **计量单位：** 10m

编号				1-9-59	1-9-60	1-9-61	1-9-62
项目				碳素钢板卷管安装			
				管外径 × 壁厚（mm × mm 以内）			
				273 × 7	273 × 8	325 × 6	325 × 7
名称			单位	消耗量			
人工	000205000	综合二类工	工日	1.503	1.530	1.728	1.777
材料	173115001	钢板卷管	m	10.385	10.385	10.380	10.380
	031301007	低碳钢焊条（综合）	kg	1.427	1.693	1.580	1.702
	012100002	角钢（综合）	kg	0.156	0.156	0.156	0.156
	022701002	棉纱线	kg	0.054	0.054	0.066	0.066
	031101009	尼龙砂轮片 ϕ100	片	0.107	0.115	0.110	0.127
	142909001	氧气	m^3	1.206	1.329	1.302	1.332
	142907002	乙炔气	kg	0.402	0.443	0.434	0.444
	850103006	其他材料费（占材料费）	%	1.500	1.500	1.500	1.500
机械	990919030	电焊条烘干箱 60 × 50 × 75cm³	台班	0.025	0.027	0.026	0.030
	990904030	直流弧焊机 20kV · A	台班	0.252	0.265	0.261	0.301
	990304004	汽车式起重机 8t	台班	—	—	0.047	0.053
	990401030	载重汽车 8t	台班	—	—	0.027	0.027

工作内容：切管、坡口、对口、调直、焊接、找坡、找正、直管安装等。 **计量单位：**10m

编号				1-9-63	1-9-64	1-9-65	1-9-66
项目				碳素钢板卷管安装			
				管外径 × 壁厚（mm × mm 以内）			
				325 × 8	377 × 8	377 × 9	377 × 10
名称			单位	消耗量			
人工	000205000	综合二类工	工日	1.801	2.091	2.124	2.149
材料	173115001	钢板卷管	m	10.380	10.374	10.374	10.374
	031301007	低碳钢焊条（综合）	kg	2.020	2.346	2.715	3.190
	012100002	角钢（综合）	kg	0.156	0.156	0.156	0.156
	022701002	棉纱线	kg	0.066	0.075	0.075	0.075
	031101009	尼龙砂轮片 ϕ100	片	0.137	0.169	0.184	0.193
	142909001	氧气	m^3	1.472	1.615	1.762	1.902
	142907002	乙炔气	kg	0.491	0.538	0.587	0.634
	850103006	其他材料费（占材料费）	%	1.500	1.500	1.500	1.500
机械	990919030	电焊条烘干箱 60 × 50 × 75cm^3	台班	0.032	0.037	0.039	0.040
	990304004	汽车式起重机 8t	台班	0.053	0.053	0.053	0.053
	990401030	载重汽车 8t	台班	0.027	0.027	0.027	0.027
	990904030	直流弧焊机 20kV · A	台班	0.316	0.367	0.385	0.399

工作内容：切管、坡口、对口、调直、焊接、找坡、找正、直管安装等。 计量单位：10m

编号				1-9-67	1-9-68	1-9-69	1-9-70
项目				碳素钢板卷管安装 管外径 × 壁厚（mm × mm 以内）			
				426 × 8	426 × 9	426 × 10	478 × 8
名称			单位	消耗量			
人工	000205000	综合二类工	工日	2.439	2.471	2.504	3.000
材料	173115001	钢板卷管	m	10.369	10.369	10.369	10.364
	031301007	低碳钢焊条（综合）	kg	2.920	3.320	3.610	2.981
	012100002	角钢（综合）	kg	0.156	0.156	0.156	0.156
	022701002	棉纱线	kg	0.084	0.084	0.084	0.094
	031101009	尼龙砂轮片 ϕ100	片	0.191	0.209	0.218	0.203
	142909001	氧气	m^3	1.830	1.914	2.070	1.894
	142907002	乙炔气	kg	0.610	0.639	0.690	0.631
	850103006	其他材料费（占材料费）	%	1.500	1.500	1.500	1.500
机械	990919030	电焊条烘干箱 60 × 50 × 75cm^3	台班	0.039	0.044	0.045	0.043
	990304004	汽车式起重机 8t	台班	0.062	0.062	0.062	0.071
	990401030	载重汽车 8t	台班	0.036	0.036	0.036	0.036
	990904030	直流弧焊机 20kV · A	台班	0.391	0.436	0.452	0.426

工作内容：切管、坡口、对口、调直、焊接、找坡、找正、直管安装等。　　**计量单位**：10m

编　号				1-9-71	1-9-72	1-9-73	1-9-74
项　目				碳素钢板卷管安装			
				管外径×壁厚（mm×mm 以内）			
				478×9	478×10	529×8	529×9
名　称			单位	消　耗　量			
人工	000205000	综合二类工	工日	3.041	3.074	3.530	3.579
材料	173115001	钢板卷管	m	10.364	10.364	10.359	10.359
	031301007	低碳钢焊条（综合）	kg	3.621	4.055	3.610	3.905
	012100002	角钢（综合）	kg	0.156	0.156	0.156	0.156
	022701002	棉纱线	kg	0.094	0.094	0.103	0.103
	031101009	尼龙砂轮片 ϕ100	片	0.246	0.257	0.220	0.285
	142909001	氧气	m^3	2.073	2.238	2.072	2.212
	142907002	乙炔气	kg	0.691	0.746	0.690	0.740
	850103006	其他材料费（占材料费）	%	1.500	1.500	1.500	1.500
机械	990919030	电焊条烘干箱 60×50×75cm^3	台班	0.049	0.051	0.047	0.050
	990304004	汽车式起重机 8t	台班	0.071	0.071	0.088	0.088
	990401030	载重汽车 8t	台班	0.036	0.036	0.045	0.045
	990904030	直流弧焊机 20kV·A	台班	0.492	0.510	0.472	0.495

工作内容：切管、坡口、对口、调直、焊接、找坡、找正、直管安装等。 计量单位：10m

编号				1-9-75	1-9-76	1-9-77	1-9-78
项目				碳素钢板卷管安装			
				管外径 × 壁厚（mm × mm 以内）			
				529 × 10	630 × 8	630 × 9	630 × 10
名称			单位	消耗量			
人工	000205000	综合二类工	工日	3.927	4.594	4.637	4.661
材料	173115001	钢板卷管	m	10.359	10.354	10.354	10.354
	031301007	低碳钢焊条（综合）	kg	4.525	4.360	5.448	6.186
	012100002	角钢（综合）	kg	0.156	0.156	0.156	0.156
	022701002	棉纱线	kg	0.103	0.125	0.125	0.125
	031101009	尼龙砂轮片 ϕ100	片	0.297	0.292	0.356	0.370
	142909001	氧气	m^3	2.400	2.340	2.687	2.901
	142907002	乙炔气	kg	0.800	0.780	0.896	0.967
	030105047	六角螺栓（综合）	10 套	—	0.038	0.038	0.038
	850103006	其他材料费（占材料费）	%	1.500	1.500	1.500	1.500
机械	990919030	电焊条烘干箱 60 × 50 × 75cm^3	台班	0.057	0.055	0.075	0.076
	990304004	汽车式起重机 8t	台班	0.088	0.106	0.133	0.150
	990401030	载重汽车 8t	台班	0.045	0.045	0.045	0.054
	990904030	直流弧焊机 20kV · A	台班	0.567	0.548	0.749	0.762

工作内容：切管、坡口、对口、调直、焊接、找坡、找正、直管安装等。 **计量单位：**10m

编号				1-9-79	1-9-80	1-9-81	1-9-82
项目				碳素钢板卷管安装			
				管外径 × 壁厚（mm × mm 以内）			
				720 × 8	720 × 9	720 × 10	820 × 9
名称			单位	消耗量			
人工	000205000	综合二类工	工日	5.363	5.404	5.438	6.140
材料	173115001	钢板卷管	m	10.349	10.349	10.349	10.344
	031301007	低碳钢焊条（综合）	kg	5.456	6.234	7.080	7.173
	012100002	角钢（综合）	kg	0.172	0.172	0.172	0.172
	030105047	六角螺栓（综合）	10 套	0.038	0.038	0.038	0.038
	022701002	棉纱线	kg	0.140	0.140	0.140	0.162
	031101009	尼龙砂轮片 ϕ100	片	0.366	0.407	0.424	0.503
	142909001	氧气	m^3	2.750	3.000	3.240	3.387
	142907002	乙炔气	kg	0.917	1.000	1.080	1.129
	850103006	其他材料费（占材料费）	%	1.500	1.500	1.500	1.500
机械	990919030	电焊条烘干箱 60 × 50 × 75cm^3	台班	0.075	0.086	0.087	0.098
	990304004	汽车式起重机 8t	台班	0.150	0.150	0.168	0.168
	990401030	载重汽车 8t	台班	0.054	0.063	0.063	0.063
	990904030	直流弧焊机 20kV · A	台班	0.754	0.859	0.873	0.979

工作内容：切管、坡口、对口、调直、焊接、找坡、找正、直管安装等。 计量单位：10m

编号				1-9-83	1-9-84	1-9-85	1-9-86
项目				碳素钢板卷管安装			
				管外径 × 壁厚（mm × mm 以内）			
				820 × 10	820 × 12	920 × 9	920 × 10
名称			单位	消耗量			
人工	000205000	综合二类工	工日	6.173	6.273	6.884	6.926
材料	173115001	钢板卷管	m	10.344	10.344	10.339	10.339
	031301007	低碳钢焊条（综合）	kg	8.138	10.301	8.145	9.139
	012100002	角钢（综合）	kg	0.172	0.172	0.172	0.172
	030105047	六角螺栓（综合）	10 套	0.038	0.038	0.038	0.038
	022701002	棉纱线	kg	0.162	0.162	0.181	0.181
	031101009	尼龙砂轮片 ϕ100	片	0.522	0.555	0.542	0.552
	142909001	氧气	m^3	3.660	4.179	3.769	3.922
	142907002	乙炔气	kg	1.220	1.393	1.256	1.358
	850103006	其他材料费（占材料费）	%	1.500	1.500	1.500	1.500
机械	990919030	电焊条烘干箱 60 × 50 × 75cm^3	台班	0.100	0.105	0.104	0.105
	990304004	汽车式起重机 8t	台班	0.186	0.212	0.186	0.212
	990401030	载重汽车 8t	台班	0.072	0.072	0.072	0.072
	990904030	直流弧焊机 20kV · A	台班	0.996	1.054	1.035	1.046

工作内容：切管、坡口、对口、调直、焊接、找坡、找正、直管安装等。　　**计量单位：**10m

编号				1-9-87	1-9-88	1-9-89	1-9-90
项目				碳素钢板卷管安装			
				管外径 × 壁厚（mm × mm 以内）			
				920 × 12	1020 × 10	1020 × 12	1020 × 14
名称			单位	消耗量			
人工	000205000	综合二类工	工日	7.033	7.678	7.801	8.066
材料	173115001	钢板卷管	m	10.339	10.333	10.333	10.333
	031301007	低碳钢焊条（综合）	kg	11.570	10.140	12.839	15.923
	012100002	角钢（综合）	kg	0.172	0.172	0.172	0.172
	030105047	六角螺栓（综合）	10 套	0.038	0.038	0.038	0.038
	022701002	棉纱线	kg	0.181	0.233	0.233	0.233
	031101009	尼龙砂轮片 ϕ100	片	0.623	0.602	0.692	0.735
	142909001	氧气	m^3	4.658	4.482	5.125	5.735
	142907002	乙炔气	kg	1.552	1.506	1.721	1.924
	850103006	其他材料费（占材料费）	%	1.500	1.500	1.500	1.500
机械	990919030	电焊条烘干箱 60 × 50 × 75cm^3	台班	0.118	0.106	0.131	0.154
	990304004	汽车式起重机 8t	台班	0.221	0.221	—	—
	990401030	载重汽车 8t	台班	0.081	0.081	0.081	0.081
	990904030	直流弧焊机 20kV · A	台班	1.184	1.063	1.313	1.536
	990304012	汽车式起重机 12t	台班	—	—	0.239	0.257

工作内容：切管、坡口、对口、调直、焊接、找坡、找正、直管安装等。 计量单位：10m

编号				1-9-91	1-9-92	1-9-93	1-9-94
项目				碳素钢板卷管安装			
				管外径 × 壁厚（mm × mm 以内）			
				1220 × 10	1220 × 12	1220 × 14	1420 × 10
名称			单位	消耗量			
人工	000205000	综合二类工	工日	10.223	10.397	10.818	12.462
材料	173115001	钢板卷管	m	10.328	10.328	10.328	10.323
	031301007	低碳钢焊条（综合）	kg	12.830	20.469	25.427	18.856
	012100002	角钢（综合）	kg	0.306	0.306	0.306	0.306
	030105047	六角螺栓（综合）	10 套	0.050	0.050	0.050	0.050
	022701002	棉纱线	kg	0.320	0.320	0.320	0.371
	031101009	尼龙砂轮片 ϕ100	片	0.690	1.045	1.175	1.043
	142909001	氧气	m^3	5.120	8.117	9.075	8.105
	142907002	乙炔气	kg	1.707	2.706	3.024	2.702
	850103006	其他材料费（占材料费）	%	1.500	1.500	1.500	1.500
机械	990919030	电焊条烘干箱 60 × 50 × 75cm^3	台班	0.131	0.211	0.246	0.195
	990304012	汽车式起重机 12t	台班	0.257	0.257	—	—
	990401030	载重汽车 8t	台班	0.081	0.081	0.081	0.081
	990904030	直流弧焊机 20kV · A	台班	1.309	2.105	2.463	1.946
	990304016	汽车式起重机 16t	台班	—	—	0.292	0.292

工作内容：切管、坡口、对口、调直、焊接、找坡、找正、直管安装等。　　**计量单位：**10m

编　号				1-9-95	1-9-96	1-9-97	1-9-98	1-9-99
项　目				碳素钢板卷管安装				
				管外径×壁厚（mm×mm 以内）				
				1420×12	1420×14	1620×10	1620×12	1620×14
名　称			单位	消　耗　量				
人工	000205000	综合二类工	工日	12.594	13.082	14.777	15.007	15.570
材料	173115001	钢板卷管	m	10.323	10.323	10.318	10.318	10.318
	031301007	低碳钢焊条（综合）	kg	23.846	29.628	21.524	27.224	33.827
	012100002	角钢（综合）	kg	0.306	0.306	0.371	0.371	0.371
	030105047	六角螺栓（综合）	10 套	0.050	0.050	0.098	0.098	0.098
	022701002	棉纱线	kg	0.371	0.371	0.424	0.424	0.424
	031101009	尼龙砂轮片 ϕ100	片	1.163	1.336	1.142	1.324	1.565
	142909001	氧气	m^3	9.060	10.391	9.040	10.382	12.079
	142907002	乙炔气	kg	3.020	3.464	3.013	3.461	4.027
	850103006	其他材料费（占材料费）	%	1.500	1.500	1.500	1.500	1.500
机械	990919030	电焊条烘干箱 60×50×75cm^3	台班	0.245	0.287	0.241	0.280	0.328
	990304016	汽车式起重机 16t	台班	0.292	0.292	0.345	0.345	0.398
	990401030	载重汽车 8t	台班	0.090	0.099	0.099	0.099	0.116
	990904030	直流弧焊机 20kV·A	台班	2.450	2.868	2.406	2.796	3.275

三、塑料管安装（胶圈接口）

工作内容：检查及清扫管材、切管、安装、上胶圈、对口、调直。 **计量单位：**10m

编号				1-9-100	1-9-101	1-9-102	1-9-103
项目				塑料管安装（胶圈接口）			
				管外径（mm 以内）			
				110	125	160	250
名称			单位	消耗量			
人工	000205000	综合二类工	工日	0.563	0.643	0.816	1.390
材料	172500001	塑料管（综合）	m	10.000	10.000	10.000	10.000
	140700002	润滑油	kg	0.074	0.080	0.101	0.141
	031102003	砂布	张	0.522	0.696	0.696	1.104
	020501001	橡胶圈（综合）	个	2.060	2.060	2.060	2.060
	850103006	其他材料费（占材料费）	%	1.500	1.500	1.500	1.500

工作内容：检查及清扫管材、切管、安装、上胶圈、对口、调直。 **计量单位：**10m

编号				1-9-104	1-9-105	1-9-106	1-9-107	1-9-108
项目				塑料管安装（胶圈接口）				
				管外径（mm 以内）				
				315	355	400	500	600
名称			单位	消耗量				
人工	000205000	综合二类工	工日	1.660	1.997	2.199	2.537	2.706
材料	172500001	塑料管（综合）	m	10.000	10.000	10.000	10.000	10.000
	140700002	润滑油	kg	0.141	0.181	0.181	0.221	0.271
	031102003	砂布	张	1.217	1.304	1.478	1.565	1.655
	020501001	橡胶圈（综合）	个	2.060	2.060	2.060	2.060	2.060
	850103006	其他材料费（占材料费）	%	1.500	1.500	1.500	1.500	1.500
机械	990304004	汽车式起重机 8t	台班	—	—	—	—	0.037

四、塑料管安装（对接熔接）

工作内容：管口切削、对口、升温、熔接等。　　**计量单位：**10m

编号				1-9-109	1-9-110	1-9-111	1-9-112
项目				塑料管安装（对接熔接）			
				管外径（mm 以内）			
				110	125	160	200
名称			单位	消耗量			
人工	000205000	综合二类工	工日	0.316	0.386	0.490	0.596
材料	172500001	塑料管（综合）	m	10.000	10.000	10.000	10.000
	092705001	破布	kg	0.017	0.020	0.034	0.047
	143163001	三氯乙烯	kg	0.010	0.020	0.020	0.020
	850103006	其他材料费（占材料费）	%	1.500	1.500	1.500	1.500
机械	990911030	热熔对接焊机 630mm	台班	0.126	0.167	0.219	0.272

工作内容：管口切削、对口、升温、熔接等。　　**计量单位：**10m

编号				1-9-113	1-9-114	1-9-115	1-9-116
项目				塑料管安装（对接熔接）			
				管外径（mm 以内）			
				250	315	355	400
名称			单位	消耗量			
人工	000205000	综合二类工	工日	0.788	1.156	1.716	2.153
材料	172500001	塑料管（综合）	m	10.000	10.000	10.000	10.000
	092705001	破布	kg	0.061	0.079	0.103	0.133
	143163001	三氯乙烯	kg	0.040	0.040	0.040	0.060
	850103006	其他材料费（占材料费）	%	1.500	1.500	1.500	1.500
机械	990911030	热熔对接焊机 630mm	台班	0.339	0.484	0.593	0.790

工作内容：管口切削、对口、升温、熔接等。　　**计量单位：**10m

编号				1-9-117	1-9-118	1-9-119	1-9-120
项目				塑料管安装（对接熔接）			
				管外径（mm 以内）			
				450	500	560	630
名称			单位	消耗量			
人工	000205000	综合二类工	工日	2.897	3.369	3.683	3.990
材料	172500001	塑料管（综合）	m	10.000	10.000	10.000	10.000
	092705001	破布	kg	0.174	0.226	0.237	0.249
	143163001	三氯乙烯	kg	0.060	0.060	0.063	0.066
	850103006	其他材料费（占材料费）	%	1.500	1.500	1.500	1.500
机械	990911030	热熔对接焊机 630mm	台班	0.889	1.111	1.240	1.369
	990304004	汽车式起重机 8t	台班	—	—	—	0.037

五、塑料管安装（电熔管件熔接）

工作内容：管口切削、上电熔管件、升温、熔接等。　　**计量单位：**10m

编号				1-9-121	1-9-122	1-9-123	1-9-124
项目				塑料管安装（电熔管件熔接）			
				管外径（mm 以内）			
				110	125	160	200
名称			单位	消耗量			
人工	000205000	综合二类工	工日	0.300	0.364	0.470	0.570
材料	172500001	塑料管（综合）	m	10.000	10.000	10.000	10.000
	183129002	电熔套筒	个	1.000	1.000	1.000	1.000
	092705001	破布	kg	0.017	0.020	0.034	0.047
	143163001	三氯乙烯	kg	0.002	0.002	0.002	0.002
	850103006	其他材料费（占材料费）	%	1.500	1.500	1.500	1.500
机械	990921010	电熔焊接机 3.5kW	台班	0.125	0.167	0.234	0.271

工作内容：管口切削、上电熔管件、升温、熔接等。　　　　计量单位：10m

编号				1-9-125	1-9-126	1-9-127	1-9-128	1-9-129
项目				塑料管安装（电熔管件熔接）				
				管外径（mm 以内）				
				250	315	400	500	600
名称			单位	消耗量				
人工	000205000	综合二类工	工日	0.777	0.982	1.187	1.392	1.597
材料	172500001	塑料管（综合）	m	10.000	10.000	10.000	10.000	10.000
	183129002	电熔套筒	个	1.000	1.000	1.000	1.000	1.000
	092705001	破布	kg	0.074	0.101	0.128	0.155	0.182
	143163001	三氯乙烯	kg	0.003	0.003	0.003	0.003	0.004
	850103006	其他材料费（占材料费）	%	1.500	1.500	1.500	1.500	1.500
机械	990304004	汽车式起重机 8t	台班	—	—	—	—	0.037
	990921010	电熔焊接机 3.5kW	台班	0.271	0.271	0.376	0.376	0.498

六、塑料管安装（电熔连接）

工作内容：管口切削、清理管口、组对、升温、熔接等。　　　　计量单位：10m

编号				1-9-130	1-9-131	1-9-132
项目				塑料管安装（电熔连接）		
				管外径（mm 以内）		
				160	200	315
名称			单位	消耗量		
人工	000205000	综合二类工	工日	0.359	0.420	0.560
材料	172500001	塑料管（综合）	m	10.000	10.000	10.000
	092705001	破布	kg	0.025	0.047	0.108
	143163001	三氯乙烯	kg	0.002	0.002	0.003
	850103006	其他材料费（占材料费）	%	1.500	1.500	1.500
机械	990921010	电熔焊接机 3.5kW	台班	0.218	0.271	0.440

工作内容：管口切削、清理管口、组对、升温、熔接等。 计量单位：10m

编号				1-9-133	1-9-134	1-9-135
项目				塑料管安装（电熔连接）		
				管外径（mm 以内）		
				400	500	600
名称			单位	消耗量		
人工	000205000	综合二类工	工日	0.718	0.901	1.260
材料	172500001	塑料管（综合）	m	10.000	10.000	10.000
	092705001	破布	kg	0.206	0.392	0.578
	143163001	三氯乙烯	kg	0.003	0.004	0.005
	850103006	其他材料费（占材料费）	%	1.500	1.500	1.500
机械	990304004	汽车式起重机 8t	台班	—	—	0.037
	990921010	电熔焊接机 3.5kW	台班	0.587	0.786	0.986

七、混凝土管铺设

工作内容：排管、下管、调直、找平、槽上搬运。 计量单位：100m

编号				1-9-136	1-9-137	1-9-138	1-9-139
项目				混凝土管铺设			
				管径（mm 以内）			
				300	400	500	600
名称			单位	消耗量			
人工	000205000	综合二类工	工日	5.434	7.428	9.343	11.832
材料	172901001	钢筋混凝土管（综合）	m	102.500	101.000	101.000	101.000
	850103006	其他材料费（占材料费）	%	1.500	1.500	1.500	1.500
机械	990304004	汽车式起重机 8t	台班	0.223	0.337	0.405	0.548

工作内容：排管、下管、调直、找平、槽上搬运。 **计量单位：**100m

编号				1-9-140	1-9-141	1-9-142	1-9-143
项目				混凝土管铺设			
				管径（mm 以内）			
				700	800	900	1000
名称			单位	消耗量			
人工	000205000	综合二类工	工日	12.610	15.197	18.599	22.576
材料	172901001	钢筋混凝土管（综合）	m	101.000	101.000	101.000	101.000
	850103006	其他材料费（占材料费）	%	1.500	1.500	1.500	1.500
机械	990305010	叉式起重机 3t	台班	0.069	0.083	—	—
	990304012	汽车式起重机 12t	台班	0.688	0.827	—	—
	990305020	叉式起重机 5t	台班	—	—	0.101	0.122
	990304016	汽车式起重机 16t	台班	—	—	1.009	1.224

八、满包混凝土加固

工作内容：清理现场、配料、混凝土搅捣、养生，预制构件安装、材料运输。 **计量单位：**$10m^3$

编号				1-9-144
项目				C15 非泵送满包商品混凝土加固
名称			单位	消耗量
人工	000205000	综合二类工	工日	6.240
材料	802101012	预拌混凝土 C20	m^3	10.150
	341101001	水	m^3	7.140
	023101003	无纺土工布	m^2	43.676
	850103006	其他材料费（占材料费）	%	1.100
机械	990623010	混凝土振捣器 插入式	台班	1.392

第十章

措 施 项 目

说　　明

一、本章包括围堰工程、脚手架工程和井点降水等项目。

二、围堰工程：

1. 本章适用于人工筑拆的围堰项目。机械筑拆的围堰执行本册第一章“土石方工程”相关项目。

2. 本章围堰项目未包括施工期内发生潮汛冲刷后所需的养护工料。潮汛养护工料另行计算。如遇特大潮汛发生人力所不能抗拒的损失时，应根据实际情况另行处理。

3. 围堰工程 50m 范围以内取土、砂、砂砾，均不计土方和砂、砂砾的材料价格。取 50m 范围以外的土方、砂、砂砾，应计算土方和砂、砂砾材料的挖、运或外购费用。项目括号中所列黏土数量为自然土方数量，结算中可按取土的实际情况调整。

4. 本章围堰项目中的各种木桩、钢桩均不包括打拔，应按打拔工具桩相应项目另计，数量按实际计算。项目括号中所列打拔工具桩数量仅供参考。

5. 草袋围堰如使用麻袋、尼龙袋装土围筑，应按麻袋、尼龙袋的规格调整材料的消耗量，但人工、机械应按规定执行。

6. 围堰施工中若未使用驳船，而是搭设了栈桥，则应扣除项目中驳船费用而执行相应的脚手架项目。

7. 围堰尺寸的取定：

（1）土草围堰的堰顶宽为 1～2m，堰高为 4m 以内。

（2）土石混合围堰的堰顶宽为 2m，堰高为 6m 以内。

（3）圆木桩围堰的堰顶宽为 2～2.5m，堰高 5m 以内。

（4）钢桩围堰的堰顶宽为 2.5～3m，堰高 6m 以内。

（5）钢板桩围堰的堰顶宽为 2.5～3m，堰高 6m 以内。

（6）竹笼围堰竹笼间黏土填心的宽度为 2～2.5m，堰高 5m 以内。

8. 筑岛填心项目是指在围堰围成的区域内填土、砂及砂砾石。

9. 双层竹笼围堰竹笼间黏土填心的宽度超过 2.5m，超出部分执行筑岛填心项目。

10. 施工围堰的尺寸按有关设计施工规范确定。堰内坡脚至堰内基坑边缘距离根据河床土质及基坑深度确定，但不得小于 1m。

三、脚手架工程：

本章项目中脚手架均按钢管式脚手架编制，未包括脚手架基础加固。

1. 钢管脚手架项目中已包括斜道及拐弯平台的搭设。

2. 砌筑物高度超过 1.2m 可计算脚手架搭拆费用。

四、井点降水：

1. 井点降水项目适用于地下水位较高的粉砂土、砂质粉土、黏质粉土或淤泥质夹薄层砂性土的地层。

2. 井点类型的选用由施工组织设计确定。一般情况下，降水深度 6m 以内采用轻型井点，6m 以上至 30m 以内采用相应的喷射井点，特殊情况下可选用大口径井点及深井井点。井点使用时间按施工组织设计确定。喷射井点项目包括两根观察孔制作，喷射井管包括了内管和外管。井点材料使用摊销量中已包括井点拆除时的材料损耗量。

3. 井点（管）间距根据地质和降水要求由施工组织设计确定。

4. 井点降水过程中，如需提供资料，则水位监测和资料整理费用另计。

5. 井点降水成孔过程中产生的泥水处理及挖沟排水工作应另行计算。遇有天然水源可用时，不计水费。

6. 井点降水必须保证连续供电，在电源无保证的情况下，使用备用电源的费用另计。

工程量计算规则

一、围堰工程：

1. 围堰工程分别按体积和长度计算。

2. 以体积计算的围堰，工程量按围堰的施工断面面积乘以围堰中心线的长度计算。

3. 以长度计算的围堰，工程量按围堰中心线的长度计算。

4. 围堰高度按施工期内的最高临水面加 0.5m 计算。

二、脚手架工程：

1. 满堂脚手架按搭设净面积计算，其高度在 3.6～5.2m 之间时，计算基本层，5.2m 以外，每增加 1.2m 计算一个增加层，不足 0.6m 按一个增加层乘以系数 0.50 计算。满堂脚手架增加层 = (室内净高 − 5.2)/1.2。

2. 单排、双排脚手架工程量按墙面水平边线长度乘以墙面砌筑高度以面积计算，柱形砌体按图示柱结构外围周长另加 3.6m 乘以砌筑高度以面积计算。

三、井点降水：

1. 轻型井点以 50 根为一套，喷射井点以 30 根为一套，大口径井点以 10 根为一套；井点的安装、拆除以“10 根”计算；井点使用的项目单位为“套 · 天”，累计根数不足一套的按一套计算。

2. 深井井点的安装、拆除以“座”计算，井点使用的项目单位为“座 · 天”。

3. 井点使用一天按 24h 计算。

一、围堰工程

工作内容： 清理基底，50m范围内的装、运土，草袋装土，封包运输，堆筑，填土夯实，拆除清理。

计量单位： 100m³

编号				1-10-1	1-10-2
项目				土草围堰	
				土围堰	草袋围堰
名称			单位	消耗量	
人工	000205000	综合二类工	工日	91.151	145.520
材料	040901005	黏土	m³	（121.000）	（93.000）
	023301002	草袋	个	—	1926.000
	022901001	麻绳（综合）	kg	—	10.200
机械	990416050	工程驳船 50t	台班	2.010	2.010
	990123010	电动夯实机 250N·m	台班	2.333	2.333

工作内容： 过水土、石围堰：清理基底，50m内取土、块石抛填，浇捣溢流面混凝土，不包括拆除清理。

不过水土、石围堰：清理基底，50m内取土、块石抛填，干砌，堆筑，拆除清理。**计量单位：** 100m³

编号				1-10-3	1-10-4
项目				土石混合围堰	
				过水围堰	不过水围堰
名称			单位	消耗量	
人工	000205000	综合二类工	工日	99.523	140.028
材料	040901005	黏土	m³	（41.660）	（40.070）
	050401003	板枋材	m³	0.065	—
	341103001	电	kW·h	9.859	—
	802101003	混凝土 C20	m³	16.820	—
	041107003	块石 200～500	t	76.960	132.660
	341101001	水	m³	3.690	—
	040501019	碎石 20	m³	17.490	—
	050100001	原木（综合）	m³	0.092	—
	031501007	圆钉	kg	6.180	—
	040505001	砂砾 5～12mm	m³	—	14.940
	850103006	其他材料费（占材料费）	%	0.620	1.450
机械	990416050	工程驳船 50t	台班	0.940	1.880
	990123010	电动夯实机 250N·m	台班	0.923	0.745
	990706010	木工圆锯机 500mm	台班	0.035	—
	990401015	载重汽车 4t	台班	0.257	—

工作内容：安挡土篱笆、挂草帘、铁丝固定木桩、50m 内取土、夯填、拆除清理。**计量单位：**10 延长米堰体

编号				1-10-5	1-10-6	1-10-7
项目				圆木桩围堰		
				堰高 3m 以内	堰高 4m 以内	堰高 5m 以内
名称			单位	消耗量		
人工	000205000	综合二类工	工日	66.544	120.078	159.634
材料	333103002	圆木桩	m^3	（5.130）	（6.930）	（8.860）
	040901005	黏土	m^3	（63.180）	（105.300）	（131.630）
	023301003	草袋	m^2	63.000	83.360	104.200
	031507031	镀锌铁丝 ϕ4.0	kg	24.150	28.620	28.620
	053507002	竹篱片	m^2	61.800	82.480	103.100
	850103006	其他材料费（占材料费）	%	4.030	4.750	5.270
机械	990416050	工程驳船 50t	台班	1.130	1.880	2.340
	990123010	电动夯实机 250N · m	台班	1.402	2.333	2.919

工作内容：安挡土篱笆、挂草帘、铁丝固定、50m 内取土、夯填、拆除清理。 **计量单位：**10 延长米堰体

编号				1-10-8	1-10-9	1-10-10
项目				钢桩围堰		
				堰高 4m 以内	堰高 5m 以内	堰高 6m 以内
名称			单位	消耗量		
人工	000205000	综合二类工	工日	115.929	150.822	225.851
材料	011700002	工字钢（综合）	t	（7.776）	（9.504）	（10.370）
	040901005	黏土	m^3	（105.300）	（131.630）	（189.540）
	023301003	草袋	m^2	83.360	104.200	125.040
	031507031	镀锌铁丝 ϕ4.0	kg	28.360	28.360	28.360
	053507002	竹篱片	m^2	82.480	103.100	123.720
	850103006	其他材料费（占材料费）	%	4.380	3.590	3.040
机械	990416050	工程驳船 50t	台班	1.880	2.340	3.380
	990123010	电动夯实机 250N · m	台班	2.333	2.919	4.205

工作内容：50m 内取土、夯填、压草袋、拆除清理。 **计量单位：**10 延长米堰体

编号				1-10-11	1-10-12	1-10-13
项目				钢板桩围堰		
				堰高 4m 以内	堰高 5m 以内	堰高 6m 以内
名称			单位	消耗量		
人工	000205000	综合二类工	工日	103.556	142.439	214.376
材料	330109003	钢板桩	t	（20.671）	（25.261）	（27.557）
	040901005	黏土	m^3	（103.080）	（128.580）	（185.000）
	023301002	草袋	个	167.000	209.000	301.000
	850103006	其他材料费（占材料费）	%	8.140	6.500	4.510
机械	990416050	工程驳船 50t	台班	1.880	2.340	3.380
	990123010	电动夯实机 250N · m	台班	2.333	2.919	4.205

工作内容：选料、破竹、编竹笼、笼内填石、安放、笼间填筑、50m 内取土、夯填、拆除清理。 **计量单位：**10 延长米堰体

编号				1-10-14	1-10-15	1-10-16
项目				双层竹笼围堰		
				堰高 3m 以内	堰高 4m 以内	堰高 5m 以内
名称			单位	消耗量		
人工	000205000	综合二类工	工日	136.248	221.953	304.021
材料	040901005	黏土	m^3	（72.660）	（121.100）	（151.370）
	031507028	镀锌铁丝 ϕ2.8	kg	21.650	32.480	43.300
	041107003	块石 200～500	t	139.360	185.810	232.250
	053101001	毛竹	根	105.000	140.000	176.000
	850103006	其他材料费（占材料费）	%	0.820	0.910	0.970
机械	990416050	工程驳船 50t	台班	1.250	1.850	2.300

工作内容： 50m 内取土、运砂、填筑、夯实、拆除清理。 **计量单位：** 100m³

编号				1-10-17	1-10-18	1-10-19	1-10-20
项目				筑岛填心			
				填土		填砂	
				夯填	松填	夯填	松填
名称			单位	消耗量			
人工	000205000	综合二类工	工日	87.150	73.071	53.130	41.022
材料	040901005	黏土	m^3	（105.000）	（90.000）	—	—
	040301003	中砂	t	—	—	170.850	132.600
机械	990416050	工程驳船 50t	台班	2.250	1.910	2.810	2.250
	990123010	电动夯实机 250N · m	台班	2.333	—	2.333	—

工作内容： 50m 内取土、运砂、填筑、夯实、拆除清理。 **计量单位：** 100m³

编号				1-10-21	1-10-22
项目				筑岛填心	
				填砂砾石	
				夯填	松填
名称			单位	消耗量	
人工	000205000	综合二类工	工日	77.910	55.377
材料	040505008	砂砾石	t	165.100	132.600
机械	990416050	工程驳船 50t	台班	2.700	2.250
	990123010	电动夯实机 250N · m	台班	2.333	—

二、脚手架工程

工作内容：场内外材料搬运、搭拆脚手架、拆除脚手架后材料的堆放。　　**计量单位：**100m²

编号				1-10-23	1-10-24
项目				满堂脚手架	
				基本层（3.6～5.2m）	增加层 1.2m
名称			单位	消耗量	
人工	000205000	综合二类工	工日	7.218	1.552
材料	350304001	挡脚板	m^3	0.002	—
	031507031	镀锌铁丝 $\phi4.0$	kg	29.335	—
	130505010	红丹防锈漆	kg	0.642	0.215
	350303001	脚手架钢管	kg	7.341	2.447
	350303003	脚手架钢管底座	个	0.150	—
	350203002	扣件	个	2.852	0.951
	350319001	木脚手板	m^3	0.063	—
	140509006	油漆溶剂油	kg	0.073	0.025
	031501007	圆钉	kg	2.846	—
机械	990401025	载重汽车 6t	台班	0.309	0.049

工作内容：清理场地、搭脚手架、挂安全网、拆除、堆放、材料场内运输。　　**计量单位：**100m²

编号				1-10-25	1-10-26	1-10-27	1-10-28
项目				钢管脚手架			
				单排		双排	
				4m 以内	8m 以内	4m 以内	8m 以内
名称			单位	消耗量			
人工	000205000	综合二类工	工日	5.535	5.724	7.542	7.605
材料	340717001	安全网	m^2	2.680	1.380	2.680	1.380
	350303002	脚手钢管 $\phi48$	t	0.021	0.036	0.027	0.050
	350303003	脚手架钢管底座	个	0.240	0.250	0.450	0.430
	350203002	扣件	个	2.190	4.390	3.200	6.480
	350105001	木脚手板	m^2	5.110	5.110	5.980	5.980
	850103006	其他材料费（占材料费）	%	3.310	3.180	3.920	3.630

三、井点降水

工作内容： 井管装配、地面试管、铺总管、装拆水泵、钻机安装、拆除、钻孔沉管、灌砂封口、连接、试抽；拔管、拆管、灌砂、清洗整理、堆放；抽水、值班、井管堵漏等。

计量单位： 见表

编号				1-10-29	1-10-30	1-10-31	1-10-32
项目				轻型井点			喷射井点
							井管深 10m
				安装	拆除	使用	安装
单位				10 根		套·天	10 根
名称			单位	消耗量			
人工	000205000	综合二类工	工日	2.981	2.070	2.700	27.540
材料	172701003	胶管 *D*50	m	1.700	—	—	—
	173105003	轻型井点井管 *D*40	m	0.220	—	0.830	—
	173107001	轻型井点总管 *D*100	m	0.011	—	0.040	—
	040301003	中砂	t	1.010	0.118	—	21.930
	341101001	水	m^3	18.180	—	—	174.000
	200000007	法兰 *DN*150	副	—	—	—	0.013
	183117001	回水连接件	副	—	—	—	0.022
	173125001	滤网管	根	—	—	—	0.036
	173105004	喷射井点井管 *D*76	m	—	—	—	0.290
	173107002	喷射井点总管 *D*159	m	—	—	—	0.046
	860127001	喷射器	个	—	—	—	0.048
	331100001	水箱	kg	—	—	—	0.356
	850103006	其他材料费（占材料费）	%	0.950	—	7.340	0.130
机械	990801020	电动单级离心清水泵 100mm	台班	0.400	0.080	—	—
	990228010	轻便钻机 XJ-100	台班	0.570	—	—	—
	990501010	电动单筒快速卷扬机 5kN	台班	—	0.240	—	—
	990814010	射流井点泵 9.50m	台班	—	0.240	3.000	—
	990803040	电动多级离心清水泵 150mm 180m 以下	台班	—	—	—	1.173
	991116010	工程地质液压钻机	台班	—	—	—	1.173
	990302010	履带式起重机 10t	台班	—	—	—	1.173
	990805020	污水泵 100mm	台班	—	—	—	2.346

工作内容：井管装配、地面试管、铺总管、装拆水泵、钻机安装、拆除、钻孔沉管、灌砂封口、连接、试抽；拔管、拆管、灌砂、清洗整理、堆放；抽水、值班、井管堵漏等。

计量单位：见表

编号				1-10-33	1-10-34	1-10-35	1-10-36
项目				喷射井点			
				井管深 10m		井管深 15m	
				拆除	使用	安装	拆除
单位				10 根	套·天	10 根	
名称			单位	消耗量			
人工	000205000	综合二类工	工日	8.286	4.860	41.828	15.844
材料	040301003	中砂	t	0.383	—	33.023	0.676
	341101001	水	m^3	18.600	—	202.000	59.000
	200000007	法兰 *DN*150	副	—	0.042	0.013	—
	183117001	回水连接件	副	—	0.070	0.023	—
	173125001	滤网管	根	—	0.114	0.042	—
	173105004	喷射井点井管 *D*76	m	—	0.930	0.540	—
	173107002	喷射井点总管 *D*159	m	—	0.120	0.046	—
	860127001	喷射器	个	—	0.177	0.056	—
	331100001	水箱	kg	—	1.120	0.356	—
	170301004	镀锌钢管 *DN*20	m	—	—	0.860	—
	850103006	其他材料费（占材料费）	%	6.260	1.120	0.120	4.680
机械	990302010	履带式起重机 10t	台班	1.275	—	1.496	1.564
	990803040	电动多级离心清水泵 150mm 180m 以下	台班	—	2.550	1.496	0.782
	991003050	电动空气压缩机 $6m^3$/min	台班	—	—	1.496	—
	991116010	工程地质液压钻机	台班	—	—	1.496	—
	990805020	污水泵 100mm	台班	—	—	2.992	1.564

工作内容： 井管装配、地面试管、铺总管、装拆水泵、钻机安装、拆除、钻孔沉管、灌砂封口、连接、试抽；拔管、拆管、灌砂、清洗整理、堆放；抽水、值班、井管堵漏等。

计量单位： 见表

编号				1-10-37	1-10-38	1-10-39	1-10-40
项目				喷射井点			
				井管深 15m		井管深 20m	
				使用	安装	拆除	使用
单位				套·天	10 根		套·天
名称			单位	消耗量			
人工	000205000	综合二类工	工日	4.860	53.460	20.250	4.860
材料	200000007	法兰 *DN*150	副	0.042	0.013	—	0.042
	183117001	回水连接件	副	0.075	0.025	—	0.080
	173125001	滤网管	根	0.136	0.051	—	0.162
	173105004	喷射井点井管 *D*76	m	1.520	0.880	—	2.260
	173107002	喷射井点总管 *D*159	m	0.120	0.046	—	0.120
	860127001	喷射器	个	0.225	0.067	—	0.290
	331100001	水箱	kg	1.120	0.356	—	1.120
	170301004	镀锌钢管 *DN*20	m	—	1.150	—	—
	040301003	中砂	t	—	44.243	0.982	—
	341101001	水	m^3	—	230.000	100.000	—
	850103006	其他材料费（占材料费）	%	0.870	0.120	3.440	0.660
机械	990803040	电动多级离心清水泵 150mm 180m 以下	台班	2.550	1.828	0.935	2.550
	991003050	电动空气压缩机 $6m^3/min$	台班	—	1.828	—	—
	991116010	工程地质液压钻机	台班	—	1.828	—	—
	990302010	履带式起重机 10t	台班	—	1.828	1.870	—
	990805020	污水泵 100mm	台班	—	3.655	1.870	—

工作内容： 井管装配、地面试管、铺总管、装拆水泵、钻机安装、拆除、钻孔沉管、灌砂封口、连接、试抽；拔管、拆管、灌砂、清洗整理、堆放；抽水、值班、井管堵漏等。

计量单位： 见表

编号				1-10-41	1-10-42	1-10-43	1-10-44
项目				喷射井点			
				井管深 25m			井管深 30m
				安装	拆除	使用	安装
单位				10 根		套·天	10 根
名称			单位	消耗量			
人工	000205000	综合二类工	工日	66.128	25.685	4.860	76.302
材料	170301004	镀锌钢管 *DN*20	m	1.440	—	—	1.730
	200000007	法兰 *DN*150	副	0.013	—	0.042	0.013
	183117001	回水连接件	副	0.027	—	0.085	0.029
	173125001	滤网管	根	0.070	—	0.223	0.089
	173105004	喷射井点井管 *D*76	m	1.450	—	3.530	2.130
	173107002	喷射井点总管 *D*159	m	0.046	—	0.120	0.046
	860127001	喷射器	个	0.096	—	0.378	0.125
	040301003	中砂	t	57.503	1.199	—	71.069
	341101001	水	m^3	271.000	125.000	—	312.000
	331100001	水箱	kg	0.356	—	1.120	0.356
	850103006	其他材料费（占材料费）	%	0.110	2.750	0.520	0.100
机械	990803040	电动多级离心清水泵 150mm 180m 以下	台班	2.023	1.037	2.550	2.210
	991003050	电动空气压缩机 $6m^3/min$	台班	2.023	—	—	2.210
	991116010	工程地质液压钻机	台班	2.023	—	—	2.210
	990302015	履带式起重机 15t	台班	2.023	2.074	—	2.210
	990805020	污水泵 100mm	台班	4.046	2.074	—	4.420

工作内容：井管装配、地面试管、铺总管、装拆水泵、钻机安装、拆除、钻孔沉管、灌砂封口、连接、试抽；拔管、拆管、灌砂、清洗整理、堆放；抽水、值班、井管堵漏等。

计量单位：见表

编号				1-10-45	1-10-46
项目				喷射井点	
				井管深 30m	
				拆除	使用
单位				10 根	套·天
名称			单位	消耗量	
人工	000205000	综合二类工	工日	29.565	4.860
材料	040301003	中砂	t	1.403	—
	341101001	水	m^3	150.000	—
	200000007	法兰 *DN*150	副	—	0.042
	183117001	回水连接件	副	—	0.090
	173125001	滤网管	根	—	0.283
	173105004	喷射井点井管 *D*76	m	—	5.100
	173107002	喷射井点总管 *D*159	m	—	0.120
	860127001	喷射器	个	—	0.465
	331100001	水箱	kg	—	1.120
	850103006	其他材料费（占材料费）	%	3.210	0.370
机械	990803040	电动多级离心清水泵 150mm 180m 以下	台班	1.148	2.550
	990302015	履带式起重机 15t	台班	2.295	—
	990805020	污水泵 100mm	台班	2.295	—

工作内容： 井管装配、地面试管、铺总管、装水泵水箱、钻孔成管、清孔、卸ϕ400 滤水钢管、定位、安装滤水钢管、外壁灌砂、封口、连接、试抽；拔管、拆管、灌砂、清洗整理、堆放；抽水、值班、井管堵漏。 **计量单位：** 见表

编号				1-10-47	1-10-48	1-10-49	1-10-50
项目				大口径井点			
				井管深 15m		井管深 25m	
				安装	拆除	使用	安装
单位				10 根		套·天	10 根
名称			单位	消耗量			
人工	000205000	综合二类工	工日	146.700	72.450	5.400	189.243
材料	173105002	大口径井点井管	m	1.950	—	1.500	2.930
	183111001	大口径井点吸水器 15m	套	0.060	—	0.060	0.090
	173107003	大口径井点总管 *D*159	m	0.046	—	0.120	0.046
	040301003	中砂	t	88.103	38.505	—	143.871
	341101001	水	m^3	480.000	180.000	—	720.000
	331100001	水箱	kg	1.120	—	1.020	1.120
	850103006	其他材料费（占材料费）	%	0.110	0.580	0.550	0.110
机械	990803040	电动多级离心清水泵 150mm 180m 以下	台班	5.525	3.825	2.550	7.463
	990209030	回旋钻机 1000mm	台班	5.525	—	—	7.463
	990302010	履带式起重机 10t	台班	5.525	—	—	7.463
	990805020	污水泵 100mm	台班	11.050	3.825	—	14.926
	990205020	振动沉拔桩机 400kN	台班	—	3.825	—	—

工作内容： 井管装配、地面试管、铺总管、装水泵水箱、钻孔成管、清孔、卸ϕ400滤水钢管、定位、安装滤水钢管、外壁灌砂、封口、连接、试抽；拔管、拆管、灌砂、清洗整理、堆放；抽水、值班、井管堵漏。 **计量单位：** 见表

编号				1-10-51	1-10-52
项目				大口径井点	
				井管深25m	
				拆除	使用
单位				10根	套·天
名称			单位	消耗量	
人工	000205000	综合二类工	工日	93.465	5.400
材料	040301003	中砂	t	41.642	—
	341101001	水	m^3	270.000	—
	173105002	大口径井点井管	m	—	2.250
	183111001	大口径井点吸水器 15m	套	—	0.090
	173107003	大口径井点总管 *D*159	m	—	0.120
	331100001	水箱	kg	—	1.020
	850103006	其他材料费（占材料费）	%	0.580	0.550
机械	990803040	电动多级离心清水泵 150mm 180m 以下	台班	5.525	2.550
	990805020	污水泵 100mm	台班	5.525	—
	990205020	振动沉拔桩机 400kN	台班	5.525	—

工作内容： 钻孔、安装井管、地面管线连接、装水泵、滤砂、孔口封土；拆除设备、填埋、整理等；抽水、值班、井管堵漏。 **计量单位：** 座

编号				1-10-53	1-10-54	1-10-55	1-10-56
项目				深井井点			
				井管深20m		井管深25m	
				安装	拆除	安装	拆除
名称			单位	消耗量			
人工	000205000	综合二类工	工日	12.002	1.170	15.484	1.755
材料	042725006	钢筋混凝土井管 ϕ360	m	6.800	—	8.500	—
	042725007	钢筋混凝土滤水井管 ϕ360	m	13.600	—	17.000	—
	031505023	滤网	m	13.600	—	17.000	—
	040301003	中砂	t	5.331	—	6.663	—
	341101001	水	m^3	60.000	—	72.000	—
	850103006	其他材料费（占材料费）	%	11.720	—	18.590	—
机械	990209010	回旋钻机 500mm	台班	0.553	—	0.746	—
	990301020	履带式电动起重机 5t	台班	0.553	0.133	0.746	0.181
	990809020	潜水泵 100mm	台班	0.553	—	0.746	—
	990805020	污水泵 100mm	台班	1.105	—	1.493	—

工作内容： 钻孔、安装井管、地面管线连接、装水泵、滤砂、孔口封土；拆除设备、填埋、整理等；抽水、值班、井管堵漏。 **计量单位：** 座·天

编号				1-10-57
项目				深井井点
				井管深（20m、25m）
				使用
名称			单位	消耗量
人工	000205000	综合二类工	工日	0.720
材料	850103006	其他材料费（占材料费）	%	5.550
机械	990809020	潜水泵 100mm	台班	1.800

陕西省城市地下
综合管廊工程消耗量定额
（2025）

第二册　安装工程

批准部门：陕 西 省 住 房 和 城 乡 建 设 厅
主编单位：陕西省建设工程造价服务中心
参编单位：中建安装集团有限公司华西公司
软件支持：广 联 达 西 安 科 技 有 限 公 司
实施日期：2 0 2 5 年 7 月 1 日

中国计划出版社
北　京

本书编委会

总　　　编： 李卫军

副　总　编： 张　丹　陈永兵　崔建明　原　波　杜产阳

本册编写人员名单

主　　　编： 曹　方　贺渤伦

副　主　编： 胡永青　庄智斌　赵玉兰

编 写 人 员： 张大道　张素鸽　杨锦玫　魏　萍

软 件 操 作： 郭继庆　路燚桓

总　说　明

一、《陕西省城市地下综合管廊工程消耗量定额（2025）》（以下简称本定额）共分二册，包括：

第一册　建筑和装饰工程

第二册　安装工程

二、本定额适用于陕西省城镇范围内的城市地下综合管廊本体（含标准段、吊装口、通风口、管线分支口、端部井等）的新建、扩建和改建工程。

三、本定额是完成规定计量单位分部分项工程、措施项目所需的人工、材料、施工机械台班的消耗量标准；是编制最高投标限价（标底）、工程结算、施工图预算、工程造价纠纷处理的依据；是投标报价、投资估算、设计概算、企业定额的参考。

四、本定额以国家和有关部门发布的国家现行设计规范、施工验收规范、技术操作规程、质量评定标准、产品标准和安全操作规程，现行工程量清单计价标准、计算标准和有关指标为依据编制。

五、本定额按正常施工工期和施工条件，考虑企业常规的施工工艺，合理的施工组织设计进行编制。

1. 设备、材料、成品、半成品、构配件完整无损，符合质量标准和设计要求，附有合格证书和试验记录。

2. 正常的气候、地理条件和施工环境。

3. 安装工程和土建工程之间的交叉作业正常。

4. 安装地点、建筑物、设备基础、预留孔洞等均符合安装要求。

六、本定额未包括的项目，可按其他专业相应消耗量定额执行。

七、关于人工：

1. 本定额中的人工以综合工日表示。

2. 本定额中的人工包括基本用工、超运距用工、辅助用工和人工幅度差。

3. 本定额中的人工每工日按 8 小时工作制计算（如另有规定按相应册的规定执行）。

4. 机械土、石方、桩基础、构件运输及安装等工程，人工随机械产量计算的，人工幅度差按机械幅度差计算。

八、关于材料：

1. 本定额中的材料（包括构配件、零件、半成品、成品）均为符合国家质量标准和相应设计要求的合格产品。

2. 本定额中的材料包括施工中消耗的主要材料、辅助材料、周转材料和其他材料。

3. 本定额中的材料消耗量包括净用量和损耗量。损耗量包括：从工地仓库、现场集中堆放地点（或现场加工地点）至操作（或安装）地点的施工场内运输损耗、施工操作损耗、施工现场堆放损耗等，规范（设计文件）规定的预留量、搭接量不在损耗率中考虑。

4. 本定额中的混凝土、沥青混凝土、砌筑砂浆、抹灰砂浆及各种胶泥等均按半成品消耗量以体积（m^3）表示，混凝土按运至施工现场的预拌混凝土编制，砂浆按预拌砂浆编制，混凝土均按自然养护考虑。若混凝土及砂浆强度等级与设计强度等级不同时，可按设计强度等级进行换算。

5. 本定额中所使用的混凝土均按预拌混凝土编制，若实际采用现场搅拌混凝土浇捣时，人工、材料、机械具体调整如下：

（1）综合工日增加 4.125 工日/$10m^3$。

（2）水增加 $0.38m^3/10m^3$。

（3）双锥反转出料混凝土搅拌机（500L）增加 0.3 台班/$10m^3$。

6. 本定额中所使用砂浆项目是按干混预拌砂浆计算，若实际使用现拌砂浆或湿拌预拌砂浆时，按以下方法调整：

（1）使用现拌砂浆的，除将定额中的干混预拌砂浆调换为现拌砂浆外，按每立方米砂浆增加：综合用工 0.342 工日、将原定额中干混砂浆罐式搅拌机调换为 200L 灰浆搅拌机，台班含量不变。

（2）使用湿拌预拌砂浆的，除将定额中的干混预拌砂浆调换为湿拌预拌砂浆外，另按相应定额中每立方米砂浆扣除综合用工 0.20 工日，并扣除干混砂浆罐式搅拌机台班数量。

7. 本定额中的周转性材料按不同施工方法，不同类别、材质，计算出一次摊销量进入消耗量定额。

8. 本定额中的用量少、低值易耗的零星材料，列为其他材料。

9. 凡定额中以“（×××）”表示的材料为主要材料，均未计价，不作为记取其他材料费的基数。

九、关于机械：

1. 本定额中的机械按常用机械、合理机械配备和施工企业的机械化装备程度，并结合工程实际综合确定。

2. 本定额的机械台班消耗量是按正常机械施工工效并考虑机械幅度差综合取定的。

3. 凡单位价值 2000 元以内、使用年限在一年以内的不构成固定资产的施工机械，不列入机械台班消耗量，作为工具用具在建筑安装工程费中的企业管理费考虑，其消耗的燃料动力等已列入材料内。

十、关于仪器仪表：

1. 本定额的仪器仪表台班消耗量是按正常施工工效综合取定。

2. 凡单位价值 2000 元以内、使用年限在一年以内的不构成固定资产的仪器仪表，不列入仪器仪表台班消耗量。

十一、本定额中未包括排除地下水，如发生施工降水，按措施费用有关定额及规定计算。工作面排水已包括在相应定额项目内。

十二、本定额施工用水、电是按现场有水、电考虑的。如现场无水、电时，其用水、用电费用按实结算，并扣除定额项目内的水电费用。

十三、预制构件制作、运输吊装的损耗，在编制预算或标底时，按施工图的构件工程量分别按下表规定损耗率列入工程量内。

预制构件损耗表

构件名称	制作废品率（%）	运输及堆放损耗率（%）	安装损耗率（%）
各类预制构件	0.2	0.8	0.5

注：双曲拱桥拱波的制作、运输、安装的损耗率为 5%。

计算方法：

预算制作工程量 = 图纸设计工程量 ×(1 + 制作废品率 + 运输及堆放损耗率 + 安装损耗率)

预算运输工程量 = 图纸计算工程量 ×(1 + 运输及堆放损耗率 + 安装损耗率)

十四、本定额中的工作内容已说明了主要的施工工序，次要工序虽未说明，但已包括在内。

十五、施工与生产同时进行增加的费用，按相应施工项目人工费的 6% 计算。在有害身体健康的环境中施工降效增加的费用，按相应项目人工费的 6% 计算。

十六、本定额适用于海拔 2000m 以下地区。

十七、本定额中注有“××以内”或“××以下”及“小于××”者，均包括××本身；注有“××以外”或“××以上”及“大于××”者，则不包括××本身。

十八、凡本说明未尽事宜，详见各册、各章说明和附录。

十九、工程计量时每一项目汇总的有效位数应遵守下列规定：

1. 以“t”为单位，应保留小数点后三位数字，第四位小数四舍五入。

2. 以“m”“m^2”“m^3”“kg”为单位，应保留小数点后两位数字，第三位小数四舍五入。

3. 以“个”“件”“根”“组”“系统”为单位，应取整数。

二十、本定额的解释和日常管理，由陕西省建设工程造价服务中心负责。

目　　录

册　说　明

一、《安装工程》（以下简称本册）共分六章，包括：

第一章　机械设备安装工程

第二章　电气设备安装工程

第三章　消防工程

第四章　给排水工程

第五章　通风工程

第六章　自动化控制装置及仪表安装工程

二、本册适用于陕西省城镇范围内的城市地下综合管廊本体（含标准段、吊装口、通风口、管线分支口、端部井等）的新建、扩建和改建中的安装工程。

三、关于水平和垂直运输：

1. 设备：包括自安装现场指定堆放地点运至安装地点的水平和垂直运输。

2. 材料、成品、半成品：包括自施工单位现场仓库或现场指定堆放地点运至安装地点的水平和垂直运输。

3. 垂直运输基准面：管廊内以管廊底板顶面为基准面,管廊外以设计标高正负零平面为基准面。

四、本说明未尽事宜详见各章说明。

第一章

机械设备安装工程

说　明

一、本章包括起重设备安装、起重轨道安装和泵安装等项目。

二、本章编制的主要技术依据有：

1.《通用安装工程工程量计算标准》DB 61/T 5130—2025；

2.《风机、压缩机、泵安装工程施工及验收规范》GB 50275—2010；

3.《起重设备安装工程施工及验收规范》GB 50278—2010；

4.《机械设备安装工程施工及验收通用规范》GB 50231—2009；

5.《城市综合管廊工程技术标准》GB/T 50838—2015（2024 年版）；

6.《陕西省通用安装工程消耗量定额（2025）》；

7.《建设工程劳动定额》LD/T—2008；

8. 相关标准图集和技术手册。

三、本章除另有说明外，均包括下列工作内容：

1. 安装主要工序：

整体安装：施工准备，设备、材料及工、机具水平搬运，设备开箱检验、配合基础验收、垫铁设置，地脚螺栓安放，设备吊装就位安装、连接，设备调平找正，垫铁点焊，配合基础灌浆，设备精平对中找正，与机械本体联接的附属设备、冷却系统、润滑系统及支架防护罩等附件部件的安装，机组油、水系统管线的清洗，配合检查验收。

解体安装：施工准备，设备、材料及工、机具水平搬运，设备开箱检验、配合基础验收、垫铁设置，地脚螺栓安放，设备吊装就位、组对安装，各部间隙的测量、检查、刮研和调整，设备调平找正，垫铁点焊，配合基础灌浆，设备精平对中找正，与机械本体联接的附属设备、冷却系统、润滑系统及支架防护罩等附件部件的安装，机组油、水系统管线的清洗，配合检查验收。

解体检查：施工准备，设备本体、部件及第一个阀门以内管道的拆卸，清洗检查，换油，组装复原，间隙调整，找平找正，记录，配合检查验收。

2. 施工及验收规范中规定的调整、试验及空负荷试运转。

3. 与设备本体联体的平台、梯子、栏杆、支架、屏盘、电机、安全罩以及设备本体第一个法兰以内的成品管道等安装。

4. 工种间交叉配合的停歇时间，临时移动水、电源时间，以及配合质量检查、交工验收等工作。

5. 配合检查验收。

四、本章不包括下列内容，发生时应另行计算：

1. 设备场外运输。

2. 因场地狭小，有障碍物等造成设备不能一次就位所引起设备、材料增加的二次搬运、装拆工作。

3. 设备基础的铲磨，地脚螺栓孔的修整、预压，以及在木砖地 11 层上安装设备所需增加的费用。

4. 地脚螺栓孔和基础灌浆。

5. 设备、构件、零部件、附件、管道、阀门、基础、基础盖板等的制作、加工、修理、保温、刷漆及测量、检测、试验等工作。

6. 设备试运转所用的水、电、气、油、燃料等。

7. 联合试运转、生产准备试运转。

8. 专用垫铁、特殊垫铁（如螺栓调整垫铁、球型垫铁、钩头垫铁等）、地脚螺栓和设备基础的灌浆。

9. 脚手架搭设与拆除。

10. 电气系统、仪表系统、通风系统、设备本体第一个法兰以外的管道系统等的安装、调试工作；

非与设备本体联体的附属设备或附件（如平台、梯子、栏杆、支架、容器、屏盘等）的制作、安装、刷油、防腐、保温等工作。

五、设备地脚螺栓和连接设备各部件的螺栓、销钉、垫片及传动部分的润滑油料等按随设备配套供货考虑。

六、起重设备安装：

1. 起重设备安装包括以下工作内容：

（1）起重设备静负荷、动负荷及超负荷试运转。

（2）必需的端梁铆接。

（3）解体供货的起重设备现场组装。

2. 起重设备安装不包括试运转所需重物的供应和搬运。

七、起重轨道安装：

1. 起重轨道安装包括以下工作内容：

（1）测量、下料、矫直、钻孔；

（2）钢轨切割、打磨、附件部件检查验收、组对、焊接（螺栓连接）;

（3）车挡制作安装的领料、下料、调直、吊装、组对、焊接等。

2. 起重轨道安装不包括以下工作内容：

（1）轨道枕木干燥、加工、制作；

（2）“8”字形轨道加工制作；

（3）“8”字形轨道工字钢轨的立柱、吊架、支架、辅助梁等的制作与安装。

八、泵安装：

1. 泵安装包括以下工作内容：

（1）泵的安装：设备开箱检验、基础处理、垫铁设置、泵设备本体及附件（底座、电动机、联轴器、皮带等）吊装就位、找平找正、垫铁点焊、单机试车、配合检查验收。

（2）泵拆装检查：设备本体及部件以及第一个阀门以内的管道等拆卸、清洗、检查、刮研、换油、调间隙、找正、找平、找中心、记录、组装复原、配合检查验收。

（3）设备本体与本体联体的附件、管道、滤网、润滑冷却装置的清洗、组装。

（4）联轴器、减振器、减振台、皮带安装。

2. 泵安装不包括以下工作内容：

（1）底座、联轴器、键的制作；

（2）泵排水管道组对安装；

（3）电动机的检查、干燥、配线、调试等；

（4）试运转时所需排水的附加工程（如修筑水沟、接排水管等）。

工程量计算规则

一、起重设备安装按照型号规格选用项目，同时有主副钩时以主钩额定起重量为准，以“台”为计量单位。

二、起重轨道安装按轨道长度计算，轨道附属的各种垫板、联接板、压板、固定板、鱼尾板、连接螺栓、垫圈、垫板、垫片等部件配件均按随钢轨定货考虑（主材）。

三、泵安装按设备重量选用项目，以“台”为计量单位。设备重量计算：

1. 直联式泵按泵本体、电动机以及底座的总重量。

2. 非直联式泵按泵本体及底座的总重量计算。不包括电动机重量，但本电动机安装已包括在安装项目内。

一、起重设备安装

工作内容： 施工准备、吊装就位、安装找正、散件现场组装、起重机静负荷、动负荷及超负荷试运转、配合检查验收。

计量单位： 台

编号				2-1-1	2-1-2	2-1-3	2-1-4
项目				电动葫芦		单轨小车	
				起重量（t以内）			
				2	10	5	10
名称			单位	消耗量			
人工	000205000	综合二类工	工日	6.268	11.837	5.465	7.012
材料	140901003	黄油钙基脂	kg	1.269	1.326	1.313	1.400
	140303001	机油（综合）	kg	0.935	0.989	0.707	0.800
	140307001	煤油	kg	1.975	2.179	1.544	1.800
	050301004	木板（综合）	m^3	0.002	0.004	0.005	0.004
	850103006	其他材料费（占材料费）	%	5.000	5.000	5.000	5.000
机械	990304004	汽车式起重机 8t	台班	0.300	—	—	—
	990503030	电动单筒慢速卷扬机 50kN	台班	1.000	1.000	—	—
	990401030	载重汽车 8t	台班	0.100	0.100	—	—
	990304016	汽车式起重机 16t	台班	—	0.400	0.300	0.300

二、起重轨道安装

工作内容： 施工准备、测量、领料、下料、矫正、钻孔、吊装、组对安装、调整、连接固定、配合检查验收。

计量单位： 10m

编号				2-1-5	2-1-6	2-1-7	2-1-8	2-1-9
项目				电动葫芦及单轨小车工字钢轨道安装				
				轨道型号				
				I20	I22	I25	I28	I32
名称			单位	消耗量				
人工	000205000	综合二类工	工日	5.090	5.500	5.760	6.140	6.900
材料	031301008	低碳钢焊条 J422（综合）	kg	2.810	3.920	4.550	4.950	7.080
	012900017	钢板 δ4.5～7	kg	1.030	1.030	1.030	1.540	1.540
	370100002	钢轨	m	10.800	10.800	10.800	10.800	10.800
	142909001	氧气	m^3	4.682	6.426	6.610	8.262	8.486
	142907002	乙炔气	kg	1.561	2.142	2.203	2.754	2.828
	850103006	其他材料费（占材料费）	%	3.000	3.000	3.000	3.000	3.000
机械	990901010	交流弧焊机 21kV·A	台班	0.500	0.710	0.820	0.850	1.270
	990761020	摩擦压力机 3000kN	台班	0.170	0.190	0.220	0.240	0.280
	990403010	平板拖车组 10t	台班	0.060	0.060	0.050	0.050	0.060
	990304004	汽车式起重机 8t	台班	0.110	0.110	0.100	0.100	0.110

工作内容： 施工准备、领料、下料、调直、组装、焊接、配合检查验收。　　**计量单位：** 见表

编　号				2-1-10	2-1-11	2-1-12
项　目				车挡安装每组 4 个		车挡制作
				每个单重（t）		
				0.1	0.25	
单　位				组		t
名　称			单位	消　耗　量		
人工	000205000	综合二类工	工日	7.620	10.120	22.500
材料	031301008	低碳钢焊条 J422（综合）	kg	—	—	19.810
	142909001	氧气	m^3	—	—	5.661
	142907002	乙炔气	kg	—	—	1.887
	010100002	钢材	kg	—	—	（1100.000）
	050301004	木板（综合）	m^3	0.020	0.020	—
	020101005	橡胶板 δ5～10	kg	—	—	41.580
	850103006	其他材料费（占材料费）	%	5.000	5.000	5.000
机械	990901010	交流弧焊机 21kV·A	台班	—	—	4.020
	990304004	汽车式起重机 8t	台班	0.100	0.100	—
	990401030	载重汽车 8t	台班	0.050	0.050	—
	990732030	剪板机 20×2000mm	台班	—	—	0.060
	990727020	立式钻床 35mm	台班	—	—	0.850

三、泵　安　装

工作内容： 施工准备、设备开箱检验、基础处理、垫铁设置、设备吊装就位、找平找正、垫铁点焊、轴系对中、应力检查、单机试车、配合检查验收。　　**计量单位：** 台

编　号				2-1-13	2-1-14	2-1-15	2-1-16
项　目				单级离心泵及离心式耐腐蚀泵安装			
				设备重量（t 以内）			
				0.2	0.5	1.0	3.0
名　称			单位	消　耗　量			
人工	000205000	综合二类工	工日	4.389	6.105	9.924	19.200
材料	031301008	低碳钢焊条 J422（综合）	kg	0.100	0.126	0.189	0.357
	140901003	黄油钙基脂	kg	0.150	0.202	0.556	0.909
	140303001	机油（综合）	kg	0.410	0.606	0.859	1.364
	031505019	金属滤网	m^2	0.063	0.065	0.068	0.070
	140307001	煤油	kg	0.560	0.788	0.945	1.890
	050301004	木板（综合）	m^3	0.003	0.006	0.009	0.019
	031509007	平垫铁（综合）	kg	4.500	4.500	5.625	8.460
	012901009	热轧薄钢板 δ1.6～1.9	kg	0.200	0.300	0.400	0.450
	031102001	砂纸	张	2.000	2.000	4.000	5.000
	150113004	石棉板衬垫	kg	0.125	0.130	0.135	0.140
	031509010	斜垫铁（综合）	kg	4.464	4.464	5.580	7.500
	142909001	氧气	m^3	0.133	0.204	0.204	0.408

续前

编号				2-1-13	2-1-14	2-1-15	2-1-16
项目				单级离心泵及离心式耐腐蚀泵安装			
				设备重量（t 以内）			
				0.2	0.5	1.0	3.0
名称			单位	消耗量			
材料	142907002	乙炔气	kg	0.045	0.068	0.068	0.136
	013503001	紫铜板（综合）	kg	0.050	0.060	0.150	0.200
	850103006	其他材料费（占材料费）	%	3.000	3.000	3.000	3.000
机械	990305020	叉式起重机 5t	台班	0.100	0.100	0.200	0.400
	990901010	交流弧焊机 21kV·A	台班	0.100	0.100	0.100	0.300

工作内容：设备本体及部件以及第一个阀门以内的管道等拆卸、清洗、检查、刮研、换油、调间隙、找正、找平、找中心、记录、组装复原。

计量单位：台

编号				2-1-17	2-1-18	2-1-19
项目				单级离心泵及离心式耐腐蚀泵拆装检查		
				设备重量（t 以内）		
				0.5	1.0	3.0
名称			单位	消耗量		
人工	000205000	综合二类工	工日	3.900	7.800	15.150
材料	140901003	黄油钙基脂	kg	0.200	0.500	1.000
	140303001	机油（综合）	kg	0.200	0.400	1.200
	140307001	煤油	kg	1.200	1.500	3.000
	020111009	石棉橡胶板 高压 δ1～6	kg	0.500	1.000	2.000
	031102005	铁砂布 0#～2#	张	1.000	2.000	4.000
	133501005	研磨膏	盒	0.200	0.300	1.000
	013503004	紫铜板 δ0.25～0.5	kg	0.050	0.050	0.200
	850103006	其他材料费（占材料费）	%	5.000	5.000	5.000

第二章

电气设备安装工程

说　　明

一、本章包括：变压器、配电装置、母线、配电控制与保护及直流装置、蓄电池、交流电动机检查接线、金属构件、穿墙套板、滑触线、配电电缆、防雷及接地装置、配管、配线、照明器具、低压电器设备、运输设备电气装置安装及电气设备调试等。

二、本章适用于管廊内电压等级小于或等于 10kV 变配电设备及线路安装、动力电气设备及电气照明器具、防雷及接地装置安装、配管配线、电气调整试验等安装工程。

三、本章编制的主要技术依据有：

1.《建筑照明设计标准》GB/T 50034—2024；

2.《电气装置安装工程 高压电器施工及验收规范》GB 50147—2010；

3.《电气装置安装工程 电力变压器、油浸电抗器、互感器施工及验收规范》GB 50148—2010；

4.《电气装置安装工程 母线装置施工及验收规范》GB 50149—2010；

5.《电气装置安装工程 电气设备交接试验标准》GB 50150—2016；

6.《电气装置安装工程 电缆线路施工及验收标准》GB 50168—2018；

7.《电气装置安装工程 接地装置施工及验收规范》GB 50169—2016；

8.《电气装置安装工程 旋转电机施工及验收标准》GB 50170—2018；

9.《电气装置安装工程 盘、柜及二次回路接线施工及验收规范》GB 50171—2012；

10.《电气装置安装工程 蓄电池施工及验收规范》GB 50172—2012；

11.《建筑物防雷工程施工与质量验收规范》GB 50601—2010；

12.《电气装置安装工程 66kV 及以下架空电力线路施工及验收规范》GB 50173—2014；

13.《电气装置安装工程 低压电器施工及验收规范》GB 50254—2014；

14.《电气装置安装工程 电力变流设备施工及验收规范》GB 50255—2014；

15.《电气装置安装工程 起重机电气装置施工验收规范》GB 50256—2014；

16.《电气装置安装工程 爆炸和火灾危险环境电气装置施工及验收规范》GB 50257—2014；

17.《建筑电气工程施工质量验收规范》GB 50303—2015；

18.《民用建筑电气设计规范》JGJ 16—2008；

19.《城市综合管廊工程技术规范》GB/T 50838—2015（2024 年版）；

20.《陕西省通用安装工程消耗量定额（2025）》；

21.《建筑设计防火规范》GB 50016—2014（2018 年版）；

22.《低压配电设计规范》GB 50054—2011。

四、本章除各节另有说明外，均包括下列工作内容：

施工准备、设备与器材及工器具的场内运输、开箱检查、安装、设备单体调整试验、结尾清理、配合质量检验、不同工种间交叉配合、临时移动水源与电源等工作内容。

五、本章不包括下列内容，发生时应另行计算：

1. 电压等级大于 10kV 配电、用电设备及装置安装。工程应用时，应执行电力行业相关项目。

2. 电气设备及装置配合机械设备进行单体试运和联合试运工作内容。发电、输电、配电、用电分系统调试、整套启动调试、特殊项目测试与性能验收试验应单独执行本章第十六节“电气设备调试工程”相应项目。

（1）单体调试是指设备或装置安装完成后未与系统连接时，根据设备安装施工交接验收规范，为确认其是否符合产品出厂标准和满足实际使用条件而进行的单机试运或单体调试工作。单体调试项目的界限是设备没有与系统连接，设备和系统断开时的单独调试。

（2）分系统调试是指工程的各系统在设备单机试运或单体调试合格后，为使系统达到整套启动所必须具备的条件而进行的调试工作。分系统调试项目的界限是设备与系统连接，设备和系统连接在一起进行的调试。

（3）整套启动调试是指工程各系统调试合格后，根据启动试运规程、规范，在工程投料试运前以及试运行期间，对工程整套工艺运行生产以及全部安装结果的验证、检验所进行的调试。整套启动调试项目的界限是工程各系统间连接，系统和系统连接在一起进行的调试。

六、本章安装所用螺栓是按照厂家配套供应考虑，不包括安装所用螺栓费用。如果工程实际由安装单位采购配置安装所用螺栓时，根据实际安装所用螺栓用量加 3%损耗率计算螺栓费用。现场加工制作的金属构件中，螺栓按照未计价材料考虑，其中包括安装用的螺栓。

七、变压器安装工程：

1. 变压器安装项目包括放注油、油过滤所需的临时油罐等设施摊销费。不包括变压器防震措施安装，端子箱与控制箱的制作与安装，变压器干燥、二次喷漆、变压器铁梯及母线铁构件的制作与安装，工程实际发生时，执行相关项目。

2. 油浸式变压器安装项目适用于自耦式变压器、带负荷调压变压器的安装；电炉变压器安装执行同容量变压器项目乘以系数 1.60；整流变压器安装执行同容量变压器项目乘以系数 1.20。

3. 变压器的器身检查按照吊芯检查考虑。

4. 安装带有保护外罩的干式变压器时，执行相关项目时人工、机械乘以系数 1.10。

5. 变压器单体调试内容包括测量绝缘电阻、直流电阻、极性组别、电压变比、交流耐压及空载电流和空载损耗、阻抗电压和负载损耗试验；包括变压器绝缘油取样、简化试验、绝缘强度试验。

6. 非晶合金变压器安装根据容量执行相应的油浸变压器安装项目。

八、配电装置安装工程：

1. 设备所需的绝缘油、六氟化硫气体、液压油等均按照设备供货编制。设备本体以外的加压设备和附属管道的安装，应执行相应安装项目另行计算。

2. 设备安装项目不包括端子箱安装、控制箱安装、设备支架制作及安装、绝缘油过滤、电抗器干燥、基础槽（角）钢安装、配电设备的端子板外部接线、预埋地脚螺栓、二次灌浆。

3. 配电智能设备安装调试不包括光缆敷设、设备电源电缆（线）的敷设、配线架跳线的安装、焊（绕、卡）接与钻孔等；不包括系统试运行、电源系统安装测试、通信测试、软件生产和系统组态以及因设备质量问题而进行的修配改工作；应执行相应的项目另行计算费用。

4. 干式电抗器安装项目适用于混凝土电抗器、铁芯干式电抗器和空心电抗器等干式电抗器安装。项目是按照三相叠放、三相平放和二叠一平放的安装方式综合考虑的，工程实际与其不同时，执行时不做调整。励磁变压器安装根据容量及冷却方式执行相应的变压器安装项目。

5. 高压成套配电柜安装项目综合考虑了不同容量，执行时不做调整。项目中不包括母线配制及设备干燥。

6. 低压成套配电柜安装项目综合考虑了不同容量、不同回路，执行时不做调整。

7. 组合式成套箱式变电站主要是指电压等级小于或等于 10kV 箱式变电站。本项目是按照通用布置方式编制的，即：变压器布置在箱中间，箱一端布置高压开关，箱一端布置低压开关，内装 6～24 台低压配电箱（屏）。执行时，不因布置形式而调整。本项目针对欧式变压器，在结构上采用高压开关柜、低压开关柜、变压器组成方式的箱式变压器称为欧式变压器。

8. 成套配电柜和箱式变电站安装不包括基础槽（角）钢安装；成套配电柜安装不包括母线及引下线的配制与安装。

9. 配电设备基础槽（角）钢、支架、抱箍、延长环、套管、间隔板等安装，执行本章第七节“金属构件、穿墙套板安装工程”相关项目。

10. 成品配套空箱体安装执行相应的“成套配电箱”安装项目乘以系数 0.50。

11. 环网柜配电采集器安装是按照集中式配电终端编制的，若实际采用分散式配电终端，执行开闭所配电采集器项目乘以系数 0.85。

12. 配电智能设备单体调试项目中只考虑三遥（遥控、遥信、遥测）功能调试，若实际工程增加遥调功能时，执行相应项目乘以系数 1.20。

13. 电能表集中采集系统安装调试项目包括基准表安装调试、抄表采集系统安装调试。项目不包括箱体及固定支架安装、端子板与汇线槽及电气设备元件安装、通信线及保护管敷设、设备电源安装测试、通信测试等。

九、母线安装工程：

母线安装工程不包括支架、铁构件的制作与安装，工程实际发生时，执行本章第七节“金属构件、穿墙套板安装工程”相关项目。

十、配电控制、保护、直流装置安装工程：

1. 设备安装项目包括屏、柜、台、箱设备本体及其辅助设备安装，即标签框、光字牌、信号灯、附加电阻、连接片等。项目不包括支架制作与安装、二次喷漆及喷字、设备干燥、焊（压）接线端子、端子板外部（二次）接线、基础槽（角）钢制作与安装、设备上开孔。

2. 接线端子项目只适用于导线，电力电缆终端头制作安装项目中包括压接线端子，控制电缆终端头制作安装项目中包括终端头制作及接线至端子板，不得重复计算。

3. 直流屏（柜）不单独计算单体调试，其费用综合在分系统调试中。

十一、蓄电池安装工程：

UPS 不间断电源安装项目分单相（单相输入/单相输出）、三相（三相输入/三相输出），三相输入/单相输出设备安装执行三相项目。EPS 应急电源安装根据容量执行相应的 UPS 安装项目。

十二、交流电动机检查接线工程：

1. 电动机检查接线项目不包括电动机干燥，工程实际发生时，另行计算费用。

2. 电机检查接线项目不包括控制装置的安装和接线。

3. 电机接地材质是按照镀锌扁钢编制的，如采用铜接地时，可以调整接地材料费，但安装人工和机械不变。

4. 本节项目不包括电动机的安装。包括电动机空载试运转所消耗的电量，工程实际与项目不同时，不做调整。

5. 电动机控制箱安装执行本章第二节中“成套配电箱”相关项目。

十三、金属构件、穿墙套板安装工程：

1. 铁构件制作与安装项目适用于本章范围内除管廊电缆桥架支撑架、沿墙支架以外的各种支架、构件的制作与安装。

2. 铁构件制作项目不包括镀锌、镀锡、镀铬、喷塑等其他金属防护费用，工程实际发生时，执行相关项目另行计算。

3. 轻型铁构件是指铁构件的主体结构厚度小于或等于 3mm 的铁构件。

4. 穿墙套板制作与安装项目综合考虑了板的规格与安装高度，执行项目时不做调整。项目中不包括电木板、环氧树脂板的主材，应按照安装用量加损耗量另行计算主材费。

5. 金属围网、网门制作与安装项目包括网或门的边柱、立柱制作与安装。

6. 金属构件制作项目中包括除锈、刷油漆费用。

十四、滑触线安装工程：

1. 滑触线及滑触线支架安装项目包括下料、除锈、刷防锈漆与防腐漆，伸缩器、坐式电车绝缘子支持器安装。项目不包括预埋铁件与螺栓、辅助母线安装。

2. 滑触线及支架安装项目是按照安装高度小于或等于 10m 编制，若安装高度大于 10m 时，超出部分的安装工程量按照项目人工乘以系数 1.10。

3. 安全节能型滑触线安装不包括滑触线导轨、支架、集电器及其附件等材料，安全节能型滑触线为三相式时，执行单相滑触线安装项目乘以系数 2.00。

十五、配电电缆敷设工程：

1. 本节桥架安装项目适用于配电及用电工程电力电缆与控制电缆的桥架安装。通信、热工及仪器仪表、建筑智能等弱电工程控制电缆桥架安装，根据其项目说明执行相应桥架安装项目。

2. 桥架安装项目包括组对、焊接、桥架开孔、隔板与盖板安装、接地、附件安装、修理等。项目不包括桥架支撑架安装。项目综合考虑了螺栓、焊接和膨胀螺栓三种固定方式，实际安装与项目不同时不做调整。

（1）梯式桥架安装项目是按照不带盖考虑的，若梯式桥架带盖，则执行相应的槽式桥架项目。

（2）钢制桥架主结构设计厚度大于 3mm 时，执行相应安装项目的人工、机械乘以系数 1.20。

（3）不锈钢桥架安装执行相应的钢制桥架项目乘以系数 1.10。

（4）电缆桥架安装是项目按照厂家供应成品安装编制的，若现场需要制作桥架时，应执行本章第七节“金属构件、穿墙套板安装工程”相关项目。

（5）槽盒安装根据材质与规格，执行相应的槽式桥架安装项目，其中：人工、机械乘以系数 1.08。

3. 电力电缆敷设项目包括配电电缆敷设项目，根据敷设环境执行相应项目。项目综合了裸包电缆、铠装电缆、屏蔽电缆等电缆类型，凡是电压等级小于或等于 10kV 电力电缆和控制电缆敷设不分结构形式和型号，一律按照相应的电缆截面和芯数执行项目。

（1）预制分支电缆、控制电缆敷设项目综合考虑了不同的敷设环境，执行项目时不做调整。

（2）矿物绝缘电力电缆敷设根据电缆敷设环境与电缆截面执行相应的电力电缆敷设项目与接头项目。

（3）矿物绝缘控制电缆敷设根据电缆敷设环境与电缆芯数执行相应的控制电缆敷设项目与接头项目。

（4）预制分支电缆敷设项目中，包括电缆吊具、每个长度小于或等于 10m 分支电缆安装；不包括分支电缆头的制作安装，应根据设计图示数量与规格执行相应的电缆接头项目；每个长度大于 10m 分支电缆，应根据超出的数量与规格及敷设的环境执行相应的电缆敷设项目。

4. 电力电缆敷设项目是按照三芯（包括三芯连地）编制的，电缆每增加一芯相应项目增加 15%。单芯电力电缆敷设按照同截面电缆敷设项目乘以系数 0.70，两芯电缆按照三芯电缆项目执行。截面面积 400mm^2 以上至 800mm^2 的单芯电力电缆敷设，按照 400mm^2 电力电缆敷设项目乘以系数 1.35。截面面积 800mm^2 以上至 1600mm^2 的单芯电力电缆敷设，按照 400mm^2 电力电缆敷设项目乘以系数 1.85。

5. 电缆敷设需要钢索及拉紧装置安装时，应执行本章第十二节“配线工程”相关项目。

6. 电缆头制作安装项目中包括镀锡裸铜线、扎索管、接线端子、压接管、螺栓等消耗性材料。项目不包括终端盒、中间盒、保护盒、插接式成品头、铅套管主材及支架安装。

7. 双屏蔽电缆头制作安装执行相应项目人工乘以系数 1.05。若接线端子为异型端子，需要单独加工时，应另行计算加工费。

8. 电缆防火设施安装不分规格、材质，执行项目时不做调整。

9. 阻燃槽盒安装项目按照单件槽盒 2.05m 长度考虑，项目中包括槽盒、接头部件的安装，包括接头防火处理。执行项目时不得因阻燃槽盒的材质、壁厚、单件长度而调整。

10. 电缆敷设项目中不包括支架的制作与安装，工程应用时，执行本章第七节“金属构件、穿墙套板安装工程”相关项目。

十六、防雷及接地装置安装工程：

1. 本节适用于管廊的防雷接地、变配电系统接地、设备接地以及避雷针（塔）接地等装置安装。

2. 接地极安装与接地母线敷设项目不包括采用爆破法施工、接地电阻率高的土质换土、接地电阻测定工作。工程实际发生时，执行相关项目。

3. 管廊外接地母线敷设项目是按照管廊外整平标高和一般土质综合编制的，包括地沟挖填土和夯实，执行项目时不再计算土方工程量。管廊外接地沟挖深为 0.75m，每米沟长土方量为 0.34m^3。如设计要求埋设深度与项目不同时，应按照实际土方量调整。如遇有石方、矿渣、积水、障碍物等情况时应另行计算。

4. 本节不包括固定防雷接地设施所用的预制混凝土块制作（或购置混凝土块）与安装费用。工程实际发生时，执行房屋建筑与装饰工程相关项目。

十七、配管工程：

1. 配管项目中钢管材质是按照镀锌钢管考虑的，项目不包括采用焊接钢管刷油漆、刷防火漆或防火涂料、管外壁防腐保护以及接线箱、接线盒、支架的制作与安装。接线箱、接线盒安装执行本章第十二节“配线工程”相关项目；支架的制作与安装执行本章第十七节“管廊支架”相关项目。

2. 工程采用镀锌电线管时，执行镀锌钢管项目计算安装费；镀锌电线管主材费按照镀锌钢管用量另行计算。

3. 项目中刚性阻燃管为刚性 PVC 难燃线管，管材长度一般为 4m/根，管子连接采用专用接头插入法连接，接口密封；半硬质塑料管为阻燃聚乙烯软管，管子连接采用专用接头抹塑料胶后粘接。工程实际安装与项目不同时，执行项目不做调整。

4. 可挠金属套管项目是指普利卡金属管（PULLKA），主要应用于混凝土内埋管及低压室外电气配线管。可挠金属套管规格见下表。

可挠金属套管规格表（mm）

规格	10#	12#	15#	17#	24#	30#	38#	50#	63#	76#	83#	101#
内径	9.2	11.4	14.1	16.6	23.8	29.3	37.1	49.1	62.6	76	81	100.2
外径	13.3	16.1	19	21.5	28.8	34.9	42.9	54.9	69.1	82.9	88.1	107.3

5. 配管安装项目是按照各专业间配合施工考虑的，本项目中不考虑凿槽、刨沟、凿孔（洞）等费用。

十八、配线工程：

1. 管内穿线项目包括扫管、穿线、焊接包头；线槽配线项目包括清扫线槽、布线、焊接包头。

2. 照明线路中导线截面面积大于 $6mm^2$ 时，执行“穿动力线”相关项目。

3. 接线箱、接线盒安装及盘柜配线项目适用于电压等级小于或等于 380V 电压等级用电系统。项目不包括导线与接线端子材料费。

4. 暗装接线箱、接线盒项目中槽孔按照事先预留考虑，不计算开槽、开孔费用。

十九、照明器具安装工程：

1. 灯具引导线是指灯具吸盘到灯头的连线，除注明者外，均按照灯具自备考虑。如引导线需要另行配置时，其安装费不变，主材费另行计算。

2. 照明灯具安装除特殊说明外，均不包括支架制作与安装。工程实际发生时，执行本章第七节“金属构件、穿墙套板安装工程”相关项目。

3. 项目包括灯具组装、安装、利用摇表测量绝缘及一般灯具的试亮工作。

4. 荧光灯具安装项目按照成套型荧光灯考虑，工程实际采用组合式荧光灯时，执行相应的成套型荧光灯安装项目乘以系数 1.10。荧光灯具安装项目适用范围见下表。

荧光灯具安装项目适用范围表

项目名称	灯具种类
成套型荧光灯	单管、双管、三管、四管、吊链式、吊管式、吸顶式、嵌入式、成套独立荧光灯

5. LED 灯安装根据其结构、形式、安装地点，执行相应的灯具安装项目。

6. 灯具安装项目中灯槽、灯孔按照事先预留考虑，不计算开孔费用。

7. 插座箱安装执行相应的配电箱项目。

二十、低压电器设备安装工程：

1. 低压电器安装项目适用于工业低压用电装置及电器的安装。项目综合考虑了型号、功能，执行项目时不做调整。

2. 控制装置安装项目中，除限位开关及水位电气信号装置安装项目外，其他安装均未包括支架制作、安装。工程实际发生时，可执行本章第七节“金属构件、穿墙套板安装工程”相关项目。

3. 本节包括电器安装、接线（除单独计算外）、接地。项目不包括接线端子、保护盒、接线盒、箱体等安装，工程实际发生时，执行相关项目。

二十一、运输设备电气装置安装工程：

1. 起重设备电气安装项目包括电气设备检查接线、电动机检查接线与安装、小车滑线安装、管线敷设、随设备供应的电缆敷设、校线、接线、设备本体灯具安装、接地、负荷试验、程序调试。不包括起重设备本体安装。

2. 项目不包括电源线路及控制开关的安装、电动发电机组安装、基础型钢和钢支架及轨道的制作与安装、接地极与接地干线敷设、电气分系统调试。

二十二、电气设备调试工程：

1. 调试项目是按照现行的配电、用电工程启动试运及验收规程进行编制的，标准与规程未包括的调试项目和调试内容所发生的费用，应结合技术条件及相应的规定另行计算。

2. 调试项目中已经包括熟悉资料、编制调试方案、核对设备、现场调试、填写调试记录、整理调试报告等工作内容。

3. 本节所用到的电源是按照永久电源编制的，项目中不包括调试与试验所消耗的电量，其电费已包含在其他费用（甲方费用）中。当工程需要单独计算调试与试验电费时，应按照实际表计电量计算。

4. 分系统调试包括电气设备安装完毕后进行系统联动、对电气设备单体调试进行校验与修正、电气一次设备与二次设备常规的试验等工作内容。非常规的调试与试验执行特殊项目测试与性能验收试验相应的项目。

5. 配电装置系统调试中电压等级小于或等于 1kV 的项目适用于所有低压供电回路，如从低压配电装置至分配电箱的供电回路（包括照明供电回路）；从配电箱直接至电动机的供电回路已经包括在电动机的负载系统调试项目内。凡供电回路中带有仪表、继电器、电磁开关等调试元件的（不包括刀开关、保险器），均按照调试系统计算。移动电器和以插座连接的家电设备不计算调试费用。配电设备系统调试包括系统内的电缆试验、绝缘耐压试验等调试工作。配电箱内只有开关、熔断器等不含调试元件的供电回路，则不再作为调试系统计算。

6. 根据电动机的形式及规格，计算电动机负载调试。

7. 项目不包括设备的干燥处理和设备本身缺陷造成的元件更换修理，亦未考虑因设备元件质量低劣或安装质量问题对调试工作造成的影响。发生时，按照有关的规定进行处理。

8. 项目是按照新的且合格的设备考虑的。当调试经更换修改的设备、拆迁的旧设备时，项目乘以系数 1.15。

9. 调试项目是按照现行国家标准《电气装置安装工程 电气设备交接试验标准》GB 50150 及相应电气装置安装工程施工及验收系列规范进行编制的，标准与规范未包括的调试项目和调试内容所发生的费用，应结合技术条件及相应的规定另行计算。发电机、变压器、母线、线路的分系统调试中均包括了相应保护调试，“保护装置系统调试”项目适用于单独调试保护系统。

10. 调试项目中已经包括熟悉资料、核对设备、填写试验记录、保护整定值的整定、整理调试报告等工作内容。

11. 调试带负荷调压装置的电力变压器时，调试项目乘以系数 1.12；三线圈变压器、整流变压器、电炉变压器调试按照同容量的电力变压器调试项目乘以系数 1.20。

12. 3～10kV 母线系统调试中包含一组电压互感器，电压等级小于或等于 1kV 母线系统调试项目中不包含电压互感器，项目适用于低压配电装置的各种母线（包括软母线）的调试。

13. 整套启动调试包括变电、配电部分在项目生产投料或使用前后进行的项目电气部分整套调试和配合生产启动试运以及程序校验、运行调整、状态切换、动作试验等内容。不包括在整套启动试运过程中暴露出来的设备缺陷处理或因施工质量、设计质量等问题造成的返工所增加的调试工作量。

14. 其他材料费中包括调试消耗、校验消耗材料费。

二十三、管廊支架：

1. 管廊支架制作安装项目，适用于管廊内钢支架（含立柱及悬臂）制作与安装。

2. 管廊支架制作安装项目不包括支架的除锈、刷油。

二十四、其他：

1. 本册刚性防水套管安装项目中，包括了配合预留孔洞、浇筑混凝土及堵洞工作内容，发生时不再另行计算。

2. 套管内填料按油麻编制，如与设计不符时，可按工程要求调整换算填料。

工程量计算规则

一、变压器安装工程：

三相变压器、单相变压器、消弧线圈安装根据设备容量及结构性能，按照设计安装数量以“台”为计量单位。

二、配电装置安装工程：

1. 干式电抗器的安装，根据设备重量，按照设计安装数量以“组”为计量单位，每三相为一组。

2. 成套配电柜安装，根据设备功能，按照设计安装数量以“台”为计量单位。

3. 成套配电箱安装，根据箱体半周长，按照设计安装数量以“台”为计量单位。

4. 箱式变电站安装，根据引进技术特征及设备容量，按照设计安装数量以“座”为计量单位。

5. 变压器配电采集器、环网柜配电采集器调试根据系统布置，按照设计安装变压器或环网柜数量，以“台”为计量单位。

6. 开闭所配电采集器调试根据系统布置，以“间隔”为计量单位，一台断路器计算一个间隔。

7. 电压监控切换装置安装、调试，根据系统布置，按照设计安装数量以“台”为计量单位。

8. GPS 时钟安装、调试，根据系统布置，按照设计安装数量，以“套”为计量单位。天线系统不单独计算工程量。

9. 配电自动化子站、主站系统设备调试根据管理需求，以“系统”为计量单位。

10. 电度表、中间继电器安装调试，根据系统布置，按照设计安装数量以“台”为计量单位。

11. 电表采集器、数据集中器安装调试，根据系统布置，按照设计安装数量以“台”为计量单位。

12. 各类服务器、工作站安装，根据系统布置，按照设计安装数量以“台”为计量单位。

三、母线安装工程：

1. 共箱母线安装根据箱体断面及导体截面面积和每相片数规格，按照设计图示安装轴线长度以“m”为计量单位，不计算安装损耗量。

2. 低压（电压等级小于或等于 380V）封闭式插接母线槽安装，根据每相电流容量，按照设计图示安装轴线长度以“m”为计量单位；计算长度时，不计算安装损耗量。母线槽及母线槽专用配件按照安装数量计算主材费。分线箱、始端箱安装根据电流容量，按照设计图示安装数量以“台”为计量单位。

四、配电控制、保护、直流装置安装工程：

1. 控制设备安装根据设备性能和规格，按照设计图示安装数量以“台”为计量单位。

2. 端子板外部接线根据设备外部接线图，按照设计图示接线数量以“个”为计量单位。

3. 直流屏（柜）安装根据设备电流容量，按照设计图示安装数量以“台”为计量单位。

五、蓄电池安装工程：

UPS 安装根据单台设备容量及输入与输出相数，按照设计图示安装数量以“台”为计量单位。

六、交流电动机检查接线工程：

1. 电动机检查接线，根据设备容量，按照设计图示安装数量以“台”为计量单位。

2. 电动机检查接线项目中，每台电动机按照 0.824m 计算金属软管材料费。电机电源线为导线时，其接线端子分导线截面按照“个”计算工程量，执行本章第四节“配电控制、保护、直流装置安装工程”相关项目。

七、金属构件、穿墙套板安装工程：

1. 基础槽钢、角钢制作与安装，根据设备布置，按照设计图示安装数量以“m”为计量单位。

2. 电缆桥架支撑架、沿墙支架、铁构件执行本章第十七节“管廊支架”相关项目。

3. 金属箱、盒制作按照设计图示安装成品重量以“kg”为计量单位。计算重量时，计算制作螺栓及连接件重量，不计算制作损耗量、焊条重量。

4. 穿墙套板制作与安装根据工艺布置和套板材质，按照设计图示安装数量以“块”为计量单位。

5. 围网、网门制作与安装根据工艺布置，按照设计图示安装成品数量以“m”为计量单位。计算面积时，围网长度按照中心线计算，围网高度按照实际高度计算，不计算围网底至地面的高度。

八、滑触线安装工程：

1. 滑触线安装。根据材质及性能要求，按照设计图示安装成品数量以“m/单相”为计量单位，计算长度时，应考虑滑触线挠度和连接需要增加的工程量，不计算下料、安装损耗量。滑触线另行计算主材费，滑触线安装预留长度按照设计规定计算，设计无规定时按照下表规定计算。

滑触线安装附加和预留长度表　　　　单位：m/根

序号	项　　目	预留长度	说明
1	轻轨滑触线终端	0.8	从最后一个支持点起算
2	安全节能滑触线终端	0.5	从最后一个固定点起算

2. 滑触线支架、拉紧装置、挂式支持器安装。根据构件形式及材质，按照设计图示安装成品数量以“副”或“套”为计量单位，三相一体为1副或1套。

3. 沿钢索移动软电缆按照每根长度以“套”为计量单位，不足每根长度按照1套计算；沿轨道移动软电缆根据截面面积，以“m”为计量单位。

九、配电电缆敷设工程：

1. 入室密封电缆保护管铺设。根据电缆敷设路径，应区别不同敷设方式、敷设位置、管材材质、规格，按照设计图示敷设数量以“m”为计量单位。

2. 电缆桥架安装。根据桥架材质与规格，按照设计图示安装数量以“m”为计量单位。

3. 组合式桥架安装。按照设计图示安装数量以“片”为计量单位；复合支架安装按照设计图示安装数量以“副”为计量单位。

4. 电缆敷设。根据电缆敷设环境与规格，按照设计图示单根敷设数量以“m”为计量单位。不计算电缆敷设损耗量。

（1）预制分支电缆敷设长度按照敷设主电缆长度计算工程量。

（2）计算电缆敷设长度时，应考虑因波形敷设、弛度、电缆绕梁（柱）所增加的长度以及电缆与设备连接、电缆接头等必要的预留长度。预留长度按照设计规定计算，设计无规定时按照下表规定计算。

电缆敷设附加长度计算表

序号	项　　目	预留长度（附加）	说明
1	电缆敷设弛度、波形弯度、交叉	2.5%	按电缆全长计算
2	电缆进入建筑物	2.0m	规范规定最小值
3	电缆进入沟内或吊架时引上（下）预留	1.5m	规范规定最小值
4	变电所进线、出线	1.5m	规范规定最小值
5	电力电缆终端头	1.5m	检修余量最小值
6	电缆中间接头盒	两端各留 2.0m	检修余量最小值
7	电缆进控制、保护屏及模拟盘等	高＋宽	按盘面尺寸
8	高压开关柜及低压配电盘、柜	2.0m	盘下进出线
9	电缆至电动机	0.5m	从电机接线盒算起
10	厂用变压器	3.00m	从地坪起算
11	电缆绕过梁柱等增加长度	按实计算	按被绕物的断面情况计算增加长度
12	电梯电缆与电缆架固定点	每处 0.5m	范围最小值

5. 电缆头制作与安装。根据电压等级与电缆头形式及电缆截面，按照设计图示单根电缆接头数量以“个”为计量单位。

（1）电力电缆和控制电缆均按照一根电缆有两个终端头计算。

（2）电力电缆中间头按照设计规定计算；设计没有规定的以单根长度 400m 为标准，每增加 400m 计算一个中间头，增加长度小于 400m 时计算一个中间头。

6. 电缆防火设施安装。根据防火设施的类型及材料，按照设计用量分别以不同计量单位计算工程量。

十、防雷及接地装置安置工程：

1. 接地极制作与安装。根据材质与土质，按照设计图示安装数量以“根”为计量单位。接地极长度按照设计长度计算，设计无规定时，每根按照 2.5m 计算。

2. 接地母线敷设。按照设计图示敷设数量以“m”为计量单位。计算长度时，按照设计图示水平和垂直规定长度 3.9%计算附加长度（包括转弯、上下波动、避绕障碍物、搭接头等长度），当设计有规定时，按照设计规定计算。

3. 接地跨接线安装。根据跨接线位置，结合规程规定，按照设计图示跨接数量以“处”为计量单位。户外配电装置构架按照设计要求需要接地时，每组构架计算一处。

4. 电子设备防雷接地装置安装。根据需要避雷的设备，按照个数计算工程量。

5. 等电位装置安装。根据接地系统布置，按照安装数量以“套”为计量单位。

6. 工程项目连成一个母网时，按照一个系统计算接地网测试工程量；单项工程或单位工程自成母网不与工程项目母网相连的独立接地网，单独计算一个系统测试工程量。

十一、配管工程：

1. 配管敷设。根据配管材质与直径，区别敷设位置、敷设方式，按照设计图示安装数量以“m”为计量单位。计算长度时，不计算安装损耗量，不扣除管路中间的接线箱、接线盒、灯头盒、开关盒、插座盒、管件等所占长度。

2. 金属软管敷设。根据金属管直径及每根长度，按照设计图示安装数量以“m”为计量单位。计算长度时，不计算安装损耗量。

3. 线槽敷设根据线槽材质与规格，按照设计图示安装数量以“m”为计量单位。计算长度时，不计算安装损耗量，不扣除管路中间的接线箱、接线盒、灯头盒、开关盒、插座盒、管件等所占长度。

十二、配线工程：

1. 管内穿线。根据导线材质与截面面积，区别照明线与动力线，按照设计图示安装数量以“10m”为计量单位；管内穿多芯软导线根据软导线芯数与单芯软导线截面面积，按照设计图示安装数量以“10m”为计量单位。管内穿线的线路分支接头线长度已综合考虑在项目中，不得另行计算。

2. 线槽配线。根据导线截面面积，按照设计图示安装数量以“10m”为计量单位。

3. 塑料护套线明敷设。根据导线芯数与单芯导线截面面积，按照设计图示安装数量以“10m”为计量单位。

4. 接线箱安装。根据安装式（明装、暗装）及接线箱半周长，按照设计图示安装数量以“个”为计量单位。

5. 接线盒安装。根据安装形式（明装、暗装）及接线盒类型，按照设计图示安装数量以“个”为计量单位。

6. 盘、柜、箱、板配线。根据导线截面面积，按照设计图示配线数量以“10m”为计量单位。配线进入盘、柜、箱、板时每根线的预留长度按照设计规定计算，设计无规定时按照下表规定计算。

配线进入盘、柜、箱、板的预留线长度表

序号	项 目	预留长度	说明
1	各种开关、柜、板	宽＋高	盘面尺寸
2	单独安装（无箱、盘）的铁壳开关、闸刀开关、启动器、母线槽进出线盒	0.3m	从安装对象中心算起
3	由地面管子出口引至动力接线箱	1.0m	从管口计算
4	电源与管内导线连接（管内穿线与软、硬母线接头）	1.5m	从管口计算
5	出户线	1.5m	从管口计算

7. 灯具、开关、插座、按钮等预留线，已分别综合在相应项目内，不另行计算。

十三、照明器具安装工程：

1. 照明灯具安装。根据灯具种类、规格，按照设计图示安装数量以“套”为计量单位。

2. 开关、按钮安装。根据安装形式与种类、开关极数及单控与双控，按照设计图示安装数量以“套”为计量单位。

3. 插座安装。根据电源数、电流、插座安装形式，按照设计图示安装数量以“套”为计量单位。

十四、低压电器设备安装工程：

1. 控制开关安装。根据开关形式与功能及电流量，按照设计图示安装数量以“个”为计量单位。

2. 熔断器、限位开关安装。根据类型，按照设计图示安装数量以“个”为计量单位。

3. 用电控制装置、安全变压器安装。根据类型与容量，按照设计图示安装数量以“台”为计量单位。

4. 仪表、分流器安装。根据类型与容量，按照设计图示安装数量以“个”或“套”为计量单位。

5. 小母线安装是指电器需要安装的母线，按照实际安装数量以“m”为计量单位。

十五、运输设备电气装置安装工程：

起重设备电气安装根据起重设备形式与起重量及控制地点，按照设计图示安装数量以“台”为计量单位。

十六、电气设备调试工程：

1. 电气调试系统根据电气布置系统图，结合调试项目的工作内容进行划分，按照项目计量单位计算工程量。

2. 电气设备常规试验不单独计算工程量，特殊项目的测试与试验根据工程需要按照实际数量计算工程量。

3. 供电桥回路的断路器、母线分段断路器，均按照独立的输配电设备系统计算调试费。

4. 输配电设备系统调试是按照一侧有一台断路器考虑的，若两侧均有断路器时，则按照两个系统计算。

5. 变压器系统调试是按照每个电压侧有一台断路器考虑的，若断路器多于一台时，则按照相应的电压等级另行计算输配电设备系统调试费。

6. 保护装置系统调试以被保护的对象主体为一套。其工程量按照下列规定计算：

（1）变压器保护调试按照变压器的台数计算。

（2）母线保护调试按照设计规定所保护的母线条数计算。

（3）线路保护调试按照设计规定所保护的进出线回路数计算。

（4）小电流接地保护按照装设该保护装置的套数计算。

7. 自动投入装置系统调试包括继电器、仪表等元件本身和二次回路的调整试验。其工程量按照下列规定计算：

（1）备用电源自动投入装置按照连锁机构的个数计算自动投入装置的系统工程量。一台备用厂用变压器作为三段厂用工作母线备用电源，按照三个系统计算工程量。设置自动投入的两条互为备用的线路或两台变压器，按照两个系统计算工程量。备用电动机自动投入装置亦按此规定计算。

（2）线路自动重合闸系统调试按照采用自动重合闸装置的线路自动断路器的台数计算系统工程量。综合重合闸亦按此规定计算。

8. 直流监视系统调试包括继电器、仪表等元件本身和二次回路的调整试验。以蓄电池的组数为一个系统计算工程量。

9. 柴油发电机及不间断电源系统调试按照安装的柴油发电机及不间断电源台数计算工程量。

10. 电动机负载调试是指电动机连带机械设备及装置一并进行调试。电动机负载调试根据电机的控制方式、功率按照电动机的台数计算工程量。

11. 具有较高控制技术的电气工程，应按照控制方式计算系统调试工程量。

12. 成套开闭所根据开关间隔单元数量，按照成套的单个箱体数量计算工程量。

13. 成套箱式变电站根据变压器容量，按照成套的单个箱体数量计算工程量。

14. 配电智能系统调试根据间隔数量，以“系统”为计量单位。一个站点为一个系统。一个柱上配电终端若接入主（子）站，可执行两个以下间隔的分系统调试项目，若就地保护则不能执行系统调试项目。

15. 整套启动调试根据高压侧电压等级不分容量按照“座”计算工程量。

（1）用电工程项目电气部分整套启动调试随用电工程项目统一考虑，不单独计算有关用电电气整套启动调试费用。

（2）用户端配电站（室）根据高压侧电压等级（接受端电压等级）计算配电整套启动调试费。

（3）中心变电站至用户端配电室（含箱式变电站）的输电线路，根据输电电压等级计算输电线路整套启动调试费；用户端配电室（含箱式变电站）至用户各区域或用电设备的配电电缆、电线工程不计算输电整套启动调试费。

16. 特殊项目测试与性能验收试验根据技术标准与测试的工作内容，按照实际测试与试验的设备或装置数量计算工程量。

十七、管廊支架：

管廊支架制作安装按设计图示单件重量，以“100kg”为计量单位。单件重量指单根托臂或单根立柱的重量。

十八、其他：

本章刚性防水套管制作按穿管的公称直径，分规格以“个”为计量单位。刚性防水套管安装按穿管的公称直径，分规格以“组”为计量单位。

一、变压器安装工程

工作内容： 开箱检查、本体就位、器身检查；套管、油枕及散热器清洗；油柱试验、风扇油泵电机检查接线、附件安装、垫铁制作与安装、补充注油及安装后整体密封试验、接地、补漆、单体调试。

计量单位：台

编　号				2-2-1	2-2-2	2-2-3
项　目				油浸式变压器		
				容量（kV·A）		
				≤ 250	≤ 500	≤ 1000
名　称			单位	消　耗　量		
人工	000205000	综合二类工	工日	7.321	8.432	14.143
材料	022703003	白布	kg	0.450	0.450	0.540
	022702002	白纱布带 20mm × 20m	卷	1.000	1.500	1.500
	031301007	低碳钢焊条（综合）	kg	0.300	0.300	0.300
	142123001	电力复合脂	kg	0.050	0.050	0.050
	011303001	镀锌扁钢（综合）	kg	4.500	4.500	4.500
	031507017	镀锌铁丝 ϕ2.5～4.0	kg	1.000	1.000	1.000
	130505002	防锈漆 C53-1	kg	0.600	0.900	1.300
	130113005	酚醛磁漆	kg	0.200	0.200	0.200
	130115006	酚醛调和漆	kg	1.000	1.200	1.800
	203107002	钢垫板 δ1～2	kg	5.000	5.000	6.000
	020901006	聚乙烯薄膜 δ0.05	m^2	1.500	1.500	3.000
	311921002	滤油纸 300 × 300	张	20.000	30.000	50.000
	022701001	棉纱	kg	0.400	0.500	0.600
	140301003	汽油 92#	kg	0.300	0.400	0.600
	272501002	青壳纸 δ0.1～1.0	kg	0.150	0.150	0.200
	031102005	铁砂布 $0^{\#}$～$2^{\#}$	张	0.250	0.500	0.500
	142909001	氧　气	m^3	—	—	0.800
	142907002	乙炔气	kg	—	—	0.340
	850103006	其他材料费（占材料费）	%	1.800	1.800	1.800
机械	870699164	TPFRC 电容分压器交直流高压测量系统	台班	0.308	0.308	0.748
	870699092	YDQ 充气式试验变压器	台班	0.308	0.308	0.748
	870622072	变压器直流电阻测试仪	台班	0.926	0.926	2.244
	870622064	高压绝缘电阻测试仪	台班	0.308	0.308	0.748
	870699096	高压试验变压器配套操作箱、调压器	台班	0.616	0.616	1.496
	990901010	交流弧焊机 21kV · A	台班	0.280	0.280	0.280
	870613053	绝缘油试验仪	台班	0.336	0.336	0.336
	991275010	滤油机 LX100	台班	0.701	0.701	0.935
	990304004	汽车式起重机 8t	台班	0.561	0.598	0.542
	990401020	载重汽车 5t	台班	0.093	0.131	—
	873112024	直流高压发生器	台班	0.308	0.308	0.748
	870699156	自动介损测试仪	台班	0.308	0.308	0.748
	990401030	载重汽车 8t	台班	—	—	0.150

工作内容： 开箱检查、本体就位、垫铁制作与安装、附件安装、接地、补漆、单体调试。 **计量单位：** 台

编号				2-2-4	2-2-5	2-2-6	2-2-7	2-2-8
项目				干式变压器				
				容量（kV·A）				
				≤100	≤250	≤500	≤800	≤1000
名称			单位	消耗量				
人工	000205000	综合二类工	工日	8.585	6.820	7.985	17.317	12.394
材料	022703003	白布	kg	—	—	0.100	0.100	0.100
	031301007	低碳钢焊条（综合）	kg	0.300	0.300	0.300	0.300	0.300
	142123001	电力复合脂	kg	0.050	0.050	0.050	0.050	0.050
	011303001	镀锌扁钢（综合）	kg	4.500	4.500	4.500	4.500	4.500
	031507017	镀锌铁丝 ϕ2.5～4.0	kg	0.800	1.000	1.000	1.500	2.000
	130505002	防锈漆 C53-1	kg	0.300	0.300	0.500	0.500	1.000
	130115006	酚醛调和漆	kg	2.500	2.500	2.500	2.500	3.000
	203107002	钢垫板 δ1～2	kg	4.000	4.000	4.000	6.000	6.000
	031541003	钢锯条	条	1.000	1.000	1.000	1.000	1.000
	022701001	棉纱	kg	0.500	0.500	0.500	0.500	0.500
	140301003	汽油 92#	kg	0.300	0.300	0.500	1.000	1.000
	031102005	铁砂布 $0^{\#}$～$2^{\#}$	张	—	—	2.000	2.000	2.000
	850103006	其他材料费（占材料费）	%	1.800	1.800	1.800	1.800	1.800
机械	990401020	载重汽车 5t	台班	0.093	0.093	0.112	0.140	—
	870699164	TPFRC 电容分压器交直流高压测量系统	台班	0.308	0.308	0.308	0.748	0.748
	870699092	YDQ 充气式试验变压器	台班	0.308	0.308	0.308	0.748	0.748
	870622072	变压器直流电阻测试仪	台班	0.926	0.926	0.926	2.244	2.244
	870622064	高压绝缘电阻测试仪	台班	0.308	0.308	0.308	0.748	0.748
	870699096	高压试验变压器配套操作箱、调压器	台班	0.616	0.616	0.616	1.496	1.496
	990901010	交流弧焊机 21kV·A	台班	0.280	0.280	0.280	0.280	0.280
	990304004	汽车式起重机 8t	台班	0.094	0.094	0.112	0.140	0.374
	990401030	载重汽车 8t	台班	—	—	—	—	0.206
	873112024	直流高压发生器	台班	0.308	0.308	0.308	0.748	0.748
	870699156	自动介损测试仪	台班	0.308	0.308	0.308	0.748	0.748

二、配电装置安装工程

工作内容：开箱检查、安装固定、接地。　　　　**计量单位：**组

编　号				2-2-9	2-2-10
项　目				干式电抗器安装	
				重量（t/组）	
				≤1.5	≤4.5
名　称			单位	消　耗　量	
人工	000205000	综合二类工	工日	5.966	7.772
材料	031301007	低碳钢焊条（综合）	kg	0.950	0.950
	142123001	电力复合脂	kg	0.050	0.080
	011303001	镀锌扁钢（综合）	kg	13.300	13.300
	130505002	防锈漆 C53-1	kg	0.380	0.380
	130115006	酚醛调和漆	kg	0.380	0.380
	203107002	钢垫板 δ1～2	kg	2.900	2.900
	031541003	钢锯条	条	1.900	1.900
	031305003	焊锡膏	kg	0.020	0.040
	031303019	焊锡丝（综合）	kg	0.100	0.200
	022701001	棉纱	kg	0.300	0.300
	140301003	汽油 92#	kg	0.400	0.400
	040301001	中砂	m^3	0.020	0.020
	203307013	石棉橡胶垫 2	m^2	1.050	1.050
	040100003	水泥 32.5	kg	28.500	28.500
	850103006	其他材料费（占材料费）	%	1.800	1.800
机械	990901010	交流弧焊机 21kV · A	台班	0.542	0.542
	990304004	汽车式起重机 8t	台班	0.093	0.159
	990401020	载重汽车 5t	台班	0.093	0.159
	990912010	氩弧焊机 500A	台班	0.055	0.055

工作内容：开箱清点检查、就位、找正、固定、柜间连接、连锁装置检查、断路器调整、其他设备检查、导体接触面检查、二次元件拆装、接地、单体调试。 **计量单位：**台

编号				2-2-11	2-2-12	2-2-13	2-2-14
项目				高压成套配电单母线柜			
				附真空断路器柜	电压互感器、避雷器柜	电容器柜	其他电气柜
名称			单位	消耗量			
人工	000205000	综合二类工	工日	8.364	4.678	4.125	2.970
材料	031301008	低碳钢焊条 J422（综合）	kg	0.300	0.300	0.300	0.300
	340115002	电池 1[#]	节	0.200	0.200	0.200	0.200
	142123001	电力复合脂	kg	0.300	0.300	0.300	0.200
	250107001	电珠 2.5V	个	0.100	0.100	0.100	0.100
	130115001	调和漆	kg	0.500	0.500	0.500	0.500
	011303001	镀锌扁钢（综合）	kg	5.000	5.000	5.000	5.000
	130505010	红丹防锈漆	kg	0.500	0.500	0.500	0.500
	143303002	酒精 工业用 99.5%	kg	0.500	—	—	—
	022701001	棉纱	kg	0.100	0.100	0.100	0.100
	031509007	平垫铁（综合）	kg	0.500	0.500	0.500	0.500
	140301004	汽油 95#	kg	0.250	0.250	0.150	0.100
	031101006	砂轮片 ϕ400	片	0.500	0.500	0.500	0.500
	280301015	铜芯塑料绝缘电线 BV-3×2.5mm^2	m	2.000	1.000	1.000	—
	850103006	其他材料费（占材料费）	%	1.800	1.800	1.800	1.800
机械	870699092	YDQ 充气式试验变压器	台班	0.736	0.467	0.467	0.467
	870622097	断路器动特性综合测试仪	台班	0.491	—	—	—
	870622064	高压绝缘电阻测试仪	台班	0.981	0.467	0.467	0.467
	870699096	高压试验变压器配套操作箱、调压器	台班	0.736	0.467	0.467	0.467
	990901010	交流弧焊机 21kV·A	台班	0.093	0.093	0.093	0.093
	990304004	汽车式起重机 8t	台班	0.075	0.075	0.075	0.075
	990401020	载重汽车 5t	台班	0.140	0.140	0.140	0.140
	870622072	变压器直流电阻测试仪	台班	—	0.561	—	—
	870622109	互感器测试仪	台班	—	0.561	—	—
	870699051	全自动变比组别测试仪	台班	—	0.561	—	—
	870699031	电感电容测试仪	台班	—	—	0.467	—
	873112024	直流高压发生器	台班	—	—	0.467	—

工作内容：开箱清点检查、就位、找正、固定、柜间连接、开关及机构调整、接地、单体调试。

计量单位：见表

编号				2-2-15	2-2-16
项目				低压成套配电柜	集装箱式配电室
单位				台	t
名称			单位	消耗量	
人工	000205000	综合二类工	工日	6.293	3.744
材料	031301008	低碳钢焊条 J422（综合）	kg	0.300	—
	130115001	调和漆	kg	0.200	—
	011303001	镀锌扁钢（综合）	kg	3.000	0.140
	203107001	钢垫板（综合）	kg	0.300	—
	031541003	钢锯条	条	1.000	—
	022701001	棉纱	kg	0.500	0.015
	140301004	汽油 95#	kg	0.200	—
	290901025	铜接线端子 DT-25mm^2	个	2.030	—
	280109004	硬铜绞线 TJ-2.5～4mm^2	m	0.800	—
	031301007	低碳钢焊条（综合）	kg	—	0.020
	142123001	电力复合脂	kg	—	0.030
	130115006	酚醛调和漆	kg	—	0.030
	203107002	钢垫板 δ1～2	kg	—	0.800
	031305003	焊锡膏	kg	—	0.005
	031303019	焊锡丝（综合）	kg	—	0.040
	291511001	胶木线夹	个	—	2.800
	172709003	塑料软管 *De*5	m	—	0.500
	172500036	异型塑料管 ϕ2.5～5	m	—	1.800
	021305001	自粘性塑料带 20mm × 20m	卷	—	0.025
	850103006	其他材料费（占材料费）	%	1.800	1.800
机械	870699064	2000A 大电流发生器	台班	0.561	—
	990901010	交流弧焊机 21kV · A	台班	0.093	0.019
	990304004	汽车式起重机 8t	台班	0.131	—
	990401020	载重汽车 5t	台班	0.093	—
	990403020	平板拖车组 20t	台班	—	0.019
	990304032	汽车式起重机 32t	台班	—	0.028

工作内容：测定、打孔、固定、接线、开关及机构调整、接地。　　　　**计量单位：**台

编号				2-2-17	2-2-18	2-2-19	2-2-20	2-2-21	2-2-22
项目				成套配电箱安装					
				落地式	悬挂、嵌入式（半周长）				
					0.5m	1.0m	1.5m	2.5m	3.0m
名称			单位	消耗量					
人工	000205000	综合二类工	工日	1.602	0.529	0.865	1.250	1.528	1.834
材料	130505005	醇酸防锈漆 C53-1	kg	0.020	0.010	—	0.010	0.020	0.024
	031301008	低碳钢焊条 J422（综合）	kg	0.180	—	—	—	0.150	0.150
	142123001	电力复合脂	kg	0.050	0.410	0.410	0.410	0.410	0.492
	011303001	镀锌扁钢（综合）	kg	1.800	—	—	—	1.500	1.500
	130115007	酚醛调和漆 各色	kg	0.050	0.030	0.030	0.030	0.050	0.060
	022701001	棉纱	kg	0.100	0.080	0.100	0.100	0.120	0.144
	031509007	平垫铁（综合）	kg	0.300	0.150	0.150	0.150	0.200	0.240
	031303020	松香焊锡丝（综合）	m	0.150	0.050	0.070	0.080	0.100	0.100
	172500003	塑料管（综合）	kg	0.300	0.130	0.150	0.180	0.250	0.300
	021305001	自粘性塑料带 20mm × 20m	卷	0.200	0.100	0.100	0.150	0.200	0.240
	290901030	铜接线端子 DT-6mm^2	个	—	2.030	2.030	2.030	2.030	4.060
	280109004	硬铜绞线 TJ-2.5～4mm^2	m	—	3.132	5.618	6.461	8.320	12.880
	850103006	其他材料费（占材料费）	%	1.800	1.800	1.800	1.800	1.800	1.800
机械	990901010	交流弧焊机 21kV · A	台班	0.103	—	—	—	0.093	0.112
	990304004	汽车式起重机 8t	台班	0.084	—	—	—	—	—
	990401015	载重汽车 4t	台班	0.050	—	—	—	—	—

工作内容：开箱清点检查、就位、找正、固定、连锁装置检查、导体接触面检查、接地、补漆处理等。　　　　**计量单位：**座

编号				2-2-23	2-2-24	2-2-25	2-2-26
项目				欧式箱式变电站安装			
				变压器容量（kV · A）			
				≤ 100	≤ 315	≤ 630	≤ 1000
名称			单位	消耗量			
人工	000205000	综合二类工	工日	6.325	8.301	9.803	12.089
材料	140717001	变压器油	kg	0.600	0.800	1.000	1.200
	031301008	低碳钢焊条 J422（综合）	kg	0.450	0.450	0.450	0.450
	142123001	电力复合脂	kg	0.200	0.200	0.300	0.300
	130115001	调和漆	kg	0.600	0.600	0.600	0.800
	011303001	镀锌扁钢（综合）	kg	144.000	168.000	190.000	216.000
	130505010	红丹防锈漆	kg	0.600	0.600	0.600	0.800
	022701001	棉纱	kg	0.750	0.750	0.750	0.850
	031509007	平垫铁（综合）	kg	11.000	14.500	18.500	21.000
	140301004	汽油 95#	kg	0.800	0.800	1.000	1.200
	850103006	其他材料费（占材料费）	%	1.800	1.800	1.800	1.800
机械	990901010	交流弧焊机 21kV · A	台班	0.234	0.234	0.234	0.234
	990304004	汽车式起重机 8t	台班	0.374	0.374	0.374	0.374
	990401020	载重汽车 5t	台班	0.467	0.467	0.467	—
	990401030	载重汽车 8t	台班	—	—	—	0.467

工作内容：安装：开箱检查、清洁、安装、固定、接地；调试：插件外观检查、通电初步检查、装置参数检查、就地分合测试、三遥功能测试、对故障的识别和控制功能测试、保护功能检测及传动试验。

计量单位：见表

编　号				2-2-27	2-2-28	2-2-29	2-2-30
项　目				变压器配电采集器		开闭所配电采集器	
				安装	调试	安装	调试
单　位				台			间隔
名　称			单位	消　耗　量			
人工	000205000	综合二类工	工日	0.718	2.154	1.292	4.309
材料	011300002	扁钢（综合）	kg	2.000	—	2.000	—
	022701001	棉纱	kg	0.100	—	0.100	—
	340799001	脱脂棉	kg	—	0.500	—	0.500
	850103006	其他材料费（占材料费）	%	1.800	1.800	1.800	1.800
机械	990401020	载重汽车 5t	台班	0.028	—	0.047	—
	870199011	笔记本电脑	台班	—	0.200	—	0.200

工作内容：安装：开箱检查、清洁、安装、固定、接地；调试：插件外观检查、通电初步检查、装置参数检查、就地分合测试、三遥功能测试、对故障的识别和控制功能测试、保护功能检测及传动试验。

计量单位：台

编　号				2-2-31	2-2-32
项　目				环网柜配电采集器	
				安装	调试
名　称			单位	消　耗　量	
人工	000205000	综合二类工	工日	1.796	3.951
材料	030103012	半圆头铜螺钉带螺母 M4×10	套	3.000	—
	011300002	扁钢（综合）	kg	2.000	—
	031301008	低碳钢焊条 J422（综合）	kg	0.300	—
	022701001	棉纱	kg	0.500	—
	280301015	铜芯塑料绝缘电线 BV-3×2.5mm^2	m	1.000	—
	340799001	脱脂棉	kg	—	0.100
	850103006	其他材料费（占材料费）	%	1.800	1.800
机械	990901010	交流弧焊机 21kV·A	台班	0.350	—
	990401020	载重汽车 5t	台班	0.187	—
	870199011	笔记本电脑	台班	—	0.200

工作内容： 1、2. 安装：开箱检查、清洁、安装、固定、接地。调试：插件外观检查、通电初步检查、装置参数检查、就地分合测试、三遥功能测试、对故障的识别和控制功能测试、保护功能检测及传动试验。

3、4、5. ①GPS 时钟安装、调试：开箱检查、清洁、安装、固定、接地、安装天线、通电检查、对时；②配电自动化子站柜安装（也称中压监控单元）：开箱检查、清洁、安装、固定、接地、软件安装；③配电网自动化子站本体调试：技术准备、屏幕显示及打印制表测试、遥测量采集及显示试验，状态量采集及显示告警试验、事件顺序记录分辨率测试、遥控功能测试、画面响应时间测试。 **计量单位：** 见表

编号				2-2-33	2-2-34	2-2-35	2-2-36	2-2-37
项目				电压监控切换装置		GPS 时钟	配电自动化子站柜	
				安装	调试	安装		调试
单位				台		套	台	系统
名称			单位	消耗量				
人工	000205000	综合二类工	工日	1.292	3.233	2.514	2.514	10.772
材料	011300002	扁钢（综合）	kg	2.500	—	—	2.000	—
	022701001	棉纱	kg	0.100	—	—	0.500	—
	340799001	脱脂棉	kg	—	0.500	—	—	—
	030103012	半圆头铜螺钉带螺母 M4 × 10	套	—	—	—	3.000	—
	031301008	低碳钢焊条 J422（综合）	kg	—	—	—	0.300	—
	280301015	铜芯塑料绝缘电线 BV-3 × 2.5mm^2	m	—	—	—	1.000	—
	850103006	其他材料费（占材料费）	%	1.800	1.800	1.800	1.800	1.800
机械	990401020	载重汽车 5t	台班	0.047	—	—	0.140	—
	870199011	笔记本电脑	台班	—	0.200	—	—	—
	990901010	交流弧焊机 21kV · A	台班	—	—	—	0.350	—
	873138001	网络测试仪	台班	—	—	—	—	1.402
	873150072	误码率测试仪	台班	—	—	—	—	0.935

工作内容： 1. 服务器、工作站等主站设备安装调试：开箱检查、清洁、定位安装、互联、接口检查、设备加电、本体调试；操作系统、应用软件等安装检测，包括数据库软件、人机交互软件、通信软件、配电监控、管理应用软件等；

2. 安全隔离装置安装、物理防火墙安装、调试：技术准备、开箱检查、清洁、定位安装、互联、接口检查，设备加电调试、安全策略设置、功能检查；

3. 调制解调器、路由器安装调试：技术准备、开箱检查、清洁、定位安装、互联、接口检查，设备加电调试、安全策略设置、功能调试。 **计量单位：** 系统

编号				2-2-38	2-2-39	2-2-40	2-2-41
项目				服务器及系统软件	工作站及系统软件	安全隔离装置、防火墙	调制解调器
名称			单位	消耗量			
人工	000205000	综合二类工	工日	3.590	3.233	2.560	1.292
材料	340799001	脱脂棉	kg	0.020	0.020	0.040	0.020
	850103006	其他材料费（占材料费）	%	1.800	1.800	1.800	1.800
机械	990401020	载重汽车 5t	台班	0.047	0.047	0.019	—
	870199011	笔记本电脑	台班	—	—	0.047	0.093

工作内容： 1. 服务器、工作站等主站设备安装调试：开箱检查、清洁、定位安装、互联、接口检查、设备加电、本体调试；操作系统、应用软件等安装检测，包括数据库软件、人机交互软件、通信软件、配电监控、管理应用软件等；
2. 安全隔离装置安装、物理防火墙安装、调试：技术准备、开箱检查、清洁、定位安装、互联、接口检查，设备加电调试、安全策略设置、功能检查；
3. 调制解调器、路由器安装调试：技术准备、开箱检查、清洁、定位安装、互联、接口检查，设备加电调试、安全策略设置、功能调试。

计量单位：见表

编号				2-2-42	2-2-43	2-2-44	2-2-45
项目				路由器	双机切换装置设备	局域网交换机	配电自动化主站系统本体调试
单位				台			系统
名称			单位	消耗量			
人工	000205000	综合二类工	工日	1.796	1.279	2.154	57.452
材料	340799001	脱脂棉	kg	0.040	0.020	0.040	—
	850103006	其他材料费（占材料费）	%	1.800	1.800	1.800	1.800
机械	870199011	笔记本电脑	台班	0.327	0.561	0.561	28.037
	873138001	网络测试仪	台班	—	0.467	0.137	14.019
	873150072	误码率测试仪	台班	—	0.467	—	14.019

工作内容： 1、2、3、4. ①安装：开箱检查、清洁、安装、固定、柜（箱）内校接线、挂牌；②调试外观检查、通电初步检查、载波通信、继电器控制功能测试。
5、6. ①安装：开箱检查、清洁、安装、固定、柜（箱）内校接线、挂牌；②中间继电器的调试：通电初步检查、继电器控制功能测试；③采集器、集中器的调试：通电初步检查、装置参数检查、测量功能、自动功能、通信功能检测；④服务器、工作站等主站设备安装调试：技术准备、开箱检查、清洁、定位安装、互联、接口检查，设备加电、本体调试；操作系统、应用软件安装检测。

计量单位：块

编号				2-2-46	2-2-47	2-2-48	2-2-49	2-2-50	2-2-51
项目				单相电度表		三相电度表		中间继电器	
				安装	调试	安装	调试	安装	调试
名称			单位	消耗量					
人工	000205000	综合二类工	工日	0.360	0.108	0.503	0.144	0.180	0.180
材料	030105002	半圆头镀锌螺栓 M2～5×15～50	套	—	—	—	—	4.000	—
	340509001	记号笔	支	—	—	—	—	0.200	—
	341304007	塑料号牌	个	—	—	—	—	1.200	1.000
	341304003	标志牌 塑料扁形	个	1.000	—	1.000	—	—	—
	341304006	铅标志牌	个	1.000	2.000	2.000	2.000	—	—
	031519008	冲击钻头 $\phi10$	个	0.200	—	0.200	—	0.300	—
	022701001	棉纱	kg	0.050	0.050	0.050	0.050	0.050	0.050
	021301001	尼龙扎带（综合）	根	10.000	—	18.000	—	5.000	—
	031519030	普通钻头 $\phi4$～6	kg	1.000	—	1.000	—	0.200	—
	850103006	其他材料费（占材料费）	%	1.800	1.800	1.800	1.800	1.800	1.800
机械	870699076	微机继电保护测试仪	台班	—	—	—	—	—	0.093
	870699136	现场测试仪 PLT301A	台班	—	0.280	—	0.374	—	—

工作内容： 1. 安装：开箱检查、清洁、安装、固定、柜（箱）内校接线、挂牌；
2. 中间继电器的调试：通电初步检查、继电器控制功能测试；
3. 采集器、集中器的调试：通电初步检查、装置参数检查、测量功能、自动功能、通信功能检测。

计量单位：台

编号				2-2-52	2-2-53	2-2-54	2-2-55
项目				电表采集器		数据集中器	
				安装	调试	安装	调试
名称			单位	消耗量			
人工	000205000	综合二类工	工日	0.216	0.216	0.360	0.790
材料	030105002	半圆头镀锌螺栓 M2～5×15～50	套	4.000	—	—	—
	031519008	冲击钻头 ϕ10	个	0.300	—	0.300	—
	340509001	记号笔	支	0.200	—	0.200	—
	022701001	棉纱	kg	0.100	0.100	0.100	0.100
	021301001	尼龙扎带（综合）	根	4.000	—	—	6.000
	031519030	普通钻头 ϕ4～6	kg	0.200	—	0.200	—
	341304007	塑料号牌	个	1.200	1.000	1.200	—
	850103006	其他材料费（占材料费）	%	1.800	1.800	1.800	1.800
机械	870199011	笔记本电脑	台班	—	0.187	—	0.935
	873138001	网络测试仪	台班	—	0.093	—	—
	873150072	误码率测试仪	台班	—	0.187	—	0.935
	870699136	现场测试仪 PLT301A	台班	—	0.187	—	0.467
	870699076	微机继电保护测试仪	台班	—	—	—	0.187

工作内容： 服务器、工作站等主站设备安装调试：技术准备、开箱检查、清洁、定位安装、互联、接口检查，设备加电、本体调试；操作系统、应用软件安装检测。

计量单位：台

编号				2-2-56	2-2-57	2-2-58	2-2-59
项目				通信前置机	数据库服务器	系统运行管理工作站	集抄工作站
名称			单位	消耗量			
人工	000205000	综合二类工	工日	2.084	5.098	1.365	1.328
材料	340509001	记号笔	支	0.200	0.200	0.200	0.200
	271703003	聚氯乙烯相色带 红、黄、绿、黑	卷	0.300	0.400	0.300	0.250
	021301001	尼龙扎带（综合）	根	10.000	10.000	10.000	10.000
	341304007	塑料号牌	个	2.000	3.000	4.000	4.000
	340799001	脱脂棉	kg	0.100	0.200	0.100	0.100
	850103006	其他材料费（占材料费）	%	1.800	1.800	1.800	1.800
机械	870199011	笔记本电脑	台班	0.467	3.364	0.561	0.467
	990305010	叉式起重机 3t	台班	0.093	0.187	0.093	0.093
	873138001	网络测试仪	台班	1.121	—	1.402	1.121
	873150072	误码率测试仪	台班	0.561	—	0.748	—

工作内容： 服务器、工作站等主站设备安装调试：技术准备、开箱检查、清洁、定位安装、互联、接口检查，设备加电、本体调试；操作系统、应用软件安装检测。

计量单位： 台

编号				2-2-60	2-2-61	2-2-62
项目				台变监控工作站	远程工作站	WEB 服务器
名称			单位	消耗量		
人工	000205000	综合二类工	工日	1.328	1.292	1.436
材料	340509001	记号笔	支	0.200	0.200	0.200
	271703003	聚氯乙烯相色带 红、黄、绿、黑	卷	0.250	0.250	0.250
	021301001	尼龙扎带（综合）	根	10.000	10.000	10.000
	341304007	塑料号牌	个	5.000	5.000	5.000
	340799001	脱脂棉	kg	0.100	0.100	0.100
	850103006	其他材料费（占材料费）	%	1.800	1.800	1.800
机械	870199011	笔记本电脑	台班	0.561	0.748	0.467
	990305010	叉式起重机 3t	台班	0.093	0.093	0.093
	873138001	网络测试仪	台班	—	—	0.374

三、母线安装工程

工作内容： 配合基础铁件安装、清点检查、吊装、调整箱体、连接固定、接地、刷漆、配合调试。

计量单位： m

编号				2-2-63	2-2-64	2-2-65
项目				共箱铜母线安装		
				箱体 900 × 500（mm）	箱体 1000 × 550（mm）	箱体 1100 × 600（mm）
				导体 3 相单片 100 × 8（mm）	导体 3 相单片 100 × 10（mm）	导体 3 相 2 片 100 × 10（mm）
名称			单位	消耗量		
人工	000205000	综合二类工	工日	1.757	1.797	2.054
材料	280115002	共箱铜母线	m	1.000	1.000	1.000
	031599004	瓷嘴	个	0.300	0.350	0.350

续前

编号				2-2-63	2-2-64	2-2-65
项目				共箱铜母线安装		
				箱体 900×500（mm）	箱体 1000×550（mm）	箱体 1100×600（mm）
				导体3相单片 100×8（mm）	导体3相单片 100×10（mm）	导体3相2片 100×10（mm）
名称			单位	消耗量		
材料	031301007	低碳钢焊条（综合）	kg	0.100	0.100	0.100
	142123001	电力复合脂	kg	0.070	0.070	0.075
	011303001	镀锌扁钢（综合）	kg	2.021	2.021	2.021
	031507017	镀锌铁丝 ϕ2.5～4.0	kg	0.120	0.120	0.150
	130115006	酚醛调和漆	kg	0.200	0.200	0.200
	203107002	钢垫板 δ1～2	kg	2.200	2.400	2.538
	031541003	钢锯条	条	0.300	0.300	0.300
	022701001	棉纱	kg	0.120	0.120	0.150
	130100001	喷漆	kg	1.073	1.100	1.150
	140301003	汽油 92#	kg	0.250	0.250	0.300
	143337001	天那水	kg	1.992	2.050	2.278
	031102005	铁砂布 $0^{\#}$～$2^{\#}$	张	0.200	0.200	0.250
	142909001	氧气	m^3	0.040	0.040	0.040
	142907002	乙炔气	kg	0.017	0.017	0.017
	031301025	紫铜电焊条 T107 ϕ3.2	kg	0.200	0.200	0.200
	142911001	氩气	m^3	0.380	0.400	0.400
	340101005	钍钨棒	g	0.300	0.350	0.350
	850103006	其他材料费（占材料费）	%	1.800	1.800	1.800
机械	991003020	电动空气压缩机 0.6m^3/min	台班	0.533	0.561	0.561
	990901010	交流弧焊机 21kV·A	台班	0.187	0.187	0.187
	990304004	汽车式起重机 8t	台班	0.234	0.262	0.262
	990401020	载重汽车 5t	台班	0.047	0.056	0.056
	990912010	氩弧焊机 500A	台班	0.140	0.140	0.140

工作内容：配合基础铁件安装、清点检查、吊装、调整箱体、连接固定、接地、刷漆、配合调试。

计量单位：m

编　号				2-2-66	2-2-67	2-2-68
项　目				共箱铜母线安装	共箱铝母线安装	
				箱体 1200×650（mm）	箱体 900×500（mm）	箱体 1000×550（mm）
				导体 3 相 3 片 100×10（mm）	导体 3 相单片 120×10（mm）	导体 3 相 2 片 120×10（mm）
名　称			单位	消　耗　量		
人工	000205000	综合二类工	工日	2.107	1.650	1.787
材料	280117002	共箱铝母线	m	—	1.000	1.000
	031301020	铝焊条 L109（综合）	kg	—	0.200	0.200
	280115002	共箱铜母线	m	1.000	—	—
	031599004	瓷嘴	个	0.350	0.300	0.350
	031301007	低碳钢焊条（综合）	kg	0.100	0.100	0.100
	142123001	电力复合脂	kg	0.080	0.070	0.075
	011303001	镀锌扁钢（综合）	kg	2.021	2.021	2.021
	031507017	镀锌铁丝 ϕ2.5～4.0	kg	0.150	0.120	0.120
	130115006	酚醛调和漆	kg	0.200	0.150	0.170
	203107002	钢垫板 δ1～2	kg	2.638	2.200	2.400
	031541003	钢锯条	条	0.300	0.200	0.200
	022701001	棉纱	kg	0.150	0.120	0.120
	130100001	喷漆	kg	1.295	1.073	1.150
	140301003	汽油 92#	kg	0.300	0.250	0.250
	143337001	天那水	kg	2.590	1.992	2.050
	031102005	铁砂布 $0^{\#}$～$2^{\#}$	张	0.250	0.250	0.250
	142909001	氧气	m^3	0.050	0.040	0.040
	142907002	乙炔气	kg	0.022	0.017	0.018
	031301025	紫铜电焊条 T107 ϕ3.2	kg	0.200	—	—
	142911001	氩气	m^3	0.400	0.380	0.400
	340101005	钍钨棒	g	0.350	0.300	0.350
	850103006	其他材料费（占材料费）	%	1.800	1.800	1.800
机械	991003020	电动空气压缩机 0.6m^3/min	台班	0.561	0.421	0.467
	990901010	交流弧焊机 21kV·A	台班	0.187	0.187	0.187
	990304004	汽车式起重机 8t	台班	0.262	0.234	0.252
	990401020	载重汽车 5t	台班	0.056	0.047	0.051
	990912010	氩弧焊机 500A	台班	0.140	0.140	0.140

工作内容： 配合基础铁件安装、清点检查、吊装、调整箱体、连接固定、接地、刷漆、配合调试。

计量单位：m

编号				2-2-69	2-2-70
项目				共箱铝母线安装	
				箱体 1100×600（mm）	箱体 1200×650（mm）
				导体 3 相 3 片 120×10（mm）	导体 3 相 4 片 120×10（mm）
名称			单位	消耗量	
人工	000205000	综合二类工	工日	1.892	2.051
材料	280117002	共箱铝母线	m	1.000	1.000
	031599004	瓷嘴	个	0.350	0.350
	031301007	低碳钢焊条（综合）	kg	0.100	0.100
	142123001	电力复合脂	kg	0.085	0.100
	011303001	镀锌扁钢（综合）	kg	2.021	2.021
	031507017	镀锌铁丝 ϕ2.5～4.0	kg	0.150	0.150
	130115006	酚醛调和漆	kg	0.180	0.200
	203107002	钢垫板 δ1～2	kg	2.538	2.638
	031541003	钢锯条	条	0.300	0.300
	031301020	铝焊条 L109（综合）	kg	0.200	0.200
	022701001	棉纱	kg	0.150	0.150
	130100001	喷漆	kg	1.200	1.295
	140301003	汽油 92#	kg	0.300	0.300
	143337001	天那水	kg	2.278	2.590
	031102005	铁砂布 0#～2#	张	0.250	0.300
	142909001	氧气	m^3	0.050	0.050
	142907002	乙炔气	kg	0.022	0.022
	142911001	氩气	m^3	0.400	0.400
	340101005	钍钨棒	g	0.350	0.350
	850103006	其他材料费（占材料费）	%	1.800	1.800
机械	991003020	电动空气压缩机 0.6m^3/min	台班	0.514	0.561
	990901010	交流弧焊机 21kV·A	台班	0.187	0.187
	990304004	汽车式起重机 8t	台班	0.262	0.262
	990401020	载重汽车 5t	台班	0.056	0.056
	990912010	氩弧焊机 500A	台班	0.140	0.140

工作内容： 开箱检查、接头清洗处理、绝缘测试、吊装就位、母线槽连接、配件连接、固定、接地、补漆。

计量单位：m

编　号				2-2-71	2-2-72	2-2-73	2-2-74
项　目				低压封闭式插接母线槽安装			
				每相电流（A）			
				≤400	≤800	≤1250	≤2000
		名　称	单位	消　耗　量			
人工	000205000	综合二类工	工日	0.179	0.238	0.298	0.447
材料	031301007	低碳钢焊条（综合）	kg	0.200	0.200	0.200	0.220
	142123001	电力复合脂	kg	0.010	0.010	0.015	0.015
	011303001	镀锌扁钢（综合）	kg	0.330	0.460	1.200	2.100
	031507017	镀锌铁丝 ϕ2.5～4.0	kg	0.030	0.030	0.030	0.030
	130115006	酚醛调和漆	kg	0.013	0.016	0.020	0.025
	022701001	棉纱	kg	0.040	0.040	0.040	0.060
	290500001	母线槽	m	1.000	1.000	1.000	1.000
	031101012	尼龙砂轮片 ϕ400	片	0.010	0.025	0.035	0.045
	140301003	汽油 92#	kg	0.043	0.043	0.052	0.052
	031102005	铁砂布 $0^{\#}$～$2^{\#}$	张	0.100	0.200	0.250	0.300
	290901027	铜接线端子 DT-35mm^2	个	0.812	0.812	0.812	0.812
	280317010	铜芯塑料绝缘软电线 BVR-35mm^2	m	0.244	0.244	0.244	0.244
	850103006	其他材料费（占材料费）	%	1.800	1.800	1.800	1.800
机械	990305020	叉式起重机 5t	台班	0.010	0.013	0.018	0.020
	990901010	交流弧焊机 21kV·A	台班	0.079	0.079	0.079	0.079

四、配电控制、保护、直流装置安装工程

工作内容： 开箱、检查、安装、电器、表计及继电器等附件的拆装、送交试验、盘内整理及一次校线、接线、补漆。

计量单位：台

编　号				2-2-75	2-2-76	2-2-77	2-2-78	2-2-79	2-2-80
项　目				控制屏	继电、信号屏	模拟屏		配电屏	弱电控制返回屏
						屏宽≤1m	屏宽≤2m		
		名　称	单位	消　耗　量					
人工	000205000	综合二类工	工日	2.696	3.310	6.410	10.364	2.690	2.843
材料	031301007	低碳钢焊条（综合）	kg	0.150	0.150	0.150	0.250	0.150	0.150
	142123001	电力复合脂	kg	0.050	0.050	0.050	0.050	0.050	0.050
	271799001	电气绝缘胶带 18mm×10m×0.13mm	卷	0.050	0.050	0.050	0.100	0.050	0.050
	011303001	镀锌扁钢（综合）	kg	1.500	1.500	1.500	2.500	1.500	1.500

续前

编号				2-2-75	2-2-76	2-2-77	2-2-78	2-2-79	2-2-80
项目				控制屏	继电、信号屏	模拟屏		配电屏	弱电控制返回屏
						屏宽 ≤ 1m	屏宽 ≤ 2m		
名称			单位	消耗量					
材料	130115006	酚醛调和漆	kg	0.100	0.100	0.100	0.160	0.050	0.050
	203107002	钢垫板 δ1～2	kg	0.200	0.200	0.300	0.500	0.200	0.200
	031305003	焊锡膏	kg	—	—	—	—	0.040	—
	031303019	焊锡丝（综合）	kg	—	—	—	—	0.200	—
	291511001	胶木线夹	个	10.000	15.000	15.000	24.000	6.000	6.000
	022701001	棉纱	kg	0.100	0.100	0.100	0.200	0.100	0.100
	172709003	塑料软管 *De*5	m	1.200	1.500	1.500	2.000	0.500	0.500
	172500036	异型塑料管 ϕ2.5～5	m	6.000	6.000	12.000	20.000	6.000	6.000
	850103006	其他材料费（占材料费）	%	1.800	1.800	1.800	1.800	1.800	1.800
机械	990901010	交流弧焊机 21kV · A	台班	0.093	0.093	0.093	0.140	0.093	0.093
	990304004	汽车式起重机 8t	台班	0.093	0.093	0.252	0.374	0.093	0.093
	990401015	载重汽车 4t	台班	0.056	0.056	0.093	0.140	0.056	0.056

工作内容：开箱、检查、安装，各种电器、表计等附件的拆装，送交试验，盘内整理，一次接线、补漆。

计量单位：台

编号				2-2-81	2-2-82	2-2-83	2-2-84
项目				控制台		集中控制台	同期小屏控制箱
				宽 ≤ 1m	宽 ≤ 2m	宽 ≤ 4m	
名称			单位	消耗量			
人工	000205000	综合二类工	工日	3.043	5.133	9.553	1.029
材料	031301007	低碳钢焊条（综合）	kg	0.100	0.100	0.500	0.100
	011303001	镀锌扁钢（综合）	kg	3.000	3.000	5.000	1.000
	130113005	酚醛磁漆	kg	0.030	0.050	0.100	0.010
	130115006	酚醛调和漆	kg	0.100	0.200	0.800	0.030
	203107002	钢垫板 δ1～2	kg	0.300	0.300	6.050	0.100
	291511001	胶木线夹	个	8.000	12.000	20.030	8.000
	022701001	棉纱	kg	0.100	0.150	0.300	0.030
	172709003	塑料软管 *De*5	m	0.500	1.500	2.000	0.500
	172500036	异型塑料管 ϕ2.5～5	m	6.000	12.000	18.000	5.000
	850103006	其他材料费（占材料费）	%	1.800	1.800	1.800	1.800
机械	990901010	交流弧焊机 21kV · A	台班	0.093	0.093	0.093	0.047
	990304004	汽车式起重机 8t	台班	0.056	0.093	0.093	0.047
	990401015	载重汽车 4t	台班	0.056	0.093	0.093	0.047
	990304032	汽车式起重机 32t	台班	—	—	0.093	—

工作内容：开箱、检查、安装、表计拆装、试验、校线、套绝缘管、压焊端子、接线、补漆；送交试验。

计量单位：见表

编号				2-2-85	2-2-86	2-2-87	2-2-88	2-2-89	2-2-90
项目				户内端子箱安装	端子板安装	无端子外部接线（mm^2）		有端子外部接线（mm^2）	
						≤2.5	≤6	≤2.5	≤6
单位				台	组	个			
名称			单位	消耗量					
人工	000205000	综合二类工	工日	1.175	0.044	0.011	0.017	0.017	0.025
材料	031305003	焊锡膏	kg	—	—	—	—	0.001	0.001
	031303019	焊锡丝（综合）	kg	—	—	—	—	0.005	0.005
	140301003	汽油 92#	kg	—	—	—	—	0.010	0.020
	290901017	铜接线端子 DT-2.5mm^2	个	—	—	—	—	1.015	—
	290901030	铜接线端子 DT-6mm^2	个	—	—	—	—	—	1.015
	022703003	白布	kg	0.200	0.100	0.010	0.010	0.015	0.015
	031301007	低碳钢焊条（综合）	kg	0.500	—	—	—	—	—
	011303001	镀锌扁钢（综合）	kg	1.500	—	—	—	—	—
	130505002	防锈漆 C53-1	kg	0.150	—	—	—	—	—
	130115006	酚醛调和漆	kg	0.300	—	—	—	—	—
	031541003	钢锯条	条	1.000	—	—	—	—	—
	030309001	合页	副	1.000	—	—	—	—	—
	012100002	角钢（综合）	kg	2.000	—	—	—	—	—
	140103001	清油	kg	0.150	—	—	—	—	—
	031102005	铁砂布 $0^{\#}$～$2^{\#}$	张	0.500	0.500	0.100	0.100	0.100	0.100
	280307006	铜芯橡皮花线 BXH2×16/0.15mm^2	m	1.500	—	—	—	—	—
	030103010	半圆头螺钉 M10×100	10套	—	0.410	—	—	—	—
	271707001	黄腊带 20mm×10m	卷	—	—	0.252	0.252	0.252	0.252
	172709004	塑料软管 *De*6	m	—	—	0.100	0.100	0.100	0.100
	172500036	异型塑料管 ϕ2.5～5	m	—	—	0.025	0.025	0.025	0.025
	850103006	其他材料费（占材料费）	%	1.800	1.800	1.800	1.800	1.800	1.800
机械	990901010	交流弧焊机 21kV·A	台班	0.121	—	—	—	—	—

工作内容：削线头、套绝缘管、焊接头、包缠绝缘带。 计量单位：个

编号				2-2-91	2-2-92	2-2-93	2-2-94
项目				焊铜接线端子			
				导线截面（mm^2）			
				≤ 16	≤ 35	≤ 70	≤ 120
名称			单位	消耗量			
人工	000205000	综合二类工	工日	0.017	0.022	0.027	0.041
材料	290901019	铜接线端子 DT-10mm^2	个	0.508	—	—	—
	290901022	铜接线端子 DT-16mm^2	个	0.508	—	—	—
	290901025	铜接线端子 DT-25mm^2	个	—	0.508	—	—
	290901027	铜接线端子 DT-35mm^2	个	—	0.508	—	—
	290901029	铜接线端子 DT-50mm^2	个	—	—	0.508	—
	290901031	铜接线端子 DT-70mm^2	个	—	—	0.508	—
	290901020	铜接线端子 DT-120mm^2	个	—	—	—	0.508
	290901032	铜接线端子 DT-95mm^2	个	—	—	—	0.508
	022703003	白布	kg	0.030	0.030	0.040	0.040
	271799001	电气绝缘胶带 18mm × 10m × 0.13mm	卷	0.022	0.040	0.050	0.070
	031305003	焊锡膏	kg	0.001	0.002	0.004	0.008
	031303019	焊锡丝（综合）	kg	0.010	0.023	0.044	0.079
	271707001	黄腊带 20mm × 10m	卷	0.024	0.040	0.056	0.064
	140301003	汽油 92#	kg	0.050	0.060	0.080	0.100
	031102005	铁砂布 0#～2#	张	0.100	0.100	0.150	0.150
	031541003	钢锯条	条	—	0.020	0.025	0.030
	850103006	其他材料费（占材料费）	%	1.800	1.800	1.800	1.800

工作内容：削线头、套绝缘管、焊接头、包缠绝缘带。 计量单位：个

编号				2-2-95	2-2-96	2-2-97	2-2-98
项目				焊铜接线端子			
				导线截面（mm^2）			
				≤ 185	≤ 240	≤ 300	≤ 400
名称			单位	消耗量			
人工	000205000	综合二类工	工日	0.050	0.059	0.078	0.101
材料	290901021	铜接线端子 DT-150mm^2	个	0.508	—	—	—
	290901023	铜接线端子 DT-185mm^2	个	0.508	—	—	—
	290901024	铜接线端子 DT-240mm^2	个	—	1.015	—	—
	290901026	铜接线端子 DT-300mm^2	个	—	—	1.015	—
	022703003	白布	kg	0.050	0.050	0.056	0.060
	142123001	电力复合脂	kg	0.004	0.005	0.007	0.009
	271799001	电气绝缘胶带 18mm × 10m × 0.13mm	卷	0.100	0.100	0.120	0.130
	031541003	钢锯条	条	0.035	0.035	0.040	0.040
	031305003	焊锡膏	kg	0.010	0.012	0.016	0.020
	031303019	焊锡丝（综合）	kg	0.100	0.120	0.160	0.203
	271707001	黄腊带 20mm × 10m	卷	0.100	0.100	0.136	0.168
	140301003	汽油 92#	kg	0.120	0.120	0.150	0.160
	031102005	铁砂布 0#～2#	张	0.200	0.200	0.250	0.250
	290901028	铜接线端子 DT-400mm^2	个	—	—	—	1.015
	850103006	其他材料费（占材料费）	%	1.800	1.800	1.800	1.800

工作内容：削线头、套绝缘管、压接头、包缠绝缘带。　　计量单位：个

编号				2-2-99	2-2-100	2-2-101	2-2-102
项目				压铜接线端子			
				导线截面（mm^2）			
				≤16	≤35	≤70	≤120
名称			单位	消耗量			
人工	000205000	综合二类工	工日	0.026	0.037	0.076	0.146
材料	290901019	铜接线端子 DT-10mm^2	个	0.508	—	—	—
	290901022	铜接线端子 DT-16mm^2	个	0.508	—	—	—
	290901025	铜接线端子 DT-25mm^2	个	—	0.508	—	—
	290901027	铜接线端子 DT-35mm^2	个	—	0.508	—	—
	290901029	铜接线端子 DT-50mm^2	个	—	—	0.508	—
	290901031	铜接线端子 DT-70mm^2	个	—	—	0.508	—
	290901032	铜接线端子 DT-95mm^2	个	—	—	—	0.508
	290901020	铜接线端子 DT-120mm^2	个	—	—	—	0.508
	022703003	白布	kg	0.015	0.020	0.025	0.080
	142123001	电力复合脂	kg	0.002	0.003	0.005	0.007
	271799001	电气绝缘胶带 18mm×10m×0.13mm	卷	0.022	0.040	0.050	0.070
	271707001	黄腊带 20mm×10m	卷	0.024	0.040	0.056	0.064
	140301003	汽油 92#	kg	0.020	0.030	0.035	0.040
	031102005	铁砂布 0#～2#	张	0.100	0.100	0.150	0.350
	031541003	钢锯条	条	—	0.020	0.025	0.030
	850103006	其他材料费（占材料费）	%	1.800	1.800	1.800	1.800

工作内容：削线头、套绝缘管、压接头、包缠绝缘带。　　计量单位：个

编号				2-2-103	2-2-104	2-2-105	2-2-106
项目				压铜接线端子			
				导线截面（mm^2）			
				≤185	≤240	≤300	≤400
名称			单位	消耗量			
人工	000205000	综合二类工	工日	0.170	0.190	0.229	0.259
材料	290901021	铜接线端子 DT-150mm^2	个	0.508	—	—	—
	290901023	铜接线端子 DT-185mm^2	个	0.508	—	—	—
	290901024	铜接线端子 DT-240mm^2	个	—	1.015	—	—
	290901026	铜接线端子 DT-300mm^2	个	—	—	1.015	—
	290901028	铜接线端子 DT-400mm^2	个	—	—	—	1.015
	022703003	白布	kg	0.040	0.050	0.056	0.060
	142123001	电力复合脂	kg	0.010	0.013	0.020	0.028
	271799001	电气绝缘胶带 18mm×10m×0.13mm	卷	0.080	0.100	0.120	0.150
	031541003	钢锯条	条	0.035	0.035	0.040	0.040
	271707001	黄腊带 20mm×10m	卷	0.100	0.100	0.120	0.120
	140301003	汽油 92#	kg	0.046	0.050	0.060	0.065
	031102005	铁砂布 0#～2#	张	0.200	0.200	0.250	0.250
	031599012	接头专用枪子弹	发	—	—	1.015	1.015
	850103006	其他材料费（占材料费）	%	1.800	1.800	1.800	1.800

工作内容：削线头、套绝缘管、压接头、包缠绝缘带。 计量单位：个

编号				2-2-107	2-2-108	2-2-109	2-2-110
项目				压铝接线端子			
				导线截面（mm²）			
				≤16	≤35	≤70	≤120
名称			单位	消耗量			
人工	000205000	综合二类工	工日	0.011	0.017	0.032	0.068
材料	290903001	铝接线端子 DL-10mm²	个	0.508	—	—	—
	290903002	铝接线端子 DL-16mm²	个	0.508	—	—	—
	290903003	铝接线端子 DL-25mm²	个	—	0.508	—	—
	290903004	铝接线端子 DL-35mm²	个	—	0.508	—	—
	290903005	铝接线端子 DL-50mm²	个	—	—	0.508	—
	290903006	铝接线端子 DL-70mm²	个	—	—	0.508	—
	290903007	铝接线端子 DL-95mm²	个	—	—	—	0.508
	290903008	铝接线端子 DL-120mm²	个	—	—	—	0.508
	022703003	白布	kg	0.005	0.005	0.008	0.008
	142123001	电力复合脂	kg	0.002	0.003	0.005	0.007
	271799001	电气绝缘胶带 18mm×10m×0.13mm	卷	0.022	0.040	0.050	0.070
	271707001	黄腊带 20mm×10m	卷	0.024	0.040	0.056	0.064
	031102005	铁砂布 0#～2#	张	0.100	0.100	0.150	0.150
	031541003	钢锯条	条	—	0.020	0.025	0.030
	850103006	其他材料费（占材料费）	%	1.800	1.800	1.800	1.800

工作内容：削线头、套绝缘管、压接头、包缠绝缘带。 计量单位：个

编号				2-2-111	2-2-112	2-2-113	2-2-114
项目				压铝接线端子			
				导线截面（mm²）			
				≤185	≤240	≤300	≤400
名称			单位	消耗量			
人工	000205000	综合二类工	工日	0.079	0.090	0.114	0.137
材料	290903009	铝接线端子 DL-150mm²	个	0.508	—	—	—
	290903010	铝接线端子 DL-185mm²	个	0.508	—	—	—
	290903011	铝接线端子 DL-240mm²	个	—	1.015	—	—
	290903012	铝接线端子 DL-300mm²	个	—	—	1.015	—
	290903013	铝接线端子 DL-400mm²	个	—	—	—	1.015
	142123001	电力复合脂	kg	0.008	0.013	0.020	0.028
	271799001	电气绝缘胶带 18mm×10m×0.13mm	卷	0.080	0.100	0.120	0.150
	031541003	钢锯条	条	0.035	0.035	0.042	0.050
	271707001	黄腊带 20mm×10m	卷	0.080	0.100	0.136	0.168
	031102005	铁砂布 0#～2#	张	0.150	0.200	0.250	0.250
	022703003	白布	kg	—	0.010	0.010	0.013
	031599012	接头专用枪子弹	发	—	—	1.015	1.015
	850103006	其他材料费（占材料费）	%	1.800	1.800	1.800	1.800

工作内容： 开箱检查、清洁搬运、划线定位、安装固定、调整垂直与水平、安装附件、绝缘测试、通电前检查、单机主要电气性能调试等。

计量单位：台

编号				2-2-115	2-2-116
项目				高频开关电源安装	
				电流（A）	
				≤ 50	≤ 100
名称			单位	消耗量	
人工	000205000	综合二类工	工日	2.657	4.237
材料	290901012	铜接线端子 100A	个	4.000	4.000
	280109006	硬铜绞线 TJ-35mm^2	m	5.000	5.000
	022701001	棉纱	kg	0.200	0.200
	850103006	其他材料费（占材料费）	%	1.800	1.800
机械	870622064	高压绝缘电阻测试仪	台班	0.935	0.935

工作内容： 开箱、检查、安装、电器、表计及继电器等附件的拆装、送交试验、盘内整理及一次接线、补漆。

计量单位：台

编号				2-2-117	2-2-118	2-2-119
项目				直流屏（柜）安装		
				蓄电池屏（柜）	直流馈电屏	屏边
名称			单位	消耗量		
人工	000205000	综合二类工	工日	4.169	2.258	0.176
材料	341304003	标志牌 塑料扁形	个	1.000	—	—
	031301007	低碳钢焊条（综合）	kg	0.500	—	—
	142123001	电力复合脂	kg	0.050	0.050	—
	271799001	电气绝缘胶带 18mm × 10m × 0.13mm	卷	0.050	0.050	—
	011303001	镀锌扁钢（综合）	kg	3.000	—	—
	031507011	镀锌铁丝 ϕ1.2～1.6	kg	0.020	0.020	—
	130113005	酚醛磁漆	kg	0.010	0.020	—
	203107002	钢垫板 δ1～2	kg	0.300	0.200	—
	031541003	钢锯条	条	2.000	—	—
	022701001	棉纱	kg	0.200	0.050	—
	021915002	尼龙绳 ϕ0.5～1	kg	0.010	—	—
	140301003	汽油 92#	kg	0.100	0.050	—
	031102005	铁砂布 0#～2#	张	1.000	1.000	—
	172500036	异型塑料管 ϕ2.5～5	m	0.200	—	—
	340517001	道林纸	张	—	0.020	—
	340115001	电池	节	—	0.200	—
	250107001	电珠 2.5V	个	—	0.100	—
	140303001	机油（综合）	kg	—	0.050	—
	031599026	明角片	m^2	—	0.020	—
	143337001	天那水	kg	—	0.020	—
	130115006	酚醛调和漆	kg	—	—	0.200
	850103006	其他材料费（占材料费）	%	1.800	1.800	1.800
机械	990901010	交流弧焊机 21kV · A	台班	0.121	—	—
	990304004	汽车式起重机 8t	台班	0.037	0.037	—
	990401015	载重汽车 4t	台班	0.037	0.037	—

五、蓄电池安装工程

工作内容：开箱、检查、安装底座、接线、接地、动作试验。 **计量单位：**台

编号				2-2-120	2-2-121
项目				不间断电源 UPS 安装	
				单相（kV·A）	三相（kV·A）
				≤ 30	≤ 100
名称			单位	消耗量	
人工	000205000	综合二类工	工日	2.869	5.540
材料	172529001	热塑管	m	0.310	0.440
	290901012	铜接线端子 100A	个	3.300	6.600
	280109006	硬铜绞线 TJ-35mm^2	m	1.950	3.550
	850103006	其他材料费（占材料费）	%	1.800	1.800
机械	990401020	载重汽车 5t	台班	0.040	0.040
	990305020	叉式起重机 5t	台班	—	0.040

六、交流电动机检查接线工程

工作内容：检查定子、转子和轴承，吹扫，测量空气间隙，手动盘车检查电机转动情况，接地，空载试运转。 **计量单位：**台

编号				2-2-122	2-2-123	2-2-124	2-2-125	2-2-126
项目				交流异步电动机检查接线				
				功率（kW）				
				≤ 3	≤ 13	≤ 30	≤ 100	≤ 220
名称			单位	消耗量				
人工	000205000	综合二类工	工日	0.817	1.558	2.441	3.895	5.131
材料	031301007	低碳钢焊条（综合）	kg	0.040	0.070	0.100	0.100	0.100
	341103001	电	kW·h	2.000	6.000	12.000	30.000	66.000
	142123001	电力复合脂	kg	0.020	0.030	0.040	0.060	0.080
	271799001	电气绝缘胶带 18mm × 10m × 0.13mm	卷	0.150	0.200	0.250	0.500	0.700
	011303001	镀锌扁钢（综合）	kg	1.500	2.400	2.400	2.400	2.400
	031305003	焊锡膏	kg	0.020	0.030	0.040	0.040	0.060
	031303019	焊锡丝（综合）	kg	0.080	0.140	0.200	0.200	0.300
	271707001	黄腊带 20mm × 10m	卷	0.800	1.400	2.000	2.000	2.000
	171900007	金属软管 *D*25	m	0.824	0.824	—	—	—
	171900008	金属软管 *D*40	m	—	—	0.824	—	—

续前

编号				2-2-122	2-2-123	2-2-124	2-2-125	2-2-126
项目				交流异步电动机检查接线				
				功率（kW）				
				≤3	≤13	≤30	≤100	≤220
名称			单位	消耗量				
材料	171900009	金属软管 *D*50	m	—	—	—	0.824	0.824
	290661008	金属软管活接头 *DN*25	套	2.040	2.040	—	—	—
	290661009	金属软管活接头 *DN*40	套	—	—	2.040	—	—
	290661010	金属软管活接头 *DN*50	套	—	—	—	2.040	2.040
	140301003	汽油 92#	kg	0.120	0.210	0.300	0.600	1.000
	850103006	其他材料费（占材料费）	%	1.800	1.800	1.800	1.800	1.800
机械	991003020	电动空气压缩机 0.6m³/min	台班	0.093	0.093	0.121	0.121	0.121
	990901010	交流弧焊机 21kV · A	台班	0.037	0.065	0.093	0.093	0.093

工作内容：检查定子、转子和轴承，吹扫，测量空气间隙，调整和研磨电刷，手动盘车检查电机转动情况，接地，空载试运转。

计量单位：台

编号				2-2-127	2-2-128	2-2-129	2-2-130	2-2-131
项目				交流防爆电动机检查接线				
				功率（kW）				
				≤3	≤13	≤30	≤100	≤200
名称			单位	消耗量				
人工	000205000	综合二类工	工日	2.142	2.843	3.860	5.173	6.818
材料	031301007	低碳钢焊条（综合）	kg	0.100	0.100	0.100	0.100	0.100
	341103001	电	kW · h	2.000	6.000	12.000	30.000	60.000
	142123001	电力复合脂	kg	0.020	0.030	0.040	0.060	0.080
	271799001	电气绝缘胶带 18mm × 10m × 0.13mm	卷	0.250	0.300	0.400	0.750	1.000
	011303001	镀锌扁钢（综合）	kg	1.500	2.400	2.400	2.400	2.400
	171900007	金属软管 *D*25	m	0.824	0.824	—	—	—
	171900008	金属软管 *D*40	m	—	—	0.824	—	—
	171900009	金属软管 *D*50	m	—	—	—	0.824	0.824
	290661008	金属软管活接头 *DN*25	套	2.040	2.040	—	—	—
	290661009	金属软管活接头 *DN*40	套	—	—	2.040	—	—
	290661010	金属软管活接头 *DN*50	套	—	—	—	2.040	2.040
	031305003	焊锡膏	kg	0.040	0.040	0.040	0.060	0.080
	031303019	焊锡丝（综合）	kg	0.200	0.200	0.200	0.300	0.400
	271707001	黄腊带 20mm × 10m	卷	1.800	2.320	2.760	3.680	4.600
	140301003	汽油 92#	kg	0.120	0.210	0.300	0.600	1.000
	850103006	其他材料费（占材料费）	%	1.800	1.800	1.800	1.800	1.800
机械	991003020	电动空气压缩机 0.6m³/min	台班	0.093	0.093	0.121	0.121	0.121
	990901010	交流弧焊机 21kV · A	台班	0.093	0.093	0.093	0.093	0.093

七、金属构件、穿墙套板安装工程

工作内容：平直、下料、钻孔、安装、接地、油漆。 计量单位：m

编号				2-2-132	2-2-133
项目				基础槽钢制作、安装	基础角钢制作、安装
名称			单位	消耗量	
人工	000205000	综合二类工	工日	0.115	0.087
材料	011901014	基础槽（角）钢	m	1.010	1.010
	031301007	低碳钢焊条（综合）	kg	0.066	0.055
	011303001	镀锌扁钢（综合）	kg	0.237	0.237
	130115006	酚醛调和漆	kg	0.010	0.010
	012900002	钢板（综合）	kg	0.100	0.050
	010100007	钢筋 ϕ10 以内	kg	0.411	0.411
	031101006	砂轮片 ϕ400	片	0.010	0.010
	850103006	其他材料费（占材料费）	%	1.800	1.800
机械	990901010	交流弧焊机 21kV · A	台班	0.024	0.022

工作内容：制作、平直、划线、下料、钻孔、组对、焊接、刷油（喷漆）、安装、补刷油。 计量单位：见表

编号				2-2-134	2-2-135	2-2-136	2-2-137	2-2-138
项目				一般铁构件制作	一般铁构件安装	轻型铁构件制作	轻型铁构件安装	金属箱、盒制作
单位				t				kg
名称			单位	消耗量				
人工	000205000	综合二类工	工日	21.016	15.177	24.010	17.707	0.166
材料	012100002	角钢（综合）	kg	750.000	—	—	—	0.050
	011300002	扁钢（综合）	kg	220.000	—	—	—	—
	010900002	圆钢（综合）	kg	80.000	—	—	—	—
	012901006	热轧薄钢板 δ1.0～1.5	kg	—	—	1040.000	—	1.040
	031301007	低碳钢焊条（综合）	kg	14.000	18.000	12.000	6.000	0.015
	030105182	镀锌六角螺栓带螺母 2 平垫 1 弹垫 M10×100 以内	10 套	51.500	—	29.870	—	0.020
	130100001	喷漆	kg	—	—	—	—	0.032
	040905007	石膏粉	kg	—	—	—	—	0.007
	022703003	白布	kg	1.000	2.000	2.000	2.000	0.002
	130505002	防锈漆 C53-1	kg	3.000	0.300	3.700	0.300	0.036
	130115006	酚醛调和漆	kg	2.000	0.200	2.000	0.200	—
	050500009	胶木板	kg	2.804	0.935	—	—	—
	031101006	砂轮片 ϕ400	片	1.500	0.010	1.500	0.010	0.001

续前

编号				2-2-134	2-2-135	2-2-136	2-2-137	2-2-138
项目				一般铁构件制作	一般铁构件安装	轻型铁构件制作	轻型铁构件安装	金属箱、盒制作
单位				t				kg
名称			单位	消耗量				
材料	031102005	铁砂布 0#～2#	张	25.000	—	15.000	—	0.030
材料	140509006	油漆溶剂油	kg	1.000	—	1.000	—	—
材料	031541003	钢锯条	条	—	10.000	—	10.000	0.020
材料	850103006	其他材料费（占材料费）	%	1.800	1.800	1.800	1.800	1.800
机械	990901010	交流弧焊机 21kV·A	台班	6.916	6.262	6.075	7.477	0.009
机械	990738010	扳边机 2×1500mm	台班	—	—	2.336	—	0.004
机械	991003020	电动空气压缩机 0.6m³/min	台班	—	—	3.738	—	0.006

工作内容：穿通板平直、下料、制作、焊接、打洞、安装、接地、油漆。 **计量单位：**块

编号				2-2-139	2-2-140	2-2-141	2-2-142	2-2-143
项目				穿墙板制作与安装				
				石棉水泥板	塑料板	电木板	环氧树脂板	钢板
名称			单位	消耗量				
人工	000205000	综合二类工	工日	1.248	0.920	1.985	2.085	0.986
材料	012900002	钢板（综合）	kg	—	—	—	—	12.360
材料	142909001	氧气	m³	—	—	—	—	0.520
材料	142907002	乙炔气	kg	—	—	—	—	0.220
材料	022703003	白布	kg	0.100	0.100	0.100	0.100	0.100
材料	031301007	低碳钢焊条（综合）	kg	0.280	0.280	0.350	0.350	0.330
材料	011303001	镀锌扁钢（综合）	kg	1.580	1.580	2.400	2.400	1.550
材料	130505002	防锈漆 C53-1	kg	0.130	0.130	0.080	0.080	0.400
材料	130115006	酚醛调和漆	kg	0.220	0.110	0.250	0.250	0.300
材料	031541003	钢锯条	条	2.000	2.000	2.000	2.000	2.000
材料	012100002	角钢（综合）	kg	8.000	8.000	17.000	17.000	9.150
材料	091501001	石棉水泥板 δ20	m²	0.310	—	—	—	—
材料	031102005	铁砂布 0#～2#	张	0.100	0.100	0.100	0.100	0.100
材料	021101001	聚氯乙烯板（综合）	kg	—	5.220	—	—	—
材料	050500009	胶木板	kg	—	—	5.119	—	—
材料	022701001	棉纱	kg	—	—	0.010	—	—
材料	140103001	清油	kg	—	—	0.050	—	—
材料	051705001	环氧树脂板	块	—	—	—	1.050	—
材料	850103006	其他材料费（占材料费）	%	1.800	1.800	1.800	1.800	1.800
机械	990901010	交流弧焊机 21kV·A	台班	0.140	0.140	0.206	0.206	0.168
机械	990727010	立式钻床 25mm	台班	—	0.028	—	—	0.009

工作内容：制作、平直、划线、下料、钻孔、组对、焊接、刷油（漆）、安装、补刷油。 计量单位：m^2

编号				2-2-144	2-2-145	2-2-146	2-2-147
项目				金属围网制作	金属围网安装	金属网门制作	金属网门安装
名称			单位	消耗量			
人工	000205000	综合二类工	工日	0.315	0.168	0.350	0.186
材料	031301007	低碳钢焊条（综合）	kg	0.030	0.030	0.030	0.030
	031505005	镀锌钢丝网 $\phi1.6\times20\times20$	m^2	1.100	—	1.100	—
	130505002	防锈漆 C53-1	kg	0.070	0.030	0.070	0.030
	130115006	酚醛调和漆	kg	0.070	0.030	0.070	0.030
	031541003	钢锯条	条	0.300	0.200	0.300	0.200
	012100002	角钢（综合）	kg	27.900	3.100	23.800	3.100
	140103001	清油	kg	0.100	—	0.100	—
	031101006	砂轮片 $\phi400$	片	0.010	—	0.015	—
	031102005	铁砂布 $0^{\#}\sim2^{\#}$	张	1.500	—	1.500	—
	013503001	紫铜板（综合）	kg	0.070	—	0.070	—
	022703003	白布	kg	—	0.100	—	0.100
	031507017	镀锌铁丝 $\phi2.5\sim4.0$	kg	—	0.200	—	0.200
	030309001	合页	副	—	2.000	—	2.000
	170100004	钢管（综合）	kg	—	—	6.800	—
	030301004	门锁及五金	套	—	—	0.625	—
	850103006	其他材料费（占材料费）	%	1.800	1.800	1.800	1.800
机械	990901010	交流弧焊机 21kV · A	台班	0.019	0.009	0.019	0.009
	991003020	电动空气压缩机 $0.6m^3/min$	台班	—	0.187	—	0.187

八、滑触线安装工程

工作内容：平直、除锈、刷油、支架、滑触线、补偿器安装。 计量单位：10m/单相

编号				2-2-148	2-2-149	2-2-150
项目				轻型滑触线安装		
				铜质Ⅰ型	铜钢组合	沟型
名称			单位	消耗量		
人工	000205000	综合二类工	工日	6.612	6.499	1.376
材料	022703003	白布	kg	0.100	0.100	0.100
	031301007	低碳钢焊条（综合）	kg	0.400	1.201	0.300
	130115006	酚醛调和漆	kg	0.601	0.801	0.100
	031541003	钢锯条	条	0.501	0.501	0.200
	031305003	焊锡膏	kg	0.050	0.020	0.010
	031303019	焊锡丝（综合）	kg	0.420	0.160	0.020
	284303001	滑触线	m	10.050	10.050	10.050

续前

编　号				2-2-148	2-2-149	2-2-150
项　目				轻型滑触线安装		
				铜质 I 型	铜钢组合	沟型
名　称			单位	消　耗　量		
材料	140301003	汽油 92#	kg	0.100	0.100	0.100
	031102005	铁砂布 0#～2#	张	1.001	1.001	0.501
	290901032	铜接线端子 DT-95mm²	个	0.200	0.200	—
	012300001	型钢（综合）	kg	0.801	2.603	—
	142909001	氧气	m³	1.201	0.300	0.200
	142907002	乙炔气	kg	0.521	0.130	0.090
	280109010	硬铜绞线 TJ-95mm²	kg	0.240	0.170	—
	850103006	其他材料费（占材料费）	%	1.800	1.800	1.800
机械	990901010	交流弧焊机 21kV · A	台班	0.105	0.294	—
	990304004	汽车式起重机 8t	台班	0.200	0.095	—
	990749010	型钢剪断机 500mm	台班	0.147	0.053	—

工作内容： 开箱检查、测位、划线、组装、调直、固定、安装导电器及触滑线。　　**计量单位：** 10m/单相

编　号				2-2-151	2-2-152
项　目				安全节能型滑触线安装	
				电流（A）	
				≤ 100	≤ 200
名　称			单位	消　耗　量	
人工	000205000	综合二类工	工日	1.802	2.143
材料	022703003	白布	kg	0.050	0.050
	031301007	低碳钢焊条（综合）	kg	0.801	0.901
	130115006	酚醛调和漆	kg	0.240	0.270
	031541003	钢锯条	条	0.200	0.200
	031305003	焊锡膏	kg	0.010	0.010
	031303019	焊锡丝（综合）	kg	0.020	0.030
	284303001	滑触线	m	10.050	10.050
	140301003	汽油 92#	kg	0.080	0.080
	031102005	铁砂布 0#～2#	张	0.601	0.601
	290901032	铜接线端子 DT-95mm²	个	0.200	0.200
	012300001	型钢（综合）	kg	0.641	0.721
	142909001	氧气	m³	0.320	0.360
	142907002	乙炔气	kg	0.140	0.160
	280109010	硬铜绞线 TJ-95mm²	kg	0.100	0.110
	850103006	其他材料费（占材料费）	%	1.800	1.800
机械	990901010	交流弧焊机 21kV · A	台班	0.200	0.221
	990304004	汽车式起重机 8t	台班	0.074	0.084

工作内容：测位、放线、支架及支架器安装、底板钻眼、指示灯安装。 **计量单位：**副

编号				2-2-153	2-2-154	2-2-155	2-2-156	2-2-157	2-2-158
项目				3 横架式支架		6 横架式支架		工字钢	指示灯
				螺栓固定	焊接固定	螺栓固定	焊接固定	轻轨支架	安装（套）
名称			单位	消耗量					
人工	000205000	综合二类工	工日	0.184	0.184	0.273	0.273	0.515	0.132
材料	030105205	双头螺栓 M16×340	10 套	0.204	—	0.204	—	—	—
	022703003	白布	kg	0.050	0.050	0.100	0.100	0.150	0.200
	031301007	低碳钢焊条（综合）	kg	—	0.175	—	0.250	0.500	0.100
	130115006	酚醛调和漆	kg	—	0.020	—	0.030	0.040	—
	292701004	滑触线支持器	套	3.000	3.000	6.000	6.000	6.000	—
	292701005	滑触线支架	副	1.005	1.005	1.005	1.005	1.005	—
	142909001	氧气	m^3	—	—	—	—	0.230	—
	142907002	乙炔气	kg	—	—	—	—	0.100	—
	030105005	半圆头镀锌螺栓 M6～12×22～80	10 套	—	—	—	—	—	0.612
	250101003	彩色灯泡 220V 35W	个	—	—	—	—	—	3.000
	012900002	钢板（综合）	kg	—	—	—	—	—	0.450
	553111001	绕线电阻 300Ω 15W	个	—	—	—	—	—	3.000
	052305001	圆木台 (63～138)×22	块	—	—	—	—	—	3.000
	256115001	座灯头	个	—	—	—	—	—	3.000
	850103006	其他材料费（占材料费）	%	1.800	1.800	1.800	1.800	1.800	1.800
机械	990901010	交流弧焊机 21kV·A	台班	—	0.100	—	0.150	0.234	0.019
	990304004	汽车式起重机 8t	台班	—	—	—	—	0.056	—

工作内容：划线、下料、钻孔、刷油、绝缘子灌注螺栓、组装、固定、拉紧装置成套组装及安装。 **计量单位：**套

编号				2-2-159	2-2-160	2-2-161	2-2-162
项目				滑触线拉紧装置			挂式滑触线支持器
				扁钢	圆钢	软滑线	
名称			单位	消耗量			
人工	000205000	综合二类工	工日	0.104	0.121	0.502	0.035
材料	022703003	白布	kg	0.300	0.300	0.300	0.040
	031507017	镀锌铁丝 ϕ2.5～4.0	kg	0.100	0.130	0.200	—
	130505002	防锈漆 C53-1	kg	0.050	0.050	0.050	—
	130115006	酚醛调和漆	kg	0.060	0.060	0.060	—
	012100002	角钢（综合）	kg	2.500	2.300	1.150	0.246
	271109001	拉紧绝缘子 J-2	个	—	1.020	—	—
	271109002	拉紧绝缘子 J-4.5	个	1.020	—	—	—
	031561002	索具螺旋扣 M14×150	套	1.020	1.020	—	—
	031561003	索具螺旋扣 M14×270	套	1.020	1.020	—	—
	031561004	索具螺旋扣 M16×250	套	—	—	1.020	—
	271117001	电车绝缘子 WX-01	个	—	—	—	1.030
	272501002	青壳纸 δ0.1～1.0	kg	—	—	—	0.052
	040100006	水泥 42.5	kg	—	—	—	0.062
	850103006	其他材料费（占材料费）	%	1.800	1.800	1.800	1.800
机械	990726010	台式钻床 16mm	台班	—	—	—	0.007

九、配电电缆敷设工程

工作内容：下料、法兰制作、打喇叭口、焊接、敷设、密封、紧固、刷油等。　　　　**计量单位：**根

编　号				2-2-163	2-2-164	2-2-165	2-2-166	2-2-167	2-2-168
项　目				入室密封电缆保护管					
				钢管直径（mm）					
				≤ 50	≤ 80	≤ 100	≤ 125	≤ 150	≤ 200
名　称			单位	消　耗　量					
人工	000205000	综合二类工	工日	0.452	0.625	0.643	0.776	0.803	1.520
材料	170101011	焊接钢管 *DN*50	kg	10.420	—	—	—	—	—
	170101016	焊接钢管 *DN*80	kg	—	17.390	—	—	—	—
	170101019	焊接钢管 *DN*100	kg	—	—	27.158	—	—	—
	170101023	焊接钢管 *DN*125	kg	—	—	—	33.750	—	—
	170101026	焊接钢管 *DN*150	kg	—	—	—	—	40.020	—
	170101029	焊接钢管 *DN*200	kg	—	—	—	—	—	61.630
	800109001	防水水泥砂浆 1∶1	m^3	0.050	0.050	0.050	0.050	0.050	0.050
	012900002	钢板（综合）	kg	4.400	6.600	7.600	9.600	11.800	14.300
	130105009	沥青清漆	kg	0.400	0.600	0.800	1.000	1.200	1.600
	022901001	麻绳（综合）	kg	0.500	0.600	0.700	0.800	0.900	1.100
	031301021	钢焊条 J507（综合）	kg	0.130	0.220	0.270	0.340	0.420	0.530
	142909001	氧气	m^3	0.110	0.140	0.210	0.260	0.310	0.370
	142907002	乙炔气	kg	0.065	0.085	0.125	0.155	0.185	0.220
	850103006	其他材料费（占材料费）	%	1.800	1.800	1.800	1.800	1.800	1.800
机械	990744010	半自动切割机 100mm	台班	0.030	0.030	0.030	0.040	0.040	0.050
	990756010	钢材电动煨弯机 500mm 以内	台班	0.020	0.026	0.026	0.026	0.030	0.040
	990901010	交流弧焊机 21kV·A	台班	0.012	0.021	0.026	0.032	0.036	0.041

工作内容： 组对、焊接或螺栓固定、弯头、三通或四通、盖板、隔板、附件安装、接地跨接，桥架修理。

计量单位：10m

编号				2-2-169	2-2-170	2-2-171	2-2-172
项目				钢制槽式桥架（宽 + 高 mm）			
				≤ 200	≤ 400	≤ 600	≤ 800
名称			单位	消耗量			
人工	000205000	综合二类工	工日	1.020	1.700	2.719	3.679
材料	290100001	电缆桥架	m	10.100	10.100	10.100	10.100
	130505007	酚醛防锈漆	kg	0.100	0.120	0.150	0.150
	022701001	棉纱	kg	0.030	0.050	0.100	0.120
	140301003	汽油 92#	kg	0.080	0.100	0.200	0.300
	031101002	砂轮片 ϕ100	片	0.010	0.010	0.020	0.020
	031101006	砂轮片 ϕ400	片	0.010	0.010	0.020	0.020
	290901007	铜接地端子带螺栓 DT-6mm^2	个	1.051	1.051	1.051	1.051
	280317008	铜芯塑料绝缘软电线 BVR-6mm^2	m	2.252	2.252	2.252	2.202
	031301007	低碳钢焊条（综合）	kg	—	—	0.100	0.170
	850103006	其他材料费（占材料费）	%	1.800	1.800	1.800	1.800
机械	990744010	半自动切割机 100mm	台班	0.010	0.010	0.010	0.010
	990401030	载重汽车 8t	台班	0.010	0.020	0.030	0.040
	990904030	直流弧焊机 20kV · A	台班	—	—	0.020	0.050
	990304016	汽车式起重机 16t	台班	—	—	—	0.020

工作内容： 组对、焊接或螺栓固定、弯头、三通或四通、盖板、隔板、附件安装、接地跨接，桥架修理。

计量单位：10m

编号				2-2-173	2-2-174	2-2-175
项目				钢制槽式桥架（宽 + 高 mm）		
				≤ 1000	≤ 1200	≤ 1500
名称			单位	消耗量		
人工	000205000	综合二类工	工日	4.681	5.573	6.382
材料	290100001	电缆桥架	m	10.100	10.100	10.100
	031301007	低碳钢焊条（综合）	kg	0.270	0.330	0.501
	130505007	酚醛防锈漆	kg	0.200	0.250	0.300
	022701001	棉纱	kg	0.150	0.200	0.300
	140301003	汽油 92#	kg	0.400	0.501	0.701
	031101002	砂轮片 ϕ100	片	0.030	0.030	0.030
	031101006	砂轮片 ϕ400	片	0.030	0.040	0.040
	290901007	铜接地端子带螺栓 DT-6mm^2	个	1.051	1.051	1.051
	280317008	铜芯塑料绝缘软电线 BVR-6mm^2	m	1.882	1.702	1.702
	850103006	其他材料费（占材料费）	%	1.800	1.800	1.800
机械	990744010	半自动切割机 100mm	台班	0.020	0.020	0.030
	990304016	汽车式起重机 16t	台班	0.030	0.050	0.060
	990401030	载重汽车 8t	台班	0.060	0.070	0.070
	990904030	直流弧焊机 20kV · A	台班	0.090	0.110	0.140

工作内容： 组对、焊接或螺栓固定、弯头、三通或四通、盖板、隔板、附件安装、接地跨接，桥架修理。

计量单位：10m

编号				2-2-176	2-2-177	2-2-178	2-2-179	2-2-180	2-2-181
项目				钢制梯式桥架（宽＋高 mm）					
				≤200	≤500	≤800	≤1000	≤1200	≤1500
名称			单位	消耗量					
人工	000205000	综合二类工	工日	0.858	2.061	2.847	4.044	4.571	5.316
材料	290100001	电缆桥架	m	10.100	10.100	10.100	10.100	10.100	10.100
	031301007	低碳钢焊条（综合）	kg	—	0.160	0.200	0.280	0.501	0.661
	130505007	酚醛防锈漆	kg	0.100	0.120	0.150	0.200	0.250	0.300
	022701001	棉纱	kg	0.030	0.080	0.120	0.150	0.200	0.300
	140301003	汽油 92#	kg	0.080	0.100	0.300	0.400	0.501	0.801
	031101002	砂轮片 ϕ100	片	0.010	0.010	0.010	0.020	0.020	0.020
	031101006	砂轮片 ϕ400	片	0.010	0.010	0.020	0.030	0.030	0.140
	290901007	铜接地端子带螺栓 DT-6mm^2	个	1.051	1.051	1.051	1.051	1.051	1.051
	280317008	铜芯塑料绝缘软电线 BVR-6mm^2	m	2.252	2.252	2.202	1.882	1.702	1.702
	850103006	其他材料费（占材料费）	%	1.800	1.800	1.800	1.800	1.800	1.800
机械	990744010	半自动切割机 100mm	台班	0.010	0.010	0.010	0.010	0.010	0.020
	990304016	汽车式起重机 16t	台班	—	—	0.010	0.030	0.050	0.060
	990401030	载重汽车 8t	台班	0.010	0.020	0.030	0.040	0.060	0.070
	990904030	直流弧焊机 20kV·A	台班	—	0.020	0.060	0.110	0.140	0.190

工作内容： 组对、焊接或螺栓固定、弯头、三通或四通、盖板、隔板、附件安装、接地跨接，桥架修理。

计量单位：10m

编号				2-2-182	2-2-183	2-2-184	2-2-185
项目				钢制托盘式桥架（宽＋高 mm）			
				≤200	≤400	≤600	≤800
名称			单位	消耗量			
人工	000205000	综合二类工	工日	0.959	1.579	2.515	3.373
材料	290100001	电缆桥架	m	10.100	10.100	10.100	10.100
	031301007	低碳钢焊条（综合）	kg	—	—	—	0.130
	130505007	酚醛防锈漆	kg	0.050	0.050	0.100	0.150
	022701001	棉纱	kg	0.020	0.020	0.030	0.050
	140301003	汽油 92#	kg	0.050	0.080	0.100	0.200
	031101002	砂轮片 ϕ100	片	0.010	0.010	0.010	0.010
	031101006	砂轮片 ϕ400	片	—	—	—	0.200
	290901007	铜接地端子带螺栓 DT-6mm^2	个	1.051	1.051	1.051	1.051
	280317008	铜芯塑料绝缘软电线 BVR-6mm^2	m	2.252	2.252	2.252	2.202
	850103006	其他材料费（占材料费）	%	1.800	1.800	1.800	1.800
机械	990744010	半自动切割机 100mm	台班	0.010	0.010	0.010	0.010
	990304016	汽车式起重机 16t	台班	—	—	0.010	0.020
	990401030	载重汽车 8t	台班	0.010	0.020	0.020	0.030
	990904030	直流弧焊机 20kV·A	台班	—	—	—	0.030

工作内容：组对、焊接或螺栓固定、弯头、三通或四通、盖板、隔板、附件安装、接地跨接，桥架修理。

计量单位：10m

编号				2-2-186	2-2-187	2-2-188
项目				钢制托盘式桥架（宽＋高 mm）		
				≤ 1000	≤ 1200	≤ 1500
名称			单位	消耗量		
人工	000205000	综合二类工	工日	4.155	4.588	5.259
材料	290100001	电缆桥架	m	10.100	10.100	10.100
	031301007	低碳钢焊条（综合）	kg	0.200	0.250	0.400
	130505007	酚醛防锈漆	kg	0.200	0.250	0.300
	022701001	棉纱	kg	0.060	0.100	0.501
	140301003	汽油 92#	kg	0.400	0.501	0.801
	031101002	砂轮片 ϕ100	片	0.020	0.020	0.020
	031101006	砂轮片 ϕ400	片	0.300	0.040	0.040
	290901007	铜接地端子带螺栓 DT-6mm^2	个	1.051	1.051	1.051
	280317008	铜芯塑料绝缘软电线 BVR-6mm^2	m	1.882	1.702	1.702
	850103006	其他材料费（占材料费）	%	1.800	1.800	1.800
机械	990744010	半自动切割机 100mm	台班	0.190	0.230	0.280
	990304016	汽车式起重机 16t	台班	0.030	0.040	0.050
	990401030	载重汽车 8t	台班	0.030	0.040	0.060
	990904030	直流弧焊机 20kV · A	台班	0.090	0.110	0.190

工作内容：组对、螺栓固定、弯头、三通或四通、盖板、隔板、附件安装、接地跨接，桥架修理。

计量单位：10m

编号				2-2-189	2-2-190	2-2-191	2-2-192	2-2-193	2-2-194
项目				玻璃钢槽式桥架（宽＋高 mm）					
				≤ 200	≤ 400	≤ 600	≤ 800	≤ 1000	≤ 1200
名称			单位	消耗量					
人工	000205000	综合二类工	工日	1.011	1.572	2.421	4.061	4.511	4.865
材料	290100001	电缆桥架	m	10.100	10.100	10.100	10.100	10.100	10.100
	022701001	棉纱	kg	0.020	0.030	0.050	0.100	0.200	0.200
	031101002	砂轮片 ϕ100	片	0.010	0.010	0.010	0.020	0.030	0.030
	031101006	砂轮片 ϕ400	片	0.010	0.010	0.010	0.020	0.020	0.020
	290901007	铜接地端子带螺栓 DT-6mm^2	个	1.051	1.051	1.051	1.051	1.051	1.051
	280317008	铜芯塑料绝缘软电线 BVR-6mm^2	m	2.252	2.252	2.252	2.002	1.882	1.882
	850103006	其他材料费（占材料费）	%	1.800	1.800	1.800	1.800	1.800	1.800
机械	990744010	半自动切割机 100mm	台班	0.010	0.010	0.010	0.010	0.020	0.020
	990401030	载重汽车 8t	台班	0.010	0.010	0.020	0.040	0.060	0.060
	990304004	汽车式起重机 8t	台班	—	—	0.010	0.020	0.030	0.030

工作内容：组对、螺栓固定、弯头、三通或四通、盖板、隔板、附件安装、接地跨接，桥架修理。

计量单位：10m

编号				2-2-195	2-2-196	2-2-197	2-2-198	2-2-199	2-2-200
项目				玻璃钢梯式桥架（宽＋高 mm）					
				≤200	≤400	≤600	≤800	≤1000	≤1200
名称			单位	消耗量					
人工	000205000	综合二类工	工日	0.786	1.330	1.959	2.983	3.617	4.214
材料	290100001	电缆桥架	m	10.100	10.100	10.100	10.100	10.100	10.100
	022701001	棉纱	kg	0.020	0.020	0.050	0.100	0.200	0.200
	031101002	砂轮片 ϕ100	片	0.010	0.010	0.010	0.020	0.030	0.030
	031101006	砂轮片 ϕ400	片	0.010	0.010	0.010	0.020	0.020	0.020
	290901007	铜接地端子带螺栓 DT-6mm^2	个	1.051	1.051	1.051	1.051	1.051	1.051
	280317008	铜芯塑料绝缘软电线 BVR-6mm^2	m	2.252	2.252	2.252	2.202	1.882	1.882
	850103006	其他材料费（占材料费）	%	1.800	1.800	1.800	1.800	1.800	1.800
机械	990744010	半自动切割机 100mm	台班	0.010	0.010	0.010	0.010	0.020	0.020
	990304016	汽车式起重机 16t	台班	—	—	0.010	0.020	0.030	0.030
	990401030	载重汽车 8t	台班	0.010	0.010	0.020	0.040	0.050	0.050

工作内容：组对、螺栓固定、弯头、三通或四通、盖板、隔板、附件安装、接地跨接，桥架修理。

计量单位：10m

编号				2-2-201	2-2-202	2-2-203	2-2-204	2-2-205
项目				玻璃钢托盘式桥架（宽＋高 mm）				
				≤300	≤500	≤800	≤1000	≤1200
名称			单位	消耗量				
人工	000205000	综合二类工	工日	1.465	2.304	3.534	4.341	4.956
材料	290100001	电缆桥架	m	10.100	10.100	10.100	10.100	10.100
	022701001	棉纱	kg	0.030	0.050	0.100	0.200	0.200
	031101002	砂轮片 ϕ100	片	0.010	0.010	0.020	0.030	0.030
	031101006	砂轮片 ϕ400	片	0.010	0.010	0.020	0.020	0.020
	290901007	铜接地端子带螺栓 DT-6mm^2	个	1.051	1.051	1.051	1.051	1.051
	280317008	铜芯塑料绝缘软电线 BVR-6mm^2	m	2.202	2.252	2.002	1.882	1.882
	850103006	其他材料费（占材料费）	%	1.800	1.800	1.800	1.800	1.800
机械	990744010	半自动切割机 100mm	台班	0.010	0.010	0.010	0.020	0.020
	990304016	汽车式起重机 16t	台班	—	0.010	0.020	0.030	0.030
	990401030	载重汽车 8t	台班	0.010	0.020	0.040	0.060	0.060

工作内容：组对、螺栓固定、弯头、三通或四通、盖板、隔板、附件安装、接地跨接，桥架修理。

计量单位：10m

编号				2-2-206	2-2-207	2-2-208	2-2-209	2-2-210	2-2-211
项目				铝合金槽式桥架（宽＋高 mm）					
				≤200	≤400	≤600	≤800	≤1000	≤1200
名称			单位	消耗量					
人工	000205000	综合二类工	工日	0.713	1.095	2.226	3.415	4.087	4.656
材料	290100001	电缆桥架	m	10.100	10.100	10.100	10.100	10.100	10.100
	022701001	棉纱	kg	0.020	0.030	0.050	0.100	0.200	0.200
	031101002	砂轮片 ϕ100	片	0.010	0.010	0.010	0.020	0.030	0.030
	031101006	砂轮片 ϕ400	片	0.010	0.010	0.010	0.020	0.020	0.020
	290901007	铜接地端子带螺栓 DT-6mm^2	个	1.051	1.051	1.051	1.051	1.051	1.051
	280317008	铜芯塑料绝缘软电线 BVR-6mm^2	m	2.252	2.252	2.252	2.202	1.882	1.882
	850103006	其他材料费（占材料费）	%	1.800	1.800	1.800	1.800	1.800	1.800
机械	990744010	半自动切割机 100mm	台班	0.010	0.010	0.010	0.010	0.020	0.020
	990304004	汽车式起重机 8t	台班	—	—	—	0.010	0.020	0.020
	990401015	载重汽车 4t	台班	—	0.010	0.010	0.020	0.030	0.030

工作内容：组对、螺栓固定、弯头、三通或四通、盖板、隔板、附件安装、接地跨接，桥架修理。

计量单位：10m

编号				2-2-212	2-2-213	2-2-214	2-2-215	2-2-216	2-2-217
项目				铝合金梯式桥架（宽＋高 mm）					
				≤200	≤400	≤600	≤800	≤1000	≤1200
名称			单位	消耗量					
人工	000205000	综合二类工	工日	0.705	0.790	1.692	2.540	3.398	3.909
材料	290100001	电缆桥架	m	10.100	10.100	10.100	10.100	10.100	10.100
	022701001	棉纱	kg	0.050	0.050	0.080	0.100	0.200	0.200
	031101002	砂轮片 ϕ100	片	0.010	0.010	0.010	0.010	0.020	0.020
	031101006	砂轮片 ϕ400	片	—	—	0.010	0.020	0.020	0.020
	290901007	铜接地端子带螺栓 DT-6mm^2	个	1.051	1.051	1.051	1.051	1.051	1.051
	280317008	铜芯塑料绝缘软电线 BVR-6mm^2	m	2.252	2.252	2.252	2.202	1.882	1.882
	850103006	其他材料费（占材料费）	%	1.800	1.800	1.800	1.800	1.800	1.800
机械	990304004	汽车式起重机 8t	台班	—	—	—	0.010	0.020	0.020
	990744010	半自动切割机 100mm	台班	0.010	0.010	0.010	0.010	0.020	0.020
	990401015	载重汽车 4t	台班	0.010	0.010	0.010	0.020	0.030	0.030

工作内容：组对、螺栓固定、弯头、三通或四通、盖板、隔板、附件安装、接地跨接，桥架修理。

计量单位：10m

编　号				2-2-218	2-2-219	2-2-220	2-2-221	2-2-222	2-2-223
项　目				铝合金托盘式桥架（宽＋高 mm）					
				≤200	≤400	≤600	≤800	≤1000	≤1200
名　称			单位	消　耗　量					
人工	000205000	综合二类工	工日	0.849	0.943	1.835	3.169	3.755	4.335
材料	290100001	电缆桥架	m	10.100	10.100	10.100	10.100	10.100	10.100
	022701001	棉纱	kg	0.050	0.050	0.080	0.100	0.200	0.200
	031101002	砂轮片 ϕ100	片	0.010	0.010	0.010	0.010	0.020	0.020
	031101006	砂轮片 ϕ400	片	0.010	0.010	0.010	0.020	0.020	0.020
	290901007	铜接地端子带螺栓 DT-6mm^2	个	1.051	1.051	1.051	1.051	1.051	1.051
	280317008	铜芯塑料绝缘软电线 BVR-6mm^2	m	2.252	2.252	2.252	2.202	1.882	1.882
	850103006	其他材料费（占材料费）	%	1.800	1.800	1.800	1.800	1.800	1.800
机械	990304004	汽车式起重机 8t	台班	—	—	—	0.010	0.020	0.020
	990744010	半自动切割机 100mm	台班	0.010	0.010	0.010	0.010	0.020	0.020
	990401015	载重汽车 4t	台班	0.010	0.010	0.010	0.020	0.030	0.030

工作内容：组对、螺栓连接、安装固定、立柱、托臂膨胀螺栓或焊接固定、螺栓固定，桥架修理。

计量单位：见表

编　号				2-2-224	2-2-225
项　目				组合式桥架	复合支架安装
单　位				片	副
名　称			单位	消　耗　量	
人工	000205000	综合二类工	工日	0.221	0.081
材料	290115001	组合式电缆桥架	片	1.010	—
	290209001	桥架支撑	个	—	2.020
	022701001	棉纱	kg	0.001	—
	140301003	汽油 92#	kg	0.002	—
	031101002	砂轮片 ϕ100	片	0.001	—
	031101006	砂轮片 ϕ400	片	0.001	—
	031541002	锯条（综合）	根	—	0.220
	850103006	其他材料费（占材料费）	%	1.800	1.800
机械	990744010	半自动切割机 100mm	台班	0.001	—
	990401015	载重汽车 4t	台班	0.001	—
	990401020	载重汽车 5t	台班	—	0.001

工作内容：划线、定位、打眼、槽体清扫、本体固定、配件安装、接地跨接、补漆，桥架修理。

计量单位：10m

编号				2-2-226	2-2-227	2-2-228	2-2-229	2-2-230	2-2-231
项目				防火桥架（宽＋高 mm）					
				≤200	≤400	≤600	≤800	≤1000	≤1200
名称			单位	消耗量					
人工	000205000	综合二类工	工日	1.112	1.869	2.999	4.044	5.157	6.134
材料	290100001	电缆桥架	m	10.100	10.100	10.100	10.100	10.100	10.100
	031101002	砂轮片 $\phi100$	片	0.020	0.020	0.030	0.030	0.030	0.040
	031101006	砂轮片 $\phi400$	片	0.020	0.020	0.030	0.030	0.030	0.040
	290901007	铜接地端子带螺栓 DT-6mm^2	个	1.051	1.051	1.051	1.051	1.051	1.051
	280317008	铜芯塑料绝缘软电线 BVR-6mm^2	m	2.252	2.252	2.252	2.252	2.252	2.252
	850103006	其他材料费（占材料费）	%	1.800	1.800	1.800	1.800	1.800	1.800
机械	990744010	半自动切割机 100mm	台班	0.010	0.010	0.010	0.010	0.020	0.020
	990304016	汽车式起重机 16t	台班	—	—	—	0.020	0.030	0.050
	990401030	载重汽车 8t	台班	0.010	0.020	0.030	0.040	0.060	0.070

工作内容：开盘、检查、架线盘、敷设、锯断、排列、整理、固定、配合试验、收盘、临时封头、挂牌、电缆敷设、辅助设施安装及拆除、绝缘电阻测试等。

计量单位：10m

编号				2-2-232	2-2-233	2-2-234	2-2-235
项目				铜芯电力电缆敷设			
				电缆截面（mm^2）			
				≤10	≤16	≤35	≤50
名称			单位	消耗量			
人工	000205000	综合二类工	工日	0.230	0.306	0.423	0.530
材料	281100001	电力电缆	m	10.100	10.100	10.100	10.100
	022703003	白布	kg	0.030	0.030	0.050	0.050
	341304003	标志牌 塑料扁形	个	0.601	0.601	0.601	0.601
	292509002	镀锌电缆吊挂 3.0×50	套	0.511	0.511	0.711	0.711
	290639003	镀锌电缆卡子 2×35	套	2.342	2.342	2.342	2.342
	015305001	封铅 含铅 65% 锡 35%	kg	0.060	0.080	0.100	0.120
	031519007	冲击钻头 $\phi8$	个	0.010	0.010	—	—
	031519009	冲击钻头 $\phi12$	个	—	—	0.010	0.010
	031519022	合金钢钻头 $\phi10$	个	0.020	0.020	0.020	0.020
	130121003	沥青绝缘漆	kg	0.010	0.010	0.010	0.010
	030107012	膨胀螺栓 M6	10 套	0.160	0.160	—	—
	030107016	膨胀螺栓 M10	10 套	—	—	0.160	0.160
	140301003	汽油 92#	kg	0.050	0.050	0.080	0.080
	203307023	橡胶垫 $\delta2$	m^2	0.010	0.010	0.010	0.010
	143339001	硬脂酸	kg	0.010	0.010	0.010	0.010
	850103006	其他材料费（占材料费）	%	1.800	1.800	1.800	1.800
机械	870622064	高压绝缘电阻测试仪	台班	0.014	0.014	0.014	0.014
	990304004	汽车式起重机 8t	台班	0.007	0.007	0.007	0.007
	990401020	载重汽车 5t	台班	0.007	0.007	0.007	0.007

工作内容：开盘、检查、架线盘、敷设、锯断、排列、整理、固定、配合试验、收盘、临时封头、挂牌、电缆敷设、辅助设施安装及拆除、绝缘电阻测试等。　　**计量单位：**10m

编号				2-2-236	2-2-237	2-2-238	2-2-239
项目				铜芯电力电缆敷设			
				电缆截面（mm^2）			
				≤ 70	≤ 120	≤ 240	≤ 400
名称			单位	消耗量			
人工	000205000	综合二类工	工日	0.655	0.779	1.080	1.646
材料	281100001	电力电缆	m	10.100	10.100	10.100	10.100
	022703003	白布	kg	0.050	0.060	0.080	0.100
	341304003	标志牌 塑料扁形	个	0.601	0.601	0.601	0.841
	031519009	冲击钻头 $\phi12$	个	0.010	0.010	0.010	0.010
	292509002	镀锌电缆吊挂 3.0 × 50	套	0.711	0.671	—	—
	292509003	镀锌电缆吊挂 3.0 × 100	套	—	—	0.621	0.871
	290639003	镀锌电缆卡子 2 × 35	套	2.342	—	—	—
	290639005	镀锌电缆卡子 3 × 50	套	—	2.232	—	—
	290639006	镀锌电缆卡子 3 × 100	套	—	—	2.342	3.003
	015305001	封铅 含铅 65% 锡 35%	kg	0.140	0.160	0.200	0.280
	031519022	合金钢钻头 $\phi10$	个	0.020	0.010	—	—
	130121003	沥青绝缘漆	kg	0.010	0.020	0.020	0.030
	030107016	膨胀螺栓 M10	10 套	0.160	0.140	0.140	0.140
	140301003	汽油 92#	kg	0.080	0.100	0.100	0.150
	203307023	橡胶垫 $\delta2$	m^2	0.010	0.010	0.010	0.010
	143339001	硬脂酸	kg	0.010	0.010	0.010	0.010
	292705001	电缆敷设滚轮（综合）	个	—	0.020	0.020	0.020
	292707001	电缆敷设牵引头（综合）	只	—	0.010	0.010	0.010
	292705002	电缆敷设转向导轮（综合）	个	—	0.010	0.010	0.010
	850103006	其他材料费（占材料费）	%	1.800	1.800	1.800	1.800
机械	870622064	高压绝缘电阻测试仪	台班	0.014	0.014	0.014	0.014
	990304004	汽车式起重机 8t	台班	0.007	0.007	—	—
	990401020	载重汽车 5t	台班	0.007	0.007	0.020	0.047
	990901010	交流弧焊机 21kV · A	台班	—	0.007	0.007	0.007
	990304008	汽车式起重机 10t	台班	—	—	0.020	0.047

工作内容： 开盘、检查、架线盘、安装挂具、吊装、收线盘、卡固、敷设、测量绝缘电阻、挂标牌、绝缘电阻测试等。

计量单位：10m

编号				2-2-240	2-2-241	2-2-242	2-2-243
项目				预制分支电缆敷设			
				主电缆截面（mm^2）			
				≤10	≤16	≤25	≤35
名称			单位	消耗量			
人工	000205000	综合二类工	工日	0.734	1.026	1.416	1.822
材料	281100001	电力电缆	m	10.000	10.000	10.000	10.000
	341304002	标志牌	个	0.601	0.601	0.601	0.601
	140305002	柴油	kg	0.030	0.030	0.030	0.030
	290639003	镀锌电缆卡子 2×35	套	10.310	10.310	10.310	10.310
	030107050	镀锌膨胀螺栓 M10	10套	0.661	0.661	0.661	0.661
	140301001	汽油 89#	kg	0.080	0.080	0.080	0.080
	140301003	汽油 92#	kg	0.230	0.230	0.230	0.230
	203307023	橡胶垫 δ2	m^2	0.030	0.030	0.030	0.030
	850103006	其他材料费（占材料费）	%	1.800	1.800	1.800	1.800
机械	870622064	高压绝缘电阻测试仪	台班	0.014	0.014	0.014	0.014
	990304004	汽车式起重机 8t	台班	0.007	0.007	0.007	0.007
	990401020	载重汽车 5t	台班	0.007	0.007	0.007	0.007

工作内容： 开盘、检查、架线盘、安装挂具、吊装、收线盘、卡固、敷设、测量绝缘电阻、挂标牌、绝缘电阻测试等。

计量单位：10m

编号				2-2-244	2-2-245	2-2-246	2-2-247
项目				预制分支电缆敷设			
				主电缆截面（mm^2）			
				≤50	≤70	≤95	≤120
名称			单位	消耗量			
人工	000205000	综合二类工	工日	2.185	2.548	3.318	4.087
材料	281100001	电力电缆	m	10.000	10.000	10.000	10.000
	341304002	标志牌	个	0.601	0.601	0.601	0.601
	140305002	柴油	kg	0.230	0.230	4.044	1.522
	290639003	镀锌电缆卡子 2×35	套	10.310	10.310	—	—
	290639004	镀锌电缆卡子 3×35	套	—	—	10.310	10.310
	030107048	镀锌膨胀螺栓 M8	10套	—	—	0.661	0.661
	030107050	镀锌膨胀螺栓 M10	10套	0.661	0.661	—	—
	140301001	汽油 89#	kg	0.100	0.100	0.100	0.100
	140301003	汽油 92#	kg	0.470	0.470	—	—
	203307023	橡胶垫 δ2	m^2	0.030	0.030	0.030	0.030
	850103006	其他材料费（占材料费）	%	1.800	1.800	1.800	1.800
机械	870622064	高压绝缘电阻测试仪	台班	0.014	0.014	0.014	0.014
	990304004	汽车式起重机 8t	台班	0.007	0.007	0.007	0.007
	990401020	载重汽车 5t	台班	0.007	0.007	—	—
	990401035	载重汽车 10t	台班	—	—	0.047	0.007

工作内容： 开盘、检查、架线盘、安装挂具、吊装、收线盘、卡固、敷设、测量绝缘电阻、挂标牌、绝缘电阻测试等。

计量单位： 10m

编号				2-2-248	2-2-249	2-2-250	2-2-251	2-2-252
项目				预制分支电缆敷设				
				主电缆截面（mm²）				
				≤150	≤185	≤240	≤300	≤400
名称			单位	消耗量				
人工	000205000	综合二类工	工日	4.928	5.361	5.804	6.971	8.122
材料	281100001	电力电缆	m	10.000	10.000	10.000	10.000	10.000
	341304002	标志牌	个	0.601	0.601	0.601	0.601	0.601
	140305002	柴油	kg	2.603	2.893	3.483	6.346	6.937
	290639006	镀锌电缆卡子 3×100	套	10.310	10.310	10.310	10.310	10.310
	030107048	镀锌膨胀螺栓 M8	10套	0.661	0.661	0.661	0.661	0.661
	140301001	汽油 89#	kg	0.100	0.100	0.100	0.150	0.150
	203307023	橡胶垫 δ2	m²	0.030	0.030	0.030	0.030	0.030
	850103006	其他材料费（占材料费）	%	1.800	1.800	1.800	1.800	1.800
机械	870622064	高压绝缘电阻测试仪	台班	0.014	0.014	0.014	0.014	0.014
	990304008	汽车式起重机 10t	台班	0.007	0.014	0.014	0.020	0.034
	990401035	载重汽车 10t	台班	0.020	0.020	0.020	0.047	0.047

工作内容： 定位、量尺寸、锯断、剥保护层及绝缘层、清洗、包缠绝缘、压接线管及接线端子、安装、接线。

计量单位： 个

编号				2-2-253	2-2-254	2-2-255	2-2-256
项目				1kV以下室内干包式铜芯电力电缆中间头制作与安装			
				电缆截面（mm²）			
				≤16	≤35	≤50	≤70
名称			单位	消耗量			
人工	000205000	综合二类工	工日	0.450	0.748	0.450	0.564
材料	022703003	白布	kg	0.288	0.360	0.440	0.520
	142123001	电力复合脂	kg	0.029	0.036	0.044	0.052
	271799001	电气绝缘胶带 18mm×10m×0.13mm	卷	0.480	0.600	0.700	0.800
	280103006	镀锡裸铜软绞线 TJRX 16mm²	kg	0.250	0.250	0.250	0.250
	015305001	封铅 含铅65% 锡35%	kg	0.346	0.432	0.524	0.616
	031305003	焊锡膏	kg	0.010	0.012	0.016	0.020
	031303019	焊锡丝（综合）	kg	0.048	0.060	0.080	0.100
	140301003	汽油 92#	kg	0.384	0.480	0.560	0.640
	021303001	三色塑料带（综合）	kg	0.240	0.300	0.417	0.533
	290901022	铜接线端子 DT-16mm²	个	1.020	1.020	1.020	1.020
	291707032	铜压接管 16mm²	个	3.760	—	—	—
	291707033	铜压接管 35mm²	个	—	3.760	—	—
	291707034	铜压接管 50mm²	个	—	—	3.760	—
	291707035	铜压接管 70mm²	个	—	—	—	3.760
	850103006	其他材料费（占材料费）	%	1.800	1.800	1.800	1.800

工作内容： 定位、量尺寸、锯断、剥保护层及绝缘层、清洗、包缠绝缘、压接线管及接线端子、安装、接线。

计量单位：个

编号				2-2-257	2-2-258	2-2-259
项目				1kV 以下室内干包式铜芯电力电缆中间头制作与安装		
				电缆截面（mm^2）		
				≤120	≤240	≤400
名称			单位	消耗量		
人工	000205000	综合二类工	工日	0.676	0.880	1.973
材料	022703003	白布	kg	0.600	0.960	0.960
	142123001	电力复合脂	kg	0.060	0.096	0.096
	271799001	电气绝缘胶带 18mm×10m×0.13mm	卷	0.900	1.250	1.250
	280103006	镀锡裸铜软绞线 TJRX 16mm^2	kg	0.250	0.350	0.350
	015305001	封铅 含铅 65% 锡 35%	kg	0.708	0.852	0.852
	031305003	焊锡膏	kg	0.024	0.048	0.048
	031303019	焊锡丝（综合）	kg	0.120	0.240	0.240
	140301003	汽油 92#	kg	0.720	0.960	0.960
	021303001	三色塑料带（综合）	kg	0.650	1.120	1.120
	290901022	铜接线端子 DT-16mm^2	个	1.020	1.020	1.020
	291707036	铜压接管 120mm^2	个	3.760	—	—
	291707037	铜压接管 240mm^2	个	—	3.760	—
	291707038	铜压接管 400mm^2	个	—	—	3.760
	850103006	其他材料费（占材料费）	%	1.800	1.800	1.800

工作内容： 定位、量尺寸、锯断、剥切清洗、内屏蔽层处理、焊接地线、套热缩管、压接线端子、加热成形、安装。

计量单位：个

编号				2-2-260	2-2-261	2-2-262	2-2-263
项目				1kV 以下热（冷）缩式铜芯电力电缆中间头制作与安装			
				电缆截面（mm^2）			
				≤16	≤35	≤50	≤70
名称			单位	消耗量			
人工	000205000	综合二类工	工日	0.355	0.594	0.665	0.773
材料	022703003	白布	kg	0.480	0.600	0.720	0.840
	142123001	电力复合脂	kg	0.029	0.036	0.044	0.052
	271799001	电气绝缘胶带 18mm×10m×0.13mm	卷	0.200	0.250	0.367	0.483
	280103006	镀锡裸铜软绞线 TJRX 16mm^2	kg	0.300	0.300	0.300	0.350
	031305003	焊锡膏	kg	0.010	0.012	0.016	0.020
	031303019	焊锡丝（综合）	kg	0.048	0.060	0.080	0.100
	340203005	聚四氟乙烯带	kg	0.288	0.360	0.440	0.520

续前

编　　号				2-2-260	2-2-261	2-2-262	2-2-263
项　　目				1kV 以下热（冷）缩式铜芯电力电缆中间头制作与安装			
				电缆截面（mm^2）			
				≤ 16	≤ 35	≤ 50	≤ 70
	名　　称		单位	消　耗　量			
材料	130121003	沥青绝缘漆	kg	0.780	0.960	1.120	1.270
	140301003	汽油 92#	kg	0.480	0.600	0.680	0.760
	290701006	热缩式电缆中间接头	套	1.020	1.020	1.020	1.020
	021303002	三色塑料带 20mm × 40m	m	0.248	0.310	0.379	0.448
	291707032	铜压接管 $16mm^2$	个	3.760	—	—	—
	291707033	铜压接管 $35mm^2$	个	—	3.760	—	—
	291707034	铜压接管 $50mm^2$	个	—	—	3.760	—
	291707035	铜压接管 $70mm^2$	个	—	—	—	3.760
	850103006	其他材料费（占材料费）	%	1.800	1.800	1.800	1.800

工作内容： 定位、量尺寸、锯断、剥切清洗、内屏蔽层处理、焊接地线、套热缩管、压接线端子、加热成形、安装。

计量单位：个

编　　号				2-2-264	2-2-265	2-2-266
项　　目				1kV 以下热（冷）缩式铜芯电力电缆中间头制作与安装		
				电缆截面（mm^2）		
				≤ 120	≤ 240	≤ 400
	名　　称		单位	消　耗　量		
人工	000205000	综合二类工	工日	0.880	1.138	1.592
材料	022703003	白布	kg	0.960	1.200	1.560
	142123001	电力复合脂	kg	0.060	0.096	0.120
	271799001	电气绝缘胶带 18mm × 10m × 0.13mm	卷	0.600	1.025	1.550
	280103006	镀锡裸铜软绞线 TJRX $16mm^2$	kg	0.350	0.350	0.500
	031305003	焊锡膏	kg	0.024	0.048	0.060
	031303019	焊锡丝（综合）	kg	0.120	0.240	0.300
	340203005	聚四氟乙烯带	kg	0.600	0.840	1.200
	130121003	沥青绝缘漆	kg	1.400	1.800	2.400
	140301003	汽油 92#	kg	0.840	1.080	1.200
	290701006	热缩式电缆中间接头	套	1.020	1.020	1.020
	021303002	三色塑料带 20mm × 40m	m	0.517	0.721	1.031
	291707036	铜压接管 $120mm^2$	个	3.760	—	—
	291707037	铜压接管 $240mm^2$	个	—	3.760	—
	291707038	铜压接管 $400mm^2$	个	—	—	3.760
	850103006	其他材料费（占材料费）	%	1.800	1.800	1.800

工作内容： 定位、量尺寸、锯断、剥切清洗、内屏蔽层处理、焊接地线、套热缩管、压接线端子、加热成形、安装。

计量单位：个

编号				2-2-267	2-2-268	2-2-269
项目				10kV 以下热（冷）缩式铜芯电力电缆中间头制作与安装		
				电缆截面（mm^2）		
				≤35	≤50	≤70
名称			单位	消耗量		
人工	000205000	综合二类工	工日	0.883	1.042	1.201
材料	291707033	铜压接管 35mm^2	个	3.060	—	—
	022703003	白布	kg	0.600	0.720	0.840
	142123001	电力复合脂	kg	0.036	0.044	0.052
	271799001	电气绝缘胶带 18mm × 10m × 0.13mm	卷	0.350	0.480	0.580
	280103006	镀锡裸铜软绞线 TJRX 16mm^2	kg	0.250	0.250	0.300
	031305003	焊锡膏	kg	0.012	0.016	0.020
	031303019	焊锡丝（综合）	kg	0.060	0.080	0.100
	340203005	聚四氟乙烯带	kg	0.300	0.367	0.433
	130121003	沥青绝缘漆	kg	1.200	1.360	1.520
	140301003	汽油 92#	kg	0.720	8.000	0.880
	290701006	热缩式电缆中间接头	套	1.020	1.020	1.020
	021303002	三色塑料带 20mm × 40m	m	0.500	0.600	0.700
	291707034	铜压接管 50mm^2	个	—	3.060	—
	291707035	铜压接管 70mm^2	个	—	—	3.060
	850103006	其他材料费（占材料费）	%	1.800	1.800	1.800

工作内容：定位、量尺寸、锯断、剥切清洗、内屏蔽层处理、焊接地线、套热缩管、压接线端子、加热成形、安装。

计量单位：个

编　号				2-2-270	2-2-271	2-2-272
项　目				10kV 以下热（冷）缩式铜芯电力电缆中间头制作与安装		
				电缆截面（mm^2）		
				≤ 120	≤ 240	≤ 400
名　称			单位	消　耗　量		
人工	000205000	综合二类工	工日	1.363	1.740	2.437
材料	291707038	铜压接管 $400mm^2$	个	—	—	3.060
	022703003	白布	kg	0.960	1.560	1.800
	142123001	电力复合脂	kg	0.060	0.096	0.120
	271799001	电气绝缘胶带 18mm × 10m × 0.13mm	卷	0.750	1.210	1.880
	280103006	镀锡裸铜软绞线 TJRX $16mm^2$	kg	0.300	0.350	0.500
	031305003	焊锡膏	kg	0.024	0.048	0.060
	031303019	焊锡丝（综合）	kg	0.120	0.240	0.300
	340203005	聚四氟乙烯带	kg	0.500	0.700	1.000
	130121003	沥青绝缘漆	kg	1.680	2.160	2.880
	140301003	汽油 92#	kg	0.960	1.200	1.440
	290701006	热缩式电缆中间接头	套	1.020	1.020	1.020
	021303002	三色塑料带 20mm × 40m	m	0.800	1.000	1.500
	291707036	铜压接管 $120mm^2$	个	3.060	—	—
	291707037	铜压接管 $240mm^2$	个	—	3.060	—
	850103006	其他材料费（占材料费）	%	1.800	1.800	1.800

工作内容：定位、量尺寸、锯断、剥保护层及绝缘层、清洗、包缠绝缘、压接线管及接线端子、安装、接线。

计量单位：个

编号				2-2-273	2-2-274	2-2-275	2-2-276
项目				1kV 以下室内干包式铜芯电力电缆终端头制作与安装			
				电缆截面（mm^2）			
				≤ 10	≤ 16	≤ 35	≤ 50
名称			单位	消耗量			
人工	000205000	综合二类工	工日	0.177	0.265	0.443	0.503
材料	022703003	白布	kg	0.200	0.288	0.360	0.440
	142123001	电力复合脂	kg	0.021	0.029	0.036	0.044
	271799001	电气绝缘胶带 18mm × 10m × 0.13mm	卷	0.200	0.240	0.300	0.300
	280103006	镀锡裸铜软绞线 TJRX 16mm^2	kg	0.120	0.160	0.200	0.277
	182506006	固定卡子 ϕ90	个	1.154	1.648	2.060	2.060
	031305003	焊锡膏	kg	0.007	0.010	0.012	0.016
	031303019	焊锡丝（综合）	kg	0.034	0.048	0.060	0.080
	140301003	汽油 92#	kg	0.200	0.288	0.360	0.380
	021303002	三色塑料带 20mm × 40m	m	0.079	0.112	0.140	0.243
	340705004	塑料手套 ST 型	个	1.050	1.050	1.050	1.050
	290901022	铜接线端子 DT-16mm^2	个	4.780	4.780	1.020	1.020
	290901027	铜接线端子 DT-35mm^2	个	—	—	3.760	—
	290901029	铜接线端子 DT-50mm^2	个	—	—	—	3.760
	850103006	其他材料费（占材料费）	%	1.800	1.800	1.800	1.800

工作内容：定位、量尺寸、锯断、剥保护层及绝缘层、清洗、包缠绝缘、压接线管及接线端子、安装、接线。

计量单位：个

编　号				2-2-277	2-2-278	2-2-279	2-2-280
项　目				1kV 以下室内干包式铜芯电力电缆终端头制作与安装			
				电缆截面（mm²）			
				≤ 70	≤ 120	≤ 240	≤ 400
名　称			单位	消　耗　量			
人工	000205000	综合二类工	工日	0.584	0.667	0.875	0.963
材料	022703003	白布	kg	0.520	0.600	0.960	1.056
	142123001	电力复合脂	kg	0.052	0.060	0.096	0.106
	271799001	电气绝缘胶带 18mm × 10m × 0.13mm	卷	0.300	0.400	0.500	0.600
	280103006	镀锡裸铜软绞线 TJRX 16mm²	kg	0.253	0.280	0.350	0.385
	182506006	固定卡子 ϕ90	个	2.060	2.060	2.060	2.060
	031305003	焊锡膏	kg	0.020	0.024	0.048	0.056
	031303019	焊锡丝（综合）	kg	0.100	0.120	0.240	0.360
	140301003	汽油 92#	kg	0.400	0.420	0.480	0.500
	021303002	三色塑料带 20mm × 40m	m	0.347	0.450	0.700	0.900
	340705004	塑料手套 ST 型	个	1.050	1.050	1.050	1.050
	290901022	铜接线端子 DT-16mm²	个	1.020	1.020	1.020	1.020
	290901031	铜接线端子 DT-70mm²	个	3.760	—	—	—
	290901020	铜接线端子 DT-120mm²	个	—	3.760	—	—
	290901024	铜接线端子 DT-240mm²	个	—	—	3.760	—
	290901028	铜接线端子 DT-400mm²	个	—	—	—	3.760
	850103006	其他材料费（占材料费）	%	1.800	1.800	1.800	1.800

工作内容： 定位、量尺寸、锯断、剥切清洗、内屏蔽层处理、焊接地线、压接线端子、装热缩管、加热成形、安装、接线。

计量单位：个

编号				2-2-281	2-2-282	2-2-283	2-2-284
项目				1kV 室内热（冷）缩式铜芯电力电缆终端头制作与安装			
				电缆截面（mm^2）			
				≤ 10	≤ 16	≤ 35	≤ 50
名称			单位	消耗量			
人工	000205000	综合二类工	工日	0.168	0.263	0.437	0.490
材料	022703003	白布	kg	0.200	0.288	0.360	0.440
	143315001	丙酮	kg	0.340	0.480	0.600	0.720
	142123001	电力复合脂	kg	0.020	0.029	0.036	0.044
	271799001	电气绝缘胶带 18mm × 10m × 0.13mm	卷	0.200	0.240	0.300	0.440
	280103006	镀锡裸铜软绞线 TJRX 16mm^2	kg	0.120	0.160	0.200	0.200
	182506006	固定卡子 ϕ90	个	2.060	2.060	2.060	2.060
	031305003	焊锡膏	kg	0.040	0.058	0.072	0.076
	031303019	焊锡丝（综合）	kg	0.200	0.288	0.360	0.380
	290701001	户内热缩式电缆终端头	套	1.020	1.020	1.020	1.020
	140301003	汽油 92#	kg	0.400	0.576	0.720	0.800
	021303002	三色塑料带 20mm × 40m	m	0.300	0.400	0.500	0.600
	290901022	铜接线端子 DT-16mm^2	个	4.780	4.780	1.020	1.020
	290901027	铜接线端子 DT-35mm^2	个	—	—	3.760	—
	290901029	铜接线端子 DT-50mm^2	个	—	—	—	3.760
	850103006	其他材料费（占材料费）	%	1.800	1.800	1.800	1.800

工作内容：定位、量尺寸、锯断、剥切清洗、内屏蔽层处理、焊接地线、压接线端子、装热缩管、加热成形、安装、接线。

计量单位：个

				2-2-285	2-2-286	2-2-287	2-2-288
编　号				2-2-285	2-2-286	2-2-287	2-2-288
项　目				1kV 室内热（冷）缩式铜芯电力电缆终端头制作与安装			
				电缆截面（mm²）			
				≤ 70	≤ 120	≤ 240	≤ 400
名　称			单位	消　耗　量			
人工	000205000	综合二类工	工日	0.581	0.669	0.891	1.247
材料	022703003	白布	kg	0.520	0.600	0.960	1.200
	143315001	丙酮	kg	0.840	0.960	1.200	1.680
	142123001	电力复合脂	kg	0.052	0.060	0.096	0.120
	271799001	电气绝缘胶带 18mm × 10m × 0.13mm	卷	0.580	0.720	1.200	1.860
	280103006	镀锡裸铜软绞线 TJRX 16mm²	kg	0.200	0.300	0.350	0.500
	182506006	固定卡子 ϕ90	个	2.060	2.060	2.060	2.060
	031305003	焊锡膏	kg	0.080	0.084	0.108	0.120
	031303019	焊锡丝（综合）	kg	0.400	0.420	0.540	0.600
	290701001	户内热缩式电缆终端头	套	1.020	1.020	1.020	1.020
	140301003	汽油 92#	kg	0.880	0.960	1.200	1.560
	021303002	三色塑料带 20mm × 40m	m	0.700	0.800	1.000	1.500
	290901022	铜接线端子 DT-16mm²	个	1.020	1.020	1.020	1.020
	290901031	铜接线端子 DT-70mm²	个	3.760	—	—	—
	290901020	铜接线端子 DT-120mm²	个	—	3.760	—	—
	290901024	铜接线端子 DT-240mm²	个	—	—	3.760	—
	290901028	铜接线端子 DT-400mm²	个	—	—	—	3.760
	850103006	其他材料费（占材料费）	%	1.800	1.800	1.800	1.800

工作内容：定位、量尺寸、锯断、剥切清洗、内屏蔽层处理、焊接地线、压接线端子、装热缩管、加热成形、安装、接线。

计量单位：个

编号				2-2-289	2-2-290	2-2-291
项目				10kV 室内热（冷）缩式铜芯电力电缆终端头制作与安装		
				电缆截面（mm^2）		
				≤35	≤50	≤70
名称			单位	消耗量		
人工	000205000	综合二类工	工日	0.533	0.630	0.726
材料	022703003	白布	kg	0.360	0.440	0.520
	143315001	丙酮	kg	0.600	0.720	0.840
	142123001	电力复合脂	kg	0.036	0.044	0.052
	271799001	电气绝缘胶带 18mm×10m×0.13mm	卷	0.350	0.550	0.680
	280103006	镀锡裸铜软绞线 TJRX 16mm^2	kg	0.200	0.200	0.300
	182506006	固定卡子 ϕ90	个	2.060	2.060	2.060
	031305003	焊锡膏	kg	0.072	0.076	0.080
	031303019	焊锡丝（综合）	kg	0.360	0.380	0.400
	290701001	户内热缩式电缆终端头	套	1.020	1.020	1.020
	340203005	聚四氟乙烯带	kg	0.160	0.200	0.240
	140301003	汽油 92#	kg	0.720	0.800	0.880
	021303002	三色塑料带 20mm×40m	m	0.550	0.680	0.780
	290901022	铜接线端子 DT-16mm^2	个	1.020	1.020	1.020
	290901027	铜接线端子 DT-35mm^2	个	3.060	—	—
	290901029	铜接线端子 DT-50mm^2	个	—	3.060	—
	290901031	铜接线端子 DT-70mm^2	个	—	—	3.060
	850103006	其他材料费（占材料费）	%	1.800	1.800	1.800

工作内容：定位、量尺寸、锯断、剥切清洗、内屏蔽层处理、焊接地线、压接线端子、装热缩管、加热成形、安装、接线。

计量单位：个

编　号				2-2-292	2-2-293	2-2-294
项　目				10kV 室内热（冷）缩式铜芯电力电缆终端头制作与安装		
				电缆截面（mm²）		
				≤ 120	≤ 240	≤ 400
名　称			单位	消　耗　量		
人工	000205000	综合二类工	工日	0.825	1.062	1.494
材料	022703003	白布	kg	0.600	0.960	1.320
	143315001	丙酮	kg	0.960	1.200	1.800
	142123001	电力复合脂	kg	0.060	0.096	0.120
	271799001	电气绝缘胶带 18mm × 10m × 0.13mm	卷	0.820	1.560	2.460
	280103006	镀锡裸铜软绞线 TJRX 16mm²	kg	0.300	0.350	0.500
	182506006	固定卡子 ϕ90	个	2.060	2.060	2.060
	031305003	焊锡膏	kg	0.084	0.108	0.120
	031303019	焊锡丝（综合）	kg	0.420	0.540	0.600
	290701001	户内热缩式电缆终端头	套	1.020	1.020	1.020
	340203005	聚四氟乙烯带	kg	0.280	0.400	0.500
	140301003	汽油 92#	kg	0.960	1.200	1.560
	021303002	三色塑料带 20mm × 40m	m	0.880	1.080	1.590
	290901022	铜接线端子 DT-16mm²	个	1.020	1.020	1.020
	290901020	铜接线端子 DT-120mm²	个	3.060	—	—
	290901024	铜接线端子 DT-240mm²	个	—	3.060	—
	290901028	铜接线端子 DT-400mm²	个	—	—	3.060
	850103006	其他材料费（占材料费）	%	1.800	1.800	1.800

工作内容：定位、量尺寸、锯断、剥切清洗、内屏蔽层处理、焊接地线、中间头安装。

计量单位：个

编　号				2-2-295	2-2-296	2-2-297	2-2-298	2-2-299	2-2-300
项　目				10kV 以下成套型电缆中间头安装					
				电缆截面（mm²）					
				≤ 35	≤ 50	≤ 70	≤ 120	≤ 240	≤ 400
名　称			单位	消　耗　量					
人工	000205000	综合二类工	工日	0.881	1.038	1.198	1.357	1.738	2.431
材料	290713001	成套型电缆中间接头	套	1.020	1.020	1.020	1.020	1.020	1.020
	022703003	白布	kg	0.500	0.600	0.700	0.800	1.300	1.500
	142123001	电力复合脂	kg	0.030	0.030	0.040	0.050	0.080	0.100
	031305003	焊锡膏	kg	0.010	0.013	0.017	0.020	0.040	0.050
	031303019	焊锡丝（综合）	kg	0.050	0.067	0.083	0.100	0.200	0.250
	130121003	沥青绝缘漆	kg	5.000	5.000	6.000	7.000	9.000	12.000
	140301003	汽油 92#	kg	0.600	0.600	0.700	0.800	1.000	1.200
	850103006	其他材料费（占材料费）	%	1.800	1.800	1.800	1.800	1.800	1.800

工作内容： 定位、量尺寸、锯断、剥切清洗、内屏蔽层处理、焊接地线、安装、接线。 **计量单位：** 个

编号				2-2-301	2-2-302	2-2-303	2-2-304	2-2-305	2-2-306
项目				10kV 以下成套型室内电缆终端头安装					
				电缆截面（mm^2）					
				≤ 35	≤ 50	≤ 70	≤ 120	≤ 240	≤ 400
名称			单位	消耗量					
人工	000205000	综合二类工	工日	0.576	0.683	0.789	0.898	1.162	1.664
材料	290713003	成套型电缆终端头	套	1.020	1.020	1.020	1.020	1.020	1.020
	022703003	白布	kg	0.300	0.300	0.400	0.500	0.800	1.100
	143315001	丙酮	kg	0.500	0.600	0.700	0.800	1.000	1.500
	142123001	电力复合脂	kg	0.030	0.040	0.050	0.050	0.080	0.100
	031305003	焊锡膏	kg	0.060	0.060	0.070	0.070	0.090	0.100
	031303019	焊锡丝（综合）	kg	0.300	0.300	0.350	0.350	0.450	0.500
	140301003	汽油 92#	kg	0.600	0.600	0.700	0.800	1.000	1.300
	850103006	其他材料费（占材料费）	%	1.800	1.800	1.800	1.800	1.800	1.800

工作内容： 开盘、检查、架线盘、敷设、切断、排列整理、固定、收盘、临时封头、挂牌。 **计量单位：** 10m

编号				2-2-307	2-2-308	2-2-309	2-2-310	2-2-311
项目				室内铜芯控制电缆敷设				
				电缆芯数（芯）				
				≤ 6	≤ 14	≤ 24	≤ 37	≤ 48
名称			单位	消耗量				
人工	000205000	综合二类工	工日	0.246	0.276	0.281	0.371	0.527
材料	281400001	控制电缆	m	10.150	10.150	10.150	10.150	10.150
	022703003	白布	kg	0.020	0.030	0.040	0.040	0.050
	341304003	标志牌 塑料扁形	个	0.601	0.601	0.601	0.601	0.601
	271799001	电气绝缘胶带 18mm × 10m × 0.13mm	卷	0.010	0.010	0.010	0.010	0.010
	290639003	镀锌电缆卡子 2 × 35	套	2.342	2.342	2.342	2.342	2.342
	031541003	钢锯条	条	0.100	0.100	0.110	0.110	0.110
	140301003	汽油 92#	kg	0.030	0.070	0.080	0.090	0.100
	850103006	其他材料费（占材料费）	%	1.800	1.800	1.800	1.800	1.800
机械	990304004	汽车式起重机 8t	台班	—	0.010	0.010	0.010	0.010
	990401020	载重汽车 5t	台班	—	0.010	0.010	0.010	0.010

工作内容：定位、量尺寸、锯断、剥切、包缠绝缘、安装、校接线。 **计量单位：**个

编 号				2-2-312	2-2-313	2-2-314	2-2-315	2-2-316
项 目				控制电缆终端头制作与安装				
				电缆芯数（芯）				
				≤6	≤14	≤24	≤37	≤48
名 称			单位	消 耗 量				
人工	000205000	综合二类工	工日	0.250	0.404	0.550	0.799	1.216
材料	022703003	白布	kg	0.200	0.300	0.350	0.400	0.500
	271799001	电气绝缘胶带 18mm×10m×0.13mm	卷	0.100	0.200	0.300	0.400	0.450
	280103006	镀锡裸铜软绞线 TJRX $16mm^2$	kg	0.140	0.140	0.140	0.140	0.140
	290909001	端子号牌	个	5.000	12.000	21.000	32.000	41.000
	182506003	固定卡子 ϕ40	个	1.030	1.030	1.030	1.030	1.030
	031305003	焊锡膏	kg	0.020	0.030	0.030	0.040	0.050
	031303019	焊锡丝（综合）	kg	0.100	0.150	0.170	0.190	0.240
	021301001	尼龙扎带（综合）	根	10.000	10.000	15.000	15.000	15.000
	140301003	汽油 92#	kg	0.100	0.150	0.180	0.200	0.250
	021303002	三色塑料带 20mm×40m	m	0.200	0.500	0.800	1.000	1.500
	172709003	塑料软管 *De*5	m	0.040	0.190	0.320	0.570	0.740
	182909002	套管 KT2 型	个	1.050	1.050	1.050	1.050	1.050
	290901022	铜接线端子 DT-$16mm^2$	个	1.020	1.020	1.020	1.020	1.020
	850103006	其他材料费（占材料费）	%	1.800	1.800	1.800	1.800	1.800

工作内容：清扫、堵洞、安装防火槽盒（隔板）、防火涂料、防火包、防火带、清理现场等。 **计量单位：**10m

编 号				2-2-317	2-2-318
项 目				电缆防火设施安装	
				阻燃槽盒（宽+高 mm）	
				≤550	>550
名 称			单位	消 耗 量	
人工	000205000	综合二类工	工日	7.632	11.709
材料	031507031	镀锌铁丝 ϕ4.0	kg	0.450	0.551
	031541002	锯条（综合）	根	8.108	11.011
	292513001	阻燃槽盒	m	10.050	10.050
	850103006	其他材料费（占材料费）	%	1.800	1.800

工作内容：清扫、堵洞、安装防火槽盒（隔板）、防火涂料、防火包、防火带、清理现场等。

计量单位：见表

编号				2-2-319	2-2-320	2-2-321	2-2-322
项目				电缆防火设施安装			
				防火隔板	防火槽	防火带	防火墙
单位				m^2	10m		m^2
名称			单位	消耗量			
人工	000205000	综合二类工	工日	0.925	0.460	0.206	0.349
材料	231713001	防火隔板	m^2	1.080	—	—	—
	031541003	钢锯条	条	2.000	—	—	—
	292513001	阻燃槽盒	m	—	10.500	—	—
	231711001	防火带	m	—	—	10.200	—
	231713003	防火墙	m^2	—	—	—	1.080
	850103006	其他材料费（占材料费）	%	1.800	1.800	1.800	1.800

工作内容：清扫、堵洞、安装防火槽盒（隔板）、防火涂料、防火包、防火带、清理现场等。

计量单位：见表

编号				2-2-323	2-2-324	2-2-325
项目				电缆防火设施安装		
				防火包	防火堵料	防火涂料
单位				t		kg
名称			单位	消耗量		
人工	000205000	综合二类工	工日	14.950	42.529	0.212
材料	130501005	防火涂料	kg	—	—	1.080
	140301004	汽油 95#	kg	—	—	0.350
	231709001	防火包	t	1.080	—	—
	050401003	板枋材	m^3	—	0.150	—
	031507007	镀锌铁丝（综合）	kg	—	6.000	—
	231707001	防火堵料	t	—	1.080	—
	341101001	水	m^3	—	0.200	—
	850103006	其他材料费（占材料费）	%	1.800	1.800	1.800

十、防雷及接地装置安装工程

工作内容： 尖端及加固帽加工、接地极打入地下及埋设、下料、加工、焊接。　　**计量单位：** 根

编号				2-2-326	2-2-327	2-2-328	2-2-329
项目				接地极（板）制作与安装			
				钢管接地极		角钢接地极	
				普通土	坚土	普通土	坚土
名称			单位	消耗量			
人工	000205000	综合二类工	工日	0.273	0.309	0.189	0.218
材料	031301007	低碳钢焊条（综合）	kg	0.200	0.200	0.150	0.150
	011303001	镀锌扁钢（综合）	kg	0.260	0.260	0.260	0.260
	170301012	镀锌钢管 *DN*50	kg	6.880	6.880	—	—
	031541003	钢锯条	条	1.500	1.500	1.000	1.000
	130105009	沥青清漆	kg	0.020	0.020	0.020	0.020
	012105001	镀锌角钢（综合）	kg	—	—	9.150	9.150
	850103006	其他材料费（占材料费）	%	1.800	1.800	1.800	1.800
机械	990901010	交流弧焊机 21kV·A	台班	0.252	0.252	0.168	0.168

工作内容： 尖端及加固帽加工、接地极打入地下及埋设、下料、加工、焊接。　　**计量单位：** 见表

编号				2-2-330	2-2-331	2-2-332	2-2-333
项目				接地极（板）制作与安装			
				圆钢接地极		接地极板	
				普通土	坚土	铜板	钢板
单位				根		块	
名称			单位	消耗量			
人工	000205000	综合二类工	工日	0.136	0.254	1.489	1.590
材料	031301007	低碳钢焊条（综合）	kg	0.160	0.160	—	0.300
	011303001	镀锌扁钢（综合）	kg	0.130	0.130	—	—
	010903001	镀锌圆钢（综合）	kg	10.100	10.100	—	—
	031541003	钢锯条	条	0.170	0.170	—	—
	130105009	沥青清漆	kg	0.010	0.010	—	—
	012927006	接地铜板	块	—	—	1.005	—
	140301003	汽油 92#	kg	—	—	1.000	1.000
	031307002	铜焊粉	kg	—	—	0.120	—
	142909001	氧气	m^3	—	—	4.200	—
	142907002	乙炔气	kg	—	—	1.810	—
	031301025	紫铜电焊条 T107 ϕ3.2	kg	—	—	0.420	—
	012927004	接地钢板	块	—	—	—	1.005
	850103006	其他材料费（占材料费）	%	1.800	1.800	1.800	1.800
机械	990901010	交流弧焊机 21kV·A	台班	0.140	0.140	—	0.140

工作内容：挖地沟、接地母线平直、下料、测位、打眼、埋卡子、煨弯（机）、敷设、焊接、回填土夯实、刷漆。

计量单位：m

编号				2-2-334	2-2-335	2-2-336
项目				接地母线敷设		
				户内接地母线敷设	户外接地母线敷设	户外铜接地绞线敷设
名称			单位	消耗量		
人工	000205000	综合二类工	工日	0.082	0.239	0.234
材料	031301007	低碳钢焊条（综合）	kg	0.021	0.030	—
	011303001	镀锌扁钢（综合）	kg	2.500	3.200	—
	130115006	酚醛调和漆	kg	0.005	—	—
	290601001	钢管保护管 $\phi40\times400$	根	0.100	—	—
	031541003	钢锯条	条	0.100	0.100	0.100
	022701001	棉纱	kg	0.001	—	—
	130105009	沥青清漆	kg	—	0.006	—
	280001005	接地铜导线	m	—	—	1.050
	031102005	铁砂布 0#～2#	张	—	—	0.100
	031307002	铜焊粉	kg	—	—	0.002
	142909001	氧气	m^3	—	—	0.023
	142907002	乙炔气	kg	—	—	0.090
	031301025	紫铜电焊条 T107 $\phi3.2$	kg	—	—	0.021
	850103006	其他材料费（占材料费）	%	1.800	1.800	1.800
机械	990901010	交流弧焊机 21kV·A	台班	0.010	0.007	—

工作内容：下料、钻孔、煨弯（机）、敷设、挖填土、固定、刷漆。

计量单位：处

编号				2-2-337	2-2-338	2-2-339
项目				接地跨接线安装		
				接地网	构架接地	钢制、铝制窗接地
名称			单位	消耗量		
人工	000205000	综合二类工	工日	0.064	1.366	0.138
材料	031301007	低碳钢焊条（综合）	kg	0.040	0.130	0.071
	011303001	镀锌扁钢（综合）	kg	0.459	7.280	—
	130505002	防锈漆 C53-1	kg	0.004	—	0.008
	031541003	钢锯条	条	0.100	1.000	0.100
	140505001	铅油（厚漆）	kg	0.002	—	0.004
	140103001	清油	kg	0.001	—	0.002
	292703007	镀锌接地线板 $40\times5\times120$	个	—	1.130	—
	130115006	酚醛调和漆	kg	—	0.050	—
	290907001	镀锌接地端子板 双孔	个	—	—	1.015
	010101017	热轧圆盘条 $\phi10$ 以内	kg	—	—	0.488
	850103006	其他材料费（占材料费）	%	1.800	1.800	1.800
机械	990901010	交流弧焊机 21kV·A	台班	0.019	0.065	0.034

工作内容： 下料、煨弯（机）、固定、焊接、补漆。　　　　**计量单位：** 基

编　　号				2-2-340	2-2-341	2-2-342
项　　目				桩承台接地		
				≤ 3 根桩连接	≤ 7 根桩连接	≤ 10 根桩连接
名　　称			单位	消　耗　量		
人工	000205000	综合二类工	工日	1.464	2.065	3.040
材料	031301008	低碳钢焊条 J422（综合）	kg	1.043	1.472	2.168
	011303001	镀锌扁钢（综合）	kg	11.969	16.901	24.881
	130505002	防锈漆 C53-1	kg	0.104	0.147	0.217
	031541003	钢锯条	条	2.234	3.155	4.645
	140505001	铅油（厚漆）	kg	0.052	0.074	0.108
	140103001	清油	kg	0.030	0.042	0.062
	850103006	其他材料费（占材料费）	%	1.800	1.800	1.800
机械	990901010	交流弧焊机 21kV · A	台班	0.487	0.688	1.013

工作内容： 开箱、检查、划线、打孔、安装、固定、接线、检验。　　　　**计量单位：** 个

编　　号				2-2-343	2-2-344	2-2-345	2-2-346
项　　目				设备防雷装置安装			
				计算机信号避雷器	总电源避雷器	分电源避雷器	直流电源避雷器
名　　称			单位	消　耗　量			
人工	000205000	综合二类工	工日	0.113	0.302	0.302	0.185
材料	022701001	棉纱	kg	0.050	0.050	0.050	0.050
	030107011	膨胀螺栓 M6	套	—	4.080	2.040	1.020
	182907003	热缩管 ϕ50	m	—	0.150	0.100	0.100
	850103006	其他材料费（占材料费）	%	1.800	1.800	1.800	1.800

工作内容：除锈、下料、焊接、压接线端子、接线、接地。 计量单位：见表

编号				2-2-347	2-2-348	2-2-349	2-2-350
项目				等电位装置安装		接地系统测试	
				等电位末端金属体与绝缘导线连接	等电位端子盒安装	独立接地装置 ≤6 根接地极	接地网
单位				处	套	组	系统
名称			单位	消耗量			
人工	000205000	综合二类工	工日	0.036	0.072	2.187	5.469
材料	142123001	电力复合脂	kg	0.001	—	—	—
	030103042	镀锌自攻螺钉 ST4～6×10～16	10个	0.156	—	—	—
	031305002	焊锡	kg	0.005	—	—	—
	031305003	焊锡膏	kg	0.001	—	—	—
	140301003	汽油 92#	kg	0.020	—	—	—
	290901010	铜接线端子 20A	个	1.018	—	—	—
	280301005	铜芯塑料绝缘电线 BV-4mm^2	m	0.750	0.750	2.150	5.460
	550905002	等电位端子盒安装	个	—	1.005	—	—
	022703003	白布	kg	—	—	0.280	0.540
	143505003	金属清洗剂	kg	—	—	0.650	1.380
	850103006	其他材料费（占材料费）	%	1.800	1.800	1.800	1.800
机械	870622055	接地电阻测试仪	台班	—	—	1.682	4.206

十一、配管工程

工作内容：测位、划线、打眼、埋螺栓、锯管、套丝、煨弯（机）、配管、接地、穿引线、补漆。

计量单位：10m

编号				2-2-351	2-2-352	2-2-353	2-2-354
项目				镀锌钢管敷设			
				砖、混凝土结构明配			
				公称直径（DN）			
				≤15	≤20	≤25	≤32
名称			单位	消耗量			
人工	000205000	综合二类工	工日	0.874	0.901	0.990	1.089
材料	170300001	镀锌钢管（综合）	m	10.300	10.300	10.300	10.300
	031519003	冲击钻头 $\phi6$～8	个	0.170	0.170	0.120	0.120
	130105003	醇酸清漆	kg	0.030	0.030	0.040	0.050
	291707004	镀锌地线夹 15	套	6.396	—	—	—
	291707005	镀锌地线夹 20	套	—	6.396	—	—
	291707006	镀锌地线夹 25	套	—	—	6.396	—
	291707007	镀锌地线夹 32	套	—	—	—	6.396
	181602003	镀锌钢管接头 15×2.75	个	1.652	—	—	—
	181602004	镀锌钢管接头 20×2.75	个	—	1.652	—	—
	181602005	镀锌钢管接头 25×3.25	个	—	—	1.652	—
	181602006	镀锌钢管接头 32×3.25	个	—	—	—	1.652
	182513001	镀锌钢管卡子 *DN*15	个	12.372	—	—	—
	182513002	镀锌钢管卡子 *DN*20	个	—	12.372	—	—
	182513003	镀锌钢管卡子 *DN*25	个	—	—	8.559	—
	182513004	镀锌钢管卡子 *DN*32	个	—	—	—	8.559
	290639015	镀锌钢管塑料护口 *DN*15～20	个	4.124	4.124	—	—
	290639017	镀锌钢管塑料护口 *DN*25	个	—	—	1.552	—
	290639018	镀锌钢管塑料护口 *DN*32	个	—	—	—	1.552
	030109004	镀锌锁紧螺母 *DN*15×1.5	个	4.124	—	—	—
	030109007	镀锌锁紧螺母 *DN*20×1.5	个	—	4.124	—	—
	030109010	镀锌锁紧螺母 *DN*25×3	个	—	—	1.602	—
	030109012	镀锌锁紧螺母 *DN*32×3	个	—	—	—	1.602
	031507012	镀锌铁丝 $\phi1.2$～2.2	kg	0.080	0.080	0.080	0.080
	031541003	钢锯条	条	0.300	0.300	0.200	0.200
	030103064	木螺钉 *d*4×65	10个	2.503	2.503	1.732	1.732
	140505001	铅油（厚漆）	kg	0.060	0.070	0.100	0.130
	172500029	塑料胀管 $\phi6$～8	个	26.426	26.426	18.278	18.278
	280317007	铜芯塑料绝缘软电线 BVR-4mm^2	m	1.441	1.742	2.042	2.452
	140509006	油漆溶剂油	kg	0.050	0.060	0.070	0.090
	850103006	其他材料费（占材料费）	%	1.800	1.800	1.800	1.800

工作内容：测位、划线、打眼、埋螺栓、锯管、套丝、煨弯（机）、配管、接地、穿引线、补漆。

计量单位：10m

编号				2-2-355	2-2-356	2-2-357	2-2-358
项目				镀锌钢管敷设			
				砖、混凝土结构明配			
				公称直径（DN）			
				≤ 40	≤ 50	≤ 65	≤ 80
名称			单位	消耗量			
人工	000205000	综合二类工	工日	1.368	1.386	2.214	3.042
材料	170300001	镀锌钢管（综合）	m	10.300	10.300	10.300	10.300
	031519003	冲击钻头 ϕ6～8	个	0.090	0.100	0.100	0.100
	130105003	醇酸清漆	kg	0.060	0.100	0.100	0.100
	291707008	镀锌地线夹 40	套	6.396	—	—	—
	291707009	镀锌地线夹 50	套	—	6.406	—	—
	291707010	镀锌地线夹 65	套	—	—	6.206	—
	291707011	镀锌地线夹 80	套	—	—	—	6.206
	181602007	镀锌钢管接头 40 × 3.5	个	1.652	—	—	—
	181602008	镀锌钢管接头 50 × 3.5	个	—	1.602	—	—
	181602009	镀锌钢管接头 65 × 3.75	个	—	—	1.502	—
	181602010	镀锌钢管接头 80 × 4	个	—	—	—	1.502
	182513005	镀锌钢管卡子 *DN*40	个	6.807	—	—	—
	182513006	镀锌钢管卡子 *DN*50	个	—	6.807	—	—
	182513007	镀锌钢管卡子 *DN*65	个	—	—	5.205	—
	182513008	镀锌钢管卡子 *DN*80	个	—	—	—	5.205
	290639019	镀锌钢管塑料护口 *DN*40	个	1.552	—	—	—
	290639020	镀锌钢管塑料护口 *DN*50	个	—	1.502	—	—
	290639021	镀锌钢管塑料护口 *DN*65	个	—	—	1.502	—
	290639023	镀锌钢管塑料护口 *DN*80	个	—	—	—	1.502
	030109013	镀锌锁紧螺母 *DN*40 × 3	个	1.602	—	—	—
	030109015	镀锌锁紧螺母 *DN*50 × 3	个	—	2.002	—	—
	030109016	镀锌锁紧螺母 *DN*65 × 3	个	—	—	2.002	—
	030109017	镀锌锁紧螺母 *DN*80 × 3	个	—	—	—	2.002
	031507012	镀锌铁丝 ϕ1.2～2.2	kg	0.080	0.100	0.100	0.100
	031541003	钢锯条	条	0.300	0.300	0.300	0.501
	030103064	木螺钉 *d*4 × 65	10 个	0.691	0.701	—	—
	030107012	膨胀螺栓 M6	10 套	0.671	0.701	1.001	1.001
	140505001	铅油（厚漆）	kg	0.150	0.200	0.200	0.200
	172500029	塑料胀管 ϕ6～8	个	7.267	7.307	—	—
	280317007	铜芯塑料绝缘软电线 BVR-4mm^2	m	2.933	3.504	4.304	5.105
	140509006	油漆溶剂油	kg	0.110	0.100	0.200	0.200
	850103006	其他材料费（占材料费）	%	1.800	1.800	1.800	1.800
机械	990756010	钢材电动煨弯机 500mm 以内	台班	—	0.011	0.011	0.032
	990747020	管子切断机 150mm	台班	—	0.011	0.011	0.011

工作内容：测位、划线、打眼、埋螺栓、锯管、套丝、煨弯（机）、配管、接地、穿引线、补漆。

计量单位：10m

编　　号				2-2-359	2-2-360	2-2-361
项　　目				镀锌钢管敷设		
				砖、混凝土结构明配		
				公称直径（*DN*）		
				≤100	≤125	≤150
名　　称			单位	消　耗　量		
人工	000205000	综合二类工	工日	3.141	4.392	5.760
材料	170300001	镀锌钢管（综合）	m	10.300	10.300	10.300
	031519003	冲击钻头 ϕ6～8	个	0.100	0.100	0.100
	130105003	醇酸清漆	kg	0.100	0.200	0.200
	291707012	镀锌地线夹 100	套	6.206	—	—
	291707013	镀锌地线夹 125	套	—	1.602	—
	291707014	镀锌地线夹 150	套	—	—	1.652
	181602011	镀锌钢管接头 100×4	个	1.502	—	—
	181602012	镀锌钢管接头 125×4.5	个	—	0.801	—
	181602013	镀锌钢管接头 150×4.5	个	—	—	0.821
	182513009	镀锌钢管卡子 *DN*100	个	5.205	—	—
	182513010	镀锌钢管卡子 *DN*125	个	—	2.903	—
	182513011	镀锌钢管卡子 *DN*150	个	—	—	2.883
	290639024	镀锌钢管塑料护口 *DN*100	个	1.502	—	—
	030109003	镀锌锁紧螺母 *DN*100×3	个	2.002	—	—
	031507012	镀锌铁丝 ϕ1.2～2.2	kg	0.100	0.100	0.100
	031541003	钢锯条	条	0.501	—	—
	030107012	膨胀螺栓 M6	10套	1.001	0.601	0.571
	140505001	铅油（厚漆）	kg	0.300	0.400	0.440
	280317007	铜芯塑料绝缘软电线 BVR-4mm^2	m	6.306	2.002	2.432
	140509006	油漆溶剂油	kg	0.300	0.300	0.380
	850103006	其他材料费（占材料费）	%	1.800	1.800	1.800
机械	990756010	钢材电动煨弯机 500mm以内	台班	0.032	0.032	0.105
	990747020	管子切断机 150mm	台班	0.011	0.011	0.053

工作内容：测位、划线、锯管、套丝、煨弯（机）、沟坑修整、配管、接地、穿引线、补漆。

计量单位：10m

编号				2-2-362	2-2-363	2-2-364	2-2-365
项目				镀锌钢管敷设			
				砖、混凝土结构暗配			
				公称直径（*DN*）			
				≤15	≤20	≤25	≤32
名称			单位	消耗量			
人工	000205000	综合二类工	工日	0.468	0.468	0.558	0.558
材料	170300001	镀锌钢管（综合）	m	10.300	10.300	10.300	10.300
	291707004	镀锌地线夹 15	套	6.406	—	—	—
	291707005	镀锌地线夹 20	套	—	6.406	—	—
	291707006	镀锌地线夹 25	套	—	—	6.406	—
	291707007	镀锌地线夹 32	套	—	—	—	6.406
	181602003	镀锌钢管接头 15×2.75	个	1.602	—	—	—
	181602004	镀锌钢管接头 20×2.75	个	—	1.602	—	—
	181602005	镀锌钢管接头 25×3.25	个	—	—	1.602	—
	181602006	镀锌钢管接头 32×3.25	个	—	—	—	1.602
	290639015	镀锌钢管塑料护口 *DN*15～20	个	4.124	4.124	—	—
	290639017	镀锌钢管塑料护口 *DN*25	个	—	—	1.502	—
	290639018	镀锌钢管塑料护口 *DN*32	个	—	—	—	1.502
	030109004	镀锌锁紧螺母 *DN*15×1.5	个	4.124	—	—	—
	030109007	镀锌锁紧螺母 *DN*20×1.5	个	—	4.124	—	—
	030109010	镀锌锁紧螺母 *DN*25×3	个	—	—	2.002	—
	031507012	镀锌铁丝 ϕ1.2～2.2	kg	0.100	0.100	0.100	0.100
	031541003	钢锯条	条	0.300	0.300	0.200	0.200
	140505001	铅油（厚漆）	kg	0.100	0.100	0.100	0.100
	280317007	铜芯塑料绝缘软电线 BVR-4mm^2	m	1.401	1.702	2.002	2.503
	130105003	醇酸清漆	kg	—	—	—	0.100
	850103006	其他材料费（占材料费）	%	1.800	1.800	1.800	1.800

工作内容：测位、划线、锯管、套丝、煨弯（机）、沟坑修整、配管、接地、穿引线、补漆。

计量单位：10m

编　号				2-2-366	2-2-367	2-2-368	2-2-369
项　目				镀锌钢管敷设			
				砖、混凝土结构暗配			
				公称直径（*DN*）			
				≤40	≤50	≤65	≤80
名　称			单位	消　耗　量			
人工	000205000	综合二类工	工日	0.919	1.026	1.494	2.214
材料	170300001	镀锌钢管（综合）	m	10.300	10.300	10.300	10.300
	130105003	醇酸清漆	kg	0.100	0.070	0.090	0.110
	291707008	镀锌地线夹 40	套	6.406	—	—	—
	291707009	镀锌地线夹 50	套	—	6.396	—	—
	291707010	镀锌地线夹 65	套	—	—	12.372	—
	291707011	镀锌地线夹 80	套	—	—	—	6.186
	181602007	镀锌钢管接头 40×3.5	个	1.602	—	—	—
	181602008	镀锌钢管接头 50×3.5	个	—	1.652	—	—
	181602009	镀锌钢管接头 65×3.75	个	—	—	1.552	—
	181602010	镀锌钢管接头 80×4	个	—	—	—	1.552
	290639019	镀锌钢管塑料护口 *DN*40	个	1.502	—	—	—
	290639020	镀锌钢管塑料护口 *DN*50	个	—	1.552	—	—
	290639021	镀锌钢管塑料护口 *DN*65	个	—	—	1.552	—
	290639023	镀锌钢管塑料护口 *DN*80	个	—	—	—	1.552
	030109013	镀锌锁紧螺母 *DN*40×3	个	2.002	—	—	—
	030109015	镀锌锁紧螺母 *DN*50×3	个	—	1.602	—	—
	030109016	镀锌锁紧螺母 *DN*65×3	个	—	—	1.602	—
	030109017	镀锌锁紧螺母 *DN*80×3	个	—	—	—	1.602
	031507012	镀锌铁丝 ϕ1.2～2.2	kg	0.100	0.100	0.100	0.100
	031541003	钢锯条	条	0.300	0.300	0.300	0.450
	140505001	铅油（厚漆）	kg	0.100	0.180	0.210	0.240
	280317007	铜芯塑料绝缘软电线 BVR-4mm^2	m	2.903	3.524	4.284	5.145
	140509006	油漆溶剂油	kg	0.100	0.060	0.090	0.100
	850103006	其他材料费（占材料费）	%	1.800	1.800	1.800	1.800
机械	990756010	钢材电动煨弯机 500mm 以内	台班	—	0.011	0.032	0.032
	990747020	管子切断机 150mm	台班	—	0.011	0.011	0.011

工作内容： 测位、划线、锯管、套丝、煨弯（机）、沟坑修整、配管、接地、穿引线、补漆。

计量单位： 10m

编号				2-2-370	2-2-371	2-2-372
项目				镀锌钢管敷设		
				砖、混凝土结构暗配		
				公称直径（*DN*）		
				⩽100	⩽125	⩽150
名称			单位	消耗量		
人工	000205000	综合二类工	工日	2.340	2.952	4.194
材料	170300001	镀锌钢管（综合）	m	10.300	10.300	10.300
	130105003	醇酸清漆	kg	0.140	0.170	0.200
	291707012	镀锌地线夹 100	套	6.186	—	—
	291707013	镀锌地线夹 125	套	—	1.652	—
	291707014	镀锌地线夹 150	套	—	—	1.652
	181602011	镀锌钢管接头 100×4	个	1.552	—	—
	181602012	镀锌钢管接头 125×4.5	个	—	0.821	—
	181602013	镀锌钢管接头 150×4.5	个	—	—	0.821
	290639024	镀锌钢管塑料护口 *DN*100	个	1.552	—	—
	030109003	镀锌锁紧螺母 *DN*100×3	个	1.602	—	—
	031507012	镀锌铁丝 ϕ1.2～2.2	kg	0.100	0.110	0.110
	031541003	钢锯条	条	0.450	—	—
	140505001	铅油（厚漆）	kg	0.310	0.380	0.440
	280317007	铜芯塑料绝缘软电线 BVR-4mm^2	m	6.296	2.042	2.432
	140509006	油漆溶剂油	kg	0.130	0.160	0.180
	850103006	其他材料费（占材料费）	%	1.800	1.800	1.800
机械	990756010	钢材电动煨弯机 500mm 以内	台班	0.032	0.105	0.105
	990747020	管子切断机 150mm	台班	0.011	0.053	0.053

工作内容：测位、划线、锯管、套丝、煨弯（机）、配管、接地、穿引线、补漆。　　计量单位：10m

编　号				2-2-373	2-2-374	2-2-375	2-2-376
项　目				镀锌钢管敷设			
				钢模板暗配			
				公称直径（DN）			
				≤15	≤20	≤25	≤32
名　称			单位	消　耗　量			
人工	000205000	综合二类工	工日	0.468	0.513	0.648	0.666
材料	170300001	镀锌钢管（综合）	m	10.300	10.300	10.300	10.300
	130105003	醇酸清漆	kg	0.030	0.030	0.040	0.050
	291707004	镀锌地线夹 15	套	6.396	—	—	—
	291707005	镀锌地线夹 20	套	—	6.396	—	—
	291707006	镀锌地线夹 25	套	—	—	6.396	—
	291707007	镀锌地线夹 32	套	—	—	—	6.396
	181602003	镀锌钢管接头 15×2.75	个	1.652	—	—	—
	181602004	镀锌钢管接头 20×2.75	个	—	1.652	—	—
	181602005	镀锌钢管接头 25×3.25	个	—	—	1.652	—
	181602006	镀锌钢管接头 32×3.25	个	—	—	—	1.652
	290639015	镀锌钢管塑料护口 *DN*15～20	个	2.252	2.252	—	—
	290639017	镀锌钢管塑料护口 *DN*25	个	—	—	1.552	—
	290639018	镀锌钢管塑料护口 *DN*32	个	—	—	—	1.552
	030109005	镀锌锁紧螺母 *DN*15×3	个	2.252	—	—	—
	030109008	镀锌锁紧螺母 *DN*20×3	个	—	2.252	—	—
	030109010	镀锌锁紧螺母 *DN*25×3	个	—	—	1.602	—
	030109012	镀锌锁紧螺母 *DN*32×3	个	—	—	—	1.602
	031507012	镀锌铁丝 ϕ1.2～2.2	kg	0.100	0.100	0.100	0.100
	031541003	钢锯条	条	0.300	0.300	0.200	0.200
	140505001	铅油（厚漆）	kg	0.060	0.070	0.100	0.130
	280317007	铜芯塑料绝缘软电线 BVR-4mm^2	m	1.441	1.742	2.042	2.452
	140509006	油漆溶剂油	kg	0.020	0.020	0.030	0.040
	850103006	其他材料费（占材料费）	%	1.800	1.800	1.800	1.800
机械	990756010	钢材电动煨弯机 500mm 以内	台班	—	—	0.011	0.011

工作内容：测位、划线、锯管、套丝、煨弯（机）、配管、接地、穿引线、补漆。 计量单位：10m

编号				2-2-377	2-2-378
项目				镀锌钢管敷设	
				钢模板暗配	
				公称直径（*DN*）	
				≤40	≤50
名称			单位	消耗量	
人工	000205000	综合二类工	工日	1.062	1.152
材料	170300001	镀锌钢管（综合）	m	10.300	10.300
	130105003	醇酸清漆	kg	0.060	0.070
	291707008	镀锌地线夹 40	套	6.396	—
	291707009	镀锌地线夹 50	套	—	6.396
	181602007	镀锌钢管接头 40×3.5	个	1.652	—
	181602008	镀锌钢管接头 50×3.5	个	—	1.652
	290639019	镀锌钢管塑料护口 *DN*40	个	1.552	—
	290639020	镀锌钢管塑料护口 *DN*50	个	—	1.552
	030109013	镀锌锁紧螺母 *DN*40×3	个	1.602	—
	030109015	镀锌锁紧螺母 *DN*50×3	个	—	1.602
	031507012	镀锌铁丝 ϕ1.2～2.2	kg	0.100	0.100
	031541003	钢锯条	条	0.300	0.300
	140505001	铅油（厚漆）	kg	0.150	0.180
	280317007	铜芯塑料绝缘软电线 BVR-4mm^2	m	2.933	3.524
	140509006	油漆溶剂油	kg	0.050	0.060
	850103006	其他材料费（占材料费）	%	1.800	1.800
机械	990756010	钢材电动煨弯机 500mm 以内	台班	0.011	0.011
	990747020	管子切断机 150mm	台班	—	0.011

工作内容：测位、划线、打眼、上卡子、安装支架、锯管、套丝、煨弯（机）、配管、接地、穿引线、补漆。

计量单位：10m

编号				2-2-379	2-2-380	2-2-381	2-2-382
项目				镀锌钢管敷设			
				钢结构支架配管			
				公称直径（*DN*）			
				≤15	≤20	≤25	≤32
名称			单位	消耗量			
人工	000205000	综合二类工	工日	0.603	0.648	0.774	0.810
材料	170300001	镀锌钢管（综合）	m	10.300	10.300	10.300	10.300
	030103003	半圆头螺钉 M6～8×12～30	10套	2.452	2.452	1.692	1.692
	130105003	醇酸清漆	kg	0.030	0.030	0.040	0.050
	291707004	镀锌地线夹 15	套	6.396	—	—	—
	291707005	镀锌地线夹 20	套	—	6.396	—	—
	291707006	镀锌地线夹 25	套	—	—	6.396	—
	291707007	镀锌地线夹 32	套	—	—	—	6.396
	181602003	镀锌钢管接头 15×2.75	个	1.652	—	—	—
	181602004	镀锌钢管接头 20×2.75	个	—	1.652	—	—
	181602005	镀锌钢管接头 25×3.25	个	—	—	1.652	—
	181602006	镀锌钢管接头 32×3.25	个	—	—	—	1.652
	182513001	镀锌钢管卡子 *DN*15	个	12.372	—	—	—
	182513002	镀锌钢管卡子 *DN*20	个	—	12.372	—	—
	182513003	镀锌钢管卡子 *DN*25	个	—	—	8.559	—
	182513004	镀锌钢管卡子 *DN*32	个	—	—	—	8.559
	290639015	镀锌钢管塑料护口 *DN*15～20	个	4.124	4.124	—	—
	290639017	镀锌钢管塑料护口 *DN*25	个	—	—	1.552	—
	290639018	镀锌钢管塑料护口 *DN*32	个	—	—	—	1.552
	030109005	镀锌锁紧螺母 *DN*15×3	个	4.124	—	—	—
	030109008	镀锌锁紧螺母 *DN*20×3	个	—	4.124	—	—
	030109010	镀锌锁紧螺母 *DN*25×3	个	—	—	1.602	—
	030109012	镀锌锁紧螺母 *DN*32×3	个	—	—	—	1.602
	031507012	镀锌铁丝 ϕ1.2～2.2	kg	0.080	0.080	0.080	0.080
	031541003	钢锯条	条	0.300	0.300	0.200	0.200
	140505001	铅油（厚漆）	kg	0.060	0.070	0.100	0.130
	280317007	铜芯塑料绝缘软电线 BVR-4mm^2	m	1.441	1.742	2.042	2.452
	140509006	油漆溶剂油	kg	0.050	0.060	0.070	0.090
	850103006	其他材料费（占材料费）	%	1.800	1.800	1.800	1.800
机械	990756010	钢材电动煨弯机 500mm以内	台班	—	—	—	0.011

工作内容： 测位、划线、打眼、上卡子、安装支架、锯管、套丝、煨弯（机）、配管、接地、穿引线、补漆。

计量单位：10m

编号				2-2-383	2-2-384	2-2-385	2-2-386
项目				镀锌钢管敷设			
				钢结构支架配管			
				公称直径（*DN*）			
				≤ 40	≤ 50	≤ 65	≤ 80
名称			单位	消耗量			
人工	000205000	综合二类工	工日	1.197	1.296	2.016	2.728
材料	170300001	镀锌钢管（综合）	m	10.300	10.300	10.300	10.300
	030103003	半圆头螺钉 M6～8 × 12～30	10 套	1.351	1.351	1.021	1.021
	130105003	醇酸清漆	kg	0.060	0.070	0.090	0.110
	291707008	镀锌地线夹 40	套	6.396	—	—	—
	291707009	镀锌地线夹 50	套	—	6.396	—	—
	291707010	镀锌地线夹 65	套	—	—	6.186	—
	291707011	镀锌地线夹 80	套	—	—	—	6.186
	181602007	镀锌钢管接头 40 × 3.5	个	1.652	—	—	—
	181602008	镀锌钢管接头 50 × 3.5	个	—	1.652	—	—
	181602009	镀锌钢管接头 65 × 3.75	个	—	—	1.552	—
	181602010	镀锌钢管接头 80 × 4	个	—	—	—	1.552
	182513005	镀锌钢管卡子 *DN*40	个	6.807	—	—	—
	182513006	镀锌钢管卡子 *DN*50	个	—	6.807	—	—
	182513007	镀锌钢管卡子 *DN*65	个	—	—	5.155	—
	182513008	镀锌钢管卡子 *DN*80	个	—	—	—	5.155
	290639019	镀锌钢管塑料护口 *DN*40	个	1.552	—	—	—
	290639020	镀锌钢管塑料护口 *DN*50	个	—	1.552	—	—
	290639021	镀锌钢管塑料护口 *DN*65	个	—	—	1.552	—
	290639023	镀锌钢管塑料护口 *DN*80	个	—	—	—	1.552
	030109013	镀锌锁紧螺母 *DN*40 × 3	个	1.602	—	—	—
	030109015	镀锌锁紧螺母 *DN*50 × 3	个	—	0.160	—	—
	030109016	镀锌锁紧螺母 *DN*65 × 3	个	—	—	1.602	—
	030109017	镀锌锁紧螺母 *DN*80 × 3	个	—	—	—	1.602
	031507012	镀锌铁丝 ϕ1.2～2.2	kg	0.080	0.080	0.080	0.080
	031541003	钢锯条	条	0.300	0.300	0.300	0.450
	140505001	铅油（厚漆）	kg	0.150	0.190	0.210	0.240
	280317007	铜芯塑料绝缘软电线 BVR-4mm^2	m	2.933	3.524	4.284	5.145
	140509006	油漆溶剂油	kg	0.110	0.140	0.180	0.210
	850103006	其他材料费（占材料费）	%	1.800	1.800	1.800	1.800
机械	990756010	钢材电动煨弯机 500mm 以内	台班	0.011	0.011	0.032	0.032
	990747020	管子切断机 150mm	台班	—	0.011	0.011	0.011

工作内容： 测位、划线、打眼、上卡子、安装支架、锯管、套丝、煨弯（机）、配管、接地、穿引线、补漆。

计量单位：10m

编号				2-2-387	2-2-388	2-2-389
项目				镀锌钢管敷设		
				钢结构支架配管		
				公称直径（DN）		
				≤100	≤125	≤150
名称			单位	消耗量		
人工	000205000	综合二类工	工日	2.952	4.320	5.562
材料	170300001	镀锌钢管（综合）	m	10.300	10.300	10.300
	030103003	半圆头螺钉 M6～8×12～30	10套	1.021	0.571	0.571
	130105003	醇酸清漆	kg	0.140	0.170	0.200
	291707012	镀锌地线夹 100	套	6.186	—	—
	291707013	镀锌地线夹 125	套	—	1.652	—
	291707014	镀锌地线夹 150	套	—	—	1.652
	181602011	镀锌钢管接头 100×4	个	1.552	—	—
	181602012	镀锌钢管接头 125×4.5	个	—	0.821	—
	181602013	镀锌钢管接头 150×4.5	个	—	—	0.821
	182513009	镀锌钢管卡子 DN100	个	5.155	—	—
	182513010	镀锌钢管卡子 DN125	个	—	2.843	—
	182513011	镀锌钢管卡子 DN150	个	—	—	2.843
	290639024	镀锌钢管塑料护口 DN100	个	1.552	—	—
	030109003	镀锌锁紧螺母 DN100×3	个	1.602	—	—
	031507012	镀锌铁丝 ϕ1.2～2.2	kg	0.080	0.080	0.080
	031541003	钢锯条	条	0.450	—	—
	140505001	铅油（厚漆）	kg	0.310	0.380	0.440
	280317007	铜芯塑料绝缘软电线 BVR-4mm^2	m	6.296	2.042	2.432
	140509006	油漆溶剂油	kg	0.270	0.330	0.380
	850103006	其他材料费（占材料费）	%	1.800	1.800	1.800
机械	990756010	钢材电动煨弯机 500mm以内	台班	0.032	0.105	0.105
	990747020	管子切断机 150mm	台班	0.011	0.053	0.053

工作内容： 测位、划线、打眼、埋螺栓、锯管、套丝、煨弯（机）、配管、接地、穿引线、补漆。

计量单位： 10m

编号				2-2-390	2-2-391	2-2-392	2-2-393
项目				防爆钢管敷设			
				砖、混凝土结构明配			
				公称直径（*DN*）			
				≤ 15	≤ 20	≤ 25	≤ 32
名称			单位	消耗量			
人工	000205000	综合二类工	工日	1.134	1.224	1.368	1.422
材料	170300001	镀锌钢管（综合）	m	10.300	10.300	10.300	10.300
	031519003	冲击钻头 *ϕ*6～8	个	0.170	0.170	0.120	0.120
	130105003	醇酸清漆	kg	0.030	0.030	0.040	0.050
	142123001	电力复合脂	kg	0.050	0.050	0.060	0.060
	181602001	镀锌钢管活接头 *DN*25	个	—	—	1.552	—
	181602002	镀锌钢管活接头 *DN*32	个	—	—	—	1.552
	181602003	镀锌钢管接头 15 × 2.75	个	1.652	—	—	—
	181602004	镀锌钢管接头 20 × 2.75	个	—	1.652	—	—
	181602005	镀锌钢管接头 25 × 3.25	个	—	—	1.652	—
	181602006	镀锌钢管接头 32 × 3.25	个	—	—	—	1.652
	182513001	镀锌钢管卡子 *DN*15	个	12.372	—	—	—
	182513002	镀锌钢管卡子 *DN*20	个	—	12.372	—	—
	182513003	镀锌钢管卡子 *DN*25	个	—	—	8.559	—
	182513004	镀锌钢管卡子 *DN*32	个	—	—	—	8.559
	290639015	镀锌钢管塑料护口 *DN*15～20	个	2.252	2.252	—	—
	290639017	镀锌钢管塑料护口 *DN*25	个	—	—	1.552	—
	290639018	镀锌钢管塑料护口 *DN*32	个	—	—	—	1.552
	031507012	镀锌铁丝 *ϕ*1.2～2.2	kg	0.080	0.080	0.080	0.080
	181625001	防爆活接头	个	2.580	2.580	1.550	1.550
	031541003	钢锯条	条	0.300	0.300	0.200	0.200
	030103064	木螺钉 *d*4 × 65	10 个	2.503	2.503	1.732	1.732
	140505001	铅油（厚漆）	kg	0.070	0.080	0.110	0.140
	172500029	塑料胀管 *ϕ*6～8	个	26.426	26.426	18.278	18.278
	140509006	油漆溶剂油	kg	0.050	0.060	0.070	0.090
	850103006	其他材料费（占材料费）	%	1.800	1.800	1.800	1.800
机械	990756010	钢材电动煨弯机 500mm 以内	台班	—	—	0.011	0.011
	990748010	管子切断套丝机 159mm	台班	—	—	0.011	0.011

工作内容：测位、划线、打眼、埋螺栓、锯管、套丝、煨弯（机）、配管、接地、穿引线、补漆。

计量单位：10m

编号				2-2-394	2-2-395	2-2-396	2-2-397	2-2-398
项目				防爆钢管敷设				
				砖、混凝土结构明配				
				公称直径（*DN*）				
				≤40	≤50	≤65	≤80	≤100
	名称		单位	消耗量				
人工	000205000	综合二类工	工日	1.602	1.746	2.520	3.114	3.204
材料	170300001	镀锌钢管（综合）	m	10.300	10.300	10.300	10.300	10.300
	031519003	冲击钻头 $\phi6\sim8$	个	0.120	0.090	0.070	0.070	0.070
	130105003	醇酸清漆	kg	0.060	0.070	0.090	0.110	0.140
	142123001	电力复合脂	kg	0.070	0.070	0.080	0.080	0.090
	181602007	镀锌钢管接头 40×3.5	个	1.652	—	—	—	—
	181602008	镀锌钢管接头 50×3.5	个	—	1.652	—	—	—
	181602009	镀锌钢管接头 65×3.75	个	—	—	1.552	—	—
	181602010	镀锌钢管接头 80×4	个	—	—	—	1.552	—
	181602011	镀锌钢管接头 100×4	个	—	—	—	—	1.552
	182513005	镀锌钢管卡子 *DN*40	个	8.559	—	—	—	—
	182513006	镀锌钢管卡子 *DN*50	个	—	6.807	—	—	—
	182513007	镀锌钢管卡子 *DN*65	个	—	—	5.155	—	—
	182513008	镀锌钢管卡子 *DN*80	个	—	—	—	5.155	—
	182513009	镀锌钢管卡子 *DN*100	个	—	—	—	—	5.155
	290639019	镀锌钢管塑料护口 *DN*40	个	1.552	—	—	—	—
	290639020	镀锌钢管塑料护口 *DN*50	个	—	1.552	—	—	—
	290639021	镀锌钢管塑料护口 *DN*65	个	—	—	1.552	—	—
	290639023	镀锌钢管塑料护口 *DN*80	个	—	—	—	1.552	—
	290639024	镀锌钢管塑料护口 *DN*100	个	—	—	—	—	1.552
	031507012	镀锌铁丝 $\phi1.2\sim2.2$	kg	0.080	0.080	0.080	0.080	0.080
	031541003	钢锯条	条	0.300	0.300	0.300	0.450	0.450
	030103064	木螺钉 *d*4×65	10个	0.691	0.691	—	—	—
	030107012	膨胀螺栓 M6	10套	0.671	0.671	1.021	1.021	1.021
	140505001	铅油（厚漆）	kg	0.160	0.200	0.230	0.250	0.330
	172500029	塑料胀管 $\phi6\sim8$	个	7.267	7.267	—	—	—
	140509006	油漆溶剂油	kg	0.110	0.140	0.180	0.210	0.270
	850103006	其他材料费（占材料费）	%	1.800	1.800	1.800	1.800	1.800
机械	990756010	钢材电动煨弯机 500mm 以内	台班	0.011	0.011	0.021	0.021	0.021
	990748010	管子切断套丝机 159mm	台班	0.011	0.011	0.011	0.011	0.011

工作内容： 测位、划线、打眼、埋螺栓、锯管、套丝、煨弯（机）、配管、接地、气密性试验、穿引线、补漆。

计量单位：10m

编号				2-2-399	2-2-400	2-2-401	2-2-402
项目				防爆钢管敷设			
				砖、混凝土结构暗配			
				公称直径（*DN*）			
				≤15	≤20	≤25	≤32
名称			单位	消耗量			
人工	000205000	综合二类工	工日	0.630	0.693	0.828	0.901
材料	170300001	镀锌钢管（综合）	m	10.300	10.300	10.300	10.300
	142123001	电力复合脂	kg	0.050	0.050	0.060	0.060
	181602003	镀锌钢管接头 15×2.75	个	1.652	—	—	—
	181602004	镀锌钢管接头 20×2.75	个	—	1.652	—	—
	181602005	镀锌钢管接头 25×3.25	个	—	—	1.652	—
	181602006	镀锌钢管接头 32×3.25	个	—	—	—	1.652
	290639015	镀锌钢管塑料护口 *DN*15～20	个	4.124	4.124	—	—
	290639017	镀锌钢管塑料护口 *DN*25	个	—	—	1.552	—
	290639018	镀锌钢管塑料护口 *DN*32	个	—	—	—	1.552
	031507012	镀锌铁丝 ϕ1.2～2.2	kg	0.100	0.100	0.100	0.100
	181625001	防爆活接头	个	4.120	4.120	1.550	1.550
	031541003	钢锯条	条	0.300	0.300	0.200	0.200
	140505001	铅油（厚漆）	kg	0.010	0.010	0.010	0.020
	140509006	油漆溶剂油	kg	0.020	0.020	0.030	0.040
	850103006	其他材料费（占材料费）	%	1.800	1.800	1.800	1.800
机械	990756010	钢材电动煨弯机 500mm 以内	台班	—	—	0.011	0.011
	990748010	管子切断套丝机 159mm	台班	—	—	0.011	0.011

工作内容：测位、划线、打眼、埋螺栓、锯管、套丝、煨弯（机）、配管、接地、气密性试验、穿引线、补漆。

计量单位：10m

编 号				2-2-403	2-2-404	2-2-405	2-2-406	2-2-407
项 目				防爆钢管敷设				
				砖、混凝土结构暗配				
				公称直径（*DN*）				
				≤ 40	≤ 50	≤ 65	≤ 80	≤ 100
名 称			单位	消 耗 量				
人工	000205000	综合二类工	工日	1.296	1.440	1.890	2.683	2.772
材料	181602011	镀锌钢管接头 100 × 4	个	—	—	—	—	1.552
	290639024	镀锌钢管塑料护口 *DN*100	个	—	—	—	—	1.552
	170300001	镀锌钢管（综合）	m	10.300	10.300	10.300	10.300	10.300
	142123001	电力复合脂	kg	0.070	0.070	0.080	0.080	0.090
	181602007	镀锌钢管接头 40 × 3.5	个	1.652	—	—	—	—
	181602008	镀锌钢管接头 50 × 3.5	个	—	1.652	—	—	—
	181602009	镀锌钢管接头 65 × 3.75	个	—	—	1.552	—	—
	181602010	镀锌钢管接头 80 × 4	个	—	—	—	1.552	—
	290639019	镀锌钢管塑料护口 *DN*40	个	1.552	—	—	—	—
	290639020	镀锌钢管塑料护口 *DN*50	个	—	1.552	—	—	—
	290639021	镀锌钢管塑料护口 *DN*65	个	—	—	1.552	—	—
	290639023	镀锌钢管塑料护口 *DN*80	个	—	—	—	1.552	—
	031507012	镀锌铁丝 ϕ1.2～2.2	kg	0.100	0.100	0.100	0.100	0.100
	031541003	钢锯条	条	0.300	0.300	0.300	0.450	0.450
	140505001	铅油（厚漆）	kg	0.030	0.030	0.040	0.040	0.050
	140509006	油漆溶剂油	kg	0.050	0.060	0.090	0.100	0.130
	850103006	其他材料费（占材料费）	%	1.800	1.800	1.800	1.800	1.800
机械	990756010	钢材电动煨弯机 500mm 以内	台班	0.011	0.011	0.032	0.032	0.032
	990748010	管子切断套丝机 159mm	台班	0.011	0.011	0.011	0.032	0.032

工作内容：测位、划线、打眼、埋螺栓、锯管、套丝、煨弯（机）、配管、接地、气密性试验、穿引线、补漆。

计量单位：10m

编号				2-2-408	2-2-409	2-2-410	2-2-411	2-2-412
项目				防爆钢管敷设				
				钢结构支架配管				
				公称直径（*DN*）				
				≤15	≤20	≤25	≤32	≤40
名称			单位	消耗量				
人工	000205000	综合二类工	工日	0.901	0.981	1.044	1.134	1.467
材料	181602003	镀锌钢管接头 15×2.75	个	1.652	—	—	—	—
	182513001	镀锌钢管卡子 *DN*15	个	12.372	—	—	—	—
	290639015	镀锌钢管塑料护口 *DN*15～20	个	4.124	4.124	—	—	—
	181602004	镀锌钢管接头 20×2.75	个	—	1.652	—	—	—
	182513002	镀锌钢管卡子 *DN*20	个	—	12.372	—	—	—
	181602005	镀锌钢管接头 25×3.25	个	—	—	1.652	—	—
	182513003	镀锌钢管卡子 *DN*25	个	—	—	8.559	—	—
	290639017	镀锌钢管塑料护口 *DN*25	个	—	—	1.552	—	—
	170300001	镀锌钢管（综合）	m	10.300	10.300	10.300	10.300	10.300
	030103003	半圆头螺钉 M6～8×12～30	10套	2.452	2.452	1.692	1.692	1.351
	130105003	醇酸清漆	kg	0.030	0.030	0.040	0.040	0.060
	142123001	电力复合脂	kg	0.050	0.050	0.060	0.060	0.070
	181602006	镀锌钢管接头 32×3.25	个	—	—	—	1.652	—
	181602007	镀锌钢管接头 40×3.5	个	—	—	—	—	1.652
	182513004	镀锌钢管卡子 *DN*32	个	—	—	—	8.559	—
	182513005	镀锌钢管卡子 *DN*40	个	—	—	—	—	6.807
	290639018	镀锌钢管塑料护口 *DN*32	个	—	—	—	1.552	—
	290639019	镀锌钢管塑料护口 *DN*40	个	—	—	—	—	1.552
	031507012	镀锌铁丝 ϕ1.2～2.2	kg	0.080	0.080	0.080	0.080	0.080
	181625001	防爆活接头	个	4.120	4.120	1.550	1.550	—
	031541003	钢锯条	条	0.300	0.300	0.200	0.200	0.300
	140505001	铅油（厚漆）	kg	0.070	0.080	0.110	0.140	0.160
	140509006	油漆溶剂油	kg	0.050	0.060	0.070	0.090	0.110
	850103006	其他材料费（占材料费）	%	1.800	1.800	1.800	1.800	1.800
机械	990756010	钢材电动煨弯机 500mm 以内	台班	—	—	0.011	0.011	0.011
	990748010	管子切断套丝机 159mm	台班	—	—	0.011	0.011	0.011

工作内容： 测位、划线、打眼、埋螺栓、锯管、套丝、煨弯（机）、配管、接地、气密性试验、穿引线、补漆。

计量单位：10m

编　号				2-2-413	2-2-414	2-2-415	2-2-416
项　目				防爆钢管敷设			
				钢结构支架配管			
				公称直径（DN）			
				≤ 50	≤ 65	≤ 80	≤ 100
名　称			单位	消　耗　量			
人工	000205000	综合二类工	工日	1.593	2.340	3.033	3.294
材料	170300001	镀锌钢管（综合）	m	10.300	10.300	10.300	10.300
	030103003	半圆头螺钉 M6～8 × 12～30	10 套	1.351	1.021	1.021	1.021
	130105003	醇酸清漆	kg	0.070	0.090	0.110	0.140
	142123001	电力复合脂	kg	0.070	0.080	0.080	0.090
	181602008	镀锌钢管接头 50 × 3.5	个	1.652	—	—	—
	181602009	镀锌钢管接头 65 × 3.75	个	—	1.552	—	—
	181602010	镀锌钢管接头 80 × 4	个	—	—	1.552	—
	181602011	镀锌钢管接头 100 × 4	个	—	—	—	1.552
	182513006	镀锌钢管卡子 DN50	个	6.807	—	—	—
	182513007	镀锌钢管卡子 DN65	个	—	5.155	—	—
	182513008	镀锌钢管卡子 DN80	个	—	—	5.155	—
	182513009	镀锌钢管卡子 DN100	个	—	—	—	5.155
	290639020	镀锌钢管塑料护口 DN50	个	1.552	—	—	—
	290639021	镀锌钢管塑料护口 DN65	个	—	1.552	—	—
	290639023	镀锌钢管塑料护口 DN80	个	—	—	1.552	—
	290639024	镀锌钢管塑料护口 DN100	个	—	—	—	1.552
	031507012	镀锌铁丝 ϕ1.2～2.2	kg	0.080	0.080	0.080	0.080
	031541003	钢锯条	条	0.300	0.300	0.450	0.450
	140505001	铅油（厚漆）	kg	0.200	0.230	0.250	0.330
	140509006	油漆溶剂油	kg	0.140	0.180	0.210	0.270
	850103006	其他材料费（占材料费）	%	1.800	1.800	1.800	1.800
机械	990756010	钢材电动煨弯机 500mm 以内	台班	0.011	0.032	0.032	0.032
	990748010	管子切断套丝机 159mm	台班	0.011	0.011	0.032	0.032

工作内容：测位、划线、沟坑修整、断管、配管、固定、接地、清理、穿引线。 **计量单位：**10m

编号				2-2-417	2-2-418	2-2-419	2-2-420
项目				可挠金属套管敷设			
				砖、混凝土结构暗配			
				规格			
				10#	12#	15#	17#
名称			单位	消耗量			
人工	000205000	综合二类工	工日	0.351	0.369	0.378	0.396
材料	290629001	可挠性金属套管	m	10.600	10.600	10.600	10.600
	280317007	铜芯塑料绝缘软电线 BVR-4mm²	m	0.400	0.400	0.400	0.400
	031507012	镀锌铁丝 ϕ1.2～2.2	kg	0.070	0.070	0.070	0.060
	031541003	钢锯条	条	0.110	0.110	0.110	0.110
	182518007	接地卡子（综合）	个	3.303	3.303	3.303	3.303
	290663001	可挠金属套管护口 BP-10	个	1.582	—	—	—
	290663002	可挠金属套管护口 BP-12	个	—	1.582	—	—
	290663003	可挠金属套管护口 BP-15	个	—	—	1.582	—
	290663004	可挠金属套管护口 BP-17	个	—	—	—	1.582
	290663013	可挠金属套管接头 KS-10	个	1.682	—	—	—
	290663014	可挠金属套管接头 KS-12	个	—	1.682	—	—
	290663015	可挠金属套管接头 KS-15	个	—	—	1.682	—
	290663016	可挠金属套管接头 KS-17	个	—	—	—	1.682
	031309002	锡基钎料	kg	0.020	0.020	0.020	0.020
	850103006	其他材料费（占材料费）	%	1.800	1.800	1.800	1.800

工作内容：测位、划线、沟坑修整、断管、配管、固定、接地、清理、穿引线。 **计量单位：**10m

编号				2-2-421	2-2-422	2-2-423	2-2-424
项目				可挠金属套管敷设			
				砖、混凝土结构暗配			
				规格			
				24#	30#	38#	50#
名称			单位	消耗量			
人工	000205000	综合二类工	工日	0.432	0.450	0.468	0.486
材料	290629001	可挠性金属套管	m	10.600	10.600	10.600	10.600
	280317007	铜芯塑料绝缘软电线 BVR-4mm²	m	0.450	0.450	0.450	0.621
	031507012	镀锌铁丝 ϕ1.2～2.2	kg	0.070	0.070	0.070	0.070
	031541003	钢锯条	条	0.110	0.110	0.110	0.110
	182518007	接地卡子（综合）	个	3.303	3.303	3.303	3.303
	290663005	可挠金属套管护口 BP-24	个	1.582	—	—	—
	290663006	可挠金属套管护口 BP-30	个	—	1.582	—	—
	290663007	可挠金属套管护口 BP-38	个	—	—	1.582	—
	290663008	可挠金属套管护口 BP-50	个	—	—	—	1.582
	290663017	可挠金属套管接头 KS-24	个	1.682	—	—	—
	290663018	可挠金属套管接头 KS-30	个	—	1.682	—	—
	290663019	可挠金属套管接头 KS-38	个	—	—	1.682	—
	290663020	可挠金属套管接头 KS-50	个	—	—	—	1.682
	031309002	锡基钎料	kg	0.020	0.020	0.020	0.030
	031305003	焊锡膏	kg	—	0.010	0.010	0.010
	850103006	其他材料费（占材料费）	%	1.800	1.800	1.800	1.800

工作内容： 测位、划线、沟坑修整、断管、配管、固定、接地、清理、穿引线。　　**计量单位：** 10m

编　号				2-2-425	2-2-426	2-2-427	2-2-428
项　目				可挠金属套管敷设			
				砖、混凝土结构暗配			
				规格			
				63#	76#	83#	101#
名　称			单位	消　耗　量			
人工	000205000	综合二类工	工日	0.513	0.540	0.558	0.603
材料	290629001	可挠性金属套管	m	10.600	10.600	10.600	10.600
	280317007	铜芯塑料绝缘软电线 BVR-4mm²	m	0.621	0.681	0.681	0.741
	031507012	镀锌铁丝 ϕ1.2～2.2	kg	0.070	0.080	0.080	0.080
	031541003	钢锯条	条	0.110	0.110	0.110	0.110
	031305003	焊锡膏	kg	0.010	0.010	0.010	0.010
	182518007	接地卡子（综合）	个	3.303	3.303	3.303	3.303
	290663009	可挠金属套管护口 BP-63	个	1.582	—	—	—
	290663010	可挠金属套管护口 BP-76	个	—	1.582	—	—
	290663011	可挠金属套管护口 BP-83	个	—	—	1.582	—
	290663012	可挠金属套管护口 BP-101	个	—	—	—	1.582
	290663021	可挠金属套管接头 KS-63	个	1.582	—	—	—
	290663022	可挠金属套管接头 KS-76	个	—	1.582	—	—
	290663023	可挠金属套管接头 KS-83	个	—	—	1.582	—
	290663024	可浇金属套管接头 KS-101	个	—	—	—	1.582
	031309002	锡基钎料	kg	0.030	0.030	0.030	0.030
	850103006	其他材料费（占材料费）	%	1.800	1.800	1.800	1.800

工作内容：测位、划线、打眼、下胀管、连接管件、配管、上螺钉、穿引线。 **计量单位：**10m

编号				2-2-429	2-2-430	2-2-431	2-2-432
项目				刚性阻燃管敷设			
				砖、混凝土结构明配			
				外径（mm）			
				16	20	25	32
名称			单位	消耗量			
人工	000205000	综合二类工	工日	0.666	0.720	0.738	0.792
材料	172503006	刚性阻燃管	m	10.600	10.600	10.600	10.600
	031519003	冲击钻头 $\phi6\sim8$	个	0.230	0.230	0.160	0.160
	031507012	镀锌铁丝 $\phi1.2\sim2.2$	kg	0.040	0.040	0.040	0.040
	031541003	钢锯条	条	0.100	0.100	0.100	0.100
	030103064	木螺钉 $d4\times65$	10个	3.333	3.333	2.412	2.412
	290645013	难燃塑料管接头 15mm	个	2.102	—	—	—
	290645014	难燃塑料管接头 20mm	个	—	2.102	—	—
	290645015	难燃塑料管接头 25mm	个	—	—	2.102	—
	290645016	难燃塑料管接头 32mm	个	—	—	—	2.102
	290645020	难燃塑料管卡子 15mm	个	16.817	—	—	—
	290645021	难燃塑料管卡子 20mm	个	—	16.817	—	—
	290645022	难燃塑料管卡子 25mm	个	—	—	12.192	—
	290645023	难燃塑料管卡子 32mm	个	—	—	—	12.192
	290645027	难燃塑料管三通 15mm	个	0.320	—	—	—
	290645028	难燃塑料管三通 20mm	个	—	0.320	—	—
	290645029	难燃塑料管三通 25mm	个	—	—	0.320	—
	290645030	难燃塑料管三通 32mm	个	—	—	—	0.320
	290645034	难燃塑料管伸缩接头 15mm	个	0.210	—	—	—
	290645035	难燃塑料管伸缩接头 20mm	个	—	0.210	—	—
	290645036	难燃塑料管伸缩接头 25mm	个	—	—	0.210	—
	290645037	难燃塑料管伸缩接头 32mm	个	—	—	—	0.210
	290645041	难燃塑料管弯头 15mm	个	0.210	—	—	—
	290645042	难燃塑料管弯头 20mm	个	—	0.210	—	—
	290645043	难燃塑料管弯头 25mm	个	—	—	0.210	—
	290645044	难燃塑料管弯头 32mm	个	—	—	—	0.210
	144135022	粘合剂	kg	0.010	0.010	0.010	0.010
	172500029	塑料胀管 $\phi6\sim8$	个	32.533	32.533	25.546	25.546
	850103006	其他材料费（占材料费）	%	1.800	1.800	1.800	1.800

工作内容：测位、划线、打眼、下胀管、连接管件、配管、上螺钉、穿引线。　　　　**计量单位：**10m

编　号				2-2-433	2-2-434	2-2-435
项　目				刚性阻燃管敷设		
				砖、混凝土结构明配		
				外径（mm）		
				40	50	65
名　称			单位	消　耗　量		
人工	000205000	综合二类工	工日	0.792	0.828	0.883
材料	172503006	刚性阻燃管	m	10.600	10.600	10.600
	031519004	冲击钻头 ϕ6～12	个	0.110	0.110	0.040
	031507012	镀锌铁丝 ϕ1.2～2.2	kg	0.040	0.040	0.040
	031541003	钢锯条	条	0.100	0.100	0.100
	030103064	木螺钉 $d4 \times 65$	10 个	1.692	1.692	1.271
	290645017	难燃塑料管接头 40mm	个	2.102	—	—
	290645045	难燃塑料管弯头 40mm	个	0.210	—	—
	290645018	难燃塑料管接头 50mm	个	—	2.102	—
	290645019	难燃塑料管接头 65mm	个	—	—	2.102
	290645024	难燃塑料管卡子 40mm	个	8.519	—	—
	290645025	难燃塑料管卡子 50mm	个	—	8.519	—
	290645026	难燃塑料管卡子 65mm	个	—	—	6.416
	290645031	难燃塑料管三通 40mm	个	0.320	—	—
	290645032	难燃塑料管三通 50mm	个	—	0.320	—
	290645033	难燃塑料管三通 65mm	个	—	—	0.320
	290645038	难燃塑料管伸缩接头 40mm	个	0.210	—	—
	290645039	难燃塑料管伸缩接头 50mm	个	—	0.210	—
	290645040	难燃塑料管伸缩接头 65mm	个	—	—	0.210
	290645046	难燃塑料管弯头 50mm	个	—	0.210	—
	290645047	难燃塑料管弯头 65mm	个	—	—	0.210
	172500029	塑料胀管 ϕ6～8	个	17.838	17.838	13.433
	144135022	粘合剂	kg	0.020	0.020	0.020
	850103006	其他材料费（占材料费）	%	1.800	1.800	1.800

工作内容：测位、划线、接管、配管、固定、穿引线。 计量单位：10m

编号				2-2-436	2-2-437	2-2-438	2-2-439
项目				刚性阻燃管敷设			
				砖、混凝土结构暗配			
				外径（mm）			
				16	20	25	32
名称			单位	消耗量			
人工	000205000	综合二类工	工日	0.504	0.540	0.567	0.612
材料	172503006	刚性阻燃管	m	10.600	10.600	10.600	10.600
	031507012	镀锌铁丝 ϕ1.2～2.2	kg	0.070	0.080	0.070	0.070
	031541003	钢锯条	条	0.100	0.100	0.100	0.100
	290645013	难燃塑料管接头 15mm	个	2.583	—	—	—
	290645014	难燃塑料管接头 20mm	个	—	2.583	—	—
	290645015	难燃塑料管接头 25mm	个	—	—	2.583	—
	290645016	难燃塑料管接头 32mm	个	—	—	—	2.583
	144135022	粘合剂	kg	0.010	0.010	0.010	0.010
	850103006	其他材料费（占材料费）	%	1.800	1.800	1.800	1.800

工作内容：测位、划线、接管、配管、固定、穿引线。 计量单位：10m

编号				2-2-440	2-2-441	2-2-442
项目				刚性阻燃管敷设		
				砖、混凝土结构暗配		
				外径（mm）		
				40	50	65
名称			单位	消耗量		
人工	000205000	综合二类工	工日	0.648	0.666	0.702
材料	172503006	刚性阻燃管	m	10.600	10.600	10.600
	031507012	镀锌铁丝 ϕ1.2～2.2	kg	0.070	0.070	0.070
	031541003	钢锯条	条	0.100	0.100	0.150
	290645017	难燃塑料管接头 40mm	个	2.583	—	—
	290645018	难燃塑料管接头 50mm	个	—	2.583	—
	290645019	难燃塑料管接头 65mm	个	—	—	2.583
	144135022	粘合剂	kg	0.010	0.010	0.020
	850103006	其他材料费（占材料费）	%	1.800	1.800	1.800

工作内容：测位、划线、打眼、敷设、固定、穿引线。　　计量单位：10m

编　号				2-2-443	2-2-444	2-2-445
项　目				半硬质塑料管敷设		
				砖、混凝土结构暗配		
				外径（mm）		
				16	20	25
名　称			单位	消　耗　量		
人工	000205000	综合二类工	工日	0.432	0.504	0.630
材料	172503005	半硬质塑料管	m	10.600	10.600	10.600
	031507012	镀锌铁丝 ϕ1.2～2.2	kg	0.070	0.080	0.070
	031541003	钢锯条	条	0.100	0.100	0.100
	290634009	套接管	m	0.090	0.100	0.120
	144135022	粘合剂	kg	0.010	0.010	0.010
	850103006	其他材料费（占材料费）	%	1.800	1.800	1.800

工作内容：测位、划线、打眼、敷设、固定、穿引线。　　计量单位：10m

编　号				2-2-446	2-2-447	2-2-448
项　目				半硬质塑料管敷设		
				砖、混凝土结构暗配		
				外径（mm）		
				32	40	50
名　称			单位	消　耗　量		
人工	000205000	综合二类工	工日	0.738	0.828	0.954
材料	172503005	半硬质塑料管	m	10.600	10.600	10.600
	031507012	镀锌铁丝 ϕ1.2～2.2	kg	0.070	0.070	0.070
	031541003	钢锯条	条	0.100	0.100	0.100
	290634009	套接管	m	0.120	0.200	0.210
	144135022	粘合剂	kg	0.010	0.010	0.010
	850103006	其他材料费（占材料费）	%	1.800	1.800	1.800

工作内容：测位、划线、钻孔、敷设、固定、穿引线。　　计量单位：10m

编　号				2-2-449	2-2-450	2-2-451
项　目				半硬质塑料管敷设		
				钢模板暗配		
				外径（mm）		
				16	20	25
名　称			单位	消　耗　量		
人工	000205000	综合二类工	工日	0.288	0.342	0.432
材料	172503005	半硬质塑料管	m	10.600	10.600	10.600
	031507012	镀锌铁丝 ϕ1.2～2.2	kg	0.070	0.080	0.070
	031541003	钢锯条	条	0.100	0.100	0.100
	290634009	套接管	m	0.090	0.100	0.120
	144135022	粘合剂	kg	0.010	0.010	0.010
	850103006	其他材料费（占材料费）	%	1.800	1.800	1.800

工作内容：测位、划线、钻孔、敷设、固定、穿引线。 计量单位：10m

编号				2-2-452	2-2-453	2-2-454
项目				半硬质塑料管敷设		
				钢模板暗配		
				外径（mm）		
				32	40	50
名称			单位	消耗量		
人工	000205000	综合二类工	工日	0.513	0.567	0.666
材料	172503005	半硬质塑料管	m	10.600	10.600	10.600
	031507012	镀锌铁丝 ϕ1.2～2.2	kg	0.070	0.070	0.070
	031541003	钢锯条	条	0.100	0.100	0.100
	290634009	套接管	m	0.120	0.200	0.210
	144135022	粘合剂	kg	0.010	0.010	0.010
	850103006	其他材料费（占材料费）	%	1.800	1.800	1.800

工作内容：测位、划线、量尺寸、断管、连接接头、钻孔、敷设、固定。 计量单位：10m

编号				2-2-455	2-2-456	2-2-457
项目				波纹电线管敷设		
				内径（mm）		
				≤16	≤20	≤25
名称			单位	消耗量		
人工	000205000	综合二类工	工日	1.701	2.034	2.178
材料	290611003	难燃波纹管	m	10.300	10.300	10.300
	030103004	半圆头螺钉 M6～12×12～50	10套	5.626	5.626	5.626
	031507012	镀锌铁丝 ϕ1.2～2.2	kg	0.040	0.040	0.040
	031541003	钢锯条	条	1.001	1.001	1.001
	290645001	难燃波纹管接头 *DN*15	个	13.664	—	—
	290645002	难燃波纹管接头 *DN*20	个	—	13.664	—
	290645003	难燃波纹管接头 *DN*25	个	—	—	13.664
	290645007	难燃波纹管卡子 *DN*15	个	27.838	—	—
	290645008	难燃波纹管卡子 *DN*20	个	—	27.838	—
	290645009	难燃波纹管卡子 *DN*25	个	—	—	27.838
	850103006	其他材料费（占材料费）	%	1.800	1.800	1.800

工作内容：测位、划线、量尺寸、断管、连接接头、钻孔、敷设、固定。　　　　**计量单位：**10m

编　号				2-2-458	2-2-459	2-2-460
项　目				波纹电线管敷设		
				内径（mm）		
				≤32	≤40	≤50
名　称			单位	消　耗　量		
人工	000205000	综合二类工	工日	2.340	2.674	3.060
材料	290611003	难燃波纹管	m	10.300	10.300	10.300
	030103004	半圆头螺钉 M6～12×12～50	10套	5.626	5.626	5.626
	031507012	镀锌铁丝 ϕ1.2～2.2	kg	0.040	0.040	0.040
	031541003	钢锯条	条	1.001	1.001	1.001
	290645004	难燃波纹管接头 *DN*32	个	13.664	—	—
	290645005	难燃波纹管接头 *DN*40	个	—	13.664	—
	290645006	难燃波纹管接头 *DN*50	个	—	—	13.664
	290645010	难燃波纹管卡子 *DN*32	个	27.838	—	—
	290645011	难燃波纹管卡子 *DN*40	个	—	27.838	—
	290645012	难燃波纹管卡子 *DN*50	个	—	—	27.838
	850103006	其他材料费（占材料费）	%	1.800	1.800	1.800

工作内容：量尺寸、断管、连接接头、钻孔、攻丝、固定、接地。　　　　**计量单位：**10m

编　号				2-2-461	2-2-462	2-2-463
项　目				金属软管敷设		
				内径（mm）		
				≤16	≤20	≤25
				每根长≤0.5m		
名　称			单位	消　耗　量		
人工	000205000	综合二类工	工日	2.365	2.524	2.984
材料	171900002	金属软管（综合）	m	10.300	10.300	10.300
	030103004	半圆头螺钉 M6～12×12～50	10套	8.168	8.168	8.168
	291707004	镀锌地线夹 15	套	30.931	—	—
	291707005	镀锌地线夹 20	套	—	30.931	—
	291707006	镀锌地线夹 25	套	—	—	30.931
	290661013	金属软管接头 *DN*15	个	10.310	—	—
	290661014	金属软管接头 *DN*20	个	—	10.310	—
	290661015	金属软管接头 *DN*25	个	—	—	10.310
	290661019	金属软管卡子 *DN*15	个	22.022	—	—
	290661020	金属软管卡子 *DN*20	个	—	22.022	—
	290661021	金属软管卡子 *DN*25	个	—	—	22.022
	850103006	其他材料费（占材料费）	%	1.800	1.800	1.800

工作内容：量尺寸、断管、连接接头、钻孔、攻丝、固定、接地。 **计量单位：**10m

编号				2-2-464	2-2-465	2-2-466
项目				金属软管敷设		
				内径（mm）		
				≤ 32	≤ 40	≤ 50
				每根长 ≤ 0.5m		
名称			单位	消耗量		
人工	000205000	综合二类工	工日	2.835	3.296	3.409
材料	291707008	镀锌地线夹 40	套	—	30.931	—
	290661017	金属软管接头 *DN*40	个	—	10.310	—
	290661023	金属软管卡子 *DN*40	个	—	22.022	—
	291707009	镀锌地线夹 50	套	—	—	30.931
	290661018	金属软管接头 *DN*50	个	—	—	51.552
	290661024	金属软管卡子 *DN*50	个	—	—	41.241
	171900002	金属软管（综合）	m	10.300	10.300	10.300
	030103004	半圆头螺钉 M6～12 × 12～50	10 套	13.884	8.168	8.168
	291707007	镀锌地线夹 32	套	30.931	—	—
	290661016	金属软管接头 *DN*32	个	10.310	—	—
	290661022	金属软管卡子 *DN*32	个	22.022	—	—
	850103006	其他材料费（占材料费）	%	1.800	1.800	1.800

工作内容：量尺寸、断管、连接接头、钻孔、攻丝、固定、接地。 **计量单位：**10m

编号				2-2-467	2-2-468	2-2-469
项目				金属软管敷设		
				内径（mm）		
				≤ 16	≤ 20	≤ 25
				每根长 ≤ 1m		
名称			单位	消耗量		
人工	000205000	综合二类工	工日	1.575	1.782	2.081
材料	291707004	镀锌地线夹 15	套	13.744	—	—
	290661013	金属软管接头 *DN*15	个	26.807	—	—
	290661019	金属软管卡子 *DN*15	个	29.469	—	—
	291707005	镀锌地线夹 20	套	—	13.744	—
	290661014	金属软管接头 *DN*20	个	—	26.807	—
	290661020	金属软管卡子 *DN*20	个	—	29.469	—
	171900002	金属软管（综合）	m	10.300	10.300	10.300
	030103004	半圆头螺钉 M6～12 × 12～50	10 套	5.716	5.716	5.716
	291707006	镀锌地线夹 25	套	—	—	13.744
	290661015	金属软管接头 *DN*25	个	—	—	26.807
	290661021	金属软管卡子 *DN*25	个	—	—	29.469
	850103006	其他材料费（占材料费）	%	1.800	1.800	1.800

工作内容：量尺寸、断管、连接接头、钻孔、攻丝、固定、接地。　　　　计量单位：10m

编　号				2-2-470	2-2-471	2-2-472
项　目				金属软管敷设		
				内径（mm）		
				⩽32	⩽40	⩽50
				每根长⩽1m		
名　称			单位	消　耗　量		
人工	000205000	综合二类工	工日	2.002	2.320	2.642
材料	171900002	金属软管（综合）	m	10.300	10.300	10.300
	030103004	半圆头螺钉 M6～12×12～50	10套	5.716	5.716	5.716
	850103006	其他材料费（占材料费）	%	1.800	1.800	1.800
	291707007	镀锌地线夹 32	套	13.744	—	—
	290661016	金属软管接头 *DN*32	个	26.807	—	—
	290661022	金属软管卡子 *DN*32	个	29.469	—	—
	291707008	镀锌地线夹 40	套	—	13.744	—
	290661017	金属软管接头 *DN*40	个	—	26.807	—
	290661023	金属软管卡子 *DN*40	个	—	29.469	—
	291707009	镀锌地线夹 50	套	—	—	13.744
	290661018	金属软管接头 *DN*50	个	—	—	26.807
	290661024	金属软管卡子 *DN*50	个	—	—	29.469

工作内容：量尺寸、断管、连接接头、钻孔、攻丝、固定、接地。　　　　计量单位：10m

编　号				2-2-473	2-2-474	2-2-475
项　目				金属软管敷设		
				内径（mm）		
				⩽16	⩽20	⩽25
				每根长＞1m		
名　称			单位	消　耗　量		
人工	000205000	综合二类工	工日	1.044	1.152	1.260
材料	171900002	金属软管（综合）	m	10.300	10.300	10.300
	030103004	半圆头螺钉 M6～12×12～50	10套	2.503	2.503	2.503
	291707004	镀锌地线夹 15	套	7.928	—	—
	291707005	镀锌地线夹 20	套	—	7.928	—
	291707006	镀锌地线夹 25	套	—	—	7.928
	290661013	金属软管接头 *DN*15	个	18.559	—	—
	290661014	金属软管接头 *DN*20	个	—	18.559	—
	290661015	金属软管接头 *DN*25	个	—	—	18.559
	290661019	金属软管卡子 *DN*15	个	12.372	—	—
	290661020	金属软管卡子 *DN*20	个	—	12.372	—
	290661021	金属软管卡子 *DN*25	个	—	—	12.372
	280317007	铜芯塑料绝缘软电线 BVR-4mm^2	m	5.345	6.206	7.077
	850103006	其他材料费（占材料费）	%	1.800	1.800	1.800

工作内容：量尺寸、断管、连接接头、钻孔、攻丝、固定、接地。 **计量单位：**10m

编号				2-2-476	2-2-477	2-2-478
项目				金属软管敷设		
				内径（mm）		
				≤32	≤40	≤50
				每根长＞1m		
	名称		单位	消耗量		
人工	000205000	综合二类工	工日	1.404	1.530	1.827
材料	171900002	金属软管（综合）	m	10.300	10.300	10.300
	280317007	铜芯塑料绝缘软电线 BVR-4mm^2	m	8.288	9.670	11.391
	030103004	半圆头螺钉 M6～12×12～50	10套	2.503	2.503	2.503
	291707007	镀锌地线夹 32	套	7.928	—	—
	291707008	镀锌地线夹 40	套	—	7.928	—
	291707009	镀锌地线夹 50	套	—	—	7.928
	290661016	金属软管接头 *DN*32	个	18.559	—	—
	290661017	金属软管接头 *DN*40	个	—	18.559	—
	290661018	金属软管接头 *DN*50	个	—	—	18.559
	290661022	金属软管卡子 *DN*32	个	12.372	—	—
	290661023	金属软管卡子 *DN*40	个	—	24.745	—
	290661024	金属软管卡子 *DN*50	个	—	—	24.745
	850103006	其他材料费（占材料费）	%	1.800	1.800	1.800

工作内容：划线、定位、打眼、槽体清扫、本体固定、配件安装、接地跨接。 **计量单位：**10m

编号				2-2-479	2-2-480	2-2-481	2-2-482	2-2-483
项目				金属线槽敷设				
				宽＋高（mm）				
				≤50	≤80	≤120	≤300	≤600
	名称		单位	消耗量				
人工	000205000	综合二类工	工日	0.558	0.702	0.928	1.692	2.088
材料	290300001	金属线槽	m	10.300	10.300	10.300	10.300	10.300
	030105003	半圆头镀锌螺栓 M2～5×15～50	10套	6.006	6.006	6.006	6.006	6.006
	290901007	铜接地端子带螺栓 DT-6mm^2	个	1.051	1.051	1.051	1.051	1.051
	280317008	铜芯塑料绝缘软电线 BVR-6mm^2	m	2.553	2.553	2.553	2.553	2.553
	850103006	其他材料费（占材料费）	%	1.800	1.800	1.800	1.800	1.800

十二、配 线 工 程

工作内容：扫管、涂滑石粉、穿线、编号、焊接包头。　　**计量单位**：10m

编号				2-2-484	2-2-485	2-2-486	2-2-487
项目				管内穿线			
				铜芯照明线			
				导线截面（mm²）			
				≤1.5	≤2.5	≤4	≤6
名称			单位	消耗量			
人工	000205000	综合二类工	工日	0.072	0.081	0.054	0.054
材料	280300001	绝缘电线	m	11.600	11.600	11.000	11.000
	271799001	电气绝缘胶带 18mm×10m×0.13mm	卷	0.030	0.030	0.020	0.030
	022701001	棉纱	kg	0.020	0.020	0.020	0.020
	140301003	汽油 92#	kg	0.050	0.050	0.050	0.060
	031309002	锡基钎料	kg	0.020	0.020	0.020	0.030
	850103006	其他材料费（占材料费）	%	1.800	1.800	1.800	1.800

工作内容：扫管、涂滑石粉、穿线、编号、焊接包头。　　**计量单位**：10m

编号				2-2-488	2-2-489	2-2-490	2-2-491
项目				管内穿线			
				铜芯动力线			
				导线截面（mm²）			
				≤0.8	≤1.5	≤2.5	≤4
名称			单位	消耗量			
人工	000205000	综合二类工	工日	0.054	0.054	0.063	0.072
材料	280300001	绝缘电线	m	10.500	10.500	10.500	10.500
	271799001	电气绝缘胶带 18mm×10m×0.13mm	卷	0.050	0.070	0.070	0.080
	022701001	棉纱	kg	0.020	0.020	0.020	0.030
	140301003	汽油 92#	kg	0.040	0.050	0.050	0.060
	031309002	锡基钎料	kg	0.010	0.010	0.010	0.010
	850103006	其他材料费（占材料费）	%	1.800	1.800	1.800	1.800

工作内容：扫管、涂滑石粉、穿线、编号、焊接包头。 **计量单位：**10m

编号				2-2-492	2-2-493	2-2-494	2-2-495
项目				管内穿线			
				铜芯动力线			
				导线截面（mm²）			
				≤ 6	≤ 10	≤ 16	≤ 25
	名称		单位	消耗量			
人工	000205000	综合二类工	工日	0.072	0.081	0.081	0.099
材料	280300001	绝缘电线	m	10.500	10.500	10.500	10.500
	271799001	电气绝缘胶带 18mm × 10m × 0.13mm	卷	0.090	0.100	0.110	0.120
	022701001	棉纱	kg	0.030	0.040	0.040	0.050
	140301003	汽油 92#	kg	0.060	0.070	0.070	0.080
	031309002	锡基钎料	kg	0.010	0.010	0.010	0.010
	850103006	其他材料费（占材料费）	%	1.800	1.800	1.800	1.800

工作内容：扫管、涂滑石粉、穿线、编号、焊接包头。 **计量单位：**10m

编号				2-2-496	2-2-497	2-2-498	2-2-499
项目				管内穿线			
				铜芯动力线			
				导线截面（mm²）			
				≤ 35	≤ 50	≤ 70	≤ 95
	名称		单位	消耗量			
人工	000205000	综合二类工	工日	0.099	0.198	0.207	0.252
材料	280300001	绝缘电线	m	10.500	10.500	10.500	10.500
	271799001	电气绝缘胶带 18mm × 10m × 0.13mm	卷	0.130	0.140	0.150	0.160
	022701001	棉纱	kg	0.050	0.060	0.060	0.070
	140301003	汽油 92#	kg	0.080	0.090	0.090	0.100
	031309002	锡基钎料	kg	0.020	0.020	0.020	0.020
	031305003	焊锡膏	kg	—	—	0.010	0.010
	850103006	其他材料费（占材料费）	%	1.800	1.800	1.800	1.800

工作内容：扫管、涂滑石粉、穿线、编号、焊接包头。 **计量单位：**10m

编号				2-2-500	2-2-501	2-2-502	2-2-503
项目				管内穿线			
				铜芯动力线			
				导线截面（mm²）			
				≤ 120	≤ 150	≤ 185	≤ 240
	名称		单位	消耗量			
人工	000205000	综合二类工	工日	0.261	0.441	0.468	0.837
材料	280300001	绝缘电线	m	10.500	10.500	10.500	10.500
	271799001	电气绝缘胶带 18mm × 10m × 0.13mm	卷	0.170	0.180	0.190	0.200
	031305003	焊锡膏	kg	0.010	0.010	0.010	0.010
	022701001	棉纱	kg	0.070	0.080	0.090	0.100
	140301003	汽油 92#	kg	0.100	0.110	0.110	0.130
	031309002	锡基钎料	kg	0.020	0.020	0.020	0.030
	850103006	其他材料费（占材料费）	%	1.800	1.800	1.800	1.800

工作内容：扫管、涂滑石粉、穿线、编号、焊接包头。　　**计量单位：**10m

编号				2-2-504	2-2-505	2-2-506	2-2-507	2-2-508
项目				管内穿线				
				二芯软导线				
				单芯导线截面（mm^2）				
				≤0.75	≤1	≤1.5	≤2.5	≤4
名称			单位	消耗量				
人工	000205000	综合二类工	工日	0.054	0.072	0.072	0.081	0.081
材料	280317001	铜芯多股绝缘电线	m	10.800	10.800	10.800	10.800	10.800
	271799001	电气绝缘胶带 18mm × 10m × 0.13mm	卷	0.080	0.090	0.100	0.110	0.120
	022701001	棉纱	kg	0.020	0.020	0.020	0.020	0.030
	140301003	汽油 92#	kg	0.050	0.060	0.060	0.060	0.070
	031309002	锡基钎料	kg	0.010	0.010	0.010	0.010	0.010
	850103006	其他材料费（占材料费）	%	1.800	1.800	1.800	1.800	1.800

工作内容：扫管、涂滑石粉、穿线、编号、焊接包头。　　**计量单位：**10m

编号				2-2-509	2-2-510	2-2-511	2-2-512	2-2-513
项目				管内穿线				
				四芯软导线				
				单芯导线截面（mm^2）				
				≤0.75	≤1	≤1.5	≤2.5	≤4
名称			单位	消耗量				
人工	000205000	综合二类工	工日	0.081	0.081	0.099	0.099	0.099
材料	280317001	铜芯多股绝缘电线	m	10.800	10.800	10.800	10.800	10.800
	271799001	电气绝缘胶带 18mm × 10m × 0.13mm	卷	0.110	0.140	0.150	0.160	0.170
	022701001	棉纱	kg	0.020	0.020	0.020	0.020	0.020
	140301003	汽油 92#	kg	0.060	0.070	0.070	0.070	0.080
	031309002	锡基钎料	kg	0.010	0.010	0.010	0.010	0.020
	850103006	其他材料费（占材料费）	%	1.800	1.800	1.800	1.800	1.800

工作内容：扫管、涂滑石粉、穿线、编号、焊接包头。　　**计量单位：**10m

编号				2-2-514	2-2-515	2-2-516	2-2-517	2-2-518
项目				管内穿线				
				八芯软导线				
				单芯导线截面（mm^2）				
				≤0.75	≤1	≤1.5	≤2.5	≤4
名称			单位	消耗量				
人工	000205000	综合二类工	工日	0.108	0.108	0.117	0.117	0.126
材料	031305003	焊锡膏	kg	—	—	—	0.010	0.010
	280317001	铜芯多股绝缘电线	m	10.800	10.800	10.800	10.800	10.800
	271799001	电气绝缘胶带 18mm × 10m × 0.13mm	卷	0.170	0.200	0.230	0.240	0.250
	022701001	棉纱	kg	—	0.030	0.030	0.030	0.040
	140301003	汽油 92#	kg	0.060	0.070	0.070	0.070	0.080
	031309002	锡基钎料	kg	0.010	0.020	0.020	0.020	0.030
	850103006	其他材料费（占材料费）	%	1.800	1.800	1.800	1.800	1.800

工作内容：扫管、涂滑石粉、穿线、编号、焊接包头。 **计量单位：**10m

编号				2-2-519	2-2-520	2-2-521	2-2-522
项目				管内穿线			
				十六芯软导线			
				单芯导线截面（mm²）			
				≤0.75	≤1	≤1.5	≤2.5
名称			单位	消耗量			
人工	000205000	综合二类工	工日	0.126	0.126	0.144	0.153
材料	280317001	铜芯多股绝缘电线	m	10.800	10.800	10.800	10.800
	271799001	电气绝缘胶带 18mm×10m×0.13mm	卷	0.260	0.300	0.340	0.380
	031305003	焊锡膏	kg	0.010	0.010	0.010	0.010
	022701001	棉纱	kg	0.020	0.030	0.030	0.030
	140301003	汽油 92#	kg	0.070	0.080	0.080	0.080
	031309002	锡基钎料	kg	0.020	0.020	0.020	0.020
	850103006	其他材料费（占材料费）	%	1.800	1.800	1.800	1.800

工作内容：清扫线槽、放线、编号、对号、接焊包头。 **计量单位：**10m

编号				2-2-523	2-2-524	2-2-525	2-2-526
项目				线槽配线			
				导线截面（mm²）			
				≤2.5	≤6	≤16	≤35
名称			单位	消耗量			
人工	000205000	综合二类工	工日	0.072	0.081	0.099	0.126
材料	280300001	绝缘电线	m	10.500	10.500	10.500	10.500
	021301012	扁形塑料绑带	m	0.541	0.541	0.541	0.541
	341304003	标志牌 塑料扁形	个	0.601	0.601	0.601	0.601
	022701001	棉纱	kg	0.030	0.030	0.030	0.040
	850103006	其他材料费（占材料费）	%	1.800	1.800	1.800	1.800

工作内容：清扫线槽、放线、编号、对号、接焊包头。 **计量单位：**10m

编号				2-2-527	2-2-528	2-2-529	2-2-530
项目				线槽配线			
				导线截面（mm²）			
				≤70	≤120	≤185	≤240
名称			单位	消耗量			
人工	000205000	综合二类工	工日	0.162	0.351	0.486	0.864
材料	280300001	绝缘电线	m	10.500	10.500	10.500	10.500
	021301012	扁形塑料绑带	m	0.541	0.541	0.541	0.541
	341304003	标志牌 塑料扁形	个	0.601	0.601	0.601	0.601
	022701001	棉纱	kg	0.040	0.050	0.060	0.060
	850103006	其他材料费（占材料费）	%	1.800	1.800	1.800	1.800

工作内容：测位、划线、打眼、埋螺钉、下过墙管、上卡子、配线、接焊包头。　**计量单位**：10m

编　号				2-2-531	2-2-532	2-2-533	2-2-534	2-2-535	2-2-536
项　目				塑料护套线明敷设					
				砖、混凝土结构					
				二芯单芯导线截面（mm^2）			三芯单芯导线截面（mm^2）		
				≤ 2.5	≤ 6	≤ 10	≤ 2.5	≤ 6	≤ 10
名　称			单位	消　耗　量					
人工	000205000	综合二类工	工日	0.657	0.666	0.783	0.702	0.711	0.810
材料	271301001	直瓷管 $\phi(9\sim15)\times305$	个	1.552	1.241	1.241	1.852	—	—
	280001010	塑料绝缘导线	m	11.100	10.490	10.490	11.100	10.490	10.490
	031599008	钢精扎头 1#～5#	包	0.731	0.731	0.731	0.731	0.731	0.731
	040100003	水泥 32.5	kg	0.501	0.501	0.501	0.601	0.601	0.601
	031502012	鞋钉 20	kg	0.020	0.020	0.020	0.020	0.020	0.020
	271301003	直瓷管 $\phi(19\sim25)\times300$	根	—	—	—	—	1.241	1.241
	850103006	其他材料费（占材料费）	%	1.800	1.800	1.800	1.800	1.800	1.800

工作内容：测位、划线、打眼、配线、接焊包头。　**计量单位**：10m

编　号				2-2-537	2-2-538	2-2-539	2-2-540	2-2-541	2-2-542
项　目				塑料护套线明敷设					
				沿钢索					
				二芯单芯导线截面（mm^2）			三芯单芯导线截面（mm^2）		
				≤ 2.5	≤ 6	≤ 10	≤ 2.5	≤ 6	≤ 10
名　称			单位	消　耗　量					
人工	000205000	综合二类工	工日	0.189	0.252	0.369	0.252	0.333	0.486
材料	280001010	塑料绝缘导线	m	10.790	10.490	10.490	10.790	10.490	10.490
	030105003	半圆头镀锌螺栓 M2～5 × 15～50	10 套	0.370	0.290	0.180	0.370	0.290	0.180
	031599008	钢精扎头 1#～5#	包	0.511	0.511	0.511	0.511	0.511	0.511
	012901027	热轧薄钢板 60 × 110 × 1.5	块	1.802	1.401	0.901	1.802	1.401	0.901
	850103006	其他材料费（占材料费）	%	1.800	1.800	1.800	1.800	1.800	1.800

工作内容：测位、划线、打眼、下过墙管、配料、粘结底板、上卡子、配线、接焊包头。　**计量单位**：10m

编　号				2-2-543	2-2-544	2-2-545	2-2-546	2-2-547	2-2-548
项　目				塑料护套线明敷设					
				砖、混凝土结构粘结					
				二芯单芯导线截面（mm^2）			三芯单芯导线截面（mm^2）		
				≤ 2.5	≤ 6	≤ 10	≤ 2.5	≤ 6	≤ 10
名　称			单位	消　耗　量					
人工	000205000	综合二类工	工日	0.387	0.423	0.549	0.414	0.513	0.693
材料	271301001	直瓷管 $\phi(9\sim15)\times305$	个	1.552	1.241	1.241	1.852	—	—
	280001010	塑料绝缘导线	m	11.100	10.490	10.490	10.490	10.490	10.490
	330199006	钢筋扎头底板	kg	0.040	0.040	0.040	0.040	0.040	0.040
	031599008	钢精扎头 1#～5#	包	0.731	0.731	0.731	0.731	0.731	0.731
	144135022	粘合剂	kg	0.290	0.290	0.290	0.290	0.290	0.290
	271301003	直瓷管 $\phi(19\sim25)\times300$	根	—	—	—	—	1.241	1.241
	850103006	其他材料费（占材料费）	%	1.800	1.800	1.800	1.800	1.800	1.800

工作内容：测位、打眼、埋螺栓、箱子开孔、补漆、固定。　　计量单位：个

编号				2-2-549	2-2-550	2-2-551	2-2-552
项目				接线箱明装			
				半周长（mm）			
				≤ 700	≤ 1500	≤ 2000	≤ 2500
名称			单位	消耗量			
人工	000205000	综合二类工	工日	0.660	0.896	1.054	1.213
材料	291115004	接线箱（综合）	个	1.000	1.000	1.000	1.000
	031519007	冲击钻头 ϕ8	个	0.028	—	—	—
	030107012	膨胀螺栓 M6	10 套	0.408	—	—	—
	031519008	冲击钻头 ϕ10	个	—	0.028	0.028	0.028
	030107014	膨胀螺栓 M8	10 套	—	0.408	0.408	0.408
	850103006	其他材料费（占材料费）	%	1.800	1.800	1.800	1.800

工作内容：测位、打眼、埋螺栓、箱子开孔、补漆、固定。　　计量单位：个

编号				2-2-553	2-2-554	2-2-555	2-2-556
项目				接线箱暗装			
				半周长（mm）			
				≤ 700	≤ 1500	≤ 2000	≤ 2500
名称			单位	消耗量			
人工	000205000	综合二类工	工日	0.737	1.126	1.423	1.720
材料	291115004	接线箱（综合）	个	1.000	1.000	1.000	1.000
	800100003	水泥砂浆 1∶2	m^3	—	0.002	0.002	0.003
	850103006	其他材料费（占材料费）	%	1.800	1.800	1.800	1.800

工作内容：测位、固定、修孔。　　计量单位：个

编号				2-2-557	2-2-558	2-2-559	2-2-560	2-2-561
项目				暗装开关（插座）盒	暗装接线盒	明装普通接线盒	明装防爆接线盒	钢索上安装接线盒
名称			单位	消耗量				
人工	000205000	综合二类工	工日	0.033	0.030	0.056	0.086	0.018
材料	291110007	接线盒（综合）	个	1.020	1.020	1.020	1.020	1.020
	030105003	半圆头镀锌螺栓 M2～5 × 15～50	10 套	—	—	—	—	0.204
	290639015	镀锌钢管塑料护口 *DN*15～20	个	1.030	2.225	—	—	—
	030109006	镀锌锁紧螺母 *DN*15 × 3	10 个	0.103	—	—	—	—
	030109009	镀锌锁紧螺母 *DN*20 × 3	10 个	—	0.223	—	—	—
	031519003	冲击钻头 ϕ6～8	个	—	—	0.014	0.014	—
	030103064	木螺钉 *d*4 × 65	10 个	—	—	0.208	0.208	—
	172500029	塑料胀管 ϕ6～8	个	—	—	2.200	2.200	—
	850103006	其他材料费（占材料费）	%	1.800	1.800	1.800	1.800	1.800

工作内容：放线、下料、包绝缘带、排线、卡线、校线、接线。　　**计量单位：**10m

编　　号				2-2-562	2-2-563	2-2-564	2-2-565	2-2-566
项　　目				盘、柜、箱、板配线				
				导线截面（mm^2）				
				≤2.5	≤6	≤10	≤25	≤50
名　　称			单位	消　耗　量				
人工	000205000	综合二类工	工日	0.360	0.432	0.495	0.720	0.936
材料	280001001	导线	m	10.200	10.200	10.200	10.200	10.200
	031599008	钢精扎头 1#～5#	包	0.330	0.330	0.330	—	—
	172709002	塑料软管（综合）	kg	0.020	0.020	0.030	—	—
	172500036	异型塑料管 ϕ2.5～5	m	0.400	0.400	0.400	—	—
	142123001	电力复合脂	kg	0.010	0.010	0.010	0.020	0.030
	271799001	电气绝缘胶带 18mm×10m×0.13mm	卷	0.400	0.400	0.400	0.501	0.561
	031541003	钢锯条	条	—	—	—	0.501	0.801
	031305003	焊锡膏	kg	0.010	0.010	0.010	0.020	0.060
	031303019	焊锡丝（综合）	kg	0.100	0.100	0.150	0.220	0.601
	271707001	黄腊带 20mm×10m	卷	0.240	0.240	0.240	0.521	0.601
	022701001	棉纱	kg	0.050	0.050	0.080	0.080	0.100
	021301001	尼龙扎带（综合）	根	16.016	16.016	16.016	16.016	16.016
	140301003	汽油 92#	kg	0.200	0.200	0.220	0.220	0.601
	031102005	铁砂布 0#～2#	张	2.002	2.002	2.503	2.503	2.803
	850103006	其他材料费（占材料费）	%	1.800	1.800	1.800	1.800	1.800

十三、照明器具安装工程

工作内容：1. 测定、划线、打眼、埋塑料膨胀管、上塑料圆台、灯具组装、吊链加工、接线、焊接包头等。

2、3、4. 测位、划线、打眼、埋塑料膨胀管、上塑料圆台（木台）、吊链、吊管加工、灯具组装、焊接包头等。　　**计量单位：**套

编　　号				2-2-567	2-2-568	2-2-569	2-2-570
项　　目				灯具安装			
				普通壁灯	吊链式荧光灯		
					单管	双管	三管
名　　称			单位	消　耗　量			
人工	000205000	综合二类工	工日	0.129	0.147	0.184	0.207

续前

编号				2-2-567	2-2-568	2-2-569	2-2-570
项目				灯具安装			
				普通壁灯	吊链式荧光灯		
					单管	双管	三管
名称			单位	消耗量			
材料	250000001	成套灯具	套	1.010	1.010	1.010	1.010
	031519003	冲击钻头 $\phi6\sim8$	个	0.028	0.014	0.014	0.014
	030103052	木螺钉 $d2\sim4\times6\sim65$	个	4.160	6.240	6.240	6.240
	172500029	塑料胀管 $\phi6\sim8$	个	4.400	2.200	2.200	2.200
	290901010	铜接线端子 20A	个	1.015	1.015	1.015	1.015
	280301004	铜芯塑料绝缘电线 BV-2.5mm^2	m	0.458	0.458	0.458	0.458
	292511001	吊盒	个	—	2.040	2.040	2.040
	225905001	瓜子灯链 大号	m	—	3.030	3.030	3.030
	021907002	塑料圆台	块	—	2.100	2.100	2.100
	280307007	铜芯橡皮花线 BXH $2\times23/0.15$mm^2	m	—	1.527	1.527	1.527
	850103006	其他材料费（占材料费）	%	1.800	1.800	1.800	1.800

工作内容：测位、划线、打眼、埋塑料膨胀管、上塑料圆台（木台）、吊链、吊管加工、灯具组装、焊接包头等。

计量单位：套

编号				2-2-571	2-2-572	2-2-573	2-2-574	2-2-575	2-2-576
项目				灯具安装					
				吊管式荧光灯			吸顶式荧光灯		
				单管	双管	三管	单管	双管	三管
名称			单位	消耗量					
人工	000205000	综合二类工	工日	0.154	0.193	0.217	0.139	0.174	0.197
材料	250000001	成套灯具	套	1.010	1.010	1.010	1.010	1.010	1.010
	031519003	冲击钻头 $\phi6\sim8$	个	0.014	0.014	0.014	0.014	0.014	0.014
	255901002	灯具吊杆 $\phi15$	根	2.040	2.040	2.040	—	—	—
	030103052	木螺钉 $d2\sim4\times6\sim65$	个	6.240	6.240	6.240	2.080	2.080	2.080
	021907002	塑料圆台	块	2.100	2.100	2.100	—	—	—
	172500029	塑料胀管 $\phi6\sim8$	个	2.200	2.200	2.200	2.200	2.200	2.200
	290901010	铜接线端子 20A	个	1.015	1.015	1.015	1.015	1.015	1.015
	280301004	铜芯塑料绝缘电线 BV-2.5mm^2	m	4.123	4.123	4.123	1.069	1.069	1.069
	850103006	其他材料费（占材料费）	%	1.800	1.800	1.800	1.800	1.800	1.800

工作内容： 1、2、3、4. 测位、划线、打眼、埋塑料膨胀管、上塑料圆台（木台）、吊链、吊管加工、灯具组装、焊接包头等。

5. 测位、划线、打眼、埋螺栓、上底台、支架安装、灯具安装、接线、焊接包头等。 **计量单位：套**

编　号				2-2-577	2-2-578	2-2-579	2-2-580	2-2-581
项　目				灯具安装				
				嵌入式荧光灯				防爆荧光灯
				单管	双管	三管	四管	
名　称			单位	消　耗　量				
人工	000205000	综合二类工	工日	0.161	0.262	0.322	0.386	0.270
材料	250000001	成套灯具	套	1.010	1.010	1.010	1.010	1.010
	290299005	镀锌槽型吊码 单边 $\delta=3$	个	2.060	2.060	—	—	—
	255901004	镀锌圆钢吊杆 带4个螺母4个垫圈 $\phi8$	根	2.100	2.100	4.200	4.200	—
	290299006	镀锌槽型吊码 双边 $\delta=3$	个	—	—	2.060	2.060	—
	031519008	冲击钻头 $\phi10$	个	0.011	0.011	0.023	0.023	0.028
	030107013	膨胀螺栓 M8	套	—	—	—	—	4.080
	290901010	铜接线端子 20A	个	1.015	1.015	1.015	1.015	1.015
	280301004	铜芯塑料绝缘电线 BV-2.5mm^2	m	3.512	3.512	3.512	3.512	3.054
	850103006	其他材料费（占材料费）	%	1.800	1.800	1.800	1.800	1.800

工作内容： 测位、划线、打眼、清扫盒子、上塑料台、缠钢丝弹簧垫、装开关和按钮、接线、装盖、埋塑料胀管。

计量单位：套

编　号				2-2-582	2-2-583	2-2-584	2-2-585	2-2-586	2-2-587
项　目				开关、按钮安装					
				拉线普通开关	跷板普通开关	跷板普通暗开关			
					明装	单控≤3联	单控≤6联	双控≤3联	双控≤6联
名　称			单位	消　耗　量					
人工	000205000	综合二类工	工日	0.053	0.052	0.056	0.070	0.060	0.070
材料	031519003	冲击钻头 $\phi6\sim8$	个	0.007	0.007	—	—	—	—
	030103052	木螺钉 $d2\sim4\times6\sim65$	个	4.200	4.200	—	—	—	—
	021907001	塑料台	个	1.050	1.050	—	—	—	—
	172500029	塑料胀管 $\phi6\sim8$	个	1.100	1.100	—	—	—	—
	280301004	铜芯塑料绝缘电线 BV-2.5mm^2	m	0.305	0.305	0.458	0.955	0.573	1.061
	260501001	照明开关	只	1.020	1.020	1.020	1.020	1.020	1.020
	030105003	半圆头镀锌螺栓 M2～5×15～50	10套	—	—	0.208	0.208	0.208	0.208
	850103006	其他材料费（占材料费）	%	1.800	1.800	1.800	1.800	1.800	1.800

工作内容： 1、2. 测位、划线、打眼、清扫盒子、上塑料台、缠钢丝弹簧垫、装开关和按钮、接线、装盖、埋塑料胀管。
3、4、5. 测位、划线、打洞眼、上木台、装开关、保险盒接线、装盖、塑料膨胀管等。

计量单位： 套

编号				2-2-588	2-2-589	2-2-590	2-2-591	2-2-592
项目				开关、按钮安装				
				按钮	密封开关	拉线带保险盒开关		扳手带保险盒开关
					电流 ≤ 5A	明装	防水	明装
名称			单位	消耗量				
人工	000205000	综合二类工	工日	0.053	0.088	0.063	0.098	0.059
材料	262125005	成套按钮	套	1.020	—	—	—	—
	264901001	密封开关	套	—	1.020	—	—	—
	260501001	照明开关	只	—	—	1.020	1.020	1.020
	030105003	半圆头镀锌螺栓 M2～5 × 15～50	10 套	0.208	—	—	—	—
	280301004	铜芯塑料绝缘电线 BV-2.5mm^2	m	0.305	0.515	0.305	0.305	0.305
	030103052	木螺钉 d2～4 × 6～65	个	—	2.080	—	—	—
	031519007	冲击钻头 ϕ8	个	—	—	0.014	0.014	0.014
	271519001	瓷圆保险盒	个	—	—	1.020	1.020	1.020
	030103056	木螺钉 d2.5 × 20	10 个	—	—	0.416	0.416	0.416
	030103064	木螺钉 d4 × 65	10 个	—	—	0.208	0.208	0.208
	172500029	塑料胀管 ϕ6～8	个	—	—	2.200	2.200	2.200
	850103006	其他材料费（占材料费）	%	1.800	1.800	1.800	1.800	1.800

工作内容： 测位、划线、打眼、埋塑料胀管、装插座、接线、装盖。

计量单位： 套

编号				2-2-593	2-2-594	2-2-595	2-2-596
项目				插座安装			
				单相明插座		单相带接地明插座	
				电流（A）			
				≤ 15	≤ 30	≤ 15	≤ 30
名称			单位	消耗量			
人工	000205000	综合二类工	工日	0.056	0.066	0.069	0.074
材料	264100003	成套插座	套	1.020	1.020	1.020	1.020
	031519003	冲击钻头 ϕ6～8	个	0.014	0.014	0.014	0.014
	030103052	木螺钉 d2～4 × 6～65	个	4.160	4.160	4.160	4.160
	172500029	塑料胀管 ϕ6～8	个	2.200	2.200	2.200	2.200
	280301004	铜芯塑料绝缘电线 BV-2.5mm^2	m	0.305	—	0.458	—
	280301005	铜芯塑料绝缘电线 BV-4mm^2	m	—	0.305	—	0.458
	850103006	其他材料费（占材料费）	%	1.800	1.800	1.800	1.800

工作内容：测位、划线、打眼、埋塑料胀管、装插座、接线、装盖。 计量单位：套

编号				2-2-597	2-2-598
项目				插座安装	
				三相带接地明插座	
				电流（A）	
				≤15	≤30
名称			单位	消耗量	
人工	000205000	综合二类工	工日	0.074	0.081
材料	264100003	成套插座	套	1.020	1.020
	031519003	冲击钻头 ϕ6～8	个	0.014	0.014
	030103052	木螺钉 d2～4×6～65	个	2.080	2.080
	030103055	木螺钉 d4.5～6×15～100	10个	0.208	0.208
	172500029	塑料胀管 ϕ6～8	个	2.200	2.200
	280301004	铜芯塑料绝缘电线 BV-2.5mm^2	m	0.610	—
	280301005	铜芯塑料绝缘电线 BV-4mm^2	m	—	0.610
	021907001	塑料台	个	—	1.050
	850103006	其他材料费（占材料费）	%	1.800	1.800

工作内容：测位、划线、打眼、清扫盒子、装插座、接线。 计量单位：套

编号				2-2-599	2-2-600	2-2-601	2-2-602
项目				插座安装			
				单相暗插座		单相带接地暗插座	
				电流（A）			
				≤15	≤30	≤15	≤30
名称			单位	消耗量			
人工	000205000	综合二类工	工日	0.056	0.059	0.069	0.074
材料	264100003	成套插座	套	1.020	1.020	1.020	1.020
	030105003	半圆头镀锌螺栓 M2～5×15～50	10套	0.208	0.208	0.208	0.208
	280301004	铜芯塑料绝缘电线 BV-2.5mm^2	m	0.305	—	0.458	—
	280301005	铜芯塑料绝缘电线 BV-4mm^2	m	—	0.305	—	0.458
	850103006	其他材料费（占材料费）	%	1.800	1.800	1.800	1.800

工作内容：测位、划线、打眼、清扫盒子、装插座、接线。 **计量单位：**套

编号				2-2-603	2-2-604
项目				插座安装	
				三相带接地暗插座	
				电流（A）	
				≤15	≤30
名称			单位	消耗量	
人工	000205000	综合二类工	工日	0.074	0.081
材料	264100003	成套插座	套	1.020	1.020
	030105003	半圆头镀锌螺栓 M2～5×15～50	10套	0.208	0.208
	280301004	铜芯塑料绝缘电线 BV-2.5mm²	m	0.610	—
	280301005	铜芯塑料绝缘电线 BV-4mm²	m	—	0.610
	850103006	其他材料费（占材料费）	%	1.800	1.800

工作内容：测位、划线、打眼、埋螺栓、清扫盒子、装插座、接线。 **计量单位：**套

编号				2-2-605	2-2-606	2-2-607	2-2-608
项目				插座安装			
				单相防爆插座		单相带接地防爆插座	
				电流（A）			
				≤15	≤60	≤15	≤60
名称			单位	消耗量			
人工	000205000	综合二类工	工日	0.096	0.128	0.096	0.128
材料	264115001	防爆插座	个	1.020	1.020	1.020	1.020
	031519007	冲击钻头 $\phi8$	个	0.028	0.028	0.028	0.028
	030107011	膨胀螺栓 M6	套	4.080	4.080	4.080	4.080
	280301004	铜芯塑料绝缘电线 BV-2.5mm²	m	0.305	—	0.458	—
	280301005	铜芯塑料绝缘电线 BV-4mm²	m	—	0.305	—	0.458
	850103006	其他材料费（占材料费）	%	1.800	1.800	1.800	1.800

工作内容：测位、划线、打眼、埋螺栓、清扫盒子、装插座、接线。 **计量单位：**套

编号				2-2-609	2-2-610
项目				插座安装	
				三相带接地防爆插座	
				电流（A）	
				≤15	≤60
名称			单位	消耗量	
人工	000205000	综合二类工	工日	0.115	0.152
材料	264115001	防爆插座	个	1.020	1.020
	031519007	冲击钻头 $\phi8$	个	0.028	0.028
	030107011	膨胀螺栓 M6	套	4.080	4.080
	280301004	铜芯塑料绝缘电线 BV-2.5mm²	m	0.610	—
	280301005	铜芯塑料绝缘电线 BV-4mm²	m	—	0.610
	850103006	其他材料费（占材料费）	%	1.800	1.800

工作内容：1、2、3. 测位、划线、打眼、上木台、装开关、保险盒接线、装盖、塑料膨胀管。
4、5. 安装底座、插头插座线焊接、对号、测位、打眼、焊接安装等。
6. 开箱清点、测定、划线、打眼、埋螺栓、灯具拼装固定、挂装饰部件、灯具安装、焊接包头等。

计量单位：套

编号				2-2-611	2-2-612	2-2-613
项目				插座安装		
				单相带保险盒插座		
				电流（A）		
				≤10	≤15	≤30
	名称		单位	消耗量		
人工	000205000	综合二类工	工日	0.059	0.135	0.169
材料	264100001	插座	个	1.005	1.005	1.005
	271519001	瓷圆保险盒	个	1.020	—	—
	030103058	木螺钉 $d2.5\times25$	10个	0.416	0.416	0.416
	030103065	木螺钉 $d4\times75$	10个	0.208	0.208	0.208
	031519003	冲击钻头 $\phi6\sim8$	个	0.014	0.014	0.014
	172500029	塑料胀管 $\phi6\sim8$	个	2.200	2.200	2.200
	280301004	铜芯塑料绝缘电线 BV-2.5mm^2	m	0.458	0.458	0.458
	270109001	瓷插式熔断器	个	—	1.010	1.010
	850103006	其他材料费（占材料费）	%	1.800	1.800	1.800

工作内容：1、2、3. 测位、划线、打眼、上木台、装开关、保险盒接线、装盖、塑料膨胀管。
4、5. 安装底座、插头插座线焊接、对号、测位、打眼、焊接安装等。
6. 开箱清点、测定、划线、打眼、埋螺栓、灯具拼装固定、挂装饰部件、灯具安装、焊接包头等。

计量单位：套

编号				2-2-614	2-2-615	2-2-616
项目				插座安装		灯具安装
				多联组合开关插座		疏散指示灯
				明装	暗装	
	名称		单位	消耗量		
人工	000205000	综合二类工	工日	0.135	0.161	0.166
材料	030103060	木螺钉 $d4\times40$	10个	0.208	—	—
	264199006	多联组合开关插座	套	1.000	1.000	—
	291197001	开关盒（暗装）	个	—	1.000	—
	250000001	成套灯具	套	—	—	1.010
	030103002	半圆头螺钉（综合）	10套	—	0.416	—
	031519003	冲击钻头 $\phi6\sim8$	个	0.014	—	0.014
	030103052	木螺钉 $d2\sim4\times6\sim65$	个	—	—	2.080
	291101001	塑料接线柱 双线	个	—	—	1.030
	172500029	塑料胀管 $\phi6\sim8$	个	2.200	—	2.200
	290901010	铜接线端子 20A	个	—	—	1.015
	280301004	铜芯塑料绝缘电线 BV-2.5mm^2	m	—	—	0.458
	850103006	其他材料费（占材料费）	%	1.800	1.800	1.800

十四、低压电器设备安装工程

工作内容： 1、2、3、4. 开箱检查、触头检查及清洗处理、绝缘测试、开关安装、接线、接地。
5. 测位、打眼、埋螺栓、校线、安装、接地、成品检查、接线动作试验等。 **计量单位：台**

编号				2-2-617	2-2-618	2-2-619	2-2-620	2-2-621
项目				插接式空气开关箱安装				
				≤ 100A	≤ 250A	≤ 630A	≤ 1250A	节能开关箱
名称			单位	消耗量				
人工	000205000	综合二类工	工日	0.596	0.893	1.789	2.682	0.703
材料	550912001	插接式空气开关箱	台	1.000	1.000	1.000	1.000	—
	291119001	节能开关箱	套	—	—	—	—	1.000
	142123001	电力复合脂	kg	0.050	0.070	0.090	0.120	—
	140301003	汽油 92#	kg	0.100	0.150	0.200	0.250	—
	290901027	铜接线端子 DT-35mm^2	个	2.030	2.030	2.030	2.030	—
	280317010	铜芯塑料绝缘软电线 BVR-35mm^2	m	0.611	0.611	0.611	0.611	—
	030103008	半圆头螺钉 M6 × 20	套	—	—	—	—	1.030
	031519008	冲击钻头 ϕ10	个	—	—	—	—	0.028
	030113012	弹簧垫圈 M6	个	—	—	—	—	1.030
	173113001	端子头异型管	m	—	—	—	—	0.100
	030107013	膨胀螺栓 M8	套	—	—	—	—	4.080
	280301006	铜芯塑料绝缘电线 BV-6mm^2	m	—	—	—	—	0.500
	850103006	其他材料费（占材料费）	%	1.800	1.800	1.800	1.800	1.800
机械	870622064	高压绝缘电阻测试仪	台班	0.305	0.305	0.305	0.305	—

工作内容：开箱、检查、安装、接线、接地。 **计量单位：**个

编号				2-2-622	2-2-623	2-2-624	2-2-625
项目				控制开关安装			
				DW 万能式自动空气开关	电动式自动空气开关	手动式自动空气开关	手柄式刀型开关
名称			单位	消耗量			
人工	000205000	综合二类工	工日	1.669	1.407	0.476	0.876
材料	551513006	自动空气开关 DW 万能式	个	1.000	—	—	—
	551513007	自动空气开关 电动	个	—	1.000	—	—
	551513009	自动空气开关 手动	个	—	—	1.000	—
	551305001	刀型开关 手柄式	个	—	—	—	1.000
	022703003	白布	kg	0.050	—	—	0.300
	022701001	棉纱	kg	—	0.050	—	—
	031301007	低碳钢焊条（综合）	kg	0.100	0.200	—	—
	142123001	电力复合脂	kg	0.050	0.030	0.020	0.020
	011303001	镀锌扁钢（综合）	kg	0.940	0.940	—	—
	140301003	汽油 92#	kg	0.200	0.200	—	—
	031102005	铁砂布 0#～2#	张	0.500	0.500	0.300	0.800
	290901019	铜接线端子 DT-10mm²	个	2.030	2.030	—	—
	280109002	硬铜绞线 TJ-10mm²	kg	0.050	0.050	—	—
	020501021	橡胶护套圈 ϕ6～32	个	—	—	—	6.000
	850103006	其他材料费（占材料费）	%	1.800	1.800	1.800	1.800
机械	990901010	交流弧焊机 21kV·A	台班	0.094	0.094	—	—

工作内容：开箱、检查、安装、接线、接地。 **计量单位：**个

编号				2-2-626	2-2-627	2-2-628
项目				控制开关安装		
				操作机构式刀型开关	带熔断器式刀型开关	铁壳刀型开关
名称			单位	消耗量		
人工	000205000	综合二类工	工日	1.167	0.852	0.352
材料	551305003	刀型开关 操作机构式	个	1.000	—	—
	551305005	刀型开关 带熔断器式	个	—	1.000	—
	551309001	铁壳开关	个	—	—	1.010
	022703003	白布	kg	0.500	0.500	0.300
	142123001	电力复合脂	kg	0.020	0.020	0.020
	031102005	铁砂布 0#～2#	张	1.000	0.500	—
	020501021	橡胶护套圈 ϕ6～32	个	—	6.000	6.000
	031301007	低碳钢焊条（综合）	kg	—	—	0.040
	011303001	镀锌扁钢（综合）	kg	—	—	0.300
	030103063	木螺钉 $d4 \times 65$	个	—	—	4.160
	270301003	熔丝 30～40A	条	—	—	3.000
	290901019	铜接线端子 DT-10mm²	个	—	—	2.030
	280109002	硬铜绞线 TJ-10mm²	kg	—	—	0.050
	850103006	其他材料费（占材料费）	%	1.800	1.800	1.800
机械	990901010	交流弧焊机 21kV·A	台班	—	—	0.047

工作内容：开箱、检查、安装、接线、接地。 计量单位：个

编号				2-2-629	2-2-630	2-2-631	2-2-632
项目				控制开关安装			
				胶盖闸刀开关		普通型组合控制开关	防爆型组合控制开关
				单相	三相		
名称			单位	消耗量			
人工	000205000	综合二类工	工日	0.097	0.130	0.174	0.264
材料	551307001	胶盖闸刀开关 单相	个	1.010	—	—	—
	551307003	胶盖闸刀开关 三相	个	—	1.010	—	—
	262601002	组合控制开关 普通型	个	—	—	1.000	—
	262601004	组合控制开关 防爆型	个	—	—	—	1.000
	022703003	白布	kg	0.100	0.150	0.050	0.100
	270301002	保险丝 10A	轴	0.080	0.120	—	—
	142123001	电力复合脂	kg	0.010	0.020	—	—
	030103063	木螺钉 $d4\times65$	个	2.080	2.080	—	—
	020501021	橡胶护套圈 $\phi6\sim32$	个	6.000	6.000	—	—
	031102005	铁砂布 $0^{\#}\sim2^{\#}$	张	—	—	0.500	0.500
	031301007	低碳钢焊条（综合）	kg	—	—	—	0.050
	011303001	镀锌扁钢（综合）	kg	—	—	—	0.300
	290901030	铜接线端子 DT-6mm^2	个	—	—	—	2.030
	280109009	硬铜绞线 TJ-6mm^2	kg	—	—	—	0.020
	850103006	其他材料费（占材料费）	%	1.800	1.800	1.800	1.800
机械	990901010	交流弧焊机 21kV·A	台班	—	—	—	0.019

工作内容：开箱、检查、安装、接线、接地。 计量单位：个

编号				2-2-633	2-2-634	2-2-635	2-2-636
项目				控制开关安装			
				万能转换开关	单式漏电保护开关		
					单极	三极	四极
名称			单位	消耗量			
人工	000205000	综合二类工	工日	0.465	0.233	0.328	0.458
材料	031541003	钢锯条	条	—	0.050	0.080	1.000
	270701001	漏电保护开关（综合）	个	—	1.000	1.000	1.000
	172709003	塑料软管 $De5$	m	—	0.020	0.030	0.040
	551399001	万能转换开关	个	1.000	—	—	—
	022703003	白布	kg	0.050	0.050	0.060	0.070
	031102005	铁砂布 $0^{\#}\sim2^{\#}$	张	0.500	0.500	0.500	0.800
	850103006	其他材料费（占材料费）	%	1.800	1.800	1.800	1.800

工作内容：开箱、检查、安装、接线、接地。　　　　**计量单位：**个

编　号				2-2-637	2-2-638	2-2-639	2-2-640
项　目				控制开关安装			
				组合式漏电保护开关（回路个数）		单相漏电保护开关	三相漏电保护开关
				≤10	≤20		
名　称			单位	消　耗　量			
人工	000205000	综合二类工	工日	0.983	1.310	0.113	0.238
材料	270701003	漏电保护开关 组合式（回路数 10 个以内）	个	1.000	—	—	—
	270701001	漏电保护开关（综合）	个	1.000	1.000	1.000	1.000
	270701005	漏电保护开关 组合式（回路数 20 个以内）	个	—	1.000	—	—
	022703003	白布	kg	0.080	0.100	—	—
	031541003	钢锯条	条	1.000	1.200	—	—
	172709003	塑料软管 *De*5	m	0.070	0.100	—	—
	031102005	铁砂布 0#～2#	张	1.000	1.000	—	—
	030105007	半圆头镀锌螺栓 M5×40	套	—	—	2.040	4.080
	020501021	橡胶护套圈 ϕ6～32	个	—	—	4.000	6.000
	850103006	其他材料费（占材料费）	%	1.800	1.800	1.800	1.800

工作内容：开箱、清扫、检查、测位、装开关、接线、试闸等。　　　　**计量单位：**个

编　号				2-2-641	2-2-642	2-2-643	2-2-644	2-2-645
项　目				DZ 自动空气断路器安装				
				额定电流（A）				
				≤30	≤60	≤100	≤200	≤400
名　称			单位	消　耗　量				
人工	000205000	综合二类工	工日	0.113	0.299	0.346	0.382	0.548
材料	551513003	自动空气断路器 DZ 型	个	1.000	1.000	1.000	1.000	1.000
	030105007	半圆头镀锌螺栓 M5×40	套	2.040	2.040	4.080	—	—
	850103006	其他材料费（占材料费）	%	1.800	1.800	1.800	1.800	1.800

工作内容： 开箱、检查、安装、接线、接地。 **计量单位：** 个

编号				2-2-646	2-2-647	2-2-648	2-2-649	2-2-650
项目				熔断器安装			限位开关安装	
				瓷插螺旋式	管式	防爆式	普通式	防爆式
名称			单位	消耗量				
人工	000205000	综合二类工	工日	0.090	0.411	0.174	0.352	0.465
材料	270100001	熔断器（综合）	组	1.010	1.010	1.010	—	—
	551311001	限位开关	个	—	—	—	1.000	1.000
	270301002	保险丝 10A	轴	0.060	—	—	—	—
	031305003	焊锡膏	kg	0.010	0.010	0.010	—	—
	031303019	焊锡丝（综合）	kg	0.030	0.050	0.040	—	—
	020111004	石棉橡胶板 δ1.5	m^2	0.010	—	—	—	—
	020501021	橡胶护套圈 ϕ6～32	个	2.000	2.000	—	—	—
	010101017	热轧圆盘条 ϕ10 以内	kg	—	—	0.170	—	—
	022703003	白布	kg	0.050	0.050	0.050	0.150	0.150
	031301007	低碳钢焊条（综合）	kg	—	—	0.040	0.150	0.190
	011303001	镀锌扁钢（综合）	kg	—	—	—	0.700	1.100
	290901030	铜接线端子 DT-6mm^2	个	—	—	2.030	2.030	2.030
	280109009	硬铜绞线 TJ-6mm^2	kg	—	—	0.030	0.030	0.030
	850103006	其他材料费（占材料费）	%	1.800	1.800	1.800	1.800	1.800
机械	990901010	交流弧焊机 21kV · A	台班	—	—	0.009	0.047	0.047

工作内容： 开箱、检查、安装、触头调整、注油、接线、接地。 **计量单位：** 台

编号				2-2-651	2-2-652	2-2-653	2-2-654
项目				用电控制装置安装			
				控制器		接触器、磁力启动器	Y-△自耦减压启动器
				主令	鼓形、凸轮形		
名称			单位	消耗量			
人工	000205000	综合二类工	工日	1.167	1.167	1.167	1.400
材料	303503001	控制器	个	1.000	1.000	—	—
	552300001	接触器	台	—	—	1.000	—
	552507001	Y～△自耦减压启动器	台	—	—	—	1.000
	031301007	低碳钢焊条（综合）	kg	0.100	0.100	—	0.100
	142123001	电力复合脂	kg	0.030	0.050	0.020	0.020
	011303001	镀锌扁钢（综合）	kg	0.670	0.200	—	0.790
	172709003	塑料软管 *De*5	m	0.050	0.050	0.050	0.050
	290901030	铜接线端子 DT-6mm^2	个	—	2.030	—	—
	290901019	铜接线端子 DT-10mm^2	个	2.030	—	2.030	2.030
	280109009	硬铜绞线 TJ-6mm^2	kg	—	0.030	—	—
	280109002	硬铜绞线 TJ-10mm^2	kg	0.050	—	0.050	0.050
	022703003	白布	kg	—	0.150	0.170	0.050
	031305003	焊锡膏	kg	—	—	0.020	—
	031303019	焊锡丝（综合）	kg	—	—	0.090	—
	031102005	铁砂布 0#～2#	张	—	—	0.500	—
	850103006	其他材料费（占材料费）	%	1.800	1.800	1.800	1.800
机械	990901010	交流弧焊机 21kV · A	台班	0.037	0.019	—	0.037

工作内容：开箱、检查、安装、触头调整、注油、接线、接地。　　计量单位：台

编号				2-2-655	2-2-656	2-2-657	2-2-658
项目				用电控制装置安装			
				磁力控制器	快速自动开关		
					≤1000A	≤2000A	≤4000A
名称			单位	消耗量			
人工	000205000	综合二类工	工日	0.352	2.980	4.212	5.482
材料	233525001	磁力控制器	个	1.000	—	—	—
	551513001	快速自动开关	台	—	1.000	1.000	1.000
	022703003	白布	kg	0.020	0.020	0.030	0.040
	031301007	低碳钢焊条（综合）	kg	0.050	0.100	0.100	0.100
	142123001	电力复合脂	kg	0.020	0.060	0.100	0.140
	011303001	镀锌扁钢（综合）	kg	1.200	2.000	2.000	2.000
	130115006	酚醛调和漆	kg	0.020	0.050	0.050	0.050
	172709003	塑料软管 *De*5	m	0.050	0.040	0.060	0.100
	031102005	铁砂布 0#～2#	张	0.500	—	—	—
	031305003	焊锡膏	kg	—	0.020	0.020	0.030
	031303019	焊锡丝（综合）	kg	—	0.150	0.200	0.250
	850103006	其他材料费（占材料费）	%	1.800	1.800	1.800	1.800
机械	990901010	交流弧焊机 21kV·A	台班	0.047	0.047	0.047	0.047

工作内容：开箱、检查、安装、触头调整、注油、接线、接地。　　计量单位：见表

编号				2-2-659	2-2-660	2-2-661	2-2-662	2-2-663
项目				用电控制装置安装		电阻器安装		油浸频敏变阻器安装
				按钮		一箱	每增一箱	
				普通型	防爆型			
单位				个		箱		台
名称			单位	消耗量				
人工	000205000	综合二类工	工日	0.174	0.293	0.816	0.446	1.633
材料	262125001	按钮 普通型	个	1.000	—	—	—	—
	262125003	按钮 防爆型	个	—	1.000	—	—	—
	553100001	电阻器	箱	—	—	1.000	1.000	—
	554909001	油浸频敏变阻器	台	—	—	—	—	1.000
	022703003	白布	kg	0.100	0.100	0.080	0.060	0.100
	172709003	塑料软管 *De*5	m	0.050	0.050	0.150	0.080	—
	290901030	铜接线端子 DT-6mm²	个	2.030	2.030	2.030	2.030	—
	290901019	铜接线端子 DT-10mm²	个	—	—	—	—	2.030
	280109009	硬铜绞线 TJ-6mm²	kg	0.020	0.020	0.030	0.030	—
	280109002	硬铜绞线 TJ-10mm²	kg	—	—	—	—	0.050
	031301007	低碳钢焊条（综合）	kg	—	—	0.100	—	0.100
	142123001	电力复合脂	kg	—	—	0.020	0.020	0.020
	011303001	镀锌扁钢（综合）	kg	—	—	0.320	—	0.670
	850103006	其他材料费（占材料费）	%	1.800	1.800	1.800	1.800	1.800
机械	990901010	交流弧焊机 21kV·A	台班	—	—	0.047	—	0.037

工作内容： 开箱、清扫、检查、测位、划线、打眼、固定变压器、接线、接地、埋螺栓。 **计量单位：** 台

编号				2-2-664	2-2-665	2-2-666
项目				安全变压器安装（容量 V·A）		
				≤ 500	≤ 1000	≤ 3000
名称			单位	消耗量		
人工	000205000	综合二类工	工日	0.203	0.216	0.280
材料	554303001	干式安全变压器	台	1.000	1.000	1.000
	030103014	沉头螺钉 M6 × 55～65	个	4.080	4.080	4.080
	280109004	硬铜绞线 TJ-2.5～4mm^2	m	0.510	0.510	0.510
	850103006	其他材料费（占材料费）	%	1.800	1.800	1.800

工作内容： 开箱检查、盘上划线、钻孔、安装固定、写字编号、下料布线、上卡子。 **计量单位：** 个

编号				2-2-667	2-2-668	2-2-669
项目				测量表计安装	继电器安装	辅助电压互感器安装
名称			单位	消耗量		
人工	000205000	综合二类工	工日	0.268	0.357	0.488
材料	860116001	测量表计	个	1.000	—	—
	552900001	继电器	台	—	1.000	—
	551705001	电压互感器	台	—	—	1.000
	142123001	电力复合脂	kg	0.010	0.010	0.020
	031305003	焊锡膏	kg	0.010	0.010	—
	031303019	焊锡丝（综合）	kg	0.030	0.030	—
	022701001	棉纱	kg	0.050	—	0.050
	172709003	塑料软管 *De*5	m	0.400	0.500	—
	031102005	铁砂布 0#～2#	张	0.100	0.020	—
	172500036	异型塑料管 ϕ2.5～5	m	0.100	0.150	—
	341304003	标志牌 塑料扁形	个	—	—	1.000
	031541003	钢锯条	条	—	—	0.500
	850103006	其他材料费（占材料费）	%	1.800	1.800	1.800

工作内容：测位、划线、安装、配管、穿线、接线、刷油。　　　　**计量单位：**套

编号				2-2-670	2-2-671	2-2-672
项目				水位电气信号装置安装		
				机械式	电子式	液位式
名称			单位	消耗量		
人工	000205000	综合二类工	工日	2.413	1.836	2.246
材料	860116001	测量表计	个	1.000	1.000	1.000
	022703003	白布	kg	0.100	0.100	0.100
	030103009	半圆头螺钉 M10 × 100	套	20.000	—	—
	031301007	低碳钢焊条（综合）	kg	0.050	0.050	0.050
	030105042	地脚螺栓 M10 × 100	套	4.080	2.040	2.040
	011303001	镀锌扁钢（综合）	kg	1.300	—	—
	031507012	镀锌铁丝 ϕ1.2～2.2	kg	0.010	—	—
	010903007	镀锌圆钢 ϕ10～25	kg	1.700	—	—
	130505002	防锈漆 C53-1	kg	0.100	0.100	0.100
	271901001	酚醛布板	kg	0.730	0.600	1.210
	130115006	酚醛调和漆	kg	0.100	0.100	0.100
	012900002	钢板（综合）	kg	3.110	0.660	2.100
	010501005	钢丝绳 ϕ4.5	m	15.000	—	—
	014301001	铝板（综合）	kg	0.210	—	—
	352701002	木板标尺 170 × 85 × 20	块	1.000	—	—
	030103054	木螺钉 d4.5～6 × 15～100	个	8.400	—	—
	031102005	铁砂布 0#～2#	张	0.500	0.500	0.500
	330599002	铸铁坨 5kg	个	1.000	—	—
	030105213	铜六角螺栓带螺母 M6 × 30	套	—	6.100	8.200
	013503001	紫铜板（综合）	kg	—	0.500	0.600
	850103006	其他材料费（占材料费）	%	1.800	1.800	1.800
机械	990901010	交流弧焊机 21kV · A	台班	0.037	0.019	0.019
	990727010	立式钻床 25mm	台班	0.093	0.047	0.047
	990718010	普通车床 400 × 1000mm	台班	0.187	—	—

工作内容：检查、测位、校线、编号、套塑料管、绑扎测量、接地、接线动作试验等。 **计量单位：**m

编号				2-2-673
项目				低压电器装置接线
				小母线安装
名称			单位	消耗量
人工	000205000	综合二类工	工日	0.148
材料	271799001	电气绝缘胶带 18mm×10m×0.13mm	卷	0.060
	031305003	焊锡膏	kg	0.020
	031303019	焊锡丝（综合）	kg	0.030
	271707001	黄腊带 20mm×10m	卷	0.010
	022701001	棉纱	kg	0.200
	140301003	汽油 92#	kg	0.200
	172709004	塑料软管 *De*6	m	0.800
	031102005	铁砂布 0#～2#	张	1.000
	280301004	铜芯塑料绝缘电线 BV-2.5mm²	m	0.458
	850103006	其他材料费（占材料费）	%	1.800

十五、运输设备电气装置安装工程

工作内容：开箱、检查、清点、电气设备安装、管线敷设、挂电缆、接线、接地、摇测绝缘、配合负荷试验。 **计量单位：**台

编号				2-2-674	2-2-675	2-2-676
项目				电动葫芦电气安装		
				起重量（t）		
				≤2	≤5	≤10
名称			单位	消耗量		
人工	000205000	综合二类工	工日	3.250	3.906	6.937
材料	022703003	白布	kg	0.352	0.352	0.352
	022702002	白纱布带 20mm×20m	卷	0.440	0.440	0.440
	142123001	电力复合脂	kg	0.176	0.176	0.176
	271799001	电气绝缘胶带 18mm×10m×0.13mm	卷	0.704	0.704	0.704
	010100007	钢筋 ϕ10 以内	kg	4.224	4.224	4.224
	010500001	钢丝绳（综合）	kg	8.716	8.716	8.716
	291713001	钢索拉紧装置	套	1.100	1.100	1.100
	031301021	钢焊条 J507（综合）	kg	0.176	0.176	0.176
	140301003	汽油 92#	kg	0.440	0.440	0.440
	092705002	纱布	张	0.880	0.880	0.880
	021301009	塑料带 20mm×40m	卷	0.176	0.176	0.176
	172709004	塑料软管 *De*6	m	8.800	8.800	8.800
	290901022	铜接线端子 DT-16mm²	个	2.200	2.200	2.200
	850103006	其他材料费（占材料费）	%	1.800	1.800	1.800
机械	990901010	交流弧焊机 21kV·A	台班	0.023	0.023	0.023
	990904050	直流弧焊机 40kV·A	台班	0.148	0.148	0.148

十六、电气设备调试工程

工作内容： 1、2. 变压器、断路器、互感器、隔离开关、风冷及油循环冷却系统电气装置、常规保护装置等一、二次回路的调试及空投试验。
3、4、5、6. 自动开关或断路器、隔离开关、常规保护装置、电测量仪表、电力电缆等一、二次回路系统的调试。

计量单位：系统

编　号				2-2-677	2-2-678	2-2-679
项　目				变压器分系统调试		≤1kV 交流供电输配电装置分系统调试
				容量（kV·A）		
				≤800	≤2000	
名　称			单位	消　耗　量		
人工	000305000	综合三类工	工日	6.206	15.700	1.809
材料	280307008	铜芯橡皮绝缘电线 BX-2.5mm²	m	1.339	1.758	0.240
	020323003	自粘性橡胶带 25mm × 20m	卷	0.670	0.875	0.120
	850103006	其他材料费（占材料费）	%	2.000	2.000	2.000
机械	870699168	变压器特性综合测试台	台班	0.547	1.093	—
	873136018	计时/计频器/校准器	台班	0.820	2.734	—
	870622068	交/直流低电阻测试仪	台班	0.820	1.640	—
	870699051	全自动变比组别测试仪	台班	0.820	1.640	—
	873136001	数字频率计	台班	0.820	1.640	—
	873148008	数字示波器	台班	0.766	1.533	—
	870622064	高压绝缘电阻测试仪	台班	0.547	1.093	—
	870613023	手持式万用表	台班	0.820	1.914	1.682
	870622018	数字电桥	台班	0.547	1.640	—
	870699076	微机继电保护测试仪	台班	0.547	1.914	—
	870699068	相位表	台班	0.766	1.533	0.789
	873152014	电缆测试仪	台班	—	—	0.841
	873110056	振荡器	台班	—	—	0.789

工作内容： 1、2. 变压器、断路器、互感器、隔离开关、风冷及油循环冷却系统电气装置、常规保护装置等一、二次回路的调试及空投试验。
3、4、5、6. 自动开关或断路器、隔离开关、常规保护装置、电测量仪表、电力电缆等一、二次回路系统的调试。

计量单位： 系统

编号				2-2-680	2-2-681	2-2-682
项目				≤10kV 交流供电输配电装置分系统调试		
				带负荷隔离开关	带断路器	带电抗器
名称			单位	消耗量		
人工	000305000	综合三类工	工日	3.130	4.401	5.672
材料	280307008	铜芯橡皮绝缘电线 BX-2.5mm^2	m	0.720	0.720	0.720
	020323003	自粘性橡胶带 25mm × 20m	卷	0.360	0.360	0.360
	850103006	其他材料费（占材料费）	%	2.000	2.000	2.000
机械	870699092	YDQ 充气式试验变压器	台班	0.500	0.800	1.000
	873152014	电缆测试仪	台班	0.841	1.682	1.682
	870622064	高压绝缘电阻测试仪	台班	0.841	0.841	0.841
	870699096	高压试验变压器配套操作箱、调压器	台班	0.500	0.800	1.000
	870613023	手持式万用表	台班	1.682	1.682	1.682
	870622018	数字电桥	台班	—	1.682	1.682
	870699076	微机继电保护测试仪	台班	—	1.682	1.682
	870699068	相位表	台班	0.789	0.789	0.789
	873110056	振荡器	台班	0.789	0.789	0.789

工作内容： 1、2. ①母线系统查线；②二次回路调试；③保护、信号动作试验；④绝缘监察装置试验。
3、4、5、6. 保护装置本体及二次回路的调整试验。

计量单位： 见表

编号				2-2-683	2-2-684	2-2-685	2-2-686
项目				母线分系统调试		变压器保护装置分系统调试	母线保护装置分系统调试
				电压 ≤ 1kV	电压 ≤ 10kV		
单位				段		套（台）	
名称			单位	消耗量			
人工	000305000	综合三类工	工日	1.271	3.716	4.610	4.339
材料	280307008	铜芯橡皮绝缘电线 BX-2.5mm^2	m	0.166	0.498	4.459	4.197
	020323003	自粘性橡胶带 25mm × 20m	卷	0.083	0.025	2.230	2.098
	850103006	其他材料费（占材料费）	%	2.000	2.000	2.000	2.000
机械	870699031	电感电容测试仪	台班	0.841	0.841	—	—
	870622064	高压绝缘电阻测试仪	台班	0.841	1.682	—	—
	873112024	直流高压发生器	台班	0.841	2.523	—	—

续前

编号				2-2-683	2-2-684	2-2-685	2-2-686
项目				母线分系统调试		变压器保护装置分系统调试	母线保护装置分系统调试
				电压 ≤ 1kV	电压 ≤ 10kV		
单位				段		套（台）	
名称			单位	消耗量			
机械	870613023	手持式万用表	台班	0.841	1.682	2.617	2.463
	870699060	电能校验仪	台班	—	0.841	—	—
	870622018	数字电桥	台班	—	1.682	—	—
	873114001	数字电压表	台班	—	0.841	—	—
	870699076	微机继电保护测试仪	台班	—	1.682	2.181	2.052
	871122015	光纤接口试验设备	台班	—	—	1.223	1.151
	873136018	计时/计频器/校准器	台班	—	—	2.181	2.052
	873110025	频率合成信号发生器	台班	—	—	2.181	2.052
	873136001	数字频率计	台班	—	—	1.308	1.231
	873148008	数字示波器	台班	—	—	1.308	1.231
	870699068	相位表	台班	—	—	1.223	1.151

工作内容： 1、2. ①母线系统查线；②二次回路调试；③保护、信号动作试验；④绝缘监察装置试验。
3、4、5、6. 保护装置本体及二次回路的调整试验。　　　**计量单位：** 套（台）

编号				2-2-687	2-2-688
项目				线路保护装置分系统调试	小电流接地保护装置分系统调试
名称			单位	消耗量	
人工	000305000	综合三类工	工日	4.881	3.253
材料	280307008	铜芯橡皮绝缘电线 BX-2.5mm²	m	4.721	3.148
	020323003	自粘性橡胶带 25mm × 20m	卷	2.361	1.574
	850103006	其他材料费（占材料费）	%	2.000	2.000
机械	871122015	光纤接口试验设备	台班	1.295	0.863
	873136018	计时/计频器/校准器	台班	2.309	1.539
	873110025	频率合成信号发生器	台班	2.309	1.539
	870613023	手持式万用表	台班	2.771	1.847
	873136001	数字频率计	台班	1.385	0.924
	873148008	数字示波器	台班	1.385	0.924
	870699076	微机继电保护测试仪	台班	2.309	1.539
	870699068	相位表	台班	1.295	0.863

工作内容：1、2、3、4. 自动装置、继电器及控制回路的调整试验；
5、6. 装置本体及控制回路系统的调整试验。 **计量单位**：系统（套）

编号				2-2-689	2-2-690	2-2-691	2-2-692
项目				备用电源自动投入装置分系统调试	备用电机自动投入装置分系统调试	线路自动重合闸分系统调试	
						单侧电源	双侧电源
		名称	单位	消耗量			
人工	000305000	综合三类工	工日	3.032	1.271	2.800	5.600
材料	280307008	铜芯橡皮绝缘电线 BX-2.5mm^2	m	8.000	8.000	8.000	8.000
	020323003	自粘性橡胶带 25mm × 20m	卷	0.700	0.700	0.700	0.700
	850103006	其他材料费（占材料费）	%	2.000	2.000	2.000	2.000
机械	870699068	相位表	台班	1.262	0.421	0.421	1.682
	873112057	三相精密测试电源	台班	1.262	0.421	0.841	2.523
	870613023	手持式万用表	台班	1.682	0.841	0.841	2.523
	870699076	微机继电保护测试仪	台班	1.682	0.841	0.421	2.523
	873136018	计时/计频器/校准器	台班	—	—	0.841	1.682

工作内容：1、2、3、4. 自动装置、继电器及控制回路的调整试验；
5、6. 装置本体及控制回路系统的调整试验。 **计量单位**：见表

编号				2-2-693	2-2-694
项目				直流监测分系统调试	柴油发电机分系统调试
					容量（kW）
					≤ 600
单位				系统	台
		名称	单位	消耗量	
人工	000305000	综合三类工	工日	9.512	1.846
材料	280307008	铜芯橡皮绝缘电线 BX-2.5mm^2	m	3.440	1.307
	020323003	自粘性橡胶带 25mm × 20m	卷	1.720	0.654
	850103006	其他材料费（占材料费）	%	2.000	2.000
机械	870699064	2000A 大电流发生器	台班	2.691	—
	873136018	计时/计频器/校准器	台班	2.018	0.227
	870613023	手持式万用表	台班	2.691	0.227
	873148008	数字示波器	台班	0.673	0.227
	870699076	微机继电保护测试仪	台班	2.691	0.227
	873112057	三相精密测试电源	台班	—	0.227

工作内容：1、2、3. 装置本体及控制回路系统的调整试验。
4、5. 无功补偿装置本体及二次回路的调整试验。
6. ①二次回路查线；②投运试验。　　**计量单位：**台

编　　号				2-2-695	2-2-696	2-2-697
项　　目				不间断电源分系统调试		
				容量（kV · A）		
				≤ 10	≤ 30	≤ 100
名　　称			单位	消　耗　量		
人工	000305000	综合三类工	工日	2.621	4.401	6.650
材料	280307008	铜芯橡皮绝缘电线 BX-2.5mm²	m	0.722	0.867	1.156
	020323003	自粘性橡胶带 25mm × 20m	卷	0.393	0.471	0.578
	850103006	其他材料费（占材料费）	%	2.000	2.000	2.000
机械	873136018	计时/计频器/校准器	台班	0.756	0.910	1.240
	873112057	三相精密测试电源	台班	0.756	0.910	1.240
	873148008	数字示波器	台班	0.756	0.910	1.240
	870699076	微机继电保护测试仪	台班	0.756	0.910	1.240
	870613023	手持式万用表	台班	0.756	0.910	1.240

工作内容：1、2、3. 装置本体及控制回路系统的调整试验。
4、5. 无功补偿装置本体及二次回路的调整试验。
6. ①二次回路查线；②投运试验。　　**计量单位：**见表

编　　号				2-2-698	2-2-699	2-2-700
项　　目				无功补偿装置分系统调试		故障录波分系统调试
				电容器	电抗器	配电室
				电压 ≤ 1kV	干式	
单　　位				组		座
名　　称			单位	消　耗　量		
人工	000305000	综合三类工	工日	2.282	5.477	1.230
材料	280307008	铜芯橡皮绝缘电线 BX-2.5mm²	m	0.115	0.598	0.684
	020323003	自粘性橡胶带 25mm × 20m	卷	0.083	0.299	0.342
	850103006	其他材料费（占材料费）	%	2.000	2.000	2.000
机械	870622018	数字电桥	台班	—	0.841	—
	873114001	数字电压表	台班	—	0.841	—
	870699176	保护故障子站模拟系统	台班	—	—	0.067
	870199011	笔记本电脑	台班	—	—	0.067
	870622047	回路电阻测试仪	台班	—	—	0.134
	870699080	继电保护检验仪	台班	—	—	3.004
	870699047	三相多功能钳形相位伏安表	台班	—	—	0.067
	870613023	手持式万用表	台班	1.682	1.682	—
	870699031	电感电容测试仪	台班	0.841	—	—
	870699120	调谐试验装置	台班	0.786	—	—
	870622064	高压绝缘电阻测试仪	台班	0.841	0.841	—
	873112024	直流高压发生器	台班	0.841	0.841	—

工作内容：1、2. 电动机、励磁机、断路器、保护装置、启动设备和一、二次回路的调试。
3、4. 电动机、开关、保护装置、电缆等及一、二次回路调试。 **计量单位：**台

编号				2-2-701	2-2-702	2-2-703	2-2-704
项目				普通型 380V 交流同步电机负载调试		交流异步电动机负载调试	
						低压笼型	
				直接启动	降压启动	刀开关控制	电磁控制
名称			单位	消耗量			
人工	000305000	综合三类工	工日	6.846	10.406	1.040	2.080
材料	280307008	铜芯橡皮绝缘电线 BX-2.5mm^2	m	0.363	0.363	0.400	0.800
	020323003	自粘性橡胶带 25mm × 20m	卷	0.181	0.181	0.200	0.400
	850103006	其他材料费（占材料费）	%	2.000	2.000	2.000	2.000
机械	870699140	多倍频感应耐压试验器	台班	0.253	0.253	—	—
	873136018	计时/计频器/校准器	台班	1.514	2.018	—	—
	873152014	电缆测试仪	台班	0.505	0.505	0.505	0.505
	870699060	电能校验仪	台班	0.505	0.757	—	0.253
	870622064	高压绝缘电阻测试仪	台班	0.505	0.757	0.505	1.009
	870613023	手持式万用表	台班	1.514	2.018	0.505	0.505
	870622018	数字电桥	台班	0.505	0.505	0.505	0.505
	870699076	微机继电保护测试仪	台班	1.514	2.018	—	0.505
	870122009	转速表	台班	0.505	0.505	0.505	0.505

工作内容：电动机、开关、保护装置、电缆等及一、二次回路调试。 **计量单位：**台

编号				2-2-705	2-2-706	2-2-707
项目				交流异步电动机负载调试		
				低压笼型		低压绕线型
				非电量连锁	带过流保护	电磁控制
名称			单位	消耗量		
人工	000305000	综合三类工	工日	2.738	4.162	5.752
材料	280307008	铜芯橡皮绝缘电线 BX-2.5mm^2	m	1.000	1.800	2.000
	020323003	自粘性橡胶带 25mm × 20m	卷	0.500	0.900	1.000
	850103006	其他材料费（占材料费）	%	2.000	2.000	2.000
机械	873152014	电缆测试仪	台班	0.505	0.505	0.561
	870699060	电能校验仪	台班	0.253	1.009	1.121
	870622064	高压绝缘电阻测试仪	台班	1.009	1.009	1.121
	870613023	手持式万用表	台班	0.505	1.514	2.243
	870622018	数字电桥	台班	0.505	0.505	1.121
	870699076	微机继电保护测试仪	台班	0.505	1.514	1.682
	870122009	转速表	台班	0.505	0.505	0.561
	873136018	计时/计频器/校准器	台班	—	1.009	1.682

工作内容：电动机、开关、保护装置、电缆等及一、二次回路调试。　　**计量单位：**台

编　号				2-2-708	2-2-709
项　目				交流异步电动机负载调试	
				低压绕线型	
				速断、过流保护	反时限过流保护
名　称			单位	消　耗　量	
人工	000305000	综合三类工	工日	8.763	10.406
材料	280307008	铜芯橡皮绝缘电线 BX-2.5mm^2	m	2.600	3.200
	020323003	自粘性橡胶带 25mm × 20m	卷	1.300	1.600
	850103006	其他材料费（占材料费）	%	2.000	2.000
机械	873152014	电缆测试仪	台班	0.561	0.561
	870699060	电能校验仪	台班	1.402	1.682
	870622064	高压绝缘电阻测试仪	台班	1.121	1.121
	870613023	手持式万用表	台班	2.804	3.364
	870622018	数字电桥	台班	1.402	1.402
	870699076	微机继电保护测试仪	台班	4.205	4.486
	870122009	转速表	台班	0.561	0.561
	873136018	计时/计频器/校准器	台班	4.205	4.486

工作内容：包括开闭所配电装置内所有回路设备的单体及分系统调试工作。　　**计量单位：**座

编　号				2-2-710	2-2-711	2-2-712	2-2-713
项　目				10kV 及以下开闭所成套装置分系统调试			
				断路器操作			
				开关间隔单元（个）			
				≤ 3	≤ 5	≤ 7	> 7
名　称			单位	消　耗　量			
人工	000305000	综合三类工	工日	11.077	15.386	17.231	21.539
材料	280307008	铜芯橡皮绝缘电线 BX-2.5mm^2	m	0.696	0.836	1.003	1.203
	020323003	自粘性橡胶带 25mm × 20m	卷	0.348	0.418	0.501	0.602
	850103006	其他材料费（占材料费）	%	2.000	2.000	2.000	2.000
机械	870699064	2000A 大电流发生器	台班	1.402	1.869	2.336	2.804
	870699164	TPFRC 电容分压器交直流高压测量系统	台班	1.792	2.486	2.787	3.981
	870699092	YDQ 充气式试验变压器	台班	1.792	2.486	2.787	3.981
	870699060	电能校验仪	台班	3.028	4.206	4.710	6.729
	870622097	断路器动特性综合测试仪	台班	1.402	1.869	2.336	2.804
	870699043	伏安特性测试仪	台班	1.402	1.869	2.336	2.804
	870699144	高压核相仪	台班	3.028	4.206	4.710	6.729
	870622064	高压绝缘电阻测试仪	台班	1.402	1.869	2.336	2.654
	870699096	高压试验变压器配套操作箱、调压器	台班	1.792	2.486	2.787	3.981
	870622047	回路电阻测试仪	台班	1.402	1.869	2.336	2.804
	870699084	继电保护装置试验仪	台班	1.402	1.869	2.336	2.804

工作内容：包括开闭所配电装置内所有回路设备的单体及分系统调试工作。 **计量单位：**座

编 号				2-2-714	2-2-715	2-2-716	2-2-717
项 目				10kV 及以下开闭所成套装置分系统调试			
				负荷开关操作			
				开关间隔单元（个）			
				≤3	≤5	≤7	>7
名 称			单位	消 耗 量			
人工	000305000	综合三类工	工日	9.847	13.847	16.308	18.462
材料	280307008	铜芯橡皮绝缘电线 BX-2.5mm²	m	0.696	0.836	1.003	1.203
	020323003	自粘性橡胶带 25mm×20m	卷	0.348	0.418	0.501	0.602
	850103006	其他材料费（占材料费）	%	2.000	2.000	2.000	2.000
机械	870699164	TPFRC 电容分压器交直流高压测量系统	台班	1.402	1.869	2.804	3.738
	870699092	YDQ 充气式试验变压器	台班	1.402	1.869	2.804	3.738
	870699060	电能校验仪	台班	3.925	5.607	6.542	7.477
	870699144	高压核相仪	台班	3.925	5.607	6.542	7.477
	870622064	高压绝缘电阻测试仪	台班	1.402	1.869	2.804	3.738
	870699096	高压试验变压器配套操作箱、调压器	台班	1.402	1.869	2.804	3.738
	870622047	回路电阻测试仪	台班	1.402	1.869	2.804	3.738

工作内容：包括成套箱型配电装置内所有回路设备的单体及分系统调试工作。 **计量单位：**座

编 号				2-2-718	2-2-719	2-2-720
项 目				组合型成套箱式变电站分系统调试		
				变压器容量（kV · A）		
				≤315	≤1000	≤2000
名 称			单位	消 耗 量		
人工	000305000	综合三类工	工日	9.109	10.910	13.539
材料	280307008	铜芯橡皮绝缘电线 BX-2.5mm²	m	0.696	1.393	1.741
	020323003	自粘性橡胶带 25mm×20m	卷	0.348	0.696	0.870
	850103006	其他材料费（占材料费）	%	2.000	2.000	2.000
机械	870699064	2000A 大电流发生器	台班	0.935	1.315	1.869
	870699164	TPFRC 电容分压器交直流高压测量系统	台班	0.935	1.315	1.869
	870699092	YDQ 充气式试验变压器	台班	0.935	1.315	1.869
	870699168	变压器特性综合测试台	台班	0.935	1.315	1.869
	870622072	变压器直流电阻测试仪	台班	0.935	1.315	1.869
	870699060	电能校验仪	台班	3.785	4.678	5.981
	870699144	高压核相仪	台班	4.206	5.155	6.542
	870622064	高压绝缘电阻测试仪	台班	0.935	1.315	1.869

续前

编　号				2-2-718	2-2-719	2-2-720
项　目				组合型成套箱式变电站分系统调试		
				变压器容量（kV·A）		
				≤315	≤1000	≤2000
名　称			单位	消　耗　量		
机械	870699096	高压试验变压器配套操作箱、调压器	台班	1.870	2.630	3.738
	870622047	回路电阻测试仪	台班	0.935	1.315	1.869
	870699051	全自动变比组别测试仪	台班	0.935	1.315	1.869
	870699076	微机继电保护测试仪	台班	1.870	2.630	3.738
	873112024	直流高压发生器	台班	0.935	1.315	1.869
	870699156	自动介损测试仪	台班	0.935	1.315	1.869

工作内容：包括成套箱型配电装置内所有回路设备的单体及分系统调试工作。　　**计量单位：**座

编　号				2-2-721	2-2-722
项　目				组合型成套箱式变电站分系统调试	
				变压器容量（kV·A）	
				2×400 单台容量≤400	2×630 单台容量≤630
名　称			单位	消　耗　量	
人工	000305000	综合三类工	工日	14.770	17.231
材料	280307008	铜芯橡皮绝缘电线 BX-2.5mm^2	m	1.339	1.607
	020323003	自粘性橡胶带 25mm×20m	卷	0.670	0.804
	850103006	其他材料费（占材料费）	%	2.000	2.000
机械	870699064	2000A 大电流发生器	台班	1.869	2.336
	870699164	TPFRC 电容分压器交直流高压测量系统	台班	1.869	2.336
	870699092	YDQ 充气式试验变压器	台班	1.869	2.336
	870699168	变压器特性综合测试台	台班	1.869	2.336
	870622072	变压器直流电阻测试仪	台班	1.869	2.336
	870699060	电能校验仪	台班	5.140	6.542
	870699144	高压核相仪	台班	6.729	8.411
	870622064	高压绝缘电阻测试仪	台班	1.869	2.336
	870699096	高压试验变压器配套操作箱、调压器	台班	3.738	4.672
	870622047	回路电阻测试仪	台班	1.869	2.336
	870699051	全自动变比组别测试仪	台班	1.869	2.336
	870699076	微机继电保护测试仪	台班	3.738	4.672
	873112024	直流高压发生器	台班	1.869	2.336
	870699156	自动介损测试仪	台班	1.869	2.336

工作内容： 1. ①元件检查；②二次回路调试；③网络设备试验；④间隔层闭锁逻辑验证；⑤AVQC 功能设定、测试；⑥UPS、GPS 系统调试；⑦后台计算机系统调试；⑧同期系统调试；⑨远动功能系统调试；⑩中央信号系统调试。
2. ①五防回路闭锁装置调试；②回路查线；③电气闭锁、系统闭锁调试。 **计量单位：座**

编 号				2-2-723	2-2-724
项 目				微机监控分系统调试	五防分系统调试
				配电室	
名 称			单位	消 耗 量	
人工	000305000	综合三类工	工日	6.715	1.846
材料	280307008	铜芯橡皮绝缘电线 BX-2.5mm^2	m	0.645	1.025
	020323003	自粘性橡胶带 25mm × 20m	卷	0.323	0.513
	850103006	其他材料费（占材料费）	%	2.000	2.000
机械	870699064	2000A 大电流发生器	台班	2.856	—
	873136018	计时/计频器/校准器	台班	2.856	0.595
	870613023	手持式万用表	台班	2.448	0.510
	870699076	微机继电保护测试仪	台班	2.856	0.595

工作内容： 主（子）站与各终端设备联调内容：技术准备、编制信息表、控制权限检查、三遥功能测试、保护功能检测及传动试验、规约调试。 **计量单位：系统**

编 号				2-2-725	2-2-726	2-2-727	2-2-728	2-2-729
项 目				配电智能分系统调试				
				主（子）站与终端联调				
				≤ 2 个间隔	≤ 6 个间隔	≤ 12 个间隔	≤ 20 个间隔	> 20 个间隔
名 称			单位	消 耗 量				
人工	000305000	综合三类工	工日	2.954	9.847	17.724	25.600	29.540
材料	280113001	超五类屏蔽双绞线	m	1.000	2.000	3.000	4.000	4.000
	850103006	其他材料费（占材料费）	%	2.000	2.000	2.000	2.000	2.000
机械	873138001	网络测试仪	台班	0.748	2.243	2.990	3.738	4.486
	873150072	误码率测试仪	台班	0.748	2.243	2.990	3.738	4.486

工作内容：主站与子站设备联调内容：技术准备、编制信息表、规约调试、三遥信息上传下达测试、信息核对。

计量单位：系统

编号				2-2-730	2-2-731	2-2-732	2-2-733	2-2-734
项目				配电智能分系统调试				
				主站与子站联调				
				≤2个间隔	≤6个间隔	≤12个间隔	≤20个间隔	>20个间隔
名称			单位	消耗量				
人工	000305000	综合三类工	工日	1.970	3.938	5.908	7.878	9.847
材料	280113001	超五类屏蔽双绞线	m	1.000	2.000	3.000	4.000	4.000
	850103006	其他材料费（占材料费）	%	2.000	2.000	2.000	2.000	2.000
机械	873138001	网络测试仪	台班	0.374	0.748	1.122	1.495	1.869
	873150072	误码率测试仪	台班	0.374	0.748	0.748	1.122	1.346

工作内容：1. 主（子）站与各终端设备联调内容：技术准备、编制信息表、控制权限检查、三遥功能测试、保护功能检测及传动试验、规约调试。
2. 主站与子站设备联调内容：技术准备、编制信息表、规约调试、三遥信息上传下达测试、信息核对。

计量单位：系统

编号				2-2-735	2-2-736	2-2-737
项目				配电智能分系统调试		
				电能表与电表采集器联调	数据集中器与电表采集器联调	主站与数据集中器联调
名称			单位	消耗量		
人工	000305000	综合三类工	工日	1.539	1.095	1.846
材料	280113001	超五类屏蔽双绞线	m	1.000	1.000	1.000
	850103006	其他材料费（占材料费）	%	2.000	2.000	2.000
机械	873138001	网络测试仪	台班	—	0.467	0.187
	873150072	误码率测试仪	台班	—	0.467	—
	870199011	笔记本电脑	台班	0.327	0.561	0.561

工作内容： 1. 受电前准备。
2. 受电时一、二次回路定相、核相。
3. 电流、电压测量。
4. 保护、合环、同期回路检查。
5. 冲击合闸试验和受电后试验。
6. 试运行。

计量单位：座

编号				2-2-738	2-2-739	2-2-740
项目				组合型成套箱式变电站整套启动调试	≤1kV 配电站（室）整套启动调试	≤10kV 及以下开关站整套启动调试
名称			单位	消耗量		
人工	000305000	综合三类工	工日	4.401	5.379	8.313
材料	020323003	自粘性橡胶带 25mm×20m	卷	0.874	1.136	1.248
	850103006	其他材料费（占材料费）	%	2.000	2.000	2.000
机械	870199011	笔记本电脑	台班	2.500	3.500	4.800
	870622047	回路电阻测试仪	台班	0.226	0.293	0.376
	873114001	数字电压表	台班	0.127	0.165	0.211
	873148008	数字示波器	台班	0.262	0.341	0.437
	870699068	相位表	台班	0.127	0.165	0.211

工作内容： 1. 试验前准备工作。
2. 电压电流互感器二次负荷现场测试。
3. 数据处理，出具报告。

计量单位：组

编号				2-2-741
项目				计量二次回路阻抗测试
名称			单位	消耗量
人工	000305000	综合三类工	工日	1.888
材料	280307008	铜芯橡皮绝缘电线 BX-2.5mm^2	m	0.024
	020323003	自粘性橡胶带 25mm×20m	卷	0.012
	850103006	其他材料费（占材料费）	%	2.000
机械	870699035	电压电流互感器二次负荷在线测试仪	台班	1.402
	870699192	关口计量表测试专用车	台班	1.402

十七、管廊支架

工作内容：切断、调直、煨制、钻孔、组对、焊接。　　　　**计量单位：**100kg

编　号				2-2-742	2-2-743	2-2-744	2-2-745	2-2-746
项　目				钢支架制作				
				单件重量（kg 以内）				
				5	10	30	50	100
名　称			单位	消　耗　量				
人工	000205000	综合二类工	工日	5.619	4.751	4.106	3.672	3.460
材料	031301008	低碳钢焊条 J422（综合）	kg	3.084	2.851	2.570	1.966	1.754
	341103001	电	kW · h	0.062	0.044	0.038	0.033	0.030
	031101009	尼龙砂轮片 ϕ100	片	0.092	0.064	0.056	0.048	0.044
	031101012	尼龙砂轮片 ϕ400	片	1.728	1.152	1.080	0.893	0.835
	012300001	型钢（综合）	kg	105.000	105.000	105.000	105.000	105.000
	142909001	氧气	m^3	2.715	1.833	1.622	1.272	1.104
	142907002	乙炔气	kg	0.905	0.611	0.554	0.424	0.368
	850103006	其他材料费（占材料费）	%	2.000	2.000	2.000	2.000	2.000
机械	990726010	台式钻床 16mm	台班	1.067	0.225	0.173	0.107	—
	990900010	电焊机（综合）	台班	2.171	1.845	1.537	1.176	1.049
	990727010	立式钻床 25mm	台班	0.464	0.958	0.972	0.844	0.707
	990785030	砂轮切割机 ϕ400	台班	1.176	0.784	0.735	0.608	0.568

工作内容：打、堵洞眼、栽（埋）螺栓、安装。　　　　**计量单位：**100kg

编　号				2-2-747	2-2-748	2-2-749	2-2-750	2-2-751
项　目				钢支架安装				
				单件重量（kg 以内）				
				5	10	30	50	100
名　称			单位	消　耗　量				
人工	000205000	综合二类工	工日	3.027	2.559	2.211	1.980	1.861
材料	031519006	冲击钻头 ϕ10～20	个	1.351	1.081	1.039	0.810	0.613
	031301008	低碳钢焊条 J422（综合）	kg	3.629	2.424	2.020	1.544	1.378
	341103001	电	kW · h	3.300	2.640	2.520	1.960	1.500
	140303001	机油（综合）	kg	0.603	0.482	0.459	0.360	0.270
	030105111	六角螺栓带螺母、垫圈（综合）	kg	4.243	3.389	3.230	2.533	1.900
	030107002	膨胀螺栓（综合）	kg	4.240	2.823	2.153	1.267	0.950
	800100004	水泥砂浆 1：2.5	m^3	0.075	0.053	0.048	0.038	0.032
	142909001	氧气	m^3	1.461	0.987	0.894	0.684	0.594
	142907002	乙炔气	kg	0.487	0.329	0.298	0.228	0.198
	850103006	其他材料费（占材料费）	%	2.000	2.000	2.000	2.000	2.000
机械	990900010	电焊机（综合）	台班	1.705	1.450	1.208	0.924	0.824

十八、补充项目

工作内容：放样、下料、切割、组对、焊接、刷防锈漆。 **计量单位：**个

编号				2-2-752	2-2-753	2-2-754	2-2-755	2-2-756	2-2-757
项目				刚性防水套管制作介质管道公称直径（mm 以内）					
				50	80	100	125	150	200
名称			单位	消耗量					
人工	000205000	综合二类工	工日	0.578	0.697	0.896	1.109	1.156	1.424
材料	011301001	扁钢 59 以内	kg	0.900	1.050	1.250	1.400	1.600	2.000
	170201046	无缝钢管 $D273\times7$	m	—	—	—	—	—	0.850
	031301008	低碳钢焊条 J422（综合）	kg	0.386	0.499	0.580	0.720	0.780	1.536
	341103001	电	kW·h	0.027	0.040	0.046	0.057	0.068	0.094
	130505009	酚醛防锈漆 各色	kg	0.047	0.059	0.064	0.080	0.085	0.114
	340907006	钢丝刷子	把	0.593	1.005	1.054	1.069	1.459	1.832
	031101009	尼龙砂轮片 $\phi100$	片	0.040	0.059	0.068	0.084	0.100	0.138
	092705001	破布	kg	0.559	0.966	1.005	1.006	1.384	1.727
	140301001	汽油 89#	kg	0.020	0.027	0.032	0.038	0.047	0.063
	012903013	热轧中厚钢板 $\delta10\sim20$	kg	3.929	4.558	5.673	7.273	8.606	12.161
	142909001	氧气	m^3	1.062	1.479	1.875	2.001	2.040	2.406
	142907002	乙炔气	kg	0.354	0.493	0.625	0.667	0.680	0.802
	170201023	无缝钢管 $D89\times4$	m	0.850	—	—	—	—	—
	170201032	无缝钢管 $D133\times4$	m	—	0.850	—	—	—	—
	170201035	无缝钢管 $D159\times4.5$	m	—	—	0.850	0.850	—	—
	170201040	无缝钢管 $D219\times6$	m	—	—	—	—	0.850	—
	850103006	其他材料费（占材料费）	%	2.000	2.000	2.000	2.000	2.000	2.000
机械	990900010	电焊机（综合）	台班	0.139	0.193	0.245	0.288	0.293	0.437
	990718040	普通车床 630×2000mm	台班	0.014	0.020	0.025	0.030	0.030	0.031

工作内容：放样、下料、切割、组对、焊接、刷防锈漆。　　**计量单位：**个

编　号				2-2-758	2-2-759	2-2-760	2-2-761	2-2-762
项　目				刚性防水套管制作介质管道公称直径（mm 以内）				
				250	300	350	400	450
名　称			单位	消　耗　量				
人工	000205000	综合二类工	工日	1.788	2.232	2.763	3.124	3.542
材料	011301001	扁钢 59 以内	kg	2.400	2.700	3.100	3.400	3.800
	031301008	低碳钢焊条 J422（综合）	kg	2.500	3.367	3.780	4.230	5.630
	341103001	电	kW · h	0.117	0.139	0.182	0.204	0.226
	130505009	酚醛防锈漆 各色	kg	0.138	0.187	0.210	0.277	0.321
	340907006	钢丝刷子	把	2.204	2.626	2.964	3.750	3.790
	031101009	尼龙砂轮片 ϕ100	片	0.172	0.204	0.237	0.268	0.300
	092705001	破布	kg	2.056	2.393	2.700	3.366	3.370
	140301001	汽油 89#	kg	0.085	0.125	0.140	0.200	0.216
	012903013	热轧中厚钢板 δ10～20	kg	17.084	26.892	30.104	44.391	48.756
	142909001	氧气	m^3	2.532	2.958	2.988	2.994	3.153
	142907002	乙炔气	kg	0.844	0.986	0.996	0.998	1.051
	170201049	无缝钢管 $D325\times8$	m	0.850	—	—	—	—
	170201051	无缝钢管 $D377\times10$	m	—	0.850	—	—	—
	170201053	无缝钢管 $D426\times10$	m	—	—	0.850	—	—
	170201055	无缝钢管 $D480\times10$	m	—	—	—	0.850	—
	170201057	无缝钢管 $D530\times10$	m	—	—	—	—	0.850
	850103006	其他材料费（占材料费）	%	2.000	2.000	2.000	2.000	2.000
机械	990900010	电焊机（综合）	台班	0.519	0.623	0.699	0.796	0.878
	990718040	普通车床 630×2000mm	台班	0.058	0.062	0.083	0.090	0.111

工作内容：配合预留孔洞及混凝土浇筑、套管就位、安装、填塞密封材料。　　**计量单位：**组

编　号				2-2-763	2-2-764	2-2-765	2-2-766
项　目				刚性防水套管安装介质管道公称直径（mm 以内）			
				100		150	
				12 根以内	12 根以上	12 根以内	12 根以上
名　称			单位	消　耗　量			
人工	000205000	综合二类工	工日	6.192	12.384	8.124	16.248
材料	182903001	刚性防水套管	个	1.000	1.000	1.000	1.000
	133501008	密封油膏	kg	3.684	7.368	6.060	12.120
	150113003	石棉绒	kg	6.240	12.480	10.416	20.832
	040100006	水泥 42.5	kg	14.568	29.136	24.300	48.600
	140105002	油麻	kg	13.068	26.136	21.792	43.584
	031301008	低碳钢焊条 J422（综合）	kg	0.132	0.132	0.132	0.132
	850103006	其他材料费（占材料费）	%	2.000	2.000	2.000	2.000
机械	990900010	电焊机（综合）	台班	0.100	0.100	0.100	0.100
	990304024	汽车式起重机 25t	台班	0.212	0.212	0.212	0.212

工作内容： 配合预留孔洞及混凝土浇筑、套管就位、安装、填塞密封材料。 **计量单位：** 组

编 号				2-2-767	2-2-768
项 目				刚性防水套管安装介质管道公称直径（mm 以内）	
				200	
				12 根以内	12 根以上
名 称			单位	消 耗 量	
人工	000205000	综合二类工	工日	9.072	18.144
材料	182903001	刚性防水套管	个	1.000	1.000
	133501008	密封油膏	kg	6.708	13.416
	150113003	石棉绒	kg	10.728	21.456
	040100006	水泥 42.5	kg	25.020	50.040
	140105002	油麻	kg	22.440	44.880
	031301008	低碳钢焊条 J422（综合）	kg	0.132	0.132
	850103006	其他材料费（占材料费）	%	2.000	2.000
机械	990900010	电焊机（综合）	台班	0.100	0.100
	990304024	汽车式起重机 25t	台班	0.212	0.212

第三章

消防工程

说 明

一、本章包括水灭火系统、气体灭火系统、火灾自动报警系统和消防系统调试等项目。

二、本章编制的主要技术依据有：

1.《自动喷水灭火系统设计规范》GB 50084—2017；

2.《自动喷水灭火系统施工及验收规范》GB 50261—2017；

3.《沟槽式连接管道工程技术规程》T/CECS 151—2019；

4.《火灾自动报警系统设计规范》GB 50116—2013；

5.《火灾自动报警系统施工及验收标准》GB 50166—2007；

6.《气体灭火系统设计规范》GB 50370—2005；

7.《气体灭火系统施工及验收规范》GB 50263—2007；

8.《二氧化碳灭火系统设计规范》GB 50193—93（2010 年版）；

9.《消防联动控制系统》GB 16806—2006；

10.《通用安装工程工程量计算标准》DB 61/T 5130—2025；

11.《陕西省通用安装工程消耗量定额（2025）》；

12.《城市综合管廊工程技术标准》GB/T 50838—2015（2024 年版）；

13.《建设工程劳动定额》LD/T—2008；

14.《全国统一安装工程基础标准》GJD-201—2006。

三、本章不包括下列内容，发生时应另行计算：

1. 阀门、套管、支架、不锈钢管、铜管等安装（注明者除外），执行本册第四章“给排水工程”相应项目。

2. 管道刷油、防腐蚀、绝热工程，执行现行陕西省《陕西省通用安装工程消耗量定额（2025）》相应项目。

四、界限划分：

1. 消防系统管道以在管廊本体内安装为主，以管廊外墙外边缘为界；管廊外管道执行《陕西省通用安装工程消耗量定额（2025）》相应项目。

2. 与市政给水管道的界限：以与市政给水管道碰头点（井）为界。

五、水灭火系统：

1. 水灭火系统适用于综合管廊设置的水灭火系统的管道、各种组件、消火栓等安装。

2. 管道安装相关规定：

（1）钢管（法兰连接）安装项目中包括管件及法兰安装，但管件、法兰数量应按设计图纸用量另行计算，螺栓按设计用量加 3%损耗计算；

（2）若设计或规范要求钢管需要镀锌，其镀锌及场外运输另行计算；

（3）管道安装（沟槽连接）已包括直接卡箍件安装，其他沟槽管件另行执行相关项目；

（4）消火栓管道采用无缝钢管焊接时，项目中包括管件安装，管件主材依据设计图纸数量另计工程量；

（5）消火栓管道采用钢管（沟槽连接）时，执行水喷淋钢管（沟槽连接）相关项目。

3. 沟槽式法兰阀门安装执行沟槽管件安装相应项目，人工乘以系数 1.10。

4. 报警装置安装项目，项目中已包括装配管、泄放试验管及水力警铃出水管安装，水力警铃进水管。按图示尺寸执行管道安装相应项目；其他报警装置适用于雨淋、干湿两用及预作用报警装置。

5. 水流指示器（马鞍型连接）项目，主材中包括胶圈、U 型卡；若设计要求水流指示器采用丝接时，执行本册第四章“给排水工程”丝接阀门相应项目。

6. 喷头、报警装置及水流指示器安装项目均按管网系统试压、冲洗合格后安装考虑的，项目中已包括丝堵、临时短管的安装、拆除及摊销。

7. 消防水泵接合器安装，项目中包括法兰接管及弯管底座（消火栓三通）的安装，本身价值另行计算。

六、气体灭火系统：

1. 气体灭火系统适用于综合管廊中设置的七氟丙烷、IG541、二氧化碳灭火系统中的管道、管件、系统装置及组件等的安装。

2. 项目中的无缝钢管、钢制管件、选择阀安装及系统组件试验等适用于七氟丙烷、IG541 灭火系统；遇高压二氧化碳灭火系统时，项目人工、机械乘以系数 1.20。

3. 管道及管件安装项目：

（1）中压加厚无缝钢管（法兰连接)项目包括管件及法兰安装，但管件、法兰数量应按设计用量另行计算，螺栓按设计用量加 3%损耗计算。

（2）若设计或规范要求钢管需要镀锌，其镀锌及场外运输另行计算。

4. 气体灭火系统管道若采用不锈钢管、铜管时，管道及管件安装执行《陕西省通用安装工程消耗量定额（2025）》相应项目。

5. 贮存装置安装项目，包括灭火剂贮存容器和驱动瓶的安装固定支框架、系统组件（集流管，容器阀，气、液单向阀，高压软管）、安全阀等贮存装置和驱动装置的安装及氮气增压。二氧化碳贮存装置安装不需增压，执行本定额时应扣除高纯氮气，其余不变。称重装置价值含在贮存装置设备价中。

6. 二氧化碳称重检漏装置包括泄露报警开关、配重及支架安装。

7. 管网系统包括管道、选择阀、气液单向阀、高压软管等组件。管网系统试验工作内容包括充氮气，但氮气消耗量另行计算。

8. 气体灭火系统装置调试费执行第四章相应项目。

七、火灾自动报警系统：

1. 火灾自动报警系统适用于综合管廊设置的火灾自动报警系统的安装。

2. 火灾自动报警系统定额均包括以下

工作内容：

（1）设备和箱、机及元件的搬运，开箱检查，清点，杂物回收，安装就位，接地，密封，箱、机内的校线、接线、压接端头（挂锡）、编码，测试、清洗，记录整理等。

（2）本体调试。

3. 安装定额中箱、机是以成套装置编制的，柜式及琴台式均执行落地式安装相应项目。

4. 闪灯执行声光报警器。

5. 电气火灾监控系统：

（1）报警控制器按点数执行火灾自动报警控制器安装。

（2）探测器模块按输入回路数量执行多输入模块安装。

（3）剩余电流互感器执行相关电气安装项目。

（4）温度传感器执行线性探测器安装项目。

6. 火灾自动报警系统项目不包括事故照明及疏散指示控制装置安装内容，发生时执行本册第二章“电气设备安装工程”相应项目。

7. 火灾报警控制微机安装中不包括消防系统应用软件开发内容。

八、消防系统调试：

1. 系统调试是指消防报警和防火控制装置灭火系统安装完毕且联通，并达到国家有关消防施工验收规范、标准，进行的全系统检测、调整和试验。

2. 定额中不包括气体灭火系统调试试验时采取的安全措施，应另行计算。

3. 自动报警系统装置包括各种探测器、手动报警按钮和报警控制器，灭火系统控制装置包括消火栓、自动喷水、七氟丙烷、二氧化碳等固定灭火系统的控制装置。

4. 切断非消防电源的点数以执行切除非消防电源的模块数量确定点数。

工程量计算规则

一、水灭火系统：

1. 管道安装按设计图示管道中心线长度以“10m”为计量单位。不扣除阀门、管件及各种组件所占长度。

2. 管件连接分规格以“10个”为计量单位。沟槽管件主材包括卡箍及密封圈以“套”为计量单位。

3. 喷头、水流指示器按设计图示数量计算。按安装部位、方式、分规格以“个”为计量单位。

4. 报警装置、消火栓、消防水泵接合器均按设计图示数量计算。报警装置、消火栓、消防水泵接合器分形式，按成套产品以“组”为计量单位；成套产品包括的内容详见《陕西省通用安装工程消耗量定额（2025）》附录一。

5. 末端试水装置按设计图示数量计算，分规格以“组”为计量单位。

6. 灭火器按设计图示数量计算，分形式以“具”“组”为计量单位。

二、气体灭火系统：

1. 管道安装按设计图示管道中心线长度，以“10m”为计量单位。不扣除阀门、管件及各种组件所占长度。

2. 钢制管件连接分规格，以“10个”为计量单位。

3. 气体驱动装置管道按设计图示管道中心线长度计算，以“10m”为计量单位。

4. 选择阀、喷头安装按设计图示数量计算，分规格、连接方式以“个”为计量单位。

5. 贮存装置、称重检漏装置、无管网气体灭火装置安装按设计图示数量计算，以“套”为计量单位。

6. 管网系统试验按贮存装置数量，以“套”为计量单位。

三、火灾自动报警系统：

1. 火灾报警系统按设计图示数量计算。

2. 点型探测器按设计图示数量计算，不分规格、型号、安装方式与位置，以“个”“对”为计量单位。探测器安装包括了探头和底座的安装及本体调试。红外光束探测器是成对使用的，在计算时一对为两只。

3. 线型探测器依据探测器长度、信号转换装置数量、报警终端电阻数量按设计图示数量计算，分别以“m”“台”“个”为计量单位。

4. 空气采样管依据图示设计长度计算，以“m”为计量单位；极早期空气采样报警器依据探测回路数按设计图示计算，以“台”为计量单位。

5. 区域报警控制箱、联动控制箱、火灾报警系统控制主机、联动控制主机、报警联动一体机按设计图示数量计算，区分不同点数、安装方式，以“台”为计量单位。

四、消防系统调试：

1. 自动报警系统调试区分不同点数根据集中报警器台数按系统计算。自动报警系统包括各种探测器、报警器、报警按钮、报警控制器组成的报警系统，其点数按具有地址编码的器件数量计算。火灾事故广播、消防通信系统调试按消防广播喇叭及音箱、电话插孔和消防通信的电话分机的数量分别以“10只”或“部”为计量单位。

2. 自动喷水灭火系统调试按水流指示器数量以“点（支路）”为计量单位；消火栓灭火系统按消火栓启泵按钮数量以“点”为计量单位；消防水炮控制装置系统调试按水炮数量以“点”为计量单位。

3. 防火控制装置调试按设计图示数量计算。

4. 气体灭火系统装置调试按调试、检验和验收所消耗的试验容量总数计算，以“点”为计量单位。气体灭火系统调试，是由七氟丙烷、IG541、二氧化碳等组成的灭火系统按气体灭火系统装置的瓶头阀以“点”计算。

5. 电气火灾监控系统调试按模块点数执行自动报警系统调试相应项目。

一、水灭火系统

工作内容：检查及清扫管材、切管、套丝、调直、管道及管件安装、丝口刷漆、水压试验、水冲洗。

计量单位：10m

编号				2-3-1	2-3-2	2-3-3	2-3-4
项目				水喷淋钢管			
				镀锌钢管（螺纹连接）			
				公称直径（mm 以内）			
				25	32	40	50
名称			单位	消耗量			
人工	000205000	综合二类工	工日	1.824	2.101	2.826	2.973
材料	170300001	镀锌钢管（综合）	m	10.050	10.050	10.050	10.050
	181609002	镀锌钢管接头管件 *DN*25	个	5.900	—	—	—
	181609004	镀锌钢管接头管件 *DN*32	个	—	6.870	—	—
	181609006	镀锌钢管接头管件 *DN*40	个	—	—	8.610	—
	181609008	镀锌钢管接头管件 *DN*50	个	—	—	—	8.080
	022701003	棉纱头	kg	0.240	0.280	0.280	0.300
	031101014	尼龙砂轮片 $\phi500\times25\times4$	片	0.120	0.150	0.260	0.240
	140505001	铅油（厚漆）	kg	0.061	0.088	0.160	0.170
	012903011	热轧中厚钢板 δ8～20	kg	0.490	0.490	0.490	0.490
	341101001	水	m^3	0.582	0.582	0.582	0.582
	022907003	线麻	kg	0.006	0.009	0.016	0.017
	860113006	压力表 0～1.6MPa（带弯带阀）	套	0.020	0.020	0.020	0.020
	130903004	银粉漆	kg	0.021	0.021	0.027	0.033
	850103006	其他材料费（占材料费）	%	3.000	3.000	3.000	3.000
机械	990748010	管子切断套丝机 159mm	台班	0.120	0.220	0.300	0.290
	990813010	试压泵 3MPa	台班	0.015	0.015	0.015	0.015

工作内容： 检查及清扫管材、切管、套丝、调直、管道及管件安装、丝口刷漆、水压试验、水冲洗。

计量单位：10m

编号				2-3-5	2-3-6	2-3-7
项目				水喷淋钢管		
				镀锌钢管（螺纹连接）		
				公称直径（mm 以内）		
				65	80	100
名称			单位	消耗量		
人工	000205000	综合二类工	工日	3.313	3.553	3.594
材料	170300001	镀锌钢管（综合）	m	9.950	9.950	9.950
	181609010	镀锌钢管接头管件 *DN*65	个	7.560	—	—
	181609012	镀锌钢管接头管件 *DN*80	个	—	7.410	—
	181609014	镀锌钢管接头管件 *DN*100	个	—	—	5.200
	022701003	棉纱头	kg	0.380	0.420	0.490
	031101012	尼龙砂轮片 $\phi400$	片	—	—	0.480
	031101014	尼龙砂轮片 $\phi500\times25\times4$	片	0.360	0.400	—
	140505001	铅油（厚漆）	kg	0.240	0.340	0.350
	012903011	热轧中厚钢板 $\delta8$～20	kg	0.490	0.490	—
	012903014	热轧中厚钢板 $\delta12$～20	kg	—	—	0.490
	341101001	水	m^3	0.882	0.882	0.882
	022907003	线麻	kg	0.024	0.034	0.035
	860113006	压力表 0～1.6MPa（带弯带阀）	套	0.020	0.020	0.020
	130903004	银粉漆	kg	0.025	0.025	0.025
	031507018	镀锌铁丝 $\phi2.8$～4.0	kg	—	—	0.080
	140303001	机油（综合）	kg	—	—	0.070
	850103006	其他材料费（占材料费）	%	3.000	3.000	3.000
机械	990748010	管子切断套丝机 159mm	台班	0.270	0.320	0.290
	990813010	试压泵 3MPa	台班	0.015	0.015	0.020

工作内容： 检查及清扫管材、切管、坡口、对口、调直、焊接法兰、紧螺栓、加垫、管道及管件预安装、拆卸、二次安装、水压试验、水冲洗。

计量单位： 10m

编号				2-3-8	2-3-9	2-3-10	2-3-11
项目				水喷淋钢管			
				钢管（法兰连接）			
				公称直径（mm 以内）			
				100	125	150	200
名称			单位	消耗量			
人工	000205000	综合二类工	工日	5.353	5.074	5.454	7.283
材料	170100001	钢管（综合）	m	10.000	10.000	10.000	10.000
	031301009	低碳钢焊条 J427（综合）	kg	1.650	2.205	2.865	5.940
	022701003	棉纱头	kg	0.072	0.087	0.104	0.138
	031101012	尼龙砂轮片 ϕ400	片	0.420	0.680	1.730	2.300
	012903014	热轧中厚钢板 δ12～20	kg	0.490	1.476	1.476	1.476
	020111006	石棉橡胶板 低压 δ0.8～6	kg	1.368	1.587	1.932	2.277
	341101001	水	m^3	0.882	2.524	2.524	2.650
	860113006	压力表 0～1.6MPa（带弯带阀）	套	0.020	0.030	0.030	0.030
	142909001	氧气	m^3	1.110	1.670	2.090	3.470
	142907001	乙炔气	m^3	0.396	0.596	0.746	1.239
	850103006	其他材料费（占材料费）	%	3.000	3.000	3.000	3.000
机械	990900010	电焊机（综合）	台班	0.635	0.848	1.102	2.285
	990813010	试压泵 3MPa	台班	0.020	0.020	0.037	0.037
	990503030	电动单筒慢速卷扬机 50kN	台班	—	—	—	0.210
	990304004	汽车式起重机 8t	台班	—	—	—	0.030
	990401020	载重汽车 5t	台班	—	—	—	0.020

工作内容：检查及清扫管材、切管、坡口、对口、调直、焊接法兰、紧螺栓、加垫、管道及管件预安装、拆卸、二次安装、水压试验、水冲洗。

计量单位：10m

编号				2-3-12	2-3-13	2-3-14	2-3-15
项目				水喷淋钢管 钢管（法兰连接） 公称直径（mm 以内）			
				250	300	350	400
名称			单位	消耗量			
人工	000205000	综合二类工	工日	7.952	9.186	10.376	11.781
材料	170100001	钢管（综合）	m	9.950	9.950	9.950	9.950
	031301009	低碳钢焊条 J427（综合）	kg	8.370	9.945	14.835	16.755
	022701003	棉纱头	kg	0.118	0.204	0.237	0.268
	031101012	尼龙砂轮片 ϕ400	片	2.710	3.030	3.600	3.840
	012903014	热轧中厚钢板 δ12～20	kg	2.324	2.324	2.842	2.842
	020111006	石棉橡胶板 低压 δ0.8～6	kg	2.054	2.280	3.094	3.767
	341101001	水	m^3	4.650	4.650	7.950	7.950
	860113006	压力表 0～1.6MPa（带弯带阀）	套	0.040	0.040	0.040	0.040
	142909001	氧气	m^3	4.130	4.794	6.558	7.421
	142907001	乙炔气	m^3	1.475	1.710	2.340	2.650
	850103006	其他材料费（占材料费）	%	3.000	3.000	3.000	3.000
机械	990503030	电动单筒慢速卷扬机 50kN	台班	0.270	0.320	0.390	0.460
	990900010	电焊机（综合）	台班	3.219	3.825	5.706	6.444
	990304004	汽车式起重机 8t	台班	0.030	0.030	0.040	0.050
	990813010	试压泵 3MPa	台班	0.037	0.080	0.080	0.080
	990401020	载重汽车 5t	台班	0.020	0.020	0.030	0.040

工作内容：检查及清扫管材、切管、压槽、对口、调直、涂抹润滑剂、上胶圈、安装卡箍件、紧螺栓、水压试验、水冲洗。

计量单位：10m

编号				2-3-16	2-3-17	2-3-18	2-3-19
项目				水喷淋钢管			
				钢管（沟槽连接）管道安装			
				公称直径（mm 以内）			
				65	80	100	125
名称			单位	消耗量			
人工	000205000	综合二类工	工日	1.905	2.100	2.259	2.616
材料	170100001	钢管（综合）	m	10.150	10.150	10.150	10.100
	181505001	沟槽直接头（含胶圈）	套	1.667	1.667	1.667	1.667
	022701003	棉纱头	kg	0.047	0.056	0.072	0.087
	031101012	尼龙砂轮片 ϕ400	片	0.144	0.156	0.176	0.185
	012903014	热轧中厚钢板 δ12～20	kg	0.490	0.490	0.490	1.476
	341101001	水	m^3	0.882	0.882	0.882	2.524
	860113006	压力表 0～1.6MPa（带弯带阀）	套	0.020	0.020	0.020	0.030
	850103006	其他材料费（占材料费）	%	3.000	3.000	3.000	3.000
机械	990796010	滚槽机	台班	0.052	0.063	0.069	0.087
	990813010	试压泵 3MPa	台班	0.015	0.015	0.020	0.020

工作内容：检查及清扫管材、切管、压槽、对口、调直、涂抹润滑剂、上胶圈、安装卡箍件、紧螺栓、水压试验、水冲洗。

计量单位：10m

编号				2-3-20	2-3-21	2-3-22	2-3-23
项目				水喷淋钢管			
				钢管（沟槽连接）管道安装			
				公称直径（mm 以内）			
				150	200	250	300
名称			单位	消耗量			
人工	000205000	综合二类工	工日	2.800	3.039	3.744	4.259
材料	170100001	钢管（综合）	m	10.100	10.100	10.100	10.100
	181505001	沟槽直接头（含胶圈）	套	1.667	1.667	1.667	1.667
	022701003	棉纱头	kg	0.104	0.134	0.172	0.189
	031101012	尼龙砂轮片 ϕ400	片	0.194	0.221	0.330	0.363
	012903014	热轧中厚钢板 δ12～20	kg	1.476	1.476	2.324	2.324
	341101001	水	m^3	2.524	2.650	4.650	4.650
	860113006	压力表 0～1.6MPa（带弯带阀）	套	0.030	0.030	0.040	0.040
	031507018	镀锌铁丝 ϕ2.8～4.0	kg	—	—	0.080	0.080
	140303001	机油（综合）	kg	—	—	0.081	0.089
	140700001	润滑剂	kg	—	—	0.053	0.058
	850103006	其他材料费（占材料费）	%	3.000	3.000	3.000	3.000
机械	990796010	滚槽机	台班	0.104	0.122	0.139	0.139
	990813010	试压泵 3MPa	台班	0.037	0.037	0.060	0.060
	990304004	汽车式起重机 8t	台班	—	0.020	0.030	0.030
	990401020	载重汽车 5t	台班	—	0.010	0.020	0.020

工作内容：外观检查、切管、压槽、对口、涂抹润滑剂、上胶圈、安装卡箍件、紧螺栓。 **计量单位**：10个

编号				2-3-24	2-3-25	2-3-26	2-3-27
项目				水喷淋钢管			
				钢管（沟槽连接）管件安装			
				公称直径（mm以内）			
				65	80	100	125
名称			单位	消耗量			
人工	000205000	综合二类工	工日	1.928	2.130	2.464	3.709
材料	181500001	沟槽管件	套	10.050	10.050	10.050	10.050
	140303001	机油（综合）	kg	0.023	0.032	0.036	0.045
	022701003	棉纱头	kg	0.030	0.035	0.039	0.055
	031101012	尼龙砂轮片 $\phi400$	片	0.333	0.357	0.370	0.385
	140700001	润滑剂	kg	0.080	0.100	0.112	0.115
	850103006	其他材料费（占材料费）	%	3.000	3.000	3.000	3.000
机械	990796010	滚槽机	台班	0.160	0.192	0.213	0.265
	990742010	开孔机 200mm	台班	0.047	0.056	0.063	0.078

工作内容：外观检查、切管、压槽、对口、涂抹润滑剂、上胶圈、安装卡箍件、紧螺栓。 **计量单位**：10个

编号				2-3-28	2-3-29	2-3-30	2-3-31
项目				水喷淋钢管			
				钢管（沟槽连接）管件安装			
				公称直径（mm以内）			
				150	200	250	300
名称			单位	消耗量			
人工	000205000	综合二类工	工日	4.183	5.844	8.708	9.260
材料	181500001	沟槽管件	套	10.050	10.050	—	—
	180300001	钢制管件	个	—	—	10.050	10.050
	140303001	机油（综合）	kg	0.054	0.072	0.081	0.085
	022701003	棉纱头	kg	0.065	0.084	0.097	0.102
	031101012	尼龙砂轮片 $\phi400$	片	0.400	0.460	0.478	0.502
	140700001	润滑剂	kg	0.164	0.204	0.264	0.277
	850103006	其他材料费（占材料费）	%	3.000	3.000	3.000	3.000
机械	990796010	滚槽机	台班	0.320	0.372	0.425	0.447
	990742010	开孔机 200mm	台班	0.094	0.110	—	—
	990742020	开孔机 400mm	台班	—	—	0.125	0.131

工作内容： 检查及清扫管材、切管、套丝、调直、管道及管件安装、丝口刷漆、水压试验、水冲洗。

计量单位： 10m

编号				2-3-32	2-3-33	2-3-34	2-3-35
项目				消火栓钢管			
				镀锌钢管（螺纹连接）			
				公称直径（mm 以内）			
				50	65	80	100
名称			单位	消耗量			
人工	000205000	综合二类工	工日	2.604	2.879	2.821	3.025
材料	170300001	镀锌钢管（综合）	m	10.050	10.050	10.050	10.050
	181609008	镀锌钢管接头管件 *DN*50	个	6.570	—	—	—
	181609010	镀锌钢管接头管件 *DN*65	个	—	5.960	—	—
	181609012	镀锌钢管接头管件 *DN*80	个	—	—	4.240	—
	181609014	镀锌钢管接头管件 *DN*100	个	—	—	—	3.870
	022701003	棉纱头	kg	0.038	0.013	0.013	0.013
	031101012	尼龙砂轮片 ϕ400	片	0.108	0.292	0.311	0.325
	140505001	铅油（厚漆）	kg	0.140	0.190	0.200	0.260
	012903014	热轧中厚钢板 δ12～20	kg	0.306	0.490	0.490	0.490
	341101001	水	m^3	0.582	0.882	0.882	0.882
	022907003	线麻	kg	0.014	0.019	0.020	0.026
	860113006	压力表 0～1.6MPa（带弯带阀）	套	0.020	0.020	0.020	0.020
	850103006	其他材料费（占材料费）	%	3.000	3.000	3.000	3.000
机械	990748010	管子切断套丝机 159mm	台班	0.004	0.222	0.189	0.184
	990813010	试压泵 3MPa	台班	0.015	0.015	0.015	0.020

工作内容： 检查及清扫管材、坡口、煨弯、对口、调直、管道及管件连接、水压试验、水冲洗。

计量单位： 10m

编号				2-3-36	2-3-37	2-3-38	2-3-39	2-3-40	2-3-41
项目				消火栓钢管					
				无缝钢管（焊接）					
				管外径（mm 以内）					
				76	89	108	133	159	219
名称			单位	消耗量					
人工	000205000	综合二类工	工日	2.423	2.679	2.772	2.984	3.103	3.653
材料	170200004	无缝钢管（综合）	m	10.100	10.100	10.100	10.100	10.100	10.100
	031301009	低碳钢焊条 J427（综合）	kg	0.720	0.800	1.100	1.470	1.910	2.230
	031507018	镀锌铁丝 ϕ2.8～4.0	kg	0.570	0.570	0.570	1.556	1.556	1.556
	022701003	棉纱头	kg	0.047	0.056	0.072	0.087	0.104	0.110
	031101012	尼龙砂轮片 ϕ400	片	0.450	0.500	0.860	1.100	1.500	1.900
	012901015	热轧薄钢板 δ3.5～4.0	kg	0.100	0.100	0.100	0.140	0.140	0.140
	341101001	水	m^3	0.882	0.882	0.882	2.524	2.524	2.524
	860113006	压力表 0～1.6MPa（带弯带阀）	套	0.020	0.020	0.020	0.030	0.030	0.030
	142909001	氧气	m^3	1.010	1.190	1.476	1.762	2.182	2.602
	142907001	乙炔气	m^3	0.388	0.458	0.568	0.678	0.839	1.001
	850103006	其他材料费（占材料费）	%	3.000	3.000	3.000	3.000	3.000	3.000
机械	990900010	电焊机（综合）	台班	0.277	0.308	0.423	0.565	0.735	0.926
	990813010	试压泵 3MPa	台班	0.015	0.015	0.020	0.020	0.020	0.020

工作内容：外观检查、管口套丝、管件安装、丝堵折装、喷头追位及安装、装饰盘安装、喷头外观清洁。

计量单位：个

编号				2-3-42	2-3-43	2-3-44	2-3-45	2-3-46	2-3-47
项目				水喷淋（雾）喷头					
				无吊顶			有吊顶		
				公称直径（mm 以内）					
				15	20	25	15	20	25
名称			单位	消耗量					
人工	000205000	综合二类工	工日	0.105	0.108	0.109	0.142	0.145	0.147
材料	232100003	喷头	个	1.010	1.010	1.010	1.010	1.010	1.010
	123507003	喷头装饰盘	个	—	—	—	1.010	1.010	1.010
	181307001	镀锌丝堵 *DN*15	个	1.000	—	—	1.000	—	—
	181307002	镀锌丝堵 *DN*20	个	—	1.000	—	—	1.000	—
	181307003	镀锌丝堵 *DN*25	个	—	—	1.000	—	—	1.000
	182519014	镀锌异径管箍 *DN*25×15	个	1.010	—	—	1.010	—	—
	182519015	镀锌异径管箍 *DN*25×20	个	—	1.010	—	—	1.010	—
	182519016	镀锌异径管箍 *DN*32×25	个	—	—	1.010	—	—	1.010
	181303003	镀锌弯头 *DN*25	个	—	—	—	2.020	2.020	—
	181303004	镀锌弯头 *DN*32	个	—	—	—	—	—	2.020
	340203008	聚四氟乙烯生料带 宽 20	m	0.642	0.642	0.642	1.280	1.280	1.280
	031101012	尼龙砂轮片 ϕ400	片	0.010	0.013	0.015	0.010	0.020	0.021
	850103006	其他材料费（占材料费）	%	3.000	3.000	3.000	3.000	3.000	3.000
机械	990748010	管子切断套丝机 159mm	台班	0.007	0.007	0.007	0.016	0.016	0.016

工作内容：外观检查、切管、套丝、上零件、整体组装、一次水压试验、放水试验。

计量单位：组

编号				2-3-48	2-3-49
项目				末端试水装置	
				公称直径（mm 以内）	
				25	32
名称			单位	消耗量	
人工	000205000	综合二类工	工日	1.004	1.097
材料	860113008	压力表 0～2.5MPa ϕ50（带表弯）	套	1.000	1.000
	181301003	镀锌三通 *DN*25	个	1.010	—
	181301004	镀锌三通 *DN*32	个	—	1.010
	181600002	接头 *DN*25	个	1.010	—
	181600003	接头 *DN*32	个	—	1.010
	340203008	聚四氟乙烯生料带 宽 20	m	2.108	2.600
	031101012	尼龙砂轮片 ϕ400	片	0.064	0.072
	190500002	球阀 *PN*1.6 *DN*25	个	2.020	—
	190500004	球阀 *PN*1.6 *DN*32	个	—	2.020
	850103006	其他材料费（占材料费）	%	3.000	3.000
机械	990748010	管子切断套丝机 159mm	台班	0.057	0.089

工作内容：砌支墩、外观检查、切管、法兰连接、紧螺栓、整体安装、充水试验。 计量单位：套

编号				2-3-50	2-3-51	2-3-52	2-3-53
项目				消防水泵接合器			
				地下式		墙壁式	
				*DN*100	*DN*150	*DN*100	*DN*150
	名称		单位	消耗量			
人工	000205000	综合二类工	工日	1.092	1.319	1.462	1.828
材料	230500001	消防水泵接合器	套	1.000	1.000	1.000	1.000
	031301009	低碳钢焊条 J427（综合）	kg	0.221	0.290	0.221	0.290
	170301006	镀锌钢管 *DN*25	m	0.400	0.400	0.200	0.200
	030105183	镀锌六角螺栓带螺母 2 平垫 1 弹垫 M16×100 以内	10 套	1.648	—	1.648	—
	030105185	镀锌六角螺栓带螺母 2 平垫 1 弹垫 M20×100 以内	10 套	—	1.648	—	1.648
	802101003	混凝土 C20	m^3	0.054	0.054	0.024	0.024
	190103006	螺纹截止阀 J11T-16 *DN*25	个	1.010	1.010	1.010	1.010
	031101012	尼龙砂轮片 ϕ400	片	0.057	0.071	0.057	0.071
	200001018	平焊法兰 *PN*1.6 *DN*100	片	2.000	—	2.000	—
	200001020	平焊法兰 *PN*1.6 *DN*150	片	—	2.000	—	2.000
	020111006	石棉橡胶板 低压 δ0.8～6	kg	0.520	0.830	0.680	1.100
	030107023	膨胀螺栓 M16	10 套	—	—	4.120	4.120
	850103006	其他材料费（占材料费）	%	3.000	3.000	3.000	3.000
机械	990900010	电焊机（综合）	台班	0.071	0.110	0.071	0.110

工作内容：砌支墩、外观检查、切管、法兰连接、紧螺栓、整体安装、充水试验。 计量单位：套

编号				2-3-54	2-3-55
项目				消防水泵接合器	
				地上式	
				*DN*100	*DN*150
	名称		单位	消耗量	
人工	000205000	综合二类工	工日	2.091	2.431
材料	230500001	消防水泵接合器	套	1.000	1.000
	031301009	低碳钢焊条 J427（综合）	kg	0.221	0.290
	170301006	镀锌钢管 *DN*25	m	0.200	0.200
	030105183	镀锌六角螺栓带螺母 2 平垫 1 弹垫 M16×100 以内	10 套	1.648	—
	030105185	镀锌六角螺栓带螺母 2 平垫 1 弹垫 M20×100 以内	10 套	—	1.648
	802101003	混凝土 C20	m^3	0.030	0.030
	190103006	螺纹截止阀 J11T-16 *DN*25	个	1.010	1.010
	031101012	尼龙砂轮片 ϕ400	片	0.057	0.071
	200001018	平焊法兰 *PN*1.6 *DN*100	片	2.000	—
	200001020	平焊法兰 *PN*1.6 *DN*150	片	—	2.000
	020111006	石棉橡胶板 低压 δ0.8～6	kg	0.680	1.100
	850103006	其他材料费（占材料费）	%	3.000	3.000
机械	990900010	电焊机（综合）	台班	0.071	0.110

工作内容：外观检查、压力表检查、灭火器及箱体搬运、就位等。 **计量单位：**见表

编号				2-3-56	2-3-57
项目				灭火器	
				手提式	推车式
单位				具	组
名称			单位	消耗量	
人工	000205000	综合二类工	工日	0.012	0.042
材料	230100001	灭火器	个	1.000	—
	230123001	推车式灭火器	组	—	1.000
	022701003	棉纱头	kg	0.006	0.006
	850103006	其他材料费（占材料费）	%	3.000	3.000
机械	990422010	手动液压叉车	台班	0.001	—

工作内容：部件外观检查、切管、坡口、组对、法兰安装、紧螺栓、临时短管装拆、整体组装、部件及配管安装、报警阀泄放试验管安装、报警装置调试。 **计量单位：**组

编号				2-3-58	2-3-59	2-3-60	2-3-61	2-3-62	2-3-63
项目				湿式报警装置			其他报警装置		
				公称直径（mm 以内）					
				100	150	200	100	150	200
名称			单位	消耗量					
人工	000205000	综合二类工	工日	3.871	4.324	5.352	4.645	5.188	6.423
材料	233511001	湿式报警装置	套	1.000	1.000	1.000	—	—	—
	233599002	报警装置	套	—	—	—	1.000	1.000	1.000
	170301004	镀锌钢管 *DN*20	m	2.000	2.000	2.000	2.000	2.000	2.000
	170301010	镀锌钢管 *DN*50	m	2.000	2.000	2.000	2.000	2.000	2.000
	030105183	镀锌六角螺栓带螺母 2 平垫 1 弹垫 M16×100 以内	10 套	1.648	—	—	1.648	—	—
	030105185	镀锌六角螺栓带螺母 2 平垫 1 弹垫 M20×100 以内	10 套	—	1.648	2.472	—	1.648	2.472
	181303002	镀锌弯头 *DN*20	个	2.020	2.020	2.020	2.020	2.020	2.020
	181303006	镀锌弯头 *DN*50	个	2.020	2.020	2.020	2.020	2.020	2.020
	200007003	沟槽法兰 *PN*1.6 以下	片	2.000	2.000	2.000	2.000	2.000	2.000
	031101012	尼龙砂轮片 ϕ400	片	0.050	0.060	0.070	0.050	0.060	0.070
	140505001	铅油（厚漆）	kg	0.150	0.280	0.340	0.150	0.280	0.340
	020111006	石棉橡胶板 低压 δ0.8～6	kg	0.350	0.550	0.660	0.350	0.550	0.660
	022907003	线麻	kg	0.015	0.028	0.034	0.015	0.028	0.034
	850103006	其他材料费（占材料费）	%	3.000	3.000	3.000	3.000	3.000	3.000
机械	990748010	管子切断套丝机 159mm	台班	0.034	0.034	0.034	0.034	0.034	0.034
	990796010	滚槽机	台班	0.030	0.045	0.060	0.030	0.045	0.060

工作内容：外观检查、功能检测、切管、坡口、法兰安装、紧螺栓、临时短管装折、安装及调整、试验后复位。 **计量单位：**个

编号				2-3-64	2-3-65	2-3-66	2-3-67	2-3-68
项目				水流指示器（沟槽法兰连接）				
				公称直径（mm 以内）				
				50	80	100	150	200
名称			单位	消耗量				
人工	000205000	综合二类工	工日	0.632	0.825	0.991	1.397	1.849
材料	200007003	沟槽法兰 *PN*1.6 以下	片	2.000	2.000	2.000	2.000	2.000
	030105183	镀锌六角螺栓带螺母 2 平垫 1 弹垫 M16×100 以内	10 套	0.824	1.648	1.648	—	—
	030105185	镀锌六角螺栓带螺母 2 平垫 1 弹垫 M20×100 以内	10 套	—	—	—	1.648	2.472
	031101012	尼龙砂轮片 ϕ400	片	0.026	0.054	0.057	0.071	0.085
	140505001	铅油（厚漆）	kg	0.080	0.120	0.150	0.280	0.340
	020111006	石棉橡胶板 低压 δ0.8～6	kg	0.140	0.260	0.350	0.550	0.660
	231300001	水流指示器	个	1.000	1.000	1.000	1.000	1.000
	850103006	其他材料费（占材料费）	%	3.000	3.000	3.000	3.000	3.000
机械	990796010	滚槽机	台班	0.020	0.030	0.030	0.045	0.060

工作内容：外观检查、功能检测、开孔、安装、紧螺栓、卡子固定、调整、试验后复位。 **计量单位：**个

编号				2-3-69	2-3-70	2-3-71	2-3-72	2-3-73
项目				水流指示器（马鞍型连接）				
				公称直径（mm 以内）				
				50	80	100	150	200
名称			单位	消耗量				
人工	000205000	综合二类工	工日	0.284	0.305	0.319	0.452	0.560
材料	231300001	水流指示器	个	1.000	1.000	1.000	1.000	1.000
	031101009	尼龙砂轮片 ϕ100	片	0.026	0.054	0.057	0.071	0.085
	850103006	其他材料费（占材料费）	%	3.000	3.000	3.000	3.000	3.000
机械	990742010	开孔机 200mm	台班	0.007	0.009	0.009	0.015	0.020

工作内容：外观检查、切管、套丝、箱体及消火栓安装、附件安装、水压试验。 **计量单位：**套

编号				2-3-74	2-3-75	2-3-76	2-3-77
项目				廊内消火栓（明装）普通		廊内消火栓（明装）自救卷盘	
				公称直径（mm 以内）			
				单栓 65	双栓 65	单栓 65	双栓 65
名称			单位	消耗量			
人工	000205000	综合二类工	工日	0.828	1.056	0.992	1.267
材料	230305001	室内消火栓	套	1.000	1.000	1.000	1.000
	011301003	扁钢 60 以内	kg	0.617	0.700	0.659	0.700
	340203008	聚四氟乙烯生料带 宽 20	m	1.680	2.240	1.680	2.240
	031101012	尼龙砂轮片 ϕ400	片	0.027	0.042	0.027	0.042
	030107014	膨胀螺栓 M8	10 套	0.412	0.412	0.412	0.412
	850103006	其他材料费（占材料费）	%	3.000	3.000	3.000	3.000
机械	990748010	管子切断套丝机 159mm	台班	0.013	0.022	0.013	0.022

工作内容： 外观检查、切管、套丝、箱体及消火栓安装、附件安装、水压试验。 **计量单位：** 套

编号				2-3-78	2-3-79	2-3-80	2-3-81
项目				廊内消火栓（暗装）普通		廊内消火栓（暗装）自救卷盘	
				公称直径（mm 以内）			
				单栓 65	双栓 65	单栓 65	双栓 65
名称			单位	消耗量			
人工	000205000	综合二类工	工日	0.959	1.223	1.149	1.468
材料	230305001	室内消火栓	套	1.000	1.000	1.000	1.000
	340203008	聚四氟乙烯生料带 宽 20	m	1.680	2.240	1.680	2.240
	031101012	尼龙砂轮片 ϕ400	片	0.027	0.042	0.027	0.042
	030107014	膨胀螺栓 M8	10 套	0.412	0.412	0.412	0.412
	850103006	其他材料费（占材料费）	%	3.000	3.000	3.000	3.000
机械	990748010	管子切断套丝机 159mm	台班	0.013	0.022	0.013	0.022

二、气体灭火系统

工作内容： 检查及清扫管材、切管、套丝、调直、管道预安装、拆卸、二次安装、吹扫、水压试验。

计量单位： 10m

编号				2-3-82	2-3-83	2-3-84	2-3-85
项目				无缝钢管			
				中压加厚无缝钢管（螺纹连接）			
				公称直径（mm 以内）			
				15	20	25	32
名称			单位	消耗量			
人工	000205000	综合二类工	工日	1.125	1.175	1.225	1.376
材料	170203001	加厚无缝钢管	m	10.100	10.100	10.050	10.050
	143303002	酒精 工业用 99.5%	kg	0.020	0.020	0.020	0.020
	022701003	棉纱头	kg	0.200	0.200	0.240	0.280
	031101012	尼龙砂轮片 ϕ400	片	0.100	0.100	0.120	0.150
	140505001	铅油（厚漆）	kg	0.050	0.060	0.061	0.088
	341101001	水	m^3	0.582	0.582	0.582	0.582
	022907003	线麻	kg	0.005	0.006	0.006	0.009
	144135021	厌氧胶 $325^{\#}$ 200g	瓶	0.100	0.100	0.120	0.120
	850103006	其他材料费（占材料费）	%	3.000	3.000	3.000	3.000
机械	991003040	电动空气压缩机 $3m^3$/min	台班	0.002	0.003	0.003	0.005
	990748010	管子切断套丝机 159mm	台班	0.010	0.110	0.120	0.180
	990813030	试压泵 25MPa	台班	0.005	0.005	0.007	0.007

工作内容：检查及清扫管材、切管、套丝、调直、管道预安装、拆卸、二次安装、吹扫、水压试验。

计量单位：10m

编号				2-3-86	2-3-87	2-3-88	2-3-89
项目				无缝钢管			
				中压加厚无缝钢管（螺纹连接）			
				公称直径（mm 以内）			
				40	50	65	80
名称			单位	消耗量			
人工	000205000	综合二类工	工日	1.456	1.526	1.900	2.111
材料	170203001	加厚无缝钢管	m	10.050	10.050	9.950	9.950
	143303002	酒精 工业用 99.5%	kg	0.020	0.030	0.030	0.030
	022701003	棉纱头	kg	0.280	0.300	0.380	0.420
	031101012	尼龙砂轮片 ϕ400	片	0.260	0.240	0.360	0.400
	140505001	铅油（厚漆）	kg	0.160	0.170	0.240	0.340
	341101001	水	m^3	0.582	0.582	0.882	0.882
	022907003	线麻	kg	0.016	0.017	0.024	0.034
	144135021	厌氧胶 $325^{\#}$ 200g	瓶	0.150	0.150	0.190	0.240
	850103006	其他材料费（占材料费）	%	3.000	3.000	3.000	3.000
机械	991003040	电动空气压缩机 $3m^3/min$	台班	0.006	0.007	0.008	0.009
	990748010	管子切断套丝机 159mm	台班	0.190	0.190	0.210	0.210
	990813030	试压泵 25MPa	台班	0.008	0.008	0.010	0.010

工作内容：检查及清扫管件、管件预安装、拆卸、油清洗、二次安装。

计量单位：10 个

编号				2-3-90	2-3-91	2-3-92	2-3-93
项目				无缝钢管			
				钢制管件（螺纹连接）			
				公称直径（mm 以内）			
				15	20	25	32
名称			单位	消耗量			
人工	000205000	综合二类工	工日	1.080	1.320	1.660	2.260
材料	180300001	钢制管件	个	10.100	10.100	10.100	10.100
	143303002	酒精 工业用 99.5%	kg	0.100	0.100	0.100	0.120
	022701003	棉纱头	kg	0.300	0.300	0.300	0.350
	140301001	汽油 89#	kg	0.200	0.200	0.250	0.280
	144135021	厌氧胶 $325^{\#}$ 200g	瓶	0.600	0.600	0.720	0.720
	850103006	其他材料费（占材料费）	%	3.000	3.000	3.000	3.000

工作内容： 检查及清扫管件、管件预安装、拆卸、油清洗、二次安装。 **计量单位：** 10个

编 号				2-3-94	2-3-95	2-3-96	2-3-97
项 目				无缝钢管			
				钢制管件（螺纹连接）			
				公称直径（mm 以内）			
				40	50	65	80
名 称			单位	消 耗 量			
人工	000205000	综合二类工	工日	2.600	3.071	3.480	3.720
材料	180300001	钢制管件	个	10.100	10.100	10.100	10.100
	143303002	酒精 工业用 99.5%	kg	0.120	0.150	0.150	0.200
	022701003	棉纱头	kg	0.350	0.400	0.400	0.500
	140301001	汽油 89#	kg	0.370	0.470	0.520	0.650
	144135021	厌氧胶 325# 200g	瓶	0.890	0.890	1.160	1.420
	850103006	其他材料费（占材料费）	%	3.000	3.000	3.000	3.000

工作内容： 检查及清扫管材、切管、坡口、对口、调直、焊接法兰、管道及管件预安装、拆卸、二次安装、吹扫、水压试验。 **计量单位：** 10m

编 号				2-3-98	2-3-99	2-3-100
项 目				无缝钢管		
				中压加厚无缝钢管（法兰连接）		
				公称直径（mm 以内）		
				100	125	150
名 称			单位	消 耗 量		
人工	000205000	综合二类工	工日	8.391	8.971	9.540
材料	170203001	加厚无缝钢管	m	10.000	10.000	10.000
	031301009	低碳钢焊条 J427（综合）	kg	6.560	9.540	12.520
	341103001	电	kW · h	3.380	3.560	4.560
	022701003	棉纱头	kg	0.410	0.420	0.420
	031101012	尼龙砂轮片 ϕ400	片	1.860	2.130	2.390
	012901015	热轧薄钢板 δ3.5～4.0	kg	0.490	1.476	2.324
	020111006	石棉橡胶板 低压 δ0.8～6	kg	1.368	1.587	1.932
	341101001	水	m^3	0.882	2.524	2.524
	142909001	氧气	m^3	2.305	2.805	3.282
	142907001	乙炔气	m^3	0.823	1.002	1.172
	850103006	其他材料费（占材料费）	%	3.000	3.000	3.000
机械	991003040	电动空气压缩机 $3m^3/min$	台班	0.010	0.010	0.015
	991003090	电动空气压缩机 $40m^3/min$	台班	0.100	0.100	0.100
	990900010	电焊机（综合）	台班	2.360	2.430	2.490
	990813030	试压泵 25MPa	台班	0.010	0.150	0.200

工作内容：外观检查、切管、煨管、安装、固定、调整等。　　　　**计量单位：**10m

编号				2-3-101	2-3-102
项目				气体驱动装置管道	
				管外径（mm 以内）	
				10	14
名称			单位	消耗量	
人工	000205000	综合二类工	工日	1.100	1.320
材料	171501002	紫铜管（综合）	m	10.300	10.300
	352302001	开孔器 20	个	0.020	0.020
	022701003	棉纱头	kg	0.050	0.050
	182518011	铜管卡及螺栓	套	15.000	15.000
	290635001	铜锁母 10#	个	2.821	—
	290635002	铜锁母 14#	个	—	3.250
	850103006	其他材料费（占材料费）	%	3.000	3.000
机械	990747010	管子切断机 60mm	台班	0.100	0.100

工作内容：外观检查、管口套丝、活接头及阀门安装等。　　　　**计量单位：**个

编号				2-3-103	2-3-104	2-3-105	2-3-106	2-3-107	2-3-108
项目				选择阀					
				螺纹连接					
				公称直径（mm 以内）					
				25	32	40	50	65	80
名称			单位	消耗量					
人工	000205000	综合二类工	工日	0.280	0.296	0.440	0.500	0.592	0.752
材料	232501001	选择阀	个	1.000	1.000	1.000	1.000	1.000	1.000
	181601001	钢制活接头 *DN*25	个	1.010	—	—	—	—	—
	181601002	钢制活接头 *DN*32	个	—	1.010	—	—	—	—
	181601003	钢制活接头 *DN*40	个	—	—	1.010	—	—	—
	181601004	钢制活接头 *DN*50	个	—	—	—	1.010	—	—
	181601005	钢制活接头 *DN*70	个	—	—	—	—	1.010	—
	181601006	钢制活接头 *DN*80	个	—	—	—	—	—	1.010
	341304004	铝牌	个	1.000	1.000	1.000	1.000	1.000	1.000
	022701003	棉纱头	kg	0.045	0.053	0.053	0.060	0.060	0.075
	031101012	尼龙砂轮片 ϕ400	片	0.019	0.022	0.025	0.031	0.046	0.054
	140301001	汽油 89#	kg	0.038	0.042	0.056	0.071	0.078	0.098
	144135021	厌氧胶 325# 200g	瓶	0.110	0.110	0.130	0.130	0.170	0.210
	850103006	其他材料费（占材料费）	%	3.000	3.000	3.000	3.000	3.000	3.000
机械	990748010	管子切断套丝机 159mm	台班	0.037	0.054	0.058	0.058	0.062	0.062

工作内容：外观检查、切管、坡口、对口、法兰及阀门安装。

计量单位：个

编号				2-3-109
项目				选择阀
				法兰连接
				公称直径（mm 以内）
				100
名称			单位	消耗量
人工	000205000	综合二类工	工日	1.311
材料	232501001	选择阀	个	1.000
	031301009	低碳钢焊条 J427（综合）	kg	0.286
	030105183	镀锌六角螺栓带螺母 2 平垫 1 弹垫 M16×100 以内	10 套	1.648
	200000001	法兰（综合）	片	2.000
	031101020	金刚石砂轮片 ϕ400	片	0.019
	341304004	铝牌	个	1.000
	022701003	棉纱头	kg	0.045
	020111005	石棉橡胶板 δ3	kg	0.346
	142909001	氧气	m^3	0.720
	142907001	乙炔气	m^3	0.257
	850103006	其他材料费（占材料费）	%	3.000
机械	990900010	电焊机（综合）	台班	0.071
	990718040	普通车床 630×2000mm	台班	0.070

工作内容：外观检查、管口套丝、管件安装、丝堵拆装、喷头追位及安装、装饰盘安装、喷头外观清洁。

计量单位：个

编号				2-3-110	2-3-111	2-3-112	2-3-113	2-3-114	2-3-115
项目				气体喷头					
				公称直径（mm 以内）					
				15	20	25	32	40	50
名称			单位	消耗量					
人工	000205000	综合二类工	工日	0.200	0.220	0.251	0.280	0.300	0.316
材料	232123003	气体喷头	个	1.010	1.010	1.010	1.010	1.010	1.010
	180315002	钢制丝堵 *DN*15	个	0.200	—	—	—	—	—
	180315003	钢制丝堵 *DN*20	个	—	0.200	—	—	—	—
	180315004	钢制丝堵 *DN*25	个	—	—	0.200	—	—	—
	180315005	钢制丝堵 *DN*32	个	—	—	—	0.200	—	—
	180315006	钢制丝堵 *DN*40	个	—	—	—	—	0.200	—
	180315007	钢制丝堵 *DN*50	个	—	—	—	—	—	0.200
	180300001	钢制管件	个	2.020	2.020	2.020	2.020	2.020	2.020
	031101020	金刚石砂轮片 ϕ400	片	0.010	0.012	0.016	0.018	0.019	0.021
	143303002	酒精 工业用 99.5%	kg	0.010	0.010	0.010	0.010	0.010	0.010
	340203008	聚四氟乙烯生料带 宽 20	m	0.138	0.170	0.214	0.235	0.250	0.260
	022701003	棉纱头	kg	0.030	0.030	0.030	0.030	0.030	0.030
	144135021	厌氧胶 325# 200g	瓶	0.060	0.060	0.072	0.075	0.080	0.085
	123507001	装饰盘	个	1.010	1.010	1.010	1.010	1.010	1.010
	850103006	其他材料费（占材料费）	%	3.000	3.000	3.000	3.000	3.000	3.000
机械	991003090	电动空气压缩机 40m^3/min	台班	0.010	0.010	0.010	0.010	0.010	0.010
	990748010	管子切断套丝机 159mm	台班	0.031	0.033	0.037	0.038	0.039	0.040

工作内容： 外观检查、称重、支框架安装、系统组件安装、阀驱动装置、高压软管安装、氮气增压等。

计量单位：套

编号				2-3-116	2-3-117	2-3-118	2-3-119	2-3-120
项目				贮存容器				
				容积（L 以内）				
				40	70	90	155	270
名称			单位	消耗量				
人工	000205000	综合二类工	工日	5.031	7.231	8.331	12.840	20.540
材料	142913004	高纯氮气 40L	瓶	1.000	1.500	2.000	3.000	4.000
	341304002	标志牌	个	1.000	1.000	1.000	1.000	1.000
	030105183	镀锌六角螺栓带螺母 2 平垫 1 弹垫 M16×100 以内	10 套	0.206	0.206	0.206	0.206	0.206
	192700001	减压阀 100	个	0.020	0.020	0.020	0.020	0.020
	030107019	膨胀螺栓 M12	10 套	0.412	0.412	0.412	0.412	0.412
	352903001	台秤	个	0.010	0.010	0.010	0.010	0.010
	860113013	压力表 25MPa（带弯带阀）	块	0.040	0.040	0.040	0.040	0.040
	144135021	厌氧胶 325# 200g	瓶	0.240	0.240	0.240	0.400	0.800
	850103006	其他材料费（占材料费）	%	3.000	3.000	3.000	3.000	3.000
机械	991003090	电动空气压缩机 $40m^3/min$	台班	0.800	1.000	1.200	1.500	1.800
	990422010	手动液压叉车	台班	0.500	0.500	0.500	0.500	0.500

工作内容： 外观检查、称重、支框架安装、系统组件安装、阀驱动装置、高压软管安装、氮气增压等。

计量单位：套

编号				2-3-121
项目				阀驱动装置
				容积（L 以内）
				4
名称			单位	消耗量
人工	000205000	综合二类工	工日	2.480
材料	341304002	标志牌	个	1.000
	030105183	镀锌六角螺栓带螺母 2 平垫 1 弹垫 M16×100 以内	10 套	0.206
	142913004	高纯氮气 40L	瓶	0.250
	192700001	减压阀 100	个	0.020
	030107019	膨胀螺栓 M12	10 套	0.412
	352903001	台秤	个	0.010
	860113013	压力表 25MPa（带弯带阀）	块	0.040
	144135021	厌氧胶 325# 200g	瓶	0.160
	850103006	其他材料费（占材料费）	%	3.000
机械	991003090	电动空气压缩机 $40m^3/min$	台班	0.500

工作内容：开箱检查、组合装配、安装、固定、试动调整。 **计量单位：**套

编号				2-3-122
项目				二氧化碳称重检漏装置
名称			单位	消耗量
人工	000205000	综合二类工	工日	1.273
材料	030105005	半圆头镀锌螺栓 M6～12×22～80	10套	0.412
	341304002	标志牌	个	1.000
	030105181	镀锌六角螺栓带螺母 2 平垫 1 弹垫 M10×50 以内	10套	0.412
	850103006	其他材料费（占材料费）	%	3.000

工作内容：外观检查、气体瓶柜安装、系统组件安装、阀驱动装置安装。 **计量单位：**套

编号				2-3-123	2-3-124	2-3-125	2-3-126	2-3-127
项目				无管网气体灭火装置				
				贮存容器容积（L 以内）				
				40	70	90	150	240
名称			单位	消耗量				
人工	000205000	综合二类工	工日	2.080	4.500	6.800	7.500	12.500
材料	030105183	镀锌六角螺栓带螺母 2 平垫 1 弹垫 M16×100 以内	10套	0.206	0.206	0.206	0.206	0.206
	341304004	铝牌	个	1.000	1.000	1.000	1.000	1.000
	030107019	膨胀螺栓 M12	10套	0.412	0.412	0.412	0.412	0.412
	144135021	厌氧胶 325# 200g	瓶	0.160	0.240	0.240	0.240	0.400
	850103006	其他材料费（占材料费）	%	3.000	3.000	3.000	3.000	3.000
机械	990422010	手动液压叉车	台班	0.500	0.500	0.500	0.500	0.500

工作内容：准备工具和材料、安装拆除临时管线、充氮气、停压检查、泄压、清理及烘干、封口。 **计量单位：**套

编号				2-3-128
项目				管网系统试验
				气压试验
名称			单位	消耗量
人工	000205000	综合二类工	工日	0.220
材料	860113014	压力表 25MPa（带弯带阀）YBS-WS	套	0.040
	031301009	低碳钢焊条 J427（综合）	kg	0.165
	030105181	镀锌六角螺栓带螺母 2 平垫 1 弹垫 M10×50 以内	10套	0.250
	192700001	减压阀 100	个	0.020
	012903023	热轧中厚钢板 $\delta 20$	kg	0.200
	020905001	塑料布	m^2	0.120
	170201002	无缝钢管 $D22\times2.5$	m	0.010
	142909001	氧气	m^3	0.141
	142907001	乙炔气	m^3	0.047
	850103006	其他材料费（占材料费）	%	3.000
机械	990900010	电焊机（综合）	台班	0.030

三、火灾自动报警系统

工作内容：底座安装、校线、接头、压接冷压端头、底座压线、编码、探头安装、测试、防护罩安装、拆除等。

计量单位：见表

编号				2-3-129	2-3-130	2-3-131	2-3-132	2-3-133
项目				点型探测器安装				
				感烟	感温	红外光束	火焰	可燃气体
单位				个		对	个	
名称			单位	消耗量				
人工	000205000	综合二类工	工日	0.273	0.273	2.734	0.912	0.273
材料	012927009	镀铬钢板 δ2.5	m^2	—	—	0.021	0.010	—
	170400001	镀铬钢管 D10	m	—	—	0.412	0.824	—
	142915001	丙烷	kg	—	—	—	—	1.000
	030103031	镀锌螺钉 M2～5×4～50	个	2.040	2.040	4.080	2.040	2.040
	291711007	铜接线卡 1.0～2.5	个	2.030	2.030	4.060	2.030	2.030
	280317013	阻燃铜芯塑料绝缘绞型电线 ZR-RVS 2×1.5mm^2	m	0.153	0.153	1.120	0.153	0.153
	850103006	其他材料费（占材料费）	%	3.000	3.000	3.000	3.000	3.000
机械	874614162	火灾探测器试验器	台班	0.030	0.030	0.700	0.090	—
	870613023	手持式万用表	台班	0.010	0.010	0.010	0.010	0.010

工作内容：安装、校线、接头、压接冷压端头、线型探测器敷设、编码、测试等。 **计量单位：**见表

编号				2-3-134	2-3-135	2-3-136
项目				线型探测器安装		
				线型探测器	线性探测器信号转换装置	报警终端电阻
单位				m	台	个
名称			单位	消耗量		
人工	000205000	综合二类工	工日	0.165	1.108	0.011
材料	233309001	线型探测器	m	1.320	—	—
	234121001	报警终端电阻	个	—	—	1.050
	341304002	标志牌	个	0.006	0.006	—
	021301005	尼龙扎带 L=100～150	个	1.838	1.838	—
	291711007	铜接线卡 1.0～2.5	个	1.575	1.575	—
	280317013	阻燃铜芯塑料绝缘绞型电线 ZR-RVS 2×1.5mm^2	m	0.153	0.153	—
	030103055	木螺钉 d4.5～6×15～100	10个	—	2.040	—
	172500029	塑料胀管 ϕ6～8	个	—	2.100	—
	850103006	其他材料费（占材料费）	%	3.000	3.000	3.000
机械	870613023	手持式万用表	台班	0.010	0.010	0.010

工作内容：底座安装、校线、接头、压接冷压端头、底座压线、编码、安装、测试等。　　**计量单位**：个

编号				2-3-137	2-3-138	2-3-139	2-3-140
项目				按钮安装		消防警铃、声光报警器安装	
				火灾报警按钮	消火栓报警按钮	消防警铃	声光报警器
名称			单位	消耗量			
人工	000205000	综合二类工	工日	0.471	0.621	0.482	0.488
材料	030103031	镀锌螺钉 M2～5×4～50	个	2.040	2.040	—	—
	291711007	铜接线卡 1.0～2.5	个	5.075	7.105	2.030	2.030
	280317013	阻燃铜芯塑料绝缘绞型电线 ZR-RVS 2×1.5mm²	m	0.153	0.458	0.153	0.153
	341304002	标志牌	个	—	—	1.000	1.000
	022701003	棉纱头	kg	—	—	0.010	0.010
	030103055	木螺钉 d4.5～6×15～100	10个	—	—	0.204	0.306
	173113003	塑料异型管 ϕ5	m	—	—	0.053	0.053
	172500029	塑料胀管 ϕ6～8	个	—	—	2.100	3.150
	850103006	其他材料费（占材料费）	%	3.000	3.000	3.000	3.000
机械	870613023	手持式万用表	台班	0.010	0.010	0.010	—

工作内容：本体安装、采样管制作安装、校线、压线、接地、调试等。　　**计量单位**：见表

编号				2-3-141	2-3-142	2-3-143	2-3-144	2-3-145
项目				空气采样型探测器安装				
				空气采样管	极早期空气采样报警器			
					2路	6路	8路	16路
单位				m	台			
名称			单位	消耗量				
人工	000205000	综合二类工	工日	0.174	6.502	10.930	13.526	17.282
材料	173119001	空气采样管	m	1.050	—	—	—	—
	030103055	木螺钉 d4.5～6×15～100	10个	2.040	—	—	—	—
	290645050	塑料管卡子 20mm	个	1.050	—	—	—	—
	172500029	塑料胀管 ϕ6～8	个	2.100	—	—	—	—
	341304002	标志牌	个	—	1.000	1.000	1.000	1.000
	021301005	尼龙扎带 L=100～150	个	—	—	18.000	20.000	25.000
	030107014	膨胀螺栓 M8	10套	—	0.412	0.412	0.412	0.412
	280317013	阻燃铜芯塑料绝缘绞型电线 ZR-RVS 2×1.5mm²	m	—	0.153	0.153	0.153	0.153
	850103006	其他材料费（占材料费）	%	3.000	3.000	3.000	3.000	3.000
机械	874614162	火灾探测器试验器	台班	—	0.030	0.030	0.030	0.030
	870613023	手持式万用表	台班	0.010	0.010	0.010	0.010	0.010

工作内容：校线、接头、压接冷压端头、压线、安装、测试等。　　　　**计量单位：**个

编号				2-3-146	2-3-147
项目				消防报警电话插孔（电话）安装	
				电话分机	电话插孔
名称			单位	消耗量	
人工	000205000	综合二类工	工日	0.202	0.109
材料	030103034	镀锌木螺钉 *d*2～5×4～50	10个	0.204	—
	030103031	镀锌螺钉 M2～5×4～50	个	—	2.040
	022701003	棉纱头	kg	0.010	0.010
	172500029	塑料胀管 ϕ6～8	个	2.100	—
	291711007	铜接线卡 1.0～2.5	个	2.030	2.030
	280317013	阻燃铜芯塑料绝缘绞型电线 ZR-RVS 2×1.5mm^2	m	0.153	0.153
	850103006	其他材料费（占材料费）	%	3.000	3.000
机械	870613023	手持式万用表	台班	0.010	0.010

工作内容：校线、接头、压接冷压端头、安装、测试等。　　　　**计量单位：**个

编号				2-3-148	2-3-149	2-3-150
项目				消防广播（扬声器）安装		
				扬声器		音量调节器
				吸顶式（3W-5W）	壁挂式（3W-5W）	
名称			单位	消耗量		
人工	000205000	综合二类工	工日	0.356	0.273	0.088
材料	022701003	棉纱头	kg	0.010	0.010	0.006
	173113003	塑料异型管 ϕ5	m	0.053	0.053	0.053
	291711007	铜接线卡 1.0～2.5	个	2.030	2.030	3.045
	280317013	阻燃铜芯塑料绝缘绞型电线 ZR-RVS 2×1.5mm^2	m	0.153	0.153	—
	280317012	阻然铜芯塑料绝缘电线 ZR- BV-1.5mm^2	m	—	—	0.458
	030103053	木螺钉 *d*2～4×6～65	10个	—	0.204	—
	172500029	塑料胀管 ϕ6～8	个	—	2.100	—
	030103031	镀锌螺钉 M2～5×4～50	个	—	—	2.040
	850103006	其他材料费（占材料费）	%	3.000	3.000	3.000
机械	870613023	手持式万用表	台班	0.010	0.010	0.010

工作内容：校线、接头、压接冷压端头、排线、绑扎、导线标识、安装、补漆、编码、本体调试等。

计量单位：个

编号				2-3-151	2-3-152	2-3-153	2-3-154	2-3-155	2-3-156
项目				消防专用模块（模块箱）安装					
				模块					
				单输入	多输入	单输出	多输出	单输入 单输出	多输入 多输出
名称			单位	消耗量					
人工	000205000	综合二类工	工日	1.377	1.546	1.458	1.930	1.626	2.100
材料	341304002	标志牌	个	1.000	1.000	1.000	1.000	1.000	1.000
	030103031	镀锌螺钉 M2～5×4～50	个	2.040	2.040	2.040	2.040	2.040	2.040
	022701003	棉纱头	kg	0.010	0.010	0.010	0.010	0.010	0.010
	291711005	尼龙线卡	个	4.000	8.000	4.000	8.000	4.000	8.000
	021301005	尼龙扎带 $L=100\sim150$	个	2.000	4.000	2.000	4.000	2.000	4.000
	291711007	铜接线卡 1.0～2.5	个	4.060	6.090	6.090	8.120	8.120	12.180
	280317013	阻燃铜芯塑料绝缘绞型电线 ZR-RVS 2×1.5mm^2	m	0.305	0.611	0.305	0.611	0.305	0.611
	850103006	其他材料费（占材料费）	%	3.000	3.000	3.000	3.000	3.000	3.000
机械	870613023	手持式万用表	台班	0.200	0.400	0.200	0.400	0.200	0.400

工作内容：开箱、检查、箱体安装、接地、涮锡、补漆等。

计量单位：台

编号				2-3-157	2-3-158
项目				消防专用模块（模块箱）安装	
				模块箱	端子箱
名称			单位	消耗量	
人工	000205000	综合二类工	工日	0.352	0.391
材料	031301009	低碳钢焊条 J427（综合）	kg	0.045	0.045
	130115001	调和漆	kg	0.045	0.030
	011303001	镀锌扁钢（综合）	kg	0.630	0.630
	130505001	防锈漆	kg	0.027	0.015
	031305002	焊锡	kg	0.020	0.020
	031305003	焊锡膏	kg	0.006	0.006
	284309001	接地编织铜线	m	0.500	0.500
	030107014	膨胀螺栓 M8	10套	0.412	0.412
	290901004	铜端子 6mm^2	个	2.030	2.030
	850103006	其他材料费（占材料费）	%	3.000	3.000
机械	990900010	电焊机（综合）	台班	0.150	0.150

工作内容：外观检查、校线、绝缘电阻遥测、接头挂锡或压接冷压端头、排线、绑扎、导线标识、安装、本体调试、接地等。

计量单位：台

编号				2-3-159	2-3-160	2-3-161	2-3-162	2-3-163
项目				区域报警控制箱安装				
				报警控制箱（壁挂）				报警控制箱（落地）
				64 点以内	128 点以内	256 点以内	500 点以内	1000 点以内
名称			单位	消耗量				
人工	000205000	综合二类工	工日	4.500	6.500	14.714	24.472	33.361
材料	030107014	膨胀螺栓 M8	10 套	0.412	0.412	0.412	0.412	—
	341304002	标志牌	个	1.000	1.000	1.000	1.000	1.000
	031301009	低碳钢焊条 J427（综合）	kg	0.045	0.045	0.045	0.045	0.045
	130115001	调和漆	kg	0.200	0.300	0.045	0.045	0.050
	011303005	镀锌扁钢 40×4	kg	0.630	0.630	0.630	0.630	0.630
	030105182	镀锌六角螺栓带螺母 2 平垫 1 弹垫 M10×100 以内	10 套	—	—	—	—	0.412
	130505001	防锈漆	kg	0.200	0.250	0.027	0.030	0.040
	031305002	焊锡	kg	0.150	0.180	0.220	0.380	0.700
	031305003	焊锡膏	kg	0.030	0.030	0.060	0.100	0.180
	284309001	接地编织铜线	m	0.500	0.500	0.500	0.500	1.000
	031101009	尼龙砂轮片 $\phi100$	片	0.200	0.200	0.200	0.300	0.500
	291711005	尼龙线卡	个	10.000	12.000	14.000	22.000	40.000
	140301001	汽油 89#	kg	0.300	0.350	0.450	0.620	0.850
	173113003	塑料异型管 $\phi5$	m	0.525	0.525	0.578	0.998	1.838
	290901004	铜端子 $6mm^2$	个	2.030	2.030	2.030	2.030	—
	290901006	铜端子 $16mm^2$	个	—	—	—	—	4.060
	850103006	其他材料费（占材料费）	%	3.000	3.000	3.000	3.000	3.000
机械	990900010	电焊机（综合）	台班	0.150	0.150	0.150	0.150	0.150
	870622068	交/直流低电阻测试仪	台班	0.070	0.070	0.070	0.070	0.070
	870613023	手持式万用表	台班	2.000	4.000	5.000	6.000	8.000
	990422010	手动液压叉车	台班	—	—	—	—	0.500

工作内容：校线、绝缘电阻遥测、接头挂锡或压接冷压端头、排线、绑扎、导线标识、安装、本体调试、接地等。

计量单位：台

编号				2-3-164	2-3-165	2-3-166
项目				联动控制箱安装		
				壁挂		落地
				256 点以内	500 点以内	1000 点以内
名称			单位	消耗量		
人工	000205000	综合二类工	工日	16.569	18.054	20.752
材料	031301009	低碳钢焊条 J427（综合）	kg	0.045	0.045	0.045
	130115001	调和漆	kg	0.045	0.045	0.050
	011303001	镀锌扁钢（综合）	kg	0.630	0.630	0.630
	130505001	防锈漆	kg	0.027	0.030	0.040
	031305002	焊锡	kg	0.200	0.360	0.680
	031305003	焊锡膏	kg	0.050	0.090	0.170
	284309001	接地编织铜线	m	0.500	0.500	1.000
	031101009	尼龙砂轮片 $\phi100$	片	0.200	0.300	0.500
	291711005	尼龙线卡	个	16.000	24.000	46.000
	030107016	膨胀螺栓 M10	10 套	0.412	0.412	—
	140301001	汽油 89#	kg	0.450	0.860	1.500
	173113003	塑料异型管 $\phi5$	m	0.525	0.945	1.785
	290901004	铜端子 $6mm^2$	个	2.030	2.030	—
	290901006	铜端子 $16mm^2$	个	—	—	4.060
	030105182	镀锌六角螺栓带螺母 2 平垫 1 弹垫 M10×100 以内	10 套	—	—	0.412
	850103006	其他材料费（占材料费）	%	3.000	3.000	3.000
机械	990900010	电焊机（综合）	台班	0.150	0.150	0.150
	870622068	交/直流低电阻测试仪	台班	0.070	0.070	0.070
	870613023	手持式万用表	台班	4.000	5.000	8.000
	990422010	手动液压叉车	台班	—	—	0.500

工作内容：校线、绝缘电阻遥测、接头挂锡或压接冷压端头、排线、绑扎、导线标识、安装、本体调试、接地等。

计量单位：台

编号				2-3-167	2-3-168	2-3-169
项目				远程控制箱（柜）安装		
				远程控制箱		重复显示器
				3 路以内	5 路以内	
名称			单位	消耗量		
人工	000205000	综合二类工	工日	7.516	9.401	13.346
材料	340501004	打印纸卷	盒	0.240	0.300	—
	031301009	低碳钢焊条 J427（综合）	kg	0.045	0.045	0.045
	130115001	调和漆	kg	0.045	0.045	0.050
	011303001	镀锌扁钢（综合）	kg	0.630	0.630	0.630
	130505001	防锈漆	kg	0.027	0.030	0.040
	031305002	焊锡	kg	0.130	0.190	0.080
	031305003	焊锡膏	kg	0.040	0.050	0.020
	284309001	接地编织铜线	m	0.500	0.500	0.500
	030107014	膨胀螺栓 M8	10 套	0.412	0.412	0.412
	140301001	汽油 89#	kg	0.180	0.260	0.200
	173113003	塑料异型管 $\phi5$	m	0.315	0.525	0.210
	290901004	铜端子 6mm^2	个	2.030	2.030	—
	290901006	铜端子 16mm^2	个	—	—	2.030
	850103006	其他材料费（占材料费）	%	3.000	3.000	3.000
机械	990900010	电焊机（综合）	台班	0.150	0.150	0.150
	870622068	交/直流低电阻测试仪	台班	0.070	0.070	0.070
	870613023	手持式万用表	台班	2.000	2.500	3.000

工作内容：校线、绝缘电阻遥测、接头挂锡或压接冷压端头、排线、绑扎、导线标识、安装、本体调试、接地等。

计量单位：台

编号				2-3-170	2-3-171	2-3-172	2-3-173
项目				火灾报警系统控制主机安装			
				壁挂（点以内）			壁挂（点以外）
				500	1000	2000	2000
名称			单位	消耗量			
人工	000205000	综合二类工	工日	22.016	29.233	34.242	43.960
材料	340501004	打印纸卷	盒	0.320	0.400	0.500	0.600
	031301009	低碳钢焊条 J427（综合）	kg	0.045	0.045	0.045	0.045
	130115001	调和漆	kg	0.050	0.060	0.065	0.070
	011303001	镀锌扁钢（综合）	kg	0.630	0.630	0.630	0.630
	130505001	防锈漆	kg	0.040	0.450	0.500	0.600
	031305002	焊锡	kg	0.250	0.500	0.800	1.600
	031305003	焊锡膏	kg	0.070	0.130	0.200	0.400
	284309001	接地编织铜线	m	0.500	0.500	0.500	0.500
	140301001	汽油 89#	kg	0.520	0.800	0.920	2.600
	173113003	塑料异型管 $\phi5$	m	0.630	1.250	2.100	4.200
	290901004	铜端子 $6mm^2$	个	2.030	2.030	2.030	2.030
	341304002	标志牌	个	1.000	1.000	1.000	1.000
	291711005	尼龙线卡	个	15.000	46.000	86.000	120.000
	030107016	膨胀螺栓 M10	10套	0.412	0.412	0.412	0.412
	850103006	其他材料费（占材料费）	%	3.000	3.000	3.000	3.000
机械	990900010	电焊机（综合）	台班	0.150	0.150	0.150	0.150
	870622068	交/直流低电阻测试仪	台班	0.070	0.070	0.070	0.070
	870613023	手持式万用表	台班	5.000	7.000	9.000	12.000

工作内容：校线、绝缘电阻遥测、接头挂锡或压接冷压端头、排线、绑扎、导线标识、安装、本体调试、接地等。

计量单位：台

编号				2-3-174	2-3-175	2-3-176	2-3-177	2-3-178
项目				火灾报警系统控制主机安装				
				落地（点以内）				落地（点以外）
				500	1000	2000	5000	
名称			单位	消耗量				
人工	000205000	综合二类工	工日	22.366	28.957	37.013	50.419	57.040
材料	341304002	标志牌	个	1.000	1.000	1.000	1.000	1.000
	340501004	打印纸卷	盒	0.320	0.400	0.500	0.600	0.600
	031301009	低碳钢焊条 J427（综合）	kg	0.045	0.045	0.045	0.045	0.045
	130115001	调和漆	kg	0.500	0.600	0.650	0.700	0.800
	011303001	镀锌扁钢（综合）	kg	0.630	0.630	0.630	0.630	0.630
	130505001	防锈漆	kg	0.030	0.045	0.500	0.600	0.700
	031305002	焊锡	kg	0.250	0.500	0.800	1.600	1.900
	031305003	焊锡膏	kg	0.063	0.130	0.200	0.400	0.700
	284309001	接地编织铜线	m	1.000	1.000	1.000	1.000	1.000
	291711005	尼龙线卡	个	15.000	46.000	82.000	120.000	150.000
	140301001	汽油 89#	kg	0.520	0.800	0.920	2.600	2.900
	173113003	塑料异型管 $\phi5$	m	0.630	1.250	2.100	4.200	8.400
	290901006	铜端子 16mm^2	个	4.060	4.060	4.060	4.060	4.060
	030105182	镀锌六角螺栓带螺母 2 平垫 1 弹垫 M10×100 以内	10 套	0.412	0.412	0.412	0.824	1.648
	850103006	其他材料费（占材料费）	%	3.000	3.000	3.000	3.000	3.000
机械	990900010	电焊机（综合）	台班	0.150	0.150	0.150	0.150	0.150
	870622068	交/直流低电阻测试仪	台班	0.070	0.070	0.070	0.070	0.070
	870613023	手持式万用表	台班	5.000	7.000	9.000	12.000	20.000
	990422010	手动液压叉车	台班	0.500	0.500	0.500	0.500	0.500

工作内容：校线、绝缘电阻遥测、接头挂锡或压接冷压端头、排线、绑扎、导线标识、安装、本体调试、接地等。

计量单位：台

编号				2-3-179	2-3-180	2-3-181	2-3-182
项目				联动控制主机安装			
				落地（点以内）			落地（点以外）
				256	500	1000	
名称			单位	消耗量			
人工	000205000	综合二类工	工日	29.076	30.962	32.786	34.706
材料	341304002	标志牌	个	1.000	1.000	1.000	1.000
	031301009	低碳钢焊条 J427（综合）	kg	0.045	0.045	0.045	0.045
	130115001	调和漆	kg	0.045	0.500	0.600	0.650
	011303001	镀锌扁钢（综合）	kg	0.630	0.630	0.630	0.630
	030105180	镀锌六角螺栓带螺母 2 平垫 1 弹垫 M8×100 以内	10 套	0.412	0.412	0.412	0.618
	130505001	防锈漆	kg	0.027	0.030	0.045	0.500
	031305002	焊锡	kg	0.200	0.360	0.680	0.980
	031305003	焊锡膏	kg	0.050	0.090	0.170	0.230
	284309001	接地编织铜线	m	1.000	1.000	1.000	1.000
	291711005	尼龙线卡	个	16.000	24.000	46.000	68.000
	140301001	汽油 89#	kg	0.450	0.860	1.500	1.800
	173113003	塑料异型管 $\phi5$	m	0.525	0.945	1.785	2.415
	290901006	铜端子 $16mm^2$	个	4.060	4.060	4.060	4.060
	850103006	其他材料费（占材料费）	%	3.000	3.000	3.000	3.000
机械	990900010	电焊机（综合）	台班	0.150	0.150	0.150	0.150
	870622068	交/直流低电阻测试仪	台班	0.070	0.070	0.070	0.070
	870613023	手持式万用表	台班	3.000	4.500	6.000	7.000
	990422010	手动液压叉车	台班	0.500	0.500	0.500	0.500

工作内容：校线、绝缘电阻遥测、接头挂锡或压接冷压端头、排线、绑扎、导线标识、安装、本体调试、接地等。

计量单位：台

编号				2-3-183	2-3-184	2-3-185	2-3-186	2-3-187
项目				消防广播及电话主机（柜）安装				
				消防广播控制柜	广播功率放大器	广播录放盘	矩阵	广播分配器
名称			单位	消耗量				
人工	000205000	综合二类工	工日	15.643	0.345	0.433	0.288	4.223
材料	030103031	镀锌螺钉 M2～5×4～50	个	—	4.080	4.080	—	4.080
	203307023	橡胶垫 $\delta 2$	m^2	—	0.060	0.050	—	—
	341304002	标志牌	个	1.000	—	—	—	—
	031301009	低碳钢焊条 J427（综合）	kg	0.045	—	—	—	—
	130115001	调和漆	kg	0.045	—	—	—	—
	011303001	镀锌扁钢（综合）	kg	1.260	—	—	—	—
	030105180	镀锌六角螺栓带螺母 2 平垫 1 弹垫 M8×100 以内	10 套	0.412	—	—	—	—
	130505001	防锈漆	kg	0.027	—	—	—	—
	031305002	焊锡	kg	0.570	—	—	—	0.360
	031305003	焊锡膏	kg	0.143	—	—	—	0.090
	284309001	接地编织铜线	m	1.000	0.500	0.500	0.500	0.500
	140301001	汽油 89#	kg	1.640	—	—	—	—
	173113003	塑料异型管 $\phi 5$	m	1.470	—	—	—	0.945
	290901006	铜端子 $16mm^2$	个	4.060	2.030	2.030	2.030	2.030
	031509005	垫铁	kg	2.000	—	—	—	—
	280301005	铜芯塑料绝缘电线 BV-$4mm^2$	m	3.054	—	—	—	—
	020101009	橡胶板 $\delta 4$	kg	0.480	—	—	—	—
	850103006	其他材料费（占材料费）	%	3.000	3.000	3.000	3.000	3.000
机械	990900010	电焊机（综合）	台班	0.150	—	—	—	—
	870622068	交/直流低电阻测试仪	台班	0.070	—	—	—	—
	870613023	手持式万用表	台班	3.000	0.500	—	—	—

工作内容：校线、绝缘电阻遥测、接头挂锡或压接冷压端头、排线、绑扎、导线标识、安装、本体调试、接地等。

计量单位：台

编号				2-3-188	2-3-189	2-3-190	2-3-191
项目				消防广播及电话主机（柜）安装			
				消防电话主机（路以内）			
				10	30	60	80
名称			单位	消耗量			
人工	000205000	综合二类工	工日	12.301	18.543	22.594	29.365
材料	031301009	低碳钢焊条 J427（综合）	kg	0.045	0.045	0.045	0.045
	130115001	调和漆	kg	0.030	0.030	0.030	0.030
	011303001	镀锌扁钢（综合）	kg	1.220	1.220	1.220	1.220
	030105182	镀锌六角螺栓带螺母 2 平垫 1 弹垫 M10×100 以内	10 套	0.412	0.412	0.412	0.412
	130505001	防锈漆	kg	0.020	0.020	0.020	0.020
	031305002	焊锡	kg	0.430	0.830	1.230	1.630
	031305003	焊锡膏	kg	0.110	0.210	0.310	0.410
	284309001	接地编织铜线	m	1.000	1.000	1.000	1.000
	140301001	汽油 89#	kg	0.290	0.640	0.980	1.020
	173113003	塑料异型管 $\phi5$	m	1.050	2.100	3.150	4.200
	290901006	铜端子 $16mm^2$	个	4.060	4.060	4.060	4.060
	203307023	橡胶垫 $\delta2$	m^2	—	0.050	0.050	0.050
	850103006	其他材料费（占材料费）	%	3.000	3.000	3.000	3.000
机械	990900010	电焊机（综合）	台班	0.150	0.150	0.150	0.150
	870622068	交/直流低电阻测试仪	台班	0.070	0.070	0.070	0.070
	870613023	手持式万用表	台班	3.000	3.000	5.000	7.000

工作内容：计算机主机、显示器、打印机安装、软件安装、调试等。

计量单位：台

编号				2-3-192
项目				火灾报警控制微机、图形显示及打印终端
名称			单位	消耗量
人工	000205000	综合二类工	工日	5.772
材料	022909001	白绸	m^2	0.220
	340501002	打印纸 132-1	箱	0.600
	850103006	其他材料费（占材料费）	%	3.000
机械	870613023	手持式万用表	台班	3.000

工作内容：安装、电池安装、电池组接线、本体调试等。 **计量单位：**台

编号				2-3-193
项目				备用电源及电池主机（柜）
名称			单位	消耗量
人工	000205000	综合二类工	工日	4.320
材料	031301009	低碳钢焊条 J427（综合）	kg	0.045
	130115001	调和漆	kg	0.030
	011303001	镀锌扁钢（综合）	kg	0.630
	030105180	镀锌六角螺栓带螺母 2 平垫 1 弹垫 M8 × 100 以内	10 套	0.412
	030103031	镀锌螺钉 M2～5 × 4～50	个	5.600
	130505001	防锈漆	kg	0.020
	284309001	接地编织铜线	m	1.000
	140301001	汽油 89#	kg	0.230
	290901006	铜端子 $16mm^2$	个	4.060
	203307023	橡胶垫 $\delta 2$	m^2	0.020
	850103006	其他材料费（占材料费）	%	3.000
机械	990900010	电焊机（综合）	台班	0.150
	870613023	手持式万用表	台班	2.000
	990422010	手动液压叉车	台班	0.500

工作内容：校线、绝缘电阻遥测、接头挂锡或压接冷压端头、排线、绑扎、导线标识、安装、本体调试、接地等。 **计量单位：**台

编号				2-3-194	2-3-195	2-3-196	2-3-197
项目				火灾报警联动一体机安装			
				壁挂		落地	
				64 点以内	128 点以内	256 点以内	500 点以内
名称			单位	消耗量			
人工	000205000	综合二类工	工日	6.240	10.033	24.339	34.576
材料	341304002	标志牌	个	1.000	1.000	1.000	1.000
	031301009	低碳钢焊条 J427（综合）	kg	0.045	0.045	0.045	0.045
	130115001	调和漆	kg	0.030	0.030	0.030	0.030
	011303001	镀锌扁钢（综合）	kg	0.630	0.630	0.630	0.630
	130505001	防锈漆	kg	0.020	0.020	0.020	0.020
	031305002	焊锡	kg	0.050	0.090	0.150	0.250
	031305003	焊锡膏	kg	0.015	0.025	0.045	0.070
	284309001	接地编织铜线	m	0.500	0.500	1.000	1.000
	291711005	尼龙线卡	个	15.000	20.000	25.000	30.000
	030107016	膨胀螺栓 M10	10 套	0.412	0.412	—	—
	140301001	汽油 89#	kg	0.560	0.900	0.950	3.020
	173113003	塑料异型管 $\phi 5$	m	0.500	0.800	1.200	2.500
	290901006	铜端子 $16mm^2$	个	4.060	4.060	4.060	4.060
	030105182	镀锌六角螺栓带螺母 2 平垫 1 弹垫 M10 × 100 以内	10 套	—	—	0.412	0.412
	850103006	其他材料费（占材料费）	%	3.000	3.000	3.000	3.000
机械	990900010	电焊机（综合）	台班	0.150	0.150	0.150	0.150
	870622068	交/直流低电阻测试仪	台班	0.070	0.070	0.070	0.070
	870613023	手持式万用表	台班	2.000	3.000	4.000	5.000
	990422010	手动液压叉车	台班	—	—	0.500	0.500

工作内容：校线、绝缘电阻遥测、接头挂锡或压接冷压端头、排线、绑扎、导线标识、安装、本体调试、接地等。

计量单位：台

编号				2-3-198	2-3-199	2-3-200	2-3-201
项目				火灾报警联动一体机安装			
				落地			
				1000 点以内	2000 点以内	5000 点以内	5000 点以外
名称			单位	消耗量			
人工	000205000	综合二类工	工日	41.769	49.735	67.600	78.544
材料	341304002	标志牌	个	1.000	1.000	1.000	1.000
	031301009	低碳钢焊条 J427（综合）	kg	0.045	0.045	0.045	0.045
	130115001	调和漆	kg	0.030	0.030	0.030	0.030
	011303001	镀锌扁钢（综合）	kg	0.630	0.630	0.630	0.630
	030105182	镀锌六角螺栓带螺母 2 平垫 1 弹垫 M10×100 以内	10 套	0.412	0.412	0.412	0.412
	130505001	防锈漆	kg	0.020	0.020	0.020	0.020
	031305002	焊锡	kg	0.500	0.800	1.600	2.500
	031305003	焊锡膏	kg	0.130	0.200	0.500	0.900
	284309001	接地编织铜线	m	0.500	0.500	0.500	0.500
	291711005	尼龙线卡	个	40.000	95.000	140.000	180.000
	140301001	汽油 89#	kg	3.500	0.950	3.020	3.500
	173113003	塑料异型管 $\phi 5$	m	3.400	4.200	4.800	8.500
	290901006	铜端子 16mm^2	个	4.060	4.060	4.060	4.060
	850103006	其他材料费（占材料费）	%	3.000	3.000	3.000	3.000
机械	990900010	电焊机（综合）	台班	0.150	0.150	0.150	0.150
	870622068	交/直流低电阻测试仪	台班	0.070	6.000	10.000	15.000
	870613023	手持式万用表	台班	7.000	9.000	12.000	20.000
	990422010	手动液压叉车	台班	0.500	0.500	0.500	0.500

四、消防系统调试

工作内容： 技术和器具准备、检查接线、绝缘检查、程序装载或校对检查、功能测试、系统试验、记录整理等。

计量单位：系统

编号				2-3-202	2-3-203	2-3-204	2-3-205
项目				自动报警系统调试（点以内）			
				64	128	256	500
名称			单位	消耗量			
人工	000305000	综合三类工	工日	16.503	27.709	72.059	128.850
材料	340115004	充电电池 5#	节	10.000	10.000	10.000	10.000
	340501002	打印纸 132-1	箱	0.050	0.120	0.240	0.320
	271799001	电气绝缘胶带 18mm × 10m × 0.13mm	卷	5.600	7.200	8.840	10.030
	143303002	酒精 工业用 99.5%	kg	0.200	0.390	0.460	0.560
	280301002	铜芯塑料绝缘电线 BV-1.0mm^2	m	15.270	15.270	15.270	15.270
	850103006	其他材料费（占材料费）	%	3.000	3.000	3.000	3.000
机械	873150102	对讲机（一对）	台班	4.000	6.000	10.000	30.000
	874614162	火灾探测器试验器	台班	1.500	2.500	3.000	3.500
	870622068	交/直流低电阻测试仪	台班	0.500	0.800	0.950	1.000
	873112033	交流稳压电源	台班	5.000	8.000	10.000	11.000
	870622060	接地引下线导通电阻测试仪	台班	0.500	0.500	0.500	0.500
	870613023	手持式万用表	台班	5.000	7.000	9.000	12.000
	873112006	直流稳压电源	台班	5.000	8.000	10.000	11.000

工作内容：技术和器具准备、检查接线、绝缘检查、程序装载或校对检查、功能测试、系统试验、记录整理等。

计量单位：系统

编号				2-3-206	2-3-207	2-3-208
项目				自动报警系统调试（点以内）		
				1000	2000	5000
名称			单位	消耗量		
人工	000305000	综合三类工	工日	216.843	284.403	426.605
材料	340115004	充电电池 5#	节	20.000	40.000	100.000
	340501002	打印纸 132-1	箱	0.400	0.500	0.600
	271799001	电气绝缘胶带 18mm × 10m × 0.13mm	卷	12.190	16.820	20.820
	143303002	酒精 工业用 99.5%	kg	0.600	0.700	0.900
	280301002	铜芯塑料绝缘电线 BV-1.0mm²	m	15.270	15.270	15.270
	850103006	其他材料费（占材料费）	%	3.000	3.000	3.000
机械	873150102	对讲机（一对）	台班	50.000	65.000	130.000
	874614162	火灾探测器试验器	台班	5.000	15.000	45.000
	870622068	交/直流低电阻测试仪	台班	1.500	2.000	5.000
	873112033	交流稳压电源	台班	22.000	30.000	50.000
	870622060	接地引下线导通电阻测试仪	台班	0.500	0.500	0.500
	870613023	手持式万用表	台班	20.000	35.000	60.000
	873112006	直流稳压电源	台班	22.000	30.000	50.000

工作内容：技术和器具准备、检查接线、绝缘检查、程序装载或校对检查、功能测试、系统试验、记录整理等。

计量单位：见表

编号				2-3-209	2-3-210	2-3-211
项目				自动报警系统调试		
				（5000 点以外）每增加 256 点	广播喇叭及音箱、电话插孔	通信分机
单位				系统	10 只	部
名称			单位	消耗量		
人工	000305000	综合三类工	工日	12.132	2.103	0.320
材料	340115004	充电电池 5#	节	5.000	—	—
	340501002	打印纸 132-1	箱	0.060	—	—
	271799001	电气绝缘胶带 18mm × 10m × 0.13mm	卷	2.080	—	—
	143303002	酒精 工业用 99.5%	kg	0.090	—	—
	340115003	电池 5#	节	—	16.000	4.000
	850103006	其他材料费（占材料费）	%	3.000	3.000	3.000
机械	874614162	火灾探测器试验器	台班	4.500	—	—
	870622068	交/直流低电阻测试仪	台班	0.500	—	—
	870622060	接地引下线导通电阻测试仪	台班	0.005	—	—
	873150102	对讲机（一对）	台班	13.000	0.500	0.100
	873158001	声级计	台班	—	0.800	0.800
	870613023	手持式万用表	台班	6.000	2.600	0.100

工作内容： 技术和器具准备、检查接线、绝缘检查、程序装载或校对检查、功能测试、系统试验、记录整理等。

计量单位： 点

编号				2-3-212	2-3-213	2-3-214
项目				水灭火控制装置调试		
				消火栓灭火系统	自动喷水灭火系统	消防水炮控制装置调试
名称			单位	消耗量		
人工	000305000	综合三类工	工日	1.071	1.526	4.186
材料	271799001	电气绝缘胶带 18mm×10m×0.13mm	卷	0.420	0.884	1.060
	143303002	酒精 工业用 99.5%	kg	0.160	0.400	0.480
	280301002	铜芯塑料绝缘电线 BV-1.0mm^2	m	1.527	3.563	15.270
	850103006	其他材料费（占材料费）	%	3.000	3.000	3.000
机械	873150102	对讲机（一对）	台班	0.500	1.000	1.000
	870613023	手持式万用表	台班	0.500	1.000	1.000
	874614162	火灾探测器试验器	台班	—	1.500	1.000

工作内容： 技术和器具准备、检查接线、绝缘检查、程序装载或校对检查、功能测试、系统试验、记录整理等。

计量单位： 点

编号				2-3-215	2-3-216	2-3-217
项目				防火控制装置调试		
				防火卷帘门	电动防火门（窗）	电动防火阀、电动排烟阀、电动正压送风阀
名称			单位	消耗量		
人工	000305000	综合三类工	工日	0.455	0.320	0.592
材料	280301003	铜芯塑料绝缘电线 BV-1.5mm^2	m	0.236	0.236	0.407
	250101001	灯泡	个	0.309	0.400	0.480
	554100001	蓄电池 24AH	块	—	—	0.040
	850103006	其他材料费（占材料费）	%	3.000	3.000	3.000
机械	873150102	对讲机（一对）	台班	0.500	0.300	0.500
	874614162	火灾探测器试验器	台班	0.300	0.300	0.300
	870613023	手持式万用表	台班	0.500	0.300	0.500

工作内容： 技术和器具准备、检查接线、绝缘检查、程序装载或校对检查、功能测试、系统试验、记录整理等。

计量单位： 见表

编号				2-3-218	2-3-219	2-3-220	2-3-221
项目				防火控制装置调试			
				切断非消防电源	消防风机	消防水泵联动调试	消防电梯
单位				点		部	
名称			单位	消耗量			
人工	000305000	综合三类工	工日	1.001	1.093	1.182	6.546
材料	280301003	铜芯塑料绝缘电线 BV-1.5mm²	m	0.407	0.407	0.611	—
	554100001	蓄电池 24AH	块	0.040	—	—	—
	850103006	其他材料费（占材料费）	%	3.000	3.000	3.000	3.000
机械	873150102	对讲机（一对）	台班	0.500	0.500	0.800	1.000
	874614162	火灾探测器试验器	台班	0.300	0.300	—	1.000
	870613023	手持式万用表	台班	0.300	0.300	0.500	1.000

工作内容： 工具准备、模拟喷气试验、储存容器切换器操作试验、气体试喷等。

计量单位： 点

编号				2-3-222	2-3-223	2-3-224	2-3-225	2-3-226
项目				气体灭火系统装置调试				
				试验容器规格（L）				
				40	70	90	155	270
名称			单位	消耗量				
人工	000305000	综合三类工	工日	3.094	4.641	6.188	8.645	12.376
材料	142913005	试验介质（氮气） 40L	瓶	1.000	—	—	—	—
	142913006	试验介质（氮气） 70L	瓶	—	1.000	—	—	—
	142913007	试验介质（氮气） 90L	瓶	—	—	1.000	—	—
	142913008	试验介质（氮气） 155L	瓶	—	—	—	1.000	—
	142913009	试验介质（氮气） 270L	瓶	—	—	—	—	1.000
	340501002	打印纸 132-1	箱	0.600	0.600	0.600	0.600	0.600
	231715001	大膜片	片	1.000	1.000	1.000	1.000	1.000
	553301001	电磁铁	块	1.000	1.000	1.000	1.000	1.000
	271799001	电气绝缘胶带 18mm × 10m × 0.13mm	卷	2.000	2.000	2.000	2.000	2.000
	143303002	酒精 工业用 99.5%	kg	0.900	0.900	0.900	0.900	0.900
	203309001	聚四氟乙烯垫	个	1.000	1.000	1.000	1.000	1.000
	231715002	小膜片	片	1.000	1.000	1.000	1.000	1.000
	234501001	锥形堵块	只	1.000	1.000	1.000	1.000	1.000
	850103006	其他材料费（占材料费）	%	3.000	3.000	3.000	3.000	3.000
机械	873150102	对讲机（一对）	台班	1.000	1.000	1.000	1.000	1.000
	874614162	火灾探测器试验器	台班	1.000	1.000	1.000	1.000	1.000
	870613023	手持式万用表	台班	1.000	1.000	1.000	1.000	1.000

第四章

给排水工程

第四卷

[illegible]

说　　明

一、本章包括给排水管道、管道附件、其他等项目。

二、本章适用于综合管廊的给排水系统中的管道、附件、器具及附属设备等安装工程。

三、本章编制的主要依据有：

1.《室外给水设计标准》GB 50013—2018；

2.《室外排水设计标准》GB 50014—2021；

3.《建筑给水排水设计标准》GB 50015—2019；

4.《给水排水工程基本术语标准》GB/T 50125—2010；

5.《建筑给水排水及采暖工程施工质量验收规范》GB 50242—2002；

6.《给水排水管道工程施工及验收规范》GB 50268—2008；

7.《建筑给水聚丙烯管道工程技术规程》CJJ/T 98—2014；

8.《城市给水工程项目规范》GB 55026—2022；

9.《建筑给水排水薄壁不锈钢管连接技术规程》T/CECS 277—2021；

10.《通用安装工程工程量计算标准》DB 61/T 5130—2025；

11.《城市综合管廊工程技术标准》GB/T 50838—2015（2024 年版）；

12.《陕西省通用安装工程消耗量定额（2025）》；

13.《建设工程劳动定额》LD/T—2008；

14. 现行国家建筑设计标准图集、协会标准、产品标准等其他资料。

四、本章不包括以下内容，发生时应另行计算：

1. 本章未包括的给排水设备安装执行本册第一章“机械设备安装工程”相应项目。

2. 给排水、器具等电气检查、接线工作，执行本册第二章“电气设备安装工程”相应项目。

3. 刷油、防腐蚀、绝热工程执行《通用安装工程消耗量定额》TY 02-31—2005 相应项目。

4. 本章凡涉及管沟、工作坑及井类的土方开挖、回填、运输、垫层、基础、砌筑、地沟盖板预制安装、路面开挖及修复、管道混凝土支墩的项目，以及混凝土管道、水泥管道安装执行相关项目。

五、界线划分：

给排水系统管道以在管廊本体内安装为主，以管廊外接出雨水井为界。

六、本章各项目中，均包括安装物的外观检查。

七、给排水管道：

1. 管道的适用范围：

（1）给水管道适用于压力排水等管道的安装。

（2）塑料管安装适用于 UPVC、PVC、PP-C、PP-R、PE、PB 管等。

（3）镀锌钢管（螺纹连接）项目适用于焊接钢管的螺纹连接。

（4）钢塑复合管安装适用于内涂塑、内外涂塑、内衬塑、外覆塑内衬塑复合管道安装。

（5）钢管沟槽连接适用于镀锌钢管、焊接钢管及无缝钢管等沟槽连接的管道安装。不锈钢管、铜管、复合管的沟槽连接，可参照执行。

2. 管道安装项目中，均包括相应管件安装、水压试验及水冲洗工作内容。各种管件数量系综合取定，执行项目时，成品管件数量可依据设计文件及施工方案计算，项目中其他消耗量均不做调整。管道安装定额中的管件含量，不含与螺纹阀门配套的活接、对丝，其用量含在螺纹阀门安装项目中。

3. 钢管焊接安装项目中均综合考虑了成品管件和现场煨制弯管、摔制大小头、挖眼三通。

4. 管道安装项目中，除管廊内直埋塑料给水管项目中已包括管卡安装外，均不包括管道支架、管卡、托钩等制作安装以及管道穿墙、板套管制作安装、预留孔洞、堵洞、打洞、凿槽等工作内容，发生时，应按本章第三节相应项目另行计算。

5. 排（雨）水管道包括灌水（闭水）及通球试验工作内容；排水管道不包括止水环、透气帽本体材料，发生时按实际数量另计材料费。

6. 柔性铸铁排水管（机械接口）按带法兰承口的承插式管材考虑。

7. 塑料管热熔连接公称外径dn125 及以上管径按热熔对接连接考虑。

8. 直埋塑料管道是指敷设墙内的塑料给水管段。包括充压隐蔽、水压试验、水冲洗以及地面划线标示等工作内容。

9. 安装带保温层的管道时，可执行相应材质及连接形式的管道安装项目，其人工乘以系数 1.10；管道接头保温执行《陕西省通用安装工程消耗量定额（2025）》相应项目，其人工、机械乘以系数 2.00。

八、管道附件：

1. 阀门安装均综合考虑了标准规范要求的强度及严密性试验工作内容。若采用气压试验时，除定额人工消耗量外，其他相关消耗量可进行调整。

2. 电磁阀安装项目均包括了配合调试工作内容，不再重复计算。

3. 对夹式蝶阀安装已含双头螺栓用量，在套用与其连接的法兰安装项目时，应将法兰安装项目中的螺栓用量扣除。

4. 与螺纹阀门配套的连接件，如设计与定额中材质不同时，可按设计进行调整。

5. 法兰阀门、法兰式附件安装项目均不包括法兰安装，应另行套用相应法兰安装项目。

6. 每副法兰和法兰式附件安装项目中，均包括一个垫片和一副法兰螺栓的材料用量。各种法兰连接用垫片均按石棉橡胶板考虑，如工程要求采用其他材质可按实调整。

九、其他：

1. 刚性防水套管和柔性防水套管安装项目中，包括了配合预留孔洞及浇筑混凝土工作内容。一般套管制作安装项目，均未包括预留孔洞工作，发生时按本章所列预留孔洞项目另行计算。

2. 套管制作安装项目已包含堵洞工作内容。本章所列堵洞项目，适用于管道在穿墙、板不安装套管时的洞口封堵。

3. 套管内填料按油麻编制，如与设计不符时，可按工程要求调整换算填料。

4. 保温管道穿墙、板采用套管时，按保温层外径规格执行套管相应项目。

5. 管道保护管是指在管道系统中，为避免外力（荷载）直接作用在介质管道外壁上，造成介质管道受损而影响正常使用，在介质管道外部设置的保护性管段。

6. 机械钻孔项目是按混凝土壁及混凝土板考虑的，厚度系综合取定。如实际壁厚度超过 300mm、板厚度超过 220mm 时，按相应项目乘以系数 1.20。砖墙及砌体墙钻孔按机械钻孔项目乘以系数 0.40。

工程量计算规则

一、给排水管道：

1. 各类管道安装按材质、连接形式、规格分别列项，以“10m”为计量单位。管道安装定额中的铜管、塑料管、复合管（除钢塑复合管外）按公称外径表示，其他管道均按公称直径表示。

2. 各类管道安装工程量，均按设计管道中心线长度，以“10m”为计量单位，不扣除阀门、管件、附件（包括器具组成）及井类所占长度。

二、管道附件：

1. 各种阀门按照不同连接方式、公称直径，以“个”为计量单位。

2. 法兰均区分不同公称直径，以“副”为计量单位。承插盘法兰短管按照不同连接方式、公称直径，以“副”为计量单位。

三、其他：

1. 管道保护管制作与安装，分为钢制和塑料两种材质，区分不同规格，按设计图示管道中心线长度以“10m”为计量单位。

2. 预留孔洞、堵洞项目，按工作介质管道直径，分规格以“10 个”为计量单位。

3. 一般穿墙套管、柔性、刚性套管，按工作介质管道的公称直径，分规格以“个”为计量单位。

4. 成品表箱安装按箱体半周长以“个”为计量单位。

5. 机械钻孔项目，区分混凝土楼板钻孔及混凝土墙体钻孔，按钻孔直径以“10 个”为计量单位。

6. 剔堵槽沟项目，区分砖结构及混凝土结构，按截面尺寸以“10m”为计量单位。

一、给排水管道

工作内容：调直、切管、套丝、组对、连接，管道及管件安装，水压试验及水冲洗。 **计量单位：**10m

编号				2-4-1	2-4-2	2-4-3	2-4-4
项目				镀锌钢管（螺纹连接）公称直径（mm 以内）			
				15	20	25	32
名称			单位	消耗量			
人工	000205000	综合二类工	工日	1.662	1.739	2.091	2.261
材料	170300001	镀锌钢管（综合）	m	9.910	9.910	9.910	9.910
	860113019	弹簧压力表 Y-100 0～1.6MPa	块	0.002	0.002	0.002	0.002
	031301008	低碳钢焊条 J422（综合）	kg	0.002	0.002	0.002	0.002
	031507018	镀锌铁丝 ϕ2.8～4.0	kg	0.040	0.045	0.068	0.075
	181315001	镀锌钢管螺纹管件	个	14.490	12.100	11.400	9.830
	170101003	焊接钢管 *DN*20	m	0.013	0.014	0.015	0.016
	140303001	机油（综合）	kg	0.158	0.170	0.203	0.206
	340203008	聚四氟乙烯生料带 宽 20	m	10.980	13.040	15.500	16.020
	031541002	锯条（综合）	根	0.778	0.792	0.815	0.821
	030105046	六角螺栓（综合）	kg	0.004	0.004	0.004	0.005
	190003004	螺纹阀门 *DN*20	个	0.004	0.004	0.005	0.005
	031101012	尼龙砂轮片 ϕ400	片	0.033	0.035	0.086	0.117
	092705001	破布	kg	0.080	0.090	0.150	0.167
	012903010	热轧中厚钢板 δ8～15	kg	0.030	0.032	0.034	0.037
	341101001	水	m^3	0.008	0.014	0.023	0.040
	020101002	橡胶板 δ1～3	kg	0.007	0.008	0.008	0.009
	172707010	橡胶软管 *DN*20	m	0.006	0.006	0.007	0.007
	860113022	压力表表弯 *DN*15	个	0.002	0.002	0.002	0.002
	142909001	氧气	m^3	0.003	0.003	0.003	0.006
	142907002	乙炔气	kg	0.001	0.001	0.001	0.002
	850103006	其他材料费（占材料费）	%	2.000	2.000	2.000	2.000
机械	990801020	电动单级离心清水泵 100mm	台班	0.001	0.001	0.001	0.001
	990900010	电焊机（综合）	台班	0.001	0.001	0.001	0.001
	990515010	吊装机械（综合）	台班	0.002	0.002	0.003	0.004
	990748010	管子切断套丝机 159mm	台班	0.067	0.079	0.196	0.261
	990785030	砂轮切割机 ϕ400	台班	0.008	0.010	0.022	0.026
	990813010	试压泵 3MPa	台班	0.001	0.001	0.001	0.002

工作内容：调直、切管、套丝、组对、连接，管道及管件安装，水压试验及水冲洗。 **计量单位：**10m

编 号				2-4-5	2-4-6	2-4-7	2-4-8
项 目				镀锌钢管（螺纹连接）公称直径（mm 以内）			
				40	50	65	80
名 称			单位	消 耗 量			
人工	000205000	综合二类工	工日	2.309	2.479	2.613	2.736
材料	170300001	镀锌钢管（综合）	m	10.020	10.020	10.020	10.020
	860113019	弹簧压力表 Y-100 0～1.6MPa	块	0.002	0.003	0.003	0.003
	031301008	低碳钢焊条 J422（综合）	kg	0.002	0.002	0.002	0.003
	031507018	镀锌铁丝 ϕ2.8～4.0	kg	0.079	0.083	0.085	0.089
	181315001	镀锌钢管螺纹管件	个	7.860	6.610	5.260	4.630
	170101003	焊接钢管 *DN*20	m	0.016	0.017	0.019	0.020
	140303001	机油（综合）	kg	0.209	0.213	0.215	0.219
	340203008	聚四氟乙烯生料带 宽 20	m	16.190	16.580	17.950	19.310
	031541002	锯条（综合）	根	0.834	0.839	—	—
	030105046	六角螺栓（综合）	kg	0.005	0.005	0.006	0.006
	190003004	螺纹阀门 *DN*20	个	0.005	0.005	0.005	0.006
	031101012	尼龙砂轮片 ϕ400	片	0.120	0.125	0.141	0.146
	092705001	破布	kg	0.187	0.213	0.238	0.255
	012903010	热轧中厚钢板 δ8～15	kg	0.039	0.042	0.044	0.047
	341101001	水	m^3	0.053	0.088	0.145	0.204
	020101002	橡胶板 δ1～3	kg	0.010	0.010	0.011	0.011
	172707010	橡胶软管 *DN*20	m	0.007	0.008	0.008	0.008
	860113022	压力表表弯 *DN*15	个	0.002	0.003	0.003	0.003
	142909001	氧气	m^3	0.006	0.006	0.006	0.006
	142907002	乙炔气	kg	0.002	0.002	0.002	0.002
	850103006	其他材料费（占材料费）	%	2.000	2.000	2.000	2.000
机械	990801020	电动单级离心清水泵 100mm	台班	0.001	0.001	0.001	0.002
	990900010	电焊机（综合）	台班	0.002	0.002	0.002	0.002
	990515010	吊装机械（综合）	台班	0.005	0.007	0.009	0.012
	990748010	管子切断套丝机 159mm	台班	0.284	0.293	0.294	0.317
	990785030	砂轮切割机 ϕ400	台班	0.028	0.030	0.031	0.032
	990813010	试压泵 3MPa	台班	0.002	0.002	0.002	0.002
	990401020	载重汽车 5t	台班	—	0.003	0.004	0.006

工作内容：调直、切管、套丝、组对、连接，管道及管件安装，水压试验及水冲洗。 **计量单位：**10m

编号				2-4-9	2-4-10	2-4-11
项目				镀锌钢管（螺纹连接）公称直径（mm 以内）		
				100	125	150
名称			单位	消耗量		
人工	000205000	综合二类工	工日	3.126	3.467	3.857
材料	170300001	镀锌钢管（综合）	m	10.020	10.020	10.020
	860113019	弹簧压力表 Y-100 0～1.6MPa	块	0.003	0.003	0.003
	031301008	低碳钢焊条 J422（综合）	kg	0.003	0.003	0.003
	031507018	镀锌铁丝 ϕ2.8～4.0	kg	0.101	0.107	0.112
	181315001	镀锌钢管螺纹管件	个	4.150	3.520	3.410
	170101003	焊接钢管 *DN*20	m	0.021	0.022	0.023
	140303001	机油（综合）	kg	0.225	0.241	0.269
	340203008	聚四氟乙烯生料带 宽 20	m	20.880	21.020	21.240
	030105046	六角螺栓（综合）	kg	0.006	0.008	0.012
	190003004	螺纹阀门 *DN*20	个	0.006	0.006	0.006
	031101012	尼龙砂轮片 ϕ400	片	0.158	—	—
	092705001	破布	kg	0.298	0.323	0.340
	012903010	热轧中厚钢板 δ8～15	kg	0.049	0.073	0.110
	341101001	水	m^3	0.353	0.547	0.764
	020101002	橡胶板 δ1～3	kg	0.012	0.014	0.016
	172707010	橡胶软管 *DN*20	m	0.009	0.009	0.010
	860113022	压力表表弯 *DN*15	个	0.003	0.003	0.003
	142909001	氧气	m^3	0.006	0.006	0.006
	142907002	乙炔气	kg	0.002	0.002	0.002
	850103006	其他材料费（占材料费）	%	2.000	2.000	2.000
机械	990801020	电动单级离心清水泵 100mm	台班	0.002	0.003	0.005
	990900010	电焊机（综合）	台班	0.002	0.002	0.002
	990515010	吊装机械（综合）	台班	0.084	0.117	0.123
	990748010	管子切断套丝机 159mm	台班	0.320	0.384	0.449
	990785030	砂轮切割机 ϕ400	台班	0.034	—	—
	990813010	试压泵 3MPa	台班	0.002	0.003	0.003
	990401020	载重汽车 5t	台班	0.013	0.016	0.022
	990747020	管子切断机 150mm	台班	—	0.065	0.074

工作内容：调直、切管、坡口，煨弯、挖眼接管、异径管制作，组对、焊接，管道及管件安装，水压试验及水冲洗。

计量单位：10m

编号				2-4-12	2-4-13	2-4-14	2-4-15
项目				钢管（焊接）公称直径（mm 以内）			
				32	40	50	65
名称			单位	消耗量			
人工	000205000	综合二类工	工日	1.624	1.862	2.194	2.471
材料	170100001	钢管（综合）	m	10.250	10.250	10.120	10.120
	860113019	弹簧压力表 Y-100 0～1.6MPa	块	0.002	0.002	0.003	0.003
	031301008	低碳钢焊条 J422（综合）	kg	0.238	0.319	0.568	0.727
	341103001	电	kW · h	0.250	0.341	0.387	0.415
	031507018	镀锌铁丝 ϕ2.8～4.0	kg	0.075	0.079	0.083	0.085
	180300003	钢管焊接管件	个	1.050	1.070	1.560	1.170
	170101003	焊接钢管 *DN*20	m	0.016	0.016	0.017	0.019
	140303001	机油（综合）	kg	0.040	0.050	0.060	0.080
	031541002	锯条（综合）	根	0.348	0.396	0.405	—
	030105046	六角螺栓（综合）	kg	0.005	0.005	0.005	0.006
	190003004	螺纹阀门 *DN*20	个	0.005	0.005	0.005	0.005
	031101009	尼龙砂轮片 ϕ100	片	0.176	0.234	0.643	0.766
	031101012	尼龙砂轮片 ϕ400	片	0.065	0.079	0.082	0.089
	092705001	破布	kg	0.167	0.187	0.213	0.238
	012903010	热轧中厚钢板 δ8～15	kg	0.037	0.039	0.042	0.044
	341101001	水	m^3	0.040	0.053	0.088	0.145
	020101002	橡胶板 δ1～3	kg	0.009	0.010	0.010	0.011
	172707010	橡胶软管 *DN*20	m	0.007	0.007	0.008	0.008
	860113022	压力表表弯 *DN*15	个	0.002	0.002	0.003	0.003
	142909001	氧气	m^3	0.171	0.282	0.407	0.639
	142907002	乙炔气	kg	0.057	0.094	0.137	0.213
	850103006	其他材料费（占材料费）	%	2.000	2.000	2.000	2.000
机械	990801020	电动单级离心清水泵 100mm	台班	0.001	0.001	0.001	0.001
	990758030	电动弯管机 108mm	台班	0.033	0.035	0.036	0.038
	990900010	电焊机（综合）	台班	0.142	0.198	0.341	0.428
	990920010	电焊条恒温箱	台班	0.014	0.020	0.034	0.043
	990919030	电焊条烘干箱 60 × 50 × 75cm^3	台班	0.014	0.020	0.034	0.043
	990515010	吊装机械（综合）	台班	0.004	0.005	0.007	0.009
	990785030	砂轮切割机 ϕ400	台班	0.021	0.022	0.023	0.023
	990813010	试压泵 3MPa	台班	0.002	0.002	0.002	0.002
	990401020	载重汽车 5t	台班	—	—	0.003	0.004

工作内容：调直、切管、坡口，煨弯、挖眼接管、异径管制作，组对、焊接，管道及管件安装，水压试验及水冲洗。

计量单位：10m

编号				2-4-16	2-4-17	2-4-18	2-4-19	2-4-20
项目				钢管（焊接）公称直径（mm 以内）				
				80	100	125	150	200
名称			单位	消耗量				
人工	000205000	综合二类工	工日	2.717	3.136	3.249	3.601	4.389
材料	170100001	钢管（综合）	m	10.100	10.100	9.870	9.870	9.870
	860113019	弹簧压力表 Y-100 0～1.6MPa	块	0.003	0.003	0.003	0.003	0.003
	031301008	低碳钢焊条 J422（综合）	kg	0.817	0.978	1.217	1.573	2.005
	341103001	电	kW·h	0.520	0.529	0.537	0.591	0.748
	031507018	镀锌铁丝 ϕ2.8～4.0	kg	0.089	0.101	0.107	0.112	0.131
	180300003	钢管焊接管件	个	1.110	1.020	1.410	1.120	1.030
	170101003	焊接钢管 *DN*20	m	0.020	0.021	0.022	0.023	0.024
	140303001	机油（综合）	kg	0.100	0.100	0.150	0.150	0.170
	030105046	六角螺栓（综合）	kg	0.006	0.006	0.008	0.012	0.018
	190003004	螺纹阀门 *DN*20	个	0.006	0.006	0.006	0.006	0.007
	031101009	尼龙砂轮片 ϕ100	片	0.782	0.857	0.836	1.076	1.413
	031101012	尼龙砂轮片 ϕ400	片	0.106	0.122	—	—	—
	092705001	破布	kg	0.255	0.298	0.323	0.340	0.408
	012903010	热轧中厚钢板 δ8～15	kg	0.047	0.049	0.073	0.110	0.148
	341101001	水	m^3	0.204	0.353	0.547	0.764	1.346
	020101002	橡胶板 δ1～3	kg	0.011	0.012	0.014	0.016	0.018
	172707010	橡胶软管 *DN*20	m	0.008	0.009	0.009	0.010	0.010
	860113022	压力表表弯 *DN*15	个	0.003	0.003	0.003	0.003	0.003
	142909001	氧气	m^3	0.810	0.960	1.035	1.269	1.536
	142907002	乙炔气	kg	0.270	0.320	0.345	0.423	0.512
	850103006	其他材料费（占材料费）	%	2.000	2.000	2.000	2.000	2.000
机械	990801020	电动单级离心清水泵 100mm	台班	0.002	0.002	0.003	0.005	0.007
	990758030	电动弯管机 108mm	台班	0.039	0.041	—	—	—
	990900010	电焊机（综合）	台班	0.478	0.529	0.576	0.606	0.779
	990920010	电焊条恒温箱	台班	0.048	0.053	0.058	0.061	0.078
	990919030	电焊条烘干箱 60×50×75cm^3	台班	0.048	0.053	0.058	0.061	0.078
	990515010	吊装机械（综合）	台班	0.012	0.084	0.117	0.123	0.169
	990785030	砂轮切割机 ϕ400	台班	0.024	0.025	—	—	—
	990813010	试压泵 3MPa	台班	0.002	0.002	0.003	0.003	0.003
	990401020	载重汽车 5t	台班	0.006	0.013	0.016	0.022	0.040

工作内容： 调直、切管、压槽、对口、涂润滑剂、上胶圈、安装卡箍件，管道及管件安装，水压试验及水冲洗。

计量单位： 10m

编　号				2-4-21	2-4-22	2-4-23	2-4-24	2-4-25	2-4-26
项　目				钢管（沟槽连接）公称直径（mm 以内）					
				65	80	100	125	150	200
名　称			单位	消　耗　量					
人工	000205000	综合二类工	工日	2.159	2.400	2.684	3.232	3.308	3.703
材料	170100001	钢管（综合）	m	9.680	9.680	9.680	9.780	9.780	9.780
	860113019	弹簧压力表 Y-100 0～1.6MPa	块	0.003	0.003	0.003	0.003	0.003	0.003
	031301008	低碳钢焊条 J422（综合）	kg	0.002	0.003	0.003	0.003	0.003	0.003
	031507018	镀锌铁丝 ϕ2.8～4.0	kg	0.085	0.089	0.101	0.107	0.107	0.112
	181501001	钢管沟槽管件	个	4.260	4.140	3.600	2.400	1.880	1.670
	170101003	焊接钢管 *DN*20	m	0.019	0.020	0.021	0.022	0.023	0.024
	031519017	合金钢钻头（综合）	个	0.016	0.018	0.020	0.021	0.023	0.025
	182525003	卡箍连接件（含胶圈）	套	10.038	9.810	8.656	6.056	4.904	4.438
	030105046	六角螺栓（综合）	kg	0.006	0.006	0.006	0.008	0.012	0.018
	190003004	螺纹阀门 *DN*20	个	0.005	0.006	0.006	0.006	0.006	0.007
	092705001	破布	kg	0.238	0.255	0.298	0.323	0.340	0.408
	012903010	热轧中厚钢板 δ8～15	kg	0.044	0.047	0.049	0.073	0.110	0.148
	140700001	润滑剂	kg	0.044	0.047	0.050	0.054	0.059	0.064
	341101001	水	m^3	0.145	0.204	0.353	0.547	0.764	1.346
	020101002	橡胶板 δ1～3	kg	0.011	0.011	0.012	0.014	0.016	0.018
	172707010	橡胶软管 *DN*20	m	0.008	0.008	0.009	0.009	0.010	0.010
	860113022	压力表表弯 *DN*15	个	0.003	0.003	0.003	0.003	0.003	0.003
	142909001	氧气	m^3	0.006	0.006	0.006	0.006	0.006	0.009
	142907002	乙炔气	kg	0.002	0.002	0.002	0.002	0.002	0.003
	850103006	其他材料费（占材料费）	%	2.000	2.000	2.000	2.000	2.000	2.000
机械	990747020	管子切断机 150mm	台班	0.036	0.040	0.046	0.052	0.060	—
	990747030	管子切断机 250mm	台班	—	—	—	—	—	0.066
	990801020	电动单级离心清水泵 100mm	台班	0.001	0.002	0.002	0.003	0.005	0.007
	990900010	电焊机（综合）	台班	0.002	0.002	0.002	0.002	0.002	0.002
	990515010	吊装机械（综合）	台班	0.009	0.012	0.084	0.117	0.123	0.169
	990796010	滚槽机	台班	0.221	0.238	0.259	0.284	0.317	0.334
	990742010	开孔机 200mm	台班	0.007	0.008	0.009	0.010	0.011	0.012
	990813010	试压泵 3MPa	台班	0.002	0.002	0.002	0.003	0.003	0.003
	990401020	载重汽车 5t	台班	0.004	0.006	0.013	0.016	0.022	0.040

工作内容：调直、切管、管道及管件安装，水压试验及水冲洗。 计量单位：10m

编号				2-4-27	2-4-28	2-4-29	2-4-30	2-4-31
项目				薄壁不锈钢管（卡压连接）公称直径（mm 以内）				
				15	20	25	32	40
名称			单位	消耗量				
人工	000205000	综合二类工	工日	1.116	1.226	1.329	1.386	1.507
材料	170703001	薄壁不锈钢管	m	9.860	9.860	9.860	9.860	9.940
	860113019	弹簧压力表 Y-100 0～1.6MPa	块	0.002	0.002	0.002	0.002	0.002
	031301008	低碳钢焊条 J422（综合）	kg	0.002	0.002	0.002	0.002	0.002
	031507018	镀锌铁丝 ϕ2.8～4.0	kg	0.040	0.045	0.068	0.075	0.079
	180509003	不锈钢管卡压管件	个	13.410	11.160	10.750	9.370	7.520
	170101003	焊接钢管 *DN*20	m	0.013	0.014	0.015	0.016	0.016
	030105046	六角螺栓（综合）	kg	0.004	0.004	0.004	0.005	0.005
	190003004	螺纹阀门 *DN*20	个	0.004	0.004	0.004	0.005	0.005
	092705001	破布	kg	0.080	0.090	0.150	0.167	0.187
	012903010	热轧中厚钢板 δ8～15	kg	0.030	0.032	0.034	0.037	0.039
	031101008	树脂砂轮切割片 ϕ400	片	0.038	0.045	0.075	0.089	0.101
	341101001	水	m^3	0.008	0.014	0.023	0.040	0.053
	020101002	橡胶板 δ1～3	kg	0.007	0.008	0.008	0.009	0.010
	172707010	橡胶软管 *DN*20	m	0.006	0.006	0.007	0.007	0.007
	860113022	压力表表弯 *DN*15	个	0.002	0.002	0.002	0.002	0.002
	142909001	氧气	m^3	0.003	0.003	0.003	0.006	0.006
	142907002	乙炔气	kg	0.001	0.001	0.001	0.002	0.002
	850103006	其他材料费（占材料费）	%	2.000	2.000	2.000	2.000	2.000
机械	990801020	电动单级离心清水泵 100mm	台班	0.001	0.001	0.001	0.001	0.001
	990900010	电焊机（综合）	台班	0.001	0.001	0.001	0.001	0.002
	990515010	吊装机械（综合）	台班	0.002	0.002	0.003	0.004	0.005
	990785030	砂轮切割机 ϕ400	台班	0.017	0.018	0.021	0.024	0.026
	990813010	试压泵 3MPa	台班	0.001	0.001	0.001	0.002	0.002

工作内容：调直、切管、管道及管件安装，水压试验及水冲洗。　　**计量单位**：10m

编　号				2-4-32	2-4-33	2-4-34	2-4-35
项　目				薄壁不锈钢管（卡压连接）公称直径（mm 以内）			
				50	65	80	100
名　称			单位	消　耗　量			
人工	000205000	综合二类工	工日	1.621	1.713	1.766	2.059
材料	170703001	薄壁不锈钢管	m	9.870	9.870	9.870	9.870
	860113019	弹簧压力表 Y-100 0～1.6MPa	块	0.003	0.003	0.003	0.003
	031301008	低碳钢焊条 J422（综合）	kg	0.002	0.002	0.003	0.003
	031507018	镀锌铁丝 ϕ2.8～4.0	kg	0.083	0.085	0.089	0.101
	180509003	不锈钢管卡压管件	个	6.330	5.260	4.630	4.150
	170101003	焊接钢管 *DN*20	m	0.017	0.019	0.020	0.021
	030105046	六角螺栓（综合）	kg	0.005	0.006	0.006	0.006
	190003004	螺纹阀门 *DN*20	个	0.005	0.005	0.006	0.006
	092705001	破布	kg	0.213	0.238	0.255	0.298
	012903010	热轧中厚钢板 δ8～15	kg	0.042	0.044	0.047	0.049
	031101008	树脂砂轮切割片 ϕ400	片	0.120	0.137	0.145	0.158
	341101001	水	m^3	0.088	0.145	0.204	0.353
	020101002	橡胶板 δ1～3	kg	0.010	0.011	0.011	0.012
	172707010	橡胶软管 *DN*20	m	0.008	0.008	0.008	0.009
	860113022	压力表表弯 *DN*15	个	0.003	0.003	0.003	0.003
	142909001	氧气	m^3	0.006	0.006	0.006	0.006
	142907002	乙炔气	kg	0.002	0.002	0.002	0.002
	850103006	其他材料费（占材料费）	%	2.000	2.000	2.000	2.000
机械	990801020	电动单级离心清水泵 100mm	台班	0.001	0.001	0.002	0.002
	990900010	电焊机（综合）	台班	0.002	0.002	0.002	0.002
	990515010	吊装机械（综合）	台班	0.007	0.009	0.012	0.020
	990785030	砂轮切割机 ϕ400	台班	0.030	0.030	0.032	0.034
	990813010	试压泵 3MPa	台班	0.002	0.002	0.002	0.002
	990401020	载重汽车 5t	台班	0.003	0.004	0.006	0.009

工作内容：调直、切管、管道及管件安装，水压试验及水冲洗。 计量单位：10m

编号				2-4-36	2-4-37	2-4-38	2-4-39	2-4-40
项目				薄壁不锈钢管（卡套连接）公称直径（mm 以内）				
				15	20	25	32	40
名称			单位	消耗量				
人工	000205000	综合二类工	工日	1.058	1.108	1.210	1.317	1.416
材料	170703001	薄壁不锈钢管	m	9.860	9.860	9.860	9.860	9.940
	860113019	弹簧压力表 Y-100 0～1.6MPa	块	0.002	0.002	0.002	0.002	0.002
	031301008	低碳钢焊条 J422（综合）	kg	0.002	0.002	0.002	0.002	0.002
	031507018	镀锌铁丝 ϕ2.8～4.0	kg	0.040	0.045	0.068	0.075	0.079
	180509001	不锈钢管卡套管件	个	13.410	11.160	10.750	9.370	7.520
	170101003	焊接钢管 *DN*20	m	0.013	0.014	0.015	0.016	0.016
	030105046	六角螺栓（综合）	kg	0.004	0.004	0.004	0.005	0.005
	190003004	螺纹阀门 *DN*20	个	0.004	0.004	0.004	0.005	0.005
	092705001	破布	kg	0.080	0.090	0.150	0.167	0.187
	012903010	热轧中厚钢板 δ8～15	kg	0.030	0.032	0.034	0.037	0.039
	031101008	树脂砂轮切割片 ϕ400	片	0.038	0.045	0.075	0.089	0.101
	341101001	水	m^3	0.008	0.014	0.023	0.040	0.053
	020101002	橡胶板 δ1～3	kg	0.007	0.008	0.008	0.009	0.010
	172707010	橡胶软管 *DN*20	m	0.006	0.006	0.007	0.007	0.007
	860113022	压力表表弯 *DN*15	个	0.002	0.002	0.002	0.002	0.002
	142909001	氧气	m^3	0.003	0.003	0.003	0.006	0.006
	142907002	乙炔气	kg	0.001	0.001	0.001	0.002	0.002
	850103006	其他材料费（占材料费）	%	2.000	2.000	2.000	2.000	2.000
机械	990801020	电动单级离心清水泵 100mm	台班	0.001	0.001	0.001	0.001	0.001
	990900010	电焊机（综合）	台班	0.001	0.001	0.001	0.001	0.002
	990515010	吊装机械（综合）	台班	0.002	0.002	0.003	0.005	0.005
	990785030	砂轮切割机 ϕ400	台班	0.017	0.018	0.021	0.024	0.026
	990813010	试压泵 3MPa	台班	0.001	0.001	0.001	0.002	0.002

工作内容：调直、切管、管道及管件安装，水压试验及水冲洗。　　　　**计量单位：**10m

编　号				2-4-41	2-4-42	2-4-43	2-4-44
项　目				薄壁不锈钢管（卡套连接）公称直径（mm 以内）			
				50	65	80	100
名　称			单位	消　耗　量			
人工	000205000	综合二类工	工日	1.569	1.618	1.665	1.942
材料	170703001	薄壁不锈钢管	m	9.870	9.870	9.870	9.870
	860113019	弹簧压力表 Y-100 0～1.6MPa	块	0.003	0.003	0.003	0.003
	031301008	低碳钢焊条 J422（综合）	kg	0.002	0.002	0.003	0.003
	031507018	镀锌铁丝 ϕ2.8～4.0	kg	0.083	0.085	0.089	0.101
	180509001	不锈钢管卡套管件	个	6.330	5.260	4.630	4.150
	170101003	焊接钢管 *DN*20	m	0.017	0.019	0.020	0.021
	030105046	六角螺栓（综合）	kg	0.005	0.006	0.006	0.006
	190003004	螺纹阀门 *DN*20	个	0.005	0.005	0.006	0.006
	092705001	破布	kg	0.213	0.238	0.255	0.298
	012903010	热轧中厚钢板 δ8～15	kg	0.042	0.044	0.047	0.049
	031101008	树脂砂轮切割片 ϕ400	片	0.120	0.137	0.145	0.158
	341101001	水	m^3	0.088	0.145	0.204	0.353
	020101002	橡胶板 δ1～3	kg	0.010	0.011	0.011	0.012
	172707010	橡胶软管 *DN*20	m	0.008	0.008	0.008	0.009
	860113022	压力表表弯 *DN*15	个	0.003	0.003	0.003	0.003
	142909001	氧气	m^3	0.006	0.006	0.006	0.006
	142907002	乙炔气	kg	0.002	0.002	0.002	0.002
	850103006	其他材料费（占材料费）	%	2.000	2.000	2.000	2.000
机械	990801020	电动单级离心清水泵 100mm	台班	0.001	0.001	0.002	0.002
	990900010	电焊机（综合）	台班	0.002	0.002	0.002	0.002
	990515010	吊装机械（综合）	台班	0.007	0.009	0.012	0.020
	990785030	砂轮切割机 ϕ400	台班	0.030	0.030	0.032	0.034
	990813010	试压泵 3MPa	台班	0.002	0.002	0.002	0.002
	990401020	载重汽车 5t	台班	0.003	0.004	0.006	0.009

工作内容：调直、切管、组对、焊接，管道及管件安装，水压试验及水冲洗。 **计量单位：**10m

编号				2-4-45	2-4-46	2-4-47	2-4-48	2-4-49
项目				薄壁不锈钢管（承插氩弧焊）公称直径（mm 以内）				
				15	20	25	32	40
名称			单位	消耗量				
人工	000205000	综合二类工	工日	1.105	1.206	1.355	1.435	1.669
材料	170703001	薄壁不锈钢管	m	9.860	9.860	9.860	9.860	9.940
	143315001	丙酮	kg	0.108	0.129	0.157	0.188	0.218
	860113019	弹簧压力表 Y-100 0～1.6MPa	块	0.002	0.002	0.002	0.002	0.002
	031301008	低碳钢焊条 J422（综合）	kg	0.002	0.002	0.002	0.002	0.002
	031507018	镀锌铁丝 ϕ2.8～4.0	kg	0.040	0.045	0.068	0.075	0.079
	180525002	薄壁不锈钢管承插氩弧焊管件	个	13.410	11.160	10.750	9.370	7.520
	170101003	焊接钢管 *DN*20	m	0.013	0.014	0.015	0.016	0.016
	030105046	六角螺栓（综合）	kg	0.004	0.004	0.004	0.005	0.005
	190003004	螺纹阀门 *DN*20	个	0.004	0.004	0.004	0.005	0.005
	031101009	尼龙砂轮片 ϕ100	片	0.188	0.263	0.283	0.315	0.334
	092705001	破布	kg	0.080	0.090	0.150	0.167	0.187
	012903010	热轧中厚钢板 δ8～15	kg	0.030	0.032	0.034	0.037	0.039
	031101008	树脂砂轮切割片 ϕ400	片	0.072	0.073	0.075	0.089	0.101
	341101001	水	m^3	0.008	0.014	0.023	0.040	0.053
	020101002	橡胶板 δ1～3	kg	0.007	0.008	0.008	0.009	0.010
	172707010	橡胶软管 *DN*20	m	0.006	0.006	0.007	0.007	0.007
	860113022	压力表表弯 *DN*15	个	0.002	0.002	0.002	0.002	0.002
	142909001	氧气	m^3	0.003	0.003	0.003	0.006	0.006
	142907002	乙炔气	kg	0.001	0.001	0.001	0.002	0.002
	142911001	氩气	m^3	0.165	0.230	0.243	0.251	0.258
	340101003	铈钨棒	g	0.330	0.460	0.486	0.502	0.516
	850103006	其他材料费（占材料费）	%	2.000	2.000	2.000	2.000	2.000
机械	990801020	电动单级离心清水泵 100mm	台班	0.001	0.001	0.001	0.001	0.001
	990900010	电焊机（综合）	台班	0.011	0.011	0.011	0.011	0.012
	990515010	吊装机械（综合）	台班	0.002	0.002	0.003	0.004	0.005
	990785030	砂轮切割机 ϕ400	台班	0.017	0.018	0.021	0.024	0.026
	990813010	试压泵 3MPa	台班	0.001	0.001	0.001	0.002	0.002
	990912010	氩弧焊机 500A	台班	0.159	0.211	0.227	0.235	0.241

工作内容： 调直、切管、组对、焊接，管道及管件安装，水压试验及水冲洗。　　**计量单位：** 10m

编　号				2-4-50	2-4-51	2-4-52	2-4-53
项　目				薄壁不锈钢管（承插氩弧焊）公称直径（mm 以内）			
				50	65	80	100
名　称			单位	消　耗　量			
人工	000205000	综合二类工	工日	1.763	1.827	1.973	2.195
材料	170703001	薄壁不锈钢管	m	9.870	9.870	9.870	9.870
	143315001	丙酮	kg	0.241	0.285	0.318	0.377
	860113019	弹簧压力表 Y-100 0～1.6MPa	块	0.003	0.003	0.003	0.003
	031301008	低碳钢焊条 J422（综合）	kg	0.002	0.002	0.003	0.003
	031507018	镀锌铁丝 ϕ2.8～4.0	kg	0.083	0.085	0.089	0.101
	180525002	薄壁不锈钢管承插氩弧焊管件	个	6.330	5.260	4.630	4.150
	170101003	焊接钢管 *DN*20	m	0.017	0.019	0.020	0.021
	030105046	六角螺栓（综合）	kg	0.005	0.006	0.006	0.006
	190003004	螺纹阀门 *DN*20	个	0.005	0.005	0.006	0.006
	031101009	尼龙砂轮片 ϕ100	片	0.375	0.437	0.462	0.495
	092705001	破布	kg	0.213	0.238	0.255	0.298
	012903010	热轧中厚钢板 δ8～15	kg	0.042	0.044	0.047	0.049
	031101008	树脂砂轮切割片 ϕ400	片	0.120	0.131	0.138	0.144
	341101001	水	m^3	0.088	0.145	0.204	0.353
	020101002	橡胶板 δ1～3	kg	0.010	0.011	0.011	0.012
	172707010	橡胶软管 *DN*20	m	0.008	0.008	0.008	0.009
	860113022	压力表表弯 *DN*15	个	0.003	0.003	0.003	0.003
	142909001	氧气	m^3	0.006	0.006	0.006	0.006
	142907002	乙炔气	kg	0.002	0.002	0.002	0.002
	142911001	氩气	m^3	0.262	0.284	0.315	0.338
	340101003	铈钨棒	g	0.524	0.568	0.630	0.676
	850103006	其他材料费（占材料费）	%	2.000	2.000	2.000	2.000
机械	990801020	电动单级离心清水泵 100mm	台班	0.001	0.001	0.002	0.002
	990900010	电焊机（综合）	台班	0.012	0.020	0.020	0.020
	990515010	吊装机械（综合）	台班	0.007	0.009	0.012	0.020
	990785030	砂轮切割机 ϕ400	台班	0.030	0.030	0.032	0.034
	990813010	试压泵 3MPa	台班	0.002	0.002	0.002	0.002
	990912010	氩弧焊机 500A	台班	0.262	0.284	0.316	0.330
	990401020	载重汽车 5t	台班	0.003	0.004	0.006	0.013

工作内容：调直、切管、套丝、组对、连接，管道及管件安装，水压试验及水冲洗。 **计量单位：**10m

编号				2-4-54	2-4-55	2-4-56	2-4-57	2-4-58
项目				不锈钢管（螺纹连接）公称直径（mm 以内）				
				15	20	25	32	40
名称			单位	消耗量				
人工	000205000	综合二类工	工日	1.763	1.837	2.215	2.374	2.424
材料	170700002	不锈钢管（综合）	m	9.920	9.920	9.920	9.920	10.020
	860113019	弹簧压力表 Y-100 0～1.6MPa	块	0.002	0.002	0.002	0.002	0.002
	031301008	低碳钢焊条 J422（综合）	kg	0.002	0.002	0.002	0.002	0.002
	031507018	镀锌铁丝 ϕ2.8～4.0	kg	0.040	0.045	0.068	0.075	0.079
	180509004	不锈钢管螺纹管件	个	14.490	12.100	11.400	9.830	7.860
	170101003	焊接钢管 *DN*20	m	0.013	0.014	0.015	0.016	0.016
	340203008	聚四氟乙烯生料带 宽 20	m	10.980	13.040	15.500	16.020	16.190
	030105046	六角螺栓（综合）	kg	0.004	0.004	0.004	0.005	0.005
	190003004	螺纹阀门 *DN*20	个	0.004	0.004	0.004	0.005	0.005
	092705001	破布	kg	0.080	0.090	0.150	0.167	0.187
	012903010	热轧中厚钢板 δ8～15	kg	0.030	0.032	0.034	0.037	0.039
	031101008	树脂砂轮切割片 ϕ400	片	0.046	0.054	0.090	0.107	0.121
	341101001	水	m^3	0.008	0.014	0.023	0.040	0.053
	020101002	橡胶板 δ1～3	kg	0.007	0.008	0.008	0.009	0.010
	172707010	橡胶软管 *DN*20	m	0.006	0.006	0.007	0.007	0.007
	860113022	压力表表弯 *DN*15	个	0.002	0.002	0.002	0.002	0.002
	142909001	氧气	m^3	0.003	0.003	0.003	0.006	0.006
	142907002	乙炔气	kg	0.001	0.001	0.001	0.002	0.002
	850103006	其他材料费（占材料费）	%	2.000	2.000	2.000	2.000	2.000
机械	990801020	电动单级离心清水泵 100mm	台班	0.001	0.001	0.001	0.001	0.001
	990900010	电焊机（综合）	台班	0.001	0.001	0.001	0.001	0.002
	990515010	吊装机械（综合）	台班	0.002	0.002	0.003	0.004	0.005
	990748010	管子切断套丝机 159mm	台班	0.140	0.166	0.206	0.274	0.298
	990785030	砂轮切割机 ϕ400	台班	0.020	0.022	0.025	0.029	0.031
	990813010	试压泵 3MPa	台班	0.001	0.001	0.001	0.002	0.002

工作内容：调直、切管、套丝、组对、连接，管道及管件安装，水压试验及水冲洗。 **计量单位：**10m

编号				2-4-59	2-4-60	2-4-61	2-4-62
项目				不锈钢管（螺纹连接）公称直径（mm 以内）			
				50	65	80	100
名称			单位	消耗量			
人工	000205000	综合二类工	工日	2.604	2.743	2.873	3.283
材料	170700002	不锈钢管（综合）	m	10.020	10.020	10.020	10.020
	860113019	弹簧压力表 Y-100 0～1.6MPa	块	0.003	0.003	0.003	0.003
	031301008	低碳钢焊条 J422（综合）	kg	0.002	0.002	0.003	0.003
	031507018	镀锌铁丝 ϕ2.8～4.0	kg	0.083	0.085	0.089	0.101
	180509004	不锈钢管螺纹管件	个	6.610	5.260	4.630	4.150
	170101003	焊接钢管 *DN*20	m	0.017	0.019	0.020	0.021
	340203008	聚四氟乙烯生料带 宽 20	m	16.580	17.950	19.310	20.880
	030105046	六角螺栓（综合）	kg	0.005	0.006	0.006	0.006
	190003004	螺纹阀门 *DN*20	个	0.005	0.005	0.006	0.006
	092705001	破布	kg	0.213	0.238	0.255	0.298
	012903010	热轧中厚钢板 δ8～15	kg	0.042	0.044	0.047	0.049
	031101008	树脂砂轮切割片 ϕ400	片	0.144	0.164	0.174	0.190
	341101001	水	m^3	0.088	0.145	0.204	0.353
	020101002	橡胶板 δ1～3	kg	0.010	0.011	0.011	0.012
	172707010	橡胶软管 *DN*20	m	0.008	0.008	0.008	0.009
	860113022	压力表表弯 *DN*15	个	0.003	0.003	0.003	0.003
	142909001	氧气	m^3	0.006	0.006	0.006	0.006
	142907002	乙炔气	kg	0.002	0.002	0.002	0.002
	850103006	其他材料费（占材料费）	%	2.000	2.000	2.000	2.000
机械	990801020	电动单级离心清水泵 100mm	台班	0.001	0.001	0.002	0.002
	990900010	电焊机（综合）	台班	0.002	0.002	0.002	0.002
	990515010	吊装机械（综合）	台班	0.007	0.009	0.012	0.084
	990748010	管子切断套丝机 159mm	台班	0.308	0.314	0.330	0.338
	990785030	砂轮切割机 ϕ400	台班	0.037	0.036	0.038	0.041
	990813010	试压泵 3MPa	台班	0.002	0.002	0.002	0.002
	990401020	载重汽车 5t	台班	0.003	0.004	0.006	0.013

工作内容： 调直、切管、坡口、组对、焊接、焊缝酸洗、钝化，管道及管件安装，水压试验及水冲洗。

计量单位：10m

编号				2-4-63	2-4-64	2-4-65	2-4-66
项目				不锈钢管（对接电弧焊）公称直径（mm 以内）			
				15	20	25	32
名称			单位	消耗量			
人工	000205000	综合二类工	工日	1.355	1.413	1.705	1.788
材料	170700002	不锈钢管（综合）	m	9.500	9.500	9.500	9.500
	143315001	丙酮	kg	0.039	0.045	0.054	0.062
	031301001	不锈钢焊条（综合）	kg	0.194	0.197	0.246	0.267
	860113019	弹簧压力表 Y-100 0～1.6MPa	块	0.002	0.002	0.002	0.002
	031301008	低碳钢焊条 J422（综合）	kg	0.002	0.002	0.002	0.002
	341103001	电	kW·h	0.155	0.157	0.184	0.201
	031507018	镀锌铁丝 ϕ2.8～4.0	kg	0.040	0.045	0.068	0.075
	180515003	不锈钢管焊接管件	个	12.340	10.070	9.730	8.340
	170101003	焊接钢管 *DN*20	m	0.013	0.014	0.015	0.016
	030105046	六角螺栓（综合）	kg	0.004	0.004	0.004	0.005
	190003004	螺纹阀门 *DN*20	个	0.004	0.004	0.004	0.005
	031101009	尼龙砂轮片 ϕ100	片	0.190	0.192	0.228	0.252
	092705001	破布	kg	0.080	0.090	0.150	0.167
	012903010	热轧中厚钢板 δ8～15	kg	0.030	0.032	0.034	0.037
	031101008	树脂砂轮切割片 ϕ400	片	0.046	0.054	0.090	0.107
	341101001	水	m^3	0.008	0.014	0.023	0.040
	020905001	塑料布	m^2	0.550	0.591	0.628	0.673
	143169002	酸洗膏	kg	0.018	0.024	0.033	0.038
	020101002	橡胶板 δ1～3	kg	0.007	0.008	0.008	0.009
	172707010	橡胶软管 *DN*20	m	0.006	0.006	0.007	0.007
	860113022	压力表表弯 *DN*15	个	0.002	0.002	0.002	0.002
	142909001	氧气	m^3	0.003	0.003	0.003	0.006
	142907002	乙炔气	kg	0.001	0.001	0.001	0.002
	850103006	其他材料费（占材料费）	%	2.000	2.000	2.000	2.000
机械	990801020	电动单级离心清水泵 100mm	台班	0.001	0.001	0.001	0.001
	991003050	电动空气压缩机 6m^3/min	台班	0.002	0.002	0.002	0.002
	990900010	电焊机（综合）	台班	0.075	0.075	0.078	0.084
	990920010	电焊条恒温箱	台班	0.008	0.008	0.008	0.008
	990919030	电焊条烘干箱 60×50×75cm^3	台班	0.008	0.008	0.008	0.008
	990515010	吊装机械（综合）	台班	0.002	0.002	0.003	0.004
	990785030	砂轮切割机 ϕ400	台班	0.020	0.022	0.025	0.029
	990813010	试压泵 3MPa	台班	0.001	0.001	0.001	0.002

工作内容：调直、切管、坡口、组对、焊接、焊缝酸洗、钝化，管道及管件安装，水压试验及水冲洗。

计量单位：10m

编　号				2-4-67	2-4-68	2-4-69	2-4-70
项　目				不锈钢管（对接电弧焊）公称直径（mm 以内）			
				40	50	65	80
名　称			单位	消　耗　量			
人工	000205000	综合二类工	工日	1.884	2.275	2.524	2.771
材料	170700002	不锈钢管（综合）	m	9.650	9.650	9.650	9.650
	143315001	丙酮	kg	0.078	0.089	0.112	0.134
	031301001	不锈钢焊条（综合）	kg	0.382	0.440	0.480	0.520
	860113019	弹簧压力表 Y-100 0～1.6MPa	块	0.002	0.003	0.003	0.003
	031301008	低碳钢焊条 J422（综合）	kg	0.002	0.002	0.002	0.003
	341103001	电	kW·h	0.260	0.295	0.316	0.396
	031507018	镀锌铁丝 ϕ2.8～4.0	kg	0.079	0.083	0.085	0.089
	180515003	不锈钢管焊接管件	个	6.240	5.180	4.000	3.390
	170101003	焊接钢管 *DN*20	m	0.016	0.017	0.019	0.020
	030105046	六角螺栓（综合）	kg	0.005	0.005	0.006	0.006
	190003004	螺纹阀门 *DN*20	个	0.005	0.005	0.005	0.006
	031101009	尼龙砂轮片 ϕ100	片	0.294	0.574	0.607	0.613
	092705001	破布	kg	0.187	0.213	0.238	0.255
	012903010	热轧中厚钢板 δ8～15	kg	0.039	0.042	0.044	0.047
	031101008	树脂砂轮切割片 ϕ400	片	0.121	0.144	0.164	0.174
	341101001	水	m^3	0.053	0.088	0.145	0.204
	020905001	塑料布	m^2	0.692	0.702	0.714	0.735
	143169002	酸洗膏	kg	0.044	0.056	0.064	0.079
	020101002	橡胶板 δ1～3	kg	0.010	0.010	0.011	0.011
	172707010	橡胶软管 *DN*20	m	0.007	0.008	0.008	0.008
	860113022	压力表表弯 *DN*15	个	0.002	0.003	0.003	0.003
	142909001	氧气	m^3	0.006	0.006	0.006	0.006
	142907002	乙炔气	kg	0.002	0.002	0.002	0.002
	850103006	其他材料费（占材料费）	%	2.000	2.000	2.000	2.000
机械	990801020	电动单级离心清水泵 100mm	台班	0.001	0.001	0.001	0.002
	991003050	电动空气压缩机 $6m^3/min$	台班	0.002	0.002	0.002	0.002
	990900010	电焊机（综合）	台班	0.103	0.260	0.326	0.366
	990920010	电焊条恒温箱	台班	0.010	0.026	0.033	0.037
	990919030	电焊条烘干箱 $60\times50\times75cm^3$	台班	0.010	0.026	0.033	0.037
	990515010	吊装机械（综合）	台班	0.005	0.007	0.009	0.012
	990785030	砂轮切割机 ϕ400	台班	0.031	0.037	0.059	0.067
	990813010	试压泵 3MPa	台班	0.002	0.002	0.002	0.002
	990401020	载重汽车 5t	台班	—	0.003	0.004	0.006

工作内容：调直、切管、坡口、组对、焊接、焊缝酸洗、钝化，管道及管件安装，水压试验及水冲洗。

计量单位：10m

编号				2-4-71	2-4-72	2-4-73	2-4-74
项目				不锈钢管（对接电弧焊）公称直径（mm 以内）			
				100	125	150	200
名称			单位	消耗量			
人工	000205000	综合二类工	工日	3.197	3.314	3.674	4.476
材料	170700002	不锈钢管（综合）	m	9.650	9.650	9.650	9.650
	143315001	丙酮	kg	0.165	0.176	0.182	0.215
	031301001	不锈钢焊条（综合）	kg	0.576	0.674	1.180	1.631
	860113019	弹簧压力表 Y-100 0～1.6MPa	块	0.003	0.003	0.003	0.003
	031301008	低碳钢焊条 J422（综合）	kg	0.003	0.003	0.003	0.003
	341103001	电	kW · h	0.403	0.430	0.508	0.712
	031507018	镀锌铁丝 ϕ2.8～4.0	kg	0.101	0.107	0.112	0.131
	180515003	不锈钢管焊接管件	个	2.990	2.330	1.900	1.680
	170101003	焊接钢管 *DN*20	m	0.021	0.022	0.023	0.024
	030105046	六角螺栓（综合）	kg	0.006	0.008	0.012	0.018
	190003004	螺纹阀门 *DN*20	个	0.006	0.006	0.006	0.007
	031101009	尼龙砂轮片 ϕ100	片	0.624	0.683	0.746	0.831
	092705001	破布	kg	0.298	0.323	0.340	0.408
	012903010	热轧中厚钢板 δ8～15	kg	0.049	0.073	0.110	0.148
	031101008	树脂砂轮切割片 ϕ400	片	0.190	—	—	—
	341101001	水	m^3	0.353	0.547	0.764	1.346
	020905001	塑料布	m^2	0.774	0.801	0.832	0.913
	143169002	酸洗膏	kg	0.087	0.096	0.113	0.146
	020101002	橡胶板 δ1～3	kg	0.012	0.014	0.016	0.018
	172707010	橡胶软管 *DN*20	m	0.009	0.009	0.010	0.010
	860113022	压力表表弯 *DN*15	个	0.003	0.003	0.003	0.003
	142909001	氧气	m^3	0.006	0.006	0.006	0.006
	142907002	乙炔气	kg	0.002	0.002	0.002	0.002
	850103006	其他材料费（占材料费）	%	2.000	2.000	2.000	2.000
机械	990801020	电动单级离心清水泵 100mm	台班	0.002	0.003	0.005	0.007
	991003050	电动空气压缩机 6m^3/min	台班	0.002	0.002	0.002	0.002
	990900010	电焊机（综合）	台班	0.411	0.445	0.467	0.552
	990920010	电焊条恒温箱	台班	0.041	0.044	0.047	0.055
	990919030	电焊条烘干箱 60 × 50 × 75cm^3	台班	0.041	0.044	0.047	0.055
	990515010	吊装机械（综合）	台班	0.084	0.117	0.123	0.169
	990785030	砂轮切割机 ϕ400	台班	0.074	—	—	—
	990813010	试压泵 3MPa	台班	0.002	0.003	0.003	0.003
	990401020	载重汽车 5t	台班	0.013	0.016	0.022	0.040
	990743010	等离子切割机 400A	台班	—	0.189	0.214	0.272
	991003030	电动空气压缩机 1m^3/min	台班	—	0.189	0.214	0.272

工作内容： 调直、切管、管道及管件安装，水压试验及水冲洗。 **计量单位：** 10m

编号				2-4-75	2-4-76	2-4-77	2-4-78	2-4-79
项目				铜管（卡压连接）公称外径（mm 以内）				
				18	22	28	35	42
名称			单位	消耗量				
人工	000205000	综合二类工	工日	1.018	1.098	1.180	1.227	1.274
材料	171500001	铜管	m	9.860	9.860	9.860	9.860	9.940
	860113019	弹簧压力表 Y-100 0～1.6MPa	块	0.002	0.002	0.002	0.002	0.002
	031301008	低碳钢焊条 J422（综合）	kg	0.002	0.002	0.002	0.002	0.002
	031507018	镀锌铁丝 ϕ2.8～4.0	kg	0.040	0.045	0.068	0.075	0.079
	031527005	割管刀片	片	0.500	0.450	0.400	0.350	0.350
	180725003	铜管卡压管件	个	13.410	11.160	10.750	9.370	7.520
	170101003	焊接钢管 *DN*20	m	0.013	0.014	0.015	0.016	0.016
	030105046	六角螺栓（综合）	kg	0.004	0.004	0.004	0.005	0.005
	190003004	螺纹阀门 *DN*20	个	0.004	0.004	0.004	0.005	0.005
	092705001	破布	kg	0.080	0.090	0.150	0.167	0.187
	012903010	热轧中厚钢板 δ8～15	kg	0.030	0.032	0.034	0.037	0.039
	341101001	水	m^3	0.008	0.014	0.023	0.040	0.053
	020101002	橡胶板 δ1～3	kg	0.007	0.008	0.008	0.009	0.010
	172707010	橡胶软管 *DN*20	m	0.006	0.006	0.007	0.007	0.007
	860113022	压力表表弯 *DN*15	个	0.002	0.002	0.002	0.002	0.002
	142909001	氧气	m^3	0.003	0.003	0.003	0.006	0.006
	142907002	乙炔气	kg	0.001	0.001	0.001	0.002	0.002
	850103006	其他材料费（占材料费）	%	2.000	2.000	2.000	2.000	2.000
机械	990801020	电动单级离心清水泵 100mm	台班	0.001	0.001	0.001	0.001	0.001
	990900010	电焊机（综合）	台班	0.001	0.001	0.001	0.001	0.002
	990515010	吊装机械（综合）	台班	0.002	0.002	0.003	0.004	0.005
	990813010	试压泵 3MPa	台班	0.001	0.001	0.001	0.002	0.002

工作内容：调直、切管、管道及管件安装，水压试验及水冲洗。 **计量单位：**10m

编号				2-4-80	2-4-81	2-4-82	2-4-83
项目				铜管（卡压连接）公称外径（mm 以内）			
				54	76	89	108
名称			单位	消耗量			
人工	000205000	综合二类工	工日	1.331	1.410	1.483	1.726
材料	171500001	铜管	m	9.870	9.870	9.870	9.870
	860113019	弹簧压力表 Y-100 0～1.6MPa	块	0.003	0.003	0.003	0.003
	031301008	低碳钢焊条 J422（综合）	kg	0.002	0.002	0.003	0.003
	031507018	镀锌铁丝 ϕ2.8～4.0	kg	0.083	0.085	0.089	0.101
	031527005	割管刀片	片	0.300	0.320	0.350	0.380
	180725003	铜管卡压管件	个	6.330	5.260	4.630	4.150
	170101003	焊接钢管 *DN*20	m	0.017	0.019	0.020	0.021
	030105046	六角螺栓（综合）	kg	0.005	0.006	0.006	0.006
	190003004	螺纹阀门 *DN*20	个	0.005	0.005	0.006	0.006
	092705001	破布	kg	0.213	0.238	0.255	0.298
	012903010	热轧中厚钢板 δ8～15	kg	0.042	0.044	0.047	0.049
	341101001	水	m^3	0.088	0.145	0.204	0.353
	020101002	橡胶板 δ1～3	kg	0.010	0.011	0.011	0.012
	172707010	橡胶软管 *DN*20	m	0.008	0.008	0.008	0.009
	860113022	压力表表弯 *DN*15	个	0.003	0.003	0.003	0.003
	142909001	氧气	m^3	0.006	0.006	0.006	0.006
	142907002	乙炔气	kg	0.002	0.002	0.002	0.002
	850103006	其他材料费（占材料费）	%	2.000	2.000	2.000	2.000
机械	990801020	电动单级离心清水泵 100mm	台班	0.001	0.001	0.002	0.002
	990900010	电焊机（综合）	台班	0.002	0.002	0.002	0.002
	990515010	吊装机械（综合）	台班	0.007	0.009	0.012	0.020
	990813010	试压泵 3MPa	台班	0.002	0.002	0.002	0.002
	990401020	载重汽车 5t	台班	0.003	0.004	0.006	0.013

工作内容：调直、切管、坡口、焊接、管道及管件安装、水压试验及水冲洗。　　**计量单位：**10m

编　号				2-4-84	2-4-85	2-4-86	2-4-87	2-4-88
项　目				铜管（氧乙炔焊）公称外径（mm 以内）				
				18	22	28	35	42
名　称			单位	消　耗　量				
人工	000205000	综合二类工	工日	1.628	1.751	1.829	2.162	2.458
材料	171500001	铜管	m	9.500	9.500	9.500	9.500	9.650
	860113019	弹簧压力表 Y-100 0～1.6MPa	块	0.002	0.002	0.002	0.002	0.002
	031301008	低碳钢焊条 J422（综合）	kg	0.002	0.002	0.002	0.002	0.002
	031507018	镀锌铁丝 ϕ2.8～4.0	kg	0.040	0.045	0.068	0.075	0.079
	180725001	铜管焊接管件	个	12.340	10.070	9.730	8.340	6.240
	170101003	焊接钢管 *DN*20	m	0.013	0.014	0.015	0.016	0.016
	031541002	锯条（综合）	根	0.082	0.126	0.145	0.164	0.192
	030105046	六角螺栓（综合）	kg	0.004	0.004	0.004	0.005	0.005
	190003004	螺纹阀门 *DN*20	个	0.004	0.004	0.004	0.005	0.005
	031101009	尼龙砂轮片 ϕ100	片	0.019	0.024	0.024	0.025	0.038
	031101012	尼龙砂轮片 ϕ400	片	0.020	0.023	0.023	0.035	0.040
	092705001	破布	kg	0.080	0.090	0.150	0.167	0.187
	012903010	热轧中厚钢板 δ8～15	kg	0.030	0.032	0.034	0.037	0.039
	341101001	水	m^3	0.008	0.014	0.023	0.040	0.053
	031307002	铜焊粉	kg	0.030	0.040	0.050	0.060	0.080
	031303009	铜焊丝（综合）	kg	0.174	0.192	0.226	0.250	0.288
	020101002	橡胶板 δ1～3	kg	0.007	0.008	0.008	0.009	0.010
	172707010	橡胶软管 *DN*20	m	0.006	0.006	0.007	0.007	0.007
	860113022	压力表表弯 *DN*15	个	0.002	0.002	0.002	0.002	0.002
	142909001	氧气	m^3	0.464	0.544	0.684	0.935	1.314
	142907002	乙炔气	kg	0.172	0.191	0.243	0.332	0.465
	850103006	其他材料费（占材料费）	%	2.000	2.000	2.000	2.000	2.000
机械	990801020	电动单级离心清水泵 100mm	台班	0.001	0.001	0.001	0.001	0.001
	990900010	电焊机（综合）	台班	0.001	0.001	0.001	0.001	0.002
	990515010	吊装机械（综合）	台班	0.002	0.002	0.003	0.004	0.005
	990785030	砂轮切割机 ϕ400	台班	0.004	0.004	0.008	0.010	0.012
	990813010	试压泵 3MPa	台班	0.001	0.001	0.001	0.002	0.002

工作内容：调直、切管、坡口、焊接、管道及管件安装、水压试验及水冲洗。　　计量单位：10m

编号				2-4-89	2-4-90	2-4-91	2-4-92
项目				铜管（氧乙炔焊）公称外径（mm 以内）			
				54	76	89	108
名称			单位	消耗量			
人工	000205000	综合二类工	工日	2.710	3.016	3.314	3.489
材料	171500001	铜管	m	9.650	9.650	9.650	9.650
	860113019	弹簧压力表 Y-100 0～1.6MPa	块	0.003	0.003	0.003	0.003
	031301008	低碳钢焊条 J422（综合）	kg	0.002	0.002	0.003	0.003
	031507018	镀锌铁丝 ϕ2.8～4.0	kg	0.083	0.085	0.089	0.101
	180725001	铜管焊接管件	个	5.180	4.000	3.390	2.990
	170101003	焊接钢管 *DN*20	m	0.017	0.019	0.020	0.021
	031541002	锯条（综合）	根	0.198	—	—	—
	030105046	六角螺栓（综合）	kg	0.005	0.006	0.006	0.006
	190003004	螺纹阀门 *DN*20	个	0.005	0.005	0.006	0.006
	031101009	尼龙砂轮片 ϕ100	片	0.046	0.096	0.102	0.115
	031101012	尼龙砂轮片 ϕ400	片	0.048	0.123	0.128	0.140
	092705001	破布	kg	0.213	0.238	0.255	0.298
	012903010	热轧中厚钢板 δ8～15	kg	0.042	0.044	0.047	0.049
	341101001	水	m^3	0.088	0.145	0.204	0.353
	031307002	铜焊粉	kg	0.085	0.097	0.110	0.130
	031303009	铜焊丝（综合）	kg	0.380	0.520	0.680	0.840
	020101002	橡胶板 δ1～3	kg	0.010	0.011	0.011	0.012
	172707010	橡胶软管 *DN*20	m	0.008	0.008	0.008	0.009
	860113022	压力表表弯 *DN*15	个	0.003	0.003	0.003	0.003
	142909001	氧气	m^3	1.414	1.763	2.316	2.620
	142907002	乙炔气	kg	0.515	0.678	0.840	0.960
	850103006	其他材料费（占材料费）	%	2.000	2.000	2.000	2.000
机械	990801020	电动单级离心清水泵 100mm	台班	0.001	0.001	0.002	0.002
	990900010	电焊机（综合）	台班	0.002	0.002	0.002	0.002
	990515010	吊装机械（综合）	台班	0.007	0.009	0.012	0.020
	990785030	砂轮切割机 ϕ400	台班	0.016	0.028	0.029	0.031
	990813010	试压泵 3MPa	台班	0.002	0.002	0.002	0.002
	990401020	载重汽车 5t	台班	0.003	0.004	0.006	0.013

工作内容：调直、切管、焊接、管道及管件安装、水压试验及水冲洗。　　　　计量单位：10m

编号				2-4-93	2-4-94	2-4-95	2-4-96	2-4-97
项目				铜管（钎焊）公称外径（mm 以内）				
				18	22	28	35	42
名称			单位	消耗量				
人工	000205000	综合二类工	工日	1.119	1.209	1.297	1.350	1.403
材料	171500001	铜管	m	9.860	9.860	9.860	9.860	9.940
	031541002	锯条（综合）	根	0.082	0.126	0.145	0.164	0.192
	860113019	弹簧压力表 Y-100 0～1.6MPa	块	0.002	0.002	0.002	0.002	0.002
	031301008	低碳钢焊条 J422（综合）	kg	0.002	0.002	0.002	0.002	0.002
	031309001	低银铜磷钎料 BCu91PAg	kg	0.024	0.026	0.039	0.056	0.077
	341103001	电	kW·h	0.072	0.077	0.080	0.094	0.143
	031507018	镀锌铁丝 ϕ2.8～4.0	kg	0.004	0.045	0.068	0.075	0.079
	180725005	铜管钎焊管件	个	13.410	11.160	10.750	9.370	7.520
	170101003	焊接钢管 *DN*20	m	0.013	0.014	0.015	0.016	0.016
	030105046	六角螺栓（综合）	kg	0.004	0.004	0.004	0.005	0.005
	190003004	螺纹阀门 *DN*20	个	0.004	0.004	0.004	0.005	0.005
	031101009	尼龙砂轮片 ϕ100	片	0.019	0.024	0.024	0.025	0.038
	031101012	尼龙砂轮片 ϕ400	片	0.020	0.023	0.023	0.035	0.040
	092705001	破布	kg	0.080	0.090	0.150	0.168	0.187
	012903010	热轧中厚钢板 δ8～15	kg	0.030	0.032	0.034	0.037	0.039
	341101001	水	m^3	0.008	0.014	0.023	0.040	0.053
	031102004	铁砂布（综合）	张	0.116	0.118	0.125	0.143	0.236
	020101002	橡胶板 δ1～3	kg	0.007	0.008	0.008	0.009	0.010
	172707010	橡胶软管 *DN*20	m	0.006	0.006	0.007	0.007	0.007
	860113022	压力表表弯 *DN*15	个	0.002	0.002	0.002	0.002	0.002
	142909001	氧气	m^3	0.421	0.459	0.467	0.515	0.635
	142907002	乙炔气	kg	0.162	0.171	0.179	0.198	0.244
	850103006	其他材料费（占材料费）	%	2.000	2.000	2.000	2.000	2.000
机械	990801020	电动单级离心清水泵 100mm	台班	0.001	0.001	0.001	0.001	0.001
	990900010	电焊机（综合）	台班	0.001	0.001	0.001	0.001	0.002
	990515010	吊装机械（综合）	台班	0.002	0.002	0.003	0.004	0.005
	990785030	砂轮切割机 ϕ400	台班	0.040	0.040	0.008	0.010	0.012
	990813010	试压泵 3MPa	台班	0.001	0.001	0.001	0.002	0.002

工作内容：调直、切管、焊接、管道及管件安装、水压试验及水冲洗。 **计量单位：**10m

编号				2-4-98	2-4-99	2-4-100	2-4-101
项目				铜管（钎焊）公称外径（mm 以内）			
				54	76	89	108
名称			单位	消耗量			
人工	000205000	综合二类工	工日	1.465	1.551	1.631	1.898
材料	171500001	铜管	m	9.870	9.870	9.870	9.870
	031541002	锯条（综合）	根	0.198	—	—	—
	860113019	弹簧压力表 Y-100 0～1.6MPa	块	0.003	0.003	0.003	0.003
	031301008	低碳钢焊条 J422（综合）	kg	0.002	0.002	0.003	0.003
	031309001	低银铜磷钎料 BCu91PAg	kg	0.104	0.131	0.185	0.212
	341103001	电	kW · h	0.146	0.149	0.152	0.155
	031507018	镀锌铁丝 ϕ2.8～4.0	kg	0.083	0.085	0.089	0.101
	180725005	铜管钎焊管件	个	6.330	5.260	4.630	4.150
	170101003	焊接钢管 *DN*20	m	0.017	0.019	0.020	0.021
	030105046	六角螺栓（综合）	kg	0.005	0.006	0.006	0.006
	190003004	螺纹阀门 *DN*20	个	0.005	0.005	0.006	0.006
	031101009	尼龙砂轮片 ϕ100	片	0.046	0.096	0.102	0.115
	031101012	尼龙砂轮片 ϕ400	片	0.048	0.123	0.128	0.140
	092705001	破布	kg	0.213	0.238	0.255	0.298
	012903010	热轧中厚钢板 δ8～15	kg	0.042	0.044	0.047	0.049
	341101001	水	m^3	0.088	0.145	0.204	0.353
	031102004	铁砂布（综合）	张	0.274	0.312	0.350	0.388
	020101002	橡胶板 δ1～3	kg	0.010	0.011	0.011	0.012
	172707010	橡胶软管 *DN*20	m	0.008	0.008	0.008	0.009
	860113022	压力表表弯 *DN*15	个	0.003	0.003	0.003	0.003
	142909001	氧气	m^3	0.723	1.019	1.156	1.313
	142907002	乙炔气	kg	0.274	0.340	0.388	0.439
	850103006	其他材料费（占材料费）	%	2.000	2.000	2.000	2.000
机械	990801020	电动单级离心清水泵 100mm	台班	0.001	0.001	0.002	0.002
	990900010	电焊机（综合）	台班	0.002	0.002	0.002	0.002
	990515010	吊装机械（综合）	台班	0.007	0.009	0.012	0.020
	990785030	砂轮切割机 ϕ400	台班	0.016	0.028	0.029	0.031
	990813010	试压泵 3MPa	台班	0.002	0.002	0.002	0.002
	990401020	载重汽车 5t	台班	0.003	0.004	0.006	0.013

工作内容：切管、管道及管件安装、调制接口材料、接口养护、灌水试验。 **计量单位**：10m

编号				2-4-102	2-4-103	2-4-104	2-4-105	2-4-106	2-4-107
项目				铸铁排水管（石棉水泥接口）公称直径（mm 以内）					
				50	75	100	150	200	250
名称			单位	消耗量					
人工	000205000	综合二类工	工日	2.128	2.547	3.288	3.487	3.696	4.048
材料	173117008	承插铸铁排水管	m	9.780	9.550	9.050	9.450	9.450	9.790
	031507018	镀锌铁丝 ϕ2.8～4.0	kg	0.083	0.089	0.101	0.112	0.131	0.140
	092705001	破布	kg	0.213	0.255	0.298	0.340	0.408	0.451
	040300003	砂子	m^3	0.011	0.012	0.012	0.009	0.006	0.006
	150113003	石棉绒	kg	0.620	1.350	2.240	2.240	2.620	5.060
	180100005	承插铸铁排水管件	个	6.640	6.780	9.640	4.460	4.190	2.350
	341101001	水	m^3	0.033	0.054	0.132	0.287	0.505	0.802
	040100006	水泥 42.5	kg	2.460	5.040	8.340	8.340	9.800	13.030
	140105002	油麻	kg	1.330	2.290	3.040	3.010	3.250	2.660
	850103006	其他材料费（占材料费）	%	2.000	2.000	2.000	2.000	2.000	2.000
机械	990801020	电动单级离心清水泵 100mm	台班	0.001	0.001	0.002	0.005	0.006	0.009
	990515010	吊装机械（综合）	台班	0.004	0.009	0.076	0.123	0.169	0.239
	990795010	液压断管机 500mm	台班	0.033	0.047	0.096	0.058	0.079	0.059
	990401020	载重汽车 5t	台班	0.004	0.009	0.011	0.018	0.040	0.058

工作内容：切管、管道及管件安装、调制接口材料、接口养护、灌水试验。 **计量单位**：10m

编号				2-4-108	2-4-109	2-4-110	2-4-111	2-4-112	2-4-113
项目				铸铁排水管（水泥接口）公称直径（mm 以内）					
				50	75	100	150	200	250
名称			单位	消耗量					
人工	000205000	综合二类工	工日	1.958	2.343	3.024	3.207	3.400	3.723
材料	173117008	承插铸铁排水管	m	9.780	9.550	9.050	9.450	9.450	9.790
	031507018	镀锌铁丝 ϕ2.8～4.0	kg	0.083	0.089	0.101	0.112	0.131	0.140
	092705001	破布	kg	0.213	0.255	0.298	0.340	0.408	0.451
	180100005	承插铸铁排水管件	个	6.640	6.780	9.640	4.460	4.190	2.350
	341101001	水	m^3	0.033	0.054	0.132	0.287	0.505	0.802
	040100006	水泥 42.5	kg	3.520	7.820	11.920	11.920	14.000	19.480
	140105002	油麻	kg	1.330	2.290	3.040	3.010	3.250	2.660
	850103006	其他材料费（占材料费）	%	2.000	2.000	2.000	2.000	2.000	2.000
机械	990801020	电动单级离心清水泵 100mm	台班	0.001	0.001	0.002	0.005	0.006	0.009
	990515010	吊装机械（综合）	台班	0.004	0.009	0.076	0.123	0.169	0.239
	990795010	液压断管机 500mm	台班	0.033	0.047	0.096	0.058	0.079	0.059
	990401020	载重汽车 5t	台班	0.004	0.009	0.011	0.018	0.040	0.058

工作内容：切管、上胶圈、管道及管件安装、紧固螺栓、灌水试验。 **计量单位：**10m

编号				2-4-114	2-4-115	2-4-116	2-4-117	2-4-118	2-4-119
项目				柔性铸铁排水管（机械接口）公称直径（mm 以内）					
				50	75	100	150	200	250
名称			单位	消耗量					
人工	000205000	综合二类工	工日	1.809	2.165	2.793	2.964	3.137	3.440
材料	171101003	柔性铸铁排水管	m	9.780	9.550	9.050	9.450	9.450	9.790
	030105112	六角螺栓带螺母、垫圈 M8×14～75	套	44.400	—	—	—	—	—
	030105113	六角螺栓带螺母、垫圈 M10×30～75	套	—	47.150	—	—	—	—
	030105114	六角螺栓带螺母、垫圈 M12×14～75	套	—	—	67.020	—	—	—
	030105127	六角螺栓带螺母、垫圈 M14×90	套	—	—	—	32.970	30.370	15.200
	031507018	镀锌铁丝 ϕ2.8～4.0	kg	0.083	0.089	0.101	0.112	0.131	0.140
	202103001	法兰压盖	个	14.370	15.260	21.690	10.670	9.830	4.920
	092705001	破布	kg	0.213	0.255	0.298	0.340	0.408	0.451
	180100008	柔性排水铸铁管管件（机械接口）	个	6.640	6.780	9.640	4.460	4.190	2.350
	341101001	水	m^3	0.033	0.054	0.132	0.287	0.505	0.802
	340205020	橡胶密封圈（排水）	个	14.370	15.260	21.690	10.670	9.830	4.920
	850103006	其他材料费（占材料费）	%	2.000	2.000	2.000	2.000	2.000	2.000
机械	990801020	电动单级离心清水泵 100mm	台班	0.001	0.001	0.002	0.005	0.006	0.009
	990515010	吊装机械（综合）	台班	0.004	0.009	0.076	0.123	0.169	0.239
	990795010	液压断管机 500mm	台班	0.033	0.047	0.096	0.058	0.079	0.059
	990401020	载重汽车 5t	台班	0.004	0.009	0.011	0.018	0.040	0.058

工作内容：切管、管道及管件安装、紧卡箍、灌水试验。 **计量单位：**10m

编号				2-4-120	2-4-121	2-4-122	2-4-123	2-4-124	2-4-125
项目				无承口柔性铸铁排水管（卡箍连接）公称直径（mm 以内）					
				50	75	100	150	200	250
名称			单位	消耗量					
人工	000205000	综合二类工	工日	1.737	2.099	2.710	2.872	3.048	3.336
材料	171101006	无承口柔性排水铸铁管	m	9.780	9.550	9.050	9.450	9.450	9.790
	182519002	不锈钢卡箍（含胶圈）	个	14.300	15.100	21.690	10.560	9.750	4.870
	031507018	镀锌铁丝 ϕ2.8～4.0	kg	0.083	0.089	0.101	0.112	0.131	0.140
	092705001	破布	kg	0.213	0.255	0.298	0.340	0.408	0.451
	180100011	无承口柔性排水铸铁管管件（卡箍连接）	个	6.570	6.620	9.510	4.350	4.110	2.300
	341101001	水	m^3	0.033	0.054	0.132	0.287	0.505	0.802
	031102004	铁砂布（综合）	张	0.280	0.280	0.310	0.380	0.470	0.570
	850103006	其他材料费（占材料费）	%	2.000	2.000	2.000	2.000	2.000	2.000
机械	990801020	电动单级离心清水泵 100mm	台班	0.001	0.001	0.002	0.005	0.006	0.009
	990515010	吊装机械（综合）	台班	0.004	0.009	0.076	0.123	0.169	0.239
	990795010	液压断管机 500mm	台班	0.033	0.047	0.096	0.058	0.079	0.059
	990401020	载重汽车 5t	台班	0.004	0.009	0.011	0.018	0.040	0.058

工作内容：切管、组对、预热、熔接，管道及管件安装，灌水试验。 **计量单位**：10m

编号				2-4-126	2-4-127	2-4-128	2-4-129	2-4-130	2-4-131
项目				塑料排水管（热熔连接）公称外径（mm 以内）					
				50	75	110	160	200	250
名称			单位	消耗量					
人工	000205000	综合二类工	工日	0.809	0.915	1.063	1.334	1.529	1.921
材料	173117003	塑料排水管	m	10.120	9.800	9.500	9.500	9.500	10.050
	341103001	电	kW · h	1.457	3.741	5.992	—	—	—
	031541002	锯条（综合）	根	0.268	0.863	2.161	—	—	—
	180999016	排水管热熔管件	个	6.900	8.850	11.560	5.950	5.110	2.350
	341101001	水	m^3	0.033	0.054	0.132	0.587	0.505	0.802
	031102004	铁砂布（综合）	张	0.145	0.208	0.227	0.242	0.267	0.288
	850103006	其他材料费（占材料费）	%	2.000	2.000	2.000	2.000	2.000	2.000
机械	990911010	热熔对接焊机 160mm	台班	—	—	—	0.313	—	—
	990801020	电动单级离心清水泵 100mm	台班	0.001	0.001	0.002	0.005	0.006	0.009
	990515010	吊装机械（综合）	台班	—	—	—	0.017	0.026	0.044
	990706010	木工圆锯机 500mm	台班	—	—	—	0.040	0.047	0.052
	990911020	热熔对接焊机 250mm	台班	—	—	—	—	0.337	0.341
	990401020	载重汽车 5t	台班	—	—	—	0.005	0.012	0.021

工作内容：切管、组对、粘接，管道及管件安装，灌水试验。 **计量单位**：10m

编号				2-4-132	2-4-133	2-4-134	2-4-135	2-4-136	2-4-137
项目				塑料排水管（粘接）公称外径（mm 以内）					
				50	75	110	160	200	250
名称			单位	消耗量					
人工	000205000	综合二类工	工日	1.253	1.678	1.870	2.637	3.695	4.050
材料	173117003	塑料排水管	m	10.120	9.800	9.500	9.500	9.500	10.050
	031541002	锯条（综合）	根	0.268	0.863	2.161	—	—	—
	143315001	丙酮	kg	0.126	0.224	0.318	0.352	0.371	0.393
	180999018	排水管粘接管件	个	6.900	8.850	11.560	5.950	5.110	2.350
	341101001	水	m^3	0.033	0.054	0.132	0.587	0.505	0.802
	031102004	铁砂布（综合）	张	0.145	0.208	0.227	0.242	0.267	0.288
	144135024	粘接剂	kg	0.084	0.149	0.209	0.233	0.242	0.256
	850103006	其他材料费（占材料费）	%	2.000	2.000	2.000	2.000	2.000	2.000
机械	990801020	电动单级离心清水泵 100mm	台班	0.001	0.001	0.002	0.005	0.006	0.009
	990515010	吊装机械（综合）	台班	—	—	—	0.017	0.026	0.044
	990706010	木工圆锯机 500mm	台班	—	—	—	0.040	0.047	0.052
	990401020	载重汽车 5t	台班	—	—	—	0.005	0.012	0.021

工作内容： 切管、组对、紧密封圈，管道及管件安装，灌水试验。 **计量单位：** 10m

编号				2-4-138	2-4-139	2-4-140	2-4-141	2-4-142	2-4-143
项目				塑料排水管（螺母密封圈连接）公称外径（mm 以内）					
				50	75	110	160	200	250
名称			单位	消耗量					
人工	000205000	综合二类工	工日	1.187	1.591	1.779	2.500	3.259	3.857
材料	172505007	硬聚氯乙烯螺旋排水管	m	10.120	9.800	9.500	9.500	9.500	10.050
	031541002	锯条（综合）	根	0.268	0.863	2.161	—	—	—
	180999013	塑料排水管件（螺母密封圈连接）	个	6.900	8.850	11.560	5.950	5.110	2.350
	341101001	水	m^3	0.033	0.054	0.132	0.287	0.505	0.802
	031102004	铁砂布（综合）	张	0.145	0.208	0.227	0.242	0.267	0.288
	340205020	橡胶密封圈（排水）	个	14.370	15.260	21.690	10.670	9.830	4.920
	850103006	其他材料费（占材料费）	%	2.000	2.000	2.000	2.000	2.000	2.000
机械	990801020	电动单级离心清水泵 100mm	台班	0.001	0.001	0.002	0.005	0.006	0.009
	990515010	吊装机械（综合）	台班	—	—	—	0.017	0.026	0.044
	990706010	木工圆锯机 500mm	台班	—	—	—	0.040	0.047	0.052
	990401020	载重汽车 5t	台班	—	—	—	0.005	0.012	0.021

工作内容： 切管、卷削、组对、预热、熔接，管道及管件安装，水压试验及水冲洗。 **计量单位：** 10m

编号				2-4-144	2-4-145	2-4-146	2-4-147
项目				塑铝稳态管（热熔连接）公称外径（mm 以内）			
				20	25	32	40
名称			单位	消耗量			
人工	000205000	综合二类工	工日	1.165	1.288	1.394	1.597
材料	172800001	复合管	m	10.160	10.160	10.160	10.160
	860113019	弹簧压力表 Y-100 0～1.6MPa	块	0.002	0.002	0.002	0.002
	031301008	低碳钢焊条 J422（综合）	kg	0.002	0.002	0.002	0.002
	341103001	电	kW · h	1.245	1.289	1.663	1.738
	181201003	塑铝稳态管热熔管件	个	15.200	12.250	10.810	8.870
	170101003	焊接钢管 *DN*20	m	0.013	0.014	0.015	0.016
	031541002	锯条（综合）	根	0.132	0.158	0.201	0.248
	030105046	六角螺栓（综合）	kg	0.004	0.004	0.004	0.005
	190003004	螺纹阀门 *DN*20	个	0.004	0.004	0.004	0.005
	012903010	热轧中厚钢板 δ8～15	kg	0.030	0.032	0.034	0.037
	341101001	水	m^3	0.008	0.014	0.023	0.040
	031102004	铁砂布（综合）	张	0.053	0.066	0.070	0.116
	020101002	橡胶板 δ1～3	kg	0.007	0.008	0.008	0.009
	172707010	橡胶软管 *DN*20	m	0.006	0.006	0.007	0.007
	860113022	压力表表弯 *DN*15	个	0.002	0.002	0.002	0.002
	142909001	氧气	m^3	0.003	0.003	0.003	0.006
	142907002	乙炔气	kg	0.001	0.001	0.001	0.002
	850103006	其他材料费（占材料费）	%	2.000	2.000	2.000	2.000
机械	990801020	电动单级离心清水泵 100mm	台班	0.001	0.001	0.001	0.001
	990900010	电焊机（综合）	台班	0.001	0.001	0.001	0.001
	990813010	试压泵 3MPa	台班	0.001	0.001	0.001	0.002

工作内容：切管、卷削、组对、预热、熔接，管道及管件安装，水压试验及水冲洗。　　**计量单位：**10m

编号				2-4-148	2-4-149	2-4-150	2-4-151
项目				塑铝稳态管（热熔连接）公称外径（mm 以内）			
				50	63	75	90
名称			单位	消耗量			
人工	000205000	综合二类工	工日	1.849	1.992	2.032	2.210
材料	172800001	复合管	m	10.160	10.160	10.160	10.160
	860113019	弹簧压力表 Y-100 0～1.6MPa	块	0.002	0.003	0.003	0.003
	031301008	低碳钢焊条 J422（综合）	kg	0.002	0.002	0.002	0.003
	341103001	电	kW·h	1.877	1.996	2.333	2.511
	181201003	塑铝稳态管热熔管件	个	7.420	6.590	6.030	3.950
	170101003	焊接钢管 *DN*20	m	0.016	0.017	0.019	0.020
	031541002	锯条（综合）	根	0.295	0.359	0.547	0.608
	030105046	六角螺栓（综合）	kg	0.005	0.005	0.006	0.006
	190003004	螺纹阀门 *DN*20	个	0.005	0.005	0.005	0.006
	012903010	热轧中厚钢板 δ8～15	kg	0.039	0.042	0.044	0.047
	341101001	水	m^3	0.053	0.088	0.145	0.204
	031102004	铁砂布（综合）	张	0.151	0.203	0.210	0.226
	020101002	橡胶板 δ1～3	kg	0.010	0.010	0.011	0.011
	172707010	橡胶软管 *DN*20	m	0.007	0.008	0.008	0.008
	860113022	压力表表弯 *DN*15	个	0.002	0.003	0.003	0.003
	142909001	氧气	m^3	0.006	0.006	0.006	0.006
	142907002	乙炔气	kg	0.002	0.002	0.002	0.002
	850103006	其他材料费（占材料费）	%	2.000	2.000	2.000	2.000
机械	990801020	电动单级离心清水泵 100mm	台班	0.001	0.001	0.001	0.002
	990900010	电焊机（综合）	台班	0.002	0.002	0.002	0.002
	990813010	试压泵 3MPa	台班	0.002	0.002	0.002	0.002

工作内容：切管、卷削、组对、预热、熔接，管道及管件安装，水压试验及水冲洗。 计量单位：10m

编号				2-4-152	2-4-153	2-4-154
项目				塑铝稳态管（热熔连接）公称外径（mm 以内）		
				110	125	160
名称			单位	消耗量		
人工	000205000	综合二类工	工日	2.320	2.447	2.567
材料	172800001	复合管	m	10.160	10.160	10.160
	860113019	弹簧压力表 Y-100 0～1.6MPa	块	0.003	0.003	0.003
	031301008	低碳钢焊条 J422（综合）	kg	0.003	0.003	0.003
	341103001	电	kW·h	2.635	0.454	0.612
	181201003	塑铝稳态管热熔管件	个	3.080	1.580	1.340
	170101003	焊接钢管 *DN*20	m	0.021	0.022	0.023
	031541002	锯条（综合）	根	0.690	—	—
	030105046	六角螺栓（综合）	kg	0.006	0.008	0.012
	190003004	螺纹阀门 *DN*20	个	0.006	0.006	0.007
	012903010	热轧中厚钢板 δ8～15	kg	0.049	0.073	0.110
	341101001	水	m^3	0.353	0.547	0.764
	031102004	铁砂布（综合）	张	0.229	0.240	0.254
	020101002	橡胶板 δ1～3	kg	0.012	0.014	0.016
	172707010	橡胶软管 *DN*20	m	0.009	0.009	0.010
	860113022	压力表表弯 *DN*15	个	0.003	0.003	0.003
	142909001	氧气	m^3	0.006	0.006	0.006
	142907002	乙炔气	kg	0.002	0.002	0.002
	850103006	其他材料费（占材料费）	%	2.000	2.000	2.000
机械	990801020	电动单级离心清水泵 100mm	台班	0.002	0.003	0.005
	990900010	电焊机（综合）	台班	0.002	0.002	0.002
	990813010	试压泵 3MPa	台班	0.002	0.003	0.003
	990515010	吊装机械（综合）	台班	—	0.012	0.017
	990747030	管子切断机 250mm	台班	—	0.030	0.033
	990911010	热熔对接焊机 160mm	台班	—	0.279	0.283
	990401020	载重汽车 5t	台班	—	0.004	0.005

工作内容：切管、打磨、组对、熔接，管道及管件安装，水压试验及水冲洗。　　　　**计量单位：**10m

编号				2-4-155	2-4-156	2-4-157	2-4-158
项目				钢骨架塑料复合管（电熔连接）公称外径（mm 以内）			
				20	25	32	40
名称			单位	消耗量			
人工	000205000	综合二类工	工日	1.244	1.350	1.473	1.717
材料	172800001	复合管	m	10.160	10.160	10.160	10.160
	860113019	弹簧压力表 Y-100 0～1.6MPa	块	0.002	0.002	0.002	0.002
	031301008	低碳钢焊条 J422（综合）	kg	0.002	0.002	0.002	0.002
	180999006	钢骨架塑料复合管电熔管件	个	15.200	12.250	10.810	8.870
	170101003	焊接钢管 *DN*20	m	0.013	0.014	0.015	0.016
	031541002	锯条（综合）	根	0.144	0.173	0.220	0.270
	030105046	六角螺栓（综合）	kg	0.004	0.004	0.004	0.005
	190003004	螺纹阀门 *DN*20	个	0.004	0.004	0.004	0.005
	031101012	尼龙砂轮片 ϕ400	片	0.020	0.025	0.056	0.072
	012903010	热轧中厚钢板 δ8～15	kg	0.030	0.032	0.034	0.037
	341101001	水	m^3	0.008	0.014	0.023	0.040
	031102004	铁砂布（综合）	张	0.053	0.066	0.070	0.116
	020101002	橡胶板 δ1～3	kg	0.007	0.008	0.008	0.009
	172707010	橡胶软管 *DN*20	m	0.006	0.006	0.007	0.007
	860113022	压力表表弯 *DN*15	个	0.002	0.002	0.002	0.002
	142909001	氧气	m^3	0.003	0.003	0.003	0.006
	142907002	乙炔气	kg	0.001	0.001	0.001	0.002
	850103006	其他材料费（占材料费）	%	2.000	2.000	2.000	2.000
机械	990801020	电动单级离心清水泵 100mm	台班	0.001	0.001	0.001	0.001
	990900010	电焊机（综合）	台班	0.001	0.001	0.001	0.001
	990921010	电熔焊接机 3.5kW	台班	0.133	0.185	0.224	0.249
	990785030	砂轮切割机 ϕ400	台班	0.005	0.008	0.016	0.025
	990813010	试压泵 3MPa	台班	0.001	0.001	0.001	0.002

工作内容：切管、打磨、组对、熔接，管道及管件安装，水压试验及水冲洗。 **计量单位：**10m

编号				2-4-159	2-4-160	2-4-161	2-4-162
项目				钢骨架塑料复合管（电熔连接）公称外径（mm 以内）			
				50	63	75	90
名称			单位	消耗量			
人工	000205000	综合二类工	工日	1.919	2.112	2.171	2.366
材料	172800001	复合管	m	10.160	10.160	10.160	10.160
	860113019	弹簧压力表 Y-100 0～1.6MPa	块	0.002	0.003	0.003	0.003
	031301008	低碳钢焊条 J422（综合）	kg	0.002	0.002	0.002	0.003
	180999006	钢骨架塑料复合管电熔管件	个	7.420	6.590	6.030	3.950
	170101003	焊接钢管 *DN*20	m	0.016	0.017	0.019	0.020
	031541002	锯条（综合）	根	0.322	0.391	0.602	0.669
	030105046	六角螺栓（综合）	kg	0.005	0.005	0.006	0.006
	190003004	螺纹阀门 *DN*20	个	0.005	0.005	0.005	0.006
	031101012	尼龙砂轮片 ϕ400	片	0.075	0.104	0.117	0.122
	012903010	热轧中厚钢板 δ8～15	kg	0.039	0.042	0.044	0.047
	341101001	水	m^3	0.053	0.088	0.145	0.204
	031102004	铁砂布（综合）	张	0.151	0.203	0.210	0.226
	020101002	橡胶板 δ1～3	kg	0.010	0.010	0.011	0.011
	172707010	橡胶软管 *DN*20	m	0.007	0.008	0.008	0.008
	860113022	压力表表弯 *DN*15	个	0.002	0.003	0.003	0.003
	142909001	氧气	m^3	0.006	0.006	0.006	0.006
	142907002	乙炔气	kg	0.002	0.002	0.002	0.002
	850103006	其他材料费（占材料费）	%	2.000	2.000	2.000	2.000
机械	990801020	电动单级离心清水泵 100mm	台班	0.001	0.001	0.001	0.002
	990900010	电焊机（综合）	台班	0.002	0.002	0.002	0.002
	990921010	电熔焊接机 3.5kW	台班	0.257	0.261	0.265	0.271
	990785030	砂轮切割机 ϕ400	台班	0.028	0.030	0.033	0.036
	990813010	试压泵 3MPa	台班	0.002	0.002	0.002	0.002

工作内容：切管、打磨、组对、熔接，管道及管件安装，水压试验及水冲洗。 **计量单位**：10m

编号				2-4-163	2-4-164	2-4-165
项目				钢骨架塑料复合管（电熔连接）公称外径（mm 以内）		
				110	125	160
名称			单位	消耗量		
人工	000205000	综合二类工	工日	2.472	2.623	2.787
材料	172800001	复合管	m	10.160	10.160	10.160
	860113019	弹簧压力表 Y-100 0～1.6MPa	块	0.003	0.003	0.003
	031301008	低碳钢焊条 J422（综合）	kg	0.003	0.003	0.003
	180999006	钢骨架塑料复合管电熔管件	个	3.080	2.680	2.320
	170101003	焊接钢管 *DN*20	m	0.021	0.022	0.023
	031541002	锯条（综合）	根	0.759	—	—
	030105046	六角螺栓（综合）	kg	0.006	0.008	0.012
	190003004	螺纹阀门 *DN*20	个	0.006	0.006	0.006
	031101012	尼龙砂轮片 ϕ400	片	0.131	—	—
	012903010	热轧中厚钢板 δ8～15	kg	0.049	0.073	0.110
	341101001	水	m^3	0.353	0.547	0.764
	031102004	铁砂布（综合）	张	0.229	0.240	0.254
	020101002	橡胶板 δ1～3	kg	0.012	0.014	0.016
	172707010	橡胶软管 *DN*20	m	0.009	0.009	0.010
	860113022	压力表表弯 *DN*15	个	0.003	0.003	0.003
	142909001	氧气	m^3	0.006	0.006	0.006
	142907002	乙炔气	kg	0.002	0.002	0.002
	850103006	其他材料费（占材料费）	%	2.000	2.000	2.000
机械	990801020	电动单级离心清水泵 100mm	台班	0.002	0.003	0.005
	990900010	电焊机（综合）	台班	0.002	0.002	0.002
	990921010	电熔焊接机 3.5kW	台班	0.274	0.279	0.283
	990785030	砂轮切割机 ϕ400	台班	0.040	—	—
	990813010	试压泵 3MPa	台班	0.002	0.003	0.003
	990515010	吊装机械（综合）	台班	—	0.012	0.017
	990747030	管子切断机 250mm	台班	—	0.030	0.033
	990401020	载重汽车 5t	台班	—	0.004	0.005

工作内容：调直、切管、套丝、组对、连接，管道及管件安装，水压试验及水冲洗。 计量单位：10m

编号				2-4-166	2-4-167	2-4-168	2-4-169
项目				钢塑复合管（螺纹连接）公称直径（mm 以内）			
				15	20	25	32
名称			单位	消耗量			
人工	000205000	综合二类工	工日	1.692	1.770	2.134	2.312
材料	172800001	复合管	m	9.910	9.910	9.910	9.910
	860113019	弹簧压力表 Y-100 0～1.6MPa	块	0.002	0.002	0.002	0.002
	031301008	低碳钢焊条 J422（综合）	kg	0.002	0.002	0.002	0.002
	181115001	钢塑复合管螺纹管件	个	14.490	12.100	11.400	9.830
	170101003	焊接钢管 *DN*20	m	0.013	0.014	0.015	0.016
	140303001	机油（综合）	kg	0.158	0.170	0.203	0.206
	340203008	聚四氟乙烯生料带 宽 20	m	10.980	13.040	15.500	16.020
	031541002	锯条（综合）	根	0.778	0.792	0.815	0.821
	030105046	六角螺栓（综合）	kg	0.004	0.004	0.004	0.005
	190003004	螺纹阀门 *DN*20	个	0.004	0.004	0.004	0.005
	031101012	尼龙砂轮片 ϕ400	片	0.033	0.035	0.086	0.117
	012903010	热轧中厚钢板 δ8～15	kg	0.030	0.032	0.034	0.037
	341101001	水	m^3	0.008	0.014	0.023	0.040
	020101002	橡胶板 δ1～3	kg	0.007	0.008	0.008	0.009
	172707010	橡胶软管 *DN*20	m	0.006	0.006	0.007	0.007
	860113022	压力表表弯 *DN*15	个	0.002	0.002	0.002	0.002
	142909001	氧气	m^3	0.003	0.003	0.003	0.006
	142907002	乙炔气	kg	0.001	0.001	0.001	0.002
	850103006	其他材料费（占材料费）	%	2.000	2.000	2.000	2.000
机械	990801020	电动单级离心清水泵 100mm	台班	0.001	0.001	0.001	0.001
	990900010	电焊机（综合）	台班	0.001	0.001	0.001	0.001
	990515010	吊装机械（综合）	台班	0.002	0.002	0.003	0.004
	990748010	管子切断套丝机 159mm	台班	0.067	0.079	0.196	0.261
	990785030	砂轮切割机 ϕ400	台班	0.008	0.010	0.022	0.026
	990813010	试压泵 3MPa	台班	0.001	0.001	0.001	0.002

工作内容：调直、切管、套丝、组对、连接，管道及管件安装，水压试验及水冲洗。 **计量单位**：10m

编号				2-4-170	2-4-171	2-4-172	2-4-173
项目				钢塑复合管（螺纹连接）公称直径（mm 以内）			
				40	50	65	80
名称			单位	消耗量			
人工	000205000	综合二类工	工日	2.338	2.522	2.681	2.790
材料	172800001	复合管	m	10.020	10.020	10.020	10.020
	860113019	弹簧压力表 Y-100 0～1.6MPa	块	0.002	0.003	0.003	0.003
	031301008	低碳钢焊条 J422（综合）	kg	0.002	0.002	0.002	0.003
	181115001	钢塑复合管螺纹管件	个	7.860	6.610	5.260	4.630
	170101003	焊接钢管 *DN*20	m	0.016	0.017	0.019	0.020
	140303001	机油（综合）	kg	0.209	0.213	0.130	0.110
	340203008	聚四氟乙烯生料带 宽 20	m	16.190	16.580	17.950	19.310
	031541002	锯条（综合）	根	0.834	0.839	—	—
	030105046	六角螺栓（综合）	kg	0.005	0.005	0.006	0.006
	190003004	螺纹阀门 *DN*20	个	0.005	0.005	0.005	0.006
	031101012	尼龙砂轮片 ϕ400	片	0.120	0.125	0.141	0.146
	012903010	热轧中厚钢板 δ8～15	kg	0.039	0.042	0.044	0.047
	341101001	水	m^3	0.053	0.088	0.145	0.204
	020101002	橡胶板 δ1～3	kg	0.010	0.010	0.011	0.011
	172707010	橡胶软管 *DN*20	m	0.007	0.008	0.008	0.008
	860113022	压力表表弯 *DN*15	个	0.002	0.003	0.003	0.003
	142909001	氧气	m^3	0.006	0.006	0.006	0.006
	142907002	乙炔气	kg	0.002	0.002	0.002	0.002
	850103006	其他材料费（占材料费）	%	2.000	2.000	2.000	2.000
机械	990801020	电动单级离心清水泵 100mm	台班	0.001	0.001	0.001	0.002
	990900010	电焊机（综合）	台班	0.002	0.002	0.002	0.002
	990515010	吊装机械（综合）	台班	0.005	0.007	0.009	0.012
	990748010	管子切断套丝机 159mm	台班	0.284	0.293	0.294	0.317
	990785030	砂轮切割机 ϕ400	台班	0.028	0.030	0.031	0.032
	990813010	试压泵 3MPa	台班	0.002	0.002	0.002	0.002
	990401020	载重汽车 5t	台班	—	0.003	0.004	0.006

工作内容： 调直、切管、套丝、组对、连接，管道及管件安装，水压试验及水冲洗。　　**计量单位：** 10m

编号				2-4-174	2-4-175	2-4-176
项目				钢塑复合管（螺纹连接）公称直径（mm 以内）		
				100	125	150
名称			单位	消耗量		
人工	000205000	综合二类工	工日	3.172	3.523	3.909
材料	172800001	复合管	m	10.020	10.020	10.020
	860113019	弹簧压力表 Y-100 0～1.6MPa	块	0.003	0.003	0.003
	031301008	低碳钢焊条 J422（综合）	kg	0.003	0.003	0.003
	181115001	钢塑复合管螺纹管件	个	4.150	3.520	3.410
	170101003	焊接钢管 *DN*20	m	0.021	0.022	0.023
	140303001	机油（综合）	kg	0.040	0.030	0.030
	340203008	聚四氟乙烯生料带 宽 20	m	20.880	21.020	21.240
	030105046	六角螺栓（综合）	kg	0.006	0.008	0.012
	190003004	螺纹阀门 *DN*20	个	0.006	0.006	0.006
	031101012	尼龙砂轮片 ϕ400	片	0.158	—	—
	012903010	热轧中厚钢板 δ8～15	kg	0.049	0.073	0.110
	341101001	水	m^3	0.353	0.547	0.764
	020101002	橡胶板 δ1～3	kg	0.012	0.014	0.016
	172707010	橡胶软管 *DN*20	m	0.009	0.009	0.010
	860113022	压力表表弯 *DN*15	个	0.003	0.003	0.003
	142909001	氧气	m^3	0.006	0.006	0.006
	142907002	乙炔气	kg	0.002	0.002	0.002
	850103006	其他材料费（占材料费）	%	2.000	2.000	2.000
机械	990801020	电动单级离心清水泵 100mm	台班	0.002	0.003	0.005
	990900010	电焊机（综合）	台班	0.002	0.002	0.002
	990515010	吊装机械（综合）	台班	0.084	0.117	0.123
	990748010	管子切断套丝机 159mm	台班	0.320	0.384	0.449
	990785030	砂轮切割机 ϕ400	台班	0.034	—	—
	990813010	试压泵 3MPa	台班	0.002	0.003	0.003
	990401020	载重汽车 5t	台班	0.013	0.016	0.022
	990747020	管子切断机 150mm	台班	—	0.035	0.037

工作内容：调直、切管、对口、紧丝口，管道及管件连接，水压试验及水冲洗。　　计量单位：10m

编　　号				2-4-177	2-4-178	2-4-179	2-4-180	2-4-181	2-4-182
项　　目				铝塑复合管（卡套连接）公称外径（mm 以内）					
				20	25	32	40	50	63
名　　称			单位	消　耗　量					
人工	000205000	综合二类工	工日	0.780	0.880	0.994	1.099	1.199	1.376
材料	172800001	复合管	m	9.960	9.960	9.960	9.960	9.960	9.960
	860113019	弹簧压力表 Y-100 0～1.6MPa	块	0.002	0.002	0.002	0.002	0.002	0.003
	031301008	低碳钢焊条 J422（综合）	kg	0.002	0.002	0.002	0.002	0.002	0.002
	181201001	铝塑复合管管件	个	14.710	12.250	10.810	8.870	7.420	6.590
	170101003	焊接钢管 *DN*20	m	0.013	0.014	0.015	0.016	0.016	0.017
	031541002	锯条（综合）	根	0.132	0.158	0.201	0.248	0.295	0.359
	030105046	六角螺栓（综合）	kg	0.004	0.004	0.004	0.005	0.005	0.005
	190003004	螺纹阀门 *DN*20	个	0.004	0.004	0.004	0.005	0.005	0.005
	012903010	热轧中厚钢板 δ8～15	kg	0.030	0.032	0.034	0.037	0.039	0.042
	341101001	水	m^3	0.008	0.014	0.023	0.040	0.053	0.088
	020101002	橡胶板 δ1～3	kg	0.007	0.008	0.008	0.009	0.010	0.010
	172707010	橡胶软管 *DN*20	m	0.006	0.006	0.007	0.007	0.007	0.008
	860113022	压力表表弯 *DN*15	个	0.002	0.002	0.002	0.002	0.002	0.003
	142909001	氧气	m^3	0.003	0.003	0.003	0.006	0.006	0.006
	142907002	乙炔气	kg	0.001	0.001	0.001	0.002	0.002	0.002
	850103006	其他材料费（占材料费）	%	2.000	2.000	2.000	2.000	2.000	2.000
机械	990801020	电动单级离心清水泵 100mm	台班	0.001	0.001	0.001	0.001	0.001	0.001
	990900010	电焊机（综合）	台班	0.001	0.001	0.001	0.001	0.002	0.002
	990813010	试压泵 3MPa	台班	0.001	0.001	0.001	0.002	0.002	0.002

工作内容：定位、排水、挖眼、接管、通水检查。 **计量单位：**处

编号				2-4-183	2-4-184	2-4-185	2-4-186
项目				钢管碰头（焊接）支管公称直径（mm 以内）			
				50	65	80	100
名称			单位	消耗量			
人工	000205000	综合二类工	工日	1.250	1.355	1.468	1.597
材料	031301008	低碳钢焊条 J422（综合）	kg	0.107	0.138	0.161	0.361
	341103001	电	kW·h	0.203	0.227	0.144	0.203
	340907006	钢丝刷子	把	0.002	0.003	0.004	0.005
	031101009	尼龙砂轮片 ϕ100	片	0.205	0.274	0.189	0.475
	142909001	氧气	m^3	0.132	0.180	0.468	0.717
	142907002	乙炔气	kg	0.044	0.060	0.156	0.239
	850103006	其他材料费（占材料费）	%	2.000	2.000	2.000	2.000
机械	990900010	电焊机（综合）	台班	0.063	0.081	0.095	0.160
	990920010	电焊条恒温箱	台班	0.006	0.008	0.009	0.016
	990919030	电焊条烘干箱 60 × 50 × 75cm³	台班	0.006	0.008	0.009	0.016
	990304004	汽车式起重机 8t	台班	0.002	0.003	0.004	0.009
	990401020	载重汽车 5t	台班	0.002	0.003	0.004	0.005

工作内容：定位、排水、挖眼、接管、通水检查。 **计量单位：**处

编号				2-4-187	2-4-188	2-4-189
项目				钢管碰头（焊接）支管公称直径（mm 以内）		
				125	150	200
名称			单位	消耗量		
人工	000205000	综合二类工	工日	1.903	2.099	2.337
材料	031301008	低碳钢焊条 J422（综合）	kg	0.398	0.547	0.757
	341103001	电	kW·h	0.244	0.271	0.399
	340907006	钢丝刷子	把	0.006	0.007	0.007
	031101009	尼龙砂轮片 ϕ100	片	0.512	0.681	1.219
	142909001	氧气	m^3	0.867	0.989	1.560
	142907002	乙炔气	kg	0.289	0.330	0.520
	012100002	角钢（综合）	kg	—	—	0.037
	850103006	其他材料费（占材料费）	%	2.000	2.000	2.000
机械	990900010	电焊机（综合）	台班	0.190	0.210	0.291
	990920010	电焊条恒温箱	台班	0.019	0.021	0.029
	990919030	电焊条烘干箱 60 × 50 × 75cm³	台班	0.019	0.021	0.029
	990304004	汽车式起重机 8t	台班	0.012	0.019	0.083
	990401020	载重汽车 5t	台班	0.006	0.019	0.024

工作内容：刷管口、断管、调制接口材料、管道及管件连接、接口养护、通水检查。　　计量单位：处

编号				2-4-190	2-4-191	2-4-192
项目				铸铁管碰头（石棉水泥接口）公称直径（mm 以内）		
				100	150	200
名称			单位	消耗量		
人工	000205000	综合二类工	工日	1.801	2.596	2.790
材料	173118002	承插铸铁给水管	m	0.500	0.500	0.500
	340907006	钢丝刷子	把	0.010	0.012	0.030
	150113003	石棉绒	kg	0.590	0.874	1.123
	040100003	水泥 32.5	kg	2.203	3.264	4.195
	142909001	氧气	m^3	0.165	0.276	0.444
	142907002	乙炔气	kg	0.055	0.092	0.148
	140105002	油麻	kg	0.576	0.816	1.056
	180103010	铸铁三通	个	1.000	1.000	1.000
	182913001	铸铁套管	个	1.000	1.000	1.000
	850103006	其他材料费（占材料费）	%	2.000	2.000	2.000
机械	990304004	汽车式起重机 8t	台班	0.015	0.026	—
	990401020	载重汽车 5t	台班	0.002	0.002	0.003
	990304016	汽车式起重机 16t	台班	—	—	0.031

工作内容：刷管口、断管、上胶圈、管道及管件连接、通水检查。　　计量单位：处

编号				2-4-193	2-4-194	2-4-195
项目				铸铁管碰头（胶圈接口）公称直径（mm 以内）		
				100	150	200
名称			单位	消耗量		
人工	000205000	综合二类工	工日	1.684	2.258	2.427
材料	173118002	承插铸铁给水管	m	0.500	0.500	0.500
	340907006	钢丝刷子	把	0.010	0.012	0.030
	180103010	铸铁三通	个	1.000	1.000	1.000
	182913001	铸铁套管	个	1.000	1.000	1.000
	020501003	橡胶圈（给水） *DN*100	个	4.944	—	—
	020501004	橡胶圈（给水） *DN*150	个	—	4.944	—
	020501005	橡胶圈（给水） *DN*200	个	—	—	4.944
	850103006	其他材料费（占材料费）	%	2.000	2.000	2.000
机械	990304004	汽车式起重机 8t	台班	0.001	0.001	—
	990401020	载重汽车 5t	台班	0.001	0.001	0.002
	990304016	汽车式起重机 16t	台班	—	—	0.031

二、管道附件

工作内容：切管、套丝、阀门连接、水压试验。 **计量单位：**个

编号				2-4-196	2-4-197	2-4-198	2-4-199
项目				螺纹阀门安装公称直径（mm 以内）			
				15	20	25	32
名称			单位	消耗量			
人工	000205000	综合二类工	工日	0.086	0.095	0.110	0.140
材料	860113019	弹簧压力表 Y-100 0～1.6MPa	块	0.006	0.006	0.006	0.006
	031301008	低碳钢焊条 J422（综合）	kg	0.041	0.050	0.059	0.065
	181603002	黑玛钢活接头 *DN*15	个	1.010	—	—	—
	181603011	黑玛钢六角内接头 *DN*15	个	0.808	—	—	—
	140303001	机油（综合）	kg	0.007	0.009	0.010	0.013
	340203008	聚四氟乙烯生料带 宽 20	m	1.130	1.507	1.884	2.412
	031541002	锯条（综合）	根	0.059	0.061	0.064	0.067
	030105046	六角螺栓（综合）	kg	0.033	0.036	0.036	0.072
	190003001	螺纹阀门（综合）	个	1.010	1.010	1.010	1.010
	190003003	螺纹阀门 *DN*15	个	0.006	0.006	0.006	0.006
	031101012	尼龙砂轮片 ϕ400	片	0.004	0.004	0.008	0.012
	012903014	热轧中厚钢板 δ12～20	kg	0.021	0.026	0.031	0.043
	020111006	石棉橡胶板 低压 δ0.8～6	kg	0.002	0.003	0.004	0.006
	171915005	输水软管 ϕ25	m	0.006	0.006	0.006	0.006
	341101001	水	m^3	0.001	0.001	0.001	0.001
	170201001	无缝钢管 *D*22×2	m	0.003	0.003	0.003	0.003
	860113022	压力表表弯 *DN*15	个	0.006	0.006	0.006	0.006
	142909001	氧气	m^3	0.033	0.042	0.048	0.060
	142907002	乙炔气	kg	0.011	0.014	0.016	0.020
	181603003	黑玛钢活接头 *DN*20	个	—	1.010	—	—
	181603004	黑玛钢活接头 *DN*25	个	—	—	1.010	—
	181603005	黑玛钢活接头 *DN*32	个	—	—	—	1.010
	181603012	黑玛钢六角内接头 *DN*20	个	—	0.808	—	—
	181603013	黑玛钢六角内接头 *DN*25	个	—	—	0.808	—
	181603014	黑玛钢六角内接头 *DN*32	个	—	—	—	0.808
	850103006	其他材料费（占材料费）	%	2.000	2.000	2.000	2.000
机械	990900010	电焊机（综合）	台班	0.007	0.008	0.009	0.012
	990748010	管子切断套丝机 159mm	台班	0.006	0.008	0.016	0.021
	990785030	砂轮切割机 ϕ400	台班	0.001	0.001	0.002	0.004
	990813010	试压泵 3MPa	台班	0.006	0.006	0.006	0.006

工作内容：切管、套丝、阀门连接、水压试验。 **计量单位：个**

编号				2-4-200	2-4-201	2-4-202	2-4-203	2-4-204
项目				螺纹阀门安装公称直径（mm 以内）				
				40	50	65	80	100
名称			单位	消耗量				
人工	000205000	综合二类工	工日	0.220	0.270	0.340	0.500	0.940
材料	181603010	黑玛钢活接头 *DN*100	个	—	—	—	—	1.010
	181603019	黑玛钢六角内接头 *DN*100	个	—	—	—	—	0.808
	860113019	弹簧压力表 Y-100 0～1.6MPa	块	0.006	0.016	0.016	0.016	0.019
	031301008	低碳钢焊条 J422（综合）	kg	0.089	0.122	0.132	0.140	0.157
	181603006	黑玛钢活接头 *DN*40	个	1.010	—	—	—	—
	181603015	黑玛钢六角内接头 *DN*40	个	0.808	—	—	—	—
	140303001	机油（综合）	kg	0.017	0.021	0.029	0.032	0.040
	340203008	聚四氟乙烯生料带 宽 20	m	3.014	3.768	4.898	6.029	7.536
	031541002	锯条（综合）	根	0.084	0.106	—	—	—
	030105046	六角螺栓（综合）	kg	0.075	0.200	0.208	0.216	0.532
	190003001	螺纹阀门（综合）	个	1.010	1.010	1.010	1.010	1.010
	190003003	螺纹阀门 *DN*15	个	0.006	0.016	0.016	0.016	0.019
	031101012	尼龙砂轮片 ϕ400	片	0.015	0.021	0.034	0.045	0.057
	012903014	热轧中厚钢板 δ12～20	kg	0.065	0.105	0.190	0.238	0.313
	020111006	石棉橡胶板 低压 δ0.8～6	kg	0.008	0.010	0.016	0.022	0.026
	171915005	输水软管 ϕ25	m	0.006	0.016	0.016	0.016	0.019
	341101001	水	m^3	0.001	0.001	0.001	0.001	0.001
	170201001	无缝钢管 *D*22×2	m	0.003	0.008	0.008	0.008	0.010
	860113022	压力表表弯 *DN*15	个	0.006	0.016	0.016	0.016	0.019
	142909001	氧气	m^3	0.084	0.099	0.114	0.126	0.195
	142907002	乙炔气	kg	0.028	0.033	0.038	0.042	0.065
	181603007	黑玛钢活接头 *DN*50	个	—	1.010	—	—	—
	181603008	黑玛钢活接头 *DN*65	个	—	—	1.010	—	—
	181603009	黑玛钢活接头 *DN*80	个	—	—	—	1.010	—
	181603016	黑玛钢六角内接头 *DN*50	个	—	0.808	—	—	—
	181603017	黑玛钢六角内接头 *DN*65	个	—	—	0.808	—	—
	181603018	黑玛钢六角内接头 *DN*80	个	—	—	—	0.808	—
	850103006	其他材料费（占材料费）	%	2.000	2.000	2.000	2.000	2.000
机械	990515010	吊装机械（综合）	台班	—	—	—	—	0.013
	990900010	电焊机（综合）	台班	0.014	0.017	0.020	0.024	0.029
	990748010	管子切断套丝机 159mm	台班	0.026	0.038	0.050	0.064	0.079
	990785030	砂轮切割机 ϕ400	台班	0.004	0.005	0.007	0.010	0.013
	990813010	试压泵 3MPa	台班	0.006	0.016	0.024	0.024	0.029

工作内容：切管、套丝、阀门连接、试压检查、配合调试。　　　　**计量单位：**个

编号				2-4-205	2-4-206	2-4-207	2-4-208
项目				螺纹电磁阀安装公称直径（mm 以内）			
				15	20	25	32
名称			单位	消耗量			
人工	000205000	综合二类工	工日	0.095	0.105	0.120	0.160
材料	140303001	机油（综合）	kg	0.007	0.009	0.010	0.013
	340203008	聚四氟乙烯生料带 宽 20	m	0.568	0.752	0.944	1.208
	031541002	锯条（综合）	根	0.055	0.061	0.063	0.067
	192809001	螺纹电磁阀门	个	1.000	1.000	1.000	1.000
	031101012	尼龙砂轮片 ϕ400	片	0.004	0.005	0.008	0.012
	850103006	其他材料费（占材料费）	%	2.000	2.000	2.000	2.000
机械	990748010	管子切断套丝机 159mm	台班	0.006	0.008	0.016	0.021
	990785030	砂轮切割机 ϕ400	台班	0.001	0.002	0.003	0.004

工作内容：切管、套丝、阀门连接、试压检查、配合调试。　　　　**计量单位：**个

编号				2-4-209	2-4-210	2-4-211	2-4-212	2-4-213
项目				螺纹电磁阀安装公称直径（mm 以内）				
				40	50	65	80	100
名称			单位	消耗量				
人工	000205000	综合二类工	工日	0.250	0.290	0.380	0.540	1.030
材料	140303001	机油（综合）	kg	0.017	0.021	0.029	0.032	0.040
	340203008	聚四氟乙烯生料带 宽 20	m	1.504	1.888	2.448	3.016	3.768
	031541002	锯条（综合）	根	0.084	0.106	—	—	—
	192809001	螺纹电磁阀门	个	1.000	1.000	1.000	1.000	1.000
	031101012	尼龙砂轮片 ϕ400	片	0.015	0.021	0.034	0.045	0.057
	850103006	其他材料费（占材料费）	%	2.000	2.000	2.000	2.000	2.000
机械	990515010	吊装机械（综合）	台班	—	—	—	—	0.013
	990748010	管子切断套丝机 159mm	台班	0.026	0.041	0.052	0.064	0.079
	990785030	砂轮切割机 ϕ400	台班	0.005	0.006	0.007	0.010	0.013

工作内容：制垫、加垫、阀门连接、紧螺栓、水压试验。　　　　**计量单位：**个

编号				2-4-214	2-4-215	2-4-216	2-4-217
项目				法兰阀门安装公称直径（mm 以内）			
				20	25	32	40
名称			单位	消耗量			
人工	000205000	综合二类工	工日	0.180	0.190	0.210	0.230
材料	143311001	白铅油	kg	0.025	0.028	0.030	0.035
	860113019	弹簧压力表 Y-100 0～1.6MPa	块	0.006	0.006	0.006	0.006
	031301008	低碳钢焊条 J422（综合）	kg	0.050	0.059	0.065	0.089
	190001002	法兰阀门（综合）	个	1.000	1.000	1.000	1.000
	140303001	机油（综合）	kg	0.002	0.002	0.004	0.004
	030105046	六角螺栓（综合）	kg	0.036	0.036	0.072	0.075
	030105114	六角螺栓带螺母、垫圈 M12×14～75	套	4.120	4.120	—	—
	030105115	六角螺栓带螺母、垫圈 M16×65～80	套	—	—	4.120	4.120
	190003003	螺纹阀门 *DN*15	个	0.006	0.006	0.006	0.006
	092705001	破布	kg	0.004	0.004	0.004	0.004
	012903014	热轧中厚钢板 δ12～20	kg	0.026	0.031	0.043	0.049
	031102001	砂纸	张	0.004	0.004	0.004	0.004
	020111006	石棉橡胶板 低压 δ0.8～6	kg	0.024	0.034	0.044	0.064
	171915005	输水软管 ϕ25	m	0.006	0.006	0.006	0.006
	341101001	水	m^3	0.001	0.001	0.001	0.001
	170201001	无缝钢管 *D*22×2	m	0.003	0.003	0.003	0.003
	860113022	压力表表弯 *DN*15	个	0.006	0.006	0.006	0.006
	142909001	氧气	m^3	0.042	0.048	0.060	0.084
	142907002	乙炔气	kg	0.014	0.016	0.020	0.028
	850103006	其他材料费（占材料费）	%	2.000	2.000	2.000	2.000
机械	990900010	电焊机（综合）	台班	0.008	0.009	0.012	0.014
	990813010	试压泵 3MPa	台班	0.006	0.006	0.006	0.006

工作内容：制垫、加垫、阀门连接、紧螺栓、水压试验。　　　　**计量单位：**个

编号				2-4-218	2-4-219	2-4-220	2-4-221
项目				法兰阀门安装公称直径（mm 以内）			
				50	65	80	100
名称			单位	消耗量			
人工	000205000	综合二类工	工日	0.250	0.320	0.440	0.600
材料	143311001	白铅油	kg	0.040	0.050	0.070	0.100
	860113019	弹簧压力表 Y-100 0～1.6MPa	块	0.016	0.016	0.016	0.019
	031301008	低碳钢焊条 J422（综合）	kg	0.122	0.132	0.140	0.157
	190001002	法兰阀门（综合）	个	1.000	1.000	1.000	1.000
	140303001	机油（综合）	kg	0.004	0.004	0.007	0.007
	030105046	六角螺栓（综合）	kg	0.200	0.208	0.216	0.532
	030105115	六角螺栓带螺母、垫圈 M16×65～80	套	4.120	4.120	8.240	—
	030105116	六角螺栓带螺母、垫圈 M16×85～140	套	—	—	—	8.240
	190003003	螺纹阀门 *DN*15	个	0.016	0.016	0.016	0.019
	092705001	破布	kg	0.004	0.004	0.008	0.008
	012903014	热轧中厚钢板 δ12～20	kg	0.160	0.202	0.238	0.343
	031102001	砂纸	张	0.004	0.004	0.008	0.008
	020111006	石棉橡胶板 低压 δ0.8～6	kg	0.080	0.114	0.154	0.199
	171915005	输水软管 ϕ25	m	0.016	0.016	0.016	0.019
	341101001	水	m^3	0.001	0.001	0.001	0.001
	170201001	无缝钢管 *D*22×2	m	0.008	0.008	0.008	0.010
	860113022	压力表表弯 *DN*15	个	0.016	0.016	0.016	0.019
	142909001	氧气	m^3	0.099	0.114	0.126	0.195
	142907002	乙炔气	kg	0.033	0.038	0.042	0.065
	850103006	其他材料费（占材料费）	%	2.000	2.000	2.000	2.000
机械	990900010	电焊机（综合）	台班	0.017	0.020	0.024	0.029
	990813010	试压泵 3MPa	台班	0.016	0.024	0.024	0.029

工作内容：制垫、加垫、阀门连接、紧螺栓、水压试验。　　**计量单位：**个

编　号				2-4-222	2-4-223	2-4-224
项　目				法兰阀门安装公称直径（mm 以内）		
				125	150	200
名　称			单位	消　耗　量		
人工	000205000	综合二类工	工日	0.740	0.830	1.070
材料	143311001	白铅油	kg	0.120	0.140	0.170
	860113019	弹簧压力表 Y-100 0～1.6MPa	块	0.019	0.019	0.019
	031301008	低碳钢焊条 J422（综合）	kg	0.175	0.196	0.224
	190001002	法兰阀门（综合）	个	1.000	1.000	1.000
	140303001	机油（综合）	kg	0.007	0.010	0.016
	030105046	六角螺栓（综合）	kg	0.561	0.950	0.950
	030105116	六角螺栓带螺母、垫圈 M16×85～140	套	8.240	—	—
	030105117	六角螺栓带螺母、垫圈 M20×85～100	套	—	8.240	12.360
	190003003	螺纹阀门 *DN*15	个	0.019	0.019	0.019
	092705001	破布	kg	0.008	0.016	0.024
	012903014	热轧中厚钢板 δ12～20	kg	0.445	0.581	0.831
	031102001	砂纸	张	0.008	0.016	0.024
	020111006	石棉橡胶板 低压 δ0.8～6	kg	0.276	0.326	0.376
	171915005	输水软管 ϕ25	m	0.019	0.019	0.019
	341101001	水	m^3	0.003	0.003	0.003
	170201001	无缝钢管 *D*22×2	m	0.010	0.010	0.010
	860113022	压力表表弯 *DN*15	个	0.019	0.019	0.019
	142909001	氧气	m^3	0.258	0.297	0.426
	142907002	乙炔气	kg	0.086	0.099	0.142
	850103006	其他材料费（占材料费）	%	2.000	2.000	2.000
机械	990900010	电焊机（综合）	台班	0.032	0.036	0.038
	990515010	吊装机械（综合）	台班	0.026	0.026	0.031
	990813010	试压泵 3MPa	台班	0.076	0.076	0.076
	990401020	载重汽车 5t	台班	0.003	0.003	0.005

工作内容：制垫、加垫、阀门连接、紧螺栓、试压检查、配合调试。 计量单位：个

编号				2-4-225	2-4-226	2-4-227	2-4-228
项目				法兰电磁阀安装公称直径（mm 以内）			
				32	40	50	65
名称			单位	消耗量			
人工	000205000	综合二类工	工日	0.230	0.260	0.290	0.370
材料	143311001	白铅油	kg	0.030	0.035	0.040	0.050
	192807002	法兰电磁阀	个	1.000	1.000	1.000	1.000
	140303001	机油（综合）	kg	0.004	0.004	0.004	0.004
	030105115	六角螺栓带螺母、垫圈 M16×65～80	套	4.120	4.120	4.120	4.120
	092705001	破布	kg	0.004	0.004	0.004	0.004
	031102001	砂纸	张	0.004	0.004	0.004	0.004
	020111006	石棉橡胶板 低压 δ0.8～6	kg	0.040	0.060	0.070	0.090
	850103006	其他材料费（占材料费）	%	2.000	2.000	2.000	2.000

工作内容：制垫、加垫、阀门连接、紧螺栓、试压检查、配合调试。 计量单位：个

编号				2-4-229	2-4-230	2-4-231	2-4-232	2-4-233
项目				法兰电磁阀安装公称直径（mm 以内）				
				80	100	125	150	200
名称			单位	消耗量				
人工	000205000	综合二类工	工日	0.490	0.670	0.810	0.940	1.180
材料	030105115	六角螺栓带螺母、垫圈 M16×65～80	套	8.240	—	—	—	—
	030105116	六角螺栓带螺母、垫圈 M16×85～140	套	—	8.240	8.240	—	—
	030105117	六角螺栓带螺母、垫圈 M20×85～100	套	—	—	—	8.240	12.360
	143311001	白铅油	kg	0.070	0.100	0.120	0.140	0.170
	192807002	法兰电磁阀	个	1.000	1.000	1.000	1.000	1.000
	140303001	机油（综合）	kg	0.007	0.007	0.007	0.010	0.016
	092705001	破布	kg	0.008	0.008	0.008	0.016	0.024
	031102001	砂纸	张	0.008	0.008	0.008	0.016	0.024
	020111006	石棉橡胶板 低压 δ0.8～6	kg	0.130	0.170	0.230	0.280	0.330
	850103006	其他材料费（占材料费）	%	2.000	2.000	2.000	2.000	2.000
机械	990515010	吊装机械（综合）	台班	—	—	0.026	0.026	0.031
	990401020	载重汽车 5t	台班	—	—	0.003	0.004	0.006

工作内容：制垫、加垫、阀门连接、紧螺栓、水压试验。　　　　计量单位：个

编　号				2-4-234	2-4-235	2-4-236	2-4-237
项　目				对夹式蝶阀安装公称直径（mm 以内）			
				50	65	80	100
名　称			单位	消　耗　量			
人工	000205000	综合二类工	工日	0.210	0.260	0.440	0.550
材料	143311001	白铅油	kg	0.040	0.050	0.070	0.100
	860113019	弹簧压力表 Y-100 0～1.6MPa	块	0.016	0.016	0.016	0.019
	031301008	低碳钢焊条 J422（综合）	kg	0.122	0.132	0.140	0.157
	190705001	对夹式蝶阀	个	1.000	1.000	1.000	1.000
	140303001	机油（综合）	kg	0.004	0.004	0.007	0.007
	030105046	六角螺栓（综合）	kg	0.200	0.208	0.216	0.532
	190003003	螺纹阀门 *DN*15	个	0.016	0.016	0.016	0.019
	092705001	破布	kg	0.004	0.004	0.008	0.008
	012903014	热轧中厚钢板 δ12～20	kg	0.160	0.202	0.238	0.343
	031102001	砂纸	张	0.004	0.004	0.008	0.008
	020111006	石棉橡胶板 低压 δ0.8～6	kg	0.066	0.096	0.128	0.165
	171915005	输水软管 ϕ25	m	0.016	0.016	0.016	0.019
	030105207	双头螺栓带螺母 M16×120～140	套	4.120	4.120	8.240	8.240
	341101001	水	m^3	0.001	0.001	0.001	0.001
	170201001	无缝钢管 *D*22×2	m	0.008	0.008	0.008	0.010
	860113022	压力表表弯 *DN*15	个	0.016	0.016	0.016	0.019
	142909001	氧气	m^3	0.099	0.112	0.128	0.195
	142907002	乙炔气	kg	0.033	0.038	0.042	0.065
	850103006	其他材料费（占材料费）	%	2.000	2.000	2.000	2.000
机械	990900010	电焊机（综合）	台班	0.017	0.020	0.024	0.029
	990813010	试压泵 3MPa	台班	0.016	0.024	0.024	0.029

工作内容：制垫、加垫、阀门连接、紧螺栓、水压试验。 **计量单位：**个

编号				2-4-238	2-4-239	2-4-240
项目				对夹式蝶阀安装公称直径（mm 以内）		
				125	150	200
名称			单位	消耗量		
人工	000205000	综合二类工	工日	0.650	0.730	0.830
材料	143311001	白铅油	kg	0.120	0.140	0.170
	860113019	弹簧压力表 Y-100 0～1.6MPa	块	0.019	0.019	0.019
	031301008	低碳钢焊条 J422（综合）	kg	0.175	0.196	0.242
	190705001	对夹式蝶阀	个	1.000	1.000	1.000
	140303001	机油（综合）	kg	0.007	0.010	0.010
	030105046	六角螺栓（综合）	kg	0.561	0.950	0.950
	190003003	螺纹阀门 *DN*15	个	0.019	0.019	0.019
	092705001	破布	kg	0.008	0.016	0.016
	012903014	热轧中厚钢板 δ12～20	kg	0.445	0.581	0.831
	031102001	砂纸	张	0.008	0.016	0.016
	020111006	石棉橡胶板 低压 δ0.8～6	kg	0.230	0.270	0.310
	171915005	输水软管 ϕ25	m	0.019	0.019	0.019
	030105207	双头螺栓带螺母 M16×120～140	套	8.240	—	—
	030105208	双头螺栓带螺母 M20×150～190	套	—	8.240	8.240
	341101001	水	m^3	0.003	0.003	0.003
	170201001	无缝钢管 *D*22×2	m	0.010	0.010	0.010
	860113022	压力表表弯 *DN*15	个	0.019	0.019	0.019
	142909001	氧气	m^3	0.258	0.297	0.426
	142907002	乙炔气	kg	0.086	0.099	0.142
	850103006	其他材料费（占材料费）	%	2.000	2.000	2.000
机械	990900010	电焊机（综合）	台班	0.032	0.036	0.038
	990515010	吊装机械（综合）	台班	0.024	0.026	—
	990813010	试压泵 3MPa	台班	0.076	0.076	0.076
	990401020	载重汽车 5t	台班	0.001	0.001	0.032

工作内容：切管、清理、阀门熔接、试压检查。 **计量单位：**个

编号				2-4-241	2-4-242	2-4-243	2-4-244
项目				塑料阀门安装（熔接）公称直径（mm 以内）			
				15	20	25	32
名称			单位	消耗量			
人工	000205000	综合二类工	工日	0.040	0.050	0.060	0.080
材料	341103001	电	kW·h	0.086	0.104	0.129	0.172
	031541002	锯条（综合）	根	0.015	0.019	0.024	0.024
	092705001	破布	kg	0.002	0.003	0.004	0.005
	193800001	塑料阀门	个	1.010	1.010	1.010	1.010
	031102004	铁砂布（综合）	张	0.007	0.008	0.009	0.015
	850103006	其他材料费（占材料费）	%	2.000	2.000	2.000	2.000

工作内容：切管、清理、阀门熔接、试压检查。 计量单位：个

编号				2-4-245	2-4-246	2-4-247	2-4-248	2-4-249
项目				塑料阀门安装（熔接）公称直径（mm 以内）				
				40	50	65	80	100
名称			单位	消耗量				
人工	000205000	综合二类工	工日	0.110	0.140	0.160	0.200	0.240
材料	341103001	电	kW · h	0.205	0.334	0.334	0.449	0.524
	031541002	锯条（综合）	根	0.031	0.064	0.114	0.159	0.236
	092705001	破布	kg	0.007	0.010	0.010	0.012	0.014
	193800001	塑料阀门	个	1.010	1.010	1.010	1.010	1.010
	031102004	铁砂布（综合）	张	0.019	0.033	0.033	0.033	0.042
	850103006	其他材料费（占材料费）	%	2.000	2.000	2.000	2.000	2.000

工作内容：切管、清理、阀门粘接、试压检查。 计量单位：个

编号				2-4-250	2-4-251	2-4-252	2-4-253
项目				塑料阀门安装（粘接）公称直径（mm 以内）			
				15	20	25	32
名称			单位	消耗量			
人工	000205000	综合二类工	工日	0.040	0.050	0.060	0.080
材料	143315001	丙酮	kg	0.006	0.007	0.010	0.012
	031541002	锯条（综合）	根	0.015	0.019	0.024	0.028
	092705001	破布	kg	0.002	0.003	0.003	0.004
	193800001	塑料阀门	个	1.010	1.010	1.010	1.010
	031102004	铁砂布（综合）	张	0.007	0.008	0.009	0.015
	144135024	粘接剂	kg	0.003	0.003	0.004	0.006
	850103006	其他材料费（占材料费）	%	2.000	2.000	2.000	2.000

工作内容：切管、清理、阀门粘接、试压检查。 计量单位：个

编号				2-4-254	2-4-255	2-4-256	2-4-257	2-4-258
项目				塑料阀门安装（粘接）公称直径（mm 以内）				
				40	50	65	80	100
名称			单位	消耗量				
人工	000205000	综合二类工	工日	0.100	0.120	0.140	0.170	0.210
材料	143315001	丙酮	kg	0.013	0.018	0.015	0.022	0.038
	031541002	锯条（综合）	根	0.031	0.064	0.076	0.102	0.153
	092705001	破布	kg	0.005	0.007	0.009	0.012	0.013
	193800001	塑料阀门	个	1.010	1.010	1.010	1.010	1.010
	031102004	铁砂布（综合）	张	0.019	0.026	0.029	0.033	0.042
	144135024	粘接剂	kg	0.007	0.009	0.010	0.015	0.025
	850103006	其他材料费（占材料费）	%	2.000	2.000	2.000	2.000	2.000

工作内容：切管、沟槽滚压、阀门安装、水压试验。 **计量单位：**个

编号				2-4-259	2-4-260	2-4-261	2-4-262
项目				沟槽阀门安装公称直径（mm 以内）			
				20	25	32	40
名称			单位	消耗量			
人工	000205000	综合二类工	工日	0.090	0.110	0.140	0.170
材料	860113019	弹簧压力表 Y-100 0～1.6MPa	块	0.006	0.006	0.006	0.006
	031301008	低碳钢焊条 J422（综合）	kg	0.050	0.059	0.065	0.089
	194115001	沟槽阀门	个	1.000	1.000	1.000	1.000
	182525003	卡箍连接件（含胶圈）	套	2.000	2.000	2.000	2.000
	030105046	六角螺栓（综合）	kg	0.036	0.036	0.072	0.075
	190003003	螺纹阀门 *DN*15	个	0.006	0.006	0.006	0.006
	012903014	热轧中厚钢板 δ12～20	kg	0.026	0.031	0.043	0.049
	140700001	润滑剂	kg	0.004	0.005	0.006	0.007
	020111006	石棉橡胶板 低压 δ0.8～6	kg	0.003	0.004	0.005	0.007
	171915005	输水软管 ϕ25	m	0.006	0.006	0.006	0.006
	341101001	水	m^3	0.001	0.001	0.001	0.001
	170201001	无缝钢管 *D*22×2	m	0.003	0.003	0.003	0.003
	860113022	压力表表弯 *DN*15	个	0.006	0.006	0.006	0.006
	142909001	氧气	m^3	0.042	0.048	0.060	0.084
	142907002	乙炔气	kg	0.014	0.016	0.020	0.028
	850103006	其他材料费（占材料费）	%	2.000	2.000	2.000	2.000
机械	990900010	电焊机（综合）	台班	0.008	0.009	0.012	0.014
	990747010	管子切断机 60mm	台班	0.005	0.005	0.005	0.006
	990796010	滚槽机	台班	0.008	0.010	0.013	0.016
	990813010	试压泵 3MPa	台班	0.006	0.006	0.006	0.006

工作内容：切管、沟槽滚压、阀门安装、水压试验。　　　　**计量单位：**个

编　号				2-4-263	2-4-264	2-4-265	2-4-266
项　目				沟槽阀门安装公称直径（mm 以内）			
				50	65	80	100
名　称			单位	消　耗　量			
人工	000205000	综合二类工	工日	0.240	0.350	0.470	0.610
材料	860113019	弹簧压力表 Y-100 0～1.6MPa	块	0.016	0.016	0.016	0.019
	031301008	低碳钢焊条 J422（综合）	kg	0.122	0.132	0.140	0.157
	194115001	沟槽阀门	个	1.000	1.000	1.000	1.000
	182525003	卡箍连接件（含胶圈）	套	2.000	2.000	2.000	2.000
	030105046	六角螺栓（综合）	kg	0.200	0.208	0.216	0.532
	190003003	螺纹阀门 *DN*15	个	0.016	0.016	0.016	0.019
	012903014	热轧中厚钢板 δ12～20	kg	0.160	0.202	0.238	0.343
	140700001	润滑剂	kg	0.008	0.009	0.010	0.012
	020111006	石棉橡胶板 低压 δ0.8～6	kg	0.012	0.017	0.024	0.029
	171915005	输水软管 ϕ25	m	0.016	0.016	0.016	0.019
	341101001	水	m^3	0.001	0.001	0.001	0.001
	170201001	无缝钢管 *D*22×2	m	0.008	0.008	0.008	0.010
	860113022	压力表表弯 *DN*15	个	0.016	0.016	0.016	0.019
	142909001	氧气	m^3	0.099	0.114	0.128	0.195
	142907002	乙炔气	kg	0.033	0.038	0.042	0.065
	850103006	其他材料费（占材料费）	%	2.000	2.000	2.000	2.000
机械	990900010	电焊机（综合）	台班	0.017	0.020	0.024	0.029
	990515010	吊装机械（综合）	台班	0.002	0.003	0.003	0.010
	990747010	管子切断机 60mm	台班	0.007	—	—	—
	990796010	滚槽机	台班	0.020	0.026	0.032	0.040
	990813010	试压泵 3MPa	台班	0.016	0.024	0.024	0.029
	990747020	管子切断机 150mm	台班	—	0.008	0.008	0.009

工作内容：切管、沟槽滚压、阀门安装、水压试验。 **计量单位：**个

编号				2-4-267	2-4-268	2-4-269
项目				沟槽阀门安装公称直径（mm 以内）		
				125	150	200
名称			单位	消耗量		
人工	000205000	综合二类工	工日	0.770	0.930	1.130
材料	860113019	弹簧压力表 Y-100 0～1.6MPa	块	0.019	0.019	0.019
	031301008	低碳钢焊条 J422（综合）	kg	0.175	0.196	0.224
	194115001	沟槽阀门	个	1.000	1.000	1.000
	182525003	卡箍连接件（含胶圈）	套	2.000	2.000	2.000
	030105046	六角螺栓（综合）	kg	0.561	0.950	0.950
	190003003	螺纹阀门 *DN*15	个	0.019	0.019	0.019
	012903014	热轧中厚钢板 δ12～20	kg	0.445	0.581	0.831
	140700001	润滑剂	kg	0.014	0.016	0.020
	020111006	石棉橡胶板 低压 δ0.8～6	kg	0.036	0.046	0.049
	171915005	输水软管 ϕ25	m	0.019	0.019	0.019
	341101001	水	m^3	0.003	0.003	0.003
	170201001	无缝钢管 *D*22×2	m	0.010	0.010	0.010
	860113022	压力表表弯 *DN*15	个	0.019	0.019	0.019
	142909001	氧气	m^3	0.258	0.297	0.426
	142907002	乙炔气	kg	0.086	0.099	0.142
	850103006	其他材料费（占材料费）	%	2.000	2.000	2.000
机械	990900010	电焊机（综合）	台班	0.032	0.036	0.038
	990515010	吊装机械（综合）	台班	0.038	0.039	0.047
	990747020	管子切断机 150mm	台班	0.012	0.015	—
	990796010	滚槽机	台班	0.049	0.058	0.076
	990813010	试压泵 3MPa	台班	0.076	0.076	0.076
	990401020	载重汽车 5t	台班	0.002	0.003	0.005
	990747030	管子切断机 250mm	台班	—	—	0.016

工作内容：切管、套丝、制垫、加垫、上法兰、组对、紧螺栓、试压检查。　　计量单位：副

编号				2-4-270	2-4-271	2-4-272	2-4-273
项目				螺纹法兰安装公称直径（mm 以内）			
				20	25	32	40
名称			单位	消耗量			
人工	000205000	综合二类工	工日	0.105	0.130	0.150	0.200
材料	143311001	白铅油	kg	0.025	0.028	0.030	0.035
	140303001	机油（综合）	kg	0.009	0.010	0.013	0.017
	340203008	聚四氟乙烯生料带 宽 20	m	0.754	0.942	1.206	1.507
	031541002	锯条（综合）	根	0.063	0.071	0.078	0.089
	030105114	六角螺栓带螺母、垫圈 M12×14～75	套	4.120	4.120	—	—
	030105115	六角螺栓带螺母、垫圈 M16×65～80	套	—	—	4.120	4.120
	200005001	螺纹法兰	片	2.000	2.000	2.000	2.000
	031101012	尼龙砂轮片 ϕ400	片	0.005	0.011	0.014	0.017
	092705001	破布	kg	0.010	0.010	0.010	0.020
	140103002	清油 C01-1	kg	0.005	0.007	0.009	0.010
	031102001	砂纸	张	0.150	0.200	0.200	0.250
	020111006	石棉橡胶板 低压 δ0.8～6	kg	0.020	0.040	0.050	0.070
	850103006	其他材料费（占材料费）	%	2.000	2.000	2.000	2.000
机械	990748010	管子切断套丝机 159mm	台班	0.008	0.016	0.021	0.026
	990785030	砂轮切割机 ϕ400	台班	0.001	0.004	0.005	0.005

工作内容：切管、套丝、制垫、加垫、上法兰、组对、紧螺栓、试压检查。　　计量单位：副

编号				2-4-274	2-4-275	2-4-276	2-4-277	2-4-278	2-4-279
项目				螺纹法兰安装公称直径（mm 以内）					
				50	65	80	100	125	150
名称			单位	消耗量					
人工	000205000	综合二类工	工日	0.260	0.320	0.390	0.420	0.460	0.530
材料	142909001	氧气	m^3	—	—	—	—	—	0.114
	142907002	乙炔气	kg	—	—	—	—	—	0.038
	143311001	白铅油	kg	0.040	0.050	0.070	0.100	0.120	0.140
	140303001	机油（综合）	kg	0.021	0.029	0.032	0.040	0.049	0.058
	340203008	聚四氟乙烯生料带 宽 20	m	1.884	2.449	3.014	3.768	4.710	5.652
	031541002	锯条（综合）	根	0.106	—	—	—	—	—
	030105117	六角螺栓带螺母、垫圈 M20×85～100	套	—	—	—	—	—	8.240
	030105115	六角螺栓带螺母、垫圈 M16×65～80	套	4.120	4.120	8.240	—	—	—
	030105116	六角螺栓带螺母、垫圈 M16×85～140	套	—	—	—	8.240	8.240	—
	200005001	螺纹法兰	片	2.000	2.000	2.000	2.000	2.000	2.000
	031101012	尼龙砂轮片 ϕ400	片	0.021	0.038	0.045	0.059	0.071	—

续前

编号				2-4-274	2-4-275	2-4-276	2-4-277	2-4-278	2-4-279
项目				螺纹法兰安装公称直径（mm 以内）					
				50	65	80	100	125	150
名称			单位	消耗量					
材料	092705001	破布	kg	0.020	0.020	0.020	0.025	0.028	0.030
	140103002	清油 C01-1	kg	0.013	0.015	0.020	0.030	0.030	0.030
	031102001	砂纸	张	0.250	0.300	0.035	0.038	0.040	0.043
	020111006	石棉橡胶板 低压 δ0.8～6	kg	0.075	0.090	0.120	0.140	0.160	0.180
	850103006	其他材料费（占材料费）	%	2.000	2.000	2.000	2.000	2.000	2.000
机械	990515010	吊装机械（综合）	台班	—	—	—	—	0.041	0.042
	990401020	载重汽车 5t	台班	—	—	—	—	0.001	0.001
	990748010	管子切断套丝机 159mm	台班	0.041	0.052	0.064	0.079	0.098	0.117
	990785030	砂轮切割机 ϕ400	台班	0.005	0.009	0.010	0.013	0.017	—

工作内容：切管、焊接、制垫、加垫、安装组对、紧螺栓、试压检查。 **计量单位：**副

编号				2-4-280	2-4-281	2-4-282	2-4-283
项目				碳钢平焊法兰安装公称直径（mm 以内）			
				20	25	32	40
名称			单位	消耗量			
人工	000205000	综合二类工	工日	0.150	0.170	0.200	0.220
材料	143311001	白铅油	kg	0.025	0.028	0.030	0.035
	031301008	低碳钢焊条 J422（综合）	kg	0.057	0.069	0.080	0.092
	341103001	电	kW·h	0.023	0.028	0.032	0.037
	140303001	机油（综合）	kg	0.045	0.048	0.050	0.063
	031541002	锯条（综合）	根	0.063	0.071	0.078	0.089
	030105114	六角螺栓带螺母、垫圈 M12×14～75	套	4.120	4.120	—	—
	030105115	六角螺栓带螺母、垫圈 M16×65～80	套	—	—	4.120	4.120
	031101009	尼龙砂轮片 ϕ100	片	0.036	0.043	0.047	0.054
	031101012	尼龙砂轮片 ϕ400	片	0.005	0.011	0.014	0.017
	092705001	破布	kg	0.008	0.010	0.012	0.017
	140103002	清油 C01-1	kg	0.005	0.007	0.009	0.010
	020111006	石棉橡胶板 低压 δ0.8～6	kg	0.020	0.040	0.051	0.060
	200101004	碳钢平焊法兰（综合）	片	2.000	2.000	2.000	2.000
	850103006	其他材料费（占材料费）	%	2.000	2.000	2.000	2.000
机械	990900010	电焊机（综合）	台班	0.036	0.044	0.050	0.058
	990920010	电焊条恒温箱	台班	0.004	0.004	0.005	0.006
	990919030	电焊条烘干箱 60×50×75cm^3	台班	0.004	0.004	0.005	0.006
	990785030	砂轮切割机 ϕ400	台班	0.001	0.004	0.005	0.005

工作内容：切管、焊接、制垫、加垫、安装组对、紧螺栓、试压检查。 计量单位：副

编号				2-4-284	2-4-285	2-4-286	2-4-287
项目				碳钢平焊法兰安装公称直径（mm 以内）			
				50	65	80	100
名称			单位	消耗量			
人工	000205000	综合二类工	工日	0.290	0.380	0.410	0.500
材料	143311001	白铅油	kg	0.040	0.050	0.070	0.100
	031301008	低碳钢焊条 J422（综合）	kg	0.114	0.211	0.246	0.313
	341103001	电	kW · h	0.046	0.058	0.067	0.086
	140303001	机油（综合）	kg	0.068	0.070	0.081	0.098
	031541002	锯条（综合）	根	0.106	—	—	—
	030105115	六角螺栓带螺母、垫圈 M16 × 65～80	套	4.120	4.120	8.240	—
	030105116	六角螺栓带螺母、垫圈 M16 × 85～140	套	—	—	—	8.240
	031101009	尼龙砂轮片 ϕ100	片	0.068	0.089	0.104	0.126
	031101012	尼龙砂轮片 ϕ400	片	0.021	0.027	0.032	0.041
	092705001	破布	kg	0.020	0.023	0.026	0.028
	140103002	清油 C01-1	kg	0.013	0.015	0.020	0.023
	020111006	石棉橡胶板 低压 δ0.8～6	kg	0.070	0.090	0.130	0.170
	200101004	碳钢平焊法兰（综合）	片	2.000	2.000	2.000	2.000
	142909001	氧气	m^3	—	0.015	0.018	0.021
	142907002	乙炔气	kg	—	0.005	0.006	0.007
	850103006	其他材料费（占材料费）	%	2.000	2.000	2.000	2.000
机械	990900010	电焊机（综合）	台班	0.071	0.089	0.104	0.133
	990920010	电焊条恒温箱	台班	0.007	0.009	0.010	0.013
	990919030	电焊条烘干箱 60 × 50 × 75cm^3	台班	0.007	0.009	0.010	0.013
	990785030	砂轮切割机 ϕ400	台班	0.005	0.006	0.007	0.009

工作内容：切管、焊接、制垫、加垫、安装组对、紧螺栓、试压检查。 计量单位：副

编号				2-4-288	2-4-289	2-4-290
项目				碳钢平焊法兰安装公称直径（mm 以内）		
				125	150	200
名称			单位	消耗量		
人工	000205000	综合二类工	工日	0.610	0.720	0.890
材料	143311001	白铅油	kg	0.120	0.140	0.170
	031301008	低碳钢焊条 J422（综合）	kg	0.379	0.494	1.111
	341103001	电	kW · h	0.094	0.122	0.275
	140303001	机油（综合）	kg	0.102	0.125	0.132
	030105116	六角螺栓带螺母、垫圈 M16 × 85～140	套	8.240	—	—
	030105117	六角螺栓带螺母、垫圈 M20 × 85～100	套	—	8.240	12.360
	031101009	尼龙砂轮片 ϕ100	片	0.174	0.220	0.299
	031101012	尼龙砂轮片 ϕ400	片	0.049	—	—
	092705001	破布	kg	0.030	0.034	0.036
	140103002	清油 C01-1	kg	0.027	0.030	0.035
	020111006	石棉橡胶板 低压 δ0.8～6	kg	0.230	0.280	0.330
	200101004	碳钢平焊法兰（综合）	片	2.000	2.000	2.000
	142909001	氧气	m^3	0.033	0.114	0.165
	142907002	乙炔气	kg	0.011	0.038	0.055
	850103006	其他材料费（占材料费）	%	2.000	2.000	2.000
机械	990900010	电焊机（综合）	台班	0.145	0.189	0.426
	990920010	电焊条恒温箱	台班	0.015	0.019	0.043
	990919030	电焊条烘干箱 60 × 50 × 75cm^3	台班	0.015	0.019	0.043
	990515010	吊装机械（综合）	台班	0.026	0.026	0.031
	990785030	砂轮切割机 ϕ400	台班	0.012	—	—
	990401020	载重汽车 5t	台班	0.001	0.001	0.001

工作内容：切管、焊接、焊缝处理、制垫、加垫、安装组对、紧螺栓、试压检查。　　**计量单位：**副

编　号				2-4-291	2-4-292	2-4-293	2-4-294
项　目				不锈钢平焊法兰安装公称直径（mm 以内）			
				20	25	32	40
名　称			单位	消　耗　量			
人工	000205000	综合二类工	工日	0.170	0.200	0.240	0.280
材料	040915001	白垩粉	kg	0.285	0.347	0.428	0.490
	031301001	不锈钢焊条（综合）	kg	0.059	0.071	0.082	0.094
	200302001	不锈钢平焊法兰	片	2.000	2.000	2.000	2.000
	341103001	电	kW · h	0.032	0.039	0.046	0.052
	140303001	机油（综合）	kg	0.045	0.048	0.050	0.063
	031101020	金刚石砂轮片 ϕ400	片	0.014	0.024	0.028	0.030
	030105114	六角螺栓带螺母、垫圈 M12 × 14～75	套	4.120	4.120	—	—
	030105115	六角螺栓带螺母、垫圈 M16 × 65～80	套	—	—	4.120	4.120
	031101009	尼龙砂轮片 ϕ100	片	0.067	0.080	0.089	0.101
	092705001	破布	kg	0.001	0.002	0.002	0.003
	143157001	氢氟酸 45%	kg	0.004	0.004	0.005	0.006
	020111006	石棉橡胶板 低压 δ0.8～6	kg	0.020	0.040	0.046	0.060
	341101001	水	m^3	0.002	0.035	0.038	0.004
	143103001	硝酸	kg	0.016	0.020	0.024	0.026
	143175001	重铬酸钾 98%	kg	0.001	0.002	0.003	0.004
	850103006	其他材料费（占材料费）	%	2.000	2.000	2.000	2.000
机械	991003050	电动空气压缩机 6m^3/min	台班	0.001	0.001	0.001	0.002
	990920010	电焊条恒温箱	台班	0.005	0.006	0.007	0.008
	990919030	电焊条烘干箱 60 × 50 × 75cm^3	台班	0.005	0.006	0.007	0.008
	990785030	砂轮切割机 ϕ400	台班	0.004	0.007	0.008	0.009
	990904030	直流弧焊机 20kV · A	台班	0.050	0.061	0.071	0.080

工作内容：切管、焊接、焊缝处理、制垫、加垫、安装组对、紧螺栓、试压检查。 计量单位：副

编号				2-4-295	2-4-296	2-4-297	2-4-298
项目				不锈钢平焊法兰安装公称直径（mm 以内）			
				50	65	80	100
名称			单位	消耗量			
人工	000205000	综合二类工	工日	0.330	0.420	0.490	0.550
材料	040915001	白垩粉	kg	0.581	0.775	0.907	1.100
	031301001	不锈钢焊条（综合）	kg	0.118	0.217	0.253	0.322
	200302001	不锈钢平焊法兰	片	2.000	2.000	2.000	2.000
	341103001	电	kW · h	0.065	0.081	0.095	0.121
	140303001	机油（综合）	kg	0.065	0.070	0.081	0.098
	031101009	尼龙砂轮片 ϕ100	片	0.128	0.168	0.195	0.237
	031101020	金刚石砂轮片 ϕ400	片	0.031	0.046	0.056	0.069
	030105115	六角螺栓带螺母、垫圈 M16 × 65～80	套	4.120	4.120	8.240	—
	030105116	六角螺栓带螺母、垫圈 M16 × 85～140	套	—	—	—	8.240
	092705001	破布	kg	0.004	0.005	0.006	0.007
	143157001	氢氟酸 45%	kg	0.008	0.010	0.012	0.014
	020111006	石棉橡胶板 低压 δ0.8～6	kg	0.070	0.090	0.130	0.170
	341101001	水	m^3	0.006	0.008	0.010	0.012
	143103001	硝酸	kg	0.036	0.048	0.054	0.066
	143175001	重铬酸钾 98%	kg	0.005	0.006	0.007	0.008
	850103006	其他材料费（占材料费）	%	2.000	2.000	2.000	2.000
机械	991003050	电动空气压缩机 $6m^3/min$	台班	0.002	0.003	0.003	0.004
	990920010	电焊条恒温箱	台班	0.010	0.013	0.015	0.019
	990919030	电焊条烘干箱 60 × 50 × $75cm^3$	台班	0.010	0.013	0.015	0.019
	990785030	砂轮切割机 ϕ400	台班	0.011	0.016	0.019	0.024
	990904030	直流弧焊机 20kV · A	台班	0.101	0.126	0.147	0.187

工作内容：切管、焊接、焊缝处理、制垫、加垫、安装组对、紧螺栓、试压检查。　　　　**计量单位：**副

编　号				2-4-299	2-4-300	2-4-301
项　目				不锈钢平焊法兰安装公称直径（mm 以内）		
				125	150	200
名　称			单位	消　耗　量		
人工	000205000	综合二类工	工日	0.640	0.780	0.950
材料	040915001	白垩粉	kg	1.355	1.619	2.229
	031301001	不锈钢焊条（综合）	kg	0.389	0.507	1.142
	200302001	不锈钢平焊法兰	片	2.000	2.000	2.000
	341103001	电	kW · h	0.132	0.172	0.387
	140303001	机油（综合）	kg	0.102	0.125	0.132
	030105116	六角螺栓带螺母、垫圈 M16 × 85～140	套	8.240	—	—
	030105117	六角螺栓带螺母、垫圈 M20 × 85～100	套	—	8.240	12.360
	031101009	尼龙砂轮片 ϕ100	片	0.326	0.412	0.560
	092705001	破布	kg	0.008	0.010	0.014
	143157001	氢氟酸 45%	kg	0.016	0.020	0.028
	020111006	石棉橡胶板 低压 δ0.8～6	kg	0.230	0.280	0.330
	341101001	水	m^3	0.014	0.018	0.024
	143103001	硝酸	kg	0.082	0.098	0.136
	143175001	重铬酸钾 98%	kg	0.009	0.010	0.012
	850103006	其他材料费（占材料费）	%	2.000	2.000	2.000
机械	990743010	等离子切割机 400A	台班	0.024	0.029	0.040
	991003030	电动空气压缩机 $1m^3$/min	台班	0.024	0.029	0.040
	991003050	电动空气压缩机 $6m^3$/min	台班	0.004	0.005	0.006
	990920010	电焊条恒温箱	台班	0.020	0.027	0.060
	990919030	电焊条烘干箱 60 × 50 × $75cm^3$	台班	0.020	0.027	0.060
	990515010	吊装机械（综合）	台班	0.024	0.026	0.031
	990401020	载重汽车 5t	台班	0.001	0.001	0.002
	990904030	直流弧焊机 20kV · A	台班	0.204	0.266	0.599

工作内容：管口除沥青、切管、调制接口材料、制垫、加垫、安装组对、接口养护、紧螺栓、试压检查。

计量单位：副

编号				2-4-302	2-4-303	2-4-304	2-4-305
项目				承（插）盘法兰短管安装（石棉水泥接口）公称直径（mm 以内）			
				80	100	150	200
名称			单位	消耗量			
人工	000205000	综合二类工	工日	0.440	0.520	0.630	0.760
材料	143311001	白铅油	kg	0.070	0.100	0.140	0.170
	180113002	承（插）盘法兰短管	个	2.000	2.000	2.000	2.000
	140303001	机油（综合）	kg	0.081	0.098	0.125	0.132
	092705001	破布	kg	0.020	0.028	0.030	0.035
	140103002	清油 C01-1	kg	0.020	0.023	0.030	0.035
	150113003	石棉绒	kg	0.093	0.123	0.182	0.234
	020111006	石棉橡胶板 低压 δ0.8～6	kg	0.130	0.170	0.280	0.330
	040100006	水泥 42.5	kg	0.348	0.459	0.680	0.874
	142909001	氧气	m^3	0.036	0.036	0.057	0.093
	142907002	乙炔气	kg	0.012	0.012	0.019	0.031
	140105002	油麻	kg	0.100	0.120	0.170	0.220
	030105115	六角螺栓带螺母、垫圈 M16×65～80	套	8.240	—	—	—
	030105116	六角螺栓带螺母、垫圈 M16×85～140	套	—	8.240	—	—
	030105117	六角螺栓带螺母、垫圈 M20×85～100	套	—	—	8.240	12.360
	850103006	其他材料费（占材料费）	%	2.000	2.000	2.000	2.000
机械	990515010	吊装机械（综合）	台班	—	—	0.026	0.031
	990401020	载重汽车 5t	台班	—	—	0.001	0.002

工作内容：管口除沥青、切管、调制接口材料、制垫、加垫、安装组对、接口养护、紧螺栓、试压检查。

计量单位：副

编号				2-4-306	2-4-307	2-4-308	2-4-309
项目				承（插）盘法兰短管安装（膨胀水泥接口）公称直径（mm 以内）			
				80	100	150	200
名称			单位	消耗量			
人工	000205000	综合二类工	工日	0.430	0.500	0.610	0.720
材料	143311001	白铅油	kg	0.070	0.100	0.140	0.170
	180113002	承（插）盘法兰短管	个	2.000	2.000	2.000	2.000
	040115002	硅酸盐膨胀水泥	kg	0.497	0.656	0.972	1.249
	140303001	机油（综合）	kg	0.070	0.098	0.125	0.132
	092705001	破布	kg	0.020	0.028	0.030	0.035

续前

编号				2-4-306	2-4-307	2-4-308	2-4-309
项目				承（插）盘法兰短管安装（膨胀水泥接口）公称直径（mm 以内）			
				80	100	150	200
名称			单位	消耗量			
材料	140103002	清油 C01-1	kg	0.020	0.023	0.030	0.035
	020111006	石棉橡胶板 低压 δ0.8～6	kg	0.130	0.170	0.280	0.330
	142909001	氧气	m^3	0.036	0.036	0.057	0.093
	142907002	乙炔气	kg	0.012	0.012	0.019	0.031
	140105002	油麻	kg	0.100	0.120	0.170	0.220
	030105115	六角螺栓带螺母、垫圈 M16×65～80	套	8.240	—	—	—
	030105116	六角螺栓带螺母、垫圈 M16×85～140	套	—	8.240	—	—
	030105117	六角螺栓带螺母、垫圈 M20×85～100	套	—	—	8.240	12.360
	850103006	其他材料费（占材料费）	%	2.000	2.000	2.000	2.000
机械	990515010	吊装机械（综合）	台班	—	—	0.026	0.031
	990401020	载重汽车 5t	台班	—	—	0.001	0.002

工作内容：切管、熔接、制垫、加垫、安装组对、紧螺栓、试压检查。 **计量单位：**副

编号				2-4-310	2-4-311	2-4-312	2-4-313
项目				塑料法兰（带短管）安装（热熔连接）公称直径（mm 内）			
				15	20	25	32
名称			单位	消耗量			
人工	000205000	综合二类工	工日	0.120	0.130	0.150	0.180
材料	143311001	白铅油	kg	0.020	0.025	0.028	0.030
	341103001	电	kW·h	0.086	0.104	0.129	0.172
	140303001	机油（综合）	kg	0.043	0.048	0.050	0.055
	031541002	锯条（综合）	根	0.015	0.019	0.022	0.026
	030105114	六角螺栓带螺母、垫圈 M12×14～75	套	4.120	4.120	4.120	—
	030105115	六角螺栓带螺母、垫圈 M16×65～80	套	—	—	—	4.120
	092705001	破布	kg	0.008	0.008	0.010	0.012
	140103002	清油 C01-1	kg	0.004	0.005	0.007	0.009
	020111006	石棉橡胶板 低压 δ0.8～6	kg	0.010	0.020	0.040	0.050
	200905001	塑料法兰（带短管）	片	2.000	2.000	2.000	2.000
	031102004	铁砂布（综合）	张	0.007	0.008	0.009	0.015
	850103006	其他材料费（占材料费）	%	2.000	2.000	2.000	2.000

工作内容：切管、熔接、制垫、加垫、安装组对、紧螺栓、试压检查。　　计量单位：副

编号				2-4-314	2-4-315	2-4-316	2-4-317
项目				塑料法兰（带短管）安装（热熔连接）公称直径（mm 内）			
				40	50	65	80
名称			单位	消耗量			
人工	000205000	综合二类工	工日	0.210	0.250	0.290	0.350
材料	143311001	白铅油	kg	0.035	0.040	0.050	0.070
	341103001	电	kW · h	0.205	0.334	0.334	0.449
	140303001	机油（综合）	kg	0.062	0.068	0.070	0.081
	031541002	锯条（综合）	根	0.031	0.064	0.076	0.114
	030105115	六角螺栓带螺母、垫圈 M16×65～80	套	4.120	4.120	4.120	8.240
	092705001	破布	kg	0.017	0.020	0.023	0.026
	140103002	清油 C01-1	kg	0.010	0.013	0.015	0.020
	020111006	石棉橡胶板 低压 δ0.8～6	kg	0.060	0.070	0.090	0.130
	200905001	塑料法兰（带短管）	片	2.000	2.000	2.000	2.000
	031102004	铁砂布（综合）	张	0.019	0.033	0.033	0.033
	850103006	其他材料费（占材料费）	%	2.000	2.000	2.000	2.000

工作内容：切管、熔接、制垫、加垫、安装组对、紧螺栓、试压检查。　　计量单位：副

编号				2-4-318	2-4-319	2-4-320	2-4-321
项目				塑料法兰（带短管）安装（热熔连接）公称直径（mm 内）			
				100	125	150	200
名称			单位	消耗量			
人工	000205000	综合二类工	工日	0.390	0.440	0.500	0.610
材料	143311001	白铅油	kg	0.100	0.120	0.140	0.170
	341103001	电	kW · h	0.524	—	—	—
	140303001	机油（综合）	kg	0.098	0.102	0.125	0.132
	031541002	锯条（综合）	根	0.153	—	—	—
	030105116	六角螺栓带螺母、垫圈 M16×85～140	套	8.240	8.240	—	—
	030105117	六角螺栓带螺母、垫圈 M20×85～100	套	—	—	8.240	12.360
	092705001	破布	kg	0.028	0.030	0.034	0.036
	140103002	清油 C01-1	kg	0.023	0.027	0.030	0.035
	020111006	石棉橡胶板 低压 δ0.8～6	kg	0.170	0.230	0.280	0.330
	200905001	塑料法兰（带短管）	片	2.000	2.000	2.000	2.000
	031102004	铁砂布（综合）	张	0.042	0.048	0.064	0.094
	850103006	其他材料费（占材料费）	%	2.000	2.000	2.000	2.000
机械	990706010	木工圆锯机 500mm	台班	—	0.004	0.005	0.006
	990911010	热熔对接焊机 160mm	台班	—	0.066	0.076	—
	990911020	热熔对接焊机 250mm	台班	—	—	—	0.121

工作内容：切管、熔接、制垫、加垫、安装组对、紧螺栓、试压检查。　　计量单位：副

编　号				2-4-322	2-4-323	2-4-324	2-4-325
项　目				塑料法兰（带短管）安装（电熔连接）公称直径（mm 内）			
				15	20	25	32
名　称			单位	消　耗　量			
人工	000205000	综合二类工	工日	0.120	0.130	0.150	0.180
材料	143311001	白铅油	kg	0.020	0.025	0.028	0.030
	140303001	机油（综合）	kg	0.043	0.048	0.050	0.055
	031541002	锯条（综合）	根	0.015	0.019	0.024	0.026
	030105114	六角螺栓带螺母、垫圈 M12×14～75	套	4.120	4.120	4.120	—
	030105115	六角螺栓带螺母、垫圈 M16×65～80	套	—	—	—	4.120
	092705001	破布	kg	0.008	0.008	0.010	0.012
	140103002	清油 C01-1	kg	0.004	0.005	0.007	0.009
	020111006	石棉橡胶板 低压 δ0.8～6	kg	0.010	0.020	0.040	0.040
	200905001	塑料法兰（带短管）	片	2.000	2.000	2.000	2.000
	031102004	铁砂布（综合）	张	0.007	0.008	0.009	0.015
	850103006	其他材料费（占材料费）	%	2.000	2.000	2.000	2.000
机械	990921010	电熔焊接机 3.5kW	台班	0.014	0.017	0.022	0.029

工作内容：切管、熔接、制垫、加垫、安装组对、紧螺栓、试压检查。　　计量单位：副

编　号				2-4-326	2-4-327	2-4-328	2-4-329
项　目				塑料法兰（带短管）安装（电熔连接）公称直径（mm 内）			
				40	50	65	80
名　称			单位	消　耗　量			
人工	000205000	综合二类工	工日	0.210	0.250	0.300	0.350
材料	143311001	白铅油	kg	0.035	0.040	0.050	0.070
	140303001	机油（综合）	kg	0.062	0.068	0.070	0.081
	031541002	锯条（综合）	根	0.031	0.064	0.076	0.114
	030105115	六角螺栓带螺母、垫圈 M16×65～80	套	4.120	4.120	4.120	8.240
	092705001	破布	kg	0.017	0.020	0.023	0.026
	140103002	清油 C01-1	kg	0.010	0.013	0.015	0.020
	020111006	石棉橡胶板 低压 δ0.8～6	kg	0.060	0.070	0.090	0.130
	200905001	塑料法兰（带短管）	片	2.000	2.000	2.000	2.000
	031102004	铁砂布（综合）	张	0.019	0.033	0.033	0.042
	850103006	其他材料费（占材料费）	%	2.000	2.000	2.000	2.000
机械	990921010	电熔焊接机 3.5kW	台班	0.034	0.042	0.051	0.062

工作内容：切管、熔接、制垫、加垫、安装组对、紧螺栓、试压检查。 **计量单位：**副

编号				2-4-330	2-4-331	2-4-332	2-4-333
项目				塑料法兰（带短管）安装（电熔连接）公称直径（mm 内）			
				100	125	150	200
名称			单位	消耗量			
人工	000205000	综合二类工	工日	0.400	0.450	0.530	0.610
材料	143311001	白铅油	kg	0.100	0.120	0.140	0.170
	140303001	机油（综合）	kg	0.098	0.102	0.125	0.132
	031541002	锯条（综合）	根	0.153	—	—	—
	030105116	六角螺栓带螺母、垫圈 M16×85～140	套	8.240	8.240	—	—
	030105117	六角螺栓带螺母、垫圈 M20×85～100	套	—	—	8.240	12.360
	092705001	破布	kg	0.028	0.030	0.034	0.036
	140103002	清油 C01-1	kg	0.023	0.027	0.030	0.035
	020111006	石棉橡胶板 低压 δ0.8～6	kg	0.170	0.230	0.280	0.330
	200905001	塑料法兰（带短管）	片	2.000	2.000	2.000	2.000
	031102004	铁砂布（综合）	张	0.048	0.056	0.064	0.082
	850103006	其他材料费（占材料费）	%	2.000	2.000	2.000	2.000
机械	990921010	电熔焊接机 3.5kW	台班	0.068	0.072	0.076	0.091
	990706010	木工圆锯机 500mm	台班	—	0.004	0.005	0.006

工作内容：切管、粘接、制垫、加垫、安装组对、紧螺栓、试压检查。 **计量单位：**副

编号				2-4-334	2-4-335	2-4-336	2-4-337
项目				塑料法兰（带短管）安装（粘接）公称直径（mm 内）			
				15	20	25	32
名称			单位	消耗量			
人工	000205000	综合二类工	工日	0.110	0.120	0.140	0.170
材料	143311001	白铅油	kg	0.020	0.025	0.028	0.030
	143315001	丙酮	kg	0.006	0.007	0.010	0.012
	140303001	机油（综合）	kg	0.043	0.048	0.050	0.055
	031541002	锯条（综合）	根	0.015	0.019	0.024	0.024
	030105114	六角螺栓带螺母、垫圈 M12×14～75	套	4.120	4.120	4.120	—
	030105115	六角螺栓带螺母、垫圈 M16×65～80	套	—	—	—	4.120
	092705001	破布	kg	0.012	0.013	0.014	0.015
	140103002	清油 C01-1	kg	0.004	0.005	0.007	0.009
	020111006	石棉橡胶板 低压 δ0.8～6	kg	0.010	0.020	0.040	0.040
	200905001	塑料法兰（带短管）	片	2.000	2.000	2.000	2.000
	031102004	铁砂布（综合）	张	0.007	0.008	0.009	0.015
	144135024	粘接剂	kg	0.003	0.003	0.004	0.006
	850103006	其他材料费（占材料费）	%	2.000	2.000	2.000	2.000

工作内容：切管、粘接、制垫、加垫、安装组对、紧螺栓、试压检查。　　计量单位：副

编号				2-4-338	2-4-339	2-4-340	2-4-341
项目				塑料法兰（带短管）安装（粘接）公称直径（mm 内）			
				40	50	65	80
名称			单位	消耗量			
人工	000205000	综合二类工	工日	0.210	0.240	0.280	0.330
材料	143311001	白铅油	kg	0.035	0.040	0.050	0.070
	143315001	丙酮	kg	0.013	0.018	0.015	0.022
	140303001	机油（综合）	kg	0.062	0.068	0.070	0.081
	031541002	锯条（综合）	根	0.031	0.064	0.076	0.114
	030105115	六角螺栓带螺母、垫圈 M16×65～80	套	4.120	4.120	4.120	8.240
	092705001	破布	kg	0.025	0.027	0.029	0.032
	140103002	清油 C01-1	kg	0.010	0.013	0.015	0.020
	020111006	石棉橡胶板 低压 δ0.8～6	kg	0.060	0.070	0.090	0.130
	200905001	塑料法兰（带短管）	片	2.000	2.000	2.000	2.000
	031102004	铁砂布（综合）	张	0.019	0.026	0.033	0.033
	144135024	粘接剂	kg	0.007	0.009	0.010	0.015
	850103006	其他材料费（占材料费）	%	2.000	2.000	2.000	2.000

工作内容：切管、粘接、制垫、加垫、安装组对、紧螺栓、试压检查。　　计量单位：副

编号				2-4-342	2-4-343	2-4-344	2-4-345
项目				塑料法兰（带短管）安装（粘接）公称直径（mm 内）			
				100	125	150	200
名称			单位	消耗量			
人工	000205000	综合二类工	工日	0.380	0.430	0.490	0.570
材料	143311001	白铅油	kg	0.100	0.120	0.140	0.170
	143315001	丙酮	kg	0.038	0.041	0.044	0.068
	140303001	机油（综合）	kg	0.098	0.102	0.125	0.132
	031541002	锯条（综合）	根	0.153	—	—	—
	030105116	六角螺栓带螺母、垫圈 M16×85～140	套	8.240	8.240	—	—
	030105117	六角螺栓带螺母、垫圈 M20×85～100	套	—	—	8.240	12.360
	092705001	破布	kg	0.043	0.044	0.045	0.054
	140103002	清油 C01-1	kg	0.023	0.027	0.030	0.035
	020111006	石棉橡胶板 低压 δ0.8～6	kg	0.170	0.230	0.280	0.330
	200905001	塑料法兰（带短管）	片	2.000	2.000	2.000	2.000
	031102004	铁砂布（综合）	张	0.042	0.048	0.064	0.094
	144135024	粘接剂	kg	0.025	0.027	0.029	0.045
	850103006	其他材料费（占材料费）	%	2.000	2.000	2.000	2.000
机械	990706010	木工圆锯机 500mm	台班	—	0.004	0.005	0.006

工作内容：切管、滚槽、制垫、加垫、安装组对、紧螺栓、试压检查。 计量单位：副

编号				2-4-346	2-4-347	2-4-348	2-4-349
项目				沟槽法兰安装公称直径（mm 以内）			
				20	25	32	40
名称			单位	消耗量			
人工	000205000	综合二类工	工日	0.090	0.100	0.120	0.150
材料	143311001	白铅油	kg	0.040	0.040	0.040	0.060
	200007001	沟槽法兰（综合）	片	2.000	2.000	2.000	2.000
	140303001	机油（综合）	kg	0.045	0.048	0.050	0.063
	182525003	卡箍连接件（含胶圈）	套	2.000	2.000	2.000	2.000
	030105114	六角螺栓带螺母、垫圈 M12×14～75	套	4.120	4.120	—	—
	030105115	六角螺栓带螺母、垫圈 M16×65～80	套	—	—	4.120	4.120
	092705001	破布	kg	0.010	0.012	0.014	0.016
	140103002	清油 C01-1	kg	0.005	0.007	0.009	0.010
	140700001	润滑剂	kg	0.004	0.005	0.006	0.007
	020111006	石棉橡胶板 低压 δ0.8～6	kg	0.020	0.040	0.055	0.065
	850103006	其他材料费（占材料费）	%	2.000	2.000	2.000	2.000
机械	990747010	管子切断机 60mm	台班	0.005	0.005	0.005	0.006
	990796010	滚槽机	台班	0.008	0.010	0.013	0.016

工作内容：切管、滚槽、制垫、加垫、安装组对、紧螺栓、试压检查。 计量单位：副

编号				2-4-350	2-4-351	2-4-352	2-4-353
项目				沟槽法兰安装公称直径（mm 以内）			
				50	65	80	100
名称			单位	消耗量			
人工	000205000	综合二类工	工日	0.190	0.250	0.310	0.370
材料	143311001	白铅油	kg	0.060	0.080	0.070	0.110
	200007001	沟槽法兰（综合）	片	2.000	2.000	2.000	2.000
	140303001	机油（综合）	kg	0.068	0.070	0.070	0.090
	182525003	卡箍连接件（含胶圈）	套	2.000	2.000	2.000	2.000
	030105115	六角螺栓带螺母、垫圈 M16×65～80	套	4.120	4.120	8.240	—
	030105116	六角螺栓带螺母、垫圈 M16×85～140	套	—	—	—	8.240
	092705001	破布	kg	0.018	0.020	0.025	0.030
	140103002	清油 C01-1	kg	0.013	0.015	0.020	0.030
	140700001	润滑剂	kg	0.008	0.009	0.010	0.012
	020111006	石棉橡胶板 低压 δ0.8～6	kg	0.078	0.090	0.130	0.160
	850103006	其他材料费（占材料费）	%	2.000	2.000	2.000	2.000
机械	990515010	吊装机械（综合）	台班	0.002	0.003	0.003	0.010
	990747010	管子切断机 60mm	台班	0.007	—	—	—
	990796010	滚槽机	台班	0.020	0.026	0.032	0.040
	990747020	管子切断机 150mm	台班	—	0.008	0.008	0.009

工作内容：切管、滚槽、制垫、加垫、安装组对、紧螺栓、试压检查。　　**计量单位**：副

编　　号				2-4-354	2-4-355	2-4-356
项　　目				沟槽法兰安装公称直径（mm 以内）		
				125	150	200
名　　称			单位	消　耗　量		
人工	000205000	综合二类工	工日	0.440	0.520	0.650
材料	143311001	白铅油	kg	0.130	0.146	0.156
	200007001	沟槽法兰（综合）	片	2.000	2.000	2.000
	140303001	机油（综合）	kg	0.110	0.130	0.150
	182525003	卡箍连接件（含胶圈）	套	2.000	2.000	2.000
	030105116	六角螺栓带螺母、垫圈 M16×85～140	套	8.240	—	—
	030105117	六角螺栓带螺母、垫圈 M20×85～100	套	—	8.240	12.360
	092705001	破布	kg	0.033	0.036	0.040
	140103002	清油　C01-1	kg	0.033	0.036	0.040
	140700001	润滑剂	kg	0.014	0.016	0.020
	020111006	石棉橡胶板　低压　δ0.8～6	kg	0.180	0.204	0.224
	850103006	其他材料费（占材料费）	%	2.000	2.000	2.000
机械	990515010	吊装机械（综合）	台班	0.038	0.039	0.047
	990747020	管子切断机　150mm	台班	0.012	0.015	—
	990796010	滚槽机	台班	0.049	0.058	0.076
	990401020	载重汽车　5t	台班	0.001	0.001	0.001
	990747030	管子切断机　250mm	台班	—	—	0.016

三、其　　他

工作内容：定位、打眼、固定管卡。　　**计量单位**：个

编　　号				2-4-357	2-4-358	2-4-359	2-4-360
项　　目				成品管卡安装公称直径（mm 以内）			
				20	32	40	50
名　　称			单位	消　耗　量			
人工	000205000	综合二类工	工日	0.011	0.012	0.013	0.015
材料	182500001	管卡（成品）	套	1.050	1.050	1.050	1.050
	031519009	冲击钻头　ϕ12	个	0.015	0.015	0.015	—
	341103001	电	kW·h	0.012	0.012	0.014	0.016
	030107013	膨胀螺栓　M8	套	1.030	1.030	1.030	—
	031519011	冲击钻头　ϕ14	个	—	—	—	0.015
	030107015	膨胀螺栓　M10	套	—	—	—	1.030
	850103006	其他材料费（占材料费）	%	2.000	2.000	2.000	2.000

工作内容：定位、打眼、固定管卡。 **计量单位：**个

编号				2-4-361	2-4-362	2-4-363	2-4-364
项目				成品管卡安装公称直径（mm 以内）			
				80	100	125	150
名称			单位	消耗量			
人工	000205000	综合二类工	工日	0.017	0.019	0.021	0.024
材料	182500001	管卡（成品）	套	1.050	1.050	1.050	1.050
	031519011	冲击钻头 ϕ14	个	0.018	—	—	—
	341103001	电	kW·h	0.016	0.020	0.024	0.026
	030107015	膨胀螺栓 M10	套	1.030	—	—	—
	031519012	冲击钻头 ϕ16	个	—	0.018	0.018	0.018
	030107018	膨胀螺栓 M12	套	—	1.030	1.030	1.030
	850103006	其他材料费（占材料费）	%	2.000	2.000	2.000	2.000

工作内容：切管、焊接、除锈刷漆、安装、填塞密封材料、堵洞。 **计量单位：**个

编号				2-4-365	2-4-366	2-4-367	2-4-368
项目				一般钢套管制作安装介质管道公称直径（mm 以内）			
				20	32	50	65
名称			单位	消耗量			
人工	000205000	综合二类工	工日	0.085	0.097	0.138	0.186
材料	031301008	低碳钢焊条 J422（综合）	kg	0.016	0.017	0.019	0.022
	130505009	酚醛防锈漆 各色	kg	0.014	0.017	0.020	0.026
	340907006	钢丝刷子	把	0.002	0.002	0.003	0.006
	170101006	焊接钢管 *DN*32	m	0.318	—	—	—
	170101009	焊接钢管 *DN*50	m	—	0.318	—	—
	170101014	焊接钢管 *DN*80	m	—	—	0.318	—
	170101017	焊接钢管 *DN*100	m	—	—	—	0.318
	133501008	密封油膏	kg	0.107	0.153	0.163	0.202
	031101012	尼龙砂轮片 ϕ400	片	0.012	0.021	0.026	0.038
	092705001	破布	kg	0.002	0.002	0.003	0.006
	140301001	汽油 89#	kg	0.003	0.004	0.005	0.007
	040300004	砂子	kg	0.386	0.558	0.734	0.997
	040100006	水泥 42.5	kg	0.129	0.186	0.245	0.332
	142909001	氧气	m^3	0.018	0.021	0.024	0.036
	142907002	乙炔气	kg	0.006	0.007	0.008	0.012
	140105002	油麻	kg	0.090	0.158	0.623	0.957
	010901008	圆钢 ϕ10～14	kg	0.158	0.158	0.158	0.158
	850103006	其他材料费（占材料费）	%	2.000	2.000	2.000	2.000
机械	990900010	电焊机（综合）	台班	0.008	0.009	0.009	0.009
	990785030	砂轮切割机 ϕ400	台班	0.004	0.005	0.007	0.009

工作内容：切管、焊接、除锈刷漆、安装、填塞密封材料、堵洞。 **计量单位：**个

编号				2-4-369	2-4-370	2-4-371	2-4-372
项目				一般钢套管制作安装介质管道公称直径（mm 以内）			
				80	100	125	150
名称			单位	消耗量			
人工	000205000	综合二类工	工日	0.246	0.336	0.457	0.569
材料	031301008	低碳钢焊条 J422（综合）	kg	0.025	0.029	0.032	0.034
	130505009	酚醛防锈漆 各色	kg	0.035	0.037	0.051	0.051
	340907006	钢丝刷子	把	0.006	0.006	0.008	0.008
	170101021	焊接钢管 *DN*125	m	0.318	—	—	—
	170101024	焊接钢管 *DN*150	m	—	0.318	0.318	—
	133501008	密封油膏	kg	0.254	0.258	0.273	0.612
	031101012	尼龙砂轮片 ϕ400	片	0.053	0.057	0.063	—
	092705001	破布	kg	0.006	0.006	0.008	0.008
	140301001	汽油 89#	kg	0.009	0.009	0.013	0.013
	040300004	砂子	kg	1.142	1.319	1.387	2.399
	040100006	水泥 42.5	kg	0.381	0.440	0.462	0.800
	142909001	氧气	m^3	0.060	0.090	0.150	0.324
	142907002	乙炔气	kg	0.020	0.030	0.050	0.108
	140105002	油麻	kg	2.115	2.194	2.849	3.152
	010901008	圆钢 ϕ10～14	kg	0.158	0.158	0.158	0.158
	170201040	无缝钢管 D219×6	m	—	—	—	0.318
	850103006	其他材料费（占材料费）	%	2.000	2.000	2.000	2.000
机械	990900010	电焊机（综合）	台班	0.011	0.013	0.014	0.019
	990785030	砂轮切割机 ϕ400	台班	0.011	0.013	0.015	—

工作内容：切管、焊接、除锈刷漆、安装、填塞密封材料、堵洞。 计量单位：个

编号				2-4-373	2-4-374	2-4-375	2-4-376	2-4-377
项目				一般钢套管制作安装介质管道公称直径（mm 以内）				
				200	250	300	350	400
名称			单位	消耗量				
人工	000205000	综合二类工	工日	0.692	0.736	0.821	0.948	1.124
材料	170201055	无缝钢管 $D480\times10$	m	—	—	—	—	0.318
	031301008	低碳钢焊条 J422（综合）	kg	0.035	0.038	0.040	0.042	0.042
	130505009	酚醛防锈漆 各色	kg	0.063	0.075	0.087	0.099	0.122
	340907006	钢丝刷子	把	0.010	0.012	0.014	0.016	0.020
	133501008	密封油膏	kg	0.635	0.661	0.763	0.865	0.966
	092705001	破布	kg	0.010	0.012	0.014	0.016	0.020
	140301001	汽油 89#	kg	0.016	0.019	0.022	0.025	0.031
	040300004	砂子	kg	2.859	3.262	3.698	4.105	4.660
	040100006	水泥 42.5	kg	0.953	1.087	1.233	1.368	1.553
	170201046	无缝钢管 $D273\times7$	m	0.318	—	—	—	—
	170201049	无缝钢管 $D325\times8$	m	—	0.318	—	—	—
	170201051	无缝钢管 $D377\times10$	m	—	—	0.318	—	—
	170201053	无缝钢管 $D426\times10$	m	—	—	—	0.318	—
	142909001	氧气	m^3	0.414	0.429	0.486	0.619	0.825
	142907002	乙炔气	kg	0.138	0.143	0.162	0.213	0.275
	140105002	油麻	kg	3.236	3.443	3.755	3.977	4.679
	010901008	圆钢 ϕ10～14	kg	0.316	0.316	0.316	0.316	0.474
	850103006	其他材料费（占材料费）	%	2.000	2.000	2.000	2.000	2.000
机械	990900010	电焊机（综合）	台班	0.022	0.024	0.002	0.002	0.002

工作内容：切管、安装、填塞密封材料、堵洞。 计量单位：个

编号				2-4-378	2-4-379	2-4-380	2-4-381
项目				一般塑料套管制作安装介质管道公称直径（mm 以内）			
				32	50	65	100
名称			单位	消耗量			
人工	000205000	综合二类工	工日	0.088	0.117	0.120	0.126
材料	031541002	锯条（综合）	根	0.031	0.102	0.236	0.529
	133501008	密封油膏	kg	0.153	0.163	0.254	0.258
	040300004	砂子	kg	0.558	0.734	0.997	1.319
	040100006	水泥 42.5	kg	0.186	0.245	0.332	0.440
	140105002	油麻	kg	0.158	0.623	2.115	2.194
	172500013	塑料管 *DN*63	m	0.318	—	—	—
	172500015	塑料管 *DN*75	m	—	0.318	—	—
	172500019	塑料管 *DN*110	m	—	—	0.318	—
	172500021	塑料管 *DN*160	m	—	—	—	0.318
	850103006	其他材料费（占材料费）	%	2.000	2.000	2.000	2.000

工作内容：切管、安装、填塞密封材料、堵洞。　　计量单位：个

编号				2-4-382	2-4-383	2-4-384
项目				一般塑料套管制作安装介质管道公称直径（mm 以内）		
				150	200	250
名称			单位	消耗量		
人工	000205000	综合二类工	工日	0.143	0.153	0.169
材料	031541002	锯条（综合）	根	0.705	1.009	1.411
	133501008	密封油膏	kg	0.612	0.635	0.661
	040300004	砂子	kg	2.399	2.859	3.262
	040100006	水泥 42.5	kg	0.800	0.953	1.087
	140105002	油麻	kg	3.152	3.236	3.443
	172500023	塑料管 *DN*200	m	0.318	—	—
	172500025	塑料管 *DN*250	m	—	0.318	—
	172500027	塑料管 *DN*315	m	—	—	0.318
	850103006	其他材料费（占材料费）	%	2.000	2.000	2.000

工作内容：放样、下料、切割、组对、焊接、刷防锈漆。　　计量单位：个

编号				2-4-385	2-4-386	2-4-387	2-4-388
项目				柔性防水套管制作介质管道公称直径（mm 以内）			
				50	80	100	125
名称			单位	消耗量			
人工	000205000	综合二类工	工日	1.259	1.502	1.964	2.012
材料	031301008	低碳钢焊条 J422（综合）	kg	0.965	1.247	1.450	1.750
	341103001	电	kW · h	0.034	0.057	0.068	0.085
	130505009	酚醛防锈漆 各色	kg	0.252	0.380	0.425	0.500
	340907006	钢丝刷子	把	0.153	0.229	0.257	0.306
	031101009	尼龙砂轮片 ϕ100	片	0.050	0.084	0.100	0.125
	092705001	破布	kg	0.020	0.032	0.035	0.040
	140301001	汽油 89#	kg	0.075	0.113	0.126	0.148
	012903013	热轧中厚钢板 δ10～20	kg	15.400	22.860	25.760	30.860
	170201023	无缝钢管 $D89\times4$	m	0.424	—	—	—
	170201032	无缝钢管 $D133\times4$	m	—	0.424	—	—
	170201035	无缝钢管 $D159\times4.5$	m	—	—	0.424	0.424
	142909001	氧气	m^3	2.124	2.958	3.750	3.999
	142907002	乙炔气	kg	0.708	0.986	1.250	1.333
	850103006	其他材料费（占材料费）	%	2.000	2.000	2.000	2.000
机械	990900010	电焊机（综合）	台班	0.348	0.483	0.613	0.720
	990727010	立式钻床 25mm	台班	0.010	0.020	0.030	0.030
	990718040	普通车床 630 × 2000mm	台班	0.028	0.040	0.050	0.061

工作内容：放样、下料、切割、组对、焊接、刷防锈漆。 **计量单位：**个

编号				2-4-389	2-4-390	2-4-391	2-4-392
项目				柔性防水套管制作介质管道公称直径（mm 以内）			
				150	200	250	300
名称			单位	消耗量			
人工	000205000	综合二类工	工日	2.488	2.837	3.214	3.430
材料	031301008	低碳钢焊条 J422（综合）	kg	1.950	3.750	6.250	8.417
	341103001	电	kW · h	0.102	0.140	0.175	0.208
	130505009	酚醛防锈漆 各色	kg	0.581	0.727	0.887	1.329
	340907006	钢丝刷子	把	0.351	0.439	0.538	0.821
	031101009	尼龙砂轮片 ϕ100	片	0.150	0.206	0.257	0.306
	092705001	破布	kg	0.047	0.059	0.072	0.103
	140301001	汽油 89#	kg	0.172	0.215	0.263	0.392
	012903013	热轧中厚钢板 δ10～20	kg	35.120	43.980	53.880	83.030
	170201040	无缝钢管 D219 × 6	m	0.424	—	—	—
	142909001	氧气	m³	4.083	4.815	5.064	5.919
	142907002	乙炔气	kg	1.361	1.605	1.688	1.973
	170201046	无缝钢管 D273 × 7	m	—	0.424	—	—
	170201049	无缝钢管 D325 × 8	m	—	—	0.424	—
	170201051	无缝钢管 D377 × 10	m	—	—	—	0.424
	850103006	其他材料费（占材料费）	%	2.000	2.000	2.000	2.000
机械	990900010	电焊机（综合）	台班	0.733	1.090	1.298	1.557
	990727010	立式钻床 25mm	台班	0.040	0.040	0.050	0.060
	990718040	普通车床 630 × 2000mm	台班	0.062	0.062	0.116	0.120

工作内容：放样、下料、切割、组对、焊接、刷防锈漆。 **计量单位：**个

编号				2-4-393	2-4-394	2-4-395	2-4-396
项目				柔性防水套管制作介质管道公称直径（mm 以内）			
				350	400	450	500
名称			单位	消耗量			
人工	000205000	综合二类工	工日	3.920	4.256	4.794	5.193
材料	031301008	低碳钢焊条 J422（综合）	kg	9.450	10.575	14.075	15.925
	341103001	电	kW · h	0.241	0.273	0.306	0.339
	130505009	酚醛防锈漆 各色	kg	1.517	1.749	1.932	2.175
	340907006	钢丝刷子	把	0.937	1.075	1.200	1.342
	031101009	尼龙砂轮片 ϕ100	片	0.355	0.401	0.451	0.499
	092705001	破布	kg	0.118	0.137	0.149	0.170
	140301001	汽油 89#	kg	0.448	0.517	0.572	0.642
	012903013	热轧中厚钢板 δ10～20	kg	94.860	108.560	121.560	135.630
	142909001	氧气	m³	5.976	5.979	6.306	9.750
	142907002	乙炔气	kg	1.992	1.993	2.102	3.250
	170201053	无缝钢管 D426 × 10	m	0.424	—	—	—
	170201055	无缝钢管 D480 × 10	m	—	0.424	—	—
	170201057	无缝钢管 D530 × 10	m	—	—	0.424	—
	170201059	无缝钢管 D630 × 10	m	—	—	—	0.424
	850103006	其他材料费（占材料费）	%	2.000	2.000	2.000	2.000
机械	990900010	电焊机（综合）	台班	1.747	1.990	2.195	2.292
	990727010	立式钻床 25mm	台班	0.070	0.070	0.080	0.090
	990718040	普通车床 630 × 2000mm	台班	0.161	0.182	0.218	0.220

工作内容：配合预留孔洞及混凝土浇筑、套管就位、安装、填塞密封材料、紧螺栓。 **计量单位**：个

编号				2-4-397	2-4-398	2-4-399	2-4-400
项目				柔性防水套管安装介质管道公称直径（mm 以内）			
				50	80	100	125
名称			单位	消耗量			
人工	000205000	综合二类工	工日	0.282	0.326	0.349	0.358
材料	140113001	黄干油	kg	0.070	0.070	0.080	0.100
	140303001	机油（综合）	kg	0.010	0.040	0.040	0.070
	030105114	六角螺栓带螺母、垫圈 M12×14～75	套	4.120	—	—	—
	030105115	六角螺栓带螺母、垫圈 M16×65～80	套	—	4.120	4.120	6.180
	133501008	密封油膏	kg	0.136	0.206	0.242	0.370
	182903003	柔性防水套管	个	1.000	1.000	1.000	1.000
	140105002	油麻	kg	0.115	0.174	0.205	0.312
	340205003	橡胶密封圈 *DN*50	个	2.000	—	—	—
	340205004	橡胶密封圈 *DN*80	个	—	2.000	—	—
	340205005	橡胶密封圈 *DN*100	个	—	—	2.000	—
	340205006	橡胶密封圈 *DN*125	个	—	—	—	2.000
	850103006	其他材料费（占材料费）	%	2.000	2.000	2.000	2.000

工作内容：配合预留孔洞及混凝土浇筑、套管就位、安装、填塞密封材料、紧螺栓。 **计量单位**：个

编号				2-4-401	2-4-402	2-4-403	2-4-404
项目				柔性防水套管安装介质管道公称直径（mm 以内）			
				150	200	250	300
名称			单位	消耗量			
人工	000205000	综合二类工	工日	0.391	0.562	0.589	0.604
材料	140113001	黄干油	kg	0.120	0.120	0.140	0.160
	140303001	机油（综合）	kg	0.070	0.070	0.070	0.160
	030105115	六角螺栓带螺母、垫圈 M16×65～80	套	6.180	6.180	8.240	—
	030105117	六角螺栓带螺母、垫圈 M20×85～100	套	—	—	—	8.240
	133501008	密封油膏	kg	0.400	0.559	0.781	0.917
	182903003	柔性防水套管	个	1.000	1.000	1.000	1.000
	140105002	油麻	kg	0.338	0.472	0.659	0.774
	340205007	橡胶密封圈 *DN*150	个	2.000	—	—	—
	340205008	橡胶密封圈 *DN*200	个	—	2.000	—	—
	340205009	橡胶密封圈 *DN*250	个	—	—	2.000	—
	340205010	橡胶密封圈 *DN*300	个	—	—	—	2.000
	850103006	其他材料费（占材料费）	%	2.000	2.000	2.000	2.000

工作内容：配合预留孔洞及混凝土浇筑、套管就位、安装、填塞密封材料、紧螺栓。 **计量单位：**个

编号				2-4-405	2-4-406	2-4-407	2-4-408
项目				柔性防水套管安装介质管道公称直径（mm 以内）			
				350	400	450	500
名称			单位	消耗量			
人工	000205000	综合二类工	工日	0.659	0.708	0.824	0.867
材料	140113001	黄干油	kg	0.170	0.200	0.220	0.230
	140303001	机油（综合）	kg	0.160	0.160	0.160	0.210
	030105117	六角螺栓带螺母、垫圈 M20×85～100	套	8.240	12.360	12.360	16.480
	133501008	密封油膏	kg	0.988	1.229	1.269	1.540
	182903003	柔性防水套管	个	1.000	1.000	1.000	1.000
	140105002	油麻	kg	0.834	1.037	1.070	1.300
	340205011	橡胶密封圈 *DN*350	个	2.000	—	—	—
	340205012	橡胶密封圈 *DN*400	个	—	2.000	—	—
	340205013	橡胶密封圈 *DN*450	个	—	—	2.000	—
	340205014	橡胶密封圈 *DN*500	个	—	—	—	2.000
	850103006	其他材料费（占材料费）	%	2.000	2.000	2.000	2.000

工作内容：放样、下料、切割、组对、焊接、刷防锈漆。 **计量单位：**个

编号				2-4-409	2-4-410	2-4-411	2-4-412
项目				刚性防水套管制作介质管道公称直径（mm 以内）			
				50	80	100	125
名称			单位	消耗量			
人工	000205000	综合二类工	工日	0.578	0.697	0.896	1.109
材料	011301001	扁钢 59 以内	kg	0.900	1.050	1.250	1.400
	031301008	低碳钢焊条 J422（综合）	kg	0.386	0.499	0.580	0.720
	341103001	电	kW·h	0.027	0.040	0.046	0.057
	130505009	酚醛防锈漆 各色	kg	0.047	0.059	0.064	0.080
	340907006	钢丝刷子	把	0.593	1.005	1.054	1.069
	031101009	尼龙砂轮片 ϕ100	片	0.040	0.059	0.068	0.084
	092705001	破布	kg	0.559	0.966	1.005	1.006
	140301001	汽油 89#	kg	0.020	0.027	0.032	0.038
	012903013	热轧中厚钢板 δ10～20	kg	3.929	4.558	5.673	7.273
	142909001	氧气	m^3	1.062	1.479	1.875	2.001
	142907002	乙炔气	kg	0.354	0.493	0.625	0.667
	170201023	无缝钢管 *D*89×4	m	0.424	—	—	—
	170201032	无缝钢管 *D*133×4	m	—	0.424	—	—
	170201035	无缝钢管 *D*159×4.5	m	—	—	0.424	0.424
	850103006	其他材料费（占材料费）	%	2.000	2.000	2.000	2.000
机械	990900010	电焊机（综合）	台班	0.139	0.193	0.245	0.288
	990718040	普通车床 630×2000mm	台班	0.014	0.020	0.025	0.030

工作内容：放样、下料、切割、组对、焊接、刷防锈漆。　　　　**计量单位：**个

编号				2-4-413	2-4-414	2-4-415	2-4-416
项目				刚性防水套管制作介质管道公称直径（mm 以内）			
				150	200	250	300
名称			单位	消耗量			
人工	000205000	综合二类工	工日	1.156	1.424	1.788	2.232
材料	011301001	扁钢 59 以内	kg	1.600	2.000	2.400	2.700
	031301008	低碳钢焊条 J422（综合）	kg	0.780	1.536	2.500	3.367
	341103001	电	kW·h	0.068	0.094	0.117	0.139
	130505009	酚醛防锈漆 各色	kg	0.085	0.114	0.138	0.187
	340907006	钢丝刷子	把	1.459	1.832	2.204	2.626
	031101009	尼龙砂轮片 $\phi100$	片	0.100	0.138	0.172	0.204
	092705001	破布	kg	1.384	1.727	2.056	2.393
	140301001	汽油 89#	kg	0.047	0.063	0.085	0.125
	012903013	热轧中厚钢板 $\delta10$～20	kg	8.606	12.161	17.084	26.892
	142909001	氧气	m^3	2.040	2.406	2.532	2.958
	142907002	乙炔气	kg	0.680	0.802	0.844	0.986
	170201040	无缝钢管 $D219\times6$	m	0.424	—	—	—
	170201046	无缝钢管 $D273\times7$	m	—	0.424	—	—
	170201049	无缝钢管 $D325\times8$	m	—	—	0.424	—
	170201051	无缝钢管 $D377\times10$	m	—	—	—	0.424
	850103006	其他材料费（占材料费）	%	2.000	2.000	2.000	2.000
机械	990900010	电焊机（综合）	台班	0.293	0.437	0.519	0.623
	990718040	普通车床 630×2000mm	台班	0.030	0.031	0.058	0.062

工作内容：放样、下料、切割、组对、焊接、刷防锈漆。　　　　**计量单位：**个

编号				2-4-417	2-4-418	2-4-419	2-4-420
项目				刚性防水套管制作介质管道公称直径（mm 以内）			
				350	400	450	500
名称			单位	消耗量			
人工	000205000	综合二类工	工日	2.763	3.124	3.542	3.879
材料	011301001	扁钢 59 以内	kg	3.100	3.400	3.800	4.100
	031301008	低碳钢焊条 J422（综合）	kg	3.780	4.230	5.630	6.370
	341103001	电	kW·h	0.182	0.204	0.226	0.252
	130505009	酚醛防锈漆 各色	kg	0.210	0.277	0.321	0.412
	340907006	钢丝刷子	把	2.964	3.750	3.790	4.600
	031101009	尼龙砂轮片 $\phi100$	片	0.237	0.268	0.300	0.333
	092705001	破布	kg	2.700	3.366	3.370	4.019
	140301001	汽油 89#	kg	0.140	0.200	0.216	0.294
	012903013	热轧中厚钢板 $\delta10$～20	kg	30.104	44.391	48.756	67.906
	142909001	氧气	m^3	2.988	2.994	3.153	4.320
	142907002	乙炔气	kg	0.996	0.998	1.051	1.440
	170201053	无缝钢管 $D426\times10$	m	0.424	—	—	—
	170201055	无缝钢管 $D480\times10$	m	—	0.424	—	—
	170201057	无缝钢管 $D530\times10$	m	—	—	0.424	—
	170201059	无缝钢管 $D630\times10$	m	—	—	—	0.424
	850103006	其他材料费（占材料费）	%	2.000	2.000	2.000	2.000
机械	990900010	电焊机（综合）	台班	0.699	0.796	0.878	0.917
	990718040	普通车床 630×2000mm	台班	0.083	0.090	0.111	0.112

工作内容：配合预留孔洞及混凝土浇筑、套管就位、安装、填塞密封材料。　　　　**计量单位：**个

编号				2-4-421	2-4-422	2-4-423	2-4-424
项目				刚性防水套管安装介质管道公称直径（mm 以内）			
				50	80	100	125
名称			单位	消耗量			
人工	000205000	综合二类工	工日	0.465	0.484	0.516	0.589
材料	182903001	刚性防水套管	个	1.000	1.000	1.000	1.000
	133501008	密封油膏	kg	0.216	0.266	0.307	0.316
	150113003	石棉绒	kg	0.388	0.469	0.520	0.535
	040100006	水泥 42.5	kg	0.905	1.095	1.214	1.249
	140105002	油麻	kg	0.811	0.982	1.089	1.120
	850103006	其他材料费（占材料费）	%	2.000	2.000	2.000	2.000

工作内容：配合预留孔洞及混凝土浇筑、套管就位、安装、填塞密封材料。　　　　**计量单位：**个

编号				2-4-425	2-4-426	2-4-427	2-4-428
项目				刚性防水套管安装介质管道公称直径（mm 以内）			
				150	200	250	300
名称			单位	消耗量			
人工	000205000	综合二类工	工日	0.677	0.756	0.852	0.914
材料	182903001	刚性防水套管	个	1.000	1.000	1.000	1.000
	133501008	密封油膏	kg	0.505	0.559	0.652	0.730
	150113003	石棉绒	kg	0.868	0.894	1.035	1.078
	040100006	水泥 42.5	kg	2.025	2.085	2.415	2.516
	140105002	油麻	kg	1.816	1.870	2.166	2.256
	850103006	其他材料费（占材料费）	%	2.000	2.000	2.000	2.000

工作内容：配合预留孔洞及混凝土浇筑、套管就位、安装、填塞密封材料。　　　　**计量单位：**个

编号				2-4-429	2-4-430	2-4-431	2-4-432
项目				刚性防水套管安装介质管道公称直径（mm 以内）			
				350	400	450	500
名称			单位	消耗量			
人工	000205000	综合二类工	工日	1.060	1.214	1.387	1.525
材料	182903001	刚性防水套管	个	1.000	1.000	1.000	1.000
	133501008	密封油膏	kg	0.777	0.990	1.005	1.394
	150113003	石棉绒	kg	1.122	1.467	1.488	2.174
	040100006	水泥 42.5	kg	2.618	3.424	3.473	5.072
	140105002	油麻	kg	2.347	3.070	3.114	4.548
	850103006	其他材料费（占材料费）	%	2.000	2.000	2.000	2.000

工作内容：就位、固定，堵洞。　　　　计量单位：个

编号				2-4-433	2-4-434	2-4-435	2-4-436	2-4-437	2-4-438
项目				成品防火套管安装公称直径（mm 以内）					
				50	75	100	150	200	250
名称			单位	消耗量					
人工	000205000	综合二类工	工日	0.125	0.189	0.245	0.277	0.362	0.402
材料	182904001	防火套管（成品）	个	1.000	1.000	1.000	1.000	1.000	1.000
	800100004	水泥砂浆 1∶2.5	m^3	0.002	0.002	0.004	0.006	0.007	0.008
	802101012	预拌混凝土 C20	m^3	0.006	0.007	0.009	0.013	0.016	0.018
	850103006	其他材料费（占材料费）	%	2.000	2.000	2.000	2.000	2.000	2.000

工作内容：切管连接、除锈刷漆、就位固定、管端处理。　　　　计量单位：10m

编号				2-4-439	2-4-440	2-4-441	2-4-442
项目				碳钢管道保护管制作安装公称直径（mm 以内）			
				50	80	100	150
名称			单位	消耗量			
人工	000205000	综合二类工	工日	0.678	1.022	1.232	1.641
材料	170500001	碳钢管（综合）	m	10.300	10.300	10.300	10.300
	031301008	低碳钢焊条 J422（综合）	kg	0.011	0.022	0.038	0.073
	341103001	电	kW · h	0.004	0.007	0.010	0.015
	130505009	酚醛防锈漆 各色	kg	0.440	0.685	0.879	1.228
	010301007	钢丝 ϕ4.0	kg	0.065	0.065	0.065	0.065
	340907006	钢丝刷子	把	0.181	0.282	0.362	0.505
	031541002	锯条（综合）	根	0.130	—	—	—
	031101009	尼龙砂轮片 ϕ100	片	0.005	0.009	0.011	0.018
	031101012	尼龙砂轮片 ϕ400	片	0.028	0.041	0.047	—
	092705001	破布	kg	0.249	0.311	0.370	0.440
	140301001	汽油 89#	kg	0.128	0.199	0.256	0.357
	031102004	铁砂布（综合）	张	0.269	0.419	0.537	0.750
	142909001	氧气	m^3	0.069	0.096	0.120	0.252
	142907002	乙炔气	kg	0.023	0.032	0.040	0.084
	850103006	其他材料费（占材料费）	%	2.000	2.000	2.000	2.000
机械	990900010	电焊机（综合）	台班	0.007	0.012	0.052	0.063
	990785030	砂轮切割机 ϕ400	台班	0.007	0.008	0.024	—
	990401020	载重汽车 5t	台班	0.001	0.002	0.003	0.004
	990401030	载重汽车 8t	台班	0.001	0.002	0.003	0.004

工作内容：切管连接、除锈刷漆、就位固定、管端处理。　　计量单位：10m

编号				2-4-443	2-4-444	2-4-445	2-4-446
项目				碳钢管道保护管制作安装公称直径（mm 以内）			
				200	300	400	500
名称			单位	消耗量			
人工	000205000	综合二类工	工日	1.987	2.672	3.563	4.453
材料	170500001	碳钢管（综合）	m	10.300	10.300	10.300	10.300
	031301008	低碳钢焊条 J422（综合）	kg	0.101	0.324	0.432	0.540
	341103001	电	kW · h	0.021	0.038	0.051	0.063
	130505009	酚醛防锈漆 各色	kg	1.695	2.505	3.340	4.175
	010301007	钢丝 ϕ4.0	kg	0.065	0.065	0.087	0.108
	340907006	钢丝刷子	把	0.697	1.030	1.373	1.717
	031101009	尼龙砂轮片 ϕ100	片	0.025	0.041	0.055	0.068
	092705001	破布	kg	0.546	0.672	0.896	1.120
	140301001	汽油 89#	kg	0.493	0.728	0.971	1.213
	031102004	铁砂布（综合）	张	1.035	1.530	2.040	2.550
	142909001	氧气	m^3	0.378	0.510	1.017	1.527
	142907002	乙炔气	kg	0.126	0.170	0.339	0.509
	850103006	其他材料费（占材料费）	%	2.000	2.000	2.000	2.000
机械	990900010	电焊机（综合）	台班	0.065	0.070	0.093	0.117
	990401020	载重汽车 5t	台班	0.006	0.076	0.101	0.127
	990401030	载重汽车 8t	台班	0.006	0.076	0.101	0.127

工作内容：切管连接、就位固定、管端处理。　　计量单位：10m

编号				2-4-447	2-4-448	2-4-449	2-4-450	2-4-451	2-4-452
项目				塑料管道保护管制作安装公称直径（mm 以内）					
				50	90	110	160	200	315
名称			单位	消耗量					
人工	000205000	综合二类工	工日	0.229	0.410	0.540	0.723	0.905	1.077
材料	172500013	塑料管 *DN*63	m	10.300	—	—	—	—	—
	172500017	塑料管 *DN*90	m	—	10.300	—	—	—	—
	172500019	塑料管 *DN*110	m	—	—	10.300	—	—	—
	172500021	塑料管 *DN*160	m	—	—	—	10.300	—	—
	172500023	塑料管 *DN*200	m	—	—	—	—	10.300	—
	172500027	塑料管 *DN*315	m	—	—	—	—	—	10.300
	143315001	丙酮	kg	0.002	0.004	0.007	0.008	0.009	0.011
	031541002	锯条（综合）	根	0.131	0.209	0.313	0.413	0.814	2.481
	144135024	粘接剂	kg	0.001	0.002	0.003	0.003	0.005	0.006
	850103006	其他材料费（占材料费）	%	2.000	2.000	2.000	2.000	2.000	2.000

工作内容：就位、固定。　　　　**计量单位：**个

编 号				2-4-453	2-4-454	2-4-455	2-4-456	2-4-457
项 目				阻火圈安装公称直径（mm 以内）				
				75	100	150	200	250
名 称			单位	消 耗 量				
人工	000205000	综合二类工	工日	0.090	0.100	0.120	0.150	0.200
材料	031519014	冲击钻头 ϕ20	个	—	—	—	—	0.040
	030107022	膨胀螺栓 M16	套	—	—	—	—	4.120
	155901001	阻火圈	个	1.000	1.000	1.000	1.000	1.000
	031519012	冲击钻头 ϕ16	个	0.040	0.040	0.040	—	—
	031519013	冲击钻头 ϕ18	个	—	—	—	0.040	—
	341103001	电	kW·h	0.100	0.100	0.100	0.100	0.100
	030107018	膨胀螺栓 M12	套	4.120	4.120	4.120	—	—
	030107020	膨胀螺栓 M14	套	—	—	—	4.120	—
	850103006	其他材料费（占材料费）	%	2.000	2.000	2.000	2.000	2.000

工作内容：就位、固定。　　　　**计量单位：**个

编 号				2-4-458	2-4-459	2-4-460
项 目				成品表箱安装半周长（mm 以内）		
				500	1000	1000 以上
名 称			单位	消 耗 量		
人工	000205000	综合二类工	工日	0.390	0.500	0.830
材料	860116004	计量表箱	台	1.000	1.000	1.000
	031519011	冲击钻头 ϕ14	个	0.056	0.072	—
	031519012	冲击钻头 ϕ16	个	—	—	0.168
	031301008	低碳钢焊条 J422（综合）	kg	0.015	0.022	0.036
	341103001	电	kW·h	0.100	0.100	0.100
	030107015	膨胀螺栓 M10	套	4.120	4.120	—
	030107018	膨胀螺栓 M12	套	—	—	8.240
	040300004	砂子	kg	3.692	5.680	10.200
	040100006	水泥 42.5	kg	1.231	1.893	3.400
	142909001	氧气	m^3	0.045	0.048	0.075
	142907002	乙炔气	kg	0.015	0.018	0.025
	010901008	圆钢 ϕ10～14	kg	0.316	0.316	0.316
	850103006	其他材料费（占材料费）	%	2.000	2.000	2.000
机械	990900010	电焊机（综合）	台班	0.006	0.009	0.014

工作内容：划线、剔槽、堵抹、调运砂浆、清理等。 **计量单位：**10m

编号				2-4-461	2-4-462	2-4-463	2-4-464
项目				剔堵槽、沟			
				砖结构			
				宽 mm × 深 mm			
				70 × 70	90 × 90	100 × 140	120 × 150
名称			单位	消耗量			
人工	000205000	综合二类工	工日	0.800	1.090	1.420	2.400
材料	341103001	电	kW · h	1.070	1.375	2.140	2.350
	031527007	合金钢切割片 ϕ300	片	0.440	0.440	0.440	0.440
	341101001	水	m^3	0.050	0.060	0.080	0.090
	800100004	水泥砂浆 1 : 2.5	m^3	0.010	0.010	0.010	0.010
	800100006	水泥砂浆 1 : 3	m^3	0.050	0.070	0.130	0.160
	850103006	其他材料费（占材料费）	%	2.000	2.000	2.000	2.000

工作内容：划线、剔槽、堵抹、调运砂浆、清理等。 **计量单位：**10m

编号				2-4-465	2-4-466	2-4-467	2-4-468
项目				剔堵槽、沟			
				砖结构		混凝土结构	
				宽 mm × 深 mm			
				150 × 200	70 × 70	90 × 90	100 × 140
名称			单位	消耗量			
人工	000205000	综合二类工	工日	3.760	2.410	3.280	4.270
材料	341103001	电	kW · h	3.210	1.950	2.490	3.900
	031527007	合金钢切割片 ϕ300	片	0.440	0.630	0.630	0.630
	341101001	水	m^3	0.120	0.050	0.060	0.070
	800100004	水泥砂浆 1 : 2.5	m^3	0.020	0.010	0.010	0.010
	800100006	水泥砂浆 1 : 3	m^3	0.290	0.050	0.070	0.130
	850103006	其他材料费（占材料费）	%	2.000	2.000	2.000	2.000

工作内容：划线、剔槽、堵抹、调运砂浆、清理等。 **计量单位：**10m

编号				2-4-469	2-4-470
项目				剔堵槽、沟	
				混凝土结构	
				宽 mm × 深 mm	
				120 × 150	150 × 200
名称			单位	消耗量	
人工	000205000	综合二类工	工日	5.470	7.140
材料	341103001	电	kW · h	4.230	5.650
	031527007	合金钢切割片 ϕ300	片	0.630	0.630
	341101001	水	m^3	0.090	0.120
	800100004	水泥砂浆 1 : 2.5	m^3	0.010	0.020
	800100006	水泥砂浆 1 : 3	m^3	0.160	0.290
	850103006	其他材料费（占材料费）	%	2.000	2.000

工作内容：定位、划线、固定设备、钻孔、检查、整理、清场。　　**计量单位**：10个

编　号				2-4-471	2-4-472	2-4-473	2-4-474	2-4-475
项　目				混凝土楼板钻孔				
				钻孔直径（mm以内）				
				63	83	108	132	200
名　称			单位	消　耗　量				
人工	000205000	综合二类工	工日	1.377	1.926	2.520	2.898	3.510
材料	341103001	电	kW·h	1.490	2.110	3.130	3.280	3.580
	031519016	合金钢钻头	个	1.400	1.500	2.000	2.000	3.000
	140303004	机油 15#	kg	0.120	0.120	0.120	0.120	0.120
	341101001	水	m^3	0.060	0.060	0.060	0.070	0.080
	850103006	其他材料费（占材料费）	%	2.000	2.000	2.000	2.000	2.000

工作内容：定位、划线、固定设备、钻孔、检查、整理、清场。　　**计量单位**：10个

编　号				2-4-476	2-4-477	2-4-478	2-4-479	2-4-480
项　目				混凝土墙体钻孔				
				钻孔直径（mm以内）				
				63	83	108	132	200
名　称			单位	消　耗　量				
人工	000205000	综合二类工	工日	2.110	2.860	3.420	4.140	4.780
材料	341103001	电	kW·h	2.810	3.820	5.060	5.530	6.390
	031519016	合金钢钻头	个	1.600	1.700	1.700	2.200	3.200
	140303004	机油 15#	kg	0.200	0.200	0.200	0.200	0.200
	341101001	水	m^3	0.100	0.100	0.100	0.120	0.140
	850103006	其他材料费（占材料费）	%	2.000	2.000	2.000	2.000	2.000

工作内容：制作模具、定位、固定、配合浇筑、拆模、清理。　　**计量单位**：10个

编　号				2-4-481	2-4-482	2-4-483	2-4-484
项　目				预留孔洞			
				混凝土楼板			
				公称直径（mm以内）			
				50	65	80	100
名　称			单位	消　耗　量			
人工	000205000	综合二类工	工日	0.430	0.510	0.550	0.590
材料	031301008	低碳钢焊条 J422（综合）	kg	0.020	0.028	0.028	0.034
	143531001	隔离剂	kg	0.070	0.141	0.141	0.170
	170100017	焊接钢管（综合）	kg	1.221	1.792	1.800	2.432
	142909001	氧气	m^3	0.108	0.153	0.192	0.759
	142907002	乙炔气	kg	0.036	0.051	0.064	0.253
	010901008	圆钢 ϕ10～14	kg	0.942	1.000	1.030	1.130
	850103006	其他材料费（占材料费）	%	2.000	2.000	2.000	2.000
机械	990900010	电焊机（综合）	台班	0.008	0.011	0.012	0.014

工作内容：制作模具、定位、固定、配合浇筑、拆模、清理。 **计量单位：**10个

编号				2-4-485	2-4-486	2-4-487	2-4-488
项目				预留孔洞			
				混凝土楼板			
				公称直径（mm 以内）			
				125	150	200	250
名称			单位	消耗量			
人工	000205000	综合二类工	工日	0.630	0.670	0.720	0.780
材料	031301008	低碳钢焊条 J422（综合）	kg	0.038	0.058	0.059	0.069
	143531001	隔离剂	kg	0.188	0.294	0.353	0.396
	170100017	焊接钢管（综合）	kg	2.884	5.267	8.338	9.706
	142909001	氧气	m^3	0.984	1.293	1.653	1.716
	142907002	乙炔气	kg	0.328	0.431	0.551	0.572
	010901008	圆钢 ϕ10～14	kg	1.160	1.256	1.896	1.896
	850103006	其他材料费（占材料费）	%	2.000	2.000	2.000	2.000
机械	990900010	电焊机（综合）	台班	0.015	0.022	0.023	0.027

工作内容：制作模具、定位、固定、配合浇筑、拆模、清理。 **计量单位：**10个

编号				2-4-489	2-4-490	2-4-491	2-4-492
项目				预留孔洞			
				混凝土楼板			混凝土墙体
				公称直径（mm 以内）			
				300	350	400	50
名称			单位	消耗量			
人工	000205000	综合二类工	工日	0.840	0.924	1.008	0.550
材料	031301008	低碳钢焊条 J422（综合）	kg	0.070	0.077	0.084	—
	143531001	隔离剂	kg	0.400	0.440	0.480	0.070
	170100017	焊接钢管（综合）	kg	10.995	15.454	17.427	—
	142909001	氧气	m^3	1.944	2.475	3.291	—
	142907002	乙炔气	kg	0.648	0.825	1.097	—
	010901008	圆钢 ϕ10～14	kg	1.896	1.896	2.844	—
	350101001	木模板	m^3	—	—	—	0.014
	031501007	圆钉	kg	—	—	—	0.300
	850103006	其他材料费（占材料费）	%	2.000	2.000	2.000	2.000
机械	990900010	电焊机（综合）	台班	0.027	0.030	0.032	—

工作内容：制作模具、定位、固定、配合浇筑、拆模、清理。 **计量单位：**10个

编号				2-4-493	2-4-494	2-4-495	2-4-496	2-4-497
项目				预留孔洞				
				混凝土墙体				
				公称直径（mm 以内）				
				65	80	100	125	150
名称			单位	消耗量				
人工	000205000	综合二类工	工日	0.650	0.700	0.750	0.800	0.860
材料	143531001	隔离剂	kg	0.141	0.153	0.170	0.188	0.294
	350101001	木模板	m^3	0.018	0.020	0.022	0.024	0.037
	031501007	圆钉	kg	0.565	0.656	0.678	0.754	1.427
	850103006	其他材料费（占材料费）	%	2.000	2.000	2.000	2.000	2.000

工作内容：制作模具、定位、固定、配合浇筑、拆模、清理。　　**计量单位：**10 个

编　号				2-4-498	2-4-499	2-4-500	2-4-501	2-4-502
项　目				预留孔洞				
				混凝土墙体				
				公称直径（mm 以内）				
				200	250	300	350	400
名　称			单位	消　耗　量				
人工	000205000	综合二类工	工日	0.930	0.990	1.070	1.177	1.284
材料	143531001	隔离剂	kg	0.353	0.436	0.440	0.484	0.528
	350101001	木模板	m^3	0.038	0.054	0.056	0.059	0.065
	031501007	圆钉	kg	1.448	1.832	1.850	2.035	2.220
	850103006	其他材料费（占材料费）	%	2.000	2.000	2.000	2.000	2.000

工作内容：制作模具、清理、调制、填塞砂浆、找平、养护。　　**计量单位：**10 个

编　号				2-4-503	2-4-504	2-4-505	2-4-506
项　目				堵洞			
				公称直径（mm 以内）			
				50	65	80	100
名　称			单位	消　耗　量			
人工	000205000	综合二类工	工日	0.250	0.271	0.310	0.358
材料	031507031	镀锌铁丝 ϕ4.0	kg	0.001	0.001	0.001	0.001
	350101001	木模板	m^3	0.040	0.054	0.062	0.072
	341101001	水	m^3	0.009	0.012	0.014	0.016
	800100004	水泥砂浆　1：2.5	m^3	0.005	0.006	0.007	0.008
	802101012	预拌混凝土　C20	m^3	0.010	0.014	0.016	0.019
	850103006	其他材料费（占材料费）	%	2.000	2.000	2.000	2.000

工作内容：制作模具、清理、调制、填塞砂浆、找平、养护。　　**计量单位：**10 个

编　号				2-4-507	2-4-508	2-4-509	2-4-510
项　目				堵洞			
				公称直径（mm 以内）			
				125	150	200	250
名　称			单位	消　耗　量			
人工	000205000	综合二类工	工日	0.376	0.451	0.575	0.685
材料	031507031	镀锌铁丝 ϕ4.0	kg	0.001	0.002	0.002	0.002
	350101001	木模板	m^3	0.076	0.131	0.156	0.178
	341101001	水	m^3	0.017	0.029	0.035	0.040
	800100004	水泥砂浆　1：2.5	m^3	0.008	0.015	0.017	0.020
	802101012	预拌混凝土　C20	m^3	0.020	0.034	0.040	0.046
	850103006	其他材料费（占材料费）	%	2.000	2.000	2.000	2.000

工作内容：制作模具、清理、调制、填塞砂浆、找平、养护。 **计量单位：**10 个

编号				2-4-511	2-4-512	2-4-513
项目				堵洞		
				公称直径（mm 以内）		
				300	350	400
名称			单位	消耗量		
人工	000205000	综合二类工	工日	0.803	0.913	1.064
材料	031507031	镀锌铁丝 ϕ4.0	kg	0.003	0.003	0.003
	350101001	木模板	m^3	0.202	0.224	0.254
	341101001	水	m^3	0.045	0.050	0.057
	800100004	水泥砂浆 1：2.5	m^3	0.022	0.025	0.028
	802101012	预拌混凝土 C20	m^3	0.052	0.058	0.065
	850103006	其他材料费（占材料费）	%	2.000	2.000	2.000

第五章

通 风 工 程

说　　明

一、本章包括通风设备及部件、通风管道和通风管道部件的制作安装等项目。

二、本章编制的主要技术依据有：

1.《钢结构设计标准》GB 50017—2017；

2.《工业建筑供暖通风与空气调节设计规范》GB 50019—2015；

3.《通风与空调工程施工质量验收规范》GB 50243—2016；

4.《通用安装工程工程量计算标准》DB 61/T 5130—2025；

5.《通风管道技术规程》JGJ/T 141—2017；

6.《陕西省通用安装工程消耗量定额（2025）》；

7.《城市综合管廊工程技术标准》GB/T 50838—2015（2024 年版）；

8.《建设工程劳动定额》LD/T—2008；

9.《风机盘管安装》01(03) K403；

10.《风阀选用与安装》07 K120；

11.《金属、非金属风管支吊架》08 K132。

三、本章不包括下列内容，发生时应另行计算：

1. 管道及支架的除锈、油漆，管道的防腐蚀、绝热等内容。

2. 安装在支架上的木衬垫或非金属垫料，发生时按实计入成品材料价格。

四、系统调整费：按系统工程人工费 7%计取，其费用中人工费占 35%。包括漏风量测试和漏光法测试费用。

五、定额中制作和安装的人工、材料、机械比例见下表：

制作和安装的人工、材料、机械比例表

序号	项目名称	制作（%）			安装（%）		
		人工	材料	机械	人工	材料	机械
1	空调部件及设备支架制作安装	86	98	95	14	2	5
2	镀锌薄钢板法兰通风管道制作安装	60	95	95	40	5	5
3	镀锌薄钢板共板法兰通风管道制作安装	40	95	95	60	5	5
4	薄钢板法兰通风管道制作安装	60	95	95	40	5	5
5	净化通风管道及部件制作安装	40	85	95	60	15	5
6	不锈钢板通风管道及部件制作安装	72	95	95	28	5	5
7	铝板通风管道及部件制作安装	68	95	95	32	5	5
8	塑料通风管道及部件制作安装	85	95	95	15	5	5
9	复合型风管制作安装	60	—	99	40	100	1
10	风帽制作安装	75	80	99	25	20	1
11	罩类制作安装	78	98	95	22	2	5

六、通风设备及部件制作安装。

1. 通风机安装项目内包括电动机安装，其安装形式包括 A、B、C、D 等型，适用于碳钢、不锈钢、塑料通风机安装。

2. 通风空调设备的电气接线执行本册第二章“电气设备安装工程”相应项目。

七、通风管道制作安装。

1. 下列费用可按系数分别计取：

（1）薄钢板风管整个通风系统设计采用渐缩管均匀送风者，圆形风管按平均直径、矩形风管按平均周长参照相应规格项目，其人工乘以系数 2.50。

（2）如制作空气幕送风管时，按矩形风管平均周长执行相应风管规格项目，其人工乘以系数 3.00，其余不变。

2. 镀锌薄钢板风管项目中的板材是按镀锌薄钢板编制的，如设计要求不用镀锌薄钢板时，板材可以换算，其他不变。

3. 风管导流叶片不分单叶片和香蕉形双叶片，均执行同一项目。

4. 薄钢板通风管道、净化通风管道、玻璃钢通风管道、复合型风管制作安装项目中，包括弯头、三通、变径管、天圆地方等管件及法兰、加固框和吊托支架的制作安装，但不包括过跨风管落地支架。

5. 薄钢板风管项目中的板材，如设计要求厚度不同时可以换算，人工、机械消耗量不变。

6. 净化风管、不锈钢板风管、铝板风管、塑料风管项目中的板材，如设计厚度不同时可以换算，人工、机械不变。

7. 净化圆形风管制作安装执行本章矩形风管制作安装项目。

8. 净化风管涂密封胶按全部口缝外表面涂抹考虑。如设计要求口缝不涂抹而只在法兰处涂抹时，每 $10m^2$ 风管应减去密封胶 1.5kg 和一般技工 0.37 工日。

9. 净化风管及部件制作安装项目中，型钢未包括镀锌费，如设计要求镀锌时，应另加镀锌费。

10. 净化通风管道项目按空气洁净度 100000 级编制。

11. 不锈钢板风管咬口连接制作安装执行本章镀锌薄钢板风管法兰连接项目。

12. 不锈钢板风管、铝板风管制作安装项目中包括管件，但不包括法兰和吊托支架，法兰和吊托支架应单独列项计算，执行相应项目。

13. 塑料风管、复合型风管制作安装项目规格所表示的直径为内径，周长为内周长。

14. 塑料风管制作安装项目中包括管件、法兰、加固框，但不包括吊托支架制作安装，吊托支架执行“设备支架制作、安装”项目。

15. 塑料风管制作安装项目中的法兰垫料如与设计要求使用品种不同时可以换算，但人工消耗量不变。

16. 塑料通风管道胎具材料摊销费的计算方法：塑料风管管件制作的胎具摊销材料费，未包括在内，按以下规定另行计算。

（1）风管工程量在 $30m^2$ 以上的，每 $10m^2$ 风管的胎具摊销木材为 $0.06m^3$，按材料价格计算胎具材料摊销费。

（2）风管工程量在 $30m^2$ 以下的，每 $10m^2$ 风管的胎具摊销木材为 $0.09m^3$，按材料价格计算胎具材料摊销费。

17. 玻璃钢风管及管件以图示工程量加损耗计算，按外加工订做考虑。

18. 软管接头如使用人造革而不使用帆布时可以换算。

19. 项目中的法兰垫料按橡胶板编制，如与设计要求使用的材料品种不同时可以换算，但人工消耗量不变。使用泡沫塑料者每 1kg 橡胶板换算为泡沫塑料 0.125kg；使用闭孔乳胶海棉者每 1kg 橡胶板换算为闭孔乳胶海棉 0.5kg。

20. 柔性软风管适用于由金属、涂塑化纤织物、聚酯、聚乙烯、聚氯乙烯薄膜、铝箔等材料制成的软风管。

八、通风管道部件制作安装。

1. 下列费用按系数分别计取：

（1）电（手）动密闭阀安装执行通用安装相应项目。

（2）碳钢百叶风口安装项目适用于带调节板活动百叶风口、单层百叶风口、双层百叶风口、三层百叶风口、连动百叶风口、135 型单层百叶风口、135 型双层百叶风口、135 型带导流叶片百叶风口、活动金属百叶风口。风口的宽与长之比 ≤ 0.125 为条缝形风口，执行百叶风口项目，人工乘以系数 1.10。

2. 密闭式对开多叶调节阀与手动式对开多叶调节阀执行同一项目。

3. 蝶阀安装项目适用于圆形保温蝶阀，方、矩形保温蝶阀，圆形蝶阀，方、矩形蝶阀，风管止回阀安装项目适用于圆形风管止回阀、方形风管止回阀。

4. 铝合金或其他材料制作的调节阀安装应执行本章相应项目。

5. 碳钢送吸风口安装项目适用于单面送吸风口、双面送吸风口。

6. 铝合金风口安装应执行“碳钢风口安装”项目，人工乘以系数 0.90。

7. 铝制孔板风口如需电化处理时，电化费另行计算。

8. 排烟风口吊托支架执行“设备支架制作、安装”项目。

工程量计算规则

一、通风设备及部件制作安装。

1. 通风机安装依据不同形式、规格按设计图示数量计算，以“台”为计量单位。风机箱安装按设计图示数量计算，以“台”为计量单位。

2. 设备支架制作安装按设计图示尺寸以质量计算，以“kg”为计量单位。

二、通风管道制作安装。

1. 薄钢板风管、净化风管、不锈钢风管、铝板风管、塑料风管、玻璃钢风管、复合型风管按设计图示规格以展开面积计算，以“m^2”为计量单位。不扣除检查孔、测定孔、送风口、吸风口等所占面积。风管展开面积不计算风管、管口重叠部分面积。

2. 薄钢板风管、净化风管、不锈钢风管、铝板风管、塑料风管、玻璃钢风管、复合型风管长度计算时均以设计图示中心线长度（主管与支管以其中心线交点划分），包括弯头、变径管、天圆地方等管件的长度，不包括部件所占长度。

3. 柔性软风管安装按设计图示中心线长度计算，以“m”为计量单位；柔性软风管阀门安装按设计图示数量计算，以“个”为计量单位。

4. 弯头导流叶片制作安装按设计图示叶片的面积计算，以“m^2”为计量单位。

5. 软管（帆布）接口制作安装按设计图示尺寸以展开面积计算，以“m^2”为计量单位。

6. 风管检查孔制作安装按设计图示尺寸质量计算，以“kg”为计量单位。

7. 温度、风量测定孔制作安装依据其型号，按设计图示数量计算，以“个”为计量单位。

三、通风管道部件制作安装。

1. 碳钢调节阀安装依据其类型、直径（圆形）或周长（方形），按设计图示数量计算，以“个”为计量单位。

2. 柔性软风管阀门安装按设计图示数量计算，以“个”为计量单位。

3. 碳钢各种风口、散流器的安装依据类型、规格尺寸按设计图示数量计算，以“个”为计量单位。

4. 钢百叶窗及活动金属百叶风口安装依据规格尺寸按设计图示数量计算，以“个”为计量单位。

5. 不锈钢板风管吊托支架制作安装按设计图示尺寸以质量计算，以“kg”为计量单位。

一、通风设备及部件制作安装

工作内容：开箱检查设备、附件、底座螺栓、吊装、找平、找正、加垫、灌浆、螺栓固定。 **计量单位：**台

编号				2-5-1	2-5-2	2-5-3
项目				离心式通风机安装		
				风量（m^3/h）		
				≤4500	≤7000	≤19300
名称			单位	消耗量		
人工	000205000	综合二类工	工日	0.657	2.626	5.730
材料	802101001	混凝土 C15	m^3	0.010	0.030	0.030
	370915003	铸铁垫板	kg	3.900	3.900	5.200
	140901002	黄干油钙基酯	kg	—	0.400	0.400
	140307001	煤油	kg	—	0.750	0.750
	022701003	棉纱头	kg	—	0.060	0.080
	850103006	其他材料费（占材料费）	%	1.000	1.000	1.000
机械	990503010	电动单筒慢速卷扬机 10kN	台班	—	—	0.013
	990304004	汽车式起重机 8t	台班	—	—	0.021
	990401020	载重汽车 5t	台班	—	—	0.009

工作内容：开箱检查设备、附件、底座螺栓、吊装、找平、找正、加垫、灌浆、螺栓固定。 **计量单位：**台

编号				2-5-4	2-5-5	2-5-6
项目				离心式通风机安装		
				风量（m^3/h）		
				≤62000	≤123000	＞123000
名称			单位	消耗量		
人工	000205000	综合二类工	工日	11.940	20.980	29.460
材料	140901002	黄干油钙基酯	kg	0.500	0.700	1.000
	802101001	混凝土 C15	m^3	0.030	0.070	0.100
	140307001	煤油	kg	1.500	2.000	3.000
	022701003	棉纱头	kg	0.120	0.150	0.200
	370915003	铸铁垫板	kg	21.600	28.800	28.800
	850103006	其他材料费（占材料费）	%	1.000	1.000	1.000
机械	990503010	电动单筒慢速卷扬机 10kN	台班	0.013	0.020	0.029
	990304004	汽车式起重机 8t	台班	0.021	0.031	0.047
	990401020	载重汽车 5t	台班	0.009	0.013	0.019

工作内容：开箱检查设备、附件、底座螺栓、吊装、找平、找正、加垫、灌浆、螺栓固定。 **计量单位：**台

编号				2-5-7	2-5-8	2-5-9	2-5-10	2-5-11
项目				轴流式、斜流式、混流式通风机安装				
				风量（m^3/h）				
				≤ 8900	≤ 25000	≤ 63000	≤ 140000	> 140000
名称			单位	消耗量				
人工	000205000	综合二类工	工日	1.166	1.550	5.200	11.580	17.830
材料	802101001	混凝土 C15	m^3	0.010	0.010	0.030	0.070	0.100
	850103006	其他材料费（占材料费）	%	1.000	1.000	1.000	1.000	1.000
机械	990503010	电动单筒慢速卷扬机 10kN	台班	—	0.013	0.013	0.020	0.029
	990304004	汽车式起重机 8t	台班	—	0.021	0.021	0.031	0.047
	990401020	载重汽车 5t	台班	—	0.009	0.009	0.013	0.019

工作内容：开箱、检查就位、安装、找正、找平、清理。 **计量单位：**台

编号				2-5-12	2-5-13	2-5-14	2-5-15
项目				风机箱落地安装			
				风量（m^3/h）			
				≤ 5000	≤ 10000	≤ 20000	≤ 30000
名称			单位	消耗量			
人工	000205000	综合二类工	工日	2.225	2.522	4.419	6.926
材料	140307001	煤油	kg	0.150	0.300	0.520	0.740
	022701003	棉纱头	kg	0.100	0.150	0.300	0.450
	850103006	其他材料费（占材料费）	%	1.000	1.000	1.000	1.000
机械	990304004	汽车式起重机 8t	台班	—	0.021	0.021	0.031
	990401020	载重汽车 5t	台班	—	0.009	0.009	0.013

工作内容：测位、校正、校平、安装、上螺栓、固定。 **计量单位：**台

编号				2-5-16	2-5-17	2-5-18
项目				风机箱减振台座上安装		
				风量（m^3/h）		
				≤ 2000	≤ 10000	≤ 15000
名称			单位	消耗量		
人工	000205000	综合二类工	工日	1.274	3.469	5.233
材料	030105072	六角螺栓带螺母 M10 × 80～130	10 套	0.832	—	—
	030105081	六角螺栓带螺母 M10 × 60	10 套	—	0.408	0.408
	030105085	六角螺栓带螺母 M12 × 55	套	—	4.160	4.160
	030105098	六角螺栓带螺母 M20 × 60	10 套	—	—	0.408
	030105104	六角螺栓带螺母 M24 × 120	10 套	—	0.408	0.408
	850103006	其他材料费（占材料费）	%	1.000	1.000	1.000

工作内容： 测位、校正、校平、安装、上螺栓、固定。　　　　**计量单位：** 台

编号				2-5-19	2-5-20	2-5-21
项目				风机箱减振台座上安装		
				风量（m^3/h）		
				≤ 25000	≤ 35000	> 35000
名称			单位	消耗量		
人工	000205000	综合二类工	工日	6.860	9.712	13.014
材料	030105107	六角螺栓带螺母 M30 × 120	10 套	—	1.224	1.224
	030105068	六角螺栓带螺母 M30 × 60 以下	10 套	—	—	0.408
	030105072	六角螺栓带螺母 M10 × 80～130	10 套	—	0.208	0.208
	030105081	六角螺栓带螺母 M10 × 60	10 套	0.408	—	—
	030105093	六角螺栓带螺母 M16 × 80	套	4.080	—	—
	030105102	六角螺栓带螺母 M24 × 80	10 套	0.816	0.408	—
	030105104	六角螺栓带螺母 M24 × 120	10 套	0.408	—	—
	850103006	其他材料费（占材料费）	%	1.000	1.000	1.000

工作内容： 测位、校正、校平、安装、上螺栓、固定。　　　　**计量单位：** 台

编号				2-5-22	2-5-23	2-5-24	2-5-25
项目				风机箱悬吊安装			
				风量（m^3/h）			
				≤ 5000	≤ 10000	≤ 20000	≤ 30000
名称			单位	消耗量			
人工	000205000	综合二类工	工日	2.955	3.482	6.079	9.336
材料	140307001	煤油	kg	0.150	0.300	0.520	0.740
	022701003	棉纱头	kg	0.100	0.150	0.300	0.450
	850103006	其他材料费（占材料费）	%	1.000	1.000	1.000	1.000
机械	990304004	汽车式起重机 8t	台班	—	0.021	0.021	0.031
	990401020	载重汽车 5t	台班	—	0.009	0.009	0.013

工作内容： 制作：放样、下料、调直、钻孔、焊接、成型；
安装：测位、上螺栓、固定、打洞、埋支架。 **计量单位：** 100kg

编号				2-5-26	2-5-27
项目				设备支架制作、安装	
				≤ 50kg	＞ 50kg
名称			单位	消耗量	
人工	000205000	综合二类工	工日	6.068	3.174
材料	031301008	低碳钢焊条 J422（综合）	kg	1.610	0.570
	012101008	角钢 60	kg	55.270	7.230
	012101010	角钢 63	kg	48.730	17.550
	030105065	六角螺栓带螺母 M10 × 75 以下	10 套	1.741	—
	030105066	六角螺栓带螺母 M14 × 75 以下	10 套	—	0.208
	030105074	六角螺栓带螺母 M20 × 100～150	10 套	—	0.104
	142909001	氧气	m^3	1.150	0.500
	142907002	乙炔气	kg	0.409	0.178
	011301001	扁钢 59 以内	kg	—	0.120
	011901004	槽钢 5～16#	kg	—	79.090
	850103006	其他材料费（占材料费）	%	1.000	1.000
机械	990901010	交流弧焊机 21kV · A	台班	0.420	0.240
	990726010	台式钻床 16mm	台班	0.040	0.010

二、通风管道制作安装

工作内容：制作：放样、下料、卷圆、轧口、咬口、制作直管、管件、法兰、吊托支架、钻孔、铆焊、上法兰、组对；
安装：找标高、打支架墙洞、配合预留孔洞、埋设吊托支架、组装、风管就位、找平、找正、制垫、加垫、上螺栓、紧固。　**计量单位：**10m²

编　号				2-5-28	2-5-29	2-5-30	2-5-31	2-5-32
项　目				镀锌薄钢板法兰风管制作、安装				
				圆形风管（$\delta = 1.2$mm 以内咬口）直径（mm）				
				≤320	≤450	≤1000	≤1250	≤2000
名　称			单位	消　耗　量				
人工	000205000	综合二类工	工日	10.059	8.264	6.186	6.598	7.832
材料	012907012	镀锌薄钢板 δ0.5	m²	11.380	—	—	—	—
	012907015	镀锌薄钢板 δ0.6	m²	—	11.380	—	—	—
	012907017	镀锌薄钢板 δ0.75	m²	—	—	11.380	—	—
	012907019	镀锌薄钢板 δ1.0	m²	—	—	—	11.380	—
	012907021	镀锌薄钢板 δ1.2	m²	—	—	—	—	11.380
	011301001	扁钢 59 以内	kg	20.640	3.560	2.150	3.930	9.270
	012101008	角钢 60	kg	0.890	31.600	32.710	33.015	33.930
	012101010	角钢 63	kg	—	—	2.330	2.545	3.190
	010901006	圆钢 ϕ6～8	kg	2.930	1.900	0.750	0.593	0.120
	010901008	圆钢 ϕ10～14	kg	—	—	1.210	2.133	4.900
	030105070	六角螺栓带螺母 M6×30～50	10套	8.500	7.167	—	—	—
	030105071	六角螺栓带螺母 M8×30～50	10套	—	—	5.150	4.838	3.900
	031301008	低碳钢焊条 J422（综合）	kg	0.420	0.340	0.150	0.135	0.090
	031101012	尼龙砂轮片 ϕ400	片	0.015	0.023	0.024	0.032	0.026
	030107018	膨胀螺栓 M12	套	2.000	2.000	1.500	1.375	1.000
	020101002	橡胶板 δ1～3	kg	1.400	1.240	0.970	0.958	0.920
	341103001	电	kW·h	0.423	0.640	0.667	0.888	0.729
	142909001	氧气	m³	0.084	0.117	0.135	0.146	0.177
	142907002	乙炔气	kg	0.030	0.042	0.048	0.052	0.063
	030101004	铁铆钉	kg	—	0.270	0.210	0.193	0.140
	850103006	其他材料费（占材料费）	%	1.000	1.000	1.000	—	1.000
机械	990757010	法兰卷圆机 L40×4	台班	0.500	0.320	0.170	0.140	0.050
	990732005	剪板机 6.3×2000mm	台班	0.040	0.020	0.010	0.010	0.010
	990901010	交流弧焊机 21kV·A	台班	0.160	0.130	0.040	0.035	0.020
	990734005	卷板机 2×1600mm	台班	0.040	0.020	0.010	0.010	0.010
	990726010	台式钻床 16mm	台班	0.690	0.580	0.430	0.410	0.350
	990739020	咬口机 1.5mm	台班	0.040	0.030	0.010	0.010	0.010

工作内容： 制作：放样、下料、折方、轧口、咬口、制作直管、管件、吊托支架、钻孔、焊接、组对；
安装：找标高、打支架墙洞、配合预留孔洞、埋设吊托支架、组装、风管就位、找平、找正、加密封胶条、上角码、弹簧夹、螺栓、紧固。 **计量单位：** $10m^2$

编号				2-5-33	2-5-34	2-5-35	2-5-36	2-5-37	2-5-38
项目				镀锌薄钢板法兰风管制作、安装					
				矩形风管（$\delta=1.2$mm 以内咬口）长边长（mm）					
				≤320	≤450	≤1000	≤1250	≤2000	≤4000
名称			单位	消耗量					
人工	000205000	综合二类工	工日	7.545	5.493	4.128	4.346	5.014	5.264
材料	012907021	镀锌薄钢板 δ1.2	m^2	—	—	—	—	11.380	11.380
	010901008	圆钢 ϕ10～14	kg	—	—	—	—	1.850	1.850
	012907012	镀锌薄钢板 δ0.5	m^2	11.380	—	—	—	—	—
	012907015	镀锌薄钢板 δ0.6	m^2	—	11.380	—	—	—	—
	012907017	镀锌薄钢板 δ0.75	m^2	—	—	11.380	—	—	—
	012907019	镀锌薄钢板 δ1.0	m^2	—	—	—	11.380	—	—
	011901004	槽钢 5～16#	kg	—	—	15.287	16.650	20.739	21.776
	012101010	角钢 63	kg	—	—	0.160	0.185	0.260	0.273
	011301001	扁钢 59 以内	kg	2.150	1.330	1.120	1.095	1.020	1.020
	031301008	低碳钢焊条 J422（综合）	kg	2.240	1.060	0.490	0.453	0.340	0.357
	012101001	角钢 50×5 以内	kg	40.420	35.660	35.040	37.565	45.140	47.397
	030105070	六角螺栓带螺母 M6×30～50	10 套	16.900	—	—	—	—	—
	030105071	六角螺栓带螺母 M8×30～50	10 套	—	9.050	4.300	4.063	3.350	3.350
	031101012	尼龙砂轮片 ϕ400	片	0.027	0.024	0.023	0.030	0.025	0.025
	030107018	膨胀螺栓 M12	套	2.000	1.500	1.500	1.375	1.000	1.000
	030101004	铁铆钉	kg	0.430	0.240	0.220	0.220	0.220	0.231
	020101002	橡胶板 δ1～3	kg	1.840	1.300	0.920	0.893	0.810	0.810
	341103001	电	kW·h	0.759	0.673	0.653	0.835	0.691	0.691
	142909001	氧气	m^3	0.150	0.135	0.135	0.143	0.168	0.176
	142907002	乙炔气	kg	0.054	0.048	0.048	0.051	0.060	0.063
	010901006	圆钢 ϕ6～8	kg	1.350	1.930	1.490	1.138	0.080	0.080
	850103006	其他材料费（占材料费）	%	1.000	1.000	1.000	—	1.000	1.000
机械	990732005	剪板机 6.3×2000mm	台班	0.040	0.040	0.030	0.028	0.020	0.020
	990901010	交流弧焊机 21kV·A	台班	0.480	0.220	0.100	0.090	0.070	0.070
	990726010	台式钻床 16mm	台班	1.150	0.590	0.360	0.348	0.310	0.310
	990739020	咬口机 1.5mm	台班	0.040	0.040	0.030	0.028	0.020	0.020
	990737040	折方机 4×2000mm	台班	0.040	0.040	0.030	0.028	0.020	0.020

工作内容： 制作：放样、下料、折方、轧口、咬口、制作直管、管件、吊托支架、钻孔、焊接、组对；
安装：找标高、打支架墙洞、配合预留孔洞、埋设吊托支架、组装、风管就位、找平、找正、加密封胶条、上角码、弹簧夹、螺栓、紧固。 **计量单位：** $10m^2$

编号				2-5-39	2-5-40	2-5-41	2-5-42	2-5-43
项目				镀锌薄钢板共板法兰风管制作、安装				
				矩形风管（$\delta=1.2mm$ 以内咬口）长边长（mm）				
				≤320	≤450	≤1000	≤1250	≤2000
名称			单位	消耗量				
人工	000205000	综合二类工	工日	5.530	4.026	3.026	3.188	3.674
材料	012907012	镀锌薄钢板 $\delta 0.5$	m^2	11.800	—	—	—	—
	012101008	角钢 60	kg	25.420	20.660	—	—	—
	030105070	六角螺栓带螺母 M6×30～50	10套	5.479	—	—	—	—
	012907015	镀锌薄钢板 $\delta 0.6$	m^2	—	11.800	—	—	—
	012907017	镀锌薄钢板 $\delta 0.75$	m^2	—	—	11.800	—	—
	012907019	镀锌薄钢板 $\delta 1.0$	m^2	—	—	—	11.800	—
	012907021	镀锌薄钢板 $\delta 1.2$	m^2	—	—	—	—	11.800
	011301001	扁钢 59 以内	kg	2.150	1.330	1.120	1.095	1.020
	011901004	槽钢 5～16#	kg	—	—	15.287	16.650	20.739
	340903001	弹簧夹	个	21.131	21.674	38.276	28.707	—
	031301008	低碳钢焊条 J422（综合）	kg	1.456	0.647	0.230	0.215	0.167
	224521001	镀锌风管角码 $\delta 0.8$	个	43.530	21.465	12.636	12.051	—
	030105071	六角螺栓带螺母 M8×30～50	10套	—	2.648	1.488	1.159	1.173
	133503016	密封胶 KS 型	kg	0.480	0.349	0.307	0.307	0.307
	031101012	尼龙砂轮片 $\phi 400$	片	0.500	0.413	0.309	0.409	0.326
	030107018	膨胀螺栓 M12	套	2.000	1.500	1.500	1.375	1.000
	340201001	橡胶密封条	m	19.340	14.079	10.363	10.004	10.004
	341103001	电	kW·h	0.018	0.015	0.011	0.015	0.012
	142909001	氧气	m^3	0.099	0.083	0.064	0.068	0.082
	142907002	乙炔气	kg	0.035	0.029	0.023	0.024	0.029
	182518005	顶丝卡	个	—	—	—	—	98.760
	224521002	镀锌风管角码 $\delta 1.0$	个	—	—	—	—	10.296
	010901006	圆钢 $\phi 6$～8	kg	1.350	1.930	1.490	1.138	0.080
	010901008	圆钢 $\phi 10$～14	kg	—	—	—	—	1.850
	850103006	其他材料费（占材料费）	%	1.000	1.000	1.000	1.000	1.000
机械	990743010	等离子切割机 400A	台班	0.336	0.361	0.180	0.175	0.161
	990901010	交流弧焊机 21kV·A	台班	0.312	0.134	0.047	0.044	0.034
	990726010	台式钻床 16mm	台班	0.382	0.179	0.132	0.128	0.114
	990739020	咬口机 1.5mm	台班	0.336	0.361	0.180	0.175	0.161
	990737040	折方机 4×2000mm	台班	0.336	0.361	0.180	0.175	0.161

工作内容： 制作：放样、下料、轧口、卷圆、咬口、翻边、铆铆钉、点焊、焊接成型、制作直管、管件、法兰、吊托支架、钻孔、铆焊、上法兰、组对；
安装：找标高、打支架墙洞、配合预留孔洞、埋设吊托支架、组装、风管就位、找平、找正、制垫、加垫、上螺栓、紧固。 **计量单位：** $10m^2$

编　号				2-5-44	2-5-45	2-5-46	2-5-47
项　目				薄钢板法兰风管制作、安装			
				圆形风管（$\delta=2mm$ 以内焊接）直径（mm）			
				≤ 320	≤ 450	≤ 1000	≤ 2000
名　称			单位	消　耗　量			
人工	000205000	综合二类工	工日	24.369	13.798	10.148	9.964
材料	012901019	热轧薄钢板 $\delta 2.0$	m^2	10.800	10.800	10.800	10.800
	011301001	扁钢 59 以内	kg	20.640	3.750	2.580	9.270
	012101008	角钢 60	kg	0.890	31.600	32.710	33.930
	031301008	低碳钢焊条 J422（综合）	kg	7.190	5.540	4.750	4.540
	031101012	尼龙砂轮片 $\phi 400$	片	0.423	0.644	0.684	0.888
	030107018	膨胀螺栓 M12	套	2.000	2.000	1.500	1.000
	031301023	碳钢气焊条（综合）	kg	1.000	0.900	0.780	0.790
	030105070	六角螺栓带螺母 M6 × 30～50	10 套	8.500	7.167	—	—
	030105071	六角螺栓带螺母 M8 × 30～50	10 套	—	—	5.150	3.900
	020101002	橡胶板 $\delta 1$～3	kg	1.400	1.240	0.970	0.920
	341103001	电	kW · h	0.015	0.023	0.025	0.032
	142909001	氧气	m^3	0.411	0.642	0.315	0.318
	142907002	乙炔气	kg	0.147	0.133	0.112	0.113
	010901006	圆钢 $\phi 6$～8	kg	2.930	1.900	0.750	0.120
	010901008	圆钢 $\phi 10$～14	kg	—	—	1.210	4.900
	012101010	角钢 63	kg	—	—	2.330	3.190
	850103006	其他材料费（占材料费）	%	1.000	1.000	1.000	1.000
机械	990757010	法兰卷圆机 L40 × 4	台班	0.500	0.320	0.170	0.140
	990732005	剪板机 6.3 × 2000mm	台班	0.060	0.040	0.020	0.020
	990901010	交流弧焊机 21kV · A	台班	3.960	2.320	1.780	1.740
	990734005	卷板机 2 × 1600mm	台班	0.060	0.040	0.020	0.020
	990726010	台式钻床 16mm	台班	0.620	0.480	0.320	0.250

工作内容： 制作：放样、下料、轧口、卷圆、咬口、翻边、铆铆钉、点焊、焊接成型、制作直管、管件、法兰、吊托支架、钻孔、铆焊、上法兰、组对；
安装：找标高、打支架墙洞、配合预留孔洞、埋设吊托支架、组装、风管就位、找平、找正、制垫、加垫、上螺栓、紧固。

计量单位： $10m^2$

编　号				2-5-48	2-5-49	2-5-50	2-5-51
项　目				薄钢板法兰风管制作、安装			
				圆形风管（$\delta=3mm$ 以内焊接）直径（mm）			
				≤ 320	≤ 450	≤ 1000	≤ 2000
名　称			单位	消　耗　量			
人工	000205000	综合二类工	工日	30.555	15.765	11.895	11.619
材料	012901022	热轧薄钢板 $\delta3.0$	m^2	10.800	10.800	10.800	10.800
	011301001	扁钢 59 以内	kg	4.050	3.560	2.580	9.270
	012101008	角钢 60	kg	32.170	33.880	37.270	42.660
	012101010	角钢 63	kg	—	—	2.330	3.190
	031301008	低碳钢焊条 J422（综合）	kg	16.120	10.750	8.580	8.350
	031101012	尼龙砂轮片 $\phi400$	片	0.677	0.680	0.758	1.039
	030107018	膨胀螺栓 M12	套	2.000	2.000	1.500	1.000
	030105070	六角螺栓带螺母 M6 × 30～50	10 套	8.500	7.167	—	—
	030105071	六角螺栓带螺母 M8 × 30～50	10 套	—	—	5.150	3.900
	031301023	碳钢气焊条（综合）	kg	2.200	1.680	1.480	1.490
	020101002	橡胶板 $\delta1$～3	kg	1.460	1.300	0.970	0.920
	341103001	电	kW · h	0.024	0.024	0.034	0.037
	142909001	氧气	m^3	2.085	1.593	1.395	1.416
	142907002	乙炔气	kg	0.745	0.569	0.498	0.506
	010901006	圆钢 $\phi6$～8	kg	2.930	1.900	0.750	0.120
	010901008	圆钢 $\phi10$～14	kg	—	—	0.960	4.900
	850103006	其他材料费（占材料费）	%	1.000	1.000	1.000	1.000
机械	990757010	法兰卷圆机 L40 × 4	台班	0.500	0.320	0.180	0.140
	990732005	剪板机 6.3 × 2000mm	台班	0.100	0.060	0.040	0.020
	990901010	交流弧焊机 21kV · A	台班	4.070	2.270	1.730	1.710
	990734005	卷板机 2 × 1600mm	台班	0.100	0.060	0.040	0.020
	990726010	台式钻床 16mm	台班	0.340	0.290	0.210	0.160

工作内容： 制作：放样、下料、折方、轧口、咬口、翻边、铆铆钉、点焊、焊接成型、制作直管、管件、法兰、吊托支架、钻孔、铆焊、上法兰、组对；
安装：找标高、打支架墙洞、配合预留孔洞、埋设吊托支架、组装、风管就位、找平、找正、制垫、加垫、上螺栓、紧固。 **计量单位：** $10m^2$

编号				2-5-52	2-5-53	2-5-54	2-5-55	2-5-56
项目				薄钢板法兰风管制作、安装				
				矩形风管（δ = 2mm 以内焊接）长边长（mm）				
				≤ 320	≤ 450	≤ 1000	≤ 1250	≤ 2000
名称			单位	消耗量				
人工	000205000	综合二类工	工日	15.342	10.084	7.115	6.893	6.232
材料	010901008	圆钢 ϕ10～14	kg	—	—	—	—	1.850
	012901019	热轧薄钢板 δ2.0	m^2	10.800	10.800	10.800	10.800	10.800
	011301001	扁钢 59 以内	kg	2.150	1.330	1.120	1.095	1.020
	031301008	低碳钢焊条 J422（综合）	kg	11.780	7.290	5.080	4.719	3.630
	012101008	角钢 60	kg	40.420	35.660	29.220	30.630	34.860
	012101010	角钢 63	kg	—	—	0.160	0.185	0.260
	031101012	尼龙砂轮片 ϕ400	片	0.759	0.673	0.553	0.574	0.667
	030107018	膨胀螺栓 M12	套	2.000	2.000	1.500	1.375	1.000
	030105070	六角螺栓带螺母 M6 × 30～50	10 套	16.900	8.150	—	—	—
	030105071	六角螺栓带螺母 M8 × 30～50	10 套	—	—	4.300	4.063	3.350
	031301023	碳钢气焊条（综合）	kg	1.450	0.930	0.730	0.658	0.440
	020101002	橡胶板 δ1～3	kg	1.840	1.300	0.920	0.905	0.860
	142909001	氧气	m^3	0.591	0.375	0.300	0.271	0.183
	341103001	电	kW · h	0.027	0.024	0.020	0.021	0.024
	142907002	乙炔气	kg	0.211	0.134	0.107	0.097	0.065
	010901006	圆钢 ϕ6～8	kg	1.350	1.930	1.490	1.318	0.800
	850103006	其他材料费（占材料费）	%	1.000	1.000	1.000	1.000	1.000
机械	990732005	剪板机 6.3 × 2000mm	台班	0.070	0.060	0.040	0.040	0.040
	990901010	交流弧焊机 21kV · A	台班	3.660	2.050	1.270	1.213	1.040
	990726010	台式钻床 16mm	台班	1.020	0.470	0.270	0.260	0.230
	990737040	折方机 4 × 2000mm	台班	0.070	0.060	0.040	0.040	0.040

工作内容：制作：放样、下料、折方、轧口、咬口、翻边、铆铆钉、点焊、焊接成型、制作直管、管件、法兰、吊托支架、钻孔、铆焊、上法兰、组对；
安装：找标高、打支架墙洞、配合预留孔洞、埋设吊托支架、组装、风管就位、找平、找正、制垫、加垫、上螺栓、紧固。 **计量单位：**$10m^2$

编号				2-5-57	2-5-58	2-5-59	2-5-60	2-5-61
项目				薄钢板法兰风管制作、安装				
				矩形风管（$\delta=3$mm 以内焊接）长边长（mm）				
				≤320	≤450	≤1000	≤1250	≤2000
名称			单位	消耗量				
人工	000205000	综合二类工	工日	17.952	11.711	8.071	7.881	7.308
材料	030105070	六角螺栓带螺母 M6×30～50	10 套	16.900	8.150	—	—	—
	012901022	热轧薄钢板 δ3.0	m^2	10.800	10.800	10.800	10.800	10.800
	012101008	角钢 60	kg	42.860	39.350	34.560	38.178	49.030
	012101010	角钢 63	kg	—	—	0.160	0.185	0.260
	011301001	扁钢 59 以内	kg	2.150	1.330	1.120	1.095	1.020
	031301008	低碳钢焊条 J422（综合）	kg	22.180	13.180	8.810	8.204	6.380
	030105071	六角螺栓带螺母 M8×30～50	10 套	—	—	4.300	4.063	3.350
	031101012	尼龙砂轮片 ϕ400	片	0.801	0.736	0.645	0.701	0.903
	030107018	膨胀螺栓 M12	套	2.000	2.000	1.500	1.375	1.000
	031301023	碳钢气焊条（综合）	kg	3.170	3.790	1.390	1.253	0.840
	020101002	橡胶板 δ1～3	kg	1.890	1.350	0.920	0.905	0.860
	341103001	电	kW·h	0.029	0.026	0.023	0.025	0.032
	142909001	氧气	m^3	2.925	1.794	1.275	1.157	0.801
	142907002	乙炔气	kg	1.045	0.641	0.455	0.413	0.286
	010901006	圆钢 ϕ6～8	kg	1.350	1.930	1.490	1.138	0.080
	010901008	圆钢 ϕ10～14	kg	—	—	—	—	1.850
	850103006	其他材料费（占材料费）	%	1.000	1.000	1.000	1.000	1.000
机械	990732005	剪板机 6.3×2000mm	台班	0.100	0.070	0.040	0.038	0.030
	990901010	交流弧焊机 21kV·A	台班	3.660	2.040	1.270	1.213	1.040
	990726010	台式钻床 16mm	台班	1.020	0.520	0.270	0.260	0.230
	990737040	折方机 4×2000mm	台班	0.100	0.070	0.040	0.040	0.048

工作内容： 制作：放样、下料、折方、轧口、咬口制作直管、管件、法兰、吊托支架、钻孔、铆焊、上法兰、组对、口缝外表面涂密封胶、风管内表面清洗，风管两端封口；
安装：找标高、找平、找正、配合预留孔洞、打支架墙洞、埋设支吊架、风管就位、组装、制垫、加垫、上螺栓、紧固、风管内表面清洗、管口封闭、法兰口涂密封胶。

计量单位： $10m^2$

编号				2-5-62	2-5-63	2-5-64	2-5-65	2-5-66
项目				镀锌薄钢板矩形净化风管制作、安装（咬口）长边长（mm）				
				≤320	≤450	≤1000	≤1250	≤2000
		名称	单位	消耗量				
人工	000205000	综合二类工	工日	11.362	8.769	7.097	7.051	6.913
材料	012907012	镀锌薄钢板 δ0.5	m^2	11.490	—	—	—	—
	012907015	镀锌薄钢板 δ0.6	m^2	—	11.490	—	—	—
	012907017	镀锌薄钢板 δ0.75	m^2	—	—	11.490	—	—
	012907019	镀锌薄钢板 δ1.0	m^2	—	—	—	11.490	—
	012907021	镀锌薄钢板 δ1.2	m^2	—	—	—	—	11.490
	012101008	角钢 60	kg	57.720	57.720	62.820	62.820	62.820
	144135001	401 胶	kg	0.500	0.350	0.240	0.235	0.220
	022703001	白布	m^2	1.000	1.000	1.000	1.000	1.000
	022909001	白绸	m^2	1.000	1.000	1.000	1.000	1.000
	182518006	打包铁卡子	10 个	2.000	1.600	0.800	0.750	0.600
	031301008	低碳钢焊条 J422（综合）	kg	2.240	1.230	0.500	0.455	0.320
	341103001	电	kW · h	0.037	0.037	0.040	0.040	0.041
	030101005	镀锌铆钉 M4	kg	0.650	0.350	0.330	0.330	0.330
	020901004	聚氯乙烯薄膜	kg	0.750	0.750	0.750	0.750	0.750
	030105071	六角螺栓带螺母 M8×30～50	10 套	21.100	11.900	5.400	5.125	4.300
	133503016	密封胶 KS 型	kg	2.000	2.000	2.000	2.000	2.000
	031101012	尼龙砂轮片 φ400	片	1.022	1.023	1.120	1.122	1.129
	021301011	塑料打包带	kg	0.200	0.200	0.200	0.200	0.200
	143505005	洗涤剂	kg	7.320	7.320	7.320	7.320	7.320
	020101002	橡胶板 δ1～3	kg	0.680	0.480	0.320	0.310	0.300
	010901008	圆钢 φ10～14	kg	1.400	1.470	2.000	2.133	2.530
	850103006	其他材料费（占材料费）	%	1.000	1.000	1.000	1.000	1.000
机械	990732005	剪板机 6.3×2000mm	台班	0.040	0.040	0.030	0.033	0.040
	990901010	交流弧焊机 21kV · A	台班	0.480	0.250	0.110	0.100	0.070
	990726010	台式钻床 16mm	台班	1.580	0.870	0.500	0.485	0.440
	990739020	咬口机 1.5mm	台班	0.040	0.040	0.030	0.033	0.040
	990737040	折方机 4×2000mm	台班	0.040	0.040	0.030	0.033	0.040

工作内容：制作：放样、下料、剪切、卷圆、上法兰、点焊、焊接成型、焊缝酸洗、钝化；
安装：找标高、起吊、找正、找平、修整墙洞、固定。 **计量单位**：$10m^2$

编　号				2-5-67	2-5-68	2-5-69	2-5-70	2-5-71
项　目				不锈钢板风管制作、安装				
				圆形风管（电弧焊）直径 × 壁厚（mm）				
				≤ 200 × 2	≤ 400 × 2	≤ 560 × 2	≤ 700 × 3	＞ 700 × 3
名　称			单位	消　耗　量				
人工	000205000	综合二类工	工日	36.372	20.594	17.589	15.146	14.872
材料	012913013	不锈钢板 δ2	m^2	10.800	10.800	10.800	—	—
	012913015	不锈钢板 δ3	m^2	—	—	—	10.800	10.800
	031301002	不锈钢焊条 A102 ϕ2.5	kg	8.230	6.730	6.120	—	—
	031301003	不锈钢焊条 A102 ϕ3.2	kg	—	—	—	11.020	10.250
	031541003	钢锯条	条	26.000	26.000	21.000	21.000	21.000
	140307001	煤油	kg	1.950	1.950	1.950	1.950	1.950
	022701003	棉纱头	kg	1.300	1.300	1.300	1.300	1.300
	012901016	热轧薄钢板 δ0.5	m^2	0.100	0.100	0.100	0.150	0.150
	040915001	白垩粉	kg	3.000	3.000	3.000	3.000	3.000
	133301001	石油沥青油毡	m^2	1.010	1.010	1.110	1.210	1.210
	031102005	铁砂布 0#～2#	张	26.000	26.000	19.500	19.500	19.500
	143103001	硝酸	kg	5.530	5.530	4.000	4.000	4.000
	850103006	其他材料费（占材料费）	%	1.000	1.000	1.000	1.000	1.000
机械	990732005	剪板机 6.3 × 2000mm	台班	1.490	0.960	0.680	0.550	0.300
	990734005	卷板机 2 × 1600mm	台班	1.490	0.960	0.680	0.550	0.300
	990904030	直流弧焊机 20kV · A	台班	6.830	5.620	4.840	5.040	3.080

工作内容：制作：放样、下料、剪切、卷圆、上法兰、点焊、焊接成型、焊缝酸洗、钝化；
安装：找标高、起吊、找正、找平、修整墙洞、固定。 **计量单位**：$10m^2$

编　号				2-5-72	2-5-73	2-5-74	2-5-75	2-5-76
项　目				不锈钢板风管制作、安装				
				圆形风管（氩弧焊）直径 × 壁厚（mm）				
				≤ 200 × 2	≤ 400 × 2	≤ 560 × 2	≤ 700 × 3	＞ 700 × 3
名　称			单位	消　耗　量				
人工	000205000	综合二类工	工日	45.028	25.495	21.775	18.751	18.412
材料	012913013	不锈钢板 δ2	m^2	10.800	10.800	10.800	—	—
	012913015	不锈钢板 δ3	m^2	—	—	—	10.800	10.800
	031541003	钢锯条	条	26.000	26.000	21.000	21.000	21.000
	140307001	煤油	kg	1.950	1.950	1.950	1.950	1.950
	022701003	棉纱头	kg	1.300	1.300	1.300	1.300	1.300
	012901016	热轧薄钢板 δ0.5	m^2	0.100	0.100	0.100	0.150	0.150
	031102005	铁砂布 0#～2#	张	26.000	26.000	19.500	19.500	19.500
	143103001	硝酸	kg	5.530	5.530	4.000	4.000	4.000
	031303017	不锈钢焊丝（综合）	kg	4.115	3.365	3.060	5.510	5.125
	142911001	氩气	m^3	14.002	11.521	9.922	10.332	6.314
	340101004	钍钨棒	kg	0.027	0.022	0.019	0.020	0.012
	850103006	其他材料费（占材料费）	%	1.000	1.000	1.000	1.000	1.000
机械	990732005	剪板机 6.3 × 2000mm	台班	1.490	0.960	0.680	0.550	0.300
	990734005	卷板机 2 × 1600mm	台班	1.490	0.960	0.680	0.550	0.300
	990912010	氩弧焊机 500A	台班	13.660	11.240	9.680	10.080	6.160

工作内容： 制作：放样、下料、剪切、折方、上法兰、点焊、焊接成型、焊缝酸洗、钝化；
安装：找标高、起吊、找正、找平、修整墙洞、固定。 **计量单位：** 10m²

编号				2-5-77	2-5-78	2-5-79	2-5-80	2-5-81
项目				不锈钢板风管制作、安装				
				矩形风管（电弧焊）长边长 × 壁厚（mm）				
				≤ 200 × 2	≤ 400 × 2	≤ 560 × 2	≤ 700 × 3	> 700 × 3
名称			单位	消耗量				
人工	000205000	综合二类工	工日	29.934	16.949	14.476	12.465	12.240
材料	031301002	不锈钢焊条 A102 ϕ2.5	kg	8.230	6.730	6.120	—	—
	012913013	不锈钢板 δ2	m²	10.800	10.800	10.800	—	—
	012913015	不锈钢板 δ3	m²	—	—	—	10.800	10.800
	031301003	不锈钢焊条 A102 ϕ3.2	kg	—	—	—	11.020	10.250
	031541003	钢锯条	条	26.000	26.000	21.000	21.000	21.000
	140307001	煤油	kg	1.950	1.950	1.950	1.950	1.950
	022701003	棉纱头	kg	1.300	1.300	1.300	1.300	1.300
	012901016	热轧薄钢板 δ0.5	m²	0.100	0.100	0.100	0.150	0.150
	133301001	石油沥青油毡	m²	1.010	1.010	1.110	1.210	1.210
	031102005	铁砂布 0#～2#	张	26.000	26.000	19.500	19.500	19.500
	040915001	白垩粉	kg	3.000	3.000	3.000	3.000	3.000
	143103001	硝酸	kg	5.530	5.530	4.000	4.000	4.000
	850103006	其他材料费（占材料费）	%	1.000	1.000	1.000	1.000	1.000
机械	990732005	剪板机 6.3 × 2000mm	台班	1.490	0.960	0.680	0.550	0.300
	990737040	折方机 4 × 2000mm	台班	1.490	0.960	0.680	0.550	0.300
	990904030	直流弧焊机 20kV · A	台班	6.830	5.620	4.840	5.040	3.080

工作内容： 制作：放样、下料、剪切、折方、上法兰、点焊、焊接成型、焊缝酸洗、钝化；
安装：找标高、起吊、找正、找平、修整墙洞、固定。 **计量单位：** 10m²

编号				2-5-82	2-5-83	2-5-84	2-5-85	2-5-86
项目				不锈钢板风管制作、安装				
				矩形风管（氩弧焊）长边长 × 壁厚（mm）				
				≤ 200 × 2	≤ 400 × 2	≤ 560 × 2	≤ 700 × 3	> 700 × 3
名称			单位	消耗量				
人工	000205000	综合二类工	工日	37.058	20.982	17.921	15.432	15.153
材料	012913013	不锈钢板 δ2	m²	10.800	10.800	10.800	—	—
	012913015	不锈钢板 δ3	m²	—	—	—	10.800	10.800
	031541003	钢锯条	条	26.000	26.000	21.000	21.000	21.000
	140307001	煤油	kg	1.950	1.950	1.950	1.950	1.950
	022701003	棉纱头	kg	1.300	1.300	1.300	1.300	1.300
	012901016	热轧薄钢板 δ0.5	m²	0.100	0.100	0.100	0.150	0.150
	031102005	铁砂布 0#～2#	张	26.000	26.000	19.500	19.500	19.500
	143103001	硝酸	kg	5.530	5.530	4.000	4.000	4.000
	031303017	不锈钢焊丝（综合）	kg	4.115	3.365	3.060	5.510	5.125
	142911001	氩气	m³	14.002	11.521	9.922	10.332	6.314
	340101004	钍钨棒	kg	0.027	0.022	0.019	0.020	0.012
	850103006	其他材料费（占材料费）	%	1.000	1.000	1.000	1.000	1.000
机械	990732005	剪板机 6.3 × 2000mm	台班	1.490	0.960	0.680	0.550	0.300
	990737040	折方机 4 × 2000mm	台班	1.490	0.960	0.680	0.550	0.300
	990912010	氩弧焊机 500A	台班	13.660	11.240	9.680	10.080	6.160

工作内容：制作：放样、下料、卷圆、折方、制作管件、组对焊接、试漏、清洗焊口；
安装：找标高、清理墙洞、风管就位、组对焊接、试漏、清洗焊口、固定。　**计量单位：**10m²

编　号				2-5-87	2-5-88	2-5-89	2-5-90	2-5-91
项　目				铝板风管制作、安装				
				圆形风管（氧乙炔焊）直径 × 壁厚（mm）				
				≤ 200 × 2	≤ 400 × 2	≤ 630 × 2	≤ 700 × 2	≤ 200 × 3
名　称			单位	消　耗　量				
人工	000205000	综合二类工	工日	48.363	35.682	26.842	22.246	51.794
材料	014301002	铝板 δ2	m²	10.800	10.800	10.800	10.800	—
	014301004	铝板 δ3	m²	—	—	—	—	10.800
	031541003	钢锯条	条	13.000	11.050	9.100	9.100	13.000
	143303001	酒精	kg	1.300	1.300	1.300	1.300	1.300
	040915001	白垩粉	kg	2.500	2.500	2.500	2.500	2.500
	031307001	铝焊粉	kg	3.090	2.520	2.320	2.670	4.040
	031303015	铝焊丝 丝 301（综合）	kg	2.520	2.040	1.880	2.160	3.920
	140307001	煤油	kg	1.950	1.950	1.950	1.950	1.950
	022701003	棉纱头	kg	1.300	1.300	1.300	1.300	1.300
	143159001	氢氧化钠（烧碱）	kg	2.600	2.600	2.600	2.600	2.600
	133301001	石油沥青油毡	m²	1.010	1.010	1.110	1.210	1.010
	012901016	热轧薄钢板 δ0.5	m²	0.100	0.010	0.100	0.150	0.100
	031102005	铁砂布 0#～2#	张	19.500	19.500	19.500	19.500	19.500
	142909001	氧气	m³	19.270	15.570	14.240	16.530	24.690
	142907002	乙炔气	kg	6.883	5.561	5.087	5.904	8.817
	850103006	其他材料费（占材料费）	%	1.000	1.000	1.000	1.000	1.000
机械	990732005	剪板机 6.3 × 2000mm	台班	1.110	0.710	0.390	0.280	1.230
	990734005	卷板机 2 × 1600mm	台班	1.110	0.710	0.390	0.280	1.230

工作内容： 制作：放样、下料、卷圆、折方、制作管件、组对焊接、试漏、清洗焊口；
安装：找标高、清理墙洞、风管就位、组对焊接、试漏、清洗焊口、固定。 **计量单位：** $10m^2$

编号				2-5-92	2-5-93	2-5-94	2-5-95
项目				铝板风管制作、安装			
				圆形风管（氧乙炔焊）直径×壁厚（mm）			
				≤400×3	≤630×3	≤700×3	>700×3
名称			单位	消耗量			
人工	000205000	综合二类工	工日	38.151	28.469	23.530	20.413
材料	014301004	铝板 δ3	m^2	10.800	10.800	10.800	10.800
	031541003	钢锯条	条	11.050	9.100	9.100	9.100
	143303001	酒精	kg	1.300	1.300	1.300	1.300
	040915001	白垩粉	kg	2.500	2.400	2.300	2.300
	031307001	铝焊粉	kg	3.280	3.010	3.490	3.240
	031303015	铝焊丝 丝 301（综合）	kg	3.180	2.920	3.370	3.150
	140307001	煤油	kg	1.950	1.950	1.950	1.950
	022701003	棉纱头	kg	1.300	1.300	1.300	1.300
	143159001	氢氧化钠（烧碱）	kg	2.600	2.600	2.600	2.600
	133301001	石油沥青油毡	m^2	1.010	1.110	1.210	1.210
	012901016	热轧薄钢板 δ0.5	m^2	0.100	0.100	0.150	0.150
	031102005	铁砂布 0#～2#	张	19.500	19.500	19.500	19.500
	142909001	氧气	m^3	20.150	18.480	21.400	19.940
	142907002	乙炔气	kg	7.196	6.600	7.643	7.122
	850103006	其他材料费（占材料费）	%	1.000	1.000	1.000	1.000
机械	990732005	剪板机 6.3×2000mm	台班	0.790	0.440	0.310	0.230
	990734005	卷板机 2×1600mm	台班	0.790	0.440	0.310	0.230

工作内容：制作：放样、下料、卷圆、折方、制作管件、组对焊接、试漏、清洗焊口；
安装：找标高、清理墙洞、风管就位、组对焊接、试漏、清洗焊口、固定。 **计量单位：**10m²

编号				2-5-96	2-5-97	2-5-98	2-5-99	2-5-100
项目				铝板风管制作、安装				
				圆形风管（氩弧焊）直径 × 壁厚（mm）				
				≤ 200 × 2	≤ 400 × 2	≤ 630 × 2	≤ 700 × 2	≤ 200 × 3
名称			单位	消耗量				
人工	000205000	综合二类工	工日	44.649	32.941	24.781	20.538	47.815
材料	014301002	铝板 δ2	m²	10.800	10.800	10.800	10.800	—
	014301004	铝板 δ3	m²	—	—	—	—	10.800
	031541003	钢锯条	条	13.000	11.050	9.100	9.100	13.000
	143303001	酒精	kg	1.300	1.300	1.300	1.300	1.300
	031303016	铝锰合金焊丝 丝 321（综合）	kg	5.610	4.560	4.200	4.830	7.960
	140307001	煤油	kg	1.950	1.950	1.950	1.950	1.950
	022701003	棉纱头	kg	1.300	1.300	1.300	1.300	1.300
	143159001	氢氧化钠（烧碱）	kg	2.600	2.600	2.600	2.600	2.600
	012901016	热轧薄钢板 δ0.5	m²	0.100	0.100	0.100	0.150	0.100
	031102005	铁砂布 0#～2#	张	19.500	19.500	19.500	19.500	19.500
	142911001	氩气	m³	18.632	15.331	13.770	15.986	23.867
	340101004	钍钨棒	kg	0.037	0.030	0.027	0.032	0.047
	850103006	其他材料费（占材料费）	%	1.000	1.000	1.000	1.000	1.000
机械	990732005	剪板机 6.3 × 2000mm	台班	1.110	0.710	0.390	0.280	1.230
	990734005	卷板机 2 × 1600mm	台班	1.110	0.710	0.390	0.280	1.230
	990912010	氩弧焊机 500A	台班	13.660	11.240	10.095	11.720	17.498

工作内容：制作：放样、下料、卷圆、折方、制作管件、组对焊接、试漏、清洗焊口；
安装：找标高、清理墙洞、风管就位、组对焊接、试漏、清洗焊口、固定。 计量单位：10m²

编号				2-5-101	2-5-102	2-5-103	2-5-104
项目				铝板风管制作、安装			
				圆形风管（氩弧焊）直径×壁厚（mm）			
				≤400×3	≤630×3	≤700×3	>700×3
名称			单位	消耗量			
人工	000205000	综合二类工	工日	35.221	26.282	21.723	18.845
材料	014301004	铝板 δ3	m²	10.800	10.800	10.800	10.800
	031541003	钢锯条	条	11.050	9.100	9.100	9.100
	143303001	酒精	kg	1.300	1.300	1.300	1.300
	031303016	铝锰合金焊丝 丝321（综合）	kg	6.460	5.930	6.860	6.390
	140307001	煤油	kg	1.950	1.950	1.950	1.950
	022701003	棉纱头	kg	1.300	1.300	1.300	1.300
	143159001	氢氧化钠（烧碱）	kg	2.600	2.600	2.600	2.600
	012901016	热轧薄钢板 δ0.5	m²	0.100	0.100	0.150	0.150
	031102005	铁砂布 0#～2#	张	19.500	19.500	19.500	19.500
	142911001	氩气	m³	19.489	17.868	13.749	8.402
	340101004	钍钨棒	kg	0.039	0.035	0.027	0.017
	850103006	其他材料费（占材料费）	%	1.000	1.000	1.000	1.000
机械	990732005	剪板机 6.3×2000mm	台班	0.790	0.440	0.310	0.230
	990734005	卷板机 2×1600mm	台班	0.790	0.440	0.310	0.230
	990912010	氩弧焊机 500A	台班	14.288	13.100	10.080	6.160

工作内容：制作：放样、下料、折方、制作管件、组对焊接、试漏、清洗焊口；
安装：找标高、清理墙洞、风管就位、组对焊接、试漏、清洗焊口、固定。 计量单位：10m²

编号				2-5-105	2-5-106	2-5-107
项目				铝板风管制作、安装		
				矩形风管（氧乙炔焊）长边长×壁厚（mm）		
				≤320×2	≤630×2	≤2000×2
名称			单位	消耗量		
人工	000205000	综合二类工	工日	27.933	19.139	14.798
材料	014301002	铝板 δ2	m²	10.800	10.800	10.800
	031541003	钢锯条	条	13.000	8.450	7.800
	143303001	酒精	kg	1.300	1.300	1.300
	040915001	白垩粉	kg	2.500	2.500	2.500
	031307001	铝焊粉	kg	3.830	2.110	1.370
	031303015	铝焊丝 丝301（综合）	kg	3.100	1.720	1.110
	140307001	煤油	kg	2.600	1.950	1.890
	022701003	棉纱头	kg	1.300	1.300	1.300
	143159001	氢氧化钠（烧碱）	kg	4.500	2.600	2.600
	133301001	石油沥青油毡	m²	0.500	0.500	0.500
	031102005	铁砂布 0#～2#	张	19.500	13.000	11.700
	142909001	氧气	m³	23.690	13.030	8.430
	142907002	乙炔气	kg	8.461	4.652	3.009
	850103006	其他材料费（占材料费）	%	1.000	1.000	1.000
机械	990732005	剪板机 6.3×2000mm	台班	0.846	0.680	0.500
	990737040	折方机 4×2000mm	台班	0.846	0.680	0.500

工作内容：制作：放样、下料、折方、制作管件、组对焊接、试漏、清洗焊口；
安装：找标高、清理墙洞、风管就位、组对焊接、试漏、清洗焊口、固定。　　**计量单位**：10m²

编　　号				2-5-108	2-5-109	2-5-110
项　　目				铝板风管制作、安装		
				矩形风管（氧乙炔焊）长边长 × 壁厚（mm）		
				≤ 320 × 3	≤ 630 × 3	≤ 2000 × 3
名　　称			单位	消　耗　量		
人工	000205000	综合二类工	工日	30.106	19.110	14.799
材料	014301004	铝板 δ3	m²	10.800	10.800	10.800
	031541003	钢锯条	条	13.000	9.100	7.800
	143303001	酒精	kg	1.300	1.300	1.300
	040915001	白垩粉	kg	2.500	2.500	2.500
	031307001	铝焊粉	kg	4.530	3.050	1.980
	031303015	铝焊丝 丝 301（综合）	kg	4.390	2.960	1.910
	140307001	煤油	kg	2.600	1.950	1.920
	022701003	棉纱头	kg	1.300	1.300	1.300
	143159001	氢氧化钠（烧碱）	kg	2.600	2.600	2.600
	133301001	石油沥青油毡	m²	0.500	0.500	0.500
	031102005	铁砂布 0#～2#	张	19.500	13.000	12.350
	142909001	氧气	m³	27.920	18.700	12.070
	142907002	乙炔气	kg	9.970	6.678	4.309
	850103006	其他材料费（占材料费）	%	1.000	1.000	1.000
机械	990732005	剪板机 6.3 × 2000mm	台班	0.900	0.810	0.420
	990737040	折方机 4 × 2000mm	台班	0.900	0.810	0.420

工作内容：制作：放样、下料、折方、制作管件、组对焊接、试漏、清洗焊口；
安装：找标高、清理墙洞、风管就位、组对焊接、试漏、清洗焊口、固定。　　**计量单位**：10m²

编　　号				2-5-111	2-5-112	2-5-113
项　　目				铝板风管制作、安装		
				矩形风管（氩弧焊）长边 × 壁厚（mm）		
				≤ 320 × 2	≤ 630 × 2	≤ 2000 × 2
名　　称			单位	消　耗　量		
人工	000205000	综合二类工	工日	31.037	19.139	14.799
材料	014301002	铝板 δ2	m²	10.800	10.800	10.800
	031541003	钢锯条	条	13.000	8.450	7.800
	143303001	酒精	kg	1.300	1.300	1.300
	140307001	煤油	kg	2.600	1.950	1.890
	022701003	棉纱头	kg	1.300	1.300	1.300
	143159001	氢氧化钠（烧碱）	kg	4.500	2.600	2.600
	031102005	铁砂布 0#～2#	张	19.500	13.000	11.700
	031303016	铝锰合金焊丝 丝 321（综合）	kg	6.930	3.830	2.480
	142911001	氩气	m³	23.016	12.877	8.131
	340101004	钍钨棒	kg	0.046	0.025	0.016
	850103006	其他材料费（占材料费）	%	1.000	1.000	1.000
机械	990732005	剪板机 6.3 × 2000mm	台班	0.940	0.680	0.500
	990737040	折方机 4 × 2000mm	台班	0.940	0.680	0.500
	990912010	氩弧焊机 500A	台班	16.874	9.441	5.961

工作内容： 制作：放样、下料、折方、制作管件、组对焊接、试漏、清洗焊口；
安装：找标高、清理墙洞、风管就位、组对焊接、试漏、清洗焊口、固定。 **计量单位：** $10m^2$

编号				2-5-114	2-5-115	2-5-116
项目				铝板风管制作、安装		
				矩形风管（氩弧焊）长边 × 壁厚（mm）		
				≤ 320 × 3	≤ 630 × 3	≤ 2400 × 3
名称			单位	消耗量		
人工	000205000	综合二类工	工日	30.106	19.110	14.799
材料	014301004	铝板 δ3	m^2	10.800	10.800	10.800
	031541003	钢锯条	条	13.000	9.100	7.800
	143303001	酒精	kg	1.300	1.300	1.300
	031303016	铝锰合金焊丝 丝 321（综合）	kg	8.920	6.010	3.890
	140307001	煤油	kg	2.600	1.950	1.920
	022701003	棉纱头	kg	1.300	1.300	1.300
	143159001	氢氧化钠（烧碱）	kg	2.600	2.600	2.600
	031102005	铁砂布 0#～2#	张	19.500	13.000	12.350
	142911001	氩气	m^3	26.746	18.131	11.721
	340101004	钍钨棒	kg	0.053	0.036	0.023
	850103006	其他材料费（占材料费）	%	1.000	1.000	1.000
机械	990732005	剪板机 6.3 × 2000mm	台班	0.900	0.810	0.420
	990737040	折方机 4 × 2000mm	台班	0.900	0.810	0.420
	990912010	氩弧焊机 500A	台班	19.608	13.293	8.593

工作内容： 制作：放样、锯切、坡口、加热成型、制作法兰、管件、钻孔、组合焊接；
安装：就位、制垫、加垫、法兰连接、找正、找平、固定。　　**计量单位：** $10m^2$

编　号				2-5-117	2-5-118	2-5-119	2-5-120	2-5-121
项　目				塑料风管制作、安装				
				圆形风管直径 × 壁厚（mm）				
				⩽ 320 × 3	⩽ 500 × 4	⩽ 1000 × 5	⩽ 1250 × 6	⩽ 2000 × 8
名　称			单位	消　耗　量				
人工	000205000	综合二类工	工日	28.291	17.530	17.090	17.603	18.907
材料	021101008	硬聚氯乙烯板 δ3～8	m^2	11.600	11.600	11.600	11.600	11.600
	021101005	软聚氯乙烯板 δ4	m^2	0.570	0.450	0.380	0.380	0.370
	021101010	硬聚氯乙烯板 δ6	m^2	0.610	0.070	0.460	—	—
	021101011	硬聚氯乙烯板 δ8	m^2	0.350	0.750	0.060	0.450	0.410
	021101012	硬聚氯乙烯板 δ12	m^2	—	—	0.640	0.630	0.610
	031301018	硬聚氯乙烯焊条 ϕ4	kg	5.010	4.060	5.190	5.330	5.890
	030113004	垫圈 M2～8	10 个	23.000	16.000	—	—	—
	030113005	垫圈 M10～20	10 个	—	—	10.400	10.000	8.400
	030105078	六角螺栓带螺母 M8 × 75	10 套	11.500	8.000	—	—	—
	030105082	六角螺栓带螺母 M10 × 75	10 套	—	—	5.200	5.000	4.200
	850103006	其他材料费（占材料费）	%	1.000	1.000	1.000	1.000	1.000
机械	991003020	电动空气压缩机 $0.6m^3/min$	台班	6.710	4.850	5.670	5.680	5.720
	990746010	弓锯床 250mm	台班	0.190	0.130	0.160	0.160	0.150
	990740020	坡口机 2.8kW	台班	0.420	0.290	0.320	0.330	0.360
	990726010	台式钻床 16mm	台班	0.660	0.460	0.300	0.290	0.270
	991207010	箱式加热炉 45kW	台班	2.280	0.750	0.730	0.700	0.620

工作内容： 制作：放样、锯切、坡口、加热成型、制作法兰、管件、钻孔、组合焊接；
安装：就位、制垫、加垫、法兰连接、找正、找平、固定。 **计量单位：** $10m^2$

编号				2-5-122	2-5-123	2-5-124	2-5-125	2-5-126
项目				塑料风管制作、安装				
				矩形风管长边长×壁厚（mm）				
				≤320×3	≤500×4	≤800×5	≤1250×6	≤2000×8
名称			单位	消耗量				
人工	000205000	综合二类工	工日	21.127	20.124	19.067	18.785	16.860
材料	030105078	六角螺栓带螺母 M8×75	10套	6.500	5.200	—	—	—
	021101010	硬聚氯乙烯板 δ6	m^2	0.040	0.820	—	—	—
	021101011	硬聚氯乙烯板 δ8	m^2	0.580	0.520	0.910	—	—
	021101008	硬聚氯乙烯板 δ3～8	m^2	11.600	11.600	11.600	11.600	11.600
	021101005	软聚氯乙烯板 δ4	m^2	0.290	0.260	0.280	0.300	0.310
	021101012	硬聚氯乙烯板 δ12	m^2	—	—	0.570	1.460	—
	021101013	硬聚氯乙烯板 δ14	m^2	—	—	—	—	1.120
	031301018	硬聚氯乙烯焊条 φ4	kg	3.970	4.490	6.020	6.310	7.050
	030113005	垫圈 M10～20	10个	13.000	10.400	9.600	9.000	8.400
	030105082	六角螺栓带螺母 M10×75	10套	—	—	4.800	4.500	4.200
	850103006	其他材料费（占材料费）	%	1.000	1.000	1.000	1.000	1.000
机械	991003020	电动空气压缩机 $0.6m^3/min$	台班	6.050	6.600	7.120	6.460	6.430
	990746010	弓锯床 250mm	台班	0.150	0.200	0.210	0.220	0.210
	990740020	坡口机 2.8kW	台班	0.310	0.380	0.390	0.390	0.410
	990726010	台式钻床 16mm	台班	0.350	0.310	0.290	0.260	0.300
	991207010	箱式加热炉 45kW	台班	0.210	0.090	0.070	0.060	0.060

工作内容：找标高、打支架墙洞、配合预留孔洞、吊托支架制作及埋设、风管配合修补、粘接、组装就位、找平、找正、制垫、加垫、上螺栓、紧固。 **计量单位：**10m²

编号				2-5-127	2-5-128	2-5-129	2-5-130
项目				玻璃钢风管安装			
				圆形风管直径（mm）			
				≤200	≤500	≤800	≤2000
名称			单位	消耗量			
人工	000205000	综合二类工	工日	8.360	4.366	3.590	4.136
材料	224507001	玻璃钢风管 1.5～4	m^2	10.320	10.320	10.320	10.320
	011301001	扁钢 59 以内	kg	4.130	1.420	0.860	3.710
	031301008	低碳钢焊条 J422（综合）	kg	0.170	0.140	0.060	0.040
	012101008	角钢 60	kg	8.620	12.640	14.020	14.850
	030105064	六角螺栓带螺母 M8×75 以下	10 套	9.350	7.890	—	—
	030105065	六角螺栓带螺母 M10×75 以下	10 套	—	—	5.670	4.290
	020101002	橡胶板 δ1～3	kg	1.400	1.240	0.970	0.920
	142909001	氧气	m^3	0.087	0.117	0.123	0.177
	142907002	乙炔气	kg	0.031	0.042	0.044	0.063
	010901006	圆钢 ϕ6～8	kg	2.930	1.900	0.750	0.120
	010901008	圆钢 ϕ10～14	kg	—	—	1.210	4.900
	850103006	其他材料费（占材料费）	%	1.000	1.000	1.000	1.000
机械	990757010	法兰卷圆机 L40×4	台班	0.500	0.130	0.070	0.020
	990901010	交流弧焊机 21kV·A	台班	0.064	0.052	0.020	0.010
	990726010	台式钻床 16mm	台班	0.280	0.240	0.170	0.140

工作内容： 找标高、打支架墙洞、配合预留孔洞、吊托支架制作及埋设、风管配合修补、粘接、组装就位、找平、找正、制垫、加垫、上螺栓、紧固。

计量单位： 10m²

编号				2-5-131	2-5-132	2-5-133	2-5-134
项目				玻璃钢风管安装			
				矩形风管长边长（mm）			
				≤200	≤500	≤800	≤2000
名称			单位	消耗量			
人工	000205000	综合二类工	工日	5.398	3.218	2.424	2.936
材料	224507001	玻璃钢风管 1.5～4	m^2	10.320	10.320	10.320	10.320
	011301001	扁钢 59 以内	kg	0.860	0.530	0.450	0.410
	031301008	低碳钢焊条 J422（综合）	kg	0.900	0.420	0.180	0.140
	012101008	角钢 60	kg	16.170	14.260	14.080	18.160
	030105064	六角螺栓带螺母 M8×75 以下	10 套	18.590	9.960	—	—
	030105065	六角螺栓带螺母 M10×75 以下	10 套	—	—	4.730	3.690
	020101002	橡胶板 δ1～3	kg	1.840	1.300	0.920	0.810
	142909001	氧气	m^3	0.138	0.123	0.117	0.153
	142907002	乙炔气	kg	0.050	0.044	0.042	0.055
	010901006	圆钢 ϕ6～8	kg	1.350	1.930	1.490	0.080
	010901008	圆钢 ϕ10～14	kg	—	—	—	1.850
	850103006	其他材料费（占材料费）	%	1.000	1.000	1.000	1.000
机械	990901010	交流弧焊机 21kV·A	台班	0.200	0.090	0.040	0.030
	990726010	台式钻床 16mm	台班	0.460	0.240	0.150	0.120

工作内容： 制作：放样、切割、开槽、成型、制作管体、钻孔、组合；
安装：找标高、打支架墙洞、配合预留孔洞、埋设吊托支架、组装、风管就位、制垫、加垫、固定。

计量单位： 10m²

编号				2-5-135	2-5-136	2-5-137	2-5-138
项目				复合型风管制作、安装			
				圆形风管直径（mm）			
				≤300	≤630	≤1000	≤2000
名称			单位	消耗量			
人工	000205000	综合二类工	工日	1.431	0.882	0.853	0.911
材料	051707001	复合型板材	m^2	11.600	11.600	11.600	11.600
	011301001	扁钢 59 以内	kg	6.640	4.770	3.780	4.440
	030107018	膨胀螺栓 M12	套	2.000	2.000	1.500	1.000
	144303011	热敏铝箔胶带 64	m	35.120	20.360	13.530	8.490
	010901006	圆钢 ϕ6～8	kg	4.880	2.750	5.380	7.090
	030113004	垫圈 M2～8	10 个	—	—	3.540	3.030
	030109028	六角螺母 M6～10	10 个	—	—	3.540	3.030
	850103006	其他材料费（占材料费）	%	1.000	1.000	1.000	1.000
机械	990779010	封口机	台班	0.280	0.200	0.130	0.120
	990796020	开槽机	台班	0.180	0.120	0.130	0.150

工作内容： 制作：放样、切割、开槽、成型、制作管体、钻孔、组合；
安装：找标高、打支架墙洞、配合预留孔洞、埋设吊托支架、组装、风管就位、制垫、加垫、固定。

计量单位： $10m^2$

编号				2-5-139	2-5-140	2-5-141	2-5-142	2-5-143
项目				复合型风管制作、安装				
				矩形风管周长（mm）				
				≤300	≤630	≤1000	≤2000	>2000
名称			单位	消耗量				
人工	000205000	综合二类工	工日	1.068	1.019	0.960	0.951	0.853
材料	051707001	复合型板材	m^2	11.800	11.800	11.800	11.800	11.800
	030113004	垫圈 M2～8	10个	—	—	2.310	5.440	3.450
	012907008	镀锌薄钢板 δ1～1.5	kg	0.710	0.710	1.260	1.260	1.650
	012101008	角钢 60	kg	8.390	11.870	4.730	2.980	4.400
	030109028	六角螺母 M6～10	10个	—	—	2.310	5.440	3.450
	030107018	膨胀螺栓 M12	套	2.000	1.500	1.500	1.500	1.000
	144303011	热敏铝箔胶带 64	m	22.290	21.230	18.040	18.520	10.270
	010901006	圆钢 ϕ6～8	kg	5.420	6.120	4.300	8.000	7.900
	030103038	自攻螺钉 ST4×12	10个	—	4.000	4.000	5.000	5.000
	850103006	其他材料费（占材料费）	%	1.000	1.000	1.000	1.000	1.000
机械	990779010	封口机	台班	0.150	0.130	0.120	0.110	0.130
	990796020	开槽机	台班	0.130	0.160	0.160	0.160	0.180

工作内容： 就位、加垫、连接、找平、找正、固定。

计量单位： m

编号				2-5-144	2-5-145	2-5-146	2-5-147	2-5-148
项目				柔性软风管安装				
				无保温套管直径（mm）				
				≤150	≤250	≤500	≤710	≤910
名称			单位	消耗量				
人工	000205000	综合二类工	工日	0.029	0.039	0.049	0.069	0.088
材料	224509001	柔性软风管	m	1.000	1.000	1.000	1.000	1.000
	182505002	不锈钢 U 形卡	个	1.333	1.333	1.333	1.333	1.333

工作内容： 就位、加垫、连接、找平、找正、固定。

计量单位： m

编号				2-5-149	2-5-150	2-5-151	2-5-152	2-5-153
项目				柔性软风管安装				
				有保温套管直径（mm）				
				≤150	≤250	≤500	≤710	≤910
名称			单位	消耗量				
人工	000205000	综合二类工	工日	0.039	0.049	0.069	0.088	0.118
材料	224509001	柔性软风管	m	1.000	1.000	1.000	1.000	1.000
	182505002	不锈钢 U 形卡	个	1.333	1.333	1.333	1.333	1.333

工作内容：放样、下料、开孔、钻眼、铆接、焊接、成型、组装、加垫、紧螺栓、焊锡。　**计量单位：**m^2

编号				2-5-154	2-5-155	2-5-156	2-5-157
项目				弯头导流叶片	软管接口	风管检查孔（100kg）	温度、风量测定孔（个）
名称			单位	消耗量			
人工	000205000	综合二类工	工日	1.159	0.898	15.393	0.448
材料	012907017	镀锌薄钢板 δ0.75	m^2	1.140	—	—	—
	020911001	帆布	m^2	—	1.150	—	—
	011301001	扁钢 59 以内	kg	—	8.320	31.760	—
	030101004	铁铆钉	kg	0.150	0.070	1.430	—
	031301008	低碳钢焊条 J422（综合）	kg	—	0.060	—	0.110
	012101008	角钢 60	kg	—	18.330	—	—
	030105064	六角螺栓带螺母 M8×75 以下	10 套	—	2.600	—	—
	020101002	橡胶板 δ1～3	kg	—	0.970	—	—
	021917002	闭孔乳胶海棉 δ20	m^2	—	—	5.070	—
	030113010	弹簧垫圈 M2～10	10 个	—	—	12.120	0.424
	030305008	酚醛塑料把手 BX32	个	—	—	120.040	—
	030109028	六角螺母 M6～10	10 个	—	—	12.120	—
	010901006	圆钢 φ6～8	kg	—	—	1.410	—
	030117005	圆锥销 3×18	10 个	—	—	4.040	—
	030105033	带帽六角螺栓 M2～5×4～20	10 套	—	—	—	0.416
	181307006	镀锌丝堵 *DN*50	个	—	—	—	1.000
	012901006	热轧薄钢板 δ1.0～1.5	kg	—	—	76.360	—
	012901010	热轧薄钢板 δ2.0～2.5	kg	—	—	—	0.180
	182519030	熟铁管箍 *DN*50	个	—	—	—	1.000
	850103006	其他材料费（占材料费）	%	1.000	1.000	1.000	1.000
机械	990901010	交流弧焊机 21kV·A	台班	—	0.018	0.690	0.010
	990726010	台式钻床 16mm	台班	—	0.144	1.730	0.030
	990718010	普通车床 400×1000mm	台班	—	—	1.500	0.050

三、通风管道部件制作安装

工作内容：号孔、钻孔、对口、校正、制垫、加垫、上螺栓、紧固、试动。　　计量单位：个

编号				2-5-158	2-5-159	2-5-160	2-5-161
项目				碳钢调节阀安装			
				圆形瓣式启动阀直径（mm）			
				≤600	≤800	≤1000	≤1300
名称			单位	消耗量			
人工	000205000	综合二类工	工日	1.000	1.254	1.540	2.048
材料	225313001	圆形瓣式启动阀	个	1.000	1.000	1.000	1.000
	030105064	六角螺栓带螺母 M8×75 以下	10 套	1.700	—	—	—
	030105065	六角螺栓带螺母 M10×75 以下	10 套	—	1.700	—	—
	030105088	六角螺栓带螺母 M12×75	10 套	—	—	1.700	2.500
	020101002	橡胶板 δ1～3	kg	0.220	0.270	0.380	0.540
	850103006	其他材料费（占材料费）	%	1.000	1.000	1.000	1.000
机械	990726010	台式钻床 16mm	台班	0.030	0.030	—	—
	990727020	立式钻床 35mm	台班	—	—	0.170	0.250

工作内容：号孔、钻孔、对口、校正、制垫、加垫、上螺栓、紧固、试动。　　计量单位：个

编号				2-5-162	2-5-163	2-5-164	2-5-165	2-5-166
项目				碳钢调节阀安装				
				风管蝶阀周长（mm）				
				≤800	≤1600	≤2400	≤3200	≤4000
名称			单位	消耗量				
人工	000205000	综合二类工	工日	0.206	0.294	0.510	0.686	0.940
材料	190700001	蝶阀	个	1.000	1.000	1.000	1.000	1.000
	030105063	六角螺栓带螺母 M6×75 以下	10 套	1.000	1.200	—	—	—
	030105064	六角螺栓带螺母 M8×75 以下	10 套	—	—	1.700	2.100	2.500
	020101002	橡胶板 δ1～3	kg	0.110	0.220	0.320	0.490	0.590
	850103006	其他材料费（占材料费）	%	1.000	1.000	1.000	1.000	1.000
机械	990726010	台式钻床 16mm	台班	0.030	—	—	—	—
	990727020	立式钻床 35mm	台班	—	0.250	0.380	0.500	0.700

工作内容： 号孔、钻孔、对口、校正、制垫、加垫、上螺栓、紧固、试动。 **计量单位：** 个

编号				2-5-167	2-5-168	2-5-169	2-5-170
项目				碳钢调节阀安装			
				圆、方形风管止回阀周长（mm）			
				≤ 800	≤ 1200	≤ 2000	≤ 3200
	名称		单位	消耗量			
人工	000205000	综合二类工	工日	0.244	0.274	0.420	0.490
材料	225303001	风管止回阀	个	1.000	1.000	1.000	1.000
	030105063	六角螺栓带螺母 M6 × 75 以下	10 套	1.200	1.200	—	—
	030105064	六角螺栓带螺母 M8 × 75 以下	10 套	—	—	1.700	2.100
	020101002	橡胶板 δ1～3	kg	0.110	0.160	0.270	0.490
	850103006	其他材料费（占材料费）	%	1.000	1.000	1.000	1.000
机械	990727020	立式钻床 35mm	台班	0.250	0.250	0.380	0.500

工作内容： 号孔、钻孔、对口、校正、制垫、加垫、上螺栓、紧固、试动。 **计量单位：** 个

编号				2-5-171	2-5-172	2-5-173	2-5-174	2-5-175
项目				碳钢调节阀安装				
				密闭式斜插板阀直径（mm）			对开多叶调节阀周长（mm）	
				≤ 140	≤ 280	≤ 340	≤ 2800	≤ 4000
	名称		单位	消耗量				
人工	000205000	综合二类工	工日	0.206	0.234	0.274	0.440	0.490
材料	030105063	六角螺栓带螺母 M6 × 75 以下	10 套	0.400	0.600	0.800	—	—
	225308001	密闭式斜插板阀	个	1.000	1.000	1.000	—	—
	225307001	对开多叶调节阀	个	—	—	—	1.000	1.000
	030105064	六角螺栓带螺母 M8 × 75 以下	10 套	—	—	—	1.700	2.100
	020101002	橡胶板 δ1～3	kg	0.050	0.110	0.160	0.320	0.430
	850103006	其他材料费（占材料费）	%	1.000	1.000	1.000	1.000	1.000
机械	990726010	台式钻床 16mm	台班	0.012	0.018	0.024	—	—
	990727020	立式钻床 35mm	台班	—	—	—	0.380	0.500

工作内容： 号孔、钻孔、对口、校正、制垫、加垫、上螺栓、紧固、试动。 **计量单位：** 个

编号				2-5-176	2-5-177	2-5-178	2-5-179
项目				碳钢调节阀安装			
				对开多叶调节阀周长（mm）			
				≤ 5200	≤ 6500	≤ 8000	≤ 10000
	名称		单位	消耗量			
人工	000205000	综合二类工	工日	0.588	0.706	0.846	1.016
材料	225307001	对开多叶调节阀	个	1.000	1.000	1.000	1.000
	030105064	六角螺栓带螺母 M8 × 75 以下	10 套	2.500	3.200	4.120	5.253
	020101002	橡胶板 δ1～3	kg	0.650	0.810	1.000	1.250
	850103006	其他材料费（占材料费）	%	1.000	1.000	1.000	1.000
机械	990727020	立式钻床 35mm	台班	0.700	0.896	1.154	1.471

工作内容：号孔、钻孔、对口、校正、制垫、加垫、上螺栓、紧固、试动。　　**计量单位：**个

编号				2-5-180	2-5-181	2-5-182	2-5-183
项目				碳钢调节阀安装			
				风管防火阀周长（mm）			
				≤ 2200	≤ 3600	≤ 5400	≤ 8000
名称			单位	消耗量			
人工	000205000	综合二类工	工日	0.702	1.142	1.570	2.324
材料	225301001	风管防火阀	个	1.000	1.000	1.000	1.000
	030105064	六角螺栓带螺母 M8 × 75 以下	10 套	1.700	2.100	2.500	3.700
	020101002	橡胶板 δ1～3	kg	0.270	0.430	0.650	0.970
	850103006	其他材料费（占材料费）	%	1.000	1.000	1.000	1.000
机械	990727020	立式钻床 35mm	台班	0.380	0.500	0.700	1.036

工作内容：对口、上螺栓、制垫、加垫、找正、找平、固定、试动、调整。　　**计量单位：**个

编号				2-5-184	2-5-185	2-5-186	2-5-187
项目				碳钢风口安装			
				百叶风口周长（mm）			
				≤ 900	≤ 1280	≤ 1800	≤ 2500
名称			单位	消耗量			
人工	000205000	综合二类工	工日	0.154	0.196	0.385	0.447
材料	224101001	百叶风口	个	1.000	1.000	1.000	1.000
	011301001	扁钢 59 以内	kg	0.610	0.800	1.130	1.570
	030105033	带帽六角螺栓 M2～5 × 4～20	10 套	0.600	0.600	0.800	1.110
	850103006	其他材料费（占材料费）	%	1.000	1.000	1.000	1.000
机械	990726010	台式钻床 16mm	台班	0.030	0.030	0.030	0.030

工作内容：对口、上螺栓、制垫、加垫、找正、找平、固定、试动、调整。　　**计量单位：**个

编号				2-5-188	2-5-189	2-5-190	2-5-191
项目				碳钢风口安装			
				百叶风口周长（mm）			
				≤ 3300	≤ 4800	≤ 6000	≤ 7000
名称			单位	消耗量			
人工	000205000	综合二类工	工日	0.504	0.656	0.845	1.001
材料	224101001	百叶风口	个	1.000	1.000	1.000	1.000
	011301001	扁钢 59 以内	kg	2.070	2.790	3.480	4.070
	030105033	带帽六角螺栓 M2～5 × 4～20	10 套	1.341	1.432	1.784	2.090
	850103006	其他材料费（占材料费）	%	1.000	1.000	1.000	1.000
机械	990726010	台式钻床 16mm	台班	0.030	0.030	0.030	0.040

工作内容：对口、上螺栓、制垫、加垫、找正、找平、固定、试动、调整。 **计量单位：**个

编号				2-5-192	2-5-193	2-5-194
项目				碳钢风口安装		
				矩形送风口周长（mm）		
				≤ 400	≤ 600	≤ 800
名称			单位	消耗量		
人工	000205000	综合二类工	工日	0.143	0.180	0.229
材料	224113002	矩形送风口	个	1.000	1.000	1.000
	011301001	扁钢 59 以内	kg	0.120	0.180	0.220
	030113004	垫圈 M2～8	10 个	0.400	0.400	0.400
	030105078	六角螺栓带螺母 M8 × 75	10 套	0.400	0.400	0.400
	030109036	铜蝶形螺母 M8	10 个	0.400	0.400	0.400
	850103006	其他材料费（占材料费）	%	1.000	1.000	1.000

工作内容：对口、上螺栓、制垫、加垫、找正、找平、固定、试动、调整。 **计量单位：**个

编号				2-5-195	2-5-196	2-5-197
项目				碳钢风口安装		
				矩形空气分布器周长（mm）		
				≤ 1200	≤ 1500	≤ 2100
名称			单位	消耗量		
人工	000205000	综合二类工	工日	0.504	0.592	0.704
材料	030105075	六角螺栓带螺母 M6 × 75	10 套	1.000	1.200	1.700
	226112001	矩形空气分布器	个	1.000	1.000	1.000
	020101002	橡胶板 δ1～3	kg	0.160	0.220	0.270
	850103006	其他材料费（占材料费）	%	1.000	1.000	1.000

工作内容：对口、上螺栓、制垫、加垫、找正、找平、固定、试动、调整。 **计量单位：**个

编号				2-5-198	2-5-199
项目				碳钢风口安装	
				旋转吹风口直径（mm）	
				≤ 320	≤ 450
名称			单位	消耗量	
人工	000205000	综合二类工	工日	0.449	0.744
材料	224151001	旋转吹风口	个	1.000	1.000
	030105078	六角螺栓带螺母 M8 × 75	10 套	0.600	0.600
	030109028	六角螺母 M6～10	10 个	0.600	0.600
	020111009	石棉橡胶板 高压 δ1～6	kg	0.760	1.210
	850103006	其他材料费（占材料费）	%	1.000	1.000

工作内容：对口、上螺栓、制垫、加垫、找正、找平、固定、试动、调整。　　**计量单位：**个

编　号				2-5-200	2-5-201	2-5-202
项　目				碳钢风口安装		
				带调节阀（过滤器）百叶风口周长（mm）		
				≤800	≤1200	≤1800
名　称			单位	消　耗　量		
人工	000205000	综合二类工	工日	0.299	0.354	0.543
材料	224101003	带调节阀（过滤器）百叶风口	个	1.000	1.000	1.000
	012105004	镀锌角钢 60以内	kg	1.790	2.150	3.220
	020101002	橡胶板 δ1～3	kg	0.120	0.180	0.270
	030103038	自攻螺钉 ST4×12	10个	0.728	1.144	1.664
	850103006	其他材料费（占材料费）	%	1.000	1.000	1.000

工作内容：对口、上螺栓、制垫、加垫、找正、找平、固定、试动、调整。　　**计量单位：**个

编　号				2-5-203	2-5-204	2-5-205
项　目				碳钢风口安装		
				带调节阀（过滤器）百叶风口周长（mm）		
				≤2400	≤3200	≤4000
名　称			单位	消　耗　量		
人工	000205000	综合二类工	工日	0.724	0.972	1.087
材料	224101003	带调节阀（过滤器）百叶风口	个	1.000	1.000	1.000
	012105004	镀锌角钢 60以内	kg	4.300	5.730	7.160
	020101002	橡胶板 δ1～3	kg	0.360	0.480	0.600
	030103038	自攻螺钉 ST4×12	10个	2.288	3.016	3.744
	850103006	其他材料费（占材料费）	%	1.000	1.000	1.000

工作内容：对口、上螺栓、制垫、加垫、找正、找平、固定、试动、调整。　　**计量单位：**个

编　号				2-5-206	2-5-207	2-5-208	2-5-209
项　目				碳钢风口安装			
				带调节阀散流器（圆形）直径（mm）			
				≤150	≤200	≤250	≤300
名　称			单位	消　耗　量			
人工	000205000	综合二类工	工日	0.229	0.299	0.389	0.462
材料	224311001	带调节阀散流器	个	1.000	1.000	1.000	1.000
	012105004	镀锌角钢 60以内	kg	1.790	1.790	1.790	2.150
	020101002	橡胶板 δ1～3	kg	0.110	0.110	0.150	0.150
	030103050	木螺钉 d4×65以下	10个	0.420	0.520	0.620	0.730
	850103006	其他材料费（占材料费）	%	1.000	1.000	1.000	1.000

工作内容：对口、上螺栓、制垫、加垫、找正、找平、固定、试动、调整。　　计量单位：个

编号				2-5-210	2-5-211	2-5-212	2-5-213
项目				碳钢风口安装			
				带调节阀散流器（圆形）直径（mm）			
				≤350	≤400	≤450	≤500
名称			单位	消耗量			
人工	000205000	综合二类工	工日	0.543	0.570	0.598	0.706
材料	224311001	带调节阀散流器	个	1.000	1.000	1.000	1.000
	012105004	镀锌角钢 60以内	kg	2.150	3.220	3.220	4.300
	030103050	木螺钉 $d4\times65$ 以下	10个	0.830	0.940	1.040	1.140
	020101002	橡胶板 $\delta1\sim3$	kg	0.200	0.200	0.300	0.300
	850103006	其他材料费（占材料费）	%	1.000	1.000	1.000	1.000

工作内容：对口、上螺栓、制垫、加垫、找正、找平、固定、试动、调整。　　计量单位：个

编号				2-5-214	2-5-215	2-5-216	2-5-217
项目				碳钢风口安装			
				带调节阀散流器（方、矩形）周长（mm）			
				≤800	≤1200	≤1800	≤2400
名称			单位	消耗量			
人工	000205000	综合二类工	工日	0.398	0.488	0.570	0.843
材料	224311001	带调节阀散流器	个	1.000	1.000	1.000	1.000
	012105004	镀锌角钢 60以内	kg	1.790	2.150	3.220	4.300
	030103050	木螺钉 $d4\times65$ 以下	10个	0.830	1.250	1.460	2.080
	020101002	橡胶板 $\delta1\sim3$	kg	0.260	0.390	0.520	0.650
	850103006	其他材料费（占材料费）	%	1.000	1.000	1.000	1.000

工作内容：对口、上螺栓、制垫、加垫、找正、找平、固定、试动、调整。　　计量单位：个

编号				2-5-218	2-5-219	2-5-220
项目				碳钢风口安装		
				送吸风口周长（mm）		
				≤1000	≤1600	≤2000
名称			单位	消耗量		
人工	000205000	综合二类工	工日	0.266	0.295	0.310
材料	030105078	六角螺栓带螺母 M8×75	10套	—	—	0.800
	224143001	送吸风口	个	1.000	1.000	1.000
	020101002	橡胶板 $\delta1\sim3$	kg	0.050	0.110	0.160
	030105075	六角螺栓带螺母 M6×75	10套	0.600	0.600	—
	850103006	其他材料费（占材料费）	%	1.000	1.000	1.000

工作内容：对口、上螺栓、制垫、加垫、找正、找平、固定、试动、调整。　　**计量单位：**个

编　号				2-5-221	2-5-222	2-5-223
项　目				碳钢风口安装		
				活动箅式风口周长（mm）		
				≤ 1330	≤ 1910	≤ 2590
名　称			单位	消　耗　量		
人工	000205000	综合二类工	工日	0.332	0.392	0.495
材料	224115001	活动箅式风口	个	1.000	1.000	1.000
	030103005	半圆头螺钉 M4 × 6	10 套	1.000	1.100	1.400
	030101004	铁铆钉	kg	0.020	0.020	0.020
	010901008	圆钢 ϕ10～14	kg	0.020	0.020	0.020
	850103006	其他材料费（占材料费）	%	1.000	1.000	1.000
机械	990726010	台式钻床 16mm	台班	0.080	0.090	0.100

工作内容：对口、上螺栓、制垫、加垫、找正、找平、固定、试动、调整。　　**计量单位：**个

编　号				2-5-224	2-5-225	2-5-226	2-5-227
项　目				碳钢风口安装			
				网式风口周长（mm）			
				≤ 900	≤ 1500	≤ 2000	≤ 2600
名　称			单位	消　耗　量			
人工	000205000	综合二类工	工日	0.123	0.152	0.161	0.180
材料	224144001	网式风口	个	1.000	1.000	1.000	1.000
	030105033	带帽六角螺栓 M2～5 × 4～20	10 套	0.600	0.600	1.000	1.000
	850103006	其他材料费（占材料费）	%	1.000	1.000	1.000	1.000

工作内容：对口、上螺栓、制垫、加垫、找正、找平、固定、试动、调整。　　**计量单位：**个

编　号				2-5-228	2-5-229	2-5-230	2-5-231
项　目				碳钢风口安装			
				钢百叶窗框内面积（m^2）			
				≤ 0.5	≤ 1.0	≤ 2.0	≤ 4.0
名　称			单位	消　耗　量			
人工	000205000	综合二类工	工日	0.312	0.466	0.810	0.858
材料	110305001	钢百叶窗	个	1.000	1.000	1.000	1.000
	011301001	扁钢 59 以内	kg	0.210	0.310	0.410	0.510
	030105033	带帽六角螺栓 M2～5 × 4～20	10 套	1.700	2.100	2.500	3.300
	030105075	六角螺栓带螺母 M6 × 75	10 套	0.400	0.400	0.800	1.000
	030103067	木螺钉 $d6 \times 100$	10 个	—	—	0.100	0.100
	850103006	其他材料费（占材料费）	%	1.000	1.000	1.000	1.000

工作内容：开箱检查、除污锈、就位、上螺栓、固定、试动。　　　　**计量单位：**个

编号				2-5-232	2-5-233	2-5-234	2-5-235
项目				碳钢风口安装			
				板式排烟口周长（mm）			
				≤ 800	≤ 1280	≤ 1600	≤ 2000
名称			单位	消耗量			
人工	000205000	综合二类工	工日	0.229	0.286	0.332	0.381
材料	224109001	板式排烟口	个	1.000	1.000	1.000	1.000
	030105063	六角螺栓带螺母 M6 × 75 以下	10 套	0.004	0.004	0.006	—
	030105077	六角螺栓带螺母 M8 × 75	套	—	—	—	0.062
	020101001	橡胶板（综合）	kg	0.080	0.080	0.120	0.240
	850103006	其他材料费（占材料费）	%	1.000	1.000	1.000	1.000

工作内容：开箱检查、除污锈、就位、上螺栓、固定、试动。　　　　**计量单位：**个

编号				2-5-236	2-5-237	2-5-238
项目				碳钢风口安装		
				板式排烟口周长（mm）		
				≤ 2800	≤ 3200	≤ 4000
名称			单位	消耗量		
人工	000205000	综合二类工	工日	0.515	0.601	0.801
材料	224109001	板式排烟口	个	1.000	1.000	1.000
	030105077	六角螺栓带螺母 M8 × 75	套	0.083	0.083	0.083
	020101001	橡胶板（综合）	kg	0.280	0.320	0.400
	850103006	其他材料费（占材料费）	%	1.000	1.000	1.000

工作内容：开箱检查、除污锈、就位、上螺栓、固定、试动。　　　　**计量单位：**个

编号				2-5-239	2-5-240	2-5-241	2-5-242
项目				碳钢风口安装			
				多叶排烟口（送风口）周长（mm）			
				≤ 1200	≤ 2000	≤ 2600	≤ 3200
名称			单位	消耗量			
人工	000205000	综合二类工	工日	0.172	0.172	0.191	0.209
材料	224139001	多叶排烟口（送风口）	个	1.000	1.000	1.000	1.000
	030105006	半圆头螺栓带螺母 M5 × 15	10 套	0.624	0.624	0.624	0.624
	011301001	扁钢 59 以内	kg	0.470	0.590	0.640	0.750
	850103006	其他材料费（占材料费）	%	1.000	1.000	1.000	1.000
机械	990726010	台式钻床 16mm	台班	0.030	0.030	0.030	0.030

工作内容：开箱检查、除污锈、就位、上螺栓、固定、试动。　　计量单位：个

编　　号				2-5-243	2-5-244	2-5-245	2-5-246
项　　目				碳钢风口安装			
				多叶排烟口（送风口）周长（mm）			
				≤ 3800	≤ 4400	≤ 4800	≤ 5200
名　　称			单位	消　耗　量			
人工	000205000	综合二类工	工日	0.229	0.246	0.257	0.266
材料	224139001	多叶排烟口（送风口）	个	1.000	1.000	1.000	1.000
	030105006	半圆头螺栓带螺母 M5 × 15	10 套	0.624	0.832	0.832	0.832
	011301001	扁钢 59 以内	kg	0.830	0.980	1.100	1.190
	850103006	其他材料费（占材料费）	%	1.000	1.000	1.000	1.000
机械	990726010	台式钻床 16mm	台班	0.030	0.030	0.030	0.030

工作内容：制垫、加垫、找正、找平、固定。　　计量单位：个

编　　号				2-5-247	2-5-248	2-5-249	2-5-250
项　　目				铝制孔板口安装			
				百叶风口周长（mm）			
				≤ 900	≤ 1280	≤ 1800	≤ 2500
名　　称			单位	消　耗　量			
人工	000205000	综合二类工	工日	0.128	0.162	0.318	0.366
材料	224119001	铝制孔板风口	个	1.000	1.000	1.000	1.000
	030103035	镀锌木螺钉 $d6 \times 100$	10 个	4.000	6.000	6.000	10.000
	850103006	其他材料费（占材料费）	%	1.000	1.000	1.000	1.000

工作内容：制垫、加垫、找正、找平、固定。　　计量单位：个

编　　号				2-5-251	2-5-252	2-5-253	2-5-254
项　　目				铝制孔板口安装			
				百叶风口周长（mm）			
				≤ 3300	≤ 4800	≤ 6000	≤ 7000
名　　称			单位	消　耗　量			
人工	000205000	综合二类工	工日	0.414	0.540	0.694	0.822
材料	224119001	铝制孔板风口	个	1.000	1.000	1.000	1.000
	030103035	镀锌木螺钉 $d6 \times 100$	10 个	14.000	20.000	24.000	26.000
	850103006	其他材料费（占材料费）	%	1.000	1.000	1.000	1.000

工作内容：制作：下料、号料、开孔、钻孔、组对、点焊、焊接成型、焊缝酸洗、钝化；
安装：制垫、加垫、找平、找正、组对、固定。 **计量单位：**100kg

编号				2-5-255	2-5-256	2-5-257	2-5-258
项目				不锈钢风口安装	不锈钢圆形法兰制作、安装（手工氩弧焊、电焊）		吊托支架制作、安装
					≤ 5kg	> 5kg	
名称			单位	消耗量			
人工	000205000	综合二类工	工日	23.376	26.754	9.800	5.806
材料	011307002	不锈钢扁钢 59 以内	kg	—	96.000	101.000	20.500
	050401003	板枋材	m^3	0.003	—	—	—
	030103035	镀锌木螺钉 $d6\times100$	10 个	10.970	—	—	—
	031301003	不锈钢焊条 A102 $\phi3.2$	kg	—	6.300	3.100	0.400
	030105014	不锈钢六角螺栓带螺母 M6 × 50 以下	10 套	—	18.000	—	—
	030105015	不锈钢六角螺栓带螺母 M8 × 50 以下	10 套	—	—	6.370	2.320
	031303018	不锈钢氩弧焊丝（综合）	kg	—	2.700	1.800	—
	020117003	耐酸橡胶板 $\delta3$	kg	—	6.800	3.800	—
	142911001	氩气	m^3	—	6.300	3.300	—
	011301001	扁钢 59 以内	kg	—	—	—	20.500
	030113009	不锈钢垫圈 M10～12	10 个	—	—	—	4.630
	341103001	电	kW · h	—	—	—	0.052
	012101008	角钢 60	kg	—	—	—	63.000
	031101001	砂轮片（综合）	片	—	—	—	1.440
	142909001	氧气	m^3	—	—	—	1.788
	142907002	乙炔气	kg	—	—	—	0.639
	850103006	其他材料费（占材料费）	%	1.000	1.000	1.000	1.000
机械	990732005	剪板机 6.3 × 2000mm	台班	1.400	—	—	—
	990726010	台式钻床 16mm	台班	8.500	0.900	—	0.200
	990904030	直流弧焊机 20kV · A	台班	1.400	3.200	1.200	0.300
	990757010	法兰卷圆机 L40 × 4	台班	—	0.500	0.500	—
	990718010	普通车床 400 × 1000mm	台班	—	11.300	—	—
	990912010	氩弧焊机 500A	台班	—	4.100	1.600	—
	990743010	等离子切割机 400A	台班	—	—	1.000	—
	990727020	立式钻床 35mm	台班	—	—	1.400	—
	990718030	普通车床 630 × 1400mm	台班	—	—	2.300	—

工作内容：号孔、钻孔、对口、校正、制垫、加垫、上螺栓、紧固。 **计量单位：**个

编号				2-5-259	2-5-260	2-5-261	2-5-262	2-5-263
项目				柔性软风管阀门安装				
				直径（mm）				
				≤ 150	≤ 250	≤ 500	≤ 710	≤ 910
名称			单位	消耗量				
人工	000205000	综合二类工	工日	0.038	0.048	0.078	0.098	0.136
材料	225311001	柔性软风管阀门	个	1.000	1.000	1.000	1.000	1.000

第六章

自动化控制装置及仪表安装工程

第六章

[illegible]

说　明

一、本章包括计算机及网络系统工程，综合布线系统，设备自动化系统，视频系统，安全防范系统，过程检测仪表，过程控制仪表，过程分析及环境监测装置，安全、视频及控制系统，工业计算机安装与试验，仪表管路敷设、伴热及脱脂，自动化线路、通信，仪表盘、箱、柜安装，仪表附件安装制作等项目。

二、本章适用于工业自动化仪表及管廊建筑智能化。

三、本章编制的主要技术依据有：

1.《自动化仪表工程施工及质量验收规范》GB 50093—2013；

2.《石油化工可燃气体和有毒气体检测报警设计标准》GB/T 50493—2019；

3.《全国统一安装工程基础定额》GJD 209—2006；

4.《自控安装图册》HG/T 21581—2012；

5.《建设工程分类标准》GB/T 50841—2013；

6.《智能建筑工程施工规范》GB 50606—2010；

7.《智能建筑工程质量验收规范》GB 50339—2013；

8.《城市综合管廊工程技术标准》GB/T 50838—2015（2024 年版）；

9.《陕西省通用安装工程消耗量定额（2025）》。

四、本章不包括下列内容，发生时应另行计算：

1. 本章施工内容只限单体试车阶段，不包括无负荷和负荷试车；不包括单体和局部试运转所需水、电、蒸汽、气体、油（脂）、燃料等，以及化学清洗和油清洗及蒸汽吹扫等。

2. 电气配管、支架制作与安装、桥架安装、接地系统，供电电源、UPS 安装执行本册第二章“电气设备安装工程”相应项目。

3. 管道上安装流量计、调节阀、电磁阀、节流装置、取源部件等，以及在管道上开孔焊接部件、管道切断、法兰焊接、短管装拆等。

4. 仪表设备与管路的保温保冷、防护层的安装及保温保冷层、防护层的防水、防腐工作。

5. 为配合业主或认证单位验收测试而发生的费用，在合同中协商确定。

五、计算机及网络系统工程：

1. 台架、插箱、机柜、网络终端设备、输入设备、输出设备、专用外部设备及存储设备的安装、调试项目不包括以下工作内容：

（1）设备本身的功能性故障排除；

（2）缺件、配件的制作；

（3）在特殊环境条件下的设备加固、防护和电缆屏蔽；

（4）应用软件的开发，病毒的清除，版本升级与外系统的校验或统调。

2. 计算机及网络系统互联及调试项目不包括以下工作内容：

（1）系统中设备本身的功能性故障排除；

（2）与计算机系统以外的外系统联试、校验或统调。

3. 计算机软件安装、调试项目不包括以下工作内容：

（1）排除由于软件本身缺陷造成的故障；

（2）排除软件不配套或不兼容造成的运转失灵，排除硬件系统的故障引起的失灵、操作系统发生故障中断、诊断程序运行失控等故障；

（3）在特殊环境条件下的软件安装、防护；

（4）与计算机系统以外的外系统联试、校验或统调。

六、综合布线系统工程：

综合布线系统所涉及双绞线缆的敷设及配线架、跳线架等的安装、打接等消耗量，是按超五类非屏蔽布线系统编制的，高于超五类的布线工程所用项目人工乘以系数1.10，屏蔽系统人工乘以系数1.20。

七、建筑设备自动化系统工程：

1. 本定额不包括设备的支架、支座制作，其制作应执行本册第二章“电气设备安装工程”相应项目。

2. 本系统中用到的服务器、网络设备、工作站、软件等项目执行本章第一节相关项目；跳线制作、跳线安装、箱体安装等项目执行本章第二节相关项目。

八、视频系统工程：

1. 本定额不包括设备固定架、支架的制作、安装。

2. 布线施工是在土建管道、桥架等满足施工条件下进行的。

3. 有关传输线缆敷设等项目执行本章第二节相关项目。

九、安全防范系统工程：

1. 安全防范系统工程中的显示装置等项目执行本章第五节相关项目。

2. 安全防范系统工程中的服务器、网络设备、工作站、软件、存储设备等项目执行本章第一节相关项目。跳线制作、安装等项目执行本章第二节相关项目。

3. 有关场地电气安装工程项目执行本册第二章“电气设备安装工程”相应项目。

十、过程检测仪表：

1. 过程检测仪表包括以下工作内容：

技术机具准备、设备领取、搬运、清理、清洗；取源部件的保管、提供、清洗；仪表安装、仪表接头安装、校接线、挂位号牌、单体试验、配合单机试运转、安装试验记录整理；盘装仪表的盘修孔。

2. 温度仪表还包括以下工作内容：

（1）油罐平均温度计安装方式采用横插浮动式，包括安装容器内部浮动附件和远传变送器模块盒。

（2）热点探测预警系统的陶瓷插件、夹具（固定卡）、压板等附件安装，随机自带感温电缆、补偿导线安装敷设固定。

（3）带电接点温度计和温度开关整定值和报警试验。

（4）光纤温度计输出4～20mm信号和报警试验。

3. 物位仪表还包括以下工作内容：

（1）浮标液位计：浮标架组装、钢丝绳、浮标、滑轮及台架安装。

（2）贮罐液体称重仪：称重模块（包括称重传感器、负荷传递装置和安装连接件）、钟罩安装、称重显示仪安装、导压管安装试压。

（3）重锤探测料位计：执行器、传感器、磁力启动器、滑轮及滑轮支架安装、重锤、钢丝绳支持件安装。

（4）可编程雷达液位计分为带导波管和不带导波管两种形式。整套包括导波管、天线、罐底压力传感器、温度传感器安装及温压补偿系统安装、检查、接线。

（5）钢带液位计：变送器安装、平衡锤、保护罩、浮子、钢带、导向管、保护套管安装、调整，试漏。

（6）光导液位计浮标、信号码带、连接钢带、导向滑轮、平衡锤和光导转换器，罐顶直接安装。

（7）多功能磁致伸缩液位计采用直插入安装方式，包括密封的磁致伸缩传感器、电子转换器、磁浮子、保护管整套安装。

（8）伺服式物位计整套由浮子、钢丝、伺服电机、传动机构。

4. 放射性仪表还包括以下工作内容：放射源模拟安装、配合安装放射源及保护管安装、试压、闪烁计数器安装、安全防护。

5. 本定额过程检测仪表除特别标明之外，均带报警或远传功能，并具有智能功能。

6. 本定额不包括以下工作内容：

（1）支架、支座制作与安装。

（2）设备开孔、工业管道切断、开孔、法兰焊接、短管制作与安装及焊接。

（3）取源部件安装。

十一、过程控仪表：

1. 仪表回路模拟试验包括检测回路、调节回路、无线信号传输回路。

2. 本定额包括以下工作内容：

领料、搬运、准备、单体调试、安装、固定、上接头、校接线、配合单机试运转、挂位号牌、安装试验记录。此外还包括以下工作内容：

（1）仪表回路模拟试验：电气线路检查、绝缘电阻测定、导压管路和气源管路检查、系统静态模拟试验、排错以及回路中需要再次进行仪表试验等工作。无线信号传输回路，包括信号、接收和发送试验、测试信号抗干扰性、数据包丢失检查测试等。

（2）仪表单体和回路试验：校验仪器的准备、搬运，气源、电源的准备和接线、接管。

十二、过程分析及环境监测装置：

1. 本定额包括以下工作内容：

准备、开箱、设备清点、搬运、校接线、成套仪表安装、附属件安装、常规检查、单元检查、功能测试、设备接地、整套系统试验、配合单机试运转、记录。此外还包括以下工作内容：

（1）成套分析仪表探头、通用预处理装置、转换装置、显示仪表安装及取样部件提供、清洗、保管。

（2）分析系统数据处理和控制设备调试、接口试验。

（3）分析仪表校验采用标准样品标定。

2. 本节不包括以下工作内容：

（1）仪表支架、支座、台座制作与安装。

（2）在管道上开孔焊接取源取样部件或法兰。

（3）校验用标准样品的配置。

（4）分析系统需配置的冷却器、水封及其他辅助容器的制作与安装，执行本章相关项目。

十三、安全、视频及控制系统：

1. 本定额包括以下工作内容：

技术机具准备、开箱、设备清点、搬运；单体调试、安装、固定、挂牌、校接线、接地、接地电阻测试、常规检查、系统模拟试验、配合单机试运转、记录整理，此外还包括以下工作内容：

（1）大屏幕显示墙和模拟屏配合安装，所有安装材料和设备由供货商提供，配合供货商试验，进行单元检查，逻辑预演和报警功能、微机闭锁功能等功能检查试验和系统试运行。

（2）远动装置：过程 I/O 点试验、信息处理、单元检查、基本功能（画面显示报警等）、设定功能测试、自检功能测试、打印、制表、遥测、遥控、遥信、遥调功能及接口模块测试；以远动装置为核心的被控与控制端及操作站监视、变换器及输出驱动继电器整套系统运行调整。

（3）顺序控制中：联锁保护系统线路检查、设备元件检查调整；逻辑监控系统输入输出信号检查、功能检查排错、设定动作程序；与其他专业配合进行联锁模拟试验及系统运行等。

（4）闪光报警装置：单元检查、功能检查、程序检查、自检、排错。

（5）火焰检测系统：探头、检出器、灭火保护电路安装调试。

（6）固定点火装置：电源、激磁、连接导线、火花塞安装；自动点火装置顺序逻辑控制和报警系统安装调试。

（7）可燃气体报警和多点气体报警包括探头和报警器整体安装、调试。

（8）继电器箱、柜安装、固定、校接线、接地及接地电阻测定。

（9）粉尘布袋检漏仪由外部设备、控制单元，传感器装置组成，包括安装，单元检查、系统调试。

2. 本定额不包括以下工作内容：

（1）计算机控制的机柜、台柜、外部设备安装。

（2）支架、支座制作与安装执行本章第六节相关项目另行计算。

（3）为远动装置、信号报警装置、顺控装置、数据采集、巡回报警装置提供输入输出信号的现场仪表安装调试。

（4）漏油检测装置排空管、溢流管、沟槽开挖、水泥盖板制作与安装、流入管埋设应按相应项目另行计算。

十四、工业计算机安装与试验：

1. 本定额包括以下工作内容：

（1）工业计算机机柜安装：准备、开箱、清点、运输、就位、设备元件检查、风机温控，电源部分检查，自检及校接线、外部设备功能测试、接地、安装检查记录等。

（2）管理计算机调试：硬件检查试验包括技术准备、常规检查、输入输出通道检查；软件试验包括软件装载、复原、时钟调整和中断检查、功能检查处理、保护功能及可靠性、可维护性检查和综合检查；此外，还包括生产计划平衡、物料跟踪。生产实绩信息、调度指挥、仓库管理、技术信息、指令下达、管理优化及通信功能等；主程序及子程序运行、测试、排错、检查试验记录。

（3）监控计算机系统：硬件试验包括系统装载、复原、常规检查、可靠可维护性、与上级及基础自动化接口模块检查等；软件系统包括生产数据信息处理、数据库管理、生产过程监控、数学模型实现、生产实绩、故障自诊及排障、质量保证、最优控制实现和实时运行、排错。

（4）基础自动化装置硬件检查试验：常规检查、通电状态检查、显示记录控制仪表调试等。

（5）基础自动化装置软件检查试验：程序装载、输入输出插卡校准和试验、操作功能、组态内容或程序检查、应用功能检查、冗余功能、控制方案、离线系统试验。

（6）网络系统试验：参数设置、安全设置、维护功能、传输距离、冗余功能、优先权通信试验、接口、总线服务器、网桥、总线电源、电源阻抗器、网络系统联校等。无线数据传输网络试验内容主要测试无线网络信号测控点的连接、信号接收和发送、信号抗干扰性能.数据包是否丢失等功能。

（7）在线回路试验：现场加信号经安全栅至基础自动化装置进行控制、操作、显示静态模拟试验。

2. 本节不包括以下工作内容：

（1）支架、支座、基础安装与制作。

（2）控制室空调、照明和防静电地板安装、场地消磁。

（3）软件生成或系统组态。

（4）设备因质量问题的修、配、改。

十五、仪表管路敷设、伴热及脱脂：

1. 本定额包括以下工作内容：

（1）管路敷设：领料、搬运、准备、清扫、清洗、划线、调直、定位、切割、煨弯、焊接、上接头或管件、加垫固定，强度、严密性、泄露性试验，除锈、防腐、刷油，安装试验记录。

（2）仪表设备与管路伴热：

伴热管敷设：焊接、除锈、防腐、试压、气密性试验等。

电伴热电缆、伴热元件或伴热带敷设：绝缘测定、接地、控制及保护电路测试、调整记录、接线盒安装、终端头制作及其尾盒安装。

（3）仪表管路脱脂：拆装、浸泡、擦洗、检查、封口、保管、送检、填写记录。

2. 本定额不包括以下工作内容：

（1）支架制作与安装。

（2）脱脂液分析工作。

（3）管路中截止阀、疏水器、过滤器等安装。

（4）电伴热供电设备安装、接线盒安装、保温层和保温材料。

（5）被伴热的管路或仪表设备的外部保温层、防护防水层安装及防腐。

十六、自动化线路、通信：

1. 本定额包括以下工作内容：

领料、开箱检查、准备、运输、敷设、固定、绝缘检查、校线、挂牌、记录等，此外还包括下列工作内容：

（1）系统电缆敷设带插头、插头检查、敷设时揭盖地板。

（2）自动化电缆终端头制作：AC、DC 接地线焊接、接地电阻测试、校接线、套线号、电缆测试。

（3）光缆敷设、接头测试、熔接、接续、接头盒安装、地线装置安装、成套附件安装、复测衰耗、安装加感线圈、包封外护套、充气试验。

（4）光缆成端接头：活接头制作、固定、测试衰耗、光缆终端头固定。

（5）GPS 收发机安装测试、无线电台、无线电台天线、环形天线、增益天线安装。

（6）中继段测试：光纤特性测试、铜导线电气性能测试、护套对地测试、障碍处理。

（7）通信设备：单元检查、功能试验，电话装置调整功放和放大级电压、电平、振荡输出电平、电源电压、工作电压及感应电话的谐振频率，以及扬声器音量、音响信号、通话、呼叫试验等。

2. 本节不包括以下工作内容：

（1）支架、机架、框架、托架、塔架制作与安装。

（2）光中继器埋设。

（3）挖填土工程、开挖路面工程。

（4）不间断电源及蓄电池安装和配套的发电机组。

（5）保护管和接地系统安装与调试。

十七、仪表盘、箱、柜及附件安装：

1. 本定额包括以下工作内容：

（1）盘柜安装：开箱、检查、清扫、领搬、找正、组装、固定、接地、打印标签。

（2）接线箱：安装、接线检查、套线号、接地。

（3）电磁阀箱：箱及箱内阀安装、接线、接地、接管、挂位号牌。

（4）充气式仪表柜充气试压，密封性能试验检测。

2. 本定额不包括以下工作内容：

（1）支架制作和安装。

（2）盘、箱、柜底座制作和安装。

（3）盘箱柜制作及喷漆。

（4）空调装置。

（5）控制室照明。

十八、仪表附件安装制作：

本定额包括以下工作内容：

1. 仪表阀门：领取、清洗、试压、焊接或法兰连接、螺纹连接、卡套连接、焊接、接头安装；阀门研磨包括试压和研磨及准备工作。

2. 仪表支吊架安装、仪表立柱、桥架立柱和托臂安装、穿墙密封架安装、冲孔板/槽安装和混凝土基础。

工程量计算规则

一、计算机及网络系统工程：

1. 台架、插箱、机柜、网络终端设备、输入设备、输出设备、专用外部设备、存储设备安装及软件安装，以“台（套）”为计量单位。

2. 互联电缆制作、安装，以“条”为计量单位。

3. 计算机及网络系统联调及试运行，以“系统”为计量单位。

二、综合布线系统工程：

1. 双绞线缆、光缆、同轴电缆敷设、穿放、明布放，以“m”计量单位。电缆敷设按单根延长米计算，如一个架上敷设 3 根长均为 100m 的电缆，应按 300m 计算，依次类推。电缆附加及预留的长度是电缆敷设长度的组成部分，应计入电缆长度工程量之内。

2. 制作跳线以“条”为计量单位，卡接双绞线缆以“对”为计量单位，跳线架、配线架安装以“条”为计量单位。

3. 安装各类信息插座、过线（路）盒、信息插座底盒（接线盒）、光缆终端盒和跳块打接，以“个”为计量单位。

4. 双绞线缆、光缆测试，以“链路”为计量单位。

5. 光纤连接，以“芯”（磨制法以“端口”）为计量单位。

6. 布放尾纤，以“条”为计量单位。

7. 机柜、机架、抗震底座安装，以“台”为计量单位。

8. 系统调试、试运行，以“系统”为计量单位。

三、建筑设备自动化系统工程：

1. 基表及控制设备、第三方设备通信接口安装、系统安装、调试，以“个”为计量单位。

2. 中心管理系统调试、控制网络通信设备安装、控制器安装、流量计安装、调试，以“台”为计量单位。

3. 建筑设备监控系统中央管理系统安装、调试，以“系统”为计量单位。

4. 温、湿度传感器、压力传感器、电量变送器和其他传感器及变送器，以“支”为计量单位。

5. 阀门及电动执行机构安装、调试，以“个”为计量单位。

6. 系统调试、系统试运行，以“系统”为计量单位。

四、视频系统工程：

1. 信号源设备安装，以“只”为计量单位。

2. 分系统调试、系统测量、系统调试、系统试运行，以“系统”为计量单位。

五、安全防范系统工程：

1. 入侵探测设备安装、调试，以“套”为计量单位。

2. 报警信号接收机安装、调试，以“系统”为计量单位。

3. 出入口控制设备安装、调试，以“台”为计量单位。

4. 巡更设备安装、调试，以“套”为计量单位。

5. 电视监控设备安装、调试，以“台”为计量单位。

6. 防护罩安装，以“套”为计量单位。

7. 摄像机支架安装，以“套”为计量单位。

8. 安全检查设备安装，以“台”或“套”为计量单位。

9. 安全防范分系统调试及系统工程试运行，均以“系统”为计量单位。

六、过程检测仪表：

1. 本节仪表以“台件”计算工程量，但与仪表成套的元件、部件是仪表的一部分，如放大器、过滤器等不能分开另计工程量或重复计算工程量。

2. 本章中取源部件均为配合安装。

3. 仪表在工业设备和管道上的安装孔和一次部件安装，按预留和安装完好考虑，并已合格，定额包括部件提供、清洗、保管工作，不能另行计算工程量。

4. 过程检测仪表安装试验工程量计算不再区分智能和非智能。压力式温度计如带变送器，另外计算工程量。

5. 光纤温度计选用接触式安装方式，采用螺纹插座固定，非接触式光纤温度计可执行辐射式比色高温计项目。辐射温度计如带辅助装置，区分轻型或重型另行计算工程量。

6. 表面、铠装、多点多对式热电偶（阻）按安装方式不同区分，表面热电偶按每套的支数计算，设备表面热点探测报警按每套有多少探测点计算，铠装热电偶（阻）按每支的长度计算，多点多对按每组有几支温度计计算。

7. 热点探测预警随机成套的接线箱、温度变送器另行计算。

8. 钢带液位计、储罐液位称重仪、重锤探测料位计、浮标液位计现场安装以“套/台”为计量单位，包括导向管、滑轮、浮子、钢带、钢丝绳、钟罩或台架等，不得分开另行计算。

9. 浮筒液位按安装方式分为外浮筒和内浮筒，如带变送器，另外计算工程量。

10. 伺服式液位计是一种多功效仪表，既能够测量液位也能够测量界面、密度和罐底等参数，按“台”计算工程量。伺服式液位计安装包括微伺服电动机、浮子、细钢丝、磁鼓、磁铁、电磁传感器等。

11. 流量或液位仪表如自带现场指示显示仪表，不得另计显示仪表安装与试验。

12. 仪表设备支架、支座安装与制作执行本册第二章“电气设备安装工程”相关内容。

七、过程控制仪表：

1. 回路系统模拟试验项目，除各节另有说明外，不适用于计算机系统的回路调试和成套装置的系统调试。回路系统调试以“套”为计量单位，并区分检测系统、调节系统和手动调节系统。连锁回路和报警回路执行本章顺序控制装置和信号报警装置相关项目。

2. 系统调试项目中，调节系统是具有负反馈的闭环回路。简单调节回路是指单参数、一个调节器、一个检测元件或变送器组成的基本控制系统；复杂回路是指单参数调节或多参数调节，双回路由两个回路组成的调节回路，多回路由两个以上的回路组成的复杂调节回路。

八、过程分析及环境监测装置：

本节检测装置及仪表是成套装置，安装和调试按“套”计算工程量，除有说明外，不分开计算工程量。

九、安全、视频及控制系统：

1. 本节为成套装置，按“套”或“系统”为计量单位。

2. 大屏幕显示墙与模拟屏的区分：大屏幕显示墙主要用于过程监视系统，接收视频数字信号，使用计算机进行控制，显示图文信息、可外接 DVD 等设备，可全天候安装。模拟屏主要用于生产装置和能源管理、调度等，分散控制多路智能驱动盒，形成主从结构分布式控制，要求比较严格。模拟屏主要接收开关信号和数字信号，室内安装。大屏幕显示墙和模拟屏工程量计算：大屏幕显示墙包括配合安装和试验，按“m^2”为计量单位。模拟屏配合安装分为柜式和墙壁安装方式，包括校接线，按“m”为计量单位，试验按输入点计算，分为 20 点以下、80 点以下、120 点以下、180 点以下和每增 4 点计算，包括整套系统试验和运行。

3. 信号报警装置中的闪光报警器按台件数计算工程量；微机多功能报警装置按组合或扩展的报警回路或报警点为一套计算工程量；单回路闪光报警器以事故接点一点作为计量单位，两点以上按每增一点计算，有几点计算几点。

4. 数据采集和巡回报警装置：按采集的过程输入点以“套”为计量单位。

5. 远动装置工程量计算分别以过程点输入点和输出点的数量以“套”为计量单位，包括以计算机为核心的被控与控制端、操作站整套调试。

6. 燃烧安全保护装置、火焰监视装置、漏油装置、高阻检漏装置及自动点火装置包括现场安装和成套调试，以“套”为计量单位。

7. 在顺序控制中，继电联锁保护系统由接线连接，以事故接点数按“套”计算工程量，可编程逻辑监控装置和插件式逻辑监控装置带微芯片，是智能型的，采用软连接，按容量 I/O 点以“套”为计量单位，使用时应加以区分。可编程逻辑控制器应执行本章工业计算机节相关项目。

8. 报警盘、点火盘箱安装及检查接线执行继电器箱盘；组件箱柜、机箱柜安装及检查接线执行本节规定计算工程量。

十、工业计算机安装与试验：

1. 计算机标准机柜尺寸为(600～900)mm × 800mm × (2000～2200)mm（宽 × 深 × 高）以内，其他为非标准。非标准机柜按半周长“m”为计量单位。操作显示台柜为大尺寸专用台柜，包括台上计算机及附件，工控计算机台柜为普通操作台，安装包括台上 PC 计算机。

2. 计算机系统应是合格的硬件和成熟的软件，对拆除再安装的旧设备安装试验应另计工程量。

3. 计算机系统硬件检查按“台”计算；软件调试以过程点为步距，以“套”为计量单位。DCS 分为过程控制点（信息输出）和数据采集（信息输入）。过程控制以 DCS 的信息输出（OUTPUT)为一套计算，数据采集和过程监视以 DCS 的信息输入（INPUT）为一套计算；可编程逻辑控制器（PLC)按 I/O 点的数量为一套系统计算，工控计算机 IPC 系统试验按一个独立的 IPC 系统 I/O 点的数量计算。

4. FCS 是以现场总线系统为核心的控制系统，工程量计算按总线所带节点数计算，按“套”作为计量单位。节点数为总线控制系统所涵盖的现场设备的台数。总线仪表按“台件”计算工程量，包括安装、单体调试、系统调试。凡可挂在现场总线上，并与之通信的智能仪表，均可以作为总线上的网络节点。

5. 网络系统检查试验：以进行通信的信息“节点数”为步距，以“套”为计量单位。工程量计算应按系统配置情况，所共享的通信网络为一套计算，范围包括每套通信网络所能覆盖的最大距离和所能连接的最大节点数。节点指进行通信的站、设备、装置、终端等。现场总线系统网络按本章说明和所列项计算。信息传输网络硬件为双绞线、同轴电缆、光纤电缆，安装执行本章线路安装、测试项目。

6. 无线数据传输网络为无线局域网，用于工业自动化系统，采用无线电台组网方式，实现远程数据采集、监视与控制。无线数据传输距离划分 3km 以内和 3km 以外，以“站”为计量单位，“站”指无线电台，工程量计算以一个无线电台为 1 套站。无线电台、无线电台天线安装及试验执行本章第十二节“自动化线路、通信”相关项目。

7. 在线回路试验划分为模拟量 I/O 点、数字量 I/O 点、脉冲 PI/PO 点，以过程“点”作为计量单位。无线信号回路试验是以“测控点”为计量单位。测控点可以是 PLC、RTU 装置或其他智能仪表等。

8. 经营管理计算机和监控计算机包括硬件和软件试验，工程量计算按所带终端数计算。终端是指智能设备、装置或系统，打印机、拷贝机等不作为终端。

9. 与其他设备接口试验指与上位机、系统或装置的接口试验，以一套系统或装置作为单位。未列项目作为其他装置计算工程量，按过程 I/O 点计算。

10. 工业计算机系统安装试验定额使用说明：

（1）工业计算机安装试验计算工程量时应按所承担的工作内容选取。

（2）在线回路试验是指在现场加模拟信号经安全栅至控制室进行的静态模拟回路试验。

（3）DCS 主要用于模拟量的连续多功能控制，并包括顺控功能。

（4）PLC 主要用于顺序控制，目前 PLC 也具有 DCS 功能，并且两者功能相互结合。工程量计算仍以 PLC 的主要功能为基准，执行 PLC 项目。

（5）IPC 系统是运行在 Windows NT 的环境下的独立控制系统，具有广泛的软硬件支持，系统构成灵活，工程量计算按过程 I/O 点。IPC 系统试验适用于直接数字控制系统（DDC）试验。

（6）现场总线 FCS 是基金会现场总线（FF），按“套”以节点数计算工程量。FF 现场总线按传输速率不同，有两种物理层标准，定额按 32 节点和 124 节点以下区分，节点为总线仪表或其他智能设备。现场总线控制系统试验内容包括服务器和网桥功能，可接局域网，并通过网桥互联。现场总线仪表具有网络主站的功能、PID 功能并兼有通信等多种功能，与智能仪表不同，是小型计算机，安装和试验按“台”计算。

（7）远程监控和数据采集系统是独立系统，以 SCADA 系统作为编制依据，包括三大部分：

a：分布式数据采集系统（下位机系统），即现场控制站点；

b：监控中心（包括服务器、工程师站、操作员站、Web 服务器等）；

c：数据通信网络，包括上位机网络、下位机网络、上下位之间联系的网络。

远程监控和数据采集容量有大小，工程量计算应按上位机的数量和下位机的数量计算，上位机为监控中心，一个监控中心和所覆盖的下位机为一个系统。下位机按控制站点作为计量单位。下位机指 RTU、PLC、DCS、FCS、可编程仪表或智能仪表等。远程终端 RTU 试验执行本章远动装置项目。

（8）SCADA 与 DCS 和 PLC 使用的不同点在于：SCADA 软件、硬件由不同厂家的产品构建起来的，不是某一家的产品，是各用户集成的，测控点很分散，采集数据范围广，数字量采集大，控制要求不大，特指远程分布计算机测控系统。DCS 和 PLC 由不同厂商开发的产品，用于要求较高的过程控制和逻辑监控系统，可以作为 SCADA 的下位机。

（9）SCADA 与工业监控计算机区分：工业监控计算机系统主要用于过程控制的优化，是 DCS 多级控制的上位机。工程量计算应区分开。

（10）仪表安全系统（SIS）是三重化（冗余）安全系统（或称紧急停车系统 ESD），是独立的系统，用于监控生产安全，以“套”为计量单位，按过程（I/O 点）计算工程量。其他，如储运监控（OMS）、压缩机组控制系统（CCS）、大型机组状态监测系统（MMS）、仪表设备管理系统（AMS）等独立的系统，都可以作为 DCS 子系统，计算接口试验，其硬件安装、硬件、软件试验可执行 PLC 或 DCS 相关项目。

11. 定额所列的安装试验工作内容不包括设计或开发商的现场服务。

十一、仪表管路敷设、伴热及脱脂：

1. 导压管和伴热管敷设以“10m”为计量单位，电伴热电缆以“100m”为计量单位，伴热元件以“根”为计量单位。管路及设备伴热不包括被伴热的管路和仪表的外部保温层、防护防水层。电伴热的供电设备、接线盒、终端头制作应另计工程量。

2. 导压管敷设范围是从取源一次阀门后，不包括取源部件及一次阀门。

3. 管路工程量计算按延长米不扣除管件、仪表阀等所占的长度。

4. 管路试压、供气管通气试验和防腐已包括在定额内，不另计算工程量。本节中不包括公称直径 50mm 以上的管路。

5. 碳钢管敷设连接形式分为焊接、丝接和卡套连接。计算工程量时，焊接按管径大小计算，丝接按公称直径不同计算。管路中的截止阀、疏水器、过滤器等应另行计算。

6. 仪表管路或仪表设备脱脂项目适用于必须禁油或设计要求需要脱脂的工程，无特殊情况或设计无要求的工程，不得计算其工程量。

7. 需要银焊的管路可执行铜管敷设项目，进行材料换算。

8. 管路敷设的支架制作与安装应执行本册第二章“电气设备安装工程”相应项目。

9. 导压管线强度、严密性和泄露量试验与工业管道一起进行。仪表气源和信号管路只做严密性试验、通气试验，不做强度试验。

十二、自动化线路、通信：

1. 电缆、光缆、同轴电缆敷设以“100m”为计量单位，另加穿墙、穿板以及拐弯的余量：电缆接至现场仪表处增加 1.5m 的预留长度。接至盘上，按盘高加盘宽预留长度。敷设时，还要增加一定的裕量，裕量按电气电缆敷设规定。带专用插头的系统电缆按芯数以“根”为计量单位。

2. 自动化电缆敷设适用于控制电缆、仪表电源电缆、屏蔽或非屏蔽电缆（线）、补偿导线（缆）等仪表所用电缆（线），综合沿桥架支架、电缆沟或穿管敷设，不区分安装方式。

3. 光缆接头以“芯/束”为计量单位，光缆成端头以“个”为计量单位。

4. 穿线盒以“10个”为计量单位，预算工程量计算以每10m配管2.8个穿线盒考虑，材料费按实计算。

5. 通信设备中扩音对讲系统安装试验。

（1）扩音对讲话站安装以“台”作为计量单位，系统连接采用总线式连接和集中供电形式。每个系统具有广播和对讲功能、独立电源和功放功能，都有呼叫按钮。扩音对讲话站分为无主机的形式和有主机形式，无主机形式具有多通道系统，系统内话站广播和通话不需要主机控制，有主机形式增加数字程控调度机。扩音对讲话站安装分为室内和室外，安装形式有普通型、防爆型、防水型、壁挂式、落地式、台面安装式。

（2）数字程控调度机安装试验以“台”为计量单位，它具有数字程控调度系统的所有功能，包括内外线群呼、组呼、一键呼、提机热呼、强插强拆、分机多机一号连选等多种功能，并为防爆扩音对讲系统分机提供信号源，为扩音电话站提供功放电源，是整个扩音对讲系统的中心和系统电缆的配线汇接机柜。

6. 金属挠性管以“10根”为计量单位，包括接头安装、防爆挠性管的密封。

7. 电缆和配管支架、托架制作与安装，执行本册第二章“电气设备安装工程”相应项目，桥架支撑和托臂是成品件时，执行本章相应项目。

8. 孔洞封堵防爆胶泥和发泡剂以“kg”为计量单位。

9. 接地系统接地极、接地母线安装和系统试验、降阻剂埋设，执行本册第二章“电气设备安装工程”相应项目。采用铜包钢材质的接地极和接地母线需要焊接时，执行本章铜包钢焊接项目，以一个焊接“点”为计量单位。

10. 光缆敷设为多模光缆，用于局域网，不适用于单模光缆。

11. 供电电源和不间断电源安装试验，执行本册第二章“电气设备安装工程”相应项目。

十三、仪表盘、箱、柜及附件安装：

1. 仪表盘、箱、柜安装以“台”为计量单位。基础或支座工程量执行本册第二章“电气设备安装工程”相应项目。

2. 电磁阀箱按出口点以“台”为计量单位。

十四、仪表附件安装制作：

1. 仪表阀门安装以“个”为计量单位。需要进行研磨的阀门以“个”为计量单位。本节中不包括口径大于50mm的阀门。

2. 双杆吊架、冲孔板/槽、电缆穿墙密封架均是成品件。双杆吊架以“对”为计量单位，如单杆安装，以二分之一计算工程量；冲孔板/槽是电缆或管路的固定件，以“m”为计量单位；电缆穿墙密封架安装不分大小，按“个”为计量单位，制作执行本册第二章“电气设备安装工程”相应项目。

3. 混凝土基础规格 400mm×400mm，体积为 0.112m^3/个，如规格与项目不同，可计算出基础体积，再计算工程量。

4. 仪表立柱以“10根”为计量单位，每个1.5m长，立柱材料费按实际计算。

一、计算机及网络系统工程

工作内容：开箱检查、本体安装调试等。　　　　**计量单位：**台

编号				2-6-1	2-6-2	2-6-3	2-6-4
项目				输入设备			
				数字化仪		扫描仪	
				A0、A1	A3、A4	B0、B1	A3、A4
名称			单位	消耗量			
人工	000205000	综合二类工	工日	1.000	0.500	1.500	0.200
机械	870199011	笔记本电脑	台班	0.200	0.050	0.050	0.050
	990422010	手动液压叉车	台班	0.200	—	0.200	—

工作内容：开箱检查、本体安装调试等。　　　　**计量单位：**台

编号				2-6-5	2-6-6	2-6-7	2-6-8	2-6-9
项目				输出设备				
				宽行打印机	激光打印机		喷墨打印机	
					A0、A1	A3、A4	A0、A1	A3、A4
名称			单位	消耗量				
人工	000205000	综合二类工	工日	0.250	0.450	0.250	0.500	0.250
机械	870199011	笔记本电脑	台班	0.050	0.050	0.050	0.050	0.050

工作内容：开箱检查、本体安装调试等。　　　　**计量单位：**台

编号				2-6-10	2-6-11	2-6-12	2-6-13
项目				输出设备			
				网络打印机		绘图仪 B0、B1	绘图仪 A3、A4
				A0、A1	A3、A4		
名称			单位	消耗量			
人工	000205000	综合二类工	工日	0.600	0.300	1.500	0.200
材料	850103005	其他材料费	元	—	—	4.800	4.800
机械	870199011	笔记本电脑	台班	0.250	0.250	0.200	0.050
	990422010	手动液压叉车	台班	—	—	0.200	—

工作内容： 开箱检查、本体安装调试等。 **计量单位：** 台

编号				2-6-14	2-6-15	2-6-16	2-6-17
项目				输出设备			
				X-Y 记录仪	多功能一体机	监视器 CRT	
						摆放	吊装
名称			单位	消耗量			
人工	000205000	综合二类工	工日	0.500	0.500	0.500	1.250
材料	850103005	其他材料费	元	—	0.500	6.110	6.110
机械	870613028	工业用真有效值万用表	台班	—	—	0.100	0.100
	990512010	平台作业升降车 9m	台班	—	—	—	0.200
	870199011	笔记本电脑	台班	0.150	0.100	0.250	0.250
	990422010	手动液压叉车	台班	0.200	—	0.100	0.100

工作内容： 开箱检查、划线、定位、设备组装、接线、接地、本体安装调试等。 **计量单位：** 台

编号				2-6-18	2-6-19	2-6-20
项目				输出设备		
				监视器		
				液晶监视器		
				摆放	壁挂	吊装
名称			单位	消耗量		
人工	000205000	综合二类工	工日	0.250	0.750	0.750
材料	850103005	其他材料费	元	7.130	7.130	7.130
机械	870199011	笔记本电脑	台班	0.250	0.250	0.250
	870613028	工业用真有效值万用表	台班	0.100	0.100	0.100
	990422010	手动液压叉车	台班	0.100	0.100	0.100
	990512010	平台作业升降车 9m	台班	—	—	0.200

工作内容： 1. 开箱检查、接线、本体安装调试等。
2、3、4、5、6. 开箱检查、接线、接地、本体安装调试等。 **计量单位：** 台

编号				2-6-21	2-6-22	2-6-23	2-6-24
项目				控制设备			
				微机处理通信控制器	A/D、D/A 转换设备		
					8 路、8 位	8/16 路、12 位	16/32 路、32 位
名称			单位	消耗量			
人工	000205000	综合二类工	工日	3.000	1.000	2.000	2.500
材料	290901004	铜端子 $6mm^2$	个	—	2.040	2.040	2.040
	280301006	铜芯塑料绝缘电线 BV-$6mm^2$	m	—	2.040	2.040	2.040
	850103005	其他材料费	元	1.880	2.980	2.980	2.980
机械	990422010	手动液压叉车	台班	0.500	—	—	—
	870199011	笔记本电脑	台班	0.800	1.000	1.500	2.000
	870199013	宽行打印机	台班	0.100	—	—	—
	873136056	时间间隔测量仪	台班	—	1.000	1.500	2.000
	873148008	数字示波器	台班	—	0.500	1.000	1.500

工作内容： 1. 开箱检查、接线、本体安装调试等。
2、3、4、5、6. 开箱检查、接线、接地、本体安装调试等。　　　　**计量单位：** 台

编　号				2-6-25	2-6-26
项　目				控制设备	
				A/D、D/A 转换设备	
				32/48 路、32 位	48/64 路、32 位
名　称			单位	消　耗　量	
人工	000205000	综合二类工	工日	3.000	4.000
材料	290901004	铜端子 $6mm^2$	个	2.040	2.040
	280301006	铜芯塑料绝缘电线 BV-$6mm^2$	m	2.040	2.040
	850103005	其他材料费	元	2.980	2.980
机械	870199011	笔记本电脑	台班	3.000	3.500
	873136056	时间间隔测量仪	台班	3.000	3.500
	873148008	数字示波器	台班	1.500	2.000

工作内容： 开箱检查、接线、接地、本体安装调试等。　　　　**计量单位：** 台

编　号				2-6-27	2-6-28
项　目				控制设备	
				A/D、D/A 转换设备	
				96/128 路、32/64 位	128/256 路、32/64 位
名　称			单位	消　耗　量	
人工	000205000	综合二类工	工日	4.500	6.000
材料	290901004	铜端子 $6mm^2$	个	2.040	2.040
	280301006	铜芯塑料绝缘电线 BV-$6mm^2$	m	2.040	2.040
	850103005	其他材料费	元	2.980	2.980
机械	870199011	笔记本电脑	台班	4.000	4.500
	873136056	时间间隔测量仪	台班	4.000	4.500
	873148008	数字示波器	台班	2.500	3.000

工作内容： 开箱检查、接线、接地、本体安装调试等。　　　　**计量单位：** 台

编　号				2-6-29	2-6-30	2-6-31
项　目				控制设备		
				KVM 切换器		
				≤8 端口	≤32 端口	>32 端口
名　称			单位	消　耗　量		
人工	000205000	综合二类工	工日	1.600	2.000	3.000
材料	290901004	铜端子 $6mm^2$	个	2.040	2.040	2.040
	280301006	铜芯塑料绝缘电线 BV-$6mm^2$	m	2.040	2.040	2.040
	850103005	其他材料费	元	7.880	7.880	7.880
机械	870613028	工业用真有效值万用表	台班	0.200	0.400	0.800

工作内容： 1、2、3、4. 开箱检查、接线、接地、本体安装调试等。
5、6. 开箱检查、设备组装、接线、接地、本体安装调试等。 **计量单位：台**

编　　号				2-6-32	2-6-33	2-6-34	2-6-35
项　　目				存储设备			
				数字硬盘录像机			
				带环路		不带环路	
				≤16	>16	≤16	>16
名　　称			单位	消　耗　量			
人工	000205000	综合二类工	工日	3.000	6.000	2.000	5.000
材料	290901004	铜端子 $6mm^2$	个	2.040	2.040	2.040	2.040
	280301006	铜芯塑料绝缘电线 BV-$6mm^2$	m	2.040	2.040	2.040	2.040
	850103005	其他材料费	元	3.700	3.700	3.700	3.700
机械	870613028	工业用真有效值万用表	台班	0.050	0.050	0.050	0.050
	870199011	笔记本电脑	台班	1.500	3.500	1.500	3.500

工作内容： 1、2、3、4. 开箱检查、接线、接地、本体安装调试等。
5、6. 开箱检查、设备组装、接线、接地、本体安装调试等。 **计量单位：台**

编　　号				2-6-36	2-6-37
项　　目				存储设备	
				磁盘阵列机	
				2 通道	4 通道
名　　称			单位	消　耗　量	
人工	000205000	综合二类工	工日	2.000	4.000
材料	022909001	白绸	m^2	1.000	1.000
	290901004	铜端子 $6mm^2$	个	2.040	2.040
	280301006	铜芯塑料绝缘电线 BV-$6mm^2$	m	2.040	2.040
	850103005	其他材料费	元	4.520	4.520
机械	870199011	笔记本电脑	台班	0.800	1.200
	990422010	手动液压叉车	台班	0.500	0.500

工作内容： 开箱检查、设备组装、接线、接地、本体安装调试等。 **计量单位：台**

编　　号				2-6-38	2-6-39	2-6-40	2-6-41
项　　目				存储设备			
				磁盘阵列机			
				8 通道	16 通道	32 通道	128 通道
名　　称			单位	消　耗　量			
人工	000205000	综合二类工	工日	8.000	12.000	18.000	30.000
材料	022909001	白绸	m^2	1.500	3.000	6.000	9.000
	290901004	铜端子 $6mm^2$	个	4.080	8.160	16.320	65.280
	280301006	铜芯塑料绝缘电线 BV-$6mm^2$	m	4.080	8.160	16.320	65.280
	850103005	其他材料费	元	7.600	15.200	30.400	45.600
机械	870199011	笔记本电脑	台班	1.500	2.500	3.500	4.000
	990422010	手动液压叉车	台班	0.700	1.000	1.200	1.800

工作内容：开箱检查、设备组装、接线、接地、本体安装调试等。　　**计量单位**：台

编号				2-6-42	2-6-43	2-6-44	2-6-45	2-6-46
项目				存储设备				
				磁盘阵列机	光盘库			
				每增加1个标准硬盘	光盘匣			每增加1个光盘匣
					≤4个	≤16个	≤32个	
名称			单位	消耗量				
人工	000205000	综合二类工	工日	0.200	2.500	6.000	13.000	0.650
材料	022909001	白绸	m^2	0.300	2.000	4.000	8.000	0.500
	303301001	光盘 5″	片	—	2.000	4.000	6.000	—
	290901004	铜端子 $6mm^2$	个	—	2.040	2.040	2.040	—
	280301006	铜芯塑料绝缘电线 BV-$6mm^2$	m	—	2.040	2.040	2.040	—
	850103005	其他材料费	元	0.250	9.860	16.840	30.800	2.090
机械	870199011	笔记本电脑	台班	0.080	1.200	3.000	7.000	0.300
	990422010	手动液压叉车	台班	—	0.200	0.500	0.700	—

工作内容：开箱检查、划线、定位、设备组装、接线、接地、本体安装等。　　**计量单位**：台

编号				2-6-47	2-6-48	2-6-49	2-6-50	2-6-51
项目				台架		插箱		标准机柜
				650×700	650×1200	固定式标准插箱	翻转式标准插箱	19#
名称			单位	消耗量				
人工	000205000	综合二类工	工日	1.000	1.500	1.000	1.500	2.000
材料	290901006	铜端子 $16mm^2$	个	2.040	2.040	—	—	2.040
	280301009	铜芯塑料绝缘电线 BV-$16mm^2$	m	2.040	2.040	—	—	2.040
	290901004	铜端子 $6mm^2$	个	—	—	2.040	2.040	—
	280301006	铜芯塑料绝缘电线 BV-$6mm^2$	m	—	—	2.040	2.040	—
	234113001	机柜	个	—	—	—	—	(1.000)
	850103005	其他材料费	元	6.120	6.120	6.120	6.120	33.890
机械	870613028	工业用真有效值万用表	台班	0.100	0.100	0.100	0.100	—
	870622055	接地电阻测试仪	台班	0.050	0.050	0.050	0.050	—
	990422010	手动液压叉车	台班	0.100	0.100	0.100	0.100	0.500
	870622039	钳形接地电阻测试仪	台班	—	—	—	—	0.010

工作内容：量裁线缆、线缆与插头的安装焊接、测试等。 **计量单位：**条

编号				2-6-52	2-6-53	2-6-54	2-6-55	2-6-56
项目				互联电缆制作、安装				
				带连接器的圆导体带状电缆				
				≤10线	≤20线	≤34线	≤50线	≤60线
名称			单位	消耗量				
人工	000205000	综合二类工	工日	0.300	0.350	0.450	0.500	0.600
材料	264500002	插头	个	(2.020)	(2.020)	(2.020)	(2.020)	(2.020)
	280008006	带状电缆	m	(1.020)	(1.020)	(1.020)	(1.020)	(1.020)
	850103005	其他材料费	元	0.500	0.500	0.500	0.500	0.500
机械	870613028	工业用真有效值万用表	台班	0.050	0.070	0.100	0.150	0.180

工作内容：量裁线缆、线缆与插头的安装焊接、测试等。 **计量单位：**条

编号				2-6-57	2-6-58	2-6-59	2-6-60
项目				互联电缆制作、安装			
				带连接器的外设接口电缆			
				≤7芯	≤37芯	≤19芯	≤32芯
名称			单位	消耗量			
人工	000205000	综合二类工	工日	0.300	0.450	0.300	0.450
材料	264500002	插头	个	(2.020)	(2.020)	(2.020)	(2.020)
	280008015	外设接口电缆	m	(1.500)	(1.500)	(1.500)	(1.500)
	850103005	其他材料费	元	0.500	0.500	0.500	0.500
机械	870613028	工业用真有效值万用表	台班	0.250	0.250	0.250	0.250
	870622039	钳形接地电阻测试仪	台班	0.250	0.250	0.250	0.250

工作内容：量裁线缆、线缆与插头的安装焊接、测试等。 **计量单位：**条

编号				2-6-61	2-6-62	2-6-63	2-6-64
项目				互联电缆制作、安装			
				中继连接电缆			
				3芯	6芯	9芯	15芯
名称			单位	消耗量			
人工	000205000	综合二类工	工日	0.250	0.300	0.350	0.450
材料	292711006	连接插孔（压接）	个	(6.060)	(12.120)	(18.180)	(30.300)
	292711007	连接插针（压接）	个	(6.060)	(12.120)	(18.180)	(30.300)
	553000001	中继（矩形连接器）	对	(1.010)	(1.010)	(1.010)	(1.010)
	280008018	中继连接电缆	m	(5.100)	(5.100)	(5.100)	(5.100)
	850103005	其他材料费	元	0.500	0.500	0.500	0.500
机械	870613028	工业用真有效值万用表	台班	0.250	0.250	0.250	0.250
	870622039	钳形接地电阻测试仪	台班	0.250	0.250	0.250	0.400

工作内容： 1、2、3、4. 开箱检查、接线、接地等。
5、6. 开箱检查、接线、本体安装调试等。

计量单位：台

编号				2-6-65	2-6-66	2-6-67	2-6-68
项目				路由器安装、调试			
				固定配置		插槽式	
				≤4口	≤8口	≤4槽	＞4槽
	名称		单位	消耗量			
人工	000205000	综合二类工	工日	1.000	1.500	3.000	6.000
材料	290901004	铜端子 6mm²	个	2.040	2.040	2.040	2.040
	280301006	铜芯塑料绝缘电线 BV-6mm²	m	2.040	2.040	2.040	2.040
	850103005	其他材料费	元	7.880	7.880	7.880	7.880
机械	870199011	笔记本电脑	台班	0.400	0.800	1.200	2.500

工作内容： 1、2、3、4. 开箱检查、接线、接地等。
5、6. 开箱检查、接线、本体安装调试等。

计量单位：台

编号				2-6-69	2-6-70
项目				适配器安装、调试	中继器安装、调试
	名称		单位	消耗量	
人工	000205000	综合二类工	工日	2.500	2.000
材料	290901004	铜端子 6mm²	个	2.040	2.040
	280301006	铜芯塑料绝缘电线 BV-6mm²	m	2.040	2.040
	850103005	其他材料费	元	7.880	7.880
机械	870199011	笔记本电脑	台班	0.500	0.500

工作内容： 开箱检查、接线、接地、本体安装调试等。

计量单位：台

编号				2-6-71	2-6-72	2-6-73
项目				防火墙安装、调试		
				包过滤防火墙	状态/动态防火墙	应用程序防火墙
	名称		单位	消耗量		
人工	000205000	综合二类工	工日	2.000	5.000	3.500
材料	290901004	铜端子 6mm²	个	2.040	2.040	2.040
	280301006	铜芯塑料绝缘电线 BV-6mm²	m	2.040	2.040	2.040
	850103005	其他材料费	元	7.880	7.880	7.880
机械	870199011	笔记本电脑	台班	1.000	3.000	2.000

工作内容：开箱检查、接线、接地、本体安装调试等。 **计量单位：**台

编号				2-6-74	2-6-75	2-6-76
项目				防火墙安装、调试		
				NAT 防火墙	个人防火墙	网闸
名称			单位	消耗量		
人工	000205000	综合二类工	工日	4.000	1.500	3.000
材料	290901004	铜端子 $6mm^2$	个	2.040	2.040	2.040
	280301006	铜芯塑料绝缘电线 BV-$6mm^2$	m	2.040	2.040	2.040
	850103005	其他材料费	元	7.880	1.020	7.880
机械	870199011	笔记本电脑	台班	2.500	1.000	2.000

工作内容：开箱检查、接线、接地、本体安装调试等。 **计量单位：**台

编号				2-6-77	2-6-78	2-6-79	2-6-80
项目				交换机安装、调试			
				固定配置		插槽式	
				≤24 口	>24 口	≤4 槽	>4 槽
名称			单位	消耗量			
人工	000205000	综合二类工	工日	3.000	5.000	5.700	9.000
材料	290901004	铜端子 $6mm^2$	个	2.040	2.040	2.040	2.040
	280301006	铜芯塑料绝缘电线 BV-$6mm^2$	m	2.040	2.040	2.040	2.040
	850103005	其他材料费	元	7.880	7.880	7.880	7.880
机械	870199011	笔记本电脑	台班	1.000	1.500	2.500	4.000

工作内容：开箱检查、接线、接地、本体安装调试等。 **计量单位：**台

编号				2-6-81	2-6-82	2-6-83	2-6-84
项目				交换机安装、调试（带 POE 供电）			
				固定配置		插槽式	
				≤24 口	>24 口	≤4 槽	>4 槽
名称			单位	消耗量			
人工	000205000	综合二类工	工日	3.000	5.000	5.700	9.000
材料	290901004	铜端子 $6mm^2$	个	2.040	2.040	2.040	2.040
	280301006	铜芯塑料绝缘电线 BV-$6mm^2$	m	2.040	2.040	2.040	2.040
	850103005	其他材料费	元	7.880	7.880	7.880	7.880
机械	870199011	笔记本电脑	台班	1.000	1.500	2.500	4.000

工作内容：开箱检查、设备组装、接线、接地、本体安装调试等。　　　　**计量单位：**台

编　号				2-6-85	2-6-86	2-6-87	2-6-88
项　目				网桥安装、调试	台式服务器安装、调试		
					工作组级	部门级	企业级
名　称			单位	消　耗　量			
人工	000205000	综合二类工	工日	3.500	1.500	2.000	3.500
材料	290901004	铜端子 6mm²	个	2.040	2.040	2.040	2.040
	280301006	铜芯塑料绝缘电线 BV-6mm²	m	2.040	2.040	2.040	2.040
	850103005	其他材料费	元	7.180	7.880	7.880	7.880
机械	870622039	钳形接地电阻测试仪	台班	—	0.050	0.050	0.050

工作内容：开箱检查、设备组装、接线、接地、本体安装调试等。　　　　**计量单位：**台

编　号				2-6-89	2-6-90	2-6-91
项　目				插箱式服务器安装、调试		
				1U	2U	4U
名　称			单位	消　耗　量		
人工	000205000	综合二类工	工日	0.600	0.800	1.200
材料	290901004	铜端子 6mm²	个	2.040	2.040	2.040
	280301006	铜芯塑料绝缘电线 BV-6mm²	m	2.040	2.040	2.040
	850103005	其他材料费	元	3.670	5.350	6.820
机械	870622039	钳形接地电阻测试仪	台班	0.050	0.050	0.050

工作内容：开箱检查、设备组装、接线、接地、本体安装调试等。　　　　**计量单位：**台

编　号				2-6-92	2-6-93
项　目				服务器安装、调试	
				刀片式（套）	
				≤7	＞7
名　称			单位	消　耗　量	
人工	000205000	综合二类工	工日	5.000	8.000
材料	290901004	铜端子 6mm²	个	2.040	2.040
	280301006	铜芯塑料绝缘电线 BV-6mm²	m	2.040	2.040
	850103005	其他材料费	元	7.880	7.880
机械	870622039	钳形接地电阻测试仪	台班	0.050	0.050

工作内容：开箱检查、接线、接地、本体安装调试等。 **计量单位：**台

编号				2-6-94	2-6-95	2-6-96	2-6-97
项目				调制解调器安装、调试		台式电脑安装、调试	工作站安装、调试
				有线	无线		
名称			单位	消耗量			
人工	000205000	综合二类工	工日	1.000	1.800	0.300	1.500
材料	290901004	铜端子 6mm²	个	2.040	2.040	—	—
	280301006	铜芯塑料绝缘电线 BV-6mm²	m	2.040	2.040	—	—
	850103005	其他材料费	元	7.880	—	7.880	7.880
机械	870199011	笔记本电脑	台班	—	—	—	0.500

工作内容：开箱检查、接线、接地、本体安装调试等。 **计量单位：**套

编号				2-6-98	2-6-99	2-6-100	2-6-101
项目				无线设备			
				室内定向	室外定向	室内全向	室外全向
名称			单位	消耗量			
人工	000205000	综合二类工	工日	0.200	0.400	0.300	0.600

工作内容：开箱检查、接线、接地、本体安装调试等。 **计量单位：**套

编号				2-6-102	2-6-103	2-6-104
项目				无线控制器		
				≤100 用户	≤250 用户	≤500 用户
名称			单位	消耗量		
人工	000205000	综合二类工	工日	2.000	5.000	8.000
材料	290901004	铜端子 6mm²	个	2.040	2.040	2.040
	280301006	铜芯塑料绝缘电线 BV-6mm²	m	2.040	2.040	2.040
机械	870199011	笔记本电脑	台班	1.000	3.000	5.000
	870622039	钳形接地电阻测试仪	台班	0.050	0.050	0.050

工作内容：系统互联、调试、软件功能/技术参数的设置、完成自检测试报告等。 **计量单位：**系统

编号				2-6-105	2-6-106	2-6-107
项目				计算机及网络系统联调		
				≤100 个信息点	≤300 个信息点	＞300 个信息点，每增加 50 个信息点
名称			单位	消耗量		
人工	000305000	综合三类工	工日	40.000	101.000	17.000
材料	340719001	防静电手环	个	(1.000)	(1.000)	—
	850103005	其他材料费	元	8.660	17.330	2.450
机械	870199011	笔记本电脑	台班	18.000	43.000	7.000
	873150102	对讲机（一对）	台班	9.000	21.000	3.500
	870613028	工业用真有效值万用表	台班	3.000	7.000	4.000
	873138001	网络测试仪	台班	10.000	24.000	4.000

工作内容：系统调试、软件功能/技术参数的设置、完成自检测试报告等。　　**计量单位：**系统

编　号				2-6-108	2-6-109	2-6-110
项　目				计算机及网络系统试运行		
				信息点		＞300 个信息点，每增加 50 个信息点
				≤100	≤300	
名　称			单位	消　耗　量		
人工	000305000	综合三类工	工日	30.000	72.000	8.000
材料	340719001	防静电手环	个	(1.000)	(1.000)	—
	850103005	其他材料费	元	25.880	75.760	12.940
机械	870199011	笔记本电脑	台班	5.000	5.000	2.000
	873150102	对讲机（一对）	台班	5.000	5.000	—
	870613028	工业用真有效值万用表	台班	5.000	5.000	2.000
	870199013	宽行打印机	台班	1.000	2.000	—
	873138001	网络测试仪	台班	2.000	5.000	—

工作内容：检查、软件安装、调试、完成测试记录报告等。　　**计量单位：**套

编　号				2-6-111	2-6-112	2-6-113	2-6-114
项　目				系统服务器软件			
				≤25 用户	≤50 用户	≤100 用户	＞100 用户，每增加 10 用户
名　称			单位	消　耗　量			
人工	000305000	综合三类工	工日	8.000	16.000	32.000	5.000
材料	850103005	其他材料费	元	13.390	21.150	34.780	2.380
机械	870199011	笔记本电脑	台班	0.300	0.300	0.300	0.150
	870199013	宽行打印机	台班	0.100	0.150	0.200	0.010

工作内容：装调技术准备、接口正确性检查确认、系统联调。　　**计量单位：**套

编　号				2-6-115	2-6-116	2-6-117	2-6-118
项　目				服务器操作软件			
				单核	双核	四核	＞四核
名　称			单位	消　耗　量			
人工	000305000	综合三类工	工日	10.000	15.000	22.000	25.000
材料	850103005	其他材料费	元	13.390	18.280	21.150	23.500
机械	870199011	笔记本电脑	台班	1.500	2.500	4.000	6.000
	870199013	宽行打印机	台班	0.100	0.100	0.100	0.100

工作内容：装调技术准备、接口正确性检查确认、系统联调。　　**计量单位：**套

编　号				2-6-119	2-6-120	2-6-121	2-6-122
项　目				办公软件	工具软件	工作站操作系统	专业工作站软件
名　称			单位	消　耗　量			
人工	000305000	综合三类工	工日	1.000	1.500	2.000	3.000
机械	870199011	笔记本电脑	台班	0.100	0.200	0.200	0.500

二、综合布线系统工程

工作内容：定位、凿槽、稳过管、固定、清理渣土、填补等。 **计量单位：**m

编号				2-6-123	2-6-124	2-6-125	2-6-126
项目				凿砖槽（管径 mm）		凿混凝土槽（管径 mm）	
				≤ 40	≤ 75	≤ 40	≤ 75
名称			单位	消耗量			
人工	000205000	综合二类工	工日	0.125	0.180	0.480	1.200
材料	850103005	其他材料费	元	0.930	2.470	1.230	2.770

工作内容：开箱检查、划线、定位、设备组装、接线、接地、本体安装等。 **计量单位：**台

编号				2-6-127	2-6-128	2-6-129	2-6-130
项目				机柜、机架			
				安装机柜、机架		机柜通风散热装置	安装抗震底座
				落地式	墙挂式（600 × 600）		
名称			单位	消耗量			
人工	000205000	综合二类工	工日	2.000	0.650	0.250	1.000
材料	234113002	机柜（机架）	个	(1.000)	(1.000)	—	—
	350327002	抗震底座	个	—	—	—	(1.000)
	290901006	铜端子 $16mm^2$	个	2.020	2.020	—	—
	280301009	铜芯塑料绝缘电线 BV-$16mm^2$	m	2.020	3.030	—	—
	290901004	铜端子 $6mm^2$	个	—	—	2.040	—
	280301006	铜芯塑料绝缘电线 BV-$6mm^2$	m	—	—	2.040	—
	850103005	其他材料费	元	33.890	30.060	0.270	30.060
机械	870622039	钳形接地电阻测试仪	台班	0.010	0.010	0.010	—

工作内容：定位划线、开孔、安装盒体、连接处密封、做标记。 **计量单位：**个

编号				2-6-131	2-6-132	2-6-133	2-6-134
项目				安装接线箱（半周长）		安装过线（路）盒（半周长）	
				≤ 700	> 700	≤ 200	> 200
名称			单位	消耗量			
人工	000205000	综合二类工	工日	0.360	0.520	0.040	0.130
材料	291115005	接线箱（综合）	个	(1.000)	(1.000)	—	—
	291110006	过线（路）盒	个	—	—	(1.000)	(1.000)
	290901006	铜端子 $16mm^2$	个	2.020	2.020	—	—
	280301009	铜芯塑料绝缘电线 BV-$16mm^2$	m	3.060	3.060	—	—
	850103005	其他材料费	元	3.010	3.240	—	—

工作内容：固定线缆，接线，安装固定面板。　　　　**计量单位：**个

编号				2-6-135	2-6-136
项目				电视插座	
				明装	暗装
名称			单位	消耗量	
人工	000205000	综合二类工	工日	0.080	0.050
材料	264100002	插座	个	(1.010)	(1.010)
	850103005	其他材料费	元	0.270	0.270

工作内容：检查、抽测电缆、清理管道、制作穿线端头（钩）、穿放引线、穿放电缆、封堵出口等。　　　　**计量单位：**m

编号				2-6-137	2-6-138	2-6-139	2-6-140
项目				大对数线缆			
				管内穿放			
				≤ 25 对	≤ 50 对	≤ 100 对	≤ 200 对
名称			单位	消耗量			
人工	000205000	综合二类工	工日	0.016	0.022	0.032	0.045
材料	280008005	大对数电缆	m	(1.020)	(1.020)	(1.020)	(1.020)
	850103005	其他材料费	元	0.060	0.090	0.110	0.140
机械	873150102	对讲机（一对）	台班	0.007	0.010	0.015	0.020
	870613028	工业用真有效值万用表	台班	0.002	0.004	0.008	0.016

工作内容：检查、抽测电缆、清理线槽、制作穿线端头（钩）、穿放引线、穿放电缆、封堵出口等。　　　　**计量单位：**m

编号				2-6-141	2-6-142	2-6-143	2-6-144
项目				大对数线缆			
				线槽内布放			
				≤ 25 对	≤ 50 对	≤ 100 对	≤ 200 对
名称			单位	消耗量			
人工	000205000	综合二类工	工日	0.015	0.021	0.029	0.040
材料	280008005	大对数电缆	m	(1.025)	(1.025)	(1.025)	(1.025)
	850103005	其他材料费	元	0.060	0.090	0.110	0.140
机械	873150102	对讲机（一对）	台班	0.007	0.010	0.015	0.020
	870613028	工业用真有效值万用表	台班	0.002	0.004	0.008	0.016

工作内容：检查、抽测电缆、清理桥架、制作穿线端头（钩）、穿放引线、穿放电缆、封堵出口等。

计量单位：m

编号				2-6-145	2-6-146	2-6-147	2-6-148
项目				大对数线缆			
				桥架内布放			
				≤25对	≤50对	≤100对	≤200对
名称			单位	消耗量			
人工	000205000	综合二类工	工日	0.014	0.019	0.027	0.038
材料	280008005	大对数电缆	m	(1.025)	(1.025)	(1.025)	(1.025)
	850103005	其他材料费	元	0.060	0.090	0.110	0.140
机械	873150102	对讲机（一对）	台班	0.007	0.010	0.015	0.020
	870613028	工业用真有效值万用表	台班	0.002	0.004	0.008	0.016

工作内容：检查、抽测电缆、清理管道/线槽/桥架、布放、绑扎电缆、封堵出口等。

计量单位：m

编号				2-6-149	2-6-150	2-6-151
项目				双绞线缆		
				管内穿放	线槽内布放	桥架内布放
				≤4对		
名称			单位	消耗量		
人工	000205000	综合二类工	工日	0.013	0.012	0.011
材料	282705002	双绞线缆	m	(1.050)	(1.050)	(1.050)
	850103005	其他材料费	元	0.040	0.040	0.040
机械	873150102	对讲机（一对）	台班	0.005	0.005	0.005
	870613028	工业用真有效值万用表	台班	0.001	0.001	0.001

工作内容：检查光缆、清理管道、制作穿线端头（钩）、穿放引线、穿放光缆、出口衬垫、封堵出口等。

计量单位：m

编号				2-6-152	2-6-153	2-6-154	2-6-155
项目				光缆			
				管内穿放			
				≤12芯	≤36芯	≤72芯	≤144芯
名称			单位	消耗量			
人工	000205000	综合二类工	工日	0.012	0.020	0.027	0.035
材料	280015002	光缆	m	(1.020)	(1.020)	(1.020)	(1.020)
	850103005	其他材料费	元	0.020	0.020	0.020	0.020
机械	873150102	对讲机（一对）	台班	0.005	0.008	0.010	0.010

工作内容：检查光缆、清理线槽、布放、绑扎光缆、加垫套、封堵出口等。 **计量单位：**m

编号				2-6-156	2-6-157	2-6-158	2-6-159
项目				光缆			
				线槽内布放			
				≤12芯	≤36芯	≤72芯	≤144芯
名称			单位	消耗量			
人工	000205000	综合二类工	工日	0.023	0.030	0.033	0.040
材料	280015002	光缆	m	(1.020)	(1.020)	(1.020)	(1.020)
	850103005	其他材料费	元	0.200	0.200	0.200	0.200
机械	873150102	对讲机（一对）	台班	0.003	0.005	0.005	0.005

工作内容：检查光缆、清理桥架、布放、绑扎光缆、加垫套、封堵出口等。 **计量单位：**m

编号				2-6-160	2-6-161	2-6-162	2-6-163
项目				光缆			
				桥架内布放			
				≤12芯	≤36芯	≤72芯	≤144芯
名称			单位	消耗量			
人工	000205000	综合二类工	工日	0.008	0.015	0.018	0.022
材料	280015002	光缆	m	(1.020)	(1.020)	(1.020)	(1.020)
	850103005	其他材料费	元	0.200	0.200	0.200	0.200
机械	873150102	对讲机（一对）	台班	0.003	0.005	0.005	0.005

工作内容：1、2、3、4. ①制作跳线：量裁线缆、线缆与跳线连接器的安装卡接、检查测试等；
②卡接双绞线缆：编扎固定线缆、卡线、核对线序、安装固定接线模块（跳线盘）等。
5、6. 检查、接线、测试。 **计量单位：**条

编号				2-6-164	2-6-165	2-6-166	2-6-167
项目				跳线			
				制作卡接跳线	安装双绞线跳线	跳线卡接（对）	安装光纤跳线
名称			单位	消耗量			
人工	000205000	综合二类工	工日	0.080	0.050	0.020	0.100
材料	282705002	双绞线缆	m	(1.000)	—	—	—
	303305001	跳线连接器	个	(2.020)	—	—	—
	284305002	跳线	条	—	(1.000)	—	(1.000)
	850103005	其他材料费	元	—	0.400	—	0.400
机械	873138001	网络测试仪	台班	0.040	—	—	—

工作内容：1、2、3、4. ①制作跳线：量裁线缆、线缆与跳线连接器的安装卡接、检查测试等；
②卡接双绞线缆：编扎固定线缆、卡线、核对线序、安装固定接线模块（跳线盘）等。
5、6. 检查、接线、测试。 **计量单位：**个

编号				2-6-168	2-6-169
项目				跳线	
				BNC 插头	RJ45 接头 RJ11 接头
名称			单位	消耗量	
人工	000205000	综合二类工	工日	0.120	0.060
材料	264500002	插头	个	(1.010)	(1.010)
	850103005	其他材料费	元	0.450	0.140
机械	870613028	工业用真有效值万用表	台班	0.010	—
	873138001	网络测试仪	台班	—	0.010

工作内容：检查、接线、测试。 **计量单位：**个

编号				2-6-170	2-6-171	2-6-172	2-6-173
项目				跳线			
				F 型插头	VGA 插头	有线电视接头	端子头
名称			单位	消耗量			
人工	000205000	综合二类工	工日	0.070	0.200	0.100	0.012
材料	264500002	插头	个	(1.010)	(1.010)	(1.010)	—
	290901004	铜端子 $6mm^2$	个	—	—	—	1.020
	850103005	其他材料费	元	0.450	0.450	0.140	0.140
机械	870613028	工业用真有效值万用表	台班	0.010	0.010	0.010	—

工作内容：检查、接线、测试。 **计量单位：**个

编号				2-6-174	2-6-175
项目				跳线	
				压接针	
				≤ 100	＞100，每增加 20 个
名称			单位	消耗量	
人工	000205000	综合二类工	工日	0.500	0.100
材料	291707039	压接针	个	(105.000)	(21.000)

工作内容： 1、2、3、4. 安装配线架、卡接双绞线缆、编扎固定双绞线缆、核对线序等。
5、6. 安装配线架、卡接双绞线缆、编扎固定双绞线缆、核对线序、
安装电子配线架附件等。　　　　**计量单位：** 架

编　　号				2-6-176	2-6-177	2-6-178	2-6-179
项　　目				配线架			
				12 口	24 口	48 口	96 口
名　　称			单位	消　耗　量			
人工	000205000	综合二类工	工日	0.800	1.800	3.600	7.800
材料	850103005	其他材料费	元	13.320	20.000	26.660	40.000

工作内容： 1、2、3、4. 安装配线架、卡接双绞线缆、编扎固定双绞线缆、核对线序等。
5、6. 安装配线架、卡接双绞线缆、编扎固定双绞线缆、核对线序、
安装电子配线架附件等。　　　　**计量单位：** 架

编　　号				2-6-180	2-6-181
项　　目				电子配线架	
				≤24	>24
名　　称			单位	消　耗　量	
人工	000205000	综合二类工	工日	2.000	4.000
材料	850103005	其他材料费	元	20.000	26.660

工作内容： 安装跳线架、编扎固定双绞线缆、卡线、核对线序等。　　　　**计量单位：** 架

编　　号				2-6-182	2-6-183	2-6-184	2-6-185
项　　目				安装跳线架打接			
				50 对	100 对	200 对	400 对
名　　称			单位	消　耗　量			
人工	000205000	综合二类工	工日	0.800	1.500	3.000	6.000
材料	850103005	其他材料费	元	8.910	13.330	20.000	26.660

工作内容： 定位、划线、开孔、安装盒体、连接处处理。　　　　**计量单位：** 个

编　　号				2-6-186	2-6-187	2-6-188
项　　目				安装信息插座底盒（接线盒）		
				明装	砖墙内	混凝土墙内
名　　称			单位	消　耗　量		
人工	000205000	综合二类工	工日	0.040	0.098	0.130
材料	291110008	接线盒（综合）	个	(1.010)	(1.010)	(1.010)
	850103005	其他材料费	元	0.760	0.760	0.760

工作内容：定位、划线、开孔、安装盒体、连接处处理。 **计量单位**：个

编　号				2-6-189	2-6-190
项　目				安装信息插座底盒（接线盒）	
				木地板内	防静电钢制地板内
名　称			单位	消　耗　量	
人工	000205000	综合二类工	工日	0.084	0.168
材料	291110008	接线盒（综合）	个	(1.010)	(1.010)
	850103005	其他材料费	元	0.760	0.760

工作内容：安装盒体/面板、接线、连接处处理。 **计量单位**：个

编　号				2-6-191	2-6-192	2-6-193
项　目				安装 8 位模块式信息插座		
				单口	双口	四口
名　称			单位	消　耗　量		
人工	000205000	综合二类工	工日	0.060	0.090	0.150
材料	264100002	插座	个	(1.010)	(1.010)	(1.010)
	850103005	其他材料费	元	0.200	0.200	0.200

工作内容：安装盒体/面板、接线、连接处处理。 **计量单位**：个

编　号				2-6-194	2-6-195	2-6-196
项　目				光纤信息插座		安装光纤连接盘（块）
				单口	双口	
名　称			单位	消　耗　量		
人工	000205000	综合二类工	工日	0.030	0.040	0.650
材料	264100002	插座	个	(1.010)	(1.010)	—
	303307001	光纤连接盘	块	—	—	(1.010)
	850103005	其他材料费	元	0.150	0.780	—

工作内容：端面处理、纤芯连接、测试、包封护套、盘绕、固定光纤等。 **计量单位**：芯

编　号				2-6-197	2-6-198	2-6-199	2-6-200
项　目				光纤连接			
				机械法		熔接法	
				单模	多模	单模	多模
名　称			单位	消　耗　量			
人工	000205000	综合二类工	工日	0.430	0.340	0.150	0.150
材料	303303002	光纤连接器材	套	(1.010)	(1.010)	(1.010)	(1.010)
	850103005	其他材料费	元	1.280	1.280	1.280	1.280
机械	871122001	光纤测试仪	台班	0.010	0.010	—	—
	871122026	光纤熔接机	台班	—	—	0.100	0.100

工作内容： 端面处理、纤芯连接、测试、包封护套、盘绕、固定光纤等。　　　　**计量单位：** 芯

编号				2-6-201	2-6-202
项目				光纤连接	
				磨制法（端口）	
				单模	多模
名称			单位	消耗量	
人工	000205000	综合二类工	工日	0.500	0.450
材料	303303003	磨制光纤连接器材	套	(1.050)	(1.050)
	850103005	其他材料费	元	1.280	1.280
机械	871122001	光纤测试仪	台班	0.010	0.010

工作内容： 安装光纤盒、安装连接耦合器、光纤的盘留固定、尾纤端头联接等。　　　　**计量单位：** 个

编号				2-6-203	2-6-204	2-6-205	2-6-206	2-6-207	2-6-208
项目				安装光缆终端盒					
				≤12 芯	≤24 芯	≤48 芯	≤72 芯	≤96 芯	≤144 芯
名称			单位	消耗量					
人工	000205000	综合二类工	工日	0.500	0.560	0.960	1.440	1.920	2.500
材料	291113001	光缆终端盒	个	(1.000)	(1.000)	(1.000)	(1.000)	(1.000)	(1.000)
	850103005	其他材料费	元	2.220	2.220	2.220	2.240	2.240	2.240
机械	871122010	手持光损耗测试仪	台班	0.200	0.224	0.384	0.576	0.768	0.960

工作内容： 测试衰耗、固定光纤连接器、盘留固定。　　　　**计量单位：** 条

编号				2-6-209	2-6-210	2-6-211
项目				布放尾纤		
				终端盒至光纤配线架	光纤配线架至设备	光纤配线架架内跳线
名称			单位	消耗量		
人工	000205000	综合二类工	工日	0.200	0.100	0.150
材料	302727002	尾纤 10m 双头	根	(1.000)	(1.000)	(1.000)
	850103005	其他材料费	元	0.090	0.090	0.090
机械	871122010	手持光损耗测试仪	台班	0.050	0.100	0.050

工作内容： 本体安装、编扎固定线缆等。　　　　**计量单位：** 个

编号				2-6-212	2-6-213
项目				线管理器	
				1U	2U
名称			单位	消耗量	
人工	000205000	综合二类工	工日	0.100	0.300
材料	302705001	线管理器	个	(1.010)	(1.010)
	850103005	其他材料费	元	3.470	10.410

工作内容：测试、记录、完成测试报告。 **计量单位：**链路

编号				2-6-214	2-6-215	2-6-216
项目				测试		
				4 对双绞线缆	光纤	大对数线缆（对）
名称			单位	消耗量		
人工	000205000	综合二类工	工日	0.030	0.050	0.010
材料	850103005	其他材料费	元	0.090	0.090	—
机械	873150102	对讲机（一对）	台班	0.030	0.050	0.030
	870199013	宽行打印机	台班	0.010	0.010	0.010
	870199011	笔记本电脑	台班	0.010	—	0.010
	873138001	网络测试仪	台班	0.030	—	0.010
	871122001	光纤测试仪	台班	—	0.030	—

工作内容：检验、抽测电缆、清理管道/桥架、布放、绑扎电缆、封堵出口等。 **计量单位：**m

编号				2-6-217	2-6-218	2-6-219	2-6-220
项目				视频同轴电缆			
				管内穿放		沿桥架敷设	
				$\phi \leqslant 9$	$\phi > 9$	$\phi \leqslant 9$	$\phi > 9$
名称			单位	消耗量			
人工	000205000	综合二类工	工日	0.012	0.016	0.014	0.018
材料	282901002	同轴电缆	m	(1.010)	(1.010)	(1.010)	(1.010)
	850103005	其他材料费	元	0.030	0.030	0.030	0.030
机械	873150102	对讲机（一对）	台班	0.003	0.003	0.003	0.003

工作内容：系统调试、完成测试报告等。 **计量单位：**系统

编号				2-6-221	2-6-222	2-6-223
项目				系统调试		试运行
				≤ 400 点	> 400 点，每增加 100 点	
名称			单位	消耗量		
人工	000205000	综合二类工	工日	15.000	1.500	45.000
机械	870199011	笔记本电脑	台班	1.600	0.050	2.500
	873150102	对讲机（一对）	台班	5.000	0.750	15.000
	873138001	网络测试仪	台班	1.600	0.050	5.000

三、设备自动化系统工程

工作内容：软件功能编制、调整。 **计量单位**：系统

编号				2-6-224	2-6-225	2-6-226	2-6-227
项目				中央管理系统			
				界面编制			
				≤500 点	≤1000 点	≤2000 点	≤3500 点
名称			单位	消耗量			
人工	000305000	综合三类工	工日	30.000	70.000	160.000	350.000
材料	340501002	打印纸 132-1	箱	0.400	0.800	1.500	2.500
	850103005	其他材料费	元	6.060	12.120	15.150	18.180
机械	870199011	笔记本电脑	台班	20.000	47.000	107.000	240.000
	870199013	宽行打印机	台班	5.000	10.000	20.000	40.000

工作内容：软件功能编制、调整。 **计量单位**：系统

编号				2-6-228	2-6-229
项目				中央管理系统	
				界面编制	
				≤5000 点	＞5000 点，每增加 500 点
名称			单位	消耗量	
人工	000305000	综合三类工	工日	750.000	100.000
材料	340501002	打印纸 132-1	箱	3.200	0.300
	850103005	其他材料费	元	21.210	3.030
机械	870199011	笔记本电脑	台班	500.000	70.000
	870199013	宽行打印机	台班	80.000	15.000

工作内容：设备开箱检验、就位安装、连接、软件功能检测、单体测试。 **计量单位**：个

编号				2-6-230	2-6-231	2-6-232	2-6-233
项目				通信网络控制设备			
				终端电阻	干线连接器	干线隔离/扩充器	通信接口卡
名称			单位	消耗量			
人工	000205000	综合二类工	工日	0.100	0.500	0.600	0.600
材料	850103005	其他材料费	元	0.910	7.770	1.820	0.910
机械	870613028	工业用真有效值万用表	台班	0.040	0.050	0.050	—
	870199011	笔记本电脑	台班	—	—	—	0.300

工作内容：设备开箱检验、固定安装、连接接线。 **计量单位：**台

编号				2-6-234	2-6-235	2-6-236	2-6-237
项目				控制器（DDC）安装及接线			
				≤24点	≤40点	≤60点	>60点，每增加20点
名称			单位	消耗量			
人工	000205000	综合二类工	工日	1.200	1.500	2.000	1.000
材料	850103005	其他材料费	元	25.660	34.540	44.840	11.400
机械	870613028	工业用真有效值万用表	台班	0.400	0.600	1.000	0.300
	873150102	对讲机（一对）	台班	0.300	0.400	0.500	0.250
	990422010	手动液压叉车	台班	0.200	0.250	0.250	—

工作内容：1、2、3、4. 软件功能检测、单体调试。
5、6. 设备开箱检验、固定安装、连接、软件功能检测、单体测试。 **计量单位：**台

编号				2-6-238	2-6-239	2-6-240	2-6-241
项目				控制器（DDC）编程、调试			
				≤24点	≤40点	≤60点	>60点，每增加20点
名称			单位	消耗量			
人工	000205000	综合二类工	工日	6.000	8.000	10.000	5.000
材料	850103005	其他材料费	元	3.000	3.000	3.000	1.200
机械	870199011	笔记本电脑	台班	4.000	6.000	8.000	3.500
	873150102	对讲机（一对）	台班	3.000	4.000	5.000	2.000
	870613028	工业用真有效值万用表	台班	1.000	1.500	2.000	1.000

工作内容：1、2、3、4. 软件功能检测、单体调试。
5、6. 设备开箱检验、固定安装、连接、软件功能检测、单体测试。 **计量单位：**台

编号				2-6-242	2-6-243
项目				远端模块	
				≤12点	≤24点
名称			单位	消耗量	
人工	000205000	综合二类工	工日	4.000	6.000
材料	850103005	其他材料费	元	9.320	15.040
机械	870199011	笔记本电脑	台班	2.000	3.000
	873150102	对讲机（一对）	台班	2.000	3.000
	870613028	工业用真有效值万用表	台班	1.000	1.500

工作内容：设备开箱检验、固定安装、连接、单体测试。　　　　**计量单位：**支

编　　号				2-6-244	2-6-245	2-6-246
项　　目				风管式温度传感器	风管式湿度传感器	风管式温度湿度传感器
名　　称			单位	消　耗　量		
人工	000205000	综合二类工	工日	0.450	0.450	0.550
材料	850103005	其他材料费	元	7.970	7.970	8.090
机械	870613028	工业用真有效值万用表	台班	0.050	0.050	0.050
	870110001	数字温度计	台班	0.060	0.060	0.060

工作内容：设备开箱检验、固定安装、连接、单体测试。　　　　**计量单位：**支

编　　号				2-6-247	2-6-248	2-6-249
项　　目				室内壁挂式温度传感器	室内壁挂式湿度传感器	室内壁挂式温度湿度传感器
名　　称			单位	消　耗　量		
人工	000205000	综合二类工	工日	0.400	0.400	0.400
材料	850103005	其他材料费	元	5.600	5.600	5.600
机械	870613028	工业用真有效值万用表	台班	0.050	0.050	0.050
	870110001	数字温度计	台班	0.060	0.060	0.060

工作内容：设备开箱检验、固定安装、连接、单体测试。　　　　**计量单位：**支

编　　号				2-6-250	2-6-251	2-6-252
项　　目				室外壁挂式温度传感器	室外壁挂式湿度传感器	室外壁挂式温度湿度传感器
名　　称			单位	消　耗　量		
人工	000205000	综合二类工	工日	0.700	0.700	0.800
材料	224935001	室外传感器外罩	个	(1.000)	(1.000)	(1.000)
	850103005	其他材料费	元	6.320	6.320	6.320
机械	870613028	工业用真有效值万用表	台班	0.050	0.050	0.050
	870110001	数字温度计	台班	0.040	0.050	0.060

工作内容：设备开箱检验、固定安装、连接、单体测试。　　　　**计量单位：**支

编　　号				2-6-253	2-6-254
项　　目				接触式温度传感器	无线温湿度传感器
名　　称			单位	消　耗　量	
人工	000205000	综合二类工	工日	0.100	0.100
材料	224935001	室外传感器外罩	个	—	(1.000)
	850103005	其他材料费	元	4.990	5.710
机械	870613028	工业用真有效值万用表	台班	0.050	0.050
	870110001	数字温度计	台班	0.060	0.050

工作内容：设备开箱检验、固定安装、连接、单体测试。 **计量单位：**支

编号				2-6-255	2-6-256	2-6-257
项目				浸入式温度传感器		
				普通型	本安型	隔爆型
名称			单位	消耗量		
人工	000205000	综合二类工	工日	0.500	0.700	0.800
材料	850103005	其他材料费	元	11.510	11.510	11.510
机械	870613028	工业用真有效值万用表	台班	0.050	0.050	0.050
	870110001	数字温度计	台班	0.050	0.050	0.050

工作内容：开箱、检查、法兰焊接、制垫、固定安装、接线、水压试验、单体测试。 **计量单位：**个

编号				2-6-258	2-6-259	2-6-260
项目				电动调节阀执行机构		
				电动二通调节阀及执行机构		
				≤ *DN*50	≤ *DN*100	≤ *DN*200
名称			单位	消耗量		
人工	000205000	综合二类工	工日	1.450	3.650	4.850
材料	200100001	碳钢法兰	片	(2.020)	(2.020)	(2.020)
	031301013	电焊条 L60（综合）	kg	0.700	1.200	1.500
	850103005	其他材料费	元	30.780	47.210	54.310
机械	870613028	工业用真有效值万用表	台班	0.050	0.050	0.050
	990901020	交流弧焊机 32kV·A	台班	0.200	0.300	0.300
	990422010	手动液压叉车	台班	0.200	0.200	0.200
	990512010	平台作业升降车 9m	台班	—	—	2.500

工作内容：开箱、检查、法兰焊接、制垫、固定安装、接线、水压试验、单体测试。 **计量单位：**个

编号				2-6-261	2-6-262	2-6-263
项目				电动调节阀执行机构		
				电动三通调节阀及执行机构		
				≤ *DN*50	≤ *DN*100	≤ *DN*200
名称			单位	消耗量		
人工	000205000	综合二类工	工日	1.650	3.950	5.250
材料	200100001	碳钢法兰	片	(3.030)	(3.030)	(3.030)
	031301013	电焊条 L60（综合）	kg	1.050	1.800	2.250
	850103005	其他材料费	元	43.060	66.500	73.660
机械	870613028	工业用真有效值万用表	台班	0.050	0.050	0.050
	990901020	交流弧焊机 32kV·A	台班	0.200	0.300	0.400
	990422010	手动液压叉车	台班	0.200	0.200	0.200
	990512010	平台作业升降车 9m	台班	—	—	2.500

工作内容： 开箱、检查、法兰焊接、制垫、固定安装、接线、水压试验、单体测试。 **计量单位：** 个

编号				2-6-264	2-6-265	2-6-266
项目				电动调节阀执行机构		
				电动蝶阀及执行机构		
				≤ *DN*100	≤ *DN*250	≤ *DN*400
名称			单位	消耗量		
人工	000205000	综合二类工	工日	3.500	6.300	8.000
材料	200100001	碳钢法兰	片	(2.020)	(2.020)	(2.020)
	031301013	电焊条 L60（综合）	kg	1.200	1.500	2.500
	850103005	其他材料费	元	33.750	66.380	72.710
机械	870613028	工业用真有效值万用表	台班	0.100	0.100	0.100
	990901020	交流弧焊机 32kV·A	台班	0.300	0.400	1.000
	990422010	手动液压叉车	台班	0.200	0.250	0.250
	990512010	平台作业升降车 9m	台班	—	2.500	3.000

工作内容： 开箱、检查、法兰焊接、制垫、固定安装、接线、水压试验、单体测试。 **计量单位：** 个

编号				2-6-267	2-6-268	2-6-269
项目				电动调节阀执行机构		
				电动风阀执行机构	两通电动阀	
					*DN*20	*DN*25
名称			单位	消耗量		
人工	000205000	综合二类工	工日	1.500	0.450	0.600
材料	850103005	其他材料费	元	5.550	13.210	20.870
机械	870613028	工业用真有效值万用表	台班	0.100	0.050	0.050

工作内容： 检查、接线、绝缘测试。 **计量单位：** 个

编号				2-6-270	2-6-271	2-6-272	2-6-273
项目				电动调节阀执行机构			
				启动柜接点接线			
				≤ 5 点	≤ 10 点	≤ 20 点	≤ 35 点
名称			单位	消耗量			
人工	000205000	综合二类工	工日	0.500	1.000	2.000	3.000
材料	850103005	其他材料费	元	6.170	8.100	11.160	16.960
机械	873150102	对讲机（一对）	台班	0.200	0.400	0.800	1.200
	870613028	工业用真有效值万用表	台班	0.200	0.400	0.800	1.500

工作内容：检查、接线、绝缘测试。 计量单位：个

编号				2-6-274
项目				电动调节阀执行机构
				变压器温度接线
名称			单位	消耗量
人工	000205000	综合二类工	工日	0.120
材料	850103005	其他材料费	元	3.810
机械	870613028	工业用真有效值万用表	台班	0.100

工作内容：分系统调试、现场测量、记录、对比、调整。 计量单位：系统

编号				2-6-275	2-6-276	2-6-277
项目				暖通空调监控分系统调试		
				≤100 点	≤200 点	＞200 点，每增加 50 点
名称			单位	消耗量		
人工	000305000	综合三类工	工日	10.000	22.000	8.000
材料	340501002	打印纸 132-1	箱	0.100	0.150	0.020
	022701004	棉丝	kg	2.000	4.000	0.500
	850103005	其他材料费	元	1.120	2.240	0.700
机械	870199011	笔记本电脑	台班	5.000	12.000	4.000
	873150102	对讲机（一对）	台班	6.000	15.000	5.000
	874618017	风压风速风量仪	台班	1.000	2.000	0.800
	870613028	工业用真有效值万用表	台班	5.000	12.000	4.000
	870199017	过程仪表	台班	2.000	4.000	1.600
	870199013	宽行打印机	台班	2.000	5.000	0.800
	873148008	数字示波器	台班	1.000	2.000	0.800
	870110001	数字温度计	台班	1.000	2.000	0.800
	870116001	数字压差计	台班	1.000	2.000	0.800
	874614178	烟气分析仪	台班	1.000	2.000	0.800

工作内容：分系统调试、现场测量、记录、对比、调整。 计量单位：系统

编号				2-6-278	2-6-279	2-6-280
项目				给排水监控分系统调试		
				≤50 点	≤100 点	＞100 点，每增加 20 点
名称			单位	消耗量		
人工	000305000	综合三类工	工日	6.000	15.000	3.000
材料	340501002	打印纸 132-1	箱	0.050	0.120	0.030
	022701004	棉丝	kg	1.000	2.000	0.300
	850103005	其他材料费	元	1.500	2.960	0.400
机械	870199011	笔记本电脑	台班	2.000	4.000	1.000
	873150102	对讲机（一对）	台班	3.000	6.000	1.500
	870613028	工业用真有效值万用表	台班	2.000	4.000	1.000
	870199013	宽行打印机	台班	1.000	2.000	0.300

工作内容： 分系统调试、现场测量、记录、对比、调整。　　**计量单位：** 系统

编　号				2-6-281	2-6-282	2-6-283
项　目				公共照明监控分系统调试		
				≤100 点	≤200 点	>200 点，每增加 50 点
名　称			单位	消　耗　量		
人工	000305000	综合三类工	工日	10.000	22.000	8.000
材料	340501002	打印纸 132-1	箱	0.100	0.150	0.020
	022701004	棉丝	kg	2.000	4.000	0.500
	850103005	其他材料费	元	1.120	2.240	0.700
机械	870199011	笔记本电脑	台班	5.000	12.000	4.000
	873150102	对讲机（一对）	台班	6.000	15.000	5.000
	870613028	工业用真有效值万用表	台班	5.000	12.000	4.000
	870199013	宽行打印机	台班	2.000	5.000	0.800

工作内容： 分系统调试、现场测量、记录、对比、调整。　　**计量单位：** 系统

编　号				2-6-284	2-6-285	2-6-286
项　目				变配电监测分系统调试		
				≤50 点	≤100 点	>100 点，每增加 20 点
名　称			单位	消　耗　量		
人工	000305000	综合三类工	工日	6.000	15.000	3.000
材料	340501002	打印纸 132-1	箱	0.050	0.120	0.030
	022701004	棉丝	kg	1.000	2.000	0.300
	850103005	其他材料费	元	1.500	2.960	0.400
机械	870199011	笔记本电脑	台班	2.000	4.000	1.000
	873150102	对讲机（一对）	台班	3.000	6.000	1.500
	870613028	工业用真有效值万用表	台班	2.000	4.000	1.000
	870199013	宽行打印机	台班	1.000	2.000	0.300

工作内容： 分系统调试、现场测量、记录、对比、调整。　　**计量单位：** 系统

编　号				2-6-287	2-6-288	2-6-289
项　目				能耗监测分系统调试		
				≤100 点	≤200 点	>200 点，每增加 50 点
名　称			单位	消　耗　量		
人工	000305000	综合三类工	工日	10.000	22.000	8.000
材料	340501002	打印纸 132-1	箱	0.100	0.150	0.020
	022701004	棉丝	kg	2.000	4.000	0.500
	850103005	其他材料费	元	1.120	2.240	0.700
机械	870199011	笔记本电脑	台班	5.000	15.000	5.000
	873150102	对讲机（一对）	台班	6.000	15.000	5.000
	870613028	工业用真有效值万用表	台班	5.000	12.000	4.000
	870199013	宽行打印机	台班	2.000	5.000	0.800

工作内容：系统调试、现场测量、记录、对比、调整。 **计量单位：**系统

编号				2-6-290	2-6-291	2-6-292	2-6-293
项目				环境与设备监控系统调试			
				≤ 500 点	≤ 1000 点	≤ 2000 点	≤ 3500 点
名称			单位	消耗量			
人工	000305000	综合三类工	工日	30.000	70.000	160.000	350.000
材料	340501002	打印纸 132-1	箱	0.100	0.200	0.500	1.500
	022701004	棉丝	kg	2.000	4.000	10.000	25.000
	850103005	其他材料费	元	4.540	9.090	18.180	36.360
机械	870199011	笔记本电脑	台班	15.000	35.000	80.000	175.000
	873150102	对讲机（一对）	台班	18.000	42.000	96.000	210.000
	874618017	风压风速风量仪	台班	1.000	2.000	5.000	10.000
	870613028	工业用真有效值万用表	台班	6.000	14.000	32.000	70.000
	870199017	过程仪表	台班	1.000	2.000	5.000	10.000
	870199013	宽行打印机	台班	2.000	5.000	15.000	40.000
	873148008	数字示波器	台班	1.000	2.000	5.000	10.000
	870110001	数字温度计	台班	1.000	2.000	5.000	10.000
	870116001	数字压差计	台班	1.000	2.000	5.000	10.000
	874614178	烟气分析仪	台班	1.000	2.000	5.000	10.000

工作内容：系统调试、现场测量、记录、对比、调整。 **计量单位：**系统

编号				2-6-294	2-6-295
项目				环境与设备监控系统调试	
				≤ 5000 点	＞ 5000 点，每增加 500 点
名称			单位	消耗量	
人工	000305000	综合三类工	工日	750.000	100.000
材料	340501002	打印纸 132-1	箱	2.200	0.300
	022701004	棉丝	kg	50.000	2.000
	850103005	其他材料费	元	45.450	4.540
机械	870199011	笔记本电脑	台班	375.000	50.000
	873150102	对讲机（一对）	台班	450.000	60.000
	874618017	风压风速风量仪	台班	20.000	2.000
	870613028	工业用真有效值万用表	台班	160.000	7.000
	870199017	过程仪表	台班	20.000	2.000
	870199013	宽行打印机	台班	80.000	3.000
	873148008	数字示波器	台班	20.000	2.000
	870110001	数字温度计	台班	20.000	2.000
	870116001	数字压差计	台班	20.000	2.000
	874614178	烟气分析仪	台班	20.000	2.000

工作内容：系统试运行、完成试运行报告等。　　　　**计量单位：**系统

编号				2-6-296	2-6-297
项目				环境与设备监控系统试运行	
				≤ 500 点	> 500 点，每增加 500 点
名称			单位	消耗量	
人工	000305000	综合三类工	工日	45.000	30.000
材料	340501002	打印纸 132-1	箱	0.400	0.300
	022701004	棉丝	kg	10.000	8.000
	850103005	其他材料费	元	9.090	8.080
机械	870199011	笔记本电脑	台班	5.000	5.000
	873150102	对讲机（一对）	台班	15.000	5.000
	870613028	工业用真有效值万用表	台班	5.000	5.000
	870199013	宽行打印机	台班	5.000	—
	873148008	数字示波器	台班	5.000	—
	870110001	数字温度计	台班	5.000	—

工作内容：1. 开箱检查、切管、套丝、制垫、加垫、安装、接线、单体测试、压力试验。
2、3、4、5. 开箱检查、固定安装、接线、单体测试。
6. 设备开箱检验、就位安装、接线、软件安装、调试。　　　　**计量单位：**个

编号				2-6-298	2-6-299	2-6-300
项目				能耗监测系统		
				基表	采集器电源	通信接口卡
				远传氧气表		
名称			单位	消耗量		
人工	000205000	综合二类工	工日	0.550	0.500	1.200
材料	850103005	其他材料费	元	4.350	4.670	4.120
机械	990748010	管子切断套丝机 159mm	台班	0.100	—	—
	870613028	工业用真有效值万用表	台班	0.050	0.100	0.100
	870199011	笔记本电脑	台班	—	—	0.500
	870199013	宽行打印机	台班	—	—	0.200

工作内容： 1. 开箱检查、切管、套丝、制垫、加垫、安装、接线、单体测试、压力试验。
2、3、4、5. 开箱检查、固定安装、接线、单体测试。
6. 设备开箱检验、就位安装、接线、软件安装、调试。

计量单位： 个

编号				2-6-301	2-6-302	2-6-303
项目				能耗监测系统		
				便携式抄收仪	分线器	通信接口转换器
名称			单位	消耗量		
人工	000205000	综合二类工	工日	0.200	0.130	0.300
材料	850103005	其他材料费	元	3.010	3.630	4.740
机械	870613028	工业用真有效值万用表	台班	—	—	0.050
	870199011	笔记本电脑	台班	—	—	0.100
	870199013	宽行打印机	台班	—	—	0.100

工作内容： 1. 设备开箱检验、就位安装、接线、软件安装、调试。
2、3、4. 设备开箱检查、固定安装、接线、单体测试。

计量单位： 见表

编号				2-6-304	2-6-305	2-6-306	2-6-307
项目				能耗监测系统			
				抄表网关	电流变送器	风道式空气质量传感器	室内壁挂式空气质量传感器
单位				个	支		
名称			单位	消耗量			
人工	000205000	综合二类工	工日	0.300	1.000	0.500	0.400
材料	850103005	其他材料费	元	3.810	5.040	5.770	5.600
机械	870199011	笔记本电脑	台班	0.100	—	—	—
	870613028	工业用真有效值万用表	台班	0.050	0.050	0.050	0.100

工作内容： 设备开箱检查、固定安装、接线、单体测试。

计量单位： 支

编号				2-6-308	2-6-309	2-6-310
项目				能耗监测系统		
				风道式烟感探测器	风道式气体探测器	室内壁挂式空气传感器
名称			单位	消耗量		
人工	000205000	综合二类工	工日	0.500	0.500	0.400
材料	850103005	其他材料费	元	5.770	5.770	5.600
机械	870613028	工业用真有效值万用表	台班	0.050	0.050	0.040

工作内容：设备开箱检查、固定安装、接线、单体测试。　　　　**计量单位：**支

编　　号				2-6-311	2-6-312	2-6-313
项　　目				能耗监测系统		
				防霜冻开关	风速传感器	液位开关
名　　称			单位	消　耗　量		
人工	000205000	综合二类工	工日	0.300	0.400	0.400
材料	850103005	其他材料费	元	5.600	6.600	6.600
机械	870613028	工业用真有效值万用表	台班	0.040	0.040	0.040

工作内容：开箱、检验、开孔、划线、固定安装、接线、密封、单体测试。　　　　**计量单位：**套

编　　号				2-6-314	2-6-315	2-6-316	2-6-317	2-6-318	2-6-319
项　　目				能耗监测系统					
				静压液位变送器			液位计		
				普通型	本安型	隔爆型	普通型	本安型	隔爆型
名　　称			单位	消　耗　量					
人工	000205000	综合二类工	工日	0.750	0.800	0.800	0.750	0.800	0.800
材料	850103005	其他材料费	元	27.720	27.720	27.720	27.720	27.720	27.720
机械	870613028	工业用真有效值万用表	台班	0.050	0.050	0.050	0.050	0.050	0.050

工作内容：开箱、检验、开孔、划线、固定安装、接线、密封、单体测试。　　　　**计量单位：**套

编　　号				2-6-320	2-6-321	2-6-322
项　　目				能耗监测系统		
				电磁流量计	涡街流量计	超声波流量计
名　　称			单位	消　耗　量		
人工	000205000	综合二类工	工日	1.800	1.850	2.000
材料	850103005	其他材料费	元	4.980	4.980	4.980
机械	870613028	工业用真有效值万用表	台班	0.100	0.100	0.100
	870116005	超声波流量计	台班	0.500	0.500	0.500

工作内容：开箱、检验、开孔、划线、固定安装、接线、密封、单体测试。　　　　**计量单位：**套

编　　号				2-6-323	2-6-324	2-6-325
项　　目				能耗监测系统		
				弯管流量计	转子流量计	光照度传感计
名　　称			单位	消　耗　量		
人工	000205000	综合二类工	工日	2.000	2.000	1.500
材料	850103005	其他材料费	元	4.980	4.980	4.470
机械	870116005	超声波流量计	台班	0.500	0.500	—
	870613028	工业用真有效值万用表	台班	0.100	0.100	0.100

四、视频系统工程

工作内容：开箱检查、接线、本体安装调试等。 计量单位：套

编号				2-6-326	2-6-327
项目				信号采集设备安装	
				流媒体会议直播机	流媒体课程直录/播机
名称			单位	消耗量	
人工	000205000	综合二类工	工日	5.000	6.000
材料	850103005	其他材料费	元	4.200	4.200
机械	870199011	笔记本电脑	台班	1.000	1.000

工作内容：开箱检查、接线、接地、本体安装调试等。 计量单位：台

编号				2-6-328	2-6-329	2-6-330
项目				信号处理设备安装		
				视/音频（AV）矩阵		
				4×4	8×4	8×8
名称			单位	消耗量		
人工	000205000	综合二类工	工日	2.000	3.000	4.000
材料	290901004	铜端子 $6mm^2$	个	2.040	2.040	2.040
	280301006	铜芯塑料绝缘电线 BV-$6mm^2$	m	2.040	2.040	2.040
	850103005	其他材料费	元	5.820	6.630	7.430
机械	870199011	笔记本电脑	台班	0.800	1.000	1.500
	870613028	工业用真有效值万用表	台班	0.300	0.300	0.400

工作内容：开箱检查、接线、接地、本体安装调试等。 计量单位：台

编号				2-6-331	2-6-332	2-6-333
项目				信号处理设备安装		
				VGA 矩阵		
				4×4	8×4	8×8
名称			单位	消耗量		
人工	000205000	综合二类工	工日	2.500	3.700	5.000
材料	290901004	铜端子 $6mm^2$	个	2.040	2.040	2.040
	280301006	铜芯塑料绝缘电线 BV-$6mm^2$	m	2.040	2.040	2.040
	850103005	其他材料费	元	5.820	6.630	7.430
机械	870199011	笔记本电脑	台班	0.800	1.000	1.500
	870613028	工业用真有效值万用表	台班	0.300	0.300	0.400

工作内容：开箱检查、接线、接地、本体安装调试等。　　　　**计量单位：**台

编　　号				2-6-334	2-6-335	2-6-336
项　　目				信号处理设备安装		
				组合矩阵（VGA + Audio）		
				4×4	8×4	8×8
名　　称			单位	消　耗　量		
人工	000205000	综合二类工	工日	5.000	7.500	10.000
材料	290901004	铜端子 $6mm^2$	个	2.040	2.040	2.040
	280301006	铜芯塑料绝缘电线 BV-$6mm^2$	m	2.040	2.040	2.040
	850103005	其他材料费	元	7.430	9.050	10.670
机械	870199011	笔记本电脑	台班	1.600	2.000	3.000
	870613028	工业用真有效值万用表	台班	0.300	0.300	0.400

工作内容：开箱检查、接线、接地、本体安装调试等。　　　　**计量单位：**台

编　　号				2-6-337	2-6-338	2-6-339	2-6-340
项　　目				信号处理设备安装			
				视/音频分配放大器		VGA 分配放大器	
				1×4	1×8	1×4	1×8
名　　称			单位	消　耗　量			
人工	000205000	综合二类工	工日	1.250	2.250	1.500	2.800
材料	290901004	铜端子 $6mm^2$	个	2.040	2.040	2.040	2.040
	280301006	铜芯塑料绝缘电线 BV-$6mm^2$	m	2.040	2.040	2.040	2.040
	850103005	其他材料费	元	4.610	5.010	4.610	5.010
机械	870199011	笔记本电脑	台班	0.500	0.500	0.500	0.500
	870613028	工业用真有效值万用表	台班	0.100	0.100	0.100	0.100

工作内容：开箱检查、接线、接地、本体安装调试等。　　　　**计量单位：**台

编　　号				2-6-341	2-6-342	2-6-343	2-6-344
项　　目				信号处理设备安装			
				视/音频切换器		VGA 切换器	
				4×1	8×1	4×1	8×1
名　　称			单位	消　耗　量			
人工	000205000	综合二类工	工日	1.250	2.250	1.500	2.500
材料	290901004	铜端子 $6mm^2$	个	2.040	2.040	2.040	2.040
	280301006	铜芯塑料绝缘电线 BV-$6mm^2$	m	2.040	2.040	2.040	2.040
	850103005	其他材料费	元	4.610	5.010	4.610	5.010
机械	870199011	笔记本电脑	台班	0.500	0.500	0.500	0.500
	870613028	工业用真有效值万用表	台班	0.100	0.100	0.100	0.100

工作内容： 开箱检查、接线、接地、本体安装调试等。 **计量单位：** 台

编　号				2-6-345	2-6-346	2-6-347
项　目				信号处理设备安装		
				转换器	VGA 转 Video/Video 转 VGA	数字接口转换器
名　称			单位	消　耗　量		
人工	000205000	综合二类工	工日	0.250	0.350	0.250
材料	290901004	铜端子 6mm^2	个	2.040	2.040	2.040
	280301006	铜芯塑料绝缘电线 BV-6mm^2	m	2.040	2.040	2.040
	850103005	其他材料费	元	4.400	4.400	4.400
机械	870613028	工业用真有效值万用表	台班	0.100	0.100	0.100

工作内容： 开箱检查、接线、接地、本体安装调试等。 **计量单位：** 台

编　号				2-6-348	2-6-349	2-6-350
项　目				信号处理设备安装		
				融合器	3D 图像处理器	数字特技机
名　称			单位	消　耗　量		
人工	000205000	综合二类工	工日	0.500	1.000	3.000
材料	290901004	铜端子 6mm^2	个	2.040	2.040	2.040
	280301006	铜芯塑料绝缘电线 BV-6mm^2	m	2.040	2.040	2.040
	850103005	其他材料费	元	4.400	4.400	4.610
机械	870613028	工业用真有效值万用表	台班	0.100	0.100	0.400
	870199011	笔记本电脑	台班	—	0.700	—

工作内容： 开箱检查、接线、接地、本体安装调试等。 **计量单位：** 台

编　号				2-6-351	2-6-352
项　目				信号处理设备安装	
				模拟特技机	多点控制器 MCU（单点）
名　称			单位	消　耗　量	
人工	000205000	综合二类工	工日	2.000	0.200
材料	290901004	铜端子 6mm^2	个	2.040	2.040
	280301006	铜芯塑料绝缘电线 BV-6mm^2	m	2.040	2.040
	850103005	其他材料费	元	4.610	4.400
机械	870613028	工业用真有效值万用表	台班	0.400	0.100

工作内容：1、2. 开箱检查、接线、接地、本体安装调试等。
3、4、5、6. 开箱检查、定位、划线、接线、本体安装调试等。 计量单位：台

编号				2-6-353	2-6-354
项目				信号处理设备安装	
				会议终端	DVI、RGB、UTP 矩阵切换
名称			单位	消耗量	
人工	000205000	综合二类工	工日	0.800	6.000
材料	290901004	铜端子 6mm²	个	2.040	2.040
	280301006	铜芯塑料绝缘电线 BV-6mm²	m	2.040	2.040
	850103005	其他材料费	元	4.610	4.610
机械	870613028	工业用真有效值万用表	台班	0.100	0.100

工作内容：1、2. 开箱检查、接线、接地、本体安装调试等。
3、4、5、6. 开箱检查、定位、划线、接线、本体安装调试等。 计量单位：台

编号				2-6-355	2-6-356	2-6-357	2-6-358
项目				信号处理设备安装			
				显示器			
				摆放		壁挂或悬挂	
				≤ 50″	> 50″	≤ 50″	> 50″
名称			单位	消耗量			
人工	000205000	综合二类工	工日	0.800	1.500	1.300	2.600
材料	850103005	其他材料费	元	4.200	4.200	30.440	30.440
机械	870613028	工业用真有效值万用表	台班	0.200	0.200	0.200	0.200
	990512010	平台作业升降车 9m	台班	—	—	0.500	0.500
	990422010	手动液压叉车	台班	—	0.200	—	0.200

工作内容：开箱检查、定位、划线、接线、本体安装调试等。 计量单位：台

编号				2-6-359	2-6-360	2-6-361	2-6-362
项目				信号处理设备安装			
				投影仪			
				摆放式		吊装式	
				≤ 5000	> 5000	≤ 5000	> 5000
				1m			
名称			单位	消耗量			
人工	000205000	综合二类工	工日	0.300	0.500	0.800	1.000
材料	300199001	监视器吊架	台	—	—	(1.000)	(1.000)
	850103005	其他材料费	元	4.200	4.200	30.440	30.440

工作内容：开箱检查、定位、划线、接线、本体安装调试等。 **计量单位：**台

编号				2-6-363	2-6-364
项目				信号处理设备安装	
				幻灯机	展示台
名称			单位	消耗量	
人工	000205000	综合二类工	工日	0.500	0.500
材料	850103005	其他材料费	元	4.200	4.200
机械	870613028	工业用真有效值万用表	台班	0.050	0.050

工作内容：1. 开箱检查、定位、划线、接线、本体安装调试等。
2、3、4、5、6. 开箱检查、定位划线、设备组装、接线、本体安装调试等。 **计量单位：**套

编号				2-6-365	2-6-366	2-6-367
项目				信号处理设备安装		
				电子白板	卷帘屏幕	
					≤120″	>120″
名称			单位	消耗量		
人工	000205000	综合二类工	工日	2.000	2.000	6.000
材料	850103005	其他材料费	元	4.200	35.650	35.650
机械	870613028	工业用真有效值万用表	台班	0.050	—	—
	870199011	笔记本电脑	台班	1.000	0.300	0.300

工作内容：1. 开箱检查、定位、划线、接线、本体安装调试等。
2、3、4、5、6. 开箱检查、定位划线、设备组装、接线、本体安装调试等。 **计量单位：**套

编号				2-6-368	2-6-369	2-6-370
项目				信号处理设备安装		
				软幕	硬质银幕、金属幕	
					≤100″	>100″
名称			单位	消耗量		
人工	000205000	综合二类工	工日	2.000	1.500	4.000
材料	850103005	其他材料费	元	35.650	35.650	35.650
机械	870199011	笔记本电脑	台班	0.300	0.300	0.300

工作内容：开箱检查、定位划线、设备组装、接线、本体安装调试等。　　**计量单位**：套

编　号				2-6-371	2-6-372	2-6-373
项　目				信号处理设备安装		
				背投箱体		
				≤ 80″	≤ 120″	> 120″
名　称			单位	消　耗　量		
人工	000205000	综合二类工	工日	3.000	6.000	8.000
材料	850103005	其他材料费	元	4.200	4.200	4.200
机械	870199011	笔记本电脑	台班	1.000	1.500	2.000

工作内容：开箱检查、定位划线、设备组装、接线、本体安装调试等。　　**计量单位**：套

编　号				2-6-374	2-6-375	2-6-376
项　目				信号处理设备安装		
				拼接控制器（输入 + 输出）		
				≤ 16 路	≤ 32 路	> 32 路
名　称			单位	消　耗　量		
人工	000205000	综合二类工	工日	4.000	6.000	8.000
材料	850103005	其他材料费	元	4.200	4.200	4.200
机械	870199011	笔记本电脑	台班	2.000	3.500	3.500

工作内容：开箱检查、定位划线、设备组装、接线、本体安装调试等。　　**计量单位**：套

编　号				2-6-377	2-6-378	2-6-379
项　目				信号处理设备安装		
				拼接卡（个）	拼接屏（台）	
					≤ 50″	> 50″
名　称			单位	消　耗　量		
人工	000205000	综合二类工	工日	0.500	1.500	2.000
材料	850103005	其他材料费	元	4.200	21.500	24.800
机械	870199011	笔记本电脑	台班	0.200	0.500	0.500

工作内容：开箱检查、定位划线、设备组装、接线、本体安装调试等。　　　　**计量单位：**m^2

编号				2-6-380	2-6-381	2-6-382
项目				信号处理设备安装		
				LED 显示屏（壁挂、吊装）		
				室内		室外
				双基色	全彩	全彩、双基色
名称			单位	消耗量		
人工	000205000	综合二类工	工日	1.500	2.500	3.000
材料	850103005	其他材料费	元	30.180	30.180	30.180
机械	870199011	笔记本电脑	台班	0.300	0.300	0.300
	870613028	工业用真有效值万用表	台班	0.050	0.050	0.050
	990512010	平台作业升降车 9m	台班	0.050	0.050	0.050
	873150102	对讲机（一对）	台班	—	—	0.500

工作内容：开箱检查、接线、本体安装调试等。　　　　**计量单位：**见表

编号				2-6-383	2-6-384	2-6-385
项目				信号处理设备安装		
				摄像头彩色提词器	微机型提词器	综合型平板提词器
单位				套		m^2
名称			单位	消耗量		
人工	000205000	综合二类工	工日	0.500	0.600	0.800
机械	870199011	笔记本电脑	台班	0.200	0.300	0.300

工作内容：开箱检查、本体安装调试等。　　　　**计量单位：**台

编号				2-6-386	2-6-387	2-6-388	2-6-389
项目				录编设备安装			
				录像机/放像机	编辑控制器	高保真复制机	硬盘放像机
名称			单位	消耗量			
人工	000205000	综合二类工	工日	2.000	1.500	1.000	4.000
材料	850103005	其他材料费	元	30.840	30.840	30.840	30.840

工作内容：对视频设备信号通道数进行测试、调整和考核等。　　　　**计量单位：**系统

编　　号				2-6-390	2-6-391
项　　目				视频系统设备调试	
				信号通道数	
				≤20 个	>20 个，每增加 5 个
名　　称			单位	消　耗　量	
人工	000305000	综合三类工	工日	15.000	1.200
机械	870199011	笔记本电脑	台班	5.000	1.000
	870125001	彩色监视器	台班	3.500	0.500
	873150102	对讲机（一对）	台班	5.000	1.000
	870613028	工业用真有效值万用表	台班	5.000	1.000

工作内容：测量视频系统的性能，完成测试报告。　　　　**计量单位：**系统

编　　号				2-6-392	2-6-393	2-6-394	2-6-395
项　　目				视频系统测量			
				显示屏图像清晰度	显示屏亮度	显示屏对比度	视角
名　　称			单位	消　耗　量			
人工	000305000	综合三类工	工日	0.200	0.400	0.200	0.200
机械	871119045	彩色亮度计	台班	0.100	0.200	0.100	0.100
	873110045	电视信号发生器	台班	0.100	0.200	0.100	0.100

工作内容：测量视频系统的性能，完成测试报告。　　　　**计量单位：**系统

编　　号				2-6-396	2-6-397	2-6-398	2-6-399
项　　目				视频系统测量			
				亮度均匀性	色度不均匀性	换帧频率（LED）	刷新频率
名　　称			单位	消　耗　量			
人工	000305000	综合三类工	工日	1.000	1.000	0.400	0.400
机械	871119045	彩色亮度计	台班	0.500	—	—	—
	873110045	电视信号发生器	台班	0.500	0.500	—	—
	871119057	色度计	台班	—	0.500	—	—
	873148001	示波器	台班	—	—	0.200	0.200

工作内容：测量视频系统的性能，完成测试报告。 **计量单位：**系统

编号				2-6-400	2-6-401	2-6-402	2-6-403
项目				视频系统测量			
				像素失控率（LED）	色域覆盖率（LED）	信噪比	通断比（LED）
名称			单位	消耗量			
人工	000305000	综合三类工	工日	1.000	0.400	0.200	0.200
机械	873110045	电视信号发生器	台班	0.500	0.200	0.100	0.100
	871119057	色度计	台班	—	0.200	—	—
	873154001	视频分析仪	台班	—	—	0.100	—
	871119045	彩色亮度计	台班	—	—	—	0.100

工作内容：测量视频系统的性能，完成测试报告。 **计量单位：**系统

编号				2-6-404	2-6-405	2-6-406
项目				视频系统测量		
				灰度等级	平整度	图像拼接误差
名称			单位	消耗量		
人工	000305000	综合三类工	工日	0.200	0.400	0.500
机械	873110045	电视信号发生器	台班	0.100	—	0.200

工作内容：进行试运行、完成试运行报告等。 **计量单位：**系统

编号				2-6-407
项目				视频系统试运行
名称			单位	消耗量
人工	000305000	综合三类工	工日	90.000
机械	870199011	笔记本电脑	台班	30.000
	870125001	彩色监视器	台班	10.000
	873150102	对讲机（一对）	台班	30.000
	870613028	工业用真有效值万用表	台班	10.000

五、安全防范系统工程

工作内容：开箱检查、设备组装、检查基础、划线、定位、接线、本体安装调试。　　**计量单位：**套

编　号				2-6-408	2-6-409	2-6-410	2-6-411
项　目				入侵探测设备安装、调试			
				门磁、窗磁开关		紧急脚踏开关	
				有线	无线	有线	无线
名　称			单位	消　耗　量			
人工	000205000	综合二类工	工日	0.150	0.130	0.150	0.130
材料	850103005	其他材料费	元	4.370	4.370	4.370	4.370
机械	870613028	工业用真有效值万用表	台班	0.050	—	0.050	—

工作内容：开箱检查、设备组装、检查基础、划线、定位、接线、本体安装调试。　　**计量单位：**套

编　号				2-6-412	2-6-413	2-6-414	2-6-415	2-6-416
项　目				入侵探测设备安装、调试				
				紧急手动开关		主动红外探测器（对）	被动红外探测器	
				有线	无线		有线	无线
名　称			单位	消　耗　量				
人工	000205000	综合二类工	工日	0.150	0.120	1.500	0.800	0.700
材料	850103005	其他材料费	元	4.370	4.370	4.370	4.370	4.370
机械	870613028	工业用真有效值万用表	台班	0.050	0.050	0.050	0.050	—

工作内容：开箱检查、设备组装、检查基础、划线、定位、接线、本体安装调试。　　**计量单位：**套

编　号				2-6-417	2-6-418	2-6-419	2-6-420
项　目				入侵探测设备安装、调试			
				红外幕帘探测器	多技术复合探测器		
					吸顶	壁装	长距离
名　称			单位	消　耗　量			
人工	000205000	综合二类工	工日	1.500	1.500	1.800	2.000
材料	850103005	其他材料费	元	4.370	4.370	4.370	4.370
机械	870613028	工业用真有效值万用表	台班	0.050	0.050	0.050	0.050

工作内容：开箱检查、设备组装、检查基础、划线、定位、接线、本体安装调试。 **计量单位**：套

编号				2-6-421	2-6-422	2-6-423
项目				入侵探测设备安装、调试		
				微波探测器	微波墙式探测器（对）	超声波探测器
名称			单位	消耗量		
人工	000205000	综合二类工	工日	1.000	1.300	1.200
材料	850103005	其他材料费	元	4.370	4.370	4.370
机械	870613028	工业用真有效值万用表	台班	0.050	0.050	0.050

工作内容：开箱检查、设备组装、检查基础、划线、定位、接线、本体安装调试。 **计量单位**：套

编号				2-6-424	2-6-425	2-6-426
项目				入侵探测设备安装、调试		
				激光探测器（一收、一发）	玻璃破碎探测器	振动探测器
名称			单位	消耗量		
人工	000205000	综合二类工	工日	1.500	1.200	1.300
材料	850103005	其他材料费	元	4.370	4.370	4.370
机械	870613028	工业用真有效值万用表	台班	0.050	0.050	0.050

工作内容：开箱检查、设备组装、检查基础、划线、定位、接线、本体安装调试。 **计量单位**：见表

编号				2-6-427	2-6-428	2-6-429
项目				入侵探测设备安装、调试		
				电子围栏控制器	无线按钮控制器	振动泄露电缆
单位				套		m
名称			单位	消耗量		
人工	000205000	综合二类工	工日	2.500	0.200	0.150
材料	850103005	其他材料费	元	4.370	4.370	0.650
机械	870613028	工业用真有效值万用表	台班	0.050	0.050	—

工作内容：开箱检查、设备组装、检查基础、划线、定位、接线、本体安装调试。 **计量单位**：套

编号				2-6-430	2-6-431	2-6-432
项目				入侵探测设备安装、调试		
				电子围栏（延长米）	驻波探测器	泄露电缆控制器（不含线缆）
名称			单位	消耗量		
人工	000205000	综合二类工	工日	0.200	1.500	1.500
材料	850103005	其他材料费	元	0.970	4.370	4.370
机械	870613028	工业用真有效值万用表	台班	—	0.050	0.050

工作内容：开箱检查、设备组装、检查基础、划线、定位、接线、本体安装调试。　　**计量单位：**套

编　号				2-6-433	2-6-434	2-6-435
项　目				入侵探测设备安装、调试		
				无线报警探测器	感应式控制器（不含线）振动电缆控制器	报警声音复核装置（声音探头）
名　称			单位	消　耗　量		
人工	000205000	综合二类工	工日	1.400	2.500	0.500
材料	850103005	其他材料费	元	4.370	4.370	4.370
机械	870613028	工业用真有效值万用表	台班	0.050	0.050	0.050

工作内容：1、2. 开箱检查、设备组装、检查基础、划线、定位、接线、本体安装调试。
3、4、5、6. 开箱检查、接线、本体安装调试。　　**计量单位：**套

编　号				2-6-436	2-6-437
项　目				入侵探测设备安装、调试	
				无线传输报警按钮	探测器支架安装
名　称			单位	消　耗　量	
人工	000205000	综合二类工	工日	0.250	0.200
材料	850103005	其他材料费	元	4.280	0.610
机械	870613028	工业用真有效值万用表	台班	0.050	—

工作内容：1、2. 开箱检查、设备组装、检查基础、划线、定位、接线、本体安装调试。
3、4、5、6. 开箱检查、接线、本体安装调试。　　**计量单位：**套

编　号				2-6-438	2-6-439	2-6-440	2-6-441
项　目				入侵探测设备安装、调试			
				多线制报警控制器			
				≤ 8 路	≤ 16 路	≤ 32 路	≤ 64 路
名　称			单位	消　耗　量			
人工	000205000	综合二类工	工日	8.000	10.000	12.500	16.000
材料	850103005	其他材料费	元	6.720	9.240	14.280	24.360
机械	870613028	工业用真有效值万用表	台班	0.500	0.600	0.800	1.000

工作内容：开箱检查、接线、本体安装调试。　　**计量单位：**套

编　号				2-6-442	2-6-443	2-6-444	2-6-445	2-6-446	2-6-447
项　目				入侵探测设备安装、调试					
				总线制报警控制器					
				≤ 8 路	≤ 16 路	≤ 32 路	≤ 64 路	≤ 128 路	≤ 256 路
名　称			单位	消　耗　量					
人工	000205000	综合二类工	工日	6.000	9.000	11.000	14.000	17.000	22.000
材料	850103005	其他材料费	元	6.720	9.240	14.280	24.360	44.400	64.400
机械	870613028	工业用真有效值万用表	台班	0.500	0.600	0.800	1.000	3.000	5.000

工作内容： 1、2、3. 开箱检查、接线、本体安装调试。
4、5、6. 开箱检查、设备组装、接线、本体安装调试。 **计量单位：套**

编号				2-6-448	2-6-449	2-6-450
项目				入侵探测设备安装、调试		
				地址模块		
				≤2路	≤4路	≤8路
名称			单位	消耗量		
人工	000205000	综合二类工	工日	0.300	0.400	0.600
材料	850103005	其他材料费	元	4.810	5.410	6.610
机械	870613028	工业用真有效值万用表	台班	0.100	0.100	0.200

工作内容： 1、2、3. 开箱检查、接线、本体安装调试。
4、5、6. 开箱检查、设备组装、接线、本体安装调试。 **计量单位：套**

编号				2-6-451	2-6-452	2-6-453
项目				入侵探测设备安装、调试		
				有线对讲主机		用户机
				≤8路	≤16路	
名称			单位	消耗量		
人工	000205000	综合二类工	工日	4.000	7.500	0.300
材料	850103005	其他材料费	元	9.240	14.280	4.810
机械	870613028	工业用真有效值万用表	台班	1.000	1.500	0.050

工作内容： 1. 开箱检查、设备组装、接线、安装调试。
2、3、4、5. 开箱检查、设备组装、接线、本体安装调试。 **计量单位：套**

编号				2-6-454	2-6-455	2-6-456
项目				入侵探测设备安装、调试		
				警灯、警铃、警号	有线报警信号前端传输设备（不含线缆）	
					电话线传输发送器	电源线传输发送器
名称			单位	消耗量		
人工	000205000	综合二类工	工日	0.100	3.000	3.000
材料	850103005	其他材料费	元	4.200	4.810	4.810
机械	870613028	工业用真有效值万用表	台班	0.050	0.100	0.100

工作内容： 1. 开箱检查、设备组装、接线、安装调试。
2、3、4、5. 开箱检查、设备组装、接线、本体安装调试。 **计量单位：套**

编号				2-6-457	2-6-458
项目				入侵探测设备安装、调试	
				有线报警信号前端传输设备（不含线缆）	
				专线传输发送器	网络传输接口
名称			单位	消耗量	
人工	000205000	综合二类工	工日	3.000	0.500
材料	850103005	其他材料费	元	4.810	4.810
机械	870613028	工业用真有效值万用表	台班	0.100	0.100

工作内容：开箱检查、设备组装、接线、本体安装调试。 **计量单位**：见表

编号				2-6-459	2-6-460	2-6-461
项目				入侵探测设备安装、调试		
				联动通信接口	报警信号接收机（不含线缆）	
					专线传输接收机	电话线接收机
单位				套	系统	
名称			单位	消耗量		
人工	000205000	综合二类工	工日	1.500	3.500	3.500
材料	850103005	其他材料费	元	4.810	4.810	4.810
机械	870613028	工业用真有效值万用表	台班	0.100	0.500	0.500

工作内容：开箱检查、设备组装、接线、本体安装调试。 **计量单位**：系统

编号				2-6-462	2-6-463	2-6-464
项目				入侵探测设备安装、调试		
				报警信号接收机（不含线缆）		
				电源线接收机	无线门磁开关接收器	共用天线信号接收机
名称			单位	消耗量		
人工	000205000	综合二类工	工日	4.500	4.000	3.500
材料	850103005	其他材料费	元	4.810	4.810	4.810
机械	870613028	工业用真有效值万用表	台班	0.500	0.500	0.500

工作内容：开箱检查、搬运安装、功能检查、性能测试、通信实验。 **计量单位**：套

编号				2-6-465	2-6-466	2-6-467
项目				入侵探测设备安装、调试		
				无线报警发送、接收设备		
				发送设备 ≤ 2W	发送设备 ≤ 5W	无线报警接收设备
名称			单位	消耗量		
人工	000205000	综合二类工	工日	2.000	3.000	3.000
材料	290901004	铜端子 $6mm^2$	个	2.040	2.040	2.040
	280301006	铜芯塑料绝缘电线 BV-$6mm^2$	m	2.040	2.040	2.040
	850103005	其他材料费	元	0.160	0.160	—
机械	873122001	小功率计	台班	0.300	0.300	—

工作内容：开箱检查、设备组装、接线，本体安装。 **计量单位**：台

编号				2-6-468	2-6-469	2-6-470	2-6-471
项目				出入口设备安装、调试			
				读卡器		人体生物特征识别系统	
				不带键盘	带键盘	采集器	识别器
名称			单位	消耗量			
人工	000205000	综合二类工	工日	0.500	0.700	0.500	1.200
材料	850103005	其他材料费	元	4.370	4.370	4.370	4.370
机械	870613028	工业用真有效值万用表	台班	0.100	0.100	0.050	0.050

工作内容：开箱检查、设备组装、接线，本体安装。 计量单位：台

编号				2-6-472	2-6-473
项目				出入口设备安装、调试	
				密码键盘	出入门按钮
名称			单位	消耗量	
人工	000205000	综合二类工	工日	0.500	0.100
材料	850103005	其他材料费	元	4.370	—
机械	870613028	工业用真有效值万用表	台班	0.050	—

工作内容：开箱检查、设备组装、接线、本体安装测试。 计量单位：台

编号				2-6-474	2-6-475	2-6-476	2-6-477	2-6-478
项目				出入口设备安装、调试				
				门禁控制器				
				单门	双门	四门	八门	十六门
名称			单位	消耗量				
人工	000205000	综合二类工	工日	1.000	1.800	3.200	5.500	8.500
材料	850103005	其他材料费	元	6.510	8.340	12.020	20.120	36.870
机械	870613028	工业用真有效值万用表	台班	0.200	0.400	0.600	1.000	2.000

工作内容：开箱检查、设备组装、接线、本体安装测试。 计量单位：台

编号				2-6-479	2-6-480	2-6-481	2-6-482
项目				出入口设备安装、调试			
				电控锁	电磁吸力锁	电子密码锁	自动闭门器
名称			单位	消耗量			
人工	000205000	综合二类工	工日	0.400	0.350	0.500	0.200
材料	850103005	其他材料费	元	4.980	4.980	4.980	4.370
机械	870613028	工业用真有效值万用表	台班	0.030	0.030	0.030	—

工作内容：开箱检查、本体安装测试。 计量单位：套

编号				2-6-483	2-6-484
项目				电子巡更系统安装、调试	
				信息钮	通信钮
名称			单位	消耗量	
人工	000205000	综合二类工	工日	0.100	1.500
机械	870613028	工业用真有效值万用表	台班	—	0.050

工作内容： 开箱检查、设备组装、检查基础、安装设备、接线、本体调试。 **计量单位：** 台

编号				2-6-485	2-6-486
项目				电视监控摄像设备安装、调试	
				彩色、黑白摄像机 （含拍照功能）	半球形摄像机
名称			单位	消耗量	
人工	000205000	综合二类工	工日	0.750	0.840
材料	850103005	其他材料费	元	4.290	4.460
机械	870125001	彩色监视器	台班	0.100	0.100
	870613028	工业用真有效值万用表	台班	0.050	0.050

工作内容： 开箱检查、设备组装、检查基础、安装设备、接线、本体调试。 **计量单位：** 台

编号				2-6-487	2-6-488	2-6-489	2-6-490
项目				电视监控摄像设备安装、调试			
				球形摄像机		防爆摄像机	微型摄像机
				室内	室外		
名称			单位	消耗量			
人工	000205000	综合二类工	工日	1.050	1.400	1.500	1.400
材料	850103005	其他材料费	元	4.290	4.290	5.320	4.290
机械	870125001	彩色监视器	台班	0.500	0.500	0.500	0.200
	870613028	工业用真有效值万用表	台班	0.050	0.050	0.050	0.050

工作内容： 1、2、3. 开箱检查、设备组装、检查基础、安装设备、接线、本体调试。
4、5. 开箱检查、本体安装调试。 **计量单位：** 台

编号				2-6-491	2-6-492	2-6-493
项目				电视监控摄像设备安装、调试		
				室内外云台摄像机	高速智能球型摄像机	微光摄像机
名称			单位	消耗量		
人工	000205000	综合二类工	工日	1.610	1.960	1.750
材料	850103005	其他材料费	元	4.460	4.530	4.530
机械	870125001	彩色监视器	台班	0.100	0.300	0.500
	870613028	工业用真有效值万用表	台班	0.050	0.050	0.050

工作内容： 1、2、3. 开箱检查、设备组装、检查基础、安装设备、接线、本体调试。
4、5. 开箱检查、本体安装调试。 **计量单位：** 台

编号				2-6-494	2-6-495
项目				电视监控摄像设备安装、调试	
				红外光源摄像机	X 光摄像机
名称			单位	消耗量	
人工	000205000	综合二类工	工日	1.400	0.700
材料	850103005	其他材料费	元	4.530	4.530
机械	870125001	彩色监视器	台班	0.500	0.500
	870613028	工业用真有效值万用表	台班	0.050	0.050

工作内容：开箱检查、本体安装调试。 **计量单位：**台

编号				2-6-496	2-6-497	2-6-498	2-6-499
项目				电视监控摄像设备安装、调试			
				定焦距		变焦变倍	
				手动光圈镜头	自动光圈镜头		电动光圈镜头
名称			单位	消耗量			
人工	000205000	综合二类工	工日	0.200	0.300	0.420	0.350
机械	870125001	彩色监视器	台班	0.100	0.100	0.100	0.100

工作内容：开箱检查、本体安装调试。 **计量单位：**见表

编号				2-6-500	2-6-501	2-6-502	2-6-503
项目				电视监控摄像设备安装、调试			
				摄像机小孔镜头		摄像机防护罩	
				明装	暗装	普通	密封
单位				台		套	
名称			单位	消耗量			
人工	000205000	综合二类工	工日	0.600	1.000	0.150	0.250
材料	850103005	其他材料费	元	—	—	2.940	2.940
机械	870125001	彩色监视器	台班	0.100	0.100	—	—

工作内容：开箱检查、本体安装调试。 **计量单位：**套

编号				2-6-504	2-6-505
项目				电视监控摄像设备安装、调试	
				摄像机防护罩	
				全天候	防爆
名称			单位	消耗量	
人工	000205000	综合二类工	工日	0.750	0.600
材料	850103005	其他材料费	元	2.940	2.940

工作内容：1、2、3、4. 开箱检查、划线、定位、打孔、安装、紧固。
5、6. 开箱检查、固定、接线、本体安装调试。 **计量单位：**套

编号				2-6-506	2-6-507	2-6-508
项目				电视监控摄像设备安装、调试		
				摄像机支架		
				壁式	悬挂式	立柱式
名称			单位	消耗量		
人工	000205000	综合二类工	工日	0.400	0.600	0.480
材料	850103005	其他材料费	元	26.340	26.340	26.340

工作内容： 1、2、3、4. 开箱检查、划线、定位、打孔、安装、紧固。
5、6. 开箱检查、固定、接线、本体安装调试。　　**计量单位：** 见表

编　号				2-6-509	2-6-510	2-6-511
项　目				电视监控摄像设备安装、调试		
				摄像机云台（载重量）		
				⩽ 8kg	⩽ 25kg	⩽ 45kg
单　位				套	台	
名　称			单位	消　耗　量		
人工	000205000	综合二类工	工日	0.800	2.000	2.500
材料	850103005	其他材料费	元	1.220	1.840	1.840
机械	870613028	工业用真有效值万用表	台班	0.100	0.100	0.100
	990512010	平台作业升降车 9m	台班	—	0.500	0.500
	990422010	手动液压叉车	台班	—	—	0.200

工作内容： 1、2. 开箱检查、固定、接线、本体安装调试。
3、4、5、6. 设备开箱、检查、划线、定位、固定、接地。　　**计量单位：** 台

编　号				2-6-512	2-6-513	2-6-514	2-6-515
项　目				电视监控摄像设备安装、调试			
				云台控制器	照明灯（含红外灯）	控制台和监视器柜架	
						单联控制台机架	双联控制台机架
名　称			单位	消　耗　量			
人工	000205000	综合二类工	工日	1.200	0.300	1.500	2.000
材料	290901004	铜端子 $6mm^2$	个	—	—	2.020	2.020
	280301006	铜芯塑料绝缘电线 BV-$6mm^2$	m	—	—	2.040	2.040
	850103005	其他材料费	元	5.550	4.500	—	—
机械	870125001	彩色监视器	台班	0.500	—	—	—
	873150102	对讲机（一对）	台班	0.250	—	—	—
	870613028	工业用真有效值万用表	台班	0.300	0.100	—	—
	870622039	钳形接地电阻测试仪	台班	—	—	0.300	0.050
	990422010	手动液压叉车	台班	—	—	0.200	0.200

工作内容： 1、2. 开箱检查、固定、接线、本体安装调试。
3、4、5、6. 设备开箱、检查、划线、定位、固定、接地。　　**计量单位：** 台

编　号				2-6-516	2-6-517
项　目				电视监控摄像设备安装、调试	
				控制台和监视器柜架	
				监视器柜	监视器吊架
名　称			单位	消　耗　量	
人工	000205000	综合二类工	工日	2.470	1.000
材料	290901004	铜端子 $6mm^2$	个	2.020	2.020
	280301006	铜芯塑料绝缘电线 BV-$6mm^2$	m	2.040	2.040
	850103005	其他材料费	元	—	0.610
机械	870622039	钳形接地电阻测试仪	台班	0.050	0.050
	990422010	手动液压叉车	台班	0.200	—

工作内容：1. 设备开箱、检查、划线、定位、固定、接地。
2、3. 开箱检查、接线、本体安装调试。 计量单位：台

编号				2-6-518	2-6-519	2-6-520
项目				电视监控摄像设备安装、调试		
				电源	视频切换器	
					4×1	8×1
名称			单位	消耗量		
人工	000205000	综合二类工	工日	0.200	0.630	1.130
材料	850103005	其他材料费	元	0.910	4.370	4.370
机械	870613028	工业用真有效值万用表	台班	—	0.100	0.100

工作内容：开箱检查、接线、本体安装调试。 计量单位：台

编号				2-6-521	2-6-522	2-6-523	2-6-524	2-6-525	2-6-526
项目				电视监控摄像设备安装、调试					
				微机矩阵切换设备					
				≤8路	≤16路	≤32路	≤64路	≤128路	≤256路
名称			单位	消耗量					
人工	000205000	综合二类工	工日	2.000	3.000	5.000	8.000	11.000	15.000
材料	290901004	铜端子 $6mm^2$	个	—	—	—	2.040	2.040	2.040
	280301006	铜芯塑料绝缘电线 BV-$6mm^2$	m	—	—	—	2.040	2.040	2.040
	850103005	其他材料费	元	4.370	4.370	4.370	4.370	4.370	4.370
机械	870125001	彩色监视器	台班	1.000	1.000	1.000	1.000	1.000	1.000
	870613028	工业用真有效值万用表	台班	0.300	0.400	0.600	1.200	3.000	3.000

工作内容：开箱检查、接线、本体安装调试。 计量单位：台

编号				2-6-527	2-6-528	2-6-529	2-6-530
项目				电视监控摄像设备安装、调试			
				多画面分割器（合成器）			
				4画面	9画面	16画面	24画面
名称			单位	消耗量			
人工	000205000	综合二类工	工日	0.600	1.300	2.100	2.500
材料	850103005	其他材料费	元	4.370	4.370	4.370	4.370
机械	870613028	工业用真有效值万用表	台班	0.300	0.300	0.400	0.400

工作内容：开箱检查、接线、本体安装调试。　　　　**计量单位：**台

编　号				2-6-531	2-6-532
项　目				电视监控摄像设备安装、调试	
				监视管理系统（多画面）	
				16 入/1 出	256 入/16 出
名　称			单位	消　耗　量	
人工	000205000	综合二类工	工日	3.000	5.000

工作内容：开箱检查、接线、本体安装调试。　　　　**计量单位：**台

编　号				2-6-533	2-6-534	2-6-535	2-6-536	2-6-537
项　目				电视监控摄像设备安装、调试				
				音频、视频及脉冲分配器			视频补偿器	
				≤ 6 路	≤ 12 路	≤ 24 路	≤ 3 通道	≤ 6 通道
名　称			单位	消　耗　量				
人工	000205000	综合二类工	工日	1.500	2.000	3.000	0.600	1.500
材料	290901004	铜端子 $6mm^2$	个	2.040	2.040	2.040	2.040	2.040
	280301006	铜芯塑料绝缘电线 BV-$6mm^2$	m	2.040	2.040	2.040	2.040	2.040
	850103005	其他材料费	元	4.370	4.370	4.370	4.370	4.370
机械	870199011	笔记本电脑	台班	0.400	0.600	1.000	0.250	0.400
	870613028	工业用真有效值万用表	台班	0.300	0.300	0.300	—	—

工作内容：开箱检查、接线、本体安装调试。　　　　**计量单位：**台

编　号				2-6-538	2-6-539	2-6-540	2-6-541
项　目				电视监控摄像设备安装、调试			
				视频传输设备			
				多路遥控发射设备	接收设备	编码器、解码器	
						≤ 4 路	＞ 4 路
名　称			单位	消　耗　量			
人工	000205000	综合二类工	工日	4.000	3.000	0.400	0.800
材料	850103005	其他材料费	元	4.370	4.370	4.370	8.730
机械	870199011	笔记本电脑	台班	—	0.500	0.200	0.400
	870613028	工业用真有效值万用表	台班	0.500	—	0.100	0.200
	873122001	小功率计	台班	0.500	—	—	—

工作内容：开箱检查、接线、本体安装调试。　　　　**计量单位：**台

编　号				2-6-542	2-6-543
项　目				电视监控摄像设备安装、调试	
				双绞线视频传输系统	
				发送器	接收器
名　称			单位	消　耗　量	
人工	000205000	综合二类工	工日	0.800	1.000
机械	870613028	工业用真有效值万用表	台班	0.100	0.100

工作内容： 开箱检查、接线、本体安装调试。　　　　**计量单位：** 台

编号				2-6-544	2-6-545	2-6-546	2-6-547
项目				电视监控摄像设备安装、调试			
				录像设备			
				不带编辑机	带编辑机	时滞录像机	磁带录像机
名称			单位	消耗量			
人工	000205000	综合二类工	工日	0.700	1.500	0.700	0.600
材料	850103005	其他材料费	元	4.370	4.370	4.370	4.370

工作内容： 开箱检查、接线、本体安装调试。　　　　**计量单位：** 台

编号				2-6-548	2-6-549	2-6-550
项目				电视监控摄像设备安装、调试		
				视频服务器		
				≤50路视频	≤100路视频	≤200路视频
名称			单位	消耗量		
人工	000205000	综合二类工	工日	8.000	15.000	20.000
材料	290901004	铜端子 $6mm^2$	个	2.040	2.040	2.040
	280301006	铜芯塑料绝缘电线 BV-$6mm^2$	m	2.040	2.040	2.040
	850103005	其他材料费	元	2.340	3.210	4.980
机械	870199011	笔记本电脑	台班	3.000	5.000	8.000
	870622055	接地电阻测试仪	台班	0.050	0.050	0.050

工作内容： 开箱检查、接线、本体安装调试。　　　　**计量单位：** 台

编号				2-6-551	2-6-552
项目				电视监控摄像设备安装、调试	
				中心控制器	主控键盘
名称			单位	消耗量	
人工	000205000	综合二类工	工日	20.000	0.800
材料	850103005	其他材料费	元	0.160	—

工作内容： 系统调试、参数（指标）设置、完成自检测试报告。　　　　**计量单位：** 系统

编号				2-6-553	2-6-554	2-6-555	2-6-556
项目				安全防范分系统调试			
				入侵报警系统		电视监视系统	
				≤30点	>30点，每增5个点	≤50台	>50台，每增10台
名称			单位	消耗量			
人工	000305000	综合三类工	工日	20.000	2.500	25.000	2.500
机械	873150102	对讲机（一对）	台班	3.000	0.300	3.000	0.500
	870613028	工业用真有效值万用表	台班	2.000	0.200	2.500	0.250

工作内容： 系统调试、参数（指标）设置、完成自检测试报告。 **计量单位：** 系统

编号				2-6-557	2-6-558	2-6-559	2-6-560
项目				安全防范分系统调试			
				出入口控制系统		电子巡更	
				≤50门	>50门，每增加5门	≤50个点	>50个点，每增50个点
名称			单位	消耗量			
人工	000305000	综合三类工	工日	22.000	1.800	12.000	2.500
机械	870199011	笔记本电脑	台班	4.000	0.250	—	—
	873150102	对讲机（一对）	台班	5.000	0.400	—	—
	870613028	工业用真有效值万用表	台班	—	—	1.000	0.200

工作内容： 系统调试、参数（指标）设置、完成自检测试报告。 **计量单位：** 系统

编号				2-6-561	2-6-562
项目				安全防范分系统调试	
				管理系统	
				≤2进2出	增加1进1出
名称			单位	消耗量	
人工	000305000	综合三类工	工日	3.500	1.000
机械	870199011	笔记本电脑	台班	0.500	0.100
	873150102	对讲机（一对）	台班	0.500	0.100

工作内容： 安防系统联合调试、联动现场测量、记录、对比、调整。 **计量单位：** 系统

编号				2-6-563	2-6-564	2-6-565	2-6-566	2-6-567	2-6-568
项目				安全防范系统联合调试					
				≤200点	≤400点	≤600点	≤800点	≤1000点	>1000点，每增加100点
名称			单位	消耗量					
人工	000305000	综合三类工	工日	25.000	45.000	70.000	90.000	110.000	10.000
材料	340501002	打印纸 132-1	箱	0.100	0.200	0.300	0.400	0.500	0.050
	850103005	其他材料费	元	10.410	19.890	28.710	37.890	46.890	4.780
机械	870199011	笔记本电脑	台班	5.000	10.000	15.000	20.000	25.000	2.000
	870125001	彩色监视器	台班	5.000	10.000	15.000	20.000	25.000	2.000
	873150102	对讲机（一对）	台班	20.000	35.000	50.000	60.000	80.000	6.000
	870613028	工业用真有效值万用表	台班	10.000	20.000	30.000	40.000	50.000	4.000
	870199013	宽行打印机	台班	8.000	15.000	22.000	29.000	35.000	2.000

工作内容：系统试运行、完成试运行报告等。 **计量单位**：系统

编号				2-6-569	2-6-570
项目				安全防范系统试运行	
				≤200 点	>200 点，每增加 200 点
名称			单位	消耗量	
人工	000305000	综合三类工	工日	45.000	15.000
材料	340501002	打印纸 132-1	箱	0.050	0.020
机械	870199011	笔记本电脑	台班	2.500	1.200
	870125001	彩色监视器	台班	2.000	1.000
	873150102	对讲机（一对）	台班	20.000	5.000
	870613028	工业用真有效值万用表	台班	5.000	2.500
	870199013	宽行打印机	台班	2.000	1.000

六、过程检测仪表

工作内容：清理、表计试验、安装、固定、挂牌、取源部件保管、提供、清洗、配合单体试运转。 **计量单位**：支

编号				2-6-571	2-6-572	2-6-573
项目				温度仪表		
				膨胀式温度计		
				工业液体温度计	双金属温度计	电接点双金属温度计
名称			单位	消耗量		
人工	000205000	综合二类工	工日	0.118	0.134	0.450
材料	264199004	插座 带丝堵	套	1.000	1.000	1.000
	341304005	位号牌	个	1.000	1.000	1.000
	203501002	法兰垫片	个	—	1.000	1.000
	030105053	六角螺栓 M12×20～100	套	—	4.000	4.000
	022703006	细白布 宽 900	m	—	0.050	0.050
	850103002	校验材料费	元	—	—	0.390
	850103006	其他材料费（占材料费）	%	5.000	5.000	5.000
机械	873174013	铭牌打印机	台班	0.012	0.012	0.012
	870110074	标准铂电阻温度计	台班	—	0.001	0.022
	870110049	干体式温度校验仪	台班	—	0.001	0.022
	870134001	电动综合校验台	台班	—	—	0.022
	873150102	对讲机（一对）	台班	—	—	0.034
	870613023	手持式万用表	台班	—	—	0.028

工作内容： 清理、表计试验、安装、固定、挂牌、取源部件保管、提供、清洗、配合单体试运转。

计量单位： 支

编号				2-6-574	2-6-575	2-6-576
项目				温度仪表		
				温度开关	温度控制器	接触式光纤温度计
名称			单位	消耗量		
人工	000205000	综合二类工	工日	0.389	0.323	0.428
材料	264199004	插座 带丝堵	套	1.000	—	1.000
	341304005	位号牌	个	1.000	—	1.000
	850103002	校验材料费	元	0.260	0.260	0.260
	850103006	其他材料费（占材料费）	%	5.000	5.000	5.000
机械	871637001	多功能校准仪	台班	—	—	0.023
	873174013	铭牌打印机	台班	0.012	—	0.012
	870110074	标准铂电阻温度计	台班	0.017	0.021	—
	870110049	干体式温度校验仪	台班	0.017	0.021	—
	870134001	电动综合校验台	台班	0.017	0.022	—
	873150102	对讲机（一对）	台班	0.026	0.032	0.023
	870613023	手持式万用表	台班	0.022	0.026	0.019

工作内容： 1、2、3、4. 清理、表计试验、安装、固定、挂牌、取源部件保管、提供、清洗、配合单体试运转。
5、6. 清理、表计试验、安装、固定、挂牌、取源部件保管、提供、清洗。

计量单位： 支

编号				2-6-577	2-6-578	2-6-579	2-6-580
项目				温度仪表			
				辐射温度计			
				在线红外线温度计	光电比色温度计	轻型辅助装置	重型辅助装置
名称			单位	消耗量			
人工	000205000	综合二类工	工日	0.313	0.301	0.707	1.126
材料	030105053	六角螺栓 M12 × 20～100	套	2.000	2.000	4.000	4.000
	341304005	位号牌	个	1.000	1.000	1.000	1.000
	850103002	校验材料费	元	0.260	0.130	—	—
	341103001	电	kW · h	—	—	0.500	0.600
	284309003	接地线 5.5～16mm^2	m	—	—	1.000	1.000
	022701001	棉纱	kg	—	—	0.200	0.300
	030105002	半圆头镀锌螺栓 M2～5 × 15～50	套	—	—	—	4.000
	850103006	其他材料费（占材料费）	%	5.000	5.000	5.000	5.000
机械	871637001	多功能校准仪	台班	0.021	0.018	—	—
	873150102	对讲机（一对）	台班	0.021	0.018	—	—
	873174013	铭牌打印机	台班	0.012	0.012	0.012	0.012
	870613023	手持式万用表	台班	0.018	0.015	—	—

工作内容： 1、2、3、4. 清理、表计试验、安装、固定、挂牌、取源部件保管、提供、清洗、配合单体试运转。
5、6. 清理、表计试验、安装、固定、挂牌、取源部件保管、提供、清洗。 **计量单位：** 支

编号				2-6-581	2-6-582
项目				温度仪表	
				压力式温度变送器/控制器/控制开关	
				电远传变送	气远传变送
名称			单位	消耗量	
人工	000205000	综合二类工	工日	0.515	0.526
材料	341304005	位号牌	个	1.000	1.000
	850103002	校验材料费	元	0.770	0.770
	181625018	仪表接头	套	—	2.000
	850103006	其他材料费（占材料费）	%	5.000	5.000
机械	870110074	标准铂电阻温度计	台班	0.051	0.039
	870134001	电动综合校验台	台班	0.057	0.039
	873150102	对讲机（一对）	台班	0.029	0.026
	870110049	干体式温度校验仪	台班	0.070	—
	873174013	铭牌打印机	台班	0.012	0.012
	870613023	手持式万用表	台班	0.029	—
	870131001	气动综合校验台	台班	—	0.052

工作内容： 清理、表计试验、安装、固定、挂牌、取源部件保管、提供、清洗、配合单体试运转。 **计量单位：** 支

编号				2-6-583	2-6-584	2-6-585	2-6-586	2-6-587
项目				温度仪表				
				热电偶（阻）				
				普通式	耐磨式	吹气式	油罐平均温度计	室内固定式
名称			单位	消耗量				
人工	000205000	综合二类工	工日	0.295	0.336	0.642	1.739	0.285
材料	030107056	塑料膨胀螺栓	套	—	—	—	—	2.000
	340203007	聚四氟乙烯生料带（综合）	m	—	—	0.400	—	—
	181625018	仪表接头	套	—	—	2.000	—	—
	264199004	插座 带丝堵	套	1.000	1.000	1.000	—	1.000
	203501002	法兰垫片	个	1.000	1.000	1.000	1.000	—
	030105053	六角螺栓 M12×20～100	套	4.000	4.000	4.000	4.000	—
	341304005	位号牌	个	1.000	1.000	1.000	1.000	1.000
	850103002	校验材料费	元	0.130	0.130	0.130	0.260	0.130
	022703006	细白布 宽 900	m	—	0.050	0.100	0.150	0.050
	860110007	附件	套	—	—	—	3.000	—
	850103006	其他材料费（占材料费）	%	5.000	5.000	5.000	5.000	5.000
机械	873150102	对讲机（一对）	台班	0.003	0.003	0.007	0.016	0.003
	871640025	多功能校验仪	台班	0.003	0.003	0.007	0.016	0.003
	873174013	铭牌打印机	台班	0.012	0.012	0.012	0.012	0.012
	870613023	手持式万用表	台班	0.008	0.009	0.017	0.041	0.007

工作内容：设备清理、上接头、安装、单体试验、挂牌、配合单体试运转。 **计量单位**：台

编号				2-6-588
项目				物位检测仪表
				磁翻板浮子液位计现场就地安装（测量范围 m 以下）
				远传变送器
名称			单位	消耗量
人工	000205000	综合二类工	工日	1.099
材料	341304005	位号牌	个	1.000
	850103002	校验材料费	元	2.060
	850103006	其他材料费（占材料费）	%	5.000
机械	873150102	对讲机（一对）	台班	0.139
	870699160	多功能信号校验仪	台班	0.243
	873174013	铭牌打印机	台班	0.012
	870613023	手持式万用表	台班	0.347
	990401015	载重汽车 4t	台班	0.010

工作内容：设备清理、上接头、安装、单体试验、挂牌、配合单体试运转。 **计量单位**：台

编号				2-6-589	2-6-590	2-6-591	2-6-592
项目				物位检测仪表			
				浮标（子）液位计	浮球液位控制器/液位开关	光电式液位开关	音叉物位开关
名称			单位	消耗量			
人工	000205000	综合二类工	工日	1.455	0.615	0.889	0.759
材料	341304005	位号牌	个	1.000	1.000	1.000	1.000
	850103002	校验材料费	元	0.510	0.390	0.640	0.510
	203501002	法兰垫片	个	1.000	1.000	1.000	1.000
	284309003	接地线 5.5～16mm²	m	1.000	—	1.000	1.000
	030105053	六角螺栓 M12×20～100	套	8.000	6.000	4.000	8.000
	022701001	棉纱	kg	0.200	—	—	—
	143505004	清洗液 500mL	瓶	0.200	0.100	0.200	—
	022703006	细白布 宽 900	m	0.200	0.100	0.200	0.100
	264199004	插座 带丝堵	套	—	—	1.000	—
	850103006	其他材料费（占材料费）	%	5.000	5.000	5.000	5.000
机械	873114001	数字电压表	台班	—	—	—	0.038
	870613013	兆欧表	台班	—	—	—	0.030
	873150102	对讲机（一对）	台班	0.058	0.039	0.060	0.058
	870699160	多功能信号校验仪	台班	0.058	0.039	—	0.046
	873174013	铭牌打印机	台班	0.012	0.012	0.012	0.012
	870613023	手持式万用表	台班	—	0.065	0.099	0.096
	873112061	精密交直流稳压电源	台班	—	0.020	—	—
	871640025	多功能校验仪	台班	—	—	0.070	—

工作内容：设备清理、上接头、安装、单体试验、挂牌、配合单体试运转。 **计量单位：**台

编号				2-6-593	2-6-594	2-6-595	2-6-596	2-6-597
项目				物位检测仪表				
				可编程雷达液位计		钢带液位计		
				带导波管	不带导波管	现场指示积算	电变送远传	光电变送远传
名称			单位	消耗量				
人工	000205000	综合二类工	工日	4.557	3.317	5.846	7.227	7.327
材料	030105053	六角螺栓 M12×20～100	套	8.000	8.000	—	—	—
	341103001	电	kW·h	—	—	1.000	1.000	1.000
	182513009	镀锌钢管卡子 *DN*100	个	—	—	5.000	5.000	5.000
	170100001	钢管（综合）	m	—	—	20.000	20.000	20.000
	284309003	接地线 5.5～16mm^2	m	1.000	1.000	1.000	1.000	1.000
	030105052	六角螺栓 M10×20～50	套	—	—	4.000	4.000	4.000
	030105049	六角螺栓 M6～8×20～50	套	—	—	12.000	12.000	12.000
	022701001	棉纱	kg	—	—	0.300	0.300	0.300
	143505004	清洗液 500mL	瓶	0.200	0.200	0.400	0.400	0.400
	280301003	铜芯塑料绝缘电线 BV-1.5mm^2	m	1.000	1.000	—	1.000	1.000
	341304005	位号牌	个	1.000	1.000	2.000	2.000	2.000
	022703006	细白布 宽 900	m	0.250	0.250	0.200	0.200	0.200
	850103002	校验材料费	元	2.700	2.570	0.770	3.480	3.730
	203501002	法兰垫片	个	1.000	1.000	—	—	—
	850103006	其他材料费（占材料费）	%	5.000	5.000	5.000	5.000	5.000
机械	873174001	编程器	台班	0.321	0.302	—	—	—
	873150102	对讲机（一对）	台班	0.275	0.259	—	0.355	0.379
	870699160	多功能信号校验仪	台班	—	—	—	0.414	—
	870622055	接地电阻测试仪	台班	0.050	0.050	0.050	0.050	0.050
	873174013	铭牌打印机	台班	0.012	0.012	0.024	0.024	0.024
	870613023	手持式万用表	台班	0.458	0.431	0.140	0.591	0.632
	990401015	载重汽车 4t	台班	0.080	0.060	0.100	0.100	0.100
	870613013	兆欧表	台班	0.030	0.030	0.030	0.030	0.030
	871640025	多功能校验仪	台班	0.321	0.302	—	—	0.442

工作内容： 设备清理、上接头、安装、单体试验、挂牌、配合单体试运转。　　　　**计量单位：** 台

编　号				2-6-598	2-6-599	2-6-600	2-6-601
项　目				物位检测仪表			
				浮筒液位计			
				现场指示		变送器	
				外浮筒	内浮筒	电动	气动
名　称			单位	消　耗　量			
人工	000205000	综合二类工	工日	1.963	1.170	0.845	0.892
材料	030105052	六角螺栓 M10×20～50	套	8.000	4.000	—	—
	280301003	铜芯塑料绝缘电线 BV-1.5mm^2	m	—	—	1.000	—
	850103002	校验材料费	元	0.260	0.130	1.540	1.670
	340203007	聚四氟乙烯生料带（综合）	m	—	—	—	0.300
	181625018	仪表接头	套	—	—	—	2.000
	203501002	法兰垫片	个	4.000	1.000	—	—
	143505004	清洗液 500mL	瓶	0.200	0.100	—	—
	341304005	位号牌	个	1.000	1.000	—	—
	022703006	细白布 宽 900	m	0.100	0.050	—	—
	022701001	棉纱	kg	0.200	0.100	—	—
	850103006	其他材料费（占材料费）	%	5.000	5.000	5.000	5.000
机械	873150102	对讲机（一对）	台班	—	—	0.159	0.173
	870699160	多功能信号校验仪	台班	—	—	0.133	—
	870613023	手持式万用表	台班	—	—	0.265	—
	873114001	数字电压表	台班	—	—	0.159	—
	990401015	载重汽车 4t	台班	0.080	0.080	0.010	0.010
	870113025	便携式电动泵压力校验仪	台班	—	—	—	0.202
	991003020	电动空气压缩机 0.6m^3/min	台班	—	—	—	0.158
	873174013	铭牌打印机	台班	0.012	0.012	—	—

工作内容：设备清理、上接头、安装、单体试验、挂牌、配合单体试运转。 计量单位：台

编号				2-6-602	2-6-603	2-6-604
项目				物位检测仪表		
				多功能储罐液位计	阻旋式物位计料位开关	重锤探测物位计
名称			单位	消耗量		
人工	000205000	综合二类工	工日	5.590	0.874	6.438
材料	203501002	法兰垫片	个	1.000	1.000	1.000
	170000001	管材	m	—	—	18.000
	284309003	接地线 5.5～16mm^2	m	1.000	—	1.000
	022701001	棉纱	kg	—	0.100	0.500
	143505004	清洗液 500mL	瓶	0.200	0.100	0.300
	341304005	位号牌	个	1.000	1.000	1.000
	022703006	细白布 宽 900	m	0.200	0.050	0.200
	850103002	校验材料费	元	3.350	0.770	4.760
	280301003	铜芯塑料绝缘电线 BV-1.5mm^2	m	1.000	—	—
	030105053	六角螺栓 M12×20～100	套	—	8.000	—
	850103006	其他材料费（占材料费）	%	5.000	5.000	5.000
机械	870622055	接地电阻测试仪	台班	0.050	—	—
	870699160	多功能信号校验仪	台班	—	0.076	—
	873150102	对讲机（一对）	台班	0.339	0.076	0.492
	871640025	多功能校验仪	台班	0.395	—	0.574
	873174013	铭牌打印机	台班	0.012	0.012	0.012
	870613023	手持式万用表	台班	0.564	0.126	0.820
	873114001	数字电压表	台班	0.023	—	0.033
	990401015	载重汽车 4t	台班	0.150	0.010	0.150
	870613013	兆欧表	台班	0.030	0.030	0.030

工作内容：设备清理、上接头、安装、单体试验、挂牌、配合单体试运转。　　　　**计量单位：**台

编号				2-6-605	2-6-606	2-6-607
项目				物位检测仪表		
				贮罐液位称重仪	多功能磁致伸缩液位计	伺服式物位计
名称			单位	消耗量		
人工	000205000	综合二类工	工日	7.659	6.323	5.301
材料	203501002	法兰垫片	个	—	1.000	1.000
	170000001	管材	m	20.700	—	—
	284309003	接地线 5.5～16mm²	m	1.000	1.000	1.000
	022701001	棉纱	kg	0.500	0.300	0.200
	143505004	清洗液 500mL	瓶	0.300	—	0.400
	341304005	位号牌	个	1.000	1.000	2.000
	022703006	细白布 宽 900	m	0.300	0.200	0.300
	850103002	校验材料费	元	6.440	4.380	3.600
	021301001	尼龙扎带（综合）	根	10.000	—	—
	280301003	铜芯塑料绝缘电线 BV-1.5mm²	m	1.000	1.000	1.000
	181625018	仪表接头	套	5.000	—	—
	341103001	电	kW · h	—	—	1.000
	030105053	六角螺栓 M12 × 20～100	套	—	—	8.000
	850103006	其他材料费（占材料费）	%	5.000	5.000	5.000
机械	873150102	对讲机（一对）	台班	0.475	0.329	0.267
	871640025	多功能校验仪	台班	0.763	0.529	0.429
	873174013	铭牌打印机	台班	0.012	0.012	0.024
	870613023	手持式万用表	台班	0.475	0.329	0.267
	990401015	载重汽车 4t	台班	0.200	0.150	0.150
	870613013	兆欧表	台班	0.030	0.030	0.030

工作内容：设备清理、上接头、安装、单体试验、挂牌、配合单体试运转。 计量单位：台

编号				2-6-608	2-6-609	2-6-610	2-6-611
项目				物位检测仪表			
				电接触式液位计（电极）		光导电子液位计	射频导纳液位计/物位开关
				10 只以下	10 只以上		
名称			单位	消耗量			
人工	000205000	综合二类工	工日	1.834	3.073	4.679	1.228
材料	284309003	接地线 5.5～16mm^2	m	1.000	1.000	1.000	1.000
	143303001	酒精	kg	0.100	0.400	—	—
	272503001	绝缘钢纸板 0.5	kg	0.150	0.150	—	—
	280301003	铜芯塑料绝缘电线 BV-1.5mm^2	m	1.000	1.000	1.000	1.000
	341304005	位号牌	个	1.000	1.000	1.000	1.000
	022703006	细白布 宽 900	m	0.050	0.100	0.100	—
	850103002	校验材料费	元	1.160	2.060	2.570	0.900
	203501002	法兰垫片	个	—	—	1.000	1.000
	030105053	六角螺栓 M12×20～100	套	—	—	8.000	8.000
	022701001	棉纱	kg	—	—	0.100	0.100
	860150006	取源部件	套	—	—	—	1.000
	850103006	其他材料费（占材料费）	%	5.000	5.000	5.000	5.000
机械	873150102	对讲机（一对）	台班	0.088	0.150	0.196	0.067
	873174013	铭牌打印机	台班	0.012	0.012	0.012	0.012
	870613023	手持式万用表	台班	0.141	0.262	0.196	0.067
	870613013	兆欧表	台班	0.030	0.030	0.030	0.030
	871640025	多功能校验仪	台班	—	—	0.315	0.107
	990401015	载重汽车 4t	台班	—	—	0.150	0.050

工作内容： 设备清理、上接头、安装、单体试验、挂牌、配合单机试运转、放射性仪表安全保护。

计量单位：台

编号				2-6-612	2-6-613	2-6-614	2-6-615
项目				物位检测仪表			
				电容式物位计/物位开关	电阻式物位计/信号器	超声波物位计物位开关	放射性物位计
名称			单位	消耗量			
人工	000205000	综合二类工	工日	0.951	0.893	1.795	7.285
材料	203501002	法兰垫片	个	1.000	1.000	1.000	—
	284309003	接地线 5.5～16mm²	m	1.000	—	1.000	1.000
	030105058	六角螺栓 M12×70	套	8.000	8.000	8.000	—
	022701001	棉纱	kg	0.100	0.050	—	0.300
	860150006	取源部件	套	1.000	—	—	—
	341304005	位号牌	个	1.000	1.000	1.000	3.000
	022703006	细白布 宽 900	m	0.100	—	0.100	0.200
	850103002	校验材料费	元	0.900	0.770	1.290	4.380
	181625018	仪表接头	套	1.000	—	—	—
	341301001	警告牌	个	—	—	—	1.000
	850103006	其他材料费（占材料费）	%	5.000	5.000	5.000	5.000
机械	873150102	对讲机（一对）	台班	0.093	0.075	0.136	0.452
	871640025	多功能校验仪	台班	0.108	—	0.158	0.527
	873174013	铭牌打印机	台班	0.012	0.012	0.012	0.036
	870613023	手持式万用表	台班	0.124	0.100	0.181	0.603
	990401015	载重汽车 4t	台班	0.010	0.010	0.010	0.100
	870613013	兆欧表	台班	0.030	—	0.030	0.030
	870699160	多功能信号校验仪	台班	—	0.088	—	—

工作内容： 设备清理、上接头、安装、单体试验、挂牌、配合单机试运转、放射性仪表安全保护。

计量单位：台

编号				2-6-616	2-6-617
项目				物位检测仪表	
				差压开关	吹气装置
名称			单位	消耗量	
人工	000205000	综合二类工	工日	0.772	0.772
材料	022701001	棉纱	kg	0.050	—
	860150006	取源部件	套	1.000	1.000
	341304005	位号牌	个	1.000	1.000
	850103002	校验材料费	元	0.540	0.130
	181625018	仪表接头	套	2.000	4.000
	340203007	聚四氟乙烯生料带（综合）	m	—	0.840
	022703006	细白布 宽 900	m	—	0.050
	850103006	其他材料费（占材料费）	%	5.000	5.000
机械	870113025	便携式电动泵压力校验仪	台班	0.045	—
	870113059	标准差压发生器 PASHEN	台班	0.028	—
	873150102	对讲机（一对）	台班	0.068	—
	870699160	多功能信号校验仪	台班	0.037	—
	873174013	铭牌打印机	台班	0.012	0.012
	870613023	手持式万用表	台班	0.090	—

工作内容：安装、检查、校接线、单体试验、配合单机试运转。 **计量单位：**台

编号				2-6-618	2-6-619	2-6-620
项目				显示记录仪表		
				数字显示仪表		
				单点数显仪	数显调节仪	多屏幕数显仪
名称			单位	消耗量		
人工	000205000	综合二类工	工日	0.910	1.053	1.265
材料	020907001	清洁布 250×250	块	0.200	0.300	0.600
	280301003	铜芯塑料绝缘电线 BV-1.5mm^2	m	0.500	0.500	0.500
	850103002	校验材料费	元	1.670	1.800	2.320
	850103006	其他材料费（占材料费）	%	5.000	5.000	5.000
机械	870134001	电动综合校验台	台班	0.071	0.078	0.096
	873150102	对讲机（一对）	台班	0.086	0.094	0.115
	871640025	多功能校验仪	台班	0.436	0.500	0.603
	873112061	精密交直流稳压电源	台班	0.071	0.078	0.096
	870613023	手持式万用表	台班	0.508	0.584	0.703
	873114001	数字电压表	台班	0.264	0.303	0.365

工作内容：安装、检查、校接线、单体试验、配合单机试运转。 **计量单位：**台

编号				2-6-621	2-6-622	2-6-623
项目				显示记录仪表		
				多功能、多通道、多笔记录仪	X～Y 函数记录仪	多通道无纸记录仪
名称			单位	消耗量		
人工	000205000	综合二类工	工日	1.760	1.388	1.343
材料	020907001	清洁布 250×250	块	0.400	0.400	0.400
	280301003	铜芯塑料绝缘电线 BV-1.5mm^2	m	1.000	—	—
	850103002	校验材料费	元	3.220	2.700	2.450
	143303001	酒精	kg	0.300	—	—
	850103006	其他材料费（占材料费）	%	5.000	5.000	5.000
机械	870134001	电动综合校验台	台班	0.138	0.114	0.105
	873150102	对讲机（一对）	台班	0.166	0.137	0.126
	871640025	多功能校验仪	台班	0.849	0.678	0.637
	873112061	精密交直流稳压电源	台班	0.138	0.114	0.105
	870613023	手持式万用表	台班	0.991	0.790	0.743
	873114001	数字电压表	台班	0.515	0.411	0.386

工作内容：安装、检查、校接线、单体试验、配合单机试运转。　　　　**计量单位：**台

编　号				2-6-624	2-6-625	2-6-626
项　目				显示记录仪表		
				电位差计/平衡电桥（指示、记录、报警）		
				单点	多点	带电动 PID 调节器
名　称			单位	消　耗　量		
人工	000205000	综合二类工	工日	1.047	1.327	1.403
材料	143303001	酒精	kg	0.100	0.100	0.150
	020907001	清洁布 250×250	块	0.200	0.300	0.400
	850103002	校验材料费	元	1.800	4.760	5.150
	850103006	其他材料费（占材料费）	%	5.000	5.000	5.000
机械	870134001	电动综合校验台	台班	0.078	0.101	0.108
	873150102	对讲机（一对）	台班	0.189	0.245	0.261
	870699160	多功能信号校验仪	台班	0.189	0.245	0.261
	870622105	精密标准电阻箱	台班	0.052	0.068	0.072
	873112061	精密交直流稳压电源	台班	0.078	0.101	0.108
	870613023	手持式万用表	台班	0.221	0.286	0.304
	873114001	数字电压表	台班	0.063	0.082	0.087

工作内容：安装、检查、校接线、单体试验、配合单机试运转。　　　　**计量单位：**台

编　号				2-6-627	2-6-628	2-6-629
项　目				显示记录仪表		
				电位差计/平衡电桥（指示、记录、报警）		
				带气动调节器	带顺序控制器	带模数转换装置
名　称			单位	消　耗　量		
人工	000205000	综合二类工	工日	1.333	1.403	1.333
材料	143303001	酒精	kg	0.100	0.300	0.100
	020907001	清洁布 250×250	块	0.400	0.400	0.400
	850103002	校验材料费	元	4.630	5.150	4.630
	181625018	仪表接头	套	3.000	—	—
	850103006	其他材料费（占材料费）	%	5.000	5.000	5.000
机械	870134001	电动综合校验台	台班	0.099	0.108	0.099
	873150102	对讲机（一对）	台班	0.240	0.261	0.240
	870699160	多功能信号校验仪	台班	0.240	0.261	0.240
	870622105	精密标准电阻箱	台班	—	0.072	—
	873112061	精密交直流稳压电源	台班	0.099	0.108	0.099
	870613023	手持式万用表	台班	0.280	0.304	0.280
	873114001	数字电压表	台班	0.080	0.087	0.080
	870113025	便携式电动泵压力校验仪	台班	0.165	—	—
	870131001	气动综合校验台	台班	0.099	—	—

工作内容：设备清理、检查、表计固定、校接线、单体试验、配合单机运转。　　　　**计量单位：**台

编号				2-6-630	2-6-631	2-6-632	2-6-633
项目				显示记录仪表			
				单电双针指示仪	电单双针记录仪	电单双针报警仪	电多点指示记录仪
名称			单位	消耗量			
人工	000205000	综合二类工	工日	0.621	0.736	0.746	1.078
材料	022703006	细白布 宽 900	m	0.050	0.050	0.050	0.050
	850103002	校验材料费	元	0.900	0.900	1.160	1.420
	850103006	其他材料费（占材料费）	%	5.000	5.000	5.000	5.000
机械	870134001	电动综合校验台	台班	0.040	0.042	0.050	0.066
	873150102	对讲机（一对）	台班	0.045	0.048	0.056	0.075
	870699160	多功能信号校验仪	台班	0.089	0.096	0.113	0.150
	873112061	精密交直流稳压电源	台班	0.053	0.056	0.067	0.088
	870613023	手持式万用表	台班	0.075	0.080	0.094	0.125

工作内容：1. 设备清理、检查、表计固定、校接线、单体试验、配合单机运转。
2、3、4、5、6. 清理、检查、记录、接线、安装、接头安装、单体试验、配合单机运转。　　　　**计量单位：**台

编号				2-6-634	2-6-635	2-6-636
项目				显示记录仪表		
				电积算器	气动积算器	气动指示记录仪
名称			单位	消耗量		
人工	000205000	综合二类工	工日	0.741	0.862	0.928
材料	022703006	细白布 宽 900	m	0.050	—	—
	850103002	校验材料费	元	1.030	1.160	1.670
	340203007	聚四氟乙烯生料带（综合）	m	—	0.150	0.150
	020907001	清洁布 250×250	块	—	0.300	0.300
	181625018	仪表接头	套	—	2.000	2.000
	850103006	其他材料费（占材料费）	%	5.000	5.000	5.000
机械	870699160	多功能信号校验仪	台班	0.111	—	—
	873112061	精密交直流稳压电源	台班	0.066	—	—
	870613023	手持式万用表	台班	0.093	—	—
	873136001	数字频率计	台班	0.050	—	—
	870134001	电动综合校验台	台班	0.050	0.053	0.076
	873150102	对讲机（一对）	台班	0.056	0.100	0.139
	991003020	电动空气压缩机 $0.6m^3/min$	台班	—	0.080	0.111
	870131001	气动综合校验台	台班	—	0.070	0.101
	870113001	数字压力表	台班	—	0.120	0.167

工作内容： 1. 设备清理、检查、表计固定、校接线、单体试验、配合单机运转。
2、3、4、5、6. 清理、检查、记录、接线、安装、接头安装、单体试验、配合单机运转。

计量单位：台

编　号				2-6-637	2-6-638	2-6-639
项　目				显示记录仪表		
				气动色带、条形指示仪	气动报警器	气动多针指示仪
名　称			单位	消　耗　量		
人工	000205000	综合二类工	工日	0.839	0.792	0.937
材料	850103002	校验材料费	元	1.160	0.900	1.160
	340203007	聚四氟乙烯生料带（综合）	m	0.150	0.150	0.250
	020907001	清洁布 250×250	块	0.300	0.300	0.300
	181625018	仪表接头	套	2.000	2.000	4.000
	850103006	其他材料费（占材料费）	%	5.000	5.000	5.000
机械	870134001	电动综合校验台	台班	0.050	0.043	0.050
	873150102	对讲机（一对）	台班	0.094	0.082	0.095
	991003020	电动空气压缩机 $0.6m^3/min$	台班	0.075	0.066	0.076
	870131001	气动综合校验台	台班	0.066	0.057	0.066
	870113001	数字压力表	台班	0.113	0.099	0.114

七、过程控制仪表

工作内容： 管路线路检查，单元仪表检查、设定、排错、模拟试验。

计量单位：套

编　号				2-6-640	2-6-641	2-6-642	2-6-643	2-6-644
项　目				仪表回路模拟试验				
				温度检测回路	压力检测回路	流量检测回路	差压式流量/液位检测回路	物位检测回路
名　称			单位	消　耗　量				
人工	000205000	综合二类工	工日	0.369	0.493	0.619	0.714	0.895
材料	850103002	校验材料费	元	1.030	1.420	1.800	2.060	2.570
机械	870113029	多功能压力校验仪	台班	—	0.051	—	—	—
	870113059	标准差压发生器 PASHEN	台班	—	—	—	0.073	—
	873150102	对讲机（一对）	台班	0.121	0.161	0.202	0.233	0.292
	871640017	回路校验仪	台班	0.100	0.134	0.168	0.194	0.244
	870622055	接地电阻测试仪	台班	0.050	0.050	0.050	0.050	0.050
	870613023	手持式万用表	台班	0.100	0.134	0.168	0.194	0.244
	873114001	数字电压表	台班	0.100	0.134	0.168	0.194	0.244
	870113025	便携式电动泵压力校验仪	台班	—	0.081	—	0.117	—
	870113001	数字压力表	台班	—	0.127	—	0.183	—

工作内容：管路线路检查，单元仪表检查、设定、排错、模拟试验。 计量单位：套

编号				2-6-645	2-6-646	2-6-647	2-6-648
项目				仪表回路模拟试验			
				多点检测回路（点内）			
				4	6	10	20
名称			单位	消耗量			
人工	000205000	综合二类工	工日	0.636	0.806	0.977	1.148
材料	850103002	校验材料费	元	1.800	2.320	2.830	3.350
机械	873150102	对讲机（一对）	台班	0.208	0.263	0.319	0.375
	870622055	接地电阻测试仪	台班	0.050	0.050	0.050	0.050
	870613023	手持式万用表	台班	0.173	0.219	0.266	0.312
	873114001	数字电压表	台班	0.173	0.219	0.266	0.312
	870113025	便携式电动泵压力校验仪	台班	0.104	0.132	0.160	0.187
	871640025	多功能校验仪	台班	0.104	0.132	0.160	0.187
	870113001	数字压力表	台班	0.069	0.080	0.097	0.115
	870113063	智能数字压力校验仪	台班	0.069	0.088	0.106	0.125

工作内容：管路线路检查，单元仪表检查、设定、排错、模拟试验。 计量单位：套

编号				2-6-649	2-6-650	2-6-651
项目				仪表回路模拟试验		
				简单回路	复杂回路	
					双回路	多回路
名称			单位	消耗量		
人工	000205000	综合二类工	工日	1.061	1.818	2.576
材料	850103002	校验材料费	元	3.090	5.280	7.470
机械	873150102	对讲机（一对）	台班	0.192	0.330	0.467
	871640025	多功能校验仪	台班	0.269	0.462	0.654
	870622055	接地电阻测试仪	台班	0.050	0.050	0.050
	870613023	手持式万用表	台班	0.192	0.330	0.467
	873114001	数字电压表	台班	0.192	0.330	0.467
	871640017	回路校验仪	台班	0.154	0.264	0.374

工作内容：管路线路检查，单元仪表检查、设定、排错、模拟试验。 计量单位：套

编号				2-6-652	2-6-653
项目				仪表回路模拟试验	
				手操回路	无线传输回路（接发点）
名称			单位	消耗量	
人工	000205000	综合二类工	工日	0.510	1.491
材料	850103002	校验材料费	元	1.540	4.630
机械	873150102	对讲机（一对）	台班	0.092	0.284
	871640025	多功能校验仪	台班	0.129	0.256
	871640017	回路校验仪	台班	0.074	—
	870622055	接地电阻测试仪	台班	0.050	—
	870613023	手持式万用表	台班	0.092	—
	873114001	数字电压表	台班	0.092	—
	870199011	笔记本电脑	台班	—	0.284

八、过程分析及环境监测装置

工作内容：取样、预处理装置、探头、电极、数据处理及控制设备安装、检查、调整、系统试验、标定。

计量单位：套

编　号				2-6-654
项　目				过程分析系统 电化学式分析仪 氧含量分析仪
名　称			单位	消　耗　量
人工	000205000	综合二类工	工日	5.086
材料	860150006	取源部件	套	1.000
	341304005	位号牌	个	1.000
	022703006	细白布　宽 900	m	0.350
	850103002	校验材料费	元	5.150
	181625018	仪表接头	套	1.000
	850103006	其他材料费（占材料费）	%	5.000
机械	873150102	对讲机（一对）	台班	0.440
	871640025	多功能校验仪	台班	0.308
	873174013	铭牌打印机	台班	0.012
	870613023	手持式万用表	台班	0.528
	873114001	数字电压表	台班	0.440

工作内容：取样、探头、预处理装置、数据处理及控制设备安装检查、调整、系统试验。　**计量单位：**套

编　号				2-6-655
项　目				物性检测装置 湿度分析
名　称			单位	消　耗　量
人工	000205000	综合二类工	工日	4.065
材料	341304005	位号牌	个	1.000
	850103002	校验材料费	元	4.380
	850103006	其他材料费（占材料费）	%	5.000
机械	873150102	对讲机（一对）	台班	0.404
	871640025	多功能校验仪	台班	0.283
	870622055	接地电阻测试仪	台班	0.050
	873174013	铭牌打印机	台班	0.012
	870613023	手持式万用表	台班	0.485

九、安全、视频及控制系统

工作内容：清点、单元检查、调整、安装、系统试验。　　　　计量单位：套

编号				2-6-656	2-6-657	2-6-658	2-6-659
项目				安全监测装置			
				可燃气体报警器	有毒气体报警装置	多点气体报警装置	火焰监视器
名称			单位	消耗量			
人工	000205000	综合二类工	工日	1.667	1.857	2.789	3.849
材料	030105219	U 型螺栓 M10×50	套	1.000	1.000	—	—
	030105052	六角螺栓 M10×20～50	套	1.000	1.000	4.000	4.000
	341304005	位号牌	个	1.000	1.000	1.000	1.000
	022703006	细白布 宽 900	m	0.100	0.100	0.100	0.200
	850103002	校验材料费	元	3.480	3.860	5.920	6.440
	850103006	其他材料费（占材料费）	%	5.000	5.000	5.000	5.000
机械	870134001	电动综合校验台	台班	0.127	0.146	0.221	0.237
	873150102	对讲机（一对）	台班	0.368	0.420	0.637	0.695
	870699160	多功能信号校验仪	台班	0.368	0.420	0.637	—
	870622105	精密标准电阻箱	台班	0.127	0.146	0.221	0.237
	873112061	精密交直流稳压电源	台班	0.127	0.146	0.221	0.237
	873174013	铭牌打印机	台班	0.012	0.012	0.060	0.012
	870613023	手持式万用表	台班	0.368	0.420	0.637	0.695
	873114001	数字电压表	台班	0.234	0.267	0.405	0.442
	871640025	多功能校验仪	台班	—	—	—	0.695
	870613013	兆欧表	台班	—	—	—	0.030

工作内容：清点、单元检查、调整、安装、系统试验。 计量单位：套

编号				2-6-660	2-6-661	2-6-662	2-6-663
项目				安全监测装置			
				燃烧安全保护装置	固定式点火装置	自动点火系统	漏油检测装置
名称			单位	消耗量			
人工	000205000	综合二类工	工日	7.422	4.750	7.554	4.253
材料	341103001	电	kW·h	0.500	—	—	—
	030105052	六角螺栓 M10×20～50	套	2.000	2.000	4.000	—
	341304005	位号牌	个	1.000	1.000	1.000	1.000
	022703006	细白布 宽 900	m	0.200	0.200	0.200	0.300
	850103002	校验材料费	元	13.900	10.170	14.550	8.500
	850103006	其他材料费（占材料费）	%	5.000	5.000	5.000	5.000
机械	870134001	电动综合校验台	台班	0.512	—	—	—
	873150102	对讲机（一对）	台班	1.492	1.100	1.564	0.918
	871640025	多功能校验仪	台班	1.492	1.100	1.564	0.918
	870622105	精密标准电阻箱	台班	0.512	—	—	—
	873112061	精密交直流稳压电源	台班	0.512	0.420	0.592	0.349
	873174013	铭牌打印机	台班	0.012	0.012	0.012	0.012
	870613023	手持式万用表	台班	1.492	1.100	1.564	0.918
	873114001	数字电压表	台班	0.947	0.699	0.993	0.583
	870613013	兆欧表	台班	0.030	0.030	0.030	0.030
	870622055	接地电阻测试仪	台班	—	0.050	0.050	0.050

工作内容：清点、单元检查、调整、安装、系统试验。 计量单位：套

编号				2-6-664	2-6-665
项目				安全监测装置	
				高阻检漏装置	粉尘布袋检漏装置
名称			单位	消耗量	
人工	000205000	综合二类工	工日	4.470	7.154
材料	030105052	六角螺栓 M10×20～50	套	4.000	4.000
	341304005	位号牌	个	1.000	1.000
	022703006	细白布 宽 900	m	0.100	0.250
	850103002	校验材料费	元	10.170	11.840
	284309003	接地线 5.5～16mm^2	m	—	1.000
	850103006	其他材料费（占材料费）	%	5.000	5.000
机械	873150102	对讲机（一对）	台班	1.096	1.279
	871640025	多功能校验仪	台班	1.096	1.279
	870622055	接地电阻测试仪	台班	0.050	0.050
	873112061	精密交直流稳压电源	台班	0.420	0.478
	873174013	铭牌打印机	台班	0.012	0.012
	870613023	手持式万用表	台班	1.096	1.279
	873114001	数字电压表	台班	0.696	0.812
	870613013	兆欧表	台班	0.030	0.030

工作内容： 1、2、3. 显示器安装与试验，系统试验。
4、5、6. 技术准备、校接线、配合安装、逻辑报警等功能检查、单元检查、试验和系统试运行。

计量单位：台

编号				2-6-666	2-6-667	2-6-668
项目				工业电视和视频监控系统		
				显示器安装调试		
				台装	棚顶吊装	盘装
名称			单位	消耗量		
人工	000205000	综合二类工	工日	1.669	2.287	1.807
材料	020907001	清洁布 250×250	块	0.500	0.500	0.500
	850103002	校验材料费	元	5.150	5.280	5.150
	030105050	六角螺栓 M6～8×20～70	套	—	2.000	4.000
	341103001	电	kW·h	—	0.200	—
	030107015	膨胀螺栓 M10	套	—	4.000	—
	850103006	其他材料费（占材料费）	%	5.000	5.000	5.000
机械	870134001	电动综合校验台	台班	0.150	0.150	0.150
	873110045	电视信号发生器	台班	0.203	0.203	0.203
	873112061	精密交直流稳压电源	台班	0.150	0.150	0.150
	873114001	数字电压表	台班	0.567	0.567	0.567
	873150102	对讲机（一对）	台班	0.523	0.534	0.524
	870613023	手持式万用表	台班	0.567	0.567	0.567

工作内容： 1、2、3. 显示器安装与试验，系统试验。
4、5、6. 技术准备、校接线、配合安装、逻辑报警等功能检查、单元检查、试验和系统试运行。

计量单位：m^2

编号				2-6-669	2-6-670	2-6-671
项目				工业电视和视频监控系统		
				大屏幕组合显示墙	模拟屏装置安装	
					柜式	壁式
名称			单位	消耗量		
人工	000205000	综合二类工	工日	1.011	0.734	0.756
材料	020907001	清洁布 250×250	块	—	1.000	1.000
	850103002	校验材料费	元	0.510	—	—
	341103001	电	kW·h	0.300	0.200	0.500
	030107015	膨胀螺栓 M10	套	3.000	2.000	—
	284309003	接地线 5.5～16mm^2	m	0.500	0.500	0.150
	022703006	细白布 宽 900	m	0.100	—	—
	850103006	其他材料费（占材料费）	%	5.000	5.000	5.000
机械	873150102	对讲机（一对）	台班	0.068	0.010	0.010
	870613023	手持式万用表	台班	0.099	0.021	0.021
	870199011	笔记本电脑	台班	0.050	0.050	0.050
	870622055	接地电阻测试仪	台班	0.058	—	—

工作内容： 技术准备、校接线、配合安装、逻辑报警等功能检查、单元检查、试验和系统试运行。

计量单位： m^2

编　号				2-6-672	2-6-673	2-6-674	2-6-675	2-6-676
项　目				工业电视和视频监控系统				
				模拟屏装置试验（信号输入点以下）				
				20	80	120	180	每增加4点
名　称			单位	消　耗　量				
人工	000205000	综合二类工	工日	0.765	3.061	4.592	6.887	0.138
材料	850103002	校验材料费	元	2.190	8.500	12.750	19.180	0.390
机械	870199011	笔记本电脑	台班	0.144	0.578	0.866	1.299	0.026
	873150102	对讲机（一对）	台班	0.144	0.578	0.866	1.299	0.026
	870699160	多功能信号校验仪	台班	0.069	0.275	0.413	0.619	0.012
	870613023	手持式万用表	台班	0.115	0.458	0.688	1.031	0.021
	873114001	数字电压表	台班	0.092	0.367	0.550	0.825	0.017

工作内容： 技术准备、校接线、配合安装、逻辑报警等功能检查、单元检查、试验和系统试运行。

计量单位： 台

编　号				2-6-677	2-6-678	2-6-679	2-6-680	2-6-681
项　目				工业电视和视频监控系统				
				辅助设备安装				
				操作器	2路分配器	6路分配器	补偿器	切换器
名　称			单位	消　耗　量				
人工	000205000	综合二类工	工日	0.182	0.226	0.477	0.203	0.272
材料	850103002	校验材料费	元	0.260	0.390	0.510	0.390	0.390
机械	873150102	对讲机（一对）	台班	0.021	0.035	0.055	0.035	0.350
	870613023	手持式万用表	台班	0.023	0.038	0.060	0.038	0.038
	873114001	数字电压表	台班	0.023	0.038	0.060	0.038	0.038

工作内容： 1、2. 技术准备、校接线、配合安装、逻辑报警等功能检查、单元检查、试验和系统试运行。

3、4、5、6. 准备、单元检查、系统功能试验。

计量单位： 台

编　号				2-6-682	2-6-683	2-6-684
项　目				工业电视和视频监控系统		
				辅助设备安装		视频监控计算机
				云台控制器	解码器	
名　称			单位	消　耗　量		
人工	000205000	综合二类工	工日	0.771	0.214	3.069
材料	850103002	校验材料费	元	1.670	0.390	10.300
机械	873150102	对讲机（一对）	台班	0.173	0.035	0.750
	870613023	手持式万用表	台班	0.189	0.038	0.945
	873114001	数字电压表	台班	0.189	0.038	0.945
	871640025	多功能校验仪	台班	—	—	1.013

工作内容：1、2. 技术准备、校接线、配合安装、逻辑报警等功能检查、单元检查、试验和系统试运行。
3、4、5、6. 准备、单元检查、系统功能试验。 计量单位：台

编号				2-6-685	2-6-686	2-6-687
项目				工业电视和视频监控系统		
				矩阵切换器		画面分割处理器
				4 路	每增加 4 路	
名称			单位	消耗量		
人工	000205000	综合二类工	工日	0.767	0.436	1.840
材料	850103002	校验材料费	元	1.670	1.030	3.480
机械	873150102	对讲机（一对）	台班	0.125	0.075	0.250
	870613023	手持式万用表	台班	0.158	0.095	0.315
	873114001	数字电压表	台班	0.158	0.095	0.315

工作内容：准备、单元检查、系统功能试验。 计量单位：套

编号				2-6-688	2-6-689	2-6-690
项目				工业电视和视频监控系统		
				视频监控系统调试		
				4 路	9 路	16 路
名称			单位	消耗量		
人工	000305000	综合三类工	工日	6.244	9.794	14.079
材料	850103002	校验材料费	元	10.940	17.120	24.720
机械	873150102	对讲机（一对）	台班	0.850	1.333	1.917
	871640025	多功能校验仪	台班	1.261	1.979	2.844
	870613023	手持式万用表	台班	1.071	1.680	2.415
	873114001	数字电压表	台班	1.071	1.680	2.415

工作内容：准备、单元检查、系统功能试验。 计量单位：见表

编号				2-6-691	2-6-692	2-6-693
项目				工业电视和视频监控系统		
				投影显示器	视频录像（记录）装置	
					单路	多路
单位				台	套	
名称			单位	消耗量		
人工	000205000	综合二类工	工日	1.179	3.479	4.647
材料	850103002	校验材料费	元	1.290	2.190	4.250
机械	873150102	对讲机（一对）	台班	0.100	0.167	0.333
	870613023	手持式万用表	台班	0.126	0.210	0.420
	873114001	数字电压表	台班	0.126	0.210	0.420

工作内容： 常规检查、基本功能试验、接收功能试验、接口模块、通信功能、设定、打印、制表、系统运行、在线回路试验。

计量单位：套

编号				2-6-694	2-6-695	2-6-696	2-6-697	2-6-698
项目				远动装置				
				遥测遥信（输入 AI/DI/PI 点以下）				
				8	16	32	64	128
	名称		单位	消耗量				
人工	000205000	综合二类工	工日	5.303	8.164	13.104	18.672	23.633
材料	850103002	校验材料费	元	10.300	15.840	25.490	36.300	45.960
机械	873150102	对讲机（一对）	台班	1.852	2.851	4.576	6.520	8.253
	871640025	多功能校验仪	台班	1.323	2.036	3.269	4.657	5.895
	870613023	手持式万用表	台班	1.852	2.851	4.576	6.520	8.253
	873114001	数字电压表	台班	1.587	2.444	3.922	5.589	7.074

工作内容： 常规检查、基本功能试验、接收功能试验、接口模块、通信功能、设定、打印、制表、系统运行、在线回路试验。

计量单位：套

编号				2-6-699	2-6-700	2-6-701	2-6-702	2-6-703
项目				远动装置				
				遥测遥信（输入 AI/DI/PI 点以下）				
				256	320	400	512	每增加8点
	名称		单位	消耗量				
人工	000205000	综合二类工	工日	28.795	32.642	37.006	42.748	0.330
材料	850103002	校验材料费	元	56.000	63.470	71.970	83.170	0.640
机械	873150102	对讲机（一对）	台班	10.055	11.399	12.923	14.928	0.115
	871640025	多功能校验仪	台班	7.182	8.142	9.231	10.663	0.124
	870613023	手持式万用表	台班	10.055	11.399	12.923	14.928	0.115
	873114001	数字电压表	台班	8.619	9.770	11.077	12.795	0.099

工作内容： 常规检查、基本功能试验、接收功能试验、接口模块、通信功能、设定、打印、制表、系统运行、在线回路试验。

计量单位：套

编号				2-6-704	2-6-705	2-6-706	2-6-707	2-6-708	2-6-709
项目				远动装置					
				遥调遥控（输出 AO/DO 点以下）					
				4	8	16	32	64	80
	名称		单位	消耗量					
人工	000205000	综合二类工	工日	5.773	9.562	13.870	18.411	22.578	27.674
材料	850103002	校验材料费	元	16.860	27.940	40.550	53.680	65.910	80.850
机械	873150102	对讲机（一对）	台班	2.016	3.339	4.843	6.429	7.884	9.664
	871640025	多功能校验仪	台班	1.440	2.385	3.460	4.592	5.632	6.903
	870613023	手持式万用表	台班	2.016	3.339	4.843	6.429	7.884	9.664
	873114001	数字电压表	台班	1.440	2.385	3.460	4.592	5.632	6.903

工作内容： 常规检查、校接线、继电线路检查、单元检查、功能检查试验、排错、程序运行、系统模拟试验。

计量单位：套

编号				2-6-710	2-6-711	2-6-712	2-6-713
项目				顺序控制装置			
				继电联锁系统（事故点以下）		插件式逻辑监控装置（点以下）	
				6	16	32	64
名称			单位	消耗量			
人工	000205000	综合二类工	工日	3.240	10.427	10.099	16.193
材料	143303001	酒精	kg	0.080	0.150	—	—
	031102005	铁砂布 0#～2#	张	0.400	2.000	—	—
	290697001	线号套管（综合）	m	0.100	0.200	0.350	0.580
	850103002	校验材料费	元	5.280	17.120	26.260	42.100
	093301001	真丝绸布 宽 900	m	0.050	0.080	—	—
	284309003	接地线 5.5～16mm^2	m	—	—	1.500	1.500
	020907001	清洁布 250×250	块	—	—	1.000	1.000
	850103006	其他材料费（占材料费）	%	5.000	5.000	5.000	5.000
机械	873150102	对讲机（一对）	台班	0.489	1.592	1.888	3.022
	870613023	手持式万用表	台班	0.684	2.228	1.948	3.118
	873114001	数字电压表	台班	0.489	1.592	1.199	1.919
	873174017	线号打印机	台班	0.005	0.015	0.019	0.031
	870699160	多功能信号校验仪	台班	—	—	1.888	3.022
	870622055	接地电阻测试仪	台班	—	—	0.050	0.050

工作内容： 常规检查、校接线、继电线路检查、单元检查、功能检查试验、排错、程序运行、系统模拟试验。

计量单位：套

编号				2-6-714	2-6-715	2-6-716
项目				顺序控制装置		
				可编程逻辑监控装置（I/O 点以下）		
				16	32	64
名称			单位	消耗量		
人工	000205000	综合二类工	工日	4.864	7.836	12.688
材料	284309003	接地线 5.5～16mm^2	m	1.500	1.500	1.500
	020907001	清洁布 250×250	块	1.000	1.000	1.000
	290697001	线号套管（综合）	m	0.150	0.350	0.550
	850103002	校验材料费	元	11.720	18.410	30.250
	850103006	其他材料费（占材料费）	%	5.000	5.000	5.000
机械	873150102	对讲机（一对）	台班	0.845	1.325	2.170
	870699160	多功能信号校验仪	台班	0.845	1.325	2.170
	870622055	接地电阻测试仪	台班	0.050	0.050	0.050
	870613023	手持式万用表	台班	0.872	1.367	2.238
	873114001	数字电压表	台班	0.536	0.841	1.377
	873174017	线号打印机	台班	0.014	0.026	0.040

工作内容： 校接线、线路检查、报警模拟试验、排错。 **计量单位：** 套

编号				2-6-717	2-6-718	2-6-719	2-6-720	2-6-721
项目				信号报警装置				
				继电线路报警系统（报警点以下）				
				4	10	20	30	每增2点
名称			单位	消耗量				
人工	000205000	综合二类工	工日	1.596	3.046	4.924	6.345	0.231
材料	143303001	酒精	kg	0.050	0.100	0.250	0.400	0.030
	031102005	铁砂布 0#～2#	张	0.050	1.000	1.500	2.000	0.200
	280301003	铜芯塑料绝缘电线 BV-1.5mm²	m	0.500	1.000	2.000	3.000	0.500
	290697001	线号套管（综合）	m	0.090	0.120	0.250	0.450	0.060
	850103002	校验材料费	元	6.310	14.030	21.760	26.910	0.640
	093301001	真丝绸布 宽900	m	0.040	0.070	0.100	0.150	0.010
	850103006	其他材料费（占材料费）	%	5.000	5.000	5.000	5.000	5.000
机械	873150102	对讲机（一对）	台班	0.199	0.435	0.681	0.844	0.021
	873112061	精密交直流稳压电源	台班	0.163	0.362	0.564	0.697	0.017
	870613023	手持式万用表	台班	0.217	0.475	0.742	0.920	0.023
	873114001	数字电压表	台班	0.072	0.158	0.247	0.307	0.008
	873174017	线号打印机	台班	0.007	0.008	0.015	0.022	0.002

工作内容： 安装、校接线、单元检查、功能测试、模拟试验、排错。 **计量单位：** 套

编号				2-6-722	2-6-723	2-6-724	2-6-725	2-6-726
项目				信号报警装置				
				微机多功能组件式报警装置（报警点以下）				
				4	8	16	24	40
名称			单位	消耗量				
人工	000205000	综合二类工	工日	1.311	2.521	3.959	6.059	8.735
材料	284309003	接地线 5.5～16mm²	m	1.000	1.500	1.500	1.500	1.500
	020907001	清洁布 250×250	块	0.500	1.000	1.000	1.000	1.000
	280301003	铜芯塑料绝缘电线 BV-1.5mm²	m	0.500	2.000	3.000	4.000	3.000
	290697001	线号套管（综合）	m	0.040	0.100	0.180	0.260	0.400
	850103002	校验材料费	元	5.660	10.810	17.250	25.100	30.510
	850103006	其他材料费（占材料费）	%	5.000	5.000	5.000	5.000	5.000
机械	870134001	电动综合校验台	台班	0.108	0.206	0.328	0.475	0.640
	873150102	对讲机（一对）	台班	0.141	0.403	0.643	0.935	1.271
	870699160	多功能信号校验仪	台班	0.185	0.529	0.844	1.227	1.967
	870622055	接地电阻测试仪	台班	0.050	0.050	0.050	0.050	0.050
	873112061	精密交直流稳压电源	台班	0.072	0.206	0.328	0.475	0.640
	870613023	手持式万用表	台班	0.176	0.503	0.804	1.169	1.589
	873114001	数字电压表	台班	0.117	0.336	0.536	0.779	1.324
	873174017	线号打印机	台班	0.020	0.039	0.068	0.124	0.044

工作内容：安装、校接线、单元检查、功能测试、模拟试验、排错。 **计量单位：**套

编号				2-6-727	2-6-728	2-6-729
项目				信号报警装置		
				微机多功能组件式报警装置（报警点以下）		
				48	64	容量扩展（每增加 4 点）
名称			单位	消耗量		
人工	000205000	综合二类工	工日	10.121	14.309	0.691
材料	284309003	接地线 5.5～16mm^2	m	1.500	1.500	—
	020907001	清洁布 250×250	块	1.000	1.000	1.000
	280301003	铜芯塑料绝缘电线 BV-1.5mm^2	m	3.000	4.000	0.500
	290697001	线号套管（综合）	m	0.500	0.680	0.040
	850103002	校验材料费	元	34.500	44.930	2.830
	850103006	其他材料费（占材料费）	%	5.000	5.000	5.000
机械	870134001	电动综合校验台	台班	0.723	0.942	0.059
	873150102	对讲机（一对）	台班	1.438	1.884	0.116
	870699160	多功能信号校验仪	台班	2.221	2.896	0.183
	870622055	接地电阻测试仪	台班	0.050	0.050	—
	873112061	精密交直流稳压电源	台班	0.723	0.942	0.059
	870613023	手持式万用表	台班	1.798	2.355	0.146
	873114001	数字电压表	台班	1.498	1.963	0.121
	873174017	线号打印机	台班	0.053	0.079	0.003

工作内容：安装、校接线、单元检查、功能测试、模拟试验、排错。 **计量单位：**套

编号				2-6-730	2-6-731	2-6-732	2-6-733
项目				信号报警装置			
				微机自容式报警装置（12 点）	单回路闪光报警器（报警回路或点）		八回路闪光报警器
					1 点	每增加 1 点	
名称			单位	消耗量			
人工	000205000	综合二类工	工日	5.511	0.349	0.122	1.581
材料	284309003	接地线 5.5～16mm^2	m	1.500	—	—	—
	020907001	清洁布 250×250	块	1.000	—	—	0.100
	280301003	铜芯塑料绝缘电线 BV-1.5mm^2	m	1.000	1.000	0.050	3.000
	290697001	线号套管（综合）	m	0.300	0.060	0.040	0.200
	850103002	校验材料费	元	23.170	1.540	0.260	6.440
	850103006	其他材料费（占材料费）	%	5.000	5.000	5.000	5.000
机械	870134001	电动综合校验台	台班	0.389	0.026	0.005	0.108
	873150102	对讲机（一对）	台班	0.721	0.058	0.012	0.241
	870699160	多功能信号校验仪	台班	0.972	—	—	—
	870622055	接地电阻测试仪	台班	0.050	—	—	—
	873112061	精密交直流稳压电源	台班	0.389	0.026	0.005	0.108
	870613023	手持式万用表	台班	0.901	0.061	0.012	0.251
	873114001	数字电压表	台班	0.721	0.049	0.010	0.201
	873174017	线号打印机	台班	0.027	0.004	0.002	0.010

工作内容：准备、搬运、安装、检查、校接线、接地、试验。 **计量单位：**台（个）

编号				2-6-734	2-6-735	2-6-736	2-6-737
项目				信号报警装置			
				报警装置柜、箱及组件、元件			
				继电器柜安装	继电器箱安装	组件机箱	电源装置
名称			单位	消耗量			
人工	000205000	综合二类工	工日	6.136	3.740	1.534	1.057
材料	031509005	垫铁	kg	1.500	—	—	—
	284309003	接地线 5.5～16mm²	m	1.500	1.500	1.500	1.500
	143303001	酒精	kg	0.300	0.100	0.200	—
	030105052	六角螺栓 M10×20～50	套	8.000	—	—	—
	280301003	铜芯塑料绝缘电线 BV-1.5mm²	m	8.000	4.000	1.000	4.000
	290697001	线号套管（综合）	m	1.000	0.500	0.100	0.080
	850103002	校验材料费	元	2.450	1.540	0.510	0.390
	093301001	真丝绸布 宽 900	m	0.100	0.100	0.100	0.050
	341103001	电	kW·h	—	0.400	0.400	—
	030107015	膨胀螺栓 M10	套	—	4.000	4.000	—
	341304005	位号牌	个	—	1.000	—	1.000
	030105050	六角螺栓 M6～8×20～70	套	—	—	—	4.000
	850103006	其他材料费（占材料费）	%	5.000	5.000	5.000	5.000
机械	870622055	接地电阻测试仪	台班	0.050	0.050	0.050	0.050
	870613023	手持式万用表	台班	0.112	0.070	0.027	0.020
	873114001	数字电压表	台班	0.075	0.047	0.018	0.014
	873174017	线号打印机	台班	0.093	0.058	0.022	0.017
	870613013	兆欧表	台班	0.030	0.030	—	0.030
	873174013	铭牌打印机	台班	—	0.012	—	0.012

工作内容：准备、搬运、安装、检查、校接线、接地、试验。　　　　**计量单位：**台（个）

编号				2-6-738	2-6-739
项目				信号报警装置	
				报警装置柜、箱及组件、元件	
				可编程多音蜂鸣器	报警器、音响元件
名称			单位	消耗量	
人工	000205000	综合二类工	工日	1.130	0.323
材料	030105050	六角螺栓 M6～8×20～70	套	2.000	2.000
	280301003	铜芯塑料绝缘电线 BV-1.5mm^2	m	2.000	1.000
	341304005	位号牌	个	1.000	1.000
	290697001	线号套管（综合）	m	0.100	0.050
	850103002	校验材料费	元	3.600	0.260
	093301001	真丝绸布 宽 900	m	0.050	0.030
	850103006	其他材料费（占材料费）	%	5.000	5.000
机械	870134001	电动综合校验台	台班	0.150	0.009
	873150102	对讲机（一对）	台班	0.137	0.012
	873112061	精密交直流稳压电源	台班	0.150	0.009
	873174013	铭牌打印机	台班	0.012	0.012
	870613023	手持式万用表	台班	0.171	0.015
	873114001	数字电压表	台班	0.114	0.010
	873174017	线号打印机	台班	0.007	0.004

工作内容：安装、固定、单元检查、功能检查、系统试验。　　　　**计量单位：**套

编号				2-6-740	2-6-741	2-6-742	2-6-743
项目				数据采集及巡回检测报警装置			
				过程点（I/O 点以下）			
				20	40	60	100
名称			单位	消耗量			
人工	000205000	综合二类工	工日	2.028	2.846	2.979	4.326
材料	850103002	校验材料费	元	4.760	7.340	7.720	11.840
机械	870134001	电动综合校验台	台班	0.138	0.212	0.224	0.345
	873150102	对讲机（一对）	台班	0.719	1.016	1.064	1.522
	871640025	多功能校验仪	台班	0.522	0.795	0.839	1.288
	873112061	精密交直流稳压电源	台班	0.208	0.318	0.336	0.518
	870613023	手持式万用表	台班	0.522	0.795	0.839	1.288
	873114001	数字电压表	台班	0.522	0.795	0.839	1.288

工作内容：安装、固定、单元检查、功能检查、系统试验。 计量单位：套

编号				2-6-744	2-6-745	2-6-746	2-6-747
项目				数据采集及巡回检测报警装置			
				过程点（I/O 点以下）			
				200	300	400	600
名称			单位	消耗量			
人工	000205000	综合二类工	工日	5.642	7.311	11.179	14.713
材料	850103002	校验材料费	元	15.450	20.600	33.470	43.770
机械	870134001	电动综合校验台	台班	0.512	0.677	1.059	1.408
	873150102	对讲机（一对）	台班	1.866	2.421	3.705	4.879
	871640025	多功能校验仪	台班	1.907	2.519	3.937	5.233
	873112061	精密交直流稳压电源	台班	0.698	0.923	1.444	1.920
	870613023	手持式万用表	台班	1.907	2.519	3.937	5.233
	873114001	数字电压表	台班	1.362	1.799	2.812	3.738

十、工业计算机安装与试验

工作内容：清点、运输、安装就位、接地、绝缘电阻测定、安全防护、设备元件检查及校接线。 计量单位：台

编号				2-6-748	2-6-749	2-6-750
项目				计算机柜、台设备安装		
				标准机柜	非标准机柜 半周长（m）	一体化操作显示报警台柜
名称			单位	消耗量		
人工	000205000	综合二类工	工日	7.112	6.447	7.130
材料	340515001	标签纸（综合）	m	0.200	0.100	0.200
	031509005	垫铁	kg	1.000	0.600	1.200
	341103001	电	kW · h	1.000	1.000	1.500
	284309003	接地线 5.5～16mm^2	m	3.000	1.500	3.000
	030105052	六角螺栓 M10 × 20～50	套	6.000	4.000	8.000
	030105228	螺栓绝缘外套	个	6.000	4.000	12.000
	022901002	麻绳 ϕ12	m	1.100	1.000	1.100
	022701001	棉纱	kg	0.200	0.200	0.200
	020907001	清洁布 250 × 250	块	0.500	0.300	1.000
	143545001	清洁剂	kg	0.200	0.150	0.500
	020101013	软橡胶板	m^2	0.800	0.600	0.800
	020905001	塑料布	m^2	4.000	4.000	4.000
	031102005	铁砂布 0#～2#	张	0.500	0.500	1.000
	022703006	细白布 宽 900	m	0.100	0.100	0.100
	290697001	线号套管（综合）	m	0.100	0.100	0.100
	850103006	其他材料费（占材料费）	%	5.000	5.000	5.000

续前

编号				2-6-748	2-6-749	2-6-750
项目				计算机柜、台设备安装		
				标准机柜	非标准机柜 半周长（m）	一体化操作显示报警台柜
名称			单位	消耗量		
机械	990305020	叉式起重机 5t	台班	0.200	0.200	0.050
	870622055	接地电阻测试仪	台班	0.050	0.050	0.050
	990304024	汽车式起重机 25t	台班	0.120	0.120	0.120
	870613023	手持式万用表	台班	0.685	0.635	0.710
	873114001	数字电压表	台班	0.137	0.127	0.142
	873174017	线号打印机	台班	0.100	0.100	0.100
	990401045	载重汽车 15t	台班	0.120	0.120	0.100
	870613013	兆欧表	台班	0.030	0.030	0.030

工作内容： 清点、运输、安装就位、接地、绝缘电阻测定、安全防护、设备元件检查及校接线。

计量单位：台

编号				2-6-751	2-6-752
项目				计算机柜、台设备安装	
				工控机及台柜	插卡柜
名称			单位	消耗量	
人工	000205000	综合二类工	工日	1.272	6.794
材料	143545001	清洁剂	kg	0.500	—
	340515001	标签纸（综合）	m	0.100	0.200
	031509005	垫铁	kg	—	1.000
	341103001	电	kW·h	—	1.500
	284309003	接地线 5.5～16mm^2	m	1.000	1.000
	030105052	六角螺栓 M10×20～50	套	—	6.000
	030105228	螺栓绝缘外套	个	—	6.000
	022901002	麻绳 ϕ12	m	—	1.100
	022701001	棉纱	kg	—	0.200
	020907001	清洁布 250×250	块	0.300	0.500
	020101013	软橡胶板	m^2	—	0.800
	020905001	塑料布	m^2	2.000	4.000
	031102005	铁砂布 0$^\#$～2$^\#$	张	—	1.000
	022703006	细白布 宽 900	m	0.200	0.200
	290697001	线号套管（综合）	m	0.100	0.300
	850103006	其他材料费（占材料费）	%	5.000	5.000
机械	990305020	叉式起重机 5t	台班	—	0.200
	870622055	接地电阻测试仪	台班	0.050	0.050
	990304024	汽车式起重机 25t	台班	—	0.120
	870613023	手持式万用表	台班	0.108	0.675
	873114001	数字电压表	台班	0.022	0.135
	873174017	线号打印机	台班	0.100	0.100
	990401045	载重汽车 15t	台班	0.050	0.120
	870613013	兆欧表	台班	0.030	0.030

工作内容： 1、2. 清点、运输、安装就位、接地、绝缘电阻测定、安全防护、设备元件检查及校接线。

3、4、5. 清点、安装、接线、自检、测试。　　　　**计量单位：** 见表

编号				2-6-753	2-6-754	2-6-755	2-6-756	2-6-757
项目				计算机柜、台设备安装				
				编组柜	机柜底座	打印机		彩色硬拷贝机
						台式	柜式	
单位				台	m	台		
名称			单位	消耗量				
人工	000205000	综合二类工	工日	11.732	0.202	0.314	0.323	0.219
材料	340515001	标签纸（综合）	m	0.600	—	—	—	—
	031509005	垫铁	kg	1.000	1.000	—	—	—
	341103001	电	kW · h	1.500	0.300	—	—	—
	030105052	六角螺栓 M10 × 20～50	套	6.000	2.000	—	—	—
	030105228	螺栓绝缘外套	个	6.000	—	—	—	—
	022901002	麻绳 $\phi 12$	m	1.100	—	—	—	—
	022701001	棉纱	kg	0.200	0.020	—	—	—
	020101013	软橡胶板	m^2	0.800	—	—	—	—
	020905001	塑料布	m^2	4.000	—	—	—	—
	031102005	铁砂布 $0^{\#}$～$2^{\#}$	张	1.000	1.000	—	—	—
	022703006	细白布 宽 900	m	0.200	—	—	—	—
	290697001	线号套管（综合）	m	1.000	—	—	—	—
	284309003	接地线 5.5～16mm^2	m	1.000	—	1.500	1.500	1.500
	011901006	槽钢 10～$16^{\#}$	t	—	1.050	—	—	—
	031301013	电焊条 L60（综合）	kg	—	0.100	—	—	—
	130115006	酚醛调和漆	kg	—	0.150	—	—	—
	340501006	复印纸 A4 500 张/包	包	—	—	0.700	0.700	0.700
	020907001	清洁布 250 × 250	块	—	—	1.000	1.000	1.000
	143545001	清洁剂	kg	—	—	0.100	0.100	0.100
	850103006	其他材料费（占材料费）	%	5.000	5.000	5.000	5.000	5.000
机械	990305020	叉式起重机 5t	台班	0.200	—	—	—	—
	870622055	接地电阻测试仪	台班	0.050	—	—	—	—
	990304024	汽车式起重机 25t	台班	0.120	—	—	—	—
	873174017	线号打印机	台班	0.200	—	—	—	—
	990401045	载重汽车 15t	台班	0.120	—	—	—	—
	870613013	兆欧表	台班	0.030	—	—	—	—
	870613023	手持式万用表	台班	1.185	—	0.027	0.028	0.019
	873114001	数字电压表	台班	0.237	—	0.014	0.014	0.010
	990904030	直流弧焊机 20kV · A	台班	—	0.024	—	—	—

工作内容：清点、安装、接线、自检、测试。　　　　**计量单位：**台

编号				2-6-758	2-6-759	2-6-760
项目				计算机柜、台设备安装		
				打印机、拷贝机选择器	扫描、传真、刻录机	编程器组态器
名称			单位	消耗量		
人工	000205000	综合二类工	工日	0.162	0.254	0.162
材料	020907001	清洁布 250×250	块	0.500	1.000	0.500
	284309003	接地线 5.5～16mm^2	m	—	1.500	—
	143545001	清洁剂	kg	—	0.100	—
	850103006	其他材料费（占材料费）	%	5.000	5.000	5.000
机械	870613023	手持式万用表	台班	0.014	0.022	0.080
	873114001	数字电压表	台班	0.007	0.011	0.007

工作内容：清点、安装、接线、自检、测试。　　　　**计量单位：**台

编号				2-6-761	2-6-762
项目				计算机柜、台设备安装	
				硬盘阵列柜安装	
				柜式	台式
名称			单位	消耗量	
人工	000205000	综合二类工	工日	1.086	0.785
材料	284309003	接地线 5.5～16mm^2	m	1.500	1.500
	020907001	清洁布 250×250	块	1.000	1.000
	143545001	清洁剂	kg	0.200	0.200
	850103006	其他材料费（占材料费）	%	5.000	5.000
机械	870613023	手持式万用表	台班	0.094	0.068
	990422010	手动液压叉车	台班	0.020	0.020
	873114001	数字电压表	台班	0.047	0.034
	990401015	载重汽车 4t	台班	0.040	0.040

工作内容：1、2. 清点、安装、接线、自检、测试。
3、4、5、6. 清点、安装、校接线、常规检查、硬件检查、测试。　　　　**计量单位：**台

编号				2-6-763	2-6-764	2-6-765	2-6-766	2-6-767	2-6-768
项目				计算机柜、台设备安装					
				光盘库	显示器	服务器	交换机	路由器	无线路由器
名称			单位	消耗量					
人工	000205000	综合二类工	工日	0.347	0.323	2.822	1.169	0.265	0.298
材料	284309003	接地线 5.5～16mm^2	m	1.500	—	—	—	—	—
	020907001	清洁布 250×250	块	1.000	1.000	—	—	—	—
	143545001	清洁剂	kg	0.100	0.100	—	—	—	—
	850103006	其他材料费（占材料费）	%	5.000	5.000	—	—	—	—
	850103002	校验材料费	元	—	—	6.950	2.320	0.390	0.510
机械	990401015	载重汽车 4t	台班	0.040	0.020	—	—	—	—
	870613023	手持式万用表	台班	0.030	0.028	0.352	0.146	0.033	0.037
	873114001	数字电压表	台班	0.015	0.014	0.352	0.146	0.033	—

工作内容：清点、安装、校接线、常规检查、硬件检查、测试。 计量单位：台

编号				2-6-769	2-6-770	2-6-771
项目				计算机柜、台设备安装		
				网桥	无线网桥	中继器
名称			单位	消耗量		
人工	000205000	综合二类工	工日	0.276	0.320	0.198
材料	850103002	校验材料费	元	0.390	0.390	0.260
机械	870613023	手持式万用表	台班	0.034	0.040	0.025
	873114001	数字电压表	台班	0.034	—	0.025

工作内容：清点、安装、校接线、常规检查、硬件检查、测试。 计量单位：台

编号				2-6-772	2-6-773	2-6-774
项目				计算机柜、台设备安装		
				集线器		
				普通式	堆叠式	智能式
名称			单位	消耗量		
人工	000205000	综合二类工	工日	0.816	1.676	1.940
材料	850103002	校验材料费	元	1.290	5.660	7.210
机械	870613023	手持式万用表	台班	0.042	0.097	0.123
	873114001	数字电压表	台班	0.105	0.242	0.308

工作内容：清点、安装、校接线、常规检查、硬件检查、测试。 计量单位：台

编号				2-6-775	2-6-776	2-6-777	2-6-778
项目				计算机柜、台设备安装			
				网卡	无线网卡	调制解调器	无线调制解调器
名称			单位	消耗量			
人工	000205000	综合二类工	工日	0.077	0.099	0.072	0.083
材料	850103002	校验材料费	元	0.390	0.510	0.260	0.390
机械	870613023	手持式万用表	台班	0.006	—	0.005	—
	873114001	数字电压表	台班	0.014	—	0.012	—
	870199011	笔记本电脑	台班	—	0.020	—	0.025

工作内容：常规检查、硬件检查、单元检查、功能测试、程序运行、测试、排错。 计量单位：套

编号				2-6-779	2-6-780	2-6-781	2-6-782	2-6-783
项目				管理计算机试验				
				管理计算机系统硬件和软件功能试验（终端以下）				
				5	8	12	15	20
名称			单位	消耗量				
人工	000205000	综合二类工	工日	36.801	52.946	67.221	80.372	94.117
材料	850103002	校验材料费	元	97.840	9.780	149.340	231.730	265.850
机械	873174001	编程器	台班	3.040	4.640	5.960	7.200	8.260
	871640025	多功能校验仪	台班	4.560	6.960	8.940	10.800	12.390
	870613023	手持式万用表	台班	6.080	9.280	11.920	14.400	16.520
	873114001	数字电压表	台班	4.560	6.960	8.940	10.800	12.390

工作内容： 1、2. 常规检查、硬件检查、单元检查、功能测试、程序运行、测试、排错。
3、4、5. 单元检查调整、功能试验、测试、排错、系统试验、运行。 **计量单位：套**

编号				2-6-784	2-6-785
项目				管理计算机试验	
				管理计算机系统硬件和软件功能试验（终端以下）	
				25	25 以上
名称			单位	消耗量	
人工	000205000	综合二类工	工日	111.883	131.326
材料	850103002	校验材料费	元	319.280	355.970
机械	873174001	编程器	台班	9.920	11.060
	871640025	多功能校验仪	台班	14.880	16.590
	870613023	手持式万用表	台班	19.840	22.120
	873114001	数字电压表	台班	14.880	16.590

工作内容： 1、2. 常规检查、硬件检查、单元检查、功能测试、程序运行、测试、排错。
3、4、5. 单元检查调整、功能试验、测试、排错、系统试验、运行。 **计量单位：套**

编号				2-6-786	2-6-787	2-6-788
项目				管理计算机试验		
				硬件试验	软件功能试验（终端以下）	
					5	8
名称			单位	消耗量		
人工	000205000	综合二类工	工日	16.538	28.635	40.959
材料	850103002	校验材料费	元	32.190	72.090	106.850
机械	873150102	对讲机（一对）	台班	3.500	7.840	11.620
	871640025	多功能校验仪	台班	3.000	6.720	9.960
	870613023	手持式万用表	台班	3.500	7.840	11.620
	873114001	数字电压表	台班	2.200	4.928	7.304

工作内容： 单元检查调整、功能试验、测试、排错、系统试验、运行。 **计量单位：套**

编号				2-6-789	2-6-790	2-6-791	2-6-792	2-6-793	2-6-794
项目				管理计算机试验					
				软件功能试验（终端以下）					
				12	15	20	25	30	每增加1个
名称			单位	消耗量					
人工	000205000	综合二类工	工日	55.609	69.412	81.612	93.801	112.815	1.528
材料	850103002	校验材料费	元	148.050	190.540	227.230	257.480	293.530	6.820
机械	873150102	对讲机（一对）	台班	16.100	20.720	24.710	28.000	31.920	0.742
	871640025	多功能校验仪	台班	13.800	17.760	21.180	24.000	27.360	0.636
	870613023	手持式万用表	台班	16.100	20.720	24.710	28.000	31.920	0.742
	873114001	数字电压表	台班	10.120	13.024	15.532	17.600	20.064	0.466

工作内容：安装、硬件检查、编程、组态校对、排错、回路试验。 **计量单位**：台

编号				2-6-795
项目				基础自动化硬件检查试验 固定程序单回路调节器
名称			单位	消耗量
人工	000205000	综合二类工	工日	4.128
材料	020907001	清洁布 250×250	块	0.400
	850103002	校验材料费	元	78.790
	340501005	仪表打印纸（综合）	卷	0.100
	850103006	其他材料费（占材料费）	%	5.000
机械	873174001	编程器	台班	0.337
	873150102	对讲机（一对）	台班	0.337
	871640025	多功能校验仪	台班	0.673
	873112061	精密交直流稳压电源	台班	0.505
	870613023	手持式万用表	台班	0.505
	873114001	数字电压表	台班	0.449

工作内容：安装、硬件检查、编程、组态校对、排错、回路试验。 **计量单位**：台

编号				2-6-796	2-6-797	2-6-798	2-6-799	2-6-800
项目				基础自动化硬件检查试验				
				可编程仪表				
				单回路调节器	运算器	记录仪	选择调节器	多回路调节器
名称			单位	消耗量				
人工	000205000	综合二类工	工日	5.805	4.101	4.686	8.748	11.150
材料	020907001	清洁布 250×250	块	0.400	0.400	0.400	0.400	0.500
	850103002	校验材料费	元	117.020	73.250	86.900	171.740	223.750
	340501005	仪表打印纸（综合）	卷	0.100	0.100	0.200	0.100	0.300
	850103006	其他材料费（占材料费）	%	5.000	5.000	5.000	5.000	5.000
机械	873174001	编程器	台班	0.500	0.313	0.371	0.733	0.956
	873150102	对讲机（一对）	台班	0.500	0.313	0.371	0.733	0.956
	871640025	多功能校验仪	台班	1.000	0.626	0.743	1.467	1.912
	873112061	精密交直流稳压电源	台班	0.750	0.470	0.557	1.100	1.434
	870613023	手持式万用表	台班	0.750	0.470	0.557	1.100	1.434
	873114001	数字电压表	台班	0.667	0.417	0.495	0.978	1.274

工作内容：安装、硬件检查、编程、组态校对、排错、回路试验。　　**计量单位：**台

编号				2-6-801	2-6-802	2-6-803	2-6-804	2-6-805
项目				基础自动化硬件检查试验				
				现场总线仪表				
				压力控制器	差压控制器	温度变送控制器	光电转换器	电流转换器
名称			单位	消耗量				
人工	000205000	综合二类工	工日	7.146	9.299	4.101	1.540	1.055
材料	020907001	清洁布 250×250	块	0.400	0.400	0.400	0.200	0.200
	850103002	校验材料费	元	16.740	21.500	9.140	3.860	2.570
	340501005	仪表打印纸（综合）	卷	0.100	0.100	0.100	—	—
	341304005	位号牌	个	1.000	1.000	1.000	—	—
	850103006	其他材料费（占材料费）	%	5.000	5.000	5.000	5.000	5.000
机械	873174001	编程器	台班	0.480	0.620	0.260	0.114	0.074
	873150102	对讲机（一对）	台班	1.038	1.340	0.569	0.244	0.159
	871640025	多功能校验仪	台班	1.038	1.340	0.569	0.244	0.159
	873112061	精密交直流稳压电源	台班	0.480	0.620	0.260	0.114	0.074
	870613023	手持式万用表	台班	1.038	1.340	0.569	0.244	0.159
	873114001	数字电压表	台班	0.779	1.005	0.427	0.183	0.119
	873174013	铭牌打印机	台班	0.012	0.012	0.012	0.012	0.012

工作内容：安装、硬件检查、编程、组态校对、排错、回路试验。　　**计量单位：**台

编号				2-6-806	2-6-807	2-6-808	2-6-809	2-6-810
项目				基础自动化硬件检查试验				
				现场总线仪表				
				气动转换器	阀门定位器	电动执行器	变频变速驱动装置	总线安全栅
名称			单位	消耗量				
人工	000205000	综合二类工	工日	2.067	4.019	7.781	10.539	0.274
材料	020907001	清洁布 250×250	块	0.300	0.300	0.300	0.300	—
	341304005	位号牌	个	1.000	1.000	1.000	1.000	—
	850103002	校验材料费	元	5.410	9.660	18.800	25.620	0.510
	850103006	其他材料费（占材料费）	%	5.000	5.000	5.000	5.000	5.000
机械	991003020	电动空气压缩机 $0.6m^3/min$	台班	0.156	—	—	—	—
	873174001	编程器	台班	0.156	0.280	0.540	0.740	—
	873150102	对讲机（一对）	台班	0.333	0.603	1.168	1.591	0.031
	871640025	多功能校验仪	台班	0.333	0.603	1.168	1.591	0.031
	873112061	精密交直流稳压电源	台班	0.156	0.280	0.540	0.740	0.014
	873174013	铭牌打印机	台班	—	0.012	0.012	0.012	—
	870613023	手持式万用表	台班	0.333	0.603	1.168	1.591	0.031
	873114001	数字电压表	台班	0.250	0.452	0.876	1.194	0.023
	870622105	精密标准电阻箱	台班	—	—	—	0.370	—

工作内容： 常规检查、通电状态检查、硬件测试、显示记录控制仪表试验。 **计量单位：** 套/台

编号				2-6-811	2-6-812	2-6-813	2-6-814	2-6-815
项目				基础自动化硬件检查试验				
				控制站	双重化控制站	三重化控制站	数据采集站/监视站	可编程逻辑控制器
名称			单位	消耗量				
人工	000205000	综合二类工	工日	4.300	4.961	5.623	4.300	3.638
材料	850103002	校验材料费	元	8.370	9.660	10.940	8.370	7.080
机械	871640025	多功能校验仪	台班	0.429	0.495	0.561	0.429	0.363
	870613023	手持式万用表	台班	0.858	0.990	1.122	0.858	0.726
	873114001	数字电压表	台班	0.572	0.660	0.748	0.572	0.484

工作内容： 常规检查、通电状态检查、硬件测试、显示记录控制仪表试验。 **计量单位：** 见表

编号				2-6-816	2-6-817	2-6-818	2-6-819	2-6-820
项目				基础自动化硬件检查试验				
				工控计算机	工程技术站	基本操作站	辅助操作站	复合多功能操作站
单位				套/台		套		
名称			单位	消耗量				
人工	000205000	综合二类工	工日	3.308	0.595	4.300	2.977	4.631
材料	850103002	校验材料费	元	6.440	1.160	8.370	5.790	9.010
机械	871640025	多功能校验仪	台班	0.330	0.059	0.429	0.297	0.420
	870613023	手持式万用表	台班	0.660	0.119	1.716	1.188	1.848
	873114001	数字电压表	台班	0.440	0.079	0.572	0.396	0.616

工作内容： 常规检查、通电状态检查、硬件测试、显示记录控制仪表试验。 **计量单位：** 套

编号				2-6-821	2-6-822	2-6-823
项目				基础自动化硬件检查试验		
				双机切换装置		
				自动	半自动	手动
名称			单位	消耗量		
人工	000205000	综合二类工	工日	3.969	4.134	4.300
材料	850103002	校验材料费	元	7.720	8.110	8.370
机械	871640025	多功能校验仪	台班	0.396	0.413	0.429
	870613023	手持式万用表	台班	1.584	1.650	1.716
	873114001	数字电压表	台班	0.528	0.550	0.572

工作内容：程序装载、操作功能、输入输出插卡校准和试验、组态内容或程序检查、应用功能检查、冗余功能、控制功能、系统试验。 **计量单位：**套

编号				2-6-824	2-6-825	2-6-826	2-6-827	2-6-828
项目				基础自动化系统软件功能试验				
				监控中心	监控和采集站点以下			
					8	12	16	32
名称			单位	消耗量				
人工	000205000	综合二类工	工日	11.900	4.788	8.103	12.645	17.413
材料	850103002	校验材料费	元	23.170	9.270	15.840	24.590	33.860
机械	873174001	编程器	台班	2.159	0.869	1.470	2.294	3.159
	873150102	对讲机（一对）	台班	2.159	0.869	1.470	2.294	3.159
	871640025	多功能校验仪	台班	2.159	0.869	1.470	2.294	3.159
	870613023	手持式万用表	台班	2.159	0.869	1.470	2.294	3.159
	873114001	数字电压表	台班	1.619	0.651	1.103	1.720	2.369

工作内容：程序装载、操作功能、输入输出插卡校准和试验、组态内容或程序检查、应用功能检查、冗余功能、控制功能、系统试验。 **计量单位：**套

编号				2-6-829	2-6-830	2-6-831	2-6-832
项目				基础自动化系统软件功能试验			
				监控和采集站点以下			
				50	80	120	每增加 1 点
名称			单位	消耗量			
人工	000205000	综合二类工	工日	23.444	32.117	41.047	0.260
材料	850103002	校验材料费	元	45.570	62.570	79.950	0.770
机械	873174001	编程器	台班	4.253	5.826	7.446	0.076
	873150102	对讲机（一对）	台班	4.253	5.826	7.446	0.076
	871640025	多功能校验仪	台班	4.253	5.826	7.446	0.076
	870613023	手持式万用表	台班	4.253	5.826	7.446	0.076
	873114001	数字电压表	台班	3.190	4.370	5.585	0.057

工作内容：程序装载、操作功能、输入输出插卡校准和试验、组态内容或程序检查、应用功能检查、冗余功能、控制功能、系统试验。 **计量单位：**套

编号				2-6-833	2-6-834	2-6-835	2-6-836	2-6-837	2-6-838
项目				基础自动化系统软件功能试验					
				DCS 系统					
				数据采集和处理（过程 AI/DI/PI 点以下）					
				16	32	64	128	256	512
名称			单位	消耗量					
人工	000205000	综合二类工	工日	3.786	5.551	7.736	10.336	12.666	15.793
材料	850103002	校验材料费	元	11.070	16.220	22.530	30.130	36.950	46.090
机械	873174001	编程器	台班	0.343	0.504	0.702	0.937	1.149	1.432
	873150102	对讲机（一对）	台班	0.687	1.007	1.403	1.875	2.298	4.297
	871640025	多功能校验仪	台班	0.572	0.839	1.170	1.562	1.915	2.387
	870613023	手持式万用表	台班	0.687	1.007	1.403	1.875	2.298	2.865
	873114001	数字电压表	台班	0.515	0.755	1.053	1.406	1.723	1.432

工作内容：程序装载、操作功能、输入输出插卡校准和试验、组态内容或程序检查、应用功能检查、冗余功能、控制功能、系统试验。　　　　**计量单位：**套

编号				2-6-839	2-6-840	2-6-841	2-6-842
项目				基础自动化系统软件功能试验			
				DCS 系统			
				数据采集和处理（过程 AI/DI/PI 点以下）			
				1024	2048	4096	4096 点以上，每增加 16 点
名称			单位	消耗量			
人工	000205000	综合二类工	工日	20.035	26.278	36.065	0.079
材料	850103002	校验材料费	元	58.450	76.730	105.310	0.260
机械	873174001	编程器	台班	1.817	2.384	3.271	0.007
	873150102	对讲机（一对）	台班	3.635	4.767	6.542	0.014
	871640025	多功能校验仪	台班	3.635	4.767	6.542	0.014
	870613023	手持式万用表	台班	3.635	4.767	6.542	0.014
	873114001	数字电压表	台班	1.817	2.384	3.271	0.007

工作内容：程序装载、操作功能、输入输出插卡校准和试验、组态内容或程序检查、应用功能检查、冗余功能、控制功能、系统试验。　　　　**计量单位：**套

编号				2-6-843	2-6-844	2-6-845	2-6-846
项目				基础自动化系统软件功能试验			
				DCS 系统			
				信息输出和控制（过程 AO/DO/PO 点以下）			
				8	16	32	64
名称			单位	消耗量			
人工	000205000	综合二类工	工日	7.224	11.460	16.628	24.011
材料	850103002	校验材料费	元	14.030	22.270	32.310	46.730
机械	873174001	编程器	台班	1.310	2.079	3.016	4.356
	873150102	对讲机（一对）	台班	1.310	2.079	3.016	4.356
	871640025	多功能校验仪	台班	1.310	2.079	3.016	4.356
	870613023	手持式万用表	台班	1.310	2.079	3.016	4.356
	873114001	数字电压表	台班	0.983	1.559	2.262	3.267

工作内容：程序装载、操作功能、输入输出插卡校准和试验、组态内容或程序检查、应用功能检查、冗余功能、控制功能、系统试验。

计量单位：套

编号				2-6-847	2-6-848	2-6-849
项目				基础自动化系统软件功能试验		
				DCS 系统		
				信息输出和控制（过程 AO/DO/PO 点以下）		
				128	256	每增加 1 点
名称			单位	消耗量		
人工	000205000	综合二类工	工日	33.166	42.904	0.125
材料	850103002	校验材料费	元	64.500	83.550	0.260
机械	873174001	编程器	台班	6.017	7.783	0.023
	873150102	对讲机（一对）	台班	6.017	7.783	0.023
	871640025	多功能校验仪	台班	6.017	7.783	0.023
	870613023	手持式万用表	台班	6.017	7.783	0.023
	873114001	数字电压表	台班	4.512	5.837	0.017

工作内容：常规检查、输入输出插卡校准和试验、单元检查、应用功能试验、离线系统试验。

计量单位：套

编号				2-6-850	2-6-851	2-6-852	2-6-853
项目				基础自动化系统软件功能试验			
				IPC 系统			
				过程 I/O 点（点以下）			
				8	16	32	64
名称			单位	消耗量			
人工	000205000	综合二类工	工日	3.369	4.885	7.344	9.073
材料	850103002	校验材料费	元	6.570	9.530	14.290	17.640
机械	873174001	编程器	台班	0.306	0.443	0.666	0.823
	873150102	对讲机（一对）	台班	0.611	0.886	1.332	1.646
	871640025	多功能校验仪	台班	0.611	0.886	1.332	1.646
	870613023	手持式万用表	台班	0.611	0.886	1.332	1.646
	873114001	数字电压表	台班	0.306	0.443	0.666	0.823

工作内容：常规检查、输入输出插卡校准和试验、单元检查、应用功能试验、离线系统试验。

计量单位：套

编号				2-6-854	2-6-855	2-6-856
项目				基础自动化系统软件功能试验		
				IPC 系统		
				过程 I/O 点（点以下）		
				128	256	512
名称			单位	消耗量		
人工	000205000	综合二类工	工日	11.940	15.910	23.252
材料	850103002	校验材料费	元	23.170	31.030	45.320
机械	873174001	编程器	台班	1.083	1.443	2.109
	873150102	对讲机（一对）	台班	2.166	2.886	4.218
	871640025	多功能校验仪	台班	2.166	2.886	4.218
	870613023	手持式万用表	台班	2.166	2.886	4.218
	873114001	数字电压表	台班	1.083	1.443	2.109

工作内容：常规检查、输入输出插卡校准和试验、单元检查、应用功能试验、离线系统试验。

计量单位：套

编号				2-6-857	2-6-858	2-6-859	2-6-860	2-6-861	2-6-862
项目				基础自动化系统软件功能试验					
				PLC 可编程逻辑控制器					
				过程 I/O 点（点以下）					
				12	24	48	64	128	256
名称			单位	消耗量					
人工	000205000	综合二类工	工日	2.641	3.795	5.546	6.968	8.787	11.163
材料	850103002	校验材料费	元	5.150	7.340	10.810	13.520	17.120	21.760
机械	873174001	编程器	台班	0.319	0.459	0.671	0.843	1.063	1.350
	873150102	对讲机（一对）	台班	0.399	0.574	0.838	1.053	1.328	1.687
	871640025	多功能校验仪	台班	0.479	0.688	1.006	1.264	1.594	2.025
	870613023	手持式万用表	台班	0.479	0.688	1.006	1.264	1.594	2.025
	873114001	数字电压表	台班	0.240	0.344	0.503	0.632	0.797	1.012
	873172003	逻辑分析仪	台班	0.080	0.114	0.167	0.210	0.265	0.336

工作内容：常规检查、输入输出插卡校准和试验、单元检查、应用功能试验、离线系统试验。

计量单位：套

编号				2-6-863	2-6-864	2-6-865	2-6-866	2-6-867
项目				基础自动化系统软件功能试验				
				PLC 可编程逻辑控制器				
				过程 I/O 点（点以下）				
				512	1024	2048	4096	8192
名称			单位	消耗量				
人工	000205000	综合二类工	工日	14.824	18.819	24.591	30.161	34.085
材料	850103002	校验材料费	元	27.160	34.500	45.190	55.360	62.570
机械	873174001	编程器	台班	2.241	2.845	3.717	4.559	5.153
	873150102	对讲机（一对）	台班	2.689	3.414	4.461	5.471	6.183
	871640025	多功能校验仪	台班	2.689	3.414	4.461	5.471	6.183
	873172003	逻辑分析仪	台班	0.448	0.569	0.743	0.912	1.031
	870613023	手持式万用表	台班	2.689	3.414	4.461	5.471	6.183
	873114001	数字电压表	台班	1.345	1.707	2.230	2.736	3.092

工作内容：常规检查、输入输出插卡校准和试验、单元检查、应用功能试验、离线系统试验。

计量单位：套

编号				2-6-868	2-6-869	2-6-870	2-6-871
项目				基础自动化系统软件功能试验			
				仪表安全系统（SIS）			
				过程 I/O 点（点以下）			
				6	12	24	36
名称			单位	消耗量			
人工	000205000	综合二类工	工日	3.915	6.507	9.861	12.867
材料	850103002	校验材料费	元	7.600	12.620	19.180	25.100
机械	873174001	编程器	台班	0.473	0.787	1.193	1.556
	873150102	对讲机（一对）	台班	0.592	0.984	1.491	1.945
	871640025	多功能校验仪	台班	0.710	1.180	1.789	2.334
	873172003	逻辑分析仪	台班	0.118	0.197	0.298	0.389
	870613023	手持式万用表	台班	0.710	1.180	1.789	2.334
	873114001	数字电压表	台班	0.355	0.590	0.894	1.167
	870199011	笔记本电脑	台班	0.237	0.393	0.596	0.778

工作内容：常规检查、输入输出插卡校准和试验、单元检查、应用功能试验、离线系统试验。

计量单位：套

编号				2-6-872	2-6-873	2-6-874
项目				基础自动化系统软件功能试验		
				仪表安全系统（SIS）		
				过程 I/O 点（点以下）		
				48	64	128 点以上每增加 4 点
名称			单位	消耗量		
人工	000205000	综合二类工	工日	15.461	20.225	1.197
材料	850103002	校验材料费	元	30.130	39.390	2.320
机械	870199011	笔记本电脑	台班	0.935	1.223	0.072
	873174001	编程器	台班	1.870	2.446	0.145
	873150102	对讲机（一对）	台班	2.337	3.057	0.181
	871640025	多功能校验仪	台班	2.805	3.669	0.217
	873172003	逻辑分析仪	台班	0.467	0.611	0.036
	870613023	手持式万用表	台班	2.805	3.669	0.217
	873114001	数字电压表	台班	1.402	1.834	0.109

工作内容：系统可用及维护功能、环境功能检查、参数设置、安全设置、传输距离、接口、优先权通信试验。

计量单位：套

编号				2-6-875	2-6-876	2-6-877	2-6-878	2-6-879	2-6-880
项目				基础自动化系统软件功能试验					
				网络系统（网络节点数以下）					
				16	32	50	100	200	200 点以上，每增加 2 点
名称			单位	消耗量					
人工	000205000	综合二类工	工日	3.272	5.142	7.246	10.050	12.621	0.164
材料	850103002	校验材料费	元	6.310	10.040	14.160	19.570	24.590	0.260
机械	870199011	笔记本电脑	台班	0.594	0.933	1.314	1.823	2.290	0.030
	873150102	对讲机（一对）	台班	0.594	0.933	1.314	1.823	2.290	0.030
	871640025	多功能校验仪	台班	0.594	0.933	1.314	1.823	2.290	0.030
	870613023	手持式万用表	台班	0.594	0.933	1.314	1.823	2.290	0.030
	873114001	数字电压表	台班	0.297	0.466	0.657	0.912	1.145	0.015
	873138001	网络测试仪	台班	0.093	0.147	0.207	0.287	0.360	0.005

工作内容： 系统可用及维护功能、环境功能检查、参数设置、安全设置、传输距离、接口、优先权通信试验。

计量单位： 见表

编号				2-6-881	2-6-882	2-6-883	2-6-884
项目				基础自动化系统软件功能试验			
				现场总线（节点以下）		无线数据传输网络（传输距离 km）	
				32	124	3 以内	3 以外
单位				套		站	
		名称	单位	消耗量			
人工	000205000	综合二类工	工日	3.272	4.908	4.300	6.281
材料	850103002	校验材料费	元	6.310	9.530	11.070	15.190
机械	870199011	笔记本电脑	台班	0.297	0.445	1.202	1.647
	873150102	对讲机（一对）	台班	0.950	1.425	1.649	2.259
	871640025	多功能校验仪	台班	0.099	0.148	—	—
	870613023	手持式万用表	台班	0.594	0.890	1.030	1.412
	873138001	网络测试仪	台班	0.093	0.140	0.162	0.222

工作内容： 系统可用及维护功能、环境功能检查、参数设置、安全设置、传输距离、接口、优先权通信试验。

计量单位： 套

编号				2-6-885	2-6-886	2-6-887	2-6-888	2-6-889
项目				基础自动化系统软件功能试验				
				接口试验				
				与上位机接口	远程终端	阴极保护装置	视频监控系统	火灾报警消防系统
		名称	单位	消耗量				
人工	000205000	综合二类工	工日	0.421	0.491	0.654	0.397	0.725
材料	850103002	校验材料费	元	0.770	0.900	1.290	0.770	1.420
机械	873150102	对讲机（一对）	台班	0.070	0.082	0.109	0.066	0.120
	871640025	多功能校验仪	台班	0.042	0.049	0.065	0.040	0.072
	870613023	手持式万用表	台班	—	0.098	0.131	0.079	0.145
	873114001	数字电压表	台班	—	—	0.065	0.040	0.072

工作内容： 系统可用及维护功能、环境功能检查、参数设置、安全设置、传输距离、接口、优先权通信试验。

计量单位： 套

编号				2-6-890	2-6-891	2-6-892	2-6-893
项目				基础自动化系统软件功能试验			
				接口试验			
				安全机组系统	与其他装置接口（I/O 点）		
					模拟量	数字量	脉冲量
		名称	单位	消耗量			
人工	000205000	综合二类工	工日	0.210	0.117	0.047	0.093
材料	850103002	校验材料费	元	0.390	0.260	0.130	0.130
机械	873150102	对讲机（一对）	台班	0.035	0.016	0.006	0.012
	871640025	多功能校验仪	台班	0.021	0.008	0.003	0.006
	870613023	手持式万用表	台班	0.042	0.012	0.005	0.009
	873114001	数字电压表	台班	—	0.004	0.002	0.003

工作内容：现场至控制室进行控制、操作、显示静态模拟试验。　　　　**计量单位：**套

编　号				2-6-894	2-6-895	2-6-896
项　目				基础自动化系统软件功能试验		
				在线回路试验		
				模拟量 AI 点	模拟量 AO 点	数字量 DI 点
名　称			单位	消　耗　量		
人工	000205000	综合二类工	工日	0.105	0.228	0.063
材料	850103002	校验材料费	元	0.130	0.260	0.130
机械	870113025	便携式电动泵压力校验仪	台班	0.010	—	—
	873150102	对讲机（一对）	台班	0.017	0.038	0.010
	871640025	多功能校验仪	台班	0.010	0.023	0.006
	870113029	多功能压力校验仪	台班	0.010	—	0.090
	871640017	回路校验仪	台班	0.021	0.045	0.013
	870613023	手持式万用表	台班	0.021	0.045	0.013
	870113001	数字压力表	台班	0.010	0.023	0.006

工作内容：现场至控制室进行控制、操作、显示静态模拟试验。　　　　**计量单位：**套

编　号				2-6-897	2-6-898	2-6-899
项　目				基础自动化系统软件功能试验		
				在线回路试验		
				数字量 DO 点	脉冲量 PI/PO 点	无线测控点
名　称			单位	消　耗　量		
人工	000205000	综合二类工	工日	0.116	0.175	0.140
材料	850103002	校验材料费	元	0.130	0.260	0.260
机械	873150102	对讲机（一对）	台班	0.019	0.029	0.023
	871640025	多功能校验仪	台班	0.012	0.017	0.014
	871640017	回路校验仪	台班	0.023	0.035	—
	870613023	手持式万用表	台班	0.023	—	0.028
	870113001	数字压力表	台班	0.012	—	—

十一、仪表管路敷设、伴热及脱脂

工作内容： 清理、煨弯、组对、安装及接头（管件）安装、焊接、除锈、防腐、强度和气密泄露性试验。

计量单位： 10m

编号				2-6-900	2-6-901	2-6-902	2-6-903
项目				钢管敷设			
				碳钢管敷设焊接（管径 mm 以内）			
				14	22	32	50
名称			单位	消耗量			
人工	000205000	综合二类工	工日	1.348	1.548	1.760	2.066
材料	170000001	管材	m	10.400	10.400	10.400	10.400
	030105002	半圆头镀锌螺栓 M2～5×15～50	套	15.000	12.000	12.000	8.000
	341103001	电	kW·h	0.200	0.500	0.800	1.200
	182513018	镀锌管卡子（钢管用） 15	个	7.000	—	—	—
	031507016	镀锌铁丝 ϕ2.5～1.4	kg	0.060	0.060	0.060	0.060
	130115007	酚醛调和漆 各色	kg	0.170	0.310	0.400	0.720
	130505009	酚醛防锈漆 各色	kg	0.220	0.390	0.500	0.900
	031541003	钢锯条	条	0.250	0.100	0.100	—
	022701001	棉纱	kg	0.050	0.050	0.050	0.050
	143505004	清洗液 500mL	瓶	0.200	0.200	0.200	0.200
	031101002	砂轮片 ϕ100	片	0.001	0.010	0.010	0.010
	031101006	砂轮片 ϕ400	片	0.001	0.010	0.010	0.001
	031301023	碳钢气焊条（综合）	kg	0.128	0.096	0.096	—
	031102005	铁砂布 0#～2#	张	0.500	0.500	0.500	0.500
	142909001	氧气	m^3	0.336	0.252	0.252	—
	181625018	仪表接头	套	4.000	3.000	4.000	6.000
	142907002	乙炔气	kg	0.128	0.096	0.096	—
	140509006	油漆溶剂油	kg	0.200	0.300	0.400	0.500
	182513019	镀锌管卡子（钢管用） 20	个	—	5.000	—	—
	182513020	镀锌管卡子（钢管用） 32	个	—	—	5.000	—
	031301008	低碳钢焊条 J422（综合）	kg	—	—	—	0.662
	182513021	镀锌管卡子（钢管用） 50	个	—	—	—	4.000
	850103006	其他材料费（占材料费）	%	5.000	5.000	5.000	5.000
机械	990401030	载重汽车 8t	台班	0.005	0.010	0.012	0.015
	990758010	电动弯管机 50mm	台班	—	0.040	0.040	0.020
	990785030	砂轮切割机 ϕ400	台班	—	0.010	0.015	0.020
	991003020	电动空气压缩机 0.6m^3/min	台班	—	—	—	0.050
	990904030	直流弧焊机 20kV·A	台班	—	—	—	0.340

工作内容：清理、煨弯、套丝、组对、安装及接头（管件）安装、强度和气密泄露性试验。

计量单位：10m

编号				2-6-904	2-6-905	2-6-906	2-6-907
项目				钢管敷设			
				碳钢管敷设丝接（管径 mm 以内）			
				15	20	32	50
名称			单位	消耗量			
人工	000205000	综合二类工	工日	0.846	1.009	1.339	1.580
材料	170000001	管材	m	10.400	10.400	10.400	10.400
	180000002	管件 *DN*15 以下	套	5.000	4.000	6.000	8.000
	030105002	半圆头镀锌螺栓 M2～5×15～50	套	15.000	12.000	12.000	8.000
	341103001	电	kW·h	0.250	0.300	0.350	0.500
	182513018	镀锌管卡子（钢管用） 15	个	7.000	—	—	—
	031507016	镀锌铁丝 ϕ2.5～1.4	kg	0.060	0.060	0.060	0.060
	031541003	钢锯条	条	0.250	0.100	0.100	—
	130119002	厚漆	kg	0.040	0.050	0.060	0.060
	140303001	机油（综合）	kg	0.050	0.080	0.100	0.120
	340203007	聚四氟乙烯生料带（综合）	m	0.210	0.200	0.400	0.650
	022701001	棉纱	kg	0.050	0.050	0.050	0.050
	030107010	膨胀螺栓 M10～16	套	0.005	0.005	0.005	0.005
	143505004	清洗液 500mL	瓶	0.250	0.250	0.250	0.250
	031101002	砂轮片 ϕ100	片	0.001	0.005	0.010	0.010
	031102005	铁砂布 0#～2#	张	0.500	0.500	0.500	0.500
	182513019	镀锌管卡子（钢管用） 20	个	—	5.000	—	—
	182513020	镀锌管卡子（钢管用） 32	个	—	—	5.000	—
	182513021	镀锌管卡子（钢管用） 50	个	—	—	—	4.000
	850103006	其他材料费（占材料费）	%	5.000	5.000	5.000	5.000
机械	991003020	电动空气压缩机 0.6m^3/min	台班	0.010	0.010	0.030	0.050
	990748010	管子切断套丝机 159mm	台班	0.020	0.035	0.050	0.060
	990758010	电动弯管机 50mm	台班	—	0.010	0.020	0.030
	990401015	载重汽车 4t	台班	—	0.010	0.012	0.015

工作内容：清理、煨弯、套丝、组对、安装及接头（管件）安装、强度和气密泄露性试验。

计量单位：10m

编号				2-6-908	2-6-909
项目				钢管敷设	
				碳钢管卡套连接（管径 mm）	
				14 以下	14 以上
名称			单位	消耗量	
人工	000205000	综合二类工	工日	0.829	1.063
材料	170000001	管材	m	10.400	10.400
	030105002	半圆头镀锌螺栓 M2～5×15～50	套	15.000	12.000
	182513018	镀锌管卡子（钢管用） 15	个	7.000	—
	031507016	镀锌铁丝 ϕ2.5～1.4	kg	0.030	0.030
	130115007	酚醛调和漆 各色	kg	0.170	0.310
	130505009	酚醛防锈漆 各色	kg	0.220	0.390
	031541003	钢锯条	条	0.250	0.100
	022701001	棉纱	kg	0.050	0.050
	031101002	砂轮片 ϕ100	片	0.010	0.010
	031101006	砂轮片 ϕ400	片	0.001	0.010
	031102005	铁砂布 0#～2#	张	0.300	0.300
	181625018	仪表接头	套	4.000	3.000
	140509006	油漆溶剂油	kg	0.200	0.400
	182513019	镀锌管卡子（钢管用） 20	个	—	5.000
	850103006	其他材料费（占材料费）	%	5.000	5.000
机械	991003020	电动空气压缩机 0.6m^3/min	台班	0.050	0.050
	990758010	电动弯管机 50mm	台班	0.030	0.030
	990785030	砂轮切割机 ϕ400	台班	0.020	0.020
	990401015	载重汽车 4t	台班	0.005	0.010

工作内容： 清洗、组对、高压管车丝、焊接及焊口处理、管及管件安装、除锈、防腐、强度、气密性、泄露性试验。

计量单位： 10m

编　号				2-6-910	2-6-911	2-6-912	2-6-913	2-6-914
项　目				不锈钢管及高压管敷设				
				不锈钢管敷设（管径 mm 以内）				
				10	14	22	32	50
名　称			单位	消　耗　量				
人工	000205000	综合二类工	工日	1.055	1.403	1.618	1.851	2.252
材料	182511004	不锈钢管卡 *DN*50	个	—	—	—	—	4.000
	170000001	管材	m	10.360	10.360	10.360	10.360	10.360
	030105002	半圆头镀锌螺栓 M2～5×15～ 50	套	6.000	15.000	10.000	10.000	8.000
	182511001	不锈钢管卡 *DN*15	个	3.000	7.000	—	—	—
	031303017	不锈钢焊丝（综合）	kg	0.020	0.132	0.099	0.099	0.110
	341103001	电	kW·h	0.080	0.100	0.150	0.300	0.450
	031507016	镀锌铁丝 ϕ2.5～1.4	kg	0.060	0.060	0.060	0.060	0.060
	180000002	管件 *DN*15 以下	套	4.000	3.000	4.000	4.000	4.000
	031101002	砂轮片 ϕ100	片	0.001	0.005	0.010	0.010	0.010
	031101006	砂轮片 ϕ400	片	0.001	0.005	0.010	0.010	0.010
	143169002	酸洗膏	kg	0.010	0.015	0.020	0.025	0.040
	031102005	铁砂布 0#～2#	张	0.500	0.500	0.500	—	—
	022703006	细白布 宽 900	m	0.050	0.050	0.050	0.050	0.050
	020101001	橡胶板（综合）	kg	0.140	0.240	0.240	0.240	0.240
	142911001	氩气	m^3	0.036	0.240	0.180	0.180	0.210
	340101003	钍钨棒	g	0.067	0.448	0.336	0.336	0.392
	182511002	不锈钢管卡 *DN*20	个	—	—	5.000	—	—
	182511003	不锈钢管卡 *DN*32	个	—	—	—	5.000	—
	850103006	其他材料费（占材料费）	%	5.000	5.000	5.000	5.000	5.000
机械	991003020	电动空气压缩机 0.6m^3/min	台班	0.040	—	—	0.050	0.090
	990747010	管子切断机 60mm	台班	0.020	0.050	0.060	0.070	0.080
	990785030	砂轮切割机 ϕ400	台班	0.010	0.011	0.022	0.025	0.080
	990797020	台式砂轮机 ϕ100	台班	0.010	0.011	0.012	0.010	0.010
	990912010	氩弧焊机 500A	台班	0.010	0.050	0.070	0.090	0.240
	990401030	载重汽车 8t	台班	—	0.005	0.010	0.012	0.015
	990758010	电动弯管机 50mm	台班	—	—	0.040	0.060	0.050

工作内容：清洗、组对、高压管车丝、焊接及焊口处理、管及管件安装、除锈、防腐、强度、气密性、泄露性试验。

计量单位：10m

编号				2-6-915	2-6-916	2-6-917	2-6-918
项目				不锈钢管及高压管敷设			
				不锈钢管卡套连接（管径 mm）		高压管（管径 15mm 以内）	
				14 以下	14 以上	碳钢	不锈钢
名称			单位	消耗量			
人工	000205000	综合二类工	工日	0.848	1.021	1.475	1.671
材料	182511002	不锈钢管卡 *DN*20	个	—	5.000	—	—
	130115006	酚醛调和漆	kg	—	—	0.080	—
	130505007	酚醛防锈漆	kg	—	—	0.110	—
	022701001	棉纱	kg	—	—	0.050	—
	143505004	清洗液 500mL	瓶	—	—	0.050	—
	140509003	溶剂汽油 200#	kg	—	—	0.100	—
	031303008	碳钢氩弧焊丝	kg	—	—	0.192	—
	170000001	管材	m	10.360	10.360	10.360	10.360
	030105002	半圆头镀锌螺栓 M2～5×15～50	套	14.000	10.000	10.000	10.000
	182511001	不锈钢管卡 *DN*15	个	7.000	—	7.000	7.000
	341103001	电	kW·h	0.080	0.080	0.500	0.800
	031507016	镀锌铁丝 ϕ2.5～1.4	kg	0.030	0.030	0.030	0.030
	180000002	管件 *DN*15 以下	套	4.000	3.000	4.000	4.000
	031303004	合金钢氩弧焊丝	kg	—	—	—	0.132
	031101002	砂轮片 ϕ100	片	0.005	0.010	0.010	0.010
	031101006	砂轮片 ϕ400	片	0.005	0.010	0.010	0.010
	143169002	酸洗膏	kg	—	—	—	0.030
	031102005	铁砂布 0#～2#	张	—	—	0.500	0.500
	022703006	细白布 宽 900	m	0.010	0.010	—	0.010
	020101001	橡胶板（综合）	kg	—	—	0.240	0.240
	142911001	氩气	m^3	—	—	0.312	0.312
	340101003	铈钨棒	g	—	—	0.624	0.624
	850103006	其他材料费（占材料费）	%	—	—	5.000	5.000
机械	991003020	电动空气压缩机 0.6m^3/min	台班	0.015	0.018	—	—
	990718010	普通车床 400×1000mm	台班	—	—	0.080	0.080
	990785030	砂轮切割机 ϕ400	台班	0.010	0.010	0.020	0.020
	990797020	台式砂轮机 ϕ100	台班	0.010	0.010	0.010	0.010
	990401030	载重汽车 8t	台班	—	—	0.002	0.002
	990912010	氩弧焊机 500A	台班	—	—	0.040	0.040

工作内容：清洗、组对、安装、焊接（或卡套连接）、固定、通气和气密性试验。　　**计量单位：**10m

编　　号				2-6-919	2-6-920	2-6-921	2-6-922	2-6-923	2-6-924
项　　目				有色金属及非金属管敷设					
				紫铜管（管径 mm 以内）				黄铜管（管径 mm 以内）	
				10	14	22	32		50
名　　称			单位	消　耗　量					
人工	000205000	综合二类工	工日	0.395	0.997	1.213	1.645	1.736	2.293
材料	182513018	镀锌管卡子（钢管用） 15	个	2.000	6.000	—	—	—	—
	031541003	钢锯条	条	0.400	0.300	—	—	—	—
	031303009	铜焊丝（综合）	kg	—	0.022	0.025	0.030	—	—
	142909001	氧气	m^3	—	0.054	0.065	0.075	—	—
	142907002	乙炔气	kg	—	0.021	0.025	0.030	—	—
	182513019	镀锌管卡子（钢管用） 20	个	—	—	5.000	—	—	—
	170000001	管材	m	10.300	10.300	10.300	10.300	10.200	10.200
	030105002	半圆头镀锌螺栓 M2～5×15～50	套	3.000	10.000	10.000	12.000	20.000	20.000
	341103001	电	kW·h	—	—	—	0.500	1.000	2.000
	182513020	镀锌管卡子（钢管用） 32	个	—	—	—	6.000	10.000	—
	031507016	镀锌铁丝 ϕ2.5～1.4	kg	0.040	0.050	0.060	0.060	0.060	0.060
	031101002	砂轮片 ϕ100	片	—	0.010	0.010	0.010	0.010	0.010
	031101006	砂轮片 ϕ400	片	—	0.001	0.010	0.010	0.010	0.010
	020111009	石棉橡胶板 高压 δ1～6	kg	0.100	0.140	0.140	0.500	0.500	0.500
	031102005	铁砂布 0#～2#	张	0.500	0.500	0.500	0.500	1.000	1.000
	031303010	铜氩弧焊丝	kg	—	0.019	0.034	0.044	0.084	0.110
	341304005	位号牌	个	—	—	—	10.000	20.000	30.000
	022703006	细白布 宽 900	m	—	—	0.050	0.050	0.050	0.050
	181625018	仪表接头	套	5.000	3.000	2.000	4.000	5.000	10.000
	031519002	钻头 ϕ6～13	个	—	—	0.100	0.140	0.400	0.750
	142911001	氩气	m^3	—	0.016	0.029	0.037	0.071	0.071
	340101003	铈钨棒	g	—	0.032	0.057	0.073	0.142	0.142
	182513021	镀锌管卡子（钢管用） 50	个	—	—	—	—	—	10.000
	850103006	其他材料费（占材料费）	%	5.000	5.000	5.000	5.000	5.000	5.000
机械	991003020	电动空气压缩机 0.6m^3/min	台班	0.010	0.010	0.010	0.100	0.100	0.100
	990748010	管子切断套丝机 159mm	台班	—	0.010	0.010	0.012	0.012	0.015
	990718010	普通车床 400×1000mm	台班	—	—	—	0.010	0.030	0.030
	990785030	砂轮切割机 ϕ400	台班	—	0.010	0.010	0.012	0.015	0.015
	990728020	摇臂钻床 50mm	台班	—	—	—	0.050	0.100	0.150
	990401015	载重汽车 4t	台班	—	0.005	0.010	0.012	0.012	0.015
	990912010	氩弧焊机 500A	台班	—	0.002	0.010	0.030	0.070	0.120

工作内容： 准备、清洗、定位、划线、切断、煨弯、组对、焊接、接头连接、固定、强度试验、严密性或气密性试验。

计量单位： 10m

编号				2-6-925	2-6-926	2-6-927	2-6-928
项目				有色金属及非金属管敷设			
				铝管敷设（管径 mm 以内）			聚乙烯管（管径 32mm 以内）
				14	22	32	
名称			单位	消耗量			
人工	000205000	综合二类工	工日	1.417	1.438	1.615	1.918
材料	170000001	管材	m	10.300	10.300	10.300	10.300
	030105002	半圆头镀锌螺栓 M2～5×15～50	套	14.000	20.000	20.000	—
	341103001	电	kW·h	0.200	0.500	0.600	1.000
	182513018	镀锌管卡子（钢管用） 15	个	10.000	—	—	—
	031541003	钢锯条	条	0.100	—	—	1.000
	031303015	铝焊丝 丝 301（综合）	kg	0.035	0.052	0.068	—
	031101002	砂轮片 ϕ100	片	0.002	0.010	0.015	0.015
	031101006	砂轮片 ϕ400	片	0.003	0.008	0.010	—
	020111009	石棉橡胶板 高压 δ1～6	kg	0.200	0.250	0.500	—
	031102005	铁砂布 0#～2#	张	0.500	0.500	0.500	0.500
	181625018	仪表接头	套	3.000	2.000	2.000	—
	142911001	氩气	m^3	0.090	0.150	0.200	—
	340101003	铈钨棒	g	0.180	0.290	0.360	—
	182513019	镀锌管卡子（钢管用） 20	个	—	10.000	—	—
	182513020	镀锌管卡子（钢管用） 32	个	—	—	10.000	—
	031301015	聚氯乙烯焊条（综合）	kg	—	—	—	0.040
	180900001	塑料管件	套	—	—	—	6.000
	182515001	塑料卡子	个	—	—	—	14.000
	850103006	其他材料费（占材料费）	%	5.000	5.000	5.000	5.000
机械	990747010	管子切断机 60mm	台班	0.010	0.030	0.040	—
	990785030	砂轮切割机 ϕ400	台班	0.010	0.012	0.015	—
	990797020	台式砂轮机 ϕ100	台班	0.010	0.012	0.015	0.150
	990401015	载重汽车 4t	台班	0.005	0.010	0.012	0.007
	990912010	氩弧焊机 500A	台班	0.020	0.020	0.040	—
	990758010	电动弯管机 50mm	台班	—	0.030	0.030	—
	991003020	电动空气压缩机 0.6m^3/min	台班	—	—	—	0.220

工作内容：切断、煨弯、缆头处理、卡套连接、固定、通气试验。 **计量单位：**10m

编号				2-6-929	2-6-930	2-6-931	2-6-932
项目				管缆敷设			
				尼龙管缆（管径 mm 以内）			
				单芯			7 芯
				6	8	10	6
名称			单位	消耗量			
人工	000205000	综合二类工	工日	0.335	0.405	0.567	0.857
材料	170000001	管材	m	10.300	10.300	10.300	10.300
	031541003	钢锯条	条	0.100	0.100	0.110	0.150
	021301001	尼龙扎带（综合）	根	2.500	2.500	2.500	1.000
	020111009	石棉橡胶板 高压 δ1～6	kg	0.080	0.080	0.080	0.140
	031102005	铁砂布 0#～2#	张	0.200	0.200	0.200	0.300
	181625018	仪表接头	套	2.000	2.000	2.000	6.000
	030105002	半圆头镀锌螺栓 M2～5×15～50	套	—	—	2.000	4.000
	290639007	镀锌电线管卡子 15mm	个	—	—	1.000	2.000
	850103006	其他材料费（占材料费）	%	5.000	5.000	5.000	5.000
机械	991003020	电动空气压缩机 $0.6m^3/min$	台班	0.010	0.010	0.010	0.020
	990401015	载重汽车 4t	台班	—	0.005	0.005	0.007

工作内容：切断、煨弯、缆头处理、卡套连接、固定、通气试验。 **计量单位：**10m

编号				2-6-933	2-6-934	2-6-935	2-6-936
项目				管缆敷设			
				铜管缆（管径 mm 以内）			
				单芯			7 芯
				6	8	10	6
名称			单位	消耗量			
人工	000205000	综合二类工	工日	0.433	0.719	0.741	1.044
材料	170000001	管材	m	10.300	10.300	10.300	10.300
	031541003	钢锯条	条	0.150	0.150	0.150	0.500
	021301001	尼龙扎带（综合）	根	2.200	2.200	2.200	1.000
	020111009	石棉橡胶板 高压 δ1～6	kg	0.080	0.080	0.080	0.100
	031102005	铁砂布 0#～2#	张	0.300	0.300	0.300	0.300
	181625018	仪表接头	套	2.000	2.000	2.000	8.000
	031101002	砂轮片 ϕ100	片	—	0.005	0.005	0.010
	031101006	砂轮片 ϕ400	片	—	0.005	0.005	0.010
	030105002	半圆头镀锌螺栓 M2～5×15～50	套	—	—	2.000	4.000
	290639007	镀锌电线管卡子 15mm	个	—	—	1.000	2.000
	850103006	其他材料费（占材料费）	%	5.000	5.000	5.000	5.000
机械	991003020	电动空气压缩机 $0.6m^3/min$	台班	0.010	0.010	0.010	0.020
	990785030	砂轮切割机 ϕ400	台班	0.010	0.011	0.012	0.015
	990797030	手提式砂轮机	台班	0.010	0.011	0.012	0.015
	990401015	载重汽车 4t	台班	—	0.005	0.005	0.007

工作内容：切断、煨弯、缆头处理、卡套连接、固定、通气试验。 **计量单位：**10m

编号				2-6-937	2-6-938	2-6-939	2-6-940
项目				管缆敷设			
				不锈钢管缆（管径 mm 以内）			
				单芯			7芯
				6	8	10	6
名称			单位	消耗量			
人工	000205000	综合二类工	工日	0.888	0.946	0.990	1.278
材料	170000001	管材	m	10.300	10.300	10.300	10.300
	031541003	钢锯条	条	0.200	0.250	0.250	0.400
	021301001	尼龙扎带（综合）	根	12.000	7.000	7.000	6.000
	031102005	铁砂布 0#～2#	张	0.200	0.200	0.300	0.500
	181625018	仪表接头	套	2.000	2.000	2.000	8.000
	030105002	半圆头镀锌螺栓 M2～5×15～50	套	—	10.000	10.000	12.000
	182511001	不锈钢管卡 *DN*15	个	—	5.000	5.000	6.000
	031101002	砂轮片 ϕ100	片	—	0.005	0.005	0.010
	031101006	砂轮片 ϕ400	片	—	0.005	0.005	0.010
	850103006	其他材料费（占材料费）	%	5.000	5.000	5.000	5.000
机械	991003020	电动空气压缩机 0.6m^3/min	台班	0.010	0.010	0.010	0.020
	990785030	砂轮切割机 ϕ400	台班	0.005	0.005	0.010	0.010
	990401015	载重汽车 4t	台班	0.005	0.005	0.005	0.007
	990797030	手提式砂轮机	台班	—	—	0.010	0.010

工作内容：切断、煨弯、缆头处理、卡套连接、固定、通气试验。　　　　**计量单位：**10m

编　号				2-6-941	2-6-942
项　目				管缆敷设	
				伴热一体化管缆（缆芯以内）	
				单芯	4 芯
名　称			单位	消　耗　量	
人工	000205000	综合二类工	工日	2.145	3.582
材料	170000001	管材	m	10.300	10.300
	030105002	半圆头镀锌螺栓 M2～5×15～50	套	12.000	12.000
	031303018	不锈钢氩弧焊丝（综合）	kg	0.068	0.135
	182513001	镀锌钢管卡子 *DN*15	个	6.000	—
	031541003	钢锯条	条	0.500	1.000
	021301001	尼龙扎带（综合）	根	6.000	6.000
	031101002	砂轮片 ϕ100	片	0.016	0.020
	031101006	砂轮片 ϕ400	片	0.016	0.020
	143169002	酸洗膏	kg	0.020	0.040
	031102005	铁砂布 $0^{\#}$～$2^{\#}$	张	0.500	0.500
	022703006	细白布 宽 900	m	0.050	0.070
	181625018	仪表接头	套	4.000	8.000
	142911001	氩气	m^3	0.120	0.240
	340101003	铈钨棒	g	0.224	0.448
	182513006	镀锌钢管卡子 *DN*50	个	—	6.000
	850103006	其他材料费（占材料费）	%	5.000	5.000
机械	991003020	电动空气压缩机 $0.6m^3/min$	台班	0.010	0.010
	990785030	砂轮切割机 ϕ400	台班	0.040	0.050
	990813005	试压泵 2.5MPa	台班	0.010	0.020
	990797030	手提式砂轮机	台班	0.040	0.050
	990401015	载重汽车 4t	台班	0.010	0.020
	990912010	氩弧焊机 500A	台班	0.100	0.200

工作内容：伴热管：敷设（或缠绕）、焊接、除锈、防腐、强度和气密性试验。 **计量单位：**10m

编号				2-6-943	2-6-944	2-6-945	2-6-946
项目				仪表设备与管路伴热			
				不锈钢管伴热管（管径 mm 以内）			
				10	14	18	22
名称			单位	消耗量			
人工	000205000	综合二类工	工日	1.042	1.558	1.948	2.331
材料	170000001	管材	m	10.300	10.300	10.300	10.300
	031303017	不锈钢焊丝（综合）	kg	0.010	0.010	0.015	0.015
	341103001	电	kW · h	0.100	0.120	0.130	0.140
	031507018	镀锌铁丝 ϕ2.8～4.0	kg	0.050	0.050	0.050	0.050
	022701001	棉纱	kg	0.050	0.050	0.050	0.050
	031101002	砂轮片 ϕ100	片	0.001	0.005	0.005	0.080
	031101006	砂轮片 ϕ400	片	0.001	0.005	0.005	0.080
	143169002	酸洗膏	kg	0.050	0.050	0.030	0.040
	031102005	铁砂布 0#～2#	张	0.500	0.500	0.500	0.500
	022703006	细白布 宽 900	m	0.050	0.050	0.050	0.050
	142911001	氩气	m^3	0.060	0.120	0.120	0.120
	340101003	铈钨棒	g	0.112	0.224	0.224	0.224
	850103006	其他材料费（占材料费）	%	5.000	5.000	5.000	5.000
机械	990785030	砂轮切割机 ϕ400	台班	0.010	0.015	0.018	0.020
	990813005	试压泵 2.5MPa	台班	0.020	0.020	0.020	0.020
	990797030	手提式砂轮机	台班	0.010	0.015	0.018	0.020
	990401015	载重汽车 4t	台班	0.010	0.010	0.010	0.010
	990912010	氩弧焊机 500A	台班	0.010	0.010	0.015	0.015

工作内容：伴热管：敷设（或缠绕）、焊接、除锈、防腐、强度和气密性试验。 **计量单位：**10m

编号				2-6-947	2-6-948	2-6-949	2-6-950
项目				仪表设备与管路伴热			
				碳钢管伴热管（管径 mm 以内）			
				10	14	18	22
名称			单位	消耗量			
人工	000205000	综合二类工	工日	0.905	1.293	1.810	2.077
材料	170000001	管材	m	10.350	10.350	10.350	10.350
	341103001	电	kW · h	0.140	0.160	0.180	0.200
	031507018	镀锌铁丝 ϕ2.8～4.0	kg	0.050	0.050	0.050	0.050
	130505009	酚醛防锈漆 各色	kg	0.360	0.370	0.380	0.390
	031541003	钢锯条	条	0.500	0.500	0.700	0.700
	022701001	棉纱	kg	0.050	0.050	0.050	0.050
	031301023	碳钢气焊条（综合）	kg	0.032	0.064	0.064	0.064
	031102005	铁砂布 0#～2#	张	0.500	0.500	0.500	0.500
	142909001	氧气	m^3	0.084	0.168	0.168	0.168
	142907002	乙炔气	kg	0.032	0.064	0.064	0.064
	850103006	其他材料费（占材料费）	%	5.000	5.000	5.000	5.000
机械	990747010	管子切断机 60mm	台班	0.030	0.030	0.040	0.040
	990813005	试压泵 2.5MPa	台班	0.020	0.020	0.020	0.020
	990401015	载重汽车 4t	台班	0.010	0.010	0.010	0.010

工作内容：伴热管：敷设（或缠绕）、焊接、除锈、防腐、强度和气密性试验。　　　　计量单位：10m

编　号				2-6-951	2-6-952	2-6-953	2-6-954
项　目				仪表设备与管路伴热			
				铜管伴热管（管径 mm 以内）			
				10	14	18	22
名　称			单位	消　耗　量			
人工	000205000	综合二类工	工日	0.378	0.946	1.147	1.395
材料	170000001	管材	m	10.300	10.300	10.300	10.300
	031541003	钢锯条	条	0.100	0.300	0.400	0.500
	022701001	棉纱	kg	0.050	0.050	0.050	0.050
	031101002	砂轮片 ϕ100	片	0.001	0.005	0.008	0.010
	031102005	铁砂布 0#～2#	张	0.500	0.500	0.500	0.500
	031303010	铜氩弧焊丝	kg	0.029	0.027	0.034	0.047
	142911001	氩气	m^3	0.023	0.023	0.029	0.040
	340101003	铈钨棒	g	0.046	0.045	0.057	0.060
	031507018	镀锌铁丝 ϕ2.8～4.0	kg	—	0.050	0.050	0.050
	031303009	铜焊丝（综合）	kg	—	0.009	0.012	0.018
	142909001	氧气	m^3	—	0.024	0.032	0.039
	142907002	乙炔气	kg	—	0.008	0.013	0.015
	850103006	其他材料费（占材料费）	%	5.000	5.000	5.000	5.000
机械	990785030	砂轮切割机 ϕ400	台班	0.010	0.010	0.015	0.020
	990797030	手提式砂轮机	台班	0.010	0.010	0.015	0.020
	990401015	载重汽车 4t	台班	0.008	0.008	0.010	0.010
	990912010	氩弧焊机 500A	台班	0.030	0.035	0.050	0.060
	990747010	管子切断机 60mm	台班	—	0.015	0.020	0.020

工作内容：伴热带（元件）敷设（安装）、绝缘接地、控制及保护电路测试。　　**计量单位：**见表

编号				2-6-955	2-6-956	2-6-957	2-6-958
项目				仪表设备与管路伴热			
				电伴热带/伴热电缆			伴热元件
				伴热电缆	接线盒	终端头制作安装	
单位				100m	个		根
名称			单位	消耗量			
人工	000205000	综合二类工	工日	5.798	0.121	0.416	0.775
材料	341103001	电	kW · h	0.300	—	—	0.100
	290634003	电缆卡子（综合）	个	4.000	—	—	—
	152103003	电热带	m	102.000	—	—	—
	284309003	接地线 5.5～16mm^2	m	3.500	0.800	0.600	1.000
	152315001	绝缘材料（复合丁晴）	m^2	11.000	—	—	—
	152307002	耐高温铝箔玻璃纤维带 50m/卷	卷	2.300	—	—	—
	031102005	铁砂布 0#～2#	张	0.100	—	0.450	—
	850103002	校验材料费	元	4.120	—	—	0.770
	030105004	半圆头镀锌螺栓 M6～12×22～80	套	—	4.000	—	—
	291110007	接线盒（综合）	个	—	1.000	—	—
	022703002	白布	m	—	—	0.050	—
	340515001	标签纸（综合）	m	—	—	0.050	—
	290901001	接线铜端子头	个	—	—	2.200	—
	021301001	尼龙扎带（综合）	根	—	—	0.500	—
	271703004	塑料胶带	m	—	—	0.100	—
	291113003	尾端盒	个	—	—	1.000	—
	341304005	位号牌	个	—	—	1.000	—
	290697001	线号套管（综合）	m	—	—	0.020	—
	152103005	管状电热带	根	—	—	—	1.000
	850103006	其他材料费（占材料费）	%	5.000	5.000	5.000	5.000
机械	873174013	铭牌打印机	台班	0.018	—	0.012	0.012
	870613023	手持式万用表	台班	0.200	—	0.020	0.050
	873114001	数字电压表	台班	0.100	—	—	0.050
	990401015	载重汽车 4t	台班	0.010	—	—	—
	870613013	兆欧表	台班	0.030	—	0.030	—
	870622055	接地电阻测试仪	台班	—	—	0.050	—
	873174017	线号打印机	台班	—	—	0.030	—

工作内容：表计拆装、浸泡、脱脂、擦洗、检查、封口、送检。　　计量单位：见表

编　　号				2-6-959	2-6-960	2-6-961
项　　目				仪表设备与管路脱脂		
				压力表	变送器调节阀	孔板
单　　位				块	台	块
名　　称			单位	消　耗　量		
人工	000205000	综合二类工	工日	0.304	0.648	0.248
材料	311921001	白滤纸	张	2.000	6.000	2.000
	143303001	酒精	kg	0.100	0.500	0.500
	143517002	脱脂剂	kg	1.000	7.000	2.050
	256101001	脱脂用黑光灯	组	0.020	0.050	0.010
	022703006	细白布 宽 900	m	0.100	0.400	0.400
	850103006	其他材料费（占材料费）	%	5.000	5.000	5.000

工作内容：表计拆装、浸泡、脱脂、擦洗、检查、封口、送检。　　计量单位：见表

编　　号				2-6-962	2-6-963	2-6-964
项　　目				仪表设备与管路脱脂		
				仪表阀门	仪表附件	仪表管路
单　　位				个	套	10m
名　　称			单位	消　耗　量		
人工	000205000	综合二类工	工日	0.226	0.044	0.572
材料	311921001	白滤纸	张	3.000	1.000	4.000
	143303001	酒精	kg	0.100	0.100	0.300
	143517002	脱脂剂	kg	1.000	0.500	1.500
	256101001	脱脂用黑光灯	组	0.010	0.010	0.030
	022703006	细白布 宽 900	m	0.200	0.100	0.250
	031507016	镀锌铁丝 ϕ2.5～1.4	kg	—	—	0.100
	850103006	其他材料费（占材料费）	%	5.000	5.000	5.000
机械	991003020	电动空气压缩机 0.6m^3/min	台班	—	—	0.060

十二、自动化线路、通信

工作内容：绝缘检查、敷设、固定、挂牌。 计量单位：根

编号				2-6-965	2-6-966	2-6-967	2-6-968
项目				自动化线路敷设			
				带专用插头系统电缆敷设（芯）			
				10	20	36	50
名称			单位	消耗量			
人工	000205000	综合二类工	工日	0.311	0.368	0.451	0.529
材料	021301001	尼龙扎带（综合）	根	7.000	7.000	7.000	7.000
	341304005	位号牌	个	2.000	2.000	2.000	2.000
	280008016	系统电缆	根	1.000	1.000	1.000	1.000
	850103006	其他材料费（占材料费）	%	5.000	5.000	5.000	5.000
机械	870622055	接地电阻测试仪	台班	0.050	0.050	0.050	0.050
	873174013	铭牌打印机	台班	0.024	0.024	0.024	0.024
	870613023	手持式万用表	台班	0.064	0.074	0.090	0.105
	990401015	载重汽车 4t	台班	0.005	0.006	0.007	0.010

工作内容：绝缘检查、敷设、固定、挂牌。 计量单位：100m

编号				2-6-969	2-6-970	2-6-971	2-6-972
项目				自动化线路敷设			
				通信线缆（对以内）			
				4	25	50	50 以上
名称			单位	消耗量			
人工	000205000	综合二类工	工日	0.673	1.558	1.934	2.409
材料	280113001	超五类屏蔽双绞线	m	102.000	102.000	102.000	102.000
	031507016	镀锌铁丝 ϕ2.5～1.4	kg	0.300	0.100	0.100	0.100
	021301001	尼龙扎带（综合）	根	2.000	5.000	8.000	10.000
	850103006	其他材料费（占材料费）	%	5.000	5.000	5.000	5.000
机械	990401015	载重汽车 4t	台班	—	0.010	0.020	0.030

工作内容：开箱检查、架线盘、敷设、锯断、固定、临时封头。　　**计量单位**：100m

编号				2-6-973	2-6-974	2-6-975	2-6-976	2-6-977
项目				自动化线路敷设				
				自动化电缆敷设（1.5mm² 以内）				
				2 芯	4 芯以下	6 芯以下	12 芯以下	21 芯以下
名称			单位	消耗量				
人工	000205000	综合二类工	工日	1.728	1.914	2.351	2.902	3.297
材料	280008001	电缆（综合）	m	102.000	102.000	102.000	102.000	102.000
	030105002	半圆头镀锌螺栓 M2～5×15～ 50	套	12.000	12.000	12.000	10.000	10.000
	290639002	镀锌电缆卡子（综合）	个	6.000	6.000	6.000	5.000	5.000
	031507016	镀锌铁丝 ϕ2.5～1.4	kg	0.300	0.300	0.200	0.200	0.150
	031541003	钢锯条	条	1.000	1.000	1.000	1.000	0.500
	144301001	绝缘胶布 20m/卷	卷	0.300	0.300	0.200	0.100	0.080
	022701001	棉纱	kg	0.050	0.050	0.050	0.050	0.050
	021301001	尼龙扎带（综合）	根	2.000	2.000	3.000	4.000	4.000
	850103006	其他材料费（占材料费）	%	5.000	5.000	5.000	5.000	5.000
机械	990304016	汽车式起重机 16t	台班	—	—	—	0.006	0.009
	990401015	载重汽车 4t	台班	—	0.006	0.007	0.008	0.013

工作内容：开箱检查、架线盘、敷设、锯断、固定、临时封头。　　**计量单位**：100m

编号				2-6-978	2-6-979	2-6-980	2-6-981	2-6-982
项目				自动化线路敷设				
				自动化电缆敷设（1.5mm² 以内）				
				27 芯以下	39 芯以下	48 芯以下	54 芯以下	60 芯以下
名称			单位	消耗量				
人工	000205000	综合二类工	工日	4.203	4.802	5.552	6.236	7.968
材料	280008001	电缆（综合）	m	102.000	102.000	102.000	102.000	102.000
	030105002	半圆头镀锌螺栓 M2～5×15～50	套	8.000	8.000	8.000	8.000	8.000
	290639002	镀锌电缆卡子（综合）	个	4.000	4.000	4.000	4.000	4.000
	031541003	钢锯条	条	0.500	0.300	0.300	0.300	0.300
	144301001	绝缘胶布 20m/卷	卷	0.060	0.060	0.050	0.050	0.060
	022701001	棉纱	kg	0.050	0.060	0.060	0.060	0.100
	021301001	尼龙扎带（综合）	根	4.000	4.000	4.000	4.000	4.000
	850103006	其他材料费（占材料费）	%	5.000	5.000	5.000	5.000	5.000
机械	990304016	汽车式起重机 16t	台班	0.011	0.015	0.017	0.020	0.025
	990401015	载重汽车 4t	台班	0.012	0.016	0.022	0.024	0.031

工作内容： 开箱检查、架线盘、敷设、锯断、固定、临时封头。 **计量单位：** 100m

编号				2-6-983	2-6-984	2-6-985	2-6-986	2-6-987
项目				自动化线路敷设				
				自动化电缆敷设（$1.5mm^2$ 以上）				
				2 芯	4 芯以下	6 芯以下	12 芯以下	21 芯以下
名称			单位	消耗量				
人工	000205000	综合二类工	工日	2.057	2.812	3.209	3.514	3.767
材料	280008001	电缆（综合）	m	102.000	102.000	102.000	102.000	102.000
	030105002	半圆头镀锌螺栓 M2～5×15～50	套	12.000	12.000	10.000	10.000	8.000
	290639002	镀锌电缆卡子（综合）	个	6.000	6.000	5.000	5.000	4.000
	031507016	镀锌铁丝 ϕ2.5～1.4	kg	0.300	0.300	0.200	0.200	0.150
	031541003	钢锯条	条	1.000	1.000	1.000	0.500	0.500
	144301001	绝缘胶布 20m/卷	卷	0.300	0.300	0.300	0.025	0.100
	022701001	棉纱	kg	0.050	0.050	0.050	0.050	0.050
	021301001	尼龙扎带（综合）	根	2.000	2.000	3.000	4.000	4.000
	850103006	其他材料费（占材料费）	%	5.000	5.000	5.000	5.000	5.000
机械	990401015	载重汽车 4t	台班	—	0.007	0.008	0.009	0.014
	990304016	汽车式起重机 16t	台班	—	—	—	0.007	0.011

工作内容： 开箱检查、架线盘、敷设、锯断、固定、临时封头。 **计量单位：** 100m

编号				2-6-988	2-6-989	2-6-990	2-6-991	2-6-992
项目				自动化线路敷设				
				自动化电缆敷设（$1.5mm^2$ 以上）				
				27 芯以下	39 芯以下	48 芯以下	54 芯以下	60 芯以下
名称			单位	消耗量				
人工	000205000	综合二类工	工日	4.638	5.060	5.969	6.585	8.335
材料	280008001	电缆（综合）	m	102.000	102.000	102.000	102.000	102.000
	030105002	半圆头镀锌螺栓 M2～5×15～50	套	6.000	6.000	6.000	6.000	6.000
	031541003	钢锯条	条	0.500	0.300	0.300	0.300	0.300
	144301001	绝缘胶布 20m/卷	卷	0.080	0.080	0.080	0.060	0.060
	022701001	棉纱	kg	0.050	0.060	0.060	0.060	0.100
	021301001	尼龙扎带（综合）	根	6.000	6.000	6.000	6.000	6.000
	290639001	镀锌电缆卡子	套	3.000	3.000	3.000	3.000	3.000
	850103006	其他材料费（占材料费）	%	5.000	5.000	5.000	5.000	5.000
机械	990401015	载重汽车 4t	台班	0.013	0.017	0.023	0.026	0.033
	990304016	汽车式起重机 16t	台班	0.012	0.015	0.018	0.020	0.026

工作内容：制作、固定、校线、套线号、绝缘测定、接地、挂牌。 **计量单位：**个

编号				2-6-993	2-6-994	2-6-995	2-6-996	2-6-997
项目				自动化线路敷设				
				电缆终端头制作、安装（芯以下）				
				2	4	6	12	21
名称			单位	消耗量				
人工	000205000	综合二类工	工日	0.180	0.244	0.303	0.445	0.566
材料	030105002	半圆头镀锌螺栓 M2～5×15～50	套	1.000	1.000	1.000	1.000	1.000
	340515001	标签纸（综合）	m	0.050	0.070	0.080	0.140	0.200
	290639002	镀锌电缆卡子（综合）	个	0.500	0.500	0.500	0.500	0.500
	284309003	接地线 5.5～16mm²	m	0.600	0.600	0.600	0.600	0.600
	290901001	接线铜端子头	个	2.200	4.400	6.600	13.200	23.100
	021301001	尼龙扎带（综合）	根	0.500	0.500	0.500	0.500	0.500
	144303016	塑料胶布带 20mm×50m	卷	0.020	0.040	0.050	0.100	0.200
	031102005	铁砂布 0#～2#	张	0.100	0.200	0.400	0.540	0.450
	280317005	铜芯塑料绝缘软电线 BVR-1.5mm²	m	0.500	0.500	0.500	0.500	0.500
	341304005	位号牌	个	1.000	1.000	1.000	1.000	1.000
	022703006	细白布 宽 900	m	0.050	0.050	0.050	0.050	0.050
	290697001	线号套管（综合）	m	0.050	0.100	0.150	0.200	0.350
	850103006	其他材料费（占材料费）	%	5.000	5.000	5.000	5.000	5.000
机械	873152014	电缆测试仪	台班	0.010	0.010	0.010	0.010	0.010
	873150102	对讲机（一对）	台班	0.030	0.039	0.047	0.065	0.083
	870622055	接地电阻测试仪	台班	0.050	0.050	0.050	0.050	0.050
	873174013	铭牌打印机	台班	0.012	0.012	0.012	0.012	0.012
	870613023	手持式万用表	台班	0.030	0.039	0.047	0.065	0.083
	873152063	数字式快速对线仪	台班	0.010	0.015	0.020	0.025	0.030
	873174017	线号打印机	台班	0.004	0.008	0.012	0.024	0.042
	870613013	兆欧表	台班	0.030	0.030	0.030	0.030	0.030

工作内容：制作、固定、校线、套线号、绝缘测定、接地、挂牌。 计量单位：个

编号				2-6-998	2-6-999	2-6-1000	2-6-1001	2-6-1002
项目				自动化线路敷设				
				电缆终端头制作安装（芯以下）				
				27	39	48	54	60
名称			单位	消耗量				
人工	000205000	综合二类工	工日	0.699	0.996	1.229	1.389	1.593
材料	030105002	半圆头镀锌螺栓 M2～5×15～50	套	1.000	1.000	1.000	1.000	1.000
	340515001	标签纸（综合）	m	0.300	0.400	0.500	0.600	0.700
	290639002	镀锌电缆卡子（综合）	个	0.500	0.500	0.500	0.500	0.500
	284309003	接地线 5.5～16mm^2	m	0.600	0.600	0.600	0.600	0.600
	290901001	接线铜端子头	个	27.700	42.900	52.800	59.400	66.000
	021301001	尼龙扎带（综合）	根	0.500	0.500	0.500	0.500	0.500
	144303016	塑料胶布带 20mm×50m	卷	0.300	0.400	0.400	0.400	0.400
	031102005	铁砂布 0#～2#	张	0.540	0.600	0.700	1.000	1.500
	280317005	铜芯塑料绝缘软电线 BVR-1.5mm^2	m	0.500	0.500	0.500	0.500	0.500
	341304005	位号牌	个	1.000	1.000	1.000	1.000	1.000
	022703006	细白布 宽 900	m	0.050	0.050	0.050	0.050	0.050
	290697001	线号套管（综合）	m	0.510	0.650	0.780	0.900	1.000
	850103006	其他材料费（占材料费）	%	5.000	5.000	5.000	5.000	5.000
机械	873152014	电缆测试仪	台班	0.010	0.010	0.010	0.010	0.010
	873150102	对讲机（一对）	台班	0.101	0.147	0.182	0.204	0.227
	870622055	接地电阻测试仪	台班	0.050	0.050	0.050	0.050	0.050
	873174013	铭牌打印机	台班	0.012	0.012	0.012	0.012	0.012
	870613023	手持式万用表	台班	0.101	0.147	0.182	0.204	0.227
	873152063	数字式快速对线仪	台班	0.040	0.050	0.060	0.070	0.080
	873174017	线号打印机	台班	0.054	0.078	0.096	0.108	0.120
	870613013	兆欧表	台班	0.030	0.030	0.030	0.030	0.030

工作内容： 制作、固定、校线、套线号、绝缘测定、接地、挂牌。　　**计量单位：** 个

编　　号				2-6-1003	2-6-1004	2-6-1005	2-6-1006
项　　目				自动化线路敷设			
				通信专用缆线终端（对芯）			
				4	25	50	每增加 4 对芯
名　　称			单位	消　耗　量			
人工	000205000	综合二类工	工日	0.057	0.097	0.124	0.036
材料	340515001	标签纸（综合）	m	—	0.100	0.100	—
	290634007	电缆线接头	个	1.000	6.000	12.000	1.000
	020907001	清洁布 250 × 250	块	0.200	0.400	0.500	0.020
	850103006	其他材料费（占材料费）	%	5.000	5.000	5.000	5.000
机械	873150102	对讲机（一对）	台班	0.012	0.020	0.026	0.008
	873138001	网络测试仪	台班	0.010	0.016	0.021	0.006

工作内容： 敷设、复测试验、接头熔接、接续、成套附件安装、固定、挂牌。　　**计量单位：** 100m

编　　号				2-6-1007	2-6-1008	2-6-1009	2-6-1010	2-6-1011
项　　目				自动化线路敷设				
				光缆敷设（芯/束以下）				
				6			12	
				沿桥架支架	沿电缆沟/埋地	穿保护管	沿槽盒支架	沿电缆沟/埋地
名　　称			单位	消　耗　量				
人工	000205000	综合二类工	工日	2.075	1.601	2.680	2.989	1.912
材料	280015001	光缆	m	102.000	102.000	102.000	102.000	102.000
	030105002	半圆头镀锌螺栓 M2～5 × 15～50	套	10.000	4.000	—	8.000	4.000
	290634003	电缆卡子（综合）	个	5.000	2.000	—	4.000	2.000
	021301001	尼龙扎带（综合）	根	3.000	5.000	—	4.000	3.000
	031507016	镀锌铁丝 ϕ2.5～1.4	kg	—	—	0.300	—	—
	850103006	其他材料费（占材料费）	%	5.000	5.000	5.000	5.000	5.000
机械	990304016	汽车式起重机 16t	台班	0.002	0.002	0.002	0.005	0.005
	990401045	载重汽车 15t	台班	0.002	0.002	0.002	0.005	0.005

工作内容： 敷设、复测试验、接头熔接、接续、成套附件安装、固定、挂牌、成端头、堵头制作、固定，绝缘试验、特性及电气性能测试、护层对地测试。 **计量单位：** 见表

编号				2-6-1012	2-6-1013	2-6-1014	2-6-1015	2-6-1016
项目				自动化线路敷设				
				光缆接头制作（芯/束以下）		光缆成端头	光缆中继段测试	光电端机
				6	12			
单位				（芯/束以下）		个	段	台
名称			单位	消耗量				
人工	000205000	综合二类工	工日	0.897	1.411	0.472	1.011	2.321
材料	284309003	接地线 5.5～16mm^2	m	—	—	—	—	1.000
	292711002	成套附件	套	1.000	1.000	—	—	—
	292703005	地线装置	套	1.010	1.010	—	—	—
	291111002	光缆接头盒	套	1.000	1.000	—	—	—
	142107001	环氧树脂	kg	1.000	1.000	—	—	—
	554911001	加感线圈	个	1.010	1.010	—	—	—
	282515006	接续材料	套	6.000	12.000	—	—	—
	030105050	六角螺栓 M6～8×20～70	套	1.000	1.000	—	—	4.000
	181625009	熔接接头及器材	套	1.000	1.000	—	—	—
	341304005	位号牌	个	1.000	1.000	1.000	—	1.000
	022703006	细白布 宽 900	m	1.000	1.000	—	—	0.200
	850103002	校验材料费	元	0.510	0.900	0.260	1.930	3.990
	282515004	光缆终端活接头及附件	套	—	—	1.010	—	—
	850103006	其他材料费（占材料费）	%	5.000	5.000	5.000	5.000	5.000
机械	871122030	光功率计	台班	0.109	0.179	0.054	0.132	0.300
	871122001	光纤测试仪	台班	0.072	0.119	0.036	0.088	0.200
	871122026	光纤熔接机	台班	0.030	0.060	—	—	—
	873174013	铭牌打印机	台班	0.012	0.012	0.012	—	0.012
	871122010	手持光损耗测试仪	台班	0.036	0.060	—	0.044	—
	871122050	手提式光纤多用表	台班	0.072	0.119	0.036	0.088	0.200
	871119029	高稳定度光源	台班	—	—	—	0.132	0.300

工作内容：运输、开箱检查、架线盘、敷设、锯断、固定、临时封头。　　**计量单位：**见表

编　号				2-6-1017	2-6-1018	2-6-1019	2-6-1020	2-6-1021
项　目				自动化线路敷设				
				同轴电缆				
				沿桥架/支架敷设（芯以下）		穿管敷设	同轴电缆终端头制作	
				2	8		2 芯	8 芯
单　位				100m			个	
名　称			单位	消　耗　量				
人工	000205000	综合二类工	工日	1.454	1.877	2.163	0.097	0.238
材料	282901001	同轴电缆	m	102.000	102.000	102.000	—	—
	290725001	同轴电缆终端接头及附件	套	—	—	—	1.000	1.000
	030105002	半圆头镀锌螺栓 M2～5×15～50	套	12.000	9.000	—	—	—
	290634003	电缆卡子（综合）	个	6.000	4.500	—	—	—
	031541003	钢锯条	条	0.500	0.500	0.500	—	—
	144301001	绝缘胶布 20m/卷	卷	0.005	0.010	0.010	—	—
	022701001	棉纱	kg	0.020	0.050	0.050	—	—
	021301001	尼龙扎带（综合）	根	9.000	9.000	—	—	—
	284309003	接地线 5.5～16mm^2	m	—	—	—	1.000	1.000
	031102005	铁砂布 0#～2#	张	—	—	—	0.300	1.000
	850103002	校验材料费	元	—	—	—	0.130	0.510
	850103006	其他材料费（占材料费）	%	5.000	5.000	5.000	5.000	5.000
机械	990304016	汽车式起重机 16t	台班	—	0.010	0.005	—	—
	990401015	载重汽车 4t	台班	—	0.010	0.005	—	—
	870613023	手持式万用表	台班	—	—	—	0.011	0.044

工作内容：安装、对号、校接线、单元检查、调整、呼叫、通话系统试验。　　**计量单位：**台

编　号				2-6-1022	2-6-1023	2-6-1024	2-6-1025
项　目				通信设备安装和试验			
				扩音对讲话站			
				室外普通式	防爆型	防水型	室内壁挂式
名　称			单位	消　耗　量			
人工	000205000	综合二类工	工日	0.481	0.566	0.481	0.457
材料	030105052	六角螺栓 M10×20～50	套	4.000	4.000	4.000	4.000
	020907001	清洁布 250×250	块	0.300	0.300	0.300	0.300
	850103002	校验材料费	元	0.390	0.390	0.390	0.390
	284309003	接地线 5.5～16mm^2	m	—	1.000	—	—
	133504003	密封剂	kg	—	0.025	—	0.050
	030107015	膨胀螺栓 M10	套	—	4.000	—	—
	850103006	其他材料费（占材料费）	%	5.000	5.000	5.000	5.000
机械	873150102	对讲机（一对）	台班	0.036	0.036	0.036	0.036
	870613023	手持式万用表	台班	0.022	0.022	0.022	0.022
	870622055	接地电阻测试仪	台班	—	0.050	—	—

工作内容：安装、对号、校接线、单元检查、调整、呼叫、通话系统试验。 **计量单位：**台

编号				2-6-1026	2-6-1027	2-6-1028	2-6-1029
项目				通信设备安装和试验			
				扩音对讲话站			
				桌面安装	扩音对讲转接器	电源控制箱	数字程控调度机
名称			单位	消耗量			
人工	000205000	综合二类工	工日	0.239	0.202	2.978	5.846
材料	020907001	清洁布 250×250	块	0.300	0.300	0.500	0.500
	850103002	校验材料费	元	0.390	0.510	1.290	10.300
	030105052	六角螺栓 M10×20～50	套	—	4.000	—	—
	341103001	电	kW·h	—	—	0.300	0.300
	284309003	接地线 5.5～16mm^2	m	—	—	1.000	1.000
	030105054	六角螺栓 M14×14～75	套	—	—	4.000	4.000
	030107015	膨胀螺栓 M10	套	—	—	4.000	4.000
	271703004	塑料胶带	m	—	—	3.000	—
	022703005	细白布（综合）	m	—	—	0.400	0.400
	850103006	其他材料费（占材料费）	%	—	5.000	5.000	5.000
机械	873150102	对讲机（一对）	台班	0.036	0.048	0.120	0.960
	870613023	手持式万用表	台班	0.022	0.029	0.066	0.528
	870622055	接地电阻测试仪	台班	—	—	0.050	0.050
	873114001	数字电压表	台班	—	—	0.066	0.352

工作内容：安装、对号、校接线、单元检查、调整、呼叫、通话系统试验。 **计量单位：**台

编号				2-6-1030	2-6-1031	2-6-1032	2-6-1033
项目				通信设备安装和试验			
				扩音对讲话机安装			
				普通型	防爆带箱型	无线普通型	无线防爆带箱型
名称			单位	消耗量			
人工	000205000	综合二类工	工日	0.081	0.370	0.123	0.365
材料	022703005	细白布（综合）	m	0.100	0.050	—	—
	133504002	防爆阻燃密封剂	kg	—	25.000	—	—
	030105051	六角螺栓 M6～10×20～70	套	—	4.000	—	4.000
	850103002	校验材料费	元	—	—	0.510	0.510
	850103006	其他材料费（占材料费）	%	5.000	5.000	5.000	5.000
机械	870622055	接地电阻测试仪	台班	0.050	0.050	0.050	0.050
	873150102	对讲机（一对）	台班	—	—	0.048	0.048
	870613023	手持式万用表	台班	—	—	0.150	0.150

工作内容：安装、对号、校接线、单元检查、调整、呼叫、通话系统试验。　　**计量单位：**台

编号				2-6-1034	2-6-1035	2-6-1036	2-6-1037
项目				通信设备安装和试验			
				扩音设备安装			
				防爆防水扬声器	扩音转接器	阻抗均衡器	防爆增音器
名称			单位	消耗量			
人工	000205000	综合二类工	工日	0.483	0.179	0.134	0.156
材料	341103001	电	kW·h	0.210	—	—	—
	284309003	接地线 5.5～16mm²	m	1.000	—	—	—
	030105051	六角螺栓 M6～10×20～70	套	4.000	—	—	2.000
	030107015	膨胀螺栓 M10	套	4.000	—	—	—
	022703005	细白布（综合）	m	0.050	—	—	—
	020907001	清洁布 250×250	块	—	0.200	0.200	0.200
	850103002	校验材料费	元	—	0.260	0.130	0.260
	850103006	其他材料费（占材料费）	%	5.000	5.000	5.000	5.000
机械	870622055	接地电阻测试仪	台班	0.050	—	—	—
	990512010	平台作业升降车 9m	台班	0.080	—	—	—
	873150102	对讲机（一对）	台班	—	0.048	0.032	0.040
	870613023	手持式万用表	台班	—	0.034	0.022	0.028
	873114001	数字电压表	台班	—	0.034	0.022	0.028

工作内容：安装、对号、校接线、单元检查、调整、呼叫、通话系统试验。　　**计量单位：**台

编号				2-6-1038	2-6-1039	2-6-1040
项目				通信设备安装和试验		
				扩音设备安装		
				吸顶式音箱	壁挂式音箱	扩音调度台
名称			单位	消耗量		
人工	000205000	综合二类工	工日	0.362	0.217	0.435
材料	030105051	六角螺栓 M6～10×20～70	套	—	4.000	—
	022703005	细白布（综合）	m	—	0.050	—
	020907001	清洁布 250×250	块	—	—	0.400
	850103002	校验材料费	元	—	—	0.640
	850103006	其他材料费（占材料费）	%	5.000	5.000	5.000
机械	873150102	对讲机（一对）	台班	—	—	0.120
	870613023	手持式万用表	台班	—	—	0.084
	873114001	数字电压表	台班	—	—	0.084
	870699132	综合测试仪	台班	—	—	0.024

工作内容：安装、对号、校接线、单元检查、调整、呼叫、通话系统试验。　　　　**计量单位：**套

编　号				2-6-1041	2-6-1042	2-6-1043
项　目				通信设备安装和试验		
				对讲电话调试		
				集中放大式	相互式	复合式
名　称			单位	消　耗　量		
人工	000205000	综合二类工	工日	5.557	3.242	7.409
材料	850103002	校验材料费	元	12.870	7.470	17.120
	850103006	其他材料费（占材料费）	%	5.000	5.000	5.000
机械	870622055	接地电阻测试仪	台班	0.050	—	—
	873150102	对讲机（一对）	台班	2.400	1.400	3.200
	870613023	手持式万用表	台班	1.680	0.980	2.240
	873114001	数字电压表	台班	1.680	0.980	3.200
	870699132	综合测试仪	台班	0.480	0.280	0.640

工作内容：安装、对号、校接线、单元检查、调整、呼叫、通话系统试验。　　　　**计量单位：**见表

编　号				2-6-1044	2-6-1045	2-6-1046	2-6-1047
项　目				通信设备安装和试验			
				无线电台	无线电台天线（4 扇/组）	环形天线安装	增益天线安装
单　位				台	组		
名　称			单位	消　耗　量			
人工	000205000	综合二类工	工日	0.320	2.619	0.773	0.879
材料	030105049	六角螺栓 M6～8×20～50	套	—	—	4.000	4.000
	022703006	细白布 宽 900	m	—	—	0.200	0.200
	341103001	电	kW·h	0.500	—	—	—
	030107015	膨胀螺栓 M10	套	4.000	—	—	—
	144303016	塑料胶布带 20mm×50m	卷	0.050	—	0.050	—
	850103002	校验材料费	元	0.260	0.390	0.260	0.390
	850103006	其他材料费（占材料费）	%	—	—	5.000	5.000
机械	873150102	对讲机（一对）	台班	0.069	0.554	0.154	0.199
	870613023	手持式万用表	台班	—	—	0.004	0.044
	870199011	笔记本电脑	台班	0.069	—	—	—
	990401005	载重汽车 2t	台班	0.010	0.100	0.010	0.010

工作内容：防爆挠性管的密封、接头安装。 **计量单位：**见表

编号				2-6-1048	2-6-1049	2-6-1050	2-6-1051
项目				其他项目安装			
				金属穿线盒		金属挠性管安装	
				普通型	防爆型	普通型	防爆型
单位				10个		10根	
名称			单位	消耗量			
人工	000205000	综合二类工	工日	0.645	0.805	0.639	0.791
材料	291110001	穿线盒	个	10.200	10.200	—	—
	022701001	棉纱	kg	0.100	—	0.100	—
	143505004	清洗液 500mL	瓶	0.100	—	0.300	—
	133504002	防爆阻燃密封剂	kg	—	0.080	—	0.015
	022703006	细白布 宽900	m	—	0.020	—	0.020
	183117002	挠性管（带接头）	根	—	—	10.100	10.100
	850103006	其他材料费（占材料费）	%	5.000	5.000	5.000	5.000

工作内容：防爆挠性管的密封、接头安装。 **计量单位：**见表

编号				2-6-1052	2-6-1053	2-6-1054	2-6-1055	2-6-1056
项目				其他项目安装				
				电缆密封接头		孔洞封堵		铜包钢焊接
				普通型	防爆型	防爆胶泥	发泡剂	
单位				10个		kg		点
名称			单位	消耗量				
人工	000205000	综合二类工	工日	0.196	0.361	0.061	0.133	0.094
材料	215505001	点火器具及附件	套	—	—	—	—	0.100
	031305004	焊药（铜包钢）	包	—	—	—	—	1.000
	031102005	铁砂布 0#～2#	张	—	—	—	—	0.250
	290634005	电缆密封接头	套	10.200	10.200	—	—	—
	022703006	细白布 宽900	m	0.010	0.010	—	—	—
	133504002	防爆阻燃密封剂	kg	—	0.010	—	—	—
	801509001	防爆胶泥	kg	—	—	1.040	—	—
	022701001	棉纱	kg	—	—	0.030	0.030	0.010
	143525002	发泡剂	kg	—	—	—	1.040	—
	850103006	其他材料费（占材料费）	%	5.000	5.000	5.000	5.000	5.000

十三、仪表盘、箱、柜安装

工作内容： 开箱、检查、就位、组装、找正、固定、接地、清理、挂牌、校接线。　　**计量单位：** 台

编号				2-6-1057	2-6-1058	2-6-1059	2-6-1060
项目				仪表盘、箱、柜安装			
				大型通道盘	柜式、框架式盘	组合式盘台	屏式盘
名称			单位	消耗量			
人工	000205000	综合二类工	工日	6.580	4.365	5.434	1.461
材料	340515001	标签纸（综合）	m	0.300	0.300	0.300	0.100
	031509005	垫铁	kg	1.200	0.800	1.200	0.400
	341103001	电	kW · h	0.200	0.100	0.200	0.400
	284309003	接地线 5.5～$16mm^2$	m	0.800	0.800	0.800	0.800
	030105053	六角螺栓 M12×20～100	套	12.000	5.000	6.000	2.000
	030105050	六角螺栓 M6～8×20～70	套	24.000	12.000	16.000	6.000
	022701001	棉纱	kg	0.050	0.050	0.050	0.050
	030107018	膨胀螺栓 M12	套	—	—	—	2.000
	850103006	其他材料费（占材料费）	%	5.000	5.000	5.000	5.000
机械	990305010	叉式起重机 3t	台班	0.200	0.200	0.200	0.100
	870622055	接地电阻测试仪	台班	0.050	0.050	0.050	0.050
	990304016	汽车式起重机 16t	台班	0.100	0.060	0.100	0.040
	870613023	手持式万用表	台班	0.564	0.367	0.450	0.106
	873174017	线号打印机	台班	0.040	0.020	0.040	0.020
	990401030	载重汽车 8t	台班	0.200	0.150	0.150	0.080

工作内容：开箱、检查、就位、组装、找正、固定、接地、清理、挂牌、校接线。 **计量单位：**台

编号				2-6-1061	2 6-1062	2-6-1063	2-6-1064	2-6-1065
项目				仪表盘、箱、柜安装				
				充气式仪表柜	半模拟盘（$1.4m^2$）	操作台	挂式盘	盘、柜转角板、侧壁板
名称			单位	消耗量				
人工	000205000	综合二类工	工日	6.730	1.673	2.452	0.719	0.531
材料	340515001	标签纸（综合）	m	0.200	0.300	0.300	0.200	—
	341103001	电	kW · h	0.600	—	0.200	0.400	—
	284309003	接地线 5.5～$16mm^2$	m	1.500	0.050	0.800	1.000	—
	030107018	膨胀螺栓 M12	套	4.000	—	2.000	4.000	—
	341304005	位号牌	个	1.000	—	—	—	—
	022703006	细白布 宽 900	m	—	0.100	0.100	—	—
	031509005	垫铁	kg	0.800	—	1.200	—	0.600
	030105053	六角螺栓 M12 × 20～100	套	—	6.000	6.000	—	4.000
	030105050	六角螺栓 M6～8 × 20～70	套	—	6.000	4.000	—	4.000
	022701001	棉纱	kg	0.200	—	—	0.050	0.050
	850103006	其他材料费（占材料费）	%	5.000	5.000	5.000	5.000	5.000
机械	991003020	电动空气压缩机 $0.6m^3/min$	台班	0.300	—	—	—	—
	870622055	接地电阻测试仪	台班	0.050	—	—	—	—
	873174013	铭牌打印机	台班	0.012	—	—	—	—
	990304016	汽车式起重机 16t	台班	0.100	—	—	—	—
	870613023	手持式万用表	台班	0.289	0.143	0.204	0.061	—
	873174017	线号打印机	台班	0.020	0.040	0.040	0.030	—
	990401030	载重汽车 8t	台班	0.200	0.020	0.030	—	—
	990305010	叉式起重机 3t	台班	—	—	0.030	—	—

工作内容：安装、固定、开孔、校接线、套线号、管件安装、接地、挂牌。 **计量单位：**台

编号				2-6-1066	2-6-1067	2-6-1068	2-6-1069
项目				仪表盘、箱、柜安装			
				接线箱/盒（端子数以下）			
				6	14	48	60
名称			单位	消耗量			
人工	000205000	综合二类工	工日	0.430	0.783	1.666	2.476
材料	180000002	管件 *DN*15 以下	套	4.000	5.000	7.000	12.000
	284309003	接地线 5.5～16mm^2	m	1.000	1.500	1.500	1.500
	030105053	六角螺栓 M12×20～100	套	2.000	3.000	4.000	4.000
	022701001	棉纱	kg	0.020	0.030	0.050	0.050
	280301003	铜芯塑料绝缘电线 BV-1.5mm^2	m	1.000	2.000	4.000	6.000
	341304005	位号牌	个	1.000	1.000	1.000	1.000
	290697001	线号套管（综合）	m	0.050	0.100	0.290	0.360
	341103001	电	kW · h	—	0.200	0.400	0.400
	030107018	膨胀螺栓 M12	套	—	2.000	4.000	4.000
	031509005	垫铁	kg	—	—	0.080	1.000
	850103006	其他材料费（占材料费）	%	5.000	5.000	5.000	5.000
机械	873150102	对讲机（一对）	台班	0.610	0.112	0.238	0.354
	870622055	接地电阻测试仪	台班	0.050	0.050	0.050	0.050
	873174013	铭牌打印机	台班	0.012	0.012	0.012	0.012
	870613023	手持式万用表	台班	0.093	0.170	0.361	0.536
	873152063	数字式快速对线仪	台班	0.072	0.131	0.278	0.413
	873174017	线号打印机	台班	0.012	0.028	0.096	0.120

工作内容：安装、固定、开孔、校接线、套线号、管件安装、接地、挂牌。　　**计量单位：**台

编　号				2-6-1070	2-6-1071	2-6-1072	2-6-1073
项　目				仪表盘、箱、柜安装			
				防爆接线箱/盒（端子数以下）			
				6	14	48	60
名　称			单位	消　耗　量			
人工	000205000	综合二类工	工日	0.505	0.804	1.685	2.554
材料	341103001	电	kW·h	0.200	0.200	0.400	0.400
	133504002	防爆阻燃密封剂	kg	0.010	0.020	0.040	0.050
	180000002	管件 *DN*15 以下	套	4.000	5.000	7.000	12.000
	284309003	接地线 5.5～16mm^2	m	1.000	1.500	1.500	1.500
	030107018	膨胀螺栓 M12	套	2.000	2.000	4.000	4.000
	280301003	铜芯塑料绝缘电线 BV-1.5mm^2	m	1.000	2.000	4.000	6.000
	341304005	位号牌	个	1.000	1.000	1.000	1.000
	022703006	细白布 宽 900	m	0.020	0.080	0.100	0.100
	290697001	线号套管（综合）	m	0.050	0.100	0.290	0.360
	030105053	六角螺栓 M12×20～100	套	—	3.000	4.000	4.000
	031509005	垫铁	kg	—	—	0.080	1.000
	850103006	其他材料费（占材料费）	%	5.000	5.000	5.000	5.000
机械	873150102	对讲机（一对）	台班	0.072	0.115	0.241	0.365
	870622055	接地电阻测试仪	台班	0.050	0.050	0.050	0.050
	873174013	铭牌打印机	台班	0.012	0.012	0.012	0.012
	870613023	手持式万用表	台班	0.120	0.191	0.040	0.608
	873152063	数字式快速对线仪	台班	0.096	0.153	0.321	0.486
	873174017	线号打印机	台班	0.012	0.028	0.096	0.120

工作内容：安装、固定、开孔、校接线、套线号、管件或接头安装、接地、挂牌。　　**计量单位：**台

编　号				2-6-1074	2-6-1075
项　目				仪表盘、箱、柜安装	
				保温（护）箱	
				玻璃钢制	钢制
名　称			单位	消　耗　量	
人工	000205000	综合二类工	工日	1.515	1.220
材料	031509005	垫铁	kg	0.400	0.400
	341103001	电	kW·h	0.400	0.400
	022701001	棉纱	kg	0.050	0.050
	030107018	膨胀螺栓 M12	套	4.000	4.000
	341304005	位号牌	个	1.000	1.000
	181625018	仪表接头	套	4.000	4.000
	850103006	其他材料费（占材料费）	%	5.000	5.000
机械	873174013	铭牌打印机	台班	0.012	0.012

工作内容：安装、固定、开孔、校接线、套线号、管件或接头安装、接地、挂牌。 计量单位：台

编号				2-6-1076	2-6-1077	2-6-1078	2-6-1079
项目				仪表盘、箱、柜安装			
				电磁阀箱出口点（点以下）			供电箱
				5	12	19	
名称			单位	消耗量			
人工	000205000	综合二类工	工日	1.148	1.848	2.328	1.830
材料	031509005	垫铁	kg	0.400	0.400	0.400	—
	133504002	防爆阻燃密封剂	kg	0.050	0.080	0.150	—
	284309003	接地线 5.5～16mm^2	m	1.500	1.500	1.500	1.500
	030105053	六角螺栓 M12×20～100	套	4.000	4.000	4.000	4.000
	022701001	棉纱	kg	0.050	0.050	0.050	—
	280301003	铜芯塑料绝缘电线 BV-1.5mm^2	m	4.000	8.000	15.000	5.000
	341304005	位号牌	个	6.000	13.000	20.000	1.000
	290697001	线号套管（综合）	m	0.080	0.200	0.300	0.200
	181625018	仪表接头	套	5.000	12.000	19.000	—
	022703006	细白布 宽 900	m	—	—	—	0.080
	850103006	其他材料费（占材料费）	%	5.000	5.000	5.000	5.000
机械	873150102	对讲机（一对）	台班	0.164	0.264	0.333	—
	870622055	接地电阻测试仪	台班	0.050	0.050	0.050	0.050
	873174013	铭牌打印机	台班	0.072	0.156	0.240	0.012
	870613023	手持式万用表	台班	0.109	0.176	0.222	0.174
	873174017	线号打印机	台班	0.025	0.040	0.050	0.040
	870613013	兆欧表	台班	0.030	0.030	0.030	0.030

十四、仪表附件安装制作

工作内容：清洗、试压、焊接或法兰连接、螺纹连接、卡套连接、焊接、接头安装。　　　**计量单位：**个

编号				2-6-1080	2-6-1081	2-6-1082
项目				仪表阀门安装与研磨		
				焊接式阀门（*DN*50 以下）		法兰式阀门安装（*DN*50 以下）
				碳钢	不锈钢	
名称			单位	消耗量		
人工	000205000	综合二类工	工日	0.215	0.253	0.133
材料	190000001	阀门	个	1.000	1.000	1.000
	031301008	低碳钢焊条 J422（综合）	kg	0.040	—	—
	022701001	棉纱	kg	0.020	—	0.020
	143505004	清洗液 500mL	瓶	0.050	—	0.050
	031303017	不锈钢焊丝（综合）	kg	—	0.020	—
	143169002	酸洗膏	kg	—	0.020	—
	022703006	细白布 宽 900	m	—	0.010	—
	142911001	氩气	m^3	—	0.070	—
	340101003	铈钨棒	g	—	0.150	—
	030105157	镀锌六角螺栓带螺母 M8×75	套	—	—	8.000
	200000016	法兰带垫片 *DN*50 以内	套	—	—	2.000
	850103006	其他材料费（占材料费）	%	5.000	5.000	5.000
机械	990813025	试压泵 10MPa	台班	0.021	0.025	0.020
	990904030	直流弧焊机 20kV·A	台班	0.060	—	—
	990912010	氩弧焊机 500A	台班	—	0.070	—

工作内容：清洗、试压、焊接或法兰连接、螺纹连接、卡套连接、焊接、接头安装。 计量单位：个

编号				2-6-1083	2-6-1084	2-6-1085	2-6-1086	2-6-1087
项目				仪表阀门安装与研磨				
				取压根部阀		外螺纹阀门		
				碳钢	不锈钢	碳钢	不锈钢	铜
名称			单位	消耗量				
人工	000205000	综合二类工	工日	0.172	0.208	0.186	0.217	0.224
材料	031303010	铜氩弧焊丝	kg	—	—	—	—	0.014
	190000001	阀门	个	1.000	1.000	1.000	1.000	1.000
	022701001	棉纱	kg	0.020	—	0.050	—	—
	143505004	清洗液 500mL	瓶	—	—	0.050	—	—
	031303017	不锈钢焊丝（综合）	kg	—	0.010	—	0.010	—
	143169002	酸洗膏	kg	—	0.015	—	0.010	—
	022703006	细白布 宽 900	m	—	0.010	—	0.010	0.010
	142911001	氩气	m^3	—	0.060	—	0.030	0.012
	340101003	铈钨棒	g	—	0.120	—	0.050	0.024
	031301023	碳钢气焊条（综合）	kg	0.042	—	0.010	—	—
	142909001	氧气	m^3	0.007	—	0.020	—	—
	203501005	仪表阀垫片	个	2.000	2.000	2.000	2.000	2.000
	181625018	仪表接头	套	1.000	1.000	2.000	2.000	2.000
	142907002	乙炔气	kg	0.016	—	0.010	—	—
	850103006	其他材料费（占材料费）	%	5.000	5.000	5.000	5.000	5.000
机械	991003010	电动空气压缩机 $0.3m^3/min$	台班	—	—	—	—	0.011
	990813025	试压泵 10MPa	台班	0.023	0.022	0.020	0.023	0.017
	990912010	氩弧焊机 500A	台班	—	0.050	—	0.057	0.055

工作内容：清洗、试压、焊接或法兰连接、螺纹连接、卡套连接、焊接、接头安装。　　**计量单位：**个

编号				2-6-1088	2-6-1089	2-6-1090	2-6-1091	2-6-1092
项目				仪表阀门安装与研磨				
				内螺纹阀门			卡套式阀门	气源球阀
				碳钢	不锈钢	铜		
名称			单位	消耗量				
人工	000205000	综合二类工	工日	0.116	0.131	0.126	0.070	0.081
材料	190000001	阀门	个	1.000	1.000	1.000	1.000	1.000
	340203007	聚四氟乙烯生料带（综合）	m	0.200	0.200	0.200	—	0.100
	181625018	仪表接头	套	2.000	2.000	2.000	2.000	2.000
	022701001	棉纱	kg	0.050	—	—	—	—
	143505004	清洗液 500mL	瓶	0.050	—	—	0.020	—
	031301023	碳钢气焊条（综合）	kg	0.010	—	—	—	—
	142909001	氧气	m^3	0.020	—	—	—	—
	203501005	仪表阀垫片	个	2.000	2.000	2.000	—	—
	142907002	乙炔气	kg	0.010	—	—	—	—
	022703006	细白布 宽 900	m	—	0.010	0.010	—	—
	850103006	其他材料费（占材料费）	%	5.000	5.000	5.000	5.000	5.000
机械	990813025	试压泵 10MPa	台班	0.025	0.029	0.018	—	—
	991003010	电动空气压缩机 $0.3m^3/min$	台班	—	—	0.009	—	—
	991003020	电动空气压缩机 $0.6m^3/min$	台班	—	—	—	0.015	0.014

工作内容：清洗、试压、焊接或法兰连接、螺纹连接、卡套连接、焊接、接头安装。 **计量单位：**个

编号				2-6-1093	2-6-1094	2-6-1095	2-6-1096
项目				仪表阀门安装与研磨			
				三阀组、五阀组		高压角阀（$DN6$）	表用阀门研磨
				碳钢	不锈钢		
名称			单位	消耗量			
人工	000205000	综合二类工	工日	0.260	0.288	0.183	0.167
材料	040327001	凡尔砂	kg	—	—	—	0.200
	190000001	阀门	个	1.000	1.000	1.000	—
	181625018	仪表接头	套	5.000	5.000	—	—
	022701001	棉纱	kg	0.050	—	—	0.100
	143505004	清洗液 500mL	瓶	0.050	—	0.050	0.100
	031301023	碳钢气焊条（综合）	kg	0.060	—	—	—
	142909001	氧气	m^3	0.060	—	—	—
	203501005	仪表阀垫片	个	5.000	5.000	—	—
	142907002	乙炔气	kg	0.040	—	—	—
	031303017	不锈钢焊丝（综合）	kg	—	0.100	—	—
	143169002	酸洗膏	kg	—	0.050	—	—
	022703006	细白布 宽 900	m	—	0.010	0.010	—
	142911001	氩气	m^3	—	0.180	—	—
	340101003	铈钨棒	g	—	0.340	—	—
	030105221	高强螺栓	套	—	—	4.000	—
	183121001	高压管件	套	—	—	2.000	—
	203101001	透镜垫	个	—	—	2.000	—
	850103006	其他材料费（占材料费）	%	5.000	5.000	5.000	5.000
机械	990813025	试压泵 10MPa	台班	—	—	—	0.020
	990912010	氩弧焊机 500A	台班	—	0.091	—	—
	990813040	试压泵 35MPa	台班	—	—	0.020	—

工作内容：准备、运输、组装、安装、焊接或螺栓固定。　　　　**计量单位：**个

编　号				2-6-1097	2-6-1098	2-6-1099	2-6-1100	2-6-1101
项　目				仪表支架制作与安装				
				托臂安装（臂长 mm 以内）		桥架立柱安装（高 mm 以内）		
				500	800	1000	2500	4000
名　称			单位	消　耗　量				
人工	000205000	综合二类工	工日	0.289	0.359	0.497	0.765	1.034
材料	290209001	桥架支撑	个	1.000	1.000	—	—	—
	031519005	冲击钻头 ϕ8～16	个	0.040	0.040	0.080	0.080	0.080
	031301008	低碳钢焊条 J422（综合）	kg	—	—	0.100	0.100	0.100
	341103001	电	kW·h	0.600	0.600	1.200	1.200	1.200
	022701001	棉纱	kg	0.050	0.050	0.050	0.050	0.100
	030107010	膨胀螺栓 M10～16	套	2.000	2.000	4.000	4.000	4.000
	290207001	桥架立柱	个	—	—	1.000	1.000	1.000
	850103006	其他材料费（占材料费）	%	5.000	5.000	5.000	5.000	5.000
机械	990304016	汽车式起重机 16t	台班	—	—	—	—	0.036
	990401015	载重汽车 4t	台班	—	—	—	0.040	0.050
	990904030	直流弧焊机 20kV·A	台班	—	—	0.010	0.010	0.010

工作内容：下料、组对、焊接、防腐、立柱的底板和加强板焊接、固定。　　　　**计量单位：**见表

编　号				2-6-1102	2-6-1103	2-6-1104
项　目				仪表支架制作与安装		
				仪表支吊架安装		
				双杆吊架安装	电缆穿墙密封架安装	冲孔板/槽安装
单　位				5 对	个	m
名　称			单位	消　耗　量		
人工	000205000	综合二类工	工日	2.770	2.065	0.193
材料	031519009	冲击钻头 ϕ12	个	0.020	0.010	—
	341103001	电	kW·h	1.200	0.200	0.200
	022701001	棉纱	kg	0.050	0.050	0.020
	030107010	膨胀螺栓 M10～16	套	0.510	—	—
	182715001	双杆吊架	对	5.000	—	—
	860150001	穿墙密封架	个	—	1.000	—
	031301008	低碳钢焊条 J422（综合）	kg	—	0.150	—
	030105051	六角螺栓 M6～10×20～70	套	—	2.000	2.000
	226111001	冲孔板	m	—	—	1.050
	850103006	其他材料费（占材料费）	%	5.000	5.000	5.000
机械	990904030	直流弧焊机 20kV·A	台班	—	0.040	—

工作内容：下料、组对、焊接、防腐、立柱的底板和加强板焊接、固定。 **计量单位：**见表

编号				2-6-1105	2-6-1106	2-6-1107
项目				仪表支架制作与安装		
				仪表立柱		混凝土基础 400×400
				制作	安装	
单位				10根		10个
名称			单位	消耗量		
人工	000205000	综合二类工	工日	5.733	2.004	15.797
材料	860150009	仪表立柱 2″×1500	个	—	10.000	—
	050401003	板枋材	m^3	—	—	0.060
	023301002	草袋	个	—	—	10.000
	040301001	中砂	m^3	—	—	0.060
	040100006	水泥 42.5	kg	—	—	400.000
	040501011	碎石 20～40	m^3	—	—	1.000
	031509001	铁件（综合）	kg	—	—	45.800
	031501007	圆钉	kg	—	—	0.400
	031519009	冲击钻头 ϕ12	个	—	0.020	—
	341103001	电	kW·h	3.000	2.000	—
	022701001	棉纱	kg	0.200	0.100	—
	030107010	膨胀螺栓 M10～16	套	—	38.000	—
	031301008	低碳钢焊条 J422（综合）	kg	0.500	0.050	1.600
	170301010	镀锌钢管 *DN*50	m	15.040	—	—
	130115006	酚醛调和漆	kg	0.400	—	—
	130505007	酚醛防锈漆	kg	1.000	—	—
	012903020	热轧中厚钢板 δ10	kg	39.300	—	—
	140509003	溶剂汽油 200#	kg	0.200	—	—
	031101002	砂轮片 ϕ100	片	0.050	0.020	—
	031101006	砂轮片 ϕ400	片	0.050	—	—
	031102005	铁砂布 0#～2#	张	4.000	—	—
	142909001	氧气	m^3	0.080	—	—
	142907002	乙炔气	kg	0.040	—	—
	850103006	其他材料费（占材料费）	%	5.000	5.000	5.000
机械	990797030	手提式砂轮机	台班	—	0.500	—
	990401045	载重汽车 15t	台班	—	—	0.200
	990904030	直流弧焊机 20kV·A	台班	0.100	0.020	0.100
	990785030	砂轮切割机 ϕ400	台班	1.000	—	—
	990797020	台式砂轮机 ϕ100	台班	0.600	—	—
	990726010	台式钻床 16mm	台班	0.100	—	—